国家古籍整理出版專項經費資助項目

北大東方文學研究叢書
王邦維 主編

燕行錄千種解題(上)

A Comprehensive Annotated Bibliography on
Thousands of YanxingLU
(Korean Envoy Accounts of Missions to China)

漆永祥 著

圖書在版編目(CIP)數據

燕行錄千種解題：全三册 / 漆永祥著.—北京：北京大學出版社，2021.9

ISBN 978-7-301-32157-7

Ⅰ.①燕… Ⅱ.①漆… Ⅲ.①文化史—史料—研究—中國—清代 Ⅳ.①K249.03

中國版本圖書館CIP數據核字(2021)第072672號

書　　　名	燕行錄千種解題（全三册） YANXINGLU QIANZHONG JIETI（QUANSANCE）
著作責任者	漆永祥　著
責任編輯	吳冰妮
標準書號	ISBN 978-7-301-32157-7
出版發行	北京大學出版社
地　　　址	北京市海澱區成府路205號　100871
網　　　址	http://www.pup.cn　　新浪微博:@北京大學出版社
電子信箱	zpup@pup.cn
電　　　話	郵購部 010-62752015　發行部 010-62750672 編輯部 010-62753027
印　刷　者	三河市北燕印裝有限公司
經　銷　者	新華書店
	650毫米×980毫米　16開本　111印張　插頁13　1674千字 2021年9月第1版　2022年5月第2次印刷
定　　　價	330.00元（全三册）

未經許可，不得以任何方式復制或抄襲本書之部分或全部内容。
版權所有，侵權必究
舉報電話：010-62752024　電子信箱：fd@pup.pku.edu.cn
圖書如有印裝質量問題，請與出版部聯系，電話：010-62756370

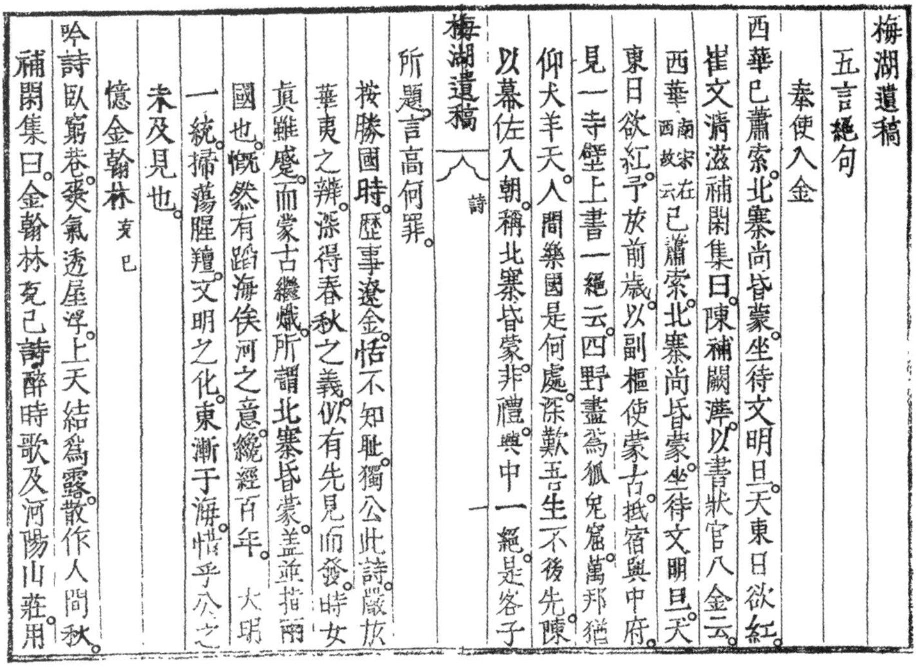

梅湖遺稿

五言絕句

奉使入金

西華已蕭索北寨尚皆蒙坐待文明日天東日欲紅

崔文清滋補閑集曰陳補闕漢以書狀官入金云西華南家在己蕭索北寨尚皆蒙坐待文明旦天東日欲紅予放前歲以副樞使蒙古抵宿興中府見一寺壁上書一絕云四野盡為狐兔窟萬邦猶仰犬羊天人間樂國是何處深歎吾生不復陳以幕佐入朝稱此寨皆蒙非禮與中一絕是客子所題言高何罪

梅湖遺稿〈八〉詩

按勝國時歷事邊金恬不知恥獨公此詩嚴夷華之辨深得春秋之義猶有先見而發時真雖處而蒙古繼熾所謂北寨皆蒙蓋並指兩國也慨然有蹈海俠河之意緬經百年大明一統掃蕩腥羶文明之化東漸于海惜乎公之未及見也

憶金翰林克已

吟詩臥寢巷寒氣透犀浮上天結為露散作人間秋

補閑集曰金翰林克已嘗醉時歌及河陽山莊用

圖1　陳澕《使金錄》

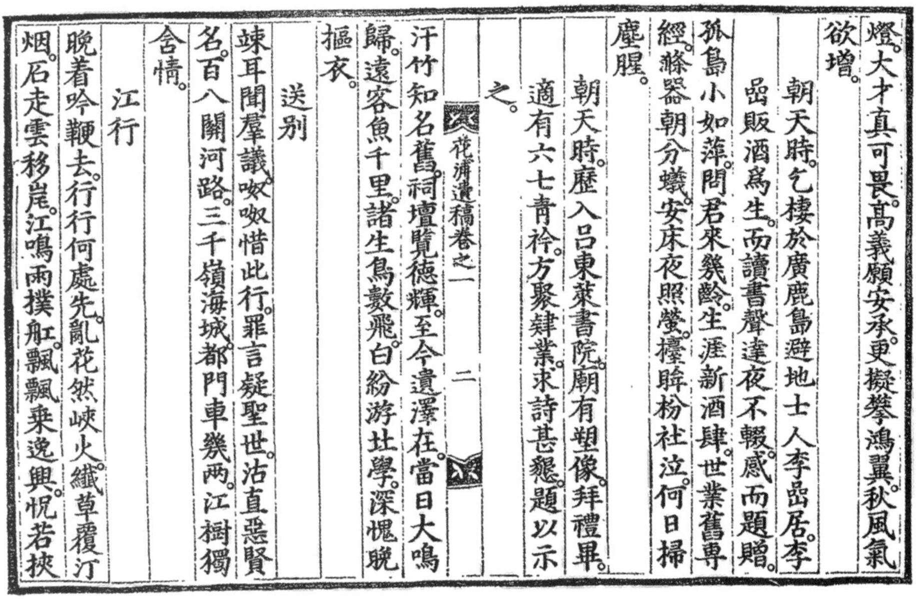

燈大才真可畏高義願安承更擬攀鴻翼秋風氣欲增

朝天時乞樓於廣鹿島避地士人李岛居之岛販酒為生而讀書聲達夜不輟感而題贈

孤島小如萍問君來幾齡生涯新酒肆世業舊專經縢器朝分蟻安床夜照螢睇粉社泣何日掃塵腥

朝天時歷入呂東萊書院廟有塑像拜禮畢適有六七青衿方聚肄業求詩甚懇題以示之

花浦遺稿卷之一

汗竹知名舊祠壇覽德輝至今遺澤在當日大鳴歸遠客魚千里諸生烏數飛白紛游吐學深愧晚摳衣

送別

辣耳聞羣議咏咏惜此行罪言疑聖世沽直惡賢名百八關河路三千嶺海城都門車蓋兩江柳獨

含情

江行

晚着吟鞭去行行何處先亂花然峽火鐵草覆汀烟石走雲移崑江鳴雨撲舡飄飄乘逸興悅若挾

圖2　洪翼漢《航海朝天詩》

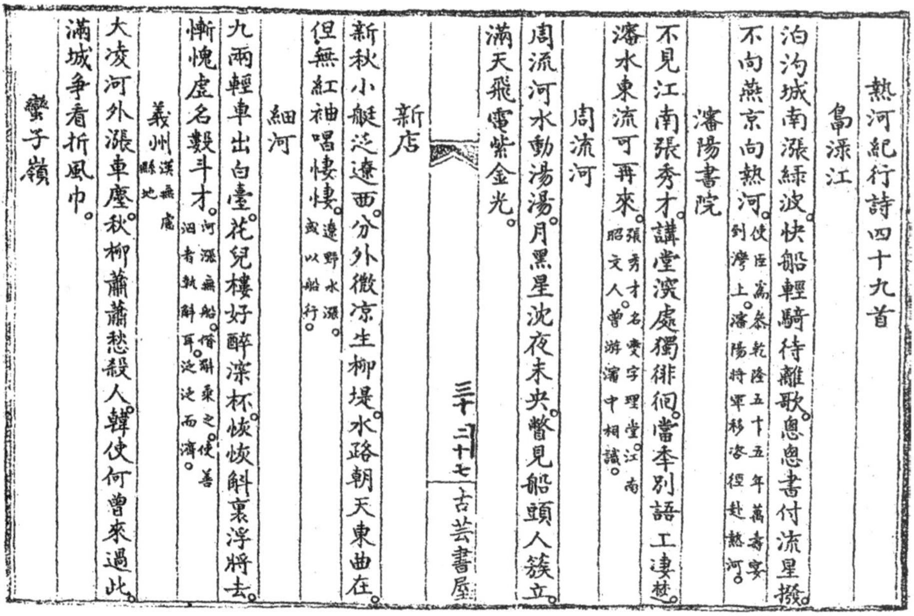

熱河紀行詩四十九首

鴨淥江

泊溝城南漲綠波 快船輕騎待離歌 恩書付流星撥
不向燕京向熱河 伏臣萬壽宴乾隆五十五年到灣上瀋陽將軍姓徑赴熱河
瀋陽書院
不見江南張秀才講堂溪處獨徘徊 當李別語工連抹 張秀才名斐字理堂江南昭文人曾游瀋中相識
周流河
周流河水動湯湯 月黑星沈夜未央 瞥見船頭人簇立 滿天飛電紫金光
新店
新秋小艇泛遼西 分外微涼生柳堤 水路朝天東曲在 但無紅袖唱悽悽 遼野水淺或以船行細河 河淺無船皆即馬耳沈江東之西濟
九兩輕車出白臺 花兒樓好醉深杯 欹斜東浮將去 慚愧虛名穀斗才 義州漢地

大凌河外瀺車塵 秋柳蕭蕭愁殺人 聲使何曾來過此 滿城爭看折風巾
螢子嶺

圖3　柳得恭《熱河紀行詩》

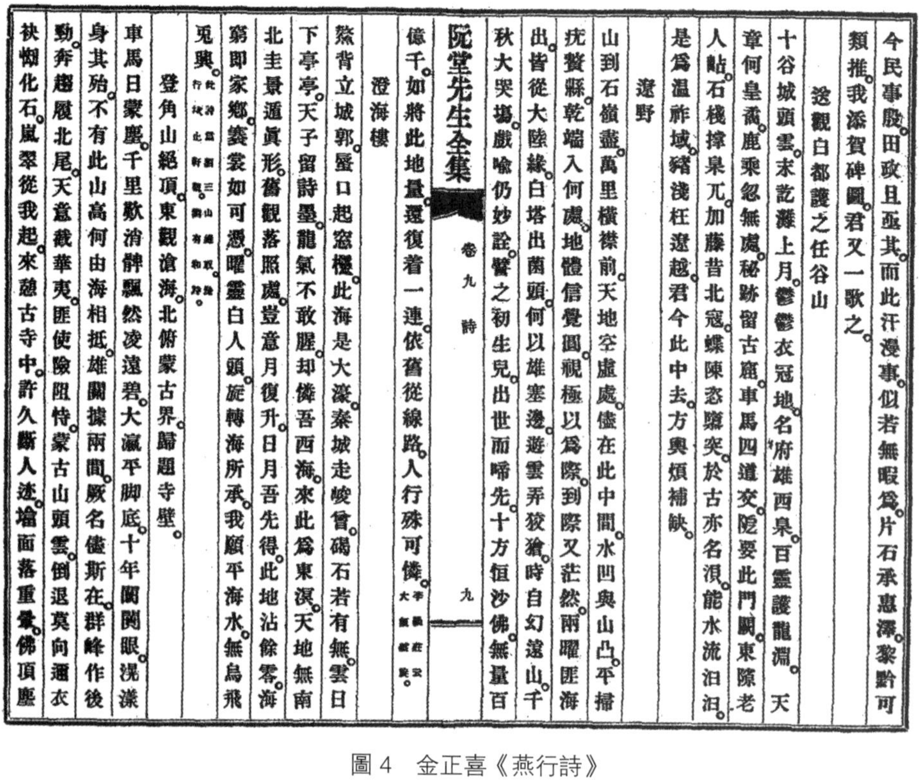

阮堂先生全集

澄海樓

鼇背立城郭疊口起窓櫺此海是大瀛秦城走峻曾碣石者有無雲日下亭亭天子留詩墨龍氣不敢腥卻憐吾西海來此爲東溟天地無南北圭景通真形舊觀照處意月復升日月吾先得此地沾餘零海窮即家鄉褰裳如可憑曚曨靈白人頭旋轉海所承我願平海水無鳥飛兎興 此地北斜此行狼三山絕頂蒼海古界歸題寺壁登角山絕頂東觀滄海北斜蒙古界車馬日蒙塵千里歇消髀顫然凌遠碧大瀛平腳底十年闖閱眼漾漾身其殆不有此山高何由海相抵雄關據兩間厥名儘斯在群峰作後勁奔趨履北尾天意嚴華夷匪使險阻恃蒙古山頭雲倒退莫向通衣忯恂化石嵐翠從我起來穹古寺中許久斷人迹墻面落重疊佛頂塵

億千如將此地量還復着一連依舊從線路人行殊可憐 李齊賢 詩此意也

今民事殷田政且亟其而此汗漫事似者無暇爲片石承惠澤黎黔可類推我添賀碑圖君又一歌之
並觀白都護之任谷山
十谷城頭雲朶訖灘上月鬱鬱衣冠地名府雄西皐百靈護龍淵章何皇霪鹿乘忽無處秘跡留古鹿車馬四邊交陞婭此門關東隙老人貼石磯撐杲兀加藤蝶陳恣竄突於古亦名浪能水流汩汩是爲溫祚域繞杠遼越君今此中去方輿煩捕缺
遼野
山到石嶺盡萬里橫襟前天地空虛處偏在此中間水凹奧山凸平掃疙疹縣乾端入何處地體信覺圖視極以爲際到際又茫然兩曜匪海出皆從大陸緣白塔出萱頭何以雄塞邊遊雲弄狡獝時自幻遠山千秋大哭揚戲喻仍妙詮饗之初生兒出世而啼先十方恒沙佛無量百

圖4　金正喜《燕行詩》

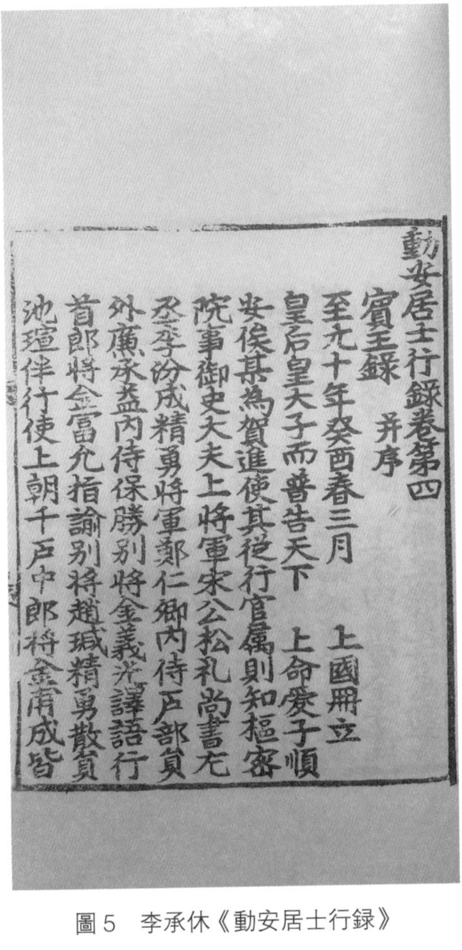

動安居士行錄卷第四
賓王錄
并序
至元十年癸酉春三月　　上國冊立
皇后皇太子而普告天下　　上命愛子順
安侯其為賀進使其從行官屬則知樞密
院事御史大夫上將軍宋公松礼尚書无
丞奉汾成精勇將軍鄭仁御内侍戶部員
外郎承益内侍保勝別將金義光譯語行
首郎將金富允指諭別將趙珹精勇散員
池瑄伴行使上朝千戶中郎將金甫成皆

圖5　李承休《動安居士行錄》

嘉靖十三年癸巳十一月日　臣等文未至
皇太子誕生出　賀善進賀使以判中樞江
議萬更使可懿李夢弼為書狀官修撰杭
庚申昔賢出　十二月廿六日發朝蒙華假文
書呈書高祿　障僎　廿五日平壤辭
儀碩拜後繼戡乾上　廿六日平壤辭
行持使同乾化西闕于瓏濟亨　十七日鳳祝
方物夕達文鼓至　日信水未　廿九日渡鴨綠江

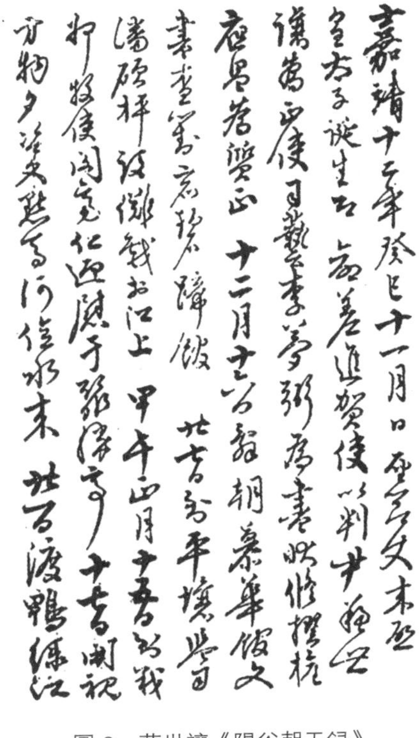

圖6　蘇世讓《陽谷朝天錄》

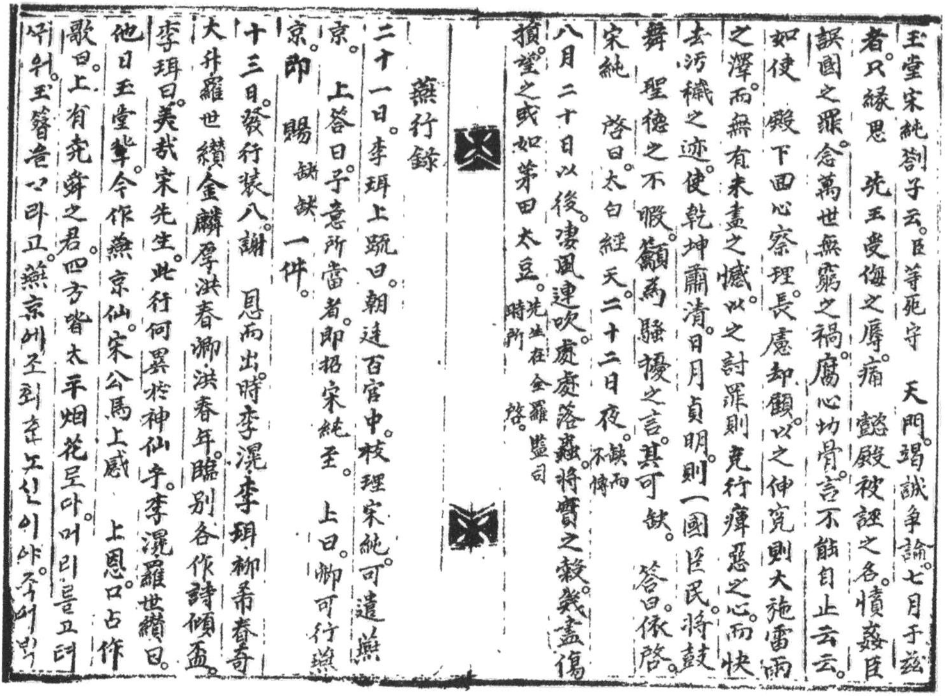

玉堂宋純劄子云。臣等死守 天門。竭誠爭論。七月于茲
者。只緣思 先王受侮之辱。痛 懿殿被誣之名。憤姦臣
誣國之罪。念萬世無窮之禍。腐心切骨。言不能自止云云。
如使 殿下回心察理。長慮却顧。以之伸冤。則大施雷雨
之澤。而無有未盡之憾。以之討罪。則克行癉惡之心。而快
去汚穢之迹。使乾坤肅清。日月貞明。則一國臣民將鼓
舞 聖德之不暇。顧爲騷擾之言。其可歟。 答曰。依啓。
宋純 啓曰。太白經天。二十二日夜。缺而不傳
八月二十日以後。凄風連吹。處處落穗。將實之穀。幾盡傷
損。望之或如茅田太豆。先生在全羅監司時所啓。

燕行錄

二十一日。李珥上疏曰。朝廷百官中。枚理宋純可遣燕
京。 上答曰。予意所當者。即招宋純至。 上曰。卿可行燕
京。即 賜 缺缺 一件。
十三日。發行裝八。謝 恩而出。時李滉。李珥。柳希春。奇
大升。羅世纘。金麟厚。洪春卿。洪春年。臨別各作詩傾盃。
李珥曰。美哉宋先生。此行何異於神仙乎。李滉。羅世纘曰。
他日玉堂輩。今作燕京仙。宋公馬上感 上恩。口占作
歌曰。上有堯舜之君。四方皆太平烟花로다。머리를 드러
우러。玉簪을 꼬자고。燕京에 조회 하노신이야。주셔 ...

圖 7　宋純《燕行録》

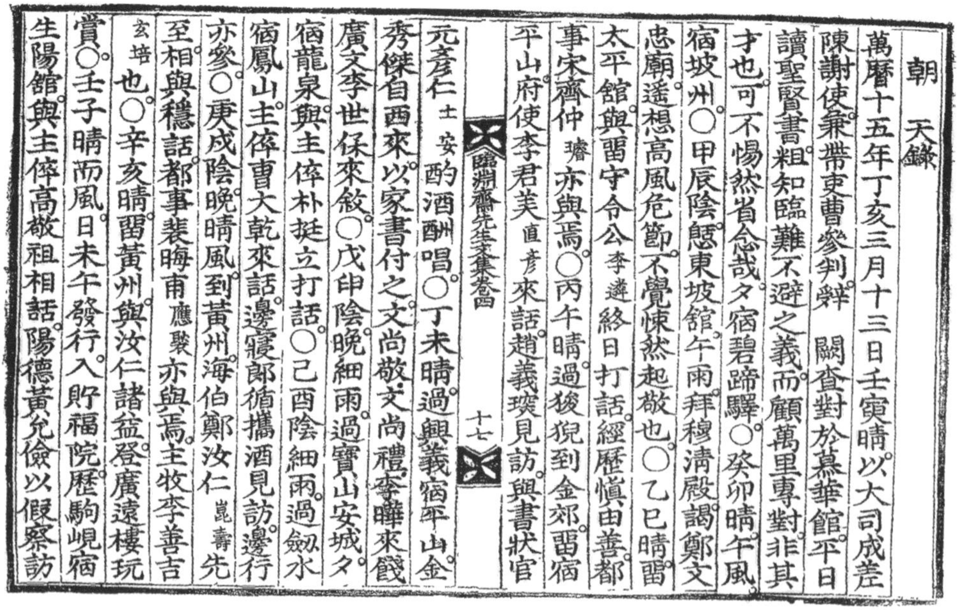

朝天錄

萬曆十五年丁亥三月十三日壬寅晴。以大司成差
陳謝使兼帶吏曹參判辭 闕。查對於慕華館。平日
讀聖賢書。粗知臨難不避之義。而顧萬里專對。非其
才也。可不惕然省念哉。夕宿碧蹄驛。○癸卯晴。午風。
宿坡州。○甲辰陰。憩東坡館。午雨。拜穆清殿。謁鄭文
忠廟。遙想高風危節。不覺悚然起敬也。○乙巳晴。留
太平館。與留守令公李遴終日打話。經歷愼由善。都
事宋齊仲璿亦與焉。○丙午晴。過猪猊到金郊。留宿
平山府使李君美直彥來話。趙義瑛見訪。與書狀官

臨淵齋先生文集卷四　十七

元彥仁士安酌酒酬唱。○丁未晴。過興義宿平山。金
秀傑自西來。以家書付之。文尚敬文尚禮。李曄來餞
廣文李世保來敍。○戊申陰。晚細雨。過寶山安城。夕
宿龍泉。與主倅朴挺立打話。○己酉陰細雨。過劒水
宿鳳山。主倅曺大乾來話。邊寢郎循攜酒見訪。邊行
亦參。○庚戌陰。晚晴風。到黃州。海伯鄭汝仁崑壽先
至。相與穩話。都事裴晦甫應褧亦與焉。主牧李善吉
玄培也。○辛亥晴。留黃州。與汝仁諸益登廣遠樓玩
賞。○壬子晴而風。日未午發行。入貯福院。歷駒峴。宿
生陽館。與主倅高敬祖相話。陽德黃允儉以假察訪

圖 8　裴三益《朝天録》

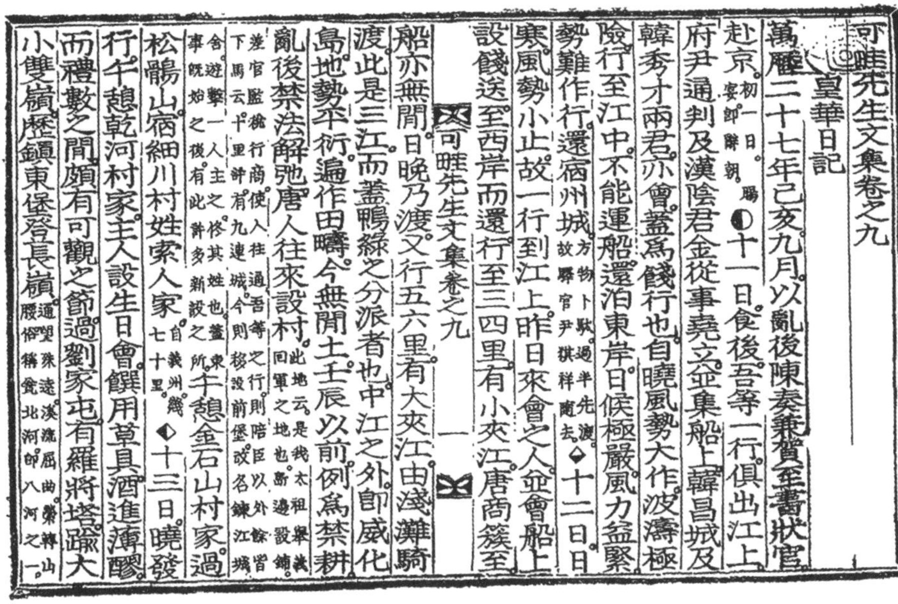
可畦先生文集卷之九
皇華日記
萬曆二十七年己亥九月以亂後陳奏兼賀至書狀官
赴京初一日陽宴卽辭朝◐十一日食後吾等一行俱出江上
府尹通判及漢陰君金從事堯文並集船上韓昌城及
韓秀才兩君亦會蓋為餞行也自曉風勢大作波濤極
險行至江中不能運船還泊東岸日候極嚴風力益緊
勢難作行還宿州城方物卜馱過半先渡故驛官尹祺祥隨去◆十二日日
寒風勢小止故一行到江上昨日來會之人並會船上
設餞送至西岸而還行至三四里有小夾江唐商簇至
可畦先生文集卷之九 一
船亦無閒日晚乃渡又行五六里有大夾江由淺灘騎
渡此是三江而蓋鴨綠之分派者也中江之外卽威化
島地勢平衍遍作田疇今無閒土壬辰以前例為禁耕
亂後禁法解弛唐人往來設村此地云是我太祖舉義回軍之地也新邊設鋪
差官監稅行商使入往通吾等之行則陪臣以外餘皆下馬云十里許有九連城今則移設前堡改名鎭江城
舍遊擊一人主之修其姓也蓋東事既始之後有此許多新設之所午憩金石山村家過
松鶻山宿細川村姓索人家自義州幾七十里◆十三日曉發
行午憩乾河村家主人設生日會饌用草具酒進薄醪
而禮數之間頗有可觀之節過劉家屯有羅將塔踰大
小雙嶺歷鎭東堡登長嶺通遠堡殊遠溪流屈曲縈轉山腰俗稱瓮北河卽八河之一

圖 9　趙翊《皇華日記》

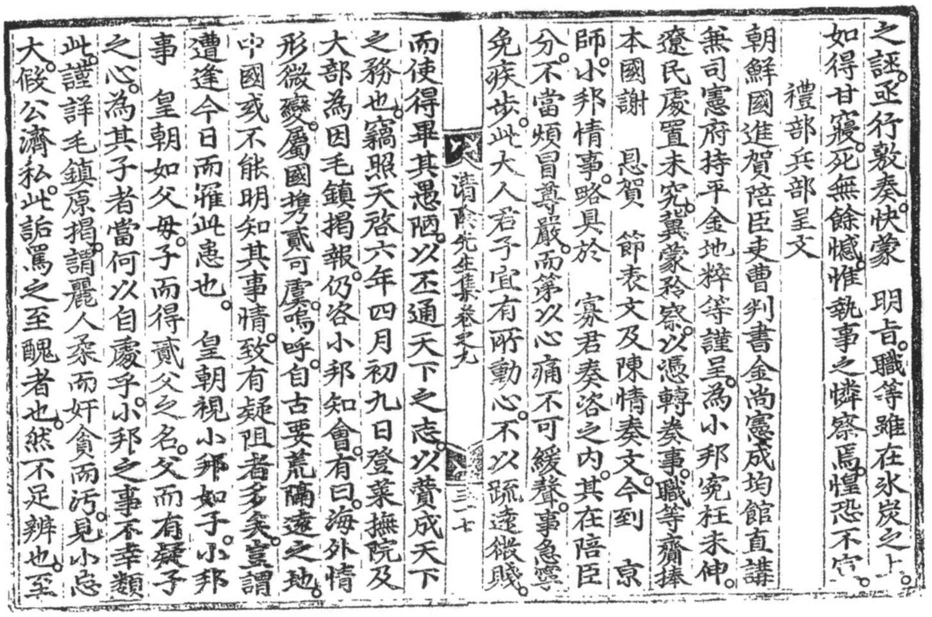
之誣亟行敷奏快蒙 明旨職等雖在氷炭之上
如得甘寢死無餘憾惟執事之憐察焉惶恐不宣
禮部兵部呈文
朝鮮國進賀陪臣吏曹判書金尚憲成均館直講
兼司憲府持平金地粹等謹呈為小邦冤枉未伸
殘民處置未究冀蒙矜察以憑轉奏事職等齎捧
本國謝 恩賀 節表文及陳情奏文今到 京
師小邦情事略具於 寡君奏咨之內其在陪臣
分不當煩冒尊嚴而第以心痛不可緩聲事急要
免疾步此大人君子宜有所動心不以疏遠微賤
清陰先生集卷之九 三十七
而使得畢其愚悃以丕通天下之志以贊成天下
之務也竊照天啓六年四月初九日登萊撫院及
大部為因毛鎭揭報仍咨小邦知會有曰海外情
形微變屬國携貳可虞嗚呼自古要荒隔遠之地
中國或不能明知其事情致有疑阻者多矣豈謂
遭逢今日而罹此患也 皇朝視小邦如子小邦
事 皇朝如父母子而得貳父之名父而有疑子
之心為其子者當何以自處乎小邦之事不幸類
此謹詳毛鎭原揭謂麗人柔而奸貪而汚見小忘
大假公濟私此詬罵之至醜者也然不足辨也至

圖 10　金尚憲《朝天録》

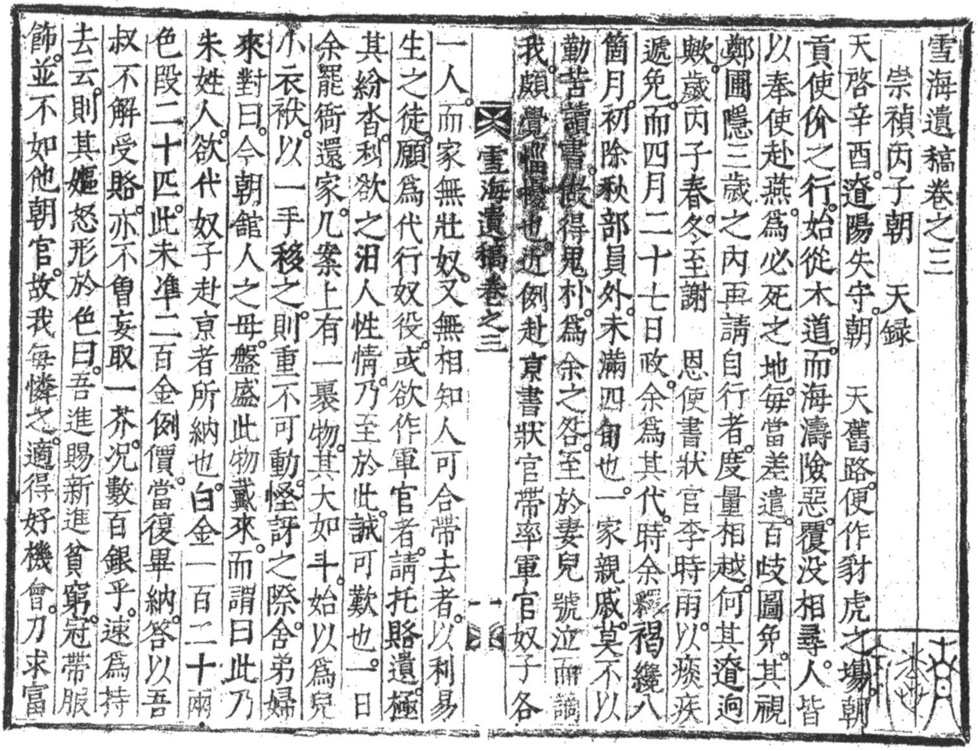

雪海遺稿卷之三
崇禎丙子朝　天録
天啓辛酉遼陽失守朝　天舊路便作豺虎之場朝
貢使价之行始從水道而海濤險惡覆没相尋人皆
以奉使赴燕爲必死之地每當差遣百歧圖免其覩
鄭圃隱三歲之内再請自行者度量相越何其遼逈
歟歲丙子春冬至謝　恩使便書狀官李時雨以瘯疾
遞免而四月二十七日政余爲其代時余釋褐纔八
箇月初除秋部員外未滿四旬也一家親戚莫不以
勤苦讀書僅得鬼朴爲余之咎至於妻兒號泣而謫
我頗覺悩憹也近例赴京書狀官帶率軍官奴子各
雪海遺稿卷之三
一人而家無壯奴又無相知人可合帶去者以利易
生之徒願爲代行奴役或欲作軍官者請托賂遺極
其紛沓利欲之汩人性情乃至於此誠可歎也一日
余罷衙還家几案上有一裹物其大如斗始以爲兒
小衣袂以一手移之則重不可動怪訝之際舍弟婦
來對曰今朝舘人之母盤盛此物戴來而謂曰此乃
朱姓人欲代奴子赴京者所納也白金一百二十兩
色段二十四此未準二百金例價當復畢納答以吾
叔不解受賂亦不曾妄取一芥況數百銀乎速爲持
去云則其嫗怒形於色曰吾進賜新進貧窮冠帶服
飾並不如他朝官故我每憐之適得好機會乃求富

圖 11　李晚榮《崇禎丙子朝天録》

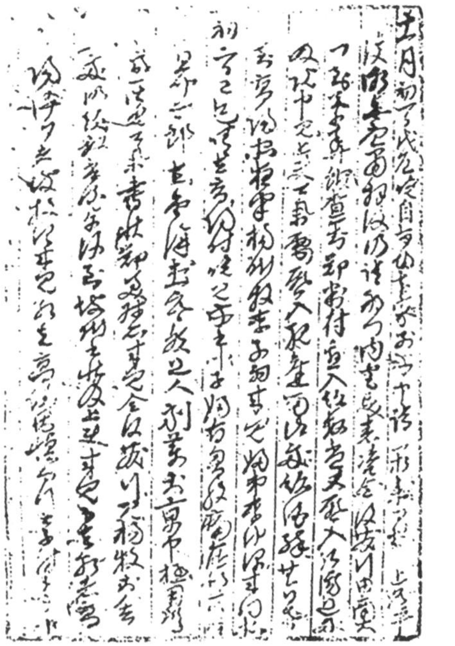

圖 12　尹攀《燕行日記》

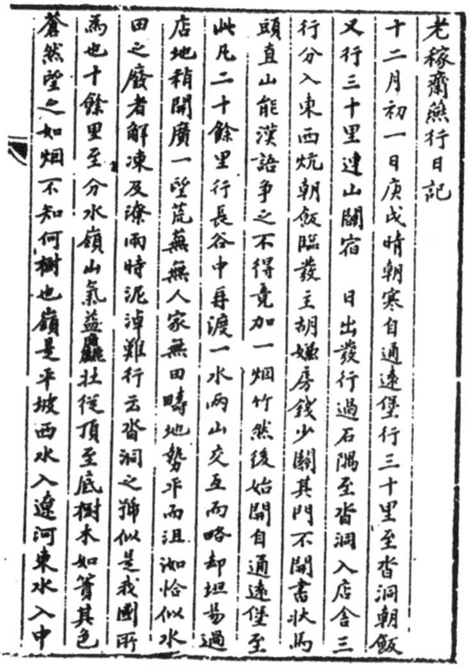

老稼齋燕行日記
十二月初一日庚戌晴朝寒自通遠堡行三十里至沓洞朝飯
又行三十里逹山關宿　日出發行過石隅至沓洞入店舍三
行分入東西炕朝飯臨發主胡婦房錢少鬪其門不開書狀馬
頭直山能漢語争之不得竟加一烟竹然後始開自通遠堡至
此凡二十餘里行長谷中再渡一水兩山交互而略却坦易過
店地稍開廣一望荒蕪無人家無田疇地勢平而沮洳恰似水
田之廢者觧凍及潦雨時泥淖難行云沓洞之稱似是我國所
爲也十餘里至分水嶺山氣益麤壯從頂至底樹木如簀其色
蒼然望之如烟不知何樹也嶺是平坡西水入遼河東水入中

圖 13　金昌業《老稼齋燕行日記》

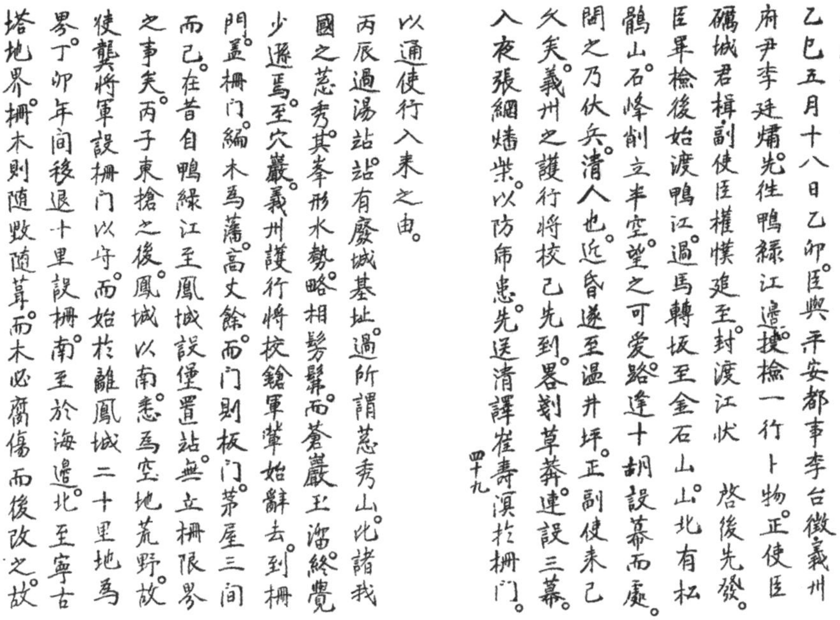

鶴巖集

燕行日記

乙巳五月十八日乙卯。臣與平安都事李台徵義州府尹李廷熽先往鴨綠江邊。搜檢一行卜物。正使臣礪城君楫副使臣權𢢜追至。封渡江狀　啓後先發。臣畢檢後始渡鴨江。過馬轉坂至金石山。山北有松鶻山。石峰削立半空。望之可愛。路逢十胡設幕而處。問之乃伏兵清人也。近昏遂至溫井坪。正副使來已久矣。義州之護行將校已先到。畧刈草莽。連設三幕。入夜張網爇柴。以防虎患。先送清譯崔壽溟於柵門。

四十九

以通使行入來之由。

丙辰過湯站。站有廢城基址。過所謂葱秀山。比諸我國之葱秀。其峯形水勢略相髣髴。而蒼巖玉溜終覺少遜焉。至穴巖。義州護行將校領軍輩始辭去。到柵門。蓋柵門。編木爲籬。高丈餘。而門則板門。茅屋三間而已。在昔自鴨綠江至鳳城設堡置站。無立柵限界之事矣。丙子東搶之後。鳳城以南悉爲空地荒野。故使龔將軍設柵門以守。而始於離鳳城二十里地爲界。丁卯年間移退十里設柵。南至於海邊。北至寧古塔地界。柵木則隨數隨葺。而未必腐傷而後改之。故

圖 14　趙文命《燕行日記》

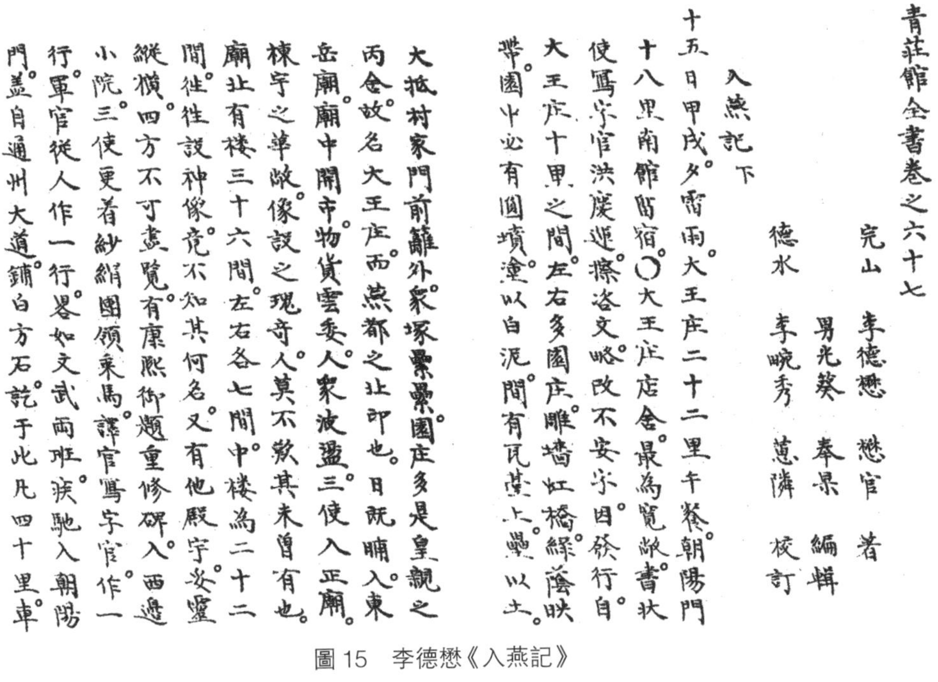

青莊館全書卷之六十七

完山　李德懋　懋官　著

男光葵　奉杲　編輯

德水　李畹秀　蕙隣　校訂

入燕記下

十五日甲戌。夕雷雨。大王庄二十二里午餐。朝陽門十八里南館留宿。○大王庄店舍。最爲寬敞。書狀使寫字官洪溪遜擦洛文。略改不安字。因發行。自大王庄十里之間。左右多園庄。雕墻虹橋。綠蔭映帶。園中必有圓墳。塗以白泥。間有瓦葺上壟。以土。

大抵村家門前籬外。冢塚纍纍。園庄多是皇親之丙舍。故名大王庄。而燕都之北邙也。日旣晡。入東岳廟。廟中開市。物貨雲委。人衆波盪。三使入正廟。棟宇之華敞。像設之瑰奇。人莫不歎其未曾有也。廟北有樓三十六間。左右各七間。中樓爲二十二間。往往設神像。竟不知其何名。又有他殿宇。姿靈縱橫四方。不可盡覽。有康熙御題重修碑。入西邊小院。三使更着紗帽團領乘馬。譯官寫字官作一行。軍官從人作一行。略如文武兩班。疾馳入朝陽門。蓋自通州大道。鋪白方石。訖于此。凡四十里。車

圖 15　李德懋《入燕記》

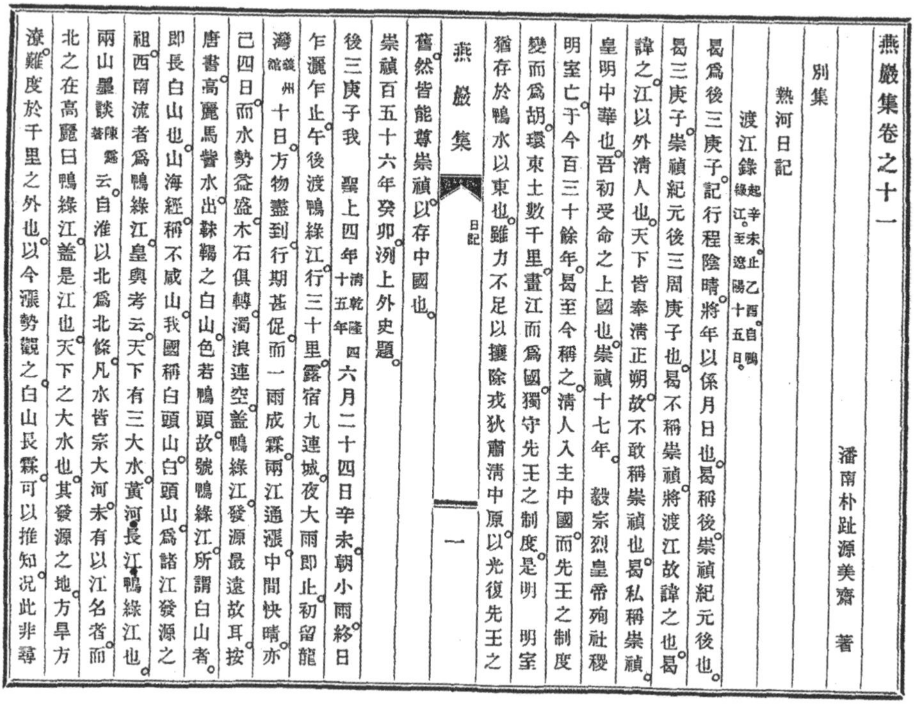

燕巖集卷之十一

潘南朴趾源美齋 著

別集

熱河日記

渡江錄（起辛未止乙酉自鴨綠江至遼陽十五日。）

曷爲後三庚子記行程陰晴將年以係月日也曷稱後崇禎紀元後也曷三庚子崇禎紀元後三周庚子也曷不稱崇禎將渡江故諱之也曷諱之江以外淸人也天下皆奉淸正朔故不敢稱崇禎也曷私稱崇禎皇明中華也吾初受命之上國也崇禎十七年 毅宗烈皇帝殉社稷明室亡于今百三十餘年曷至今稱之淸人入主中國而先王之制度變而爲胡環東土數千里畫江而爲國獨守先王之制度是明 明室猶存於鴨水以東也雖力不足以攘除戎狄肅淸中原以光復先王之舊然皆能尊崇禎以存中國也

崇禎百五十六年癸卯洌上外史題

燕巖集 日記 一

後三庚子我 聖上四年（淸乾隆四十五年）六月二十四日辛未朝小雨終日乍灑乍止午後渡鴨綠江行三十里露宿九連城夜大雨即止初留龍灣（義州館）十日方物盡到行期甚促而一雨成霖兩江通漲中間快晴亦已四日而水勢益盛木石俱轉濁浪連空蓋鴨綠江發源最遠故耳按唐書高麗馬訾水出靺鞨之白山色若鴨頭故號鴨綠江所謂白山者即長白山也山海經稱不咸山我國稱白頭山白頭山爲諸江發源之祖西南流者爲鴨綠江皇輿考云天下有三大水黃河長江鴨綠江也兩山墨談（陳霆著）云自淮以北爲北條凡水皆宗大河未有以江名者而北之在高麗曰鴨綠江蓋是江也天下之大水也其發源之地方旱方潦難度於千里之外也以今漲勢觀之白山長霖可以推知況此非尋

圖 16　朴趾源《熱河日記》

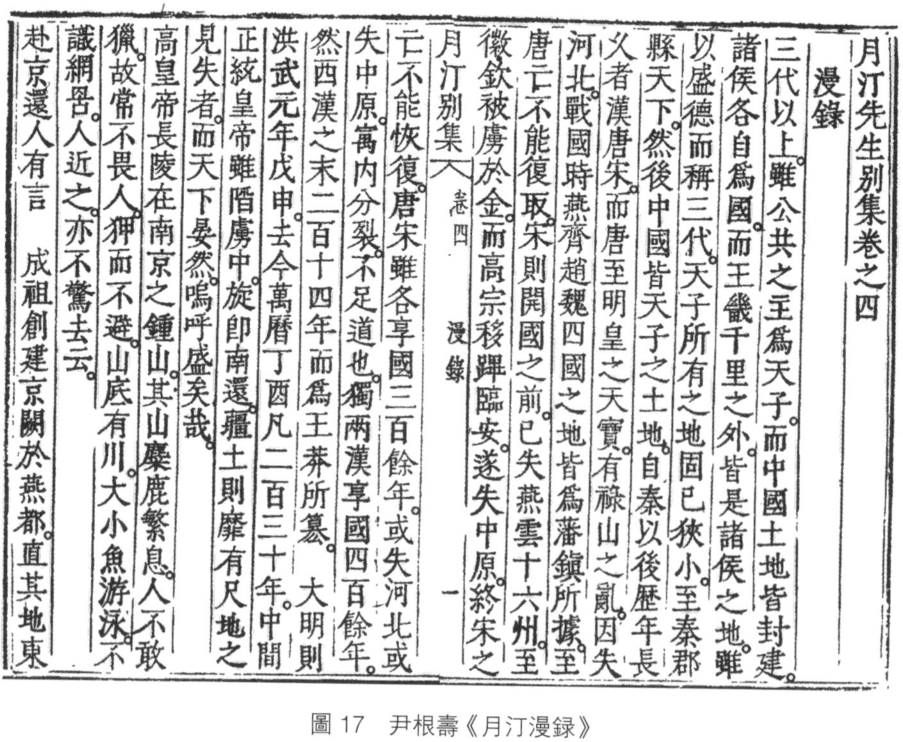

月汀先生別集卷之四

漫錄

三代以上雖公共之主爲天子而中國土地皆封建諸侯各自爲國而王畿千里之外皆是諸侯之地雖以盛德而稱三代天子所有之地固已狹小至秦郡縣天下然後中國皆天子之土地自秦以後歷年長久者漢唐宋而唐至明皇之天寶有祿山之亂因失河北戰國時燕齊趙魏四國之地皆爲藩鎭所據至唐亡不能復取宋則開國之前已失燕雲十六州至徽欽被虜於金而高宗移蹕臨安遂失中原終宋之

月汀別集 卷四 漫錄 一

亡不能恢復唐宋雖各享國三百餘年或失河北或失中原寓內分裂不足道也獨兩漢享國四百餘年然西漢之末二百十四年而爲王莽所簒 大明則洪武元年戊申去今萬曆丁酉凡二百三十年中間正統皇帝雖陷虜中旋即南還疆土則靡有尺地之見失者而天下晏然嗚呼盛矣哉

高皇帝長陵在南京之鍾山其山麋鹿繁息人不敢獵故常不畏人狎而不避山底有川大小魚游泳不識網罟人近之亦不驚去云

赴京還人有言 成祖創建京闕於燕都直其地東

圖 17　尹根壽《月汀漫録》

爲慨恨。壁上有韓西平所題。云國家罷四郡。西北始
設古哈別害以下諸鎭。崎嶇偪側。常有感國之恨。今
到感懷。次壁上韻。孤城新設幾年過。直北關防此一
涯。征馬有時銜白草。戍兵無日解黃花。三江地薄居
民業。四郡墟荒雜虜家。長恨 聖朝空蹙國。雄心無
奈白頭何。萬曆癸丑孟夏。韓浚謙書。余亦有感于斯。
自別害西踰烏蔓嶺。不過二三日。及厚州鴨江邊。乃
曾前胡人所居之地。若不復設厚州。則別害不足爲
藩籬之固。咸興殊可憂也。

甲子燕行雜錄

藥泉集 二十九 雜著 三十二

館中愁寂。取見冊鋪所賣小說。則借陳亡後衣冠子
孫不仕於隋室者。爲之說。而作詩曰。民間定有劉文
叔。世外那無張子房。又見一畫廚畫天子與宮人宦
官隨四時遊樂之狀。而其冠服皆清制。末題曰成化
二十二年太平遊樂之圖。乃是假託成化。實譏當朝
者也。人心所在。抑可知矣。又見錢牧齋謙益與人詩
云。請看典午陽秋例。載記分明琬琰垂。又云知君恥
讀王裒傳。但使生徒廢蓼莪。如此等作。鏤板流布。不
以爲罪。豈北人無文。見之而不覺耶。
諺曰。百聞不如一見。豈不信哉。我國之通中國。亦已

圖 18　南九萬《甲子燕行雜録》

風空谷之生芻。莫覩其人。有識之寒心。厥惟久矣。何
以則使懷瑾握瑜之士。有砥名礪行之實。克保不磷
之操。勿貽無脛之譏。措一世於玉無瑕之域歟。今幸
如玉之士。于于盈庭。須展切磋其學。毋或金玉爾音。

燕京雜識

風俗大抵尙鬼崇佛。所經村庄。皆有佛舍。或廟堂雜
於人家。至如塔院則無處無之。甚至於路傍所謂城
隍堂皆坐佛像。香火不絕。凡有疾病憂故。惟以祈禱
爲事。街路中或有卜肆。而談命者。皆是秀才。所謂女
巫及盲卜則絕無。豈國俗不尙盲巫而然耶。淫祠祈

松湖集 卷六 雜著 十一

禱其弊恐有甚於巫卜也。廟堂則太半是關公廟。或
與佛像並坐而共享之。甚至人家屋壁廚竈等處。皆
奉關公之塑像。念公以千古義烈。必不歆非類之享。
而今乃作一淫祠。與土木鬼怪雜處於腥穢之中。眞
是公之一大厄會也。
彼人皆以商販爲業。無論都邑與村庄。所經路傍大
家小舍。皆是買賣之家。到處開鋪列肆。物貨充積。南
京及河南山西等地。累千里以外之人。單身來留於
北京及沿路各處。興販爲生。或有數十年不見其父
母妻子之面者。蓋其風俗如此。而其生業之艱苦可

圖 19　俞彦述《燕京雜識》

圖20　劉大觀等《筆談稿》

圖21　申佐模《燕行雜記》　　　　　圖22　金昌集等《燕行別章》（贈趙榮祏）

圖 23　趙濈《朝天日乘》 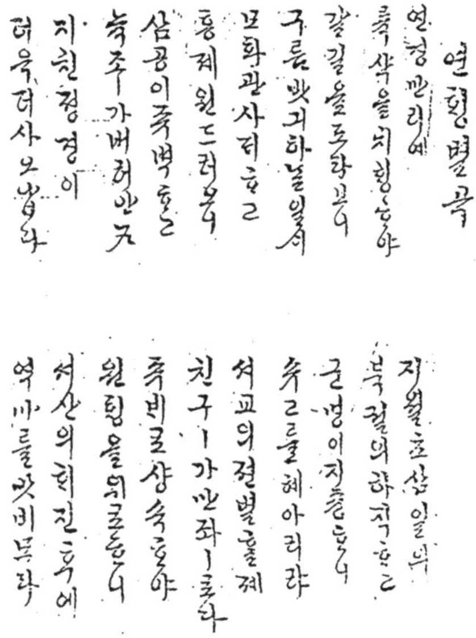　　　　　　　　圖 24　柳命天《연행별곡 (燕行別曲)》

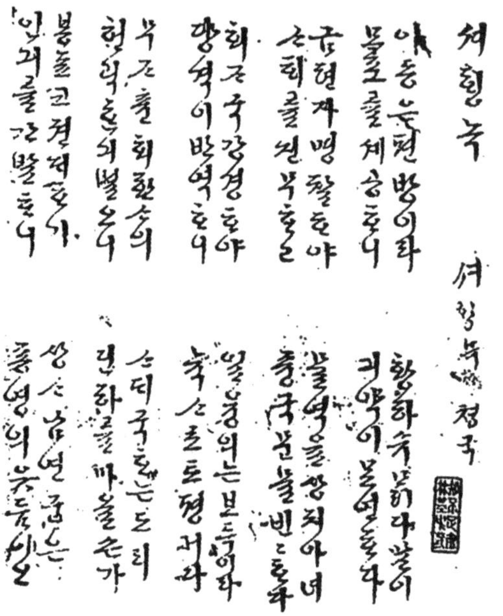

圖 25　金芝叟《西行錄》

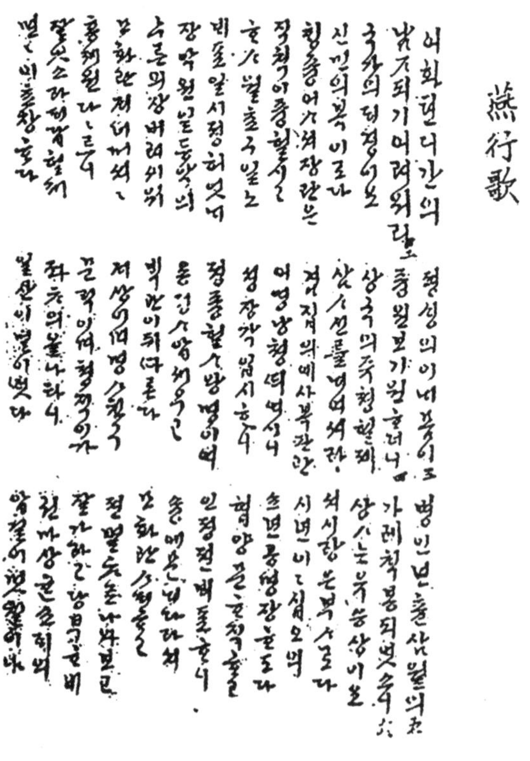

圖 26　洪淳學《燕行歌》

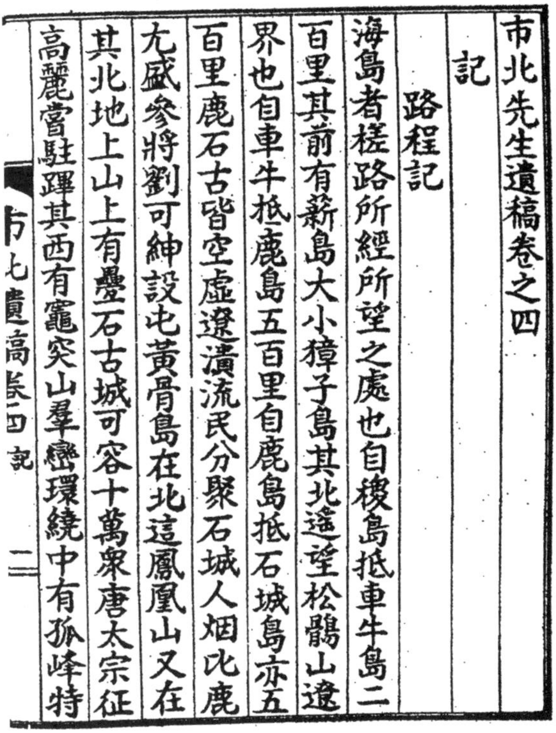

市北先生遺稿卷之四

記

路程記

海島者槎路所經所望之處也自稷島抵車牛島二百里其前有薪島大小獐子島其北遙望松鶻山遼界也自車牛抵鹿島五百里自鹿島抵石城島亦五百里鹿石古皆空虛遼潰民分聚石城人烟比鹿九盛參將劉可紳設屯黃骨島在北這鳳凰山又在其北地上山上有疊石古城可容十萬衆唐太宗征高麗嘗駐蹕其西有竈突山羣巒環繞中有孤峰特

圖27 南以雄《路程記》

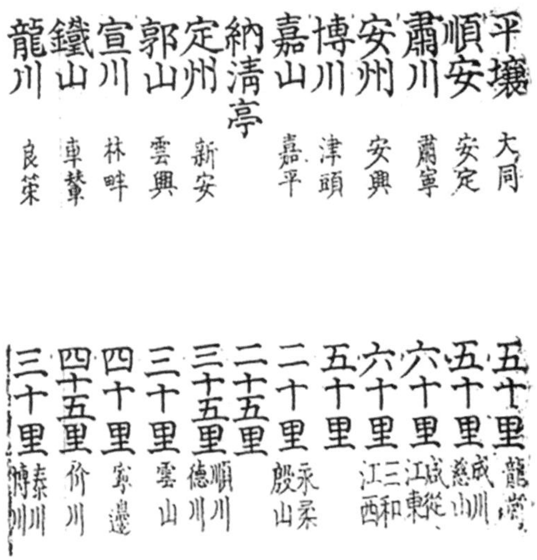 平壤	大同	五十里 龍蟠
順安	安定	五十里 威川
肅川	蕭寧	六十里 江東
安州	安興	六十里 成川
博川	津頭	五十里 江西
嘉山	嘉平	二十里 永柔
納清亭		二十五里 殷山
定州	新安	三十五里 雲山
郭山	雲興	三十里 順川
宣川	林畔	四十五里 德川
鐵山	車輦	四十五里 寧邊
龍川	良策	三十里 泰川 博川

圖28 姜栢年《燕行路程記》

圖29　未詳《入燕程途圖》

圖 30　鄭斗源《朝天記(地圖)》

圖 31　未詳《航海朝天圖》

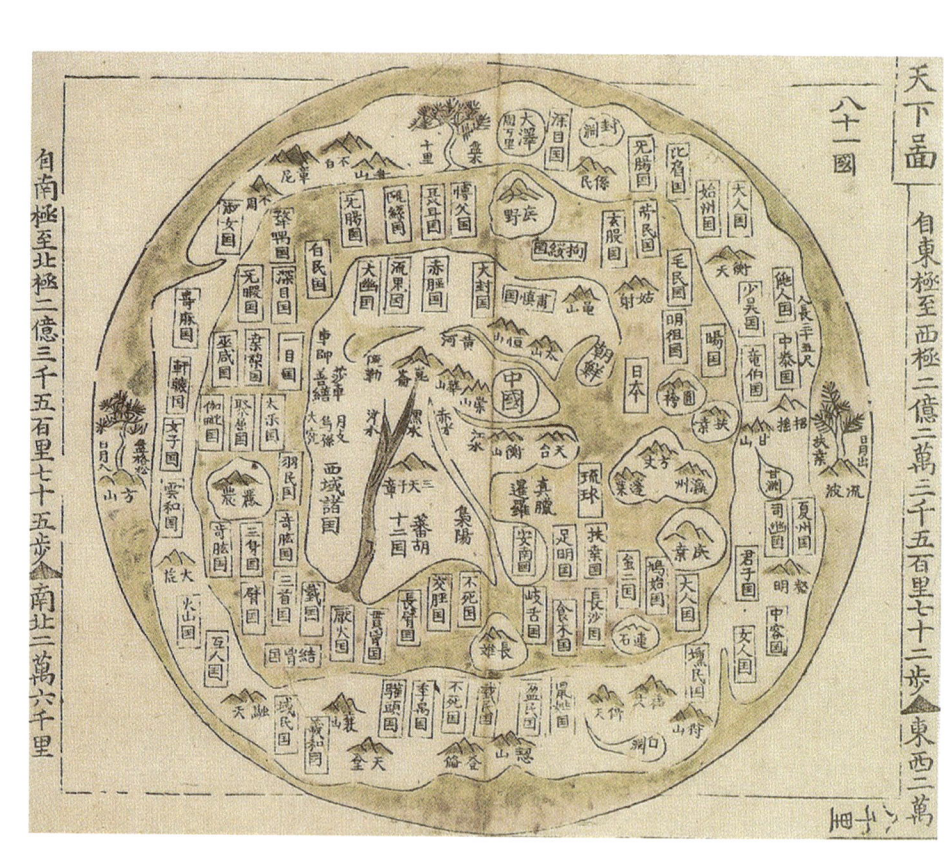

圖 32　未詳《天下地圖》

圖33 未詳《天下地圖》

圖 34　李必成《瀋館舊址圖》

圖 35　姜世晃《瀛臺奇觀帖·瀛臺冰戲》

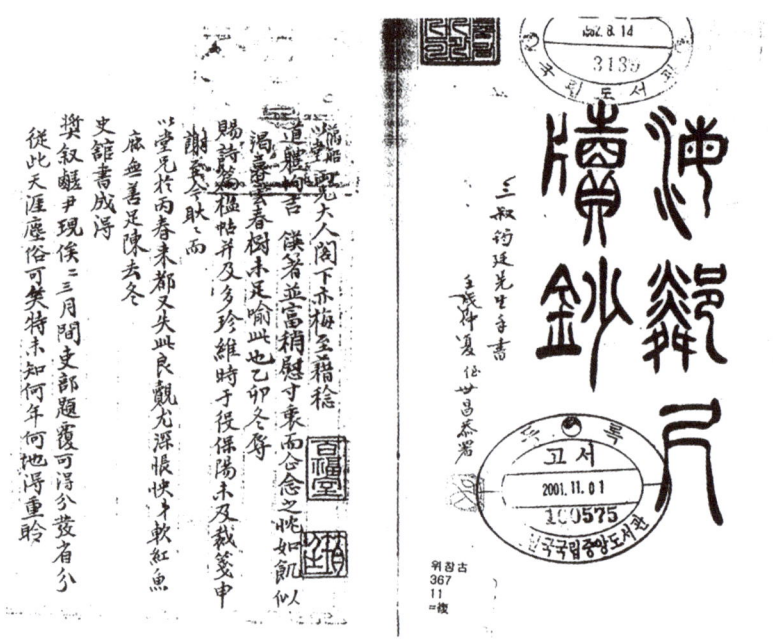

圖36　李尚迪輯藏《海鄰尺牘鈔》

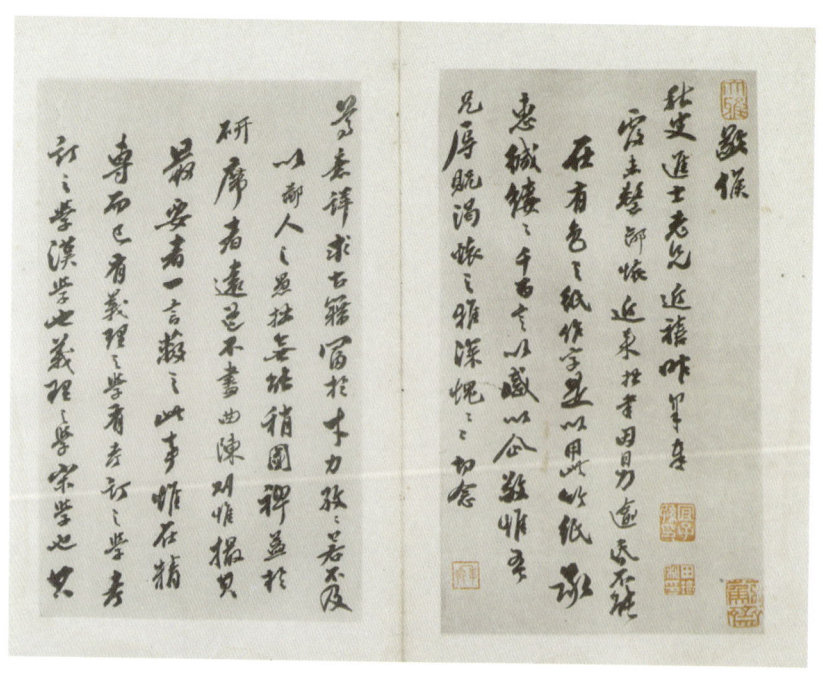

圖37　翁方綱致金正喜原札

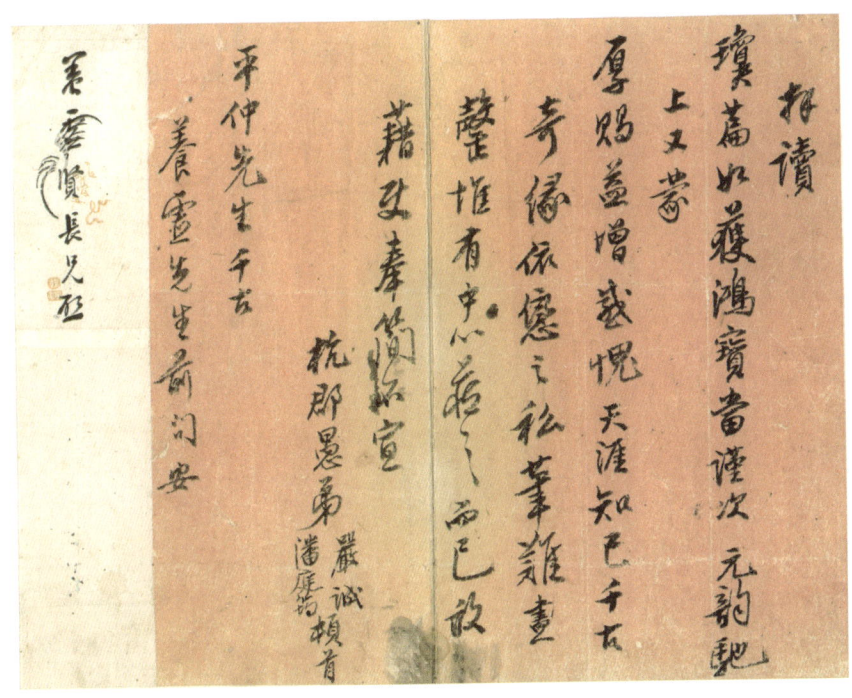

圖38　嚴誠、潘庭筠致金在行（養虛）原札

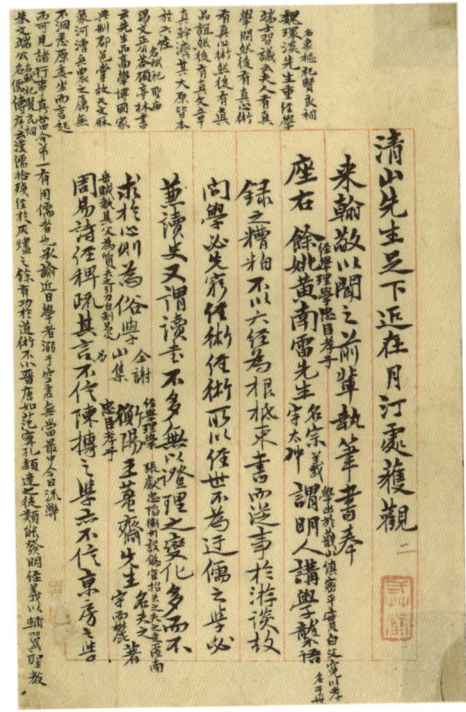

圖39　汪喜孫致金善臣（清山）原札

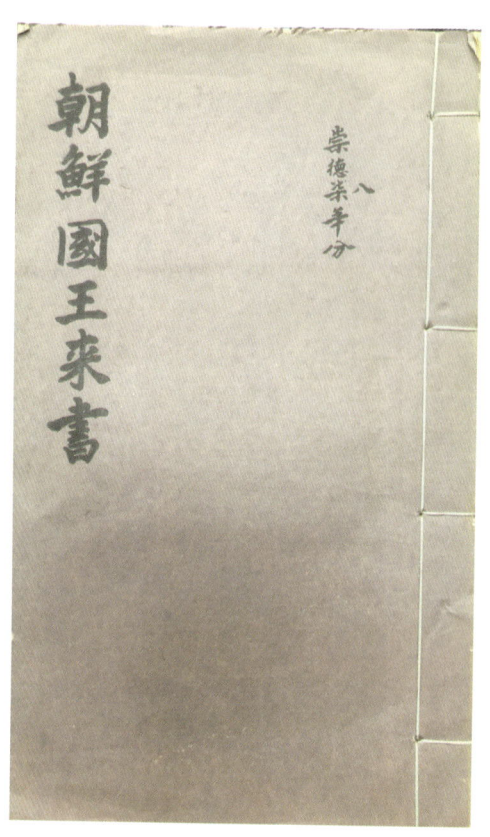

圖 40　仁祖李倧《崇德七八年分朝鮮國王來書》

圖 41　嘉慶七年朝鮮國王李玜謝恩表

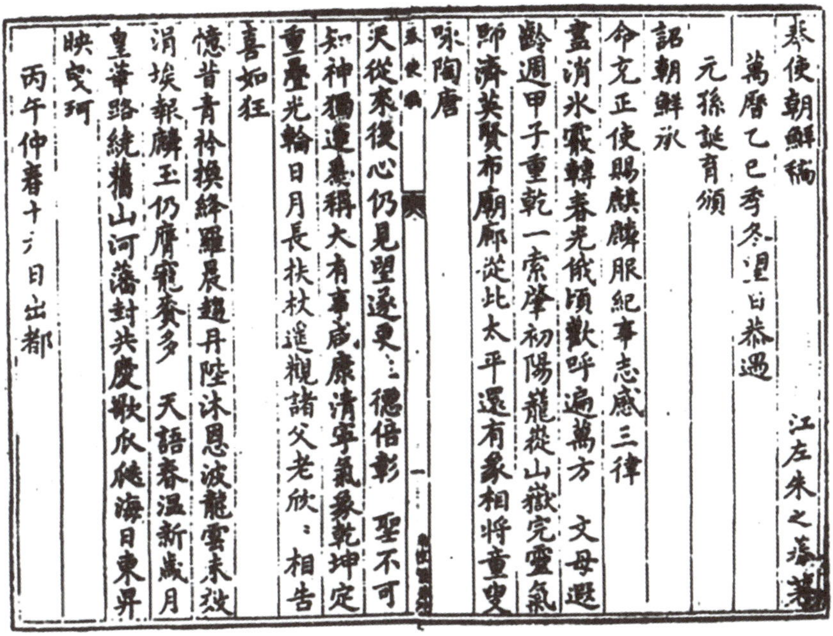

奉使朝鮮稿

萬曆乙巳季冬望日恭遇　江左朱之蕃著

元孫誕育頒

詔朝鮮紀

命充正使賜麒麟服紀事志感三律

盡消氷霰轉春光俄頃歡呼遍萬方　文母選

齡週甲子重乾一索肇初陽龍從山嶽完靈氣

師濟英賢布廟廊從此太平還有象相將童叟

詠陶唐

天從來後心仍見聖遜更德倍彰　聖不可

知神獨運處稱大有事底康清寧氣象乾坤定

重疊光輪日月長扶杖遐覩諸父老欣欣相告

喜如狂

憶昔青衿換絳羅晨趨丹陛沐恩波龍雲未

涓埃報麟玉仍膺寵賚多　天語春温新歲月

皇華路繞舊山河藩封共慶歡欣徧海日東昇

映雯珂

丙午仲春十六日出都

圖 42　朱之蕃《奉使朝鮮稿》

海東詩選卷一

五言古詩

新羅真德女主

大唐太平頌

大唐開鴻業巍巍皇猷昌止戈戎衣定修文繼百王

統天崇雨施理物體含章深仁諧日月撫運邁時康

幡旗既赫赫鉦鼓何鍠鍠外夷違命者剪覆被天殃

圖 43　洪大容、閔百順編《海東詩選》

韓客巾衍集卷之一

洌上　柳琴彈素　抄

李德懋

字懋官號炯菴漢城府人貫全羅道完山府辛巳生

年今三十六著有青莊館集

秋燈急雨

凉宵顧影剔燈紅劍錄星經插架充頓有扁舟浮海想秋

齋忽泛雨聲中

京雨夕

事如塵柒瞥然拋不獨明識即自嘲弟做法奇纖掃帖妻

知骨傲瀾栽袍黃花值閏還添壽紅酒除禁更托文雨打

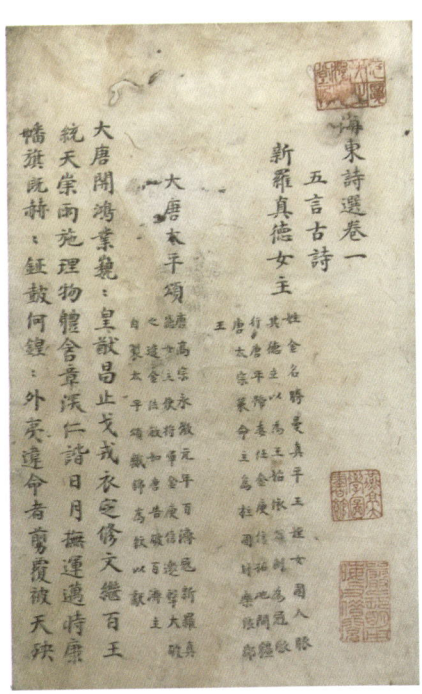

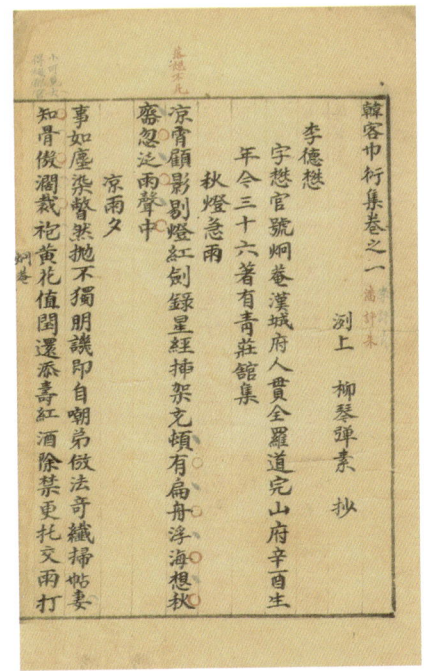

圖 44　李德懋等撰、柳琴輯編《韓客巾衍集》

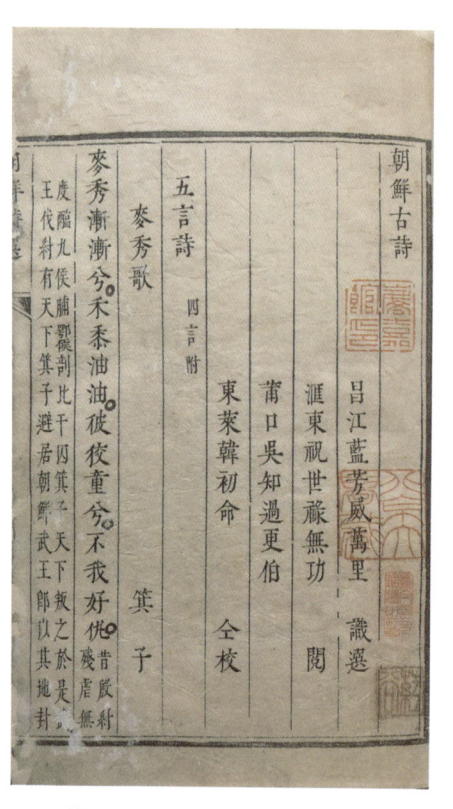

圖 45　藍芳威編《朝鮮古詩》　　　　圖 46　黃膺編《龍喜社海東尋詩集》

圖47　趙榮福畫像（選自趙榮福《燕行日錄》，京畿道博物館1998年版）

圖48　趙憲畫像【選自趙南國等編《東國十八賢》（下），首爾栗谷思想研究院1999年版】

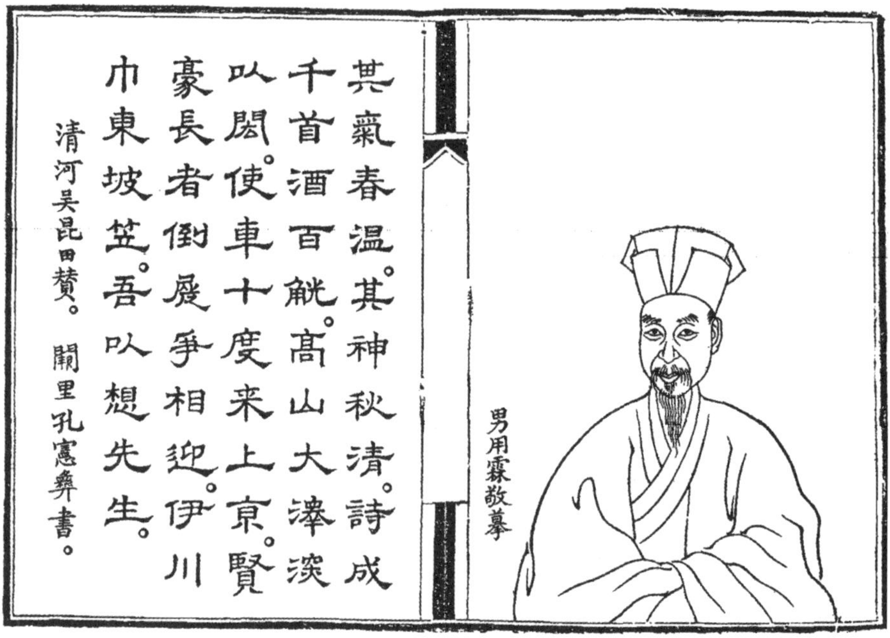
其氣春温。其神秋清。詩成
千首酒百觥。高山大澤深
以閎。使車十度来上京。賢
豪長者倒屣爭相迎。伊川
巾東坡笠。吾以想先生。
清河吴昆田贊。關里孔憲彝書。
男用霖敬摹

圖 49　李尚迪畫像(選自清道光咸豐間《恩誦堂續集》北京刊本)

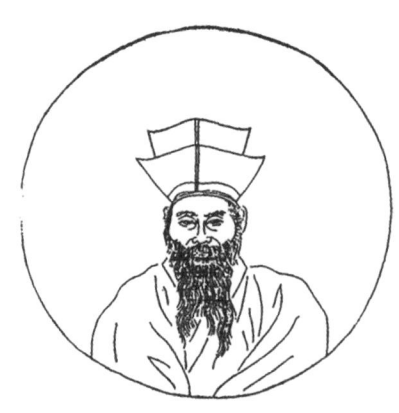

圖 50　姜瑋畫像【選自高宗二十二年(1885)廣印社《古歡堂收草詩稿》活字本】

總　序

袁行霈

　　人文學科是北京大學的傳統優勢學科。早在京師大學堂建立之初，就設立了經學科、文學科，預科學生必須在五種外語中選修一種。京師大學堂於1912年改爲現名，1917年，蔡元培先生出任北京大學校長，他"循思想自由原則，取相容並包主義"，促進了思想解放和學術繁榮。1921年北大成立了四個全校性的研究所，下設自然科學、社會科學、國學和外國文學四門，人文學科仍然居於重要地位，廣受社會的關注。這個傳統一直沿襲下來，中華人民共和國成立後，1952年北京大學與清華大學、燕京大學三校的文、理科合併爲現在的北京大學，大師雲集，人文薈萃，成果斐然。改革開放後，北京大學的歷史翻開了新的一頁。

　　近十幾年來，人文學科在學科建設、人才培養、師資隊伍建設、教學科研等各方面改善了條件，取得了顯著成績。北大的人文學科門類齊全，在國內整體上居於優勢地位，在世界上也佔有引人矚目的地位，相繼出版了《中華文明史》《世界文明史》《世界現代化歷程》《中國儒學史》《中國美學通史》《歐洲文學史》等高水準的著作，並主持了許多重大的考古項目，這些成果發揮着引領學術前進的作用。目前北大還承擔着《儒藏》《中華文明探源》《北京大學藏西漢竹書》的整理與研究工作，以及《新編新注十三經》等重要項目。

　　與此同時，我們也清醒地看到：北大人文學科整體的絕對優勢正在減弱，有的學科只具備相對優勢了；有的成果規模優勢明顯，高度優勢還有待提升。北大出了許多成果，但還要出思想，要產生影響人類命運和前途的思想理論。我們距離理想的目標還有相當長的距離，需要人文學科的老師和同學們加倍努力。

　　我曾經說過：與自然科學或社會科學相比，人文學科的成果，難以直接轉化爲生產力，給社會帶來財富，人們或以爲無用。其實，人文學科力求揭示人生的意義和價值，塑造理想的人格，指點人生趨向完美的境地。

它能豐富人的精神,美化人的心靈,提升人的品德,協調人和自然的關係以及人和人的關係,促使人把自己掌握的知識和技術用到造福於人類的正道上來,這是人文無用之大用!試想,如果我們的心靈中沒有詩意,我們的記憶中沒有歷史,我們的思考中沒有哲理,我們的生活將成爲什麼樣子?國家的强盛與否,將來不僅要看經濟實力、國防實力,也要看國民的精神世界是否豐富,活得充實不充實,愉快不愉快,自在不自在,美不美。

一個民族,如果從根本上喪失了對人文學科的熱情,喪失了對人文精神的追求和堅守,這個民族就喪失了進步的精神源泉。文化是一個民族的標誌,是一個民族的根,在經濟全球化的大趨勢中,擁有幾千年文化傳統的中華民族,必須自覺維護自己的根,並以開放的態度吸取世界上其他民族的優秀文化,以跟上世界的潮流。站在這樣的高度看待人文學科,我們深感責任之重大與緊迫。

北大人文學科的老師們藴藏着巨大的潛力和創造性。我相信,只要使老師們的潛力充分發揮出來,北大人文學科便能克服種種障礙,在國内外開闢出一片新天地。

人文學科的研究主要是著書立説,以個體撰寫著作爲一大特點。除了需要協同研究的集體大項目外,我們還希望爲教師獨立探索,撰寫、出版專著搭建平臺,形成既具個體思想,又彙聚集體智慧的系列研究成果。爲此,北京大學人文學部決定編輯出版"北京大學人文學科文庫",旨在彙集新時代北大人文學科的優秀成果,弘揚北大人文學科的學術傳統,展示北大人文學科的整體實力和研究特色,爲推動北大世界一流大學建設、促進人文學術發展做出貢獻。

我們需要努力營造寬鬆的學術環境、濃厚的研究氣氛。既要提倡教師根據國家的需要選擇研究課題,集中人力物力進行研究,也鼓勵教師按照自己的興趣自由地選擇課題。鼓勵自由選題是"北京大學人文學科文庫"的一個特點。

我們不可滿足於泛泛的議論,也不可追求熱鬧,而應沉潛下來,認真鑽研,將切實的成果貢獻給社會。學術品質是"北京大學人文學科文庫"的一大追求。文庫的撰稿者會力求通過自己潛心研究、多年積累而成的優秀成果，來展示自己的學術水準。

我們要保持優良的學風，進一步突出北大的個性與特色。北大人要有大志氣、大眼光、大手筆、大格局、大氣象，做一些符合北大地位的事，做一些開風氣之先的事。北大不能隨波逐流，不能甘於平庸，不能跟在別人後面小打小鬧。北大的學者要有與北大相稱的氣質、氣節、氣派、氣勢、氣宇、氣度、氣韻和氣象。北大的學者要致力於弘揚民族精神和時代精神，以提升國民的人文素質爲己任。而承擔這樣的使命，首先要有謙遜的態度，向人民群衆學習，向兄弟院校學習。切不可妄自尊大，目空一切。這也是"北京大學人文學科文庫"力求展現的北大的人文素質。

這個文庫目前有以下 17 套叢書：

"北大中國文學研究叢書"（陳平原　主編）

"北大中國語言學研究叢書"（王洪君　郭鋭　主編）

"北大比較文學與世界文學研究叢書"（張輝　主編）

"北大中國史研究叢書"（榮新江　張帆　主編）

"北大世界史研究叢書"（高毅　主編）

"北大考古學研究叢書"（趙輝　主編）

"北大馬克思主義哲學研究叢書"（豐子義　主編）

"北大中國哲學研究叢書"（王博　主編）

"北大外國哲學研究叢書"（韓水法　主編）

"北大東方文學研究叢書"（王邦維　主編）

"北大歐美文學研究叢書"（申丹　主編）

"北大外國語言學研究叢書"（寧琦　高一虹　主編）

"北大藝術學研究叢書"（彭鋒　主編）

"北大對外漢語研究叢書"（趙楊　主編）

"北大古典學研究叢書"（李四龍　彭小瑜　廖可斌　主編）

"北大人文學古今融通研究叢書"（陳曉明　彭鋒　主編）

"北大人文跨學科研究叢書"（申丹　李四龍　王奇生　廖可斌主編）[1]

---

[1] 本文庫中獲得國家社科基金後期資助或入選國家哲學社會科學成果文庫的專著，因出版設計另有要求，我們會在叢書其他專著後勒口列出的該書書名上加星號注標，在文庫中存目。

這17套叢書僅收入學術新作,涵蓋了北大人文學科的多個領域,它們的推出有利於讀者整體瞭解當下北大人文學者的科研動態、學術實力和研究特色。這一文庫將持續編輯出版,我們相信通過老中青學者的不斷努力,其影響會越來越大,並將對北大人文學科的建設和北大創建世界一流大學起到積極作用,進而引起國際學術界的矚目。

2020年3月修訂

叢書序言

　　北京大學是中國近代建立的第一所真正意義上的綜合性大學。北京大學最早設立的學科中，就包括外語和外國文學研究。如果要進一步追溯歷史，北京大學的前身之一，有同治元年（1862）由清政府設立的京師同文館。同文館之下，分設有東文館，"東文"一詞，當時指日語。日語是東方語言之一種，因此，東文館或許就可以說是近代中國東方語言教學最早的起點。

　　但無論是同文館，還是東文館，還是京師大學堂時期，外語一科，在這個時候，基本上只是語言的教學和翻譯，說不上有多少研究的成分，更說不上東方文學的研究。東方文學的研究，如果說有，是1916年蔡元培擔任北京大學校長，北大的學科全面更新以後的事。

　　二十世紀的前三十年，北京大學作為中國高等教育和學術發展最重要的代表機構，在學科建設上，開始引進東方語言、東方學的教學和研究。具體的表現是，一方面，在一般的語言文學的課程中，不同程度地引入了今天所說的東方文學研究的內容，另一方面，除了日語以外，還嘗試開設其他東方語言的課程。後者的一個事例是，1920年以蔡校長的名義，邀請流亡的愛沙尼亞學者鋼和泰（A. von Stael-Holstein）到校教授梵文，以及與印度宗教、印度文學相關的課程。這一安排，也是當時中國學術界的一批有識之士為了發展中國的東方學研究，整體所做的努力的一部分。所有這些，可以說是為後來中國東方文學的學科建設所做的鋪墊。

　　在此之前，有件事，與東方文學有關，也值得提一下。講東方文學，印度是很重要的國家，印度近代最有名的詩人泰戈爾，在1913年獲得諾貝爾文學獎，這是亞洲人最早獲得的諾貝爾獎，很讓正在尋求世界新身份的亞洲知識界人士感到興奮。北京大學的教授陳獨秀，積極追求和宣傳新思想，1915年，把泰戈爾的獲獎作品《吉檀迦利》中的四首短詩，用文言翻譯為中文，發表在1915年10月出版的《青年雜誌》上。陳獨秀研究的問題，有關文學的很少，但他作為近代中國知識界，後來也是政治界的領袖人物之一,引領風騷,曾經有過極大的影響。陳獨秀翻譯泰戈爾的詩,不過是他一生所做的很多事中很小的一件事,但就這一件小事,足以説明泰戈爾和泰戈爾代表的東方文學作品當時所受到的關注。

在中國教育和學術新變革和新發展的大背景下,1924年,北京大學曾經設立過一個"東方文學系"。不過,限於條件,這個時候的"東方文學系"最後實際設立的專業只有日語和日本文學。擔任系主任的周作人,雖然後來個人有"失節"的問題,但在學問,尤其是日本文學的翻譯和研究方面,確實在當時乃至今天也還是一位很有見識,很有成就的學者。也是在這個時候,"東方文學"作爲一個學科的名稱,在國內被廣泛地接受。周作人,以及與周作人同時代的一些學者,其中包括魯迅、許地山等,都大力宣導東方文學的研究,同時他們也身體力行,各有成就。魯迅一度在北大任教,講授文學方面的課程,其中也包括東方文學的內容。

不過,在中國最早的,真正比較有規模,也比較完整的東方語言和東方文學的教學與研究機構,是北京大學在1946年設立的東方語文學系。當時季羨林先生從德國留學歸來,成爲東方語文學系的第一位教授同時兼任主任,教員中有阿拉伯語的馬堅,其後金克木、于道泉、王森等先生陸續加入,再其後原在南京的國立東方語言專科學校、中央大學邊政學系的教師併入東方語文學系,語種除了最初的梵語、巴利語、阿拉伯語、蒙古語、藏語,到1952年全國高校院系調整前,已經增加到十多個亞洲語種。以教師和學生的人數論,東方語文學系一度成爲北京大學最大的一個系。此後東方語文學系的名稱稍有調整,更名爲東方語言文學系。從五十年代到六十年代中期,東方語言文學系的教師們在做好語言教學的同時,很大的精力都放在東方文學,尤其是亞洲各國文學的研究上,東方文學研究得到快速發展。亞洲國家,尤其是印度古代經典以及當代文學作品,不少被翻譯出來,同時還發表有相關的研究著作和論文。

十年"文化大革命",讓所有的學術研究中斷。七十年代末開始的改革開放,讓北京大學的東方文學研究重獲生機,得到很大的發展。教師們翻譯出更多的作品,有了更多的研究著作,其中成就最大的,首推季羨林和金克木二位先生。新時期,各方面又有不少的變化。1993年,東方語言文學系改名爲東方學系，擴大了教學和研究的範圍，但東方文學仍然是最主要的研究課題，同時新的研究，涉及更多的問題，不是"小文學"，而是"大文學"。在北京大學校內，1985年成立的比較文學研究所——後來改名爲比較文學與比較文化研究所——強調"比較"，比較所及，相當一部分也涉及東方文學。

1999年9月，北京大學組建外國語學院，東方學系併入其中，分別成爲外國語學院建制下的阿拉伯語、朝(韓)語、東南亞、南亞、日語、西亞、亞非七個系。與此相配合，又建立了東方文學研究中心，2000年申報教育部人文社科重點研究基地，經過評審，成爲全國高校百所重點基地之一。北京大學有關東方文學的研究工作由此大多由東方文學研究中心負責實施。中心成立至今，先後組織開展五十餘項與東方文學研究直接相關的課題，召開學術會議，出版各類研究著作，包括《東方文學研究集刊》，每年舉辦以東方文學爲主題的暑期學校，培養人才。時至今日，東方文學研究中心在一定程度上已經成爲國內高校這一學科的代表性學術機構。

以上簡要的回顧，只是想說明，中國的東方文學研究，最初從北京大學開始，傳統延續下來，歷久彌新，至今依然活躍而具有充分的生機。過去的一個世紀，前輩們爲我們樹立了典範。新的世紀也已經過去了20年。這十多年間，就東方文學的研究而言，北京大學的教師又有了不少新的成果。這讓人感覺鼓舞和興奮。

但更讓人鼓舞和興奮的是，北京大學人文學部2016年決定創建"北京大學人文學科文庫"，集中出版北大人文學科教師的學術新著。"文庫"包括多種叢書，其中一種是"北大東方文學研究叢書"。人文學部主任申丹邀請我擔任這一叢書的主編。我在北京大學學習和工作，至今已經41年，自己的專業和研究又大多與東方文學有關，接受這個任務義不容辭。相信這套叢書能對促進北大東方文學研究的發展起到積極作用。

我很希望通過這一"文庫"成果的不斷面世，北京大學人文學科多年的學術傳統能夠得到進一步弘揚，學校的學科建設能由此取得更大的成績。

王邦維
2020年9月29日

目　録

自叙 ··· 1

凡例 ··· 1

卷一　0001—0007 ··· 1
高麗高宗二年（金宣宗貞祐三年　1215）—恭愍王二年（元順帝至正十三年　1353）

 0001-1215　陳溰《使金録》 ··· 1
 0002-1240　金坵《北征録》 ··· 3
 0003-1273　李承休《賓王録》 ··· 6
 0004-1314　李齊賢《清遊稿》 ··· 9
 0005-1334　李穀《奉使録》 ··· 11
 0006-1338　鄭誧《上國遊稿》 ··· 14
 0007-1353,1355,1388　李穡《使行録》 ································· 15

卷二　0008—0014 ··· 19
恭愍王二十一年（明太祖洪武五年　1372）—恭讓王三年（洪武二十四年　1391）

 0008-1372　金九容《奉使詩》 ··· 19
 0009-1372,1384,1386　鄭夢周《赴南詩》 ································· 21
 0010-1384　金九容《流雲南》 ··· 26
 0011-1384,1389,1392　鄭道傳《奉使雜録》 ································· 29
 0012-1386,1388　李崇仁《奉使録》 ································· 31
 0013-1389　權近《奉使録》 ··· 33

0014-1391 趙浚《朝天詩》……………………………………… 37

卷三　0015—0026 ……………………………………… 39
朝鮮定宗二年(明惠帝建文二年　1400)—世祖九年(明英宗天順七年　1463)

0015-1400,1402 李詹《觀光錄》……………………………… 39
0016-1419 張子忠《判書公朝天日記》…………………… 42
0017-1445/1446 申叔舟《遼東問韻錄》…………………… 44
0018-1445/1446 成三問《遼東問韻錄》…………………… 47
0019-1447,1450 成三問《朝天詩》………………………… 48
0020-1452,1455 申叔舟《朝天詩》………………………… 50
0021-1457 金守溫《朝天詩》…………………………………… 52
0022-1459 魚世謙《己卯朝天詩》……………………………… 53
0023-1459,1468 李石亨《朝天詩》………………………… 54
0024-1459 李承召《朝天詩》…………………………………… 56
0025-1460 徐居正《北征錄》…………………………………… 57
0026-1463 姜希孟《朝天詩》…………………………………… 60

卷四　0027—0034 ……………………………………… 63
成宗三年(明憲宗成化八年　1472)—成宗十九年(明孝宗弘治元年　1488)

0027-1472,1475,1485,1488 成俔《觀光錄》……………… 63
0028-1475 崔淑精《朝天詩》…………………………………… 66
0029-1480 魚世謙《庚子朝天詩》……………………………… 68
0030-1480 李承召《庚子朝天詩》……………………………… 69
0031-1480 金訢《觀光錄》……………………………………… 71
0032-1481 洪貴達【原題成俔】《辛丑朝天錄》……………… 72

0033-1481 申從濩《辛丑觀光行錄》……………………………… 75
0034-1488 蔡壽《觀光錄》…………………………………… 76

卷五　0035—0041 ……………………………………… 79
燕山君二年(弘治九年　1496)—燕山君八年(弘治十五年　1502)

0035-1496 申從濩《丙辰觀光行錄》……………………… 79
0036-1498 曹偉《燕行錄》…………………………………… 80
0037-1499,1519 金世弼《燕行錄》…………………………… 82
0038-1499,1521 金克成《觀光錄》…………………………… 85
0039-1499 洪彥忠《朝天詩》………………………………… 86
0040-1500 李荇《朝天錄》…………………………………… 87
0041-1502 成俔等【原題權柱】《燕行時諸公贈行帖》……… 89

卷六　0042—0051 ……………………………………… 92
中宗十三年(明武宗正德十三年　1518)—中宗三十九年(明世宗嘉靖二十三年　1544)

0042-1518 金安國《燕行錄》………………………………… 92
0043-1533 蘇世讓《陽谷朝天錄》…………………………… 94
0044-1533 蘇世讓《朝天詩》………………………………… 98
0045-1533 蘇巡《葆真堂燕行日記》………………………… 99
0046-1534 崔演《朝天詩》…………………………………… 101
0047-1534 鄭士龍《朝天錄》………………………………… 102
0048-1537 丁煥《朝天錄》…………………………………… 104
0049-1539 權橃《朝天錄》…………………………………… 105
0050-1539 任權《燕行日記》………………………………… 107
0051-1544 鄭士龍《甲辰朝天錄》…………………………… 111

卷七　0052—0057 ………………………………………… 112
明宗即位年（明世宗嘉靖二十四年　1545）—明宗二十二年（明穆宗隆慶元年 1567）

  0052-1545　李滉等《朝天別章》………………………………… 112
  0053-1547　宋純《燕行錄》……………………………………… 114
  0054-1548　崔演《西征錄》……………………………………… 117
  0055-1562　柳中郢《燕京行錄》………………………………… 118
  0056-1566,1573,1589,1594　尹根壽《朱陸異同》《月汀
    漫錄》……………………………………………………… 120
  0057-1567　柳景深《朝天詩》…………………………………… 123

卷八　0058—0066 ………………………………………… 125
宣祖元年（明穆宗隆慶二年　1568）—宣祖七年（明神宗萬曆二年　1574）

  0058-1568　李珥《朝天詩》……………………………………… 125
  0059-1569　朴承任《嘯皐觀光錄》……………………………… 127
  0060-1572　許震童《朝天錄》…………………………………… 128
  0061-1572　許震童《朝天詩》…………………………………… 129
  0062-1572　洪聖民《朝天錄【原題拙翁燕行詩】》……………… 130
  0063-1574　許篈《荷谷先生朝天記》…………………………… 131
  0064-1574　許篈《燕山紀行詩》………………………………… 134
  0065-1574　趙憲《朝天日記》…………………………………… 135
  0066-1574　趙憲《東還封事》…………………………………… 139

卷九　0067—0075 ………………………………………… 141
宣祖十年（萬曆五年　1577）—宣祖十九年（萬曆十四年　1586）

  0067-1577　金誠一《金誠一朝天日記》………………………… 141

0068-1577 金誠一《朝天録》 …………………………………… 143
0069-1577 崔岦《丁丑行録》 ………………………………… 144
0070-1579 權擘《朝天詩》 …………………………………… 145
0071-1581 高敬命《朝天詩》 ………………………………… 147
0072-1581 崔岦《辛巳行録》 ………………………………… 149
0073-1581 韓濩《辛巳朝天録》 ……………………………… 150
0074-1591 韓應寅《朝天録》 ………………………………… 152
0075-1586 成壽益《朝天録》 ………………………………… 155

卷一〇　0076—0081 …………………………………… 157
宣祖二十年(萬曆十五年　1587)—宣祖二十年(萬曆十五年　1587)

0076-1587 裴三益《朝天録》 ………………………………… 157
0077-1587 裴三益《朝天録》 ………………………………… 161
0078-1587 裴三益《呈禮部文》 ……………………………… 161
0079-1587 權好文等【原題裴三益】《朝天別章》 ………… 162
0080-1587 俞泓《朝天詩》 …………………………………… 163
0081-1587 黄璉《朝天行録》 ………………………………… 165

卷一一　0082—0092 …………………………………… 168
宣祖二十二年(萬曆十七年　1591)—宣祖二十六年(萬曆二十一年　1593)

0082-1589 尹根壽《朝天録》 ………………………………… 168
0083-1590 李晬光《庚寅朝天録》 …………………………… 169
0084-1591 吴億齡《朝天録》 ………………………………… 171
0085-1591 鄭寅普編《唐陵君朝天奇事徵》 ………………… 174
0086-1591 柳夢寅《星槎録》 ………………………………… 176
0087-1591 朴而章《辛卯朝天詩》 …………………………… 178

0088-1592　鄭崑壽《赴京日錄》 …………………………… 180
0089-1592　鄭崑壽《呈禮部兵部文》 ………………………… 182
0090-1593　鄭澈《文清公燕行日記》 ………………………… 183
0091-1593　鄭澈《朝天錄》 …………………………………… 185
0092-1593　崔岦《癸巳行錄》 ………………………………… 185

卷一二　0093—0100 …………………………………… 188
宣祖二十七年（萬曆二十二年　1594）—宣祖二十九年（萬曆二十四年 1596）

0093-1594　崔岦《甲午行錄》 ………………………………… 188
0094-1577,1581,1593,1594　崔岦《四行文錄》 …………… 190
0095-1594　申欽《甲午朝天詩》 ……………………………… 191
0096-1594　洪履祥《朝天詩》 ………………………………… 193
0097-1595　閔仁伯《朝天錄》 ………………………………… 196
0098-1595,1604　閔仁伯《朝天詩》 ………………………… 197
0099-1595　申忠一《建州聞見錄》 …………………………… 197
0100-1596　柳思瑗《文興君控於錄》 ………………………… 199

卷一三　0101—0112 …………………………………… 203
宣祖三十年（萬曆二十五年　1597）—宣祖三十一年（萬曆二十六年 1598）

0101-1597　李尚毅《丁酉朝天錄》 …………………………… 203
0102-1597　權悏《石塘公燕行錄》 …………………………… 205
0103-1597　李睟光《朝天錄》 ………………………………… 206
0104-1597　李睟光《安南國使臣唱和問答錄》 ……………… 207
0105-1597　許筬《丁酉朝天錄》 ……………………………… 209
0106-1598　李恒福《朝天日乘》 ……………………………… 211

0107-1598 李恒福《朝天記聞》…… 214
0108-1598 李恒福《朝天録》…… 215
0109-1598 李廷龜《戊戌辨誣録》…… 216
0110-1598 李廷龜《戊戌朝天録》…… 218
0111-1598 黄汝一《銀槎日録》…… 219
0112-1598 黄汝一《銀槎録詩》…… 221

卷一四　0113—0123 …… 222
宣祖三十年（萬曆二十五年　1597）—宣祖三十五年（萬曆三十年　1602）

0113-1599 趙翊《皇華日記》…… 222
0114-1599 趙翊《朝天録》…… 224
0115-1599,1608 李好閔《燕行録》…… 225
0116-1599,1608 李好閔《呈文》…… 228
0117-1601 李安訥《朝天録》…… 229
0118-1602 金止男《壬寅朝天詩》…… 231
0119-1602 金玏《朝天録》…… 233
0120-1602 金玏《呈文》…… 235
0121-1602 李廷馨《朝天録》…… 237
0122-1602 張晚《朝天録》…… 238
0123-1602 李民宬《壬寅朝天録》…… 240

卷一五　0124—0131 …… 242
宣祖三十六年（萬曆三十一年　1603）—宣祖四十年（萬曆三十五年　1607）

0124-1603 朴而章《癸卯朝天詩》…… 242
0125-1603 李好閔等《朝天別章》…… 243
0126-1603 鄭毅《松浦公癸甲朝天日記》…… 243

0127-1604 安克孝【原題未詳】《朝天日録》························ 245

0128-1604 李廷龜《甲辰朝天録》······························· 247

0129-1604 閔仁伯《朝天録》··· 250

0130-1605 李馨郁《燕行日記》······································ 251

0131-1607 崔沂《崔海州沂朝天日記》····························· 253

卷一六　0132—0144 ·· 255
光海君即位年（萬曆三十六年　1608）—光海君元年（萬曆三十七年　1609）

0132-1608 吳億齡《朝天録》··· 255

0133-1608 蘇光震《朝天日録》······································ 256

0134-1608 蘇光震《赴燕詩【原題後泉赴燕詩】》··············· 257

0135-1608 李德馨《朝天詩》··· 258

0136-1608 崔睍【原題晛】《朝天日録【原題訒齋朝天日録】》 ······ 260

0137-1608 崔睍《朝天詩》··· 263

0138-1609 鄭經世《朝天録》··· 265

0139-1609 柳夢寅《朝天録》··· 266

0140-1609 柳夢寅《呈文》··· 268

0141-1609 金存敬《燕行詩》··· 269

0142-1609 申欽等《己酉千秋書狀諸賢贐行詩》··············· 270

0143-1609 申欽《奏請使朝天日記》································ 271

0144-1609 申欽《己酉朝天詩》······································ 271

卷一七　0145—0156 ·· 273
光海君二年（萬曆三十八年　1610）—光海君三年（萬曆三十九年　1611）

0145-1610 黃是【原題黃士祐】《朝天録》························ 273

0146-1610 趙緯韓《朝天録》··· 274

0147-1610 鄭士信《梅窗先生朝天録》···························· 277

0148-1610　鄭士信《朝天紀行詩》 …………………………… 279

0149-1610　柳根等《朝天贐行詩》 …………………………… 280

0150-1610　金時讓《朝天詩》 ………………………………… 281

0151-1610　金時讓《赴京回還啓辭》 ………………………… 282

0152-1610　鄭文孚《朝天詩》 ………………………………… 283

0153-1611　李尚毅《辛亥朝天錄》 …………………………… 285

0154-1611　李德馨等《奏請朝天時贐行詩》 ………………… 286

0155-1611　李睟光《續朝天錄》 ……………………………… 287

0156-1611　李睟光《琉球使臣贈答錄》 ……………………… 288

卷一八　0157—0166 ………………………………………… 290
光海君五年(萬曆四十一年　1613)—光海君八年(萬曆四十四年　1616)

0157-1613　宋英耇《朝天詩》 ………………………………… 290

0158-1613　鄭弘翼《燕行錄》 ………………………………… 291

0159-1613,1630　高用厚《朝天錄前稿【原題朝天錄】》 …… 293

0160-1614　金中清《朝天錄》 ………………………………… 294

0161-1614　金中清《燕程感發【原題朝天詩】》 ……………… 296

0162-1614　李好閔等【原題金中清】《赴京別章》 …………… 298

0163-1615　許筠《乙丙朝天錄》 ……………………………… 299

0164-1616　金止男《丙辰朝天詩》 …………………………… 303

0165-1616　李廷龜《丙辰朝天錄》 …………………………… 304

0166-1616　睦大欽《丙辰朝天錄》 …………………………… 305

卷一九　0167—0174 ………………………………………… 308
光海君九年(萬曆四十五年　1617)—光海君十年(萬曆四十六年　1618)

0167-1617　金存敬《聖節使赴京日記》 ……………………… 308

0168-1617 柳根等《聖節諸賢贐行詩》……………………… 309

0169-1617 李尚吉《朝天錄》………………………………… 310

0170-1617 金鑑《朝天日記》………………………………… 311

0171-1618 金淮《朝天日錄》………………………………… 312

0172-1618/1620 李民宬《西行錄上·柵中日錄》……………… 314

0173-1618/1620 李民宬《西行錄下·建州聞見錄》…………… 316

0174-1618 李慶全《朝天詩》………………………………… 317

卷二〇　0175—0185 ……………………………………… 319
光海君十一年(萬曆四十六年　1619)—光海君十四年(明熹宗天啓二年 1622)

0175-1619 李廷龜《庚申燕行錄》…………………………… 319

0176-1619 李廷龜《庚申朝天錄》…………………………… 321

0177-1619 李廷龜《庚申朝天紀事》………………………… 322

0178-1619 李弘胄《梨川相公使行日記》…………………… 324

0179-1619 洪命元《朝天錄》………………………………… 325

0180-1619 吴翻《己未朝天錄》……………………………… 328

0181-1620 黄中允《西征日録》……………………………… 329

0182-1620 黄中允《西征詩》………………………………… 331

0183-1621 安璥《駕海朝天錄》……………………………… 332

0184-1622 吴允謙《海槎朝天日録【原題楸灘朝天日録】》…… 334

0185-1622 吴允謙《海槎朝天詩》…………………………… 338

卷二一　0186—0198 ……………………………………… 340
仁祖元年(天啓三年　1623)—仁祖二年(天啓四年　1624)

0186-1623 李慶全《祭海神文》……………………………… 340

0187-1623 尹暄《白沙公航海路程日記》…………………… 341

0188-1623 李民宬《朝天録》	342
0189-1623 李民宬《燕槎唱酬集》	343
0190-1623 趙濈《朝天録》	344
0191-1623 趙濈《朝天日乘》	346
0192-1624 李德泂【原題未詳】《朝天録【原題竹泉朝天録】》	348
0193-1624 未詳《됴텬녹(朝天録)》	352
0194-1624 吳翿《甲子朝天録》	353
0195-1624 洪翼漢《花浦先生朝天航海録》	354
0196-1624 洪翼漢《航海朝天詩》	357
0197-1624 金德承《天槎大觀》	358
0198-1624 金德承《朝天詩》	361

卷二二　0199—0211 ………………………………… 362

仁祖三年(天啓五年　1625)—仁祖八年(明思宗崇禎三年　1630)

0199-1625 全湜《槎行録》	362
0200-1625 全湜《乙丑朝天詩》	364
0201-1625 李睟光等《槎行贈言》	365
0202-1626 金尚憲《朝天録》	365
0203-1626 金地粹《朝天録》	369
0204-1628 申悦道《朝天時聞見事件啓》	370
0205-1628 申悦道《朝天録》	373
0206-1629 李忔《雪汀先生朝天日記》	373
0207-1629 李忔【原題未詳】《朝天日記》	376
0208-1629 李忔《朝天詩》	376
0209-1629 崔有海《東槎録》	378
0210-1630 高用厚《庚午朝天録》	379
0211-1630 高用厚《朝天録文》	380

卷二三　0212—0220 ……………………………………………… 382

仁祖十年（崇禎五年　1632）—仁祖十四年（崇禎九年　1636）

　　0212-1632　李安訥《朝天後録》……………………………… 382
　　0213-1632　洪鎬《朝天日記》………………………………… 384
　　0214-1632　洪鎬《朝天詩》…………………………………… 385
　　0215-1632　李植等《朝天贈行詩》…………………………… 386
　　0216-1636　金堉《朝京日録》………………………………… 387
　　0217-1636　金堉《朝天録》…………………………………… 389
　　0218-1636　金堉《北征詩》…………………………………… 391
　　0219-1636　李晚榮《崇禎丙子朝天録》……………………… 392
　　0220-1636　李晚榮《朝天詩》………………………………… 394

卷二四　0221—0228 ……………………………………………… 396

仁祖六年（後金天聰二年　1628）—仁祖十四年（清太宗崇德元年　1636）

　　0221-1628　鄭文翼《私日記》………………………………… 396
　　0222-1630　宣若海《瀋陽日記》……………………………… 398
　　0223-1631　魏廷喆《瀋陽日記（瀋陽往還日記）》………… 400
　　0224-1631　朴蘭英《瀋陽往還日記【原題朴蘭英瀋陽日記】》…… 400
　　0225-1635　李浚《瀋行日記【原題歸來亭瀋行日記】》……… 402
　　0226-1636　羅德憲《北行日記》……………………………… 404
　　0227-1636　洪翼漢《北行録》………………………………… 406
　　0228-1636　許遂【原題未詳】《瀋陽日記鈔》……………… 408

卷二五　0229—0239 ……………………………………………… 410

仁祖十五年（清崇德二年　1637）

　　0229-1637/1645　未詳《昭顯世子瀋陽狀啓》……………… 410

0230-1637/1639 李時楷【原題未詳】《同行錄(瀋陽質館同行錄　瀋中日記)》…………………………………………………… 412

0231-1637/1639 金宗一《瀋陽日乘》……………………………………… 415

0232-1637/1639 申弘望等《瀋行贐章》…………………………………… 417

0233-1637/1644 未詳《昭顯瀋陽日記》……………………………………… 417

0234-1637/1645 未詳《瀋陽日錄(松溪紀稿)》…………………………… 419

0235-1637/1644 未詳《瀋陽日記》…………………………………………… 422

0236-1637/1644 未詳《西行錄》……………………………………………… 423

0237-1637/1641 未詳《瀋陽日記》…………………………………………… 423

0238-1637/1644 未詳《瀋陽日記》…………………………………………… 423

0239-1637/1644 未詳《西行日記》…………………………………………… 424

卷二六　0240—0249 …………………………………………… 426
仁祖十五年(崇德二年　1637)—仁祖十七年(崇德四年　1639)

0240-1637 崔鳴吉《北扉酬唱錄》《北扉酬唱錄續稿》………… 426

0241-1637,1643,1656 金南重《北行酬唱【原題野塘燕行錄】》…… 430

0242-1638 曹漢英《雪窖錄》……………………………………………… 432

0243-1639/1643 金尚憲《雪窖集》《雪窖後集》《雪窖別集》……… 434

0244-1639 申濡《瀋館錄》………………………………………………… 436

0245-1639 鄭致和《己卯聞見事件》………………………………… 438

0246-1639 鄭致和等《燕薊護聞錄》………………………………… 439

0247-1639 李元鎮《己卯聞見事件》………………………………… 440

0248-1639 沈悅《瀋行錄》………………………………………………… 441

0249-1639,1650 申翊全《燕行詩》……………………………………… 442

卷二七　0250—0256 …………………………………………… 445
仁祖十八年(崇德五年　1640)—仁祖二十一年(崇德八年　1643)

0250-1640 麟坪大君李㴭《燕行詩》………………………………… 445

0251-1640/1647 金自珍等《赴瀋時親知諸公贈別詩》……… 452
0252-1640 尹順之《瀋行録》……………………………… 453
0253-1641 李景嚴【原題李景稷】《赴瀋日記(辛巳赴瀋録)》…… 454
0254-1641/1642 李景奭《西出録》……………………… 456
0255-1643 李昭漢《瀋館録》……………………………… 458
0256-1643 李奎老《甲申聞見事件》……………………… 459

卷二八 0257—0269 ……………………………… 460
仁祖二十三年(清世祖順治二年 1645)—仁祖二十七年(順治六年 1649)

0257-1645 鄭世規《燕行日記(詔後録)》………………… 460
0258-1645 成以性《燕行日記》…………………………… 462
0259-1646 李景奭《燕行録》……………………………… 463
0260-1646 郭弘址《燕行日記【原題丙戌燕行記】》……… 464
0261-1647 洪柱元《燕行録》……………………………… 467
0262-1647 李時萬《赴燕詩》……………………………… 469
0263-1648 李埓《燕行日記【原題戊子燕行日記】》……… 470
0264-1648 李愓然《戊子聞見事件》……………………… 471
0265-1649 鄭太和《己丑飲冰録》………………………… 473
0266-1649,1662 鄭太和《飲冰録【原題陽坡朝天日録】》…… 474
0267-1649,1662 鄭太和《陽坡相公己壬燕行録》……… 474
0268-1649 仁興君李瑛《燕山録》………………………… 475
0269-1649 姜與載《己丑聞見事件》……………………… 477

卷二九 0270—0280 ……………………………… 479
孝宗元年(順治七年 1650)—孝宗四年(順治十年 1653)

0270-1650 麟坪大君李㴭《到沙河驛狀啓》……………… 479
0271-1650 鄭知和《庚寅聞見事件》……………………… 480

0272-1651 黃㦿【原題黃户】《燕行録》……………………… 481
0273-1651 趙珩《辛卯聞見事件》……………………… 482
0274-1652 申濡《燕臺録》……………………………… 483
0275-1652 沈儒行《壬辰聞見事件》…………………… 484
0276-1653 沈之源《燕行日乘【原題癸巳燕行録】》… 485
0277-1653 洪命夏《癸巳燕行録》……………………… 486
0278-1653 金壽恒《燕行詩》…………………………… 487
0279-1653 李光載《癸巳聞見事件》…………………… 488
0280-1653 林葵《癸巳聞見事件》……………………… 491

卷三〇　0281—0289 ……………………………………… 493
孝宗五年(順治十一年　1654)—孝宗十年(順治十六年　1659)

0281-1654 李一相《燕行詩》…………………………… 493
0282-1654 沈世鼎《甲午聞見事件》…………………… 494
0283-1654 李齊衡《甲午聞見事件》…………………… 495
0284-1656 麟坪大君李㴭《燕途紀行》………………… 496
0285-1657 沈之源《丁酉燕行日乘》…………………… 498
0286-1657 尹順之《丁酉燕行詩》……………………… 499
0287-1658 李芬《戊戌手本》…………………………… 500
0288-1659 鄭杺《己亥聞見事件》……………………… 501
0289-1659 蔡裕後《己亥燕行録》……………………… 502

卷三一　0290—0309 ……………………………………… 504
顯宗元年(順治十七年　1660)—顯宗八年(清聖祖康熙六年　1667)

0290-1660 趙珩《翠屏公燕行日記》…………………… 504
0291-1660 姜柏年《燕京録》…………………………… 505
0292-1660 李元禎《庚子聞見事件》…………………… 506

0293-1662 鄭太和《壬寅飲冰錄》…… 508
0294-1662 鄭太和《壬寅燕行詩》…… 509
0295-1662 李東溟《壬寅聞見事件》…… 510
0296-1663 朗善君李俁《朗善君癸卯燕行錄》…… 510
0297-1663 李㬎《癸卯聞見事件》…… 512
0298-1664 洪命夏《燕行錄》…… 513
0299-1664 洪命夏《甲辰燕行錄》…… 515
0300-1664 任義伯《今是堂燕行日記(是堂燕行錄)》…… 516
0301-1664 禹昌績《甲辰聞見事件》…… 516
0302-1665 李慶果《乙巳聞見事件》…… 517
0303-1666 南龍翼《燕行錄》…… 518
0304-1666 孟胄瑞【原題許積】《燕行錄【原題曾祖考燕行錄】》… 519
0305-1666 孟胄瑞《丙午聞見事件》…… 521
0306-1666 趙遠期《丙午燕行詩》…… 521
0307-1666 趙遠期《丙午聞見事件》…… 522
0308-1667 慶㝡《丁未聞見事件》…… 522
0309-1667 李世翊《丁未聞見事件》…… 523

卷三二　0310—0326 …… 525
顯宗九年(康熙七年　1668)—顯宗十五年(康熙十三年　1674)

0310-1668 鄭樸《戊申聞見事件》…… 525
0311-1668 朴世堂《西溪燕錄》…… 526
0312-1668 朴世堂《使燕錄》…… 527
0313-1668 朴世堂《戊申聞見事件》…… 528
0314-1669 閔鼎重《老峰燕行記並詩》…… 528
0315-1669 閔鼎重《老峰燕行詩》…… 530
0316-1669 閔鼎重【原題成後龍】《赴燕日録【原題燕行日記】》…… 531

0317-1670 趙世煥《庚戌聞見事件》…………………………………… 532

0318-1670 李海澈《慶尚道漆谷石田村李海澈燕行錄》………… 534

0319-1670 鄭華齊《庚戌聞見事件》…………………………………… 536

0320-1671 李晚榮《辛亥聞見事件》…………………………………… 537

0321-1672 李柙《壬子聞見事件》……………………………………… 538

0322-1673 李宇鼎《癸丑聞見事件》…………………………………… 539

0323-1674 俞瑒《甲寅燕行詩》………………………………………… 540

0324-1674 姜碩耉《甲寅聞見事件》…………………………………… 542

0325-1674 宋昌《甲寅聞見事件》……………………………………… 543

0326-1674 洪萬鍾《甲寅聞見事件》…………………………………… 544

卷三三　0327—0342 ……………………………………………… 546
肅宗元年(康熙十四年　1675)—肅宗六年(康熙十九年　1680)

0327-1675 閔黯《乙卯聞見事件》……………………………………… 546

0328-1676 鄭晢《燕行錄【原題南岳燕行詩】》………………………… 547

0329-1676 李瑞雨《丙辰燕行錄》……………………………………… 548

0330-1676 俞夏謙《丙辰聞見事件》…………………………………… 549

0331-1677 孫萬雄《燕行日錄》………………………………………… 549

0332-1677 孫萬雄《丁巳燕行詩》……………………………………… 551

0333-1677 孫萬雄《丁巳聞見事件》…………………………………… 552

0334-1678 金海一《燕行日記》………………………………………… 552

0335-1678 金海一《戊午燕行詩》……………………………………… 553

0336-1678,1689 金聲久等《燕行贈遺》…………………………… 554

0337-1678 李夏鎮《北征錄【原題六寓堂北征錄】》…………………… 555

0338-1679 吳斗寅《燕行錄》…………………………………………… 556

0339-1679 李華鎮《己未聞見事件》…………………………………… 558

0340-1680 申晸《燕行錄》……………………………………………… 559

0341-1680 睦林儒《庚申聞見事件》…………………………………… 562

0342-1680　申懹《庚申聞見事件》 …………………………………… 563

卷三四　0343—0358 ……………………………………………… 564
肅宗七年(康熙二十年　1681)—肅宗十年(康熙二十三年　1684)

0343-1681　李三錫《辛酉聞見事件》 …………………………… 564
0344-1681　申琓《辛酉燕行詩》 ………………………………… 565
0345-1681　申琓《辛酉聞見事件》 ……………………………… 567
0346-1682　閔鼎重《壬戌別單》 ………………………………… 567
0347-1682　韓泰東《兩世燕行錄・燕行日錄》 ………………… 568
0348-1682　韓泰東《燕行詩》 …………………………………… 570
0349-1682　韓泰東《壬戌聞見事件》 …………………………… 570
0350-1682　金錫冑《擣椒錄》 …………………………………… 571
0351-1682　金錫冑、柳尚運《壬戌別單》 ……………………… 573
0352-1682　柳尚運《燕行詩》 …………………………………… 574
0353-1683　尹攀《燕行日記》 …………………………………… 575
0354-1683　鄭濟先《癸亥聞見事件》 …………………………… 576
0355-1684　李薔晚《甲子聞見事件》 …………………………… 577
0356-1684　南九萬《甲子燕行雜錄》 …………………………… 578
0357-1684　李世華《燕行詩》 …………………………………… 579
0358-1684　李宏《甲子聞見事件》 ……………………………… 580

卷三五　0359—0377 ……………………………………………… 582
肅宗十二年(康熙二十五年　1686)—肅宗十五年(康熙二十八年　1689)

0359-1686　崔錫鼎《椒餘錄》 …………………………………… 582
0360-1686　李塾《燕行日錄》 …………………………………… 584
0361-1686　李塾《丙寅聞見事件》 ……………………………… 584
0362-1686　南九萬《丙寅燕行雜錄》 …………………………… 585

0363-1686 南九萬、李奎齡《丙寅別單》……586
0364-1686 吳道一《燕槎錄》……587
0365-1686 吳道一《丙寅燕行日乘》……588
0366-1686 吳道一《丙寅聞見事件》……589
0367-1686 李宜昌《丙寅聞見事件》……591
0368-1687 任相元《燕行詩》……591
0369-1687 朴世熽《丁卯聞見事件》……593
0370-1688 尹世紀《戊辰別單》……593
0371-1688 金洪福《燕行日記》……594
0372-1689 申溁《己巳手本》……595
0373-1689 申厚載《燕京錄》……596
0374-1689 權持《己巳聞見事件》……597
0375-1689 金海一《燕行日記續》……598
0376-1689 金海一《燕行錄續》……599
0377-1689 成璀《己巳聞見事件》……599

卷三六　0378—0390 …… 601
肅宗十六年（康熙二十九年　1690）—肅宗十九年（康熙三十二年　1693）

0378-1690 徐文重《燕行日錄》……601
0379-1690 金元燮《庚午聞見事件》……602
0380-1691 李震休《辛未聞見事件》……603
0381-1691 金翊漢《辛未手本》……604
0382-1692 朴昌漢《壬申聞見事件》……605
0383-1693 申厚命《燕行日記》……606
0384-1693 申厚命《燕行詩》……608
0385-1693 崔恒齊《癸酉聞見事件》……608
0386-1693 柳命天《燕行日記》……609
0387-1693 柳命天《燕行錄》……610

0388-1693 柳命天【原題洪致中】《燕行録》⋯⋯⋯⋯⋯⋯⋯ 611

0389-1693 柳命天《燕行別曲》⋯⋯⋯⋯⋯⋯⋯⋯⋯⋯ 611

0390-1693 柳命天、李麟徵《癸酉別單》⋯⋯⋯⋯⋯⋯ 614

卷三七　0391-0410 ⋯⋯⋯⋯⋯⋯⋯⋯⋯⋯⋯⋯ 615

肅宗二十年（康熙三十三年　1694）—肅宗二十四年（康熙三十七年 1698）

0391-1694 吳道一《後燕槎録》⋯⋯⋯⋯⋯⋯⋯⋯⋯⋯ 615

0392-1694 俞得一《燕行日記艸》⋯⋯⋯⋯⋯⋯⋯⋯⋯ 616

0393-1694 申琓《甲戌燕行詩》⋯⋯⋯⋯⋯⋯⋯⋯⋯⋯ 617

0394-1694 朴權《西征別曲》⋯⋯⋯⋯⋯⋯⋯⋯⋯⋯⋯ 618

0395-1695 李世白《燕行詩》⋯⋯⋯⋯⋯⋯⋯⋯⋯⋯⋯ 619

0396-1695 洪受疇《燕行録》⋯⋯⋯⋯⋯⋯⋯⋯⋯⋯⋯ 620

0397-1695 崔啓翁《燕行録》⋯⋯⋯⋯⋯⋯⋯⋯⋯⋯⋯ 621

0398-1695 金演《乙亥聞見事件》⋯⋯⋯⋯⋯⋯⋯⋯⋯ 622

0399-1696 洪萬朝《燕槎録【原題晚退燕槎録】》⋯⋯⋯ 623

0400-1696 任胤元《丙子聞見事件》⋯⋯⋯⋯⋯⋯⋯⋯ 625

0401-1696 金弘楨《丙子聞見事件》⋯⋯⋯⋯⋯⋯⋯⋯ 625

0402-1697 崔錫鼎《蔗回録》⋯⋯⋯⋯⋯⋯⋯⋯⋯⋯⋯ 626

0403-1697 崔奎瑞《燕行詩》⋯⋯⋯⋯⋯⋯⋯⋯⋯⋯⋯ 628

0404-1697 宋相琦《星槎録》⋯⋯⋯⋯⋯⋯⋯⋯⋯⋯⋯ 628

0405-1697 權喜學《燕行日録》⋯⋯⋯⋯⋯⋯⋯⋯⋯⋯ 629

0406-1697 權喜學《燕行日記》⋯⋯⋯⋯⋯⋯⋯⋯⋯⋯ 632

0407-1697 柳重茂《丁丑聞見事件》⋯⋯⋯⋯⋯⋯⋯⋯ 633

0408-1698 李健命《戊寅聞見事件》⋯⋯⋯⋯⋯⋯⋯⋯ 634

0409-1698 尹弘離《戊寅聞見事件》⋯⋯⋯⋯⋯⋯⋯⋯ 635

0410-1698 李坦《戊寅聞見事件》⋯⋯⋯⋯⋯⋯⋯⋯⋯ 636

卷三八　0411—0426 …………………………………………… 638
肅宗二十五年(康熙三十八年　1699)—肅宗三十五年(康熙四十八年
1709)

  0411-1699　姜銑《燕行錄》 ………………………………… 638
  0412-1699　俞命雄《己卯聞見事件》……………………… 639
  0413-1700　姜履相《庚辰聞見事件》……………………… 640
  0414-1701　孟萬澤【原題未詳】《閒閒堂燕行錄》 ……… 641
  0415-1701　姜鋧《看羊錄》 ………………………………… 642
  0416-1701　姜鋧、李善溥《辛巳別單》…………………… 644
  0417-1702　李世奭《壬午聞見事件》……………………… 644
  0418-1702　黃一夏《壬午聞見事件》……………………… 645
  0419-1703　徐宗泰《燕行詩》 ……………………………… 646
  0420-1703　徐宗泰【原題徐文重】《燕行漫作【原題燕行
  　　雜錄】》 ……………………………………………………… 647
  0421-1704　李頤命《燕行錄》 ……………………………… 649
  0422-1704　李夏源《甲申聞見事件》……………………… 651
  0423-1705　南迪明《乙酉聞見事件》……………………… 652
  0424-1706　俞得一、朴泰恒《丙戌別單》………………… 653
  0425-1708　金始煥【原題未詳】《燕行日錄》…………… 654
  0426-1709　李翊漢《己丑聞見事件》……………………… 655

卷三九　0427—0439 …………………………………………… 657
肅宗三十八年(康熙五十一年　1712)—肅宗三十九年(康熙五十二年
1713)

  0427-1712　金昌集《燕行塤篪錄》 ………………………… 657
  0428-1712　金昌集、尹趾仁《壬辰別單》………………… 659
  0429-1712　金昌業《老稼齋燕行日記》…………………… 660

0430-1712 金昌業《燕行日記》 ································ 664

0431-1712 金昌業《稼齋燕錄》 ································ 665

0432-1712 金昌業《燕行塤篪錄》 ···························· 665

0433-1712 崔德中《燕行錄》 ··································· 666

0434-1712 閔鎮遠【原題趙榮福】《燕行錄》 ············ 669

0435-1712 閔鎮遠《燕行日記》 ································ 671

0436-1713 趙泰采《癸巳燕行錄》 ···························· 671

0437-1713 韓祉《兩世燕行錄·燕行日錄》 ··············· 672

0438-1713 臨昌君李焜、權尚游《癸巳別單》 ··········· 673

0439-1713 李樞《癸甲手本》 ··································· 674

卷四〇　0440—0455 ································ 676

肅宗四十年（康熙五十三年　1714）—景宗即位年（康熙五十九年　1720）

0440-1714 晉平君李澤《燕行日記》 ························ 676

0441-1714 晉平君李澤、權愭《甲午別單》 ··············· 678

0442-1714 金慶門《乙未手本》 ······························· 678

0443-1714 韓有禧《丙申手本》 ······························· 679

0444-1715 韓興五《丙申手本》 ······························· 680

0445-1717 李重協《丁酉聞見事件》 ························ 681

0446-1719 趙榮福《燕行日錄》 ······························· 681

0447-1719 金昌集等【原題趙榮福】《燕行別章》 ······ 682

0448-1719 宋必恒《己亥聞見事件》 ························ 683

0449-1720 李頤命《燕行雜識》 ······························· 684

0450-1720 李頤命《燕行雜識》 ······························· 685

0451-1720 李器之《一庵燕記》 ······························· 686

0452-1720 李器之《燕行詩》 ··································· 690

0453-1720 李宜顯《庚子燕行詩》 ···························· 691

0454-1720 李宜顯《庚子燕行雜識》 ························ 692

0455-1720　李宜顯、李喬岳《庚子別單》…………………………… 694

卷四一　0456—0473 ……………………………………… 695
景宗元年(康熙六十年　1721)—景宗四年(清世宗雍正二年　1724)

0456-1721　趙泰采《辛丑燕行錄》………………………………… 695
0457-1721　李正臣《燕行錄》……………………………………… 696
0458-1721　劉再昌《辛丑手本》…………………………………… 697
0459-1721　李健命《寒圃齋使行日記》…………………………… 698
0460-1721　李健命《燕行詩》……………………………………… 700
0461-1721　李健命、尹陽來《辛丑別單》………………………… 700
0462-1721　俞拓基《燕行錄》……………………………………… 702
0463-1721　俞拓基《燕行詩》……………………………………… 703
0464-1722　全城君李混、李萬選《壬寅別單》…………………… 704
0465-1723　礪山君李枋、金始煥《癸卯別單》…………………… 705
0466-1723　密昌君李樴、徐命均《癸卯別單》…………………… 706
0467-1723　劉再昌、金慶門等《癸卯手本》……………………… 707
0468-1723　吳命峻、洪重禹《癸卯別單》………………………… 709
0469-1723　黃戢《癸卯燕行錄》…………………………………… 710
0470-1724　權以鎮《燕行日記【原題癸巳燕行日記】》………… 711
0471-1724　權以鎮《燕行詩》……………………………………… 713
0472-1724　沈埈《甲辰聞見事件》………………………………… 714
0473-1724　金尚奎《甲辰啓下》…………………………………… 714

卷四二　0474—0486 ……………………………………… 716
英祖元年(雍正三年　1725)—英祖四年(雍正六年　1728)

0474-1725　金慶門《乙巳手本》…………………………………… 716
0475-1725　礪城君李楫、權憺《乙巳別單》……………………… 717

0476-1725 趙文命《燕行日記》 …… 718

0477-1725 趙文命《燕行錄》 …… 721

0478-1727 姜浩溥《桑蓬錄》 …… 722

0479-1727 姜浩溥《桑蓬錄》 …… 730

0480-1727 李樞《丁未手本》 …… 731

0481-1728 李時恒《燕行詩》 …… 731

0482-1728 李時恒《燕行見聞錄》 …… 734

0483-1728 沈鋿《燕行詩【原題戊申燕行詩】》 …… 734

0484-1728 卞昌和《戊申手本》 …… 736

0485-1728 尹淳《燕行詩》 …… 737

0486-1728 尹淳、趙翼命《戊申別單》 …… 739

卷四三　0487—0499 …… 741
英祖五年(雍正七年　1729)—英祖八年(雍正十年　1732)

0487-1729 驪川君李增、金舜協【原題金舜協】《燕行錄》 …… 741

0488-1729 驪川君李增、宋成明《己酉別單》 …… 745

0489-1729 俞健基、李時恒等【原題李㴻】《燕槎贐詩》 …… 745

0490-1729 趙錫命《燕行詩【原題墨沼燕行詩】》 …… 747

0491-1730 南泰良《燕行雜稿》 …… 748

0492-1731 趙尚絅《燕槎錄》 …… 750

0493-1731 李日躋《辛亥聞見事件》 …… 751

0494-1732 李宜顯《壬子燕行詩》 …… 752

0495-1732 李宜顯《壬子燕行雜識》 …… 754

0496-1732 趙最壽《壬子燕行日記》 …… 755

0497-1732 韓德厚《燕行日錄》 …… 755

0498-1732 韓德厚《壬子聞見事件》 …… 757

0499-1732 吴瑗《月谷燕行詩》 …… 758

卷四四　0500—0518 ··· 760
英祖十年(雍正十二年　1734)—英祖十八年(清高宗乾隆七年　1742)

  0500-1734　黄梓《甲寅燕行録》 ······························· 760
  0501-1735　洛昌君李樘、李壽沆《乙卯別單》 ··············· 762
  0502-1735　李潤身《乙卯聞見事件》 ·························· 763
  0503-1735　驪善君李墢、李德壽《乙丙別單》 ··············· 764
  0504-1735　李德壽《燕行録》 ··································· 765
  0505-1735　李德壽《乙丙燕行詩》 ····························· 766
  0506-1736　任珽《燕行録》 ······································ 766
  0507-1736　韓致亨《丙辰手本》 ································ 767
  0508-1737　李喆輔《丁巳燕行日記》 ·························· 768
  0509-1737　李喆輔《燕槎録》 ··································· 770
  0510-1738　金在魯《燕行録》 ··································· 770
  0511-1738　洪重疇等【原題金相國】《燕行贐行帖》 ········ 773
  0512-1738　金相履等【原題鶴山】《燕行贐章》 ············· 774
  0513-1738　趙最壽、李瀚《戊午別單》 ······················· 775
  0514-1739　密陽君李梡、徐宗玉《己未別單》 ··············· 776
  0515-1739　李匡德《燕行詩》 ··································· 777
  0516-1740　洪昌漢《燕行日記》 ································ 778
  0517-1741　驪善君李墢、鄭彦燮《辛酉別單》 ··············· 779
  0518-1742　洛昌君李樘、徐命彬《壬戌別單》 ··············· 780

卷四五　0519—0535 ··· 782
英祖十九年(乾隆八年　1743)—英祖二十七年(乾隆十六年　1751)

  0519-1743　趙顯命《燕行日記》 ································ 782
  0520-1743　趙顯命《燕行詩》 ··································· 784
  0521-1745　趙觀彬《燕行詩【原題悔軒燕行詩】》 ········· 784

0522-1745 趙觀彬、鄭俊一《乙丑別單》⋯⋯⋯⋯⋯⋯⋯⋯⋯ 786
0523-1746 李樞《丙寅手本》⋯⋯⋯⋯⋯⋯⋯⋯⋯⋯⋯⋯⋯ 786
0524-1746 驪善君李墍、趙榮國《丙寅別單》⋯⋯⋯⋯⋯⋯ 787
0525-1746 尹汲《燕行日記》⋯⋯⋯⋯⋯⋯⋯⋯⋯⋯⋯⋯⋯ 788
0526-1747 洛豐君李楺、李喆輔《丁卯別單》⋯⋯⋯⋯⋯⋯ 790
0527-1747 李喆輔《丁卯燕行錄》⋯⋯⋯⋯⋯⋯⋯⋯⋯⋯⋯ 791
0528-1748 海運君李槤、趙明謙《戊辰別單》⋯⋯⋯⋯⋯⋯ 792
0529-1748 金昌祚《戊辰手本》⋯⋯⋯⋯⋯⋯⋯⋯⋯⋯⋯⋯ 793
0530-1749 趙顯命《燕行錄》⋯⋯⋯⋯⋯⋯⋯⋯⋯⋯⋯⋯⋯ 794
0531-1749 趙顯命、南泰良《己巳別單》⋯⋯⋯⋯⋯⋯⋯⋯ 795
0532-1749 俞彥述《燕行詩》⋯⋯⋯⋯⋯⋯⋯⋯⋯⋯⋯⋯⋯ 795
0533-1749 俞彥述《燕京雜識》⋯⋯⋯⋯⋯⋯⋯⋯⋯⋯⋯⋯ 796
0534-1750 黄梓《庚午燕行錄》⋯⋯⋯⋯⋯⋯⋯⋯⋯⋯⋯⋯ 797
0535-1751 洛昌君李樘、申思建《辛未別單》⋯⋯⋯⋯⋯⋯ 799

卷四六　0536—0548 ⋯⋯⋯⋯⋯⋯⋯⋯⋯⋯⋯⋯⋯⋯⋯⋯ 801
英祖二十八年（乾隆十七年　1752）—英祖三十四年（乾隆二十三年 1758）

0536-1752 海興君李橿、南泰齊《壬申別單》⋯⋯⋯⋯⋯⋯ 801
0537-1752 南泰齊【原題南履翼】《椒蔗續編》⋯⋯⋯⋯⋯⋯ 802
0538-1753 洛豐君李楺、李命坤《癸酉別單》⋯⋯⋯⋯⋯⋯ 805
0539-1754 俞拓基《瀋行錄》⋯⋯⋯⋯⋯⋯⋯⋯⋯⋯⋯⋯⋯ 806
0540-1754 俞拓基《甲戌別單》⋯⋯⋯⋯⋯⋯⋯⋯⋯⋯⋯⋯ 807
0541-1755 黄景源《燕行詩》⋯⋯⋯⋯⋯⋯⋯⋯⋯⋯⋯⋯⋯ 808
0542-1755 海蓬君李橪、鄭光忠《乙亥別單》⋯⋯⋯⋯⋯⋯ 809
0543-1755 鄭光忠【原題未詳】《燕行日錄》⋯⋯⋯⋯⋯⋯⋯ 810
0544-1755 李基敬《飮冰行程歷》⋯⋯⋯⋯⋯⋯⋯⋯⋯⋯⋯ 811

0545-1755　李基敬《燕行詩》……………………………… 813

0546-1757　李彝章《丁丑别單》……………………………… 813

0547-1758　李洙《戊寅手本》……………………………… 814

0548-1758　長溪君李棟、李得宗《戊寅别單》……………………… 814

卷四七　0549—0557　……………………………… 816
英祖三十六年(乾隆二十五年　1760)—英祖四十年(乾隆二十九年 1764)

0549-1760　徐命臣【原題未詳】《庚辰燕行録》…………………… 816

0550-1760　洪啓禧、趙榮進《庚辰别單》……………………… 818

0551-1760　李商鳳《北轅録》……………………………… 820

0552-1760　李商鳳《서원녹(西轅録)》……………………… 823

0553-1762　洪大中《壬午手本》……………………………… 824

0554-1762　咸溪君李櫄、李奎采《壬午别單》…………………… 824

0555-1763　李憲默《燕行日録》……………………………… 825

0556-1764　金種正《瀋陽日録》……………………………… 827

0557-1764　全恩君李墩、韓光會《甲申别單》…………………… 828

卷四八　0558—0563　……………………………… 830
英祖四十一年(乾隆三十年　1765)

0558-1765　洪大容《湛軒燕記》……………………………… 830

0559-1765　洪大容《을병연행록(乙丙燕行録)》………………… 835

0560-1765　洪大容《湛軒燕記》……………………………… 837

0561-1765　洪大容《湛軒説叢》……………………………… 838

0562-1765　洪大容《杭傳尺牘》……………………………… 838

0563-1765　洪大容《燕行詩》……………………………… 842

卷四九　0564—0577 ……………………………………… 844
英祖四十二年（乾隆三十一年　1766）—英祖五十二年（乾隆四十一年　1776）

  0564-1766　金弘哲《丙戌手本》……………………………… 844
  0565-1766　咸溪君李櫄、尹得養《丙戌別單》……………… 844
  0566-1767　李心源《丁亥燕槎錄》………………………… 845
  0567-1769　徐命膺《燕行詩》……………………………… 848
  0568-1769　徐命膺、洪梓《己丑別單》…………………… 849
  0569-1771　金尚喆、尹東暹《辛卯別單》………………… 850
  0570-1771　海溪君李煃、趙榮順《辛卯別單》…………… 851
  0571-1771　趙榮順《燕行詩》……………………………… 852
  0572-1772　順義君李烜、尹東昇《壬辰別單》…………… 854
  0573-1773　樂林君李埏、嚴璹《癸巳別單》……………… 855
  0574-1773　嚴璹《燕行錄》………………………………… 856
  0575-1774　海溪君李煃、趙德成《甲午別單》…………… 857
  0576-1775　樂林君李埏、李海重《乙未別單》…………… 858
  0577-1776　朴明源、鄭好仁《丙申別單》………………… 859

卷五〇　0578—0592 ……………………………………… 861
正祖元年（乾隆四十二年　1777）—正祖二年（乾隆四十三年　1778）

  0578-1777　李坤【原題李押】《燕行記事》……………… 861
  0579-1777　李坤【原題李押】《燕行記事》……………… 863
  0580-1777　李坤【原題李在學】《燕行記事》…………… 864
  0581-1777　李在學《書狀官時別單》……………………… 864
  0582-1777　鄭尚淳、宋載經《丁酉別單》………………… 866
  0583-1778　蔡濟恭《含忍錄》……………………………… 867
  0584-1778　李德懋《入燕記》……………………………… 868
  0585-1778　李德懋《燕行詩》……………………………… 871

0586-1778 李德懋《天涯知己書》…… 873

0587-1778 朴齊家《戊戌燕行詩》…… 874

0588-1778 未詳《隨槎錄上》…… 877

0589-1778 南鶴聞《戊戌聞見事件》…… 879

0590-1778 柳得恭《瀋行錄》…… 881

0591-1778 河恩君李垙、尹坊《戊戌別單》…… 883

0592-1778 趙時偉《戊戌聞見事件》…… 884

卷五一　0593-0608 …… 886
正祖三年(乾隆四十四年　1779)—正祖五年(乾隆四十六年　1781)

0593-1779 黃仁點、洪檢《己亥別單》…… 886

0594-1779 洪明浩《己亥聞見事件》…… 887

0595-1780 趙鼎鎮《庚子聞見事件》…… 888

0596-1780 盧以漸《隨槎錄》…… 890

0597-1780 朴趾源《熱河日記》…… 892

0598-1780 朴趾源《燕行詩》…… 895

0599-1780 周命新《熱河行》…… 896

0600-1780 李崇祜《燕行詩》…… 897

0601-1780 尹長烈《庚子聞見事件》…… 898

0602-1780 李洙《庚子聞見事件》…… 899

0603-1780 林濟遠《庚子聞見事件》…… 899

0604-1780 朴道貫《庚子聞見事件》…… 900

0605-1781 李瀿《辛丑手本》…… 900

0606-1781 黃仁點、洪秀輔《辛丑別單》…… 901

0607-1781 林錫哲《辛丑聞見事件》…… 902

0608-1781 張濂《辛丑聞見事件》…… 903

卷五二　0609—0622 ……… 904
正祖三年(乾隆四十四年　1779)—正祖七年(乾隆四十八年　1783)

0609-1782　洪良浩《燕雲紀行》……… 904
0610-1782,1794　洪良浩《燕行紀游》……… 905
0611-1782,1794　洪良浩《北塞紀略》……… 907
0612-1782　洪文泳《壬寅聞見事件》……… 908
0613-1782　李洙《壬寅聞見事件》……… 908
0614-1782　未詳《燕行記著》……… 908
0615-1783　吳載純《燕行詩》……… 910
0616-1783　尹曔《癸卯聞見事件》……… 911
0617-1783　張濂《癸卯聞見事件》……… 912
0618-1783　李田秀【原題李宜萬】《入瀋記》……… 912
0619-1783　李魯春《北燕紀行》……… 916
0620-1783　黃仁點、柳義養《癸卯別單》……… 918
0621-1783　李東郁《癸卯聞見事件》……… 919
0622-1783　洪宅憲《癸卯聞見事件》……… 921

卷五三　0623—0635 ……… 922
正祖八年(乾隆四十九年　1784)—正祖十年(乾隆五十一年　1786)

0623-1784　姜世晃《燕京編【原題豹菴燕京編】》……… 922
0624-1784　金煜《甲辰燕行詩》……… 923
0625-1784　李竸淵《甲辰聞見事件》……… 925
0626-1784　張濂《甲辰聞見事件》……… 925
0627-1784　李鼎運《甲辰聞見事件》……… 926
0628-1784　洪命福《甲辰聞見事件》……… 927
0629-1784　金照【原題未詳】《觀海錄【原題燕行錄】》……… 927
0630-1785　宋銓《乙巳聞見事件》……… 931

0631-1785 李洙《乙巳聞見事件》………………………………… 933

0632-1786 沈樂洙《燕行日乘》……………………………… 934

0633-1786 黃仁點、尹尚東《丙午別單》……………………… 935

0634-1786 李勉兢《丙午聞見事件》………………………… 936

0635-1786 洪宅憲《丙午聞見事件》………………………… 937

卷五四　0636—0648 ………………………………………… 939
正祖十一年(乾隆五十二年　1787)—正祖十三年(乾隆五十四年　1789)

0636-1787 俞彦鎬《燕行錄》………………………………… 939

0637-1787 趙瑍《燕行日記》………………………………… 940

0638-1787 鄭致淳《丁未聞見事件》………………………… 941

0639-1787 李洙《丁未聞見事件》…………………………… 942

0640-1787 李鎮復《丁未手本》……………………………… 943

0641-1788 洪命福《戊申手本》……………………………… 943

0642-1788 李在協、魚錫定《戊申別單》……………………… 944

0643-1788 魚錫定《燕行錄》………………………………… 945

0644-1788 俞漢謨《戊申聞見事件》………………………… 945

0645-1788 洪宅憲《戊申聞見事件》………………………… 946

0646-1789 成種仁《己酉聞見事件》………………………… 947

0647-1789 張濂《己酉聞見事件》…………………………… 948

0648-1789 趙秀三《燕行紀程》……………………………… 948

卷五五　0649—0659 ………………………………………… 951
正祖十四年(乾隆五十五年　1790)

0649-1790 黃仁點《庚戌乘槎錄》…………………………… 951

0650-1790 徐浩修《熱河紀遊》……………………………… 952

0651-1790 李百亨《庚戌聞見事件》………………………… 955

0652-1790 洪命福《庚戌聞見事件》…………………… 956
0653-1790 柳得恭《燕行詩》………………………… 957
0654-1790 柳得恭《熱河紀行詩》…………………… 958
0655-1790 柳得恭《灤陽錄》………………………… 960
0656-1790 朴齊家《庚戌燕行詩》…………………… 961
0657-1790 金箕性《燕行日記》……………………… 962
0658-1790 李祉永《庚戌聞見事件》………………… 964
0659-1790 朴齊家《庚辛燕行詩》…………………… 966

卷五六　0660—0671 …………………………………… 970
正祖十五年(乾隆五十六年　1791)—正祖十七年(乾隆五十八年　1793)

0660-1791 白景炫《燕行錄》………………………… 970
0661-1791 金正中【原題金士龍】《燕行日記》……… 971
0662-1791 洪命福《辛亥聞見事件》………………… 975
0663-1792 金祖淳《燕行錄》………………………… 975
0664-1792 金祖淳《壬子聞見事件》………………… 976
0665-1793 李在學《燕行日記》……………………… 977
0666-1793 李在學《癸丑燕行詩》…………………… 979
0667-1793 李在學《副使時別單》…………………… 980
0668-1793 鄭東觀《癸丑聞見事件》………………… 981
0669-1793 張濂《癸丑聞見事件》…………………… 981
0670-1793 李繼祐《연행녹(燕行錄)》……………… 982
0671-1793 洪宅福《癸丑手本》……………………… 984

卷五七　0672—0685 …………………………………… 986
正祖十八年(乾隆五十九年　1794)—正祖二十一年(清仁宗嘉慶二年　1797)

0672-1794 卞復圭《甲寅手本》……………………… 986

0673-1794　鄭尚愚《甲寅聞見事件》……………………………… 986

0674-1794　洪良浩《燕雲續詠》　………………………………… 987

0675-1794　沈興永《甲寅聞見事件》……………………………… 988

0676-1794　金倫瑞《甲寅聞見事件》……………………………… 990

0677-1794　洪義俊《甲寅燕行詩》………………………………… 991

0678-1795　趙德潤《乙卯聞見事件》……………………………… 991

0679-1795　金倫瑞《乙卯聞見事件》……………………………… 992

0680-1795　柳畊《乙卯聞見事件》　……………………………… 993

0681-1795　李鎮復《乙卯聞見事件》……………………………… 994

0682-1796　洪致聞、趙文德等【原題洪致聞】《丙辰苫塊録》…… 994

0683-1796　李翊模《丙辰聞見事件》……………………………… 996

0684-1797　邊鎬《丁巳手本》　…………………………………… 997

0685-1797　洪樂游《丁巳聞見事件》……………………………… 997

卷五八　0686—0697 ………………………………………… 999

正祖二十二年（嘉慶三年　1798）—正祖二十四年（嘉慶五年　1800）

0686-1798　金勉柱【原題金興慶】《燕行詩【原題贈季君燕行詩】》………………………………………………… 999

0687-1798　徐有聞《戊午燕行録》………………………………… 1003

0688-1798　徐有聞《무오연행녹（戊午燕行録）》………………… 1005

0689-1798　徐有聞《戊午聞見事件》……………………………… 1007

0690-1799　金在和《己未聞見事件》……………………………… 1009

0691-1799　金載瓚《燕行詩》……………………………………… 1010

0692-1799　具得魯《己未聞見事件》……………………………… 1011

0693-1799　金倫瑞《己未聞見事件》……………………………… 1013

0694-1800　金在洙《庚申聞見事件》……………………………… 1013

0695-1800　朴鍾淳《庚申聞見事件》……………………………… 1014

0696-1800　趙秀三《庚申燕行詩》………………………………… 1015

0697-1800　金倫瑞《庚申聞見事件》……………………………… 1016

卷五九　0698-0711 ……………………………………… 1018
純祖元年（嘉慶六年　1801）

0698-1801　趙尚鎮、申獻朝《辛酉別單》………………………… 1018
0699-1801　邊鎬《辛酉聞見事件》………………………………… 1019
0700-1801　柳得恭《燕臺再遊録》………………………………… 1019
0701-1801　柳得恭《遼野車中雜詠》……………………………… 1022
0702-1801　柳得恭《並世録》……………………………………… 1022
0703-1801　卞復圭《辛酉手本》…………………………………… 1024
0704-1801　吴載紹《燕行日記》…………………………………… 1025
0705-1801　洪宅福《辛酉聞見事件》……………………………… 1029
0706-1801　洪處純《辛酉手本》…………………………………… 1029
0707-1801　吴載恒《辛酉手本》…………………………………… 1030
0708-1801　李基憲《燕行日記》…………………………………… 1031
0709-1801　李基憲《燕行日記啓本》……………………………… 1033
0710-1801　李基憲《燕行詩軸》…………………………………… 1033
0711-1801　李基憲《辛酉聞見事件》……………………………… 1034

卷六〇　0712—0727 ……………………………………… 1035
純祖二年（嘉慶七年　1802）—純祖四年（嘉慶九年　1804）

0712-1802　李榮載《壬戌手本》…………………………………… 1035
0713-1802　閔命爀《癸亥聞見事件》……………………………… 1035
0714-1803　李晚秀《輶車集》……………………………………… 1036
0715-1803　洪奭周《癸亥燕行詩》………………………………… 1039
0716-1803,1831　洪奭周《北行録》……………………………… 1040
0717-1803　洪奭周《癸亥聞見事件》……………………………… 1041

0718-1803 張舜相《癸亥聞見事件》……………………………… 1041

0719-1803 金在洙《癸亥手本》…………………………………… 1042

0720-1803 徐長輔《癸亥聞見事件》……………………………… 1042

0721-1803 李海應【原題徐長輔】《薊山紀程》………………… 1043

0722-1803 李海應《薊程録》……………………………………… 1046

0723-1803 李海應【原題未詳】《薊程詩稿》…………………… 1046

0724-1804 元在明《芝汀燕記》…………………………………… 1047

0725-1804 元在明《甲子聞見事件》……………………………… 1048

0726-1804 李鎮復《甲子聞見事件》……………………………… 1049

0727-1804 金善民《觀燕録》……………………………………… 1049

卷六一　0728—0750 …………………………………………… 1051

純祖五年(嘉慶十年　1805)—純祖八年(嘉慶十三年　1808)

0728-1805 姜浚欽《燕行録【原題輶軒録】》…………………… 1051

0729-1805 姜浚欽《乙丑聞見事件》……………………………… 1052

0730-1805 洪受浩《乙丑聞見事件》……………………………… 1052

0731-1805 尹得運《乙丑聞見事件》……………………………… 1053

0732-1805 李時升《乙丑手本》…………………………………… 1054

0733-1805 李始源《赴燕詩》……………………………………… 1054

0734-1805 尹尚圭《乙丑聞見事件》……………………………… 1056

0735-1805 洪宅福《乙丑聞見事件》……………………………… 1056

0736-1805 李鳳秀《赴燕詩》……………………………………… 1057

0737-1805 李時秀《燕行詩》……………………………………… 1058

0738-1805 尹魯東《乙丑聞見事件》……………………………… 1059

0739-1805 金在洙《乙丑聞見事件》……………………………… 1059

0740-1806 李永老《丙寅聞見事件》……………………………… 1060

0741-1806 卞復圭《丙寅聞見事件》……………………………… 1060

0742-1807 李光載《丁卯手本》…………………………………… 1061

0743-1807 金成采《丁卯手本》……………………………… 1062

0744-1807 金在泳《丁卯手本》……………………………… 1062

0745-1807 南公轍《燕行詩》………………………………… 1063

0746-1807 金魯應《丁卯聞見事件》………………………… 1065

0747-1807 未詳《中州偶錄(入燕記)》……………………… 1066

0748-1808 李時升《戊辰手本》……………………………… 1068

0749-1808 劉運吉《戊辰手本》……………………………… 1069

0750-1808 金啓河《戊辰聞見事件》………………………… 1069

卷六二　0751—0772 ……………………………… 1071
純祖九年(嘉慶十四年　1809)—純祖十二年(嘉慶十七年　1812)

0751-1809 李永純《己巳聞見事件》………………………… 1071

0752-1809 玄在明《己巳聞見事件》………………………… 1072

0753-1809 金正喜《燕行詩》………………………………… 1072

0754-1809 李敬冎《燕行錄》………………………………… 1075

0755-1809 李時亨《己巳手本》……………………………… 1076

0756-1809 閔致載《己巳聞見事件》………………………… 1078

0757-1809 尹得運《己巳聞見事件》………………………… 1079

0758-1810 李時亨《庚午手本》……………………………… 1079

0759-1810 金在泳《庚午聞見事件》………………………… 1080

0760-1811 李時復《庚午手本》……………………………… 1081

0761-1811 李永逵《辛未手本》……………………………… 1081

0762-1811 韓用儀《辛未聞見事件》………………………… 1082

0763-1811 尹得運《辛未聞見事件》………………………… 1083

0764-1811 李鼎受《游燕錄》………………………………… 1083

0765-1812 李時秀《續北征詩》……………………………… 1086

0766-1812 申緯《奏請行卷》………………………………… 1088

0767-1812 申緯《壬申聞見事件》…………………………… 1090

0768-1812 朴宗行《壬申聞見事件》……………………………… 1090

0769-1812 李時健《壬申手本》…………………………………… 1091

0770-1812 沈象奎《燕行詩》……………………………………… 1091

0771-1812 李光文《壬申聞見事件》……………………………… 1093

0772-1812 玄在明《壬申聞見事件》……………………………… 1093

卷六三　0773—0799 …………………………………… 1094
純祖十三年（嘉慶十八年　1813）—純祖二十年（嘉慶二十五年　1820）

0773-1813 洪起燮《癸酉聞見事件》……………………………… 1094

0774-1813 金在洙《癸酉聞見事件》……………………………… 1095

0775-1813 柳鼎養《癸酉聞見事件》……………………………… 1095

0776-1813 金相淳《甲戌手本》…………………………………… 1096

0777-1814 高景熹《甲戌手本》…………………………………… 1097

0778-1814 李鍾穆《甲戌聞見事件》……………………………… 1097

0779-1814 李光載《甲戌聞見事件》……………………………… 1098

0780-1815 李時升《乙亥手本》…………………………………… 1098

0781-1815 洪義浩《澹寧燕行詩》………………………………… 1098

0782-1815 曹錫正《乙亥聞見事件》……………………………… 1100

0783-1815 玄在明《乙亥聞見事件》……………………………… 1100

0784-1815 趙寅永《燕行詩》……………………………………… 1101

0785-1816 李一選《丙子手本》…………………………………… 1102

0786-1816 李肇源《黃梁吟》……………………………………… 1104

0787-1816 朴綺壽《丙子聞見事件》……………………………… 1106

0788-1816 邊鎬《丙子聞見事件》………………………………… 1107

0789-1817 李時亨《丁丑手本》…………………………………… 1107

0790-1817 洪義瑾《丁丑聞見事件》……………………………… 1108

0791-1817 金在洙《丁丑聞見事件》……………………………… 1109

0792-1818 趙萬永《戊寅聞見事件》……………………………… 1109

0793-1818 趙秀三《秋齋燕行詩》⋯⋯⋯⋯⋯⋯⋯⋯⋯⋯⋯⋯ 1110

0794-1818 金相淳《戊寅手本》⋯⋯⋯⋯⋯⋯⋯⋯⋯⋯⋯⋯ 1111

0795-1818 成祐曾《茗山燕詩錄》⋯⋯⋯⋯⋯⋯⋯⋯⋯⋯⋯ 1111

0796-1820 李時復《庚辰手本》⋯⋯⋯⋯⋯⋯⋯⋯⋯⋯⋯⋯ 1113

0797-1820 李光載《庚辰聞見事件》⋯⋯⋯⋯⋯⋯⋯⋯⋯⋯ 1113

0798-1820 朴台壽《庚辰聞見事件》⋯⋯⋯⋯⋯⋯⋯⋯⋯⋯ 1114

0799-1820 邊鎬《庚辰聞見事件》⋯⋯⋯⋯⋯⋯⋯⋯⋯⋯⋯ 1115

卷六四　0800—0817 ⋯⋯⋯⋯⋯⋯⋯⋯⋯⋯⋯⋯⋯⋯⋯⋯ 1116
純祖二十一年（清宣宗道光元年　1821）—純祖二十六年（道光六年　1826）

0800-1821 李肇源《黃梁吟下》⋯⋯⋯⋯⋯⋯⋯⋯⋯⋯⋯⋯ 1116

0801-1821 李麟秀【原題未詳】《燕行日記【原題李尚書燕行日記】》⋯⋯⋯⋯⋯⋯⋯⋯⋯⋯⋯⋯⋯⋯⋯⋯⋯⋯⋯⋯⋯ 1116

0802-1821 邊鎬《辛巳聞見事件》⋯⋯⋯⋯⋯⋯⋯⋯⋯⋯⋯ 1118

0803-1821 簡山【原題未詳】《簡山北遊錄》⋯⋯⋯⋯⋯⋯⋯ 1119

0804-1821 洪彥謨《辛巳聞見事件》⋯⋯⋯⋯⋯⋯⋯⋯⋯⋯ 1120

0805-1821 李宜直《辛巳手本》⋯⋯⋯⋯⋯⋯⋯⋯⋯⋯⋯⋯ 1120

0806-1821 金在洙《辛巳聞見事件》⋯⋯⋯⋯⋯⋯⋯⋯⋯⋯ 1121

0807-1822 南履翼《椒蔗續編》⋯⋯⋯⋯⋯⋯⋯⋯⋯⋯⋯⋯ 1121

0808-1822 權復仁《天遊稿燕行詩》⋯⋯⋯⋯⋯⋯⋯⋯⋯⋯ 1123

0809-1822 權復仁《隨槎閒筆》⋯⋯⋯⋯⋯⋯⋯⋯⋯⋯⋯⋯ 1124

0810-1822 徐有素《燕行錄》⋯⋯⋯⋯⋯⋯⋯⋯⋯⋯⋯⋯⋯ 1125

0811-1822 金學民《薊程散考》⋯⋯⋯⋯⋯⋯⋯⋯⋯⋯⋯⋯ 1128

0812-1823 洪義浩《三入燕薊錄》⋯⋯⋯⋯⋯⋯⋯⋯⋯⋯⋯ 1129

0813-1823 洪赫【原題未詳】《燕行錄》⋯⋯⋯⋯⋯⋯⋯⋯⋯ 1130

0814-1823 玄在明《癸未聞見事件》⋯⋯⋯⋯⋯⋯⋯⋯⋯⋯ 1132

0815-1825 未詳《隨槎日錄》⋯⋯⋯⋯⋯⋯⋯⋯⋯⋯⋯⋯⋯ 1132

0816-1826 鄭禮容《丙戌聞見事件》⋯⋯⋯⋯⋯⋯⋯⋯⋯⋯ 1135

0817-1826 洪錫謨《游燕稿》……1135

卷六五　0818—0829 …… 1138
純祖二十八年(道光八年　1828)—純祖二十九年(道光九年　1829)

0818-1828 李奎鉉《燕行日記》……1138
0819-1828 金芝叟《西行錄》……1139
0820-1828 李在洽【原題未詳】《赴燕日記》……1139
0821-1828,1837 朴思浩《燕薊紀程》……1141
0822-1828 朴思浩【原題未詳】《燕紀程》……1144
0823-1829 朴來謙《瀋槎日記》……1146
0824-1829 趙秉龜《己丑聞見事件》……1147
0825-1829 李尚迪《己丑燕行詩》……1148
0826-1829 趙秀三《己丑燕行詩》……1151
0827-1829 權寔《隨槎日錄》……1153
0828-1829 姜時永《輶軒續錄》……1154
0829-1829 姜時永《己丑聞見事件》……1156

卷六六　0830—0842 …… 1157
純祖三十年(道光十年　1830)—純祖三十二年(道光十二年　1832)

0830-1830,1834 洪敬謨《冠巖遊記》……1157
0831-1830 洪敬謨《槎上韻語》……1160
0832-1831 洪奭周《辛卯燕行詩》……1161
0833-1831 吳繼淳《辛卯聞見事件》……1162
0834-1831 李尚迪《辛卯燕行詩》……1163
0835-1831 韓弼教《隨槎錄》……1164
0836-1831 鄭元容《燕槎錄・日記》……1166
0837-1831 鄭元容《燕槎錄》……1168
0838-1831 未詳【原題鄭元容】《燕行日錄》……1169

0839-1832 金景善《燕轅直指》……………………………………… 1170

0840-1832 金相淳《壬辰聞見事件》………………………………… 1174

0841-1832 金進洙《燕京雜詠【原題碧蘆燕行詩】》……………… 1174

0842-1832 金進洙《燕行詩》………………………………………… 1177

卷六七　0843—0863 …………………………………… 1178
純祖三十三年(道光十三年　1833)—憲宗三年(道光十七年　1837)

0843-1833 李止淵《希谷燕行詩》…………………………………… 1178

0844-1833 曹鳳振、朴來謙等【原題未詳】《燕槎酬帖》………… 1179

0845-1833 李在鶴《癸巳聞見事件》………………………………… 1181

0846-1833 李鎮九《癸巳聞見事件》………………………………… 1181

0847-1834 洪敬謨《槎上續韻》……………………………………… 1182

0848-1834 李輝正《於野漫録燕行詩》……………………………… 1183

0849-1834 金鼎集《甲午聞見事件》………………………………… 1184

0850-1834 金相淳《甲午聞見事件》………………………………… 1185

0851-1834 吳繼淳《甲午聞見事件》………………………………… 1185

0852-1835 鄭在絧《燕行記》………………………………………… 1186

0853-1835 鄭在絧《乙未聞見事件》………………………………… 1187

0854-1835 趙斗淳《心庵燕行詩》…………………………………… 1187

0855-1836 申在植、李魯集等《相看編》…………………………… 1189

0856-1836 李尚迪《丙丁燕行詩》…………………………………… 1191

0857-1836 任百淵《鏡浯游燕日録》………………………………… 1192

0858-1836 吳繼淳《丙申聞見事件》………………………………… 1193

0859-1837 金賢根《玉河日記》……………………………………… 1194

0860-1837 李源益《丁酉聞見事件》………………………………… 1196

0861-1837 李尚迪《丁酉燕行詩》…………………………………… 1197

0862-1837 金興根【原題金與根】《燕行詩》……………………… 1197

0863-1837 李光載《丁酉聞見事件》………………………………… 1199

卷六八　0864—0880 …………………………………… 1200
憲宗四年(道光十八年　1838)—憲宗十二年(道光二十六年　1846)

0864-1838　李時在《戊戌聞見事件》………………………… 1200
0865-1840　李繪九《辛丑聞見事件》………………………… 1201
0866-1841　韓宓履《壬寅聞見事件》………………………… 1201
0867-1841　金貞益《北征日記【原題辛丑北征日記】》……… 1202
0868-1841　吳繼淳《壬寅聞見事件》………………………… 1204
0869-1841　李尚迪《辛丑燕行詩》…………………………… 1204
0870-1842　趙鳳夏《燕薊紀略》……………………………… 1205
0871-1842　趙鳳夏《癸卯聞見事件》………………………… 1206
0872-1842　李尚迪《壬寅燕行詩》…………………………… 1208
0873-1843　吳繼淳《甲辰聞見事件》………………………… 1210
0874-1843　卞鍾運《甲辰燕行詩》…………………………… 1211
0875-1844　興完君李晟應、權大肯《乙巳狀啓》…………… 1211
0876-1844　尹穧《乙巳聞見事件》…………………………… 1212
0877-1844　李尚迪《甲辰燕行詩》…………………………… 1213
0878-1844　尹程《西行錄》…………………………………… 1214
0879-1846　朴永元《燕行日錄》……………………………… 1216
0880-1846　朴永元《梧野燕槎錄》…………………………… 1217

卷六九　0881—0898 …………………………………… 1219
憲宗十三年(道光二十七年　1847)—哲宗五年(清文宗咸豐四年　1854)

0881-1847　李尚迪、方禹叙《丁未手本》…………………… 1219
0882-1847　朴商壽《戊申聞見事件》………………………… 1220
0883-1847　李尚迪《丁未燕行詩》…………………………… 1221
0884-1847　李尚迪《戊申聞見事件》………………………… 1222
0885-1848　李有駿《夢遊錄【原題夢遊燕行錄】》…………… 1222

0886-1849 沈敦永《赴燕日記【原題燕行錄】》……………… 1224

0887-1849 黃道淵【原題黃惠翁】《燕行日記》………… 1227

0888-1849 李啓朝《燕行日記》……………………………… 1228

0889-1849 未詳《燕行日錄》…………………………………… 1230

0890-1850 權時亨《石湍燕記》……………………………… 1231

0891-1851 金景善《出疆錄》…………………………………… 1233

0892-1852 徐念淳《연행별곡(燕行別曲가사소리)》…… 1234

0893-1852 崔遇亨《燕行錄》…………………………………… 1236

0894-1853 姜時永《輶軒三錄》……………………………… 1237

0895-1853 李尚迪《癸卯燕行詩》…………………………… 1239

0896-1853 卞光韻《甲寅聞見事件》……………………… 1241

0897-1853 權魯郁【原題金竹隱】《燕行裁簡【原題山房錄】》……………………………………………………… 1242

0898-1854 鄭德和《燕槎日錄》……………………………… 1243

卷七〇　0899-0922 ……………………………………… 1245
哲宗六年(咸豊五年　1855)—哲宗十年(咸豊九年　1859)

0899-1855 申佐模《燕槎紀行》……………………………… 1245

0900-1855 申佐模《燕行雜記》……………………………… 1246

0901-1855 申佐模《丙辰聞見事件》……………………… 1247

0902-1855 方禹叙《丙辰聞見事件》……………………… 1247

0903-1855 徐慶淳《夢經堂日史》…………………………… 1248

0904-1855 李冕九《隨槎錄》…………………………………… 1249

0905-1855 姜長煥《北轅錄》…………………………………… 1250

0906-1855 姜長煥《丙辰聞見事件》……………………… 1252

0907-1855 李義懋《丙辰聞見事件》……………………… 1252

0908-1856 朴顯陽《燕行日記》……………………………… 1252

0909-1856 李經修《丙辰聞見事件》……………………… 1253

0910-1856 李容佐《丁巳聞見事件》⋯⋯⋯⋯⋯⋯⋯⋯⋯⋯⋯⋯⋯⋯ 1254
0911-1856 李埈《丁巳聞見事件》⋯⋯⋯⋯⋯⋯⋯⋯⋯⋯⋯⋯⋯⋯⋯ 1255
0912-1857 安喜壽《戊午聞見事件》⋯⋯⋯⋯⋯⋯⋯⋯⋯⋯⋯⋯⋯⋯ 1255
0913-1857 卞光韻《戊午聞見事件》⋯⋯⋯⋯⋯⋯⋯⋯⋯⋯⋯⋯⋯⋯ 1256
0914-1857 方禹叙《戊午聞見事件》⋯⋯⋯⋯⋯⋯⋯⋯⋯⋯⋯⋯⋯⋯ 1256
0915-1858 金永爵《燕行錄》⋯⋯⋯⋯⋯⋯⋯⋯⋯⋯⋯⋯⋯⋯⋯⋯⋯ 1257
0916-1858 金直淵《燕槎日錄》⋯⋯⋯⋯⋯⋯⋯⋯⋯⋯⋯⋯⋯⋯⋯⋯ 1259
0917-1858 金直淵《연행녹 샹즁하》⋯⋯⋯⋯⋯⋯⋯⋯⋯⋯⋯⋯⋯ 1262
0918-1858 金直淵《己未聞見事件》⋯⋯⋯⋯⋯⋯⋯⋯⋯⋯⋯⋯⋯⋯ 1263
0919-1858 李尚迪《己未聞見事件》⋯⋯⋯⋯⋯⋯⋯⋯⋯⋯⋯⋯⋯⋯ 1264
0920-1859 高時鴻《燕行錄》⋯⋯⋯⋯⋯⋯⋯⋯⋯⋯⋯⋯⋯⋯⋯⋯⋯ 1265
0921-1859 高時鴻《庚申聞見事件》⋯⋯⋯⋯⋯⋯⋯⋯⋯⋯⋯⋯⋯⋯ 1266
0922-1859 卞光韻《庚申聞見事件》⋯⋯⋯⋯⋯⋯⋯⋯⋯⋯⋯⋯⋯⋯ 1266

卷七一　0923—0946 ⋯⋯⋯⋯⋯⋯⋯⋯⋯⋯⋯⋯⋯⋯⋯⋯⋯⋯ 1268
哲宗十一年（咸豐十年　1860）—哲宗十四年（清穆宗同治二年　1863）

0923-1860 朴齊寅【原題朴齊仁】《燕行日記（燕槎録）》⋯⋯ 1268
0924-1860 李後善《庚申聞見事件》⋯⋯⋯⋯⋯⋯⋯⋯⋯⋯⋯⋯⋯⋯ 1270
0925-1860 李閏益《庚申聞見事件》⋯⋯⋯⋯⋯⋯⋯⋯⋯⋯⋯⋯⋯⋯ 1271
0926-1860 申錫愚《入燕記》⋯⋯⋯⋯⋯⋯⋯⋯⋯⋯⋯⋯⋯⋯⋯⋯⋯ 1271
0927-1860 申錫愚《韓使吟卷》⋯⋯⋯⋯⋯⋯⋯⋯⋯⋯⋯⋯⋯⋯⋯⋯ 1273
0928-1860 李埈《辛酉聞見事件》⋯⋯⋯⋯⋯⋯⋯⋯⋯⋯⋯⋯⋯⋯⋯ 1275
0929-1861 朴珪壽《應求集》⋯⋯⋯⋯⋯⋯⋯⋯⋯⋯⋯⋯⋯⋯⋯⋯⋯ 1276
0930-1861 李閏益《辛酉聞見事件》⋯⋯⋯⋯⋯⋯⋯⋯⋯⋯⋯⋯⋯⋯ 1278
0931-1861 閔達鏞《壬戌聞見事件》⋯⋯⋯⋯⋯⋯⋯⋯⋯⋯⋯⋯⋯⋯ 1279
0932-1862 李埈《壬戌聞見事件》⋯⋯⋯⋯⋯⋯⋯⋯⋯⋯⋯⋯⋯⋯⋯ 1280
0933-1861 宋敦玉《壬戌聞見事件》⋯⋯⋯⋯⋯⋯⋯⋯⋯⋯⋯⋯⋯⋯ 1280
0934-1862 玄鐸《壬戌聞見事件》⋯⋯⋯⋯⋯⋯⋯⋯⋯⋯⋯⋯⋯⋯⋯ 1281

0935-1862　崔秉翰《燕槎從遊録》 …………………… 1281

0936-1862　朴永輔《錦舲燕槎抄》 …………………… 1283

0937-1862　李恒億《燕行日記》 ……………………… 1284

0938-1862　丁學韶《西征集》 ………………………… 1285

0939-1862　吳膺賢《壬戌聞見事件》 ………………… 1286

0940-1862　李在聞《癸亥聞見事件》 ………………… 1287

0941-1862　李埜《癸亥聞見事件》 …………………… 1288

0942-1863　李寅命《癸亥聞見事件》 ………………… 1288

0943-1863　李尚迪《癸亥燕行詩》 …………………… 1289

0944-1863　李尚迪《癸亥聞見事件》 ………………… 1290

0945-1863　尹顯岐《甲子聞見事件》 ………………… 1290

0946-1863　李閏益《甲子聞見事件》 ………………… 1291

卷七二　0947—0974 …………………………………… 1292
高宗元年（同治三年　1864）—高宗三年（同治五年　1866）

0947-1864　洪必謨《甲子聞見事件》 ………………… 1292

0948-1864　李尚迪《甲子燕行詩》 …………………… 1293

0949-1864　李尚迪《甲子聞見事件》 ………………… 1294

0950-1864　鄭顯德《乙丑聞見事件》 ………………… 1295

0951-1864　朴逌性《乙丑聞見事件》 ………………… 1296

0952-1864　張錫駿《燕行日記》 ……………………… 1296

0953-1864　張錫駿《乙丑聞見事件》 ………………… 1298

0954-1864　卞光韻《乙丑聞見事件》 ………………… 1299

0955-1865　金昌熙《丙寅聞見事件》 ………………… 1299

0956-1865　李宜教《丙寅聞見事件》 ………………… 1300

0957-1866　柳厚祚《柳薍筆談》 ……………………… 1300

0958-1866　趙斗淳等【原題柳厚祚】《燕行贈帖》 …… 1301

0959-1866　未詳【原題柳厚祚】《燕行日記》 ………… 1302

0960-1866 洪淳學《燕行歌》……………………………………………… 1304

0961-1866 洪淳學《연행녹(燕行録)》…………………………………… 1306

0962-1866 洪淳學《연행록(燕行録全)》………………………………… 1307

0963-1866 洪淳學《연행가》………………………………………… 1307

0964-1866 洪淳學《연행가》………………………………………… 1307

0965-1866 洪淳學《연행가》………………………………………… 1308

0966-1866 洪淳學《연행가》………………………………………… 1308

0967-1866 洪淳學《연행록단(燕行録單)》………………………………… 1309

0968-1866 洪淳學《燕行録》………………………………………… 1309

0969-1866 洪淳學《燕行録》………………………………………… 1311

0970-1866 洪淳學《丙寅聞見事件》………………………………………… 1312

0971-1866 玄鐸《丙寅聞見事件》………………………………………… 1312

0972-1866 柳寅睦《北行歌》………………………………………… 1312

0973-1866 嚴世永《丁卯聞見事件》………………………………………… 1314

0974-1866 嚴錫周《隨槎日録【原題燕行録(燕行日記)】》…… 1315

卷七三　0975—0997 ……………………………………………… 1318
高宗四年(同治六年　1867)—高宗十年(同治十二年　1873)

0975-1867 洪大鍾《戊辰聞見事件》………………………………………… 1318

0976-1867 金景遂《戊辰聞見事件》………………………………………… 1319

0977-1868 趙秉鎬《己巳聞見事件》………………………………………… 1319

0978-1868 韓文奎《己巳聞見事件》………………………………………… 1320

0979-1869 李承輔【原題吳翻】《燕行詩》………………………………… 1320

0980-1869 趙定熙《庚午聞見事件》………………………………………… 1322

0981-1869 韓文奎《庚午聞見事件》………………………………………… 1322

0982-1869 嚴錫周《己巳燕行别章》………………………………………… 1323

0983-1869 成仁浩《遊燕録》………………………………………… 1324

0984-1870 徐相鼎《燕槎筆記【原題庚午燕槎筆記】》………… 1326

0985-1870 權膺善《辛未聞見事件》……………………… 1328

0986-1870 玄鐸《辛未聞見事件》………………………… 1328

0987-1871 朴鳳彬《壬申聞見事件》……………………… 1329

0988-1871 李應三《壬申聞見事件》……………………… 1330

0989-1871 李冕九《隨槎錄》……………………………… 1331

0990-1872 姜文馨《壬申聞見事件》……………………… 1332

0991-1872 閔泳穆《癸酉聞見事件》……………………… 1332

0992-1873 趙宇熙《癸酉聞見事件》……………………… 1333

0993-1873 鄭健朝《北楂談草》…………………………… 1334

0994-1873 吳慶錫《甲戌聞見事件》……………………… 1336

0995-1873 姜瑋《北游日記》……………………………… 1336

0996-1873 姜瑋《北游草》………………………………… 1339

0997-1873 姜瑋《北游談草》附《古客談草》…………… 1340

卷七四　0998—1016 ……………………………… 1343
高宗十一年(同治十三年　1874)—高宗十六年(清德宗光緒五年　1879)

0998-1874 沈履澤《燕行錄》……………………………… 1343

0999-1874 姜瑋《北游續草》……………………………… 1345

1000-1874 姜瑋《北游續談草》…………………………… 1347

1001-1874 李建昌《北游詩草》…………………………… 1348

1002-1874 李建昌《乙亥聞見事件》……………………… 1349

1003-1875 李裕元《薊槎日錄》…………………………… 1349

1004-1875 姜蘭馨《燕行詩【原題乙亥燕行日記】》…… 1351

1005-1875 李泰秀《乙亥聞見事件》……………………… 1352

1006-1875 鄭元和《丙子聞見事件》……………………… 1352

1007-1875 尹致聃《丙子聞見事件》……………………… 1353

1008-1876 林翰洙《燕行錄》……………………………… 1354

1009-1876 李容學【原題未詳】《燕薊紀略》…………… 1355

1010-1876 卞元圭《丙子聞見事件》………………………… 1357

1011-1877 李容肅《戊寅聞見事件》………………………… 1357

1012-1878 李用俊《戊寅聞見事件》………………………… 1358

1013-1878 鄭元夏《己卯聞見事件》………………………… 1359

1014-1879 南一祐《燕記》………………………………… 1359

1015-1879 李萬教《庚辰聞見事件》………………………… 1362

1016-1879 卞元圭《庚辰聞見事件》………………………… 1363

卷七五　1017—1035 …………………………………… 1364
高宗十七年（光緒六年　1880）—高宗三十一年（光緒二十年　1894）

1017-1880 任應準《未信録》……………………………… 1364

1018-1880 任應準《澹齋談草》…………………………… 1365

1019-1880,1890 洪鍾永《燕行録》……………………… 1365

1020-1880 洪鍾永《辛巳聞見事件》……………………… 1367

1021-1881 金允植《天津譚草》…………………………… 1367

1022-1881 金允植《天津談草》節録……………………… 1372

1023-1881 金允植《析津於役集》………………………… 1372

1024-1881 金允植《中國書札》…………………………… 1374

1025-1881 柳宗植《辛巳聞見事件》……………………… 1375

1026-1882 金昌熙《東廟迎接録》………………………… 1376

1027-1882 魚允中《西征録》……………………………… 1377

1028-1883 魚允中《經略使與中國委員晤談草》《經略使中江晤談》…………………………………………… 1379

1029-1887 李承五《燕槎日記》…………………………… 1380

1030-1887 李承五《觀華志【原題觀華志日記】》………… 1382

1031-1887 李承五《燕槎隨録》…………………………… 1384

1032-1887 趙秉世《丁亥燕行日記》……………………… 1385

1033-1888 李尚健【原題未詳】《燕轅日録》………………… 1387

1034-1888　李尚健【原題未詳】《燕轅日錄》………………… 1388

　　1035-1894　金東浩【原題未詳】《甲午燕行錄》……………… 1389

卷七六　1036—1049 ……………………………………… 1393
使行錄　瀋行錄　路程記

　　1036-1637　承文院編《使行錄》……………………………… 1393

　　1037-1637　承文院編《乘槎錄》……………………………… 1394

　　1038-1637/1693　未詳《燕中聞見》上 ……………………… 1394

　　1039-1637/1693　未詳《燕中聞見》下 ……………………… 1396

　　1040-1682/1805　未詳《瀋行錄(瀋使啓錄)》 ……………… 1397

　　1041-1668　未詳《燕行錄(世乘)》…………………………… 1402

　　1042　成海應《燕中雜錄》《外夷雜記》……………………… 1403

　　1043　未詳《東覽寶帖》………………………………………… 1406

　　1044-1594　申欽【原題未詳】《甲午朝天路程【原題甲午
　　　　赴京日錄】》………………………………………………… 1407

　　1045-1626　南以雄《路程記》………………………………… 1407

　　1046-1660　姜柏年《燕行路程記》…………………………… 1408

　　1047-1866　柳厚祚【原題未詳】《燕行路程記》…………… 1409

　　1048-?　未詳《燕行路程記》…………………………………… 1410

　　1049-?　未詳《皇華塗程考》…………………………………… 1410

卷七七　1050—1070 ……………………………………… 1411
航海朝天圖　燕行路程圖　山川城鎮關隘諸圖

　　1050-1624　未詳《燕行圖幅(航海朝天圖)》………………… 1411

　　1051-1624　未詳《燕行圖幅(航海朝天圖)》………………… 1413

　　1052-1624　未詳《航海朝天圖》……………………………… 1413

　　1053-1624　未詳《航海朝天圖》……………………………… 1413

1054-1624 未詳《梯航勝覽》⋯⋯⋯⋯⋯⋯⋯⋯⋯⋯⋯⋯⋯⋯ 1413

1055-1624 未詳《航海圖》⋯⋯⋯⋯⋯⋯⋯⋯⋯⋯⋯⋯⋯⋯⋯ 1414

1056-1630 鄭斗源《朝天記(地圖)》⋯⋯⋯⋯⋯⋯⋯⋯⋯⋯ 1414

1057-1760 李必成《瀋館舊址圖》⋯⋯⋯⋯⋯⋯⋯⋯⋯⋯⋯ 1416

1058-1760 李必成《瀋陽館圖帖(文廟圖)》⋯⋯⋯⋯⋯⋯ 1416

1059-1760 李必成《瀋陽館圖帖(彝倫堂圖)》⋯⋯⋯⋯ 1417

1060-1760 李必成《山海關圖》⋯⋯⋯⋯⋯⋯⋯⋯⋯⋯⋯⋯ 1417

1061-1760 未詳《燕行圖　陸路》⋯⋯⋯⋯⋯⋯⋯⋯⋯⋯ 1417

1062-1784 姜世晃《瀛臺奇觀帖・瀛臺冰戲》⋯⋯⋯⋯⋯ 1418

1063-1784 姜世晃《槎路三奇帖・薊門煙樹》⋯⋯⋯⋯⋯ 1418

1064-1784 姜世晃《槎路三奇帖・西山》⋯⋯⋯⋯⋯⋯⋯ 1419

1065-1784 姜世晃《槎路三奇帖・孤竹城》⋯⋯⋯⋯⋯⋯ 1419

1066-1784 姜世晃《槎路三奇帖・姜女廟》⋯⋯⋯⋯⋯⋯ 1420

1067-? 未詳《熱河圖》⋯⋯⋯⋯⋯⋯⋯⋯⋯⋯⋯⋯⋯⋯⋯ 1420

1068-? 未詳《天下地圖》⋯⋯⋯⋯⋯⋯⋯⋯⋯⋯⋯⋯⋯⋯ 1420

1069-? 未詳《航海朝天圖》⋯⋯⋯⋯⋯⋯⋯⋯⋯⋯⋯⋯ 1421

1070-? 未詳《燕行程涂圖》⋯⋯⋯⋯⋯⋯⋯⋯⋯⋯⋯⋯ 1421

卷七八　1071—1085 ⋯⋯⋯⋯⋯⋯⋯⋯⋯⋯⋯⋯⋯⋯ 1423

1071-1600 吳明濟編, 祁慶富校注《朝鮮詩選校注》⋯⋯⋯ 1423

1072-1604 藍芳威編《朝鮮詩選全集》⋯⋯⋯⋯⋯⋯⋯⋯⋯ 1425

1073-1604 藍芳威編《朝鮮古詩》⋯⋯⋯⋯⋯⋯⋯⋯⋯⋯⋯ 1427

1074-1642/1643 仁祖李倧《崇德七八年分朝鮮國王
來書》⋯⋯⋯⋯⋯⋯⋯⋯⋯⋯⋯⋯⋯⋯⋯⋯⋯⋯⋯⋯⋯ 1428

1075-1765 朱文藻編, 劉婧校點《日下題襟集》⋯⋯⋯⋯ 1430

1076-1766 洪大容編《樂敦墨緣》⋯⋯⋯⋯⋯⋯⋯⋯⋯⋯⋯ 1432

1077-1766 洪大容編《古杭赤牘》⋯⋯⋯⋯⋯⋯⋯⋯⋯⋯⋯ 1434

1078-1766 洪大容編《乾净衕附編》⋯⋯⋯⋯⋯⋯⋯⋯⋯ 1435

1079-1766 金在行輯藏《中朝學士書翰》…… 1437

1080-1767 洪大容、閔百順編《海東詩選》…… 1439

1081-1768 洪大容編《乾凈後編》…… 1441

1082-1770 洪大容原藏《嚴果尺牘》…… 1442

1083-1773 洪大容編《薊南尺牘》…… 1443

1084-1775 洪大容等輯《燕杭詩牘》…… 1444

1085-1775 洪大容等《搢紳赤牘》…… 1446

卷七九　1086—1101 …… 1448

1086-1776 李德懋等撰,柳琴輯編《韓客巾衍集》…… 1448

1087-1778 朴齊家原藏,朴長馣編《縞紵集》…… 1450

1088-1799 劉大觀等《筆談稿》…… 1452

1089-1785 洪良浩、徐浩修輯藏《同文神交》…… 1454

1090-1805 曹江原札《清朝名家書牘》…… 1455

1091-1815 金命喜輯藏《尺牘藏弆集》…… 1457

1092-1816 翁方綱撰,金正喜輯藏《覃溪手札帖》…… 1457

1093-1826 申在植編,李相敦譯注《筆譚(冬至使申在植會友錄)》…… 1460

1094-1827 汪喜孫等原札《中士尺牘》…… 1461

1095-1827 汪喜孫等撰,胡適原藏《道咸同三朝文人與高麗使臣函》…… 1463

1096-1829 李尚迪輯藏,醉香山樓選錄《海鄰尺牘》…… 1465

1097-1829 李尚迪輯藏《海鄰尺牘鈔》…… 1468

1098-1829 李尚迪輯藏《海隣尺素》…… 1470

1099-1829 潘曾瑋、孔憲彝等撰,胡適原藏《□鴈尺一集潘孔合璧流(與高麗使臣函札)》…… 1470

1100-1829 張曜孫、王鴻等撰,胡適原藏《□鴈尺一集張王墨緣水(與高麗使臣函札)》…… 1473

1101-1829 羅士琳等撰，胡適原藏《道咸同三朝文人與高麗使臣函札》 …… 1475

卷八〇　1102—1122 …… 1477

1102-1835 帥方蔚輯編《左海交遊錄》 …… 1477

1103-1838 權敦仁撰，汪喜孫輯藏《海外墨緣冊》 …… 1479

1104-1845 權敦仁撰，李祖望答《汪孟慈先生海外墨緣冊子答問十六則》 …… 1481

1105-1859 金永爵、金弘集輯藏《中朝學士書翰錄》 …… 1482

1106-1859 吳昆田、金永爵《朝鮮使者金永爵筆談記》 …… 1484

1107-1868 董文煥編，李豫、崔永禧輯校《海客詩鈔》《韓客詩存》《韓客文存》 …… 1485

1108-1872 黃雲鵠《完貞伏虎圖集》 …… 1487

1109-1874 姜文璨編輯《韓四客詩選》 …… 1488

1110-1882 鄭基世《周溪尺牘》 …… 1489

1111-1882 卞元圭輯藏《北雁尺一》 …… 1490

1112-1882 卞元圭輯藏《北雁尺壹》 …… 1490

1113-1882 金昌熙輯藏《大陣尺牘》 …… 1492

1114-1882 金昌熙輯藏，丁小明編撰《〈譚屑〉拾餘：晚清駐朝鮮使臣叢札及詩文稿》 …… 1492

1115-1882 金昌熙輯藏《石菱受柬》 …… 1494

1116-1882 權松西輯藏《華使尺牘》 …… 1495

1117-1885 袁世凱原札《朝鮮外交關係書翰集》 …… 1496

1118-1885 袁世凱《與朝鮮督辦交涉通商事務金允植筆談錄》 …… 1498

1119-1885 袁世凱《與朝鮮國王筆談節略》等四種 …… 1499

1120-1892 李昰應輯藏《清人簡格》 …… 1502

1121-1892 李昰應輯藏《天雁尺芳》 …… 1502

1122-1893 黃鷹編《龍喜社海東尋詩集》 …… 1503

附　　錄 ……………………………………………………………… 1505

卷一　0001-0008 宋明使行錄與皇華集

0001-1123　徐兢《宣和奉使高麗圖經》………………………………… 1505

0002-1123　徐兢《使高麗錄》……………………………………………… 1507

0003-1449/1633　趙季輯校《足本皇華集》《拾遺》《辛酉皇華集》……………………………………………………………… 1507

0004-1449　倪謙《遼海編》………………………………………………… 1512

0005-1449　倪謙《朝鮮紀事》……………………………………………… 1514

0006-1449　倪謙《奉使朝鮮倡和集》……………………………………… 1515

0007-1460　張寧《寶顏堂訂奉使錄》……………………………………… 1516

0008-1476　祁順《奉使朝鮮贈行詩》《使還贈行詩》……………………… 1517

卷二　0009-0017 明朝使行錄、皇華集與書札

0009-1487　董越《朝鮮賦》………………………………………………… 1521

0010-1487　董越《朝鮮雜誌》……………………………………………… 1522

0011-1536　龔用卿《使朝鮮錄》…………………………………………… 1523

0012-1537　華察《皇華集類編》…………………………………………… 1525

0013-1582　黄洪憲《使朝鮮稿》…………………………………………… 1526

0014-1582　黄洪憲《朝鮮國紀》…………………………………………… 1527

0015-1594　柳成龍原藏《唐將書帖》《唐將詩畫帖》……………………… 1528

0016-1606　朱之蕃《奉使朝鮮稿》附柳根等《東方和音》………………… 1531

0017-1626　姜曰廣《輶軒紀事》…………………………………………… 1533

卷三　0018-0026 清朝使臣、幕客所撰使行錄與詩文（上）

0018-1662/1677　徐振《朝鮮竹枝詞》…………………………………… 1536

0019-1678　孫致彌《奉使至朝鮮》………………………………………… 1538

0020-1678　孫致彌撰，鹿繼平輯校《〈朝鮮采風錄〉詩詞輯校》……… 1539

0021-1717 阿克敦、張廷枚《阿克敦詩》 …………………………… 1541

0022-1717,1718,1722 阿克敦《東遊集》 ………………………… 1542

0023-1724 阿克敦著,黃有福、千和淑校注《奉使圖》 ………… 1544

0024-1844 柏葰《奉使朝鮮驛程日記》 ………………………… 1546

0025-1845 花沙納著,章伯鋒整理《東使紀程》 ……………… 1548

0026-1845 花沙納《東使吟草》 ………………………………… 1549

卷四 0027-0034 清朝使臣、幕客所撰使行錄與詩文（下）

0027-1866 魁齡《東使紀事詩略》 ……………………………… 1551

0028-1882 馬建忠《東行三錄》 ………………………………… 1552

0029-1882 周家祿《奧簃朝鮮三種》 …………………………… 1555

0030-1882 周家祿《高句麗集》 ………………………………… 1557

0031-1884 許午《朝鮮雜詠》 …………………………………… 1559

0032-1884 許午《朝鮮雜述》 …………………………………… 1560

0033-1890 崇禮《奉使朝鮮日記》 ……………………………… 1560

0034-1893 許寅輝撰,顧菊英整理《客韓日記》 ………………… 1563

卷五 0001-0012 非燕行錄、漂海錄與華行錄

0001-1387 權近《點馬行錄》 …………………………………… 1566

0002-1487 崔溥《錦南漂海錄》 ………………………………… 1567

0003-1601 李廷龜《東槎錄》 …………………………………… 1569

0004-1609 許筠《己酉西行記》 ………………………………… 1570

0005-1634 鄭太和《西行記》 …………………………………… 1572

0006-1639 洪翼漢《花浦西征錄》 ……………………………… 1573

0007-1726 金日男《金日男漂流記（頤齋亂稿）》 ……………… 1574

0008-1729 尹道成《尹道成漂流記（頤齋亂稿）》 ……………… 1575

0009-1748 未詳《西行錄》 ……………………………………… 1575

0010-1797 李邦翼《漂海歌》 …………………………………… 1576

0011-1817 崔斗燦《乘槎錄　江海乘槎錄》 …………………… 1577

0012-1917 安孝鎮《華行日記》……………………………………… 1579

主要參考引用書目 …………………………………………… 1582
人名書名地名與其他重要詞語索引 ………………………… 1607
跋 ……………………………………………………………… 1695
致謝 …………………………………………………………… 1697

自　叙

　　昔唐堯則天,中華肇造;檀君降樹,虎熊據搏。商紂肆虐,箕子白衣渡鴨;炎漢興亂,衛滿椎髻是王。中原多事,魏晉唐宋迭代;雞林不靖,倻濟羅麗搶攘。至洪武命國朝鮮,錫賚便蕃;仁祖立碑三田,事大踉蹡。列強紛沓定約,瓜剖清界;光武匆劇加冕,倭吞大韓。族殆室危,是謂難兄難弟;齒寒唇亡,幾於共存共殘。悲今天地否塞,泰來何日;幸哉風雷剝陰,陽復有端。

　　夫藩屏上國,行人寔職;顓連原隰,使者先達。受陳奏之王命,高殿拜表;持使車之節旄,弘濟跨矼。浸滔天之鱷浪,樓船入海;耐遼東之霜野,雪馬越江。九連毳幕,醉飲辭家濁酒;玉河孤館,沉吟思鄉別腔。虔觫事明,觀禮皇華之聖;弴服委清,皮幣蠻貊之邦。多事之秋,絡繹奔命於道;太平之歲,愉怡訪碑於邺。荒郊逆旅,賞景酬詠風物;孤店永夜,披圖驗記驛程。伺覘與國動靜,烏蠻秘計;巫遞諺字狀啓,先來謹摯。或逐類而條札,銖分同異;曰按日以縷述,鱗次陰晴。偶遇燕趙畸客,頻頻觴舉;顧訪江南文士,亹亹筆談。湛軒手握尺素,聞迅奪膽;鐵橋魂斷故里,懷墨鼓頷。西湖知己,東國相思。並世神交,萬禩情癡。樹睦鄰之典範,播藝林而焜燿!

　　然使者紀行之錄,散在塵海。幸天祐萬里,紙壽千年。或存敗篋零帙,瓿醬寂滅;或珍手澤原稿,珠琛爛然。終遇林公彙輯,槧行百冊;幸有好事揀擇,流布九方。惜著錄不明版本,此真彼僞;作者難踪真相,李冠張藏。鈔字魚魯帝虎,流俗難辨;記事摘剪鈔襲,通才莫防。故不揣固陋,黽勉從事。芒履燕路,枯筆圖史。讎校甲乙,效光禄之遺意;評騭左右,仿四庫之部居。青燈十稔,磨耗驢年歲月;黃馘微軀,愧慄盛世蠹魚。矻矻孜孜,遍檢五六千種;尋尋覓覓,訪得七百餘家。鉤玄提要,裁成八十五卷;糾謬補訛,攢湊二百萬沙。誠冀稍有絜矱,發先賢之幽德;粗備案頭,示初學以梯航。至於辨章學術,乃考史者之任;考鏡源流,是文獻家之傳。洎余不敏,悵惋弗及。延踵響慕,顒竢鴻哲。　隴右漆永祥己亥新正人日匆草於京北僑紫石齋。

凡　例

一、"燕行録"界定與收録原則：本書以爲，若廣義而言，凡履跡及中國之朝鮮半島文人所著書，皆可謂之"燕行録"；然狹義言之，則專指高麗、朝鮮王朝遣往中國之出使成員所纂之紀行録。即作者必須爲國王派遣出使之正式使團成員；或負有某種特殊使命曾身至中國（或兩國邊境之中國境内）之官員；或撰著者雖未曾足履中國，但其書所述必須爲出使相關記録或論述。本書即以狹義之"燕行録"爲著録原則，故不以《漂海録》《皇華集》與因他事而到訪中國之人所撰者爲"燕行録"，凡《燕行録全集》等收録之此類書籍，本書皆編入附録，以爲別異，用清眉目。又明清時期朝鮮、中國使臣與賓幕因詩文交流，所編纂之朝鮮詩文選集，如明吴明濟編《朝鮮詩選》、清朱文藻編《日下題襟集》、朝鮮洪大容與閔百順編《海東詩選》等，並皆爲著録。然如錢謙益《列朝詩集》、朱彝尊《明詩綜》、沈德潛《明詩别裁集》、徐世昌《晚晴簃詩匯》等書中所選朝鮮詩歌，皆不再單獨輯爲一種，以免溢濫焉。

二、撰寫體例與著録總數：本書仿《四庫全書總目》之例，而稍有更革。每種《燕行録》，前皆有標題條目、使團概况、作者小傳、作者著述等項，正文爲《燕行録》解題，各爲評騭甲乙，鉤玄提要，或詳或略，都爲一篇。全書著録自公元十二世紀初至二十世紀初七百餘年間，高麗、朝鮮兩朝各類使行録及其他相關詩文，凡作者741名、版本1166種、書目（篇卷）1122種；附録中國宋、明、清歷代因出使等前往朝鮮半島者所撰之使行録與各類詩文，凡作者24名、書目34種；另附非"燕行録"著述，共作者12名①、書目12種（篇卷）。綜計爲772名作者、1168種書目（篇卷），分别爲之撰寫《解題》。共隸爲正編80卷、附録5卷，共85卷，都凡150萬字。

---

① 此12名作者中，有5名作者有"燕行録"傳世，故在統計作者人數時，此5人不再重複計入。

三、標題條目：標題條目依次爲本條序號、出使年代、作者姓名、書名（篇卷名）、卷數、書目出處與版本信息等。如：

0119-1602

金玏《朝天錄》（《全集》第 4 册；《叢刊》第 50 册《柏巖先生文集》；《叢書》第 1969 册　刻本）

案上列"0119-1602"，指在本書中該條排位在第"0119"號，出使年代爲"1602 年"。凡同一書（篇卷）中標出作者多起使事，或不同年代因不同使事出使而相隔較遠者，則皆一一標示使行之年與相隔年代。如：

①0094-1577,1581,1593,1594

崔岦《四行文錄》（《叢刊》第 49 册《簡易集》　活字本）

②1040-1682/1805

未詳《瀋行錄（瀋使啓錄）》（《日本所藏編》第 1 册；《續集》第 109 册鈔本）

凡同一作者因不同著述再度著錄，或同一起使行有兩名以上作者皆有撰著時，則依《四庫總目》之例，標示"已著錄"或"詳見前某某解題"，以省繁冗；爲便讀者找尋，每條後皆標明其序號與出使年代號。如：

①案李睟光有《庚寅朝天錄》（0083-1590），已著錄。

②案許筠出使事由，詳參前李睟光《朝天錄解題》（0103-1597）。

③案閔仁伯有《朝天錄》（0097-1595），已著錄。閔氏此次出使事由，詳見前李廷龜《甲辰朝天錄解題》（0128-1604）。

凡同一起使行有多名作者皆有撰著，則依正使、副使、書狀官與其他成員次序著錄；凡著述體裁，則依日記、詩歌、札記、筆談等次序排列。凡作者不明者，則依《燕行錄全集》之例，皆稱"未詳"。凡朝鮮國王或王室成員所撰，則保留其謚號或封君稱號等。如：

①仁祖李倧《崇德七八年分朝鮮國王來書》

②麟坪大君李㴭《燕途紀行》

若正、副使返國後所上《別單》，則署兩人爲共同作者；他若原署一人而實由兩人編撰者，以及後人保存收藏之原件、整理點校之刊本等，亦皆署保存者與整理者之名，以不没其存藏整理之功；若燕行贐章等，則例以篇中第一唱酬者爲作者代表。如：

①洪啓禧、趙榮進《庚辰別單》（正、副使共同署名）

②洪致聞、趙文德等【原題洪致聞】《丙辰苫塊錄》（兩名作者共同署名）

③李德懋等撰，柳琴輯編《韓客巾衍集》（作者與編纂者共同署名）

④翁方綱撰，金正喜輯藏《覃溪手札帖》（作者與收藏者共同署名）

⑤申在植著，李相敦譯注《筆譚》（作者與譯注者共同署名）

⑥朱文藻編，劉婧校點《日下題襟集》（編纂者與校點者共同署名）

⑦申弘望等《瀋行贐章》（贈行以第一唱酬者姓名代表所有作者）

本書所署作者、書名與篇卷名，多依《燕行錄全集》編纂者所定，然有明顯訛誤或原有書卷名爲整理者肛改者，則以"【原題某某】"之形式存其舊説，改回原名，以符其實。其中有作者姓名溷混者、有作者未詳而誤署他人者、有書名錯置者、有作者與書名皆誤者等。如：

①柳命天【原題洪致中】《燕行錄》

②安克孝【原題未詳】《朝天日錄》

③未詳【原題柳厚祚】《燕行日記》

④金中清《燕程感發【原題朝天詩】》

⑤鄭士信【原題鄭〇〇】《庚戌朝天日錄【原題庚戌朝天錄】》

⑥金照【原題未詳】《觀海錄【原題燕行錄】》

本書著錄卷帙，一從其舊。若從原別集中成卷輯出者皆標明卷數，而零星輯得不成卷者則不標注。因全書皆按時代爲序排次，不易混淆，故作者之前,不再加【高麗】、【朝鮮】、【明】、【清】等字樣,以避繁碎。書卷出處既標示《燕行錄全集》《燕行錄續集》《燕行錄全集日本所藏編》《同文彙考補編》等,亦注明《韓國文集叢刊》《韓國文集叢刊續》《韓國歷代文集叢書》或《燕行錄叢刊(增補版)》網絡本等,以提供更多版本,方便讀者查核。爲省目煩,以上書名皆用省稱,如《全集》《續集》《叢刊》《叢書》等。

凡版本著錄,皆依中國版本學界習慣術語,分爲稿本(包括手札)、鈔本、刻本、活字本、鉛印本、影印本等(儘量標明如《燕行錄全集》《韓國文集叢刊》等影印時所據之版本);今人整理本則注明整理者、出版社與出版年代;若大型古籍複印與影印叢書,則注明叢書所影印之版本等。如:

①趙浚《朝天詩》(《叢刊》第6冊《松堂集》 活字本)
②申叔舟《遼東問韻錄》(《叢刊》第10冊《保閑齋集》 刻本)
③朴權《西征別曲》(《全集》第34冊 諺文鈔本)
④趙瑛《燕行日記》(《燕行錄叢刊(增補版)》網絡本 鈔本)
⑤洪良浩、徐浩修輯藏《同文神交》(韓國國立中央圖書館藏 手札原件)
⑥未詳《燕行程涂圖》(首爾大學奎章閣藏 彩圖)
⑦李尚迪輯藏,醉香山樓選錄《海鄰尺牘》(美國哈佛燕京圖書館藏 鈔本)
⑧黃腈編《龍喜社海東尋詩集》(中國科學院圖書館藏 鉛印本)
⑨阿克敦著,黃有福、千和淑校注《奉使圖》(遼寧民族出版社1999年版)
⑩吳昆田、金永爵《朝鮮使者金永爵筆談記》(《清代詩文集彙編》影印清光緒十年刻《漱六山房全集》本)

凡同一作者之同一種《燕行錄》,若稿本、鈔本與刻本,同出一源,文字大同而小異,則雖標題分行著錄,然解題則合爲一種,而不別爲三種;若版本不同,且文字差異較大,則各自列爲一種。如:

①0043-1-1533;0043-2-1533;0043-3-1533

蘇世讓《陽谷朝天録》(《全集》第 2 册　稿本)

蘇世讓《赴京日記》(《全集》第 3 册;《叢書》第 381 册《陽谷先生文集》　刻本)

蘇世讓《陽谷赴京日記》(《全集》第 2 册;《青丘學叢》第 1 號《事大紀行》　鉛印本)

② 0650-1-1790;0650-2-1790

徐浩修《熱河紀遊》(《全集》第 51—52 册　刻本)

徐浩修《燕行紀》(《全集》第 50—51 册　鈔本)

③ 0429-1712

金昌業《老稼齋燕行日記》(《全集》第 32—33 册　寫刻本)

④ 0430-1712

金昌業《燕行日記》(《全集》第 31—32 册　鈔本)

又同一作者一次出使期間所撰詩文、日記等，一般按一種計算;若其稿當時已各自流布，則分開著録。又同一作者，前後數度出使，而存世詩文能分清次序者，則皆分别著録;詩文無序而難以分清者，則籠統作一種著録。

四、使團概况:包括燕行使出使事由、出使身份與出使時間等。使臣出使事由，有節使、别使之分(如聖節行、謝恩行)，又有單使、兼使之别(如陳奏行、謝恩進賀兼冬至等三節年貢行)。凡百稱名，皆以作者《燕行録》爲憑;若作者失載，則考以《朝鮮王朝實録》《承政院日記》與使臣别集等爲據;若仍有異，則證以他書，折衷裁定;略無記載，則考以諸書，以補其漏;若皆無可考，則付諸闕如，以俟來哲。如:

① 出使事由:聖節行(節使)

② 出使事由:陳奏行(别使、單使)

③ 出使事由:進賀謝恩兼陳奏行(兼使)

④ 出使事由:賫咨行(賫咨使)

⑤ 出使事由:春信行(明清之交使瀋陽)

⑥ 出使事由:領選使(特殊使命)

⑦ 出使事由:待考(使事不明)

出使成員僅錄正使、副使、書狀官（偶有質正官等）或賫咨官等之姓名與職銜，其銜有虛有實：使臣出使前，朝鮮朝廷例爲加銜一級，本《解題》中據當時情狀，多以加銜爲據，予以著錄；若加銜不明，則列實銜；如官職不明，則只列姓名，供讀者參稽。如：

①出使成員：正使工曹判書成任、副使户曹參判朴楗、漢訓質正官藝文館修撰成俔等

②出使成員：正使議政府右議政金昌集、副使吏曹判書尹趾仁、書狀官司僕寺正盧世夏等

③出使成員：正使禮曹參判李夏鎮、副使吏曹參判鄭樸、書狀官司憲府掌令安如石等

④出使成員：正使宋克訒、書狀官申悦道等

⑤出使成員：賫咨官司譯院正金慶門等

使臣出使年代，以高麗、朝鮮王朝紀年爲正，括注其所出使之中國歷朝紀年與公元紀年；月日則以農曆爲準，不再換算爲公曆。出使發行之日，爲自漢城拜表出發之日；迄止之日，以返國覆命之日爲據。若記載不一，則擇其中相對可靠者爲憑；若本書不載，則考以他書，記其起訖；若時日難明，則以大致往來之季節或月份爲據。如：

①出使時間：成宗十六年（成化二十一年　1485）閏四月十一日—十月三日

②出使時間：宣祖三十五年（萬曆三十年　1602）十月十三日—翌年五月十六日

③出使時間：宣祖三十五年（萬曆三十年　1602）夏秋間？

④出使時間：光海君元年（萬曆三十七年　1609）六月—十一月？

⑤出使時間：顯宗元年（順治十七年　1660）十月二十四日—翌年二月十七日（返宿郭山）

⑥出使時間：高宗三十一年（光緒二十年　1894）六月十日—翌年五月三日（返抵仁川）

五、作者小傳：凡記作者姓名、生卒、字號、籍貫、科第、歷官、謚號、著述等，最末注明引據出處，以爲據信。若生卒年不確者，則依《朝鮮王朝實錄》及傳主碑狀等，考而得之；前人有誤，則爲校正；仍不能明，則闕如焉。官職擇其一生較重要者，著述擇其存世者。又著名作者之官績學術等，間或有一二語之評介。所引出處，以傳主之《神道表》《墓誌》《年譜》等爲先，次以《高麗史》《朝鮮王朝實錄》《承政院日記》等。一則證淵源有次，一則方便讀者檢尋。近今人所爲傳記與相關著述等，一般不予採録。如：

①金尚憲(1570—1652)，字叔度，號清陰、石室山人、西磵老人等，安東人，居漢城，爲壯洞金氏。游於尹根壽、申欽、李廷龜、柳根之門，精於經史。與洪瑞鳳、李安訥、趙希逸、張維相善。正直剛方，貞介特立。宣祖二十九年(萬曆二十四年　1596)庭試丙科及第。侍宣祖、光海君、仁祖、孝宗四朝，立朝五十年，屢有起躓。官至禮曹佐郎、弘文館修撰、司諫院正言、司憲府大司憲、司諫院大司諫、禮曹判書、議政府右議政等。丙子之難，扈入南漢，力陳死守之計。三田渡訂盟後，歸隱安東鶴駕山。後被構入瀋陽，首尾六年，終不少屈，朝鮮史家以文天祥後一人喻之。孝宗繼位，任左議政。顯宗初，歸隱林下，築石室以居。卒謚文正。有《清陰集》四十卷傳世。事見金邁淳《臺山集》卷一三《文正公府君傳》、宋時烈《宋子大全》卷一八二《石室金先生墓誌銘》、李端相《静觀齋先生續集》卷八《記清陰先生遺事》、《宣祖實錄》、《光海君日記》、《仁祖實錄》、《孝宗實錄》等。

②李容肅(1818—?)，字敬之，號菊人，全州人。通漢語，爲譯官。高宗十四年(1877)，隨冬至等三節年貢兼謝恩使曹錫輿使團出使清朝。事見《同文彙考補編續·使臣別單二》李容肅《戊寅聞見事件》、《高宗實錄》、《承政院日記》等。

③柳宗植，生卒籍貫不詳。高宗朝，爲司憲府掌令、司諫院司諫、兵曹參議等。事見《高宗實錄》《承政院日記》等。

六、作者著述：諸家《燕行録》多輯自作者別集，或數卷，或一卷，或從某卷中零星輯出者。故爲明其來源，本《解題》凡遇諸家別集，亦依據標點《韓國歷代文集叢書》所載版本説明及筆者所考，略爲介紹存佚情狀、卷帙多寡、刊刻時日、詩文特徵、前序後跋及名家評價等。如：

①金地粹《苔川集》三卷，前有金昌協、閔鎮厚二序。首卷詩以體裁編纂，後附文錄，卷二爲《朝天錄》《朝天時諸賢贐狀》《中華諸賢所撰》及《皇朝辨誣疏》等，卷三則爲《附錄》。由其後裔初刊於肅宗二十三年(1697)，後經增補編次，於二十九年(1703)以活字刊行(《韓國歷代文集叢書》本即活字本)，《韓國文集叢刊續》據奎章閣藏本影印，《燕行錄全集》爲鈔本，非同一版本。然每行字數與每頁行數皆同，蓋《全集》本爲活字本之祖本耳。"朝天時諸賢贐狀"題中"天"字，此本誤作"入"，而《韓國文集叢刊》本已爲改正，而《皇朝辨誣疏》以下數篇，皆其出使時《禮部兵部呈文》三篇、《禮部因呈文題本》、《兵部呈文》等，爲編輯者刪去，蓋因其文皆金尚憲所撰故耳。

②趙文命《鶴巖集》六冊不分卷，爲傳寫鈔本。前兩冊爲詩，後四冊爲文，末附志狀文等。《韓國文集叢刊》據奎章閣藏本影印，《燕行錄全集》與是稿非同一版本。此題《鶴巖稿》，蓋爲最原始之鈔本，然文字無異同。前有正廟御製《序》。《豐壤趙氏文集叢書》第八輯所收文命《鶴巖集》卷二所錄，乃刪存之詩，不及三分之一也。

七、《燕行錄》解題： 包括《燕行錄》書名卷帙、燕行過程、在館活動、詩文内容、考誤糾謬、評價影響等，爲本書重中之重。凡作者出使目的，道途所見與在館所聞，以及詩歌、日記、遊記、札記、筆談、地圖、路程記等，皆爲校勘文字，考其異同，析其優劣，論其指歸，長者數千餘言，短者不足百字，以求達"辨章學術，考鏡源流"之旨。凡諺文本"燕行錄"，則多爲韓國學友翻譯撰寫，筆者稍爲之刪裁整齊而已，爲示感謝與不没人美意，皆於本條後括注譯者姓名焉。【例略】

八、注釋體例： 本《解題》所引據古人及時賢之說，皆詳注出處，以爲憑信。注文所引，以作者、書名、卷數、篇名、版本、頁碼之次序標明；專著或論文則以作者、著述名(論文名)、出版社與出版年代(刊物名稱與刊行年月)、頁碼等爲次；又凡引據之書目，以朝鮮時代作者爲多，不易混淆，故作者之前，一般亦不再加【高麗】、【朝鮮】等字樣，以避目煩；若需要時則分別注明，以免易溷亂。如：

①李承休《賓王録序》,《燕行録全集》,001/017。
②金坵《止浦集》卷1《落梨花》,《韓國文集叢刊》,002/328。
③《太祖實録》卷14,太祖七年(洪武三十一年 1398)八月二十六日己巳條。
④鄭麟趾等纂,孫曉主編《高麗史》卷22《高宗世家》,高宗元年(1214)九月條,西南師範大學出版社2014年版,002/673。
⑤韋旭升《朝鮮文學史》,北京大學出版社1986年版,第313—315頁。
⑥孫衛國《〈韓客巾衍集〉之西傳清朝及其影響》,北京大學韓國學研究中心編《韓國學論文集》,2007年第1期,第40—47頁。
⑦[日]夫馬進《日本現存朝鮮燕行録解題》,日本京都大學文學部研究紀要,第42號,2003年版,第206頁。

案上列如"001/017",謂《燕行録全集》"第1册第17頁"。爲減省注文,本《解題》注文凡涉《燕行録全集》《燕行録續集》《韓國文集叢刊》《韓國歷代文集叢書》《燕行録全集日本所藏編》《元史》《明史》《清史稿》《明實録》《清實録》等多册大型叢書時,皆用此形式出注,不再一一説明;而《朝鮮王朝實録》因部頭繁重,又無原書可隨時翻檢,故以網絡版爲據,僅注卷數、年月日等,不注册數與頁碼,讀者諒之。

九、字體、紀年與數字等之標示方式:本書凡遇異體字、俗體字、草書、版刻易混字等,如"己巳""畧畧""汨汨""刺刺""弊獎""攝摂"等,皆作適當之統一;個別朝鮮半島慣用之異體字,如"恠(怪)""卞(辨)""獜(麟)""卓(桌)""庭試(廷試)""壯元(狀元)"等,則予以保留;凡新舊字形,如"説說""黄黃""换換""高高"等,皆以新字形爲準;避諱字、手民氏誤字等,則逕改之,不再作注釋與説明。書中凡涉及紀年,一般先標以高麗、朝鮮紀年,括注以中國歷代紀年與公元紀年(即使臣所出使國之紀年),凡紀年數字一律用漢字標示,轉換爲公元年代時用阿拉伯數字,若遇閏月則特爲注出,以便參稽。凡書中出現的其他各類數據,如書籍卷數、人物年歲、物品數量、道里長短等,亦多用漢字,而注文中則多用阿拉伯數字,以爲區别焉。

一〇、**書影與索引**：本書卷前所選書影與圖像，包括"燕行錄"詩歌、日記、札記、筆談、別章、路程記、地圖、綫路圖、人像與古蹟繪畫等；版本有原草本、手稿本、稿本、鈔本、諺文鈔本、刻本、活字本、鉛印本、排印本、影印本、彩圖本等。凡見於各書《解題》者，不再詳注版本；採自他書者，則皆注明出處。因筆者極難見到諸書原本，故多摘自《韓國文集叢刊》《燕行錄全集》與近今人影印本。輾轉摹印，頗失其真；或手機拍照，圖像變形。唯依稀仿佛，略存其貌，聊勝於無而已。書後附有《人名書名地名與其他重要詞語索引》，標出書中所涉及之重要人名、書名（篇卷名）、地名與各類詞語之所在頁碼，以方便讀者檢尋焉。

本《解題》所涉時代，縱跨七百餘年，著録千餘種，撰者雖日事丹鉛，然學有不逮，且經十餘年，方克成稿。前後體例，庶未劃一，引文出處，多有舛淆。故疏漏錯訛，在所不免。讀者諸君，幸爲摘誤糾謬，以便異日修訂，俾成善本，千祈萬禱，是所願焉。

卷一　0001—0007

高麗高宗二年（金宣宗貞祐三年　1215）—
恭愍王二年（元順帝至正十三年　1353）

0001-1215
陳澕《使金錄》（《叢刊》第2冊《梅湖遺稿》　刻本）

出使事由：待考
出使成員：書狀官陳澕等
出使時間：高麗高宗二年（金宣宗貞祐三年　1215）夏秋間

　　陳澕，號梅湖，高麗洪州驪陽人。陳俊孫。有儁才，善屬文，尤工歌詩。與兄㵧、弟溫，俱有詩聲，時人謂之聯珠。神宗元年（金章宗承安三年　宋寧宗慶元四年　1198），從其父樞密副使光賢東京任所。未幾，魁司馬試。六年，文科第二名及第。熙宗五年（1209），遷國子監學正。康宗元年（1212），預青錢選，與孫得之、李允甫諸人，俱掌絲綸，高文大册，多出其手。澕與李奎報齊名，時號"李正言陳翰林"。歷官至中書門下省補闕。因王事赴關東，出補知公州事，卒於官。有《梅湖遺稿》一卷傳世。事見《梅湖遺稿》卷首崔粹翁《梅湖翁小傳》，《高麗史》卷一〇〇《陳俊傳》附傳等。

　　陳澕《梅湖遺稿》一卷，前有黃景源、南泰普、李英裕序與崔粹翁《梅湖翁小傳》，詩以體裁編爲一卷，共四十餘首。後爲《梅湖遺稿附錄》，載事實、酬唱與前後諸家詩評，末有吴載純、閔鍾顯、崔粹翁跋。澕集本已散佚，豐山洪萬宗輯自崔滋《補閑集》、李齊賢《櫟翁稗説》、許筠《惺叟詩話》、李睟光《芝峯類説》、徐居正《東人詩話》等，所得雖少，然亦崐山之片玉，桂林之一枝，歸之其子孫，至澕十五世孫㙋，始裒輯成卷，於正祖朝刊行之。《韓國文集叢刊》縮印自首爾大學奎章閣藏本。

據崔粹翁《梅湖翁小傳》等記載，陳澕曾以書狀官身份出使金朝，然《高麗史》不載其事。弘華文主編《燕行錄全編》第一輯第一册，蒐集陳澕《燕行詩》三首，即《奉使入金》《遊五臺山時公因王事往關東作》與《使金通州九日》，且言"陳澕曾以書狀官奉使入金朝，此行經過五臺山，當在金都南遷以後，即金宣宗二年，南宋寧宗嘉定七年，蒙古成吉思汗九年，高麗高宗元年"①。

案此"金宣宗二年"，所指不明。宣宗有貞祐（1213—1216）、興定（1217—1221）、元光（1222—1223），皆達二年，此爲貞祐二年（1214）。"金都南遷"指貞祐二年三月，蒙古與金朝和議成，金宣宗南遷汴京（今河南開封）事。《燕行錄全編》輯錄者考隸陳澕出使年代，乃據其遊五臺山詩，故稱"此行經過五臺山"。然此說大謬不然，陳氏詩中之"五臺山"，非中土山西之五臺山，乃高麗江陵之五臺山也。據傳新羅慈藏法師曾慕往山西五臺山，並得佛祖頂骨舍利及袈裟，歸國後遂以修行之地改名爲"五臺山"，今以月精寺與小金剛山聞名於世。陳澕返國後，曾因王事赴關東，方遊江陵五臺山並詩以記之。故《全編》所收陳澕《游五臺山時公因王事往關東作》，乃因山名相同而誤收耳。且使臣出使期間，王事鞅掌，所負重大，行程緊迫，歸途爲亟。而五臺山偏西遠途，使臣何暇何膽，紆道攀陟，遊覽名刹，而賞景求佛邪！

考崔粹翁《梅湖翁小傳》稱，高麗高宗乙亥（高宗二年　1215），有試館閣諸公詩事，以李奎報爲首而陳澕次之。其下即述"以書狀官如金還"②。然則陳氏之出使金朝，必在是年或稍後。考《高麗史》，高宗即位年（1214）九月，"金昇王珣即皇帝位，改元貞祐，遣使來告。閏月，遣郎將盧育夫如金，進奉金蘊珠告哀"③。二年，不載遣使入金事，故陳氏之出使金朝，究爲何年，所爲何事，皆不能明，今暫隸之高宗二年以俟考。又其在

---

①陳澕《燕行詩》，弘華文主編《燕行錄全編》，廣西師範大學出版社 2010 年版，第 1 輯，001/391—393。
②陳澕《梅湖遺稿》卷首崔粹翁《梅湖翁小傳》，《韓國文集叢刊》，002/270。
③鄭麟趾等纂，孫曉主編《高麗史》卷 22《高宗世家》，高宗元年（1214）九月條，西南師範大學出版社 2014 年版，002/673。

通州日詩有"漁陽南畔不見山,野店蚊雷屯豹脚"句①,則時令當在夏秋間耳。

今陳澕《梅湖遺稿》,其出使期間所作詩僅《奉使入金》《使金通州九日》兩首,此則因其本集已佚而零星輯得故也。又有《詠廣寧府十三山》一首,則爲與李蓬山允甫同夜直禁林,時有前入金書狀官某言,廣寧府道傍有十三山,往來客子題詠頗多,故李、陳各有擬作,而彼時實未到其地焉。

陳澕詩清雄華靡,變態百出,與李奎報等皆一時宗匠。其《桃源歌》以陶五柳之桃源,與高麗鄉村相較,如"鄉心斗斷種桃後,世事只説焚書前"②,翻奇出異,意境獨高。惜其早卒,聲名不彰。其《奉使入金》詩曰:"西華已蕭索,北寨尚昏蒙。坐待文明旦,天東日欲紅。"崔滋以爲"陳以幕佐入朝,稱北寨昏蒙,非禮"。而輯詩者以爲"勝國時事遼、金,恬不知恥,獨公此詩,嚴於華夷之辨,深得春秋之義,似有先見而發。時女真雖蹙,而蒙古繼熾,所謂'北寨昏蒙',蓋並指兩國也,慨然有蹈海俟河之意。纔經百年,大明一統,掃蕩腥羶,文明之化,東漸於海,惜乎公之未及見也"③。案崔滋(1188—1260),與陳氏同朝爲臣,故謂陳氏以屬國臣子入朝,而詩語如此,非人臣之禮。而後説蓋爲洪萬宗所注,以後世華夷之見闌入其中。考之史實,金宣宗遷都汴京,激怒蒙古,蒙、金戰事再起。貞祐三年(1215)五月,中都失守。十月,蒲鮮萬奴在遼東自立,朝鮮路梗。陳氏所詠者,蓋當時宋、蒙、金相互國勢消漲之史事而已,既非譏刺金朝,更非華夷之辨也明矣。

0002-1240

金坵《北征錄》(《叢刊》第2册《止浦集》 刻本)

出使事由:納貢行

出使成員:正使右諫議趙脩、副使閣門祇侯金成寶、書狀官權直翰林

---

① 陳澕《梅湖遺稿·使金通州九日》,《韓國文集叢刊》,002/284。
② 陳澕《梅湖遺稿·桃源歌》,《韓國文集叢刊》,002/284。
③ 陳澕《梅湖遺稿·奉使入金》輯者注,《韓國文集叢刊》,002/274。

金坵等

出使時間：高宗二十七年（蒙古太宗十二年　1240）夏秋間

金坵（1211—1278），初名百鎰，字次山，號止浦，扶寧人。高麗高宗十九年（蒙古太宗四年　宋理宗紹定五年　1232），擢文科第二。官濟州通判，遷國子直講，拜翰林院知制誥。元宗朝，官左諫議兼翰林學士知制誥、成均館大司成，陞左僕射，歷樞密院副使、吏部尚書兼寶文閣大學士拜平章事。坵少善屬文，詞旨華美，騈儷精切，出人意表。言朝言議，不饒強貴，力扶儒學，極斥事佛。與安裕講劘，爲道義交。歷事四朝，峻秩遐齡，宏議清裁，見重一世。卒謚文貞。曾與修神宗、熙宗、康宗《實錄》，有《止浦集》三卷傳世。事見《止浦集》卷三附錄金弘哲撰金坵《年譜》、鄭晉《高麗平章事文貞金公神道碑銘》等，《高麗史》卷一〇六有傳。

案金坵《止浦集》三卷，爲坵十八代孫東灝等輯佚，於朝鮮純祖元年（嘉慶六年　1801）刊行，《韓國文集叢刊》據奎章閣藏本影印。凡收詩一卷、文二卷。宋煥箕序謂"篇帙雖少，而各文俱存，不甚寂寥，奚翅爲一羽之珍、一臠之美也"①。末有金麟淳跋。

金坵在元宗朝，專掌詞命，蒙古"徵詰，殆無虛歲。公久掌撰表，遇事措辭，皆中於理，以此多獲允俞。元翰林學士王鶚，每見表詞，必稱美，恨不得見其面"②。今《止浦集》卷二有《方物表》《陳情表》《入朝告奏表》《還國謝恩表》等表箋文五十餘通，及卷三《與張學士書》《與王學士書》《又與王學士書》等皆是，"王學士"即王鶚也。元宗亦稱其"禀東璧之精，擅西京之手"③。其詩僅存十餘首，然如《落梨花》"飛舞翩翩去却迴，倒吹還欲上枝開。無端一片黏絲網，時見蜘蛛捕蝶來"④，描摹精潔，細緻生動，頗具宋人風致焉。

案鄭晉《神道碑銘》、金弘哲《年譜》及《高麗史》金坵本傳，皆載坵於

---

① 金坵《止浦集》卷首宋煥箕序，《韓國文集叢刊》，002/323。
② 金坵《止浦集》卷3《附錄》金弘哲《金坵年譜》，《韓國文集叢刊》，002/370。
③ 金坵《止浦集》卷3《附錄》鄭晉《高麗平章事文貞金公神道碑銘》，《韓國文集叢刊》，002/372。
④ 金坵《止浦集》卷1《落梨花》，《韓國文集叢刊》，002/328。

高麗高宗二十七年（1240）充書狀官赴蒙古。考《高麗史》，是年"夏四月，遣右諫議趙脩、閤門祗侯金成寶如蒙古"。"冬十二月，遣少卿宋彦琦、御史權韙如蒙古"。① 又《元史》亦載，太宗十二年三月，高麗"又遣其右諫議大夫趙脩、閤門祗侯金成寶等奉表入貢。五月，復下詔諭之"。② 金氏《分水嶺途中》詩有"杜鵑聲裏但青山，竟日行穿翠密間"之句③，則其出使當在夏間，應爲趙脩一行之書狀官也。又此詩前注其出使期間，"有此詩及《北征錄》《西京》《鐵州》《出塞》等詩"④。今唯存此詩與《出塞》《過西京》《過鐵州》四首，則《北征錄》者，多亡佚無存，今取以名金氏出使詩卷焉。

時蒙古窩闊台汗屢侵擾高麗，麗朝遂遷都江華島以避鋒芒，又西京（平壤）經畢賢甫、洪福源叛亂後，"遂爲丘墟"⑤，故亦將其百姓盡遷海島。金氏《過西京》詩謂"憶曾負笈遠追師，正見西都全盛時。月明萬户不知閉，塵静九衢無拾遺。如今往事盡如掃，可憐城闕空青草。鋤犁半入英雄居，麻麥遍生朝市道。採桑何處蒨裙兒，哀唱一聲愁欲老。"⑥則西京殘破近十年後，仍城闕青草，朝市麻麥，金氏所詠，模擬老杜筆法，堪爲史詩也。

又《神道碑銘》謂，忠烈王二年（1276），"公言舌人皆微賤庸瑣，傳語多不以實，或懷姦濟私，貽害朝家，請置通文館，令禁内學館參外年少者，誦習漢語，俾正譯語之失"⑦。而史亦謂通文館於是年"始置之，令禁内學官等參外年未四十者學漢語。時舌人多起微賤，傳語之間多不以實，懷姦濟私，參文學事金坵建議置之。後置司譯院，以掌譯語"⑧。然則金氏於

---

① 鄭麟趾等纂《高麗史》卷23《高宗世家二》高宗二十七年（1240）四月條、十二月條，002/732。
② [明]宋濂等纂，中華書局編輯部點校《元史》卷208《外夷一·高麗》，北京中華書局1976年版，015/4610。
③ 金坵《止浦集》卷1《分水嶺途中》，《韓國文集叢刊》，002/328。
④ 金坵《止浦集》卷1《分水嶺途中》，《韓國文集叢刊》，002/328。
⑤ 鄭麟趾等纂《高麗史》卷23，《高宗世家二》高宗二十年（1233）十二月條，002/725。
⑥ 金坵《止浦集》卷1《過西京》，《韓國文集叢刊》，002/329。
⑦ 金坵《止浦集》附鄭寀《高麗平章事文貞金公神道碑銘》，《韓國文集叢刊》，002/373。
⑧ 鄭麟趾等纂《高麗史》卷76《百官志一·通文館》，006/2434。

高麗、朝鮮朝通文館之設,實有創議發始之功焉。

0003-1273
李承休《賓王錄》(《全集》第 1 册;《叢刊》第 31 册《動安居士行錄》 刻本)

  出使事由:進賀行
  出使成員:正使順安公王悰、副使知樞密院事宋松禮、書狀官前式目
     錄事李承休等
  出使時間:高麗元宗十四年(元世祖至元十年　1273)閏六月九日—
     十月三日

  李承休(1224—1300),字休休,號動安居士,京山府加利縣人。早歲喪父,專意力學。高麗高宗朝文科及第,然無意爲官,屏居江原道,侍寡母十餘年。性正直,無求於世,酷好浮屠法。元宗時上京,爲上都兵馬錄事。順安公悰朝元,賀册皇后、太子兩府,承休爲書狀官。王薨,又以書狀官如元告哀,傳遺命於世子。忠烈王時,爲監察御史、右司諫及楊廣、忠清兩道按察使,劾贓吏七人籍其家,由是怨讟頗興,尋貶東州副使。復拜殿中侍史,條陳十事,又上疏極論利害,忤旨罷歸。晚年爲忠宣王所寵,參與國事,以秘直副使詞林學士致仕。著有《動安居士雜著》一卷、《動安居士行錄》四卷、《帝王韻紀》二卷等。《高麗史》卷一〇六有傳。

  李承休《動安居士行錄》四卷,爲其季子衍宗所編,謂"家君平生著述,四六雜文,去國投鄉之際,散失無餘,晚年所著若干道,編爲《雜著》一部"①。則其生平所撰尚多,惜不存耳。

  《賓王錄》一卷,輯自李承休《動安居士行錄》卷四。高麗元宗王禃十四年(元世祖忽必烈至元十年　宋度宗咸淳九年　1273),五月"壬申,元册封皇后、太子,遣使頒詔"。閏六月"己未,遣順安侯悰、同知樞密院事宋松禮,如元賀册封"②。悰偕承休爲書狀官,此卷即記其事,乃承休晚歲

---

①李承休《動安居士雜著》卷首李衍宗序,《韓國文集叢刊》,031/176。
②《高麗史》卷27《元宗世家三》,元宗十四年(1273)五月壬申、閏六月己未條,002/865—866。

於忠烈王十六年(1290),因事見廢,偶搜書篋,得往時詩表遺草並途中日記,見"兩代君臣際會之期,一身出處升沉之迹,宛然如昨"①,遂編爲《賓王錄》。其刻本文字,偶有模糊難辨者,且書因磨損,左右下角,皆有缺字,甚有缺十餘字者。承休稱"至元十年癸酉春三月,上國册立皇后、皇太子,而普告天下,上命愛子順安侯某爲賀進使,其從行官屬,則知樞密院事御史大夫上將軍宋公松禮"②。一行十人於閏六月初九日登途,歷經雨潦,顛連困頓,沿路耽延,二十九日方抵東京,八月初四日至大都。初五日,皇后於萬壽山東便殿受賀。二十五日,忽必烈自巡守開平府回輦,於萬壽山廣寒宮玉殿受賀。二十八日,皇帝聖節,御長朝殿受賀。元宗差銜奉表使上將軍金哲、書狀官兼直史館李仁挺賀聖節。翌日,賀皇太子於大都城西鎮國寺。九月初八日,承休等啓程歸國;二十五日,還及鴨江;十月初三日,抵王京。歷時近四月。又翌年六月,元宗昇遐,承休又隨使入元。自稱"於扈從行中,粗有微功,不數年間,歷揚清要。豈逢年遇合,片善必達之幸歟"③。

案《元史》載,至元"十年春正月乙卯朔,高麗國王王禃遣其世子愖來朝。戊午,敕自今並以國字書宣命"。"二月丙戌,以皇后、皇太子受册寶,遣太常卿合丹告於太廟"。七月"戊申,高麗國王王禃遣其順安公王悰、同知樞密院事宋宗禮,賀皇后、皇太子受册禮成"。翌年七月"癸巳,高麗國王王禃薨"。④ 又同年"五月,皇女忽都魯揭里迷失下嫁於世子愖。七月,其樞密院副使奇蘊奉表告王禃薨,命世子愖襲爵。八月,世子愖還至其國襲位。十一月,皇女入京城"。⑤ 而《賓王錄》載,是年"六月十九日,元廟昇遐,兩府宰樞僉同一議,命予與譯語別將池瑄,上朝譯史兼教授別古思,奔告於上國。"並於七月十二日,抵開平府,其明日告哀於朝。⑥ 與史所載悉合,則承休前後兩度入元也。惟史稱"宗禮"而承休稱"松禮"

---

① 李承休《賓王錄序》,《燕行錄全集》,001/017。
② 李承休《賓王錄序》,《燕行錄全集》,001/012。
③ 李承休《賓王錄序》,《燕行錄全集》,001/017。
④《元史》卷8《世祖本紀五》,001/156。
⑤《元史》卷208《外夷一·高麗》,015/4620。
⑥ 李承休《賓王錄》,《燕行錄全集》,001/048。

者,應爲音近致誤,乃《元史》之訛耳。此可見當時高麗出使之頻繁,而承休爲國事奔波之勞也。

又據李氏《賓王錄》,初選書狀官,兩府點望,皆不合上意,而承休雖身無官守,然因才而得選,殊爲特出。因承休家貧,元宗賜以白金三斤,爲置裝費。後因文詞俱美,得元朝君臣"事甚具悉""文格稱爾時"之褒美,高麗君臣亦謂"自我國臣事以來,未有如是盛事","文章感中華國者,子之謂矣"云云。①《高麗史》載承休"日與館伴翰林學士侯友賢唱和。友賢五歲通五經,帝徵爲學士,稱神童。見承休詩表,心服,輒誦之。及還,王大喜,賜米三十石。徵覽所著詩文,嘉歎之。王薨,又以書狀如元告哀,傳遺命於世子"②。韓山李穡稱承休"從順安公入元朝,每遇恩賜,上表陳謝,語輒驚人,名遂大振"③。承休自稱"如僕者,詞語鄙俚,無可采"④,乃謙語耳。元臣廬陵歐陽玄亦評其詩文"思致不塵,語意清峻,有飄然世外之趣"⑤。

今觀承休沿途所作詩及上表等,如翰林學士侯友賢贈詩"人品迥將霄壤隔,交情還與弟兄同"。承休奉答"兒曹怪彼語言別,君子知公道義同"諸句⑥,落落得體,可稱妙言。又謝表有"一人宅中,四海無外。遠來近悅,惟華夏蠻貊率從;施厚仁滂,暨鳥獸魚鱉咸若。……蕞爾三韓,別有岡陵之切祝。伏念陪臣,自文王優承聖睠,如嬰兒嬌在母懷。兹聞大慶之音,趣辦單裝而覲。初登遠道,心愈疾於鵬程;適值淫霖,路返爲之鯨海。波搖浩蕩,雨又淋漓。行雖急於圖前,動輒淹而落後。業已未及於開平府,居然直進於大都城。遥望行宫,目斷雲霄之縹緲;俄迴寶輦,躬瞻日月之光明。何圖對以殊恩,俾許參與嘉會。半路遷延之昨日,徒自焦神;中宸侍從之今朝,恍然如夢。威顏不違於咫尺,銘鏤諒倍於尋常"⑦。此爲記沿途因雨霖而耽延,對

---

① 李承休《賓王錄序》,《燕行錄全集》,001/015—016。
② 鄭麟趾等纂《高麗史》卷106《李承休傳》,008/3257。
③ 李承休《動安居士李公文集》李穡序,《韓國文集叢刊》,031/173。
④ 李承休《動安居士行錄》卷1《雜著·上尹承制諱珏啓》,031/192。
⑤ 李承休《動安居士行錄》卷1《雜著·大元歐陽承旨題》,031/220。
⑥ 李承休《賓王錄》,《燕行錄全集》,001/026—027。
⑦ 李承休《賓王錄》,《燕行錄全集》,001/031—032。

仗工整,用典恰切,所謂"文格稱爾時"者,殆非虛語耳。

案高麗朝使臣所撰奉使錄,存世罕見。而《賓王錄》所載大都長朝殿朝會、賜宴班序與日時,以及元朝慶賀、朝覲、宴享等儀制,記錄頗詳,可補訂《元史》闕漏甚多。又承休此稿,乃諸家燕行錄中存世較早者,其於研究高麗與元朝之往來,彌足珍貴。且其稿歷七百餘年,而巋然獨存於天壤間,亦可謂麟角鳳毛,貝琛珍異矣!

0004–1314
李齊賢《清遊稿》(《叢刊》第2册《益齋亂稿》 刻本)

出使事由:侍從行
出使時間:忠肅王元年(仁宗延祐元年 1314)—九年(英宗至治二年 1322)
又忠肅王十年(英宗至治三年 1323)四月—十一年(泰定元年 1324)

李齊賢(1287—1367),初名之公,字仲思,號益齋、櫟翁等,本籍慶州。瑱子。忠烈王二十七年(大德五年 1301),魁成均試,又中文科丙科。官典校寺丞、西海道按廉使、成均館樂正等。師從白頤正,受朱子學。與李穡相切磨,提倡韓、歐古文,以文名爲忠宣王所重。宣王入元,於延祐元年(1314)召至大都,從居輦下,得與元朝名家趙孟頫、元明善、張養浩等遊,學益進。三年,奉使西蜀。六年,王降香江南,偕齊賢行。至治二年(1322),還開京。未至,聞忠宣王被譖出西蕃。明年,齊賢往謁。返國後,歷經忠肅、忠惠、忠穆、忠定、恭愍王數朝,官至政堂文學、判三司事、右政丞等。凡相五朝,四爲冢宰。封金海侯、雞林府院君。卒謚文忠。有《益齋亂稿》十卷傳世。事見《益齋亂稿》卷末附李穡《墓誌銘》,《高麗史》卷一一〇有傳。

李齊賢《益齋亂稿》十卷《拾遺》一卷,初爲其子彰路等編次,刊於恭愍王二十三年(1363),再經後裔整理搜集,於朝鮮世宗時重刊,復屢經刊行。是集卷首有李穡序、柳成龍跋及遺像一幀。《韓國文集叢刊》據高麗大學中央圖書館藏本影印。凡詩四卷，諸體文五卷，長短句一卷，又《拾遺》一卷。

高麗忠烈王時，與其子忠宣王（蒙古名益智禮普化）不合，讓位於宣王，宣王銳意更革，得罪元廷，忠烈王復經元朝干涉復位，忠宣王入元。忠烈王卒，宣王歸國，無復治國之趣，遂再入元，命宗室王淑權國事，王位懸虛，樂不思蜀，後讓位其子王燾，是爲忠肅王。忠宣王在大都，不赴朝請，以研習佛法爲樂，建萬卷堂聚書，與中原士大夫若閻復、姚燧、趙孟頫、虞集等遊，以考究自娛。後得罪高麗宦官顏禿古思，英宗即位，遭誣下刑部獄幾死，命剃髮爲僧，以學佛爲名，流放吐蕃。其地甚野且僻，語音不同，風氣絶異，盜賊之不虞，飢渴之相逼，支體羸瘠，頭鬚盡白。泰定帝即位（1323），高麗堅請，遂放還大都，兩年後薨於國。

忠宣王在元都，召李齊賢爲文學侍從，齊賢得與趙孟頫等交，視易聽新，摩厲變化，學益臻熟。延祐三年（1316），奉使西蜀，代忠宣王至成都、峨眉進香，年底返回。四年，歸國，年底復至大都。六年，忠宣王降香江南，齊賢侍其左右。七年，歸國，翌年春返大都，途中知忠宣王流放吐蕃撒思結，齊賢遂往西域省謁焉。

今《益齋亂稿》卷一至卷三所收詩百餘首，卷一〇收詞四十餘闋，皆李齊賢隨宣王在元朝時所詠，間有與元明善、趙孟頫等唱和詩。凡西行南下，所歷之地見於詩中者，若中山、井陘、祁縣、汾河、黃河、蜀道、成都、峨眉山、眉州、函谷關、澠池、孟津、金山寺、焦山、吳江、姑蘇臺、臨安、虎丘寺、涿郡、白溝、相州、鄴城、新安、華州、長安、邠州、涇州等；而所遊覽古迹，則有祁奚廟、豫讓橋、諸葛祠堂、杜甫草堂、相如駟馬橋、比干墓、淮陰漂母墓、王祥碑、崤陵、鄭莊公墓、許衡墓、漢武帝望思臺、武則天陵、唐肅宗陵等。所至遇興遣懷，樓臺風物，閒情野景，莫不膾炙人口。忠宣王每從容曰"此間不可無李生"①。齊賢亦自謂"孰謂書生多不偶，每因王事飽清遊"②。故今以其在元朝使行期間所作詩，稱《清遊稿》焉。

李齊賢父瑱，曾組"後耆老會"，以詩鳴世。齊賢承其家學，早年學

---

①李齊賢《益齋亂稿》卷末李穡《墓誌銘》，《韓國文集叢刊》，002/613。
②李齊賢《益齋亂稿》卷1《八月十七日放舟向峨眉山》，《韓國文集叢刊》，002/507。

宋，多用典故；後入大都，與趙孟頫等遊，詩藝大進，法度森嚴，色韻精雅。忠宣王入西蕃，齊賢往謁，若《黄土店》《明夷行》諸詩，謳吟道中，忠憤藹然。卷一〇所收詞曲，温婉雖不足，然豪放奔逸，寫景極工，頗有蘇詞風致。况周頤以爲其《巫山一段雲》中句，"置之兩宋名家詞中，庶幾無愧色"①。卷末《拾遺》一卷，若《上征東省書》，輯自《東文選》，即此文可見蒙元之干涉高麗朝政，罔有紀極者也。李穡謂其"奉使川屬，從王吴會，往返萬餘里，山河之壯，風俗之異，古聖賢之遺蹟，凡所謂閎博絶特之觀，既已包括而無餘，則其疏蕩奇氣，殆不在子長下矣"②。李氏喻其"不在子長下"，固爲虚美，然齊賢前後所歷，凡奇山名川，中原邊塞，足履所及，確爲高麗、朝鮮朝使臣所罕能至，謂之壯游，不爲過矣。

0005-1334
李穀《奉使錄》（《叢刊》第 3 册《稼亭集》 刻本）

　　出使事由：詔敕行
　　出使時間：忠肅王三年（惠宗元統二年　1334），奉勸勉學校詔書，使本省。
　　　　　　忠惠王二年（惠宗至正元年　1341），賫征東省賀改元表赴京師，因留居。
　　　　　　忠穆王二年（至正六年　1346），頒朔本省，忠穆王七年還京師。

　　李穀（1298—1351），字仲父，號稼亭，初名芸白，忠清道韓山人。李穡父。出李齊賢門下。性端嚴剛直，人皆敬之。忠肅王四年（延祐四年 1317），中舉子科。七年，登第。調福州司録參軍。忠惠王元年（至順二年　1331），遷藝文館檢閱。元至順三年（1332），中征東省鄉試第一名，翌年會試中式。授翰林國史院檢閱官。元統二年（1334），奉勉勵學校詔書，使本省。至正元年（1341），賫征東省賀改元表赴京師，因留居。三

---

① 况周頤撰，王幼安校訂《蕙風詞話》卷3，人民文學出版社1960年版，第80頁。
② 李齊賢《益齋亂稿》卷首李穡《益齋先生亂稿序》，《韓國文集叢刊》，002/497。

年,授征東行中書行省左右司員外郎。八年,東還,拜右文館大提學監春秋館事。十年,元朝授行中書省左右司郎中。卒謚文孝。有《稼亭集》二十卷傳世。事見《稼亭集》卷首《年譜》,《高麗史》卷一〇九有傳。

李穀《稼亭集》二十卷,凡文十三卷,詩七卷,爲其子穡編次,恭湣王二十四年(1364)初刊,朝鮮孝宗九年(1658)於全州四刊,《韓國文集叢刊》據延世大學中央圖書館藏本影印。其文諸體皆具,疏語青詞,間亦爲之。末附《雜錄》,則爲其使征東行省時,中國士大夫若宋本、歐陽玄、謝瑞、揭傒斯等贐行之作也。最後有尹澤、柳思訥、李基祚、李泰淵諸家跋文。今録其出使之作,因其數度往來元朝,故輯爲《奉使録》焉。

李穀於元至順三年(1332),中征東省鄉試第一名,翌年會試中式。授翰林國史院檢閲官。案中國自隋開科選士,進士取人,本盛於唐。朝鮮半島士子入中土應考高中者,唐代亦頗多其人。唐穆宗長慶(821—824)初,有金雲卿者,始以新羅賓貢,題名杜師禮榜,由此以至唐昭宗天祐(904—907)終,凡登賓貢科者五十有八人。五代梁唐,又三十有二人。逮及入宋,高麗亦有貢士應考。淳化孫何榜,有王彬、崔罕;咸平孫僅榜,有金成績;景祐張唐卿榜,有康撫民;政和中,又親試權適、金端等四人,特賜上舍及第。然所謂賓貢科者,每自別試,附名榜尾,不得與諸人齒,所除多卑冗,或便放歸。比至元朝,一視同仁,又設征東行省,自皇慶間,高麗士子始有試禮闈者,與中原俊秀並舉,列名金榜,如朴仁幹、崔瀣、李衍宗、安輔等,前後有十餘人。然多綴末第,或授東省宰屬,或官所近州郡。① 而如李穀、李穡父子相繼登科,且仕在中國者,則絶無僅有也。故柳思訥跋《稼亭集》,謂"吾東方文學之士,登中朝科者多矣,然父子相繼擢高科,登史翰,名聞中夏,世稱其美,惟稼亭、牧隱兩先生而已"②。又陳旅《送李中父使征東行省序》謂高麗中進士者,"既歸,即爲其國顯官,鮮更西度鴨緑水者。夫自封建既廢,天下仕者,無不登名王朝,其勢然也。今高麗得自官人,而其秀民往往已用所設科仕其國矣,顧復不遠數千里來試京師者,蓋以得於其國者,不若得諸朝廷者之爲榮,故雖得末第冗官,亦甚榮於

---

① 崔瀣《拙稿千百》卷2《送奉使李中父還朝序》,《韓國文集叢刊》,003/023—024。
② 李穀《稼亭先生文集》卷末附柳思訥《跋》,《韓國文集叢刊》,003/239。

其國,況擢高科官華近,爲天下之所共榮者乎?"①而李穀詩亦有"山林無處著幽棲,恨不身生鴨水西"之句,可證陳氏之言不虛也。②

李穀之在元朝,於元統二年,奉勸勉學校詔書,使本省;至正元年,賫征東省賀改元表赴京師,因留居;至正六年,頒朔本省,七年復還京師。其往返數度,勤於王事。其詩集按體裁編次,以律詩居多,卷一六至卷一八所載,即多在中國時詩作也。其詩如"鄉國情何極,軒裳夢已空"③、"追隨且未可,跋馬立西風"④、"三年作客又何爲,半是公心半是私"⑤、"東方民瘼著醫難,爲是當年倒屨冠"等⑥,皆去鄉懷家、悶鬱憂國之思。而《灤京紀事》組詩八首,爲後來諸家紀行組詩之濫觴焉。

元朝之於高麗,予取予求,若童女之亟索,無代無之。李穀《代言官請罷取童女書》,直言元朝之命高麗,"歲取童女,絡繹輦來"。又謂:"今乃使於外國,貨色是黷,不可不禁也。側聞高麗之人生女者即祕之,唯慮不密,雖比鄰不得見。每有使臣至自中國,便失色相顧曰:'胡爲乎來哉? 非取童女者耶? 非取妻妾者耶?'而已軍吏四出,家搜戶探,若或匿之,則繫累其隣里,縛束其親族,鞭撻困苦,見而後已。一遇使臣,國中騷然,雖雞犬不得寧焉。及其聚而選之,妍醜不同,或啖其使臣而飽其欲,雖美而舍之,舍之而它求,每取一女,閱數百家,惟使臣之爲聽,莫或敢違。何者? 稱有旨也。如此者歲再焉,或一焉間歲焉,其數多者至四五十。既在其選,則父母宗族相聚哭泣,日夜聲不絕,及送於國門,牽衣頓僕,欄道呼泣,悲慟憤懣,有投井而死者,有自縊者,有憂愁絕倒者,有血泣喪明者,如此之類,不可殫紀。其取爲妻妾者,雖不若此,逆其情取其怨,則無不同也。《書》曰:'匹夫匹婦不獲自盡,民主罔與成厥功。'恭惟國朝德化所及,萬物咸遂。高麗之人獨有何罪,而受此苦乎? 昔東海有冤婦,三年大旱,今高麗有幾冤婦乎? 比年其國水旱相仍,民之飢殍者甚衆,豈其怨歎能傷和氣乎?

---

① 李穀《稼亭集·雜錄》附陳旅《送李中父使征東行省序》,《韓國文集叢刊》,003/230。
② 李穀《稼亭先生文集》卷8《寄仲始思補兼呈朴判事》,《韓國文集叢刊》,003/196。
③ 李穀《稼亭先生文集》卷16《送洪義軒歸國》,《韓國文集叢刊》,003/201。
④ 李穀《稼亭先生文集》卷16《送洪義軒歸國》,《韓國文集叢刊》,003/201。
⑤ 李穀《稼亭先生文集》卷17《病中述懷》其一,《韓國文集叢刊》,003/201。
⑥ 李穀《稼亭先生文集》卷17《送韓相國》其二,《韓國文集叢刊》,003/204。

今以堂堂天朝,豈不足於後庭,而必取之外國乎?"①其言此事滋擾驚懼,禍殃無極,民不聊生,激切悲憤,幾同控訴。朝廷爲其所感,至元三年,事終得施行而禁止焉。若此等之文,皆可作史筆讀也。

0006-1338
鄭誧《上國遊稿》(《叢刊》第 3 册《雪谷集》 刻本)

出使名稱:賀正行
出使事由:正使開城府尹高允温、書狀官鄭誧等
出使時間:忠肅王後六年(至元三年 1337)十一月—忠穆王元年(至正五年 1345)秋

鄭誧(1309—1345),字仲孚,號雪谷,清州人。問學於崔瀣,與李穀相善。忠肅王十三年(元泰定三年 1326)中進士試。官藝文館修撰、典理總郎等。忠惠王朝,爲左司議,多所封駁,執政惡之,出守蔚州,雖在謫中,吟嘯自若。忠肅王後六年,出使元朝,後卒於大都。事見《高麗史節要》卷二五《忠穆王》元年條,李穡《牧隱文稿》卷二○《鄭氏家傳》等。

案鄭誧出使元朝,不見於史。其詩題有"戊寅正月六日,次鐵州,寓城南野人家"。戊寅爲忠肅王後七年(至元四年 1338),鐵州爲今吉林敦化西南(一説在今吉林輝南縣境),則其出發必在上年。考《高麗史》載,忠肅王六年,"十一月丙寅,遣開城尹高允温如元賀正"②。然則鄭氏出使,蓋隨高允温使團也。又李齊賢序其集,謂"奉國表如京師,爲丞相別哥普化公所重,將薦之天子,而仲孚病不起,有子曰樞,奉柩東歸,聞者莫不驚歎痛惜"③。然亦不明其卒年。又《高麗史節要》卷二五,忠穆王元年載,"左司議大夫鄭誧,卒於元。誧好學善屬文,忠惠王朝,爲左司議,多所封駁,執政惡之,出守蔚州,雖在謫中,吟嘯自若,慨然有遊宦上國之志。

---

①李穀《稼亭先生文集》卷8《代言官請罷取童女書》,《韓國文集叢刊》,003/148。
②鄭麟趾等纂《高麗史》卷35《忠肅王世家二》忠肅王後六年(1337)十一月丙寅條,003/1129。
③鄭誧《雪谷集》李齊賢《雪谷詩集序》,《韓國文集叢刊》,003/245。

嘗曰：'大丈夫，安能鬱鬱於一方耶！'遂如元，謁別哥不花丞相，一見奇之，將薦之天子，會病卒"。此前則曰"秋七月甲申，彗見，丁亥又見"。則其卒當在是年七八月間也。

鄭誧《雪谷集》二卷，爲其八代孫輯其家祖先九人之著作，合纂爲《西原世稿》，於光海君初年（1609）刊行，《韓國文集叢刊》據啓明大學中央圖書館藏本影印。其集收詩百餘首、文若干篇。前有李齊賢、李穡二序，末有李邦翰跋。前卷爲詩，後卷爲詩、表、序等，略略數篇而已。其卷上《瀋陽雜詩》《瀋陽旅舍寄藝文諸公》《戊寅六月次鐵州……兼呈同館諸公》，卷下《奉表將之燕都黃崖嶺道中》《大都旅舍偶題》等十餘首，皆出使期間所作詩，唯詩以體裁分卷，故不明前後撰作次序也。鄭氏欲入中國，其詩句亦屢見之，如"我欲隨君游上國，安能鬱鬱在荒陬"①。又《送人赴都》詩謂"安得萬里風，先子騎鴻鵠"②，皆可見其志也。而終赴元朝，且殞命王事，亦可謂死得其願焉。今以其出使期間所作詩，命爲《上國遊稿》焉。

鄭氏詩叙家國之思，病况客愁，清絕幽深，雅致高潔。李穡謂其詩"清而不苦，麗而不淫，辭氣雅遠，不肯道俗下一字。就其得意，往往與予所見中州才大夫相上下，置之唐姚、薛諸公間不愧也"③。雖有誇飾之嫌，然亦頗中其實也。

0007-1353,1355,1388
李穡《使行錄》(《叢刊》第 3 册《牧隱集》卷　刻本)

出使事由：進賀行
出使成員：正使禮曹判書金希祖、書狀官肅雍府丞李穡等
出使時間：恭愍王二年（至正十三年　1353）
出使事由：謝恩行
出使成員：正使樞密直尹之彪、書狀官藝文館應教李穡等

---

①鄭誧《雪谷集》卷上《送中父李翰林還朝》，《韓國文集叢刊》，003/253。
②鄭誧《雪谷集》卷上《送人赴都》，《韓國文集叢刊》，003/253。
③鄭誧《雪谷集》李穡《雪谷詩稿序》，《韓國文集叢刊》，003/245。

出使時間：恭愍王四年（至正十五年　1355）
出使事由：賀正行
出使成員：正使門下侍中李穡、副使僉書密直李崇仁、書狀官李遠芳等
出使時間：辛昌元年（明洪武二十一年　1388）—恭讓王元年（1389）

李穡（1328—1396），字穎叔，號牧隱，韓山人。穀子。元至正八年（忠穆王四年　1348），因其父官中瑞司典簿，以朝官子補國子監生員，赴元大都入學。得受中國淵源之學，切磨涵漬，益以大進，尤邃於性理之書。十一年，赴父喪歸。十三年，中乙科第一人，其秋中征東行省鄉試第一名。以書狀官赴京師。翌年，殿試二甲第二名。授應奉翰林文字承事郎同知制誥。三月東歸，爲藝文館應教。十五年，復以書狀官赴京。權經歷。翌年，以母老棄官東歸。後元朝授征東行省儒學提舉、中書省左右司郎中等。二十一年（恭愍王十年　1360），紅巾軍陷開京，玄陵南幸，隨駕有功。前後官高麗至大司成、大提學、判三司事、門下侍中等。封韓山府院君。明洪武二十一年（禑王十四年　1388），以賀正使入朝。二十三年，因事貶咸昌，復出居江外。朝鮮革命，貶長興府。二十八年（朝鮮太祖四年　1395），召迎，進韓山伯。翌年，病卒驪江。穡天資明睿，學問精博，秉心寬恕，處事詳明。爲宰相，務遵成憲，不喜紛更，勉進後學，孜孜不倦。數十年間，掌國文翰，多更變故，險難之際，能修詞命，屢見嘉歎。諡文靖。有《牧隱稿》五十五卷行世。事見《牧隱稿》卷首《年譜》、權近《行狀》、河崙《神道碑》等，《朝鮮王朝實錄·太祖實錄》卷九、《高麗史》卷一一五、錢謙益《列朝詩集小傳·閏集》有傳。

李穡《牧隱集》五十五卷，凡《詩稿》三十五卷《文稿》二十卷。爲其子種善於朝鮮太宗四年（1404）初刊，後於仁祖四年（1626）復增補刊行。前有權近、李詹二序，及《年譜》、權近所撰李穡《行狀》、河崙《神道碑》等，末附錄有徐居正《牧隱詩精選序》、李恒福《文獻書院記》與李德洙跋文一篇。其卷帙之富厚，諸體之賅備，亦可謂獨步一時，儕輩莫及。今以其前後出使詩文，輯爲《使行錄》焉。

李穡在麗末，曾四度出使中國。忠穆王四年（至正八年　1348），"陪

李政丞凌幹,李密直公秀,進賀天壽聖節"①。恭愍王三年(至正十二年 1353),充進賀使書狀官入元,即其詩所謂"天子建儲端本日,國王拜表叩頭時"者也②。時李穡將會試京師,故金氏偕行爲書狀官③。五年,密直尹之彪以謝恩使赴京師,穡再度以書狀官身份抵元,④其詩有"儒衣幾見關城吏,使節重爲書狀官"之句⑤。又明洪武二十一年(1388),高麗廢禑王,立昌,"自恭愍之薨,天子每徵執政大臣入朝,皆畏懼不敢行。及穡爲相,欲廢王昌親朝,又欲王官監國,自請入朝,遂以穡爲賀正使。太祖稱之曰:'慷慨哉是翁!'穡以太祖威德日盛,中外歸心,恐其未還乃有變,請一子從行,太祖以殿下爲書狀官。天子素聞穡名,引見從容語曰:'汝仕元朝爲翰林,應解漢語。'穡遽以漢語對曰:'親朝。'天子未曉其志,問曰:'説甚麽?'禮部官傳奏之。穡久不入朝,語頗艱澀,天子笑曰:'汝之漢語,正似納哈出。'穡還語人曰:'今皇帝,心無所主也。我意帝必問此事,帝不之問,而所問皆非我意也。'時論譏之曰:'大聖人度量,俗儒可得而議乎?'冬,恭讓王立。穡以時論不與,見貶至於五次,及太祖即位,以故舊原之"⑥。

案李穡在麗朝,以本國判開城府兼成均大司成,舉一時通經者鄭夢周、李崇仁等六七人,皆兼學官,分經授業,常與論難,各盡其極。穡辨析折衷,竟夕忘倦。於是記誦之習、功利之説稍息,而性理之學復興。恭愍王十八年(明洪武二年 1369),同知貢舉,與知貢舉李仁復請於王,始用中朝科舉之法。穡凡主貢舉者四,人服其公。權近稱"自元季至正癸巳,至皇朝洪武己巳,數十年間,掌國文翰,多更變故,險難之際,能修詞命,屢見嘉歎。及公貶斥,忌公者典文,始以表辭見責於帝,則公之文章智識,有補於世如此"⑦。

---

①李穡《牧隱稿·詩稿》卷2《歲戊子……吟成短章》,《韓國文集叢刊》,003/534。
②李穡《牧隱稿·詩稿》卷2《西京》,《韓國文集叢刊》,003/533。
③李穡《牧隱稿·詩稿》卷2《予將會試京師……途中有作》,《韓國文集叢刊》,003/533。
④李穡《牧隱稿·詩稿》卷3《是歲春……金郊途中》,《韓國文集叢刊》,003/544。
⑤李穡《牧隱稿·詩稿》卷3《義州》,《韓國文集叢刊》,003/544。
⑥《太祖實錄》卷9,太祖五年(洪武二十九年 1396)五月七日癸亥條。
⑦李穡《牧隱集》卷首權近《行狀》,《韓國文集叢刊》,003/509。

李穡質粹氣清,學博理明,爲文優遊有餘,渾厚無涯。其嗜唐音,詩宗杜甫,自謂"古今絶唱誰能繼,臍馥殘膏丐後人",又謙稱"何曾望堂奥,矯首時茫然"①。其詩格律高古,浩浩滔滔,摹景述情外,頗具理道之氣,權近謂其"騁歐蘇之軌轍,升韓柳之室堂,曷能臻於此哉。吾東方文學以來,未有盛於先生者也"②。李德泂《竹窗閒話》載,崔岦以爲"牧隱文集碑銘墓誌,冠絶古今,東國文章當以牧隱爲首。爲子孫者,何必費功於韓柳,讀《牧隱集》可也"。李簷謂其"下筆如神,初不用意,妙臻其極,兼總條貫,蔚爲大家"③,則後世評價,不爲不高也。然其詩多《自詠》《自感》《自責》《有感》《有懷》諸題,如"告君當盡己,謀道要全身"④,"自責銘諸坐,時時要省私"等⑤,則又枯竭澀滯,蓋過求理道,又處衰微之末世,避忌萬端,故反失天機耳。

　　李穡數度出使,今其集卷二至卷四所收詩,多爲其時所作,又卷一一有"事大表牋"二十餘通,亦爲李氏所撰事大文書也。其詩叙道路途之苦,景色之幽,思鄉之渴,求學之欲,與燕行諸家無別。唯其赴中朝應試期間,創作甚豐,如《十二月二十日發王京明年正月還學》《初場》《中場》《終場》《鄉試有感》《殿試後自詠》《登科有感》《途中自詠》《還家》諸詩,如鄉試中"雖然有命可自勵,筆力有時驚鬼神"之自信⑥,登科後"不幸登科早,晨興每永省"之慎戒⑦,返鄉途中"路人豈識新鄉貢,邦友應呼老翰林"之自得等⑧,諸詩頗紀其實,如此詳記鄉會試過程、及第之心情,以及返國之榮光,即中土詩家,亦不多見,於考究彼時科場法度與夫士子應考前後之心態,可謂大有裨益焉。

---

①李穡《牧隱稿·詩稿》卷8《讀杜詩》,《韓國文集叢刊》,004/062—063。
②李穡《牧隱集》卷首權近《行狀》,《韓國文集叢刊》,003/500。
③李穡《牧隱集》卷首李簷《牧隱先生文集序》,《韓國文集叢刊》,003/501。
④李穡《牧隱稿·詩稿》卷16《自責》,《韓國文集叢刊》,004/198。
⑤李穡《牧隱稿·詩稿》卷16《自責》,《韓國文集叢刊》,004/198。
⑥李穡《牧隱稿·詩稿》卷2《鄉試有感》,《韓國文集叢刊》,003/533。
⑦李穡《牧隱稿·詩稿》卷3《登科有感》,《韓國文集叢刊》,003/536。
⑧李穡《牧隱稿·詩稿》卷4《途中自詠》,《韓國文集叢刊》,003/556。

卷二　0008—0014

恭愍王二十一年(明太祖洪武五年　1372)—
恭讓王三年(洪武二十四年　1391)

0008-1372
金九容《奉使詩》(《叢刊》第6册《惕若齋學吟集》　刻本)

出使事由：聖節行
出使成員：正使同知密直司事成元揆、書狀官總部議郎金九容等
出使時間：恭愍王二十一年(洪武五年　1372)秋—翌年夏

　　金九容(1339①—1384)，字敬之，初名齊閔，號惕若齋，安東人。早歲好學，與鄭夢周、李崇仁、鄭道傳、河崙等，相與切磨。恭愍王四年(至正十五年　1355)登科。官司諫院正言、江陵道安廉使、總部議郎等。二十一年，以書狀官入明賀聖節。歸國後，任三司左尹，因言事竄竹州，復移驪興，閒居七年。起復爲大司成、移判典校寺事。禑王十年(洪武十七年　1384)，奉使行禮遼東都指揮司事，以本國遲緩獻馬，並涉人臣私交事，流於大理衛，道中病卒於瀘州永寧縣江門站。有《惕若齋學吟集》二卷《外集》一卷行世。事見《惕若齋學吟集》卷首金明理《先君惕若齋世係行事要略》、《高麗史》卷一○四、《高麗史節要》卷三二《辛禑三》、錢謙益《列朝詩集小傳·閏集》等。

　　案金九容《惕若齋學吟集》二卷《外集》一卷，本集二卷皆詩，《外集》則諸家爲惕若齋所作文也。集爲九容子明理編次，得之手書遺稿及他人所傳誦者，於朝鮮定宗二年(1400)刊行，《韓國文集叢刊》據趙誠穆氏藏本影印。前有河崙、鄭道傳二序，及其子明理《行事要略》、李穡《題惕若齋詩吟後》等。

---

① 案金九容生於至元戊寅十二月辛卯，核西曆爲1339年1月11日。

高麗恭愍王二十一年(洪武五年　1372)七月"辛未,遣同知密直司事金湑如京師進方物,同知密直司事成元揆賀聖節,版圖判書林完賀千秋"①。金九容以聖節使書狀官入明,即其詩所謂"聖主龍興第五春,獨將儒術作詞臣"者也②。時夢周等海難後再返帝都,與九容等相遇,鄭氏《揚子江渡望北固山悼金若齋》詩注,謂"洪武癸丑,與先生同登北固山多景樓"可證③。且九容一行於癸丑(洪武六年)四月尚在南京,六月已在遼東④,七月壬子返自京師⑤。則知九容等去國前後一年,而夢周等因海難,幾一年復半載後方歸國覆命焉。

　　案《惕若齋學吟集》卷上若《壬子九月蘇州城下有感》《夜泊楊子江》《上汪丞相》等十餘首詩,即金九容洪武五年出使時所作。據其《蓋牟城寄太倉朱秀才曾以玉燈爲贈》詩末注稱,"其間所作,不獨止此,艱關之際,失其稿本,後來松京,公乃追録之"⑥,則知其所作,多佚而無存也。又一行於九月至蘇州。再往南京,受帝賜宴。遲至翌年四月,自太倉召至京師,賜宴光禄寺奉天門⑦,可知彼時仍在帝都也。李穡稱九容外祖閔思平(及菴)詩"造語平淡,而用意精深",九容詩法,"絶類及菴"⑧。鄭道傳謂其詩"清新雅麗"⑨。今觀其詩若《夜泊楊子江》《潤州甘露寺多景樓次韻》《金山寺》等詩,自然流麗,清贍可喜,足證李穡、道傳之説爲不虚也。

---

①鄭麟趾等纂《高麗史》卷43《恭愍王世家六》恭愍王二十一年(1372)七月辛未條,003/1323。
②金九容《惕若齋學吟集》卷上《上禮部陶尚書》,《韓國文集叢刊》,006/018。
③鄭夢周《赴南詩·揚子江渡望北固山悼金若齋》詩注,《燕行録全集》,001/084。
④金九容《惕若齋學吟集》卷上《癸丑四月自太倉召至京師賜宴光禄寺……復用前韻》,《韓國文集叢刊》,006/019;又《途中》有"草深泉渴炎如火,誰識遼東六月行"之句,006/020。
⑤鄭麟趾等纂《高麗史》卷44《恭愍王世家七》恭愍王二十二年(1373)七月壬子條,003/1330。
⑥金九容《惕若齋學吟集》卷上《蓋牟城寄太倉朱秀才曾以玉燈爲贈》,《韓國文集叢刊》,006/020。
⑦金九容《惕若齋學吟集》卷上《癸丑四月……復用前韻》,《韓國文集叢刊》,006/007。
⑧金九容《惕若齋學吟集》卷首李穡《題惕若齋詩吟後》,《韓國文集叢刊》,006/007。
⑨金九容《惕若齋學吟集》卷首鄭道傳《惕若齋學吟集序》,《韓國文集叢刊》,006/004。

0009-1372,1384,1386
鄭夢周《赴南詩》(《全集》第 1 册;《叢刊》第 5 册《圃隱先生文集》;《叢書》第 21 册　刻本)

出使事由：慶賀行
出使成員：正使知密直司事洪師範、書狀官密直副使鄭夢周等
出使時間：高麗恭愍王二十一年(洪武五年　1372)三月甲寅—翌年七月壬子①

出使事由：聖節行
出使成員：正使政堂文學鄭夢周、書狀官典校副令鄭道傳等
出使時間：辛禑十年(洪武十七年　1384)七月—翌年四月

出使事由：奏請行
出使成員：正使評理鄭夢周、書狀官韓尚質等
出使時間：辛禑十二年(洪武十九年　1386)二月—七月

鄭夢周(1337—1392)，初名夢蘭、夢龍，字達可，號圃隱，慶尚道永川人。恭愍王九年(元至正二十年　1360)，以第一人登第。爲人豪邁絶倫，負忠孝大節。少好學不倦，窮究性理。振興儒學，排斥佛老，以朱子爲宗。與李穡、金九容、朴尚衷、朴宜中、李崇仁等游，與李穡齊名，李氏推爲"東方理學之祖"。辛禑元年(明洪武八年　1375)，拜藝文館直提學，移成均館大司成。六年，李成桂擊倭雲峰，還拜密直提學，十年拜政堂文學。十四年，拜三司左使。辛昌即位(1388)，改爲藝文館大提學。恭讓王立(1389)，拜守門下贊成事，進大提學知經筵春秋館事，兼成均館大司成，守門下侍中等。後因效忠高麗王朝，反對李成桂篡立，爲成桂子芳遠(即李朝太宗)遣人刺死於開城。後謚文忠。有《圃隱集》七卷存世。事見《圃隱集》卷四《圃隱先生年譜考異》，卷五《圃隱先生本傳》，卷六咸傅霖撰《行狀》等，《高麗史》卷一一七有傳，又見錢謙益《列朝詩集小傳·閏集》，韓國迎日鄭氏圃隱公派宗約院編《(圃隱鄭夢周先生)事蹟集》等。

---

① 案恭愍王二十一年(洪武五年　1372)三月甲寅，爲西曆 1372 年 4 月 10 日，翌年七月壬子爲西曆 1373 年 8 月 1 日。

鄭夢周《圃隱集》七卷,初爲其子宗誠所編刻。中宗時鄭氏五代孫世臣任新溪縣令時所刊,爲新溪本;明宗、宣祖年間,在開城所刊爲開城本;又有以校書館活字所刊活字本。宣祖朝柳成龍奉敕校正,惜刊板燬於倭亂。宣祖末臨皐書院所刊,爲第六次刊板。《韓國文集叢刊》據延世大學校中央圖書館藏本影印,所缺部分配以高麗大學校中央圖書館晚松文庫藏本。以《韓國歷代文集叢書》第二一冊所收,最爲全備,共九卷(《韓國文集叢刊》在第五冊),前有遺像一幀,爲其五十二歲時所摹。又有權採、盧守慎、卞季良、河崙、朴信諸家序。凡詩二卷,雜著、拾遺、遺墨合一卷,卷四《圃隱先生年譜考異》,卷五鄭宗誠等《圃隱先生本傳》,卷六咸傳霖撰《行狀》,卷七則爲李穡等評騭夢周之作,卷八爲諸家詩集跋文,卷九爲新增祭文等。

案《燕行錄全集》所收鄭夢周《赴南詩》,與《韓國歷代文集叢書》《韓國文集叢刊》版本有別。據《圃隱先生年譜考異》,《圃隱集》新溪本、開城本及校書館本等,惟新溪本最久,三本各有詳略,日月不同,其間大義所關,亦多舛錯,以起後人之惑。故校者據他本他文,反覆尋考,正其訛謬,且依《韓文考異》之例,分注略載三本,附以臆見去取之意,以竢後之博聞者正焉。故今本卷中文字,有與校書館本、新溪本等相校勘語,蓋即以開城本爲底本也,有注文,亦偶有異字焉。

鄭夢周一生,凡數度出使中國。高麗恭愍王二十一年(洪武五年1372)三月甲寅,"遣知密直司事洪師範如京師賀平蜀"①,鄭夢周爲書狀官。師範等一行,沿海路於四月到京師,受中書省咨文二道:一爲平蜀及子弟入學事,一爲雅樂鐘磬事。八月還至海中許山,遭風船敗,同行一百五十餘人來京,失風溺死者三十九人,師範與焉。事又見《明太祖實錄》,夢周等一百一十三人,濱死者再,乃生割鱉而食者十三日,漂至嘉興獲救。② 然因海難,遂失咨文。九月復如京師,告中書省再求回咨,帝復賜衣

---

① 鄭麟趾等纂《高麗史》卷43《恭愍王世家六》恭愍王二十一年(1372)三月甲寅條,003/1318。
② 《明史》卷320《外國一‧朝鮮》,北京中華書局1974年版,027/8280。事又見《明太祖實錄》卷75,洪武五年(1372)七月癸卯條,002/1393—1394。

而遣之①。

案高麗求弟子入太學事,明太祖謂"高麗國王欲令子弟入國學讀書。我曾聞唐太宗時,高麗國亦嘗教子弟入學,這的是件盛事。又想這子弟每遠來習學呵,在這裏或住半年,或住一年,或住年半,迤回去,交他回去。雖然聽從其便,但爲本國遠處海東,比至京師,水路經涉海洋,陸路不下萬餘里,隔離鄉土,爲父母必懷其子,爲人子必思其親,此人之常情。恁中書省回文書去交高麗國王,與他臣下每好生熟議,若是乃爲父母的願令子弟入學,爲子的聽受父母之命來學者,交高麗國王差人好生將來。省家回的文書,要説的明白"②。《明史》亦謂帝稱"入學固美事,但涉海遠,不欲者勿强"③。自此以往,朝鮮半島士子,遂不再入中土應科舉事矣。

時麗末朝政紊亂,明朝亦立足未穩,故雙方多起釁端。據《高麗史節要》卷三一《辛禑二》載,辛禑八年(洪武十五年 1382)四月,遣門下贊成事金庾、門下評理洪尚載、知密直金寶生、同知密直鄭夢周、密直副使李海、禮儀判書裴行儉如京師,進歲貢金一百斤、銀一萬兩、布一萬匹、馬一千匹等。鄭夢周以騣足金銀進貢使赴京師,到遼東。都司差人録示聖旨,歲貢以數年之物合而爲一,其意未誠,不許入境,乃還。又十一月,又以請謚使赴京師。九年正月,至遼東,都司稱有敕不納,止納進獻禮物,不許入境,仍還。④ 同年,高麗復遣金庾賀聖節,洪尚載、周謙賀正,李子庸賀千秋,以海道阻險,皆不及期。帝以庾等受命稽緩,且以朝鮮鞫弑君殺使之故,竄之大理焉。

時明帝震怒,將加兵高麗,並增定歲貢。十年四月,當再遣使賀聖節。人皆憚行規避,最後乃擬遣密直副使陳平仲,平仲以臧獲數十口賂林堅味,遂辭疾,堅味即舉夢周。辛禑召夢周面諭曰:"邇來我國見責朝廷,皆大臣過也。卿博通古今,且悉予意,今平仲疾不能行,乃代以卿,卿意何如?"對曰:"君父之命,水火尚不避,況朝天乎?然我國去南京凡八千里,除候風渤

---

①《明太祖實録》卷76,洪武五年(1372)九月癸酉條,002/1397。
②鄭麟趾等纂《高麗史》卷44《恭愍王世家七》,恭愍王二十二年(1373)七月壬子條,003/1336—1337。
③《明史》卷320《外國一·朝鮮》,北京中華書局1974年版,027/8280。
④鄭夢周《圃隱集》卷4《圃隱先生年譜考異》,《韓國文集叢刊》,005/608。

海,實九十日程,今去聖節纔六旬,脱候風旬浹,則餘日僅五十,此臣恨也。"禑曰:"何日就道?"對曰:"安敢留宿。"遂行。晨夜倍道,及節日進表。帝覽表畫日曰:"爾國陪臣,必相托故不肯來,日迫乃遣爾也。爾得非往者以賀平蜀來者乎?"夢周悉陳其時船敗狀。帝曰:"然則應解華語。"特賜慰撫,敕禮部優禮以送,遂放還尚載等,且許通朝聘。一行於翌年四月歸國,惜李子庸道死,化爲異鄉之鬼矣。① 又據朝鮮《太祖實錄》載,"甲子,賀聖節使鄭夢周,舉爲書狀官赴京,還拜成均司成"②。則知是行書狀官爲鄭傳道耳。又《明史》記朝鮮於是年"九月,表賀,貢方物"③。則一行於七月離發,九月已至南京(明太祖聖壽爲九月十八日),晝夜趲程,水陸兼進,方勉強未誤時也。

又辛禑十二年二月,復遣政堂文學鄭夢周"如京師請冠服,又請蠲免歲貢"。夢周奏對詳明,得除五年貢未納者及增定歲貢常數。一行於七月還自京師。辛禑喜甚,賜衣帶鞍馬,拜門下評理。明年,夢周與河崙、廉廷秀、姜淮伯、李崇仁,建議革胡服,襲華制。④《明太祖實錄》亦載,洪武十七年九月,"高麗權國事王禑遣其評理鄭夢周上二表:一請襲王爵,一請王顓謚號。上不許"⑤。鄭氏此行有《蓬萊驛示韓書狀》詩,注稱"名尚質",則知書狀官爲韓尚質也。又十三年十二月,再如京師請通朝聘。翌年正月,至遼東,不納乃還。

案《赴南詩》一卷,輯自鄭夢周《圃隱集》卷一,據《圃隱集》附錄李穡《書江南紀行詩稿後》,疑鄭夢周入中國後詩,原卷作《江南紀行詩》,《赴南詩》爲《燕行錄全集》編纂者所加,今從之。全卷共收詩約百四十餘首,然排序失次,《到義州點馬渡江》以下非出使時所作詩。末附洪武十年丁巳(1377)奉使日本詩作十餘首。卷中如《壬子十月十二日發京師宿鎮江府丹徒驛》《瓜州(壬子四月)》《楊子渡望北固山悼金若齋(洪武癸丑與先生同登北固山多景樓)》諸作,作於第一次出使時;《三月十九日過海宿

---

① 鄭麟趾等纂《高麗史》卷117《鄭夢周傳》,009/3576。
②《太祖實錄》卷14,太祖七年(洪武三十一年 1398)八月二十六日己巳條。
③《明史》卷320《外國一・朝鮮》,北京中華書局1974年版,027/8282。
④ 鄭麟趾等纂《高麗史》卷117《鄭夢周傳》,009/3577。
⑤《明太祖實錄》卷165,洪武十七年(1384)九月甲寅條,004/2543。

登州公館郭通事金押馬船阻風未至因留待》《蓬萊驛示韓書狀》等，爲第三次丙寅年(1386)出使時作；第二次出使所作詩，亦混入諸詩中。如第三次出使路綫，二月自朝鮮海路起程，十九日過海宿登州，經萊州、膠水，四月初一日至高密，再經日照、贛榆、諸城、淮陰、高郵、揚州、真州，十九日渡江入都，二十三日在南京奉天門朝覲。明太祖將高麗歲貢金銀馬布一切蠲免，鄭氏等不勝感荷聖恩之至，即其詩所賦"聖訓近聞天咫尺，寬恩遠及海東邊"者也①。

鄭氏一行，自北至南，沿途所見，四季風光，鮮果佳樹，美不勝收，皆令其感慨不已。時天下初定，人享太平，於鄭氏詩中亦可窺焉。如《宿贛榆縣》"縣官無事草生庭，城上不聞刁斗聲。父老賽神來討卦，兒童下學競呼名。柳塘日暖紅鱗戲，麥隴風過翠浪生。惆悵三韓遠遊客，問津還愧耦而耕"②。又如《山東老人》"婦去採桑男去耕，籬間炙背喜新晴。鬢毛幾閱經離亂，眼孔猶存見太平。小圃花開親灌溉，比鄰酒熟屢招迎。坐談八十年前事，童稚來聽耳共傾"③。諸詩叙田園風光，恬然怡樂，如在目前也。權採序其詩稱"雄深而雅健，渾厚而和平"④。錢謙益稱鄭氏"詩文奔放峻潔"⑤。今觀其詩，權、錢二氏所論，可謂的評焉。

鄭夢周爲麗末重臣，又於辛禑四年九月，因高麗患倭寇侵擾，以前大司成使日本，翌年七月返國。時高麗危殆，李氏篡國幾成定局，明朝之於高麗，百般苛責，屢興釁端。夢周數度出使明朝，雖使事有成有不成，然梯航一葉，奔波王事，奮不顧身，險爲波臣，抒帝怒，通朝聘，減歲貢，救使臣，其功偉矣。然終因忠於麗朝，爲成桂謀害，一代忠臣，令人敬仰。故李睟光謂高麗之有"鄭夢周，猶宋之有文天祥也"⑥。

---

① 鄭夢周《赴南詩・皇都四首(其二)》，《燕行録全集》，001/082—083。
② 鄭夢周《赴南詩・宿贛榆縣》，《燕行録全集》，001/069。
③ 鄭夢周《赴南詩・山東老人》，《燕行録全集》，001/072。
④ 鄭夢周《圃隱集》權採《圃隱先生詩卷序》，《韓國歷代文集叢書》，021/004。
⑤ 錢謙益《列朝詩集小傳》，上海古籍出版社1983年版，下册/800。
⑥ 李睟光《芝峰類説》卷15《人物部》。又柳夢寅曰"鄭圃隱非徒理學節義冠於一時，其文章豪放杰出"(洪萬宗編，劉暢、趙季校注《詩話叢林校注》秋卷柳夢寅《於于野談》，人民文學出版社2015年版，第484頁)。

0010-1384
金九容《流雲南》(《叢刊》第 6 冊《惕若齋學吟集》 刻本)

出使事由：賫咨行
出使成員：金九容等
出使時間：辛禑十年(洪武十七年　1384)正月

案金九容有《奉使詩》(0008—1372)，已著録。

據金九容《惕若齋學吟集》卷首金明理《先君惕若齋世系行事要略》載，禑王十年(洪武十七年　1384)正月十五日，九容"奉使行禮遼東都指揮司事，以本國遲緩獻馬事，流於大理衛，行至西川南境瀘州永寧縣江門站。七月十一日，以病卒於旅次"①。而鄭夢周謂"先生於洪武癸丑貶雲南，歿於蜀中路上"②，癸丑爲洪武六年，此則鄭氏記憶偶誤也。又據尹根壽《月汀漫録》謂"高皇帝以貢馬欠數，命流大理，道卒。路中嘗有詩曰：'良馬五千何日到？桃花館外草芊芊。'"③則九容因貢馬不至，而遭流放。又或曰九容"嘗以回禮使致幣於遼東都司，潘奎執送京師，其咨文'馬五十匹'誤填以'五千匹'。高皇帝怒其私交，且曰：'五千匹至，當放還也。'時李廣平當國，素不喜公輩，迄不進馬。帝流公大理，作詩曰……竟卒於配所"④。然鄭道傳又謂"以先生有專對才，行禮遼東都指揮使司，適有朝命，不許私交，置先生雲南"⑤。然則貢馬事外，蓋九容尚涉人臣私交而犯禁焉。

又《高麗史節要》卷三二《辛禑三》載此事，較他家爲尤詳。其曰："遣判典校寺事金九容如遼東。初，義州千户曹桂龍，護送賀正使，至遼東，都指揮梅義紿之口：'我於爾國，每有公幹，盡心施行，爾國何不一問安耶？'

---

① 金九容《惕若齋學吟集》卷首金明理《先君惕若齋世系行事要略》，《韓國文集叢刊》，006/005。
② 鄭夢周《赴南詩·揚子江渡望北固山悼金若齋》詩注，《燕行録全集》，001/084。
③ 尹根壽《月汀集别集》卷 4《月汀漫録》，《韓國文集叢刊》，047/372。
④ 洪萬宗編，劉暢、趙季校注《詩話叢林校注》秋卷柳夢寅《於于野談》，人民文學出版社 2015 年版，第 486 頁。
⑤ 金九容《惕若齋學吟集》卷首鄭道傳《惕若齋學吟集序》，《韓國文集叢刊》，006/004。

宰相聞而信之,以九容爲行禮使,奉書兼齎白金百兩、苧麻布各五十匹遺之。總兵潘敬、葉汪與梅義等曰:'人臣義無私交,何得乃爾?'遂執歸京師,流九容於大理,病卒於道。"

案明朝初立,與高麗朝多生齟齬,凡使臣與商賈輩,多有刑罰與發配者。太宗三年(永樂元年 1403),謝恩使右政丞成石璘等一行,至禮部呈文稱:"本國臣事聖朝以來,至誠無他,祇緣地褊俗陋,言語文字,未能通曉體製,差遣人員欽蒙聖旨做買賣前往人等,有曾得罪,經今累年,未見回還。欽遇聖天子即位,大赦天下,其父母妻子,朝夕懸望,冀其來歸,誠可哀憫。今將各人姓名及原差事因,開具於後,伏望奏聞,行移各處官司,詢其死生。其有生存者,許還本國;其已死亡者,知其死亡之日,令其妻子行祭,以慰孤兒寡婦之望。爲此合行具呈,伏乞照驗施行:一、洪武二十八年十一月十一日,請誥命差門下府事鄭總、從人一名;當年十月初十日,爲賀洪武二十九年正朝書狀通禮門判官楊遇、通事司譯院副使吳真;洪武二十八年六月十三日,賀當年九月十八日聖節通事司宰監宋希靖、押物別監權乙松;洪武二十九年二月十五日,撰表箋人判典校寺事金若恒、從人一名;當年七月十九日,表文啓稟校正人藝文直館盧仁度;洪武三十年八月十八日,爲賀當年十一月初五日千秋節,差判典儀寺事柳灝、押物鄭安止;當年十二月二十八日,寫啓本人禮曹典書曹庶、通事判司譯院事郭海龍。一、洪武二十二年正月初十日,遼東鎮撫趙景,於武英殿內錦衣衛、儀禮司等官,奏準聖旨'高麗做買賣去。欽此! 爲因本國缺的,客商不問成千成萬,水路旱路,有明白文印,都家放他通來,由他往江西、湖廣、浙江、西番做買賣去。欽此! 爲因本國缺的少供應王府服用藥味等物,於洪武二十五年五月日,差金原雨一起三十三名,乘坐宣之哲海船一隻,又一起金允源等十六名,乘坐於朴連海船一隻,前往山南地面青州府等處,買賣去後,至今未知存沒。"比及返王京,齎來禮部咨稱:"昔我父皇太祖高皇帝統御之初,朝鮮國王能知天命,首陳表貢,父皇嘉其忠誠,甚加優待。後來其國奸宄生釁,侮慢百端,如表箋內含譏諷,進馬多癘病不堪,鞍內寫字,褻慢無禮。父皇却其貢獻,取其造惡之人至京,論以國法,姦謀畢露。父皇好生之心,同於天地,不忍誅之,止發遠方安置。洪武三十年間,父皇復憫其人罪有輕重,況遷徙已久,遠離鄉土,孰無懷念父母妻子之心,遂令取回放還其國。不幸父皇賓天,建文不仁不孝,故違祖訓,將所取回之人,阻當不發。朕即位之初,遣詔諭之,彼能恭順天道,念我父皇深恩,即遣陪臣,奉表貢獻。朕體父皇之心,已給與誥印,今復遣使來謝。恁禮部便查考父皇已先欲行放回之人,除犯該重刑的不取,其餘的都取來分割,放他回去。"①是永樂帝將使臣流放而遲滯不能返國之因,歸之於建文帝之身也。

今《惕若齋學吟集》卷下《將赴雲南泝江而上寓懷錄呈給事中兩鎮撫三位官人》詩前,有小題"流雲南"三字,以下三十餘首詩,即金氏流配往雲南途中所作。詩句若"拘留懲小囗,押送命高官"等②,偶有塗字者,或因有諱字故歟?九容謂"臣罪當誅戮,天王益聖明",並自慰"華夷方混一,何地不安生"。③ 然其詩又有"良馬五千何日到,桃花關外草芊芊"④,"五千駿馬無消息,須遣王良早著鞭"諸句⑤,則其盼歸之心,又何其切耶!又其《悼亡》詩謂"一百人來爲結隣,客中憔悴一年春。如今病歿已五六,直到雲南餘幾人"⑥。據此可知與九容同行者,尚有百餘人,折損太半,旋九容亦病卒於道途,客死川西,事甚可憫焉。然鄭道傳又謂九容臨絶時曰:"'吾在家死兒女手,誰肯知者,今在萬里外,死於王事,至使中國人知吾姓名,可謂死得其所矣。'無一言及家事。先生行義之高又爲如何!"⑦柳夢寅亦謂丈夫生偏壤,嘗恨不獲壯遊。若九容雖流竄殊方,却能看盡吳楚山川,實人間快事也。然則其雖埋骨他鄉,亦可謂死於王事,留名史册,壯哉偉矣!

---

①《太宗實錄》卷6,太宗三年(永樂元年 1403)九月九日甲申條。
②案"拘留懲小囗",囗原文塗抹,難以識辨。《惕若齋學吟集》卷下《將赴雲南泝江而上寓懷錄呈給事中兩鎮撫三位官人》其一,《韓國文集叢刊》,006/044。
③《惕若齋學吟集》卷下《將赴雲南泝江而上寓懷錄呈給事中兩鎮撫三位官人》其四,《韓國文集叢刊》,006/044。
④《惕若齋學吟集》卷下《感懷》其二,《韓國文集叢刊》,006/045。
⑤《惕若齋學吟集》卷下《潘家溪驛》其二,《韓國文集叢刊》,006/045。
⑥《惕若齋學吟集》卷下《悼亡》,《韓國文集叢刊》,006/045。
⑦金九容《惕若齋學吟集》卷首鄭道傳《序》,《韓國文集叢刊》,006/004。

0011-1384,1389,1392
鄭道傳《奉使雜録》(《叢刊》第 5 册《三峰集》 刻本)

出使事由：聖節行
出使成員：正使政堂文學鄭夢周、書狀官典校副令鄭道傳等
出使時間：辛禑十年(洪武十七年　1384)七月—翌年四月
出使事由：聖節行
出使成員：聖節使政堂文學鄭道傳、千秋使藝文館提學韓尚質等
出使時間：恭讓王元年(洪武二十二年　1389)六月丙子—十一月辛亥
出使事由：謝恩兼賀正行
出使成員：謝恩使門下侍郎贊成事鄭道傳等
出使時間：太祖元年(洪武二十五年　1392)十月二十五日—翌年三月二十日

鄭道傳(1342—1398)，字宗之，號三峰，奉化人。自幼博覽群書，拜李穡爲師，與鄭夢周、李崇仁、金九容等相友善。恭湣王十一年(1362)，登進士第。歷任忠州司録、典校注簿、通禮門祇候等職。丁憂回籍，講求經籍，南方學者多從之。禑王立(1375)，因反對權臣李仁任等親元政策，遭流放。兩年後放回，入李成桂幕，成桂比作張良。李成桂廢黜昌王，擁立恭讓王，道傳因功封爲功臣，後因事再度流放。前後爲政堂文學、判三司府事等。成桂篡立，道傳因擁戴有功，爲門下侍郎贊成事、判都評議使司事、知經筵藝文春秋館事、判義興三軍府事等，權傾一時，爲開國一等功臣，封奉化伯。成桂立幼子宜安大君李芳碩爲世子，以道傳爲太子師傅。後太祖五子李芳遠發動兵變，道傳被殺。正祖朝爲平反，高宗時謚文選。編纂有《高麗史》《經濟文鑑》《朝鮮經國典》《佛氏雜辨》《心氣理篇》等，後人合刊其著述爲《三峰集》十四卷行世。事見《三峰集》附録《事實》、《太祖實録》等，《高麗史》卷一一九有傳。

鄭道傳《三峰集》十四卷，爲鄭氏自編稿，經成石璘删定、權近批點，

於太祖三十年(1397)初刊,後其曾孫文炯增訂後,於世祖十年(1464)重刊,後再經增補,於正祖十五年(1791)命奎章閣分類再編並注釋校正後三刊。《韓國文集叢刊》據首爾大學校奎章閣藏本影印。前有權近序與申叔舟後序,前兩卷爲詩賦,卷三至卷四爲諸體文,卷五至卷六爲《經濟文鑑》,卷七至卷八爲《朝鮮經國典》,卷九爲《佛氏雜辨》,卷一〇爲《心氣理篇》,卷一一至卷一二爲《經濟文鑑別集》,卷一三爲《陣法》與詩文拾遺,卷一四爲傳狀及諸家序跋。據前《三峰集凡例》稱,"攷其《凡例》,則詩以雜詠、錦南雜詠、奉使錄分類,文以雜題、錦南雜題爲目。然叙次多錯,類例不明,故别立標題,詩以五七言,文以疏箋書等目爲例,各以類從,並攷年紀,先後無紊,其不可攷者闕之"①。此可知鄭氏原以小集分類,後整理者復按體裁編卷,遂失其原帙之狀貌焉。

案鄭道傳之出使明朝,前後凡三度。辛禑十年(洪武十七年 1384)七月,"從聖節使鄭夢周入朝京師,請承襲及諡。時國家多釁,帝震怒,將兵於我,增定歲貢,杖流陪臣金庚、洪尚載等於遠州。在廷之臣,憚莫肯行,且我國去南京凡八千里,除候風渤海,實九十日程,此時去聖節纔六旬,脱候風浹旬,則餘日僅五十日,公與夢周受命即行,晨夜倍道,達於金陵。及節日進表,帝嘉之,始許朝聘,行人獲釋"②。又恭讓王元年(洪武二十二年 1389),遣政堂文學鄭道傳如京師賀聖節,藝文館提學韓尚質賀千秋節,並兼辨誣。先是,坡平君尹彝、中郎將李初訴於中朝,稱李成桂立瑶爲主,瑶非宗室,乃其姻親也。瑶與成桂謀犯上國。道傳等入奏尹彝、李初誣妄,聖旨諭"尹彝、李初謀亂汝國事,朕既不信,已曾斷罪,汝國復何虞疑"③。又朝鮮太祖元年(1392),遣門下侍郎贊成事鄭道傳朝京師,獻馬六十匹,謝聖恩且賀正也。帝遇之加禮,不爲防限,及還在途,太祖特遣重臣,勞以宮醖,於翌年三月二十日,與賀正使盧嵩等同返王城覆命焉。④

---

① 鄭道傳《三峰集》卷首《三峰集凡例》,《韓國文集叢刊》,005/282。
② 鄭道傳《三峰集》附錄《事實》,《韓國文集叢刊》,005/527。
③ 鄭麟趾等纂《高麗史》卷45《恭讓王世家》恭讓王二年(1390)十一月辛亥條,004/1375。
④ 《太祖實錄》卷2,太祖元年(洪武二十五年 1392)十月二十五日癸酉條;又卷3,太祖二年(1393)三月二十日乙丑條。

鄭道傳詩，原有《奉使雜録》小集，爲整理者編纂所亂，今集中詩題多有"奉使雜録"小注，故今仍以其出使期間詩《奉使雜録》命卷焉。道傳前後三入中原，故其在旅順途中詩有"九年三到此，萬里一身行"之句①，以紀其實。其隨鄭夢周至南京，在奉天殿朝賀，自謂"閶闔天開，仗儀雲簇，樂奏於兩階之間。一箇書生，得與百辟卿士，周旋廣庭，躬覩穆穆之光，俯伏拜興，呼萬歲者三，何其幸也。是則聖天子再造之恩，亦二三大臣贊道之賜也"②。故讚頌虩揚，欣抃莫名，亦即權近序其詩所謂"能以文鳴於一方，頌揚東漸之化，俾東人歌於萬世，與聖代治道之盛，同垂罔極"者也③。道傳博學多能，精通經史，故其詩高澹雄偉，七言清新瀏亮，五言沉着簡古，尤以七絶見長，命意立言，不亞時輩若鄭夢周、金九容諸家也。

0012-1386,1388
李崇仁《奉使録》(《叢刊》第6册《陶隱集》 刻本)

出使事由：賀正行
出使成員：正使門下評理金湊、書狀官同知密直司事李崇仁等
出使時間：辛禑十二年(洪武十九年 1386)九月—翌年春？
出使事由：賀正行
出使成員：正使門下侍中李穡、副使僉書密直李崇仁、書狀官李遠芳等
出使時間：辛昌元年(洪武二十一年 1388)冬—恭讓王元年(1389)夏

李崇仁(1347—1392)，字子安，號陶隱，星州人。聰明絶人，讀書輒成誦，年未冠，詩文已爲時輩所推。與鄭道傳等游，博極群書，尤精於性理之學。恭愍王十一年(至正二十二年 1362)，中禮闈試丙科第二人。拜藝文館修撰，累遷至典理佐郎，再官成均館直講、藝文館應教、典理總郎，遷至典理判書，陞密直提學。恭讓王末年，貶順天，卒於南平。有《陶隱

①鄭道傳《三峰集》卷2《旅順口用前韻賦呈徐指揮按》，《韓國文集叢刊》，005/317。
②鄭道傳《三峰集》卷3《上遼東諸位大人書》，《韓國文集叢刊》，005/331。
③鄭道傳《三峰集》卷首權近《序》，《韓國文集叢刊》，005/279。

集》五卷傳世。事見《太祖實錄》等,《高麗史》卷一一五、錢謙益《列朝詩集小傳·閏集》有傳。

案李崇仁《陶隱集》五卷,凡詩三卷、文二卷。爲太宗六年(永樂四年1406)命藝文應教知制教卞季良據李氏自編稿整理刊行,壬辰倭亂前以木板本重刊,《韓國文集叢刊》據高麗大學中央圖書館晚松文庫本影印。據本集前明人張溥跋可知,其集初名《齊唫稿》①。所收詩文,或得之草稿,或得之傳誦,故有殘佚,兼有詩題亦失者。其詩版刻,詩句先讀上一行迄,方自下一行始,頗具古風,猶如宋版《後漢書》之排雲臺二十八將,乃宋人刻書之行款焉。

辛禑十二年(洪武十九年　1386)九月,遣門下評理金湊、同知密直司事李崇仁如京師賀正,密直副使張方平獻歲貢馬五十匹,此即李氏第一次出使;辛昌即位年(洪武二十一年　1388)冬,崇仁偕李穡等再度出使。權近稱崇仁"嘗再奉使如京師,中原士大夫觀其著述,接其辭氣,莫不歎服"②。《明實錄》亦載洪武二十一年(1388)十二月壬子,高麗遣其臣李穡等上表賀明年正旦③,即高巽志跋稱"牧隱、陶隱復以朝正東還,過余旅次"者也④。

又鄭道傳序《陶隱集》稱,李崇仁"今兹受命於王,修歲時之事,渡遼瀋,逾齊魯,涉黃河之奔放,入天子之朝,其所得於觀感者爲如何哉。嗚呼!季札適魯,觀周樂,尚能知其德之盛,況子安氏此行,適當製作之盛際,將有以發其所觀感者,記功述德,爲明雅頌,追於尹吉甫無愧矣。子安氏歸也,持以示予,則將題曰《觀光集》云"⑤。今《陶隱集》卷二《天果寺》詩題下注:"此下十三首,出《奉使錄》"⑥。則其詩卷未嘗如鄭氏所云稱《觀光集》,而曰《奉使錄》者,或前後出使小集命名不一故耶?惜整理者以體裁編卷,變亂次序,三十餘首詩,分見於卷二、卷三中。或作於南京,

———————

①李崇仁《陶隱集》卷首明張溥跋,《韓國文集叢刊》,006/519。
②李崇仁《陶隱集》卷首權近序,《韓國文集叢刊》,006/524。
③《明太祖實錄》卷194,洪武二十一年(1388)十二月壬子條,004/2917。
④李崇仁《陶隱集》卷首明高巽志跋,《韓國文集叢刊》,006/520。
⑤李崇仁《陶隱集》卷首鄭道傳序,《韓國文集叢刊》,006/523。
⑥李崇仁《陶隱集》卷2《天果寺》詩注,《韓國文集叢刊》,006/554。

或詠於舟中,或成於登州,或寫於海島。若在青州東關驛、黃山途中、阻風留登州、天妃廟及沙門島諸地所詠,張溥謂其"吐辭精確於渾成之中,命意深遠於雅淡之際,往往絕類唐人"①。今觀其詩,醞藉深厚,質而不俚,淡雅舒朗,從容不迫,有唐音之遺韻焉。

又權近稱李崇仁文辭"高古雅潔,卓偉精緻,以至古律併儷,皆臻其妙,森然有法度"②。李穡稱"此子文章,求之中國,世不多得,自有海東文士以來,鮮有其比也"③。惜所存不多,蓋散佚之故也。今其集卷五《賀朝廷平定雲南發遣梁王家屬安置濟州表》《賀登極表》《請冠服表》等二十餘通,乃崇仁所撰事大表箋也。若明廷平定雲南,安置梁王家屬於濟州事等,於研究明初歷史,頗可參證焉。

0013-1389

權近《奉使錄》(《全集》第1冊;《叢刊》第7冊《陽村先生文集》;《叢書》第27冊 刻本)

　　出使名稱:奏請行?
　　出使成員:正使簽書密直司事權近、副使門下評理尹承順等
　　出使日期:辛昌元年(洪武二十二年　1389)六月—九月
　　出使名稱:奏請行
　　出使成員:都評議使司事權近等
　　出使日期:朝鮮太祖五年(洪武二十九年　1396)七月十九日—翌年三月八日

權近(1352—1409),初名晉,字可遠,後改思叔,號陽村,安東人。恭愍王十八年(洪武二年　1369),擢丙科,拜春秋館檢閱。二十二年,中科舉鄉試第三名,以年未滿二十五,不赴京師。二十三年,拜成均館直講、藝文館應教。辛禑八年(洪武十五年　1382),拜左司議大夫。辛昌初年,

---

①李崇仁《陶隱集》卷首明張溥跋,《韓國文集叢刊》,006/519。
②李崇仁《陶隱集》卷首權近序,《韓國文集叢刊》,006/523。
③李崇仁《陶隱集》卷首權近序引李穡語,《韓國文集叢刊》,006/523—524。

進簽書密直司事。後因言事外放，流徙無定。朝鮮太祖三年（1394），拜中樞院使，遷政堂文學兼司憲府大司憲。因助李成桂篡位，賜推忠翊戴佐命功臣之號。歷官至弘文館大提學、禮曹判書、刑曹判書等。權近師事李穡、鄭道傳，深於性理之學，主"理先氣後"之説。起自檢閲，至爲宰相，常任文翰，歷揚館閣。凡經世文章，事大表箋，多出其手。卒謚文忠。有《孝行録》《入學圖説》《五經淺見録》等，後人編有《陽村先生文集》四十卷行世。事見《太宗實録》、《陽村集》卷首《陽村先生年譜》及太祖、定宗、世宗《實録》等，《高麗史》卷一〇七有傳。

權近《陽村先生文集》四十卷，諸體皆備，爲其子蹈（後改名踶）家藏草稿，世宗年間編纂刊行，《韓國文集叢刊》所收爲首爾大學奎章閣藏本，與本書所收爲同一版本（《韓國歷代文集叢書》版本不同）。

案朝鮮《太宗實録》載，洪武二十二年六月，簽書密直司事權近，與門下評理尹承順奉表如京師。七月，齎禮部咨一道還國。然《實録》不載何事。《明史》稱是年"權國事昌奏乞入朝，帝不許"①。則權近等或因本次奏請而入朝耶？

又洪武二十八年，朝鮮遣使臣柳珣賀明年正旦，帝以表文語慢，詰責之。珣言表文乃門下評理鄭道傳所撰，遂命逮道傳，釋珣歸。二十九年夏，帝遣使臣徵朝鮮撰表者，送撰表人鄭總等三人至，云表實總等所撰。②時道傳稱疾，來使日督之。權近自請入朝，太祖密賜黄金以贐行。七月十九日出發，九月中旬抵南京。禮部欽奉聖旨，爲留撰表人，移咨本國，敕召近視咨草，近叩頭曰："小國事大，不因表文，無以達情，而臣等生於海外，學不通方，使我王之忠誠，不能别白於黈纊，誠臣等之罪耳。"帝然其言，待以優禮。命題賦詩，九、十月間近先後進三十四篇，每進一篇，帝嘉歎不已，仍敕有司，備酒饌具妓樂，使之遊觀三日，亦命賦詩以進。帝乃親製長律詩三篇賜之，敕仕文淵閣，得與翰林學士劉三吾、許觀、張信、戴德彝等相周旋，每稱美朝鮮太祖回軍之義、事大之誠，帝聞而嘉之，特稱老實秀

---

① 《明史》卷320《外國一·朝鮮》，027/8283。
② 《明史》卷320《外國一·朝鮮》，027/8284。

才,乃命遣還,一行於翌年三月初八日返王京覆命焉。①

權近在麗末鮮初兩度出使明朝,其出使途中所撰詩文,卷首收有"大明太祖高皇帝御製詩",爲《賜朝鮮國秀才權近》三首,明太祖詩不載中朝書籍,今《全明詩》亦失載。又卷一《應制詩》,乃在南京時奉帝命所撰進,凡《命題》若《王京作古》《李氏異居》《出使》《奉朝鮮命至京》等二十四首,而《進天監華山神廟詩》《進風謠》《進嵩華詩》《蘭竹章》諸詩,皆四言也。末有權氏跋,謂在南京,受罕世難逢之異寵,又劉三吾諸人,年德俱高,仰若山斗,皆不以海外小生卑鄙之,謙恭禮接,溫以顏色,近每欲摳衣受業,質問所疑,益學其所未知,言音殊異,又無象譯,卒莫能成。一朝奉敕旨東還,追思前事,怳然若夢登天上,而覺在塵土,尚幸天章留光篋笥,所當十襲珍藏,以爲子孫永世寶也。案李仁老《破閑集》卷中載,高麗朝金富儀使宋,真宗"皇帝以長句六韻示之,遣中人敦促令和進。公略不構思,援筆立就。其詩云:'沈香亭畔聞新曲,立禮門前賀太平。無路小酬天地德,唯將醉筆謝生成。'帝嗟賞不已,賜與尤厚"。又李資諒使宋,徽宗親賜宴,製詩命和進。資諒詩曰"鹿鳴嘉會宴賢良,仙樂洋洋出洞房。天上賜花頭上艷,盤中宣橘袖中香。黃河再報千年瑞,綠醑輕浮萬壽觴。今日陪臣參盛際,願歌天保永無忘"②。然則朝鮮半島使臣撰此類賜詩應制之作,不始於權近焉。

權氏精於史學,纂有《東國史略論》《東賢事略》,曾撰太祖《健元陵神道碑銘》等,熟於東國史事,故此組應制詩,幾如朝鮮半島之史詩也。若《始古開闢東夷主》曰:"聞說鴻荒日,檀君降樹邊。位臨東國土,時在帝堯天。傳世不知幾,歷年曾過千。後來箕子代,同是號朝鮮。"(詩題注:昔神人降檀木下,國人立以爲主,因號檀君,時唐堯元年戊辰也)③今韓國史家以檀君爲開國之祖,與堯同時,視如信史,然則權近之時,此說早已濫觴矣。

《奉使錄》一卷,今見權氏《陽村先生文集》卷六,共百三十餘首,前有

---

① 《太祖實錄》卷11,太祖六年(洪武三十年 1397)三月八日辛酉條。
② 李睟光《芝峯類説》卷13《文章部六·東詩》,又見《東文選》卷12。
③ 權近《陽村先生文集》卷1《應制詩·命題》十首其一,《韓國文集叢刊》,007/015。

權氏自序,作於權氏前此出使時也。權氏踰鴨綠,渡遼河,以抵於燕。自遼東至北平,歷馬馹凡二十六,自通州至臨濟,又水馹十一日。沿途路淖馬跌,衣裝盡濕,多處水深,不得復進,濕熱鬱蒸,加以蚊蚋之毒,不堪其苦矣。由淮而北,過齊魯東,自登州以涉渤海,復浮河而南入淮泗,歷徐、兗之墟,溯江、漢以達於京師。即權氏所謂"爲客八千里,思親十二時"者也①。凡水驛數千里,河流蟠回,或南或西或北,一二里路,且至三四其曲,舟行難疾。又記自東彰府崇武驛至荊門驛,屢經險境,水閘處處,每遇閘,必有懼心,其詩有"隨波却退又復進,臨險慄慄飄神魂"之句②,頗紀其實。又所記城池宮室,甲兵舟車,人物財賦,尤以沿途水路閘口所詠,及詩中自注,可知當時自通州南下,運河水路時暢時阻,及閘口之多之險,即其詩可考當時運河流通及貨船往還之情狀焉。

　　權氏詩稱"謾抱文章師甫白,焉將吏理效龔黃"③。其師宗杜甫、白居易,有杜之深致,白之清新。許穆《陽村權文忠公遺文重刊序》稱"公之文章,本之以經術,參之以百家"④。今觀其詩,如《舟中記事》《黃河》《過徐州平溝驛陰雨舟中述懷》《宿沐陽縣僮陽驛賦中秋月》等,風格奔放,大氣淋漓,取譬警策;又喜談理致,慎獨誠敬,切入詩中,亦自家風致也。時在明初,而朝鮮亦始立,正權氏所謂"一統尊王日,三韓正始初"⑤,權氏力主尊明事大,自謂"三韓自古禮義邦,世修侯度尊中國"⑥,因使事順諧,故歸途之詩,頗爲明麗溫和焉。又卷二四有事大表箋若《賀黽見河清表》《請子弟入學箋》《賀千秋表》等十餘通,則華縟繁麗,情見於詞,亦四六大家焉。

　　又其集卷五《點馬行錄》一卷,錄詩三十餘首,《燕行錄全集》第一册

---

① 權近《奉使錄·曉雨作》,《燕行錄全集》,001/207。
② 權近《奉使錄·舟中記事》,《燕行錄全集》,001/183—184。
③ 權近《陽村先生文集》卷4《自叙韻》,《韓國文集叢刊》,007/041。
④ 權近《陽村先生文集》卷首許穆《陽村權文忠公遺文重刊序》,《韓國文集叢刊》,007/004。
⑤ 權近《陽村先生文集》卷6《奉使錄·六月辛丑出宿于金郊是日雨甚》,《韓國文集叢刊》,007/059。
⑥ 權近《陽村先生文集》卷6《奉使錄·留平壤城都巡問使陸公麗設宴醉後述懷》,《韓國文集叢刊》,007/059。

收之。然權氏蓋點馬畢即回,未曾跨鴨江而入中國,故《點馬行錄》不當收入《燕行錄》也。詳參本書《附錄》卷五《點馬行錄解題》(001-1387)。

0014-1391
趙浚《朝天詩》(《叢刊》第6冊《松堂集》 活字本)

出使事由:聖節行
出使成員:聖節使門下贊成事趙浚、千秋使判密直司事金立堅等
出使時間:恭讓王三年(洪武二十四年 1391)六月丙子—?

趙浚(1346—1405),字明仲,號吁齋,又號松堂,平壤人。家世貴顯,然略無紈綺習氣,幼有大志,以忠孝自許。恭愍王二十三年(洪武七年 1374)登科。官江陵道按廉使,吏民畏愛,豪猾屏息。累遷至典法判書、密直提學等。後與鄭夢周等迎立恭讓王,遷門下評理,策勳封朝鮮郡忠義君。後又因擁立李成桂功,拜門下右侍中,封平壤伯。累遷至侍中、左政丞、判門下府事、領議政府事等。浚宇量寬弘,風采凜然,好善嫉惡,出於天性,待人以誠,不設封畛,獎引賢才,振拔淹滯,唯恐不及,寸長必取,而略其小過。三掌禮闈,號為得人。長於史學,詩文豪宕如其人。卒謚文忠。嘗主纂《經濟六典》,又有《松堂集》四卷行於世。事見《太宗實錄》等,《高麗史》卷一一八有傳。

案趙浚《松堂集》四卷,為後孫硅據家藏草稿編纂,刊於顯宗十年(1669),後經十七世孫載明等整理,1901年以活字刊行。《韓國文集叢刊》據奎章閣藏本影印。前有趙載明、趙載坤《辛丑重修序》兩篇。凡詩二卷、文二卷,詩以體裁編次焉。

史載恭讓王三年(明洪武二十四年 1391)六月丙子,"遣門下贊成事趙浚如京師賀聖節,判密直司事金立堅賀千秋"①。據《明實錄》,洪武二十四年三月,詔於高麗市馬一萬匹並索閹人二百人。八月高麗判繕工寺楊天植等,進所市馬一千五百匹至遼東。同年九月乙酉朔,高麗遣門下

---
①鄭麟趾等纂《高麗史》卷46《恭讓王世家二》恭讓王三年(1391)六月丙子條,004/1389。

贊成趙浚等"奉表貢馬及方物賀天壽聖節"。① 此可知趙氏赴明之使命也。時麗廷衰微不振,李氏行將代之,而麗與明之關係,亦動盪不定。趙氏此行,急欲修好,故其詩謂"此行不是觀周樂,要使吾民見太平"也②。

今《松堂集》卷一、卷二收趙氏出使途中詩凡十餘首,若《鞍山道中》《高郵城北懷古》《夜泊金陵》《江都夜泊》諸詩,賦景抒情,慨歎興亡,若"百年榮辱身將老,六代興亡鳥沒空"③,乃金陵詠史之作。麗亡之後,其詩又有"一望前朝仍拭淚,都忘萬事獨登樓"者,則又歎麗朝之覆亡也。趙氏以麗末勳臣,而又助李成桂滅高麗而興朝鮮,勳臣而又爲罪臣,則其雖賦"功成時亦泰,白首欲歸耕"④,又歸耕後詩稱"輔相七年無寸補,於今白首晚知非"⑤,然則其雖保有天年,較鄭夢周等爲幸,但鄭以死殉節,趙靦然存世,心有愧慚,故晚年心境,亦頗淒涼矣。徐居正謂其詩"橫放傑出,有大人君子之氣象"⑥。趙氏時值天翻地覆,改朝換代之際,而又身處其中,爲興雨挐雲之手,搴旗扛鼎之輩。今觀諸作,豪宕不羈,縱橫自如,正其詩所謂"憂來意氣轉崢嶸"者矣⑦。

又《太宗實錄》載,趙浚"入賀聖節,道經北平府,太宗皇帝在燕邸,傾意待之。浚退語人曰:'王有大志,其殆不在外藩乎!'"⑧十年之後,燕王果篡位,則浚尚有識人之鑒焉。然此類語,多後來所傳說,疑信之間,姑妄聽之可矣。

---

① 《明太祖實錄》卷208,洪武二十四年(1391)三月己丑條,005/3093;又卷211,同年八月戊辰條,005/3135;又卷212,同年九月乙酉條,005/3141。
② 趙浚《松堂集》卷1《辛未六月二十日奉使大明道過黃州贈尹觀察》,《韓國文集叢刊》,006/409。
③ 趙浚《松堂集》卷2《夜泊金陵》,《韓國文集叢刊》,006/415。
④ 趙浚《松堂集》卷2《次黃州客舍詩韻》,《韓國文集叢刊》,006/414。
⑤ 趙浚《松堂集》卷1《戊寅五月二十二日夜坐》,《韓國文集叢刊》,006/409。
⑥ 趙浚《松堂集》卷首趙碻《松堂先生文集序》引徐居正語,《韓國文集叢刊》,006/399。
⑦ 趙浚《松堂集》卷1《閱馬溪行》其三,《韓國文集叢刊》,006/411。
⑧ 《太宗實錄》卷9,太宗五年(永樂三年 1405)六月二十七日辛卯條。

卷三　0015—0026

朝鮮定宗二年（明惠帝建文二年　1400）—
世祖九年（明英宗天順七年　1463）

0015-1400，1402
李詹《觀光錄》（《叢刊》第6冊《雙梅堂篋藏集》　鈔本）

出使事由：奏聞行
出使成員：正使簽書三軍府事李詹等
出使時間：朝鮮定宗二年（建文二年　1400）十一月—太宗元年
　　　　　（1401）三月

出使事由：賀登極行
出使成員：正使左政丞河崙、副使知議政府事李詹、書狀官趙末生等
出使時間：太宗二年（建文四年　1402）十月十五日—翌年（永樂元
　　　　　年）四月二日

李詹（1346①—1405），字中叔，自號雙梅堂，洪州新平人。天資厚重，力學能文，手不釋卷。恭愍王十七年（至正二十八年　1368），賜第一名及第。初拜藝文館檢閱、左正言等。辛禑初年（洪武八年　1375），爲左獻納。與正言全伯英上疏，論守門下侍中李仁任、贊成事池奫潛通亡元，交結藩王，禍不可測，請誅二人，坐此流貶者十年。後起復，任藝文館應教、典理總郎、直提學等。恭讓王即位，轉成均館大司成，改右常侍，歷工、禮二曹判書等。朝鮮興立，官至中樞院學士、成均館大司成、藝文館大提學、知議政府事等。卒謚文安。有《雙梅堂篋藏集》二十五卷行世。事見《雙梅堂篋藏集》卷首《雙梅堂先生年譜》、《太宗實錄》等，《高麗史》卷一一七有傳。

---

①案李詹生於乙酉冬十二月辛酉，核西曆爲1346年1月4日。

李詹《雙梅堂篋藏文集》二十五卷,爲其子小畜編次刊行,今存殘本,《韓國文集叢刊》所收《年譜》、卷一、卷二據李氏後孫錫瓚氏所藏傳寫本影印,卷二三至卷二五據金尚基氏所藏複寫本影印。是書因皆爲鈔本,故缺文訛字,所在多有。蓋初編時,即有誤脫,如《送柏堂丁公等滿如京》詩題下注"此下編落"者是也①。卷中有脫半頁者,有脫數行者,有脫數字者,有脫一字者等。又有倒文不通者,如《平度州途中》中"千山萬水歸下馬焚香行度龍女廟",當作"行度千水萬水歸,下馬焚香龍女廟"②;又《山之西麓……奉賡其韻》詩題中"行人至此未嘗彷徨歎息而後去不",當作"行人至此,未嘗不彷徨歎息而後去";誤字若《寒食日別伴送張舍人成》"清明開節正開花",前"開"字疑作"時"③;又若"天使陸主事顓","顓"爲"顥"之誤④,時出使朝鮮之天使乃陸顥也;又若"五十寨"者,地名也,或誤作"十五寨"等⑤。此類錯訛,所在多有。今人整理本有金東柱譯《(國譯)雙梅堂先生文集》(首爾:民昌文化社 1999 年版),閱讀韓文者,頗便參稽焉。

　　據《雙梅堂先生年譜》,李詹於建文帝二年(定宗二年　1400),"以啓稟使入朝受明降,辛巳春三月還京"。且言"時方事嚴,日夜馳驅"⑥,故趲程而行。然《定宗實錄》稱"上王以傳位世子,遣簽書三軍府事李詹,如京師奏聞"。又翌年三月十五日,李氏等齎禮部咨文,回自京師,奉聖旨稱,朝鮮本禮文之國,辭位襲職之事皇上已知,"若果無虧天理悖人倫之事,任他國中自主張"。⑦《年譜》蓋諱而未直書耳,今從《實錄》之說焉。

　　又建文帝四年六月,明朝燕王朱棣犯南京,建文帝不知所終,燕王

---

①李詹《雙梅堂篋藏集》卷 2《送柏堂丁公等滿如京》詩題注,《韓國文集叢刊》,006/329。
②李詹《雙梅堂篋藏集》卷 2《平度州途中》,《韓國文集叢刊》,006/330。
③李詹《雙梅堂篋藏集》卷 2《寒食日別伴送張舍人成》,《韓國文集叢刊》,006/332。
④李詹《雙梅堂篋藏集》卷 2《連山站奉送天使陸主事顓》,《韓國文集叢刊》,006/332。
⑤李詹《雙梅堂篋藏集》卷 2《初八日到十五寨》,《韓國文集叢刊》,006/331。
⑥李詹《雙梅堂篋藏集》卷 2《投遼東大人詩並序》,《韓國文集叢刊》,006/325。
⑦《定宗實錄》卷 6,定宗二年(建文二年　1400)十一月十三日癸酉條,《太宗實錄》卷 1,太宗元年(建文三年　1401)三月十五日甲辰條。

奪大寶,故朝鮮遣使賀登極。冬十一月(太宗二年 1402),詹以"賀登極副使,同浩亭河崙入朝受印章誥命。癸未夏四月還京"①。又據《太宗實錄》,太宗二年十月十五日,"遣左政丞河崙、知議政府事李詹、判漢城府事趙璞如京師。崙、詹賀登極也,璞賀正也",則是兩起使臣同發也。三年三月十七日,"上聞賀登極使河崙、副使李詹、賀正使趙璞等,與朝廷使臣六人,齎誥命印章而來"②。然則李氏入明朝,乃往復兩度耳。

又《朝鮮王朝實錄》載,太宗三年四月戊申,賀登極使書狀官趙末生還。啓曰:"帝命左通政趙居任齎誥命,都指揮高得齎印章來,已至義州矣。"又謂河崙等至京師,帝召崙等曰:"汝等知朕即位之故乎?建文不顧高皇帝之意,乃放黜叔父周王,殘害骨肉,又欲害朕而起兵,朕亦畏死,不得已而起兵。然朕再欲和親,而建文不聽,於是舉兵,欲伐其謀事之臣。建文恥與相見,闔宮自焚。周王與大臣,謂朕高皇帝嫡長,宜即帝位,不得已而即位,初豈有意於得位乎?"崙等請誥命印章於禮部侍郎趙禮,禮曰:"呈報可矣。"乃即呈報,禮部奏聞,命錫之。③ 此載成祖之言,不見中國史冊,亦可珍也。朝鮮自太祖始,即屢求誥命印章,至是始得,太宗大喜,賜崙等曰:"今天子新即寶位,遣使來告,顧以群盜未息,道途多梗,一國臣僚爲之疑懼,奉表稱賀,實難其人,而卿挺身許國,再三固請,奔走萬里,親瞻天日,陳賀龍墀。遂與賀正使參贊議政府事趙璞、副价知議政府事李詹議曰:'天子既與天下更始,則吾王之爵命印章,獨不可因舊也。'於是申呈禮部,轉達宸聽,天子嘉其識時通變,寵待優厚,乃以誥命印章,授廷臣都指揮使高得、左通政趙居任來錫命,其有功於初終,誠帶礪而難忘。"賜諸人御書、田結、奴僕不等。④ 而自此之後,明朝與朝鮮之關係,經顛簸動盪之後,始入正軌矣。

案李氏朝天詩,收於《雙梅堂篋藏集》卷二,乃其兩次出使期間所作

---

① 李詹《雙梅堂篋藏集》卷首《雙梅堂先生年譜》,《韓國文集叢刊》,006/306。
② 《太宗實錄》卷4,太宗二年(建文四年 1402)十月十五日乙丑條;又卷5,太宗三年(永樂元年 1403)三月十七日甲午條。
③ 《太宗實錄》卷5,太宗三年(永樂元年 1403)四月二日戊申條。
④ 《太宗實錄》卷5,太宗三年(永樂元年 1403)五月十一日丁亥條。

詩近百首。自《庚辰冬十一月日早發安州次趙相國松堂》以下,爲第一次出使時所作;《安城站》以下諸詩,則爲第二次出使時作,故詩中有"溪山如舊識,行役又今年","郵吏皆相識,王程此重過"等句也。① 前次出使,不知所偕者爲誰何;二次出使,與河崙同行,故多與其相唱酬。初行自建文帝二年十一月三十日渡鴨綠江,經鞍山,十二月二十六日發船旅順口,經登州南下,至界首、高郵、揚州,渡長江至南京,翌年三月初三日返至旅順口,再陸行歸國,此則當時朝天路綫也。第二次船行,阻風於旅順者達十日,翌年元宵節,蒙帝賜朝鮮國王誥命印章,而旋至旅順口,時序亦恰逢三月初三日,可謂時祥日吉,使事順遂,一行遂陸行水往,流連賞景,頗爲舒爽焉。故李氏詩有"盛德將何報,惟知頌太平","萬國如星拱,咸知北極尊"等諛頌之語。② 然亦多出自至誠,非虛委周旋之語也。他如"遊遍江南詩似玉,肩輿倒處看青山"諸句③,亦適閒雅淡,頗具情趣。李詹爲麗末鮮初過渡期之詩人,其詩無激越高昂之語,平實自然,温和順暢,出句穩適,尤以七律爲長也。

0016-1419
張子忠《判書公朝天日記》(《續集》第101冊 活字本)

出使事由:謝恩行
出使成員:正使敬寧君李裶、副使刑曹參判洪汝方等
出使日期:世宗元年(永樂十七年 1419)八月二十五日—十二月七日

張子忠,生卒籍貫不詳。辛禑八年(洪武十五年 1382),任判事,因事流於遠地。朝鮮太祖二年(洪武二十六年 1393),起爲京畿左道工曹典書,陞中樞院副使,後爲敬興尹、全羅道都觀察黜陟使。太宗二年(建文

---

① 李詹《雙梅堂篋藏集》卷2《次浩亭公開州站詩》,《韓國文集叢刊》,006/336;又同卷《次浩亭公白石站詩》,006/339。
② 李詹《雙梅堂篋藏集》卷2《次浩亭公奉天門元日早朝》,又同卷《次十三日帝祀南郊迎駕正陽門外》,《韓國文集叢刊》,006/340。
③ 李詹《雙梅堂篋藏集》卷2《蓋州路上口號爲浩亭公作》,《韓國文集叢刊》,006/342。

四年　1402），轉豐海道都觀察使，極陳水軍之弊。陞右軍總制，官至户曹判書等。有《判書公朝天日記》一卷行世。事見《高麗史節要》卷三一、《太祖實録》等。

案此《判書公朝天日記》一卷，木活字本。封面左側大題"判書公朝天日記"，而書口則題"朝天日記"，首頁第一行題"張公户曹判書諱子忠陪王子奉使朝天"，第二行題"奉朝日記"，然則書名當爲《奉朝日記》爲妥也。書眉有水浸痕迹，故首二格字，多有奪溷不清者。日記每日簡記日期與行宿之地，後附詩一首或數首，共百三十餘首，間有闕一字、數字或一句者焉。

據《太祖實録》載，四年（洪武二十八年　1395）八月二十八日，"遣中樞院副使張子忠，奉箋如京師，賀千秋"。翌年正月十六日，"千秋使張子忠回自京師"。① 然是書首頁第三行題"永樂己亥八月二十五日，侍宴慕華樓"，又當日下詩有"朝鮮朝覲幾多年，王子陪行罕古先"之句②，則爲張氏侍王子偕行，爲其二度入中國也。考《世宗實録》，世宗即位年八月丁酉，"上王以時服，上以冕服，率群臣拜謝恩表箋於壽康宫。上王謝恩使敬寧君裶，主上謝恩使鄭易、副使洪汝方奉表箋以行。上幸慕華樓餞裶等，上王亦遣孝寧大君補餞之"③。然則洪汝方蓋兼兩起使行之副使，此行張子忠名不載於《實録》，據前引詩所言，則當爲敬寧君之隨侍也。又《明太宗實録》亦載，永樂十七年十月丙戌，"朝鮮國王李裪遣陪臣鄭易貢方物，謝賜敕訓勵及頒《爲善陰隲》"④。丙戌爲是月十五日，據張氏《日記》，兩起使行於十三日入北京，時日相合。又張氏詩中有《呈贊成》等詩，則與鄭易唱和之作也。使臣於十六日侍宴奉天殿，十八日奉天殿觀獸，十九日再如觀麒麟、獅子等，又扈從觀獵。永樂帝賜《性理大全》等，又言"二十六日，王子謁闕，特命姑留數日，待畫成諸獸等賫去，承命還館"⑤。《世宗

---

①《太祖實録》卷8，太祖四年（洪武二十八年　1395）八月二十八日己丑條；又五年正月十六日乙亥條。
②張子忠《判書公朝天日記·侍宴慕華樓》，林基中編《燕行録續集》，101/055。
③《世宗實録》卷5，世宗元年（永樂十七年　1419）八月二十五日丁酉條。
④《明太宗實録》卷217，永樂十七年十月十五日丙戌條，009/2162—2163。
⑤張子忠《判書公朝天日記》，《燕行録續集》，101/087。

實錄》謂一行返國,"皇帝就賜麒麟、獅子、福禄,隨現寺、寶塔寺祥瑞之圖五軸。福禄似驢而高大,頸長抗,白質黑文,人不能名,帝自名之曰福禄云。皇帝待裶甚厚,命禮部照依世子禔朝見時例接待。一日,詔裶陛殿上,帝降御座,臨立裶所跪處,一手脱帽,一手摩髻曰:'汝父汝兄皆王,汝居無憂之地,平居不可無所用心。業學乎?業射乎?宜自敬慎讀書。'特賜御製序新修《性理大全》《四書五經大全》及黄金一百兩、白金五百兩、色段羅彩絹各五十匹、生絹五百匹、馬十二匹、羊五百頭以寵異之"①。張子忠詩有"已感經書多寵錫,仍承訓誡更昭宣"之句②,即記永樂帝誡李裶之情實也。

案張子忠等此行,因敬寧君爲王子,故永樂帝特渥榮寵,數度賜宴,又隨扈觀獵,且賜書籍珍異,過於往常。張氏亦曾"五更朝鳳闕,三接望龍顏"③,可謂得之意外,欣感交集,故詩中盛贊"共沐恩波争獻壽,於皇萬歲代天工"④,"幸瞻堯日月,復覿舜衣裳"⑤。又一度留館,未能入宫觀光,然亦喜謂"莫恨今朝獨留館,將歸我後世相傳"⑥,其感荷榮寵,可謂極矣。其詩富貴藴蓄,熱情謳歌,太平盛世,宣贊無餘。而如《寄子》諸詩,又平實自然,素樸無華,苦口善誘,舐犢心切,皆情見於詩者矣。

0017-1445/1446
申叔舟《遼東問韻録》(《叢刊》第 10 册《保閑齋集》 刻本)

出使事由:質問行
出使成員:集賢殿副修撰申叔舟、成均館注簿成三問、行司勇孫壽山等
出使時間:世宗二十七年(明英宗正統十年 1445)正月七日—翌年
  (往返十三度)

---

①《世宗實録》卷6,世宗元年(永樂十七年 1419)十二月七日丁丑條。
②張子忠《判書公朝天日記·謝恩》,《燕行録續集》,101/087。
③張子忠《判書公朝天日記·次李經歷孟嘗卷里金佐郎閱詩韻》,《燕行録續集》,101/105。
④張子忠《判書公朝天日記·侍宴奉天殿》,《燕行録續集》,101/083。
⑤張子忠《判書公朝天日記·謝恩退朝》,《燕行録續集》,101/055。
⑥張子忠《判書公朝天日記·獨坐偶吟》,《燕行録續集》,101/088。

申叔舟(1417—1475),字泛翁,號希賢堂、保閑齋,高靈人。天資高邁,長於記誦。世宗二十一年(正統四年　1439),擢文科第三人。官典農直長、集賢殿副修撰等。二十五年,以書狀官赴日本。世祖朝,官至兵曹判書、判中樞院事、成均館大司成、議政府右議政、領議政等。封高靈府院君。最爲世祖倚重,每稱爲魏徵。睿宗即位,以世祖遺命,設院相,叔舟與焉。成宗繼立,復拜領議政。卒諡文忠。叔舟博洽經史,議論常持大體,朝野倚以爲重。久掌禮曹,以事大交鄰爲己任,詞命多出其手。解正音通漢語,翻譯《洪武正韻》,學漢音者多賴之。撰作《海東諸國紀》《五禮儀》等,有《保閑齋集》十七卷行世。事見《保閑齋集》附錄姜希孟《行狀》、李坡《墓志》、李承召《碑銘》等,又見世宗、世祖、成宗三朝《實錄》。

　　申叔舟《保閑齋集》十七卷《補遺》一卷《附錄》一卷,乃成宗命叔舟從子從濩據家藏稿編輯,於成宗十八年(1487)以甲辰字刊行,仁祖二十三年(1645)爲七代孫渢翻刻,《韓國文集叢刊》據奎章閣藏本影印。前有徐居正、洪應、金宗直、任元濬、金紐諸家序文,末有叔舟七代孫申渢及李植跋。凡詩十二卷、文五卷,詩以體裁編次。卷一二《遼海編》,則爲輯自倪謙《遼海編》者。景泰元年(1450),詔使倪謙、司馬恂到朝鮮頒代宗登極詔書,世宗命選能文者從遊,叔舟與成三問從謙等唱和,大被稱賞,謙作《雪霽登樓賦》,叔舟即於座上步韻和之。及謙還朝,寄詩稱"詞賦曾升屈宋壇,爲傳聲譽滿朝端"①,其見敬如此。後有朝鮮人從燕市購得《遼海編》,爲倪謙在朝鮮時與叔舟、三問等唱和詩,多爲叔舟本集所無,故編纂者集而附諸叔舟集中焉。

　　案申叔舟之初次入遼東,較他人爲異,乃因世宗製諺字之故也。世宗二十六年(1444)二月,命集賢殿校理崔恒,副校理朴彭年,副修撰申叔舟、李善老、李塏,敦寧府注簿姜希顔等,詣議事廳,以諺文譯《韻會》。②二十七年正月初七日,遣集賢殿副修撰申叔舟、成均館注簿成三問、行司勇孫壽山往遼東,問韻於罪貶遼東之前翰林院庶吉士、刑部主事黄瓚,前後

①申叔舟《保閑齋集》附錄姜希孟《文忠公行狀》,《韓國文集叢刊》,010/157。
②《世宗實錄》卷103,世宗二十六年(正統九年　1444)二月十六日丙申條。

往返凡十三度。① 二十八年九月,《訓民正音》成。

世宗"以本國音韻與華語雖殊,其牙、舌、唇、齒、喉清濁高下,未嘗不與中國同。列國皆有國音之文,以記國語,獨我國無之。御製諺文字母二十八字,設局於禁中,擇文臣撰定,公實承睿裁,本國語音註僞,《正韻》得失,時適翰林學士黃瓚以罪遼東。乙丑春,命公隨入朝使臣到遼東,見瓚質問音韻,公以諺字翻華音,隨問輒解,不差毫厘,瓚大奇之。自是往返遼東凡十三度"②。乙丑爲世宗二十七年(正統十年 1445),而李廷馨《東閣雜記》稱,世宗"使成三問、崔恒、申叔舟等撰定之",且言"三問、叔舟隨入朝使臣"往遼東③。

申叔舟《保閑齋集》中詩,以體裁編卷,故散佚無次,然若卷四、卷八、卷九、卷一〇、卷一一所收四十餘首詩,即在遼東問學黃瓚時所作,叔舟與成三問,爲至交密友,二人在遼東質問韻學,間得空暇,即以和杜詩酬唱爲樂,偶或有贈黃瓚詩。叔舟求黃氏爲其顏堂,黃氏取名爲"希賢",稱"初,叔舟方以求益,來拜寓館。容貌極端重,而言動皆不苟,予意其人必有源委者也。處數日後,又有以得叔舟之心。既而別去,越月餘復至,因其相資之切而得其心愈深矣"④。此亦可知叔舟、三問確往返遼東,如"畢竟難窺學海深,稍令愚惑祛胸襟"⑤,"齒舌牙唇尚未精,中原虛作問奇行"等⑥,皆其問學黃瓚之證。又如"探音究韻誰最先,遠亦摘之深亦鉤"⑦,"韻中清濁混涇渭,一片愁火胸中煮"等⑧,可知二人勤勉王事,互相勖勵,以求得韻學之正焉。

案朝鮮世宗貢獻於其國最大者,莫過於諺文之創製,而申叔舟、成三問諸人,實發明諺字之主事者,而黃瓚之功,世人多莫知者,故叔舟詩文,

---

①《世宗實錄》卷107,世宗二十七年(正統十年 1445)正月七日辛巳條。
②申叔舟《保閑齋集》附錄姜希孟《文忠公行狀》,《韓國文集叢刊》,010/157。
③李廷馨《東閣雜記》卷2,沈魯崇編《(静嘉堂本)大東稗林》,018/095。
④申叔舟《保閑齋集》附錄黃瓚《希賢堂詩序》,《韓國文集叢刊》,010/153。
⑤申叔舟《保閑齋集》卷4《贈黃主事瓚》,《韓國文集叢刊》,010/030。
⑥申叔舟《保閑齋集》卷9《次京洛諸公送行韻示謹甫》,《韓國文集叢刊》,010/074。
⑦申叔舟《保閑齋集》卷11《次謹甫用工部韻見示》,《韓國文集叢刊》,010/089。
⑧申叔舟《保閑齋集》卷11《次工部韻示謹甫》,《韓國文集叢刊》,010/089。

乃諺文創製史上之重要史料,非僅爲詩歌而已矣。

0018-1445/1446
成三問《遼東問韻録》(《叢刊》第 10 册《成謹甫集》 刻本)

　　成三問(1418—1456),字謹甫,號訥翁,又號梅竹軒,昌寧人。世宗二十年(1438),登式年丁科。二十九年,重試居魁。先後爲成均館注簿、集賢殿修撰、司諫院左司諫、集賢殿直提學、禮曹參議、左副承旨等。世宗設集賢殿,揀文士有名者二十人,兼帶經筵,凡諸文翰之事,皆委任之,三問文瀾豪縱,風流倜儻,參與其間。又與申叔舟同往遼東,求學於黃瓚,協製《訓民正音》。世祖篡位,三問與朴彭年等密謀扶端宗復位,事泄,與俞應孚、金文起、朴彭年、河緯地、李塏六人,爲鐵鉗烤掠,剥皮而死,史稱"死六臣"。後爲平反,謚忠文。撰著後人輯爲《成謹甫集》四卷行世。事見《成謹甫集》卷三《實紀》、卷四宋時烈《洪州成先生遺墟碑》與世宗、文宗、端宗、世祖《實録》等。

　　案成三問往遼東質問音韻事,詳參前申叔舟《遼東問韻録解題》(0017-1445)。

　　成三問《成謹甫集》四卷,卷一爲詩,卷二諸體文,卷三、卷四爲附録。據卷末尹裕後跋,謂三問遺稿寫本一卷,爲其家所久藏,不知何人所集,裕後遂搜諸《東文選》《倪馬皇華集》《青丘風雅》《東文粹》等,去其疊而取其無,得七八篇,合詩賦八十九首,箋、贊、箴、序、引、説、碑、銘及對策十六篇,編爲二卷,又以相關傳記及諸記載文字爲《附録》二卷。蓋其獲極刑後,世人莫敢收存其稿,多有散佚,故所得如是之少也。

　　案世宗創製《訓民正音》,成三問與申叔舟爲主創者,其自謂"我東邦在海外,言語與中國異,因譯乃通。自我祖宗,事大至誠,置承文院掌吏文,司譯院掌譯語,專其業而久其任,其爲慮也蓋無不周。第以學漢音者,得於轉傳之餘,承授既久,訛謬滋多,縱亂四聲之疾舒,衡失七音之清濁。又無中原學士從旁正之,故號爲宿儒老譯,終身由之,而卒於孤陋。我世宗、文宗慨念於此,既作《訓民正音》,天下之聲,始無不可盡矣"①。

---

①成三問《成謹甫集》卷 2《直解童子習序》,《韓國文集叢刊》,010/191。

今《成謹甫集》卷一所收,如《向遼東用京洛諸公送行韻和泛翁》《次工部韻》《用工部韻和泛翁》等十餘首詩,即作於在遼東求學於黄瓚時。其詩若"十年漢學知何用,今來只得二三語。還鄉應未辨銀根,弟兄朋友誰相許"①,即紀其實也。

案世祖篡位,即殺成三問等。而申叔舟少與成、朴諸公齊名,與三問最善,俱受顯陵托孤之教,然獨不罹禍,且助世祖登基,當世有微詞。今觀二人在遼東所詠,三問勸勉叔舟詩,有"君之此行應頻頻,此行頻頻君莫愁。一朝患豈君子患,終身憂是丈夫憂。口談周孔手詩書,行有肥馬寒輕裘。操心君可堅如鐵,遇事君休曲如鉤。窮也囂囂樂天命,達則優優敷國政。獨善兼善隨窮達,君子一德豈不盛"諸句②。後來之事,三問心堅如鐵,而叔舟身曲如鉤,竟如三問所言,無怪乎叔舟晚年,亦頗爲悔。臨没,喟然曰:"人生會當止此而死矣。"③蓋悔心之萌云爾。

0019-1447,1450
成三問《朝天詩》(《叢刊》第 10 册《成謹甫集》 刻本)

出使事由:聖節行

出使成員:聖節使中樞院副使成勝等

出使時間:世宗二十九年(正統十二年　1447)九月二日—十二月二十八日

出使事由:賀正行

出使成員:正使趙石岡、副使成勝、管押使李純之等

出使時間:文宗即位年(明代宗景泰元年　1450)十月二十二日—翌年二月二十九日

案成三問有《遼東問韻録》(0018-1445),已著録。

成三問《成謹甫集》卷一《前後朝天》詩題注稱,"乙丑,先生赴燕。丁

---

① 成三問《成謹甫集》卷 1《用工部韻和泛翁》,《韓國文集叢刊》,010/182。
② 成三問《成謹甫集》卷 1《用工部韻和泛翁》,《韓國文集叢刊》,010/182。
③ 沈魯崇編《(静嘉堂本)大東稗林》卷 5《列朝紀事・世祖》引《海東樂府》,002/061—062。

卯、庚午，先生考總管公，連以副使朝天，先生皆隨行。似爲質漢韻，有朝命也"①。考《世祖實錄》，世祖二十九年九月初二日，"遣中樞院副使成勝，如京師賀聖節"。臘月二十八日，"聖節使成勝還京師，帝還我漂風金元等十三人"②。又文宗即位年十月二十二日，"遣趙石岡、成勝如京師，賀明年正"。明年二月二十九日，一行返國覆命。③ 則詩題所謂"連以副使朝天"者爲誤也。三問父勝，武科，官至昌城都護府使、中樞院副使、慶尚道右道處置使、義州牧使、知中樞院事等。三問事發，同死之。後爲平反，謚忠肅。成勝兩次出使，三問陪侍入北京。蓋一則爲率帶子弟身份，二則如前詩題所言"似爲質漢韻，有朝命也"。

今《成謹甫集》收《題水墨白鷺圖》《灤河祠》兩首，即爲其朝天時所作，然不能辨爲前次後次耳。其《灤河祠》曰："當年叩馬敢言非，大義堂堂日月輝。草木亦沾周雨露，愧君猶食首陽薇。"④可謂責之切而求之苛焉，然以三問行實推之，其可謂大義堂堂而與日月並輝焉。

《稗官雜記》載，三問赴燕京，有人請題白鷺圖，三問走筆先成"雪作衣裳玉作趾，窺魚蘆渚幾多時"二句，於是出畫示之，乃水墨圖也。遂續書曰"偶然飛過山陰縣，誤落羲之洗硯池"。華人驚服。⑤ 然此詩中國亦廣爲傳誦，或曰乾隆下江南時，文人馮誠修所撰。又世傳三問絕命辭曰："擊鼓催人命，回首日欲斜。黃泉無一店，今夜宿誰家。"實爲明宋濂高弟孫蕡臨刑作而少異，其曰"鼉鼓聲正急，西山日又斜。黃泉無客店，今夜宿誰家"。鮮人收入"東人詩中，太涉鹵莽"⑥。而此集收三問《絕命》詩作"食君之食衣君衣，素志平生莫有違。一死固知忠義在，顯陵松柏夢依依"。

---

① 成三問《成謹甫集》卷1《前後朝天》，《韓國文集叢刊》，010/188。
② 《世宗實錄》卷117，世宗二十九年（正統十二年 1447）九月二日辛卯條。又卷118，同年十二月二十八日丙戌條。
③ 《文宗實錄》卷4，文宗即位年（景泰元年 1450）十月二十二日壬辰條；又卷6，文宗元年（景泰二年 1451）二月二十九日戊戌條。
④ 成三問《成謹甫集》卷1《題水墨白鷺圖》，《韓國文集叢刊》，010/188。
⑤ 成三問《成謹甫集》卷1《題水墨白鷺圖》，《韓國文集叢刊》，010/188。
⑥ 安鼎福《順菴先生文集》卷13《橡軒隨筆下·東人錯引古詩》，《韓國文集叢刊》，230/055。

或以爲其父作矣。① 三問有《蓮頌》詩,謂"蓮兮蓮兮,既通且直。不有君子,曷以比德"②。亦可謂之自喻矣。

0020-1452,1455
申叔舟《朝天詩》(《叢刊》第10冊《保閑齋集》 刻本)

出使名稱:謝恩行
出使成員:正使首陽大君李瑈、副使工曹判書李思哲、書狀官司憲府執義申叔舟等
出使時間:文宗二年(景泰三年 1452)十月五日—翌年二月二十六日
出使事由:謝恩行
出使成員:正使弘文館大提學申叔舟等
出使時間:世祖即位年(景泰六年 1455)十月二十四日—翌年二月二十一日

案申叔舟有《遼東問韻録》(0017-1445),已著録。

端宗即位年(景泰三年 1452),以首陽大君李瑈爲謝恩使、工曹判書李思哲爲副使、司憲府執義申叔舟爲書狀官赴明。即《明實録》所載"景泰三年十二月癸卯,朝鮮國王以襲封王爵,遣陪臣李瑈等奉表貢馬及方物詣闕謝恩,賜宴並金織文綺彩幣表裏等物"③。時皇甫仁、金宗瑞秉政,李瑈以宗英,遠離輦轂,多有戒心。故臨行前,"詢權擥以可爲書狀者,薦申叔舟,又慮其未還而事機或變,挾金宗瑞之子承珪,皇甫仁之子錫偕行"④。安排慎密,以備不虞。一行於翌年二月返國。而不數年,李瑈終迫文宗子端宗禪位而篡焉。叔舟此行,果不負權擥之薦,"艱難萬里,出入卧内,調護聖躬,無所不至"⑤。俾順適而行,安然而返也。

---
①成三問《成謹甫集》卷1《絕筆》,《韓國文集叢刊》,010/190。
②成三問《成謹甫集》卷1《蓮頌》,《韓國文集叢刊》,010/196。
③《明英宗實録》卷224,景泰三年(1452)十二月癸卯條,019/4870。
④沈魯崇編《(静嘉堂本)大東稗林》卷5《列朝紀事·世祖》引《東閣記》,002/005。
⑤申叔舟《保閑齋集》附録姜希孟《文忠公行狀》,《韓國文集叢刊》,010/158。

卷三　申叔舟《朝天詩》　51

　　案李瑈即後來之世祖，故史臣對其入中土，多有虛美。如言其初渡鴨江，禁制軍士，不得馳獵，所至營陣整齊，燎火相望，各安其處。人相謂曰："他宰相猶忽焉，大君位尊，而用心若此。"夜猶不寐。又鞭懲義州軍人不如法者。至遼東往都指揮使司，漢人聚觀如堵，相語曰："一動一靜，皆中禮，貌美而英，真將軍也。"野人亦傍觀曰："佛也。"至京師，進表箋、方物。世祖初入六部尚書之間，一拜叩頭，更進帝前，五拜叩頭，在庭者皆曰："朝鮮王子，本是貴冑子孫，賢德有異於常人；今木方國王之弟亦來，而無異於常也。"入中國之境，見世祖者皆曰："大將軍也。"稱爲國王而敬之。到京朝官皆稱王，或稱殿下，或稱權王。其入闕門，八象見之，一時辟易退數步。其往返遼野沿途，官民皆敬服之，宴請饋贈，詩酒不絕。① 案此等論議，事涉神怪，言多誇飾，徒爲虛美，乃小說家言耳。

　　李瑈謀位後，因未受誥命，再遣大提學申叔舟爲奏聞使，奉魯山謝恩表及奏本，吏曹參判權擥奉上謝恩表如大明，請封爲朝鮮國王，明廷允其請。② 是爲叔舟再度入京。是行期間，叔舟妻尹氏病逝，諸子皆幼，可謂慘慟。故返國後，世祖引見於思政殿，賜叔舟酒曰："昔日同行萬里，又再同盟，今克成大事，今可量乎？"極歡而罷，賜馬等物甚夥焉。③ 以此之故，叔舟深爲世祖所信，每教曰："桓公之於管仲，漢祖之於張良，光武之於鄧禹，先主之於孔明，唐宗之於魏徵，予之於叔舟，一也。"④

　　今叔舟本集卷四《題古阜郡事李輔仁贈行詩軸》其四詩末注"以正朝使，押馬將赴燕京"之語⑤，則當爲文宗二年隨首陽大君李瑈出使時所作詩，卷一六《在燕京會同館呈倪學士謙手簡》，爲求倪氏爲己之保閑齋題詩之札，則爲在北京時所作也。叔舟詩文，皆出胸中，不事刻削，"渾厚醇正，發越以肆，不要工而益工，不求奇而自奇，有若編貝，璨焉騰輝，尋常梁

---

① 《端宗實錄》卷5，端宗元年（景泰四年　1453）二月二十六日癸丑條。
② 《明英宗實錄》卷262，景泰七年（1456）正月乙亥條、二月癸卯條，020/5593、5607—5608。
③ 《世祖實錄》卷3，世祖二年（景泰七年　1456）二月二十一日庚申條。
④ 沈魯崇編《（靜嘉堂本）大東稗林》卷5《列紀紀事・世祖》，002/059。
⑤ 申叔舟《保閑齋集》卷4《題古阜郡事李輔仁贈行詩軸》，《韓國文集叢刊》，010/030。

肉,味自膏腴,讀之令人亹亹忘疲,古之作者蓋無多讓也"①。"所爲詩文,沖澹宏肆,沉深委曲,多有規戒,不爲刻削"②。此等評語,雖嫌誇飾,然叔舟在當時,高文大策,多出其手,詩亦高古,在當時諸賢中,亦無遑多讓者也。叔舟在世祖朝,屢典文衡,其子用漑、孫光漢,祖孫三人,皆以文章典文衡,繼繼繩繩,代有達人,亦可煌煌世胄矣!

0021-1457

金守温《朝天詩》(《叢刊》第9册《拭疣集》 活字本)

出使事由:正朝行
出使成員:正使吏曹参判金連枝、副使中樞院副使金守温等
出使時間:世祖三年(明英宗天順元年 1457)十月十一日—翌年三月四日

金守温(1410—1481),字文良,號乖崖,永同人。金訓子。生而穎秀,世宗二十年(正統三年 1438)進士。二十三年,中文科,補校書正字。歷官訓鍊主簿、承文院校理、兵曹正郎、同知中樞院事、漢城府尹、工曹判書、判中樞府事等。深受世祖器重。成宗時,封永山府院君,拜領中樞府事。卒謚文平。守温拙於治産,每布書籍於牀,施席於其上而寢,人問其故,乃曰"床冷無氈也"。博覽書史,爲文雄健疏宕,汪洋大肆,爲一時巨擘。然以僧信眉之弟,酷耽禪學,佞佛太甚。常自言"《楞嚴經》,過於《中庸》"③。有《拭疣集》二卷《補遺》一卷行世。事見《慵齋叢話》、沈魯崇編《(静嘉堂本)大東稗林》卷五與世宗、世祖、成宗三朝《實錄》等。

案金守温《拭疣集》二卷《補遺》一卷,成宗時命以甲辰字刊行,今存殘卷二、卷四,爲其十四代孫禹潘蒐集寫本,《韓國文集叢刊》據成均館大學大東文化研究院藏本影印。

世祖三年(天順元年 1457),遣吏曹参判金連枝、中樞院副使金守温,

---

① 申叔舟《保閑齋集》卷首洪應序,《韓國文集叢刊》,010/004。
② 申叔舟《保閑齋集》附録姜希孟《文忠公行狀》,《韓國文集叢刊》,010/161。
③《文宗實錄》卷1,文宗即位年(景泰元年 1450)四月十一日甲申條。

奉表箋如明，賀正兼獻白黃鷹鴉鶻①。今《拭疣集》卷四有《書漁陽館壁》《松山浦》二詩，詩題下注"戊寅年朝京時作"。二詩皆七律，前詩若"斷橋尚認前朝事，頹壘猶存故國疆"等，爲詠"安史之亂"，譏玄宗之寵貴妃，以致誤國；後詩"野田無雪卧枯草，官道有埃團綠煙"，敘臘月風光，溫和不迫，娓娓有致，爲敘景之作。② 史稱守溫嘗和明使陳鑑《喜晴賦》，蹈厲發越，後守溫入朝，華士爭指之曰："此是和《喜晴賦》者耶？"③今其集中不見《喜晴賦》，則所佚尚多耳。

又《世祖實錄》，世祖傳旨義禁府曰："正朝副使金守溫訪問於中國者，皆承傳事也。通事等自度力不能禁，潛屬館夫序班，使之據法禁止，且以計留守溫，使不得速還。到遼東，通事陳欽失事目，告都司張榜求之，及還，又不即啓達，監察崔水智不能檢察，並鞫問以啓。"④後鞫通事許坤等罪按律以啓，上論斷有差，而兩使則特原之。然則通事輩，勾結中朝館夫序班，作姦犯科，明初已然矣。

0022-1459
魚世謙《己卯朝天詩》(《國譯咸從世稿》上册　排印本)

出使事由：千秋行
出使成員：正使禮曹參判李克培、從事官吏文學魚世謙等
出使時間：世祖五年（天順三年　1459）八月二十五日—翌年正月四日

　　魚世謙（1430—1500），字子益，號西川，咸從人。孝瞻子。世祖二年（景泰七年　1456）擢文科。官吏曹佐郎、禮曹正郎、右承旨等。成宗與燕山君朝，先後官禮曹參判、漢城府左尹、刑曹判書、京畿道觀察使、户曹判書、兵曹判書、弘文館大提學、議政府左議政等。封咸從府院君。卒諡

---
①《世祖實錄》卷9，世祖三年（天順元年　1457）十月十一日條。
②金守溫《拭疣集》卷4《書漁陽館壁》《松山浦》，《韓國文集叢刊》，009/120—121。
③《成宗實錄》卷130，成宗十二年（成化十七年　1481）六月七日條。
④《世祖實錄》卷11，世祖四年（天順二年　1458）閏二月八日丙寅條。

文貞。世謙天資確卓,氣量宏闊。性又清儉,所居室累土爲階,家無餘粟。有《西川先生文集》八卷行世。事見《西川先生文集》附《左議政咸從府院君魚公行狀》、《燕山君日記》等①。

　　魚世謙《西川先生文集》八卷,凡詩六卷、文二卷。初由魚得江編、尹金孫刊於中宗五年(1510),今編入咸從魚氏文貞公派宗親會編、三省古典研究所譯《國譯咸從世稿》卷三至卷一〇。其編譯體例爲一頁兩列,上列排原詩,下列爲韓語譯文,詩後爲注釋,排版字大疏朗,頗便覽讀焉。

　　世祖五年(天順三年　1459)八月,"遣禮曹參判李克培如大明賀千秋,中樞院副使郭連城賀聖節"②。翌年正月返國,明英宗敕命"自王紹位以來,修貢雖勤,而海青未嘗一進,豈以此鳥爲微物而不足貢乎?抑以爲非中國所需不之貢乎?大抵此物乃鳥之猛鷙者,力能搏擊,講武、蒐獵之際,時或用之。王自今以後仍照爾先王時例,每歲或貢三、五、七連,以備應用"③。

　　魚世謙此次出使,有《朝天詩》三十餘首,見本集卷三。其詩出語天然,不事奇崛,若《次唐賢大明宮詩韻四首》等,擬王維、杜甫、岑參諸家,頗有中唐韻味。時明廷與朝鮮半島,皆太平日久,民樂甘居,故魚氏至廣寧,遂有"政逢四海爲家日,漸覺他鄉似故鄉"之歎美④。至連山關,進獻馬一匹病死,魚氏謂"節應千秋震凤期,遠方來賀固多儀。天閑自有群龍在,庭實何論一馬爲"⑤。時明廷屢徵朝鮮進貢馬,貽累不小,故魚氏有此微諷之詞焉。

0023-1459,1468
李石亨《朝天詩》(《叢刊》第9册《樗軒集》　刻本)

　　出使事由:謝恩行
　　出使成員:正使行僉知中樞院事康純、副使行上護軍李石亨等

---

①《燕山君日記》卷39,燕山君六年(弘治十三年　1500)十一月二十八日戊寅條。
②《世祖實錄》卷17,世祖五年(天順三年　1459)八月二十五日甲戌條。
③《世祖實錄》卷19,世祖六年(天順四年　1460)正月四日壬午條。
④《咸從世稿》卷3魚世謙《西川先生文集·廣寧》,上册/253。
⑤《咸從世稿》卷3魚世謙《西川先生文集·至連山進獻馬一匹病死》,上册/257。

出使時間：世祖五年（天順三年　1459）三月十七日—七月十七日
出使名稱：告訃請謚行
出使成員：正使中樞府知事李石亨、副使漢城府左尹李坡等
出使時間：世祖十四年（明憲宗成化四年　1468）九月十六日—睿宗
　　　　　元年（1469）正月十四日

　　李石亨（1415—1477），字伯玉，號樗軒，延安人。世宗二十三年（正統六年　1441）連魁進士生員試，又魁文科。歷官至司諫院正言、全羅道觀察使、黃海道觀察使、京畿道觀察使、漢城府判尹、知中樞府事等。封延城府院君。卒謚文康。石亨狀貌奇偉，氣度寬弘，性溫和厚，好學不倦。爲官清慎，不治產業。晚年以詩酒自娛，名其堂曰戒溢。岸幘燕坐，日夕嘯詠。曾纂輯《大學衍義輯略》二十一卷，有《樗軒集》二卷《別集》一卷行世。事見《樗軒集》附李陸《行狀》《年譜》及《世宗實錄》《成宗實錄》等。

　　李石亨《樗軒集》二卷《後集》一卷《別集》一卷，有詩有文，爲其婿宋汝諧編次，成宗命以鑄字刊行，末有其曾孫義興縣監李啟跋。後補入《年譜》等，於宣祖二十年（萬曆十五年　1587）以木板本重刊，《韓國文集叢刊》據奎章閣藏本影印。有校字，間有異文，雙行校註於詩文後。

　　案李石亨曾兩度入中國，"己卯春，以虎賁衛大護軍修文殿提學，奉使赴京"①。此即世祖五年（天順三年　1459），"遣行僉知中樞院事康純、行上護軍李石亨如大明謝恩"也②。《明實錄》亦載是年五月，先後有康純、曹錫門等兩起使臣，皆爲進貢馬及方物。③ 七月十七日，一行返國覆命焉。

　　又世祖十四年（成化四年　1468）九月，世祖崩。遣中樞府知事李石亨爲告訃請謚使、漢城府左尹李坡爲請承襲使赴明。兩起使行於九月十六日奉表起行，告訃請謚，又請承襲。翌年正月十四日，返至王城。返國途

---

①李石亨《樗軒集》卷末附李陸《行狀》，《韓國文集叢刊》，009/441。
②《世祖實錄》卷15，世祖五年（天順三年　1459）三月十七日己亥條。
③《明英宗實錄》卷303，天順三年（1459）五月庚寅條，021/6412；又同年五月壬寅條，021/6416。

中,"八站路上雪深,迎來軍卒凍餒,人馬物故者太半"①。此因平壤道水軍節制使李仲孫、熙川郡守吳滋等,迎護不力,不恤軍士,以致人馬飢凍死者甚衆,傳命罷二人職焉。

今《樗軒集》所載,《宿波沙堡》詩題下注"己卯四月初六日越江"②,則爲其第一次出使時所作詩也。下有《途中口呼》、《八渡河》、《到遼陽城》二首、《過閭陽見無閭山》、《過漁陽》數首,皆當時所作詩,蓋其原詩,十存一二之故。而後次出使詩,不見集中,蓋已佚矣。每詩題下,皆注日期,雖寥寥數首,亦淡雅流麗,不入卑俗。其詩有"守在四夷嘉語在,此身何幸見皇明"之句③,則其觀光之誠,亦可見也。然《世祖實錄》謂石亨回自明,"言曰:'中國唯城郭高壯而已,其餘文物,皆無足貴。'聞者譏之"④。然則李氏前矛後盾,所持非一,而朝鮮之輕中國,亦並非始於清初矣。

0024-1459
李承召《朝天詩》(《叢刊》第 11 册《三灘集》 刻本)

出使事由:謝恩行

出使成員:正使户曹判書朴元亨、副使户曹參議李承召等

出使時間:世祖五年(天順三年 1459)七月二十七日—十一月一日

李承召(1422—1484),字胤保,號三灘,陽城人。生而穎異,年十三入學,讀書過目輒誦,擬試程文,儕輩莫及。天資温醇,學問精深,凡陰陽、地理、醫藥之書,無不通曉。世宗二十九年(正統十二年 1447),中文科壯元。歷官司憲府掌令、集賢殿直提學、成均館大司成、歷吏、户、禮、刑四曹參議,拜禮曹參判。封陽城君。再陞禮曹判書、轉議政府右參贊、吏曹判書、刑曹判書、議政府左參贊。卒謚文簡。性廉簡恭謹,不事表襮,襟懷

---

①《睿宗實錄》卷 3,睿宗即位年(成化五年 1469)正月二十二日丁丑條。
②李石亨《樗軒集》卷上《宿波沙堡》,《韓國文集叢刊》,009/400。
③李石亨《樗軒集》卷上《到遼陽城》其二,《韓國文集叢刊》,009/401。
④《世祖實錄》卷 17,世祖五年(天順三年 1459)七月十七日丙申條。

灑落,日以書史自娛。風姿端雅,操履清慎,不營產業,不妄交遊,人稱"金玉君子"。有《三灘集》十四卷行世。事見《三灘集》卷首《行狀》、金紐《墓志銘》,又見世宗、世祖、成宗三朝《實錄》。

案李承召《三灘集》十四卷,凡詩九卷、文五卷,詩以年代編次,爲承召外孫李壽童據家藏本編次,中宗九年(1514)刊行,《韓國文集叢刊》據誠庵古書博物館、李庸信氏藏本、西江大學中央圖書館等藏本影印。前有申用溉、南袞二序,末有成宗祭李氏文一篇,及成倪、李壽童跋文。是本字迹不一,雕版粗惡,間有缺字及模糊難辨者。其詩卷一收與明使高潤、陳鑒唱和詩,卷二收與張寧唱和詩,卷五收與金湜唱和詩等。

李承召出使明朝,見於載記者凡兩度。世祖五年(天順三年 1459)七月二十七日,遣謝恩使刑曹判書朴元亨、副使户曹參議李承召等赴明①。《明實錄》亦載,"天順三年九月辛卯,朝鮮國王李瑈遣陪臣朴原亨等來朝,貢馬及方物"②。時朴氏"以奏聞使朝京,特薦公爲副以行"③。今承召詩卷中有《代朴判書元亨次陳侍講鑒詩韻》,蓋朴氏不諳詩道,故薦承召偕行,以便代爲捉刀,此其第一次出使也。

李承召此次出使詩,見《三灘集》卷二,共四十餘首。承召學博而雜,而才氣充沛,今觀其詩,若《長城吟》《山海關》《下馬宴席上作》諸詩,鋪張揚厲,詞藻瑰麗,然森嚴有法。時明朝承平日久,百業繁盛,故李氏沿途所詠,如"太平風月無人管,都入征夫一首詩"④,"太平氣象君須記,斗米三錢古亦稀"等句⑤,皆可見明朝輕徭薄賦,家國和寧之氣象也。

0025-1460
徐居正《北征錄》(《叢刊》第 10 册《四佳集》 刻本)

出使事由:謝恩行

---

①《世祖實錄》卷17,世祖五年(天順三年1459)七月二十七日丙午條。
②《明英宗實錄》卷307,天順三年(1459)九月辛卯條,021/6466。
③李承召《三灘集》卷首《行狀》,《韓國文集叢刊》,011/374。
④李承召《三灘集》卷2《二十日過遼河》,《韓國文集叢刊》,011/390。
⑤李承召《三灘集》卷2《望潞河漕舡連亘百餘里》,《韓國文集叢刊》,011/392。

出使成員：正使吏曹參判金脩、副使中樞院副使徐居正等
出使時間：世祖六年（天順四年　1460）六月十九日—十月七日

徐居正（1421①—1488），字剛中，一作剛仲，又字子元，慶尚道達城人。權近外孫。幼即聰穎，學有家法，人謂之神童。世宗二十六年（正統九年　1444），文科第三人及第。累遷至成均館司藝、司諫院右司諫、禮曹參判、行同知中樞府事，參修《經國大典》。陞刑曹判書、藝文館大提學知成均館事、工曹判書等。成宗時，遷司憲府大司憲、議政府右贊成。封達城君。再官吏曹判書、兵曹判書、議政府左贊成。卒諡文忠。居正溫良簡正，博涉群書，兼通風水星命之學，惟不喜釋氏書。若《東國通鑑》《輿地勝覽》《歷代年表》《東人詩話》《大平閑話》《筆苑雜記》《東人詩文》等，皆所撰集。有《四佳集》三十四卷行世。事見世宗、世祖、成宗《實錄》等。

案徐居正《四佳集》三十四卷，凡《詩集》二十五卷、《詩集補遺》三卷、《文集》六卷、《文集補遺》一卷。成宗時，命據徐氏自編稿於十九年（1488）以甲辰字刊行，後孫文裕增補殘卷於肅宗三十一年（1705）重刊，《韓國文集叢刊》據國立中央圖書館藏本影印，《詩集補遺》據奎章閣藏本影印。前有任元濬、任士洪二序，末有徐文裕跋。詩以時序編排，《補遺》三卷，則輯自《東文選》《丁未手稿》《皇華集》《東國輿地勝覽》及拾遺所得者；而文集《補遺》二卷，則爲碑狀與雜著等。

徐居正出使中國，前後凡兩度。前此出使事由，即端宗即位年（景泰三年　1452）以書狀官身份隨首陽大君李瑈入明，詳見前申叔舟《朝天詩解題》（0020-1452）。李廷馨《東閣雜記》載，"景泰癸酉，光廟之赴京也，徐居正以集賢殿副校理隨行，渡鴨綠江，宿婆娑堡。是夕，居正母訃至，光廟欲秘之"。時居正有異夢，驚起流涕，稱"夢月怪天，月母象也，吾有母在堂，夢徵不祥，是以悲耳"。有以此言告之者，光廟歎曰："居正之誠孝，足以動天。"遂以實言之。② 則居正隨三使偕行，然徐氏本集，未見此次出使時所作詩文，蓋知母喪後，居喪不文之故耳。

---

①案徐居正生於永樂十八年（世宗二年）十二月初四日，核西曆爲1421年1月7日。
②李廷馨《東閣雜記》卷2，沈魯崇編《（静嘉堂本）大東稗林》，018/128。

又世祖六年(天順四年 1460),朝鮮奏因通諜煽亂,殺死毛憐衛都督郎卜兒哈(浪孛兒罕)父子九人等,明廷責以"王之依法置罪,止可行於王國,今以王國之法,罪鄰境之人,得乎?若郎卜兒哈扇亂,既已監候,宜奏聞朝廷,暴白其罪。今王輒害伊父子九人,其族類聞之,得不忿然以復仇爲事乎?無怪其子阿比車之不靖也。"並責令朝鮮將阿比車之母已沙哥等送至遼東都司,朝廷令阿比車收領完住,庶可以諭解仇。① 朝鮮遂於六月遣謝恩使吏曹參判金脩、副使中樞院副使徐居正等赴明,辯稱竊照本國後門境上野人等,與本國人民互相婚嫁,以至糴糶賑貸,無異編氓。但犯罪過,邊將隨其輕重,例加科斷,浪孛兒罕世居會寧地面,娶到鏡城民家女已沙哥爲後妻。伊子亦昇哥,自前朝時,來住國都,娶妻從仕,尤非他境上野人之比。若是鄰境之人,朝鮮安敢拿問,雖欲拿問,亦安能拿致?已沙哥係是本國婦女,從其情願,並所生女禿羅古、所使婢阿兒哈知,令就鏡城本家完住。本非阿比車親母,阿比車亦於本年二月二十四日,入寇鏡城地面敗死,無從完聚。乞賜明降,許令仍舊,歸宗完住。此輩頑兇暴橫益甚,今蒙敕旨,誠諭詳切,不勝感激云云。②《明實錄》亦謂"天順四年八月甲寅,朝鮮國王李瑈遣陪臣金脩等俱奉表來朝,貢犀象及方物,賜宴並鈔彩幣表裏金織紵絲襲衣等物"③。

今徐居正集中,卷七所收即爲此次出使時所作也,共收詩百二十餘首,卷末附錄祁順《北征錄序》、李淑瑊《北征錄跋》、姜希孟《讀北征錄》等,稱"北征日課,四佳徐先生奉使觀光之紀行也"④。則可知此卷原名《北征錄》,今仍其舊,以存其名之真焉。一行於回還途中,於牛莊海子衛,遇奏聞使尹子雲、尹吉生,於青石嶺逢聖節使孝仁、千秋使梅佑等,亦有詩紀其事。又史稱"庚辰移吏曹參議,以謝恩使赴京,於通州館遇安南國使梁鵠,乃制科壯元也。居正以近體詩一律先之,梁和之,居正即酬連十篇,梁歎服曰:'真天下奇才也。'遼東人丘霽見居正草藁曰:'此子文章,

---

①《明英宗實錄》卷314,天順四年(1460)四月甲戌條,021/6581—6582。
②《世祖實錄》卷20,世祖六年(天順四年 1460)六月十九日甲子條。
③《明英宗實錄》卷318,天順四年(1460)八月甲寅條,021/6628。
④徐居正《四佳詩集》卷7附李淑瑊《北征錄跋》,《韓國文集叢刊》,010/325。

求之中原,亦不多得。'"①今居正與梁鵠、丘霽唱和之詩,亦皆見於本卷中,蓋爲鮮使與安南使臣酬唱之始也。

居正在當時朝鮮,爲斯文宗匠,申欽推許爲當代第一,在金宗直、成倪之上。②姜希孟稱居正"是編雖小,備全衆妙。其用律精嚴,則如高人義士,坐談禮義,不踰繩墨;悲懷慷慨,則如楚澤孤臣,抆淚嘔唫,怨悱不辭;長篇大作,則如淮陰老將,坐籌轅門,百萬精卒,隨其指畫。自漢都暨燕京數千里,跋涉之勞,雄藩上都人物之美,禮樂之盛,括盡無餘,如董狐良史,隨事謹書,美惡自見。景醇雖非具眼,閱《奉使錄》多矣,保合衆美,擅有三長,獨於是見矣"③。其褒美不遺餘力,奉爲華國高手。居正尤長於詩,集中若《燕市》《醉中謳》等,翻奇出新,不落古人窠臼,自成一家;《通州潞河驛》《憩夏店晚過三河縣》《夜行》諸詩,寫景狀物,自然恰切;《發燕市》《浮碧樓次韻》《箕子祠》等,撫古追昔,憂懷不已。又卷八《送上党韓公奉使朝京三十首》,以東、冬、江、支等平聲依次爲韻,各題七律一首,可謂新奇罕有,亦開送朝京使組詩之先河。《詩集補遺》卷二所收,則爲《皇華集》中諸詩耳。居正自謂"生不慕名齊李杜,死當穿塚近劉陶"④,則可知其詩趣與意象之所在。然洪萬宗以爲"徐四佳久典文衡,聲名最盛,而不爲評家所重,蓋以才止於華贍而已"⑤。

0026-1463
姜希孟《朝天詩》(《叢刊》第12册《私淑齋集》 活字本)

出使事由:進賀行

出使成員:正使仁順府尹安慶孫、副使中樞院副使姜希孟等

出使時間:世祖九年(天順七年 1463)八月二十二日—翌年正月二

---

①《成宗實錄》卷223,成宗十九年(弘治元年 1488)十二月二十四日癸丑條。
②洪萬宗編,劉暢、趙季校注《詩話叢林校注》夏卷申欽《晴窗軟談》,人民文學出版社2015年版,第370頁。
③徐居正《四佳詩集》卷7附姜希孟《讀北征錄》,《韓國文集叢刊》,010/325。
④徐居正《四佳詩集》卷7《次金頤叟詩韻》,《韓國文集叢刊》,010/318。
⑤洪萬宗著、安大會譯注《小華詩評》卷上,國學資料院1995年版,第52頁。

十四日

姜希孟(1424—1483),字景醇,號私淑齋,又號雲松居士、無爲子、菊塢等,晉州人。性聰慧,喜讀書,一覽輒記。世宗二十九年(正統十二年1447)擢文科第一名,拜宗簿主簿。歷禮曹正郎、僉知敦寧府事、中樞院副使、禮曹判書、刑曹判書等。封晉山君。成宗時,拜兵曹判書,歷判中樞府事、吏曹判書、議政府左贊成等。爲人恭謹慎密,行政蒞職,動合事宜,世祖稱爲"剛明"第一。博覽經史,多識典故。參定禮制,擅爲文章,精深雅古,操紙立就。卒謚文良。有《私淑齋集》十二卷行世。事見《私淑齋集》附蔡壽《行狀》,世宗、世祖、成宗《實錄》等。

案姜希孟《私淑齋集》十二卷,凡詩五卷、文七卷。成宗十四年(1483)命希孟子龜孫據家藏稿編次,以甲辰字刊行,初刊本已佚,十代孫柱善據家傳寫本於純祖五年(1805)以活字重刊,《韓國文集叢刊》據韓國精神文化研究院藏書閣藏本影印。

世祖九年(天順七年 1463)八月二十二日,"遣仁順府尹安慶孫、中樞院副使姜希孟如大明,進白雉、白鹿"①。蔡壽《姜公行狀》稱,"陞中樞院副使,以進賀使赴帝京,華士聞公善屬文,求詩者雲集"②,然亦不載年月。考《明英宗實錄》,天順七年"冬十月辛亥,朝鮮國王李瑈遣陪臣安慶孫來朝,貢馬及方物"③。翌年正月二十四日,一行"賫賞賜八表裏,回自大明"④。

希孟詩集,以體裁編次,集中惟卷三有《癸未秋朝京師行到順安縣贈河都事叔山》《燕京和黄琦愛日堂詩卷》二詩,卷五有《遠游辭》一詩,可確知爲燕行時所作,餘皆不載於本集中,不知爲所作甚少,抑或删汰遺佚所致。姜氏自稱"平日每按山經地志,至雄藩大都,名山巨海,必目注而心想心語口曰:安得一措足於其間,以贖平生哉? 幸今承綸命,朝上國,路出千萬里之遠,而其遼關、廣寧、山海之雄强、渤澥、巫閭、淩灤之高深,未嘗不

①《世祖實錄》卷31,世祖九年(天順七年 1463)八月二十二日戊申條。
②姜希孟《私淑齋集》附蔡壽《行狀》,《韓國文集叢刊》,012/156。
③《明英宗實錄》卷358,天順七年(1463)十月辛亥條,021/7137。
④《世祖實錄》卷32,世祖十年(天順八年 1464)正月二十四日丁丑條。

往來於懷,思欲速往於其地。時適有路梗,親朋之相別者,莫不惻然憫余"。其所謂路梗者,即女真漸强,鴨江至東八站間,時或不靖,去歲朝鮮曾遣趙得仁往明廷報警。希孟早有遠游之志,故不避路險境危,絕然一往,所謂"眼中咫尺兮覲皇州,思纘季子兮覲於周。男兒墜地兮志遠游,安能鬱屈兮守古丘。兩相離兮不可以久留,不作兒女之虞憂"①。希孟學有家法,爲文剛果明快,詩亦颯颯有風,蘊蓄涵融,此燕行詩雖寥寥三首,亦可見其一臠矣。

---

① 姜希孟《私淑齋集》卷5《遠游辭並序》,《韓國文集叢刊》,012/060。

卷四　0027—0034

成宗三年(明憲宗成化八年　1472)—成宗十九年(明孝宗弘治元年　1488)

0027-1472,1475,1481,1485,1488
成俔《觀光錄》(《叢刊》第14冊《虛白堂集》　刻本)

　　出使事由：慶賀行
　　出使成員：正使工曹判書成任、副使户曹參判朴楗、漢訓質正官藝文
　　　　　　館修撰成俔等
　　出使時間：成宗三年(成化八年　1472)正月十三日—是年夏
　　出使事由：謝恩行
　　出使成員：正使韓明澮、副使李克均、書狀官李瓊仝等
　　出使時間：成宗六年(成化十一年　1475)二月八日—是年夏
　　出使事由：千秋行
　　出使成員：千秋使同中樞府事洪貴達、副使成俔、書狀官申從濩等
　　出使時間：成宗十二年(成化十七年　1481)四月十一日—九月二日
　　出使事由：千秋行
　　出使成員：正使行僉知中樞府事成俔等
　　出使時間：成宗十六年(成化二十一年　1485)閏四月十一日—十月
　　　　　　三日
　　出使事由：謝恩行
　　出使成員：正使同中樞府事成俔等
　　出使時間：成宗十九年(弘治元年　1488)七月一日—十月

　　成俔(1439—1504)，字磬叔，號慵齋、浮休子、虛白堂，昌寧人，生於漢城。世祖八年(天順七年　1463)式年文科，成宗七年(成化十二年　1476)文科重試以兵科及第。歷任藝文館修撰、司憲府持平、司諫院大司

諫、成均館大司成、江原道觀察使、平安道觀察使、司憲府大司憲、禮曹判書、工曹判書、知中樞府事等。卒後數月，"甲子士禍"起，被剖棺斬屍。後平反，謚文戴。通曉樂理，曾爲掌樂院提調，與柳子光合編《樂學軌範》六卷。又有《慵齋叢話》十卷，爲朝鮮稗説體著述之典範。著述後人合纂爲《虚白堂詩集》十四卷《補集》五卷《風雅録》二卷《拾遺》一卷《文集》十四卷。事見《虚白堂集》附金安國《行狀》，《世祖實録》《成宗實録》《燕山君日記》等。

　　成俔《虚白堂集》，爲其子世昌編輯，中宗、宣祖年間刊行，後孫載崇據鈔本校訂，於憲宗七年（1841）重刊，前有族裔成近默序，末有成載崇、成近壽重刊序。《韓國文集叢刊》以成均館大學中央圖書館藏本影印。計《詩集》十四卷《補集》五卷《風雅録》二卷《拾遺》一卷《文集》十四卷，篇帙宏富，諸體皆具，尤以《風雅録》有歌體、行體、曲體、吟體、詞體、謡體、篇體、引體、怨體、歎體、樂府雜體等，爲朝鮮詩家所少有焉。

　　案成俔出使中國，前後凡五度。金安國撰成氏《行狀》稱，成化七年，爲藝文館修撰，"以漢訓質正官隨文安公赴京師，道途往還，佚相酬唱，遂彙爲《觀光録》若干卷，華士歎服，求見者坌集"①。案"文安公"者，成俔兄成任，卒謚文安。成宗三年（成化八年　1472）正月十三日，遣"工曹判書成任、户曹參判朴楗奉表如京師，賀册封皇太子"②。時司憲府持平金利貞啓："藝文館修撰成俔，今從其兄成任赴京，俔雖兼漢學訓導，乃經筵官也。赴京未便。傳曰：'……漢學訓導，亦是文臣之任，何拘於經筵官乎？'"③此可知成俔確隨兄出使，此爲成氏第一次出使焉。又金安國謂"十一年，隨上黨府院君韓明澮朝京師，與李瓊仝、崔淑精同行，二人皆有才名，公相與唱和，應答如響，滔滔不竭，二人皆服之"④。考《明實録》，成化十年"十一月丙寅，追贈朝鮮國王李娎故所生父世子暲爲朝鮮國王，謚懷簡，母韓氏爲王妃，給賜誥命冠服，從所請也"⑤。十一年四月癸未，朝

---

①成俔《虚白堂集》末附金安國《行狀》，《韓國文集叢刊》，014/542。
②《成宗實録》卷14，成宗三年（成化八年　1472）正月十三日庚戌條。
③《成宗實録》卷14，成宗三年（成化八年　1472）正月九日丙午條。
④成俔《虚白堂集》末附金安國《行狀》，《韓國文集叢刊》，014/543。
⑤《明憲宗實録》卷135，成化十年（1474）十一月丙寅條，025/2533—2534。

鮮陪臣韓明澮等,"奉表貢馬及方物來朝謝恩"①。一行於二月八日出發,六月四日返王京,成氏與崔淑精,蓋爲隨行人員,故其名不見於史,此爲第二次出使也。又成宗十二年(成化十七年 1481)四月,千秋使同中樞府事洪貴達、副使成俔、書狀官申從濩等入明,九月初二日返京,此爲第三次出使也。又成宗十六年閏四月十一日,"遣行僉知中樞府事成俔,如京師賀千秋節。百官拜箋如儀,就差通事李季眞,管押被擄逃來唐人劉保世等二十一名,解赴遼東"。一行於十月三日返京覆命。②《明實錄》謂成化二十一年六月己丑,"成俔等奉箋文貢馬及方物來朝,賀皇太子千秋節"③。此爲第四次出使也。又成宗十九年七月一日,"遣同知中樞府事成俔,奉表如京師謝恩。上率百官拜表,以發回漂流人崔溥等四十三名也。就差通事孫重根管押被虜逃來唐人金福老等四名,解赴遼東"④。成氏《詩集》卷一四《出宿碧蹄士衡有本錢邀福根彈琴》詩題注:"公以謝恩使赴燕京作。時弘文館校理崔溥往濟州,漂泊江浙海洋港口,皇帝發運本國,凡四十三人。"⑤此爲第五次出使也。

今觀成氏《虛白堂詩集》,其卷三、卷四、卷一一、卷一四所收,分別爲前後出使時所作,間亦有他時詩濫入者,唱和之詩不多。其卷三自《到遼東》至《題龍泉館》等近三十首詩,如在海州衛有詩句謂"雲橫古堞天將暮,水漲晴壕雪欲瀜",又"二月邊城寒食天,飛沙射面東風顛",⑥皆正、二月之徵候,可知皆爲第一次出使期間所作也;又卷三《鳳山環翠樓次陳内翰韻》詩題注"乙未年隨韓相國赴燕京作"⑦,則此後《龍湫》等五首,以及

---

① 《明憲宗實錄》卷140,成化十一年(1475)四月乙酉條,025/2611。《實錄》"明"作"名",誤。
② 《成宗實錄》卷178,成宗十六年(成化二十一年 1485)閏四月十一日辛卯條;卷184,十月三日庚辰條。
③ 《明憲宗實錄》卷267,成化二十一年(1485)六月己丑條,027/4516。
④ 《成宗實錄》卷218,成宗十九年(弘治元年 1488)七月一日壬戌條。
⑤ 成俔《虛白堂詩集》卷11《碧蹄館留別世享世通》詩題注,《韓國文集叢刊》,014/345。又《明實錄》稱成化二十三年十二月,"以即位,遣右春坊右庶子兼翰林院侍講董越、工科右給事中王敞充正副使,頒詔於朝鮮國"(《明孝宗實錄》卷8,028/158),弘治元年六月壬寅,"同知中樞府事成俔等謝頒詔恩"(《明孝宗實錄》卷15,028/367)。
⑥ 成俔《虛白堂詩集》卷3《宿海州在城驛》《寒食行》,《韓國文集叢刊》,014/258。
⑦ 成俔《虛白堂詩集》卷3《鳳山環翠樓次陳内翰韻》詩題注,《韓國文集叢刊》,014/263。

卷四《渡鴨江宿婆娑南坪》至《還渡鴨江》等四十餘首，皆爲二次燕行所作耳；又卷一一《碧蹄館留別世享世通》詩題注"乙巳年，公以千秋使赴燕京作"①，其後近三十首詩，當作於第四次出使途中耳；又卷一四《出宿碧蹄士衡有本錢邀福根彈琴》後二十餘首，當爲第五次出使時作。其第三次出使詩，蓋散見於諸篇中耳。

成俔諳熟音律，故其詩雅健雄駿，暢達流麗，金安國所謂"近代知音一人而已"，又稱其"雄瞻宏富，不事雕篆。詩又豪健，一時高文大册，皆出其手"。② 成氏朝天詩中，如"欲行未行西日晡，太平身世游唐虞。物無疵癘民無痛，痛飲爛醉真良圖"③，"微物亦知涵聖澤，一時欣抃解朝宗"等④，詠盛世繁華，見太平氣象。而如《鞦韂詞》《采桑行》等，清雅可喜，意趣盎然；又《驅車篇》《路逢入居人》等，又述民生艱難，深具同情，皆非泛泛抄撮成句者可比。成氏出使之成化八年、十一年皆爲進士放榜之年，其進士放榜詩謂"千佛名經屬太平，大張羅網獵群英。天門已下黄金榜，新士群游白玉京。冠蓋探春歸甲第，笙歌擁馬鬧修程。绿楊畫閣東風裏，爭卷珠簾問姓名"⑤。亦紀實真切，而饒有趣味焉。

0028-1475

崔淑精《朝天詩》(《叢刊》第13册《逍遥齋集》 活字本)

出使事由：謝恩行
出使成員：正使韓明澮、副使李克均、書狀官李瓊仝等
出使時間：成宗六年（成化十一年 1475）二月八日—是年夏

崔淑精（1432—1480），字國華，號逍遥齋，陽川人。世祖十二年（成化二年 1466），擢重試及拔英試，拜弘文館修撰，與洪貴達處館最久，前後凡七年。後官刑曹佐郎、司憲府持平、驪州牧使、弘文館直提學等。奉

---

①成俔《虚白堂詩集》卷11《碧蹄館留別世享世通》詩題注，《韓國文集叢刊》，014/322。
②成俔《虚白堂集》末附金安國《行狀》，《韓國文集叢刊》，014/545。
③成俔《虚白堂詩集》卷3《清江餞別》，《韓國文集叢刊》，014/264。
④成俔《虚白堂詩集》卷14《朝鵶》，《韓國文集叢刊》，014/346。
⑤成俔《虚白堂詩集》卷3《進士放榜》，韓國文集叢刊》，014/260。

命與修《東文選》，書成，特授副提學。因飲酒過量而卒。有《逍遥齋集》二卷《附錄》二卷行世。事見《逍遥齋集》附錄下李肇源《墓誌銘》、閔魯行《記實》，又見《世祖實錄》《成宗實錄》等。

案崔淑精出使明朝事由，詳見前成俔《觀光錄解題》（0027-1472）。

崔氏《逍遥齋集》二卷《附錄》二卷，詩與文各一卷，《附錄》則雜錄諸家酬應詩及《墓誌》等文。原集散佚無存，爲其後裔據《東國輿地勝覽》《東文選》等輯佚而成，於純祖十三年（1813）刊行，《韓國文集叢刊》據高麗大學中央圖書館藏本影印。

崔淑精出使，不見於《朝鮮王朝實錄》。閔魯行《記實》稱，"乙未，以校理陪謝恩使赴京，有紀行詩"①。又淑精詩題亦稱"乙未二月初八日陪謝恩使赴京"②，此可知此使行，乃成宗六年隨謝恩使韓明澮使團入燕，然其身份不明，或爲質正官歟？

崔氏朝天詩，載《逍遥齋集》卷一，共五十餘首，自出王京至返歸平壤，皆有詩紀其事也。淑精雖壯年即卒，然早年偕其弟淑卿，與盧思慎、姜希孟、徐居正、梁誠之等共纂《東文選》，見推於當時。居正稱"崔家兄弟聯雙璧，昔時機雲今轍軾"③，擬之陸機、陸雲與蘇軾、蘇轍兄弟，其褒揚可謂至矣。徐榮輔謂淑精當時，"與佔畢、乖崖諸公，高視並驅，爲詩文浩汗贍縟，氣焰相薄，不相上下，可謂盛矣"④。崔氏弟兄，後先一年入明朝，華國文章，傳播中國，所謂"男兒自古桑弧志，得遂觀光有幾人"者⑤。其《皇城雜詠》六首，詠北京"萬國一家堯典日，山河王氣自雄豪"，"街陌正長花似海，四民無事樂雍熙"，"燕趙名姝爛似雲，玉簪珠履動成群"，"都中人物富仍奢，列肆紛紛競鬭誇"。⑥ 可謂氣象萬千，盛世太平，民樂安居，爭奇賽富。而淑精詩作，精於七律，雖氣象豪邁，不及居正等；然格律工穩，

---

① 崔淑精《逍遥齋集》附錄下閔魯行《記實》，《韓國文集叢刊》，013/046。
② 崔淑精《逍遥齋集》卷1《乙未二月初八日陪謝恩使赴京宿碧蹄驛書懷》，《韓國文集叢刊》，013/024。
③ 崔淑精《逍遥齋集》附錄卷上徐居正《送崔監察淑卿赴京》，《韓國文集叢刊》，013/045。
④ 崔淑精《逍遥齋集》卷首徐榮輔《逍遥齋集序》，《韓國文集叢刊》，013/003。
⑤ 崔淑精《逍遥齋集》卷1《阻雨書懷》，《韓國文集叢刊》，013/025。
⑥ 崔淑精《逍遥齋集》卷1《皇城雜詠》，《韓國文集叢刊》，013/027。

温澹而有理致,摹愁緒悵思,溫婉柔順,置之諸子之中,亦不落下風也。

0029-1480
魚世謙《庚子朝天詩》(《國譯咸從世稿》上冊《咸從世稿》 排印本)

出使事由:奏捷行

出使成員:正使吏曹參判魚世謙等

出使時間:成宗十一年(成化十六年 1480)正月七日—四月十二日

案魚世謙有《己卯朝天詩》(0022—1459),已著錄。

案成宗十一年(成化十六年 1480)正月,朝鮮"遣吏曹參判魚世謙,如京師獻捷"①。初,明廷有事於建州,敕朝鮮出兵策應,朝鮮遣左贊成魚有沼率兵至滿浦、鎮江,以冰泮後期,繼遣左議政尹弼商、節度使金嶠等引兵渡江進剿,斬首十六級,生擒男婦十五人,並獲遼東婦女七人,且驅其牛馬,毀其廬舍,至是乃以捷來上。明朝下建州衛夷婦十人於浣衣局。且遣太監鄭同、姜玉齎銀幣往朝鮮賜之。初,朝鮮以魚有沼無功而還,群議以是難其使,成宗特以魚世謙爲使。有謙行至遼東,太監及總兵官都御史等謂曰:"此有太監總兵官都御史,亦朝廷也。被擄人及首級,何必並進京師,首級則付邊鎮,人口則付親戚,不亦可乎?吾等當具由奏達。"世謙曰:"獻馘王庭,古也。奏捷而無其實,將何以驗?"往復數四,竟不從。既抵北京,以禮周旋,中國之人,莫不偉之。四月,還自京師,獻所得進《文翰類選》、《五倫書》、《律條疏議》、《國子通志》、趙孟頫書簇四軸等。上曰:"前後赴京宰相,進書籍者多,而今卿所進,予甚嘉之。"賜馬裝豹皮等若干焉。②

魚世謙此次出使所作詩七十五首,見《咸從世稿》卷六。其出使較前此之行,已過二十年之久,其千秋行時之正使李克培於弘濟院有贈詩,世謙答詩有"二十年來更一游,憶曾陪節賀千秋"句③,正憶舊也。其《戲吟》

---

①《成宗實錄》卷113,成宗十一年(成化十六年 1480)正月七日戊子條。
②魚世謙《西川先生文集》附《左議政咸從府院君魚公行狀》,《咸從世稿》,上冊/216—217。
③《咸從世稿》卷6魚世謙《次韻李廣陵君(克培)於弘濟院送奏捷赴京之作》,上冊/579。

稱"一日不作詩,心懷自茅塞。一日不吟詩,口舌俄生棘"①。可知其於詩道之好也。所作若《連山驛遇雪二首》《至沙河驛記事》《清明節人多上塚戲鞦韆記所見二首》《至陽樊驛食菁根》《淩河》諸詩,敘景記俗,自然可愛。尤以《感舊四十韻》,爲二十餘年後,憶及千秋使行時所作,自鴻臚演儀,隨班參賀,文廟拜謁,游街觀光,至思家念親,返歸故里,乃朝鮮使臣長篇燕行敘事詩之濫觴。詩中如"杳杳""穆穆""鬱鬱""將將""翼翼""堂堂""赳赳""央央""濟濟""鏘鏘""汩汩""蒼蒼"等,雙聲疊韻,屢見詩中,頗具詩三百之餘蘊,而有漢樂府之風致焉。

0030-1480
李承召《庚子朝天詩》(《叢刊》第 11 册《三灘集》 刻本)

　　出使事由:奏請行
　　出使成員:正使上黨君韓明澮、副使議政府右參贊李承召、書狀官弘
　　　　　　文館典翰權健、質正官通善金沂等
　　出使時間:成宗十一年(成化十六年　1480)十二月十五日—翌年四
　　　　　　月十九日

　　案李承召有《朝天詩》(0024-1459),已著録。
　　成宗十一年(成化十六年　1480)歲末,朝鮮遣奏聞使韓明澮、副使吏曹判書李承召等,往明朝奏請中宫誥命。初,副使非承召,"拜辭日,副使以事被劾,上特命公代之,重其事也"②。考《成宗實録》載,十一年十二月七日,"御宣政殿,宴奏聞使韓明澮、副使李季仝"③,而覆命時副使則爲李承召,則知乃臨時所遞也。翌年二月,明澮等到北京,奏"繼妃尹氏失德,廢置外第,奉承宗祀不可久缺,乞繼封副室尹氏"。詔從之。④ 又以"本國三方受敵,近又數被野人侵擾,兵備不可疏缺。每歲許買弓角五十

---
①《咸從世稿》卷 6 魚世謙《戲吟》,上册/552—553。
②李承召《三灘集》卷首金鈕《墓志》,《韓國文集叢刊》,011/376。
③《成宗實録》卷 124,成宗十一年(成化十六年　1480)十二月七日壬子條。
④《明憲宗實録》卷 212,成化十七年(1481)二月癸亥條,026/3692。

副,不足於用。乞依先年事例,收買不拘額數"。明廷許以每歲增買百五十副①。此爲望外之喜,故明澮等覆命時,成宗欣慰稱"予以爲中宮誥命,必得請矣。不意弓角貿易,亦得請也"②。故賞賜一行甚夥焉。

時朝鮮人鄭同爲明太監,甚爲得勢,明澮私交鄭同,賂以重禮,比及回還,司憲府大司憲曹幹等上札劾其私獻非禮,私交非義,阿意順旨,知有鄭同,而不知有國王,上以啓中國誅求之漸,下以貽朝廷難繼之患云云。請論治其罪,不聽。③ 李氏《行狀》載,鄭同"求索我國土産,每行如是。同既徵韓獻,又徵於公曰:'副使獨無獻乎?'公曰:'韓族是皇親,雖獻亦可,人臣奉命,豈宜私獻!'同雖盛怒,不得加以無禮"④。蓋代爲遮掩耳。今考承召集中,有《太監鄭同第宴》長詩一首,可知承召當時,亦屈於其勢力,私交往來也。詩鋪叙鄭同之府第飲饌,奢侈華靡,比擬皇家,所謂"眼前方丈青玉案,一食萬餞還堪嗤"者⑤。又卷一一《上黨府院君燕京使還詩序》,專記其事,則鄭同、姜玉等當時挾帝之威,於朝鮮之事,玩於掌股,且氣焰之盛,亦從可知也。

李承召此次出使所作詩,見《三灘集》卷八,共百一十餘首。如《苦寒》《征夫》諸詩,叙燕行下人、遼東征夫之疾苦,深寄同情,感同身受;又《夜到牛莊》《黎陽》諸詩,寫沿途趲程、夜行晝奔之苦;而《觀習陣》《即事》諸詩,見遼東野人,時有侵虐,朝廷備戰,一觸即發。記實叙景,詠古抒懷,亦可謂清深雅健,膾炙人口矣。

又據承召《次北京八景詩序》稱,其在北京,求買《大明一統志》,得一件於書肆,披閱之餘,見諸學士北京八景詩,温柔雅麗,有古作者之遺音。"予塊處一館,動有拘礙,未得跬步出門外,其於八景,未能足履而目擊,然因詩以求其風景,則亦仿佛其萬一。遂次韻以攄其志。"⑥明朝使臣到京,門禁森嚴,使臣不得隨意出入,即此亦可知也。

---

①《明憲宗實録》卷212,成化十七年(1481)二月丙寅條,026/3693。
②《成宗實録》卷128,成宗十二年(成化十七年 1481)四月十九日癸亥條。
③《成宗實録》卷128,成宗十二年(成化十七年 1481)四月三十日甲戌條。
④李承召《三灘集》卷首《行狀》,《韓國文集叢刊》,011/374。
⑤李承召《三灘集》卷8《太監鄭同第宴》,《韓國文集叢刊》,011/455。
⑥李承召《三灘集》卷8《次北京八景詩》,《韓國文集叢刊》,011/453。

案"八景"之説，由來已舊。南朝梁陶弘景《真誥·運象》："控飆扇太虛，八景飛高清。"唐劉禹錫《三鄉驛樓伏睹玄宗望女几山詩小臣斐然有感》："仙心從此在瑶池，三清八景相追隨。"然皆不言"八景"者何。沈括《夢溪筆談·書畫》條謂："度支員外郎宋迪工畫，尤善爲平遠山水。其得意者有平沙雁落、遠浦帆歸、山市晴嵐、江天暮雪、洞庭秋月、瀟湘夜雨、煙寺晚鐘、漁村落照，謂之'八景'。"後世流衍，皆仿爲之。凡省城、府會、縣府、鄉鎮，十室之邑，三里之城，五畝之園，以及琳宫梵宇，靡不有八景詩，斯爲濫矣。

此所謂"北京八景"者，亦稱"燕京八景""燕台八景"，始於金章宗《明昌遺事》"燕山八景"。金時以太液秋風、瓊島春陰、金臺夕照、薊門飛雨、西山積雪、玉泉垂虹、盧溝曉月、居庸疊翠爲八景。《大元一統志》以"太液秋風"爲"太液秋波"，"西山積雪"爲"西山霽雪"。明《宛署雜記》稱"燕台八景"，以"太液秋風"爲"太液晴波"，"瓊島春陰"爲"瓊島春雲"，"西山積雪"爲"西山霽雪"。清康熙《宛平縣志》稱"燕京八景"，惟"玉泉垂虹"稱"玉泉流虹"，後乾隆帝又改"玉泉垂虹"爲"玉泉趵突"。李承召所詠者，即太液晴波、瓊島春雲、西山霽雪、玉泉垂虹、金臺夕照、居庸疊翠、盧溝曉月、薊門煙樹八景，此或爲朝鮮使臣詠"燕京八景"之濫觴歟？

0031-1480
金沂《觀光録》(《叢刊》第 15 册《顔樂堂集》 刻本)

案金沂出使事由，詳參前李承召《庚子朝天詩解題》(0030-1480)。

金沂(1448—1492)，字君節，號顔樂堂，延安人。生而穎異，風采端雅，與兄諶同學於金宗直，人目爲雙璧。成宗二年(成化七年 1471)魁甲科。授成均館典籍，遷兵曹佐郎、藝文館副校理。十年，以書狀官通信日本，未達而還。十一年，差質正官朝京。後陞弘文館直提學、工曹參議，移虎賁衛上護軍等。感風疾乞解職，不許。終病卒。有《顔樂堂集》四卷行世。事見《顔樂堂集》卷三《年譜》、卷四申從濩《墓誌銘》、蔡壽《神道碑銘》等。

案金沂《顔樂堂集》四卷，其子安老稱"先公遺稿，脱亡殆半，所完只

《觀光》《扶桑》兩錄,其餘碎牘,或留舊笥中,掇拾蠹鼠之餘,可認不多,其或播在人口,或散落人間者,裒集而編之,總若干首"①。故收拾殘存詩文而編次成集,然所幸《觀光錄》全存耳。是集刊行於中宗十一年(1516),《韓國文集叢刊》據西江大學中央圖書館藏本影印。凡詩文各一卷,《附錄》二卷,前有南袞、姜渾二序,末有金安老《顏樂堂集志》與金安國跋文。

金訢出使明朝,不載於《實錄》,然考其集中《渡臨津宿東坡驛》詩題下注"庚子十二月初十日也。以下卅八首,出《觀光錄》"②。此可知其出使年乃成宗十一年(成化十六年 1480),又知其燕行詩卷名《觀光錄》耳,今仍以其名名之,從其舊焉。又金氏詩中注日期,抵遼東在辛丑正月十八日,發北京在三月初十日,皆與李承召詩中所注日期相合,又金氏詩有《鞍山前路次副使陽城君韻》《宿盤山驛次陽城君韻》等,陽城君即李承召也。故知金訢此次出使,乃奏聞使韓明澮、副使李承召、書狀官權健使團之質正官耳。唯《實錄》載明澮等發王京在庚子十二月十五日,而初十日金訢等已至渡臨津,則因臨時更換副使,故正、副使發行日期延滯矣。

金訢學出於佔畢齋,淵源有自。其詩主張"詩成但取吟中趣,俚語蕪詞不要刪"③。故其創作,不促不迫,一從其心,如"青嶂并從平野斷,粉城橫抱半天來"④,"不見山陰有修竹,徒聞水邊多麗人"諸句⑤,精純慎密,華而不豔,實而不滯,自然純粹。惜壯年早卒,功名文章,皆未至老成耳。

0032-1-1481;0032-2-1481

洪貴達【原題成俔】《辛丑朝天錄》(《全集》第1冊;《叢刊》第14冊《虛白亭集》《虛白先生續集》 刻本)

洪貴達《燕行錄》(《續集》第101冊 刻本)

出使事由:千秋行

---

①金訢《顏樂堂集》卷2金安老《顏樂堂集識》,《韓國文集叢刊》,015/260。
②金訢《顏樂堂集》卷1《渡臨津宿東坡驛》詩題注,《韓國文集叢刊》,015/234。
③金訢《顏樂堂集》卷1《宿盤山驛次陽城韻》,《韓國文集叢刊》,015/235。
④金訢《顏樂堂集》卷1《抵遼東》,《韓國文集叢刊》,015/234。
⑤金訢《顏樂堂集》卷1《三月三日》,《韓國文集叢刊》,015/236。

出使成員：千秋使同中樞府事洪貴達、副使成俔、書狀官申從濩等
出使時間：成宗十二年（成化十七年 1481）四月十一日—九月二日

洪貴達（1438—1504），字兼善，咸昌人。其先中國人，唐初來居南陽，遂爲東韓大姓。後有第在漢京南山下，就傍築亭，扁以虛白，而自號涵虛子。幼有異質，聰明穎秀。世祖朝，爲侍講院說書、司憲府掌令等。成宗時，官藝文館直提學、忠清道觀察使、漢城府右尹、户曹判書等。燕山君朝，爲知中樞府事、工曹判書、議政府右參贊、京畿觀察使、大提學兼職義禁府事等。"戊午史禍"起，因直言極諫，出爲京畿道觀察使，再流慶源，後逮赴京獄遇害，諸子俱配海島。後平反，諡文匡。著有《虛白亭文集》三卷、《虛白先生續集》六卷傳世。事見《虛白先生續集》卷五《虛白先生年譜》、卷六鄭宗魯《行狀》等。

洪貴達《虛白亭集》三卷、《續集》六卷，據前鄭經世萬曆三十九年序，謂貴達"平生所爲詩文甚多，而禍作之日，散失不存，子孫之收拾襲藏者僅若干卷"①。"先生之禍也，四子俱坐謫，繼候且不以禮，況於文乎"②。乃於光海君三年（1611）由貴達外玄孫求禮縣監崔挺豪據家藏草稿本，刻於全羅道觀察使鄭經世任所。後又於憲宗九年（1843），由貴達後裔宗九等蒐集遺佚，編爲《續集》，由柳致明校訂刊行。《韓國文集叢刊》據高麗大學中央圖書館晚松文庫藏本影印，缺頁則據國立中央圖書館藏本補之，《燕行錄全集》所收與其爲同一版本。

成宗十二年（成化十七年 1481）四月十一日，"遣同知中樞府事洪貴達如京師，賀千秋節"③。《明憲宗實錄》亦載，成化十七年六月乙卯，"朝鮮國王李娎遣陪臣洪貴達等奉箋文貢馬及方物來朝，賀皇太子千秋節"④。一行於六月一日，入玉河館。七月十五日，發北京。九月初二日，返京覆命。時貴達因奔母喪，已先歸矣。初，洪氏以多病及老母在南方爲辭，成宗以有兄子照顧，不允。洪氏於沿途客舍，夢見雙親，有"老親安穩

---

① 洪貴達《虛白亭集》卷首鄭經世序，《韓國文集叢刊》，014/003。
② 洪貴達《虛白先生續集》柳致明《後序》，《韓國文集叢刊》，014/231。
③ 《成宗實錄》卷128，成宗十二年（成化十七年 1481）四月十一日乙卯條。
④ 《明憲宗實錄》卷216，成化十七年（1481）六月乙卯條，026/3753。

未,遊子已天涯。夢裏陪趨走,燈前起歎嗟"諸句①。然未及返國,其母果逝,故亟歸奔喪焉。

又,洪貴達在北京,呈文於禮部尚書周洪謨,謂朝鮮每於朝聘往還,道途館穀之勤,愈久不替,曷勝荷戴。然第聞朝鮮前此來朝者,有曰"沿路館驛,待往還使者,除一朝夕供給外,或病患,或阻雨水留滯者,雖旬月之久,斷不饋餉,使者不勝飢羸,盡賣衣服,以救其急,終至赤身而立"。此等處置,豈不有違於皇朝柔遠厚往之本意,乞將卑懇聞奏施行。② 明廷聞奏,遂爲方便朝鮮使臣往來止宿,設鎮東、鎮夷、鳳凰等站。然貴達與申從濩返國之後,因私呈文禮部,廷議罪之,以爲"奉使之人,若有不得已之事,則不得不因時處之,如路間留連一二日,朝夕之費,自有所齎乾糧,足以支用,不可擅呈咨文於禮部"。並鞫申從濩。然自是之後,使路資餽,較前爲豐,"自後進朝者永賴焉"③。

此卷輯自洪貴達《虛白先生續集》卷四,而誤爲成俔之詩者也。林基中教授所著《燕行錄提要》第一册所收此卷詩,已知其誤,故又歸諸貴達矣。案洪氏本集,版心作《虛白亭集》,而《續集》版心皆作《虛白先生續集》,故編輯者誤以爲成俔所著也,實則成氏集名《虛白堂補集》,而不作《續集》也。成氏《文戴公虛白堂成先生文集》卷四有《虛白亭記》,正記其友貴達所構之亭,稱其名取之南華氏之言也。洪、成二人關係密好,同朝爲官,又同出使明朝,一構虛白亭,一有虛白堂,故易溷混耳。

今洪氏《虛白亭集》卷一《宿金巖贈申書狀從濩》至《題盤山驛》近七十首詩,亦皆此次朝天時所作也。若《到帝都書事五絶》,《續集》題"十絶",且注稱"五首入元集"④,兩卷各錄五首,殆即鄭氏序所謂"散失不存"而後又拉雜收拾之故耶?然則卷一之詩,亦當收入《燕行錄全集》爲是也。又《虛白先生續集》卷四所收,共百五十餘首,多與書狀官申從濩

---

①洪貴達【原題成俔】《辛丑朝天錄·龍川客舍夜静無譁獨坐看書忽神疲假寐夢見兩親陪從趨走宛如平昔覺來驚起孤燈耿耿四無人聲唯聞雞犬遠在閻閭間耳作詩説無憀之況云》,《燕行錄全集》,001/225。
②《成宗實錄》卷133,成宗十二年(成化十七年 1481)九月二日癸酉條。
③洪貴達《虛白亭續集》卷6鄭宗魯《行狀》,《韓國文集叢刊》,014/224。
④洪貴達《虛白先生續集》卷4《到帝都書事五絶》,《韓國文集叢刊》,014/188。

酬唱,所謂"同時自幸際雲龍,共識君才一代雄"者也①。貴達詩用典切當,對仗工整,如《和姜貳相興義驛巖石詩》"人於鏡面過,鳥度屏間去"②。《過安州城次書狀韻》"七佛幾回更寺主,百祥依舊俯江聲"③。《過三河縣》"貧富村家阮南北,醜妍溪女越東西"等④,語句新奇,用典恰切。又如《洲中早起》"客帳燈明天未明,我興倚杖傍溪聲。問魚魚亦知魚未,我自生來忘我生"諸詩⑤,頗有老莊之風。又所作"十不可記"如客愁不可說,旅館不可留,秋宵不可度,故鄉不可思,長河不可渡,古道不可涉,王程不可稽,郵亭不可望,鄉書不可見,車徒不可待等。⑥ 記沿途之顛連與思鄉諸情節,出自中心,非故作路途之苦也。柳致明《虛白先生續集後序》稱"其氣渾然,其味澹然"者⑦,即此之謂也。

0033-1481
申從濩《辛丑觀光行錄》(《續集》第 101 册;《高靈世稿》 刻本)

　　申從濩(1456—1497),字次韶,號三魁堂,高靈人。叔舟孫。少好讀書,遍閱群籍,與曹偉爲密友。成宗五年(成化十年　1474),連魁進士初覆試。十一年,魁文科試。爲弘文館修撰、直提學、副提學。再遷承政院同副承旨、都承旨、禮曹參判,轉司憲府大司憲,遷兵曹參判、京畿道觀察使,重拜禮曹參判。以賀正使赴京,回至開城府,病卒。從濩氣度宏遠,執守剛毅,胸次坦然,疾惡如讎。有《三魁先生觀光錄》二卷存世。事見《國朝人物考》卷一八曹偉《墓誌銘》、《燕山君日記》等。

　　案申從濩出使事由,詳參前洪貴達《辛丑朝天錄解題》(0032-1481)。

　　申從濩朝天詩,見《高靈世稿》卷五至卷六,題《三魁先生觀光行錄》

---

①洪貴達《虛白亭集》卷1《遼東館次書狀韻》,《韓國文集叢刊》,014/012。
②洪貴達【原題成俔】《辛丑朝天錄·和姜貳相興義驛巖石詩》,《燕行錄全集》,001/221。
③洪貴達【原題成俔】《辛丑朝天錄·過安州城次書狀韻》,《燕行錄全集》,001/223。
④洪貴達【原題成俔】《辛丑朝天錄·過三河縣》,《燕行錄全集》,001/245。
⑤洪貴達【原題成俔】《辛丑朝天錄·洲中早起》,《燕行錄全集》,001/230。
⑥洪貴達【原題成俔】《辛丑朝天錄·十不可記》,《燕行錄全集》,001/255—258。
⑦洪貴達《虛白先生續集》柳致明《後序》,《韓國文集叢刊》,014/231。

上、下兩卷。前卷間有或一字,或二、三字塗爲墨丁者,亦不補字,蓋有所諱之故也。《燕行錄續集》第 101 冊,不知何故,收卷六在前,而卷五在後,實無論卷帙日時,卷五皆當在前也。曹偉《三魁先生觀光錄序》稱:"觀光者何?觀上國之光也。不曰'紀行'而曰'觀光'者,重上國也。近世入朝者,沿途所得通謂之《觀光錄》,此春秋尊王之義也。"①

今《高靈世稿詩》卷五首頁第二行空一格題"三魁先生",第三行"觀光行錄上"小題下注"辛丑年書狀官時作",所收詩二百四十餘首,即此次出使時作,多與洪貴達相唱和之作焉。曹偉稱申從濩"爲文章雄渾汪洋,自成一家,詩尤奇麗清壯,不類東方氣習"②。今讀申詩,以七言律見長,絕句次之,五言與長篇極少,所作多率筆而成,然皆"步驟高遠,如蟬蛻污濁,無一點塵累氣"③。

申從濩一行,在潞河驛與安南使臣尹宏瀉、阮文質、武佐等相遇,申氏詩有"傾蓋論交情衮衮,停杯告別話匆匆","君到交南如見憶,題詩須向海東雲"諸詠,④可知互有唱和,而相交甚歡也。

0034-1488
蔡壽《觀光錄》(《叢刊》第 15 冊《瀨齋集》 刻本)

  出使事由:聖節行
  出使成員:正使工曹參判蔡壽、書狀官鄭而得、質正官金學起等
  出使時間:成宗十九年(弘治元年 1488)四月十日—八月二十四日

  蔡壽(1449—1515),字耆之,號瀨齋,仁川人。爲人聰穎,博覽強記,少以文藝顯名,爲金宗直所賞。成宗即位年(成化五年 1469),擢甲科第一。爲藝文館修撰、司憲府持平、承政院同副承旨等。極諫廢妃之失,

---

① 申從濩《三魁先生觀光錄》卷下曹偉《三魁先生觀光錄序》,《燕行錄續集》,101/112—116。
② 曹偉《梅溪先生文集》卷 4《申公墓誌銘》,《韓國文集叢刊》,016/345。
③ 申從濩《三魁先生觀光錄》卷下曹偉《三魁先生觀光錄序》,《燕行錄續集》,101/115。
④ 申從濩《三魁先生觀光錄》卷上《次韻安南使尹宏瀉》《次尹宏瀉》,《燕行錄續集》,101/345、348。

有諍臣風。外任忠清道觀察使,歷漢城府左尹、户曹參判等。燕山君朝,與世沉浮十餘年,出爲平安道觀察使。因當年諫廢妃之失,杖配丹城。中宗反正,封仁川君。不任以事,以年老乞退鄉曲,構快哉亭,以詩酒音律自娛。卒謚襄靖。有《瀨齋集》二卷傳世。事見《瀨齋集》卷首李荇《誌文》、《年譜》等,又參《成宗實錄》《燕山君日記》與《中宗實錄》等。

案蔡壽《瀨齋集》二卷,爲曾孫有麟於宣祖元年(1568)刊行,後孫之沆於顯宗十五年(1674)年輯補重刊,《韓國文集叢刊》據奎章閣藏本影印。卷前附諸家狀誌文及《年譜》,凡詩文各一卷,詩以體裁編卷,末有宋時烈跋。

成宗十九年(弘治元年　1488)四月初十日,以蔡壽爲聖節使出使明朝,一行於八月二十四日返國。據崔溥《漂海錄》,其於是年五月十六日,返程"至廣寧驛,聖節使參判蔡壽,質正官金學起,書狀官鄭而得……馳至驛中"①。則知此行質正、書狀之姓名,然金、鄭二氏當時所居之官,《實錄》不載,不得而知也。

此行通事李郁、庾思達私買弓角五十對,事發,奏於帝。後朝廷召壽及書狀官,傳聖旨曰:"朝鮮禮義之邦,事同一家。彼此細人,潛相買賣,非宰相所知。且朝鮮人一年一度許貿弓角有例,並赦勿治。可召朝鮮宰相言之。"②及壽等歸國,成宗問以新天子如何? 壽啓曰:"皇帝法令嚴明,中朝人皆稱聖明。以先朝老宦,皆移置於先皇陵側,朝廷庶務,皆委於賢士大夫。"又問皇帝容儀何如? 答以容儀甚端。且言遼東將於鳳山之東築城,以一千人戍之。且今年内以金州、蓋州、東寧等衛四千户移居之。鳳凰山距義州纔一日程而居要害,自今永無女真之患,則中國人皆樂移居,朝鮮人亦必有潛投之者,甚非細故,建議朝鮮多般布置,早爲提防可也。又稱"我國人不解漢語吏文,故每行,見質正官以質可疑,而質正官等,閉於玉河館,所與接談者,皆市井之人,無所質問,徒爲往來煩擾而已。世宗朝遼東有一大儒,每行遣申叔舟、成三問等質問,甚有裨益。今遼東有邵奎者,進士出身,曾爲真定知縣,棄官閑居,才德甚高,遼東大人等,皆尊敬

---

①崔溥《錦南先生漂海錄》卷3,《燕行錄全集》,001/563。
②《成宗實錄》卷219,成宗十九年(弘治元年　1488)八月十六日丁未條。

之。臣入歸時,往觀白塔寺,見壁上有邵奎詩,次之。及還來時,臣作律詩六首以贈之,明日邵奎次其詩,且持酒果來慰,與之談話,無所不通。臣意質正官不送中朝,依申叔舟例,使學於邵奎可矣"①。

李荇撰蔡氏《誌文》稱,壽平生酷愛山水,於"山經地志,無不該博,雖天下異國,亦了然如親見之。嘗以聖節使朝京,途遇御史孟貴,悉認孟所蒞地,答問無差,孟驚服。於北京,見雲南人崔瓛,問瓛所居,仍歷説道里遠近,山川形勝,瓛大驚曰:'某山下,即吾居也。未知宰相何時歷游?'"②可知其博通地志焉。蔡氏此次出使所爲詩,今存者僅十餘首,即爲在遼東與進士邵奎,在漁陽與浙江都御史孟貴,在北京與雲南舉子崔瓛等唱和之詩,所謂"自是人心無彼此,莫言中國與遐荒"③,極言在異鄉得友朋之樂也。又有《次東坡用歸去來辭集字詩韻》十首,蓋在遼陽館待下人行李不至,無聊困頓,故以集字詩爲樂耳。壽他詩多詠山川草木,墨淡不染,貼近自然,類其爲人,頗有東籬北窗之風焉。

---

①《成宗實録》卷219,成宗十九年(弘治元年　1488)八月二十四日乙卯條。
②蔡壽《瀨齋集》卷首李荇《誌文》,《韓國文集叢刊》,015/363。
③蔡壽《瀨齋集》卷2《贈孟御史》,《韓國文集叢刊》,015/403。

卷五　0035—0041

燕山君二年(弘治九年　1496)—燕山君八年(弘治十五年　1502)

0035-1496
申從濩《丙辰觀光行錄》(《續集》第101冊;《高靈世稿》　刻本)

出使事由：賀正行
出使成員：正使禮曹參判申從濩、副使同知中樞府事金諶等
出使時間：燕山君二年(弘治九年　1496)十月二日—翌年三月十
　　　　　二日

　　案申從濩有《辛丑觀光錄》(0033-1481)，已著錄。

　　燕山君二年(弘治九年　1496)十月初二日，"遣禮曹參判申從濩、同知中樞府事金諶，奉表如京師賀正"①。翌年三月初二日，金諶還自京師，而申從濩病逝於開城，瘁於王事矣。②

　　今《高靈世稿詩》卷六首頁第三行小題"觀光錄下"注謂"丙辰年正朝使時作"，所收八十餘首詩，即此次出使時作。申從濩成宗十二年(成化十七年　1481)曾以千秋行書狀官入明，故詩中有"吟鞭唱徹遠遊歌，十六年來一再過"諸句③，以紀實而感懷也。前次出使所作二百四十餘首，此次詩之所以少於前者，其出山海關即病作，"不復作詩，而到遼東別吳泰，強作數篇而止，則此錄乃次韶之絕筆也"④。申氏體弱多疾，故使行詩感慨"殘軀數載卧匡牀，敦迫今爲玉節郎"⑤。蓋朝廷敦促上道，故如是

---

①《燕山君日記》卷18，燕山君二年(弘治九年　1496)十月十二日乙酉條。
②《燕山君日記》卷22，燕山君三年(弘治十年　1497)三月十二日甲寅條。
③申從濩《三魁先生觀光錄》卷下《發廣寧晚睡》，《燕行錄續集》，101/129。
④申從濩《三魁先生觀光錄》卷下曹偉《三魁先生觀光錄序》，《燕行錄續集》，101/116。
⑤申從濩《三魁先生觀光錄》卷下《宿永濟衛》，《燕行錄續集》，101/148。

説。其往北京途中,自謂"余素多病,今幸無恙,又可喜"①。故在途渴念"還家須及重三節,擬向萱堂薦壽觴"②。惜行至開城即逝,讀之令人泪下。然較之逝於鴨江而西者,忠魂尚在本國,南下漢陽,猶在望間,亦可謂不幸中之幸矣。

0036-1498
曹偉《燕行録》(《全集》第 2 册;《叢刊》第 16 册《梅溪先生文集》 刻本)

出使事由:聖節行
出使成員:正使同知中樞府事曹偉、書狀官鄭承祖等
出使時間:燕山君四年(弘治十一年 1498)四月十一日—九月六日

曹偉(1454—1503),字太虛,號梅溪,昌寧人。從姊夫金宗直學,長於詩。成宗五年(成化十年 1474)丙科及第。官至司憲府持平、咸陽郡守、承政院都承旨、户曹參判、忠清道觀察使等。燕山君朝,遷全羅道觀察使、同知中樞府事。後因金宗直文集假託譏諷,觸犯國忌,而曹偉適刻其集,因是觸禍,杖配於義州。其在謫所,亦不廢翰墨,文思之進,倍於平昔。爲人風儀秀整,襟懷恢廓,世稱儒雅。有《梅溪集》五卷行世。事見《梅溪集》卷首曹伸《年譜》、卷末附洪貴達《墓誌》、曹伸《墓表》、《燕山君日記》等。

案曹偉於燕山君四年(弘治十一年 1498),以聖節使赴燕京。六月己丑,奉表文貢方物賀萬壽聖節③。七月三日,於奉天殿賀萬壽節④。事畢回國途中,朝鮮王廷即有史禍之作,因金宗直文集中有《弔義帝文》《述酒詩》等作,柳子光等誣宗直假託譏諷,事觸世廟,禍變驟起,即後世所謂"戊午史獄"也。宗直爲曹偉異母姊夫,偉又從宗直學,且刻其集,並攜往北京。故其與書狀官鄭承祖初返國境,即"自義州拿來,命鞠於賓廳"⑤。

---

①申從濩《三魁先生觀光録》卷下《夢仲兄》詩注,《燕行録續集》,101/140。
②申從濩《三魁先生觀光録》卷下《出文政門有作》,《燕行録續集》,101/163。
③《明孝宗實録》卷138,弘治十一年(1498)六月己丑條,030/2402。
④《明史》卷15《孝宗本紀》:孝宗"母淑妃紀氏,成化六年七月生帝於西宫",002/183。
⑤《燕山君日記》卷31,燕山君四年(弘治十一年 1498)九月六日辛丑條。

後遂杖配偉於義州，承祖於郭山。使燕歸來之日，適爲其爲終官罹禍之期。且其卒後，又遭剖棺斬屍之刑，可謂酷烈至極矣。朝鮮朝自"戊午士禍"後，"時事大變，主德日昏，奸焰日熾，首尾六七年間，戮體錮骨之慘，愈往愈酷。凡諸賢言論著述，殆將堙圮不傳"①。因此之故，曹偉詩文，傳世無多也。

許篈《海東野言》卷三引《思齋摭言》稱，"時梅溪以賀正使朝天未還，燕山命越江即時處斬。梅溪一行到遼東，始聞之。一行蒼黃罔措，梅溪之庶弟伸，嘗聞遼地有善卜者鄒源潔，就問吉凶，其人推數無他言，只書一句詩曰：'千層浪裏飜身出，也須巖下宿三宵。'伸回報梅溪曰：'初句似是免禍，下句難解。'相與憫默飮泣。行到義州鴨綠江，望見江邊有官人待候之狀，一行失色，以爲金吾郎來候行刑者，相對嗚咽。梅溪曰：'命在頃刻！'仰天吞聲。過江問知李相克均營救，只拿來推之耳，一行喜幸，乃悟卜者之詩，'千層浪裏飜身出'政謂此也，第未解下句。被拿來京，竟得不死，杖流順天病死，返葬於金山故鄕。甲子禍起，燕山追錄前罪，命剖棺斬屍，曳置墓前巖下，暴屍三日，不許收葬，曹伸始記遼東卜者詩兩句，皆合首尾，怪歎不已，此亦理有難窮。"此卦雖事涉怪誕，然燕山君之酷苛暴獰，慘絕人寰，於此亦可見矣。

曹偉《梅溪集》五卷，凡詩三卷、文二卷、附錄一卷。詩以體裁編輯，爲其庶弟曹伸編次，初刊本已佚，肅宗四十四年（1718）郡守金楺以曹偉後孫曹述家藏傳寫本重刊，《韓國文集叢刊》以西江大學中央圖書館藏本爲底本影印，與《燕行錄全集》本爲同一版本。有校勘，它本異字，以小字雙行注於詩中，詩題小注亦爲後人所添焉。

曹偉《燕行錄》一卷，採自《梅溪先生文集》卷三，共錄詩七十餘首，前三十九首爲使燕時沿途所作，此後諸詩，則爲平日與李穆（仲敬）諸人唱和之作，乃《燕行錄全集》編輯者羨入之詩也。其燕行沿路詩，若《遼陽》《凌河》《山海關》《奉天殿早朝》《奉天殿賀萬壽節》《謁文丞相廟》等，皆賦景而兼紀事者；而《次董主事送別韻》《留別董主事》《次劉主事送行韻》

---

①曹偉《梅溪集》鄭澔《序》，《韓國文集叢刊》，016/271。

諸詩,則與當時明朝士大夫唱答之詩也。據其詩注,所謂董主事者即禮部主事董忱,劉主事者即劉吉之子,可補中國史書之闕。《奉天殿早朝》有"太平典禮同周盛,拜舞彤庭聽《九韶》","萬里觀周參盛際,恭歌《天保》樂熙康"①,"如今宇内陶皇化,到處欣聞《擊壤歌》"諸句②,則盛讚明朝,出自衷心至誠也。而《灞口漁舟》曰:"煙消鼇背浪粼粼,一葉輕舟採白蘋。蒻笠雨中閑挨柁。蘭橈月下獨垂綸。鳴櫛舉網魚偏美,信棹忘機鳥自馴。欸乃聲中春自老,擬尋磯畔釣鼇人。"③此則如劉吉評曹氏詩,謂"有山林氣像"者也④。

又曹偉庶弟伸,號適庵,"博聞強記,最長於詩。成化己亥,隨通信史申文忠公叔舟赴日本。……特授司譯院正。嘗赴京,與安南國使黎時舉作詩酬唱數十篇,退居金山。所著有《詩稿》五卷、《謏聞瑣錄》一卷"⑤。惜詩稿散佚,所酬唱之詩亦不存耳。

0037–1499,1519
金世弼《燕行錄》(《叢刊》第 20 冊《十清軒集》 活字本)

出使事由:正朝行
出使成員:正使知敦寧府事金永貞、副使同知中樞府事安處良、質正官司憲府持平金世弼等
出使時間:燕山君五年(弘治十二年 1499)十月十一日—翌年三月十四日
出使事由:正朝兼謝恩行
出使成員:正使禮曹參判金世弼等
出使時間:中宗十四年(正德十四年 1519)十月十三日—翌年三月

---

① 曹偉《燕行錄·奉天殿早朝》其一、其二,《燕行錄全集》,002/170—171。
② 曹偉《燕行錄·登漁洋崆峒山二首》其一,《燕行錄全集》,002/175。
③ 曹偉《燕行錄·灞口漁舟》,《燕行錄全集》,002/178。
④ 曹偉《燕行錄·次劉主事送行韻》詩題注引劉吉評語,《燕行錄全集》,002/174。
⑤《通文館志》卷7《人物·崔世珍》,首爾大學校奎章閣韓國學研究院 2006 年影印本,上冊第 391 頁。

二十日

　　金世弼(1473—1533),字公碩,號十清,慶州人。天資甚高,充養有素,爲學以格致誠意爲先。燕山君二年(弘治九年　1496)登第。官弘文館正字、副修撰、司憲府持平等。十年,罹"甲子士禍",謫巨濟島。中宗即位,以應敎召還。官至司憲府大司憲、吏曹參判等。因直諫中宗處置趙光祖等事有大過,編配陰竹留春驛,四年始放還。有《十清軒集》四卷行世。事見《十清軒集》卷四宋時烈《神道碑銘》、朴弼周《諡狀》等,又見《燕山君日記》《中宗實錄》等,金安國纂、安璐補遺《己卯錄補遺》卷上有傳。

　　金世弼《十清軒集》四卷,爲其七世孫光岳於英祖二十四年(1748)以活字刊行,《韓國文集叢刊》據國立中央圖書館藏本影印。詩三卷,以體裁編次,附錄一卷。前有李植序、《世系圖》,附錄爲諸家所撰誌狀、祭文及逸事等,另附諸家酬唱詩,末有閔遇洙、金光岳二跋。後遭兵火,佚失者尚多焉。

　　案金世弼"前後朝天,一以質正官,一以聖節使赴京"①。考燕山君五年(弘治十二年　1499)十月十一日,"遣知敦寧府事金永貞、同知中樞府事安處良,如京師賀正",翌年三月十四日,一行"奉帝敕還自京師"。② 金世弼詩中自注"己未冬,余克質正官赴朝"③,又言"某去庚申歲朝正"④,其所記日時與《實錄》相合,可知其爲此次正朝使質正官也。第二次出使,在中宗十四年(正德十四年　1519),以正朝兼發回漂流人玄繼亨等謝恩使,奉表如京師。故其詩中有"物色重來多不舊","二十年前皇極地","充賓兩到周庭下"等句也。⑤

---

① 金世弼《十清軒集》卷4《家先記聞》,《韓國文集叢刊》,020/268。
② 《燕山君日記》卷35,燕山君五年(弘治十二年　1499)十月十一日丁酉條;又卷37,六年三月十四日戊辰條。
③ 金世弼《十清軒集》卷2《大凌河塔》,《韓國文集叢刊》,020/239。
④ 金世弼《十清軒集》卷2《頃承亨仲辱詩……非以爲詩也》其五,《韓國文集叢刊》,020/240。
⑤ 金世弼《十清軒集》卷2《大凌河塔》,《韓國文集叢刊》,020/239;同卷《頃承亨仲辱詩……非以爲詩也》其五,20/240;同卷《帝城三十絶》其一,020/240。

金世弼《十清軒集》卷二《朝賢道上少憩感懷》詩題下注"以下出《燕行錄》"①,可知其初有《燕行錄》單獨成卷者,而後整理者按體裁編次,故燕行諸詩,乃分散諸卷中,且其集中存燕行詩百十餘篇,多爲後次出使時所作矣。篇中次亨仲韻詩極多,考尹衢(1495—?),字亨仲,號橘亭,海南人。《中宗實錄》不載尹氏出使事,然中宗十五年(正德十五年 1520)正月,尹氏遭彈劾。三月初十日,義禁府啓曰"尹衢今已越江,請拿來"。依允。② 世弼等一行返王京爲三月二十日,則尹衢必與其同行,時日相合,然其在行中所職,則不可考也。

金世弼兩度赴京,"多購宋元明諸儒箋解《易經》《中庸》文字而歸,蓋先生於諸經四書之中,尤喜二書,終身用力,故廣求諸家箋說以來云"。"先生文集中,有與訥齋酬唱三絶句,評論陽明學術者。陽明文字出來之後,東儒不省其爲何等語,先生一見其《傳習錄》,已覺其爲禪學,寄詩訥齋,深斥如此。則其與門人講論之際,排斥之嚴可知也。退陶以後進,晚年始斥陽明之學,退陶以前,覺陽明之詖淫者,獨先生一人而已"。③

案此所論詩,即金世弼《又和訥齋》,其中三首論王陽明《傳習錄》,詩謂"陽明老子治心學,出入三家晚有聞。道脈千年傳孔孟,一毫差爽亦嫌云","紫陽人去斯文喪,誰把危微考舊聞。學蹈象山多病處,要君評話復云云","木鐸當時餘響絶,一編傳習亦多聞。前頭取捨吾心孔,□□西河學僭云"。④ 朝鮮學界,顯斥陽明學術,以爲異端之學,或濫觴於應弼耶?

金世弼詩,李植謂"以富蓄平鋪爲主,矢口成章,無少滯礙"⑤。其朝天所作如《在懷遠館書懷寄贈山舍從學諸生十首》,諄諄教誨,言及時勉學,力行致知,須自著功,難仰他人,又言俗學橫鶩,異學超絶,唯讀書存心,庶聞絶響。此所謂俗學者,當即陽明學也。世弼二次入京,適逢朝覲

---

①金世弼《十清軒集》卷2《朝賢道上少憩感懷》,《韓國文集叢刊》,018/248。
②《中宗實錄》卷38,中宗十五年(正德十五年 1520)三月初十日戊戌條。
③金世弼《十清軒集》卷4《家先記聞》,《韓國文集叢刊》,018/268。
④金世弼《十清軒集》卷2《又和訥齋》,《韓國文集叢刊》,018/221。
⑤金世弼《十清軒集》卷首李植《十清先生集序》,《韓國文集叢刊》,020/199。

式年,天下州府官員,咸集京師,其《帝城三十絶》,叙帝居宮闕之壯麗,人才物貨之繁富,虞周禮儀之大備,朝廷官員之禮待,復刺道觀、佛刹之宏麗奢侈,歎貧民黔首之無食,咸見諸詩中。今觀諸作,富蓄平鋪,少無藻飾,乃絶句之高手。然其七律雖多,而過於拙樸平順,詩意反弱焉。

0038-1499,1521
金克成《觀光録》(《叢刊》第20册《憂亭集》 活字本)

  出使事由:千秋行
  出使成員:正使同知中樞府事金應箕、書狀官司憲府監察金克成、質正官弘文館修撰洪彦忠等
  出使時間:燕山君五年(弘治十二年 1499)七月十六日—十一月?
  出使事由:正朝行
  出使成員:正使工曹參判金克成等
  出使時間:中宗十六年(正德十六年 1521)十月十三日—翌年三月二十六日

  金克成(1474—1540),字成之,號蘿軒,又號憂亭,保寧人。燕山君四年(弘治十一年 1498),擢文科第一人。官司憲府監察、弘文館修撰、兵曹正郎等。中宗朝,任舒川郡守、義州牧使。又先後爲禮曹參判、慶尚道觀察使、司憲府大司憲、平安道觀察使、禮曹判書、兵曹判書、議政府左贊成等。中宗反正,附南袞、沈貞,士論鄙之,沈貞、李沆之敗,克成亦謫於興德凡七年。後拜右議政,封光城府院君。其爲相也,含容平恕,務存大體,但隨世低昂,不露圭角。有《憂亭集》六卷行世。事見《憂亭集》卷五李慶俖《行狀》、沈之源《家狀》、李廷龜《神道碑銘》等,又見《光海君日記》《中宗實録》等。

  金克成《憂亭集》六卷,爲其後孫永秀等於哲宗十一年(1860)以活字初刊,《韓國文集叢刊》據奎章閣藏本影印。凡詩四卷附文數篇,附録二卷。前有宋來熙序,末爲鄭龜錫跋。詩以體裁編次焉。

  案金克成於燕山君五年(弘治十二年 1499)與中宗十六年(正德十

六年　1521），兩度出使明朝。據李慶倬所撰克成《行狀》，弘治"十二年，以聖節使書狀官赴燕"①。考是年七月十六日，燕山君"遣同知中樞府事金應箕如京師，賀千秋節"②。而克成詩《發金郊》詩題注"己未七月"③，可知其七月方始發王京。據《明孝宗實錄》，是年九月戊寅，朝鮮遣"戶曹參判金應箕等奉箋文方物來朝，賀皇太子千秋節"④。金氏詩中，亦有《十月晦日發北京宿通州》等詩，與千秋節時日相合，然則其所賀者，必千秋節無疑也。考《明史》，孝宗於"成化六年七月生帝於西宮"，則知聖節在七月。又據《明孝宗實錄》，是年七月辛未，朝鮮遣"禮曹參判金壽童等奉表及方物來賀萬壽聖節"⑤。又可知金克成此行，必非聖節使書狀官，《行狀》誤矣。又正德"十六年，遞爲工曹參判，命朝正於京師。進退有儀，華人目爲知禮，禮部亦接遇有加。嘉靖元年壬午，還自燕京"⑥。《中宗實錄》載，是年十月十三日，遣"正朝使金克成如京"，翌年三月二十六日返王京。⑦　此則第二次出使也。

　　金氏詩以體裁編次，故燕行詩近百首，散見於諸卷中，與直卿（洪彥忠）相唱和最多，且皆爲第一次使燕時所作也。克成詩"調響清絶，色澤朗潤"⑧。其朝天諸作，七言爲多，語句平實，極少鋪張。五古雖少，然詞淺旨深，頗有樂府之味焉。

0039—1499
洪彥忠《朝天詩》（《叢刊》第 18 册《寓菴稿》　活字本）

　　洪彥忠（1473—1508），字直卿，號寓菴，咸昌人。貴達子。與李荇等

---
①金克成《憂亭集》卷5李慶倬《行狀》，《韓國文集叢刊》，020/434。
②《燕山君日記》卷34，燕山君五年（弘治十二年　1499）七月十六日甲戌條。
③金克成《憂亭集》卷4《發金郊》，《韓國文集叢刊》，020/419。
④《明孝宗實錄》卷151，弘治十二年（1499）九月戊寅條，031/2749—2750。
⑤《明孝宗實錄》卷151，弘治十二年（1499）七月辛未條，031/2688。
⑥金克成《憂亭集》卷5李慶倬《行狀》，《韓國文集叢刊》，020/435。
⑦《中宗實錄》卷43，中宗十六年（正德十六年　1521）十月十三日辛卯條；又卷44，中宗十七年三月二十六日癸酉條。
⑧金克成《憂亭集》卷首宋來熙《憂亭集序》，《韓國文集叢刊》，020/347。

相友善。成宗二十二年(1491),中蓮榜。燕山君立,登龍門。爲弘文館正字、侍講院説書、修撰等。中宗朝,任成均館直講、吏曹正郎等。後因事罹禍,年三十六卒。有《寓菴稿》三卷存世。事見金宇宏《寓菴稿跋》《燕山君日記》《中宗實録》等。

案洪彦忠出使事由,詳參前金克成《觀光録解題》(0038-1499)。

洪彦忠《寓菴稿》三卷,卷一爲賦、祭文及詩,卷二、卷三皆詩,大致按年編次,末有金宇宏跋。考《燕山君日記》載,五年歲末,"弘文館修撰洪彦忠嘗以質正官,赴中朝還,獻《大事記續編》及《崇正辨》"①。則知洪氏乃隨千秋使同知中樞府事金應箕、書狀官司憲府監察金克成一行出使,克成以書狀,彦忠以質正,相伴入明,故克成《憂亭集》中,多與彦忠唱和之作。然考洪氏《寓菴稿》,唯卷一《向燕京道中一律》《大同江次祁郎中韻》二首爲燕行時作,其他皆非燕行詩,則知其詩多散佚耳。又卷二有《送安君善之赴燕十絶》,乃洪氏追記出使時所聞所見,與魚世謙《感舊四十韻》相類,亦爲使臣紀行組詩之濫觴焉。

0040-1500

李荇《朝天録》(《全集》第2册;《叢刊》第20册《容齋先生集》 活字本)

出使事由:聖節使
出使成員:聖節使同知中樞府事金諶、質正官弘文館修撰李荇等
出使時間:燕山君六年(弘治十三年 1500)四月—八月二十七日
　　　　　(返至鴨緑江)

李荇(1478—1534),字擇之,號容齋,又號滄澤漁叟,德水人。燕山君元年(弘治八年 1495),丙科及第。官至弘文館校理、司諫院大司諫、弘文館副提學、承政院都承旨、户曹參議、弘文館大提學、工曹判書、議政府右參贊、吏曹判書、右議政等職。時燕山君荒淫無道,荇直言極諫,不爲所容,前後被流放及十年,逮繋杖配,極慘酷烈,未嘗出怨言。晚年,又竄於平安道咸從縣,卒於謫所。有《容齋集》十卷《外集》一卷傳世。事見

---

①《燕山君日記》卷35,燕山君五年(弘治十二年 1499)十二月二十八日壬子條。

《容齋集》卷首周世鵬《行狀》(又見《國朝人物考》卷四四)、《燕山君日記》等。

　　案李荇《容齋集》十卷《外集》一卷,初爲其自編稿,孫洞蒐集類編,由其外孫洸於宣祖十九年(1586)任咸鏡道觀察使時以活字刊印,後再經重刊、三刊,《韓國文集叢刊》所收乃奎章閣藏本,與《燕行錄全集》爲同一版本。詩八卷,前三卷依體裁編排,自卷四起則分別爲《朝天》《天磨》《鼉頭》《後鼉頭》《謫居》《南遷》《海島》《滄澤》《嶺南》諸錄,又爲依時序編纂者也。卷八爲《次皇華》詩,則爲辛巳(中宗十六年　1521)和唐皋、史道兩天使等韻,後兩卷爲散文,《外集》爲賦,亦即其曾孫李安訥所謂"以古律絶類者三,以集録類者八,散文碑誌類者二"①。此則知以時序編纂者,荇所自編;而按類而編者,洞所纂也。

　　案李荇此次出使,所撰詩見《容齋集》卷四《朝天錄》。其大題"朝天錄"下注"庚申年,以質正官朝天"。又周世鵬《行狀》亦謂"庚申四月,以賀聖節質正官,赴京師"②。庚申乃燕山君六年(弘治十三年　1500),考《燕山君日記》,是年無李荇出使記録。唯是年四月三日,持平姜德裕啓:"'今次聖節使受點後,李季男、安琛、金諶等,或稱有病,或稱親老,皆欲謀避,請鞫之。'傳曰:'可。'"③而《明孝宗實録》亦載,是年"六月己亥,朝鮮國王李懌遣陪臣同知中樞府事金諶等,奉表文方物來賀萬壽聖節"④。蓋金諶雖欲謀避,然終爲遣往道途耳。又考李荇《朝天録》中,所詠若"萬里逢端午,三年作逐臣"⑤,"遼天五月風怒號,滂滂積雨生寒壕"⑥,"燕京六月天大暑,不借清陰到羈旅"等句⑦,時序皆與《明孝宗實録》所載吻合,最末一首爲《二十七日越江》,則越鴨緑江後再無詩,然則李氏即爲金諶使團之質正官無疑也。

---

①李荇《容齋集》李安訥《容齋集跋》,《韓國文集叢刊》,020/560。
②李荇《容齋集》卷首周世鵬《行狀》,《韓國文集叢刊》,020/291。
③《燕山君日記》卷37,燕山君六年(弘治十三年　1500)四月三日丙戌條。
④《明孝宗實録》卷163,弘治十三年(1500)六月己亥條,031/2955—2956。
⑤李荇《朝天録・重贈淳夫秀文》,《燕行録全集》,002/216。
⑥李荇《朝天録・過杏山宿連山》,《燕行録全集》,002/226。
⑦李荇《朝天録・大熱》,《燕行録全集》,002/239。

案李荇所處之朝,乃燕山君時期,主昏臣闇,國政無方。荇直言極諫,不爲所容,流放起躓,身如飄萍。故其朝天途中,亦多感懷憂鬱之作,如"莫言遣興吟詩可,詩一吟來百感生"①,"此生真可憐,世故動遭牽"等②,憂心如焚,溢見於詞。他若"野草幽花自古今,江山如許幾登臨"③,"鬱鬱道傍柳,高蟬深處鳴"④,則孤高而自賞耳。他詩如《大雨終日四首》《遠客》《宿鞍山》《道傍柳》《思歸》等,思家感時,睹物興歎,薄酒澆腸,巾淚獨沾;《入山海關》《長城》諸詩,則斜陽古堞,詠古諷今。尤以《無聊之餘略叙道路之勤以備後日之覽非所以爲詩也》一首,爲五古長篇紀事詩,叙沿途風光,與夫使路艱辛,此前有魚世謙《感舊四十韻》、洪彥忠《送安君善之赴燕十絶》等⑤,皆爲回國後追憶而成。而李氏此詩則作於玉河館時,同開後來使臣此類紀行長詩之先河也。

案麗末鮮初,半島詩風,宗尚東坡,至李荇、朴誾等,轉學黃庭堅、陳師道,有"海東江西詩派"之稱。周世鵬謂李氏"詩文據事直書,去藻飾,不爲詭異險絶之辭,而如天成神造,無有斧鑿痕,盡人情,該物理,必妙詣其極,卓乎其不可企及"⑥。鄭士龍謂其"勇脱畦徑,自成一家","至今評詩者,推爲國朝第一"。⑦ 今觀李詩,五言古詩,出杜入陳,雖不整飭精細,然用典造語,自然天成,而少江西派之匠味焉。

0041—1502

成倪等【原題權柱】《燕行時諸公贈行帖》(《全集》第 2 册;《叢書》第 104 册《花山先生逸稿》附 刻本)

出使事由:賀正行
出使成員:同知中樞府事權柱等

---

① 李荇《朝天録·遠客》,《燕行録全集》,002/223。
② 李荇《朝天録·大雨終日四首》其四,《燕行録全集》,002/219。
③ 李荇《朝天録·渡臨津》,《燕行録全集》,002/210。
④ 李荇《朝天録·聞蟬》,《燕行録全集》,002/231。
⑤《咸從世稿》卷 6 魚世謙《感舊四十韻》,上册/540—546。
⑥ 李荇《容齋集》卷首周世鵬《行狀》,《韓國文集叢刊》,020/296。
⑦ 李荇《容齋集》卷 10 鄭士龍《和南嶽唱酬集跋》,《韓國文集叢刊》,020/558。

出使時間：燕山君八年（弘治十五年 1502）十月十三日—翌年三月？

案成俔有《觀光錄》（0027-1472），已著録。

權柱（1457—1505），字支卿，號花山，安東人。天性聰悟，一覽輒記。八歲讀《四書》，十歲通經史，十三有驚人之語。成宗朝登第。官至工曹正郎、司憲府持平、承政院都承旨、忠清道觀察使、司憲府大司憲等。柱居官莅事，未嘗不謹。處心清簡，操履不苟。成宗時廢尹氏，尋命承旨李世佐往賜死，柱以注書從。燕山君十年，柱以微事下獄，後竟殺之。有《花山先生逸稿》一卷《附錄》一卷行世。事見《花山先生逸稿》、《附錄》李惟樟《墓碣銘》，權鼈《海東雜錄》卷六有小傳（引自《粹言》）。

案權柱出使明朝，前後兩度。權氏自稱"乙巳年韓儧爲聖節使，臣爲書狀官偕赴京"①。考《成宗實錄》，成宗十六年（成化二十一年 1485）八月七日，"遣同知中樞府事韓儧如京師賀聖節"，臘月二十五日返京。②此即權氏第一次出使也。又燕山君八年（弘治十五年 1502）十月十三日，權柱復以賀正使赴明③。《明實錄》亦載，是年十二月癸亥，"朝鮮國王李𩅦遣陪臣吏曹參判權柱等來賀正旦節，宴賜並彩緞衣服等物有差"④。

權柱有《花山先生逸稿》一卷《附錄》一卷。前有《花山先生逸稿目錄》，凡有《東槎錄》《燕行錄》《甲子錄》《文科榜目》《立社議》《擬請謚時士林通文》《附燕行時諸公贈行帖》等。《東槎錄》者，蓋弘治七年使對馬島時所作；《燕行錄》則爲出使明朝所作。然今皆不傳，《燕行錄全集》與《韓國歷代文集叢書》所收爲同一版本。

《附東槎時諸公贈行帖》前，爲其使日本對馬島時諸人所送詩文；《附燕行時諸公贈行帖》，爲出使中國時諸人贐行之作。有成磬叔（俔）序一篇，另有洪兼善、天支稿、李馨之、安琛、柳洵等詩十首，《文城柳洵稿律詩一首》末小注："帖中有申公沆詩章而字缺太半，未得入刊"⑤，則尚有遺闕

---

①又見《成宗實錄》卷204，成宗十八年（成化二十三年 1487）六月十四日壬午條。
②《成宗實錄》卷182，成宗十六年（成化二十一年 1485）八月七日乙酉條；又卷186，十二月二十五日壬寅條。
③《燕山君日記》卷46，燕山君八年（弘治十五年 1502）十月十三日壬子條。
④《明孝宗實錄》卷194，弘治十五年（1502）十二月癸亥條，032/3582。
⑤成俔等【原題權柱】《燕行時諸公贈行帖》，《燕行錄全集》，002/205。

焉。故此卷作者當題"成俔等"爲妥,非權柱作也。觀成氏序稱"往歲,足下以書記自京而還,余賀聖節朝京,相遇於遼陽之館,當時足下年富,留意於觀覽,余亦四往來於幽燕,欲相評問,行忙而不能得,今則足下再往,余老爲溝中瘠,雖欲往踏五鳳門外,不可得矣"①。則知此爲權氏賀正旦出使時諸人送行詩也。內有"斷斷王朝一個臣,平生儒雅盡經綸"②,"百年同好更同隣,賓榻容居莫我親"等句③,則知權氏亦爲淵雅端友之儒臣耳。

---

① 成俔等【原題權柱】《燕行時諸公贈行帖》夏山成磬叔文,《燕行録全集》,002/200。
② 成俔等【原題權柱】《燕行時諸公贈行帖》天支稿《燕賓樓贈慰支卿之行》其二,《燕行録全集》,002/202。
③ 成俔等【原題權柱】《燕行時諸公贈行帖》李馨之《燕賓樓贈慰支卿之行》其二,《燕行録全集》,002/203。

卷六　0042—0051

中宗十三年（明武宗正德十三年　1518）—
中宗三十九年（明世宗嘉靖二十三年　1544）

0042-1518
金安國《燕行錄》（《叢刊》第 20 冊《慕齋集》　刻本）

出使事由：謝恩行
出使成員：正使禮曹判書權鈞、副使同中樞副使金安國等
出使時間：中宗十三年（正德十三年　1518）五月四日—九月二十六日

　　金安國（1478—1543），字國卿，號慕齋，義城人。七歲讀《小學》，敦睦孝悌。年未二十，父母相繼以沒，遂以慕齋自號，盡誠事死。博通書史，又慕程、朱之學，聞金宏弼講論，慨然有求道之志。至於天文、地理，亦無不涉獵，尤邃於《易》。所至學徒坌集，日與之講習，善進掖後賢。燕山君九年（弘治十六年　1503），擢文科別試第二。歷司諫院大司諫、慶尚道觀察使、全羅道觀察使等。"己卯士禍"起，廢黜田園幾二十年。中宗反正，任禮曹判書、判中樞府事等，深得信任，爲世子貳師。卒謚文敬。有《慕齋集》十五卷傳世。事見《慕齋集》卷一五附《行狀》、《中宗實錄》、《國朝人物考》卷八鄭士龍《神道碑銘》等。

　　案金安國《慕齋集》十五卷，前有柳希春、朴世采《重刊序》，末有許曄跋。先是其子汝孚家藏稿，經許曄校正，爲安國弟子柳希春於宣祖六年（1574）刊行於榮川，後又經朴世采增刪，於肅宗十三年（1687）重刊焉。

　　此《燕行錄》輯自《慕齋集》卷二，爲其中宗十三年以謝恩副使出使明朝時所作詩，共七十餘首。金氏行前，身有疾病，中宗諭以調保隨後

而往,安國以爲非卧痛之疾,豈安心隨後,當與上使偕往。故力疾而行,其自稱"素抱尫羸,道途駈馳之餘,愯瘵益深,又失將息,不覺日就沉痼"①。雖在館調理,然旬日廢食,起居不得自便,朝覲之事皆廢。比至返程,從者欲擔舁以行,安國堅拒,乘轎以行,艱辛可知,正其詩所謂"佳節頻從病裏過,關山萬里路爲家"者也②。其自稱"詩取達意,則常失之陋;務鍊琢,則意或不暢。兩得者爲難"③。又謙稱"非詩者徒",其詩素樸自然,無道學味,許曄稱其所作"無非化民成俗長治久安之意也,朝京之製,則一以欽慕華風、積誠遷喬爲主"④。觀其詩中若"季劄觀周誠不敢,陳良北學竊心希","因知鰈域非夷土,應在周王板籍中"諸句⑤,可知許氏所言之不虛也。

金氏在北京,以購書爲樂,所得若《春秋集解》《大明律讀法》《大明律直引》《吕氏讀詩記》《古文關鍵》《皇極經世書》《易經集説》《止齋集》《象山集》《赤城論諫錄》《古文苑》《焦氏易林》《杜詩詳注》《山海關志》《顔氏家訓》諸書,一一鉤玄提要,建議朝廷校刻而廣布之,以俾取用,則其愛君致誠經國治世之心,亦可於此見焉。⑥

金安國與其弟正國,皆以文名稱,正國每論曰:"我與蘇世讓、黄汝獻、鄭士信同榜,而我擢壯元,人欲知我文章之高,只此可知。"⑦安國體素羸弱,"每撰事大表文,獨處構思,得一好句,則雖夜輒起,手敲窗壁,踴躍不已。後於病中撰表文,過用心氣,遂澌頓以卒"⑧。此可見其構思之精勤,而終於王事焉。《慕齋集》卷九有事大表箋三十餘通,亦多爲當時使臣入中國時所賫之表文也。

---

①金安國《慕齋集》卷2《贈别李序班欽序》,《韓國文集叢刊》,020/032。
②金安國《慕齋集》卷2《重九日呈上使》,《韓國文集叢刊》,020/034。
③金安國《慕齋集》卷2《贈别李序班欽序》,《韓國文集叢刊》,020/032。
④金安國《慕齋集》許曄跋,《韓國文集叢刊》,020/287。
⑤金安國《慕齋集》卷2《贈别李序班欽序》其七、其十一,《韓國文集叢刊》,020/033。
⑥金安國《慕齋集》卷9《赴京使臣收買書冊印頒議》,《韓國文集叢刊》,020/174—176。
⑦沈魯崇編《(静嘉堂本)大東稗林》卷8《列朝紀事·中宗朝》引《月汀漫録》,003/178。
⑧沈魯崇編《(静嘉堂本)大東稗林》卷8《列朝紀事·中宗朝》引《芝峰類説》,003/175—176。

0043-1-1533;0043-2-1533;0043-3-1533
蘇世讓《陽谷朝天録》(《全集》第2册　稿本)
蘇世讓《赴京日記》(《全集》第3册;《叢書》第381册《陽谷先生文集》刻本)
蘇世讓《陽谷赴京日記》(《全集》第2册;《青丘學叢》第1號《事大紀行》鉛印本)

  出使事由:進賀行
  出使成員:正使吏曹判書蘇世讓、書狀官成均館司藝李夢弼、質正官弘文館修撰權應昌等
  出使時間:中宗二十八年(嘉靖十二年　1533)十二月二十八日—翌年四月二十四日

  蘇世讓(1486—1562),字彦謙,號陽谷,晉州人。幼即秀異,好學不輟,精於書法,深於松雪體。燕山君十年(弘治十七年　1504),中成均館進士。翌年,中律詩科壯元。中宗四年(正德四年　1509),別試文科甲科第三人及第。歷曹正郎、黃海道觀察使、全州府尹、忠清道觀察使、工曹判書、户曹判書、兵曹判書、吏曹判書、議政府右贊成、判中樞府事等。資禀明粹,端重恬静。久歷要職,爲官謹要。後棄官養母,終未再起,山水椒涯,嘯詠徜徉以終。謚文靖。有《陽谷先生文集》十六卷《續集》四卷傳世。事見《陽谷集》卷首洪暹《神道碑》、《陽谷集》附《年譜》等。

  案蘇世讓《陽谷集》十四卷,前十卷爲詩,後四卷爲碑記、雜著等。原集爲其子蘇遂收集家藏草稿,編次刊刻於宣祖四年(1571),《韓國文集叢刊》以延世大學中央圖書館藏本爲底本影印,缺頁以日本東洋文庫與韓國國立中央圖書館藏本補寫。前有朴忠元序,序末刊記稱"華察、薛廷寵兩詔使應接詩文,具載《皇華集》,前、後、續《東槎集》三卷詩篇,開刊於淳昌故郡,故今不更録於集中爾"①。《韓國歷代文集叢書》所收,爲《陽谷集》十六卷《續集》四卷之再編本,前有洪奭周撰序,末二卷爲《附録》,則隸洪暹《神道碑》及《年譜》等,另有蘇洙中等跋。《續集》則從《皇華集》《東槎

---

①蘇世讓《陽谷集》朴元忠序,《韓國文集叢刊》,023/293。

集》中輯出者，爲文集始刊後三百六十五年之甲戌年（1934）所刊，乃蘇氏諸作搜羅最全之刊本。

《燕行録全集》第二、三册所收蘇氏《赴京日記》一卷，共收三種版本。一爲稿本，封面題"陽谷朝天録"，則爲日記原名也。全稿皆行草，點畫飛動，龍蛇盤結，識讀爲難，殆作者原草耶？所載與刻本《赴京日記》大致日期相同，然文字或同或略。所異者，每日日記皆不記天氣陰晴等項，且有多日不記者。如嘉靖十二年十二月十六日條後，下條即至二十七日；翌年正月亦自十五日始，此月惟記十五、十七、二十一、二十三、二十五、二十七、二十九數日；又如四月亦僅記初一、二、三、五、六、八數日。即所記事件，亦多簡略。又是本所記，止於四月初八日抵義州義順館，而刻本則續至二十四日返王城止。蓋初時如此，歸國後始加詳焉。又世讓於書末稱"數年南來丁憂，賊入清心堂藏書之所，凡文籍草稿，坐爲煨燼"①。則其書籍先遭肤篋之盜，再遇燭龍之禍，故日記零落散佚僅存耳。末書"嘉靖四十年辛酉臘月十一日蘇世讓書"。末又一行"丙戌春書於梅竹軒"②，此又爲後來之事耳。

又《赴京日記》一卷，刻本，《燕行録全集》第三册附於蘇巡《葆真堂燕行日記》後，實則輯自蘇世讓再編本《陽谷先生文集》卷一四《雜著》，與《韓國歷代文集叢書》本同。偶有與蘇巡《葆真堂燕行日記》校對之文。又收有《陽谷赴京日記》一卷，則爲輯自《青丘學叢》第1號《事大紀行》（上），爲校點之鉛印本。刻本不記陰晴及沿途住宿之地，故凡鉛印本當日僅記陰晴者，是本多無也；又有鉛印本爲注文，而是本入正文者。然人名多有小注，如鉛印本"十二月二十六日，連・遂・李壽等追來同宿"，是本作"連（從子金堤郡守）、遂（胤子沔川郡守）、李壽（次婿判官）等追來同宿"，顯爲後來所增補。然則是本亦有校勘參稽之功用也。鉛印本記年與時日，校點者括注朝鮮年號與西曆等於當行右上，如首句"嘉靖十二年癸巳十一月日"，則括注"中宗二八，一五三三"字樣。原稿記日，多用略寫，如"三日"，此則括注"十三日"，此類最多。間有校誤字，如"琉璃國"之

---

① 蘇世讓《陽谷朝天録》，《燕行録全集》，002/456。
② 蘇世讓《陽谷朝天録》，《燕行録全集》，002/457。

"璃"字旁,括注"球";"達子"括注"㺚"等是也。① 故鉛印本補注全備,且較前兩本爲便讀耳。

嘉靖十二年(中宗二十八年 1533)"秋八月乙未,以皇子生,詔赦天下"②。朝鮮以漢城府判尹蘇世讓,借銜吏曹判書爲進賀使往賀。一行於十二月十六日發行,行至定州,接冬至使任樞先來人員消息,皇太子誕而旋逝,蘇氏即申報國王是否止行,抑或遣陳慰使往中國。正月初六日得中宗旨,命仍速前往,遂於二十一日越鴨江入中國境。翌年二月二十五日,抵玉河館;三月十二日,發自玉河館;四月初八日,還渡江;二十四日返王京焉。

案明朝外國使臣到京,出入舊有禁例,唯朝鮮至誠事大,朝廷待遇有同内服,凡該國使臣抵京,自行出入,不加防範。然自成化時,朝鮮人等一同禁行。前者鄭士龍、李和宗等赴京時,呈文禮部,得許他自行。而今尚如閉囚,不得出入。故蘇氏行前,奉命呈文禮部以申辨之。今蘇氏集中有《請許勿禁拘呈皇明禮部文》,稱本國使臣敬謹彌篤,別無違異。然"近年以來,始加拘禁,鎖閉館門,遇有稟奉公幹,只許通使一二員,刻期出入,著令館夫帶牌管押,有礙舊式"。查成化六年,禮部榜文稱,"四夷使客,出入舊有禁例,今後不許無故往來街市"。又弘治十三年五月間,有會同館安歇女直早哈殺死一般夷人,兵部奉聖旨備由出榜曉諭朝貢夷人,著令在館,不許出入,並本國一體防禁。然禮部主事劉綱奏朝鮮素守禮義,敬事朝廷,比與它夷不同,進貢人員事例出入,原無防禁。近該兵部等衙門會議禁約,將前項事例一概革去,以致提督官員嚴加拘禁不得出入,合無仍照前項舊例,朝鮮人員令其自行貨賣,深爲便宜。奉聖旨:是,欽此。嘉靖初年,主客孫郎中無緣拘禁,不許出入,至嘉靖四年八月内,所禁更嚴,在館防閑,有似囚繫,非唯有違舊行之規,恐非累朝優待之意。故蘇世讓奏稱"伏乞照依舊例,許自出入,以示聖朝優容之典,不勝幸甚"。③ 又據蘇氏《日記》稱,閏二月"二十日,見主事公文,每於限日,序班陪侍,出遊街市

---

①蘇世讓《陽谷赴京日記》,《燕行録全集》,002/403、406。
②《明史》卷17《世宗本紀一》,002/225。
③蘇世讓《陽谷先生文集》卷14《補遺》,《韓國歷代文集叢書》,382/278—281。

及地方可觀處,不許國人等闌截防禁,聽其自行,申時還入云"①。則是禁之如故,而蘇氏一行離都之前,亦未得朝廷準的也。此事不見於中國史籍,緣此可知當時接待外國使臣,禁止自由出入之例規也。

又據《中宗實錄》,因世讓在館時,序班等率去謁聖,則反示厭色,以爲"謁聖非朝廷之令,又非要本國之命,雖不往可也"。序班等强勸不已,而又托以疾,然游觀於海印寺、帝王廟、朝天宫等處,其言行顛倒,大乖事體。② 本宜推考,然因獻詩華國,返國後亦僅"以言諭其失而不推,則可以不動臺諫矣"③,反而特拜工曹判書,可謂幸焉。

案世讓在館期間,禮部尚書夏言索所製詩作,辭不獲已,遂書長律二百韻以呈,"尚書覽訖,遣陪侍外郎以其所製墨刻詩賦及《奏謝録》二卷、《郊祀録》二卷來贈。且云:'因忙迫,未敢和答,乃以舊製爲贈,幸亮之。'"④比及返國謁闕,中宗以爲"以此觀之,其華國固非偶然也。大抵中國之所以厚待我國者,爲禮義文獻故也"。又以爲蘇世讓詩"甚好。中國之所以貴我邦,以其有此文華也"⑤。是日,即特拜工曹判書。國王又問以柏梁體,且命世讓與吏判金安老同作。而據蘇巡《葆真堂燕行日記》,則此爲四月廿四日至廿八日間事,國王命以"太液晴波""西山霽雪"二題,安老坐政廳,惶遽罔措,請與共議,再三使人而世讓不許,安老以是而銜之,以爲蘇某入中朝,與學士和詩,將有後弊,論執甚力云云。⑥

案清趙翼《陔餘叢考·柏梁體》謂"漢武宴柏梁臺賦詩,人各一句,句皆用韻,後人遂以每句用韻者爲柏梁體"⑦。然此前如漢高祖《大風歌》、荆軻《易水歌》等皆是,不自《柏梁》始也。"但聯句之每句用韻者,乃爲柏梁體耳。"其詩多爲七言,平聲韻一押到底,逐句用韻,可重複用同一韻字,

---

① 蘇世讓《陽谷赴京日記》,《燕行録全集》,002/404。
② 《中宗實録》卷77,中宗二十九年(嘉靖十三年 1534)四月一日丁酉條。
③ 《中宗實録》卷77,中宗二十九年(嘉靖十三年 1534)四月二十日丙辰條。
④ 蘇世讓《陽谷赴京日記》,《燕行録全集》,002/408。
⑤ 《中宗實録》卷77,中宗二十九年(嘉靖十三年 1534)四月二十七日癸亥條。
⑥ 蘇巡《葆真堂燕行日記》,《燕行録全集》,003/499。
⑦ 清趙翼撰、曹光甫點校《陔餘叢考》卷23"柏梁體"條,鳳凰出版社2009年版《趙翼全集》本,002/406。

不拘句數,且前後句意可不相屬,多爲君臣聯句,如漢武帝、梁武帝、唐中宗時皆有此舉,另有文人聯句、回文變體等。從之者少,後世幾不爲焉。又"太液晴波""西山霽雪"者,即"燕京八景"之二景。金安老不明"柏梁體",又未身至燕京,故窘不能爲;而世讓視爲秘技,靳不示人,亦適見其器量之狹。金安老世稱奸佞之輩,故蘇巡記此逸聞,以暴其學殖荒疏,而又證其從父學養之富耳。

0044-1533
蘇世讓《朝天詩》(《叢刊》第 23 册《陽谷集》;《叢書》第 381 册　刻本)

案蘇世讓有《陽谷朝天錄》(0043—1533),已著錄。

蘇世讓《陽谷集》卷三至卷四,共收詩二百餘首,爲蘇世讓中宗二十八年進賀赴京期間所作,惟卷四末自《送宋同知》以下近五十首,則非燕行詩耳。世讓於卷末識語稱"自遼城行到牛莊,路長馬疲,殆不能堪,與書狀官李司藝夢弼殷卿、質正官權修撰應昌景遇,日課賦詩,忘其道途之遠,鞍馬之勞,猶子巡從行,仍撰次成集。還朝後,有言其奉使做詩之非,至於彈覈。余念詩之道,根乎性情,而發乎言語,暢叙其幽懷,故自古騷人墨士,爭樂爲之,而或有坐是被禍者。是集之作,初發於羈旅困苦之中,而乃有不虞之謗,詩之累身如是夫。自是以後,絕意不作,且欲焚稿,兒子遂潛藏其家,秘而不傳。今年春,迎送華使於江上,《皇華集》既成,遂乃袖此集來示,感舊之意,忽萌於懷,於是識其行邁之始末於後云"①。時爲己亥秋七月,則知爲世讓子編纂成卷者也。

蘇世讓在七歲時,即作《新月》詩"誰斲蟾宫桂,裁成玉女梳。銀河一別後,愁亂擲空虚"②。爲時賢激賞。其在朝與鄭太和等,皆爲文章高手,有名當世。凡天使入朝鮮,若辛巳冬(中宗十六年　1521),翰林院修撰唐皋、兵科給事中史道頒新皇帝登基詔,世讓爲遠接使李荇之從事官;乙未(中宗三十年　1535),翰林院修撰龔用卿、兵科給事中吴希孟等頒皇

---
①蘇世讓《陽谷集》卷 4 識語,《韓國文集叢刊》,023/352—353。
②蘇世讓《陽谷先生文集》卷 10,《韓國歷代文集叢書》,381/676。

太子誕生詔,世讓充迎慰使;己亥(中宗三十四年　1539),天子尊崇上帝加諡高皇,繼以册封太子,以翰林院侍讀華察、工科左給事中薛廷寵充正副使使於朝鮮,世讓以遠接使迎於江上。故其與中朝使臣,往還密切,唐臯爲其改仁王洞第爲弼雲書社,所居之堂曰清心堂,自後蘇氏即號以清心子,今《陽谷集》中,收有龔用卿撰《清心堂銘》、華察撰《清心堂箴》、薛廷寵撰《清心堂叙》與《退休堂叙》等文。集中載世讓嘗迎華使,時華使忽落馬,世讓急下馬趨而前,呼"御史榮名花欲擎,壯元聲價馬難支"句,華使笑而起,因無事。後人每稱其"敏於詩而善應變"①。又謂華、薛兩使歸日奉國王殿下書中,謂"蘇贊成世讓,國之大器"焉②。

世讓詩文,沖融紆徐,氣順聲中,如"册從熨火籠中燎,衣向陽和架上懸"③、"女把鋤頭挑嫩菜,男牽爬子刷枯荄"④、"屋漏浪浪翻老瓦,昏霧重重塞遠野"等句⑤,句新意奇,獨出杼機,寫實質樸,不事雕琢。他如寫遼野之凄風苦雨,悲寧遠之蝗災流殍,歎孤館之寂寥,發思鄉之鬱憂,皆吟嘯低昂,餘韻流連。朴忠元謂"公所爲詩文,如珠璣錯落,月星皎潔,藏在蓬山,有足傳者。而其在京及居鄉之日所爲著述者,亦皆温柔穠豔,平淡安和,無一語浮誇之態"⑥。即此之謂也。

0045-1533

蘇巡《葆真堂燕行日記》(《全集》第 3 册　刻本)

案蘇巡出使事由,詳參前蘇世讓《陽谷朝天録解題》(0043-1533)。

蘇巡,字警夫,號葆真堂,晉州人。世讓從子。生而穎悟,長而孝友。幼從世良學,文藝繼家,書法著世。中宗十四年(正德十四年　1519)進士,館學儒生皆敬待推重。時"己卯士禍"起,諸賢盡墜於斯,故其學終未

---

①蘇世讓《陽谷先生文集》卷 10,《韓國歷代文集叢書》,381/677。
②蘇世讓《陽谷先生文集》卷 15《附録》,《韓國歷代文集叢書》,382/322。
③蘇世讓《陽谷集》卷 3《小凌河水陷車翻衣籠盡濕戲作》,《韓國文集叢刊》,023/327—328。
④蘇世讓《陽谷集》卷 3《入通州界》,《韓國文集叢刊》,023/333。
⑤蘇世讓《陽谷集》卷 4《遼陽館遭雨》,《韓國文集叢刊》,023/347。
⑥蘇世讓《陽谷集》朴忠元序,《韓國文集叢刊》,023/020。

能大闡。其文稿盡遺於鬱攸之災,識者恨之。有《葆真堂燕行日記》一卷行世。事見《日記》末附族孫蘇學奎《墓碣銘》。

案蘇巡《葆真堂燕行日記》一卷,前有族孫成均進士蘇學奎叙,稱"嘉靖癸巳冬公之燕行後四百二年甲戌冬"①,則爲 1935 年刻也。末有後孫鎮德、秉寬跋文,首頁大題下署"成均進士晉山蘇巡警夫著"。《日記》中曰屢有詩作,然今不見《日記》中,蓋詩作另編成集。全文偶有缺文。據學奎《叙》稱"公歿後,因鬱攸之災,不能守其物與遺稿,惟有其時行中《日記》一弓,久爲巾衍之藏"②,則知詩文俱燬於火災也。

案朝鮮使團中,正、副使、書狀官及行中正官輩,往往以子弟、親誼、友朋帶率入中朝,以隨從伺候,並觀上國風光,行貿易之便,稱"帶率子弟"。其所利者,子弟友朋輩,相熟相知,便於沿途侍奉驅遣;而其弊則至私相帶率,走私貿易,弊病叢生耳。蘇巡乃蘇世讓從子,以帶率子弟身份入使團。此次出使,世讓所攜,帶率子弟蘇巡、打角子弟秀迥,皆從子;軍官蘇世義、世禮,並其從弟,一行而帶兄弟子姪至四人之多也。

案使臣燕行錄所記,或始於任命之日,或始於啓行之時,或始於渡江之際;而其旋也,或記至還渡江日迄,或至入王京之日止,或至返家之日終。而蘇巡此記,自癸巳十二月初一日,"歸覲於益山本第"起始③,四日知叔父差使之消息,八日辭謁祠堂,十四日渡漢江至仁王洞,十六日拜表啓行。至返國也,甲午四月二十四日入王京,二十六日諸客拜賀盈門,直至五月十三日還休於礪山家止,據此可知使團行前及返國後之活動,尤可珍也。蘇巡此記,較蘇世讓《日記》遠爲詳盡,如其記至平壤,遊浮碧樓,鋪張侈奢,銀鱗華蟲,薦盤無數,紅粉笙歌,響徹夜空,如聞鈞天。諸妓容姿絶妙,使臣乘醉發興,忘懷縱樂,如神仙中人,而浿江離別之際,又未免有兒女之感,可斷人腸也。

又案,嘉靖"十三年春正月癸卯,廢皇后張氏。壬子,立德妃方氏爲皇后"④。"廢后張氏,世宗第二后也。初封順妃。七年,陳皇后崩,遂立爲

---

① 蘇巡《葆真堂燕行日記》,《燕行錄全集》,003/340。
② 蘇巡《葆真堂燕行日記》,《燕行錄全集》,003/339。
③ 蘇巡《葆真堂燕行日記》,《燕行錄全集》,003/346。
④《明史》卷 17《世宗本紀一》,002/226。

后。是時,帝方追古禮,令后率嬪御親蠶北郊,又日率六宮聽講章聖《女訓》於宮中。十三年正月廢居別宮。十五年薨,喪葬儀視宣宗胡廢后"①。此事《明史》所記僅如此,蘇巡《日記》,詳載皇帝廢后敕禮部諭及廢后詔書,亦爲《明實録》所不詳載,可供研究明史者參稽也。

0046-1534
崔演《朝天詩》(《叢刊》第32册《艮齋先生文集》 刻本)

出使事由:謝恩行
出使成員:正使兵曹參知柳潤德、質正官崔演等
出使時間:中宗二十九年(嘉靖十三年 1534)閏二月二日—八月二日

崔演(1503—1549),字演之,號艮齋,江陵人。中宗十七年(嘉靖元年 1522)登文科。歷官弘文館修撰、兵曹參知、吏曹參判、漢城府左尹、兵曹參判、知中樞府使等。性聰明,有才華,爲申光漢所稱美,世以文衡之任期之。以冬至使赴燕歸,卒於平壤。後謚文襄。有《艮齋先生文集》十二卷《續集》一卷。事見《艮齋先生文集》卷一二《年譜》、鄭宗魯《神道碑銘》,《國朝人物考》卷一四許筠《神道碑銘》等。

案崔演《艮齋先生文集》十二卷《續集》一卷,爲其後孫亨吉據家藏舊稿,並蒐輯散稿纂成,1928年初刊於江陵,《韓國文集叢刊》以奎章閣藏本爲底本影印,《燕行録全集》版本同。凡詩十卷、文一卷,末卷爲《年譜》《年譜摭遺》《神道碑》等,《續集》爲詩數首。

案崔演曾兩度出使明廷。中宗二十九年(嘉靖十三年 1534)閏二月初二日,爲謝發解走回人口嘉獎敕來事,遣謝恩使柳潤德如京師,八月初二日還自京師。② 先是,明廷誕皇太子,朝鮮遣蘇世讓爲進賀使赴京,然太子旋夭,遂復遣進香使李誠彦、書狀官朴翰如京師。③ 柳氏一行至杏

---

① 《明史》卷114《后妃二》,012/3530—3531。
② 《中宗實録》卷77,中宗二十九年(嘉靖十三年 1534)閏二月二日己亥條;八月二日丙申條。
③ 《中宗實録》卷76,中宗二十九年(嘉靖十三年 1534)二月二十九日丙申條。

山,遇回還之蘇世讓等,故世讓詩有"昨日逢陳慰,今朝見謝恩"之句①。而崔演《艮齋先生文集》卷三《遼陽別奎父》詩注:"即同行書狀官朴翰也,隨陳慰使李誠彦先發赴燕京。"②此可知本卷詩皆此次朝天時所撰作也。

  崔氏此次出使時詩,寫實叙景,詠古抒懷,簡易平直,不事造作。如《寄諸弟》詩"池塘多放聊添税,田地深耕足養家。教子教孫須教義,栽桑栽柘勝栽花"③。孝悌殷殷,讀來感人。《過十三山道遇大風》,述獰飆插空,萬竅吼號,飛廉煽怒,走石播沙,依稀如《行路難》,有古風之遺韻,後來使臣多詠遼野風沙,蓋肇於崔氏此詩矣。

0047-1534
鄭士龍《朝天録》(《全集》第 3 册;《東萊鄭氏文集》 刻本)

  出使事由:冬至行
  出使成員:正使刑曹參議鄭士龍等
  出使時間:中宗二十九年(嘉靖十三年　1534)八月八日—翌年正月十一日

  鄭士龍(1491—1570),字雲卿,號湖陰,東萊人。中宗四年(正德四年　1509)別試文科壯元。官至弘文館直提學、洪州牧使、漢城府判尹,陞工、刑、禮、兵四曹判書及判中樞府事等。後因事奪爵,置散以死。士龍以文章致大名,儐接詔使,最被激賞。自少酷慕豪富,營産致饒。著述後人編爲《湖陰雜稿》八卷行世。事見《國朝人物考》卷一一許穆《墓表》,中宗、明宗、宣祖《實録》等。

  鄭士龍文集初爲自編定稿本,於宣祖十年(萬曆五年　1577)由其子

---

① 蘇世讓《陽谷集》卷 4《杏山西數里逢謝恩使柳潤德質正官崔演下馬地坐相話以別》,《韓國文集叢刊》,023/344—345。
② 崔演《艮齋先生文集》卷 3《遼陽別奎父》詩注,《韓國文集叢刊》,032/053。又蘇巡《葆真堂日記》謂,三月"二十七日,自杏山到五里許,謝恩使柳潤德以病乘騾轎,而書狀官乃崔演,下馬路邊,良久坐話,深羨吾行無事往還,良用歉服,至於惻然而別"。詳參《燕行録全集》,003/426。
③ 崔演《艮齋先生文集》卷 3《寄諸弟》,《韓國文集叢刊》,032/052。

侄刊《湖陰雜稿》八卷,卷一至卷六爲詩,其他爲諸體雜文。今收入東萊鄭氏文集刊行會編《東萊鄭氏文集》第一輯,前有士龍自序,及裔孫鄭淵謨、晙模、漢模、亮秀諸序,末有鄭在九、賢謨、華永諸跋,叙編輯緣起等。其詩按小集編次,每卷中以《玉堂錄》《觀省錄》《宜春日錄》等別爲小卷焉。

案鄭士龍曾兩度出使明朝。中宗二十九年(嘉靖十三年 1534)八月初八日,"冬至使鄭士龍奉表如京師",翌年正月十一日返京。① 此行副使及書狀官,《實錄》並不載,鄭氏行前實職,則刑曹參議也。首次出使所作《朝天錄》一卷,見《湖陰雜稿》卷二。《雜稿》末附龔用卿題跋曰:"《朝天日錄》,刑曹判書鄭君士龍雲卿所作也。雲卿於嘉靖甲午冬,奉其國王之命入朝貢於京師,日紀其道里之所經,目擊中國之盛,凡有所觸,輒爲發聲詩,故集以'朝天'名也。"②

鄭氏此次出使,曾呈文禮部,並面稟尚書夏言,稱祖宗朝,以朝鮮爲知禮,待之如內服,任便出入。今則五日出入,而無異於獷子,拘束太甚。雖出行,而無所爲之事,然欲買書冊,亦不得往書肆。欲出觀光,而把門人不快許其出入,至爲未便。後得聖旨,使得自由出入。自此之後,雖遠行周遊,而不之禁。然中朝之事,視前日繩撿尤緊。今後赴京人,各別申明戒敕,勿使有汎濫無禮之事爲當也。③

鄭士龍此《朝天錄》,收詩凡百四十餘首。鄭氏通曉音律,尤擅七律,詩風雄傑凌厲,與申光漢並稱雙璧。龔用卿謂其詩"沉著沖淡,不爲綺麗豔冶之辭,有唐人之遺意"④。今觀其作,多寫景抒情,而少唱和。如"馬齕枯萁和夢聽,鼠偷殘粟背燈看"⑤,"去傍清秋暮,來從獻歲新"等句⑥,溫厚平和,怪而不譎,逼真寫實,意趣盎然矣。

---

① 《中宗實錄》卷77,中宗二十九年(嘉靖十三年 1534)八月八日壬寅條;又卷79,中宗三十年一月十一日壬申條。
② 鄭士龍《湘湖雜稿》附錄龔用卿《題鄭判書朝天日錄》,《東萊鄭氏文集》,001/289。
③ 《中宗實錄》卷79,中宗三十年(嘉靖十四年 1535)正月二十七日戊子條。
④ 鄭士龍《湘湖雜稿》附錄龔用卿《題鄭判書朝天日錄》,《東萊鄭氏文集》,001/289。
⑤ 鄭士龍《甲辰朝天錄·連山逆旅》,《燕行錄全集》,003/029。
⑥ 鄭士龍《甲辰朝天錄·過江次義州》,《燕行錄全集》,003/063。

0048-1537
丁焕《朝天録》(《全集》第 3 册;《叢刊續》第 2 册《檜山先生文集》 刻本)

出使事由:謝恩行

出使成員:謝恩使右副承旨姜顯、書狀官司僕寺判官丁焕等

出使時間:中宗三十二年(嘉靖十六年 1537)六月十日—十二月八日

丁焕(1497—1540),字用晦,號檜山,光州人。中宗二十三年(嘉靖七年 1528)文科及第。歷成均館典籍、刑曹佐郎、慶尚道都事。與其弟煥同學,以篤學爲主,律己甚嚴,一無所苟,仕途不順,沉浮下僚。奔母喪,不勝悲慟,未朞而卒。兄弟孝悌,近古所未聞,一鄉之人,莫不歎美。有《檜山集》三卷傳世。事見《檜山集》卷三李恒福《墓表》(又見《國朝人物考》卷四六)、《中宗實録》等。

案丁焕《檜山集》三卷,初以散佚若干詩文附見於其弟煥《游軒集》,後由其外裔李道普據家藏焕所著《朝天録》及嶺南諸詠等,搜以遺文,纂輯而成,初刊於英祖四十一年(1765)。卷一爲詩,卷二《朝天録》《西行録》,卷三爲附録其《墓表》《行迹》等。《韓國文集叢刊續》影印自奎章閣藏本,與《燕行録全集》爲同一版本。有缺文,間有校語,雙行注曰"某字下缺某字"。亦多錯訛,如"譏察"當爲"稽查","幻爺塚"當爲"拗爺塚","兑朝"當爲"免朝"等。

嘉靖十五年(中宗三十一年 1536)十一月,嘉靖帝以皇子生,遣翰林院修撰龔用卿、户科給事中吴希孟頒詔於朝鮮,翌年三月抵王京。六月十日,中宗遣謝恩使右副承旨姜顯、書狀官司僕寺判官丁焕赴明;十二月八日,聖節使趙賢範來覆命,中宗命姜顯同時入對,並問及安南國莫登庸篡事,則其時已返王京焉。①

案丁焕此記,始此七月初一日,自義州登途渡江;終於十一月十四日,返至義州。時與進賀使南世雄、聖節使趙賢範之行,先後出發,並同在玉河

---

① 《中宗實録》卷86,中宗三十二年(嘉靖十六年 1537)十二月八日癸丑條。

館中。李恒福謂煥"嘗以朝京書狀官,不以絲毫有所私,一行加敬"者①,即指此行也。丁氏所記沿路各鎮關隘官員,每多索賄,凡所索者有布匹、藥丸、硯臺、弓箭、油芚、笠帽等,"皆別求物産,徵名責數","輒施好惡,逞志於外國行人,汙甚矣"。② 而入館後,下程諸物及開市貿易等,雖較前有所寬鬆,仍多所不便,"禮部移劄付於提督司,許我國行人,任他出入,猶令序班一人押行,然我行人越在異地,無相知可來往,從官等因公幹或往禮部,亦必詰難,至力辨然後給標帖,又令伴送牌子等領率若駔羊。然如日用蔬菜微物,亦不能任便買賣,縱無解禁劄,時防制之嚴,何以加此"③。則知館禁仍嚴也。

　　一行於回還途中,宿通州孟鐸家,鐸出四障掛於壁,則爲徐文華、程啓充、盧瓊上、劉琦四人贈鐸之詩,乃四人發配遼東,鐸不以犯人待之,諸人赦還時,感荷而贈鐸詩耳。考明正德、嘉靖間,崞民李福達(張寅),以彌勒教愚惑百姓爲亂,用黃白術干武定侯郭勳,勳大信幸。五年,"李福達獄"發,福達父子論死,妻女爲奴,没其産,責勳對狀。"啓充素蹇諤,張璁、桂萼惡之。會郭勳庇李福達獄,爲啓充所劾,璁、萼因指啓充挾私,謫戍邊衛。十六年赦還。"④史載與丁煥所記年代時日正合,煥詳記諸家詩及與通州賃房主孟鐸對話之語,可補明史之缺及徐文華等發配之事焉。又案徐文華爲嘉定州人,《明史》謂其"遇赦,卒於道"⑤。則未及還家,身死歸途,尤可憫焉。

0049-1-1539;0049-2-1539
權橃《朝天録》(《全集》第 2 册;《叢刊》第 19 册《沖齋先生文集》卷七刻本)
權橃《朝天録》(《全集》第 2 册;《叢刊》第 19 册《沖齋先生文集》卷八刻本)

　　出使事由:陳奏行

---

①李恒福《白沙先生集》卷3《故都事丁公墓表》,《韓國文集叢刊》,062/223。
②丁煥《朝天録》,《燕行録全集》,003/073。
③丁煥《朝天録》,《燕行録全集》,003/116。
④《明史》卷206《程啓充傳》,又見同卷馬録、劉琦、盧瓊等《傳》,018/5435。
⑤《明史》卷191《徐文華傳》,017/5073。

出使成員：正使漢城府判尹權橃、書狀官司諫院獻納尹世忱等

出使時間：中宗三十四年（嘉靖十八年　1539）閏七月二十七日—翌年二月三日

權橃（1478—1548），字仲虛，號冲齋，晚號松亭，安東人。文穎素達，出語驚人。燕山君二年（弘治九年　1496）中進士。中宗二年（正德二年　1507）別試丙科第二人及第。官至司憲府持平、禮曹參判、三陟府史等。"己卯史禍"作，坐罷，退處田間十有五年。起復後官至漢城府左尹、兵曹判書、禮曹判書、知中樞府使等。晚再遭誣，發配朔州卒。後封吉原君，謚忠定。有《冲齋集》九卷行世。事見《冲齋集》卷首《年譜》、卷八李滉《行狀》、鄭經世《神道碑銘》、朴淳《神道碑銘》，李中悦《乙巳傳聞錄》有傳。

案權橃《冲齋先生文集》九卷，前有洪汝河等序，有權氏詩文、日記、《朝天錄》等，末附錄權氏事蹟。爲其宗孫霁據家藏日記等編輯而成，顯宗十二年（1671）初刻於三溪書院，後經重編、三編，續入日記與《朝天錄》等，《韓國文集叢刊》據奎章閣藏本影印，與《燕行錄全集》爲同一版本。

《朝天錄》一卷，見權橃《冲齋先生文集》卷七。又《燕行錄全集》第二册收另本《冲齋先生文集》，則隸《朝天錄》於卷八，是本字大疏朗，較前本爲佳。權氏《日記》，行文簡略，全文皆同，唯卷末所附識語，辨《海東名臣錄》一節，前本隸於十一月二十一日條後，此本殿於全書之末爲異耳。

中宗三十四年（嘉靖十八年　1539）閏七月二十七日，朝鮮遣正使漢城府判尹權橃、書狀官司諫院獻納尹世忱等，爲宗系改正事入明陳奏。其《狀啓》曰："臣等到北京，使李應星語主客司郎中曰：'我國宗系事，永樂元年、正德十三年、今皇帝嘉靖八年，累次奏聞，奉聖旨准他改正，至今未見成書，我國君民，憫鬱罔極。大人備細磨勘，以解一國之憫。'"①案朝鮮爲宗系改正事，前後屢有陳奏。先是，成桂之篡立，本係全州人，與宰相李仁人（人一作任，爲慶北星州人）本異族。明太祖《皇明祖訓》載，"其李仁人，及子李成桂今名旦者，自洪武六年至洪武二十八年，首尾凡弑王氏四

---

① 權橃《朝天錄》，《燕行錄全集》，002/292。

王,姑待之"。永樂間,降祭海岳祝文,亦稱成桂爲仁人子。弘治十年,始纂《大明會典》,十五年成一八〇卷。正德時參校後刊行,嘉靖時經兩次增補,萬曆時又加修訂,撰成重修本二二八卷。《會典》於朝鮮國下,亦載《祖訓》語。故朝鮮於永樂元年、正德十三年(南袞、韓忠等奏請)、嘉靖八年(柳溥入奏),累次奏聞,備陳世系,辨先世無弑逆事,乞改正。奉聖旨准他改正,然因《會典》修訂未成,故未見改正焉。

今次權橃復又來陳奏辯誣,嘉靖帝敕曰:"爾國數以宗系明非李仁任之後來奏,我成祖及武宗朝,俱有明旨,朕亦具悉矣。但我高皇帝祖訓,萬世不刊,他日續纂,宜詳録爾辭。爾恪共藩職,朕方嘉爾忠孝,可無遺慮也。其欽承之。"①權氏返國,因功"加資,田地並四十結,外居奴婢並五口"②。並其書狀官尹世忱、通事李應星亦因功而加資,並賞田結焉。然據任權《燕行日記》,知在北京期間,權氏卧病在館,往來奔走諸衙門者,爲任氏與李應星耳。權氏回國,貪爲己功,故任氏有辨,當時即起爭議焉。

0050-1539

任權《燕行日記》(《續集》第 101 册;《静容齋集》,以文社 1939 年石印本)

出使事由:冬至行
出使成員:正使禮曹參議任權、書狀官司諫院獻納尹世忱等
出使時間:中宗三十四年(嘉靖十八年　1539)閏七月二十七日—翌年二月三日

任權(1486—1557),字士經,號静容,豐川人。爲人剛果峭直,雅不喜聲色。直言極諫,不畏權貴。己卯之禍,幸免於難。官至司諫院正言、禮曹參判、全羅道觀察使、兵曹判書、禮曹判書、工曹判書等。卒謚貞獻。有《静容齋集》四卷行世。事見中宗、明宗《實録》等,安璐《己卯録補遺》卷上有傳。

任權《静容齋集》四卷,二册,以文社 1939 年石印本,前有昭和癸酉

---

① 權橃《朝天録》,《燕行録全集》,002/324。
②《中宗實録》卷 92,中宗三十五年(嘉靖十九年　1540)二月九日壬申條。

(1933)弘農延浚序,末有任氏後裔振、炯準分別於己卯(1939)、戊寅(1938)所作跋語。《燕行日記》見於本集《雜著》中。

中宗三十四年(嘉靖十八年 1539),以任權爲冬至使,與奏請使權橃同發,其"燕行日記"大題下注"時以刑曹參議如京,而無書狀官者,奏請使書狀官尹世忱兼行耳"①。此可知尹世忱爲兼兩行之書狀官也。

任氏《日記》所記,在途多簡略,在京記宗系辨誣事,則所動所言,極爲詳盡。其可怪者,任氏書中所記,與權橃《朝天錄》幾如出一人之手耳。

案兩家日記俱在,今可按而考,以明其情及前後抄襲之迹焉。蓋任氏之書先成,而權氏後人抄撮剪裁者焉。何者? 其一,奏請使權橃自沿路至北京,奄於病痛,幾成廢人。八月二十二日,兩起至平壤,"奏請使因酒不平",直至二十八日,皆因病不出。② 九月十二日至十九日在海州,奏請使"氣仍不平"。"勢難騎,令通事崔世瀛買車於西館馹"③。及抵玉河館後,自十月二十八日起,奏請使便"因病不出",凡私訪朝士之家,若龔用卿、華察、薛廷寵等,或往禮部奏請一應諸事,皆任權與通事李應星同往也。如十月二十八日,權氏記稱"遣李應星將賫來物件送於龔天使,適不在家,又往薛天使家"④。任氏記曰"奏請使因病不出,吾與李應星將賫來物件送於龔明使,適不在家,又往薛明使家"⑤。又如權氏記稱十一月六日"凌晨詣闕,以下馬宴往會同館,千秋使以上馬宴亦往",七日"與千秋使、冬至使率一行人詣闕謝恩後還館"。⑥ 任氏記稱"奏請使病不出。凌晨,我獨詣闕下,以下馬宴往會同館。千秋使以上馬宴亦來",七日,"吾與千秋使率一行詣闕謝恩後還館,奏請使病不出"。⑦ 據此,則自抵館至十一月二十一日上馬宴期間,凡百諸事,皆委之任權與李應星耳。唯自臘月四日至十六日期間,任權因嘔逆症不出,權氏行之,其時使事已成矣。

---

① 任權《燕行日記》,《燕行錄續集》,101/363。
② 任權《燕行日記》,《燕行錄續集》,101/370。
③ 權橃《朝天錄》,《燕行錄全集》,002/340。
④ 權橃《朝天錄》,《燕行錄全集》,002/362。
⑤ 任權《燕行日記》,《燕行錄續集》,101/387。
⑥ 權橃《朝天錄》,《燕行錄全集》,002/369—370。
⑦ 任權《燕行日記》,《燕行錄續集》,101/392—393。

權氏記中,於平壤及沿途病痛之事,記載大同於任氏。而於在玉河館期間委頓不起之事,則百般隱瞞,其記中或模糊其詞,或儼然自往,其實皆任、李二氏代行也。

其二,初,兩起使行八月三日在"金巖驛道上,見進賀使李苍之通事先來,云書狀官柳公權六月十七日死於北京,元繼蔡七月二十四日死於通州地"①。八月十日在平壤(任氏誤記爲十一日),權氏録中記"災傷御史吏曹正郎任虎臣自中和到,同舟而行"②。而任氏《日記》載,"災傷視察救恤御史長姪虎臣自中和來到,而自上有下書曰:'卿等使事雖殊,宜相諳委,一人有故,可以代行云。'"③蓋柳公權死訊已達於國王,懼權氏年老多病,爲防不測,故有如此下書也。又十一月八日,權氏記"千秋使率一行詣闕辭朝,以尚書不坐,是日不得發"④。此下再無文字。而任氏於此下記曰:"還館設酌,三使飲酒相話。奏請使曰:'冬至使任務已畢,祇受欽賞,事當即發,而吾之老病如是不健,情難分離。且有殿下下書'一人有故,可以代行'之教,故因我久滯寓館,見甚憫然。"⑤此可知權氏有意漏載國王"一人有故,可以代行"之諭;而任氏詳載之,諒其絕不敢捏造教諭,以貽世人也。

其三,今考權、任兩家之書,一路記行全同,詳則皆詳,略則皆略。記中所記諸事相疊相合,兩起使行沿路同行,所接所遇皆同,尚可有說;而每日記載文字,亦幾全同,則不可解之事。或偶有詳略,間有錯訛。如十一月"十七日晴,免朝"。十八、十九日皆如之,權氏之録如此,而任氏所記亦同。權氏載"二十日,缺。使書狀往觀天壇"⑥。而任氏記"吾與書狀官及一行,往見天壇"⑦。下詳記天壇所見,而權氏亦如之。則兩家所記,必有一人先成,後者爲抄撮前者而成矣。

---

①任權《燕行日記》,《燕行録續集》,101/365。
②權橃《朝天録》,《燕行録全集》,002/333。
③任權《燕行日記》,《燕行録續集》,101/367。
④權橃《朝天録》,《燕行録全集》,002/371。
⑤任權《燕行日記》,《燕行録續集》,101/394。
⑥權橃《朝天録》,《燕行録全集》,002/376。
⑦任權《燕行日記》,《燕行録續集》,101/398。

又權、任二氏返國謁闕，奏請使權橃、書狀官尹世忱、通事李應星皆加資賞田，而一不及任權。今權氏《朝天錄》中，有辨《海東名臣錄》者，其謂《海東名臣錄》載，當時任權以冬至使赴京，與權橃偕行，到京權氏因病不出，任氏獨詣禮部，辨明敷陳，言意誠欵，乃蒙允俞，使還行賞，竟不及任氏，任略無片言出於口，初若不與知者，人以此益多公，而嗤彼之不讓云。其辯曰："按先生《日記》中，備載當日事首末，先生入京後，未嘗一日有病，親詣禮部者三，遣通事者六，乃得准請敕旨。及竣事還歸之日，先生適以足疾，不參於上馬宴，任公與奏請書狀官跪階上，令奏請上通事，致謝意於尚書而已。此一欵外，別不見任公致力處，而錄中爽實如此，殊不可曉。況使事既殊，賞典自有所歸，而及至行賞，先生猶且懇辭，詳見於《行狀》及碑銘，則所謂'嗤彼之不讓'者，尤不足多辨矣。茲並錄之，使覽者有所考焉。"①而任氏於《日記》末亦曰賞賜"竟不及我焉。奏請使長我九歲，而年老多病，事多代行，然於朝無片言出於口，若敕不與知者，而見蘇貳相世讓略言之"②。蓋任氏不平，告之蘇世讓，故其後司憲府啓查權橃此行，與冬至使任權偕行，見《中宗實錄》及權氏《日記》。權氏因陳奏得賞，俱見上條。《中宗實錄》載，當時憲府啓："今此宗系改正事，專由聖上事大以誠，而命依賞南袞之例。南袞則呈文禮部，往復奏請，非權橃只齎表文之比。施賞禍疊，至於加資，南袞所無之事，以及譯官之賤，非所以賞有功也。物情駭怪，極爲未便，請改成命。"③則當時已有物議，然中宗不聽諫，仍賞如故矣。

　　如上所考，權、任二書，實則爲一書，蓋權氏之書，乃自任氏書抄撮而成也。燕行錄千餘家，前後抄襲不一，然如權、任二氏之雷同者，蓋亦鮮矣；且此前使行諸家，未有此習，而惡例之開，濫觴於此（或權書抄成稍晚，亦未可知）；又使行爭功，矛盾牴牾，亦始於此行。故考讀燕行錄者，不可僅以一家之說，據爲定論，必前後比勘，上下求索，方知彼先此後，彼確此誤，此真彼假，或彼此皆假，可不慎歟！

―――――――

①權橃《朝天錄》，《燕行錄全集》，002/391—392。
②任權《燕行日記》，《燕行錄續集》，101/409。
③《中宗實錄》卷92，中宗三十五年（嘉靖十九年　1540）二月九日壬申條。

0051-1544
鄭士龍《甲辰朝天録》(《全集》第3册;《東萊鄭氏文集》 刻本)

出使事由:冬至行
出使成員:正使工曹判書鄭士龍、書狀官刑曹參判宋麟壽等
出使時間:中宗三十九年(嘉靖二十三年　1544)九月六日—翌年閏正月十六日

案鄭士龍有《朝天録》(0047-1534),已著録。

中宗三十九年(1544)九月初六日,鄭士龍以賀冬至節如京師,翌年閏正月十六日返京,是爲鄭氏再度出使明朝。嘉靖二十三年十一月甲子,明朝文武百官詣奉天門行五拜三叩頭禮。"朝鮮國王李懌遣陪臣鄭士隆等入賀,宴賚如例。"①"士隆"者,即"士龍"之誤也。鄭氏行前,黄海道觀察使趙士秀奏啓,九月初八日,殷栗縣席島,於初六日有遼東人崔吾乙古等,遼東吾叱古里島居生,與鹿島居船主池月等,以捉魚事,九月初二日發船,初三日北風大起,船遂致敗,人多溺死,有十五人等板葉、風席執持合結,漂到於此。② 中宗命鄭士龍順付解送歸中國。因是之故,士龍等齎回欽賜銀五十兩、段四表裏焉。③

案《甲辰朝天録》僅有《鳳凰城》、《發遼東望京樓用駝村史巡按韻》二首、《發廣寧遇游擊將軍提兵赴徵》、《通州》、《朝天宫演禮》、《還到廣寧有感》七首詩。蓋因第二度出使,又少唱和之作,故所作甚少,或有删削所致耳。案明成化十一年(1475)有祁順、張瑾,弘治元年(1488)有董越、王敞,正德十六年(1521)有唐皋、史道等先後出使朝鮮,並有詩作,故鄭氏詩中,多有步祁、董、唐諸人之韻。《見朝》《朝謁》《朝天宫》《冬至祀天》《慶成宴》諸詩,雍穆和貴,氣象宏闊;而沿途所作即景抒懷之作,則不求高深,而自然諧趣焉。

---

①《明世宗實録》卷292,嘉靖二十三年(1544)十一月甲子條,044/5607。
②《中宗實録》卷104,中宗三十九年(嘉靖二十三年　1544)九月十一日丁未條。
③《仁宗實録》卷1,仁宗即位年(嘉靖二十四年　1545)閏正月十六日己卯條。

卷七　0052—0057

明宗即位年（明世宗嘉靖二十四年　1545）—
明宗二十二年（明穆宗隆慶元年　1567）

0052-1545

李滉等《朝天別章》（《叢刊》第27冊《溫溪逸稿》　刻本）

出使事由：聖節行
出使成員：正使同中樞府事李瀣、副使同副承旨柳辰仝等
出使時間：明宗即位年（嘉靖二十四年　1545）八月十日—十月二十五日

　　李滉（1501—1570），初名瑞鴻，字景浩，號退溪，真寶人。天資粹美，材識穎悟，幼而喪考，自力爲學，文章夙成。以禮法自律，雅意恬静。歷任公州判官、丹陽郡守、大司成、大提學、議政府右贊成、判中樞府事等。其學折衷於朱子，以理爲宗，義理精微，洞見大原。道成德立，愈執謙虚，從遊講學者，四方而至，士風爲之不變。時士禍頻仍，滉退居鄉里，累進爵徵召，皆不起。家居禮安之退溪，世人稱退溪先生。晚年築室陶山。有山水之勝，改號陶叟。卒謚文純。所編輯有《理學通錄》《朱子節要》及《退溪集》六十八卷行於世。事見《退溪先生續集》所載《年譜》三卷及明宗、宣祖《實錄》等。

　　李瀣（1496—1550），字景明，號溫溪，真寶人，移居於禮安。李滉族兄。少孤，學於叔父堣。中宗二十三年（嘉靖七年　1528）登科。官至成均館典籍、司憲府大司憲等。明宗朝，陞同知中樞府事、黄海道觀察使、漢城府右尹等。後爲李芑、李無彊所構，流於甲山，道卒於楊州。瀣工於隸書，篤於友朋，不趨權貴，務於自守。有《溫溪逸稿》四卷存世。事見《溫溪逸稿》卷三李滉《墓誌》《墓碣》、李級《溫溪先生年譜》等。

案李瀣於明宗即位年(嘉靖二十四年　1545)以聖節使出使中國,《明宗實錄》漏載其出發與回還日期。據《溫溪先生年譜》,則出發爲八月初十日。又《明宗實錄》謂十月二十五日,"聖節使柳辰全回自京師"①。又《明世宗實錄》,是年七月甲申,朝鮮派"禮曹參判李瀣等奉表貢方物,賀萬壽聖節,宴賞如例"②。然申光漢贐李瀣詩題有"與聖節使李景明、柳叔春兩君作別"③,可知柳當爲副使也。考柳辰全(1497—1561),字叔春,號竹堂,晉州人。燕行前爲新遷同副承旨也。又《明實錄》稱"賞宴如例",而據《明宗實錄》,"李瀣等之行,中朝錫宴云,是必前度太監,襃美我國,乃謂禮義之邦而然也"④。又同年十一月,遣同知中樞府事南世健、僉知中樞府事尹溪,如京師謝恩,兼奏聞進賀。則"以聖節使李瀣等賜一品宴,又刷還我國漂流人等也"⑤。然則知此次賜宴,非同尋常可比矣。

李瀣《溫溪逸稿》四卷,爲六代孫見龍據家藏草稿編輯,七代孫世澤增入《年譜》等,於英祖四十八年(1772)刊於陶山書院。《韓國文集叢刊》據國立中央圖書館藏本影印。凡詩二卷附錄二卷,詩集及卷二所附李瀣遺墨,皆不見朝天詩。據《年譜》末注曰"《朝天錄》失不傳"⑥,則知其稿已佚矣。惟卷三末有李滉、安珽、申光漢、宋麟壽、黃孝恭、李天啓等《朝天別章》九首耳。

案李瀣爲滉族兄,滉詩有"賴兄湔拔策駑蹄,接武青雲期立揚"句,可知其未顯時,瀣助益甚力也,故滉詩亦寓兄弟情深,感慨寓之耳。又滉詩言"宓也嶄然出頭角,要堅志氣艱難嘗"⑦。宓爲瀣長子,陪父赴京,九月歸到通州,中濕猝劇而卒。瀣痛哭無奈,謂此於人理,所不能堪,況於萬里

---

①《明宗實錄》卷2,明宗即位年(嘉靖二十四年　1545)十月二十五日甲寅條。
②《明世宗實錄》卷301,嘉靖二十四年(1545)七月甲申條,045/5728。
③李滉等【原題李瀣】《溫溪逸稿》卷3《昨送華亭張華使……七八並及之》,《韓國文集叢刊》,027/290。
④《明宗實錄》卷2,明宗即位年(嘉靖二十四年　1545)十一月十七日丙子條。
⑤《明宗實錄》卷2,明宗即位年(嘉靖二十四年　1545)十一月十二日辛未條。
⑥李滉等【原題李瀣】《溫溪逸稿》末附李級《溫溪先生年譜》,《韓國文集叢刊》,027/321。
⑦李滉等【原題李瀣】《溫溪逸稿》卷3 李滉《奉送同知兄聖節使朝京》,《韓國文集叢刊》,027/289。

之程耶！① 瀣攜子同遊燕京，意欲見識天朝，激勵意志，不意以少小之年，客死他鄉，則瀣之悲傷摧胸，令人四百餘年之後，仍唏噓難已焉。

0053-1547
宋純《燕行錄》(《叢刊》第 26 册《俛仰集》《俛仰集續集》 刻本)

  出使事由：奏聞行
  出使成員：正使宋純、副使柳智善、書狀官朴忠元等
  出使時間：明宗二年（嘉靖二十六年 1547）五月十三日—十月二十七日

  宋純(1493—1582)，字守初，一字誠之，號企村，又號俛仰，新平人。從訥齋朴祥學，深致勉勵，期以遠大之業。又從遊於金安國、李滉、奇大昇、李珥，講磨道義。中宗十四年（正德十四年 1519），登別試乙科。官至慶尚道觀察使、司憲府大司憲、全羅道觀察使、開城留守、吏曹參判等。因忤尹元衡，竄於順川。再官全州府尹、漢城府判尹、議政府右參贊等。雖早登高科，敭歷華顯，而屢閱世道之變嬗，終守雅志之勁確。暮年居閒養静，悠然有出塵之趣。有《俛仰集》七卷《續集》三卷行世。事見《俛仰集》卷四趙鍾永《右參贊企村宋公謚狀》，卷五黄胤錫《家狀》、宋焕箕《行狀》及《年譜》等。

  案宋純《俛仰集》七卷《續集》三卷，爲其九世孫在悦蒐集，於純宗二十九(1829)刊行，憲宗十二年(1846)增入《續集》刊行，《韓國文集叢刊》據國立中央圖書館藏本影印。正集詩三卷、文一卷、附錄三卷，前有趙寅永序，李晦源跋。《續集》亦有詩有文，有洪直弼序，卷三爲附錄，多輯他人記宋純軼事也。

  明宗二年（嘉靖二十六年 1547）五月，以宋純爲奏聞使、柳智善爲副使、朴忠元爲書狀官赴燕。其出使日期，不見《實錄》。考宋焕箕《行狀》稱，"五月，差奏聞使赴北京"②。《俛仰集續集》卷二所輯《燕行錄》條

---

①李滉等【原題李瀣】《温溪逸稿》末附李級《温溪先生年譜》，《韓國文集叢刊》，027/321。
②宋純《俛仰集》卷 5 宋焕箕《行狀》，《韓國文集叢刊》，026/269。

載"十三日,發行裝入,謝恩而出"①,此可知出發乃五月十三日也。一行於十月二十七日返京②。即宋詩所謂"兹程起仲夏,旋斾擬初冬"者也③。

先是,當年正月,朝鮮咨稱"福建人從無泛海至本國者,因往日本市易,爲風所漂,前後共獲千人以上,皆挾軍器貨物,致中國火砲亦爲倭有,恐起兵端"。嘉靖帝詔"頃年沿海奸民犯禁,福建尤甚,往往爲外國所獲,有傷國體。海道官員令巡按御史察參。仍賜王銀幣,以旌其忠"④。又前次"進獻使李巏回還時所受敕書咨文,裝在坐車,到連山驛見偸"⑤。朝鮮以爲敕書見偸及中原人來爲水賊,皆是重事,故再遣宋純等赴京奏聞也。

宋純一行在玉河館,仍是門禁甚嚴,形如楚囚,純上疏禮部,稱"竊照本國忝備東藩,世守箕封。天朝自前以知禮稱許,不與諸夷並數。而出入之便,惟在於彼國,鎖閉之令,獨加於小邦。夫疑生於不信,禁由於難製。今乃俾皇恩壅而不布,下情鬱而不伸,恐有礙於導宣天澤,撫綏遠人之義也"⑥。案朝鮮使臣之有門禁,由來已久矣。初,"嘉靖甲午,中廟命進賀使蘇世讓投呈禮部,乞罷門禁。尚書夏言等題准每五日一次,許令正使及書狀官等人出館,於附近市街觀遊,仍剳付空閒通事一員陪侍出入,以示禮待防衛之意。是年,又命冬至使鄭士龍呈咨文於禮部,乞依舊例許使臣各起,勿拘五日自行出入,夏言等題准聽其每日出入,不必限制,其後門禁漸復其舊。至於丁未歲,奏聞使宋純、柳智善等,又呈文禮部,乞通門禁,尚書費寀等題准該國使臣聽其附近所在,同書狀官及從人不過二三名,遊觀出入,不必限制,前後題准者三,而若遊觀國子監、天壇則許往,通事有公幹,則給票帖而已。萬曆癸酉,余隨奏請使臣赴京,提督主事華叔陽,另加防禁,既鎖門又閉中門,使我國人不得出中門之外,館中小甲,不得入中門之內,使臣以使事未完,不合呈開市通狀,提督以爲既不開市,凡外人之

---

①宋純《俛仰集續集》卷1《燕行錄》,《韓國文集叢刊》,026/334。
②《明實錄》卷6,明宗二年(嘉靖二十六年 1547)十月二十七日甲戌條。
③宋純《俛仰集》卷2《次趙參判季任士秀令公到遼東韻三首》其一,《韓國文集叢刊》,026/209。
④《明史》卷320《外國一·朝鮮》,027/8290。
⑤《明宗實錄》卷5,明宗二年(嘉靖二十六年 1547)四月十日辛卯條。
⑥宋純《俛仰集》卷5宋焕箕《行狀》,《韓國文集叢刊》,026/269。

物,不可出外,以故凡朝夕所供魚菜等物及譯官以下所需,或酒或果,皆令館夫自用其銀錢買給,仍錄其物告於提督,用朱筆點之,其防範至此,古今之所未聞。過了一日,真抵一年,若此規常存,朝貢之苦,殆不可勝言也"。① 比及返國,不聞有賞賜事,蓋以人事涉私上疏奏故也。

　　宋純朝天詩,見《俛仰集》卷二,收詩近四十首。使團行至撫寧,有童子養正讀書,純贈詩勉以正學,深痛"自從科舉爲人病,天下堪傷正學蕪"②。又到三河,縣人王繼福出示《岳武穆精忠圖》,純留詩寓感。返至山海關,主事方九叙待之以禮,贈以《瀛海集》,宋氏詩以謝之。其詩皆寓意切深,感懷殷殷。又《俛仰集續集》卷一《燕行錄》,乃後人從他書輯出者,共三條。一爲李珥上書薦"朝廷百官中,校理宋純,可遣燕京"。上允之。一爲拜表出發日,"時李滉、李珥、柳希春、奇大昇、羅世纘、金麟厚、洪春卿、洪春年,臨別各作詩傾盃,李珥曰:'美哉宋先生,此行何異於神仙乎!'李滉、羅世纘曰:'他日玉堂輩,今年燕京仙。'宋公馬上感口上恩,口占作歌曰"云云。③ 一爲宋純在北京,"奏事明敏,天子特賜黄玉燭、四書一件"④。在當時使臣而言,亦可謂不世之榮也。

　　宋純雖在朝,然仕宦不暢,忤於時貴,竄於外凡五年,自是常有棄官歸去之思。其庶叔與公昵者每曰:"外居宰相,吾見出自西小門者,未見有從南大門而出者。"蓋仕宦於京者,至死不出故云云。然公每嫌其言,其自開城納節而歸也,庶叔送之江滸,公臨觴語之曰:"吾乃今得出南大門矣!"⑤ 宋純持"欲尋安樂地,誠敬是歸程"之志⑥,於潭陽建俛仰亭,其《俛仰亭歌》曰:"俛有地,仰有天。亭其中,興浩然。招風月,挹山川。扶藜杖,送百年。"⑦又有俛仰亭長歌、短歌、雜歌、贊等。前述宋氏口占所作歌,乃別曲一首,時鄭徹、宋純等,皆別曲大家,宋氏《俛仰亭歌》、鄭氏《關東別曲》

---

①魚叔權《稗官雜記》卷6,沈魯崇編《(静嘉堂本)大東稗林》,028/148—150。
②宋純《俛仰集》卷2《贈撫寧讀書兒童養正》,《韓國文集叢刊》,026/209。
③宋純《俛仰集續集》卷1《燕行錄》,《韓國文集叢刊》,026/334。
④宋純《俛仰集續集》卷1《燕行錄》,《韓國文集叢刊》,026/334。
⑤宋純《俛仰集》卷4引《夢窩續自警編一段》,《韓國文集叢刊》,026/250。
⑥宋純《俛仰集》卷1《自警》其二,《韓國文集叢刊》,026/188。
⑦宋純《俛仰集》卷3《俛仰亭歌》,《韓國文集叢刊》,026/232。

等,長歌短曲,實爲巨擘。而當時贐行諸家,若李珥、李滉輩,皆名家大儒,冠蓋相望,堪稱一時之盛事焉。

0054-1548
崔演《西征録》(《全集》第 3 册;《叢刊》第 32 册《艮齋先生文集》 刻本)

> 出使事由:冬至行
> 出使成員:正使知中樞府事崔演、副使護軍邊明胤等
> 出使時間:明宗三年(嘉靖二十七年 1548)八月二十日—翌年二月四日(返至平壤)

案崔演有《朝天詩》(0046-1534),已著録。

明宗三年(嘉靖二十七年 1548)八月二十日,以冬至使知中樞府事崔演、副使護軍邊明胤等出使明朝,翌年二月初二日,返至平壤,崔演不幸而病卒焉。

案崔氏《艮齋先生文集》卷三所録朝天詩百五十餘首,爲《燕行録全集》所漏收。其二次出使時撰《西征録》二卷,見《文集》卷九至卷一〇,前卷有百二十餘首,後卷百六十餘首詩。《年譜補遺》謂"公眉眼如畫,聰明强記。爲文迅速,筆不停轍"①。此兩度出使,凡有詩四百三十餘首,可證其言不虚也。

崔演此次出使詩作,卷九詠所經之地,多紀實之作;後卷則如《旅館抒懷三十首》《夜賦》《有感》《夢歸》《夜坐》《寒夜》《感懷》《懷歸》《病卧》《病起》《獨坐》《衣敝》等,多抒懷思歸之作,亦多牢落不平之意,蓋因病之故也。作者孝思綿綿,一忽而不忘慈母。如《得黄柑送母》、《食沙糖》"慈闈思一獻,其奈道途賒"等②,拳拳慈親,孝心感人。又《飲茶》《吃飯》《詠湯婆》《冠》《帶》《筆》《墨》《紙》《硯》《裘》《燭》《燈》《燈花》《燈檠》《爐》《炭》《香爐》《鏡》《几》《竹杖》《屨》《被》《枕》《毛帳》等,則客中詠物遣

---

①崔演《艮齋先生文集》卷 12《年譜補遺》引《江陵府志》,《韓國文集叢刊》,032/208。
②崔演《艮齋先生文集》卷 10《食沙糖》,《韓國文集叢刊》,032/214。

興,頗多意趣。他如"心懸北極北還北,跨過西京西復西"①,"譬如觀水難言也,曰自生民莫盛於"②,"身賤人人相汝爾,談清日日雜於而"等③,以虛字入韻,句亦險絕。又如《旅館抒懷三十首》"愁看腰帶頻移孔,多病深憐見在身"④,《自然六首》"如此復如此,自然還自然"等句⑤,句奇意新,戛戛獨造。又善用長律,以泄離愁。《送秋書狀官李夢錫士弼還故國》用進退格(律詩用韻的一種格式,一首詩採用兩個相近的韻部來押韻,隔句遞換用韻,一進一退,故名)。詩中用柳子厚韻爲多,而句則多類杜陵詩也。

案崔演有弟洵,才華穎發,聲名藉甚。第二次奉使時,"啓請於朝,以布衣俱與焉"。然還至義州,"洵以水土之疾,竟至不淑"⑥。其在燕館,演次洵詩,即有"客懷何事轉悠悠,瓶裏難將覆水收"之句⑦,蓋彼時已病,後悔無已也。崔演"事二親以孝,友四弟極誠"。過哀成疾,到平壤,卒於旅館。⑧ 兄弟雙雙,殞命道途。許筠悲歎其"念二親必傷,憂成疢而逝,不克終天業。悲夫!"⑨其自謂見中國山河之大,"弧矢平生志四方,不辭千里客他鄉。吟詩每被江山助,才氣從今種種生"⑩。惜才華未展,而兄弟偕亡矣。

0055-1562
柳中郢《燕京行錄》(《續集》第 101 冊　鈔本)

出使事由:納貢行

出使成員:管押使柳中郢等

---

①崔演《艮齋先生文集》卷 9《戀主》,《韓國文集叢刊》,032/162。
②崔演《艮齋先生文集》卷 10《遊國子監謁先聖二首》其二,《韓國文集叢刊》,032/208。
③崔演《艮齋先生文集》卷 10《感懷二首》其一,《韓國文集叢刊》,032/230—321。
④崔演《艮齋先生文集》卷 10《旅館抒懷三十首》其十一,《韓國文集叢刊》,032/210。
⑤崔演《艮齋先生文集》卷 10《自然六首》其一,《韓國文集叢刊》,032/232。
⑥崔演《艮齋先生文集》卷 12《年譜》,《韓國文集叢刊》,032/207。
⑦崔演《艮齋先生文集》卷 10《次洵弟韻》其五,《韓國文集叢刊》,032/182。
⑧崔演《艮齋先生文集》卷 12《年譜》,《韓國文集叢刊》,032/207。
⑨許筠《惺所覆瓿藁》卷 16《崔公神道碑銘》,《韓國文集叢刊》,074/273。
⑩崔演《艮齋先生文集》卷 3《漫興》,《韓國文集叢刊》,032/056。

出使時間：明宗十七年（嘉靖四十一年　1562）八月一日—翌年正月八日（返至前屯衛）

　　柳中郢（1515—1573），又作仲郢，字彥遇，號立嚴，安東豐山人。成龍父。中宗三十五年（1540），登文科。爲工曹佐郎、惟新縣監、義州牧使、黃海道觀察使，歷定州、驪州、清州牧使，入朝爲禮曹參議、右副承旨等。旋病卒。有《燕京行錄》一卷行世。事見柳成龍《西厓先生文集》卷二〇《府君墓誌》等。

　　此《燕京行錄》一卷，鈔本，收入《燕行錄續集》第一〇一册中，版本不知出自何處。乃柳中郢朝天沿途所記日記，偶有詩作。鈔工整飭，間有校字及缺字。首頁大題後書"嘉靖四十一年八月初一日，拜辭出城"①。未書使事爲何。其在義州，"與冬至使郭同知、書狀官河佐郎同渡江"②。考《明宗實錄》皆不載兩起使行，郭、河二氏事蹟，亦不可考知。然其子成龍《府君墓誌》載，"壬戌秋，差管押使，貢馬京師"③。一行十一月初六日抵玉河館，七日即"差通事申世俊送呈奏本於鴻臚寺"④，據日記所載，可知仍兼宗系改正事也。其記事自義州始，返程則於翌年正月初八日"坐車過高嶺，來宿於前屯衛"止⑤，或有殘缺故耶？

　　時明廷已至多事之秋，嘉靖四十年七月，俺答犯宣府，副總兵馬芳禦卻之。九月，犯居庸關，參將胡鎮抵退之。十一月，吉能犯寧夏，進逼固原。十二月，把都兒犯遼東蓋州。四十一年，五月，嚴嵩罷。土蠻攻湯站堡，副總兵黑春力戰死。柳中郢一行，沿途盤費乏供，行車不足，道路艱梗，或路跌滑，或陷澤中。而沿途經韃賊之後，人家凋敝，破瓦頹垣，家室一空，時因館舍毀破，投宿於寺廟者。一路見明軍調動，兵馬填咽，時有警至，驚懼趲行。其在館中，得見十月內通報，字多訛誤，不成文理。"嚴嵩雖在致仕出外，而章奏不絕，科道雖殫劾貪縱，前後相繼，而害公利私者皆

---

①柳中郢《燕京行錄》，《燕行錄續集》，101/412。
②柳中郢《燕京行錄》，《燕行錄續集》，101/412。
③柳成龍《西厓先生文集》卷20《府君墓誌》，《韓國文集叢刊》，052/379。
④柳中郢《燕京行錄》，《燕行錄續集》，101/448。
⑤柳中郢《燕京行錄》，《燕行錄續集》，101/469。

是,世道至此,可歎可歎。"①嘉靖後期,四境不靖,國勢衰微,即此可見矣。

又《明宗實錄》載,右副承旨崔應龍,前爲義州牧使時,居官不謹,見聞唾鄙,及到於京,處事之際,所失亦大。其爲牧使時,適柳仲郢奉使得好馬而還,以自騎爲嫌,與應龍之馬相換,而應龍以仲郢之馬,又與右尹沈鎡馬相換,人皆笑之。然應龍之過,乃仲郢誤之,憲府請而罷應龍職焉。此亦可知使臣之營利謀私,又百般避忌之情狀耳。

0056-1566,1573,1589,1594
尹根壽《朱陸異同》《月汀漫錄》(《叢刊》第47册《月汀先生别集》;《叢書》第203册　活字本)

出使事由:聖節行
出使成員:正使吏曹參判朴啓賢、書狀官吏曹正郎尹根壽等
出使時間:明宗二十一年(嘉靖四十五年　1566)七月?—十月十三日

出使事由:奏請行
出使成員:正使户曹參判李後白、副使司憲府執義尹根壽、書狀官獻納尹卓然等
出使時間:宣祖六年(萬曆元年　1573)二月二十八日—九月十六日

出使事由:聖節兼奏請行
出使成員:正使工曹參判尹根壽、書狀官司諫院正言尹泂等
出使時間:宣祖二十二年(萬曆十七年　1589)三月二十日—十一月二十二日

出使事由:奏請行
出使成員:正使行判中樞府事尹根壽、副使行上護軍崔岦、書狀官司憲府持平申欽等
出使時間:宣祖二十七年(萬曆二十二年　1594)八月二十日—翌年三月二十七日

---

①柳中郢《燕京行錄》,《燕行錄續集》,101/454—455。

卷七　尹根壽《朱陸異同》《月汀漫録》　121

尹根壽(1537—1616)，字子固，號月汀，慶尚道海平人。斗壽弟。少好學，嗜性理書，訪李滉、曹植，論朱陸同異。從成渾、李珥游，爲莫逆交。明宗三年(嘉靖三十七年　1558)別試文科丙科登第。宣祖五年(隆慶六年　1572)任成均館大司成。二十三年，以工曹參判任聖節使，出使明朝，兼爲宗系辯誣事。因功封爲海平府院君，陞右贊成。二十五年，與西人鄭澈因建儲事，牽連削職。"壬辰倭亂"起，復官至禮曹判書。爲人清白簡率，文章古雅，筆法遒勁，爲永和體，推爲藝苑宗匠。晚以文史自娱，絶意交遊。柱國三十年，環堵蕭然如寒士。謚文貞。著有《月汀集》七卷《別集》四卷等。事見《國朝人物考》卷五〇申欽《碑銘》、《宣祖實録》、《光海君實録》等。

尹根壽《月汀集》七卷《別集》四卷，詩文諸體皆備，前有熊化序，末有金尚憲、尹新之跋；《別集》又有朴瀰周序，末有根壽六世孫得觀識語。原書據家藏稿編輯校正，刻於仁祖二十五年(1647)，後增入《朱陸論難》《韓文吐釋》《月汀漫録》等爲《別集》，用芸閣鑄字刊於英祖四十九年(1773)。《韓國文集叢刊》據奎章閣藏本影印(《韓國歷代文集叢書》同)，《燕行録全集》與其爲同一版本。

案尹根壽自稱，"余之朝京凡四度。嘉靖丙寅，以書狀隨朴灌園公而行"①。考《明宗實録》二十一年十月十三日，"聖節使朴啓賢回自京師"②。灌園即朴啓賢，丙寅即嘉靖四十五年(明宗二十一年　1566)，此尹根壽第一次出使也；宣祖五年(隆慶六年　1572)十二月二十六日，"宗系惡名奏請使李陽元、副使尹根壽、書狀官李海壽差出"③，然翌年二月二十八日，出發時却爲"奏請使李後白、尹根壽、書狀官尹卓然"，並於九月十六日返京，則以李後白遞李陽元也，④此爲第二次出使；二十二年(萬曆十七年　1589)三月二十日，聖節使工曹參判尹根壽、書狀官司諫院正言尹泂發向中國，十一月二十二日返京覆命，此爲第三次出使也；二十七年

————————
① 尹根壽《月汀先生別集》卷4《月汀漫録》，《韓國文集叢刊》，047/364。
②《明宗實録》卷33，明宗二十一年(嘉靖四十五年　1566)十月十三日庚午條。
③《宣祖實録》卷6，宣祖五年(隆慶六年　1572)十二月二十六日戊寅條。
④《宣祖實録》卷7，宣祖六年(萬曆元年　1573)二月二十八日己卯條；九月十六日癸巳條。

(萬曆二十二年　1594)八月二十日,奏請使行判中樞府事海平府院君尹根壽、副使行上護軍崔岦、書狀官司憲府持平申欽一行出發,十一月二十二日返京。所奏請者,請册立光海君爲世子,然未得明廷所封也。申欽總謂尹氏"四使燕京,十渡鴨江,而無倦色。公諸姪朝京,皇朝人必問公安否"①。

案尹根壽《朝天録》一卷,《燕行録全集》第四册已收録。然尹氏《月汀先生别集》卷一《朱陸異同》、卷四《月汀漫録》,爲《燕行録全集》漏收。《朱陸異同》者,爲其在燕館時,與國子監學正陸光祖辯論朱陸異同之説也。時陽明學盛,而朝鮮信守朱子,此卷收根壽所問及光祖所答,以及往還問答書札,兼涉朝鮮典制文物諸事,爲研究當時理學之重要史籍也。至於《月沙漫録》,"記先集中遺漏文字曰《漫録》,曾有正書二卷,丙子兵火,借人入江都見失,此則得於親筆起草干張移書者"②。然則此稿原已整理爲兩卷,後失之耳。全卷爲《月汀漫録》《記徐即登排陸學語》《記皇朝名臣》等。今本有校語,有異字,間有缺文焉。

《月汀漫録》凡記載中國見聞五十餘條、朝鮮百二十餘條。若在北京識茉莉花,在通州與卜筮人趙小峰相遇,求其算卦甚驗,又記收藏唐寅生綃美人圖及題詩等事,尤以記載四次出使所見中國官員之資料爲貴。根壽據明朝《搢紳履歷遍覽》等,詳記中朝官員之生卒、字號、籍貫、科名、官職等,且記其狀貌特徵、居官品行、對朝鮮使臣之態度等。若記禮部尚書高儀"其容貌不過中人,而温然君子人也"③。禮部尚書陸樹聲"長身玉立,中國人勿論老少,皆整掃鬢髮,陸公獨否"④。吏部尚書楊博、左都御史葛守禮"楊公甚鬚澤而不至衰老,其狀貌宛如我國之故郡守沈義儉,葛公比楊公身材差長而非髮白。……二公並以清節重望"⑤。禮部尚書于慎行"身材不長,而齒傷而黑。……張江陵權勢燀赫,皎然不附麗,盛有時名,和氣温然"⑥。他如記

---

①申欽《象村稿》卷26《月汀尹公神道碑銘》,《韓國文集叢刊》,072/094。
②尹根壽《月汀先生别集》卷4《月汀漫録》末識語,《韓國文集叢刊》,047/395。
③尹根壽《月汀先生别集》卷4《月汀漫録》,《韓國文集叢刊》,047/366。
④尹根壽《月汀先生别集》卷4《月汀漫録》,《韓國文集叢刊》,047/366。
⑤尹根壽《月汀先生别集》卷4《月汀漫録》,《韓國文集叢刊》,047/367。
⑥尹根壽《月汀先生别集》卷4《月汀漫録》,《韓國文集叢刊》,047/367。

申時行、許國、王錫爵、王家屏,稱"申公長身,鬚髮斑白,許公身頗傴,鬚疎,每著青團領,王公錫爵髮鬢黑。王公家屏鬚疎,體如武人,絶似我國郭知事屹"。許國曾與魏時亮出使朝鮮,"其清節雅量,我國望若天上人"①。又記溫純,"余於己丑朝天時,以倉場户書,素服無襑子而行禮,辭朝,館夫指示之曰:此乃奔喪倉糧户書也。諦視之,則於喪服上,著黑團領,喪服乍長於團領,足著黃色履,館夫云出闕門,即脱團領,以喪服登途云"②。此可知當時官員居喪及服喪之制也。又如記禮部右侍郎劉元震"一日天雨,公著漆糊紙笠,不著雨籠,身上只著青絹衫而詣闕,偉丈夫也"③。此又可知當時雨具及其用法也。

又《記徐即登排陸學語》,則爲明朝福建布政使徐即登排斥陸九淵之學語。末《記皇朝名臣》,凡宋訥、朱善、胡儼、陳瑄、蹇義、夏原吉、顧佐、周忱、山雲、況鍾、魯穆、黃福、張輔、楊士奇、楊榮、楊溥、李時勉、劉球、王直、于謙、楊洪、魏驥、鍾同、劉實、軒輗、年富、耿九疇、薛瑄、吳與弼、陳敬、吳訥、王翺、李賢、劉定之、王竑、葉盛、韓雍、林鶚、陳選、羅倫、余子俊、楊守陳、楊繼宗等四十三人之字號、籍貫、科名、職官等,其中或有不見於明朝史籍者,皆可補中國史書之不逮矣。而記朝鮮之條,則有朝鮮宮闈秘事、科舉逸聞、選聞圈點之制、理學心學、詩文評論等,亦於研究鮮史頗可參稽者焉。

0057-1567
柳景深《朝天詩》(《叢刊續》第3冊《龜村集》 刻本)

出使事由:聖節行

出使成員:正使同中樞府事柳景深等

出使時間:明宗二十二年(隆慶元年 1567)九月—翌年三月?

柳景深(1516—1571),字太浩,文化人。公權子。中宗三十二年(嘉

---

①尹根壽《月汀先生別集》卷4《月汀漫録》,《韓國文集叢刊》,047/367。
②尹根壽《月汀先生別集》卷4《月汀漫録》,《韓國文集叢刊》,047/364。
③尹根壽《月汀先生別集》卷4《月汀漫録》,《韓國文集叢刊》,047/368。

靖十六年 1537)中司馬試。明宗元年(嘉靖二十五年 1546),文科重試中式。官至司諫院正言、弘文館修撰、定州牧使、義州牧使等。宣祖朝,爲户曹參判、司憲府大司憲、平安道觀察使。因病遞職,行至長湍而卒。幹局出凡,所在有政聲。著有《龜村集》二卷。事見《龜村集》卷首柳仲郢《行狀》、柳成龍《碣銘》、《明宗實錄》等,李中悦《乙巳傳聞錄》有小傳。

案柳景深出使明朝,在明宗二十二年(隆慶元年 1567)九月。《明實錄》載隆慶二年正月癸酉,柳景深貢馬及方物入賀①。宣祖元年二月十五日,"聖節使柳景深書狀云:'三月十一日,封皇太子。'上傳曰:'一則慶事,一則爲生民悶慮。'"②。時一行仍在返程路途,其返王京,當在三月初矣。景深父公權,於中宗三十四年(嘉靖十八年 1539),以工曹正郎爲書狀官如京師,卒於燕都焉。③

柳景深《龜村集》二卷,爲其外孫裴尚益蒐集編次,李廷龜校正,於孝宗四年(1653)刊行。《韓國文集叢刊續》據奎章閣藏本影印。凡詩文各一卷,詩初以體裁編次,開卷爲七言律詩,然又以《南征》《關塞》爲小集,朝天詩僅《漁陽驛》《廣寧途中》《通州》《朝天》《見太廟》五首,附於《關塞集》後。前有金應祖題識,蓋散佚所致耳。其詩用典工切,對句工穩,氣融風穆,氣象和樂,雖寥寥數首,亦可窺其半爪片麟也。

①《明穆宗實錄》卷16,隆慶二年(1568)正月癸酉條,049/444。
②《宣祖實錄》卷2,宣祖元年(隆慶二年 1568)二月十五日乙未條。
③柳景深《龜村集》卷首柳仲郢《柳公行狀》,《韓國文集叢刊續》,003/004。

卷八　0058—0066

宣祖元年(明穆宗隆慶二年　1568)—宣祖七年(明神宗萬曆二年　1574)

0058-1568
李珥《朝天詩》(《叢刊》第44册《栗谷全書》　活字本)

　　出使事由：千秋行
　　出使成員：正使睦詹、書狀官成均館直講李珥等
　　出使時間：宣祖元年(隆慶二年　1568)五月十九日—是年冬

　　李珥(1536—1584)，字叔獻，號栗谷、石潭、愚齋，世稱栗谷先生，德水人，生於江原道江陵。母申氏博通經史，親以教之。八歲能詩文，十三歲中進士初試。年十九，與成渾定交。入金剛山，從事戒定，後悟其非，棄之歸。弱冠從李滉學，辯論理氣，退溪歎服。明宗十九年(嘉靖四十三年　1564)，進士高等及第，初試、覆試、殿試皆壯元。拜司諫院正言、弘文館校理，賜暇湖堂。自陳學未進未可從政，築室於海州石潭，與學徒講説經傳以爲樂。官至黄海道觀察使、藝文館提學、户曹判書兼大提學、吏曹判書、議政府右參贊、兵曹判書等。癸未胡變，悉以軍政委之，羣小忌而媒蘖之，遂傳致文罔，上章自劾，爲朴淳、成渾等力救得免。特除吏曹判書，無何感疾而逝。李珥之學，自得濂洛宗派，不歷階級，先臻閫奥，立言著説，恒出人意表，多有發前人所未發者。著有《聖學輯要》《東湖問答》《擊蒙要訣》《經筵日記》《四書栗谷諺解》等，後人編纂爲《栗谷全書》三十八卷《遺編》六卷行世。事見《栗谷全書》卷三五金長生《行狀》，卷三六李廷龜《謚狀》、李恒福《神道碑銘》、金集《墓誌銘》，卷三三至卷三四《栗谷先生年譜》等。

　　李珥初有《詩集》一卷、《文集》九卷、《續集》四卷、《外集》四卷，刊於萬曆辛亥(1611)。後人又依《二程全書·易傳》例，並取李氏所著如《聖

學輯要》《擊蒙要訣》諸書録之,改名之曰《全書》,又次附録於末。而詩則一從年條編次,又以爲其文集非諸家詞章文字之比,一以明道學關治體、有補於世教者爲主,少時漫戲吟詠及科場程文之類,多删去,他文删汰者亦多。而答門生問及諸家撰述中,關於李氏平日言語者,皆裒集而名之以《語録》,置附録之前,以倣《二程全書·外書》例。附録中年譜、行狀、碑誌、表記諸文字外,又以諸家記述雜録,續入下端,以倣紀譜及他集遺事之例,前後辯誣文字,撮其要語,又附於其後。全書三十八編,英廟壬戌,陶菴李縡所手定,後以活字印行。而所布已多散佚,後六十有五年甲戌秋,又增入《拾遺》六編焉。書前有《修正凡例》等,正續編後有李縡跋文。《拾遺》前亦有《修正凡例》數則。偶有校勘,間有闕字。李縡以爲"東方之學,肇自殷師,千有餘年,名賢輩出,義理愈明,浸淫乎閩洛之盛。然若其體用俱全,理事一致,擴前人之未發,牖後學於無窮,未有若先生之至者"①。

案李珥出使明朝事,《栗谷先生年譜》載,隆慶二年五月,"差千秋使書狀官,拜成均館直講,赴京師。冬,還朝"。據《宣祖實録》,則出發日期爲五月十九日也②。其朝天詩,見《栗谷全書》卷一,自《箕子殿》(戊戌)以下二十餘首,皆爲此次燕行所作;又《拾遺》卷一《懷遠館壁上見外舅筆跡凄然有感》等三十餘首亦如之,蓋爲正編所删汰者焉。李珥主"詩本性情,非矯僞而成,聲音高下,出於自然"③。故其詩詠性情,宣暢清和,以滌胸中滓穢,不事雕繪繡藻,移情蕩心。其朝天詩,多爲與千秋使睦詹(思可)唱和之什,如"客路三千里,鄉愁十二時"等④,多思鄉懷家之詞。時遼東不靖,常有虜警,使團一行,登長城觀景,李珥詩稱"胡馬每嘶幽薊草,長城萬里爲誰雄"⑤。又登城觀軍容,李氏詩又謂"沙場一夕起妖氛,報道胡塵漲塞雲。陣上竪旗喧鼓角,將軍只解守城門"⑥。比及返程,至前屯衛,

---

①李珥《栗谷全書》卷38 李縡《栗谷全書跋》,《韓國文集叢刊》,045/455。
②《宣祖實録》卷2,宣祖元年(隆慶二年 1568)五月十九日戊辰條。
③李珥《栗谷全書》卷13《精言妙選序》,《韓國文集叢刊》,044/271。
④李珥《栗谷全書》卷1《次思可三叉河韻》,《韓國文集叢刊》,044/021。
⑤李珥《栗谷全書》卷1《次思可望長城韻》,《韓國文集叢刊》,044/021。
⑥李珥《栗谷全書》卷1《次思可諸公登城觀軍容韻》,《韓國文集叢刊》,044/021。

備禦郝仲光,因有虜報,竟連日閉門,不許發行,故李氏又有詩謂"天朝虎旅紛如雨,却畏陰山犬豕羣"①。其詩既諷刺明朝將帥之無能,亦憂天朝國勢不振如斯也。

0059—1569
朴承任《驪皋觀光録》(《續集》第 101 册　刻本)

出使事由:冬至行
出使成員:正使柳順善、副使工曹參議朴承任、書狀官李濟臣等
出使時間:宣祖二年(隆慶三年　1569)十一月二十九日—翌年三月?

朴承任(1517—1586),字重甫,號驪皋,潘南人。中宗朝,爲弘文館正字。明宗朝,任弘文館修撰、司諫院正言、禮曹正郎、兵曹參知、左副承旨等。宣祖時,爲司諫院大司諫等。事見中宗、明宗與宣祖《實録》。

宣祖二年(隆慶三年　1569)十一月二十九日,遣"工曹參議朴承任等赴京"②,則此卷詩當爲朴氏本次朝天時作也。其《次上使山海關韻》注"上使柳順善"③,則正使爲柳順善。又其詩多爲與書狀李濟臣相唱和韻,蓋朴氏爲副使,而《宣祖實録》於三人名下皆不載出使目的及往還日期。此行本爲冬至使行,然因進至天閽,不期鴻臚寺將一行人等,退班於無職生員及褻衣人之後。又朔望朝見,不許入皇極門內,只令於門外行禮,較諸久遠見行事例,尊卑懸絶。又望日朝見,鴻臚寺猶執變禮,止之戟門之外,與左袒膻醜,分庭比級。一行悶默而退,無以自解。故朴氏等《上禮部主事書》,望轉告堂司,曲賜施行,以復舊班,無墜成規。禮部乃令復正其班次,永爲恒式。④

朴氏《驪皋觀光録》收詩近四十首,與書狀官李濟臣相唱者居半,去路至玉河館皆有作,歸程則無詩。然其詩晦澀寡淡,皆平平之作也。

---

①李珥《栗谷全書》卷1《次思可留前屯衛韻》,《韓國文集叢刊》,044/022。
②《宣祖實録》卷3,宣祖二年(隆慶三年　1569)十一月二十九日戊戌條。
③朴承任《驪皋觀光録》,《燕行録續集》,101/488。
④《宣祖實録》卷3,宣祖二年(隆慶三年　1569)十一月二十九日戊戌條。

0060-1572
許震童《朝天録》（《全集》第 3 册；《叢刊續》第 3 册《東湘集》 活字本）

出使事由：進賀行
出使成員：正使議政府右儀政朴淳、副使户曹判書成世章、書狀官羅州牧使權純等
出使時間：宣祖五年（隆慶六年 1572）八月十九日—翌年正月十六日

許震童（1525—1610），字泰仁，一字伯起，號東湘，扶安人。受業於表叔朴淳。宣祖五年（隆慶六年 1572）貫初解三場，棄會闈而隨朴淳赴中國觀光。後丁外艱，廬於墓側。事繼母至孝，又以吕氏《鄉約》行於鄉，一洞之人，感動興起。與成渾、鄭徹、趙憲等善，以道義相推重。七年（萬曆二年 1574），以大臣别薦，拜四山監役，官水運判官等，俱有聲績。晚年不樂仕進，退居扶風之南愚磻洞中，扁其堂曰風雷。終老於家。有《東湘集》七卷行世。事見《東湘集》卷六金命碩《行狀》、金元行《神道碑銘》等。

許震童《東湘集》七卷，爲其十世孫澳編次，高宗七年（1870）以活字本刊行，《韓國文集叢刊續》以國立中央圖書館藏本影印，《燕行録全集》爲同一版本。有尹致羲序，前五卷爲詩，卷六爲諸家所作贈送及弔喪許氏諸作及《行狀》等。

案明隆慶六年（1572）五月，穆宗崩。六月甲子，其三子翊鈞立，以明年爲萬曆元年。八月十九日，朝鮮差議政府右儀政朴淳爲進賀正使、户曹判書成世章爲副使、羅州牧使權純爲書狀官入賀。許震童爲朴淳之侄，以白衣從行。《明神宗實録》亦載，"萬曆元年正月辛丑，朝鮮國王李昖差陪臣齋進方物馬匹……賀上登極、穆宗莊皇帝謚並賀兩宫徽號"[1]。

一行回還後，朴淳啓稱：皇上年方十歲，聖資英睿，自四歲已能讀書，以方在諒陰，未安於逐日視事，故禮部奏，惟每旬内三六九日視朝。御經筵，四書及《近思録》《性理大全》，皆畢讀。自近日始講《左傳》，百司奏帖，親自歷覽，取筆批之，大小臣工，莫不稱慶。然年尚幼冲，慈殿、太后，

---

[1]《明神宗實録》卷 9，萬曆元年（1573）正月辛丑條，051/328—329。

卷八　許震童《朝天詩》　129

雖不權同聽政,而事皆禀裁,實多内贊之力。凡公事出納,司禮監掌之。太監馮保,全掌出納,或稱竊弄威柄云。

又稱浙江巡撫謝廷傑,請以原任尚書王守仁配享文廟。大概以爲尊德性、道問學,非兩事也。德性不可以徒尊,必道問學以後始有實,不然則禪矣;問學不可以徒道,必尊德性而後,始有主本,不然則功利矣。守仁師陸九淵,而今觀九淵之論,未嘗不及於讀書。朱某之教門人,未嘗不以身心爲務,則彼分朱、陸而二之者,非知二子之學者也。奉聖旨:禮部看議了來説。① 據此可知當時朝政,及陽明學術流衍之風氣矣。

《朝天録》一卷,載《東湘集》卷七,爲許震童朝天日記,文中間有後人小注。許氏此記,體例同蘇巡《葆真堂日記》,從八月初六日,自家發行始;至翌年二月十一日謁於先塋,返家而止。全書記事簡略,偶有詳盡叙述者,如北京國子監、回程所叙山海關觀海樓等處,然亦未有過於他家者。唯記九月十八日,越鴨緑江,進獻馬十三匹驚走,艱難捕獲三匹。中朝雙方出動人馬,團練使等領軍尋馬,捉三匹,義州亦得三匹,遂停留遍搜走脱之馬。行至湯站,論失馬之罪,笞押馬官、理馬等,一場驚懼,極是熱鬧矣。②

書後附《赴北京道里館站》《帝都文廟位次》《朝天時同行録》等,詳列自朝鮮義順館至北京沿路各站及路程,爲前次諸家所未有,此殆爲後來諸種路程記之濫觴也。《同行録》則記上、副使與書狀官及帶率子弟、軍官,以及從使官、醫員、學官、押馬、書吏、火炮匠等三十一人。末記"萬曆元年癸酉二月十一日朝天日記",則爲到家之日也。

0061-1572
許震童《朝天詩》(《叢刊續》第3册《東湘集》　活字本)

案許震童有《朝天録》(0060-1572),已著録。

許震童宣祖五年朝天時,恰值試期,"貫初解三場,時思庵以登極賀使

---

①《宣祖實録》卷7,宣祖六年(萬曆元年　1573)正月十七日戊戌條。
②許震童《朝天録》,《燕行録全集》,003/274—276。

入天朝,先生慨然有觀周之意,遂不赴覆試,以白衣從行,歷覽中華文物,隨處唫詠而歸,有《朝天錄》一卷"①。此可知日記外,尚有詩作。其詩有"同來莫恨風塵苦,陳賀皇庭萬國前"之句②。則知其入中國,專爲觀光,故不辭風霜辛勞也。

許氏《東湘集》所收詩,以體裁編輯,卷一《朝皇極殿》詩題注"隆慶壬申,陪舅氏思菴相公,赴天朝時作"③。又卷三《謁夷齊廟》注"入皇京時作"④。故朝天詩二十餘首,散見於各卷中,可輯出爲卷也。尹致義謂震童"其氣剛,其材贍敏,其志簡古而純粹,其格律清曠而和平,颯颯有大雅之風"⑤。然觀其詩如《玉河館次舅氏韻》《謁箕子墓》《過湯站城》《山海關》等,五絶爲多,清曠平和則有之,而大雅之風則未也。

0062-1572

洪聖民《朝天錄【原題拙翁燕行詩】》(《續集》第 150 册;《叢刊》第 46 册《拙翁集》 刻本)

出使事由:陳慰行
出使成員:正使朴啓賢、書狀官洪聖民等
出使時間:宣祖五年(隆慶六年 1572)八月—十二月二十四日

洪聖民(1536—1594),字時可,號拙翁,南陽人。明宗十六年(嘉靖四十年 1561),緑蔭臺科試甲科。爲弘文館正字。宣祖朝,任司諫院正言、司憲府執義、司諫院大司諫、兵曹參議、禮曹判書、司憲府大司憲、弘文館大提學等。孝友忠清,簡素澹泊。封益城君。有《拙翁集》十卷傳世。事見《明宗實録》《宣祖實録》等。

洪聖民《拙翁集》十卷,前五卷爲詩賦等,後五卷爲諸體文,卷前有張維序,趙希逸、洪命耈跋,末又有金尚憲序。其詩以體裁編卷焉。

---

①許震童《東湘先生文集》卷 6 金命碩《行狀》,《韓國文集叢刊續》,003/577。
②許震童《東湘先生文集》卷 3《次安德馨騎驢韻》,《韓國文集叢刊續》,003/552。
③許震童《東湘先生文集》卷 1《朝皇極殿》詩題注,《韓國文集叢刊續》,003/532。
④許震童《東湘先生文集》卷 3《謁夷齊廟》注,《韓國文集叢刊續》,003/551。
⑤許震童《東湘先生文集》卷首尹致義序,《韓國文集叢刊續》,003/519。

明隆慶六年(宣祖五年　1572)七月,隆慶皇帝駕崩。八月,宣祖遣陳慰使朴啓賢、書狀官洪聖民入明,一行於臘月二十四日返國覆命。時洪聖民書啓稱"帝都別無奇别,今皇帝沖年即位,資質英明,時無過誤,朝野無事,人情似有喜悦之意。且近來北虜喪其酋長,部落散落,願居塞内,邊將不許"云①。

　　《燕行録續集》第一五〇册收録洪聖民《拙翁燕行詩》,爲摘自其集卷一。案洪氏爲宣祖時人,時在明隆慶年間,依彼時朝鮮使臣之習語,其書當稱"朝天詩",且其詩中即有《題朝天録》一首,有"披來舊録心飛動,燕路三千尚宛然"之句②,故不當爲"燕行詩"而當爲"朝天録",今更易之以符其實焉。

　　洪氏詩以體裁編卷,若五言律詩中《遼陽》《廣寧逢南京商人王一元》《贈别尹尚中再赴燕京》,七言律詩中《遼陽》《薊門》等,五言絶句中《廣寧城外》《向清聖祠將渡灤河舟人索扇》《遼塞次朴使韻》等數首皆當收入,而《燕行録全集》編纂者僅摘其七言絶句中朝天詩四十餘首,餘皆闕如,而其中復雜他詩,如《遼陽》《通州》等同題詩,前後重複,蓋兩次出使時作溷混耳。又有《次亞使戲吟》《次書狀韻》《燕路次使相韻戲吟》,而洪氏前後出使兩次,前次出使時爲書狀官,後次出使或爲正使歟? 金尚憲謂洪氏於詩"不采色爲工,遇境寫情,遇事紀實,敦厚之氣也,溫柔之風也。公嘗著説,有詩而詩者,有學而詩者。詩而詩者,詞華而已;學而詩者,義理而已。公之所志如此"③。然觀聖民詩,樸質平淡,而少辭采,無甚特出之句,蓋即所謂"學而詩者"也。

0063-1-1574;0063-2-1574;0063-3-1574
許篈《荷谷先生朝天記》(《全集》第 6—7 册;《叢刊》第 58 册;《叢書》第 1613 册　刻本)
許篈《荷谷先生朝天記》《過江録》(《全集》第 6 册　鈔本)
許篈《朝天記》(《全集》第 6 册　鈔本)

　　出使事由:聖節行

---

①《宣祖實録》卷 6,宣祖五年(隆慶六年　1572)十二月二十四日丙子條。
②洪聖民《朝天録【原題拙翁燕行詩】》,《燕行録續集》,150/028。
③洪聖民《拙翁集》卷末金尚憲叙,《韓國文集叢刊》,046/578。

出使成員：正使僉中樞府事朴希立、書狀官禮曹佐郎許篈、質正官趙憲等

出使時間：宣祖七年（萬曆二年 1574）五月十一日—八月二十五日

許篈（1551—1588），字美叔，號荷谷，陽川人。曄次子。七歲能屬文，十歲通經史。宣祖五年（隆慶六年 1572）庭試登科。官禮曹佐郎、吏曹佐郎、咸鏡道巡撫御史。十六年（萬曆十一年 1583），以上劄論事，特除昌原府使，旋因事流甲山。疏曠自便，放浪山水間。劇飲成疽，得寒痰，卒於金化生昌驛。有《荷谷集》傳世。事見《荷谷集》附許筠《荷谷先生年譜》（又見《國朝人物考》卷二七）等。

案據許筠《荷谷先生年譜》稱，篈著有《朝天錄》《北邊記事》《荷谷粹語》《儀禮删注》《夷山雜述》《讀易管見》等書，多因兵燹散佚。今存《荷谷集》不計卷數，初由其弟筠編次，於宣祖三十八年（1605）初刊，後又續補增刊於肅宗三十三年（1707）。《韓國文集叢刊》據國立中央圖書館藏本影印（《韓國歷代文集叢書》同），凡《詩鈔》《詩鈔補遺》《詩集續補遺》《雜著補》《朝天記》皆是也。

《荷谷先生朝天記》三卷，爲許篈朝天時所作日記。篈所手書，藏曾孫量家。前有柳成龍序，末有柳氏識及許篈《後叙》。《後叙》謂"余宿抱遠遊之志，竊幸因王事以償其願。道途所經過，其山川之鉅麗，人物之繁殖，恒有以存諸目而藏諸心，參之古而驗之今，具簡牘置以篋笥，久乃發之，則已積成卷帙。而顧以跋涉之餘，僅記其形模彷彿，而纖微曲折，盡忘之矣。將詮次而勒成一書，則材力淺短，雖有意而未及於著述，又欲毀棄不屑，則累日勤劬之功，稍爲可惜。故因舊稿而粹爲巨編，目之曰'朝天記'，庶於檢尋之頃，以爲吾臥遊之資焉耳，非敢出而示於人人，以自附於作者之後也"①。末爲《過江錄》一卷，及許筠撰《荷谷先生年譜》。

案《燕行錄全集》凡收《荷谷先生朝天記》不同版本凡三種。其一與《韓國文集叢刊》爲同一版本（第二種），前有柳成龍序文，乃仿其筆迹所刻。正文每半頁十行，行二十字，字體扁平，疏朗耐觀。卷下末《過江錄》

---

① 許篈《荷谷先生朝天記後叙》，《韓國文集叢刊》，058/481。

前,有柳成龍識與許篈《後叙》,許氏自跋作於萬曆三年,有"荷谷"陰文印。而《過江錄》後許氏自識末,有"許篈"朱方印。跋文皆草書,許墀跋謂"因其筆而摹刻者,即叙誌及西厓相公手題序與識也"①。則知跋與印文,皆爲模刻耳。《燕行錄全集》所收是本,自五月十二日至十三日日記頁碼錯亂(第三九九至四〇六頁),他頁亦有重裝倒裝者,乃編纂裝訂者之疏誤所致耳。

《燕行錄全集》所收又一版本,鈔本,全稿行款字數與《韓國文集叢刊》本同,鈔工清整,然前後字體不一,或小巧秀眉,或厚拙呆板,則知非出一人之手也。缺柳、許跋語。是本柳成龍序"作於美叔是記"語,"美叔"二字塗去,而前本則無"美叔",蓋先有是本,而後有前本也。

又《燕行錄全集》編者,既以許筠《乙丙朝天錄》誤隸諸許篈,又於此後隸《朝天錄》,自四二七頁始(《燕行錄全集》第七册),然其實爲許篈《朝天記》,可謂兄弟互置,弟戴兄冠矣。首頁有"朝鮮總督府圖書館藏書之印"大方印。前仍有柳成龍序,而記則首頁亦無"朝天記"大題記,即從"萬曆二年(甲戌)五月十一日甲申"始也。而書中亦不分爲三卷,蓋爲最早之鈔本耳。編輯者將其自五月十一日至七月二十七日之日記混入其中,而第八册則又爲他人書,不再相續,不知何故,此可見編纂者粗疏之甚者矣。

案許篈此次出使明朝,"聞朝廷選使介,對衆有願行語,銓官舉而遣之,則其志向已非淺矣",此可知爲自請遠遊者也。"於其行也,又能沿途搜訪,按轡詢咨,凡有得於聞見者,備錄而悉記之,間亦發之諷詠之間,積成編帙,使讀之者亹亹而忘倦,觀其撫華表而懲鶴言之荒誕,過首山而詆唐宗之黷武,景仰醫閭,徘徊孤竹之墟,像想神禹之績,挹二子之清風,悠然有千古不盡之遐思。"②許氏所記,如朝鮮西路之旱災,義州閭井之蕭條,朝鮮樂歌之淫褻哀楚,隨行下人之夾帶禁物,中朝官員之公然索賄,平安道護送載持軍之苦甚於戍邊等,與同行之趙憲《朝天日記》相較,互有詳略焉。

---

① 許篈《荷谷先生朝天記》卷下,《燕行錄全集》,007/266。
② 許篈《朝天記》柳成龍序,《燕行錄全集》,006/015—017。

又其經遼東懷遠館，在書院與諸生筆談，諸生主陽明學，許氏主朱子學，以爲陽明掇拾陸氏之餘，公肆謗訕，更定《大學章句》，至曰苟不合於吾，則雖其言之出於孔子，吾不敢以爲信然也。推得此心，何所不至。守仁若生於三代之前，則必服造言亂民之誅矣。又論其破宸濠事，乃仗皇靈而能勝耳。守仁之從祀，與王安石、王雱之配享，何以異乎？行當毀撤，必不能久於天地間也。"由此觀之，則今之天下，不復知有朱子矣。邪説橫流，禽獸逼人，彝倫將至於滅絶，國家將至於淪亡，此非細故也。而爲儒者，轉相眩惑，萬口一談，雖有闢邪崇正之論如石、趙兩公者，皆不獲施行，至以躋於從祀之列，其污衊聖廟大矣。嗚呼！此道已衰，無復可支吾者，爲今之計，將如何哉？其亦尊所聞行所知，而白直加功，不容少懈，期以没身，則庶不爲他説之所摇，而可以不大得罪於聖賢矣。若但與此輩呶呶終日，則恐其無補於事，而徒起紛擾之端也"①。又在夏店，遇國子監生杭州府仁和人葉本，葉謂朝廷欲陽明配享孔廟，許氏又以爲陽明心學，爲近於禪，如陽明之説，則是棄事物，廢書册，兀然獨坐，觀其有得於萬一也。②恭惟我朱子，擴前聖未發之道，其所論著，盛水不漏，無毫髮之遺恨，而《大學章句》尤其所吃緊著力者也，陽明則乃敢輒以私意改定《章句》，妄肆詆訶，無所不至。斥陽明爲異端，而不容有小避云云。③ 此蓋即許篈所謂"與中州士大夫論難朱陸之辨，薦紳先生莫敢屈，咸歎服焉"者也。

　　末《過江録》一卷，只記日期、宿夜館所及宴飲接待諸節。許氏自稱"余自義州以後，困於應接無暇，執筆覃思，只叙行事之槩，書其顛曰《過江録》，文雖簡而事則粗備，其亦來南録於役志之遺意也歟"④。

0064-1574
許篈《燕山紀行詩》(《叢刊》第 58 册《荷谷集》　刻本)

　　案許篈有《荷谷先生朝天記》(0063-1574)，已著録。

---

①許篈《朝天記》，《燕行録全集》，006/125—126。
②許篈《朝天記》，《燕行録全集》，006/204。
③許篈《朝天記》，《燕行録全集》，006/207。
④許篈《朝天記》，《燕行録全集》，006/349。

許篈《荷谷集》，有柳成龍跋謂"余既跋美叔《燕山紀行詩》，又聞有《朝天錄》，從美叔亟徵焉讀之，累日不厭"，則知其尚有《燕山紀行詩》。據許墀跋，則許篈《詩鈔》《詩鈔補遺》爲許筠所編，《詩集續補遺》《雜著補》爲許篈子所搜輯。又許筠跋稱其兄"平生論述甚富，而失於兵燹，此編之輯，乃出於筠之臆記，奚啻泰山一毫芒也"①。則知許篈詩作失於兵燹，今所存者乃筠記憶而成也。筠又稱"少日聞仲兄語，作詩必從陶、謝開天，來可稱大方家"②，則許篈詩宗陶淵明、謝靈運耳。又李達謂"公詩長篇短韻，清壯動盪，深得青蓮遺法，而五言亦清邵逼唐，獨七言近體差未免蘇眉山口氣，若出二人手然"，許筠以爲"誠爲知言也"。③ 案今檢許篈《詩鈔》中若《初出國門》《朝天宮》《灤河》等，《詩鈔補遺》中若《遼陽道中送人歸國》等，蓋即其《燕山紀行詩》之遺，聊勝於無矣。

0065-1574
趙憲《朝天日記》(《全集》第5册；《叢刊》第54册《重峰先生文集》；《叢書》第219—221册　活字本)

　　案趙憲出使事由，詳參前許篈《荷谷先生朝天記解題》(0063-1574)。

　　趙憲(1544—1592)，字汝式，號重峰，又號白川，公州人。景仰栗谷李珥，自號"後栗"。純一剛健，識解淵博。明宗二十二年(隆慶元年1567)登文科。官至禮曹佐郎、公州提督等。累以治績上聞，而剛果不偶。"壬辰倭亂"起，興義兵於清州討寇，行朝遙拜奉常寺僉正，與僧將靈圭同進兵，清州之賊遁去。復移兵討錦山之賊，父子力戰而死。追贈吏曹參判。謚文烈。有《重峰先生文集》十三卷《附錄》七卷行世。事見《重峰集·附錄》卷一《年譜》、卷二宋時烈《行狀》、卷三金尚憲《神道碑銘》、宋時烈《墓表》等，李晬光《芝峰類説》卷一五有小傳。

---

①許篈《荷谷集》許筠《荷谷先生詩鈔補遺跋》，《韓國文集叢刊》，058/380。
②許筠《乙丙朝天錄序》，《燕行錄全集》，007/271。
③許筠《朝天記》附許筠《荷谷先生年譜》末引李達語，《燕行錄全集》，006/355。

趙憲《重峰集》十三卷《附錄》七卷,初刊於顯宗七年(1666),後增編重刊於英祖二十四年(1748),《韓國文集叢刊》據奎章閣藏本影印(《韓國歷代文集叢書》同),《燕行錄全集》爲同一版本。卷首有李廷龜《抗義新編序》、安邦俊跋,又附有八圖與安氏圖跋。八圖者,躬耕親養、賓禮師奴、持斧伏闕、徒步過嶺、請斬倭使、清州破賊、錦山死節與八百義冢圖,皆趙氏生前故事也。全書前兩卷爲詩,以時次編排;卷三至卷九爲各體文,卷一〇至卷一二爲《朝天日記》,卷一三爲雜著附《年譜》等。《附錄》七卷,則爲集纂趙氏《年譜》、碑狀、褒典、哀悼之文及遺事等。每卷末有《考異》,以存校勘文字也。

趙憲《朝天日記》三卷,輯自《重峰先生文集》卷一〇至卷一二。末有奉朝賀閔鎮遠跋,稱"是書之中間散佚,雖家人子孫,不省其有無者百餘年,曾孫匡漢偶得於舊篋之中,經營入梓而未果",後於甲寅年(1734)得英祖表彰,命湖西道臣刻板,復得顯於人間。① 考閔氏在英祖九年至十二年間,任奉朝賀至其卒,則此甲寅者,乃英祖十年也。② 卷上首頁"朝天日記"大題下雙行小注:"按此記有綱有目,目則本草以小注書之,而今並大書以便覽,綱則加匡於上下以別之。"③上、中兩卷爲往返日記,下卷則爲所附《中朝通報》,此題下又注曰:"按本草以《通報》錄於逐日之首,而混雜不便於覽閱,故折之,作別編。"④又卷上末葉"考異"下注:"舊刊本無,今從手草補入。"⑤然則是本乃以舊本爲底本,校以趙氏手草,改纂而成者。然所加之框,既不清晰,或又有加上框而落下框者,中又有雙行小注參差其間。書中訛誤甚熾,校勘粗惡,甚有以不誤爲誤者。如五月十五日,"宿於雲居",校云:"按雲居之雲,恐聖字之誤。"⑥考"雲居"者,雲居館也,"雲"字非誤也。又十七日,"余勸其先讀小學,以及《書經》"。校

---

①趙憲《朝天日記》閔鎮遠跋,《燕行錄全集》,005/391—392。
②《英祖實錄》卷33,英祖九年(雍正十一年 1733)正月二十日癸卯條。
③趙憲《朝天日記》,《燕行錄全集》,005/110。
④趙憲《朝天日記》,《燕行錄全集》,005/294。
⑤趙憲《朝天日記》,《燕行錄全集》,005/201。
⑥趙憲《朝天日記》,《燕行錄全集》,005/119。

云:"按書經,恐經書之誤。"①此"書經"者,亦可謂《尚書》也,不必出校也。此類尚多,不能枚舉,校者識闕,徒增目煩而已。閔鎮遠跋又稱"先生東周之義,備見於《東還封事》中,若是書則不過是征邁之間,信手劄記,事或瑣細,字多舛誤,在先生未足爲成書,似若不必刊行者"②。蓋閔氏爲先賢諱,故如此言耳。

案朝鮮使臣之入中國也,日記、詩歌、札記等,記生民疾苦與夫民情風俗者亦夥,然如趙憲之觀察細緻、記述詳備、誠慤恭敬者,則極罕見焉。如其過連山、懷遠等處,皆問宿家當時田產稅收及官吏貪廉;在雙望鋪讀《唐書》,得陸宣公(贄)御史按吏之規(見《上十六條疏》末端);讀夏言《桂洲集》,知中朝禮接儒臣,凡郊廟有事,如例祀及薦新之類,例以酒胙,分於大臣,至於羹俎之餘,莫不頒之,言亦事事上表以謝,禮意兩至;在豐潤城南義豐驛,見作驛數年,猶不造炕,使行旅不得寄宿,而先立數碑,以美其作驛官員之功,可見"中朝好名之弊極矣"③;在三河縣,聞縣行鄉約之禮,孝順父母,尊敬長上,和睦鄰里,不爲非義;入玉河館後,見綠、紅文錦之被褥,與綿毯錦枕,以爲"天朝之所以待我國者至矣,僭不敢居,捲而置之,止鋪毯也"④;面聖之日,見皇上"年甫十二,而凝若老成,移時瞻望,曾不少動,且爲外人親降聖諭,玉質淵秀,金聲清暢,一聞沖音,感涕先零,太平萬歲之願,自此愈切"⑤;又問中朝理學、禮制文物及名物典制於陝西人王之符等;又於京師詳瞻朝賀之禮,及國子監諸生見祭酒之禮等。凡此之類,皆爲其親見親接,質疑正學,關心民瘼,恪盡職責。故趙氏歸國後,即纂成《東還封事》,力薦"全盤明朝化"之説焉。

下卷《中朝通報》,始自萬曆二年六月初一日,止八月二十五日,鈔録明朝中央與地方詔告與奏報諸事,凡糾參、任免、賞賜及水旱災情等,無不備列,蓋鈔自邸報者,於考論當時國情民風亦大有關係。⑥《通報》末附

---

①趙憲《朝天日記》,《燕行録全集》,005/120。
②趙憲《朝天日記》閔鎮遠跋,《燕行録全集》,005/392。
③趙憲《朝天日記》,《燕行録全集》,005/194。
④趙憲《朝天日記》,《燕行録全集》,005/218。
⑤趙憲《朝天日記》,《燕行録全集》,005/223。
⑥趙憲《朝天日記》,《燕行録全集》,005/294—385。

《質正録》,則共列撚物、鱔子、枸尾草、苦蔞、銚鐺、越越、黄花菜、楔棗、瘢疤、石油等二十餘種,每詞下列其義之解釋。如:"瘢疤,凡人破傷之痕也。""披厦,即中國京外衙門及私室夾房也,今之火房,正謂此也。""馬蹄鹽,鹽名,形如馬蹄,陝西多有之。""脁脛,人之曲膝也。"①而"杜孝"以下缺,蓋有脱佚也。凡此之類,於考釋近代以來漢語俗語之變化,亦大有裨益焉。

其下又録"禮部歷事監生姓名鄉里",如"劉應聘 嗣溪,山西平陽府翼城人",又有陳一中、楊光溥、楊亢、李棐、崔鶴徵等六人焉。② 趙氏與許篈同行,皆有日記傳世。趙氏文筆平平,差許氏遠甚,故讀其書,頗爲枯澀,然所記聞見,則且盡且詳,與許氏《朝天記》書互有詳略處,尤其記自遼東至北京沿途與當地百姓問答,論及當地官員賢否、賦税輕重等,多爲中國古籍與方志所不載。《朝天録》三卷中,又有《謁夷齊清聖祠》《渡二灤河》《玉河館和許美叔韻》《薊州聞轆起》等數首詩,亦散見於日記焉。

案趙憲次此出使,爲質正官以行。《宣祖實録》稱"國朝於朝燕使行,例送質正官,質問華訓於中朝,必以博文詳雅之士充之。其後漸習華訓,言語吏文,無不及者,質正雖往,無可問,備數而已。故近來則不復遣矣"。又稱趙氏"有經濟之志,讀書窮理,要以施諸事爲。一入中國,數月途店之次,求訪咨詢,殆無遺漏"③。"先生少力學自立,專以踐履爲主。其於書也,蓋成癖焉,而非以爲口耳資也。登第入官之後,猶不廢書課,早夜矻矻,書不去手。嘗以質正官赴燕,凡使臣入遼界者,皆以健騾駕輕車而馳之,其行甚疾,終日飄摇頓撼,坐者不能安席,先生坐車中看書,晏然如在書閣。馳驅原隰,往返六千餘里,未嘗一日輟也。"④趙氏之體健身强、讀書嗜學如此。朝鮮半島遣出使臣,常有質正官隨團,然多半有其名而無其實,若趙憲者,可謂燕行使上第一質正官矣!

---

① 趙憲《朝天日記》,《燕行録全集》,005/388—389。
② 趙憲《朝天日記》,《燕行録全集》,005/390。
③《宣祖實録》卷8,宣祖七年(萬曆二年 1574)十一月一日辛未條。
④ 趙憲《重峰先生文集附録》卷4《遺事》,《韓國文集叢刊》,054/528。

0066-1574

趙憲《東還封事》（《全集》第 5 册；《叢刊》第 54 册《重峰先生文集》；《叢書》第 219—221 册　活字本）

案趙憲有《朝天日記》（0065-1574），已著錄。

《東還封事》者，趙憲宣祖七年出使明朝，返國後所上奏疏兩道也，即《重峰集》卷四《擬上十六條疏》之部分，然版本與此皆不同。書末有安邦俊於天啓二年（1622）所作跋，稱欽慕趙氏不啻山斗，積年搜訪僅得遺文若干篇，類爲《全集》，因卷帙較多，"姑撮其中《請絶倭舉義時封事》諸篇及傳信言行錄，題曰《抗義新編》，刊行於世矣。今又以此兩疏別爲一書，名之曰《東還封事》。後之欲知先生者，當於《抗義編》觀其精忠壯節，於此《封事》中考其經濟大志，則雖不必遍觀《全集》，而亦足以知先生之槩也"①。末葉有"天啓丙寅仲秋順天縣曹溪山松廣寺刊"一行，則其刊刻之年也。

趙憲在中國，諦視中朝文物之盛，意欲施措於東方。及其還也，草疏兩章，切於時務者八條，關於根本者十六條，即今《文集》卷三《質正官回還後先上八條疏》與卷四《擬上十六條疏》也。所論皆先引中朝制度，次及朝鮮時行之制，備論得失之故，而折衷於古義，以明當今之可行。先上八條疏：曰聖廟配享、内外庶官、貴賤衣冠、飲食宴飲、士夫揖讓、師生接禮、鄉閭習俗與軍師紀律。宣祖答以"千百里風俗不同，若不揆風氣習俗之殊，而強欲效行之，則徒爲驚駭之歸，而事有所不諧矣"。由是，憲不復舉十六條。十六條者：曰格天之誠，追本之孝，陵寢之制，祭祀之禮，經筵之規，視朝之儀，聽言之道，取人之方，飲食之節，餼廩之稱，生息之繁，士卒之選，操練之勤，城池之固，黜陟之明，命令之嚴，末乃總論君上正心表率之道。② 其所上雖不行於朝鮮，然頗可窺當時中朝體制之大概，與夫趙氏向化誠愨之心焉。又《文集》卷九《與皇明禮部提督會同館主事（錢拱辰）論聖廟從祀書》一文，乃在北京期間謁文廟後，與錢氏往復商榷歷代

---

① 趙憲《東還封事》安邦俊跋，《燕行録全集》，005/503。
②《宣祖實録》卷 8，宣祖七年（萬曆二年　1574）十一月五日乙亥條。

陪祀諸儒之是非可否，末附錢氏答書，亦有助於儒學史與從祀諸儒之研究也。

　　趙憲在當時，力主抗倭。其在公州，曾連上《請絕倭使書》三道、《請斬倭使書》二道，又上萬言疏，請明聖學，省刑罰，戒奢侈，節嗜慾，蠲租賦。因極言朝政得失，群小欺君誤國，黷貨害民之狀。持斧上闕以諫，竄吉州。又在謫上書，請勿遣通信使，請斬倭使以奏天朝，皆不報。後起義兵，破倭於清州，振軍北上勤王，趙憲父子偕七百義士，戰死於錦川。秉節取義，殉身家國。天性孝友，忠義使然。惜值國破家亡之時，罹於倭難，未能宏圖大展，而施展報負耳。

卷九　0067—0075

宣祖十年（萬曆五年　1577）—宣祖十九年（萬曆十四年　1586）

0067-1577

金誠一《金誠一朝天日記》（《全集》第4冊；《叢刊》第48冊《鶴峰先生文集》；《叢書》第1901—1903冊　鈔本）

　　出使事由：謝恩兼辨誣行
　　出使成員：正使司諫院大司諫尹斗壽、書狀官弘文館修撰金誠一、質
　　　　　　　正官崔岦等
　　出使時間：宣祖十年（萬曆五年　1577）四月一日—九月一日

　　金誠一（1538—1593），字士純，號鶴峰，安東人。剛方英秀，師事李滉，服膺朱子之學。宣祖元年（隆慶二年　1568）登第。官司憲府掌令、慶尚道觀察使兼巡察使等。其在近侍，論劾貴近，人多畏憚，稱"殿上虎"。二十二年（1589），差日本通信副使。"壬辰倭亂"期間，兵劉民饑，癘疫大熾。誠一爲右兵使，親涖賑救，宵晝營悴，染癘以卒。有《鶴峰集》七卷《續集》五卷《附錄》四卷傳世。事見《鶴峰集·附錄》卷一《年譜》、卷二鄭述《行狀》、卷三鄭經世《神道碑》（又見《國朝人物考》卷五六）與金坽《墓碣銘》、《宣祖實錄》等。

　　案金誠一《鶴峰集》七卷《續集》五卷《附錄》四卷，前有趙絅序，末有金應祖跋，正集前二卷爲詩賦，後五卷爲諸體文，皆以卷中小集如《湖堂朔製》《朝天録》《北征録》《海西録》《錦城録》《海槎録》等題。《續集》亦如之，有李象靖序，末柳致明跋。《附録》則爲《年譜》與諸家所撰狀誌、祭文與挽詞等。初刊於仁祖二十七年（1649），補訂重刊於哲宗二年（1851），《韓國文集叢刊》以奎章閣藏本爲底本影印（《韓國歷代文集叢書》同），《燕行録全集》爲同一版本。

是稿封面簽題"金誠一朝天日記",扉頁則題"鶴峰先生文集",首頁小題"朝天日記"。乃後人所抄,略有校字,中多空白闕字。日記自丁丑二月二十日渡鴨綠江始,六月初四日返抵山海關止。而五月二十二日條,誤抄在最末六月初四日條下,有校字曰"當在二十一日下"①。然則始發王城到鴨江邊,以及自山海關後返程之日記,皆不在此内,蓋首尾闕略而非完稿,或在鮮境内本無日記也。

案金誠一此次出使,據《實錄》,宣祖十年四月一日,"遣謝恩使尹斗壽、金誠一等,奏宗系改正事,時謝敕諭恩,兼爲辨誣送也"。九月初一日回自京師。禮部回咨曰:"所請宗系、惡名二項,本部悉已遵旨,備載開送,毋庸再奏。其備載之條,宣示陪臣,緣館局纂修理,必少加删定,且未經御覽,不得輒付錄咨文。該國遵照敕諭内事理,安心以竢。"②宣祖心仍不愜,續遣奏進使黄琳,乞將已辨誣事件,詳錄今纂《會典》新書事情,奏聞於帝焉。

金氏文字,平實潔净,不事宣染。所記雖簡略,然其中如在懷遠館所見明廷爲選擇皇后所揭貼之榜文,謂"皇帝年及婚期,宜慎簡賢淑,以爲之配。爾禮部其遵祖宗舊典,榜諭在京順天府及南京、鳳陽、淮安、徐州、河南、山東大小官員人民等良善之家,預先選擇其父母形體端慎,家法嚴整,務要媒婆查照,年十四五六歲,容貌端莊,德性純美,動中禮度者"③。可見朝廷選后擾民之情狀。又到制勝鋪所見壁上畫貼云:"湖廣長沙府有一婦人蔡氏,嫁與張文貴爲妻,不肯行孝,忤逆公婆,天遺其責,萬曆元年六月十九日,變做黑驢,三日吃飯,三日吃草,顯化人間。府報都御史,御史趙着令刊刻傳喻天下云。"④如此謬悠之事,然州府、御史衙門竟傳喻天下以爲教化鑒戒,誠所謂荒誕無稽者也。

又因明朝新修《會典》,金氏等希求宗系弑逆兩項辨誣,即所謂桓祖姓諱及四王始末,一有脱漏,則非明白,又無追改之路。屢求禮部增纂時

①金誠一《金誠一朝天日記》,《燕行録全集》,004/333。
②《宣祖改修實録》卷11,宣祖十年(萬曆五年 1577)四月一日戊午條;九月一日甲寅條。
③金誠一《金誠一朝天日記》,《燕行録全集》,004/265。
④金誠一《金誠一朝天日記》,《燕行録全集》,004/277—278。

明白增入,並將樣稿帶回以呈國王。雖且泣且訴,只得禮部沈郎中將原"纂稿内塗改二字,添入數行語"等文字。故雖遲滯玉河館兩月之久,仍悶迫失望而歸也。

0068-1577
金誠一《朝天錄》(《全集》第 4 册;《叢刊》第 48 册《鶴峰先生文集》 刻本)

案金誠一有《金誠一朝天日記》(0067-1577),已著錄。

是稿即金誠一宣祖十年謝恩兼奏請行時沿途所作詩也。輯自《鶴峰先生文集》卷一,詩題《佇福院途中遇雪(丁丑)》注"以下《朝天錄》"。實則僅《佇福院途中遇雪》《龍灣感興》《龍灣別席》《雙關河》《遼東城》《大陵河》《我所思四首》《豐潤縣雨中》《問歸鴈》《歸鴈答》等十三首爲金氏出使途中所作。下《過岬貫古城》等非朝天時所作,《燕行錄全集》編輯者未能詳審而誤輯也。又《續集》卷一《過九連城》《八渡河途中》《遼陽教場觀武士》等七首,亦當時燕行時所作,又爲《燕行錄全集》所漏收矣。

李象靖序《鶴峰集》謂"有詩文若干卷,已鋟行於世。而其未傳者尚多,嗣孫柱國氏,有意續編,且將收拾散佚(未成,後裔再續),以補元集之缺"①。鄭經世亦謂"所著疏劄詩文,皆散失於兵火,今有遺稿若干卷,《海槎錄》三卷,藏於家"②。則其詩文所佚甚夥,故朝天時之詩,傳世寥寥耳。其《朝天紀行》長篇,鋪張揮灑,述行役之苦,與夫見聞之廣。他若《我所思》等,平鋪典瞻,戀闕憂國。金氏又有《首陽山賦》,謂奉使天朝時,過孤竹廟而謁聖祠,"清風如昨,遺蹟宛然。二子聲音顔色,有若接乎目而盈乎耳,不覺百世之爲遠也"。又曾至朝鮮西海之海州,亦有山曰首陽,"雙峰對峙,壁立萬仞,凜凜有不可犯之色"。遂感而賦"一曲長歌兮,清風萬古;三綱一身兮,日月宇宙"。而誠一終捨生取義,爲國捐軀,所謂"山不

---

①金誠一《鶴峰集續集》李象靖《鶴峰先生文集續集序》,《韓國文集叢刊》,048/154。
②鄭經世《愚伏先生文集》卷 17《金公神道碑》,《韓國文集叢刊》,068/315。

崩兮海不渴,鴻名峻節兮並無極"者。① 然誠一隨黃允吉至日本,黃氏以爲豐臣秀吉必來進犯,而誠一以爲必無其事。後"壬辰倭亂"起,朝鮮敗兵失國,一泄千里,而誠一亦死於國事,令人既歎其無識,又深憫其遭遇也。

0069-1577
崔岦《丁丑行録》(《全集》第 4 册;《叢刊》第 49 册《簡易集》 活字本)

案崔岦出使事由,詳參前金誠一《金誠一朝天日記解題》(0067-1577)。

崔岦(1539—1612),字立之,號東皐,又號簡易,本漢京人,晚寓平壤。自幼力學不倦,與李純仁、李山海、崔慶昌、白光弘、尹卓然、宋翼弼及李珥爲友,號"八文章"。明宗十六年(嘉靖四十年 1561)文科壯元及第。累典僻邑,益肆力於文章,讀《班史》數千遍,遂成一家,尤邃於《易》。爲載寧郡守,得廉簡之名。又爲公州牧使、全州府尹等職。"壬辰"亂後,掌隸院判決事、行驪州牧使、同知中樞府事、江陵府使等。岦家世甚微,而爲人簡亢,未嘗許可一世士。有《周易本義口訣附説》二卷、《簡易集》九卷行世。事見《國朝人物考》卷五〇崔錫鼎《墓碣碑》與《仁祖實録》《光海君日記》等②。

崔岦《簡易集》九卷,爲其自編本,仁祖十九年(1631)以活字本初刊,《韓國文集叢刊》以奎章閣藏本爲底本影印,《燕行録全集》爲同一版本。前有張維序文,卷一至卷五爲諸體文,卷六至卷九爲詩,以時序按年編爲小集,較之他家,可謂整飭有次矣。

案崔岦出使中國,前後凡四度。《丁丑行録》一卷,輯自《簡易集》卷六,共録詩三十餘首。然《宣祖實録》及《明實録》載此次出使,皆無崔岦之名,考崔氏詩中有《次韻士純林畔記夢之作》《次和二純二思》《次和士純四所思》等,考"士純"乃金誠一之字,然查金氏《金誠一朝天日記》與

---

①金誠一《鶴峰先生文集》卷2《首陽山賦並序》,《韓國文集叢刊》,048/064。
②《光海君日記》卷55,光海君四年(萬曆四十年 1612)七月十一日癸卯條。

《朝天録》,亦皆未及崔岦,但《朝天録》中有《我所思》四首,則崔氏和詩《次和士純四所思》等,皆爲同時唱和無疑也。又崔氏卷中有《三月三日登望京樓(遼陽城)》《寒食日》諸詩,而金氏續集《日記》載,自本年二月二十七日至三月初六日,皆在遼東懷遠館,則時日與地點亦完全重合。則崔氏出使,必與金氏同行,確當無疑。又崔氏第二次入明,黃廷或贈詩謂"五年於此再何堪,官仍質正亦推重"①。此可知崔氏兩度皆以質正官身份出使,此爲其第一次入中國也。

崔岦詩作,張維謂繩墨頗峻,意過深而寧晦,語過奇而寧澀,遂成一家體度。論其涯涘,雖若狹迫,而準法揆,則實有獨至之工焉。其詩矯健有致,得黃、陳句法,而用意太深,削除華藻,唯陳言之務去,故語多拘强,轉乏詩人風致。②爲晉州牧使六年,只賦一律而歸,其繩削如此。嘗有怪石一絕曰"窗間懸一虱,三歲車輪大。我有一拳石,不向華山坐"③,其遹異大致如此。李睟光《芝峰類説》卷九亦謂其"於詩酷好後山,常言詩須以用意爲工,我國人詩無意味,所以未善也","然語意似晦,而且未免拘牽"。岦自謂"莫怪吾詩多後發,夜光明月敢争新"④,則其亦果於自信也。今觀其詩,若"每接殊音不相曉,沙邊耳熟有鳴鷗"等句⑤,構思殊巧,不落人後。然其有後山之拗折晦澀,而無其奇崛瘦硬耳。

0070-1579

權韠《朝天詩》(《續集》第 101 册;《叢刊》第 38 册《習齋集》 刻本;韓國漢文學會編《習齋集》,影印本,首爾:民昌文化社 1995)

出使事由:冬至行
出使成員:正使工曹參判權韠、書狀官金睟等

---

①崔岦《簡易集》卷 4《上郎中書》末識語,《韓國文集叢刊》,049/315—316。
②崔岦《簡易集》張維《簡易文集序》,《韓國文集叢刊》,049/175;又《光海君日記》卷 55,光海君四年(萬曆四十年 1612)七月十一日癸卯條。
③《宣祖實錄》卷 68,宣祖二十八年(萬曆二十三年 1595)十月二十九日戊辰條。
④崔岦《丁丑行錄‧過江道中此韻二首》其二,《燕行錄全集》,004/402。
⑤崔岦《丁丑行錄‧過江道中此韻二首》其一,《燕行錄全集》,004/402。

出使時間：宣祖十二年（萬曆七年 1579）八月—翌年三月？

權擘（1520—1593），字大手，號習齋，安東人。明宗時，爲禮曹佐郎。宣祖朝，官安邊府使、工曹參判等。於物無所嗜好，唯喜古書，手不釋卷，上自墳典，以至諸子百家，奇辭奧義，極探窮搜，孜孜兀兀，樂之終身而不知倦。少與安名世、公潔相友善。"乙巳"之禍，二公俱陷不測。自是擺落世事，不復與人交遊。家貧屢空，妻子不免飢寒，怡然不以爲意。有《習齋集》四卷《補遺》一卷行世。事見《明宗實錄》《宣祖實錄》等。

權擘《習齋集》四卷《補遺》一卷，爲其子權韡於宣祖四十一年（1608）初刊，曾孫權誤後於孝宗四年（1653）重刊，《韓國文集叢刊》據奎章閣藏本影印。前有李廷龜、崔岦二序，末有權誤識語。今有韓國漢文學會編《習齋集》，爲影印本，頗便參稽。① 五卷皆詩，以時次編排焉。

案權擘出使中國，《宣祖實錄》不載出使及回還日期，《明實錄》載萬曆七年"十一月己巳，朝鮮國王李昖差陪臣工曹參判權擘等三十六員，齎捧表文方物馬匹赴京，慶賀冬至令節"②。又據權氏《九月二十八日初度聚勝亭宴集》詩題可知，發王京當在八月間，而回還則在翌年二、三月也。又《宣祖實錄》稱，宣祖十三年（萬曆八年 1580）閏四月二十三日，司憲府啓："大護軍權擘赴京時，多有鄙陋之譏，請罷。"如啓。③ 此所謂"鄙陋之譏"，蓋涉私相買賣物貨之類也。

權擘朝天詩見《習齋集》卷二。今《燕行錄續集》第一〇一册所收，自《奉使關西次遠接使林塘鄭相公出城口號韻》至《次韻贈俊上人》等四十餘首，爲往龍灣迎接天使韓世能等時所詠，非朝天詩，乃濫收也。自《送許太輝出按嶺南》以下二十餘首詩（詩題注"時將赴京師"④），方皆爲此次出使所作也。

權擘師事申光漢，以詩擅名，子韡承其緒，專力爲詩。李廷龜謂擘詩

---

① 權擘撰，韓國漢文學會編《習齋集》（上下），影印本，首爾民昌文化社 1995 年版。
②《明神宗實錄》卷 93，萬曆七年（1579）十一月己巳條，053/1900。
③《宣祖實錄》卷 14，宣祖十三年（萬曆八年 1580）閏四月二十三日辛酉條。
④ 權擘《習齋集》卷 2《送許太輝出按嶺南》，《韓國文集叢刊》，038/043。

"沖澹而有味,典雅而無華"①。其詩雖造語平淡,然亦不落俗套。如朝鮮使臣經駐蹕山者,莫不論唐太宗之黷武,極度誇贊蓋蘇文之勇略,稱當時太宗爲麗朝軍隊射落眼珠,即牧隱《貞觀吟》所詠"那知玄花落白羽",鮮人以爲信史,篤信不疑。權氏《駐蹕山》詩,謂"唐宗黷武雖堪笑,麗國招兵亦可憐","除凶雪耻從虛語,白羽玄花萬古傳"。② 此不信玄怪之説,其史識高絶,翻在前人儕輩之上。其在北京,萬曆帝於雨天親行望闕禮,權氏極度贊美,謂"情深事大宵無寐,悃切由中雨不違","恰從帝所聞仙樂,青瑣詞臣緩步歸"。③ 則其事大崇禮之情,生於丹衷,非虛語委旋者可擬也。

0071-1581
高敬命《朝天詩》(《叢刊》第 42 册《霽峰集》 刻本)

出使事由:辨誣兼奏請行
出使成員:正使司憲府大司憲金繼輝、書狀官蔚山郡守高敬命、質正官載寧郡守崔岦等
出使時間:宣祖十四年(萬曆九年 1581)五月一日—十一月一日

高敬命(1533—1592),字而順,號霽峰,亦號苔軒,光州人。幼即聰慧,有"麒麟鸞鳥"之喻。明宗十三年(嘉靖三十七年 1558),中文科壯元。爲户曹佐郎、司諫院正言、司諫院獻納、弘文館修撰等。宣祖朝,爲靈巖郡守、漢城庶尹、東萊府使等。"壬辰"亂起,於全羅道興發義兵,舉爲大將,率軍進擊恩津等地,北上勤王。旋聚兵討錦山之倭,與子因厚皆戰敗死。長子從厚,誓復父仇,起兵晉州,亦城陷而死。有《霽峰集》五卷《遺集》一卷《續集》一卷存世。事見李睟光《芝峰類説》及明宗、宣祖《實録》等。

案高敬命《霽峰集》五卷《遺集》一卷《續集》一卷,乃其子用厚手録

---

①權擘《習齋集》卷首李廷龜《習齋先生詩集序》,《韓國文集叢刊》,038/025。
②權擘《習齋集》卷2《駐蹕山》,《韓國文集叢刊》,038/045。
③權擘《習齋集》卷4《皇帝聖節親行望闕禮是日微雨》,《韓國文集叢刊》,038/057。

本,經李恒福删定,《續集》經柳根編選,於光海君九年(1617)刊行,《韓國文集叢刊》據奎章閣藏本影印。其燕行詩七十餘首,見本集卷四;後《東槎和稿》二十餘首,爲出使日本時所作;又《皇華和稿》十餘首,則爲和明使翰林院編修黃洪憲、工科右給事中王敬民之作(二氏於萬曆九年九月出使朝鮮,頒皇子誕生詔敕)。前有李恒福序,末有柳根跋。《遺集》《續集》則收其散佚詩文,有其子用厚跋文,記其遺言,忠憤噴湧,感人奮發焉。

案宣祖十四年(萬曆九年 1581)五月一日,"以金繼輝爲辨誣奏請使"。又稱"本國以改宗系之請,遣使頻仍,而中朝難其事,雖被皇旨,添入《會典》,而未蒙頒降。時聞《會典》纂修垂畢,機會甚重,大司諫李珥率同僚啓曰:'主辱臣死,義也。宗系受誣,列聖之辱大矣。奏請使當以至誠,感動天庭,事成則還國,不成則爲埋骨燕山之計,然後庶可成事,請別擇專對之才以遣之。'上允之。朝議多以爲李珥可遣,朴淳、李山海皆以爲李珥不可去朝廷,乃遣繼輝。繼輝請以高敬命爲書狀官、崔岦爲質正官。"史臣注曰:"敬命曾爲侍臣,坐父累就散。岦以門地寒微,不顯用。二人皆能辭令,故特辟之。"十一月初一日,繼輝等還自京師,禮部咨曰:"專差陪臣,候領《會典》全書,無非欲亟雪先世之冤。備查史館於該國項下,已將本王宗系及傳國被誣緣由,俱各詳載。如遇典成,即請頒賜,不敢遲閣,以虛恩命云。"①則此次出使,仍專爲宗系辨誣事,然又復空手而歸也。

高敬命朝天詩見《霽峰集》卷四,詩題有"壬午春,還自燕台,登統軍亭"句②,爲回還時日也。又其詩尚有"四十九年蘧伯玉,白頭吟望苦低垂"句③,考敬命生於中宗二十八年(嘉靖十二年 1533),則宣祖十五年時,恰爲四十九歲,時日皆相合也。其詩多與崔岦相唱和,時爲宗系辨誣,故其詩若《詣禮部上書》有"瀝血南宮冀徹聞,區區忠赤豈空文。移山不

---

① 《宣祖改修實錄》卷15,宣祖十四年(萬曆九年 1581)五月一日癸亥條;十一月一日辛酉條。又李珥《石潭日記》卷下萬曆九年辛巳條。
② 高敬命《霽峰集》卷4《壬午春……兼示同事諸公》,《韓國文集叢刊》,042/099。
③ 高敬命《霽峰集》卷4《七家嶺除夕集古句》其三,《韓國文集叢刊》,042/103。

信愚公老,填海誰憐帝女勤。敢道微誠回白日,願將照雪報吾君。陪臣久議秦庭哭,閶闔門多未叫云"①。又《聞聖旨不許降敕悵吟疊前韻》有"冤叫無因徹九皋,微誠空慕咽旄毛","小臣奉使知無狀,書記非才愧掾曹"等句。② 此則因使事不諧順,故出語如此也。

又一行往北京時,至山海關下,"得邊報,虜騎二十餘萬入廣寧下營近郊,遊兵四出搶掠"云云。敬命慨歎"時吾行經由不久。危哉! 危哉!"③ 可知當時已是戰雲密佈,遼野告急。而敬命返國十年之後,"壬辰倭亂"起,萬曆帝傾全國之力援助朝鮮,而女真勢力就此坐大,以至無法收拾之局。而敬命亦起義兵,戰死於疆場,其燕行詩中有云"孤憤未消終古恨,壯心寧減少年豪"者④。則既顯其忠義之志,又似詩讖焉。權韠挽敬命詩稱"孤軍抗賊衆知難,爲國一死心所安","男兒徇國古來有,父子三忠世無偶",⑤即頌高氏父子之效死抗倭而捨生取義者也。

0072–1581
崔岦《辛巳行錄》(《全集》第 4 冊;《叢刊》第 49 冊《簡易集》 活字本)

案崔岦有《丁丑行錄》(0069–1577),已著錄。其此次出使事由,詳參前高敬命《朝天詩解題》(0071–1581)。

《辛巳行錄》輯自崔岦《簡易集》卷六,共收詩三十餘首,即宣祖十四年(萬曆九年 1581)出使期間所作也。其去途之中,多唱和之作;返程至山海關後再無詩作,蓋使事不順,又王程緊迫,無暇作詩故也。而《山海關登觀海亭》以下至《中秋夜陰》四十餘首詩,則另有小題稱《分津錄》,與燕行無關,乃輯錄者粗疏誤涉入耳。因出使爲宗系改正事,故其詩有"皇恩久已釋冤氛,使事猶著未盡分"⑥,"光分八座尊嚴地,血瀝三書痛切言"

---

①高敬命《霽峰集》卷 4《詣禮部上書》,《韓國文集叢刊》,042/101。
②高敬命《霽峰集》卷 4《聞聖旨不許降敕悵吟疊前韻》,《韓國文集叢刊》,042/101。
③高敬命《霽峰集》卷 4《關下得邊報虜騎……危哉危哉》,《韓國文集叢刊》,042/099。
④高敬命《霽峰集》卷 4《聞聖旨不許降敕悵吟疊前韻》,《韓國文集叢刊》,042/101。
⑤權韠《石洲集》卷 2《高判書敬命改葬挽章》,《韓國文集叢刊》,075/025。
⑥崔岦《辛巳行錄·三河疊韻》,《燕行錄全集》,004/432。

等句①。又謂"恰得淹留五十二,東歸雖好又飄蓬"②,則因使事不順,久滯客館故耳。

0073-1581
韓濩《辛巳朝天錄》(《續集》第 101 冊　鈔本)

案韓濩出使事由,詳參前高敬命《朝天詩解題》(0071-1581)。

韓濩(1543—1605),初名景洪,號石峰,開城人。爲人恭謹,起自寒微。書法宗王羲之、趙孟頫,筆法遒勁,自成一體。朝鮮安平以後書法,以韓濩爲第一,號"石峰體"。宣祖每見筆迹,歎爲世間絕藝,以其專任司御,並命寫《千字文》,頒刻全國。年二十五,中進士。宣祖二十五年(萬曆二十年　1592),官司憲府監察,歷官加平郡守、歙谷縣監等。書法有《許曄神道碑》《徐敬德神道碑》《箕子廟碑》《金光啓碑》等存世,著有《朝天錄》一卷。事見李廷龜《月沙集》卷四七《韓石峰墓碣銘》、李贊成《松都記異》及《宣祖實錄》等。

此《辛巳朝天錄》一卷,書名爲《燕行錄續集》編輯者所題,鈔本,首頁前有印文二方,惜模糊不辨。每半頁八行,行十六字,字大疏朗,行書秀美。每首詩題下注日期及所過地名等,不及其他。起自《過江宿孫三家》,終至《次韻山海關城》,共計五十餘首,蓋爲殘本耳。有題下注明"而順"者,則爲高敬命詩;有注曰"立之"者,則爲崔岦作。然覈考可知,此卷詩幾爲韓、高、崔三氏詩之合編也。

案高敬命《霽峰集》卷四所收朝天詩,自《百祥樓次韻》《壬午春還自燕臺登統軍亭奉呈牧使韓公則兼示同事諸公》,共六十餘首,與此卷重者若《過江宿孫三家》《夜坐聞蛩有感》《分水嶺》《枕上書懷》《高嶺道中》《狼子山遇重陽》《頭關站道上見居人作重陽悵吟》《寧遠城上夜望迤北山外赤氣蟠空人以爲虜營火光所爍》《寧遠衛見游擊將軍提兵赴征》《晚發寧遠》《道中望胡地群山綿亘天北甚奇峭》《過故總兵楊忠壯公照墓》《望

---

①崔岦《簡易集》卷6《辭堂》,《韓國文集叢刊》,049/398。
②崔岦《辛巳行錄·發京》,《燕行錄全集》,004/439。

長城》《山海關》《食錦鱗魚有感》《關下得邊報虜騎二十餘萬入廣寧下營近郊遊兵四出搶掠云時吾行經由不久危哉危哉》《入山海關有感》《榆關夢舍弟》《道上望昌黎縣有感》《謁夷齊廟》《發薊州中路遇大風投宿邦均店》《通州》《庭前有松一本葉三鬣視其身全類水青木問諸園丁則以爲塔松云》等，多達二十三首；又《玉田縣戲吟》詩題注"余忝居使、質正之間，故以'礫後糠前'爲戲"①。則因敬命爲書狀官，而上使爲金繼祖，而質正官爲崔岦，故有如是之説，則亦爲敬命詩也。另如此卷所收《燕子嵒》《枕上》《高嶺》《重陽》《十三山》《紅螺山》《遇雪》等七首，皆見崔氏《辛巳行錄》，唯詩題作《燕子嵒次韻》《次韻枕上》《次韻高嶺》《重陽次韻》《十三山次韻》《紅羅山次韻》《次韻遇雪》也。

又此卷收《次韻寧遠城上夜望》《次韻山海關城》二詩，下題"立之"，今不見崔氏《辛巳行錄》中，或佚之，或故爲汰去者。所不見於高、崔二氏集中者，惟《鳳凰堡之西……傳東明王所築》《宿湯站……里名相同》《湯站城西有山類葱秀》《八渡河》《古煙臺路上》《過都督王祥墓》《柳田村》《八渡河》《初到遼陽有感》《閭陽》《十三山》《大凌河》《宿圓通寺……而已》《游擊赴征》《永平路傍有李廣射虎石》《過高麗堡有感》《漁陽橋》《薊州》《發通州……不可殫紀》《廊柱鎖一老猿毛髮憔悴可悶》等二十首而已。則或爲韓、高、崔三家詩之鈔撮而成者耶？

韓濩出使事，今不見史載，然考高敬命《霽峰集》卷四有《題同行韓上舍景洪詩帖》二首，乃作於玉河館時，其一首曰："石峰書法透玄機，心與神凝手亦隨。《瘞鶴銘》中初得力，《換鵝經》裏晚添奇。精於射到穿楊後，妙似丹成蜕骨時。星動析津騰異氣，酒酣燕市逞雄姿。應須打鐵爲門限，更遣懸河作硯池。願寫柳文山水記，竹林深處卧看之。（僕酷愛柳文山水記，煩君幸一灑戲墨，以爲山居寶玩如何。）"②韓氏初名景洪，則其共同出使可證。李廷龜《韓石峰墓碣銘》稱，"石峯既以名筆擅一時，朝廷於迎儐詔使若奏請天朝，必盛選詞翰。壬申遠接使林塘鄭相之行，壬午栗谷先生之行，辛丑不佞之行，及辛巳、癸巳奏請使之行，石峯皆與焉，所至必驚

---

① 韓濩《辛巳朝天錄・玉田縣戲吟》詩題注，《燕行錄續集》，101/634。
② 高敬命《霽峰集》卷4《題同行韓上舍景洪詩帖》其二，《韓國文集叢刊》，042/102。

動中外"①。然則韓氏之屢屢出入中國可知,至其身份,或因其精擅書法而爲寫字官耶?

0074-1591
韓應寅《朝天録》(《續集》第 150 册;《叢刊》第 60 册《百拙齋遺稿》 刻本)

出使事由:辨誣行
出使人員:正使同副承旨黄廷彧、書狀官韓應寅、質正官宋象賢等
出使時間:宣祖十七年(萬曆十二年　1584)五月三日—十一月一日
出使事由:陳奏行
出使人員:陳奏使禮曹判書韓應寅、書狀官辛慶晉、質正官成均館司成吴億齡等
出使時間:宣祖二十四年(萬曆十九年　1591)十月二十四日—翌年三月?
出使事由:奏請行
出使人員:正使清平君韓應寅、書狀官禮曹正郎南以信等
出使時間:宣祖二十八年(萬曆二十三年　1595)十二月二十五日—翌年六月?
出使事由:謝恩行
出使人員:正使議政府右贊成韓應寅等
出使時間:宣祖三十二年(萬曆二十七年　1599)二月—六月

韓應寅(1554—1614),字春卿,號百拙齋,清州人。幼即不事嬉遊,凝重如成人,年未十五,讀經史殆遍。宣祖十年(萬曆五年　1577)中謁聖科及第。官兵曹佐郎、司憲府持平、司諫院正言、承政院都承旨、禮曹判書等。"壬辰倭亂"期間,爲户曹判書,任李如松接伴使,協理軍務甚力。漢城光復,弔生問死之餘,首購書籍及典章,收拾甚多,公私賴之。又爲平安道觀察使,襄贊楊鎬等軍務,籌策接應,以保軍需。歷議政府右贊成、吏

---
①李廷龜《月沙集》卷47《韓石峰墓碣銘》,《韓國文集叢刊》,070/252。

曹判書等。封淸平府院君。宣祖崩，爲顧命七大臣之一。爲李爾瞻所陷，削官歸里卒。後諡忠靖。有《百拙齋遺稿》二卷行世。事見《百拙齋遺稿》附錄李廷龜《行狀》、金瑬《神道碑銘》，又見宣祖、仁祖《實錄》等。

韓應寅《百拙齋遺稿》二卷，爲其子德及等收拾散逸編次，曾孫聖佑於肅宗二十八年（1702）刊行，並稱"不幸適丁萬曆壬辰倭變，所製疏箚詩文，盡逸於兵燹流離之際，只是遺存者，壬辰以後四赴皇京，一返遼廣之日，與一行吟詠酬唱詩僅一百二十三篇，癸巳丁憂時辭起復一疏而已。其餘賦五首表十七首，皆是登第前所製，而播在人口。故祖考淸寧君並皆收拾，錄爲一册"①。凡詩賦一卷、表文疏箚一卷，前有宋時烈序，末有韓聖佑跋。版刻精整，字大疏朗。《韓國文集叢刊》據奎章閣藏本影印。

案李廷龜撰韓應寅《行狀》稱，"公自甲申至己亥，朝京者四，往返遼廣者一，中朝走卒，皆知公名，使价之行，輒問起居"②。宣祖十七年（萬曆十二年 1584），朝鮮以宗系受誣不白，欲再爲其先康獻王李旦洗冤，遂以黄廷彧爲使，應寅爲書狀官至京，竭誠奏請，禮部以新修《會典》，梓未竣工，請先降敕昭示，以慰遠人。從之。一行於五月初三日發王京，十一月初一日返京覆命焉。③

二十四年（萬曆十九年 1591）春，日本豐臣秀吉"遣玄蘇、平義智等致書本國，辭意悖慢，聲言假道入犯天朝，宣廟集諸臣雜議奏聞當否，議多不一，宣廟用大司憲尹斗壽議，命據實具奏，遂以公爲陳奏使。天朝聞琉球國言，方疑本國與倭通謀。及見奏文，皇上即於皇極殿，引公等一行立之陛下，慰諭勤懇，玉音丁寧，厚其賞賚，降敕獎勵。萬曆皇帝不御朝蓋久，外國使臣，獲近龍光，前所未有，是由宣廟直陳無隱之至誠，而公等呈籲明白，感動朝廷，遂啓皇上發兵拯溺之念。中興之業，實基於此"④。先是，明廷從琉球聞得，"朝鮮亦已屈伏，三百人來降，方造船爲嚮道"云云。琉球以其言聞於中國，故兵部使遼東移咨於朝鮮，問其然否，以此別遣陳

---

① 韓應寅《百拙齋遺稿》附韓聖佑《百拙齋遺稿跋》，《韓國文集叢刊》，060/544。
② 韓應寅《百拙齋遺稿》附錄李廷龜《行狀》，《韓國文集叢刊》，060/536。
③ 《宣祖實錄》卷18，宣祖十七年（萬曆十二年 1584）五月三日戊寅條；十一月一日癸酉條。
④ 韓應寅《百拙齋遺稿》附錄李廷龜《行狀》，《韓國文集叢刊》，060/534。

奏使,暴白其曲折,即韓應寅使團也。①《明神宗實錄》萬曆十九年十一月丙寅,朝鮮國王李昖具報:"本年五月內,有倭人僧俗相雜,稱關白平秀吉併吞六十餘州,琉球、南蠻皆服。明年三月間要來侵犯,必許和方解。"有旨:"着兵部申飭沿海隄防。該國偵報具見忠順,加賞以示激勸。"②

二十八年(萬曆二十三年 1595)末,韓應寅又以戶曹判書遣册封奏請使如京,請明朝册封光海君爲世子。臘月二十五日,上教應寅曰:"卿宜毋滯中途,急赴京師,期於得請。須以國王疾病轉加,日益深痼,與死爲隣,朝夕難保,勢難更奉藩職。而世子未定,內而臣民將無所託,外而兇賊必逞再肆,上下遑遑之意措辭,或呈文於該部,或直爲奏聞可也。"③然一行辭朝三十五日,方到義州,又十日才擬過江;書狀官南以信分道以進,迂道流連,宣祖誠極痛憤,催促亟發。四月丁酉朔,奏章下禮部;五月丁卯朔,禮部以爲廢長立幼爲不可。④ 應寅等無功而返。又《行狀》載,"己亥春,奉使如京,謝皇上再發兵糧之恩,皇上降敕獎勵"⑤。一行於二月發自王京,六月返京覆命,此事不載《明神宗實錄》。

韓應寅詩集以體裁編卷,存百八十餘首詩,幾皆爲朝天詩作也,惜雜置卷中,然可略考知其出使次數及所作詩也。若卷一"七言絕句"下題"甲申朝天時沿途作"⑥。及與書狀官宋象賢相唱和者,即爲此行出使時作,其詩又有《感舊作》,乃後次出使時弔宋氏之作,蓋應寅之與宋氏,相交甚厚耳。有次宋氏香奩諸作,及《代辛書狀妓蓮兒作》《代南書狀以信義州妓隱蘭作》等,其體頗戲謔,如香奩體也。而"次芝川使相韻"之類,亦爲此次出使期間所作(芝川,黃廷彧字);而題"辛卯朝天時"諸作,及與"尹節使暹""辛書狀"等唱和諸作,則爲宣祖二十四年(萬曆十九年 1591)

---

①《宣祖改修實錄》卷25,宣祖二十四年(萬曆十九年 1591)三月一日丁酉條;又十月二十四日丙辰條。
②《明神宗實錄》卷242,萬曆十九年(1591)十一月丙寅條,056/4508。
③《宣祖實錄》卷70,宣祖二十八年(萬曆二十三年 1595)十二月二十五日癸亥條。
④《明神宗實錄》卷296,萬曆二十四年(1596)四月丁酉條、丁丑條,058/5500、5503;卷297,同年五月丁卯條,058/5532—5535。
⑤韓應寅《百拙齋遺稿》附錄李廷龜《行狀》,《韓國文集叢刊》,060/535。
⑥韓應寅《百拙齋遺稿》卷1,《韓國文集叢刊》,060/486。

出使時作,此行蓋與冬至使尹暹同行也;題"乙未朝天時沿途作"①,及與"南書狀"唱和諸作,則爲宣祖二十八年出使時所作。自宣祖十七年至二十八年,三度出使,故其詩有"十年三過十三山"句②,蓋記實也。唯己亥出使時,卷中詩作多不似之,或散置其間,或佚而不傳耶?《燕行錄續集》第一五〇册收韓氏詩爲《燕行詩》,且標以時代"未詳",今不再細分,皆隸諸甲申年下(宣祖十七年萬曆十二年 1584),且改名爲《朝天錄》以歸其實焉。

時朝鮮板蕩之際,韓氏在玉河館詩稱"海內兵戈命苟全,此生於世最堪憐。窮愁萬緒與千緒,行樂十年無一年。舊業已空灰燼裏,新居那卜水雲邊。異鄉春盡歸期杳,南望長吟《四牡》篇"③。其奔走呼籲,號泣大朝,憂心如焚,勞於王事可知也。

0075-1586

成壽益《朝天錄》(《續集》第 102 册;《七峰遺稿》 刻本)

出使事由:冬至行

出使人員:正使成壽益、書狀官柳永詢等

出使時間:宣祖十九年(萬曆十四年 1586)十一月—翌年三月?

成壽益,字德久,號七峰,昌寧人。明宗朝,爲刑曹佐郎、魚川察訪等。宣祖時,任淮陽府使、户曹參判、禮曹參判、開城留守等。封昌山君。有《七峰遺稿》二卷傳世。事見《七峰遺稿》卷二《墓碣銘》《行狀》及《宣祖實錄》等。

案成壽益何年以何職出使明朝,史不具載。然《宣祖改修實錄》載,宣祖十九年(萬曆十四年 1586)"賀節使尹自新、賀至使成壽益等,在會同館失火延燒,使臣並被拿鞫論罪"④。又因冬至使進獻方物見失,致禮

---

①韓應寅《百拙齋遺稿》卷 1,《韓國文集叢刊》,060/490、495、502。
②韓應寅《百拙齋遺稿》卷 1《十三山城外》,《韓國文集叢刊》,060/493。
③韓應寅《百拙齋遺稿》卷 1《留玉河館》,《韓國文集叢刊》,060/505。
④《宣祖實錄改本》卷 20,宣祖十九年(萬曆十四年 1586)正月一日丙申條。

部移咨。所失之物,"螺鈿函內小合四箇見偷,司憲府論啓,使成壽益、書狀官柳永詢,拿鞫徒配於京畿"①。此可知成壽益爲冬至使,且其詩亦有"丙戌年窮丁亥來,尚忠家裏客愁催。不眠除夜斟村酒,待曉迎春見雪梅"之詠②。除夕之夜,雖在歸途,然尚未渡鴨江,日時與《宣祖實錄》所載同,則返國蓋至翌年二月底三月初光景矣。

　　成壽益《七峰遺稿》二卷,卷一爲詩,卷二爲記頌及《墓碣銘》《行狀》等。《朝天錄》百三十餘首,在本集卷一,《燕行錄續集》所收,缺前《受賜米》等五首。成氏每至一處,皆有詩作,歸路亦然,至返鴨江止,中次天使陳三謨韻爲多。詩多爲七律,七絕、五律爲少,紀實素拙,對句工穩,亦所謂鐵中錚錚者耳。

---

①《宣祖實錄》卷21,宣祖二十年(萬曆十五年　1587)正月一日庚寅條。
②成壽益《朝天錄·歲除日宿遼東朱尚忠家》,《燕行錄續集》,102/074。

卷一〇　0076—0081

宣祖二十年(萬曆十五年　1587)—宣祖二十年(萬曆十五年　1587)

0076-1-1587;0076-2-1587
裴三益《朝天錄》(《全集》第4册;《叢刊續》第4册《臨淵齋先生文集》;《叢書》第2208册　刻本)
裴三益《裴三益日記》(《全集》第4册　鈔本)

  出使事由:陳謝行
  出使成員:正使司諫院司諫裴三益、書狀官成均館直講元士安等
  出使時間:宣祖二十年(萬曆十五年　1587)三月十三日—九月十三日

  裴三益(1534—1588),字汝友,號臨淵齋,興海人。師宗退溪,得聞爲學之要,與柳成龍等爲友。明宗十九年(嘉靖四十三年　1564)及第。歷官襄陽府使、司憲府掌令、司諫院司諫、成均館大司成、黄海道觀察使兼兵馬水軍節度使等。其在黄海,值歲連歉,發倉賑饑,百姓賴以得活。有《臨淵齋集》六卷傳世。事見《臨淵齋集》卷五《年譜》,卷六裴龍吉《家狀》、柳成龍《神道碑銘》、李廷龜《墓誌銘》與《宣祖實錄》等。

  案裴三益《臨淵齋集》六卷,爲據其家藏稿本編纂,刻於哲宗六年(1855)。前三卷爲詩,卷四爲諸體文、朝天日記等,卷五附錄爲《年譜》,卷六附錄《宣廟御札》及權好文諸人《朝天別章》詩若干首。前有柳致明《序》,《韓國文集叢刊續》據奎章閣藏本影印(《韓國歷代文集叢書》同),《燕行錄全集》所收《朝天錄》爲同一版本。

  案《燕行錄全集》第四册,又收錄裴氏《朝天錄》别一版本。是稿無封面,"裴三益日記"之題,乃編纂者所加。全稿前後筆迹不同,蓋據原草所鈔校,後半部所鈔較前爲工整,前後皆多有校改之字,遇人名等處,多作空

圍。與刻本比勘,此本文字較爲簡略。然亦有刻本所無者,刻本每日僅書干支,而是本則干支日期並書。又如三月二十四日,此本作"從前酒戒始破之"①;而刻本此句後尚有"余以畏色如虎,視酒如藥,爲一生持身之方,而今於萬里塞風,不可不衛生,始親酒杯,微醉,或能免伐性之斧耶"②。四月初四日,是本作"留定州,主倅設餞宴,與書狀共之。午後風而小雨"③;而前本"書狀"作"彦仁",且無"午後風而小雨"六字④。又初五日,是本後有"至大醉"⑤;刻本無此三字。十一日,是本作"是日,巡按御史游馬耳山,軍容甚盛"⑥;刻本此句下又有"遂以一律記之"句⑦。二十二日,是本作"宿三岐李勇相家,進獻赤色馬,病急幾死,僅蘇,達夜治藥,猶未起立,令押馬官、理馬等留護"⑧;刻本無"病急"等數語⑨。五月初三日,是本作"書狀官病危落後"⑩;刻本作"書狀奴"⑪,刻本是也;二十一日,是本末作"路聞蟬聲,前此未之聞也"⑫;刻本"路"作"始",且無後半句⑬。二十八日,是本作"宿莽龍橋。主人兒韓朝桂,字子攀,見余,作詩以贈曰:'覩爾形骸誠可嘉,才人不亞我中華。雖然賓服於吾國,吟詩氣度豈讓他。'余即次以贈。仍給筆墨,則致謝以退。其父名則曰韓佇也"⑭;而刻本作"主人韓佇也。其子韓朝桂,字子攀,見余,作詩,余即次以贈,仍給筆墨,則致謝而退"⑮。七月初五日,是本作"以昨日冒熱作行,飲冷無

---

① 裴三益《裴三益日記》,《燕行錄全集》,004/058。
② 裴三益《朝天錄》,《燕行錄全集》,004/014。
③ 裴三益《裴三益日記》,《燕行錄全集》,004/062。
④ 裴三益《朝天錄》,《燕行錄全集》,004/016。
⑤ 裴三益《裴三益日記》,《燕行錄全集》,004/062。
⑥ 裴三益《裴三益日記》,《燕行錄全集》,004/064。
⑦ 裴三益《朝天錄》,《燕行錄全集》,004/018。
⑧ 裴三益《裴三益日記》,《燕行錄全集》,004/067—068。
⑨ 裴三益《朝天錄》,《燕行錄全集》,004/019。
⑩ 裴三益《裴三益日記》,《燕行錄全集》,004/073。
⑪ 裴三益《朝天錄》,《燕行錄全集》,004/024。
⑫ 裴三益《裴三益日記》,《燕行錄全集》,004/080。
⑬ 裴三益《朝天錄》,《燕行錄全集》,004/028。
⑭ 裴三益《裴三益日記》,《燕行錄全集》,004/084—085。
⑮ 裴三益《朝天錄》,《燕行錄全集》,004/032。

數,下痢困臥,偏頭亦痛"①;而刻本無"偏頭亦痛"四字②。初七日,"一行詣闕謝恩,以病不得與,書狀官受敕"③;前本作"一行詣闕謝恩受敕",而下詳列敕文内容。④ 九月一日,是本作"是日,日食,抵暮越江"⑤;刻本作"抵暮越江,馳啓《會典》正稿一册及禮部咨遼東都司禁耕回咨各一道賫來等事。子龍吉來待,始聞家鄉消息"⑥。十二日,是本作"宿迎曙"⑦;刻本作"宿迎曙。上降御札曰:今次下人多病死,萬里無事往還,賫奉敕書而來,且謄書《會典》來啓,俾予知之。此皆由於周旋專對之忠,良用嘉悦。賜内廄馬一匹,書狀官元士安,兒馬一匹,勿謝"⑧。十三日,是本作"覆命"⑨;刻本作"伏聞上將親逆於慕華館,惶懼竦惕,無地自容,遂星夜奔馳覆命。進欽賜蟒龍錦衣諸色段"等等⑩。然則兩本互有詳略,讀者比勘而校,相互參稽可也。

是本後尚附有"廩給",則有"水稻米一斗該價銀一戔五分,旱稻米一斗該價銀一戔,粟米一斗該價銀陸分";"口糧"則有"上等粳米一升、肉一斤、鹽菜一盤,以上折銀三分;中等粳米一升、肉半斤、鹽菜一盤,以上折銀二分;下等粟米一升、鹽菜一盤,以上折銀一分"等。此類文字,於研究當時糧鹽蔬菜價格,甚有助益也。下又載明朝内閣大臣如吏部尚書申時行、禮部尚書許國穎等職銜名。末又有自"丁亥十月二十七日"至"戊子三月初四日"所記日記,則爲作者在官署及居家之日記,與朝天無關也。

案宣祖十九年(萬曆十四年　1586),賀節使尹自新等,在玉河館修補房垓,因致失火,延燒十一間,至於禮部題本,玉河館提督等被罪;又冬

---

①裴三益《裴三益日記》,《燕行録全集》,004/099。
②裴三益《朝天録》,《燕行録全集》,004/040—041。
③裴三益《裴三益日記》,《燕行録全集》,004/099。
④裴三益《朝天録》,《燕行録全集》,004/041。
⑤裴三益《裴三益日記》,《燕行録全集》,004/114。
⑥裴三益《朝天録》,《燕行録全集》,004/050。
⑦裴三益《裴三益日記》,《燕行録全集》,004/117。
⑧裴三益《朝天録》,《燕行録全集》,004/051。
⑨裴三益《裴三益日記》,《燕行録全集》,004/117。
⑩裴三益《朝天録》,《燕行録全集》,004/051。

至使成壽益之行,進獻方物,螺鈿函内小合四箇見偷,禮部移咨。朝鮮宣祖以爲此近古未有之事,極爲驚駭,故別遣使陳謝。宣祖二十年(萬曆十五年　1587)三月十三日,遣陳謝使司諫裴三益、書狀官直講元士安一行往北京,九月十三日返王京覆命。① 柳成龍撰裴三益《神道碑銘》謂"時有使臣聘上國者,多非其人,或失方物於道,或失火於玉河館,朝廷惶恐,擇使陳謝,以公應選"②。又洪履祥贐詩有"陳謝之行揀最精,斗南清譽動時英"之説③,皆即此而發也。

裴三益一行抵北京,"宿玉河館西照,蓋東照失火,尚不修建故也。館人禁火,不得燎火,以門扉排席,寢於其上"④。則修葺之役尚未完工矣。裴氏此行,多罹災患,在東八站,通事及下人等三名,一時得病,證勢似癘疫,久久不差,中路又三人相染苦痛,到玉河館,或五六人,或七八人,連卧不絶,因此通事郭之元、金海、權詡、林春起等及書狀官元士安奴豐年,相繼身死,極爲矜慘。至返國途中,又連遇大雨,潦水泛濫,道路不通,或留滯數三日,或五六日,艱辛挪移,離北京五十日,始得越江。⑤ 所幸使事順遂,萬曆帝"嘉其忠慎,命寫敕獎諭。仍賞大紅紵絲蟒衣一襲、彩緞四表裏"⑥。宣祖以爲實由朝廷諸賢,盡忠周旋,有以致之,尤有感於斯也。故於裴氏一行回京時,親迎於慕華館,以權停禮受賀,賜裴三益内廏馬一匹,書狀官賜兒馬一匹,承文院都提調、副提調及製奏本人,並賜馬匹。豈知又"因此行帶去人梁承凱,結連大盗李山,盗出寶環,至是事覺伏誅,以誤帶之故,見坐削職"⑦。此可謂禍福之倚伏,亦堪稱造化之弄人也。

---

① 《宣祖實録》卷21,宣祖二十年(萬曆十五年　1587)三月十三日壬寅條;九月十三日己亥條。
② 柳成龍《西厓先生文集》卷19《裴公神道碑銘》,《韓國文集叢刊續》,052/373。
③ 裴三益《臨淵齋集》卷6附《朝天別章》洪履祥詩,《韓國文集叢刊續》,004/295。
④ 裴三益《朝天録》,《燕行録全集》,004/034。
⑤ 裴三益《臨淵齋集》卷3《朝天歸渡鴨緑江啓》,《韓國文集叢刊續》,004/262。
⑥ 《明神宗實録》卷187,萬曆十五年(1587)六月庚辰條,055/3510。
⑦ 裴三益《臨淵齋集》卷5附《年譜》,《韓國文集叢刊續》,004/292。

0077-1587

裴三益《朝天録》（《全集》第 3 册；《叢刊續》第 4 册《臨淵齋先生文集》刻本）

　　案裴三益有《朝天録》（0076-1587），已著録。

　　此《朝天録》一卷，收詩百三十餘首，見裴三益《臨淵齋先生文集》卷三。詩多五言，間有缺文，泰半與副使元士安相唱酬之作。後元氏卒，裴氏《祭文》謂"尋奇訪古，遇物起興。公倡我和，我發公應。長途往來，幾費吟詠"①。即記當時往還唱和之事也。三益受知於退陶，"其文平淡簡素，未嘗爲張惶捭闔以震耀之"②。卷中若詠十三山，有"菴小依巖角，蹊斜繞草間"句③，詠盲者有"盲人持寶瑟，擿填向誰家。欲聽相思曲，能彈蝶戀花"④。皆句奇意巧，思致精潔。他若悼通事林春起，有"牛車一身遠，鶴髮兩親存。弱子啼呼父，愁妻夢見魂。平生無盡恨，勤苦學華言"⑤，哀譯官郭之元有"那知關外沈痾作，纔到城中大夢驚"等句⑥，則又沉慟哀傷，感同身受，泣血悲懷，而催人淚下矣。

0078-1587

裴三益《呈禮部文》（《叢刊續》第 4 册《臨淵齋先生文集》　刻本）

　　案裴三益有《朝天録》（0076-1587），已著録。

　　裴三益《臨淵齋集》卷三末附《朝天歸渡鴨緑江啓》《呈禮部文》《再呈禮部文》三篇，爲《燕行録全集》漏收。狀啓爲報告一行因瘴疫死傷人數等事；呈文則爲三益行前君臣商議之另一陳奏事件也。時朝鮮聞明廷修訂之《大明會典》已成，遂命三益上書，乞頒《會典》新書於朝鮮。得旨命書完頒佈之日，差官齎送，先諭朝鮮國王知之。三益復再呈文，謂"下邦

---

①裴三益《臨淵齋集》卷 6 元士安《祭文》，《韓國文集叢刊續》，004/297—298。
②裴三益《臨淵齋集》卷首柳致明《臨淵裴先生文集序》，《韓國文集叢刊續》，004/206。
③裴三益《朝天録·十三山》其一，《燕行録全集》，003/524。
④裴三益《朝天録·途遇盲者》，《燕行録全集》，003/542。
⑤裴三益《朝天録·悼通事林春起》，《燕行録全集》，003/529—530。
⑥裴三益《朝天録·哀譯官郭之元》，《燕行録全集》，003/543—544。

之所急者,不在於典之必速頒,而只在於知之不得真也","寡君日夜西首而望,惟恐此事之或見遺也"。三益以爲,《會典》本國項下改纂之詞,固非秘不出之文,而終必爲天下人人之所共覩,則朝鮮之必欲披霧於天下衆目之先,而釋其疑以袪其惑者,亦人情之所必至也。目今陪臣之還也,若又不得改纂之詞,則顧無憑而可報者。故"伏望仰體皇上之隆旨,旁恤寡君之至懇,善爲將上,明白敷奏,先將本國項下改纂文字,楷寫別紙,以宣諭旨意,撰敕一道,快示昭雪之意,則即知國祖前日之蒙累,一朝洗滌無餘,而譜系之正,有如新錫姓者,一國君臣,戴荷寵靈,與被陶鎔,相與歡忻鼓舞於大化洪造之中,而頒典早晚,兹惟竢矣"①。然時《會典》雖成,而尚未榘行,故遲至尹根壽之行,新編《會典》方頒賜朝鮮矣。

0079-1587
權好文等【原題裴三益】《朝天別章》(《叢刊續》第4輯《臨淵齋集》附録刻本)

案裴三益有《朝天錄》(0076-1587),已著錄。

權好文(1532—1587),字章仲,號松巖,安東人。自少從退溪學,與金誠一相友善。性悟且孝。年十八,丁外艱,奉母極盡色養。餘力學文,文藝亦贍。明宗十六年(1561),中進士,然終屈大科。築精舍於青城山下,匾其齋曰"無悶",日以圖書自娛。除集慶殿參奉,内侍教官,皆不就。晚年從游之士益衆,輒開襟訓誨,多所成就。退陶先生稱其有儒者氣像,又稱其有瀟灑山林之風。著有《松巖先生文集》六卷《詩集》六卷《別集》二卷等行世。事見《松巖先生文集·附録》洪汝河《行狀》、金誠一《墓誌》、金應祖《碣銘》及《松巖先生年譜》等。

案此《朝天別章》見裴三益《臨淵齋集》卷六《附録》,共録權好文、李山海、俞泓、李俊民、黄應奎、權東輔、金偉、柳根、任蒙正、洪履祥、高從厚、鄭承忠、李陽元、李德弘、李𡩅、黄暹、金殷輝、李憙等十八人詩各一首,爲三益出使時衆人贐行之詩章,即權好文詩所謂"國子先生凌萬里,朝臣送

---

① 裴三益《臨淵齋集》卷3《再呈禮部文》,《韓國文集叢刊續》,004/263—264。

者動千官"者也①。裴氏此行,因前此使臣玉河館失火事,及宗系辨誣事等,故衆家詩亦有涉及此者,若黄應奎詩謂"聞説聖皇帝,闢門達四聰。覆盆光遍照,陰谷日傍通。中朝悟市虎,外國拂讒蜂。一域臣民謝,吾王盡付公"②。又李陽元詩稱"玉館驚回禄,螺函缺下誠"③,李宵詩謂"玉河館燒宜謝帝,會典書成正值君。宗系百年今始改,歸來佇見策功勳"④,李憙詩謂"百年宗社冤猶在,七日秦庭哭未休"等⑤,皆即此而詠,以期使事之順成也。

0080-1587
俞泓《朝天詩》(《叢刊續》第3册《松塘集》 刻本)

　　出使事由:謝恩行
　　出使成員:正使俞泓、書狀官尹遲等
　　出使時間:宣祖二十年(萬曆十五年 1587)十月十日—翌年五月
　　　　　　二日

　　俞泓(1524—1594),字止叔,號松塘,杞溪人。明宗八年(嘉靖三十二年 1553)登第。官至吏曹佐郎、春川府使、户曹參判、開城留守,歷忠清、全羅、慶尚、咸鏡、平安五道觀察使等,所在有政聲。宣祖二十年(萬曆十五年 1587),爲宗系辨誣事,以謝恩使赴京,詔命改正。因功陞議政府左贊成,封杞城府院君,爲吏曹判書。"壬辰"亂起,扈駕至平壤,復陪世子,跋涉險阻,激勵將士,光海君命爲都體察使總督諸將。亂平還都,拜左議政。後卒於海州,謚忠穆。有《松塘集》四卷傳世。事見《松塘集》末附鄭斗卿《神道碑銘》與《宣祖實録》《光海君日記》等。

　　俞泓《松塘集》四卷,爲其孫伯曾蒐集,由鄭斗卿删定,於仁祖二十年(1642)初刊,《韓國文集叢刊續》據奎章閣藏本影印。前有鄭斗卿序。四

---

①裴三益《臨淵齋集》卷6附《朝天别章》權好文詩,《韓國文集叢刊續》,004/293。
②裴三益《臨淵齋集》卷6附《朝天别章》黄應奎詩,《韓國文集叢刊續》,004/294。
③裴三益《臨淵齋集》卷6附《朝天别章》李陽元詩,《韓國文集叢刊續》,004/295。
④裴三益《臨淵齋集》卷6附《朝天别章》李宵詩,《韓國文集叢刊續》,004/295。
⑤裴三益《臨淵齋集》卷6附《朝天别章》李憙詩,《韓國文集叢刊續》,004/296。

卷皆詩,以次他人韻爲多,其朝天詩百二十餘首,散見本集卷二至卷四,然既不以時次編纂,又不以體裁分卷,不知何故若是之亂也。

案宣祖二十年(萬曆十五年　1587)十月初十日,遣俞泓爲謝恩使赴京;遲至翌年五月初二日,一行方返王京覆命焉。① 先是,朝鮮宗系辨誣事,雖明廷有旨昭雪,然《會典》未降。時《大明會典》初成,宣祖命泓力請,泓即呈文禮部,尚書沈鯉解以未經御覽,泓謂國王聞皇朝將成《會典》,若得見此書,死不恨矣。陪臣若不得以歸,其蔑以復矣,願請死,遂泣下如雨,叩頭出血。鯉動容嗟歎,即請順付,天子嘉允,特賜將《會典》中朝鮮宗系改本鈔副付之。天下皆稱朝鮮蒙異數,泓以此名中國。至山海關,主事馬維銘作詩以賀,返國覆命,宣祖大悅,竟謂"卿血誠竟得完書,使三韓倫紀復正,蕭、曹、衛、霍功不足與比"②。後尹根壽於宣祖二十三年,齎《會典》全書以來,宣祖磨揀前後奉使人有功者,"以黃廷彧、俞泓、尹根壽爲首功"③。朝鮮前赴後繼,賄銀鋪路之宗系辨誣事,終告大成矣。今俞氏集中若《呈文》《見聖旨准下兼免差官》諸詩,所謂"欲得新修典,聊呈禮部文","東邦舊冤盡,抃舞動南薰",④"一劄黃麻下九天,皇恩渙汗海無邊。應知冤痛消如雪,後世難忘戊子年"等⑤,即詠其求《會典》如願之事也。

宣祖稱俞泓詩"擬公於唐,其曲江之倫歟"⑥。俞氏詩頗老成持重,敘遼野風光,多似唐音。是行艱關萬里,殫盡一心,手奉綸音,親擎寶典,宣祖慨歎"變禽獸之域,爲禮義之邦,是吾東方再造,箕疇復叙之日"⑦。遂感恩戴德,親和馬維銘詩一首,謂"願守區區志,千秋戴聖明",並命臣工次韻。馬維銘詩、宣祖和詩及俞氏次韻三首,今皆見俞氏集中,《宣祖實

---

① 《宣祖實錄》卷21,宣祖二十年(萬曆十五年　1587)十月十日乙丑條;卷22,二十一年(1588)五月二日甲申條。
② 俞泓《松塘集》末附鄭斗卿《神道碑銘》,《韓國文集叢刊續》,003/436;又《明神宗實錄》卷195,萬曆十六年(1588)十月丙寅條,055/3669。
③ 《宣祖實錄》卷23,宣祖二十二年(萬曆十七年　1589)十一月二十二日丙寅條。
④ 俞泓《松塘集》卷2《呈文》,《韓國文集叢刊續》,003/401。
⑤ 俞泓《松塘集》卷2《見聖旨准下兼免差官》,《韓國文集叢刊續》,003/401。
⑥ 俞泓《松塘集》鄭斗卿《序》引宣祖語,《韓國文集叢刊續》,003/373。
⑦ 俞泓《松塘集》卷2《次山海關主事馬維銘贈我韻》詩注,《韓國文集叢刊續》,003/402。

録》亦並載之,可謂當時一段佳話。而洪履祥《慕堂集》卷上亦有《奉和御製次馬維銘詩》二首,謂"詞臣含雨露,感涕對承明"①,可知當時宣祖君臣歡忭欣悦之情矣。

0081-1587
黄璡《朝天行録》(《續集》第 102 册;《西潭遺稿》 鈔本)

出使事由:聖節行
出使成員:正使密原君朴忠元、書狀官黄璡等
出使時間:宣祖二十年(萬曆十五年 1587)五月十三日—九月?

黄璡(1542—1606),字景美,號西潭,昌原人。幼有異資,狀貌偉整,與月沙、玉溪諸賢相交。明宗二十二年(隆慶元年 1567),捷進士。宣祖七年(萬曆二年 1574),登政宗系别試丙科。爲承政院注書、兵曹正郎、關西御史、義州府尹等。"壬辰"亂起,天兵時至,軍需旁午,晝夜支應,甚爲得力。拜兵曹、户曹參判,再授義州府尹、判漢城尹、刑曹判書、工曹判書、户曹判書、禮曹判書、判中樞府事等。卒謚孝貞。有《西潭公遺稿》行世。事見後孫澤秀《西潭公遺稿》末附李瀷《西潭公行狀》、《宣祖實録》等。

案黄璡之出使中國,其後孫澤秀稱"屢使天朝,不憚夷險,終如效勞,其深忠偉績,不在他人之下矣"②。今考其《宣祖實録》與李瀷《西潭公行狀》等,黄璡之出使,至少有四次焉。宣祖二十年(萬曆十五年 1587)五月十三日,遣聖節使朴忠元、書狀官黄璡入中國,"一行回還時,到遼東地方,村人等持杖成群,掠奪貿易卜三隻"。禮曹欲依例移文遼東都司事,宣祖以爲"戒嚴行李,吾謹避之而已,不可以下人卜物事,輕易移咨上國,以傷事體"③。又二十六年七月二十五日,遣奏請使黄璡、書狀官金庭睦入明,請勿與倭講和,仍請進兵,然爲經略宋應昌阻於遼東,不得已還義

---
①洪履祥《慕堂集》卷上《奉和御製次馬維銘詩》,《韓國文集叢刊續》,006/409。
②黄璡《朝天行録》附《西潭遺稿序》,《燕行録續集》,102/077。
③《宣祖實録》卷21,宣祖二十年(萬曆十五年 1587)十一月二十四日己酉條。

州。① 又旋改稱謝恩使,名爲謝克復兩京之恩,實以濟留兵之計也。經略慮公到帝廷,盡發其所爲,攔阻益力,"公累月彷徨,終無奈何,遂承命東還"②。又三十二年,遣"謝恩使行護軍黃璡、書狀官禮曹佐郎趙守寅奉表如京"③。時倭寇橫行,舉國被禍,黃璡三度任義州府尹,地當孔道,軍需旁午,艱辛支應,不遑寧處。其"屢銜命上國,歸橐蕭然,爲華人所敬服"④。可謂奔波王命之板蕩忠臣矣。

據黃璡十一代孫延秀《西潭公遺稿跋》稱,黃璡"爲文章平易老實,不見雕琢痕。其所著述不啻充棟汗牛,而失於兵燹,只有《朝天錄》一卷,雲仍零替,未能壽其傳於世"⑤。故整理付諸剞劂,即《西潭公遺稿》也。全書前有黃澤秀序,末有延秀跋,末附李漵《西潭公行狀》等。

《朝天行錄》收詩三十餘首,後附《聞見使舛別錄》一篇。首篇爲長詩,起句曰"皇統屬萬曆,歲運惟丁亥"⑥,則知其爲宣祖二十年(萬曆十五年 1587)第一次出使時所作也。他詩乃在玉河館及歸途所作,至《還渡鴨綠江》止,蓋去時專意爲長篇,來時其篇已成,故可吟詠也。後附《聞見使舛別錄》,則爲記沿路中國風俗人物、遼東韃子情狀、賀節及過程諸事也。其長詩或敘景狀物,或吐納情懷,延秀跋謂"爲文章平易老實,不見雕琢痕"⑦,其説是也。如其在朝鮮西路新安界,見其"十室八九空,西界今其病"。過鴨江後,見沿途百姓,則"我語彼不解,彼語我不知。辭舌苦叫喚,鬮狠紛支離"。見華俗喪葬陋俗,歎"親亡不庇葬,頑然如石木。華風孰謂美,可耻不可法"。見遍野"牛羊任牧野,何曾吃禾穀"。在懷遠館,刺官吏"不以忠信交,動輒求貨賄"。其在途中,或"庚炎煽酷烈,如在洪爐上",或"大野雨翻盆,溪橋潦水生"。因沿途遭撻子乘秋出没,無歲無

---

①《宣祖實錄》卷40,宣祖二十六年(萬曆二十一年 1593)七月二十五日丁丑條;又卷44,十一月二十一日辛未條。
②李漵《桐江遺稿》卷4《西潭公行狀》,《韓國文集叢刊續》,078/288;又《宣祖實錄》卷44,宣祖二十六年(萬曆二十一年 1593)十一月二十六日丙子條。
③《宣祖實錄》卷115,宣祖三十二年(萬曆二十七年 1599)七月十三日庚申條。
④李漵《桐江遺稿》卷4《西潭公行狀》,《韓國文集叢刊續》,078/289。
⑤黃璡《朝天行錄》附黃延秀《西潭遺稿跋》,《燕行錄續集》,102/131。
⑥黃璡《朝天行錄》附黃延秀《西潭遺稿跋》,《燕行錄續集》,102/079。
⑦黃璡《朝天行錄》附黃延秀《西潭遺稿跋》,《燕行錄續集》,102/131。

之,故見"沙河亂離餘,煙火村村少"①。及至通州,最爲繁華,"行到潞河,則南方漕運,相繼而來,舳艫帆檣,充斥彌滿於極目之地"②。正所謂"千防列圜圚,百里迷舟楫"。在都下賀聖節,"齊呼動天地,聖壽南山祝。遠人忝末班,仰瞻天日表"。"歸來頻夢想,自幸觀國賓",倍感榮寵。又觀國子監等,末稱"觀周季子游,丈夫志已協。作詩記我行,名曰朝天錄"。案朝鮮使臣詩作,長篇紀行,所作多有,本詩文字質實,不事華麗,寫景紀實,皆頗可觀也。

---

①黃璡《朝天行錄》,《燕行錄續集》,102/094。
②黃璡《朝天行錄》,《燕行錄續集》,102/113—114。

卷一一　　0082—0092

宣祖二十二年(萬曆十七年　1591)—宣祖二十六年(萬曆二十一年　1593)

0082-1589

尹根壽《朝天録》(《全集》第4册;《叢刊》第47册《月汀先生集》　刻本)

　　出使事由:聖節兼奏請行
　　出使成員:正使工曹參判尹根壽、書狀官司諫院正言尹泂等
　　出使時間:宣祖二十二年(萬曆十七年　1589)三月二十日—十一月二十二日

　　案尹根壽有《朱陸異同》、《月汀漫録》(0056-1566),已著録。
　　此《朝天録》一卷,揖自尹根壽《月汀先生集》卷七。前有明翰林院侍講陸可教序,根壽詩皆以體裁編纂,唯此卷獨以時次編卷,蓋重之也。共收詩百三十餘首,詩中有"强半一年愁旅食,平生三度作兹遊"之句①,乃知爲其任聖節兼奏請使第三度入華時所作詩也。"宣廟以宗諟未盡雪,《會典》不即降,簡公申奏兼進賀使朝京,公敷奏明允,誠竭辭達,禮部尚書于慎行見其文,大異之曰:'藩邦有人矣!'皇上特命宣示内客秘史所載本國世系正本,並頒《會典》全編,宣敕於皇極門内,翰林學士將禮,蓋異數云。"②根壽返京,"賫《大明會典》全書,乃皇敕以來,上祗迎於弘化門外,御明政殿受賀。赦雜犯死罪以下,尹根壽超資,前後奉使人有功者,磨鍊録勳事傳教。以黄廷彧、俞泓、尹根壽爲首功"③。尹氏詩有"東還有喜擎丹詔,西塞無心問緑簑"句④,即紀其事也。

---

①尹根壽《朝天録·十一日渡鴨緑江》,《燕行録全集》,004/219。
②申欽《象村稿》卷26《尹公神道碑銘》,《韓國文集叢刊》,072/092;《宣祖實録》卷23,宣祖二十二年(萬曆十七年　1589)十月一日乙亥條。
③《宣祖實録》卷23,宣祖二十二年(萬曆十七年　1589)十一月二十二日丙寅條。
④尹根壽《朝天録·客懷次河大復秋興八首韻》,《燕行録全集》,004/247。

宣祖以頒《會典》全書，告宗廟頒教。命尹根壽進階資憲，拜刑曹判書，賜田宅、臧獲極豐。翌年八月朔日，頒光國、平難兩勳臣券，祭告、會盟如儀，賜賚有差，大赦國內。百官陳賀，賜宴闕庭，光國爲辨宗系誣也。封一等輸忠貢誠翼謨修紀光國功臣尹根壽、黃廷彧、俞泓等三人，二等輸忠貢誠翼謨光國功臣洪聖民等七人，三等輸忠貢誠光國功臣奇大昇等九人，凡十九人；又以前後奉使得請及獻議製奏功效表著人，平難爲討逆也。推忠奮義炳幾協策平難功臣一等朴忠侃、李軸、韓應寅等三人，二等推忠奮義協策平難功臣閔仁伯等十二人，三等推忠奮義平難功臣李憲國等七人，凡二十二人。朝鮮累代陳奏，終得結果，又倭亂平定，諸臣有功，固如此隆重矣。

尹根壽在"壬辰倭亂"期間，與明朝將帥文士，多有書牘往來。其學宗朱子，復好李夢陽、李攀龍之文，長於敘事，明於説理。至於詩作，陸可教稱"其文質任自然，不事剞劂；其詩遒逸沉鬱，類之天籟，而與世之吹一咉於劍首者懸殊"①。今觀其詩，以七律見長，用律工穩，澹雅沉郁，陸氏所稱，非皆爲誇飾之詞也。

0083-1590
李睟光《庚寅朝天録》（《叢刊》第66册《芝峰先生集》；《叢書》第2531册刻本）

出使事由：聖節行
出使人員：正使禮曹參判李山甫、書狀官兵曹佐郎李睟光等
出使時間：宣祖二十三年（萬曆十八年1590）六月？—翌年正月

李睟光（1563—1628），字潤卿，號芝峰，全州人。宣祖十五年（萬曆十年 1582）進士，十八年擢文科及第。官至藝文館檢閲、司諫院正言、成均館大司成、洪州牧使、承政院都承旨等。光海君時，爲司憲府大司憲、順天府使。仁祖反正，陞工曹判書、吏曹判書等。睟光久在詞掖，辭命製作，多出其手。繩檢甚嚴，雅性恬退，於聲色紛華，泊然無所好。立朝四十

---

①尹根壽《朝天録》陸可教《朝天録叙》，《燕行録全集》，004/213。

四年,屢經世變,而出處言行,無少玷纇,人莫不多之。常曰"簡以制煩,静以制動"八字,終身服膺。卒諡文簡。著有《芝峰類說》二十卷、《昇平志》二卷、《芝峰集》三十一卷等。事見《芝峰集》附錄卷一張維《行狀》、金尚憲《墓誌銘》、李廷龜《神道碑銘》(又見《國朝人物考》卷一三)、《宣祖實錄》、《光海君日記》等。

李睟光《芝峰集》三十一卷《附錄》三卷,卷首有李廷龜、張維二序,李植、李埈、申翊聖跋與李睟光《書圖中决疑後》。前七卷詩按體裁編卷,卷八、卷九爲與安南、琉球使臣唱和詩,卷一〇起《朝天錄》《半槎錄》《鶴城錄》等,又按年編卷,後十一卷爲諸體文及札記數種。《附錄》則爲張維等爲李睟光所撰《行狀》《墓誌銘》《神道碑銘》、祭文與挽詞等。

案張維撰李睟光《行狀》稱,"公凡三聘上國,冰蘗自厲,如書籍香藥,絲毫無所近"。李氏自作詩亦有"二十年間三度客,四千里外一孤身"之句①,則其一生,曾三度朝天也。《行狀》又謂"庚寅,拜司諫院正言,户、兵二曹佐郎兼知製教,差聖節使書狀官朝京師"②。然《宣祖實錄》不載睟光出使事,亦不載是年有遣聖節使事。考《明神宗實錄》萬曆十八年"八月甲午,朝鮮國陪臣刑曹參判李山甫進賀赴京"③。萬曆帝誕日爲八月,與山甫出使時日相合,蓋即爲聖節使團,而睟光爲一行之書狀官也。

李睟光《芝峰先生集》卷二〇《宿龍泉館》詩題下注"庚寅赴京時",詩曰:"雪中山館夜如年,孤燭多情照獨眠。正是別離腸斷處,驛名何事又龍泉。"④此即其任書狀官出使時作也。李睟光自言少嘗從事於詩而不著力,成進士便棄筆硯,不敢以是自任。後雖或有作,旋即毁稿,未嘗示人,而兵火之餘,散逸且盡,"逮丁酉以後,爲二三知友所强,往往有所酬唱,乃略加收録,總若干卷。屬有求觀者,病其繁夥,又取本藁之半,繕寫以應之"⑤。此可知其早年詩,或自棄毁,或罹兵火,故遍搜其集,而不見庚寅所作詩,唯此一首以記其雪泥鴻爪之迹耳。

———————

① 李睟光《續朝天録·榆關》,《燕行録全集》,010/234。
② 李睟光《芝峰集》附録卷1張維《行狀》,《韓國文集叢刊》,066/318。
③ 《明神宗實録》卷226,萬曆十八年(1590)八月甲午條,056/4205。
④ 李睟光《芝峰先生集》卷20《宿龍泉館》,《韓國文集叢刊》,066/180。
⑤ 李睟光《芝峰集跋》,《韓國文集叢刊》,066/183。

0084-1591

吳億齡《朝天録》(《全集》第 8 册;《叢刊》第 59 册《晚翠文集》;《叢書》第 683 册　刻本)

出使事由：奏請行
出使人員：奏請使韓應寅、書狀官辛慶晉、質正官成均館司成吳億齡等
出使時間：宣祖二十四年(萬曆十九年　1591)十月二十四日—翌年三月？
出使事由：告訃請諡請承襲行
出使人員：正使延陵府院君李好閔、副使行龍驤衛上護軍吳億齡、書狀官護軍李好義等
出使時間：光海君即位年(萬曆三十六年　1608)二月二十一日—十月十七日

　　吳億齡(1552—1618)，字大年，號苔泉，又號晚翠，同福人。七歲能屬文，善筆法，稱神童。宣祖三年(隆慶四年　1570)，中司馬試。十五年(萬曆十年　1582)明經擢第。官至藝文館檢閱、司諫院正言、成均館司成、司憲府執義、弘文館典翰，歷吏、兵、禮三曹參議，移司憲府大司憲。出按黃海道觀察使，海西大治。陞刑曹判書、議政府右參贊、開城留守等。會鄭仁弘追舉億齡等奏請不力事，攻之甚力，遂引疾辭歸，屏迹不出，詩酒自娛以終。億齡文雅溫謹，不露圭角，然論至大是非，未嘗少苟，不避觸忤盡言。有《晚翠集》五卷行世。事見《晚翠文集》卷首吳挺緯《晚翠先生年譜》、《國朝人物考》卷一五張維《墓誌銘》、《宣祖實録》、《光海君日記》等。

　　吳億齡《晚翠集》五卷，其孫挺緯編次，前有李敏求序與《晚翠集年譜》，卷一爲《朝天録》，卷二至卷三詩，復以體裁編卷，卷四至卷五爲諸體文，兼有校語，末爲其侄吳竣跋。刻於顯宗三年(1662)，《韓國文集叢刊》以國立中央圖書館藏本影印(《韓國歷代文集叢書》同)，與《燕行録全集》

爲同一版本。

　　案吳億齡出使中朝凡兩度，前次於宣祖二十四年（萬曆十九年 1591）冬，隨陳奏使韓應寅入中國，詳見前韓應寅《朝天錄解題》（0074-1591）。"是行，不當有質正，而時相欲擠公，啓請差遣。"①一行於是年十月二十四日發王京②，二月己酉受明廷宴賞③，還到義州，已爲壬辰四月矣。據《宣祖實錄》，弘文館典翰吳億齡曾爲宣慰使，儐接日本國使臣玄蘇等，聞其明言來年將假途以犯中國，即具以啓聞，朝議大駭，由是連從微事見罷。及自北京使成，還至開城，吳氏謁行在，抵義州，陞拜吏曹參議，俄遷承旨。宣祖嘗顧語曰："曩無一人言賊來者，獨承旨言之，先見明矣。"④

　　光海君即位年（萬曆三十六年 1608），以延陵府院君李好閔爲告訃請諡請承襲使，行龍驤衛上護軍吳億齡爲副使、李好義爲書狀官入明，告宣祖訃並請諡，請光海君承襲王位。一行於二月二十一日始發王京，十月十七日返京覆命⑤。禮部以光海君爲次子，不許。好閔等累次呈文，稱長子臨海君有病，不堪負荷，故先王擇殿下爲世子。亂初奏聞非一再，至奉聖旨，防截於全、慶間，大有功勞，大妃殿文武百官亦奏請。據《明神宗實錄》四月壬午，禮科題奏，萬曆帝命"移文該國，耆老大臣會同軍民人等秉公詳議，臨海何以當廢？光海何以當立？萬口一辭，然後奏請定奪"⑥。遂遣差官嚴一魁、萬愛民赴漢城，親審臨海病狀真偽，出置臨海於楊花渡舟中，兩差官率大臣宰相而見之，其行有東征時知臨海面目人，驗其爲真而去。光海亟命李德馨爲聞奏上使、黃慎爲副使，隨二差官，星火赴京，盡力辨明。至十月庚辰，禮部言："朝鮮次子襲封，已經多官勘實。臣部疏請不啻再三，伏望蚤渙綸音，以信令甲。"得旨："舍長立少，原非綱常正理。

---

①張維《谿谷先生集》卷11《吳公墓誌銘》，《韓國文集叢刊》，092/180。
②《宣祖實錄》卷25，宣祖二十四年（萬曆十九年 1591）十月二十四日丙辰條。
③《明神宗實錄》卷245，萬曆二十年（1592）二月己酉條，056/4569。
④《宣祖改修實錄》卷26，宣祖二十五年（萬曆二十年 1592）六月一日己丑條。
⑤《光海君日記》卷1，光海君即位年（萬曆三十六年 1608）二月二十一日戊寅條；卷9，十月十七日辛未條。
⑥《明神宗實錄》卷445，萬曆三十六年（1608）八月癸亥條，061/8453。

但臨海君既已久廢,光海君臣民共推,情有可亮。且事在夷邦,姑從其便,准與册封,其差官照隆慶元年例行。"①翌年二月乙卯,予故朝鮮國王李昖諡昭敬,仍册封承襲國王李琿及妃柳氏誥命,命行人熊化齎賜之。② 李好閔、吴億齡、李好義,以失對誤國之罪並罷職,下吏曹。因百官逐日連疏,廢臨海君珒爲庶人。吴氏於晚年,復因此事而退耕鄉里,可謂顛連王事,而報果無福矣。

　　吴氏《朝天録》,輯自《晚翠文集》卷一,卷中又分上、下,分别爲兩次出使時所作,共四十餘首詩。吴竣跋謂"公一生所著述甚夥,而盡失於兵燹,今存如干篇,皆出於傳誦收拾之中"③。此可知多散佚耳。前次所作,詩題下皆注"壬辰年",僅收《踏青日呼韻》《用春字韻》《次使書狀韻》等十二首,皆爲和韻之作。時在館中,一時不得發行,故鬪趣和鳴,以度時光。所謂"萬里同飄泊,三旬共滯留"也④。

　　案李敏求謂億齡"爲文典雅贍舉,以六經爲本。其左右敷納之辭,臺閣駢偶之體,無蔓言,無剩語,率不越乎義理之正。詩詞亦精緻練要,無浮華流蕩之氣,足爲近世名家"⑤。今讀其詩,雍容典雅,華贍精緻,描景摹物,細緻可喜,確無浮華陋習。又《敬次使相首尾韻留别》《敬次首尾韻》等,亦温潤和熙,不拘一格。他若"點檢工夫無異策,須知實踐在真知"⑥,即所謂"率不越乎義理之正"也。而叙遼野風光,如"九月風高黄葉亂,雙河水落紫煙凝"⑦,"行隨鳥背魂猶怵,踏盡羊腸夢亦勞"等⑧,又句意瑰奇,出語不凡。他如《過肅寧途中有感》,見肅寧村邑,"荒歲徵徭逐日繁,十家今有幾家存。居民怕見官人面,冠蓋來時却閉門"⑨。則官家之苛

---

①《明神宗實録》卷451,萬曆三十六年(1608)十月庚辰條,062/8536。
②《明神宗實録》卷455,萬曆三十七年(1609)二月乙卯條,062/8580。
③吴億齡《晚翠文集》附吴竣《晚翠集跋》,《韓國文集叢刊》,059/154。
④吴億齡《晚翠文集》卷1《朝天録上·再疊前韻》,《韓國文集叢刊》,059/111。
⑤吴億齡《晚翠文集》卷首李敏求《晚翠集序》,《韓國文集叢刊》,059/105。
⑥吴億齡《晚翠文集》卷1《朝天録下·昨承台示五章復疊録奉》其三,《韓國文集叢刊》,059/111。
⑦吴億齡《朝天録·登開元寺》,《燕行録全集》,008/065。
⑧吴億齡《朝天録·高嶺》,《燕行録全集》,008/069。
⑨吴億齡《朝天録·過肅寧途中有感》,《燕行録全集》,008/071。

徵,西路之凋敝可知也。最可注意者,其詩有"百年久沐東漸化,今日初爲北學人"句①。考此前金安國曾有朝天詩,謂"季札觀周誠不敢,陳良北學竊心希"之句②,則朴趾源等後來雖倡"北學",然則初用"北學"一詞,則當歸諸安國、億齡輩矣。

0085-1591
鄭寅普編《唐陵君朝天奇事徵》(《續集》第 101 册　刻本)

　　洪純彦(1546—1609),初名德龍,字純彦,以字行,南陽人。少落拓,有義氣。爲譯官,屢隨朝天使團出入明朝,因宗系辨誣事有功,封二等輸忠貢誠翼謨光國功臣唐陵君。後官羽林衛將,因係出庶孽,爲人所賤,不合禁旅之帥,終爲遞差。事見明宗、宣祖《實錄》,《通文館志》卷七、尹行恁《碩齋稿》卷九有傳。

　　鄭寅普(1893—1950),字經業,號蒼園、薇蘇山人,雅號爲堂。精通中國歷史,爲陽明學研究大家。曾任韓國國學大學(後被高麗大學合併)首任校長。日本併吞朝鮮後,於 1911—1912 年間,兩度至中國上海,與朴殷植、申圭植、申采浩等,結同濟社,圖謀光復。1923 年起,在各大學授課,兼任《東亞日報》《時代日報》評論員。1945 年光復後,曾被選爲南方(南朝鮮)民主議員。1948 年,爲韓國首任監察長。1949 年,因與李承晚總統不和而辭職,專心問學。1990 年,被追授大韓民國勳章。曾整理刊行洪大容《湛軒書》、丁若鏞《與猶堂全書》等。著有《訓民正音解》《朝鮮史研究》《朝鮮古典解説》《陽明學演論》《蒼園國學散稿》等。

　　案洪純彦之入中國,往返凡無數度,《通文館志》謂其隨辨誣使黄廷或到北京,遇禮部侍郎石星攜夫人禮遇報恩事,故將其事隸諸黄氏此行焉。

　　案此《唐陵君朝天奇事徵》,封面左中隸書題"唐陵君洪純彦朝天奇事徵",下雙行小字行楷題"癸未仲春/松泉題"。正文首頁大題下曰:"幼

---
①吴億齡《晚翠文集》卷 1《朝天録下・用春字韻》,《韓國文集叢刊》,059/110。
②金安國《慕齋集》卷 2《贈別李序班欽》其七,《韓國文集叢刊》,020/033。

慕奇行,執筆憙叙。唐陵之義,國倚爲輔。説苑寂寥,惟兹鹵莽。繁或損嚴,言亦有序。風流旁過,庶幾感發。作《唐陵君遺事徵》。"①洪純彥爲譯官,隨朝天使團屢往中國,朝鮮史家稗乘,向來多記其遇絶色美女而出手相救事。據鄭泰齊《菊堂排語》,洪氏"年少時隨使臣赴燕京,行到通州,夜遊青樓。謂主嫗曰:'願得美娥,度此良夜。'嫗曰:'此間有士族家女,年才十八,素稱國色,而時未經人,價高難圖。'洪曰:'幣銀多少不須論,第言相見可也。'主嫗曰諾,而入良久,引一人鬟而出,仙姿綽約,真絶代佳人,而縞衣草草"②。問知其父母本浙江人,仕宦京師,因癘疾一時俱没,旅櫬在館而不能葬,純彥即傾囊以三百金,贈予柳氏,終不近焉。後柳氏爲禮部侍郎石星繼室,洪氏隨辨誣使黄廷彧到北京,石侍郎攜夫人迎於朝陽門,大張筵宴,宗系辨誣事得准請,朝廷特命録示新改《大明會典》,石公實爲之地也。及還,夫人以鈿函十,各盛五色錦段十匹,爲其親手所織,以贈純彥,純彥辭不受,及還到鴨江邊,見抬杠軍隨至,置其段去,錦端悉刺"報恩"二字。既歸,買錦者争赴,人稱所居洞爲"報恩段洞"云。又"壬辰倭亂"期間,宣祖西巡,請援天朝,時朝議或請堅守鴨江,以觀其變;或云夷狄相攻,中國不必救。時"石公爲兵部尚書,獨力言救之,且請先賜軍器火藥,吾東得復爲國,而免其魚者,皆石公之力也"③。

案洪純彥此奇遇事,此後如李肯翊《燃藜室記述》、李瀷《星湖僿説》、朴趾源《熱河日記·玉匣夜話》、朴思浩《心田稿·大樹庵夜話》、朴致馥《報恩錦》、安錫儆《霅橋漫録》、李源命《東野彙輯》、李裕元《林下筆記》、金萬重《西浦漫筆》等,皆有載記。又如李福休編《海東樂府·報恩緞》,朴致馥編《海東續樂府·報恩錦》,至如小説有《李長伯傳》《洪彥陽義捐千金説》《季氏報恩録》《마원철록》等,而所載之事,則洪純彥遇此女之地,或在通州,或在北京,或在遼途;柳氏或爲官宦人家女子,或爲青樓名妓;洪氏所予之金,或爲三百金,或爲千金,衆説紛紜,莫衷一是,然幾爲信

---

① 洪純彥《唐陵君朝天奇事徵》,《燕行録續集》,102/530。
② 鄭泰齊《菊堂排語》(筆寫本),韓國國立中央圖書館藏,第 10 頁。
③ 《通文館志》卷 7《人物·洪純彥》,首爾大學校奎章閣韓國學研究院 2006 年影印本,上册/401。

史而傳頌半島。上述《通文館志》爲國史,尚且如此,至若李瀷《星湖先生僿説》卷九《人事門·洪純彦》謂"而壬辰之援師,因石星寵姬者,恐亦非全誣矣"。朴思浩亦稱"石公以夫人之故,尤致力於我東,辯誣、請援兩事,大有功焉,立生祠於箕城。洪亦以此功,封唐城君"①。尹行恁《海東外史》歎謂"一女子之微,而能洗東國之宗誣,又能出兵以復其國,可謂壯哉!"②

北大歷史系王元周教授評論此事曰:"將宗系辯誣的成功解決,尤其是將壬辰倭亂中明朝派兵救援解釋爲石星對洪純彦義舉的感念,自然可以在一定程度上緩解'再造之恩'給朝鮮人造成的心理壓力,而更可以激勵世人疏財仗義,所以《李長白傳》説:'嗚呼,人生斯世,非但樹勳於前程,且爲施德於不報之地,安有餘美之慶,而亦有光於死後幽明之間,而無憾恨之處也。其跡甚奇,其功偉大,是以我朝大嘉異之,記其事蹟於史册,使此大人君子之美跡不泯於百代之後。吝其財者,盍於是觀感而興起哉。'洪純彦故事流傳不息,概緣於此。"③

又載録者鄭寅普亦論曰:"夫證古事有二道:實以證者,在乎舉其數一二三四是也;虛以證者,在乎推空曲交會至虛也,推之而真是出焉。苟無虛焉以濟實之窮,則證古之道或幾乎匱矣。"④洪純彦救柳氏及報恩錦事,中國方面了無證佐,而朝鮮半島待如信史,以"壬辰倭亂"明朝助朝鮮驅除倭寇如此重大之事,繫乎一婦人女子報恩所致,則正所謂"證古之道或幾乎匱矣"。

0086-1591
柳夢寅《星槎録》(《叢刊》第63册《於于集後集》 刻本)

出使名稱:謝恩兼進慰行

---

① 朴思浩《心田稿·大樹庵夜話》,《燕行録全集》,085/518。
② 尹行恁《碩齋稿》卷9《海東外史·洪純彦》,《韓國文集叢刊》,287/150。
③ 王元周《燕行與解語花:兼及明清敕使接待中的妓樂與房妓問題》,《梨花史學研究》第50輯,2015年6月,第169頁。
④ 鄭寅普《唐陵君朝天奇事徵》,《燕行録續集》,101/548—549。

卷一一　柳夢寅《星槎錄》　177

出使成員：正使柳夢寅、書狀官李惕等
出使時間：宣祖二十四年（萬曆十九年　1591）？—？

　　柳夢寅（1559—1623），字應文，號於于堂，高興人。眉宇端嚴，才思穎發，長者期以遠大之器。宣祖十五年（萬曆十年　1582），魁司馬試。二十二年，中增廣第。歷官戶曹正郎、承政院左承旨、兵曹參議、黃海道觀察使、都承旨等。光海君時，爲南原府使、禮曹參判、吏曹參判等。因醉中賦詩，嫌譏諷權臣落職。仁祖初，以潛爲異謀，欲復光海罪被誅。正宗朝爲伸雪。著有《於于野談》五卷、《於于集》六卷《後集》六卷《附錄》一卷等。事見《於于集後集》卷六徐有防《行狀》、《宣祖實錄》等。

　　柳夢寅《於于集》六卷《後集》六卷《附錄》一卷，今所見者爲其後孫棐等於純祖三十二年（1832）重刊本，《韓國文集叢刊》以國立中央圖書館藏本影印，《後集》以延世大學中央圖書館藏本影印，《燕行錄全集》爲同一版本。前兩卷詩，依《關東錄》《星槎錄》《三南衣繡錄》《北繡錄》《西繡錄》《湖西錄》《玉堂錄》《畿甸暗行錄》《銀臺錄》《騎省錄》《西償錄》《霜臺錄》《海營錄》《終南錄》《終南散閑錄》《朝天錄》《南歸錄》等編爲二十五集小錄，後數卷爲諸體文。《後集》與《前集》同，乃輯前集所賸諸詩文耳，故小錄名亦皆相同。或《前集》爲夢寅生前所選，而《後集》本爲其删餘，而又爲後裔搜輯而存者歟？

　　案柳夢寅出使中國事，史不詳載。柳氏自謂"余辱价命凡三，二甚一，三甚二，時與事一變，均之彼此，業不可及也"。又曰"余嘗三忝觀國，猥厠朝賀之班"[1]。又其送李廷龜朝天詩稱"文字誤身全類我，半生三渡玉河橋"[2]，則知其一生凡三度入北京也。

　　柳夢寅第一次出使中國，在宣祖二十四年（萬曆十九年　1591）。《謚狀》載"庚寅，由藝文檢閱出爲江原都事，旋以質正官赴京。明年壬辰，復命於西狩行在"。則是以"辛卯"誤爲"庚寅"矣。又謂"二十四年，

---

[1] 柳夢寅《於于集》卷3《送冬至使俞景休（大楨）序》，《韓國文集叢刊》，063/362—365。
[2] 柳夢寅《於于集》卷3《送户部尚書李聖徵（廷龜）奏請天朝詩序》，《韓國文集叢刊》，063/347。

余以謝恩兼進慰使書狀官如北京"①。則其爲書狀官可知。又柳夢寅奏啓中曰"臣夢寅於丙申年爲書狀官,以兼掌令"②。此爲其第二次入明,然遍考諸書,皆不見具載也。

　　柳氏《於于集》卷一《題三河主人壁上》詩題下注"星槎録,辛卯"③。此下又有《題三河主人壁上》《玉河館三月三日次前韻同尹友新韓應寅辛慶晋吳億齡金信元集燕四首》《送陳奏使韓(應寅)先歸》等,共收詩六首。又《後集》卷一《山海關用鹽字四十韻》一首,亦爲此次出使時所作也。④時在玉河館,與奏請使韓應寅、書狀官辛慶晋、質正官吳億齡等相唱和,《燕行録全集》漏收此次出使詩。或詩有遺佚,或初次出使,了無詩興,故詩作如此之少也。

　　柳氏之文,盧守慎評其"文章甚高,東國百年來未有之奇文"。權鞸謂"柳某之文,獨崔岦可與爲比。然崔之文,模仿古人,非自家造化;柳之文,皆出自家胸中造化,此最難處,崔殆不及"。又李廷龜亦稱"當世文章,柳於于與崔簡易相上下"。《小華詩評》曰:"柳於于詩,可見所立卓犖。"⑤其朝天詩如《萬壽節朝天宮演禮詩》,極其富麗,雍熙和潤。而《請鹽焇弓角兵部呈文》《燕京沿路可游者記送冬至副使尹(昉)可晦參知》《贈金書狀朝天記》諸文,曲折疏邕,切中事情,慷慨激昂,忠憤外溢,直抒胸臆,風骨自遒,與簡易當年奏文,實互有軒輊,可相頡頏矣。

0087-1591
朴而章《辛卯朝天詩》(《叢刊》第 56 册《龍潭集》　活字本)

　　出使事由:聖節行
　　出使成員:正使金應南、書狀官朴而章等
　　出使時間:宣祖二十四年(萬曆十九年　1591)五月—九月

---

①柳夢寅《於于集後集》卷3《杏山記夢詩序》,《韓國文集叢刊》,063/520。
②《光海君日記》卷91,光海君七年(萬曆四十三年　1615)六月三十日乙巳條。
③柳夢寅《於于集》卷1《題三河主人壁上》,《韓國文集叢刊》,063/294。
④柳夢寅《於于集後集》卷1《山海關用鹽字四十韻》,《韓國文集叢刊》,063/459。
⑤柳夢寅《於于集》附録《於于堂文集諸賢批評》,《韓國文集叢刊》,063/453。

朴而章(1548—1622),字叔彬,號龍潭,順天人。生有異質,游於蘇齋盧守慎之門,研窮性理,尤致意於《易》《太極圖》《心經》《近思錄》諸書。宣祖十九年(萬曆十四年 1586)別試及第。"壬辰"亂起,金誠一爲嶺南西道觀察使,以而章爲都事。復赴行朝扈駕,爲吏曹佐郎,時朝議與倭和,而章陳疏力諫,辭意凜然。後官至吏曹參判、禮曹參判、寧海府使等。光海君朝,爲司諫院大司諫、漢城府右尹等。晚卜居星州延鳳居,獎進後學,生徒築慕德窩,以爲講道之所。有《龍潭集》七卷行世。事見《龍潭集》卷五《年譜》、卷七趙絅《行狀》、申益愰《遺事》、姜鋧《神道碑銘》、郭鍾錫《墓誌銘》、《仁祖實錄》、《光海君日記》等。

朴而章《龍潭集》七卷,爲其八代孫奎煥編集,九代孫寅鉉等於1911年以活字刊行。《韓國文集叢刊》據奎章閣藏本影印。凡詩二卷、文二卷、附錄三卷。前有鄭來錫序,末有張錫英、孫寅鉉、孫允鉉三跋。卷中多有缺文,有缺數字者,有缺數句者焉。

案朴而章出使明朝凡兩度。宣祖二十四年(萬曆十九年 1591)正月十五日,初以"金應南爲聖節使,黃致敬爲書狀官"①,後更以金應南爲書狀官。先是日本國使臣玄蘇等,言欲犯明朝,使朝鮮指路。宣祖命金應南一行,以倭賊欲犯上國之意,移咨於禮部,然只據漂流人來傳之言爲證,而通信使往來之言,初不及之。時倭亂迹象已顯,朴而章行前有《請直奏倭情啓》,稱"今番之行,有難便重大之事",然當時是否上奏明朝,廷議攜貳不決。"一則曰彼倭姑無亂形,奏之誠不敢也;一則曰彼倭已有亂機,諱之乃欺罔也。"而章以爲,此誠兩難之勢。然竊伏念有犯無隱,古人事君之道,但實據既著之聲奏之,有何不敢也? 敢請據實陳奏(答曰:所啓固當)。② 此蓋爲朝鮮上奏倭亂將興之首奏也。《明實錄》謂萬曆十九年八月癸卯,禮部題"朝鮮供報倭奴聲息與琉球所報相同,宜獎賞激勸。"從之。③ 而章詩有"承命九重辭魏闕,乘槎八月入關門"句④,蓋即《明實錄》

---

①《宣祖實錄》卷25,宣祖二十四年(萬曆十九年 1591)正月十五日壬子條。
②朴而章《龍潭先生文集》卷3《請直奏倭情啓》,《韓國文集叢刊》,056/192。
③《明神宗實錄》卷239,萬曆十九年(1591)八月癸卯條,056/4433。
④朴而章《龍潭先生文集》卷2《次壺隱韻兼示李養吾二首》其一,《韓國文集叢刊》,056/173。

所載前次奏報也。

朴氏《龍潭集》卷二《次金上使應南薊州作二首》詩題下注"此下辛卯書狀官時"①,下又有《次永平府望海樓韻》《夷齊廟》,共四首詩爲此次出使時作也。姜鋧撰而章《神道碑銘》,謂其"再赴天朝,一以書狀,一以副使,往來行李蕭然,所隨但賞賜書籍及詩囊而已"②。則其廉潔奉公,亦堪爲表率耳。

0088—1592

鄭崑壽《赴京日録》(《全集》第 4 册;《叢刊》第 48 册《柏谷先生集》;《叢書》第 121 册　刻本)

出使事由:陳奏行
出使成員:正使司諫院大司諫鄭崑壽、書狀官成均館直講沈友勝等
出使時間:宣祖二十五年(萬曆二十年　1592)八月二十四日—十二月八日

鄭崑壽(1538—1602),初名逑,字汝仁,號柏谷,清州人。學於退溪,熟於禮學。明宗二十二年(隆慶元年　1567)中監試會試。素曉法典,長於吏材。又精於半島史事,時稱"東國史略"。官至尚州牧使、坡州牧使、江原道觀察使、司諫院大司諫等。"壬辰倭亂"起,因出使明朝陳奏請兵有功,策論首勳,封西川君。歷判敦寧府事、禮曹判書等。卒諡忠翼。有《柏谷集》四卷行世。事見《柏谷集》卷首《年譜》、卷四趙絅《行狀》、《宣祖實録》等。

鄭崑壽《柏谷集》四卷,爲其自編殘卷,前有閔鎮厚序,後經外曾孫沈櫟收集重編,刊行於肅宗即位年(1675),後玄孫鍵又校補並增入《年譜》等,刊於二十七年(1701),《韓國文集叢刊》以奎章閣藏本爲底本影印(《韓國歷代文集叢書》同),《燕行録全集》爲同一版本。

鄭氏《赴京日録》輯自鄭崑壽《柏谷先生集》卷三。宣祖二十五年(萬

---

①朴而章《龍潭先生文集》卷 2《次金上使應南薊州作二首》,《韓國文集叢刊》,056/173。
②朴而章《龍潭集》卷 7 姜鋧《神道碑銘》,《韓國文集叢刊》,056/240。

曆二十年　1592）八月,時倭寇氣焰熾盛,朝鮮南部盡没,宣祖在義州,二京失陷。遂以大司諫鄭崑壽爲請兵陳奏使,以獻納沈友勝爲書狀官,且拜鄭氏爲大司諫知敦寧府事。宣祖謂其"所受之任,極爲重大","國之存亡,在卿此行"。① 時李好閔送行詩曰："秋日龍灣又送君,荒城殘角入愁雲。申包痛哭看天意,南八男兒對夕曛。日夜望歸遼右甲,江秋猶駐殿前軍。孤臣少緩須臾死,及見皇靈靖楚氛。"② 可見朝鮮君臣,對鄭氏一行戒飭冀望之意,至深至切焉。

鄭崑壽一行於八月二十四日發自義州,晝夜兼行,或日行百三十里,急如星火,趕赴北京。進表歷陳賊患八路同然之狀,請明軍水陸並出,糧餉齊發,火速援救朝鮮,非天兵不能蕩掃此賊矣。當時兵部尚書石星諸人雖然主戰,然科道等或言只防中國地方,不須救朝鮮；或以爲多發兵馬,貽弊中夏；或以爲只待兵馬於遼東鴨江,以備不虞。鄭氏等又以"國王越在草莽,實主辱臣死之秋",乞免賜上下馬宴。③ 往來奔走,哀痛呼號,且參與準備銀兩以購置弓面、火焇諸事。石星諭以二萬兵已過江,大兵當於十二月初,由大將李如松領去。④ 鄭氏等遂星夜返國,回程見寧夏、密雲等處兵馬前往遼東。"將官與軍卒機械,嚴肅整齊,有紀有律,以此征進,何患不克,國家恢復,指日可待。"⑤ 一行連路顛連,"饑困太甚",於臘月初八日艱困覆命。時國事敗壞,倭寇呈凶,朝臣皆竄身自活,或初不從之,或中路託辭而遁,其間之事,有不忍盡言者,唯數三之臣,不顧父母妻子,流離顛沛,終始扈駕,此非一腔忠義者不能也。翌年正月,明軍收復平壤。宣祖以"今此討賊克復,專由於天兵,天兵之出,由於鄭崑壽之陳奏。鄭崑壽從當重賞,姑先加崇政"⑥。"壬辰倭亂"期間,朝鮮請兵請糧使臣,不絕於路,而起始之功,緣自崑壽,故宣祖屢屢言之焉。而石星則因後來戰事挫敗,下獄而死,是又可發一慨矣。

①鄭崑壽《赴京日録》,《燕行録全集》,004/361。
②鄭崑壽《赴京日録》引李好閔詩,《燕行録全集》,004/364。
③《明神宗實録》卷253,萬曆二十年(1592)十月壬辰條,057/4706。
④鄭崑壽《赴京日録》,《燕行録全集》,004/382。
⑤鄭崑壽《赴京日録》,《燕行録全集》,004/389。
⑥《宣祖實録》卷34,宣祖二十六年(萬曆二十一年　1593)正月十一日丙寅條。

0089-1592
鄭崑壽《呈禮部兵部文》(《叢刊》第 48 册《柏谷先生集》 刻本)

案鄭崑壽有《赴京日錄》(0088-1592),已著錄。

鄭崑壽宣祖二十五年(萬曆二十年 1592)此次使行,因呈文請兵,並購置弓面火焇等,在京久滯。其前後報呈國王之狀啓,及在京呈禮、兵二部及各部長官之呈文,並見《柏谷集》卷二,爲《燕行錄全集》所失收,其中多有在當時所呈者。有《在北京狀啓》、《先來狀啓》(壬辰十月十一日)、《別紙》、《奉使平壤時狀啓》(癸巳三月)、《呈遼東巡按御史李時孳文》(壬辰九月初三日請兵陳奏時)、《呈兵部尚書石星文》(壬辰九月二十八日)三通、《呈兵部文》(壬辰十月十六日)、《呈禮部文》(壬辰十月二十二日)、《呈禮部文》、《呈李提督張副總文》(癸巳三月奉使平壤時)、《呈禮部文》、《呈兵部文》、《呈兵部楊郎中文》、《呈禮部提督會同館主事李杜文》、《呈兵部職方清吏司郎中楊應聘文》、《呈會同館主事文》、《呈禮部提督會同館主事李杜文》兩通、《敕使司行人提帖》(癸巳十二月初六日)等。文字多有缺漏,蓋當時倭亂國亡,未及董理,因有殘缺故耳。

鄭氏一行到遼東,因勘合未及告成,滯留四日,故呈遼東御史李時孳,稱强兵彌境,朝鮮形勢單弱,無以支撐,國王棲泊一涯,更無一步可退之地,軍情一刻急於一刻,請許陪臣先發赴京,及到北京,呈保單奏本,"鴻臚寺卿以奏本無皮封不受,僅僅周旋呈納"①。鄭氏等往兵部尚書石星府第,血泣痛哭,懇乞兵馬,石星感動,泣下霑襟。鄭氏以明永樂間援安南之事爲據,請明朝從速出兵,且乞至少出兵十萬,以退平壤之敵。鄭氏稱"平壤,譬則咽喉也;王京,譬則心腹也;諸道,譬則四肢也"。咽喉所以通呼吸,咽喉既通,則心腹之治,不可少緩,心腹既治,則其迄於四肢者,亦不可不治。"蓋四肢之病,亦能殺人故也。"②明朝除應允出兵外,並准與馬價銀三千兩,購買弓箭火藥火器等件焉。

---

①鄭崑壽《柏谷集》卷 2《在北京狀啓》,《韓國文集叢刊》,048/428。
②鄭崑壽《柏谷集》卷 2《又呈兵部尚書石星文》,《韓國文集叢刊》,048/434。

崑壽又呈文兵部,稱館夫輩欲令陪臣全數購買其所雇持之物,請允陪臣自擇取捨等事。而《呈禮部文》等,則稱國難當頭,何心當宴,請停上下馬宴。而《呈兵部文》,則爲辨有誣朝鮮"甘心爲倭"四字,稱朝鮮即三尺童子,亦視倭寇若毒蛇,爲萬世必報之仇,且於倭而甘心,則是反側於天朝,無有是理矣。時一行上下凡二十四人,因候旨久滯館中四旬有四日,故呈文提督主事,稱東還一念,如水滔滔,且自辭朝以後,光祿寺依例不再日供食物等,而囊橐已竭,請從速裁會票文打發云云。崑壽爲文,明白舒暢,取譬切當,忠憤激發,誠懇感人,觀狀啓呈文,亦可窺其一管焉。

0090-1593
鄭澈《文清公燕行日記》(《全集》第4册　稿本)

出使事由:謝恩行
出使成員:正使領敦寧府事鄭澈、副使漢城府判尹柳根、書狀官安州牧使李民覺等
出使時間:宣祖二十六年(萬曆二十一年　1593)五月二十日—閏十一月十八日

鄭澈(1536—1593),字季涵,號松江,延日人。少有才名,從學於金麟厚、奇大昇。明宗十六年(嘉靖四十年　1561),中進士試一等。明年,魁文科別試。除成均館典籍、司憲府持平,歷刑、禮、兵、工曹佐郎等。宣祖朝,陞禮曹正郎、弘文館直提學、江原道按察使、全羅道觀察使、禮曹判書、議政府左議政、判敦寧府事等。"辛卯"士禍,因西人黨魁,遠配江界。"壬辰"亂起,扈從有功,封寅城府院君。以謝恩使朝京,告急辨誣。又因出使謀私,貶歸江華卒。謚文清。有《燕行日記》一卷、《松江集》二卷《續集》二卷《別集》七卷、《松江歌辭》等行世。事見《松江集別集》卷二至卷三《年譜》、卷五金集《行狀》、卷六宋時烈《神道碑銘》與申欽《傳》、《宣祖實録》、《光海君日記》等。

是稿首頁題簽有"鄭松江燕行日記"字樣,扉頁左有"文清公燕行日記",右上有"癸巳手墨"四字,則當爲手稿,不見於鄭氏《松江集》中。《日

記》記鄭澈自宣祖二十六年八月十六日抵山海關外，至十月十三日仍留北京玉河館間事。據書末黃龍於二百年後之題跋稱，是稿"不善修護，致有傷污之處"①。則全稿前後皆有缺，乃殘稿也。日記中人名或他語多以空圍標出，例也。記事頗簡，惟記日行所到之處而已。

案鄭氏此行，以鄭爲謝恩使，漢城府判尹柳根爲副使，李民覺爲書狀官。當壬辰倭亂，三京恢復之時，故專爲"三都恢復，疆域再造"之事謝恩。《明神宗實錄》是年九月丙寅，亦有朝鮮國王因"三都恢復，疆域再造"，上表謝恩進方物。② 然時倭寇仍屯聚釜山，仍有傾蕩之危，故雖於五月二十日即具表命鄭等出使，然中道時行時停，延之以觀形勢耳。鄭氏返國之後，司諫院啓曰："解紛紓難，在於專對。頃者謝恩之行，兵部因經略之報，問賊盡渡海之說，則爲使臣者，所當力陳三京雖復，兇賊尚據境上，有鷙鳥斂翼之勢，而既不控訴危急之狀，及見尚書題本，有面審使臣，委無餘倭之言，而亦不痛辨其不然，其不能臨機善處之失著矣。"③故彈劾罷其職。實則鄭氏在京期間，曾會兵部尚書石星，日記確言鄭氏答問稱"專爲收復三京而來"④，然亦言及當時朝鮮國王、王子、軍民形勢、稼禾欠收、鐵鉛冶煉、兵器鑄造、開商通便以及倭賊仍在釜山諸事，且討論及明廷留兵諸事，若以全無應對罪之，亦有失偏頗矣。

唯日記又載因國王誥命冕服，皆爲賊所搶，希冀明朝補給，爲朝廷所允。鄭氏以爲己功，馳報國王。宣祖傳於政院曰："當此討賊復讎，尚未得爲之日，雖著冕服，何所用乎？設使爲之先爲奏請，然後爲之，非陪臣所可擅請。且非予所知，而私自爲之，極爲未穩。"⑤此則正如王所言，當此倭寇猖獗，國危時艱之時，雖著冕服，黼黻光華，又何所用乎？其被彈章也宜矣。鄭澈亦因是而鬱鬱不歡，寓居江華，病酒而卒。

又據《實錄》，宣祖二十八年（1595），司諫院啓："近來奉使上國之臣，不自謹慎，害義辱國者比比，豈不寒心？京畿監司柳根，癸巳年以謝恩

---

①鄭澈《文清公燕行日記》，《燕行錄全集》，004/209。
②《明神宗實錄》卷264，萬曆二十一年（1593）九月丙寅條，057/4916。
③《宣祖實錄》卷45，宣祖二十六年（萬曆二十一年　1593）閏十一月十八日戊戌條。
④鄭澈《文清公燕行日記》，《燕行錄全集》，004/190。
⑤《宣祖實錄》卷44，宣祖二十六年（萬曆二十一年　1593）十一月十六日丙寅條。

副使赴京,與上使鄭澈,貸用唐人銀兩甚多。上年許頊之行,唐人執鞚,唱說不償之意,其害義辱國,孰加於此乎?請命先罷後推,以懲奉使無狀之罪。"①然則鄭、柳二氏,在國難當頭、生靈塗炭之日,尚貸銀以謀私利,則其罷黜也,不亦宜乎!

0091-1593

鄭澈《朝天録》(《叢刊》第46册《松江集》 刻本)

案鄭澈有《文清公燕行日記》(0090-1593),已著録。

鄭澈《松江集》二卷《續集》二卷《别集》七卷,後六卷爲鄭氏《年譜》及諸家祭文、碑銘等。前有申欽、李廷龜二序及《松江集凡例》,末有張維後序與金尚憲跋、宋時烈重刊跋。《續集》二卷,亦詩一卷文一卷。其詩以體裁編卷,若《松江集》卷一《燕京道中》《大凌河曉坐》《九連城》《華表柱》諸詩,《續集》卷一《朝天途中三首》,卷二《請冕服呈文》一篇,皆當爲燕行時所作耳。

鄭澈平生風調灑落,資性清朗,以諺文别曲,有名後世。澈與林億齡、金成遠、高敬命,時稱"星山四仙",其《星山别曲》《關東别曲》《思美人曲》與《續美人曲》,金萬重《西浦漫筆》直謂"乃我東國之《離騷》"。李廷龜謂"言言飛動,句句清絶,真可謂驚代希聲也"②。其漢文詩歌,雖亦清秀峭拔,長言短語,雋永高邁,有聲外之韻,意外之趣,然較之諺文别曲,終須讓出一頭地矣。

0092-1593

崔岦《癸巳行録》(《叢刊》第49册《簡易集》 活字本)

出使事由:謝恩兼奏請行
出使成員:正使刑曹判書金睟、副使吏曹參判崔岦、書狀官成均館司藝柳拱辰等

---

①《宣祖實録》卷63,宣祖二十八年(萬曆二十三年 1595)五月一日癸酉條。
②鄭澈《松江集》李廷龜《松江集序》,《韓國文集叢刊》,046/128。

出使時間：宣祖二十六年(萬曆二十一年　1593)閏十一月二十四日—翌年三月

案崔岦有《丁丑行錄》(0069-1577)，已著錄。

崔岦此次出使，正值"壬辰倭亂"期間，朝鮮派出告亟請兵請糧之使臣，若鄭崐壽、鄭澈、黃璡、崔岦等，相繼而出，播越顛倒，絡繹於遼薊道途，幾於摩踵相接焉。先是，宣祖二十六年(萬曆二十一年　1593)十一月十五日，以崔岦爲奏請使，鄭崐壽以爲奏草中"有乞敕臨戎將官，協同小邦兵力，亟行進勦一款"等，似不全妥，"爲國家今日計，似應觀勢告飢"，另爲奏稿。於是君臣復相商策，以爲宜曰"觀此賊勢，萬無不勦自歸之理，留兵萬餘，難以敵衆。欲更請新兵，而小邦民窮財竭，糧餉接濟，極爲憫迫。欲並兵糧，而前者賜過銀糧，其數已多，不敢干冒再請，悶默拊心而已"云云，則並請兵、請糧之意，在於不言之中，恐或無妨。① 前後措辭，屢成屢改。又司諫院啓曰："今此謝恩使，非但謝皇上之恩而已，且告國家之急，宗社存亡，係於此行，使价之任，不可不十分愼擇。副使鄭姬藩，性雖信實，才乏應變；上使崔岦，雖曰能文，名論未洽。請鄭姬藩遞差，極揀忠信明敏之人，以充上使，崔岦爲副使，以重專對之任。"②故遞以金睟爲正使、崔岦爲副使出使，翌年三月返國。然則此次使命，爲感謝皇恩，極陳賊勢，再求明朝發兵剿寇，賜糧療饑，爲崔氏第三次出使矣。

《癸巳行錄》見崔岦《簡易集》卷六，收詩三十餘首，爲《燕行錄全集》所漏收，此爲其三次出使，故詩有"十年三過華表柱，遼鶴不見遼天青"之句③。時爲請兵入明，故有"此日再來垂楚泣，惟期西去乞秦師"④，"飛書羽檄殊未已，抱奏血詞何所爲"等句⑤，可謂憂國悲懷，如泣如訴。時倭未平，舉國蕩然，崔氏所見，如龍川"城中二千戶，牢落今半百"⑥。返途在殷

---

①《宣祖實錄》卷44，宣祖二十六年(萬曆二十一年　1593)十一月十五日乙丑條。
②《宣祖實錄》卷45，宣祖二十六年(萬曆二十一年　1593)閏十一月二十四日甲辰條。
③崔岦《簡易集》卷6《癸巳行錄·到遼東……走筆次韻》，《韓國文集叢刊》，049/416。
④崔岦《簡易集》卷6《癸巳行錄·統軍亭感懷》，《韓國文集叢刊》，049/414。
⑤崔岦《簡易集》卷6《癸巳行錄·感事》，《韓國文集叢刊》，049/418。
⑥崔岦《簡易集》卷6《癸巳行錄·龍川贈具郡守》，《韓國文集叢刊》，049/413。

栗,見"亂後人煙無太半,依然山色滿東樓"①。訴城郭殘破,百姓流離之慘狀,可謂沉痛悲懷,憂心慘怛矣。

――――――――――

①崔岦《簡易集》卷6《癸巳行録·殷栗次東樓韻》二首其一,《韓國文集叢刊》,049/418。

卷一二　0093—0100

宣祖二十七年(萬曆二十二年　1594)—
宣祖二十九年(萬曆二十四年　1596)

0093-1594
崔岦《甲午行錄》(《全集》第4册;《叢刊》第49册《簡易集》　活字本)

　　出使事由：奏請行
　　出使成員：正使行判中樞府事尹根壽、副使行上護軍崔岦、書狀官司憲府持平申欽等
　　出使時間：宣祖二十七年(萬曆二十二年　1594)八月二十日—翌年三月二十七日

　　案崔岦有《丁丑行錄》(0069-1577)，已著錄。

　　宣祖二十七年(萬曆二十二年　1594)八月二十日，宣祖遣行判中樞府事海平府院君尹根壽爲奏請使，以上護軍崔岦爲副使、司憲府持平申欽爲書狀官，前往中國，請糧救饑。崔氏《無聊中戲爲》詩注"是行吾實自請"①，任身顛連，爲國奔波，其情可嘉焉。此行責任重大，宣祖戒謂"我國存亡，在此一行，萬里須成事而來"。翌年三月二十七日，一行奉敕返國覆命焉。②

　　又據崔氏《偶疊年字韻録奉行右》詩末注稱"此行亦有册儲之奏"③。《明神宗實録》載是年十一月，朝鮮國王李昖無嫡子，請以庶第二子琿爲世子。禮部謂"尚有長子，倫序難淆。李琿現總軍務，止可賜敕，以便節制"，

---

①崔岦《甲午行錄·無聊中戲爲》其二，《燕行録全集》，004/497。
②《宣祖實錄》卷54，宣祖二十七年(萬曆二十二年　1594)八月二十日乙丑條；卷61，宣祖二十八年(萬曆二十三年　1595)三月二十七日庚子條。
③崔岦《甲午行錄·偶疊年字韻録奉行右》詩注，《燕行録全集》，004/484。

卷一二　崔岦《甲午行錄》　189

報可。① 故敕李琿"總督全、慶軍務。積儲錢糧,號名壯勇,一應設險置器,鍊兵守要,俱許以便宜區處,仍督率陪臣權慄,盡心協理"。因此之故,司憲府以尹根壽、崔岦等"奉使天朝,請建國本,事莫重於此者,而未能竭誠周旋,已失專對之責。及其奉敕而還也,所當登時復命,不可一日淹滯,或遲留中路,以濟己私;或取便迂道,以挈家眷。遂致迎敕大禮,累次退行。至於公議已發,罪不可掩,則托稱畿甸殘破,川水漲溢,多費辭説,欺罔聖聽,其不有皇敕,奉命無狀之狀大矣。請並命罷職"②。是則不僅無功,反爲有過,所幸國事蒼黄,用人之際,未興大獄,諸人皆安然是幸矣。

案"壬辰"亂起,宣祖長子臨海君爲倭寇所虜,大失威信;而光海君李琿代理軍務,居功甚偉。故自宣祖時,即累度言臨海鷹犬是好,貨財是貪,所行多過,不堪付託,故請廢長立幼,封光海君爲世子。宣祖甚謂"中朝不過待其累度陳請,察其一國誠懇方許耳,似不須深辨。再請、三請,猶可十請,寧有不許? 今但更申誠懇而已"③。然宣祖蓋既未料屢請而中朝不准,更未料及光海之昏庸殘暴,爲前古所無焉。

案是卷輯自崔岦《簡易集》卷七,左行目錄有"甲午行錄、公山錄、松都錄、驪江錄、麻浦錄"五行。而刻字粗惡,庶不如前《辛巳行錄》,蓋爲另一版本耳。共收詩一百一十餘首。詩中若"許國微身甘死國,思家細事况無家"④,"四萬驅凶守五千,王師急我此三年"等⑤,皆述當時國勢以紀事也。時遼東饑饉,所見菜色,岦詩有"一年再渡淩河水,十室八空初冷灰"⑥,則遼民空腹艱迫可知。而崔氏此行,又爲搬兵求糧,見此情景,慚切不已,故有"愧當主辱猶未死,怕被人看知又來"之句⑦。崔氏於詩末跋稱,"本國書亡於兵火,僅購看《蘇律》一本,及後海平公遇蘇州人吴明濟,

---

① 《明神宗實録》卷279,萬曆二十二年(1594)十一月癸卯條,057/5168。
② 《宣祖實録》卷62,宣祖二十八年(萬曆二十三年　1595)四月一日癸卯條。
③ 《宣祖實録》卷70,宣祖二十八年(萬曆二十三年　1595)十二月十六日甲寅條。
④ 崔岦《甲午行錄·次迎春堂板上韻二首》其二,《燕行録全集》,004/466。
⑤ 崔岦《甲午行錄·論文論道奈憂愁何顧更有述二首》其二,《燕行録全集》,004/485。
⑥ 崔岦《甲午行錄·小凌河道中二首》其二,《燕行録全集》,004/487。
⑦ 崔岦《甲午行錄·馬上疊韻二首》其二,《燕行録全集》,004/488。

偶示行錄鄙作，則曰：'大有蘇長公氣格。'"①此所謂借華人之口以自誇耳。本卷詩通爲七律，擬仿蘇詩，亦步亦趨，然形頗似之，而神則不然焉。

0094-1577,1581,1593,1594
崔岦《四行文錄》(《叢刊》第49册《簡易集》 活字本)

案崔岦有《丁丑行錄》(0069-1577)，已著錄。

崔氏《四行文錄》一卷，見《簡易集》卷四，即崔氏前後於丁丑(宣祖十年)、辛巳(十四年)、癸巳(二十六年)、甲午(二十七年)四次使中國時，在沿途官府及留京期間所上呈文並書帖，《燕行錄全集》當收而未收者也。《簡易集》中如卷一《皇極殿災慰表》《爲關西士民呈萬經理(世德)書》等，卷五《槐院文錄》中若《咨回宋經略》《次李提督》《奏謝恩》《奏戰功》等四十餘篇，皆或爲朝天時作，或爲"壬辰倭亂"期間與經略宋應昌，提督李如松，將軍吳惟忠、駱尚志、宋大斌，總兵劉綎，游擊胡大受、葉鱨，指揮吳宗道等，所行公私信劄以及事大文書耳。

此《四行文錄》共收三十餘通文書，丁丑行有《上禮部郎中書》，爲宗系誣正事，探得新修《會典》將成，冀頒發朝鮮也。辛巳行有《上禮部尚書書》第一書、第三書及《上郎中書》一通，則仍爲辨誣事，因不得《會典》修成准信，故滯館以待其期，時館中有催行之舉，故《上郎中書》乞或垂矜於其事之迫切，以延館而待之也。癸巳行有《上顧總督書》《上韓巡撫書》《呈禮部文》《上禮兵部書》《再上兵部書》《再上禮部書》《回山海關張主事帖》等，則爲請兵兼請糧事，及辭禮部上馬宴等事也。甲午行有《上孫經略書》《上禮部書》《上兵部書》《稟提督主事》等，一則陳奏倭情，請兵尤爲請糧，二則請册封光海君爲世子事也。崔岦爲文，刻意湛思，凡一句字皆繩墨古作者，草稿不三四易不出。乃一時作手，擅製表箋碑狀，故屢行明廷，專意事大文書，或周旋於經略天將之間，爲應製文字，故黃廷或稱其"落筆文章妙天下，當開虎豹許朝參"者②，即此等文字也。

---

①崔岦《甲午行錄》末跋，《燕行錄全集》，004/522。
②黃廷彧《芝川集》卷2《送崔立之再赴京師》，《韓國文集叢刊》，041/438。

0095-1594

申欽《甲午朝天詩》(《叢刊》第71冊《象村稿》;《叢書》第126—130冊活字本)

出使事由:奏請行
出使成員:正使行判中樞府事尹根壽、副使行上護軍崔岦、書狀官成均館司成申欽等
出使時間:宣祖二十七年(萬曆二十二年　1594)八月二十日—翌年三月二十七日

申欽(1566—1628),字敬叔,少號敬堂,改號玄軒,又號象村,平山人。年十三,即善屬詞,爲柳成龍所賞。宣祖十九年(萬曆十四年1586),捷文科。官司憲府監察、兵曹佐郎、刑曹參議、成均館大司成、漢城府判尹、兵曹判書、禮曹判書等。受知於宣祖,遺教以保護永昌大君。及光海嗣位,以此爲罪案,謫春川。仁祖反正,起爲吏曹判書兼大提學,遂大拜至領議政。立朝四十年,歷敭華顯,而疵咎未嘗及;經涉危厲,而名義不小玷。士林以此重之。卒謚文貞。有《象村稿》六十卷《附録》三卷行世。事見《象村稿》卷首《年譜》、《附録》卷一至卷二張維《謚狀》、金尚憲《行狀》、李廷龜《神道碑銘》、李晬光《墓誌銘》、《宣祖實録》、《光海君日記》、《仁祖實録》等。

申欽《象村稿》六十卷《附録》三卷,作者自編稿,其子翊聖校刊,仁祖七年(1629)以活字刊行,《韓國文集叢刊》據奎章閣藏本影印,以延世大學中央圖書館、忠南大學中央圖書館、國立中央圖書館等館藏本補缺。凡辭賦一卷、詩十九卷,文十九卷,《内稿》二卷,《外稿》八卷(《彙言》《野言》),《漫稿》六卷(《晴窗軟談》《山中獨言》《江上録》《春城録》),《和陶詩》一卷,《求正録》三卷,《先天窺管》一卷。又《附録》二卷,則爲張維等撰申欽《謚狀》諸文字。案朝鮮文士著述,卷帙有如此規模者,蓋亦寥寥。申氏《象村稿自序》稱,其自編文稿爲《前》《後》《續》《别》《内》《外》六稿,皆按年編次,且"《内稿》言志,《外稿》言事",六稿具而"象村之迹備

焉"。① 然則其自編之稿,次序井然,且寓深意焉。惜翊聖編校時,却倣明何景明《大復集》爲例,分詩文體裁編定,使原稿次序竄亂,大失乃父之旨,然則雖刻其稿,實變亂其父之原例矣。故燕行諸詩,亦竄亂於諸稿之中而失其秩次也。

今考《象村稿》,錄燕行詩百一十餘首。其卷一〇《龍灣館度臘》、卷一二《次東皋義州迎春堂韻》、卷一九《過宣川古銅州》諸詩題下,皆注"朝天錄",《次東皋義州迎春堂韻》前《詩序》復稱使還之後,"次之爲《朝天錄前篇》"②。則可知其原《朝天錄》,依前後出使之次爲《前稿》《後稿》也。又卷九《久客燕中》《除夜在玉河館示同行》,卷一三《龍灣客詠》詩題注"前稿",亦爲燕行詩無疑。今其稿雖散於諸卷中,然略考可知,卷一二所錄,多爲前次出使時作;然其中若《甲午八月朝京》《玉河館夜詠》等,又爲後次出使時作。而卷一五、一九所收,則多爲後次出使所製。又申氏或迎天使,或派差遣,屢屢往返西路,故在朝鮮境內詩,又難辨何爲出使時作,何爲因他事到此而作也。又卷一五《題朝天錄後》《憶朝京道路作》《到龍灣館……不覺支離凡二十三首》等二十五首,乃後次返國後追叙之作矣。

又《象村集》卷三七《上李提督書》、《答呂參軍應鍾書》、《與韓布政取善書》、《與李提督如松書》二通、《與黃應暘書》二通、《與宋經略應昌書》、《與劉總兵挺書》、《上廣寧都御史李化龍書》、《邢軍門平倭頌》、《邢軍門歌謠》、《咨宋經略》、《回咨劉總兵》、《誥命冕服請補賜奏聞》等數十通書奏表箋咨文,卷三八《壬辰倭寇構釁始末志》《本國被誣始末志》《本國被兵志》《諸將士難初陷敗志》與《天朝先後出兵來援志》,卷三九《天朝詔使將臣先後去來姓名(記自壬辰至庚子)》等,皆爲"壬辰倭亂"期間所撰製之奏章公牘,多載史實始末,於今人研究倭亂,亦頗資參稽焉。

申欽早負重望,力意學古,該括百家,取材六經,詩騷衆體,會極其趣。其詩學步於明嘉陵諸公,與李廷龜、張維、李植被譽爲朝鮮中期"漢文四大家"之一。張維論其"爲詩不主一格,大抵出於唐人而雜取中晚,以及盛

---

①申欽《象村稿》卷首《象村稿自序》,《韓國文集叢刊》,071/263。
②申欽《象村稿》卷10《龍灣館度臘》,《韓國文集叢刊》,071/391、407、493。

宋諸子,舉皆割榮而攘瀹焉"。又古樂府前人所無,而"公爲之綽然有餘地,古文詞遒逸俊發,光芒絢爛,時或步聚皇明諸大家,殆與之角壯而争驅"。① 申氏稱前次出使時,尹斗壽、崔岦"俱以文章老師,狎執牛耳,道途所在,有唱斯和,余亦附驥其後"②。其與尹、崔二氏之唱酬,尤以與崔爲多,二人用東坡七律詩韻,幾於每詩必酬,相較角力,正其詩所謂"幸有東皋知己在,晤言猶得趁相攜"者也③。《詩話彙編》謂"簡易爲文,力追古作者,餘事於詩,詩亦有奇健出入之句。與象村赴燕,沿路唱酬甚多,其曰'劍能射斗誰看氣,衣未朝天已有香',又曰'鳥繞上林無樹著,雁遵南浦故洲非',又曰'終南渭水如相見,武德開元得再攀',詞語精切矯健"④。案如申氏"龍庭積雪寒生柝,渤海驚風浪接天"⑤,"朔風倒捲長河口,積雪渾迷大野頭"等句⑥,亦氣象萬千,大氣磅礴,道逸俊發,光芒絢爛,不亞於簡易。其學博而富,又蘊史才,故詩文用意縝密,才具自足。唯壹意學古,不能化之,略嫌拘滯,而少流動之氣。較之嘉陵諸家,聲調亦不甚相合矣。

0096-1594

洪履祥《朝天詩》(《叢刊續》第 6 册《慕堂集》 鈔本)

出使事由:聖節行
出使成員:正使黄漢佑、副使司諫院大司諫洪履祥、書狀官朴順男等
出使時間:宣祖二十七年(萬曆二十二年 1594)五月—九月?

洪履祥(1549—1615),初名麟祥,字君瑞,後改今名,字元禮,號慕堂,安東豐山人。早歲通經史,研究義理,獨契妙悟。宣祖十二年(萬曆七年 1579)擢文科壯元。官司諫院正言、弘文館修撰、吏曹參議等。"壬

---

① 申欽《象村稿》卷首張維《象村先生集序》,《韓國文集叢刊》,071/258。
② 申欽《象村稿》卷 12《次東皋義州迎春堂韻》,《韓國文集叢刊》,071/407。
③ 申欽《象村稿》卷 12《次東皋豐潤途中韻二首》其一,《韓國文集叢刊》,071/410。
④《詩話彙編・本朝五》,沈魯崇編《(静嘉堂本)大東稗林》,032/192。
⑤ 申欽《象村稿》卷 12《次月汀千字韻》,《韓國文集叢刊》,071/409。
⑥ 申欽《象村稿》卷 12《次東皋鞍山道中次東坡龜山韻》,《韓國文集叢刊》,071/409。

辰"亂起,扈駕西行,爲兵曹參議。後官春川府使、成均館大司成、戶曹參判,出爲安東府使、清州牧使等。光海君朝,爲司憲府大司憲、成均館大司成,出爲開城留守。瓜滿直歸,謝事閒居而卒。性樸素,絕奢華。動靜語默,必求諸理。正祖朝諡文敬。有《慕堂集》二卷行世。事見《慕堂集》卷末李廷龜《神道碑銘》、李埈《墓誌銘》、《宣祖實錄》、《光海君日記》、《承政院日記》等,金堉《海東名臣錄》有傳。

洪履祥《慕堂集》二卷《附錄》一卷,爲傳抄淨寫本,《韓國文集叢刊續》據延世大學中央圖書館藏本影印。詩文各一卷。前有六世孫洪良浩跋文,良浩校讎履祥家傳詩文各一編,附以世系、年譜,繼之以祭文、挽詞、言行錄、碑誌,而又採遺事於洪氏後裔所蒐輯者,合成三卷,付之剞劂,稱"零編斷簡,可稽可師"①,然則其詩文多爲散佚可知也。詩以體裁編定,其朝天詩五十餘首,散見於卷中,而以五律爲多也。

宣祖十三年(萬曆八年 1580)冬十月,冬至正使梁喜、書狀官典籍洪履祥、質正官申湜等入明廷賀節,翌年正月初五日返京覆命。先是七月間,宣祖命將"中國后妃及諸王燕居時冠製、宮中婦女冠製、民間婦人冠製,每品各一件,或今冬至使行次,令事知通事,各別用意貿來。如或稱頉,不爲貿來,則從重治罪"②。十一月初三日,一行至十三山驛,"三衛獐子十餘萬騎,蔽野焚掠,登城拒守,令軍官等射片箭,數人中死,過三日乃退去"③。洪履祥《次十三山韻》詩題注謂"庚辰以書狀過此堡,爲獐虜所圍,故及之"④,即紀其事也。一行艱難抵玉海館,正使梁喜病逝,履祥等返京後,宣祖深用悶惻,遣官致祭焉。

案例規,冬至使十月離發,翌年三月初返國,此次履祥等及早返國,蓋因梁喜病逝故,一行於翌年正月初九日即返國復命。李珥亦稱"萬曆九年正月內,進賀冬至令節陪臣書狀官洪麟祥回自京師"⑤。李廷龜《神道碑

---

①洪履祥《慕堂集》附錄洪良浩《慕堂遺稿跋》,《韓國文集叢刊續》,006/407。
②《宣祖實錄》卷14,宣祖十三年(萬曆八年 1580)七月十五日壬午條。
③《宣祖實錄》卷14,宣祖十三年(萬曆八年 1580)十一月三日己巳條。
④洪履祥《慕堂集》卷上《次十三山韻》,《韓國文集叢刊續》,006/412。
⑤李珥《栗谷先生全書》卷13《本國請改宗系奏本》,《韓國文集叢刊》,044/260;柳成龍《西厓先生文集》卷3《乞頒示會典奏文》(辛巳),《韓國文集叢刊》,052/056。

銘》，稱履祥此前曾"充賀至官朝京，一切裁以法，行中肅然"①。則其廉潔奉公可知也。

又案宣祖二十七年（萬曆二十二年 1594）五月，以黃漢佑爲正使、洪履祥爲副使、朴順男爲書狀官赴京賀聖節。李廷龜《神道碑銘》亦稱，"甲午，以聖節使朝京還"②。《明神宗實錄》載，是年八月丁巳，"朝鮮國王差陪臣黃佐漢等進賀萬壽"③。然考《宣祖實錄》，是年五月二十二日，右承旨洪履祥等有啓，八月初三日爲慶尙道監司，十五日引見。然則此期間洪氏似無出使之機會矣，俟考。

洪氏雖兩次出使，然其朝天詩，似皆爲後次出使時所作。如"遼河五月路，不得數行書"④，"童女何時渡，仙槎八月浮"⑤，又詩題有《次九月晦日韻》⑥，又一行在高嶺爲雨所阻，遲滯難前，此皆爲夏秋時節之氣候。又若"殘生吾已了，一室有琴書"⑦，此亦洪氏後次出使之證；前次出使時洪氏三十出頭，正值盛年，不當有此暮沉之語也。

時值"壬辰倭亂"期間，朝鮮國勢難定，勝敗難知，故洪氏詩作，皆哀婉低徊，牢騷不平，欲哭無淚，悲懷嘯天。晝行遼野，夜宿陋店，然"孤城寒柝響，無寐獨多聞"⑧；寒天徹骨，異地他鄉，惟懼"死作關山鬼，哀哀誰汝憐"⑨。則其當時心情，可以想見。其詩平順溫純，情旨哀愴，讀之令人益起興亡之慨焉。

又據李廷龜撰洪氏《神道碑銘》，履祥"出爲開城留守。辭朝日，光海引見，公極言朝廷朋黨之禍。光海曰：'去河北賊易，去朝廷朋黨難，不其然乎？'公正色曰：'此乃昏主亡國之言也。先立大原之地，以卞正邪，則

---

① 洪履祥《慕堂集》附錄李廷龜《神道碑銘》，《韓國文集叢刊續》，006/468。
② 洪履祥《慕堂集》附錄李廷龜《神道碑銘》，《韓國文集叢刊續》，006/469。
③ 《明神宗實錄》卷276，萬曆二十二年（1594）八月丁巳條，057/5113。
④ 洪履祥《慕堂集》卷上《次韻》，《韓國文集叢刊續》，006/410。
⑤ 洪履祥《慕堂集》卷上《次觀海韻》，《韓國文集叢刊續》，006/411。
⑥ 洪履祥《慕堂集》卷上《次九月晦日韻》，《韓國文集叢刊續》，006/412。
⑦ 洪履祥《慕堂集》卷上《次過六州河韻》，《韓國文集叢刊續》，006/411。
⑧ 洪履祥《慕堂集》卷上《次韻有所思》，《韓國文集叢刊續》，006/411。
⑨ 洪履祥《慕堂集》卷上《次煙臺韻》，《韓國文集叢刊續》，006/412。

黨禍自去矣。'"①光海乃殘暴昏君,而履祥能如此不懼斧鉞,面折其過,則其鐵骨錚錚,可想其風采矣。

0097-1595
閔仁伯《朝天錄》(《全集》第8册;《叢刊》第59册《苔泉集》 活字本)

出使事由:聖節行
出使人員:正使僉知中樞府事閔仁伯、書狀官藝文館檢閱成晉善等
出使時間:宣祖二十八年(萬曆二十三年 1595)四月二十五日—十月二十日(返抵義州)

  閔仁伯(1552—1626),字伯春,號苔泉,驪州人。游於成渾之門。宣祖十七年(萬曆十二年 1584),捷文科壯元。拜成均館典籍,歷官羅州、忠州、黄州、清州牧使,有政聲。陞漢城府右尹、知中樞府事等。處事有節,廉潔公事。及卒,家無石食之資。有《苔泉集》六卷行世。事見《苔泉集》卷六宋時烈《行狀》(又見《國朝人物考》卷五一)、李縡《神道碑銘》、《宣祖實錄》、《光海君日記》等。

  案閔仁伯《苔泉集》六卷,有詩賦、日記、家史、摭言等,末《附録》爲諸家記輓詞與《行狀》,偶有校字,爲其後孫璣容編次,於高宗十一年(1874)以活字印行,《韓國文集叢刊》以奎章閣藏本爲底本影印,《燕行録全集》爲同一版本。

  《朝天録》輯自《苔泉集》卷三,大題"朝天録上"。首句記"萬曆二十三年乙未四月,以賀萬壽聖節使,同書狀官成晉善,由水路往通津省覲"。下條即記"六月,到義州"。②而《宣祖實録》云是年四月二十五日,"僉知中樞府事閔仁伯奉表如京"③,則爲發王京時日也。《明實録》亦載,"萬曆二十三年八月壬戌,朝鮮國遣陪臣閔仍伯等朝賀萬壽聖節,給宴賞如例"④。

---

①洪履祥《慕堂集》附録李廷龜《神道碑銘》,《韓國文集叢刊續》,006/470。
②閔仁伯《朝天録》卷上,《燕行録全集》,008/013。
③《宣祖實録》卷62,宣祖二十八年(萬曆二十三年 1595)四月二十五日丁卯條。
④《明神宗實録》卷288,萬曆二十三年(1595)八月壬戌條,057/5340。

"仍伯"者,即"仁伯"之誤也。

　　此《朝天錄》爲日記,所記極簡略,亦非逐日有記。唯於遼東、廣寧、山海關、永平府及皇城諸地,略述其地理位置及風俗景物。蓋此行無煩擾之事,乃賀聖節之常使,故使事平順,波瀾不驚,故所記寥寥耳。

0098-1595,1604
閔仁伯《朝天詩》(《叢刊》第 59 册《苔泉集》　活字本)

　　案閔仁伯有《朝天錄》(0097-1595),已著錄。

　　閔仁伯《朝天錄》二卷外,其《苔泉集》卷一,尚錄前後兩次出使詩五首,爲《玉河有感(乙未,以聖節賀使朝天時,下二首同)》《玉河館懷二子》《高平路上買魚》《玉河逢秋(甲辰,以世子册封奏請副使朝天時,下同)》《聞雁》諸詩,蓋詩稿有所散佚耳。其《玉河館懷二子》爲五古長篇,述其得二子之不易,而適逢壬辰亂起,家國危亡,仁伯奔波國事,家眷流離,九死一生,慈母卒逝,不得奔喪,女兒饑殍,亂葬蒿岡,幸二子保全,而食難果腹,艱於生存。仁伯在玉河館,思子心切,低回悲吟,發而爲詩,其所祈者,"只願身強健,毋罹渴與饑"而已①。其詩若老杜天寶間流離蜀中諸詩,憂心家國,悲痛淒愴,可作壬辰亂間之痛史讀矣。

0099-1595
申忠一《建州聞見錄》(《全集》第 8 册　鈔本)

　　出境身份:交接行
　　出境成員:南部主簿申忠一、鄉通事羅世弘、河世國等
　　出境時間:宣祖二十八年(萬曆二十三年　1595)十二月十五日(在
　　　　　　江界)—翌年二月間

　　申忠一(1554—1622),字恕甫,平山人。宣祖朝,官至南部主簿、咸興判官、金海府使、昌城府使、德源府使等。光海時,任釜山僉使、五

---

①閔仁伯《苔泉集》卷 1《玉河館懷二子》,《韓國文集叢刊》,059/009—010。

衛行司直等。有《建州聞見錄》傳世。事見《宣祖實錄》《光海君日記》等。

《建州聞見錄》一冊，封面左中簽題"申忠一建州聞見錄"楷字一行，有文有圖，書末有申熟(仁仲)之跋，稱忠一此圖與記，"其一上進，其一自藏"①。上進者今載於《宣祖實錄》中②，而自藏者蓋即是稿之祖本耳。

案北宋晁迥撰有《虜中風俗》，宋綬有《契丹風俗》，申氏《建州聞見錄》，其撰寫方式約略似之焉。

宣祖二十八年(萬曆二十三年 1595)九月，明遼東鎮守官告於朝鮮，建州滿人將聚人馬，候冰合渡江，突襲朝鮮西疆。故朝鮮君臣商議，遣南部主簿申忠一，以交接爲名，前往建州，以刺探虛實。申氏與鄉通事羅世弘、河世國、鎮奴姜守及自帶奴春起等，自十二月十五日到江界，二十二日越鴨綠江，與建州所派嚮導女乙古、愎應古一起進發。自二十二日至二十八日，沿路留心勘探，皆載錄於圖，即後世所傳《燕程紀行圖》也。其圖以墨色標山，以朱色標路，起自鴨綠江，至建州奴爾哈赤木柵之家。詳記其山川之險易，道里之遠近，城柵之寬窄，屋廬之多少，民人之多寡等。後二圖則爲《木柵內奴酋家圖》與《外城內小酋家圖》。又詳記其城守防備、士兵軍容、耕農稀密、風俗習慣、衣飾飲食等，以及與其商談雙方交往，互送越境之人等事，並記佟交清哈、子托時、子奴爾哈赤等譜系，以及其地與遼東距離與朝鮮邊境距離等，極爲詳盡，即今日中國研究建州歷史及其風俗禮儀者，亦多參稽是書焉。

申忠一書啓上達朝鮮王庭，君臣雖以爲"老乙可赤(即奴爾哈赤)之勢，極爲非常，終必有大可憂者。今年則賴兵判運籌決策，姑得以無事矣，然安知來冬，不爲侵軼？今天下南北，有此大賊，此天地間氣化之一變者。我國介於其間，腹背受敵，所謂又疥且痔，豈不寒心？及今凡幹防備，盡力措置，必修築山城，積穀鍊兵。鎮堡之不可守者改之，勿以姑息而憚焉；形勢之可以據險處築之，勿以新設而難焉。守令、邊將，不可不擇差；將士、軍民，不可不撫循。罔晝夜規畫，蓄力而待之，或可免於鯨吞豕突之患。未

---

①申忠一《建州聞見錄》，《燕行錄全集》，008/183。
②《宣祖實錄》卷71，宣祖二十九年(萬曆二十四年 1596)正月三十日丁酉條。

可知也,此係都體察使所管地方,不可尋常泛然會議而已"①,然忠一歸國後,司憲府啓謂其在虜庭"衣虜酋所給之衣,至行五拜三叩頭之禮,反爲虜中所笑,其恇怯無知極矣,請命罷職不叙"。上從之。②

案忠一前往建州,乃交接以刺探其情實,臨時圖變,衣其衣而行其禮,既非降敵,亦非叛節,刺得敵情歸國,其功甚鉅,豈料本爲功臣,反成罪人!朝鮮君臣雖爲腹背受敵而寒心,然恐亦未料滿州之勢,竟成燎原。三十年後之仁祖五年(天啓七年 1627),皇太極率兵入侵朝鮮;十年後復有"丙子胡亂",朝鮮被迫簽定城下之盟,仁祖親拜於皇太極之膝下,較忠一之衣虜衣而行叩禮,又何如哉?旋清兵入關,明社亦烏,東北亞局勢,真乃"天地間氣化之一變者",是可慨歎扼腕也夫!

0100-1-1596;0100-2-1596;0100-3-1596
柳思瑗《文興君控於録》(《續集》第 102 册;《日本所藏編》第 1 册 鈔本)
柳思瑗《寫本文興君控於録》(《續集》第 102 册 鈔本)
柳思瑗《印本文興君控於録》(《續集》第 102 册 刻本)

  出使事由:奏聞行
  出使成員:正使刑曹參判鄭期遠、書狀官司憲府掌令柳思瑗等
  出使時間:宣祖二十九年(萬曆二十四年 1596)十一月十二日—翌年三月十三日(還渡鴨江)

  柳思瑗(1541—1608),字雲甫,號景晤,一作曔晤,文化人。宣祖朝,官至户曹正郎、司憲府掌令、户曹參議、高城郡守、漢城府右尹等。因"壬辰倭亂"期間奏請有成,封宣武三等功臣,文興君。有《文興君控於録》存世。事見李恒福《白沙集》卷二《文興君柳公墓誌》、李象秀《峿堂集》卷二三《文興君柳公神道碑銘》、《宣祖實録》等。

---

① 《宣祖實録》卷71,宣祖二十九年(萬曆二十四年 1596)正月三十日丁酉條;又卷72,二月二日己亥條。
② 《宣祖實録》卷74,宣祖二十九年(萬曆二十四年 1596)四月六日壬寅條。

案柳思瑗《文興君控於錄》,《燕行錄續集》第一〇二册收有版本三種,編者題爲《文興君控於錄》《寫本文興君控於錄》與《印本文興君控於錄》。《文興君控於錄》,鈔本一册,原藏日本駒澤大學圖書館濯足文庫,收入林基中、夫馬進編《燕行錄全集日本所藏編》第一册。其書封面左上,依稀可辨"控於錄全"字樣,首頁題"文興君控於錄",封二有"大本山永年寺藏書章"朱方印,及"寄贈/金澤莊三郎殿""永平寺寄託""濯足文庫""金澤藏書"等印。"控於"者,即夫馬進所言,書中屢稱"控於天朝""控於仁覆之天"是也。又夫馬進稱,韓國奎章閣有是書藏本,是本與奎章閣本相較,誤字滿眼,如卷首奎章閣本作"書狀官柳　謹啓","柳"下二字空白,而是本誤填作"書狀官柳思遠謹啓";又明朝人姓名,奎章閣本作"佟起鳳"是也,而是本作"終起鳳"則誤矣,可見是本鈔寫多訛焉。①

又《燕行錄續集》所收《印本文興君控於錄》,書口中間題"見山先生實紀卷三",左上題"事件"二字。是本字大疏朗,頗爲耐觀。又《寫本文興君控於錄》,末頁中間大字楷題"歲庚申三餘九代孫會豐敢寫",楷寫工整,殆即夫馬進所言奎章閣本也。是本與前兩本不同者,爲將每天日記另行鈔寫,較前本更爲醒目,俾便讀者矣。

《控於錄》實爲"丙申使行聞見事件",以日記體裁,記載往來聞見諸事,逐日開列,中朝九卿科道等官上本中事涉於發兵征倭者,日下書錄,皆因通報傳謄,其有闕誤處,亦不敢改正。據《宣祖實錄》,一行自王京離發,乃十一月十二日事也②。柳氏所記則自十二月初六日渡江,翌年正月十四日抵玉河館,二月十五日發自北京,迄於三月十三日返抵義州。每日行程,所記頗略,而在北京之事,則所記爲詳。凡先後呈文兵部、六科、九卿以下會議等處文,以及往兵部尚書石星私第呈情事,皆詳記之。其稱倭賊屯據釜山,六年於茲,變詐百出,終始叵測,今清正再復率兵來侵,國勢殆危,請求明朝調集大勢兵馬,及浙直福建船兵,兼請山東糧餉,以支援朝鮮。時兵部以爲,於日本講封,已越五載,罷兵少費,又復三年,朝鮮君臣,

---

① [日]夫馬進著,伍躍譯《朝鮮燕行使與朝鮮通信使》,上海古籍出版社2010年版,第205—206頁。
②《宣祖實錄》卷82,宣祖二十九年(萬曆二十四年　1596)十一月十二日甲辰條。

不痛加振勵，積餉練兵，以爲預備之計，乃一經虛喝，便自張惶馳報乞哀，趾措於道。然中國各部兵馬，俱有專責，抽調未易，召募尤難，經由大海赴朝鮮，是以遠水救近火，必無及矣。夷考元時興兵數萬，渡海征倭，論無餘策，可謂殷鑑。"今該國所請，不知練兵，長以中國之兵爲兵；不自積餉，長以中國之餉爲餉。已享其逸，而令人居其勞；已享其安，而令人蹈其危。即小邦不能得之於大邦，況屬藩可得之於天朝乎？"①仍行遼東督撫諸臣，將防事宜作會議具奏，以爲之計。柳思瑗等聞訊，乃再度呈文各部，堅乞出兵焉。

時明朝有兵部署科事刑科左給事中徐成楚、吏科給事中劉道亨、河南御史周孔教、大小九卿六科十三道户部尚書楊俊民等、江西道御史黃紀賢、禮部給事中張正學、文華殿中書趙士楨等，連篇累牘，上奏彈劾石星，以爲"朝廷予封關白，原爲保全朝鮮，其保全朝鮮，原爲捍衛中國"，今若"中國不援而置之，是明棄朝鮮也"。設若"倭知中國不救，則益肆猖獗，朝鮮不得中國一臂之力，則立見危亡，撤自己之藩籬，引虎狼於堂奧，噬臍何及"。② 周孔教稱倭有"八欺"，石星有"五誤"，請罷石星，以發救兵。二月初九日，萬曆帝合九卿科道會同議事，朝鮮使臣跪泣求救。時石星欲參與其中，科道對面切責，且曰"今日所議事也，尚書何敢得與？"③後終於議決，再度出兵援朝焉。

初，禮部諭促朝鮮使臣反國覆命，柳氏等以爲"本國危迫，兵部前後題本，殊非急救之意，陪臣寧枯死館下，以何辭歸報國王"④。此時終得出兵之策，遂於二月十五日，亟發北京。明廷以前都督同知麻貴爲備倭總兵官，統南北諸軍。三月，以山東右參政楊鎬爲僉都御史，經略朝鮮軍務。以兵部侍郎邢玠爲尚書，總督薊、遼、保定軍務，經略禦倭。八月，倭破朝鮮閑山，遂薄南原，副總兵楊元棄城走，倭逼王京。九月，逮前兵部尚書石星下獄，論死。後朝鮮光復，大封功臣，鄭期遠、權悏、柳思瑗等，以請出

---

① 柳思瑗《控於錄》，《兵部覆本》，《燕行錄全集日本所藏編》，001/019。
② 柳思瑗《控於錄》徐成楚奏本，《燕行錄全集日本所藏編》，001/020—022。
③ 柳思瑗《控於錄》，《燕行錄全集日本所藏編》，001/031。
④ 柳思瑗《控於錄》，《燕行錄全集日本所藏編》，001/030。

兵,封爲効忠仗義宣武三等功臣,柳氏封文興君。其末《別錄》一條,則記遼東沿路所見,朝鮮人多有隨明將在軍中者也。是稿所錄,皆當時明朝兵部及諸臣奏議全文,於研究"壬辰倭亂"間事,極有裨益矣。

卷一三　0101—0112

宣祖三十年(萬曆二十五年　1597)—宣祖三十一年(萬曆二十六年　1598)

0101-1597

李尚毅《丁酉朝天錄》(《全集》第9冊;《叢刊續》第12冊《少陵集》　刻本)

　　出使名稱:謝恩兼辨誣陳奏行
　　出使成員:正使領中樞府事鄭崑壽、副使沈喜壽、書狀官司憲府執義李尚毅等
　　出使時間:宣祖三十年(萬曆二十五年　1597)十二月六日—翌年四月?

　　李尚毅(1560—1624),字而遠,號少陵,驪州人。儀觀魁偉,氣象厚重。宣祖十八年(萬曆十三年　1585)捷生員壯元,又魁庭試。先後官成均館典籍、司憲府執義、弘文館應教、司諫院大司諫、兵曹參判、吏曹參判、成川府使、刑曹判書等。光海朝,爲吏曹判書、司憲府大司憲、工曹判書、議政府左贊成等。封驪興君。仁祖反正,拜知中樞府事。有《少陵集》四卷傳世。事見《少陵集》卷首《年譜》、卷四李震休《家狀》、洪宇遠《南坡先生文集》卷九《神道碑銘》、蔡濟恭《樊巖先生集》卷四一《謚狀》、李瑞雨《松坡集》卷一四《神道碑銘》、《宣祖實錄》、《光海君日記》等。

　　李尚毅《少陵集》四卷,爲其玄孫震休編次,前有李瑞雨序與年譜,詩二卷、文一卷、附錄一卷,刊於肅宗三十四年(1708),《韓國文集叢刊續》以延世大學中央圖書館藏本爲底本影印,《燕行錄全集》與其爲同一版本,然《全集》誤字,若卷二《鳳凰山》末句"西川",《叢刊續》本已改作"西州";卷一《叢刊續》本《寄謝邊帥》詩末注"朝天錄終"四字,而《全集》本無,蓋《叢刊續》爲校刻本之故也。

案李尚毅曾兩度朝天,然《宣祖實錄》《光海君日記》並皆不載。考宣祖二十五年(萬曆二十年　1592),夏六月戊寅,北京皇極、中極、建極三殿災。七月二十七日,宣祖"因三殿災"故遣使,"送進慰表於別殿",然亦不載出使者爲何人。① 鄭崑壽《柏谷先生年譜》萬曆二十五年條下稱,差謝恩兼辨誣陳奏使,時降敕皇恩,在所當謝。丁應泰搆誣,在所當辨。故先生假銜領中樞府事以行,應教李尚毅爲書狀官。十二月,奉表如京師。② 又李尚毅《左贊成少陵李公年譜》當年條下亦載,"十一月,差陳慰使書狀官,兼執義。十二月初六日,辭朝赴京,仍呈文,細陳本國事情,洞辨被誣而還"③。考《宣祖實錄》亦不載是年鄭崑壽出使事,然相較《實錄》與鄭、李二氏《年譜》所錄,則陳慰使於七月已差出,則李氏《年譜》所記"陳慰使"者爲誤,而鄭氏《年譜》謂"謝恩兼辨誣陳奏使"爲實也。

時朝鮮與倭對壘已至六年,天兵遍滿三南,流言往來,罔有紀極,至有"朝鮮甘心於倭,以詐以險"等説,疑亂羣聽,終至上徹於皇帝,宣祖惕懼,特令辨誣。崑壽一行抵北京後,尚毅親製呈文,以爲伸辨,即其《少陵集》卷二《以書狀官朝天時呈禮部卞誣文》,所辨則"甘心於倭"四字而已④。

案此卷輯自李氏《少陵集》卷一。《湯站口占》詩題後注"以下丁酉朝天錄",此下至《寄謝邊帥》四十餘首,乃丁酉朝天沿途所作,而自《贈友》以下三五十餘首詩,若《宣祖大王挽詞》《哭朴台賢》《成川別舍弟》諸詩,皆非丁酉朝天詩,而自《次劉天使鴨綠江韻》以下諸和詩,皆陪劉天使往王京途中所作,乃《儐接錄》,更非朝天詩也。《韓國文集叢刊續》本《寄謝邊帥》詩末注"朝天錄終"四字,而《全集》本無,故有此誤收耳。尚毅爲詩文,不事雕鏤,而氣骨雄勁,有正始之韻。平生謙挹,不肯以詞翰自任。晚年悉取少作詩稿焚之,謂此烏足示後人也,以故家藏甚少。其朝天詩如《鳳凰山吟》《李將軍歌》《首山嶺》長言歌詠,頗多意態,然詞旨淺近,少幽遠奇妙之味焉。

---

①《宣祖實錄》卷90,宣祖三十年(萬曆二十五年　1597)七月二十七日丙辰條。
②鄭崑壽《柏谷集》卷首《柏谷先生年譜》萬曆二十五年條,《韓國文集叢刊》,048/396。
③李尚毅《少陵集》卷首《左贊成少陵李公年譜》萬曆二十五年條,《韓國文集叢刊續》,012/104。
④李尚毅《少陵集》卷3《以書狀官朝天時呈禮部卞誣文》,《韓國文集叢刊續》,012/150。

0102-1597
權悏《石塘公燕行録》(《全集》第 5 册　刻本)

　　出使事由：告急行
　　出使成員：告急使僉知中樞府事權悏等
　　出使時間：宣祖三十年(萬曆二十五年　1597)正月二十四日—八月
　　　　　　六日

　　權悏(1553—1618)，字思省，號石塘，安東人。生而穎卓。宣祖十年(1577)，中謁聖科第四名。官司憲府執義、廣州牧史、黃海道觀察使、漢城府右尹、司憲府大司憲、全羅道巡察使、禮曹判書等。"壬辰倭亂"期間，充告急使請兵於明朝。因功封吉昌君。光海君八年(1616)，復以老年再充謝恩使入燕。晚節杜門却掃，不與朝貴相往還。卒諡忠貞。有《石塘公燕行録》行世。事見《石塘公燕行録》末附趙絅《神道碑銘》、《宣祖實録》、《光海君日記》等。

　　案權悏，《燕行録全集》目録誤爲"權挾"，並載其生卒年爲1542—1618年，皆誤。據趙絅所撰權氏《神道碑銘》："戊午正月二十七日，啓手足於正寢，距其生嘉禎癸丑，壽六十六。"①據此逆推，則權悏生卒年當爲1553—1618年。"嘉禎"則爲"嘉靖"之誤也。

　　案宣祖三十年(萬曆二十五年　1597)，倭寇"清正踵至，帶兵船六十餘隻，裝載一萬餘衆，分據機張西生等處，又豐茂守帶兵船六十餘艘續到竹島，其他別起賊船，逐日絡繹出來，小邦危亡之勢，迫在朝夕"②。故於正月二十四日，宣祖引見僉知中樞府事告急使權悏，謂"速爲請兵，以清釜賊"。權氏受命，不帶副价，亦無轉輸之物，"受命疾驅，才一月到京師"。自二月初十日渡江，三月初二日抵京，五月二十日返義州，八月六日返京覆命。③又光

---

①權悏《石塘公燕行録》，《燕行録全集》，005/103。
②權悏《石塘公燕行録》，《燕行録全集》，005/014—015。
③《宣祖實録》卷84，宣祖三十年(萬曆二十五年　1597)正月二十四日乙卯條；又卷91，八月六日甲子條。

海君八年(萬曆四十年 1616),權悏又以冬至正使,偕副使金止男、書狀官李忠養赴明,爲其第二次入燕也。

是書封面左上方題"石塘公燕行錄",全書無序跋,然鈔寫工整,字大疏朗。末附趙綗撰權氏《神道碑銘》。全稿以日記體裁,逐日記事,尤詳於其到京後奔走告急諸情狀,"呈咨奏,雀立兵部門下,痛陳本國出入豺牙狀,淚隨言下,觀者激仰"①。後又回稟兵部侍郎李楨等問及朝鮮山川夷險道路徑迂,爲盜所據若何,本國扼防者若何,峙糧幾何,坐甲幾何等,並畫朝鮮詳細地圖以進。又請朝廷速發南兵及糧餉,以及硝黃、角弓等物,捆載以歸,可謂居功不小。所謂"君子以爲其敏可及,其忠不可及",喻之子產與申包胥,"益信誦詩之才,遠勝止戈之烈"。② 從中可見當時朝鮮對明朝之依賴,自發兵至糧餉、兵器諸物,幾於無所不求,而求之又莫不盼即速打發。而明朝待朝鮮之厚,亦正如本書所引兵部侍郎李楨所言:"你是一家!你是一家!你所願兵、糧兩件事,俱係緊急,當即打發。"③又曰:"你是一家同室之人,有急難何可不竭力救之,毋用謝焉。"④是明朝君臣之憂恤屬國,感同身受,今日讀來,仍德薄雲天矣! 末附當時在玉河館設市購買硝黃等項,賬目詳細,可見當時諸種物品之價格,乃大有助於研究經濟史之史料也。

0103-1597

李睟光《朝天錄》(《全集》第 10 册;《叢刊》第 66 册《芝峰先生集》 刻本)

出使事由:陳慰行

出使人員:陳慰使成均館大司成李睟光、書狀官禮曹佐郎? 尹繼善等

出使時間:宣祖三十年(萬曆二十五年 1597)七月二十七日—翌年正月

---

①權悏《石塘公燕行錄》末附趙綗《神道碑銘》,《燕行錄全集》,005/099。
②權悏《石塘公燕行錄》末附趙綗《神道碑銘》,《燕行錄全集》,005/101。
③權悏《石塘公燕行錄》,《燕行錄全集》,005/029。
④權悏《石塘公燕行錄》,《燕行錄全集》,005/043。

案李睟光有《庚寅朝天録》（0083-1590），已著録。

萬曆二十四年三月乙亥，明廷宫殿遭災，火發坤寧宫，延及乾清宫，俱燼。二十五年夏六月戊寅，又皇極、中極、建極三殿災。故朝鮮遣李睟光於是年七月，以進慰使赴京師。《明實録》亦謂是年"十一月壬辰，朝鮮國王陪臣李睟先等一十九名，賫方物表文進慰火災"①。《實録》作"睟先"者，形似而誤耳。

案此李睟光丁酉年出使時沿途所作詩，輯録自《芝峰先生集》卷一〇。共録詩三十餘首，多與書狀官尹繼善相唱之作。據李氏卷末跋稱，"尹公方以文藝自名，沿途遇興，援筆立成，殆累百千篇。余雖不才且病，未免技癢，凡山川風俗之異，樓臺民物之盛，與夫去國羈旅之思，一於詩發之，相與白戰，有唱輒和，誠不覺道途之遠鞍馬之勞也。今略存其概，題曰《朝天録》"②。今觀卷中如《書懷示而述十韻》，今僅存五，則多有刪汰耳。睟光詩稱"寂寞扁舟鴨水津，風光猶似昔年春。誰能解唱陽關曲，唯有江波送遠人"③。案朝鮮使臣出使，往返途中，在其境内，西路例有接待之規，極爲奢侈。而李氏一行，因"倭報甚急，地主亦不出送"④。蓋事出倉匆，輕裝簡行，又國難當前，故既無詩酒流連，更無歌妓奉觴矣。

0104-1597
李睟光《安南國使臣唱和問答録》（《全集》第 10 册；《叢刊》第 66 册《芝峰先生集》 刻本）

案李睟光有《庚寅朝天録》（0083-1590），已著録。

李睟光《安南國使臣唱和問答録》一卷，題下注"丁酉赴京時"，輯自《芝峰集》卷八。收李氏贈安南國使臣馮克寬七律八首、五言排律一首，兼收馮氏答詩八首，李氏《安南使臣萬壽聖節慶賀詩集序》一篇，後爲記安南風俗及與馮氏等問答録，末爲李氏題識。睟光自謂適冬至使節外國

---

①《明神宗實録》卷 316，萬曆二十五年（1597）十一月壬辰條，058/5894。
②李睟光《朝天録跋》，《燕行録全集》，010/194—195。
③李睟光《朝天録·渡江舟中戲成》，《燕行録全集》，010/184。
④李睟光《朝天録·渡江舟中戲成》詩題注，《燕行録全集》，010/184。

來者甚夥,館宇填滿,幸與安南使臣同處一照,留過五十箇日,故得與相接甚熟,問答甚詳。①李、馮二氏問答之詞,所問若安南歷史、疆域、風俗、官制、科舉、國王莫氏黎氏之遞變、季節物候、稻穀作物等,馮亦問李以朝鮮制度等,言極簡略;末則李睟光及崔岦、車天輅、鄭士信、李埈、李尚毅諸家題跋,乃當時應李氏所請題之也。

據李氏言,馮克寬自號毅齋,年踰七十,形貌甚怪,涅齒被髮,長衣闊袖,其人雖甚老,精力尚健,率一行凡二十三人出使中朝,因安南黎氏復爲王,請朝廷敕封,竟不准封王,只許仍前爲都統使,一行猶動色相賀云。睟光"欲觀其文體如何,試製長句以送,則使臣輒和之,因此往復累度,使臣每見睟光等所爲詩,擊節稱賞曰'文章高了,自後必稱大手筆'。蓋以他國之文,過獎如是也。使臣且請曰:'不佞有《萬壽慶賀詩集》,敢請使公序其端,以沾大手筆澤。'"②李氏所作序文,即序此集而作也。

今觀兩家所作詩,亦皆語精句工,雅潔有致,可謂宮商相宣,金石諧和,鏘鳴皎潔,閒談溫粹。李詩若"相逢海外難逢客,得見人間未見書"③,"南極老人朝聖主,北京長路任征輿"諸句④,取意恰切,對句工穩,克寬稱其爲"大手筆",亦非全爲諛詞。李廷龜謂睟光"詩學盛唐,沖澹雅麗,自成一家言,門路既正,深得作者之風"者⑤,即此之謂也。

又據鄭士信跋,當時朝鮮晉州士人趙完璧,"丁酉之變,爲倭所搶去,嘗自日本,隨商倭再至安南,見其國內人,家家傳誦芝峰詩,若捧拱璧,如仰神人,以問於完璧曰:若既是朝鮮人,若知爾國李芝峰乎? 相與嘖嘖不已,其歆豔傾慕,在在皆是"⑥。他如車天輅謂"已覩中原詩禮盛,還令異國姓名新"⑦,又韓浚謙贊"曾把高名播異邦,至今重譯説清龎"⑧。李氏

①李睟光《安南國使臣唱和問答錄》,《燕行錄全集》,010/144—145。
②李睟光《安南國使臣唱和問答錄》,《燕行錄全集》,010/138—139。
③李睟光《安南國使臣唱和問答錄·重贈安南使臣疊前韻》其二,《燕行錄全集》,010/130。
④李睟光《安南國使臣唱和問答錄·贈安南使臣又疊前韻》其二,《燕行錄全集》,010/133。
⑤李廷龜《月沙先生集》卷44《李公神道碑銘》,《韓國文集叢刊》,070/220。
⑥李睟光《安南國使臣唱和問答錄》鄭士信跋,《燕行錄全集》,010/153—154。
⑦李睟光《芝峰先生集》卷20附車天輅《題芝峰稿後》,《韓國文集叢刊》,066/184。
⑧李睟光《芝峰先生集》卷20韓浚謙《贈芝峰朝京》,《韓國文集叢刊》,066/184。

《續朝天錄》中,《丁酉赴京時遇安南使臣馮毅齋克寬留詩爲別頃年本國人趙完璧者陷倭中隨商倭往安南其國人頗有誦鄙詩而問之者後完璧回本國傳説如此夫安南去我國累萬里歷世莫通況海路之險遠乎事亦奇矣今在玉河館念舊而作》詩題,亦論及此事,以爲"事亦奇矣",且有"賈客漫傳新説話,詩篇長對舊精神"句,①紀念亦兼自誇。此事得諸道聽塗説,而鄭氏即稱揚李氏可謂"章我東之文獻,振大雅於蠻貊,猗歟盛歟哉"者,則又過矣。東人之習,每如此也。

李睟光前此出使時,亦曾與安南使臣遇面,故稱此次之"得再相遇也,豈非有數於其間。而是集也,亦前古所未有者也"②。案朝鮮與安南使臣相唱和,據李氏此卷後李恒福題跋,稱"幼從申公所,得見權參判叔强朝京師詩帖,與安南使臣武佐酬唱者居多"③。實則睟光之前,世祖六年(天順四年　1460)謝恩使赴京之徐居正,曾於通州館遇安南國使梁鵠有唱和之詩;成宗十二年(成化十七年　1481)出使之洪貴達亦與安南使阮安恒有唱和,諸人皆在睟光之前,然則與安南使臣相唱和,非濫觴於睟光矣。

0105-1597
許筠《丁酉朝天錄》(《全集》第 13 册;《惺所覆瓿稿》卷 1,《許筠全集》本鈔本)

案許筠出使事由,詳參前李睟光《朝天錄解題》(0103-1597)。

許筠(1569—1618),字端甫,號蛟山、惺所,又號白月居士,陽川人。曄第三子。十二喪父,與其兄篈、筬,妹景樊,皆以詩文盛名一時,而筠尤敏捷,一覽不忘,詩文皆能闇誦。宣祖二十七年(1594)文科及第,三十年

---

① 李睟光《續朝天錄・丁酉赴京時遇安南使臣馮毅齋克寬留詩爲別頃年本國人趙完璧者陷倭中隨商倭往安南其國人頗有誦鄙詩而問之者後完璧回本國傳説如此夫安南去我國累萬里歷世莫通況海路之險遠乎事亦奇矣今在玉河館念舊而作》,《燕行錄全集》,010/263。
② 李睟光《安南國使臣唱和問答錄》,《燕行錄全集》,010/146。
③ 李睟光《安南國使臣唱和問答錄》李恒福跋,《燕行錄全集》,010/146。

文科重試壯元。官兵曹佐郎、黃海都事、遂安郡守、三陟府使、公州牧使等。光海君初,爲刑曹參議、羅州牧使等。以循私場屋罪,配於咸悦。後復起,官至刑曹判書等,因參與推翻光海君,事泄被殺。著有《屠門大嚼》一卷、《識小録》三卷、《閑情録》十七卷、《惺所覆瓿稿》二十六卷、《蛟山詩話》一卷等,多不傳。小説《洪吉童傳》,傳播最廣。後人整理有《許筠全集》傳世。事見《宣祖實録》《光海君日記》《列朝詩集小傳》等。

案《許筠全集》(成均館大學校大東文化研究院纂,首爾大提閣 1972 年版)所收,凡《惺所覆瓿稿》二十六卷、《閑情録》十七卷、《鶴山樵談》一卷。又《覆瓿稿》收詩二卷、辭賦一卷、文十八卷、《惺翁識小録》三卷、《惺翁詩話》一卷、《屠門大嚼》一卷。許氏自謂"文凡四百篇餘,詩凡千四百餘篇,説凡三百餘,則彙爲六十四卷。命之《覆瓿稿》。以其荒蕪飫滿無足取,而只堪覆醬瓿故云然。且以文不成家,不可傳後,故不曰集而曰稿也"①。《丁酉朝天録》《戊戌西行録》皆在卷一,與《燕行録全集》非同一版本。《全集》本注語,是本偶有無者。文字亦略有異同,若《全集》本詩題作"山海關",是本則作"館"等皆是也。

案許筠之入中國,今可考者前後至少三度。其《登箭門嶺》詩注謂"僕甲午年,以咨文齎進官赴遼"②。甲午爲宣祖二十七年(1594),此次雖入遼,然未至京師;又光海君六年(萬曆四十二年 1614),許氏以千秋使兼謝恩使偕書狀官金中清出使,乃其第二次入中國;七年,又以冬至兼陳奏使副使身份,隨正使閔馨男入明,乃其第三度入京師也。故許氏《乙丙朝天録》中,其詩有"平生六涉遼河水"③,"三度朝天鬢已疎"④,皆紀實也。然入遼未必渡遼河,渡河則必向北京而發矣。

本卷詩題《丁酉朝天録》,丁酉爲宣祖三十年(萬曆二十五年 1597),考是年夏六月戊寅,北京皇極、中極、建極三殿災。七月二十七日,宣祖"因三殿災"故遣使,"送進慰表於別殿"⑤,實則爲李睟光使團

---

① 許筠《惺所覆瓿稿》卷 1《詩部一·翁四部覆瓿稿》,《韓國文集叢刊》,074/136。
② 許筠《丁酉朝天録·登箭門嶺》詩注,《燕行録全集》,013/217。
③ 許筠《乙丙朝天録·到三岔河即事》其一,縮印本,第 142 頁。
④ 許筠《乙丙朝天録·病中記懷追叙平生》其十九,縮印本,第 124 頁。
⑤《宣祖實録》卷 90,宣祖三十年(萬曆二十五年 1597)七月二十七日丙辰條。

也。而許筠詩第一首有"雨洗青山近,烟沈緑樹遥"句①,又去路在懷遠館有"孤燈照無睡,候雁已南翔"之詠②。八月中秋節時,在玉河館,又有《聞本國水兵統制元均及水使李億麒崔湖淹死》《聞南原陷楊元走還》等詩,可知其時在七、八月間,考是年七月二十二日,元均等戰死,朝鮮海軍幾全軍覆没;八月丁丑,倭破朝鮮閑山,遂薄南原,副總兵楊元棄城走,倭逼王京。許氏詩中所述時日及戰事,皆與史相合,則其出使必爲陳慰之行,惜集中雖有《夷齊廟次使相韻》等詩,然"使相"爲誰,無從考知。若如此,則許氏乃四度入中國,而三度抵燕京耳。或爲隨李晬光一行入中朝,今暫隸於是年,以俟考焉。

《丁酉朝天録》共收詩三十餘首,爲許氏萬曆丁酉第二次出使期間所作。有許氏自注,兼有他家評語,亦注於詩後,如《渡江作》末注:"蓀谷云:有魏晉句法,可貴。"③《鎮山江道上偶吟》末注:"石洲云:緊切。"④案蓀谷即李達,石洲者權韠也。書中間有校勘,如《控江亭》"萬里嚴程天共遠","嚴"字左旁有"一作王",《登箭門嶺》"波外隱關城","關"下有"一作孤",《渡江作》"萬里來相隨","萬里"旁注"一作微曉"等。⑤ 許筠學博識遠,著述勤奮,故其詩才情並茂,語多警切,非同時儕輩可比者也。

0106-1-1598;0106-2-1598
李恒福《朝天日乘》(《全集》第 8—9 册;《叢書》第 232—234 册《白沙集》【合刻本】;《叢刊》第 62 册【江陵本】 刻本)
李恒福【原題未詳】《朝天日乘》(《全集》第 19 册 鈔本)

  出使事由:陳奏行
  出使人員:正使右議政李恒福、副使工曹參判李廷龜、書狀官成均館
    司藝黄汝一等

---

① 許筠《丁酉朝天録·登廣遠樓》,《燕行録全集》,013/214。
② 許筠《丁酉朝天録·懷遠館》,《燕行録全集》,013/219。
③ 許筠《丁酉朝天録·渡江作》,《燕行録全集》,013/218。
④ 許筠《丁酉朝天録·鎮山江道上偶吟》,《燕行録全集》,013/216、217、218。
⑤ 許筠《丁酉朝天録》,《燕行録全集》,013/231。

出使日期：宣祖三十一年（萬曆二十六年　1598）十月二十一日—翌年閏四月十三日

李恒福（1556—1618），字子常，號弼雲，晚號白沙，又號東岡，慶州人。宣祖十三年（萬曆八年　1580）登謁聖科。入藝文館，學於李珥。"壬辰倭亂"時，爲刑曹判書兼都總管、兵曹判書，力主赴明朝求出兵救援，扈駕西行，劃策出謀，厥功甚偉，封鰲城府院君。又官吏曹判書、四道體察使兼都元帥、議政府右議政、領議政等。光海君時，因事見廢，卒於謫所。後諡文忠。有《白沙先生集》二十三卷《附錄》七卷、《魯史零言》十五卷行世。事見《白沙先生集》、《附錄》卷一《年譜》、卷二朴瀰《家狀》、卷三張維《行狀》、申欽《神道碑銘》、李廷龜《墓誌銘》、《宣祖實錄》、《光海君日記》等。

李恒福《白沙先生集》二十三卷《附錄》七卷。初編爲《白沙集》六卷《別集》六卷《附錄》一卷，前有張維序，爲恒福門人李顯英等蒐集家藏草稿，於仁祖七年（1629）刊於江陵，即前後所謂"江陵本"也。又有晉州刊本，二本互有異同。後有糾合兩本暨搜尋拾遺所成之合刻本，《燕行錄全集》即輯自此本，《韓國歷代文集叢書》所影印與《全集》爲同一版本。《韓國文集叢刊》所收爲江陵本，凡《文集》六卷《別集》六卷，以韓國精神文化研究院藏書閣本爲底本影印。

"壬辰倭亂"期間，萬曆二十五年（宣祖三十年　1597）十二月，經略楊鎬會總督邢玠、提督麻貴議進兵方略，分四萬人爲三協，合攻蔚山。倭敗，奔據島山，結三柵城外以自固，堅守以待援。官兵四面圍之，其地泥淖，且時際窮冬，風雪裂膚，士無固志。明年正月，倭寇行長救兵驟至。鎬大懼，狼狽先奔，諸軍繼之。賊前襲擊，死者無算，輜重多喪失。是役也，謀之經年，傾海內全力，合朝鮮通國之衆，委棄於一旦，舉朝嗟恨。鎬撤兵還王京，與總督邢玠詭以捷聞。諸營上軍籍，士卒死亡殆二萬，鎬大怒，屏不奏，止稱百餘人。時贊畫主事丁應泰聞鎬敗，抗疏盡列敗狀，言鎬當罪者二十八、可羞者十。帝震怒，欲行法。首輔趙志皋營救，乃罷鎬，令聽勘，以天津巡撫萬世德代之。時朝鮮力保楊鎬爲不可罷，應泰遂以朝鮮私築城池事奏上。朝鮮呈奏辨誣，奏文即廷龜所制，見《月沙集》卷二二《築城事辨誣別奏》一文。應泰復奏楊鎬死黨及朝鮮君臣黨結鎬,欺抗皇上,且謂朝鮮世居倭戶,往招諸島倭奴起兵,同犯天朝,奪取遼河以東,恢復高麗舊土,且其獲朝鮮《海東記略》,朝鮮與日本獻納互市,俱有實迹,待日本諸使殷勤備至等語。萬曆帝聞奏,下廷臣議,且遣給事中徐觀瀾前往朝鮮查問焉。

朝鮮聞之,宣祖閉閤待罪,席槀不視事,舉國震悚,群心冤憤欲死。時將差出辨誣使,以兵曹判書李恒福陞右議政爲陳奏上使,洪履祥爲副使、宋駒爲書狀官。恒福以爲其於行文,尤非所長。副使洪履祥,亦與己無異,而宋駒自少無表表能文之名。今此赴京,事機多端,則必隨事呈稟於各衙門,否則不得通情,請以弘文館校理申欽爲書狀官差遣。宣祖以爲申欽所製咨帖,不至太好,意今之善於詞命之文者,莫如李廷龜。觀其爲文,寫出肺腑,曲盡誠懇,蘊藉典重,此真能文之士;其爲人也,亦頗有計慮。遂以廷龜陞工曹參判代副使抱病前往,而以黃汝一爲書狀官同行焉。一行於宣祖三十一年(1598)十月二十一日,拜表離發王京,遲滯於翌年閏四月十三日,方返國覆命焉。①

此《朝天日乘》輯自李恒福《白沙集》卷二三,而卷中又分上、下;初編則見於《別集》卷五至卷六。是本沿路所作詩,皆附於當天日記下,而《記聞》附於最末,可知其初本詩與日記不分别編輯也。

案《燕行録全集》第一九册,又收署名"未詳"之《朝天日乘》,實即李恒福《日乘》與《朝天記聞》之合鈔本耳。唯《日乘》中,不隸所作詩爲不同,《燕行録全集》編纂者不細考而重收耳。

《朝天日乘》即李恒福偕李廷龜、黃汝一陳奏使行期間所纂日記。起自萬曆二十六年十月二十一日辭朝,迄於四月二十二日還渡江。李氏記遼東一路,"東征事起,一路車馬凋弊,守驛之官,至於典衣貰馬,廣寧尤甚"②。返程宿撫寧縣,見"關內連歲大饑,流民滿道,有老婦行乞過門,泣且言有子年今十歲,前月賣與城裏家,受銀一錢半,未過十日已喫盡無餘,

---

① 《宣祖實録》卷105,宣祖三十一年(萬曆二十六年 1598)十月二十一日癸酉條;卷112,宣祖三十二年(萬曆二十七年 1599)閏四月十三日辛卯條。
② 李恒福《朝天日乘》,《燕行録全集》,008/478。

此後吾亦無策。村氓賣子者在在皆然,多不過三四錢,小或一錢,氣象甚慘"①。則其所記,與黃汝一所述日記相合耳。

又其返程在懷遠館,見入朝作戰之四川將領劉提督手下朝鮮尚州人權鶴來見,言遭亂流離,爲劉家軍,曾隨入洛,欲潛回國,被覺搜得銀二百兩,不得還。備陳四川風俗人物,且言"我隨劉爺東征西伐,所歷多矣,以我所見,㺚子易與爾,海鬼差強,至於倭子最强難敵。順天之役,泗川官軍見海鬼先登者,及見倭子莫不失色,計功之時,得首級最多,皆是朝鮮人化爲漢軍者。泗川兵勇敢雖不下鮮人,臨戰癡直不若鮮人之知形勢,故首級必下於鮮人,自是劉爺尤重鮮人,隄防甚密,不令逃逸。然鮮人隨劉爺渡江者,不下三百人,經年留本國,百計逃逸,失亡甚多云"。② 此等史料,有實有虛,皆不見於中、朝史籍者也。

0107-1598
李恒福《朝天記聞》(《全集》第 8 册;《叢書》第 234 册《白沙集》 刻本)

案李恒福有《朝天日乘》(0106-1598),已著録。

此爲李恒福陳奏出使期間所撰札記十餘條,亦輯自《白沙集》卷二三,收録於《朝天日乘》之前,蓋原爲一卷,而編輯者分爲二耳。所記兼及算卦人、賣紙人、賣書人、壬辰亂後朝鮮人入遼東、遼東人因不堪重税而充㺚子者、朝廷修乾清、坤寧兩宫大興土木諸事,及中朝兩國築城用沙用磚之不同等事。其論在會同館時,有㺚子六百餘人,十分之八九爲遼人,彼稱"胡地風俗,比中國十分醇好,無賦役,無盗賊,外户不閉,朝出暮還,自事而已,其與居遼役役不暇者,苦樂懸殊,苟活目前,不思逃歸耳"③。而返程行至廣寧,時一城商賈皆罷市,列肆寂然,則因"都御史李植將拓地於遼右,驅出㺚虜,築城於舊遼陽,發民起城役,加徵科外商税,至於人家間架皆有税,以助其役,遼民仍大怨,一時廢肆"。又"路見遼民,數百爲群,

---

① 李恒福《朝天日乘》,《燕行録全集》,008/498。
② 李恒福《朝天日乘》,《燕行録全集》,008/503—504。
③ 李恒福《朝天記聞》,《燕行録全集》,008/457。

陸續荷鍤而過,云是築城役夫。到遼陽細聞曲折,所謂舊遼陽,距今遼陽二百餘里,土饒草豐,爲胡人牧馬之地。自此達於山海關,最爲直路。前此李成樑上本欲驅出胡人,以築城以戍之,東征事起,議竟不行。今東事已完,故李植遵前議而紹述之耳,非植所自建議者"。① 又論明乾清、坤寧兩宮之修,用材奢極,射利之徒,攘臂而起,民生爲艱。時雖萬曆中葉,而朝政腐敗,貪黷橫行,百姓流離失所;而滿洲竟爲民所樂居,崛起在即,人心所尚可見。而明廷平定倭亂後,一時無力再戰,遼東局勢,已呈"山雨欲來風滿樓"之勢矣。

又謂時朝鮮重創之後,鮮人避地流入中國者頗多,又連歲大饑,時總兵劉綎久駐兩南,兩南流民皆就傭於軍中,名曰"幫子"。得延餘命,殆將萬餘。及劉軍撤回,仍隨渡江,自是遼廣一帶,朝鮮男婦牛馬,殆將半焉,識者深以爲慨然。自此往往逢鮮人,不計其數,此外所不能知者何限。② 此可知壬辰倭亂後,鮮人入中國之情狀,又知後來"幫子""高麗幫子""高麗棒子"之説,其淵源自來久矣。

0108-1598
李恒福《朝天録》(《全集》第9册;《叢書》第234册《白沙先生别集》 刻本)

案李恒福有《朝天日乘》(0106-1598),已著録。

此《朝天録》二卷,輯自李恒福《白沙先生别集》卷五。全書乃前述《朝天記聞》《朝天日乘》與沿途所作詩之合刊本。日記與前本全同,而詩則隸於當日之下,《記事》殿於最末。蓋最初之本如此,而後來刻本,遂將《日乘》與《記聞》分出,另立爲卷耳。

《朝天録》收有李氏詩凡七十餘首,多與副使李廷龜、書狀官黄汝一所唱和,尤以與黄氏唱和爲多。張維謂"公才甚高,學甚博,爲文章有奇氣,藻思湧溢,踔厲不羈,其至者去古人不遠,而不至者,亦非今人所有

---

① 李恒福《朝天記聞》,《燕行録全集》,008/460—462。
② 李恒福《朝天記聞》,《燕行録全集》,008/454—456。

及"①。申欽稱"公於文章,雅不屑爲,而取法則古,雄邁奇俊,自闢一家,章劄酋酋,上薄兩京,間雜江左,尺牘爽朗,脱去畦逕,筆迹俊逸有法,老莊之玄放,仙佛之妙悟,靡不領會其旨"②。李氏《記聞》稱"同行月沙、海月,皆以能文章聞一時,余雖不及兩公,少時亦頗以嚌啀爲事,經年道上賦詠甚多,常以不得警句爲歉"③。恒福《朝天記聞》自稱"余早有朝天之志",今得如願,故心緒頗暢,故其詩輕脱活潑,寫形寫意,隨筆運之,皆見精神,較堆砌雕琢爲事者,反爲得之也。

0109-1598
李廷龜《戊戌辨誣録》(《叢刊》第 69 册《月沙集》 刻本)

案李廷龜出使事由,詳參前李恒福《朝天日乘解題》(0106-1598)。

李廷龜(1564—1635),字聖徵,號月沙,晚以北宋名臣韓琦語,名其亭曰保晚,號保晚亭主人。其先出於唐中郎將茂,從蘇定方平百濟,留仕新羅,賜籍延安,遂世爲延安人。宣祖十八年(萬曆十三年 1585)進士,二十三年登第。歷事宣祖、光海君、仁祖三朝,官至兵曹正郎、工曹參判、禮曹判書、户曹判書、兵曹判書、知中樞副使、刑曹判書、議政府右議政等。在宰列凡四十年,九長春官,再典文衡。氣度英爽,見識通明,平生無疾言遽色,常持大體,專務包容,然人或以模棱短之。爲文雖高文大册,操筆立成,似不經意而出,輒膾炙人口,與張維、李植、申欽等被譽爲朝鮮中期"漢文四大家"。卒謚文忠。有《月沙集》六十三卷《附録》五卷《别集》七卷行世。事見《月沙集・附録》卷二趙翼《行狀》、卷四李植《墓誌銘》、卷五金尚憲《神道碑銘》、《宣祖實録》、《光海君日記》、《仁祖實録》等。

案李廷龜《月沙集》六十三卷《附録》五卷《别集》七卷,初爲廷龜自編,仁祖十四年(1636)由門生崔有海初刊,後又於肅宗四十六年(1720)由其宗孫雨臣合刻爲《全集》本,《韓國文集叢刊》所收與《燕行録全集》本

---

①李恒福《白沙先生集》卷首張維《白沙集序》,《韓國歷代文集叢書》,232/004。
②申欽《象村稿》卷26《李公神道碑銘》,《韓國文集叢刊》,072/090。
③李恒福《朝天録》,《燕行録全集》,009/100。

爲同一版本。卷首有明人汪煇、姜曰廣、梁之垣以及朝鮮張維、宋時烈諸序。前十八卷爲詩，卷一九至卷二〇爲《大學講語》，後他卷爲諸體文。其詩又分小集，若《東槎酬唱錄》《戊戌朝天錄》《甲辰朝天錄》《丙辰朝天錄》《庚申朝天錄》《東槎錄》《儐接錄》《廢逐錄》《倦應錄》等。

李廷龜出使中朝，不少於四度。宣祖三十一年（萬曆二十六年 1598）冬，隨辨誣兼陳奏使李恒福出使；又宣祖三十七年（萬曆三十二年 1604）春，光海君八年（萬曆四十四年 1616）冬，光海君十一年（萬曆四十七年 1619）歲杪，廷龜三度以陳奏使入明。

《戊戌辨誣錄》一卷，輯自《月沙集》卷二一。李氏此行乃隨陳奏使李恒福入中國，一行入北京，呈奏稿於兵部，則兼尚書蕭大亨謂使臣何來之遲，皇上見丁應泰奏稿及《海東記略》，置諸香案，曰待朝鮮奏辨。諸部閱奏稿，以爲朝鮮奏疏告君無隱，乃禮義之國。皇上覽奏，令兵部會同九卿科道相議於東閣。廷龜遂於一夜之間，構草各衙門呈文，譯官李翌曉等，分寫三十九件，進呈於東閣諸臣，諸臣閱後，大加讚賞，遂使其冤大白於天下。即所謂"至京納奏，又詣閣部省寺科道，皆有奏記，三十九篇，公悉爲之。庭臣覆奏：該國奏文，明白洞快，讀之涕泙泙欲下。得旨：應泰私忿妄訐，幾誤大事，著回籍聽勘。該部移咨慰諭本國，俾知朕終始字恤德意。"皇上降下明旨，洞辨快雪，廷龜等差人飛報本國，東征大小將領，皆來慶賀云云。①

案此所謂"奏記三十九篇"者，即《月沙集》卷二一至卷二五諸文，乃當時在北京所上呈文、奏文、咨文、揭文等。前附《贊畫丁應泰奏本》，後《丁主事應泰參論本國辨誣奏》一文，即當時呈奏之文也。另若《呈徐給事文》，乃以議政府領議政柳成龍等之名所撰；《百官呈監軍御史陳效文》，則又以領敦寧府事李山海等之名義所撰；而《呈閣老諸衙門文》《呈兵部文》等，即當時在北京所撰也。末附《皇朝覆題》《兵部咨文》二道，則雪冤時明朝諸臣會議等文字也。而卷二二《被誣辨明奏》《經理楊鎬被參撤還請留奏》《請全給折色奏》《留後處餉事宜奏》《請留兵奏》《請誥命冤

---

①金尚憲《清陰先生集》卷25《李文忠公神道碑銘》，《韓國文集叢刊》，077/335。

服奏》《貢獻人蔘乞用把參奏》《請世子冕服奏》《陳慰奏》等奏文十三篇，卷二三《移咨楊經理》《回咨萬經理》《咨禮部》等十六篇，卷二四《正朝賀邢軍門啓》《揭楊經理》《賀揭麻提督》等三十六篇，卷二五《回揭祖總兵》《揭藍游擊》《揭董提督》等三十四篇，卷五七《欽賜焰硝弓角謝恩表》《秋賀皇太子箋》《皇太子冊立頒詔後謝恩表》等，卷五九《呈閣老禮部科官文（甲辰冊封奏請使時在北京作）》《呈閣老禮部科官文》《呈撫院文》《呈軍門文》等，《別集》卷三之《經略前呈文》《禮部呈文》《兵部再呈文》等，卷五之《答熊御史書》《答葉署丞書》《答陳相公書》等，前後凡百五十餘篇，或作於前後出使時，或撰於壬辰亂中，或製於亂後處理善後諸事宜，可謂簪筆國事，文案奏牘，累累如是也。

廷龜爲文，如雲行水逝，未嘗見推敲辛苦之色。雖金石之文，應製之作，率皆使人操筆口號以成，不加點綴，不似經意，而出輒膾炙人口。每接見天將，以御前傳譯入侍，漢文漢語，皆應答如響。時天將滿城，接遇連日，既奔走接遇。又酬酢文書，其製作多在公廳紛擾之中，或立書口號，夜以達曙。文詞敏捷，寫出肺肝。漢城東大門關王廟初成，宣祖同天將往奠，倉卒行出，特命廷龜亟製祭文，廷龜承命立製以進，有"鳳眼虬髯，森然若見；赤兔僵月，新回酣戰"等句，深得稱賞。又邢軍門玠生日，承命製賀帖以進，有"屬茲初辰，時維九月。轅門晝静，北海之樽常盈；幀府秋清，南樓之興不淺"等句，宣廟大喜。凡此諸般，皆壬辰戰事間往來文書，事涉重大，極爲緊要，皆可作史文讀也。

0110-1598
李廷龜《戊戌朝天錄》（《全集》第 10 册；《叢刊》第 69 册《月沙先生集》刻本）

案李廷龜有《戊戌辨誣錄》（0109-1598），已著錄。

此《戊戌朝天錄》二卷，輯自《月沙先生集》卷二至卷三，乃宣祖三十一年陳奏辨誣出使時，李廷龜沿路所作之詩也。多與李恒福、黃汝一唱和之詩，廷龜詩頂格刻，李、黃二氏和詩，則低一格附刻於原唱下。廷龜一行往北京之時，因王事鞅掌，心頗負累，甚或夢入銀台，參侍黼座，於御前草制有若赦文然者①,故其詩低昂迴旋,嗚咽不平。而事諧歸途,平倭戰事,已近尾聲,而東報屢聞賊退,又聖旨快辨厚誣,故廷龜稱"喜慰之極,頓忘道途羈旅之苦,談謔交歡,絶去拘檢,或聯牀而睡,或並馬而馳,沿途所見,皆是新面目,觸物寓興,賦詠酬唱,通有數百篇"②。今卷中共録詩百三十餘首,則後來有所刪汰耳。明人汪煇謂廷龜之詩"音韻宏亮,氣概超群"③,梁之垣稱其"豪宕而無傷蕩,飄逸而無傷媚,精工而無傷巧,兼從善之美,發正始之音,青蓮之後身耶,彩毫之嫡派耶"④。今觀諸作,多慷慨敞亮,氣象弘闊,可知二氏所言非盡爲虛美矣。

0111-1598

黄汝一《銀槎日録》(《全集》第 8 册;《叢刊續》第 10 册《海月先生文集》;《叢書》第 2339 册　刻本)

　　案黄汝一出使事由,詳參前李恒福《朝天日乘解題》(0106-1598)。

　　黄汝一(1556—1622),字會元,號海月軒,平海人。宣祖九年(1576),中司馬試。十八年,擢别試乙科。爲藝文館檢閲、奉教等。"壬辰"亂起,以軍功拜刑曹正郎,入都元帥權慄幕,爲司憲府掌令、醴川郡守等。光海君朝,任吉州牧使、昌原府使、東萊府使等。所在興學訓教,除俸勸課。以工曹參議還京,大臣薦以朝,爲不悦者沮。遂歸海上,築海月軒以終老。有《海月先生文集》十四卷行世。事見《海月先生文集》卷一四權萬《行狀》、李光庭《墓碣銘》、《宣祖實録》、《光海君日記》等。

　　黄汝一《海月先生文集》十四卷,卷首有李象靖序,前四卷爲詩,五至八卷爲諸體文,卷九《銀槎詩録》,卷一〇至卷一二爲《銀槎日録》,卷一三爲碑傳文,卷一四《附録》爲權萬所撰黄汝一《行狀》等,卷末有李

---

①李廷龜《戊戌朝天録》卷 2《昨夜夢入銀臺參侍黼座似若有賀禮命於御前草制有若赦文然者甚是吉夢覺來龍顏玉音森然在耳目魂骨懍然感而記事二首》,《燕行録全集》,010/454。
②李廷龜《戊戌朝天録》,《燕行録全集》,010/431。
③李廷龜《月沙集》卷首汪煇《月沙先生集序》,《韓國文集叢刊》,069/227。
④李廷龜《月沙集》卷首梁之垣《月沙先生集序》,《韓國文集叢刊》,069/230。

世澤跋。

　　案此《銀槎日錄》三卷,輯自黃汝一《海月先生文集》卷一〇至卷一二,爲黃氏於宣祖三十一年十月,隨李恒福入中國陳奏辨誣期間所纂日記。卷首《奏文》,實爲李廷龜所製,詳見前李廷龜《戊戌辨誣錄解題》。① 後《日錄》部分,間有缺頁鈔補者。黃氏於返國途中,右耳風痛,數日痛楚,幾不能行。又時值遼東大旱,沿路所見,"自撫寧以西,人民饑困,餓莩載道,持筐器拾草實者相望於野,至榛子則尤甚,有僧日乞錢糧,私賑流民三百餘口。蓋因關内兩年失農,前年大旱大荒,民無所食。今年若又不稔,則將有人相食之變矣"②。返程至山海關,見"閻民饑甚,至有賣妻鬻子而亦不得爲命,十數歲兒直不過一二兩金,而人不樂買之。慘矣!"③ 又見"關内極大饑,主事掛榜,令賣鬻妻子者,許於遼東往來轉賣,雖有各天之歎,亦莫非王土,要以便宜救活爲務"④。又過海州衛,"東征回軍陸續道路,見輒罵之曰:'你國對賊之時,以大米厚遇之;賊退之後,以小米薄送之,用心極不好。'所言至有不忍聞者。往往或有毆辱下人者"⑤。又卷末《記聞》稱"天災時變,通古所無。皇極災,乾、坤兩宮又災,黃河中渴,太山中裂四十里,寵開刑人,監收店稅,天下騷然。賄賂公行,有識退藏。皇長子,李妃生,爲人鬆。陳妃又生一子。次子鄭妃生。鄭妃蘇州人,專寵後宮,子亦稱賢,上頗欲爲副,以此尚未立春宮云。禮部右侍郎朱國祚訓之云:大起乾、坤之役,徵斂無藝,天下稱之曰'朝廷爺愛錢不愛民'。又民間奢侈成風,虛文日增,所見多有隱憂。嗚呼!歎哉!海寇楊一龍又叛,南邊不靖,北獞又盛,再見僨將之辱,北境可慮"⑥。是時滿州羽翼,日漸豐滿。明廷、朝鮮皆爲抗倭戰事所累,未遑他顧。黃氏所憂,不數十年,遼東即陷,而朝鮮亦復兩度受禍,簽城下之盟,爲清人之屬國矣。

---

① 又見《宣祖實錄》卷105,宣祖三十一年(萬曆二十六年　1598)十月二十一日癸酉條。
② 黃汝一《銀槎日錄》,《燕行錄全集》,008/311。
③ 黃汝一《銀槎日錄》,《燕行錄全集》,008/435。
④ 黃汝一《銀槎日錄》,《燕行錄全集》,008/436—437。
⑤ 黃汝一《銀槎日錄》,《燕行錄全集》,008/445。
⑥ 黃汝一《銀槎日錄》,《燕行錄全集》,008/449—450。

0112-1598
黄汝一《銀槎録詩》(《全集》第 8 册;《叢刊續》第 10 册《海月先生文集》;《叢書》第 2338 册　刻本)

　　案黄汝一有《銀槎日録》(0111-1598),已著録。

　　此《銀槎録詩》一卷,輯自黄汝一《海月先生文集》卷九,即其宣祖三十一年出使期間所爲詩,凡百三十餘首,多與月沙李廷龜唱和之作。"銀槎"者,則其詩有"銀槎初泊玉河津,瓊島雲連紫陌春"句也①。他如詩中"國有窮天痛,臣唯指日衷"②,"許國此身甘蹈火,燒城讒舌痛銷金"等句③,皆指陳奏辨誣之事焉。

　　時久經兵燹,家國慘破,所謂"況經兵火慘,更遭戎馬棄"④。黄氏一行在路,不敢耽延,"兹行敢俟駕,明主正宵衣"⑤。戰事持久,國力難支,黄氏亦反思"當時無將策,七載有兵塵"⑥。可謂衷心沉痛,咬臍噬舌,形見於詩。李象靖謂黄汝一詩"不事雕琢,矢口成章"⑦。今觀其製如《謁清節祠次弼雲用西岳廟韻》《次月沙豐潤縣燈夕韻》《次弼雲東岳廟韻》《燕館次月沙書懷韻》諸詩,出語自然,精麗爾雅,波瀾意度,疊相唱酬,雖氣象不及月沙,然亦當時一作手也。

---

①黄汝一《銀槎録詩·燕都篇》其一,《燕行録全集》,008/224。
②黄汝一《銀槎録詩·戊戌十月二十一日離漢京宿碧蹄是夜雨》,《燕行録全集》,008/188。
③黄汝一《銀槎録詩·青石嶺》,《燕行録全集》,008/198。
④黄汝一《銀槎録詩·連山關記事》,《燕行録全集》,008/198。
⑤黄汝一《銀槎録詩·龍灣因回使簡寄瀛州李玉山崔香湖二丈二首》其一,《燕行録全集》,008/190。
⑥黄汝一《銀槎録詩·臨津有感》,《燕行録全集》,008/188。
⑦黄汝一《海月先生文集》李象靖序,《韓國文集叢刊續》,010/003。

卷一四　0113—0123

宣祖三十年（萬曆二十五年　1597）—宣祖三十五年（萬曆三十年　1602）

0113-1599

趙翊《皇華日記》（《全集》第9册；《叢刊續》第9册《可畦先生文集》；《叢書》第1777册　活字本）

　　出使事由：陳奏兼冬至行
　　出使人員：正使韓德遠、書狀官社稷署令趙翊等
　　出使時間：宣祖三十二年（萬曆二十七年　1599）九月一日—翌年正月十日

　　趙翊（1556—1613）字棐仲，初號竹峰，晚號可畦，豐壤人。幼承庭訓，偕兄同遊學鄭逑門下，與金弘敏、李埈爲道義交。宣祖二十一年（萬曆十六年　1588），謁聖科及第。官承文院正字、兵曹佐郎、禮曹正郎、司憲府掌令等。因忤旨黜光州牧使，旋配公山。光海君朝，拜梁山郡守。後賦歸病卒。有《可畦集》十卷傳世。事見《可畦集》卷六《年譜》、趙錫喆《家狀》、李承延《行狀》、李仁行《墓碣銘》、《宣祖實錄》、《光海君日記》等。

　　案趙氏《可畦集》十卷，初付許穆校勘，然不戒於火，而盡入灰燼，其後收拾，只存若干。① 後趙氏從七代孫岐然據亂草編集繕寫，書札、疏章、序記、雜著等無一存者，即詩亦僅存十之三四而已，有純祖二十六年（1826）活字本。《韓國文集叢刊續》以延世大學校中央圖書館藏本爲底本影印（《韓國歷代文集叢書》同），《燕行錄全集》爲同一版本。前五卷爲詩，按年分爲《避寇》《嶺北》《朝天》《春坊》《嶺南》《梁州》《澤畔》《商鄉》等小集，卷五末附文數篇，卷六爲《附錄》，卷七至卷一〇，則爲《辰巳》《皇華》《公山》等日記也。是書之刻版，每日接排，亦不分段，有雙行小注

---

① 趙翊《可畦先生文集》卷6李承延《行狀》，《韓國文集叢刊續》，009/429。

存焉。

《皇華日記》見趙氏《可畦集》卷九。據《宣祖實録》,宣祖三十二年八月七日,韓壽民、趙翊即"拜表,行權停禮"①,然據趙氏此記,則出發之日爲九月初一日耳。又《實録》稱,上使韓壽民,"在海西以痢證,上疏遞差",司憲府啓"近來大小之官,職思其居者少,臨事巧避者多","此習日長,極可寒心。若不隨現以懲,則無以警百隸怠慢之弊。請令吏曹,一一摘發,推考重治"。② 然最終正使仍替爲韓德遠(宣祖三十七年,韓壽民復以千秋使入京)。又一行歸來途中,沿路耽延,趙氏復爲眩症困擾。憲府又啓奏韓德遠等"既爲齎捧新曆,則所當急急還朝,頒布正朔,而月餘不復命,其慢忽不敬之罪大矣。請並命罷職"③。宣祖教命推考,然並未罷職,此可見趙氏此次出使,行前路途,皆可謂多事連連也。

趙翊是行乃初入中國,故一路新奇,若到永平,見"城池之壯,店舍之繁,殆非關外之比,自此籬落相接,柳榆連陌,家家有繁華之象,皇州不遠,可想其民物之盛也"④。又到潞河,"新雪初霽,乾坤呈露,河水初冰,檣櫓連岸,岸上左右,甲第連甍,皇都漸邇,可想人物之盛,第恨日力已盡,未得遍觀,以增我一分胸次也"⑤。潞河再前,"由城中行,市肆物貨之盛,甲於諸處,河之自北流出城東者,即潞河別開一水,直達皇城,水由城中去,亦一奇壯也。倉箱則在外城,過大鋪橋屯後,鋪店連亘,一路物夥人稠,始覺皇城之大也"⑥。

然其時亦正獂子猖獗之際,一路軍兵不絶,閭陽、十三山與大、小凌河等地,"賊鋒彌漫,不可作行"⑦。返程到杏山驛,聞"驛西二十里外,四千獂子時方搶掠"。而驛路極凋殘,館宇頹破,夫馬在在或闕。⑧ 兵燹之後,

---

① 《宣祖實録》卷116,宣祖三十二年(萬曆二十七年 1599)八月七日癸未條。
② 《宣祖實録》卷116,宣祖三十二年(萬曆二十七年 1599)八月二十六日壬寅條。
③ 《宣祖實録》卷122,宣祖三十三年(萬曆二十八年 1600)二月五日己卯條。
④ 趙翊《皇華日記》,《燕行録全集》,009/155—156。
⑤ 趙翊《皇華日記》,《燕行録全集》,009/159。
⑥ 趙翊《皇華日記》,《燕行録全集》,009/160—161。
⑦ 趙翊《皇華日記》,《燕行録全集》,009/146。
⑧ 趙翊《皇華日記》,《燕行録全集》,009/177。

鋪店人家,遍爲雲煙,猺子明搶暗奪,擾於館鋪。驛卒悍甚,下人被毆,馬匹被偷,官府不理,伸慎無計,極爲駭痛。歷鳳凰城到陽站,行糧亦絕,至闕夕炊等。而中國官員太監,若高太監一行"夫馬幾至數百,殘驛無計答應,至拏守驛丞之妻,公肆凌辱。出馬之家,且討銀子,其爲弊端,未有紀極。宦官之害,乃至於此,中國事亦可知也"①。又歸路宿撫寧縣時,"路有一卒,言自東事始起之後,中國軍兵,久疲征戍,繼有播酋之反,征東之卒,又移西路,帑銀已竭,太倉告罄,各處軍兵,已闕資糧,迨至三月,多有怨懟之語。中國氣象亦可想矣"②。時明雖萬曆中葉,然遼東凋敝,滿州崛起,衰世敗象,日增而日深矣。

0114-1599
趙翊《朝天錄》(《全集》第 9 冊;《叢刊續》第 9 冊《可畦先生文集》 活字本)

　　案趙翊有《皇華日記》(0113-1599),已著録。
　　此《朝天錄》,即趙氏陳奏行時沿路所作詩也,輯自《可畦先生文集》卷二,共七十餘首。多闕文,亦多異文,間有校語。末數詩爲《春坊錄》(庚子秋作),非燕行詩,《燕行錄全集》編纂者誤收耳。
　　趙岐然謂趙翊"避寇時所詠,則有杜拾遺憂國之意;詠朝天日所題,則有皇華詩慎行之意;若夫謫居中所詠,有賈太傅、柳宗元諸君子之趣,而無一毫怨尤之態"③。李睟光贐行詩,有"龍門託契自青年,二百人中第一仙"之句④,可想見其當年風采。今觀趙氏詩如《病中記懷》《次玉河壁上韻》《贈近山郭公》《謁清聖祠》《苦憶》《鐵翁漫書》等,雖無怨憤之態,然長夜靜思,直抒胸臆,感時憂懷,清爽有韻,情綿意永,亦淡雅君子所爲也。

---

① 趙翊《皇華日記》,《燕行錄全集》,009/172—173。
② 趙翊《皇華日記》,《燕行錄全集》,009/173—174。
③ 趙翊《可畦集》卷 6 趙岐然《文集謄出後識》,《韓國文集叢刊續》,009/436。
④ 趙翊《可畦先生文集》卷 6《附錄》李睟光《別趙可畦以冬至使書狀赴京》,《韓國文集叢刊續》,009/419。

0115-1599,1608
李好閔《燕行錄》(《全集》第 8 冊;《叢刊》第 59 冊《五峰先生文集》 刻本)

出使事由：謝恩行
出使人員：謝恩使李好閔、書狀官安宗禄等
出使時間：宣祖三十二年(萬曆二十七年　1599)十月—翌年六月？
出使事由：告訃請諡請承襲行
出使人員：正使延陵府院君李好閔、副使行龍驤衛上護軍吳億齡、書狀官刑曹參判李好義等
出使時間：光海即位年(萬曆三十六年　1608)二月二十一日—十月十七日

　　李好閔(1553—1634)，字孝彦，號五峰，晚號睡窩，延安人。少與李恒福善，學於栗谷。宣祖十七年(萬曆十二年　1584)文科第三人及第。官至吏曹佐郎、司憲府執義、弘文館副提學、司憲府大司憲、禮曹判書、同知中樞副使等。"壬辰倭亂"期間，專掌辭命，扈駕有功，封二等功臣，延陵府院君。歷敭華顯，遂主文衡。逮光海朝，被蜚語，幾不免，乃屏居郭南，以詩酒自娛。卒謚文僖。有《五峰集》十五卷行世。事見《五峰集》卷一五附録李敏求《謚狀》、李埈《墓誌銘》、李明漢《白洲集》卷一八《神道碑銘》與《宣祖實録》《光海君日記》等。

　　李好閔《五峰集》十五卷，卷首有李敏求序，末有李植跋，前六卷皆詩，以體裁編定，他卷爲諸體文。初由好閔子景嚴蒐集，再經李植等編次校勘，於仁祖十四年(1636)刊行。《韓國文集叢刊》本據奎章閣本影印，與《燕行録全集》本非同一版本。

　　宣祖三十二年(萬曆二十七年　1599)，朝鮮遣謝恩使李好閔、書狀官安宗禄等入明。李氏此次出使事由，《宣祖實録》不載，李敏求《謚狀》謂己亥"十月，拜刑曹判書兼同知成均館事。十一月，以謝恩使赴燕。庚子夏，復命。"李明漢撰好閔《碑銘》所載同。① 又《明神宗實録》稱"萬曆

---

① 李好閔《五峰先生集附録》李埈《李公墓誌銘》，《韓國文集叢刊續》，059/571。

二十八年三月丙辰,朝鮮國王差陪臣李好閔等十五員,齎表文方物,進謝前賜蟒衣白金衣,並送回該國漂流人口"①。然則是上年十月發王京也。《宣祖實錄》載李氏有中朝聞見事書啓曰:"中原地方,近以礦稅鹽三課,民怨騷然,物貨不通,關津蕭條。淮、碭之間,劇賊趙撫民、趙古元、唐雲峰等,妖術聚衆,朝廷之連章累牘,率皆留中,左璫橫恣,干預外政,至於本國方物,前則驗納禮部,禮部自爲謹護,内監不爲誰何,而今則漸加刀蹬,方物解進之日,公然出票,叫去通事,又哄禮部曰今後不可不驗於内監。前頭之事,可慮矣。"②又稱"在玉河館日,廣求要緊書若干帙,而官本之書,市肆間罕存。適有以《四書》、四經、《君臣圖鑑》等册來示者,臣與書狀官安宗禄相議,收拾盤纏剩數而換之。《詩》《書》《易》《禮》《論》《孟》《庸》《學》《庸學或問》《君臣圖鑑》,總七十五本。謹昧死投進"。宣祖獎其"雖間關萬里之行,道途旅館之間,心未嘗不在於君,故其忠愛之誠,有以感通,而能獲我心如此,予甚嘉悦"云。③

　　李好閔二度出使,乃宣祖駕崩後(宣祖四十一年二月初一日),李氏偕副使吴億齡、書狀官李好義,爲告訃、請謚、請承襲入中國。實則請求明朝册封光海君,更爲此行"莫重莫大之事"④。一行於二月二十一日離發,遲至十月十七日方返國覆命⑤。初,好閔到禮部,禮部言臨海若有廢疾,當具臨海讓本來,則立可完准。好閔等稱臨海安敢上本,此必不可爲也。禮部謂可於王妃奏文中,並開政府、臨海兩本以來。好閔遂累次呈文,稱長子臨海有病,不堪負荷,故先王擇光海爲世子,壬辰亂間,大有功勞,大妃殿文武百官亦奏請。據《明神宗實錄》四月壬午,禮科題奏,萬曆帝命"移文該國,耆老大臣會同軍民人等秉公詳議,臨海何以當廢?光海何以當立?萬口一辭,然後奏請定奪"⑥。至十月庚辰,禮部言:"朝鮮次子襲

---

① 《明神宗實錄》卷345,萬曆二十八年(1600)三月丙辰條,059/6427。
② 《宣祖實錄》卷126,宣祖三十三年(萬曆二十八年　1600)六月四日乙亥條。
③ 《宣祖實錄》卷126,宣祖三十三年(萬曆二十八年　1600)六月七日戊寅條。
④ 《光海君日記》卷1,光海君即位年(萬曆三十六年　1608)二月十一日戊辰條。
⑤ 《光海君日記》卷1,光海君即位年(萬曆三十六年　1608)二月二十一日戊寅條;卷9,同年十月十七日辛未條。
⑥ 《明神宗實錄》卷445,萬曆三十六年(1608)四月壬午條,061/8453。

封,已經多官勘實。臣部疏請不啻再三,伏望早渙綸音,以信令甲。"得旨:"舍長立少,原非綱常正理。但臨海君既已久廢,光海君臣民共推,情有可亮。且事在夷邦,姑從其便,准與冊封,其差官照隆慶元年例行。"①翌年二月乙卯,予故朝鮮國王李昖諡昭敬,仍冊封承襲國王李琿及妃柳氏誥命,命行人熊化齎賜之。② 此事終以光海冊封爲結矣。

　　李好閔《五峰集》卷一《沙河鋪人家壁上有昭君按琵圖》,卷二《鞍山得鞍字》、《渡凌河》、《發連山》、《清明日綵女》、《過榆關》二首、《萬柳莊》二首、《射虎石》、《灤河春望》二首至《東還過江贈義州許府尹公慎》等三十五首,卷三《懷遠館寄許府尹》《發海州衛途中》等十餘首,皆爲燕行時所作,爲《燕行錄全集》漏收,《全集》所錄諸詩,輯自《五峰集》卷五,皆七言律,起首《題耆老宴軸》,即非燕行時詩,第三首《九龍祖席錄奉列位諸賢》詩題下注"此以下庚子赴京作",此後十餘首乃此次赴燕時所作。而其後《兩宜堂次李子敏韻》,自注"丁亥年",則此前十三年也。而此後《望海亭次韻三首》等數首,則似爲第二次出使期間所作。他如《次熊行人游漢江詩韻》《次正使朱蘭嵎韻》等,則又爲後來爲館伴時,與天使熊化、朱之蕃等唱和詩,爲《全集》誤收耳。然因詩以體裁編定,原編卷次已失,故兩次出使之詩,亦散入他詩卷中,不復能辨其後先,以詩中所言時序言之,以第二次出使所製爲多焉。如在連山有"三月行人未入關,一春強半雪霜間"句③,在東昌堡有"新春季子遠觀周,倚遍燕山處處樓"句④,又有詩題《三月初六日三河道上見雪》等,皆爲第二次出使發往北京間所作也。

　　李明漢謂好閔"文章出於天才,文原於六經,而尤得力於《論語》,詩以氣爲主,而豪逸不事繩尺,霞輝星燦,讀之常恐易盡,雖有不成篇者,亦譬之青鳳一毛,高文大策,載之國乘,尺牘小韻,造次揮灑者,必有一語驚人,人皆藏去而珍之"⑤。今觀其詩,造次揮灑,不拘規束。若《頑空》二絕,《醉賦鸚鵡》六絕,皆用獨木橋體,真趣盎然,流麗可愛,在當時諸家

---

① 《明神宗實錄》卷451,萬曆三十六年(1608)十月庚辰條,062/8536。
② 《明神宗實錄》卷455,萬曆三十七年(1609)二月乙卯條,062/8580。
③ 李好閔《五峰集》卷2《發連山》,《韓國文集叢刊》,059/337。
④ 李好閔《五峰集》卷5《宿東昌堡》,《韓國文集叢刊》,059/382。
⑤ 李明漢《白洲集》卷18《李公神道碑銘》,《韓國文集叢刊》,097/483。

中,亦鐵中錚錚者耳。

0116-1599,1608
李好閔《呈文》(《叢刊》第 59 册《五峰先生文集》 刻本)

  案李好閔有《燕行録》(0115-1599),已著録。

  李好閔《呈文》一卷,輯自《五峰先生文集》卷一四。是卷前有《通遠堡迎候李提督(如松)》《張副總前呈文》等十六篇,乃抗倭期間與明朝征倭諸將通倭情往返之書也。而庚子出使時,則有《遼東撫院山海關分司等衙門查還人口呈文》《兵部刷還呈文》《山海關三次呈文》等,則爲刷還人口所呈之文也。壬辰亂時,朝鮮百姓流離失所,或有隨明軍征戰者,或有爲役夫者,或有逃難入遼東者,時流言朝鮮流人若回國,必以爲奸細,爲國王所殺;又稱欲去者送,不欲去者不送。好閔等呈文各處,以爲此浮言厚誣,請朝廷將寄住人口,盡數刷還,以便歸國完聚,兼以消浮言也。

  他若《禮部禀帖》《禀提督主事陳公帖》《呈禮部文》《禮部儀制司呈文》《呈禮部大堂》《再呈葉閣老文》等,則爲第二次出使時請册封光海君事也。好閔等呈文謂"第念小邦不幸,歷世繼嗣之際,鮮有以世子順承者,恭定王以弟而嗣,莊憲王以次子而嗣,康靖王以姪子而嗣,恭憲王亦以弟而嗣,先王亦以姪子而嗣,猶且世受恩命,效忠順於藩翰,今則不幸之中,又萬有不幸焉,而遭罹兵禍,從擇賢先功之典,棄病風狂悖之兄,而與賢而有功之弟,此固有拂於經堂之道,而亦有先朝已行之規例,非小邦所自創而私之者也"①。爲證臨海之昏悖,好閔等又稱,壬辰亂起,賊鋒抵漢江,宣祖西附,遣諸王子號召四方,臨海從咸鏡道,所過不思募集,"以夫馬館穀之故,亂加箠責,見人善馬寶貨,則必掠之。望賊思散之民,囂囂然喪心。及至會寧府,則本府與虜只隔一水,王化最遠,俗且獷獰,乃綁兩王子,開門迎賊,此非無故而陷於賊也。既陷於賊,而經年不得還,則舉國人心,又將屬之長乎?屬之賢乎?"②因禮部以王倫序失當阻之。好閔等論

---

①李好閔《五峰先生文集》卷 14《禮部禀帖》,《韓國文集叢刊》,059/544。
②李好閔《五峰先生文集》卷 14《呈禮部大堂》,《韓國文集叢刊》,059/548。

辨之際,誤言珒有風癱之疾,不能當儲位,讓於王。禮部言臨海有讓德,乃賢也。好閔等失措,欲爲臨海讓文,以實其言,朝議非之,中朝疑之,故後來有查使之至也。① 好閔等尚未歸國,已是彈章疊至,累日不休,請處死臨海君,重治好閔等失言之罪。光海君以爲好閔等雖未易準完,然非有自作之失,亦多勞苦之事,故未治其罪,然旋廢臨海君爲庶人矣。

0117-1601

李安訥《朝天録》(《全集》第15册;《叢刊》第78册《東嶽先生集》;《叢書》第701册 刻本)

  出使事由:進賀行
  出使成員:進賀使鄭光綾、書狀官禮曹正郎李安訥等
  出使時間:宣祖三十四年(萬曆二十九年 1601)四月二十八日—十一月四日

  李安訥(1571—1637),字子敏,號東岳,德水人。李荇曾孫。天資茂異,博洽墳典,與尹根壽、李好閔等爲忘年交。宣祖三十二年(萬曆二十七年 1599)擢文科及第。官至禮曹正郎、東萊府使等。光海朝,爲潭陽府使、慶州府尹、江華府尹等。仁祖反正,官至江華留守、咸鏡道觀察使、禮曹判書等。"丙子"亂起,避亂於南漢城,尋病卒。安訥在職,治理精嚴,纖微畢舉,寬徵蠲賦,不事奇羨。謚文惠。有《東嶽集》二十六卷《續集》一卷《別録》一卷《附録》一卷行世。事見《東嶽集》附録李植《行狀》、金尚憲《神道碑銘》、宋時烈《誌銘》、《宣祖實録》、《光海君日記》、《仁祖實録》等。

  李安訥《東嶽集》二十六卷《續集》一卷《別録》一卷《附録》一卷,爲其姪梣等據安訥自編稿纂輯,刊於仁祖十八年(1640),《韓國文集叢刊》據國立中央圖書館藏本影印(《韓國歷代文集叢書》同),《燕行録全集》爲同一版本。卷首申翊聖序,末有李植跋。前二十四卷爲詩,按年依小題編爲《北塞》《朝天》《東槎》《湖西》《關西》《端州》《洪陽》《萊山》《潭州》

---

① 《光海君日記》卷4,光海君即位年(萬曆三十六年 1608)五月二十日乙巳條。

《錦溪》《月城》《江都》《關西後錄》《關西續錄》《北竄》《東遷》《江都後錄》《咸營》《朝天後錄》《湖營》《拾遺錄》諸錄,卷二四爲集字詩,卷二五爲賦,卷二六爲雜著鈔。《續集》一卷,則爲未釋褐時所作詩,及後來輯得者。《別錄》爲諸家輓詞、祭文,《附錄》則爲諸家所撰誌狀文字等。

《朝天錄》輯自李安訥《東嶽先生集》卷二。萬曆十七年,四川播州(今貴州遵義)宣慰司使楊應龍叛,明朝屢經曲折,終於二十八年底平定之,遂頒詔天下。明年,朝鮮以鄭光績爲進賀使、李安訥爲書狀官赴燕京入賀。四月二十八日,入闕拜辭。六月初二日,渡鴨綠江而西。七月十六日入北京,十月初十日還到義州,十一月初四日覆命。自拜辭至還朝,凡一百八十四日焉。

朝鮮自光海君朝大開賄賂之習,使臣出使,莫不挾帶鉅銀,以賄賂中朝。而"公間於神宗朝以書狀官賀節,中朝人固聞公詩名,亦有傾蓋願交者,相與居間,奏覆無閡,亟完封典,雖舌人老猾夤緣乾没者,無所容其計,竟以橐中餘金累千還度支,覆命大悅,頒慶行賞超階正憲,賜臧獲土田,辭不許"①。則李安訥不事賄賂,不受賞賜,風骨稜稜,可謂真書狀矣。

朝鮮燕行使之差出,進賀使在諸行中,最爲事簡身輕,故李氏沿路留連風景,觸景即情,皆溢發爲詩,卷中近二百一十首,幾無日無詩,且詩題皆題月日、發行之地、途經之所、所接之人、留宿之驛等,或簡記當日之事,乃與日記相埒,其法甚賅矣。

案李安訥爲李荇曾孫,其自言"舊業敢言能有繼,遺篇轉覺苦難賡"②,雖不及乃祖之關切世情,痛陳時弊,然亦可謂家風有繼,不墜斯文,史稱其"文章有乃祖風"③,殆非浮詞耳。李廷龜稱其詩"拓基軒地,噓焰熱天,颯颯乎正始之音,元白以下不論也"。"先生亦嘗戲言,若以諸君詩比之三國人才,則吾爲司馬氏矣"。④ 金尚憲稱安訥"爲詩沉思,精意蘊蓄以發之,猶恐不完美,徧示知友,必待章妥句適,人人厭服然後乃已,稍不

---

① 金尚憲《清陰先生集》卷27《李公神道碑銘》,《韓國文集叢刊》,077/375。
② 李安訥《朝天錄·平壤館讀容齋先生集朝天東槎等錄有感而書》,《燕行錄全集》,015/137。
③ 《宣祖實錄》卷143,宣祖三十四年(萬曆二十九年 1601)十一月八日壬寅條。
④ 李安訥《東嶽集》李植《跋》引李廷龜語,《韓國文集叢刊》,078/531。

滿意,棄去不錄,故篇篇鍛煉如千百首選一首,尤工於近體"①。詩尤清健沉鬱,深得工部之法。朝天詩若《思親曲》《六月十三日夜夢伯兄氏》《我生歎》諸詩,思親情迫,娓娓如訴;《重午行》《朝天詞》《書贈趙雲野五言長句十五韻》諸長篇,温潤平和,含思婉致。另如"土風皆自習,物性果難遷"②,"人生莫作炎程客,馬上陰晴總不宜"③,"行人今日關心事,驢背逢秋又送秋"④,"客愁兼客路,併盡此江干"諸句⑤,亦清俊流逸,不染俗韻也。

0118-1602
金止男《壬寅朝天詩》(《叢刊續》第 11 册《龍溪遺稿》 刻本)

出使事由:謝恩行
出使成員:正使黃慎、書狀官金止男等
出使時間:宣祖三十五年(萬曆三十年 1602)夏秋間?

金止男(1559—1631),字子定,號龍溪,光山人。宣祖二十四年(萬曆十九年 1591)中司馬榜,同年登第。先後官司諫院正言、禮曹參議、黃州判官,爲京畿、平安、全羅、江原道都事。光海君朝,官司憲府持平、執義、兵曹參判,南陽、順天、尚州、清風牧使,官至慶尚道觀察使。仁祖反正,仍按節嶺南,又爲左承旨等。有《龍溪遺稿》四卷行世。事見《龍溪遺稿》附録鄭斗卿《墓碣銘》、《宣祖實録》、《光海君日記》等。

金止男《龍溪遺稿》四卷,爲其外孫李觀夏蒐集編次,於孝宗五年(1654)刊行,後又追補序文、碣銘等續刻於肅宗二十七年(1697),《韓國文集叢刊續》據奎章閣藏本影印。前有吳道一序與鄭斗卿撰金止男《墓碣銘》,末有李善溥題識,四卷皆詩,大致按年編排,唯四卷末附止男卒後

---

①金尚憲《清陰先生集》卷27《李公神道碑銘》,《韓國文集叢刊》,077/376。
②李安訥《朝天録·病中寫懷》,《燕行録全集》,015/201。
③李安訥《朝天録·六月初六日雨朝發連山關夕次狼子山》,《燕行録全集》,015/151。
④李安訥《朝天録·九月三十日次鞍山》,《燕行録全集》015/222。
⑤李安訥《朝天録·十月初十日還渡鴨綠江書於舟中》,《燕行録全集》015/232。

諸家挽詞等。

　案金止男出使事由,其《龍溪遺稿》卷一《過分水嶺》詩題下注:"以下壬寅年以書狀官赴京時,正使秋浦黃愼也。"①然則爲宣祖三十五年壬寅(萬曆三十年　1602)出使耳。考是年三月二十六日《宣祖實録》載,禮曹啓曰:"《五禮儀》拜表條有云'箋則副使捧出'等事,似必有副使事。而黃愼以誥命冕服謝恩使赴京時,只出單使,故副使捧箋之儀,不爲磨鍊。"②然不言其何時離發王城,亦不言因何事謝恩。黃愼有《秋浦先生集》四卷,惜無朝天詩,亦無《年譜》等可考。又趙慶男《亂中雜録》卷四宣祖三十四年,二月"遣陪臣黃愼奉表謝恩",則較此爲早一年。考金止男詩中,沿途有《到撫寧縣遇聖節使書狀官》詩題注"時謝恩使鄭賜湖夢與留在玉河館"③。又有《次聖節使成質夫以文韻》《寄尹安國時爲禾穀書狀官方在玉河館》《滯撫寧逢千秋行贈申書狀》等詩。考是年十一月,因謝恩使鄭賜湖、副使趙庭芝、書狀官尹安國等,盡棄員役車輛,徑先越江,至於搜撿御史,再三通文,而猶不聽從,將啓後日無窮之弊,故返京後即罷職。④然則黃愼偕金止男入京謝恩,必在是年,《亂中雜録》殆誤記耳。

　先是,去冬金止男嘗得夢,夢遊通津地,臨江登望,口占一聯曰"山勢來從薊,江流去向齊"。覺而識之,以爲薊與齊,乃中國之地,非朝鮮通津所瞻眺,心甚怪之。此行果以謝恩使書狀官差遣之,及行到通州,知運河水下於海,而達於楊子江,海邊乃登州、萊州,而即古之齊地也。河之東邊,群山遠峙,望之叢叢,薊門即其東也。忽然思夢中之句非通津,正謂通州,似有前定云。⑤

　《壬寅朝天詩》三十餘首,見金氏《龍溪遺稿》卷一。金氏在秦皇島,與員外苗汝霖唱和;在山海關,得交中國士人趙鶚(雲野),趙氏喜索朝鮮

──────────
①金止男《龍溪遺稿》卷1《過分水嶺》,《韓國文集叢刊續》,011/036。
②《宣祖實録》卷148,宣祖三十五年(萬曆三十年　1602)三月二十六日戊子條。
③金止男《龍溪遺稿》卷1《到撫寧縣遇聖節使書狀官》詩題注,《韓國文集叢刊續》,011/039。
④《宣祖實録》卷156,宣祖三十五年(萬曆三十年　1602)十一月一日戊午條。
⑤金止男《龍溪遺稿》卷1《去冬嘗得夢……即足成一首》,《韓國文集叢刊續》,011/38。

使臣詩軸,故金氏往返皆有贈趙氏之詩,其回還時復應趙氏之請,作《山海關行》長篇,雄渾發越,結構謹嚴。而《遼東紀行》《歎花行在七家嶺作》等篇,又敘事緊湊,能得自然之趣。吳道一序其集,稱"公於詩蓋天得,十三次韓昌黎《南山詩》,以神童稱名,大噪一世。譚者謂不當在晏殊、楊億之下,益肆力,晚而所詣愈深,長篇近體,並造兼臻,古雅遒逸,駸駸乎古作者閫域"①。雖有溢美,然亦頗中其實情耳。

0119—1602
金玏《朝天錄》(《全集》第 4 册;《叢刊》第 50 册《柏巖先生文集》;《叢書》第 1969 册　刻本)

出使事由:冬至行
出使成員:正使僉中樞府事金玏、副使副司直金時獻、書狀官司諫院正言宋錫慶等
出使時間:宣祖三十五年(萬曆三十年　1602)八月十三日—翌年三月八日

金玏(1540—1616),字希玉,號柏巖,祖籍里安,後徙家榮川。幼即穎悟莊重,異於凡兒。先後師承朴承任、黃俊良及李滉,端重有經學,資厚德醇,氣宇宏深。宣祖九年(1576)登第。歷官藝文館檢閱、司諫院正言、寧越郡守、慶尚右道觀察使、忠清道觀察使等。光海君四年(1612),受金直哉之禍,發配江陵。起復後,光海君將追崇生母,玏爲都憲,力言非禮,遂再得罪,退歸榮川,築室溪上,號龜鶴亭。有《柏巖集》七卷行世。事見《柏巖集》卷七《年譜》、權瑎《神道碑銘》、趙顯命《神道碑銘》、《國朝人物續考》卷三李沃《諡狀》、《宣祖實錄》、《光海君日記》等。

金玏《柏巖集》七卷,卷首有李象靖序,末金埠跋。前二卷詩,後四卷爲諸體文,卷七爲《年譜》與《附錄》,《韓國歷代文集叢書》所收,與《燕行錄全集》爲同一版本。

此《朝天錄》乃從金氏《柏巖先生文集》卷二輯出者。《以冬至使將赴

---

①金止男《龍溪遺稿》卷首吳道一《龍溪詩集序》,《韓國文集叢刊續》,011/020。

京權景仰之任杆城索詩書此以歸之》詩題注"壬寅。此下《朝天錄》"①。其後有《肅寧館偶吟》《納清亭次板上韻示書狀》《鴨綠江舟中醉吟》《呈禮部主事》等僅十首詩，蓋有散佚故爾。金氏在玉河館，提督見其詩，謂如"新織廣厚之錦"②。李象靖謂"其言平淡典雅，温厚簡重"③。朝天詩雖少，然亦不仄不迫，不事奇麗，雅潔温和，不失典致者也。

　　宣祖三十五年（萬曆三十年　1602）八月十三日，遣冬至使僉中樞府事金功、副使副司直金時獻、書狀官司諫院正言宋錫慶等入明，翌年三月初八日返王京覆命，宣祖冒雨出慕華館迎敕。④ 金氏等捧回萬曆帝敕命，其中有"王以倭使數至，脅言興兵，奏請遣調，以壯聲勢。朕覽之惕然，謂宜體悉"諸語，則金氏一行，蓋冬至兼奏請而行也。帝謂"但遣將一員，調兵數百，以戰則寡，以守則弱，亦何濟之有？""故莫如自強，一改弦轍，大修耕戰。國內沿海地方，逐一料理，某處寇可登犯，某處險隘難入，某處應修築城堡，某處應設墩臺瞭望，某處應哨防，某處應戍守，一如天朝昔日制禦之法。某可訓鍊水兵，某可訓鍊陸兵，分投演習，教以創筅刀牌及鴛鴦三疊，常用陣規，一如天朝昔日留官訓鍊之法。慶尚、全羅兩道田土，果否荒蕪？作何開墾？或招徠土著，賦粟餉師，或撥派防兵，就近耕種，一如天朝留屯之法。"復告誡朝鮮，"壬辰之事，至今毛竦。可不戒歟？夫一旅中興，於今爲烈；千里畏人，舉世所笑。王其勉之，毋辜朕焉"。⑤ 可謂天語温温，詔賜叮嚀，語重而心長矣。

　　據正祖大王《弘齋全書》稱，金氏此行"蒙賜《大學衍義》一部，至正祖時尤珍藏於家，而豔稱於世。先朝丙寅，嘗聞其事，取見其書，而另賜芸閣本《衍義》一部，以光大其榮寵。則即夫一書之二本，而《匪風》《下泉》之

---

① 金功《柏巖集》卷2《以冬至使將赴京權景仰之任杆城索詩書此以歸之》詩題注，《韓國文集叢刊》，050/071。
② 金功《朝天錄·留玉河館主事請詩以寒夜思鄉及明月照積雪爲題》注，《燕行錄全集》，004/527。
③ 金功《柏巖集》卷首李象靖《柏巖集序》，《韓國文集叢刊》，050/009。
④《宣祖實錄》卷153，宣祖三十五年（萬曆三十年　1602）八月十六日乙巳條；卷160，宣祖三十六年（萬曆三十一年　1603）三月八日甲子條。
⑤《宣祖實錄》卷160，宣祖三十六年（萬曆三十一年　1603）三月八日甲子條。

感,親賢樂利之思,於乎其不可忘矣。此豈獨一人一家之私寶哉！予於擎玩之餘,特宣新印《大學》一部,仍紀其故實如右以還之,命選曹訪功之後補官。夫《大學》者,《衍義》之所由編,而讀《衍義》者,必先通《大學》,然後寸由尺,星由秤,可以知本末而則近道矣。繼述之義,教學之序,尚於此可徵。謹又賡和御製詩韻,書於卷首,時予踐阼之十八年甲寅仲秋也"。其詩謂"風泉舊感仰雲漢,歲換三寅（萬曆壬寅,欽賜《衍義》;先朝丙寅,又賜芸閣本;今甲寅,賜新印《大學》,此句及之。）一篋中。衍義源頭曾傳在,欲明明德聖凡同"。① 而不知此册《大學衍義》,二百餘年後之今日,尚存天壤間否歟?!

0120-1602
金功《呈文》(《叢刊》第 50 册《柏巖先生文集》;《叢書》第 1969 册　刻本)

案金功有《朝天錄》(0119-1602),已著錄。

此《答兵部問目》《兵部呈文》《内閣呈文》《禮部呈文》等數篇,見金功《柏巖先生文集》卷五。金功等到部呈文後,奉旨下兵部覆議,時兵部尚書爲蕭大亨。兵部奉堂傳諭功等到司面審倭賊情由,設五難詰問使臣,通事朴源祥逐一譯答,兵部職方清吏司以爲已知梗概一二,然彼此譯傳之際,意或未必盡言,而倉猝問答之餘,言或不能盡意,事干軍機,似難草率,遂將應問情節,一一開付通官傳致,令詳審以對,勿隱勿諱,不然坐失軍機,覆車具在,悔何能及耶。

案兵部所問者有五事:一則朝鮮奏内稱日本橘智正三次出來,俱要脅和好,第不審其所謂和好者何居,果欲各守疆土,不相侵擾,將不失大家和氣乎? 抑欲渡海交易互市,彼此往來不絶乎? 如不出此二說,則該國自可徑行揣酌,不必重煩天朝處分。儻有别謀,或索要該國獻納,或要脅求通中國如昔年故智事屬難行者,該國當嚴詞拒絶。二則日本近日情形若何,有無造船調兵再謀入犯之可能,或者止以虚聲恐喝。雖云大海阻隔,但兩

---

① 正祖《弘齋全書》卷 6《題贈判書金功家宣則大學卷首》,《韓國文集叢刊》,262/093。

國相望,盈盈一水,何彼能數來,而我獨不一往乎?三則倭亂蕩平已經三年,朝鮮當思自强,天朝遺下流兵見在慶尚三千餘人,可搜集訓練,前留官訓練刀槍及鴛鴦三疊陣法,及舟陸擊刺分合奇正之方,亦當中朝之法訓練。天兵留屯處,亦當調民開墾耕作,以爲糧料之計。四則朝鮮請明朝遣水兵將官一員,選鋒數百名巡飭海防督同訓練,兵部以爲若天朝兵至而倭不至,將令永戍乎?將令復撤乎?若撤而倭至,則又何如?謂朝鮮可將閑山之水兵,八道之陸卒,模仿天朝陣營旗幟衣甲之制,虛張以阻嚇倭寇。五則謂請將遣兵事難聽許,朝鮮當在沿海地方逐一料理,防患未然,王京及緊要之地,增置城堡,以嚴防護。舍此不圖,而竊然畏前畏後,且信且疑,張彼勢以自消其鬭志,抑未矣。

　　金玏等答曰:彼賊自來凶狡,凡所作事,變態不常,藏頭換面,神出鬼没,使人眩瞀,莫知其端,今送和書而不言和之故者,其情亦叵測。然雖其要和之意未知,而逞惡之鋒朝夕且到,伏望兵部先事善圖,以惠下國,則去危圖存之望,春亦濬源於斯矣。至於賊中情勢,其好戰之心,囂然未已,造船調役,如日用飲食,無時無之,虛實難測。彼倭奴之所以偵探者,同揚帆鯨海,若履平地,潛形他境,如狐迷人,其鉤得實情,十無一失;而下邦之人,操心未堅,作謀不密,尋常行止,動皆齟齬,彼中消息,漠然不知。另天兵之遺落境內者,或解還,或存留之數不能的知;天朝所留善後教習之官,或日月不久旋即撤去,並無實效;天朝諸兵法器械,雖得之耳目,而不曾溫熟。故雖教練之制,已閱星霜,而求諸本法,不無逕庭,所以欲得水兵之將,而標的於軍中者也。天兵屯田之遺,因亂離才息,人各謀生,不得借其力以耕耘之,釜山等處戍卒缺餉,隨獲隨散,古人所謂積粟塞下者,已不敢望矣。玏又稱"狂寇肆毒,蹂躪邦域,八路橫潰,五廟灰燼,於此之時,寡君已無國矣。聖恩如天,擧威東臨,掃除凶孽,以定王國,小邦保有喘息者,毫髮皆上國之賜也"。"竊念人子之家業蕩敗者,不能自聊其生,則子不可不煩於其父,父不得不惠於其子,此則情之所至也。然而子不可種種告悶,父不得一一救急,此則勢所使然也。若爲子者,拘於勢而不盡其情,終不告其父,而至於填壑,則其父亦必大痛於心,而傷其子之不告也。寡君以天朝爲父母之邦,前日之所以大聲而呼之者,又幾何邪!今日小邦不可種種告憫,天朝不得一一救急,而竟至懷憫不告,一朝狂鋒猝至,而丘墟宗社,魚肉臣民,則以皇上子育之恩,寧不惻然於心,而傷其不我告也。此寡君所以遠叩天門而不能已也。"①

金功一行,亟請救兵,且謂須在明年春汛前發兵爲宜,否則恐倭至猝不及防矣。萬曆帝敕諭朝鮮,備耕備戰,以圖自强。又其《呈禮部文》,則謂一行事完有日,鎮日恬然退坐,虚度日子,請開門禁,允許在天壇等處遊觀,以鑒華夏文明之盛者也。

0121-1602
李廷馨《朝天録》(《全集》第 5 册;《叢刊》第 58 册《知退堂集》 鈔本)

出使事由:進賀兼謝恩行
主要成員:正使上護軍李廷馨、書狀官兵曹佐郎申橈等
出使時間:宣祖三十五年(萬曆三十年 1602)五月—十二月

李廷馨(1549—1607),字德薰,以尚慕退陶,號知退,慶州人。廷龜弟。少歷清顯,頗有操行。宣祖元年(隆慶二年 1568)中增廣文甲科第二人。官刑曹佐郎、司諫院獻納、司憲府掌令、成均館大司成、京畿道觀察使、江原道觀察使、弘文館副提學、吏曹參判、司諫院大司諫、同知中樞副使、三陟府史等。卒於官。有《知退堂集》十五卷、《東閣雜記》行世。事見《知退堂集》卷一四《年譜》、李燻《行狀》、《宣祖實録》等。

案李廷馨出使明朝,前後凡兩度。宣祖十一年(萬曆六年 1578)八月,冬至使郭越、書狀官司諫院獻納李廷馨奉命朝天,翌年春二月還京覆命;三十五年(萬曆三十年 1602),以上護軍李廷馨爲進賀兼謝恩使,偕書狀官兵曹佐郎申橈等入中國,一行於五月離發,冬十二月返京覆命。兩次出使,《宣祖實録》皆漏記,然《明神宗實録》載,"萬曆三十年八月辛丑,朝鮮國王李昖遣陪臣李廷馨等二十員齎表文禮物,進賀萬壽聖節及上端獻皇太后徽號。准陳設進收並給雙賞"②。據此可知李氏第二次出使之

---
①金功《柏巖先生文集》卷 5《答兵部問目》,《韓國歷代文集叢書》,1969/336—337。
②《明神宗實録》卷 375,萬曆三十年(1602)八月辛丑條,060/7046。

目的與身份耳。

案李氏《知退堂集》十五卷,爲其玄孫縉基據家藏草稿蒐集之傳寫本,《韓國文集叢刊》以奎章閣藏本影印,《燕行錄全集》爲同一版本。前有李容九、安世泳序,末有李縉基跋。全書前二卷詩以體裁編定,卷三即《朝天錄》,卷四至卷一三爲諸體雜文及《東閣雜記》五卷、《黃兔記事》兩卷,末二卷《附錄》爲《年譜》《行狀》與諸家祭文等。

《朝天錄》一卷,輯自《知退堂集》卷三。全稿爲鈔本,然拙樸整齊,頗爲耐觀,唯誤字衍脫,亦復多見。如《季海見和又次之》詩中"適越非顛躓,游宦梁豈慘悽"句①,繹詩意可知"宦"字爲羨文;又如《贈琉球國使臣》詩末聯"除非孤枕清宵夢,此後難會面辰"句②,後句有缺字等。共收詩百一十餘首,皆爲沿途所詠景物,多爲與書狀官申梃等唱和之詩。李九容謂"其詩律則家鄉之酬唱也,行路之謂吟也,遼左關東之什,寫諸山水煙雲之際,蕭然懷思,造語天成,故無粉華雕琢之辭"③。然夷考所製,雖於沿途詩興甚濃,自謂"馬上行吟興不窮"④,然所作平淡,無奇麗警句。唯在玉河館贈琉球國使臣,有"詩書禮樂千年會,南北東西四海人"句,頗大氣豪闊,整飭典雅。又書狀申梃曾四度落馬跌驢,李氏皆以詩戲之,如"墮驢墮馬嘗來遍,行路艱難子細知"等⑤,紀實寫真,稍涉玩趣而已矣。

0122-1602

張晚《朝天錄》(《叢刊續》第 15 册《洛西集》 活字本)

　　出使事由:奏請行
　　出使成員:正使知中樞府事金信元、副使同知中樞府事張晚、書狀官世子侍講院司書李民宬等

---

①李廷馨《朝天錄·季海見和又次之》,《燕行錄全集》,005/638。
②李廷馨《朝天錄·贈琉球國使臣》,《燕行錄全集》,005/638。
③李廷馨《知退堂集》卷首李容九《知退堂先生文集序》,《韓國文集叢刊》,058/003。
④李廷馨《朝天錄·蔥莠山》,《燕行錄全集》,005/604。
⑤李廷馨《朝天錄·季涉騎瞎馬落泥中戲之》,《燕行錄全集》,005/616。

出使時間：宣祖三十五年（萬曆三十年　1602）十月十三日—翌年五月十六日

張晚（1566—1629），字好古，仁同人。宣祖二十四年（萬曆十九年 1591）文科別試及第。官司諫院正言、司憲府持平等。以言事忤權貴，出守鳳山。後官至忠清道觀察使、戶曹參判、司諫院大司諫、全羅道觀察使、咸鏡道觀察使等。光海君朝，爲平安兵馬節度使、慶尚道觀察使等，陞刑曹判書、兵曹判書。乞休於平山。仁祖反正，起八道兵馬都元帥，開府平壤。平定崔适叛亂，宮廟肅清，民人奠安，時擬之唐代李晟。晚儀表魁梧，才猷通敏。當官莅事，剖決如流。曉暢軍務，屢提兵權。逮拜元帥，深得士心。封玉城府院君。謚忠定。有《洛西集》七卷行世。事見《洛西集》卷五崔鳴吉《行狀》、張維《神道碑銘》、李植《墓誌銘》、《宣祖實錄》、《光海君日記》、《仁祖實錄》等。

張晚《洛西集》七卷，爲其族玄孫普顯據著者曾孫家藏稿蒐集編次，於英祖六年（1730）以活字本刊行，《韓國文集叢刊續》據高麗大學中央圖書館藏本影印。首尾有李宜顯、張普顯二序，詩一卷、文三卷、附錄三卷。詩以體裁編卷焉。

宣祖三十五年（萬曆三十年　1602），朝鮮差奏請使知中樞府事金信元、副使同知張晚、書狀官司書李民宬等出使明朝，奏請册封光海君。一行於十月十三日離發，十一月二十七日越江，至翌年五月初一日還越江，十六日返王京謁闕覆命焉。

朝鮮之請册封光海君，十年之間，再四爲照。然明朝君臣以爲，萬曆皇帝慎重建儲之典，體悉外藩之情，故命朝鮮君臣，須宣諭臣民，俾知倫序不可紊，國本不可輕，父子兄弟之間，不可使少有猜嫌，無輕廢置，以啓禍本。如長子李珒委果病悖憒亂，不堪托國，果非溺於愛憎之私，通國臣民，果皆出於推戴之公，萬不得已，方許據實具奏以聞。一面咨行遼東督撫，查訪明白，候國王另有奏請之時，一併具奏到部，方行會官定議，請旨定奪，則以長以賢，各得其當，藩維幸甚。故張氏此行，仍無功而返矣。

張晚《朝天錄》所收詩，今散見於《洛西集》卷一，計三十餘首。《萬柳莊》詩題下注"朝天録"①。且多注"壬寅朝天時作",則其小集本名《朝天録》也。張晚爲一代武將,忠肝義膽,血誠效忠,而詩若《統軍亭》《萬柳莊》等,亦氣盛辭壯,排比精嚴。他如《龍泉道中次冰溪韻》諸詩,感歎"人心險似翻三峽,世事危如攬虎髭。誰是不偏誰不倚,孰能先覺孰先知"②。則知其雖爲武將,然亦常覺人心險惡,戒懼儆惕。朝鮮黨争之禍之烈,臣子之膽顫心懼,不安於朝,於張氏詩亦可見焉。

0123-1602
李民宬《壬寅朝天録》(《全集》第 15 册;《叢刊》第 76 册《敬亭先生別集》;《叢書》第 903 册　刻本)

　　案李民宬出使事由,詳參前張晚《朝天録解題》(0122-1602)。

　　李民宬(1570—1629),字寬甫,號敬亭,祖籍永陽,遷義城。偕其弟民宷游於金誠一之門,得聞爲學大方。宣祖三十年(萬曆二十五年1597)闌文科。官承政院注書、兵曹正郎、司憲府持平、弘文館校理等。李爾瞻指摘其賀表不敬,罷歸者殆十年。仁祖反正,爲司憲府掌令、成均館司成、承政院左承旨、刑曹參議等。尋病卒。有《敬亭集》十四卷《續集》四卷行世。事見《敬亭集》卷一四《年譜》、申悦道《行狀》、蔡濟恭《墓碣銘》、李命天《家狀》、《宣祖實録》、《光海君日記》、《仁祖實録》等。

　　李民宬《敬亭集》十四卷《續集》四卷,爲其弟民宷家藏草稿,其子廷機初刻於顯宗年間,《續集》與《年譜》等爲後追刻。《韓國文集叢刊》據韓國精神文化研究院藏本影印,《燕行録全集》爲同一版本。前九卷爲詩集,按年編排,卷一〇爲詩《别集》,卷一一爲詩《續集》,卷一二、卷一三爲諸體文,卷一四爲諸家所撰李民宬《年譜》《行狀》《墓碣銘》、祭文等。《續集》四卷,則爲《朝天録》三卷與《奏本》《啓辭》等。

　　《壬寅朝天録》採自李民宬《敬亭先生别集》卷二《雜著》,名曰"雜著",實則日記耳。卷後《燕行録全集》編纂者另附李氏《題壬寅朝天録

---

①張晚《洛西集》卷1《萬柳莊》,《韓國文集叢刊續》,015/018。
②張晚《洛西集》卷1《龍泉道中次冰溪韻》其四,《韓國文集叢刊續》,015/012。

後》一文，別爲《燕行録》之一種，實則爲李氏返國後於翌年所作，《韓國歷代文集叢書》本收入《敬亭別集》卷一《題跋》，《燕行録全集》與此同。《韓國文集叢刊》本在《續集》卷末《拾遺》中，爲不同耳。《韓國歷代文集叢書》本爲《敬亭集》十三卷《別集》六卷，較《韓國文集叢刊》本爲全。而《題壬寅朝天録後》，則不必別擇而出，故今仍合爲一種，以符其實也。

宣祖三十五年（萬曆三十年　1602），李民宬以書狀官出使明朝事由，詳參前張晚《朝天録解題》（0122－1602），此爲其途中所記日記耳。案朝鮮使臣別使之遣，往往因事緊急，多倉促成行。李氏此次之出使，書狀官朴東説、李信元却相繼遞罷，故李氏拜表只隔數日而差下。一行於十月十三日離發，十一月二十七日越江，至五月初一日還越江，十六日返王京謁闕覆命焉。

李氏此記，較之諸家，極爲簡略，唯在玉河館所記稍詳耳。其《題壬寅朝天録後》稱：＂古人云：＇一樂生中國。＇豈以涵育於仁義之教，禮樂之化爲足樂歟！我輩生長於海東，徊翔於彈丸之地，真所謂坎井之蛙，不可以語海者也。由被仁賢之化，篤習《詩》《書》之教，見稱以禮義之邦，殆庶幾於生中國者。今又獲備末价，預於觀光之列，斯豈非幸歟！而燕於天下，亦一彈丸也。其形勝之佳麗不敵於江南，風土之渾厚不逮於關洛，兹所見者，直泰山之毫芒耳。然燕今爲天子之邑，四方之取極者於是，九夷八蠻之會同者於是，具宫室之壯，文物之盛，固非前代之可擬，斯亦偉矣。昔蘇轍生於岷蜀，猶以見天子之都爲幸，况生於禹迹之外者哉！顧念駑劣，不能導吾君之誠，使莫大之典，不時准降，而徒事觀覽，罪無所辭，又未嘗遇一大人先生，獲聞淵奥閎大之論，以發吾覆，且不克博雅如延州來，好古如韓宣子，得觀四代之樂，與《易》象《春秋》，則與夫舌輩之見何以別哉！然於河山城郭之舊，仁賢義烈之迹，徘徊感愴，吟詠情性，不可謂無所得也，至其風俗之原，學術之辨，政尚之大，槩博識者知之，今不敢妄爲之説云。＂①蓋明代館禁甚嚴，李氏一行不能自如出游觀賞，結交名流，閉鎖深館，觀天度日，故有是説耳。

---

①李民宬《題壬寅朝天録後》，《燕行録全集》，015/088—090。

卷一五　0124—0131

宣祖三十六年（萬曆三十一年　1603）—宣祖四十年（萬曆三十五年　1607）

0124-1603

朴而章《癸卯朝天詩》(《叢刊》第56冊《龍潭集》　活字本)

出使事由：冬至行
出使成員：正使宋駿、副使上護軍朴而章、書狀官李忠完等
出使時間：宣祖三十六年（萬曆三十一年　1603）七月二十五日—翌年二月二十三日

案朴而章有《辛卯朝天詩》(0087-1591)，已著録。

宣祖三十六年（萬曆三十一年　1603）六月，遣冬至使宋駿、副使上護軍朴而章、書狀官李忠完等入明。一行於七月二十五日發王京，翌年二月二十三日返京覆命①。據而章《辭冬至上使啓》，初擬以而章爲正使，而章上疏力辭，以爲聘上國專命之任，實非其人，"凡朝廷體面，必以座目爲先後者，乃是由來舊規也。臣於座目，在宋駿之下，而今此使行，臣爲上使，駿爲副使，事體未安，請改差以安愚分焉"②。《宣祖實錄》載七月二十五日，"冬至使宋駿等發行"③。《明實錄》亦載萬曆三十一年十二月庚寅，"賜朝鮮國慶賀冬至陪臣宋駿等三十八員宴"④。此可知宣祖依而章所啓，改宋駿爲正使，而章爲副使，朴氏謙恭自讓，可謂謙謙君子焉。

今朴而章《龍潭集》卷二《龍灣館夜吟》題下注"此下癸卯副使時"⑤。後七十餘首詩，皆作於此次出使時，太半爲與宋駿、李忠完沿途唱和之作。

---

①朴而章《龍潭先生文集》卷5附録《年譜》，《韓國文集叢刊》，056/208。
②朴而章《龍潭先生文集》卷3《辭冬至上使啓》，《韓國文集叢刊》，056/192。
③《宣祖實錄》卷164，宣祖三十六年（萬曆三十一年　1603）七月二十五日己卯條。
④《明神宗實錄》卷391，萬曆三十一年(1603)十二月庚寅條，060/7375。
⑤朴而章《龍潭先生文集》卷2《龍灣館夜吟》，《韓國文集叢刊》，056/173。

朴氏詩平易淺近，穩實練達，然偶有枯澀滯怪之句，若《除夕》"莫說燕山路八千，八千詩句亦無邊。八千詩句八千路，多少新篇送舊年"①。《旅燈戲題》"一年三百六十日，一路三千六百多。三百六十之日子，三千里外客中磨"，"吟哦盡日應殘性，更覺新春白髮多。五十年來何所事，吾非磨墨墨磨吾"。② 凡此等等，數字列置，疊詞重語，似兒歌俗言，詩意反弱矣。

0125-1603
李好閔等《朝天別章》（《叢刊》第 56 册《龍潭集》 活字本）

　　案李好閔有《燕行錄》（0115-1599），朴而章有《辛卯朝天詩》（0087-1591），皆已著錄。

　　朴而章《龍潭集》卷六《附錄》有《朝天別章》，爲李好閔、李光庭、金玏、朴齊仁、文勵諸家贐而章燕行詩八首（文氏三首），而章與當時諸公，講劘道義，流連唱酬，亦有爲之君子也。李光庭謂"秋風征馬鴨江干，遼塞荒城指點間"，金玏稱"新秋徵馬五雲中，萬國衣冠正會同"，文勵詩有"萬里朝天士，乘秋赴帝都"等句，李好閔謂"竣事歸來春未暮，青眸重對瀉鱒俎"。時序在秋間，竣事歸來，當在仲春，可知爲而章第二次冬至使行時，朋好贐行之詩耳。③

0126-1603
鄭轂《松浦公癸甲朝天日記》（《續集》第 103 册　刻本）

　　出使事由：謝恩兼奏請行
　　出使成員：正使禮曹參議鄭轂、書狀官尹守謙等
　　出使時間：宣祖三十六年（萬曆三十一年　1603）十一月二十六日—
　　　　　　翌年六月二十九日

---

①朴而章《龍潭先生文集》卷 2《除夕四首》其二，《韓國文集叢刊》，056/183。
②朴而章《龍潭先生文集》卷 2《旅燈戲題二首》，《韓國文集叢刊》，056/183。
③朴而章《龍潭集》卷 6《附錄·朝天別章》，《韓國文集叢刊》，056/226。

鄭轂①,號松浦,生卒籍貫不詳。宣祖朝,爲承政院注書、司諫院正言、司憲府持平、吏曹正郎、司諫院司諫、司僕寺正、弘文館應教、禮曹參議、江原道觀察使等。光海君三年(1611),任平山府使。惟以飲酒爲事,長醉廢衙,民罕見面,官事日就無形,尋罷職。有《松浦公癸甲朝天日記》行世。事見《宣祖實錄》《光海君日記》等。

宣祖三十六年(萬曆三十一年 1603)十月,遣鄭轂爲謝恩兼陳奏使。先是,天兵撤還之後,中朝以倭奴狡詐,防之宜慎,朝鮮如有應奏之事,不時來奏,毋有所違,且命解送人口十餘名。時倭賊貽書悖慢,顯言明年入寇。朝鮮以請兵禦倭之意,移咨於密雲總督薊遼軍務兼禦倭都御史蹇達,軍門雖見移咨,未必能上達天聽。故欲遣使陳奏倭情,仍請天將一員,教鍊海上,使賊畏憚,兼謝送人口之恩。一行於十一月廿六日,謁闕辭朝;②遲至翌年六月二十九日,方返京覆命焉。

是書於書口上方題"八溪世紀五",中間爲"十七紀",下方刻頁碼,則爲其家族世系紀,爲其後裔所整理而編入《八溪世紀》者。所記頗簡略,無以過諸家。鄭氏行前五月,宣祖御別殿曰:"我國人心風俗,元不淳厚,末世益甚。"轂曰:"聞先世父兄之言,我國山川狹隘,氣象不廣,而人心不爲淳厚,以此古人於名分先後等級之際,至嚴而痛抑之。或以戲事而軼駕之,如新進出身,執奴隷之役於先進,雖爲同僚右位前,不敢舉頭,此似一場戲事,而自古先輩豪傑之人,亦皆遵行,此風流來久矣。"上曰:"名分等級,何以云耶?"轂曰:"謂名分及先後進間,檢飭至嚴之事也。"上曰:"然。"轂曰:"我國私奴庶孽之法,此天下所無之事也。以中原言之,奴主庶孽之法,似非至公至大之道,然而我國家家有君臣之分,各守其名分,使不得少撓。以此於士大夫之間,亦有先後進之風。如四館參下官,則不敢少違上官之事,臨事不得推調,故凡事皆有頭緒。今則古風皆壞,最可寒心者。我國爲無史之國也。"③

鄭轂一行,比及入中國,其在通州,於路上見薊州赴舉者,多乘屋轎而

---

①案"轂",《宣祖實錄》《承政院日記》等,皆作"穀"。
②《宣祖實錄》卷168,宣祖三十六年(萬曆三十一年 1603)十一月二十六日戊寅條。
③鄭轂《松浦公癸甲朝天日記》,《燕行錄續集》,103/99—100。

還。鄭氏乃歎曰:"中朝亦必有制,儒士不當乘轎,而今乃如此,此必末世奢侈之習也。蓋爲文章以表貴賤,聖王之制也,今見中原雖市井微賤,如有財貨者,衣錦乘轎,邦禁解弛之致也。高皇帝垂訓制法,超出百王,豈使貴賤無章,至於此哉!"①此等君臣對談,及入中國所見風習,皆可爲研究當時朝政風俗之史料也。

0127-1604

安克孝【原題未詳】《朝天日錄》(《全集》第 20 册　殘稿本)

出使事由:聖節行
出使成員:正使行龍驤衛護軍安克孝、書狀官行成均館典籍兼司憲府監察閔德男等
出使時間:宣祖三十七年(萬曆三十二年　1604)四月—十一月?

安克孝(1554—1611),字而達,號陽麓,廣州人。宣祖朝,官司諫院正言、禮曹參判、大丘府使、僉知中樞府事等。光海君時,任司憲府持平、司諫院獻納、淮陽府史等。有《朝天日錄》行世。事見《宣祖實錄》《光海君日記》等。

案《燕行録全集》編纂者以此書作者署"未詳",實即安克孝也。考書中若請曆書等表文,皆有"差陪臣禮曹參判安　齋領"字,古人以直書名字爲諱爲嫌,故安氏不具名氏者,例也。然"一行題名"中,則聖節使爲"折衝將軍行龍驤衛護軍安克孝",而前文稱"禮曹參判"者,蓋出使時之假銜耳,然則是書作者爲安克孝無疑。聖節使一行後,又列千秋使韓壽民一行名單,蓋聖節、千秋兩起同發耳。考《宣祖實錄》,宣祖三十七年(萬曆三十二年　1604)六月初八日,韓壽民"行到遼東都司衙門"②,則兩行自王京出發,殆四月底或五月初事。而返朝覆命,則當至十一月底矣。

又《實録》稱安氏一行赴京途中,"適值無前之水,以致進貢馬,或渰死、

---

①鄭轂《松浦公癸甲朝天日記》,《燕行録續集》,103/110—111。
②《宣祖實錄》卷 175,宣祖三十七年(萬曆三十二年　1604)六月二十一日庚子條。

或病斃"①。又尚未出境，政院已奏安氏以方愛男、卞應觀、方業、張應箕等，冒稱軍官帶率而去，物情莫不駭愕，請推考重治，未越江前，急速拿來推鞫。而書狀官閔德男，亦以不察劾而受牽連遞差。史又稱克孝"躁妄，亦膺是命，其黷貨上國，貽辱邦家"，並稱其"酗酒失性"，則安氏之爲人可知焉。史臣謂"朝京使臣，必須慎擇者，所以重其事也。今者閔仁伯之悖戾，安克孝之躁妄，亦膺是命，其黷貨上國，貽辱邦家，固其所也。嗚呼！尚誰咎哉"②。然《宣祖實錄》與《宣祖改修實錄》，往往評同一人之語，一爲賢臣，模範後昆；一爲奸佞，貽禍方來。故亦未敢遽以此爲斷也。

此書爲稿本而複製者，無封面，首頁右上題"朝天日錄"。字迹略草，每頁之左右邊一行，字皆或整行皆缺，或缺大半行，難以辯識。最末"鸚鵡"一條未完，則知其爲殘稿也。全書非日記，乃札記耳。自首頁始，前爲進賀萬壽聖節之表文及呈皇帝、太后、中宮之方物數目等；此後則"沿途各城站"，凡記自義州經鎮江城、湯站、鳳凰城、鎮江堡、鎮夷堡、連山關、甜水站至遼東，即所謂"東八站"，實則鎮江、連山二站廢，止六站耳，共四百里；自遼東經鞍山、海州衛、東昌堡、西平堡、鎮武堡、盤山驛、廣寧鎮、閭陽驛、十三山驛、小陵河驛、杏山驛、連山驛、曹莊驛、東關驛地、沙河驛、高嶺驛至山海關，共十七站八百三十四里；自山海關經深河驛、撫寧驛、永平府、沙河驛、豐潤縣、玉田縣、薊州、三河縣、通州至皇城，凡十站，里數不詳（爲邊行漫滅處）。凡自義州至皇都，通共一千九百十四里焉。

其稿每頁於上半頁大字標站名，旁左與下半頁，則皆注記所經各站間之里數，及州縣官吏役員及沿途所經諸村鎮、險要、古蹟等，頗爲詳悉。下又列"一行須知"，則又分團練使護送事例、遼東一路護送事例、遼東都司衙門見堂儀、入關儀、禮部見堂儀、提督分司見堂儀、兵部呈文儀、下程式、題賞例、欽賜下程式、筵宴式等，此則皆一路見官諸禮儀及注意事項也；又有路有迂直、厄虜前鑑、夏行厄潦等條，則爲路途所經當留意者也；又有通

---

① 《宣祖實錄》卷181，宣祖三十七年（萬曆三十二年 1604）十一月二十三日己亥條。
② 《宣祖實錄》卷173，宣祖三十七年（萬曆三十二年 1604）四月三十日庚戌條；又卷181，同年十一月二十四日庚子條。

官不可入内監一條,則爲在禮兵諸部衙門當謹戒之事也;又有城池式、煙臺式、墳墓式、夷齊廟、石假山、冠服式、婦人服式、宮室式等,則爲沿路所見城池、煙臺、廟宇、服式等之記述也;又有石炭、大象、鸚鵡諸條,則爲日用諸物、動植物等之雜記耳。由此可知,是或爲當時使行中所備之參考讀物,兼以記其聞見而已。熟讀此稿,於朝鮮使臣出使諸儀節及行路里程,與夫道途之艱險曲折,雨雪寒凍,以及沿途古迹名物,村寨城鎮,則知過半矣。

0128-1604
李廷龜《甲辰朝天録》(《全集》第 11 册;《叢刊》第 69 册《月沙先生集》刻本)

  出使事由:奏請行
  出使人員:正使知同中樞府事李廷龜、副使驪陽君閔仁伯、書狀官通禮院相禮李埈等。
  出使時間:宣祖三十七年(萬曆三十二年　1604)三月二十七日—十二月四日(返抵義州)

  案李廷龜有《戊戌辨誣録》(0109-1598),已著録。
  朝鮮於壬辰亂初建儲,廢臨海君而立光海君後,奏請册封,三度遣使,而明朝以捨長立弟,有違舊典,禮部議覆不准。至是,復遣李廷龜爲奏請使,再請册封。據《明實録》,"萬曆三十二年九月癸丑,朝鮮國王李昖差陪臣李廷龜等三十員進獻方物馬匹,請封次子李琿爲世子"①。李廷龜一行抵館後,即呈文禮部,稱其國王長子臨海君李琿,迷失心性;而其次子光海君琿,則光復有功,且人心歸服等意,請封其爲世子。
  然禮部侍郎李廷機上疏以爲,國之大事,莫過立嗣,有國家者,惟嫡長是立。故朝鮮惟有立長子臨海君琿,則名正言順,而事成,倫序不可紊,常經不可變,國本不可輕動。令臨海君以德自勵,光海君以分自安,該國臣民,毋有攜貳,然後聽其請封立,則禍亂不生,夷藩永固。九月辛未,禮部

---
①《明神宗實録》卷400,萬曆三十二年(1604)九月癸丑條,060/7503。

疏復朝鮮儲議:"舍長子臨海君珒,而欲立次子光海君琿。變亂常經,輕移國本,乞主持立長之議。"上曰:"該國屢請建儲,朝廷久不與決者,正以立長,爲古今常經,不可輕議故也。爾部所言甚正。即行與國王,再加繹思,務爲享國長久之計,勿貽後悔。"①

案光海君之立,前後奏請,大費周張。先是,宣祖二十五年(萬曆二十年 1592)四月,日本豐臣秀吉遣大軍十七萬,由對馬島進犯朝鮮,隨席捲北上,"壬辰倭亂"禍起。宣祖改策光海君爲王世子,且駕狩義州,欲渡鴨江而内附。九月,以世子臨海君李珒與其弟順和君李𤣰被俘事,移咨遼東都司請馳援(臨海、順和分別在避難咸鏡道、江原道時被擄)。時天兵入朝,絡繹於道。臨海君後爲放還,然已多失人望;而次子光海君李琿率軍抵抗,居功甚著,且宣祖已不能制。故誑中朝以臨海自陷賊之後,失性嗜酒,處事顛倒;而光海則夙著仁孝,且有功勞,一國群情,咸爲屬望,人心所歸,不得不立爲由,請萬曆帝封光海爲世子。二十六年七月,宣祖遣奏請使黃璡入明,請封光海爲世子,明廷不允。十月,明朝遣行人司行人司憲、都司張三畏至漢城宣敕,命朝鮮設法穩定局勢,嚴禁殺戮被倭擄人,督促世子臨海君南下。此後連年累請,先後遣金晬、尹根壽、韓準、韓應寅、鄭崑壽、金信元、李廷龜、李好閔等入北京奏請,皆爲請封光海爲世子事也。禮部皆不允。好閔等累次呈文,皆稱臨海有病,不堪負荷,故先王擇殿下爲世子,亂初奏聞非一再,至奉聖旨,防截於全、慶間,大有功勞,大妃殿文武百官亦奏請焉。

三十二年,奏請使李廷龜等,與千秋使韓壽民、聖節使安克孝等,齊往禮部,聯名呈文謂今者之來,則君臣上下,皆以爲必蒙恩許,而閣下之辭意,比前落落,至於例進方物,亦不即收。職等驚疑靡定,莫省所以。抑又相語曰"若使天朝諸老爺,親臨小邦,日覩臨海之決不可托後,真知舉國之愛戴於光海,洞察寡君父子兄弟,毫髮無他之實情,則必將上告天聰,催降封典,固不待小邦之煩奏也"。又稱天門萬里,事機萬端。"天朝之於小邦,既不憚動十萬兵,又不惜發十萬財,以拯濟奠安於垂亡之日,而今乃於

---

① 《明神宗實錄》卷400,萬曆三十二年(1604)九月辛未條,060/7507;又見《宣祖實錄》卷179,三十七年(萬曆三十二年 1604)閏九月二十六日癸卯條。

定儲之請,獨靳應行之典,有若任其安危,而莫之省念者然,以寡君十年血奏,爲皆非實情,以陪臣前後懇祈,爲皆不足信?嗚呼!講尋常事,尚有自審;對平人語,猶不可欺。繼嗣之重,是何等事,君父之前,是何等地,而敢行誣罔之計,自貽覆亡之禍哉?"然禮部仍以立子以長,萬古之常經,天朝之家法爲由,拒達天聽。廷龜等曰:"大抵天朝事勢,適會相妨,其峻辭斥之者,恐以此耳。"①

案廷龜所謂相妨者,則當時萬曆帝,因鄭貴妃得寵,欲廢太子而立福王,君臣僵持已久,倘朝鮮易嫡立庶,則萬曆帝亦依而爲之,故閣臣爲憂焉。李廷機等啓謂閣老沈一貫,低聲俯語曰"此事今番訖可準請,適又論議不一。蓋以自去冬以後,此間又有不好底事,事體極相妨"者,即謂此也。②

萬曆三十六年(宣祖四十一年 1608)六月,明廷遣遼東都司嚴一魁、自在州知州萬愛民至朝鮮,查臨海病症真僞,朝鮮出置臨海於漢江楊花渡舟中,驗其爲真而去。又命李德馨爲聞奏上使,黃慎爲副使,隨二差官,星火赴京,盡力辯明,始得聖意焉。光海以銀蔘賂嚴、萬兩使甚厚。時謂朝鮮壬辰請兵於中朝,事甚重難,亦未嘗行賂,至是始開賂門。自此事甚些少,譯官亦縱臾其間,非賂不成,華使之東來亦以朝鮮爲貨窟,徵索銀兩,以極其欲;宦官行則用銀多至十餘萬,事以賄成,民不聊生。金時讓《荷潭破寂錄》謂宣廟朝,請改宗系累行不准請,朝議以爲中朝之事非貨難成,欲試用之。譯官洪彥純曰:"外國事勢與中國之人不同,若開此路,其流之弊至於國弊而後已,宗系之成,差遲數年何傷。"遂不行賂。純彥之言至今而驗,亦可謂有先見之君子也。③

又據《宣祖實錄》,此次出使之前,李、閔二氏即上奏,稱"奏請之行,例於天朝,多有周旋之事。遼東等各衛門及禮部下吏等,已知此行關係緊重,需索百倍於凡行。路用別人情,似當優數齎去"④。則光海君不惜大

---

① 《宣祖實錄》卷181,宣祖三十七年(萬曆三十二年 1604)十一月二十九日乙巳條。
② 《宣祖實錄》卷179,宣祖三十七年(萬曆三十二年 1604)九月十四日辛卯條。
③ 詳參金時讓《荷潭破寂錄》、《大東野乘》卷55、尹國馨《甲辰漫錄》等,又見《英祖實錄》卷9,英祖二年(雍正四年 1726)正月十七日庚戌條。
④ 《宣祖實錄》卷171,宣祖三十七年(萬曆三十二年 1604)二月十三日甲午條。

肆賂賄，必欲得之焉。

　　案此《甲辰朝天錄》二卷，輯自李廷龜《月沙先生集》卷四至卷五，爲李氏甲辰朝天時所作，多與書狀官李埈唱和之詩，計上下卷約一百二十餘首。李氏一行自三月辭朝，四月入北京，十一月始還。凡沿途名勝，歷賞殆遍，其自謂若遼東西北之千山，古長城絶頂之角山，距直路皆數十里。前後使行，絶無遊賞者，而李氏因時日充裕，故得窮探奇勝也。今觀其詩，多七言律絶。若《次叔平燕歌行韻》《次叔平苦寒行韻》《次叔平少年行韻》諸首，有古樂府之風。而《次叔平遼東記事韻》《次叔平登望京樓韻》則爲排律佳製，頗有氣勢。他若《次高平途中韻》《過蘆峰口》諸詩，則自然新奇，情切景麗也。至如《鼎坐聯句》，則與書狀官（書狀號蒼石）在通州夜所聯，角陣押險，亦朝鮮詩人中所鮮見者也。

0129-1604
閔仁伯《朝天錄》（《全集》第 8 册；《叢刊》第 59 册《苔泉集》　刻本）

　　案閔仁伯有《朝天錄》（0097-1595），已著錄。閔氏此次出使事由，詳見前李廷龜《甲辰朝天錄解題》（0128-1604）。

　　案此卷輯自閔仁伯《苔泉集》卷四，大題"朝天錄下"，爲李氏此次出使之日記。據《宣祖實錄》，李、閔二氏出使時，李氏將原非額内之員譯官李彦謙，不爲申禀，擅自添書於政府公文，終至濫率而去；而閔氏更受賕於譯官方義男、市人卞應觀，代其員役之名，潛爲帶行。司憲府啓："近來士風不美，朝京使臣，不顧廉耻，多以賄賂，率去市井買賣之徒，或稱軍官，或稱子弟，多費卜物，販貨上國，致有辱命之事。不可不隨現痛治。"①史臣甚評閔氏爲人"行同狗彘"②。然雖一度推究，最終不了了之者。實則以往出使之臣，亦莫不如是，雖有國法，亦形同具文也。

---

①《宣祖實錄》卷 173，宣祖三十七年（萬曆三十二年　1604）四月三十日庚戌條；又參卷 174，同年五月一日辛亥、五月十一日辛酉條、五月十二日壬戌條；卷 181，十一月二十四日庚子、十一月二十六日壬寅、十二月三日戊申條。
②《宣祖實錄》卷 181，宣祖三十七年（萬曆三十二年　1604）十一月二十四日庚子條。

0130-1605
李馨郁《燕行日記》(《全集》第5冊、第20冊　鈔本)

出使事由:千秋行

主要成員:正使司諫院大司諫李馨郁、書狀官兵曹正郎俞昔曾等

出使時間:宣祖三十八年(萬曆三十三年　1605)四月二十四日—十一月十五日

李馨郁(1551—1630),字德懋,號蘭皋,全州人。宣祖時,官司諫院正言、弘文館校理、東萊府使、司諫院大司諫、承政院右承旨等。光海君朝,任江原道觀察使、承政院承旨、知敦寧府都正等。有《燕行日記》存世。事見《宣祖實錄》《光海君日記》《承政院日記》等。

案是書封面左上題"燕行日記",右中間一行"己丑□□日楊州遯溪憂廬謄書"①。書前有李馨郁後裔祚永題識,稱自幼即知先祖蘭皋公有《燕行日記》二卷,然遍訪諸親皆不能知,後從他處族親家得之,乃其親筆,且傳至數百年以降尚新,喜幸無比,遂借之謄録。又言另有一冊藏別處人家,尚未覓得云云。② 然則此稿乃祚永之鈔本耳,而其所記,自出發至返程,終始全俱,則所謂另冊者,蓋馨郁後次出使期間日記耶? 全稿前數頁楷體鈔録,尚屬工整,而他頁則字迹潦草,識讀爲難也。

又《燕行録全集》第二○冊,收録有李祚永、李馨郁《燕行日記》,實即李馨郁是書也。唯封面右行"己丑九月日楊州遯溪憂廬謄書"一行,前稿"九月"二字模糊難認,蓋編輯者污墨所致,而此稿清晰可辨。又前稿有李祚永題識,是稿則無。前稿編入時複製版幅略狹,故版框清晰;是稿則複製時版幅略寬,故版框或隱或現耳。其餘版本文字,則全同耳。編纂者略不翻檢,殆以前稿書前有李祚永之題識,故題此稿作者爲"李祚永李馨郁?",而編纂之時,又復重出,一見於第五冊,一見於第二○冊耳。

案李馨郁出使中朝,前後凡兩度。宣祖三十八年(萬曆三十三年

---

①李馨郁《燕行日記》,《燕行録全集》,005/641。
②李馨郁《燕行日記》,《燕行録全集》,005/642。

1605），以大司諫李馨郁爲千秋使，兵曹正郎俞昔曾爲書狀官赴明，於四月二十四日始發，十一月十五日返王京覆命。然明朝、朝鮮《實錄》皆不詳其事。又光海君七年（萬曆四十三年　1615），以金權爲謝恩使，副使李馨郁、書狀官柳汝恰入明。一行於八月十八日離發，翌年二月十二日返京覆命。① 此《燕行日記》，爲其千秋使行期間所纂也。

李氏等行前，宣祖傳諭曰："聞中原一路行路艱窘，至於關内大饑，人相食，驛路疲敝，則有趁不行邁之勢，人民饑迫則不無穿窬之盜。箋文方物，不可不別飭驛官，恒存戒心以防意外之虞。"②故一行於義州多造方物櫃子，以爲預防也。在懷遠館，因掌印都司劉應迪等無恥需索，不能足其欲壑，至滯留七八日，一行尤不堪憤惋之至。③ 而沿途所見，則遼東一路饑饉，牛馬多斃，沿路車輛，不能撥給。而六月不雨，關中大旱，家家祈雨，民不聊生。使團返至境内，一行譯官即被拿問，則爲賣水獺皮事也。李氏日記載，返程至廣寧，聞頃者冬至使一行驛官，賣水獺皮，爲高太監委官聞知，欲徵重稅云。④ 又言在九連城，爲守城官求索水獺皮等事，累累書之，沿路皆是也。

又《宣祖實錄》載，宣祖三十八年十二月十一日，諫院啟千秋使"到廣寧，賣皮五百張"云云，當推考，而持平閔德男則以"千秋使李馨郁，臣之妻同姓三寸叔也，法當相避"爲由，請求回避。⑤ 然則李氏只記中國官員太監之厭求，而不記朝鮮使團之走私牟利，由《實錄》可知其沿途販賣獺皮，以飽私囊，則知遼東官員索賄爲真，而李馨郁等斥賣物貨亦不假也。此前又記有稷山人姜連至鞍山地，偷竊上通事尹慶龍行橐逃去，至義州仍行啟以報國王，則蓋自知事泄，無可諉罪，故委之姜連，亦未可知耳。

---

①《光海君日記》卷93，光海君七年（萬曆四十三年　1615）八月十八日壬辰條；又卷100，光海君八年（萬曆四十四年　1616）二月十二日癸丑條。
②李馨郁《燕行日記》，《燕行錄全集》，005/645。
③李馨郁《燕行日記》，《燕行錄全集》，005/666。
④李馨郁《燕行日記》，《燕行錄全集》，005/719。
⑤《宣祖實錄》卷194，宣祖三十八年（萬曆三十三年　1605）十二月十一日辛亥條。

0131-1607
崔沂《崔海州沂朝天日記》(《燕行録叢刊(增補版)》網絡本　鈔本)

出使事由：聖節行

出使成員：正使副護軍崔沂、書狀官户曹佐郎梁應洛等

出使時間：宣祖四十年(萬曆三十五年　1607)六月十八日—十一月二十一日(返至龍泉驛)

崔沂(1553—1616)，字清源，號西村，又號又柏堂，海州人。宣祖十八年(1585)，中司馬試，秋擢明經及第。官至肅川、東萊、密陽府使，光州、定州、海州牧使，慶州府尹，忠清道觀察使等。所在有政聲。沂爲海州牧使時，州人承李爾瞻、韓纘男之意，誣告欲起大獄，沂惡其計之陰慘，杖殺其人。爾瞻等嗛其凶計之未售，潛遣腹心武人俞世曾，極其搆捏。又以白大珩爲監司，鄭榮國爲海州牧，鍛鍊萬端，遂成大獄，沂死於杖下，追戮其屍，闔門魚肉，舉國莫不冤之。仁祖朝爲平反。事見金尚憲《清陰先生集》卷二四《觀察使崔公神道碑銘》、申翊聖《樂全堂集》卷一〇《墓誌銘》、《成宗實錄》、《光海君實錄》、《仁祖實錄》等。

宣祖四十年(萬曆三十五年　1607)六月，遣聖節使李弘老一行前往明朝，然李氏等行至安州，稱病不前，馳啓代行，吏曹遂以崔沂代其出使。司憲府啓謂，同知李弘老奉命赴京，爲任莫重，其病勢不至緊重，則所當調理就道，不敢有謀避之計者，臣子分義也。侵責書狀官，至於狀啓，見遞後數日，即登還路，人不知有病，物情極以爲未便。此而饒貸，後弊難防，請命罷職。書狀官梁應洛，不能堅執所見，冒濫狀啓，極爲不當。請命推考。案李弘老(1560—1612)，字裕甫，號板橋，延安人。宣祖朝官至忠清道、京畿道觀察使等。後李降爲忠州牧使。① 而書狀官蓋仍爲梁應洛隨崔沂出使焉。

崔沂匆接王命，兩日治裝，即於十八日辭朝，廿八日至安州，時使行之留待，已廿餘日矣。一行於閏六月初十日渡江，八月初六日抵玉河西館，九月十八日離發北京，十一月初八日還渡江，二十一日抵龍泉宿，此下再

---

① 《宣祖實錄》卷213，宣祖四十年(萬曆三十五年　1607)六月十二日癸酉條。

無日記,蓋有缺頁故耳。申翊聖謂其"賀至赴京,却權貴請託,行橐蕭然,士論多之"①。

崔氏此記頗簡,每日記其到宿之館,無事之日,則空而不記,惟在北京期間於行儀遊覽等所記稍詳。其在去途,七月十五日在塔山宿,有記稱"連山自杏山以後至山海關,設木柵以防胡,去虜地僅十三四里,去海亦不過三四里,取一條路而行,行路極不安,我國水路之通,不可全忘也"②。時爲萬曆後期,遼東局勢,尚未至岊危之局,而崔氏所言,似若爲崇禎時朝鮮使臣水路赴京而預言,可謂有識之士矣。

---

①申翊聖《樂全堂集》卷10《崔公墓誌銘》,《韓國文集叢刊》,093/322。
②崔沂《崔海州沂朝天日記》,《燕行錄叢刊(增補版)》網絡本,第6頁。

卷一六　0132—0144

光海君即位年(萬曆三十六年　1608)—光海君元年(萬曆三十七年　1609)

0132-1608
吴億齡《朝天録》(《全集》第 8 册;《叢刊》第 59 册《晚翠文集》　刻本)

　　出使事由:告訃請謚承襲行
　　出使人員:正使延陵府院君李好閔、副使行龍驤衛上護軍吴億齡、書
　　　　狀官刑曹參判李好義等
　　出使時間:光海君即位年(萬曆三十六年　1608)二月二十一日—十
　　　　月十七日

　　案吴億齡有《朝天録》(0084-1591),已著録。
　　宣祖四十一年二月初一日,宣祖駕崩。朝鮮遣告訃請謚承襲正使延陵府院君李好閔、副使行龍驤衛上護軍吴億齡、書狀官刑曹參判李好義等,爲告訃、請謚、請承襲入中國。實則請求明朝册封光海君,更爲此行"莫重莫大之事"①。一行於二月二十一日離發,遲至十月十七日方返國覆命焉。
　　此《朝天録》,亦載吴億齡《晚翠文集》卷一,詩題下皆注"戊申年",共收詩三十餘首,多與李好閔唱和之作。此次出使,詩雖較前次爲多,然詩興則大减,所謂"詩撼病懷難遣興,酒衝愁陣不成酡"者也②。億齡朝天詩,多爲七律,善以數字入詩。如"三韓地界猶千里,九月秋光已十分"③,"節序又逢重九日,峰巒重對十三山"④,"峰匝萬重攢似槊,逕盤千仞細如毫"⑤,

---

①《光海君日記》卷1,光海君即位年(萬曆三十六年　1608)二月十一日戊辰條。
②吴億齡《晚翠文集》卷1《朝天録下·七夕次五峰韻》,《韓國文集叢刊》,059/111。
③吴億齡《晚翠文集》卷1《朝天録下·發前屯衛》,《韓國文集叢刊》,059/112。
④吴億齡《晚翠文集》卷1《朝天録下·發十三山又賦一律》,《韓國文集叢刊》,059/113。
⑤吴億齡《晚翠文集》卷1《朝天録下·高嶺》,《韓國文集叢刊》,059/113。

"鬢邊霜雪千莖化,衣上塵埃一尺深"①,"雪埋雙嶺千尋壁,冰合三官一帶河"等②,皆自然恰切,無泊湊痕迹。其返國回鄉後,有詩曰"蕭蕭草屋亂山中,歲暮歸來四壁空。説到悲懽眠不得,一燈挑盡五更風"③。因奏請册封光海君事,後鄭仁弘追舉億齡等奏請不力,攻之甚峻,億齡遂引疾辭歸,屏跡不出,詩酒自娛。然觀此詩,可知其晚年心境之悲凄矣。

0133-1-1608;0133-2-1608
蘇光震《朝天日錄》(《全集》第 11 册;《後泉遺稿》 刻本)
蘇光震《朝天日錄》(《續集》第 103 册 鈔本)

  出使事由:千秋行
  出使成員:蘇光震等
  出使時間:光海君即位年(萬曆三十六年 1608)夏秋間?

  蘇光震(1566—1610),字子實,號後泉,又號西荷,晉州人。世讓曾孫。宣祖二十二年(萬曆十七年 1589)中進士。三十年,擢廷試文科丙科及第。官承文院權知、成均館典籍、刑曹佐郎、兵曹正郎、禮曹正郎等。光海君時,爲司憲府持平、掌令、弘文館修撰等。有《後泉遺稿》傳世。事見蘇光震《筮仕歷官年月日次序》、《宣祖實録》、《光海君日記》等。

  蘇光震《朝天日錄》一卷附《筮仕歷官年月日次序》,輯自其《後泉遺稿》卷三。首頁第二行題"朝天日録沿路各城站"。又《燕行録續集》第一〇三册復收蘇光震《朝天日録》,與是本文字行款全同,亦題"後泉遺稿卷之三"。惟是本爲刻本,前者爲鈔本;鈔本末有《筮仕歷官年月日次序》等,是本删削;而是本前首頁千秋使賀箋,又爲鈔本所删焉。

  案是本首頁千秋節賀箋題"恭遇萬曆三十六年戊申八月十一日千秋令節",則蘇光震爲隨千秋使行入明。考萬曆帝長子朱常洛,生於萬曆十年(1582)八月丙申,即八月十一日,與光震所記合。然考《宣祖實録》

---

① 吴億齡《晚翠文集》卷 1《朝天録下·發畓洞》,《韓國文集叢刊》,059/113。
② 吴億齡《晚翠文集》卷 1《朝天録下·發松站》,《韓國文集叢刊》,059/113。
③ 吴億齡《晚翠文集》卷 1《朝天録下·還鄉偶成呼韻》,《韓國文集叢刊》,059/114。

《明神宗實録》是年千秋行皆失載,光震或以書狀官身份出使耶？疑不能明矣。

　　是本所錄"沿途各城站",凡記自義州遼東八站,共四百里,是謂"東八站",而其中九連城、連山關兩站已廢,則止六站而已；自遼東至山海關十七站,八百三十四里；自山海關至皇城十站,六百八十里。通計自義州至北京三十三站,總一千九百十四里。每站下略注是否有城、設官役員、盛衰之狀、所經山水、每兩站間所距里數等。其述道里驛站,與安克孝所記"沿途各城站"多同,詳參安氏《朝天日錄解題》(0127–1604)。

　　又總論遼東、關内沿途之驛路坦坎、名勝古迹、山陵險夷、河水淺深、煙臺警報、村莊疏密、店鋪商行、豐欠雨旱、農果海產、奇花異草等。如記自山海關至皇都,"花則有芍藥、牧丹、海棠、紅白梅、茉莉花、玉簪花、月季花、四季花、川草花、丁香花、檳榔花,果有樗果(似林檎而大)、梨、栗、棗、柿、桃、李、杏、櫻桃、胡桃、林檎,菜有葱、蒜、蕪菁、蘿蔔、菘、芹、赤芹、茨菇、萵苣、葵、韭,獸則兔、獐、鹿最多,而無熊、虎等類,禽則與我國無異,魚則多鯉魚、白魚(或稱麵條魚)、黑魚、鮎魚等種,而無名品"①。而《箆仕歷官年月日次序》,則記自嘉靖四十五年蘇光震生,至己酉年終,所則其仕履而已,極爲簡略。末附《庭試榜目》,甲科一人則李好義,乙科尹暄、俞昔曾、李民宬三人,丙科李志完、洪命元、柳廷冕、蘇光震四人,皆叙其出身、字號、父名及父官職等。

0134–1608
蘇光震《赴燕詩【原題後泉赴燕詩】》(《續集》103 册;《後泉遺稿》　鈔本)

　　案蘇光震有《朝天日録》(0133–1608),已著録。

　　蘇光震《赴燕詩》一卷,輯自《後泉遺稿》卷一。第三行右上題"赴燕詩",故《燕行録續集》編纂者題"後泉赴燕詩"爲不妥,今仍原題可也。卷中收詩四十餘首,以體裁排次,時次紛亂。其中多次正、副使韻,且皆在平

---

①蘇光震《朝天日録》,《燕行録全集》,011/309。

壤、開城及漢京及沿途,疑非燕行詩,乃陪天使時所製詩,並未出境耳。唯末《柴市》《又渡臨津》二詩,似爲燕行詩,然有句若"天意於茲眞可見,定教蠻貊解綱常"①,或爲刺元朝君臣之作。蓋光震本未出國門,而後人整理其詩集,以迎天使詩爲赴燕詩耳,今姑存於此而俟考焉。

0135-1608
李德馨《朝天詩》(《叢刊》第 65 册《漢陰先生文稿》 活字本)

出使名稱:陳奏行

出使成員:正使領議政李德馨、副使同知中樞府事黄愼、書狀世子侍講院輔德姜弘立等

出使時間:光海君即位年(萬曆三十六年 1608)六月二十日—十二月十七日

李德馨(1561—1613),字明甫,號漢陰,廣州人。宣祖十三年(萬曆八年 1580),别試乙科第一人及第。歷官司憲府大司憲、吏曹判書、兵曹判書、工曹判書、議政府右議政、左議政行判中樞府事、領議政等。光海君時,爲領中樞府事、領議政等。德馨早有公輔之望,文學、德器與李恒福略等,而德馨官最先進,年三十八,已登臺輔。壬辰以來,多著勞勤。爲人簡而不刻,柔而能正。又不好黨,持身自重。後謚文翼。有《漢陰文稿》十二卷《附録》四卷傳世。事見《漢陰先生文稿》附録卷一至卷二《年譜》、附録三李恒福《墓誌》、趙絧《神道碑銘》、《宣祖實録》、《光海君日記》等。

李德馨《漢陰文稿》十二卷《附録》四卷,前兩卷爲詩,後十卷爲諸體文,附録爲《年譜》、碑狀等,前有趙絧序。詩按體裁編次。初由其子如璜據家藏草稿刊行,後經其裔孫增補,於高宗六年(1869)用活字刊印。《韓國文集叢刊》據奎章閣本影印。

光海君即位年(萬曆三十六年 1608)六月初五日,以李德馨爲陳奏使、黄愼爲副使、姜弘立爲書狀官,再次請明朝允光海君承襲王位,並請降敕封典。六月二十日一行即發王京,於十二月十七日返京覆命。德馨等

---

①蘇光震《赴燕詩【原題後泉赴燕詩】·柴市》,《燕行録續集》,103/453。

"秘啟陳奏周旋之事,且以貿來新書及冠服制度進"①。封典之事,前經李好閔周旋,幾於垂成;此次李德馨等繼至,遂許准封。光海君深嘉德馨憂國之誠,下教曰:"領府事以大臣,爲國家急難,得完大事而來。暑雨祈寒,備經艱苦,酬勞之典,不可不爲之。其老父堂上實職除授,以慰其心。"德馨父民聖,實職除授。德馨賜田三十結、外居奴婢並五口;赴京子弟,六品職除授。副使同知中樞府事黄慎加資,田二十結、外居奴婢四口;書狀官姜弘立加資,田十結、外居奴婢二口。另堂上通事、上通事、譯官等亦各有賞賜,外爲先赴京寫字官李禹臣,東班六品職除授,一行員役各賜兒馬一匹。告訃請謚請承襲上使李好閔,田二十結、外居奴婢四口,子壻弟姪中一人,相當職除授;副使吳億齡,加資,田十五結、外居奴婢三口;書狀官李好義,加資,田十結。堂上通事等亦各有賞。奉奏使李必榮加資,譯官李檣實職除授,秦禮男加資。其賞賜之厚之寬,上及使臣之父,下及一行員役,可謂前所未有。故當時史官評論曰:"按聖王嗣位之後,賞過其功,雖有微細之勞,輒加非常之恩。至如告訃使李好閔等,奉使辱國,尚免譴罰,已極可駭,而反蒙重賞之典,一如他使之例,宜有其罪,不宜有賞。且舌官、寫字官等,雖有一時少少之勞,自有相當可酬之典,而或居金玉之列,或陞東班之職,至於奴隸,亦蒙米布之恩,恩典失當,遠近解體,將何以服衆人之心也?!"②

李德馨朝天時所作詩,散見於《漢陰文稿》卷一、卷二各體詩下。有《出玉河館》《過遼陽有感》《朝天錄五峯韻》等三十餘首。時宣祖鶴化,光海新立,德馨一行,專爲封典而來,故其詩有"凤被先王雨露私,寸心長誓九原知。秦庭泣血餘陳迹,又奉絲綸拭涕洟"之感焉③。趙絅喻李氏"嫻於詞,何讓屈左徒"④。李恒福謂其"推賢讓能,似子皮;應對賓客,似叔向;知無不爲,似宋璟;尊儒樂善,似留正;不立私黨,似司馬光。率是以

---

①《光海君日記》卷2,光海君即位年(萬曆三十六年　1608)六月五日庚申條;六月二十日乙亥條;又卷4,同年十二月十七日庚午條。
②《光海君日記》卷4,光海君即位年(萬曆三十六年　1608)十二月十八日辛未條;卷6,光海君元年(萬曆三十七年　1609)三月十八日己亥條。
③李德馨《漢陰先生文稿》卷1《過遼陽有感》,《韓國文集叢刊》,065/279。
④李德馨《漢陰先生文稿》卷首趙絅《漢陰先生文集序》,《韓國文集叢刊》,065/263。

行,上以出於晉、鄭之間,不失爲名大夫;下以出於唐、宋之際,不愧爲賢宰相"①。德馨爲李海山之婿,而能不入其黨,獨善其身,又與恒福同朝爲臣,恒福深知之,故評價如是,可謂推重之至焉。

0136-1608
崔晛【原題睍】《朝天日錄【原題訒齋朝天日錄】》(《續集》第103冊;《訒齋先生續集》 刻本)

出使事由:冬至行

出使成員:正使禮曹參判申渫、副使尹暘、書狀官成均館典籍兼司憲府監察崔晛等

出使時間:光海君即位年(萬曆三十六年 1608)八月三日—翌年三月二十九日

崔晛(1563—1640),字季昇,號訒齋,全州人。幼從高應陟學,復游金誠一門下。宣祖三十九年(萬曆三十四年 1606),捷文科。官藝文館檢閱、成均館典籍等。光海時,官司諫院正言、兩南巡撫御史等。因永昌大君事,忤權臣李爾瞻,由是坐廢田里凡十一年。仁祖反正,官至督戰御史、司諫院大司諫、江原道觀察使等。又坐李仁居事,廢歸林下卒。長於籌邊應變之策,竭忠無隱。有《訒齋集》十三卷《別集》二卷行世。事見《訒齋集》末附《年譜》、李象靖《行狀》、權斗寅《墓碣銘》、《宣祖實錄》、《光海君日記》、《仁祖實錄》等。

崔晛《訒齋集》十三卷《別集》二卷,爲其五代孫壽頤編次,初刊於肅宗四十二年(1716),後六代孫光璧增入《別集》等,再刻於正祖二年(1778),《韓國文集叢刊》據奎章閣藏本影印。前有丁祖範、蔡濟恭二序,末有權斗經跋、崔光璧後識。詩僅一卷,餘爲諸體文。《別集》卷一《關西錄》,卷二爲書啓及拾遺等。其詩若《天問》《天答》《三問》《三答》《復見天地心》諸詩,於世之不公,強烈質疑,而自問自答,自困自解,亦爲詩中變

---
①李德馨《漢陰先生文稿》卷3李恒福《墓誌》,《韓國文集叢刊》,065/536。

格也。

宣祖四十一年(萬曆三十六年 1608)八月初三日,冬至使申湜、副使尹暘、書狀官成均館典籍兼司憲府監察崔睍等一行拜表離發,九月二十九日入玉河館,因諸事攪擾,遲至翌年正月二十一日方發北京,三月初六日回渡江,二十九日謁闕覆命,前後歷時八月之久。除冬至賀節外,一行又順付浙、福等處原任把總戴朝用等共四十七名,因遭風敗船,漂至鮮境之漂海人返國焉。

案崔睍《朝天日録》五卷,輯自《訒齋先生續集》卷一至卷五,不見於《韓國文集叢刊》所收《訒齋集》中。全書記載全備,間有缺文。崔氏此書,在諸家朝天録中,尤爲特出,其不同於他家者,蓋有七焉:

是書編寫體例,乃《私日記》與《聞見事件》之混編。《聞見事件》在前,較爲簡略;"附"字後爲《私日記》,記事詳悉。此種編撰之法,爲燕行日記中僅有,此其一也。

諸家朝天、燕行日録,其記時從拜表離發始,迄於返國覆命,即如蘇巡等,間有多記數日,至返歸家中而止。然崔氏此記載,三月二十九日謁闕覆命後,因憲府啓懲其罪,因推考事,待罪義禁府,遲至四月十九日,方罷官歸里,治行下鄉,亦爲諸家所無有,此其二也。

崔氏此記,凡遼東沿路山川景物、店舍食宿、城池規模、民情民俗、府縣官衙、官員名姓、駐兵多寡、道里遠近、月日雨雪及所遇事件等,莫不詳載細録,與後來金昌業、朴趾源等"三大家"之記述相埒,而三家皆爲使團隨行人員,專爲燕行遊賞而去,而崔氏則爲書狀官,王事鞅掌,負責督察一行,此不同者三也。

燕行諸家,有記事如某地風俗,某城人口,某地搢紳,某處田賦等,遠較崔氏爲詳悉者,然多鈔自中朝邸報、一統志、方志等書;而崔氏書中之文,如平壤井田古規及存遺之現狀,千山風景勝迹,山海關及周邊形勢,北京國子監之規模制度等,多爲實地所見,自家記聞。又詳載當時明朝諸科臣攻擊閣老朱賡、李廷機、王錫爵等之彈章,連篇累牘,極其醜詆,今多不載中國史書,其史料價值自然勝過他家,此不同者四也。

又崔氏所記,若在開城、義州等地備一行別盤纏、別人情用蔘用銀之情狀,木材與人蔘折價之行情,遼東行李雇車雇騾當時之行價,沿途住宿房價及厨房所用薪水費用,懷遠館佟家莊花園觀賞蒼松之價銀,在京呈送咨文及受賞時賄賂之銀兩數目等,此類細碎,他家間有記者,然無如崔氏所記之巨細靡遺者,此不同者五也。

朝鮮使臣,雖受王命,然一行狀啓,常不據實情,欺瞞國王,若此行在開城以人蔘折銀帶去,然因"銀乃國家禁物,故凡狀啓中皆以人蔘爲言"。崔氏自歎"書狀乃糾檢一行之官,既不可公然用銀,又不可禁其路費,故似若不知者然,真所謂掩耳偷鈴也"①。又其於沿途,紆繞而遊千山,而《聞見事件》仍書"抵海州衛,宿城西劉姓人家",實則"宿於千山,而副使宿於鞍山,此記不言宿千山者,國禁遊玩故也"②。他家日記,凡遇此類,多諱而不記,而崔氏直書其事,此不同者六也。

又使行官員,上使代國王行權,凡呈文謁禮,皆由其主事,副使隨上使行以備急,而書狀則糾檢一行。此行因對明廷敕書文字,上使以爲皇敕內既少褒獎本國之語,又脫使臣給賞之言,比前敕似未完備,臣子之情,甚爲缺然,受敕之後當呈文禮部。崔氏以爲些少文字,雖有脫漏,非如國家緊要之事,不可以此請改皇上已降之敕,與上使意見相左。上使怫然怒曰:"若以此生事我國,則我自當之,不須累及他人。書狀既兼台銜,則乃台諫也。或具由彈劾,或列罪於《聞見事件》,任意爲之,我當受罪而已。意思既異,何可同也。"崔氏曰:"上使獨呈可也。"遂起出。③ 此類使行官員意見相左,諸家亦多諱而不書(許筠書中有),而崔氏記載綦詳,而歸國後果因此戴罪,此其不同者七也。故是書在諸家朝天錄中,可謂獨見而特出,研究者尤當注意焉。

至若記沿路官員刁蹬索賄之萬般,行賄蔘銀紙張摺扇等物之多少,所在多有。如在懷遠館時,遼東掌印都司嚴一魁處,送人蔘十四斤並他物若干,言必送十八斤然後可納,加送之後,嚴"親自點捧,如米俗等物,皆逐一

---

①崔晛【原題睍】《朝天日錄【原題訒齋朝天日錄】》卷1,《燕行錄續集》,103/149。
②崔晛【原題睍】《朝天日錄【原題訒齋朝天日錄】》卷1,《燕行錄續集》,103/214。
③崔晛【原題睍】《朝天日錄【原題訒齋朝天日錄】》卷4,《燕行錄續集》,103/337。

斗量,手自看品,其無耻如是"①。復以所送紙席等物品簿,詰責譯官,加索人蔘四兩,白米二佾。令崔氏等"不勝唾鄙,依其言給送"②。或不受物,折銀以受,愈加徵索,如商賈之論價。即抽分官(都司門吏)亦欲壑難填,加送花硯白米等,然後乃受。在懷遠前後躭延至十日之久。他如土地肥瘠與賦稅之輕重,遼東兵馬與李成梁等軍兵之部署,撻子侵擾萬端之現狀,所雇方物車主之刀蹬其價,民間偷盜劫掠之恐怖,貢馬在玉河館因草料不足而饑餒瘦瘠,館中所送下呈多爲中間偷減,甚至帶來漂海人在通州竟自行逃散,又賜朝鮮國王並巡海員役銀四百八十兩,亦因内庫缺乏銀兩,命太僕寺給與等,凡此之類,無不顯中朝官員之貪殘已甚,而國紀蕩然,國庫空虛,令崔氏等慨歎"中朝之習,非賄不成"③。明之不亡,其奈天何耶!

又一行在館期間,因敕書文字,私自呈文;未受賞銀,已私自離發。比及歸國,憲府啓稱未受賞銀之前,遞先辭朝,已失事體;反以留館厭苦之文,至於呈文提督,辭意悖慢,多有激怒未安之語,以至提督之嗔責。小邦陪臣,不察聖上事大之誠,處事顛倒謬戾至此,物情莫不駭怪。又刑曹參議崔有源,以冬至使不拆禮部咨文,至内有"權署國事一員"之語,亦不省視,"一員"之稱,殊極無禮,而嘿無一言,不爲請改,曚然受來,其奉使無狀,貽辱朝廷之罪,不可不懲。且琉球咨文内扇子四百把,只受二百把而來,使臣之罪大矣,兩司再啓,留待物論。待罪禁府,三使同被囚。崔氏辯以咨文封緘甚固,外面有"朝鮮國權署國事開坼"九字,凡人書劄傳致長者之際,尚不敢拆見,況是國書,不敢私拆,故不知咨文如何填寫。雖未用刑,然終論罪一行,罷職返里,可謂功勞苦勞,並皆闕如矣。

0137-1608
崔晛《朝天詩》(《叢刊》第 67 册《訒齋集》 刻本)

案崔晛有《朝天日録》(0136-1608),已著録。

---

①崔晛【原題晛】《朝天日録【原題訒齋朝天日録】》卷1,《燕行録續集》,103/196。
②崔晛【原題晛】《朝天日録【原題訒齋朝天日録】》卷1,《燕行録續集》,103/199。
③崔晛【原題晛】《朝天日録【原題訒齋朝天日録】》卷3,《燕行録續集》,103/304。

崔睍《朝天日録》中，偶有詩作，然僅録詩題，如《過首陽山有感》《拜夷齊廟》等，其下或注"在元集"，或注"在年譜"，然今考《訒齋集》卷一，有《過首陽山有感（戊申八月以書狀官赴京）》、《登十三山贈儒生》、《山海亭詠懷》二首、《到三流河見華表柱臨太子河》等詩，詩題皆注"戊申八月，以冬至使書狀官赴京"。又《年譜》萬曆三十六年戊申條下，亦録《謁夷齊廟》一律，並謂"一律在原集"，即上述卷一之《拜夷齊廟》也。而卷三所收《朝京時別單書啓》一文，痛陳江上搜檢與公私潛賣之弊，建議鑄銀與錢，以與中國流通，而省減人馬物貨輸入之鉅費，且每起使行，只送正、副使，而汰去書狀官及隨員，以省關西軍馬之弊也。而《別集》所録《人蔘之弊》《軍馬迎送之弊》諸文，乃當時睍在關西時所上狀啓，極論進貢人蔘之缺，蔘價踴貴，由蔘商壟斷之弊，及官商勾結所致。而關西軍馬之弊，使一州疲困，苦於應付，莫若使价盤纏之費，給以銀兩，則遼東軍馬之弊，不待減而自省矣。末又有《朝京時狀啓》一道，則論在京時禮部呈文，因不送人情，爲正卿所阻之事，而字殘句斷，缺文甚多也。

而《覆命時別册書啓》，則又反復論建州之勢力已成，稱"老胡鍊武積甲數十年矣，上規大邦，旁睨鄰國，其斂兵而不動者，要非仁也，乃是蓄謀而伺釁也。今則兵力已強，氣勢已成，近則五六年，遲則八九年，其勢必動，動則必受數十年干戈之禍矣。此正君臣上下寢不安席，食不甘味，汲汲修攘之秋也，猶以豺狼之不噬爲親於己，徒飾文具，如偶人之形，一邑一鎮，頓無可恃之勢，此臣之所以慷慨流涕，不避傍人之笑罵，而煩瀆之至此也"[1]。睍雖竭盡臣節，力圖建樹，然正如其所言，"今臣所陳，皆是虛套，畫餅談河，終有何補"[2]。不數年間，建州之兵，已彌漫南漢城下，睍子山輝奔問於朝，歸途染疫不起，睍見國破家亡，哀傷不已，移居金陵別墅，鬱鬱而終。[3] 權斗寅謂其"爲文章不事鉤棘，紆餘滂沛，專以理達爲主"[4]。今讀其文章，愛君憂國之懷，滿腹經濟之策，竟不復能用，益令人既歎其先

---

[1] 崔睍《訒齋先生別集》卷1《關西録・軍馬迎送之弊》，《韓國文集叢刊》，067/481。
[2] 崔睍《訒齋先生別集》卷1《關西録・軍馬迎送之弊》，《韓國文集叢刊》，067/479。
[3] 崔睍《訒齋先生文集》附録權斗寅《墓碣銘》，《韓國文集叢刊》，067/520。
[4] 崔睍《訒齋先生別集》卷1《關西録・軍馬迎送之弊》，《韓國文集叢刊》，067/521。

見之明,而又慨其不能一試身手,而徒喚奈何也。

0138-1609
鄭經世《朝天録》(《叢刊》第 68 冊《愚伏先生文集》 刻本)

出使名稱:冬至行
出使成員:正使吏曹參判鄭經世、副使禮曹參判呂裕吉、書狀官刑曹佐郎兼司憲府監察李芬等
出使時間:光海君元年(萬曆三十七年 1609)八月七日—翌年三月二十一日

鄭經世(1563—1633),字景任,少號荷渠,又號乘成子,晚號愚伏,慶尚道尚州人。受業於柳成龍,刻意力學。宣祖十九年(1586),登謁聖乙科第二。爲藝文館檢閱、弘文館正字、司諫院正言、司憲府掌令、寧海府使等。光海君時,任成均館大司成、羅州牧使、全羅道觀察使兼兵馬水軍節度使、江陵府使等。因光海廢母事,罷歸。仁祖反正,入朝侍講,爲元子師傅,拜司憲府大司憲、藝文館副提學、吏曹判書、知中樞府事等。爲人謹厚,博通經術。歷敭華貫,長天曹,典文衡,出入經幄,多有規益。當追崇之日,忤旨還鄉,累召不至,終老鄉里。有《愚伏先生文集》二十卷《別集》十二卷行世。事見《愚伏先生別集》卷四至卷七《年譜》、卷九李埈《墓志銘》、趙絅《神道碑》、權愈《墓表》、宋浚吉《行狀》、宋時烈《謚狀》、《宣祖實録》、《光海君日記》、《仁祖實録》等。

鄭經世《愚伏先生文集》二十卷,前兩卷爲詩,他卷爲諸體文。《別集》卷一爲詩文,卷二《思問録》《養正篇》,卷三《經筵日記》,卷四至卷七爲《年譜》,卷八《言行録》,卷九至卷一二爲李埈等撰鄭氏碑墓文與祭文挽詞等,前後無序跋。爲經世後孫與門徒據家藏草稿編次後初刊,再經增補再編後於 1899 年重刊,《韓國文集叢刊》據奎章閣藏本影印,《別集》據國立中央圖書館藏本影印。

《愚伏先生文集》卷一有《首到十三山書贈陳童子》等數首詩,爲其冬至使出使期間作。卷三《禮部稟帖》《兵部呈文》,卷一四《朝天記事》,卷

一六《謝皇帝降敕勉諭表》《謝皇恩表》《天啓皇太子薨逝陳慰表》《冬至賀箋》等,亦或作於冬至使出使時,或撰於此前後,皆於朝天有關者也。

如《禮部稟帖》稱,朝鮮前後陪臣,朝覲時並以玄盤領從事。夫盤領之制,創於後代,本非法服,今雖為大小臣僚行用之服,而以之用於朝賀大禮,則非徒不經,甚涉苟簡。況玄之為色,古人用之為齊服。今於萬國會同,鳥獸率舞之地,奚取於陰幽之義?反復思惟,莫究厥由,此必當初朝鮮陪臣不識皇朝禮制,用此無據之服,而皇朝典禮之官,只謂夷人鄙陋,不閑於禮,遂不責其備禮,因循襲謬以至今日。乞望禮部稽之皇制,參以禮意,許令朝服入參,以舉廢典,以整朝儀。凡典章文物,一遵皇朝之制云云。而《兵部呈文》,則因相傳朝鮮細民偷賣焰硝於奴胡,小民無知,惟利是營,然此事實非真事。朝鮮西北二道,雖與奴胡境土相接,其部落所居,深者八九百里,淺不下數日程,而界至相截,法禁甚嚴,絕無往來雜處之事。兼且語言不同,道路幽險,雖有至愚嗜利之人,亦不敢負焰硝犯死禁走數日程,與平生不見面目不通言語者相售而求利也明矣。凡此議論,於考究當時禮制與邊境軍事等,皆多有裨益者也。

0139-1609
柳夢寅《朝天錄》(《全集》第 9 册;《叢刊》第 63 册《於于集後集》　刻本)

　　出使名稱:聖節行

　　出使成員:正使刑曹參判柳夢寅、副使司諫院獻納李好信、書狀官金存敬等

　　出使時間:光海君元年(萬曆三十七年　1609)六月—十一月?

　　案柳夢寅有《星槎錄》(0086-1591),已著錄。

　　光海君即位年(萬曆三十七年　1609),"冬十月,陪臣閔夢龍回自京師,齎到兵部咨,海夷犯搶朝鮮,遣差諭令各守邊界,不許侵殘屬國,自取罪戾。遣陪臣柳夢寅,奉表謝恩"①。徐有防撰柳氏《諡狀》亦謂"己酉,以聖節使兼謝恩使朝京。遇琉球國使,琉球使聞公名,驚曰:'作《行窩

---
①趙慶男《亂中雜錄》卷4,萬曆三十四年(宣祖三十九年　1606)冬十月條。

記》柳某耶？'便下牀拜"。又《明實錄》亦載,萬曆三十七年八月丙辰,"朝鮮陪臣刑曹參判柳夢寅等齎表並方物恭賀萬壽聖節,户曹參判趙存恕等恭賀皇太子千秋令節"①。是爲柳氏第三次入中國。考萬曆皇帝誕於八月十七日,則柳氏一行至遲六月發於王城;又據書狀官金存敬《十月八日宿三河》,此爲返程中詩作,則返國已是十一月光景矣。

柳夢寅《於于集》卷二、《後集》卷一、卷二所收《朝天錄》,即爲其己酉第三次出使所作也。《於于集》卷二所收有《朝天錄》《南歸錄》《頭流錄》與《拾遺錄》,而《燕行錄全集》編輯者誤將《南歸錄》《頭流錄》等十一首亦羡入,則爲未注意《大歸高興承恩拜姑向帶方感情作》詩下,即注曰"南歸錄　辛亥"字樣也②。而《於于集後集》卷一《净土寺次僧卷韻》以下六十餘首詩,亦皆此次出使所作,又爲《燕行錄全集》所漏收。詩中文字,亦間有闕文焉。

此三卷詩二百五十餘首,長篇短什,錯綜紛陳。若《山海關六首》、《獨樂寺施詩六首》、《雜詩》、《次千秋使韻》、《燕京雜詩二十首》(次杜少陵秦州雜詩)、《戲吟十首》、《中州雜詠十八首》等,皆爲組詩,或紀雄關巍峨,或叙帝都奢迷,所立卓犖,鋪陳富麗。又若《戲吟十首》中店主、和尚、道士、花子、瞎子、王八、養漢、館鋪、女僧、男比,《中州雜詠十八首》中城池、兵馬、器械、文章、場屋、銀錢、驢騾、田租、書肆、街鋪、石灰、炭灰、人車、馬耕、驢磨、土刻、陶磚、燔玉等,以及帚、篁、笠、筐、箱、籠、籌等,草市民物,莫不入詩,詼諧諷刺,摹盡世態。又《山海關用鹽字四十韻》《方言歎》《八角樓》《沙河鋪》《東嶽廟》《遼陽行》諸詩,則鋪張揚厲,大開大闔,博涉宏麗,幽奇險絶。又若《路上逢遊俠子》《陵河少年行》《無題三首》《道中口占》《甜水村途中寫懷》《酒家小童能誦中庸書以獎之》等,或贊遊俠之天馬行空,或紀嬌娥之紅粉倩美,或寫村寨之自然古拙,或述小童之知書明禮。柳氏才如泉湧,學富思縝,故能如此。申欽謂"東方無可方此集,獨《李相國集》,稍可相上下",李廷龜、車天輅謂可擬崔簡易。③

---

① 《明神宗實録》卷461,萬曆三十七年(1609)八月丙辰條,062/8700。
② 柳夢寅《朝天録》,《燕行録全集》,009/426。
③ 柳夢寅《於于集》卷6《於于堂文集諸賢批評》,《韓國文集叢刊》,063/453。

朝鮮前期諸家朝天詩，至柳夢寅，可謂集其前輩之成，其他諸家，罕能匹敵矣。

又柳夢寅以爲，"竊觀吾東方處天地間，如太倉一秭米，未有死生起滅於秭米中者，得一名一宦稍加於人，輒於於自大，天下之人，孰從而知之。是以東方人，有奇言異辭，自書而自傳之，雖其古可比於鼎鐘盤彝，而不克與中國之膚言末學齒，率泯泯歸於虛牝。其亦哀矣哉！"①又曰"余嘗觀東方效中國，如東施之於西施，其中以小知自好者，率不過中國之糠籺耳。然而瓌偉倜儻奇倔之士，千百世有一二焉，東方人熟視之不察也。謂與渠儕，而惟中國人大異之，當時稱焉，後世傳焉。何者？中國尚才，而東方不尚才；中國知人，而東方不知人。薄命哉！人才之生東方者，究其理，無足怪，其九竅四肢百骸，與平人同，視其外得其中，豈人人而能之。今之中國，必有其人，其知東方復有如古之人，而泯泯混混，與流輩儕乎！"②柳氏見解如此，故其《獨樂寺施詩六首》，謂"東國之人願往生中國"，其由則"宇內極寬平""言語是真聲""衣服動光晶""民物總醇明""官爵最多榮""萬事勝王京"六者也。故云"唯希百百千千劫，長作華人住大明"。③又謂"西天佛界負此生，我願一死生中夏"④。此則欽慕中國，向化文明，慤誠願學，甘心嚮往，爲趙憲以來一人而已。

0140-1609
柳夢寅《呈文》(《叢刊》第63册《於于集後集》 刻本)

案柳夢寅有《星槎錄》(0086-1591)，已著錄。

《燕行錄全集》除漏收柳夢寅《星槎錄》及《朝天錄》部分詩作外，尚多漏落。如《於于集》卷四《萬壽節朝天宮演禮詩序》《萬壽日次唐賢早朝諸韻詩序》《慈恩寺詩序》《贈瀋陽舉子寶都寶印昆季赴北京詩序》等，卷五《免宴禮部再度呈文》、《請鹽焇弓角兵部呈文》文二篇，《於于集後集》卷

---

① 柳夢寅《於于集》卷3《送户部尚書李聖徵奏請天朝詩序》，《韓國文集叢刊》，063/347。
② 柳夢寅《於于集》卷3《送申佐郎赴京序》，《韓國文集叢刊》，063/363。
③ 柳夢寅《朝天錄·獨樂寺施詩六首》，《燕行錄全集》，009/415—417。
④ 柳夢寅《於于集》卷2《朝天錄·陵河少年行》，《韓國文集叢刊》，063/321。

三《永平府贈李好學紀行詩序》《杏山記夢詩序》,卷四《免宴禮部初度呈文》《請鹽焇弓角禮部呈文》,多爲第二次出使時作;然如卷六《十三山辨》等,則不知其何次出使時作也。

案朝鮮使臣到館及離發,例有上、下馬宴,以慰遠人。柳氏出使期間,宣祖國王新逝,故其呈文禮部免宴,稱"小邦動尊天朝之制,而獨於喪制一事,不無異同,國恤三年内張樂宴樂者,以不行君父喪科罪,擧一國士大夫皆遏音服素,不敢逾越其規,與中華二十七日之制不同,是以上年遭恤後陪臣四輩來此,呈單本部,許免其宴,皆班班可考"。目今喪制未終,而陪臣等偏受吉嘉之宴,冠其花聽其樂,安而爲之曰是遵二十七日之制,則是壞二百年舊制,不齒於士君子,故希望禮部免宴,以"任其國俗,不使遠人譏罪於其國"。① 又有《請鹽焇弓角兵部呈文》,謂"聖朝剗胡元,辟地拓邊,東至鴨緑江陸地三千里,車馳人走,無太行、孟門之限,故上國不以外國視小邦,恒蓄以東藩内服,脱令小邦無警,非小邦無警,是上國東藩無警也,宜夫上國可家我小邦,而小邦父母我上國也。是用上國待小邦,非特嘉乃禮義爾也,其寔視同一邊地,不可内外形迹爲也"。後論其國鹽焇弓角之不可用,以及年冬至使購買例不恤用等,特請各依冬至例,以三千斤三千對,許千秋陪臣;以三千斤三千對,許聖節陪臣,以副兩陪臣區區之望。② 又同卷又有《燕京沿路可遊者記送冬至副使尹昉可晦參知》《贈金書狀朝天記》等文。盧守慎(蘇齋)謂柳夢寅"文章甚高,東國百年來,未有之奇文"。柳成龍(西厓)稱其"文氣高勁,有洪波砥柱之勢"。今觀如《贈金書狀朝天記》諸文,縱橫舒卷,想像豐富,頗有莊子、屈騷神遊天際之妙也。

0141-1609
金存敬《燕行詩》(《燕行録叢刊(增補版)》網絡本;《竹溪集》 刻本)

案金存敬出使事由,詳參前柳夢寅《朝天録解題》(0139-1609)。

---

① 柳夢寅《於于集》卷5《免宴禮部再度呈文》,《韓國文集叢刊》,063/422—423。
② 柳夢寅《於于集》卷5《請鹽焇弓角兵部呈文》,《韓國文集叢刊》,063/423—424。

金存敬(1569—1631),字守吾,號竹溪,光山人。宣祖朝,爲海美縣監、黃海道都事。光海君時,任信川郡守、三陟府使、江原道按察使、慶州府尹等。有《竹溪集》傳世。事見《宣祖實錄》《光海君日記》等。

案金存敬《竹溪集》卷一《鍊光亭次柳使相夢寅韻》詩題下小注稱,"萬曆己酉,以書狀官隨柳艮庵夢寅朝天"①,以下五十餘首,即爲此次出使所作詩,大致以時序編次,中多次上使柳夢寅韻,亦有《次千秋使陰浦令詩》《通州戴店病臥次千秋使令詩》《玉河館先送千秋使》等詩,則知聖節、千秋兩起使行同時出使也。存敬入中國後,即患病苦痛,所謂"旅館經秋病,天涯死與鄰"也②。末《盤山道中》《次書狀官望海樓詩》《玉河館書懷呈雪樵竹屋芹田三詞伯》等十餘首,則爲其第二次出使期間所作也。金氏詩少精妙之句,謹守法度,而平鋪直敘者也。

0142-1609

申欽等《己酉千秋書狀諸賢贐行詩》(《燕行錄叢刊(增補版)》網絡本;《竹溪集》 刻本)

案金存敬有《燕行詩》(0141-1609),已著錄。

金存敬《竹溪集》附錄收申欽等《奉贈金書狀行廬》等,皆爲光海君元年(1609)金氏以書狀官入燕時諸家所作贐行詩也。計有申欽、權韠、員嶠、金瑬、蘇光震、李慶全、趙希逸、金尚憲、林㥠、曹弘立、崔東立、鄭廣成、金大器、楊時晉、柳潚、梅窗谷神子、竹屋養真、權得己、鄭淑等所作二十餘首。其中有"大明天子降生朝,玉帛承筐萬國寮"③,"天子壽節萬邦馳,左海陪臣奉賀儀"等句④,則因存敬以聖節使赴燕故耳。

---

①金存敬《竹溪集》卷1《鍊光亭次柳使相夢寅韻》,《燕行錄叢刊(增補版)》網絡本,第1頁。
②金存敬《竹溪集》卷1《玉河館書贈劉尚德》,《燕行錄叢刊(增補版)》網絡本,第21頁。
③金存敬《竹溪集》附錄李慶全《奉送守吾賢兄書狀之行》其二,《燕行錄叢刊(增補版)》網絡本,第4頁。
④金存敬《竹溪集》附錄趙希逸《贈別金守吾老兄赴燕京》,《燕行錄叢刊(增補版)》網絡本,第5頁。

0143-1609

申欽《奏請使朝天日記》（《續集》第 103 册　稿本）

　　出使事由：奏請行

　　出使成員：正使知中樞府事申欽、副使户曹參判具義剛、書狀官司憲府持平韓纘男等。

　　出使時間：光海君元年（萬曆三十七年　1609）十一月二十四日—翌年四月十一日

　　案申欽有《甲午朝天詩》（0095-1594），已著録。

　　光海君元年（萬曆三十七年　1609）十一月二十四日，"以世子册封事，遣上使申欽、副使具義剛、書狀官韓纘男赴京奏請"①。《明實録》亦謂朝鮮遣知中樞府事申欽爲奏請使，乞封長子李祬爲世子，並貢馬及方物。三月丙戌，萬曆帝命内官監少監冉登往朝鮮，册封嫡世子李祬。② 則此行奏請之事順遂可知也。

0144-1609

申欽《己酉朝天詩》（《叢刊》第 71 册《象村稿》　活字本）

　　案申欽有《甲午朝天詩》（0095-1594），已著録。

　　光海君元年（萬曆三十七年　1609），奏請使申欽等行前曾啓奏，使團之行別人情，已蒙題給，其數固不爲少。而第聞往年陳奏使臣之言，則各衙門所用，幾八千兩云。今日之事，縱曰與往日不同，而各衙門之眼孔既大，規例既成，則必不較量前後事理之有異，而斟酌輕重於其間也。若於臣行，按例求索，則以此題給之數，將無以應付其什一矣。臨事當懼，計必萬全。冀望另加磨鍊，俾無後悔。光海君准奏另爲贈給。③ 一行在北

---

① 《光海君日記》卷 22，光海君元年（萬曆三十七年　1609）十一月二十四日辛丑條；卷 28，光海君二年四月十一日丙戌條。
② 《明神宗實録》卷 467，萬曆三十八年（1610）十月甲子條，062/8815；又卷 468，萬曆三十八年（1610）三月丙戌條，062/8831。
③ 《光海君日記》卷 21，光海君元年（萬曆三十七年　1609）十月十四日壬戌條。

京,蒙恩准封世子。雖然朝廷掛榜嚴禁誆誘之弊,而各衙門吏胥輩,皆援年前册封規例,需索之際,必欲比前有加,提督及禮部,雖揭告示,略不以此爲忌也。内閣下人、科部下人、提督、副使及序班跟隨人役、使唤、牌子等項各色人,托以報喜,旁午到館,俱索喜錢,勢不可以却之,浮費頗多,皆出於不容得已也。① 比至返京,"各樣人情用餘銀一千兩、虎皮一張、豹皮一張、鹿皮二張、獤皮十張、綿紬七疋、白苎布五疋,還納於該曹"②。申欽一行所帶人情銀兩多少,雖不能詳知,在朝鮮自宗系辨誣始,即别付大量人情銀,以求順諧,自此以往,事同賄成,凡奏請之事,無銀不能成事,而譯官與中朝吏員,互相勾結,上下其手,無不飽中私囊,而於兩國國帑,並皆無益,而貪腐賄賂之風,大行其道,世風不競,日甚一日可知矣。

　　申氏後次出使所作詩,輯自《象村稿》卷一五。申氏一路自彈自調,無人唱和,又以多七言絶句爲多。蓋副使具義剛、書狀官韓纘男不擅作詩。又使路重複,所謂"當時豐潤有詩題,十七年間往迹迷"③。前次所見所詠,後次再歷其地,題詩不再,物非人非,便索然而減詩興歟?

---

①《光海君日記》卷26,光海君二年(萬曆三十八年 1610)三月二十六日壬寅條。
②《光海君日記》卷28,光海君二年(萬曆三十八年 1610)四月十三日戊子條。
③申欽《象村稿》卷15《朝天詩·豐潤感舊》,《韓國文集叢刊》,071/447。

卷一七　0145—0156

光海君二年(萬曆三十八年　1610)—光海君三年(萬曆三十九年　1611)

0145-1610
黄是【原題黄士祐】《朝天録》(《全集》第 2 册;《檜山世稿》　刻本)

　　出使事由:千秋行
　　出使成員:千秋使工曹參判黄是、書狀官金終男等
　　出使時間:光海君二年(萬曆三十八年　1610)五月七日—十二月三日

　　案此《朝天録》,《燕行録全集》編纂者原題黄士祐著。考士祐(1486—1536),字國寶,號慵軒,昌原人。官至弘文館修撰、司諫院大司諫、承政院左承旨、弘文館副提學、司憲府大司憲、吏曹判書等職。著有《慵軒稿》一卷。事見《中宗實録》等。然細考此書,乃光海君二年(明萬曆三十八年　1610)年所作,時士祐逝去已七十餘年矣。實則此稿作者乃黄是,非士祐也。

　　黄是(1555—1626),字是之,號負暄堂,昌原人。宣祖朝,爲兵曹正郎、司憲府持平、弘文館應教、兵曹參議、承政院右副承旨等。光海君時,爲五衛護軍、承政院承旨等。有《負暄堂稿》二卷傳世。事見《宣祖實録》《光海君日記》等。

　　此《朝天録》記出使者身份爲千秋使,書狀官爲金終南。考《光海君日記》是年十二月一日,司諫院新啟:"江上搜檢,國法極嚴,而今此聖節、千秋兩行,不待搜檢之命,徑先還越江,其恣意蔑法之罪,不可不懲。請聖節使鄭文孚、書狀官金大德,千秋使黄是、書狀官金終南,並命罷職。"①又《明神宗實録》亦載,萬曆三十八年八月乙亥,"朝鮮國王李琿遣陪臣工曹

---
①《光海君日記》卷36,光海君二年(萬曆三十八年　1610)十二月一日壬申條。

參判黃是等貢馬及方物,慶賀皇太子千秋令節,賜宴、賞金織衣彩緞有差"。然則使臣乃千秋使黃是,斷斷焉明矣。

案黃是後裔漢龍,編纂有《檜山世稿》八卷,分別爲黃士祐《慵軒稿》一卷、黃應奎(1518—1598)《松澗稿》二卷、黃是《負暄堂稿》二卷、黃有中(1564—1620)《釣臺稿》一卷、黃署(1554—1603)《宗皋稿》一卷。然則士祐乃昌原黃氏之祖輩,《燕行錄全集》編輯者蓋以是而誤爲士祐耳。實則其書封面左側大字"檜山世稿三",右上角書"負暄堂稿"一行,另小字三行"詩""雜著""附錄",則亦知爲黃是書耳。

黃是《朝天錄》一卷,日記體,記事爲多,議論爲少,所吟四十餘首詩,隸於當日記事之中。黃是此行,五月十二日至黃州,即"舍轎乘馬,爲虐暑所中,胸腹絞痛,終夜轉輾"①。後一路病驅至北京,至九月仍羈館中,禮部郎中林茂槐等上本,謂"朝鮮素稱恭慎,今以萬壽、千秋進賀,已踰四十日之期,陪臣黃某臥病一月,時令通事泣請,此烏可坐視其羈愁,而不加體恤耶?乞速欽點"②。至十月初七日,始發向通州。且其入中國時,適值夏日,在鞍山、高平、盤山沿路,適遇虻患,不特人不堪其苦,驢子流血滿身,驚躍顛僕,苦悶至極。③ 其詩謂"虻飛蔽野逢人吮,利觜如針痛不堪。左擊右攻猶突入,恰如秦漢戰方酣","避虻如避寇,夜半向盤城"等,皆實錄也。④ 然其詩則質直平鋪,味淡意淺,尚未深得風人之旨矣。

0146-1610
趙緯韓《朝天錄》(《叢刊》第 73 册《玄谷集》 刻本)

出使事由:謝恩行
出使成員:正使議政府左贊成李時彦、副使户曹參判韓德遠、書狀官禮曹正郎趙緯韓等
出使時間:光海君二年(萬曆三十八年 1610)七月—翌年二月?

---

①黃是【原題黃士祐】《朝天錄》,《燕行錄全集》,002/464。
②黃是【原題黃士祐】《朝天錄》,《燕行錄全集》,002/534。
③黃是【原題黃士祐】《朝天錄》,《燕行錄全集》,002/487。
④黃是【原題黃士祐】《朝天錄》,《燕行錄全集》,002/487。

趙緯韓(1567—1649),初名紹韓,字持世,自號素翁,晚又號玄谷,漢陽人。從成渾學。孝友出天,風流篤厚。以博聞多藝,早有聲名,而又能尋師取友,備識大義。"壬辰倭亂"期間,從義兵將金德齡陣中。宣祖三十四年(1601),中司馬試。光海君元年(1609),中增廣試。爲禮曹正郎、北青判官等,因事削職。仁祖朝,爲司憲府掌令、襄陽府使、禮曹參判等。有《玄谷集》十四卷行世。事見宋時烈《宋祖大全》卷一六五《神道碑銘》、朴世采《南溪集外集》卷一五《行狀》、《宣祖實錄》、《光海君日記》、《仁祖實錄》等。

趙緯韓《玄谷集》十四卷,前有申欽、李景奭、趙絅、鄭斗卿序,首卷爲辭賦,第二至一〇卷爲詩,按體裁編次,第一一至一四卷爲諸體文。爲趙氏家藏稿,李景奭校勘後,於孝宗九年(1658)刊行。《韓國文集叢刊》以延世大學中央圖書館藏書爲底本影印。

光海君二年(1610)七月,明朝遣冉登賚敕至朝鮮,封光海君之子李祬爲王世子,並賜彩緞諸物。光海君遂遣謝恩使議政府左贊成李時彦、副使户曹參判韓德遠、書狀官禮曹正郎趙緯韓等入北京,一行於當年七月發王京,而臘月二十四日尚在外馳送狀啓,則返國當在翌年二月間或更晚。考《光海君日記》等,並不載趙緯韓出使事,朴世采代趙南平所撰緯韓《行狀》稱,庚戌秋,"充謝恩使書狀官如京師,翌年春復命"①。

今《玄谷集》卷三《宿碧蹄留別舍弟》、卷四《萬柳莊》、卷五《滿月台》、卷九《宿碧蹄館留別伯氏》等詩題後,皆注有"朝天錄"字樣,則知其原有《朝天錄》小集,蓋子嗣編卷時,按體裁散入諸卷中,故今存朝天詩七十餘首,皆散見各卷中。緯韓與其弟纘韓,以能文章鳴,並驅酬唱,氣摩詩壘。李景奭謂其"雄篇大作,汪茫奮肆者,直從馬史中來;詞律聲章,清健贍蔚者,得之於杜、韓。蓋其韻宇疏曠,風流豪逸。於書無所不覽,先秦、兩京、魏晉之文,擷英嚌胾,涵涵而停,秩秩之積。其吐辭而注於手也,如水之挹於河,藻思媚趣,類其風概,有非飾采澤鬭靡麗者所可侔擬,相與莫逆而雲龍氣合者"②。

---

①朴世采《文正集外集》卷15《知中樞府事玄谷趙公行狀》,《韓國文集叢刊》,142/045。
②趙緯韓《玄谷集》卷首李景奭序,《韓國文集叢刊》,073/176。

申欽謂其"朱弦自韻,天璞不制,可謂奇矣"①。權韠、李安訥、車天輅,爲其賞音,而交口吹獎者。其詩刻意學杜,以七律最多,有杜之沉穩,而少杜之雄渾也。

趙緯韓一行留館期間,因門禁甚嚴,出入不便,緯韓遂上提督韓萬象,其稱"伏以緯韓,海東之一蒙士也。呻吟於袠氏之地,童習而白紛,每恨國僻而方偏,孤陋之學,無所就質,面墻未開,心蓬猶塞,思欲一入中朝,從遊博雅之士,得聞指南之教而不可遂焉。屬者人欲天從,幸叨陪臣之末,目覩中華文獻之盛,庶可一洗井蛙之見,即變澤鷃之守,而虛往實歸之效,政在於今日矣。奈何乎重門下鑰,水火不通,拘囚幽蟄,有同圈牢中物,一接外人,無異於因鬼見帝,況望其追隨於騷壇藝苑之間,而日聞其所不聞乎?是何朝廷之待本國若此其薄耶?本國雖在外藩,而本不與夷狄共貫,蓋自漢唐至於宋元,待之無間於內外。或有遣子弟入學者,或有占巍科通籍者,歷敭於仕路者,猶班班可譜,豈不以王者之用人無方,而箕大師八條之教,有以稱小中華之號哉!逮於洪武、永樂之間,亦許以出入任意,少無拘礙。不幸嘉靖年間,因獷奴入貢者之作拏,兼閉本國之陪臣,當時陪臣蘇世讓呈文禮部,還即勿禁,不知此後又因何事而旋閉之耶?以此雖有外國之慕中華學禮樂者,無從得便焉,誠可惜也。此豈皇上一視同仁,咸囿我闥之盛意歟?"②

韓萬象得書後,有詩作答,且曰:"貴邦肇自箕封,人文澤於大雅,琳琅佳什,可比絃歌。乃篇中類多牢騷不平之慨,藉令延陵可起,宜作如何觀?夫以本朝赤子故,重費馳驅,一體之誼,天子憫然念之,獎賚有加焉。第當殘臘初春,禁例森肅,信宿暫淹,計非得已。在使臣祇奉王事,何當告勞;在有司供億勤渠,未嘗致薄。至於門禁鎖鑰之嚴,用防市井窺伺之竇,此從來故事,非自今始。若云拘縶幽囚,待之夷禮,毋論非本朝字小之仁,亦於貴邦體面未雅。"又以詩勸之,謂"西離信宿綏三恪,東海冠裳本一家","皇仁自是同高厚,寄語波臣莫浪譁"。緯韓亦有和詩,並稱"足下不以僕爲互鄉,評批拙句,多有照火摘埴之意,惶感銘骨,奚啻一字之褒。況賜以

---

①趙緯韓《玄谷集》卷首申欽序,《韓國文集叢刊》,073/175。
②趙緯韓《玄谷集》卷12《上韓提督主事萬象書》,《韓國文集叢刊》,073/295。

温言慰誨,勤勤懇懇,不圖此生膺此殊遇,汗流竟趾,無以爲謝。向所云云拘縶等語,非敢以厭苦職事,嫌介防禁而説道也。言語之間,不覺其文字之大露,以致盛教之丁寧,尤爲惶灼。僕雖遐裔之人,早學詩書,粗知靡監之義,寧憚飲冰之勞乎?足下引喻延陵,警責迷惑,是則我過矣!我過矣!第未知季子觀樂之日,亦在於封鎖閉鑰之中耶?呵呵!"韓萬象微言勸戒,以延陵季札爲喻,緯韓雖以語出孟浪爲歉,然語中仍是不服。其和詩有"延陵觀樂何須羨,得此新詩當國風"句①。二人唱詩往還,鬭嘴打趣,可爲館禁之趣事逸聞而讀也。

0147-1-1610;0147-2-1610
鄭士信《梅窗先生朝天録》(《全集》第 9 册　刻本)
鄭士信【原題鄭○○】《庚戌朝天日録【原題庚戌朝天録】》(《全集》第 20 册　稿本)

  出使事由:冬至行
  出使人員:正使吏曹參判俞大禎、副使僉中樞府事鄭士信、書狀官金時讓等
  出使時間:光海君二年(萬曆三十八年　1610)八月六日—翌年二月六日

  鄭士信(1558—1619),字子孚,號梅窗,清州人。求學於具鳳齡門下,刻勵苦讀。宣祖十五年(萬曆十年　1582),登乙科第二人及第。選入承文院,以護送官往東萊。先後官禮曹佐郎、兵曹佐郎、兵曹正郎、司諫院正言等。光海君朝,爲僉中樞府事、密陽都護府使兼慶陽中道防御使等。後棄官歸,終老於家。有《梅窗先生朝天録》一卷、《梅窗集》五卷等。事見《梅窗集》卷首《年譜》、卷五柳溍《行狀》、鄭佺《行録》、鄭弌《墓誌》、《宣祖實録》、《光海君日記》等。
  光海君二年(萬曆三十八年　1610)八月,以俞大禎爲冬至正使、鄭士信爲副使、金時讓爲書狀官出使明朝。是行除冬至常行外,尚疏啓朝鮮

---

① 趙緯韓《玄谷集》卷5《次韓提督萬象韻二首並叙》,《韓國文集叢刊》,073/221—222。

雖小邦,然久遵華制,凡於朝賀,大小臣僚,必以朝服行禮,此實其國內通行之例,然獨於朝天使臣,進參朝賀,萬國會同,環佩鏘鳴之日,却以玄盤領入參班行,使天朝儀章,斑駁不齊,而朝鮮體貌,亦苟簡無稽,實聖朝之羞。故據其國通行之禮,與夫高皇帝所製《大明集禮》,移咨禮部,乞請令大小使臣得以朝服行禮(此前李德馨、申渫、鄭經世亦曾呈稟貼),方爲禮備。然禮部駁以《大明會典》藩使朝貢一欵,未嘗有服朝服之文,遵守至今,更欲一朝變更,未可草草輕易更革云云。

  案鄭士信《梅窗先生朝天錄》一卷,刻本,末有士信十世孫台欽跋稱,其書歷傳,手澤尚新,在某族家,然不幸而遺之,後又在同宗某家訪得寫本,驚喜淚流,以爲"此實魏家之簪笏也",遂奉還細考,實爲數百年前古本,追慕之感,益復如新,遂公佈刊之。跋文作於"府君赴京六回庚戌後二年壬子元月日",則爲晚近之事耳。① 前有申炯湜序,以爲其"追乎尹吉甫無愧矣"②。書口題"梅窗朝天錄",刻字工整,有雙行小注,間插其中焉。

  又《燕行錄全集》第二〇冊收《庚戌朝天日錄》兩卷,稿本,封面中間楷書大字"朝天錄上",右上有朱文大方印,惜印文模糊,難以識辨。首頁大題作"庚戌朝天錄",右下有白文小長方印,亦不能識讀。每頁左下角殘損嚴重,文字漶漫不清,故缺文甚多,蓋爲當時作者稿本,即台欽所謂寫本也。全文多草書,又塗乙圈點甚多。《全集》編輯者未能考知作者姓名,遂據卷末所附一行人員中"副使鄭〇〇"字樣,遂以"鄭〇〇"之名,編入《全集》中,考此即鄭士信《梅窗先生朝天錄》,已收此《燕行錄全集》第九冊中,此爲重出耳。

  是稿所記,自庚戌八月初三日至十月初十日爲上卷,自十月十一日至翌年二月初六日爲下卷,附《路程記》與一行人員名單等。路程記末云"大槩自漢陽到義州一千一百五十八里,自義州到遼東四百二十里,合一千五百七十八里。自遼東到山海關八百三十四里,自山海關到北京六百七十五里,合一千五百九里。總計自漢陽到北京三千八十七里云。傳聞

---

①鄭士信《梅窗先生朝天錄》黃台欽跋,《燕行錄全集》,009/398—399。
②鄭士信《梅窗先生朝天錄》申炯湜序,《燕行錄全集》,009/235。

自北京距南京金陵四千六百五十四里,以驛則四十站云"①。或爲鄭氏原草本耳。

是本不見鄭士信《梅窗集》,乃單行之本,在當時諸家朝天日記中,可稱詳悉。鄭氏所記,凡時日、陰晴、里程、所經諸地、所聞所見備爲詳盡,且沿途風景古蹟若山川、花卉、樹木、風雨、墳墓、牌樓、寺觀、館舍與夫世風民俗、雜技百戲等,一一具載。末附赴京一行員役凡三十六人,詳記諸人之身份、姓名、出生年月等。又《路程記》記錄自義州起至北京玉河館,沿路所經山川、地名、城池、驛舍、古蹟、里程等。而《朝天贈行詩》,則錄柳根、柳春蘭、洪履祥等凡十一人十四首詩,並謂"一時名公詩幾盡散佚,只此若干篇收錄",則尚不全也。如柳根詩謂"三度壯遊今老病,自憐無夢到遼西",李睟光"江山正待君題品,須試平生筆力雄"。申之悌"此去足償弧矢志,異時胸次子應饒",朴而章"壯志圖南能不負,乘風好返海東陬",黃汝一"此去如相問,安耕荷聖明",曹友仁"他日歸來誇覯大,如吾真箇一蛙拘"等皆是也。而日記中所附若《箕子朝周受封辨》一文,考經證史,論箕子朝周受封,"蓋秦後野人之語,而遷《史》承襲之謬"②。又附《禀定儀章疏》,詳載其求參賀時服朝服之疏奏文。此等皆不見於諸家所論説,頗有裨於史矣。

0148-1610

鄭士信《朝天紀行詩》(《續集》第 104 册;《叢刊續》第 10 册《梅窗先生文集》;《叢書》第 2272 册　刻本)

案鄭士信有《梅窗先生朝天錄》(0147-1610),已著錄。

鄭士信《梅窗集》五卷,前有金是瓚序,稱其後人搜集遺文,編集爲卷。卷首《年譜》,前二卷爲詩,後二卷爲文,卷五爲《附錄》,輯《教書》《行狀》《墓誌》《輓詞》及《朝天贈行詩》等,末有七代孫來成跋文。

《朝天紀行詩》見《梅窗集》卷二。其《宿坡州喜見紫蟹而欠新清酒》

---

①鄭士信【原題鄭〇〇】《庚戌朝天日錄【原題庚戌朝天錄】》,《燕行錄全集》,020/642。
②鄭士信《梅窗先生朝天錄》,《燕行錄全集》,009/244。

詩題注"庚戌,以下《朝天紀行詩》"①。凡九十餘首,皆此次出使時所作,多與書狀官金時讓相唱和。然日記所錄,有二百餘首,則刪裁過半也。若《醫無閭行》《憶老病長姊》《偶次杜子美府詠懷百韻》《次杜子美府詠懷四十韻》《次杜子寄劉協律排律四十韻》《客里人日燈夕居然而過又次杜子贈王侍郎排律四十韻》等,皆規模杜詩,亦步亦趨,即鄭詩所謂"末學誠愚魯,前編幸得師"者②。鄭氏離境前,在義州得《杜詩排律》及《楚辭》冊③,故其詩作,多仿杜詩格律,然行色匆匆,又所作濫多,故遣興抒懷,範山摹景尚可耳,而求其絶似杜詩風骨者則鮮焉。

0149-1610
柳根等《朝天贐行詩》(《叢刊續》第10冊《梅窗先生文集》 刻本)

案鄭士信有《梅窗先生朝天錄》(0147-1610),已著錄。

柳根(1549—1627),字晦夫,號西坰,晉州人。宣祖五年(1572),以親耕設科,取爲第一。爲吏曹正郎、承政院都承旨、京畿道觀察使、户曹判書、禮曹判書、議政府右贊成等。因功封晉原府院君。光海君時,任議政府左贊成、户曹判書等。精善詞翰,久典文衡。後諡文靖。有《西坰集》八卷行世。事見金震標《西坰集識》《宣祖初錄》《光海君日記》等。

鄭士信《梅窗集》卷五末,附有柳根、權春蘭、洪履祥、李睟光、申之悌、朴而章、柳夢寅、李埈、黃汝一、曹友仁等《朝天贐行詩》,並於詩題下注稱"一時名公詩,幾盡散逸,只此若干篇收錄",則知尚有缺逸焉。柳根詩有"君才難可久推擠,再聘天衢若有梯"句,則知爲鄭氏二次朝天時所贐詩,然則此前鄭氏尚曾出使明朝焉。④

---

①鄭士信《梅窗集》卷2《宿坡州喜見紫蟹而欠新清酒》詩題注,《韓國歷代文集叢書》,2272/251。
②鄭士信《梅窗集》卷2《次杜子美府詠懷四十韻》,《韓國歷代文集叢書》,2272/288。
③鄭士信《梅窗先生朝天錄》,《燕行錄全集》,009/247。
④鄭士信《梅窗先生文集》卷5附柳根《朝天贐行詩》,《韓國文集叢刊續》,010/473。

0150-1610

金時讓《朝天詩》(金恒鏞編、金益洙韓文譯本《忠翼公荷潭先生遺稿》,未來文化印刷2001年版)

  案金時讓出使事由,詳見前鄭士信《梅窗先生朝天錄解題》(0147-1610)。

  金時讓(1581—1643),字子中,初名時言,後避嫌改今名,號荷潭,安東人。宣祖三十八年(萬曆三十三年 1605)登廷試科。光海朝,爲全羅都事。掌試時,以"臣視君如仇讐"爲論題,不悦者搆捏,謂譏刺君上,減死竄北鍾城,移配寧海,前後凡十餘年。仁祖時,起爲禮曹正郎、慶尚道觀察使、平安道觀察使兼體察使、江都留守、議政府判中樞府事等。歷敭清顯,屢典方面,頗有聲績,以清簡見稱。後以青盲,退居忠州卒。有《荷潭集》十一卷行世。事見《荷潭集》附錄趙絅《神道碑銘》《忠翼公荷潭金時讓年譜》《光海君日記》《仁祖實錄》等。

  金氏《荷潭金時讓文集》十一卷,爲其十四代旁孫金恒鏞編、金益洙韓文譯本,後附《忠翼公荷潭先生遺稿》原版縮印本,目錄所編爲七卷,而正文則爲十一卷(今從正文),末編有《年譜》。《遺稿》前後無序跋,卷一至卷五爲《關北紀聞》《涪溪紀聞》《紫海筆談》《破寂錄》等,皆爲札記;卷六爲疏札,卷九論序記跋諸文,卷七至卷八爲詩賦,按體裁編年。末附《家狀》及趙絅《神道碑銘》。抬頭處多有與他本相校勘之語焉。

  據趙絅撰金時讓《神道碑銘》稱"庚戌,以賀至書狀如京,用惠文繩一行,象胥斂手,不寒而慄。明年還,晉《聞見錄》,論虜勢若寢張,我國脩聘,遼路不可恃,海行不可忘,此公寬眼之見先十年後也"。①

  案金時讓此行,有朝天詩二十餘首,散見於《忠翼公荷潭先生遺稿》卷一〇。"公以文章視小技,不事雕琢爲工,其所章疏大論,摻紙立就,氣健詞暢,人自不及。"②若《到遼東次副使韻》《到長城次正使韻》等,多與

---

①金時讓著,金恒鏞編,金益洙譯《忠翼公荷潭先生遺稿》附錄趙絅《神道碑銘》,《荷潭金時讓文集》,第804頁。
②金時讓著,金恒鏞編,金益洙譯《忠翼公荷潭先生遺稿》附錄趙絅《神道碑銘》,《荷潭金時讓文集》,第807頁。

正使鄭士信等唱和，今鄭氏詩集中，若《書狀金荷潭時讓和示葱秀山韻題一絶以呈》詩，附有金時讓和韻詩，而不見今本《荷潭集》中。① 尤可注意者，鄭士信與金時讓所唱和之戲作，若《戲呈荷潭行史》諸詩，戲論金氏狎妓之風流與相思之渴，若"聞道箕城雲雨深，從來此物惱人心。誰知我亦忘生者，老去閑情自不禁"②，又"若得長驅到義州，熏甘豈但訥魚頭（長路來時，荷潭每以義州訥魚頭生鮮爲期，故云）。低帷燕寢清香處，滌盡遼河萬里愁"，"真同騎鶴上楊州，歸興佳人誓紙頭（歸興，一也；佳人，二也；誓紙，三也。珍羞美酒，不可盡舉於一句七字之中，故只舉此三事以備上楊州兼三事之舊例爾。華語凡所書之紙必曰紙頭，故云云）。堪笑貞男張怒目，衾寒遥夜皺眉愁"，③一路累累，多達二十餘首。而金氏和詩若《副使得義州香信戲書》云"香信翩翩自義州，任教騷客白侵頭。花牋渝盡深紅色，和淚封來字字愁"等④，亦累累相和爲樂焉。

朝鮮使臣在境内自瑞興至義州，皆有官妓，設妓樂，備薦席，一國重臣，醉飽温柔，相謔爲樂。然此類詩作，僅見鄭氏日記，而不收鄭、金二氏文集，蓋裔孫編輯其時，爲其祖諱，故爲刊落耳。

0151-1610
金時讓《赴京回還啓辭》(金恒鏞編、金益洙韓文譯本《忠翼公荷潭先生遺稿》，未來文化印刷 2001 年版)

案金時讓有《朝天詩》(0150-1610)，已著錄。

案金氏《荷潭金時讓文集》卷八有《赴京回還啓辭》《禮部呈文》等，一則回還時呈國王啓，一則在玉河館時呈禮部文，極論譯官牟利之貽害國事。金氏於象胥譯輩之射利，深惡痛絶，故回還時呈狀啓稱，"赴京之行，

---

① 鄭士信《梅窗集》卷 2《書狀金荷潭時讓和示葱秀山韻題一絶以呈》附金時讓和韻詩，《韓國歷代文集叢書》，2272/253。
② 鄭士信《梅窗先生朝天録·戲呈荷潭行史》，《燕行録全集》，009/244。
③ 鄭士信《梅窗先生朝天録·荷潭又寄一首來余和呈二首》，《燕行録全集》，009/371。
④ 金時讓著，金恒鏞編，金益洙譯《忠翼公荷潭先生遺稿》卷 10《副使得義州香信戲書》，《荷潭金時讓文集》，第 741 頁。

爲譯官大利之源,承差往來,循其輪次,譯官之待其次者,不翅大旱之望雲,屈指計日,雖稱貸於人,必多齎貨物以售三倍之利,已爲難醫之弊"。而"公幹成否,惟在其舌,不念國體,千思萬謀,惟以引日久留,買賣射利,爲赴京第一義"。"近年以來,中國之人,視我國使臣,無異商賈,聞其來則預貿綾段雜物以待之,所謂過關之人情,遼東之侵責,中江之抽稅,皆出於此也。此雖牟利無恥者之所自取,其辱國則大矣。"又奏稱"赴京之行,許用銀子,了無纖芥之疑,而可收便益之效也"。且譯官之赴京,解事數三人,足以辦事,隨表往還,綽然有餘。其他員役,亦所當量減。① 而《禮部呈文》,亦因譯官輩無恥牟利,惟以淹留引日交易盡利爲上策,罔恤國法,致使使團久不能發,故請禮部早爲打發也。趙絅所謂《聞見錄》者,蓋即此等之謂也。

0152-1610

鄭文孚《朝天詩》(《叢刊》第 71 册《農圃集》 刻本)

出使事由:謝恩行
出使成員:正使鄭文孚、書狀官金大德等
出使時間:光海君二年(萬曆三十八年 1610)六月—十二月底

鄭文孚(1565—1624),字子虛,號農圃,海州人。幼即喜對敵相戰戲,間習射藝,有穿楊之妙。宣祖二十一年(萬曆十六年 1588),登明經甲科第二名。除北評事。壬辰板蕩之際,起義兵,誅土賊,破倭寇,頗立戰功,而朝廷皆莫知之。道既通,爲永興府史、吉州牧使、僉知中樞府事等。光海朝,爲南原府史、吉州牧使、昌原府使等。仁祖反正,爲全州府尹。朴來章等謀不軌,以文孚有將才,欲與之偕,而文孚實不知,事發被逮,冤遂白。復因其《詠史》詩涉譏刺當朝下獄,李植、趙翼等力救不及,終至拷死,聞者莫不冤之。後爲昭雪,謚忠毅。有《農圃集》二卷行世。事見《農圃集》卷二閔鎮厚《謚狀》等。

---

① 金時讓著,金恒鏞編,金益洙譯《忠翼公荷潭先生遺稿》卷 8《赴京回還啓辭》,《荷潭金時讓文集》,第 699—700 頁。

案鄭文孚赴京事,據閔鎭厚《諡狀》載,"庚戌,以謝恩副使朝京"①。"庚戌"爲光海君二年(萬曆三十八年 1610),考《凝川日錄》是年四月二十八日載,"千秋使許筠,以病再次上疏,方物封裹時不爲進參,下備忘斥言。臺諫即請拿鞫,命革職。以聖節使黃是代筠,聖節使則以管州使鄭文孚送之"②。然則鄭氏乃遞差以接黃是者也。又臘月初一日,司諫院啓:"江上搜檢,國法極嚴,而今此聖節、千秋兩行次,不待搜檢之命,徑先還越江,其恣意蔑法之罪,不可不懲。請聖節使鄭文孚、書狀官金大德,千秋使黃是、書狀官金終男,並命罷職。"③據此可知鄭氏爲聖節使,且當時已經還渡江。又《明神宗實錄》,是年"八月壬午,朝鮮國王李琿遣陪臣戶曹參判鄭門孚等貢馬及方物,慶賀萬壽聖節,並齎表謝恩"④。案"門孚"即"文孚",《實錄》誤記耳。又閔氏所記稱"謝恩副使"者,殆亦記憶偶誤耳。然則一行發王京當在六月,八月抵北京,而返王京則在臘杪矣。

鄭文孚《農圃集》二卷,爲其曾孫構搜集編次,肅宗三十四年(1708)初刊,玄孫相點輯佚後,於英祖三十四年(1758)再刻,《韓國文集叢刊》據國立中央圖書館藏本影印。前有閔遇洙序,末有相點跋。凡詩文一卷、附錄一卷。詩以體裁編定。文孚幼時聰穎,七歲作《玉顏不及寒鴉色》,八歲作《初月》,"誰斷崑山玉,磨成織女梳。牽牛離別後,愁擲碧空虛"⑤。《農圃集》卷一《登白塔寺樓》詩題下注"以下十六首,係燕行時作"⑥。又《射虎石》題下亦注"赴燕時作"⑦。他燕行詩三十餘首,散於卷中焉。

鄭文孚詩,平易流轉,自出新意。若《謁夷齊廟》稱"若使當年東海渡,箕封自有別乾坤"⑧。鮮使之詠夷齊廟詩甚多,而如此説者鮮焉。又如

---

①鄭文孚《農圃集》卷2閔鎭厚《諡狀》,《韓國文集叢刊》,071/140。
②未詳《凝川日錄》卷1,庚戌四月二十八日條。
③《光海君日記》卷36,光海君二年(萬曆三十八年 1610)十二月一日壬申條。
④《明神宗實錄》卷474,萬曆三十八年(1610)八月壬午條,062/8953。
⑤鄭文孚《農圃集》卷1《初月》,《韓國文集叢刊》,071/094。
⑥鄭文孚《農圃集》卷1《登白塔寺樓》詩題注,《韓國文集叢刊》,071/095。
⑦鄭文孚《農圃集》卷1《射虎石》詩題注,《韓國文集叢刊》,071/109。
⑧鄭文孚《農圃集》卷1《謁夷齊廟》,《韓國文集叢刊》,071/096。

《留薊觀虹》云"玉皇知我乘槎苦,特許空中架彩橋"①,"燈影遥分銀的的,佩聲交戛玉瑲瑲"②,"壽域謳歌今萬曆,戰場沙雪古三邊"等③,聯想豐富,出語奇雄。而其長篇排律若《射虎石》,亦鋪叙工穩,佈置多端。他如"去爲朝天急,歸因懷土忙"句④,雖非朝天詩,然造語自在,描摹真切。故其詩雖少,然在當時諸家中,亦戛戛獨造,自成一家耳。

0153-1611

李尚毅《辛亥朝天録》(《全集》第9册;《少陵先生文集》 刻本)

出使名稱:冬至兼奏請行
出使成員:正使李尚毅、副使司憲府大司憲李睟光、書狀官黄敬中等。
出使時間:光海君三年(萬曆三十九年 1611)秋—翌年五月

案李尚毅有《丁酉朝天録》(0101-1597),已著録。

光海君三年(萬曆三十九年 1611),李尚毅爲冬至兼奏請使,偕副使李睟光、書狀官黄敬中入明,此專爲奏請萬曆帝爲朝鮮世子賜冕服事也。案洪宇遠撰李尚毅《碑銘》,謂"四月,差東宫誥命冕服奏請使,赴京師。壬子五月,竣事覆命"⑤。然則爲辛亥四月即有是命,翌年五月返國耳。朝鮮經壬辰亂後,世子冕服被兵火而燬,故有是奏請也。

初,謝恩使李時彦《聞見事件》報稱,禮部郎中陳德元謂,《大明會典》《大明集禮》俱無世子冕服之規,景泰元年曾賜朝鮮世子冕服,但自此以後,未見請給近例。故李尚毅等私憂過慮,今此奏請之事,或不無以此執言而見阻。又念近來奏請之行,各衙門徵索人情,百倍於前,已成近例,中朝之人,習熟聞見,必有甚焉者。故申請一行所費人情,當令户曹各別磨鍊以給。光海君依啓。⑥ 所幸使事順遂,世子冕服,得請而來。《明實録》

---

① 鄭文孚《農圃集》卷1《留薊觀虹》,《韓國文集叢刊》,071/096。
② 鄭文孚《農圃集》卷1《次千秋使早朝韻》,《韓國文集叢刊》,071/106。
③ 鄭文孚《農圃集》卷1《皇都》,《韓國文集叢刊》,071/106。
④ 鄭文孚《農圃集》卷1《送李尚書赴燕京》,《韓國文集叢刊》,071/101。
⑤ 洪宇遠《南坡先生文集》卷9《李公神道碑銘》,《韓國文集叢刊》,106/219。
⑥《光海君日記》卷42,光海君三年(萬曆三十九年 1611)六月二十日戊子條。

亦謂"萬曆三十九年十一月甲子,朝鮮國王李琿請補給世子冕服,以被兵火失之也。予之"①。

此次李尚毅朝天所作詩百五十餘首,見《少陵集》卷二,爲其第二次出使明朝,故其詩有"上國十年今再赴"②,則指宣祖三十年戊戌出使事也。又有"憶同行役鄭西川,戊戌春初過柳田"句③,則爲"戊戌"回程中詩作耳。李尚毅與李睟光唱和最多,且附其詩於後。尚毅詩,少長篇大什,多五七言絕句,有《次芝峰詠枯竹韻》五十八首,皆爲五言絕句。李詩雖不若芝峰之大氣充沛,然長篇累累,渾厚典雅,不事雕造,工穩寫實焉。李睟光驚謂"少陵文章,當今罕效"云④。

0154-1611
李德馨等《奏請朝天時贐行詩》(《叢刊續》第12册《少陵集》 刻本)

案李德馨有《朝天詩》(0135-1608),已著錄。李尚毅出使事由,詳參前李氏《辛亥朝天錄解題》(0153-1611)。

此爲李尚毅光海君三年(萬曆三十九年 1611)出使時,諸家贐行之詩也。凡收李德馨《奉寄李少陵朝燕之行》以下,若尹根壽、李睟光、李廷龜、朴慶新、姜籀、車天輅、鄭文孚、李馨遠、申欽、韓俊謙、李安訥、崔起南、權韠、任叔英等十五人二十首詩,皆一時名流耳。朴慶新稱"往歲,聖天子降誥命於我東宮,而冕服未頒,舉國臣庶,猶或慊然,今兹賀至之行,始有陳奏之議,兼是二者,而且其間大有周旋之事,自上命揀上副,毋論大官,惟材是擇,於是大塚宰少陵公、長御史芝峰公,乃膺是選,蓋其事重,故其選若是其妙焉"。朴詩又有"近古前無例,周旋借老成"之句⑤。然則此次使臣之揀選,非偶然而擇也。車天輅詩亦稱"爲緣國本安盤石,必待身章

---

①《明神宗實錄》卷489,萬曆三十九年(1611)十一月甲子條,062/9217。
②李尚毅《辛亥朝天錄·槐院吏來傳月沙別章仍以爲戲》,《燕行錄全集》,009/476。
③李尚毅《辛亥朝天錄·柳田舊主人已死云》,《燕行錄全集》,009/477。
④李尚毅《少陵集》卷首李瑞雨《少陵先生文集序》,《韓國文集叢刊續》,012/099。
⑤李尚毅《少陵集》卷4朴慶新《往歲聖天子降誥命於我東宮……仍以贈兩君之行》詩跋語,《韓國文集叢刊續》,012/161—162。

出帝宮"①。世子冕服之請來，爲此行第一要務。崔起南稱讚尚毅"王國無雙士，東方第一人"②。而同行之副使李睟光則稱"灑落陽冰筆，清新太白詩"③，可知尚毅書法亦佳也。

0155-1611
李睟光《續朝天錄》(《全集》第10冊;《叢刊》第66冊《芝峰先生集》;《叢書》第2530冊　刻本)

　　案李睟光有《庚寅朝天錄》(0083-1590)，已著錄。李睟光出使事由，詳參前李尚毅《辛亥朝天錄解題》(0153-1611)。

　　此《續朝天錄》一卷，輯自李睟光《芝峰先生集》卷一六。共錄詩二百四十餘首，末有李氏自序與任叔英跋。李氏卷末識語稱"凡山川人物之美盛，城池宮闕之壯麗，古今事蹟之可悲可喜，接乎目而感於心者，往往不能排遣，或爲之口號，或相與唱酬，總如干篇，裒爲一帙"④。而任叔英亦曰李氏"既還，搜其錦囊之藏，得詩若干首，編爲二卷，目之曰《續朝天錄》"⑤。李氏又自稱"命辭用意，未免潦率"⑥。今存一卷者，蓋即刪存之詩耳。

　　李睟光此次出使，詩興甚濃，返國後謂"奚囊剩有新詩句，風雨常生卷裏寒"⑦。其自稱"尤好始盛唐詩法，觀其體格，究其意趣"⑧。張維稱睟光以唐諸名家爲法，"聲調諧協，色澤朗潤，有金石之韻，圭璋之質"⑨。李廷龜評其詩"一味沖淡，無繁音無促節，其聲鏗而平，其氣婉而章"⑩。李

---

①李尚毅《少陵集》卷4車天輅臨行詩，《韓國文集叢刊續》，012/162。
②李尚毅《少陵集》卷4崔起南《奉送壯元李少陵》，《韓國文集叢刊續》，012/163。
③李尚毅《少陵集》卷4李睟光《奉呈正使令公》，《韓國文集叢刊續》，012/161。
④李睟光《續朝天錄》卷末識語，《燕行錄全集》，010/282。
⑤李睟光《續朝天錄》附任疏菴序，《燕行錄全集》，010/284。
⑥李睟光《芝峰先生集》卷16《續朝天錄自序》，《韓國文集叢刊》，066/162。
⑦李睟光《續朝天錄·題詩稿》，《燕行錄全集》，010/282。
⑧李睟光《芝峰先生集》卷20《別錄跋》，《韓國文集叢刊》，066/183。
⑨李睟光《芝峰先生集》卷首張維《芝峰集序》，《韓國文集叢刊》，066/006。
⑩李睟光《芝峰先生集》卷首李廷龜《芝峰集序》，《韓國歷代文集叢書》，2030/007。

植謂"其詩簡古清絕,出入三唐,雖累韻疊篇,而終不失調格,此誠古人之所稀有者,倘非恬静研究之效歟"①。

今觀睟光詩,格調古雅,意趣淵深,又類能推陳出新,運乎變化。如《塞下曲》十首、《苦寒行次謝康樂》三首、《詠臘梅》九首、《人日效宋之問體》、《少陵公得盆一個……故詩以傷之》前後七疊五十六首等,皆變化多端,不拘一體。又《北京篇》二首,鋪陳華麗,描摹精緻,用典恰切,收放自如。而《見月詞》《築城詞》諸詩,又有樂府之風致焉。他如《築城詞》敘義州築城"五日運一石,十日運一木。驅石鞭見血,伐木山盡禿。主將但務速,役卒敢言勞。樓櫓一何壯,雉堞一何高。看看匪石築,一一民脂膏。築已旋復壞,何時築得成。吾聞以城城,不如以賢城。城城止百年,賢城可萬里。萬里與百年,終亦有時毀。曷若民爲城,本固邦乃寧。此城雖無形,萬世保太平。是知城非城,至險藏小民。願畫無形城,持以謁楓宸"②,此類詩作,風格迥變,可謂既關注民瘼,又善於諷諫矣。

0156-1611
李睟光《琉球使臣贈答錄》(《全集》第 10 册;《叢刊》第 66 册《芝峰先生集》;《叢書》第 2530—2532 册　刻本)

案李睟光有《庚寅朝天錄》(0083-1590),已著錄。李睟光出使事由,詳參前李尚毅《辛亥朝天錄解題》(0153-1611)。

《琉球使臣贈答錄》一卷,卷題下注"辛亥赴京時",輯自李氏《芝峰集》卷九。爲李睟光隨李尚毅出使期間,在玉河館與琉球使臣相唱和之作,共計七言律十九首,爲睟光《贈琉球國使臣近體十四首》、《謝琉球使臣贈詩及刀扇》一首、《遇暹邏使臣》二首,又附琉球使臣蔡堅、馬成驥答詩各一首焉。

據李睟光書後言,是年有琉球使臣蔡堅、馬成驥並從人十七員,宿玉

---

①李睟光《芝峰先生集》李植《芝峰集跋》,《韓國文集叢刊》,066/317。
②李睟光《續朝天錄·築城詞》,《燕行錄全集》,010/208。

河館。"狀貌言語,略與倭同。自僕等到館,頗致慇懃之意,願得所製詩文以爲寶玩,故欲見其酬答,略構以贈,而堅等短於屬文,不足與唱和耳。"①又稱暹邏使臣握坤喇・奈萬低鳌、副官握孟喇,亦在館中,"語音用番話,不識天朝文字,使臣年七十,戴金盔,從人並二十七人","其使臣爲奏請冠帶而來,天朝始許欽賜冠服"。② 琉球使臣和詩僅各一首,而暹邏使臣並一首亦無,蓋即睟光所謂"堅等短於屬文,不足與唱和"之故耳。睟光所贈十四韻,時明朝人任叔英謂"尤清高婉麗,不作時人一字一句"③。今觀其詩,則所論不爲過也。

又詩後有睟光與琉球使臣相問答之語,則仍爲問琉球地方幅狹、是否遵儒、有否科舉以及風土寒暖、國王姓氏傳祚、距日本暹邏距離、風俗特產等事④。又言壬子七月,濟州牧使啓得琉球國八人,"自說琉球國使臣,進貢回還,遭風缺食,要乞水米以歸。牧使領進軍兵,將欲接應,坐舡人等疑恐,却棄卸下人口,掛帆遠走,不知去向。其八人中,有姓名馬喜富者,稍解華語,供稱俺隨長史蔡堅進貢天朝,與貴國使臣某某相見,今年正月二十三日離北京,五月到福建,七月初一日開舡,十二日在海遇風,來泊貴國地方云。即將馬喜富等來京譯審,官給衣帽盤纏,押送天朝。夫琉球距我國隔海夐遠,自北京而福建,由福建而我國,又益遠,水陸所經,不知其幾許萬里,而僕等與其國人相遇於北京僅數月間,又漂到於我國。籲!亦異哉"。⑤

又李睟光據《續文獻通考》《吾學編》《慵齋叢話》諸書,考暹邏、琉球國風民俗及與朝鮮通使諸事,然紙上鈔撮,其說多謬誤也。如其論"'流求'之稱,始見於韓昌黎《送鄭尚書序》中"⑥。案此說大謬也,考中國史籍,《北史》即有《流求傳》,且言"流求國居海島,當建安郡東,水行五日而至"。豈待至韓昌黎始有"流求"之說耶?睟光不諳中國史事,又欲炫其博學,而《北史》常見之書亦不寓目,故誤而不自知耳。

---

①李睟光《琉球使臣贈答錄書後》,《燕行錄全集》,010/168。
②李睟光《琉球使臣贈答錄》附《暹邏》,《燕行錄全集》,010/172—175。
③李睟光《續朝天錄附任疎菴序》,《燕行錄全集》,010/286。
④李睟光《琉球使臣贈答錄》,《燕行錄全集》,010/169—172。
⑤李睟光《琉球使臣贈答錄》,《燕行錄全集》,010/176—178。
⑥李睟光《琉球使臣贈答錄・贈琉球國使臣近體十四首》其十三,《燕行錄全集》,010/166。

卷一八　0157—0166

光海君五年(萬曆四十一年　1613)—
光海君八年(萬曆四十四年　1616)

0157-1613
宋英耉《朝天詩》(《叢刊續》第 9 册《瓢翁遺稿》　活字本)

　　出使事由：聖節行
　　出使成員：正使慶尚道觀察使宋英耉等
　　出使時間：光海君五年(萬曆四十一年　1613)五月八日—十一月初？

　　宋英耉(1556—1620)，字仁叟，號瓢翁，鎮川人。幼俊穎卓異，爲成渾門下士。宣祖十七年(萬曆十二年　1584)登第。"壬辰"亂起，爲鄭徹從事官，募兵勤王。官至司諫院正言、清風郡守、司諫院大司諫、慶尚道觀察使、兵曹參判等。光海朝，爲星州牧使、慶尚道觀察使等。光海君廢母之論起，抗言力斥，遂遭遠竄，憂憤成疾，三年後卒於寓舍。有《瓢翁遺稿》三卷行世。事見《瓢翁遺稿》卷三《年譜》、李廷龜《神道碑銘》、《宣祖實錄》、《光海君日記》等。

　　宋英耉《瓢翁遺稿》三卷，凡詩二卷、《附錄》一卷，前有金鍾秀序，末有李敏輔跋。詩以體裁編次。爲其七代孫文述收集散佚編次，於正祖十七年(1793)以活字本刊行，《韓國文集叢刊續》據奎章閣藏本影印。

　　案宋英耉一生，曾兩度出使明朝。壬辰亂間，以聖節使書狀官赴京(萬曆二十一年六月隨洪麟祥聖節使團)。萬曆四十一年(光海君五年　1613)五月，浙江總兵楊宗業奏，日本與朝鮮於釜山開市，明朝疑朝鮮交通日本。光海遂遣宋英耉以聖節兼陳奏使朝京辨誣，又乞許貿焰硝、硫黃，以便演操。乞歲貿三千斤外，隨價許貿。一行於五月初八日啓行,十月十六日宋氏以交倭辨誣得請事,先馳啓報奏,蓋其時尚未歸國也。①《明神宗實錄》亦載,萬曆四十一年八月甲辰,"宴朝鮮國陪臣宋榮耈等四十一人如例"②。"榮耈"者,即"英耈"之誤耳。英耈呈文痛辨,陳白明懇,禮部嘉之,所奏皆蒙允許。其朝天詩有"四到七家嶺,再行萬萬里。夏秋冬節日,二十一年情"諸句③,即紀其兩度出使之實也。

宋英耈朝天詩五十餘首,散見《瓢翁遺稿》二卷中,以五言律爲多。英耈詩辭達理勝,沖澹贍邕,李敏輔評其詩"不規規於聲病態色,而直寫出胸臆,往往有樸茂勁渾,淋漓豪放之趣"④。若"老還就日睡,兒得避風聞"⑤,"獨卧不眠仍獨卧,新詩無味又新詩"等句⑥,語新句奇,飄逸不群,在同儕之中,亦畫角聲聲,不落下乘矣。

0158-1613

鄭弘翼《燕行録》(《全集》第15册 刻本;《東萊鄭氏文集》第3輯《休翁集》,東萊鄭氏宗約所編,曉星印刷社,1995年版)

鄭弘翼(1571—1626),字翼之,號休翁,東萊人。宣祖三十年(萬曆二十五年 1597)文科及第。官司諫院正言、司憲府持平等。會鄭仁弘誣成渾,群小並起齮齕,弘翼獨持正不撓,以此大忤當路。遞爲成均館典籍,尋出爲端川採銀官。及光海將廢母后,收議百僚,人人皆惴慄順旨,而弘翼與李恒福等數人,抗辭直諫,竄配於珍島,旋移鍾城,復移光陽,南北極邊,在謫六年。仁祖反正,以承政院承旨被召,遷成均館大司成。因曾傷於瘴毒,尋病卒。家貧無以殮殯,聞者莫不嗟惜。有《休翁集》四卷傳世。事見《休翁集》卷四張維、權愈《墓碣》及《仁祖實録》等。

---

① 《光海君日記》卷66,光海君五年(萬曆四十一年 1613)五月八日乙丑條;卷71,十月十六日庚子條。
② 《明神宗實録》卷511,萬曆四十一年(1613)八月甲辰條,063/9668。
③ 宋英耈《瓢翁遺稿》卷1《七家嶺憶舊》,《韓國文集叢刊續》,009/179。
④ 宋英耈《瓢翁遺稿》李敏輔《瓢翁遺稿跋》,《韓國文集叢刊續》,009/212。
⑤ 宋英耈《瓢翁遺稿》卷1《記見》,《韓國文集叢刊續》,009/179。
⑥ 宋英耈《瓢翁遺稿》卷2《宿冷泉用疊字韻》,《韓國文集叢刊續》,009/187。

案鄭弘翼出使事由，詳參前宋英耆《朝天詩解題》（0157-1613）。

鄭弘翼《休翁集》四卷，爲其子姪據遺稿刻於肅宗六年（1680），見《東萊鄭氏文集》第三輯（東萊鄭氏宗約所編，曉星印刷社1995年版），與《燕行錄全集》爲同一版本。前兩卷爲詩，後兩卷爲諸體文，末附張維、權愈各自所撰《墓碣》焉。

此《燕行錄》輯自鄭弘翼《休翁集》卷一，爲鄭氏出使時所作詩，凡一百一十餘首焉。全稿原件底色陰暗，左上角復遭水漬，故複製件字迹，艱於識辨。案鄭氏出使事，不見《光海君日記》等書。考張維所撰鄭氏《墓碣》，稱"壬子，陞通政階，拜成川府使。踰年，解官歸，自是優游散班，以冬至使赴京師還，屢爲分院承旨。至丁巳冬，廢母之議起，而公得罪去矣"①。然則鄭氏出使，必在甲寅（1613）、丁巳（1617）之間。考鄭氏燕行時，渡鴨江詩有"黃昏次狹水，水色正幽幽"之句②，在途有"遼雲漠漠遼天黑，客子衝雨催行役"之詠③，詩題有《七月初吉宿八里站》，發行前有"烏蠻館中四見月，今朝始得辭金闕"之句④。返程路上，又有《途中逢至日有感》諸詩。由此可見，鄭氏一行，必夏間始發王城，而冬日離發燕京，則必非冬至使團，張維所記誤焉。考其時日，與宋英耆使團相合，故今隸之宋氏之後焉。

鄭弘翼初入中國，觀賞流連，頗得其樂，所謂"竭來觀禮樂，忘却遠遊愁"⑤。其在發燕京日，見路有丐者凍餒瀕死，喟歎"嗚呼！安得復如唐虞世，普天鼓腹無窮民"⑥。則見其關注民生，有老杜精神也。鄭氏詩抒寫如意，疏澹有致，亦所謂庸中佼佼者也。

---

① 張維《谿谷集》卷12《鄭公墓碣銘》，《韓國文集叢刊》，092/183。
② 鄭弘翼《燕行錄·渡狹江》，《燕行錄全集》，015/093。
③ 鄭弘翼《燕行錄·雨中發遼城》，《燕行錄全集》，015/100。
④ 鄭弘翼《燕行錄·發燕京是日風色栗烈路見丐者凍餒濱死感而作此》，《燕行錄全集》，015/131。
⑤ 鄭弘翼《燕行錄·復次詠懷》，《燕行錄全集》，015/097。
⑥ 鄭弘翼《燕行錄·發燕京是日風色栗烈路見丐者凍餒濱死感而作此》，《燕行錄全集》，015/132。

0159-1613,1630
高用厚《朝天録前稿【原題朝天録】》(《全集》第 16 册;《叢刊》第 84 册《晴沙集詩》 刻本)

出使事由:賀節行
出使成員:正使閔汝任、書狀官高用厚? 等
出使時間:光海君五年(萬曆四十一年 1613)夏秋間

高用厚(1577—1652),字善行,號晴沙,光州人。敬命子,柳根侄。宣祖三十八年(1605)進士,翌年增廣文科登第。爲禮曹佐郎。光海君朝,任兵曹正郎。仁祖時,爲高城郡守,有不謹之誚。爲冬至使往中國,因擅用補參,事發流配晉州。著有《正氣録》《晴沙集》二卷等。事見金壽恒《晴沙集序》與《宣祖實録》《光海君日記》《仁祖實録》等。

高用厚《晴沙集》二卷,詩文各一卷,前有徐光啓、金壽恒二序。爲用厚子傅善據家藏草本蒐集,金壽恒删定,刻於肅宗、英祖年間,《韓國文集叢刊》據延世大學中央圖書館藏本影印,《燕行録全集》爲同一版本。

案高氏詩有《斗嶺河滯雨奉次使令公韻》,"令公"下注"閔汝任",考《宣祖實録》及他書,皆不載閔氏出使之命。然高用厚《觀貞女祠序》謂"蓋萬曆紀元之歲在癸丑秋,余以賀節陪臣,赴京師"①。則知其出使在癸丑,乃光海君五年(萬曆四十一年 1613),身份則爲賀節使耳。又高氏詩題屢有"奉次振衣令公韻",考閔汝任(1559—1627),字聖之,號醉翁、振衣,驪興人。則其正使必閔氏無疑也。然是年聖節使爲宋英耈,則閔、高或爲賀他節而出使也。

是卷輯自高用厚《晴沙集詩》卷一附録《朝天録》,共録詩三十首。"附朝天録"大題下,另行詩題《渡江過鳳凰城遇雨》下注"以下前稿"②。可知其原有《前稿》《後稿》之分,然則爲兩次出使時所作,編纂者溷混不分,今爲分《前稿》《後稿》而著録焉。考《前稿》十二首,有《斗嶺河滯雨奉次使令公(閔汝任)韻》《途中集唐詩即分水嶺》《盤山鋪聞曉角》《過薊

---
①高用厚《晴沙集》卷2《觀貞女祠序》,《韓國文集叢刊》,084/182。
②高用厚《朝天録前稿【原題朝天録】》,《燕行録全集》,016/137。

州》諸詩,則爲《前稿》陸路朝天時所作也。徐光啓謂高氏詩"不爲奇麗,自有真意,不爲曠達,自有遠思,遼薊行邁之作,神廟升遐之篇,玉河立春之什,忠愛藹然,古道繇兹矣"①。然用厚詩叙景寫實,中規中矩,光啓所謂真意遠思者,誇贊之詞耳。其卷二有《觀貞女祠序》,亦當作於此次出使期間也。

0160-1614
金中清《朝天錄》(《全集》第 11 册;《叢刊續》第 14 册《苟全先生文集》;《叢書》第 2245—2246 册　刻本)

出使事由:千秋兼謝恩行
出使成員:千秋使户曹參議許筠、書狀官禮曹正郎金中清等
出使時間:光海君六年(萬曆四十二年　1614)四月二十一日—翌年正月十一日

金中清(1567—1629),字而和,號晚退,又號苟全、草廬,安東人。早年受業於朴承任、趙穆之門,晚又請益於鄭逑,私淑於李滉。以親老故,晚始攻舉子業。困於科場,格於有司,布衣蹉跎者四十年。光海君二年(萬曆三十八年　1610),中明經覆試第二。官漢城府參軍、禮曹正郎、司諫院正言、新安縣監等。有政聲。爲人搆捏,遂棄官歸。以經史自娱而卒。有《苟全先生文集》八卷行世。事見《苟全集》卷七李光庭《行狀》、黄㦂《墓碣銘》、《光海君日記》等。

金中清《苟全先生文集》八卷,爲金氏門人南亨會孫楊烈家藏稿,經其外曾孫李光庭等蒐集整理,於純祖三十一年(1831)刊行,《韓國文集叢刊續》據奎章閣藏本影印(《韓國歷代文集叢書》同),與《燕行録全集》爲同一版本。前有李光庭、金鼎均二序,末有金是瓚、金胤根跋。前三卷爲詩賦,卷四至卷五爲諸體文,卷七爲金氏《年譜》《行狀》《燕行贈遺》等,卷八爲《朝天日録》。

案光海君六年(萬曆四十二年　1614),金中清以書狀官身份,隨千秋兼謝恩使許筠入明。先是,金氏於上年十二月十三日,落點謝恩使書狀

---

①高用厚《晴沙集》卷首徐光啓《高使君詩序》,《韓國文集叢刊》,084/135。

官,知事閔馨男爲上使,同知吕祐吉爲副使。是年三月八日,復改以户曹參議許筠爲千秋兼謝恩使,閔氏爲進香使,吕氏爲陳慰使,金氏則仍爲千秋兼謝恩書狀官也。

此《朝天録》一卷,輯自金中清《苟全先生文集》,其目録序次爲第八卷,而卷中所題則爲《苟全先生文集别集》,據末李光庭跋文可知,此爲將金氏當時所記《日録》與《聞見事件》,參究事實,通爲一録者,然則非金氏原貌可知也。而日記即爲金氏光海君六年(1614)四月,以千秋兼謝恩行書狀官身份赴燕期間所記也。

金氏是書,所載頗爲詳盡。尤爲他家燕行録中所罕見者,其論與上使許筠一路之齟齬,及許氏種種之不堪,或詳或略,或明或晦。二人自渡江前驅答下人、許氏欲私交鎮江之中國金游擊而金氏不從,直至歸國,沿途所在,無不生隙也。蓋許氏好談佛仙,而金氏則篤信程朱;許氏於沿路悠游自在,乘轎而行,而金氏雖爲書狀官,却"左手傘扇,右手鞭轡,與譯官無異,行色酸苦,不可名狀"①,極表不滿;許氏與譯官玄應旻等相勾結,行賄私販,有辱國體,金氏雖屢欲干涉而無果;許氏於沿路送其姊與己之文集於中國官員紳士,腼顔求序,揚己名於中華,金氏以爲此乃人臣而涉私交,有違國制。許筠凡此種種,皆令金氏所不齒也。

又當時許筠讀中國書,見如《經世實用編》《弇山別集》《史乘考誤》《吾學編》《續文獻通考》等書中有誣罔朝鮮國王宗族語,金氏不得已,又隨其呈辨誣文字於主客司,此則成許氏再次出使辨誣之因由。故金氏於書末有《聞見事件末端獻説》文,論有十不可,如使與書狀必須極擇清慎操守之人,軍官切忌市井無賴,子弟不可冒率使之倚勢作弊,譯官十分揀擇切勿苟充其數,使與書狀非迫於不得已,勿令私相干見上國縉紳等,實皆因有感於此行諸弊也。然其所論,亦深中向來使臣與下人之弊。《實録》論許筠"好作贋書,自山水讖説、仙佛異迹,皆自僞撰,其文勝於常時述作,人莫能辨。至於造作謗國文書,以爲自家辨説希功地,其爲計極矣"②。與金氏之説大同,則金氏之所述,殆多爲事實,並非捕風捉影者之謂也。

---

① 金中清《朝天録》,《燕行録全集》,011/453。
② 《光海君日記》卷83,光海君六年(萬曆四十二年 1614)十月十日己丑條。

又金氏此書,若論"自義州至遼東""自遼東至山海關"站數里程及風俗物貨等,與蘇光震《朝天日錄》全同,蘇氏出使在前,則當爲金鈔蘇書也,朝鮮使臣《燕行錄》中,後使鈔撮前使之文,頗不鮮見矣。

0161-1614
金中清《燕程感發【原題朝天詩】》(《全集》第11冊;《叢刊續》第14冊《苟全先生文集》 刻本)

案金中清有《朝天錄》(0160-1614),已著錄。

此卷輯自金中清《苟全先生文集》卷一,共錄詩百五十餘首,即金氏光海君六年(萬曆四十二年 1614)出使途中所作也。《燕行錄全集》編纂者名其爲《朝天詩》,然據金氏詩末跋稱,"斯作也,何以謂《燕程感發》也? 余非從事吟詠者也,於詩自知非所長,而或遇事物之來,有所動於中,不能無藹然之情,於是乎情以言形,而其言之工不工,有不暇顧焉者,余之習亦痼矣。今余往來燕都,遠之爲數千里,久之爲夏秋冬,山川崖谷,州府亭院之形勝,鳥獸草木人物之奇怪,風雨霜露之變態,喜怒、窘窮、憂悲、愉佚、怨恨、思慕、芬華、酣醉、無聊、不平,嬰乎外而動於内者,不知其幾千萬幻,而情之所感,言不得不發,隨感隨發,欲已而未已,不耻蕪拙,成輒題之,凡若干篇。……是用謄諸册子,名以是名,以爲私弆。噫! 不曰'稿'而曰'感發',其拙可知矣"①。案此跋作於金氏在玉河館時,且其詩《坡州道中口占》目錄與卷中正文詩題下注亦稱"此下《燕程感發》"②,則知其稿原名《燕程感發》矣。編纂者不察,而冠以《朝天詩》,則非金氏原意也,故今仍復其名,俾還其舊焉。

案金中清所作,詩格稍卑,然波瀾意度,含思淒婉,亦約略可睹。其思鄉之作,若"海客燕山儘有緣,淹留九月又冬天,壯遊已盡觀周興,歸夢還催鴨水邊","回頭悵望思歸意,只爲天涯有白云",③"陵河遥望十三山,屹

---
①金中清《燕程感發【原題朝天詩】》末識語,《燕行錄全集》,011/384—385。
②金中清《燕程感發【原題朝天詩】·坡州道中口占》,《燕行錄全集》,011/325。
③金中清《燕程感發【原題朝天詩】·偶吟》其一、其三,《燕行錄全集》,011/369。

立前途候客還。見爾便知東塞近,青眸如對故人顏"等句①,"遼東城郭豈吾鄉,華表看來豁兩眶。此去龍灣又數百,若投魚齒定顛狂(魚齒,島名,在鴨江邊)"諸詩②,頗見情切戀鄉之態。《謝方初陽以大學衍義見贐》末聯"萬里各萬安,一心期一生"③,堪稱警句。又若《西北行次古東南行一百韻》,長篇巨製,縷述不厭。而《見新月戲題》中若"既見去月月,又見今月月。何處去去月月,何處來今月月"諸句,乃獨韻之變格。中清後裔鼎均稱其祖"爲文真正平實,根據理義,不沾沾爲作者家法,而繩墨自中於閩洛。詩亦忠厚感發,往往不失三百篇宗旨"④。中清尊崇程朱,故詩中偶亦露道學氣息,以理入詩,拳拳誨人,而詩意反晦矣。

案朝天一行三使,若皆詩人,則沿途興會,唱和不已,每每皆是。而此行上使許筠與書狀金中清,雖皆有詩卷傳世,然觀金氏此卷,及許氏集中,不見唱和,即此可知二人一路之不諧矣。金氏卷中,唯見其詩題稱,"上使得李氏《莊書》(莊爲焚之誤)一部,以爲奇示余,其書自做題目,勒諸前代君臣,其是非予奪,無不徇己偏見。……余見而大駭曰:此等書寧火之,不可近"。又言得知李贄書終遭焚毀,金氏遂"感題二律,既傷之,又快之,快之中又有傷焉。傷哉!傷哉!其誰知之"。其詩亦謂"妖書寧免火,天子聖明全"。⑤ 謂贄書自執妄見。"是非黜陟,大乖儒家已定之論。夷考其人,始以山僧有名,五十後冠顛中進士,知府遞不復仕。其學始爲佛,中爲仙,終爲陸,能文章,言語惑誣一世,其徒數千人,散處西南,以攻朱學爲事云。"⑥而許筠《讀李氏焚書》則稱"清朝焚却禿翁文,其道猶存不盡焚"⑦。即此亦可知二人爲學次第不同,而中心所持又迥異,無怪乎一路

---

① 金中清《燕程感發【原題朝天詩】·十三山》,《燕行錄全集》,011/380—381。
② 金中清《燕程感發【原題朝天詩】·遼東》,《燕行錄全集》,011/382。
③ 金中清《燕程感發【原題朝天詩】·謝方初陽以大學衍義見贐》,《燕行錄全集》,011/374。
④ 金中清《苟全先生文集》金鼎均序,《韓國歷代文集叢書》,2245/055。
⑤ 金中清《燕程感發【原題朝天詩】·上使得李氏……其誰知之》,《燕行錄全集》,011/351—353。
⑥ 金中清《燕程感發【原題朝天詩】》,《燕行錄全集》,011/504—505。
⑦ 許筠【原題許筠】《乙丙朝天錄【原題朝天錄】·讀李氏焚書》其一,《燕行錄全集》,007/316。

不合,各執己見,可謂良有以也。

0162-1614
李好閔等【原題金中清】《赴京別章》(《全集》第 12 册　原草本)

案李好閔有《燕行録》(0115-1599),金中清有《朝天録》(0160-1614),皆已著録。

此《赴京別章》三卷,乃金中清光海君六年(萬曆四十二年　1614)出使前,請衆家師友門生所贐之詩文也。據金氏自稱,其行前曾不論朝野遠近,博請於人,或五言,或七言,長篇焉,短律焉,間以絶句,兼之叙文,有握手丁寧而贈,有覿面綢繆而寄,未洽則二三其章,不及則迢而送之,所得甚富。在玉河館之日,付工裝潢爲上下兩帙,朝夕賞玩,有若師友左右相與講討之樂,千里面目,一紙精神,豈特如片夢中依然一場會合而已哉。①又有光山金瀅相跋,稱中清十一代孫洛鎮,袖兩帙舊帖,要其改粧,開而視之,即《赴京別章》也。於今三百有年之久,而字畫如新,宛若對越於出之日矣。遂敬爲重裝,分屬上中下三帙。瀅相之跋,稱"歲甲辰二月",又謂"三百有年",則此甲辰當爲清光緒三十年(1904),距中清赴燕爲二百九十年矣。② 則又知其原分兩卷,後重裝爲三卷矣。

今此三帙,凡收録諸家詩文六十餘人詩八十六首、對聯一幅、序文一篇、跋文二篇,末《上國瓊章》則收中朝人李應岳五言律兩首,或有草書而字不能識者。贈詩諸家,有沈伯懼、李好閔、李時發、車天輅、曹應沐等,亦有中清門生若權在璣、權在璿等,更有只署名號若鐵崖布衣、石門散人、五芝山人等者。諸家詩題或題千秋使書狀,或言謝恩使書狀,或言千秋兼謝恩,或言謝恩兼千秋者,則如前所述,因其前後有變之故也。末題年月,多題"四月""孟夏""夏月",而最早者有"政月上浣",最晚者則爲"秋八月既望",則爲計其返國之日而詠也,故詩中有"使節東歸駞騎忙,計程今已到遼陽"之句也。

---

①李好閔等【原題金中清】《赴京別章》卷上,《燕行録全集》,012/241。
②李好閔等【原題金中清】《赴京別章》卷上,《燕行録全集》,012/234。

據任叔英《序》,則金中清雖工於藝富於詞,然厄於科場,格於有司,困於布衣者四十年,則其不能得志矣。其中若"月川門下問誰先,見說當時陋巷賢"諸句,可知其曾爲趙穆(月川)門下高足也。① 金氏以爲"臨別贈言,古之道也。欲人之善而勉之以言,恐人之失而戒之以言",懼其不能事"位顯而交新"之上使與同行之譯員等,又深懼有辱君命,故"求一言之勉乎余"者,所謂"由今之言得古之意,則今言由古言也"。② 此册能在天壤間存至今日,諸人手稿,名筆煥然,誠可貴也。今有韓國國學振興院2004年影印本(原藏高麗大學圖書館),蓋爲此類別章中,保存最完好者矣。

0163—1615

許筠《乙丙朝天錄》(《全集》第7册　鈔本;崔康賢教授整理譯注本,韓國國立中央圖書館,2005年版)

　　出使事由:冬至兼陳奏行
　　出使成員:正使閔馨男、副使承政院右承旨許筠等
　　出使時間:光海君七年(萬曆四十三年　1615)閏八月十日—翌年二月二十九日

　　案《乙丙朝天錄》原本名《朝天錄》,鈔本,藏韓國國立中央圖書館。著錄爲許筠兄筬所著,《燕行錄全集》誤從之,世傳筠有《乙丙朝天錄》,經學者考證即是書也。現有韓國崔康賢教授整理譯注本,以韓語翻譯配以漢語原詩,後附原書縮印本,並有附錄,便於讀者。惜審校不精,漢字釋讀與韓文譯注,均訛錯滿紙,難以卒讀。筆者曾撰文以糾其誤,讀者自取其文與原書共參可耳。③

---

①李好閔等【原題金中清】《赴京別章》卷上李時發《奉別金郎中書狀》,《燕行錄全集》,012/022。
②李好閔等【原題金中清】《赴京別章跋》,《燕行錄全集》,012/240—241。
③詳參漆永祥、呂春燕《韓語譯注本〈乙丙朝天錄〉糾誤》,載韓國高麗大學中國語文研究會編《中國語文論叢》(第40輯),韓國高麗大學中國語文研究會2009年版,第151—186頁。

案乙丙者,乃光海君七年乙卯(萬曆四十三年 1615)與八年丙辰耳。時光海君差閔馨男爲冬至兼陳奏使,許筠爲副使,出使明朝。一行於閏八月初十日謁闕辭朝,翌年二月二十九日返國覆命焉。

朝鮮爲宗系辨誣事,自萬曆十七年尹根壽等擎回修訂之《大明會典》,大封功臣後,本已結束此樁公案,不意又起波瀾矣。先是,萬曆四十二年十月,奏請使朴弘耈等馳啓,在館候旨期間,適因循例,討買書籍,得見《吾學編》《弇山別集》《經世實用編》《續文獻通考》等四種内有記載朝鮮事迹一款,委與《大明會典》所録,乖錯殊甚,而又以不近情理之説,横誣其先王,亦即李成桂爲李仁人之子,首尾凡弑四王篡位云云。又進賀千秋陪臣許筠,回自京師,又將各樣書册通共十一種上啓。若鄭曉《吾學編》、雷禮《皇明大政記》、王圻《續文獻通考》、馮應京《經世實用編》、饒伸《學海厄言》、王世貞《弇山堂別集》、黄光昇《昭代典則》、萬表《灼艾集》、伍袁萃《林居漫録》等,所載之説與前述相同,實堪痛駭。又《續文獻通考·論倭事》《經世實用編·海防諸説》稱釜山之地,相傳舊屬日本,又輕割對馬島予日本,朝鮮向日本"周以粟帛,致爲歲例"等説,誇誕不祥,天壤之間,寧有此事? 許筠等返國,政院啓曰:"許筠於中朝書籍,得我國被誣事,固當駭痛,有所陳辨。然宗系改正,昭揭於《會典》,壬辰辨誣,快雪於中國,明辨洞釋,皎若白日。諸家文集、不經小説,雖未盡滅,豈必取信? 徐徐辨奏,亦無不可,啓達之前,徑先呈文,摘抉幽隱,惹人視聽,其中處事,未免顛邊。閣部推諉,使之陳情,在我之道,不容少緩。但如此重事,使臣未來,遽即陳訴,事屬未便,姑待使臣出來,酌議停當,從容陳奏事,令廟堂詳覈處置何如?"然光海君終又遣閔馨男、許筠入明陳奏辨冤矣。謂"將臣此奏,備行通諭天下,使中外瞻聆,曉然若家到而户説,發袪蒙蔽,終始湔滌,仍令史館,特書記録之中,快辨真贋,使私述之書,不得混擾於國史,則聖上之昭明祖訓,洞雪積冤,道協三無,光被九有。而微臣之先祖先父,庶無遺憾於泉下,存殁幽明,銜恩感德,俱懷隕結之志矣。臣誠無任懇悶危迫之至,緣係痛辨誣冤,乞賜昭雪事理,爲此謹具奏聞。右謹奏聞,伏惟聖旨"。①

---

① 《光海君日記》卷94,光海君七年(萬曆四十三年 1615)閏八月十日甲寅條;卷100,光海君八年(1616)二月二十九日庚午條。

又《明神宗實錄》亦稱："萬曆四十三年十一月庚辰，朝鮮國王李琿差陪臣閔馨男等來賀冬至。奏稱本年買回書籍，見《吾學編》《弇山堂別集》《經世實用編》《續文獻通考》四種書內，有記載該國事蹟與皇朝《會典》乖錯殊甚，乞爲刪正。禮部覆：'該國奏辯李成桂世系出自李子春之裔，不係李仁人之後。其撫有三韓，繇國人之擁戴，不繇弒逆節。經累朝詔旨改正，《會典》所載自明。……該國以四種書爲辯，無非耻作逆黨而自處於彝倫效順之邦。乞憫其誠，將原奏付史館爲纂修成案，抄傳海內，俾無不白之冤。'上曰：'該國世系諸事，屢經辯明改正，載入《會典》。……今次奏詞，着抄付史館，以俟纂修。仍賜敕與王，慰其昭雪先世之意。'"①《實錄》所載，即此次許筠等出使之目的，即其詩所稱"翟章方缺激孝念，邦誣未洗疚淵衷"者也②。

案閔馨男、許筠行前曾啓，此行所幹之事甚重，諸衙門需索，必倍於他節行，求如白扇、油扇、花席、畫硯、油苔、呈文紙等物，另爲磨鍊給送。後許筠以罪死，許氏兄弟，皆被視爲奸臣賊子。故《光海君日記》謂"筠所買書籍，間有所自作，又有《林居漫錄》一卷草本，言王奸兄位次，嗣位不正，故王不自奏，使臣僚呈文辯正。蓋筠之隸屬玄應旻，多材能漢語，出入市井，換貿如漢人，故能以贋書混其中，華人莫能辨"③。又謂上价許筠，乃叵測人，得所謂《林居漫錄》而添入朝鮮祖宗受誣事，希凱恩賞，請金中清載諸《日錄》，中清直書之曰："筠到中路，未臣乃寫本也。"筠由是銜焉。④又稱是行國王與銀一萬數千兩，閔馨男議以重貨不可付譯官，分置於兩使及書狀官三房。一夜筠言銀適被偷，以空橐示人，一行痛駭。實則其所攜銀，筠盜用其半，禮部嫌其賄少不許。翌年十一月初四日，復遣議政府左議政李廷龜、工曹判書柳澗等再入明陳奏，至是復齎萬數千兩而行，皆譯舌輩與禮部郎吏分利者也。案其謂許氏盜用公銀，今不可考其真假。其又謂許氏假造書籍，掇拾上聞，以中王意，遂以卞誣自任，以欺國王，然《林

---

①《明神宗實錄》卷539，萬曆四十三年（1615）十一月庚辰條，064/10241—10242。
②許筠【原題許篈】《乙丙朝天錄【原題朝天錄】·燈花謠》，《燕行錄全集》，007/324。
③《光海君日記》卷33，光海君七年（萬曆四十三年 1615）閏八月八日壬子條。
④金中清《苟全集》卷7附錄黃㦿《墓碣銘》，《韓國歷代文集叢書》，2246/039。

居漫錄》則實有其書,而所記亦實有其事也。《林居漫錄前集》六卷、《畸集》五卷,明伍袁萃撰。袁萃字聖起,吴縣人。萬曆庚辰進士,官至廣東海北道按察司副使,事見《明史·徐貞明傳》。則許筠並非假造以欺主者也。

《乙丙朝天錄》凡四卷,卷一收自九月初六日渡鴨綠江,至十一月二十四日在北京詩,凡百四十餘首;卷二收自十一月二十七日呈文禮部至翌年二月初三日受敕準備出發詩,凡百七十餘首;卷三收自二月初三日從帝京向通州至三月初一日回渡鴨江詩,凡五十餘首;卷四收自龍灣客夜至回京詩及其他詩,共十二首。作者於《自序》中稱"編成三百六十餘篇",實則總計有三百八十餘首之多。自去歲九月渡江至今年三月返國,歷時凡七閱月焉。

許筠之詩,自稱"其綺豔敷腴,雖不逮前日,而和平敦厚有過於少作,以其不經意而得之,故洒愈於湛思淵索之所獲,吾亦不自知其所由然矣"。又《自序》引"九我李閣老評曰,詩有華泉清韻",此非全爲虛語。① 筠師從李達,達爲當時"三唐詩人"之一。筠詩凡三變,初學陶、謝,後學韓、杜、陳、蘇,三變則以不襲古而推陳出新爲第一義。由道緣情,以常語抒懷,所謂"爲文只可達吾辭,未必冥搜極怪奇"②。其所吟詠,題材豐富,踔厲縱横,若《路左有演西廂戲者》《讀無雙傳有感》《題王司寇劍俠傳後》等,爲題詠小説戲劇者,若《夜讀後漢逸民傳有感》《讀章本清心性説有感》等,則爲談性理之説,其兼通佛乘,故時出語若釋家語。又《讀武按察舉業卮言》《讀李氏焚書》,言"休言舉業似雕蟲,不着工夫亦不工"③,"清朝焚書秃翁文,其道猶存不盡焚"④,皆見道之語也。又若《效薩天錫體》《效丁鶴年體》《效楊廣夫體》《貫石雲體》《黄叔暘體》《倪雲林體》《用樂

---

① 許筠【原題許筜】《乙丙朝天錄【原題朝天錄】自序》,《燕行錄全集》,007/272—273。
② 許筠【原題許筜】《乙丙朝天錄【原題朝天錄】·病中記懷追叙平生》其七,《燕行錄全集》,007/392。
③ 許筠【原題許筜】《乙丙朝天錄【原題朝天錄】·讀武按察舉業卮言》其二,《燕行錄全集》,007/308。
④ 許筠【原題許筜】《乙丙朝天錄【原題朝天錄】·讀李氏焚書》其一,《燕行錄全集》,007/316。

天達理韻》《用康節龍門道中韻》《用淵明東方有一士韻》《效樂天》等,則效歷代名家之體而賦之,若《自警》《病中記懷追敘平生》諸詩,則又詩自成杼軸,以言志者也。時許氏四十餘歲,人在中年,然詩中常有年邁力竭,流露退意之思,如"年來見事漸分明,只合漁樵了此生。夷惠縱高終役智,巢由似潔近求名"諸詩皆是①。然歸國數年,未能退引林下,垂釣鑑湖,反因參與政變,以悖逆罪死,令人至今尚惜之不已也。

0164-1616
金止男《丙辰朝天詩》(《叢刊續》第 11 册《龍溪遺稿》 刻本)

出使事由:謝恩行
出使成員:謝恩使權悏、副使金止男、書狀官李忠養等
出使時間:光海君八年(萬曆四十四年 1616)五月—八月

案金止男有《壬寅朝天詩》(0118-1602),已著錄。

金止男《龍溪遺稿》卷二《浮碧樓次韓世能韻》詩題注"以下丙辰以謝恩副使赴京時"②。考《光海君日記》,八年四月初二日,以金止男爲謝恩使,權慶祐爲冬至使,睦大欽爲副使。③ 然最終出使時,爲謝恩使權悏、副使金止男、書狀官李忠養,則中間又經遞換矣。其詩有《七月初三夜》,此前一首爲《統軍亭次韻》,則其實蓋尚未過鴨江,則拜表發漢京似在五月底或六月初。又據《光海君日記》,是年正月二十七日,以"丁好善爲千秋使,金鎏爲聖節使"④。而金止男在館期間詩有《金丁兩使與三書狀會於西庭樹下……仍用北渚前韻》,正謂金鎏、丁好善也,蓋三起使行同在館中故耳。

金氏第二次出使所作詩,見《龍溪遺稿》卷二,亦三十餘首。金氏此行已是近耳順之行,故率帶其弟同行,在山海關、望海亭等地,皆有《次舍弟韻》。在山海關,聞所交趙鸚已死,有子適在村莊,訪之不見,故其詩歎

---

①許筠【原題許篈】《乙丙朝天錄【原題朝天錄】·用康節龍門道中韻》,《燕行錄全集》,007/372—373。
②金止男《龍溪遺稿》卷 2《浮碧樓次韓世能韻》詩題注,《韓國文集叢刊續》,011/056。
③《光海君日記》卷 102,光海君八年(萬曆四十四年 1616)四月二日辛丑條。
④《光海君日記》卷 35,光海君八年(萬曆四十四年 1616)正月二十七日戊戌條。

"舊館無主人,梁月想顏色。昔我詠雄關,居然見推服。欵欵露心肝,置酒白如玉。蒼茫十五年,慘愴平生屋"①。則其拳拳與知己,誠可感也。觀其在京期間,時金鎏以聖節使同在館中,故相與唱和,以爲樂事。他若《天壇十韻》,蘊藉貴富,豐腴雍容,帝京氣象,頗可賞讀。又一行在途兩朔,未嘗遭雨,身亦無恙,甚爲吉幸,故詩有"川原長白日,楊柳又清飆"之句以誇幸②。然抵館之後却患脚病,返國途中,亦頗不順耳。

0165-1616
李廷龜《丙辰朝天錄》(《全集》第 11 册;《叢刊》第 69 册《月沙先生集》 刻本)

　　出使事由:陳奏行
　　出使成員:正使議政府左議政李廷龜、副使工曹判書柳澗、書狀官張自好等
　　出使時間:光海君八年(萬曆四十四年　1616)十一月四日—翌年八月十七日

案李廷龜有《戊戌辨誣錄》(0109—1598),已著錄。

　　光海君八年(萬曆四十四年　1616)十一月初四日,以左議政李廷龜爲陳奏使,偕副使工曹判書柳澗、書狀官張自好往北京,專爲申請恭聖王后冕服事。先是,萬曆四十三年六月,謝恩陪臣尹昉等回自京師,齎捧到追封光海君生母金氏誥命。只緣所有冠服,未蒙欽賜。光海以爲,追封之與生封,均是寵典;誥命之與冠服,原非兩物。有封爵則有誥命,有誥命則有冠服。未有命以爵而無其章,受其封而欠其服者。故遣使臣入京奏請冠服。③ 史載前次閔馨男之行,齎銀萬餘兩,兼請誥冕,爲許筠盜用其半,禮部嫌其賄少不許。至是復齎萬數千兩而行,皆譯舌輩與禮部郎吏分利者也。④

---

① 金止男《龍溪遺稿》卷 2《山海關次舍弟韻》,《韓國文集叢刊續》,011/058。
② 金止男《龍溪遺稿》卷 2《在途兩朔未嘗遭雨身亦無恙薊門路上喜吟》,《韓國文集叢刊續》,011/058。
③《光海君日記》卷 109,光海君八年(萬曆四十四年　1616)十一月四日辛未條;卷 118,光海君九年(萬曆四十三年　1617)八月十七日己酉條。
④《光海君日記》卷 109,光海君八年(萬曆四十四年　1616)十一月四日辛未條。

廷龜於前往北京路途即病,過大凌河後,在除夕夜"病甚"①,到京後在玉河館治病達半年之久,方勉力踏上歸程,一行尚未回返,光海君因廷龜奉命赴京,六朔留滯,歷艱疾病,故"上使李廷龜加資,其子明漢六品遷轉,副使柳澗超資,書狀官張自好加資"②。返國途中,副使柳澗狀啓李廷龜病重,光海以爲"李廷龜以國之重臣,爲國事屢赴京,今至病重,極可驚慮。急遣內醫,齎去相當藥,馳往以救"③。至八月十七日,廷龜肩輿還朝請辭,光海慰留,可謂九死而一生也。

此卷輯自李廷龜《月沙先生集》卷六,共計詩近四十首,蓋一路病甚,體弱心悶,無力吟詠故也。然若《到連山關……喚謂冰舡》一詩,爲詠雪馬戲,所謂"衰翁興不淺,佳客醉相牽。勝事聞前輩,狂遊學少年。吾鄉稱雪馬,殊俗看冰舡"④。又若《張書狀一日來話話間……口占二絶戲奉書狀》詠沿途所見騎驢蒙紗之女子,謂"粉眼羞人乍暈紅,春風吹捲碧紗籠。自憐老眼元多障,隨處看花似霧中","紅裙翠袖淡粧妍,脈脈相看瞥眼邊。只爲自矜嬌豔色,何煩學士捲紗錢",⑤情態畢顯,意趣多多。另如在灤州遇大雨,詠《大雨行》,氣勢頗爲宏壯。⑥《謝贈熊御史三首(在玉河館)》詠異國兄弟之情,感情真摯。而《過前屯衛二首》謂"聖朝無策靜胡塵,馬市金繒歲歲新。聞說夷酋來欵賞,還將一陣殺邊民"⑦。此則直刺明廷於女真之無能爲力,養癰貽患,而自欺欺人也。

0166-1616
睦大欽《丙辰朝天録》(《續集》第 104 册;《叢刊》第 83 册《茶山集》 刻本)

出使事由:冬至行

---

①李廷龜《丙辰朝天録·除夕口占》詩題注,《燕行録全集》,011/145。
②《光海君日記》卷 117,光海君九年(萬曆四十五年　1617)七月二日甲子條。
③《光海君日記》卷 118,光海君九年(萬曆四十五年　1617)八月一日癸巳條。
④李廷龜《丙辰朝天録·到連山關……喚謂冰舡》,《燕行録全集》,011/143。
⑤李廷龜《丙辰朝天録·張書狀一日來話……口占二絶戲奉書狀》其一、其二,《燕行録全集》,011/147。
⑥李廷龜《丙辰朝天録·大雨行》,《燕行録全集》,011/151。
⑦李廷龜《丙辰朝天録·過前屯衛二首》其二,《燕行録全集》,011/153。

出使成員：正使權慶祐、副使睦大欽、書狀官鄭世矩等

出使時間：光海君八年（萬曆四十四年　1616）八月十五日—？

睦大欽（1575—1638），字號籍貫不詳。宣祖朝，爲弘文館正字。光海君時，擢弘文館修撰、吏曹佐郎、北道督運使、工曹參議、同副承旨等。仁祖朝，任工曹參議等。事見《宣祖實錄》《光海君日記》《仁祖實錄》《承政院日記》等。

睦大欽《茶山集》二卷，前有權愈序，兩卷皆詩，以體裁編次，爲其姪存善於肅宗十一年（1685）刊行，《韓國文集叢刊》據奎章閣藏本影印。

光海君八年（萬曆四十四年　1616）中秋佳節，遣冬至使權慶祐、副使睦大欽、書狀官鄭弘遠等奉表朝京。① 時權慶祐（1547—1616，字申之，安東人）已是七十高齡，中路病重，勢難前進，光海命"以尹安國代送"②。後政院啓"前去使臣，既到上國地方身死，則上國邊臣，自當奏於皇上，雖不送他使臣，少無所妨。況節日已迫，追往使臣，必不可及。使臣之病患，遼、薊之攔阻，難保其必無。若有狼狽難處之患，則不如不送之爲愈"③。旋權氏病卒於越江後數十里之馬兒谷。光海以爲"赴京使臣，六十歲老病人，勿爲差送，下教非一，而敢以衰老權慶祐擬差，竟至於病死中道，以致使事未免顛倒，極爲非矣。吏曹堂上、郎廳推考"④。又平安道觀察使金藎國狀啓謂，權慶祐既死，"則所率軍官、子弟，所當落後還來。而軍官卞應寬、尹敬仁、金泰榮，打角子弟金應窟等，利其赴京得貨，委棄使臣喪柩，追隨副使，無端入去，極爲駭愕。令攸司查覈處置"⑤。據此可知權氏卒後，以時日緊迫，尹安國並未代其出使，蓋即以睦大欽替代前往也。又從其《贈書狀鄭大方（世矩）》詩⑥，則書狀官又爲鄭世矩，非鄭弘遠，蓋弘遠亦未成行，以世矩替代者也。

睦大欽朝天詩凡百七十餘首，分散於《茶山集》兩卷中。如卷一五絕

---

①《光海君日記》卷106，光海君八年（萬曆四十四年　1616）八月十五日癸丑條。
②《光海君日記》卷107，光海君八年（萬曆四十四年　1616）九月十九日丁亥條。
③《光海君日記》卷108，光海君八年（萬曆四十四年　1616）十月三日庚子條。
④《光海君日記》卷110，光海君八年（萬曆四十四年　1616）十二月四日庚子條。
⑤《光海君日記》卷111，光海君九年（萬曆四十五年　1617）正月四日庚午條。
⑥睦大欽《茶山集》卷2《贈書狀鄭大方（世矩）》，《韓國文集叢刊》，083/054。

《口占》、七絶《玉溜泉》、五律《重陽憶舍兄》等,卷二七律《松京懷古》、七古《遼陽見雪效古》等詩題下,皆注"以下丙辰朝天時"或"丙辰赴京時",多與書狀官鄭世矩唱和之作也。

案睦大欽出使之時,遼東局勢,已危如累卵,而其《塞下曲》仍唱"遼東老將身無事,夜夜營門看月明"①。又在館期間,所詠如《領賞》《觀伶樂》《謝恩》《參演儀》《下馬宴》《謝欽賜下程》諸詩,尚極度誇讚"四海文明治洽洽,一堂魚水樂融融"②,"翠釜鮮肪傅白玉,金盤鮭菜照青春"③,"歸來拜舞朝醺足,倒著烏紗整理幨"④。似當時天地融穆,萬世太平,實不知當時遼東,已處阽危之局,而朝鮮更在十年之後,"丁卯胡亂"作,幾於亡國,而遼東路阻,朝天無門矣。

然睦氏詩紀事詠懷,錘字煉詞,謹嚴有法,頗中規程。權愈味其詩"豐約之裁,雅豔相資,勾曼而神攝,篇短而意遠,藹然有風騷氣味"⑤。又一行此次使事,可謂悲切,上使權慶祐中路卒於馬兒谷,睦氏回還時經此地,悼詩謂"悽涼灣路月,哭盡聽江聲"⑥。而睦氏亦一路病恙,故有"抱病來乘八月槎"之句⑦,皆紀其實者也。

---

① 睦大欽《茶山集》卷 1《塞下曲平調二首》其二,《韓國文集叢刊》,083/015。
② 睦大欽《茶山集》卷 2《參演儀》,《韓國文集叢刊》,083/048。
③ 睦大欽《茶山集》卷 2《謝欽賜下程》,《韓國文集叢刊》,083/050。
④ 睦大欽《茶山集》卷 2《謝恩》,《韓國文集叢刊》,083/051。
⑤ 睦大欽《茶山集》卷首權愈序,《韓國文集叢刊》,083/003。
⑥ 睦大欽《茶山集》卷 1《來時正使卒逝於馬兒谷歸路悽感遂成一律》,《韓國文集叢刊》,083/033。
⑦ 睦大欽《茶山集》卷 2《次舍兄送行韻》,《韓國文集叢刊》,083/051。

卷一九　0167—0174

光海君九年(萬曆四十五年　1617)—光海君十年(萬曆四十六年　1618)

0167-1617

金存敬《聖節使赴京日記》(《燕行錄叢刊(增補版)》網絡本；《竹溪集》刻本)

出使事由：聖節行
出使成員：正使金存敬、書狀官辛義立等
出使時間：光海君九年(萬曆四十五年　1617)六月十三日(越江)—十一月二日(還渡江)

案金存敬有《燕行詩》(0141-1609)，已著錄。

金存敬此日記，見《竹溪集》卷三，所記簡略，時有缺字。起自六月十三日渡鴨江，八月初一日抵北京，十月初五日離發北京，十一月初二日返渡江。有事則記，無事則僅記陰晴耳。

金氏一行，除賀聖節外，尚請明朝爲光海君生母金氏賜以冠服。萬曆帝以爲金氏本爲副室，庶難匹嫡，未合允從，"朕念爾母誕育藩王，贊承東國。母以子貴，情理攸宜，既荷鴻庥，宜膺象服。茲特破格弛恩，允給冠服、綵幣等件，就付差來陪臣金存敬等齎回，至可收領。聿新綸綍之華，永慰杯棬之慕。王宜精白乃心，鞏固藩采，副朕體孝表忠至意"。計開朝鮮國王生母金氏一位珠翠七翟冠一頂，次香色素禮服匣壹坐、象牙女笏一枝、木紅平羅綃金夾包袱貳條、礬紅紬板箱壹筒、大紅素紵錄夾大衫壹件、青紵錄綵繡圈金翟夾褙子壹件、青線羅綵繡圈金翟雞霞帔一件、錄暗花紵絲綴繡翟補子夾團衫壹件、紅暗花紵絲夾裙壹件、青暗花紵絲夾裙壹件、紅布包袱壹件、紵絲暗細花肆匹、大紅壹匹、青壹匹、鶯歌錄壹匹、翠益壹匹、線羅暗細花肆匹等。光海君大喜，聖節使金存敬超資，知事除授；書狀官辛義立加資,實職除授焉。①

然翌年四月,金存敬啓稱,當時"勑書圖完時,募聚一行銀兩,其時各衙門所用人情,歷歷可數,明如視掌","第念無是銀,則勑書決難完出,員役等爲萬分之利,稱貸以去,不念利重,爲國樂募,其誠可尙,而越江七朔,猶未受出,每被債直之侵責。其冤憫之狀,不得不更達。前後狀啓相考,各人募銀,照數還償,毋失其望事,令該曹從速擧行"。光海君依啓。而史臣謂"存敬貪黷無狀,自用譯官之銀,厚貿物貨以來,乃敢張皇瞞啓,請給其債,華人目之爲買頭之云"②。然則存敬所言非實,而以明朝各衙門用人情銀爲名,貪貨圖利,中飽私囊爲眞也。

0168-1617
柳根等《聖節諸賢贐行詩》(《燕行錄叢刊(增補版)》網絡本;《竹溪集》刻本)

案柳根有《朝天贐行詩》(0149-1610),金存敬有《燕行詩》(0141-1609),皆已著錄。

金氏《竹溪集》附錄《贈聖節使之行》詩注謂"此下丁巳聖節使時",即此次聖節行前諸家所贐詩也。所收凡柳根、李餘由、朴東說、襪線累人、李安訥、石心居士、尹昉、峨嵯山人、金鑑、洪履祥、高傅川、鄭廣成、李安訥、柳夢寅、長溪懶眞、金子定、金長生、楊克選、林下一人、首陽後學、月筠子、癡峰、終南瓠拙、金景壽、金光赫、林堜、安彥吉、朴守渚、金尙憲等二十九人三十餘首詩,有高爵顯宦,亦有隱居不仕者。諸家詩作,如"己酉朱明赴帝畿,歲回丁巳又重之"③,"昔年書狀今充使,金帶朱輪再赴燕"④,皆提存敬前後兩次赴燕事;而"今日朝天先後發,莫將專對獨留名"⑤,"聖壽年

---

① 《光海君日記》卷42,光海君九年(萬曆四十五年 1617)十一月九日庚午條。
② 《光海君日記》卷45,光海君十年(萬曆四十六年 1618)四月二十四日壬午條。
③ 金存敬《竹溪集》附錄鄭廣成《送聖節使金同知之燕京》,《燕行錄叢刊(增補版)》網絡本,第8頁。
④ 金存敬《竹溪集》附錄長溪懶眞《奉別聖節使之行二首》其一,《燕行錄叢刊(增補版)》網絡本,第12頁。
⑤ 金存敬《竹溪集》附錄金鑑《奉別竹溪令公赴京》,《燕行錄叢刊(增補版)》網絡本,第6頁。

年八月時,萬邦奔賀孰愆期"等①,則指其此次出使爲賀聖節焉。案萬曆帝誕日爲嘉靖四十二年(1563)八月十七日,故詩句云云。時"壬辰倭亂"平定不久,故朝鮮君臣對萬曆帝,感念不已,而出自衷肝也。

0169-1617
李尚吉《朝天錄》(《全集》第9冊　鈔本;碧珍李氏贊成公宗中1993年影印《東川集》本)

出使事由:冬至行
出使成員:正使李尚吉、副使行司直李昌庭、書狀官兼司憲府持平金鑑等
出使時間:光海君九年(萬曆四十五年　1617)八月二十七日—翌年閏四月二十六日

李尚吉(1557—1637),字士佑,號東川,又號晚沙,星州人。宣祖朝,歷官司諫院正言、光州牧使等。因事編配豊川者六年。光海君時,爲西道都運使、龍川府使等。仁祖朝,官至平安道觀察使、司諫院大司諫、司憲府大司憲、工曹判書等。"丁丑胡亂"起,清兵陷江都遇害。有《東川集》五卷行世。事見《東川集》卷四李弘淵《行狀》、金堉《謚狀》、申翼相《墓誌銘》及卷末所附《年譜》以及《國朝人物考》卷六二宋時烈《碑銘》、《宣祖實錄》、《光海君日記》、《仁祖實錄》等。

李尚吉《東川集》三卷《附錄》一卷《年譜》一卷(碧珍李氏贊成公宗中1993年影印本,據高麗大學大學院圖書館藏本),乃兵燹後收拾所得二百餘首詩,三數篇狀誌、祭文等。《燕行錄全集》與此非同一版本,然文字悉數相同也。

光海君九年(萬曆四十五年　1617)八月二十七日,遣冬至使李尚吉,偕副使司直李昌庭、書狀官兼持平金鑑入中國,翌年閏四月二十六日返國覆命。《朝天錄》爲李氏燕行之日記,輯自李氏《東川集》卷三。原書

---
①金存敬《竹溪集》附錄首陽後學《奉別聖節使金守吾令公如京》,《燕行錄叢刊(增補版)》網絡本,第15頁。

無頁碼,然楷鈔工整,秀眉可觀焉。

此次出使,李氏日記中,有三事可注意者:其一則其自過鴨江,李尚吉即舊疾復作,痰湧上火腹痛,去國漸遠,而身恙愈重,雖服藥餌,而不見寸效,以至呼號"惟願遄死"耳①。比及北京,以其病滯於山海關之故,不得參與演儀,故大爲未安。② 幸在館中,日事調理,漸得痊癒也。其一則使團中譯官、通事等射利之輩,在玉河館、通州、山海關諸地,買賣貨物,以至"貨物堆積,門庭如阜如陵",中有禁物如焰焇等,且賄買中國序官、伴送等爲打點,爲山海關通判揭出,焰焇按年例則許貿三千斤,而今則例外私貿已發之數,多至七千四百斤,遂將例外四千四百斤,盡令没入。③ 此可見譯官諸輩,隨團出使時,私販禁物牟利,可謂驚人也。其一則使團歸國本是戊午二月十一日,然一路延滯,覆命遲至閏四月二十六日,在國内竟耽延三月,此則因當時朝鮮君臣,又發党禍,一時名臣若李廷龜、金尚容、尹昉、鄭昌衍、柳根、宋英耇、吳允謙、李時彦、權士恭、金地粹、金權、李慎儀、李時發、金瑬、朴東善、朴自凝、申翊聖、朴瀰、柳頔諸人,或被罷,或遠竄。④ 舉朝惶恐,不可終日,故迎敕之日,一再拖延。李氏人至家門而不得入,亦無可奈何者也。金鶴鎮謂尚吉"詩歌篇篇清新可愛,有一唱三歎之味"⑤,然今日記中不見詩歌也。

0170-1617

金鑑《朝天日記》(《續集》第 104 册;《笠澤集》 刻本)

案金鑑出使事由,詳見前李尚吉《朝天録解題》(0169-1617)。

金鑑(1566—?),字仲虛,號笠澤,錦山人。仁祖時,爲吏曹佐郎。光海君十年(萬曆四十六年 1618),爲平安道御史,後爲慶尚道都事。仁

---

①李尚吉《朝天録》,《燕行録全集》,009/196。
②李尚吉《朝天録》,《燕行録全集》,009/198。
③李尚吉《朝天録》,《燕行録全集》,009/221。
④李尚吉《朝天録》,《燕行録全集》,009/228—230。
⑤李尚吉《東川集序》金鶴鎮《序》,碧珍李氏贊成公宗中 1993 年影印《東川集》本,第 12 頁。

祖朝,任金海府使等。事見《光海君日記》《仁祖實錄》等。

金氏《朝天日記》,輯自《笠澤集》卷二。全稿複製模糊,艱於辨識。其所記載,較李尚吉爲詳。如在鮮境內,一路接待,酒地花天。金氏爲飲中豪杰,諸妓呈才,滿船紅粉,水際皆香,連日中酒,不省人事。京鄉書札,不修一紙。其子式兒送別,不舍離父,帶至義州,傷寒危重,大發汗,衣衾盡濕。後雖小間,令其江頭辭去,勿令上船。其在遼東,上使及金氏皆病,一熱一寒,驟停驟行。又途遇大風揚沙,幾如海中行船。又在高平,上使所寓鄰家失火,方物咨文,幸爲搶出。於十一月初九日艱抵玉河館,翌年二月十一日還渡江,閏四月二十六日謁闕覆命。沿路衙門,索賄萬端,及在玉河,下程亦屢爲偷減。而館所"高其垣棘,嚴其扁鐍,使不得踐門外一步地,無桎梏之一圓門也"①。又見"館門之左右及街路左右,丐乞之人,赤身哀呼,不知其數,袖餅果若干,逐人投遺,雖近呴呴?亦不忍人之一端也。當太平之日,無一夫不獲其所,而顛連無告之輩,至於如此之多。博施濟衆,堯舜亦病,信不虛矣"②。此可知萬曆末年,官場貪殘,綱紀蕩然,百姓流離貧斃之情狀焉。

0171-1618
金淮《朝天日錄》(《續集》第105册　刻本)

出使事由:冬至行

出使成員:正使户曹參判尹義立、副使工曹參判睦大欽、書狀官刑曹佐郎兼司憲府監察金淮等

出使日期:光海君十年(萬曆四十六年　1618)八月二十日—翌年二月二十日

金淮(1578—1641),字巨源,號敬庵,義城人。治經通大義,以誠敬爲持心之本,而發之孝友睦婣。光海君四年(1612),擢明經第。補成均館正字、典籍等,陞刑曹佐郎。仁廟靖難,除刑曹佐郎,差東京教

---
①金鑑《朝天日記》,《燕行錄續集》,104/443。
②金鑑《朝天日記》,《燕行錄續集》,104/462。

授。訓課諸生，以身爲率，多所成就。著有《朝天日錄》行世，後人輯爲《敬庵先生實紀》。事見丁範祖《海左先生文集》卷二八《正郎金公墓碣銘》。

　　金淮《朝天日錄》一卷，見《敬庵先生實紀》卷二。是書封面偏左中楷題"敬庵先生實紀"，正文首行"敬庵先生實紀卷二"，第二行低三格題"朝天日錄"。《燕行錄續集》第一〇五冊收錄，唯不紀版本出處，不知《實紀》藏自何處耳。其稿經後人整理，有雙行小注。如在漢京離別時有人贈詩，又"抵遼東城有《感懷》三首見詩集"①。其在玉河館，謁聖廟有"《次韓文公石鼓詩韻》，而逸不傳"之注②。此可知其另有詩集，且燕行諸詩，間有散佚焉。

　　光海君十年(萬曆四十六年　1618)八月二十日，遣户曹參判尹義立、工曹參判睦大欽，以冬至使如京師③，金淮以刑曹佐郎拜書狀官兼司憲府監察偕同赴京。一行在鮮境沿途，時行時止，以待人馬方物之齊；後在義州，雖以節日已迫，督促渡江，而義州人馬太半不齊，又多耽延。至入遼東，九月二十三日抵懷遠館，又因禮物需索，刁蹬咆哮，延至十月初二日方發自懷遠；而一行騾價太半不足，騾主大怒，誘雪不發，亦不得前進。時雨雪交加，人畜凍餒，十步九顛，行不能遠。二十四日，方艱抵玉河館。翌年正月二十七日，還渡鴨綠江。二月二十日，返京覆命。二十五日，治行還鄉。可謂雨雪載途，艱於行程矣。

　　是年四月，後金兵克撫順，千總王命印死之，總兵官張承胤帥師援撫順，敗沒。明廷遣楊鎬爲兵部左侍郎兼右僉都御史，經略遼東。七月，後金兵克清河堡，守將鄒儲賢、張旆死之。帝命朝鮮派兵助攻努爾哈赤，光海君命元帥姜弘立率兵一萬北上，金淮一行在肅川時，曾與弘立聚飲。時經略楊鎬駐懷遠，金淮等在懷遠館或有接見。十一月初十日，於十三山途中遇趙總兵領軍赴遼陽，器械精銳，勇氣百倍。十九日往沙河驛途中，復遇"兵部郎中董承詔賚銀三十萬兩，車以載之，車十五兩，爲遼東、瀋陽等

---

①金淮《朝天日錄》，《燕行錄續集》，105/157。
②金淮《朝天日錄》，《燕行錄續集》，105/187。
③《光海君日記》卷131，光海君十年(萬曆四十六年　1618)八月二十日丙子條。

地將士欽賞而去,其他弓矢甲兵芻豆輜重,道路絡繹,無日無之,師期雖未詳知,而意者亡胡之歲,正在於今矣"①。往夏店,遇陝西弇州張參將領兵四千赴遼陽,他餘甲兵之車,多至二十兩。金氏見明軍軍容尚整,故期其能"亡胡",而不知遼東將失,而明廷危在旦夕矣。

又一行在玉河館,屢呈文請貿焰硝,而屢爲拒之。則因朝鮮貿焰硝,年例許貿三千斤,上年賀至使李相吉(李尚吉)一行,私貿四千四百斤,到山海關驗包查出,故朝廷欲爲裁革。金氏等稱,朝鮮一萬軍兵,聽候江上,而焰硝本非小國所產,軍前需用,比前尤急,今若不許,則陪臣等歸將何辭啓歸國王。又因各邊騷動,硝角之價騰踊,雖舊例硝四分一斤,角三錢一對,彼一時此一時,往例不可拘。硝每一斤加銀七厘,角每對加銀五分,如後價賤時,不妨再減,此不作例。② 後終貿得三千斤以還,然亦杯水車薪,難濟於事矣。又豈知姜弘立率師出征,行前光海君已秘旨降敵以詿明廷,殊不知脣亡則齒寒,明朝尚未覆亡,而朝鮮幾於亡國矣。

0172-1618/1620
李民宬《西行錄上·柵中日錄》(《續集》第 105 册;《叢刊》第 82 册《紫巖集》 刻本)

  出境事由:從軍行
  出境身份:都元帥姜弘立從事官
  前後時日:光海君十年(萬曆四十六年　1618)八月—十二年七月十
    七日(返渡鴨綠江抵滿浦)

李民宬(1573—1649),字而壯,號紫巖,永川人。幼勤讀書,不待督責。"壬辰倭亂"起,其父光俊拜江陵府使,隨父左右,爲遮截備禦之計。宣祖三十三年(1600),登別試丙科。爲司諫院正言、平安道暗行御史、永川郡守等。光海君時,任忠原縣監。以從事隨都元帥姜弘立入清營,降敵,後放還。仁祖朝,起爲判決事、刑曹參判、慶州府尹等。高宗時謚忠

---
①金淮《朝天日錄》,《燕行錄續集》,105/168。
②金淮《朝天日錄》,《燕行錄續集》,105/185—186。

简。有《紫巖先生文集》七卷傳世。事見《紫巖集》附錄申悦道《行狀》、李沃《神道碑銘》,又見宣祖、光海君、仁祖諸朝《實錄》等。

是書封面左大字楷題"紫巖先生文集天",首頁首行"紫巖先生文集卷之五",二行低一格題"西行録上",第三行低二格題"栅中日録",此下爲正文。又卷六爲"西行録下·建州聞見録"。《燕行録續集》第一〇五册輯録是稿,然又分爲《西行録》與《紫巖西行録》兩種;且《建州聞見録》兩見,重複收録焉。實則《栅中日録》爲逐日所記日記,《建州聞見録》爲雜記見聞焉。

《栅中日録》記自光海君十年(萬曆四十六年 1618)四月至十二年七月間事甚詳。是年四月,後金兵陷撫順;七月,陷清河。明廷徵兵朝鮮,以一萬銃手出征。光海君以刑曹參判姜弘立爲都元帥,平安兵使金景瑞爲副元帥。八月,拜辭闕下,辟李民寏爲從事。九月,行到平壤。轉年正月,檄召朝鮮銃手五千名。二月,經略楊鎬會諸將於遼東,商議舉事,分三路進兵,約以三月初一日齊集虜城下。二十一日,元帥與民寏等渡鴨江,三日内三營畢渡。自寬奠過亮馬佃到榛子頭,三營聯陣。雪深數尺,糧草不濟,士卒跋涉,脛腫流血,不得與天兵聯陣。提督以鮮兵逗留不進爲責,鮮兵遂與天兵俱進,繼發至馬家寨,後至深河,稍潰敵軍。三月初四日,到富車地,聞天兵敗績,鮮軍被圍,目睹蹂躪,無不喪膽,百無一應,至有抛棄器械,坐而不動者。民寏欲自裁,爲人所救。累日饑卒,焦渴兼劇,欲走則歸路斷絶,欲戰則士心崩潰。餘卒三四千人,逼迫與敵和談,後知有和約,軍卒無不喜躍,無復部伍。此即史所稱"深河之役"也。敵將貴盈哥,命元帥姜弘立等往見滿住,遂爲其軟禁。雙方遣人往還密談,朝鮮以平安監司復書應付,後金稱不以國王,而以平安監司答之;不稱後金國號,而以建州答之;以稱汗,而稱馬法者何意等責之。往復無數,終成和解。遲至翌年七月十一日,除兩帥與屬員十人外,民寏等放還,持後金書歸國,十七日渡鴨江,前後凡十七閲月焉。民寏在此期間,無事可營,遂讀《二程全書》《名臣言行録》《皇華集》等,因其書斷爛不秩,遂摘鈔其格言至論而録之,凡三卷,名之曰《朝聞録》。①

————————

①李民寏《紫巖西行録》,《燕行録續集》,105/110—111。

案姜弘立等行前,光海已密令擇機降敵,以保實力,以觀動靜,故鮮兵雖至戰場,然不奮力殺敵而降之。李濚序民寏《紫巖集》,亦謂"若近古深河之役,天子徵兵,遠赴師期,紫巖李公以元帥從事在中,甄前軍覆沒,士卒無人色。時主將已奉光海密旨,爲進退計,軍中不覺也"①。李民寏實不知其情狀,故所記非皆實情。故民寏歸國後,合司請治其罪,而光海不聽焉。然其記逐日後金兵攻瀋陽等消息,以及雙方往還來使等,頗爲詳悉。又若記喬游擊監督鮮軍,與其家丁亦潰入鮮營,聞鮮兵與敵和約,遂付一書使傳其子,即墜家哈嶺崖而死。其書稱"文臣武將,盡以社稷爲戲。一味徇私貪鄙,致屬國喪師萬計,存留無幾,困圍孤崖,糧斷水盡,其人馬朝夕且不保。吾不忍見而又奉委監督其軍"云云。② 此等事迹,讀來令人泣下,然皆不載中國史書,故頗可珍也。

0173-1618/1620
李民寏《西行錄下・建州聞見錄》(《續集》第 105 册《叢刊》第 82 册《紫巖集》 刻本)

案李民寏有《西行錄上・柵中日錄》(0172-1618),已著錄。

李民寏在柵中時,即聞有訛言以爲其與胡差持書出到朝鮮境界。及生還返國,或以爲剃頭胡服而來,或以爲李氏自喻蘇武,或以爲挾娼張樂於平壤,故民寏又草《越江後追錄》一文,一以自辨,一以明志,見《紫巖集》卷六。又上奏有《自建州還後陳情書》《進建州聞見錄》,見《紫巖先生文集》卷二。自謂"臣所受印信馬牌,隨身懷握,不敢失墜,謹將還納。臣以幕屬償事,莫救司敗之刑,席槁以待,而賣國降賊之説,死不瞑目。伏乞聖明特垂洞察,以解臣窮天極地之冤"③。光海君寬免恕罪之後,又特上《建州聞見錄》,自稱"謹錄聞見與其習俗土産,彙成一通,係之以備禦六條"④。

———————
①李民寏《紫巖集》卷首李濚叙,《韓國文集叢刊》,082/063。
②李民寏《紫巖西行錄》,《燕行錄續集》,105/080。
③李民寏《紫巖集》卷 2《自建州還後陳情書》,《韓國文集叢刊》,082/074。
④李民寏《紫巖集》卷 2《建州聞見錄》,《韓國文集叢刊》,082/077。

《建州聞見録》所記,凡載建州形勝、軍兵建制、軍容軍器、農田耕具、稅收物產、衣飾飲食、胡地風習等。其所記奏聞後金強盛者有六:一曰修築山城,二曰申明馬政,三曰精擇戰士,四曰優恤邊兵,五曰精造軍器,六曰練習技藝。並言此六條,"本非奇謀異策,亦非高遠難行之事,但得著實修舉,則足可以禦賊"。① 復言其過婆提江,見後金船可容七八人,極輕捷而健怪,善浮深水,隔一帶鴨江,誠不足恃。邊上每以冰合爲戒,及其冰解,不復爲慮,此不可不慮者也。

李民寏復於仁祖十四年(1636),擬陳時弊疏,建議朝廷"其一曰務精兵,其二曰修馬政。言雖淺近,欲制此敵,實不出兩款事"。"何謂修馬政?臣聞兵法:十步卒不足以當一騎。蓋此奴之難與爭鋒者,以其有馬足也。嘗觀此奴之用兵,無他奇妙方略,惟以鐵騎隱伏山谷,突出蹂躪,勢如風雨,飢渴不困爲長拔而已。彼騎而我亦以騎當之,則我豈必每見負於彼也哉!"②恰於此年四月,後金改國號爲"清",改"天聰"年號爲"崇德",年底清兵鐵騎即攻入朝鮮,民寏所懼者,目睫之下,瞬成現實。惜朝鮮君臣,目送明朝敗亡,而虛於周旋,不實力相助,力圖僥幸自保,終至明亡而朝鮮亦幾亡,可不勝痛也哉!

0174–1618
李慶全《朝天詩》(《叢刊》第73册《石樓遺稿》 刻本)

出使事由:禀畫行
出使成員:禀畫使刑曹判書李慶全等
出使時間:光海君十年(萬曆四十六年 1618)七月四日—八月八日
(出使遼東往返)

李慶全(1567—1644),字仲集,號石樓,本籍韓山。李穡八世孫,山海子。宣祖十八年(1585),中司馬試。二十三年,以父命赴增廣試登第。爲禮曹佐郎、司憲府持平、議政府舍人等。光海君時,任爲司憲府執義、忠

---
①李民寏《紫巖西行録》,《燕行録續集》,105/144。
②李民寏《紫巖集》卷2《丙子春擬陳時弊疏》,《韓國文集叢刊》,082/078。

洪道觀察使、全羅道觀察使、刑曹判書、五道體察使等。襲封韓平君。仁祖朝,官至刑曹判書。有《石樓遺稿》四卷行世。事見蔡濟恭《樊巖先生集》卷四八《韓平君李公神道碑》、《宣祖實錄》、《光海君日記》與《仁祖實錄》等。

案李慶全《石樓遺稿》四卷,凡詩三卷、文一卷,前後無序跋。爲慶全子袤編定,孝宗九年(1659)刊於潭陽,《韓國文集叢刊》據奎章閣藏本影印,缺頁以國立中央圖書館所藏同一版本補配焉。

萬曆四十六年(光海君十年 1618)六月,明朝遣經略楊鎬抵山海關,鎬差守備于承恩往朝鮮,催朝鮮發兵助明攻獢子。六月,朝鮮以姜弘立爲都元帥,領兵十萬助攻。經略復有咨文至,朝鮮急差人赴經略處,先差金藎國,金氏脅下生腫,長卧苦痛。經略回咨,十分緊急,不可遲延時日,致有嗔責,遂再差李慶全以禀畫使,於七月初四日前往遼東。慶全以爲如有需用之事,則盤纏之外,不可無人情、面皮等物,請帶吏文學官、寫字官各一人帶去。光海君命帶廐馬數二匹、良弓數十張、美箭數十部、長槍三枝、環刀若干柄,撿擇以送,則轅門對壘之處,經略必當嘉悦。八月八日,自遼東出來。① 此爲李慶全第一次入中土,然僅到遼東,而未到北京也。

李慶全《石樓遺稿》卷一有《拜出》《路中》《鳳凰城》《八渡河》《還過八渡河》《鴨緑江》《遼陽》等詩三十餘首,詩稱"秋草遼陽路,清霜八月風"②,正其禀畫使至遼東時序也。其詩平順和緩,而詩意平平焉。

---

①《光海君日記》卷129,光海君十年(萬曆四十六年 1618)六月二十四日辛巳條;卷130,七月四日庚寅條;又卷131,八月八日甲子條。
②李慶全《石樓遺稿·詩集》卷1《遼陽》,《韓國文集叢刊》,073/333。

卷二〇　0175—0185

光海君十一年(萬曆四十六年　1619)—
光海君十四年(明熹宗天啓二年　1622)

0175-1619
李廷龜《庚申燕行錄》(《全集》第 11 册;《叢刊》第 69 册《月沙先生別集》刻本)

　　出使事由：陳奏行
　　出使成員：陳奏使判中樞府事李廷龜、副使尹暉、書狀官柳汝恪等
　　出使時間：光海君十一年(萬曆四十七年　1619)十二月二十九日—翌年十一月二十一日

　　案李廷龜有《戊戌辨誣錄》(0109-1598)，已著錄。
　　案此卷出自《月沙先生別集》卷三《雜著》，爲李廷龜此次出使期間所記日記也。當是時，朝鮮國王密旨姜弘立、金景瑞二帥詐降滿州，以探取消息，爲策應之計，滿州亦差員往來不絶。明朝致疑日深，遼、廣諸鎮莫不疑阻，以爲朝鮮通虜。翰林院檢討徐光啓上疏，極論朝鮮之待滿州，一則曰遜辭復之，一則曰遂入牢籠，一則曰執幣交酬，一則曰棄以資敵。遂請朝廷派使臣"監護"其國。事傳朝鮮，君臣震駭，論議"鎮守、監護，則雖是汎稱，而今此監護之名則曰'監'者，監其政刑也；'護'者，扶其顛危云，故有異於此矣"①。"不覺骨痛氣塞，直欲蹈海鑽地而末由也。"②以爲光啓乃中朝名臣，其言頗能聳動視聽，故若"不於此時專差具奏籲呼而痛辨之，則市虎投杼之患，難保其必無，而他日無窮之禍，將不可勝言矣"③。因李

---

①《光海君日記》卷147，光海君十一年(萬曆四十八年　1619)十二月二十九日戊寅條。
②李廷龜《庚申燕行錄》，《燕行錄全集》，011/012。
③李廷龜《庚申燕行錄》，《燕行錄全集》，011/014。

廷龜曾累度赴京,善爲辨誣,遂起其於待罪廢臣之列,爲辨誣陳奏使發往北京,命其竭力圖之,以雪此耻,並齎敕而歸。

李氏以病辭不獲,遂於光海君十一年十二月二十九日,顛連前驅,奔赴北京。翌年三月初六日,越江。十二日,抵遼陽。又聞有朝鮮以鹽百石,牛三百頭及船百隻,綿布無算,送遺奴寨之說,遂極度辨誣於經略衙門,痛陳其情,方取信於經略楊鎬,並共商禦敵之策。四月初一日,入山海關。十四日,抵北京。此後遂日逐走於兵、禮諸部衙門,以及官員私邸,奔告籲呼,詳辨其誣,終得於五月二十一日,帝下聖旨,爲其雪冤,並命是敕著陪臣齎去。所謂辨誣之事,終告成功也。比及返國,其前後幾近九月者,則以中朝多事,四月王皇后崩逝,六月萬曆帝賓天,八月泰昌皇帝登極,是月中旬始得辭朝,且沿途不靖,屢經曲折。返至漢城京郊,又歷擇吉日迎敕等耽延,遲滯十一月二十一日方返王京。則此番出使,往返幾近一年矣。①

李氏此記,間有闕文,有事則書,無事則免,非逐日之記也。除所記奔走辨誣諸事外,若其記四月十七日在遼陽,聞砲聲"震動天地,火雲撑塞半空",乃經略委官製造半年之火藥,積蓄約有六七萬斤,不戒於火,並造藥軍丁,廟堂民屋,傷及百數十家,委官王崇角,造藥軍丁四十餘名,行路人民家男婦,城内外掘築城軍人,觸傷打死者,不知其數,或云幾至千餘。哭聲滿城,慘不忍聞。② 又若記在京聞通報,有四川女將宣撫使司掌印女官秦氏,上本自募領手下兵三千,赴遼討賊,兵部獎諭其弟秦明屏,其子馬祥麟,並格外加銜,激勸忠勇云。聞秦氏能使五百斤大刀,其子祥麟,年今十六歲,而乃馬伏波三十八代之孫,亦有勇力云云。③ 此皆爲中國正史所不載之重要史料耳。

史載李廷龜"爲文章,雖高文大册,操筆立成,似不經意而出,輒膾炙人口"④。此日記後附有李氏所草《經略呈文》、《禮部呈文》(兵部同)、

---

① 《光海君日記》卷147,光海君十一年(萬曆四十八年 1619)十二月二十九日戊寅條;卷158,光海君十二年十一月二十一日甲午條。
② 李廷龜《庚申燕行錄》,《燕行錄全集》,011/034—035。
③ 李廷龜《庚申燕行錄》,《燕行錄全集》,011/048—049。
④ 《仁祖實錄》卷31,仁祖十三年(崇禎八年 1635)四月二十九日戊申條。

《兵部再呈文》(清吏司同)、《禮部免宴呈文》、《禮部質問呈文》、《閣老前初呈文》(禮部呈同)、《閣老前再呈文》、《皇上敕諭朝鮮國王》、《獎朝鮮國君臣稿》(薛給事鳳翔撰)等文①。其詞極剴摯,曲折疏宕,又切中事情,俯仰中度,極言二百餘年忠誠事大,死生一節,正所謂瀝血披肝,竭表忠悃者也。故即當時閣臣,皆爲其語所感,即兵科給事中薛鳳翔,與徐光啓、張至發等,一隊名官,凡干束議,必攘臂當之,亦爲廷龜之詞所感,撰《獎朝鮮國君臣稿》,以示聲援。然則廷龜此次出使,可謂不辱君命矣。

0176-1619

李廷龜《庚申朝天録》(《全集》第 11 册;《叢刊》第 69 册《月沙先生集》刻本)

案李廷龜有《戊戌辨誣録》(0109-1598),已著録。

《庚申朝天録》二卷,輯自李廷龜《月沙先生集》卷七至卷八,即李氏己未、庚申年(光海君十一年至十二年　1619—1620)朝天沿途所作詩,多與副使尹暉等相唱和,共收詩一百一十餘首。李氏此行,正朝鮮與滿州深河大戰之後,朝鮮戰敗,號爲"深河之役"。自將軍金應河以降兩萬人化爲冤魂,即李氏詩中所謂"去年今日戰深河,二萬官軍血濺沙。寒食無人收白骨,家家燒紙賽江波"者也②。故舉國士氣低靡,又兩將降於虜中,故有通虜之説起也。廷龜受命辨誣,詩中"主辱揚鑣憐我病,時危授鉞仗君才"③,"縱流言兮飛謀釣謗,將以間乎父子之親。肆吾王奮義而叫冤兮,云余泛乎天津"等句皆是也④。時沿途所見,皆朝鮮、明朝官兵,往還應敵,倉惶奔命,故李詩亦多感時撫事,沉鬱低徊之作。然如《過永平府禾稼已收口占記田家秋興》詩云"筐收軟芋朝羹美,砧擣新秔晚飯香"等

---

①李廷龜《庚申燕行録》,《燕行録全集》,011/051—082。
②李廷龜《庚申朝天録》卷上《三月初四日……以爲迎神曲三首》其一,《燕行録全集》,011/166—167。
③李廷龜《庚申朝天録》卷上《到安州贊畫使李養久設饌於晴川舟上醉席口占》,《燕行録全集》,011/162。
④李廷龜《庚申朝天録》卷上《陳相公昌言送萍水歌一篇對使次其韻贈之》,《燕行録全集》,011/180。

句①,又時露真趣,摹景寫實,清雋可喜也。

又據卷末《到延曙驛村大雪中朴説之子龍書至是日遇臺評二首》詩注稱,"在北京時,汪翰林諸人求見私稿,余以《朝天記行録》書示,汪學士製序文,即刊印爲一卷,凶徒欲因此謂之刊佈私書,合啓請拿鞫"②。此亦即其詩所謂"萬里歸驂白簡前,虛名贏得謗薰天"者③。而據《光海君實録》云,李氏在京期間,齋其文集,求學士汪輝作序,且刊刻於玉河館中,廣布中原及朝鮮,汪輝謂廷龜之詩,有卓異曹、劉,軼駕李、杜,陵漢、魏,逾三唐等語,廷龜不以拙詩見褒爲耻,而反自鋟梓衒醜。故司憲府、司諫院啓奏:使臣之入京,自刊其詩文,此前古之所未有也。他日奸人託辭,印布私製,有所媒禍於中國之患,未必不由於此,豈不大可懼哉? 廷龜罔念聖上終始赦宥生全起廢之盛恩,及入中朝,干媚於一學士,獲他癡譽,其心所在,固不可知,請拿鞫定罪。④ 光海君以爲"今此辨誣之事,百僚咸造稱慶,而兩司以不急之論,狙擊齎敕有功使臣於未迎敕之前,使莫重大禮,歸於狼狽,予竊怪焉。設有可論之事,何不於迎敕後爲之乎? 我國人心,素不識輕重先後,誠可痛心"⑤。故雖司憲、司諫連啓二十餘日,以劾廷龜,而光海君皆不從,正謂此也。廷龜不因文字遭禍,亦可謂僥倖全身矣。

0177-1619
李廷龜《庚申朝天紀事》(《全集》第 11 册;《叢刊》第 69 册《月沙先生集》刻本)

案李廷龜有《戊戌辨誣録》(0109-1598),已著録。

---

①李廷龜《庚申朝天録》卷下《過永平府禾稼已收口占記田家秋興》,《燕行録全集》,011/192。
②李廷龜《庚申朝天録》卷下《到延曙驛村大雪中朴説之子龍書至是日遇臺評二首》其一末注,《燕行録全集》,011/209—210。
③李廷龜《庚申朝天録》卷下《到延曙驛村大雪中朴説之子龍書至是日遇臺評二首》其二,《燕行録全集》,011/210。
④《光海君日記》卷158,光海君十二年(萬曆四十八年 1620)十一月十日癸未條。
⑤《光海君日記》卷158,光海君十二年(萬曆四十八年 1620)十一月十一日甲申條。

李廷龜《庚申朝天錄序》云："是行也，因皇上未寧，久滯北京，得參賓天、登極二大禮，悲慶之餘，備見文物威儀之盛。語在文集《庚申朝天記事》。"①李氏所稱者即此《紀事》也，凡《萬曆皇帝大行儀》《泰昌皇帝登極儀》文二篇，一記世宗喪儀，一記熹宗登極之儀也。記自六月二十五日，翰林錢象坤等起草頒朝鮮敕書。七月初六日，序班稱使臣先領賞，後辭朝時受敕書。廷龜等恐皇帝晏駕，敕書未及領受，則成千古之恨，遂請先受敕書。十七日，帝自昨夕症勢危重，閉眼不開，唯能頷之而已。太監要廷龜等退去，經再三虔請，遂於文華殿填日用寶，廷龜跪受捧敕而出。又述帝自望後添得暑痢，二十日大漸，翌日駕崩。二十二日發喪小斂，二十三日頒遺詔於天下。自後數日太子、諸王、後宮及百官成服舉哀，二十七日除服。時廷龜等鎖在館中，門禁益嚴，無由出入。不得已呈文於禮部乞行盡禮，禮部謂朝鮮同內服，不可以外國區別，此言有理，可謂禮義之邦，乃許隨班行禮。二十四日曉，隨千官行成服禮，前後舉哀，成禮而罷。二十五日曉，隨千官先詣文華殿，上箋於皇太子，勸即帝位。二十六日亦如之。皇太子下令旨，蓋曰："一則諭內閣、六部，竭忠供職；一則收用大臣，賢士有民望者；一則發內帑銀一百萬兩解，赴遼東等九邊各鎮，以作犒賞；一則天下礦稅太監，盡行撤回；一則又發帑銀一百萬兩，專送遼東，犒賞將士。"仍檢發未下題奏，大官缺窠，亦多填補，中外洽然聳動。二十七日，群臣三上箋，皇太子不得已勉從所請。擇八月初一日午時吉日，詣文華殿即位，文武官具朝服，入丹墀內，廷龜與千秋使金大德及聖節兩使臣，隨班入參。改元泰昌，自明年爲始行用。十二日，上服衰服御文華殿視事。

廷龜因親身經歷此二事，故記述當時各式儀仗等，較《明實錄》諸書，爲且詳且盡。又若言登極儀式時，錦衣衛官執持旗麾，陳久破污；又言是日皇上未出殿行禮前，忽陰灑雨，千官避雨之象；又言己渴甚求水，有白髮老官令小吏送茶一椀等。皆爲當時皇宮生活之情景，而又不爲外人所知者。又言八月十七日辭朝，適世宗聖節，大庭寂然，唯有朝哭之奠，廷龜有詩云"先皇賜劄雪邦冤，御墨才擎紫殿門。今日拜霑光祿酒，老臣叨荷兩朝恩"②。思

────────
①李廷龜《庚申朝天錄》卷上《庚申朝天錄序》，《燕行錄全集》，011/159。
②李廷龜《庚申朝天錄》卷下（《十七日辭朝……感而口占二首》其二，《燕行錄全集》，011/191。

往觸今,感恩傷慟,可謂中心悲悼而不能已也。

明自世宗後,綱紀日以陵夷。泰昌初立,若能撥亂反正,勵精圖治,或中興可期。然李廷龜《泰昌皇帝登極儀》又載,八月初四日,內閣接聖諭:"朕初登寶位,文華殿窄小,百官排班朝賀不便,卿可示各該衙門啓建皇極殿,擇日興工,上緊蓋造。仍發內帑銀二百萬兩,差薛鳳翔巡視工程。"時遼左局勢,已岌岌可危,而靡費無數,國帑空虛,帝初即位,即圖鋪張靡費,大興宮殿。旋泰昌崩,熹宗立,繼而寵信魏忠賢、乳保客氏,又"紅丸""移宮"案相踵頻起,可謂不肖子孫也。《明史》評當時"雖有剛明英武之君,已難復振。而重以帝之庸懦,婦寺竊柄,濫賞淫刑,忠良慘禍,億兆離心,雖欲不亡,何可得哉!"①旨哉! 斯言也。

0178—1619
李弘胄《梨川相公使行日記》(《全集》第 10 冊 刻本)

出使事由:謝恩兼千秋行

出使官員:正使同知中樞府事李弘胄、副使知制教金壽賢、書狀官行戶曹佐郎兼司憲府監察金起宗等

出使時間:光海君十一年(萬曆四十七年 1619)五月十七日—十一月三十日

李弘胄(1562—1638),字伯胤,號梨川,全州人。從游於成渾。宣祖十五年(萬曆十年 1582)進士。二十二年,登別試第。爲吏曹正郎、義州府尹、兵曹參判等。仁祖朝,官至禮曹參判、司憲府大司憲、刑曹判書、兵曹判書、禮曹判書等。弘胄天姿絶高,不規規於繩墨。爲人凝重廉簡,進領百揆,常自斂退,不欲居勢利,所居不蔽風雨。既卒,家無甔石之儲,賴賻襚以葬,人皆歎服。又工書法,善於真草。有《梨川相公使行日記》一卷行世。事見李景奭《白軒先生集》卷四八《領議政李公墓誌銘》《宣祖實錄》《仁祖實錄》等。

案李弘胄出使事,據《光海君日記》,初以其爲謝恩使,然記其在京狀

---

①《明史》卷 22《熹宗本紀》,002/306—307。

啟,則稱"千秋上、副使李弘冑、金壽賢"①。而《明實錄》載,"萬曆四十七年八月戊午,朝鮮國王差陪臣李弘冑、南橃等六十二員,入賀萬壽聖節、千秋令節"②。則李氏爲千秋使無疑也。蓋初以其爲謝恩使,後復兼千秋使,故其《日記》亦稱千秋使耳。

《梨川相公使行日記》一卷,亦逐日記其行程;末附因翰林院檢討徐光啓奏疏事,李氏等專爲國王所上啓文;書後則附錄一行出使人員名單。較之他書,有關行程驛站與每日所行里數,極爲詳悉,了無遺漏。其在館期間,聞徐光啓有亟遣使臣監護朝鮮以聯外勢之奏,即"令譯官輩約以重價,使之密密購得"③。然後火速狀啓國王。而李氏亦即行跪進兩樣呈文,"一則監護辨誣事,一則速行覆題事"④。以辨其誣也。

李弘冑文筆清秀,不枝不蔓,沿途所記若十三山、山海關、薊門煙樹等,返程中盤山所遇大風揚沙,終風且曀,塵沙眛目等情景,皆描摹生動,如在目前。又若所記永平府白翰林家庭院花亭台樹、酒庫等之極盡奢華,榛子店韓御史應庚兄弟所建廟宇之宏侈縻費,朝陽門外東嶽廟中仕女焚香祈福之盛狀,又可窺當時之風俗也。尤所記在懷遠館,"有泗川將官兩人來見,一則我國咸安人趙貴祥,一則乃日本人趙麼子,曾在漢陰票下,俱隨劉兵轉入中原者也"。明朝軍官中,竟有日本人,此亦少所聞見之事也。至若末記一行人員身份、姓名、字號、生年及籍貫等,計正副使、書狀官、譯官、寫字官、醫官、正副使子弟,以及其他通事、質問、倭學、押物、蒙學、女真學、打角、打物、醫員、畫員、押馬、旗牌、香掌、養馬、正副使書狀奴子、義州官奴等,總爲四十八人,因千秋使團,不兼商旅,故規模爲小焉。

0179-1619
洪命元《朝天錄》(《叢刊》第 82 册《海峰集》 刻本)

出使事由:告急行

---

① 《光海君日記》卷 139,光海君十一年(萬曆四十七年　1619)四月二十五日戊寅條。
② 《明神宗實錄》卷 585,萬曆四十七年(1619)八月戊午條,065/11195。
③ 李弘冑《梨川相公使行日記》,《燕行錄全集》,010/116。
④ 李弘冑《梨川相公使行日記》,《燕行錄全集》,010/084。

出使成員：正使洪命元等

出使時間：光海君十一年（萬曆四十七年　1619）十二月二日—翌年十月二十七日

洪命元（1573—1623），字樂夫，號海峰，南陽人。處厚父。光海君元年（萬曆三十七年　1609），丙科及第。宣祖朝，爲侍講院説書、成均館典籍、咸鏡道都事、禮曹正郎等。光海君時，爲司憲府掌令、義州府尹、光州牧使、兵曹參判等。命元以公輔之望，壯歲不遇，低徊郡邑，及遭聖際，朝夕登庸，而天嗇其壽，未展其萬一。有《海峰集》三卷行世。事見宋時烈《宋子大全》卷一七六《洪公墓碣銘》、《宣祖實録》、《光海君日記》等。

案洪命元《海峰集》三卷，爲其子處厚據家藏稿本編次，於孝宗七年（1656）刊行，《韓國文集叢刊》據奎章閣藏本影印。凡詩二卷文一卷，前後無序跋。今卷一收録朝天時所作詩十餘首，卷三有《呈經略文》、《呈兵部文》四度、《呈閣老文》三度，即其告急出使期間所呈之文也。

萬曆四十六年（1618），後金圍沙河堡等處，遼東副總兵戰死。帝命朝鮮發兵助攻努爾哈赤，遣楊鎬經略遼東戰事。四十七年，楊鎬督馬林、杜松、劉綎等出師滿州，爲後金兵所敗。朝鮮助戰兵將，或降或死。四月，努爾哈赤遣使至漢京，威逼朝鮮絶明。洪命元出使明朝前，朝鮮告急之書，已至於三度，血奏籲呼，冀救朝鮮，即睦大欽《送洪樂夫命元赴京行》所謂"雲中虜使報東侵，宵旰憂勤此政深"者也①。

光海君十一年（萬曆四十七年　1619）十二月初二日，遣洪命元入明朝告急；翌年十月二十七日，方擎敕歸國。② 其到山海關外前屯衛，遇賀至使洪霶於歸途，得知朝廷設策，當夾鴨緑以守，分鎮江添設之兵，半縶義州云。至北京後，洪氏即呈文兵部，乞遣重兵以駐寬奠、鎮江，稱"寡君之必欲乞得重兵以駐此兩處者，以小邦之命脈懸於鎮江，鎮江非寬奠則難保。……若於寬奠屯以重兵，則賊不敢徑由鴉鶻等路以犯鎮江，鎮江、寬奠相爲表裏，與小邦之昌城、義州互成掎角，東西牽掣，援外固内之策，無

---

①睦大欽《茶山集》卷2《送洪樂夫命元赴京行》，《韓國文集叢刊》，083/054。
②《光海君日記》卷147，光海君十一年（萬曆四十七年　1619）十二月二日辛亥條；卷157，光海君十二年（萬曆四十八年　1620）十月二十七日庚午條。

踰於此"。"今若以滿萬之兵屯於義州,果如洪霶等之所聞,則資糧或闕,患急庚癸,直到伊時,未知小邦何以爲計。"①明廷經遼東巡撫周永春奏,請派兵駐鎮江,且稱"鎮江一失,朝鮮必亡,海道必絶"②。兵部覆議,義州以上,使之自衛,寬、鎮兩處,許留重兵。得旨"鎮江等處應添兵將,着經臣熊廷弼酌量委撥。務使兵力强盛,足爲朝鮮聲援"③。又賜犒賞銀二萬兩,且題請特遣欽差,頒敕宣諭。蓋其時一種論議,有宣諭爲名,監護爲實之意,洪命元因此呈文兵部,謂朝鮮當時,上年喪敗之禍,適當農作之月,國都以西,民皆潰散,五種不入,加之千古未有之凶荒,八路同然,公私赤立,道有餓殍,今則有詔使之先聲,小邦上下慣於敬奉,州縣爭於免責,照例徵發,勢必稼害於民,故請停天使順齎以去。兵部即依所願,敕書及銀給,付命元以送本國。時又因例賞久不能下,命元又呈文禮部,稱一行淹泊,已過八十餘日,請"特爲揭奏,使恩敕無稽滯之患,陪臣免償事之誅"。④

　　命元久滯難歸,而其事聲傳朝鮮,大以爲非。邊備、司憲兩府,彈啓疊上,以爲我國無一毫報效之事,而伏見敕書謄本,至稱以賢王,二百年來,果有如此皇恩乎?雖曰莫大之慶,而實有不稱之憂。皇朝之字撫屬藩,莫我國若;我國之承寵皇朝,莫當代若。今皇眷特隆,欲遣天使降恩敕,錫數萬白金,以獎聖上之忠義,誠前古所未有之盛事。不虞之譽,無望之福,凡在知覺,孰不感隕?以屬國事體言之,雖在常時,王人之行,固不可沮之,況此積讒盈耳,群疑滿腹之日乎?使臣洪命元,乃敢妄生巧計,以除弊省費爲辭,行賄納言,使恩命落寞。只將馱銀捆載而歸,是何事體?是何道理?致使兵部題本,有"我以爲呵護而彼反稱苦行人之使,我以爲嘉惠而彼又稱難"等語。命元徒知華使停行之小利,不顧快報畏天之大義,如是謬戾,陷國君於不義,其償事辱命,圖功謀利之罪,固不可饒貸。自是以後,中朝之疑我滋甚,斥我愈深,則未必非命元啓之。前頭之事,將至罔

---

① 洪命元《海峰集》卷3《呈兵部文》,《韓國文集叢刊》,082/238—239。
② 《明神宗實錄》卷587,萬曆四十七年(1619)十月戊午條,065/11244。
③ 《明神宗實錄》卷588,萬曆四十七年(1619)十一月庚寅條,065/11256—11257。
④ 洪命元《海峰集》卷3《呈閣老文》,《韓國文集叢刊》,082/242。

極。雖百斬命元,其可及乎?爲今之計,莫如急遣一介之使,齎一奏文,備陳命元之罪,中朝仍遣天使頒賞之意。且令命元,仍留來路,看護敕書銀兩,以待中朝處置,則庶可暴白。① 遂急遣黃中允馳奏,還請敕使。且攔住洪命元於江上,仍諭在京陪臣李廷龜等,以爲皇華既下還停,情禮俱闕,令李廷龜等十分盡心周旋也。② 命元耽延邊疆,守護敕銀,比至歸國,自稱罪戾極重,公論可畏,決難奉敕於郊迎之日,請速處置。③ 今讀洪氏之文,誠愨厚重,析理透徹,衷魂可鑒,曲盡其意,亦可謂文中高手矣。

0180-1619
吴翻《己未朝天録》(《叢刊》第 95 册《天坡集》 刻本)

出使事由:陳奏行
出使成員:正使原昌君李覺、書狀官吴翻等
出使時間:光海君十一年(萬曆四十七年 1619)三月—七月?

吴翻(1592—1634),字肅羽,號天坡,海州人。美鬚髯,容采風潤,温雅簡潔,明敏峻整。光海君四年(萬曆四十年 1612)登增廣文科。爲侍講院説書、兵曹佐郎、槐山郡守等。時未免染迹柳希奮、朴承宗之門,與崔有海、李重吉、朴篧輩,有"八學士"之誚。仁祖朝,官司諫院正言、司諫院獻納、江原道觀察使、黃海道觀察使等。明使黃孫武來椵島,爲接伴使,還至松都,病風而卒。有《天坡集》四卷行於世。事見崔錫鼎《明谷集》卷二二《天坡吴公神道碑銘》、《光海君日記》、《仁祖實録》等。

吴翻《天坡集》四卷,爲其弟翻據家藏稿蒐集,於仁祖二十四年(1646)刊行,《韓國文集叢刊》據奎章閣藏本影印。前有李景奭、鄭斗卿二序,末有朴瀰跋。凡詩三卷、文一卷,詩按年編排。

明萬曆四十七年三月,朝鮮援明軍大敗於深河,號爲"深河之役"。

---

① 《光海君日記》卷 150,光海君十二年(萬曆四十八年 1620)三月二十六日甲辰條;卷151,四月三十日丁丑條。
② 《光海君日記》卷 151,光海君十二年(萬曆四十八年 1620)四月十一日戊午條。
③ 《光海君日記》卷 157,光海君十二年(萬曆四十八年 1620)十月二十七日庚午條。

朝鮮遣陳奏使原昌君李覺、書狀官吴翻入明奏事。吴氏《天坡集》卷一詩題有"己未深河之役,弘立投虜,金應河死之。朝廷陳奏於中朝,余以騎省郎,爲書狀官"①。此下詩四十餘首,皆此次出使期間所作。鄭斗卿謂吴氏詩最精七律,"其律嚴緊遒勁,格力俱至,精華外發,法度内整。至其得意處,不愧古名家"②。時朝鮮新敗,士氣低靡,然吴氏沿路詩,如《大同江》《廣寧值端陽節》《疊前韻》《發榆關》《薊門夕眺》諸詩,却少悲憤沉鬱,而多輕快明麗。蓋初入遼野,心緒開豁,故有"若作平生遠遊志,定知今日最今年"之愉悦③。其在草河口,有句謂"爭言虜騎新逃遁,一萬官軍駐釁陽"④。則當時局勢,尚可做樂觀想。而轉瞬隔年,千秋使金大德、副使康昱、書狀官鄭應斗一行歸國,陸路已斷,海路回還,鄭氏溺亡,康氏病卒海島,形勢之急轉直下,甚非吴氏所可料及者矣。

0181-1620
黄中允《西征日録》(《全集》第16册;《叢書》第303册《東溟先生文集》刻本)

    出使事由:奏聞行
    出使成員:奏聞使司憲府持平黄中允等
    出使時間:光海君十二年(萬曆四十八年　1620)四月十五日—八月二十七日(發往通州)

    黄中允(1577—1648),字道光,號東溟,平海人。汝一子。學於朴惺、鄭逑,屢蒙獎勗。光海君四年(萬曆四十年　1612)釋褐。官至司諫院正言、司憲府持平、兵曹佐郎、左副承旨等。後以李爾瞻獄,因主張絕天朝,通虜好,流放海南。仁祖時,蒙宥還鄉。築水月堂,静處其中,玩究書史,後流寓於山寺峽舍之間,居無定處,以疾而卒。有《東溟先生文集》八

---

① 吴翻《天坡集》卷1《己未深河之役……席上次天章贈韻》,《韓國文集叢刊》,095/027。
② 吴翻《天坡集》卷首鄭斗卿《天坡集序》,《韓國文集叢刊》,095/005。
③ 吴翻《天坡集》卷1《疊前韻》,《韓國文集叢刊》,095/031。
④ 吴翻《天坡集》卷1《草河口》,《韓國文集叢刊》,095/030。

卷行世。事見《東溟先生文集》卷八黃冕九《家狀》、金道和《墓碣銘》、李中轍《墓誌銘》、《光海君日記》、《仁祖實錄》等。

　　黃中允《東溟先生文集》八卷，前有李晚燾序，凡詩四卷，文三卷，末卷爲附錄《家狀》《墓誌》等。《韓國歷代文集叢書》所收，與《燕行錄全集》爲同一版本。

　　光海君十二年（萬曆四十八年　1620），因告急使洪命元出使失當事，朝鮮君臣以爲應急遣一介使臣奏聞天朝，以明命元所爲非，並請特遣敕使以完寵典。遂急遣黃中允馳奏，還請敕使。且攔住洪命元於江上，一以待消息，二則待罪云。故黃氏之出使，爲非常之差遣。四月初一日蒙差，備局催以初七日發程，後延至十一日，而再延至十五日發自王京。五月二十七日到京，遂呈文禮、兵各部，然均以朝廷遣使，既不以洪命元之請而驟停，更不能以黃中允復請而再遣，遂堅拒之。又適逢萬曆皇帝賓天，泰昌帝登極等，多有耽延，故一行至八月二十七日，方出京發往通州。而黃氏日記，亦止於此日，或爲殘本歟？

　　黃中允《西征日錄》一卷，輯自其《東溟先生文集》卷六《雜著》。黃氏日記，所載頗詳，而疊次出送國王之狀啓，亦皆錄存日記之中。其出使之時，時值熊廷弼經略遼東，戰事方緊，一行沿途所遇，如自北直八府運轉來兵糧大車四千輛，小者無數。所謂北直八府者，順天、永平、順德、大名、廣平、真定、河間、保定等府也。又自四川、陝西發來之兵，絡繹於道，其中有如"行到曹莊，遇泗川女將馬門秦氏，體甚肥大，網巾靴子，袍帶一依男子，能文墨，熟兵書，馬上用八十斤雙劍，年可三十五六許，吹角打鼓，乘轎而氣勢頗壯。厥夫馬姓云者已死，厥子年十六，其母姊兄弟並領各隊，凡女兵四十餘名，着戰靴，穿戰服，黑靴紅衣，跨馬馳突，不啻男子驍健者，凡戰陣器械，俱以車運。其初自泗川募精兵七千，往征遼賊，蓋其自奮，非朝廷命也。朝廷壯之，官其子游擊云"①。此可謂明代之穆桂英矣！

　　又一行在館日久，黃氏呈小貼於提督，冀望早爲打發。其稱"所悶不

---

①黃中允《西征日錄》，《燕行錄全集》，016/043—044。

一而足,既不蒙准,又未回報,一可悶;纏帶已竭,歸資無措,二可悶;光禄廪錢,虛作一蠹,三可悶;不服水土,身病將劇,四可悶"①。此可謂燕行使臣常遇之"四可悶"矣。

0182-1620
黄中允《西征詩》(《叢書》第303册《東溟先生文集》 刻本)

　　案黄中允有《西征日録》(0181-1620),已著録。

　　黄中允《東溟先生文集》卷一《簡寄權平丘》詩題注"以下西征時所作"②。共計百四十餘首,爲奏聞使出使期間所作也。其沿路或在北京所遇朝鮮使臣,若陳奏使李廷龜,告急使洪命元,千秋使金大德,聖節使李春元等,或在北京相聚,或在路途相遇,中允皆有和詩,尤以和李廷龜詩爲多。在館期間,復多懷人思歸之作。中允四月差奏聞使,倍道馳往,五月達北京,時李廷龜在館,相與議事,呈文辨誣,適萬曆皇帝賓天,使事無暇,至九月覆命。中允年十九時,即夢入中國,出使之前年五月,又以賫咨官往遼東,秋間夢入北京,此次使行,節物恰成,幾於素定。故其詩有"四十八年天子聖,三千餘里使華忙。要觀禮我周朝盛,肯憚炎霆夏日長。今夜玉田城下宿,夢魂先已入明光"之詠③,知其急欲入皇城,而期待已久也。

　　黄中允詩忠愛誠慤,文詞綿麗。其記朝天盛事,有"一萬八千期聖算,東西南北拱神都","何幸同逢天子聖,有誰東走苦思鱸"諸句。④ 時不幸逢萬曆帝崩逝,黄氏悼詩有"東韓倍切窮天痛,再造藩邦是聖皇"之哭⑤,此乃當時朝鮮君臣衷心之語,非故爲沉痛語耳。又有《呈禮部免上下馬宴文》,則因皇后賓天,天下如喪,陪臣蒙宴,雖曰舊例,於禮於義,實甚未安,

---

①黄中允《西征日録》,《燕行録全集》,016/131。
②黄中允《東溟先生文集》卷1《簡寄權平丘(命世)》詩題注,《韓國歷代文集叢書》,303/100。
③黄中允《東溟先生文集》卷1《投玉田縣偶吟一律》,《韓國文集叢書》,303/127。
④黄中允《東溟先生文集》卷1《用前韻紀朝天盛事呈月沙》,《韓國文集叢書》,303/132—133。
⑤黄中允《東溟先生文集》卷1《皇上崩逝》,《韓國歷代文集叢書》,303/137。

故特請免宴。① 其詩又謂"全遼形勢壯中原,殷富由來海外聞。亥市寶藏金作穴,子城高堞粉淩雲。門填珠履千客陣,士擁雕戈十萬軍。聽説元戎多勝算,從今紫塞静妖氛"②。然尚作樂觀勝算之想,而不知朝天之路,幾將中絶矣。

0183-1621
安璥《駕海朝天録》(《續集》第 104 册　鈔本)

出使事由:謝恩行

出使成員:謝恩使崔應虚、書狀官安璥等

出使時間:光海君十三年(天啓元年　1621)五月十七日(安州)—十一月七日(返抵鐵城)

安璥(1564—1640),字伯温,號芹田,順興人。宣祖時,爲禮曹佐郎。光海君四年(1612),中武科。爲禮曹正郎、司憲府掌令等。仁祖時,爲金郊察訪、右通禮、五衛將等。著有《駕海朝天録》等。事見玄德升《希菴先生遺稿》卷四《甲稧座目》、《光海君日記》、《仁祖實録》、《承政院日記》等。

案安璥出使明朝,凡二度。光海君九年(萬曆四十五年　1617)四月,以千秋使尹安國、書狀官安璥,沿陸路入明賀千秋節。③ 十三年(天啓元年　1621),因辨誣、賜銀二事,復遣謝恩使崔應虚、書狀官安璥海路朝天。先是,上年朝鮮遣冬至使任碩齡、書狀官高傅川一行入明,順帶中國漂海人丁陳明等十四名返國。明廷降敕嘉獎,並賜白金錦彩等,令任氏等賫回,一行於翌年四月返國覆命。④ 三月,朝鮮遣聖節使柳澗、副使李必榮入明;復遣千秋使朴彝叙、書狀官李先得入明。時明朝神宗、光宗相繼崩,天啓帝即位。四月,明遣翰林院編修劉鴻訓、禮科都給事中楊道寅爲

---

① 黄中允《東溟先生文集》卷5《呈禮部免上下馬宴文》,《韓國歷代文集叢書》,303/414—415。

② 黄中允《東溟先生文集》卷1《遼城中熊經略兵衛甚盛》,《韓國歷代文集叢書》,303/120。

③《光海君日記》卷114,光海君九年(萬曆四十五年　1617)四月二十八日壬戌條。

④《光海君日記》卷164,光海君十三年(天啓元年　1621)四月三日甲戌條。

正副使,入朝鮮頒天啓帝登基詔書。甫入境,遼陽即陷。柳潤、朴彝敍海路歸國,皆溺死海中。朝鮮請開海路貢道。並遣陳慰使權盡己、副使柳汝恒;謝恩使崔應虛、書狀官安璥等,隨天使海路入明焉。

安璥《駕海朝天録》,爲《燕行録續集》第一〇四册收録,有印不清,版本來源不明。自閏二月以後日記舊册盡爲破落,不可謄書。其記自五月十七日在安州始,有朝旨謂"使、書狀皆乘各船,勿令同載,雖或一船不幸,一船猶可得達。且海路之不通,自麗末將三百年於兹,海禁大明之嚴制也,今此之行,出於權道,未聞中原之快許也。我國使臣須不離天使,偕往登州,聽其指揮而爲之"①。且(陳慰使一行)奏文、咨文皆兩件,恐或泚失,則庶幾全一件也。② 故一行隨劉、楊二天使同行。二十日,於清川登船。船爲天使家丁及避亂唐人搶奪,安氏所得爲最破一隻,使臣、天使與避亂諸船總二十二隻,或先或後,風帆蔽海。二十一日,宿民雲里。二十二日,抵禿雲浦,前後經等乙山、老江鎮(皆船人家屬,處處追送)、定州前洋乙山宣沙浦前洋郭山地、椵島宣川前洋、車牛、新島中國境、鹿島、石城、長山、廣鹿島、旅順、塞島、平島、黃城島、風吹至旅順前洋、黃城、廟島等。及到旅順口,夜半狂風大作,劉天使、崔應虛、權盡己所乘船與兩天使卜物所載船唐船,並九隻敗没。劉天使僅以身免,唐人溺水,死者不知其數,崔氏等亦僅僅浮出,表奏咨文,拯出水中,方物已太半漂失矣。③

一行於六月十九日,艱抵登州,館萬壽宫内廟堂,道士居焉。登州總兵沈有容,命製小肩輿四介爲使臣,並幫助修治敗船,以便回路洋中。登州海防總理兵巡道衙門又支給路費銀五十兩,以助資斧。陪臣二員,轎夫十六,口糧四分,廩給二分,員役並馬三十二,推車九兩,車天十六,如無事用驢三十頭,過往州縣驛遞等衙門准此。渡黃河,經黃縣、萊州、掖縣、昌邑、昌樂、青州、長山、濟陽、臨邑、德州、天津衛、武清、漷縣、通州,二十七日入朝陽門抵京師。九月十五日發行,十月初五日返登州。勸以來春發舟,一行亟欲返國,初七日返船入海,途中又大風凍雨交加,寒冱徹骨,避

―――――――――

①安璥《駕海朝天録》,《燕行録續集》,104/203。
②安璥《駕海朝天録》,《燕行録續集》,104/204。
③《光海君日記》卷166,光海君十三年(天啓元年 1621)六月二十五日乙未條。

一小島,作絕命詞。大雪復作,六合閉塞,纜繩曲凍,不可伸冰,饑寒交迫,人皆脫形,計日數炊,煮水化冰,齋沐祭神,血誠祈禱。船失所在,任風漂流,艱於十一月初七日冒寒入鐵城府。於是齊唱《欸乃》之曲,作舉碇挂席之聲,嗚咽泪下,一時星散,觀者莫不流涕,一行終得生還焉。

全書末附《路程里數記》,記水陸里程與中朝禮、兵兩部當時官員等。安氏沿路,有詩百六十餘首,隨載當日之下,或題扇,或與中國官員、文士唱和,或詠沿路風景,或記海波連天,或述玉河苦寂等。如記海中大霧詩謂"同在一舟中,不分人面目"①。記大浪曰"大浪山如覆,孤舟勢已傾"②。記方物失水,謂"行裝盡擲波神泣,性命求全水伯驚"③。哀波臣冤鬼,稱"我生然後哀人死,魚腹何從覓屈原"等④。皆驚心觸目,可泣鬼神。又記在登州發程,每轎擔夫八名,四人相遞,其換肩歇息,呼喝口號等,皆可考當時轎制及轎夫情狀,於研究當時民俗,頗為有益也。⑤

0184-1622
吳允謙《海槎朝天日錄【原題楸灘朝天日錄】》(《續集》第105冊;《叢刊》第64冊《楸灘集》 刻本)

出使事由:進賀行
出使成員:正使同中樞府事吳允謙、副使武臣邊瀹、書狀官柳應元等
出使時間:光海君十四年(天啓二年 1622)四月二十九日(在宣沙浦)—十一月二十七日

吳允謙(1559—1636),字汝益,號楸灘,海州人。學於成渾,能守師說,飭躬砥行,不以科舉為意。壬辰亂起,鄭徹體察兩湖,徵為從事,甚重之。除平康縣監。宣祖三十年(萬曆二十五年 1597),登文科別試。官至吏曹佐郎、鏡城判官、安州牧使、東萊府使、江原道按察使等,所在有政

---
① 安璥《駕海朝天錄》,《燕行錄續集》,104/356。
② 安璥《駕海朝天錄》,《燕行錄續集》,104/360。
③ 安璥《駕海朝天錄》,《燕行錄續集》,104/299。
④ 安璥《駕海朝天錄·泊大串》,《燕行錄續集》,104/373。
⑤ 安璥《駕海朝天錄》,《燕行錄續集》,104/254—255。

聲。光海君九年(萬曆四十五年 1617),差回答使使日本。仁祖反正,爲司憲府大司憲、吏曹判書、刑曹判書、禮曹判書、議政府右議政、領議政等。著有《楸灘集》三卷行世。事見《楸灘集》卷首《年譜》、金尚憲《清陰先生集》卷三二《秋灘吳公墓碣銘》等,又見《宣祖實錄》《光海君日記》《仁宗實錄》等。

案明泰昌元年(1620)八月癸亥,詔命翰林院編修劉鴻訓、禮科給事中楊道寅往朝鮮宣光宗登極詔書。然九月乙亥,光宗旋崩。天啓元年二月,覆命劉、楊二氏頒熹宗登極詔於朝鮮,然甫入境,遼陽即陷;三月,清兵取瀋陽,京師戒嚴;六月,熊廷弼爲兵部尚書兼右副都御史,經略遼東,兵部尚書王象乾總督薊、遼軍務。同月,朝鮮爲劉、楊二天使造二洋舶海路送還,由津門航海至登州,歸途阻絕,朝鮮以聞。八月,從朝鮮之請,改朝鮮貢道自海至登州,直達京師。① 二年,朝鮮以吳允謙爲賀登極上使,武人邊瀹爲副使,海路入明。先是,上年遣聖節使柳潤、千秋使朴彝叙等,回還途中遭風漂失没。時遼路劇斷,赴京使臣,創開水路,未諳海事,行至鐵山嘴,例多敗没。使臣康昱、書狀官鄭應斗等,亦相繼溺死。自是人皆規避,多行賂得免。② 故光海命允謙切勿貪程,詳細候風,裝治舟楫,十分堅完,再謹慎前往。又破例以武人邊瀹爲副使,蓋因水路危殆,故以防不測也。

吳允謙《楸灘集》三卷,乃允謙孫道一據家藏稿編次,於肅宗十八年(1692)刊行,《韓國文集叢刊》據奎章閣藏本影印。凡詩一卷文二卷,詩以體裁編次。

案此《海槎朝天録》,封面偏左楷書題簽"楸灘東槎朝天日録","東槎/朝天"四字小字雙行排列。正文爲方格鈔本,工整耐觀。首行題"海槎朝天日録",下雙行小字題"大明章宗皇帝天啓二年/本朝廢王光海君十四年",另下三行題"上使楸灘/副使武臣邊瀹/書使柳應元"。《燕行録續集》第一〇五册收録,然改名爲"楸灘朝天日録",既與封面題名不符,亦與正文大題不合,今改爲"海槎朝天日録",以還其本名焉。

---

① 《明熹宗實錄》卷13,天啓元年(1621)八月甲午條,066/680。
② 《光海君日記》卷164,光海君十三年(天啓元年 1621)四月十三日甲申條。

吴允谦此日録,記事起自四月二十九日,到郭山宣沙鋪齊宿。五月十二日,五船齊發入海。在石城島,梁監軍遣嚮導劉進表,爲諸船導引,中連遇大雨,又濃霧四塞,連夜明燭,對定針以導方位,不得接目。二十五日在登州上陸,宿於開元寺。六月初七日,自登州北上,沿路官衙遣夫馬遞送。二十二日入玉河館。九月初六日,發玉河館。二十六日,返登州。十月初三日,下陸入海。十五日夜,抵宣沙浦。十一月二十七日,奉敕返王京覆命焉。①

　　吴允谦在途,多記沿路風景物阜,如德州城外,商船漕船,首尾連亘三十餘里;過清縣,沿河兩岸,人居極盛;過静海縣,縣在水邊,人居之盛如清縣;晚過渡流村,村居極盛,邑居樓臺相連,舳艫相接十里;天津城外,沿河上下四十里,漕船戰艦,依泊兩邊,首尾相接,不知其幾千萬隻。惟風逆水急,專人拽船,或帆或拽,寸寸緩行。此可見當時山東半島,物富人豐之情狀也。

　　吴氏在船感風,入玉河後,氣力漸憊,全廢飲食,晝則終日昏困,夜則不能接睡,日就瘦削,極度可悶。病勢漸重,委身不起,竟至不省人事,得朝廷御醫診病。自八月十六日起,日記亦爲病後追録,故有連數日不記一事者。時禮部郎中王時和,曉暢醫方,命用人乳梨汁,後漸小蘇,回省人事。因不得行受敕之禮,郎中至館受敕書。比及歸宣沙浦,已柴毁骨立,塵垢塗膏,無一點肉。又自玉河館卧病之後,不得脱衣,故饑虱滿衣,不知幾掬矣。

　　又一行歸途中,十月初九日自廣鹿島,欲向石城島停泊,以候他船。食時,南風大起,到半洋,風勢益壯,怒濤掀天,風勢不順,船不得前,船人只欲隨風向北岸待天而已。船人極力制船,横帆受風,欲以人力周旋,船尾不能勝當風濤,遂中折,聲振船中。船人皆驚惶罔措,失聲號泣。船中大亂,允謙水疾委卧,即起坐攬上,衣抱敕書,以待船覆,幾覆者累,左傾則身亦傾倒於左,右傾則身亦傾倒於右者移時,甚怪其不即沉没。後因插他船尾,終得生道。皆言自少乘船,不見驚濤惡風如此,又不聞風濤如此。船

---

①《光海君日記》卷176,光海君十四年(天啓二年　1622)四月三日戊辰條;卷177,五月六日辛丑條;卷179,七月二十二日丙辰條;卷183,十一月九日辛丑條。

尾且折,移時不覆,此是理外怪異之事,更無所達云。① 然同去五船,皆無事會齊,未失一人,終爲大幸焉。

時陳慰使朴彝叙、進香使柳澗、書狀官鄭應斗,由海路歸,相繼渰没,進慰使康昱卒於道中,惟進香使李必榮、書狀官李祇先得歸。康昱喪,所載船亦敗没。② 故人皆視水路朝天爲畏途,堅避不行。吴允謙等入海後,冬至使臣李顯英(1573—1642)等發行,時海路不習,前後奉使之行,盡皆淹没,時無覆命者,而吴允謙之行,亦無消息,故人皆以爲必死之路,差使臣必以失時之人擬望,以爲修瓿之地,則得命者必賣家損産,納賂於闕中,或金尚宫權幸等處,必兑乃已。故是行也,連遞四五員,終乃及顯英,顯英方屏退水原,親故來弔,家人或欲襲時俗圖免,顯英曰:"水原路雖惡,豈能盡殺人哉!吾當以身先嘗之耳。"即出謝恩,光海君亦嘉之,秘謂"水路之行,人皆厭避,而此人獨挺身擔當,其爲國蹈忠,無異吴允謙,可加資以送"。及到海中,遥望片帆自中國來,船人指稱"此朝鮮船也"。及到,允謙倚舷大笑曰:"吾在彼時,度本國使命近當入來,而來者必令公矣,今果然。"③

此可知一自遼、廣失守,旱路梗塞,二百年玉帛之儀,形將泯絶,吴允謙等不畏險艱,持義入海。史亦稱"人臣事君之道,無過於忠,吴允謙兩朝一藎臣也。海路行役,人皆巧避,百般圖囑,必遞後已。而允謙最晚受命,少無懼色,乘槎日本,倭奴既服其清節,涉險登、萊,中國亦知其有人。雖古之忠臣義士,何以過此? 人臣盡瘁之義,不當如是耶?"④案時世艱局危,風雨飄揺,縉紳冠蓋,莫不逃避萬端,貪生怕死。而若吴允謙、李顯英,則挺身赴險,毅然出使。且顯英之返,明廷嘉其忠義,特賜給焰硝累萬斤,船載以來。吴、李二氏,可謂履霜之松柏、報國之忠良焉。

---

① 吴允謙《海槎朝天日録》,《燕行録續集》,105/248—250。
② 沈魯崇編《(静嘉堂本)大東稗林》卷22《列朝紀事・光海君廢朝》引《撮要》,007/379。
③ 沈魯崇編《(静嘉堂本)大東稗林》卷22《列朝紀事・光海君廢朝》引《日月録》,007/380—381。
④《光海君日記》卷177,光海君十四年(天啓二年 1622)五月六日辛丑條。

0185-1622
吴允謙《海槎朝天詩》(《叢刊》第64册《楸灘集》 刻本)

案吴允謙有《海槎朝天日録》(0184-1622)，已著録。

吴允謙水路朝天詩四十餘首，今見其《楸灘集》卷一，與通信日本所作詩，皆散見一卷中，爲《燕行録續集》所漏收。吴氏自謂"本不能詩，亦不喜鈎思苦吟，凡遇觸物，自然成句則書，不成則不强也。丁巳年奉使日本，壬戌年泛海朝天，摠得若干首，蕪拙生疏，皆不可挂人眼者，但直述情境，一一從肝肺中出來，絶無尚文浮實處，宜録藏篋笥，以爲他日子孫閲覽追遠之資也"①。吴氏詩謂"去歲東溟棹，今朝西海舟"者②，紀其實也。

金尚憲撰吴允謙《墓碣銘》稱，"時海路多梗，人皆畏避，公無少動，及在海上，遇颶風舟幾覆，衆無人色，公危坐泚筆記詩，晏然如常度。公於圃隱先生，彌甥也。使日本，朝金陵，適與之同歲月，而其忠信自仗，夷險不貳，又無不同，人益奇之"③。朴世采謂允謙詩"冲淡閑雅，趣造甚遠"④。時海天相連，驚濤洶涌，所謂"家鄉憑夢寐，生死倚神明"⑤。吴氏《石城島洋中》詩曰："一死已前定，到此更何疑。從容整襟袖，坐待命盡時。"其自注謂"石城船敗日，生理已絶，自然成此絶句，書船屋窗紙，舟定後，始覺無律，失其常度可知"⑥。然則生死關頭，亦驚懼莫名，金氏所謂"晏然如常度"者，飾藻之辭也。比至自海中望見登州，"一時船上歡聲合，方信人間此路難"⑦。海路之驚懼搏命，如此其難，正吴氏詩所謂"家鄉憑夢寐，生死倚神明"者矣⑧。

又允謙替國分憂，豁命前往。帝降敕獎諭，賜玉帶金印。時赴京之人，覆命時必載中國寶貨，獻於宫中，而允謙無私賂，故光海君嫌之，不許

---

① 吴允謙《楸灘集》卷1，詩集前識語，《韓國文集叢刊》，064/099。
② 吴允謙《楸灘集》卷1《次副使韻》，《韓國文集叢刊》，064/112。
③ 吴允謙《楸灘集》附録金尚憲《墓碣銘》，《韓國文集叢刊》，064/181。
④ 吴允謙《楸灘集》朴世采跋文，《韓國文集叢刊》，064/186。
⑤ 吴允謙《楸灘集》卷1《天津船上七夕前一日》，《韓國文集叢刊》，064/112。
⑥ 吴允謙《楸灘集》卷1《石城島洋中》，《韓國文集叢刊》，064/099。
⑦ 吴允謙《楸灘集》卷1《望見登州》，《韓國文集叢刊》，064/107。
⑧ 吴允謙《楸灘集》卷1《天津船上七夕前一日》，《韓國文集叢刊》，064/112。

迎敕，允謙遂滯西郊之净土村，至明年三月仁祖反正後，始以大憲入來。①則光海君之昏聵無恥，真人神共憤而天理所不容矣。

---

① 沈魯崇編《（静嘉堂本）大東稗林》卷22《列朝紀事·光海君廢朝》引《撮要》，007/379—380。

卷二一　0186—0198

仁祖元年(天啓三年　1623)—仁祖二年(天啓四年　1624)

0186-1623

李慶全《祭海神文》(《叢刊》第73册《石樓遺稿》　刻本)

出使事由：奏請行

出使成員：正使韓平君議政府左議政李慶全、副使禮曹判書尹暄、書狀官司憲府掌令李民宬等

出使時間：仁祖元年(天啓三年　1623)四月二十七日—翌年四月二十一日

案李慶全有《朝天詩》(0174-1618)，已著錄。

天啓三年(1623)四月，朝鮮"西人黨"官員李貴、李適、金自點諸人，受仁穆王后與"南人黨"之助，集兵於綾陽君李倧別墅，攻入慶雲宮，發動宫廷政變。"大北派"之李爾瞻、鄭仁弘等被賜死，光海君被用石灰燒瞎雙目，流放於江華島之喬桐。綾陽君遂以昭敬王妃之命權國事，並派正使韓平君議政府左議政李慶全、副使禮曹判書尹暄、書狀官司憲府掌令李民宬等，前往北京請封。一行於是年四月二十七日離發，翌年四月二十一日返國覆命，行役竟達一整年，則爲在北京耽延太久故也。

時明廷諸臣以爲，朝鮮廢立之事，或言宜聲罪致討，或言宜派員查實，或言宜責李倧出兵助遼，且傳有朝鮮宫庭政變，焚燒宫室，壞了舊君，引用倭兵三千等種種可疑之説。李氏一行，遂百般釋解舊君之無道，且云宫殿之火，因宫女誤落燈燼，暫爲延燒，隨時撲滅，别無焚燒之事，廢君出置别處，時方無恙，萬無壞了之事，引用倭兵之説，大不近理。禮部尚書林堯俞等以爲，須派員往皮島之毛文龍，調查該國實情，並得朝鮮臣民等公同保結，據實回報。實則當時情形，明廷亦知查亦無用，然朝中衆口多詞，諸説横議，故查勘

以塞衆口耳。"禮部覆題：臣部之遣官查勘者，示中國之體也；而兵部之擬劄行毛帥者，恤彼國之情也。一聽兵部酌議舉行，上不失朝廷之大體，下得彼國之情形。庶幾議論歸一，封典不悮。"①於是兵部派現在毛文龍參將汪崇孝，齎札前往毛文龍處，命其秉公採訪，據實回報。後齎回朝鮮宗戚文武百官保結十二道，皆言舊君無道當廢，新君深得民心。聖旨稱李倧既係該國臣民公同保結，倫叙相應，又翼戴恭順，輸助兵餉，准封朝鮮國王。又據李氏日記，此事前後，深得葉向高、林堯俞之助，葉閣老以首揆主張，林尚書以該部擔當，凡有所訴，無言不採，有告輒施，幸得幹事而回云。

李慶全《石樓遺稿文集》收有《黄城洋遇逆風禱神即遂》《三山島祭神》兩篇祭文，皆爲此次海路朝天時祭海神所撰，其稱"經年上國，竣事言旋。回帆便風，如履平地。霧裏宵征，任其所之。自然知止，不覺已抵靈山之岸"②。此則全賴神靈庇祐，故不勝頌祝鼓舞之至，敬薦牲酌，以爲酬願拜謝也。李氏一行返國後，遼左路途，日益塞梗，朝天使臣，陸路中絶，不得不再入大海，命交波臣矣。

0187-1623
尹暄《白沙公航海路程日記》（《全集》第 15 册　稿本）

尹暄(1573—1627)，字次野，號白沙，海平人。斗壽子。宣祖時，歷官弘文館修撰、户曹佐郎、三陟府使、東萊府使等。光海朝，爲黄海道觀察使、慶州府尹、慶尚道觀察使、江華府使等。仁祖反正，爲同知義禁府事、平安道都巡察使等。"丁卯胡亂"起，棄城自潰，按軍律論死。有《白沙公航海路程日記》行世。事見尹淳《白下集》卷六《白沙公墓表》、《光海君日記》、《仁祖實録》等。

案尹暄出使事由，詳參前李慶全《祭海神文解題》(0186-1623)。

此《白沙公航海路程日記》，即仁祖元年(天啓三年　1623)尹氏以副使，隨正使李慶全、書狀官李民宬等航海朝天所撰日記也。是稿封面右上楷書"白沙公航海路程日記"，左上書"傳家珍藏"四大字，蓋爲後人所題

---

①李民宬《朝天録》卷中，《燕行録全集》，014/396。
②李慶全《石樓遺稿·文集》卷1《三山島祭神》，《韓國文集叢刊》，073/420。

也。首兩頁爲"路程",起自順天府之蘆溝,至登州沿途十餘站之地名,兼記里數。日記則自"天啓甲子三月初二日爲始",在北京詣闕領解送敕書,出發離京,二十日到登州。二十五日舟發登州,四月初三日到石城島,初四日仍留此島,日記至此日止,蓋爲殘稿本也。其所記與李民宬《朝天録》相較,可謂極簡,所記亦無出其外者焉。

0188-1623
李民宬《朝天録》(《全集》第 14 册;《叢刊》第 76 册《敬亭先生續集》;《叢書》第 903 册　刻本)

　　案李民宬有《壬寅朝天録》(0123-1602),已著録。李氏此次出使事由,詳參前李慶全《祭海神文解題》(0186-1623)。

　　此《朝天録》四卷,輯自李民宬《敬亭先生續集》卷一至卷四,前三卷爲日記,卷四爲奏聞稿,與《韓國文集叢刊》爲同一版本。爲仁祖元年(天啓三年　1623)李氏以書狀官,隨正使李慶全、副使尹暄等航海朝天時所撰,事詳前尹暄《白沙公航海路程日記解題》。

　　李民宬《敬亭集》十四卷《續集》四卷,爲著者弟民宷家藏草稿,其子廷機初刻於顯宗年間,《續集》與《年譜》等爲後追刻。《韓國文集叢刊》據韓國精神文化研究院藏本影印,《全集》爲同一版本。前九卷爲詩集,按年編排,卷一○爲詩《別集》,卷一一爲詩《續集》,卷一二、卷一三爲諸體文,卷一四爲李民宬《年譜》、《行狀》、《墓碣銘》、祭文等。《續集》四卷,則爲《朝天録》三卷與《奏本》《啓辭》等。

　　李民宬此行,正、副使、書狀官各一船,兩團練使各一船,譯官等一船,凡六船,各船官員、員役、格軍共通三百四十五人,老病剔除之外,至登州上陸時,仍有三百二十五人,可謂聲勢浩大。因明廷往復勘查,故諸人在館遲滯日長,自仁祖元年(1623)四月二十七日始離王京,至翌年四月二十一日捧敕返國覆命,整整一年耳。① 而其日記所記,亦極爲詳盡。諸家

---

①《仁祖實録》卷 1,仁祖元年(天啓三年　1623)四月二十七日丙戌條;卷 5,二年(天啓四年　1624)四月二十一日甲辰條。

所記,多自詣闕離王京始,而李氏此記,則自四月初四日受命之日始,逐日有記。凡沿途所遇,某州古稱,歷史沿革,州中掌故,今轄何地,縣分若干,民風若何,物貨如何,山形水脈,甚或某州現任知州、某縣知縣等,亦皆書之。而所述州縣古稱沿革,蓋返國後鈔撮當時中國方志而成者也。

《敬亭先生續集》卷四所載"奏本",則爲《請亟降封典事奏本》《請增損奏文草啓》《在玉河館秘密狀啓(八月二十八日)》《又(九月二十九日)》《册封准完事先來狀啓(甲子正月二十八日)》《別狀啓(同日月)》等,後四狀啓,皆先遣返人員交信國王之秘密情報耳,故其文中,多朝鮮吏頭語助之詞,如"白齊""白如""白卧""白在果""在果"等,皆非中國通用之語也。

0189-1-1623;0189-2-1623

李民宬《燕槎唱酬集》(《全集》第 13—14 册;《叢書》第 901—903 册《敬亭先生別集》 刻本)

李民宬《燕槎唱酬集》(《全集》第 14 册;《叢刊》第 76 册《敬亭先生別集》 刻本)

案李民宬有《壬寅朝天録》(0123-1602),已著録。李氏此次出使事由,詳參前李慶全《祭海神文解題》(0186-1623)。

《燕行録全集》第一三、一四册,凡收李民宬《燕槎唱酬集》兩種,然實則同一版本,皆出於李氏《敬亭先生集》卷六至卷八。惟第一四册所收之本,別添句逗,即《韓國文集叢刊》本也。此三卷詩,即仁祖元年(天啓三年 1623)李氏海路朝天時所作,海路行船,兇險萬般,然常因風浪,泊船避險。如在三山島,三使"竟日打話,副使出示舟行詩稿,遞相諷詠,共商略古今,各飲數杯。'大千海中一浮漚'之喻,不是孟浪,相對而笑。余次副使工字韻曰:'浮沉同宦海,行止聽篙工。'正使笑曰:'余亦於舟中押云:"浮沉同水鳥。"可謂意思一般,但水鳥、宦海,未知誰爲工拙耳。'"①即在玉河館時,因候明朝發往朝鮮勘查之官員往返,故在館日多,深鎖緊

---

①李民宬《朝天録》卷上,《燕行録全集》,014/308—309。

閉,鬱滯館中,與愁爲鄰,故以鬭詩爲事,如同館課,以遣時日。而海路風景,與夫陸路所觀,皆爲前輩自遼東經行者所未見,若歸途這次,經順天府、蘆溝、良鄉縣、涿州、三甲店、新城縣、白溝河、雄縣、茂州、滋河村、青州府、昌樂縣、濰縣、昌邑、平度州、灰埠、萊州府、萊州、朱橋驛、黃山驛、登州等地,復入大海,顛波至宣沙鋪上陸。故李氏所作三卷詩,達近四百餘首,在燕行諸使中,可謂多產,更屬罕見也。

李民宬在館期間,奔波求封,使事初不諧,故其詩有"若得千金猶可動,餘非寸舌所能完"諸句①,以爲譏諷。則因主客司需索人情,行囊已竭,故朝鮮使臣東館通官輩求助於西館員役,故紀實云。其詩吟詠繁雜,筆力健舉,縱橫自恣,清正執直,而造語奇崛,如《詠禮部堂前柏》謂"受命於天獨也正,托根於地直哉清"②。又《蘆溝橋》謂"百尺虹蜺光隱隱,半空烏鵲影迢迢"③。《醉時吟》謂"著於無著著,爲以不爲爲"諸句皆是也④。趙絅序其詩,謂李氏"有韻之語,五七古律,滔滔茫茫,奪胎蘇黃,受鑰杜韓,並驅樂天,騷賦高處,抵掌屈宋,下者擬迹潘陸,時露齊氣,而然亦洋洋大國之風也"⑤。此則諛佞太過矣。又其卷末有《沁園春》等詞,則詞語如詩,淡然無味,強爲解事,用知小詞非其所長者也。

0190-1623
趙濈《朝天録》(《全集》第 12 册　刻本)

　　出使事由:冬至聖節兼謝恩行
　　出使成員:正使行護軍趙濈、書狀官任賚之等
　　出使時間:仁祖元年(天啓三年　1623)七月二十七日—翌年四月十六日

　　趙濈(1568—1631),字得和,一字德和,號花川,豐壤人。宣祖朝,曾

---

①李民宬《燕槎酬唱集》卷下《奉贈冬至使趙得和令丈》,《燕行録全集》,014/025。
②李民宬《燕槎酬唱集》卷中《詠禮部堂前柏》,《燕行録全集》,013/477。
③李民宬《燕槎酬唱集》卷下《蘆溝橋》,《燕行録全集》,014/045。
④李民宬《燕槎酬唱集》卷下《醉時吟》,《燕行録全集》,014/012。
⑤李民宬《敬亭集》卷首趙絅序,《韓國文集叢刊》,076/205。

任春秋館記注官、司諫院正言、工曹正郎、榮川郡守、弘文館修撰等。光海君時，爲司憲府掌令、寧海府使等；仁祖朝，官同副承旨、行護軍、原州牧使等。有《朝天錄》一卷傳世。事見《宣祖實錄》《光海君日記》《仁祖實錄》《承政院日記》等。

案趙濈是行，往返皆從海路。一行四十三人，七月二十七日詣闕辭朝，九月初三日在宣沙浦發船，二十七日抵登州，十月二十日方艱抵玉河館，正趙氏詩所謂"海路朝天節節難，比他遼路十分艱"者①。趙濈兼冬至使、聖節使與謝恩使三行之使命。先是，明朝賜焰焇累萬斤，由李顯英使團載船以來，故遣趙氏一行兼謝恩焉。故其所齎方物亦分冬至、聖節與謝恩三起。《明實錄》亦載，"天啓三年十一月己卯，朝鮮國王遣陪臣禮曹參判趙濈等進龍文簾席等方物，賀萬壽聖節及冬至令節"②。

趙氏此記，首頁第一行頂格大題"燕行錄"下注"一云朝天錄"。案趙氏此稿諺文本作"朝天錄"，當以"朝天錄"爲確，"燕行錄"蓋爲入清後整理者所加也。全稿多有缺文，末數頁尤最，亦有校語。所記極爲詳悉，凡海行之虐浪濤天、陸行之風沙蔽日，及沿途風景名勝、民俗風情、惡棍麗人、雨雪地震等皆在所記之列，即夜來所夢，亦必書之，並占其吉凶，兼有中途所詠及在玉河館與奏請使等唱和之作近二十首。若記夢其亡母詩云"倚閣望子勞雙眼，奉旨無人餓中腸"等語③，發自肺腑，感人至深矣。

趙氏是記，所載最爲特異而爲他書所不載者，則爲其與奏請使李慶全（1567—1644）之爭功也。先是，仁祖"遣韓平君李慶全、同知中樞府事尹暄、書狀官李民宬，如京師奏請册封"④。趙氏一行到館後，李慶全等曾呈文兵部等處，不通於趙氏一行，"秘密出入，不知有何意思"⑤，趙氏云己豈有希望爭功之心乎。即玉河館開市，兩行亦爭先後，不可開交。後經力爭，終於敕封仁祖爲朝鮮國王，故李氏返國後受到差賞。而封敕下後，依例討賞者甚衆，李氏請趙濈等助喜錢，然趙氏一行，蓋盤纏人情，本就甚

---

①趙濈《燕行錄（朝天錄）》，《燕行錄全集》，012/320。
②《明熹宗實錄》卷41，天啓三年（1623）十一月己卯條，068/2153。
③趙濈《燕行錄（朝天錄）》，《燕行錄全集》，012/300。
④《仁祖實錄》卷1，仁祖元年（天啓三年　1623）四月二十七日丙戌條。
⑤趙濈《燕行錄（朝天錄）》，《燕行錄全集》，012/380。

少,而已盡於方物載運之價,自十一月應公幹人情厨房所用,專靠於一行人之物,今又受迫請助喜錢,各人等叩胸痛哭,見之慘沮。① 各人處分徵三百餘兩,人皆發聲而哭,然所用之處乃大事,烏可已乎? 開誘而送之。② 以至朝廷下程未下,各人輪回供饋,行中所齎已盡,故不得已有此事。趙濈之中心不平,慨然憤悗,是可歎也夫!③

又據《仁祖實錄》,史臣謂趙濈"爲人庸鄙,光海時爲赴京使,攀緣宮掖,圖納美婢,以免其行,人皆鄙之"④。而李氏則"爲人詭譎,曾在宣廟末年,父子交通宮禁,陷害士類。及光海時,締結爾瞻,陰主廢論,獻議之辭,極其兇慘。反正之後,當伏重典,而當路者欲救之,遂差泛海之行,以爲贖免之地"⑤。則此二人,或皆非端人正士,故趙氏所言,亦不可全信也。而《仁祖實錄》於"大北派"李爾瞻一黨或凡有關涉之人物,亦皆醜詆之不遺餘力。史籍如此,憑誰可信? 難矣夫!

0191-1-1623;0191-2-1623
趙濈《朝天日乘》(《全集》第 12 册　韓國國立中央圖書館藏　諺文鈔本)
趙濈著,崔康賢譯註《계해수로조천록(癸亥水路朝天錄)》(신성출판사,2000 年)

案趙濈有《燕行錄(朝天錄)》(0190-1623),已著錄。

趙濈此稿爲諺文本,封面爲漢字,右中楷題"天啓癸亥水路朝天錄",左旁稍高書"星槎錄",左邊大書"朝天日乘"。又一頁右中行書題"皇明天啓癸亥水路朝天錄",中間大書"星槎錄"同前頁,而左邊大書"天日乘","天"字之上半與"朝"字被遮。其後即爲諺文《朝天日乘》,每頁或左上角或右上角,浸汙不清,多有殘缺。此書每半葉十六行,行約三十至三十三字不等,無格欄。韓國國立中央圖書館書目云"1624 年",則爲趙

---

①趙濈《燕行錄(朝天錄)》,《燕行錄全集》,012/392。
②趙濈《燕行錄(朝天錄)》,《燕行錄全集》,012/393。
③趙濈《燕行錄(朝天錄)》,《燕行錄全集》,012/393。
④《仁祖實錄》卷 6,仁祖二年(天啓四年　1624)五月二十八日辛巳條。
⑤《仁祖實錄》卷 1,仁祖元年(天啓三年　1623)四月二十七日丙戌條。

氏回國日期,非鈔寫改定日期,鈔寫者亦未詳也。

《朝天日乘》正文前卷首有諺文"가경태우예조참판으로동지/셩졀ᄉ샤은ᄉ겸ᄒ여가시다/셔쟝관은임뇌지라/반졍후주문ᄉᄂ판셔니경젼이오/부ᄉᄂ윤훤이오/셔쟝관ᄂ니민셩이라"六行①,意爲作者以嘉善大夫禮曹參判兼冬至聖節謝恩使去②,書狀官爲任賚之,反正後,奏聞使判書李慶全、副使尹暄、書狀官李民宬。此數行漢文本《燕行錄(朝天錄)》未見。且正文首行曰:"황명텬계삼년계히 칠월이 동지셩졀샤은ᄉ겸ᄒ여슈로로강남가던ᄉ셜이라(皇明天啓三年癸亥七月冬至聖節兼謝恩以水路往江南之辭説也)。"③

案漢文本《燕行錄(朝天錄)》記錄,自癸亥七月二十五日至甲子四月十六日,然此本記錄自癸亥七月二十五日至甲子四月初二日,較漢文本少十四日記錄。然漢文本全稿多有缺文,如甲子二月十三日的日記後另起一行曰:"(自十四日至十八日缺)"④,然諺文本《朝天日乘》此段時間皆有日記⑤。又漢文本四月初一日、初二日等處皆有缺文⑥,然諺文本此兩日之日記皆保留⑦。故諺文本可補漢文本《燕行錄(朝天錄)》闕文者不少。

趙濈是行,自七月二十七日從漢京出發,陸路經過朝鮮坡州、開城,水路經過宣沙浦、皮島、鹿島、長山島、廟島、登州、萊州、濟南、德州、天津,最後到燕京,翌年三月回國。使行共有船四隻,使臣上船,書狀官二船,通事三船,團練使四船。諺文本所記,趙氏與李慶全、尹暄、李民宬等人,打話酬唱,相互扶持,與漢文本互有異同,讀者兩本相較,則可得其全貌。是書今有崔康賢譯注本《계해수로조천록(癸亥水路朝天錄)》(신성출판사,

---

①趙濈《朝天日乘(諺文本)》,《燕行錄全集》,012/447。
②案"嘉善大夫",諺文本云"가경태우"。據趙濈原著、崔康賢譯註《계해수로조천록(癸亥水路朝天錄)》(2000年,신성출판사,第223頁注1),指出此爲"嘉善大夫"之誤。
③趙濈《朝天日乘(諺文本)》,《燕行錄全集》,012/448。
④趙濈《燕行錄(朝天錄)》,《燕行錄全集》,012/409。
⑤趙濈《朝天日乘(諺文本)》,《燕行錄全集》,012/533—534。
⑥趙濈《燕行錄(朝天錄)》,《燕行錄全集》,012/436。
⑦趙濈《朝天日乘(諺文本)》,《燕行錄全集》,012/546、547。

2000年),頗便參稽焉。【李鍾美譯】

0192-1-1624;0192-2-1624

李德泂【原題未詳】《朝天録【原題竹泉朝天録】》(《續集》第105冊　鈔本】

李德泂【原題閔上舍再構】《竹泉朝天録(航海日記)》(《續集》第105冊　鈔本】

> 出使事由:謝恩兼奏請行
> 出使成員:正使漢城府判尹李德泂、副使弘文館修撰吳翻、書狀官司憲府監察洪雹等
> 出使時間:仁祖二年(天啓四年　1624)六月二十三日—翌年四月二十五日

　　李德泂(1566—1645),字遠伯,號竹泉,韓山人。宣祖三十年(1597),庭試登乙科及第。爲藝文館檢閲、司憲府持平、司諫院司諫等。光海君時,爲司諫院大司諫、全羅道觀察使、兵曹參判、都承旨等。仁祖返正,以功爲漢城府判尹、刑曹判書、禮曹判書、判義禁府事、議政府右贊成等。卒謚忠肅。有《竹泉遺稿》《松都記異》《竹窗閑話》《朝天録》等行世。事見許穆《記言別集》卷二三《墓誌銘》、趙絅《龍洲先生遺稿》卷二一《神道碑銘》、《宣祖實録》、《光海君日記》與《仁祖實録》等。

　　案是稿前有《書竹泉行録後送贇□歸湖南序》,因殘缺,未知誰氏所撰。後又一頁,中大書"竹泉行録"。正文首頁第一行頂格題"竹泉遺稿卷之",第二行低二格題"朝天録",下雙行小注"一云航海日記"。每日詩作及唱和之作,皆附當日下。末有後裔濟翰跋稱,德泂原書,"丙子亂後,不幸見逸,其後公之外孫閔上舍得《朝天諺録》於天坡吳公家,依其音義,而翻以文字,自是其本始矣。尤後曾王考幾庵公,又取洪花浦《航海録》,參諸家傳舊聞而考證之,采其唱和詩作而附益之,因成一通之書"①。然則是稿乃采輯諸家之書補綴翻譯而成,而非德泂原稿。又原題爲《朝天諺

---

①李德泂【原題未詳】《朝天録【原題竹泉朝天録】》,《燕行録續集》,105/491。

錄》,翻作漢字,故今改題爲《朝天錄》,以符其原意耳。

案趙絅《贈領議政竹泉李公神道碑銘》稱,"甲子,适賊無天,帳殿闕公山,公負靮從。陞崇政。六月,兼謝恩奏請,航海朝京,奏陳我國使臣班齒於外夷,辱矣。行人即列於皇上,許以午門内,此與叔孫婼争魯不可夷班於邾司,而義正則有加。復命,上大悦,賜土田奴婢以獎竭誠竣事"①。則知李氏一行,奏請封典外,尚有別奏焉。

是書前記一行三使臣及員役等,謂其行共四十餘人。自六月二十三日辭陛;八月初四日,六船一時向洋而發。二十三日,泊登州。十月十三日,抵玉河館。自宣沙浦至登州三千七百六十里,自登州至帝都一千九百里,不由濟南則一千七百里。翌年二月二十五日,始發玉河館。三月十四日返登州。二十日下海。四月初二日,到宣沙浦。二十五日,返王京。一行所奏請之事,則爲請朝廷差出使臣,齎持詔諭冕服以册封政變即位之綾陽君李倧爲朝鮮國王。使行於十月十二日到玉河館,遲滯至翌年二月二十五日離京,在館四月有餘,堂上奔波,反復懇籲,終得准封,皇上遣司禮監官文書内官監太監王敏政、忠勇營副提督御馬監胡良輔爲詔使前往朝鮮頒詔焉。

其在宣沙浦,點檢船隻櫓楫及篙師舟人輩,則船大小六艘已艤岸,而船軍半不至,楫物諸具,亦多不備。航海已泊,而維楫不具,櫓手短缺,萬里風濤,衣衱無備,誠可寒心。不得已,具由馳啓,且移帖於方伯以責之。② 又以兹浦爲涉海首路,例禱海神,乃於最高山頂爲壇設幄,李德泂與諸人以牲酒香幣,操文祭告海神。既罷,又設右參贊柳公澗、吏曹參判朴公彝叙、司諫院正言鄭公應斗三人神位,並祭之,蓋三公嘗奉使溺海死者也。又遣譯官輩分祭六船神。③

又一行在海中,李德泂夢中見一老嫗,水痕淋漓,來乞案上筆,覺來是海神,即設饌以祭。又副使吴翻自登船後,每夜夢一仙女,甚爲美麗,自天而降,語諸舟人,舟人欣然相告,此爲忠清内浦城隍神也,名爲牧丹仙,若

---

①趙絅《龍洲先生遺稿》卷 21《李公神道碑銘》,《韓國文集叢刊》,090/388。
②李德泂【原題未詳】《朝天錄【原題竹泉朝天錄】》,《燕行錄續集》,105/411—412。
③李德泂【原題未詳】《朝天錄【原題竹泉朝天錄】》,《燕行錄續集》,105/412。

見於舟師之夢,則甚吉,況今累見於使臣之夢,其爲吉慶,豈可量哉。吾等非但往北京,雖往乎千萬里無邊之海,亦何憂云云。副使聞是語,尤奇之,乃以香幣率員役等,親祭於仙娘。① 又八月十九日,連日逆風,舟不得行,甚憂悶。是日午,忽有一老僧,手持錫杖,肩垂寶佩,雙眉如雪,儀容甚異。並告以祭海莫重天妃娘娘之神,次龍王之神,又次小聖之神,此三神虔誠祈禱,則必有靈祐矣。因教其節次而去。是日,一行皆齋浴,精備香幣,公依其言,造紅段小軸泥金,各書神號,定其位次,親製文告之。② 後藏小軸於檀,置諸座隅,凡有祈禱,前期齋肅以爲式,因各歸小寢,果有靈颷。後訪老僧,則皆不知,蓋亦神仙儔矣。風便甚利,一帆萬里,無有艱險云。

　　案此類載記,事涉荒誕,蓋皆上、副使爲安定人心計,出此玄怪之策也。一行在長山海域,又見鯨鯢,崔嵬如山,其所噴沫,無處不及。在平島洋面,有物浮出波面,其大如盆,玲瓏如琉璃琥珀之光,傳說爲龍卵杯。在長山島,與副使散步入小洞,則有人家,能成村落,此島在海中最爲深僻,不與世相通,曆書所不及,故居人以花開葉落爲春秋,耕田捉魚爲生理,未知何代來此,抑桃源避世之類也。又在平島,見因此島與遼東連陸,自前遼東人之叛投於虜者,成群作盜,往來島中,舟航之過此者,皆被殺掠。故東南商舶,不敢來泊矣。及今虜酋,奪據遼城之後,遼地居民,舉皆被虜離散,無復人口云。而猶恐有前患,遣人登高而望,則田野荒廢,蘆荻滿目,破瓦頹垣,隱映於莽蒼之間,一望千里,杳無人烟。及夜,月挂山西,參橫天際,遙望大野中,鬼火星錯,或往或來,或遠或近,有唱歌者,有號哭者,有騎行者,有步行者,有持旗建者,火光張滿之際,可怪可愕,其狀有萬矣。江南船人又曰:此地乃錦州衛,與遼接壤,山川奇秀,田野膏沃,人民富庶,閭閻甚盛矣。自奴酋之亂,皆斃於鋒鏑,故冤鬼成群,每夜如此云。悲夫!明運已衰,禦戎無策,遼陽一帶之邊民,肝腦塗地矣。③ 又在玉河館,上元之夜,禁民間不得放花炮流星並擊鼓踢毬,太平氣像亦已蕭索矣。

　　因此行爲請封典,故一行在玉河館,處處行賄;而朝中官員及小吏輩,

---

① 李德泂【原題未詳】《朝天錄【原題竹泉朝天錄】》,《燕行錄續集》,105/421—422。
② 李德泂【原題未詳】《朝天錄【原題竹泉朝天錄】》,《燕行錄續集》,105/426—427。
③ 李德泂【原題未詳】《朝天錄【原題竹泉朝天錄】》,《燕行錄續集》,105/428—430。

復在在誅索。時歲律垂暮,竣事無期。中朝貪饕成風,大小官無不以利相濟,恬不知恥,自以封典爲奇貨,日令小甲輩來求土物,非銀則蔘及獺豹皮紙苧布等物,朝求才應,暮已復然,以爲事若速完,則餌魚之方絶矣。淹延時月,徵索不已,誠可悶也。① 至臘月二十八日,李氏以各部人情當備給後發行,故與副使相議,送譯官於本國,取銀三千餘兩,人蔘三十餘斤事。② 翌年正月初四日,各部下吏及牌子小甲等,以封典事成,晨夕踵接,求容錢及喜錢。所謂容錢者,先容於成事之前也;喜錢者,報喜於竣事之後也。容錢則輒約以完事,立券爲信,故争持券刻求銀蔘,不得已,括出員役等行橐,僅得千餘兩,以上年奏請使貸用千兩,而該曹以國儲蕩盡,不即還償,故員役等抵死不肯,多有怨言。③ 又閣部下人,逐日麋至館中哄鬧,而行橐已罄,以平安監司及管餉使人蔘貿銀事,寓商多在這裏,是亦朝廷經用,故不得已以是取給焉。又林垚俞尚書求人蔘,僅得七斤以送焉。④

其在館期間,又得毛總兵揭帖云:"欲存宗社,莫如急封朝鮮。朝鮮本禮義忠順之邦,原非有挾而要封。苟封册一日不定,則東事一日未了;東事一日未了,則三韓之局何時得結。職累爲朝鮮請册封,不聞詔使往朝鮮,職惟恐如趙宋時議論未定,虜兵已渡河云。"⑤

比至返程,所記極簡。雖沿來路,然自此所經,山川城郭,閭閻市肆,是舊日顔面,但來時值暮秋,景物蕭條,今回春意已闌,柳緑花明,尤爲鮮麗,三復楊柳雨雪之詩,而還忘行役之苦。比及抵宣沙浦,故國山河,宛然如昨,其喜可知。舟人無不鼓舞,乃扣舷而歌曰:"皇恩一新,故國生輝。東海千萬里,瞬息間歸來。置之哉! 太平烟月。同醉矣,更何爲哉!"六船人皆和之。⑥ 十一日,員役等回泊。二十日,以一行員役落後事,兩司俱發論,請拿鞫使臣等,上不允。至是一台官與副使有隙,乘時論劾。削職放送。至六月初三日,詔使入城,十二日回還,一行論啓始停。

---

①李德泂【原題未詳】《朝天録【原題竹泉朝天録】》,《燕行録續集》,105/463。
②李德泂【原題未詳】《朝天録【原題竹泉朝天録】》,《燕行録續集》,105/471。
③李德泂【原題未詳】《朝天録【原題竹泉朝天録】》,《燕行録續集》,105/473—474。
④李德泂【原題未詳】《朝天録【原題竹泉朝天録】》,《燕行録續集》,105/474—475。
⑤李德泂【原題未詳】《朝天録【原題竹泉朝天録】》,《燕行録續集》,105/475。
⑥李德泂【原題未詳】《朝天録【原題竹泉朝天録】》,《燕行録續集》,105/488—489。

十五日，以其竭誠完事之功，將命越海之勞，特爲叙用，賜田二十結，奴婢五口云云。

0193-1624
未詳《됴텬녹(朝天録)》(《全集》第22册　諺文鈔本)

案此佚名作者出使事，詳參前李德泂《朝天録解題》(0192-1624)。

此《朝天録》爲諺文鈔本，作者未詳，爲仁祖二年李德泂使團航海朝天之記録。此稿鈔録工整，亦不分段另行，乃朝天者口述，而用文字記録整理之稿，全稿内容，尚有所缺，蓋定本前之草本耳。據李德泂後裔稱，李氏《朝天録》乃"公之外孫閔上舍得《朝天諺録》於天坡吳公家，依其音義，而翻以文字，自是其本始矣"①。而李書與此本中諸多事實相合，如夢見牡丹花之類，或爲同源之祖本耶？全稿記一行於六月二十日，自漢陽離發，至翌年返至宣沙鋪登陸止，其間紀事與洪翼漢所記，亦有同有異，與李氏、洪氏之書參互驗證，則此趟使行之全貌盡顯焉。

是書載六月二十日，一行自從漢陽出發。七月十一日，正使李德泂搭譙門祭祀。十二日，上船後即遇到狂飆，右參贊柳瀾、吏曹參判朴彝叙、司諫院正言鄭應斗等化爲水鬼，打撈諸人屍體後再爲祭祀。八月初三日，六船再次離發入海。十三日，抵三山島。九月十二日，從登州出發，陸行北上達濟南府。再經德州、涿州等地，終達北京，入玉河館。然後呈咨文，後反復釋解仁祖發動宮廷政變之正當性，以及辨有關朝鮮記載之不當等。復向明朝閣老如朱國楨等求助。滯館日久，盤纏幾盡，又命譯官、軍官及下人湊錢，以賄賂上公(閣老中職位最高者)，上公爲其所感，允諾助力册封一事。臘月二十日，册封敕下，帝命遣送使臣並賜黄金三千兩。翌年二月二十日，一行從北京向登州進發。自入水路，竟一路順風帆正，歸宣沙浦，六船人員，莫不歡欣喜悦矣。

諺文本書籍，在朝鮮時代多爲婦孺所讀，故其書中，多載傳聞奇事。若船夫言在航海途中，倘夢見牡丹花，即爲吉兆，海行順遂。八月十二日，

---

①李德泂【原題未詳】《朝天録【原題竹泉朝天録】》，《燕行録續集》，105/491。

衆人皆見上下閃爍金色鯪片之不明物體,船夫稱其爲黃龍化身,昇天而去。經龍王島,在龍王堂附近聽到龍之哭聲,又見龍蛋形狀之南瓜色異物,其大可容四人。譯官言此前朝鮮將帥黃應暘向此物敬酒一杯,其物遂化爲純金。並稱此乃龍卵之殼,自海東來,爲天下獨寶,百萬黃金不能置也。又記自登州至北京,沿路北上風光可人,城市繁麗,古迹墳墓,比比皆是。近閱村鎮之美麗,遠眺泰山之全景。及返歸途中,時值春光,花朵盛放,紅花綠葉,鮮豔美麗。其叙事流暢,故事性強,能吸引讀者,尤其婦女稚子,此即諺文本之特徵也。【邢順和譯】

又據二○○一年五月八日韓國《朝鮮日報》記者金基哲報導,五月七日,崇實大學國文系曹圭益教授,考證古文書籍收藏家李顯兆(全南大學講師)所藏之《竹泉行録》後,以爲即竹泉李德泂於1624—1625年間出使明朝之行跡,爲最早的韓文使行録。作者乃李德泂隨行軍官,以非正式之簡單韓文記録爲基礎而纂成。此《竹泉行録》本分乾、坤兩卷,今惟存坤卷。有諺文正文130頁,中文跋語11頁,所鈔紙寬20.5釐米,縱33.5釐米。不知李氏家藏者,即上文所述諺文本《竹泉行録》否,因未寓目,故不敢必也。①

0194-1624
吴翿《甲子朝天録》(《叢刊》第95册《天坡集》 刻本)

案吴翿有《己未朝天録》(0180-1619),已著録。吴氏出使事由,詳參前李德泂《朝天録解題》(0192-1624)。

吴翿此次出使,可謂一波三折。初以李德泂爲辨誣正使、權帖爲副使、吴翿爲書狀官,三人奏需早辦方物及行賄諸物,且"陳文才短拙,不稱於辨誣專對之任",仁祖勗以"卿等足以辦此重任"②。比至出發時,則副使改遞吴翿,書狀官改蔡裕後。行至定州,蔡氏病,一行至平壤候新遞書狀官洪翼漢,且使行亦改爲奏請行也。而越洋歷險,到玉河館,吴氏復"患

---

① 韓國《朝鮮日報》2001年5月8日,第30版/社會版,記者金基哲報導。
② 《仁祖實録》卷5,仁祖二年(天啓四年 1624)四月一日甲申條。

水土委頓衾枕者月餘,憒憒不省事"①,可謂一路苦痛,病不離身也。

此《甲子朝天錄》,輯自吳翿《天坡集》卷二,計詩百一十餘首,其詩題謂"上即位之明年,奏請誥命冕服,余以副使奉表而行"②。可知爲第二次水路朝天時作,多與正使李德泂、書狀官司洪翼漢唱和之作,尤以與洪氏唱和最多。其在洋中,尚憶前次陸路出使時事,故有《憶遼東》謂"幾投懷遠館,曾上望京樓"也③。

一行自宣沙浦祭海神後下水,據吳氏詩題注,宣沙浦"今改以旋槎"④,則蓋以使臣每自此處入海,故改名而乞順利回旋耳。船經木彌島、椵島、鹿島、石城島、長山島、廣鹿島,至廣鹿前洋,風雨甚惡,駭浪翻舟,幾至顛沉,再歷皇城島等,至登州上陸。凡自登州至皇城,所歷齊魯大地,經見古迹什刹若普靜寺、鎮海樓、蓬萊閣、朱橋驛、范仲淹讀書處、顔魯公廟、周亞夫細柳營、東方朔舊壘、蘆溝橋等,而名山大川則有淮河、泰山等,皆令吳氏開眼歡喜,即其詩所謂"男兒好古意,今日最平生"之意也⑤。而若《黃縣途中》《黃山關途中》《新河途中》《濰縣途中》《青州途中》《臨淄途中》《德州途中》《昌邑途中次書狀韻》諸詩,狀物寫人,鋪叙纖悉,齊魯風光,盡收眼底,時露真趣,依依如繪,亦可領略當時山東半島之風光。而當時遼東,已成後金之天下矣。

0195-1624
洪翼漢《花浦先生朝天航海錄》(《全集》第 17 冊;《叢刊續》第 22 冊;《叢書》第 1906 冊　刻本)

洪翼漢(1586—1637),初名霫,後改今名,字伯升,號花浦,南陽人。自少聰明秀發,孝友忠信。每讀史,見死節義者,必色動而心慕。光海君十三年(天啓元年　1621),中謁聖科。仁祖二年(天啓四年　1624)廷

---

①吳翿《天坡集》卷2《余到玉河……用其韻答之》,《韓國文集叢刊》,095/050。
②吳翿《天坡集》卷2《上即位之明年……奉表而行》,《韓國文集叢刊》,095/039。
③吳翿《天坡集》卷2《憶遼東》,《韓國文集叢刊》,095/044。
④吳翿《天坡集》卷2《旋槎館次壁上李石樓韻》,韓國文集叢刊,095/042。
⑤吳翿《天坡集》卷2《青州途中》,《韓國文集叢刊》,095/048。

試壯元。官司諫院正言、司憲府掌令等。"丙子胡亂"起,臨危授命,爲平壤庶尹。上《斥和疏》,極斥與清議和。三田渡和議成,清廷指定索翼漢等,遂自械赴敵營。後押至瀋陽,威武不屈,與尹集、吳達濟同時就義,號稱"三學士"。後謚忠正。有《花浦遺稿》五卷、《花浦先生朝天航海録》、《花浦西征録》等行世。事見《花浦遺稿》卷五《行狀》及宋時烈《墓碣銘》、《傳》、《墓表文》與《仁祖實録》等。

案洪翼漢出使事由,詳參前李德泂《朝天録解題》(0192-1624)。

洪翼漢《花浦遺稿》五卷,爲洪翼漢外孫沈廷耆據家藏草稿編次,經任相元删定,翼漢孫禹錫於肅宗三十五年(1709)刊行。前有宋時烈序,末金鎮圭跋。凡詩一卷,以體裁編輯;文三卷,附其《北行録》、《遺筆》手札,卷五爲諸家狀誌文等,後爲《花浦先生朝天航海録》《花浦西征録》,《西征録》末頁題"己丑五月日慶尚道知禮官開刊"。《韓國文集叢刊續》據忠南大學中央圖書館藏本影印,《燕行録全集》爲同一版本。唯《全集》末附許玠之跋文,《韓國歷代文集叢書》在卷五末。(《韓國文集叢刊續》第二二册未收《日記》)

《花浦先生朝天航海録》五卷,出自洪氏《花浦遺稿》。書末行草大字刻"天啓四年七月初秋,危檣跨海,尺劍觀周,風波大海,霧列雄州,蕭灑西行,匹馬扁舟"①。蓋仿翼漢手書也。

洪氏在館無事,極關注中朝政務,時魏忠賢閹勢最熾,首輔諸臣,魏廣微攬權,在朝大臣,人人自危,時楊璉、左光斗下獄,權奸當道,正人隱淪。洪氏日記,多搜覓當時朝報及各地大臣奏摺,鈔録綦詳,時朝野側目而言曰"天下威權所在,第一魏太監,第二客奶姐,第三皇上云"②。即指魏忠賢與客氏也。又聞帝賞魏忠賢弟姪加陞一級並賞銀緞等,復聞"前後朝臣,以綆直去者相繼,而輒奴而僇辱之,至於大臣韓爌、朱國禎之告歸,亦未聞一言之挽留,彼忠賢以一閹豎,愚弄君父,箝制朝廷,忠諫者謀斥之,異己者陰中之,指鹿奸狀,不一而足,則抑其勞績,有何可稱,庇庥弟姪,恩榮稠疊,此所謂蒔弊蘭之荆棘,養斲物之蟲蠹。吁!

---

①洪翼漢《花浦先生朝天航海録》卷2,《燕行録全集》,017/323。
②洪翼漢《花浦先生朝天航海録》卷1,《燕行録全集》,017/194。

可惜哉"①。

又記離京之日,"譯官輩溺於牟利,無意發行"②,故分先後離京。而一行返國,四月二日抵宣沙鋪,六日朝廷"命平安道都事權漢,搜檢一行"③。諫院啓李德泂等"乃敢擅留員役三十人於上國,只帶四人而還,此實二百年來所未有之事也。雖在昏朝政亂之時,亦不至此。其牟利辱國之罪,不可不痛繩。請李德泂等拿鞫,落後首通事表廷老梟示,其餘譯官等並依律科罪"④。先是,侍讀官金時讓劾稱:"一自海路赴京之後,挾帶物貨,比旱路甚便,故前後使行員役,率多市井牟利之輩,其見侮中國,不可勝言。請嚴立科條,俾無冒往之弊。"時權啓、李德泂、吳翿輩,公然受賂,一人所率,多至二十五人,人皆唾鄙。時讓以搜銀御史,摘發賈人於德泂之行,沒其財而治其罪,人多快之。⑤

洪氏返京後,即行罷職。其日記猶記此次員役事件,憲府彈劾與最終處理,直至十月初五日止。據洪氏載錄,落後員役以四月十一日回泊,相距時日無多,若果留一月,則落後僅七八日,奚暇及之,故有冤情,國王命詳查。至十月初五日,上傳教曰:"李德泂等首壞邦憲,以啓後弊,在法難貸,故已爲科罪矣。其竭誠完事之誠,將命越海之勞,亦不可不醻,職牒還給敘用。"⑥其間又"賜奏請上使李德泂熟馬一匹、奴婢六口、田二十結,副使翿熟馬一匹、奴婢五口、田十五結,書狀官洪霱半熟馬一匹、奴婢四口、田十結,堂上譯官以下,賜賫有差"⑦。蓋仁祖因使事順成,王位得封,故實不欲重懲諸人也。然使臣及譯官員役,於沿途及北京倒賣牟利,乃公然肆行之事耳。

時禮部議是否差出使臣往朝鮮頒詔,兵部尚書趙彥謂"風波萬里,海路甚惡,有誰肯差往者",閣老顧秉謙、魏廣微交口致詰曰:"事固有可行者,

---

①洪翼漢《花浦先生朝天航海錄》卷2,《燕行錄全集》,017/252。
②洪翼漢《花浦先生朝天航海錄》卷2,《燕行錄全集》,017/262。
③《仁祖實錄》卷9,仁祖三年(天啓五年 1625)四月六日癸未條。
④《仁祖實錄》卷9,仁祖三年(天啓五年 1625)四月十九日丙申條。
⑤《仁祖實錄》卷6,仁祖二年(天啓四年 1624)五月十六日己巳條。
⑥洪翼漢《花浦先生朝天航海錄》卷2,《燕行錄全集》,017/321。
⑦《仁祖實錄》卷13,仁祖四年(天啓六年 1626)閏六月三日癸卯條。

奚論海路之夷險,且陪臣不由海上來耶?"①則明朝大臣之避入海路,視爲危途,亦與朝鮮臣子同。後天啓帝終遣司禮監官文書内官監太監王敏政、忠勇營副提督御馬監胡良輔爲詔使,前往朝鮮頒詔焉。

0196-1624
洪翼漢《航海朝天詩》(《叢刊續》第 22 册《花浦遺稿》 刻本)

案洪翼漢有《花浦先生朝天航海録》(0195-1624),已著録。

洪翼漢航海朝天時,亦有詩作,今見《花浦遺稿》卷一者,僅數首而已。《行狀》稱"公爲文清健警敏,專以志氣爲尚,雖連篇累牘,得意放筆,若已經意者然。平生所著述,不知其幾千篇,而兵燹之餘,散軼殆盡,惟詩賦表散文若干篇,及《航海録》《斥和疏》《西征》《北行日記》存焉耳。其一句一字,罔非忠義之發,而至如瀋陽踏青日一律,人到今傳誦,而至有墮淚者云,皆別録而藏於家"②。

洪氏與副使吴翿等,皆有唱和,吴氏詩謂"君健多佳句,吾衰常少吟"③。則知洪氏所作尚多,惜散佚無存耳。又其詩詠在廣鹿島時,與中國避地士人李嵒相交,嵒雖販酒爲生,然讀書聲達夜不輟,洪氏感而賦詩,稱其"生涯新酒肆,事業舊專經"④。又在山東半島,謁吕祖謙東萊書院,應生徒之請,題示留之。又在途中遇蜀地舉子數人,洪氏題詩祝"諸公此去應題柱,早晚高車得得回"⑤。其詩雍容舒緩,澹泊寧静,不似如火之烈性也。然如"平生仗忠信,今日任風波"等句,亦剛勁孔武,浩然直達,風骨崚嶒,忠義噴湧矣。

---

①洪翼漢《花浦先生朝天航海録》卷 1《燕行録全集》,017/220。
②洪翼漢《花浦先生遺稿》卷 5《行狀》,《韓國文集叢刊續》,022/402。
③吴翿《天坡集》卷 2《昌邑途中次書狀韻》,《韓國文集叢刊》,095/053。
④洪翼漢《花浦遺稿》卷 1《朝天時乞棲於廣鹿島……感而題贈》,《韓國文集叢刊續》,022/370。
⑤洪翼漢《花浦遺稿》卷 1《朝天時途中遇蜀貢舉數人題贈》,《韓國文集叢刊續》,022/373。

0197-1624
金德承《天槎大觀》(《續集》第106册;《叢刊續》第26册《少瘥公文集》刻本)

出使事由:冬至行
出使成員:正使權啓、書狀官金德承等
出使時間:仁祖二年(天啓四年 1624)七月—翌年四月二十九日(返泊宣沙鋪)

金德承(1595—1658),字可久,號少瘥,亦號巢睫,金海人。涉獵博學,洞解華語。光海君十一年(1619),擢文科別試乙科第一。選補承文院權知副正字,陞成均館典籍,拜司憲府監察。仁祖朝,爲司憲府持平、海運判官、司憲府掌令、襄陽府吏等。久兼漢語教授,課察舌音,清濁不差,多所成就。有《少瘥集》二卷傳世。事見《少瘥公文集》卷二金宇梁《行狀》、朴世堂《墓誌》、《仁祖實錄》、《英祖實錄》等。

仁祖二年(天啓四年 1624),朝鮮遣冬至使權啓、書狀官金德承入海往明。初,謝恩使書狀官蔡裕後,行到平安道,稱病不行,以冬至使書狀官洪霱,移差以送;復以金德承爲洪霱之代,追及使行於安州①。翌年四月二十九日回泊宣沙浦②。搜檢御史金時讓,還自西路,極言權啓奉使無狀,臺諫請待還來,拿鞠定罪,故至是就獄置對。仁祖以爲越海朝京,不無功勞,只削其職焉。

然金德承孫宇梁所撰其王父《行狀》稱,德承爲書狀官,"時有遼梗,泛海星槎,多淪没。有一人以書狀既行,臨登舡,辭以疾免遞。廟議難其人,即舉公充其代,限一旬戒行事,同朝咸怵然爲公憂,公獨無幾微,趣裝如期。以八月初,單車追到,而航渤澥,循青兖,以達於上京,凡三閱序而還。其館燕也,上价以下,有例賜賞銀,公受而不實於橐,分與所帶下卒。至於書册玩好,一切無所近。以經冬,故只備煖帽著之。來時亦給帶行譯官,咸以公之清操爲難及焉。月沙李公嘗有詩云:'朝拜除書夕飲冰,觀周

---
①《仁祖實錄》卷6,仁祖二年(天啓四年 1624)七月十八日庚午條。
②《仁祖實錄》卷9,仁祖三年(天啓五年 1625)四月二十九日丙午條。

行色淡如僧。'此信知公乎！"①是則又爲書狀之模範，後學之楷式矣。然李廷龜之詩，乃德承水路朝天前之贈行，因廷龜亦未曾水路入中國，故其詩有"朝拜除書夕飲冰，觀周行色淡如僧。輕舟直泛天津上。老子平生亦未曾"之贈②。然行前所贐行之作，無非誇贊祝福之語，而行途與歸期是否藏污納垢，則廷龜不能知曉，亦不能預測也。

　　金德承《少痊公文集》二卷，卷一詩、挽詞、賦等，詩以體裁編卷，卷二爲諸體文，末附錄德承孫宇梁所撰《行狀》與朴世堂所撰《墓誌》。《天槎大觀》輯自金德承《少痊公文集》卷二《雜著》，前有金德承序，稱"大凡人情，處安樂之時，則密者或變而爲疏；處患難之時，則疏者必轉而爲密。由疏而密固也，由密而疏，豈非君子之所惡哉。不佞於龜沙令公，曾無傾蓋之雅，適從星槎之後，鯨濤萬里，蠻館三冬，生死之與共，甘苦之與同，雖疏者必轉而爲密，而況丈夫之氣義相許者乎！惟公以氣義相許，故當公之貞幹，不佞不自量，或出妄意見，爭是非於公，而公則不以爲介，且包容之，於是知公之氣義，必不以安樂而有所變也。然公責己也，重以周，恐安樂而或忘之，即其跋涉。哀爲繪事，使渤海舟楫之危，燕山霜雪之苦，隨處而宛在目中，常有所戒。則是圖也非特爲燕齊景物之勝，都邑繁華之蹟也。噫！華山漢水之間，委蛇而披此圖，富貴未必爲樂；月岳琴湖之畔，捷遲而披此圖，貧賤未必爲憂矣。夫知富貴之未必樂，貧賤之未必憂，則密者無自而疏，對面九疑，平地波瀾，非所虞也。古語有之曰：行路難，不在水不在山。重爲公勖之"③。案龜沙公，即權啓（1574—1650），字龜沙，後改名曄，字霱仲。宣祖朝，爲鎮川縣監。光海君時，陞載寧郡守、平海郡守等。然則權啓、金德承秉性相投，情義相激，故出使期間在北京玉河館製此圖，亦即李德泂《朝天錄》末蔡濟恭所跋之《朝天圖帖》也。

　　《天槎大觀》所載，擬以小題，記以札記，逐條列載，計有安州牧、海

---

① 金德承《少痊公文集》卷2 金宇梁《行狀》，《韓國文集叢刊續》，026/056。
② 李廷龜《月沙先生集》卷18《倦應錄下・送書狀官金佐郎德承二首》其一，《韓國文集叢刊》，069/429。
③ 金德承《天槎大觀》，《燕行錄續集》，106/050。

島、登州府、黃縣、萊州府、昌邑縣、濰縣、昌樂縣、青州府、益都縣、臨淄縣、長山縣、鄒平縣、章丘縣、濟南府、齊河縣、禹城縣、平原縣、德州、景州、阜城縣、獻縣、河間府、任丘縣、雄縣、新城縣、涿州、良鄉縣、盧溝橋等，末附"前後航海路程"。案是稿亦見南以雄《市北遺稿》卷四《路程記》，所不同者有三：是稿前"安州牧"，末"前後航海路程"，爲南氏所未有，一也；是稿所錄沿途府州縣之次序，與南氏所記有異，二也；是稿所錄與南氏所記，各條文字多寡不同，三也。

　　據金氏所載，則前後航海路程不一，屢有變更。辛酉（光海君十三年 1621）以後，自宣川宣沙浦發船至鐵山椵島六十里，車牛島一百四十里，鹿島五百里，自此屬遼界。石城島六百里，長山島三百里，廣鹿島二百里，三山島二百八十里，平島二百里，皇城島一千里，鼉磯島二百里，廟島二百里，登州八十里，以上海路三千七百六十里。自登州至黃縣六十里，黃山驛六十里，朱橋六十里，萊州府六十里，灰埠驛七十里，昌邑縣八十里，濰縣八十里，昌樂縣五十里，青州府七十里，金嶺驛七十里，長山縣七十里，鄒平縣三十里，章丘縣六十里，龍山驛四十里，濟南府七十里，濟河縣五十里，禹城縣七十里，平原縣七十里，德州九十里，景州六十里，阜城縣五十里，以上一千三百二十里。向西行富莊驛四十里，獻縣四十里，河間府七十里，任丘縣七十里，雄縣七十里，新城縣七十里，涿州六十里，良鄉縣七十里，大井店五十里，京都四十里，以上五百八十里，向北行合五千六百六十里。

　　而丁卯（仁祖五年 1627）以後，則自甑山、石多山發船，石多山至椵島三百里。己巳（仁祖七年）以後，改爲海路，自平島分路至旅順口四十里，鐵山觜四十里，羊島八十里，雙島四十里，南汛口五百里，北汛口一百七十里，覺華島一千里。自平島至覺華島海路一千八百七十里，寧遠衛十里，自此登陸程至曹莊驛以後同前。①　時明朝爲防不測，而復改貢道爲迂曲遼遠，而波濤難行矣。

────────

①金德承《天槎大觀》，《燕行錄續集》，106/117—119。

0198-1624
金德承《朝天詩》(《叢刊續》第 26 册《少痊公文集》 刻本)

  案金德承有《天槎大觀》(0197-1624),已著録。
  金德承《少痊公文集》卷一所收詩,《過滹沱河》詩題下注"甲子,赴京時"。然則本詩與其下《朝天航海舟中作》等數首,皆作於甲子(仁祖二年 1624)海路朝天時也。其在途中,見武將周姓者,送三把扇求詩,金氏贈詩稱"萬里來從碧海隅,光風座下得梟趨。才堪破賊吴公瑾,志切平胡漢亞夫。幕府秋清還緩帶,轅門晝静但投壺。遼陽克復真能事,早向麒麟入畫圖"①。則希冀其克復遼陽,早立戰功,以安天下,而後陸路暢通,則可自遼東半島朝天也。

---

① 金德承《少痊公文集》卷1《朝京時……書其扇面以贈》,《韓國文集叢刊續》,026/014。

卷二二　0199—0211

仁祖三年(天啓五年　1625)—仁祖八年(明思宗崇禎三年　1630)

0199-1-1625;0199-2-1625;0199-3-1625

全湜《槎行録》(《全集》第10册;《叢刊》第67册《沙西先生文集》　活字本)

全湜《沙西航海朝天日録》(《全集》第10册　手稿本)

全湜《槎行録》(《全集》第10册;《沙西先生文集》　鈔本)

　　出使事由：聖節兼冬至行

　　出使成員：正使承政院左承旨全湜、副使李莯、書狀官南烒等

　　出使時間：仁祖三年(天啓五年　1625)八月三日—翌年四月十五日？

　　全湜(1563—1643)，字净元，號沙西，沃川人。早游柳成龍之門，博涉多識。爲人白而長身，和易有量。宣祖二十二年(萬曆十七年　1589)中司馬試。爲承政院注書。"壬辰倭亂"起，倡義募士，鋌殺賊寇。光海時，爲蔚山判官、全羅都事。仁祖反正，官至弘文館校理、兵曹參議、司憲府大司憲、司諫院大司諫、知中樞府事等。謚忠簡。有《沙西集》七卷《附録》一卷行世。事見《沙西集》附録卷一黄㦸《行狀》、趙絅《神道碑銘》、蔡裕後《墓碣銘》、《光海君日記》、《仁祖實録》等。

　　全湜《沙西集》七卷《附録》一卷，爲其七代孫宗漢家藏草本編次，哲宗十三年(1862)以活字刊行，《韓國文集叢刊》據國立中央圖書館藏本影印，《燕行録全集》爲同一版本。前有李彙訂序，前兩卷爲詩，卷三爲疏啓、經筵講義等，卷四爲書札與雜著，卷五《槎行録》，卷六爲雜録日記，卷七爲跋、表箋、祝祭文等。

　　案《燕行録全集》第一〇册凡收全湜《沙西航海朝天日録》三種，文字

卷二二　全湜《槎行録》《沙西航海朝天日録》　363

大同，實皆源出一本也。一本封面左上題"沙西全先生航海朝天日録"，右上題"天啓五年乙丑"，首頁右上有印，惜印文模糊難辨。字迹潦草，缺文皆以長形方框代之，蓋即作者當時手稿本耳。後二種皆稱《槎行録》，一鈔本，一活字本，均每半頁十行，行十八字，文字全同，亦皆出自全氏《沙西集》卷五，活字本即《韓國文集叢刊》所收本也。然鈔本、活字本與稿本相較，其文字差異甚大。稿本所缺之字，鈔本、活字本《槎行録》皆多不缺，則或另有所本，或整理時增入者。

考稿本與《槎行録》兩種，文字顯異者有五：稿本文字有缺者，後二本多有之。如稿本"八月初十日丙戌，晴。到黄州宿巡使、兵使皆無"下缺，而活字本、鈔本下有"判官情熟人也"六字。稿本幾於逐日有記，或略或詳，或僅記陰晴，而活字本、鈔本則多有省略。如兩本"十二月八日"至"十四日"皆無記，稿本則有"初八日壬午，晴。留館"。至十四日之間，亦僅記日期陰晴，故鈔本、刻本皆删省也。亦有稿本所無，而他兩本有者，如稿本十月"十二日丁亥，晴。早發往朱橋驛止宿。去黄山六十里"。而鈔本、刻本是日闕記。稿本所記，於翌年"四月初七日己卯"止，而他兩本則止於"十五日丁亥"，較稿本多記八日也。活字本、鈔本時有小注，若"九月一日"條下有小注曰："有舟行詩一絶。"此類注二十餘處，稿本並皆無焉。以是推之，則稿本者，作者當時朝天時手稿也；鈔本者，返國後整理之本也；而活字本者，即以鈔本爲底本刊行者也。若三本相校董理，適能合成一善本耳。

全湜此次出使，亦爲水路朝天。自八月二十五日，於朝鮮宣州登船，至九月三十日，至登州上岸。一行四船，逐波濤浪而行，屢經大雨烈風，險不可言，"欲覆者無慮數十巡"①。九月一日，"夕時風止，留泊熊回島北洋。自昏大雨，終夜不止"。二日，"雨下如注，風勢大作，水淺舟膠，波浪益激，舟人懼甚，誼譟難禁。臥在房内，不問事勢，良久乃定"。② 向椵島，知毛文龍在身尾島時，"麾下游擊王朝元、王三薦、周丁及家丁七十餘人所

---

① 全湜《槎行録》，《燕行録全集》，010/363。
② 全湜《槎行録》，《燕行録全集》，010/352。

乘船,敗没淬盡,毛帥以此無懂,使營下僧人等,聚會招魂矣"①。十八日,大風翻海,遂留泊港中終日。"是朝,三船格軍一人,無病急死,出埋山側,憐悼無比。"②二十四日,留海潮寺。"不但風浪猶險,一船之人,皆若奪魄,饑者不食,病者未起,雖欲發船,末由也已。"③比及返途,經廣鹿島,已近宣沙浦,而同行四船中,第三船四十餘人,淹没於波濤巨浪之中,悼怛不可言。此可知當時航海,九死一生,命懸一綫,生死由天,正全氏詩所詠"須從造化聽","萬事寄冥冥"者也。④

0200-1625
全湜《乙丑朝天詩》(《叢刊》第 67 册《沙西先生文集》　活字本)

　　案全湜有《槎行録》(0199-1625),已著録。

　　據全湜《沙西航海日録》注文,有《舟行詩》《長山島留泊詩》等詩,然僅記詩題而無詩正文。《沙西集》卷一《舟行》詩題下注"此下朝天時作(乙丑)"⑤。此下三十餘首詩,即此次燕行所作,於《日録》所注相合,而《燕行録全集》漏收耳。

　　全氏一行,在長山島留泊,皇城大洋遇風暴,經廟島等島,自登州上陸,過吕東萊讀書處、雍齒墓、晏平仲故里、齊景公墓、齊桓公墓及到北京玉河館,沿路皆有詩記事賞景,詠史慨歎,其詩平白直語,類多紀實。如"開蓬發一笑,萬事寄冥冥"⑥、"故國諸山始入望,扁舟歸客意如狂"⑦。然故國在望之時,第三船四十餘人葬身波海,全氏有詩云"海風凄斷海雲屯,何處啾啾四十魂。行客瓣香招不得,撫心無語立黄昏"⑧。此與尹安國使團之命運絕相類矣。

---

① 全湜《槎行録》,《燕行録全集》,010/353。
② 全湜《槎行録》,《燕行録全集》,010/360。
③ 全湜《槎行録》,《燕行録全集》,010/363。
④ 全湜《沙西先生文集》卷1《皇城大洋遇風》,《韓國文集叢刊》,067/38。
⑤ 全湜《沙西先生文集》卷1《舟行》,《韓國文集叢刊》,067/038。
⑥ 全湜《沙西先生文集》卷1《皇城大洋遇風》,《韓國文集叢刊》,067/038。
⑦ 全湜《沙西集》卷1《到車牛島》,《韓國文集叢刊》,067/041。
⑧ 全湜《沙西集》卷1《悼淬海諸人》,《韓國文集叢刊》,067/041。

卷二二　李睟光等《槎行贈言》　金尚憲《朝天錄》　365

0201-1625
李睟光等《槎行贈言》(《叢刊》第 67 冊《沙西集附錄》　活字本)

案李睟光有《庚寅朝天錄》(0083-1590)，全湜有《槎行錄》(0199-1625)，皆已著錄。

此《槎行贈言》，見全湜《沙西集附錄》卷二。共錄李睟光、鄭光績、金尚憲、趙翼、李聖求、李敏求、睦大欽、崔晛、李埈、李廷龜、趙絅、趙靖、李文伯、洪命亨、權啓、姜大進、辛啓榮、權濤、黃時幹、金知復、金𩆸、任絖、李後陽、李植、孫遴、趙又新等二十六人贐行詩凡三十二首、文兩篇。時遼東路梗，朝鮮使臣，需從宣沙浦下陸入海往中國，趙又新贐序稱"奴賊竊據遼陽，周道之直，反爲腥羶之窟，輜車之往返，不由於坦道而由於溟海，風順則逾月而到泊，風逆則數月而不至，舟楫之路，風波之勢，危乎危矣，所以咨嗟歎惜，欲挽而不得者也。雖然，士之行斯世也，其猶舟乎？舟之爲物，檣而帆之，所以進也；纜而碇之，所以止也；又必有衣衸，所以備漏也。東邦，江河也；中國，溟海也。由江河而至溟海，苟能義以爲檣，信以爲帆，禮以爲纜，智以爲碇，敬以爲衣衸，而又能信天之命爲之順風，則何難於利涉大川，其於由海萬里之行，不任瞻望之情，以舟爲喻，公其勗哉！"①諸家贐詩，若"自是進行難使价，固知忠信積平生"②，"一點半洋尋舊迹，千年東魯沂餘風"③，"妖氛未霽遼城路，槎影遙穿渤海山"④，莫不獎褒推重、祈禱平安旋旌之語而已矣。

0202-1626
金尚憲《朝天錄》(《全集》第 13 冊；《叢刊》第 77 冊《清陰先生集》；《叢書》第 241 冊　刻本)

出使事由：聖節行

---
①全湜《沙西集附錄》卷 2 趙又新《送沙西赴京序》，《韓國文集叢刊》，067/015。
②全湜《沙西集附錄》卷 2 趙翼《送金參議以賀冬至使赴京》，《韓國文集叢刊》，067/145。
③全湜《沙西集附錄》卷 2 李埈《送沙西朝北京》其三，《韓國文集叢刊》，067/146。
④全湜《沙西集附錄》卷 2 金𩆸《奉送冬至使朝天》，《韓國文集叢刊》，067/148。

出使成員：正使同知中樞府事金尚憲、書狀官成均館直講兼司憲府持平金地粹等

出使時間：仁祖四年（天啓六年　1626）閏六月二十八日—翌年五月十八日

金尚憲（1570—1652），字叔度，號清陰、石室山人、西磵老人等，安東人，居漢城，爲壯洞金氏。游於尹根壽、申欽、李廷龜、柳根之門，精於經史。與洪瑞鳳、李安訥、趙希逸、張維相善。正直剛方，貞介特立。宣祖二十九年（萬曆二十四年　1596）庭試丙科及第。侍宣祖、光海君、仁祖、孝宗四朝，立朝五十年，屢有起躓。官至禮曹左郎、弘文館修撰、司諫院正言、司憲府大司憲、司諫院大司諫、禮曹判書、議政府右議政等。丙子之難，扈入南漢，力陳死守之計。三田渡訂盟後，歸隱安東鶴駕山。後被構入瀋陽，首尾六年，終不少屈，朝鮮史家以文天祥後一人喻之。孝宗繼位，任左議政。顯宗初，歸隱林下，築石室以居。卒諡文正。有《清陰集》四十卷傳世。事見金邁淳《臺山集》卷一三《文正公府君傳》、宋時烈《宋子大全》卷一八二《石室金先生墓誌銘》、李端相《静觀齋先生續集》卷八《記清陰先生遺事》、《宣祖實錄》、《光海君日記》、《仁祖實錄》、《孝宗實錄》等。

金尚憲《清陰集》四十卷，爲尚憲孫壽增等據自編稿增補，於孝宗五年（1654）刊行，《韓國文集叢刊》據奎章閣藏本影印（《韓國歷代文集叢書》同），《燕行録全集》與此爲同一版本。前有明人李康先、張延登序與金氏自叙，卷一至卷八之詩，以體裁編定，卷九《朝天録》、卷一〇《清平録》、卷一一《雪窖集》、卷一二《雪窖後集》、卷一三《雪窖別集》，卷一四至卷二三則爲表箋、祭文、疏札等，卷二四至卷三七爲碑銘、狀誌等，卷三八至卷四〇爲記序、題跋、書札等諸體文。

金尚憲《朝天録》，輯自《清陰集》卷九，爲其仁祖四年（天啓六年1626）出使期間所作，共收詩一百三十六首，文十四篇。詩則沿路皆有所作，文有《祭海神文》《祭車牛島神文》《長山島天妃祭文》《題吳晴川遼海遺蹤後序》《祭海神文》《上提督主事曾棟書》《謝提督主事曾棟書》以及《禮部兵部呈文》數篇等，兼載禮部、兵部呈文題本、聖旨及軍門批復（登

州撫巡都御史李嵩)等。

案金尚憲之入中國,初爲謝恩使,復以春城君南以雄爲謝恩使,金氏爲聖節使、金地粹爲書狀官,蓋兩起同行,故金地粹兼兩行之書狀以省糜費耳。謝恩者,謝發還漂海人丁朱鎮國等及蒙發銀收買焰硝諸事也①。一行於閏六月二十八日拜表啓程,遲滯至翌年五月十八日返國覆命焉。②

金氏一行留館期間,於天啓七年三月九日聞後金阿敏等將入侵朝鮮事,驚懼莫名,遂上書兵部,稱"心痛不可緩聲,事急寧免疾步",請朝廷"誠及此時,速發偏師,乘其空虛,擣其巢穴,使賊首尾牽掣,則一舉而全遼可復,屬國可全,此乃兵家不可失之機會也"。又聞毛文龍塘報,稱"麗人恨遼民擾害,暗爲導奴奸細,欲害毛鎮"。又聞舌官言朝鮮與倭爲婚等語,尚憲等遂再呈兵部文,稱"天下寧有仇視同胞,欲害一家;與讎奴謀,引入門庭。背畔君父,而自甘禍敗之理乎?"至於倭寇,"小邦僻在海隅,而久沐東漸之化,其於君臣、父子、夫婦之道,講之有素,豈忍與異類,忘讐結親,以辱其祖先,以羞其臣民,以貽醜譏於天下後世也?"又呈文禮部,謂謠言不實,疑惑視聽。"夫市有虎,聽者惑之;曾參殺人,慈母投杼。自古忠臣、孝子,不幸遭此者,未有不飲恨而抱冤也。欲望大部,敷奏痛辨,仍賜宣示,再使天下知小邦初無是事,然後三韓之民,禽獸而爲人,夷狄而爲華矣。不然,寧死於北闕下,何忍久蒙惡名,容息於覆載之間乎?"尚憲復言"小邦一被攜貳之誣,再被導虜之告。一日未雪,則爲天下一日之罪人;一月未雪,則爲天下一月之罪人。剖心瀝血,叩首哀鳴。待命彌旬,未蒙察納,天門九重,無路自達,絶域之人,誰因誰極(當爲拯之誤)"。③ 頃奉聖旨:"覽朝鮮陪臣辨雪該國攜貳、通奴甚晰。豈其累世敬恭,一朝背順效逆。朕實推心,度其無是,該國群臣,毋自猜阻,尚其益堅乃心,勠力同讎,以明無他。朕亦永鑑爾忠貞,無替柔懷於爾國。陪臣金尚憲等,具見輸誠

---

① 《明熹宗實錄》卷 79,天啓六年(1626)十二月庚申條,070/3840。
② 《仁祖實錄》卷 13,仁祖四年(天啓六年 1626)閏六月二十八日戊辰條;卷 16,仁祖五年(天啓七年 1627)五月十八日癸未條。
③ 金尚憲《朝天録·禮部呈文第三》,《燕行録全集》,013/341。

可嘉。"①帝同時命令登、萊等處,發兵水陸俱下,三月內東向應援,以解朝鮮於危難焉。

　　金尚憲聞本國被搶,泣血呈文,辭語慷慨,情迫辭達。然朝鮮之於明朝、後金,實首鼠兩端,並非盡如其言也。先是深河之役,朝鮮元帥姜立弘等,奉光海君之命,假降後金,此時尚在營中;而此次丁卯之役,後金欲拔除毛文龍,阿敏等率大軍攻打東江鎮,以解除心腹之患。朝鮮以爲毛文龍必敗,故爲自保計,引賊俱換麗帽麗服,冒充朝鮮軍圍攻鐵山,然後金鐵山戰敗,轉攻雲從島,毛文龍率軍頑強抵抗,後金軍久攻不下,遂遷怒於鮮人,轉而攻入義州、安州,直逼王京。仁祖倉皇出京,同時遣使向明廷與毛文龍請罪。明廷命毛將率兵入朝救援,瓶山一戰,重創敵軍,阿敏無奈撤回滿州,此即所謂"丁卯之役"也。自兹後金與朝鮮約爲兄弟之國,然十年轉瞬,"丙子胡亂"將至,朝鮮重禍尚在其後焉。

　　金尚憲爲文簡嚴有秩,詩亦典雅厚重,明人李康先序其《朝天録》,謂"識趣高邁,襟懷寥廓,有工部之深思而不涇於排鬱,有謫仙之瀟灑而不流於狂肆,有五柳之澹蕩而不淪於寂寞"②。其水路所經海島,有長山島、廣鹿島、三山島、平島、身彌島、椵島、車牛島、鐵山觜、龍王堂諸島。其在山東半島,則又經晏平仲故里、管仲墓、王裒故里、東方朔故里、陳仲子故里、伏生授書處、舜廟舜井、趵突泉、禹廟等名勝古迹,復見吳晴川、戚國祚(繼光之孫)等中國士人,沿途賞景流連,吟詠不絶,如在三山島,有句云"萬里朝天今到此,前身知是列仙班"③。至登州,又稱"齊唱竹枝聯袂過,滿城明月似揚州"④。可知彼時心情,寬快舒暢,頗爲優容。比至得知本國被侵,則終日奔走呼痛,呈文籲請,冀望明廷發兵以救朝鮮,則國難當頭,詩興全無,故詩作亦罕矣。

————————

①《仁祖實録》卷16,仁祖五年(天啓七年　1627)五月六日辛未條。
②金尚憲《清陰集》卷首李康先《朝天録序》,077/003。
③金尚憲《朝天録・三山島》,《燕行録全集》,013/276。
④金尚憲《朝天録・登州次去非韻》,《燕行録全集》,013/278。

0203-1-1626;0203-2-1626;0203-3-1626
金地粹《朝天録》(《全集》第 17 冊;《苔川先生集》 鈔本)
金地粹《朝天録》(《叢書》第 366 冊　活字本)
金地粹《印本苔川朝天録》(《續集》第 106 冊,《叢刊續》第 21 冊　刻本)

　　金地粹(1585—1639),字去非,號苔川,義城人,徙古阜。光海君八年(萬曆四十四年　1616)增廣文科登第。爲弘文館正字。因反對廢母論,流放至咸鏡道富寧。仁祖反正,歷任禮曹佐郎、兵曹佐郎、鍾城府使等。朝鮮送使入瀋陽,遂入天臺山,不復仕,悲憤而卒。好節善歌詩,精於書畫。著有《苔川集》三卷行世。事見《苔川集》卷一宋秉璿《墓碣銘》,卷三附録《皇朝陪臣傳》《尊周録》與《苔川金先生續集·年譜》《光海君日記》《仁祖實録》等。

　　案金地粹出使事由,詳見前金尚憲《朝天録解題》(0202-1626)。

　　金地粹《苔川集》三卷,前有金昌協、閔鎮厚二序。首卷詩以體裁編纂,後附文録,卷二爲《朝天録》《朝天時諸賢贐狀》《中華諸賢所撰》及《皇朝辨誣疏》等,卷三則爲《附録》。由其後裔初刊於肅宗二十三年(1697),後經增補編次,於二十九年(1703)以活字刊行(《韓國歷代文集叢書》本即活字本),《韓國文集叢刊續》據奎章閣藏本影印,《燕行録全集》爲鈔本,非同一版本。然每行字數與每頁行數皆同,蓋《全集》本爲活字本之祖本耳。"朝天時諸賢贐狀"題中"天"字,此本誤作"入",而《韓國文集叢刊》本已爲改正,而《皇朝辨誣疏》以下數篇,皆其出使時《禮部兵部呈文》三篇、《禮部因呈文題本》、《兵部呈文》等,爲編輯者删去,蓋因其文皆金尚憲所撰故耳。

　　案此卷輯自金地粹《苔川集》卷二,爲鈔本,共九十餘首詩,乃海路赴燕途中,與金尚憲諸人唱和之作。後又附當時諸賢贐狀,則爲趙希逸(竹陰)、李恒福(白沙)、李廷龜(月沙)等二十餘人所贈詩三十二首,又有中國范明經、吴大龍、夏錫等賡和詩十二首,末爲金氏《蕨硯銘》等五首,爲丁丑之後斥和所作。最後又附從諸家集中所輯詩七首。又《燕行録續集》第一〇六冊收録金氏《印本苔川朝天録》,爲刻本,與鈔本所收詩皆同焉。

金昌協謂金地粹詩"初不冥搜旁索,以深刻富麗爲能,而即事寫境,真率清澹,自不失古人格聲,尤長於絶句,其宮詞塞曲,往往有王仲初、李君虞之遺"①。金地粹詩,若《沙門渡舟上》《德州河上》《宮詞》《燕都八景》等組詩,出語新尖,流轉不澀,賦景新切,靈秀可愛,頗有竹枝詞之味焉。

0204-1628
申悦道《朝天時聞見事件啓》(《續集》第 106 册;《叢刊續》第 24 册《懶齋集》 刻本)

出使事由:聖節兼謝恩行
出使成員:正使宋克訒、書狀官申悦道等
出使時間:仁祖六年(崇禎元年 1628)七月十一日—翌年五月三日

申悦道(1590—1659),字晉甫,號懶齋,鵝洲人。十餘歲,已通經史,善屬文,爲崔睍所稱道。仁祖二年(天啓四年 1624)登乙科。官成均館典籍、户曹佐郎、鏡城通判、兵曹正郎、蔚珍縣監、司憲府掌令、綾州牧使等。後不就官,杜門養疾,終於家。其立朝恬静自守,不肯苟同而詭隨,治州邑以教化爲要,興學爲先。有《懶齋集》九卷傳世。事見《懶齋集》卷九鄭宗魯《行狀》、金應祖《墓誌》、《仁祖實録》等。

案申悦道《懶齋集》九卷,凡詩一卷、文七卷、附録一卷,爲據其家藏草稿編次,刊於十九世紀,《韓國文集叢刊續》據國立中央圖書館藏本影印。

此《朝天時聞見事件啓》見本集卷三。申氏此啓,較他家之《聞見事件》,自陛辭至返國之日,所記且詳且細,與日記無異。一行於七月十一日辭朝,二十三日到平壤,悦道因病留七日。二十九日乘船於浿江,查點員役及梢工水手,分屬各船凡四隻,而貿販船爲第五只,譯官稱以射手,録於計開咨文中。八月初一日自浿江發船,初六日至朱羅島,十一日方至石多山前洋,十二日抵皮島,十五日過車牛島,十七日抵石城島,翌日達長山島。二十日未及廣鹿島一息許,西風暴作,舟楫掀蕩,人皆失色,日没至廣

---

①金地粹《苔川集》卷首金昌協《苔川集序》,《韓國文集叢刊續》,021/465。

鹿島。二十二日,行三山島,祭海神。二十三日,因國書咨文、票帖文憑爲都督毛文龍部下奪去,計無所出,仍返廣鹿島,討得咨文。二十八日向三山島,行祭於龍王堂,抵平島。九月初二日,向旅順口進發,遇進香使洪霶船,相距杳茫,未得謀面,聞其卜物盡數爲奪去,達皇城島。初八日到廟島,十日抵登州。見登州軍門孫國楨,其旗鼓官郭士綽,督呈禮單,恐喝通官,而衙門軍卒,需索無已。十六日夕,見軍門告示,以爲朝鮮由登進者,雖爲慕義,但迫逼虜酋,未必無觀望之意;又查訪得麗人,假借進貢,潛買硝黃,轉爲虜有,深爲大害云。遂草呈文辨誣。二十四日,伴送周世登送毛文龍處送牌文,查盤使行夾帶情弊及在船貨物,命押三船回鮮,其二船聽憑本司督押進貢。一行申辯諸船以國王命押領文物,進貢京師,俺等知有君命,不知其他。高曰陪臣之受命國王,俺之承差都督,一也。都督既令押回,安敢違命。且言進貢事,於吾無關,言辭絕悖。貿販譯官及員役等,私聚白金七百,以賂差官,遂放還員役若干,而船爲押去,欲壑無厭。再經與登州軍門、海防廳等處交涉,方放回船隻,而土產物貨,一應扣留封存,將來買賣收稅。十月初三日,軍門放出票,許朝鮮人買賣,則因其親屬自南方多齎物貨而來故也,誠爲可駭。初五日,雇騾陸行,抵黃縣,遇登極賀使韓汝溭、副使閔聖徽、書狀官金尚賓一行。再經黃山驛、朱橋驛、萊州東館驛、掖縣灰阜驛、昌邑東館驛、濰縣東館驛、昌樂縣東館驛、青州府東館驛、金嶺驛、長山縣南館驛、鄒平縣西館驛、章丘縣東館驛、龍山驛、濟南府東館驛、濟河縣北館驛、平原縣北館驛、德州、景州南館驛、阜城縣南館驛、獻縣南館驛、河間府、任丘縣南館驛、新城縣南館驛、涿州南館驛、良鄉縣南館驛、大井店,於十一月初八日,抵玉河館。而提督主事莊應會下館,仍命登州土物,必當全數運來,在館買賣,此乃古規,不可更革。一行無奈,齎送禮單人蔘,提督命擇好品更送,無恥甚矣。

又申悅道在館期間,復呈文辨誣,並請勿改貢道,今其集卷四如《呈毛都督文》《呈登州軍門文》《呈登州軍門辨誣文》《呈禮部請勿改貢道文》《呈禮部辨誣文》《呈禮部請免上下馬宴文》等皆是也。諸人在京期間,皇長子誕生,例應頒諭屬國,然因慶賀陪臣在館,詔書順付悅道等齎回開讀,以見體實該國之意。延至四月十五日,發玉河館,閏四月初五日抵登州,第五船果爲毛帥奪去。初七日，祭海神起航，十八日到泊於石多山。雖一路踉蹌狼狽，然終歸故土。五月初三日，返王京覆命焉。①

其《呈禮部請勿改貢道文》稱，申氏一行在途，即聞袁崇焕題本，將改朝鮮貢路，由覺華島山海關、天津之間。申氏以爲，舍皮島熟諳之路，從山海迂險之境，勢必不達。並稱"小邦由海路進貢，已經九年於兹，自本國平壤府浿江乘船，至皮島一千里，皮島至石城一千里，至平島一千二百里，平島至皇城島七百里，皇城至登州五百八十里，通共四千四百八十里。而自浿江至平島，島嶼相望，便於停泊，自平島至皇城，則其間無島嶼可泊，而風濤震盪，舟楫顛危，其幸而利涉者亦天耳。只緣梢工水手，慣熟海路，逐年朝貢，猶得以無失其期，若由山海之路，則鴨江以北盡爲賊藪，金復海蓋沿海之路，並皆阻絶，勢將經由海路，過皮島至平島，迤向旅順口鐵山嘴，而所謂鐵山嘴，乃海流所匯處，一派自天津而東，一派自平島而西，一派自皇城而北，皆匯於此，驚濤駭浪，險惡無比。又有蛟龍窟宅，屈曲盤洄，不待颶風之作，常多覆没之患"。又謂"大概海行遲速，惟視風訊之順逆，自本國至登州，其速者三四十日，遲者五六十日，而秋高節晚，尚有未及渡海之慮，脱由山海或天津之路，則水勢之迂遠險惡姑勿論，必得東南風然後可以行船，而貢使到泊之期，每在秋冬之交，其得東南風，蓋亦甚難，數月之内，勢難到泊，設或幸而得泊，其於節日之限，則已無及矣。夫以小邦二百年萬折必東之誠，而若因貢路之移改，以致朝聘之愆期，則我寡君一心事大之義，必將歸於虚地，小邦情事，不亦惶蹙悶迫之甚乎！伏願老爺俯諒此間情節，勿爲改易貢路，一以廣朝廷柔遠之德，一以便屬國朝覲之路，則小邦君臣，將銜恩感德，糜粉難忘矣。卑職等無任攢手顒祝之至"。②

申氏一行，於沿途先是受毛文龍部侵擾，後於登州、北京復爲諸衙門索需無度，幾於難支，申氏於末評曰："臣等留京師六箇月，而牢鎖孤館，不得以時接見通報，其於天朝事情，有同聾瞽。大槩皇上幼沖，紀綱委靡，朝廷粉飾昇平，不以外虞爲慮，貪風大肆，上下同流，如提督主事禮部郎官，公然出票，徵索土物，而提督尤甚，每入後堂，與館夫附耳私語，以牟利爲

---

①《仁祖實錄》卷20，仁祖七年（崇禎二年　1629）五月三日丁亥條。
②申悦道《懶齋集》卷4《呈禮部請勿改貢道文》，《韓國文集叢刊續》，024/070—071。

事,又如序班副事衙門,胥吏小甲之類,日日誅求,罔有紀極。琉球使臣從人只五六,館夫等不爲顧存,僅通薪水,事完經年,無贈賂之物,打發無期。中朝如不革此弊,外國朝聘之禮,幾乎息矣!"①此可見明季國事糜爛如此,大廈將傾,敵寇在側,而大小官員胥吏,仍駸駸乎爲利是圖,明其不亡,有是理乎! 而毛文龍久居皮島,雖制衡滿州,然其貽害朝鮮,獨大難制,亦可見其一斑,故後來爲袁崇焕所誅殺,亦可謂罪有應得矣。

0205-1628

申悦道《朝天録》(《叢刊續》第 24 册《懶齋集》 刻本)

案申悦道有《朝天時聞見事件啓》(0204-1628),已著録。

鄭宗魯撰悦道《行狀》,謂悦道有"《朝天録》《仙槎志》《聞韶志》《拜門録》及遺文若干卷,藏於家"②。則其原各分小集,而現存集中,僅有詩一卷,蓋散佚故也。其朝天詩四十餘首,或與上使宋克訒等唱酬之作,或記沿路海島風光,波浪巨浸,或詠及山東半島若晏平仲故里、濰縣伯夷廟、王裒故里、細柳營、董子故里等古迹景觀,或在京遊覽天壇、國子監等,皆有詩紀詠,若"牢鎖烏蠻館,重門深復深"等句③,則抱怨提督之館禁也;如《長相思》等,則抒思鄉思親之温情也。文詞不事雕琢,而温雅有體裁,亦鐵中錚錚者也。

0206-1629

李忔《雪汀先生朝天日記》(《全集》第 13 册 刻本)

出使事由:進賀兼謝恩行
出使成員:正使李忔、書狀官鄭之羽等
出使時間:仁祖七年(崇禎二年 1629)七月八日—翌年八月十八日

---

① 申悦道《懶齋集》卷 3《朝天時聞見事件啓》崇禎二年閏四月十八日條,《韓國文集叢刊續》,024/065—066。
② 申悦道《懶齋集》卷 9 鄭宗魯《行狀》,《韓國文集叢刊續》,024/145。
③ 申悦道《懶齋集》卷 1《拈圃隱集中韻奉呈上使令公》,《韓國文集叢刊續》,024/013。

（返至石多山下陸）

李忔(1568—1630)，字尚中，亦作尚仲，號雪汀，慶州人。年十五六歲，文辭蔚然可觀，筆法擅松雪體。宣祖二十五年(1592)，以明經中文科。官至司憲府持平、刑曹正郎、侍講院文學、白川郡守等。光海初落職，後爲龜城府使、宗簿正等。仁祖時，爲全羅左道京試官。七年(1629)，爲進賀使出使明朝，翌年因病客死於北京。正祖朝諡忠章。有《雪汀集》六卷、《雪汀先生朝天日記》等傳世。事見宋時烈《宋子大全》卷二一〇《雪汀李公行狀》，《宣祖實錄》《光海君日記》《仁祖實錄》與宋秉璿《雪汀先生朝天日記序》等。

案崇禎二年(仁祖七年 1629)二月庚寅，皇長子慈烺生。朝鮮派李忔爲進賀使往賀。又因袁崇煥題本有"朝鮮媾倭欵奴"之語，故兼以辯誣也。李氏此次出使，亦沿水路而行。先是，自遼東不靖，天啓元年(1621)八月，改朝鮮貢道，自海至登州，直達京師。至崇禎二年，改每歲兩貢爲一貢。時袁崇煥督師東北，題改經覺華而行，遂道路迂遠而險象環生矣。李忔行前，與冬至使尹安國馳啓："臣等之行，將發船於大同江，而陸路則平壤之去甑山，纔八十里；水路則自大同到石多山，非徒水淺多礙，或八九日得達云，請乘船於石多山。"仁祖允之。①

此行李忔與尹安國一行同時併發，七月初八日，詣闕拜別。八月一日，行祭海神，翌日登船。九月十七日，發船向覺華島。尹安國船申時至洋中，爲巨浪覆没，同舟五十餘人，一時俱作長平之卒，李氏遥見而不得相救，慘怛痛哭，寧欲溘死！二十一日，艱行到寧遠衛，時袁崇煥督師，遼東戰事正酣，陸路中絶，遂淹留在此，幾近半年，幸各衙門時有米糧肉菜接濟，方免絶糧之患，直至翌年三月八日，方沿海路至天津。二十四日，抵北京玉河館。李忔本身弱多病，而一路心驚身疲，遂宿疾復作，又得痢症，竟至沉痾不起，於六月九日，客死館邸。於是，此次同行之冬至、謝恩進賀二使，一作水鬼波臣，一化他鄉遊魂，可謂朝鮮燕行使上最激慘壯烈之一幕矣。

---

①《仁祖實錄》卷20，仁祖七年(崇禎二年 1629)六月二日乙卯條。

李忔《雪汀先生朝天日記》，單行本。爲海路出使者所記最爲詳悉者，全書非原草，刻本天頭加小框書稱"本草則每日書初字，而今多刪之"，然則經整理者剪裁也。前兩卷爲李忔親記，而自入玉河館後，所記極略，則因李氏病重不起，以至"不能把酒"之故也①。卷三《續錄》，則爲李氏卒後，製述官星山李長培所記，而間有闕誤，多所未詳，所記終至護柩船至石多山登陸，李忔屍身終回故里。其在玉河館殯弔期間，崇禎帝遣官諭祭，且授金字牌"諭祭"二字，使揭於轝前。即宋秉璿序所謂"天子特加傷憐，遣官諭祭，龍亭金牌，恩榮備極。嗚呼！以海外一陪臣，得蒙優渥，足以焜燿青史，此非獨見公許國死王之誠，抑可以見我皇上字小章勤之德。嗚呼盛哉！"②返國之後，仁祖亦命追贈弔祭，特令禮葬，以示優恤之意。李氏之遭際，生歷非人之痛，死享沒世之榮，可謂"令人羨公之死而不能已"焉③。

　　李忔出使期間，正明朝東北戰事正酣之時。崇禎二年十月，滿兵入大安口。十一月，京師戒嚴。旋遵化陷。召孫承宗爲兵部尚書，視師通州。袁崇煥入援，次薊州。滿兵薄德勝門。孫承宗移駐山海關。三年正月，滿兵繼克永平、灤州，國勢殆危。李忔適於此時出使，又久滯寧遠，其日記所記當時戰事，極爲詳盡，凡雙方廝殺慘烈之狀，皆載其日記中。又當時訛言紛紛，不忍聽聞，虛實真假，以至昏瞶無覺，不知從何處下筆。李氏據邊報、軍中告示、衙門消息、親耳所聽、親眼所見，以至傳辭異聞等，於每日詳記明朝與滿兵之動態，凡斬殺首級獎勵披紅，丟城棄陣軍法懲處等，一一見於筆端。且其所親接面目者，若袁崇煥、孫承宗、祖大壽、孫元化、王楫諸人，皆當時前綫高級將帥，袁、孫、祖諸將，皆與李氏有書札往還，或相通"虜情"，或言他事，此皆爲中國史書及諸家傳記所不載。而啓、禎兩朝《實錄》，散佚無傳，當時朝廷又"禁抄傳邊報"。故其時戰事，見諸史乘者，皆簡略不實，而清修《明史》，又特諱此間之史，故徵實爲難也。然李氏此記，則相當於當時戰報，其史料價值，自不言而喻矣。

---

①李忔《雪汀先生朝天日記》卷2，《燕行錄全集》，013/168。
②李忔《雪汀先生朝天日記》宋秉璿序，《燕行錄全集》013/012。
③宋時烈《宋子大全》卷210《雪汀李公行狀》，《韓國文集叢刊》，115/103。

然最爲可惋慨者,袁崇煥爲崇禎帝枉殺,孫承宗於滿兵攻下高陽後投繯自盡,孫元化遭棄市,王楫後在寧夏死於兵變;唯祖大壽壽終,然亦因降清偸生,皮囊苟活,抑鬱而卒;而李忔又客死他鄉,魂斷玉河。諸人竟難得好死,益令吾人於近四百年後,讀其遺帙,扼腕頓足,感慨而莫名者也!

0207-1629
李忔【原題未詳】《朝天日記》(《全集》第 23 册　稿本)

案李忔有《雪汀先生朝天日記》(0206-1629),已著錄。

李忔《雪汀先生朝天日記》,刻本,已收錄於《燕行錄全集》第一三册,此第二三册又收錄未詳《朝天日記》,然細考之,實即李忔《雪汀先生朝天日記》也。刻本首頁天頭加小框題"本草則每日書初字,而今多删之",所言與此稿合,然則此稿殆即所謂"本草"矣。全稿或墨汁盡黑,不見字形;多潦草勾乙,艱於辨認。首頁左行依稀見"朝天日記己巳"字樣,其他爲記明朝袁崇焕等官職名,此頁起則爲記出使一行之員役,而首頁丟失,不見上副使書狀官等姓名耳。中間又有封面左行題"崇禎三年庚午正月朝天日記"("記"字只存言旁之上點)一行,又有"第二"一行,則李氏原草分爲二卷,以崇禎三年始爲第二卷,或爲第二册耳。前卷末有"水路後赴京使"名單,與刻本同。下列明遼東諸將領之官銜姓名,後列中朝吏、禮、户、刑、兵、工諸部尚書及侍郎等官銜姓名。再下卷末列《皇明祖訓》及一行送出人情銀、所受賞銀等數字,漫漶難識。而刻本所有之李長培《續錄》,則此本無,更知其當爲李氏原草無疑也。李忔歷盡艱辛,而又客死他鄉,而是稿能尚存今日,亦可謂幸矣!又考李氏稿中,不言其賀進使行之書狀官姓名,而同行尹安國之書狀官則爲鄭之羽,殆二行同發,鄭氏兼兩起使行之書狀耳。

0208-1629
李忔《朝天詩》(《叢刊續》第 15 册《雪汀集》　活字本)

案李忔有《雪汀先生朝天日記》(0206-1629),已著錄。

李忔《雪汀集》六卷,爲其六代孫鋑據家藏稿整理,於純祖二十年(1820)以活字刊行,《韓國文集叢刊續》據國史編纂委員會藏本影印。凡詩三卷,文二卷,附錄一卷,詩按體裁編次焉。

　　李忔航海朝天詩百三十餘首,分見於三卷詩中,又《祭風伯文》等十六篇祭文,見於卷五。李忔行前,與冬至使尹安國馳啓,欲自陸路從平壤至甑山,自石多山入海。時平壤方伯阻之,邊備司奏上,方爲施行。故李氏詩有"藩臣何所見,廊廟歎無人。寄語乘槎客,箕城莫問津"之牢騷語也①。其詩又有"人情思下石,衆口劇銷金"之句②。則其出使前,或有爲人中傷之事歟?其在海中駕舟,一行或阻風海島,或浪中搏擊,故其詩多述海浪巨浸,雷電暴雨,雖偶亦有"片帆雲俱佳,青天水與空"之景③。然多所遇者,乃"雷電驚還吼,峰巒起又崩。乾坤失軒輊,日月錯沉昇"④。時或見鄰船危在旦夕,以至"當局心如醉,傍觀腸欲煎"⑤。其在廣鹿島,慘見遼船遭風失利,驚愕慘怛,遂祈求"由來神助惟忠信,尚慎吾行好往還"⑥。而其下海初及在海中,凡祭風伯、船神、箕星、畢星、海神、龍王神、天妃等前後凡十有六度,然尹安國船仍葬身魚腹,喪爲波臣,忔痛傷哀悼,涕淚四流,睹尹氏和詩,"一幅猶存舊墨花,沉吟不覺淚交加"⑦。比及在玉河館,李氏亦暴症亡於他鄉,雖仗節忠信,而諸神不祐,豈非命哉!

　　又李氏在覺華島及山海關,有與袁崇煥、祖大壽、孫承恩等人詩,與《日記》相對讀,冀望"書生擬待平胡日,奏凱仍成吉甫詩"⑧。豈知不旋踵間,清兵入關,明朝滅亡,李氏之願,化爲空虛,而神亦不祐,一腔熱忱,化爲亡魂,飄蕩於玉河,能不令人感慨無已也哉!

---

①李忔《雪汀集》卷1《望石多山感歎寄二友求和》,《韓國文集叢刊》,015/468。
②李忔《雪汀集》卷1《適有所思仍用星山韻》,《韓國文集叢刊》,015/469。
③李忔《雪汀集》卷1《望三山島》其二,《韓國文集叢刊》,015/468。
④李忔《雪汀集》卷1《即事呈尹鄭二僚長兼示李星山》其二,《韓國文集叢刊》,015/468。
⑤李忔《雪汀集》卷1《八月二十三日泊廣鹿值風雨望見兩使船脫危就安詩以賀之》,《韓國文集叢刊》,015/468。
⑥李忔《雪汀集》卷3《廣鹿島慘見遼船遭風失利爲詩弔之》,《韓國文集叢刊》,015/507。
⑦李忔《雪汀集》卷2《篋中得雪樵遺帖揮淚口號仍次前韻》,《韓國文集叢刊》,015/491。
⑧李忔《雪汀集》卷2《又次星山韻四首》其三,《韓國文集叢刊》,015/491。

0209-1629
崔有海《東槎錄》(《全集》第 17 册;《叢刊續》第 23 册《嘿守堂先生文集》刻本)

出使事由:賷咨兼問安行
出使成員:賷咨兼問安使弘文館教理崔有海等
出使時間:仁祖七年(崇禎二年 1629)九月六日—翌年四月

崔有海(1587—1641),字大容,號嘿守堂,海州人。少負高才,爲李廷龜門下生,精於性理之學,兼及醫藥、卜筮、堪輿、羲和諸家。光海君五年(萬曆四十一年 1613)登第。出入柳希奮之門,有"八學士"之誚。官至兵曹佐郎、安邊府使、公州牧使、吉州牧使等。曾編纂李廷龜《月沙集》,自著有《嘿守堂集》二十卷行世。事見宋時烈《宋子大全》卷一七六《承旨崔公墓碣銘》、《仁祖實錄》等。

崔有海《嘿守堂集》二十卷。詩二卷,以體裁編纂;文十八卷,凡奏疏、經筵記、讀書淺見、雜著、書啓、祭文等,《東槎錄》二卷,詩一卷,《附錄》一卷爲《農圃問答》及申翊聖、金尚憲、李明漢與崔氏書札,《補録》則爲宋獻、李元善、劉性成關於崔氏遺稿之題辭等。爲據其家藏草稿删定繕寫本,《韓國文集叢刊續》據奎章閣藏本影印,《燕行録全集》爲同一版本。《全集》收《東槎録》卷二《農圃問答》等,實則《問答》非燕行之文,編纂者誤收耳。

案仁祖七年(崇禎二年)八月,仁祖欲遣校理崔有海,爲袁崇焕處問安官。先是,袁崇焕誅殺毛文龍,遂移咨朝鮮,言島中撤兵,通報朝鮮。備局以爲,天朝衙門,曾無問安往來之例,建議以賷咨稱之。遂於九月六日遣崔有海自海路前往,一則回咨,再則伺其處動静如何。① 然崇禎二年十一月,滿兵入遵化。明廷召前大學士孫承宗爲兵部尚書中極殿大學士,視師通州。袁崇焕入援,次薊州。滿兵薄德勝門。十二月初一日,再召袁崇焕於平臺,下錦衣衛獄。崔有海因風漂至登州時,崇焕已被罪下獄矣。比及返回,已是翌年四月。仁祖問以崇焕被囚,物情何如?有海謂"中朝朋

---

① 《仁祖實錄》卷 21,仁祖七年(崇禎二年 1629)九月六日丁亥條。

黨之弊爲痼疾。韓壙者,與崇煥相親,推薦而用之。錢象坤者,則自侍讀入閣,締結宦官,譖袁爲通奴,故袁帥被囚,而袁非行賄貪黷之類,得人死力云矣"①。

據申翊聖《書崔學士東槎錄後》稱,有海自海上還,攜其所爲《東槎錄》三卷以示申氏,申氏謂其"平日所著,宏肆少含蓄,馳騁之餘,不能無脫轡蹶蹄之虞。而槎上所得,約而馴,如出二人手。究其所以,則斂其宏肆,歸諸大雅,節其馳騁,納諸軌彝,此其技進乎道而已"②。今觀有海諸詩,如"土囊噫氣掀三島,雪浪連空振四溟"③,"嫩柳風光人去恨,暮天春色客歸情"等句④,描摹景色風物,亦措詞雄健。金尚憲入中土,曾與山陰人吳大斌(晴川)相唱和,有海詩或步金氏韻,或與晴川及程僖、宋獻、陶學瞻等,交相酬唱,有其句云"地隔言雖異,心同道已親"⑤。足見當時往來之和融也。又錄吳晴川、宋獻、劉性成、張聯台、李元善、張可度等贈別詩十餘首,朝鮮使臣別集中,多在朝鮮出發前贐行詩,而在中國出發前中國士人贐行詩,則以崔氏所錄爲多也。

0210-1630
高用厚《庚午朝天錄》(《全集》第 16 册;《叢刊》第 84 册《晴沙集》 刻本)

出使事由:冬至行
出使成員:冬至使高用厚、書狀官羅宜素等
出使時間:仁祖八年(崇禎三年 1630)七月十四日—翌年六月二十四日

案高用厚有《朝天錄前稿》(0159-1613),已著錄。
仁祖八年七月十四日,冬至使高用厚、陳慰使鄭斗源兩起同發王城,

---
①《仁祖實錄》卷23,仁祖八年(崇禎三年 1630)七月十八日乙未條。
②崔有海《東槎錄》附申翊聖《書崔學士東槎錄後》,《燕行錄全集》,017/666。
③崔有海《東槎錄》卷1《旅順口阻風》,《燕行錄全集》,017/541。
④崔有海《東槎錄》卷1《過定州》,《燕行錄全集》,017/627。
⑤崔有海《東槎錄》卷1《次贈別吳晴川》,《燕行錄全集》,017/604。

翌年六月二十四日用厚先歸。① 高用厚除賀冬至令節外,尚請明朝補賜奏請符驗,元數七部內,三部淹失,僅餘四部,不敷使用。高氏雖請回符驗,然因赴京時,擅用補參,事覺配流晉州。書狀官羅宜素,因受用厚所贈之衣,亦削其職。② 高氏以忠烈名將之子,行事如此,可謂辱沒家風矣。

　　高用厚《晴沙集詩》所附《朝天錄》之《後稿》,共錄詩十八首,則爲與陳慰使鄭斗源、書狀官羅宜素等唱和之作,爲海路朝天所作也。徐光啓序謂"其詩不爲奇麗,自有真意,不爲曠達,自有遠思,遼薊行邁之作,神廟昇遐之篇,玉河立春之什,忠愛藹然,古道緜茲矣"③。此皆客套泛譽之語。用厚詩作平平,中規守矩而已。唯其中如《途中集唐詩即分水嶺》《登州海上道次逢端午集唐句》《東還遇順風行船過三山島集唐詩》諸詩,乃集唐人句所成,在燕行諸使中,爲別格也。

0211-1630
高用厚《朝天錄文》(《叢刊》第 84 册《晴沙集》　刻本)

　　案高用厚有《朝天錄前稿》(0159-1613),已著錄。

　　高用厚《晴沙集》卷二《觀貞女祠序》,小題下自注"附朝天錄文",此爲陸路朝天時所撰。另有《呈登州軍門狀》、《呈登州孫軍門請差人回船狀》(孫元化)、《湯婆傳》、《上張都督馱雪齋書》、《答瑞石高先生書(張可大)》、《上禮部尚書徐玄扈先生書》(附徐光啓《答高使君書》、《謝兼翰林學士徐尚書書》、《謝張馱雪齋書》(附《與朝鮮貢使高瑞石書》)、《上孫軍門都御史書》(附《答高侍郎書》)等文,則皆爲水路出使時與孫元化、徐光啓諸人往來書劄也。其所關涉,多爲上書諸人,求鑒賞其父敬命《霽峰集》,及用厚自爲詩文,並乞撰序跋,"毋惜一字之褒,俾也傳播於中國,則是亡父領閣下之賜,付青雲而垂名不朽,幽明之間,蒙幸曷極"④。用厚此

---

①《仁祖實錄》卷23,仁祖八年(崇禎三年　1630)七月十四日辛卯條;卷24,仁祖九年(崇禎四年 1631)六月二十四日丙寅條。
②《仁祖實錄》卷25,仁祖九年(崇禎四年　1631)九月十三日甲申條。
③高用厚《晴沙集》卷首徐光啓《高使君詩序》,《韓國文集叢刊》,084/136。
④高用厚《晴沙集》卷2《上禮部尚書徐玄扈先生書》,《韓國文集叢刊》,084/185。

集,即光啓爲之序也。此類求鑒請序之事,朝鮮使臣多有,非用厚一人所爲也。又其《湯婆傳》一篇,可入滑稽焉。

卷二三　0212—0220

仁祖十年(崇禎五年　1632)—仁祖十四年(崇禎九年　1636)

0212-1632

李安訥《朝天後錄》(《全集》第15册；《叢刊》第78册《東岳先生集》　刻本)

  出使事由：奏請行

  出使成員：奏請使左參贊豐寧君洪靀、副使刑曹參判李安訥、書狀官尚衣院正兼司憲府掌令洪鎬等

  出使時間：仁祖十年(崇禎五年　1632)六月一日—翌年五月十一日

  案李安訥有《朝天錄》(0117-1601)，已著錄。

  仁祖十年(崇禎五年　1632)夏，朝鮮因遼東受阻，欲奏請自登州改貢路，並請誥敕封謚(奏請章陵封典)。先是，以沈悅爲上使，趙希逸爲副使，然沈氏脚腫成瘡，百藥無效；趙氏亦以病遞。遂以洪靀爲上使、李安訥爲副使、洪鎬爲書狀官。"時海路多梗，又由鐵山觜，風濤益險，人皆規免。公老病，新自塞上至，咸以爲憂。公還纔數日，即促裝行，略無幾微色。同行使臣，日禱海神，祭甚瀆。公自製文，一祭而發，屢遭颶風，公夷然堅卧，一舟中恃以無恐。公宿戒象胥輩曰：禮部如有問如此，對之當如此。及至禮部，果致詰，其所問答，皆公所指也，人皆服其智。"①

  李氏一行於六月初一日離京，翌年五月十一日方返國，幾近一年，備極艱辛。然改貢路一事，中朝答以朝廷非不體念，但方嚴海防，難爲該國開端，致生他虞。宜體此意，祇遵前旨。又該藩世効忠順，國王承襲有年。所請誥敕封謚，既查有成例，俱準給與云云。内閣擬進謚號五，曰恭靖、曰

---

①李安訥《東岳先生集》附李景奭《謚狀》，《韓國文集叢刊》，078/576。

恭純、曰恭恂、曰恭良、曰恭懋,皇上點下恭良云。①

《朝天後錄》輯自李安訥《東岳先生集》卷二〇,乃海路朝天時所作詩也。李氏一行,於六月初一日詣闕,七月十六日自平壤石多山入海,八月十九日到旅順口,自石多山至旅順口,水路所經,身彌島、椵島、車牛島、鹿島、石城島、長山島、廣鹿島、三山島、平島共九島。九月初五日到寧遠衛覺華島,九月二十二日,入山海關。十月初四日入玉河館,翌年二月二十六日,發北京。四月初三日,再發覺華島。五月十一日,返王京焉。

此行因海行諸島,每阻風雨,滯留海上日多。在玉河館又一百四十日,深鎖局門,多臥少出,如坐愁城,故日以詠詩為務,李氏所作詩較前次為尤多,約二百二十餘首。然時李氏已過耳順之年,力疲體弱,意興闌珊,故悲愁牢落之聲,不絕於耳。詩中常表高年,或係日時,幾為年歲時日之記錄簿,記載本事甚詳。他家燕行錄,多為日記兼隸詩作,李氏此錄,則為以詩作兼為日記之體,是為變體,故亦可作日記讀也。

又其在館之日,與當時禮部主事兼提督孔聞謤相問答唱和,孔氏為孔子六十二代孫。李氏於前次出使時,曾於朝天宮參儀時,見衍聖公尚賢、顏子後伯貞、曾子後承業、孟子後承光等亦來賀班。此次見孔聞謤,遂通札問孔、顏諸人消息,孔答以諸人俱已先後凋零。後又經聞謤紹介,於預正朝賀禮時,得見孔子六十五代孫衍聖公胤植,李氏以為"前後朝京師,乃得親見大聖人之後,容色詞氣,皆有與《鄉黨篇》中所記相合,磬折下風,儼乎若摳衣於青衿七十子之列,實一生莫大之幸也"②。又其《上衍聖公詩序》稱"竊念生於外藩,獲觀上國者,千百世千百人中,僅有十一焉,況其再乎? 其到上國,獲接大聖人洪胄者,又僅一二焉,況能其再乎? 某年今六十有三矣,三十年之前,既幸而得人所僅十一者與夫僅一二者,三十年之後,又得人所僅一二者至再焉,其為幸之又幸,固不可以勝道也"③。此亦可見當時東國之人,於孔子及七十弟子之尊禮,其情可敬,其誠可感

---

①《仁祖實錄》卷28,仁祖十一年(明崇禎六年　後金天聰七年　1633)四月十二日癸酉條。
②李安訥《朝天後錄・敬呈孔提督詩序》,《燕行錄全集》,015/352。
③李安訥《朝天後錄・上衍聖公詩序》,《燕行錄全集》,015/363。

也夫!

0213-1-1632;0213-2-1632
洪鎬《朝天日記》(《全集》第 17 册;《叢刊續》第 22 册《無住先生逸稿》刻本)
洪鎬《朝天日記》(《全集》第 17 册;《無住先生逸稿》 鈔本)

  洪鎬(1586—1646),字叔京,號無住,咸昌人。貴達裔孫。問學於俞省曾(愚谷)、柳成龍(西厓),以遠大期之。宣祖三十九年(萬曆三十四年1606),登明經第。官至司諫院正言、寧邊府判官、右副承旨、司諫院大司諫等。鎬喜飲酒,酒酣輒發狂,然性本清疎,不以榮辱利害,計較於心,人或有取之者。有《無住先生逸稿》六卷行世。事見《無住逸稿》卷六洪汝河《家狀》、趙絅《碣銘》、《仁祖實錄》等。

  案洪鎬出使事由,詳見前李安訥《朝天後錄解題》(0212-1632)。

  洪鎬《無住逸稿》六卷,凡詩一卷,文二卷,《朝天日記》一卷,附諸家贈行詩一卷,又附《行狀》、《碣銘》、祭文、輓詞等一卷,前後無序跋。英祖、正祖年間初刊,《韓國文集叢刊續》據延世大學中央圖書館藏本影印,《燕行錄全集》本爲同一版本。

  此《朝天日記》二卷,輯自洪鎬《無住先生逸稿》卷四,鈔本。首頁"朝天日記"題下,注稱"事完回來,凡所聞見,逐件開録於後,謹具啓聞"①,則爲其事竣返國後之聞見狀啓耳。故雖爲日記之體,然每日所記,不再另行,乃連書之。上卷稱"朝天日記",自仁祖十年九月二十六日,"夕宿永平府……蒲州人"下,原注"此下缺"②。而下卷稱"朝天記下",所記則翌年二月初五日,在北京詣闕領賞後,返國途中聞見事件,皆闕文無述,乃直接"五月自燕京還報命"句,則前後兩卷,蓋皆有闕文也。

  《燕行錄全集》第一七册又收洪氏《朝天日記》另一版本,亦出洪鎬《無住先生逸稿》卷四,爲刻本。蓋前述鈔本,即是本之底本耳。是本與

---

①洪鎬《朝天日記》卷上,《燕行錄全集》,017/412。
②洪鎬《朝天日記》卷上《燕行錄全集》,017/445。

鈔本，每半頁行款字數悉同，鈔本所闕，是本亦如之。惟不同者，鈔本首頁大題"朝天日記"，是本作"朝天日記上"，蓋原書無之，刊刻者因下卷題"朝天記下"，故於上卷增入"上"字耳。鈔本文字，多有訛誤，如"五河西館""星文""肖旰""奏包"諸字，是本則改作"玉河西館""呈文""宵旰""奏乞"，皆爲校正，較鈔本爲善矣。然是本每單頁之面，首行最下一字，則或全闕，或半闕，或模糊不清，蓋編纂者複製時，未能細檢，有所遮礙而致耳。

洪氏是行專价奏請爲宣祖大王第五子、仁祖父定遠君李琈（1580—1619）與生母具氏（1578—1626）追封之事而來，時仁祖即位已十年，故明廷以爲仁祖果欲顯揚其親，當於三年之内具奏陳請，今始上聞，必有別故。洪鎬等答以當時倭亂，外侮孔棘，憤切同仇，未紓宵旰之憂，衷懇莫伸，其情可悲，故遲至今日，後經崇禎帝下詔，追封定遠君爲朝鮮國王，其妻具氏爲王妃。時禮部上恭靖、恭純、恭恂、恭良、恭懋五謚，欽點恭良，所謂敬事奉上曰恭，小心敬事曰良。洪氏以爲，"若欽點於首擬，則不知臣等何以處之，看來不覺吐舌"①，則以"恭靖"爲惡謚也。時一行又呈文，啓請貢路仍改至登州上陸，則聖旨題稱，奏内事情，朝廷非不體念，但方嚴海防，難爲該國開端，致生他虞。宜體此意，祇遵前旨。故未爲允許耳。因請謚有功，洪靌、李安訥皆超資，並賜奴婢、田地；洪鎬與譯官張禮忠，亦加資，並賜奴婢、田地；其餘軍官譯官等，亦賞賜有差，可謂皆大喜歡也。

0214-1632
洪鎬《朝天詩》（《全集》第 17 册；《叢刊續》第 22 册《無住先生逸稿》 刻本）

案洪鎬有《朝天日記》（0213-1632），已著録。洪氏出使事由，詳見前李安訥《朝天後録解題》（0212-1632）。

洪鎬《朝天詩》二十餘首，見《無住先生逸稿》卷一，多爲與上使李安訥唱和詩。在玉河館時，洪氏與提督衍聖公後裔孔聞謤相交，屢有詩作書

———
①洪鎬《朝天日記》卷下《燕行録全集》，017/459。

劄通問,且往還辨論洪氏"無住"之號,孔氏有《報無住洪先生號辨》《再答無住洪先生號辨》及詩作,皆附於洪氏詩後。復經聞譚紹介,得與衍聖公孔胤植相接並有詩作酬唱,亦見洪氏集中。洪氏以爲此行可謂"榮遇千年應第一,聊將盛事説邦人"①,且言將酬唱詩稿攜還東韓,所謂"東歸永作箕封寶,樂勝朋來自遠方"②,可傳爲一時佳話也。洪氏詩和熙雍容,不枝不蔓,其詩序亦説理暢達,議論風發焉。卷三有《祭大海神文》、《祭龍王神文》、《祭小星文》、《祭船神文》三篇等,亦皆此次朝天時所作,幸四船皆利涉而歸,蓋其祭祀之誠,而神亦扶祐之故也。

0215-1632
李植等《朝天贈行詩》(《叢刊續》第 22 輯《無住先生逸稿》 刻本)

案洪鎬出使事由,詳見前李安訥《朝天後録解題》(0212-1632)。

李植(1584—1647),字汝固,號澤堂,德水人。求學於許筠。疏秀通明,雅尚儉素。自少博覽強記,文章妙絶一世。光海君時,爲侍講院説書等。後屏居驪江,與任叔英、吕爾徵、鄭百昌、曹文秀爲文酒之會,倘佯於江湖間。仁祖反正,先後任司憲府持平、司諫院大司諫、弘文館大提學、禮曹判書、吏曹判書等。有《澤堂先生集》十卷、《續集》六卷、《别集》十八卷傳世。事見《光海君日記》《仁祖實録》等。

案此《贈行詩》,見洪鎬《無住先生逸稿》卷五,共收録李植、崔鳴吉、金起宗、巢居子、金得之、李娃、洪命夏、黄㦿、申楫、沈之源等諸家詩十四首。時洪鎬航海朝天,險惡萬端,故諸家詩以慰之,若"君看鐵嵴天津險,未似名場宦海深"③,以海浪覆天,亦不若宦海凶險爲喻,則亦知當時朝政之昏暴也。又如"渤海風波應自任,新豐酒價頓能加"④,"休言海道風濤惡,不有神明豈弟扶"等⑤,無非祈禱風平浪静,海神護助,利好往還之吉

---
①洪鎬《無住先生逸稿》卷 1《敬呈台下》,《韓國文集叢刊續》,022/439。
②洪鎬《無住先生逸稿》卷 1《答衍聖公詩》,《韓國文集叢刊續》,022/440。
③洪鎬《無住先生逸稿》卷 5 金起宗《贈行詩》,《韓國文集叢刊續》,022/493。
④洪鎬《無住先生逸稿》卷 5 洪命夏《贈行詩》,《韓國文集叢刊續》,022/493。
⑤洪鎬《無住先生逸稿》卷 5 黄㦿《贈行詩》其二,《韓國文集叢刊續》,022/493。

言是也。

0216-1-1636；0216-2-1636

金堉《朝京日録》(《全集》第 16 册；《叢刊》第 86 册《潛谷先生遺稿》；《叢書》第 2225 册　活字本)

金堉《潛谷朝天日記》(《全集》第 16 册；《叢刊》第 86 册《潛谷先生遺稿》鈔本)

　　出使事由：冬至聖節千秋兼謝恩行
　　出使成員：正使户曹參判金堉、書狀官禮曹佐郎兼司憲府監察李晚榮等
　　出使時間：仁祖十四年(明崇禎九年　清崇德元年 1636)四月十七日—翌年六月一日

　　金堉(1580—1658)，字伯厚，號潛谷，清風人。金湜曾孫。篤於孝行，從游成渾門下，文學該博，精於天算、地理、兵略諸學。宣祖三十八年(萬曆三十三年　1605)進士。入成均館，因力挺鄭仁弘被逐。光海朝，無意於世，屏居峽里，躬耕讀書。仁祖反正，首擧遺逸，二年(1624)以增廣别試狀元及第。官至忠清道觀察使、禮曹判書、議政府右議政、領議政、領敦寧府事等。平生以經濟自任，及爲相，多所施設。爲人剛果，操履端嚴，遇事盡言，不避忌諱。卒謚文貞。編纂有《中京志》十卷、《國朝名臣録》、《類花業寶》及《唐三大家詩全集》等，自著有《潛谷遺稿》十四卷行世。事見《國朝人物考》卷五三李景奭《墓碑銘》、《仁祖實録》、《孝宗實録》等。

　　金堉《潛谷遺稿》十四卷，前有尹新之序，末有申翊聖識語。卷一至卷三爲詩，以體裁編次，後爲諸體文。爲其子佐明據家藏草稿鑄戊申字刊行，孫錫胄增入《朝天日録》等，以韓構字刊於肅宗九年(1683)，《韓國文集叢刊》據高麗大學中央圖書館藏本影印(《韓國歷代文集叢書》同)，《燕行録全集》爲同一版本。

　　案《潛谷朝天録》一卷，輯自金堉《潛谷先生遺稿》卷一四，韓構字本。

《燕行録全集》第一六册,復收金氏《朝京日録》一卷,亦出自《潛谷先生遺稿》卷一四,鈔本。兩本行款相同,皆每半葉十行,行二十字,文字内容全同。惟鈔本書名頁左上楷題"潛谷朝天日記",首頁第一行爲大題"潛谷先生遺稿卷之十四",第二行低一格題"録"字,第三行低兩格爲小題"朝天日録",而正文僅鈔録兩行,第二頁又重爲鈔録;前本則首行即題"朝京日録",大題書在版心。又鈔本卷末申翊聖跋,題下有"西川藏書"小長方朱文印;前本無藏印,字體則爲行草,蓋仿申氏原書而摹刻者也。又前本申跋"視同内服",鈔本作"内報",則因不識草書而誤也。另偶有文字訛誤,餘則兩本皆同耳。

金氏一行員役、梢工、格軍於海汀,凡一百六十人。① 規模亦自不小,蓋因四體使團兼行故耳。金氏出使之時,自山海關外,幾乎皆已淪陷,其雖水路而行,然所過島嶼,亦屢經擄變,或襲掠一空,或殘垣斷壁,兵卒苦痛,民不聊生。若朝鮮使臣詩中常詠之永平府萬柳園,"庚午年,賊盡斫其柳,無一株餘存"②。正所謂樹猶如此,人何以堪也。又如到玉田縣,見"路中有荷擔攜兒者,問之則推得擄去之兒而還。同行者甚多,而或得或不得,含淚而歸者相接,且路傍城門店壁,處處掛榜,列書失兒之姓名,購以銀兩者,不可勝計。沿路之人,皆言官軍幾二十萬,而在賊後百里而來,終不交鋒,搶掠村莊,污辱婦女,甚於猘賊,不勝憤憤云"③。如此官軍,遇民則強,見敵則潰,明之不亡,其有理乎? 而到京之後,上至禮部尚書,下及役員小甲,莫不向一行需索人蔘等物,欲壑難填,尤可見明末秕政,官貪吏污,亂像叢生。金氏返國覆命,稟仁祖時稱"中朝物力雄富,故似無朝夕之急,而但朝士之貪風日甚,宦官之驕橫莫制。内賊蜂起,雖無窟穴,而聚散無常,已爲心腹之疾。西撻數千,方向化内附,故處之於寧遠城中,將來恐不無難處之患矣"④。由金氏所言,亦可見明季秕政之不可挽也。

又金氏出使之時,正朝鮮再受清兵侵略之日,君臣出降,訂城下之盟,

---

①金堉《潛谷朝天録》,《燕行録全集》,016/442。
②金堉《潛谷朝天録》,《燕行録全集》,016/474。
③金堉《潛谷朝天録》,《燕行録全集》,016/476。
④《仁祖實録》卷35,仁祖十五年(明崇禎十年　清崇德二年　1637)六月一日戊戌條。

滿兵席捲而去,故一行耽延,不得返歸。比及返國之時,兵部尚書楊嗣昌奏請,朝鮮降敵,已踰一月,音問寂然,使臣之去,正好乘便偵詢。故請天恩比常倍加賞齎,特賜敕使,伴送其行,"誠恐前徑海島將吏兵民,不知天朝字小之意,維係屬國之心,或稱鐵山既戕我檄,我今亦當殺之。又或利其所有,明欺暗害,便指使臣爲賊,塘報捏功。乃令使臣氣不得伸,從此甘心永絕,失著不小"①。聖旨允其所奏,金氏等接旨,東向痛哭。至山海關,有龍武營千總張成功,率兵船四隻護衛一行,而自北京至沿途官員,皆深表同情,且送資銀他物甚多,故一行得以安然返國也。

然金堉及明廷所未料及者,金氏一行爲朝鮮派往明朝之最後一起使團也。正如書後申翊聖跋所稱"朝京之贄幣止於丙子已乎!朝京之使休止於伯厚已乎!……聖天子所以哀憐,至厚資貢使,扶護而遣之者,覆之以天地照之以日月也。伯厚戴恩返命,乃修此錄,誌不諼也"②。而當世中國與朝鮮帝王、臣子更未料及者,七年之後,大明王朝亦隨之覆亡矣!

0217-1636
金堉《朝天録》(《全集》第 16 册　鈔本)

案金堉有《朝京日録》(0216-1636),已著録。

金堉《朝天録》,鈔本,且前後鈔手字體不一,與《潛谷先生遺稿》不同,似爲另本。稿不分卷,詩文題下,皆詳注日期,按時編次,整飭有序。共計詩一百二十餘首(其中含祭文十首),書啓二十五通,上國王狀啓七篇。而今《潛谷集》中,因其詩按體裁編輯,故散見諸卷中,如《集杜詩》見卷三也。而《貢路硝黄事呈禮部》《答提督主事何三省諭帖》《上都督陳洪範書》《石多山開洋祭文》《覺華島開洋祭文》等散見卷八至卷一○,《上禮部尚書諸文》則不見於本集中,蓋輯集時删汰或遺漏之故耳。

案金堉此次出使,適值國亡危殆,遲滯館中。其自稱賦命奇釁,早喪失怙,幼年傷痛,一生多病,及衰老之境,又作海行,冒涉風波,到覺華即大

---

①金堉《潛谷朝天録》,《燕行録全集》,016/511—512。
②金堉《潛谷朝天録》申翊聖《書金承旨朝天日録後》,《燕行録全集》,016/536—540。

病,僵卧島中,四十餘日。到玉河館後,春初前病復作,心火之外,又有氣虛下冷之症,又風寒外感,諸症兼發,食不下咽,夜不交睫,不服水土,久而益甚,日加一日。又感時憂國,奄奄殘喘,遂至度日如年,勢難生全。比及返至故土,仍留平壤就醫,可謂國殤身慟,集諸一身者也。其詩謂"窮愁還與病相交,日向明窗玩象爻"①,即紀實矣。

　　金堉詩文,絕句近體,寫出情境,天然去飾,而自有金玉聲;五七言長篇,氣力渾厚,敘事有法,頗有古作者之體。文若《石多山開洋祭文》《車牛島祈風祭文》《祭船神文》《龍王堂祭文》《南汛口祈風祭文》等,或爲四六,或爲四字句文,皆可當詩讀也。尹新之謂"其四過海祭神文十數章,致詞精白,一於誠意,有可以感動神人者"②。時全遼盡失,諸島阽危,故金氏詩中,每於明廷有諷諭不滿之詞,若"忍把全遼遺犬豕,聖朝寧不愧令威"③,"驕虜自來還自去,更無人似舊將軍"等句皆是也④。

　　又其中附書狀官李晚榮唱和詩二十三首,序班毛寅詩十首,諸葛晉明(瑾二十四代孫)三首等,每一和唱,皆附原詩,幾爲諸家詩之集本矣。而呈文則爲上都督陳洪範、上禮部尚書姜元逢、上提督館主事何三省及寧遠衛軍門方一藻等人書,凡涉請免上馬宴事,請改貢道事,請准貿易焇黃事,開館貿易事,請速打發事,以及返程中與諸人表謝之書札也。從中可知當時防限甚嚴,凡若焇黃、白絲、大緞、書册中前古史紀、皇朝文字等物,皆掛榜館門外,嚴禁私販攜出,凡此等等,皆因朝鮮與滿州往來密切,故防明朝軍事機密之外泄也。卷三之狀啓,則爲分別在平壤、石多山乘船後、在椵島、在長山島、在南汛口、在寧遠衛、回泊石多山後呈國王之狀啓,以呈報一路情形及所聞見諸事者也。是書所載,多所涉及中朝交往、遼海戰事,而崇禎一朝,《實錄》亡佚,金氏書中諸多詩文,皆可當史料待之矣。

---

① 金堉《朝天錄·詠鵲巢》,《燕行錄全集》,016/306。
② 金堉《潛谷先生遺稿》尹新之《潛谷遺稿序》,《韓國文集叢刊》,086/003。
③ 金堉《朝天錄·望遼東有感》,《燕行錄全集》,016/270。
④ 金堉《朝天錄·射虎石》,《燕行錄全集》,016/293。

0218-1636

金堉《北征詩》(《續集》第 106 册　活字本)

案金堉有《潛谷朝天日記》(0216-1636),已著録。

金堉《北征詩》一首其他詩歌二百一十餘首,見《潛谷遺稿》卷三,爲其丙子(仁祖十四年 1636)出使期間,在玉河館時所集杜甫詩也。金氏《潛谷筆譚》謂"集句之體,始於宋初",其説不確。《四庫全書總目》論黄之雋《香屑集》曰:"集句爲詩,始晉傅咸,今載於《藝文類聚》者,皆寥寥數句,聲韻僅諧,劉勰《明詩》,不列是體,蓋繼之者無其人也。有唐一代,無格不備,而自韋蟾妓女續《楚詞》兩句之外,是體竟亦闕如。至北宋石延年、王安石,間以相角,而未入於集,孔武仲始以入集,而別録成卷,尚未單行。南宋李龏之《梅花衲剪綃集》,文天祥之《集杜詩》,始別著録,然卷帙無多。之雋是編,雖取諸家之成句,而對偶工整,意義通貫,排比聯絡,渾若天成。"①

宋時集句詩大興,文文山入獄,求死不成,百無聊賴,遂集杜詩以度日,有《文信公集杜詩》四卷(一名《文山詩史》),盛行於世。清黄之雋《唐香屑集》,集唐詩九百四十二首,各體皆備。自序復集唐駢體文三千餘言,工巧渾成,極才人之能事,可謂集句詩之最焉。

而三韓詩家,金堉謂梅月堂(金時習,1435—1493)所集,亦奇絶。又謂徐居正嘗問柳方善(1388—1443)集句難易,柳曰:"難而易,易而難。何謂也?集句荆公所難,近世林祭酒惟正、崔先生執鈞皆能之。""然所集多有不見不聞之人,此甚可疑。且林、崔既能集句,何無自作一篇,流傳於世,膾炙人口乎?是又可疑。此不亦難而易、易而難乎?"金堉又謂頃者有文士嶺南金克恒,亦能集句,而多不見不聞之人,乃林、崔之類也。堉在北京,卧病經冬,鎖卧孤館,如文山之在北獄,又見文山集杜二百首,皆奇絶襯著,若子美爲文山而作也。遂試爲之,不雜他詩,專集杜爲絶句,謂之

---

①清永瑢等纂《四庫全書總目》卷 173 集部 · 别集類二十六黄之雋《香屑集》,中華書局 1965 年版,第 1529 頁。

"文山體"。雖未知襯著與否,而可免人之致疑如林、崔、金也。①

案老杜詩格律工穩,一字不苟,包羅衆相,題材豐富,故歷代集句詩,以集杜爲多。杜甫《北征》,盛名後世,故金堉所集,亦以《北征》爲名。除五古《呈石室金尚書》一首,五律《送俞子修出宰江陵》《次白洲兄弟韻贈宋進士》《發燕京》三首,七言絶句《邀客看花》《燕山途中》等十二首外,餘皆爲五絶,則因五絶字少句短,又韻腳易湊故也。金氏在館多日,又百疾俱作,苦無度日之計,遂以集杜詩爲事,其所集亦能翻轉出新,恰盡其情,頗有文文山在獄之貌。朝鮮人集杜詩,殆無出其右者也。

然集句詩,不過百無聊賴之時,度日遣興之具耳。千餘年前之杜甫,非千餘年後之金堉,金之所思,杜所不解,故杜詩諸句,未必能代金氏之心聲也;又千餘年前杜甫所歷所見,又非千餘年後金堉所接所睹,故杜詩雖美,不能代爲描摹金堉時之山川景物也;又金氏海路航行,搏命浪尖,而杜甫一生,未曾入海,故杜詩所述,不能形容金氏所見海風巨浪、迅雷烈風也。故讀金氏所集,與其當時情境心緒,終如霧裏看花,鏡中摸月,相隔一層矣。

0219-1636
李晚榮《崇禎丙子朝天録》(《續集》第 107 册;《叢刊續》第 30 册《雪海遺稿》 活字本)

李晚榮(1604—1672),字春長,號雪海,全州人。仁祖十三年(崇禎八年 1635),謁聖科第一。爲司憲府掌令、清州牧使等,因事配咸安郡春谷驛。孝宗朝,爲司憲府執義、司諫院司諫等。顯宗時,歷江原道觀察使、全羅道觀察使、司諫院大司諫、禮曹參判、刑曹參判等。累典州府,晚登宰列,出按關西,爲平安道觀察使,卒於任。有《雪海遺稿》三卷行世。事見《承政院日記》與仁祖、孝宗、顯宗諸朝《實録》等。

案李晚榮出使事由,詳參前金堉《朝京日録解題》(0216-1636)。

李晚榮《雪海遺稿》三卷,爲據其家藏稿刊行本,《韓國文集叢刊續》

---

① 金堉《北征詩》,《燕行録續集》,106/659—661。

卷二三　李晚榮《崇禎丙子朝天録》　393

據奎章閣藏本影印。前後無序跋。卷一、卷二爲詩,按體裁編排,卷二後爲各體文,末附諸宰輓章,卷三即《崇禎丙子朝天録》也。

案李晚榮之入中國,前後凡三度。仁祖十四年(崇禎九年　1636),隨金堉入中國,尚在明朝,見前《朝京日録解題》(0216-1636)。清順治七年(孝宗元年　1650)十一月,攝政王多爾衮薨。翌年正月,孝宗遣進香使柳廷亮、副使朴遾、書狀官李晚榮等赴北京。行到牛家莊得知攝政王以謀逆黜廟,遂馳報國内,命使行停輟①。又顯宗十二年(1671),冬至使福善君李柟等入中國,康熙帝私諭甚詳,顯宗遂遣左議政鄭致和、禮曹參判李晚榮、司藝鄭櫄如清國,賀冬至正朝仍兼謝恩,謝康熙私諭福善君之事也。一行於十一月初二日始發,翌年三月二十五日返國覆命焉。②

李晚榮第一次出使時,水路朝天,海濤險惡,覆没相尋,人皆以奉使赴燕,爲必死之地,每當差遣,百計圖免。據《仁祖實録》,初點時以李時雨爲書狀官③。而據李氏所言,則因時雨"以痰疾遞免,而四月二十七日政,余爲其代,時余釋褐才八個月,初除秋部部外,未滿四旬也。一家親戚,莫不以勤苦讀書,做得鬼樸爲余之咎,至於妻兒號泣而謫我,頗覺惱憂也"。按例赴京書狀官帶率軍官奴子各一人,而晚榮家無壯奴,又無相知人可帶去者,以至請托賂遺,極其紛沓,李氏感歎"利欲之汩人性情,乃至於此,誠可歎也"。時有朱姓人,賄賂"白金一百二十兩,色段二十匹,此未准二百金例價,當復畢納"④。可知當時率帶奴子,倘能成行,其得實之窟爲如何也。後李氏以鎬軍妻外族李山甫,定爲帶率,治裝未及,行期邃迫,其諸族各以衣袴賻送。家奴長水,年十八,平頭到船所,始令著笠而率去。⑤

李氏一行在覺華島,時戰事方急,而"巡按御史點閲之時,坐肆屠沽之輩,皆列於行伍間,軍政虚疎,若此之甚,極可寒心"⑥。然則遼東戰事勝

————

①《孝宗實録》卷6,孝宗二年(順治八年　1651)正月二十一日己亥條;三月二日己卯條。
②《顯宗實録》卷20,顯宗十二年(康熙十年　1671)十一月二日己酉條;《顯宗改修實録》卷25,顯宗十三年(康熙十一年　1672)三月二十五日辛未條。
③《仁祖實録》卷32,仁祖十四年(明崇禎九年　清崇德元年　1636)三月五日庚戌條。
④李晚榮《雪海遺稿》卷3《崇禎丙子朝天録序》,《韓國文集叢刊續》,030/071。
⑤李晚榮《雪海遺稿》卷3《崇禎丙子朝天録序》,《韓國文集叢刊續》,030/072。
⑥李晚榮《雪海遺稿》卷3《崇禎丙子朝天録序》,《韓國文集叢刊續》,030/078。

負如何,不待戰而可知矣。及至十二月二十五日,聞館夫言獹兵東搶,王京城中之人,盡被殺掠。"一行員役,驚慟疑惑,號泣度日,慘不忍見,或醉飲狂歌,歌竟痛哭,哭止後歌,夜無寢息者,晝則互相慰諭,而淚眼皆浮,言語哽塞,人間情事之慘惻,豈有如此時者乎!"然值此國破家亡之時,行中譯官下人,仍潛賣禁物如錦段、紅綃、人蔘,作姦犯事,不一而足。而行李打包之際,明朝搜禁綦嚴,以至衣籠書篋,藥裹破襪,衣袖他物,亦莫不搜檢,李氏以爲"雖緣我人潛貨禁物之所致,大朝舉措,頗傷太察,氣像碌碌,殊甚可慮也"。時"官貿易五十二包,藥材及各人卜物三百十二包。大概中朝既定每人四包之限,又減員役數,其本意可知也。外國恪守謹之道,只當一依禁制,公私貨買,一切痛斷,則中朝伺察發奸之弊,必不至如是大苛,而我人徇貨之恥,小可雪也。我國京司及管餉使貿易之弊,已至濫觴,而譯官輩,又以渠貨添入公貿易包中,故包數太多。公貿易,則中朝書諸文字曰'國王貿易',蓋欲以羞之也。呈文懇請之後,始許改書。許多卜駄,前驅登途,有若商賈之行,不覺面上發赤也"。後經提督主事河三省上報禮部,允許貿易之弓面、人蔘、藥材等合計三百二十包,"其中所貿五彩錦雞補一副、本色綫一斤,元非違禁之物,本官仍疑似而扣留,足見盤驗之精詳,然略小故而還給,更足以明中朝之大體"。後奉聖旨:補綫二件仍准發給,使臣仍加路費銀一百兩,兵部遴選廉能武官一員,同原差官毛寅等護送前途。朝鮮世稱忠義,力屈降奴,情殊可憫。① 故李氏此錄,於當時合法貿易及禁物潛賣之事,記載綦詳,尤有助於研究當時中、朝使行貿易也。

0220-1636
李晚榮《朝天詩》(《叢刊續》第 30 册《雪海遺稿》 活字本)

案李晚榮有《崇禎丙子朝天錄》(0219-1636),已著錄。

李晚榮《雪海遺稿》卷一、卷二所收詩,按體裁編排,朝天諸詩,若卷一《遼東》《入椵島前洋》《連山路旁棠梨盛開》等,卷二《發車牛過石城島

---

① 李晚榮《雪海遺稿》卷 3《崇禎丙子朝天錄序》,《韓國文集叢刊續》,030/084—090。

未至長山島日暮遇雨》《舟中聞蟋蟀》《次陳都帥洪範題贈扇面詩》《重陽日步出原上》《聞韃兵自冷口關撤去所掠男女財貨彌滿百餘里》《丙子除夕次潛谷韻》等詩,皆爲丙子年出使所作也。又金堉《朝天録》附李氏唱和詩若干,反較李氏本集所收爲多,蓋李氏後裔,未見其書,故不得輯出也。其與金堉,交相酬唱,以記風浪險惡,詠客中惡懷。又如卷一《次書狀韻》《盤山驛晚行》《沙嶺曉發》等詩,則又後次入清時陸路沿途所作矣。

　　李晚榮泛海朝天時,與明將陳弘範有交,陳氏爲其題扇面詩稱"莫問黃金懸斗大,功成願從赤松還"。李氏和詩謂"燕然勒石期朝暮,預賀三軍奏凱還"①。蓋當時賓主皆以爲遼左形勢,尚有轉寰之餘地焉。又其詩有"悠悠關路接燕京,十五年來再此行"之句②,則爲第二次出使行陸路時詩也。時值春光明媚,梨花燦爛,然燕京已屬清廷,故李氏詩有"乾坤盡染腥膻穢,獨抱幽香待遠人"③,"衣巾亦被腥塵污,惟有霜髭不受淄"等句④,開後來燕行使仇視清廷、咒罵痛恨之風也。

---

① 李晚榮《雪海遺稿》卷2《次陳都帥弘範題贈扇面詩韻》其二,《韓國文集叢刊續》,030/047。
② 李晚榮《雪海遺稿》卷1《晴川江上示子西》,《韓國文集叢刊續》,030/034。
③ 李晚榮《雪海遺稿》卷1《連山路傍棠梨盛開》,《韓國文集叢刊續》,030/034。
④ 李晚榮《雪海遺稿》卷1《路上未曾窺鏡……形容憔枯》,《韓國文集叢刊續》,030/034。

卷二四　0221—0228

仁祖六年(後金天聰二年　1628)—仁祖十四年(清太宗崇德元年　1636)

0221-1628
鄭文翼《私日記》(《續集》第106冊;《叢刊續》第17冊《松竹堂文集》刻本)

  出使事由:回答行(使瀋陽)
  出使成員:正使竹山府使鄭文翼、副使朴蘭英等
  出使時間:仁祖六年(後金天聰二年　1628)六月十日—十月十五日

  鄭文翼(1571—1639),字衛道,號松竹堂,草溪人。光海君三年(1611),魁別試。爲司諫院正言、司憲府持平、司諫院獻納、忠原縣監等。時權奸李爾瞻用事,深嫉文翼,出補忠州。爾瞻乃令海州民誣文翼欲上變,光海疑其冤,安置珍島。仁祖反正,爲肅川府使、竹山府使、忠清道觀察使等。有《松竹堂文集》傳世。事見《松竹堂文集》卷一《年譜》、卷末附鄭時弘《家狀》、姜世晃《豹菴稿》卷六《鄭公墓碣銘》、《光海君日記》、《仁祖實錄》等。

  是稿輯自鄭文翼《松竹堂文集》卷三《以金國回答使在瀋陽啓》,後附《私日記》。日記所載,每日極簡,自六月初十日拜辭,至八月十九日護送禮物先渡鴨江止。而《以金國回答使在瀋陽啓》則自八月十三日抵義州,記事至九月初三日止,注曰"此下缺"①,則非完本也。

  案朝鮮出使日本之使臣,一曰通信使,一曰回答使,因兩家爲平等之與國,且朝鮮爲明朝屬國,無私自外交權,不得稱爲出使,故有如此稱謂也。自"丁卯胡亂"始,朝鮮迫於壓力,與滿州結爲與國,故凡遇彼責難求喝,即遣出回答使以應付。仁祖五年(天啓七年　1627)二月初五日,以

---

①鄭文翼《私日記》,《燕行録續集》,106/296。

姜絪爲回答使差往敵營。同年,又差申景琥、朴蘭英前往瀋陽。六年六月初,仁祖下教謂"前日奉使虜中者,以武臣差送,故衣用戎服矣。今則差送文官,不可仍著戎服,依日本使臣例,冠帶以往,而於異俗瞻視,須用鮮美之服,以此言於回答使"①。是年差李瀿、鄭文翼、朴蘭英前往。此後,有金大乾、魏廷喆、朴簪、元翻、申得淵、李廓等前往,彼亦間有回答使往漢城,直至"丙子胡亂"後朝鮮臣服而止。然即此恥辱之行,亦有使臣從中謀利以飽私囊。五年九月,司憲府啓奏回答使申景琥,不能檢飭一行,私挾物貨,買賣虜中。利源一開,奸蠹難防,請命罷職不叙。仁祖命推考。②六年五月,司諫院啓回答使行司果李瀿,奉使虜庭,不念國家委寄之意,親執買賣,有同商賈,至以數百兩銀,買取一女而來。"彼賊之以我民被擄者,爲奇貨,而執此恐喝者,未必非瀿啓之也。其辱國、啓釁之罪,不可不懲,請削奪官爵。"又行副提學鄭經世以爲,應先斬李瀿,以正中間擅諾誑敵之罪,終至李瀿伏誅。③ 此則彼時使滿州回答使之大致情狀也。

丁卯之亂,朝鮮人被虜者,稍稍逃還,後金怒,送差恐喝,使之一一刷還,而辭極褻慢,至有"爾國君臣,罪惡不悛"之語,故遣使回答。上使鄭文翼、副使朴蘭英,因朴氏曾被拘於金,頗詳彼中事情焉。一行於六月初十日拜辭,八月十三日到義州,時三江合勢,水深岸闊,僅有船一隻,不能亟渡,乃於二十日從鴨綠江上流龍窟灘渡江,水勢不急而渡口不廣也。經廣灘、湯站、松站、通遠堡、青石嶺、遼東新城、虎皮堡、沙河堡,於二十七日入瀋陽,多爲露宿,沿路所見,無非破壁崩城,不忍見及焉。

此行所賚禮物極奢,計有青布一千匹、白綿綢一百匹、白木綿三百匹、白紵布五十匹、青鼠皮五十張、雪花紙一百卷、白綿紙五百卷、油芚十部、豹皮五張、花彩綢七十匹等。④ 故皇太極以爲朝鮮有誠意,然只送刷還人五口,遂勃然變色曰:"彼走回之人,乃當初陣上所得,是誠天與之物也。天既與之,我何不敢?"鄭氏等答曰:"人世間一得一失,一死一生,莫非天

---

① 《仁祖實錄》卷 18,仁祖六年(天啓八年　1628)六月一日庚寅條。
② 《仁祖實錄》卷 17,仁祖五年(天啓七年　1627)九月四日丁卯條。
③ 《仁祖實錄》卷 18,仁祖六年(天啓八年　1628)五月二十九日己丑條;又參卷 19,七月五日甲子條、七月七日丙寅條。
④ 《仁祖實錄》卷 24,仁祖九年(明崇禎四年　後金天聰五年　1631)六月二十四日丙寅條。

也。走回之人,當初陣上爲金所獲者,天也;幸而不死,生還故土者,亦天也。可見天心之至公,彼仁覆之天,無處不臨,無物不愛,若曰我獨有天,而彼獨無天,則甚非知天者也。"汗默然良久曰:"誠是!誠是!"①其五人以每口青布六十匹之價,由使行所帶戶曹青布三百匹贖歸。所餘百匹及胡椒等物,又贖得龍骨大家定州男女二人。其後事由,則缺而不載焉。

考《仁祖實錄》,鄭文翼越江後狀啓謂,後金以近侍文官差送事及禮單物件比前倍多、會寧開市、逃人刷送、李濚治罪、願贖人入來等事,一一告之,則汗大喜,命灣上、會寧兩處開市時,金國商人勿設供饋,又許令贖還者男女並九十二人,厚待異常矣。一行於九月十六日發行,過湯站露宿,夜二更,假獞六十餘人,放砲吹角,突入一行會宿之中,不意刦掠,文翼等僅以身免。十月十五日,返京覆命焉。②

《私日記》後又附鄭氏《以接伴使在椵島狀啓》,稱"觀漢兵之形勢,其不能有成者必矣。非惟島鎮如是,自天朝籌畫之説,亦甚疏且迂矣"。鄭氏以爲,朝鮮處明朝與後金間,當以權便處之,時與後金所約秋信已過期。所謂"今也我處於兩間,月前日後,俱有所慮,可不思以處權之方乎?臣之淺見,以例遣信使,有所攔阻,仍致過期之由,邊臣措辭差人,從他路入送,則我無失信之處,彼無移乙之怒矣"③。此可知當時朝鮮君臣之狼狽四顧,首鼠兩端,艱於處置,而疲困不堪矣。

0222-1-1630;0222-2-1630;0222-3-1630;0222-4-1630
宣若海《瀋陽日記》(《燕行録叢刊(增補版)》網絡本　刻本)
宣若海《瀋陽日記》(《遼海叢書》本　活字本)
宣若海《水使公瀋陽日記》(《燕行録叢刊(增補版)》網絡本　刻本)
宣若海《水使公入使瀋陽日記》(《燕行録叢刊(增補版)》網絡本　刻本)

出使事由:慰問行(瀋陽)

---

① 鄭文翼《私日記》,《燕行録續集》,106/291—292。
② 《仁祖實錄》卷19,仁祖六年(明崇禎元年　後金天聰二年　1628)九月二十七日甲申條;十月十五日壬寅條。
③ 鄭文翼《私日記》附《以接伴使在椵島狀啓》,《燕行録續集》,106/310—312。

卷二四　宣若海《瀋陽日記》《水使公瀋陽日記》《水使公入使瀋陽日記》

出使成員：慰問使宣傳官宣若海等

出使時間：仁祖八年（後金天聰四年　1630）四月三日（自昌城渡江）—五月二十三日（還渡江）

宣若海（1579—1643），字伯宗，號義問，寶城人。仁祖朝，曾爲平山府使，移拜定州牧使、密陽府使，後超遷慶尚道左水使等。有《瀋陽日記》傳世。事見奇宇萬《松沙先生文集》卷二五《宣氏五忠祠遺墟碑》、《仁祖實録》、《寶城宣氏五世忠義録》、《承政院日記》等。

宣若海此《瀋陽日記》，版本有四種：一爲刻本，題《瀋陽日記》；一爲《遼海叢書》本，爲鉛活字本；一爲小字雙行刻本，題《水使公瀋陽日記》；又一刻本，題《水使公入使瀋陽日記》。文字皆同，惟小字本偶有校勘。刻本末有"純祖朝，賜額於寶城五忠祠。哲宗朝壬戌，賜嘉善大夫兵曹參判。當寧癸酉，賜資憲大夫兵曹判書。當寧庚寅，旌閭於長城"五行，則爲後來所添補。"當寧癸酉""庚寅"，應爲高宗十年（1873）、二十七年（1890），則是本當刻於晚近也。

案仁祖八年二月，後金差仲男以人蔘與銀子，欲換青布八十餘駄，來於義州。府尹金時讓等受其參銀，約換青布一萬六千桶，期以五月上旬。仲男回到龍灣，時明朝副總兵劉繼盛等以舟師來迫仲男，仲男逃脱。後金大怒，遣龍骨大率兵至義州詰責因由。時朴蘭英自後金倉皇而返，狀啓稱有三難：一則朝鮮備軍事；二則剃頭刷送事；三則島中相通，欲擒仲男而奪貨事。都中洶洶，朝廷議派員慰問並探彼中情形，因宣若海在邊備局三年，練知其間曲折之致耳。

是年四月初三日，宣若海一行自昌城渡鴨緑江，二十一日到館所，每日所接，則龍骨大、仲男諸人，所問無非朝鮮與明朝之交往，島中明朝軍隊與朝鮮往來消息等，若海皆敷衍答之。五月十三日，金汗設宴。十六日離發，十七日到遼東，二十二日露宿九連城，二十三日還渡江。中間所記，無非後金強狠，若海堅守臣節，不爲所動，據理以答而已。返京後，仁祖覽其《日記》，謂"一個武臣，遠入虎穴，能以片言力折强胡，誠甚可嘉"焉。

0223-1-1631;0223-2-1631
魏廷喆《瀋陽日記(瀋陽往還日記)》(《燕行錄叢刊(增補版)》網絡本　鈔本)

魏廷喆《瀋陽日記》(《晚悔堂實記》卷二　刻本)

　　出使事由：回答行(瀋陽)
　　出使成員：回答使魏廷喆等
　　出使時間：仁祖九年(後金天聰五年　1631)三月十九日(渡鴨江)—
　　　　　　　四月三十日(還到義州)

　　魏廷喆(1583—1657)，號晚悔堂，仁祖朝，爲肅川府使，因貪黷罷職。後起復，任安浦僉使等。有《晚悔堂實記》傳世。事見《仁祖實錄》《承政院日記》等。

　　魏廷喆《瀋陽日記》版本有二：一爲鈔本，一爲刻本。刻本輯自其《晚悔堂實記》卷二，兩本文字並無不同。此《日記》即魏氏返國後所呈國王之狀啓也。

　　案仁祖九年三月，因後金責朝鮮所進禮物，逐年減少，並資餉島中明朝軍隊等事，朝鮮遣回答使魏廷喆入瀋陽。一行自三月十九日渡鴨江，沿途一路觀者如市，有奔走望見而泣者，有自家中痛哭者，皆爲朝鮮被擄人。二十六日至瀋陽。四月二十一日，皇太極接見設宴。二十六日離發瀋陽，二十九日至湯站，三十日還到義州。其間交涉，亦無非後金斥朝鮮禮物不敬，並私自資助海中明朝軍隊，而魏氏皆一一回復無有其事。皇太極威脅以所送禮物，逐年減削如此。今後貴國不須送使，我亦不復遣使。且言明朝將領劉興治將投於後金，因朝鮮給餉，得以資活，不果來投。並斥責"貴國之事，何乃如此？若復有島中給餉之事，則我當出據義州，以絶其路，其能無害於貴國乎？"①

0224-1631
朴蘭英《瀋陽往還日記【原題朴蘭英瀋陽日記】》(《續集》第106冊　鈔本)

　　出使事由：春信行(瀋陽)

---

①《仁祖實錄》卷24，仁祖九年(崇禎四年　1631)五月七日庚辰條。

卷二四　朴蘭英《瀋陽往還日記》　401

出使成員：春信使朴蘭英等
出使時間：仁祖九年（後金天聰五年　1631）三月十九日（渡江）—十月十五日

朴蘭英（？—1636），字號籍貫不詳。宣祖朝，官至沔川郡守、軍器寺僉正等。光海君時，爲昌城府使等。光海君十一年（萬曆四十七年1619），隨元帥姜弘立助明征女真，深河大敗而降，前後十年。返國後，屢以回答使、春信使、秋信使入瀋陽。"丙子胡亂"時，清兵迫南漢山城，蘭英往清營議和遇害。後謚忠肅。有《瀋陽往還日記》行世。事見《光海君日記》《仁祖實錄》《承政院日記》等。

是稿封面大字題"瀋陽日記全"，首頁第一行題"瀋陽往還日記歲在辛未崇禎四年也"。末頁有"昭和二年十二月編修會采訪，全羅南道長興郡古邑面里魏順良氏所藏"，"昭和四年六月日，右副本ニ依リ謄寫"。然則爲日本人所鈔藏者。《燕行錄續集》第一〇六册收《朴蘭英瀋陽日記》《瀋陽往還日記》兩種，然實爲一種，每頁字數筆迹完全相同，惟前者複印時頁内有界行欄，而後者多無界欄，故編輯者誤爲二種耳。

案朴蘭英於光海君十一年（萬曆四十七年　1619），隨元帥姜弘立助明征女真，於深河大敗而降，前後十年，故熟於彼中事情。返國後，屢爲回答使、春信使、秋信使入瀋陽。是書所記，乃仁祖九年（崇禎四年　1631）爲春信使時所記日記也。

朴蘭英此行，自三月十九日渡江，二十六日入瀋館，其在沿路，如在遼東新城近郊，見被擄人奔走望見而涕泣者，或有自家中痛哭者，懷土之哭，情甚矜惻。因皇太極不在瀋陽，耽延至三月二十一日，方行接見禮，呈禮單藥材等物。二十五日發瀋陽，三十日還以義州。其間後金以朝鮮禮物漸漸怠忽，削高填低，了不稱情爲責。蘭英等答以朝鮮之待後金，不以物爲重，以禮爲重，且丁卯後，兩西空虚，年年失稔，民窮財竭，非情薄而然。彼又言當一依當初約條施行，而以銀蔘和賣，與南朝送使之事，吾不禁止；若有一斗米相資之説，我當出兵，雄據義州云云。其所賜物，蘭英鞍俱馬一匹、貂皮十令、銀子五十兩，軍官譯官等則貂皮各四領、銀子各六兩，下人等則銀子各四兩，蘭英等雖屢拒而不獲焉。其他雙方一詰一答，你來我往,虛於周旋,模棱應對,雖錄之累累,然皆了無實言也。

0225-1635
李浚《瀋行日記【原題歸來亭瀋行日記】》(《續集》第106册 刻本)

出使事由:春信行(使瀋陽)
出使成員:春信使行龍驤衛副司正李浚等
出使時間:仁祖十三年(後金天聰九年 1635)正月二十日—十月十五日

李浚(1579—1645),字泂之,號歸來亭,又號遁亭,慶州人。宣祖三十三年(萬曆二十八年 1600),中司馬試。三十九年,中武科。爲僉正,入直都總府。光海朝,爲副護軍、軍器寺判官等。仁祖時,爲碧潼郡守、雲山郡守、宣川府使、義州府尹、寧邊府使、鐵山府使、春川府使等。有《歸來亭遺稿》傳世。事見《歸來亭遺稿・世德錄》《年譜》與《仁祖實錄》等。

李浚《歸來亭遺稿》五卷,前有宋焕箕序、沈文永跋,前爲《世德錄》,後爲《年譜》《椵島從征錄》《瀋行日記》等。據族後孫時憲、欽跋,言遺稿不獨止是,未及鋟梓,洊經兵燹,加以後孫屢歹,散亡殆盡,只《瀋行日記》《椵島從征錄》及《詩集》一册存世,故又據詩集纂爲《年譜》,合刻以行世焉。至謂"世之論者咸曰歸來公,彭澤後千載一人;而若乃椵征、瀋行之事,則又彭澤之所無也"①。案李氏雖號"歸來亭",然陶五柳事,與李氏事無可類比,此等說辭,無非大言誇飾而已矣。

《瀋行日記》載《歸來亭遺稿》卷四,刻本。《燕行錄續集》收錄時名其爲《歸來亭瀋行日記》,考原書首頁首行大題作"瀋行日記",今仍從原名爲妥焉。

仁祖十三年(崇禎八年 1635)正月,李浚除春信使赴瀋陽。二十日,辭朝。二月十七日,到義州,其實所記爲私日記。自二十日越江,則爲《狀啓後錄》,注稱"自二十日至三月廿九日日記,具在《啓聞後錄》,故依

---
①李浚《瀋行日記【原題歸來亭瀋行日記】》李欽跋,《燕行錄續集》,106/586。

録附此"①。一路時行時停,沿路荒凉,行旅蕭然,三月初十日入瀋陽。十二日,行拜見禮。二十三日發瀋陽,二十九日還渡江。又自四月初一日始,爲自灣入京日記,十五日返京覆命。末附《瀋陽程堠》,記自龍灣至瀋陽站里日程之數也。

李氏在沿路,觀通遠堡以西,所過各堡,城堞頹破,無一修治。自通遠堡至山岣堡二百三十餘里,村墟殘荒,行人絶少。抵十里堡,始有往來人烟。到瀋陽見國汗之坐堂,左右護衛,不過百數。又曾上南門樓游覽,見平原廣闊,極目無際,俯見城内外,周回僅十里,城里家户雖多,除其諸王各衙門公室,民家不滿千户;城外四面人家,幾亘萬餘户,而但人物鮮少,頗多蕭條。始信宣、大之敗,死亡殆半之説爲不虚。龍骨大所言北胡俘獲萬餘口,其丁壯五千,又有大元㺚子降附而來者甚衆,此等語無非誇大之言。又言其在瀋陽,所見大抵專事驕僭,奢大爲務。又言當其接待之際,殷勤致厚之事,從此慣行者,皆言比前漸加。又稱燕山館舊基,通遠堡城外所設農舍,皆爲朝鮮使臣迎接,似有欲久長和好之意,其接應言辭之間,亦可以見云云。庶不知轉年"丙子胡亂"猝起,朝鮮大禍將臨,而李氏等尚麻木無知,自覺良然,是可悲夫!

其所記《瀋陽程堠》,載沿途里程曰:自龍灣至中江十里,自中江至九連城十里,自九連城至金石山三十里,自金石至柳田二十里,自柳田至陽站十里,自陽站至龍山三十里,自龍山至鳳凰城五里,自鳳城至乾者介二十五里,自乾者至伯顔嶺二十五里,自伯顔至松站十里,自松站至瓮北河十里,自瓮河至八渡河十五里,自八渡至通遠堡四十里,自通堡至汾水嶺三十里,自汾水至燕山館十五里,自燕山至會寧嶺二十五里,自會寧至甜水站二十里,自甜水至青石嶺二十五里,自青石至梨木亭二十里,自梨木至頭館站十五里,自頭館至松泉寺二十里,自松泉至高麗村二十五里,自麗村至爛泥堡三十里,自爛泥至實伊堡三十里,自實伊至沙河堡三十里,自沙河至混於江三十里,自混於至宴廳五里,自宴廳至瀋京城五里。自已上五百五十里,作息十八息十里。自京去義

---

①李浚《瀋行日記【原題歸來亭瀋行日記】》,《燕行録續集》,106/532。

州一千七十五里,作息三十五息二十五里。自京城去瀋陽一千六百三十五里,作息五十四息五里。①

0226-1636
羅德憲《北行日記》(《續集》第 106 册;《莊嚴集》 活字本)

出使事由:春信行(使瀋陽)
出使成員:春信使僉知中樞府事羅德憲等
出使時間:仁祖十四年(清崇德元年 1636)二月九日—四月二十九日(返至伯顏洞止)

羅德憲(1573—1640),字憲之,號壯巖,羅州人。仁祖朝,爲吉州牧使、鳳山郡守等。仁祖十二年(崇禎七年 1634),爲秋信使入瀋陽。十四年,復爲春信使赴瀋,適值清稱帝,德憲等不拜而還,爲定配於西邊。十五年,起復爲京畿水使。正祖朝,謚忠烈。有《莊嚴集》傳世。事見黄胤錫《頤齋遺稿》卷一八《羅公行狀》、洪良浩《耳溪集》卷三〇《墓碣銘》、《仁祖實録》、《正祖實録》等,朴齊家《貞蕤閣文集》卷三有傳。

此《北行日記》輯自羅德憲《莊嚴集》卷二。仁祖十四年(崇禎九年 1636)正月,朝鮮以僉中樞府事羅德憲爲春信使,二月初九日自王京發行,十六日到平壤,夫馬未整,因停留以待調發。先是上年十二月,朝鮮王妃韓氏薨。後金遣龍骨大、馬福塔來弔,與德憲相遇與平壤。龍將欲偕德憲返至王京,再同往瀋陽,德憲不從。龍將等在王京,因禮遇不合,大發憤怒,有傳汗書,亦不受國書,即爲催還。復掠去閭里牛馬,搶奪禁軍文書,而文書中有許多斥和辭,若不能追還,則前頭必有生梗難處之患。故德憲等候其至定州,一路好言慰留。三月初十日,至義州白馬城,時回答使同知樞府事李廓亦達。十三日,方交換國書。十六日,點閲驛馬,則公私卜駄合四百四十三匹,規模甚爲龐大。十九日渡江,一路護行甚緊,防禁益嚴,二十九日抵瀋陽,亦鎖門堅鐍焉。

四月初二日,羅德憲拜呈國書。龍骨大等言,朝鮮多有偷盟背約事,

---
①李浚《瀋行日記【原題歸來亭瀋行日記】》,《燕行録續集》,106/581—582。

如漢人無常出入朝鮮，不惟不禁，又給糧餉；請和之時納與通易好貨，而其後朝鮮禁絶好貨，勿令發賣，或有發賣之人，則必爲推捉而殺之；朝鮮國王避兵江華時，後金諸王子累度往復，竟成和好，而今番王子書，竟不爲拆見；爲使之道，例留館中，更不他住，而龍將等出使之日，朝鮮令赴宰臣府中，實是輕侮；又弔祭之時，所佩環刀，使之解去，而左右前後，排列槍戟，乃劫脅之擧等等。又曰朱姓本非王裔，其初則乃皇覺寺僧也，天下非一人之天下，朱姓豈得長有而不失乎？惟我國汗待人以誠，到處戰勝，而若有歸附之人，則愛恤益深，給賜益厚，此非聖人之事耶？聞南朝待人甚薄，諸藩背叛，大臣欺蔽誤國，其亡也立待。朝鮮久仰南朝，豈是計之得耶？德憲等答以朝鮮之於天朝，臣事已久，分義已明，擧國君臣，雖粉骨糜身，萬無他意，豈忍見其將亡而忽之。朝鮮雖處偏荒，猶知禮義，悖禮傷義之事，決不爲之。龍將言貴國以禮義自持，以文筆自高，若興師動衆，以禮義爲戰乎？以文筆爲戰乎？又稱朝鮮欲乘金兵西進之時，與明朝乘其内虛，合力來攻，則我且不爲西向，先犯朝鮮，以一枝向會寧，一枝向江界，一枝直擣龍灣，而仍馳八營兵馬，分搶八道，則貴國所恃者，雖是山城及江都，而一隅之城，一片之島，其能永恃而爲固乎？種種責難，不一而足也。

四月十一日，皇太極在南郊行陳賀大禮，羅德憲等寧死不往，因脱紗帽團領，盡爲裂破，擲之地上，而堅臥不起，爲強行拖往南郊，分執德憲等，命立班列，德憲乃踴身揮手，極力扎挣，衣冠盡破，頭髮亂落，塵埃塞口，呼吸莫通，而猶自力拒若搏戰者，雖其顛僕之際，亦不曲腰，以示不屈之義。乃至扶曳蹴踏，鞭朴加身，體無完膚，流血遍身，奄奄一息，遂擲歸館中。後復行禮於東郊，德憲等絶意一死，不以生還爲意，而不改節操，毆打慘切，德憲憤懣至極，罵不絶口，始終不屈焉。二十五日爲驅出於瀋陽，二十八日在通遠堡拆清國書，因其書"大清皇帝"，遂潛置於數百卷白紙之中而留之，且速遞先來狀啓焉。

時平安道觀察使洪命耉上疏稱，"當伊賊僭號，驅迫使臣之日，伏劍死義，非所責於此輩，而連日被驅，參聞鼓樂之聲，則衆胡牽曳，不得自由之言，渠等何敢自白？至於僭嫚之書，托以糊封堅裹，不即拆見，至於通遠堡,始潛置之。當此之時,若無別樣舉措,則環東土禮義之地,盡入於禽獸之域,而終無以收拾人心,鼓動士氣。臣之愚計,莫如募得義士數人,持德憲等之首,投之賊汗之門,據大義而峻責之,則彼雖犬羊,亦必慴憚。設有乘衅長驅之患,我國將卒,孰不有奮袂冒刃,北首争死之心哉?"又備局回啓曰:"德憲等不能據義自決,殊極可駭。第其終始不屈之狀,則大略可見於汗之別書中。彼虜之所謂無禮者,乃渠等自辦守義之處也。惟是國書,晏然受來,及其開見之後,亦不得明白投棄,使彼即曉,而暗置徑還,其所處事,誠極駭憤。既有不屈之迹,雖不可遽加刑誅,奉使辱命之罪,不可不懲,速命拿鞫處置。"仁祖從之。①

德憲等既還,兩司皆請梟示警衆,仁祖力言德憲等容有可恕,遂命定配於西邊。至肅宗朝,方褒贈羅德憲、李廓。及正祖三年,使臣在北京得《乾隆全韻詩》,有"李廓、羅德憲抗立不拜"之語,以其大節炳然,遂追謚德憲爲忠烈,李廓爲忠剛云。②

0227-1636

洪翼漢《北行錄》(《全集》第 17 册　刻本)

案洪翼漢有《花浦先生朝天航海錄》(0195-1624),已著錄。

此《北行錄》,爲洪翼漢在"丙子胡亂"後,被逮往瀋陽途中及在瀋所記日記,全稿無封面,首頁首行頂行楷題"花浦先生北行錄遺筆",爲後人所題,正文皆其親筆手草。見《韓國歷代文集叢書》本《花浦遺稿》卷四末(《韓國文集叢刊》本在卷五末),尚有書札兩通,爲《燕行錄全集》漏收也。

洪翼漢在平壤時,清兵已陷王京,圍南漢山城,仁祖派崔鳴吉等赴清營談判,以延時日;又王令四出,命各路勤王之師,速來解圍救駕。清軍伐木列栅,繞城駐守,山城内糧草斷絶,殺馬充饑。各路勤王之師,亦相繼潰

---

①《仁祖實録》卷32,仁祖十四年(明崇禎九年　清崇德元年　1636)四月二十六日庚子條。
②《正祖實録》卷8,正祖三年(乾隆四十四年　1779)九月三日甲申條。

敗,作鳥獸散。清兵火炮攻城,又攻佔江華島,俘虜王妃、王子、宗室等七十六人。仁祖見大勢已去,遂出城乞降求和。仁祖十五年(明崇禎十年 清崇德二年 1637)正月三十日,簽城下之盟,朝鮮去明朝年號,繳納明廷所賜誥命敕印,改奉清朝正朔,定時貢獻,並送質子二人入瀋陽。而朝鮮主戰最力者洪翼漢、尹集、吳達濟三人,則爲清軍指名索綁者也。

至二月十二日,仁祖下旨械繫洪翼漢,交付清營。翼漢以爲"國事至此,螻蟻殊命,不足珍也"①。遂自投清營。十四日;交付於宣川廳;十八日,繫頸過鴨綠江;二五日,到瀋陽。一路華人見者,輒嗟歎曰:"真忠臣也!"②到瀋所記,唯每日"了無聲息"四字而已。三月初三日夜,賦七律一首;四日"雪下,終日陰霾"。此後再無可記,則蓋已遇害矣。臨死,索筆爲文,言志斥敵,遂慷慨赴義焉。

洪氏《花浦遺稿》卷三有《斥和疏》一文,號天失聲,撲地瀝血,構疏冒陳,請戮清人使臣,而取其書函首,奏聞於皇明,以拒和事。又《抗金汗書》,責其背盟欺天,稱即萬被誅戮,實所甘心,血一釁鼓,魂去飛天,歸遊故國,快哉快哉! 此外更無所言,惟願速死速死! 則鐵骨錚錚,誠忠臣義士,血湧神張,而氣薄雲天矣。

許玧跋《花浦西征錄》,稱洪氏在瀋,清人屢詰而不屈,就赴湯鑊,視死如歸,"以東偏一介之秀才,抗百萬犬豕之狂虜,非不知不測之禍迫於眉睫,不惟有萬折必東之志,素積於中,不暇顧身",其樹立卓卓,忠義豪邁。洪氏就義之後,其夫人許氏及長子晬元、晬元之妻李氏,並遇虜不污而死於節義,可謂忠臣、烈士、孝子、節婦萃於一門矣。又謂其獄中《西征所述踏青》一律,勤王之忠盛,時時懷發於言志,激切然惋,直與文信公嶺海燕獄吟嘯諸作,其許之不可謂不高也。③ 同時遇害者,尚有尹集、吳達濟,時號"三鄂",又稱"三學士"焉。

案世人之論英雄豪杰,忠悃之心,每謂其自幼至長皆如之。然考《仁祖實錄》,仁祖六年正月十八日,金瑬啓曰"高靈縣監洪霫,治民抄兵,兩

---

① 洪翼漢《花浦西征錄》,《燕行錄全集》,017/398。
② 洪翼漢《花浦西征錄》,《燕行錄全集》,017/406。
③ 洪翼漢《花浦西征錄》許玧《花浦西征錄跋》,《燕行錄全集》,017/381—393。

皆未盡,而又喜飮酒"。彈劾請罷其職,仁祖從之。① 然則翼漢亦曾爲使酒無治之官員,而當國亡絶續之際,奮起反抗,捨身以成仁,真可謂大丈夫真男兒矣。

0228-1636
許遂【原題未詳】《瀋陽日記鈔》(《全集》第 27 册　鈔本)

　　許遂,生平籍貫不詳。仁祖朝,爲司禦、都總經歷、昌原府使等。"丙子胡亂"時,清兵圍南漢山城,許氏以都督千總,隨李時白守漢南。後昭顯世子入瀋爲質,仁祖特除許氏與李大樹、朴烱爲翊衛司司禦,護衛世子行在,直至返國。有《瀋陽日記抄》存世。事見《瀋陽日記抄》《仁祖實錄》《承政院日記》等。

　　案《燕行錄全集》編纂者題是書作者爲"未詳",實爲當時隨征武士許遂所記戰場與瀋館之日記耳。封面偏左楷題大字"瀋陽日記抄",蓋爲許遂《瀋陽日記》之抄本也。首爲東宮兩大君瀋陽潛邸時與僚屬修禊作帖,有鳳林大君序文,稱其兄弟三人與陪臣諸人,或爲世誼,或爲苽葛,或非戚舊,然諸人以年齒論,則皆兄弟也。諸人同幽瀋館,"坐如聚萍,行似魚隊,文談疲則浪謔,浪謔疲則碁博,永晝可消,修夜可徹",奄忽度日,相諭相勉,迭次隕箋,所謂"兄弟之誼,蕩然不衰,豈吾輩之幸歟"!② 序後則録昭顯世子、鳳林大君、金尚憲、李大樹、吳達濟、鄭緼、邊大中諸人詩,此後方爲許氏《日記》耳。

　　此記始自"丙子胡亂"(仁祖十四年　明崇禎九年　清崇德元年 1636)初起,十二月十四日清兵前鋒攻至慕華館,翌日仁祖蒼黃行駕至南漢山城;迄於乙酉三月初十日,昭顯世子自北京返回漢城。其中或有因"燒火"而缺載未鈔録者。其記南漢山城被圍之日,許遂爲都督千總,隨

---

①《仁祖實録》卷 18,仁祖六年(崇禎元年　1628)正月十八日庚辰條。又《仁祖實録》卷 4,仁祖二年(天啓四年　1624)二月十六日庚子條載:"親試文武士,賜洪霱等五人及第。霱後改名翼漢。"
②許遂【原題未詳】《瀋陽日記鈔》,《燕行録全集》,027/013。

李時白守漢南,時與清攻城之兵接戰,後許氏冒死往江華島世子處出送消息,又殺返圍城之内。然朝鮮八道勤王之師,旋各爲清兵擊敗,時大雪嚴寒,士卒凍斃,城内糧草幾盡,殺馬而食,困以待斃。仁祖君臣束手無策,最後主和派得勢,君臣遂出城降。迨世子入質,許氏與李大樹、朴炯特除以翊衛司司御,護駕入瀋,及行至中路,又遇猛虎,爲許、李二人射殺,許氏慨歎"大抵東方有神龍,中國有猛虎,非虛語也"。及至瀋館,清帝聞以二箭殪虎事,贊二氏"壯士也,無讓於李廣之射虎石也"。① 在館之日,君臣相對無聊,文臣頻頻進講,武臣則或進講兵書,或侍坐談笑,以此消遣日用,又時或飲泣,常懷主辱臣死之心,句踐之功,齊襄之志,冀以異日返國,"總兵北首,以雪會稽之耻"②。奈何不幾年,中國大江南北,盡歸清人之手,清廷遷都北京,諸人亦隨遷至燕,而所謂雪耻報仇,亦成紙灰而已。迨隨世子返國,許氏護駕,九年沙漠,可謂盡心盡力,以忠以誠矣。英祖朝,特將"三學士後裔以良忠科擢用之意,判下別軍職忠良科自此始"③。而許遂等後裔,蓋亦一體同霑恩露焉。

---

①許遂【原題未詳】《瀋陽日記鈔》,《燕行録全集》,027/045—046。
②許遂【原題未詳】《瀋陽日記鈔》,《燕行録全集》,027/047。
③許遂【原題未詳】《瀋陽日記鈔》,《燕行録全集》,027/072。

卷二五　0229—0239

仁祖十五年（清崇德二年　1637）

0229-1637/1645
未詳《昭顯世子瀋陽狀啓》（京城帝國大學法文學部整理《奎章閣叢書》第一，昭和十年【1935】發行，韓國國學資料院1987年重印本）

　　案此爲昭顯世子李𣲖在瀋陽爲質期間，上奏仁祖之各類狀啓，乃世子在瀋陽期間隨行春坊諸臣所撰也。李𣲖（1612—1645），朝鮮仁祖長子。仁祖三年（天啓五年　1625）立爲王世子。十二年（崇禎七年　1634）受明朝册封爲世子並賜誥命冕服。十五年（清崇德二年　1637）二月，丙子亂後，入瀋陽爲質，順治二年（1645）二月赦歸。四月二十六日暴卒於宫中。後謚爲昭顯世子。事見《昭顯世子瀋陽狀啓》《昭顯瀋陽日記》與《仁祖實録》等。

　　案丙子（仁祖十四年　明崇禎九年　清崇德元年　1636）四月，後金皇太極稱帝，國號大清。先是，後金遣使朝鮮，望派重臣前往瀋陽，參與勸進。朝鮮聞訊，舉國譁然，痛切陳詞，雖以國斃，決不可從，仁祖拒見後金使團，不接來書。皇太極在瀋陽行稱帝大典，朝鮮使臣羅德憲、李廓拒不下拜。同年十二月，皇太極以朝鮮違背盟約爲由，親率清軍十二萬入侵朝鮮。仁祖遣王妃、世子攜大臣家眷入江華島，復親率文武退守南漢山城。旋江華失守，世子及大臣家眷被擄，南漢山城亦幾於不保，仁祖無奈，出降於三田渡，行三跪九叩之禮，簽城下之盟：朝鮮世爲清朝屬國，受清廷册封；斷絶與原宗主國明朝之關係，交出明帝所賜國王印璽；以仁祖長子李𣲖、次子鳳林大君李淏赴瀋陽爲人質，世子長居瀋陽，另外一質子則由鳳林大君與三子麟坪大君輪流替換；朝鮮向清朝進貢如明朝，每年貢黄金、白銀及他什物若干；清朝攻打明朝時，朝鮮應出兵、出戰船五十艘協助；禁止朝鮮大量修建城堡等防禦工事。此即朝鮮史上所謂"丙子胡亂"也。

兵燹亂後,世子於翌年二月入瀋陽爲質,至順治二年(1645)二月歸國,前後長達九年。其在瀋陽爲質期間,清廷爲置朝鮮館,世子所帶隨行官員侍從甚衆,在瀋陽設侍講院,下亦設禮、戶、兵、刑等房,所率人員有文宰、武宰、講院、翊衛司、宣傳官、醫官等,分別料理館中事務,同時應對相關朝鮮與清室交往諸事。清廷有關朝鮮事務,亦先通報或徵商於世子,而朝鮮往來使臣,亦皆面謁問安,狀啓往還不絶,儼然朝鮮在瀋陽之一小朝廷焉。

昭顯世子在質期間,其侍從臣子所記世子言行,類似國王之實録與起居注,亦逐日皆有所記,即後來各種版本之《瀋陽日記》耳。今《燕行録全集》所收,有《昭顯瀋陽日記》(見《燕行録全集》第24—25冊)、《瀋陽日記》《西行録》(以上見第27冊)、《瀋陽日記》《西行日記》《瀋陽日記》(以上見第28冊)等數種。其中以《昭顯瀋陽日記》記載較爲全備,後數種則皆爲選本或删裁本,亦有出自不同人所記者,且皆非同一版本,蓋當時鈔者各異,編者又復不同所致耳。然上述《昭顯瀋陽日記》等,仍非最爲全備與權威之版本。此《昭顯世子瀋陽狀啓》,編纂整飭,所記諸事,遠較《昭顯瀋陽日記》爲全爲詳,且最爲權威可靠,惜《燕行録全集》與《續集》皆失收焉。

案此《昭顯世子瀋陽狀啓》,原草藏於奎章閣,朝鮮日據時期,由當時京城帝國大學(今首爾大學)法文學部整理爲《奎章閣叢書》第一,於昭和十年(1935)發行,是本爲韓國國學資料院於1987年重印本。該書亦爲逐日記事,起自朝鮮仁祖十五年(明崇禎十年 清崇德二年 1637)二月初九日,時世子等在坡州,行將隨清兵入瀋,然後記途間艱楚,於四月初二日越鴨緑江,初十日到瀋陽入館,直至仁祖二十一年(1643)十二月十五日,世子自瀋陽出發返國爲止(後復赴清)。其中記世子在瀋之活動,若生活起居、病痛療治、館舍維修、人員來往等,且詳且盡。又當時清兵所擄朝鮮人甚衆,極其悽慘,清廷允許朝鮮官私出銀贖買,凡官家子女與夫奴婢人等,皆明碼標價,招搖於市。又世子被迫隨清兵征戰,凡接戰之地,每皆親臨,清兵入北京,世子亦隨入帝都,後再返瀋陽。又如清戶部承政馬福塔等,百般刁難,勒索賄賂,以及鄭雷卿被殺等事,亦記載詳盡。清兵攻打明朝軍隊,每脅迫朝鮮以軍兵糧船隨征,而朝鮮亦每行船駛向明朝,又報清廷遭風蕩滅。他如當時物價,若牛羊穀物,農具衣物,皆記錄其價錢。另如清廷與明朝來使之和談,祖大壽投降之細節等,亦紀錄綦詳。凡此之類,雖曰狀啓,而實爲朝鮮在瀋陽之敵情資料集,多爲明、清與朝鮮史料所缺載,皆爲研究明末清初朝鮮、清廷與明朝三者之關係極重要之史料耳。

又昭顯世子在瀋期間,朝鮮送往瀋陽諸物,若桐油、柿梨、青花、生姜、青黍皮、水獺皮、染木棉、豹皮、水靴子、獺膽、倭刀、清蜜、山獺皮、倭赤狐皮等,所在多有,亦有鮮人冒禁潛帶入來者如南草等禁物,狀啓所記亦詳。又昭顯世子體質羸弱,且患有疝氣,久治不癒,屢屢發作,痛苦不堪。又有眼疾、麻痺等症,而國事瘁慮,無虞歇息,奔波於清帝與諸王間,求情緩頰,焦頭爛額。又常隨清軍出入,寒侵雨霖,飲食不時,故身體每況愈下,質囚籬下之恥,殆亦惟其自知,狀啓常有累日吃藥療針之記錄,載錄亦夥,於考究當時治病用藥等,亦頗可參稽。而其回國後旋即暴斃,雖爲朝鮮君臣有意除之,然其病體之難於久支,殆亦爲一因焉。

0230-1637/1639

李時楷【原題未詳】《同行錄(瀋陽質館同行錄　瀋中日記)》(《續集》第107冊;《日本所藏編》第1冊　鈔本)

　　出使事由:陪從行
　　出使時間:仁祖十五年(崇德二年　1637)二月八日—十七年(1639)五月二十二日

　　李時楷(1600—1657),字子範,號松崖,一號南谷,全州人。仁祖八年(1630),魁同年別試。爲司憲府持平、弘文館校理、世子侍講院弼善、輔德等。隨昭顯世子入瀋館,掌兵房。返國後,陞承政院承旨、全羅道觀察使。孝宗朝,任司諫院大司諫、吏曹參判、司憲府大司憲等。事見《仁祖實錄》《孝宗實錄》《承政院日記》等。

　　案李時楷陪從昭顯世子入瀋陽事由,詳參前《昭顯世子瀋陽狀啓解題》(0229-1637)。

卷二五　李時楷《同行録（瀋陽質館同行録　瀋中日記）》　413

此《同行録》編纂者,夫馬進以爲"編者不明"①。考是稿末有《上言草》一篇,爲"京畿抱川幼學臣"所啓,稱其"六代祖故吏曹參判臣某,即恭靖大王六代孫也,曾於丙子與鄭雷卿諸臣偕膺督戰之任。……丁丑,弼善陪孝廟往入瀋館,周旋異域,備嘗艱險,而適當命壽逼害鄭雷卿時,侵辱之端至及,質館某據理叱責,使不敢動,雖在板蕩中,而逐日侍講,固守其職,此在《瀋館日記》云。……故相臣金尚容、故判書臣李安訥見而稱賞曰:'體素有後矣。'……圍城奏對之説,不下於斥和諸臣;質館陪護之勞,亦無愧於死節諸臣。忠膽義烈,永有辭於天下後世。……其時諸臣,舉皆贈職收録子孫,……矣身六代祖某盡忠危難,宜被恩典,而尚未蒙褒贈之典,至於香火之未繼",請降兹命,以樹風聲云云。②篇後又有案語稱"今按瀋館之事,見於麟坪君《松溪集》,金尚憲有《清陰集》,李春英有《體素集》,子時楷(號松崖)與兩王子同行,此乞贈典者是"③。

案李時楷在是稿《同行録座目》中排名第八,署"通訓大夫軍資監正知制教兼世子侍講院弼善李時楷(子範松崖),庚子生(庚午司馬魁同年別試),完山人"④,與《上言草》所述相合。又是稿於仁祖十七年五月初五日記載,"鄭命壽以減送人數事,逐日憑凌,今日則踞坐館門,令率者提曳講院吏,欲杖之。駭哉!駭哉!李時楷據理責之,更不敢動"⑤。此又與前述"質館某據理叱責,使不敢動"之語相吻合。然則此《上言草》中"京畿抱川幼學臣",當爲時楷後裔,爲其六世祖時楷乞褒贈之典,且鈔録《瀋館日記》以爲佐證者也。

又是稿所記,以輔德李命雄參與質館諸事,較他家所記爲多爲詳,蓋因命雄主禮房事也。又如戊寅正月初一日,"清主有事於東門外城隍祠,請世子、大君同往,輔德李〇〇、司御許檍、譯官金敬信、大君軍官李綏邦

---

①［日］夫馬進《日本現存朝鮮燕行録解題》,日本京都大學文學部研究紀要,第42號,2003年版,第152頁。
②李時楷【原題未詳】《同行録》,《燕行録全集日本所藏編》,001/082—083。
③李時楷【原題未詳】《同行録》,《燕行録全集日本所藏編》,001/082—083。
④李時楷【原題未詳】《同行録》,《燕行録全集日本所藏編》,001/877。
⑤李時楷【原題未詳】《同行録》,《燕行録全集日本所藏編》,001/882。

等四人陪從"。下數行復有"李〇〇"之名①。考仁祖十六年（1638）四月，"王世子遣輔德李時楷問安，以端午節日也"②。然則此"輔德李〇〇"者，即李世楷無疑，故此《瀋中日記》，當爲李時楷等所記無疑也。

案是稿爲鈔本，一册，封面右上題"瀋陽質館"，左上題"同行錄"，首頁起爲《同行錄座目》，乃入瀋陽相替爲質之鳳林大君、麟坪大君，以及瀋陽從侍諸官名名錄。兩位大君外，有議政府右贊成兼世子右賓客春城君南以雄、知中樞府事兼世子右副賓客朴簪、行龍驤衛大護軍兼世子右副賓客朴潢、司導寺正知製教兼世子侍講院輔德李命雄、行世子侍講院弼善閔應協、軍資監正知製教兼世子侍講院弼善李時楷、行弘文館修撰知製教兼經筵檢討官春秋館記事世子侍講院文學鄭雷卿、行世子侍講院司書李禬、行世子翊衛徐擇履、行世子翊衛司司御許檍、行世子翊衛司侍直成遠、世子翊衛司洗馬姜文明、行宣傳官邊宥、宣傳官具鰲等一十四人，皆世子隨行官員耳。

全稿自仁祖十五年（1637）二月八日世子一行離王城起，至十七年五月二十二日止，記一路隨行諸事。與前述《同行錄》相較，所記時日，彼此詳略不同，多此有彼無者，然於戊寅正月初一日，世子在瀋陽關王廟，見明故太僕卿張春事，則兩書文字幾完全雷同，則或爲一人記載者也。又是稿記一行初出王都至坡州，命李命雄等以前路檢儲事先行，"是時道路絕無人烟，沿路各邑，無支供之望，行李將乏，故有是行"③。可見沿路殘破之狀也。又五月十七日，在瀋館，清廷自此日始，許朝鮮刷贖被虜之人，聚集南門外，"千百爲群，而哭聲徹天"④，此亦可見被虜人之多之慘矣。

又附《瀋中日記》凡十六頁，鈔本，小字密寫，又縮印之後，艱於識辨。所記自丁丑二月初八日，九王北返，世子一行隨之。時道路絕無人烟，沿路各邑，無支供之望，時或露宿。四月初十日抵瀋陽，龍骨大來言帝命，一行員役百人、馬十匹外，皆令減送。其在瀋諸事，亦非逐日所記，至己卯五

―――――

①李時楷【原題未詳】《同行錄》，《燕行錄全集日本所藏編》，001/880。
②《仁祖實錄》卷36，仁祖十六年（崇禎十一年　1638）四月二十五日戊午條。
③李時楷【原題未詳】《同行錄》，《燕行錄全集日本所藏編》，001/878。
④李時楷【原題未詳】《同行錄》，《燕行錄全集日本所藏編》，001/879。

月二十二日止。與諸家所記，有同有異，可互爲參稽者也。

0231-1637/1639
金宗一《瀋陽日乘》（《全集》第 19 册；《叢刊續》第 27 册《魯庵集》　刻本）

　　金宗一（1597—1675），字貫之，號魯庵，慶州人。仁祖三年（天啓五年　1625），中別試壯元。爲成均館典籍、晉州判官、司憲府持平、侍講院司書等。以宫官入瀋，與同僚鄭雷卿同事，雷卿死而宗一苟免。被拿歸國，謫盈德，六年後放還。顯宗時，爲尚州牧使、三陟府使、錦山郡守等。晚年，以衰老還鄉不仕。有《魯庵集》四卷傳世。事見《魯庵集》卷首《年譜》、卷四附録李衡祥《行狀》、李萬運《墓碣銘》、李漢膺《墓誌銘》等。

　　案金宗一陪從昭顯世子入瀋陽事由，詳參前《昭顯世子瀋陽狀啓解題》（0229-1637）。

　　金宗一《魯庵集》四卷，爲其六代孫熙永輯纂，初刊於哲宗即位年（1850），《韓國文集叢刊續》據延世大學中央圖書館藏本影印，《燕行録全集》爲同一版本。前有鄭鴻慶序，末有柳致明、李鍾祥、金熙永、姜時永等跋。詩文各一卷，《瀋陽日乘》等一卷，《附録》一卷。卷四末又附諸家贐行赴燕詩數首。其詩文亦在戰亂中散佚，所謂"殘篇剩馥，十存一二"，然"悲狀頓挫，欝以知鼎，可以淚千古之志士"①。

　　《瀋陽日乘》輯自金宗一《魯庵集》卷三《雜著》。文中所記，凡自仁祖十五年（明崇禎十年　清崇德二年　1637）七月十九日受命，八月二十一日詣闕發行，十一月中旬到瀋陽，至仁祖十七年三月八日返京之事也。自"丁丑胡亂"後，朝鮮以世子等爲質子，居於瀋陽，處於東館，復於館北七里許，建世子及宰臣講院，宣傳譯舌等館舍，築牆而圍之，南開一大門以通出入。初設户、禮、兵、工四房，使宫僚分掌之。時李時楷爲兵房，閔應協爲户房，鄭雷卿爲工房，李命雄以禮房。後命雄返國，金宗一代掌禮房焉。

---

①金宗一《魯庵集》姜時永《跋》，《韓國文集叢刊續》，027/256。

金氏處館中兩年餘,然其所記,非逐日而記,乃有事則書,無事則數月無一條之記也。自丁丑十一月十三日前往瀋陽近郊,至二十七日在館事實,並皆漏失,而書末亦尚有闕文。其所載最詳者,則爲鄭雷卿被殺一事耳。

先是,謝恩使李相聖受命於朝,以銀三千兩告清帝,請分給龍骨大、馬福塔兩將及鄭命壽、金石乙屎等譯舌,以謝其城下通好之勞。清帝不允,鄭命壽等遂私囑使臣以其銀留世子之所,遂令戶房掌之,稱爲贖還人口之用,或數十兩,或數百兩,金、鄭兩譯往來取去,其龍、馬之求,金、鄭之索,或他用莫知端倪,而盡其銀,人多以此疑朴簪。前年九月間,禮部衙譯金愛守發其事,告兩譯於刑部。另有崔鳴吉送銀五百兩,及朝鮮進獻梨柿各三千個等,亦多所貪侵。又有沈姓人發告,朝鮮賂銀二千六百兩及雜物七駄於鄭命壽、金石乙屎等,而敕行回還後,追載入送。且皇帝前所獻柿、梨各一千顆,兩譯盜減云。鄭雷卿、金宗一諸人以爲,鄭、金兩譯中間揑搆,必欲爲害朝鮮,故欲藉此除此兩譯,事泄,清人怒鄭、金等罪,欲處重罪。朝鮮得密報,派李應徵持咨前往瀋陽,答以弻善鄭雷卿構陷有功之人,仁祖震怒,亟請依律處斷,以平息其怒。清人遂於己卯(1639)二月十八日,縊鄭雷卿、姜孝元於瀋陽西郊,斬原告沈姓人,以了結此案。金宗一則以待罪之身,速爲替回,且於"清人所見處,以鐵索繫頸以來"。爲掩清人耳目,又命杖配於慶尚道盈德縣。① 金氏所記此事原委頗詳焉。

又其所記昭顯世子二事,頗可注意:其一則"世子廣館舍,土木頻興,余諫止"②;其一則陪世子從清主出獵混河上。"清主以舞鶴一雙遺之世子,世子日使歌人而舞鶴,余屢諫曰:'處此危地,豈可以異國珍禽爲樂耶!'世子不聽,余遂斷鶴頸,請罪兩日,世子乃解怒。"③案世子歸國不久,旋即暴卒,蓋朝鮮君臣,觀世子此等行爲,以爲世子身心,並已皆爲清人所虜矣,故設計而速死之耳。

---

①《仁祖實錄》卷38,仁祖十七年(明崇禎十二年 清崇德四年 1639)二月九日丁酉條;五月十三日己巳條。
②金宗一《瀋陽日乘》,《燕行錄全集》,019/025。
③金宗一《瀋陽日乘》,《燕行錄全集》,019/029—030。

0232-1637/1639
申弘望等《瀋行贐章》(《叢刊續》第 27 册《魯庵集》 刻本)

申弘望(1600—?),字望久,號孤松,鵝州人。仁祖時,爲司諫院正言。孝宗朝,任司憲府持平,因獨上狀啓違制罷職,配於杆城,後放歸田里。後再起用,爲豐基郡守等。事見《仁祖實録》《孝宗實録》《承政院日記》等。

案金宗一有《瀋陽日乘》(0231-1637),已著録。

此《瀋行贐詩》,見金宗一《魯庵集》卷四末,題目爲筆者所加。爲無名氏《送金司書賁之兄之瀋陽序》文一篇,申弘望《送金司書赴瀋陽》《夢見金司書覺後永懷》二首、李明漢《贈金司書》(在瀋陽時)二首、申悦道《次蒼石韻慰金魯庵失火》等詩六首。無名氏序文謂,宗一本以直言擯不用,歸數月,以上春宫北狩,輔養有賴於臣僚,命擇經明行修之人以舉之,宗一遂預其選。及至命下,不俟駕而行。時萬里風霜,大道無期,平日衣食於君者,孰不却步而顧望,獨宗一朝聞命而夕就道,無戚戚顧戀之色,有坦坦樂易之志,可稱真知輕重之大丈夫也。李明漢以管仲喻之,且稱"君看屈膝胡庭者,白日揚鑣入國都"①。蓋謂朴遾之流也。又申悦道誡宗一,"倚伏冥冥難可恃,要須忍性學鄒書"②。然宗一終既未能救鄭雷卿於非命,又不敢偕雷卿慷慨赴義,故爲輿論所不容。《肅宗實録》謂雷卿死而宗一苟免,人薄之,且有"賤根"之説,以此見塞清途,且謂其"本一庸人",殆亦過歟?!③

0233-1637/1644
未詳《昭顯瀋陽日記》(《全集》第 24—25 册 鈔本)

案此爲昭顯太子李澑在瀋陽爲質期間,其侍從春坊諸臣所記世子在瀋日記,詳參前《昭顯世子瀋陽狀啓解題》(0229-1637)。

---
① 金宗一《魯庵集》卷 4 李明漢《贈金司書》其二,《韓國文集叢刊續》,027/252。
② 金宗一《魯庵集》卷 4 申悦道《次蒼石韻慰金魯庵失火》,《韓國文集叢刊續》,027/252。
③《肅宗實録》卷 4,肅宗元年(康熙十四年 1675)閏五月九日丙申條。

此蓋當時原草，逐日皆有所記。世子一行，起居自由，受清人拘限。而飲食生息，初由清人供給。五年後，曉以不可年年給料，自後以入固山農田，給予朝鮮瀋館田地，折給千日耕，王子以下諸臣質子，計口量力而耕，耕夫則自本國調來，耕作於瀋郊沙河堡、老家室、王富村三處，以供館中飲食百般之費用焉。

　　凡世子言行，皆爲有司所詳記，儼若起居注。如世子隨清帝出獵或往北京等處，則瀋館仍有《留館日記》，而世子行轅中則另有《西行日記》《行中日記》之類記其行也。因記錄之人不同，故日記亦不相同，或潦草難辨，或清晰整飭，或內容敘記詳實，或僅記陰晴而已。此記始於丁丑（仁祖十五年　1637）正月三十日，世子出南漢城西門，發往瀋陽，終於甲申（清順治元年　1644）八月十八日，清廷移都北京，世子質館亦準備隨遷而止，前後在瀋館近七年焉。

　　自丁丑正月三十日離漢城，四月初十日，到瀋陽。庚辰二月十三日，因國王病重，發離瀋陽，三月初七日返王京探病，四月初二日再發向瀋陽，五月初三日到館。辛巳八月十二日，因清人攻錦州，清帝偕世子與鳳林大君往前綫，九月十八日自錦州衛還於館所。十月十三日，發瀋陽館，從諸王獵行，十七日返館。壬午十月初六日至十一月二十二日，隨清帝往鳳凰城出獵。十二月初二日至二十八日又隨出獵。癸未十二月十五日，因國王病重，世子及嬪宮再自瀋陽離發，甲申正月二十日，到京詣闕，二月十九日又離發漢城，三月二十四日回瀋館。四月初九日發瀋陽，五月初二日到北京，二十四日離發，六月十八日還館。凡三度出獵，兩度返國，一次往錦州戰場，一次發往北京。此期間所遇之事，若洪翼漢、尹集、吳達濟等"三義士"之遇害；鄭雷卿、姜孝元之被縊殺；申翊聖、金尚憲、李明漢、李敬輿、許啓、申翊全之被拘繫等，皆其在瀋間所發生之大事也。而兩國人員之刷還事，若鮮人之贖回，清廷向化人之遣返等，更無日無之，甚有因清廷嚴斥屢催送向化人等，朝鮮大臣怯威，以至於有冒送者。日記所記，尚有世子之講筵，則前後如李命雄、閔應協、鄭雷卿、李景奭等人主講《尚書》，而講少輟多，故七年尚未畢課也。

　　又李澂在瀋館日久，加之清廷有意拉攏腐蝕，遂漸染奢侈之習，若招畫工屢出入館中,甚且有墻頭紋窗之事,且頗聚奇玩,增擴館舍,而罕開書筵,故宰臣講院,皆諫此非帝王留意之物,有損盛德。金氏上書曰:"今被留異域,陁困極矣,顧數接宮僚,討論經籍,毋徒爲暇豫也。"又諫其興土木之役,謂"此何如地,而乃興土木之役而爲苟安之意乎!"①而貳師李景奭亦書奏,諫以蓄德爲主,且必以從善言親正直、絶玩好息民怨爲務,亦諫以改造家屋諸事。因此之故,世子有爲清人向化之嫌疑,無怪乎其初返漢京,即爲"暴亡",亦其行事不謹,招致滅身之禍矣。

本書之末,又有《瀋陽日記》十數頁,小楷密寫,亦不分段,每日接排書寫。自丁丑正月三十日起,至四月十七日終,蓋爲誤收而溱入者也。

0234-1637/1645

未詳《瀋陽日錄(松溪紀稿)》(《續集》第107册;《日本所藏編》第1册鈔本)

出使事由:陪從行
出使時間:仁祖十四年(崇德元年　1636)十二月十四日—二十三年(順治二年　1645)三月

案是書爲鈔本,一册,藏日本天理圖書館今西文庫,有"今西龍"印。封面無字,首頁首行頂格大題"松溪遺稿卷之"字樣,又復"遺"改爲"紀",第二行低一格題"瀋陽日録",《增補東洋文庫朝鮮本分類目録》以爲是書乃"麟坪大君李㴐"所撰,蓋因李氏號"松溪",且有《松溪集》之故也。然據夫馬進考證,本稿中屢見"麟坪大君"字樣,實際爲當時昭顯世子行動之詳細記録,撰者非麟坪大君,其説是也。② 其稿天頭多校語,如正文"江都陷没",校勘謂《家乘》云失守"等。所謂《家乘》者,不知出自誰何氏。又有原本有闕文而補足者,有原本有訛誤而改正者,有原本誤爲小注當改爲正文大書者,則可知是稿尚經後人與他書校過。蓋與《昭顯瀋陽日記》

---

① 任相元《恬軒集》卷34《金公行狀》,《韓國文集叢刊》,148/543。
② [日]夫馬進《日本現存朝鮮燕行録解題》,日本京都大學文學部研究紀要,第42號,2003年版,第148頁。

相類,皆爲昭顯世子瀋陽從侍諸人所記者也。

其書所記,始自丙子(1636)十二月十四日,清兵入漢城,宣祖蒼皇去邠,自水溝門馳入南漢山城,嬪宫及鳳林、麟坪兩大君與夫人先入江都;迄於乙酉(1645)二月,清廷得燕京。三月,"進賀正使麟坪大君、副使吏曹判書鄭世規、書狀官應教成以性出去時,鳳林大君行次永遠,麟坪大君遇於瀋陽,爲留七日"①。全書雖爲日記體,然亦非逐日而記。所記較《昭顯瀋陽日記》爲簡略,然亦有其所不載者。若戊寅正月初一日,昭顯世子在瀋陽關王廟,與明被俘太僕卿張春相見,張因拒降,爲清廷安置於此,年已七十四歲焉。案《明史》之《莊烈帝本紀》及《忠義傳》,皆載張春事甚悉。崇禎四年八月,清兵圍大凌河新城,崇禎帝命張春監總兵吳襄、宋偉軍馳救。九月戰敗,春及參將張洪謨、楊華徵,游擊薛大湖等三十三人俱被執,部卒死者無算。春不降不剃髮,居右廟,服故衣冠,迄不失臣節而死。

又如記壬午三月二十三日,洪承疇"延頸承刃,終始不屈,入拘鎖北館,而資菽水",然五月初五日,則承疇與祖大壽、祖大樂、夏承德等降,行三叩九拜禮於庭,並注"承疇宿夕已剃頭"。② 案《清史稿》記承疇降事,言:"命范文程諭降。承疇方科跣謾駡,文程徐與語,泛及今古事,梁間塵偶落,著承疇衣,承疇拂去之。文程遽歸,告上曰:'承疇必不死,惜其衣,況其身乎?'上自臨視,解所御貂裘衣之,曰:'先生得無寒乎?'承疇瞠視久,歎曰:'真命世之主也!'乃叩頭請降。"③又史載五月,上御崇政殿,召承疇及諸降將祖大壽等入見,承疇跪大清門外不敢入及剔頭事,皆與是書所記相合也。又記昭顯隨清兵入北京,初移館於廣仁街西路邊閻家,即萬曆駙馬萬煒子家,因庭除狹窄,移寓於隆慶駙馬侯姓人第,亦廣仁街西也,宏麗寬敞,且牆內有石假山,上建小閣,登臨可以俯瞰長安矣。④ 凡此等多有《瀋陽日記》所不載,可供參稽補益者也。

---

①未詳《瀋陽日録》,《燕行録全集日本所藏編》,001/074。
②未詳《瀋陽日録》,《燕行録全集日本所藏編》,001/060。
③趙爾巽等纂、中華書局編輯部點校《清史稿》卷237《洪承疇傳》,北京中華書局1977年版,031/9467。
④未詳《瀋陽日録》,《燕行録全集日本所藏編》,001/071—072。

卷二五　未詳《瀋陽日錄(松溪紀稿)》　421

　　是稿起自丙子(仁祖十四年　明崇禎九年　清崇德元年　1636)十二月十四日,清兵到畿甸,仁祖入南漢山城。正月二十二日,江都陷,嬪宮及鳳林、麟坪兩大君被執。三十日,大駕出南漢山城降。三月初八日,九王北歸,世子嬪宮及鳳林大君並夫人北行,仁祖與世子一行相別,百官上下,一時號痛。四月初十日,抵瀋陽。其間記世子往返輾轉於瀋陽、漢京與北京,遲至乙酉(仁祖二十三年　順治二年　1645)十月,清國既得燕京,世子永還,前後凡九年。所記之事,皆以世子駕輿爲踪,簡記事件。世子在瀋期間,被於清帝嚴命,或隨其行獵,或從軍出征,疲困饑寒,度日如年,登巒入澗,險苦萬狀。及清兵入關,世子隨軍,或中夜疾馳,黃塵漲天,夜色如漆,人莫開眼,咫尺不辨。時露坐田疇間,陪從之人,各持纏牽,困頓相枕,露氣沾濕,塵沙蒙幕,顔面衣冠,變作他人。夕供不得,饑餒困頓。炮聲轟鳴,達夜不止,終宵危怖之狀,有不可言。戰場炮聲如雷,矢集如雨,一食之頃,戰場空虛,積尸相枕,彌滿大野。及入北京,館文淵閣東公廨,所移廣仁街西路邊閭家,即萬曆駙馬萬煒子家,因庭除狹隘,改定於隆慶駙馬侯姓人第,亦廣仁街之西,一行隨從後入玉河館中。所記戰場形勢,兩軍相接,及祖大樂、祖大壽、洪承疇等人降清事,吳三桂與清人勾結聯絡事等,亦多爲中國史籍所未見者也。

　　又昭顯世子一行在瀋,從侍諸臣及員役衆多,儼然一小朝廷在焉;又世子在瀋,頗事增修,用度奢華。故日用盤費,自應不少。清人屢命鮮人開田種菜,牧耕自營,世子等多方措辭,盡力拖延。至辛巳二月,衙門折給菜田一日耕於阿里江邊,俾設野阪(野阪者,猶場圃之稱)。①　十二月,皇帝以爲朝鮮王子入來,今過五年,不可年年給料,自明年春耕作,到秋谷成,當撤料,以八固山農田折給千日耕。王子以下諸臣質子,計口量力而耕,耕夫則自本國調來,一日耕當用十二三丁。②　世子等以農作難便之意,多般搪塞,而衙門勒給六百日耕。壬午春,遂往沙河堡、王富村(東郊四十里許)、老家塞(東南郊四十里許)、土乙古城(距瀋陽百五十餘里),各受田百五十日耕。八月初,衙門給料將撤,館所調用難

───────
①未詳《瀋陽日錄》,《燕行錄續集》107/151。
②未詳《瀋陽日錄》,《燕行錄續集》107/162。

繼,留館員役下人等三十二名減省。翌年二月初,又往鐵嶺衛(距瀋東北一百二十里云)、柳千户(所謂柳千户者,地名也。距瀋東北六十里云)近處各受田二百日耕,因衙門聞前秋穀物所獲甚尠,又給四百日耕,以准千日之數云。

又如記辛巳(1641)正月初八日,金尚憲、申得淵、曹漢英、蔡以恒四人,自北館押至刑部衙門會審,龍骨大、范文程等會審尚憲等,推詰答覆之語,所記獨詳。猶記尚憲辭氣凜然,少無屈挫,聽者縮頸,金人相謂曰:"金也果是望哥!望哥!"因歎嘖不已。清語望哥者,猶云極難,蓋謂極難之人,故再稱望可也。① 而申得淵、曹漢英則號訴求活,金顧謂諸人曰:"即刻當死之人,雖哀乞得生乎?"微哂之,顏色不變,舉止自若,金人亦嘖嘖稱歎,稱以"金判書"而不敢名焉。② 凡此之類,皆較《昭顯瀋陽日記》爲詳矣。

0235-1637/1644
未詳《瀋陽日記》(《全集》第 27 册　鈔本)

案此《瀋陽日記》所記事件,可互參前《昭顯世子瀋陽狀啓解題》(0229-1637)。

又《燕行録全集》第二七册,收有《瀋陽日記》一種,實即前述《昭顯瀋陽日記》之後來鈔本也。記自甲申(仁祖二十二年　順治元年　1644)正月二十至八月十八日間世子行止耳。蓋與前册同屬編輯者誤羨入者也。惟稿本或於日前皆書月,而鈔本則於每月朔書,他日則不書,是其異;稿本字迹多有草亂難識者,而鈔本則字迹整齊如一也。

此《瀋陽日記》與下《瀋陽日記》《西行録》《西行日記》等,皆爲《昭顯瀋陽日記》同類記事之零散鈔本,雖其所記年代不同,但皆屬於瀋陽館中當時之日記,故一並附録於此,以便讀者觀覽焉。

---

① 未詳《瀋陽日録》,《燕行録續集》107/149—150。
② 未詳《瀋陽日録》,《燕行録續集》107/151。

卷二五　未詳《西行録》　未詳《瀋陽日記》　423

0236-1637/1644

未詳《西行録》(《全集》第 27 册　鈔本)

　　案此《西行録》所記事件,可互參前《昭顯世子瀋陽狀啓解題》(0229-1637)。

　　《燕行録全集》第二七册,收有《西行録》一種,實即《昭顯瀋陽日記》後所附之《西行日記》也。前則稿本,此則鈔本耳。惟鈔本删去如每日之"講院藥房問安"等套語,餘皆相同,並無差異也。所記則自甲申(仁祖二十二年　順治元年　1644)四月初九日,世子一行發自瀋陽,五月初二日入燕京,初欲館於廣仁街西路邊閭家,即萬曆駙馬萬煒子家,時傳駙馬父子城陷之日已死難云。後因其家庭除狹隘,一行人馬決難容納,再館於附近駙馬侯姓人家,亦在廣仁街西也。二十四日發北京,西向瀋陽,六月十八日到瀋還館,朝鮮羈臣李敬輿、李明漢、許啓等,因世子千里言旋,一心如戴,真所謂漣漣灑泣,步步回頭,延頸忱盼,誠惶誠恐,以迎世子之歸也。然席不暇暖,旋又西行矣。

0237-1637/1641

未詳《瀋陽日記》(《全集》第 28 册　鈔本)

　　案此《瀋陽日記》所記事件,可互參前《昭顯世子瀋陽狀啓解題》(0229-1637)。

　　《燕行録全集》第二八册,收有《瀋陽日記》一種,實爲《昭顯世子瀋陽日記》另一鈔本也。全書細字密書,自辛巳(仁祖十九年　崇德六年　1641)正月初八日始,至初九日止,已見《燕行録全集》第二五册第四四九至四五四頁等處。後又載八月西行時治行中事件數則,又見同册第五五一至五五八頁矣。蓋爲編纂者誤入所致也,然第二五册所收,非係同一版本,則鑿鑿然明矣。

0238-1637/1644

未詳《瀋陽日記》(《全集》第 28 册　鈔本)

　　案此《瀋陽日記》所記事件,可互參前《昭顯世子瀋陽狀啓解題》

(0229-1637)。

又《燕行錄全集》第二八冊,復有《瀋陽日記》一種,亦見於《昭顯瀋陽日記》中,爲昭顯世子自甲申(仁祖二十二年　順治元年　1644)正月二十日自漢城發程到瀋陽,又八月十六日準備發向北京間日記耳,已見第二六冊第四〇二至五三五頁,此亦重出。然亦與《昭顯瀋陽日記》非同出一本也。

0239-1637/1644
未詳《西行日記》(《全集》第 28 冊　鈔本)

案此《西行日記》所記事件,可互參前《昭顯世子瀋陽狀啓解題》(0229-1637)。

案成海應《西行日記》跋謂:"西行日記者,崇禎甲申四月九日丙寅,昭顯世子從清攝政王多爾袞西入關中時所錄者也。丁卯至遼河,戊辰至狼胥山,己巳至豆乙非,庚午至錦州境,辛未出柵門外。壬申聞流賊陷燕京,烈皇帝殉社稷,流賊東來,吳三桂遣使請降清;癸酉與多爾袞疾馳之;甲戌過古長城,始入中華境;乙亥至雙曷之;丙子至錦州之南;丁丑至沙河所城外;戊寅至屯衛中前所;己卯至關外可五里;……辛巳至深河驛;壬午至撫寧縣;癸未至昌黎縣;甲申至灣河;乙酉至開平縣;丙戌至玉田;丁亥至薊州南境;戊子至通州江;己丑至燕京。此講院所記也。流賊方與三桂兵戰將困矣,乃清人以生力搏之,所以大敗。然清人之得燕,天贊之也,其西行者豈能必得燕乎,乃流賊自來就死而拱手納燕京矣。跡虜之得天下,未嘗一有所敗衂,天苟不贊,則安能如是。夫自成之毒生民,自秦以下未有及此者,而虜能驅之誅之,天所以餉之福而不窮歟。"①

成氏所言,爲當時《西行日記》之全份,今《燕行錄全集》所收,多爲零散之本,其第二八冊,收有《西行日記》一種,亦即前述《瀋陽日記》之部分也。記世子自甲申(仁祖二十二年　順治元年　1644)四月初九日發離瀋陽,五月初二日至北京,二十四日又離發北京,六月十八日返瀋館,此則

---

①《研經齋全集》卷33《風泉錄三·西行日記跋》,《韓國文集叢刊》,274/236。

卷二五　未詳《西行日記》　425

其一路日記耳,已見於《昭顯瀋陽日記》中,詳參《燕行録全集》第二六册第五三六至五七六頁,此則重出耳。然亦非一本,蓋另一鈔本之零頁耳。

卷二六　0240—0249

仁祖十五年(崇德二年　1637)—仁祖十七年(崇德四年　1639)

0240-1637

崔鳴吉《北扉酬唱録》《北扉酬唱録續稿》(《叢刊》第98册《遲川先生文集》　刻本)

　　崔鳴吉(1586—1647),字子謙,號滄浪,後改遲川,全州人。從李恒福、申欽游,許以大器。與張維等爲道義交,切磨學問。宣祖三十八年(萬曆三十三年　1605),擢文科。光海君時,官工曹佐郎、兵曹正郎等。仁祖反正,拜吏曹佐郎、吏曹參議。因功封完城君。"丁卯胡亂"起,後金入侵,力主和議之成,遂連遭彈章,不能自安,遂求外任,爲京畿道觀察使,復入爲議政府右參贊、漢城府尹等。"丙子胡亂"期間,清兵大舉入侵,冒謗力主和議以存社稷。清兵退,拜議政府右議政、左議政、領議政等。修政集民,局勢稍安。曾入瀋陽定盟,自後數度入瀋陽,拘爲楚囚者幾四年。爲禦營提調,尋病卒。後諡文忠。鳴吉一生,訾謷相隨,爲義理派所不容。著有《遲川集》十九卷行世。事見崔錫鼎《明谷集》卷二九《先祖領議政完城府院君文忠公行狀》、南九萬《藥泉集》卷一七《神道碑銘》、《光海君日記》、《仁祖實録》等。

　　案仁祖十四年(明崇禎九年　清崇德元年　1636)十二月,清軍侵入朝鮮,皇太極大軍進至安州,仁祖退至南漢山城,遣崔鳴吉與清人會談,再遣綾峰君李俌見皇太極求和,又遣洪瑞鳳入清營談判,請罷兵,皆不許。十五年正月,江華陷,仁祖率世子從臣出南漢山城,於三田渡行三拜九叩大禮,獻出明朝所頒印敕,認清朝爲正朔。時明總兵陳洪範急召各鎮水軍援朝。二月,清贈朝鮮"高麗玉印"並退兵。趙全素等陪同昭顯世子赴瀋陽。是月,明軍自海路援助朝鮮,竟遇清軍與朝鮮聯軍炮擊,無功而返焉。

　　是年四月,朝鮮遣謝恩使右議政李聖求、副使懷仁君李德仁、書狀官

卷二六　崔鳴吉《北扉酬唱録》《北扉酬唱録續稿》　427

蔡裕後入瀋陽,謝世子入瀋陽。同月,洪翼漢、尹集、吳達濟戴械入瀋陽。九月,遣謝恩陳奏兼冬至使崔鳴吉、副使金南重、書狀官李時楳如清。十一月,英額爾岱、馬福塔等齎敕書印章等,詔册仁祖爲朝鮮國王。是月崔鳴吉病留瀋陽。是歲,定朝鮮貢道經鳳凰城走陸路。十七年十一月,遣謝恩兼正朝使領議政崔鳴吉、副使李景憲、書狀官申翊全如清,崔氏行至良策中風,在義州調病,李氏代行入瀋陽,留東館。① 十八年正月,李、申二氏被鞫問,因其擅請昭顯世子回國,清遂有世孫爲人質入瀋之命。是月,麟坪大君夫婦入瀋陽,元孫亦攜之。十二月,金尚憲等被械繫入瀋。二十年十月,領相崔鳴吉、禮曹判書李顯英、吏曹判書李植、行護軍李景會、大司憲徐景雨、大司諫李厚源、義州府尹林慶業等,因通明反清,爲清軍所逮。林氏在押途中逃逸,命八道索之。英額爾岱至鳳凰城,會審崔鳴吉等人聚集於平壤箕子廟並上書明朝事。二十一年三月,李明漢、李敬輿、許啓等納銀釋歸。二十三年十月,昭顯世子自瀋陽歸國,崔鳴吉、金尚憲並爲放還。諸人或囚在瀋獄,或待罪江上,至此方爲完結焉。而屢出屢入最多,又功過是非難定者,諸人中則莫如鳴吉也。

　　崔鳴吉《遲川先生集》十九卷,前六卷爲詩,以時序編排,卷七至卷一九爲文,以疏啓爲多。前後無序跋。其卷三《北扉酬唱録》,卷四至卷五《北扉酬唱録續稿》,即先後在瀋陽所作,三卷計有詩六百三十餘首。據《北扉酬唱録序》稱,"壬午冬,公以送僧中朝之故,被拘瀋中,與金清陰尚憲同幽北館。翌年夏,公及清陰皆移出南館。未幾,李白江敬輿亦有西河之厄,公與唱酬詩篇凡數百千首。其在北館時所著爲《北扉酬唱録》,移南館後所著爲《續稿》云"②。而卷六《正月十五日陪世子發瀋陽纔出秋門止宿夜次竹所韻》,爲乙酉放還隨世子歸國途中所作,亦達數十首之多。卷三所收近百首,蓋初在瀋獄,不能自由,故僅與金尚憲捉對唱和;後遷南館,再入世子館,略可屈伸走動,見來往鮮人亦多,故《續稿》所唱,以李敬輿爲居多,他如李明漢、金堉、蔡得沂、崔後尚、韓聖任等,間有唱和,幾於無日無詩也。

────────
① 未詳《昭顯瀋陽日記》卷3,《燕行録全集》,025/249。
② 崔鳴吉《遲川先生集》卷3《北扉酬唱録序》,《韓國文集叢刊》,089/289。

案崔鳴吉在當時,爲主和派代表,而金尚憲則爲主戰派亦即後世所謂義理派之首庸。當淸兵陷江華,迫南漢時,"上下危懼,雖斥和者,内實幸和議之成,而特畏浮謗,莫敢言,唯公(鳴吉)獨冒群毁,無所顧避,以是彈章重發,律以竄黜"①。鳴吉每每含詬忍耻,與淸將周旋,出入瀋陽,如履户庭,及和議成,遂遭物議,而又爲淸人所不容,"加鎖杻入瀋中,幽諸北館。北館者,淸國死囚所拘也。癸未四月,移繋南館。時北使到京,都民萬餘人要歸路齊呼曰:顧爲東國生靈,活一賢相。北使爲之感動。分拘幽燕獄者凡四年"。鳴吉日誦《周易》,不知其在異域。"時金淸陰尚憲、李白江敬輿亦同拘一館,淸陰聞公讀書聲,每歎其衰境下工之篤,公與二公,晨夕相會,或談道義,或和詩篇,笑語琅然,亹亹不倦。其後中朝人遇我人謂曰:爾國二閣老一尚書,以事關天朝之故,被繋瀋陽,東方節義,令要起敬云。"乙酉春,方釋歸焉。②

崔鳴吉與金尚憲共拘北館,主和、義理二主將,相互唱和,亦一奇事。然金氏義理,高入雲霄;崔氏主和,視如賊子。故崔氏後裔錫鼎曾撰其祖《行狀》,稱:"李延陽論中興人物,必以公爲稱首。嘗以爲完城事業可言者多,而撮其大者有八:癸亥反正,協贊匡復之業,一也;丙寅議禮,能明父子之倫,二也;丙子之亂,單騎赴敵,以緩賊鋒,三也;南漢之圍,冒謗主和,以存宗社,四也;戊寅征兵,以義拒之,視死如歸,五也;送僧天朝,卒踐危機,而以身自當,六也;處人骨肉,務欲全恩,而不避觸忤,七也;處心行事,廓然大公,而不染朋比,八也。嗚呼! 先祖立朝始終,概具於此,而延相所論八條,尤詳而覈。"③

考丙子亂前,當時朝鮮君臣,唯知人人斥和,然"無一言一策之見施,此不過元無定算,特爲遷就之計者耳"④。鳴吉以爲,若定必戰之計,則當

---

①崔錫鼎《明谷集》卷29《先祖領議政完城府院君文忠公行狀》,《韓國文集叢刊》,154/454。
②崔錫鼎《明谷集》卷29《先祖領議政完城府院君文忠公行狀》,《韓國文集叢刊》,154/465。
③崔錫鼎《明谷集》卷29《先祖領議政完城府院君文忠公行狀》,《韓國文集叢刊》,154/469。
④崔鳴吉《遲川先生集》卷11《丙子封事》第二,《韓國文集叢刊》,089/447。

遣帥臣開府於平安道,兵使入處義州,約束諸將,有進無退,方合戰守之常道。且移書瀋陽,備陳君臣大義,仍言秋信不入送之由。一以探彼情形,一以觀彼所答。而我則内修政事,以爲後圖,務反石晉之前轍。如其不然,則固守龍灣,背城一戰,決安危於邊上,雖或計非萬全,猶愈於束手待亡。捨此不圖,一向婥婀。欲言進戰,不無疑懼之念;欲言羈縻,又恐謗議之來。彼此不及,進退無據,江水將合,禍迫目前,所謂待汝議論定時,我已渡江者,不幸而近之矣。而後來戰事,果如鳴吉所言者矣。

　　崔鳴吉詩,多憤鬱悲懷,憂時歎命之作。如"從古聖賢多處困,殊方敢恨歲時遷"①,"向來榮辱悠悠事,不敢尤人更怨天"②,乃究命恨天之詞也;若"千磨萬折餘無幾,錯道愁腸日九回"③,"雪裏慎登青石嶺,雲邊莫認鳳凰城"等④,讀之令人心碎;又"此翁却有神仙骨,只是凡人未易知"⑤,"不用區區較得失,從須冷煖自心知"⑥,"男兒一片心,寶劍明秋水"⑦,"百靈顛倒舟人笑,遇險方知不動心"⑧,則自明其志也;又"孤竹清風猶可挹,春來薇蕨滿西山"⑨,"趣駕迷途一言力,始知高義出人多"⑩,"休怪節旄零落盡,蘇卿元是漢朝臣"⑪,則又以伯夷、叔齊、信陵君與張騫自喻也;又"此心元一致,世議苦多般"⑫,"天教各捉囚一處,物有不平鳴四時"⑬,

---

① 崔鳴吉《遲川先生集》卷4《北扉酬唱録續稿·自詠》其三,《韓國文集叢刊》,089/303。
② 崔鳴吉《遲川先生集》卷5《北扉酬唱録續稿·初度日有感》,《韓國文集叢刊》,089/342。
③ 崔鳴吉《遲川先生集》卷5《北扉酬唱録續稿·前韻》,《韓國文集叢刊》,089/334。
④ 崔鳴吉《遲川先生集》卷4《北扉酬唱録續稿·聞亮兒東還》,《韓國文集叢刊》,089/289。
⑤ 崔鳴吉《遲川先生集》卷4《北扉酬唱録續稿·次思庵韻》,《韓國文集叢刊》,089/301。
⑥ 崔鳴吉《遲川先生集》卷4《北扉酬唱録續稿·次石室韻》,《韓國文集叢刊》,089/302。
⑦ 崔鳴吉《遲川先生集》卷4《北扉酬唱録續稿·前韻》,《韓國文集叢刊》,089/314。
⑧ 崔鳴吉《遲川先生集》卷5《北扉酬唱録續稿·前韻》,《韓國文集叢刊》,089/346。
⑨ 崔鳴吉《遲川先生集》卷4《北扉酬唱録續稿·呈鳳巖相公》其三,《韓國文集叢刊》,089/322。
⑩ 崔鳴吉《遲川先生集》卷4《北扉酬唱録續稿·詠史五絶》其四,《韓國文集叢刊》,089/294。
⑪ 崔鳴吉《遲川先生集》卷4《北扉酬唱録續稿·次前韻示李静叔》其一,《韓國文集叢刊》,089/317。
⑫ 崔鳴吉《遲川先生集》卷4《北扉酬唱録續稿·春夜書懷奉呈石室》其三,《韓國文集叢刊》,089/289。
⑬ 崔鳴吉《遲川先生集》卷4《北扉酬唱録續稿·呈石室》其一,《韓國文集叢刊》,089/296。

"契託平生是黃卷,默然相對兩無嫌"①,"窮途荷相勉,麻直自扶蓬"等②,則與金尚憲、李敬輿等共證勵志也。其在館中,放還無望,所謂"一春已過六旬六,君問歸期那有期"③;比至隨世子歸國,喜不能禁,遂唱"千里即知當步武,仲春應得抵王京"也④。

較之金尚憲詩多詠花草風物,舒緩寫意,崔鳴吉詩多自警自勵,自辨心迹,若唯恐世人不知其愛國忠君,心存社稷者。則知其胸中,尚骨鯁在喉,塊壘難化矣。

0241—1637,1643,1656

金南重《北行酬唱【原題野塘燕行錄】》(《全集》第18冊;《叢刊續》第27冊《野塘遺稿》;《叢書》第2240冊　鈔本)

> 出使事由:謝恩陳奏兼聖節冬至年貢行
> 出使成員:正使左議政崔鳴吉、副使左參贊金南重、書狀官司成李時楳等
> 出使時間:仁祖十五年(崇德二年　1637)九月二十日—十二月
> 出使事由:謝恩行
> 出使成員:正使左議政沈器遠、副使右參贊金南重、書狀官司成丁彥璜等
> 出使時間:仁祖二十一年(崇德八年　1643)五月十五日—?
> 出使事由:謝恩行
> 出使成員:正使麟坪大君李㴭、副使右參贊金南重、書狀官司憲府掌令鄭麟卿等

---

① 崔鳴吉《遲川先生集》卷4《北扉酬唱錄續稿·用前韻答石老》,《韓國文集叢刊》,089/327。
② 崔鳴吉《遲川先生集》卷5《北扉酬唱錄續稿·次鳳巖韻》其一,《韓國文集叢刊》,089/339。
③ 崔鳴吉《遲川先生集》卷4《北扉酬唱錄續稿·呈石室》其二,《韓國文集叢刊》,089/294。
④ 崔鳴吉《遲川先生集》卷5《北扉酬唱錄續稿·正月十五日陪世子發瀋陽纔出秌門止宿夜次竹所韻》其二,《韓國文集叢刊》,089/359。

出使時間：孝宗七年（順治十三年　1656）八月三日—十二月十六日

金南重（1596—1663），字自珍，號野塘，慶州人。命元孫。年二十三，擢大科。曾爲貳師，隨昭顯世子入瀋陽。歷官至大司諫、大司憲、工曹判書、刑曹判書、禮曹判書等。丰姿秀異，鯁直敢言，遇事不苟避，亦不苟隨。立朝幾五十年，常言"朝家制事，宜守經常；士夫持論，須戒新奇"。性嗜書籍，至老猶課讀《魯論》，晚好《通鑒綱目》，參以史傳，手抄爲《歷代人鑒》，藏於家。有《野塘先生文集》三卷行世。事見金壽恒《文谷集》卷二〇《禮曹判書金公墓表》、朴世堂《西溪集》卷一〇《墓誌銘》、《仁祖實錄》、《孝宗實錄》等，金昌熙《石菱集》卷一一《月城家史》有傳。

金南重《野塘先生文集》三卷，乃十九世紀後半葉轉寫鈔印本，《韓國文集叢刊續》據高麗大學中央圖書館藏本影印（《韓國歷代文集叢書》同），《燕行錄全集》爲同一版本。前後無序跋，三卷皆詩，大致依年編次。原本多有誤字，故有校改字，似爲作者手校，亦有删潤之迹，個別有缺字空圍者。若《坡館即事》"危時含命指遼陽"之"含"，《韓國文集叢刊續》本天頭校改作"銜"；《葱秀山》"天教野雨添懸瀑"之"野"，《叢刊續》本改作"夜"；《次呈正使》"華華儕接非前日"之上一"華"字，《叢刊續》本改作"皇"等。《燕行錄全集》本塗改亦同，唯不見天頭所改字，蓋複印時落去耳。

案金南重出使清朝，至少三次。前次爲仁祖十五年（明崇禎十年　清崇德二年　1637），謝恩陳奏兼聖節冬至年貢行正使左議政崔鳴吉、副使左參贊金南重、書狀官司成李時楳等一行往瀋陽，謝追還賄銀，謝賜物，並陳奏請寢征兵也。一行於九月二十日出發，約年底返王京；再次則爲仁祖二十一年（崇德八年　1643），謝恩行正使左議政沈器遠、副使右參贊金南重、書狀官司成丁彥璜等入瀋陽，謝寬宥斥和臣敕，五月十日出發也。第三次則爲孝宗七年（順治十三年　1656），謝恩使正使麟坪大君李㴭、副使右參贊金南重、書狀官掌令鄭麟卿等入北京，謝再按查官敕及免議，謝出送義信公主敕耳。

《燕行錄全集》編纂者以金氏詩名爲《野塘燕行錄》，輯自《野塘先生文集》卷二，蓋以爲其第三次出使時詩作，故排次於第一八册中。然其第一首《碧蹄站示書狀案下》詩題注"以下北行酬唱"，然則作者原名其卷爲

《北行酬唱》，蓋以卷中與正使崔鳴吉、書狀李時楳唱酬爲多，且多低一格附崔、李二氏之詩，故如此稱卷耳，今復其舊以符實焉。自卷二《奉寄李士謙務安之行》二首以下百餘首，及卷三《華藏路上口占九首》以下六十餘首，皆非燕行詩，爲《燕行錄全集》所濫收也。卷三《癸未五月北行示書狀》以下二十餘首，爲第二次入瀋陽時所作詩，而本卷前後所收亦非燕行詩矣。又卷三末《松京道中呈上使麟坪大君韻》《次龍灣口號》《次戲贈行台》等三首，乃輯自李氏《松溪集》中者，爲第三次燕行時所作詩耳。蓋金氏原編，若《北行酬唱》等，各爲小集，後人董理，變亂其卷，至淆雜不別也。今不再分別，皆隸之於此可耳。

金氏前兩度出使，時清廷尚未入關，故其出使之地爲瀋陽。時"丁丑之亂"後，朝鮮新敗，物力蕩絕，入貢瀋陽，辱痛至極，又陳奏請寢征兵等事，關係甚大，故其詩有"何地敢忘臣分義，此行元係國存亡"之歎①。雖一路酬唱，然興致索然，所謂"平生酒賦全無興，回首燕京涕泗漣"者也②。其在瀋陽，不得已參與賀班，喟歎"氈幕分庭擁賀班，貂裘成列匝諸蠻。堪歎萬事真難料，東國衣冠在此間"③。時朝鮮被擄人，所在皆有，故金氏詩有"處處填街哭，誰非望贖還"④。"殊方不禁淚漣漣，子女悲號擁馬前。安得萬金分贖盡，一時歸放鴨江邊"⑤。"千金散盡幾人還，短褐羸形不忍看。長路風霜須善護，爲分衣食救饑寒"⑥。其詩平鋪直叙，雖無幽深意境，然皆出自肺腑，多紀實之作，可當史筆讀耳。

0242-1638
曹漢英《雪窖錄》(《叢刊續》第 31 册《晦谷集》　刻本)

曹漢英(1608—1670)，字守而，昌寧人。少學於李植。年三十，擢庭

---

① 金南重《北行酬唱【原題野埔燕行錄】·坡館即事》，《燕行錄全集》，018/173。
② 金南重《北行酬唱【原題野埔燕行錄】·中和館》，《燕行錄全集》，018/184。
③ 金南重《北行酬唱【原題野埔燕行錄】·十月二十五日記見》，《燕行錄全集》，018/209。
④ 金南重《北行酬唱【原題野埔燕行錄】·甜水站》，《燕行錄全集》，018/207。
⑤ 金南重《北行酬唱【原題野埔燕行錄】·哀被擄人》，《燕行錄全集》，018/210。
⑥ 金南重《北行酬唱【原題野埔燕行錄】·哀贖還人》，《燕行錄全集》，018/214。

試壯元。歷官成均館典籍、江原道都事、承政院承旨、司諫院大司諫、弘文館大司成、春川府使、漢城府右尹等。襲封夏興君。再歷官至刑曹參判、禮曹參判兼五衛都總府副總管等。有《晦谷集》十二卷行世。事見《晦谷集》卷一二林泳《墓誌銘》、南九萬《神道碑銘》、《仁祖實錄》、《孝宗實錄》等。

案仁祖十六年（明崇禎十一年　清崇德三年　1638），清廷脅迫朝鮮出兵，助攻明朝。而王世子自瀋中歸覲，清人以元孫替去。曹漢英時任持平，乃奮曰："我雖爲臣虜於彼，臣之於君，亦有可從不可從，豈至於無所不從乎？且歸將復去，去將不歸，是將舉族北轅也。"遂草疏萬言，請亟斷大計，不報。會清人招朝鮮宰執及都承旨申得淵，脅問聞爾國猶有爲明朝守節者，其人爲誰。得淵以金尚憲與漢英對，清人急索之，漢英遂有北行瀋陽之事也。其至，清人百般威脅，怵以死，無撓詞，清人相顧稱"此人爽爾爽爾"①。遂囚於瀋獄，朝夕不測，而獄中四壁，霜厚尺餘，漢英處之委順。居三載，清人緩之，移拘龍灣，又歲餘，始得釋還也。

曹漢英《晦谷集》十二卷，爲其孫壻林泳據家藏稿編次，於肅宗二十年（1694）年初刊，《韓國文集叢刊續》據奎章閣藏本影印。凡詩八卷、文四卷。詩以《巫峽》《西園》《蓮幕》《雪窖》《春城》《驪江》《哀挽》《拾遺》等編爲小錄，末有林泳跋文，稱原編詩二卷文一卷，則爲後來分卷所致耳。其在瀋獄，日與金尚憲唱酬，章積成帙，尚憲題之曰《雪窖集》。"雪窖者，燕獄也。"②又漢英詩中亦有"羈囚雪窖誰青眼"之句也③。

《雪窖錄》收入《晦谷集》卷四，詩作達百三十餘首。漢英身陷異域，南冠楚囚，其詩或詠鳥蟲花草，或歎秋冬換季，或聞琵琶凄婉，或聽擣衣和歌，憶舊傷時，思家戀親，莫不悲懷感憤，沉鬱典重，家國興亡，憂憤莫名。所謂"排愁本欲憑詩篇，吟罷徒增腸肚煎"④，"排悶憑詩句，詩成恨轉新"⑤，其

---

①曹漢英《晦谷集》附錄南九萬《神道碑銘》，《韓國文集叢刊續》，031/312。
②曹漢英《晦谷集》附錄林泳跋，《韓國文集叢刊續》，031/315。
③曹漢英《晦谷集》卷4《奉和用申承宣韻》，《韓國文集叢刊續》，031/203。
④曹漢英《晦谷集》卷4《謹次寒食感懷》，《韓國文集叢刊續》，031/203。
⑤曹漢英《晦谷集》卷4《踏青日感懷錄呈求教》，《韓國文集叢刊續》，031/207。

自比蘇武,杖節忠君。又與尚憲以"武侯《出師表》,文山《正氣歌》"①,相互激勵,以勵情志。時清兵與明朝軍隊,大戰正酣,漢英痛恨"玉帳今無術,空思漢伏波"②,"匈奴去歲新經戰,中國何人善伐謀"③。漢英如茹黃蓮,遂發誓"東還定遂江湖志,不向公車尺疏投"④。然得知明朝軍隊勝仗時,又歡欣鼓舞,高唱"聞道天威震北陬,長驅可禽名王歸。餘生倘見漢道昌,專對復誦周庭詩"⑤。殊不知當時之明朝,已是風中殘燭,時未數年,朝鮮皮幣西行,發往北京,然朝貢之主,已非朱姓,而為愛新覺羅氏矣。

0243-1639/1643
金尚憲《雪窖集》《雪窖後集》《雪窖別集》(《叢刊》第77冊《清陰集》 刻本)

案金尚憲有《朝天錄》(0202-1626),已著錄。

案丙子之難,金尚憲扈入南漢山城,力陳死守之計,諸臣請以世子求成,尚憲痛斥之。及出城之議決,崔鳴吉撰降書,尚憲哭而裂之,入見仁祖曰:"君臣當誓心死守。萬一不遂,歸見先王無愧也。"退而不食者六日。又自縊,旁人救之得不死。然仁祖出降,尚憲却不從駕,而直歸安東鶴駕山下,構數間草屋於深谷中,扁以木石居。常切慨然於心,雖中夜不能就枕而眠。著《豐嶽問答》,以辨其未護駕前驅,共度時艱之因。時朝議以為尚憲在出城之日,不為隨駕執勒,遠走嶺左,潛謀自全,厥罪惟均,請並命遠竄焉。⑥

清崇德四年(仁祖十七年 明崇禎十二年 1639)十二月,英額爾岱械繫金氏等入瀋陽,尚憲布衣草鞋,扶杖而入。及到瀋,詰之甚急,尚憲臥而不起曰:"吾守吾志,吾告吾君,何問為?"清人相顧嘖嘖曰:"最難老人,

---

①曹漢英《晦谷集》卷4附金尚憲《遺意》,《韓國文集叢刊續》,031/203。
②曹漢英《晦谷集》卷4《奉和遺意》,《韓國文集叢刊續》,031/202。
③曹漢英《晦谷集》卷4《奉和用申承宣韻》,《韓國文集叢刊續》,031/203。
④曹漢英《晦谷集》卷4《奉和用申承宣韻》,《韓國文集叢刊續》,031/204。
⑤曹漢英《晦谷集》卷4《奉和北海高秋》,《韓國文集叢刊續》,031/210。
⑥趙慶男《亂中雜錄續》卷4,戊寅崇禎十一年(仁祖十六年 清崇德三年 1638)七月條。

卷二六　金尚憲《雪窖集》《雪窖後集》《雪窖別集》　　435

最難老人!"久始出置灣上。崇德六年正月,爲申得淵、李烓所構,清軍枷鎖前判書金尚憲、前持平曹漢英、學生蔡以恒,審問抗清事由。金慷慨激昂,曹面無懼色,三人日事吟詠。翌年正月,押三人返朝鮮監禁。八年三月,遣滿達爾漢賫敕朝鮮,告金尚憲下獄,四月復歸國。三度入瀋後,隨昭顯世子放還歸國。前後被執瀋中,首尾六年,終不少屈。清人義之,稱"金尚書"而不名焉。

　　金尚憲《清陰集》卷一一《雪窖集》凡收詩二百八十餘首,文三篇,爲其首度入瀋時作,多與曹漢英相唱和;卷一二《雪窖後集》收詩一百三首,《上春宮書》兩通,爲癸未再入瀋陽後作,與崔鳴吉相唱和爲多;卷一三《雪窖別集》共收詩一百一十餘首,則爲甲申住瀋館時作,此卷又復以體裁編次,雜逯與諸家相酬唱者也。前有尚憲自序。其中《雪窖集》《後集》所收詩,以時次排序;而《別集》則又按體裁編卷焉。

　　金氏《雪窖酬唱集序》謂在瀋獄,"命不可得以移,守可勉而至,處困愈久,勵志彌堅,相與朝嘻夕嗟,隨事理遣,若未嘗有憂患者,彼雖困我,而亦不能奪我之守,間有楚奏越吟,以宣其抑塞無聊之意,曹君輒錄爲一帙,俾余名其卷而弁其首,仍題曰《雪窖酬唱集》,蓋亦興起於子卿之風云"①。其詩多悲歎"流年忽忽身多病,惆悵餘生歸未歸"②,"天涯守歲坐深更,絕域無人問死生"③。訴悲憤之情,有"白首如今送燕獄,仰瞻銅輦泣無聲"之句④。再度入瀋後,有"二年沙漠二年灣,歷盡千辛與萬艱"之句⑤。其在獄中,雖失却自由,然整頓精神,毫不遜志,故前後在瀋作五百餘首,可謂囚徒生涯中之富貴詩人也。

　　又金氏在百無聊賴時,所詠如《仙游詞》《宮詞》《怨婦》等,他若詠犬、詠鵲、聞雁、曉坐、睡起、夜坐、燈夕、記夢、偶吟、遣懷、近家、秋高等,眼接目見,觸景即情,皆在詩中。所言無非忠君愛國之意、堅貞不屈之志焉。

　　又金氏集中,如卷一六《楊都御史鎬前揭帖》《麻總兵前揭帖》《劉興治

---

①金尚憲《清陰集》卷11《雪窖酬唱集序》,《韓國文集叢刊》,077/152。
②金尚憲《清陰集》卷11《雪窖酬唱集·復次前韻四首》其一,《韓國文集叢刊》,077/156。
③金尚憲《清陰集》卷11《雪窖酬唱集·守歲二首》其二,《韓國文集叢刊》,077/153。
④金尚憲《清陰集》卷11《雪窖酬唱集·悲憤三首》其三,《韓國文集叢刊》,077/157。
⑤金尚憲《清陰集》卷11《雪窖酬唱集·龍灣留贈守而》,《韓國文集叢刊》,077/175。

處回揭》《袁督師崇煥前回揭》《黃都督龍賀帖》《黃都督前揭帖》及《金汗了答書》,卷一七《請勿以中國物貨與虜剗》,卷二一《請勿助兵瀋陽疏》等,亦皆記錄當時朝鮮與後金、明朝往來之書劄,於研究此段歷史,亦頗可資焉。

案金尚憲在朝,爲義理派之首。南漢山城不守,仁祖出城,尚憲伏路傍痛哭拜送,歸卧安東鶴駕山,築室以居。有以出處之義爲疑者,尚憲即著《豐岳問答》以自釋。或問大駕出城之日,子不從何也?余應之曰:若蹈城外一步地,是去順效逆之日,大義所在,一毫不可苟。國君死社稷,則從死者臣子之義也;至如奉寇讐犯上國,則極言争之,争而不用,則退而自靖,亦臣子之義也。古人有言臣之於君,從其義不從其令。士君子出處進退何常,惟義之歸。不顧禮義,惟令是從者,乃婦寺之忠,非人臣事君之義也。案尚憲之釋解,謂從義不從令,欲扶二百年綱常者,乃所以不負先王教育之澤也。尚憲生時,自草壙銘曰"至誠矢諸金石,大義懸乎日月。天地監臨,鬼神可質,蘄以合乎古而反繆於今。嗟百世之後,人知我心"云。當時史家曰古人謂文丞相收宋三百年正氣,今於尚憲亦云。①

然文天祥於國家板蕩、臨安失守之際,明知其事之不可爲,仍奮不顧身,起兵抗擊,雖屢敗而屢戰;即被俘入大都,亦置己於必死之地,慷慨就義。而尚憲之説,固"微言大義"之所在,然當時國亡家破,兵臨城下之際,罔顧危局,避禍入山,於當時時勢了無所益;而後戴械入瀋陽,雖風骨凜凜,然知其必不死焉。其與文文山之情勢迥異,不可同日而語矣。而當時崔鳴吉輩,忍辱含詬,與清軍往還,以保全家國。然鳴吉成千古罪臣,不可容貸;而尚憲則爲萬世楷模,垂爲典範,幾近神話,走上神壇,爲義理派之大纛,其詩文亦流播人口,久在人間。此中是非沉浮,實可令人唏噓而扼腕焉!

0244-1639
申濡《瀋館錄》(《全集》第 21 册;《叢刊續》第 31 册《竹堂先生集》 刻本)

申濡(1610—1665),字君澤,號竹堂、漁隱、泥翁等,高靈人。仁祖八

---

①李端相《静觀齋先生續集》卷8《記清陰先生遺事》,《韓國文集叢刊》,130/468。

年（崇禎三年　1630）進士。十四年，別試文科狀元。十七年，以侍講院文學，入瀋陽隨侍昭顯世子。二十一年，以通信使書狀官出使日本。先後官司諫院正言、司憲府持平、吏曹正郎、承政院都承旨、户曹參判、禮曹參判等。擅書藝，精文章。有《竹堂集》十五卷行世。事見《竹堂集》卷一五附録申景濬《神道碑銘》、《仁祖實録》、《顯宗實録》等。

申濡《竹堂集》十五卷，爲其季子善涵據其父生前自訂稿編次，由任相元删定，十八世紀後半葉刊行，《附録》爲手寫本，《韓國文集叢刊續》據奎章閣藏本影印，《燕行録全集》爲同一版本。卷首有申氏自序。前十卷爲詩，以《瀋館》《駒城》《玉堂》《燕台》等爲名，卷中自編小題。後四卷文，末爲附録。

《瀋館録》輯自申濡《竹堂先生集》卷一。沈氏於卷首自注稱己卯（仁祖十七年　明崇禎十二年　清崇德四年　1639）二月，以侍講院文學陪從世子於瀋館，前後留館與往來計十六朔，所述詩篇八十餘首，名爲《瀋館録》。在瀋期間，申氏曾以問安官承令還朝，其別詩云“塞樹清霜重，秋天一雁遥”①，則在是年之秋也。然旋即再入瀋陽，直至返國。故其所作詩，或在途之見聞，或在瀋之牢愁也。其在世子館，遇鄭雷卿之被冤殺，又頻送使价及世子等往還，冤憤悶鬱之情，壹發於詩。若詠鸚鵡“鸚鵡愁離别，飄零翠羽殘。能言殊北話，受繫似南冠”②，實則自况羈館也。若“樽前共是他鄉客，笛裏偏生故國愁”③，“夢魂頻魘絶，欹枕淚漣如”④，“願飛無翼卧牀間，引領西望涕滂沲”⑤，皆思歸無路之詞也。又君臣如楚囚相對，時論國事之沉淪，所謂“痛哭論時事，狂歌托酒人”者也⑥。時清廷連年南征，戰事頻仍，故申氏詩又有“漢將久無敵，單于猶自驕。連年未解甲，殺氣滿層霄”⑦。凡此皆紀實之作而絶望之詞矣。

---

① 申濡《瀋館録·瀋陽館留別諸公》，《燕行録全集》，021/024。
② 申濡《瀋館録·鸚鵡》，《燕行録全集》，021/014。
③ 申濡《瀋館録·望晴次韻》，《燕行録全集》，021/017。
④ 申濡《瀋館録·次詠燈韻》，《燕行録全集》，021/021。
⑤ 申濡《瀋館録·擬張衡四愁詩》，《燕行録全集》，021/027。
⑥ 申濡《瀋館録·疊前韻》，《燕行録全集》，021/035。
⑦ 申濡《瀋館録·瀋中雜詩四首》之四，《燕行録全集》，021/023。

0245-1639
鄭致和《己卯聞見事件》(《同文彙考補編》卷一《使臣別單一》 活字本)

出使事由:奏請行

出使成員:正使右贊成尹暉、副使判尹吳竣、書狀官議政府舍人鄭致和等

出使時間:仁祖十七年(崇德四年 1639)二月三日—三月二十二日?

鄭致和(1609—1677),字聖能,號棋州,東萊人。太和弟,金壽恒婿。歷仁祖、孝宗、顯宗、肅宗四朝,先後爲司諫院正言、司憲府執義、東萊府史、忠清道觀察使、平安道觀察使、江華留守、刑曹判書、禮曹判書、兵曹判書等。顯宗時,因監造昭顯世子山陵不力,罷職。起復後,歷工、刑、吏、户、禮諸曹判書,右議政、左議政,判中樞府事等。少有剛明之稱,且著清簡之名。爲人英敏有吏幹,歷職内外,皆著聲績。以宮官久在瀋中,於昭顯營造玩好之事,頗有承迎之誚,又附麗金自點以致位,見賤於清議。事見姜栢年《雪峰遺稿》卷二八《鄭公墓誌銘》與仁祖、孝宗、顯宗、肅宗諸朝《實録》。

仁祖十七年(清崇德四年 明崇禎十二年 1639)二月初三日,朝鮮遣奏請正使右贊成尹暉、副使判尹吳竣、書狀官議政府舍人鄭致和入瀋陽,奏請册封仁祖繼妃趙氏爲王妃,封昭顯世子李澄爲王世子。六月,清遣户部左參政馬福塔、刑部參政巴哈納賫敕至朝鮮册封。鄭致和此後於顯宗元年、六年、八年、十二年、十三年等,復爲冬至、謝恩使等,數度入中國焉。

鄭致和此《聞見事件》,凡録所奏聞見事兩件。一則謂入栅之時,清將二人搜驗綦嚴,即進獻之物亦爲拆封,言近來南草之禁,非不申明,而朝鮮人百計藏匿。自今以後,進獻方物亦爲一一搜驗,此皇帝之命云。

案所謂南草者,即烟草也。時朝鮮種植,私自販往遼東,清廷屢禁不絶。仁祖十八年(崇德六年 1640),仁祖宣命,凡販賣一斤者,就地處

斬。又據《仁祖實錄》，司憲府啓："奏請上使尹暉，奉使不謹，轎中所藏南草，爲鳳凰城人所發覺，以報知於瀋陽云。而既不具由待罪，副使吳竣欲啓聞，則懇請中止，諉諸奴子，而亦不明白處置。其辱國無恥之狀，已不足言，終始掩覆，欺罔朝廷之罪，不可不痛懲。請命罷職不叙，其犯禁者，亦令攸司囚禁，依律定罪。吳竣牽於顏情，不能堅執所見，邊臣亦當綁送犯禁者，而終始掩置，請副使吳竣及義州府尹黃一皓，並命從重推考。"①仁祖依啓，尹暉因此罷職。案尹暉爲故相斗壽之子，史載其諂事光海，唯知虐民，盤結金鎏，多有鄙事。又粗鄙貪黷，病民之事，率皆攘臂擔當，薦拔金純，荼毒海西，與之分利，人莫不唾鄙。而於出使途中，仍不忘走私營利，蓋秉性使然耳。

又鄭致和記當時開市於瀋陽館門外，一行願贖之人，或遇子女親屬，論價比前刁蹬，雖老殘之人，其價少不下百許兩，終始講定，僅贖男女九人而已。自"丙子胡亂"後，清軍北還，大肆搶掠，朝鮮人丁掠往瀋陽者無算，朝鮮連年乞求刷還，而清人計數論價，比富算錢，鄭氏所言，不過百中之一耳。

0246-1639
鄭致和等《燕薊謏聞録》(《續集》第107册　鈔本)

案鄭致和出使事，詳參前《己卯聞見事件解題》(0245-1639)。

《燕薊謏聞録》二卷，《燕行録續集》以作者歸諸鄭致和，然夷考全書，則知非致和所撰，乃集纂燕行諸家之説而成者。凡二卷共收百四十餘條，鈔自八十餘家之記聞，有正使、副使、書狀官、賫咨官等，或一、二條，或十數條，以書狀官居多。起自仁祖十七年(明崇禎十二年　清崇德四年1639)奏請使書狀官鄭致和，迄於英祖十一年(雍正十三年　1735)陳慰進香使團書狀官李潤身，則前後近百年間使臣之記録，蓋多從諸家《聞見事件》及日記筆札中摘出者。

《燕薊謏聞録》所記，如鄭致和等出使時，尚在瀋陽，沿路所見，處處

_____
①《仁祖實録》卷38，仁祖十七年(明崇禎十二年　1639)三月二十二日己卯條。

有朝鮮被擄人,或號哭以見,或泣泪漣漣。及清廷定都北京,使臣所關注者,則又有吳三桂、尚可喜、耿精忠等"三藩之亂"及南明小朝廷事,謂清人雖自言戰勝而歸,然南方平定之説,未詳其真僞,戰亡士卒,焚膏載歸者甚多。自康熙中葉起,則所記甚雜,若皇帝親征,出巡狩獵,清帝宫闈,帝喪規模,新君即位,旗丁軍容,官員賢否,賦税徭役,農田水利,山川地理,遼東風景,民風國俗等。另如大鼻韃子(案即俄羅斯人),蒙古種類,喇嘛僧道,天主教堂,經史典籍,《明史》編纂等。事關朝鮮者,如請米救饑,貢禮蠲免,宗系辨誣,八包之法等,亦多載記。然細考其所記,如三藩亂事,南明興亡等,則真僞雜半,僞多於真矣。

0247-1639
李元鎮《己卯聞見事件》(《同文彙考補編》卷一《使臣別單一》 活字本)

出使事由:聖節兼冬至兼年貢行
出使成員:正使吉城尉權大任、副使知敦寧府事鄭之羽、書狀官成均館司藝李元鎮等
出使時間:仁祖十七年(崇德四年 1639)九月十三日—?

李元鎮(1594—1665),字鼎卿,號太湖,驪州人。尚毅長孫。仁祖八年(1630),廷試文科壯元。爲司諫院正言、司憲府持平、東萊府使等。孝宗、顯宗兩朝,任江原道觀察使、濟州牧使、行副護軍、兵曹參議等。以曉解風水著稱。著有《耽羅志》《黄驪世稿》。事見李瀷《星湖先生全集》卷六七《太湖公行録》與仁祖、孝宗、顯宗三朝《實録》等。

李元鎮《聞見事件》共七條,凡載被擄人事、沿途所見城池破壞事,以及朝謁清帝、謁見世子等事。其言在鳳凰城,"聞諸被擄人漢、我人並爲六七十家。我國女十數人,出城外觀一行,仍言某是某邑某人之女、某人之妹,其人倘來行中否? 因或垂泪,或歎息。男人則或打穀,或刈柴擔水,或有伏謁於路而陳情者,或有謀躲而覺,斷其踵筋者,慘不忍見"①。又其記見皇帝時諸儀節甚詳,如記其舞樂曰"俄而,倡優鼓噪而進。第一漢人,爲

---
① 李元鎮《己卯聞見事件》,《同文彙考補編》卷1《使臣別單一》,002/1562。

關雲長戲;第二我國人呈才,巾服嘯笛,語音跳躍,俱是平日所曾見,一行莫不欹歔歎息;第三漢童女爲步繩之戲,又一漢女仰卧於床上,以足弄物,或兒或木或卓或瓮或梯。罷後左右群坐,蒙古各出一人爲角抵戲。先行和酥茶一碗,繼進宴卓,卓上只有牛羊肉各一大盤,鹽一楪,以皮榼酌酷酒一中盞,廳上之樂,月琴而已。低唱蒙古歌,其聲如紡車木釘子摇戰之聲"①。此記當時瀋陽宫中宴樂歌舞宴牀諸事甚悉,於研究清初皇宫儀節,頗爲有助,後成海應《研經齋全集外集》卷六〇《瀋陽宴會》,即鈔撮元鎮之説而成也。

0248-1639

沈悦《瀋行録》(《叢刊》第75册《南坡相公集》 刻本)

出使事由:進賀行
出使成員:正使右議政沈悦、副使判尹林墰、書狀官成均館直講成楚客等
出使時間:仁祖十七年(清崇德四年 1639)六月十一日—十月?

沈悦(1569—1646),字學而,號南坡,青松人。因與罪人柳悦同名,光海君命改名爲沈惇,後又改回。明敏有才局,自少歷敭清要。宣祖朝,爲藝文館檢閲、成均館典籍、司憲府持平、黄海道觀察使、禮曹參判等。光海時,爲京畿道觀察使、漢城府右尹、安東府使、青松府使等。仁祖朝,陞京畿道觀察使、户曹判書、工曹判書、議政府右議政、左議政、領議政、領中樞府事等。有《南坡相公集》六卷行世。事見趙顯期《一峰先生文集》卷五《沈公行狀》、申最《春沼子集》卷六《墓誌銘》與《宣祖實録》《光海君日記》《仁祖實録》等。

沈悦《南坡相公集》六卷,著者從曾孫樞據家藏稿編次,顯宗六年(1665)刊行,《韓國文集叢刊》據奎章閣藏本影印。凡詩一卷,文五卷,詩以體裁編次,末有任義伯跋。爲據沈氏家藏草稿蒐集編次,於顯宗六年(1665)刊行,《韓國文集叢刊》據奎章閣藏本影印。

---

①李元鎮《己卯聞見事件》,《同文彙考補編》卷1《使臣别單一》,002/1563。

明崇禎十二年(仁祖十七年　清崇德四年　1639)正月,清兵入濟南,德王朱由樞被執,布政使張秉文等死之。朝鮮得訊,遂於六月十一日,遣正使右議政沈悦、副使判尹林墰、書狀官直講成楚客入瀋陽,賀清人得濟南也。初,以沈悦爲奏請使,吴竣爲副使。後又以沈氏爲謝恩使,沈氏以爲老病昏謬,周旋應對之際,語言拙訥,必以明敏有計慮者爲副使,然後可無失誤之患。承旨林墰,最有才局,請以爲副使。仁祖從之。① 此據《同文彙考補編》卷七《使行録》與《燕行録全集》第二七册《乘槎録》可考知也。

沈悦《南坡相公集》卷一有《己卯六月奉使瀋陽道上口號》《納清亭口號》《葱秀山次副使韻》等十餘首,爲其出使時作。時爲"丙子胡亂"後三年,沈氏不得已出使,故其詩有"王事即今堪痛哭,老臣動苦不須言"②,"堪笑此來成底事,强扶衰病謾驅馳"等句③。時朝鮮士氣萎頓,國事不振,沈詩亦低迴哀痛,若不可勝言者。又卷五《皇帝登極賀箋(天啓)》《辨誣賀箋》等,亦有關燕行之表箋文也。

0249-1639,1650
申翊全《燕行詩》(《叢刊》第105册《東江遺集》　刻本)

　　出使事由:謝恩兼正朝行
　　出使成員:正使領議政崔鳴吉、副使知中樞府事李景憲、書狀官弘文館副校理申翊全等
　　出使時間:仁祖十七年(崇德四年　1639)十一月二十五日—翌年三月?
　　出使事由:護送行
　　出使成員:正使户曹判書元斗杓、副使户曹参判申翊全等
　　出使時間:孝宗即位年(順治七年　1650)四月二十二日—八月?

---

①《仁祖實録》卷38,仁祖十七年(崇禎十二年　1639)五月二十四日庚辰條。
②沈悦《南坡相公集》卷1《己卯六月奉使瀋陽道上口號》,《韓國文集叢刊》,075/450。
③沈悦《南坡相公集》卷1《瀋陽偶成一律》,《韓國文集叢刊》,075/450。

申翊全(1605—1660),字汝萬,號東江,平山人。申欽子。弱冠重氣節,善談論,文章筆法,皆絶一時。博極群書,爲金尚憲所賞。宣祖朝,尚宣祖女貞淑翁主,封東陽尉。仁祖十四年(崇禎九年 1636),別試丙科及第。官成均館典籍、弘文館修撰等。爲李烓所媒孼,拘幽瀋館,賴世子解救得免。後官刑曹參議、禮曹參議、兵曹參議、户曹參判、漢城府右尹,出爲開城留守,所在有政聲。後遞回,卒於第。有《東江遺集》十九卷行世。事見《東江遺集》卷一七申晸《家狀》、卷一八金萬基《墓誌銘》、朴世采《神道碑銘》、李敏叙《墓表》、《仁祖實録》等。

申翊全《東江遺集》十九卷,爲其子晸編次,依《象村稿》之例,删削整理刻於肅宗十六年(1690),《韓國文集叢刊》據奎章閣藏本影印。凡詩九卷、文七卷、附録三卷,詩仍以體裁編定,故瀋行、燕行詩四十餘首,皆散見諸卷中也。

案申翊全出使清朝,先後兩度。前次於仁祖十七年(明崇禎十二 清崇德四年 1639)冬,以謝恩兼正朝行書狀官身份出使。然金萬基《墓誌銘》稱,翊聖"以書狀官赴瀋。時甫經亂,邦憲壞,使行徒隸,公挾禁物,往往致嘖言。公乃痛括私橐,繩其犯科者,象舌有昵鄭虜命壽者,知其罪,投虜館不出,公竟綁治之,一行震肅。鄭虜大恨,公不少撓,既覆命,與副价下理,配平丘驛。蓋上有畀令周旋者,事不諧,而許世子歸觀,上疑使臣不遵旨而擅請故也。及世子入京,即命放宥"①。可知其出使之大槩也。其再次出使,在孝宗元年(順治七年 1650),正使户曹判書元斗杓、副使户曹參判申翊全等。四月二十二日發王京,此次專爲護送錦林君李愷之女義順公主(?—1662),遠嫁清攝政王多爾衮,侍女十六人隨行,八月返國覆命焉。

申氏使燕之日,爲其到瀋陽十年之後,故詩稱"遊蹤追憶十年前,欲説悽然更惘然"②。時朝鮮國力凋敝,納貢稱臣,倍爲屈辱,其所經西路,多所殘破,故其詩詠"所經多戰壘,那箇是堅城"③。清廷已定鼎中原,朝代

----
①申翊全《東江遺集》卷18金萬基《墓誌銘》,《韓國文集叢刊》,105/101。
②申翊全《東江遺集》卷9《次上使韻》,《韓國文集叢刊》,105/041。
③申翊全《東江遺集》卷8《次上使沙嶺韻二首》,《韓國文集叢刊》,105/037。

更疊,遼東沿途,正所謂物是人非,故其悲懷長嘯,歷見諸詩,若"行過虎狼窟,淚灑犬羊天"①,"花冠舊制猶存漢,土屋新居半雜胡"②。時南明永曆王朝,尚存天壤間,故申氏冀望陰剥陽生,大明復振,故詠"兹行未奮南飛翼,湖廣乾坤尚大明"③。當時迫於清廷壓力,朝鮮斷絶與明之關係,然暗中仍時有接觸,申氏《感事(時西關傳報大明差官來傳帝綸云)》詩曰:"聞道王都事,棲船奉帝綸。夜從沙浦口,潛唤地方人。雨露偏垂渥,風塵孰挺身。安危在廊廟,欲嘿轉沾巾。"④此詩論明與朝鮮暗中往來,乙夜潛唤,如盗兒行竊,令人泣笑皆非,酸楚墜泪,亦可謂善於形容者矣。

申氏使命,爲護送義順公主入燕,其喻爲明妃出塞以自嘲,稱"如今未見呼韓欸,公主如何入北京"⑤。至燕郊,攝政王以六月二十二日入北京,申氏述其儀制,"却到崇陽换金輦,盆香舊俗倣皇明",又稱"箇裏押班誰氏子,明朝閣老姓曾馮",又"旋麾耀日插龍渠,宫女如花擁殿廬"⑥。據其所述,可知當時迎嫁之盛况也。

申翊全詩學唐杜,文法班韓,間参明朝諸大家,用力久而所造深,李植謂與洪瑞鳳相較,"氣力雖少遜於公,典雅則殆過之"⑦。今讀其詩,低迴哀痛,寓深意濃,雅飭雄沉,頗有老杜安史亂時諸詩之气象,皆可作史筆讀也。

---

①申翊全《東江遺集》卷8《次上使沙嶺韻二首》,《韓國文集叢刊》,105/037。
②申翊全《東江遺集》卷7《深河道上記見》,《韓國文集叢刊》,105/031。
③申翊全《東江遺集》卷7《次上使詠事韻》,《韓國文集叢刊》,105/031。
④申翊全《東江遺集》卷4《感事》,《韓國文集叢刊》,105/014。
⑤申翊全《東江遺集》卷9《書事二首》其一,《韓國文集叢刊》,105/040。
⑥申翊全《東江遺集》卷9《攝政王以六月二十二日入北京三首》,《韓國文集叢刊》,105/041。
⑦申翊全《東江遺集》卷18 金萬基《墓誌銘》,《韓國文集叢刊》,105/103。

卷二七　0250—0256

仁祖十八年(崇德五年　1640)—仁祖二十一年(崇德八年　1643)

0250-1640
麟坪大君李㴭《燕行詩》(《全集》第21冊;《叢刊續》第35冊《松溪集》活字本)

　　出使事由：質子行
　　出使成員：麟坪大君李㴭等
　　出使時間：仁祖十八年(崇德五年　1640)正月二十日—翌年正月十日(瀋陽)
　　出使事由：進賀兼陳奏行
　　出使成員：正使麟坪大君李㴭、副使漢城府判尹卞三近、書狀官禮曹正郎洪處亮等
　　出使時間：仁祖二十年(崇德七年　1642)五月二十二日—八月十八日(瀋陽)
　　出使事由：進香行、質子行
　　出使成員：正使麟坪大君李㴭、副使韓仁及、書狀官沈東龜等
　　出使時間：仁祖二十一年(崇德五年　1643)九月十九日—翌年秋(瀋陽)
　　出使事由：進賀兼謝恩行
　　出使成員：正使麟坪大君李㴭、副使刑曹判書鄭世規、書狀官執義成以性等
　　出使時間：仁祖二十三年(順治二年　1645)三月十七日—同年夏(瀋陽)
　　出使事由：進賀兼謝恩行
　　出使成員：正使麟坪大君李㴭、副使兵曹參知朴遾、書狀官應教金

振等

出使時間：仁祖二十五年（順治四年　1647）四月三日—十月五日（北京，下同）

出使事由：謝恩行

出使成員：正使麟坪大君李㴭、副使右參贊林墰、書狀官軍器正李弘淵等

出使時間：孝宗元年（順治七年　1650）六月九日—九月二十九日

出使事由：進賀陳奏兼冬至等三節年貢行

出使成員：正使麟坪大君李㴭、副使右參贊李基祚、書狀官舍人鄭知和等

出使時間：孝宗元年（順治七年　1650）十一月二日—翌年三月九日

出使事由：進賀謝恩兼冬至等三節年貢行

出使成員：正使麟坪大君李㴭、副使右參贊黃㦿、書狀官執義權堣等

出使時間：孝宗二年（順治八年　1651）十一月四日—翌年三月？

出使事由：謝恩兼陳奏行

出使成員：正使麟坪大君李㴭、副使禮曹參判俞㯙、書狀官軍資正李光載等

出使時間：孝宗四年（順治十年　1653）正月二十八日—六月二十三日

出使事由：問安行

出使成員：正使麟坪大君李㴭、書狀官校理沈世鼎等

出使時間：孝宗五年（順治十一年　1654）八月三日—八月二十六日（未出國自平壤返）

出使事由：進賀謝恩兼冬至等三節年貢行

出使成員：正使麟坪大君李㴭、副使禮曹參判李一相、書狀官校理沈世鼎等

出使時間：孝宗五年（順治十一年　1654）十月二十九日—翌年三月十二日

出使事由：謝恩行（《燕途紀行》記載爲陳奏行）

出使成員：正使麟坪大君李㴭、副使右參贊金南重、書狀官司憲府掌
　　　　　令鄭麟卿等
出使時間：孝宗七年（順治十三年　1656）八月三日—十二月十六日
出使事由：謝恩行
出使成員：正使麟坪大君李㴭、進賀謝恩兼陳奏行正使右議政尹斗
　　　　　杓、副使右參贊嚴鼎耈、書狀官司成權大運等
出使時間：孝宗八年（順治十四年　1657）三月—十月二十五日

　　麟坪大君李㴭（1623—1658），字用涵，號松溪，全州人。仁祖第三子，孝宗弟。自幼與孝宗兄弟篤好，孝友天成。方齔齡，封麟坪大君。八歲，受《孝經》與經史諸書。昭顯世子入瀋陽爲質，仁祖違豫，遂替質瀋館。自後遂往返遼薊，王事鞅掌，年年北征，長途頓撼，多傷水土，榮衛致損，病根深痼，壯年而卒。謚忠敏。尋以犯璿源宗系之諱，改以忠敬。有《松溪集》八卷傳世。事見《松溪集》卷八孝宗《祭文》、李景奭《神道碑銘》、《仁祖實錄》、《孝宗實錄》等。

　　案朝鮮王朝數百年間，若論出使次數最多之使臣，則非麟坪大君李㴭莫屬也。考李㴭屢度出使清朝，蓋有三因：一則當時清廷，必以王親出使，方爲稱意。若此次出使，本已差李時白爲正使矣，而以延接都監啓鄭命壽言"謝恩使必以國王至親差遣，以示國王不能親朝之意"，故改命以麟坪大君㴭差遣。① 而李㴭此《狀啓》亦稱順治帝謂，朝鮮"朝臣不良，每每誤事，此甚非矣。自今以後，大君一年一度入來，則在我無疑阻之事，其在本國臣民不良之輩，亦有畏戢之心矣"②。其二，李㴭曾爲質子，與清朝皇室與重臣，多爲舊識，凡出使諸事，頗便交接處置也。其三，則因孝宗護惜其弟，借燕行爲其謀致富之窟也。如孝宗八年，有大臣奏市巷流傳之說，則以爲"殿下欲其富之以彼中賜與之物云"③。

　　案李㴭之往中國，前爲質子，後爲使臣。而爲質子時，又前次在漢城被清兵強擄後送回，後次爲交換質子，前往瀋陽。其爲使臣時，出使之地

①《孝宗實錄》卷7，孝宗二年（順治八年　1651）十月十八日壬戌條。
②李㴭《松溪集》卷4《到沙河驛狀啓》，《韓國文集叢刊續》，035/244。
③《孝宗實錄》卷19，孝宗八年（順治十四年　1657）八月十六日丙戌條。

點,亦前爲瀋陽,後至北京,凡往返中土達十二次之多,一度至平壤,未過江而罷。仁祖十四年(明崇禎九年 清崇德元年 1636),清兵攻至漢城,陷江華島,俘虜王妃、王子、宗室等七十六人,後因王世子及嬪宮、鳳林大君及夫人在敵陣中,故以麟坪大君及夫人,還送於京中,是爲李㴭第一次爲質也。此後朝鮮世子李澂長質瀋陽,另一質子則由鳳林大君與麟坪大君交相爲替。仁祖十八年(1640)正月二十日,遣麟坪大君往瀋陽,仁祖以其多病,勢難獨往,命挈眷以去,翌年正月初十日返國,此爲第一次入瀋陽,第二次爲質也;二十年,清兵松錦大捷,五月二十二日,仁祖遣李㴭爲進賀兼陳奏使、率副使判尹卞三近、書狀官禮曹正郎洪處亮等出使瀋陽,且奏和戰不敢議,於八月十八日返國;二十一年八月,清太宗皇太極駕崩,李㴭爲陳慰兼進香使、率副使知敦寧府事韓仁及、書狀官舍人沈東龜等,於九月十九日出發如瀋陽,且留瀋爲質,翌年秋返國;二十三年(順治二年 1645),清廷定都北京,三月十七日,李㴭爲進賀兼謝恩使,率副使刑曹判書鄭世規、書狀官執義成以性等如北京,賀建國並爲遣歸世子、減歲幣三節貢額、允許起用斥和臣等事謝恩,時聞昭顯世子之喪,清廷却貢物,許令倍道速歸,閏季夏歸王京;二十五年二月,清廷派查勘使戶部啓心郎布丹等,齎敕猝至王京,詰責朝鮮國王所遣入中國官員、進貢禮物等,多有疏玩。又行查事,令梟示越境邊民,免死論罪其邊臣。朝鮮初以李㴭爲謝恩使,戶曹判書元斗杓爲副使,後改副使爲兵曹參知朴遾、書狀官應教金振。此行將歲幣中大米九百石、木綿二千一百匹、綿紬二百匹、弓角二百桶、順刀十柄、胡椒十斗及方物中,黑細麻布代白細苧布,特爲永減。鮮米極貴,故仍存百石,其七十石以粘米代送。而催納樺鐵、樺皮三萬張、鐵三萬斤,此則不可減數。一行於四月初三日出發,十月五日返京;二十七年五月,仁祖崩逝,清廷遣禮部啓心郎渥赫等入王京弔祭。孝宗元年(順治七年 1650)六月初九日,朝鮮派謝恩使李㴭、副使右參贊林墰、書狀官軍器正李弘淵等前往北京,謝祭謚兼謝倭情徑奏貢布請緩敕、謝攝政王婚事敕等,九月二十九日還朝。同月,清廷遣使齎敕責朝鮮假借防倭,實欲修城集兵事。李㴭返京甫一月,孝宗又召還陳奏使李時白等,以李㴭代之,爲謝恩進賀陳奏兼冬至等三節年貢行正使,率副使右參贊李基祚、書狀官舍人鄭知和等赴北京,賀攝政王母祔廟,辨明倭情等事,十一月二日出發,翌年三月九日返京;二年十一月初四日,李㴭復爲進賀謝恩兼冬至等三節年貢行正使,率副使右參贊黃㦿、書狀官執義權堣等赴清,賀册立皇后,賀皇太后加上尊號,兼賀冬至、元旦、萬壽聖節等;三年十二月,因鮮人屢有越境采參之事,清使帶查獲朝鮮越境民人,至漢城與國王會同審訊,按等差論罪。孝宗差李㴭爲謝恩兼陳奏使,率副使禮曹參判俞㰌、書狀官軍資正李光載等,於翌年正月二十八日赴北京,奉表謝查審犯越敕,並奏犯人擬律事,清帝令改鑄滿漢文國王印章賜之,六月二十三日一行回國;五年八月三日,時聞順治帝將東巡瀋陽,孝宗以李㴭爲問安使,與書狀官校理沈世鼎等赴瀋陽問安,行到平壤,聞清帝寢瀋陽之行,遂於八月二十六日自平壤撤還,實半途而歸,未渡鴨綠江者也;同年十月二十九日,李㴭又爲進賀謝恩兼冬至等三節年貢行正使,諧副使禮曹參判李一相、書狀官校理沈世鼎等赴北京,賀册封皇后,並賀冬至、元旦、萬壽聖節等,於六年三月十二日返京;七年八月三日,李㴭復爲謝恩使(《燕途紀行》上記載爲陳奏使),率副使右參贊金南重、書狀官掌令鄭麟卿赴北京,謝再按查官敕,謝出送義順公主敕等,並奏所查官擬律事,十二月十六日還朝;八年三月,以焇磺犯禁謝罪事,爲謝恩使,偕進賀謝恩兼陳奏行正使右議政尹斗杓、副使右參贊嚴鼎耇、書狀官司成權大運一行,鱗次赴燕,三伏在途,八旬留館,孟冬始歸,此爲李㴭最後一次出使耳。

　　孝宗九年(1658)五月,李㴭病逝,年尚不及四十,亦可謂鞠躬盡瘁、死於國事也。李氏自敘其一生遭際,"替質遼陽,年甫弱冠,去國悲懷,瀋水俱深,於是或奔走於戎馬,或辛苦於楚囚,寂寂蠻館,與愁爲鄰。空抱蘇武之節旄,日望上林之歸雁"。而自清廷定鼎燕京後,則又"武關之質縱解,星槎之行尚繁。夏令炎熱,冬日霜雪,行役艱苦,殆非血肉所堪。……半生他鄉,風餐露宿,積痾纏身,而王事鞅掌,年年北征,賦命奇舋,胡至於斯耶?""屈指細思,自庚徂丙,北渡鴨水十有一矣,廿年征役……"①此殆爲實錄矣。

---

① 李㴭《松溪集》卷5《燕途紀行上》,《燕行録全集》,022/019—021。

案仁宗嫡子中,長子昭顯世子,次子即孝宗,李滳爲三子,三人皆爲質於清室。孝宗於麟坪大君,粤自稚少,年紀不遠,同隊嬉戲,友恭之義備至,寢息同處,未嘗暫離,友愛篤至,所言皆從。麟坪大君出入禁中,如家人禮,早入晚出,日以爲常。其爲使臣也,孝宗特送中使護行。而其出使,私貿甚多,所率人員,時多濫雜,屢遭彈劾。其在王京,亦奢侈貪縱,其子楨、柟等,罔無國法,孝宗亦多宥之。稱"不能教弟之失,予自當之","且每歲千里燕山之行,非其任,而不憚層冰火雲,獨自勞苦,故予憐而許之"。① 且親命爲其構亭於漢水之上,奢華宏麗,時罕能比。及其久病,孝宗憂慮倍切,食息靡寧,比及疾篤,趣駕而行,卒後,乃以家人禮臨喪。蓋棺之日,又一慟而永訣,前後三臨,亦前代所無也。其御撰《祭文》稱"嗚呼!世間誰無父母兄弟,而豈有如吾兄弟之情愛乎!……嗚呼!國有難事,則汝必往焉,不憚勤勞,惟國是徇。常曰國事如此,何以生爲!不任其忠憤慷慨之志,每與北人言,不顧一身之利害,爭是非不撓,而其爲忠欸動人,彼不敢怵威而協迫,曲從汝意,此豈畏汝而然也,至誠所感而然也,誠所謂質鬼神而無愧也。雖蠻貊之邦,可行也。嗚呼!微汝之忠,庚寅之歲,股肱耆舊之禍,孰得以弭之,摧心殞迫之懷,孰得以解之。賢良是喪,國將何賴。《詩》云'公子維城',寔汝之謂也。予之所以痛悼之情,不能自已也"。"日月逾邁,而至痛難抑,形影相弔,有淚如瀉而已,予亦忽忽無樂乎世事,始知萬緣從此虛矣"。② 及其喪後,又念同氣之終鮮,益切悲感,憐弟之不得年,養其幼女於宮中,撫愛與翁主等。此兄之於弟,亦可謂至矣。

然愛之彌切,而害之彌深,麟坪之子楨、柟等,終至遭滅頂之災,亦實由孝宗兄弟所種禍階也。麟坪卒於孝宗朝,顯宗恕待楨、柟等,一如孝廟之待滳。士夫之嗜利無恥者,皆趨附之,顯宗知之,而不能禁也。至肅宗初,楨、柟與其舅吳挺昌及尹鑴、李元禎等謀逆,又與許積父子相合,而割一國之半,無非其私人者矣。麟坪父子爲一邊人宗主,歷四朝四十年而始敗。《傳》曰:"臣弒其君,子弒其父,非一朝一夕之故,所由來者漸矣。"嗚

---

①《孝宗實錄》卷9,孝宗三年(順治九年 1652)十月六日甲辰條。
②李滳《松溪集》卷8《孝廟御製祭文(戊戌)》,《韓國文集叢刊續》,035/306—307。

呼！信哉。柟等逆謀發覺，肅宗止誅渠魁，赦其黨與，咸與維新，豈非古人所謂凶徒逆儔，涵泳天休，死生堪羞者歟？

案李㵖《松溪集》八卷，爲其玄孫鎭翼據㵖自編本整理，受英祖命於英祖五十年（1774）以校書館芸閣活字刊行，純祖二十五年（1825）追刻正祖御祭文等補刊，《韓國文集叢刊續》據奎章閣藏本影印。凡詩三卷、文一卷、《燕途紀行》三卷、《附録》一卷。

此稿輯自李㵖《松溪集》卷一至卷三，李氏一生，使臣幾爲其專職，故三卷詩中，除若天聖、金剛之行有詩外，餘皆燕行之詩近四百首，可謂夥矣。集前有李㵖自序，稱"自弱冠留心吟詠，撚髭一癖，欲罷不能，久而至於卷軸之稍多，才調下固不敢擬議於古，所謂得其正能見採者，而亦不可不謂之性情之發也"①。其一生頗具傳奇，十年南冠，常與愁鄰，燕遼星槎，冬寒夏暑，又復與諸學士偕，長途遣興，多所酬唱。卷一凡收孝宗與李㵖詩各七十餘首，兩人聯句一首，李㵖詩在前，孝宗詩在後抬一格刻，此卷幾爲二人之酬唱專卷也。李㵖每度出使返國，孝宗即遣人持詩劄與御醖待之，或柵門，或龍灣，故㵖詩謂"使節初從萬里迴，忽擎仙什喜難裁"②。亦可見孝宗之寵貴其弟，而兄弟關係，怡融如乳也。

又卷二有燕行詩近二百首，卷三百餘首，則或爲在瀋館，或爲歷次赴燕途中與朴遾、金振、韓仁及、黄㦿、俞櫶、李一相、金南重等唱和之作，其中以與黄、李二氏唱酬之作爲最夥焉。其卷三末《孟夏聖上親幸問疾感祝書懷奉進》，則蓋爲絶筆也。李景奭謂其"長律短章，造次立就，不事劌鉥，而自成諧叶，篇什甚多，奎藻及公所攀和，凈寫行卷，奉玩而尊閣之"③。今觀其詩，多規模杜詩，以七律見長，其以至親貴介，地尊禮絶，宜無與於國事，而不幸值時艱危，不能寧處優逸，一生屈辱奔波，身同楚囚，家國興亡，新仇舊怨，一托之以詩，故多憤慨悲懷之語，少流麗婉轉之言也。唯《燕京八景》等詩，稍涉叙景，少寄興亡感慨耳。

---

①李㵖《燕行詩》自序，《燕行録全集》，021/347。
②李㵖《松溪集》卷1《碧蹄館仰和春宫書贈》，《韓國文集叢刊續》，035/188。
③李㵖《松溪集》卷8 李景奭《神道碑銘》，《韓國文集叢刊續》，035/312—313。

0251-1640/1647

金自珍等《赴瀋時親知諸公贈別詩》(《豐壤趙氏文集叢書》第 6 輯《後浦遺稿》 縮印本)

出使事由：陪從行
出使成員：世子侍講院司書金自珍等
出使時間：仁祖十八年(崇德五年　1640)秋—二十五年(1647)五月五日(瀋陽)

案金自珍，即金南重，有《北行酬唱》(0241—1637)，已著錄。

趙全素(1601—1645)，字子玄，號後浦，豐壤人。仁祖四年(1626)文科及第，以命官考官子孫參榜之嫌，罷榜。十七年，復以丙科第二人及第。官兵曹佐郎、行世子侍講院司書，陪從昭顯世子於瀋館，三年後回國。爲司諫院正言、司憲府持平、兵曹正郎、世子侍講院弼善等。以患痘猝逝。有《後浦遺稿》二卷存世。事見《後浦遺稿》卷二《年譜略》等。

趙全素《後浦遺稿》卷二《年譜略》載，全素於仁祖十八年(1640)秋，以世子侍講院司書，陪從昭顯世子於瀋館。"初赴即庚辰，再赴辛巳秋。家庭傳語云，初赴即春官入番也，再赴私行也。而未忘世子、大君眷顧之恩，齎銀往謁也。"①辛巳再入瀋，遲至二十年五月初五日方還朝也。

《後浦遺稿》二卷，爲趙氏家傳舊稿，於 1939 年由其東谷派宗中主持刊行，《豐壤趙氏文集叢書》第六輯據是本縮印。凡詩文各一卷，末有《附錄》。據《年譜稿》稱"瀋館往來《日記》，亦不傳於家"②，然則趙氏當時尚有日記也。今其集中，即其詩亦無瀋館時所作，惟卷二末附錄有《赴瀋時親知諸公贈別詩》，凡收申參判(白雲山人)、金自珍、趙重呂、李天基、洪錫箕、李一相、俞榮等十一人凡十八首贐行詩。全素以世子侍講院弼善隨行，故贈詩有"侍講春闈須正士，簡求朝列擢清流"之語③。時朝鮮新敗，

---

① 趙全素《後浦遺稿》卷 2《年譜略》注，《豐壤趙氏文集叢書》第 6 輯第 75 頁。
② 趙全素《後浦遺稿》卷 2《年譜略》注，《豐壤趙氏文集叢書》第 6 輯第 75 頁。
③ 趙全素《後浦遺稿》卷 2 無悶《奉送趙司書子玄赴瀋陽》其一，《豐壤趙氏文集叢書》，006/074。

世子、大君出質瀋陽,喪亂初定,士氣低靡,故諸家送行之詩,亦爲悲切憂憤所籠罩,所謂"此行何怱怱,此別何惻惻"①,"痛哭西郊不盡淚,送君今日更汍瀾"②,"嗟今鶴馭爲秦質,尚滯烏蠻泣楚囚"③。悲慟沉鬱,低昂徘徊,讀之令人動容歎惋而不能已矣。

0252-1640
尹順之《瀋行録》(《叢刊》第 94 册《涬溟齋詩集》 刻本)

出使事由:問安行
出使成員:問安使左副承旨尹順之等
出使時間:仁祖十八年(清崇德五年 1640)九月三日—十一月十九日?(瀋陽)

　　尹順之(1591—1666),字樂天,號涬溟,海平人。尹暄子。濡染家庭,詞藝夙成。顧不事交遊,世鮮有知之者。申欽與之酬唱,賞譽甚至,自此名聲大振。仁祖朝,爲司諫院正言、司憲府大司憲、承政院都承旨、京畿道觀察使等。孝宗時,爲司憲府大司憲兼藝文館大提學、開城留守、兵曹參判等。顯宗朝,官至工曹判書、議政府左參贊等。有《涬溟齋詩集》五卷《續集》一卷傳世。事見、尹淳《白下集》卷六《涬溟公墓表》、朴世采《題涬溟齋詩卷後》與仁祖、孝宗、顯宗《實録》等。
　　尹順之《涬溟齋詩集》五卷《續集》一卷,大致以編年排纂,爲其子尹塼據家藏草稿蒐集,於肅宗十八年(1692),由朴世采删定,再經從曾孫尹淳編次,曾孫尹沆於英祖元年(1725)刊行,《韓國文集叢刊》據延世大學校中央圖書館藏本影印。前有朴世采跋,末有尹淳識語。
　　清崇德五年(1640)七月,皇太極因病幸安山温泉,九月還宫。朝鮮

---

①趙全素《後浦遺稿》卷 2 洪錫箕《奉送趙司書子玄瀋陽之行》,《豐壤趙氏文集叢書》,006/073。
②趙全素《後浦遺稿》卷 2 子琢《送趙司書子玄瀋陽之行》,《豐壤趙氏文集叢書》,006/073。
③趙全素《後浦遺稿》卷 2 無悶《奉送趙司書子玄赴瀋陽》其一,《豐壤趙氏文集叢書》,006/074。

仁祖遣左副承旨尹順之問安於瀋陽，以皇太極出浴溫井而還故也。尹氏行前啓請"凡干節目，一依廟堂磨勘。軍官一員，將爲自望，而臣無他相知可合之人，哨官尹全之，曾熟此路，請以軍官帶去。且承旨奉行，則本院書吏一員例爲率去"。仁祖允可帶尹全之去，而書吏勿爲帶去，以除夫馬之弊。① 一行於九月初三日發王京，到瀋陽後，禮部滿月介等傳帝命曰："使臣冒寒疾馳，來候沐浴起居，國王之誠敬可嘉，而亦可謂知禮矣。帝自沐浴以後，風邪盡去，强健倍前，喜慶之報，不可不歸告國王。"②

今尹順之《涬溟齋詩集》卷二，收有《在瀋城紀感》《出瀋城》《遼陽道中三首》《瀋館夜坐紀懷》等十餘首詩，卽尹氏此次入瀋時所作也。據權世采言，其刪定順之詩，尊其本志，十僅取一二，入瀋途中詩作如此之少，蓋多刪削之故也。今以《瀋行錄》爲名而收錄焉。時朝鮮臣服清廷，君臣備受凌辱，故尹氏入瀋陽，所抱之志則所謂"漢家蘇武節，秦日魯連心"者也③。而其所詠，如"宇宙十年人事變，世間翻覆海茫茫"，"惆悵堯封無處覓，驛亭終日聽胡笳"等，④無非悲歡低迴、握腕恨恨之辭矣。

0253-1641
李景嚴【原題李景稷】《赴瀋日記（辛巳赴瀋錄）》（《全集》第15册　鈔本）

　　出使事由：聖節冬至兼年貢行
　　出使成員：正使右參贊尹斗杓、副使判尹李景嚴、書狀官禮曹正郎郭聖龜等
　　出使時間：仁祖十九年（崇德六年　1641）九月二十一日—十一月二十六日

　　李景嚴（1579—1652），字子陵，號石門，一號玄磯，延安人。好閔子。

---
①《承政院日記》卷75，仁祖十八年（清崇德五年　1640）八月二十日條。
②《仁祖實錄》卷41，仁祖十八年（清崇德五年　明崇禎十三年　1640）十月七日甲寅條。
③尹順之《涬溟齋詩集》卷2《沈館夜坐紀懷》，《韓國文集叢刊》，094/495。
④尹順之《涬溟齋詩集》卷2《遼陽道中三首》其一、其三，《韓國文集叢刊》，094/495。

襲延川君。仁祖朝,官白川郡守、司饔院正等。孝宗即位,上請行大宣惠之法,爲漢城府判尹等。事見其《赴瀋日記》與《仁祖實録》《孝宗實録》《承政院日記》等。

案《燕行録全集》編纂者以是書作者爲李景稷(1577—1640),大誤。景稷,字尚古,號石門,全州人。於仁祖十八年七月十九日,卒於户曹判書任①,恰爲此次出使之前一年也。考仁祖、孝宗《實録》仁祖二十五年、孝宗元年皆有"延川君李景嚴",則此"景稷"必"景嚴"之誤也。因此書述及正、副使、書狀官等人名時,述己名依例只書"延川君李□□",諱而不書,故編纂者遂以爲李景稷矣。蓋因二人姓名相近,又皆號石門,故致誤耳。

案是稿末有跋語數句,稱"我祖延川君",則爲李景嚴後裔,因不著年代,故不知何年所跋,因其字體與書内相同,故此當爲其所鈔也。全書封面題"赴瀋日記",所記則可别之爲二:其一爲"辛巳赴瀋録",下逐一備載正副使、書狀與一行員役譯官、通事、軍官、奴等,共計二十三人之官職、姓名等。後爲節使方物、中宫方物、冬至方物、太子方物、歲幣物目、元盤纏、别盤纏、一行衣資、國王賜物、清國頒賞物等名單。其一則爲"西行日記"也。清崇德二年,清兵侵朝鮮,圍漢城,國王李倧出降。是年,定貢道,由鳳凰城,朝鮮使臣朝瀋陽。故李景嚴所記,即《赴瀋日記》矣,所記較爲簡略。此事不載《朝鮮王朝實録》者,蓋因當時與明朝尚有往來,故諱之者也。據《使行録》,則爲仁祖十九年(崇德六年 1641)聖節冬至兼年貢行,正使右參贊尹斗杓、副使判尹李景嚴、書狀官禮曹正郎郭聖龜等。又《昭顯瀋陽日記》亦載一行到瀋之事。自九月二十一日發京,十月十一日越江,二十一日到瀋陽,十一月二十六日返王京覆命,前後凡六十五日,行三千四百五十五里。時朝鮮世子李澄長居瀋陽,鳳林大君李淏亦在質,故李氏諸人除貢方物之外,亦探視質子及從附朝鮮諸官焉。

時逢清太宗所寵宸妃薨,李氏諸人得觀其喪儀,目見道場靡費至於二萬餘兩,而盡入灰燼中,故斥其"傷財刻民,豈王者之道乎"②。又離瀋之

---

①《仁祖實録》卷41,仁祖十八年(崇禎十三年 1640)七月十九日戊戌條。
②李景嚴【原題李景稷】《赴瀋日記》,《燕行録全集》,015/430。

日,"唯以脱鬼門關爲幸快,若開天世界耳"①。此亦可見當時朝鮮君臣之仇視清廷如讎敵焉。又叙其在返國途中,在連山關"路逢運糧差使員獜山僉使領去運糧卜駄多至五百五十駄,又見生幹青竹領去禁軍亦數十駄,我國民力,至此盡矣,令人惋傷,只付長吁而已"②。時明朝已失錦州,清兵正與明軍酣戰於松山諸地,資糧軍需,甚爲繁劇,故搜刮朝鮮,亦可謂苛重矣。

0254—1641/1642
李景奭《西出錄》(《叢刊》第95册《白軒集》 活字本)

出使事由:陪從行
出使成員:世子貳師李景奭等
出使時間:仁祖十九年(崇德六年 1641)秋—翌年冬(數度往還瀋陽)

李景奭(1595—1671),字尚輔,號白軒,全州人。朝鮮宗室。少從趙纘韓,學古文。仁祖元年(天啓三年 1623)中丙科第五名。"丁卯胡亂"間,扈駕有功,官至大提學、吏曹參議。數度入瀋陽,謀出大臣質子等事。後官至吏曹判書、司憲府大司憲、議政府右議政等。孝宗朝,爲領議政、領敦寧府事。顯宗時,任領中樞府事等。景奭容貌秀偉,天資仁恕,早負文望,立朝清素。以三朝大臣,恩禮終始不替,至被几杖優老之典。有《白軒集》五十三卷《附錄》三卷行世。事見《白軒集》卷末附《年譜》三卷、朴世堂《西溪集》卷一二《李公神道碑銘》與《仁祖實錄》《孝宗實錄》《顯宗實錄》等。

李景奭《白軒集》五十三卷《附錄》三卷,爲其子羽成等據家藏稿收集,由崔錫鼎删定,其孫真養於肅宗二十六年(1700)以鐵活字刊行,《韓國文集叢刊》以奎章閣藏本爲據影印,《燕行錄全集》爲同一版本。書末有申琓跋。凡詩總一千八百三十二首(詞附),文五百二十七篇,計二千

---

①李景嚴【原題李景稷】《赴瀋日記》,《燕行錄全集》,015/432。
②李景嚴【原題李景稷】《赴瀋日記》,《燕行錄全集》,015/433。

三百六十八篇，前十四卷爲詩，卷中又以《收聚》《嶺南》《從戎》《燕行》《西塞》《海上》《南征》《追拾》等爲小集二十餘種。《附錄》三卷，則爲其《年譜》也。在朝鮮朝文士中，李氏可謂著述豐碩者矣。

《西出錄》二卷，見李景奭《白軒集》卷五至卷六，凡錄詩一百五十餘首。仁祖十九年（明崇禎十四年　清崇德六年　1641）秋，李氏"以守貳師入瀋，留侍春宮"①。後金尚憲等人放歸，李氏仍被拘鎖於龍灣，不得自由。翌年春，再入瀋陽，往返者數，至冬乃還。其詩謂"東去西來七度遼，一年都向路中消"②，乃紀實也。與李氏前後同在瀋館者，若金尚憲、曹漢英、李一相、朴遼、金鎏等，或以世子隨官入瀋，或以質入瀋，或爲清廷械繫入瀋。諸人在館，多愁少歡，形同楚囚，感時傷景，如同夢魘，所謂"人之寄世，本一夢也"③。正所謂情在南冠而戚，詩到北梁而苦，處夫戚與苦之中，遂詩作酬唱，用以遣憂度日，復雜以調諧噂噠之作，可謂長歌當哭者也。

朴世堂謂李景奭"習《胡傳》，喜昌黎，愛杜詩，唯不讀《老》《莊》異端。少從趙纘韓受古文，詞源滂沛，操筆立就，絢爛濃豔，不作詭奇劌畫之辭"④。其詩哀怨傷悼，悲憂痛楚，然含蓄凝重，不爲激越敵忾之辭，蓋亦懼爲清人所察，而招立時之禍焉。

時世子在館，拒諫言，喜玩好，飾屋宇，景奭上書切諫，以爲質於敵國，正當臥薪嘗膽之時，磨礪精神之日，當味孟子"生於憂患而死於安樂"之語，拳拳服膺乎德之辨焉。畜德無他，惟在於學。進學之方，載諸經籍，自孔孟以下，程朱之辨說盡矣，而《論語》與《近思錄》，尤爲切己。時世子裝飾館所，或有某工某匠，往往招來，某物某品，時時貿入，至於無識之類，亦爲之慨惜。李氏勸其當從善言，親正直，絕玩好，息民怨。"但聞邸下之病，時未免乎從而不改，說而不繹，此古聖賢之所深憂者。若不痛加刮磨，

---

①李景奭《白軒集》卷5《西出錄上》小題注，《韓國文集叢刊》，095/433。
②李景奭《白軒集》卷6《西出錄下·東館書懷》，《韓國文集叢刊》，095/447。
③李景奭《白軒集》卷5《西出錄上·敬和石室復用夢見韻》，《韓國文集叢刊》，095/437—438。
④朴世堂《西溪先生集》卷12《李公神道碑銘》，《韓國文集叢刊》，134/253。

終必拒人於千里之外,臣竊悶焉。"①惜世子不從其諫,唯事奢靡,故來者之禍,已近眉睫。二月歸國,四月二十六日暴斃於宮中,年僅三十四歲而已矣。

0255—1643
李昭漢《瀋館錄》(《全集》第 19 册;《叢刊》第 101 册《玄洲集》;《叢書》第 2354 册 活字本)

出使事由:陪從行
出使成員:世子右副賓客李昭漢等
出使時間:仁祖二十一年(崇德八年 1643)初春—翌年二月(瀋陽)

李昭漢(1598—1645),字道章,號玄洲,延安人。廷龜子。聰明英粹,氣宇峻潔。光海君十三年(1621),擢廷試文科第三名。仁祖反正,官至弘文館修撰、吏曹佐郎、忠原縣監、承政院承旨等。曾隨世子入瀋陽,爲世子右副賓客。返國後,爲刑曹參判等。有《玄洲集》七卷行世。事見李殷相《東里集》卷一四《先府君行狀》、《玄洲集》卷首宋時烈《神道碑銘》。

李昭漢《玄洲集》七卷,爲其子殷相蒐集編定,以活字本刊於顯宗十五年(1674),《韓國文集叢刊》據奎章閣藏本影印(然《韓國歷代文集叢書》本,與是本略有不同,《行狀》等附書末),《燕行錄全集》爲同一版本。凡詩五卷、應製錄一卷、雜著一卷。詩又以《東槎》《橋山》《晉陽》《僑寓》《瀋館》《謾吟》《放逐》《拾遺》等另爲小集。卷一《東槎錄》爲隨遠接使金北渚迎明朝天使姜曰廣、王夢尹之詩焉。

《瀋館錄》一卷,輯自李昭漢《玄洲集》卷三。仁祖二十一年(明崇禎十六年 清崇德八年 1643),李氏以承旨拜世子右副賓客,前往瀋陽,此即其時所作詩,共五十餘首。昭漢於去年十二月十二日受命,今年到瀋。八月十六日,曾持清國敕書,報"明朝自軍門洪承疇等全軍淪陷以來,精銳已盡,故我兵長驅,所向無敵。朕與王休戚相關,故宣捷音,以昭同樂之意云"②。

---

①李景奭《白軒集》卷 26《瀋館上世子書(辛巳貳師時)》,《韓國文集叢刊》,096/164。
②《仁祖實錄》卷 44,仁祖二十一年(明崇禎十六年 清崇德八年 1643)八月十六日丁丑條。

二十二年二月，隨世子返國。在瀋之時，孝宗李淏以鳳林大君爲質子，亦在東館，故李氏詩中，多與其唱和之作。在館無事，悶鬱度日，所謂"坐守西河館，非窮阮籍途"①。日惟送往迎來，迎使臣於館，送其還於混河之上，所謂"行人留守西河館，賓客陪回北瀋轅"者也②。而返國後兩年，昭漢即以癘疫，與其兄明漢，相繼而殁，人皆嗟惜云。

0256-1643
李奎老《甲申聞見事件》（《同文彙考補編》卷一《使臣別單一》 活字本）

出使事由：冬至兼年貢行
出使成員：正使議政府右贊成崔惠吉、副使判尹金守賢、書狀官禮曹佐郎李奎老等
出使時間：仁祖二十一年（崇德八年 1643）九月十六日—翌年二月？

李奎老，生卒籍貫不詳。仁祖朝，爲司憲府持平、司諫院正言，因事罷職。孝宗朝任海運判官、洪清都事、潭陽府使等。顯宗朝，任晉州牧使。事見《仁祖實錄》《顯宗實錄》《承政院日記》等。

此《聞見事件》共隸事七條，言林慶業事、南明在南京立福王事、昌黎縣昌黎廟事、皇帝受冬至賀禮事及關內外戰後諸景象等事。時清廷定北京，朝鮮昭顯世子將永歸本國，禮部與使臣商議是否陪行世子歸國，後議定陪行，使臣感謝。禮部尚書舉杯曰："觀明朝謄錄，則待使臣之禮，殊甚凉薄，俺等不以此待之，此酒乃皇帝所賜也。皇帝餞世子於武英殿，以具鞍馬、毛衣等物贐行。"③又記使臣沿途所見，關內直路，著處雕殘，關外城堡，泰半新集。人居疏密，往來頓殊。錦州以東，栅門以西，即無人處也；然自廣寧至新城，百有餘里，地高山峻，或有蒙古部落，乃清國之新設也；栅門內則人居稠密，處處成村，皆諸王農所云。此則清入關前後，遼東半島居民墾殖生息之諸般情狀焉。

---

①李昭漢《瀋館錄·奉寄謝恩使》，《燕行錄全集》，019/065。
②李昭漢《瀋館錄·瀋館辭清陰口占》，《燕行錄全集》，019/078。
③李奎老《甲申聞見事件》，《同文彙考補編》卷1《使臣別單一》，002/1564。

卷二八　0257—0269

仁祖二十三年(清世祖順治二年　1645)—
仁祖二十七年(順治六年　1649)

0257-1645

鄭世規《燕行日記(詔後錄)》(《燕行錄叢刊(增補版)》網絡本　鈔本)

出使事由：謝恩兼進賀登極行
出使成員：正使麟坪大君李㴭、副使刑曹判書鄭世規、書狀官弘文館修撰兼執義成以性等
出使時間：仁祖二十三年(順治二年　1645)三月十七日—閏六月十六日

鄭世規(1583—1661)，字君則，號東里，東萊人。左議政彥信孫。寬雅有局量，孝友出人，大爲儕輩所敬服。仁祖朝，進不由科第，棲遲州郡，爲和順縣監等。後得仁祖賞信，官至忠清道按察使、開城留守、工曹判書、刑曹判書等。孝宗時，爲戶曹判書、咸鏡道觀察使、吏曹判書、江華留守、議政府右參贊等。有《燕行日記》傳世。事見李瑞雨《松坡集》卷一七《鄭公行狀》、金履萬《鶴皋集》卷一〇《墓碑銘》與仁祖、孝宗《實錄》等。

案鄭世規此次入中國，爲謝恩兼進賀登極使行。謝恩者，謝清廷准允世子李㴭自北京東歸(是年二月十八日返至京城)；進賀登極者，賀順治皇帝登極也。正使麟坪大君李㴭、副使刑曹判書鄭世規、書狀官弘文館修撰兼執義成以性焉。

鄭氏此《燕行日記》，首記出使事由，及一行人馬。使行於三月十七日拜表發行，四月初十日渡江，五月二十一日抵北京，二十九日離發北京，閏六月初二日還渡江，十六日返王城覆命。日後爲雜記若干條，有道路、寺刹、衣服、飲食、錢貨、墳墓、畜物、偷盜、耕田、治圃、路程記、去時、回時

等項焉。

鄭氏此記,所可注意者爲其所記麟坪大君行役之奢侈與貪腐,多爲他家所不載。使行人員,正使員役以下二百九十一人、馬二百三十匹,副使、書狀員役以下五十六人、馬三十六匹。"大君獞馬十匹,橐馳二頭,唐狗二口,鷹子三連。請馬二十五匹,驅人二十五人。所謂請馬,鄭譯、大通官等所請云。李信儉自知馬三十五匹,驅人三十六人云。此兩事商賈輩冒稱,而不得禁。奈何!三行次下人多不能盡記,只書若而人:内醫書員廉可實,彈琴孫愛福,吹笛金國伊,長歌金善立,妳公任成國,陪奴李命男,啓書李興。"①而副使鄭世規所率下人僅十三人而已。且麟坪大君在去往北京入瀋陽途中,常送鄭氏生獐、野雉、蒸羊等,且奏琴歌,故可知所謂彈琴、吹笛、長歌之人,皆爲大君沿路玩賞故也。又帶駱駝、唐狗、鷹子,豈他人所敢爲耶?又去途經鳳凰城,"不由鳳凰城,便途取疾,其經者二十餘里,惟大君任意而行,其餘則不許云"②。此可知大君雖行役艱苦,然行路任意,所用奢侈,與在王城無二焉。

鄭世規等此行,麟坪大君率帶員役以下二百九十一人、馬二百三十匹,則商賈與所謂"請馬",皆爲其所屬,故鄭氏稱"不得禁"。一行四月初十日渡江,鄭氏稱"國法不嚴,私商之濫越者,多至數百餘駄,人皆爭渡,以至日暮,行次人馬亦未即渡,有司不能禁,極可寒心"③。抵北京後,大君另館入處,清廷來查禁物,尤其人蔘。大君館"使十餘獞卒搜括一行囊橐,商人譯輩喪膽遞魂,悜怛罔措,至有没數自納者。不忍見!不忍見!唯獨徐尚賢不齎一兩矣。又往玉河館,亦如是。所括者二百七十餘斤,被奪之人,相與泣涕,永失生道云。可憐!可憐!"④此又可知一行私貨之濫,而多爲大君所率帶公私商賈,又知其干冒國法,貪黷之夥焉。

又鄭氏此番往返,非雨即風,人馬俱困,行路艱難。往北京途中,至山海關,"風沙如霧,目不能開。苦哉!苦哉!"⑤返程至通遠堡,水深數丈,

---

①鄭世規《燕行日記(詔後録)》,《燕行録叢刊(增補版)》網絡本,第2頁。
②鄭世規《燕行日記(詔後録)》,《燕行録叢刊(增補版)》網絡本,第30頁。
③鄭世規《燕行日記(詔後録)》,《燕行録叢刊(增補版)》網絡本,第28頁。
④鄭世規《燕行日記(詔後録)》,《燕行録叢刊(增補版)》網絡本,第79頁。
⑤鄭世規《燕行日記(詔後録)》,《燕行録叢刊(增補版)》網絡本,第64頁。

不得渡,設帳幕與川邊路中,晚大雨如覆盆,以至帳幕沉水,顛倒失屨,移往高處。翌日曝曬一行添濕之物,"紅白交輝,亦一奇觀"①。鄭氏一路有病,時重時輕,返至國內,因病落後,閏六月十六日,方返王城覆命。可謂風雨交加,狼狽顛連矣。

0258-1645
成以性《燕行日記》(《全集》第 18 册　鉛印本;《叢刊續》第 26 册《溪西先生逸稿》　活字本)

　　成以性(1595—1664),字汝習,號溪西,昌寧人。仁祖五年(天啓七年　1627)登式年文科第。官司諫院正言、潭陽府使、昌原府使、江界府使等。在江界,除蔘税,凡京外持公案貿蔘者一切逐之,民皆鼓舞,賴以活之,有"關西活佛"之稱。會滿浦軍犯蔘禁,誣以性,竟配丹陽,後宥還卒。肅宗時,録爲清白吏。有《溪西逸稿》二卷傳世。事見《溪西逸稿》卷二權斗寅《行狀》、吴光運《墓碣銘》、成文夏《墓誌》、《仁祖實録》、《孝宗實録》等。

　　案成以性出使事由,詳參前鄭世規《燕行日記解題》(0257-1645)。

　　成以性《溪西逸稿》二卷,爲其八代孫鍾震收拾散佚編次,哲宗十四年(1863)以活字本刊行。凡詩文一卷,附録《行狀》《墓誌》與諸家輓詞等一卷。《韓國文集叢刊續》據延世大學中央圖書館藏本影印,與《燕行録全集》非同一版本。

　　成氏《燕行録》,在《溪西逸稿》卷一末,然文字並無異同。據鍾震《跋》稱,以性"平日不以文藝自居,鮮有述作,間因喪禍薦疊,亦復蕩失無傳。見今哀悴散逸於暗稿斷爛之餘者,詩有《海陽酬唱》四五首,此則十七歲時作也。其他輓誄又不滿十首,書有寒暄短簡三數幅而已"②。此可知其平生著述,存世者鮮焉。此《燕行日記》爲鉛印整理本,然其斷句訛誤極多,破句往往而有,幾不能卒讀,當以《韓國文集叢刊續》本校勘,方

---

①鄭世規《燕行日記(詔後録)》,《燕行録叢刊(增補版)》網絡本,第94頁。
②成以性《溪西逸稿》末附成鍾震跋,《韓國文集叢刊續》,026/116。

爲善本也。

　　成以性此行頗不順諧,其在途中,舊有腰病復發,症勢極重,不能屈伸,受針服藥。帶病至玉河館,則館宇煙燼之餘,可居者僅有五分之一。以行中盤纏,貿粟於市,而市價大落,二兩之銀,僅得兩行三十人一日之糧。① 成氏又感冒益深,失音頭疼,劑服華蓋散。② 其在館中,聞世子薨逝之音,一行上下,驚慟哭擗。返至通州,先是成氏得皮膚病,點如疥瘡,迅遍全身,兩手疤癢,流血而癢不止,隨即一行上下,莫不如此。至永平府,馬疲不能行,上下呻病者亦多,不得已留宿城中。其行途艱難如是。又後人謂以性"以副修撰充書狀官赴燕,歸橐蕭然無一物,副使鄭公世規甚敬重之"③。則以性乃尊規守制、嚴督一行之真書狀耳。然觀鄭世規《燕行日記》,則知一行中公私商賈,冒充濫多,蓋皆因麟坪大君之故,以性亦不能干涉故也。

0259-1646
李景奭《燕行錄》(《全集》第 18 冊;《叢刊》第 95 冊《白軒先生集》　刻本)

　　出使事由:謝恩兼陳奏行
　　出使成員:正使議政府右議政李景奭、副使議政府右贊成金堉、書狀
　　　　　　官成均館直講柳淰等
　　出使時間:仁祖二十四年(順治三年　1646)二月二十六日—六月
　　　　　　三日

　　案李景奭有《西出錄》(0254-1641),已著錄。
　　仁祖二十四年(順治三年　1646)二月二十六日,謝恩兼陳奏使右議政李景奭、副使議政府右贊成(護軍)金堉、書狀官成均館直講柳淰等入清,六月初三日返國。謝恩者,謝冊封世子,謝大君回還也。謝恩外,另陳

---

①成以性《燕行日記》,《燕行錄全集》,018/155。
②成以性《燕行日記》,《燕行錄全集》,018/155。
③成以性《溪西逸稿》卷 2 吳光運《墓碣銘》,《韓國文集叢刊續》,026/106。

奏所謂亡世子嬪姜氏謀逆被處死之真相也。其謂小邦不禄,變生宮掖,亡世子嬪姜氏,常憤其兄弟作罪遠竄,嘗到國王至近處,憑怒高聲,自此專廢問候,仍將兇穢之物,埋藏宮寢,多所現發。又錯毒常膳,使國王中毒發痛,幾至危境。至於侍女食其退膳,或狂或仆,國王亦經朔調治,僅而復蘇。又與其兄弟,潛圖易位,預造紅錦翟衣,僭稱內殿之號,兇謀實狀,一時發覺。其兄姜文星、文明等雖死刑訊,姜氏罪犯,亦難容護,姜氏廢出賜死等。

又其時李氏等在北京聞見,南方弘光皇帝遇害,明朝宗室唐王,即位於浙江,兵馬最盛,與福建聲勢相倚,又與流賊相通。又聞李自成,自中生亂,見殺於其下。又報告曾得湯若望所著《時憲曆》,並希圖秘密接觸若望,以求其法而不能得。清廷又以朝鮮林慶業煽惑離間,潛遣姦細,私通別國,及領舟師,故意推諉,致誤軍機。推問之時,尚不輸服,卸責於王,徑行脫逃,後與叛逆結黨,謀害本王,自知事洩,竄投明朝,罪惡多端。現將慶業,發與陪臣解回,由國王處理云云。

案是稿輯自李景奭《白軒先生集》卷七《詩稿·燕行錄》,共收詩三十餘首。李氏行旅遼東,睹物傷情,如在山海關詠"行人謾說當年盛,鼓角喧天猛士多"①。至北京,亦無賞景流連之情,悲歎"落日金臺一灑淚,烏蠻館裏白頭翁"②。其身在燕市,遐思"安得相逢慷慨士,令渠擊築與銜杯"③。所詠心緒難安,低迴哀怨,可當遺民詩讀也。

0260-1646
郭弘址《燕行日記【原題丙戌燕行記】》(《續集》第107冊　鈔本)

　　出使事由:冬至兼正朔聖節三節年貢行
　　出使成員:正使户曹參判呂爾載、副使行護軍崔有淵、書狀官禮曹正郎郭弘址等

---

①李景奭《白軒先生集》卷7《詩稿·燕行錄·山海關》,《韓國文集叢刊》,095/461。
②李景奭《白軒先生集》卷7《詩稿·燕行錄·玉河館書懷》,《韓國文集叢刊》,095/462。
③李景奭《白軒先生集》卷7《詩稿·燕行錄·燕京用副使韻》,《韓國文集叢刊》,095/462。

卷二八　郭弘址《燕行日記》　　465

出使時間：仁祖二十四年（順治三年　1646）十月十六日—翌年二月二十八日

郭弘址（1600—1656），字子久，玄風人。曹友仁婿。仁祖二年（1624）成進士。十三年，登文科別試。爲禮曹佐郎、全羅道都事。後出爲泰安郡守，陞昌原大都護府史。所在有治聲，得暴病而卒。文章簡高，聰明絶類，經學子史外，醫卜算數堪輿諸家，莫不傍通。有《太虛亭遺集》傳世。事見李元禎《歸巖先生文集》卷八《郭公墓碣銘》等。

《燕行日記》二卷，輯自郭弘址《太虛亭遺集》卷二。鈔本，前後鈔字不一，然皆疏朗精整。原書首頁第二行小題作"燕行日記上"，《燕行録續集》名其爲"丙戌燕行日記"，今刪其冗字，仍以原名著録焉。

仁祖二十四年（順治三年　1646），朝鮮遣冬至等三節年貢使正使户曹參判吕爾載、副使行護軍崔有淵、書狀官禮曹正郎郭弘址等入清。一行於十月十六日拜辭，十一月十一日渡江，十二月十四日入北京，翌年正月初九日發北京，至鳳凰城，因故見阻十日，一行糧資竭乏，驅人等至賣衣裾，猶不能繼饑。遲至二月初十日還渡江，二十八日入京覆命，三月初八日方抵家焉。

郭弘址一行，所經爲明代朝天貢道，遼東亂後於今，始見朝鮮使价，故所過村落，觀者如堵，間有被擄朝鮮女輩，走出迎問，佇立憮然，及至返程，或有以贖還之意傳於其家者，言甚感悲，聞之惻然。時朝鮮新降，明朝滅亡，燕行使中心憤鬱，故見祖大壽牌樓，斥其剃髪偷生，反面事仇，視此牌樓，其無泚類乎。至山海關，見長城巍巍，關門雄壯，然清兵直入，天下第一關門，竟如無人之境，可勝痛哉。又此行往返沿路，員役夫馬，或不時暴斃，或動輒見偷，使事不順，皆如此類矣。

朝鮮被迫事清，入貢北京。郭氏記此行卜馱甚詳，藉此可見清初貢入方物甚重，及沿路輸送方式。其在義州點檢一行人馬，共計歲幣一百十二馱，方物四十一馱，路費盤纏救急藥材二十三匹，尚方内局貿易八匹，驛馬三十六匹，開卜都卜杻籠帳幕三十匹，員役二十四名，私持馬三十一匹，驛子、厨子、奴子六十八名，灣上軍官二名，私持馬騎馬并四匹，軍糧十七馱。本府授牌雇馬運餉灣上軍官，路資銀價及衙驛員役，灣上軍官厨子等雜私持馬九十九匹。合馬四百一匹,員役以下至驅人合四百五十四名,可謂盛如軍隊出征焉。① 行至狼子山,計數歲幣木綿各色共七千一百匹,整頓載持夫馬六十六匹,分付譯官朴根厚、孫得立偕博氏領納於瀋陽。至牛家莊,清人韓甫龍與瀋陽差人二名,北京外郎一人,果來收聚遼陽、海、蓋等付近諸處車子,計載方物歲幣,每一車載一馱,合八十一車,金銀表咨補布仍載本馬,而路費盤纏尚方局貿易杻籠帳幕都卜並卜驛馬並九十九匹,灣上軍官糧馬十七匹,員役私持馬四十六匹,仍爲帶去,其餘盡數返國。至撫寧,交遞幣車。在玉田,幣車之牛遞載以騾,大車駕十騾,載十五六馱,小車駕七八騾,載十二三馱云。② 此爲清初朝鮮使臣卜馱規模及在遼東半島輸送之方也。

其在玉河館,納歲幣於户部,以品劣量差,退還館中。謂皆益山、全州紙,大小長短不齊;紬匹參差,染色不鮮。又謂品色之粗下姑置之勿論,只使長短闊狹如一,則猶可也。而朝鮮户曹堂上即廳置之尋常下吏,又從用手於其間,苟充塞責,因循至此,此不過立約之後,歲月寖久,漸無敬心,且以爲遠入北京,將於我何哉而然也。然上國之爲此者,本爲其禮,非爲其物,今若退送,則必以大國爲愛於物,故今姑還捧,而末稍必不得全無事,第使臣歸國,以此意從實啓達可也。使臣言朝鮮兩南乃紙地所產之地,而連歲凶歉,今年又有土賊之變,各官物力板蕩,雖欲盡心而不能如一,然終不爲聽焉。③

又因清與朝鮮約定,朝鮮遣使,謝恩使則以三公差送,節使則以六曹判書差送。今此使臣,曾不聞名之人,顯係違約。譯官答以今行上使吕爾載乃議政府贊成,高於判書;副使崔有源則漢城府判尹,與判書同品,不爲違約。則又責以既非前任,亦非時任判書,官雖高,非初約矣。種種吹求,不一而足,此則清廷定鼎中原初期,雙方關係之糾葛如是也。

又此行所帶,因九王(多爾袞)別請,尚有獵狗七隻,從義州尾來,又可知清初之與朝鮮,予取予求,無所不求,無物不索之情狀矣。

---

① 郭弘址《燕行日記【原題丙戌燕行日記】》,《燕行錄續集》,107/435—436。
② 郭弘址《燕行日記【原題丙戌燕行日記】》,《燕行錄續集》,107/460—461。
③ 郭弘址《燕行日記【原題丙戌燕行日記】》,《燕行錄續集》,107/471。

0261-1647
洪柱元《燕行録》(《續集》第108册;《叢刊續》第30册《無何堂遺稿》鈔本)

　　出使事由：謝恩兼冬至行
　　出使成員：正使永安尉洪柱元、副使漢城府判尹閔聖徽、書狀官司憲府執義李時萬等
　　出使時間：仁祖二十五年(順治四年　1647)十一月一日—翌年二月二十七日
　　出使事由：告訃請謚請承襲行
　　出使成員：正使永安尉洪柱元、副使工曹參判金鍊、書狀官判校洪瑱等
　　出使時間：孝宗即位年(順治六年　1649)六月十二日—十一月?
　　出使事由：謝恩行
　　出使成員：正使永安尉洪柱元、副使左參贊尹絳、書狀官司藝林葵等
　　出使時間：孝宗四年(順治十年　1653)閏七月二十七日—十二月?
　　出使事由：陳慰兼進香行
　　出使成員：正使永安尉洪柱元、副使户曹參判李正英、書狀官直講李東老等
　　出使時間：顯宗二年(順治十八年　1661)二月二十日—六月七日

　　洪柱元(1606—1672)，字建中，號無何堂，豐山人。洪履祥孫，李廷龜外孫。有文華，喜賓客，遍交一時名流。爲仁穆王后女貞明公主駙馬，封永安尉。仁祖荷眷尤厚，大興土木，拔人牆砌，第宅過制，奢泰無度，諫臣彈駁，仁祖皆曲爲回護。曾四度出使清朝。卒謚文懿。有《無何堂遺稿》存世。事見金恒壽《文谷集》卷一九《洪公墓誌銘》、宋時烈《宋子大全》卷一六三《神道碑》與仁祖、孝宗、顯宗諸朝《實録》等。

　　案洪柱元一生，凡四度出使燕京。仁祖二十五年(順治四年1647)，清廷遣户部啓心郎秘書院學士布覺等爲進貢禮物内紅緑紬廣狹

不同,龍紋席比前甚狹事,捧到敕諭,將當該官吏決杖遠配,仍言凡使臣勿許假銜,中江開市務要誠實,貢米勿於鳳城,而直輸北京云。又禮部啓心郎烏黑等賫敕諭前來,特減年貢內紬布色木黑角順刀胡椒等物。然又督納樺皮三萬張、鐵三萬斤用作軍需。朝鮮遂遣謝恩兼冬至正使永安尉洪柱元、副使閔聖徽、書狀官李時萬等入清,謝迎敕違禮仍減年貢敕也。一行於十一月十一日拜辭,十二月二十五日抵北京,翌年正月十三日發北京,二月十三日還渡江,二十七日返王京覆命焉。二十年五月,仁祖崩逝。六月,朝鮮以洪柱元爲告訃請諡請承襲使、工曹參判金鍊爲副使、判校洪瑱爲書狀官赴京,告仁祖昇遐,並請諡、請册封世子李昊襲爵。孝宗四年(順治十年 1653)三月,清廷賜朝鮮國王改鑄之滿漢文國王印,原印爲滿文印章,由謝恩使麟坪大君李㴭等捧歸。閏七月末,孝宗遣洪柱元爲謝恩使、左參贊尹絳爲副使、司藝林葵爲書狀官赴燕,謝改頒漢清字印,且謝停查鮮人越境採參之使。顯宗二年(順治十八年 1661)正月,清朝先是傳皇后訃,朝鮮以洪柱元爲陳慰兼進香使正使、户曹參判李正英爲副使。繼而清順治帝訃亦至朝鮮,遂以柱元等兼差,後因備局啓辭,遂別差使行,以漢城府左尹沈之溟爲正使、禮曹參議李袗爲副使,差後喪進香使,而書狀官直講李東老,監察兩行焉。

　　案洪柱元《無何堂遺稿》七册,不分卷,爲其家藏草稿本,轉寫印寫本,前有宋時烈序。《韓國文集叢刊續》據奎章閣藏本影印。有缺字,有校語。是書與諸家不同者,爲其詩於卷中而分體裁,可謂別格。其四次燕行之詩,多達三百六十餘首,雖皆見第七册中,而又依五律、七律、五絶、七絶、長律及古體等之次而排,故相互重疊,難以分清前後,且其和詩,僅題"副使""書狀"之類,亦不辨爲前次後次也。

　　洪柱元四次往還燕薊,即其詩所謂"十五年間四此行,菁華凋盡鬢霜明"者①。然其詩前後所作,語意重複,句多類似,若《臘月二十五日入玉河館》《入北京》《到北京》三詩,分別爲三次出使時作,皆爲五律,而幾爲一首詩,唯首句及末二句略有更動耳。其三詩分別爲:"長程六十日,今日

---

①洪柱元《無何堂遺稿》第七册《坡山館記懷》,《韓國文集叢刊續》,030/542。

入朝陽。已識非吾土,還如返故鄉。歸期亦可卜,客意一何忙。古館重門掩,寥寥對短牆。"①"長程幾千里,今日入朝陽。亦識非吾地,還如返故鄉。歸期從可卜,客意一何忙。記得前宵夢,分明侍北堂。"②"離京五十日,今始入朝陽。亦識非吾土,還如返故鄉。歸期從可卜,客意一何忙。造次須忠信,艱辛屢備嘗。"③宋時烈謂柱元詩"聲韻瀏浣,而絶無珂馬春陌之氣象,句語贍蔚,而時有郊寒島瘦底意思"④。今觀其詩,前後鈔撮,鮮有新意,句凡語平,味同嚼蠟。時烈之語,顯係諛佞之辭矣。

0262-1647
李時萬《赴燕詩》(《續集》第 107 冊;《默全堂文集》 刻本)

　　李時萬(1601—1672),字錫汝,號默全堂,全州人。世宗大王別子寧海君瑭之七世孫。仁祖朝,爲司諫院正言、司憲府執義、司諫院司諫、承政院同副承旨等。孝宗朝,因事罷黜。顯宗朝,官至尚州牧使、鐵原府使等。仕途不順,屢有起躓。有《默全堂文集》傳世。事見尹東洙《敬庵先生遺稿》卷一〇《李公墓碣》與仁祖、孝宗、顯宗《實錄》等。

　　案李時萬出使事由,詳參前洪柱元《燕行録解題》(0261-1647)。

　　《赴燕詩》輯自李時萬《默全堂文集》卷一,即李氏此次出使時所作詩也。其日時行止,以雙行小字簡記之,間亦有數百千字之條。所作詩則繫當日之下,或一首,或數首,幾無日無詩,共二百餘首,爲日記詩集之變體。《燕行録續集》所收,至《趙同年吉仁春卿惠詩爲問次韻申請》,以下羨入四十餘頁,皆非燕行之詩也。

　　李氏詩作,平易順暢,不事奇幻,歡歌麗景者少,而低回悲吟者多。其來去沿路,皆明清交戰之地,若《次正使大凌河有感韻》《松山堡感懷作》等,所謂"昨日大凌河,今日松山堡。一過一回悲,泪灑荒原草"⑤。其在邦

---

① 洪柱元《無何堂遺稿》第七册《臘月二十五日入玉河館》,《韓國文集叢刊續》,030/533。
② 洪柱元《無何堂遺稿》第七册《入北京》,《韓國文集叢刊續》,030/535。
③ 洪柱元《無何堂遺稿》第七册《到北京》,《韓國文集叢刊續》,030/536。
④ 洪柱元《無何堂遺稿》宋時烈《無何堂文集序》,《韓國文集叢刊續》,030/303。
⑤ 李時萬《赴燕詩·松山堡感懷作》,《燕行録續集》,107/537。

均店,遇蒙古人行路,即刺"燕京誰說是中華,雜種如今作一家"①。其在通州,則又稱"文物猶思漢,山河已入元"②。及入北京,復謂"氈裘非復漢官儀,皇極門前鐵馬馳","誰知屈膝低顏地,盡是傷心慘目時"。③ 凡此之類,喝斥咒詈,滿紙皆是矣。

又臘月二十日,一行至沙河,副使閔聖徽(?—1647)以疾留治。二十七日,昇至玉河館中,三更時竟猝逝。清廷遣人夫四十名,自北京至朝鮮境護送喪柩。李氏哀悼詩謂"千里同來不同去,鴨江應咽暮濤聲","一別泉臺消息斷,不堪今日是生朝"。④ 時在臘盡年關,又逢閔氏生日,故李氏悲懷莫名,長歌當哭也。

0263-1648
李垶《燕行日記【原題戊子燕行日記】》(《續集》第108冊　殘稿本)

　　出使事由:冬至等三節年貢行
　　出使成員:正使議政府左贊成吳竣、副使禮曹參判金霱(《實錄》作巡)、書狀官禮曹正郎李垶等
　　出使時間:仁祖二十六年(順治五年　1648)十月二十五日—翌年二月二十一日

　　李垶(1594—1653),字華封,號梅軒,全州人。文藝夙就,然屢困公車。仁祖十三年(1635),始擢甲科。內而經兵曹正郎、司憲府持平。外而歷清道郡守。任寧邊、淳昌、蔚珍三邑,皆辭而不就。嘗以賀正書狀赴燕,專對不辱,治副价喪以誠,君子多之。涖官廉白,吏民刻碑思焉。事見元景夏《蒼霞集》卷八《李公墓碣銘》、《仁祖實錄》等。

　　仁祖二十六年(順治五年　1648),以左贊成吳竣爲冬至兼冬至等三節年貢正使,禮曹參判金霱爲副使,禮曹正郎李垶爲書狀官入清。一行於

---
①李時萬《赴燕詩·邦均店道中與蒙人先後作行書感》,《燕行錄續集》,107/550。
②李時萬《赴燕詩·留通州次正使韻》,《燕行錄續集》,107/556。
③李時萬《赴燕詩·追述北京所睹記以寫傷感之懷》,《燕行錄續集》107/559。
④李時萬《赴燕詩·自哭副使心緒慘然無意筆硯今始强賦以寓傷悼之懷》其二、其四,《燕行錄續集》,107/554—555。

十月二十五日拜辭,十一月十九日渡江,十二月二十一日抵北京,翌年正月十一日發北京,二月初七日還渡江,二十一日返京覆命焉。

李埨《燕行日記》,殘稿本,每隔一頁,其下頁右下前三行缺角,或缺七八字,或一二字不等。書用行草,間有漶滅,頁面墨黑,字多不清,天頭月日數字,亦湮不顯。間有詩作,附當日下。返程日記,則尤爲簡略。一行至新遼東城,見粉堞燦爛,居民豐盛,李氏因歎"此非人力所及,實開氣數之盛衰歟?"①可見此時遼東,迭經戰亂兵燹之後,民生已漸有復甦之迹焉。

李氏此行,使事順遂,然人多傷痛。其在途中,即患痰喘,病體屢弱,直至返國。在玉河館時,一行員役及從來下卒,輪回痰癰,或有痰喘呻吟者,或有中惡殊而復癒者,或有頭痛者,或有腹痛者,或有四肢不仁者,殆無無病之人。初意以爲萬里行役,筋力疲困,惱熱用事而然。後方知爲館中井水,水味甚惡而不和平,遂嚴飭下卒移汲玉河橋下之水,雖不潔淨,猶愈於館中之水也。而副使金霱,自臘月二十三日夕,重違寒痰,彌留未差,淹留至正月初五日病卒。清廷贈以棺價,又遣主客司,製文致祭,給擔夫送至鳳凰城,城將命再遞送至義州。喪柩返至安州,其子奔喪,攀號躄踴之狀,慘不忍見。又返程至沙河浦,副使驛子都卜刷馬夫平壤人金生,自北京得疾,連日驅馳,症勢漸危,終至殞命。一主一奴,死於王事,可謂慘憯矣。

又據《仁祖實錄》,此行遣日官宋仁龍,專爲學得曆法,而曆書私學,防禁至嚴,僅得一見湯若望,則略加口授,仍贈縷子草册十五卷、星圖十丈,使之歸究其理云。②

0264-1648
李怩然《戊子聞見事件》(《同文彙考補編》卷一《使臣別單一》 活字本)

出使事由:謝恩行

---

①李埨《燕行日記【原題戊子燕行日記】》,《燕行錄續集》,108/157。
②《仁祖實錄》卷50,仁祖二十七年(順治六年 1649)二月五日甲午條。

出使成員：正使議政府右議政李行遠、副使兵曹參判林墰、書狀官軍資正李愓然等

出使時間：仁祖二十六年（順治五年　1648）閏三月二十五日—是年秋

李愓然（1591—1663），字省吾，號同異，全州人。恭靖大王七世孫。仁祖五年（1627）成進士，翌年登第。爲司諫院正言、司憲府持平，出爲稷山縣監，再爲司憲府掌令。孝宗時，任刑曹參議、承政院承旨等。以孝行稱。事見宋時烈《宋子大全》卷一七七《李公墓碣銘》與仁祖、孝宗《實錄》等。

仁祖二十六年（順治五年　1648）初，清廷遣内翰林秘書院學士額哈等賫敕至朝鮮，諭向來奉使官員，國王禮敬太過，今後筵宴之時，拂椅席送杯箸儀節，俱不必行，只對坐舉杯，竟席而止。又聞大定、清川、臨津等江三處搭橋，人民勞苦。義州至王京，夜行火把，亦屬煩勞，併行停免。向來使臣宿碧蹄，次日方進王京，今後止在弘濟院住宿，次日清晨即進王京。所與使臣禮物，皆出自民間，誠恐擾費，先已減免，今復慮仍煩百姓，再行酌減，定爲條例云。閏三月二十五日，仁祖遣謝恩行正使右議政李行遠、副使兵曹參判林墰、書狀官軍資正李愓然等入燕，謝除敕行諸弊事。四月，李行遠行至義州病逝，仁祖命副使林墰代行其職，繼續前往。一行入京師，因無上使故，爲鄭命壽所詰，拘滯月餘，資糧俱乏，人馬多病傷者。

案此《聞見事件》兩條，稱有朝鮮京中貞陵洞黃姓兩般奴言，數年前要土長子及虎口王（豪格）出師南京，大不利。要土子死，虎口王今三月還，縊死獄中。又有假韃自稱尹判書輝妾子，江都陷没被擄爲清甲軍，從征南京，大敗而歸，生還者僅四五百名。清朝再興軍，凡十五歲以上皆抄出云。沿路所見及都中，"漢人與我人對，則撫其髡首，似有慚慨之色。人心大崩，專爲剃頭。且聞南京人聞剃頭之令，痛飲痛哭，或剃或不剃，人心靡定，從以殺戮云"①。清朝定鼎後，以漢人是否剃頭爲臣服之徵象，其南下沿途，因剃髮故，屢遇抵抗，觀李氏此説，亦可知其殘苛暴烈之狀矣。

---

①李愓然《戊子聞見事件》，《同文彙考補編》卷1《使臣別單一》，002/1565。

0265-1649

鄭太和《己丑飲冰録》(《全集》第 19 册；《叢刊》第 102 册《陽坡遺稿》鈔本)

出使事由：進賀兼謝恩行

出使成員：正使議政府右議政鄭太和、副使漢城府右尹金汝鈺、書狀官濟用監正睦行善等

出使時間：仁祖二十七年(順治六年　1649)三月二十日—六月二十九日

鄭太和(1602—1673)，字囿春，號陽坡，東萊人。仁祖六年(崇禎元年　1628)登文科第。官至慶尚道觀察使、户曹判書、禮曹判書、議政府右議政、領議政等。太和才智有餘，聰敏過人，先事而慮，未嘗僨敗。其在朝廷，居間調協，得以無事。後謚翼憲。有《陽坡遺稿》十五卷傳世。事見姜柏年《雪峰遺稿》卷二七《鄭公墓碣銘》、南龍翼《壺谷集》卷一七《墓誌銘》與仁祖、孝宗、顯宗《實録》等。

鄭太和《陽坡遺稿》十五卷，爲其子載崙纂輯，哲宗年間轉寫本，《韓國文集叢刊》據奎章閣藏本影印，《燕行録全集》爲同一版本。前六卷爲詩，後九卷爲諸體文、日記等。卷一《赴燕之行到安州兵使金體乾進宴狀於舟中平壤判官後仙同參作别口號以贈(壬寅)》等數首，爲燕地之詩也。

案《己丑飲冰録》輯自鄭太和《陽坡遺稿》卷一三。楷鈔工整，爽人眼目。《莊子·人間世》："今吾朝受命而夕飲冰。"謂惶恐焦灼也。時已入清，故鄭氏藉此形容自家心情，以"飲冰"名其日記耳。先是，仁祖二十七年(順治七年　1649)正月，清朝遣使入朝鮮，以清太祖配享天地頒敕。朝鮮遂於三月二十日，以右議政鄭太和爲進賀兼謝恩使正使，右尹金汝鈺爲副使、濟用監正睦行善爲書狀官，辭陛出發。五月十一日到北京，二十七日發北京，六月二十九日返王京覆命焉。

是稿即爲鄭氏沿途日記，記文頗簡略，前列一行官員及員役二十一人名單，下即逐日記其一路行程也。一行於回還之日，於六月初十日，"自出

關之後,青螽飛著人馬,利觜如針,殆不堪焉。閭陽以東,則爲患益甚,漫空蔽野,搏付人馬,凝如蜂陣,牛馬亦有因此而斃者。夜則比晝頗歇,本地之人,晝眠夜行云"。"十一日,朝飯於盤山空城外,午抵高平,其間螽蟲之患,令人幾死。初昏起馬,趁月未落,得達沙嶺,歇馬半夜。"①此可知當時發生蝗災,且災情極重,此等皆少見中國史志記載者也。

0266-1649,1662
鄭太和《飲冰錄【原題陽坡朝天日錄】》(《全集》第 19 冊　鈔本)

案鄭太和有《己丑飲冰錄》(0265-1649),已著錄。

此即鄭太和《己丑飲冰錄》與《壬寅飲冰錄》,蓋爲其初鈔本也。其所錄與《陽坡遺稿》卷一三、一四所載皆同,唯其卷首己丑、壬寅兩行,皆無《遺稿》本前所列一行人員名單,可知爲後來所增耳。又己丑行首行"己丑三月二十日"內行,小字添"仁祖二十七年順治六年"等十字,"壬寅七月二十六日"左上頂格添"顯宗三年康熙元年"等八字,②亦爲後人旁注也。

案《燕行錄全集》編纂者以此兩卷題名"陽坡朝天日錄",則大誤焉。蓋入清之後,朝鮮使臣之燕行,或書明崇禎年號,或僅用干支紀年,絕不用清帝年號,以示其忠明而厭清也。故於其書之名,或曰"燕行"、或曰"飲冰"、或曰"西行"、或曰"西征"等,然絕不用"朝天"之詞,故此稿若題"朝天日錄",則顯非作者原意耳。後人於前人之書,或輕改書名,或隨手題寫,皆不思其委曲隱深之意,適足以成吾之妄耳。今復其原名,仍爲"飲冰錄",則適爲得之矣。

0267-1649,1662
鄭太和《陽坡相公己壬燕行錄》(《續集》第 108 冊　鈔本)

案鄭太和有《己丑飲冰錄》(0265-1649),已著錄。

---

①鄭太和《己丑飲冰錄》,《燕行錄全集》,019/344。
②鄭太和《飲冰錄【原題陽坡朝天日錄】》,《燕行錄全集》,019/132、164。

是稿封面左題"陽坡相公己壬燕行録",鈔本。"己壬"者,即"己丑"(仁祖二十七年　1649)、"壬寅"(顯宗三年　1662)也。所鈔録者,即鄭氏《己丑飲冰録》《壬寅飲冰録》之删節本。其首頁"己丑"下雙行小注"四十八歲",又後"壬寅"下注"六十一歲"。又全稿末"十四日宿平山"下注"並《飲冰録》,《日記》止於十四日"①,謂鄭氏《壬寅飲冰録》所記,止於十一月十四日也。其所鈔亦非逐日所録,且摘録隸事,極爲簡略,蓋鄭氏後人爲其編年繫事,類《年譜》之作也。

0268-1649
仁興君李瑛《燕山録》(《全集》第 19 册;《先君遺卷》　鈔本)

出使事由:謝恩兼冬至正朝歲幣聖節行
出使成員:正使仁興君李瑛、副使刑曹判書李時昉、書狀官護軍兼司憲府執義姜與載等
出使時間:仁祖二十七年(順治六年　1649)十一月一日—翌年三月十九日

仁興君李瑛(1604—1651),字可韞,號醉隱,全州人。宣祖第十二子。封仁興君。爲人沖澹消散,翛然物外。曾出使清廷,能不辱使命。事母極孝,斫指進血。卒謚静孝。事見尹新之《玄洲集》卷九《仁興君墓誌銘》、李景奭《白軒先生集》卷四三《神道碑》與《仁祖實録》《孝宗實録》等。

仁祖二十七年(順治六年　1649)五月,朝鮮仁祖李倧薨。孝宗繼嗣,以仁祖妃趙氏爲大妃。六月,遣永安尉洪柱元爲告訃兼奏請行正使,率一行入北京告訃、請謚、請承襲諸件。十月,清朝遣鄭命壽至朝鮮,弔仁祖喪,並賜謚號。復派户部啓心郎布丹等入朝弔祭,且敕封仁祖次子李淏爲國王。朝鮮遣李瑛爲謝恩兼賀冬至、元旦、萬壽聖節,並謝賜謚、祭册封、奏築城備倭等事,附貢文物及歲幣也。初以領議政李景奭差正使,清人必欲以宗室爲使,故以李瑛代之,又以刑曹判書李時昉爲副使、護軍兼

---
①鄭太和《陽坡相公己壬燕行録》,《燕行録續集》,108/271。

司憲府執義姜與載爲書狀官。一行於十一月朔日出發,於次年三月十九日返王京覆命焉。

　　清廷以爲,朝鮮主弱臣强,大事不由國王主張,威脅以派送查使、拘留使臣等語。據《孝宗實錄》,一行至館後,即牢閉館門,因朝鮮之待清使,西路減饌品,嚴譏察,入京則通官受辱於守門之人,故清亦如此待朝鮮使臣。李瑛等馳啓,禮部謂弔祭、册封宜各有謝恩方物,今則專謝册封,不謝弔祭,是册封爲重,而賜祭爲輕。爾國每有所請,勉副者亦多,而不知感恩,反有不敬之事,是何道理?本國木花不實,以綿布之難備爲辭。爾國雖小,民户不但五千。若征一匹於每户,則足充其數,何患難備?然今將以米代之,鳳城運價,亦當計減。朝鮮君臣以爲"我國門禁之嚴密,亦有以祟之也"。① 又言今者朝鮮借倭爲言,而欲修城池,繕甲兵者,將欲何爲?所謂倭情叵測之説,出於何處?使臣對以小邦軍政,廢墜已久,脱有緩急,所恃者上國之援,而倭人一朝長驅,則援兵未到之前,舉國將被蹂躪,必葺治城池,預先入保,可以待上國之援云云。清廷以爲,皇帝賜祭而贈以美謚,乃是莫大恩典,而朝鮮無意致謝,弔祭時亦不哭,此乃一時主論者蔑視上國而然也。② 以此之故,拘禁李氏一行於館中,遲遲不爲發還。又派内院大學士祁充格等前往朝鮮,查勘弔祭賜謚不曾專疏謝恩,以及假借防倭名義,欲修城池器械等罪事。孝宗不得不出拘領議政李景奭、禮曹判書趙絅於義州白馬城,以謝罪焉。

　　《燕山錄》二卷,輯自李瑛《先君遺稿·雜著》。李氏此記,亦逐日記其聞見,頗爲煩碎,其所書語言,生澀難讀,至有不能曉其意者。此行可謂波折不斷,險象環生矣。出栅之後,護行甲軍柳命吉即病重難支,無奈安置於高平城養病;一路行役,多人病痛,李氏本人亦患失音咳嗽,艱行於途;而行中金宗胤,又猝然嘔血死於玉河館中。而李氏蓋因王子出使,較他人爲特殊,其稱"今番行次,治行十餘日發程,下輩皆是生手,百端困苦,職由於此。忘未辦來之物,撮以言之,則寢帳、地衣、苔席、瓶鐘、獐本皮瓶

---

① 《孝宗實錄》卷3,孝宗元年(順治七年　1650)二月八日辛卯條。
② 《孝宗實錄》卷3,孝宗元年(順治七年　1650)三月一日甲寅條。

汲水器、鞦子等物也"①。然瑛尚未出境,即於殘破西路,厚價勒賣其馬於大同驛,其價爲細綿二百五十匹。備邊司啓:"此路一開,則諸道各驛,必無支保之勢。王者用法,必自貴近始,然後命令可行。王子事體雖重,既令查啓,則不可置而不問,益墜邦憲。請令法官照律。"上下教曰:"察訪所報,何可盡信? 若止於仁興君一人,則何至於傳播聽聞耶? 全没其他,只以此塞責,國法安在? 殊極痛駭。令兩西監司,嚴問沿路察訪,期於無遺現出,而或有不以實聞者,以其罪罪之。"②

然則李瑛雖爲正使,而目無法紀於前,故一行上下,入中國後,禁物潛賣,人員馬匹走失等事,屢屢發生,故於沿途,動輒決棍下人,在在懲罰,隨其出使之下人,亦可謂難上加難,此正俗言所謂"上樑不正下樑歪"者也。又副使李時昉,還至京郊,亦因在北京應對不謹,有辱使命,爲司憲府彈劾。稱其"奉使之臣問答之際,不可不隨事明白説破,而謝恩副使李時昉,於彼人之問金自點也,只言侍藥之不謹,没其顯著之罪目,請命罷職不叙"③。然則此行之多事,遠較他行爲夥矣。

0269-1649
姜與載《己丑聞見事件》(《同文彙考補編》卷一《使臣别單一》 活字本)

姜與載(1601—1658),字公望,號淮泊,晉州人。與權恦、李海昌、趙壽恒諸人,問學於任叔英,切磋琢磨,以期於成。仁祖朝,爲司憲府持平、掌令。孝宗時,任世子輔德、司憲府掌令、軍器正等。事見《仁祖實録》《孝宗實録》《承政院日記》等。

案姜與載此次出使事由,詳參前仁興君李瑛《燕山録解題》(0268-1649)。

此《聞見事件》八條,記沿途所見,及在京與鄭命壽等交涉事。一行在大淩河西,見路有石碑,乃明朝敕都指揮王盛宗及游擊將軍王平者,諭

---
①李瑛《燕山録》卷上,《燕行録全集》,019/532。
②《孝宗實録》卷5,孝宗元年(順治七年 1650)十二月三十日戊寅條。
③《孝宗實録》卷3,孝宗元年(順治七年 1650)三月十八日辛未條。

有"持廉守法,正己率下,毋致貪殘僨事,自取罪戾,爾其慎之"之語。姜氏謂"大哉皇言!辭約意盡,若使邊將一遵敕諭,則豈有生釁邊境之理"。又謂松山堡至杏山堡,兩壘相對,鑿壕築墻,髑髏成堆,處處猶在,兩堡殘毀,其禍甚酷。此可見當時松錦大戰,死傷慘重之情境矣。又在寧遠衛見袁崇煥開府處,稱"至今袁爺之名,播諸人口,可惜皇明自壞長城"。及見祖大樂、大壽家牌樓,謂"對壘之日,只營第舍,霍去病所謂'匈奴未滅,何以家爲'者安在"。①

又記鄭命壽等書金尚憲、趙絅、金集名,謂乃皇父王(多爾衮)指名索問。命壽稱"金則爲明立節,得罪上國,而今又拜相,主張時議;趙絅則以禮判,弔祭多不察不敬之失;金集則不仕先朝,今始上來,方爲憲長,長一國之論云"。姜與載等答稱"金尚憲老病垂死,退伏郊坰,不預朝政;趙絅只以其時儀注稽滯之故,別無罪過;金集雖因喪上來,衰病不得供職。豈有執論主張之事,況其時爲憲長,吾輩所不知"。② 一行因此等事,反復交涉,留滯多日,及返之日,户部侍郎戚垍等以攝政王稱,聞朝鮮"樺皮非隨處所産,只出北方,而換貿之間,民弊不貲。今因使臣之言,永許停貿"云。

---

①姜與載《己丑聞見事件》,《同文彙考補編》卷1《使臣別單一》,002/1565。
②姜與載《己丑聞見事件》,《同文彙考補編》卷1《使臣別單一》,002/1566。

卷二九　0270—0280

孝宗元年(順治七年　1650)—孝宗四年(順治十年　1653)

0270-1650
麟坪大君李㴭《到沙河驛狀啟》(《叢刊續》第35冊《松溪集》　活字本)

出使事由：謝恩進賀陳奏兼冬至等三節年貢行

出使成員：正使麟坪大君李㴭、副使議政府右參贊李基祚、書狀官議政府舍人鄭知和等。

出使時間：孝宗元年(順治七年　1650)十一月二日—翌年三月九日

案李㴭有《燕行詩》(0250-1640)，已著錄。

李㴭《松溪集》卷四，計收《請收賞典劄(辛卯)》《請同被罪罰劄(癸巳)》《被誣後請收賞典劄》《請遞同安使劄(甲午)》《到沙河驛狀啟(庚寅)》，及卷末《呈禮部請解閣禁文(癸巳)》《呈禮部請變通楮紙文(甲午)》《呈禮部請贖還士男文》等，皆與燕行有關之文也。如《請同被罪罰劄(癸巳)》一文，為孝宗四年正月，差李㴭為謝恩兼陳奏使，率副使禮曹參判俞㯙、書狀官軍資正李光載等赴北京，一行回還，書狀官李光載，以不能搜驗，有罷職之命，故李㴭亦不自安，上劄請同律處罪也。

順治七年(1650)十二月戊子，攝政和碩睿親王多爾袞薨於喀喇城。庚子，收故攝政王信符，貯內庫。甲辰，尊故攝政王為懋德修道廣業定功安民立政誠敬義皇帝，廟號成宗。李㴭《到沙河驛狀啟》稱"臣等一行，去閏十一月十七日，到沙河驛，聞清父王訃音"。"其日初更，即為發程，晝夜兼行之際，衙門又送人催促，故臣㴭十九日二更量，到朝陽門，則令留門以入"。① 其詩有"邊人來報單于死，落日初斜古郭時。兩夜催行六百里，

---

①李㴭《松溪集》卷4《到沙河驛狀啟》，《韓國文集叢刊續》，035/241。

片心唯恐二臣危"(二臣即李相國景奭、趙判書絅)①。即後來回還時所作,記當時情事也。

此後李㴭一行,參與迎多爾袞屍還京,乃至發靷及殯葬等喪儀。且言當時清廷處置善後諸事宜,謂多爾袞"秉政日久,不無嫉怨之人,臨死一言,感動人心,上下莫不追思悲號,至於新附漢人,皆亦流涕"②。又謂順治帝"親政之後,日再聽政,與六部尚書論覆庶事,年雖少,頗有驚人之語,而事務察察,愛惜財貨,賞賜不廣"云云③。又論清廷之處置朝鮮斥和諸臣,以順治帝新服景命,大赦當前,以李敬輿罪極當死,今姑寬貸,永不敘用,退去田里;李景奭、趙絅所當拿來質問,姑亦置之,並爲釋放,永不敘用;盧協、李曼並依釋放,依前收用。則李氏此次出使之目的,可謂圓滿。而此《狀啓》記多爾袞卒後,清廷處置諸事,因親眼所見,親耳所聞,甚爲悉備,可補清史之闕焉。

0271-1650
鄭知和《庚寅聞見事件》(《同文彙考補編》卷一《使臣別單一》 活字本)

鄭知和(1613—1688),字禮卿,號南谷,東萊人。光弼五代孫。仁祖十五年(1637),庭試山城扈從人,取爲壯元。爲司諫院正言、弘文館修撰、吏曹正郎等。孝宗朝,爲黃海道觀察使、全南道觀察使、咸鏡道觀察使等,因事罷職。顯宗時,起爲京畿道觀察使、平安道觀察使、刑曹判書、禮曹判書、議政府左議政、右議政等。肅宗朝,爲判中樞府事等。知和出自大家,莅官尚嚴,頗有令行禁止之效。當尹鑴、許穆等發告廟論,欲殺宋時烈,乃上劄極言其非,辭意明正,鑴等得以少挫,知和之力也。人以爲此一著,殆無慚爲光弼之後云。事見南九萬《藥泉集》卷一五《鄭公墓誌銘》、朴世采《南溪集》卷七五《墓表》與仁祖、孝宗、顯宗、肅宗《實錄》等。

案鄭知和出使事由,詳參前麟坪大君李㴭《到沙河驛狀啓解題》

---

① 李㴭《松溪集》卷2《沙河驛回想去年光景》,《韓國文集叢刊續》,035/204。
② 李㴭《松溪集》卷4《到沙河驛狀啓》,《韓國文集叢刊續》,035/242。
③ 李㴭《松溪集》卷4《到沙河驛狀啓》,《韓國文集叢刊續》,035/246。

（0270-1650）。

此《聞見事件》隸事凡六則。言一行入沙河驛，聞九王訃；及入北京，則記其喪儀諸節及皇帝受親政禮。其言皇帝見柚柑，問來何方，答以南方稅銀貿送，帝謂豈可以不關木實，浪費軍需而貿來乎？自今使勿爲之。此頗見順治帝行政之法也。又言帝命"李景奭、趙絅，永不叙用；李曼、盧協，如前收用；李敬輿亦永不叙用，退歸田里"①。所記與李濬《到沙河驛狀啓》多同焉。

0272-1651
黄㦿【原題黄户】《燕行録》（《續集》第 108 册；《叢刊》第 103 册《漫浪集》 刻本）

> 出使事由：進賀謝恩兼冬至等三節年貢行
> 出使成員：正使麟坪大君李濬、副使議政府右參贊黄㦿、書狀官司憲府執義權堣等
> 出使時間：孝宗二年（順治八年 1651）十一月四日—翌年三月？

黄㦿（1604—1656），字子由，號漫浪，昌原人。年二十一，登進士，旋陞文科。仁祖朝，爲承政院注書。曾爲通信使任絖從事官入日本。再爲司憲府掌令、弘文館校理、慶尚道督運御史、東萊府使、司諫院大司諫、廣州府尹等。孝宗時，爲承政院承旨、成均館大司成等。後以依附金自點，罷職謫居。著有《漫浪集》五卷。事見李瀷《星湖先生全集》卷六二《黄公墓誌銘》與仁祖、孝宗《實録》等。

孝宗二年（順治八年 1651）十一月初四日，遣進賀謝恩兼冬至等三節年貢行正使李濬，率副使右參贊黄㦿、書狀官執義權堣等赴清，賀册立皇后，賀皇太后加上尊號，兼賀冬至、元旦、萬壽聖節等。

是稿輯自黄㦿《漫浪集》卷一至卷五，其詩以體裁編卷，燕行詩近二百首，散於卷中。卷一《牛莊》下注"燕行録終"，卷二《燕歌行》下注"右二首燕行録"，卷三《口占録奉行台》詩題下注"以下燕行録"，卷五《至日

---
①鄭知和《庚寅聞見事件》，《同文彙考補編》卷1《使臣別單一》，002/1567。

次杜韻》下注"次下燕行錄",則可知黃氏《燕行錄》原單獨編卷矣。偶有校勘,如卷五"王田縣"詩題,天頭校"當作玉"①。其詩次正使、行台居多,有《述懷》詩云:"男子桑蓬志,奇游抵老衰。東溟曾破浪,北塞續題詩。出薊應餘債,觀周已太遲。山河終不改,獨恨異前時。"②則其此行,亦有觀光之意也。若《燕京古意十絶》《燕京上元詞十二首》等,頗有竹枝之遺味。其在通州,主人秀才黃琮爲設酒茶,與明知縣進士韓禹甸相唱和,有"四海皆兄弟,東方本小華"之句③。其詩多次杜甫韻,格調工穩,不疾不徐,即懷明仇清之語,亦沉鬱低徊,無咒罵憤切之詞也。

0273-1651
趙珩《辛卯聞見事件》(《同文彙考補編》卷一《使臣別單一》 活字本)

　　出使事由:進賀兼謝恩行
　　出使成員:正使議政府右議政韓典一、副使議政府右參贊吳竣、書狀官議政府舍人趙珩等
　　出使時間:孝宗二年(順治八年　1651)三月二十九日—是年秋

　　趙珩(1606—1679),字君獻,號翠屏,豐壤人。仁祖四年(1626)文科及第,以考官子弟參榜罷。八年,拔明經科。爲藝文館檢閱,因事配扶餘。孝宗六年(1655),爲通信使往日本。歷任兵曹參判、京畿道觀察使、司諫院大司諫、禮曹判書、刑曹判書等。因參與議禮之爭,晚年廢置,以溪翁野老自居,逍遥而終。後謚忠貞。有《翠屏公燕行日記》《翠屏遺稿》一卷行世。事見崔錫鼎《明谷集》卷二一《趙公神道碑銘》、吳道一《西坡集》卷二三《墓誌銘》與宣祖、仁祖、孝宗、顯宗、肅宗《實錄》等。

　　案趙珩一生,今所考知者,凡三入中國。孝宗二年(順治八年1651)三月二十九日,以右議政韓興一爲進賀兼謝恩行正使、左參贊吳竣爲副使、議政府舍人趙珩爲書狀官赴燕京,以賀順治皇帝親政、賀尊謚、謝

---

① 黃㦿【原題黃户】《燕行錄》,《燕行錄續集》,108/330。
② 黃㦿【原題黃户】《燕行錄》,《燕行錄續集》,108/305。
③ 黃㦿【原題黃户】《燕行錄》,《燕行錄續集》,108/315。

頒詔賜緞及減貢、謝頒追討攝政王詔等件；顯宗即位年（順治十七年 1660）十月，以刑曹判書趙珩爲冬至等三節年貢行正使、禮曹參判姜柏年爲副使、持平權格爲書狀官赴燕；顯宗四年（康熙二年 1663）十一月，以左參贊趙珩爲冬至等三節年貢行正使、禮曹參判權坽爲副使、直講丁日煮爲書狀官入燕。

趙珩所録，僅有一條。因此趙使臣所貢方物，仍有柚柑。故鄭命壽來館，傳帝命稱上年橘柚柑代封慮，爲爾國之弊，令減進矣。今仍封進，足見朝鮮國王享上之誠固至，第大國雖無爾獻，自有他方封進，永爲蠲減，此意歸告爾王云。清廷入北京後，屢爲蠲免朝鮮所貢方物種類，此其一也。

0274-1652

申濡《燕臺録》（《全集》第 21 册；《叢刊續》第 31 册《竹堂先生集》 刻本）

出使事由：謝恩行
出使成員：正使議政府右議政李時白、副使承政院都承旨申濡、書狀官司憲府掌令權坽等
出使時間：孝宗三年（順治九年 1652）八月十八日—十二月十日

案申濡有《瀋館録》（0244-1639），已著録。

孝宗三年（順治九年 1652），朝鮮專差司僕寺僉正李壽昌，具奏趙昭媛締結金自點逆獄等情。又咨兵部稱首服逆賊邊士紀等之子四名，先期逃躲，或不無走向上國地方，乞令邊堡搜捕。清廷差刑部侍郎宜爾都奇等捧到敕諭，謂朝鮮内外奸徒，陰謀詛咒，圖爲不軌，不意肘腋之間，有此悖逆。朕聞之不勝駭異，其逃竄逆孽，已敕兵部嚴緝，兹遣官慰問云。六月四日，孝宗遂遣謝恩使議政府右議政李時白、副使承政院都承旨申濡、書狀官司憲府掌令權坽等入燕謝恩。申氏受差謝恩副使，旋乞假省慈氏於玉果縣，七月一日回返王京，時即有詩與友朋作別。八月十八日陛辭，十月十四日到玉河館，二十九日發北京，十一月二十四日過九連城望統軍亭，十二月初十日返王京覆命焉。

《燕臺錄》一卷,輯自申濡《竹堂先生集》卷六。申氏此行出使,行役近四月,作詩百五十餘篇。其自以爲詩凡三變:初窺古人蹊逕而不知所從而入,直欲侔右丞、工部諸人之作,然絶不似耳;後讀《文選》、古樂府,沉潛反復,積有歲月,乃不蘄唐而或似之;既而進於濃纖平漫之境,繼則信手陶寫,自不覺其流入放衍云云。卷末有東洲李敏求跋,亦稱申氏"酷好唐人體裁,不欲一字旁涉"①。今讀其詩,頗有唐詩之氣格,而渾融萬象,包羅百物,則不具也。其詩若《塔山堡歌》,序中述塔山明朝守將及士卒捨身守堡之事,可歌可泣,讀之如史。又若叙自京發程,喜不能勝,則稱"不作遠遊苦,何知歸路懽。行裝輕似羽,走轍疾於丸"②,"去日每催關内入,來時還恐出關遲"諸句③,描摹沿路急切,歸心似箭,皆惟妙惟肖,亦可謂善於形容者也。

0275-1652

沈儒行《壬辰聞見事件》(《同文彙考補編》卷一《使臣別單一》 活字本)

出使事由:冬至等三節年貢行

出使成員:正使咸陵君李澥、副使刑曹參議鄭攸、書狀官兵曹正郎沈儒行等

出使時間:孝宗三年(順治九年 1652)十月十八日—翌年三月四日

沈儒行(1606—?),字汝修,青松人。仁祖朝,爲司諫院正言、司憲府持平等。孝宗時,任司憲府掌令、弘文館校理、司憲府執義等。顯宗朝,爲弘文館副修撰、校理等。事見仁祖、孝宗、顯宗《實錄》。

沈儒行此聞見事件,載事三條。謂在京交納歲幣,禮部官拈出黃金六兩三錢,以爲差劣,如有持來者,可改備納之。答以此非朝鮮所産,故盡心艱備而來,豈有加數持來者。又納米於户部,則抽出三石,以其斛量之。又稱新歲朝賀時,得與賜宴,"賜宴之舉,實是始創云。在庭千官,皆付補

---

①申濡《燕台錄》李敏求跋,《燕行錄全集》,021/109。
②申濡《燕台錄·十月二十九日發北京夕次通州志喜三首》其二,《燕行錄全集》,021/093。
③申濡《燕台錄·十一月八日出山海關五首》其一,《燕行錄全集》021/099。

子於其服，聞是章服之制漸備云"①。於此可見清初歲幣交納，抽檢之嚴，挑剔之苛。又知順治時宮中宴儀及百官服制，此時方爲大備矣。

又案，《孝宗實錄》謂"冬至使賷去歲幣，沉水燒火，見詰於清國。備局請治使臣不能檢飭之罪，命拿使臣李溟、鄭攸、書狀官沈儒行等於禁府"②。蓋沈氏一行，三月初四日始返王城，即因歲幣事而遭拘禁也。

0276-1653
沈之源《燕行日乘【原題癸巳燕行録】》(《全集》第 18 册;《叢刊續》第 25 册《晚沙稿》;《叢書》第 622 册　刻本)

出使事由：冬至等三節年貢行
出使成員：正使吏曹判書沈之源、副使户曹參判洪命夏、書狀官成均
　　　　　館直講金壽恒等
出使時間：孝宗四年(順治十年　1653)十一月三日—翌年三月七日

沈之源(1593—1662)，字源之，號晚沙，青松人。光海君十二年(1620)，擢丙科。尋分隸承文院，序遷至博士。仁祖朝，官至弘文館修撰、司諫院大司諫、刑曹判書、議政府右議政等。少即登第，歷敭清要。丙子之亂，不及扈駕被謫。蒙放還，棲遲州郡。其子益顯，尚公主，因以復振，竟登臺鼎。之源容貌豐厚，有長者風，律己清謹。然居鼎席，頗有循默之譏，士論短之。有《晚沙稿》五卷行世。事見朴世采《南溪集》卷七九《沈公墓誌銘》與宣祖、仁祖、孝宗《實錄》等。

沈之源《晚沙稿》五卷，前三卷爲文，卷四詩，卷五《燕行日乘》，末附諸家祭文、挽詩等。爲其子益成編次，其後裔校勘再編，刊於英祖三十五年(1759)，《韓國文集叢刊續》據延世大學中央圖書館藏本影印(《韓國歷代文集叢書》本同)，《燕行錄全集》爲同一版本。

此卷輯自《晚沙稿》卷五《燕行日乘》，《燕行錄全集》編纂者題以《癸巳燕行録》者非也，今仍以作者本名名之，以復其舊焉。孝宗四年(順治

----

①沈儒行《壬辰聞見事件》，《同文彙考補編》卷 1《使臣別單一》，002/1567。
②《孝宗實錄》卷 10，孝宗四年(順治十年　1653)三月四日庚午條。

十年 1653），遣冬至等三節年貢正使吏曹判書沈之源、副使户曹參判洪命夏、書狀官成均館直講金壽恒等入燕，一行於十一月三日發王京，翌年三月初七日返京覆命。沈氏此記極簡，甚有無事可隸，只記陰晴者。末"二十三日"條，"朝飯金石山下，謝恩使右相具、副使"，下括注"以下缺"。① 然則雖殘，所缺殆不多也。一行行前詣闕時，沈氏即稱"比來天災時變，疊見層出，近又冬霧四塞"②。而一路西行，又寒氣甚苦，異於疇昔，即往回柵門時，仍"雨雪交下，人馬幾不免凍死"③，蓋遇奇寒之年故耳。而一行所齎之歲幣方物，於十二月初二日，在牛家莊解載分付瀋陽之部分，"而其數極多，日暮未畢載"，乃至第二日"日午猶未畢載"，然仍有"百餘車"輦往北京，④實可見清初貢之物，數量爲驚人矣。

沈氏記中，雖亦頗有感慨，然無如洪命夏之文之詩，多敵愾悶絕之語，甚或對清人頗有贊詞，若至京之後，於臘月"二十四日，方物解裹，而見之白綿紙、苧布，多有水濕者，使舌官言於提督，提督招馬牌問之，則答以到漁陽橋翻車致濕，若使我國人當之，必推諉於他人，而渠皆自當，清人之淳直可知也"⑤。清初使臣，如此誇贊清人，蓋沈氏爲揭首矣。

0277-1653
洪命夏《癸巳燕行錄》(《全集》第20册；《沂川集》卷二　刻本)

洪命夏(1607—1667)，字大而，號沂川，南陽人。聖民孫。仁祖二十二年(1644)，始登乙科。翌年，又中重試。官司諫院正言、司憲府持平等。孝宗時，任司諫院大司諫、吏曹判書、禮曹判書等。顯宗朝，陞兵曹判書、議政府右議政、吏曹判書、領議政等。雖無當局斡旋之才，而孜孜奉公，平生以扶植士類爲心。家素清貧，位至公相，居第湫隘，自奉如寒士。有《沂川集》八卷傳世。事見朴世采《南溪集》卷七八《洪公墓誌銘》、李宜

---
① 沈之源《燕行日乘【原題《癸巳燕行錄》】》，《燕行錄全集》，018/116。
② 《孝宗實錄》卷11，孝宗四年(順治十年　1653)十一月三日乙未條。
③ 沈之源《燕行日乘【原題《癸巳燕行錄》】》，《燕行錄全集》，018/116。
④ 沈之源《燕行日乘【原題《癸巳燕行錄》】》，《燕行錄全集》，018/090。
⑤ 沈之源《燕行日乘【原題《癸巳燕行錄》】》，《燕行錄全集》，018/099—100。

顯《陶谷集》卷一九《墓表》與仁祖、孝宗、顯宗《實錄》等。

案洪命夏出使事由,詳見前沈之源《燕行日乘解題》(0276-1653)。

洪命夏《沂川集》八卷(整理本),凡詩二卷、文六卷,前有李宜顯序。與《全集》本爲同一版本。燕行詩皆見卷二,卷中又以癸巳、甲辰兩次出使詩分爲上、下二卷。洪氏《甲辰燕行錄》載,其在北京詣闕時,"向東長安門內,體坐良久乃出,城闕形勢,多少光景,詳記於癸巳年《日記》中,不必更錄"①。然則是年亦有《日記》,惜今不見傳本耳。又此卷末有跋曰:"舊本此下有跋文八張,《甲辰燕行詩》下有跋文二張云,而只有《目錄》,文則無傳,恐是後人所述,而無可憑考,茲記其由,以備後詳。"②此可知洪氏詩文與日記,散佚者尚多矣。

洪氏此卷詩,共五十餘首,皆燕行時所作也。李宜顯《沂川集序》謂命夏詩,"不著意求工,然詩甚清淡,大類其爲人"③。本卷詩多和金尚憲《清陰集》、申欽《象村集》中詩及其祖洪聖民朝天時詩,如"空遺城闕千年恨,尚想衣冠萬里來"④,"追憶皇朝盛業全,太平歌管萬家煙"⑤,"城中父老潛相語,惟見高麗尚漢儀"等⑥。仍不出懷念明朝,悲歌憂憤之格調也。

0278-1653

金壽恒《燕行詩》(《叢刊》第 133 册《文谷先生集》;《叢書》第 2326—2329 册 活字本)

金壽恒(1629—1689),字久之,號文谷,安東人。少受學於其祖尚憲,爲李植所賞。孝宗二年(1651),魁謁聖文科。年二十八,中重試第二人。爲司諫院正言、弘文館校理、吏曹正郎、吏曹參議等。顯宗朝,爲司諫院大司諫、藝文館大提學、禮曹判書、吏曹判書、議政府左議政、判中樞府

---

①洪命夏《甲辰燕行錄》,《燕行錄全集》,020/314。
②洪命夏《癸巳燕行錄》,《燕行錄全集》,020/390。
③洪命夏《沂川集》李宜顯《沂川先生集序》,整理本,第 2 頁。
④洪命夏《癸巳燕行錄·玉河館和書狀次清陰先生韻》,《燕行錄全集》,020/381。
⑤洪命夏《癸巳燕行錄·次先祖朝天韻追憶皇朝》,《燕行錄全集》,020/382。
⑥洪命夏《癸巳燕行錄·長安街》,《燕行錄全集》,020/383。

事等。顯宗崩,受遺敎爲顧命大臣。肅宗初,降左議政,受誣竄靈巖,移鐵原。六年(1680)起復,特拜領議政、領敦寧府事。十三年,釋位遯荒。己巳禍作,卒於珍島謫所。有《文谷先生集》二十八卷傳世。事見金昌翕《三淵集》卷三〇《先府君行錄》《墓表》與《孝宗實錄》《顯宗實錄》《肅宗實錄》等,金邁淳《臺山集》卷一三有傳。

案金壽恒出使事由,詳見前沈之源《燕行日乘解題》(0276-1653)。

金壽恒《文谷先生集》二十八卷,爲其子昌集等據家藏稿删定,於肅宗十五年(1699)以芸閣活字刊行,《韓國文集叢刊》據國立中央圖書館藏本影印(《韓國歷代文集叢書》本同),凡詩七卷,以時次排序,凡一千零三十多首;餘爲諸體文,凡四百七十七首。末有其子昌協跋語。

金壽恒燕行詩近四十首,見於《文谷集》卷一,多與正使沈之源、副使洪命夏唱和之作。壽恒詩文,少爲李昭漢、李植、俞榮等稱揚,昌協謂壽恒於禍變日,語及文集時曰:"吾才本凡短,又讀書甚少,所述作曾不滿意,何足存錄。"囑諸子如不忍泯棄,則宜自删以藏於家。又曰:"我東諸家之籍,唯《石洲集》爲精,此蓋澤堂所删定也。"故昌協等纂其父集,"詩删者十之六,文半之,務從簡約,以導遺旨"而已。①

案古來編集者,莫不以貪多,竹頭木屑,皆溷雜其間,反爲負累,壽恒之言,可謂灼有識見者也。今觀其詩,簡約精到,少有蕪累,能脫俗臼,自然爲不可及。若"石牌樓下悲風起,長使行人恨不窮"②,"豈是漢家無上策,只應天意棄中華"諸詩③,仍痛惜明朝滅亡,而胡塵敝日焉。壽恒爲金尙憲孫,尙憲爲義理派之首庸,故其後裔詩語如此,亦不復爲奇也。

0279-1653
李光載《癸巳聞見事件》(《同文彙考補編》卷一《使臣別單一》 活字本)

　　出使事由:謝恩兼陳奏行

---

①金壽恒《文谷集》卷末金昌協《跋》,《韓國文集叢刊》,133/553。
②金壽恒《文谷先生集》卷1《廣寧次副使韻》,《韓國文集叢刊》,133/021。
③金壽恒《文谷先生集》卷1《寧遠衛》,《韓國文集叢刊》,133/021。

出使成員：正使麟坪大君李㴭、副使禮曹參判俞㯙、書狀官軍資正李光載等

出使時間：孝宗四年（順治十年　1653）正月二十八日—六月二十三日

李光載（1609—？），字季章，富平人。仁祖朝，爲司憲府持平、司諫院正言。孝宗時，爲司憲府掌令。隨麟坪大君以書狀官身份出使中國，以不能檢飭一行之不法者，幾至辱國，罷歸田里，實則麟坪挾私貨以行，孝宗護其王弟而重懲光載，時論冤之。顯宗朝，起復爲司憲府掌令。事見仁祖、孝宗、顯宗《實錄》。

先是，孝宗三年（1652）十二月，因鮮人屢有越境採蔘之事，清使帶查獲朝鮮越境民人，至漢城與國王會同審訊，按等差論罪。四年（順治十年　1653）正月二十八日，朝鮮遣謝恩兼陳奏行正使麟坪大君李㴭、副使禮曹參判俞㯙、書狀官軍資正李光載等入燕，於翌年正月二十八日赴北京，奉表謝查審犯越敕，並奏犯人擬律事，又奏請朝鮮藥材自來貿得於上國，近患缺料，乞許令換貿，仍作恒規事，咨請禮部。清帝令改鑄滿漢文國王印章賜之，六月二十三日回國；一行回還，書狀官李光載，以不能搜驗，有罷職之命，故李㴭亦不自安，上劄請同律處罪也。

案李光載此《聞見事件》，所記兩條，皆鄭命壽被刑事。稱事發後，以"命壽爲罪首，而李㢱叱石、趙龍及命壽子新差通官者，皆在其中矣。㢱叱石等三人，決罪一百，削職放送。命壽則籍没家產，減死照律没爲奴婢，差以其罪，雖合於死，蟲鼠小人，不足正法，故如是末減云"①。

案鄭命壽之於朝鮮君臣而言，幾於惡魔之化身，觀《仁祖實錄》《昭顯瀋陽日記》等所記，鄭譯之作惡萬端，倚勢欺詐，朝鮮君臣無不欲食其肉而飲其血焉。案鄭命壽，滿語名 gūlmahūn，或音譯"孤兒馬紅""古兒馬（洪）""古爾馬渾""顧爾馬渾"等。朝鮮《仁祖實錄》載，命壽本爲朝鮮"平安道殷山賤隸也，少爲奴賊所擄，性本狡黠，陰輸本國事情，汗信愛之"②。以之爲

---

①李光載《癸巳聞見事件》，《同文彙考補編》卷1《使臣別單一》，002/1568。
②《仁祖實錄》卷34，仁祖十五年（崇禎十年　1637）二月三日癸酉條。

筆帖式、理事官及通事,屢往朝鮮宣命。初,崇德元年,清軍臣朝鮮,鄭命壽斡旋有功。於是,朝鮮"乃以銀一千兩贈鄭命壽,龍、馬兩胡亦各贈三千兩"①。龍指清户部承政英俄爾岱,馬即户部參政馬福塔。此後雙方事務,"鄭譯周旋之力居多",朝鮮動輒以數千兩金銀厚賂命壽,而命壽"困暴我國,罔有紀極"②。甚至干涉朝鮮政務。金尚憲、趙絅等之入瀋,及朝鮮高官之起復降調,亦多經其上下其手焉。

順治七年春,爲皇父攝政王多爾袞求婚,鄭命壽與户部尚書巴哈納等六使絡繹入朝,即史所謂"六使詰責"事件。朝鮮發配領相李景奭、趙絅至義州白馬城,金尚憲、金集等亦斥革,出送宗室女義順公主通婚。爲結歡鄭命壽,以關西之命壽母予以食養,並賜命壽"賞職",其戚屬亦皆得免諸役,授予官職。命壽處清、朝兩間,孝宗慎謂"清人豈盡知我國事乎?凡前後詰責,皆是鄭命守之所操縱也"。領議政鄭太和亦曰"西路人與鄭命守親密者頗多,我國微細之事,無不相通"。③ 命壽死結清朝主管朝鮮事務之大臣英俄爾岱(即龍將),龍將以其爲心腹,極力維護,多方倚重。又爲多爾袞親信,依勢弄權。順治七年,多爾袞猝逝,鄭命壽爲刑部拘審,朝鮮咨啓,力證其罪,謂"古兒馬紅往來本國,積有年紀,其勒捐奸濫之狀,固不可一二計。只緣事係敕行,不敢違越,雖甚難堪,一向曲循,以至今日。……朝廷既已洞燭,將本人籍産爲奴,本國亦合將本人弟子及親屬之授官者,革職論罪;又將本人殷山、義山兩處所蓄女人等,並令發還原籍。兩邑官吏,慴於威勢,不即報知,事甚可駭,亦皆究治,削奪官爵。……將本人親侄家小,並皆革職,論罪還籍"。清廷以爲其"把持朝鮮,違旨悖法,擅作威福","姑免死,家産著照披甲例與他,仍發本王爲奴"。④ 時朝鮮孝宗以爲"數命守罪狀如彼,而猶免於死,可知彼中刑法之壞亂也。且命守之奸黠特甚,不死則恐有死灰復燃之患耳"。清使答以"渠之罪名深重,萬無起廢

---

①《仁祖實録》卷34,仁祖十五年(崇禎十年　1637)正月十三日癸丑條。
②《顯宗改修實録》卷19,顯宗九年(康熙七年　1668)十月十一日丙子條。
③《孝宗實録》卷8,孝宗三年(順治九年　1652)四月二十日辛酉條。
④《明清史料》甲編,第七本《刑部尚書交羅巴哈納等題本》,上海商務印書館1931年版,第672頁。

之理"。① 孝宗方才心安,此後清與朝鮮至"彼此晏然"之和緩景象焉②。

0280-1653
林葵③《癸巳聞見事件》(《同文彙考補編》卷一《使臣別單一》 活字本)

  出使事由:謝恩兼陳奏行
  出使成員:正使永安尉洪柱元、副使左參贊尹絳、書狀官成均館司藝
    林葵等
  出使時間:孝宗四年(順治十年 1653)閏七月二十七日—十一月三
    十日

  林葵,生平不詳,延安人。仁祖朝,任禮曹正郎、萬頃縣令等。孝宗時,先後爲成均館司藝、司憲府掌令等。事見鄭太和《陽坡遺稿》卷一四《飲冰錄》、《孝宗實錄》、《承政院日記》等。
  孝宗四年(順治十年 1653)閏七月二十七日,孝宗遣謝恩兼陳奏行正使永安尉洪柱元、副使左參贊尹絳、書狀官成均館司藝林葵等入燕,謝改頒漢清字印、謝停查敕、奏犯人擬律諸事。
  林葵《聞見事件》所隸三條,一則記在鳳城與守堡二行茶禮即見官禮,餘二條則記吳三桂事。其在中後所,館舍主人乃丙子被擄人田義生,訪以北京事,答吳三桂方封王於西土,其妻子留置北京,皇妹妻三桂之子,其意欲固結三桂。又聞皇帝以吳三桂封西平王,屬以大兵,而慮其有異志,妻孥拘留北京,今始送其妻於三桂。又聞魯王之子建都廣西,年號永曆,軍額多至百萬,以白布裹頭,號"白頭兵"云。④ 清初朝鮮使臣,尤關注

---

①《孝宗實錄》卷10,孝宗四年(順治十年 1653)六月十三日丁酉條;卷11,四年十一月十一日癸卯條。
②《顯宗改修實錄》卷2,顯宗即位年(順治十六年 1659)十一月十三日庚午條。鄭命壽事,可詳參楊海英《朝鮮通事古爾馬渾(鄭命壽)考》,《民族史研究》第3輯,民族出版社2002年版。
③案林葵,《同文彙考補編》誤爲"林蔡",《孝宗實錄》《使行錄》《承政院日記》等皆爲"林葵",今從之。
④林葵《癸巳聞見事件》,《同文彙考補編》卷1《使臣別單一》,002/1568。

南明王朝事,故凡百遇人,皆問以南方消息,而所答各異,虛實莫知,類皆如此,所謂百萬"白頭兵"者也。故其亦知此類謠傳,多不可靠,所謂"我國使价,雖頻數往來,虜情無由得知,而其所聞,亦未盡的云"①。

---

① 《孝宗實錄》卷11,孝宗四年(順治十年　1653)十一月三十日壬戌條。

卷三〇　0281—0289

孝宗五年（順治十一年　1654）—孝宗十年（順治十六年　1659）

0281-1654

李一相《燕行詩》（《全集》第 21 册；《延李文庫》第 1 册《延安李氏聯珠集》　刻本）

　　出使事由：進賀謝恩兼冬至等三節年貢行
　　出使成員：正使麟坪大君李㴭、副使兵曹參判李一相、書狀官弘文館校理沈世鼎等
　　出使時間：孝宗五年（順治十一年　1654）十月二十九日—翌年三月十二日

　　李一相（1612—1666），字咸卿，號青湖，延安人。廷龜孫，明漢子。仁祖六年（明崇禎元年　1628）登第。歷任承政院右承旨、司憲府大司憲、禮曹判書等。爲人嚴重宏偉，氣韻雋類，清致事君，以風裁自勵。卒謚文肅。有《青湖詩集》三卷《遺稿》若干行世。事見《青湖遺稿》末附李喜朝《家狀》、朴世采《神道碑銘》、《仁祖實錄》、《孝宗實錄》與《顯宗實錄》等。

　　案孝宗五年（順治十一年　1654），朝鮮遣進賀謝恩兼冬至等三節年貢正使麟坪大君李㴭、副使兵曹參判李一相、書狀官校理沈世鼎等入燕。進賀者，是年六月，順治立科爾沁鎮國公綽爾濟女博爾濟錦氏爲皇后，故朝鮮賀册封皇后也；謝恩者，謝查擬犯越敕、奏犯人擬律，兼賀冬至等三節、謝頒詔賜物等。一行於十月二十九日離漢陽，翌年三月十二日返國焉。

　　李一相《青湖詩集》三卷《遺稿》不分卷，見《延李文庫》第一册，詩按體裁編輯，燕行詩溷混於諸卷中，與《全集》非同一版本。此卷輯自《延安

李氏聯珠集》卷一《青湖稿》,乃李一相之詩稿。其詩有"又向九連城下宿,仍思十載瀋中行"之句①,蓋其曾陪昭顯世子在瀋館十年,故卷中若《瀋陽謫居酬唱雜詠》《瀋館偶占示春坊諸益》等詩,當爲其在瀋時所作也。而孝宗五年使燕時所作,則自《碧蹄館口號》至《還到平山客館口占》亦僅十餘首耳,餘皆非燕行之詩,爲《燕行錄全集》濫收耳。《燕行錄叢刊(增補版)》網絡本,又收錄李一相《燕行詩》,爲他本《青湖遺稿》,所收之詩與是本多有出入。又李溏《松溪集》卷三,亦收其此次燕行之詩,中多有與李一相唱和之作,如《次咸卿早過臨津宿松都向豬灘口號》《次咸卿謝贈詩》《次咸卿早發葱秀山宿瑞興向鳳州口號》等十餘首,且附刻有李一相詩,多爲李氏此集所未收,蓋後來編輯者刪削之故耳。

　　李一相發碧蹄館時,其詩有"萬里驅馳催白髮,中原消息問蒼天"之句②。而據《孝宗實錄》載,李一相等馳啓曰:"臣等探問彼中事情,則洪承疇經略湖廣、兩浙、兩廣、江南、福建等地,主南方之戰,吳三桂駐劄漢中府總督潼關以西秦隴、泗川、甘肅等地,主西方之戰。永曆兵勢,只依湖廣險阻,與清人相争,累獲戰勝。清兵誘出大野,然後以鐵騎蹂躪。故大明全師喪敗,而清國又發八旗精甲萬餘,與其妻子南下,爲鎮守兩廣之計云。"③李氏蓋見南明政權覆亡,在頃刻間,故返國後復啓言"竊觀彼中形勢,大異前日,乞命譯舌,密探敵情",從之。④ 朝鮮君臣,本冀望於南明政權,能掃清復明,今知其覆亡,其絶望悶鬱之情,可想而知焉。

0282-1654
沈世鼎《甲午聞見事件》(《同文彙考補編》卷一《使臣別單一》 活字本)

　　沈世鼎(1610—?),字重叔,號蒔藥軒,青松人。仁祖朝,爲藝文館檢閲、奉教。孝宗朝,爲司諫院正言、弘文館校理、應教等。顯宗朝,任司憲

---

①李一相《燕行詩·渡鴨緑江》,《燕行錄全集》,021/270。
②李一相《燕行詩·碧蹄館口號》,《燕行錄全集》,021/268—269。李溏和詩見《松溪集》卷3《甲午冬赴燕碧蹄館次副价李咸卿一相號青湖韻》,《韓國文集叢刊續》,035/223。
③《孝宗實錄》卷14,六年(順治十二年 1655)三月一日丙戌條。
④朴世采《南溪先生朴文純公文續集》卷20《李公神道碑銘》,《韓國文集叢刊》,142/481。

府執義、承政院承旨、兵曹參議等。事見仁祖、孝宗、顯宗《實錄》等。

案沈世鼎出使事由,詳參前李一相《燕行詩解題》(0281-1654)。

案沈世鼎《聞見事件》僅一條,記鄭芝龍之子,尚據九江,清人數攻不利,遣使封爲王,鄭不受王印,曰爾國若使我統領此地八州,則猶可羈屬,若令入朝,則斷不可從也。又遣使使之剔頭,慢辭拒之。鄭祖母本倭女,故頗有請救於倭之迹云。

案鄭芝龍(1604—1661),字飛黄,小名一官(Iquan),天主教名尼古拉,福建泉州人,明末清初東南沿海海盗。初,依澳門舅父黄程處習商,受天主教洗禮,教名 Nicholas,西洋人稱 Nicholas Iquan(尼古拉·一官)。後往來東南亞,再至日本九州,因習劍術,娶福建泉州府籍華僑鐵匠翁翊皇之義女田川氏,依日本平户島華僑大海盗商人李旦,深得信任。爲澎湖荷蘭人之翻譯及通事,荷蘭人遣其爲海盗,以阻馬尼拉與西班牙通商商船。後其勢漸振,先後居臺灣、福建諸處,自立門户,並改名爲芝龍。以臺灣魍港爲窠,劫掠福建及廣東沿海,後受明招安,爲海防游擊。有船七百餘艘,爲閩南領主與海上霸主,屢敗荷蘭東印度公司,有三千艘大、小船隻。崇禎十七年(1644)南明弘光皇帝册封鄭芝龍爲南安伯,福建總鎮,負責福建全省的抗清軍務。旋於福州奉明唐王朱聿鍵爲帝,封南安侯,掌南明軍務。翌年降清,清軍背約移送到京師,初以歸順封一等精奇尼哈番,再封同安侯。清廷諭其勸長子鄭成功降,成功不聽。順治十二年(1655),芝龍被劾縱子叛國,削爵下獄。十七年,以通海罪擬斬監侯。翌年,於其親族皆斬於燕京柴市(一説寧古塔)。

沈世鼎此謂鄭氏子據九江者,即屬誤傳。又謂其祖母本倭女者,蓋即鄭芝龍娶福建泉州府籍華僑鐵匠翁翊皇之義女田川氏事,然亦不確焉。

0283-1654
李齊衡《甲午聞見事件》(《同文彙考補編》卷一《使臣别單一》 活字本)

　　出使事由:謝恩行
　　出使成員:正使議政府右議政具仁垕、副使議政府左參贊趙啓遠、書
　　　狀官禮賓正李齊衡等

出使時間：孝宗五年（順治十一年　1654）二月三日—五月二十日

李齊衡（1605—1664），字玩玉，全州人。仁祖朝，爲司憲府持平、司諫院正言。孝宗時，爲濟用正、司憲府掌令等。顯宗朝，曾任掌令、司諫院獻納等。事見仁祖、孝宗、顯宗《實錄》與《承政院日記》等。

孝宗五年（順治十一年　1654）二月初三日，朝鮮遣謝恩行正使右議政具仁垕、副使左參贊趙啓遠、書狀官禮賓正李齊衡等入北京，謝廢皇后敕事。李齊衡此《聞見事件》所記二條，一則爲入闕行禮，一爲禮部行下馬宴禮。入闕時，同參者有琉球使臣，位次朝鮮使臣之後。琉球上使爲中山王之叔，"容貌動止，頗似有識，不可以海外異域輕之。頭髮偏向右邊而作髻。上使則以紫色首帕冠，斂髮而衣土紅斑襴緞衣，其下則黃色首帕冠，而一著綠緞，二著沉香色緞。衣制若我國女人所著長衣，足之所著亦如我國所著平屨子，而無齒矣"①。此記琉球使臣動貌衣制甚詳，有益於服制研究者之引據也。

0284-1656

麟坪大君李㴭②《燕途紀行》（《全集》第 22 册；《叢刊續》第 35 册《松溪集》　活字本）

出使事由：謝恩行

出使成員：正使麟坪大君李㴭、副使議政府右參贊金南重、書狀官司憲府掌令鄭麟卿等

出使時間：孝宗七年（順治十三年　1656）八月三日—十二月十六日

案李㴭有《燕行詩》（0250-1640），已著錄。

此稿輯自李㴭《松溪集》卷五至卷七，此爲李㴭第十一次出使中國，以謝再按查官敕及免議，謝出送義信公主敕耳。李氏臨行前，適遭季子之殤，未號嬴博，抑情登途，暮投虛館，獨倚羇榻，殘燈明滅，愁緒萬千，自酌自傷。李氏因"曾前往返，適多事故，耳聞目擊，一未紀述，年代既久，則此

---

①李齊衡《甲午聞見事件》，《同文彙考補編》卷 1《使臣別單一》，002/1568。
②案《燕行錄全集》第 22 册目錄，"㴭"作"渲"，誤。

間情景,其誰能知,以故行邁暇隙,撥忙起懶,略紀陰晴之外,又將使事本末,逐條並列,山川程途,風俗景物,率以備焉,觀者其憐之矣乎!"①一行自八月初三日起程,九月二十三日抵北京,十二月十六日返王京覆命。雖幸得諸臣減罪,俱被殊恩,可謂不辱君命矣。然因同行軍官潛載焰焇於車,出柵時被揭出,故李渭又於異年仲夏赴燕謝罪,顛連於途,靡有歇息矣。

　　李氏此記,極為詳賅,蓋行中有能文者,專為其紀日而書耳。他人所記,於朝鮮境內,多僅記一路接待官員,行酒醉飽,擁妓放歌之類;而李氏此記,則於朝鮮地理風景,記載綦詳,如論松都屋制形同華制,叙練光亭之物色清麗,平壤城之商賈輻湊,百祥樓之氣象豪雄,鴨綠江之本源脈分,皆娓娓叙來,風光旖旎。至入中土,則又詳記明末清初之戰場與戰事,於祖大樂、祖大壽兄弟及吳三桂等,痛斥嚴譴,如論祖氏牌樓,窮極雄奢,實天下之所未有,"若使當時裹屍馬革,可以流芳百世,而渠迺畏死以汙其名,天下過客,一觀此樓,罔不唾罵,欲留芳名之物,反作唾罵之資,惜其四世元戎之號,及於賊子也"。而"大壽不死於錦州,老斃燕山;大樂貪生松山,戰役南服。有生必有死,孩提所知,一時貪生,墮厥家聲,誠可謂千古罪人矣"。②又論所經道路,蓬蒿蔽野,荻花如雪,麋鹿成群,人民蕭條,剪徑恣行,不遵法網,征客頗苦。又記聞見康熙帝雖"力學中華文字,稍解文理,聽政之際,語多驚人,氣象傑驁,專厭胡俗,慕效華制,暗造法服,時或着御,而畏群下不從,不敢發說。清人惑巫元來習性,而痛禁宮中,不復崇尚。然氣俠性暴,拒諫太甚,間或手劍作威,專事荒淫,驕侈自恣,罕接臣鄰,不恤蒙古,識者頗憂云"③。凡此,皆所以有意暴清帝之罪耳。又謂在山海關,"市肆行人見使行服着,有感於漢朝衣冠,至有垂淚者,此必漢人,誠可慘憐"④。而詣闕時,"華人見東方衣冠,無不含淚,其情甚戚,相對慘憐"⑤。此則又欲顯漢人之所謂不忘故明耳。清代朝鮮使臣記行中,此等

---

①李渭《松溪集》卷 5《燕途紀行上》,《燕行錄全集》,022/021—022。
②李渭《松溪集》卷 6《燕途紀行中》,《燕行錄全集》,022/092—093。
③李渭《松溪集》卷 7《燕途紀行下》,《燕行錄全集》,022/156。
④李渭《松溪集》卷 6《燕途紀行中》,《燕行錄全集》,022/102。
⑤李渭《松溪集》卷 7《燕途紀行下》,《燕行錄全集》,022/153。

之語,從此以往,則前述後襲,充耳皆是,而累累特書焉。

0285-1657
沈之源《丁酉燕行日乘》(《續集》第108册;《晚沙遺稿》 鈔本)

> 出使事由:進賀謝恩兼冬至等三節年貢行
> 出使成員:正使領中樞府事沈之源、副使漢城府判尹尹順之、書狀官司憲府執義李俊耉等
> 出使時間:孝宗八年(順治十四年 1657)十月二十八日—翌年三月十日

案沈之源有《燕行日乘》(0276-1653),已著錄。

順治十四年(1657)春正月,帝祈穀於上帝,以太祖武皇帝配。三月,奉太宗文皇帝配享圜丘及祈穀壇,奉太祖武皇帝、太宗文皇帝配享方澤。以配享禮成,大赦天下,遣使至朝鮮頒詔。朝鮮遣進賀謝恩兼冬至等三節年貢行正使領中樞府事沈之源、副使漢城府判尹尹順之、書狀官執義李俊耉等入清,賀配祀天地,謝頒詔賜物及賀節。一行於十月二十八日拜表發行,十一月十七日至義州,二十一日越江,十二月二十日抵玉河館,翌年正月二十八日發玉河,二月二十八日還渡江,三月十日返京覆命焉。

此《丁酉燕行日乘》,輯自沈之源《晚沙遺稿》。沈之源此行,乃三節年貢常行,本無事可述,然據沈氏日記,此行亦頗不平順。先是,因龍川府使李廷立,未先期到義州整理刷馬,故義州刷馬太半瘦瘠不實,顛仆者相繼,又以刷馬無形之故,白綿紙六十五卷、大好紙三十五卷皆沾濕。越江至柵門,給送禮單,又因譯官輩不能詳察,所給各種與單子中所錄不同,故或有詰責者,或有怒而去者,凡此些小之事,至於如此,其他尚何言哉!沈氏稱癸巳年使行時,時鳳城禮單,不過紙地及櫃枝三等五六種而已,今番所給倍蓰於前,而亦有不滿之意。是可浩歎!此可見朝鮮吏員之疏怠與清朝官員之貪黷也。

時北京禁斷潛商,屢有禁令。而此行刷馬驅人輩,有三人多持海帶菜而來,雇車滿載,爲柵門守將檢出,使臣辯以各持海帶菜以爲繼糧之資,滿

載一車者,亦非一人之物,許多刷馬人並力雇車而載之,故自盈一車。後城將建議使臣自治其罪,遂與副使、書狀會坐,拿致犯者三人,各棍打三十度。又翌年正月初八日,返程至山海關,城將解包搜驗,至於使臣衣衾亦皆點看,所謂禁物無一種被捉,僅免生事。而城將終日驗包,不得禁物,反以爲無聊,搜得行中所持詩家雜册而奪取,譯官力言禁買者乃史書也,此則皆是詩家,而謂之禁物而奪取,有違於告示云。① 則城將軍答以本不識字,未知其真的與否,當報知北京,如非史書,則自當還給云,沈氏慨歎不可與不知者道也。又回禮中龍文段,城將執此而謂之禁物,譯官輩持禮部咨文而示之,猶不解惑,後取禮部咨,使識字者觀之,遂還給。觀此可知清初禁物搜檢之嚴,以及山海關守將之尸位憒懂也。

沈氏一行在玉河館期間,清廷連有好事,皇帝生子,皇太后痘疾痊癒,雲南、貴州既已歸順,故大發兵以征臺灣。其在禮部赴下馬宴,尚書于應大曰:"我國之俗,父母患痘,子不得入見;子女患痘,父母亦不得入見。而皇帝入救皇太后疾,諸王極諫,而牢拒不聽,終始侍疾,以致平復,皇帝之孝,豈不大矣乎!"②又提議朝鮮大君既已累次入來,上國既有諸般好事,世子似亦宜一番來賀,使臣答以世子尚未出痘,雖闕門之外,亦不得出。搪塞敷衍,爲拖緩之計而已。

0286-1657
尹順之《丁酉燕行詩》(《叢刊》第94册《涬溟齋詩集》 刻本)

案尹順之有《瀋行錄》(0252-1640),已著錄。沈氏此次出使事由,詳參前沈之源《丁酉燕行日乘解題》(0285-1657)。

尹順之曾於仁祖十八年(清崇德五年 明崇禎十三年 1640)以問安使身份入瀋陽,此爲其第二次出使,故詩中有"十八年來再渡遼,十三山下駐征軺"之句③。其間亦曾爲通信上使,攜副使趙絅、從事官申濡往日

---
①沈之源《丁酉燕行日乘》,《燕行錄續集》,108/390。
②沈之源《丁酉燕行日乘》,《燕行錄續集》,108/385。
③尹順之《涬溟齋續集》卷1《夕抵十三山站》,《韓國文集叢刊》,094/549。

本通信。其燕行詩以七律爲多,如"皇居氣色偏蕭索,屠肆歸來淚滿衣"①,"歌舞向來形勝地,可憐文物日蕭條"等②,仍不出思明悲悼、憤恨清廷之語也。

0287-1658
李芬《戊戌手本》(《同文彙考補編》卷一《使臣別單一》 活字本)

出使事由:賫咨行
出使成員:賫咨官副司直李芬等
出使時間:孝宗九年(順治十五年 1658)三月十二日—五月七日

李芬,生平籍貫不詳。光海君時,爲五衛司果。孝宗朝,陞副司直。爲譯官,多次隨使團出使清朝。事見《光海君日記》《孝宗實錄》《顯宗實錄》與《承政院日記》等。

案順治十五年(孝宗九年 1658)三月,清廷遣通官李一關賫敕至朝鮮,謂羅禪(俄羅斯)又蠢動犯境,擾害生民,應行征剿,令朝鮮擇善鳥銃者二百名發往寧古塔,以助攻羅禪。四月,朝鮮遣北虞候申瀏爲領將,率哨官二員、鳥銃手二百名等,裹三月糧往待境上,並遣賫咨官副司直李芬咨報禮部。申瀏率兵於六月初五日發船,初十日到黑龍江遇敵,終日交戰,燒賊十船,一船乘夜而逃,鮮兵中丸死者八名,傷者二十五名。十三日回船到宋加羅江,清大將言餘賊猶在,留俟冰合,著令邊臣連續繼餉。翌年,清廷爲朝鮮陣亡及受傷將士亡者銀三十兩、一等傷六名銀各十兩、二等傷三名銀各八兩,其他亦按傷情等差各有賞賫焉。③

李芬此《聞見事件》,隸事四條。記遼東新城皇帝先祖墓被掘事、皇太子喪儀事、羅禪出兵事及洪承疇事。謂洪氏爲五省都經略,駐長沙府,而皇帝稱以輔臣。秦王孫可望,因失和,同陷列邑城堡,承疇乘機手書可

---

①尹順之《涬溟齋詩集》卷5《初入燕京》,《韓國文集叢刊》,094/531。
②尹順之《涬溟齋詩集》卷5《玉河橋》,《韓國文集叢刊》,094/532。
③《通文館志》卷9《紀年》孝宗大王九年戊戌條、十年己亥條,首爾大學校、奎章閣韓國學研究院 2006 年影印本,上册/516—517。

望,得書降,使其子奉表來朝。

案順治十年,南明桂王朱由榔稱號肇慶,頻年轉戰,諸將李定國、孫可望等四出征殺,南攻湖南南境諸州縣,東陷桂林,西據成都,兵連不得息。五月,清廷授洪承疇太保兼太子太師、內翰林國史院大學士、兵部尚書兼都察院右副都御史,經略湖廣、廣東、廣西、雲南、貴州等處地方,總督軍務兼理糧餉。敕諭撫鎮以下咸聽節制,攻守便宜行事。滿兵當留當撤,即行具奏。十一年,孫可望劫桂王,殺大學士吳貞毓等,方內訌。李定國奉明桂王入雲南,湖廣無兵事。十四年,可望叛其主,舉兵攻雲南,與定國戰而敗;十一月,詣長沙降。李芬所言者,即此事也。

0288-1659

鄭楫《己亥聞見事件》(《同文彙考補編》卷一《使臣別單一》 活字本)

出使事由:告訃兼奏請行
出使成員:正使右議政鄭維城、副使右參贊柳淰、書狀官通禮院右通禮鄭楫等
出使時間:孝宗十年(順治十六年 1659)六月十五日—十一月二十六日

鄭楫(1617—1683),字子濟,號旭軒,海州人。孝宗朝,爲司憲府持平、司諫院正言、掌令等。顯宗時,爲承政院同副承旨、都承旨等。肅宗朝,復爲都承旨、左參贊等。時奸党得志,以吳挺昌妻父,驟占清路,至拜參贊,人莫不駭之。又因從李楠出使中國,清廷以爲朝鮮"主弱臣强",不能力辨,拿問定配盈德,後蒙放還歸里卒。事見孝宗、顯宗、肅宗《實錄》。

孝宗十年(順治十六年 1659)五月初四日,孝宗升遐,顯宗即位,朝鮮遣告訃兼奏請使右議政鄭維城、副使右參贊柳淰、書狀官通禮院右通禮鄭楫等入燕,告孝宗升遐並請諡請承襲,一行於六月十五日發王京,十一月二十六日返京覆命焉。

鄭楫此《聞見事件》僅一條,記使行自周流堡入北京,路濘不可行,當由蒙古地邊城外,仍載方物先行。行到一處,則蒲葦甚盛,四望無際,水行

七八里,乃是茫茫大澤,所經之路,曾未有如此處。又言邊城乃是木柵插以樹枝,結以草索,掘塹其內,且於十里許每置人家六七戶,使之看護。木柵之設,始自周流堡,至山海關。大概地接蒙古,本無分界,清、蒙之人,互相往來,故限其境界,使毋犯越云。據此可知當時遼東半島之多水,且木柵設置之情狀也。又據《顯宗實錄》鄭維城返京入侍,顯宗問彼中事情,對曰"大概彼能恤民勤政,無少闕漏,故民皆樂業,未嘗有思漢之心也"。上曰"此實傷痛處也"。維城謂"兩西凶歉,甚於上年,賑政不可忽也"。①是則清廷蒸蒸日上,而朝鮮西路,仍民多饑饉也。

0289-1659
蔡裕後《己亥燕行錄》(《叢刊續》第 101 册《湖州集》 刻本)

出使事由:冬至等三節年貢行

出使成員:正使議政府左參贊蔡裕後、副使工曹參判鄭之虎、書狀官成均館直講權尚榘等

出使時間:孝宗十年(順治十六年 1659)十一月三日—翌年三月?

蔡裕後(1599—1660),字伯昌,號湖州,平康人。師從姜鶴年,與李安訥、李敏求相友善。光海君七年(1615),中司馬試。仁祖元年(1623),中文科殿試。仁祖朝,爲司諫院正言、司憲府執義、司諫院大司諫、吏曹參議等。孝宗時,爲弘文館大提學、司憲府大司憲、刑曹判書等。顯宗朝,官至工曹判書。性清疎,機警有文才,工於駢儷。然酷嗜酒,多沉醉不省,簡率無威儀。卒謚忠衍。有《湖州集》七卷《拾遺》一卷行世。事見趙顯命《歸鹿集》卷一七《謚狀》、李敏求《東州集》卷九《蔡忠衍墓碣銘》、《光海君日記》、《仁祖實錄》、《顯宗實錄》等。

蔡裕後《湖州集》七卷《拾遺》一卷,前有尹趾完序,末有洪萬朝、蔡彭胤跋。前四卷爲詩,以體裁編次。其後裔據家藏草稿整理,於肅宗三十一年(1705)刊行。

案蔡裕後出使中國,凡兩度。仁祖二年(天啓四年 1624),以謝恩

---

①《顯宗實錄》卷1,顯宗即位年(順治十六年 1659)十月二十日丁未條。

使書狀官出使明朝,然行到平安道,稱病不行,後以金德承代之,追及使行於安州,故實未渡鴨江也。十五年(崇禎十年　清崇德二年　1637),爲謝恩使書狀官,隨正使左議政李聖求、副使懷恩君李德仁赴瀋陽。孝宗十年(順治十六年　1659),朝鮮遣冬至等三節年貢使左參贊蔡裕後、副使工曹參判鄭之虎、書狀官直講權尚榘等入北京,進三節年貢。一行於十一月初三日發王京,返京復合時日史籍漏載,蓋翌年三月初也。

　　蔡氏燕行詩十餘首,皆孝宗十年出使期間所作,散見於《湖州集》諸卷中,又卷五《謝恩表》三通、《聖節賀表》一通,亦當爲事大文書也。尹趾完謂裕後"詩則有唐之音響,而體宋之典雅;文則本諸六經,而取則於兩漢;駢偶之文,則鶴谷洪公瑞鳳謂之曠世絶藝"①。蔡彭胤述裕後語,謂其嘗醉後稱"我國有三文章:其一四佳,其一澤堂,其一我是也"②。則其自負可知。今觀其詩,沿路與副使鄭之虎、書狀權尚榘多有酬唱。如《燕京途中》六言,乃模仿馬致遠《天净沙·秋思》之作。其詩作平平,似少佳釀,而文則以四六爲長,然較之四佳、澤堂,仍當讓出一頭地也。

────────

①蔡裕後《湖州集》卷首尹趾完《湖洲先生集序》,《韓國文集叢刊續》,101/297。
②蔡裕後《湖州集》卷末蔡彭胤《湖洲集跋》,《韓國文集叢刊續》,101/392。

卷三一　　0290—0309

顯宗元年(順治十七年　1660)—顯宗八年(清聖祖康熙六年　1667)

0290-1660
趙珩《翠屏公燕行日記》(《全集》第20冊　鈔本)

出使事由：冬至等三節年貢行
出使成員：正使刑曹判書趙珩、副使禮曹參判姜柏年、書狀官司憲府持平權格等
出使時間：顯宗元年(順治十七年　1660)十月二十四日—翌年二月十七日(返宿郭山)

案趙珩有《辛卯聞見事件》(0273-1651)，已著錄。

趙珩《翠屏公燕行日記》，收入《燕行錄全集》第二〇冊，今見於《豐壤趙氏文集叢書》第六輯中之《翠屏遺稿》一卷，爲從其後裔所藏《腾川文獻》中摘出者，有詩三十餘首與疏文一篇，其中泰半爲日本通信使期間所作詩也。未見《日記》，或爲單行本歟？此《翠屏公燕行日記》，蓋爲鈔本，爲趙氏第二次出使期間所纂日記耳。封面左楷題"翠屏公燕行日記全"一行，時爲清順治時期，故趙氏日記，只書干支紀年，而不書清帝年號也。

顯宗即位年(順治十七年　1660)六月，初以鄭致和爲冬至使，姜柏年爲副使，權格爲書狀官。十月二十四日，發離王京時，正使則改爲趙珩，不知何故。一行至北京，於正月表賀冬至、元旦、萬壽聖節，然其何時返國，則《顯宗實錄》遺而不載也。一行到信川，尚在客舍行望哭禮等，蓋以孝宗新逝故也。及至北京，又適逢順治帝駕崩，一行亦參加喪禮諸儀，記中亦略有記載焉。

此《翠屏公燕行日記》，較爲簡略，尤其回程所記，多僅書月日陰晴，發某地經某地宿某地，中間經多少里，他無所記。有紀行詩四首，末附沿

途所作九首,若"強胡有意窺燕塞,漢將無謀失雁門"①,"千古興亡無刺此,當年設險只徒勞"等句②,皆悼明仇清之詞也。

趙氏此行,頗不順諧。臘月初四日,宿高平,連日來齒痛極重,暫時觸冷,其苦不堪,痛勢累日不止,極爲可慮。十四日,宿永平府,齒痛轉劇,而累夜不得安寢,辛苦萬狀。二十一日,艱抵玉河館。③ 故其離玉河館時稱,"一朝吃苦之餘,始得發還,如脱樊籠,快意不可言"④。朝鮮使臣,在瀋陽時即有此類語,而入北京後,每發自玉河,亦莫不如是説也。

0291-1660
姜栢年《燕京録》(《全集》第19册;《叢刊》第103册《雪峰遺稿》 刻本)

姜栢年(1603—1681),字叔久,號雪峰,晚自號閑漢,又號聽月軒,晉州人。仁祖五年(1627),中庭試乙科。官至司諫院正言、黄海道觀察使、司憲府大司憲、司諫院大司諫、禮曹判書、判中樞府事等。仕途不順,屢有起躓。然氣質清明,操履端潔,律己清約,寒苦如窮儒。又深於性理之學,而能實踐自得。裒輯心學要語及古今嘉言善行,倣《大學》八條,編爲《閑漢謾録》以自警,晚猶好《參同契》。卒謚文貞。有《雪峰遺稿》三十卷行世。事見《雪峰遺稿》卷三〇附録任相元《行狀》與《墓碣銘》、《仁祖實録》、《孝宗實録》、《顯宗實録》等。

案姜栢年出使事由,詳參前趙珩《翠屏公燕行日記解題》(0290-1660)。

姜栢年《雪峰遺稿》三十卷,爲其家藏稿,肅宗年間以木板本刊行,《韓國文集叢刊》據奎章閣藏本影印,《燕行録全集》爲同一版本。前後無序跋。詩二十一卷,卷中又以《閑溪》《歡城》《海西》《吴州》等十餘小集名之;文八卷,附録一卷。

《燕京録》一卷,輯自姜栢年《雪峰遺稿》卷一四,收詩五十餘首,爲其

---
① 趙珩《翠屏公燕行日記·次書狀韻》,《燕行録全集》,020/218。
② 趙珩《翠屏公燕行日記·山海關作》,《燕行録全集》,020/241。
③ 趙珩《翠屏公燕行日記》,《燕行録全集》,020/220—231。
④ 趙珩《翠屏公燕行日記》,《燕行録全集》,020/236。

於顯宗即位年(順治十七年　1660)出使期間所作詩。姜氏詩題有《次上使韻》《次書狀官韻》諸作,又有"嚴持禁令兼臺在,總察文書上价存"等句①,因其身份爲副使故耳。其詩多以"偶吟""感懷"爲題,而其詩亦多感時傷景、低昂迴旋、觸物傷悲之句。其父曾於萬曆庚子(1600)以書狀官赴京,姜氏亦於庚子作節使之行,然此"庚子"非彼"庚子",故其詩云"最是重回庚子歲,登臨隨處倍傷情"②。又稱"季札觀周非我事,遲回只益旅愁凝"③,撫劍咄嗟,莫可如何者。又其《雪峰遺稿》卷二二有《林慶業出送謝表》《北京謝恩表》,蓋亦燕行時所作,或在朝廷所作,皆事關燕行者也。又任相元謂姜氏"以冬至副使之燕,雖一卷書亦無所購,迴而入幣灣府以補官費,行橐索然"④。若果如此,則在燕行使中爲難得矣。

0292-1660

李元禎《庚子聞見事件》(《同文彙考補編》卷一《使臣別單一》　活字本)

出使事由:謝恩行
出使成員:正使益平尉洪得箕、副使議政府右參贊鄭知和、書狀官成均館直講李元禎等。
出使時間:顯宗元年(順治十七年　1660)正月二十五日—?

李元禎(1622—1680),字士徵,號歸巖,廣州人。孝宗三年(1652)及第。爲藝文館檢閱、司憲府持平。顯宗朝,爲江陵府史、東萊府史、工曹參判、承政院都承旨、户曹參判等。肅宗時,任司諫院大司諫、司憲府大司憲、吏曹判書等。因參與李楨、李柟與其舅吳挺昌及尹鑴等謀逆事下獄,不服,斃於杖下。高宗朝平反,賜謚文翼。有《歸巖集》十二卷存世。事見《歸巖集》卷一二李世瑗《家狀》、卷一一蔡濟恭《神道碑銘》,又見孝宗、顯宗、肅宗《實録》等。

---

① 姜柏年《燕京録·路中偶吟》,《燕行録全集》,019/427。
② 姜柏年《燕京録·途中感懷》,《燕行録全集》,019/421。
③ 姜柏年《燕京録·馬上偶吟》,《燕行録全集》,019/434。
④ 任相元《恬軒集》卷31《姜公神道碑銘》,《韓國文集叢刊》,148/480。

案順治十六年(孝宗十年 1659)十一月,清廷遣工部尚書郭科,至朝鮮弔祭孝宗,並賜謚號忠宣;又遣禮部尚書蔣赫德等往朝鮮,册封李棩爲朝鮮國王,誥封其妻金氏(明聖王妃,清風金佑明女 1642—1683),並賜彩幣。翌年正月,朝鮮遂派謝恩使益平尉洪得箕、副使右參贊鄭知和、書狀官成均館直講李元禎等入燕,謝賜祭、謝賜謚並謝册封等事。一行於正月二十五日發王京,而返國日期,史籍失載焉。

李元禎此《聞見事件》所載四條,記清廷自北京至山海關、瀋陽、寧古塔間,各設九站。又謂皇帝因南方兵革未息,下罪己詔。又記漢人王愛信、李華龍各以一顆空青,密付譯官張炫,欲以變賣。李氏謂此非易得之物,而項日得一顆,今日得一顆,後袖示太醫卜光明而辨之,言李氏所持爲假,王氏所持未知真假。自是日,願賣空青者接踵而至,索價多者萬金,小者三千金。其形體或同或異,或如鵝卵,或有青紋,或有赤紋,搖之內有水聲,試沉於水,取以諦視,則顯有合付之痕,皆退之。

案空青,又名青油羽、青神羽、楊梅青、青要女等,屬孔雀石種。產於川、贛等地,隨銅礦生成,球形中空,翠綠色。可爲繪畫顏料,亦可佩帶裝飾。取其膽汁,可入藥。《普濟方》謂治眼疏疏不明,"空青少許,漬露一宿,以水點之"。有明目、去翳、利竅功用,又治中風、頭風、耳聾等。

朝鮮以空青爲寶藥,江原道淮陽都護府,亦產空青,然罕見稱珍。顯宗元年二月,顯宗眼睛不適,御藥房入診時,都提調李景奭陳達,"聞空青治眼病甚妙,而此物產於西蜀及辰州,中國亦絕貴云。使行雖已渡江,請急馳諭,或移咨以求之,或給價以貿來"。顯宗以爲"移咨未妥,言於使臣,使之覓來可也"。① 考李元禎一行於正月二十五日發王京,則李景奭所稱"已渡江"之使行,即元禎一行也,故有一路覓買空青之事耳。又肅宗四十三年(康熙五十六年 1717),肅宗眼疾發作,曾遣賫咨官李樞專差請貿空青,康熙帝遣阿克敦"賫御府所有空青一枚來致"②。又朝鮮肅宗四十四年三月,"平安監司金楺,使所管成川別將,求空青於採銅之時,

①《顯宗改修實錄》卷2,顯宗元年(順治十七年 1660)二月八日癸巳條。
②《肅宗實錄》卷60,肅宗四十三年(康熙五十六年 1717)十月十三日癸巳條。

果得一枚上送,藥房剖之,得漿汁。於是藥房請入診,試點眼部"①。此亦可知肅宗眼疾之頻發難治矣。一枚空青之价,例贈外給銀四千兩。肅宗四十四年戊戌(1718)、景宗二年壬寅(1722)又爲請來。英祖元年(1725),亦曾請給,都監申思喆以爲過於價高,建議不必援例給銀,英祖不許,故其價昂缺罕爲貴可知也。②

0293-1662
鄭太和《壬寅飲冰錄》(《全集》第 19 册;《叢刊》第 102 册《陽坡遺稿》刻本)

  出使事由:進賀兼陳奏行
  出使成員:正使領議政鄭太和、副使行兵曹判書許積、書狀官成均館
    直講兼掌令李東溟等
  出使時間:顯宗三年(康熙元年 1662)七月二十六日—十一月十
    四日

案鄭太和有《己丑飲冰錄》(0265-1649),已著錄。

是稿輯自鄭太和《陽坡遺稿》卷一四。順治十八年(1661)末,平西王吳三桂等率大軍入緬,緬人執明永曆帝朱由榔以獻,明將白文選降,清軍班師。康熙元年(1662)三月,以滇南平,告廟祭陵,大赦天下。又義州人朴龍業等,以越鴨江伐木事,呈訴於府尹李時術,時術泛然許斫,龍業爲清人所捕得,故招致清廷責難。顯宗三年(1662)五月,清查勘敕使至王京,一則敕告雲南大捷,一則查義州府尹李時術擅自派人越江斫木事。敕使以爲李時術之罪有三:成給印文,罪一也;把守將處,分付勿禁,罪二也;初不區別島名而送之,罪三也。且必欲置之重罪焉。

七月二十六日,顯宗以領議政鄭太和爲進賀兼陳奏正使、行兵曹判書許積爲副使、直講兼掌令李東溟爲書狀官入清,即鄭氏所謂"進賀是賀云

---

①《肅宗實錄》卷 61,肅宗四十四年(康熙五十七年 1718)三月十四日癸亥條。
②《英祖實錄》卷 4,英祖元年(雍正三年 1725)三月二十一日己未條。

南平定也,陳奏是義州前府尹李時術議罪擬律奏文也"①。本書即其使行之日記也。此記仍如鄭氏《己丑飲冰錄》之式,前爲一行官員人役等四十八人名單,後爲日記正文,其所記文字詳略,亦與己丑所錄同。九月十六日到北京,十月十二日還發,十一月十四日到平山。顯宗上表請罪,奉聖旨:王不必引咎,李時術免死革職,義州人等亦皆免死,或配或杖有差。時術於三年起復爲刑曹參議,終官至吏曹判書。又鄭氏記當時率帶内醫金禮者,精通針灸,每日前往孫輔政家(閣老蓀伊)②,爲其施針,後經康熙帝准允,金禮留北京,待輔政病差癒,再行打發。鄭氏言其"且盡傳家治病術,俾知東國有神醫"③。鮮人針術,自古有名,觀此亦可知矣。

0294-1662
鄭太和《壬寅燕行詩》(《叢刊》第 102 册《陽坡遺稿》 刻本)

案鄭太和有《己丑飲冰錄》(0265-1649),已著錄。鄭氏此次出使事由,詳參前《壬寅飲冰錄解題》(0293-1662)。

鄭太和《陽坡遺稿》卷一有《赴燕之行到安州……口號以贈》詩題下注"壬寅"④。其下尚有《獨坐嘉平館待副使許積書狀李東溟》《留玉河館九月已過有懷偶吟》《李府尹時術擬律奏文批下之日賦五言四韻軍官先來之便書送於李正字世長》等四首,亦此次燕行之詩也,復見於《壬寅飲冰錄》中。時久滯館中,不能離發,故有"平生忠信吾無怍,不怕殊方暫滯留"之牢騷語⑤。而李時術免死革職,義州人等亦皆免死。鄭氏得此結果,大爲驚喜,即其詩所謂"離抱書難盡,危機夢亦驚。竟聞今日喜,還覺此行榮。人豈容私力,天應感孝誠。歸時西郭外,青眼倘相迎"者也⑥。

---

①鄭太和《壬寅飲冰錄》,《燕行錄全集》,019/361。
②案此"孫輔政家(閣老蓀伊)"者,即索尼也。順治十八年正月丙辰,世祖崩,子玄燁即位,年八歲,改元康熙。遺詔特命内大臣索尼、蘇克薩哈、遏必隆、鰲拜四大臣輔政焉。
③鄭太和《壬寅飲冰錄》,《燕行錄全集》,019/402。
④鄭太和《陽坡遺稿》卷1《赴燕之行到安州……口號以贈》詩題注,《韓國文集叢刊》,102/243。
⑤鄭太和《陽坡遺稿》卷1《留玉河館九月已過有懷偶吟》,《韓國文集叢刊》,102/244。
⑥鄭太和《壬寅飲冰錄》,《燕行錄全集》,019/395。

則此行陳奏,使事順諧可知矣。

0295-1662
李東溟《壬寅聞見事件》(《同文彙考補編》卷一《使臣別單一》 活字本)

案李東溟出使事由,詳參前鄭太和《壬寅飲冰錄解題》(0293-1662)。

李東溟(1624—1692),字百宗,號鶴汀,德水人。李瑀曾孫。孝宗三年(1652),中生員試,擢同年及第。選入槐院,爲司諫院正言。顯宗時,官至司憲府掌令、持平、安東府使、全羅都事等。肅宗朝,爲海寧府史、慶州府尹、舒川郡守、青松府史等。己巳禍作,竄關北之富寧,居謫四年,惟以教誨生徒爲事,卒於謫所。事見鄭澔《丈嚴集》卷一五《府尹李公神道碑》與孝宗、顯宗、肅宗《實錄》等。

案李東溟此《聞見事件》,凡錄七條。記山海關入關例、宋家莊情形、三河縣城外見吳三桂之子妻(順治妹)所乘紅綿屋轎、永曆帝存沒事、在京詣闕事、見士人姜君弼兄弟事等。其謁闕時,見康熙帝"年今九歲,壯大如十二三歲兒"①。此可知康熙帝幼年發育之異於常人也。又時在山海關搜檢一行,譯官張炫等呈文請除,禮部稱初因朝鮮人潛買禁物見覺,今鳳凰城搜檢,而山海關則原無皇旨,禮部官員擅自設行,故今方推覈治罪,關檢特令免除云。又與士人姜君弼、君輔兄弟見,皆能文,乃正使所主家。問以天下衣冠盡變否?答云只是雲、貴不變。又問永曆存亡,則或曰自盡,或曰被殺,未知的信云。

0296-1663
朗善君李俁《朗善君癸卯燕行錄》(《全集》第 24 冊;《青丘學叢》本 鉛印本)

出使事由:陳慰兼進香使

---

①李東溟《壬寅聞見事件》,《同文彙考補編》卷1《使臣別單一》,002/1570。

出使成員：正使朗善君李俁、副使禮曹參判李後山、書狀官直講沈梓等
出使時間：顯宗四年（康熙二年 1663）五月十二日—九月二十日

朗善君李俁（1637—1693），字碩卿，號觀瀾亭，全州人。仁興君李瑛子，封朗善君。兼五衛都總府都總管、司饔院提調、宗簿寺提調等。精於書法，與弟朗原君侃，俱以善篆隸名。先後多次出使清朝。卒諡孝敏。撰著有《臨池說林》《大東金石帖》《詩文集》八卷等，多不傳。事見南九萬《藥泉集》卷一七《神道碑銘》，又見《顯宗實錄》《肅宗實錄》《槿域書畫徵》等。

顯宗四年（康熙二年 1663）二月，清慈和皇太后佟佳氏崩，三月清使入王京告訃頒敕。四月五日，顯宗差朗善君李俁爲陳慰兼進香使，率副使承旨李後山、書狀官持平沈梓一行，於五月十二日辭朝，往北京進香。七月十二日到玉河館，八月初六日登路返程，九月十五日返王京。此後，李氏又至少兩度赴中國。顯宗十二年（康熙十年 1671），以問安使如瀋陽，以康熙帝行幸瀋陽拜陵故也。一行於十月二十二日離發，甫入中國境，康熙帝已返，故俁等因轉入北京，於翌年正月二十九日返國。又肅宗十二年（康熙二十五年 1686），以李俁爲謝恩兼年貢行正使，右參贊金德遠爲副使，掌令李宜昌爲書狀官赴燕，一行於十一月初四日離發，翌年三月三日返王京覆命焉。

案是稿輯自《青丘學叢》第六號《事大紀行下》。李氏陳慰兼進香此行，正值炎夏，而此年酷暑，更甚往年。一行自出栅後，即有人員馬匹暑濕難支，李氏中暑，復得瘧疾，時寒時熱，自薊州後，或食水澆飯數勺，或食不入口，只飲綠豆粥數器，以至飲食專廢，形骸大削，飲藥無效，直至返路出山海關，方爲轉安。而一行人中，李氏所率帶奴子承賢，猝得暑症，轉轉沉重，粒米不入口，幾入鬼門關，幸得痊癒。而副使牽馬魚川驛子崔雲善，因病致斃，自衙門給棺，埋葬於東嶽廟近處。軍奴劉海，過廣寧衛，忽發大病之後，轉作失性之人，狂奔疾走，無所不至，以至逃走，不知去處。一行馬匹因暑熱而斃者亦至七八匹之多，可謂行路難矣。

李俁精於書法，故尤關注法帖，其往北京時，在山海關，朴而巚出市得《十七貼聖教序》，給價購之。至三河縣，又得《黃庭經》及文長洲畫軸買

之。① 亦可謂不虛此行矣。

又，此前謝恩使右議政鄭維城一行，因犯禁貿購硫磺事，出柵時被檢出，時李氏等在京知曉後，副使李後山使譯言於提督，願以賄白金四千兩，自朝廷備送於後行，以求其終始周旋疏通，俾朝廷勿發勘查之使，且就此事計於李俁，李氏以爲四千之金，尤極重難，且此事非使臣所敢擅爲，副使願獨力承擔，雖被重譴，其自當之。至山海關遞送狀啓，李氏拘於顏面，不能終始堅執，遂聯名馳啓。而一行甫入國境，遂即有拿問定罪，即行重治之訊。至九月十九日，特命放釋。而清廷亦果遣差刑部右侍郎覺羅勒得洪等至朝鮮行查，以至當事人處斬，謝恩使臣革職云。顯宗又派陳奏使右議政洪命夏一行，以清帝減免使行違禁買賣罪，入北京陳奏謝恩云。

0297-1663
李㫉《癸卯聞見事件》(《同文彙考補編》卷一《使臣別單一》 活字本)

出使事由：進賀兼謝恩行

出使成員：正使議政府右議政鄭維城、副使户曹參判李㫉、書狀官宗簿正朴承健等。

出使時間：顯宗四年(康熙二年 1663)三月二十日—七月二十七日

李㫉(1605—1664)，《顯宗實錄》等作曼，字志曼，全州人。刑曹參議浤之子，太宗長子讓寧大君禔之七世孫。仁祖六年(崇禎元年1628)，設登殿別試，爲壯元。官司諫院正言、司憲府持平、弘文館修撰，擢拜承政院承旨，歷黃海、平安、慶尚三道觀察使等。孝宗朝，趙絅秉銓，拜司憲府大司憲，再官全羅道觀察使、平安道觀察使、江都留守等。封完原君。時孝宗有意練兵，以倭情可虞，告於清廷，請修城池，而引東萊府使盧協及㫉狀啓爲言。清廷遣使詰問，㫉對語明辨無所失，然亦遭貶竄，未久放還，旋起廢，歷按四道，卒於牙山。㫉明敏善剖決，才望過人，精於治產，尤明於農作之方，善別土宜，性好操切，時稱剚劇之才。事見許穆《記言》卷一八《大司憲完原君李公墓誌銘》與仁祖、孝宗、顯宗《實錄》等。

---

①朗善君李俁《朗善君癸卯燕行錄》，《燕行錄全集》，024/410、414。

康熙元年（1662）十月，尊皇太后爲太皇太后，尊皇后爲仁憲皇太后，母后爲慈和皇太后，並遣使至朝鮮；二年二月庚戌，慈和皇太后佟佳氏崩。朝鮮遣進賀兼謝恩使右議政鄭維城、副使户曹參判李翮、書狀官宗簿正朴承健等入燕，賀太皇太后、皇太后、皇太妃尊號，謝頒詔賜物，謝宥犯，謝歲幣不堪及豹皮犯禁等事。一行於三月二十日發王京，七月二十七日返京覆命焉。

李翮此《聞見事件》四條，記在途宿秀才劉舜脉家，問以近年興亡事迹及民生休咎，則初不肯言，更告以"君書我見，我書君見，必不宣泄"，則乃陳南明弘光、永曆始末梗概。其父年七十餘，屛伏後舍，謂譯官曰："吾欲見東國使臣，而奈此頭無冠何！"自言爲"老監生，剃髮以來，愧見外人，而弟仕宦京師，諸兒爲舉子業，渾家慚負天地云"。① 又在京見朝鮮被擄人許俊，言自受知皇帝，最被恩遇，稱頌不已，謂皇帝性不喜華靡，飲食衣服，無異平人，得甘雨，庭有流注處，欲掃除，則止之曰天降雨澤，民賴而生，慎勿掃去，使之自干云。又稱薊州有崇禎進士李孔昭，遁居山中，教授爲業。又有谷應泰，亦明朝進士，仕於南方。家多經史，買書者輻輳其門。今年，其族親無賴者，告於北京，謂應泰私撰明史，賣於外國。拿問無實，告者將反坐焉。

案清初遺民風氣，籠罩天地。觀劉舜脉父所言可知，一家兄弟，或隱或仕，前朝進士，或出或遁，即當時之實錄也。又許俊所言，可知康熙帝自幼即不事華奢，體物之情，觀民之生，其爲千古帝王，亦天性使然也。

0298-1664
洪命夏《燕行録》（《全集》第 20 册　鈔本）

出使事由：謝恩兼陳奏行
出使成員：正使議政府右議政洪命夏、副使議政府左參贊任義伯、書狀官成均館司藝李程等
出使時間：顯宗五年（康熙三年　1664）二月十三日—六月十三日

---

① 李翮《癸卯聞見事件》，《同文彙考補編》卷1《使臣别單一》，002/1571。

案洪命夏有《癸巳燕行錄》(0277-1653),已著録。

顯宗五年(康熙三年 1664)二月,朝鮮以右議政洪命夏爲謝恩兼陳奏行正使,左參贊任義伯爲副使,司藝李程爲書狀官赴燕。先是,前謝恩使右議政鄭維城一行,因犯禁貿購硫磺事,清廷敕命查覈,故朝鮮遣使謝敕並奏犯人查擬之情狀也。後以硫磺犯禁人等,論以一罪,使臣等擬以革職,犯禁死者二人爲結焉。一行自二月十三日詣闕離京,四月初七日至玉河館,六月十三日返京覆命。顯宗問以清國消息,對曰:"兒皇節用,而府庫充溢,年歲屢登,而人物蕃盛,禁馬駕車,使不得雇載,方設科取士矣。"上以命夏所上榜目,出授領相曰:"彼無乃假作榜目而矜耀我國耶?"命夏曰:"雲南、福建之人,亦入其中,統一據此可知。且臣路遇一舉子,舉子曰:'無銀不得做進士。'以此觀之,似不虛也。"上笑曰:"此落榜者之言也。"命夏曰:"我國秘密之事,大通官輩,無不知之。如江都、南漢、紫燕等處營爲之事,亦知其概,言於譯輩,誠可慮也。"①

案此《燕行錄》,不見洪命夏《沂川集》中,蓋爲單行之本。封面左楷書題大字"燕行錄","錄"下稍左書"洪"字,右上頂書"甲辰"二字。首頁則大字書上、副使、書狀官姓名。書狀官"李"缺"子"字下半截,且缺"程"字,中間左下書"八代孫/都事在範"兩行,蓋爲在範據作者手稿謄錄,行楷鈔寫,較爲整飭也。

洪氏此記,頗爲詳悉。如其記五月初四日,發北京,到通州,寓十年前所寓人家。主家請洪氏吃酒。設高足床於炕上,又設高足床於中堂之西,主人出來,童奚手捧小盤而至,主人親自排床。初以龍眼二器、棗一器、查膏一器小爵,親自酌酒。俄而又進,乃白茯糕一器、蒸餅一器、生梨一器、西瓜種子二器,再進酒。又進雜菜一器、蒜芹菜一器,以茗茶進之。燃燭,乃設餐。鯉魚生鮮一器、茯苓糕一器、猪肉四器、蒸餅一器、沉魚一器、蒜菜一器、雜一器、卵煎一器。每爵進數三器,夜深乃罷。② 據此可知當時通州富家之豪奢,及宴牀之規矩也。

他所記者,若沿途在朝鮮境內方物馱載馬驅人持馬逃走;方物馱數,

---

①《顯宗實錄》卷8,顯宗五年(康熙三年 1664)六月十三日甲辰條。
②洪命夏《燕行錄》,《燕行錄全集》,020/335—337。

及載馱之方;搜檢乾糧卜馱,至破酒瓶亦不例外;在瀋陽、遼東賣參價格;遼東城人家稠密,業商者多以復舊觀;豐潤曲翰林家藏累萬卷書,以見賣於鮮人;行途見蒼茫大野,煙樹浮空,有若島嶼列峙在大海中,此所謂薊門煙樹;在北京見幻燈之奇特與製作工藝;論康熙與太后關係及科舉弊端;返程在通州所食餐飯詳細之食單;高平、海州等處田役賦稅及水、薪之價錢;朝鮮刷馬人之處處作弊以欺紿漢人等。凡此等於當時物貨價格、民情風俗、自然風光、時政科舉等,皆大有關係者也。

0299-1664
洪命夏《甲辰燕行錄》(《全集》第 20 冊;《沂川集》 刻本)

　　案洪命夏有《癸巳燕行錄》(0277-1653),已著錄。

　　此《甲辰燕行錄》,即洪命夏顯宗五年甲辰出使期間所作詩,共四十餘首,多與書狀李程唱和之作。此爲洪氏二度入燕,故其詩有"壯志平生阨八寰,倦遊遼薊十年間"之句①。至其所吟詠,仍不出反清懷明、徘徊惆悵之作,若"河水尚含千古恨,至今嗚咽繞城流"②,"何當掃盡溟濛祲,天地重恢日月光"③,"悲涼最是無窮恨,萬壽山前舊殿虛"④,"今古忽從桑海變,衣冠還與語言殊"等皆是也⑤。

　　又是年三月丙戌,清廷大考,賜嚴我斯等一百九十九人進士及第。洪命夏日記於三月十一日記新進士遊街事甚詳,而其詩則謂"路傍觀者簇如牆,白馬青幢進士郎。祇是衣冠非漢制,莫誇頭上桂花香"⑥。則亦不以爲榮也。卷末有洪錫箕《讀洪相國燕行錄感吟》一首,稱"微吟叩馬句,掩卷一潸然"⑦。亦皆悲歌鬱憤之套路耳。

---

①洪命夏《甲辰燕行錄·次書狀李雲長(程)韻》,《燕行錄全集》,020/399。
②洪命夏《甲辰燕行錄·遼東》,《燕行錄全集》,020/397。
③洪命夏《甲辰燕行錄·次書狀韻》,《燕行錄全集》,020/403。
④洪命夏《甲辰燕行錄·玉河館有感》,《燕行錄全集》,020/404。
⑤洪命夏《甲辰燕行錄·次書狀韻》,《燕行錄全集》,020/405。
⑥洪命夏《甲辰燕行錄·次書狀詠新恩遊街者韻》,《燕行錄全集》,020/403。
⑦洪命夏《甲辰燕行錄》,《燕行錄全集》,020/407。

0300-1664
任義伯《今是堂燕行日記(是堂燕行錄)》(《燕行錄叢刊(增補版)》網絡本　鈔本)

任義伯(1605—1667),字季方,號晚閑,又號今是堂,豐川人。仁祖八年(1630),中進士。孝宗朝,爲司憲府掌令、東萊府使、黃海道觀察使、慶尚道觀察使等。顯宗時,任平安道觀察使、慶尚道觀察使、忠清道觀察使、工曹參判,卒於任。有《今是堂燕行日記》傳世。事見任堕《水村集》卷一一《先考今是堂府君行狀》、李宜顯《陶谷集》卷一九《墓表》與《孝宗實錄》《顯宗實錄》等。

案任義伯出使事由,詳參前洪命夏《燕行錄解題》(0298-1664)。

是本爲黑格鈔本,首頁首行題"今是堂燕行日記乾",下記一行人馬員額。日記自二月十三日謁闕始,十五日發王城,因雨在義州耽延數日,三月初七日渡江,至三十日抵撫寧而止,其後再無記錄,或有殘缺故耶?任氏與上使、書狀相唱和之詩,附於當日之下,並錄原唱於後焉。

任氏此行,一路或雨或雪。如三月十七日,向牛莊途中,"大路則泥濘處有同坑穽,人馬陷没,則不能拔出,勢難通行,不得已問於馬貝,從迂路任行,過茅氏屯,其村人一時聚觀。……衆官輩皆言每年赴京,未嘗見如此狼貝。蓋此處上年秋霖雨大作,至於初冬,禾穀損傷,以至凶欠,秋水仍凍,今始解冰,泥融之患如此。將入牛莊,上使老蒼頭各騎馬陷泥落馬,不能拔出,人之兩脚幾盡没入,滿身模糊,皆是泥色,蹣跚之狀可笑。員譯輩亦多陷落者,方物則幾半雇車,幸得無弊得達。"故其詩有"泥途滑滑水深深,昨日狂風今日陰"等句,[1]蓋記實也。

0301-1664
禹昌績《甲辰聞見事件》(《同文彙考補編》卷一《使臣別單一》　活字本)

出使事由:冬至等三節年貢行

---

[1]任義伯《今是堂燕行日記·次上使下示韻》,《燕行錄叢刊(增補版)》網絡本,第68—70頁。

出使成員：正使議政府右參贊鄭致和、副使禮曹參判李尚逸、書狀官成均館直講禹昌績等。

出使時間：顯宗五年（康熙三年　1664）十月二十七日—翌年二月二十六日

禹昌績（1623—1693），字子懋，號崇儉，丹陽人。自幼性好讀書，以山寺爲家，常坐一席，不離尺寸，僧徒指爲"禹公座"。用功尤在《中庸》，讀過萬遍，自是文辭沛然。仁祖二十六年（1648），與弟昌夏同榜中進士。顯宗朝，爲司諫院正言、司憲府持平、掌令。肅宗時，爲司諫院司諫、承政院承旨、開城留守等。事見李瀷《星湖先生全集》卷六《禮曹參判禹公墓誌銘》與顯宗、肅宗《實錄》。

此《聞見事件》一條，言首輔政孫伊之子葛布拉方爲近密之臣，有女年今十三歲，以此定爲皇后，將於二月十二日或十七日行册禮，行禮後則應有頒敕。據《顯宗改修實錄》，一行返國，報稱"時清主幼沖，大小政令，皆出於四輔政。將以二月十二日，册首輔政孫伊之孫女爲后，册封之後，當有頒赦敕使之行云"①。

案此所謂"首輔政孫伊之子葛布拉"，即輔政大臣索尼子內大臣噶布喇也。康熙四年九月辛卯，册赫舍里氏爲皇后，即索尼之孫女、噶布喇之女也。十三年五月丙寅，生皇二子允礽，即於是日崩，年二十二，諡曰仁孝皇后。雍正元年，改諡。乾隆、嘉慶累加諡，曰孝誠恭肅正惠安和淑懿恪敏儷天襄聖仁皇后焉。

0302-1665
李慶果《乙巳聞見事件》（《同文彙考補編》卷一《使臣別單一》　活字本）

出使事由：冬至等三節年貢行

出使成員：正使議政府右參贊金佐明、副使禮曹參判洪處厚、書狀官司憲府持平李慶果等。

出使時間：顯宗六年（康熙四年　1665）十月二十二日—翌年二月二

---

①《顯宗改修實錄》卷12，顯宗六年（康熙四年　1665）二月二十六日癸未條。

十五日

李慶果(1622—?),字碩之,慶州人。孝宗朝,爲承文院正字。顯宗時,任司憲府掌令、持平等。隨冬至使金佐明出使中國,後因病見罷。事見《孝宗實錄》《顯宗實錄》《承政院日記》等。

此《聞見事件》一條,記在館時,李一善等來言,正朝廷禮,不可不預習。俄而,禮部送鴻臚寺官員,令朝鮮使臣率員役輩,行禮於館庭,前無此規,今始行之。又差人金始達奴萬敵病死館中,譯官通於大通官,轉告禮部,則給漆棺一部,大布一匹,使出城埋葬云。

0303-1666
南龍翼《燕行錄》(《全集》第 23 冊;《叢刊》第 131 冊《壺谷集》 刻本)

出使事由:謝恩兼陳奏行

出使成員:正使議政府右議政許積、副使刑曹參判南龍翼、書狀官司憲府掌令孟冑瑞等。

出使時間:顯宗七年(康熙五年 1666)九月二十日—翌年正月十二日

南龍翼(1628—1692),字雲卿,號壺谷,宜寧人。幼穎脱絶倫,詞翰敏速,操筆立就,語輒成章。仁祖二十四年(1646)進士。又明年,魁人日試。又明年,庭試及第。孝宗朝,爲司諫院正言、弘文館校理、承政院承旨等。顯宗時,爲承政院都承旨、京畿道觀察使、慶尚道觀察使、司諫院大司諫、工曹判書、司憲府大司憲。肅宗時,陞開城留守、刑曹判書、禮曹判書等。己巳(1689)換局,忤上旨,復遭構誣,遂遠配,卒於明川謫所。爲人得厚無偏,不喜議論,惟以詩酒自娛,而中實有守。後謚文憲。有《壺谷集》十八卷、《箕雅》十四卷行世。事見南正重《碁峰集》卷三《府君行狀》、南公轍《金陵集》卷一七《府君墓誌銘》、李縡《陶菴集》卷二七《南公神道碑》與孝宗、顯宗、肅宗《實錄》等。

南龍翼《壺谷集》十八卷,英祖年間刊行。《韓國文集叢刊》據奎章閣藏本影印,《燕行錄全集》爲同一版本。前十二卷爲詩,後六卷爲文,前後無序跋。卷一至卷一〇,按體裁編次,卷一一至卷一二《扶桑錄》爲使日本詩，後爲《燕行録》。

先是，顯宗七年七月，清廷派户部左侍郎雷虎等爲敕使，勘查三事：朝民被擄人安秋元等逃回不遣返事，謝恩使沈益顯行中有人違禁購買硫磺事，鮮民越境伐木事。顯宗爲臣子開脱，以至北向叩地，以身自當，史稱其"景色之慘，豈下於南漢城下之辱哉"①。清使欲重罪領議政洪太和、左議政洪命夏。九月朝鮮派出謝恩兼陳奏使，以右議政許積爲正使、刑曹參判南龍翼爲副使、掌令孟冑瑞爲書狀官赴燕。九月二十日詣闕離發，十一月初九日抵北京，十二月初五日發北京，月底出栅，翌年正月十二日詣闕覆命焉。

南氏纂有《箕雅》，收録高麗朝崔致遠至朝鮮朝顯宗時金錫冑等詩家近五百人，又有《壺谷詩話》，品評賞鑒，多有確當語。龍翼作詩，才敏善韻，境遠意悠，頗有唐風。此卷輯自南龍翼《壺谷集》卷一二，即南氏出使清朝時沿途所作之詩，近一百首。南氏之詩，唱和之作甚少，乃於沿路自作自賞耳。南氏曾奉命出使日本，今又往北京，故其詩中屢提及此事，若"昔年我作桑海遊，大阪城頭繫客舟。今年我躡北燕路，通州館里停行輈"②，"東陟日光看大海，北窮遼左度陰山。扶桑曉景留詩在，薊樹寒雲滿袖還"等③，紀實兼以自誇自豪也。他若《塞上曲十四首》《古戰場行》《苦哉行》等，寓叙事於平淡之中，雖少波瀾，然拙樸工穩，不事艱澀，是其長也。時已康熙五年，而其詩尚有"昔時文物今安有，弔古且飲通州酒"之句④。鮮人之眷戀明朝，希冀亡清而復明，可謂至誠，亦可謂夢囈矣。

0304-1-1666；0304-2-1666

孟冑瑞【原題許積】《燕行録【原題曾祖考燕行録】》（《全集》第 21 册　手稿本）

孟冑瑞【原題南龍翼】《曾祖考燕行録》（《全集》第 23 册　手稿本）

孟冑瑞（1622—1699？），字休徵，新昌人。孝宗時，爲承政院注書。

---

①《顯宗實録》卷 12，顯宗七年（康熙五年　1666）七月十七日丙申條。
②南龍翼《燕行録·通州歌》，《燕行録全集》，023/176。
③南龍翼《燕行録·二十七日過金石山城喜吟》，《燕行録全集》，023/195。
④南龍翼《燕行録·通州歌》，《燕行録全集》，023/177。

顯宗朝,官至司諫院正言、司憲府掌令、黄海道觀察使、忠清道觀察使等。肅宗時,爲慶尚道觀察使、安東府使等。有《燕行錄》傳世。事見《顯宗實錄》《肅宗實錄》《承政院日記》等。

案孟冑瑞出使事由,詳參前南龍翼《燕行錄解題》(0303-1666)。

孟冑瑞此《燕行錄》,《燕行錄全集》編纂者既收於第二一册,又重收於第二三册,且此處則署名"許積",彼處則冠以"南龍翼",實則皆大誤也。蓋編者見首頁有"上使右議政許副使刑曹參判南"字,又"許"字旁注"積","南"字旁注"龍翼",故此處署許氏名,而彼處則書南氏名也。曾不考同頁即有"上、副使先發,余次第登途"句①,書中"上使""副使"屢屢稱之,則可知作者既非許氏亦非南氏,實乃書狀官孟冑瑞所作也。

案是稿爲手稿本,封面隸書題"先曾祖燕行錄",則爲孟冑瑞裔孫輩所題也。今既以作者屬之孟冑瑞,則題名爲"曾祖考燕行錄",顯然不妥,故改題爲《燕行錄》,俾符其原意可耳。此稿與第二三册所收不同者,此册文字複製時略有放大,故不見邊框;彼册文字較小,故見每頁四周有粗黑框也;又此册封面前有一頁,文字潦草,不堪識讀,末行有"甲申春三月初三"等字樣,而彼册無此頁;又是稿末尚有隸題"燕南薊北路萋萋,壯士口(原闕)歌氣豪雄。山河萬里腥羶滿,何處新亭起悲思",筆體與封面題字同,而彼册皆無,則爲編纂者所刪耳。全稿草書連筆,塗抹添注,識讀爲難矣。

孟冑瑞一行於九月二十日詣闕,顯宗囑許積、南龍翼"此事予已自當,盡心周旋,期於兩相之無事"②。一行抵北京後,奔波陳奏勘查犯禁人等情狀。清廷以爲君臣互相自當,誠是朝鮮美事,然罰國王金五千,大臣免罪,具體犯案之臣免死,决杖發配。消息傳到朝鮮,輿情大嘩。言官奏許積一行,大臣之罪,雖得脱免,而徵金之罰,反歸國王,此實前古所未有之事。許氏等只知大臣免罪之爲幸,而不知君父受罰之爲痛,移臣子之罪,歸君父之身,乖舛名分,傷損義理,復何如哉?自有此事以來,上自搢紳,下至韋布,以及閭巷小民,莫不爲國憤惋,亦可見其天理人心之所同然。

————————
①南龍翼《燕行錄》,《燕行錄全集》,021/115。
②南龍翼《燕行錄》,《燕行錄全集》,023/149。

今若置而不罪,則國體不尊,輿情莫慰。請許積、南龍翼、孟胄瑞並命罷職,顯宗皆不之從。比至返國,詣闕覆命。後又自上彈章,請求辭職,而皆未允耳。

0305-1666
孟胄瑞《丙午聞見事件》(《同文彙考補編》卷一《使臣別單一》 活字本)

案孟胄瑞有《燕行録》(0304-1666),已著録。

此《聞見事件》所記四條,即孟胄瑞顯宗七年(1666)出使期間所記也。凡録醫官金萬直往四輔政五倍所土裏家治病事、啓草中罰朝鮮國王金五千兩事、詣闕時與蒙古來謁者聊蒙古事等。謂首譯等得禮部議啓草,"只自上罰金五千,而大臣則不論","罰之一字,怵然心驚",一行甚爲憂患。又言在殿内見"皇帝起立,身長已如成人"。後又得知"罰銀減爲五千兩,大臣一並見釋",未能的信,亟令譯官張炫等得來謄本云。①

0306-1666
趙遠期《丙午燕行詩》(《叢刊續》第39册 活字本)

出使事由:冬至等三節年貢行
出使成員:正使議政府右參贊鄭知和、副使禮曹參判閔點、書狀官兼司憲府持平趙遠期等
出使時間:顯宗七年(康熙五年 1666)十一月二日—翌年二月二十六日

趙遠期(1630—1680),字勉卿,號九峰,林川人。時馨子。贅於白軒李景奭之門,訓課踰己兒。聰穎有器度,期以遠大。孝宗元年(1650),中司馬試。顯宗元年(1660),釋褐。爲司憲府持平、司諫院司諫、司憲府執義、弘文館修撰等。肅宗時,任黄海道觀察使、春川府使、承政院承旨等。有《九峰集》六卷傳世。事見李景奭《白軒集》卷四七《趙希進墓碣銘》、李

---
①孟胄瑞《丙午聞見事件》,《同文彙考補編》卷1《使臣別單一》,002/1572。

夏坤《頭陀草》第一五册《趙時馨行狀》、趙遠期《九峰集》附錄趙亨期《墓誌》、《顯宗實錄》、《肅宗實錄》等。

　　顯宗七年(1666),朝鮮遣冬至等三節年貢使右參贊鄭知和、副使禮曹參判閔點、書狀官兼司憲府持平趙遠期等入北京,進三節年貢。趙遠期到山海關,以病落後入京。一行於十一月初二日發王京,翌年二月二十六日返京覆命焉。

　　趙遠期《九峰集》六卷《附錄》一卷,前三卷詩,以體裁編卷,後三卷爲諸體文。後人據家藏本整理,以活字刊行。今所見《九峰集》卷二如《曉發九連城》《以搜檢五作龍灣行詩以識之》《辭朝日引見》《次副价留別灣尹韻》《次杜詩至日韻呈兩使》《次副使鳳凰山韻》《遼東感舊》等十餘首,即爲遠期此次燕行時所作,然既無因病落後苦痛之音,亦無留館期間所作詩,蓋有散佚故也。其詩不事叫囂,不求新奇,含容吐納,沉郁老到者也。

0307-1666
趙遠期《丙午聞見事件》(《同文彙考補編》卷一《使臣別單一》　活字本)

　　案趙遠期有《丙午燕行詩》(0306-1666),已著錄。

　　此《聞見事件》一條,即趙遠期顯宗七年(康熙五年　1666)出使返國後所上。記所貢禮物中紙劣,禮部招正、副使至,以小紙書問今歲所貢禮物,紙張一項,四十餘卷不堪者,又每捆内顔色不及向年,是何緣故? 使臣答以莫重進貢禮物,非不盡心精備,封裹之時,皆經參檢。而許多紙張,恐未能覺察,色劣者或相間相雜,乃使臣不謹之罪,在所難免,惶恐之外,他無所對。衙門諸官見其所答,而相語曰:使臣言如此,更無可問。使之退去云。

0308-1667
慶㝡《丁未聞見事件》(《同文彙考補編》卷一《使臣別單一》　活字本)

　　出使事由:謝恩兼陳奏行
　　出使成員:正使檜原君李倫、副使議政府右參贊金徽、書狀官成均館

司藝慶㝡等

出使時間：顯宗八年（康熙六年　1667）三月二十一日—？

慶㝡（1626—？），字樂善，號新江，清州人。孝宗朝，爲司憲府持平。顯宗時，爲司諫院正言、司憲府掌令、承政院同副承旨等。肅宗朝，官京畿道觀察使、忠清觀察使、漢城府判決事等。事見孝宗、顯宗、肅宗《實錄》。

據《顯宗改修實錄》，"上年冬，鄭知和以冬至使如清國，方物中白綿紙，有色品不好者。禮部白於清主，將罰銀一千兩，清主特免之。移咨本國，使勘使臣及該掌官罪名，使臣及户曹判書金壽興、參判南老星等，並勘以革職。差遣使价，謝免徵金之罰，又奏勘罪之意"①。故顯宗遣檜原君李倫一行，爲謝恩兼陳奏使行，謝減罰銀，奏科罪歲幣失察官並謝免罪焉。

此《聞見事件》一條，記使臣一行領賞之時，見荷蘭國人，携其所貢之物，亦入午門。觀其容貌，被髮，而冠服之制殊極奇怪。所貢之物，則車載白檀，大如柱者二株，胡椒亦數車，其他箱籠亦多，而其中皆珊瑚寶貝諸物焉。

0309-1667

李世翊《丁未聞見事件》（《同文彙考補編》卷一《使臣別單一》　活字本）

出使事由：進賀謝恩兼冬至等三節年貢行

出使成員：正使議政府右議政鄭致和、副使議政府左參贊李翊漢、書狀官掌樂正李世翊等

出使時間：顯宗八年（康熙六年　1667）十一月六日—翌年三月？

李世翊（1626—？），字叔弼，號鐵崖，富平人。孝宗朝，爲承文館正字。顯宗時，爲司憲府持平、承政院同副承旨、兵曹參知、刑曹參議等。肅宗時，爲綾州牧使、黄海道觀察使等。事見孝宗、顯宗、肅宗三朝《實錄》等。

康熙六年（顯宗八年　1667）秋七月，康熙帝親政，御太和殿受賀，並

---

①《顯宗改修實錄》卷17，顯宗八年（康熙六年　1667）三月二十一日辛未條。

遣理藩院左侍郎綽克托等往朝鮮頒詔,賜綵緞並頒赦令。朝鮮遂遣進賀謝恩兼冬至等三節年貢使右議政鄭致和、副使左參贊李翊漢、書狀官掌樂正李世翊等入燕,一行於十一月初六日發王京,而返國日期,史書漏載,按往例當於翌年三月初返京覆命焉。

　　此《聞見事件》凡隸事四件。一則記北京文書來,令朝鮮禮歲幣中白木二千八百匹、細紬一百匹、小好紙六萬張、青黍皮十張、白米六真斗(女真斗,一斗爲朝鮮七斗),則使之直納於瀋陽。又記閭陽驛道中,逢曰可地所貢大魚,一車僅載一魚,而其長過於車。又南海之南有回蘭國,去北京萬餘里,其國遣使持六足大龜,方到廣東。又此次出使之副使李翊漢逝於北京,清廷送緞匹一端、大布五端、棺材一件。帝遣提督李一善致祭,給回還盤纏銀員役以下人各銀一兩二錢。正使則生羊三口,書狀官二口。禮部給喪車一輛、馬二匹、人二名,使之到處相遞,至鳳凰城止云。

北大東方文學研究叢書

燕行錄千種解題 (中)

漆永祥 著

北大東方文學研究叢書
王邦維 主編

燕行錄千種解題 ⓒ

A Comprehensive Annotated Bibliography on
Thousands of YanxingLU
(Korean Envoy Accounts of Missions to China)

漆永祥 著

北京大學出版社
PEKING UNIVERSITY PRESS

卷三二　0310—0326

顯宗九年(康熙七年　1668)—顯宗十五年(康熙十三年　1674)

0310-1668
鄭樸《戊申聞見事件》(《同文彙考補編》卷一《使臣別單一》 活字本)

出使事由:進賀兼謝恩行
出使成員:正使福昌君李楨、副使右參贊閔熙、書狀官司僕寺正鄭樸等
出使時間:顯宗九年(康熙七年　1668)五月十八日—十月十一日

　　鄭樸(《顯宗實錄》作朴),生平籍貫不詳。孝宗三年(1652),成均館試居首。爲司憲府掌令。顯宗朝,任司諫院正言、司憲府掌令、江界府史,以不能覺察犯越者之罪,被奪告身。肅宗時,起復爲承政院承旨、慶尚道觀察使、司憲府大司憲、司諫院大司諫等。事見孝宗、顯宗、肅宗三朝《實錄》。

　　康熙六年(1668)十一月,清廷以順治帝配祀天地,並加上太皇太后、皇太后徽號,遣使至朝鮮頒詔。朝鮮遂遣進賀兼謝恩使福昌君李楨、副使右參贊閔熙、書狀官司僕寺正鄭樸等入燕,賀順治配祀天地及尊號太皇太后、皇太后,並謝頒詔賜物。一行於五月十八日發王京,十月十一日返京覆命焉。

　　此《聞見事件》所隸二事,一則記清人言北邊羅禪又反來侵邊土,故瀋陽甲軍四百名,方今秣馬。又高平驛路傍石碑書"大虜就殲處"五字,乃萬曆甲午監察御史蜀漢宋興祖所立;又有《董提督一元征胡大捷碑》,以其廣寧總兵戰捷地也。案此已是康熙七年,而明時征戰所立之誇勝文字碑刻,仍屹立不倒,清初文網之不嚴,與此可見矣。

0311-1668
朴世堂《西溪燕録》(《全集》第23册　鈔本)

出使事由：冬至等三節年貢行
出使成員：正使吏曹判書李慶億、副使工曹參議鄭鑰、書狀官司憲府持平朴世堂等
出使時間：顯宗九年(康熙七年　1668)十月二十七日—翌年三月四日

朴世堂(1629—1703)，字季肯，少號潛叟，晚號西溪樵叟，潘南人。顯宗元年(1660)，魁即位增廣科。歷司諫院正言、司憲府持平、黃海道御史、弘文館校理、司諫院司諫等。肅宗朝，官司諫院大司諫、户曹參判、工曹判書、吏曹判書等。有《西溪集》二十二卷傳世。事見《西溪集》一四朴世堂自撰《西溪樵叟墓表》、卷二二李坦《年譜》、李德壽《西堂私載》卷七《墓碣銘》與孝宗、顯宗《實録》等。

朴世堂《西溪集》二十二卷，原集十六卷(《韓國歷代文集叢書》爲十六卷本)，後增入書簡等，於十八世紀末刊行。詩四卷，以《北征》《使燕》《石泉》等録編爲小集，文十六卷，附録一卷，《年譜》一卷。《西溪燕録》不見本集中。

案是稿封面題"西溪燕録"，首頁具題一行三使職銜姓名等，並謂"前赴北京回還一路聞見謹具啓聞"①，然則爲朴世堂所呈國王之狀啓耳。所記自顯宗九年十一月二十一日出義州城，至翌年二月十八日返回義州期間事。雖爲狀啓，仍逐日作記，唯與諸家不同者，朴氏所書日數，不爲數字，而以干支紀日也。書中偶有校語，如十一月記日有兩"庚申"，且所記事皆不同，第二"庚申"旁括注"庚申疊出"，似鋼筆字，抑或今人所添耳。此行使臣，正使六月落點爲李慶億，後改爲李正英，又因李正英管餉穀貿木數百餘同，私與之商賈牟利輩，減價換銀，情狀被揭露，故復以李慶億爲正使也。

朴氏日記，有數事頗可注意者。如其記在北京時，聞通官言"湯若望

---

①朴世堂《西溪燕録》，《燕行録全集》，023/339。

門徒訴言楊光先曆法之誤,昨與庭辨,曆官語屈,將罪光先。自明年更曆,從若望法。若望死已六七年,其被斥多稱枉云"①。此則康熙時中西曆法之爭中大事。又如其記返國途中,在撫寧榆關宿店,居榮氏家,主人稍願謹,朴氏曰:"吾遠來中國,所遇皆貿貿無足語,甚失所望。"其人曰:"南土不如是。但故家世族,稍涉微罪,輒誅其身,徙其妻子於瀋北,遷徙者相屬於道,可忍言耶!"②而其沿途所見,即有自福建、貴州、雲南、廣東等處叛民妻孥,没爲奴婢,遷配瀋陽者。此可見清初之發配南方人往寧古塔等地者,類類皆是,而配送頻頻也。

又一行返國覆命,顯宗問以清朝國事如何? 慶億等俱以所聞見對曰:"我國人每以彼中奢侈已極,必以覆亡爲言,而此有不然。彼中既無兵革,得地極南,而物貨輻輳,安享富貴。以正朝時見之,雖下官,皆著黑貂裘,服御器物,華靡奪目。以我國寒儉之目見之,故以爲過度,而此不必爲其亡兆。最可危者,侵虐漢人,罔有紀極,皆有'曷喪'之歎,若有桀驁者一呼,則將必有土崩瓦解之勢矣。"③此又可見當時清朝,已呈蒸蒸日上之勢,而朝鮮所希冀有漢人起事,而謀土崩瓦解清朝者,亦朝鮮君臣想像之詞耳。又據《實錄》,因此行出使時,曾有賞燈觀雜戲之失,被論罷職,累啓而顯宗終不從焉。

0312-1668
朴世堂《使燕録》(《全集》第 23 册;《叢刊》134 册《西溪集》 刻本)

案朴世堂有《西溪燕録》(0311-1668),已著録。

是卷輯自朴世堂《西溪集》卷一,《韓國文集叢刊》所收爲同一版本,即世堂於顯宗九年冬至十年春間,以冬至使書狀官赴燕時所作,中多與正使李慶億唱和之詩,計收詩三十餘首。其詩如詠山海關稱"鎖鑰終虚設,腥塵滿九州"④,他如"云何唐虞人,邊化爲夷貊","此地不勝悲,悲見舊

---

① 朴世堂《西溪燕録》,《燕行録全集》,023/373。
② 朴世堂《西溪燕録》,《燕行録全集》,023/387。
③《顯宗實録》卷 16,顯宗十年(康熙八年 1669)三月四日丁酉條。
④ 朴世堂《使燕録·山海關》,《燕行録全集》,023/400。

鼎遷"等,①仍是悱惻沉痛之遺民情調。遼野多風,又復起塵,朴世堂謂"中土多塵,遼薊以來,不勝其坌撲,昔石室相公朝京師,嘗有塵詩,極其摸像,實爲千古絶作"。其與上使李慶億亦有《詠塵》唱和詩曰:"乍向西飛乍向東,遠看漠漠近濛濛。晨棲炊甑煤分墨,夕動歌樑燭偕紅。堆處也能埋弱草,漲時還解暗長空。薊門前去千餘里,叵耐春來日日風"。② 其描摹生動,形象逼真,亦可謂善擬物者焉。

0313-1668
朴世堂《戊申聞見事件》(《同文彙考補編》卷一《使臣別單一》 活字本)

　　案朴世堂有《西溪燕録》(0311-1668),已著録。

　　朴世堂此《聞見事件》八條。所記沿路山川、古迹甚多,如謂"自我國都至於燕京三千餘里,其間嶺之高無過高嶺,險無過青石"。又在遼東觀白塔寺(廣祐寺),過松山等處記松山、杏山堡明末間戰事,及山海關、角山寺、夷齊廟等處景物。其在北京,記正月初一日朝參過程,甚爲詳悉。又記"通官輩言湯若望門徒訴楊光先曆法之誤,昨與曆官庭辨,曆官語屈,將罪光先,自明年更曆從若望法"③。此康熙年間天算學曆法之争也。凡此等語,亦皆見朴氏《西溪燕録》,則《聞見事件》者,乃擇日記中相關國事之條目以上啓也。

0314-1669
閔鼎重《老峰燕行記並詩》(《全集》第 22 册;《叢刊》第 103 册《老峰先生文集》;《叢書》第 422 册　鈔本)

　　出使事由:冬至等三節年貢行

　　出使成員:正使吏曹判書閔鼎重、副使判决事權尚榘、書狀官副司直

---

①朴世堂《使燕録·上使用杜工部詩久客宜旋斾一句爲韻分作五首輒次》其二、其四,《燕行録全集》,023/402—403。

②朴世堂《使燕録·詠塵》,《燕行録全集》,023/407。

③朴世堂《戊申聞見事件》,《同文彙考補編》卷 1《使臣別單一》,002/1573—1574。

慎景尹等

出使日期：顯宗十年（康熙八年　1669）十月十八日—翌年閏二月八日

閔鼎重（1628-1692），字大受，號老峰，驪興人。光勳子。爲人英特剛毅，以禮飭躬，力秉清議，精於書法。其學以敬爲主，爲宋時烈、宋浚吉所重。仁祖二十七年（順治六年　1649）庭試文科壯元。孝宗即位，爲成均館典籍、司諫院司諫、東萊府使、禮曹參議等。肅宗即位年（康熙十四年　1675）南人得勢，尹鑴、許積當國，鼎重遷謫南荒，流配至長興。六年，獲釋。己巳換局（1689），南人再度得勢，復配碧潼而卒。一生屢有起蹟，官至司諫院大司諫、咸鏡道觀察使，歷戶、吏、工、刑、禮、兵曹判書，議政府右議政等。卒謚文忠。著有《老峰先生文集》十二卷傳世。事見李縡《陶菴先生集》卷二八《左議政老峰閔公神道碑》（又見《國朝人物續考》卷五）與仁祖、孝宗、顯宗、肅宗《實錄》等。

閔鼎重《老峰先生文集》十二卷，爲據其家藏稿本編次，於英祖十九年（1743）刊行，後增補再刊。《韓國文集叢刊》據高麗大學中央圖書館藏本影印（《韓國歷代文集叢書》同），《燕行錄全集》爲同一版本。卷一詩，他卷皆文，卷一〇即《燕行日記》，然詩另存卷一。蓋是本爲鈔本，故詩與日記尚不分耳。

案此書爲鈔本，封面左行楷題"老峰燕行記"，右行上題"並詩"二字，首頁大題"老峰燕行記並詩"，小題作"燕行日記"，正文則每行連書之，每日所記之事，不再提行另書，且記日亦用干支，而不記數字也。所記極簡，唯記日行之地及所行里數耳。自十月十八日出發，辛巳，至玉河館。又一辛巳，修上聞見別單，投良策，即日記末所附《聞見別錄》也。共有札記三十四條，所記頗雜，多得之於道聽聞見者，若記康熙之相貌秉性好惡、皇太后之有計慮、順治兄弟之情狀、康熙出獵山東等地之擾民、清人朝堂之紊亂、中國喪制之胡俗、清人八固山之軍制、滿人奢侈之風、康熙輔政四大臣之内鬨、西北胡種之情狀、鄭經之在南粤、南明永曆帝之下落等。其論康熙帝"性躁急，多暴怒，以察爲明"①，專擅生殺；論

---

①閔鼎重《老峰燕行記並詩》，《燕行録全集》，022/348。

清兵"鞭笞漢人,罵辱知縣、知州無忌,人心益復思漢,疾視胡人如讎"①;又言自鳳凰城至山海關千餘里之間,蕩然無防守,"若有以萬兵直擣關外者,則不費一鏃一丸,而可定遼廣,遼廣既定,則關内皆將聞風争縛胡將胡吏而來矣"②;又言當時讖語有"四十年天子"之説,故閔氏暢想"吾輩當享四十年云"。③

案閔鼎重所記所思,無非醜詆清室、希冀滅清復明之語也。又有與玉田縣人王秀才公濯、廣寧知縣顔鳳姿相問答手談之語,若出身經歷、關内流民之狀、永曆帝部下孫可望之降、明帝朱氏之裔、山東是否有流賊、當世博學之士、明時衣冠制度、南京殷盛是否如前、濂洛諸書爲何少見等。後又附以山海關聖廟中聖殿位次,至聖先師孔子神位下,配享東西廡之歷代先賢神位,又稱兵亂後,胡人不復尊祀,故位次顛倒失序,且有缺失處。又記寧遠衛夫子廟聖殿位次,則有殿而無廡等。鼎重爲宋時烈門人,爲義理派主將,持尊周大義,故醜詆清廷,恨恨呶呶,而不遺餘力矣。

0315-1669

閔鼎重《老峰燕行詩》(《全集》第 22 册　鈔本;《叢刊》第 103 册《老峰先生集》　刻本)

案閔鼎重有《老峰燕行記》(0314-1669),已著録。

此即前述閔鼎重《老峰燕行記》中所隸詩也,所不同者前爲鈔本,此則輯自閔氏《老峰先生集》卷一耳。首《酒爐》詩題下注"此以下二十六首,出《燕行録》"④。然二十六首之外,尚有詩六首,而《退次諸公送别李惠仲敏迪令公韻》《次李仲羽翻送别惠仲韻留别惠仲》二首,爲《老峰燕行記並詩》所未收,此注作詩時間爲"壬子"。又此稿有校勘,若前稿中"廣寧知縣顔鳳恣","恣"此刻本改作"姿"是也。

閔氏燕行詩,仍多仇清思明、幽憤悲怨之語。如"即今夷狄行天下,偃

---

①閔鼎重《老峰燕行記並詩》,《燕行録全集》,022/359—360。
②閔鼎重《老峰燕行記並詩》,《燕行録全集》,022/371。
③閔鼎重《老峰燕行記並詩》,《燕行録全集》,022/372。
④閔鼎重《燕行録》,《燕行録全集》,022/300。

卧吾知佛意濃"①,"世間翻覆無窮事,欲使湘魂更問天"等皆是也②。又閔氏在廣寧,與知縣顏鳳姿、秀才王公濯等有筆談。閔詩稱"邂逅他鄉感水萍,一場談笑邃忘形"③,則紀其手談之舒暢耳。閔氏問中國有"便把杭州作滿州"之句云,可聞其全篇耶？王氏答此乃時人戲改古詩:"山外青山樓外樓,西湖歌舞此時休。腥羶薰得遊人醉,只把杭州作滿州。"④豈閔氏不知此爲時人戲改宋人林升《題臨安邸》詩耶？

0316-1669
閔鼎重【原題成後龍】《赴燕日錄【原題燕行日記】》(《全集》第 21 冊　手稿本)

案閔鼎重有《老峰燕行記》(0314-1669),已著錄。

此稿《燕行錄全集》編纂者以作者爲成後龍(1621—1671),然遍考全稿,皆無成氏姓名及其他蹤迹。又編纂者題書名爲《燕行日記》,而是書封面右行大字楷題"赴燕日錄",則爲作者原題書名,似不應更改,故今改爲原題爲妥耳。全書爲手稿本,塗抹刪削,處處而有,草書縱橫,點畫潦草,小如蠅頭,有如天書,艱於識讀。所記起自十一月十四日到義州,二十二日搭浮橋渡江,十二月二十二日到玉河館,翌年正月二十八日離發北京,二月十四日秣馬於耿家莊(前一日在沙嶺)。此後之日記,皆未之見,則或稿有殘闕故也。所記頗簡,尤在玉河館中之日,僅記陰晴而已。末附其所作詩及筆劄十餘條,而後又有題爲"聞見錄"者,則爲分別與玉田秀才王公濯、廣寧知縣顏鳳姿之問答,書末《燕行路程》,略記自義順館至北京間諸站路程與里數等。

案細閱是稿,與閔鼎重《老峰燕行記》相較,日期文字,大略相同。如渡江時,閔書記載"日氣漸暖,不得已,設浮橋於冰上,趁朝寒以渡鴨江、中

---

① 閔鼎重《燕行錄·卧佛寺》,《燕行錄全集》,022/401。
② 閔鼎重《燕行錄·鳳凰城二首》其一,《燕行錄全集》,022/403。
③ 閔鼎重《燕行錄·過廣寧知縣顏鳳悠持刺求見且示所作秦遊詩一卷求和甚懇搆拙爲謝》,《燕行錄全集》,022/404—405。
④ 閔鼎重《燕行錄》,《燕行錄全集》,022/385。

江,至三江則冰亦堅矣"①;是稿記"寒風不堅,江水半冰,留七日,設浮橋,趁朝以渡"②。又每至一處,閔書習慣稱打尖用餐爲"秣馬",如"秣馬鳳凰店"之類;是稿書"朝飯""中火"等,亦皆改爲"秣馬";又如閔氏《聞見別錄》,記清主"性躁急,多暴露,以察爲明,懲輔政諸臣專權植黨之患,誅殺既多,猜疑積中,無論事之大小,必欲親總"③;是稿謂"清主年輕易沖,以小察爲明,性暴至,多暴怒,誅戮輔政大臣以下,既多猜疑積中,無論事之大小,必親總攬"④。又兩書載與玉田縣人王公濯、廣寧知縣顏鳳姿手談,閔書中有《王秀才問答》《回時問答》、《顏知縣問答》《回時問答》;是稿大字題《聞見錄》,另行書《王秀才問答》,亦有《顏知縣問答》。兩書所錄問答語及抬行格式,完全相同,唯是稿不見《回時問答》而已。其所異者,唯閔書後附山海關聖廟中聖殿位次等圖,是書無有;而是書末《燕行路程》一頁,爲閔書所無耳。比勘兩書,所記互有詳略,但文字密切相關相似,而閔書加詳而已。故竊以爲是稿爲原草,閔書即歸國後修訂加詳而已。

又是稿末有《登望海樓》《至燕京偶吟》兩詩,凡正、副使、書狀各次兩首,共十二首,然則是稿作者,似又另有其人,殆成後龍者,爲閔氏捉刀者歟?闕疑以俟賢者考定焉。

0317-1670
趙世煥《庚戌聞見事件》(《同文彙考補編》卷一《使臣別單一》 活字本)

出使事由:進賀兼謝恩行
出使成員:正使東平尉鄭載崙、副使議政府右參贊李元禎⑤、書狀官掌樂正趙世煥等
出使時間:顯宗十一年(康熙九年 1670)六月七日—十一月十日

---

①閔鼎重《老峰燕行記並詩》,《燕行錄全集》,022/327。
②閔鼎重【原題成後龍】《赴燕日錄【原題燕行日記】》,《燕行錄全集》,021/291。
③閔鼎重《老峰燕行記並詩》,《燕行錄全集》,022/348。
④閔鼎重【原題成後龍】《赴燕日錄【原題燕行日記】》,《燕行錄全集》,021/331。
⑤案"禎",《同文彙考補編》《使行錄》皆作"楨",此據《顯宗實錄》改。

趙世煥(1615—1683),字嶷望,號樹村,林川人。顯宗朝,爲司諫院正言、司憲府掌令、持平等。隨東平尉鄭載崙出使中國,以風聞之語疏奏,返國後即下獄。肅宗時,起爲掌令、司諫院司諫、東萊府使、全羅道觀察使、兵曹參議等。事見《顯宗實録》《肅宗實録》等。

康熙八年(1669)十一月,清廷重修太和殿、乾清宫成。翌年,朝鮮遣進賀兼謝恩使東平尉鄭載崙、副使右參贊李元禎、書狀官掌樂正趙世焕等入清,賀重修太和殿,謝頒詔賜物。一行於六月初七日拜表發行,八月初九日入北京,九月十七日發玉河館,十月初十日入鮮境,十一月十一日返王京覆命焉。

案趙世焕此《聞見事件》六條,記安市城城郭遺址在鳳凰山中,朝鮮古語以鳳凰爲安市,故東人謂之安市城,唐人謂之鳳凰城,其實一也。又謂遼河即古之三叉河,源出塞外,經瀋陽、廣寧沿海州衛入海。又言"要站路傍有二碑,一立路上,一僕路下。其立碑大書曰'大虜就滅處'"。"今見其碑文,則語涉破虜處,皆鏟去,其刻不可句讀。凡所經路傍所立之碑文,有及虜者,則無不鏟其刻矣。"①案前顯宗九年(康熙七年　1668)鄭榏《戊申聞見事件》,即記其"大虜就滅處"碑,其時尚碑立字全,兩年之後,鄭氏所見,已是鏟字僕碑,則清人禁"虜""夷"等字,較清初已嚴矣。

又據《顯宗實録》,世焕返國後,上疏謂曾於燕中,竊得風聞,則李一善歸自朝鮮,言於館中衙譯曰:"今番之東也,恐喝右相,多得銀貨而來。"可堪深痛,出地部之銀,而防一善之口,朝家之待大臣,可謂厚矣,而其在大臣之心,安乎否乎? 彼來則公物以賂之,彼去則恬然而無辭,一國之街談巷議,雖不足恤,彼奴之誇務慢侮,豈不痛心哉? 疏入,顯宗大怒。謂世焕之疏,抑揚侵淩之外,又以風聞之言,大加譏斥,不過積憤於右相洪重普故也。深思攻斥,罔有紀極,徒知彼言之爲尊,而自不覺其輕蔑大臣之爲罪也。其情殊極可惡,其心有不可測。令削奪世焕官爵門外黜送,以杜日後假借彼中之説箝制公卿之弊。② 台臣屢諫收還下教,而顯宗不從。時顯宗深惡朝臣朋黨,故天怒遽震,輾轉層加,以至拿鞫

---

① 趙世焕《庚戌聞見事件》,《同文彙考補編》卷1《使臣别單一》,002/1576。
② 《顯宗實録》卷18,顯宗十一年(康熙九年　1670)十二月一日丙申條。

而止。則李一善之淩辱朝鮮,明目而張膽;而世煥諍諫之言,竟至阽危之境,是可慨也夫!

0318-1670
李海澈《慶尚道漆谷石田村李海澈燕行録》(《續集》第108册　鈔本)

　　李海澈(1645—?),慶尚道漆谷石田村人。生平事蹟不詳。少嗜古籍,喜好藝文。然因出身卑賤,不能科舉爲宦。曾以偏裨身份,隨進賀兼謝恩副使議政府右參贊李元禎出使清朝。有《燕行録》傳世。

　　案李海澈出使事由,詳參前趙世煥《庚戌聞見事件解題》(0317-1670)。

　　是書爲鈔本,封面複印漆黑,只一"行"字清晰可辨。正文首頁第一行低一格書"慶尚道漆谷石田村李海澈燕行録",正文小字録出,鈔字工整。末有宋世彬跋。李海澈自謂少時學古書,至壯麗可觀及遺漏不泯者,未嘗不廢卷心馳,怳若身往其處,不自知在此鰈域中矣。及至長成,才藝最出人下,地望又在卑陋,既不能立身登朝,嘟命出疆,則塞外天地,固非此生之所得見,徒然憑古史而歔戲而已。①豈料此次李元禎出使,當時可選爲偏裨者以十數,乃以海澈爲候選。時庚戌二月二十六日,海澈在晉陽患濕瘡,痛腫數旬,治療無效。既得好音,所患身病,不治自瘳。即啓行李,刻日發程。自謂以年少不才之人,獲被超例,顧庇舍諸間使幹事之流,而取此昧理年少之人,竦戴恩德,無地自容。遂舍文就武,欣然前往。乃於行役之暇,略記聞見,以爲不忘之資。文辭荒拙,不能畫出大國物像,可合覆瓿,此爲恨耳。②

　　李氏此記,記行前準備行李禮品,沿路所見奇聞趣事及返程歸家拜母等,多有他家所不書者。如謂發行歷路,見女之美顔色者,盡是胡女;而唐女則皆是醜兒,不忍見之。蓋燕姝胡姬,自古而稱,而唐女則纏足之制尚在,自出胎之日,便即裹纏,以夫之親,不能見其足,至死不改,遇風輒僕,

---

① 李海澈《慶尚道漆谷石田村李海澈燕行録》,《燕行録續集》,108/440。
② 李海澈《慶尚道漆谷石田村李海澈燕行録》,《燕行録續集》,108/440—441。

見之異常矣。①

及入玉河館,上使館於正堂之東炕,副使及書狀館於北廊之西炕,正堂之西炕,實爲副使之館,而向來使臣若閔聖徽、金霱、李翊漢等,皆客死於此,而盡館於西炕,故後來副使以爲不祥而棄之,今爲下人之居也。②又見清人弈象棋者,炮、車、卒、士等之行法,與朝鮮大相不同,見其對局,令人大噱。③又一行員役以白金七兩,貿七層燈來,於蓋上列書曰:頭層壯元及第,二層滿架葡萄,三層玉碑一隻,四層和尚變驢,五層滿盞金燈,六層指日高昇,七層花燈一架。知其所謂七層者,而亦不知其奇矣。至夜點燈,則百奇千幻皆出焉。又謂虱之爲蟲,醜且麤者也,而華人、清人皆以爲旨美而拾吞之,清人之食固也,華人之食不亦陋乎!按《芝峰類説》亦有食虱之言,而范雎之説秦王,亦有取邯鄲猶口中虱之説,則中國人之食此物,由來古矣。④

李氏於日記末,記載雜記若干條。如謂"古語百里不同風,萬里不同俗。中原大小事爲之與我國殊異,固也無足怪也。而試取其見於傳記者論之,則耕問奴織問婢,載之於傳,而今則不然,蠶績不責於女,耕織皆歸於男。男負女載,見於古史,而今則不然,小者以杠而擔,多者載騾而行,牛鼻不穿而能馴,馬蹄不鐵而能行,抑亦風俗與化移易,隨時轉改而然耶?是固未可知也。責騾以汲水磨穀,擾獸而相押不亂,牛角大而前屈,猪耳長而下垂,最是奇異之一款也。此外可驚可愕、可以觀可以奇者,難以悉記矣"。⑤

又謂李自成入北京,踞從龍牀,則頭部疼痛,不能久坐,而清太宗入據,更無此等事;且儀仗中馴象,乃明時舊物,自成牽出之,則輒怒目使鼻而不出。太宗入據後,使之牽出,則垂頭受制,有同明時。李氏感歎曰:"噫!天下重器固然,一人之私而猲狗之僭爲皇帝,已有天數之預定矣。"⑥又謂皇帝

---

①李海澈《慶尚道漆谷石田村李海澈燕行録》,《燕行録續集》,108/419。
②李海澈《慶尚道漆谷石田村李海澈燕行録》,《燕行録續集》,108/421。
③李海澈《慶尚道漆谷石田村李海澈燕行録》,《燕行録續集》,108/426。
④李海澈《慶尚道漆谷石田村李海澈燕行録》,《燕行録續集》,108/437。
⑤李海澈《慶尚道漆谷石田村李海澈燕行録》,《燕行録續集》,108/433。
⑥李海澈《慶尚道漆谷石田村李海澈燕行録》,《燕行録續集》,108/429。

自其祖先文獻無徵,不知其姓,順治耻之,使群臣擇中原之大姓以進,則群臣以趙錢孫李四姓爲中原之巨姓而進之,則順治以爲趙姓居首,遂貫焉。然亦謂"皇帝之御下頗寬,大得天下之心云"。① 其在狼子山察院,院爲學童之書堂。蒙學五六之中,有石得禄者,年最少而文最達,能誦《論語·學而篇》,不錯一字。遂歎曰:"噫! 世入操羯之天,尚知尊聖之義。明朝培養之化,不可謂不篤矣。"②以清時之教化,而歸之亡明之養植,可謂奇乎怪矣。其所記多炫幻不經,視如小説家言可也。

0319-1670
鄭華齊《庚戌聞見事件》(《同文彙考補編》卷一《使臣別單一》 活字本)

  出使事由:進賀謝恩兼冬至等三節年貢行
  出使成員:正使福善君李楠、副使禮曹判書鄭棆、書狀官兼司憲府掌令鄭華齊等
  出使時間:顯宗十一年(康熙九年 1670)十月二十八日—翌年三月十三日

  鄭華齊(? —1674),籍貫不詳。孝宗朝,任敦寧府參奉。顯宗時,爲司憲府持平、司諫院獻納、司憲府掌令、鍾城府使等。事見《顯宗實録》《承政院日記》等。

  康熙九年(1670)秋七月,奉祀孝康章皇后於奉先殿。又前次閔鼎重一行,下役梁廷燦私帶《通鑑》,供稱俺以商賈,目不知書,徒見册好價廉,意在轉賣取贏,更無别情。朝鮮遣司僕僉正李漢雄專差咨報。清朝派提督李一善賫到禮部回咨,一行之罪,俱爲免議,嗣後宜嚴戒諭,毋得再犯。顯宗遂遣進賀謝恩兼冬至等三節年貢使福善君李楠、副使禮曹判書鄭棆、書狀官兼掌令鄭華齊等入燕,進賀謝恩兼進年貢焉。

  此《聞見事件》兩條。其正月初一日謁闕畢,康熙帝召見正副使於乾清宫,先問李楠年紀,次問與國王幾寸親,次問發程日字,次問讀書與否,

---
①李海澈《慶尚道漆谷石田村李海澈燕行録》,《燕行録續集》,108/424。
②李海澈《慶尚道漆谷石田村李海澈燕行録》,《燕行録續集》,108/405。

次問名字,又問鄭樴姓名,二人各隨其問以對。康熙帝又謂"汝國百姓貧窮,不能聊生,皆將餓死,此出於臣強之致云,歸傳此言於國王"。李柟等對以"豈有臣強致此民饑之理。比年以來,小邦水旱相仍,連值凶歉。國用罄竭,民生填壑,君臣上下,晝夜遑遑,至於內供之物,亦皆蠲減,以救垂死之民,而猶不廢事大之禮。今此進獻,竭力以備,僅免闕貢,豈有臣強以致民窮之事乎?"帝微笑不語。鄭華齊謂因正使是"國王近親,故言之"。案此行正使乃福善君李柟,故康熙帝有言如此也。華齊謂今日招見,實爲異數云。①

0320-1671

李晚榮《辛亥聞見事件》(《同文彙考補編》卷一《使臣別單一》 活字本)

  出使事由:謝恩兼冬至等三節年貢行
  出使成員:正使議政府左議政鄭致和、副使漢城府左尹李晚榮、書狀
     官兼司憲府掌令鄭穖等
  出使時間:顯宗十二年(康熙十年 1671)十一月二日—翌年三月二
     十五日

  案李晚榮有《崇禎丙子朝天錄》(0219-1636),已著錄。
  顯宗十一年(1670),朝鮮遭前古所無之大疫,春間瘡癘,邐輒殞斃,重以兩麥無收,人無仰哺,積屍相枕。其所貢禮物,短窄麁劣,禮部將以議處,奉旨該國既將伊困苦,預先説明,從寬免議。故朝鮮遣鄭致和等入燕,以謝恩兼進三節年貢也。一行於十一月初二日發王京,翌年三月二十五日返京覆命。書狀官鄭穖,不幸於中路身故焉。
  案此《聞見事件》凡記二事,一曰譯官所持銀箸見失於門外,清人甲軍得之,尋其主而還付,可稱異事;一謂皇長子四歲,得驚風症,帝命招朝鮮醫官李後聃、咸得一入宮內,與清宮醫相商,用朝鮮陳艾試灸百會、九壯,則頗有其效云。案朝鮮針灸,有名中國,燕行使中隨行醫官,宣入皇

---

① 鄭華齊《庚戌聞見事件》,《同文彙考補編》卷1《使臣別單一》,002/1577。又《顯宗實錄》卷19,顯宗十二年(康熙十年 1671)二月二十日壬寅條。

宮,或勳臣貴家等,常有求助醫病之舉,此其一例矣。

又據《顯宗改修實錄》,一行歸國後引見。顯宗問彼中形勢,鄭知和對曰:"人物衆盛,生息甚多。臣甲辰年奉命入去,至今八年之間,人民倍多,路上肩相磨,一行人相失,則不得跟尋矣。"晚榮曰:"臣明朝丙子及去辛卯年,皆以書狀往來。辛卯則比丙子殷盛,今則比辛卯又十倍殷盛。明朝則道上丐子甚多,數步之內,輒逢數人,而今則未得相逢,市肆亦甚富盛矣。"①是清廷之殷富,亦如日在天,而繁盛之期,望望在即焉。

0321-1672
李㮒《壬子聞見事件》(《同文彙考補編》卷一《使臣別單一》 活字本)

出使事由:進賀兼謝恩行
出使成員:正使福平君李梃、副使議政府左參贊洪處大、書狀官兼司憲府執義李㮒等
出使時間:顯宗十三年(康熙十一年 1672)六月十八日(五月十五日)—九月二十二日

李㮒(1624—1680),字允迪,號臺山,德水人。孝宗八年(1657),登謁聖文科。爲成均館典籍、司憲府持平等。顯宗時,任司憲府掌令、弘文館校理、司諫院司諫、弘文館修撰、承政院承旨等。肅宗時,擢司諫院大司諫。事見南龍翼《壺谷集》卷一八《大司諫李公墓碣銘》、金萬基《瑞石先生集》卷一六《墓誌銘》與孝宗、顯宗、肅宗《實錄》。

康熙十年(1671)九月,康熙帝以寰宇一統,告成於昭陵、福陵,並詔告朝鮮。翌年五月,顯宗先是遣進賀兼謝恩行正使興平尉元夢麟、副使左參贊洪處大、書狀官兼執義李㮒等赴燕。夢麟到義州,聞父喪奔還,以福平君李梃,加資追送,携一行入中國,進賀兼謝恩焉。一行於六月十八日發王京,九月二十二日返京覆命。

此《聞見事件》兩條。謂至北京進方物於內務府,白綿紙皆以不濕者往呈,則監捧官曰此紙水濕事,皇帝已知之,領來之人至於獲罪。今捧不

①《顯宗改修實錄》卷25,顯宗十三年(康熙十一年 1672)三月二十五日辛未條。

濕之紙,事涉欺罔。水濕八百卷内,盡數充納;而不濕八百卷,使之還持去。朝鮮使臣引昔年攝政王之喪,朝鮮進香使賷方物入來,因攝政王犯逆律,停其進香,退其方物而歸,時出官車運給。故使臣請引例請清廷給車,然譯輩不肯周旋,譯官張炫自雇車輸運朝鮮云。

0322-1673

李宇鼎《癸丑聞見事件》(《同文彙考補編》卷一《使臣别單一》 活字本)

　　出使事由:謝恩兼冬至等三節年貢行
　　出使成員:正使判中樞府事金壽恒、副使議政府左參贊權垍、書狀官司憲府掌令李宇鼎等。
　　出使時間:顯宗十四年(康熙十二年 1673)十一月六日—翌年三月五日

　　李宇鼎(1635—1692),字重伯,號翼老,全州人。顯宗朝,爲司憲府持平、司諫院正言、司憲府掌令等。肅宗時,爲司諫院大司諫、平安道觀察使等。宇鼎密附許積,賴其卵育,濫躋八座,許積、尹鑴黨滅,罷職。後起陞刑曹判書、禮曹判書、守御史等。肅宗十八年(1692),爲冬至等三節年貢行正使,病卒於客途。事見《顯宗實録》《肅宗實録》等。

　　康熙十二年(1673)八月,禮部移咨朝鮮,減梨、松子等果品進貢數。顯宗遣謝恩兼冬至等三節年貢行正使判中樞府事金壽恒、副使左參贊權垍、書狀官掌令李宇鼎等入燕,謝停果品並謝停方物發回等事兼進三節年貢,一行於十一月初六日發王京,翌年三月初五日返京覆命焉。

　　此《聞見事件》十餘條,皆記吴三桂叛亂事。言初入北京,即見城門處處設幕伏兵,街巷持弓矢佩劍之徒,作隊馳驚,戒備森嚴,乃全城搜捕吴三桂黨羽。又記遣譯官四處偵聽,則果是吴三桂叛,滇黔已失,楚省危在旦夕。又聞尚可喜、耿精忠亦叛,然不能的知,清廷遣大軍南下平叛。又工部於午間失火,延及玉河館墻外,禮部官及提督李一善等,舉皆驚動,使一行馬夫載運方物歲幣,出置玉河橋上。又傳有朱太子冲火之説,大生疑惑,聽人誣告,酷施刑杖,轉相告引,逮捕絡繹,誅殺幾千人。又返至沙河驛,聞朱太子之徒,又縱火於瀋陽,故連事搜捕,誅殺二千餘人,而囚繫亦多。又聞大鼻賊侵掠北邊,故請發兵討之,而南征方急,不能暇及云。

又聞言山東盜余七輩及鄭芝龍之子二舍者,皆以兵屬三桂,其兵勢極盛。又聞四川有人掘地得一碑,有讖書"水月主,庚不大,蓋十八,龍復卧"十二字,其上書"干一"二字,其下書"出"字。又有儒生得《袁天綱秘記》於官府門上,其中有"黃牛背上鴨頭緑"之讖,故其儒生等即爲誅殺。又有畫一樹,上挂木匠曲尺之讖,此則未知出自何處,而皆不能解得云。

案此所謂"十二字"之讖書,乃康熙時四川宋可發偽鐫,見董含《三岡識略》卷六《偽碑》。李宇鼎所得消息,乃道聽塗説,全無實據。當時自遼東、北京及南方,皆風聲鶴唳,草木皆兵,謡言四起,讖語盛行,可知當時吴三桂叛後,南北驚懼,舉國騷然之情狀也。

又李宇鼎於肅宗十八年(1692),爲冬至等三節年貢行正使入燕,在道病重,肅宗命送御醫診病,然終奉使未還,客死他境,人以是悲惜之焉。①

0323-1674
俞瑒《甲寅燕行詩》(《叢刊續》第33册《秋潭集》 刻本)

出使事由:告訃行
出使成員:正使禮曹參判俞瑒、書狀官成均館直講權瑎等
出使時間:顯宗十五年(康熙十三年 1674)四月十六日—七月二十九日

俞瑒(1614—1690),字伯圭,號秋潭,亦作楸潭,又號雲溪、雪鬢翁,昌原人。俞得一父。孝宗朝,爲承政院注書、世子侍講院説書、司憲府持平。三年,隨通信使趙珩出使日本。後爲忠清道觀察使、江原道觀察使等。顯宗時,任承政院承旨、水原府使、副護軍。肅宗朝,任工曹參判、户曹參判、開城留守等。有《秋潭集》四卷行世。事見孝宗、顯宗、肅宗《實

---
①《肅宗實録》卷24,肅宗十八年(康熙三十一年 1692)二月二十七日丁未條;又二月二十八日戊申條。

錄》等。

　　顯宗十五年(1674)三月,以孝宗仁宣王妃張氏薨(1618—1674　德水張維女),顯宗差告訃使禮曹參判俞瑒、書狀官直講權瑎等入燕告訃,一行於四月十六日發王京,七月二十九日返京覆命焉。

　　俞瑒《秋潭集》四卷,以元亨利貞編卷,初名爲《閑居錄》,有宋時烈、朴世采序。前二卷爲詩,大致以所作時次編排,利卷爲疏札,貞卷爲諸體文。亨卷收有《碧蹄途中》《生陽館遇雨》《箕城途中》《龍灣書懷》《江上留別灣尹》《過遼東懷古》《望海亭》《山海關月夜聽笳》《到遼東客使還自本國伏聞玉候安寧志喜示同槎》《疊前韻》《一劍行》諸詩,即其告訃使行期間所作也。

　　案俞瑒出使時,已是康熙時期,敵視清廷,一如朋輩,踏入中土,即見"山河異昔時,殺氣成蟒蝀"①。所經遼東,多爲明清四戰之地,所謂"中夏久非全盛日,三河尚有戰争聲"②。俞氏仗劍行中國,中心多感慨,其《一劍行》長詩,"來時一劍去一劍,去來行裝一劍輕。丈夫心事一劍知,願與一劍同死生。一劍護得丈夫身,珍重歸來萬里程。我有一劍志非少,十年磨來霜刃明。我欲北斬樓蘭頭,我欲西掃渾邪兵。用之一樹傅介勳,用之再垂竹帛名。兩朝恩將一劍酬,論價何直十二城。一劍未試身先老,雙鬢蕭蕭吹雪莖。但持一劍游燕中,悲歌燕市訪荊卿。荊卿已去郭隗死,昌國佳城蔓草縈。杖劍登臺哭昭王,撫劍中宵淚縱橫。我欲更磨又十年,直入扶桑斬長鯨。坐使東海不揚波,青丘八路氛埃清。然後歸卧白雲山,匣劍時聽蛟龍鳴"③。其詩氣象豪邁,頗具燕趙悲歌、荊卿刺秦之勢焉。

　　案朝鮮燕行使臣,正使、副使、書狀官三使之間,偶有争功逐利、相互攻訐者,然少有因此而罷職者。然俞瑒、權瑎之行,據《顯宗實錄》載,俞瑒返國後啓"臣還到沙河驛,上通事全天杓,潛以一小紙來告於臣曰:'幸得謄出《清國實錄》。'臣開視其所壽文書,則乃癸亥年間,登、萊巡撫袁可立,聽文龍之嗾,誣毁癸亥反正之舉,極其詬辱者也。竊觀數行文字,不過

---

①俞瑒《秋潭集》元卷《別李參判子修赴燕》,《韓國文集叢刊續》,033/102。
②俞瑒《秋潭集》亨卷《過遼東懷古》,《韓國文集叢刊續》,033/127。
③俞瑒《秋潭集》亨卷《一劍行》,《韓國文集叢刊續》,033/128。

謄出閭巷間冊子,而敢稱《實錄》秘藏,已極欺詐。臣即示書狀及一行員役,以杜日後譸張之弊,欲爲燒毀,而若使彼人聞之,則必致大疑,不無生事之端,故止之,而堅封還授,使之密藏。乃敢傳書來示,頗有自功之色,其愚迷無狀,莫此爲甚。後間權瑎之言,天杓等圖得奏本十餘紙,而終不告知於臣,未知其辭説之如何。天杓任意自恣,探問彼情,臣略施刑訊十度,以懲其罪,使之持封書追來。天杓稱病落後,到今復命之日,終無形影。其頑不動念,終始違令之罪,不可不懲。請令攸司科罪。"上從之。然旋司憲府啓,"告訃使俞瑒、書狀官權瑎,俱以公幹,反成私嫌,萬里同行,兩不相釋,無可否共濟之義,有職聞可駭之事。請並罷職"。從之。①

據此可知,權瑎、全天杓諸人,欲以所謂《清國實錄》中有誣枉文字,回奏顯宗,以邀其功;而俞瑒以其得之閭巷,並無的憑,若啓奏朝堂,必有辨誣之舉,貽禍無窮,故欲燒之了事。然權瑎等終不爲聽,徑爲啓上,且有"自功之色",故正使、書狀反目,憲府啓罷二人職,亦因此也。

0324-1674
姜碩耉《甲寅聞見事件》(《同文彙考補編》卷一《使臣別單一》 活字本)

出使事由:陳慰行
出使成員:正使靈慎君李瀅、書狀官成均館直講姜碩耉等
出使時間:顯宗十五年(康熙十三年 1674)七月二十日—十一月二十三日

姜碩耉(1632—?),字渭望,晉州人。顯宗朝,爲司憲府持平、司諫院正言等。肅宗時,爲司諫院獻納、司諫院司諫、司憲府執義、長淵府使、順天府使等。事見《顯宗實錄》《肅宗實錄》《承政院日記》等。

康熙十三年(1674)六月,以孝誠仁皇后赫舍里氏崩,遣使至朝鮮告哀。七月二十日,顯宗遣陳慰兼進香使禮曹參判閔點、副使禮曹參議睦來善一行,慰皇后崩逝;又遣陳慰正使靈慎君李瀅,陳慰公府告災,征蒙古師

---
①《顯宗實錄》卷22,顯宗十五年(康熙十三年 1674)七月二十九日辛卯條;同卷八月十四日乙巳條。

旅啓行也。姜碩耉兼兩起使行之書狀官赴燕。一行於七月二十日發王京,十一月二十三日返京覆命焉。

此《聞見事件》九條,多記吳三桂、尚可喜等叛亂事。言王可臣叛後,江西十三府七十縣,太半離叛,以應吳三桂,北京累爲出兵,京城長期戒嚴。又言朝廷以吳兵日盛,清軍數敗,欲征朝鮮鳥銃以制敵。則其時南征事亟,平叛仍爲朝廷第一要務也。因此行爲陳慰兼進香,故姜氏又記使臣入宫行祭禮事甚詳,可爲研究清宫喪儀者之參考也。

0325-1674
宋昌《甲寅聞見事件》(《同文彙考補編》卷一《使臣別單一》 活字本)

出使事由:謝恩兼告訃行

出使成員:正使青平尉沈益顯、副使禮曹判書閔蓍重、書狀官司憲府掌令宋昌等

出使時間:顯宗十五年(康熙十三年 1674)十月四日——肅宗元年正月二十六日

宋昌(1633—1706),字漢卿,號有銓,鎮川人。顯宗朝,爲司諫院正言、司憲府掌令、司諫院司諫等。肅宗時,爲江原道觀察使、京畿道觀察使、漢城府判尹、工曹判書、議政府左參贊等。歷職内外,無赫赫之譽。然性本恬静,在官小心,人以是多之。事見《顯宗實録》《肅宗實録》《承政院日記》等。

顯宗十五年(康熙十三年 1674)四月,王大妃(孝宗妃張氏)薨,清廷遣使來祭。八月,顯宗崩逝,肅宗即位。朝鮮派青平尉沈益顯爲謝恩兼告訃行正使,率一行入燕,告顯宗升遐,並請諡、請承襲等項。一行於十月初四日發王京,翌年正月二十六日返京覆命焉。

此《聞見事件》一條,記一行抵北京後,禮部郎中言奏請承襲時,例有禮單,如琉球、安南小國,亦皆有之,以朝鮮之大,何獨無此。使臣以己丑、己亥兩次俱無是例,今難創開答之。又言大通官金大憲密言於譯官等,謂請封奏文中有"聘定"諸語,禮部以此謂議定而未及成婚,王妃册封,今番

似難得請。宋昌等以爲顯有徵索之意,遂呈文辯之。數日後,禮部告知王妃册封事,皇帝許並封云。

0326-1674
洪萬鍾《甲寅聞見事件》(《同文彙考補編》卷一《使臣別單一》 活字本)

出使事由:進賀兼冬至等三節年貢行

出使成員:正使福昌君李楨、副使工曹判書尹深、書狀官成均館司成洪萬鍾等

出使時間:肅宗即位年(康熙十三年 1674)十一月七日—翌年三月五日

洪萬鍾(1637—?),豐山人。顯宗七年(1666),中式年文科。爲司憲府持平、司諫院正言、弘文館修撰、司諫院獻納等。肅宗時,爲司諫院司諫、延安府史、黃海道觀察史、承政院承旨等。事見《顯宗實錄》《肅宗實錄》《承政院日記》等。

案洪萬鍾此次出使,爲賀清廷册謚皇后,並兼進冬至等三節年貢。一行於十一月初七日發王京,翌年三月初五日返京覆命。除此行外,戊辰(康熙二十七年 1688)三月,洪氏又曾以陳慰兼進香正使身份,攜副使任弘聖、書狀李萬齡入燕焉。

此《聞見事件》七條。記平壤人崔光遠被擄在蓋州衛,爲皇帝莊頭,率農丁二十人,歲貢木花。因言居民一年所輸田稅身役只八錢銀,過此則終歲無他徵斂,關外齊民之賦,大都如斯。漢人常時禁佩弓劍,亦無調發赴戰之舉。清人則一家同居有四五丁者,則抄送一人而已。又謂東關驛路下,有吳三桂父吳襄墓,是年四月被掘其棺而碎其骨。又使臣等以朝鮮城池修築之意,言於提督李一善,使探兵、禮二部意。則一善等作色曰:"若有文書,則俺等唯當奉傳而已。當此天下擾亂,今日某處叛,明日某處叛,之時你國何可以此等事發言,而俺等亦何敢發端衙門乎?"案李一善此言是矣,值此干戈搶攘之際,朝鮮使臣言本國城池修築事,甚不合時宜,且宜招清廷疑惑,使臣何能出此言哉!

又洪萬鍾等抄撮邸報,有《兵部題爲逆魁刻期殄滅仍請宣布綸音以彰撫綏德意事》,稱監察御史張題,對從吴、耿等逆叛之人,"除其舊染之污,開以自新之路"。請敕下滿漢大臣於進兵之時,專委能幹官員,恭奉上諭謄黄數千道,隨軍而行,每到一方,預行張挂,俾人共見,處處皆知,脅從之衆,格心而向化,渠惡之魁,孤立而寡援,則閩、蜀、黔、滇,可傳檄而定。諭稱吴、耿二逆反叛之後,屢經上諭,官世人等誤從逆黨,但能悔罪歸誠,悉赦已往,不復究治。又抄兵部題爲簡鍊水師協資戰守事,稱山東道御史焦題,洞庭湖等處,可預度可屯水師,扼險守要,以備緩急等。則其時叛亂仍熾,朝廷布置,平叛招降,安撫百姓,仍頗緊張也。

卷三三　0327—0342

肅宗元年(康熙十四年　1675)—肅宗六年(康熙十九年　1680)

0327-1675
閔黯《乙卯聞見事件》(《同文彙考補編》卷一《使臣別單一》　活字本)

出使事由：謝恩行
出使成員：正使昌城君李佖、副使議政府左參贊李之翼、書狀官司憲府掌令閔黯等
出使時間：肅宗元年(康熙十四年　1675)六月二日—十月十日

閔黯(1636—1694)，字長孺，號叉湖，驪興人。顯宗九年(1668)及第。爲司憲府持平、司諫院司諫、司憲府掌令等。肅宗朝，任司諫、咸鏡道觀察使、承政院都承旨、禮曹判書、司憲府大司憲、兵曹判書兼弘文館大提學、判義禁府事、議政府右議政等。因與閔宗道、李義徵等，陰結後宮張嬪妃兄希載，廢黜母后，謀害坤宮，是爲"己巳之變"。事發賜死，後以逆律論罪焉。事見《顯宗實錄》《肅宗實錄》等。

康熙十四年(1675)三月，清廷遣内大臣壽西特、侍衛桑厄恩特賫敕入朝鮮，致祭顯宗，並册封李焞爲朝鮮國王，誥封其妻金氏爲王妃。六月初二日，朝鮮遂派昌城君李佖爲謝恩行正使，率副使議政府左參贊李之翼、書狀官司憲府掌令閔黯等入燕，謝前次方物發回，謝賜祭、謝賜諡、謝册封等事。一行於六月初二日發王京，十月初十日返京覆命焉。

此《聞見事件》七條，多仍爲記吴三桂、耿精忠、王輔臣等叛亂事。言在撫寧縣與秀才陳繼舜問答，陳謂耿精忠攻浙江，今已退去；吴三桂已有四川；王輔臣盡有陝西，只西安未下。清兵與之戰，大敗。又購得文書，參以沿路所聞，稱南方勢力已弱，西路爲患甚巨。末一條謂户部滿侍郎介山，同清郎中恩吉圖、漢郎中吴什八、兵部郎中達漢太，及理藩院、内務府

等官,出往山海關,察看邊墻墩台並兵馬器械强弱情形云。

0328-1676
鄭晢《燕行録【原題南岳燕行詩】》(《續集》第109册　刻本)

出使事由:進賀謝恩兼陳奏行

出使成員:正使福善君李楠、副使議政府左參贊鄭晢、書狀官成均館司藝李瑞雨等

出使時間:肅宗二年(康熙十五年　1676)八月六日—十二月二十三日

鄭晢(1619—1677),一作晰,字白也,號南岳,海州人。孝宗朝,爲司諫院正言、司憲府持平等。顯宗時,爲司諫院司諫、弘文館校理、東萊府使、承政院承旨。肅宗朝,爲司諫院大司諫、禮曹參判等。事見孝宗、顯宗、肅宗三朝《實録》等。

案康熙十五年(肅宗二年　1676)二月,清廷以册封嫡子胤礽爲皇太子,遣使至朝鮮頒詔。三月,復以加上太皇太后、皇太后尊號,遣使往朝鮮頒詔。又朝鮮購得明人撰《十六朝記》,載朝鮮仁宗李倧即位不實。七月,肅宗以福善君李楠爲進賀謝恩兼陳奏行正使、左參贊鄭晰爲副使、司藝李瑞雨爲書狀官赴燕,賀册立皇太子,賀尊號皇太后,謝頒詔賜物,並陳奏辨誣焉。一行於肅宗二年八月初六日發王城,臘月二十三日返京覆命,然辨誣事終未成。三年四月,朝鮮再遣進賀謝恩兼陳奏使福昌君李楨、副使權大載、書狀官朴純入燕,李楨以爲兹事體大,一行賫白銀一萬五千兩入京。四年十月,再以謝恩進賀陳奏兼冬至等三節年貢行正使福平君李㮒、副使閔點、書狀官金海一入京。五年三月,李氏等賫禮部咨還,報以《十六朝記》雖存記朝鮮文字,因係野史,不予修正焉。

是卷輯自鄭氏文集,其《到坡山不任弟兄兒孫相别之懷吟成一律録奉正使駱村兼示書狀潤甫求和》詩題下注"燕行録"①,則其小集原稱"燕行

---

① 鄭晢《燕行録【原題南岳燕行詩】》·到坡山不任弟兄兒孫相别之懷吟成一律録奉駱村兼示書狀潤甫求和》詩題注,《燕行録續集》,109/363。

録",今仍之以復其舊焉。共録詩六十餘首,多與正、副使相唱和韻。鄭氏有詩謂"八月行人臘月還,鳳凰城外是龍灣"①,爲紀實也。其詩皆牢騷不平之語,仇清慨歎之詞。他如《金石山途中》《露宿九連城下》《路逢蒙古馬畜》《曉行》諸詩,若詠蒙古馬"來應從月窟,騁合試天衢"②,摹曉行景色"雲月掩還映,村雞鳴不休"等③,歌賦聞見,紀實叙景,句佳意新,亦頗可觀也。

0329-1676
李瑞雨《丙辰燕行録》(《叢刊續》第 41 册《松坡集》 刻本)

　　李瑞雨(1633—1709),字潤甫,號松谷、松坡、朦溪等,羽溪人。顯宗元年(1600),魁成均館試。肅宗朝,爲司諫院正言、司憲府掌令、義州府尹、司諫院大司諫、咸鏡道觀察使。坐事削職。後起爲工曹參判、承政院都承旨、慶尚道觀察使等。復因事去職。瑞雨爲大北黨人,屢有起躓。有《松坡集》二十卷行世。事見《顯宗實録》《肅宗實録》《承政院日記》等。

　　案李瑞雨出使事由,詳見前鄭晳《燕行録解題》(0328-1676)。

　　時朝鮮購得明人所纂《十六朝紀》,書載朝鮮仁祖李倧事,稱爲篡位,故是行使臣亦兼陳奏辨誣事。即李瑞雨詩所謂"聖人黄鉞仁非殺,中國青編謗太傷"者也④。然使事不諧,清廷以朝鮮使臣私買禁書,令朝鮮國王確查具奏,故李氏詩有"白眼忽逢皮面怒,青編誰正木天書。身當十步非毛遂,文述千言即子虚"之説⑤。雖再度呈文禮部,仍未得允焉。

　　李瑞雨《松坡集》二十卷,詩十卷文十卷,前後無序跋,前有畫像一幀。其《丙辰燕行録》,見本集卷三,録其燕行詩近二百首。其入中國界,目見遼野山川,百戰之場,觸景慨歎,詩興益增,所謂"滿眼前朝舊詩料,鳳

---

①鄭晳《燕行録【原題南岳燕行詩】·途中》,《燕行録續集》,109/385。
②鄭晳《燕行録【原題南岳燕行詩】·路逢蒙古馬畜》,《燕行録續集》,109/378。
③鄭晳《燕行録【原題南岳燕行詩】·曉行》,《燕行録續集》,109/382。
④李瑞雨《松坡集》卷 3《臨湍志感敬呈正使副使求和》,《松坡集》,上册/157。
⑤李瑞雨《松坡集》卷 3《次副使韻》,《松坡集》,上册/210。

凰城畔倚秋風"①。故所作甚多,自稱"十里得一句,百里成一篇。我詩如老馬,瘦硬不驚鞭"②。其詩律絕暢達直敘,流麗整潔,長篇若《望夫石歌》《山海關》《薊州大佛寺》諸作,縱橫排鋪,出語獨造,亦有爲之作也。

0330-1676
俞夏謙《丙辰聞見事件》(《同文彙考補編》卷二《使臣別單二》 活字本)

出使事由:冬至等三節年貢行
出使成員:正使議政府左參贊吴挺緯、副使禮曹參議金禹錫、書狀官成均館直講俞夏謙等
出使時間:肅宗二年(康熙十五年 1676)十月三日—翌年三月十八日

俞夏謙(1632—?),字受甫,杞溪人。顯宗時,任假注書、栗峰查訪。肅宗朝,任司諫院正言、司憲府掌令、鍾城府史、禮曹參議、承政院承旨等。事見《肅宗實錄》《承政院日記》等。

此《聞見事件》所隸二條,一謂譯官李承謙寄宿小刹,與僧問答,一僧曰近來王、耿兩將既就降,皇都晏然。又譯官玄德宇等得文書二丈,一爲平南將軍哈爾哈齊密題,一爲川湖提督蔡毓英密題,亦皆平叛諸事相關題奏也。

又據一行返國,肅宗引見,問彼中事,亦言及清廷平叛事。又言今番山海關搜驗時,極爲苛刻,至於脱衣卸笠,並搜使臣駕轎衣籠,故買來通報册,至於投火,而《天下地圖》一件見捉,以法所不禁争之而不得。③ 則當時出關搜緝禁物之嚴苛,亦可知也。

0331-1677
孫萬雄《燕行日録》(《全集》第28册;《叢刊續》第46册《野村先生文集》 活字本)

出使事由:謝恩兼冬至等三節年貢行

---

①李瑞雨《松坡集》卷3《鳳凰城》,《松坡集》,上册/180。
②李瑞雨《松坡集》卷3《撫寧途中》,《松坡集》,上册/221。
③《肅宗實録》卷6,肅宗三年(康熙十六年 1677)三月十八日甲午條。

出使成員：正使瀛昌君李沉、副使議政府右參贊沈梓、書狀官成均館司藝孫萬雄等

出使時間：肅宗三年（康熙十六年 1677）十一月三日—翌年三月七日

　　孫萬雄（1643—1712），字敵萬，號野村，慶州雞林人。喜好讀書，詞藝素成。顯宗十年（康熙八年 1669）文科乙科及第。曾任工、禮、刑三曹佐郎，爲靈光郡守、公州牧使等。後棄官歸，至賣書册章服，爲奉養之具，侍親極孝。復起爲忠清都事、羅州牧使、東萊府使、慶州府尹等。處事有才華，然屢有起躓。居官尚廉，謹務節用，撫民以恩，束吏以嚴。有《野村集》六卷行世。事見《野村集》卷五附錄《年譜》、權相一《行狀》、權斗寅《神道碑銘》、李衡祥《墓碣文》等。

　　肅宗二年（康熙十五年 1676），冬至等三節年貢使吳挺緯一行，私帶《天下地圖》被查獲。咨聞，康熙帝從寬免罰銀，前後陪臣亦俱免議。三年（康熙十六年 1677），朝鮮遣謝恩兼冬至等三節年貢行正使瀛昌君李沉、副使右參贊沈梓、書狀官司藝孫萬雄等赴燕。謝恩者，謝寬免罰銀，謝免議也。一行於當年十一月初三日發王京，翌年三月初七日返京覆命焉。

　　孫萬雄《野村集》六卷，爲其曾孫益顯據家藏草稿編次，七代孫許薰再經删定，於高宗二十七年（1890）以活字本刊行。卷一詩，卷二輓詩與疏啓等，卷三爲書牘、序記諸文，卷四《燕行日記》，卷五至卷六爲附錄《年譜》、狀誌及諸家祭文、輓詞等。

　　孫萬雄《燕行日錄》一卷，輯自《野村集》卷四，即此次赴燕沿途所記日記也。以干支書日，所記頗爲詳實，沿途風景物色，官宦門弟，牌匾樓閣，皆爲載記。清廷入主中原後，雖剃髮圈地，頗失民心，然後與民休息，還地於民，經營四十年，國漸復蘇，故孫氏所見，若連山、遼東、廣寧、山海關、通州、京城，或村閻繁盛，或馬群蔽野，或市肆櫛比，而賦税輕薄。即鮮人被擄者，亦被甲謀生，"賦斂甚薄，安居而樂業"云。① 時值西南"三藩之亂"，戰事方酣，故孫氏一行，所到之處，皆詢之官商士民，問吳三桂消息，

---

① 孫萬雄《燕行日錄》，《燕行錄全集》，028/322。

或曰三桂在湖南,頭髮已長,衣冠漢制,雖擁十萬之衆,率多烏合之卒,改國號周,建元重興,設爐鑄錢曰"重興通寶"等事。又聞三桂以水淹清將穆占之兵,以爲實出韓信囊沙之策,而清兵之淹没,"不翅如龍且之敗走,千載之下如合符節,甚可妙也"①。言下之意,頗有樂禍待成之心也。又以三桂爲清之腹心之疾,"清人多赴戰物故,而漢人皆在家樂生,此則差可爲幸耳"。此則皆孫氏希冀想象之詞耳。

又孫萬雄在豐潤,與漢人谷大乾手談,語及吴三桂事,答以方在湖南,不臣於清,雖有大志,而尚未大捷,"徒困弊我北方民庶",②此語則頗爲實錄耳。末附其在山海關時所作諺語《燕行時短歌》,其外昆孫長水黄蘭善識語稱,此爲孫氏"尊君戀親之作",刻集之時,校讎諸君以其腔調雜以俚諺而刊去之,黄氏以爲此歌不忘君親,不當泯然無傳,兹庸附於行程之末耳。

0332-1677
孫萬雄《丁巳燕行詩》(《叢刊續》第 46 册《野村先生文集》 活字本)

案孫萬雄有《燕行日録》(0331-1677),已著録。

孫萬雄謝恩行時所作燕行詩三十餘首,見《野村集》卷一。此行上使瀛昌君李沉,乃朝鮮王室,不諳詩道,故孫氏集中,多與副使沈梓唱和之作。其詩敦重切實,純任自然,無馳騁藻繪之意。權相一評其詩,"若吟詠等事,未嘗著力,遇興或發,而意圓句渾"③。然遼薊沿途,所作仍不出清初燕行使之俗套,以詆刺清朝爲能事,如"宇宙百年興廢異,長教志士恨無窮"④,"天道人心今否塞,神州王氣已消亡"等⑤,此類詩句,比比皆是也。時"三藩之亂"期間,孫氏對亡明逸民,頗多希冀,所謂"燕市尚看多義士,

---

① 孫萬雄《燕行日録》,《燕行録全集》,028/364。
② 孫萬雄《燕行日録》,《燕行録全集》,028/346—347。
③ 孫萬雄《野村集》卷 5 權相一《行狀》,《韓國文集叢刊續》,046/430。
④ 孫萬雄《野村集》卷 1《三叉河》,《韓國文集叢刊續》,046/336。
⑤ 孫萬雄《野村集》卷 1《玉河館春日次副使》,《韓國文集叢刊續》,046/336。

孰除氛祲更恢周"者也①。

0333-1677
孫萬雄《丁巳聞見事件》(《同文彙考補編》卷二《使臣別單二》 活字本)

案孫萬雄有《燕行日錄》(0331-1677),已著錄。

此《聞見事件》九條,亦多關涉吳三桂等叛亂事。謂在北京見玉河館門將,言其南征方歸,吳三桂方在長沙,而頭髮山長,衣冠皆漢制,雖擁兵百萬,多烏合之眾,唯手下有五六千敢死兵,即所謂苗奴也。三桂憑地險兵利,堅壁不出云。又稱得通報,則吳三桂改國號周,稱重興四年,鑄"重興通寶",通行雲南、貴州、四川漢中、湖南諸處。又言清兵與三桂叛軍相戰事,清兵多失利。三桂密遣副將夏國柱,潛往福建廈門,勾合海寇鄭金舍復犯閩中云。其所得消息,亦模棱影響,真假參半耳。

0334-1678
金海一《燕行日記》(《全集》第 28 册;《叢書》第 1559 册《檀溪先生文集》刻本)

出使事由:進賀陳奏兼冬至等三節年貢行
出使成員:正使福平君李梩、副使議政府左參贊閔黯、書狀官司憲府
　　　　　執義金海一等
出使時間:肅宗四年(康熙十七年　1678)十月三十日—翌年三月二
　　　　　十一日

金海一(1641—1691),字宗伯,號檀谷,禮安人。顯宗五年(1664)及第。官司憲府持平、掌令、南原府使、承政院左承旨、兵曹參議、驪州牧使、東都府尹等。敢言直諫,自謂賁、育莫能奪。在東都,活饑民七萬餘口,民樂其生,立碑頌德。遽卒於官。有《檀溪先生文集》四卷行世。事見《檀溪先生文集》卷四金履萬《家狀》、趙鍾弼《墓碣銘》、《顯宗實錄》、

---
① 孫萬雄《野村集》卷1《廣寧衛有感》,《韓國文集叢刊續》,046/336。

《肅宗實録》等。

　　金海一《檀溪先生文集》四卷,爲其九代孫誠鎮等搜集,刊行於丙辰年(1916)。前有李晚煃序。凡詩二卷、文一卷、雜著一卷。末卷《附録》有諸家贐其燕行之詩。《韓國歷代文集叢書》所收,與《燕行録全集》爲同一版本。

　　康熙十七年(1678)二月,皇后鈕祜禄氏崩,謚曰孝昭皇后,遣使頒敕朝鮮。肅宗派福平君李梗爲進賀陳奏兼冬至等三節年貢行正使、左參贊閔黯爲副使、執義金海一爲書狀官,前往北京進賀;辨誣者,則爲朝鮮使臣購得明季野史《十六朝紀》,詆毀朝鮮李氏先祖,無所不至,肅宗以爲方抱累世之冤,日冀聖朝之伸雪。時清廷新修《明史》,願亟命史館修纂諸臣,重加研摩,加以釐改焉。一行於十月三十日承命赴燕,十二月二十四日到北京,二月十六日離京,三月二十一日返京覆命。

　　《燕行日記》一卷,輯自金海一《檀溪先生文集》卷三《雜著》。其每日所記,不分段而連書之,記事較爲簡略。其所辨誣事,清廷答以事屬私記野史,不足爲憑。此書於康熙十六年已令銷毀,且已咨行朝鮮國王甚明,今又瀆奏,殊屬不合,應將毋庸再議。專爲此事進到禮物,交與來使帶回。另進貢生木一隻,有火燒處,進貢使臣從寬免行察議,其燒布匹亦免補進云。辨誣事,使禮部書吏往得通議,乃得伸雪。又得見禮部文書,則以賀表中不避"玄"字,至請罰銀五千兩,皇帝特命從寬免罰云云。① 時清廷平定吳三桂,故一路所記,皆三桂是否已死,其子吳永夔及馬三寶等戰況如何,清兵圍岳州、長沙等處,是否戰勝等事,亦略有記載也。

0335-1678
金海一《戊午燕行詩》(《全集》第 28 册;《叢書》第 1559 册《檀溪先生文集》 刻本)

　　案金海一有《燕行日記》(0334-1678),已著録。
　　此燕行詩輯自金海一《檀溪先生文集》卷一,計九十餘首,即金氏肅

---

① 金海一《燕行日記》,《燕行録全集》,028/215—217。

宗四年赴燕時所作也。其詩多疊歎絮愁、牢落不平之語,尤其在燕所作,若《歎白髮》《暮吟》《獨吟》《思歸》《雪後》《春望》《春霄》《夜坐抒懷》《悶愁》《問愁》《愁答》《客愁》《思友》《謾吟》諸作,每唱"問爾愁來底處從,來無形色去無蹤。天涯孤客傷春日,無日無時也不逢"①。可謂塞雲烟樹,總是傷神;春色撩人,倍覺思親也。而返程途中所作,却多明快暢叙,萬物復蘇,青眼頓開,則心能移景耳。其詩無論五七言,多短什而少長篇,惟最末一首《記行長篇》,則仿前輩燕行諸公之作,自漢京西郊起程直至北京,夾叙夾議,寫景寫情,規模亦可謂壯矣。

0336-1678,1689
金聲久等《燕行贈遺》(《叢書》第 1559 册《檀溪先生文集》 刻本)

　　金聲久(1641—1707),字德休,號八吾軒,義城人。顯宗時,爲務安縣監、刑曹正郎等。肅宗朝,任司憲府持平、弘文館修撰、司諫院正言、司憲府執義、承政院承旨、江原道觀察使、户曹參議等。事見《顯宗實錄》《肅宗實錄》《承政院日記》等。

　　案此《燕行贈遺》,見金海一《檀溪先生文集》卷四《附錄》,前錄金聲久、李玄錫、權大運、柳命堅、洪重鼎、李夏徵、柳英立、李文興、李明鎮、權瑛、李華鎮、權晟、金楷等十三人詩十七首,爲肅宗四年出使時諸家所贐詩也。後錄海一仲兄兑一《寄別舍弟宗伯以進香副使承命再赴燕京》與洪萬遂《又贈副行》兩首,則爲後次出使時贐行詩耳。諸家喻海一爲宋代富弼之使遼,以爲中原山河帶羞,文物掃地,惟當訪鄭簹尹、嚴君平輩,以推胡運之否泰,或當訪燕趙悲歌之士,謁清風祠以寄憂慨。因其使行爲辨誣,故諸家詩又有"流言豈掩前朝美,信筆應删野史差"②,"長陵銜痛幾多年,僞史流傳久未渝"③,則述其此行之使命耳。兑一詩有"十載重瞻尺五

---

①金海一《燕行錄·問愁》,《燕行錄全集》,028/147。
②金海一《檀溪先生文集》卷4附錄李玄錫《送金中丞宗伯以書狀赴燕》,《韓國歷代文集叢書》,1559/272。
③金海一《檀溪先生文集》卷4附錄柳命堅《送金中丞宗伯以書狀赴燕》,《韓國歷代文集叢書》,1559/273。

天,秋風又踏薊門煙"之句①,則因其第二次出使故也。

0337-1678
李夏鎮《北征錄【原題六寓堂北征錄】》(《續集》第 109 册;《叢刊》第 39 册《六寓堂遺稿》 鈔本)

  出使事由:陳慰兼進香行
  出使成員:正使禮曹參判李夏鎮、副使吏曹參判鄭樸、書狀官司憲府
     掌令安如石等
  出使時間:肅宗四年(康熙十七年 1678)閏三月十八日—八月二
     十日

  李夏鎮(1628—1682),字夏卿,號梅山,驪州人。尚毅孫。顯宗朝,爲司憲府持平、掌令,弘文館修撰等。肅宗時,爲司憲府執義、司諫院大司諫、刑曹參判、司憲府大司憲等。因事削職,遠竄雲山,憤鬱而終。有《六寓堂遺稿》行世。事見《顯宗實錄》《肅宗實錄》《承政院日記》等。

  康熙十七年(肅宗四年 1678)二月,孝昭仁皇后崩。閏三月十八日,朝鮮遣陳慰兼進香正使禮曹參判李夏鎮、副使吏曹參判鄭樸、書狀官掌令安如石等如清,一行於五月抵燕,因清俗六月不舉百祀,故不許進香,至七月始行祭,又留館一旬,始許離發,即李夏鎮詩所謂"胡風六月常停祀,里使何時得首丘"②,"燕館留三月,今朝始許歸"者也③。時北京暑熱,遠倍往年,故其詩有"赤日中天逭,洪爐在地燃"④,"今年潦暑倍常年,天地爲爐火始燃"諸句⑤,皆紀實也。

  是書爲鈔本,輯自李夏鎮《六寓堂遺稿》卷一至卷二。首頁首行"臨

---

①金海一《檀溪先生文集》卷 4 附録金兑一《寄別舍弟宗伯以進香副使承命再赴燕京》,《韓國歷代文集叢書》,1559/279。
②李夏鎮《北征錄【原題六寓堂北征錄】·寫愁》,《燕行錄續集》,109/221;又參《肅宗實錄》卷 7,肅宗四年(康熙十七年 1678)八月二十日戊子條。
③李夏鎮《北征錄【原題六寓堂北征錄】·志喜》,《燕行錄續集》,109/296。
④李夏鎮《北征錄【原題六寓堂北征錄】·燕都執熱》其一,《燕行錄續集》,109/248。
⑤李夏鎮《北征錄【原題六寓堂北征錄】·苦熱》,《燕行錄續集》,109/249。

江别李佺德裕"下雙行小注"以下北征錄上",又卷中"即事"詩題下注"北征錄中",又"思歸"題下注"北征錄下"。然則其集原名"北征錄",且分三卷,今從其名以仍其舊焉。

李氏淹滯館中,無所遣悶,故所作多達六百六十餘首。大致以沿路所經排次,然亦有一地所作,或前或後者。其在平壤,有贈小妓梅仙、月宮娥、鳳仙花,在義州又有贈玉爲心、綠雲月、透梅香等,入中國後尚有《擬寄情人》等詩,可謂風情種子焉。

又李夏鎮詩,除歌詠沿途所經山川風景、村莊市鎮外,凡記夢解夢,托意戲題,自嘲白解,苦熱警暑,候雨苦雨,寫愁遣悶,思春悲秋,望月思鄉,托事書恨,寫意感懷,即事苦吟,聞笛聽歌,驢聲蛩鳴,夜雨促織,孤館蠟燭,道上紀行,返程歸興,曉行暮歸,牧馬獵者,小販賈竪,胡馬胡兒,羊鵝螢蚊,白鷺白豕,蘆花野徑等,無不入詩,以次副使韻最多,次則以次杜詩爲夥焉。又有《西江月》《卜算子》《憶秦娥》《浪淘沙》等詞首數。其詩平白直叙,不事曲紆,清通暢達,頗爲耐讀。然李氏詩作,幾無日無之,如此之多,可謂燕行諸家詩作最富者。即杜甫、陸游亦愧弗如,然其去杜甫、陸游亦遠隔萬里。如《紀行》絶句"望海深河網子店,榆關白石撫寧城。渡江三七今來此,明日還應宿永平"①。此類詩作,有意將地名嵌入句中,幾同地名簿錄,雖號稱記里體,然了無詩意焉。

0338-1679
吴斗寅《燕行錄》(《叢刊續》第 36 册《陽谷集》 活字本)

出使事由:進賀兼謝恩行

出使成員:正使朗原君李侃、副使工曹參判吴斗寅、書狀官司憲府執義李華鎮等

出使時間:肅宗五年(康熙十八年 1679)七月二十日—十一月二十九日

吴斗寅(1624—1689),字元徵,號陽谷,海州人。翻子。仁祖二十六

---

①李夏鎮《北征錄【原題六寓堂北征錄】·紀行》其三,《燕行錄續集》,109/208。

年(1648),中司馬試。翌年,行元孫册封別試,爲文科壯元。授成均館典籍。孝宗朝,任憲府持平、掌令等。顯宗時,爲司諫院司諫、光州牧使等。肅宗朝,爲漢城府判尹、平安道觀察使、刑曹判書等。肅宗十五年(1689),仁祖廢中宫,斗寅與李世華、朴泰輔等八十餘人,詣闕上書,極言直諫,斗寅實爲首,上震怒,杖流坡州,道卒。後爲平反,謚忠貞。有《陽谷集》四卷行世。事見《陽谷集》卷四金昌協《神道碑銘》、崔錫鼎《墓誌銘》與仁祖、孝宗、顯宗、肅宗四朝《實録》等。

吴斗寅《陽谷集》四卷,前有李縡序,卷一爲詩,卷二至卷三爲諸體文與雜著,卷四爲附録,收諸家所撰吴斗寅《神道碑銘》等,末有其後裔載維後識,稱奉質於當世長者,删定舊本爲三卷,係附録一卷,以鐵活字印行焉。

肅宗五年(康熙十八年 1679)七月二十日,朝鮮遣朗原君李侃爲進賀兼謝恩行正使,率一行入燕。進賀者,皇太子患痘平復;謝恩者,謝前次寬免罰銀也。十一月二十九日,一行返國覆命焉。

吴氏《陽谷集》中所收詩,以所撰日時先後爲次,燕行詩見其卷一。《義州次書狀韻留別諸君》詩題下識語稱"府君己未以副使赴燕,此下係《燕行録》。先是辛丑府君充書狀官之燕,其時紀行諸篇佚不傳,今只有此録,選二十三首"。又謂"《燕行日録》曰:'七月二十日壬子,與上使朗原君侃、書狀官李華鎮一行員役,詣闕拜辭"云云。① 則知其曾兩度出使清朝,前次所撰詩文不傳,而此本中所選二十三首詩,皆後次所作也。又多於詩題後題識稱"《燕行日録》"云某月某日至某地行事,吴載維識語謂"凡集中題下小識及分係日録於燕行詩者,皆出參判公所定"②。又可知尚有《燕行日録》存世,而散於諸詩前以隸事也。

吴斗寅少即沉静簡重,穎秀有文。十歲時,隨其父翻公海西營,見天使程龍,斗寅呈詩有"從來程不識,猶勝李將軍"句,程大驚歎,稱爲奇童。③ 然其燕行諸詩,亦未超出他家者,如"再踏燕山路,羞稱漢使車"之

---

① 吴斗寅《陽谷集》卷1《義州次書狀韻留別諸君》,《韓國文集叢刊續》,036/517。
② 吴斗寅《陽谷集》卷4 吴載維《陽谷集後識》,《韓國文集叢刊續》,036/579。
③ 吴斗寅《陽谷集》卷1《呈天使程副總龍》,《韓國文集叢刊續》,036/503。

句,爲紀兩度入燕之實。他若"傷心昔日朝宗路,依舊寒波萬折東"等①,仍不脫思明厭清之故智也。

0339-1679
李華鎮《己未聞見事件》②,《同文彙考補編》卷二《使臣別單二》 活字本)

李華鎮(1626—1696),字子西,號默拙齋,驪州人。仁祖二十六年(1648),中司馬試。顯宗四年(1663),登文科。爲成均館典籍。肅宗朝,任司諫院正言、司憲府掌令、承政院承旨、光州牧使等。事見李瀷《星湖先生全集》卷六七《右副承旨李公行狀》、《肅宗實錄》等。

案李華鎮出使事由,詳參前吳斗寅《燕行錄解題》(0338-1679)。

李華鎮此《聞見事件》五條,亦太半言吳三桂叛亂事,謂岳州、九江等地已爲清廷收復,三桂還入四川。又聞三桂已死,惟雲南、四川猶爲吳部所據等。又載是年七月二十八日,北京城內外大地震,城崩屋頹,人多壓死,至於通州、三河無一室得全處,可謂前古所無。一行回奏通州至薊州無一完屋,北京較通州爲輕,遇難者五萬七千餘人。至返國覆命,肅宗問及地震詳情,朗原君等稱"通州、薊州等處,無一完舍。通州物貨所聚,人物極盛,而今則城堞城門,無一完處,左右長廊皆頹塌,崩城破壁,見之慘目。北京則比通州稍完,而城門女墻及城內外人家,多崩頹,殿門一處及皇極殿層樓及奉先殿亦頹。玉河館墻垣及諸衙門,亦多頹毀,改造之役,極其浩大。自此以後,人心洶洶,不能定矣。人口壓死者三萬餘,蓋白日交易之際,猝然頹壓,故死者如是云矣"。

案據《清史稿》,是年七月"庚申,京師地震,詔發內帑十萬賑恤,被震廬舍官修之。壬戌,召廷臣諭曰:'朕躬不德,政治未協,致兹地震示警。悚息靡寧,勤求致災之由。豈牧民之官苛取以行媚歟?大臣或朋黨比周引用私人歟?領兵官焚掠勿禁歟?蠲租給復不以實歟?問刑官聽訟或枉

---
①吳斗寅《陽谷集》卷1《早出山海關》其三,《韓國文集叢刊續》,036/519。
②案此《聞見事件》,又見未詳《燕中聞見》,《燕行錄全集》,第96冊。

平民歟？王公大臣未能束其下致侵小民歟？有一於此,皆足致災。惟在大法而小廉,政平而訟理,庶幾仰格穹蒼,弭消沴戾。用是昭布朕心,願與中外大小臣工共勉之。'"①九月庚戌,以地震禱於天壇。則此次災情極重,故康熙帝震悼慘怛,反躬罪己,祈神禳災。又《清史稿·災異志五》記載:"七月初九日,京師地震;通州、三河、平谷、香河、武清、永清、寶坻、固安地大震,聲響如奔車,如急雷,晝晦如夜,房舍傾倒,壓斃男婦無算,地裂,湧黑水甚臭。二十八日,宣化、鉅鹿、武邑、昌黎、新城、唐山、景州、沙河、寧津、東光、慶雲、無極地震。八月,萬全、保定、安肅地屢震。九月,襄垣、武鄉、徐溝地震數次,民舍盡頹。十月,潞安地震。十一月,遵化州地震,有聲如雷。"②則是年京師及周邊地帶頻繁地震,可證李華鎮所言不虛矣。

又李氏記得瀋陽將密狀,稱設立烟墩,以靖邊遠事。稱其坐鎮瀋陽,地方甚闊,恐有失誤,難以堤防,更緊要者,係寧古塔至鳳凰城等處,逼近朝鮮,雖路係大道,傳遞公文往來,必經查明,故明曾設有烟墩,以便郵傳,以防不虞。自我朝定鼎以來,未曾復建,際此多事,自應更設立云。

又稱"上年秋間,移北海㺚子於瀋陽,其數多至萬餘,朝廷別加存恤,造家舍處其妻孥,給銀錢資其衣食,抄作甲軍,屬瀋將,其俗以魚皮爲衣褲,故稱曰魚皮㺚子。性甚悍獷,少拂所欲,輒至殺人,瀋人皆苦之云"③。

0340-1-1680;0340-2-1680
申晸《燕行錄》(《全集》第 22 冊;《叢刊》第 129 冊《汾崖遺稿》 鈔本)
申晸《燕行錄》(《全集》第 22 冊 鈔本)

出使事由:謝恩兼陳奏行
出使成員:正使青平尉沈益顯、副使司憲府大司憲申晸、書狀官司憲府執義睦林儒等

---

① 《清史稿》卷 6《聖祖本紀一》,002/200—201。
② 《清史稿》卷 44《災異五》,006/1631。
③ 李華鎮《己未聞見事件》,《同文彙考補編》卷 2《使臣別單二》,002/1586。

出使日期：肅宗六年（康熙十九年　1680）六月十日—閏八月二十日

申晸（1628—1688），字寅伯，號汾厓，平山人。申欽之孫。顯宗五年（康熙三年　1664）擢文科。官至司諫院大司諫、成均館大司成、工曹判書、禮曹判書、江華留守等。爲人倜儻，處事有度。與東平君李杭及趙師錫爲親黨，而能潔己遠嫌，不被訾謗，知杭輩陰邪之迹，居常憂憤，飲酒沉湎而卒。有《汾厓遺稿》十四卷傳世。事見《汾厓遺稿》卷一四金壽增《行狀》、李宜顯《陶谷集》卷九《神道碑銘》、《顯宗實錄》、《肅宗實錄》等。

申晸《汾厓遺稿》十四卷，爲傳寫本，《韓國文集叢刊》據奎章閣藏本影印，《燕行錄全集》爲同一版本。前後無序跋。前七卷爲詩，以《螢雪》《釋褐》《萊山》《湖南》《漫興》《屏居》《登州》《燕行》《卯西》《松都》《桑榆》等編爲卷中小集，八至一二卷爲諸體文，卷一三與卷一四爲附錄。又《燕行錄全集》收別本申氏《燕行錄》，不知其所從來，然雖版本不一，而所錄詩作皆同也。

康熙十九年（1680）二月，清廷因太和殿災，遣使至朝鮮宣敕。八月，肅宗派沈益顯爲謝恩兼陳奏使、申晸爲副使、睦林儒爲書狀官至北京，慰太和殿災，並謝頒詔恩。而其主旨，則在陳奏平息國内四月間宗室福善君李柟等謀反事耳。先是，是年四月初五日，前教授鄭元老、前別將姜萬鐵上變，告領議政許積妾子前正字堅與禮賓正李台瑞等謀逆，欲擁立福善君李柟。尹鑴等實爲主謀，其欲魚肉士林，謀危宗社，尤難容貸，各人俱宜置之極法。肅宗處柟以絞，其弟楨賜死。積、鑴一體賜死。朝鮮將處置結果，上報清廷以備案。一行於六月初十日發王京，閏八月二十日返京覆命焉。

此《燕行錄》一卷，輯自申晸《汾厓遺稿》卷五，計錄詩二百二十餘首。申氏之詩，詠物觸景，皆是愁緒；睹人思見，莫非慘切。若"殊方物色君休問，到處逢人盡赤頭"①，乃記清人之剃髮也；"一介小臣懷往事，不堪流淚湧成泉"②，則詠青石嶺孝宗當年所製曲也；"等是人生終有死，李陵何事誤家聲"③，斥

---

①申晸《燕行錄·記事寄漢陽諸友》，022/425。
②申晸《燕行錄·青石嶺》，《燕行錄全集》，022/431。
③申晸《燕行錄·過祖大壽故第》，《燕行錄全集》，022/454。

祖大壽之降清也；"傷心海外孤臣淚，説到神宗已滿纓"①，則在燕京時感時傷神也；"胡無百年運，中土困生靈。天怒今方赫，坤維亦失寧"②，則因地震而卜清室之無百年之運也。唯《聞兒啼》《驅車漢子歌》等詩，閑敍聞見，反爲有情耳。至若《遼陽盛時歌》《通州盛時歌》等，詠前明之世，所謂"日出市門堆錦繡，滿城光豔絢朝霞"者③，亦不過想象之詞、自足之語而已矣。

　　案申晸詩中，有詠季文蘭詩，其曰："書狀睦君則於豐潤榛子店壁上見一詩，向余説道。其詩曰：'椎髻空憐昔日妝，征裙換盡越羅裳。爺娘生死知何處，痛殺春風上瀋陽。'其下又書曰：'奴江州虞尚卿秀才妻也，夫被戮，奴被虜，今爲王章京所買，戊午正月念一日，灑涕揮壁書此，惟望天下有心人見此，憐而見拯，奴亦不自慚其鄙謗也。籲！傷哉！傷哉！奴年二十有一，父季某，秀才，母陳氏，兄名國，府學秀才。季文蘭書。'余聞而悲之曰：'此是閨秀中能詩者所爲也。海内喪亂，生民羅毒，閨中蘭蕙之質，亦未免淪没異域，千古怨恨，不獨蔡文姬一人而已。'爲賦一絶，以詠其事：壁上新詩掩泪題，天涯歸夢楚雲西。春風無限傷心事，欲奏琵琶響轉悽。"④

　　案葛兆光撰文謂鮮使詠季文蘭詩，始於肅宗八年（康熙二十一年1682）以謝恩兼冬至等三節年貢使入燕之金錫胄《擣椒録》，中有《榛子店主人壁上有江右女子季文蘭手書一絶覽之悽然爲步其韻》一詩，詩謂"綽約雲鬟罷舊妝，胡笳幾拍泪盈裳。誰能更有曹公力，迎取文姬入洛陽"⑤。此後其故事，愈傳而愈爲離奇。然非始於金錫胄，實申晸更早於錫胄兩年矣。

　　案"戊午"爲康熙十七年（1678），爲申晸出使前兩年。葛兆光以爲季文蘭"恐怕就是屬吳三桂一部的家屬"，實則文蘭自述爲"江州虞尚卿秀才妻"，鑿鑿然明矣。經申晸、金錫胄之題詠，此後店壁季文蘭所題，早已

---

①申晸《燕行録·燕都感懷》，《燕行録全集》，022/471。
②申晸《燕行録·地震》，《燕行録全集》，022/465。
③申晸《燕行録·通州盛時歌》其一，《燕行録全集》，022/467。
④申晸《燕行録》，《燕行録全集》022/480—482。
⑤金錫胄《擣椒録》卷上《榛子店主人壁上有江右女子季文蘭手書一絶覽之悽然爲步其韻》，《燕行録全集》，024/069。

湮滅無聞,然鮮使筆下之季文蘭,身世命運,愈加神秘,或爲明季女子、或爲南京蘇學士女,或貞節不屈,或失節無耻,命運坎坷,引人垂泪,此前之榛子店與季文蘭皆寂寂無名,經朝鮮使臣前後題壁詠詩,一時爲燕行使所經必到之地,亦爲詩文中必詠之題,所謂"我人到此者,多次其韻"也。使臣無不痛恨天朝之不再,而哀傷夷狄之暴行,即所謂"榛子店和季文蘭就成了一個典故、一個記憶,不管這個牆壁和這首詩還在不在,他們仍然在不斷地借季文蘭題詩想像中國的悲情,用種種和詩表達自己對滿洲人蠻夷的鄙視"。① 此亦即今人所謂朝鮮使臣"季文蘭情結"者也。

0341-1680
睦林儒《庚申聞見事件》(《同文彙考補編》卷二《使臣別單二》 活字本)

睦林儒(1634—?),字士雅,又字君則,號兼善,泗川人。顯宗時,爲義禁府都事。肅宗朝,爲司憲府持平、弘文館修撰、司諫院司諫、承政院承旨、江春道觀察使等。以誣陷金壽恒等罪削黜。事見《肅宗實錄》《承政院日記》等。

案睦林儒出使事由,詳見前申晸《燕行録解題》(0340-1680)。

此《聞見事件》八條,雖仍有言吳三桂叛亂事,然其時叛亂已平,朝鮮使臣之關注度亦相應降低。其言京城地震,殆無虚月,一朔之内,至於三四。又有火災甚烈,瘟疫大熾,每日人死,不計其數。皇帝召欽天監觀天象,稱山西氣旺。今北京地震不止,故有遷都山西之意,後與諸王貝勒諸臣商議而止云。

又言湖督將軍獲故明朱三太子,爲周娘娘出,年四十八,護送京城,皇帝帶其周覽宮殿,皆能一一指説,帝欲封王,太子不受。又要朝内造庵觀,與太子出家修行,太子謂無顔在御内,願居外,遂在皇城外修建皇庵與其居。太子請赴昌平謁明陵,祭畢大哭,回庵即閉門不再出。帝令明朝内官

---

① 詳參葛兆光《想象異域悲情:朝鮮使臣關於季文蘭的兩百年遐想》,載葛兆光《想像異域:讀李朝朝鮮漢文燕行文獻札記》,中華書局 2014 年版,第 103—122 頁。又可参楊海英《朝鮮士大夫的"季文蘭情結"和清初被擄婦女的命運》,載《清史論叢》2007 年號。

十餘人,日侍左右,給米麵油鹽菜蔬柴炭,賜道衣道冠,不令剃髮等。

凡此之類,多爲道塗所傳之謠言,而鮮使皆載爲信史,則亦誣枉甚矣。

0342-1680

申懷①《庚申聞見事件》(《同文彙考補編》卷二《使臣別單二》 活字本)

  出使事由:謝恩陳奏告訃兼冬至等三節年貢行
  出使成員:正使判中樞府事金壽興、副使議政府左參贊李䌖、書狀官司憲府掌令申懷等
  出使時間:肅宗六年(康熙十九年 1680)十一月三日—翌年三月十八日

  申懷(1630—1706),字子平,號寬谷,平山人。孝宗八年(1657),中司馬試。肅宗四年(1678),增廣文科及第。爲司憲府持平、司諫院司諫、承政院承旨、司諫院大司諫、開城留守、刑曹參判等。事見趙顯命《歸鹿集》卷一四《參判申公墓表》、《肅宗實錄》。

  肅宗六年(康熙十九年 1680)六月,朝鮮以掃平許堅等謀逆事,遣青平尉沈益顯使團入燕。時朝鮮朴時雄等越境盜取椵皮,爲寧古塔佐領拿獲,清廷遣官責問。十一月初三日,肅宗又派判中樞府事金壽興爲謝恩陳奏告訃兼冬至等三節年貢行正使,謝慰問討逆敕、謝查犯越敕、奏犯人擬律、並告仁敬王妃金氏(1628-1680 光山金萬基之女)升遐諸事焉。康熙二十年(1681)三月,清廷遣翰林院侍讀學士牛鈕賫敕至朝鮮,致祭肅宗王妃金氏,並奉敕查察椵島。十二月,又以朝鮮越境采參伐木,梟金天鶴等十人首示衆。

  此《聞見事件》一條,記一行在大黃旗堡,遇甲軍數人,乃南征罷歸者。問南方聲息,則謂瀋陽兵一萬人,入往福建、雲南、貴州等處,至今七年始歸,而生者六千餘名。貴州雖平,而猶未鎮定,故方遞兵屯守。吳三桂雖死,其孫世璠代領餘衆,方在雲南。而鄭錦敗入海島。清軍戰亡士卒,焚骨載歸者甚多,而一行中人亦有目見載骨車輛者焉。

---

①案"懷",《同文彙考補編》卷2誤爲"讓",今據《肅宗實錄》等改。

卷三四　0343—0358

肅宗七年（康熙二十年　1681）—肅宗十年（康熙二十三年　1684）

0343-1681

李三錫《辛酉聞見事件》（《同文彙考補編》卷二《使臣別單二》　活字本）

  出使事由：謝恩行
  出使成員：正使昌城君李佁、副使禮曹判書尹堦、書狀官司憲府掌令李三錫等
  出使時間：肅宗七年（康熙二十年　1681）九月三日—翌年正月二十四日

  李三錫，字翊臣，號雪月堂，全州人。顯宗時，任全羅都事、端川郡守等。肅宗朝，爲司諫院正言、獻納、司憲府掌令等。因犯國葬前行其孫婚禮之罪，罷職定配所。事見《顯宗實錄》《肅宗實錄》《承政院日記》等。

  案《同文彙考補編》卷二《使行錄》，記"李三錫"皆作"三碩"，考三碩（1656—？），字達父，全州人。亦顯宗、肅宗時人。然《肅宗實錄》載，肅宗七年四月初五日，以"昌城君佁爲謝恩正使，尹堦爲副使，李三錫爲書狀官"；又翌年正月二十四日，"謝恩正使昌城君佁、副使尹堦、書狀官李三錫歸自清國"。① 皆作"三錫"，然則"三碩"者誤矣。考三碩曾於肅宗十四年（康熙二十七年　1688）冬至十五年春，以書狀官身份，隨賀至使洪萬容（永安尉柱元子）、副使朴泰遜出使清朝，則是在三錫等出使八年後之事也。②

  康熙二十年（1681）三月，清廷遣翰林侍讀學士牛鈕賫敕至朝鮮，致

---

①《肅宗實錄》卷11，肅宗七年（康熙二十年　1681）四月五日戊子條；又卷13，肅宗八年（康熙二十一年　1682）正月二十四日壬申條。
②《肅宗實錄》卷20，肅宗十五年（康熙二十八年　1689）三月一日戊戌條。

祭肅宗王妃金氏,並奉敕查察椵島。肅宗遣昌城君李佖爲謝恩使,率一行人燕,以謝王妃賜祭、謝寬免等項。

　　李三錫此《聞見事件》,共記事六件。言吳三桂之婿馬寶素,稱智勇,而挑戰被擒,生致北京,不肯屈膝。康熙問何負予耶? 答以吾以敵國之將,不幸就擒,豈云叛耶。聲色不變,故磔殺之。又鄭錦方據海島,周回八百餘里,軍號三十餘萬,海中諸島皆屬焉。清廷以距海三百餘里,居民盡徙内陸,漁采之船,不得出洋,沿海數千里間,陸則人烟斷絶,海則無片帆影云。

　　李氏又記,刑部送銀貨一封於銀主處,問緣由於首譯,則朗原君己未之行,馬夫愛宗偷姦養漢的,見捉於人,恐其現發,賂以五十金。其漢又爲分利者所訐,訟於該部。一行怯於生事,多用銀貨。其漢以誣訴受賂之罪,竟至行刑,愛宗幸免犯禁之罪,出送該國治之,賂銀准數徵給。今此送銀,乃其時未盡徵之餘數云。三錫慨歎"惜乎我國法不嚴,犯法於他國者,略加刑訊,終不梟示,將何以懲戢於日後"云。①

　　又《肅宗實録》載,一行歸國,上問皇帝容貌,李佖曰:"皇帝容貌碩大而美,所服黑狐裘矣。"②燕行使述康熙帝狀貌,多醜化其貌,言"碩大而美"者,可謂鮮見焉。

0344-1681
申琓《辛酉燕行詩》(《平山申氏文集》第 3 輯;《叢刊續》第 47 册《絅菴集》　活字本)

　　出使事由:奏請兼冬至等三節年貢行
　　出使成員:正使東原君李濰、副使議政府左參贊南二星、書狀官弘文館應教申琓等
　　出使時間:肅宗七年(康熙二十年　1681)十月三十日—翌年三月二十日

---

①李三錫《辛酉聞見事件》,《同文彙考補編》卷 2《使臣別單二》,002/1590。
②《肅宗實録》卷 13,肅宗八年(康熙二十一年　1682)正月二十四日壬申條。

申琓(1646—1707),字公獻,號絅菴,平山人。顯宗十三年(康熙十一年 1672)別試文科及第。爲司憲府持平、司諫院正言等。肅宗朝,爲弘文館修撰、承政院都承旨、司諫院大司諫、吏曹判書、議政府右議政、領議政等。封平川君。後爲林溥等彈劾,待罪病卒。琓仁慈樂易,平居少疾言遽色,又能敦於宗族,篤於故舊。常長銓席,扶抑必循公議。後謚文莊。有《絅菴集》八卷行世。事見申靖夏《恕菴集》卷一三《平川君府君行狀》、宋煥箕《性潭先生集》卷一七《神道碑》、朴弼周《黎湖先生文集》卷二五《墓表》與《顯宗實錄》《肅宗實錄》等。

肅宗七年(康熙二十年 1681)十月,以東原君李潗爲奏請兼冬至等三節年貢行正使、左參贊南二星爲副使、應教申琓爲書狀官赴燕,其所奏請者請册封王妃事也。案是歲,肅宗迎娶閔氏(1667—1701 驪興閔維重女)。翌年七月,清使入朝鮮册封閔氏焉。一行於十月三十日發王京,翌年三月二十日返京覆命。

申琓在北京,與琉球正使毛見龍、副使梁邦翰相見。時南方已定,申琓等回還時啓稱,清主自平南之後,妄自誇大,謂天下事無復可虞,瀋陽之行,託以報祀其祖,而多發軍民,專事遊獵,故所經五百里,怨聲載路,此必胡運將盡而然也。申琓謂"以其舉措觀之,則朝夕可亡。而馬畜蔽野,雄盛極矣"。又稱與琉球使臣共參太平宴,聞琉球通官是福建人,使譯輩問鄭錦事,言錦在台灣島,距福建不遠。此寇非鬱鬱久居島中者,若能得志於中國則已,不然亦安保其不爲我國患乎?二星曰:"雖不可臆斷,鄭錦形勢,似難越海侵人國矣。"①既欲唱衰清朝,又見其日臻繁盛,朝鮮君臣胸次之糾結,與此亦可見焉。

申琓《絅菴集》八卷,詩二卷,以時序爲次,文六卷,爲其孫申璟校勘,英祖四十二年(1766)以芸閣木活字刊行。前後無序跋。《韓國文集叢刊續》亦收録,是本有申曔跋文。本集卷一《途中有吟》詩題下注"書狀赴燕時"②。自下二十餘首詩,爲申氏第一次燕行時所作。申曔《跋》稱其祖"詩慕三唐,文喜西漢、北宋,故發諸吟詠者,雅麗和平,而無冗瑣局促之音,

①《肅宗實錄》卷13,肅宗八年(康熙二十一年 1682)三月二十日戊辰條。
②申琓《絅菴集》卷1《途中有吟》,《平山申氏文集》,第3輯第199頁。

見諸論著者,典重平實,而無浮靡刻畫之辭"①。今觀其詩,體裁多變,俊逸流麗。雖如《山海關夜坐》《次書狀路中記見韻》等,仍不出仇視清廷,厭腥詆臭之語,然若《渡鴨綠江》《嘲戲坐車》《薊門煙樹》諸詩,亦賞景紀實,頗適耳目者也。

0345-1681
申琓《辛酉聞見事件》(《同文彙考補編》卷二《使臣別單二》 活字本)

案申琓有《辛酉燕行詩》(0344-1681),已著錄。

此《聞見事件》六條,記清兵圍雲南,吳三桂子世璠自縊死。清廷科耿精忠、夏國相等二十九人罪。又見琉球使臣,設法打問鄭錦事情,琉球使書信答之,其言福建總督姚啓圖送書招降鄭錦,且錄鄭氏答書若干語,又言及琉球風俗民情諸事。

申琓記在館期間,因請冊封奏文不符,用銀賄賂,始得無事。其稱禮部筆帖式吳應鵬,以侍郎額星格之言來問曰:中朝皇后、皇太子方用"冊立"二字,諸侯則當曰"冊封",而今此奏文僭用"冊立"二字,該部將題參,爾輩若許我以皇帝前陳奏方物,則奏請文書中"聘定"二字,不過措語之失,而用賂銀一千六百金,始得准請。"冊立"二字,乃是僭用,必用二千金然後可得無事。百端恐喝,必欲准其數,累度争辯,乃以八百五十金定數,立約而去。② 案奏文違式,或用詞僭越,乃明清時禮部官員常用以刁難鮮使之藉口,不過藉故恐嚇、多索銀兩賂物而已。

0346-1682
閔鼎重《壬戌別單》(《同文彙考補編》卷二《使臣別單二》 活字本)

出使事由:問安行
出使成員:正使左議政閔鼎重、書狀官司憲府掌令尹世紀等
出使時間:肅宗八年(康熙二十一年 1682)二月二十日—四月一日

---

①申琓《絅菴集》申暻跋,《韓國文集叢刊續》,047/361。
②申琓《辛酉聞見事件》,《同文彙考補編》卷2《使臣別單二》,002/1591。

案閔鼎重有《老峰燕行記》(0314-1669),已著錄。

此《別單》共記六條,記載康熙帝御駕入瀋前,按例朝鮮使臣亦當於郊迎駕,但皇帝入瀋二日,仍未謁見,表咨文呈納諸事,亦無從探知消息,唯聽鼓吹出入,知皇帝祭祀、行獵、觀漁之往返。後呈禮物,則虎豹皮等物,當送北京;全鰒文魚等,當用之宴享;黃栗干柿等物,即送祭所;倭劍則持向皇帝駐次。及至歸期,又無回咨,言回咨當自北京追後成送,使臣不可久留,可先發回。閔鼎重等以爲,無有回咨,何以歸報國王,雖久留亦不可徑歸。遂使朝鮮譯官翻譯,構出數行文字,用片紙書送皮封,題以"朝鮮國王開拆"。鼎重等稱,大國之待我國特殊,揆以事體,不當片紙皮封,亦不當直稱"國王",若不改作大幅楷書,不敢受去。此次隨康熙帝來使之大臣,皆爲滿州官員,既不明朝鮮使臣問安往復諸禮儀,又不能漢文,故接待不成規模,回咨又草草如此也。

又據《肅宗實錄》,因書狀官尹世紀言,"命查啟鐵山府使柳東亨、宣川縣監李尚馣、龍川府使韓樞、郭山郡守吳伯周、嘉山郡守車憲治績,升資賞賜有差"①。然則燕行使對朝鮮境內西路官員,尚有監督奏議之權也。

0347-1682
韓泰東《兩世燕行錄·燕行日錄》(《全集》第29冊　鈔本)

出使事由:進賀謝恩兼陳奏行
出使成員:正使瀛昌君李沈、副使刑曹參判尹以濟、書狀官司憲府掌令韓泰東等
出使時間:肅宗八年(康熙二十一年　1682)七月一日—十一月二十四日

韓泰東(1646—1687),字魯詹,號是窩,清州人。顯宗十年(1669),庭試居魁。清忠剛介,慷慨多大節,論議正直,喜犯顏搏擊,勳戚大臣,皆爲之氣懾,以此屢躓。通籍二十年,立朝者僅數年,曾官司諫院正言、司憲府掌令、執義等。後受誣陷,遭譴退居里中。不事生產,而口不言窮,清貧

---

①《肅宗實錄》卷13,肅宗八年(康熙二十一年　1682)五月十五日壬戌條。

到骨,竟不免饑寒成疾而卒。有《是窩遺稿》八卷行世。事見李宗成《梧川集》卷一〇《是窩韓公神道碑》、韓泰東《是窩遺稿》卷八朴聖漢《擬是窩公史傳》、《顯宗實錄》、《肅宗實錄》等。

韓泰東《是窩遺稿》八卷,爲其孫德弼據家藏稿編次,刊於英祖十五年(1739)。《韓國文集叢刊續》據奎章閣藏本影印。首卷爲詩賦,卷二至卷七爲諸體文,卷八《附錄》爲諸家輓祭文。

康熙二十年(肅宗七年 1681),清廷平定"三藩之亂"。十二月,加太皇太后、皇太后徽號。翌年二月,清一等侍衛儀圖額真等至朝鮮,以平定吳三桂頒詔。三月,又因太皇太后、皇太后尊號事遣使頒詔。肅宗遣進賀謝恩兼陳奏使,以瀛昌君李沈爲正使、刑曹參判尹以濟爲副使、掌令韓泰東爲書狀官。賀討平吳世璠,賀尊號太皇太后、皇太后,兼謝頒詔賜物等事。而頃年昌城君佀之行,表文中免罰一欵,以減罰爲辭,彼中以爲穿錯,有查照之舉,故遂以進賀兼謝恩陳奏使命也。一行於七月一日出發,八月二十七日,到玉河館。因事不諧,延至十月初十日始發北京,十一月初八日還渡江,二十四日返京覆命焉。

案此所謂《兩世燕行錄》者,即韓泰東及其子韓祉兩次出使清朝時所記日記,不見於泰東《是窩遺稿》。今本兩者皆爲同一筆體所書,蓋爲後人鈔本,而非作者原稿耳。其在北京時,所陳奏文中仍隻曰"朝鮮國王",而不書姓諱。清左侍郎額星格以爲舛錯述奏,擬議罰國王銀一萬兩,泰東等聞之愈益驚惶,後幾經交涉,禮部題本中"大干法紀"一詞,方改爲"殊俗不合",且以五千兩減題。三使於設上馬宴時,於館復呈奏文,額星格責以太宗、世祖時,朝鮮多耆舊,事大國甚謹,無所闕失,厥後遺老益凋,大臣皆新進簡忽,咨奏之間,每欠謹雄,屢致生事。皇上未嘗譴責,輒加容宥,以習其慢,而益其謬。今段述奏,又有舛錯之失。大國之體,宜遣官查治,而以五千金勘罰,至輕也。謂使臣之感戴於皇恩,而反呈文爭辯,於義不協。後韓氏等屢言此事專由陪臣,今使君父被譴罰,而臣子豈敢無恙而歸。然禮部不再受理,韓氏所謂"憤抑懊惱,烈火燒心"者也①。

---

① 韓泰東《兩世燕行錄·燕行日錄》,《燕行錄全集》,029/243。

因此之故，韓氏記中，於康熙帝極盡醜詆之詞，以泄其憤。其記沿路諸城沿革，亦述之頗詳，則多爲鈔自方志者。時泰東所見寓居遼東之朝鮮人，久住其地，又輕徭薄賦，故習安異俗，無心返本，與當初瀋陽贖賣朝鮮人時，已時過境遷，大大不同矣。返程所記，則極爲簡略，蓋因事不諧，而無心於文字處下功夫耳。

　　林基中以爲，此《兩世燕行錄》爲李澤《兩世疏草》之翻版。然兩家並皆不同，蓋林氏以爲編纂方式，兩家雷同耶？

0348-1682
韓泰東《燕行詩》（《叢刊續》第 48 册《是窩遺稿》　刻本）

　　案韓泰東有《兩世燕行錄・燕行日錄》（0347-1682），已著録。

　　韓泰東《是窩遺稿》卷一《未到義州十許里……始有去國意》詩題下注"以下二十五首，燕行録"①，則爲其燕行時所作詩也。朴聖漢謂泰東"爲文章，踔厲風發，竦峭廉悍，命意奇高，下筆傾注，如水湧，見者驚怪，素有冰蘗之操"②。今讀其詩，雖亦多牢落不平之語，然如《曉發通州》《薊門煙樹》《道遇山海城將獵處以一絶記所見》《胡歌》《燕行雜録》諸詩，叙通州之繁華，模煙樹之相盪，叙戍卒之軍獵，描燕地之雜俗，皆結構精緻，刻畫入微，頗有唐人邊塞詩之風致焉。

0349-1682
韓泰東《壬戌聞見事件》（《同文彙考補編》卷二《使臣別單二》　活字本）

　　案韓泰東有《兩世燕行録・燕行日録》（0347-1682），已著録。

　　此《聞見事件》一條，述瀋陽、北京建置沿革，乃抄撮自史傳方志者。又記自湯站至北京煙臺、山海關城堞，泰半頹毁，亦不補修，獨瀋陽城最爲壯固，粉堞崢嶸，有若新築。謂北京"形勢壯固，殆難盡述，至於人徒之衆，

---

①韓泰東《是窩遺稿》卷 1《未到義州十許里……始有去國意》詩題注，《韓國文集叢刊續》，048/502。
②韓泰東《是窩遺稿》卷 8 朴聖漢《擬是窩公史傳》，《韓國文集叢刊續》，048/585。

坊里之稠,宮室寺觀之偉麗,市廛財貨之充牣,足稱雄都氣象"。又言及兵役、賦税、謡俗等,則舉皆"嗜利重貨,絶無純慤之風",甲軍愈益驕悍,侵嬲一行員役,無所不至,隨身之物,輒相求乞,若不與則詈辱不已,公行攘奪。而衙役、麻貝、通官等,例給之外,種種需索,酬應不暇。宿店主人,又每以房錢多少,遮梗喧嘩,必稱其欲而後已,甚或蔽井阻汲,限地禁蒭,强要高價,以售其物。即偶有識文字者,亦無翰墨儒雅之態焉。①

0350-1682

金錫胄《擣椒録》(《全集》第24册;《叢刊》第145册《息庵先生遺稿》活字本)

  出使事由:謝恩兼冬至等三節年貢行
  出使成員:正使右議政金錫胄、副使禮曹判書柳尚運、書狀官司憲府掌令金斗明等
  出使時間:肅宗八年(康熙二十一年　1682)十月二十九日—翌年三月二十四日

  金錫胄(1634—1684),字斯百,號息庵,清風人。金堉孫、佐明子。沈毅果敢,有器度,尚權數。孝宗八年(1657)進士,顯宗三年(1662)增廣文科登第。爲吏曹左郎。時漢黨、山黨之争,山黨得勢,不得重用。顯宗十五年(1674),山党肅清,晉守禦使、承政院都承旨等。李楨、李柟等潛謀不軌,而尹鑴、許積輩,締結盤據,聲勢相倚,錫胄夙宵憂慮,費盡心機,多方訶察,密贊睿斷,卒能掃除凶孽,再安宗社。封清城府院君。歷官至吏曹判書、議政府右議政、領中樞府事等。卒諡文忠。著有《息庵遺稿》二十三卷《别稿》二卷。事見趙顯期《一峰集》卷七《金公行狀》、宋相琦《玉吾齋集》卷一四《神道碑銘》與《顯宗實録》《肅宗實録》等。

  肅宗八年(康熙二十一年　1682)十月二十九日,以右議政金錫胄爲謝恩兼冬至等三節年貢行正使、禮曹判書柳尚運爲副使、掌令金斗明爲書狀官出使清朝。先是,清廷以朝鮮奏文中,不書國王姓名,只稱國王,謂之

---

① 韓泰東《壬戌聞見事件》,《同文彙考補編》卷2《使臣别單二》,002/1594。

"大干法紀",欲遣使查問,後改以罰銀一萬兩,又減五千兩。陳賀使瀛昌君李沈等自清國回程,先以此啓聞,遂以謝恩文書及方物追付於金錫胄之行。在京因歲幣方物交納與談判事,久滯館中達五旬之多,至翌年二月十五日自北京返程,三月二十四日方返王京覆命焉。

金錫胄《息庵遺稿》二十三卷《別稿》二卷,爲其子道淵據家藏稿蒐集編次,於肅宗年間以鐵活字刊行。《韓國文集叢刊》據奎章閣藏本影印,《燕行錄全集》爲同一版本。前後無序跋。前五卷詩,按體裁編定,卷六至卷七爲《擣椒錄》,卷八至卷二三爲諸體文。《別稿》二卷,則爲賦與策論等。

《擣椒錄》二卷,輯自金錫胄《息庵先生遺稿》卷六至卷七。"擣椒"者,金氏自跋稱"椒性辣螫人喉,雖久而不除,故昔人於辛苦艱難,閱歷年時而有不可忘焉者,則輒以比之於擣椒。往者鄭湖陰自燕歸時有詩,亦云'擣椒剩有餘辛在',誠有味乎其言之也"。然鄭士龍(湖陰)奉使,正當皇明熙昌之運,聲明文物,覃被遐荒,則其所稱辛苦,蓋不過原隰征役而已,雖以之譬之噉蔗可也。而金氏行時,已是清代,"所接者鱗介,與語者侏儺,劍槊盈路,羶膻塞鼻。玉河五旬之拘蟄,遼路易歲之行李,比近時冠蓋爲尤苦,雖欲更見如湖陰時,又何可得耶!"其使行中副价柳尚運,沿途有作,輒以相示,金氏從而和之,前後所詠,至三百六十餘首,故錄而題之曰《擣椒集》,姑以志不敢忘莒之意云爾。①

史稱錫胄"文章亦峭悍有法,蔚爲近來名家"②。而其詩作,亦諸體兼備,可稱作手。其詩中有引錢謙益詩句,足見清初詩壇,牧齋詩之影響遠及朝鮮也。又其《榛子店主人壁上有江右女子季文蘭手書一絶覽之悽然爲步其韻》一詩,和江右被賣女子季文蘭壁間韻,有"綽約雲鬟變罷舊粧,胡笳幾拍淚盈裳。誰能更有曹公力,迎取文姬入洛陽"之詩③。案詠季文蘭詩,始作者爲此前兩年之申晸,而錫胄詩流傳較廣,故後來歌詠者,多歸

---

①金錫胄《擣椒錄》卷下,《燕行錄全集》,024/163—164。
②《肅宗實錄》卷15,肅宗十年(康熙二十三年 1684)九月二十日癸未條。
③金錫胄《擣椒錄》卷上《榛子店主人壁上有江右女子季文蘭手書一絶覽之悽然爲步其韻》,《燕行錄全集》,024/069。

之於金氏，其故事愈傳而愈離奇，則非錫胄所可意料者也。

又《擣椒錄》卷八《與燕京畫史焦秉貞書》一文，爲在玉河館時，有燕京畫者焦秉貞，爲錫胄寫真，錫胄以爲所畫不像，故信劄往來，謂其當改之處也，此等於研究當年寫真畫史，亦極有關涉者矣。錫胄爲金堉之孫，故在途望覺華島，有詩稱"國弱方愁敝，孫孱敢道勤"①。歎天地之翻覆，人世之恍惚也。時明亡已久，錫胄尚有"行行十月向幽州，燕土陸沉今幾秋"之歎焉②。

0351-1682
金錫胄、柳尚運《壬戌別單》（《同文彙考補編》卷二《使臣別單二》　活字本）

案金錫胄、柳尚運出使事由，詳見前金氏《擣椒錄解題》（0350-1682）。

此《聞見事件》四條。記康熙帝以朝鮮東站道遠，轉輸有弊，故有貢米議減之命，命禮部議以何物替代。時禮部額星格與序班吳應鵬等，表裏作奸，通同用事，乘此機會，賣弄萬端。應鵬以額所來傳語諸譯曰："貢米項代之物，禮部今方議定，汝輩若欲減數，則須以白金二千五百兩作禮，方可圖減。臣等聞來驚駭，備言貢米則本價不過三百兩，紙束則雖以方物白綿紙言之，一千卷當值五六百兩。上國既軫民弊，則本國之民，獨非上國之所撫恤者？而卒減西路所進之米，遠徵南方難輸之物，其數且至於二十倍，該部體行之道，豈宜如是！今若以銀子三百兩或白綿紙五百束代定，則謝物固當覓給，而若過此數，則一國之民將盡斃此役，使臣歸國，惶懼俟罪之不暇，許多銀貨，從何辦出以給乎？"③歷呈貢米代紙，反爲貽弊。後朝廷亦駁回禮部之議，命與內務府同議回奏云。

又載大鼻㺚子、太極㺚子不安欲叛事，以及南方平定後處理罪犯事，

---

① 金錫胄《擣椒錄》卷上《次書狀望覺華島……留此踰一朔云》，《燕行錄全集》，024/060。
② 金錫胄《擣椒錄》卷上《次副使韻》，《燕行錄全集》，024/077。
③ 金錫胄、柳尚運《壬戌別單》，《同文彙考補編》卷2《使臣別單二》，002/1596。

臺灣鄭錦或死或病,相傳不一等事,如霧裏觀花,虛實難辨也。

0352-1682
柳尚運《燕行詩》(《叢刊續》第 42 册《約齋集》 鈔本)

　　案柳尚運出使事由,詳見前金錫冑《椒錄解題》(0350-1682)。

　　柳尚運(1636—1707),字悠久,號約齋,文化人。顯宗元年(順治十七年 1660),中司馬試。七年,登文科丙科。爲成均館典籍、慶尚道都事、兵曹正郎等。肅宗朝,拜江界府使、工曹參判、平安道觀察使、吏曹判書、户曹判書、議政府左議政、領議政等。尚運與南九萬,相爲犄角,時黨争不絶,互相排擯,朝論互歧,遂退還廣州栗里郊居。卒謚忠簡。有《約齋集》六册行世。事見南九萬《藥齋集》卷二一《柳公墓誌銘》、崔錫鼎《明谷集》卷二六《墓誌》、《約齋集》第六册柳起赫《約齋年譜》與《顯宗實録》《肅宗實録》等。

　　柳尚運《約齋集》六册,不分卷,轉寫本,爲其八代孫起赫於 1956 年增入《年譜》,《韓國文集叢刊續》以其十代孫柳民城所藏本影印。前三册爲詩,後兩册爲文。詩以《西巗》《嶺南》《清源》《關西》《南漢》《燕行》《巴陵》等分爲小集。《燕行詩》在第二册,共録詩二百五十餘首,泰半爲和正使金錫冑之作,間有與書狀官金斗明酬唱之詩焉。

　　柳尚運詩作雖多,然仍不出憤惋嗟歎之語,詆譏仇視之詞。凡沿途觸景,及在玉河所見,莫不胡塵膻腥也。至如《次正使燕俗詠》有《輸幣》《刺奸》《淫祠》《不葬》諸詩,更醜詆清朝,幾無一是處焉。即其詠燕都八景,亦非流連賞景,在眼非八景,而亦爲文物異化之悲情耳。時清廷初收復臺灣,且經營西北,故柳詩謂"已見版圖收福建,又聞經略在祈連。韃尖太子驕何狀,畢竟驅除拉朽然"①。眼見清朝蒸蒸日上,勢不能擋,尚運唯一力於詩,歎胡運不滅,天不開視,徒扼腕悲鳴而不能已也。

---

①柳尚運《約齋集》第 2 册《燕行録·次正使燕京感懷韻八首》其五,《韓國文集叢刊續》,042/460。

0353-1683

尹攀《燕行日記》(《全集》第 27 册　手稿本)

出使事由：冬至等三節年貢行

出使成員：正使議政府左參贊趙師錫、副使禮曹參判尹攀、書狀官司憲府持平鄭濟先等

出使時間：肅宗九年（康熙二十二年　1683）十一月一日—翌年三月十三日

尹攀（1637—1685），字號籍貫不詳。肅宗朝，曾官司憲府持平、司諫院獻納、承政院承旨、黃海道觀察使等。有《燕行日記》行世。事見《肅宗實錄》《承政院日記》等。

肅宗九年（康熙二十二年　1683），朝鮮遣正使左參贊趙師錫、副使禮曹參判尹攀、書狀官持平鄭濟先入燕，爲賀冬至正旦聖節也。一行於肅宗九年十一月初一日出發，十二月二十五日抵北京，二月初十日離發北京，三月十三日返京覆命焉。

尹攀《燕行日記》一卷，蓋爲其手稿本，潦書太甚，迹似狂草。《燕行錄全集》所收是稿，排頁零亂，前後倒置，棼如縈絲，不能接讀，不知爲原稿亂綴若此，抑或整理者不別而誤排。尹氏沿路所記，較爲簡略，又因此行乃是常行耳，故述事亦無特别之處也。

先是，康熙二十年（1681）七月，以施琅爲福建水師提督，規取臺灣，改萬正色陸路提督。十一月，吳世璠自殺，雲南平。二十二年五月，命施琅征臺灣；六月，克澎湖；八月，施琅取臺灣，鄭克塽率其屬劉國軒等迎降，臺灣平定，大清天下，終歸一統焉。

尹攀等一行回還，國王引見，問清國事情。正使趙師錫曰："鄭克塽受撫時，願住南方，不欲北遷，故將軍施琅禀命而許之。年少諸議皆以爲：'南人狡黠，若置南方，必爲後患。不如移之北方，絕其禍根。'科道交章，而上下皆以失信爲慮，留兵三千，以守其島。又遣禮部侍郎蘇拜，往審島中形勢云。克塽歸順，誠非虛傳也。"又謂"清主破吳三桂，取美女三百，貯之離宫，日事荒淫，徒尚文辭，政令多舛。太子年十三，剛愎喜殺人，皆謂

必亡其國矣"。① 則仍是唱衰清朝之舊調也。

全稿排次極亂,今據《燕行錄全集》現有之頁碼糾正之,先排月日,後述《燕行錄全集》之頁碼:肅宗九年十一月一日至二日,第510頁;三日至八日,第567—570頁;九日至十七日,第563—566頁;十八日—二十四日,第559—562頁;二十五日至十二月二日,第555—558頁;三日至十二日,第551—554頁;十三日至二十日,第547—550頁;二十一日至肅宗十年正月一日,第543—546頁;二日至十三日,第539—542頁;十四日至二十三日,第535—538頁;二十四日至二月初三日,第531—534頁;四日至十一日,第527—530頁;十二日至二十二日,第519—522頁;三月初一日至九日,第515—518頁;十日至十三日結束,第511—512頁。若《全集》修訂再版,則當整飭重排焉。

0354-1683
鄭濟先《癸亥聞見事件》(《同文彙考補編》卷二《使臣別單二》 活字本)

鄭濟先,生卒籍貫不詳。肅宗朝,爲藝文館檢閱、司諫院正言、司憲府持平等。肅宗九年(1683),隨冬至使趙師錫出使清朝,行到關西,爲推拷叛奴,酷施刑杖,至六人杖斃,返國後流配康津。十年後,使之歸哭母墳,與老父相見,旋放歸林下。事見《肅宗實錄》《承政院日記》等。

案鄭濟先出使事由,詳參前尹攀《燕行日記解題》(0353-1683)。

此《聞見事件》八條,仍多吴三桂、鄭錦及北邊大鼻㺚子消息,謂雲南人物,多徙關外,東八站以後所經諸堡,多新創之屋,東關城内,民户比前倍簁。又論皇城東岳廟,士女燒香禮神,以爲祈福之所,一年香火之費,多至累巨萬。"大抵清人之事神崇佛,其來既久。有人居則必立廟堂,州縣内外,必設關帝廟,佛寺多在閭閻,僧俗雜處無别"云云。②

案鄭濟先一行返國,諫院即啓,謂鄭氏行到關西,爲推叛奴,到處乘醉,酷施刑杖,横致隕命,至於六名之多。其中婢夫二人及良民一人,並與

①《肅宗實錄》卷15,肅宗十年(康熙二十三年 1684)三月十四日庚辰條。
②鄭濟先《癸亥聞見事件》,《同文彙考補編》卷2《使臣別單二》,002/1597。

叛奴而一時濫殺。因私蔑法，不可置之，請拿問定罪。鄭氏覆奏以爲奉命殺人，曾不償命。義禁府亦啓"奉命之臣，與凡人鬭毆殺人有別，曾未有償命之時"，請大臣議。肅宗切責，然臺臣終引例援救，遂保其性命，長流康津，未能繩之以法。肅宗晚年，仍有悔意，至英祖朝，仍引爲例案。則可知鄭濟先之用刑苛暴，以及此案影響之深遠也。

0355-1684

李蓍晚《甲子聞見事件》（《同文彙考補編》卷二《使臣別單二》 活字本）

出使事由：告訃行
出使成員：正使户曹參判李濡、書狀官司憲府持平李蓍晚等
出使時間：肅宗十年（康熙二十三年 1684）二月十九日—六月十八日

李蓍晚（1641—1708），字定應，號東厓，廣州人。肅宗二年（康熙十五年 1676），柑泮宮試士及第。爲司諫院正言、弘文館修撰、承政院承旨、司諫院大司諫、咸鏡道觀察使、慶尚道觀察使、漢城府左尹、禮曹參判等。事見《肅宗實錄》《承政院日記》等。

肅宗九年（康熙二十二年 1683）十一月，顯宗妃、明聖大妃金氏（1642—1683 清風金佑明女）薨。十年二月十九日，肅宗遣户曹參判李濡爲告訃使，率一行入燕告訃焉。李蓍晚此《聞見事件》七條，記鳳凰城柵門守將與士兵規模、瀋陽城池等事，仍記載鄭錦事及吳三桂餘黨事。其在中安堡，問漢人王守信田稅事，答云厚地一日耕出五六石，薄土出三四石；田稅一畝收銀三分，一人力耕一日，不過八畝云。又聞"大鼻㺚子居寧古塔數千餘里外，亦有皇帝，亦有六部，地方廣闊，而人衆不過中國之一省"。其人"上下峭壁如飛"，時時出掠烏臘江近處，故自北京新築城如龜形。清人不曾深入伐之，而彼或出掠，則備禦而已。[①] 此即彼時朝鮮人對俄羅斯之描述，猶如生番蟲魔，顯屬王化不到之地矣。

李氏又記一行"自此至瀋陽，計給行中糧饌柴蒭，而糧則使臣外，皆小

---

① 李蓍晚《甲子聞見事件》，《同文彙考補編》卷2《使臣別單二》，002/1598。

米每日一升,而升斗比我國倍大,一斗容我國二斗五六升;而關內則漸少,一斗僅容我國一斗三四升云"①。此可考當時容斗之器,遼東、關內與朝鮮皆各各不同也。

0356-1684
南九萬《甲子燕行雜錄》(《全集》第 23 册;《叢刊》第 132 册《藥泉集》活字本)

  出使事由:謝恩兼冬至等三節年貢行
  出使成員:正使議政府左議政南九萬、副使議政府右參贊李世華、書狀官司憲府掌令李宏等
  出使時間:肅宗十年(康熙二十三年　1684)十月二十七日—翌年三月六日

  南九萬(1629—1711),字雲路,號藥泉,宜寧人。性剛介篤實,以直道名。文辭典麗,筆畫古健。孝宗二年(1651),中司馬試。七年,登別試及第。爲司諫院正言、弘文館副校理等。顯宗時,官司憲府執義、司諫院大司諫、咸鏡道觀察使等。肅宗朝,陞刑曹判書、兵曹判書、議政府右議政、左議政、領議政、領中樞府事等。晚年退居,朝廷有大事大議,及鄰國情變,輒有咨詢。諡文忠。有《藥泉集》三十四卷行世。事見崔奎瑞《艮齋集》卷一一《南公墓表》、崔昌大《昆侖集》卷一七《墓誌銘》與孝宗、顯宗、肅宗《實錄》等。

  南九萬《藥泉集》三十四卷,前後無序跋。前兩卷爲詩,後皆爲文。本集爲肅宗乙覽之家藏草稿,九萬子鶴鳴删節整理,於景宗三年(1723)以鐵活字刊行,封面爲肅宗御題。《韓國文集叢刊》據國立中央圖書館藏本影印,缺頁據奎章閣藏本補配,《燕行錄全集》爲同一版本。《目錄》末識語稱"草稿詩凡九百餘首,選二百七十六首;文凡一千四百餘首,選七百二十六首"②,然則太半爲刊落也。

---

①李蓍晚《甲子聞見事件》,《同文彙考補編》卷 2《使臣別單二》,002/1597。
②南九萬《藥泉集》卷首《總目》末識語,《韓國文集叢刊》,131/417。

肅宗九年（康熙二十二年　1683）十二月五日，顯宗王后、肅宗生母金氏（1642—1683）薨逝。朝鮮派李濡等爲告訃使差往清朝；七月，清廷遣一等侍衛索拉等至王京頒敕並行弔祭祀。肅宗派左議政南九萬爲謝恩兼冬至等三節年貢行正使、右參贊李世華爲副使、掌令李宏爲書狀官前往。一行於十月二十九日離發，至翌年四月二十日，返王京覆命焉。

　　《甲子燕行雜録》，輯自南九萬《藥泉集》卷二九《雜録》，僅札記兩條耳。一則記其在北京玉河館中，愁寂無事，見册鋪所賣小説，則借陳亡後衣冠子孫不仕於隋室者爲之説，而作詩有"民間定有劉文叔，世外那無張子房"。又見一畫軸，畫天子與宮人宦官，隨四時淫樂之狀，而其冠服皆清制，末題曰"成化二十二年太平游樂之圖"，乃是假托成化，實譏當朝者也。又見錢謙益與人詩云"請看典午陽秋例，載記分明琬琰垂"。又云"知君耻讀王裒傳，便使生徒廢蓼莪"。南氏以爲，此表明"人心所在，抑可知矣"。南氏驚異，"如此等作鏤板流布，不以爲罪，豈北人無文，見之而不覺耶！"①又一條則記，朝鮮相傳中國築城之磚，其大如衣籠，且所築城亦與朝鮮不同。及其見之，亦相差不甚遠。又傳中國刻版，皆用黏土做字，用畢即削平，再刻第二張，實則亦多用梨棗二木，原無土刻之規。若通報則以活字印出，故字有高低，而墨有濃淡云。南氏稱，諺曰"百聞不如一見"，豈不信哉。②案南氏在京之時，清廷平定中原不久，而臺灣甫定，人心思安，且康熙之政行寬大，清廷尚未大興文字之獄，故其所見如是。至乾隆朝，謙益諸書，遂成禁板矣。

0357-1684
李世華《燕行詩》（《叢刊續》第 39 册《雙柏堂集》　刻本）

　　李世華（1630—1701），字君實，號雙柏堂，富平人。顯宗朝，爲司諫院正言。因濫殺其管下被謫。再起爲司憲府掌令、廣州府尹等。肅宗朝，歷慶尚、黄海、平安、全羅諸道觀察使。因事黜職，再起後歷户、刑、吏、兵、

---

①南九萬《甲子燕行雜録》，《燕行録全集》，023/327。
②南九萬《甲子燕行雜録》，《燕行録全集》，023/328—329。

禮、工六曹判書,知中樞府事等。忠實樸素,有幹局,廉約絕人。卒謚忠肅。有《雙柏堂集》三卷行世。事見金鎮圭《竹泉集》卷三二《李公墓表》與《顯宗實錄》《肅宗實錄》等。

案李世華出使事由,詳見前南九萬《甲子燕行雜錄解題》(0356-1684)。

李世華《雙柏堂集》三卷,爲其子廷晉據家藏草稿編次,從子廷濟於景宗即位年(1721)以活字初刊,然以校刻未精,未敢傳佈於世,景宗三年復以木刊本重刻,《韓國文集叢刊續》據韓國學中央研究院藏書閣藏本影印。凡詩一卷,文二卷,詩以體裁編次焉。

李世華燕行詩三十餘首,輯自《雙柏堂集》卷一。案李世華出使清朝,其詩不具年月使命,考其詩有《到瀋陽與藥泉聯枕吟》,"藥泉"者,南九萬之號也。其詩又有《又次正使韻》《又次書狀韻》等,又其詩去途有"層冰八渡河,積雪九連城"句①,返回時有"三冬已過三春盡,每戒星軺到夕輝"等句②,則其爲副使之身份與時日,皆與此次出使相合也。由此可知此乃肅宗十年李世華以副使偕南九萬出使期間所作詩耳。

李氏此行,蓋冬日沍寒,或毆傷所致,故有驅人斃命,其詩有《傷驛卒驅人致死》,悲悼"臨岐猶或殲,對食豈能堪。更有凌河屍,傷心爲脫驂"③。李氏歌詩,趙泰億謂"信筆揮灑,氣豪語放,非排比聲律者所可及"④。今觀其燕行諸作,灑脫直敘,頗多意趣,若《賣册賣刀償債沽酒浪吟》《在燕館釀酒未熟上使書狀皆戲嘲》等,敘其唯嗜新豐,醉裏度生,蓋"飲中八仙"之流亞也。

0358-1684
李宏《甲子聞見事件》(《同文彙考補編》卷二《使臣別單二》 活字本)

李宏(1651—?),字大規,廣州人。肅宗朝,爲司諫院正言、司憲府掌

---

①李世華《雙柏堂集》卷1上《過八渡河》,《韓國文集叢刊續》,039/384。
②李世華《雙柏堂集》卷1下《又次正使韻》,《韓國文集叢刊續》,039/389。
③李世華《雙柏堂集》卷1上《傷驛卒驅人致死》,《韓國文集叢刊續》,039/384。
④李世華《雙柏堂集》趙泰億序,《韓國文集叢刊續》,039/369。

令、司諫院獻納、司憲府執義、承政院承旨等,陞忠州牧使、廣州府尹、忠清道觀察使等。病瘋病酒,卒於官。事見《肅宗實錄》等。

案李宏出使事由,詳見前南九萬《甲子燕行雜錄解題》(0356-1684)。

此《聞見事件》六條,其中最可注意者,則爲記北京火災,及箋文文字有誤二事也。其記正月二十二日夜午時,"忽有地動四三聲,屋宇震撼,墻壁頹墜。一行上下,驚惶出庭,見東邊不遠之地,黑氣如烟如雲,自下衝上,中間盤回屈曲,萬朵凝結,而日没時,其氣漸散,蔽昏東南,彌滿不減。譯官等探問,則或云地坼而氣散,或云火生於火藥庫,而烟起處乃合,達門外七八里地矣。更探則或以爲皇明丙寅年間,埋置火藥於地中,以甓覆其上,因加瓦屋外,火則萬無延及之理,此是地坼之變。村家之傍近飄散者二百餘户,居民之殘碎死傷者,不知幾百名。地陷成坎,其深數丈,皇帝多送近侍見之,發内帑銀千兩,以施恤典"①。

又記禮部令三使臣馳進,使之跪坐於西階,儀制司郎中以皇旨持箋文謄本,使李一善問曰:"這箋文中有'甲觀星輝,克著繼明之象'之句,句下語吾輩未能明解,使臣宜釋之。"李一善曰:"聞使臣亦是文章,解此何難。"上使對以"甲觀"文字出處,未及下節。渠輩曰:"皇帝旨意,蓋以此意爲未安,而元非大段致責於本國之意,只令使臣知此,以還後勿用如此文字也。"②又謂譯官安日新因序班毛姓者,得小紙,其中所書箋文,執頉處如下:所録濫承哀詔之頒(此句不該寫)。繼明(我朝廷在,不可奬太子)。敞藩(等輩通稱云云)。此蓋皇帝招禮部尚書沙澄於前,使之檢察咨文,而澄只摘此等文字以對,故有此執言,而元非自禮部題本之致也。③此可見清廷之於朝鮮箋文,吹疵挑剔之情狀耳。

————
①李宏《甲子聞見事件》,《同文彙考補編》卷2《使臣别單二》,002/1599。
②李宏《甲子聞見事件》,《同文彙考補編》卷2《使臣别單二》,002/1599。案《漢書》卷10《成帝本紀》:"孝成皇帝,元帝太子也。母曰王皇后,元帝在太子宫生甲觀畫堂,爲世嫡皇孫。"如淳曰:"甲觀,觀名。畫堂,堂名。《三輔黄圖》云:太子宫有甲觀。"師古曰:"甲者,甲乙丙丁之次也。《元后傳》言見於丙殿,此其例也。畫堂,但畫飾耳,豈必九子母乎?霍光止畫室中,是則宫殿中通有彩畫之堂室。"
③李宏《甲子聞見事件》,《同文彙考補編》卷2《使臣别單二》,002/1599。

卷三五　　0359—0377

肅宗十二年(康熙二十五年　1686)—肅宗十五年(康熙二十八年　1689)

0359-1686
崔錫鼎《椒餘録》(《全集》第 29 册;《叢刊》第 153 册《明谷集》　刻本)

出使事由:陳奏兼謝恩行
出使成員:正使議政府右議政鄭載嵩、副使禮曹判書崔錫鼎、書狀官司僕寺正李㙫等
出使時間:肅宗十二年(康熙二十五年　1686)正月二十八日—五月十四日(是年閏四月)

崔錫鼎(1646—1715),字汝時,又字汝和,號存窩,又號明谷,全州人。鳴吉孫。清明愷悌,敏悟絶人。幼從南九萬、朴世采學,刃解冰釋,十二通《易》,手畫爲圖,世稱神童。九經百家,靡不通涉。顯宗七年(1666),擢司馬試狀元。十二年,中庭試丙科。歷官至吏曹判書、議政府右議政、判敦寧府事、領議政、判中樞府事等。肅宗三十六年(1710),以侍藥不謹,被嚴旨,上眷頓衰,自後屏居郊外而卒。後謚文貞。有《明谷集》三十四卷傳世。事見崔昌大《昆侖集》卷一九《先考議政府領議政府君行狀》、李德壽《西堂私載》卷六《神道碑銘》與《顯宗實録》《肅宗實録》等。

康熙二十四年(1685)十一月,以長白山、寧古塔多見持鳥銃朝鮮人及鴨緑江三道溝清人被射事,清廷遣使至朝鮮,命朝鮮國王與使者同查越境者,前後共鞫審越境采蔘者二十五人,咸鏡道僉使趙之瑗畏罪自殺。十二月,國王與欽差共審越境犯人,流百四十餘人。是年初,朝鮮韓得完等二十八人復越境采蔘,並開槍打傷清繪圖官吏,爲清軍捕得。三月,清廷遣上年陳奏謝恩兼冬至等三節年貢使朗原君李偘賫回禮部咨文,責朝鮮國王放縱

下人違禁越境采蔘,將欽差官役放槍傷人,殊干法紀,並罰國王銀兩萬兩。朝鮮旋遣陳奏兼謝恩使鄭載嵩、副使崔錫鼎、書狀官李墪一行,前往北京,將會同敕使審訊犯越罪人按律罪事奏聞,並謝清廷查犯禁敕事焉。

　　崔氏一行於正月廿八日出發,三月廿五日入燕京。時載嵩等聞有罰金之辱,遂呈文禮部,禮部題本以不啓國王,妄先呈文,爲罪入奏,復摘其呈文中語,以爲:"《書》曰:'宥過無大。'然又曰:'刑故無小,屢犯禁不悛,至戕害我人民。'此過乎?抑故乎?矜憐非故,姑示薄懲,彼乃不辭以大過自居,而妄求寬於君父,其狂悖一也。《春秋》原情定罪,乃衛侯毀滅邢,胡安國《傳》文其解經,特重衛侯之罪,言其情不可恕也。《春秋》原情之輕重,無有假借,皇上軫恤邊氓,該國所悉也。而輒害之,曾無忌憚,謬引先儒之語,而不知《春秋》誅貶之義,其狂悖二也。刻印銷印,是楚、漢方爭君臣未定之謀,豈所語於令出惟行信賞必罰之大政,其狂悖三也。《易》曰:'渙汗其大號,言號令如汗,汗出而不可反也。'劉向之規其主,正謂出令不逾時,而反是爲反汗,此人主之大戒也。今乃云亟賜反汗,其狂悖四也。引《書》伊尹言匹夫不獲自盡,而妄撰爲聖王恥之,亦非臣子引愆謝罪時所宜言,其狂悖五也。夫彼國雖小,君臣之分,縶豈獨無?即使果有冤抑,該國王應上章自明,乞哀祈請,豈有麼麼卑賤,不告其君,輕弄筆端?皆由其國弱臣强,若非我朝護持,不知幾經篡竊,鬼蜮面目,魑魅伎倆,其在彼國,既習爲橫逆,無所逃死,輒自露於光天化日之下,我皇上視薄海内外爲一家,申大倫行大義,亦不容使外服,有此無君之臣,法在有司,必罪無赦,相應將鄭載嵩等嚴拿,發與該國王從重治罪,並將此情節,一一傳與該國王知悉。"鄭氏等狀啓別單,稱清廷"詬責絶悖之言,實丙子以後所未有之辱"。① 故一行耽延留館四十一日,始得回程也。

　　崔錫鼎《明谷集》三四卷,爲其子昌大據家藏稿編次,門人趙泰億於景宗即位年(1721)刊行。《韓國文集叢刊》據國立中央圖書館藏本影印,《燕行録全集》爲同一版本。前六卷詩,以《焦尾》《重光》《抽匭》《蘭台》等爲名,編爲三十餘種小集,他則爲諸體文焉。

――――――
①《肅宗實録》卷17,肅宗十二年(康熙二十五年　1686)閏四月二十九日壬午條。

《椒餘錄》輯自崔錫鼎《明谷集》卷三,收其出使途中詩近百首。其在館之日,見禮部咨後,憂憤不堪,久乏詩思,故經旬無詩。其詩多和鄭士龍《湖陰集》、金尚憲與崔鳴吉《北扉酬唱錄》、崔岦《簡易集》中韻,而於中國詩人則多取杜律也。其出使之前,誓言"期完趙白璧,肯畏蜀青泥"①。豈知奏告不成,反爲再辱,故發還途中,哀訴"萬緒沉憂若繭絲,孤臣華髮爲傷時"②。可謂搥胸頓足,激憤噴發而不能自已者也。

0360-1686
李塾《燕行日錄》(《燕行錄叢刊(增補版)》網絡本　鈔稿本)

李塾(1642—1713),生卒里籍不詳。少與吳道一爲莫逆交。肅宗朝,任承政院都承旨、司諫院大司諫、吏曹判書、禮曹判書等。肅宗三十八年(1712)壬辰科,以大提學主持科考,取吳道一子遂元等,被彈劾其用私於庭科,配於牙山。然事中深文,以非罪而擯死於謫所,人皆冤之。有《燕行日錄》傳世。事見《肅宗實錄》《承政院日記》等。

案李塾出使事由,詳參前崔錫鼎《椒餘錄解題》(0359-1686)。

李塾《燕行日錄》,爲李氏出使日記,鈔稿本。全稿皆以行草鈔錄,字體流美,然識讀爲難。自肅宗十二年(康熙二十五年　1686)正月二十八日拜表離發始,至五月初三日,還渡江至義州止。其去途倍爲艱辛,如至爛泥堡,泥路没脚,寸步難進,雖三易馬,而顛扑不得進。又凄風刮面,飛塵撲眼,只得合睫倚鞍,信馬而行。至北京後,又多記一行陳奏争辯諸事,可與崔錫鼎詩並參而讀也。

0361-1686
李塾《丙寅聞見事件》(《同文彙考補編》卷二《使臣別單二》　活字本)

案李塾有《燕行日錄》(0360-1686),已著錄。其出使事由,詳參前

---

① 崔錫鼎《椒餘錄·高陽客舍次家弟汝久韻》,《燕行錄全集》,029/388。
② 崔錫鼎《椒餘錄·見禮部咨後憂憤不堪久没詩思行到山海關謾求和二首》其一,《燕行錄全集》,029/420。

崔錫鼎《椒餘錄解題》(0359-1686)。

此《聞見事件》九條,記入柵鳳凰城察院、會寧嶺有蓋蘇文塔(石塔傳爲蓋蘇文所建)、清兵與貉車(大鼻㺚子)爭戰事、廣寧城明清戰事、通州之繁盛、沿途之風情民俗等事。其言通州,稱"潞河渡由浮橋入通州,止舍察院。州是圻輔重鎮,繁華亞於皇都。清人入關之時,亦不被兵,故依舊殷盛。天下漕船,皆泊潞河,公私船檣,簇立如林,大小屋材,委積如山。城外閭閻市肆,亦非所經諸鎮之比。城中櫛比無隙,往來人物,項肩相撞。……行由西門,出至外城,殆過五里,車馬塞路,輪蹄如束,艱尋隙路,辛苦出門。臨淄轂擊,有不足言者。內城外倉舍,不知其幾百間,繚以周垣,勢甚高壯,天下漕運,皆輸入此倉,百官廩祿,並自此分給。故給祿之時,則車馬之盛如此云"。"槩以所經一路所聞見言之,站堡則關內漸盛,而越加稠密;烟臺則關外甚密,而俱爲廢壞。過通州以後,則四十餘里之間,閭閻不絕,烟火相接。"①此可知當時通州之漕運興旺,富奢繁盛之仿佛也。

0362-1686

南九萬《丙寅燕行雜錄》(《全集》第 23 冊;《叢刊》第 132 冊《藥泉集》活字本)

  出使事由:謝恩兼陳奏行
  出使成員:正使議政府左議政南九萬、副使議政府右參贊李奎齡、書
      狀官司僕寺正吳道一等
  出使時間:肅宗十二年(康熙二十五年　1686)六月二十二日—十月
      十三日

案南九萬有《甲子燕行雜錄》(0356-1684),已著錄。

肅宗十二年(1686)五月,朝鮮遣陳奏使鄭載嵩一行返自北京,因妄自呈文禮部,康熙帝震怒,禮部復摘其呈文中,語有"狂悖"五條。斥言皆由該國主弱臣強,若非我朝護持,不知幾經篡竊。有此無君之臣,法在有司,必罪無赦,相應將鄭載嵩等嚴拿,發與該國王從重治罪,並將此情節,

---

① 李塾《丙寅聞見事件》,《同文彙考補編》卷 2《使臣別單二》,002/1602。

一一傳與該國王知悉。鄭氏回國,自請處分。載嵩被流放,旋秘密召回。肅宗遂亟遣謝恩兼陳奏正使左議政南九萬、副使右參贊李奎齡、書狀官司僕寺正吳道一等,復赴燕京,謝罰銀、謝罪止陪臣、奏陪臣勘罪、奏因却還方物俟罪等條,後清廷令朝鮮今後停止謝恩貢物,又令從寬處理鄭載嵩等。一行於六月二十二日出發,倍道而行,返國覆命,則在十月十三日也。

《丙寅燕行雜錄》輯自南九萬《藥泉集》卷二九《雜錄》,亦爲札記二條。一條論有吳從先寧野者,作《小牕清引》書,其友王宇序之曰:"處世至此時,笑啼俱不敢。論文於我輩,玄白總堪調。"南氏稱"觀其托意,似非無心者"。① 另一條則論豐潤縣人谷文張自稱能詩,然詩則出韻,並稱"但即今中國語音,侵、覃、鹽、咸等韻,與真、文、元、寒等韻,混作一音,故至於作詩亦通押,而不知其爲失"。又"蕭、肴、高及尤韻,一字音皆作二字音,讀侵韻與真韻混讀,入聲作去聲讀,皆必非中國本音。至於歌、麻二韻古通用……今漢音則歌韻與麻韻大異,讀我字與我國吾字音同,讀河字與我國湖字音同,今當以我國音爲正,而谿谷張公不察於此,乃以我國人不知中國歌、麻之異音通用於押韻爲譏,不幾近於隨人悲喜者耶!"② 案南氏之説,差爲近理,今世韓國語中,多存古音,入聲之字,區别顯然,又輕唇之音,皆讀重唇,故研究上古音者,多取資焉。

0363-1686
南九萬、李奎齡《丙寅別單》(《同文彙考補編》卷二《使臣別單二》　活字本)

李奎齡(1625—1694),字文瑞,韓山人。顯英孫。顯宗朝,爲司憲府持平、司諫院正言、弘文館修撰、司諫院司諫、禮曹參議等。肅宗時,歷官至京畿道觀察使、慶尚道觀察使、司諫院大司諫、司憲府大司憲、刑曹判書等。事見《顯宗實録》《肅宗實録》等。

案南九萬有《丙寅燕行雜録》(0362-1686),已著録。

---

① 南九萬《丙寅燕行雜録》,《燕行録全集》,023/333。
② 南九萬《丙寅燕行雜録》,《燕行録全集》,023/334—335。

此《別單》三條。記"鄂羅斯乃是北海外大國,大鼻近處之地,大鼻所畏服者云。而此處接待,極其優厚,臣等則自玉河館移出閭閻,令工部官別爲修理玉河館,以禮部右侍郎孫果定爲接伴,提督使兵部侍郎出迎於關外"。又言"海外遠夷入貢之使,至於兵侍出迎,禮侍接伴者,似是強大之國"。① 又詳記在館時,禮部筆帖式吳應鵬因上年箋文不謹,罰金並科鄭載嵩之罪,謂若求全免,則給四千,若求免配,則給二千等。揭其巧辭騙財,攫金無狀之可惡也。

0364-1-1686;0364-2-1686
吳道一《燕槎錄》(《全集》第 29 册;《叢刊》第 152 册《西坡集》 寫刻本)
吳道一《燕槎錄》(《全集》第 29 册;《叢書》第 334 册《西坡集》 活字本)

吳道一(1645—1703),字貫之,號西坡,海州人。顯宗十四年(康熙十二年 1673)庭試文科登第。肅宗朝,官至承政院承旨,因事罷。後復起,爲開城府留守、藝文館大提學、漢城府判尹、兵曹判書等。肅宗二十八年(1702),涉嫌閔彦良事件,流放長城而卒。生平嗜酒。有《西坡集》二十九卷行世。事見《西坡集》附錄《年譜》、《肅宗實錄》等。

案吳道一出使事由,詳見前南九萬《丙寅燕行雜錄解題》(0362-1686)。

吳道一《西坡集》二十九卷,前後無序跋。爲其子遂燁據家藏草稿編次,英祖五年(1729)以鐵活字刊行。《韓國文集叢刊》據奎章閣藏本影印,《燕行錄全集》刻本爲同一版本。首卷辭賦,卷二至卷八爲詩,以《漢渚》《東遷》《燕槎》《碧樓》《潔湖》等名爲小集十餘種,卷九至卷二八爲諸體文及《困得編》等,末卷《附錄》爲《年譜》與諸家祭文、挽詞等。

《燕槎錄》一卷,采自吳道一《西坡集》卷三,共收詩六十餘首,即吳氏使行途中所作。吳氏此行,爲謝罪爲陳奏,故其詩亦悲冤低昂,形見於詞,若"塞關長路三千里,社稷深羞二萬金"②,即言罰國王金事耳。又若"平生

---

①南九萬、李奎齡《丙寅別單》,《同文彙考補編》卷 2《使臣別單二》,002/1599。
②吳道一《燕槎錄·將到瀋陽》,《燕行錄全集》,029/089。

古劍回霜色,中夜悲歌漫自彈"①,則憤己之無奈矣。又"人心從古眷真主,胡運元來無百年。此理本明何久爽,吾將抆泪問高天"②,則更是近乎咒詈罵天之語也。然他詩若《高麗堡》《薊門煙樹》《邊城途中》諸詩,有句如"匝岸田疇多灌水,旁林籬落半編蓬"③,"橫驅巨浪紛披白,點綴新圖隱映青"等④,亦頗能收拾心緒,詠景見情之作也。

又《燕行錄全集》收吳氏《燕槎錄》另一版本,《韓國歷代文集叢書》所收,與此爲同一版本。目錄末稱"上之五年己酉季春,以鐵活字始印,役百四十餘日而告訖,凡印三百本(子遂燁蒙恩宰永柔捐俸餘就工)"⑤。自卷七始爲活字,前六卷仍寫刻本也。蓋前本爲芸閣印書體字本,此爲寫刻本耳。兩本除字體不同外,餘無一不同,惟芸閣印書體字本,有多頁中間數行最下二字,或模糊不清,或完全空白,而寫刻本則字迹烏亮,極爲清晰,則當以寫刻本爲優矣。

0365-1686

吳道一《丙寅燕行日乘》(《全集》第 29 册;《叢刊》第 152 册《西坡集》活字本)

案吳道一有《燕槎錄》(0364-1686),已著錄。吳氏出使事由,詳見前南九萬《丙寅燕行雜錄解題》(0362-1686)。

是卷輯自吳道一《西坡集》卷二六《雜識》,乃吳氏於丙寅年(肅宗十二年)以謝恩兼陳奏使書狀官赴燕期間所作札記耳。首條"丁巳南征日乘"乃他年之事而羨入者。劄記凡近五十條,記沿途親見親聞及道聽塗說,間或有清廷邸報新聞之類。其記沿路山川風俗之異,若遼左風土之近朝鮮,石門嶺以西窮荒大野之明快開豁,十三山之雲煙嫵媚,關内之富庶奢華等,文筆優美,類小品文也。

---

① 吳道一《燕槎錄·燕京感吟》,《燕行錄全集》,029/096。
② 吳道一《燕槎錄·曉頭以朝參赴闕憒悗口占》其二,《燕行錄全集》,029/097。
③ 吳道一《燕槎錄·高麗堡》,《燕行錄全集》,029/094。
④ 吳道一《燕槎錄·薊門煙樹》,《燕行錄全集》,029/094。
⑤ 吳道一《西坡集》目錄末識語,《韓國歷代文集叢書》,334/007。

吳氏又論所見沿途，家家設佛像，村間僧俗相雜，殆無區別，即鬼神尚佛法，至於今日而極矣。而其沿路所接之人，則有瀋陽所見吳三桂舊部被發配到此地之劉君德、郭垣，白旗堡所見雲南人朱秀才、豐潤人曹子餘等，皆與其手談，所論涉及吳三桂反清前後情形、東南湖廣風景、八股文作法、所業何經、民間對康熙帝之評價等。其論當時滿漢之交融與矛盾，則云清人入中國已四十餘年，漢人與清人自相交嫁生產，殆無彼此之別。然清人奴虜漢人，漢人雖畏縮不敢抗，而心則自相楚越，故漢人之幼兒有啼哭者，則必稱㺍子而懼之，其視爲異類，不相親愛，據此可知。① 又論"無論清漢，家家村村，雖隸儓下賤，稍伶俐兒子，則無不挾書誦讀，清人中至有比律作詩者"。又謂此種現象，未必不貽來者之禍，倘日久習文，清人必失其弓馬戰鬪，彼時必失生變也。② 又論見康熙帝所作《書經解義》等序，"其文頗暢達，見解亦粗通，殊可訝也"③。復又刺其乃邯鄲學步，欲以誇示中外，且未必出自其作。吳氏所記者，仍多前矛後盾，仇蔑敵視之語也。

0366-1686
吳道一《丙寅聞見事件》（《同文彙考補編》卷二《使臣別單二》 活字本）

案吳道一有《燕槎錄》（0364-1686），已著錄。吳氏出使事由，詳見前南九萬《丙寅燕行雜錄解題》（0362-1686）。

此《聞見事件》十一條，所言如吳應鵬借機勒索事、鄭載嵩免罪事等，與他家所記多同。又記在瀋陽見劉君德、周流河見郭垣之子朝瑞，君德、垣皆吳三桂舊部而謫居於此，言及吳世璠不降而死，及其下吏部郎中穆廷選夫妻、吏部尚書方光琛等，或從容就死，或被擒憤罵而死，他殉節者無算云。又得《搢紳便覽》，得觀清朝官制。又論北海兀剌國使臣當來，朝鮮使臣移寓，禮部官員稱"兀剌國以海外絶域，今始通使，事當接置館宇，朝

---
①吳道一《丙寅燕行日乘》，《燕行錄全集》，029/177。
②吳道一《丙寅燕行日乘》，《燕行錄全集》，029/178。
③吳道一《丙寅燕行日乘》，《燕行錄全集》，029/183。

鮮則有同一國,無處不可住"。後移安定門內閻家,宏廣精緻,倍勝館宇,蓋家主以資富雄於北京,抵罪贖納於官云。又謂"方物四起盡減,而念輸去有敝,以冬至歲貢移施,此後凡引罪時,不進方物,定式施行"。諸譯並領方物詣闕呈納,罰銀二萬兩亦呈納。"皇帝初命三部會議時,使譯輩言於李一善曰:'我國以國王受罰爲極冤,汝亦本國之人,望須極力周旋,以圖寬免。'一善曰:'前日使臣呈文,大觸疑怒,其時物議,或欲拘囚,或欲拿送,至於禮部撰出回咨時,搜檢故事,奔走震動,至今寬免罰金,實無可望。然我亦朝鮮人,我之吃著,莫非朝鮮之恩,垂死之年,豈無報效之誠乎!'"遂極言於吏部侍郎沙海曰"崇德、順治兩朝,俱無朝鮮國王施罰之事,即今新進之人,不解故事,動輒施罰,待外國之道,不當如是云"。① 今方物全減、使臣寬免,皆沙海力言於閣老明珠,以鄕獤皮一衣贈之,遂於行中員役所儲獤皮一百令,以户曹銀折價買給。又問明珠是否亦應有謝,一善曰明閣老不受賂物矣。

又論關內外風俗,謂"關內外皆用車,或受雇,或行商,皆靠於車。大抵賦税甚薄,故生理不至太艱,所過二千餘里,無一鶉衣菜色者。風俗則關外樸陋近淳,關內頗似俊秀,而亦恣肆驕悍。要之,勿論關內外,清人少而漢人多,十人之會,則漢人居十之七八,稱漢人則爲蠻子,稱清人則爲滿洲。……清人奴虜漢人,漢人雖畏縮不敢抗,而其心則自相楚越。故漢人之幼兒有啼哭者,則必稱獞子而懼之"②。

又在山海關,見漢人穆姓者,曾經文職,參修《順治實錄》,知朝鮮事頗詳。言近來文士,江南汪遠,陝西王因篤最著名,而遠則嘗仕於清,不容而退隱;因篤不欲赴舉,皇帝聞其名,使州郡迫送之,不得已應舉,制不盡意,皇帝強欲爵之,至於慟哭不受,人皆危之,而以親老爲辭,故皇帝許其不仕,而不之罪云。案汪遠不知誰何,而王因篤者,蓋即李因篤也。燕行使臣所見所記,多有舛訛,人名之李戴張冠、姓名違錯者,更不知幾何焉。

────────

① 吳道一《丙寅聞見事件》,《同文彙考補編》卷 2《使臣別單二》,002/1604。
② 吳道一《丙寅聞見事件》,《同文彙考補編》卷 2《使臣別單二》,002/1603。

0367-1686
李宜昌《丙寅聞見事件》(《同文彙考補編》卷二《使臣別單二》 活字本)

  出使事由：謝恩兼冬至等三節年貢行
  出使成員：正使朗善君李俁、副使議政府右參贊金德遠、書狀官司憲府掌令李宜昌等
  出使時間：肅宗十二年(康熙二十五年　1686)十一月四日—翌年三月二十二日

  李宜昌(1650—?)，字德初，龍仁人。肅宗朝，爲司諫院正言、司憲府掌令、持平、司諫院司諫、司憲府執義等。事見《肅宗實録》《承政院日記》。

  肅宗十二年(康熙二十五年　1686)十一月初四日，朝鮮遣謝恩兼冬至等三節年貢使朗善君李俁、副使右參贊金德遠、書狀官司憲府掌令李宜昌等入燕，謝寬宥呈文使臣鄭載嵩等，並謝方物移准，一行於翌年三月二十二日返國覆命焉。

  此《聞見事件》僅一條，謂在潘陽招吳三桂部下郭朝瑞，問黄進事，則答曰此非黄進，乃黄錦，而昔在吳王部下，爲車騎將軍，出鎮於廣西。雲南敗後，隱匿海島，招納叛亡，欲爲故主報仇，而以區區海島，何能成事云。又一行中路先爲狀聞，其《別單》略言大鼻㺚子之事，稱購見大鼻㺚子抵清國書，則有"各立界址，永遠修好之語，有均敵之禮，無臣服之事，歸順之言，似出誇張"云云①。

0368-1687
任相元《燕行詩》(《全集》第28册；《叢刊》第148册《恬軒集》 活字本)

  出使事由：謝恩兼冬至等三節年貢行
  出使成員：正使東平君李杭、副使禮曹判書任相元、書狀官濟用正朴世橅等

---
①《肅宗實録》卷18，肅宗十三年(康熙二十六年　1687)三月三日辛巳條。

出使時間：肅宗十三年（康熙二十六年　1687）十一月二日—翌年四月二日

　　任相元（1638—1697），字公輔，號恬軒，豐川人。少有文才，至老手不釋卷。恬静自守，不汲汲名利。顯宗六年（康熙四年　1665），別試文科壯元。官至司憲府掌令、司諫院正言等。肅宗朝，歷承政院承旨、司諫院大司諫、司憲府大司憲、工曹判書等。有《恬軒集》三十五卷行世。事見任守幹《遯窩遺稿》卷三《先府君墓誌》、任希聖《在澗集》卷五《墓表》與《顯宗實錄》《肅宗實錄》等。

　　任相元《恬軒集》三十五卷，爲其孫珖搜集家藏草稿編次，後人以活字本刊行，《韓國文集叢刊》據奎章閣藏本影印，《燕行錄全集》爲同一版本。前二十五卷爲詩，按年編次，幾每年一卷，整飭有序，後十卷爲文，前後無序跋。

　　肅宗十三年（康熙二十六年　1687），以東平君李杭爲謝恩兼三節行正使、禮曹判書任相元爲副使、濟用正朴世煥爲書狀官赴燕。此前清廷曾遣使至朝鮮，有因旱肆赦詔，故爲謝恩兼年貢行焉。此命五月即下，一行於十一月初二日辭朝，臘月二十六日入北京，滯館兩月，翌年二月十八日始發北京，三月二十日還渡鴨江入義州，四月初二日詣闕覆命焉。

　　《燕行詩》一卷，輯自任相元《恬軒集》卷一五。任氏在館日長，故惟以詩爲務，詩作多達二百餘首。而其時案頭所置者，白樂天、蘇東坡之詩集，即其詩所謂"虛室當晴午，蘇詩手屢披"者①。其稱白詩"只有蘇公繼後塵"②，又稱蘇詩"未許黄公敵，堪同白傅馳"③，則於樂天、東坡，尊崇備至者也。而其所作，亦步趨白詩，恊境達情，純任自然也。

　　尤可貴者，任氏雖亦如其前輩所作，譏刺清室，詩中多見，如"蕭條見遺黎，玄髮經新剃"④，"去帶憎殊制，無冠駭變儀"之類⑤。然其詠及種稻

---

①任相元《燕行詩·讀東坡詩》，《燕行錄全集》，028/083。
②任相元《燕行詩·讀香山詩》其二，《燕行錄全集》，028/063。
③任相元《燕行詩·讀東坡詩》，《燕行錄全集》，028/083。
④任相元《燕行詩·志感》，《燕行錄全集》，028/060。
⑤任相元《燕行詩·河館漫錄》其二十七，《燕行錄全集》，028/073。

種禾之優劣,勸"寄語東人農,舊習宜遄已"①;叙及桑蠶,則稱"桑柘等草木,衣褐所根源",而中國之制,"傳聞大江南,盡是蠶桑村。其利及四表,綠縞被田原。誰能將此風,與我濟黎元";②目睹六畜之養,則又以爲"五畜利固廣,生人所取資",而"東人不畜羊",又"惟馬亦不足,短弱非權奇",③而中國遼東家家畜牧繁盛,騏駿騰馳,凡此皆當習而學之,此已開"北學派"朴趾源等之先驅也。故其識見,較之一味指斥清朝,視如讎敵者,相去不可以道里計者也。

0369-1687
朴世煥《丁卯聞見事件》(《同文彙考補編》卷二《使臣別單二》 活字本)

案朴世煥出使事由,詳參前任相元《燕行詩解題》(0368-1687)。

朴世煥此《聞見事件》四條,一謂在瀋陽見郭朝瑞,其職爲通政司左通政,猶朝鮮承政院左承旨。訪劉君德去處,則言被罪,徙於兀剌地方,今爲艾河沙工。又記"艾河之人,有移來寧遠衛者,問之則以爲大鼻,乃回回別種也。其人長大毛眼,狀似猿猴,步行,善鳥槍。……蒙古種類非一,而正皮尻㺚子,居寧固塔東北一千二百里,其人不着褲;使狗㺚子在寧固塔東北九百里,嗾狗畋獵,或令偷竊人財,皆能如意;㖥龍㺚子居瀋陽一千里;畫臉㺚子,其人畫臉,故名;使鹿㺚子在寧固塔東北九百里,距離瀋陽二千二百里,能擾大鹿,或騎或載,載時亦驅。而其餘岛紀㺚、江塔㺚、臊㺚,不可勝記。臊㺚即蒙古也。此等㺚子,不火不食,無衣服,惟捕鳥獸衣食,非人類也。皆服事清,貢貂皮。大鼻數侵攻,故常屯兵於愛渾以防之。受渾即艾河,而距大鼻三百里云"④。

0370-1688
尹世紀《戊辰別單》(《同文彙考補編》卷二《使臣別單二》 活字本)

出使事由:告訃行

---

①任相元《燕行詩·河館漫録》其三十三,《燕行録全集》,028/076。
②任相元《燕行詩·河館漫録》其三十四,《燕行録全集》,028/076—077。
③任相元《燕行詩·河館漫録》其三十五,《燕行録全集》,028/077。
④朴世煥《丁卯聞見事件》,《同文彙考補編》卷2《使臣別單二》,002/1606。

出使成員：告訃使禮曹參議尹世紀、書狀官司諫院正言金洪福等
出使時間：肅宗十四年（康熙二十七年　1688）十月七日—翌年正月二十九日

尹世紀（1647—1712），字仲綱，號龍浦，海平人。肅宗元年（1675），中司馬試。同年增廣文科及第。爲司諫院正言、司憲府掌令、承政院承旨等。其父尹堦被謫，牽連落職。再起爲司諫院大司諫、黄海道觀察使、京畿道觀察使、司憲府大司憲、兵曹判書、禮曹判書、議政府左參贊等。事見朴弼周《黎湖先生文集》卷二六《尹公墓誌銘》、金昌翕《三淵集》卷二九《神道碑銘》、《肅宗實録》等。

肅宗十四年（康熙二十七年　1688）十月初七日，以大王大妃（1624—1688　即仁祖妃趙氏莊烈大妃，楊州趙昌遠女）薨，遣告訃使禮曹參議尹世紀、書狀官司諫院正言金洪福等入清。一行於十月二十七日渡江，十一月二十四日抵玉河館，十二月十七日發北京，翌年正月十六日還渡江，二十九日返京覆命焉。①

此《别單》僅一條，載蒙古巴陵（《清史稿》作巴林）公主，素爲四十八家蒙王領首，居在瀋陽西北五百餘里地，威名播於諸部，遠邇服從者甚多。清人以蒙王諸部落順逆，委諸巴陵，且以太皇太后之故，優待備至，言無不從。巴陵亦恃皇后至親，以其孫求婚於皇帝之女。又因太皇太后喪，皇帝徑訃諸部，深加非斥，將欲罪之。蒙古諸部不安，清廷送白金四十六萬兩，分給諸部。巴陵公主以諸部不順之狀，密奏皇帝，外示其誠信之意云。

0371-1688
金洪福《燕行日記》（《續集》第 110 册　鈔本）

金洪福（1649—1698），字子懷，號東園，金海人。肅宗八年（1682），中春塘台庭試文科。爲藝文館檢閱、司諫院正言、承政院承旨、黄海道觀察使、驪州牧使、大司諫等。雖有文才，然屢有起躓，窮志不伸。有《東園

---

①《肅宗實録》卷20，肅宗十五年（康熙二十八年　1689）正月二十九日丁酉條。

遺稿》六卷傳世。事見崔錫鼎《明谷集》卷二四《金公墓碣銘》、崔奎瑞《艮齋集》卷一一《墓表》、《肅宗實錄》等。

案金洪福出使事由，詳參前尹世紀《戊辰別單解題》(0370-1688)。

此《燕行日記》輯自金洪福《東園遺稿》卷六。其記甚簡，亦無甚特出，始自渡鴨江，迄於還渡江焉。然此行雖爲告訃行，然人馬亦甚衆，共一百八十四人，一百四十二匹馬，而人三十名及馬二十四匹，則到瀋陽當還，餘皆入往北京。及在返途，正月初九日，在甜水站，一行糧資乏絶，遣軍官先報灣上，乞來送糧資。蓋灣上盤纏及清國計給糧料，其數不至不足，而灣上刷馬驅人等，太半赤脱無食，所見極慘，故金氏與正使相議，或製給襦衣，或給人馬糧草，以是之故，行中盤纏，中道見乏，而處處顛扑，不能趕程而行焉。

0372-1689

申溎《己巳手本》(《同文彙考補編》卷二《使臣別單二》 活字本)

出使事由：齎咨行
出使成員：齎咨官司譯院正申溎等
出使時間：肅宗十五年(康熙二十八年 1689)六月二十二日—？

申溎，生平事迹不詳。精漢語。肅宗朝，爲司譯正。曾爲齎咨官，解送漂民往中國。事見《同文彙考補編》卷二《使臣別單二》、《承政院日記》等。

肅宗十五年(康熙二十八年 1689)六月二十二日，齎咨官司譯院正申溎，押解漂人往中國。此《聞見事件》一條，記大鼻國在黑龍江北，勇悍壯大，食不辨甘苦，惟以充腹爲限。防身鳥銃，人持長短四五柄，臨敵遠用長銃，近則用短，所向人莫敢當，凶獰有若禽獸，以化外之國置之。其國内有内外大栅，内則做官者與平民居焉，外則使有罪徒配者居之。自數年來，侵擾邊方，但兀羅貢路，故特遣重兵伐之，今始受降，清慮居外者之如前侵擾，欲以内栅爲境界，遣重臣定境界，而終不肯從云。

0373-1-1689；0373-2-1689

申厚載《燕京錄》(《續集》第 110 册；《叢刊續》第 42 册《葵亭集》,《平山申氏文集》第 3 輯　活字本)

申厚載《燕京錄》(《燕行錄叢刊(增補版)》網絡本　活字本)

　　出使事由：進賀謝恩陳奏兼奏請行
　　出使成員：正使東平君李杭、副使議政府右參贊申厚載、書狀官司憲府掌令權持等
　　出使時間：肅宗十五年(康熙二十八年　1689)八月十一日—翌年正月二十三日

　　申厚載(1636—1699),字德夫,號葵亭,又號恕菴,平山人。顯宗元年(順治十七年　1660)中司馬試,同年式年文科乙科及第。官司憲府持平、弘文館副校理等。肅宗朝,官至江原道觀察使。肅宗六年(1680),大陟削職。十五年,己巳換局後,爲江華留守、開城留守、漢城府判尹等。二十七年(1694),甲戌獄事起,配驪州。後隱退,專力於文以自娱。有《葵亭集》七卷傳世。事見李瀷《星湖先生文集》卷六○《申公墓誌銘》、《顯宗實錄》、《肅宗實錄》等。

　　案康熙二十七年(1688)正月,因太皇太后喪,清帝遣使傳訃於朝鮮；九月,朝鮮亦遣使告王大妃訃；十二月,又以太后祔廟,清廷遣使頒詔；二十八年二月,復以朝鮮國王曾祖母趙氏亡故,遣使致祭。兩國喪亡相續,使臣絡繹於道。八月,朝鮮遂遣東平君李杭爲進賀謝恩陳奏兼奏請行正使、右參贊申厚載爲副使、掌令權持爲書狀官赴燕,賀尊謚太皇太后,謝頒詔賜物,謝大妃賜祭,並奏廢王妃事,請册立副室張氏爲王妃。一行於八月十一日發王京,翌年正月二十三日返京覆命焉。

　　案申厚載《葵亭集》七卷,凡詩六卷文一卷,爲其自編稿,由外曾孫丁範祖删定,其孫思奭彙而以芸閣木活字刊行。有訛脱之字,多有校勘者。前有厚載《自叙》,謂"其稱葵亭者何？江舍才落成,而山人有移葵以贈者,植物之中可愛者何限,而命名獨以葵者,取其傾陽也"①。《燕行錄續

---

①申厚載《葵亭集自叙》,《韓國文集叢刊續》,042/269。

集》第一一〇册及《韓國文集叢刊續》第四二册所收《葵亭集》,詩以體裁編卷,故燕行詩六十餘首,散見諸卷中;而《燕行録叢刊(增補版)》網絡本所收,則皆收於《葵亭集》卷之二,第二行小題稱"燕京録",且燕行所作百餘首詩,皆編於本卷中,與前本所同者亦用活字印行。然則申氏此集蓋有兩種版本並行。今亦從其原名,改爲《燕京録》而著録焉。

申氏燕行詩,多爲獨唱,而少與人唱和。丁祖範謂其外祖詩,"繩尺開元、大歷諸子,而浸淫乎皇明各家"①。今讀其詩,若《野宿》叙渡鴨江後,露宿九連城,拴馬添料,汲泉造飯,持鎗防虎,栩栩如生。又如《通遠堡》叙田家兒女,音容笑貌,親切可愛,歎蝗旱無收,憫歲將枵腹。又如《十里堡》刺遼谷刁薄,錐刀射利,暗攪行李,欺壓鮮人,"嗟吾弱國臣,憤懣心如醉"②。皆紀事明快,吐辭精切,語句工穩,不落俗套也。

0374-1689
權持《己巳聞見事件》(《同文彙考補編》卷二《使臣别單二》 活字本)

權持(1656—1709),字君敬,安東人。肅宗朝,爲司諫院正言、司憲府持平、承政院右承旨、安城郡守等。事見《肅宗實録》《承政院日記》等。

案權持出使事由,詳參前申厚載《燕京録解題》(0373-1689)。

此《聞見事件》二條,謂在豐潤縣見秀才曹重,問谷應泰事,言應泰以著《明朝紀事本末》,獲罪幾死,年今七十三,有子十餘人,而家貧無以資生。問朝臣廉貪,則答朝廷大臣不貪者,惟伊桑阿,其次徐元文稍廉,徐乾學雖有文學而貪,其餘無足論矣。問文學之士,則答即今王熙、徐乾學有文名,而皆不及徐茨。茨官知州,罷歸家居。又有成德者,滿洲人,閣老明珠之子,自幼有文才出群,年才二十,擢高第,入翰苑,爲庶吉士,皇帝忌其才而殺之,明珠因此致仕而去矣。"又問中國禮制,則指其所著帽子曰:此帽之下,何足論禮法哉! 仍唏歔不已。"③又記康熙二十三年,康熙帝幸魯

---

①申厚載《葵亭集》丁祖範序,《韓國文集叢刊續》,042/270。
②申厚載《葵亭集》卷3《十里堡》,《韓國文集叢刊續》,042/303。
③權持《己巳聞見事件》,《同文彙考補編》卷2《使臣别單二》,002/1607。

時有《詠闕里古檜賦》及詩,並全錄其詩賦焉。

0375-1689

金海一《燕行日記續》(《全集》第 28 册;《叢書》第 1559 册《檀溪先生文集》 刻本)

  出使事由:陳慰兼進香行
  出使成員:正使吏曹參判朴泰尚、副使禮曹參判金海一、書狀官司憲府持平成璀等
  出使時間:肅宗十五年(康熙二十八年　1689)十月十一日—翌年二月七日

  案金海一有《燕行日記》(0334-1678),已著錄。

  康熙二十八年七月癸卯,册立病篤貴妃佟氏爲皇后,翌日即崩,諡曰孝懿。葬畢,祔於奉先殿。朝鮮遣吏曹參判朴泰尚爲陳慰兼進香正使、禮曹參判金海一爲副使、持平成璀爲書狀官,於是年十月十一日發王京,十二月初七日到北京,二十五日離發北京,二月初七日返京覆命。其到館時,皇后梓宫已奉安地宫。禮部命朝鮮所送禮物,應停止致祭,照例將銀並苧布綿紬紙銀盒交與户部,香燭等物交與太常寺,果品等項交與光禄寺,表箋與祭文交與內閣可也。一行使事不重,亦無他事,故辦完即速返也。

  案是卷輯自金海一《檀溪先生文集》卷四。金氏此記,亦如前次肅宗四年(康熙十七年　1678),爲進賀陳奏兼冬至等三節年貢行書狀官時所撰《燕行日記》相同,頗爲簡略,唯記每日經行之所,行里之數及所接之人等,無甚特出者也。其到瀋陽時,見"人物之盛,城池之固,與北京無異焉"[1]。至豐潤、玉田"皆是大縣,市肆之盛,人物之繁尤加焉"[2]。時清廷平定三藩,蒸蒸日上,於此亦可見焉。據趙鍾弼稱,金氏"以進香副使再赴

---

[1]金海一《燕行日記續》,《燕行錄全集》,028/237。
[2]金海一《燕行日記續》,《燕行錄全集》,028/243。

燕,歸槖蕭然,惟書籍若干卷而已"①。然則金氏在燕行使中,亦爲難得之清介廉臣矣。

0376-1689
金海一《燕行録續》(《全集》第 28 册;《檀溪先生文集》 刻本)

案金海一有《燕行日記》(0334-1678),已著録。

此卷輯自金海一《檀溪先生文集》卷二,即其於肅宗十五年爲進香副使赴燕時所作,共八十餘首,仍以短歌爲多。金氏此爲第二次出使清朝,故詩中有"經過舊遊地,隔水暫停車"②,"斜陽薊門塗,十載重來客"諸句也③。時其爲陳慰兼進香副使,而又假禮曹參判之銜,故詩又有"使事兼陳慰,官銜假列卿"之句④,實金氏當時官爲承政院承旨,故詩中自笑自譏也。雖距其出使,已過十年,然其詩中,仍是愁苦悲歡,所謂"百感交中寢不安"者⑤,與前次所作詩無甚區別耳。

0377-1689
成瓘《己巳聞見事件》(《同文彙考補編》卷二《使臣別單二》 活字本)

成瓘(1643—?),字玉汝,昌寧人。肅宗朝,爲司憲府持平、司諫院正言、獻納、司諫、司憲府執義等。事見《肅宗實録》《承政院日記》等。

案成瓘出使事由,詳參前金海一《燕行日記續解題》(0375-1689)。

此《聞見事件》一條,謂豐潤李天標,爲内閣典籍有倫子,爲人可愛,問明朝子孫有存者否?答曰明朝子孫甚多,皆變姓名,隱於四方。問閣老以下各司官,用清漢各一人,則外方亦然耶?答以内則清漢各一人,外則漢則止漢一人,滿則止滿一人。又問吳三桂亡後,漢人嗟惜否?答以"彼

---

① 金海一《檀溪先生文集》卷 4 趙鍾弼《墓碣銘》,《韓國歷代文集叢書》,1559/260。
② 金海一《燕行録續·過迎春寺次戊午書狀時韻》,《燕行録全集》,028/172。
③ 金海一《燕行録續·薊州》,《燕行録全集》,028/183。
④ 金海一《燕行録續·又次正使韻二首》其二,《燕行録全集》,028/172。
⑤ 金海一《燕行録續·甜水站冬至夜》,《燕行録全集》,028/170。

不當自立而立,漢人亦不甚惜。其亡子乃駙馬,已論死,孫盡死京中矣"云云。①

---

①成瑾《己巳聞見事件》,《同文彙考補編》卷2《使臣別單二》,002/1607。

卷三六　0378—0390

肅宗十六年(康熙二十九年　1690)—肅宗十九年(康熙三十二年　1693)

0378-1690
徐文重《燕行日錄》(《全集》第24冊　稿本)

出使事由：謝恩兼冬至等三節年貢行
出使成員：正使瀛昌君李沉、副使安邊府史徐文重、書狀官司憲府掌令權儧等①
出使時間：肅宗十六年(康熙二十九年　1690)十一月四日—翌年三月十八日

徐文重(1634—1709)，字道潤，號夢漁亭，達城人。孝宗八年(1657)，中生員試。官至利川府使、尚州牧使等。肅宗六年(1680)，擢庭試狀元。任廣州府尹、慶尚道觀察使、刑曹判書、兵曹判書、議政府右議政、領議政、判中樞府事等。文重久處蔭塗，頗著吏才。登第後以幹局見擢，至相位，而事多疏漏，又無學識以輔之，名聲大損於蔭官時，特以恪謹奉職，不擇燥濕，爲時所稱。著有《軍國總簿》、《朝野記聞》、《歷代宰相年表》二卷、《國朝大臣年表》二卷、《兵家勝算》三卷、《東人詩語》一卷、《詩文集》十卷、《燕行日錄》等，多不傳。事見趙顯命《歸鹿集》卷一六《徐公神道碑銘》、《顯宗實錄》、《肅宗實錄》等。

案此稿當爲徐文重稿本，爲其在肅宗十六年出使途中所作日記。全稿行楷秀媚，婉轉流麗，清朗爽目，鈔錄整飭。據徐氏所記，七月初一日，其以安邊府史差冬至使，而後改以謝恩使兼之，瀛昌君李沉爲上使，徐爲副使，掌令權儧爲書狀官。一行於十一月初四日辭朝，二十二日渡江，十二月二十六日到北京，二月初六日離發北京，三月十八日返王京覆命。其

---

① 案權儧，《使行錄》作"儹"。

於記當日之事外,時有他記。若其記瀋陽段綫路,從已未年間起,自遼直過瀋陽,雖無高平、盤山之水,但迂迴兩日路程。又通論沿途風景及城制、民俗,清代官制及上、下馬宴制等,所載頗詳。後附沿路所上狀啓,分別爲在義州、出柵後、在北京及返出山海關後所呈,其中記事,則多列清廷西征戰事及當時民間議論等。

時清廷於朝鮮上奏呈文,多挑剔字詞,違規不敬,時或降罪,故一行在義州,就謝恩表文等,字斟句酌,一再查勘更改,俾於適妥而後已。最後附在北京欲購及已購書籍數十件。而其中若所購《大明一統志》,出柵之際,被捉於搜括,没收報北京。徐氏等言其爲地志之書,非如《史記》類禁書,然終莫肯聽。後清廷問罪於朝鮮,遂又遣右議政閔黯、姜碩賓等如清,陳奏并謝罪焉。

0379-1690

金元燮《庚午聞見事件》(《同文彙考補編》卷三《使臣别單三》 活字本)

出使事由:進賀謝恩兼陳奏行
出使成員:正使全城君李浚、副使議政府左參贊權愈、書狀官司憲府執義金元燮等
出使時間:肅宗十六年(康熙二十九年 1690)五月十二日—十月十四日

金元燮(1640—1710),字至和,善山人。肅宗朝,爲司憲府掌令、司諫院正言、承政院承旨、司諫院大司諫等。因張嬪妃事,削職遠配興陽縣。後赦歸,起復爲五衛將。事見《肅宗實録》《承政院日記》等。

肅宗十五年(康熙二十八年 1689)八月,朝鮮遣進賀謝恩陳奏兼奏請使東平君李杭一行入中國。十二月,李氏馳報奏文中有犯"玄"字,且禮部以朝鮮國乃諸侯,不得用"后宫"字樣。十六年正月,清廷遣使入朝鮮,以奏文不當罰金。五月十二日,肅宗派全城君李浚爲進賀謝恩兼陳奏行正使率一行入燕,十月十四日返國覆命焉。

此《聞見事件》一條,記在巨流河與郭朝瑞手談,問及吳三桂事,其稱

吴王因清人據中國,待諸侯寡恩,遂興義兵,伐罪救民,不意天奪其壽,以致壯志未遂,此乃劫運未除,中原蒼生無福。吴死,其下屬官兵冰消瓦解,戰亡者、被獲者、下海者、逃亡者、遣戍者,不可勝記。又問康熙帝發兵西征始末,言哈喇哈西㺚子兄弟(入京問之,哈喇哈即喀爾喀)二人與阿喇指西㺚子起釁(阿魯德),殺阿魯德老王子。康熙發十萬兵、蒙古兵十萬以救之云云。又問今中原有道學真儒否?答以四川峨山林士奇、湖廣衡山王愈確,皆黄冠道人妝束云。

又據《肅宗實錄》,一行覆命時,權愈奏"禮部差人來言,上使名字,與國王諱音相似。臣等答以我國字音則本不相同云,而彼既出此言,似當改之"。浚亦請改名,肅宗改以"混"字,《同文彙考》即作"混"。案肅宗諱"焞",與"浚"音義皆異,中朝禮部官員,何以云與國王諱音相似?而肅宗改"浚"爲"混",則更不知其何云然,古往今來,鮮以"混"爲人名者焉。①

0380-1691

李震休《辛未聞見事件》(《同文彙考補編》卷三《使臣别單三》 活字本)

出使事由:謝恩兼陳奏行
出使成員:正使議政府右議政閔黯、副使議政府右參贊姜碩賓、書狀官司僕寺正李震休等
出使時間:肅宗十七年(康熙三十年 1691)閏七月七日—十二月五日

李震休(1657—1710),字伯起,號省齋,驪興人。尚毅裔孫。肅宗朝,爲司憲府持平、司諫院獻納、弘文館修撰、承政院都承旨、咸鏡道觀察使、安東府使等。事見《肅宗實錄》《承政院日記》等。

康熙二十九年(肅宗十六年 1690)十一月,朝鮮遣謝恩兼冬至等三節年貢使瀛昌君李沇、副使徐文重等入京。三十年正月,禮部奏李沇等在京私買《大明一統志》等書,命罷正、副使,通官張燦應革職發邊界充軍。康熙帝令寬赦,免革職。又上年九月,咸鏡道林仁等十人越境至厚春,放

―――――――
①《肅宗實錄》卷22,肅宗十六年(康熙二十九年 1690)十月十四日辛未條。

槍打死採蔘人,並奪其蔘,朝鮮遣同知中樞府事鄭忠源賫咨如清奏報。十一月,捉越境犯二十一人,定八人罪。是年四月,以咸境道越境殺人搶蔘事,清廷遣大學士兼禮部侍郎西安、一等侍衛羅科多賫敕至朝鮮參審,並出聖旨,帝諭務必寬大。十一月,斬林仁等六人。故朝鮮特遣右議政閔黯爲謝恩兼陳奏行正使率一行入燕,謝查犯敕、謝口宣上諭、謝免罰銀並奏查擬犯人諸事。一行於當年閏七月初七日發王京,臘月初五日返國覆命焉。

李震休此《聞見事件》兩條,一言在禮部見安南使臣,一則記在路見清廷遣官往寧古塔繪圖事。安南正使阮名儒、阮貴德,副使阮廷策、陳璹,問其官制、科舉、喪制及來往路程等。觀其儀容,大抵慓輕而無知禮讓,相面之初,避席三讓,臨別之時,相揖而罷。正使贈一律詩曰:"天地之南海之東,殊方何啻馬牛風。燕中玉帛三年至,海內車書萬里通。謠俗語言雖自別,衣冠禮樂却相同。不堪明發隨緣去,清範惟應落夢中。"渠等聯名即和曰:"封域雖居南與東,詩書同一鄒魯風。皇仁浩蕩均沾被,聖德汪洋共仰通。來享來王圭璧執,相求相應氣聲同。一時邂逅良非偶,道理長留天地中"云。①

0381—1691
金翊漢《辛未手本》(《同文彙考補編》卷三《使臣別單三》 活字本)

出使事由:賫咨行

出使成員:賫咨官同知中樞府事金翊漢等

出使時間:肅宗十七年(康熙三十年 1691)十二月十五日—翌年二月二十五日?

金翊漢,生卒里籍不詳。在肅宗朝,通漢語,爲譯官。曾以賫咨官身份入中國。後因奉使亡失文書事流配。肅宗三十七年(1711),復爲譯官起用。事見金鎮圭《竹泉集》卷二五《因親病及情勢不安乞遞本職與備局譯院疏》、《肅宗實錄》、《承政院日記》等。

---

①李震休《辛未聞見事件》,《同文彙考補編》卷3《使臣別單三》,002/1609。

康熙三十年(肅宗十七年　1691)十一月,清廷移咨朝鮮,將遣大臣經朝鮮義州至長白山考察地貌。肅宗遂派賚咨官同樞金翊漢等入遼東,報以土門江徑途險阻,成行爲難,後果不行焉。

此《聞見事件》一條,亦記征阿魯德事,並謂正月初一日使行參太平宴,則阿魯德二十人及喀爾喀三十人亦參,阿魯德與阿思呢喊喇嘛反,率衆十餘萬掠甘肅、寧夏、陝西,提督孫思克逆戰大敗,殺傷甚衆,題本請援,故調發旗下累萬兵,二月初出行云。

又據《肅宗實錄》,時朝鮮君臣相議,右議政閔黯、禮曹判書柳命賢等以爲金翊漢賚去五使路程記,北路惠山以後,自雲寵至吉州,定以十站矣。而咸鏡監司狀啓稱"自惠山由柏德嶺,過蘆隱東山至茂山,不過三四日程。而路不甚險,且處於白頭之南長白之北,正是豆滿上流,即有此捷路,不必由雲寵以抵絶遠之吉州"。即今五使,姑無聲息,雖出來,似在三月旬望間,轉向北路之際,將至四月,日字尚遠,冰雪已消,治路之役,似無未及。請更作路程記,急送於卞爾璊處,使之轉通金翊漢,以爲臨時問答之地。後得冬至使先來狀啓至,以五使不來聞,君臣皆喜,此事遂寢矣。

0382-1692
朴昌漢《壬申聞見事件》(《同文彙考補編》卷三《使臣別單三》　活字本)

出使事由:謝恩兼冬至等三節年貢行

出使成員:正使朗原君李侃、副使禮曹判書閔就道、書狀官司僕寺正朴昌漢等

出使時間:肅宗十八年(康熙三十一年　1692)十月二十八日—翌年三月二十六日

朴昌漢(？—1718),里籍不詳。肅宗朝,任司諫院正言、司憲府掌令、司諫院司諫、承政院承旨、五衛副護軍等。事見《肅宗實錄》《承政院日記》等。

肅宗十八年(康熙三十一年　1692)十月二十八日,朝鮮遣謝恩兼冬至等三節年貢行正使朗原君李侃、副使禮曹判書閔就道、書狀官司僕寺正

朴昌漢等入燕,謝咸境道越境殺人搶蔘事停搜逸犯,並賀冬至等三節年貢,一行於翌年三月二十六日返王城覆命。

朴昌漢此《聞見事件》二條,一仍記阿魯德、喀爾喀交惡事。一則記首譯鄭忠源傳序班言,謂皇帝稱黃金若非朝鮮土產,則著令免進,而慮或虛妄,問於熟面通官,則其言果合。紅木綿係是無用,並爲免進,其他無益之物,令内閣禮部内務府會同查奏,其他減免亦必有之云云。

0383-1693
申厚命《燕行日記》(《全集》第 28 册;《叢書》第 2379 册《林下堂先生文集》 刻本)

出使事由:謝恩行
出使成員:正使臨陽君李桓、副使議政府左參贊申厚命、書狀官司僕寺正崔恒齊等
出使時間:肅宗十九年(康熙三十二年 1693)五月二十五日—十一月四日

申厚命(1638—1701),字天休,平山人。顯宗七年(康熙五年 1666)別試文科丙科及第。肅宗朝,歷司諫院正言、刑曹參判、忠清道觀察使、同知義禁府事等。因事牽連,屢有起躓。有《林下堂集》四卷。事見《林下堂先生文集》卷一《年譜》、丁範祖《海左先生文集》卷三五《申公行狀》、安福鼎《順菴集》卷二四《墓誌銘》、《肅宗實錄》等。

申厚命《林下堂先生文集》四卷,首一卷《年譜》(亦編爲卷一)詩二卷、文一卷、附錄一卷,卷二《燕行時次書狀官崔恒齊壯鎮堡韻》等六首,即燕行之詩也。又卷三策與書札後,即《燕行日記》。爲其後孫鉉一所輯,前有權相圭序。《韓國歷代文集叢書》所收,與《燕行錄全集》爲同一版本。

康熙三十二年"春正月甲子,詔朝鮮歲貢黃金木棉永行停止"。計永減黃金一百兩、棉布六百匹。故肅宗以臨陽君李桓爲上使、工曹參判申厚命充副价、掌令崔恒齊爲書狀官赴燕。一行於五月二十五日拜表離發,因

大雨水漲,在鴨江邊停留近八日方渡江而去,八月初四日到北京,留玉河館三十六日始得回程,於十一月初四日返京覆命焉。

《燕行日記》一卷,蓋輯自申厚命文集中,爲其此次出使期間所記日記耳。唯所記極簡,僅去路時有日記,而在玉河館及回還之途,則僅記數句而已。其在義州時,例於渡江日披檢行中物貨,厚命令使行中人,並皆自首其所持銀貨現物於書狀及灣尹,從容稱量,隨其多少,封標踏印,其不入封標而現捉者,則一一屬公,以此意再三知委於行中。當初自首就點者,未滿五萬兩矣。副使卜物三十餘駄,告就封標之後,追現者六千餘兩。又翌日追現者五千餘兩,江邊自首者亦至千兩。披檢極其詳盡,員譯無一物欺隱,商賈無一人潛入。① 此可見禁物潛賣、違帶物貨之多矣。

申氏一行,因在夏間,適逢久雨,遼東一路大水,沿路泥濘,水深過膝,或及馬腹,甚或一行卜駄,盡爲沾濕,食物紙張,污濁廢棄,即申氏所謂"曾前使行,不無阻水之時,而不至如此時之甚"者也②。時已至康熙中葉,清朝漸至興盛,申氏於沿路所見,若瀋陽、山海關、永平、薊州等處,閭閻櫛比,居民殷富。如其敘通州之繁華,"南方舟楫迷漫於河邊,不知其幾千隻,簇簇帆竹之立者,上下幾至數十里遙,望海口則帆席之隨風而來者,陣陣然又不知其幾百數,州城內市廛及人物,比瀋陽猶逾,皇都規模之壯大,此可見矣"③。而申氏筆下,亦少見斥清之語,在當時使臣中,尤爲難得矣。

案朝鮮朝朋黨之禍,爲朝廷之大患,而久成痼瘤,無法能治之。申厚命曾疏論朋黨科弊,其曰:"党論之禍人家國大矣,未有若今日之甚者,不擇賢愚,先問同異,不計利害,惟分彼此,廊廟耆舊,未免乎標榜,山林遺逸,亦入於色目,以至庶僚韋布,莫不皆然,朝著之上,愛陞憎黜,首善之地,入主出奴,殿下非不明其是非,而是是非非,或紊於聽斷,非不卞其邪正,而賢賢惡惡,多失於取捨。欲矯其弊者,反益其弊,欲去其黨者,反樹其黨。是無他,殿下不得用人而然也。若使公正和平之人,上輔君德,下率萬民,使之同寅協恭,則黨弊不期息而自息矣。我國人材,多出於科制,

---

① 申厚命《燕行日記》,《燕行錄全集》,028/108—109。
② 申厚命《燕行日記》,《燕行錄全集》,028/118。
③ 申厚命《燕行日記》,《燕行錄全集》,028/127。

科制不嚴,私徑大開,今之士子不務實業,惟事圖囑,昔惟恐人之知,今則肆然誇張,習以爲常,恬不知愧,如此而結科,如此而筮仕,入居台閣,出任藩臬,上可至卿相,下不失州郡。以如此之人,取如此之人,(缺)更嚴法令,科場間聽囑與圖囑者,並禁錮終身。"疏上,肅宗優批之,人謂之"鳳鳴朝陽"焉。①

0384-1693
申厚命《燕行詩》(《叢書》第2379册《林下堂先生文集》 刻本)

案申厚命有《燕行日記》(0383-1693),已著錄。

申厚命《林下堂文集》卷二,收錄《燕行時次書狀官崔恒齊壯鎮堡韻》、《建節過龍灣》二首、《次書狀官白旗堡見月韻》、《次書狀官口占韻》、《次書狀官二道井路中口占韻》、《登中國望海亭》等七首,則爲肅宗十九年燕行時所作也。厚命詩作,如"今天醉似秦天醉,前道難於蜀道難"②,"有山皆疊嶺,無水不危湍"等③,屬對工巧,自出新奇,灑脫自然,雖寥寥數首,亦頗得風人之旨者焉。

0385-1693
崔恒齊《癸酉聞見事件》(《同文彙考補編》卷三《使臣別單三》 活字本)

崔恒齊(?—1698),生卒籍貫不詳。肅宗朝,爲司諫院正言、弘文館文學、司憲府掌令、司諫院獻納、青松府使、安州牧使等。事見《肅宗實錄》《承政院日記》等。

案崔恒齊出使事由,詳參前申厚命《燕行日記解題》(0383-1693)。

崔恒齊此《聞見事件》一條,稱首譯來言,皇帝出獵古北口,費四十餘日當還。古北口即蒙古界,蓋聞年年托畋獵行界,探蒙古動静,招其酋長

---

①申厚命《林下堂文集》卷2《論朋黨科弊疏》,《韓國文集叢書》,2379/129—130。
②申厚命《林下堂文集》卷2《次書狀官白旗堡見月韻》,《韓國歷代文集叢書》,2379/115—116。
③申厚命《林下堂文集》卷2《次書狀官口占韻》,《韓國歷代文集叢書》,2379/116。

設犒賞,費至二十餘萬金云。

0386-1693
柳命天《燕行日記》(《全集》第23册;《叢刊續》第40册　鈔本)

  出使事由:冬至等三節年貢行
  出使成員:正使判中樞府事柳命天、副使僉知李麟徵、書狀官司直沈
    枋等
  出使時間:肅宗十九年(康熙三十二年　1693)十一月三日—翌年三
    月十二日(返至牛山止宿)

  柳命天(1633—1705),字士元,號退堂、菁軒等,晉州人。顯宗十三年(1672),別試文科壯元及第。爲弘文館副提學、成均館大司成、吏曹參判等。庚申(1680)大黜陟,南人失脚,流配龜城,三年後放歸田里。後六年,起以江界府使,官至禮曹判書、吏曹判書、户曹判書、弘文館大提學、判義禁府事等。與兄命堅、弟命賢等,把持朝政。甲戌(1694)獄起,流配康津,後再配智島,三年後歸里卒。有《燕行日記》《燕行別曲》《退堂集》十卷等傳世。事見《退堂集》卷四《退堂翁自銘》、《肅宗實録》等。

  柳命天《退堂集》十卷,爲傳寫本,《韓國文集叢刊續》據姜景勳氏所藏本影印。詩集五卷,以《釋褐》《龜城》《蓮城》《還朝》《西槎》《燕行》《烏川》《退堂》《南遷》《拾遺》諸小録編集。不見《燕行日記》與《燕行別曲》。卷三《西槎録》爲庚午秋以儐使往返龍灣時所作詩。另有晉州柳氏慕先録編纂委員會編《晉州柳氏文獻總輯》(서울:법등 1993),其卷二收柳氏《退堂集》《燕行日記》《南遷漫録》《劄録》等,《日記》與《燕行録全集》爲同一版本,蓋柳氏世藏本耳,然仍不見《别曲》也。

  案是書爲鈔本,封面左首行書題"燕行日記卷之二"數字,全稿以行草書之,多有小字注文添入正文或頁眉者。首兩頁則開列一行人員名單,此下即逐日記一路聞見。一行自肅宗十九年十一月初三日辭朝,二十二日渡江,十二月初二到瀋陽交割歲幣,二十三日到北京。在京因歲幣方物

質量等事,至翌年二月初四日,始離北京,留館四十二日,所謂"僅脱楚囚,其快活不可言"者也①。一行去時在冬日,嚴寒無比;而返時,適遇倒春之寒,一路雨雪泥濘,其狼狼困頓,又苦不堪言。至三月初四日渡江,十二日到牛山止宿。② 此下截然而止。此後所記,則爲他事,與燕行無關,爲《燕行録全集》編纂者誤收耳。

時朝臣論柳命天陰賊兇猾,世濟其惡,擅弄威權,頤指卿宰,凡脅持君父,魚肉搢紳之罪,蠹國病民,貪淫縱恣之狀,不可勝舉,請極邊安置。蓋未及返王京,即遭彈章也。四月,與其弟命賢,並遠配康津,六月移配迎日。末有後人所記,略載其生平云。

0387-1693
柳命天《燕行録》(《續集》第 110 册;《叢刊續》第 40 册《退堂先生詩集》鈔本)

案柳命天有《燕行日記》(0386-1693),已著録。

柳命天燕行詩近六十首,見《退堂先生詩集》卷三。柳氏出使時,已至康熙中葉,然其筆下仍似丁卯、丙子之日,與清人有不共戴天之仇,所謂"翻思丙丁歲,清血自沾濡"③,"翻思丙丁禍,撫劍只吞聲"之類是也④。而其沿途所作,亦多寓感慨,譏刺清朝,歎山河異類,恨文物不再,歎惜"喻蜀非才慚使事,觀周太晚恨吾生"⑤。而滿眼所見,又村落和熙,都市繁華之景像,故又贊嗟"入關真個是中華,謠俗風煙觸眼嘉"也⑥。命天喜歐陽脩、蘇軾之詩,其在燕市,欲購歐陽公全集而未得,然"購蘇長公一《集》而歸,蓋酷嗜此文,以爲暮年咀嚼之計"⑦。然其詩風格,較兩家而論,雖有粗似,而不得其實者也。末又有《謝恩表》《冬至表》《方物表》《冬至箋》

---

①柳命天《燕行日記》,《燕行録全集》,023/498。
②柳命天《燕行日記》,《燕行録全集》,023/515。
③柳命天《退堂集》卷 3《燕行録・瀋陽口占》,《韓國文集叢刊續》,040/408。
④柳命天《退堂集》卷 3《燕行録・寧遠衛曉發》,《韓國文集叢刊續》,040/409。
⑤柳命天《退堂集》卷 3《燕行録・通州望皇京》,《韓國文集叢刊續》,040/410。
⑥柳命天《退堂集》卷 3《燕行録・永平途中》,《韓國文集叢刊續》,040/409。
⑦柳命天《退堂集》卷 5《書家藏蘇長公集後》,《韓國文集叢刊續》,040/544。

《正朝賀表》等數文,則亦爲當時所撰也。

0388-1693
柳命天【原題洪致中】《燕行録》(《全集》第 34 册　鈔本)

　　案柳命天有《燕行日記》(0386-1693),已著録。

　　此《燕行録》,《燕行録全集》編纂者以之歸於洪致中名下,且隸於肅宗三十八年(康熙五十一年　1712)。然考《使行録》及《肅宗實録》等,知是年冬至正使爲金昌集,非洪致中也。又《英祖實録》載,英祖三年七月十六日,"以右議政洪致中,爲冬至正使,金東弼爲副使,姜必慶爲書狀官"①。考《使行録》,則是年謝恩兼冬至等三節年貢行正使爲洛昌君李樘,副使爲禮曹判書李世瑾,書狀官爲兼執義姜必慶,則三使姓名皆不符也。然則是否洪致中作,尚在疑似之間也。蓋編纂者見其中有"洪致中"等名,遂歸洪致中名下耳。

　　再考柳命天《退堂先生詩集》卷三《燕行録》所收詩,與此隸洪致中名下者,所收詩全同,然則爲柳氏詩無疑也。是稿爲鈔本,且鈔手不一,或行楷婉麗,或字跡粗惡,且難以辨認。封面右行楷題"燕行録卷之二"字樣,後鈔《到松都録呈舍弟禮判》等六十餘首,而其後《烏川録》《智島録》等,則非燕行詩,今收在《退堂先生詩集》卷,爲編纂者誤收耳。

　　所不同者,是稿所收,柳氏原詩後諸家和詩,亦低一格鈔録在原詩後,且注明"右禮判""書狀"等,亦有詩題詩句後有雙行小注;而柳氏集中和詩或收或不收,而所注"右禮判"等與小注,並皆删去,反不若是本之不删爲妥耳。

0389-1693
柳命天《燕行別曲》(《全集》第 23 册　諺文鈔本)

　　案柳命天有《燕行日記》(0386-1693),已著録。

---

①《英祖實録》卷 12,英祖三年(雍正五年　1727)七月十六日庚午條。

案此諺文鈔本《연행별곡(燕行別曲)》,又收錄於高麗大學所藏《歌辭選》中。記癸酉年出行及以後的路程,亦稱"癸酉燕行別曲"不分卷,共十葉,無格欄。每葉分上下兩段,上下段各十行,一行五字至八字不等。先上排讀訖,再讀下排。

此別曲是朝鮮使行歌辭中存世最久的作品,與一般散文形式的燕行錄不同。所謂"歌辭",爲韓國傳統文學體裁之一種,乃有韻律之詩歌。高麗末期萌芽,至朝鮮初期爲士大夫確立其文學體裁。在内容及形式上,皆比較自由,故一般士大夫、兩班家讀書女性、僧人、庶民等全社會階層,皆可參與創作焉。

據柳氏此別曲稱,其創作自"갑슐년샹원일에황극뎐에됴참하니(甲戌年上元日朝參皇極殿)"始,共一百九十八句,分三個部分,第一部分相當於序文,説明此次出行之原由,共八句;第二部分爲正文,記起程與路途之感受,共一百七十六句;第三部分爲結語,敘説完成使命而歸國,共十四句。其路程是自慕華館出發,經碧蹄館、松都、安州、鴨綠江、鳳凰城、瀋陽、紅軍門、山海關、夷齊廟、東岳廟等地,最後到燕京。過四十天,再經九連城、統軍亭,轉回本國。

此別曲之作者,原鈔本未明確標明著者何人,故向有不同説法。高麗大學所藏諺文鈔本《연행별곡(燕行別曲)》書目亦曰"未詳"。林基中認爲《연행별곡(燕行別曲)》即柳命天《燕行日記》之部分内容,以韓文歌辭體寫成。① 李相寶以爲肅宗二十年仲冬出使者尚有書狀官朴權、正使申琓、副使李弘迪,應該爲此數人其中之一。沈載完以爲乃肅宗十九年書狀官沈枋所作,崔康賢以爲乃副使李麟徵所作。② 林基中舉諸種例證,以柳命天《燕行日記》初始曰"癸酉十一月初三日辭朝自内賜以臘藥",《同文彙考》云"康熙三十二年十一月初三日三節年貢行,正使左參贊柳命天",又《肅宗實録》謂,肅宗十九年十月,"柳命天請於燕行",十一月初三日啓

---

①林基中《한국가사문학주해연구(韓國歌辭文學注解研究)》第13卷,아세아문화사,2005年,第1頁。
②崔康賢《기행가사자료선집(紀行歌辭資料選集)》1,서울:國學資料院,1996年,第47頁。

程。凡此,皆與《燕行別曲》所載事實相吻合一致。不僅如此,林氏復以《연행별곡(燕行別曲)》與柳命天《燕行日記》比較,針對同一主體,兩書中主觀個性觀點較爲一致,私人生活亦頗相同,個別言行一致之處亦多。如《연행별곡(燕行別曲)》曰:"북궐에 하직하고 갈길을 도라보니 구름밧긔 하늘일새 군명이 지중하니 슈고를 혜아리랴 모화관 사대하고 셔교의 전별할제 친귀가 만좌로다 삼공이 주벽해고 뉵조가 버러안자 쥬배로 샹속하야 원행을 위로하니①(辭北闕,顧要行之路,雲外就天。君命至重,[如何]忖度辛苦! 到慕華館查對,進弘濟院。西郊餞別時,親友滿座。三公在主人位,六曹列坐。酒杯相續,慰勞遠行)。"而《燕行日記》亦稱:"辭朝……到慕華館查對,左相則到沙峴底,班荆而坐以一盃相餞。到弘濟院,則右相金領府、户判吴仲初、兵判睦際世及睦士伯、朴退甫、沈德輿、李勉叔、金獻吉、刑判李大叔諸人,多來會送餞勸酒,至日汲乃發程。希弟到綠峴底握别,頗覺愴然。(十一月三日)"據"북궐에 하직하고(辭北闕)"與"군명이지중하니 슈고를 혜아리랴(君命至重,[如何]忖度辛苦!)","모화관사대하고셔교의전별할졔(到慕華館查對,西郊餞別時)",此皆於柳命天事相合。而"친귀가만좌(親友滿座)"之餞別宴,乃三公六曹爲柳命天所設。又"갈길을도라보니구름밧긔하늘일새(顧要行之路,雲外就天)",離國發行之時,有愴然之情者,亦即柳命天也。② 案林説有理,因三公六曹高官,至弘濟院出餞行,亦因柳命天爲正使故耳。故姑從林説,以之隸歸柳命天可也。
【李鍾美譯】

---

① 《燕行録叢刊》所收《연행별곡(燕行別曲)》,與林基中所引用本有差異,諺文古字與現代韓文字母書寫方式有不同,在"친귀가 만좌로다(親友滿座)"中,"귀"和"좌"原本爲"구ㅣ"和"좌ㅣ",就是"친구ㅣ가만좌ㅣ로다",還漏"홍졔원드러오니(進弘濟院)"之句。直接録原文以供參考。云:"북궐에하직하고갈길을도라보니구름밧긔하늘일새군명이지중하니슈고를혜아리랴모화관사사대하고홍졔원드러오니셔교의전별할졔친구ㅣ가만좌ㅣ로다삼공이주벽해고뉵조가버러안자쥬베로샹속하야원행을위로하니。"
② 上述諸説,皆見林基中《제5장한글연행록가사의작자와작품(第5章 韓國文燕行録歌辭的作者與作品)》,《朝鮮外交文學集成(燕行録篇)增補版》,KRPia,2017年。

0390-1693
柳命天、李麟徵《癸酉別單》(《同文彙考補編》卷三《使臣別單三》　活字本)

　　李麟徵(1643—?),字玉瑞,延安人。肅宗五年(1679),中式文科狀元。爲司諫院正言、司憲府執義、承政院承旨、忠清道觀察使、江界府史等。景宗、英祖朝,升知義禁府事、工曹判書、漢城府判尹等。事見肅宗、景宗、英祖三朝《實錄》等。

　　案柳命天有《燕行日記》(0386-1693),已著録。

　　此《別單》二條,一則謂此次使行入京,住朝陽門内智化寺,問以通官,則玉河館以蒙古厄里素(大鼻達子部落)占住。另一則稱序班謂表咨文中,方物單中書以"獺皮",歲幣單中書以"水獺皮",此是一物而名目各異,何也?答以如此書既是前例,今亦依例書來。後禮部侍郎稱,一物而異書,亦涉殊常,今番翻譯文書,皆以"水獺皮"書之,此後以此遵行宜當云。

卷三七 0391—0410

肅宗二十年(康熙三十三年 1694)—
肅宗二十四年(康熙三十七年 1698)

0391-1694
吳道一《後燕槎録》(《全集》第 29 册;《叢刊》第 152 册《西坡集》 活字本)

出使事由:陳奏兼奏請使
出使成員:正使錦平尉朴弼成、副使左參贊吳道一、書狀官議政府檢詳俞得一等
出使時間:肅宗二十年(康熙三十三年 1694)八月二日—十二月十九日

案吳道一有《燕槎録》(0364-1686),已著録。

肅宗二十年(康熙三十三年 1694),肅宗原廢王妃閔氏(仁顯王妃,本貫驪興,閔維重之女)復位,遣陳奏使兼奏請使錦平尉朴弼成、副使左參贊吳道一、書狀官檢詳俞得一等赴燕京,奏王妃復位事,請改頒詔令。翌年正月,清廷差使册封閔氏爲朝鮮王妃,並頒誥命。吳氏一行於八月初二日出發,十二月十九日返國,因竣事而歸,故論賞有差焉。

案朝鮮王朝黨爭之禍,自燕山君以降,已百餘年,愈演愈烈。其時西人老論派與南人派相對立,勢同水火。南人因依附張禧嬪,擁護肅宗廢正妃閔氏、立張禧嬪爲正妃而得重用。反對者西人派以金春澤爲首,發動閔妃復位,而受到鎮壓,即所謂"甲戌獄事"也。數年後,肅宗復悔,貿然廢后,二十七年(1701)十一月,以"詛咒國王""巫蠱后宫"罪,賜張禧嬪死,復仁顯王后之后位。此可知黨爭不僅禍國殃民,且災及宫廷焉。

吳道一《後燕槎録》一卷,輯自《西坡集》卷五。吳氏此次出使,乃其

二度入燕,即其詩所謂"十年遼路又兹行"者也①。又其一路時日,亦非如前次,急如星火,行使差事,亦非棘手,故頗爲悠游,流連賞景,故作詩亦較前次爲夥,有八十餘首,其詩謂"頻年此役猶堪詫,物色供詩富錦囊"者②,殆實錄也。而其於清廷,雖仍以胡虜待之,然較前次之詩,亦稍通融,若"衣冠縱變中華制,邑里猶存大國風"之類是也③。

0392-1694
俞得一《燕行日記艸》(《全集》第30—31册　殘稿本)

　　俞得一(1650—1712),字寧叔,號歸窩,昌原人。容儀端美,辭令峭整。初與趙持謙、崔錫鼎等相推,與老論、少論黨争始分之際,在三司持論甚峻,爲少輩所重。及甲戌更化,朴世采與南九萬輩相貳。得一以世采門人,從世采變其初見,大見嫉於舊時儕流。肅宗朝,歷全羅道觀察使、咸鏡道觀察使、成均館大司成、工曹判書、户曹判書、刑曹判書、兵曹判書等。肅宗三十六年(1710),被嚴教見黜。有《燕行日記鈔》傳世。事見趙觀彬《悔軒集》卷二〇《歸窩俞公遺事》與顯宗、肅宗《實錄》等。

　　案俞得一出使事由,詳見前吴道一《後燕槎錄解題》(0391-1694)。此《燕行日記艸》(《全集》本目錄"艸"作"鈔"),爲俞得一於肅宗二十年任陳奏兼奏請使行書狀官時,於赴北京途中所記日記。而據此記前叙記,則五月下旬即已有出使之命,而自八月二日出發,一行人馬人凡四百十八,馬匹三百二十八。於九月二十八日抵北京,回還日期則空而不載,據《實錄》可知爲十二月十九日也。

　　是書封面左上題《燕行日記艸》,隔頁又題"熱河日記鈔",右小字書"肅廟時書狀官歸窩先生手筆",然則爲俞得一手稿本也。而《全集》第三一册所收俞氏《日記草》亦即此書,今編纂者分爲二書,且前後排次錯亂,幾不能讀矣。封面左題"日記草",右上書"八月大丙申　九月小丙寅

---

① 吴道一《後燕槎錄·青石嶺感懷示書狀》,《燕行錄全集》,029/120。
② 吴道一《後燕槎錄·松站途中》,《燕行錄全集》,029/118。
③ 吴道一《後燕槎錄·舊遼東》,《燕行錄全集》,029/122。

十月大乙未　十一月小乙丑"小字四行。字迹與正文相類,臆爲俞氏原題。而俞氏此行,亦未曾到熱河,故題"熱河日記鈔"則大誤矣。

今所排序,第三一册前數頁,爲拜表日期、三使姓名及一行人員名單等,當在全書最前,此下則當接排第三〇册之次頁,即正文日記,自八月二日始,方爲完稿也。全文以日爲綱,大字書之;而每日之事,則以小字附其後。不知是《全集》編纂者溷亂,抑或全稿原無次序,前後頁碼,或失次,或重複,甚或多頁重複,幾不可理。而稿皆草書,小字密置,塗乙勾抹,不可卒讀,而所記日期,亦至十月上旬而止,則爲殘稿本無疑也。而所記内容,時日及每日所到之地,依稀可辨,而具體所記事件、風物及詩作等,則識讀爲難矣。

0393-1694

申琓《甲戌燕行詩》(《叢刊續》第 47 册《絅菴集》;《平山申氏文集》第 3 輯　活字本)

出使事由:冬至等三節年貢行
出使成員:正使禮曹判書申琓、副使户曹參判李弘迪、書狀官兼司憲府持平朴權等
出使時間:肅宗二十年(康熙三十三年　1694)十一月二日—翌年三月二十一日

案申琓有《辛酉燕行詩》(0344-1681),已著録。

顯宗二十年(康熙三十三年　1694)十一月,以禮曹判書申琓爲冬至等三節年貢行正使、户曹參判李弘迪爲副使、兼持平朴權爲書狀官出使北京。一行於十一月初二日拜表離發,翌年三月二十一日返京覆命焉。

申琓等出使期間,因國内光陽縣監金光宇冒出告身,濫除守令事,申琓牽連黜職。故返國之後,顯宗只引見副使李弘迪、書狀官朴權。問清國事情,對曰:"皇帝荒淫遊佃,不親政事。用事之臣,又皆貪虐,賄賂公行。且蒙古別部喀喀一種甚强,今方舉兵侵境,人多憂之。而但年事雖荒,賦役甚簡,故民不知苦矣。"①

---

①《肅宗實録》卷28,肅宗二十一年(康熙三十四年　1695)三月二十一日壬午條。

申琓《絧菴集》卷二《黃岡酒席口占》詩題下注"冬至正使赴燕時"①。自下六十餘首詩,爲此次出使途中所作也。若《謾書燕事》組詩,效明人賦元宮詞體,雜用俚語,叙清廷朝儀、服制、班行、北京民俗等,鋪叙纖悉,頗具史料價值。《燕郡八景》《燕地士子有以畫索題者隨筆書贈》等詩,亦温潤流麗,妍秀可誦。其贈胡世培稱"莫把交情限疆土,天涯時寄數行書"②,意濃味永,啓人情思。申琓兩度出使,前後所經,皆是舊路,故其詩作,亦兼相襲。若前次有《通州》,起二句謂"通州從古説繁華,除却燕京更孰加"③;後次有《重過通州》,亦有"繁華從古説通州,除却燕京此最優"句④。首聯雷同,了無新意。燕行使詩作,或襲前人,或鈔自家,諸如此類者夥矣。

0394-1694
朴權《西征别曲》(《全集》第34册　諺文鈔本)

朴權(1658—1715),字衡聖,一作衡盛,號歸菴,密陽人。肅宗十二年(1686)登第。歷官東萊府使、黄海道觀察使、平安道觀察使、京畿觀察使、江華留守、刑曹判書、禮曹判書、兵曹判書等。卒於官。明敏有才,言義侃侃,不肯苟同。立朝幾三十年,孤立無朋,知者少而忌者多焉。有《西征别曲》行世。事見李畬《睡谷先生集》卷一二《吏曹判書朴公墓表》、《肅宗實録》等。

案朴權出使事由,詳参前申琓《甲戌燕行詩解題》(0393-1694)。

朴權《西征别曲》,鈔本。首頁左楷題"西征别曲"四大字,首頁"西征别曲"大題下,以諺文書"甲戌年冬至使書狀官/朴判書諱權號歸庵"兩行,有漢字注於兩旁,後即爲别曲若干首也。而諺文别曲之抬頭,復注以漢字如"明時""得罪""耕釣""茅屋""乾坤"等,蓋慮諺文之不復辨認而

---
①申琓《絧菴集》卷2《黄岡酒席口占》,《平山申氏文集》,第3輯第207頁。
②申琓《絧菴集》卷2《臨别口占贈胡秀才》,《韓國文集叢刊續》,047/222。
③申琓《絧菴集》卷2《通州》,《韓國文集叢刊續》,047/222。
④申琓《絧菴集》卷2《重過通州》,《韓國文集叢刊續》,047/211。

注之耳。其以別曲描摹自王京至燕京沿路風光及見聞，全篇百六十一句（計算爲四音譜等於一句）。首段敘揀選爲書狀官時，與戚屬告別之場面；次段述從碧蹄館始，迄玉河館之路程與所聞所懷，所記館驛及風景有碧蹄、臨津、松岳山、滿月臺、平山、練光亭、箕子城、永明寺、清川江、百祥樓、龍灣館、統軍亭、瀋陽、夷齊廟、薊州、卧佛寺、通州江、東嶽廟、致和門、鳳門、太液池、玉河館等；末段寫在館期間思念故鄉，祈順遂返國之願望。與柳命天《燕行別曲》相較，朴氏此曲，雖亦鋪陳燕都之壯麗繁華，然於帝城之奢侈腐化之風，亦多貶刺焉。【金東垠譯】

0395-1695

李世白《燕行詩》（《叢刊》第 146 册《雩沙集》 刻本）

出使事由：冬至等三節年貢行

出使成員：正使禮曹判書李世白、副使户曹參議洪受疇、書狀官兼司憲府持平崔啓翁等

出使時間：肅宗二十一年（康熙三十四年 1695）十一月一日—翌年三月十九日

李世白（1635—1703），字仲庚，號雩沙，又號北溪，龍仁人。金尚憲外孫，大爲尚憲器重。肅宗二年（1675）擢文科。歷兵曹正郎、司憲府持平、承政院同副承旨、黄海道觀察使、平安道觀察使、廣州留守等。宗室李杭等謀傾壼位，士禍大作，罷官屏居。甲戌更化，爲漢城府判尹、工曹判書、户曹判書、吏曹判書、議政府右議政、左議政等。爲相六年，謹守法制，鎮静浮議，能得大臣體，百僚嚴憚之，肅宗亦眷倚甚重。卒謚忠正。有《雩沙集》十卷《附録》五卷行世。事見《雩沙集》《附録》卷一《年譜》、卷三李縡《神道碑銘》、閔鎮遠《墓志銘》、《肅宗實録》等。

肅宗二十一年（康熙三十四年 1695），以禮曹判書李世白爲冬至等三節年貢行正使、户曹參議洪受疇爲副使、兼持平崔啓翁爲書狀官赴燕，進冬至等三節年貢。一行於十一月初一日啓行，翌年三月十九日返國覆命焉。

案李世白《雩沙集》十卷《附錄》五卷,爲其子宜顯據家藏稿搜集,内弟金昌翕删定,肅宗三十八年(1712)初刻,後附尺牘及附錄等,再合刻於英祖十七年(1741)。《韓國文集叢刊》據奎章閣藏本影印。前四卷詩,按年編次,後六卷爲諸體文,《附錄》則爲《世系圖》《年譜》《神道碑銘》與諸家祭文等。

李世白燕行詩一百十餘首,見本集卷三,多爲在途與副使洪受疇、書狀官崔啟翁等唱和之作。金昌翕謂世白"有韻之文,情宣而聲諧,往往遣興述志,瀉至百篇而瀾翻,抑何贍也"①。今讀其詩,雖亦多慷慨悲歌、刺清思明之作,然如《冷井》《白塔堡》《永安橋次副使韻》《發玉田宿豐潤》諸詩,若"孤塔雲迷天更近,小橋冰泮水初肥"等②。清新圓潤,字如珠玉,非如洪受疇、崔啟翁輩,類皆搥胸悲歌、恨天擊地者可同日語也。

0396-1695
洪受疇《燕行錄》(《全集》第 28 册;《叢刊續》第 46 册《壺隱集》　刻本)

洪受疇(1642—1704),字九言,號壺隱,又號葵軒,南陽人。顯宗十年(1668),中司馬試。爲户曹佐郎、漢城判官等。肅宗八年(1682),擢別試文科。官至兵曹佐郎、司憲府掌令、承政院承旨、忠清道觀察使、京畿道觀察使、承政院都承旨、刑曹參判等。有《壺隱集》六卷傳世。事見李德壽《西堂私載》卷五《洪公神道碑銘》、權以鎮《有懷堂集》卷九《墓誌銘》、《肅宗實録》等。

案洪受疇出使事由,詳見前李世白《燕行詩解題》(0395-1695)。

洪受疇《壺隱集》六卷,爲其子禹哲據家藏草稿編次,由崔錫鼎删定,刻於景宗二年(1722),《韓國文集叢刊續》據奎章閣藏本影印,《燕行錄全集》爲同一版本。卷首有崔錫恒序。前三卷詩以《野城》《芝洞》《北謫》《密州》《匡城》《南征》《燕行》《錦營》《酬唱》《送行》《相挽》等又別爲小集,後二卷爲文,末卷爲附諸家挽詞與祭文與洪禹傳跋文。

---

①李世白《雩沙集》金昌翕《雩沙集序》,《韓國文集叢刊》,146/375。
②李世白《雩沙集》卷3《發玉田宿豐潤》,《韓國文集叢刊》,146/422。

此《燕行録》輯自洪受疇《壺隱集》卷二,收詩七十餘首,即作於本次燕行時也。自入清之後,燕行使价之詩,莫不悼明耻清之作,而洪氏之詩,則尤爲甚者也。即洪禹傳所謂"嘗泣玦於靰鞨之墟,踰磨天臨黑水,慷慨憂思,動以詩鳴之"者也①。其詩感時撫事,悲憤垂淚,所謂"此行無處不悲傷,感淚難禁灑瀋陽"②。又慷慨激越,寄迹遥深,用典精切,又善用今典,往往突過前人。若"始擬祖生能雪耻,那知衛律竟幸恩"③,斥祖大壽兄弟也;"公主嫁應斯路去(錦林女此等處野合云),將軍死不故鄉還(杏山之役將士戰没無數)"④,則刺多爾衮逼娶朝鮮宗室女,又憐杏山戰亡之明朝將士也;"乘鶴暫來周太子,看羊幾老漢中郎"⑤,則喻昭顯太子之爲質,及金尚憲等大臣之被羈也。即其步韻金尚憲之燕都八景,亦非皆摹景之作,若"百年已拱諸陵木,夜夜聲悲望帝魂"等句,皆思明斥清之作耳。甚或數千里燕游,腥臭之地,亦無所得,僅爲"伯夷清節挹灤河"而已⑥。鮮人之執拗,亦可謂極矣。

又《燕行録全集》第二八册所收是書,頁碼有竄亂處,如第 288 頁,當接排 282 頁後;第 290 頁,當排 289 頁前也。

0397-1695
崔啓翁《燕行録》(《全集》第 31 册;《叢書》第 2516 册《迃窩遺稿》 刻本)

崔啓翁(1654—1720),字乃心,號幢梁,又號徽之,朔寧人。肅宗八年(1682),擢明經科。官至司憲府持平、兵曹佐郎、司憲府掌令、司諫院司諫、濟州牧使、襄陽府使等。有《迃窩遺稿》六卷傳世。事見《迃窩遺稿》卷六《年譜》、崔時翼《家狀》、崔遇燮《行狀》、李建昌明《明美堂集》卷

---
① 洪受疇《壺隱集》洪禹傳跋,《韓國文集叢刊續》,046/318。
② 洪受疇《燕行録·瀋陽》,《燕行録全集》,028/302。
③ 洪受疇《燕行録·寧遠衛》,《燕行録全集》,028/286。
④ 洪受疇《燕行録·小凌河途中》,《燕行録全集》,028/300。
⑤ 洪受疇《燕行録·瀋陽》,《燕行録全集》,028/302。
⑥ 洪受疇《燕行録·鴨緑江呼韻》,《燕行録全集》,028/278。

一九《墓誌銘》、《承政院日記》等。

案崔啓翁出使事由，詳見前李世白《燕行詩解題》（0395－1695）。

崔啓翁《迂窩遺稿》六卷，詩一卷，文四卷，《附録》一卷，啓翁從七世孫炳稷編次校刻（二百餘年後丙申流頭日）。《韓國歷代文集叢書》所影印，與《燕行録全集》爲同一版本。

此《燕行録》輯自崔氏《迂窩遺稿》卷一，共近六十首詩。崔光範謂啓翁詩"沖淡平實，無雕繪刻鏤之詞，而有天然悠永之意"①。然考其燕行諸作，亦類洪受疇，多爲憤世傷懷、悲天憫痛之作，時逢丙子亂後已六十年，甲子一周，而明亡亦五十年，故作者沿路慨歎，所到之處，皆是悲愴淚眼也。詩句若"年回丙子那堪説，人慕前王不可忘"②，"緬懷六十年前事，回首先朝愴我心"③，"無端一掬男兒淚，沾殺三韓御史衣"等皆是也④。又崔氏詩有"陶唐並立有朝鮮，神聖遺風已四千"⑤，此則接權近之説而叙之，則鮮人以爲自家之歷史，可與中國較長短，彼時已有此論也。

0398－1695

金演《乙亥聞見事件》（《同文彙考補編》卷三《使臣别單三》　活字本）

出使事由：謝恩行
出使成員：正使全城君李混、副使議政府右參贊李彦綱、書狀官兼司
　　　　　憲府掌令金演等
出使時間：肅宗二十一年（康熙三十四年　1695）七月十三日—十二
　　　　　月三日

金演（1655—1725），字士益，尚州人。肅宗十年（1684），登文科。爲司憲府持平、掌令、司諫院獻納、承政院承旨等，歷江原、忠清、慶尚、咸鏡、京畿諸道觀察使。景宗時，爲户曹判書、禮曹判書、議政府右參贊等。

---

①崔啓翁《迂窩遺稿》崔光範序，《韓國歷代文集叢書》，2516/007。
②崔啓翁《燕行録・瀋陽途中》，《燕行録全集》，031/078。
③崔啓翁《燕行録・青石嶺途中》，《燕行録全集》，031/079。
④崔啓翁《燕行録・次遼東韻》，《燕行録全集》，031/066。
⑤崔啓翁《燕行録・檀君殿》，《燕行録全集》，031/081。

因黨議事被黜，卒於家。事見李德壽《西堂私載》卷一〇《禮曹判書金公墓誌銘》、尹淳《白下集》卷六《墓表》與《肅宗實錄》《景宗實錄》等。

　　肅宗二十年（康熙三十三年　1694）八月，朝鮮以王妃閔氏復位，遣朴弼成等入請奏請册封。二十一年正月，清廷敕使入朝鮮，再次册封閔氏爲王妃。四月，欽差留駱駝一頭，漢城百姓争相觀看，王亦命牽入宫中一觀。七月，肅宗遣全城君李混一行入燕，謝清廷恩准王妃復位焉。

　　金演此《聞見事件》十條，多記沿路所見民情風俗者。如稱"最是俗習浮誇，家舍衣服，亦無限節。處處門前，皆設牌樓，書其官爵姓名，以誇耀之"。"科甲之家，則門前簷外揭析，用金銀字書以龍榜蜚英璧沼登瀛等語，雖參發解秀才之選者，亦皆揭額榜示。家舍則雖買頭常漢，苟有財産，則重門邃闥，梁屋高翔，彩椅華榻，器用璀璨。""衣服則樵童賈豎，皆衣絲帛。富厚之人，多著錦緞，都門之内，亦皆跨驢騁馬，雖遭官高之人，亦不回避。七八歲小兒，亦能佩劍跨馬，揮鞭馳騁，無異成人矣。"①然則遼東奢靡之風，由來尚矣。

　　又謂康熙帝以爲朝鮮謝恩箋内有"幹蠱"二字，"用字不合，殊欠敬慎"。禮部議事關重典，理宜詳慎，今該國王所進箋内，殊欠敬慎之道，應將該國王罰銀一萬兩，再將每年進貢例頒賞賜等物，裁革三年。使臣不勝驚愕，稱"幹蠱"二字，本無可嫌之義，特以本文有"前人已壞之緒"等語，皇帝執此言，已是慮外，該部又加一層之論，至擬以罰金停賞者，尤極痛心。後經周旋，罰銀停賞，俱爲寬免云。

0399-1696
洪萬朝《燕槎録【原題晚退燕槎録】》（《續集》第110册　鈔本）

　　出使事由：謝恩行
　　出使成員：正使臨昌君李混、副使議政府右參贊洪萬朝、書狀官兼掌司憲府令任胤元等
　　出使時間：肅宗二十二年（康熙三十五年　1696）七月二十五日—翌

---

①金演《乙亥聞見事件》，《同文彙考補編》卷3《使臣别單三》，002/1611—1612。

年二月一日

洪萬朝(1645—1725),字宗之,號晚退,豐山人。肅宗四年(1668),登文科。任藝文館檢閱、司諫院正言、忠清道觀察使、承政院都承旨等,歷平安、全羅、江原、咸鏡、慶尚、京畿諸道觀察使,陞漢城府判尹、刑曹判書等。顯宗時,爲議政府左參贊、工曹判書等。歷任八道,以治聞名。有《晚退堂集》四卷行世。事見李瀷《星湖先生全集》卷六一《洪公墓碣銘》、趙德鄰《玉川先生文集》卷一四《墓誌銘》與《肅宗實錄》《顯宗實錄》等。

肅宗二十一年(康熙三十四年 1695)七月,朝鮮遣謝恩使全城君李混等入清,因上太子箋文中,誤用"幹蠱"二字,下禮部察議,禮部以罰銀一萬兩、停三年賞賜議奏。李混等行賂於皇帝信幸臣佛保,幸得寬免。① 翌年七月二十五日,肅宗遣東平君李杭爲謝恩使、右參贊洪萬朝爲副使、兼掌令任胤元爲書狀官拜表發行,以謝箋文違式免罰焉。東平君行至安西病甚,不得行,一行久滯灣館。九月初六日,洪萬朝在灣館奉旨,謂正使病遞,以副价獨當使事,不勝瞿然,然終以臨昌君李焜代正使前往,於翌年二月初一日返王京覆命焉。②

洪萬朝《晚退堂集》四卷,鈔本。其詩以《燕槎錄》《箕營錄》等編爲小集,按年排次。《燕槎錄》共收詩百五十餘首,敘事麗景,出語平淡,若《龍灣歌》十一首、《燕都八景次明人詩仍作感舊篇》八首等,清亮簡净,頗耐賞讀焉。

又其書卷四有《館中雜錄》收雜記三十餘條,記遼東分野形勝,城鎮村落,商賈稅課,清漢衣制,琴樣彈法,飲食口味,民俗儉奢等,尤以論朝鮮人以狗肉謂之"家獐",而彼中元無殺狗取肉之事,知華人似有殺狗之忌。又論昔在灣府時,見西路各邑,以敕使卜物,載車以運,一車所載,不過三隻,而小遇路勢傾仄處,則必有反車之患。故各官必出人夫扶護而去,夜則不能運入村家,經宿路旁站,官又出守直軍,其所勞苦,倍於馬行,未久即爲停罷矣。清人車制,小車載卜四隻,大車載卜八隻,以牛馬騾驢之屬,

---

①《肅宗實錄》卷29,肅宗二十一年(康熙三十四年 1695)十月二十四日癸丑條。
②《肅宗實錄》卷31,肅宗二十三年(康熙三十六年 1697)二月一日壬午條。

卷三七　任胤元《丙子聞見事件》　金弘楨《丙子聞見事件》　625

隨其多少替運,小或以一二駄,多不過四駄,雖小奚安坐於車,行之自若,如遇峻嶺,則多人並力運轉。此不但行車慣習,道路坦易,無回曲處。這邊泥濘,那邊就去,山路險塞,則野路就去,且村路門首,無不容車,此與朝鮮形勢頓異。雖使彼人之習熟者,行之於我地,以水田溝渠迂回,狹路種種阻礙,恐不得行其所無事矣。① 凡此之類,遼東較之當時朝鮮,蓋亦先進多多矣。

0400-1696
任胤元《丙子聞見事件》(《同文彙考補編》卷三《使臣別單三》　活字本)

　　任胤元(1645—1712),字士長,豐川人。年二十五,中司馬試。肅宗朝,爲司憲府持平、弘文館修撰、司憲府執義、承政院承旨、黃海道觀察使、司諫院大司諫等。事見任希聖《在澗集》卷五《任公墓誌銘》、《肅宗實録》等。
　　案任胤元出使事由,詳參前洪萬朝《燕槎録解題》(0399-1696)。
　　此《聞見事件》一條,記過草河口,清人通稱畓洞爲草河口,謂朝鮮人曰:此乃爾國大君歌曲所登之地,故知"我孝廟一関宸章,播諸夷夏,至今傳誦而然也"。②

0401-1696
金弘楨③《丙子聞見事件》(《同文彙考補編》卷三《使臣別單三》　活字本)

　　出使事由:奏請兼冬至等三節年貢行
　　出使成員:正使議政府右議政徐文重、副使禮曹判書李東郁、書狀官
　　　　　　司僕寺正金弘楨等
　　出使時間:肅宗二十二年(康熙三十五年　1696)十一月二日—翌年
　　　　　　三月十二日?

---
①洪萬朝《燕槎録【原題晚退燕槎録】》,《燕行録續集》,110/188—189。
②任胤元《丙子聞見事件》,《同文彙考補編》卷3《使臣別單三》,002/1613。
③案金弘楨,《同文彙考補編》誤爲"禎",今從《肅宗實録》改。

金弘楨(1649—1715),字汝幹,江陵人。肅宗朝,爲司諫院正言、司憲府掌令、司諫院獻納、承政院承旨、刑曹參議、甯越府使等。事見《肅宗實錄》《承政院日記》等。

據《肅宗實錄》《使行錄》等,徐文重一行入燕,所奏請者,爲奏請册封世子矣。然至北京後,禮部據《會典》,以王與妃五十無嫡子,始立庶長子爲王世子等語而拒之。文重等驚惶錯愕,備將前後受封辭緣,及外國儲貳不得不早定,以繫望一國之意,更構呈文以報。禮部稱本部援例回題,皇帝既以依議旨下,斷無更奏之路。文重等謂,清廷所引明朝祖訓及内藩例勘定,俱是千萬意外。遂以奉使無狀,不能隨事周旋,封典重事,終未完準,伏地惶恐,萬殞難贖請罪。肅宗以爲爲使臣者,所當碎首以死力争,而不此之爲,數次争執,仍爲回程。今若更遣使臣,仍爲不許,則又將如此而歸而已耶? 其辱君父甚矣。正使徐文重、副使李東郁、書狀官金弘楨並削奪官爵,門外黜送。奏請使以大臣,即爲擬入,以爲趁開月拜表之地,再入燕焉。

此《聞見事件》十條,多記奏請封事不順之事。先是,委托序班之首江南人錢姓者,啖以重賂。後禮部以《明會典》諸王土黄之例據奏,皇帝不爲准封。使臣先以二千金,後又以六千金爲報,欲圖於尚書佛倫。又書寫奏咨,先後因呈遞賂百金於提督舒姓者。使臣以爲明代藩王之禮,不能行於外國。當依順治年間,封朝鮮孝宗、顯宗之例,准爲封王,然終未成。金弘楨等歎言"近來通官輩,無如李一善、金巨軍者,故彼中進行機事,漠難探得"。時一行住智化寺,回咨到館之後,糧饌並爲停收,日促回還,而以呈文准請前不敢回還之意懇請遲留,呈文之後,勒令發行,將有殿逐之舉。又稱"是日曉頭,門將四人,甲軍四十名,一時齊到,洞開館門,鞭策從人,立促發行,決無枝梧之勢,顛倒回程,痛惋而已"[①]。

0402-1697
崔錫鼎《蓆回錄》(《全集》第 29 册;《明谷集》 刻本)

出使事由:奏請兼陳奏行

---

①金弘楨《丙子聞見事件》,《同文彙考補編》卷 3《使臣别單三》,002/1616。

出使成員：正使議政府右議政崔錫鼎、副使吏曹判書崔奎瑞、書狀官議政府舍人宋相琦等

出使時間：肅宗二十三年（康熙三十六年　1697）閏三月二十九日—九月六日

案崔錫鼎有《椒餘錄》（0359－1686），已著録。

肅宗二十二年（康熙三十五年　1696）冬，朝鮮冬至使徐文重等至北京進冬至等三節年貢，又請清廷册封世子，即肅宗長子李昀（1688—1724），因昀母張禧嬪非王妃，故禮部依《大清會典》"王與妃年五十無嫡子，始立庶長子爲王世子"爲由而拒之。翌年閏三月二十九日，肅宗復以崔錫鼎爲奏請兼陳奏使，偕副使吏曹判書崔奎瑞、書狀官舍人宋相琦再度前往北京，以外國與内服不同，世子雖爲庶出，但是誕生後即報清朝，且告宗廟，定以爲嫡長子，由王妃撫養，無異嫡出，臣民屬望已久爲由，再次請封。康熙帝乃允其所請，册封李昀爲王世子。是年肅宗患病倦政，李昀以王世子攝政。而錫鼎等以得準封典之功，頒賞加階，給土田藏獲有差焉。

《蔗回録》一卷，輯自崔錫鼎《明谷集》卷五。案崔氏前次出使詩編爲《椒餘錄》，此爲"蔗回"，則既與前次相對取義，又因此次使事順成故焉。蔗回者，蓋謂如老蔗回甘，其味有餘也。是卷八十餘首詩，即作於出使途中者也。時朝鮮北部荒甚，故崔氏詩中有"民憂菜色知"①，"荒年觸諱渾無興，不是明時效楚醒"諸句以紀實②。又有"十年重泛赴燕槎，鴨水狼山客路斜"③，"十年重踏遼陽土，華表依然海鶴還"等句④，則爲其十年後再度出使之故耳。趙泰億序《明谷集》，謂崔氏讀書十行俱下，一寓目便終身不忘，"平和而典麗，弘贍而縝密，取材使事，出入經史，辭理俱以，華實相副，各體咸備，蔚爲大家"⑤。錫鼎此次出使，心態較之十年前，已爲平和，所謂"異域觀游亦聖涯"⑥，故如《松站途中》《兩河水途中》《鳳凰店途

---

① 崔錫鼎《蔗回録·次益損堂板上韻》，《燕行録全集》，029/340。
② 崔錫鼎《蔗回録·肅寧館偶吟》，《燕行録全集》，029/344。
③ 崔錫鼎《蔗回録·次韻演雅》，《燕行録全集》，029/345。
④ 崔錫鼎《蔗回録·九連城途中》，《燕行録全集》，029/348。
⑤ 崔錫鼎《明谷集》趙泰億序，《韓國文集叢刊》，154/570。
⑥ 崔錫鼎《蔗回録·松站途中》，《燕行録全集》，029/352。

中》《永平途中》諸作,亦能青眼入景,怡聲繪歌,而遼土燕風,娓娓叙來,頗有彩筆也。

0403-1697
崔奎瑞《燕行詩》(《叢刊》第 161 册《艮齋集》　鈔本)

崔奎瑞(1650—1735),字文叔,號艮齋,海州人。顯宗十年(1669),中司馬試。肅宗六年(1680),擢文科。官至吏曹正郎、司諫院大司諫、江華留守、禮曹判書、吏曹判書、刑曹判書等。後托省墓還鄉,終肅宗之世不仕。景宗時,起爲議政府右議政、左議政、領議政等。英祖朝,爲奉朝賀休致。有《艮齋集》十五卷行世。事見沈錥《樗村先生遺稿》卷四五《領議政艮齋崔公墓表》、《英祖實録》、《景宗實録》等。

案崔奎瑞出使事由,詳見前崔錫鼎《蔗回録解題》(0402-1697)。

崔氏《艮齋集》十五卷,爲傳寫本。《韓國文集叢刊》據奎章閣藏本影印。首卷爲詩,他卷則諸體文,卷一三至卷一五爲《病後漫録》,乃雜記事迹與讀書札記,全稿前後無序跋。詩次無序,間有校語存焉。

崔氏燕行詩四十餘首,見本集卷一,多與正使崔錫鼎、書狀官宋相琦唱和之作,而尤以和宋氏詩爲多也。然其詩仍不出悲憤幽咽、弔古傷時之格,若"百年文物已無存,舉目傷心聲暗吞"之類是也①。其自謂"疏慵不慣吟哦事,馬首秋光爛漫眠"②。雖自謙語,然亦平實語,其詩才不若錫鼎、相琦,故和詩亦少,詩味亦不及二氏者也。

0404-1697
宋相琦《星槎録》(《續集》第 110 册;《叢刊》第 171 册《玉吾齋集》　活字本)

宋相琦(1657—1723),字玉汝,恩津人。奎濂子。少從宋時烈學。肅宗十年(康熙二十三年　1684),擢文科。歷官弘文館校理、司諫院司

---
①崔奎瑞《艮齋集》卷 1《燕都感懷次書狀韻》,《韓國文集叢刊》,161/024—025。
②崔奎瑞《艮齋集》卷 1《題正使書狀北征聯句百韻後》,《韓國文集叢刊》,161/025。

諫、承政院承旨、吏曹參議等。出爲忠清觀察使,一道肅然。後爲弘文館大提學、司憲府大司憲。端宗復位,追思明神宗再造之恩,欲建壇以祀,相琦建言以"大報"爲號,上嘉納之,遂設大報壇。爲後漢城府判尹、吏曹判書、判敦寧府事、兵曹判書等。因事被誣,竄康津,以疾卒。有《玉吾齋集》十八卷行世。事見《玉吾齋集》卷一八李宜顯《神道碑銘》、朴弼周《謚狀》、《肅宗實錄》、《景宗實錄》等。

案宋相琦出使事由,詳見前崔錫鼎《蔗回録解題》(0402-1697)。

宋相琦《玉吾齋集》十八卷,爲其子必焕編次,經李宜顯等刪定,英祖三十六年(1760)以芸閣活字刊行。《韓國文集叢刊》據奎章閣藏本影印。前四卷爲詩,按年編次,第五至一六卷爲文,卷一七爲《南遷録》,末卷則諸家致祭文與《神道碑銘》等。

此《星槎録》見宋氏《玉吾齋集》卷二,共收詩八十餘首。相琦在當時以能文稱,李宜顯謂其"爲文積厚而用周,尤長於應卒,高文大册,多口占立成,絶無瑕點"①。今觀其詩,雖少波瀾意度,然亦曲幅廣大,揮灑自如,其自稱"奚囊應接皆詩料,活畫妝成盡物華"②。可與崔錫鼎相頡頏。二人所詠《北征聯句》長詩,叙燕行苦樂與夫一路聞見,亦爲此類詩中之奇朵也。

0405-1697
權喜學《燕行日録》(《續集》第 109 册;《感顧堂集》 鈔本)

權喜學(1672—1742),字文仲,號感顧堂,安東人。少孤貧,丐食鄉里。年十八,因隷府貢生。崔錫鼎點補安東,一見奇之,遂携以歸。肅宗朝,爲教練官。因平定叛亂有功,封輸忠竭誠決幾効力奮武三等功臣,花原君。出爲昆陽郡守、雲山郡守、長淵府使。未久,以微文坐罷。有《感顧堂文集》七卷。事見趙顯命《歸鹿集》卷一八《花原君神道碑銘》、《肅宗實錄》等。

---

① 宋相琦《玉吾齋集》卷 18 李宜顯《神道碑銘》,《韓國文集叢刊》,171/575。
② 宋相琦《玉吾齋集》卷 2《薊州途中》,《韓國文集叢刊》,171/269。

案權喜學隨團出使事由,詳見前崔錫鼎《蓆回録解題》(0402－1697)。

權喜學《感顧堂集》七卷,鈔本。前有《凡例》,謂喜學嘗因所居謂花村,晚年構堂扁之曰"感顧堂",蓋取感恩顧分之義。又謂其所著文頗多,而兩胤早殁,二孫尚孩,隻字片語,無有收拾,後其裔永翕等收聚家乘及公私所記,編爲二卷。而喜學所手録者,只有《燕行》《西行》《南征》《時日》諸録,輯佚詩文雜記,總爲七卷焉。

此《燕行日録》上、下兩卷,見權喜學《感顧堂集》卷一、卷二,即權氏此行日記也。權氏以上使軍官,隨使團入燕。其所記與稿本相較,頗爲加詳,間亦有稿本有而鈔本所無者。有圈點勾乙,偶有校語。上使崔錫鼎詩作,鈔隸當日之下,偶有權氏自作詩,亦附於後。一行因非常行出使,準備行李等才四十餘日,於閏三月二十九日拜表,匆匆發行。時西路連歲饑荒,一路供饋,多有缺欠,流丐塞路,所見慘然。三使在義州,修陳民弊救荒,收用人才之啓。四月十九日到義州,二十四日渡江,五月二十九日抵玉河館,喜學以先來軍官七月十八日發北京,八月初八日渡江,十二日返王京。返途自通州至鴨江,簡略無記。

案是書所記,有燕行諸家所未見者數事焉。一行在義州招兵裨,使臣以爲凡人初次,何嘗明達熟諳,參用生熟,則生者可學習而練熟,故驛卒不必取曾行者,擇其年少者,參半而率去可也。① 蓋皆爲老卒熟諳者,則事故奸滑,作奸犯科,難以控禦焉。

又權氏以偏裨隨行,於沿路風景城池,山川人物,尤其廟宇城樓之門牌匾額等,一一詳載。其於店舍主人及其子嗣戚屬,尤爲關注,每記店家兒童之面貌與讀書之情狀。若在鳳凰城主人李震家,見其侄化龍,讀《詩經》楷文字。在通遠堡,主人盧應棋婿李國璧,年時十六,稍解文字,爲人明敏可愛。入連山館,主家兒衡君輔,上使前次使行時馮兆麟之弟兆鳳來見,亦知文字。在小周流河高守祖家,其子士龍,年十二,能通文字。白旗堡,主蘇子由,有學童蘇秉孝,年十三,讀《大學》;蘇運通,讀《論語》;葉登

---

①權喜學《燕行日録》卷上,《燕行録續集》,109/040。

科,讀《中庸》;宋天王,讀《大學》。並未十歲,人皆精妙,能文善寫。在十三山,主趙連城家,其甥侄李文昇,爲人另【另當爲靈】敏;其侄士英、士俊,年今十三,受學於山東高達倫;又有陳璟、徐達基,皆奇妙兒。大陵河,店主劉達爲鄉貢生員,有郭秀才之貴,詞翰暢達,容貌秀雅。在小陵河,主千總吳中興家,其子琚年十二,能知文字。高橋堡,主人洪朝臣,其弟朝彬,稍知文字。永寧寺,與關內人劉君德手談,君德曾隨吳三桂往雲南,三桂叛,爲翰林侍讀,文華燦然,其所論尚華藻,而意致慷慨,評濂洛風雅,曰酸氣撲人,以文字貶其太過,則終不肯服。又問吳三桂事甚詳。到沙河店,榆關店,主人榮琮,業儒。沙河驛安知縣家,屈童子修德、新德兄弟求見,爲人清佳,又知文字。沙流河,主人劉瑞之婿姜毓秀者,頗知文字。在玉田,時王公濯已逝,其子王揖帶戚容出見,其子文熹、其侄文耀等,俱以奇兒稱,而年皆十歲,能通文善寫,爲人英慧,言語起居,小無生澀,蓋豐、玉士夫之鄉,書籍之府,書册及圖畫賣者甚多。在薊州,歸栖學士俞源泗家,其弟名勳,且有奇兒作植、作樞、靜思等,年皆八九,禮揖端整,爲人極妙。在通州,宿廣東太守呂應奎家,其子雲從,年方十三歲,俊秀文筆。上使與權氏等,皆喜愛誇贊,或獎給以紙筆,或題詩以勖勵焉。

　　此行既爲請封世子而來,而初則使事不順。六月二十七日,得見禮部草稿,則以會典甚明,仍勿庸議爲結辭,三使更構呈文。至二十八日,事即未諧,將擇先來軍官,諸裨皆不肯,喜學以爲既從上使而來,則不應當險而避,請自行。上使謂前歲徐文重等坐事未諧,先來軍官被重杖不淑,今又不成,君以弱冠歸國受杖,萬里行餘,死生可慮,頻止挽之,喜學對以死於國事而無恨。至三十日,准封旨下,封事幸成,於是諸裨争請爲先來,上使正色斥之,而以喜學及副幕崔文徵先發焉。七月十八日到通州,乃上馬催進,電馳星驅,一瞬數十里,勢若風雨,無所記録。八月八日到灣,十二日朝抵京中,路人争問册封事之成否,城中喧動,即入承政院,呈進狀啓。蒙招入慶備門外,下問若干事,賜酒肴果物,下拜受賞,榮感無地,加資爲折衝階官。傳書三使家,追到貞洞,則慰賀填門。① 二十六日,復以回迎事,

---

①權喜學《燕行日録》卷下,《燕行録續集》,109/117。

發行至高陽宿。三十日至箕城,見使行獻京中書札與消息,多有慰色,仍陪車回還。使行成員抵王京,而復返義州接三使如權喜學者,此諸家燕行錄所未有,而此稿僅見者也。

0406-1697
權喜學《燕行日記》(《續集》第 108 冊　手稿本)

案權喜學有《燕行日錄》(0405-1697),已著錄。

此《燕行日記》,蓋即上述權喜學《燕行日錄》之手稿本,圈改抹塗,所在皆有,間有殘缺之頁。每頁天頭地脚,有今人以宋體字校其圈塗者。末有光山金玉錚題跋。其五月初六日所記,末有"是夕畢書燕槎續錄上卷"①。然又爲塗去,蓋初以此日分卷,然鈔本則在五月二十三日末分卷焉。兩本相較,鈔本爲加詳;又稿本於無事之日,如六月"二十一日,陰。書狀入謁","二十二日,陰。副使來謁","二十三日,陰。初昏,雷電雨下",而鈔本則刪而無存焉。

是稿繕成鈔本,蓋經權氏後裔改易,故鈔本文字與稿本有大相徑庭者,非筆誤而致,乃有意改爲者也。如五月二十二日在沙河驛,有蔡秀才宏謨者,請得上使詩筆,又求權氏書,皆題詩付之。"自此持色紙請之者甚衆",稿本此下曰"誠可笑"②;而鈔本則改爲"酬應且多,可見風俗之貴德崇儒也"③。又五月十三日,在大凌河店舍,有秀才郭之貴,詞翰暢達,爲人雅秀來見。稿本記曰:"使道以書問答,請得對句。曰:'海亦水哉河亦水哉,海鹹而河淡。'使道答曰:'儒是人耳佛是人耳,儒是而佛非。'"④鈔本改爲:"有郭秀才之貴,詞翰暢達,容貌秀雅,爲來現公,退話於我。以書字相語,請得對句曰:'海亦水哉河亦水哉,海鹹而河淡',蓋有貶小國之意。余應之曰:'儒是人耳佛是人耳,儒是而佛非。'彼笑。"⑤此可知與郭

---

① 權喜學《燕行日記》,《燕行錄續集》,108/505。
② 權喜學《燕行日記》,《燕行錄續集》,108/532。
③ 權喜學《燕行日記》卷上,《燕行錄續集》,109/079。
④ 權喜學《燕行日記》,《燕行錄續集》,108/511。
⑤ 權喜學《燕行日錄》卷上,《燕行錄續集》,109/061。

之貴對句者，原爲上使崔錫鼎，而權氏後人改爲喜學，則篡易原草，虛美其祖，可謂似黠而實愚者矣。

0407-1697

柳重茂《丁丑聞見事件》（《同文彙考補編》卷三《使臣別單三》 活字本）

出使事由：進賀謝恩兼冬至等三節年貢行
出使成員：正使臨陽君李桓、副使禮曹判書柳之發、書狀官兼司憲府掌令柳重茂等
出使時間：肅宗二十三年（康熙三十六年 1697）十一月二日—翌年三月二十四日

柳重茂（1652—？），字美仲，文化人。肅宗朝，爲司憲府持平、司諫院正言、司憲府掌令、承政院承旨等。景宗時，爲禮曹參判、開城留守等。英祖朝，爲承政院都承旨。因事削職放送，再起爲都承旨。事見肅宗、景宗、英祖三朝《實錄》與《承政院日記》等。

康熙三十六年（肅宗二十三年 1697）九月，清廷遣散秩大臣永吉、壽耐賚敕入朝鮮，告討平尼魯特大捷及皇極殿完工。又上年十一月，朝鮮遣徐文重使團入京奏請册封世子，不允。是年閏三月，復遣奏請兼陳奏使崔錫鼎、副使崔奎瑞、書狀官宋相琦一行入京，再次請求册封世子。十月，清廷遣使册封李昀爲世子。十一月初二日，肅宗再遣臨陽君李桓爲進賀謝恩兼冬至等三節年貢行正使，率一行入中國，賀討平尼魯特及營建，謝册封世子等事。一行於是年十一月初二日發王京，翌年三月二十四日返京覆命焉。

柳重茂此《聞見事件》五條，所言皆爲朝鮮發賣米穀以賑災民事。其言朝鮮饑荒，清廷發賣四萬擔米以賑，二萬擔瀋陽所儲，雇車以輸；二萬擔山東所儲，自海上發運。初言因上國船民，不知朝鮮水路，故米將卸於鳳城水邊，由朝鮮預備船隻至鳳城移載。使臣以爲朝鮮薦饑，沿邊尤甚，船人等死亡流離，存者無幾，船隻亦皆朽傷拋棄，斷無輸載之勢，如此則朝鮮饑民失望，已不可言，故迄直泊中江。後清廷同意由朝鮮船隻在車牛島等

近處引接,山東船隻往中江卸米。使臣又稱四萬擔米發賣之後,因開市在於西路境上,不忍舍目前仰哺之民而轉給他道,故兩西之民庶有延活之望,其他六道恐不得遍施。清廷遂建議運米船隻直接輸往朝鮮内地,如清川、大同、臨津等皆連海,可運往諸處,分發諸道饑民。使臣又推諉稱朝鮮人不諳其路,難以指引,且兩國船制不同,猝然深入,若或臭敗,則彼此狼狽,故只願泊到中江而已。

後康熙帝因朝鮮薦饑,又以四萬擔中一萬擔米白給賜下。山東運米領去户部郎中圖爾泰、翰林院編修陳夢球來館言,將於二月初二日往山東領米船運去,且謂朝鮮以如此恩德,天使跋涉千里,駕舟楫至中江,朝鮮國王宜應躬迎於境上,親領欽賜,虔修表謝,方見崇奉天朝、感恩慕義之誠。使臣復以路途遥遠,國王有疾辭焉。

翌年正月,清朝實運米二萬石至朝鮮北道開市,另贈一萬石救災,遣吏部侍郎陶岱押送,康熙帝御製《海運賑濟朝鮮記》。四月,朝鮮右議政崔錫鼎於中江迎接陶氏及運糧船共一百一十艘,並率官民北向叩首,以謝皇恩焉。

0408-1698
李健命《戊寅聞見事件》(《同文彙考補編》卷三《使臣别單三》 活字本)

出使事由:謝恩行
出使成員:正使判敦寧府事徐文重、副使禮曹判書閔鎮周、書狀官掌樂正李健命等
出使時間:肅宗二十四年(康熙三十七年 1698)七月二十七日—?

李健命(1663—1722),字仲剛,號寒甫齋,全州人。肅宗十二年(1686),以謁先聖試丙科及第。爲吏曹佐郎、成均館大司成、吏曹參判、吏曹判書、户曹判書、兵曹判書、議政府右議政等。景宗初,任議政府左議政、王世弟師傅等。時趙泰耇、崔錫恒用事,竄逐老論。壬寅獄起,逮殺老論相臣李頤命、金昌集、李健命、趙泰采等。健命時爲陳奏使,返渡鴨江,即自義州安置興陽羅老島。英宗元年平反,追復官爵,謚曰忠潛。有《寒

圃齋集》十卷、《寒甫齋使行日記》行世。事見俞肅基《兼山集》卷一四《左議政寒圃李公行狀》、閔遇洙《貞菴集》卷一一《墓誌》與肅宗、景宗、英宗《實錄》等。

肅宗二十三年（康熙三十六年　1697），朝鮮大饑。十一月，肅宗疏請於中江貿易米糧，允之。翌年正月，康熙帝遣侍郎陶岱運米三萬石往朝鮮，以一萬石賑濟，二萬石平糶，帝有《御製海運賑濟朝鮮記》。① 右議政崔錫鼎於中江迎接，共計運糧船百一十艘。肅宗遂遣謝恩使判敦寧府事徐文重、副使禮曹判書閔鎮周、書狀官掌樂正李健命等入燕，以謝賑糧救災之恩焉。

李健命此《聞見事件》三條，謂見山海關儒學教授徐望祖，江浙人，將以丁憂去職。談及科舉、喪制及明清學術人才等事。問今歲文章理學，比明朝何如？答文章則明朝隆慶最盛樸茂，今則以才情爲主，而薄弱不逮古；理學則明朝陳白沙二三人爲盛，王文成公功名道學兼備，而良知之説，未免爲誤。問今世學者主朱子耶？主陸氏耶？答學者初當以朱子爲法，而究竟則陸氏爲正，分異同者，後之誤也。問今世理學者誰？答有胡此庵先生，湖廣孝感人，已卒。問文章何人爲最？今張玉書，現任武英殿大學士，爲望祖之師焉。

據李健命所説，則徐望祖爲陸學中人。其所言胡此庵者，即胡統虞（1604-1652），字孝緒，號此庵，湖南常德人。崇禎末進士。入清後，歷官國子監祭酒、秘書院學士等。范文程譽爲當代許衡。潛心理學，通兵法，旁及神仙方技。著有《明善堂集》《此庵語錄》及《兵法三家撮要》等。事見《碑傳集》卷四二宋琬《内翰林秘書院學士降補侍讀學士胡先生統虞墓誌銘》等。子獻徵，官至甘肅巡撫焉。

0409-1698
尹弘离《戊寅聞見事件》（《同文彙考補編》卷三《使臣別單三》　活字本）

出使事由：問安行

---

①《清史稿》卷526《屬國一·朝鮮》，048/14584。

出使成員：正使全城君李混、書狀官兼司憲府掌令尹弘離等

出使時間：肅宗二十四年（康熙三十七年　1698）七月二十八日—十一月十五日

尹弘離，生卒籍貫不詳。肅宗朝，爲司諫院正言、司憲府掌令、司諫院獻納、司諫、承政院承旨、義州府尹等。事見《肅宗實錄》《承政院日記》等。

康熙三十七年（肅宗二十四年　1698）七月二十四日，平安道觀察使馳報，康熙帝即將起居幸瀋陽。肅宗遂遣全城君李混爲問安使、尹弘離爲書狀官入瀋問安焉。

尹弘離此《聞見事件》三條，稱清人謂去歲皇帝特推不世之恩，盡活一國之生靈，宜別樣效誠，今此禮單草草，良可慨歎，若以善步馬二匹及俊鷹三四納獻，則帝必大喜。又通官等來言於譯官曰：北京之厚待大臣，爾等之所明知也。今番謝恩使爲謝皇帝特恩，非但所干甚重，且不無酬對之舉，而以大臣差送。問安則別無難事，而差送宗班，可謂輕重失宜，爾等何不告於朝廷，有此謬舉云云。① 又謂清人屢問上年冬至使乙老爺安否，心頗怪之。問於譯官，則曰兵判李世華爲冬至副使時，驛卒道多凍死，兵判出坐路邊親斂，脫衣斂之，清人莫不嘖嘖稱歎。其後使行往來時，必問其存歿安否云。

0410-1698
李坦《戊寅聞見事件》（《同文彙考補編》卷三《使臣別單三》　活字本）

出使事由：冬至等三節年貢行

出使成員：正使工曹判書李彥綱、副使禮曹參判李德成、書狀官兵曹正郎李坦等。

出使時間：肅宗二十四年（康熙三十七年　1698）十一月四日—翌年三月十八日

---

①尹弘離《戊寅聞見事件》，《同文彙考補編》卷3《使臣別單三》，002/1619。

卷三七　李坦《戊寅聞見事件》

　　李坦(1669—1729?),字君平,德水人。求學於朴世堂。肅宗二十一年(1695),別試殿試中式。爲司憲府持平、司諫院正言、弘文館修撰、校理、司諫院大司諫、慶尚道觀察使、咸鏡道觀察使等。事見《肅宗實録》《承政院日記》等。

　　此《聞見事件》三條,記一行於禮部上表咨文後,過武舉場,並略記其規模。又載序班所謄示之康熙帝南巡告諭文,稱因黄淮爲患,久治無成,在内諸臣,咸請帝親臨指示,以爲一勞永逸之圖,故此南巡,親加勘閲,以勵俗省耕,兼行臨視等。又謂在館時,見館直親屬數三少年人帶家丁一人,乃黑人國人,面色若漆,如自烟窑中來。問其所來,則言親屬在廣東爲官,得流丐黑人,率至北京使役多年,而其色不變云。此蓋爲燕行使記行文字中,首見黑色人種者也。

卷三八　0411—0426

肅宗二十五年（康熙三十八年　1699）—
肅宗三十五年（康熙四十八年　1709）

0411-1-1699；0411-2-1699
姜銑《燕行録》（《全集》第28—29册　殘稿本）
姜銑【原題未詳】《燕行録》（《全集》第99册　殘稿本）

　　出使事由：謝恩兼冬至等三節年貢行
　　出使成員：正使東平君李杭、副使議政府左參贊姜銑、書狀官司憲府
　　　　　　　執義俞命雄等
　　出使時間：肅宗二十五年（康熙三十八年　1699）十一月三日—翌年
　　　　　　　三月二十日

　　姜銑（1645—？），字子和，晉州人。肅宗即位年（1675）及第，爲弘文館副修撰。六年（1680），因庚申大黜陟罷。十五年，經己巳換局，歷任判決事、承政院同副承旨等。二十年，甲戌獄事起，遭罷黜。後復起，爲承政院都承旨、江原道觀察使、刑曹參判、議政府同知事等。有《燕行録》傳世。事見《肅宗實録》等。

　　案此稿蓋爲姜銑稿本，而編纂者分隸屬《燕行録全集》第二八、二九兩册，二九册封面左首題"燕行録"三字，首頁起爲一行人員名單，然爲陪隨及通官輩姓名，則上副使名單當在前，此爲缺失耳，此數頁當排在第二八册本稿最前爲妥耳。又日記、詩文與雜記，前後溷混，書頁錯亂。不知爲編纂者致誤，抑或原稿爲兩册而誤耶？今不可考也。

　　肅宗二十五年，朝鮮因數年饑饉，瘟疫大興，故鮮民多冒死越境，或逃難，或採參，清廷特命逃難至寧古塔等處之鮮民，貸死順回。朝鮮遣正使東平君李杭、副使左參贊姜銑、書狀官執義俞命雄等，於十一月三日起程，

前往北京謝恩，並兼任冬至正旦聖節三使也。此記正文，始自十二月初三日逾王祥嶺，則此前日記，殘缺不完耳。一行於二十六日到北京，因玉河館有他事占用，栖於前行人司辦公之處，湫隘陋甚，艱於起居。至二月十三日，自北京返程，三月二十日返京覆命焉。

姜銑沿途所作之詩，附隸於每日之日記後，不另為編卷。後附狀啓五道，則依次為渡江、入柵、至瀋陽、返途中至山海關、還渡江狀啓等。雖渡江後日記蔑聞，但從狀啓亦可依略推知一行沿途之情狀及後先之時次也。

據姜氏所記，一行中員役等，購得緊要文書如新刻《大清統一地圖》《廣東叛逆剿捕奏本》《通州中南倉失火奏本》《格格公主自縊說話》《差遣耿額審視六鎮說話》《吏部侍郎陶請市米穀奏本》，及《塘報》十二卷、《京報》一百一十卷等①。其收集情報，亦可謂不遺餘力。又初使行人去時，有刷馬驅人，偷竊綿紙，命梟示境上。其在瀋陽時，復發覺有行中員役相互偷竊白綿紙，私自出賣等事。返國引見時，姜氏陳此輩生理所在，實難一切痛禁之意，請自今自義州至柵門，一行員役及義州將校，隨卜駄數，參酌分掌，又別定差員，使之領送，自柵門至瀋陽，直以雇車輸送，而驅人皆自柵門外退送。上令廟堂稟處。然此弊已久，亦莫可如何者也。

又《燕行錄全集》第九九冊，別收未詳《燕行錄》，實即姜銑此稿也，編纂者不考而重收，且彼處亦編輯無次，前後混亂而不可讀，亦如此本也。

0412–1699

俞命雄《己卯聞見事件》（《同文彙考補編》卷三《使臣別單三》 活字本）

案俞命雄出使事由，詳參前姜銑《燕行錄解題》（0411–1699）。

此《聞見事件》三條，一條謂清皇女多為蒙古人之妻，而蒙古本無室廬，設幕而居，食惟駝羊及生肉，故清女不堪其苦，來覲於燕京，則呼泣不肯去。一謂通官白海甫招畫員張佑良，使摸畫朝鮮八道山川及道里遠近，畫員答以山川未曾目見，且不嫻畫法，決難依樣。通官以為此非忌諱之事，而如是畏怵，畫員人事無形云。又謂禮部郎中到館，問今番使臣買何

---

①姜銑《燕行錄》，《燕行錄全集》，029/038。

書册,答以從前生事之後,禁令甚嚴,不敢生事。郎中稱約條内只禁史記,至於《四書》及小説等並無妨,禮部撰出文書,送於鳳凰城將處云。

0413-1700
姜履相《庚辰聞見事件》(《同文彙考補編》卷三《使臣别單三》 活字本)

出使事由:冬至等三節年貢行
出使成員:正使漢城府判尹李光夏、副使禮曹參議李塾、書狀官司憲府持平姜履相等
出使時間:肅宗二十六年(康熙三十九年 1700)十一月四日—翌年三月二十八日

姜履相(1656—?),字禮卿,晉州人。肅宗朝,爲司諫院正言、司憲府持平等。二十七年(1701),因事削職流放。事見《肅宗實録》《承政院日記》等。

此《聞見事件》二條。記康熙四十年(1701)二月初六日,正使李光夏病逝於館中,通訃禮部,馳奏於皇帝。户部以帝命紅緞一匹、布五匹、正銀四兩致賻,乃前例也。鴻臚寺官李雲先讀祭文,"職貢來庭,效輸誠之大義;推恩恤死,示懷遠之深仁。爾李光夏,奉爾國王之命,跋涉遠來,瞻拜彤庭。厥事甫竣,溘焉長逝,朕用憫焉,特頒祭典,以慰幽明。嗚呼修遠,於役馳驅,盡瘁殞身,魂歸故土,爾靈不泯,其欽承之"。正使喪柩先發程,以皇命給祭物所載車一輛,擔持軍二十二名。① 此可知使臣卒逝於使館時,朝廷致祭之例規也。

又據《肅宗實録》,姜氏等返國後,先是正言柳泰明上疏,姜履相"濫調驛馬"。又執義魚史徽等論,冬至正使李光夏身逝旅館,殮殯返櫬之節,一付於裨官、譯輩之手,而譯官吳相良、韓錫祚,裨將白興善、李萬翼,凡於喪事,全不致謹。請並令攸司,囚禁科罪。正使之喪,裨譯輩恣意慢忽,而副使、書狀不能檢飭。請副使李塾、書狀官姜履相,並從重推考。肅宗從之。又時光夏子墽,恨塾等頗甚,舉履相家世而詬之曰"素賤",履相譏言

---

①姜履相《庚辰聞見事件》,《同文彙考補編》卷3《使臣别單三》,002/1621—1622。

"塽不識喪禮"。互相詆訾,聞者笑之。① 蓋因履相等護送李光夏殯棺不謹,故其子有此洩恚恨惋之詞也。

0414-1701
孟萬澤【原題未詳】《閒閒堂燕行錄》(《全集》第 39 冊　稿本)

出使事由:告訃行

出使成員:正使禮曹參判宋廷奎、書狀官兵曹正郎孟萬澤等。

出使時間:肅宗二十七年(康熙四十年　1701)九月二十九日—翌年正月二十六日(返安州)

孟萬澤(1660—1710),初名萬赫,字施仲,號閒閒堂,新昌人。配顯宗明善公主,賜號新安尉。肅宗朝,初官司憲府持平、司諫院正言、承政院承旨、濟州牧使等。三十年(1704),爲江原道賑御史,再爲黃海道觀察使。三十四年,任忠清道觀察使。翌年,轉司諫院大司諫等。有《閒閒堂燕行錄》傳世。事見鄭澔《丈巖先生集》卷一七《大司諫孟公墓碣銘》、李宜顯《陶谷集》一九《墓表》、《肅宗實錄》等。

案《燕行錄全集》編纂者,以是稿作者題曰"未詳",然其書首頁記辛巳九月二十九日,"告訃正使刑曹參議宋寅明……與正使偕進仁政殿,陪表箋出到慕華館"②。考辛巳爲肅宗二十七年(康熙四十年　1701),是年八月十四日,王妃閔氏(仁顯王妃)昇暇,肅宗初從備局之言,當以冬至使兼差以遣,後崔錫鼎以爲冬至使之行尚遠,不可不別遣,遂以禮曹參判宋廷奎爲告訃正使、兵曹正郎孟萬澤爲書狀官,告訃於清廷。此行無副使,故能偕正使進仁政殿辭陛,又陪表箋者,必爲書狀官孟萬澤,此可知是稿即孟氏燕行時之日記耳。

其書封面大字題"閒閒堂燕行錄",別無它字,首頁大題亦如之,鈔錄尚整飭,然墨污處處,字多有不辨者,回還途中有十數日缺漏,蓋亦殘本

---

①《肅宗實錄》卷35,肅宗二十七年(康熙四十年　1701)六月一日丁巳條;又七月十三日戊戌條。
②未詳《閒閒堂燕行錄》,《燕行錄全集》,039/188。

也。其記自九月二十九日差遣出發，十一月十九日到玉河館，十二月二十二日離發北京，翌年正月二十六日行到安州而止。此行爲非常行，故行中員役輩卜馱及刷馬餘馬並二百餘匹，較冬至三節使行爲小團耳。一行十一月十九日抵玉河館，而館中房屋毀壞，不可止宿，故使譯舌言於提督，借得渠輩廚房，則房在中門外，既陋且寒，僅經長夜，其苦可知。其記簡略，又使行平順，故亦無甚特出之事可表也。

0415-1701
姜銧《看羊錄》（《全集》第30册　鈔本）

出使事由：冬至等三節年貢行
出使成員：正使議政府左參贊姜銧、副使吏曹參判李善溥、書狀官兼司憲府持平朴弼明等
出使時間：肅宗二十七年（康熙四十年　1701）十月二十九日—翌年三月十八日

姜銧（1650—1733），字子精，號白閣，晉州人。柏年侄。肅宗元年（1675），魁司馬試。六年，登別科。官至司諫院大司諫、漢城府判尹、刑曹判書、禮曹判書、藝文館大提學、知中樞府事等。景宗與英祖時，任議政府左參贊、判義禁府事、判中樞府事等。有《看羊錄》等行世。事見姜世晃《豹菴稿》卷六《文安公神道碑》與肅宗、顯宗、英祖《實錄》等。

案姜銧此燕行詩，稱其名爲"看羊錄"。考晉州姜氏有姜沆（1567—1618），字太初，號睡隱，有文才，少登第。宣祖二十九年（1596），爲刑曹佐郎。時正倭亂期間，爲宰臣李光庭從事官，督餉海邑，被擄往日本。密以蠟書，陳倭情，不毀形體，不變衣冠，聚倭子弟，教書受米以度日。凡居四年，庚子（1600），倭人始許歸。宣祖召至京師，詢問賊情，仍命饋酒，給馬還鄉。其後回答使呂祐吉等赴日，倭人盛稱其節義，至比之於蘇武、文天祥。然植黨議方盛，竟廢斥而終。所著有《睡隱集》四卷《別集》一卷行於世。事見《睡隱集》卷四尹舜舉《姜公行狀》、《宣祖實錄》、《顯宗實錄》等。

案姜沆《睡隱集》卷四有《看羊錄》，爲其在日本所作，有《賊中封疏》《賊中聞見錄》及檄文、啓辭及事迹等。沆門人尹舜舉《看羊錄跋》謂其書初名《巾車錄》，巾車固罪人之乘，而先生遂取以爲名者，蓋執謙卑罪罪人然也。當其自倭京移海窨也，感慨作一絶曰"平日讀書名義重，後來看史是非長。浮生不是遼東鶴，等死須看海上羊"。既至海窨，有答人詩，末句亦曰"一壺椒醑慰看羊"，此可見其志矣。權石洲詩所謂"節爲看羊落，書纔賴雁傳"者，蓋取諸蘇中郎不死之興誦而匹美之言也。由是乃今得與諸益消詳之，改定名曰《看羊錄》，以標先生操執而已。然則所謂"看羊錄"者，舜舉等所取書名爾。

考姜鋧生時，姜沆卒後幾三十年，本卷共録詩近一百一十首，而其亦用"看羊錄"者，其意則非"等死須看海上羊"之義，蓋既有承繼家風之義，又自比班超，而以返鴨緑江，喻之生入玉關，又以蘇武牧羊喻其出使清朝也。鮮人詩若洪受疇即有"乘鶴暫來周太子，看羊幾老漢中郎"句①，金昌業詩也有"北海看羊地即是，秦關生角耻猶存"之詠②。殆或以入所謂"犬羊"之國，而謂之"看羊"耳。

姜鋧此次使行，爲肅宗二十七年之常貢冬至三節年貢之行，時姜氏以左參贊爲正使、吏曹參判李善溥爲副使、兼持平朴弼明任書狀官。姜詩中有"舍伯銜綸歲在庚"③，"最是餘生增感處，更尋庚子昔年行"諸句④，可知其爲姜柏年之侄。又詩中多敬次伯氏韻者，因其爲姜銑之弟耳。故其詩，多和姜柏年《庚子燕京記行》、姜銑《燕行錄》中之韻，在玉河館時，又多賡和東岳李安訥《朝天錄》中諸韻也。其詩多偶吟感懷之作，悲愁凄苦之詞，不如其伯父之憤慨及其兄之激邁耳。又一行返國引見時，問彼中事情，善溥曰：臣於乙丑年，以書狀官赴燕，十七年後，更往見之，則沿路聞見，別無頓異者，而關外十三站，前甚雕弊，不成貌樣，即今生齒物貨，比前十倍。皇帝雖荒淫無道，姑無侵虐之故，民間晏然，而但紀律則大不如前

---

① 洪受疇《燕行錄·瀋陽》，《燕行錄全集》，028/302。
② 金昌集《燕行塤篪錄·瀋陽感懷次北溪韻》附金昌業次詩，《燕行錄全集》，029/474。
③ 姜鋧《看羊錄·次豐潤谷一枝韻》，《燕行錄全集》，030/039。
④ 姜鋧《看羊錄·長湍途中次韻》，《燕行錄全集》，030/013。

云云。① 時清朝鼎盛之期,望望將至,而朝鮮君臣,堅不認可,仍以荒淫無道喻之,真莫可如何者也。

0416-1701
姜銀、李善溥《辛巳别單》(《同文彙考補編》卷三《使臣别單三》 活字本)

案姜銀有《看羊録》(0415-1701),已著録。

李善溥(1646—1721),字季泉,號六松,德水人。肅宗朝,爲司憲府持平、司諫院正言、承政院承旨、忠清道觀察使、咸鏡道觀察使、京畿道觀察使、刑曹判書等。景宗初,爲知事,卒於官。風儀肅整,治藩有聲績。事見《肅宗實録》《景宗實録》等。

此《聞見事件》兩條,一記探得上年七、八月間内閣密旨兩道,一則諭兵部選御馬五十匹送行,稱"朕往朝鮮一觀,自古帝王,未有往看,今往朝鮮,非圖游覽,遵先王之意也"。一則曰"奉皇太后徽旨:自古帝王,並無幸外國,朝鮮僻處東隅,民風土俗,頗稱淳厚,恐駕臨東國,彼處臣民,驚惶失措。况時近隆冬,離朝日久,速且回鑾"。② 案此所記,乃上年康熙帝出獵古北口外,適有遠巡之意,因太后徽旨,即爲停止,此後更無此議云。

0417-1702
李世奭《壬午聞見事件》(《同文彙考補編》卷三《使臣别單三》 活字本)

出使事由:謝恩行

出使成員:正使臨昌君李焜、副使工曹判書沈枰、書狀官司憲府掌令李世奭等

出使時間:肅宗二十八年(康熙四十一年 1702)八月六日—翌年正月一日

李世奭(1654—1703),字周卿,全州人。肅宗十年(1684),中司馬

---

①《肅宗實録》卷36,肅宗二十八年(康熙四十一年 1702)三月十八日己亥條。
②姜銀、李善溥《辛巳别單》,《同文彙考補編》卷3《使臣别單三》,002/1622。

試。十八年(1692),登春塘台丙科。爲司諫院正言、司憲府持平、掌令、司諫院司諫等。景宗時,任弘文館修撰、司諫院獻納。英祖朝,爲承政院承旨、工曹參判等。事見魚有鳳《杞園集》卷二四《執義李公墓誌銘》與肅宗、景宗、英祖三朝《實錄》。

康熙四十年(肅宗二十七年 1701)八月,肅宗仁顯王妃閔氏薨。四十一年二月,清廷遣滿保賫敕至朝鮮,致祭王妃閔氏。八月初六日,肅宗遂遣臨昌君李焜爲謝恩使,率一行入燕,以謝王妃賜祭,翌年正月初一日返國覆命焉。

李世奭此《聞見事件》七條,詳記到館下程及在途路費,後數條則記所見風習。謂京中達官,多乘屋轎,而清人位高亦不得乘,蓋慮狃於安逸,或忘騎射。自鳳城以後店舍,以索懸一籠於梁間,置小兒其中,推轉搖蕩,有若秋千,小兒啼哭即止。此不但止哭之法,自幼如是,俾習馳馬也。案此即摇籃也。又稱東八站鹿皮甚多,而皆薄劣,問其所由,則答以鳥銃禁令甚嚴,以此大者難捉,蓋彼亦禁邊境用鳥銃也。

0418-1702
黄一夏《壬午聞見事件》(《同文彙考補編》卷三《使臣別單三》 活字本)

出使事由:奏請兼冬至等三節年貢行
出使成員:正使臨陽君李桓、副使禮曹判書李塾、書狀官司憲府掌令黃一夏等
出使時間:肅宗二十八年(康熙四十一年 1702)十一月二日—翌年四月十一日

黄一夏,生卒籍貫不詳。肅宗朝,爲司憲府持平、司諫院正言、司憲府掌令、承政院承旨、東萊府使、京畿道觀察使等。景宗時,任承政院都承旨、漢城府左尹。英祖朝,陞户曹參判、工曹參判、工曹判書、議政府左參贊等。事見肅宗、景宗、英祖三朝《實錄》。

肅宗二十八年(康熙四十一年 1702)十一月二日,朝鮮以臨陽君李桓爲奏請兼冬至等三節年貢行正使,率一行入燕,奏請册封王妃金氏

(1687—1757　慶州金柱臣女），並進冬至等三節年貢。因使事初不諧，在館耽延，故遲至翌年四月十一日方返國覆命焉。

黃一夏此《聞見事件》七條。記瀋陽方物交付之數，凡歲幣木綿二千匹、紅綿紬一百匹、白綿紬二百匹、大好紙二百五十卷、白米一擔。又謂序班金四杰謂首譯，張嬪妃死生，大國不知，只憑爾等所言辛巳之死，有不可信，自禮部詳問云。一行詳爲解釋，四杰索賄，以三千金爲數，後准減二百，以用情於堂郎諸人。雖經周折，然終得准封金氏云。

0419-1703
徐宗泰《燕行詩》（《叢刊》第163册《晚静齋集》　活字本）

出使事由：冬至等三節年貢行
出使成員：正使工曹判書徐宗泰、副使禮曹參議趙泰東、書狀官兼司憲府持平金栻等
出使時間：肅宗二十九年（康熙四十二年　1703）十月二十八日—翌年四月

徐宗泰（1652—1719），字魯望，號晚静，達城人。肅宗元年（1675），魁生員試，並中進士。六年，對策登第。爲藝文館檢閲、司諫院大司諫、司憲府大司憲、吏曹判書、議政府右議政、左議政、領議政、判中樞府事等。爲人謙恭雅飭，以文學致位台司。持論不激，律己清約，門無雜賓，人以此多之。有《晚静齋集》十八卷行世。事見尹淳《白下集》卷八《領議政徐公謚狀》、李德壽《西堂私載》卷九《墓誌銘》與《肅宗實錄》等。

徐宗泰《晚静齋集》十八卷，正祖年間以活字本刊行，《韓國文集叢刊》據奎章閣藏本影印。凡詩四卷，文十四卷，前後無序跋。有異文校字，雙行夾注於詩句下。其燕行詩，見本集卷四。

徐宗泰燕行途中，多和月沙李廷龜、息庵金錫胄詩，尤以和《息庵遺稿》中燕行詩爲多，且多鈔録原詩於己作後，他則多爲與副使趙泰東、書狀官金栻等相唱和之詩，亦附和詩於後，而《晚静堂集》所收，則删去諸家和詩焉。及至北京，時謝恩使一行宿十芳院，故徐氏與謝恩行書狀官李彦經

等亦有往來唱和。燕行使者,多於行李中帶中國唐宋人詩,或朝鮮名臣詩稿,於沿途品閱和作,徐氏之於息庵詩,亦如之耳。末二十餘首詩,則題"詩稿"爲"甲申秋以後"作,多爲輓詞,與燕行無關也。

徐氏詩直抒胸臆,明白曉暢,若《箕城雜詠》十首、《龍灣雜詠》十首,意趣自然,清俊流逸,得風雅之遺。《燕館每夜無寐敬次月沙文忠公燕館書懷上弼雲相公韻》①,乃次月沙紀事之體,叙沿途所見所思。時清廷入主中原,已周甲子,即徐氏詩謂"天回一甲子,歎息乾坤腥"②。宗泰以爲己之不幸,而生也晚,稱"左海鯢生生世遲,朝天不及盛明時"③。故詩中不忘故明,憤慨當朝,故長歌當哭,"昭代千年鳴珮地,緬懷文物淚縱橫"④,"萬年赫赫文明地,腥羯那容久爾曹"⑤,冀望有朝一日,大明復昌,文明復興也。其詩慷慨激越,寄迹遥深,苦吟哀痛,有似明遺民之所爲也。

又宗泰蓋爲好藏書者,其在往北京途中購得《真文忠公文集》及數種金石書,歡喜無似,歌詠"數種法書古意殘,雖非神品稍斑斑。吾兒愛此仍能解,忍想東歸獨未看"⑥。在京復所獲爲多,故其詩有"北物無他混使車,珍籤購得過千書。東歸暴富意堪笑,閑廬期爲老蠹魚"等句⑦。此可知宗泰之喜好書籍,樂此不疲,父子皆有書癖耳。

0420-1703

徐宗泰【原題徐文重】《燕行漫作【原題燕行雜録】》(《全集》第 24 册　稿本)

案徐宗泰有《燕行詩》(0419-1703),已著録。

---

①徐宗泰《晚静齋集》卷4《燕館每夜無寐敬次月沙文忠公燕館書懷上弼雲相公韻》,《韓國文集叢刊》,163/073。
②徐宗泰《晚静齋集》卷4《次鮑明遠昇天行韻》,《韓國文集叢刊》,163/073。
③徐宗泰《晚静齋集》卷4《通州途中望北京城》,《韓國文集叢刊》,163/072。
④徐宗泰《晚静齋集》卷4《元日朝參》,《韓國文集叢刊》,163/072。
⑤徐宗泰《晚静齋集》卷4《歎息》,《韓國文集叢刊》,163/074。
⑥徐宗泰【原題徐文重】《燕行漫作【原題燕行雜録】·購得數種金石書》,《燕行録全集》,024/323—324。
⑦徐宗泰【原題徐文重】《燕行漫作【原題燕行雜録】·即事漫書》其一,《燕行録全集》,024/337。

《燕行録全集》第二四册，收有《燕行雜録》，編纂者隸之徐文重名下。考徐文重出使清朝，今可知者有三度，其有《燕行日録》(0378-1690)，已著録。其出使分別爲肅宗十七年(康熙三十年　1691)，徐氏隨冬至等三節年貢使瀛昌君李沉、書狀官權儹入燕；二十二年(1696)，以奏請兼冬至等三節年貢行正使，偕副使禮曹判書李東郁、書狀官司僕寺正金弘楨往北京，奏請册封世子；肅宗二十三年(1697)，以謝恩使率副使禮曹判書閔鎮周、書狀官掌樂正李健命等入燕，以謝賑糧救災之恩焉。

　　然讀此稿中所收詩，有《謝恩使書狀李士常同在北京》，考李彦經(1653—1710)，字士常，號天游，全州人。官至大司諫等職。肅宗二十九年(1703)九月，以書狀官身份隨謝恩使礪山君李枋、副使徐文裕入北京，三十年歲末年初，正在燕館。① 又詩中有"別是客中多少恨，又逢今日甲申年"句②，查甲申爲肅宗三十年，而徐文重此年並無出使，則此稿絶非文重燕行詩也。

　　又考此稿首頁首行題"十月二十八日辭陛"③，又《松都敬次月沙文忠公松都有感韻》末注字雙行注"副丈聖登、書狀仲(沖)固皆有次韻"④。案肅宗二十九年(康熙四十二年　1703)，冬至等三節年貢使工曹判書徐宗泰、副使禮曹參議趙泰東、書狀官兼持平金栽等入燕，其拜表辭陛恰爲十月二十八日⑤。而副使趙泰東(1649—?)，字聖登，楊州人。書狀官金栽(1650—?)，字仲固，清風人。二人字號恰與詩注相合。又此稿卷首詩《高陽途中》，徐宗泰《晚静堂集》卷四同名詩《高陽途中》題注"示副使趙公泰東、書狀金公栽求和，癸未十月燕行時"⑥。癸未即肅宗三十年耳，然則此所謂《燕行雜録》者，非徐文重詩，乃徐宗泰燕行詩，鑿鑿然明矣。

────────

①《肅宗實録》卷38，肅宗二十九年(康熙四十二年　1703)九月二十一日甲子條，三十年三月二十七日丙寅條。
②徐宗泰【原題徐文重】《燕行雜録・謝恩使行方留北京十芳院因來口有下示一律一絶敬次》附原韻，《燕行録全集》，024/335。
③徐宗泰【原題徐文重】《燕行雜録》，《燕行録全集》，024/250。
④徐宗泰【原題徐文重】《燕行雜録・松都敬次月沙文忠公松都有感韻》末注，《燕行録全集》，024/251。
⑤《肅宗實録》卷38，肅宗二十九年(康熙四十二年　1703)十月二十八日庚子條。
⑥徐宗泰《晚静堂集》卷4《高陽途中》詩題注，《韓國文集叢刊》，163/068。

《燕行録全集》編纂者隸其爲徐文重詩,不知何所據也。

　　今比勘此稿與《晚靜堂集》卷四所收詩,自《高陽途中》以下,至《洞仙嶺》凡若干首,《晚靜堂集》所有者,皆見於此稿中;而此稿所收如《松都敬次月沙文忠公松都有感韻》《平山途中》《玉溜泉次副使韻》《葱秀山次金息庵集中葱秀山韻》《金川映水屏次副使韻》等百餘首,則爲《晚靜堂集》所未收;此稿收詩多達二百三十餘首,而《晚靜齋集》卷四所收僅七十餘首;而此稿所删改之字,則皆與《晚靜堂集》所收相合。然則此稿當爲徐宗泰稿本,而收入別集者當爲定稿。此可知收入《晚靜堂集》時,曾經別擇删汰,並未全收也。

　　又《燕行雜録》之名,乃《燕行録全集》編纂者所擬。然其封面頁左上題"漫成作"三字,而"成"字又爲畫圈删去,則當題爲"漫作"或"燕行漫作",方符作者原意,今改題爲《燕行漫作》而著録焉。詩稿多有增減删改處,甚有塗抹殆盡,幾於重寫者。頁眉偶有評論語,論其詩失韻,四聲有誤等,則爲後人評騭而校改也。

0421-1704

李頤命《燕行録》(《全集》第 34 册;《叢刊》第 172 册《疏齋集》　活字本)

　　出使事由:冬至等三節年貢行
　　出使成員:正使吏曹判書李頤命、副使禮曹參判李喜茂、書狀官司憲府持平李明浚等
　　出使時間:肅宗三十年(康熙四十三年　1704)十月二十七日—翌年四月六日

　　李頤命(1658—1722),字智仁,一字養叔,號疏齋,全州人。敬輿孫。肅宗六年(康熙十九年　1680),擢文科,拜弘文館正字。曾上札請敦禮召宋時烈,時烈賜死,頤命安置寧海府,移南海。二十年,釋還。三十一年,拜右議政,遷左議政。景宗即位,策英宗爲王世弟,頤命乃與金昌集、趙泰采、李健命上劄,請令王世弟代理國政。十二月,宦官尚儉用事,安置頤命於南海縣。明年三月,獄事起,被逮賜死。英宗即位,追復官爵。謚

忠文。著有《疏齋集》二十卷,《良役變通私議》《疆域關係圖說》《江都三忠傳》等。事見李觀命《屏山集》卷一四《從兄忠文公墓表》與肅宗、景宗、英祖《實錄》等。

李頤命《疏齋集》二十卷,爲其孫鳳祥據家藏稿編次,洪鳳漢於英祖三十五年(1759)以活字刊行。《韓國文集叢刊》據奎章閣藏本影印,《燕行錄全集》爲同一版本。凡詩二卷,文十八卷。末有鳳祥跋文稱"惟其軼漏未備之中,書牘尤甚,存者不能什三。其他編選較勘,俱未精善,訛謬弘多,是爲兢惕之深"①。蓋頤命罹禍之後,未能收拾其稿,故散佚尚多耳。

《燕行錄》出自李頤命《疏齋集》卷一。肅宗三十年(康熙四十三年1704)十月二十七日,遣冬至等三節年貢行正使吏曹判書李頤命、副使禮曹參判李喜茂、書狀官持平李明浚等入燕,此爲李氏其沿途所作詩,計六十餘首。李氏一行此次出使,未寓玉河館,而在隆福寺,時值康熙帝出游,且以文書翻譯之誤,方物久滯未納,故耽延回程,遲至翌年四月初六日,方返京覆命焉。

李頤命"詩詞尺牘,發於矢口信筆之餘者,悉出乎憂時戀君纏綿惻怛之意"②。若"此路尚前路,今燕非古燕。魂消金粟下,淚盡玉河邊"③,"崇禎嗟如晉義熙,剝陽猶待復生期。人間歲月初周甲,天下衣冠久化夷。大統今成西國曆,明堂誰見漢時儀。年年頒朔三韓恥,燕土逢春泪更垂"等皆是焉④。又《燕京次杜工部秦州雜詩》二十首,詠燕京八景、燕都、憶萬曆、傷崇禎、弔柴市、入燕京、隆福寺、東岳廟、淹留、再赴朝參、燕俗、思歸、觀碁等,雖模仿杜詩,取徑簡易,然其口氣格調,仍不出遺民憤懣之語耳。

又李頤命此行,購得明末仙克謹所纂《籌勝必覽》四册,備記遼薊關防。又得山東海防地圖,係是禁物,不敢買取,令行中畫師,移寫於紙,返國後整理進呈。其謂朝鮮與中國密邇,凡天下有變,未嘗不與其禍,況青

---

①李頤命《疏齋集》卷末李鳳祥《疏齋集後序》,《韓國文集叢刊》,172/550。
②李頤命《疏齋集》李鳳祥《疏齋集後序》,《韓國文集叢刊》,172/500。
③李頤命《燕行錄·寓隆福寺次副使韻》,《燕行錄全集》,034/089。
④李頤命《燕行錄·次副使見新曆有感》,《燕行錄全集》,034/091。

齊,海濤相接。自"丙丁以來,海路雖不通。戊寅運舡,近年漁船,俱是山東之人。臣之在燕也,清人或言東國何不請與山東泛海交易,其舟楫之易通,亦可知也。山東自古素多盜,近者海寇之警,雖虛實不一,我國亦當與共其憂矣。陰雨之備,在所不忘。然而謹按此圖,環海數千里,十里設一墩,營鎮相望,皇朝之制置關防,可謂壯矣,及夫閹竪執國命,奸臣結私黨,腹心內潰而赤子化爲龍蛇,邊圍失守而圻輔陷於犬羊,神器傾覆,海內左袵。由是觀之,國家之存亡,不專在於制置關防之得失也。嗚呼!以聖明寤歎念周之心,亦尚鑑兹"①。頤命又取清人所編《盛京志》所載烏喇地方圖及朝鮮昔日航海貢路與西北江海邊界,合成一圖。稱"蓋我國西北通遼薊,北隣野人,西連渤海。所可審者,不但在於遼薊關防,且其地勢相聯屬,可合爲一,不如是無以辨疆場之大勢,知風寒之所在也"。又謂"今臣之進此圖者,非敢曰知天下陀塞,將以有爲也,亦非欲竭國力而專意邊方也。惟願聖明深察乎邊界之難可守,關防之不可恃,而慮患憂難,常若强寇之壓境,恭儉節約,以裕民生,使國人知有手足頭目之義,追先王未究之志事,戒皇朝末年之覆轍,國家幸甚"。② 是頤命之鑑古知今,憂國慮遠,忠悃之情,溢於言表,然終罹黨禍而殞命,令後世讀其文者,益扼腕頓足而歎矣!

0422-1704

李夏源《甲申聞見事件》(《同文彙考補編》卷三《使臣別單三》 活字本)

出使事由:謝恩兼陳奏行

出使成員:正使臨昌君李焜、副使禮曹判書李世載、書狀官兼司憲府持平李夏源等

出使時間:肅宗三十年(康熙四十三年 1704)八月二十七日—翌年正月二十六日

李夏源(1664—1747),字元禮,號欓南,廣州人。肅宗十七年

---

①李頤命《疏齋集》卷10《山東海防圖序》,《韓國文集叢刊》,172/245—246。
②李頤命《疏齋集》卷10《遼薊關防圖序》,《韓國文集叢刊》,172/246—247。

(1691),中生員試。越六年,擢庭試丙科。爲司憲府持平、司諫院司諫、弘文館修撰等。景宗時,任義州府尹、慶尚道觀察使等。英祖朝,爲刑曹參判、司諫院大司諫、司憲府大司憲、工曹判書等。事見任希聖《在澗集》卷四《李公墓誌銘》與肅宗、景宗、英祖三朝《實錄》。

　　肅宗三十年(康熙四十三年　1704)二月,朝鮮慶源府人金有一等越境偸盜並殺清人三人;二十七日,朝鮮遣賷咨官司勇李後勉如清,報犯越殺人事。八月二十七日,肅宗遣謝恩兼陳奏行正使臨昌君李焜、副使禮曹判書李世載、書狀官兼持平李夏源等入燕,謝停查犯並奏疑犯等事,一行於翌年正月二十六日返國覆命焉。

　　李夏源此《聞見事件》四條。記在西門曲城內,見十餘人,或枷或鎖,列坐城底,問則謂死罪者囚之獄,其餘皆置曲城內,而從輕重定其日數,或三十日,或二十日,或十日准限後,始決笞放送云。又謂皇帝至冬至日覆死囚,今合三年當斷死刑者四十人,可謂幾致刑措,而亦何可准信也。又記禮部奏朝鮮人犯禁越江殺命取材案,事同強盜,論律應立斬。後得旨,金禮進、朴七連、朴仁旭、金有一、金巨勒,俱著即處斬;李友、白小成、金禮㺚、金起弘,俱從寬免非;朴錫昌、柳必興、鄭世冑,俱革職,從寬免發遣焉。

0423-1705

南迪明《乙酉聞見事件》(《同文彙考補編》卷三《使臣別單三》　活字本)

　　出使事由:謝恩兼冬至等三節年貢行

　　出使成員:正使東平尉鄭載崙、副使禮曹判書黃欽、書狀官司憲府掌令南迪明等

　　出使時間:肅宗三十一年(康熙四十四年　1705)十月三十日—翌年三月二十六日

　　南迪明,生卒籍貫不詳。肅宗朝,爲兵曹正郎、司憲府持平、安州牧使、鍾城府使、寧越府使等。事見《肅宗實錄》《承政院日記》等。

　　案肅宗三十年(康熙四十三年　1704),朝鮮慶源、慶典、鍾城人等,潛越上國地界,殺人四名,劫取人蔘、緞布、衣服等,事發後,朝鮮遣行司勇

李後勉咨報禮部。翌年,將犯人金禮進等六人俱斬,他犯及相關官吏或從寬免死或革職。十月三十日,肅宗遂遣東平尉鄭載崙一行入燕,謝免議並兼進冬至等三節年貢,一行於翌年三月二十六日返國覆命。

南迪明此《聞見事件》四條,記康熙帝宣旨令朝鮮使臣指認魚種、皇子諸王欲見使臣所著紗帽團領及查覈時憲曆等事。

其末一條記員役等以攔頭事,呈文禮部。攔頭者,商賈稱號,爲朝鮮使行雇傭之車也。其稱"伏以進貢使臣之歸,員役貿取中朝物種,以供公私吉凶之需,匪今斯今,而雇車運載,其來亦久。在前必觀其人秉心之誠否,行事之曲直,或拒或許,去就隨意,與奪在我,故將車者恐其爽信,仍失後利,趁期踐約,無一落後者。自設攔頭以來,雇運之事,專歸一路,故攔頭等肆然自大,以謂我雖不是,無奈我何。其講價操切既甚,及夫歸貨,費了多日,以至使臣渡江,而員譯尚在栅外,露宿遲待於豺狼豹虎交迹之地者,殆至十數日,疾病死亡之慮,馬畜見失之患,已難盡陳,而若其所載,雖有耗縮,歸期迫促,未暇致詰,囁嚅徑歸,而失利者比比有之。事雖微細,冤則深矣。伏惟大老爺合下,於接待外國之事,無微不察,而獨因十餘雇車之徒,致令小邦多人有此切身之憂,而不一暴告,則是乃自外於大老爺仁明之政。兹敢冒昧混陳,伏乞老爺拿致攔頭等,諭以必與物主一時到栅,俾不令人狼狽,而如其不悔不悛,則又責以革去新規,一遵舊例,使小邦之人,不至於忍死露處,失利茹痛,千萬幸甚"。案攔頭爲朝鮮使臣一路輸運之大痼弊,故員役等先白使行,後呈禮部,許以移文鳳城云。①

0424-1706

俞得一、朴泰恒《丙戌別單》(《同文彙考補編》卷三《使臣別單三》　活字本)

　　出使事由:冬至等三節年貢行
　　出使成員:正使議政府左參贊俞得一、副使禮曹參議朴泰恒、書狀官
　　　　　　兼司憲府持平李廷濟等

---

①南迪明《乙酉聞見事件》,《同文彙考補編》卷3《使臣別單三》,002/1625。

出使時間：肅宗三十二年（康熙四十五年　1706）十月三十日—翌年三月二十五日

案俞得一有《燕行日記艸》（0392-1694），已著錄。

朴泰恒（1647—1737），字士心，潘南人。肅宗朝，爲世子侍講院司書、弼善、司諫院獻納、承政院承旨、忠清道觀察使、江原道觀察使等。景宗時，官至刑曹判書、司憲府大司憲等。英祖朝，爲議政府左參贊、刑曹判書等。事見肅宗、景宗、英祖三朝《實錄》。

此《別單》一條，謂軍官李千齡得山東巡撫趙世變題報內閣議奏，稱東省歲連饑饉，百姓死亡，十居三四，海賊張萬春，妄自稱號，突寇青萊，百姓逃竄，青萊二府，危在呼吸。兩地爲沿海汛地，難於防守，兼又朝鮮貢道，相去不遠，不速剪除，貽禍不小。故請建戰艦八十隻，調山西提督總兵標下馬步精兵二萬爲水師，直擣海島，又出八旗馬步精兵二萬，爲海邊救援。又令東省各總兵、副將、守禦等官，率兵不時巡邏沿海，以防海賊有內應等。海賊退無可守，數月內必成擒云。

0425-1708

金始煥【原題未詳】《燕行日錄》（《全集》第39册　殘鈔本）

出使事由：冬至等三節年貢行
出使成員：正使判敦寧府事閔鎮厚、副使禮曹參判金致龍、書狀官司憲府掌令金始煥等
出使時間：肅宗三十四年（康熙四十七年　1708）十一月一日—翌年三月二十三日

金始煥（1661—？），字晦叔，號駱坡，江陵人。肅宗朝，爲司諫院正言、司憲府司憲、東萊府使等。景宗時，任承政院承旨、漢城府左尹、工曹判書等。英祖朝，陞黃海道觀察使、禮曹判書、刑曹判書、知中樞府事等。有《燕行日錄》傳世。事見肅宗、景宗、英祖《實錄》等。

案此《燕行日錄》爲日記，殘鈔本，書名爲《燕行錄全集》編纂者所加，所鈔文字前後不一，或工整清晰，或潦草難辨，非同一人所鈔故耳。日記

載戊子十一月初一日辭朝,略記所到之地及相接之人,十九日至義州後至二十五日,所記極簡,或無事可隸,然其時尚在龍灣,未渡江也。此後之日記,則付諸闕如。此下爲一行名單,然亦僅有帶率軍官與奴子、馬頭、籠馬等,僅有一頁,蓋三使名單等頁佚失耳。

其後又錄沿途所作詩近百首,多與上、副使相酬唱之作,亦低兩格附於原詩之後。《燕行錄全集》編纂者題是稿作者爲"未詳",考"戊子"當爲英祖三十四年(康熙四十七年 1708),是年十一月朔日,英祖以判敦寧府事閔鎮厚爲冬至等三節年貢行正使、禮曹參判金致龍爲副使、掌令金始煥爲書狀官赴燕,然則此記爲金始煥所作,殆無可疑焉。然其詩亦不出前人所詠,無甚可表述者也。

金氏一行回國,引見時言及所聞清朝事,如朱三太子,兵勢稍盛。又聞海賊猖獗,將調發江南兵四十萬、浙江兵三十萬赴戰。若然則七十萬兵赴戰之際,沿海必騷擾,而居民晏然無憂懼之狀,此可疑也。又聞譯官之言,皆以爲虜中形止,漸不如前,胡人持皇帝陰事,告外人無所隱。如乍廢太子,旋復其位,驅曳馬齊,仍官其子,處事已極顛倒,而又貪愛財寶,國人皆稱曰愛銀皇帝。且太子性本殘酷,百姓公傳道之曰"不忠不孝,陰烝諸妹。若其諸子之暴虐,乃甚於太子"。胡命之不久,此可知矣云云。凡此之類,皆訛言怪語,荒唐不經,無怪肅宗聞罷,亦喟歎曰"虛誕矣"。①

0426—1709

李翊漢《己丑聞見事件》(《同文彙考補編》卷三《使臣別單三》 活字本)

  出使事由:謝恩兼進賀行
  出使成員:正使臨陽君李桓、副使議政府右參贊俞集一、書狀官兼司憲府掌令李翊漢等
  出使時間:肅宗三十五年(康熙四十八年 1709)七月二十八日—翌年正月二十五日

  李翊漢(1659—1735),字汝翼,全州人。肅宗二十三年(1700),文

---

①《肅宗實錄》卷47,肅宗三十五年(康熙四十八年 1709)三月二十三日甲午條。

武試中式。爲司諫院正言、司憲府掌令、濟州牧使等。景宗時,任江原道觀察使、咸鏡道觀察使、京畿水使等。英祖朝,爲兵曹參判、漢城府右尹、同義禁府事等。事見肅宗、景宗、英祖《實錄》等。

　　康熙四十八年(肅宗三十五年　1709)五月,康熙帝復立胤礽爲皇太子,遣儀真額真、頭等侍衛敖岱、內閣學士年羹堯賫敕至朝鮮宣詔。七月二十八日,肅宗遣謝恩兼進賀行正使臨陽君李桓、副使右參贊俞集一、書狀官兼掌令李翊漢等入燕,賀皇太子復位,謝頒詔等事,一行於翌年正月二十五日返國覆命焉。

　　此《聞見事件》一條,記與琉球國使臣接觸事。琉球國王差官耳目官向英、正議大夫毛文哲、都總使陳其湘等來朝。李翊漢等與陳氏共坐設酌,問其國王姓氏及開國年月,答國王姓王,宣自唐堯時,一姓相傳至今,而洪武七年始聘於中國。知其國地方千餘里,亦守三年喪,用朱文公《家禮》,有聖廟,亦開科取士,所產有金、銀、銅、鐵、五穀等。問其與倭國交通否,答以無之云。

　　又據《肅宗實錄》李翊漢等返國時,刷馬驅人,有落留未返者,而初不檢敕,渡江之後,亦不覺察,終無馳啓之擧。今雖艱辛捕捉,事之驚駭,莫此爲甚。請正使李桓、副使俞集一、書狀官李翊漢,並命罷職不叙。又以使行往返之際,不能點檢糾察,而及其自鳳城,押送中道,逃躱之後,始乃馳啓,請義州府尹權愭罷職。上命使臣及灣尹,並從重推考。然上使李桓爲宗室,法所不逮;副使俞集一復爲承旨,書狀官李翊漢爲弼善,所謂推考者,亦不過虛文而已矣。

卷三九　0427—0439

肅宗三十八年(康熙五十一年　1712)—
肅宗三十九年(康熙五十二年　1713)

0427-1712
金昌集《燕行塤篪錄》(《全集》第29册;《叢刊》第158册《夢窩集》　刻本)

出使事由:謝恩兼冬至等三節年貢行
出使成員:正使議政府右議政金昌集、副使吏曹判書尹趾仁、書狀官司僕寺正盧世夏等
出使時間:肅宗三十八年(康熙五十一年　1712)十一月三日—翌年三月三十日

金昌集(1648—1722),字汝成,號夢窩,安東人。尚憲曾孫,壽恒子。壽恒六子,爲昌集、昌協、昌翕、昌業、昌緝、昌立,俱以能文名,時稱"六昌"①。昌集沈毅有大節,少爲宋浚吉所賞。肅宗十年(1684),擢庭試文科。官至江華留守、開城留守、户曹判書、吏曹判書、刑曹判書、議政府右議政、左議政、領議政等。景宗即位,昌集與李頤命、趙泰采、李健命等上札,請命王世弟代理國政。趙泰耇陰結宦官朴尚儉,力沮代理。十二月,尚儉用事,安置昌集於巨濟府。明年三月,誣獄起,昌集被逮,至星州賜死。英祖元年(1725),復官爵,賜謚忠獻。有《夢窩集》十卷行世。事見閔遇洙《貞菴集》卷一一《領議政忠獻金公墓誌》、金信謙《橧巢集》卷一〇《夢窩府君遺事》與肅宗、景宗、英祖《實録》等,金邁淳《臺山集》卷一四《家史》有傳。

---

① 案昌協(1651—1708),字仲和,號農巖;昌翕(1653—1722),字子益,號三淵;昌緝(1662—1713),字敬明,號圃陰。

康熙四十九年(1710)十一月,朝鮮渭原人李萬健等九人越境采蔘,並夜殺清人五人,皆被拿獲。翌年三月,禮部移咨朝鮮共同查察犯越者,四月雙方至鳳凰城查覈犯越事件。六月,清廷命罪犯親兄弟中,留一人奉養父母。是年十一月,禮部永減朝鮮進貢紅豹皮一百四十二張、白銀一千兩。五十一年五月,穆克登至長白山頂,奉旨與朝鮮漢城府尹朴權、咸鏡道觀察使李善溥同於兩國國界處立碑。十一月初三日,朝鮮遣金昌集一行入燕,謝方物移准、謝犯越免議、謝發回豹皮、謝定界等。一行賫銀數萬兩,以備不虞,於翌年三月三十上日返國覆命焉。

　　金昌集《夢窩集》十卷,爲其從孫元行據家藏稿編次,洪鳳漢於英祖三十四年(1758)刊行。共詩四卷,文六卷。《韓國文集叢刊》據奎章閣藏本影印,《燕行錄全集》爲同一版本。

　　案是卷輯自金昌集《夢窩集》卷三,又見金昌業《老稼齋集》卷五,可並參互覽。《詩·小雅》:"伯氏吹壎,仲氏吹篪。"壎篪相應,以喻兄弟協恰耳。昌集此次出使,已近七旬,衰疾之身,冒寒而往,有莫達之憂,故其四弟昌業,奮身從之,而實則昌業亦五十有六矣。兄弟相扶,與共險夷,而一路之上,吟詠不絕,即昌業詩所謂"獨有壎篪詠,相將和舊篇"者①,故昌集以"壎篪"名其錄耳。

　　案金壽恒曾於顯宗十四年(康熙十二年　1673)以謝恩使出使清朝,而尚憲曾出使明朝,又數度入瀋陽,拘縶瀋館。故昌集詩有"三世使星前後繼,百年文物古今殊"之句②,以寄興亡感慨焉。

　　金昌集性坦夷簡直,詩一於平和真澹而已。是卷前有其弟昌翕序與李頤命跋,稱昌集燕行時,肅宗有賜草兩首,而當時昌集等皆不知,其後九年庚子(1720),肅宗上賓,內下《紫宸漫稿》六卷,中有此二詩,故昌集以聖詩置諸卷首,而又於卷末感泣和韻,庸伸追賚之忱。肅宗之詩其二曰:"此行上价弟兄偕,其所相須豈有涯。今歲壬辰周甲再,山河觸目定傷懷。"③李頤命釋之:"其曰'相須豈有涯',臣所謂其行不踽踽也;其曰'壬

---

① 金昌集《燕行壎篪錄》金昌業《次元朝志感(癸巳)》,《燕行錄全集》,029/484。
② 金昌集《燕行壎篪錄·玉河館感懷》,《燕行錄全集》,029/486。
③ 金昌集《燕行壎篪錄》,《燕行錄全集》,029/434。

辰再周',臣所謂神皇再造之恩,實始於壬辰,甲子再周,而天下國家固多變者也;其曰'山河觸目定傷懷',臣所謂感時觸境,增惋傷而不能已者也。噫!凡臣之所以爲昌集弟兄言者,聖考盡得之矣。"①

頤命又於卷末跋稱,昌集兄弟相唱和,各數百篇,録爲二卷。今則僅存一卷,録昌集詩百二十餘首,昌業詩七十餘首,殆整理時有所刪汰耶? 又跋曰:"蓋昔神皇再造之恩,實始於壬辰,公之先相公文谷公之使北,初在於癸巳,公之去來,適當此二歲,甲子一再周,而天下國家固多變矣。"② 金信謙亦謂昌集兄弟"記詠名山川古蹟,以寫幽欝感慨"③。此亦即昌業詩所詠"豈意燕山館,重逢癸巳年"者④。以此之故,二金詩中,少兄弟之樂,無道路之疲。然時而悲吟激烈,若漸離、慶卿倚筑而和者;時而感時觸境,傷惋垂泪如吟《麥秀》《黍離》之歌耳。

0428—1712

金昌集、尹趾仁《壬辰别單》(《同文彙考補編》卷三《使臣别單三》 活字本)

案金昌集有《燕行塤箎録》(0427—1712),已著録。

尹趾仁(1656—1718),字幼麟,號楊江,坡平人。趾完弟。肅宗二十年(1694)及第。歷官司憲府持平、弘文館修撰、承政院承旨、成均館大司成、平安道觀察使、漢城府判尹、兵曹判書、知義禁府事等。居官以廉簡稱。事見李德壽《西堂私載》卷六《尹公墓誌銘》、李宗誠《梧川集》卷一〇《神道碑》、《肅宗實録》等。

此《别單》一條,記在三河縣,見路傍揭榜,乃太子廢黜之事。言太子自毓清宮移置闕内閒【咸】安宮,只留其妃及宮女數十人,其兩子在外,不許往來。皇長子亦尚廢置於都城内閭家,與其妻及婢僕同居云。

---

① 金昌集《燕行塤箎録》,《燕行録全集》,029/436—437。
② 金昌集《燕行塤箎録》,《燕行録全集》,029/520。
③ 金昌業《老稼齋集》附録金信謙《墓表》,《韓國文集叢刊》,175/115。
④ 金昌集《燕行塤箎録·次元朝志感(癸巳)》,《燕行録全集》,029/484。

0429-1712
金昌業《老稼齋燕行日記》(《全集》第 32—33 册　寫刻本)

　　金昌業(1658—1721),字大有,號稼齋,一曰老稼齋。昌集弟。少即能詩,爲金萬中所稱許。肅宗七年(1681)中進士。與其兄昌翕、弟昌緝等,素不樂科舉仕宦,隱成松溪(今首爾城北區長位洞),以詩琴爲樂。經己巳換局,以韋布終其身。甲戌更化,授内侍教官,不就,力農圃自晦。家素富饒,别墅豪侈,田連阡陌。及昌集敗,皆爲藉没。有《老稼齋集》五卷、《老稼齋燕行日記》六卷傳世。事見金元行《渼湖集》卷一九《從祖老稼齋公行狀》、金信謙《檜巢集》卷一〇《墓表》與《景宗實録》等,金邁淳《臺山集》卷一四《家史》有傳。

　　案金昌業出使事由,詳參前金昌集《燕行塤篪録解題》(0427-1712)。

　　此《老稼齋燕行日記》,不見於金昌業《老稼齋集》中,蓋爲單行之本。封面左上楷字籤題"稼齋燕行録一",目録及正文大題皆作"老稼齋燕行日記",有"内閣"朱大方印,知爲宫内所藏。前後字體不一,非一人所鈔,然較别鈔本,編卷工飭,訛誤亦少,蓋爲校勘之本耳。書前有《目録》,爲另一鈔本所無,分别爲《一行人馬渡江數》《方物歲幣式》《鳳城瀋陽北京山海關所用禮單人情數》《入京下程》《表咨文呈納》《鴻臚寺演儀》《朝參儀》《賚回物目》《上馬宴》《山川風俗總録》《往來總録》等,其後方爲日記耳。

　　據金昌業自述,謂是年六月二十三日,以金昌集爲冬至兼謝恩使,時昌集大病新瘳,子弟一人宜隨往,且其兄弟皆欲一見中國,"初以叔氏欲行,已而止,余乃代之,以打角啓下"①。今昌業所録《一行人馬渡江數》中,"打角進士金昌業"外,尚有正使軍官折衝金昌曄、押物通事前主簿金昌夏等,疑亦爲昌集、昌業從兄弟輩也。及治行,圃陰(昌緝)贈以《沿路名山大川古迹録》一册、月沙《角山千山游記録》一册,並《輿地圖》一張置橐中。昌業此行,非行中官員,"全爲游覽而來"②。故事先籌備周密,所

---
①金昌業《老稼齋燕行日記》卷1,《燕行録全集》,032/338。
②金昌業《老稼齋燕行日記》卷6,《燕行録全集》,033/386。

携參稽之書如此,而沿途及留館期間,又處處留心,在在記録也。又多參稽許封《荷谷朝天録》、宋相琦《丁丑燕行記》與《世子日記》等書焉。

昌業此記,載録一行員役人馬,凡正使及所帶三十四人,副使及所携二十八人,書狀官率帶十一人,又譯官等八十四人,馬三十八匹,駄表咨文方物等馬三百五十三匹、驅馬人等三百五十三名,人馬填咽,可謂浩蕩,而使團規模及各色人等,由此可詳知也;下又載行中所帶年貢、冬至、正朝、聖節、謝恩等諸起禮物,及諸種沿途所用人情禮單;比至入京,又詳録清朝供給使團之下程諸物,及表咨文呈納,鴻臚寺參與演儀,正朝等參與朝參儀等情狀;又録一行賫回之清廷賞賜物目,上馬宴規模等,此皆使團在京之官方活動也。

而《山川風俗總録》則論所見山川奇觀等,其分爲第一壯觀遼東野、山海關城池,其次遼陽白塔、居庸關疊嶂、千山振衣岡巖刻、薊州獨樂寺觀音金身、通州帆檣、東岳廟塑像、八里堡墳園、天壇三層圓閣、午門外象、大通橋橐駝(其數百匹)。① 第一奇觀薊門烟樹、太液池、五龍亭、正陽門外市肆、兔兒山太湖石、崇文門外器玩、太學石鼓,其次祖家牌樓、西直門外夜市、法藏寺塔、斗姥宮、龍泉寺西閣立石、通州畫器、呂紀水墨孔雀、陳眉公水墨龍等。② 另如沿路屋舍、寺廟、塵沙、混厠、溺器、轎制、男女衣飾、餐飯、茶葉、南草、桌凳、魚類、水果、薪柴、石炭、鞍轡、車制、馬驢、牛羊、耕法等,亦多在所録。在館期間,所買書册,則有《朱子語類異同條卞》《漢書評林》《杜工部集》《劍南詩抄》《本草綱目》《農政全書》《奎璧四書五經》《文選》等。③ 所買文房器玩,銅香爐、匙箸瓶、磁筆筒、磁香爐、水晶研、山文石、花梨棋、盦犀角、藤鞭、墨匣、朱紅墨等,可謂五花八門,應有盡有也。④

又日記所記有一行打扮與使團隊伍規模,平壤至江邊西路紅粉佳麗之盛,江邊搜檢之形同虛設,九連城露宿之苦寒,鳳城及沿途欄頭之欺霸

---

① 金昌業《老稼齋燕行日記》卷1,《燕行録全集》,032/336—337。
② 金昌業《老稼齋燕行日記》卷1,《燕行録全集》,032/337。
③ 金昌業《老稼齋燕行日記》卷1,《燕行録全集》,032/337。
④ 金昌業《老稼齋燕行日記》卷1,《燕行録全集》,032/337—338。

及與首譯勾結營利,清朝護衛之隊伍,客店所見美女佳人,店舍所見賣春宮畫者,夷齊廟之用蕨薇祭祀,路途求食之乞丐,玉河館之規模陳設及管理人員,館中水苦至天壇汲水之情狀,蒙古人與漢人吞蝨之陋俗,畫工爲使團中人畫像,正陽門等城中各處風光,剃頭、修甲及挖耳垢之手藝,天下歲入錢穀各省數目,返程至永平歸途中看戲,在山海關角山寺夜與二十三歲少年陳洪手談論八股文,迂路而游千山等,所記亦頗詳盡也。末載此行"共一百四十六日,去來路程共六千二十八里,在燕京出入及在道迂行者,又六百七十三里,得詩四百二篇"①。

最可異者,金昌業此記,雖亦常有"小中華"之心態,如其在途,屢問中國人朝鮮衣冠如何,以爲誇傲。然其記中,已不見醜詆清廷之言論,而贊其制度規模者,則屢屢見諸筆墨。如其論康熙帝之面相身高及不好聲色等事,已與此前燕行諸家所記大異。又如自白塔往新遼東,所見"路上車馬闐咽,而兩邊列肆,旗榜相映,百貨堆積,無非初見之物,左顧右眄,應接不暇,有似我國鄉客初到鍾街中。自此以往,瀋陽、通州、北京正陽門外,所謂極繁華處,其規模則不過如此,特有大小之異耳"②。論瀋陽東門"左右市肆,百貨衒耀,百餘步間,皆堆積,獐鹿兔之懸者,不可勝計。各色工匠如鉅木、造車、造棺、造椅卓、打造鐵器錫器及舂米、縫衣、彈綿花之類,種種皆有,而器械無不便利,一人所爲,可兼我國十人之事"③。論及官員賢否,其眼見清朝官員之廉斂,憶及明末貪風大肆,"視今日事,尤可歎也"④。又述驛卒一人自八里鋪落後,言於衙門,使甲軍尋來,"問之言因日寒入店,處以溫炕,饋之食,此地風俗可知其厚也"⑤。論在京人物,則稱正月初一日詣闕時,所見"此處人身材長大,姿貌豐偉者居多,而顧視我國人,本自矮細,又道路風塵之餘,三使臣外,率皆黧黑,所穿衣帽,又多來此而貰者,袍則長短不中,紗帽寬或至眼,望之不似人,尤可歎也"⑥。

————————

①金昌業《老稼齋燕行日記》卷6,《燕行錄全集》,033/478—479。
②金昌業《老稼齋燕行日記》卷1,《燕行錄全集》,032/396。
③金昌業《老稼齋燕行日記》卷1,《燕行錄全集》,032/407—408。
④金昌業《老稼齋燕行日記》卷1,《燕行錄全集》,032/412。
⑤金昌業《老稼齋燕行日記》卷2,《燕行錄全集》,032/562。
⑥金昌業《老稼齋燕行日記》卷3,《燕行錄全集》,033/018。

又謂"嘗聞此國人多欲,近來無紀綱,百事皆以賂成,今來見之,亦不如此矣。此國人心明量大,非事則雖極有口辯以飾其辭,亦無信聽之事,是事則初雖誤認,以理爭之,旋即解惑,雖以今番事觀之,初則只見文書誤認,而聞張遠翼言後,即爲解惑,無少持難,此等事亦非我國人所及處"①。又謂"郎中黃叔琬,漢人也。人物極明秀"②。又論其"連三日往觀暢春苑,人山人海,而絕無喧嘩聲,頒書之時,如我國則必招呼各司人,舉措紛鬧,而此則不然,寂無一聲,書出而已,進所裹之物,才裹了即又擔而行,以至運置館中,而無晷刻稽緩,只此一事,亦非我國所及也"③。金氏以亡明、朝鮮與清廷相較,給予清朝皇帝、官員、士大夫之品行德業,及國力物貨、民情風俗等極高之正面評價,此亦前所未有也。

　　昌業於沿路,處處求教,其所記另如兵丁一年之晌銀,知州、訓導等之年俸,良馬、駱駝之價錢,私家住宿之房價,雇驢代步之價費,以及水價、藥王廟水仙花等之價、畫者畫像之價、綿花、草料之價錢等,皆爲他書所不載,爲研究當時經濟,可謂珍貴矣。又稱二月初十日,在北京時,"一行馬皆挂鐵大光明殿人持書來,以清心元二、扇子一送之"④。此似爲朝鮮使臣帶清心丸之初見也。

　　案純祖三十二年(道光十二年　1832)以司憲府執義任書狀官,偕正使判中樞府事徐耕輔、副使禮曹判書尹致謙出使中國之金景善,著有《燕轅直指》,其論金昌業、洪大容、朴趾源三家燕行錄之異同曰:"適燕者,多紀其行而三家最著:稼齋金氏、湛軒洪氏、燕巖朴氏也。以史例,則稼近於編年,而平實條暢;洪沿乎紀事,而典雅縝密;朴類夫立傳,而贍麗閎博。皆自成一家,而各擅其長。繼此而欲紀其行者,又何以加焉。但其沿革之差舛,而記載隨而燕郢;蹈襲之互避,而詳略間或徑庭。苟非遍搜旁據以相參互而折衷之,則鮮能得其要領,覽者多以是病之。"⑤此論所見是矣,昌業此記,亦多參稽前人所述,如論山川風景,多與前人約略似之。而其

──────────

①金昌業《老稼齋燕行日記》卷3,《燕行錄全集》,033/076。
②金昌業《老稼齋燕行日記》卷3,《燕行錄全集》,033/076—077。
③金昌業《老稼齋燕行日記》卷4,《燕行錄全集》,033/204。
④金昌業《老稼齋燕行日記》卷4,《燕行錄全集》,033/230。
⑤金景善《燕轅直指序》,《燕行錄全集》,070/246。

記事,亦頗舛訛,如在永平察院,正堂有題詩"孤竹何崔嵬,兩聖高千古"等句,"左傍書巡察使者刑部尚書魏象樞題,似是明朝人,而不書年月,不知何時所題也"。①

案魏象樞清人也,而昌業以爲明人,則誤甚矣。象樞(1617—1687),字環極,一作環溪,號庸齋,又號寒松,蔚州(今河北蔚縣)人。順治三年(1646)進士,選翰林院庶吉士,官至順天府尹、大理寺卿、户部侍郎、都察院左都御史、刑部尚書等職。以廉能稱。有《寒松堂集》傳世焉。金昌業書中,此類訛謬,尚多有也。

0430-1712
金昌業《燕行日記》(《全集》第31—32册　鈔本)

案金昌業有《老稼齋燕行日記》(0429-1712),已著録。

此稿爲金昌業《燕行日記》鈔本,全書字體不一,知非出一人所鈔。首頁大題作"燕行日記",約前十餘頁,左側上下皆墨漬嚴重,邊角字漫漶模糊。有印不清。無目録。前述寫刻本每頁有界欄,每頁十行,行二十四字;是本無界欄,每頁十二三行,每行三十二三字不等,字小而密。兩本鈔録行款多有不同,是本每條接鈔(日記前十數頁亦如之),唯每條、每日文字,以"○"相隔,以爲區別;前本則每條、每日,皆另行排次,更爲分明。前本正文每卷首頁皆無大題,而是本作則"燕行日記卷之一"等。又"往來總録"末,前本"壬辰六月二十三日"一條;是本則排《日記》正文最前也。又"賫回物目"上、副例與書狀官所賜物頁,《燕行録全集》本錯亂於後兩頁下,再版當更正者也。

又是本編卷與前本不同,前本自起始至十二月十五日爲卷一,十六日至二十九日爲卷二,兩本皆同;而前本自癸巳正月初一日至三十日爲卷三,而是本自正月十八日至二月十八日爲卷三。前本二月初一日至十四日爲卷四;是本自二月十九日起卷四方始也。前本自二月十五日至二十九日爲卷五,自三月初一日至三十日返京爲卷六,是本亦皆不同,前本編

---
①金昌業《老稼齋燕行日記》卷2,《燕行録全集》,032/499。

卷之月日較爲整飭也。

兩本文字,亦偶有訛誤者,如前本"滿花席",是本脱"席"字;前本"得詩四百二篇",是本脱"百"字;前本"花峰鐵五個",是本誤作"介";前本"趙生明斗來迎",是本誤肬作"迎來";前本"癸巳正月初一日",是本無"癸巳",蓋爲後來所加耳。兩相比勘,則前本勝是本爲多矣。

0431-1712

金昌業《稼齋燕録》(《全集》第31册　諺文本)

案金昌業有《老稼齋燕行日記》(0429-1712),已著録。

此爲金昌業諺文本《稼齋燕録》,首頁有"豆花初落稻花飛"等數句詩,不知是否爲金氏手筆。此下頁始,即爲諺文正文也。全本末漢字題"壬子四月初七日筆寫",考"壬子"爲英祖八年(雍正十年　1732),蓋爲是年所鈔譯歟?

是書爲選譯本。其中"一行人馬渡江數",只譯使行中人役職官姓氏,他如所率帶驛子、駄馬等,一從省略;原本之"方物歲幣式",是本僅見一頁,他如入京下程、表咨文呈納、鴻臚寺演儀、朝參儀、賫回物目、上馬宴等,是本亦皆無。又原本"山川風俗總録"在前,"往來總録"在後,而是本兩者互乙,且"往來總録"中之排次,亦與原本不同,且省譯諸如"第一壯觀""第一奇觀"等及購買書籍、雜物等。又是本無從壬辰年十一月至癸巳年二月十六日之日記,乃自癸巳二月十七日起,至三月三十日返漢城止,亦不知爲散佚故,抑或未譯故焉。【李素賢譯】

0432-1712

金昌業《燕行塤篪録》(《全集》第34册;《叢刊》第175册《老稼齋集》刻本)

案金昌業有《老稼齋燕行日記》(0429-1712),已著録。

金昌業《老稼齋集》五卷,爲其子彦謙據家藏稿搜集,後再經删定,於純祖二十年(1820)刊行。前有金祖淳序。五卷皆詩,《燕行塤篪録》在卷五,即昌業偕其兄昌集入燕時所作,多與昌集唱和之作,全卷共計百四十餘首。昌業《老稼齋燕行日記》末稱,此次入燕"得詩四百二篇"①,則此卷爲删汰後所餘之詩耳。昌集《燕行塤篪録》中,多附昌業和詩,故昌業詩中,無伯氏之詩,全爲己詩也。

　　金昌業平素"天姿高敏,識解絶倫,於儒者事靡不精通,素慕陶淵明、邵堯夫,爲真逸民"②。其入燕也,專爲游覽而來,如其言"應無再來日,謾自記山川"③。因無再來之機,故所過之處,盡皆游歷,所謂"名山不可負,策馬赴烟霞"者也④。故於游賞途中,所作爲多,而在北京期間,蓋因鎮日流連於街市古迹之間,無暇爲詩,故所作反爲少也。昌業詩,族侄時保以爲"清道精覈,描景象切事情。或縱酒山林,傲睨一世,有擊劍悲歌之志。其素所蓄積於中者,往往有不自掩者,此豈世所稱詩人剽竊蹈襲者比哉。參以朱夫子古今三變説,則公之詩豈在姚合、韓偓之後,而泛覽陳、陸,特出於以詩爲戲"⑤。今觀燕行諸詩,亦如其伯氏之詩,高華研精,老益深造,多感慨時事、哀詠興亡之作。然反不若其於肅宗四十五年(1719),昌業爲冬至副使趙榮福賸行所作組詩三十六首,述其赴燕一路山川事景,書爲絶句,以紀其實,清麗活潑,甚可玩賞,可與洪大容《遼野車中雜記》組詩相媲美焉。

0433-1712
崔德中《燕行録》(《全集》第39—40册　殘鈔本)

　　崔德中(1675—1754),字至叔,耽津人。聰穎絶人,甫成童而孤,躬耕鋤,業書史,屢屈公車。乃從戎韋仕,爲忠翊將、忠壯將、僉使等。官熊川縣監、慶尚中軍、長髻縣監等。曾隨尹趾仁巡撫關西。又爲中軍,隨趙顯命築全州城。晚年挈歸廣州之龍溪,日逍遥嚴泉花竹之間。著有《燕行

---

①金昌業《老稼齋燕行日記》卷6,《燕行録全集》,033/479。
②金昌業《老稼齋集》金祖淳序,《韓國文集叢刊》,175/005。
③金昌業《燕行塤篪録·瀋陽感懷》,《燕行録全集》,034/025。
④金昌業《燕行塤篪録·甘露庵》,《燕行録全集》,034/052。
⑤金昌業《老稼齋集》卷5《燕行塤篪録》金時保跋,《韓國文集叢刊》,175/114。

錄》傳世。事見李采《華泉集》卷一四《縣監崔公墓誌銘》、趙顯命《歸鹿集》卷二〇《自著紀年》、金昌業《老稼齋燕行日記》等。

案崔德中出使事由，詳參前金昌集《燕行塤篪錄解題》（0427－1712）。

此爲崔德中《燕行錄》之鈔本，多有刪改之處，全稿字迹極小，墨暈又重，故字多不能識辨。崔氏此次入燕，乃隨金昌集使團，據崔氏《同行錄》載，其以前縣監而充副使之軍官。崔氏書末自稱，渠之入燕，專爲游覽，不幸一僚病臥，一僚爲先來提前返國，獨其一身專當行中諸事，故不得任意出入，且知見孤陋，未得如初心，只以目見耳聞，隨處記錄，而文辭且拙，俱不隨意記草，尤爲可惜云。①

崔德中所記，雖不若金昌業之内容繁富，文詞擅美，然昌業專事游歷，不任他事；而德中具體負責辦事，故所記雖不如昌業之細，然亦多可補昌業所缺者，且多爲他書所未言者。其書首言出使之由，下錄入柵式、瀋陽交付分納、入京式、入京下程、表咨文呈納、鴻臚寺演儀、朝參儀、方物歲幣呈納、下馬宴、領賞儀、賫回物目、上馬宴、皇帝與皇太后三節禮物、今番謝恩四起禮物、入彼地給禮單式等。下爲《路程記》《同行錄》，後方爲《日記》，偶有一二首唱酬詩作間於其中。其記上自皇帝，下至士卒所送禮物，皆備列禮儀形式及禮物詳單。尤其入中國後沿途若鳳凰城、瀋陽、山海關、北京所管之城將、甲軍等所送禮物，盡詳盡悉，此爲他家日記所無有，而僅見於崔氏書者也。以山海關爲例，所管城將一人、伏兵將四人、博士二人、迎送官一人、伻一人，使臣所送禮物爲各自壯紙三束、白紙五束、青皮一夾、銀項竹一介、刀子一柄、扇子一柄、大口魚二尾、細竹長竹各一介、錫妝刀各一柄、匣草十封、口草四封等，另博士、城將尚有加給。而一行往返所送之總數，則大略計之爲壯紙六百九十束、白紙一千三百束、青皮二百七十七丈、匣草二千四百二十四封、口草九百五十封、烟竹二百二十介、長竹九十六介、銀項竹二百六十三介、錫妝刀一百八柄、刀子三百七十柄、扇子八百柄、大口一百七十尾、月乃六十八部、環刀十四柄、銀玳瑁妝刀七

---

① 崔德中《燕行錄》，《燕行錄全集》040/137。

柄、青銀妝刀十二柄、銀竹十九介、烟竹一百七十九介、全卜十三貼、文魚七尾、火金三百十介、海参二十斗、正銀八兩、大匣一百十封、油苴三口、抱峰大金十五口、筆墨各五十二。以上各種，上副房分半出給，此外別求各色魚物、油苴、綾花、丸藥、鹽物、筆墨等物，倍蓰於此，且往來衙門、甲軍及留館時各處日次匣草、口草亦至數千匣封，而不可盡錄。此外，亦有以銀計給者，而無慮數千兩，此則出於行中出斂，不責廚房。此可見即此人情一節，所費已萬餘兩銀，他可想知也。

又據其所記可知，崔氏當時，萬里之行，所有者只三尺劍、一長鞭，而風餐露宿之人，毛具未辦，故行前往明洞治貰。而入栅時一行人馬，則上下並人六百八十七員名，内北京入往三百二十四，瀋陽回還三百六十三。驛卜並五百九十一匹，内北京入往二百三十二，瀋陽回還三百五十九匹，此次使團規模之大，幾如將帥之行軍矣。他所記若方物交納、員役作弊、房東索錢太甚等，亦有他家所不盡載之詳情也。

又崔氏論當時中國，兵器"無一可畏，弓軟木箭，矢道不及於百步，刀劍則刃柔且短，不合於馬上之用，槍銃亦不精利，此乃馬上鈍技，不足畏也。但常時所着之衣，乃利於戰場之服習著輕便，且常時自馬上學習，喂馬亦不定時，雖日馳數百里，人馬俱不疲困，且地形平易，便於馳逐，似不可以我國步卒往敵，亦不可以彼之騎兵入我地敵我步兵也明矣"。且見關內外昇平日久，人物極繁盛，"十里之間，村落相連，雞犬相聞，廣寧以西，陳荒處頗少，小黑山以東，乃遼野也，雖多陳地，村落相望，以此言之，則物盛有衰，乃天理之變也。以民情見之，則清亡尚遠，第諸王無一似人者，且皇長子太子連以罪夷囚鎖，其腹內已亂，四肢亦將隨亂，康熙身死之日，天下之亂，屈指可計，而當此之時，我國之不被害，亦未必矣。第念使明智者，乘其內亂，與蒙古結和，據割瀋陽以北，則中原必有內應而繼起者，內外相應，先發制彼，則可無橫被其害，而善後之策，非凡人之所可知者也，但瀋陽、寧古塔等地之拔取，似不難矣"。① 此則如痴人夢囈，不知何時復醒矣。

---

① 崔德中《燕行錄》，《燕行錄全集》，040/135—136。

0434-1712
閔鎮遠【原題趙榮福】《燕行錄》(《全集》第 36 冊　鈔本)

出使事由：謝恩行

出使成員：正使錦平尉朴弼成、副使刑曹參議閔鎮遠、書狀官司憲府執義柳述等

出使時間：肅宗三十八年（康熙五十一年　1712）二月二十二日—七月二十六日

閔鎮遠（1664—1736），字聖猷，號丹巖，驪興人。爲王室外戚。肅宗十二年（1686），柑泮宮試及第。景宗即位，辛壬禍作，被遠謫。四年，首膺枚卜，進袖劄，請頒示中外，明建儲義理。英祖三年（1727）後，不安於朝，與李光佐同時致仕。前後官至江華留守、平安道觀察使，歷戶、吏、工、禮四曹判書，陞議政府右議政、判中樞府事等。卒諡文忠。有《閔文忠公奏議》十卷、《燕行錄》、《丹巖私錄》等傳世。事見閔遇洙《貞菴集》卷一〇《仲父奉朝賀府君墓誌》、閔丙承《丹巖先生年譜》與肅宗、景宗、英祖《實錄》等。

案此爲閔鎮遠《燕行錄》日記之鈔本，其書已收《燕行錄全集》第三四冊中。編輯者以是書爲趙榮福所作，趙氏於肅宗四十五年以冬至副使身份赴燕，著有《燕行日錄》，已收入《燕行錄全集》第三六冊。然此《燕行錄》非趙榮福作，乃閔鎮遠《燕行錄》耳。編輯者蓋因是書前收錄爲趙氏《燕行日錄》，故涉上而誤，遂至張冠李戴而重收矣。

閔鎮遠是書，其沿途所賦之詩，皆附於每日之下。肅宗三十七年十一月末，閔氏以江華留守移差謝恩副使。時清帝以朝鮮竭誠事大，特減免歲貢白金一千兩、豹皮二百四十二令，故朝鮮遣謝恩正使錦平尉朴弼成、副使刑曹參議閔鎮遠、書狀官司憲府執義柳述等赴燕。翌年二月二十二日，一行詣闕辭京，四月二十日到北京，因玉河館爲大鼻㺚子所占，入智化寺，六月初六日始發離北京，於七月二十六日返京覆命焉。

閔氏是書，首有地圖七幅，標畫沿途自京都至北京沿途站點與山水，第一圖書"自京都至柵門向西北而行，自柵門至瀋陽向北而行，自瀋陽至

周流河向西而行,自周流河至北京向西南而行,都合三千一百十四里"云,則大致之沿路走向與總里數也。圖後爲《行中座目》,則一行三使、軍官、譯官、醫官、厨子、驛卒等上下人員二百二十五人之名單,及馬一百三十九匹。日記末則附《譯官金慶門所記吴三桂事》一篇,爲記一行東歸到鳳凰城時,寓於項繼聖家,繼聖父琥曾爲吴三桂將王緒之堂書記,詳知三桂事,故記其所言也。又有《辛卯八月賫咨官金慶門手本》一篇,其文甚長,則記清人兵制、邊防、外番、熱河行宫、賦税諸事。又其返國引見時,禀在薊州見朱姓老人,言爲明皇親,爲明神宗第四子毅然後(毅然子思誠,思誠子倫,即其父,倫變姓名爲丁含章),諦視使臣衣冠,有感愴色,墮泪嗚咽,似出誠心。閔氏亦疑神宗子即泰昌,而其諱常洛。毅然以神皇之子,名字不同,是可疑也。凡此之類,多虛玄不實之説也。

　　閔氏等此次出使,其狼狽困頓,倍甚他行。此行所賫銀兩不豐,朝廷僅以"萊貨"充之,故所到通官、衙譯、甲軍及北京提督、大小通官之輩,因禮物單薄,賂銀無多,咆哮呵斥,作梗敗事,受盡窘折,一也。一行往返,人馬多病。去路在甜水站後,譯官高天柱,寒病猝死,而在北京智化寺時,閔氏駕轎馬夫沙斤驛卒銀髮,因喪馬痛心,遂得中濕而斃,客死他鄉,慘怛不可言狀,二也。一行又於智化寺得癮疹,四肢百節,無一分空地,癢不可堪,盡夜爬搔,幾乎欲狂,以是夜睡不安,行中上下諸人,皆得此病,無一人得免,三也。而閔氏在北京又得虐病、暑感,上使朴弼成患眩症、暑泄,歸途僅僅擔曳作行,到平壤時仍不能作行,四也。一行馬匹或病斃、或病蹇近二十匹,亦爲前所未有,卜馱物貨,雇車而行,又車費不敷,斂及下輩,五也。一行在北京時,因皇帝往熱河行宫,文書往返耽延遲滯,留館四十餘日,苦况不堪,六也。回程之日,適逢盛暑,或烈日暴曬,或道路泥淖,跋涉極艱,以至書狀官坐車,顛陷泥中,僅僅曳出,七也。故閔有詩云:"萬里遼河飽險艱,計程明抵十三山。赢驂駢死泥途上,病僕多顛數步間。火日偏令行子畏,濁泉猶見主翁慳。東天渺渺風驅雨,旌節何時可渡灣。"①蓋實録也。

---

①閔鎮遠《燕行録》,《燕行録全集》,036/337。

卷三九　閔鎮遠《燕行日記》　趙泰采《癸巳燕行録》　671

0435-1712
閔鎮遠《燕行日記》(《全集》第34册　鈔本)

　　案閔鎮遠有《燕行録》(0434-1712),已著録。

　　此即第三六册所編之閔鎮遠《燕行日記》也。所不同者,此稿鈔寫字小密湊,彼本字大疏朗;是稿"一行座目"在最前,而彼本燕行路綫圖在前,是其異也。又兩本皆偶有文字錯訛,餘則並無不同也。

0436-1713
趙泰采《癸巳燕行録》(《全集》第34册;《叢書》第2345册《二憂堂集》鈔本;《叢刊》第176册《二憂堂集》　活字本)

　　出使事由:冬至等三節年貢行
　　出使成員:正使議政府左參贊趙泰采、副使禮曹參判金相稷、書狀官兼司憲府持平韓祉等
　　出使時間:肅宗三十九年(康熙五十二年　1713)十月二十九日—翌年三月二十七日

　　趙泰采(1660—1722),字幼亮,晚號二憂堂,其先楊州人。肅宗十二年(1686),捷文科。官至司憲府大司憲、司諫院大司諫、户曹判書、工曹判書、吏曹判書、禮曹判書、兵曹判書、判儀禁府事、議政府右議政、判中樞府事等。景宗即位,泰采與金昌集、李頤命、李健命等上劄,請命王世弟代理國政。趙泰耇陰結宦官朴尚儉,力沮代理。景宗二年末(1722),尚儉用事,安置泰采與珍島郡,已而賜死。英宗即位,命追復官爵,謚忠翼。有《二憂堂集》六卷行世。事見朴弼周《黎湖先生文集》卷二三《趙公神道碑》、李觀命《屏山集》卷一四《墓誌銘》與《肅宗實録》《景修實録》等。

　　趙泰采《二憂堂集》六卷,《韓國歷代文集叢書》所收與《燕行録全集》爲同一版本。《韓國文集叢刊》據國立中央圖書館藏本影印,爲約英祖三十五年(1759)洪鳳漢以活字刊行,文字無異同。凡詩二卷文四卷,前後無序跋。

　　肅宗三十九年冬,朝鮮以左參贊趙泰采爲冬至等三節年貢行上使,禮

曹參判金相稷爲副使、兼持平韓祉爲書狀官入燕。一行於十月二十九日離發，翌年三月二十七日返京。

趙氏此卷詩，輯自《二憂堂集》卷一。鈔字工整，一筆不苟。爲合前後兩次出使間詩爲一卷，其所收六十餘首詩。《箕城漫吟》題下注"癸巳燕行時作"①。以下約三十首左右，爲前次出使時作；《次朴生水明樓韻》以下十三首，非燕行時所作之詩；《渡灣次副使韻》題下注"辛丑燕行時作"②，乃後次所作，不足二十首。《燕行錄全集》編纂者，蓋見上"癸巳燕行時作"注，故題《癸巳燕行錄》，不知此卷詩中，尚有辛丑燕行時作詩也，今另爲補輯而編爲《辛壬燕行錄》焉。

趙氏詩卷中，偶有鈔錄遺漏字，而又補鈔在旁者。雖然其時已至康熙六十年，清廷之入中原，已幾八十年，而朝鮮君臣仍持"胡無百年之運"之想。故趙氏詩中，累累仍爲"左袵驚殊俗，同文憶大明。天心猶未厭，那復見河清"之類詩句也③。

0437-1713
韓祉《兩世燕行錄・燕行日錄》(《全集》第 29 册　鈔本)

韓祉(1675—?)，字錫甫，號月岳，清州人。泰東子。亦肅宗朝，官至司憲府持平、司諫院正言、弘文館修撰、忠清道觀察使等。景宗時，爲全羅道觀察使等。出入侍從，能繼其志業，朴忠敢言，有乃父風。不肯俯仰權貴，世罕有知之者。有《燕行錄》傳世。事見韓泰東《是窩遺稿》卷八朴聖漢《擬是窩公史傳》與肅宗、景宗《實錄》等。

案韓祉出使事由，詳參前趙泰采《癸巳燕行錄解題》(0436-1713)。

肅宗三十九年(康熙五十二年　1713)，以左參贊趙泰采爲冬至等三節年貢行正使、禮曹參判金相稷爲副使、兼持平韓祉爲書狀官入燕。韓祉《燕行日錄》一卷，即此次赴燕時所記也。一行於十月二十九日出發，臘

---

①趙泰采《癸巳燕行錄》，《燕行錄全集》，034/166。
②趙泰采《癸巳燕行錄》，《燕行錄全集》，034/181。
③趙泰采《癸巳燕行錄・連山關》，《燕行錄全集》，034/167。

月二十七日至北京,因玉河館修葺,栖處大佛寺中。二月十四日事竣發往通州,三月二十七日詣闕覆命焉。

　　韓祉日記所記,自渡鴨江向北京始,至返渡江而止也。其記中多處,於其父所記略同,則爲鈔撮而成者也。只以沿路所聞見者,逐日條録。"若其朝政得失,中外事情,拘禁既嚴,詗探極難,雖或因序班輩購得題本云,而此類意在索賂,例多虚謬,不足取信,路中所遇秀才之類,亦皆蠢愚無可憑問者。只以沿路所聞見者,逐日條録,而至於山川形勝,城池修廢,風謡習俗之别,被服制度之殊,從前事件中,詳細記載,兹不疊述"。① 則在韓氏眼中,北京、遼東、風景等至無可述者,人物無入眼者,此亦燕行使臣敷衍國王之常語也。

0438-1713

臨昌君李焜、權尚游《癸巳别單》(《同文彙考補編》卷三《使臣别單三》活字本)

　　出使事由:進賀兼謝恩行
　　出使成員:正使臨昌君李焜、副使議政府左參贊權尚游、書狀官兼司
　　　　　　憲府掌令韓重熙等
　　出使時間:肅宗三十九年(康熙五十二年　1713)七月二十八日—翌
　　　　　　年正月三日

　　李焜(？—1724),朝鮮王朝宗室,昭顯世子孫。封臨昌君。肅宗五年(1679),有誣以有推戴者,與其弟煌俱被逮,貸死竄濟州,後察其枉,旋宥還,寵遇如故。焜亦謹慎自持,晚年眷待益隆,諸宗莫敢望。屢度任使臣,出入中國。事見《肅宗實録》《景宗實録》等。

　　權尚游(1656—1724),字字文,一字有道,號媵溪,安東人。尚夏弟。肅宗二十年(1694),登丙科。爲藝文館檢閲、司諫院正言、司憲府大司憲、户曹判書、吏曹判書等。景宗時,爲吏曹判書知敦寧府事。天資沈重,居官廉謹,判度支,能守法節財。事見李宜顯《陶谷集》卷一〇《權公神道

―――――――――
①韓泰東、韓祉《兩世燕行録》,《燕行録全集》,029/328。

碑》、《肅宗實錄》、《景宗實錄》等。

康熙五十二年(肅宗三十九年　1713)三月,上年謝恩使回京,康熙帝特賜《全唐詩》《古文淵鑑》《佩文韻府》共三百餘本,並命進獻東國詩文,肅宗命有司揀選,剔除語涉忌諱者以送。五月,帝以六紀壽慶及詢問朝鮮國王身體等事,遣頭等侍衛阿其圖、獲獵總管穆克登抵王城,肅宗冒雨至慕華館迎接。七月二十八日,朝鮮遣進賀兼謝恩使臨昌君李焜、副使左參贊權尚游、書狀官兼掌令韓重熙等齎《東文選》十五本二秩入皇城,並齎銀二萬五千兩,以賀康熙帝五紀治平,並謝頒詔、謝前次別諭、謝賜册、謝方物移准諸事,一行於翌年正月初三日返國覆命焉。

此《別單》六條,記穆克登頒詔於朝鮮事,又言海賊陳尚義投誠事、蒙古部落事、皇太子事、犯官德琳事等。其記穆克登行前,康熙帝上諭稱"爾等至朝鮮諭國王:自王嗣國,歷有年歲,而略無事端,坐享太平,可謂甚少。想王之顔貌,亦必少減於昔,鬚髮亦必漸白矣。朕此處亦無些事,故頃因慶朕六十壽禮儀,特遣大臣齎詔往頒。朕乃統御天下之大君,惟以致普天下人民於太平安樂爲心耳,餘無他願,爾等以此諭王可也"①。康熙帝此詔,恩眷不已,極富感情,故穆克登抵朝鮮後,肅宗歡喜,難以盡言,接使臣居南別宫,雖一切飲食使用之物,穆克登等業已自備,然朝鮮禮體極周,招待殷殷,少有不好,即治伊國之人云。

0439—1713

李樞《癸甲手本》(《同文彙考補編》卷三《使臣別單三》　活字本)

出使事由:押解行
出使成員:別賷咨官李樞等
出使時間:肅宗三十九年(康熙五十二年　1713)冬—翌年三月九日

李樞(1675—?),字斗卿,金山人。愉之玄孫。精漢語,爲司譯院正。《明史》載朝鮮仁祖朝反正時事,語多出入。自雍正四年(1726)始,遣辨誣使,請改史册,使相續凡十三載,上輒命樞隨焉,竟得准請。爲人公清篤

---

①臨昌君李焜、權尚游《癸巳別單》,《同文彙考補編》卷3《使臣別單三》,002/1626。

厚，卅載首任，人無怨言。前後赴燕者三十有三，六竣奏請，九准陳奏，十膺專對。三受厩馬之錫，官至判中樞府事。事見《通文館志》卷七、肅宗、顯宗、英祖《實錄》暨李器之《一庵燕記》、趙文命《燕行日記》、南泰良《燕行雜稿》、李喆輔《丁巳燕行日記》等。

肅宗三十九年（1713），福建泉州人王裕等四十二人，船往長崎，漂到濟州，淹死三十四名，生存八名。朝鮮專差司譯院正李樞，押解咨報如例。①

此聞見事件二條，一記其於漂漢人等，自南至北，首尾五朔，又在北京同處一館，故自爾情熟，細問南方事情，則其言之甚詳，所記則臺灣、澎湖地之遠近及風俗習慣、衣冠形制及兵防軍情等。又記廣東海中亦有兩大地，一曰生梨，一曰熟梨，生梨之大不下臺灣，尚未歸順，熟梨則歸順矣。又五六年前，朱氏子孫得一國師，建號稱王，先犯寧波，遂殺副將，聲勢頗張皇，帝令湖浙兩省，同力進剿，雖不能敵，然亦未獲一人云。

---

①《通文館志》卷9《紀年》肅宗大王三十年癸巳條，上冊/583。

卷四○ 0440—0455

肅宗四十年（康熙五十三年 1714）—景宗即位年（康熙五十九年 1720）

0440-1714
晉平君李澤《燕行日記》（《日本所藏編》第1冊 鈔本）

出使事由：謝恩兼冬至等三節年貢行
出使成員：正使晉平君李澤、副使禮曹判書權愭、書狀官兼司憲府掌令俞崇等。
出使時間：肅宗四十年（康熙五十三年 1714）十一月二日—翌年四月四日

　　晉平君李澤，全州人。朝鮮王朝宗室。肅宗朝，任副總管、都總管。曾多次出使清朝。有《燕行日記》傳世。事見其《燕行日記》《肅宗實錄》《景宗實錄》《承政院日記》等。
　　案上年進賀兼謝恩使臨昌君李焜一行至北京，禮部咨謂進到進賀禮物、頒詔謝恩禮物及別旨謝恩禮物、賜書謝恩禮物、方物移准禮物內，進賀、頒詔二禮物俱與例相符，相應查收。皇上念使臣等難以帶回存准有例，其別旨、賜書、移准三禮物，亦准存留，而嗣後則每年應進冬至、正朝、聖節並年貢外，如遇頒詔、進賀及欽差謝恩，令其照例進獻，其他一應事件，則皇上俱令停收禮物，但可照常進表，不必進獻。又朝鮮越海漁採船，自今年夥然，西北採獵之類，越境討索鹽醬，至於捉去把守軍，令朝鮮另加鈐束。朝鮮遂遣謝恩兼冬至等三節年貢使晉平君李澤、副使禮曹判書權愭、書狀官兼司憲府掌令俞崇等入燕，謝頒詔謝恩外只進表文，並謝禁斷漁採人等事焉。
　　案是稿爲鈔本，原藏日本天理圖書館今西文庫，有"今西春秋圖書"朱方印。今此縮印本，封面左上大字題"兩世疏草"，右上小字"燕行日記

卷四〇　晉平君李澤《燕行日記》

附",夫馬進稱,《兩世疏草》卷一爲晉平府君疏草,卷二咸陵府君疏草,共一册,不見於韓國諸書目。而《燕行日記》之作者,今西龍推定晉平府君爲李翊,夫馬進考證晉平府君乃李澤,故是稿即爲李澤之日記矣。《兩世疏草》卷一《晉平府君疏草》末,另頁首行題"燕行日記附",下雙行夾注"從行軍官生員李柱泰所錄"①。李澤謂素以多病,曾於丁亥年往來燕京,今衰病日甚,復有此行,實非意慮所及,然受國家異數盛典,迥越尋常,故勉力前往也。其至北京後,因體弱多疾,以致朝參時行路爲艱,則知其"衰病日甚",非漫語也。一行於十一月二日發自王京,二十六日渡江,臘月二十七日越站兼程到京,翌年二月二十五日離發北京,三月二十日還渡江,四月初四日返京覆命焉。

據日記所載,此行入栅所報人馬數,人凡八百二十五名、馬七百二十一匹,夫馬進以爲此當爲朝鮮燕行使一行人馬數最多之"部類"②。信然!即金昌集等行,已是規模甚大,亦不過五百餘人而已。此行一路並非順暢,先是天雪沍寒,人馬凍疲,而入栅後因鳳凰城將求索禮物,未能如意,故在鳳城、瀋陽及山海關等處,皆遇違犯查檢等事,比及返至栅門,城將爲報復計,搜檢甚酷,一行卜物包子,皆令拆開一頭,甲軍輩以手插之,以檢禁物。盡數點出之後,有四隻包子,無人守護,棄在栅內,甲軍輩拿致城將之前,一一拆開,則四隻皆是弓角,而凡三百六十片也。弓角包子外裹書以"明男"名,蓋行中奸細之輩,冒禁貿來,假以他名,及見搜檢之酷,知其必捉,棄之而走也。後在義州,探得乃譯官金有基帶去京人貴先與義州刷驅人金嚴立符同所爲,"明男"二字,商賈禹相規所爲。故拿致禹決棍十五度,金有基雖無預知之端,既其所率,則不能檢下之罪,在所難免,亦杖十五度。貴先等馳傳於鳳城。③ 然則其入中國前,在江邊設幕嚴查,以防下卒奸濫,偷藏禁物,實則偷賣仍舊,防不勝防,並非中國方面因禮單不填欲壑,惡意報復所致耳。

---

①李澤《燕行日記》,《燕行錄全集日本所藏編》,001/127。
②[日]夫馬進《日本現存朝鮮燕行錄解題》,日本京都大學文學部研究紀要,第42號,2003年版,第157頁。
③李澤《燕行日記》,《燕行錄全集日本所藏編》,001/147。

又據《肅宗實錄》，一行歸國後，金有基等囚治憲府。以使臣之不能檢下，啟請正使晉平君澤、副使權愭、書狀官俞崇罷職。不從，三啟即停。其後清廷因此移咨，咎責之言至及國王，人情憤駭。諫院復發啟請三使臣削黜，肅宗只命罷職，累月爭執，而竟不從焉。①

0441-1714
晉平君李澤、權愭《甲午別單》(《同文彙考補編》卷三《使臣別單三》 活字本)

案李澤有《燕行日記》(0440-1714)，已著錄。

權愭(1653—1730)，字敬仲，安東人。肅宗十三年(1687)壯元及第。爲司憲府持平、江界府使、義州府尹等，歷轉平安、黃海、江原、咸鏡、慶尚、忠清諸道觀察使。景宗朝，爲漢城府判尹。英祖時，任知中樞府事、刑曹判書、工曹判書等。練達時務，最長吏治，屢典州藩，茂著聲績。晚年屏居不仕，終老於鄉。諡貞翼。事見李縡《陶菴先生集》卷三〇《神道碑》與肅宗、景宗、英祖三朝《實錄》。

此《別單》兩條，一記康熙帝殺八王乳母夫妻，蓋疑乳父等交游朝士，謀立八王爲太子。一記閣老松柱以受針事，來到館外閭家，並言穆克登之往渭原，不得見白山而還，欲借道朝鮮而往。松柱勸其善奏皇上，減朝鮮貢，於沿路各站修葺察院，以便使行，否則朝鮮國小民貧，必不肯指路矣。

又一行中有通事金有基，私買角弓三百六十把，在柵門查出。翌年李澤等三使臣罷職。康熙五十五年八月，禮部杖朝鮮貿角弓人嚴立、貴先並充軍，且移咨朝鮮，著朝鮮通事金有基杖四十，並罷其職焉。

0442-1714
金慶門《乙未手本》(《同文彙考補編》卷三《使臣別單三》 活字本)

出使事由：賫咨行

---

① 《肅宗實錄》卷56，肅宗四十一年(康熙五十四年 1715)六月一日乙丑條。

出使成員：賫咨官司譯院正金慶門等

出使時間：肅宗四十年（康熙五十三年　1714）十二月十五日—翌年春

金慶門（1673—1737），字守謙，一字受謙，號蘇巖，牛峰人。指南子。年十八，魁通文科。精漢語，爲漢學教授、司譯院正等。曾奉朝旨詣鳳凰城訟攔頭事，移咨請罷其黨，倚勢恐哧，騈機叵測，慶門不少屈，書辨極明切，查官遂大悟，流其黨而革其弊，公私賴之。時邊禁漸弛，商賈至燕而賒逋歲增，團練入沈而奸濫日滋，慶門深慮其辱國，嘗著書論之詳，後果有慢咨，廟議稱其先見。於戊申陳奏之行，啓遣之，禁商賈，罷團練，仍定雇車運幣及諸綱同時出柵之法，邊門於是肅然。器宇凝重，識慮淵邃，性好讀書，前後任使，志在爲國。官至知中樞府事。事見鄭來僑《浣巖集》卷四《金公墓表》與肅宗、顯宗、英祖《實錄》等，《通文館志》卷七有傳。

肅宗四十年（康熙五十三年　1714）冬，因清人作舍於慶源越邊二里許，及訓戎越邊三里許，越境居耕，易致釁戾，故特遣司譯院正金慶門，於十二月十五日持賫咨至禮部。清廷命奉天將軍及府尹並寧古塔將軍，查明速奏焉。

此《手本》一條，記科舉考試程式，康熙帝頗改舊例，自今年起第一場五經四書文各二篇、性理八股文二篇，第二場孝經論一篇、排律一首、本朝表一道。自康熙元年以後，出題不用時務，只第三場依前。皇帝又以廟樂音律稍變，委靡不諧，斷自帝心，改造笙鏞等器，別作新聲，仍令太常自今春用於郊廟，故諸大臣等以爲正雅樂，自是大事。前年，又降朱子於東序十哲之位焉。

0443-1714
韓有禧《丙申手本》（《同文彙考補編》卷三《使臣別單三》　活字本）

出使事由：賫咨行

出使成員：賫咨官韓有禧等

出使時間：肅宗四十年（康熙五十三年　1714）？—？

韓有禧，生卒籍貫不詳。肅宗四十年（康熙五十三年　1714），曾以賫咨官身份入中國。事見韓有禧《丙申手本》。

此《手本》一條,記康熙帝廢太子,諸王亦無可意者,常鬱鬱不樂。今年命葺玉清宮(太子所居),其宮久廢荒涼,今始修葺。且巡撫張伯行有罪革職,皇帝特旨曰:他做官清正,不受錢,又是皇太子之師傅,特赦他爲倉場總督。據此數事,可知上意復向太子。皇長子惡而好勇,多殺民人,民間號爲"惡王子",荒淫無道,多行不法,其子紅玉,亦囚之高墻云。

0444-1715
韓興五《丙申手本》(《同文彙考補編》卷三《使臣別單三》 活字本)

出使事由:賫咨行
出使成員:賫咨官行司勇韓興五等
出使時間:肅宗四十一年(康熙五十四年 1715)十二月十七日—翌年春

韓興五,生卒籍貫不詳。精漢語,任譯官。肅宗朝,爲副護軍。顯宗朝,加嘉善。英祖時,進崇禄。曾多次以譯官身份隨使團出使清朝。事見韓興五《乙未手本》、《承政院日記》等。

案上年朝鮮賫咨禮部,報清人在慶源、訓戎兩屯,清廷令將其房屋窩鋪拆毀,俱令離江稍遠,有好田土可種處居住,嗣後在沿江近處蓋房種地者,嚴行禁止,以杜日後之弊。朝鮮遂遣行司通韓興五賫咨報謝焉。

此《手本》一條,記韓興五與迎送官滿洲人伊麻貝,千里送行,日與親近,問西邊出兵事,則稱陝西二千里外,有哈米國,又五千里外,有葛爾靼,凶頑無倫,奸其兄嫂,殺其兄長子而淫其婦,又逐兄小子,暴橫自恣,莫敢誰何。多年侵擾哈米、禿喇禿喇諸地,後葛爾靼病死,軍中因喪亂,殺其妻,搶其子女歸諸朝廷。侄子浙旺喀兒普灘代領其衆,無恒居,逐水草,時侵哈米,爲其母報仇。清廷遣兵救援,則鳥獸竄,莫知所之,故欲發兵窮剿,因秋潦冬冰姑止云。

0445-1717

李重協《丁酉聞見事件》（《同文彙考補編》卷三《使臣別單三》 活字本）

出使事由：冬至等三節年貢行

出使成員：正使議政府右參贊俞命雄、副使禮曹參判南就明、書狀官兼司憲府持平李重協等

出使時間：肅宗四十三年（康熙五十六年 1717）十一月三日—翌年四月三日

李重協（1681—?），字和仲，慶州人。肅宗朝，爲世子侍講院司書、司諫院正言、司憲府持平等。景宗時，爲司諫院獻納、司諫、弘文館校理、修撰等，因事削職，竄於海南縣。英祖朝，起爲東萊府使、江春道觀察使①、司諫院大司諫、工曹參判等。事見肅宗、景宗、英祖《實錄》。

此《聞見事件》兩條，一謂林慶業爲義州府尹時，曾欲沿江植榆柳，以防胡騎馳突而未果。一則詳列中國各地賦稅數字，合計北京、直隸及十四省徵解銀二千九百十四萬四千四百三十兩、米四百四十七萬三千一百二十九石，魚鹽銀礦雜稅，不在此數。又記清制官員各品之俸銀數，正一從一品一歲俸銀一百八十兩，正二從二品一百五十兩，正三從三品一百三十兩，正四從四品一百五兩，正五從五品八十兩，正六從六品六十兩，正七從七品四十五兩，正八從八品四十兩，正九從九品三十三兩一錢一分四厘。凡此之類，皆當鈔自邸報或《一統志》者也。

0446-1719

趙榮福《燕行日錄》（《全集》第 36 冊 鈔本）

出使事由：冬至等三節年貢行

---

①案朝鮮曾一度改道名，"以忠清道爲公洪道，全羅道爲全光道，江原道爲江春道。忠、清、羅、原四州，皆以逆變降號，並改道名"。後又"命以全光道復號全羅，江春道復號江原，而忠原、錦城、原城、南原、利川、長興、潭陽、醴泉、豐基、龍仁、振威等邑並陞復本號。蓋以逆賊胎生邑降號，而今已準十年之限也"。參《英祖實錄》卷40，英祖十一年（雍正十三年 1735）五月一日庚子條；又卷47，英祖十四年（乾隆三年 1738）正月十一日甲子條。

出使成員：正使議政府右參贊趙道彬、副使刑曹參議趙榮福、書狀官兵曹正郎申晢等

出使時間：肅宗四十五年（康熙五十八年　1719）十一月四日—三月二十六日

趙榮福（1672—1728），字錫五，號二知堂，咸安人。肅宗三十一年（1705），中司馬試。爲户曹佐郎、司僕寺判官等。四十年，擢增廣文科。官至司憲府持平、東萊府使、承政院承旨等。景宗時，爲忠清道觀察使、司諫院大司諫等，因事竄善山。英祖朝，起復慶尚道觀察使、開城留守等。有《燕行日錄》等傳世。事見俞拓基《知守齋集》卷一二《開城留守趙公墓表》、李縡《陶菴先生集》卷三〇《神道碑》與肅宗、顯宗、英祖《實錄》等。

案肅宗四十五年（康熙五十八年　1719），以右參贊趙道彬爲冬至等三節年貢行正使，刑曹參議趙榮福爲副使、兵曹正郎申晢爲書狀官入燕，此稿即爲趙榮福此行所記日記與詩作耳。其詩中偶有校語與異文，蓋爲後人鈔校本。前爲三使官銜姓名與行中員譯名單共四十二人，而渡江時驛馬四十三匹，義州刷馬到北京者一百十六匹，至瀋陽者三百三十匹，則一行人員驅馬人等爲五百餘人，可謂龐大矣。一行於十一月初四日詣闕出發，二十六日雪馬渡江，十二月二十七日到玉河館，而糞穢滿庭，窗户破裂，炕屋頹敗，艱於住宿。二月十六日發北京，三月二十六日回京覆命焉。

李氏此記，較爲簡略，每隔數日，則於當日後簡叙其山川景貌，亦寥寥數筆而已。尤其在北京時，僅記陰晴，別無它事。日記末附沿途與正使、書狀所唱和之詩四十餘首。又記十二月十八日，到山海關，因癸巳使臣金昌集之弟金昌業，與此地人郭如柏有雅要，故招見致款，郭有銅雀瓦硯，托其買來，而其硯已爲人携至都中，不果得云。

0447-1719
金昌集等【原題趙榮福】《燕行别章》（《全集》第36册　原草本）

案金昌集有《燕行塤箎錄》（0427-1712），已著錄。

此即趙榮福於肅宗四十五年，以副使出使清朝時，行前諸友人所贐之

詩稿也。稿皆原作,諸家手墨,燦然如繪,可謂珍矣。封面爲山水圖,於右上行書"燕行別章"四字於圖中,而山川有長江、金陵、姑蘇諸名,則爲中國江蘇諸地之山水也,蓋摹之於方志者耳。所賺詩稿右上,皆一一注明作者之姓名、字號與官銜等。計收金昌集、李頤命、李建命、鄭澔、閔鎮厚、申鈺、宋相琦、李觀命、金昌業等二十一人所作,凡詩五十九首、文二篇,多無可稱述者。唯大司憲李喜朝《別趙令公赴燕序》稱,朱晦翁序《南軒先生文集》以其奏議已施行,故不錄,實則以其中文字,確實痛切,故未敢編入,又言見《文獻通考·經籍志》,果有《南軒奏議》十卷見載,不知是否朱子編定。李氏謂此書當於《文集》一體並傳,而東國未見,故望趙氏於出使時,廣問博訪,期於有得,不惜重價而冀購回,獻於九重,以備覽而資講論,則亦庶幾有裨於君德治道矣,此外如宋元明諸儒先文集,以暨性理諸書,亦宜一並訪問隨得市來云。又金昌業所賺組詩三十六首,爲其赴燕紀實詩,清麗活潑,甚可玩賞焉。

0448-1719

宋必恒《己亥聞見事件》(《同文彙考補編》卷三《使臣別單三》 活字本)

出使事由:進賀兼謝恩行
出使成員:正使礪山君李枋、副使左參贊俞命弘、書狀官兼司憲府掌令宋必桓等
出使時間:肅宗四十五年(康熙五十八年 1719)八月八日—?

宋必恒,生卒籍貫不詳。肅宗朝,爲司諫院正言、持平、掌令、司諫院獻納等。景宗時,任司諫院司諫、舒川郡守等。英祖朝,爲司憲府執義、司諫院司諫等。事見肅宗、景宗、英祖《實錄》與《承政院日記》等。

康熙五十八年(肅宗四十五年 1719)正月,清廷以皇太后祔廟,遣內閣大學士禮部侍郎德音等賫敕入朝鮮。朝鮮遣進賀兼謝恩使礪山君李枋、副使左參贊俞命弘、書狀官兼司憲府掌令宋必桓等入中國,以賀尊諡皇太后、謝頒詔賜物、謝問上候等事。

此《聞見事件》一條,記到館後,一行人馬糧饌,大米一百三十八斗、

太五百四十斗、清醬三斤二兩、盤醬一百七十四斤三兩、肉七百七十五斤、生鵝九首、生雞三十六首、生魚三十五尾、豆腐二十五斤、菜四百九十六斤四兩、茶十斤五兩、醋三斤八兩、鹽十六斤十四兩、燈油一千四百十三鍾、燒酒十五斤十二兩、清酒七瓶、羊四口、柴六千五百二十斤、粟草九百四十五束、郊草九百四十五束,五日一給。此記可與諸家燕行使所載相較,以考當時使行在北京所需下程之多寡與豐劣矣。

此行原定七月初四日發王城,因李枋憚於冒熱作行,且以求請列邑者之未及上來,圖囑備局。雨霽已久,又託言潦雨可慮,邊退日期,人皆駭之。後以八月十一日定入,世子下令曰十一日太遠,以旬前推擇。肅宗以爲敕使則二月出來,而謝恩使則八月發程太遠,其在事體,誠甚未安。又謂"近來使行拜表後,越江日期,亦無古規,漸至遷就,過累日後,始爲越江矣。今番使行,若又遲滯,則將於九月初,始爲越江,十月初當抵北京。自入敕使入京日計之,當爲九朔,事不當若是。今番則勿爲稽滯,必於九月入北京事,各別申飭"。① 然雖有王令,仍一再耽延,至八月八日方始拜表成行焉。

0449-1720
李頤命《燕行雜識》(《全集》第34册;《叢刊》第172册《疏齋集》 刻本)

　　出使事由:告訃兼請諡請承襲奏請行
　　出使成員:正使判中樞府事李頤命、副使議政府左參贊李肇、書狀官
　　　　　　兼司憲府執義朴聖輅等
　　出使時間:景宗即位年(康熙五十九年　1720)七月二十七日—翌年
　　　　　　二月一日

　　案李頤命有《燕行録》(0421-1704),已著録。
　　肅宗四十六年(康熙五十九年　1720)六月,肅宗昇遐,景宗即位,尊肅宗妃金氏(1687—1757)爲王大妃。七月二十七日,遂遣告訃兼奏請使

---

①《肅宗實録》卷63,肅宗四十五年(康熙五十八年　1719)六月十六日丁巳條;又卷64,七月二十七日戊戌條。

判中樞府事李頤命、副使左參贊李肇、書狀官兼執義朴聖輅等入清,告訃兼請謚、請承襲諸件,一行於翌年二月初一日返京覆命焉。

案此卷輯自李頤命《疏齋集》卷一一,共收錄李氏燕行時所記札記十七條。其首條稱,金昌業嘗云其"《甲申燕行錄》太草草,可恨。今行欲詳錄,道中見器也記行甚悉,故錄數日而止,以省一勞"①。其在京期間所記,有"器托以汲水,數出游覽"等語②。器即其子器之,因器之所記綦詳,故頤命所記頗簡耳。

李頤命是稿,不再逐日記程,而僅記其所見十餘條札記耳。有沿途所見驅車、山海關稅官朝鮮裔金尚明、在京呈表咨遇困、漁陽河漕運之繁盛、館中所遇西洋人蘇霖與戴進賢、行路途中之夢、北京城之布局、會同館問國王世系等事。若其記在連山關驛,主人老翁稱其子西征三年而病死,載尸而來,前月葬地此,歸尸皆書名於其衣,故辨之。問死於征戍官給葬錢否?云給三十兩銀子。③ 此可知清朝軍隊亡殁後撫恤之金額也。又如記關内情形時稱,"關内秋穀蔽畝已收者,刈置於田中,牛馬滿野,不敢吃,行人亦不取一穗。路傍人家,夜不閉户,或無欄垣,行旅夜行不息"④。此又可知,當時遼東一路,承平日久,民皆安堵之狀也。

0450-1720
李頤命《燕行雜識》(《全集》第 34 册　鈔本)

案李頤命有《燕行錄》(0421-1704),已著錄。

此《燕行雜識》之別本,輯自《稗林》,蓋《稗林》又選自李頤命《疏齋集》者,全卷皆爲鈔本,而正文、添頭偶有注釋,如第一條叙金昌業之語,條末即注昌業姓名、籍貫等。其最末附《良役變通議》一篇長文,則論當時朝鮮軍役賦税諸事也。其出使期間,副使禮曹參判李喜茂,曾論良役曰:"各道監司,若極意搜括,則可得軍官牙兵保漢等冒入者,其數甚多,雖不

---

① 李頤命《燕行雜識》,《燕行錄全集》,034/108。
② 李頤命《燕行雜識》,《燕行錄全集》,034/118。
③ 李頤命《燕行雜識》,《燕行錄全集》,034/109。
④ 李頤命《燕行雜識》,《燕行錄全集》,034/109。

侵士族,而人徵一布,前納二匹者,但徵一匹,可充收布之數,均役無難事矣。"李氏曰:"舍兩班則可謂均役乎? 搜漏丁,可能當已徵布之人數乎? 此未可知也。"①蓋李氏既不同意副使之論,故返國後自究其得失,撰爲此文耳,雖與燕行無關,然亦可考知,使臣雖行役在外,聞中國賦稅之法,其所參稽思慮者,亦朝鮮賦役之弊及救治之方也。

0451-1720
李器之《一庵燕記》(《續集》第110—112冊　鈔本)

　　李器之(1691②—1722),字士安,號一庵,全州人。頤命子。擅詩文。恥一事之未通,其言議必證援經史,不專主己。肅宗四十一年(康熙五十四年　1715)進士。景宗元年(康熙六十年　1721),辛壬士禍起,受頤命牽連,流配南原。後押返漢城,於義禁府獄,拷掠致死。後追贈司憲府持平。著有《一庵燕記》四卷、《一庵集》二卷行世。事見金信謙《檜巢集》卷一〇《一菴李公墓表》與《景宗實錄》《一庵集》等。

　　案李器之出使事由,詳參前李頤命《燕行雜識解題》(0449-1720)。

　　李器之《一庵集》二卷,未收錄《一庵燕記》。李氏志識偉然,厭局偏邦之陋,聞稼齋游燕之事而悅之,適值其父頤命以告訃使入燕,遂決意從行。據器之自言,頤命"十年侍湯,形神勞瘁,而又作萬里之役,余遂決意陪往,軍官四員,余居其一",故以正使軍官身份隨侍入中國。③ 其游覽之富,幾與稼齋相埒。而歸未閱歲,不幸罹辛壬之禍。紀行之書,未及脫稿,缺漏甚多,與中州人士問答諸紙,並皆散佚,無以參互考正,故其子鳳祥只依草稿寫成。"其書詳而不繁,質而不俚,讀之纚纚不厭,山川道里、城闕塔廟壯麗特殊之觀,與夫奇花怪石、法書名畫瑰詭之玩。昔賢之遺躅,邊塞之形勝,人民謠俗之變,宛宛在目,怳若身游燕薊,可以恢聞見而識華

---

①李頤命《燕行雜識》,《燕行錄全集》,034/117—118。
②案李器之生於康熙二十九年(肅宗十六年)十二月二十五日,核西曆爲1691年1月23日。
③李器之《一庵燕記》卷1,《燕行錄續集》,110/351。

風，免東人窺啓坐井之陋，非特雨榻燈窗，爲遣閑止睡之資而已。"①

今存《一庵燕記》五卷，前爲使團一行名單，多闕文，凡疑字則用諺文同音字代之。每卷前先列每日所宿站地於卷前，再記當日所經之地，然後叙沿路所見。返渡江後僅簡記每日所經之地、日期陰晴及所宿館驛。李器之所記，凡譯官之擇定，廟堂所賜之臘藥，拜辭家廟與慈親，鮮境一行之支供，渡江前之搜檢禁物，九連城所設之賑幕，東八站之攔頭，護行麻貝甲軍，沿途所宿察院，以及沿途居舍、場院、兒童、花木、動畜、瓜果、寺院、坑制、衣飾、税收、冶鐵、轎制、科舉、山川、古迹等，無一不記，無不詳悉。入北京後，栖法華寺，又記一行所宿房屋炕灶、糧饌柴草甚詳焉。

李器之記載之事，爲諸家所無者，如在瀋陽郊外，與群胡試才射弓馬，錦州喪家喪制喪儀。在渡口見船隻板上有土，如履平地。若夏店磚窰，邦均店針鋪，可億萬計。又如炕堗之烟氣滿室而不堪坐，察院民家之房錢計算，豐潤木稼皓然作水銀世界。又沿路大小酒鋪食店，雞卵酒杯之價錢；高麗堡名與高麗人子孫之爭。所見賣唱藝人、雜技、魔術、書册、花草，百般十樣。用刀用劍之法，棺村鋪之狀貌。在夷齊廟托寺僧拓碑印字，在永平覓李廣射虎石，永平府路上大雪風景，城門樓臺匾額，中後所帽子鋪，關帝廟抽籤，沿路不時見大車滿載熊豕獐鹿虎豹鷹之屬往北京等。器之在閭山中曾謂其在漢京時，以小册書月沙《閭山記》及稼齋《燕行録》中《閭山記》，在挂鞍囊中，遂取出左手，到處披閱，參互考證，一一按覈。大抵稼齋所録，鑿鑿相符，無一不合；月沙先生記多相左，亦有不可曉者。想年久而川谷徑路，有今古之異；寺觀位置，有興廢而然也。② 此可見其行前已多備燕行諸書，故在途所記，多爲他家所不載者，可與稼齋相頡頏也。

李器之日記所載，漢人多可惡，而滿人多厚樸。如在爛泥堡，使行離發後，器之與金德三欲暫憩而行，主嫗婦，漢女也。奸惡無比，百般督迫出去。其慨歎"大抵清人多良善，漢人則男女皆巧惡"③。又記在白塔堡聖慈

---

① 李器之《一庵燕記》卷5，《燕行録續集》，112/147—148。
② 李器之《一庵燕記》卷1，《燕行録續集》110/463—464。
③ 李器之《一庵燕記》卷1，《燕行録續集》110/423。

寺,觀覽畢還,以清心一丸,別扇一,贈住持作別,其僧甚純實,亦清人故也。① 在瀋陽郊比射弓矢畢,器之贈將胡清心二丸,其胡殷勤作別,意甚眷眷,蓋亦清人故也。② 又在法華寺,序班盡是浙人,皆輕佻詐薄,大不及北方人。③ 又記侍衛英桂,為皇帝之侄,為人極純樸,少文多質,言語多天真。"大抵清人多質,漢人多詐,漢人之中,北京人猶寬厚,南方人個個伶俐而巧詐,知文字者其詐尤甚。清人及北土人,身材皆長大,氣貌勁健;南方之人,多明朗清秀,而無武健者。蓋以北方勁健質樸之人,騎壯大胡馬,又兼以中原之機巧技擊,其勢固已難當。而即今江淮南,專事文字,家置萬卷書,評文論詩朱墨塗乙,寫畫作字,筆翰淋漓。凡北京所賣書册筆墨紙硯書畫綿緞器玩之屬,皆自南方來。文明巧麗如此,可知其萎弱,此後天下雖有事,南方兵力決不能抗北人,恐難再如元末明初也。"④朝鮮君臣,本冀望於漢人之反清復明,今清人純慤如此,而漢人奸詐難料,其大失冀望,盡顯記中矣。

又記在瀋陽,游觀書册鋪子,各種皆具,而板本不好,無可買者。大抵人家及書鋪,太半是四書注解體注正義等,名目極多,書秩最繁,蓋方今試場文字,全用四書故也。⑤ 其在北京,先後買《十七代全史》《朱子語類》《邵子全書》《陸放翁集》《歸震川集》《錢牧齋集》《明紀全載》《仇注杜詩》《中晚唐詩》《本草綱目》《遵生八箋》等書。⑥ 又與翰林院檢討陳法家交好,至其家游賞筆談,法贈筆十條、墨八丁並匣貴州茶一塊相贈,筆墨各精好,來此後初見也。陳法所與之筆,尖小如棗核之半者,毛極精,可作蠅頭細字,而縱橫如意。大筆刻黃閣調元,而亦柔而健,俱非朝鮮黃毛筆之比也。曾買他筆數枝,而粗惡不堪用,以陳筆大小二枝給館夫,使入如此之筆,只得棗核筆二條而來,言此筆甚貴,一條價銀二錢。大筆則乃皇帝所用之筆,闕中所造,親王宰相家或有頒賜者,而市鋪上無有也。瞿珍所

---

①李器之《一庵燕記》卷1,《燕行錄續集》110/429。
②李器之《一庵燕記》卷1,《燕行錄續集》110/438。
③李器之《一庵燕記》卷2,《燕行錄續集》111/161。
④李器之《一庵燕記》卷4,《燕行錄續集》111/449—450。
⑤李器之《一庵燕記》卷1,《燕行錄續集》110/431。
⑥李器之《一庵燕記》卷4,《燕行錄續集》111/362。

與兔毛大水筆,亦宜於雜用書札,使買來,則十條價銀二錢,價廉而筆亦佳。雖不可作精楷細字,一濡墨可作數十行。① 然則器之歸囊,可謂富厚矣。

又記在瀋郊比射弓矢,贈將官清心二丸,問用處,言心痛霍亂面熱,磨服,其人致謝。② 在玉田,有孝家鄭愉,六十二歲,乙丑科進士,原任河南道,母喪守制,筆談頤養之道,器之以清心、蘇合各兩丸與之,問用處,書示之。③ 此可知當時遼東尚不知清心丸之藥用,非如後來之人人皆索此神丸也。

又記一行刷馬驅人輩,作奸犯科,禍害一路。如在東關驛,刷馬驅人偷乾糧扇四十柄,又盜出醬瓶,仍破其瓶。此輩百惡俱備,雖日日杖之,亦不能禁。④ 入山海關,出蓮花莊,路邊有賣梨人,持筐來訴於兩轎前,言朝鮮房子們盡奪食筐中之梨。⑤ 又義州驅人盜上房簇子二軸,賣胡人,此輩所爲多無狀,不可勝杖,且以遠路難行爲怙,亦難猛杖,可痛惋。返程自二里店至中前所,刷馬皆病疲,驅人輩個個獰悍巧惡,但買酒食而自吃,終日不喂馬,是以馬多顚僕,決難作行。⑥ 在瀋陽西門,始入去,見酒食鋪中一驅人入去,指口指腹乞食,店主以餅給之。蓋此輩皆能漢語,故作此態以爲乞憐之計,極可痛駭。入瀋陽察院,夕後,門前喧鬧,一胡突入上房呼訴,馬頭輩驅出,而抵死突入,問故則甲軍未暮閉門,軍奴颯殺言多未及入來者,不可閉,相與爭詰,甲軍輩仍亂打颯殺,颯殺素曉健,毆擊數人,皆破面,雙方一場打鬪,極是熱鬧。⑦ 此可知刷馬驅人輩,沿途作惡之情狀也。

又記在法華寺,副使膈塞煩悶,墜於炕下,服小便而蘇。⑧ 副使、書狀來上房器之所處炕,小置卓子於炕下前,坐炕邊,置册卓上而看之,自與炕

---

①李器之《一庵燕記》卷4,《燕行錄續集》111/363—370。
②李器之《一庵燕記》卷1,《燕行錄續集》110/438。
③李器之《一庵燕記》卷2,《燕行錄續集》111/448。
④李器之《一庵燕記》卷1,《燕行錄續集》110/493。
⑤李器之《一庵燕記》卷2,《燕行錄續集》111/033。
⑥李器之《一庵燕記》卷5,《燕行錄續集》112/069。
⑦李器之《一庵燕記》卷5,《燕行錄續集》112/116—117。
⑧李器之《一庵燕記》卷3,《燕行錄續集》111/295。

灶相近。是日，多爇石炭，炭氣上沖，忽昏倒如夢，急起開窗，且嚼清心元，已而倒卧，不省人事。半食頃，烟氣出門而自醒，遂出坐庭中，覓蘿卜於厨房而食之，氣稍蘇。頃日副使亦以此而昏窒矣。聞此處偸兒，多以石炭末和紙作繩燃火納窗孔，則房中之人昏睡如醉，蹴踏不能覺，欲防此須以器貯清水置枕邊，則烟氣盡入於水，而人不昏云。石炭之烟，固有毒矣。① 此則爲典型之煤氣中毒，而非偸兒薰毒所致也。

又李氏一行在返途中，見冬至使李宜顯一行，知士禍已起，京洛之信，多不欲聞，風浪接天，止息無期，故推四柱算命，以卜吉凶。比及返漢京，頤命待罪城郊，不敢入城，旋父子械逮，終命喪黄泉，黨錮之禍，可謂慘烈至極矣。

0452-1720

李器之《燕行詩》(《全集》第 37 册;《叢刊續》第 70 册《一庵集》 活字本)

案李器之有《一庵燕記》(0451-1720)，已著録。

李器之《一庵集》二卷，上卷詩，下卷文，後附金信謙《墓表》及器之子鳳祥識語，據鳳祥語，此集收集於器之罹難後四十餘年，艱辛裒拾，詩文僅百餘首，故有殘缺焉。

《燕行録全集》第三九册，收李器之《一庵集》卷一共三十一首詩，首《送人赴燕》三首，下《出塞行》題詩注"丙申"，此後則《射虎石》《楚宫辭》等外，《燕京雜詩》十首與《燕行絶句》十一首耳。考丙申當爲康熙五十五年，是年朝鮮出使者，僅十月三十日謝恩兼冬至等三節年貢一行，分别爲正使礪山君李枋、副使禮曹參判李大成、書狀官兼掌令權熀等，無李氏之名，蓋僅詩題如此，實並未入中國也。又考其本集，卷一《遼野望哭後書呈家大人》詩題下注"庚子"，此下所收詩即景宗即位年庚子(1720)，器之隨其父出使途中所作也。爲《全集》所漏收者，如《北京贈楊澄》《又贈楊澄》等十餘首，當補入爲妥。其《燕京雜詩》與《燕行絶句》均類竹枝詞，寫

---

① 李器之《一庵燕記》卷3，《燕行録續集》111/335—336。

北京風情與夫遼野古迹、史實與風光。而卷二《游閭山記》《甘露菴題名記》《游盤山記》《游瓊島記》《西洋畫記》《渾儀記》《登兔兒山記》《薊門烟樹記》《尋射虎石記》等,皆爲沿途所撰之游記。李器之"嘗讀《孟子》於道峰山中,因悟爲文之法,惟在主意明而關鍵密,起結頓挫有力,開闔微眇無痕"①。今觀諸篇游記,格力遒爽,波瀾浩瀚,淵達雅健,結構整嚴,非浮泛鈔撮之家可比矣。

又卷二《與陳翰林法書》《答李教官亮世書》,亦爲答中國士大夫之札,而答李亮世時,器之已在配所,其別父詩有"賴有青天頭上在,江鄉歸去可承歡"②。則其時尚有僥幸生還之心。而其寄兒之《絶筆》詩謂"縱今死在圓扉下,桎梏還看正命人","奇禍橫罹命也哉,賢人不免吾何哀",並囑子"勿入科場可矣"。③ 語極沉痛,可哀也已!

0453-1720

李宜顯《庚子燕行詩》(《全集》第35冊;《叢刊》第180册《陶谷集》 活字本)

出使事由:冬至等三節年貢行
出使成員:正使議政府右參贊李宜顯、副使禮曹參判李喬岳、書狀官兼司憲府持平趙榮世等
出使時間:景宗即位年(康熙五十九年 1720)十一月三日—翌年三月?

李宜顯(1669—1745),字德哉,號陶谷,龍仁人。世白子。喜文學,以清儉自持。師從金昌協。肅宗二十年(康熙三十三年 1694),登别試文科殿試丙科。歷任司諫院大司諫、開城留守、吏曹判書、禮曹判書、藝文館大提學、議政府右議政、領議政等。辛丑士禍起,遠竄雲山郡。平生以清廉著稱。謚文簡。有《陶谷集》三十二卷行世。事見《陶谷集》卷一八《自誌》、卷二〇《墓表》、卷三二《紀年録》與《肅宗實録》《英祖實録》《黨

---

①李器之《一庵集》附録李鳳祥識語,《韓國文集叢刊續》,070/301。
②李器之《一菴集》卷1《自南海來南原次家大人送别韻》,《韓國文集叢刊續》,070/275。
③李器之《一菴集》卷1《絶筆》,《韓國文集叢刊續》,070/276。

議通略》等。

李宜顯《陶谷集》三十二卷，爲其孫學祿據家藏稿本編次，得申晦協助於英祖四十二年（1766）以芸閣活字刊行，《韓國文集叢刊》據奎章閣藏本影印，《燕行錄全集》爲同一版本。凡詩四卷，大致以年代排次，他卷爲文，末卷爲《紀年錄》，實則宜顯年譜耳。

景宗即位年（康熙五十九年　1720），以右參贊李宜顯爲冬至等三節年貢行正使，禮曹參判李喬岳爲副使，兼持平趙榮世爲書狀官赴燕。一行於是年十一月初三日離發，約翌年三月初返王京覆命焉。

《庚子燕行詩》輯自《陶谷集》卷二，案李宜顯《庚子燕行雜識下》謂此行"得詩三百九十二首"①。然此卷僅收燕行詩百四十餘首，則泰半爲删汰耳。李氏是行所作詩，多爲與副使、書狀相唱和之作，後有《通津府次板上韻》等辛丑後作六十餘首，非燕行之詩也。宜顯詩，雖亦多譏刺清廷、懷念故明之詩，如"從古行人無好緒，即今何處覓中華"②，"羞深跪堂際，憤切叩頭時"之類皆是③。然其詠物賞景之作，亦復不少，如《遼東雜詠》有舊遼東、新遼東、阿彌莊、駐蹕山、白塔、華表柱、太子河、逢萌、管寧、遼野等十首，《燕中詠物俚言》有馬、牛、橐駝、驢、象、羊、狗、猪、鵝、雞、柑橘、葡萄、龍眼荔支、檳榔、茶酒、紙、筆、墨、寺庭碑、寺樓等二十首，述風物民俗，歎未見奇觀，亦頗有趣。又其《義州途中漫述十二韻只記轎中物》一詩，與此可知使臣轎中諸物及擺設，轎内食物與著裝等，開洪大容、朴齊家詠此類物之詩風。另宜顯詩中，偶有離合體、玉連環體、藥名體諸體，亦諸家少有之作也。

0454-1720
李宜顯《庚子燕行雜識》（《全集》第 35 册；《叢刊》第 180 册《陶谷集》活字本）

案李宜顯有《庚子燕行詩》（0453-1720），已著錄。

---

① 李宜顯《庚子燕行雜識》卷下，《燕行錄全集》，035/436。
② 李宜顯《庚子燕行詩·大凌河次副使韻》，《燕行錄全集》，035/172。
③ 李宜顯《庚子燕行詩·詣禮部呈表咨仍往鴻臚寺參習儀》，《燕行錄全集》，035/184。

此即李宜顯庚子燕行時所記雜記也，上下兩卷凡百五十餘條，見李氏《陶谷集》卷二九至卷三〇。據《景宗實錄》及李氏此記，初七月五日，點宋相琦爲冬至正使，忠州牧李喬岳爲副使，金化縣監趙榮世爲書狀官。大臣以宋衰病，不堪遠役，而當品絶未有無故可往之人，請以從二品陞授，宜顯與關西伯李光仲入擬，而以宜顯受點，超階資憲。① 時宜顯爲右參贊，拜京尹之長，宜顯以爲"上卿之位，即古所稱命德之具，是何等高顯之地，而今日膺使命者，既將因此晉陞，則與循常使价，絶有不同，誠宜極遴時望，務盡難愼之道，而今乃大有所不然者，不問人器之如何，只觀階級之比近，輕加爵命，曾莫少吝，不但微臣深有冥陞之懼，朝家舉措之苟簡，無甚於此，一世譁然嗤點，亦何足怪也"②。固請辭免，不允，遂偕使團啓行也。

此記所録，凡沿路名勝，若統軍亭、柵門、青石嶺、白塔、瀋陽宫闕、寶勝寺、冷井、杏山堡、永寧寺、祖家牌樓、孤竹城、貞女廟、薊門烟樹、薊州卧佛寺、香花庵、通州、北京市肆、太清門等，所接人物若永安橋常玉春弟後裔常玉琨、山海關税官本朝鮮義州人金常明、谷應泰後裔谷碕、年希堯等，以及沿途所見若清帝御製《訓飭士子文》、清朝塘報勸康熙行六十年慶賀事、各種幻術、歲幣交納、衙門周旋、今科科舉考試主考官、上馬宴、僧人賣假瓦當、古畫名帖、沿途三十站名、山水景色、沙塵、北京通州等城制、烟臺形制、各地市肆、公私屋制、瓦房草屋、隱溝溺器、服裝顔色、官服等級、男婦穿著、驢拉碾子、驢牛耕田之法、牧羊牧馬、喂馬之法、馬鞍轡飾、清人漢人相貌情性、喪服之制、飯食飯桌、烟茶待客、果品魚類、蔬菜柴炭、炊具飯器、文房四寶、日用錢貨、富商大賈、所購圖書等，皆詳爲記録，頗可參稽。然燕行使臣所記雜記，多前因後襲，鈔撮成風，宜顯此記中，若論渡江至北京之沙塵，溺器使用習俗等，多抄自金昌業《老稼齋燕行録》中者也。

———————————

①李宜顯《庚子燕行雜識》卷上，《燕行録全集》，035/346。
②李宜顯《陶谷集》卷6《辭冬至正使超拜判尹辭免疏（庚子）》，《韓國文集叢刊》，180/439。

0455-1720
李宜顯、李喬岳《庚子別單》(《同文彙考補編》卷三《使臣別單三》 活字本)

　　案李宜顯有《庚子燕行詩》(0453-1720),已著録。

　　李喬岳(1653—1728),字伯瞻,號惜陰窩,龍仁人。肅宗四十一年(1705)文科及第。爲司憲府持平、弘文館修撰、承政院承旨、黃海道觀察使、司諫院大司諫等。景宗朝,再爲大司諫、承旨等,因事竄慶山、東萊。英祖朝,起爲大司諫、刑曹參判、禮曹參判、司憲府大司憲等。事見肅宗、景宗、英祖《實録》。

　　此《別單》一條,記上年八月間,寧遠大將軍十四王胤禎(當爲禎)等率師駐紮穆魯烏蘇,三路襲擊,至阿喇蒲坦邊境,累次大勝,擒獲人畜。皇帝下旨將軍以下兵丁以上,俱令從優議叙。而西藏餘種,尚未盡剿,官兵留待春後前進,帝遣官慰問。又言四川總督年羹堯、雲南總督蔣陳錫年競,以致苗夷吐蕃失依恐懼,趁機作亂,十四王密奏請兵剿除云。

卷四一　0456—0473

景宗元年(康熙六十年　1721)—景宗四年(清世宗雍正二年　1724)

0456-1721
趙泰采《辛丑燕行錄》(《叢刊》第176册　活字本;《叢書》第2345册《二憂堂集》　鈔本)

　　出使事由:謝恩行
　　出使成員:正使判中樞府事趙泰采、副使議政府左參贊李正臣、書狀官兼司憲府執義梁聖揆等
　　出使時間:景宗元年(康熙六十年　1721)三月四日—八月二日

　　案趙泰采有《癸巳燕行錄》(0436-1713),已著録。
　　肅宗四十六年(1720)六月,肅宗昇暇。朝鮮告訃於清廷,十一月,清廷派使臣弔祭,後又遣散秩大臣渣克亶等至王京頒謚、致祭,並頒詔册封世子李昀爲國王,是爲景宗。景宗元年(康熙六十年　1721)三月初四日,遂派謝恩行正使判中樞府事趙泰采、副使左參贊李正臣、書狀官兼執義梁聖揆赴燕,以謝致弔、謝賜祭、謝賜謚、謝册封、謝蠲免謝恩方物等,一行於八月初二日謁闕覆命也。
　　趙氏此卷詩,輯自《二憂堂集》卷一。《渡灣次副使韻》題下注"辛丑燕行時作"①,有詩十餘首,乃此次燕行所作,爲《燕行録全集》編纂者忽略,今爲輯出另編爲一種焉。
　　趙氏此行,久滯館中,時值夏炎伏天,故有"苦炎無處避,藤簟坐宵分"之酷熱②。而回還途中,則又至入秋時節,常常"暑雨通宵未暫休,茫

---

①趙泰采《癸巳燕行録》,《燕行録全集》,034/181。
②趙泰采《癸巳燕行録・初伏漫吟》,《燕行録全集》,034/186。

茫平陸水橫流"①。此中苦楚,則冬至行時所不遇之艱困也。

0457-1721
李正臣《燕行録》(《全集》第 34 册;《叢刊續》第 53 册　鈔本)

李正臣(1660—1727),字邦彦,號櫟翁,又號松蘗堂,延安人。肅宗七年(1681),中司馬試。二十五年,登文科。官至東萊府使、兵曹參判、京畿道觀察使、江原觀察使、承政院都承旨等。有《櫟翁遺稿》九卷傳世。事見《櫟翁遺稿》卷九附録李喆輔《行狀》《墓表》、李宗誠《神道碑銘》與《肅宗實録》《景宗實録》等。

案李正臣出使事由,詳參前趙泰采《辛丑燕行録解題》(0456-1721)。

案此《燕行録》一卷,鈔本。爲其於景宗元年(康熙六十年　1721)偕上使趙泰采入燕時所記日記也。其稿鈔録工整,小楷娟秀,偶有缺字,間有地名之類,漢字不知而用諺字注音替代者。今李正臣《櫟翁遺稿》卷七所收《燕行録》,與此本同,唯鈔字不一。首録一行名單,皆記職銜、姓名、生辰、籍貫以及現今住地,較他家爲詳,所記凡人員一百一十五人,而各項刷馬一百匹驅人一百名,又卜私持馬四十四匹、驅人四十四名,則人員達二百五十九人之多,規模亦自不小。後録路程記,記地名里數等。而文則自三月初四日離發王京,至四月三十日入北京住興隆寺止,返途無所記録也。

全稿記事,極爲詳悉,凡所經地名、里數、山川、古迹、人物、花草、寺觀、店鋪、牌樓、壁記、墳墓、民居等,無不詳爲叙述。蓋其去路時,已爲盡記,故歸途之中,遂不再記録矣。又其論在鳳凰城之搜檢之法,及譯官輩媚悦於搜檢之人之情狀等,所言亦頗較他家爲詳。又一行宿通州時,上使分送一柑,李氏謂任東萊時,此時亦見此物,則今日此地所見,不是異事,而但全無酸味,甘爽異常,可謂十勝於倭柑,百勝於濟柑矣。又乾糧買進生紫葡萄、生梨、生山杏,葡萄間有腐傷之個,而皮全者味不變,至於梨與

---
①趙泰采《癸巳燕行録·段家嶺滯雨述苦懷示書狀》,《燕行録全集》,034/187。

杏,恰同新摘者。李氏連稱"異哉！異哉！譯官又進靑瓜,瘦細雖不能充實,能有瓜味,四月靑瓜,萬萬異事！"①此可知當時中國,已有儲存蔬菜梨果之法以保新鮮矣。

0458-1721
劉再昌《辛丑手本》(《同文彙考補編》卷三《使臣別單三》 活字本)

出使事由：押解行
出使成員：賷咨官副護軍劉再昌等
出使時間：景宗元年(康熙六十年 1721)六月十四日—？

劉再昌,生卒籍貫不詳。精漢語,爲譯官。曾多次陪使團出入中國。事見金昌業《老稼齋燕行日記》、崔德中《燕行日記》、《承政院日記》等。

景宗元年(康熙六十年 1721),清朝江蘇蘇州人高開升等五名,山東登州人徐海亮等十三名,同乘一船,漂到朝鮮大靜縣,船破。朝鮮專差行副護軍劉再昌押解咨報如例焉。

劉再昌此《手本》,僅記一條,爲清廷征西之事。謂迎送官殷泰之異母弟良弼,以羽林兵出征西藏,幸得生還。其言自皇城至西寧、通天河、西藏一萬五千餘里,幼聞唐三藏《西游記》有通天河,豈意身涉其河而赴戰乎？其水不甚廣,然水勢則緊而深。其地不以木道,而以牛馬生皮爲小船涉之,河魚無鱗,而長不過數盡,名曰蟲魚,食之無味。其地女人以毛爲帽,編髮爲兩叉,不簪不髻,而垂下前胸,不穿裩褲,只著長衣掩體。男子則狀如犵狫子,而不食數日,不饑不寒,人面之獸也。其賊不肯陳戰,見大炮則逃,然官兵追五十里,則走五十里,追百里,則走百里,而止伺官兵睡熟,潛夜突至,斫營殺人而走,以是官兵欲戰不得,夜不能寐。且其地苦寒異常,雖擁重裘,人不能堪,漠漠曠野,風水迷目,無水草,不得炊飯,只舍米麪而馬糞汁,故兵士非戰亡,而率吐紅水而死,慘不忍見。今夕並頭而宿,翌朝起視,則便作僵尸。人人以爲今日不死,則明日必死。我羽林十人一幕,同居九人死,唯我一人生還,豈非天乎！哽咽不語,尚有餘戚云。

---
①李正臣《燕行錄》,《燕行錄全集》,034/286—287。

0459-1721
李健命《寒圃齋使行日記》(《續集》第 112 册　鈔本)

出使事由：陳奏奏請兼冬至等三節年貢行
出使成員：正使議政府左議政李健命、副使刑曹判書尹陽來、書狀官司僕寺正俞拓基等
出使時間：景宗元年(康熙六十年　1721)十月二十七日—翌年四月十八日

案李健命有《戊寅聞見事件》(0408-1698)，已著錄。

景宗元年(康熙六十年　1721)十月二十七日，景宗遣正使議政府左議政李健命、副使刑曹判書尹陽來、書狀官司僕寺正俞拓基等入清，謝册封世弟，並奏請封事情。先是，景宗自幼體弱無嗣，即位元年，從金昌集、李頤命、李健命、趙泰采諸人之議，擬立弟延礽君李昑爲王世弟，以臨朝聽政。初以金昌集爲正使、參議趙泰億陞秩爲副使、俞拓基爲書狀官。左議政李健命，以首相金昌集耆耋之年，爲國元輔，不堪出疆之行，劄請身自代之，上從之。景宗又教以國有大事，大臣不可出疆，命遞李健命正使，以宗室礪山君枋代之。金昌集、李健命言宗臣差遣奏請使，非重其事之道，健命仍請自往，上許之，三復變更，方定三使名焉。① 李健命請以銀貨七萬兩，齎往使行，以備賂之用，而其二萬兩，依丁丑例量入爲用，五萬兩貸員役，上從之。②

是書封面塗貼不清，左側"寒圃齋使行日記"數字，後五字尚能辨清也。前有健命後裔重明草書《從七祖寒圃齋使行日記序》，謂其報國之功，甚於比干。首頁首行低二格題"奏請兼冬至使行日記"，下錄一行三使及所帶軍官十九人名單。一行於十月二十七日拜表離發，十一月二十六日渡江，臘月二十八日抵北京，因玉河館爲大鼻獐子所占，故入十方院

---

①《景宗實錄》卷 4，景宗元年(康熙六十年　1721)八月二十五日癸未條；八月三十日戊子條；九月五日癸巳條；九月十二日庚子條。
②《景宗實錄》卷 5，景宗元年(康熙六十年　1721)十月二日己未條。

宿,因使事不順,遲滯耽延,於翌年四月初八日方返渡鴨江,十八日回京覆命焉。

李健命此記,於沿途所錄,不過陰晴起居,所見風景與夫各色人物,無特出於他家者。其所詳載者,在北京期間往來交涉請封之事。如壬寅正月二十三日,閣老松柱等會同禮部等官,聽健命等陳奏之事,問國王年歲,有弟幾人,是否同母所生等。健命等答以國王今年三十五歲,自少多病,氣甚痿弱,積年醫治,廣試求嗣之藥,而前後兩妃,左右媵屬,一未有胎孕,此可見嗣續之絕望,故擬先封弟,乃原有舊規,仰恃皇上字小之至德,備陳血懇,冀被恩典。國王親弟原有延成(礽)君、延齡君,而延齡已病卒,今只是延成君一人,今年二十九歲,即國王異母弟,原國王偏宫崔氏所生,其母已病卒。其奏文謂延成君聰明孝友,年又長成,臣既無子,舍兹其誰。當此國勢孤危之日,必須早建世弟之號,然後累世之宗祧有托,一邦之民庶有恃。又有康熙三十六年有成例可援,似以准封爲當云云。其間行賂諸官,若玉河館提督靳以天銀五千兩用於禮部堂郎,又不可不別贈於渠,許以丁銀六百兩;權臣閣老馬齊前後五千兩、良馬二匹;禮部侍郎羅瞻天銀五千兩(以丁銀計之六千兩);常明因朝鮮人子孫故,不收銀兩,送人蔘二十兩、白綿紙五十卷、好小紙二十卷,又白紙二塊、花席三十四立,付於提督通官大使等之需索。可謂天銀鋪路,大肆賄賂,使事方成矣。

又其在京期間,記正月辛卯(初五日),聞皇帝今日賜太學士九卿科道等官及文武有職官員六十以上至八十以上者凡一百六十人宴於乾清宫庭墀。宴畢,上御東暖閣,令太學士九卿翰林科道官進,各賜氍坐。後全錄康熙帝諭旨長文。① 而《清實錄》載,是日召漢文武大臣官員及致仕退斥人員、年六十五以上者三百四十人宴於乾清宫前。命諸王、貝勒、貝子、公及閑散宗室等,授爵勸飲,分頒食品如前禮,御製七言律詩一首,命與宴滿漢大臣官員各作詩紀其盛,名曰《千叟宴詩》。② 與李氏所記,各有不同,而李氏所錄康熙帝語,不見《清聖祖實錄》及《康熙朝起居注》,故頗可參考也。

---

①李健命《寒圃齋使行日記》,《燕行錄續集》,112/208。
②《清聖祖實錄》卷296,康熙六十一年(1722)正月辛卯條,中華書局1985年版,006/869。

0460-1721

李健命《燕行詩》(《叢刊》第 177 册《寒圃齋集》 活字本)

案李健命有《戊寅聞見事件》(0408-1698),已著録。

李健命《寒圃齋集》十卷,爲其孫復祥據家藏稿編次,洪鳳漢於英祖三十四年(1758)年以活字本刊行,《韓國文集叢刊》據國立中央圖書館藏本影印。凡詩二卷、文八卷,後有李復祥跋。

李健命《寒圃齋使行日記》中,偶亦有詩,與副使、書狀相唱和,其燕行詩近三十首,見《寒圃齋集》卷一,即從日記中輯出者。如"二十年前曾此役,三千里外又寒程"①,"故國三千里,霜毛六十年"等②,則以健命曾於肅宗二十四年(1698)以書狀官身份,隨謝恩使徐文重、副使閔鎮周入燕,且二次出使時已值花甲之年,故有詩紀其實也。李氏日記以三月初九日止,時仍在十方院也。後附狀啓四道,陳述賂賄求封諸事。末爲《南遷日記》,壬寅四月初九日渡江,即爲械逮,發往配所。其絕命詩有曰:"許國丹心在,死生任彼蒼。孤臣今日眼,無在拜先王。"③朝鮮黨爭之酷烈,於李健命亦可見矣。

又其詩若《留瀋城》《過四碑》《過松杏二堡》《宿通州》等詩,仍不出思明刺清之舊調。而《途中看日出》《詠盆菊》等詩,則能跳出此格,贊日詠菊,頗具閑情逸致,而"遥知白玉樓高處,瑞旭應先萬國紅"等句④,亦大氣磅礴,氣象不凡也。

0461-1721

李健命、尹陽來《辛丑別單》(《同文彙考補編》卷四《使臣別單四》 活字本)

案李健命有《戊寅聞見事件》(0408-1698),已著録。李氏、尹氏出

---

①李健命《寒圃齋使行日記·偶吟一律送示副使書狀求和》,《燕行録續集》,112/164。
②李健命《寒圃齋使行日記·歲色將改客懷作惡吟成一律》,《燕行録續集》,112/202。
③李健命《南遷日記》,《燕行録續集》,112/301。
④李健命《寒圃齋集》卷1《過松杏二堡》,《韓國文集叢刊》,177/347。

使事由，詳見前李健命《寒圃齋使行日記解題》（0459-1721）。

尹陽來（1673—1751），字季亨，號晦窩，坡平人。肅宗三十一年（1705），增廣會試擢一等，適其母喪，服闋後始赴殿試。爲司諫院正言、司憲府持平、執義、承政院承旨等。顯宗時，爲承旨、忠清道觀察使等。英祖朝，爲司諫院大司諫，歷咸鏡、京畿、平安道觀察使，陞漢城府判尹、刑曹判書、兵曹判書、議政府左參贊、判敦寧府事等。事見俞拓基《知守齋集》卷一四《尹公謚狀》與肅宗、景宗、英祖《實錄》。

此《別單》一條，記一行在北京奏請封典，時禮部侍郎羅瞻曾出使朝鮮，與譯官李碩材、韓斗綱頗熟，遂托其周旋，瞻謂文書例呈內閣，不可不厚贈，當入天銀五千兩，使臣不得不從。皇旨下禮部後，瞻又謂禮部堂郎數多所贈之物，汝與提督議定爲可，累次往復，乃以丁銀六千兩停當之後做出。又義州被擄人子常明，時爲鑾儀衛頭等侍衛來館中，縷縷以不忘祖爲言，且曰吾爲朝鮮，如有用力處，可不盡心。覓見行中器皿及饌物若干種，稱皇帝欲見外國物產，使渠私覓來。又不准封駁稿出來後，使臣急求常明轉寰，其稱與馬閣老及他閣老多親切，可以力勸，近臣中亦有通懇得力之處，而空手難做，使臣許以五千數。明又謂以行中好馬二匹擇給，以當有用處。李健命等以平安道大同驛景新馬、全羅道青巖驛景仁馬出給，而以義州不虞備銀六十七兩，買得胡馬代給該驛。使臣持來二萬兩內，三千五百兩依丁丑年例，分俵員譯，使之除邊利限，周年還納。

案朝鮮使臣，凡有國事陳奏、奏請諸事，莫不行賄以求事成，而清廷官員，亦莫不從中勒求，如此行封典，使臣前後所用銀萬餘兩、馬二匹，其他蔘物，亦頗不少。兩國國帑，並無增益，而中國官員與朝鮮譯官商賈輩，每藉使事之難成，從中漁利，中飽私囊，亦所謂見怪而不怪者矣。

又案常明祖父金新達禮（1606—1657），朝鮮義州人。與其弟音達禮、三達禮、季達禮於天聰元年（1627）投奔後金。① 後其子孫隨清帝入北京，遂爲清人，每念朝鮮爲祖國，與使事多有扶護，然亦不無索賄之嫌。使臣言常明爲人頗真切，每謂吾若爲朝鮮有一毫憑藉圖利之意，則不但得

---

①愛新覺羅・弘晝、鄂爾泰等纂《八旗滿洲氏族通譜》卷72，遼瀋書社1989年版，第790頁。

罪祖先,吾之子孫亦必滅亡云。健命等以爲,今次封典,雖出特旨,但常明有周旋之勞,遂以人蔘二十兩、補白綿紙五十卷、小好紙二十卷出給爲謝。此後朝鮮陳奏請封諸事,莫不求助常明。而史臣以爲:"前後奉使之臣,輒因常明,雖得濟事於一時,而私交鄰國之嬖臣,已非正大之道。且常明雖曰我人之後,既爲他國之臣,而敢有外交,其爲人之不能謹重,亦可知矣。如或彼我之間,利盡釁開,君臣之際,寵衰疑生,則安保此等事,不爲常明之罪,而患及我國乎?吁!可戒也已。"①

0462-1721
俞拓基《燕行錄》(《全集》第 38 冊;《叢刊》第 213 冊《知守齋集》 活字本)

俞拓基(1691—1767),字展甫,號知守齋,杞溪人。少受學於金昌集,待以國器。性寬厚,有大臣局量,爲上下所倚重。肅宗四十年(1714),中增廣文科。官至慶尚道觀察使、楊州牧使、咸鏡道觀察使、江華府留守、户曹判書、議政府右議政、判中樞府事、領議政等。謚文翼。有《知守齋集》十五卷傳世。事見《知守齋集》卷九《渼陰老人自銘》、卷一一《渼陰老人自識》、俞彥鎬《語石》第九册《從叔父文翼公遺事》與《英祖實錄》等。

案俞拓基出使事由,詳見前李健命《寒圃齋使行日記解題》(0459-1721)。

俞拓基《知守齋集》十五卷,爲俞氏自編稿,後裔於高宗十五年(1878),以全史字刊行。前有金炳學序,卷一爲詩,他卷爲諸體文,鄭末有李埡、俞致益二跋。《韓國文集叢刊》以奎章閣藏本影印,缺葉以高麗大學中央圖書館藏本補配,《燕行錄全集》與此本非同一版本。

此卷輯自俞拓基《知守齋集》卷一五,然《韓國文集叢刊》所錄條目極少,當爲別本。前爲《雜識》,後爲《燕行錄》。《雜識》共有五十餘條。俞氏自稱當時羈執孤館六十餘日,鄉思日催,歸期未卜,對卷輒睡,掩卷又悶

---

①《景宗實錄》卷 13,景宗三年(雍正元年 1723)九月十日丙戌條。

悶無以消遣,乃取日錄餘紙爲一卷,記所聞見,聊以破閑,間亦有可以寓鑒戒者。① 其中前數條爲在北京留館時作,因值歸日,遂置之不省,及至蓬山,或與土人與過客語,有可記者,踵書之。② 其所記載,多記朝鮮掌故、俗語格言及友朋往還等事,並不皆與燕行相關,類唐宋人筆記之體也。而《燕行錄》七十餘條,則以入燕與返京之次序,記其間所聞見諸事,其在北京,得見《內閣日記》及朝廷邸報,鈔錄清廷諸事甚詳。而返回途中,在通州與寶坻舉子彭坦、彭成,以筆談相問答,所論則有科舉模式、衣服形制、政清民興、官員賢否、滿漢關係等,他則或記風景名區,或記節令風俗等,與諸家所書,大致相類也。

時使行自北京離發,先以王世弟封典準請馳啓。然翻局以後,東宮所處,極其竘厄,識者凜然寒心,及準請報至,人心賴安。封典順成,中外相慶,而上使李健命,被罪不得覆命,隨安置於蛇島,復移羅老島,繼而賜死,可謂慘矣。

0463-1721
俞拓基《燕行詩》(《叢刊》第213冊《知守齋集》 活字本)

案俞拓基有《燕行錄》(0462-1721),已著錄。

俞拓基《知守齋集》卷一所收詩,以時次編纂,其《次副使尹公陽來韻》題下注稱"自此至遼東韻,燕行道中作"。另有《統軍亭歸後錄呈副命名》《青石嶺志感呈副使》《次正使李公健命青石二嶺韻》《遼旭感懷呈副使》《次副使遼東志懷韻》等,共七首,皆爲隨李健命、尹陽來出使時與二氏唱和之作也。如"冠蓋年年長結轍,清風羞濯古灤河"③,"斜陽驅馬古遼城,往事傷心説大明"④,"歸來太子河頭宿,易水歌中感涕漣"等⑤,皆醜清思明、低徊憂憤之作也。

---

① 俞拓基《燕行錄》,《燕行錄全集》,038/030。
② 俞拓基《燕行錄》,《燕行錄全集》,038/040。
③ 俞拓基《知守齋集》卷1《青石嶺志感呈副使》,《韓國文集叢刊》,213/214。
④ 俞拓基《知守齋集》卷1《遼旭感懷呈副使》,《韓國文集叢刊》,213/214。
⑤ 俞拓基《知守齋集》卷1《次副使遼東志懷韻》,《韓國文集叢刊》,213/215。

0464-1722
全城君李混、李萬選《壬寅別單》(《同文彙考補編》卷四《使臣別單四》活字本)

出使事由：謝恩陳奏兼冬至等三節年貢行
出使成員：正使全城君李混、副使議政府左參贊李萬選、書狀官兼司憲府執義梁廷虎等
出使時間：景宗二年(康熙六十一年　1722)十月二十七日—翌年四月二日

全城君李混(1661—1727)，初名浚，後改名混，字泉甫，全州人。朝鮮王朝宗室。朗原君侃第二子。有賢名。肅宗元年(1675)，例授副正，尋陞都正，封全城君。歷至五衛都總管。自二十九歲起，七膺燕价之命。事見李敏輔《豐墅集》卷一三《全城君墓碣銘》與肅宗、景宗、英祖《實錄》等。

李萬選(1654—1735)，字持中，號邊齋，全州人。肅宗十七年(1691)及第。爲司憲府掌令、執義、豐德府使、漢城府判尹等。景宗朝，爲承政院都承旨。英祖時，任行副護軍、漢城府判尹等。事見肅宗、景宗、英祖《實錄》。

康熙六十一年(景宗二年　1722)五月，清廷遣阿克敦、侍衛佛倫率七十五名隨員，齎敕入朝鮮册封李昑爲王世弟。十月二十七日，朝鮮遂遣謝恩陳奏兼冬至等三節年貢行正使全城君李混、副使左參贊李萬選、書狀官兼執義梁廷虎等一行入燕，謝册封世弟、謝方物發回、奏建儲後事情、奏討逆等項。在途期間，聞康熙帝駕崩，一行遲至翌年四月初二日，方返國覆命。朝鮮君臣"自康熙帝訃至，人心洶懼靡定，至是稍安"①。

此《別單》一條，記康熙帝因感冒風寒，致昏迷不省，猝然崩逝。大學士馬齊、九門提督隆科多及十二王等相與謀議，稱有遺詔，擁立雍正帝後，始爲舉哀，隨頒登極詔書。時多傳言，或稱秘不發喪，或稱矯詔襲位，矯詔

---

①《景宗實錄》卷12，景宗三年(康熙六十二年　1723)四月二日辛亥條。

似有實狀。所謂十四王者，與新君同腹兄弟，而康熙愛子，且有民譽，往年拜征西大將軍往征西賊，上年四月自軍中入朝，帝新賜以玉璽。新君即位，以其擁兵在外，慮或不受命，矯詔入朝，責以違限十日，留於景山殯側，咆哮不已。故新君畏之，居常戒嚴，或有出入時，則多置禁衛，顯有防患之意。又他諸王寵宦及公主家，或廢爲奴，或竄荒裔云。

0465–1723
礪山君李枋、金始煥《癸卯別單》(《同文彙考補編》卷四《使臣別單四》活字本)

出使事由：陳慰兼進香行
出使成員：正使礪山君李枋、副使議政府左參贊金始煥、書狀官兼司憲府掌令李承源等
出使時間：景宗三年（雍正元年　1723）正月十一日—？

礪山君李枋（1662—1725），字直卿，全州人。朝鮮王朝宗室。宣祖大王四世孫，瀛昌君沉子。年十五。例授四品職，封礪山守。以《璿譜》校正官，特陞都正。後以殿講居首，仍陞資爲君。間兼都總府都總管，司饗院、宗簿寺兩提舉等。凡七度赴燕，往來遼薊。卒謚貞敏。事見李最中《韋庵集》卷六《礪山君謚狀》、朴弼周《黎湖先生文集》卷二四《墓碣銘》與肅宗、景宗、英祖《實錄》等。

金始煥（1661—1739），字晦叔，號駱坡，江陵人。肅宗朝，爲司憲府持平、司諫院正言、弘文館校理、司諫院司諫、東萊府使等。景宗時，爲承政院承旨、平安道觀察使、漢城府左尹、工曹判書等。英祖時，任黃海道觀察使、司憲府大司憲、工曹判書、禮曹判書、判義禁府事等。始煥起自寒素，致位隆顯，與其弟始燦、始炯，俱入耆社。而持身忠謹，在家友睦，世稱有萬石君之風。卒謚孝憲。事見肅宗、景宗、英祖《實錄》等。

康熙六十一年（景宗二年　1722）十一月十三日，康熙帝崩逝。訃至，朝鮮遂於翌年正月十一日，遣陳慰兼進香行正使礪山君李枋、副使左參贊金始煥、書狀官兼掌令李承源等入燕，陳慰兼進香。一行返國時日，

《實錄》漏載焉。

此《聞見事件》二十餘條,皆使臣抄自當時詔命等,言康熙帝崩,雍正即位後大行皇帝喪儀諸般及新政之始也。言上年十一月十三日康熙帝崩,十四日傳遺詔,稱"四阿哥爲人慎重,事朕以孝,凡事皆好,堪膺大位"①。十五日頒詔,十六日雍親王即皇帝位,年號雍正,禮部奏大行皇帝梓宮奉安儀注及京外文武百官服制等。雍正帝下詔命廣開言路,加設恩科,遵孔重教,約束君臣,安排人事等諸般部署,所記綦詳,皆可參稽也。

0466-1723
密昌君李樴、徐命均《癸卯別單》(《同文彙考補編》卷四《使臣別單四》活字本)

出使事由:進賀行

出使成員:正使密昌君李樴、副使禮曹判書徐命均、書狀官兼司憲府掌令柳萬重等

出使時間:景宗三年(雍正元年　1723)四月三日②—九月七日

密昌君李樴(?—1746),朝鮮王朝宗室。昭敬大王之孫海原君健,健二子花善君浣之繼子,封密昌君。曾爲宗簿提調。多次出使中國。事見權尚夏《寒水齋先生文集》卷三一《海原君健墓表》與肅宗、景宗、英祖《實錄》等。

徐命均(1680—1745),字平甫,號嘯皋,達城人。宗泰子。肅宗二十四年(1698),擢文科。爲藝文館檢閱、司憲府持平等。景宗時,爲水原府使、忠清道觀察使、安岳郡守、京畿道觀察使等。英祖朝,任刑曹判書、户曹判書、禮曹判書、議政府左議政、領中樞府事等。命均少有文名,以清儉質直,爲世所稱。事見李宗誠《梧川先生集》卷一一《徐公墓誌銘》與肅宗、景宗、英祖《實錄》等。

---

①礪山君枋、金始焕《癸卯別單》,《同文彙考補編》卷4《使臣別單四》,002/1634。
②案據《景宗實錄》,三使臣陛辭在四月初二日。詳參《景宗實錄》卷12,景宗三年四月二日辛亥條。

案密昌君李檊等於景宗三年（雍正元年 1723）入燕，專爲賀雍正登極，並賀尊號皇太后事。一行於四月初二日發王京，九月初七日返京覆命。此《聞見事件》四條，一記雍正帝上諭稱立身首重廉潔，以杜貪黷，命群臣"惟當儉節以立其體，純白以充其量，不愧衾影，不犯名教，則儒者之守自純白之致，庶幾在此矣，朕願天下共勉之"①。一則稱大學士馬齊奏馬蘭鎮范時繹恭進孝陵蓍草，臣等不勝歎美，以爲地顯祥符，乃雍正帝敬之至，通於神明之故。一則謂天時亢旱，帝詔命群臣各具密折，言其過失，各據己見，務期盡善。末條則記追奉孔子五代由公爵而升王爵並遣官祭祀事也。

0467-1723
劉再昌、金慶門等《癸卯手本》(《同文彙考補編》卷四《使臣別單四》 活字本)

　　出使事由：賫咨行
　　出使成員：別遣賫咨官司譯院正韓永禧、行司勇劉再昌、行司勇金澤、院正金慶門等
　　出使時間：景宗三年（雍正元年 1723）四月二十六日—？

　　案劉再昌有《辛丑手本》（0458-1721）、金慶門有《乙未手本》（0442-1714），均已著録。

　　景宗二年（康熙六十一年 1722）十月，謝恩陳奏兼冬至等三節年貢使全城君李混等入燕，朝鮮順付咨文，請罷攔頭。先是，朝鮮使臣回還之時，一行員役所市物貨，隨便雇車，遲速任意，自己巳（康熙二十八年 肅宗十五年 1689）年間，遼人胡嘉佩等十二人，請設攔頭，獨專雇利，每歲除額徵稅銀二千兩。自此行留淹速，唯意所欲，動滯多月，浪費盤纏，裘褐愆期，廢不貿遷。或穿包竊貨，許多侵剝，逐年滋加，人衆雜沓，且有潛相買賣之弊。至是移咨禮部，請加禁斷。清廷令户部侍郎吴爾泰、刑部侍郎馬爾齊哈、給事中繆沆等，前往鳳凰城查奏，朝鮮亦送譯官司譯院正韓永

---

① 密昌君檊、徐命均《癸卯別單》，《同文彙考補編》卷4《使臣別單四》，002/1638。

禧、行司勇劉再昌、行司勇金澤、院正金慶門四人,同攔頭胡嘉佩、董名玗、李顯龍等,辨明於鳳凰城。後將嘉佩等革職,枷號三月,各鞭一百,以鳳凰城城守尉,專理朝鮮事務,而並不嚴查揭報,除前任守尉吳爾都二級。使行時,貿易包子,聽如前從便備載,其進貢包子,仍令動驛站車,拉運攔頭之弊,自此始革焉。①

此《手本》記處理攔頭(亦作攬頭)事甚詳。劉再昌等一行到鳳城,時欽差刑部侍郎馬爾齊哈、户部侍郎吳爾泰、都察院給事中繆沆等,稱胡嘉佩等連日取供,而終始稱屈,故囑劉再昌等將朝鮮受胡嘉佩等十二人攔頭迫害之事,依其所問,一一開列明示。第一問胡嘉佩等如何侵剝使團?第二問則問攬頭之車如何固從徑道先到,而故匿於遼陽夥裏,托以路險不來等因?第三問則問胡嘉佩等如此種種侵剝穿包竊貨,朝鮮從前如何不在盛京禮部或京師禮部或鳳城守尉處申訴?

劉再昌等依欽差之問,商議草稿,稱朝鮮貢使自栅至皇都,數千里間,往來包物,難以馬運,故托遼東鳳城等處居民良善者,雇車轉輸,而一包脚價最高者丁銀十兩,若非大歉之歲,或八九兩,或六七兩,且小心護包,莫敢損傷,隨主客情分,輒常讓減,而車從徑路先到等使臣出栅。自十二人攬頭以後,勿論豐歉皆捧十兩,然猶不足,軟秤稱包,百斤為率,而十斤一兩,逐數加捧,故稍重者一包價殆至二十兩,而間有脚價,反浮於原貨,稱有稅課,歲常數千,實則侵剝不已。又拖延包貨,不即出送,使臣不得已而先歸,討包之人,則不能棄而急返,露處栅外無人之地,豺虎之窟,待過十數日,始得討回。後益久淹,人多病傷,故還到義州,過月餘乃復,甚至更遲。貢使之行,十一月出栅,三月討包,尤遲者在於六七月,正當雨霖之時,不但其往來之費耗,道塗之傷濕,違時而失利益甚,冤呼之聲,天必聞之。而接包之時,朝鮮無知邊氓,間有潛挾銀物,私相買賣者,溢濫其間,貽禍不小。京回貨物,皆是趁節候求售取贏者,而春宜還者夏未到,夏當用者冬始歸,以致裘褐愆期,廢不懋遷,每一起行包,多者數十萬兩,失其期會,並皆折本。近年京師貿易行走之人,無一不積逋敗亡。至於攔頭抽

---

①《景宗實錄》卷13,景宗三年(雍正元年　1723)十月二十三日己巳條。

包竊貨,多不過百餘兩,小或數十兩,相較淹貨遲滯,動輒以巨萬計者,關係尤小,其弊三十餘年矣。吳侍郎等謂今此爲皇帝特旨所辦之案,必將從公處理,攬頭必罷,其人應死云。

0468-1723

吳命峻、洪重禹《癸卯別單》(《同文彙考補編》卷四《使臣別單四》 活字本)

出使事由:陳慰兼進香行

出使成員:正使禮曹判書吳命峻、副使户曹參判洪重禹、書狀官兼司憲府持平黃㫾等

出使時間:景宗三年(雍正元年 1723)八月八日—十二月五日

吳命峻(1662—?),字保卿,號道一,海州人。肅宗二十七年(1694)及第。爲司諫院正言、弘文館校理、刑曹參議、慶尚道觀察使、黄海道觀察使、禮曹參判等。景宗朝,任承政院都承旨、刑曹判書等。英祖時,任司憲府大司憲。因事流放卒。事見肅宗、景宗、英祖《實録》等。

洪重禹(1661—1726),字天賜,號晚香堂,豐山人。肅宗十九年(1693)及第。爲司諫院正言、司憲府持平、掌令等。景宗、英祖朝,曾任承政院承旨。事見肅宗、景宗、英祖《實録》等。

雍正元年(景宗三年 1723)五月,雍正帝生母仁壽皇太后烏雅氏崩(1660—1723),清廷遣通政使圖蘭賫敕入朝鮮頒皇太后遺詔。八月初八日,朝鮮遣陳慰兼進香行正使禮曹判書吳命峻、副使户曹參判洪重禹、書狀官兼持平黃㫾等入燕,慰皇太后崩逝,一行於臘月初五日返國覆命焉。

此《別單》兩條,一記禮部頒曆,朝鮮國所頒憲曆,請擇字樣清楚,紙品潔白一本,按郡王例用紅羅絹金袱裹送,且於十月初即頒給。又言攬頭胡嘉佩等已爲革罷,而並枷鞭罰,以懲其罪。此後朝鮮貿易包子,任令雇載;進貢包子,則依原定例,以官車載運以送。又言皇帝御午門,傳諸王滿漢大臣並八旗滿州蒙古漢軍都統面諭,稱自登極以來,覽閱各部奏本,都寫得好,只有工部廉親王八阿哥總理其奏本,抄寫甚是不好,貼補塗注,甚

多輕忽,不敬如此。當初聖祖仁皇帝未賓天之日,諸王大臣都保舉八阿哥可承大統,大學士馬齊亦保舉八阿哥君臨天下。去年十一月十三日,聖祖仁皇帝龍御上賓,將大統托付朕躬,你們俱不心服,道我暗竊大寶,我若將你們諸王議處,又恐傷殘手足,必定壞我名聲。我想諸王阿哥們原係妃嬪所出,朕亦是妃嬪所生之子,朕自登極以來,有説不盡苦楚,每日無一刻安時,都不如我在舊王府時,嬌妻美妾,並爲拘束。朕自去年十一月至今,並無一日快活,吃的未有好東西,穿的並無好衣服,我想起來做皇帝有甚好處。如八阿哥要做皇帝,我情願讓做他。何如?諸王大臣俱叩頭謝罪。又諭馬齊等云:你們若能勸與諸王敦倫和睦,使我兄弟各無猜嫌,共理大事,聖祖仁皇帝在天之靈,必欣悦矣。諸王大臣又謝罪而出焉。①

0469-1723
黄晸《癸卯燕行録》(《全集》第 37 册　鈔本)

　　黄晸(1689—1753),字陽甫,長水人。肅宗四十五年(1719),中丙科。權知承文院正字,出爲察訪麒麟道。景宗朝,爲司憲府持平、司諫院正言等。英祖時,歷弘文館校理、義州府尹、司諫院大司諫、户曹參判、刑曹參判等,陞咸鏡道觀察使,卒於任。有《癸卯燕行録》傳世。事見黄景源《江漢集》卷一六《黄公墓誌銘》與景宗、英祖《實録》。

　　案黄晸出使事由,詳參前吴命峻、洪重禹《癸卯別單解題》(0468-1723)。

　　景宗三年(雍正元年　1723)六月二十日,朝鮮以禮曹判書吴命峻爲正使,户曹參判洪重禹爲副使、兼持平黄晸爲書狀官前往北京,慰皇太后並進香。一行人馬計人三百十四員,馬二百四十三匹,於八月八日拜表出發,到瀋陽納方物後,人六十六名,馬六十五匹,付義州團練使還送,仍赴北京人二百四十八員,馬一百七十八匹,九月二十八日到北京。在館期間,香燭等物無事交納,禮成之後,於十月二十日離發北京,十一月十六日渡江返國。其日記始自渡江,亦終此還渡江也。

---
①吴命峻、洪重禹《癸卯别單》,《同文彙考補編》卷 4《使臣別單四》,002/1639。

案此稿當爲黄晸《燕行録》之鈔本,書名爲《燕行録全集》編纂者所加。全稿鈔字工整,點畫秀眉,惟"察院"多作"札院",且多爲抹去,間有改"札院"爲"村舍"者;又記中"臣等"字樣皆删去,亦有漏而未删者,蓋初爲呈送之狀啓草稿耳。文中偶有删句,或有添數字於旁者。是行因在秋冬間,尚未至極冱寒之時,一行人馬除驛馬一匹病斃外,餘皆平安返國焉。

時雍正帝初繼大位,故朝鮮使臣,多方打探其新政之如何,在玉河館時,問往來館中清人皇帝新政,"則極口稱揚,見百姓無衣者,則必爲之惻然,而官給衣服,忠正之臣,必優賞賜,愛恤軍士,顧惜民生,比先皇帝盛德,少無所愧,萬姓方愛戴云云"①。而往返時在新遼東,黄氏則記店舍主人與譯官對話,主人問譯官新皇帝政令,譯官曰:"比之先皇帝一般?"則其人曰:"豈其然乎?新皇帝惟知愛惜銀子。"黄氏評曰:"其民既目之以愛銀,則其君之多欲而不仁,可推而知之矣。"②其在北京所聞,稱頌新帝仁政,則黄氏别無一贊詞;而遠在遼東之人譏帝愛銀,則黄氏顯斥其多欲不仁。黄晸之愛憎揄揚,亦可謂涇渭分明矣。

0470-1724

權以鎮《燕行日記【原題癸巳燕行日記】》(《全集》第 35 册;《叢刊續》第 56 册《有懷堂集》;《叢書》第 594 册 刻本)

出使事由:進賀兼謝恩行
出使成員:正使益陽君李檀、副使議政府左参贊權以鎮、書狀官兼司
　　　　　憲府執義沈埈等
出使時間:景宗四年(雍正二年 1724)三月十五日—七月十七日

權以鎮(1668—1734),字子定,號有懷堂、漫收堂,亦號求是齋,祖籍安東,生於江原道孔州。宋時烈外孫。精於書法。肅宗十九年(1693)與司馬試,翌年及第。官至東萊府使、慶尚道觀察使、户曹判書、工曹判書、

---

①黄晸《癸卯燕行録》,《燕行録全集》,037/282。
②黄晸《癸卯燕行録》,《燕行録全集》,037/288。

平安道觀察使等。景宗二年(1722)壬寅後,附托李光佐。英祖十九年(1743),因事罷職,卒於家。謚恭敏。有《有懷堂先生集》十二卷行世。事見《有懷堂先生文集》卷一二蔡濟恭《謚狀》、李瀷《墓誌銘》、附錄《年譜》與《英祖實錄》等。

　　權以鎮《有懷堂先生集》十二卷,前二卷爲詩,以大致所作時代編次;卷三至卷一一爲諸體文,卷一二爲附錄,爲諸家爲以鎮所撰墓誌等。《燕行錄全集》所收,與《韓國文集叢刊》爲同一版本(《韓國歷代文集叢書》第五九四册同)。

　　權以鎮《燕行日記》輯自《有懷堂集》卷六,《燕行錄全集》編纂者名爲《癸巳燕行日記》,實則原題作"燕行日記"也。案權以鎮出使中國在景宗四年(雍正二年　1724)甲辰,即前一年亦爲"癸卯",非"癸巳"也。今仍以《燕行日記》爲題,以復其舊也。

　　案據權以鎮《燕行日記》,癸卯十一月,權氏除謝恩副使,甲辰二月移户曹参判,拜表。初擇以三月二十七日,以清朝册立中宫敕,若以三月望前入京,則方物當添中宫一位,户曹物力不能辦進,延至三月望日拜表也。此行以益陽君李檀爲進賀兼謝恩行正使、左參贊權以鎮爲副使、兼執義沈埈爲書狀官入燕。以賀皇太后尊謚、賀祔廟、賀康熙配祀天地,謝頒詔、謝賜緞、並謝攔頭革罷事也。三月十五日一行發自王京,至黄州查對,見表文中"百朋"字,本出《詩經》,乃君慰臣之辭,非所宜用,他處亦有差誤,馳啓請改,故沿路多有耽延焉。

　　權氏此記,所載風景物貨,與他書相仿,惟其記一路與書狀官齟齬不合之情狀,則書之甚詳。案朝鮮使臣出使上、副使與書狀官,偶有矛盾不合,甚或衝突甚烈者。若許筠與金中清等皆是。而權氏此行,亦與書狀官多有不合,如在瀋陽時,因其地乃陪京館驛,使臣一如北京,上、副使、書狀,皆有當入之舍,而書狀自稱非他書狀之比,嚴責灣裨,不令舍當入之舍,灣裨畏之,邀入於副使之館,則書狀先據正坎,使權氏卧於卜物之後,權以爲義不可受辱,遂以爲不可留此,出占私舍可也。書狀聞之大怒,拿入首譯欲杖之,舉措可駭。已而,慚不可住,出往私次,權氏謂觀其人不足較,出見於私次以解之。然其後每入舍臨食,輒有可駭之事,一行苦之,以至上使歎曰:"今行減十年壽,真可笑也!"①因此行爲無時使行,既無商賈銀貨,又不可請,未出發前,上使因譯官之請,至於啓請而見格於該曹,勢將空手以往,權氏詢之回還使臣,預爲購馬以賂清臣常明,一行在北京後,遂得無事,諸人皆以此皆副使之功,書狀又復動怒,而起草狀啓之時,又不欲將此事書入,後權氏力争,乃得書寫。比及返京,書狀無他事可指,故只以此事爲據,百計構誣,權氏歸後卧病,才授嶺藩,而遽遭國王鼎湖之痛,而權氏亦以罪罷去,無復辨誣云云。然則此記蓋爲權氏返國多年後,仍有續記,方才成書,其間真僞,亦成白雲蒼狗云爾。

0471-1724

權以鎮《燕行詩》(《叢刊續》第 56 册《有懷堂集》;《叢書》第 594 册　刻本)

案權以鎮有《燕行日記》(0470-1724),已著録。

此《燕行詩》十餘首,輯自權以鎮《有懷堂集》卷二,即爲其甲辰燕行途中所作也。此行上使益陽君李檀乃國戚,不能詩文,而權氏與書狀官沈埈,則一路齟齬,故其詩與他行三使聯翩相酬,疊爲唱和不同,皆權氏自吟自歎之作也。其詩悲憤慨歎,壯懷激烈,仍是興亡慨歎之格調也。卷六《謝恩副使時先來狀啓》一文,叙四月二十九日自瀋陽離發,至北京納方物及呈文諸事,五月二十八日領賞,受上下馬宴,翌日離發向通州等事,可與其《燕行日記》相參考也。又其後來在箕營時所上《論邊氓潛商及江邊守禦狀啓(在箕營時)》,謂"第聞邊民困於掊克,不沾王化,日夜所願者,只在於爲胡氓。而臨江之民,作門必向江,與彼胡日夜相親往來是尋常事,至有聞聲相認,其親情密意,據此可知。前年得捉潛商,梟示五六人,誠得飭邊之意,而邊民以此驚駭且怨,又以谷物贖還被捉人"②。又有卷六《江邊事宜狀》一文,亦皆論中朝邊境官私潛商物貨走私之甚,及應對

---

①權以鎮《燕行日記【原題癸巳燕行日記】》,《燕行録全集》,035/120—121。
②權以鎮《有懷堂集》卷 6《論邊氓潛商及江邊守禦狀啓》,《韓國歷代文集叢書》,594/117—118。

之策,然此乃痼弊,亦終無可如何者也。

0472-1724
沈埈《甲辰聞見事件》(《同文彙考補編》卷四《使臣別單四》 活字本)

沈埈(1674—?),字叔平,青松人。肅宗朝及第,任成均館典籍、兵曹佐郎。景宗時,爲司憲府持平、司諫院獻納等。英祖朝,爲平山府使、司諫院大司諫等。事見肅宗、景宗《實錄》與《承政院日記》等。

案沈埈出使事由,詳參前權以鎮《燕行日記解題》(0470-1724)。

此《聞見事件》四條,記奮威將軍岳鍾琪,平羅卜藏丹金,青海平定,禮部謹奏聖武遠揚,西陲永定,請依古典,行獻俘受俘禮,詳制儀注,且詳記大軍回還,行獻俘諸禮及獎賞將士諸件甚詳。又記譯官朴熙蔓購得彼中秘藏書册,其中《爵秩全覽》二册、《八旗官爵》一册、《轉政要覽》一册、《中樞備覽》一册、《定例全篇》三十四册、《題駁公案》十册,並四十九卷,俱是新刻康熙皇帝爲政之制度,出治之規例,極其纖悉,靡有闕漏。至於朝鮮方物件記表箋文字,亦多詮載,末乃以雍正皇帝嗣後政事之要切者,添補於後,自成一家史。前後譯官購得彼中塘報循報者何限,而此書之備載彼中事情,比諸塘報循報,尤爲緊重,茲敢附陳以備乙覽云。①

0473-1724
金尚奎《甲辰啓下》(《續集》第112册 刻本)

出使事由:告訃兼奏請行
出使成員:正使密昌君李枳、副使吏曹判書李真儒、書狀官兼司憲府
　　　　　執義金尚奎等
出使時間:景宗四年(雍正二年 1724)十月六日—翌年二月八日

金尚奎(1682—1736),字士昌,江陵人。始煥子。弱冠登第,詞翰精練,而律身如寒士。肅宗朝,官司諫院正言等。景宗朝,爲弘文館修撰、司

---

①沈埈《甲辰聞見事件》,《同文彙考補編》卷4《使臣別單四》,002/1644。

憲府持平、弘文館應教。英祖時,爲承政院承旨、廣州府尹、司諫院大司諫、成均館大司成等。事見肅宗、景宗、英祖《實錄》等。

景宗四年(雍正二年　1724)八月,景宗薨,英祖即位。遣密昌君李㮒爲告訃兼奏請行正使,吏曹判書李真儒爲副使,兼執義金尚奎爲書狀官入清,以告景宗昇遐,請謚請承襲。一行於十月初六日拜表離發,十月二十七日渡江,十一月二十七日入玉河館,十二月二十四日發北京,翌年正月二十一日返渡江,二月初八日返王京覆命焉。①

是稿爲鈔本,字迹工整,然字小細密,又複製模糊,辨識爲難。然所記甚簡,尤其返途,僅記時日陰晴及住宿之家,實爲金尚奎所記《聞見事件》也。其日記所錄,始自渡江,迄於還渡江。是行遇極寒天日,驅人員役,一路無不呼寒,及入玉河,大風連吹,日氣極寒,露處人馬,不無致傷之慮。是行乃告訃、請謚、請承襲,皆仿前例,而無別陳奏,故使事順成,往返疾速,四閱月即返王京焉。

---

①《英祖實錄》卷3,英祖元年(雍正三年　1725)二月八日丙子條。

卷四二　0474—0486

英祖元年(雍正三年　1725)—英祖四年(雍正六年　1728)

0474-1725

金慶門《乙巳手本》(《同文彙考補編》卷四《使臣別單四》　活字本)

　　出使事由：齎咨行
　　出使成員：齎咨官行司直金慶門等
　　出使時間：英祖元年(雍正三年　1725)四月七日—八月二十日

　　案金慶門有《乙未手本》(0442-1714)，已著錄。

　　英祖元年(雍正三年　1725)，福建泉州晉江人盧昌興等二十六名，漂到濟州大靜縣，朝鮮專差行司直金慶門押解咨報如例，兼付購置弓角咨文。清廷以爲弓角係違禁之物，前駁已明，此咨亦應無庸議云。

　　此《聞見事件》二條，一記清廷西征兀剌、哈密等地事，謂清帝遣大將富寧安、延新、穆克登等往剿，其地人無室廬倉舍，能預知兵來，鳥聚獸竄，前後所獲，不過數千。使臣在沙河驛，見穆克登之子，言其父率湖廣兵五千，自川中繞行七千餘里，深入虜巢，生擒男婦五百餘口，馬畜千餘，所獲比他將獨多。但糧不能繼，一人一月得五升米，稀粥一碗，度日者幾半年，腸縮，今遇盛饌，不能多食云。

　　又謂康熙帝有訓民率教聖諭十六條，雍正帝以十六條列爲大文，而章各釋義，合爲萬言，仍自序而名之曰《聖諭廣訓》，刊下鄉井，勸曉民俗，沿途官廩養曉書人聚集鄉兒以教之，學舍必榜曰"講聖諭所"。又諭吏部行文中外諸大吏，令推誠待下，無致阿順。又諭直省督撫，使各勸農種樹畜牸。自山海關至北京九日程，夾路種榆柳，十年之內，行人當自綠陰中往來。此三事俱新皇帝政令，新皇一猷一爲，必稱遵奉聖祖成憲，第明察特甚，喜怒又速，遇事果敢，無少留難，比聖祖每有過不及之處。用人專任己見,不循資格。又記載臣下超拔及黜澆諸人,及三王、九王、十二王、十四王等處置之事等。

0475-1725

礪城君李㮒、權𢢝《乙巳別單》(《同文彙考補編》卷四《使臣別單四》 活字本)

出使事由:謝恩兼陳奏奏請行

出使成員:正使礪城君李㮒、副使議政府左參贊權𢢝、書狀官司僕寺
　　　　　正趙文命等

出使時間:英祖元年(雍正三年　1725)四月二十五日—十月五日

礪城君李㮒(1668—1731),字濟卿,號守分窩,全州人。朝鮮王朝宗室。爲宣宗別子仁城君洪曾孫,瀛昌君況子。既冠,出後於從祖海原君健之子花川君浘。初授職礪川守,改川以城。以校正《璿譜》勞,加明義封君兼副總管。後又兼都總管、宗簿寺提調饔院提調等。曾多次出使中國。事見趙顯命《鶴巖集》第五册《礪城君神道碑銘》與肅宗、景宗《實録》等。

權𢢝(1669—1738),字士兢,安東人。權近後裔。肅宗十七年(1691),擅增廣文科丙科第一名。爲司諫院正言、司憲府掌令、承政院承旨、義州府尹、慶尚道觀察使、忠清道觀察使等。景宗時,爲平安道觀察使、江華留守、京畿道觀察使。英祖朝,陞漢城府右尹、工曹判書、刑曹判書、議政府右參贊等。𢢝爲人醇謹,有幹局,足以需世。退居田野,不迹城闉者十餘載,人稱其操守。事見趙觀彬《悔軒集》卷一九《左參贊權公行狀》與肅宗、景宗、英祖《實録》等。

景宗四年(1724)八月,景宗崩逝,英祖繼位,尊肅宗妃金氏爲大王大妃,景宗妃魚氏(1705—1730　宣懿王妃,咸從魚有龜女)爲王大妃,並遣密昌君李樴奔中國告訃兼請諡請承襲。是年三月,清廷遣散秩大臣覺羅舒魯、翰林院學士阿克敦賚敕抵朝鮮,致祭景宗,並册封李昑爲朝鮮國王,誥封其妻徐氏(1692—1757　達城徐宗悌女)爲王妃。李㮒一行爲謝賜祭、謝賜諡、謝册封國王王妃、謝方物發回,並請册封英祖側室所生子李緈

爲王世子，奏請封事情等項。一行於英祖元年（1725）四月二十五日出發，至北京後又留館五十餘日，八月十八日發向通州，十月初五日，方返京覆命。十一月，清廷破例准封焉。

此《聞見事件》一條，皆言此次奏請之事，言使臣請常明居間協調，明謂今清廷大小事，十三王無不總理，其人素多氣嗜酒，如此周旋，非賄難成，數至萬金，方可用之。後又謂十三王欲得朝鮮走馬、良醬，不可不許，遂以慶尚道省峴馬一匹，及行厨齎來良醬送之。使臣在常明處，許以九千金；提督逐日奔走，頗著勤勞，禮部儀制司，實主管文書，而辛丑奏請竣事後，俱有別贈之例，故除出四百兩，參酌分給。省峴馬依前例，以行中齎來館餉不虞備中天銀十七兩五錢，買馬以來，還給本驛。又言川陝總督年羹堯自初寵遇非常，今春以樹黨無狀，貪縱狡猾，奪削兵權，移置內地。而隆科多與年同功一體，故亦被厭薄革職云。

0476-1725
趙文命《燕行日記》（《續集》第112冊；《叢刊》第192冊《鶴巖集》 鈔本）

趙文命（1680—1732），字淑章，又作叔章，號鶴巖，豐壤人。聰司簡敏，容貌甚美。肅宗三十七年（康熙五十年 1711）文科及第。官至吏曹參議、兵曹判書、吏曹判書、議政府右議政等，封豐陵府院君。時朋黨之爭，老論與少論等派，對立惡化，文命雖屬少論一派，然曾上蕩平朋黨之萬言疏，主"大中至正"之朝政。有《鶴巖集》六冊傳世。事見趙顯命《歸鹿集》卷一四《叔兄左議政文忠公墓表》與肅宗、景宗、英祖《實錄》等。

案趙文命出使事由，詳參前礪城君李楫、權憘《乙巳別單解題》（0475-1725）。

趙文命《鶴巖集》六冊不分卷，爲傳寫鈔本。前兩冊爲詩，後四冊爲文，末附志狀文等。《韓國文集叢刊》據奎章閣藏本影印，《燕行錄全集》與是稿非同一版本。此題《鶴巖稿》，蓋爲最原始之鈔本，然文字無異同。前有正廟御製《序》。《豐壤趙氏文集叢書》第八輯所收文命《鶴巖集》卷二所錄，乃刪存之詩，不及三分之一也。

此《燕行日記》輯自趙氏《鶴巖集》第六册。其記日不用數字而以干支,始自五月十八日渡江,六月丁亥入北京,癸未離發北京,終於乙卯還渡江上。末爲竣命後引見時上奏語,謂"自渡江至燕京,山川形勝,風謠習俗,多在於從前《聞見事件》中,臣不復贅陳,只以沿路所睹記者,間或參附愚見,條列如右"①。

趙文命所記山川風景,無異於他人,而其記事,多以中國事比諸朝鮮,頗多感慨。如入柵時,見其"柵門重地,而猶或間十餘年而改易,竊念我國箭塲之柵,立之數朔,遞歸花消,而逐年爲例,使國家有用之材,歸於無用之用,詎不惜哉!"②其在瀋陽等處,歷觀關內外城池,大小差殊,"而規制則同,比諸我國之城郭,一一相反。大抵四面方正,而有呼吸相通,首尾相救之意,非如我國城郭之闊大難統,東不可救西,南不可救北之類也。處地不擇其險阻,而必於要衝之地,非如我國之必築於窮絶處,不爲其禦賊,而徒爲避亂之類也。必築內外面,兵上於城,使不得任意上下,以死守之而已,非如我國之只築外面,內必平夷,小有警急,兵可易退之類也。且有城必有壕,古所謂城池者,非虛語也"③。在玉河館,"工部郎中來董工匠,修改館宇諸處屋瓦,而了無一聲,事皆辦理,非如我國之少有事,輒爾喧聒,殊可異也"④。其見户部題本,多議改革鹽政,謂"以天下之殷重鹽利如是,竊念我國,則以至貧之國,處三面濱海之地,使有土之財,盡歸於私占而莫之管理,詎勝惜哉!……頃置鹽鐵使,意非偶然,而緣管鹽之不得其要,議論紛紛,遂至罷革,良可恨也"⑤。又謁闕時,惟見"撞鐘五度,警蹕三聲,滿漢文武百官,忽自仗外一齊趨入仗內班行,隨殿上臚唱,行三拜九叩禮,即又趨復仗外班次,而嚴肅整齊,了無喧嘩,磚石上但有靴聲。回思我國班行,器聒特甚,良可愧也"⑥。凡此之類,皆直謂清朝勝於朝鮮,不似燕行他家,但以胡皇腥臭,一味譏諷爲能事也。

---

①趙文命《燕行日記》,《燕行録續集》,112/370。
②趙文命《燕行日記》,《燕行録續集》,112/329—330。
③趙文命《燕行日記》,《燕行録續集》,112/335—336。
④趙文命《燕行日記》,《燕行録續集》,112/354。
⑤趙文命《燕行日記》,《燕行録續集》,112/364。
⑥趙文命《燕行日記》,《燕行録續集》,112/365—366。

趙氏此記中,有二事尤爲特出,一則在館期間,偶閲新刊《明史輯略》續《鳳洲綱鑑》者,其所記朝鮮仁祖一段,尤極萬萬虛罔,節節巧慘。"當時賊臣輩所爲,據此可知,而其憤冤之切,污衊之甚,較諸宗系之受誣,不啻過矣。"甲寅後辨誣使之一請即止者,其時則以其略見微細文字於野乘,非如今日狼藉於史傳,且其時去丙子不遠,我國之畏約特甚,彼國之待我國亦不如今日,似難累煩奏請故也。今日時勢則與其時絶異,況且其時康熙詔旨中,已以私記之異於信史,有所回咨矣。聞今彼中開局修撰明史,阿極敦已爲秉筆云,及此時援據康熙當日詔旨而奏請,則非但事理當然,可保其必得准許。如或差失此時,國史一成之後,則雖欲辨,何可得也。或曰彼夷狄也,辨之何榮,不辨何辱,此恐是全不思量之論也。臣聞《宋史》成於胡元之手,而未聞以成於胡元之手,棄《宋史》爲穢史而不傳也。揆諸義理,決是不可已之事,參以事機,又是不可失之時,萬一不得於一請,其後則必費國力,而付奏於節使或謝恩之行,文以明白痛快懇迫切至爲主,陳辨不已,則萬無不得准請之理。設或不得准請,亦足有辭於天下後世,詎不有光於祖宗乎!不知此此使臣或有以此發端於筵中,而不肯痛陳當初曲折,又未能詳達即今事會,致令莫重之議,寢而不行歟?可慨也已。①

其另一事,則爲朋黨之論。趙氏至寧遠衛,見袁崇煥當年古戰場,悲慨時朝廷有黨論,故崇煥終爲黨人所構殺,崇煥死而虜迫皇城,竟爲甲申。終古黨人之患,詎不痛哉!② 又其在北京時,望見萬壽山,因緬想甲申城陷之日,崇禎皇帝殉烈於此山煤山閣,山形依舊,樹木宛然,人情孰不興感!故返國引見時,又激切上奏,舉崇禎亡國事例,謂"蓋自萬曆朝廷分黨,有大東、小東、東廠、西廠等色目,以此傾軋進退,垂五十年矣"。"大抵崇禎皇帝英杰有爲之主也,若早知若此,以無偏無黨之德,處置得宜,刑賞得中,以之收合一國之人心,獎掖一代之人物,使之精白一心,共濟國事,則如先儒所云,其國雖至今存,不是異事。而第黨論亡人國之説,有若老先生腐儒之例談,崇禎皇帝雖有矯革之意,而不能大驚動大振作,終至

---

①趙文命《燕行日記》,《燕行錄續集》,112/361—363。
②趙文命《燕行日記》,《燕行錄續集》,112/345—346。

於此,詎不痛哉。尊周之義,固是秉彝,而況既入其地,緬想其事,感慨激切,殆欲無生,而悠悠此懷,無處控訴,佇待反面之日,一奏君父之前,自不覺言發而淚隨矣。上曰:以尊周之義,語及天朝,予心不勝感愴矣。此事何必言皇朝,正可道於今日矣。此實今日君臣上下交相警戒之事矣,言甚激切悲慨,予當各別留心勉勵焉。"①

然朝鮮之黨爭,慘禍連連,終不能已。及趙文命以少論入相,與老論相洪致中,首唱蕩平之論。合用老、少、南、北四色。後筵臣以爲朋黨之本,肇自銓郎,請罷其權,以消弭偏論,英祖許之。命罷銓郎自代與主張三司通塞之規,於是銓郎下同該司郎官,三百年規例始罷矣。② 然南人旋起,新派再立,廟堂宮廊,愈益啁啾不絶,而殺罰不斷矣。

0477-1-1725;0477-2-1725

趙文命《燕行録》(《全集》第 37 册;《叢刊》第 192 册《鶴巖集》　鈔本)
趙文命《燕行録》(《全集》第 37 册;《鶴巖稿》　鈔本)

案趙文命有《燕行日記》(0476-1725),已著録。

此《燕行詩》,在趙文命《鶴巖集》第二册,即趙文命英祖元年(雍正三年　1725)出使途中所作詩也,共録詩一百五十餘首,有勾乙圈點處。一行出發前詣闕時,趙文命即啓:"衣冠制度重大,而員役輩嫌其添卜,冠服不爲持去,入彼中後,貰著戲子所用高麗樣子帽帶,所見駭然,故胡人亦指點侮笑。今天下中華制度,獨存於我國,彼人之尊敬我,以有華制也。今行小臣已爲申飭,而若無定奪,則似難遵行。請永久定式。"從之。又啓"義州刷馬雇人等,入彼中後,以偸竊爲能事,衣胡衣履胡履食胡食以去,故若見高麗人,則如逢强盜。此非但辱使行,其爲貽羞於國家,莫此爲甚。古之識者,見一人而知其國。此蓋關係風俗之一端。臣意則其中無良者一人,使臣回還時,爲先梟示,似合懲勵之道。但不教之民,猝然行法,亦涉輕遽,預先知委,三令五申之後,猶復如前,則梟示之律,不可不施矣"。

---

①趙文命《燕行日記》,《燕行録續集》,112/370—375。
②李圭景《五洲衍文長箋散稿》人事篇·治道類《朋党·四色緣起辨證説》。

上曰"所奏好矣。第不教之民,不可一時行法。今番申飭後,如有尤甚者,渡江後狀聞處置。日後使行時,則如此之類,先梟示後啓聞"。① 趙氏詩中,有"近年灣上事堪哀,關鑰前頭利竇開"等句②,又詩中多申飭員役如"檢敕一行從事事,時時强數驛夫謾"等③,皆紀其實也。

又《燕行録全集》第三七册另收趙文命《燕行録》一種,此即上述《燕行録》也,爲《鶴巌集》别一鈔本耳,與《韓國文集叢刊》爲同一版本。鈔寫整飭,點畫分明,然所鈔誤字,却遠較前本爲多,又有旁注校正者,如"通遠堡"之"遠"作"塞",旁注"遠"字;"用車"作"用途",旁注"車"字;"茫然"作"茫茫",旁注"然"字;"私裝"作"私嚢",旁注"裝"字等。亦有字誤而未能出校者,若"輕揚質故纖","故"誤作"古";"個個挑妝鏡裏鬟","挑"誤作"排"。又如"巫仙"誤作"巫山","右北平"誤作"古北平"等,多爲形似而誤者也。又第八八至八九頁重複,而漏《早發》《草河溝雨中忽憶孝廟親製歌曲感吟一絶奉上副台案》《宿連山關》《逾青石嶺》《宿狼子山》《入新遼東》六首,蓋所重二頁即其所漏之詩也。故此本雖鈔工整飭,而反不若前本之爲少誤字,至於所漏之詩,則爲《燕行録全集》編纂者之失檢耳。

0478-1727
姜浩溥《桑蓬録》(《續集》第112—114册　鈔本)

出使事由:謝恩兼冬至等三節年貢行
出使成員:正使洛昌君李樘、副使禮曹判書李世瑾、書狀官司僕寺正兼司憲府執義姜必慶等
出使時間:英祖三年(雍正五年　1727)十一月四日—翌年四月四日

姜浩溥(1690—?),字養直,號四養齋,晉州人。錫圭子。韓元震門下士。喜藏書,通經史。英祖朝,任成均館典籍、副司果、知中樞府事等。

---

①《英祖實録》卷5,英祖元年(雍正三年　1725)四月二十五日壬辰條。
②趙文命《燕行録·龍灣雜詠八首》其八,《燕行録全集》,037/025。
③趙文命《燕行録·記實》,《燕行録全集》,037/015。

正祖初罷官，專研性理學，主氣論爲主。曾輯《朱書分類》八十四卷（初稿本，國立中央圖書館收藏。另有奎章閣本五十四卷），自著有《四養齋集》十二卷、《桑蓬錄》六卷等。事見《桑蓬錄》、姜奎焕《賁需齋先生文集》卷五《送庶從祖養直之燕序》、《承政院日記》等。

案此《桑蓬錄》六卷，黑格鈔本，輯自姜浩溥《四養齋外集》，封面左上大字題"桑蓬錄"，前爲浩溥曾孫在應《編述四養齋桑蓬錄序》，謂是書"當時博雅君子見之者，無不詡其記載之詳密，議論之精確，輒推以爲我東人燕行錄之最"。後爲其友人鄭郡守壽延借去而未還，幸家藏諺文本一通，爲浩溥奉覽於慈庭而手自譯寫者，其文不可考，其辭尤可據。在應復據諺本，翻作文字，屢歲僅成草稿，然逐段模寫，惟以不失本旨爲務，往往猶刻舟求劍，按圖索驥，顧奚得以仿佛典型，並希冀原本之存世，與譯本於異日如雷家劍，有雌雄相合之期也。

又其《凡例》稱，東人編書，卷首例不載作者名氏，故雖讀之盡一帙，往往有茫然不知爲何人所作者，今於首篇上段，謹依中國人編書例，著"晉山姜浩溥養直撰，曾孫男在應編述"，令覽者開卷即知爲某人所著書。①其燕行錄原編於第二卷，自丁未十月至戊申四月分爲十一篇，而於故紙中得《四郡山水記》一軸，遂謄作一篇，附於卷末，凡十二篇，每二篇合爲一卷，共六卷。而地名、山名、水名、人名、官名之類，有其音而無其字者，無考則仍存諺字，以俟博考而填錄；原文記述之詞，皆依例頂格平行書之，有所論議則低一格書之，在應編述時有論說者，則低二字書或雙行懸注，以爲區別。浩溥燕行詩，曾於返程途中佚失，後得者爲殘稿，故僅得諸敗楮中若干首，附於篇末。與他家所通信札等，載錄於編後。其編譯之方，多取中國人編纂之例，亦可爲研究諺文之翻漢字者參稽也。

案《禮記·内則》："射人以桑弧蓬矢六，射天地四方。"鄭注："桑弧蓬矢，本大古也；天地四方，男子所有事也。"所謂履遠志大之義，浩溥以"桑蓬"名書，即其義也。其卷以禮、樂、射、御、書、數編次，卷一二《游四郡山水記》，則爲永春、堤川、清風、丹陽四郡，皆朝鮮山水，則非燕行時所撰也。

――――――――――

①姜浩溥《桑蓬錄》姜在應《編述四養齋桑蓬錄序》，《燕行錄續集》，112/382—384。

據姜浩溥自言,此行副使李世瑾,自幼受業於姜氏父,兩家相熟。李氏既有出疆之命,必欲得可以分異域之愁者與之俱,庶幾忘行役之勞,念之無逾於浩溥者,徵之於浩溥。姜氏以爲偏方鯫生,如生長瓮中,平生雖自謂好游覽,而足迹所蹈,不過乎青丘數百里,如環柱之猿,旋磨之驢,終日循行直踏其舊迹而已,胸中局局焉常患悁瞀矣。今若叨陪後塵,壯觀中原山川,則誠大願,又徵之以慈闈,母答以遠游爲男子事,汝生今之世,雖今日釋褐,明日通籍,能爲是行乎？其勉爲之,吾豈以數月之別爲憚乎！遂決意行焉,母囑以於此行一一記山川風俗,歸以示吾。① 故浩溥所記,且詳且盡,且有諺字本者,專爲悅母故也。

　　案朝鮮遣冬至使,每於六月都政差出,以前期治行者,例也。② 此行初以金東弼爲副使,後改黃爾章,以老疏遞,九月差李世瑾代,携正使洛昌君李樘、書狀官司僕寺正兼執義姜必慶等,於英祖三年(雍正五年1727)十一月初四日謁闕離發,十一月二十七日渡江,二十八日抵北京,二月二十二日發自北京,三月二十四日渡江,四月初四日返王京覆命。一行上下合六百四十一人,驛馬各員私持馬義州刷馬合五百三十五匹,銀包八及不虞備各司公用持去者合十三萬九千一百八十兩,此外潛商持去者,更無法計數,可謂人馬繁盛若軍旅也。③

　　姜浩溥此行,專爲游覽而來,所謂"但欲一見古中原山川,以快吾心目也"④。故其沿路所記,極爲詳盡。其去途在白旗堡時,曾言每夜侍副使語,副使就枕後,又繼而起,日記草其終日所遇見聞,追想以記。或至夜半,或至雞鳴。⑤ 又謂"曾聞我東人入燕者,心醉眼眩,其所見人人皆殊,此固坐於眼孔之窄力量之小耳。且馬上不能隨即載錄,必待夜裏歇泊後,始乃追記其終日所履歷,其不能無差爽亦固也,其得失必不逃於沿路臨眺之下矣。但山川來歷,關防形勢,則自以爲看得不甚鹵莽,閣下試察其所

---

① 姜浩溥《桑蓬錄》卷1,《燕行錄續集》,112/393—396。
② 姜浩溥《桑蓬錄》卷1,《燕行錄續集》,112/392。
③ 姜浩溥《桑蓬錄》卷1,《燕行錄續集》,112/441—442。
④ 姜浩溥《桑蓬錄》卷3,《燕行錄續集》,113/029—035。
⑤ 姜浩溥《桑蓬錄》卷3,《燕行錄續集》,113/011。

見之不謬否也"①。其在遼東,購得瀋陽地圖,遂手摹入日記中,此皆見其一路之用心矣。

此行渡江後,沿路既未遇風,且不見點雪,而日暖如陽春,無事到燕京,可謂順暢。姜氏於沿途風景人物、古迹廟宇、山川里烽、民舍察院、風俗飲食等,無不具載。抵館後,又多記北京城建始末與城池規模,他如皇家秘聞、清朝兵制、運河規模、歷代帝王廟、宗廟、宮室、古迹、俚俗、節日、供饌、婚禮、喪禮等,亦所記綦詳。卷末附姜氏十一年後寄程瑍、白受采信札等,托付英祖十三年(乾隆二年　1737)冬至副使金龍慶捎至山海關者,則其與程、白二氏,多年後仍持有交情而信札往還也。

今讀姜浩溥日記,其記事議論,自具特色者有五:一曰記清朝之繁盛也。其抵舊遼東城,城内外閭閻稠密,人民雜沓,爲渡江初見壯麗。及入城後,見金珠璨爛,青紅照耀,炫亂人目,而十八九不知其名。"舊遼東距燕京爲千里外,其廣大繁華,比諸瀋陽、通州,猶朴陋殘薄,而見此而回思我國鐘樓市肆,則不啻如兒戲,朝鮮人之眼目小而力量狹者,無怪也。嘗聞大國新面目,始於遼東可見云,果然也"②。又叙通州,城周回不知爲幾里,而似大於我國都城,世謂燕京以北,比諸江南,極蕭條零星云,而尚如此云,益見中國之富,天下之大矣。③ 及入北京朝陽門内,"閭里市肆之壯,人物車馬之盛,振地接天,左右輝煌,如入畫圖中,光彩奪目,不可勝記,真天下壯觀也。偏邦小眼孔,卒然遇之,不覺恍惚魄炫而神迷,譬如貧丐生而食藜藿,一朝見富貴人羅珍饌而據大案,驚恍失箸,不知其爲何等饌也"④。至於一路古迹麗景,更是炫人眼目,在在而有也。

二曰記遼東半島之爲朝鮮所屬也。浩溥以爲"遼東山川,皆是朝鮮風氣,此天以遼河限我東方也。其奪而有之者,人也。人衆勝天,天定亦能勝人。余意則遼東山川,早晚復歸屬東方也"⑤。故其於唐太宗在安市

---

①姜浩溥《桑蓬録》卷11,《燕行録續集》,114/211—214。
②姜浩溥《桑蓬録》卷2,《燕行録續集》,112/482—484。
③姜浩溥《桑蓬録》卷6,《燕行録續集》,113/259。
④姜浩溥《桑蓬録》卷6,《燕行録續集》,113/259—265。
⑤姜浩溥《桑蓬録》卷1,《燕行録續集》,112/447—448。

城,爲蓋蘇射中眼目事,尊爲信史,不傳於華史者,意史官爲中國諱之也。其得瀋陽地圖後,遂手摹入於日記册,"使見之者知古我境之從某至某,與我東山川所從來也"①。又稱"我東之人,皆知遼東以東本爲朝鮮地,而不知遼河瀋陽亦朝鮮地,又不知舊界之從某至某文獻之無徵實,我東方之舊耻也"。浩溥以爲,遼河以西,失於隋煬帝;遼河以東,則失於唐太宗。並駁責中國地志史書,所記多不得實。以爲朝鮮"舊界,其在廣寧之際乎!"②比至抵撫寧縣,有朝鮮城,又稱箕子時"或當時榆關爲朝鮮界,故入中原初界而受王命歟? 三代前事無可考,疑者闕之可也"③。凡此之類,莫不出乎依稀想像之詞。而今日韓國史學界,可謂多姜浩溥之苗裔也。

　　三曰醜詆清廷之無忌也。浩溥於北京離發之日,稱"余於此行有三大恨焉:足迹所及,才踏古燕京之半,不得渡易水,逾韓魏,入洛陽、長安,遍踏中州,舉目於江南佳麗之地,以闊我心胸,此一恨也;吾生世不及崔致遠、李牧隱之時,不得參寬科於中國,以衣錦於東方,此二恨也;我生又不及皇明之時,隨白沙、簡易諸賢之後,目見天朝禮樂文物之盛,以洗我眼目,以大我文章,此三恨也。因念當時偏方扶桑之影,西連金台皇都,太液之波東流青丘,生於其時者,何其榮也。吾生苦晚,恨何可涯,馬上懷此想俯昂慷慨,不覺涕淫淫盈兩眦矣"④。其自稱"余之詩則不但不平語而已,殆甚於豕視犬訐,倘示諸虜目,則其不憤怒而裂眦也耶"⑤。今觀其詩,若"歲歲金繒走此路,何人慷慨請長纓"⑥,"塵暗百年胡運盛,河清何日聖人生"⑦,"羯狗腥塵今作窟,皇王文物已成灰"等⑧。所作詩文,盡如此類。其在瀋陽,因舌人聞朝鮮孝宗爲質時所居館舍尚在城西北隅,回憶當時之事,悲憤如昨日,遂大發慨憤。"嗚呼! 使我聖考誕降於天地變易冠履倒

———————
①姜浩溥《桑蓬錄》卷2,《燕行錄續集》,112/517—518。
②姜浩溥《桑蓬錄》卷3,《燕行錄續集》,113/036—038。
③姜浩溥《桑蓬錄》卷5,《燕行錄續集》,113/161。
④姜浩溥《桑蓬錄》卷9,《燕行錄續集》,114/065—066。
⑤姜浩溥《桑蓬錄》卷5,《燕行錄續集》,113/238。
⑥姜浩溥《桑蓬錄》卷11《龍灣》,《燕行錄續集》,114/187。
⑦姜浩溥《桑蓬錄》卷11《又疊明字》其一,《燕行錄續集》,114/189。
⑧姜浩溥《桑蓬錄》卷11《狼子山途中偶吟》,《燕行錄續集》,114/192。

置之時者,天也;使我聖考局天步於腥塵毳幕之間,玉成乎憂戚以屬其慷慨奮發剛毅陶礪之志,以增益其睿聖神武之姿,以庶幾春秋大一統之業者,亦天也。是天之篤生我聖考者,若將有意於下土,而竟使中途薨殂,賷志未展者,何哉?此豈但東偏一域窮天之痛恨而已也,誠今日環四海幾有血氣者,皆爲無福也。悠悠老天,胡忍爲斯!"①其行高橋堡至塔山間時,竟妄臆"身著戎衣,乘駿馬,長驅大道,而前後車馬簇擁,絡繹向北京而馳,依然若成我孝廟遺志,驅千兵萬騎,已攘復遼東,蹴破瀋陽,今又往征燕京者然,雖設意妄想,而頗若爽快矣"②。此不過狂徒措大,妄想痴心,而希圖口快者也。

四曰記朝鮮乃中華文明,衣冠文物,語言風尚,皆爲楷模也。鮮使之入中國,沿途遇人,莫不問東國衣冠如何?以爲衣冠文明出於東方,自誇而自喜,而姜浩溥尤嗜於此。其在鳳凰城宿處,主人戴天禧來見,即問"汝見我高冠廣袖,羨之乎?笑之乎?"③在小黑山,見秀才程瑛,爲明道先生後裔,爲帽商。二人筆談所及,又問曰"大國之人,見我東人則艷慕之乎?鄙侮之乎?"④抵舊廣寧,又與程瑛筆談,探究儒與賈之優劣,"瑛問:請教焉。自古聖賢之君,生於中國乎?生於朝鮮乎?余答曰:古則聖王誠多出於中國,而我朝鮮沐箕子之化,因爲禮義之邦,風俗習尚,不讓於中國。小中華之稱,聞於天下。又我聖朝自立國以來,禮教大明,弘儒大賢,踵武絕迹,接有宋程朱之統,而治教無愧於古周。今日我東方雖謂之大中華,非僭也,竊恐不可以小國而藐之也。自宋以前則聖賢生於中國,而自宋以後則聖賢生於我東,惜乎君之不得被我朝鮮之化哉!程瑛曰:箕子誠聖人也,而比之我堯舜禹湯文武周公,則固不可過焉。且但聞中國聖人之傳及於朝鮮,未聞朝鮮聖人之傳及於中國也。余曰:以古言之,則君言誠然矣;以今言之,則不知朝鮮當學中國耶?中國當學朝鮮耶?尊每以古之中國自多,是何異於杞宋之孱孫,自誇王者之裔,侈然求勝於周天子哉?今朝

---

①姜浩溥《桑蓬錄》卷2,《燕行錄續集》,112/513—514。
②姜浩溥《桑蓬錄》卷3,《燕行錄續集》,113/052。
③姜浩溥《桑蓬錄》卷2,《燕行錄續集》,112/516。
④姜浩溥《桑蓬錄》卷3,《燕行錄續集》,113/020。

鮮上有殷周之治,下明程朱之學,若王者興,則必來取法,幾何而朝鮮之聖人不傳及於中國也。君尚欲誇其辯辭,以小大争勝耶?瑛見畢,數三點頭,不復言。余又問曰:尊以大賢之孫,衣冠非復中原之古制,其心何如也? 瑛赧然醉顏,從而對曰:雖傷之甚切,亦復奈何奈何"①。又在寧遠,秀才吴宗周來見,問秀才拔類者誰,曰李美仙。姜氏曰"但沿路秀才輩,聞我使行之至,皆争來一見者,蓋知我東獨保禮義之俗,而尊慕之故也。彼李美仙獨不可相屈耶?"②又在永平府,與秀才李開筆談,問朝廷事,"李答以俯問國事,此非愚儒之所敢知講辭,今日之事豈與古同耶? 言罷赧然而愧,有不情色。余曰:尊不以枉屈爲嫌,儼然辱臨者,其意豈無以也,此必以我東方爲可貴也,口雖不言,心實相照,僕請一言以博粲"③。又返程至醫無閭山下,有一老僧,"見吾東方之人,而若彼欣倒者,貴我邦之獨能保有中原人文物而然耶! 誠然矣,尤可貴也,亦可傷也"④。又浩溥言中原字音,似多可怪者,其訛傳明矣。今中國字音無入聲,又一字多有二字音讀之者,恐似非作字辨音之本意也。嘗聞先輩儒者之言,中原字音,屢被胡人翻譯,太半失真。我東字音,自崔致雲入華而歸,得三代正音,崔之入華時,正值李唐文章全盛之際,其學於所濡染者,必不差於古字矣。⑤ 又在北京,至禮部呈咨文,漢尚書李周望待一行頗爲禮遇,姜氏以爲"見吾一行衣服威儀而喜之者,其心必有以也。口雖不言,其心可忖度而知,肝膽幾若相照,可貴也"⑥。又在館期間,有大鼻獶子二漢,欲見三使臣,氣色鞠蹙不安,恐失禮貌,"蓋我國素以禮義顯聞於四夷,故彼輩見吾,自然慕敬,不威而自不覺其畏也"⑦。不僅如此,浩溥又出奇思,謂"昔釋迦生於西方,今耶蘇又生於西方。蓋東方、南方即天地文明之地也,鍾其間氣生出人杰,竟爲休美之方",休美之方者,即箕子·朝鮮、泰伯越南、福建等處

---

①姜浩溥《桑蓬録》卷3,《燕行録續集》,113/029—035。
②姜浩溥《桑蓬録》卷3,《燕行録續集》,113/068。
③姜浩溥《桑蓬録》卷5,《燕行録續集》,113/174—175。
④姜浩溥《桑蓬録》卷10,《燕行録續集》,114/105—106。
⑤姜浩溥《桑蓬録》卷6,《燕行録續集》,113/299—300。
⑥姜浩溥《桑蓬録》卷7,《燕行録續集》,113/320。
⑦姜浩溥《桑蓬録》卷7,《燕行録續集》,113/327。

也。① 浩溥以爲,凡中國人不答,則測其有難言之隱;若待之以禮,或客氣稱贊,則必是見衣冠文物而羨慕之;若赧然或有憂悲之情,則是心服而思大明矣。數百年燕行使,莫不如此,又莫不皆姜浩溥也。

五曰見姜氏處世之矯情立異也。姜浩溥以白衣從事而入中國,雖無官爵以傲世人,然以程朱信徒之儒者自居,矯情怪妄,令人噴飯。如在鳳凰城,見食猪肉。姜氏自以爲余方隨行人奉玉帛來貢於胡虜,而以爲虜物而不食者,若所謂不謹三年之喪,而緦小功之察也,而心不能强也。往見上使,上使適進夕飯,先啖猪肉而甘之,如逢異味焉。余問曰:大監進猪肉乎?小生則俄於夕飯與之,故却而不食。上使曰何也?對曰虜物也,穢之也。上使大笑曰:誠迂儒之見也。我伯氏密昌君,以使臣往返,每稱此處猪肉,爲人間至味,吾常以爲余亦何時作燕行而嘗之也,心甚企望矣。今始適願入口,異於常味,伯氏之言誠是矣。雖虜物,安有可穢事乎?儒者迂疎之言,可笑也。即手取他器,分而與之曰:試嘗之。余聞來還覺己見之偏隘,如婦人女子也。漢蘇武入匈奴時,決不能食單于之猪肉,洛昌君之口,若彼甘焉,況寒儒之口乎。即取箸以啖,色白如雪,入口甘軟若融。自後則每食惟恐少與焉。② 又其與程瑛、白受采筆談,程、白真情相交,稱其爲兄,而浩溥初不以二人稱兄,嫌其剃髮胡服也。又沿途娼樓妓處,不爲狎玩,所謂"迂疎高尚之儒"而"行於蠻貊矣"。③ 此尚有説,而每至一處,見儷影美姝,甚至西洋畫簇中年少美女,嬋娟妖艷,亦斥之爲"誠傾國之尤物,不宜近之也"④。浩溥雖道貌岸然,然假道學之面貌,令人可憎焉。或浩溥所記,返國後取悦其母,而有意爲之耶?

姜浩溥自謂"鄙人平生有西門豹輕急之病,自知其然,故常戒之,加之以遷改之工,而爲學不勉,終未能變化氣質,誠朽木難雕者也"⑤。又稱"自幼讀書時,好新求奇之病,横在肚裏,便成膏肓"⑥。其説固中癥結,然

---

① 姜浩溥《桑蓬録》卷7,《燕行録續集》,113/331—333。
② 姜浩溥《桑蓬録》卷1,《燕行録續集》,112/457—458。
③ 姜浩溥《桑蓬録》卷5,《燕行録續集》,113/214—218。
④ 姜浩溥《桑蓬録》卷8,《燕行録續集》,113/465。
⑤ 姜浩溥《桑蓬録》卷4,《燕行録續集》,113/133—134。
⑥ 姜浩溥《桑蓬録》卷5,《燕行録續集》,113/200。

其言其行,仍是横通措大,半知半解,而一味弄文舞墨,評史論今,故作通人,貽笑後人。而後來朴趾源《熱河日記》叙事之法與議論之體,撥弄玄虚,目空一切,自高自傲,雖未見浩溥之文,然未嘗非濫觴於姜浩溥也。

因姜氏自書,漢文本不知所終,而浩溥曾孫在應,僅據家藏諺文本翻譯模寫,故其非盡可靠,讀者參稽,尚需與同時前後諸家所述,相較而觀,何爲鈔撮前人者,何爲姜書原有者,何爲在應依稀模寫者,方爲得之矣。

0479-1-1727;0479-2-1727
姜浩溥《桑蓬録》(延世大學中央圖書館藏　諺文鈔本)
姜浩溥撰,朴在淵、李在弘、李相得校注《상봉녹(桑蓬録)》,學古房,2013年版

案姜浩溥有漢文本《桑蓬録》(0478-1727),已著録。

此本爲《桑蓬録》諺文譯本,共三卷三册,現存後二卷二册,缺第一卷。每半葉十八行,行二十八字等不等。墨字,無格。凡卷二有一百九十六面,卷三有一百六十二面(林基中解題計兩卷分别爲七十九張一百五十八頁、九十七張一百九十四頁,此據朴在淵等之説)。《상봉녹(桑蓬録)》第二卷,凡記録英祖三年(雍正五年　1727)十二月十九日至二十九日十一天之行程(在漢文本卷四至卷七)。第三卷記録十二月三十日至翌年四月初八日三個多月之行程(在漢文本卷八至卷一一)。又其卷七十二月二十九日之内容,却在諺文本卷二,而當月三十日之内容在諺文本卷三中,兩天之事分入不同卷中,蓋裝訂時所混耳。標題爲"상봉녹 연행일긔 권지이(桑蓬録,卷之二,燕行日記)"。又正文開段有"四養齋外集桑蓬録卷之四"字樣。又有"상봉녹 권지삼 연행일긔(桑蓬録,卷之三,燕行日記)"等。

根據諺文本序文,姜浩溥將原作《桑蓬録》漢文本譯成諺文,乃爲悦母,並爲其講述燕行故事。原本傳到後代,借於他人,惜因彼家發生火災,第一卷遭焚燬,僅存第二卷與第三卷。當初漢文本原本亦爲其友鄭壽延借讀,隨即遺失。而今存漢譯本,是在姜浩溥諺文譯本燒燬之前,曾孫姜在應據之再翻譯成漢文者。故漢文譯成諺文,再據諺文譯成漢文,其間出

入訛誤之處必多,讀者互相校讀,謹慎引用可也。今有朴在淵、李在弘、李相得校注本《상봉녹(桑蓬錄)》,頗便參考焉。【李鍾美譯】

0480-1727

李樞《丁未手本》(《同文彙考補編》卷四《使臣別單四》　活字本)

　　出使事由:賫咨行
　　出使成員:賫咨官副司直李樞等
　　出使時間:英祖三年(雍正五年　1727)六月十三日—十月十八日

　　案李樞有《癸甲手本》(0439-1713),已著錄。
　　英祖三年(雍正五年　1727),清朝浙江寧波府商人周大順等二十一名,漂到朝鮮濟州大靜縣,病死一人,生存二十人,朝鮮專差行司直李樞咨解如例。
　　又是歲,清廷處理攔頭事,商人胡嘉佩虧欠國帑,遂將朝鮮人所欠款銀六萬兩字據呈堂,有司會同朝鮮在中江交割,朝鮮移咨支吾拖延,禮部照所欠銀兩數追索,雍正帝命從寬免追,並謂"此朕加恩於外藩,並非疏法於內地也"①。
　　此《手本》兩條,記清廷對胡嘉佩等十二人之處分。先是,內閣對咨文中"久逢帳籍,姓名不載","業儒業農,生不識遼瀋之路"等句,多有質疑,李樞等一一答對。又聞序班之言,謂"皇帝聚財無已,多行苛法,人皆畏憚,雖有公議可行之事,無人敢言,而至於銀錢事,尤不敢容議"。② 後得旨,十二人寬免勿追究云。

0481-1728

李時恒《燕行詩》(《叢刊續》第57册《和隱集》　刻本)

　　出使事由:謝恩兼陳奏行

---

①《清世宗實錄》卷61,雍正五年(1727)九月戊午條。
②李樞《丁未手本》,《同文彙考補編》卷4《使臣別單四》,002/1648。

出使成員：正使議政府右議政沈壽賢、副使吏曹判書李明彦、書狀官兼司憲府執義趙鎮禧等

出使時間：英祖四年（雍正六年　1728）正月十日—六月十四日

李時恒（1672—1736），字士常，號和隱，雲山人，本貫遂安。少年從柳尚運學，南遊漢京，與文人藝士，詩文相磨勵，以駢儷名當時。肅宗二十二年（1696），成進士。二十五年，擅增廣文科，因事罷榜，後復其科。官至成均館典籍、陞禮曹佐郎、兵曹正郎，出爲泰川縣監、魚川察訪、德川郡守等。不屈權貴，當路多不悦，用是官不顯。養母課徒以終。有《和隱集》八卷傳世。事見《和隱集》附錄楊日榮所撰時恒《行狀》與李宗誠撰《墓碣銘》、《肅宗實錄》等。

先是，雍正五年（1727）十一月，清廷因攔頭胡嘉佩等虧欠帑銀，開出朝鮮國人賒欠銀六萬餘兩，以抵公項。雍正帝諭令行文朝鮮詢問，並令内地貿易之人，與朝鮮欠贓之人，在中江地方，質對明白，使中外之人，不得互相推諉，以息撓累。而據盛京禮部奏呈朝鮮國王咨文，見其"詞甚支離，意多巧飾，據此則該國之人，欠銀之處顯然"。本應照議政所議，令中外之人，質對明白，按數推還。又謂朝鮮已故國王"才幹優長，政令嚴肅"，曾將伊國負欠之人正法，想見其辦事之公明。而向聞英祖"柔懦無能，權移於下"。似此清查積欠之事，該國王必不能辦理，而若以不能辦理之事委之，甚非柔遠之至意，此案不必質對，其朝鮮國人應運之銀，著從寬免。朝鮮接此諭後，以爲奇耻大辱，故遣謝恩陳奏使沈壽賢、副使宋成明、書狀官趙鎮禧入清，謝寬免清債，奏辨明賒欠事項。後以謫居之前義州府尹李明彦代宋氏以行，因其曾經灣尹，習知彼中事，專對之責，可謂得人。又以此次使行，必有呈文之事，文蔭中別擇能文者一人啓下率去，即李時恒也。因宣宗朝宗系辨誣時，崔岦爲質正官，肅宗以爲質正稱號，有礙於彼中聞見，更以別從事爲名可也。於是大臣及銓曹以李時恒薦，蓋文士之極選也。① 一行於是年一月初十日拜表離發，翌年六月十四日返京覆命。

———————

①《英祖實錄》卷15，英祖四年（雍正六年　1728）正月十日辛酉條；又李時恒《和隱集》附錄楊日榮《通訓大夫行兵曹正郎兼春秋館記注官李公行狀》，《韓國文集叢刊續》，057/545。

李時恒一行,既至燕京,使事緯繣,方將以文鳴冤,朝議恐其有變,間使眤之,遂閣毫而還,未得順成以歸。故兩司屢啓,以爲陳奏使之回還,伏聞慢書辱國,比前咨一倍罔極。簡掄專對,聖意有在,而既不能小洗前辱,又見其不忍聞之言,則惟當沫血飲泣,埋骨自誓,必期感動其心。而初未當碎首燕庭,又不能席槁禮部,以盡遑遑痛迫之情,而循例領賜,非久回程,人臣殉國之義,豈容如是?不可以罷削薄罰而止。請正使前右議政沈壽賢罷職,副使李明彥、書狀官趙鎮禧,並命遠竄。英祖以爲此非使臣不善周旋之事,故不允,惟當該首譯島配而已。①

　　李時恒《和隱集》八卷,前有李德壽序等,卷一至卷三爲辭賦與詩,詩大致按年編排,卷四至卷八爲諸體文,末附錄爲楊日榮所撰時恒《行狀》與李宗誠撰《墓碣銘》。據李德壽序,謂時恒没後,其配金淑人哀其遺稿爲四編,斥賣臧獲,謀以付梓。又據前《和隱集刊記》,謂"草槁散佚,文之失尤多。存者辭賦二十餘首,詩三千百餘首,文二百餘首。選者凡賦四首,詩四百二十七首,文八十三首,爲二百八十八板"。又謂有《西京志》《關西通志》等,藏於家,然則所删餘者僅三分之一也。

　　李時恒《燕行詩》,輯自李氏《和隱集》卷三,共收詩六十餘首,《燕行錄全集》《續集》皆失收。李氏自謂"橐有我約齋先生壬戌歲《燕行吟詠錄》,擬以所經,輒和所題,蓋欲續貂踵武,豈但開卷指點,記其道路山川而已"②。時恒自幼從師約齋柳尚運,故其行囊中帶柳氏肅宗八年(康熙二十一年　1682)以謝恩兼冬至等三節年貢行副使出使期間所作《燕行吟詠錄》,一路和其詩韻,間有和正使、書狀詩韻者。其詩仍不出仇詆清廷,慷慨憤惋之詞,因使事不順,無由申訴,故多以詩泄憤自訟,如"從事謀窮藏筆硯,相公病甚却茶蔘。慢書今又下儀部,郵卒聞之皆落心"③,"嘖語徒增辱,忱誠未格頑。猶憐橐中筆,未試謾虛還"④。滿紙所書,皆是類也。

①《英祖實錄》卷18,英祖四年(雍正六年　1728)五月十五日乙丑條;六月十四日癸巳條。
②李時恒《和隱集》卷3《詠懷二百七十字以記之》,《韓國文集叢刊續》,057/439。
③李時恒《和隱集》卷3《使事緯繣囚館悶苑用先生三絶韻漫題》其三,《韓國文集叢刊續》,057/444。
④李時恒《和隱集》卷3《敗事留館引罪自訟》,《韓國文集叢刊續》,057/444。

0482-1728
李時恒《燕行見聞録》(《續集》第114册;《叢刊續》第57册《和隱集》刻本)

案李時恒有《燕行詩》(0481-1728),已著録。

此《燕行聞見録》,見李時恒《和隱集》卷五《雜録》,爲其英祖四年(雍正六年 1728)出使沿途所記札記,凡涉及衣着、宫室、飲食、家畜、佞佛、喪制、山川、驛站、軍制、烟臺、科舉、懸枢、税法、城制、婚嫁等十餘條,所記與前後諸家大同。其在豐潤時,館魏姓人家,得見試文論策經義,其稱"類我國科作,而文甚萎弱,亦少意致,迨不及我國,未知文以世降耶?較諸明朝經世宏辭,不翅霄壤矣"①。此亦末世文弱,清不如明之舊調,無甚高見者也。

考成海應曾有《花梨筆筒銘》,謂時恒"嘗從使臣入燕,得花梨筆筒以歸,和隱没而無子,其族人賣之。先君子時在雲山任所,重價以得之,在余家",並爲之銘,稱"出自何山,爲此玩好"。② 然時恒此見聞録中,不一見之,蓋亦名品,不知今尚在天壤間否。

0483-1-1728;0483-2-1728
沈錥《燕行詩【原題戊申燕行詩】》(《續集》第114册;《叢刊》第207册《樗村遺稿》 鈔本)

沈錥《燕行詩【原題樗村燕行詩】》(《續集》第114册;《樗村遺稿》 鈔本)

沈錥(1685—1753),字和甫,號樗村,青松人。壽賢子。從學於鄭齊斗。景宗時,任世弟翊衛司洗馬。英祖朝,歷王子師傅、宗簿主簿、司憲府持平、刑曹參議、户曹參議、司諫院大司諫、司憲府大司憲等。有《樗村遺稿》四十七卷行世。事見《英祖實録》《承政院日記》等。

―――――――
① 李時恒《燕行見聞録》,《燕行録續集》,114/299。
② 成海應《研經齋全集》卷15《花梨筆筒銘》,《韓國文集叢刊》,273/363。

案沈錥出使事由,詳見前李時恒《燕行詩解題》(0481-1728)。

沈錥《樗村集》四十七卷,爲1938年朝鮮總督府中樞院據李建芳家藏本謄寫本。《韓國文集叢刊》本《樗村遺稿》,據奎章閣藏本影印。凡詩二十四卷,諸體文與日記等二十三卷,前後無序跋。因屬鈔本,故偶有缺誤焉。

沈錥《樗村集》卷六《燕行錄》大題下注"戊申",即英祖四年(雍正六年 1728)也。《燕行錄續集》第一一四册收録版本兩種,皆鈔本,前者鈔字,較後者爲粗惡,然所鈔詩則皆同也。共收録燕行詩六十餘首,此《樗村夜坐忽有抱琴而至者問之孫策其名也爲賦三篇短律》以下,則非燕行詩耳。

沈氏此次隨其父沈壽賢入清,侍父而外,專爲觀光而來,即其詩所謂"兹游且博十分閑,日日風烟嘯詠間"者也①。其詩出語自然,對句亦工,如"五斗納官王税足,一年觀獵户徭輕"②、"道上時時看拔屋,馬前往往落飄蓬"③、"山雲日隱常如雨,野樹寒多不放花"等④,紀實寫景,亦頗多肖也。

沈氏出使時,清人入關已近百年,然其詩仍不出憤幽怨仇之格調,詩中最多者,若"掃地全然無禮樂,彌山只是走牛騾"⑤、"驢背紫髯殊不雅,店頭紅粉劇無倫"⑥,嘲遼野之鄉閭通衢所見也;"玉帛年年去,悲歌哭孝宗"⑦,則在青石嶺悲懷孝宗北伐之未成也;"三代人民俱剃髮,九州皮幣各梯山。彌文舊習無諸夏,黷武餘威讋八蠻"⑧,痛滿俗之剃髮,斥清廷之黷武也;"即看夷夏無分別,爾又痴昏一低級"⑨,則醜詆清廷與蒙古也;"坐據胡牀多傲眼,戴來戎帽不羞賓"⑩、"埋頭市里寧論士,遁迹山林定有

---

①沈錥《燕行詩·用從事韻》,《燕行錄續集》,114/324。
②沈錥《燕行詩·狼子山宿王姓人家》,《燕行錄續集》,114/312。
③沈錥《燕行詩·用中字韻》,《燕行錄續集》,114/321。
④沈錥《燕行詩·次沙字》,《燕行錄續集》,114/322。
⑤沈錥《樗村集》卷6《次副使韻》,《韓國文集叢刊》,209/097。
⑥沈錥《樗村集》卷6《途中所見》,《韓國文集叢刊》,209/098。
⑦沈錥《樗村集》卷6《過青石嶺用李員外成字韻》其二,《韓國文集叢刊》,209/097。
⑧沈錥《樗村集》卷6《次山字》,《韓國文集叢刊》,209/099。
⑨沈錥《燕行詩·途間見蒙古言語衣服又與清人絶異》其二,《燕行錄續集》,114/325。
⑩沈錥《燕行詩·士趨不佳慨而有作》其一,《燕行錄續集》,114/329。

人"①,則譏刺燕中無高士也;"送死家家禮俗頹,田頭收拾葬寒灰"②,歎喪制之野蠻無復古禮也;"問渠有底家風在,舊業無傳近百春"③,刺士俗之不競也;"今日漢儀非可睹,舊時周禮亦難求"④,則慨典章之或缺耳。

而叙及朝鮮,則禮樂文明,獨存天壤間。若"小中華號不爲過,看我衣冠意自多"⑤,"家在海東稱小華,別來消息問如何"⑥,"莫笑年年來玉帛,箕墟一片獨衣冠"⑦,則自誇"小中華",又自優於衣冠大明也。唯《湯站以往有山皆嫵媚地亦平衍可耕》《狼子山宿王姓人家》諸詩,尚賦景叙事,自然諧麗,有風詩之趣,而無怨詈之言也。

0484-1728
卞昌和《戊申手本》(《同文彙考補編》卷四《使臣別單四》 活字本)

出使事由:賫咨行
出使成員:賫咨官卞昌和等
出使時間:英祖四年(雍正六年 1728)？—十一月十九日

卞昌和,生卒籍貫不詳。精漢語,爲譯官。英祖四年(1728),曾爲賫咨官屢往中國。事見《同文彙考補編》卷四《使臣別單四》卞昌和《戊申手本》、《承政院日記》等。

案卞昌和此次入中國,爲憲書賫咨官。新曆書之頒,在十月朔,則昌和發王城當在八、九月間,其所記十一月十九日,爲返京覆命之日也。

此《手本》一條,記序班金超得《圓明宮説話》一張謄示之,其載七月十一日十三王、十六王同内府總管查弼納等在圓明苑,雍正帝問以水利營田收成好否？十三王回奏有九分收成,不但水利營田,就是直隸各省,皆

①沈錥《燕行詩·士趣不佳慨而有作》其二,《燕行錄續集》,114/330。
②沈錥《樗村集》卷6《途見有火葬者心傷有作》,《韓國文集叢刊》,209/100。
③沈錥《樗村集》卷6《士趣不佳慨而有作》,《韓國文集叢刊》,209/101。
④沈錥《樗村集》卷6《行吟》,《韓國文集叢刊》,209/099。
⑤沈錥《樗村集》卷6《次副使韻》,《韓國文集叢刊》,209/097。
⑥沈錥《燕行詩·又次華字韻》,《燕行錄續集》,114/319。
⑦沈錥《樗村集》卷6《次山字》,《韓國文集叢刊》,209/099。

有十分,是皇上登極以來,年年皆好,今年稱爲第一,五穀豐登,民安物阜,此皆皇上洪福所致也。皇上云"荒熟乃天道循環,非狀之福,實由聖祖餘蔭,所以朕耿耿留心,惟恐不如聖祖政令,常自日夜思惟,兢兢不忘"①。又言康熙欲圖久遠,見有推背圖有"胡人二八秋"諸語,惟從寬省刑薄稅,從天聽命,所以刑部每停秋決,廣膳府庫,設法借俸,有官弁家貧不力者,預借俸銀三五年,扣除清完,如康熙六十一年一年間借俸三年,扣至康熙六十四年扣完,豈知帝六十一年即駕崩。雍正帝欲效先帝,將各省每年錢糧解送户部者,除動用外,尚有餘剩八百萬兩,欲放給八旗官弁兵丁。又稱倉平州掘碑一座,碑上詩語不甚能解,不知是何兆語,雍正欲將明年七月起,不必寫出年號,只寫己酉、庚戌、辛亥等。十三王等回奏以爲,若果如此,一若外揚,反爲惶惑。今各衙門啓奏事内,有字眼不好者,請爲改正,即如"年終盡數"四字,改爲"歲底全數",未知可否,獲帝嘉納云。

卞昌和又加以賂物,更問倉平州碑上詩語,則金超又示一紙曰,皇上築萬年吉地,差官到倉平州取土,掘至丈餘,見碑一座,爲明劉伯温所立,有八句聯曰"紅花落盡放黄花,遍地胡兒亂似麻。東來西去歸藏土,南上北下返牛家。七九之年虎哺兔,一人騎馬踢雙猢。八六家雞夜宿糧,十個孩兒九哭娘"云。②

0485-1728

尹淳《燕行詩》(《叢刊》第 192 册《白下集》 石印本)

出使事由:冬至等三節年貢行

出使成員:正使吏曹判書尹淳、副使禮曹參判趙翼命、書狀官兼司憲府監察權一衡等

出使時間:英祖四年(雍正六年 1728)十一月四日—翌年四月十二日

尹淳(1680—1741),字仲和,號鶴陰,後號白下,海平人。從鄭齊斗

---

① 卞昌和《戊申手本》,《同文彙考補編》卷 4《使臣别單四》,002/1648。
② 卞昌和《戊申手本》,《同文彙考補編》卷 4《使臣别單四》,002/1649。

學性理之學，識解高明。肅宗三十九年（康熙五十二年 1713）中丙科。官司諫院正言、藝文館檢閱等。景宗朝，任侍講院司書、吏曹佐郎、弘文館應教。英祖朝，官成均館大司成、藝文館大提學、吏曹判書、知中樞府事、刑曹判書、禮曹判書、工曹判書、議政府左參贊等，出爲平安道觀察使，旋卒於任。工於書法，深得米黃神髓。有《白下集》十二卷行世。事見《白下集》附錄尹德輿《行狀》、李宗誠《梧川集》卷一一《墓誌銘》與肅宗、景宗、英祖《實錄》等。

案英祖四年（雍正六年 1728）十一月，遣吏曹判書尹淳爲冬至等三節年貢行正使，以禮曹參判趙翼命爲副使、兼監察權一衡爲書狀官赴燕，兼告孝章世子薨事。據尹淳子尹德輿撰乃父《行狀》稱，"前以清償犯越事辱國，此皆由商譯賒欠之致。公到柵門，嚴防潛商，罷還團練使，凡輜重皆以雇車載去，後遂爲故常。入燕即具揭帖，痛陳邊土冒禁負次之奸弊，雍正大喜，褒諭加厚禮，仍以逆亂討平，別賜錦緞書籍及犒銀萬兩，賞賜之物，盡散於員譯及驛卒，不取一個燕物。漢人秀才稱歎曰：'白下先生，清如伯夷。'道除知中樞府事、工曹判書兼管備局有司。乙酉四月覆命"①。

尹淳《白下集》十二卷，爲其六代孫聖求據家藏稿本，與六代孫容求校正，於1927年以石印本刊行。《韓國文集叢刊》據成均館大學中央圖書館藏本影印。凡詩一卷、文十一卷，前有李建芳序，末附諸家狀志、祭文等。

尹淳詩按體裁編次，燕行詩十餘首，見本集卷一。尹德輿謂尹淳凡有著作，即遺不錄，故燕行之詩，蓋多遺佚故耳。德輿謂其父"詩則工於老杜，意遠趣長，雋然有味"②。今所見者，若《薊州館題壁》《榛子店》《舊遼東》《入燕館》《榆關》等詩，皆慨歎弱國輸幣，堪爲增羞，無好爲大言，故作驚人之語，亦可謂雋然有味者也。其集中有《副价朴靈城成甫（文秀）贐章》一首，謂"弱國春秋秪坐談，才逢主辱便喑喑"③。刺朝鮮君臣空談誤國，平素闊論，遇事喑啞，可謂切中義理派虛談誤國之弊，言下凱切而深中

---

① 尹淳《白下集》附錄尹德輿《行狀》，《韓國文集叢刊》，192/364。
② 尹淳《白下集》附錄尹德輿《行狀》，《韓國文集叢刊》，192/375。
③ 尹淳《白下集》卷1《副价朴靈城成甫（文秀）贐章》，《韓國文集叢刊》，192/195。

痛症也。

0486-1728
尹淳、趙翼命《戊申別單》(《同文彙考補編》卷四《使臣別單四》 活字本)

案尹淳有《燕行詩》(0485-1728)，已著錄。

趙翼命(1677—1744)，字士弼，號直長，豐壤人。肅宗三十一年(1705)，中司馬試，同年及第。爲司諫院正言、司憲府持平、世子侍講院司書等。景宗時，爲弘文館修撰、吏曹佐郎、司諫院司諫等。英祖時，任世子輔德、司諫院大司諫等。事見趙顯命《歸鹿集》卷一四《堂兄大司諫公墓表》與肅宗、景宗、英祖《實錄》等。

此《聞見事件》六條。記一行到館後，慮雇車或有鳳城税官啓奏防塞之舉，欲預爲周旋於十三王，故令首譯金慶門，往謀常明(常不解漢字)，常令具揭帖以送。尹淳等草帖稱，朝鮮雖僻處海隅，素秉禮義，世篤忠順，朝廷視同内服，最荷恩光。本國每起方物及年貢各品，馬運至瀋京交付，陪臣仍進京師，回國人馬，另定官吏領押，而許多小人，防察難周，暗地交貿，相沿爲利，積少成多，至負賒欠。然則若何而防源塞竇，朝鮮當勿令小人濫入邊門，希圖僥幸，以絶潛商路脉。國王命自今行，方物年貢，並自邊門雇車至瀋京，依前交付，除是從陪入京人役外，毋令有一人一馬回瀋路者，人既無入，貨於何賒，數十年奸弊，由今痛遏，窮則必變，理勢則然。外此尚有二益：瀋東諸站，山溪路險，冬冰夏淖，馬多顛僕，莫重享進之物，非沾則汚，今運以車，不患其敗，載車便宜一也；每行調民馬運重載，脚價不足償費，屢馬歸輒倒斃，憂擾邊邑，從今回自柵外，費了數日往來而已，其便益二也。且遼鳳之人，以拉車爲業，爭相雇載，大有所賴，此則不但有益朝鮮，亦上國邊氓生理之道，有百利無一害者。

又載禮部題本，奉旨每年四大節賞賜，原賞朝鮮國王儀物，内舊例豹皮一百張，折給銀一百五十兩，今勿爲折銀，以本色擇送。每節賞銀一百兩，酌議改爲内造妝緞四匹，亦以緞匹改定，其餘鞍馬緞匹，將精良者賞給，所賞正副使臣緞匹，亦著於内庫取用。且命此行於常賜外，加賞妝緞等件四十匹,内府書籍四種,以示旌賞之意。分別爲開妝緞八匹、錦緞八匹、暗花緞八匹、大綾八匹,又《康熙字典》《性理精義》《詩經傳説彙纂》《音韻闡微》四種也。從前賞賜之物,出自户部,而今此出於内庫,故多未曾見之物。豹皮四百令,譯輩以爲不下於貿易之品。又以不虞備銀五十兩,購得《曆象考成》全秩四十四册。又言皇帝與十三王欲知倭國風俗規制,使臣問於倭學譯官洪舜明,一一略爲録示而送云。

卷四三　　0487—0499

英祖五年(雍正七年　1729)—英祖八年(雍正十年　1732)

0487-1-1729；0487-2-1729
驪川君李增、金舜協【原題金舜協】《燕行錄》(《全集》第38册　鉛印本；
《知守齋集》　鈔本)
驪川君李增、金舜協【原題金舜協】《燕行日錄》(《全集》第38册　稿本)

　　出使事由：謝恩行
　　出使成員：正使驪川君李增、副使吏曹判書宋成明、書狀官兼司憲府
　　　　　　執義尹光益等
　　出使時間：英祖五年(雍正七年　1729)八月十日—翌年正月十八日

　　驪川君李增(？—1752)，全州人。朝鮮王朝宗室。封驪川君。英祖朝，任都總管、司饗提調等。曾屢爲使臣，出入清朝。事見肅宗、景宗《實錄》與《承政院日記》等。

　　金舜協(1693—1732)，字士迴，號五友堂，扶寧人。曾官果川縣監。有《知守齋集》《五友堂燕行錄》傳世。事見李英浩《燕行錄序》等。

　　案此《燕行錄》二卷，活字本。據前金載石、李英浩二《序》，稱金舜協著述甚豐，然因早逝，且家道中衰，故多爲散佚，經百八十餘年，其六世孫永默等，方謀付諸剞劂爾。

　　先是，英祖四年(雍正六年　1728)，朝鮮討平謀逆賊黨李麟佐等，並遣陳奏使西平君李橈等前往北京陳奏始末。雍正帝以討平有功，加賜國王帑銀一萬兩，内府書籍《康熙字典》《性理精義》《詩經傳説彙纂》《音韻闡微》四種及錦緞等物。五年四月，世子李緈(1719—1728)病逝(後追贈爲真宗大王)，清廷遣使弔祭。是月二十二日，英祖初以驪川君李增爲謝恩上使、吏曹判書宋成明爲副使、朴師正爲書狀官，後以兼執義尹光益

替朴氏爲書狀官,率員前往北京謝世子賜祭、謝賜銀、謝賜册、謝賜緞等事。金舜協即此行中之一員,然其所承擔具體職責不明,殆爲幕僚,專爲觀光而往者。其卷末追記尹太一贈别詩,有"君今棄駬騎,從事白衣儒"句①,可知金氏在行中無具體官職,乃白衣而隨行也。

案書前金載石序稱"英廟己酉,海恩君吴公命恒,以冬至使選任幕佐,非無其人,而特眷眷致書於五友堂金公舜協而帶行,公籌略之超等,尤可知矣"②。然細考其書,則可疑甚多焉:其一,考吴命恒(1673—1728),字士常,號慕庵,海州人。官至右議政。英祖四年四月,"封奮武一等功臣,吴命恒爲海恩府院君,仍拜右贊成"③。然同年九月十日,吴氏即逝也。④且吴氏於英祖四年,亦未曾任冬至使也。蓋金載石以吴氏封爲"海恩君",故誤植之,爲人書作叙,而不考其書之本末,載石之粗疏,亦可謂太甚也。其二,今考其書上卷,記八月初十日,"與海恩叔詣闕",時二人與英祖叙話,其達曰:"臣以年少又無聞識,而猥膺專對之任,不勝惶恐矣。"⑤又曰:"臣以孤露餘生,惟兄弟叔侄相依,而又且多疾病,遠入彼中,或有疾恙之時,行中非無褊裨諸人,然其於顧護之道,莫如同室中人,故敢以與海恩君同途之意猥越稟達矣。"英祖答:"即許與海恩君同往焉,其相恃之深,豈不陶陶乎,予心亦以爲悦矣。"⑥此皆以第一人稱之語氣叙述,則記此日記之主人,當爲此次使行之正使驪川君,且其言"少年又無聞識",蓋時驪川君李增年紀尚輕,故請以其叔海恩君同行以爲咨謀也。考《英祖實録》有"海恩君爌",爲宗室,則此海恩君者,必李爌也,斷非吴命恒也明矣。其三,再考全書上卷記事,互不相接。上卷起己酉八月初九日止於十月初五日,時一行人馬剛過永平府;而下卷則始自本月十二日,已在北京玉河館,往禮部呈表咨文。中間自十月初六日至十一日之日記,則不能接

①李增、金舜協【原題金舜協】《燕行録》卷下,《燕行録全集》,038/479。
②李增、金舜協【原題金舜協】《燕行録》金載石《五友堂金公遺稿序》,《燕行録全集》,038/166。
③《英祖實録》卷17,英祖四年(雍正六年 1728)四月二十九日己酉條。
④《英祖實録》卷19,英祖四年(雍正六年 1728)九月十日丁巳條。
⑤李增、金舜協【原題金舜協】《燕行録》卷上,《燕行録全集》,038/170。
⑥李增、金舜協【原題金舜協】《燕行録》卷上,《燕行録全集》,038/171。

續焉。其四,今《燕行録全集》所附是書上、下卷之原本,當爲最初之稿本或鈔本,而上、下卷筆體,迥然不同,絶非出一人之手者。其五,今活字本上卷日記正文"燕行録卷之一"大題下,首刻"臣舜協猥參冬至謝恩使將赴燕京"一行,下爲"當寧己酉八月初十日,將拜表,前期一日"云云;而稿本上卷首頁,則大題爲"燕行日記",下首頁即爲"己酉八月初十日,將拜表,其前一日"等,無"臣舜協"一行,且他文亦多有出入,然則"臣舜協猥參冬至謝恩使將赴燕京"諸字,爲刊刻時整理者所加,非原本之舊也。其六,上卷文中叙述,多出現"副使""書狀"之稱,而極少"正使""上使"之稱,如在黄州"與副使、書狀、江西及殷山縣監宋徵啓,同登太虚樓"①,又"副使、書狀先行,余於平明登程"②,"朝,副使、書狀來見"等等③,亦以上使口吻叙述,則此上卷之作,似爲正使驪川君所作,亦絶非金舜協之口氣也。而下卷則不然,如記皇帝"召見正使之日也,行中及余亦皆隨往"④,則其非正使明矣;又臨行受賞賜時,"上使、副使齊跪而受賞及馬,上使則又受別賞而起"⑤,而庚戌正月十二日,回還途中,在平壤拜箕子廟,覽後出坐於洪範堂,遂書名於《郎院録》曰:"扶寧金舜協士迥庚戌正月敬謁"⑥,則可見下卷確屬金舜協所記也。然則此書,上卷當爲代李增所作,故擬上使口氣而書,下卷爲舜協所作,後人整理時未能統一修訂,故上下卷矛盾至若二人所作也。而上下卷間數日之日記,則佚而不存矣。或其稿本爲金氏代李增所爲,然前後口氣不一,則尚未修改劃一故也。故今題書名作者爲李增、金舜協,以符其實焉。

因原本爲鈔稿本,故活字本識讀之誤極多,或爲後人所校改,如"廊"誤爲"廓","眼"誤爲"眠","匕"誤爲"七","詞"誤爲"祠"等,已爲校正;亦有改不誤爲誤者,如"域中"誤改爲"城中"等;而未能校正者亦尚多,如"櫃"誤作"積","箸"誤作"筋","弊"誤作"幣"等,尚累累皆是也。

———————

① 李增、金舜協【原題金舜協】《燕行録》卷上,《燕行録全集》,038/182。
② 李增、金舜協【原題金舜協】《燕行録》卷上,《燕行録全集》,038/183。
③ 李增、金舜協【原題金舜協】《燕行録》卷上,《燕行録全集》,038/196。
④ 李增、金舜協【原題金舜協】《燕行録》卷下,《燕行録全集》,038/404。
⑤ 李增、金舜協【原題金舜協】《燕行録》卷下,《燕行録全集》,038/411。
⑥ 李增、金舜協【原題金舜協】《燕行録》卷下,《燕行録全集》,038/473。

又《燕行録全集》第三八册，復收金舜協《燕行日録》，即其書之稿本也。《燕行録全集》編纂者誤置下卷於活字本上下卷中間，當移置於此上卷後也。又頁碼錯亂極多，如第 280—352 頁，當移置於第 529 頁後也。蓋是稿上卷字體極草，又字小紙黑，又塗改添加，密字旁注，極難識辨，編纂者又不細加辨別，故頁碼亂混至不能讀也。是稿所記文字，與活字本除識讀訛錯外，他文亦頗有出入也。

是書記事，較爲詳悉，謂初渡鴨江之後，見一山一水、一石一草皆記之，欲其詳悉；及到遼東之後，則山盡於背後，野曠於眼界，人物之繁華也，廟刹之夥然也，名境古迹之浩蕩也，海波地序之廖廓也，今日所見多於昨日，來日所見加於今日，入於燕京之後，則漸至於口不勝言，目不遍睹。故雖有可言者，皆未免闕焉，極可恨也。又慮所記北京古迹，或有訛誤，則非所以記其實而傳於人者也。後得《帝京景物略》及《大興縣志》等書，閱其所載而驗之於耳聞目睹，則左契焉，遂略記之。① 其抄録志書與聞見所記，多叙北京歷代沿革及民情風俗等甚詳。

又據書中所載，此行出使時，雍正帝下禮部特諭：朝鮮國王世篤恭願，虔修貢職，昔蒙世祖章皇帝軫念藩封，特頒敕諭，今聖壽、冬至、元朝表儀，俱准於元朝並賞，以彰柔遠之至意。近見該國王於領受賞賚等事，皆特遣使臣賫表奏謝，朕念該國距京三千餘里，貢使往來，未免勞費，副後凡屬謝恩本章，俱著於三大節表一同賫奏，不必特遣使臣，永著爲例。該部即行文該國王知之。② 爲朝鮮之除弊，可謂莫大。此後謝恩等使臣，則例與冬至等三節年貢一起並行焉。金氏稱在館之日，游覽之外，常終日考閱書册，若《三才圖會》及諸般書册，晝以繼夜，而猶未盡焉。蓋上卷初驪川君與英祖對話，英祖命一行留訪《孝順事實》《朱文公集》《三才圖會》諸書，命"乘機得來"③。故舜協專負此責，故晝夜與書賈往還，以覓購諸書也。

---

① 李增、金舜協【原題金舜協】《燕行録》卷下，《燕行録全集》，038/415。
② 李增、金舜協【原題金舜協】《燕行録》卷下，《燕行録全集》，038/372—373。
③ 李增、金舜協【原題金舜協】《燕行録》卷上，《燕行録全集》，038/173。

0488-1729

驪川君李增、宋成明《己酉别單》(《同文彙考補編》卷四《使臣别單四》活字本)

案驪川君李增有《燕行録》(0487-1729),已著録。

宋成明(1674—?),字君集,號松石,礪山人。肅宗朝,爲世子侍講院司書、司憲府持平、弘文館修撰、世子輔德等。顯宗時,任承政院旨、黄海道觀察使等。英祖朝,爲漢城府右尹、工曹判書、禮曹判書、知中樞府事等。事見肅宗、景宗、英祖《實録》等。

此《聞見事件》二條,一謂鳳城税官即瀋陽户部郎中常有,稱以欽差發令車户,若有接載貢包者,枷送刑部重治,約束甚嚴,又呈文禮部,願與御史城將,同管邊門搜檢,且爲徵税等,蓋欲握出入之權。李增等至京後,呈文禮部,以爲此百年來所未聞之創制,必將貽弊不小。最終禮部駁回常有所請,稱"今查得朝鮮貢使出入所帶包子,例不收税,與税務無干,歷年以來,只有鳳凰城守尉點驗出邊門,並無別衙門公同監看之例,應仍令城守尉照舊驗放出邊"①。

又記訪得今皇帝御製有《律吕淵源》七十三卷大秩,《曆象考成》,即其秩中篇名也。初以《欽若曆書》,更加釐正名之《曆象考成》,而添之以《律吕正義》《數理精藴》二篇,以成書三編,相爲表裏刊之。又有八綫表載於《精藴》,其法甚詳,易以測推。今既知其有全書,不可不購得,故艱難尋覓,以不虞正銀六十二兩購得。又有《御定三元甲子萬年曆》《新法七政四餘萬年曆》,或給優價,或費物贈,皆用私財,如數覓得而返焉。

0489-1729

俞健基、李時恒等【原題李準】《燕槎賸詩》(《全集》第5册 原草本)

俞健基(1682—?),字體元,杞溪人。英祖朝,爲司憲府執義、承政院承旨、司諫院大司諫、司憲府大司諫等。事見《英祖實録》《承政院日記》等。

---

①驪川君李增、宋成明《己酉别單》,《同文彙考補編》卷4《使臣别單四》,002/1654。

李時恒有《燕行詩》(0481-1728),已著録。

是稿原爲兩册,封面左上皆題《燕槎贐詩》,且筆體完全相同,則爲一人所題無疑,蓋當時即分兩册裝訂也。每册自首頁起,亦皆各家送别之詩也,蓋爲當時諸人手稿,故每人之詩,皆書體不一,或草或楷,甚有狂草而不能識讀者。前册共收俞體元、李時恒、安聖時、林命浩等十三人五七言詩二十三首,洪君則《送李侍郎君集赴燕序》、無名氏(末段文字不清)《送謝恩副使宋公序》兩篇。後册收鄭舜年、朴直卿等二十一人詩三十六首。兩册總收三十六人詩五十九首、贈序文二篇,在燕行贐詩中,可謂夥矣。後册諸人詩首頁右上,間有小字注作者姓名身份者,如"李尚書廷濟""洪丹陽重聖""霍都正極岳"等,亦出一人手筆,蓋當時所加,或收藏者所注也。

是稿《燕行録全集》編纂者皆歸隸李準名下,且於《索引》中注爲宣祖二十五年(萬曆二十年 1592)年出使時所作。考李準(1545—1624),號平卿,又號懶真子,全州人。官至鏡城判官、義州牧使、漢城府左尹、禮曹參判、兵曹參判、大司諫、右參贊等職。因功封全城君。仁祖二年卒。①然是二册書,既未有李準所作詩,亦非諸人爲李氏送行詩文也。

又考諸家詩題曰《奉贐宋學士君集令公燕行》《奉贐副使宋侍郎赴燕》《奉贐宋吏部北价之行》《謹别聘君飲冰之行》等,而文則有洪君則《送宋侍郎君集赴燕序》、無名氏《送謝恩副使宋公序》之篇名,則諸家所送者,乃宋氏而絶非李氏也。又諸人詩文中所稱"君集""松石軒"者,蓋即宋氏之字號矣。又考諸人詩文,或曰"宋學士",或曰"宋參判",或曰"宋侍郎",則宋氏其時的所任職蓋爲某部參判也。至其出使身份,若洪氏文曰"今君集以吏部侍郎充謝恩副价,膺睿簡,奉王命,將涉鴨緑江以北",則宋氏爲謝恩副使耳。又送詩中有"天官雅望藝林聲,拭玉燕京自請行"之句②,則又可知此次出使,乃宋氏自請出行也。至其出使時間,諸家詩末多題"歲在黄雞仲秋""八月上澣""己酉中秋"等,而最早者爲洪君則《序》末稱"歲己酉閏七月"也。查朝鮮有閏七月之己酉,則爲英祖五年

---

①《仁祖實録》卷5,仁祖二年(天啓四年 1624)四月二十九日壬子條。
②俞健基、李時恒等【原題李準】《燕槎贐詩》朴弼琦《奉寄宋侍郎之燕京》,《燕行録全集》,005/590。

（清雍正七年　1729）耳。而諸詩文所記，亦與此時間相合。朝鮮使臣有所謂"飲冰之行"之説，乃謂入京進貢清帝也。

考閏七月之己酉，則英祖五年無疑矣。而諸詩文所記，亦與此時間相合。如諸家詩云"年年東使漢衣冠，太極堂中拜可汗"①，"山河羞玉貌，日月異王春"②，"胡笳曉咽難成夢，虜酒天寒不醉顔"③，此皆以清王朝爲虜廷，故諸詩辱之耳。入使清朝，使臣有無奈之耻辱感，所謂"山河非昔日，玉帛向誰家"④，故以入清國爲"行蠻貊之邦"，所謂"神京士女如雲地，半是胡音半漢音"者也⑤。又譏刺清朝士大夫腆然侍虜，羞對夷齊，如詩中稱"君行應過夷齊廟，莫問當年餓采薇"⑥，"君行莫過灤河廟，尚有清風耻粟臣"諸句皆是也⑦。而寄望使臣者，則爲"寄語精靈休望望，行人頭整古殷冠"⑧。此亦可見當時朝鮮君臣，皆以中原淪陷，而三韓之地，則以"小中華"自居故也。

0490-1729

趙錫命《燕行詩【原題墨沼燕行詩】》（《續集》第 114 册；《豐壤趙氏文集叢書》第 8 輯《墨沼稿》　鈔本）

出使事由：冬至等三節年貢行

---

①俞健基、李時恒等【原題李準】《燕槎贐詩》俞健基（體元）《奉贐宋學士君集令公燕行》其四，《燕行録全集》，005/510。
②俞健基、李時恒等【原題李準】《燕槎贐詩》趙尚鼎《奉贐宋吏部北价之行》，《燕行録全集》，005/519。
③俞健基、李時恒等【原題李準】《燕槎贐詩》李温《送宋參判赴燕》，《燕行録全集》，005/541。
④俞健基、李時恒等【原題李準】《燕槎贐詩》李秀甫《奉别宋侍郎燕行》，《燕行録全集》，005/574。
⑤俞健基、李時恒等【原題李準】《燕槎贐詩》佚名《拜送宋台丈副价之燕》其二，《燕行録全集》，005/582。
⑥俞健基、李時恒等【原題李準】《燕槎贐詩》李季輝《奉别副价之燕京》其二，《燕行録全集》，005/527。
⑦俞健基、李時恒等【原題李準】《燕槎贐詩》沈叔平《奉贐陶村台兄赴燕之行》其二，《燕行録全集》，005/577。
⑧俞健基、李時恒等【原題李準】《燕槎贐詩》佚名《拜送宋台丈副价之燕》其四，《燕行録全集》，005/583。

出使成員：正使吏曹判書金東弼、副使禮曹參判趙錫命、書狀官兼司憲府監察沈星鎮等

出使時間：英祖五年（雍正七年　1729）十月二十七日—翌年四月二日

趙錫命（1674—1753），字伯承，號墨沼，豐壤人。徐文重外孫。年二十九，中司馬試。三十三歲，中黃柑試壯元。官至司憲府大司憲、司諫院大司諫、刑曹判書、成均館大司成、承政院都承旨、漢城府左尹、同知中樞府事等。曾外任江原、京畿兩道都事及江原道暗行御史等。有《墨沼稿》四卷行世。事見《英祖實錄》等。

英祖五年（雍正七年　1729）冬，朝鮮遣冬至等三節年貢行正使吏曹判書金東弼、副使禮曹參判趙錫命、書狀官兼監察沈星鎮等入燕。一行於十月二十七日拜表離發，翌年四月初二日返王京覆命焉。

趙錫命《墨沼稿》四卷，爲家傳鈔本，今見《豐壤趙氏文集叢書》第八輯，《燕行錄續集》第一一四冊所收，與《韓國歷代文集叢書》爲同一版本。趙氏凡燕行詩百三十餘首，見《墨沼稿》卷一，多與正使金東弼唱和之詩，兼有與書狀官沈星鎮酬唱者。錫命詩在當時諸人中，若《次燕都八景韻》《效從軍五更轉體作六言絕寫懷》《效記里鼓體》等，體裁多樣，蘊含豐富，才氣豐蔚，詞條暢達，意趣生動，頗具新意。他若詠白旗堡途中所見，"關程去去遙遙望，胡騎三三五五過"①，又詠塵"俄回蕩蕩清平界，變作濛濛混沌天"等②，構思奇兀，疊詞變格。其集中尚有詠《西游記》《金瓶梅》《水滸傳》《三國志》（當爲《三國演義》）之七言絕句各一首，可見當時朝鮮亦風行此等書也。

0491-1730

南泰良《燕行雜稿》（《續集》第114冊　手稿本）

出使事由：告訃行

---

①趙錫命《燕行詩【原題墨沼燕行詩】》卷1《白旗堡途中》，《豐壤趙氏文集叢書》，第8輯第558頁。

②趙錫命《燕行詩【原題墨沼燕行詩】》卷1《塵》，《豐壤趙氏文集叢書》，第8輯第558頁。

出使成員：告訃使禮曹參判慎無逸、書狀官兼司憲府持平南泰良等
出使時間：英祖六年（雍正八年　1730）八月二十八日—翌年正月十六日

南泰良（1695—1752），字幼龍，自號廣陵居士，宜春人。爲人耿介。誕於道學名門，游於詩禮士林。英祖三年（雍正五年　1727）登科。爲司諫院正言、司憲府持平、弘文館校理、司諫院大司諫、慶尚道觀察使、户曹參判、平安道觀察使等。有《燕行雜稿》行世。事見《英祖實録》等。

英祖六年（雍正八年　1730）八月，英祖王嫂、宣懿大妃景宗妃魚氏（1705—1730）昇遐，遣告訃使禮曹參判慎無逸、書狀官兼持平南泰良等入燕告訃。初以洪聖輔爲書狀官，後以南泰良代之。一行於八月二十八日發王京，翌年正月十六日返京覆命。是行也，慎無逸侵困商譯，多索貨賂，聞者鄙之。①

是稿封面左上書籤隸書題"燕行雜稿全"，下雙行行楷題"辛巳春分松泉題"，爲韓國書家協會會長鄭夏建（松泉）書。末有姜景勳《燕行雜稿跋》，稱南泰良卒後，遺文散佚，文集未成，僅有謄本二卷，即《鄰山漫録》與《燕行雜稿》，爲南氏親筆詩稿。《雜稿》共收南氏詩近百首，又附正使慎無逸詩三十餘首，幾爲二人燕行詩之合集焉。

南氏自謂素苦羸病，中經禍釁，心氣脆弱，又因水土不服，苦咳喘脇痛，屢瀕危殆，因時值雍正帝聖誕，故告訃事延後，又因使指在告哀，故亦不敢爲游觀之行，一行在館三十五日，病極無聊，遂以詩遣日，如《十八憶詩》爲憶友朋、戚屬、子女等，情摯意深，倍爲親切；《燕中十六詠》，則就北京史迹、宫殿、帝王、百姓等，叙事評論，猶詠史詩；又《愁思燕山館》四首，則爲眠食行住，俱無甘味，日夜思歸，故效香山體而述思鄉之意。又向來燕行諸家，沿途所作，或沉痛憤惋，或悲天歎地，或痛斥清廷，或怒己不争，而南氏詩中，尚有"彌縫非久計，須有自强時"之句②，則其見自高出時流輩也遠矣。

---

①《英祖實録》卷27，英祖六年（雍正八年　1730）七月四日辛未條；八月二十八日甲子條；卷29，七年（雍正九年　1731）正月十六日庚辰條。
②南泰良《燕行雜稿·白旗堡遇賫咨官李樞……沉吟賦此》，《燕行録續集》，114/483。

0492-1731
趙尚絅《燕槎錄》(《全集》第 37 册;《叢刊續》第 63 册《鶴堂遺稿》;《豐壤趙氏文集叢書》第 9 輯 鈔本)

出使事由:謝恩兼冬至等三節年貢行
出使成員:正使洛昌君李樘、副使吏曹判書趙尚絅、書狀官兼司憲府
掌令李日躋等
出使時間:英祖七年(雍正九年 1731)十一月七日—翌年五月八日

趙尚絅(1681—1746),字子章,號鶴塘,豐壤人。從金昌協學,以國器待之。肅宗三十六年(康熙四十九年 1710),增廣文科及第。歷官至咸鏡道觀察使、漢城府判尹、兵曹判書、刑曹判書、吏曹判書、判敦寧府事、禮曹判書等。卒於漢城判尹任。有《鶴堂銓考》四卷、《鶴堂遺稿》十六卷行世。事見《鶴堂遺稿》卷一六趙暾等撰《家狀》《墓表》、韓用龜《謚狀》與肅宗、景宗、英祖《實錄》等。

趙尚絅《鶴堂遺稿》十六卷,凡詩二卷,文十三卷,末卷爲附錄傳狀文。前後無序跋。《豐壤趙氏文集叢書》第九輯所收,與《燕行錄全集》爲同一版本。《燕槎錄》輯自《鶴堂遺稿》第二册。

英祖六年(1730)六月,宣懿大妃魚氏昇遐。七年五月,清使來弔。英祖以洛昌君樘爲謝恩兼冬至等三節年貢行正使,吏曹判書趙尚絅爲副使、兼掌令李日躋爲書狀官,前往北京謝大妃賜祭並行三節年貢禮,兼行咨請清朝頒賜新修《明史》。一行於十一月七日發王京,八年三月十六日離發北京,五月八日返京覆命焉。

趙氏一行,返國時携回新修《明史·朝鮮列傳》鈔件,因全書尚未改定,故請求全幅未准。李樘等三人,以《明史》本國列傳,奏請釐改之功,並爲加資。趙氏此卷詩,即出使途中所作,多達二百首,其中除卷首與卷末數首外,餘皆爲與李日躋唱和之詩,李詩附於趙詩後,亦近二百首,然則此卷可題爲《趙李唱和集》也。

《燕槎錄》書中,有後人所校語,若附書狀詩,詩末行下書"君敬"二

字,乃書狀官李日躋之號。稿中偶有遺漏,校者注曰"此行下似當有君敬字"。他若日躋詩《西苑八絶》之五"夾妝紅妝裊裊歌"句,上校"上妝字誤";又日躋《杏松堡》"萬古長悲瓏上歌",校"瓏作隴";又其《大雨二十韻》"布衾鐵吟愁長夜",校"吟當作冷";"靡畷行輻擇濕原",校"濕當作隰"等。所校皆日躋詩,蓋爲轉鈔之誤,而校者所書,爲鋼筆字迹,則蓋爲近時人所校耳。

因在北京滯留日長,故一行所游之處,從趙氏詩可知其在京所游覽者如天主堂、正陽門、天壇、地壇、西苑等處,亦較他行爲多。其中若《西洋國人》《西洋國四種記實》等詩,謂"眼碧鼻隆仍綠髮,邦鄉遠在大洋西。自言求道長修戒,六十年高不娶妻"①。此類叙西洋國人事,爲前輩燕行詩家所少見也。

0493-1731
李日躋《辛亥聞見事件》(《同文彙考補編》卷五《使臣别單五》 活字本)

李日躋(1683—?),字君敬,全州人。景宗三年(1723),春塘臺試居首。爲兵曹佐郎、司諫院正言。英祖朝,爲司憲府持平、司諫院獻納、承政院承旨、義州府尹、水原府使、忠清道觀察使、漢城府左尹等。事見顯宗、英祖《實録》與《承政院日記》等。

案李日躋出使事由,詳參前趙尚絅《燕槎録解題》(0492-1731)。

此《聞見事件》二十餘條,多記自渡鴨江後沿途山川形勢,道路迂迴之情狀。言瀋陽西街有林老四者,名本裕,自號辱翁,爲宋朝林義士之後孫,籍居蓋州。其父爲明末雲南布政使,本裕隨往其父,與吴三桂善,官陝西知洮州,三桂敗即削籍居瀋陽城西,托病聾不與世事,惟以書籍自娱。使臣等與之筆談,儒雅博學,書字粲然,論説古今,衮衮有理,悲慨之意,往往自露,又論及當時清廷西征諸事,亦多告之以實。又言《明史》之纂修,有《本紀》二十四編、《列傳》七十餘編、《志》十餘編。張廷玉、三泰、常明等奏對史册,言《朝鮮列傳》改撰等事,帝然之並命賜以鈔件。既出,廷玉

---

①趙尚絅《燕行録·西洋國人》,《燕行録全集》,037/197。

顾常明而笑曰:"朝鲜之欲得史册,请告先灵,即该国王之诚孝也。不许防奏者,礼部之职责也;謄给一册者,史局之体例也。皇旨既如是,全册又将颁下,謄本与印本无异,朝鲜闻多读书者,必将知此道理。常大人虽以不忘本之意,每每为说,而国体所关,不得许以刊给,常大人勿以我为食言。"①此用明朝《会典》謄示之例也。又言见《满汉爵秩》,全书二册,载内外官职及十三省州县税银漕米白粮定额等数,录其大概焉。

又谓两境通货,国之大事,而利归于商译,朝廷不能揽其柄焉。凡一使之行,所带之银不啻几十万,以千百年不坏之货,换得紬缎氈裘等软脆之物,半为富家豪侈之用,半为土中赠禭之资,至使穷海绝峡,鹽汉菜妇,亦莫不著锦戴帽。而我东之白银,则并与莱货、矿采都输异国,而地部关西之官藏,几尽枵然。八包之制,延卜之禁,虽为申飭,亦不过舍其本而治其末,如欲矫之,莫如一国痛行节俭之政,御用服餙军物章服,万不得已外,绝禁燕物。凡私家婚丧之需,尽用东产布帛紬紵之属,而两国交易,各以土产,随便换贸而已。则国家财用不期裕而裕耳。②

0494-1732

李宜顯《壬子燕行诗》(《全集》第 35 册;《丛刊》第 180 册《陶谷集》 活字本)

  出使事由:谢恩兼进贺行
  出使成员:正使判中枢府事李宜显、副使礼曹判书赵最寿、书状官兼司宪府执义韩德厚等
  出使时间:英祖八年(雍正十年 1732)七月二十八日—十二月十七日

  案李宜显有《庚子燕行诗》(0453-1720),已著录。
  雍正九年(1731)九月,皇后那拉氏崩,册谥曰孝敬皇后。先是雍正五年正月,英祖疏请更正先世臣李倧诬逆事。部议:"吟四代祖倧,故明天启三年请封。明《十六朝纪》(即明陈建辑《皇明十六朝广彙纪》)以篡夺

---

①李日跻《辛亥闻见事件》,《同文彙考补编》卷 5《使臣别单五》,002/1659。
②李日跻《辛亥闻见事件》,《同文彙考补编》卷 5《使臣别单五》,002/1660。

書,實屬冤誣,應予更正。俟《明史》告成後,以《朝鮮列傳》頒示其國。"從之。十年三月,昑以先臣李倧被誣事,蒙令史臣改正,乞早頒發諭,先將《明史·朝鮮列傳》抄錄頒示。又英祖七年五月,奉天將軍那蘇圖報,中江有洲名"江心沱",往往有匪類出入,請於莽牛哨設水師防之。雍正帝詢於朝鮮,敕循舊例,不爲增設。故英祖遣判中樞府事李宜顯爲進賀兼謝恩行正使,禮曹判書趙最壽爲副使,兼執義韓德厚爲書狀官赴燕,賀册謚皇后、謝抄示史册、謝詔書順付、謝寢水路防汛、謝方物移准等事。一行自七月二十八日離發,臘月十七日返王京覆命焉。

　　案李宜顯此行所作詩,見《陶谷集》卷三,凡百六十餘首。其中多和杜詩及朝鮮白沙、月沙、簡易、東岳諸家韻。是行爲李氏第二次入燕,故其詩有"緬思十載前,銜命來薊幽。一來已苦顏,重到益堪羞"之句①。其在途及館中,皆有詩作,其自謂"蠻館抽思亦漫興,信口直寫非曰詩"②。今觀其詩如《金石山途中用驅車背鄉國朔風卷行迹爲韻》十首、《高橋堡感吟用身危適他州勉强終勞苦分韻》十首、《記燕都所見四疊》、《觀調馬九疊》、《聞山東御史以鉅野縣産麟報禮部十疊》、《無聊中雜詠十七疊》、《使譯輩納方物十九疊》、《漫賦歸途景色二十疊》等,以及《紀行述懷次三淵韻》(自詠、感懷、自叙、述懷、弘濟橋、九連城、安市城、抒憤、管幼安、遼野曉日、草河溝、東八站、潘館、瀋都、黃白旗堡、遼東古迹、李成梁、醫巫閭山、十三山、盧象賢、袁崇焕、孫承宗、祖家牌樓、榛子店、貞女祠、山海關、吴三桂、望海亭、角山寺、漁陽、夷齊廟、田疇、昌黎縣、燕市、右北平、豐潤、玉田、薊州、通州、皇都、紀行、李沛霖、樂毅、感舊、使事、干魚胡同、志感、留館、回程、總結)等,隨手拈來,皆成詩句,雖雅尚不足,然亦順諧流暢,實爲紀實組詩耳。而《留館日無聊漫次杜陵韻追叙行役爲一大篇》,則長篇鋪叙,述沿途聞見,與《紀行述懷次三淵韻》相映襯,亦爲此類作品中佼佼者也。末《王事靡盬》(三草),則爲仿《詩經》之四言詩矣。

---

① 李宜顯《壬子燕行詩·高橋堡感吟用身危適他州勉强終勞苦分韻》其五,《燕行録全集》,035/285。
② 李宜顯《壬子燕行詩·紀行述懷次三淵韻》之五十《總結》,《燕行録全集》,035/329。

0495-1732
李宜顯《壬子燕行雜識》(《全集》第 35 册;《叢刊》第 180 册《陶谷集》活字本)

案李宜顯有《庚子燕行詩》(0453-1720),已著錄。

此卷即李宜顯壬子燕行時所記雜記。據宜顯所言,其本以原任大臣,退居楊州陶山村舍,是年四月初三日政,差謝恩正使(後又兼進賀使),趙最壽爲副使,李龜休爲書狀官。前此清所纂《明史》中,有誣及仁祖反正時事者,李楨、李楠在顯宗朝使燕歸,陳請辨誣,而寢不行,後雖呈辨,清廷不唯不許,反詰問其何由得見禁書,復莫敢言近五十年。至乙巳,趙文命爲書狀官回來,主張再辨,又復辨之。昨歲節使之往,又申請刊頒,清朝謄示改正之本爲示,朝鮮以此爲恩,故有此遣使之舉也。時右議政趙文命入侍,命薦使臣,遂薦宜顯也。是行正當炎潦,時輩皆憚行,宗班亦不肯行,宜顯亦力辭而不可。後書狀官李龜休拜承旨,又以韓德厚爲其代。故宜顯以五月初六日入京治具,原定七月十一日啓行。是時旱甚,旱餘必多雨,七月望間,正當潦溽,恐有道塗淹滯,文物沾濕之患,故申請退於八月望後啓行,實則七月二十八日離發也。①

此記凡二十餘條,蓋以前次使行所記已夥,又路途重疊,景色依舊,故此次所記爲少也,然亦有他人所不道者。如小黑山吳元亮家見新婚金畫朱櫃,十三山趙連城家聞本地人林玠善刻印,與之論印學並請其刻圖章,雍正時新加丹彩之姜女祠及夷齊廟碑刻,又見谷碕、谷礥兄弟(谷應泰之後),在北京游覽天主堂,見山東御史所上鉅野縣牛生麒麟之牒報,西洋人畫及吸毒石,生員王天壽贊美使臣衣冠之華美,及一行所購書籍等。

又如李氏在高橋堡王自寬家,見吳光霖所藏吳三桂當時授其員外郎之文籍,光霖時年八十七,問其時事迹,耳聾神昏,不能了了,所藏文籍,一則"天下都招討兵馬大元帥周王爲陞授官員事",授其爲金吾侍衛游擊,署"周四年五月廿七日札付";一則"兵部爲陞授官員事",授其爲參將,署"洪化元年七月十六日";又一則授其爲員外郎者,署"洪化二

---
①李宜顯《壬子燕行雜識》,《燕行錄全集》,035/483—486。

年七月廿六日",有"户部之印"印。李氏稱觀此"便是一部古蹟,覺新人眼目"。① 此可知康、雍年間,此類文籍,民間多有,亦可知彼時文字之獄,尚未禍及遼東,倘在乾隆朝發覺,則吳氏所藏,必遭族誅之殃矣。

0496-1732
趙最壽《壬子燕行日記》(《全集》第50册　殘鈔本)

　　趙最壽(1670—?),字季良,豐壤人。肅宗朝,爲兵曹佐郎、世子侍講院司書。景宗時,任司諫院正言、弘文館校理等。英祖朝,陞司諫院大司諫、成均館大司成、京畿道觀察使、江原道觀察使、知義禁府事等。事見肅宗、景宗、英祖《實録》等。

　　案趙最壽出使事由,詳見前李宜顯《壬子燕行詩解題》(0494-1732)。

　　此稿爲趙氏《壬子燕行日記》之殘鈔本,其封面左行大字楷簽"壬子燕行日記"一行。記自壬子七月二十八日,以謝恩兼陳賀副使詣闕赴燕始;終於九月二十六日,自中右所至東關;其後則付諸闕如,蓋原稿缺佚所致也。

　　此稿文筆清雋,潔净自然,鈔録整飭,頗爲耐讀,惜其爲未完之稿耳。其記"大抵遼東村落,處處相望,大鋪則幾至千家,或累百餘户,小不下近百家,以人齒言之,家家各有五六兒童,問之則皆産四五子,或二三子,絶無無子之家,中國民户人數之繁盛,蓋可知矣"②。"絶無無子之家",故若不得子,即生生不已,千百年來,觀念如此,至今仍然也。

0497-1-1732;0497-2-1732;0497-3-1732
韓德厚《燕行日録》(《全集》第49册　稿本)
韓德厚《燕行日録》(《全集》第50册　想白書屋鈔本)
韓德厚《燕行日録》(《全集》第50册　鈔本)

　　韓德厚,生卒籍貫不詳。英祖三年(1725)官司憲府持平,後爲司諫

---

①李宜顯《壬子燕行雜識》,《燕行録全集》,035/491—493。
②趙最壽《壬子燕行日記》,《燕行録全集》,050/393。

院正言、司諫等。十二年（1736）官義州府尹，翌年爲承政院承旨。二十一年（1745），任江陵府使。五十一年（1775），爲萬頃縣監。正祖十九年（1795），任朔寧郡守等。有《燕行日録》傳世。事見《英祖實録》《正祖實録》等。

案韓德厚出使事由，詳見前李宜顯《壬子燕行詩解題》（0494－1732）。

此蓋爲韓德厚《燕行日録》之稿本，首頁無大題。又《燕行録全集》第五〇册收有韓德厚《燕行日録》，鈔本。每半頁十行，行二十八至三十二字不等，有邊框與界欄，字體密小。首頁大題作"承旨公燕行日録"，考英祖十三年（1737）十月，以韓德厚爲承旨，則此本至早亦至此時鈔出也。大題下有"想白書屋"楷書小圓長方印。全稿鈔録工整，誤字亦少，惟書末所附《狀啓》諸文後，又附自九月初七日，至十二月初一日之日記，内容極簡略，而與前日記相較，則正文中增益甚多，若所經之地之歷史沿革，某朝掌故等，所記纂詳。於此可知，正文乃後來增竄而成，而後附者乃當時原始之日記耳。蓋諸家燕行録之撰成，莫不如斯，初期所記，惟記陰晴里數、所歷諸地、所經之事，因亟於道途，故所記頗略，比及回國之後，則鈔撮方志雜著以及前人所記，潤色加工，成後來之定本也。韓氏此記，適爲提供研究之範本，故彌足珍耳。

同册又收有韓德厚《燕行日録》之另一鈔本，封面左中楷題"承旨公燕行日録"一行，正文字體不一，蓋鈔手不同之故，無邊框無界欄。雖每半頁亦十行，每行二十字。所鈔字大行疏，工整耐觀，然誤字極多，有校改之迹，若誤"杳"爲"查"，誤"捷"爲"栖"，誤"僂"爲"樓"，誤"戟"爲"戰"，誤"薊"爲"蘇"等，多形似而誤，而其他訛脱之文，尤以後半部分爲甚，蓋鈔手粗疏，以至魚魯豕亥，在在而有矣。

韓德厚謂"此行奉幣戎庭，其困已無可言，而到處苦被操縱，不能任意行動，身爲丈夫，上不能强國尊主，下不能辦東溟一蹈，尚誰咎哉"①。故胸懷冤痛，心有憤懣，其於雍正之行政，指斥無餘。韓氏在連山關趙明玉

---

①韓德厚《燕行日録》，《燕行録全集》，049/389。

家,見有《大義覺迷錄》,遂謂雍正之不敢痛治曾靜諸人,"乃反費辭以疏,惟恐惡名之未脱,其刑政之脆屑可知矣"①。又在京期間,見《環簿》載,曹州鉅野縣人家有牛産獜②,至於表賀。德厚謂:"夫獜,聖王之瑞也。當此天地易位,華夏腥膻之時,不應有此,况牛而生獜,災也,非祥也,而乃反稱賀,無理甚矣。不特此也,黄河清、靈芝産、慶雲出、甘露降,奏瑞相續,隨輒表賀,何其符祥之多也。是亦白雉亡吴,黄犀死莽之類歟?胡元之末,郡縣争報奇祥,未幾,太祖高皇帝應運開國,今兹之瑞,亦有所待而出者歟?是未可知也。"③又其記末所附《别單》稱,時清廷"昇平既久,朝野狃安,窮奢極欲,靡有限節,貪黷成風,上下征利,賄賂交湊,全没廉耻,雍正深居九闕,專事荒淫"等等,以爲"竊觀彼中事勢,有不久之形,清人入主中國已近百年,以其運則將窮矣"。④ 此仍是"胡無百年之運"之説,所謂"時日曷喪"者也。

0498—1732
韓德厚《壬子聞見事件》(《同文彙考補編》卷五《使臣别單五》 活字本)

　　案韓德厚有《燕行日録》(0497—1732),已著録。

　　此《聞見事件》四條,即韓德厚英祖八年(雍正十年 1732)出使返國後所上也。記在途遇甲軍三四十人,風擁而過,方赴西征,點於瀋陽而去,或數十或數百,相續於道。又言寧遠衛、高麗堡等處民情風俗。而其載使行往來弊端,則言之甚詳也。其論使行"八包"之制,弊叢萬端,究其本末,則專在銀貨一節,主張取消此制,若無包銀之制,此行中走私買賣之事可去,而刷馬驅人之輩,亦可大减,同時並限制三使驅奴及一行員役,然後使行簡便,弊端可除,而無前頭之憂也。然此制實行多年,三使及員役,惟此以取利,而國家亦多賴以貿來中國之貨,若全爲取消,無乃紙上談兵

---
①韓德厚《燕行日録》,《燕行録全集》,049/348。
②案"獜"當爲"麟",諸家《燕行録》中,多以"獜"代之,即如"李麟秀""李聖麟"等人名,亦用"獜"字。
③韓德厚《燕行日録》,《燕行録全集》,049/378—379。
④韓德厚《燕行日録》,《燕行録全集》,049/404。

而已。

0499-1732

吴瑗《月谷燕行詩》(《續編》第 115 册趙觀彬《悔軒燕行詩》附;《日本所藏編》第 1 册　活字本)

> 出使事由:冬至等三節年貢行
> 出使成員:正使吏曹判書李真望、副使吏曹參判徐宗燮、書狀官兼司憲府監察吴瑗等
> 出使時間:英祖八年(雍正十年　1732)十二月二十九日—翌年四月二日

吴瑗(1700—1740),字伯玉,號月谷,海州人。斗寅之孫。英祖四年(1728),登春塘台試第一,文聲大噪。爲司諫院正言、弘文館校理、承政院承旨、官至吏曹參判、工曹參判、藝文館大提學等。沖澹疏雅,不事修飾。卒謚文穆。有《月谷燕行詩》存世。事見南有容《雷淵集》卷二〇《吴伯玉墓誌銘》、李敏輔《豐墅集》卷一八《謚狀》、《英祖實録》等。

案《燕行録全集日本所藏編》第一册所收吴瑗是書,藏日本東洋文庫。夫馬進教授原題作趙觀彬《悔軒燕行詩　附月谷燕行詩》。案英祖二十一年(乾隆十年　1745),以左參贊趙觀彬爲冬至等三節年貢行正使、吏曹參判鄭俊一爲副使、兼監察閔百祥爲書狀官入燕。趙觀彬《悔軒燕行詩》,已見《燕行録全集》第三七册,輯自趙氏《悔軒集》卷七,故此《悔軒燕行詩》重收,當爲删汰,今只稱《月谷燕行詩》,以符其實焉。

吴瑗《月谷集》,有木活字本,夫馬進稱未見其書,不敢遽定其存世與否。《月谷燕行詩》共録詩二十餘首,乃自王京往燕京途中所作,在館期間及返程無詩,或散佚所致耶？其詩多和其曾王父息庵韻,而其所詠,若"百年滿州運,豪杰太寥寥"①,"興廢百年悲大國,寰區何日蕩胡氣"②,則

---

①吴瑗《月谷燕行詩·宜叔見寄四律次韻答之》其二,《燕行録全集日本所藏編》,001/208。
②吴瑗《月谷燕行詩·會寧嶺》,《燕行録全集日本所藏編》,001/209。案"氣"當爲"氛",方與上雲、群等協韻。

歎滿州胡虜百年之後,其運仍熾,譏中國之無豪杰之士,起而復明也;又"中原漕轉空齎盜,甸服衣冠總剃頭"等①,則又嗟文物之不再,刺滿人之剃頭也。皆不出悲傷慷慨、思明厭清之俗套而已。

---

① 吳瑗《月谷燕行詩·通州次息庵韻》,《燕行錄全集日本所藏編》,001/209。

卷四四　0500—0518

英祖十年（雍正十二年　1734）—英祖十八年（清高宗乾隆七年1742）

0500-1734
黃梓《甲寅燕行錄》(《燕行錄叢刊（增補版）》網絡本;《畢衣齋遺稿》刻本)

出使事由：陳奏行
出使成員：正使議政府左議政徐命均、副使禮曹判書朴文秀、書狀官司僕正黃梓等
出使時間：英祖十年（雍正十二年　1734）七月二日—翌年正月三日

黃梓（1689—1756），字子直，號畢衣齋，昌原人。肅宗四十四年（1718），中庭試文科。爲侍講院說書、禮曹佐郎等。景宗朝，爲司諫院正言。英祖朝，任弘文館修撰、司憲府大司憲、漢城府右尹等，出爲穀山府使。有《畢衣齋遺稿》傳世。事見趙斗淳《心庵遺稿》卷二三《墓誌銘》、《景宗實錄》、《英祖實錄》等。

案英祖九年（1733），朝鮮高山里鎮民金永昌、金世丁等二十餘人，越入上國界，戕害人命，毆死九人，劫奪人蔘等，現世丁等被擒獲。清廷禮部嚴咨，飭朝鮮將在逃之金永昌等嚴拿務獲，同世丁等一併確審具奏請旨。朝鮮遂遣陳奏使議政府左議政徐命均、副使禮曹判書朴文秀、書狀官司僕寺正黃梓等入燕具奏。屢經交涉，往返數度。禮部咨命朝鮮遵照康熙四十四年成例，令該國分別首從定擬治罪，汛防各官照例議處，國王依例免其議處。奉旨依議。黃氏等使行方爲完結焉。

案黃梓此"甲寅燕行錄"，按未、申、酉編爲三卷，而後次《庚午燕行錄》則題戌、亥，則其書按干支編卷也。首頁第一行大題"燕行錄卷之一"，每半頁十一行，行二十字，正楷美觀，字大疏朗，間有增補之字，添於

抬頭處。卷一先記自王城至義州日記,其後分爲渡江錄、入柵錄、過瀋錄;卷二爲度關錄,則入山海關後日記;卷三留館錄,記録至十一月二十日,離發前一日止。末爲《燕行別錄》一卷,則起自八月初二日在龍灣與義州府尹尹得和同搜檢公私卜馱起,終至十二月十七日返渡江抵義州。所記多極爲簡略,其所陳述多言"臣"如何如何,則爲上國王之《聞見事件》草本也。

　　黄氏此稿,自謂"國有侮辱,使名陳奏,在道惟思趲程,到館只欲竣事。區區一念,未嘗暇及於歷覽採訪,而至於山川道里,風氣習俗,前後奉使之臣,亦已備陳矣。今敢以使事所關,睹聞所及者,略爲條列如右"①。實則其所記綦詳,凡歷路所見若屋舍、察院、房東、兒童、織機、牛馬、衣飾、豐歉、鄉校、塾師、廟宇、宮殿等,無不一一載録。其中一行人馬數額、沿路所用盤纏、各處所上狀啓、在館時文書往返情狀等,亦皆記録在案。又記因使事不諧,因陳奏事件文書之翻譯爲滿文,以及其間與清廷禮部等,因詔書改字,數度往返,故一行耽延,遲遲不能離發,記叙亦極爲詳悉焉。

　　而黄梓所記與諸家別異而最可關注者,則爲黄梓記刷馬驅人之刷價路資之多寡,以及所付白紙之差劣不值一文,令人駭然。故稱"刷馬驅人,渡江之後,作弊多端。蓋刷價路資,不爲准給,萬里之行,空手而去,不察乎此,而欲杜其弊,雖一日千棍,烏可禁止"②。又記"員役八包,自有定數,雖私相買賣,非朝家所知,間以包價作爲名目,公然許入,已成謬例。一人二三百兩,固似零些,而合以計之,幾至萬兩,豈非駭然之甚者乎? 餘以不許牢定,才以分付於員役,而正使以爲不可不許,余略待不可許之由"③。黄氏堅拒以私橐入八包,遂至一路爲正、副使及譯官輩不滿,此中可見八包貿易之公私摻雜,利益互結,凡義州府、箕營、正使、副使、員譯、私商之勾結,用計百般,貪黷謀利,而其中譯官輩居間生梗,更無法度,黄氏謂"多銀者姑毋論,少銀者亦不往,此譯輩勝我也。可畏哉! 譯輩之勢

---

①黄梓《燕行別錄》,《燕行錄叢刊(增補版)》網絡本,第82頁。
②黄梓《燕行錄》卷1,《燕行錄叢刊(增補版)》網絡本,第2頁。
③黄梓《燕行錄》卷1,《燕行錄叢刊(增補版)》網絡本,第36頁。

也。噫！吾豈真畏彼哉！"①以至何日發行，書狀官亦莫能定，皆由譯輩作主，黃氏無奈，只得放棄，稱"今則使事已完，至於行期早晚，只任之而已。設令見而問之，不過事事見欺而已。自今日一併不見，甚覺省事"②。

案黃梓自義州始，即堅持依法行事，拒絶私卜之入八包，又爲刷馬驅人輩爭盤纏，其在北京，亦屢屢與正、副使發生爭執，可謂執正之真書狀也。然最終亦無計可施，妥協了之，由黃氏此記，可知當時使行，商賈之濫入，公私之不分，以及使團官員譯輩及義州、平壤官府與兵營之勾結謀利，盤根錯節，爲患之大，雖朝鮮禁條在案，國王屢屢申約，然皆形同虛文，類同兒戲矣。

0501-1735
洛昌君李樘、李壽沆《乙卯別單》(《同文彙考補編》卷五《使臣別單五》活字本)

　　出使事由：陳慰兼進香行
　　出使成員：正使洛昌君李樘、副使左參贊李壽沆、書狀官兼司憲府持
　　　　　　　平李潤身等
　　出使時間：英祖十一年(雍正十三年　1735)十月二十日—翌年四月
　　　　　　　八日

洛昌君李樘(？—1761)，字號不詳，全州人。朝鮮王朝宗室。昭敬大王之孫海原君健，健第三子花山君滾之子，封洛昌君。曾多次出使中國。與其弟綾昌君橹，暴橫無度，京兆及部官知而不能禁。事見權尚夏《寒水齋先生文集》卷三一《海原君健墓表》、《英祖實錄》、《承政院日記》等。

李壽沆(？—1745)，生卒年不詳，驪州人。英祖朝，官至義州府尹、司諫院大司諫、全羅道觀察使、忠清道觀察使、咸鏡道觀察使等。在咸鏡

---
①黃梓《燕行錄》卷3《留館錄》，《燕行錄叢刊(增補版)》網絡本，第180頁。
②黃梓《燕行錄》卷3《留館錄》，《燕行錄叢刊(增補版)》網絡本，第182頁。

道任上瘴死。事見《英祖實錄》《承政院日記》等。

雍正十三年(英祖十一年 1735)十月,雍正帝駕崩,清廷遣使至朝鮮告訃。朝鮮遂遣陳慰兼進香行正使洛昌君李樘、副使左參贊李壽沆、書狀官兼持平李潤身等入燕,慰雍正帝崩逝兼進香焉。一行於十月二十日發王京,翌年四月初八日返京覆命焉。

此《聞見事件》二條,一記乾隆帝素有誠孝,即位以來,頻往雍和魂宮,而大小事不自決,蓋出三年諒闇之意,而果親王、莊親王及閣老張廷玉、鄂爾泰、三泰等專掌國事,大小政令,皆出其手。又謂四川督臣李紱,請禁長崎島倭銅買賣,專用洋銅。蓋倭人開市取税,累萬萬兩,可知其多。使臣以爲朝鮮萊貨,近年減小,蓋由於此也。

0502-1735
李潤身《乙卯聞見事件》(《同文彙考補編》卷五《使臣別單五》 活字本)

李潤身(1689—?),字仲德,咸平人。肅宗朝進士。顯宗時,任栗峰察訪。英祖朝,爲司憲府持平、正言、司諫院獻納、司諫、承政院承旨等。因事定配甲山。事見肅宗、顯宗、英祖《實錄》與《承政院日記》等。

案李潤身出使事由,詳參前洛昌君李樘、李壽沆《乙卯別單解題》(0501-1735)。

此《聞見事件》六條,首條記《明史》總裁官大學士張廷玉、朱軾,侍郎徐元夢等奏,《明史》稿本告竣,恭呈御覽事,乃雍正十三年末事,其述《明史》編纂始末甚詳。又記西獷汪噶爾准送使來朝事,杭州涌金門浙江潮事,《搢紳案》所載天下府縣沖繁疲難之分等。又載式年會試,今初八日開場,十七日畢試,天下貢士五千餘人,會試正主考二人,知貢舉一人,房考官十八人,"而考官子弟族人姻親有服者,概令回避,以絶嫌私。策題宜簡要,毋得敷衍過多"①。又記行祭雍和魂宮儀節諸事甚詳焉。

---

①李潤身《乙卯聞見事件》,《同文彙考補編》卷5《使臣別單五》,002/1666。

0503-1735
驪善君李垔、李德壽《乙丙別單》(《同文彙考補編》卷五《使臣別單五》活字本)

出使事由：謝恩兼冬至等三節年貢行

出使成員：正使驪善君李垔、副使吏曹判書李德壽、書狀官兼司憲府持平具宅奎等

出使時間：英祖十一年(雍正十三年 1735)十一月二日—翌年四月十九日

驪善君李垔，生卒年月不詳，全州人。朝鮮王朝宗室，驪川君增弟。英祖朝，任都總管。曾多次出使中國。事見《英祖實錄》《承政院日記》等。

李德壽(1673—1744)，字仁老，號蘗溪，全義人。肅宗三十五年(1696)，中司馬試。三十七年，魁菊製登第。重聽病聾。官文義縣監。景宗朝，任司憲府持平、弘文館修撰、吏曹佐郎等。英祖朝，爲杆城郡守、成均館大司成、藝文館大提學、吏曹參判、工曹參判、禮曹參判、兵曹參判、刑曹判書等。有《西堂私載》十二卷傳世。事見李裕元《嘉梧藁略》第一九册《西堂李公行狀》與肅宗、景宗、英祖《實錄》等。

英祖十一年(雍正十三年 1735)，遣謝恩兼冬至等三節年貢行正使驪善君李垔、副使吏曹判書李德壽、書狀官兼持平具宅奎等入燕。是年有朝鮮人漂至中國境内，清廷遣歸之，故兼謝漂人出送也。一行於十一月二日離發，二十九日渡江，臘月二十九日抵館，翌年三月初三日發北京，四月初二日還渡江，四月十九日返王京焉。

此《聞見事件》四條，記使臣托常明，以《明史》印頒，實一國顒望，冀以《朝鮮列傳》先爲印付，俾得藉手而歸。常明言史册雖已脱稿，皇帝令加校正始印，尤不可以外國傳紀獨請刊頒，要不出秋冬可見刊本。又言新皇帝即位，赦十四王暨其妻子。又記十二王等在禮部，問使臣朝鮮國王冠服、吉凶儀節、祭祀典禮、喪葬之俗、成人之禮、衣著習俗、佛寺僧道及使臣與國王之親疏等，使臣答以"冠婚喪祭，一遵朱文公《家禮》，其賓禮、軍

禮,參用先儒正論,已成一代典則,士夫家無不慣習"。至於如中國喪葬時動樂誦經之事,則朝鮮"作樂娛尸,追薦冥福,先儒所力排,稍有知識者,羞道其事"。他如祖宗有無私諡之問,則使臣詭以"國恤之後,具諡狀請諡於上國賜諡,則以此稱矣"。又問使臣所著爲何白衣,答以"所著名曰帖裏,我國之禮服也。白衣者,東人好著白衣"。問幅員幾何,答以"南北長三千餘里,而東西則不過二千里,形類人之跪,故東人尚禮崇義"。① 實則朝鮮雖請諡於清廷,然歸國即廢置而不用,而用其國私諡矣。

又謂南掌國以進貢到皇城,朝參時見其"狀如老嫗,絶無鬚髯,被髮漆齒,冠如戰巾,而飾以珠貝,乃古之越裳氏,而大明嘉靖年間入貢,今貢三馴象,而上使名叭歪,副使名先目"云②。

0504-1735
李德壽《燕行録》(《續集》第 115 册　鈔本)

案驪善君李塾、李德壽有《乙丙別單》(0503-1735),已著録。

李德壽《西堂私載》十二卷,爲轉寫鈔本,《韓國文集叢刊》據奎章閣藏本影印。詩二卷,文十卷,自卷五至卷一二,皆爲碑傳,誄墓文字,竟至若何之多。前後無序跋。

德壽此日記,極其簡略,其去途在狼子山,自謂"風寒閉轎窗,所歷山川不能窺一二,庶有待於回程"③。然回程所記,亦僅記日期、陰晴、宿所,偶有記山川景致與夫故實者。唯在北京所記稍詳,入宿智化寺,見南掌國使臣及其所貢駱駝,以及耍猴弄狗,幻術走馬等。又記時兵部左侍郎德沛奉使朝鮮,與德壽一行相先後,譯官崔壽溟乘機謂一行往來時,迎送官操縱甚苛,察院頹廢不可居,而不許賃民屋,設賃索價又太高,俺等唯有露宿而已。德沛謂此則吾所目見,當歸奏善處耳。一行留館時購見燦報,德沛果以此陳疏,而皇帝即賜采施,歸路見察院已多修治,或有始役未了者,而

---

①驪善君李塾、李德壽《乙丙別單》,《同文彙考補編》卷5《使臣別單五》,002/1663。
②驪善君李塾、李德壽《乙丙別單》,《同文彙考補編》卷5《使臣別單五》,002/1664。
③李德壽《燕行録》,《燕行録續集》,115/105。

迎送官亦不復如前操縱，皆德沛一疏之力也。① 其在館期間，時十二王延見使臣，從容問以朝鮮冠婚、喪禮及職官、章服、山川道里，譯官鄭泰賢隨即應對，俱有條理，王爲之拊手稱善，聽其所言，見其衣冠，"頗有歆慕之色"②。又與十二王及禮部左侍郎李宗萬等對，問以朝鮮地方大小幾何？答曰東西二千餘里，南北三千餘里，其形如人跪坐，故其俗能識禮畏法。王曰：誠然矣。

案朝鮮半島地形地貌，或曰似人，或曰如兔，今日韓國謂形若虎形。由"識禮畏法"之跪像，轉爲奔競跳躍之雪兔，再化爲張牙舞爪之彪虎，可謂兩百餘年，其山川未變，而人心大易，覽古視今，能不深慮而戒慎哉！

0505-1735
李德壽《乙丙燕行詩》（《叢刊》第 186 册　鈔本）

案驪善君李壆、李德壽有《乙丙別單》（0503-1735），已著録。

李德壽燕行詩三十餘首，見《西堂私載》卷二，即其英祖十一年（雍正十三年　1735）出使期間所作，爲《燕行録全集》《續集》等所漏收，今爲輯出並命名爲《乙丙燕行詩》焉。其詩多爲沿途與書狀官具宅奎相唱和之作，即其所謂"愁至唯憑詩句遣，百回酬唱莫辭頻"者也③。其詩如"臨街多少公侯宅，盡作當朝貝勒居"，"氈裘滿目腥塵漲，依舊山河擁帝居"，"巍巍皇極天王殿，拱手聽他點虜居"等，④仍不出老調重彈，以譏刺清朝爲樂也。

0506-1736
任珽《燕行録》（《續集》第 115 册　鈔本）

出使事由：進賀兼謝恩行
出使成員：正使咸平君李泓、副使禮曹判書鄭錫五、書狀官兼司憲府

---

①李德壽《燕行録》，《燕行録續集》，115/117。
②李德壽《燕行録》，《燕行録續集》，115/113。
③李德壽《西堂私載》卷 2《書狀一路……即次以報》，《韓國文集叢刊》，186/181。
④李德壽《西堂私載》卷 2《燕京五絶》，《韓國文集叢刊》，186/181。

執義任珽等

出使時間：英祖十二年（乾隆元年　1736）三月六日—七月二十五日

任珽（1694—1750），字聖方，號扈齋，豐川人。景宗二年（康熙六十一年　1722），中黄柑制述居魁首，直赴增廣丙科。英祖朝，官司憲府持平、弘文館修撰、承政院承旨、刑曹參議、吏曹參議、司諫院大司諫、成均館大司成等。事見申大羽《宛丘遺集》卷八《任公行狀》、任希聖《在澗集》卷五《墓碣銘》、《英祖實錄》等。

乾隆元年（1736）三月，以上雍正孝聖憲皇后、乾隆生母鈕祜禄氏（1692—1777）爲皇太后尊號，清廷派信勇公照德、鎮國將軍什家保至朝鮮頒敕。朝鮮遂遣進賀兼謝恩行正使咸平君李泓、副使禮曹判書鄭錫五、書狀官兼執義任珽等入清，賀乾隆帝登極，賀尊號皇太后，謝頒詔、謝减敕使禮單、謝方物移准等事。一行於二月十五日拜表離發，七月二十五日返王城覆命焉。①

案任珽《燕行錄》共收詩百八十餘首，幾半爲步《恬軒集》中諸詩韻。考《恬軒集》爲任相元（1638—1697）别集，相元於肅宗十三年（康熙二十六年　1687），以謝恩兼冬至等三節年貢行副使入燕，其《恬軒集》卷一五有《燕行詩》二百餘首，即其沿路所製。

任氏詩議論風發，吐詞清絶，然一味斥詈清廷，扼腕憤悶，如"胡運百年無許久，綿綿五世幸相傳。而今莫詫文明治，延促其如本在天"等詩②，歎胡運之不終，恨昊天之不潛。而任相元詩中，所詠歌者，乃遼東家家畜牧繁盛，駔駿騰馳，凡此皆當習而學之，已開"北學派"朴趾源等之先驅也。故任珽雖能步其韻，而了無其識見也灼灼然明矣。

0507-1736
韓致亨《丙辰手本》（《同文彙考補編》卷五《使臣別單五》　活字本）

出使事由：賫咨行

———

① 《英祖實錄》卷41，英祖十二年（乾隆元年　1736）二月十五日己卯條；卷42，七月二十五日丁巳條。
② 任珽《燕行錄·幼能有燕中十六詠……續成二十四首》其六，《燕行錄續集》，115/181。

出使成員：賫咨官司譯院正韓致亨等
出使時間：英祖十二年（乾隆元年　1736）三月二十七日—？

韓致亨（？—1752），清州人。壽禧從侄。通漢語，爲譯官。爲人精詳。英祖朝，爲司譯正、忠翊衛將等。以譯官身份多次出使清朝。事見《同文彙考補編》卷五《使臣別單五》韓致亨《丙辰手本》、《承政院日記》等。

英祖十二年（乾隆元年　1735）接禮部咨，朝鮮犯越人金世丁等勘律處置，朝鮮遣司譯院正韓致亨賫咨回覆。此《手本》一條，記出使朝鮮國正使兆德、副使釋伽保頒詔時，於朝鮮所饋正禮外，復照舊日陋例，私受饋禮，自認不諱。乾隆帝降旨，將二人交部議處，嚴行治罪。"嗣後凡有使臣回京之日，路經奉天及山海關等處，著奉天將軍及山海關監督盤查行李，倘於正禮之外，多帶儀物，即行參奏，若爲隱匿，將來發覺之日，一並議處。"①後兆德敕枷囚六十日後打鞭一百，釋伽保囚四十日打鞭八十，皆免爲庶人，通官劉萬權下吏部議處云。

案是年三月，乾隆帝以上皇太后（乾隆帝生母雍正孝聖憲皇后鈕祜祿氏　1692—1777）尊號，遣信勇公照德、鎮國將軍什家保往朝鮮頒詔。然二使不和，照德於中途自刎幾死，返國後皆罷職。然使臣失和，以至道途自刎，此辱國喪身之舉，可謂千古奇事也。

0508-1737

李喆輔《丁巳燕行日記》（《全集》第 37 冊；《延李文庫》第 4 冊《止庵遺稿》　鈔本）

出使事由：陳奏兼奏請行
出使成員：正使判中樞府事徐命均、副使禮曹參判柳儼、書狀官兼司憲府執義李喆輔等
出使時間：英祖十三年（乾隆二年　1737）七月二十五日—十二月二十八日（是年閏九月）

―――――――

①韓致亨《丙辰手本》，《同文彙考補編》卷 5《使臣別單五》，002/1667。

李喆輔(1691—1775),字保叔,號止庵,延安人。正臣第四子。肅宗四十年(1714),中增廣進士。景宗三年(1723),擢別試庭試。官至關西按和御史、承政院都承旨、户曹判書、工曹判書、兵曹判書等。爲人清介安詳,受知最深。有《止庵遺稿》傳世。事見《止庵遺稿》第六册《止庵居士自誌》、李福源《雙溪遺稿》卷七《先府君墓表》與《景宗實録》《英祖實録》等。

　　李喆輔《止庵遺稿》不分卷,收入《延李文庫》第四册。詩文皆備,後爲《書筵日記》《丁巳燕行日記》與《東游録》等。前後無序跋。燕行詩與《燕行録全集》所收非同一版本,《全集》本爲集後所附《覆醬具》,詩題多勾乙者,蓋爲作者自删舊稿,故稱《覆醬具》耳。《止庵遺稿》所收,則爲删餘之詩也。而《丁巳燕行日記》則與《止庵遺稿》爲同一版本,蓋爲鈔本耳。

　　英祖元年(1725),請封其長子李緈(1719—1728)爲王世子,四年十一月病逝,後追尊爲真宗。英祖十二年(1736),又擬册封次子李愃(1735—1762)爲世子。遣陳奏兼奏請行正使判中樞府事徐命均、副使禮曹參判柳儼、書狀官兼執義李喆輔等入燕,請册封世子,並奏請封事情。一行於七月二十五日出發,閏九月初七日到北京寓智化寺,十一月十五日離發北京,十二月二十八日返京覆命焉。

　　因此行奏請事,頗不諧順,故在京淹滯兩月有餘。初,清廷以李愃年幼爲由不准封,使臣以肅宗二十三年(康熙三十六年　1677),清廷准册立景宗李昀例,又偶見康熙帝《御製文集》,有皇子二歲册爲皇太子諭禮部之文,藉以屢請,又得十二王與常明及通官劉萬權之助力,俾得准封。故一行返國覆命,英祖引見曰"大事順成,予帶笑而迎矣"①。

　　其日記末,附有札記十餘條,記北京皇城規模、清人衣服、乾隆新政、清政模式、全國地丁銀額、《明史》刊行情狀等,多爲鈔撮留館時所見《則例類編》等書者。時乾隆帝新政,李氏記清帝政令,到處稱頌。施措之際,曲盡恩意,詔旨之間,務多委曲,槩其規模,不越乎"姑息要悦"四字,而究

────────

①《英祖實録》卷46,英祖十三年(乾隆二年　1737)十二月二十七日庚戌條。

其實,則既無惇大恢弘之德,又無嚴毅剛果之風。通官、序班輩私語所親譯官曰,皇帝即位已三年,而一切無所施爲,百事都委於内閣,即今諒闇猶之可也,制盡而若一向如此,則天下事大可悶云。又曰雍正嚴刻,人多怨謗,而明斷總攬,識者追思云。"道路所聞,亦皆泛稱曰仁聖,蓋柔弱之稱,而不敢斥言故也。"①以"仁聖"而能釋解爲"柔弱",亦可謂曲解之高手也。

0509-1737

李喆輔《燕槎録》(《全集》第37册;《延李文庫》第4册《止庵遺稿》 鈔本)

案李喆輔有《丁巳燕行日記》(0508-1737),已著録。

此《燕槎録》題下注"丁巳",爲李喆輔英祖十三年(乾隆二年1737)隨正使判中樞府事徐命均出使清朝時所作,共録詩一百八十餘首;而《丁卯燕行録》四十餘首,則爲英祖二十三年(乾隆十二年 1747),李氏出使時所作,當另爲編録也。

李氏《燕槎録》,多爲其與副使柳儼所酬唱之作,其中有於詩之首句勾乙標識者,蓋爲選入别集時删汰之詩也。其在館之時,則三使共唱之作亦多,殆因久覊無聊,故鼎坐作詩,以遣時日也。諸家《燕行録》中,偶有聯句詩一兩首,而李氏此卷中,則與柳氏聯句詩,自《浿水夜游聯句》始,沿路聯句詩多至三十餘首,而《自鴨緑江至燕京紀行聯句》爲長篇紀行詩,尤爲難得,爲燕行使臣聯句詩之最也。

0510-1738

金在魯《燕行録》(首爾清風人學術研究會編《本末録》,1988年影印本)

出使事由:進賀謝恩兼陳奏行

出使成員:正使判中樞府事金在魯、副使禮曹判書金始煥、書狀官兼

---

①李喆輔《丁巳燕行日記》,《燕行録全集》,037/533—534。

司憲府執義李亮臣等

出使時間：英祖十四年（乾隆三年 1738）七月二十五日—翌年二月二日

金在魯（1682—1759），字仲禮，號清沙，又號虛舟子，清風人。清儉博觀，深於禮學，爲士友所推。肅宗三十六年（1710），春塘台文科乙科及第。官至忠州牧使、兵曹判書、户曹判書、吏曹判書、慶尚道觀察使、議政府左議政、右議政、領中樞府事、領議政等。際遇隆盛，爲元輔三十年。致仕居家，不忘國事，有宰相風。卒謚忠靖。有《本末録》七十八卷存世。事見《本末録》卷末金鍾厚《行狀》、南有容《雷淵集》卷二四《墓表》、《肅宗實録》等。

案乾隆三年（1738）二月，清廷以尊號皇太后事，遣使頒詔朝鮮；三月，又遣散秩大臣襄泰、内閣學士岱奇等，往朝鮮册封朝鮮國王李昑之子李愃爲世子。七月，朝鮮派判中樞府事金在魯爲進賀謝恩兼陳奏行正使、禮曹判書金始焕爲副使、兼執義李亮臣爲書狀官赴燕，賀尊號皇太后、賀册立皇后、謝册封世子等事。而此行最爲緊要者，則爲奏請頒清朝新刊《明史》全文也。一行於七月二十五日發王京，遲至翌年二月初二日方返京覆命焉。

案金在魯《本末録》七十八卷，爲其歷官時期所記日記也。第一、一七卷漏失，而《清沙日記》十一卷中，第七、八兩卷亦缺漏。其赴燕之事，見《本末録》卷三七。時清修《明史》刊行，朝鮮欲得全本，且欲修正《本紀》與《朝鮮列傳》中不實之史文，若謂高麗末，"奭未歸而成桂自立，遂有其國"，英祖以爲"自立"非禪位，涉竊人之國，如此之類，皆欲改正。大臣宋寅明等以爲，明時稗録甚多，難以盡改，即正史之中，不好文字頗多，亦不可勝改。大國之人，書外國事，不必盡如吾意，今必盡刊，似難容力矣。① 君臣於在魯等行前商議，以爲若能全史携來，最爲上策；若全史不可得，則《朝鮮列傳》正本帶來，亦無不可。在魯以爲，此行事體重大，賄賂清朝官員，需帶銀三萬兩，廷議以爲止三千兩即可，後經英祖允准，帶一

---

① 金在魯《本末録》卷37《本末録》，第3册第281頁。

萬兩前往。及至北京，遂呈咨文，請頒全史，且以明朝新刊《元史》，即賜朝鮮，今新修《明史》成，亦當依例頒賜，以足屬國顒望，亦顯大朝恩賜之體耳。

時《明史》刊板才三分之二，尚未完帙。乾隆帝以爲，朝鮮國王奏請伊本國列傳，情詞懇切，《朝鮮列傳》既已成書，著照所請，先行刊刻刷印頒給，以付大清柔遠之至意，其進獻禮物停其收受，仍留准作年貢。皇旨特命先行刊印頒給，此亦可謂格外恩典。然在魯一行，仍以不得全史爲憾。且將壬子年間使臣鈔錄《朝鮮列傳》舊本，詳加審校，則列聖薨年，皆必書賜謚，而獨於世宗大王闕而不書，文廟王妃"權氏"，書以"崔氏"，宣祖朝書壬辰倭亂處有曰"眈又湎酒弛備"云云。在魯等以爲，謚號之不書，姓氏之誤書，俱係重大，而至於"湎酒"二字，與宣祖憂勤勵精之實德，判然相反，尤爲痛冤，不可不趁此未刊之時，必圖釐改。遂呈文周旋，後得定本謄本，此數段果爲一樣。清廷命將世宗大王謚號，則"遣中官弔祭"五字，改以"賜弔祭"三字，而"賜弔祭"下添入"謚莊憲"三字。文宗王妃權氏同受誥命處誤書之"崔"字，果改以"權"字。然"湎酒弛備"諸字，並皆不改。一行以全帙得來失望之後，始爲私貿之計，以爲表志及諸臣列傳別無關朝鮮，而《本紀》則朝鮮重事，似皆槩載，故必欲貿賷進獻，首譯輩潛納懷間而來，以官貨丁銀所餘中除出三百五十兩貿取，深藏至灣府，粧冊如彼中樣，同爲奉安於一櫃以去。英祖命具龍亭、鼓吹。使臣陪進敦禮門，英祖御宣政殿，在魯奉史册跪進，上跪受。在魯等亦因此或得賞鞍具馬匹，或爲加資耳。

案今《明史·朝鮮列傳》中，正作"眈又湎酒弛備，猝島夷作難，望風皆潰"，則始終未改，蓋明廷以爲，朝鮮宣祖"湎酒弛備"屬實，故堅持不改，以符史實耳。

金鍾厚謂在魯"爲文不務華采，而詞理俱到，章札尤精密懇曲，讀之有餘味"①。今觀其《本末錄》，叙事謹嚴，不事浮誇，其記在燕京諸事，非每日皆記，而在途狀啓，則多隸於當日之下，最與他家不同者，則其未行之

---

① 金在魯《本末錄》卷37附金鍾厚《行狀》，第7册第414頁。

前,英祖與諸大臣商議定計之事,返國前後朝廷處置方法等,詳載其中,在諸家燕行錄中,可謂變格。又記堂上譯官、寫字官、畫員之不可或缺,記義州驅人之弊,咨文表箋不合格式之改隸,在燕京行賄之銀兩,與夫清廷當時之朝政國俗等,亦各有記述也。尤其論《明史》刊刻諸事,據此可知當時刊刻進度與夫刊行諸情狀也。

0511-1738
洪重疇等【原題金相國】《燕行贐行帖》(《全集》第 69 册　原草本)

　　案金在魯有《燕行錄》(0510-1738),已著錄。

　　洪重疇,豐山人。肅宗朝,中進士。任工曹正郎、坡州牧使等。景宗時,爲潭陽府使、掌樂院正。英祖朝,陞楊州牧使、交河郡守、同義禁府事、漢城府右尹等。事見肅宗、景宗、英祖《實錄》與《承政院日記》等。

　　案此爲洪重疇等爲使燕之金相國贐行之詩卷,或題於信箋,紋底有花草圖案,或書於他紙,書墨爛然,皆爲當時作者之手迹,誠可寶也。有藏家之印,惜模糊不清。《燕行錄全集》編纂者以是稿作者名爲"金相國",且隸於1783年(正祖七年　乾隆四十八年)。案此稿中諸人詩末,或題"戊午首秋下澣",或題"戊午孟秋",或題"戊午七月十澣"等,則是年爲"戊午"年,而乾隆四十八年乃"癸卯"非"戊午"也。又此所謂"金相國",贐行諸家詩題中則或稱"清沙金相公",或稱"貞谷相公以上价赴燕",或稱"金相國台爺",或稱"虛舟相國"等。考金在魯號清沙,清風人。其於英祖十四年戊午(乾隆三年　1738)以判中樞府事爲進賀謝恩兼陳奏行正使、禮曹判書金始煥爲副使、兼執義李亮臣爲書狀官赴燕,然則"戊午"年、"清沙"、"上价"等,皆與金在魯相符,則爲詩人爲其贐行之詩無疑也,蓋"貞谷""虛舟"等,亦爲其別號也。

　　金在魯出使事由,詳見前《燕行錄解題》。因使事有奏請頒賜新修《明史》之重任,故贐詩中有"邦家至痛猶璇系,臣妾深羞每羯戎"[1],"王程

---

[1] 洪重疇等【原題金相國】《燕行贐行帖》金時敏《次韻敬贐》,《燕行錄全集》,069/294。

有限邸淹止,使事非輕何慎旃"①,"誣筆湔刪汗竹明,長陵聖德復光晶,新編攜得東歸日,鰈域臣民眼拭青"等句②,皆指辨誣求書之事也。

0512-1738
金相履等【原題鶴山】《燕行贐章》(《全集》第98册　原草本)

　　金相履,號莘老,清風人。肅宗時,任敦寧參奉。景宗朝,爲義盈直長、司宰主簿。英祖時,任永柔縣令、利仁察訪等。事見任徵夏《西齋集》卷六《雜著·隨鴈録》、《承政院日記》等。

　　此次贐行有關出使事由,詳參前金在魯《燕行録解題》(0510-1738)。

　　案是稿編輯者於書名左題"燕行贐章",右題"鶴山贐行　附",不知何意。考其原稿,爲使者赴燕時,親友贐行詩文之原稿耳,凡贈序文一篇、詩四十餘首,作者近三十人。考諸家詩題多有"送金誠之陪相公赴燕""金君誠吾陪尊府相公赴燕贈以短律""送金誠吾陪大爺相國赴燕之行""送別金誠吾陪奉其春府相國赴燕"等,乃可知此爲"金誠之"陪其父"金相國"赴燕而諸人贐行詩耳。考金在魯《本末録》載,在魯出使前謁闕引見時,稱"臣衰病既深,且有痼疾,今當奉使出疆,欲遵前輩之例,帶去一子,以爲異域依賴之計"。正祖從之。③ 則在魯帶率其子入燕,實有其事也。又此贐稿中"無名子"之《送金司櫛燕行序》稱"晴沙金相國之赴燕也,請於朝,而以其長胤司櫛吏充幕府,以從將行"④,則爲在魯長子隨侍入燕矣。

　　又考《正祖實録》,在魯子金致仁(1716—1790),字公恕,號古亭,官至領中樞府事,立朝四十餘年,秉軸過廿載,亦爲一時名臣。而在魯出使之時,致仁年二十二歲,其中進士於英祖二十四年(1748),乃在此魯此次

---

① 洪重疇等【原題金相國】《燕行贐行帖》權䫨《奉别金相國赴燕》,《燕行録全集》,069/301。
② 洪重疇等【原題金相國】《燕行贐行帖》趙命臣《拜别金相國閤下赴燕之行》,《燕行録全集》,069/316。
③ 金在魯《本末録》卷37,《本末録》,第3册第272頁。
④ 金相履等【原題鶴山】《燕行贐章》,《燕行録全集》,098/186。

使燕十年之後,故當時仍無官職,贐行詩中若俞良甫詩題稱"奉贐金典牲誠之白衣赴燕",與致仁身份恰相符合矣。然此稿中"誠之""誠吾",又與致仁別號不相合,不知是否其又一別號,抑或爲在魯其他子嗣耶?今諸家贐詩,有"尊府星軺動,賢郎彩服隨"①,"大爺持使節,賢胤護征轅"等句②,即詠在魯父子者也;又諸家署年月,則皆題"戊午七月下澣""戊午夏季""戊午初秋""戊午仲秋"等也。

又案,天下送行之詩文多矣,此中崔儀之贐詩序稱"天下慷慨烈士言之盡矣,域外離別詩人語已窮矣,吾何言!但願誠之護老親益加餐,早竣事而好往返而已"③。此言雖樸拙,然可謂曲盡得送行珍別、寄言好還之意矣。

0513-1738
趙最壽、李瀗《戊午別單》(《同文彙考補編》卷五《使臣別單五》 活字本)

出使事由:冬至等三節年貢行
出使成員:正使吏曹判書趙最壽、副使吏曹參判李瀗、書狀官兼司憲府持平金光世等
出使時間:英祖十四年(乾隆三年 1738)十一月四日—翌年四月一日

案趙最壽有《壬子燕行日記》(0496-1732),已著録。

李瀗(1684—?),字子東,全州人。景宗時,爲長興直長。英祖朝,爲世子侍講院説書、司憲府持平、吏曹正郎、弘文館修撰、應教、司諫院大司諫、成均館大司成、吏曹參議等。事見景宗、英祖《實録》與《承政院日記》等。

---

①金相履等【鶴山】《燕行贐章》佚名《金君誠吾陪尊府相公赴燕贈以短律》,《燕行録全集》,098/144。
②金相履等【鶴山】《燕行贐章》趙重陳《奉別金誠之尊兄赴燕》,《燕行録全集》,098/178。
③金相履等【鶴山】《燕行贐章》崔儀之詩序,《燕行録全集》,098/170—171。

此《別單》一條,記鳳城前任稅官惠宗遞歸爲都察院御史,奏東南一帶諸處柵門,拓退移設,以防邊外偷采之弊。乾隆帝下旨盛京議處,盛京户部侍郎永福以爲,邊外無居民,而偷采之類,皆自邊内潛出,則防禁與否,惟在守邊,退設柵門,多有邊界之弊,殊屬不便議奏。即蒙采允云。

0514-1739
密陽君李梡、徐宗玉《己未別單》(《同文彙考補編》卷五《使臣別單五》活字本)

出使事由:陳慰兼謝恩行
出使成員:正使密陽君李梡、副使吏曹判書徐宗玉、書狀官兼司憲府執義李德重等
出使時間:英祖十五年(乾隆四年　1739)二月二十九日—七月十八日

密陽君李梡(1686—1748),字汝固,號惺惺齋,全州人。朝鮮王朝宗室。仁興君瑛曾孫。爲副司饔院提舉、都總府副總管、都總管等。卒謚文敏。事見李明煥《海岳集》卷四《從叔綏德大夫密陽君兼五衛都總府都總管行狀》、《英祖實録》等。

徐宗玉(1688—1745),字温叔,號訒齋,達城人。英祖元年(1725),擢乙科第二人。爲司憲府持平、弘文館校理、承政院承旨、成均館大司成、咸鏡道觀察使、京畿道觀察使、漢城府判尹,歷工、吏、刑、兵、户曹判書等。致位隆顯,而別無毁譽,英祖每以謹厚稱之。事見徐命膺《保晚齋集》卷一四《先考文敏公府君行狀》、趙顯命《歸鹿集》卷一六《神道碑銘》、《英祖實録》等。

英祖十五年(乾隆四年　1739)七月,朝鮮遣進賀謝恩兼陳奏使金在魯一行出使中國。十月,金氏齎新刊《明史·朝鮮傳》歸國,英祖率大臣跪接。十月,清皇太子薨。朝鮮遣陳慰兼謝恩使密陽君李梡、副使吏曹判書徐宗玉、書狀官兼執義李德重等入燕,慰皇太子喪,並謝頒降史册等件。

案有清家法,自康熙朝始,不立儲貳。然高宗第二子永璉,乾隆三年

十月,殤,年九歲。十一月,諭曰:"永璉乃皇后所生,朕之嫡子,聰明貴重,氣宇不凡。皇考命名,隱示承宗器之意。朕御極後,恪守成式,親書密旨,召諸大臣藏於乾清宫'正大光明'榜後,是雖未册立,已命爲皇太子矣。今既薨逝,一切典禮用皇太子儀注行。"旋册贈皇太子,諡端慧。①

此《聞見事件》一條,記山海關内外城堞及瞭望烟臺,一切抛棄,任其頹圮,雍正時已然。乾隆始令修葺永平府、山海關兩處城堞,今改築城門譙樓。自燕京至山海關九日程,高柳夾路成林,此則其來已久。而自山海關至瀋陽十日程,今春使其民列植路左右,以便往來行人。或言皇帝早晚幸瀋,故植柳治路云。

0515-1739

李匡德《燕行詩》(《叢刊》第 209 册《冠陽集》 鈔本)

　　出使事由:冬至等三節年貢行
　　出使成員:正使綾昌君李橚、副使吏曹判書李匡德、書狀官掌樂正李道謙等
　　出使時間:英祖十五年(乾隆四年　1739)十一月三日—翌年三月二十九日

李匡德(1690—1748),字聖賴,號冠陽,全州人。景宗二年(1722)庭試第二登第。文藝工緻,曉解事務。爲世子侍講院説書、司憲府持平等。英祖時,任弘文館修撰、全羅道觀察使、江華留守、吏曹參判、禮曹參判等。因事竄定州,起爲漢城府右尹。後退居果川,力田致富,不樂仕宦,復歸峻黨,落拓不合以卒。有《冠陽集》十九卷行世。事見李是遠《沙磯集》第五册《李公行狀》、李建昌《明美堂集》卷一八《冠陽公事略》與景宗、英祖《實録》等。

案英祖十五年(乾隆四年　1739),朝鮮以綾昌君李橚爲冬至等三節年貢行正使、吏曹判書李匡德爲副使、掌樂正李道謙爲書狀官入燕。一行於是年十一月三日離發,於翌年三月二十九日返王京覆命焉。

①《清史稿》卷 221《列傳八·諸王七·高宗諸子》,030/9092。

李匡德《冠陽集》十九卷,爲傳抄寫本,《韓國文集叢刊》據奎章閣藏本影印。詩二卷,文十七卷,前後無序跋。燕行詩二十餘首,見本集卷一。李氏自謂其在海東,"樂聞大江以南山川人物之美,夢想欣慕者久矣,及來燕都,偶游太學,得鄉進士杏軒張君偉烈,風流博雅,真江南人也。相與問隋宮吳苑之遺迹,論蘇台鍾阜之勝槩,傾囷倒廩,彌日忘疲"①。又遇朱熹後裔進士朱澐,工畫能詩,年過五十尚不官,携手繪一幅訪李氏於燕邸,"一揖可知聖人家孫子也"②。遂與張、朱二氏及其他中國士大夫相唱酬,詩謂"萬里何妨一肝膽,秦淮月出照遼關"③。時鮮人以爲,北方淪於滿州鐵騎之下,或南方尚存中原遺韻,且遇聖賢子孫,差可流連交往,寄懷感慨,故樂於其酬唱歌詩、把酒筆談者也。

0516-1-1740;0516-2-1740
洪昌漢《燕行日記》(《全集》第39册　殘鈔本)
洪昌漢【原題未詳】《燕行日記》(《全集》第99册　鈔本)

出使事由:謝恩兼冬至等三節年貢行
出使成員:正使洛豐君李㮒、副使吏曹判書閔亨洙、書狀官司僕寺正洪昌漢等
出使時間:英祖十六年(乾隆五年　1740)十一月五日—翌年四月六日

　　洪昌漢(1698—?),字大紀,豐山人。英祖九年(1733),爲司憲府持平。後任司諫院正言、獻納、吏曹正郎、司諫院司諫等職。十九年,爲水原府史。二十一年,任全羅道觀察使。有《燕行日記》傳世。事見《英祖實錄》《承政院日記》等。
　　英祖十六年十一月五日,遣洛豐君李㮒爲謝恩兼冬至等三節年貢行

---

①李匡德《冠陽集》卷1《僕在海東……因用留別》,《韓國文集叢刊》,207/352。
②李匡德《冠陽集》卷1《考亭夫子後孫朱君進士澐……題詩二首見贈》,《韓國文集叢刊》,207/352。
③李匡德《冠陽集》卷1《僕在海東……因用留別》,《韓國文集叢刊》,207/352。

正使、吏曹判書閔亨洙爲副使、司僕寺正洪昌漢爲書狀官赴燕,謝免議、謝漂人出送、謝嘉獎上諭等事並貢方物。一行自二月十八日離發北京,三月十六日出柵,四月初六日詣闕覆命焉。

案是書爲洪昌漢《燕行日記》,殘刻本。《燕行錄全集》編纂者於第九九冊復收錄署名"未詳"之《燕行日記》,實則即洪昌漢《燕行日記》,編纂者不審而重收,然兩本行款幾完全相同耳。首頁有大題"燕行日記",而下所記則自"初二日"起,從後文推知,則爲正月初二日也。臆此當爲下卷,而上卷缺佚耳。全書字大疏朗,端楷工整,在諸家燕行錄中爲勝也。記中於正月末,夾記"燕京風俗",則記北京"胡人"之風俗習慣與宮室制度等,與諸家所記,亦大略相同。唯所記行中多購馬匹,如在館之時,副房馬徒俊元"以丁銀五十兩,買來御乘馬於二王家,色白而絶大"①。後上使"使俊元輩連買胡馬而來,馬價至賤,步好之馬,多不過數十兩銀,騾驢之價極高,中下品之騾價,不下三四十兩,稍大之驢,亦不數十兩。可異!以此行中買馬者甚多云"②。至馬賤之因,其稱當時"胡人貴騾而賤馬,庸騾之多,必多於好馬,長耳亦價高"③。蓋騾之耐養,且力大於馬,故民家喜養騾,即今日農村亦然也。至於驢价之高,是真可異者也。

0517-1741
驪善君李墢、鄭彦燮《辛酉別單》(《同文彙考補編》卷五《使臣別單五》活字本)

出使事由:冬至等三節年貢兼謝恩行

出使成員:正使驪善君李墢、副使禮曹判書鄭彦燮、書狀官兼司憲府掌令金宗台等

出使時間:英祖十七年(乾隆六年 1741)十一月六日—翌年四月六日

---

①洪昌漢《燕行日記》,《燕行錄全集》,039/104。
②洪昌漢《燕行日記》,《燕行錄全集》,039/107。
③洪昌漢《燕行日記》,《燕行錄全集》,039/132。

案驪善君李垶有《乙丙別單》(0503-1735)，已著錄。

鄭彥燮(1686—1748)，字公理，東萊人。英祖元年(1725)，增廣文科狀元。爲世子侍講院司書、司諫院正言、司憲府持平、東萊府使、忠清道觀察使、司諫院大司諫等。事見金邁淳《臺山集》卷一一《鄭公墓誌銘》、《英祖實錄》。

英祖十七年(乾隆六年　1741)，朝鮮遣冬至等三節年貢兼謝恩使驪善君李垶、副使禮曹判書鄭彥燮、書狀官兼司憲府掌令金宗台等入燕，進年貢並謝方物移准，及出送漂人康世贊、文隆章等。一行於十一月初六日發王京，翌年四月初六日返京覆命焉。

此《聞見事件》兩條，皆載曆法、樂律諸事。言爲觀象監曆法釐正事，別定譯官卞重和與日官安國麟往天主堂，見西洋人禮部侍郎戴進賢、欽天監副徐懋德，討論曆法，並求得其《日食籌稿》《月食籌稿》各一本。又百般周旋，貿得《日食月食交食表》《八線表》《對數八線表》《對數闡微表》《日月五星表》《律呂正義》《數理精蘊》等十三册而來。又記渡江後令譯官韓壽禧、金裕門與樂師黃世大，探問沿路及北京，則俗樂皆不叶於律呂。雅樂太常所管，而用於天地太廟之祭，而樂器藏神樂觀，每旬三六九日演習，而觀在天壇之内，演樂時不許外人入觀。後用力搜訪得神樂觀笙手能自造者王五，購笙簧一部，又問及諸處之簫管器樂，復購得唐琴一部。演樂日，首譯等復往文廟，遍觀樂器，則一如王五所示者，又購得獨管大小兩個等而歸焉。

0518-1742

洛昌君李樘、徐命彬《壬戌別單》(《同文彙考補編》卷五《使臣別單五》活字本)

出使事由：冬至等三節年貢兼謝恩行
出使成員：正使洛昌君李樘、副使吏曹判書徐命彬、書狀官兼司憲府掌令洪重一等
出使時間：英祖十八年(乾隆七年　1742)十一月七日—翌年四月三日

卷四四　洛昌君李樘、徐命彬《壬戌別單》　781

案洛昌君李樘有《乙卯別單解題》(0501-1735)。

徐命彬(1692—1763)，字質甫，達城人。命均弟。英祖朝，爲司憲府持平、司諫院獻納、承政院承旨、司憲院大司諫、黄海道觀察使、司憲府大司憲、廣州府尹、漢城府判尹、刑曹判書等。恬淡自潔，多有惠政。事見《英祖實録》《承政院日記》等。

英祖十八年(乾隆七年　1742)十一月七日，朝鮮遣冬至等三節年貢兼謝恩使洛昌君李樘、副使吏曹判書徐命彬、書狀官兼掌令洪重一等入燕，以謝犯人緩决、謝犯人減罪、謝發回犯人、謝漂人出送等，一行於翌年四月初三日返國覆命焉。

此《聞見事件》兩條，皆言在柵外修店舍事也。其言柵外百餘里，土沃地腴，門内之民，覬覦已久，上年秋間，協理山東道都察院御史禄謙條奏：朝鮮進貢人員，自中江起程，至鳳城邊門，其間原無村舍客店，俱爲山溪嶺溪河，且多猛獸。其進貢人員，每於十一月間起程，層冰積雪，寒風徹骨，沿道並無栖身之所，正、副使等官，尚有帳房可以藏身，至於跟役人等，俱在空野露宿，以致凍壞身體手足者甚多，馬匹亦有受傷於猛獸者，其情形皆臣之目睹也。以臣愚見，自中江珐邊門適中之地，酌量修造公館一處，搭蓋房屋二十餘間，俾進貢人員得有栖身之處，人役可免凍壞之苦，馬匹亦可免猛獸之傷。又言其地樹木甚多，又多大小石塊，故用料皆足，無庸另行采買。平時交於巡哨兵丁住宿看守，又可以防範越邊匪類，是一舉而兩得矣。瀋陽將軍圖額等以爲，朝鮮進貢往來，歷年久遠，其員役過江即有迎送通事等官接待，從未聞凍壞朝鮮人役傷殘馬匹事。今若在中江、鳳城適中之處修造公館，令巡哨官兵看守，則恐伊等遠離邊界住宿，日久或有不肖之徒，内則徇隱參犯，外則騷擾朝鮮，均有不便。故禄謙所奏，應無庸議可也。奉旨依議。鳳城通官徐宗順謂，不設店，實東國之幸，使傳於使臣云。

卷四五　0519—0535

英祖十九年(乾隆八年　1743)—英祖二十七年(乾隆十六年　1751)

0519-1743

趙顯命《燕行日記》(《日本所藏編》第1册　鈔本)

出使事由：問安行
出使成員：正使議政府右議政趙顯命、書狀官兼司憲府執義金尚迪等
出使時間：英祖十九年(乾隆八年　1743)七月六日—十月二十七日

趙顯命(1690—1752)，字稚晦，號歸鹿，豐壤人。文命弟。少讀書負氣，以古名碩自期，耻碌碌徇人。肅宗四十五年(1719)，擢增廣文科。拜藝文館檢閱。景宗朝，爲世子侍講院説書。英祖時，歷官至成均館大司成、慶尚道觀察使、全羅道觀察使、吏曹判書、禮曹判書、户曹判書、兵曹判書、議政府右議政、領議政等。英祖五年(1728)賊起，自請從軍，處驚不亂，軍得無變。難平策功，卒至上相。封豐原府院君。有《歸鹿集》二十卷傳世。事見《歸鹿集》卷二〇《自著紀年》、李裕元《嘉梧藁略》第一五册《神道碑》與《英祖實録》《正祖實録》等。

案乾隆八年(英祖十九年　1743)七月，清高宗奉皇太后由熱河詣盛京謁陵，九月抵盛京，十月還京師。朝鮮英祖遣問安使右議政趙顯命、書狀官兼執義金尚迪等，一行於七月七日發自王京，八月二十四日入瀋陽，十月初三日發自瀋陽，十日渡江，二十七日返京覆命。英祖召見，問顯命彼中事何如？對曰：“外似昇平，内實蠹壞。以臣所見，不出數十年，天下必有大亂。蓋政令皆出要譽，臣下專事諛説，大臣庸碌，而廷臣輕佻，甚可憂也。”上曰：“中原之有亂，我國之憂也。”仍教曰：“彼之所賜弓矢，將何處之？”左議政宋寅明曰：“弓矢之賜，蓋仿周王賜諸侯之意也。”上曰：“若是皇朝之賜，則予豈可使一内官受之乎？即今善處

之道,裹以黃袱,負之內侍,示敕使以皇賜之物,不敢佩服,亦可也。"①乾隆初元,乃清朝蒸蒸日上之時,而朝鮮君臣,仍冀以爲其"甚可憂",則其之於中國,蓋知之甚尠焉。觀其待清高宗所賜弓矢,更知其之待清帝所賜之物,視如土芥焉矣。

趙顯命《歸鹿集》二十卷,爲傳寫鈔本,《韓國文集叢刊》據奎章閣藏本影印(《豐壤趙氏文集叢書》第十輯同)。前後無序跋。前四卷爲詩,後十六卷爲文。然皆不見《燕行日記》,是稿封面右上大書"歸鹿集二一",或趙氏此集原爲二十一卷,或此日記獨立成册耶?

趙氏一行在瀋陽日多,夜分無事,遂與員役或飲酒作歌,或賦詩聯句,賞菊品茶,聊以自遣。至白晝則多與中國士人接談,若與孔子六十八世孫毓貴、魏秀才廷熙、李如松後裔、瀋陽文廟所見教授高晅、善卜流浪杭州人、親王甚至民間小兒,或筆談,或譯介,論及八股文、漢唐詩、杭州山水、陽明故里及子孫、岳王墳、岳飛與韓世忠後裔、方苞、陸隴其、李霨霖與李紱諸人學問、河南與山東災情等,尤其與高晅論朱陸異同,論及王陽明《朱子晚年定論》、李紱《朱子晚年全論》等書,且有激烈之爭論。趙氏以爲陸九淵之學不可取,"尊朱而斥陸",高答陸子静雖偏,朱子取其義利之説,王、陸與聖道無反背處;又曰子静主良知良能,朱子主格物致知,入手處不同,究竟處無二云。②末附書狀金尚迪日記數條,又後有問鳳凰城邊門外之地遠近、寬甸鴉鶻關等地所在、興京永陵盛京福陵昭陵等事、寧古塔將軍移鎮舡廠及皇帝令行所過地方名號、問牛家莊路程、朝鮮之通中原水路遠近順逆、朝鮮譯員之學成、自瀋陽距朝鮮會寧府程途等若干條,書末稱"右問答諸條,李台君敬出題,使書狀探問而記來者也,附之卷末,以備後考云爾"③。則爲偵測中國邊疆等事矣。

---

①《英祖實録》卷58,英祖十九年(乾隆八年　1743)十月二十七日丙子條。
②趙顯命《燕行日記》,《燕行録全集日本所藏編》,001/169—170。
③趙顯命《燕行日記》,《燕行録全集日本所藏編》,001/189。

0520-1743
趙顯命《燕行詩》(《日本所藏編》第 1 册;《叢刊》第 212 册《歸鹿集》　鈔本)

　　案趙顯命有《燕行日記》(0519-1743),已著録。

　　趙顯命《歸鹿集》所收詩,皆按年編次,其卷四《燕行録》收七十餘首詩,爲其後次英祖二十五年(1749)出使時所作;而卷三所收四十餘首,即爲英祖十九年(1743)瀋陽問安行時所作,蓋其《燕行日記》中,當日所作詩皆附於其下,此爲從《日記》中輯出者,故不另編爲小集也。

　　趙氏此次入中國,抵瀋陽而止,未發向北京,所見古迹文物、山川麗景有限,故其詩雖亦慨歎"百年運屆公休矣,慚愧遼陽奉使行"①,然恚悲痛恨之句少,而樸拙淡雅之詩多。顯命以爲"聞思往事把楊枝,尤物無如酒色詩",故此行"持詩、酒、色三戒",然在浿上已破酒戒耳。② 其在瀋期間,謁文廟,遇教授高暄,暄乃河南人,顯命以其爲程子之鄉人,故詩以贈之。又遇孔毓貴,自以爲孔聖之後,而於先聖絶學,不能繼述,顯命亦贈以詩,所謂"屋上烏猶愛,矧其後嗣賢"者也③。朝鮮使臣入中國,每見姓孔、孟、韓、柳、程、朱之人,即問其是否聖賢後裔,禮敬有加,觀顯命之待高暄與孔毓貴即可知矣。

0521-1-1745;0521-2-1745
趙觀彬《燕行詩【原題悔軒燕行詩】》(《續集》第 115 册　鈔本)
趙觀彬《燕行詩》(《全集》第 37 册;《叢刊》第 211 册《悔軒集》　活字本)

　　出使事由:冬至等三節年貢行
　　出使成員:正使議政府左參贊趙觀彬、副使吏曹參判鄭俊一、書狀官兼司憲府監察閔百祥等

---
①趙顯命《歸鹿集》卷 3《宣川倚劍亭……次吴海恩板上韻》,《韓國文集叢刊》,212/128。
②趙顯命《歸鹿集》卷 3《七月差瀋陽使……不得已破戒次其韻》,《韓國文集叢刊》,212/124。
③趙顯命《歸鹿集》卷 3《瀋陽遇孫毓貴……書以贈之》,《韓國文集叢刊》,212/128。

出使時間：英祖二十一年（乾隆十年　1745）十一月一日—翌年三月二十八日

趙觀彬（1691—1757），字國甫，號悔軒，楊州人。少年登科。遭辛壬禍，後得伸冤，復始嚮用，至輔國正卿，屢典文衡。官至司諫院大司諫、司憲府大司憲、平安道觀察使、户曹判書、禮曹判書、工曹判書、判中樞府事等。有《悔軒集》二十卷行世。事見肅宗、景宗、英祖《實録》等。

趙觀彬《悔軒集》二十卷，英祖三十八年（1762）以芸閣活字刊行，《韓國歷代文集叢書》據國立中央圖書館藏本影印，《燕行録全集》爲同一版本。前八卷爲詩賦，後諸卷爲文，前後無序跋。

此卷輯自趙觀彬《悔軒集》卷七。又《燕行録續集》第一一五册收趙觀彬《悔軒燕行詩附月谷燕行詩》，其《悔軒燕行詩》即是書之鈔本，而所收詩之次序多寡與所録文字，全與是本同，且首頁首行詩題"悔軒燕行詩"，"悔軒"二字爲圈又刪除，今亦從其舊，刪此二字可也。而《月谷燕行詩》即吴瑗詩，亦見《燕行録全集日本所藏編》，已爲收録矣。

英祖二十一年（乾隆十年　1745）十一月一日，趙觀彬以冬至等三節年貢行上使，偕副使吏曹參判鄭俊一、書狀官兼監察閔百祥等入燕，於翌年三月二十八日返京覆命，此即其沿途所作近二百首詩也。趙氏出使時，明亡已過百年，然其詩之斥清眷明，仍爲詩作之主旋律也。其初渡鴨江，即謂"天地丈夫我，山河皇帝誰"①，傲岸外露，古今所無，目中無清國也。故若《運石》嚴責乾隆營别宫以供其行樂，《小黄旗堡記事》蔑視甲軍兵卒不健而武器不精。趙氏通過"此行覘敵形，大抵謀國疏"②，以爲清兵可戰而勝之也。其所念念未忘者，仍明萬曆帝也，如"萬曆洪恩於古有，八陵佳氣在今無"③，"滄桑世界無窮慟，血食皇壇大報名"等皆是也④。趙氏深以此行爲耻，所謂"南漢三萬兵，此客是元帥"⑤，正日進宫叩拜，渠以爲

---

①趙觀彬《燕行詩【原題悔軒燕行詩】·渡鴨江》，《燕行録全集》，037/579。
②趙觀彬《燕行詩【原題悔軒燕行詩】·以奉使虚隨八月槎爲韻書古體》其三，《燕行録全集》，037/599。
③趙觀彬《燕行詩【原題悔軒燕行詩】·中後所口占》，《燕行録全集》，037/591。
④趙觀彬《燕行詩【原題悔軒燕行詩】·感懷》，《燕行録全集》，037/603。
⑤趙觀彬《燕行詩【原題悔軒燕行詩】·小黄旗堡記事》，《燕行録全集》，037/588。

"堪羞弱國金繒使，跪叩殊庭塵滿裾"①。其詩慷慨激越，酣暢痛快，如"萬曆舊山河，朝鮮冬至使"②，"大地眼愈大，衰年心不衰"等句皆是也③。唯卷末有《效望江南詞三疊》，短什憶景，思戀故園，無殺伐動怒之氣耳。

0522-1745

趙觀彬、鄭俊一《乙丑別單》(《同文彙考補編》卷五《使臣別單五》 活字本)

案趙觀彬有《悔軒燕行詩》(0521-1745)，已著錄。

鄭俊一(1688—?)，字宅之，延日人。景宗時，中進士。英祖朝，爲司諫院正言、司憲府持平、弘文館修撰、承政院承旨、全羅道觀察使等。事見《英祖實錄》《承政院日記》等。

此《聞見事件》一條，記譯官吳億齡得內閣文書，乾隆十年內務府護軍統領趙八格，前往瀋陽所管地方收官蔘，經過蹬蹬磯地方，見有數千人偷挖人蔘，打拿貂皮，私自變賣。帝命瀋陽將軍達爾党阿，會同寧古塔將軍阿彌達察明具奏。本年十月，兩將考察其地，則蹬蹬磯東距寧古塔九百餘里，果有閑雜人聚爲巢窟，作首之女人年過六十餘，强壯多智，能禦衆，其勢難當。瀋、寧兩將商議，揭榜示以招安之意，若一年內不歸順，則必派兵征伐云。

0523-1746

李樞《丙寅手本》(《同文彙考補編》卷五《使臣別單五》 活字本)

出使事由：賚咨行
出使成員：賚咨官知樞李樞等
出使時間：英祖二十二年(乾隆十一年 1746)？—五月五日

---

① 趙觀彬《燕行詩【原題悔軒燕行詩】·抒憤》，《燕行錄全集》，037/598。
② 趙觀彬《燕行詩【原題悔軒燕行詩】·山海關又書一絶》，《燕行錄全集》，037/593。
③ 趙觀彬《燕行詩【原題悔軒燕行詩】·以奉使虛隨八月槎爲韻書古體》其四，《燕行錄全集》，037/599。

案李榿有《癸甲手本》(0439-1713),已著録。

此《聞見事件》一條,記蹬蹬地采蓼事,謂其地廣闊八百里許,南有大青島,北有小青島,四月開花,八月降雪,東至朝鮮訓戎界百餘里,海隔數十里,非船莫能渡,但水深淺不等,大船亦不得行其中。匪類等所造船名快馬,小且輕,不過載數石米一二人,棹轉甚捷,秋成所獲之糧,半入大青,窖埋以備來春采蓼之資。十數年來,山東人偷刨失利得罪亡命者,投入教習,衣服制度,大異前日,而本無軍器兵丁,故官兵進剿,逃僻者不過偷生,固無可慮云。

0524-1746
驪善君李垼、趙榮國《丙寅別單》(《同文彙考補編》卷五《使臣別單五》活字本)

出使事由:陳奏兼謝恩行
出使成員:正使驪善君李垼、副使吏曹判書趙榮國、書狀官兼司憲府執義李台重等
出使時間:英祖二十二年(乾隆十一年 1746)四月十九日—十月二十日

案驪善君李垼有《乙丙別單》(0503-1735),已著録。

趙榮國(1698—1760),字君慶,號月湖,楊州人。英祖朝,爲司憲府持平、全羅道觀察使、成均館大司成、平安道觀察使、司憲府大司憲、户曹判書、吏曹判書、禮曹判書、判義禁府事、守禦史等。正祖朝,謚靖惠。事見《英祖實録》《正祖實録》等。

英祖二十二年(乾隆十一年 1746)三月,清朝盛京禮部以退柵事移咨朝鮮。四月十九日,朝鮮遣陳奏兼謝恩使驪善君李垼、副使吏曹判書趙榮國、書狀官兼司憲府執義李台重等入燕,請寢退柵事,兼謝漂人出送事等,一行於十月二十日返京覆命。八月,清廷命兵部尚書班第至莽牛哨查看,並寢退柵之議。

此《別單》一條,記使臣一行至關外柳清溝,見一官押罪人三十餘名,

枷鎖赴京,問其所來,則答以磴磴磯挖蔘人,官兵不意搜討,捕得八百餘名,餘黨逃散,此等以頭目之故,被拿赴京,而朝鮮人三名,亦在其中云。

0525-1746
尹汲《燕行日記》(《日本所藏編》第1册 鈔本)

出使事由:謝恩兼冬至等三節年貢行
出使成員:正使海興君李橿、副使吏曹判書尹汲、書狀官兼司憲府執義安儆等
出使時間:英祖二十二年(乾隆十一年 1746)十一月六日—翌年四月二十九日

尹汲(1697—1770),字景孺,號近庵,海平人。斗壽五代孫。英祖元年(雍正三年 1725)進士,連場壯元。同年庭試文科中式。官世子侍講院說書。十三年,重試登第。屬西人老論,以攻少論。歷官司憲府持平、承政院承旨、開城留守、平安道觀察使、吏曹判書等。精於書法,筆法精麗,稱"尹尚書體"。有《燕行日記》二卷傳世。事見趙鎮寬《柯汀遺稿》卷七《尹公謚狀》、南公轍《金陵集》卷一八《墓表》、《英祖實錄》等。

案是書爲鈔本,二册,原藏日本駒澤大學圖書館濯足文庫。第一册封面左上題簽"燕行日記 乾",第二册爲"燕行日記 坤",有"海平""近庵""景孺""進士初會壯元庭試重試乙科親臨文臣庭試入格""金澤藏書""大本山永平寺藏書章""濯足文庫"諸印,可知乃尹汲自藏本,不知何故而跨海至日本矣。首録"丙寅冬至兼謝恩使行中座目",爲三使臣官職姓名;次爲"人馬渡江記",詳載譯官、通事、軍官、醫員及表咨文刷馬等。全書末有《渡江狀啓》等三道,《以猹馬被執事封啓》等三道,《別單》一份,另表咨狀數、方物數量等詳載於末也。

案尹汲此行,"先是,彼中有退柵於我境未百里之地,且有設屯於蟒牛峭(即義州相望處)之舉,朝廷差遣奏請使,請寢兩事,並得准。所謂謝恩,蓋以此也"①。一行於十一月六日詣闕離發,十二月二十八日到北京,

---
①尹汲《燕行日記》卷1,《燕行録全集日本所藏編》,001/217。

二月十五日離發北京,四月十六日返王城。是行從者三百三十五人、馬二百二十五匹、銀子七萬三千兩,而方物一百十七隻、歲幣二百四十四隻、白米七十石,雇車載運。① 前後近半年,方歸國覆命,則因使行極爲不順故也。

先是,去途自新遼東至爛泥堡,行中失却銀貨一俵,所儲少不下千金。②抵館之後,尹汲即患感症,逐日轉劇,精神昏瞀,而"一行上下,無不吟病"③。返國途中,行至通遠堡,"上使傔率登通遠前山,采山菜芼以食之,六七人皆嘔泄,甚者如遇霜之蠅,昏憒欲死,其中御醫皮世獮,病勢尤重,多服制毒之藥,始得少愈。此菜登余夕盤,而幸不食,能免危境,不知名之山菜,本不可食,而況醫人以嘗百草爲業,而亦不得免。可歎!"④又因"前秋雨水未干而成凍,解冰之際,道路泥濘,處處没膝,寸寸前進"⑤。故自北京離發,近一月始抵鳳凰城。至鳳城,"聞行中員役所貿猲馬四十匹,及其牽去人十一名,從間路潛出,到鴨緑江邊,無舡未及渡,爲甲軍所捉,方拿到柵門"⑥。其間交涉未果,而滯留十餘日始出柵,又慮生事,"故三行中禁物書册,並出付和姓胡人家,申飭行中俾無一毫未盡之弊"⑦。然一行返王京後,未曾謁闕,四月十七日即"有三使臣削職之命"⑧。然則尹氏此行,可謂時運多舛矣。

又是年四月,"命禁紗、緞、紬之有奇巧紋者。時上方痛革侈風,欲盡禁紋緞,諸臣多言袞衣、翟衣、章服、軍容皆不可不用紋緞。於是,上命只禁文緞綾奇紋異色紗緞有紋花綢之類"⑨。故尹汲等行前,"臨退,上曰:卿等之行,即禁令(時上禁紋緞,革侈習)後初行也,必須加意申禁,而書狀之責尤重矣"⑩。尹氏此記中,多言禁紋緞事,如一行在玉河館時,員役輩出往大商

---

①尹汲《燕行日記》卷1,《燕行録全集日本所藏編》,001/223。
②尹汲《燕行日記》卷1,《燕行録全集日本所藏編》,001/225。
③尹汲《燕行日記》卷2,《燕行録全集日本所藏編》,001/238。
④尹汲《燕行日記》卷2,《燕行録全集日本所藏編》,001/259。
⑤尹汲《燕行日記》卷2,《燕行録全集日本所藏編》,001/268。
⑥尹汲《燕行日記》卷2,《燕行録全集日本所藏編》,001/259。
⑦尹汲《燕行日記》卷2,《燕行録全集日本所藏編》,001/261—262。
⑧尹汲《燕行日記》卷2,《燕行録全集日本所藏編》,001/266。
⑨《英祖實録》卷63,英祖二十二年(乾隆十一年 1746)四月十六日辛巳條。
⑩尹汲《燕行日記》卷1,《燕行録全集日本所藏編》,001/217。又《英祖實録》卷64,英祖二十二年(乾隆十一年 1746)十一月六日丁酉條。

鄭世泰家,世泰謂譯輩曰:"貴國禁紋緞之故,吾之失利多矣,無紋緞通報南京,今已輸來,而有紋之屬,方積置而無用處,有高麗公事三日之語,待貴國之禁弛而已矣。"譯輩曰:"我國痛革侈習,禁貿紋緞,特出聖斷,此非可弛之禁,何必賣於我國耶?"世泰曰:"所尚各異,貴國外無求此緞者矣。"仍携入藏錦之所,使譯輩見之,三間大屋,積錦至梁云。其家宏闊侈麗,儼一官府,衣服器玩,全無限節,如胡牀椅子之屬,飾以金玉。世泰不過胡賈賤流,而恬侈如此,蓋貴賤無章,有財則無所不爲,室廬輿服,擬於王者,非獨世泰然也。① 一行離館之前,又"三行同坐,招入一行員役,以紋緞之禁,國法至嚴,雖有利欲之心,決無易性命之理,此則自當不禁自戢,而至若奇巧之物,新有禁令,若於所書給者之外,或有所犯,則與犯紋緞之禁,小無異同,惕念自飭之意分付,而仍錄出奇巧當禁之物,使不得貿"②。返至瀋陽途中,"聞冬賫咨官李命稷,渡灣搜驗之時,有紋緞十五匹,平壤將軍(胡人以箕伯爲平壤將軍)啓聞幾死,而遠配以不即梟示江邊,罷平安都事云"③。

又一行在爛泥鋪,"三行同飯,將發,譯官崔挺世面無人色,謂犯死罪,問其故,則渠於留館時所貿綢緞,有別載於私馬者矣,中路封垜,到此改裹之際,偶然搜見則其中有有紋緞匹,渠惶悚罔措,而來告矣。使之持來,則薄劣賤品,而一匹之中,著紋不過五六處,蓋商胡以其無紋者數小不足以充數,故間入有紋者,反折掩紋而賣之者也。即令挺世割出而焚之,將治其不察之罪,一行諸譯擧生疑懼,將欲自搜其物種云矣"④。此可見當時之禁令森嚴,而致如此也。

0526-1747
洛豐君李楙、李喆輔《丁卯別單》(《同文彙考補編》卷五《使臣別單五》活字本)

　　出使事由:冬至等三節年貢兼謝恩行

①尹汲《燕行日記》卷1,《燕行錄全集日本所藏編》,001/241—242。
②尹汲《燕行日記》卷1,《燕行錄全集日本所藏編》,001/243。
③尹汲《燕行日記》卷2,《燕行錄全集日本所藏編》,001/257。
④尹汲《燕行日記》卷2,《燕行錄全集日本所藏編》,001/258。

出使成員：正使洛豐君李㯙、副使禮曹判書李喆輔、書狀官兼司憲府執義趙明鼎等

出使時間：英祖二十三年（乾隆十二年　1747）十一月六日—翌年四月二十九日

洛豐君李㯙，全州人。朝鮮王朝宗室。英祖朝，任五衛副總管、都總管、宗簿提調等。曾多次出使清朝。事見《英祖實錄》《承政院日記》等。

案李喆輔有《丁巳燕行日記》（0508-1737），已著錄。

英祖二十三年（1747），朝鮮遣冬至等三節年貢兼謝恩使洛豐君李㯙、副使禮曹判書李哲輔、書狀官兼司憲府執義趙明鼎等入燕，進三節年貢兼謝前次方物移准事。時日本關伯源吉宗年老退休，其子源家重新立，請賀使，朝鮮派洪啓禧、南泰耆、曹命采等爲通信使，發往日本，故洛豐君一行，兼報清朝日本通信使發送事。一行於十一月初六日發王京，翌年四月二十九日返京覆命焉。

此《別單》二條，記日官李德星等往來天主堂及欽天監，得知果有新定《日食籌法》寫本一册，尚未刊行，因重價謄出賫去。去年所得《對數表》及《八綫表》，但知其用於交食，而不知其推用於諸曜矣。李德星與欽天監官員，累日究質，盡學其術。則凡交食與諸曜推步之法，居在其中，不待籌計，舉皆了然，乘除浩繁之役，比前半減。其他諸般籌法，常所疑礙未解處，一一質問以去云。

0527-1747

李喆輔《丁卯燕行錄》（《全集》第 37 册；《延李文庫》第 4 册《止庵遺稿》鈔本）

案李喆輔有《丁巳燕行日記》（0508-1737），已著錄。其出使事由，詳參前洛豐君李㯙、李喆輔《丁卯別單解題》（0526-1747）。

案此《丁卯燕行錄》四十餘首，爲英祖二十三年（乾隆十二年1747），李氏出使時所作，錄詩甚少。據李氏自言，行中所得凡若干篇，而還到鳳城，稅官發怒於谿壑之不滿，必欲鈎發事夔，行中大小卜逐日檢閱，

故所購書之關於禁條者,及行錄中語涉忌諱者,並燒之,只留此數十篇而已。①

案燕行使詩中,若"胡皇""胡虜""腥膻""臊臭""胡兒""胡犬""雜種""匈奴""異類""夷夏"之類,所在而有;至若"胡山""胡樹""胡鳥""胡雲""胡氛""胡窟""胡塞""胡堡""胡風""胡塵"等語,處處皆是,篇篇皆見;而刺清詈罵之作,更無年無之,無人無之。李喆輔所焚餘之四十餘首,如"農虞世遠猶興歎,奈此神州久陸沉"②,"勇爲軍獨冠,威使虜爭奔"諸句③,若以乾隆朝文字獄案例之,仍爲譏謗朝政之重罪也,蓋情急之下,删焚之而未盡者,或栅門稅官之檢驗,於三使臣仍例行公事,不爲苟苛,故亦不之罪耳。

0528-1748
海運君李㮚、趙明謙《戊辰別單》(《同文彙考補編》卷五《使臣別單五》活字本)

出使事由:陳慰兼進香行
出使成員:正使海運君李㮚、副使禮曹參判趙明謙、書狀官兵曹正郎沈鑅等
出使時間:英祖二十四年(乾隆十三年 1748)五月二十九日—十月十八日

海運君李㮚,全州人。朝鮮王朝宗室。英祖時,爲五衛都總管、宗簿提調等。曾多次出使清朝。高宗朝謚孝安。事見《英祖實錄》《高宗實錄》《承政院日記》等。

趙明謙,生卒籍貫不詳。英祖朝,爲司憲府執義、弘文館應教、承政院承旨、慶尚道觀察使、司諫院大司諫、江原道觀察使、知義禁府事等。事見《英祖實錄》等。

---

① 李喆輔《燕槎錄》,《燕行錄全集》,037/399。
② 李喆輔《燕槎錄·夷齊廟》其七,《燕行錄全集》,037/410。
③ 李喆輔《燕槎錄·射虎石》,《燕行錄全集》,037/411。

乾隆十三年（英祖二十四年　1748）四月，孝賢純皇后富察氏（1712—1748）崩，遣使至朝鮮報喪。英祖遣陳慰兼進香使海運君李㯙、副使禮曹參判趙明謙、書狀官兵曹正郎沈鏡等入燕，慰皇后崩逝並進香。一行於五月二十九日發王京，十月十八日返京覆命焉。

此《別單》二條，一記北京刑部尚書達爾党阿，在瀋陽以退柵設屯之不得遂，懷愠生事，而瀋陽諸官輪換，鍾音代瀋陽刑部侍郎，因其曾以副敕到朝鮮，頗有感激之意，似於朝鮮有利。另一條記皇后崩逝後，皇太后悶壼位久曠，勸封嫺貴妃那拉氏，皇帝以后喪未朞，有所不忍，先封皇貴妃統率六宮，或以爲過朞即當册立云。

0529-1748
金昌祚《戊辰手本》（《同文彙考補編》卷五《使臣別單五》　活字本）

出使事由：賣咨行
出使成員：賣咨官典獄主簿金昌祚等
出使時間：英祖二十四年（乾隆十三年　1748）七月十日—？

金昌祚（1694—1765），慶州人。是瑜子。精漢語，爲譯官。英祖二十四年（1748），爲典獄主簿。以賣咨官、譯官身份多次出使清朝。事見李正臣《櫟翁遺稿》卷七《燕行録·員額》、《承政院日記》等。

案金昌祚此次入中國，專爲請禁越境造屋事持賣而來。朝鮮訓戎鎮越江東邊二三里許，有清朝人造家墾田，請照康熙五十四年移咨毁撤例，具咨順付。清廷令瀋陽將軍確查，即行禁止，拆毁其房屋，照例辦理焉。

此《手本》一條，記乾隆帝自皇后喪，喜怒異常，工部尚書趙宏恩治喪不謹，庭杖八十；和親王供飯不潔，停俸三朔。工部侍郎三合，家在山東。今春東巡與太后入其家，三合之女稚齡可愛，故帶來。到德州喪皇后，其女三晝夜哭不撤聲，皇帝以爲情誠可嘉，其父三合特除崇文門稅官，此任非貴重大臣不得兼。又言皇帝周回無常，昨年修整《金史》，自謂金之後裔，繼其世系云。金昌祚此類記載，多有不實，無非聞之道塗小說之言耳。

0530-1749
趙顯命《燕行錄》(《全集》第 38 冊;《續集》第 115 冊;《叢刊》第 212 冊《歸鹿集》 刻本)

  出使事由:進賀兼謝恩行
  出使成員:正使議政府左議政趙顯命、副使吏曹判書南泰良、書狀官司僕寺正申暐等
  出使時間:英祖二十五年(乾隆十四年 1749)九月四日—翌年正月二十八日

  案趙顯命有《燕行日記》(0519-1743),已著録。

  乾隆十四年(英祖二十五年 1749)正月,以大金川莎羅奔、郎卡乞降,金川平定;四月,册封嫻貴妃那拉氏爲皇貴妃,攝六宫事;又加上皇太后徽號曰崇慶慈宣康惠皇太后。六月,清廷遣副都統蘇呼濟、内閣學士嵩壽賫敕至朝鮮,告上皇太后尊號及討平金川事;又命撤毁昔年清人在朝鮮訓戎所建房屋,並爲禁止。英祖遂遣趙顯命爲進賀兼謝恩行正使,吏曹判書南泰良爲副使,司僕寺正申暐爲書狀官赴燕,賀尊謚皇太后、册立皇貴妃、討平金川,並謝頒詔、謝免議、謝撤毁訓戎房屋諸事。一行於九月初四日發王京,翌年正月二十八日返京覆命焉。

  此卷輯自趙顯命《歸鹿集》卷四,即趙氏此次出使沿途所作詩耳。趙氏於卷中稱"今行又持詩、酒、色三戒,往還只嘿坐觀心,往往訪到古迹,以七絶記之,凡若干篇"①。案趙氏於英祖十九年(1743)爲問安使出使時,即有"余於今行持詩、酒、色三戒"之語②,故此行又行此戒耳。然觀其所作,亦非皆爲七言絶句,亦有五言絶句、五言律詩等置其中。其悼文天祥詩有"國破公猶在,公亡宋遂亡"之句。而據《英祖實録》,顯命是行得文天祥遺像於燕中,歸獻於上,教曰:"文丞相精忠義烈,令人起敬。曾聞六

---

① 趙顯命《燕行録》,《燕行録全集》,038/013。
② 趙顯命《歸鹿集》卷3《七月差瀋陽使洱上……不得已破戒次其韻》,《韓國文集叢刊》,212/124。

鎮有皇帝冢、五國城,今以文、陸二人建祠配享,欲使二帝無臣而有臣。"①仍命禮官問議。翌年三月,令文天祥配享於永柔臥龍祠。臥龍祠爲宣祖御龍灣時興感而命建者,以岳飛追配,爲昔年曠感之意;英祖以爲今欲以信國公追配,亦繼述之意也。朝鮮君臣以爲,臥龍(孔明)欲復漢室,武穆欲迎二帝,信國欲存宋祚,三賢忠則一也。英祖親製文,遣近侍致祭,其後命竪碑,並使大提學南有容記其事焉。②

0531-1749
趙顯命、南泰良《己巳別單》(《同文彙考補編》卷五《使臣別單五》 活字本)

案趙顯命有《燕行日記》(0519-1743),南泰良有《燕行雜稿》(0491-1730),皆已著錄。

此《別單》三條,一謂浙學于敏中,請諡方孝儒諸人,後沮於傅恒之覆奏。一謂閣老張廷玉乞骸,猝許致仕,昨年陳世觀之些過革罷,似是爲漢人之缺望。一謂"雍正畫出《天下全圖》,副本留在畫師,實爲絶寶而秘藏嚴禁,故前後使行欲見不能,今行譯官韓致亨,多般致力,幸而圖得,則其中亦有朝鮮輿圖,而山川州邑,纖悉領略,以此推之,則中國十六諸省蒙古四十九部,險夷近遠,如在目中,此正朝家之不可無者,故秘賫以來"云③。

0532-1749
俞彦述《燕行詩》(《叢刊續》第78册《松湖集》 活字本)

  出使事由:冬至等三節年貢行
  出使成員:正使洛昌君李樘、副使禮曹判書黃晸、書狀官兼司憲府執
     義俞彦述等
  出使時間:英祖二十五年(乾隆十四年 1749)十一月三日—翌年四

---

①《英祖實録》卷71,英祖二十六年(乾隆十五年 1750)二月三日丙子條。
②《英祖實録》卷71,英祖二十六年(乾隆十五年 1750)三月十六日己未條。
③趙顯命、南泰良《己巳別單》,《同文彙考補編》卷5《使臣別單五》,002/1670—1671。

月十三日

俞彥述(1703—1773),字繼之,號松湖,杞溪人。英祖十二年(1736),擢謁聖文科。官至司憲府持平、司諫院大司諫、司憲府大司憲、知中樞府事等。爲政勤懇,樸實可尚。有《松湖集》六卷傳世。事見《松湖集》附閔鍾顯《請諡行狀》、《英祖實錄》等。

英祖二十五年(乾隆十四年 1749),以洛昌君李樘爲冬至等三節年貢行上使,禮曹判書黃晸爲副使,兼執義俞彥述爲書狀官赴燕。一行於十一月三日離發,翌年四月十三日返國覆命焉。

俞彥述《松湖集》六卷,前三卷爲詩,卷四、五爲文,卷六爲雜著,末附閔鍾顯《請諡行狀》及俞星柱跋。其卷一《己巳十一月以三价赴燕路上口占呈仲氏》以下七十餘首,即此次赴燕詩作,爲《燕行錄全集》漏收者也。

俞氏所作,多與副使黃晸相唱和。其詩仍不出思明仇清之老調,然如"但恨吾生後百年,身與塞鴻同北去"①、"江山錦繡誰家物,默默低頭祇自歎"之類②,較之囂嚚悲憤、扼腕切齒者,尚屬温和低宛、感慨悲愁之調也。其中如《夜卧無寐鄉思殊切呼燭書古體》十五首,分別爲思叔父、兄妹、妻兒之作,静夜抒懷,遥望鄉國,思家念兒,舐犢情深焉。

0533-1749

俞彥述《燕京雜識》(《全集》第 39 册;《叢刊續》第 78 册《松湖集》 活字本)

案俞彥述有《燕行詩》(0532-1749),已著錄。

此《燕京雜識》,輯自俞彥述《松湖集》卷六《雜著》。凡記各色札記八十餘條,或有鈔自前人者,或有鈔自方志者,或有鈔自邸報者,或有鈔自公文者,或有得自耳聞目見者,皆記中國制度風俗,間及與朝鮮之異同優劣也。依次有尚鬼崇佛、南北商販、耕田之法、大小車輛、牛馬熟馴、清漢通婚、城廓之制、家舍屋垣、石炭柴火、男女衣飾、矜炫誇耀之俗、日用器皿、

---

①俞彥述《松湖集》卷1《松京道中次副使韻》,《韓國文集叢刊續》,078/323。
②俞彥述《松湖集》卷1《參太平宴口占志感》,《韓國文集叢刊續》,078/329。

農商勤苦之習、驛站驛馬之法、烟臺路堠、用錢之法、銓選之法、進士出路、年節九五放假之法、滿漢官員權勢不一、僧道服色、喪服之制、守喪之法、北京城下水道隱溝之法、北京沙塵、相見之禮、刑杖之具、八旗制度、旗人月銀、關東布防、柵門六門十一門、全國一年賦稅總值、京師太倉之所儲、出入柵門之收稅制度、皇帝御寶、科舉制度、旗軍教場、官秩次序、田畝制度、海船稅制、參蔘之制、遼東山川、通州漕運、清主好文好色、皇位繼承制度、東關戲場、清人善騎、皇城建制、軍器優劣、進貢諸國等，所載可謂博雜矣。

　　俞氏以爲，中國之富庶，乃農商之勤苦所致。而自"丙子胡亂"以來，朝鮮國弱，邊備疏闊莫甚，一聞胡來，皆畏怖思走，未敢爲爭戰之計。而今視之，清軍之健勇及器械之精利，不必有勝於朝鮮，而弓矢槍炮等軍器，亦多有不及於朝鮮者。其俞氏稱"若於每年使行時，別擇年少武弁，定爲幕裨，或以曾經將任有名望武將，充送副价，使之屢次往來，習知彼中凡百虛實，則或爲有益之道耶？"①然耶？非耶？

0534-1750

黃梓《庚午燕行録》（《燕行録叢刊（增補版）》網絡本；《畢衣齋遺稿》　刻本）

　　出使事由：謝恩陳奏兼冬至等三節年貢行
　　出使成員：正使海春君李栐、副使禮曹判書黃梓、書狀官兼司憲府執義任瑎等。
　　出使時間：英祖二十六年（乾隆十五年　1750）十一月七日—翌年五月二十日

　　案黃梓有《甲寅燕行録》（0500-1734），已著録。
　　先是，乾隆十一年（1746），朝鮮驛卒李贊淑行到賀郎溝，失銀一千兩。清廷刑部令攬包人劉存名下賠出色銀五百兩，足抵原失八成天銀五百兩；徐宗唐名下賠出紋銀四百兩，亦足抵原失八成天銀五百兩。如數封

---

① 俞彥述《松湖集》卷6《燕京雜識》，《韓國文集叢刊續》，078/413。

固,轉交該國照數查收,付給原主李贊淑。英祖二十六年(1750),遣謝恩陳奏兼冬至等三節年貢行正使海春君李栐、副使禮曹判書黃梓、書狀官兼司憲府執義任璛等入燕,謝前次方物移准、謝李贊淑失銀出送並賀三節年貢。一行於當年十一月初七日拜表發王城,二十七日渡江,凡入柵門人共三百二十三,馬共二百十二,歲幣方物五百六十六隻,乾糧及員譯雜卜八百餘包云。十二月二十七日抵北京入南館,翌年三月二十二日發北京,五月初七日還渡江抵義州,十三日到平壤。末附三月先來狀啓與別單。此下別無日記,蓋記錄至平壤即罷,並非有佚故也。

黃梓此行,頗不順諧,其年過六旬,一路病痛。在館期間,腹痰指癤,迭發作撓,加以齒痛,身不離枕席,故鮮有外出遊觀。而使事遲遲不能完結,閉鎖空館,幾近三月。其日記中,偶有詩歌,以驅煩憂焉。

黃氏此記,於其甲寅出使所關注者同,如員譯八包之情狀,禁物之買賣等,一如從前。其去路在黃州,即言"余嘗聞西路諸邑,一經使行,如視盜劫,聽聞駭慘,殊不勝其痛歎也。甲寅之行,不以一物累人,今行亦不過惟前是若耳"①。故其行橐囊空空,不事博利,前後皆然也。

黃梓在館時,曾與書狀官任璛論書籍之是否爲禁物,其言頗爲前人所未道。乾隆十六年(1751)正月初十日,一行在館,書狀言書册無論當禁與不當禁,一切防塞何如? 黃氏謂"吾意則不然矣。在松都時,適值使行過去,往見書狀,書狀曰:'今番會同,以書册不許出來事停當矣。'余曰:'然乎?'歸來語兒輩曰:'中州文獻,非書籍則何以徵信,是以先輩以書册不嫌貿來,苟有益於斯文者,雖涉於當禁,必周旋取來,此可以見其衛道之心也。且事有必可行者,有必不可行者,如其必可行,人雖不欲行,我則決意行之,可以有辭矣。至於必不可行者,雖自謂必行,而亦自有不得行於其間者。徒取後人之笑,此不可不知也。今若禁其當禁者足矣,又何必並禁其不當禁者乎? 吾未知其可也。'此雖家内之言,吾意本自如此矣。書狀默無一言。今日來言,吾則只取一件册子,而卷數稍多矣。余曰:'册名云何?'曰:'《佩文韻府》,兒輩之所欲也云矣。'"②此可知朝鮮使行,於書

---

①黃梓《庚午燕行錄》,《燕行錄叢刊(增補版)》網絡本,第16頁。
②黃梓《庚午燕行錄》,《燕行錄叢刊(增補版)》網絡本,第93—95頁。

籍之攜入，多不禁止，且設法入栅，既爲"衛道之心"，讀書明理，亦爲"徵信中州文獻"故矣。

0535-1751

洛昌君李樘、申思建《辛未別單》(《同文彙考補編》卷五《使臣別單五》活字本)

出使事由：謝恩兼冬至等三節年貢行
出使成員：正使洛昌君李樘、副使吏曹判書申思建、書狀官兼司憲府掌令趙重晦等
出使時間：英祖二十七年(乾隆十六年　1751)十一月六日—翌年四月二十三日①

案洛昌君李樘有《乙卯別單》(0501-1735)，已著録。

申思建，生卒籍貫不詳。景宗時，成進士。英祖朝，爲司諫院正言、司諫院大司諫、工曹參判、兵曹參判、户曹參判、江華留守、司憲府大司憲、工曹參判等。事見《英祖實録》《承政院日記》等。

英祖二十六年(乾隆十五年　1750)，朝鮮柔遠土兵金仁述等七名，越界打殺清國人五名，後經會同審覈，金仁述等七人處斬，各相該官吏一應處分，國王免議。十一月初六日，朝鮮遣謝恩兼冬至等三節年貢使洛昌君李樘、副使吏曹判書申思建、書狀官兼司憲府掌令趙重晦等入燕，謝國王免議、謝方物移准並進三節年貢，一行於四月二十三日返國覆命焉。

此《別單》四條，一記自皇城至圓明園三十里，緣河左右數十步，或十餘步，彩閣絡繹不絶。萬壽寺在皇城外十里前左右，彩閣爲一百三十所，而或有三層者，覆以五色瓦，處處彩橋相連如長虹，千奇萬巧，不可殫記。自萬壽寺至圓明園，又不知幾所。蓋聞昨年皇帝出内帑銀二十餘萬兩營建云。又謂自康熙、雍正時，滿漢之角立已久，而康熙時待滿漢如一，每飭

---

① 案據《英祖實録》，一行發王京爲十一月七日，返京覆命爲翌年四月二十二日。詳參《英祖實録》卷74，英祖二十七年(乾隆十六年　1751)十一月七日己巳條；又卷76，英祖二十八年(乾隆十七年　1752)四月二十二日癸丑條。

以寅協,故滿漢不敢露其形迹。乾隆之待之,顯有彼此之殊,內而閣老,外而督撫布按,滿官專用事,漢官充位而已。故滿漢之仇隙轉甚,而近則漢滿之中,又各分裂焉。①

又謂天下地圖,朝鮮雖多有之,而猶欠詳備,故前後使行,求之已久。李橙亦五入燕京,未嘗不留意,而係是禁物,且甚秘藏,終未得其詳本。今行首譯金泰瑞與王府屬相親,故使之周旋,泰瑞多般用力,果得之。圖凡二十九幅,而十三省南北直隸及外藩地界,皆以各幅圖成,大小州縣及小小地名,無不詳載,乃輿地之佳品。至於烏蘇里去朝鮮最近,黑龍江爲瀋陽要衝,而亦皆備載,山川形勢,了如指掌,亦朝鮮之不可無者。泰瑞又得王府所藏《畿輔統志》六匣、《盛京志》二匣、《山海關志》一匣,合爲九十六卷。西京風俗及關防形勢兵民多少,纖悉載錄,可資參考。譯官金聖澤,亦以私財購得一書,書凡九十一卷,而以聖訓爲題,蓋記載順治、康熙、雍正言語及敕旨者也。其中或有關係朝鮮之語,其制度政令,亦多可以憑知者。② 李橙一行,可謂所得甚豐,而不虛此行也。

---

①洛昌君李橙、申思建《辛未別單》,《同文彙考補編》卷5《使臣別單五》,002/1671。
②洛昌君李橙、申思建《辛未別單》,《同文彙考補編》卷5《使臣別單五》,002/1671。

卷四六　0536—0548

英祖二十八年(乾隆十七年　1752)—英祖三十四年(乾隆二十三年 1758)

0536-1752
海興君李橿、南泰齊《壬申別單》(《同文彙考補編》卷五《使臣別單五》活字本)

　　出使事由：冬至等三節年貢兼謝恩行
　　出使成員：正使海興君李橿、副使吏曹判書南泰齊、書狀官司僕寺正金文行等
　　出使時間：英祖二十八年(乾隆十七年　1752)十一月六日—翌年四月四日

　　海興君李橿(？—1762)，全州人。海運君槤兄。朝鮮王朝宗室。封海興君。英祖朝，爲五衛都總管。曾多次出使清朝。三十八年(1762)春，爲冬至使，返程中猝逝於新遼東。高宗朝，謚貞教。事見《英祖實錄》《承政院日記》等。

　　英祖二十八年(乾隆十七年　1752)，遣冬至等三節年貢兼謝恩行正使海興君李橿、副使吏曹判書南泰齊、書狀官司僕寺正金文行等入燕，兼謝方物移准事也。初，以参判李昌誼爲副使，後以南泰齊代之；書狀官初以鄭基安，後以沈墢代之，復"以入付籤中改差，以金文行代之"①。今南氏書中以書狀官爲沈墢，而《同文彙考補編》記載爲金文行。考《英祖實錄》，二十九年正月十五日，王世子行常參，司諫沈墢亦爲在侍諸臣，而其時南泰齊一行正在北京，故此行書狀官，當以《實錄》與《同文彙考補編》所錄爲是也。一行於二十八年十一月二十九日渡江，十二月二十八日入

---

① 《英祖實錄》卷78，英祖二十八年(乾隆十七年　1752)十一月二日己未條；十一月四日辛酉條。

北京南館,翌年四月初四日返王京覆命焉。

此《別單》四條,記"皇帝臨御既久,政治不懈,官有缺員,輒引見當次者數人,審其能否,始許除拜,至於筆帖式至微之官,亦皆親簡補授,綜覈如此,故群下奉職,海内粗安。但土木煩興,巡游太頻,不無民怨"。五龍亭等"大小高低,體制各異,其結構金碧之奇奢巧麗,自有宫室以來,未之或聞,一閣之費,幾累千金。且聞薊州之盤山、杭州之西湖離宫别館,歲增月盛,神廟佛宇之或新造或增設者,又不知其幾區"①。

又記孫嘉淦僞稿案事。謂有僞造大學士孫嘉淦奏稿,中多方誣謗皇帝之語,而江西、湖廣、雲南等省人民,互相抄謄,摇惑人心,以此大獄屢興,死者甚衆,迄今三載,尚未得决。又言蒙古情形與中國築城之法,先築土城以甓五重附於土城内,外以石灰合其罅,上下如削,色無參差不齊者。較諸朝鮮之壘石逐年修補者,不可同日而語。若於來頭使行時,别遣匠手學得其法,則實爲利益云。②

0537-1752

南泰齊【原題南履翼】《椒蔗續編》(《續集》第 116 册　鈔本)

南泰齊(1699—1776),字元鎮,號觀甫,又號澹亭,宜寧人。英祖三年(1727),應增廣試,以對策擢第三。歷官至司諫院大司諫、開城留守、刑曹判書、兵曹判書、漢城府判尹、禮曹判書、工曹判書、吏曹判書等。純祖時,諡清獻。事見趙鎮寬《柯汀遺稿》卷七《諡狀》、《英祖實録》等。

案南泰齊有《壬申別單》(0536-1752),已著録。

是書封面中間題兩行"椒蔗續編一/南泰齊先生著"。前有南氏孫男履翼《椒蔗續編序》,謂《椒蔗録》,即其祖考清獻公北行日録也。又謂其本人在壬午歲,以辨誣謝恩正使使燕,還而有《椒蔗續編》,即以二者合弁也。考壬午爲純祖二十二年(道光二年　1822),是年秋七月,謝恩行正使判中樞府事南履翼(1757—1833)、副使禮曹判書權丕應、書狀官兼執

---

①海興君李橿、南泰齊《壬申别單》,《同文彙考補編》卷5《使臣别單五》,002/1671。
②海興君李橿、南泰齊《壬申别單》,《同文彙考補編》卷5《使臣别單五》,002/1672。

義林處鎮一行亦入中國，其所製即《椒蔗續編》也。其又謂："號以椒蔗者何？椒辛而蔗甘也。取以辛甘者何？原隰從事①，辛甘與共也。夫使价之往來彼境也，所錄者或名曰'乘槎錄'者，取張騫之乘槎也；或名曰'飲冰記'者，取莊周之飲冰也。此不過泛稱，而必以'椒蔗'名編者，可想其我祖考與一行同苦甘之厚德也。噫！士生槿域，足不躡中國疆土，目不睹中國風物者多矣，況名顯榮塗，建使節而膺專對之任者，無幾矣。又況百年之内，祖與孫聯翩使蓋，則此古人所謂胚胎前光者也。是可以榮耀一世，而吾子孫中或可繼此而往，作爲續續編否，一以爲紹先之謨，一以爲遺後之資焉。"②

案南泰齊是稿爲鈔本，前後鈔手不一，然楷字工整，疏朗耐觀。先錄英祖《禁令條》，後錄一行員役名目，後爲日記正文，至翌年二月初六日而止，旁注"以下一張落矣"。時仍在北京館中，然所缺不僅爲一張，蓋爲殘本也。

南氏此錄，沿路多與中國官員士子筆談，其在鳳凰城，與坐館者扈湘答問，問及當代文體好尚何如？答曰清真雅順，頗有明文體裁。③ 時湘論及家貧不能赴舉，問及一科之費幾何？答曰君門遠，往來費約五十金。④ 此可知遼東至北京，往返亦需五十金，則兩廣、甘青等省仕子入京，所費可謂鉅矣。其在北京，在國子監學舍見國子助教黃觀清等，論及當時太學養士情狀，謂六堂内班一百四十四人，外班一百二十人。太學内住者謂之内班，在外就館附課者謂之外班。問及方今天下第一文章，則答以方苞最爲前輩，其餘後輩，不可勝數。⑤ 又在館見翰林院庶吉士博明，論及清廷取士之法，謂皇上邇年以來，下明詔廣求通經之彥，令在京六卿在外大吏，各舉所知，復下攸司，令加考試，各授以清要之職，爲去歲特授國子司業王延年者，品行端方，學養深醇，亦可謂之經明行修之士也。⑥ 凡此亦皆可見

---

①案"隰"原作"濕"，又下文兩"飲冰"，原作"欽冰"，皆誤，今徑爲改正。
②南泰齊【原題南履翼】《椒蔗錄》南履奎序，《燕行錄續集》，116/013—014。
③南泰齊【原題南履翼】《椒蔗錄》，《燕行錄續集》，116/041。
④南泰齊【原題南履翼】《椒蔗錄》，《燕行錄續集》，116/042。
⑤南泰齊【原題南履翼】《椒蔗錄》，《燕行錄續集》，116/096—098。
⑥南泰齊【原題南履翼】《椒蔗錄》，《燕行錄續集》，116/101—102。

当時清廷科舉求經明行修之士之情狀也。又聞翰林院每朔課試大學士，定其甲乙，借庶吉士數卷以來，皆律賦。南氏稱"往往組麗有絶作，而大抵文氣萎弱耳"①。此則朝鮮君臣輕薄清廷文章之風格也。

又南氏此錄，爲諸家所不載者即《禁令條》，其文曰："今此聖節冬至來癸酉年正朝兼謝恩使賷去事目：本朝應諱之事，不得露泄；一、書狀官分司憲府稱號；一、賷定數外物貨者杖一百，挾帶雜文書者杖一百、流三千里；一、潛賣物貨者（闊細布、彩文席、厚紙、貂皮、土豹皮、海獺皮之類）；一、角弓騍馬樺皮，依前禁斷；一、銀子賷去者，及史書、玄黃、紫皂、大花、西蕃、蓮段、器皿、牛角、熖焇、硫黃、馬匹、銅鐵等物買來者杖一百、流三千里；一、灰色帽子及冠買來者，依潛賣禁物例論罪；一、上而袞衣下而朝衣，關係軍用者外，其他奢麗綾羅貿者，一切嚴禁。"②案朝鮮使臣之有禁令，或見於《大典通編》與《邊備司謄錄》等，或見於明、清《會典》，而諸家燕行錄中，零星記載，皆不如南氏所錄爲全，此後則爲《正祖實錄》所載，更爲加詳焉。③

又南氏記正月初一日，夜睡初穩，南館中門內西一炕失火，一行員役外，數百匹馬，駢首攢蹄，人馬簇立，叫哭不已，而大門自外堅鎖，猝不可開，使掌務官以斧推破門板，人馬得出，又亟令救火，則深夜倉卒，人皆奪魄，館內只有一井，甃深口狹，僅容一桔橰，得水甚小，殆同一勺之救車薪，火焰甚烈，人亦無敢乘屋，但以長竿撲火，大斧斫柱而已。柱倒而屋隨塌，燒止一屋子，可謂天幸。事定之後，追究失火根因，則李湛、金天健、李聖獜同處一炕，爛醉燃燭而睡，火自房中而起云。或云自烟筒而起，未可知也。④ 自是日起，各房各置一瓮汲水，三人定爲一牌，達夜僥巡禁火焉。⑤

案朝鮮使臣在北京館所失火，南氏等之前有萬曆十四年（宣祖十九年 1586），朝鮮聖節使曾在玉河館失火，延燒十一間屋，提督等皆被罪。⑥

---

①南泰齊【原題南履翼】《椒蔗錄》，《燕行錄續集》，116/122。
②南泰齊【原題南履翼】《椒蔗錄》，《燕行錄續集》，116/015—016。
③《正祖實錄》卷24，正祖十一年（乾隆五十二年 1787）十月十日甲辰條。
④南泰齊【原題南履翼】《椒蔗錄》，《燕行錄續集》，116/081—083。
⑤南泰齊【原題南履翼】《椒蔗錄》，《燕行錄續集》，116/084。
⑥《宣祖實錄》卷20，宣祖十九年（萬曆十四年 1586）十月五日丙寅條。

此後乾隆四十五年（正祖四年　1780），冬至兼謝恩使團正月二十三日，所住館宇亦曾失火。① 至於沿路之遇燭龍之災，則時有發生而屢屢不絕矣。

0538-1753

洛豐君李楺、李命坤《癸酉別單》(《同文彙考補編》卷五《使臣別單五》活字本)

出使事由：謝恩兼冬至等三節年貢行

出使成員：正使洛豐君李楺、副使禮曹判書李命坤、書狀官司僕寺正鄭純儉等

出使時間：英祖二十九年（乾隆十八年　1753）十一月三日—翌年四月六日

案洛豐君李楺有《丁卯別單》(0526-1747)，已著錄。

李命坤（1701—？），字國寶，延安人。英祖十年（1734），春塘臺試居首。爲司諫院正言、司憲府持平、弘文館校理、承政院承旨、京畿道觀察使、司憲府大司憲、司諫院大司諫、咸鏡道觀察使等。事見《英祖實錄》等。

乾隆十七年（1752），皇太后六旬壽慶，加上尊號，並頒赦詔。朝鮮遣海運君李櫄等入北京進賀，外藩王妃以下俱加恩賜，賞朝鮮國王之妃緞紬共三十匹；又全羅道人金有太等七名漂至福建，慶尚道人鄭悅南等十二名漂至定海，解至北京，則海運君等順付帶回；又朝鮮誘賣女口之絞犯李雲吉，減律充軍等。十一月初三日，朝鮮遂遣謝恩兼冬至等三節年貢使洛豐君李楺、副使禮曹判書李命坤、書狀官司僕寺正鄭純儉等入燕，謝賜緞、謝漂人出送、謝犯人減罪並進三節年貢，一行於翌年四月初六日返京覆命焉。

此《別單》二條，一載使臣在歸路見獏馬五千匹、橐駝一千匹，自皇城向關外，爲皇帝打圍時所用，故預送關外，限八月留養。每匹一朔費銀三

---

① 《正祖實錄》卷9，正祖四年（乾隆四十五年　1780）三月十八日丁酉條。

兩,以此計之則六千匹八朔留養費至十四萬四千兩,其他糜費稱此云。一載以曆星倒次之故,申飭任譯探得欽天監新刊《恒星表》,譯官張采維等捐財求覓,果得新刊《恒星表》及《七曜推籌》等書,合二十四卷,今方賫去云。

0539-1754
俞拓基《瀋行録》(《全集》第 38 册;《知守齋集》 刻本)

　　出使事由:問安行
　　出使成員:正使判中樞府事俞拓基、書狀官司僕寺正沈鏞等
　　出使時間:英祖三十年(乾隆十九年　1754)七月十八日—十月十四日

　　案俞拓基有《燕行録》(0462-1721),已著録。
　　乾隆十九年(1754)七月,清高宗奉皇太后巡幸,駕臨盛京;八月詣溫德亨山望祭長白山、松花江;九月奉皇太后率皇后謁永陵。十月十三日,上率群臣詣皇太后行慶賀禮,御崇政殿受賀。朝鮮英祖遣判中樞府事俞拓基爲問安使,以司僕寺正沈鏞爲書狀官,前往瀋陽問安。一行於七月十八日發王京,十月十四日返京覆命焉。
　　案是卷亦輯自俞拓基《知守齋集》,因爲在赴瀋陽途中所作,故名《瀋行録》。全稿僅數條,仍爲雜記,記朝鮮箕子井、九疇壇等遺址,安州新葺百祥樓風光,以及在瀋陽進謁禮部官員,在烟臺墩接駕及皇帝接見使臣等情節。後附《瀋使還渡江狀啓別單》,亦記是年五六月間關東大水、西㺚投降進謁事宜、乾隆帝性格苛躁、盛京禮部侍郎世臣得罪革職、清帝出行儀仗及其返北京時使臣隨隊出送等事。若世臣革職事,《清史稿》僅記"後復以祭器乖誤,革盛京禮部侍郎世臣職"①。而據俞氏此記,則因世臣素稱勁直,曾以瀋將阿蘭泰及扈駕大將王湛等,屢劾奏事,多見忤於執權者。在瀋迎駕時,世臣聽親友之言,携弓箭往,帝不悦,命其射,射而皆不中;及謁陵,世臣本早已往待,帝未及見,問世臣,阿蘭泰等對以不來,帝招

---
①《清史稿》卷 86《禮五·吉禮五》,010/2592。

入而切責,且言謁陵時祭牛敢以羸瘠者備送,世臣對以祭牲極擇肥腯中式者,帝命杖二十,而復問祭牛果肥乎? 迫問再三,而皆答以肥牛,帝大怒,革職遠竄三姓地云云。蓋史所謂"祭器乖誤"者,即此也。但俞拓基之所言,蓋以證乾隆之殘暴,故誇大其詞,亦未可知。然他山之石,可略備一說爾。

案中國史籍,於帝王狀貌,無人敢記,語焉不詳。俞拓基所記乾隆帝之狀貌言語等,描述頗詳。其載謁闕時,乾隆帝"盤膝坐,所戴帽與常人同,而頂嵌大珠,衣亦如常人,而色黃,兩肩及胸背貼盤龍,圓補子。面鐵色,眉目精明,鼻梁小曲,鬚少而髯則疏,頤下殺,耳不大,肌膚膨急,年今四十四云。而無甚衰相,眼視有英敏意,而欠包蓄,語時多有笑意,顧向余有所言,而不可解聽,旋又以漢語云云,語脉略可辨,而既未可隨問輒對無所礙滯,則或對或否,必致疑怪,故亦一例聽,若不聞,則又向旁立者有所云云"①。又記帝問使臣姓名年齡,及國王安否等甚悉。相較中國史册所載帝王形象,莫不"龍顔隆准",如出一模,燕行使所記明清諸帝衣飾樣貌,各各不一,清晰鮮活,乃極可珍之史料也。

0540-1754
俞拓基《甲戌別單》(《同文彙考補編》卷五《使臣別單五》 活字本)

　　案俞拓基有《燕行錄》(0462-1721),已著錄。
　　此爲俞拓基英祖三十年(1754)自瀋陽返國後所上別單,共四條。案乾隆十九年春,準噶爾台吉阿睦爾撒納等與達瓦齊内鬨,帝命喀爾喀親王額琳沁多爾濟管理喀爾喀兵事。四月,命準噶爾台吉車淩等入覲。庚寅,成衮劄布降喀爾喀副將軍,以策楞爲定邊左副將軍。五月,以準噶爾内亂,諭兩路進兵取伊犁。五月,乾隆帝奉皇太后巡幸盛京。庚寅,駐蹕避暑山莊。封準噶爾台吉車淩爲親王,車淩烏巴什爲郡王,車淩孟克爲貝勒,孟克特莫爾、班竹、根敦爲貝子等。俞拓基記帝命舒赫德等討西獚,即其事也。

---
①俞拓基《瀋行錄》,《燕行錄全集》,038/149—150。

又記乾隆下旨謂盛京乃國之根本,而今盛京官員及軍丁騎射及馬上技藝俱是兒戲,清語又最生疏,漸入於漢俗,而清人古道,一切拋棄。斥盛京將軍及侍郎等,須嚴加飭諭,必令著意務養清人,而令善習清語騎射等男子技藝,亦須導正劣俗,復歸醇正可也。若不加意,數年後朕復親來,尚如今樣,則必議罪你等而已。

0541-1755
黄景源《燕行詩》(《燕行録叢刊(增補版)》網絡本;《江漢集》 刻本)

出使事由:進賀兼謝恩行

出使成員:正使海運君李槤、副使吏曹判書黄景源、書狀官兼司憲府執義徐命膺等

出使時間:英祖三十一年(乾隆二十年 1755)十月十八日—翌年三月二十四日

黄景源(1709—1787),字大卿,號江漢,長水人。少力學,深於《三禮》,力治古文,與吴瑗、李天輔、南有容互相推引,慕古即古,一時翕然稱宗匠。英祖十六年(1740),中增廣丙科。官至司憲府大司憲、藝文館大提學、禮曹判書等。正祖時,任議政府左參贊、吏曹判書、判中樞府事等。有《南明書》《明陪臣傳》《江漢集》行世。事見南公轍《金陵集》卷一五《黄公神道碑銘》、李敏輔《豐墅集》卷一四《神道碑銘》與景宗、英祖、正祖《實録》等。

英祖三十一年(乾隆二十年 1755)十月十八日,朝鮮以海運君李槤爲進賀兼謝恩使正使、吏曹判書黄景源爲副使、兼執義徐命膺爲書狀官使燕。賀尊號皇太后、賀清廷討平準噶爾並謝頒詔書等事。

此《燕行詩》,輯自黄景源《江漢集》卷二,共二十餘首,起自《宿九連城積雪滿城悄無人跡》,終《次廣寧》,再前則無詩可紀,蓋有殘闕故耳。黄氏詩,如《管公屯歌》《詠鳳城羅貞女事》《婁壯士國安歸京師歌》《麻大將軍出塞歌》《深河行》《北館行》《南館行》《對竹葉酒懷雷淵南子德哉》《羅大夫歌》等,或歌頌"壬辰倭亂"期間麻貴、劉綎等明朝大將,或緬懷清

初入瀋爲質之朝鮮大臣,所謂"萬曆雖憶遠,至今猶感戴"①,"惟有西向長歎息,自稱亡國一孤臣"等皆是也②。景源常以春秋大義自任,其見張廷玉《明史》,不與弘光以下三帝統,乃撰《南明書》三本紀、四十列傳,起弘光元年,迄永曆十六年。又以崇禎以來朝鮮諸臣之爲明朝立節者,作《明陪臣傳》,世謂其平生文章,盡在於此。故深於史學,其詩刺今頌古,壯懷激烈,高出唯以詈斥清朝、感恩皇明之儕輩焉。然或謂其詩"太失蹈襲,詩復不工,識者恨之"云云③。

0542—1755

海蓬君李橒、鄭光忠《乙亥別單》(《同文彙考補編》卷五《使臣別單五》活字本)

  出使事由:冬至等三節年貢兼謝恩行
  出使成員:正使海蓬君李橒、副使禮曹判書鄭光忠、書狀官兼司憲府執義李基敬等
  出使時間:英祖三十一年(乾隆二十年　1755)十一月七日—翌年四月五日

  海蓬君李橒,全州人。朝鮮王朝宗室。封海蓬君。英祖朝,曾爲孝純宮守墓官、五衛都總管等。多次出使清朝。事見《英祖實錄》《承政院日記》等。

  此《別單》一條,記明朝諸帝陵在昌平,距順天府可百里,近者無不新修,燕人樂道其事。又特載神宗定陵在大峪山,爲李自成所毀。而思宗思陵在錦屏山,本貴妃田氏墓。並言其陵之坐向、祝路、陵寢諸門及寶城等。朝鮮秘苑、大統廟等處,皆爲明洪武、萬曆及崇禎三帝設壇而祭,洪武帝陵在南京,故使臣此處所記,亦以萬曆、崇禎之陵爲詳也。

---

①黃景源《燕行詩·婁壯士國安歸京師歌》,《燕行錄叢刊(增補版)》網絡本,第7頁。
②黃景源《燕行詩·南館行》,《燕行錄叢刊(增補版)》網絡本,第12頁。
③《正祖實錄》卷23,正祖十一年(乾隆五十二年　1787)二月二十五日癸亥條。

0543-1-1755；0543-2-1755

鄭光忠【原題未詳】《燕行日録》（《全集》第 39 册　鈔本）
鄭光忠【原題未詳】《燕行日録》（《全集》第 61 册　鈔本）

　　鄭光忠，原名光震，英祖賜名光忠，陽川人。英祖三十一年（1755），爲司諫院大司諫。三十二年，任京畿道觀察使。三十四年，爲司憲府大司憲。四十九年，再爲大司憲。上疏乞休，不許。有《燕行日録》行世。事見《英祖實録》《承政院日記》等。

　　案鄭光忠出使事由，詳參前海蓬君李橚、鄭光忠《乙亥别單解題》（0542-1755）。

　　此《燕行日録》爲鈔本，行楷鈔寫，字迹分明。《燕行録全集》編纂者以此書作者署"未詳"，又因日記稱"乙亥"，故又將出使時間隷之肅宗二十一年乙亥（康熙三十四年　1695），實則爲英祖三十一年乙亥（乾隆二十年1755）。考《英祖實録》及《使行録》諸書，乾隆二十年十月十八日，英祖以海運君李槤爲進賀兼謝恩使正使、吏曹判書黄景源爲副使、兼執義徐命膺爲書狀官使燕。十一月初七日，以海蓬君李橚爲冬至等三節年貢行正使、禮曹參判鄭光忠爲副使、兼執義李基敬爲書狀官，前往北京。本書自十一月二十九日自義州往九連城始記事，並稱"飯後與上使、書狀各分陪行騎馬由南門出"等語①，則知其作者爲副使，亦即鄭光忠無疑也。臘月二十八日，一行抵燕京，在東岳廟改服，"而謝行三使臣俄而出來行中，亦爲隨到，久離京國之餘，相逢故人於異域之中，其喜固不可量，而況上使之於謝恩上使，即親兄弟也"②。因謝恩行出發在前，故光忠等抵燕時，謝恩行三使李槤、黄景源、徐命膺前來迎接，鄭氏所稱"親兄弟"，即李槤、李橚也。英祖三十六年，英祖見返國使臣進賀兼謝恩使李槤時，曾書賜"奏請謝恩，昆季後先，追憶卿祖，予心倍焉"③，即謂槤、橚兄弟相繼出使耳。後謝恩一行先發，翌年三月二十四日返京覆命，而冬至行後發，返京遲至四月初五日，相差十日也。

―――――――
①鄭光忠【原題未詳】《燕行日録》，《燕行録全集》，039/012。
②鄭光忠【原題未詳】《燕行日録》，《燕行録全集》，039/044。
③《英祖實録》卷96，英祖三十六年（乾隆二十五年　1760）七月二十四日丙寅條。

又《燕行録全集》復於第六一册收有署名"未詳"之《燕行日録》,實即鄭氏此稿也。惟六一册所收本有封面,左行首大字楷題"燕行日録",右行抬頭小字題"乙亥節使",而此稿無之,蓋爲編輯者誤落,餘則無所不同,爲同一鈔本耳,當删矣。

鄭光忠此行人馬,上自使行下至驛卒、驅人輩,共三百三十五人,馬二百二十五匹,此乃到北京人馬。此記所書,極爲潔净簡快,每日先書干支、陰晴、中火之地、夜宿之所,後細書其他,所記時日則起自渡江,而迄至返回渡江也。一行於乙亥十一月二十九日渡江,故時日緊迫,不得不晝夜兼行,或平明,或質明,或午夜,燃燈發行,累日急途,以故一行皆雇車而坐,草棚之車,絡繹於後,至山海關後,馬疲而屢换之,又天寒地凍,行旅之苦,可想而知也。

一行於二十八日,艱抵燕京北館。時謝恩使李樼一行,亦在館中,兩起或同謁部行儀,或同偕觀光賞游。而本行於二月十七日,離發北京,三月十七日出栅,連夜渡江,十八日已到義州矣。蓋因行程太亟,故行至東關驛,禮房裨將金宗澤之馬夫病逝,而至山海關,上通事李台三又猝得風病,以至半身不遂,可謂慘切。據其所載,在去時渡江後至栅門間露宿之兩夜,三行宿所,皆掘地作洞,爇火其中,以木板覆之,以代温堗,而設幕其上,幕内圍以毛帳,頗有熏氣,殊不覺露宿之冷也。而一行員役,只設帳幕,聚會經夜,至於下卒輩,則依草爲幕,伐木放火,屯聚圍坐,以禦夜寒,雪裏露宿,顔色皆凍,全失人形,未有怨聲,王事之重,從可知矣。又其論"自栅至此,觀其氣勢風俗,則民畏官,官守法,來頭胡運,不知止於幾世矣!"①鮮人常謂"胡無百年之運",時明亡清興,百年已過,而其國富民足,政清人和,故作者從而慨歎"胡運"無有底止也。

0544-1-1755;0544-2-1755

李基敬《飲冰行程歷》(《續集》第116册　鈔本;《木山稿》,首爾:民昌文化社1989年版)

李基敬(1713—1787),字伯心,號木山,全義人。從學於陶庵。英祖

---

①鄭光忠【原題未詳】《燕行日録》,《燕行録全集》,039/043。

十五年(乾隆四年　1739),文科庭試擢甲科第一名。官禮曹佐郎、司諫院正言、司憲府持平等。因疏言過激,流配海南。二十九年,復除正言。後累官至江原道觀察使、忠清道觀察使、黃海道觀察使、司諫院大司諫、漢城府右尹、同中樞府事等。正祖三年,被彈劾爲洪啓禧之血黨,再遭流配,卒於配所。有《木山稿》十八卷行世。事見李基敬《木山稿》卷九《本末錄》等。

案李基敬出使事由,詳參前海蓬君李橑、鄭光忠《乙亥別單解題》(0542-1755)。

李基敬《木山稿》十八卷,凡文十七卷,末卷爲詩,前後無序跋,或爲鈔本,或爲刻本,精粗不一。有首爾民昌文化社1989年版整理本,圓光大學教授柳在泳《解題》。李氏《飲冰行程歷》二卷,見《木山稿》卷七至卷八。其日記自英祖三十一年(乾隆二十年　1755)七月十七日,拜冬至書狀官起,至翌年二月二十六日返至沙河店止,此後則闕,蓋有散佚故也。

李基敬是行,恰遇嚴冬極寒,一行自露宿九連城始,即爲嚴寒所侵,至有刷馬驅人,足爲凍傷而不能行者。基敬所記除逐日陰晴、所歷諸地與店舍、山川風景、民情風俗外,其記鴨綠江邊搜檢及八包貿易之歷史,皆較他家爲詳。其在館時,得讀呂留良《呂晚村集》、羅泌《路史》、馬端臨《文獻通考》、毛奇齡《西河全集》諸書,且欲購呂氏全集而未得,基敬憾恨而歸。記中且有瀋陽、醫無閭山、北京城、故宮宮殿圖四幅,爲當時所繪。日記後附有《燕行日記》,實則爲基敬輯錄《通文館志》《經國大典》諸書中有關書狀官職責、所率帶人馬規定、江上搜檢及一路權限等事,於研究使行中書狀官之職責等,頗可參稽焉。

末又有《路程》,則爲記沿路所經地名與里程,即路程紀也,起自鴨綠江,止於北京,凡村莊水名,一一悉載。最末附鈔金錫冑(息庵)《檮椒錄》中詩數十首,則爲息庵燕行時所作詩,蓋爲沿途備詩料押韻而用也。燕行諸家日記,較李氏此記更爲詳悉者夥矣,然凡日記、地圖、路程紀等皆備於一家之書者,此爲僅見耳。

卷四六　李基敬《燕行詩》　李彛章《丁丑別單》　813

0545-1755
李基敬《燕行詩》(《木山稿》,首爾:民昌文化社 1989 年版)

　　案李基敬有《飲冰行程歷》(0544-1755),已著錄。

　　此《燕行詩》,見李基敬《木山稿》卷一八,該卷《自松京曉發歷拜崧陽書院二絶》詩題下注"十一月,燕行時"①。錄詩凡四十餘首,即李氏英祖三十一年爲冬至使書狀官出使時所作,多爲與副使鄭光忠唱和之詩。基敬學博而雜,其詩如"黃蘆白葦何蕭瑟,暮雪朝霞各性情"②,"一死有光争日月,百年無地讀春秋"等句③,或明麗溫潤,或激昂澎湃,而頗具格調也。

0546-1757
李彛章《丁丑別單》(《同文彙考補編》卷五《使臣別單五》　活字本)

　　出使事由:參覈行
　　出使成員:參覈使刑曹參議李彛章等
　　出使時間:英祖三十三年(乾隆二十二年　1757)六月十二日—?

　　李彛章(1708—1764),字君則,韓山人。英祖十一年(1735),中增廣文科。官至司諫院司諫、司憲府執義、司諫院大司諫、慶尚道觀察使、咸鏡道觀察使、刑曹參判等。卒於官。性剛果,有才略,處官謹嚴,頗有政績。後謚忠正。事見徐有榘《楓石全集·金華知非集》卷六《外祖李忠正公墓表》、洪良浩《耳溪集》卷二六《神道碑》、《英祖實錄》等。

　　英祖三十三年(乾隆二十二年　1757)六月,清朝禮部以朝鮮鍾城人趙自永等自碧潼越境,出没江邊,行止殊常,殺死内地人兩名,盛京禮部移咨朝鮮,命速派員將案内人犯趙自永等,務於六月十二日押赴鳳城候審。朝鮮遂遣參覈使刑曹參議李彛章等,率帶舌譯押解人犯馳進鳳城,以會同

---

①李基敬《木山稿》卷 18《自松京曉發歷拜崧陽書院二絶》,首爾民昌文化社 1989 年版,第 336 頁。
②李基敬《木山稿》卷 18《九連城朝發和副使渡江時韻》,首爾民昌文化社 1989 年版,第 738 頁。
③李基敬《木山稿》卷 18《還過瀋陽懷三學士》,首爾民昌文化社 1989 年版,第 741 頁。

清刑部郎中四達等會審調查犯越者。十月,殺首犯趙自永等而結案。

此《別單》一條,記犯越罪人,雖直招供,而遠途疾馳,殆成鬼形,言語顛錯,全無倫次,故一從繡衣按查時所捧給案節略成供,繁簡雖異,情節無差矣。

0547-1758
李洙《戊寅手本》(《同文彙考補編》卷五《使臣別單五》 活字本)

出使事由:賷咨行
出使成員:憲書賷咨官李洙等
出使時間:英祖三十四年(乾隆二十三年 1758)?—十一月二十一日

李洙,字斗卿,金山人。李愉玄孫。爲譯官,屢度鴨江,國有大事,多賴其舌譯,前後赴燕,凡三十有三次,六竣奏請,九准陳奏,十膺專對。爲人公清篤厚,三十載首任,人無怨言。性疏財,喜施與,能急人之困,未嘗營產業爲子孫計。官至知中樞府事,令永付終身。《通文館志》卷七有傳。

此《手本》一條,記朝鮮欲上請蔘咨文,以爲清廷待朝鮮,如同內服,非海外諸國可比,且藥材許貿,已有順治前例,蔘亦藥材之一種,而濟人死命者,以皇上好生之仁,決無不准之理。經禮部主客司招問李洙,稱方欲覆奏,但不知朝鮮欲只今行貿去,欲貿幾斤?價錢若何?李氏答以小邦蔘路,雖一時爲急,而顧其事體,自有次序,若蒙恩准,則歸奏本國,宣布德意,公私隨力,從便求貿斤數及價錢,姑難預定。後禮部交內閣,則大學士傅恒以爲朝鮮本國既係產蔘之地,不可因一年失采,而邊許從前未許之禁物,故未成事也。案朝鮮本盛產人蔘,今次反向中國購貿,在燕行史暨兩國藥材貿易史上,雖有順治前例,然亦少有之事也。

0548-1758
長溪君李棅、李得宗《戊寅別單》(《同文彙考補編》卷五《使臣別單五》 活字本)

出使事由:謝恩陳奏兼冬至等三節年貢行

出使成員：正使長溪君李棟、副使禮曹判書李得宗、書狀官兼司憲府執義李德海等

出使時間：英祖三十四年（乾隆二十三年　1758）十一月七日—翌年四月二十日

長溪君李棟（？—1766），全州人。朝鮮王朝宗室。英祖朝，爲五衛副總管、司饔院提調等。多次出使中國。卒謚忠憲。事見《英祖實録》《承政院日記》等。

李得宗，生卒籍貫不詳。英祖二十二年（1746），春塘臺試居首。爲司諫院正言、弘文館修撰、承政院承旨、司諫院大司諫、司憲府大司憲、廣州府尹等。事見《英祖實録》。

英祖三十四年（乾隆二十三年　1758），朝鮮遣謝恩陳奏兼冬至等三節年貢使長溪君李棟、副使禮曹判書李得宗、書狀官兼司憲府執義李德海等入燕，謝停查敕、謝方物移准、謝漂人出送、奏犯人擬律（朝鮮人趙自永等越境殺人科罪）並進三節年貢。一行於十一月初七日發王京，翌年四月二十日返京覆命焉。

此《別單》一條，謂回子國即蒙古之一種，而自相攻擊，其中薩納哈使其子木薩派内附，皇帝厚待賜宴，使征西大將軍兆惠進兵搗穴，酋長和卓木勢窮而降。捷奏，皇帝大喜，特賜黄帶，進封公爵，仍賜諭安撫諸部云。

卷四七　0549—0557

英祖三十六年(乾隆二十五年　1760)—英祖四十年(乾隆二十九年 1764)

0549-1760

徐命臣【原題未詳】《庚辰燕行録》(《全集》第 62 册　稿本)

　　出使事由：進賀兼謝恩行
　　出使成員：正使海運君李㮋、副使禮曹判書徐命臣、書狀官兼司憲府
　　　　　　執義趙瓛等
　　出使時間：英祖三十六年(乾隆二十五年　1760)七月二十四日—翌
　　　　　　年正月十六日

　　徐命臣，字號籍貫不詳。英祖八年(1732)，黄柑製居首，命直赴殿試。十一年，官司憲府持平。三十七年，爲成均館大司成。四十二年，任司憲府大司憲。四十四年，爲吏曹參判。翌年，陞刑曹判書。事見《英祖實録》《承政院日記》等。

　　案是書《燕行録全集》編纂者題作者爲"未詳"，考此"庚辰"乃英祖三十六年(1760)庚辰也。《英祖實録》載，是年七月二十四日，"上御景賢堂，引見三使臣，書賜海運君㮋曰：'奏請謝恩，昆季後先，追憶卿祖，予心倍焉。'仍賜諸臣饌與藥物"①。《實録》不載副价、書狀官姓名，然據《使行録》乾隆二十五年進賀兼謝恩行三使爲正使海運君李㮋、副使禮曹判書徐命臣、書狀官兼執義趙瓛也。考此《庚辰燕行録》首頁記，庚辰七月二十四日，"命與正使海運君㮋，書狀官趙瓛同率諸譯官同肅拜。……趨入景賢堂，正使問聖體若何，上書'奏請謝恩，昆季後先，追惟卿祖，予心倍焉'十六字給正使。上曰：'副使衰矣，向來俞奉朝賀入瀋時，豈不有扶掖之事乎？似聞其喘而然矣，彼地則雨水如何？'臣起對曰：'臣得見出來賷

―――――
① 《英祖實録》卷96，英祖三十六年(乾隆二十五年　1760)七月二十四日丙寅條。

咨官手本,則彼地連日注雨,川渠大漲,故處處留住,義州、鴨綠江漲溢,不得渡,故至今六日野處矣。今日雨意又如此,方物恐有沾濕之患,以是爲慮矣。'"①日記所載英祖賜正使十六字,以"憶"誤爲"惟",然所載事則全同耳,然則此記必徐命臣所作無疑也。且徐氏生卒年雖不能考知,然據此可知其年已衰矣。又七月二十七日,記"吏曹啓目:參判曹命采粘連觀此户曹參判兼同經筵徐命臣上疏,則以爲昨已辭陛而出矣"②,使臣出使後,因時間少則半年,多有延至一年未歸者,故皆於行前或出發後數日,上疏辭職;又一行到北京後奏表咨文,禮部文中有"正使海運君樴、副使禮曹判書徐命臣等賫捧慶賀兼謝恩表文"語,故益知此日記乃徐命臣所撰也。

此書封面行書題"庚辰燕行録　全",稿本。徐命臣一行,於七月二十四日詣闕出發,十三日到北京,十二月初五日離發北京,而日記亦止於此日,不知爲作者未再記録,抑或爲殘稿本也。而《實録》亦漏載一行歸國之期,惟《使行録》載翌年正月十六日覆命耳。案乾隆二十五年正月,朝鮮派海春君李梾等至北京,請册封英祖繼室金氏爲王妃;同月,清高宗以平定回部,遣輔國將軍宗室鍾福等至朝鮮頒敕;五月,又以散秩大臣柏成等至王京,賫敕册封王妃。故英祖差海運君李樴一行往北京,賀討平和卓木,謝册封王妃,並謝漂人出送等事也。

徐氏此記,與諸家大同而小異也,惟其記兩事,較前諸家爲詳:一則爲表咨文擦改諱字及不符格式字,一則爲記末附爲他人代購之書籍物貨單子也。清代諸帝,大興文字之獄,此風熾盛,亦多連帶至朝鮮。而朝鮮國王,亦步亦趨,曾在國内因從中國購來清初朱璘所著《明紀輯略》,内有涉朝鮮李氏遠祖宗系誣枉事,大興獄案,前後死者殆近十人,而牽連及禍者又百餘人,名家士子亦多橫罹冤死者,較清帝爲毫不遜色也。

又朝鮮表箋文書,清初常被指摘觸諱及格式違制,屢受嚴斥,甚或入罪者。故每次出使前,表咨文等,一檢而再檢,至義州出境前,甚或入中國境後,仍爲檢閲,俾無失錯也。此次出使,至義州凝香堂,表咨文眼同查對,檢出討平詔書頒詔、謝恩方物表中,"宣綸之渥"句内"渥"字;"豐川漂

---

①徐命臣【原題未詳】《庚辰燕行録》,《燕行録全集》,062/012—013。
②徐命臣【原題未詳】《庚辰燕行録》,《燕行録全集》,062/018。

民鄭世胄等出送"謝恩表中,"字小之化"句內"化"字;"龍川漂民金得京等出送"謝恩表中,"敷骿懞之化"句內"敷"字及"化"字,同表中"字小之惠"句內"惠"字;册封奏請方物發回謝恩表中"陳奏"之"奏"字,同表中"聖朝覆燾之恩"句內"恩"字,俱當抬寫於別行,而今此連書,似涉違制。因表咨文字,事體重大,有非臣下所可輕議者,遂緣由馳啓漢京。① 後接王命,以爲從前表咨文中,抬書別行之下續接之字句,若非不可又作別行者,則隨其文勢,輒多連書。且從前如"字小之惠"等字,一皆連書,又有鈔自禮部原咨者,原咨亦不抬行,故不須改易,原書上奏可耳。② 比及至北京,序班來言,表文今方翻清語入奏,而豐川漂人出送謝恩表中,禮部咨文"節該處無異"之"無"字,以"發"字繕填云。後覈禮部原咨,果是朝鮮誤書。徐氏以爲此雖非使行所失,而承文院文書,疏漏如此,極可歎也。③ 此可見鮮使之於文書,雖極爲謹懼,然亦常有紕漏也。

又此記末附紙三頁,若"《昌黎集》、無界箋、《柳州集》,金士瑞請","茶膏、檳榔膏,江笛元參判請","藿香、雀舌,日修請"等,④則爲作者行前受親友囑托,爲其代買之書籍及日用品也,從其名單可知,當時若昌黎、柳州、遜齋諸集,仍流行朝鮮,而藿香、雀舌、眼鏡、朱紅墨、何首烏等物,亦爲朝鮮所珍視之物也。蓋使行皆有此單,而多未能傳存,故徐氏此單,適可寶重耳。

0550-1760

洪啓禧、趙榮進《庚辰別單》(《同文彙考補編》卷五《使臣別單五》 活字本)

出使事由:冬至等三節年貢行
出使成員:正使吏曹判書洪啓禧、副使禮曹參判趙榮進、書狀官兼司憲府持平李徽中等

---

①徐命臣【原題未詳】《庚辰燕行錄》,《燕行錄全集》,062/042—043。
②徐命臣【原題未詳】《庚辰燕行錄》,《燕行錄全集》,062/047。
③徐命臣【原題未詳】《庚辰燕行錄》,《燕行錄全集》,062/118。
④徐命臣【原題未詳】《庚辰燕行錄》,《燕行錄全集》,062/156。

出使時間：英祖三十六年（乾隆二十五年　1760）十一月二日—翌年四月六日

洪啓禧（1703—1771），字純甫，號淡窩，南陽人。英祖十三年（1737），別試殿試及第。歷官司諫院正言、承政院承旨、忠清道觀察使、兵曹判書、知中樞府事、吏曹判書、戶曹判書、京畿道觀察使、漢城府判尹等，以奉朝賀致仕。卒諡文簡。正祖朝，追奪官爵等，高宗朝又復之。著有《皇極經世指掌》二卷等。事見《英祖實錄》《正祖實錄》等。

趙榮進（1703—1775），字汝揖，楊州人。英祖二十年（1744），中司馬試。爲司憲府掌令、承政院承旨、黃海道觀察使、司憲府大司憲等。後諡定獻。事見趙寅永《雲石遺稿》卷一八《諡狀》、洪直弼《梅山集》卷三四《神道碑》、《英祖實錄》等。

英祖三十六年（乾隆二十五年　1760）冬，朝鮮遣冬至等三節年貢行正使吏曹判書洪啓禧、副使禮曹參判趙榮進、書狀官兼持平李徽中等入清。一行於是年十一月初二日自京離發，十九日到義州，二十七日渡江，十二月二十八日入北京，翌年二月初九日發北京，三月二十日還渡江，四月初六日返京覆命焉。

此《別單》兩條，一記朝廷滿漢矛盾，一記清廷朝貢各國。滿漢官制，即甲申後所定，康熙時漢人有才行，則待遇無間，李光地、熊賜履、徐乾學諸人被用，與聞大事，粗成一代之治。雍正以後，更無此風，今之滿閣老傅恒、來保、鄂彌達，目不識漢文一字，而傅恒以故皇后之弟、今貴妃之兄，三十爲相，今年才四十，而豪侈無比。漢閣老史貽直、蔣溥、劉統勳，則以詞科進，僅能備位。而總督、巡撫、按察、布政等腴職，率多滿人所占，漢人雖任清華，惟以得一縣飽吃飯爲計，有志者皆無求進之意。至於凡民，滿人皆屬八旗，成丁皆有稍食，漢人以農工商賈爲業，貧窮呼饑者多。內閣劉統勳，山東人，清介勁直，身在相職，而門庭如寒士，朝夕得豆腐雞子，則以爲上饌。首相傅恒爲子落舍，搢紳畢集，統勳見舍踰制，不待饌而起曰：吾將參公。徑入闕請罪之，皇帝亦不得庇，諭恒毀之。①

―――――――
①洪啓禧、趙榮進《庚辰別單》，《同文彙考補編》卷5《使臣別單五》，002/1674。

又謂安南、琉球、阿蘭、暹羅、西洋蘇禄、南掌、鄂羅斯、土爾古特、葉爾欽諸國,或三年一貢,或五年二貢,或五年一貢。大抵南方賓服之遠如此,西北則自平准噶猡子後,開拓土地,列置郡縣者甚多。如牧廠等外藩蒙古五十一旗,喀爾喀等蒙古六屬國,自在興京時所服屬,至於烏喇、黑龍江、寧古塔又其三輔。"土宇之恢拓,信漢唐宋所未有也。"①

0551-1760
李商鳳《北轅録》(《續集》第 116—118 册　鈔本)

　　李商鳳(1733—1801),初名商鳳,後稱義鳳,字博祥,號懶隱。祖籍全州,徽中(1715—1786)子。英祖三十六年(乾隆二十五年　1760),隨其父出使中國。四十九年(1773),庭試文科乙科及第,歷經刑曹佐郎、驪州御史、殷山縣監、承政院左承旨、司諫院大司諫、工曹判書、巡查御史等。著有《北轅録》《懶隱囈語》《古今釋林》《東方山川志》等。事見《英祖實録》《承政院日記》。

　　案李商鳳出使事由,詳參前洪啓禧、趙榮進《庚辰別單解題》(0550-1760)。

　　李商鳳,時爲生員。自七月其父徽中以冬至書狀官下教後,因其衰老,兒輩中當有一人隨往,而商駿病,商龜弱,且商鳳素有一踏遼薊之志,遂固請其父,以軍官隨行入燕。而上使洪啓禧、副使趙榮進,亦皆帶子弟軍官,故六使臣之謗,盛行於洛下,知舊或多挽止,姑爲避謗計,先以鄭良佐名達下,至十月二十七日,始草記改付標及行。② 此《北轅録》即其燕行所録也。

　　《北轅録》五卷,卷四封面左上楷字大書"北轅録徵",卷五書"北轅録羽",則知以宫、商、角、徵、羽爲卷次也。全稿爲鈔本,雖不出一手,然楷字工整,偶有錯訛之字及塗改之迹。卷三中多污迹,難辨文字,他亦多模糊不清者。前列一行三使及員役、馬匹名目,人共三百零一員,馬共一百九

---

①洪啓禧、趙榮進《庚辰別單》,《同文彙考補編》卷 5《使臣別單五》,002/1675。
②李商鳳《北轅録》卷 1,《燕行録續集》,116/501。

十八匹,而渡江時員役以下人共五百四十六,馬共四百四十三,而皆有名目,無名目者不許渡江,使行浩蕩,如行陣軍伍也。後列文物歲幣數目,分別爲聖節、冬至、正朝禮物與歲幣禮物;其次爲路程排站、入柵報單、沿路各處禮單(柵門、鳳城、遼東、瀋陽、廣寧、山海關、北京、回還時沿路護行以下人禮單)、中路宴享、入京(玉河館禮)、入京下程(宗班正使與他正使有異)、表咨文呈納、鴻臚寺演儀、朝參、方物歲幣呈納、領賞、賫回數目、告示(禁物各項)、下馬宴、上馬宴、辭朝等諸項禮儀;再其次爲山川風俗總論,臚列遼東沿路與燕京山川風俗百餘條;最後爲往來總錄,則燕行日記之正文也。

　　李商鳳之日記,凡所經之地,三里五里,樹木草蟲,屋舍人畜,飲食起居,商賈耕農,山川文物,店房筆談等,較燕行諸家所記,尤爲詳盡。其行前即"抄《日下舊聞》一册入行橐,將欲按此而遍覽燕都"①。此外東國書籍如《高麗史》、金昌業《老稼齋燕行日記》,中國史籍如《清一統志》《通州志》《帝京景物略》諸書,亦在篋中。故其叙事,每至一地,先列述其地古今沿革,歷久變遷,帝王詔書,大臣奏議等,並爲鈔錄,其後方爲自家目見耳聞,纖毫畢載。商鳳之在北京,專以游訪爲樂事,與安南貢使正使陳輝濌、副使黎貴惇、三使鄭春澍,以及琉球使臣等,互訪唱和,記其國山川地理,風土人情,頗可參稽。又屢游東、西天主堂,與西洋人劉松齡等,往復論及天主教及西學天算數理。又與江西赴京趕考之舉子胡少逸等,多次筆談。京城諸處名勝外,又往香山游静宜園。返程迂回而游角山,自寧遠衛至雙石堡、塔山等處,復觀演戲等,可謂飽覽勝迹,遍訪名區也。然其較他家而爲特出者,則又有五焉:

　　其一,李商鳳所錄,於其父每日言動,皆有記載,尤以每日早、中、晚三餐,粥飯食量,寒痰藥用,詳悉開列,此諸家所無也。其二,燕行三使所携奴子、馬頭、驅人輩,或自京率帶,然多擇自西路,商鳳是錄,詳載其在金郊、黄州等處所擇奴子等,以及此輩在途作奸犯科,決棍施刑等細節,亦較諸家爲詳。其三,使臣入中國,其在義州渡江、入柵、入山海關及至玉河館

---

①李商鳳《北轅錄》卷1,《燕行録續集》,116/501。

等處,皆有搜檢禁物之舉,而返程出關、出柵亦復如是,商鳳記其父督檢一行,入灣後"申明舊法,一境震懼,不敢以潛爲計,及其稱包加數,又萬餘兩,皆以大秤依例稱出,諸譯大喜過望,頌德之不已。與府尹會同開坐檢閱一行橐藏,以各人所帶銀貨,量其輕重,録其包數,加封打印,然後還給其主。至於皮雜物,亦復折銀充包,防其私濫,依例也"①。其出柵也,又"親點一行人馬及卜物如法,又令中軍列録延卜驅人姓名,每十人作隊,呼名分卜,違令者決棍,無敢有喧嘩毆亂者,前此争卜紛踏,有力者或一馬二馱,否者或不得一隻,中軍又或用情,一夫十馱者有焉。是以以空馬東渡者,鮮不垂涕。今則無論有力無力,同得一馱,驅人輩皆祝手頌德,至謂之振古所無之善政云"②。其四,商鳳在北京,賞玩東、西天主堂,所記其繪畫、器物及相與筆談,亦多諸家所不載。如謂東天主堂西洋畫"其始入也,望之若怒。馬頭輩或有却步者,東西畫無數女人,抱多少嬰兒之狀,芸芸如動。至於錦帷之高搴,甄砌之成方,真贋尤不可辨,距數步而視,猶不知爲畫,以手摩挲,驗其無物,而後始辨。古人以畫爲七分,而此殆九分,非溢美也。或云用陰陽畫傳神,故望之活潑若動云"。又謂"天主即所謂造物主宰,如吾儒所謂鬼神也"。③ 其所論説,多不符實,仍爲諷刺譏譭爲能事也。其五,燕行使至中國,與先秦漢魏聖賢高德,皆有素契,每見其同姓之人,必問其是否大賢後裔,商鳳是書尤甚。如其在鳳凰城,見周姓人自稱山東生員請見,與之語,大不明白,問君姓周,能知濂溪爲何世人乎?其人左右顧視,末乃俯首括席,默無一語。④ 在瀋陽,見蘇姓人,即問漢之典屬國,宋之眉山子,是君同源麽?蘇左右視而莫知所對。與其論《大學》誰所作述,所論不合,即斥其"你所謂讀書窮理者,未免古人糟粕之糟粕,歸考朱子語,可知吾言之非妄"⑤。其在燕館,見江西舉人胡少逸,則問與胡安定是否同貫,答曰遥遥華冑。⑥ 發通州時,見浙江秀才金仁、金義兄

①李商鳳《北轅録》卷1,《燕行録續集》,116/574—575。
②李商鳳《北轅録》卷5,《燕行録續集》,118/219—220。
③李商鳳《北轅録》卷4,《燕行録續集》,117/371—372。
④李商鳳《北轅録》卷2,《燕行録續集》,117/011。
⑤李商鳳《北轅録》卷1,《燕行録續集》,117/067—068。
⑥李商鳳《北轅録》卷4,《燕行録續集》,117/450。

弟,復問與金仁山同籍否？ 金義曰三十餘世孫。問仁山之隱德不仕,何意？ 曰尚志。曰尚志者,不過巢由、務光輩事也。以仁山道學經綸,肯學潔身長往之徒耶？ 必有以也。曰雖有故,不能悉對。① 雖見大賢之後裔,然復皆以其爲鄙陋無可與語者,以見朝鮮 "小中華" 之崇儒重道、承繼道學也。

李商鳳在南館,又委托胡少逸得見《廣輿記》②,見其書載東國風俗曰男女群聚,相悦即婚,死經三年而葬,崇釋信鬼,至於山川亦多訛謬,其所記之名,多非見聞者,培塿俗名,濫預其中,名山大川,全未載焉。人物則南衮、許筠、鑫誠立輩,偎側其中,而鴻儒宿士,一未概見。李徽中作《小序》以辨其訛,又爲詩曰:"織路當時天使槎,至今酬唱載皇華。風謠采似痴前說,山水看如霧裏花。漢史真傳皆脫落,齊東野語却橫拿。隔江輿志猶多錯,四海誰言大一家。"③然則 "風謠采似痴前說,山水看如霧裏花",亦可謂紀其自家之實也。

0552-1760

李商鳳《셔원녹(西轅錄)》(《燕行錄叢刊(增補版)》網絡本　諺文鈔本)

案李商鳳有《北轅錄》(0551-1760),已著錄。

李商鳳《셔원녹(西轅錄)》,原藏韓國延世大學圖書館,爲李商鳳《北轅錄》五卷之諺文譯本。《셔원녹》共十一卷十一册,今存十卷十册,分別爲總目一卷、卷一至卷六、卷八至卷一〇,缺第七卷。每半頁十一行,行十六字不等,無界欄。共一五七四頁,約三十萬字。《셔원녹》之譯者蓋爲李商鳳,但鈔者未詳。有關翻譯時間,在《셔원녹》卷一〇末有後記云:"을유 오월 십칠일번역하기 시작하여 칠월의필역ᄒ고 정셔도 오월의 시작ᄒ여 긔튝사월 십오일 창동셔　필셔하다."④。據此可知,爲乙酉年(1765)五月十七日起翻譯,至七月完畢。在此基礎上,五月起再正寫,

---

①李商鳳《北轅錄》卷5,《燕行錄續集》,118/115。
②明陸應陽撰,清蔡方炳增編《增訂廣輿記》二十四卷,有清嘉慶七年刻本。
③李商鳳《北轅錄》卷4,《燕行錄續集》,117/536—537。
④《西轅錄셔원녹》卷10,延世大學圖書館收藏。

至己丑年(1769)四月十五日完畢。漢文本《北轅錄》的出現(1761)至諺文本《셔원녹(西轅錄)》完成,其間約有九年時間。其他譯文,大同於《北轅錄》也。【李鍾美譯】

0553-1762
洪大中《壬午手本》(《同文彙考補編》卷五《使臣別單五》 活字本)

出使事由:賫咨行
出使成員:憲書賫咨官洪大中等
出使時間:英祖三十八年(乾隆二十七年 1762)九月—十一月二十日

洪大中,生平里籍不詳。英祖朝,以賫咨官、譯官身份屢出使清朝。事見《同文彙考補編》卷五《使臣別單五》洪大中《壬午手本》、《承政院日記》等。

案英祖三十七年(乾隆二十六年 1761)八月,朝鮮三水府茄乙坡鎮民金順丁等七人,爲採蔘,越入清國界,六人被拿獲,李元三一人逃躲。朝鮮稱已捕者刑訊,期於輸情;未捕者詗察,期於斯得,並差同知中樞府事邊憲咨報禮部。禮部命朝鮮嚴審查明,並將有關邊臣罷職處罪。翌年,朝鮮再遣行司直金鳳瑞咨報禮部焉。

洪大中此《手本》一條,記載皇帝以三水犯越七人內一人未得,使瀋陽副都統搜尋,副都統奏以爲三水必是船廠交界處,船廠將軍則奏以必是瀋陽交界處,互相推諉,皇帝大加震怒,下旨切責,謂職在邊臣,不知三水之交界何邊,所管何事,督令俱往跟尋。然雙方共搜,仍未能得,以不得於北,更查南北之意啓奏。使臣以爲,三水府界,終未知交界於大國何邊,以此爲悶云。

0554-1762
咸溪君李櫄、李奎采《壬午別單》(《同文彙考補編》卷五《使臣別單五》 活字本)

出使事由:進賀謝恩兼冬至等三節年貢行

出使成員：正使咸溪君李橝、副使吏曹判書李奎采、書狀官兼司憲府
　　　　　執義朴弼逵等
出使時間：英祖三十八年（乾隆二十七年　1762）十一月四日—翌年
　　　　　四月十二日

　　咸溪君李橝，全州人。朝鮮王朝宗室。封咸溪君。英祖朝，任五衛副總管、都總管等。曾多次出使清朝。事見《英祖實錄》《承政院日記》等。

　　李奎采（1703—？），字汝亮，韓山人。英祖十二年（1736），試士泮宮居首，命直赴殿試。爲司諫院正言、持平，因事貶謫。起復後任弘文館修撰、校理、承政院承旨、司憲府大司憲等。事見《英祖實錄》等。

　　英祖三十八年（乾隆二十七年　1762），清廷因皇太后七旬，加上恭懿尊號，詔書順付朝鮮年貢使帶回；又上年全羅道羅州人金重鏡等七名，漂到山東，禮部亦順付帶回。故朝鮮差進賀謝恩兼冬至等三節年貢使咸溪君李橝、副使吏曹判書李奎采、書狀官兼司憲府執義朴弼逵等入燕，賀尊號皇太后，謝詔書順付，謝漂人出送等件。一行於十一月初四日發王京，翌年四月十二日返京覆命焉。

　　先是，莊憲世子（思悼世子）薨，朝鮮遣工曹正郎李鉉相等往北京告訃。清廷差散秩大臣隆興等往朝鮮致祭。李橝、李奎采所上此《別單》，僅有一條，記隆興等兩敕使歸國，乾隆帝問以朝鮮國王年紀、世子之喪、世孫請封、朝鮮接待儀節、所食若何、可否享宴、有無太監、大官幾人以及國王知朝鮮犯越罪人等事否。且謂上敕年少，甚疏清語，故皇帝詢問，不能條陳，副敕一一替對，上敕不勝惶懾，汗泮沾背而出焉。

0555-1763

李憲默《燕行日錄》(《續集》第 118 冊；《安溪遺稿·雜著》　鉛印本)

出使事由：謝恩兼冬至等三節年貢行
出使成員：正使順悌君李烜、副使禮曹判書洪名漢、書狀官兼司憲府
　　　　　執義李憲默等
出使時間：英祖三十九年（乾隆二十八年　1763）十一月二日—翌年

四月三十日

李憲默(1714—1788),字伯容,號安溪,驪州人。李彥迪七代孫。英祖二十六年(1750),擢丙科。爲司憲府掌令、執義、司諫院司諫、大司諫等。正祖朝,爲承政院承旨、大司諫等。後退歸里,就溪西靜僻處,構七間精舍,以村名安溪區之,時與親戚老舊,逍遥團圝,嘯詠自娱以終。有《安溪遺稿》傳世。事見鄭宗魯《立齋先生文集》卷四六《李公行狀》、李家焕《錦帶詩文鈔》卷下《墓碣銘》與英祖、正祖《實録》等。

英祖三十九年(乾隆二十八年 1763),清廷因皇太后加上徽號,照例賜朝鮮國王妃緞紬共三十匹。朝鮮又因莊獻世子卒,遣長溪君李棅等奏請册封王世孫,清朝遣散秩大臣宗室弘暎等至朝鮮册封王世孫。英祖遂差謝恩兼冬至等三節年貢行正使順悌君李烜、副使禮曹判書洪名漢、書狀官兼執義李憲默等入燕,賀節兼謝前行賜緞,謝册封王世孫等事。一行於是年十一月初二日謁闕拜辭,二十九日渡鴨江,十二月二十九日入北京,翌年二月二十二日發北京,四月初九日還渡江,三十日返王京覆命焉。

此《燕行日録》上、下二卷,采自李憲默《安溪遺稿·雜著》,鉛字排印本。所記極簡略,多爲僅記日時陰晴與所宿之地,其沿途所作詩不見日記,小字注曰"見詩篇",則詩當在其《遺稿》中。李憲默此行,使事無多,然頗多不諧。先是三十九年七月,初以順悌君李烜爲謝恩兼冬至等三節年貢行正使、李應恊爲副使,後憲府諫:"專對之任,不輕而重,正使順悌君烜、副使李應恊除目之下,物情俱駭,請遞之。"英祖只命改應恊,烜則不允。復以黄仁儉爲副使、李憲默爲書狀官,再以洪名漢替黄仁儉爲副使。① 然則尚未發行,三使臣之派遣,即一波而三折焉。

其在去途山海關外,譯官李億仁身死,萬里同行,不勝慘怛,誄辭弔之。返途在東關驛,義州刷馬駈人金永男又物故,自使行略出錢貫,收尸載來。一行在館期間,賫咨官張采維以三使臣乘坐車事勘罪奏聞,倍道入來,三使流竄於義州,平安伯罷職,灣尹流竄於渭原。② 三月二十五日抵

---

①《英祖實録》卷102,英祖三十九年(乾隆二十八年 1763)七月二日丁巳條;七月五日庚申條;七月二十六日辛巳條。
②李憲默《燕行日録》卷下,《燕行録續集》,118/277。

栅,憲默以官私帽子延卜雜物等事,留栅十餘日,比至義州,自四月十二日起搜檢諸商貨物,十五日搜出潛商大包入於上使卜中,計銀二千餘兩,不得已狀聞。憲府諫院啓"潛商自有當律,而上价幕裨之潛貿燕貨,既犯重罪,其爲上价者,亦多醜謗,不能撿束,請削冬至使順悌君炟職"①。遂正使削職,正使軍官及灣商移囚監營,刑推遠配。②憲府又啓"栅門搜檢,若能詳細,則豈有潛貨出來之弊?請罷書狀官李憲默職"。允之。③憲默行至平壤,即聞罷職之報。三十日返京,直往台洞。過數日,旋官校理。④即憲墨所謂"特除春坊,移拜玉署"者也。蓋英祖亦知上使卜馱中潛商貨物,非書狀官所能干涉,憲默實有冤屈,故旋復其職焉。

0556-1764
金種正《瀋陽日錄》(《全集》第41册;《雲溪漫稿》 刻本)

出使事由:參覈行
出使成員:刑曹參議金種正等
出使時間:英祖四十年(乾隆二十九年 1764)二月十七日—六月二十八日

金種正(1722—1787),里籍不詳。英祖朝,爲禮曹參議、刑曹參議等。英祖四十年(1764),曾押解殺害清朝甲軍人犯入瀋陽,與瀋陽官員共同參覈定罪。正祖朝,陞判義禁府事、判敦寧府事等。有《雲溪漫稿》傳世。事見《通文館志》卷一〇《紀年續編》、《承政院日記》等。

案此《瀋陽日錄》,輯自金種正《雲溪漫稿》卷八。英祖四十年春,義州奸民金京大等於栅門外戕殺清朝甲軍常德,自瀋陽移咨要解諸犯罪入送盛京,時金種正以禮曹參議被差參覈使。二月初七日承命入侍,禀定行事數條。大臣白參覈使,例帶刑官以去,即命移差刑曹參議。⑤十六日,

①《英祖實錄》卷103卷,英祖四十年(乾隆二十九年 1764)四月二十日辛丑條。
②李憲默《燕行日錄》卷下,《燕行錄續集》,118/283。
③《英祖實錄》卷103,英祖四十年(乾隆二十九年 1764)四月二十一日壬寅條。
④《英祖實錄》卷103,英祖四十年(乾隆二十九年 1764)五月十九日庚午條。
⑤金種正《瀋陽日錄》,《燕行錄全集》,041/178—179。

瀋陽促咨屢至,然瀋陽會查,古無其例,而北咨不來,瀋促頻至,彼中事情,有不可料,英祖即命種正即日辭朝。① 又在義州留滯多日,待王京咨文及犯人口供等。三月十九日到瀋陽,按以往例,中國有官員一員會同查議之咨,朝鮮方面參和使入來參和,今番則既不待北咨,即矇然入來,金氏慨歎"我國凡事,疏闊如此"②。到瀋之後,凡輕囚九人重囚二人,交於瀋陽。又與瀋陽、北京方面往復會查,諸多不諧。若瀋陽刑部以爲兩凶犯當爲留置,金氏以爲前此會查後,罪人並還送本國,等皇旨梟示境上,一無留置大國之例,而瀋陽方面以爲既然瀋陽會查,古無成例,則按中國法律擬罪,而奏皇帝,以待賜示。至五月初六日,以一行分留,殊無前例,今既許還,則並當撤還,然未能允許,故又略留人員以待。種正於十七日出柵,又在義州上狀啓請罪,後英祖有旨勿待罪。至六月十五日,方得北京咨文,完決查事,廿八日至京覆命,方了此案也。

案清朝與朝鮮邊境,兩國百姓互相潛越犯境者,連年皆有,而朝鮮亦常差出賚咨官、參覈使等,或至鳳城,或到瀋陽處理辦案,然諸家所留《手本》,或僅數條,或僅數句,未若金種正如是之詳者,此稿爲當時中、朝處理邊境犯越事件之模本,在燕行錄中亦不多見,故可珍耳。

0557-1764
全恩君李墪、韓光會《甲申別單》(《同文彙考補編》卷五《使臣別單五》活字本)

　　出使事由:謝恩陳奏兼冬至等三節年貢行
　　出使成員:正使全恩君李墪、副使吏曹判書韓光會、書狀官兼司憲府
　　　　　　掌令安杓等
　　出使時間:英祖四十年(乾隆二十九年　1764)十二月二日—翌年四
　　　　　　月十一日

　　全恩君李墪,全州人。朝鮮王朝宗室。封全恩君。英祖朝,任五衛都

---
①金種正《瀋陽日錄》,《燕行錄全集》,041/179。
②金種正《瀋陽日錄》,《燕行錄全集》,041/197。

總管。曾數度出使清朝。卒謚靖毅。事見《英祖實録》《正祖實録》《承政院日記》等。

韓光會,生卒籍貫不詳。英祖十四年(1738),式年文科狀元。爲司諫院正言、司憲府持平、弘文館校理、承政院承旨、成均館大司成、司憲府大司憲、京畿道觀察使、兵曹判書、吏曹判書、禮曹判書、咸鏡道觀察使等。正祖時,任漢城府判尹、義政府右參贊、判義禁府事等。事見《英祖實録》《正祖實録》等。

英祖四十年(乾隆二十九年　1764)三月,朝鮮平安道人金鳳守、金世柱越境殺人,被判斬監候。清廷部議追朝鮮國王之責,乾隆帝諭寬免。朝鮮罷平安道觀察使鄭淳等職。又上年進貢使順悌君李烜等,舍乘轎,以車代之,違禁占便。李氏等抵京後,將車輛折毀,現在待罪,懇將餼廩一並停撤,理合奏明。奉旨停止肩輿,本爲滿州大臣,素嫻鞍馬,若該國陪臣,沿俗坐車,不在禁例,各職等俱著加恩寬免。十二月初二日,朝鮮遂遣謝恩陳奏兼冬至等三節年貢使全恩君李墩、副使吏曹判書韓光會、書狀官兼掌令安杓等入燕,謝犯越免議,謝寬免,謝漂人出送,謝犯人緩決,謝免罪坐車使臣,奏犯殺等事,一行於翌年四月十一日返國覆命焉。

此《別單》一條,記入柵後路逢蒙人,有所酬酢。入燕後交蒙人許攀閧,"爲王府長史,而能通漢蒙清三國語,且解文字,故使首譯韓致洪、清譯邊翰基與蒙譯李億成,以三國語迭送相考證,卒成反切一編"云[1]。

---

[1] 全恩君李墩、韓光會《甲申別單》,《同文彙考補編》卷5《使臣別單五》,002/1676。

卷四八　0558—0563

英祖四十一年（乾隆三十年　1765）

0558-1765

洪大容《湛軒燕記》（《全集》42—43冊　刻本）

　　出使事由：冬至等三節年貢兼謝恩行
　　出使成員：正使順義君李烜、副使禮曹判書金善行、書狀官兼司憲府執義洪檍等
　　出使時間：英祖四十一年（乾隆三十年　1765）十一月二日—翌年四月二十日

　　洪大容（1731—1783），字德保，一字弘之，號湛軒，南陽人。師事金元行，與同門士靡礪道義，談説性命諸學。志於六藝之學，象數名物，音樂正變，天文躔次，象形制器，皆妙解神契。與朴趾源、李德懋、柳得恭、金在行等爲友。在英祖朝，不樂仕進，得蔭除繕工監役，移敦寧府參奉等，後出爲泰仁縣監，升榮川郡守。數年，以母老辭歸，猝得風咽嚗喑之症而卒。有《湛軒書》十五卷行世。事見《湛軒書》附録朴趾源《洪德保墓志銘》、李淞《墓表》、洪大應《從兄湛軒先生遺事》等。

　　先是，比年以來，朝鮮人越境犯罪益增，罪犯或蒙宥減刑，官員或免議留任，然邊境未嘗放弛，而奸氓前後相續，乾隆上諭朝鮮格外禁防。英祖四十年（乾隆二十九年　1764）朝鮮民人金順昌等九名漂到福建霞浦縣，解至北京，差官解送，一名至通州病故，餘八人送到義州，交付如例。朝鮮遂遣冬至等三節年貢兼謝恩使順義君李烜、副使禮曹判書金善行、書狀官兼司憲府執義洪檍等入燕，進三節年貢並謝上諭、謝犯人緩決、謝方物移准、謝漂人出送等項。此行書狀官洪檍，爲洪大容季父，故大容以子弟軍官身份隨使團入中國。一行以十一月初二日辭闕發王京，二十七日渡鴨

水,十二月二十七日至北京,留館凡六十餘日,翌年四月二十日方返京覆命焉。

洪大容《湛軒書》共計《内集》四卷《外集》十卷《附録》一卷。爲洪氏五代孫榮善據稿本再編,經洪命憙校正後,於 1939 年由新朝鮮社以鉛印本刊行,《韓國文集叢刊》據國立中央圖書館藏本影印(《韓國文集叢書》所收同),《燕行録全集》所收鉛印本同,寫刻本則不同。《湛軒書》前有鄭寅普《序》,稱"舊分册十五,今稍並其編爲七册"。《内集》爲經史答問二卷,詩文二卷,詩僅三十餘首。《外集》一至三卷爲《杭傳尺牘》,爲與中國士大夫若嚴誠、潘庭筠諸人書札、《乾净筆譚》《續》等,卷四至六爲《籌解需用内》《外編》,卷七至卷一○爲《燕記》。《附録》則爲朴趾源撰洪大容《墓誌銘》、李淞《墓表》、洪大應《遺事》及諸家《愛吾廬記》《乾坤一草亭題詠》等。

案洪大容此次中國之行,專爲游賞而來,故一路逢山遇水,莫不載記;入舍問俗,皆録痕迹。此《湛軒燕記》記事,不係以時日,而以事爲主,頗類紀事、游記與札記之綜合體。卷一爲吳彭問答、蔣周問答、劉鮑問答、衙門問答、兩渾、王舉人、沙河郭生、十三山、宋舉人、鋪商、太學諸生、張石存、葛官人、琴鋪劉生;卷二落夷殊俗、拉助教、鄧汶軒、孫蓉洲、撫寧縣、貞女廟學童、宋家城、孫進士、周學究、王文舉、希員外、白貢生、沿路記略、京城記略。自卷三起稱"燕行雜記",爲望海亭、射虎石、盤山、夷齊廟、桃花洞、角山寺、鳳凰山、京城制、太和殿、五龍亭、太學、雍和宫、觀象臺、天象臺、法藏寺、弘仁寺、東岳廟、隆福市、琉璃廠、花草鋪、暢春園、圓明園、西山、虎圈、萬壽寺、五塔寺、入皇城、禮部呈表、鴻臚演儀、正朝朝參、元宵燈炮、城南跑馬、城北游、方物入闕;卷四幻術、場戲、市肆、寺觀、飲食、居宅、巾服、器用、兵器、樂器、畜物、留館下程、財賦總略、橐裝、路程(附渡江人馬數);卷五至卷六爲《乾净筆譚》上、下兩卷。

洪大容自渡鴨江後,旅途皆有所記,《沿路記略》及《京城記略》,多記如山川、古迹、幻術、場戲、市肆、寺觀、飲食、居宅、巾服、器用、兵器、樂器、畜物、方物入關、留館下程、財賦總略、路程等,去途他如十三山、望海亭、射虎石、盤山、夷齊廟、桃花洞、角山寺、鳳凰山、貞女廟學堂、宋家城等,皆有專文記載焉。

　　而在京期間,洪大容得以悠游觀覽,從容訪談,之所以如此者,因其"留館六十二日,游觀三十三日"①。時日充裕,得以遍訪京城,此其一也。洪氏在玉河館,與上自提督下至館夫,皆關係融洽,故門禁闊緩,即通官徐宗孟所謂"門禁之緩,未有甚於今年,公子之故也"②。因之出入得便,無處不至,此其二也。又洪氏"宿有一游之志,略見譯語諸書,習其語有年矣。及入柵,雖尋常行語,全未解聽,則不勝慌悶,自此以後,在車則與王文舉終日講話,投店則邀主人男女,强起話頭,絮叨不已。至瀋陽,與助教父子,語無不到而不用筆舌,其在北京,則周行街巷,隨事應酬,音韻益熟。惟至文字奧語,及南邊士人,則茫然如聾啞也"③。能用漢語與人交談,則訪古問今,極其便利,此其三也。

　　因此之故,洪氏在北京,凡太和殿、五龍亭、太學、雍和宮、鴻臚寺、觀象臺、天象臺、法藏寺、太液池、庶吉士館、弘仁寺、東岳廟、隆福市、琉璃廠、花草鋪、暢春園、圓明園、西山、虎圈、萬壽寺、五塔寺、入皇城、禮部呈表、鴻臚演儀、正朝朝參、元宵燈炮、城南跑馬、城南戲場、城北游、乾净胡同、西山等,處處游覽,在在筆談,而若太學、雍和宮、天主堂、琉璃廠、乾净洞等地,則一者再者乃至三四者也。

　　洪大容入中國境後,所接交之人,則上自清朝皇室宗親、達官顯宦、進士舉人、落第生員、商賈百姓、西洋傳教士、通官館夫乃至趕車脚夫等。如所見彭冠、吳湘,皆翰林院翰林,談及義理、經濟、詞章之學及清代當世宗匠,二人答以湯斌、陸隴其;蔣本爲老監生,周應文、彭光廬爲文翰新秀,問答及八股制度、朝鮮衣冠、性理之分、山林之士等;劉松齡、鮑友官,天主教傳教士,訪天主堂時觀奇畫、望遠鏡、自鳴鐘、羅針等儀器,談及天主教;兩渾,愉郡王之少子,言其豐偉少文雅氣,但氣味寬重;陳哥,山西人賈人,素信篤西學;沙河郭生,文甚妙;張經,欽天監博士,在其處買《印史》及泥金合製上品印朱;琴鋪劉生,乃太常伶官,洪氏等請其鼓《平沙落雁》及《思

---

①洪大容《湛軒燕記》卷2《京城記略》,《燕行錄全集》,042/265。
②洪大容《湛軒燕記》卷1《衙門諸官》,《燕行錄全集》,042/072。
③洪大容《湛軒燕記》卷2《沿路記略》,《燕行錄全集》,042/242—243。

賢操》並學焉;葛官人,六品職,爲武侯三十餘世孫,其言貌軒豁,有孔明遺風;拉永壽,滿人,瀋陽府學助教,言及朝鮮科舉、大鼻達子、瀋陽兵制及兵器有無新造奇器等;鄧汶軒,山西太原人,在三河開鹽鋪,問及剃頭之法好否,鄧並爲洪氏推四柱算命;孫有義、趙煜宗,三河縣貢生,共手談科舉、書法諸學;賈熙,永平知縣,援例捐納得官,亦不諱言;孫進士,山海關宿八里鋪見,談及長城;周學究,瀋陽蒙學師,雖無甚學問,但見其教學謹嚴有度;王文舉,車夫也,狼子山人,年少伶俐,頗識文字;希員外,柵門稅官也,談及高麗、朝鮮王朝,及明、清更疊換代事;白貢生,山西貢生,在甜水站經商,與洪氏吟詩相較;衙門諸官若大使史周翰及楊通官、烏林哺、徐宗顯、朴寶玉、朴寶樹諸通官及序班、甲軍、館夫等,談其官制及玉河館門禁制度等。以上諸人,或在路途,或在店舍,或在官府,或在私第,相見相接,鋪紙灑墨,或品人之高下,或評事之來歷,有古有今,有莊有諧,可謂無人不見,無所不談矣。

然以上諸人,皆非洪大容心中屬意者,其自謂"渡江以西,庶幾遇逸士奇人,訪問甚勤,而燕雲數千里,南瀕海,北界獯子,風俗椎魯少文,高者習弓馬,下者競刀錐,至直隷殆甚焉。其讀六經爲時文,以秀才稱類多自南來者,若抱道自蘊,不求人知者,蓋有之而無自以見焉"①。在館期間,正使裨將李基成爲買眼鏡往城南琉璃廠市中,遇嚴誠、潘庭筠,歸言其人可交。然洪大容初以爲嚴、潘二氏,自浙江而至北京,不過"四千里而趨名利,其志可知,何足與語哉"②。及晤面筆談,知嚴誠乃嚴光之後裔,潘庭筠乃潘岳之苗屬,陸飛爲陸贄之裔孫,洪氏慨歎"三人者,雖斷髮胡服,與滿洲無別,乃中華故家之裔也。吾輩雖闊袖大冠,沾沾然自喜,乃海上之夷人也。其貴賤之相距也,何可以尺寸計哉。以吾輩習氣,苟易地而處之,則其鄙賤而輳轢,豈啻如奴僕而已哉。然則三人者之數面如舊,傾心輸腸,呼兄稱弟,如恐不及者,即此氣味,已非吾輩所及也"。不僅如此,"此三人者,其資性雖不同,才學有短長,要其內外一致,心口相應,無世儒齷齪粉飾之態則一也"。言及三人之品格秉性,洪氏言篆飲,豪曠決烈,如

①洪大容《湛軒燕記》卷5《乾净筆潭上》,《燕行錄全集》,043/012。
②洪大容《湛軒燕記》卷5《乾净筆潭上》,《燕行錄全集》,043/013。

秋江泛舟,月白風清;鐵橋,奇健遒勁,如寒松特操,雪竹清標;秋庫,風流愷悌,如春風紫陌,桃柳争媚。洪氏甚至愛屋及烏,甚至倡言"中國之人才,多出於南方;南方之人才,多出於江浙。蓋山川之明秀,地理有不可誣也"。①

洪大容得交嚴、潘二氏後,又經嚴氏等得識陸飛,此自以後,洪氏與同行金在行,遂與嚴氏等屢屢見面,筆談所及,凡諸人家世、清朝大儒、各自師承、江浙婚習、衣冠文物、清漢習俗、喪禮服飾、朝鮮服飾、南北音樂、詩詞律賦、女性詩人、科舉諸題、佛道之學、書法篆刻、天文曆算、兵書奇甲、朝鮮掌故及清代諸般禁忌等。或手談,或飲酒,或品文,或笑語,或角力較詩,或相互勖勵,極心樂事,世所罕有。諸人或五人全在,或四人三人見面,與嚴、潘面談七次,與陸氏見面兩次,不見之日,則以書札相通問答話,直至使團啟程,依依不捨,揮淚相別。因嚴、潘二氏寓居北京城南乾净胡同天陞店中,而筆談亦多在此,故洪氏歸國掇拾談紙,輯爲《乾净筆譚》二卷。② 柳得恭謂"洪湛軒游燕中,多友其名士而歸"者③,即指洪氏與嚴、潘、陸諸人之交往也。

案洪大容學通天人,精於經史天算諸學,鄭寅普謂"視茶山,猶遜其閎而精"。大容治學,講求根柢,大倡黜虛崇實。以爲當時朝鮮學者"遺根棄柢,不知人己之爲誰孰,而虛起僞,僞導虛,於是焉實心實政,不可望矣"。乃擬爲東海虛子與毉山之實翁相問答,而首論虛實,謂道術之惑亂

---

① 洪大容《湛軒書外集》卷2《杭傳尺牘·乾净錄後語》,《韓國文集叢刊》,248/173—174。案陸飛(1719—?),字起潛,號筱飲,浙江仁和(今杭州)人。乾隆三十年(1765)解元。性高曠,慕張志和之爲人。善畫山水、人物、花卉、墨竹,俱超秀逸群,絶似吳鎮,亦如沈周。晚年鬻畫自給,圖章曰"賣畫買山"。繪有柳村漁父圖。工詩,有《筱飲齋稿》。嚴誠(1733—1767)字立庵,一字力闇,號鐵橋,亦仁和人。與陸飛同年中舉。山水法黄公望。兼善古隸,仿蔡邕、韓擇木。篆刻古致秀勁,晚年摹丁敬能亂真,但不輕爲人作。著有《小清凉室遺稿》。潘庭筠(清)字蘭公,一作蘭垞,號德國園。錢塘(今屬杭州)人。乾隆己丑中正榜,乾隆三十六年五月由內閣中書入直,乾隆四十三年復中戊戌進士,官至陝西道御史。工繪事。後皈依净域,乃捐棄一切,興至隨筆作水墨花卉而已。有《稼書堂集》。
② 乾净胡同,清時稱甘井兒胡同,亦稱幹井兒胡同。光緒年間,改稱甘井胡同,沿用至今。位於北京市西城區東部,東起前門大街,西至煤市街。
③ 柳得恭《泠齋集》卷1《淡園八詠序》,《韓國文集叢刊》,260/015。

天下。朱門之末,諸儒汨之,崇其業而忘其真。又謂"孔子周人也,《春秋》者周書也,宜其自内而外人;若使孔子而九夷,則其尊攘之義,自當有域外《春秋》"。故爲《毉山問答語》,以伸其説。① 又謂"若今時之夷狄也,以其久居中國,務其遠圖,稍尚禮義,略倣忠孝,殺伐之性,禽獸之行,不若其初起之甚,則謂之諸夏之不如夷狄,亦何不可哉",又謂"我東之爲夷,地界然矣,亦何必諱哉!素夷狄行乎夷狄,爲聖爲賢,固大有事在,吾何慊乎!我東之慕效中國,忘其爲夷也久矣。雖然,比中國而方之,其分自在也。惟其沾沾自喜,局於小知者,驟聞此等語,類多怫然包羞,不欲以甘心焉,則乃東俗之偏也",又謂"嗚呼!中國者,天下之宗國也;華人者,天下之宗人也。今上帝疾威,時運乖舛,使三代遺民,聖賢後裔,剃頭辮髮,同歸於滿獶,則當世志士悲歎之秋,而神州厄運,十倍於金元矣,况是幾年服事之餘,宜其哀痛傷潛之不暇,而乃因其下井,反投之石焉,欲乘虚正位,隱然以中華自居",②洪氏以爲此類朝鮮人所論者,誠偏邦固陋也。此洪氏以德行政事言夷狄之分,高出儕輩遠上,故其入中國也,無殺伐詈罵之氣,有睜眼觀光之心焉。

案燕行諸人,每年數起,往來幽燕,多有日記筆札,存留於世,然或襲自前人,或得之影響,或纂輯野記,或鈔撮史志,或斥清思明,或睥睨燕路,求其能自得其實而有真知灼見者鮮矣,而洪大容自渡鴨江,即開眼明視,一言一語,評介討論,莫不目經而耳聞,且其紀事,質實而不鋪厲,驚諤而不誇張,較之朴趾源之鋪張揚厲,以宕逸見奇,而語句復沓,揚才露己者,高出遠上矣。李德懋讀其《乾浄筆談》,纂爲《天涯知己書》,此後德懋與柳得恭、朴趾源等踵其後,相繼入燕矣。

0559-1765
洪大容《을병연행록(乙丙燕行録)》(《全集》第43—48 册 諺文鈔本)

案洪大容有《湛軒燕記》(0558-1765),已著録。

---

①洪大容《湛軒書》鄭寅普序,《韓國文集叢刊》,248/003—004。
②洪大容《湛軒内集》卷3《又答直齋書》,《韓國文集叢刊》,248/066—067。

是書封面正中大字楷題漢字"燕行錄",下諺字題"을병연행록(乙丙燕行錄)"。洪大容《을병연행록》,至少有兩種諺文譯鈔本,即崇實大學藏本與藏書閣本。崇實大學韓國基督教博物館所藏,書名爲《湛軒燕記》,共十卷十册;韓國精神文化研究院藏書閣所藏本,書名爲《燕行錄》,共二十卷二十册。《燕行錄全集》所收爲藏書閣鈔本。崇實大學藏本爲洪氏後裔所鈔,據後三卷末所記,有"辛卯正月十三",蓋即當時鈔錄時間,則其成書時間約爲朝鮮後期純祖三十一年辛卯(道光十一年1831),而具體翻譯而成之時間,尚無確切之日期也。

《乙丙燕行錄》諺文本,乃據原漢文本《湛軒燕記》所譯,然譯本與原本相較:其一,《乙丙燕行錄》之翻譯,其讀者乃不通漢文之女性,即其初意爲妻兒讀也,故其所譯往往體貼女性,依其所需求與愛好;其二,原本爲專題與筆札,而譯本則爲日記體,順序譯出;其三,洪氏原文在朝鮮境内無有記載,而諺文本中增入自漢京至義州部分文字,且詳且多;其四,諺文本之翻譯,非照本直譯,乃擇新鮮有趣、閲眼耐讀之文字翻譯,且有加工增潤之成分在焉。

當時朝鮮對西洋天主堂,不僅陌生,亦極爲排斥。洪大容在北京期間,屢訪天主堂,其所見西洋風格之繪畫、風琴、自鳴鐘、羅針、天文機械等,譯本多有介紹。又北京琉璃廠,亦爲洪氏興趣所在,譯本列舉所見諸家店鋪,如玩器、眼鏡、鏡子、筆墨硯、繪畫、樂器、鮒魚店鋪等,叙述詳盡。在京期間,洪氏與嚴誠、潘庭筠交往筆談最多,所談涉及經濟、思想、風俗、歷史、天主教等,尚有洪大容彈琴(거문고,韓國傳統弦樂器,有六弦),潘庭筠畫畫等記載,雙方互贈禮物並拜爲兄弟。諺文本尚翻譯嚴誠、陸飛之詩文,如嚴誠唱洪氏"湛軒八景"等詩,並爲譯出焉。

《乙丙燕行錄》諺文本,爲朝鮮半島史上使用優雅宮體來寫作的現存最長紀行文學作品與游記,故其研究價值當在文學及諺文翻譯之語言方面,然若以信史待之,則頗可商榷,遠不如讀漢文本爲要也。①【李在貞譯】

---

① 關於《乙丙燕行錄》研究的專著與論文,可參蘇在英等《乙丙燕行錄注解》,首爾:太學社1997年版;金泰俊、朴成淳譯《隻手推開緊閉的山海關門扉——洪大容的北京旅行記(乙丙燕行錄)》,首爾:石枕社2001年版。

0560-1765
洪大容《湛軒燕記》(《全集》第 49 册；《叢刊》第 248 册《湛軒書外集》活字本)

案洪大容有《湛軒燕記》(0558-1765)，已著録。

《燕行録全集》第四九册，尚收洪大容《湛軒燕記》四卷，乃輯自洪氏《湛軒書外集》卷七至卷一〇《燕記》，其卷帙分别爲卷七吴彭問答、蔣周問答、劉鮑問答、衙門問答、兩渾、王舉人、沙河郭生、十三山、宋舉人、鋪商、太學諸生、張石存、葛官人、琴鋪劉生、落夷殊俗、拉助教、鄧汶軒、孫蓉洲、撫寧縣、貞女廟學童、宋家城；卷八孫進士、周學究、王文舉、希員外、白貢生、沿路記略、京城記略；卷九望海亭、射虎石、盤山、夷齊廟、桃花洞、角山寺、鳳凰山、京城制、太和殿、五龍亭、太學、雍和宫、觀象臺、天象臺、法藏寺、弘仁寺、東岳廟、隆福市、琉璃廠、花草鋪、暢春園、圓明園、西山、虎圈、萬壽寺、五塔寺、入皇城、禮部呈表、鴻臚演儀、正朝朝參、元宵燈炮、城南跑馬、城北游；卷一〇方物入關、幻術、場戲、市肆、寺觀、飲食、居宅、巾服、器用、兵器、樂器、畜物、留館下程、財賦總略、路程等。

考是本與前述寫刻本相較，條目次序大致相同，而卷帙劃分多有不同，寫刻本卷五至卷六《乾净筆譚》是本不收，而《湛軒書外集》卷二至卷三收之，稱《乾净衕筆潭》。又考其文字，則如"京城記略"中"留館六十二日，游觀三十三日"下，寫刻本尚有每月某日所游覽之處，若正月"十四日法藏寺""十六日觀燈炮"等，而是本則無之(活字本後兩頁空，或爲遺漏耶)。卷三"東天主堂"，是本作"天象臺"，二書各爲一條，一書天主堂，一書天象臺；最後"方物入關"條，是本在下卷中。卷四"橐裝"及未入目録之"包銀"，是本並無之。又書末之"渡江人馬數"是本亦無之。寫刻本每條後不再續接，他條另頁排出，而活字本則連排。其他文字，兩本相異者亦夥。故研討《湛軒燕記》者，尚須兩本比勘而讀，方爲得之矣。

0561-1-1765；0561-2-1765

洪大容《湛軒説叢》（《續集》第 118 册　鈔本）

洪大容《燕行雜記》（《燕彙・湛軒説叢・燕行雜記》　鈔本）

　　案洪大容有《湛軒燕記》（0558-1765），已著録。

　　《燕行録續集》第一一八册，收録洪大容《湛軒説叢》三卷，實則輯自《燕彙・湛軒説叢・燕行雜記》，然則仍當名爲《燕行雜記》爲妥焉。卷一計有盤山、夷齊廟、桃花洞、角山寺、望海亭、射虎石、鳳凰山、京城制、太和殿、五龍亭、太學、雍和宫、觀象臺、東天主堂、法藏寺、弘仁寺、東岳廟、隆福寺、琉璃廠、花草鋪、暢春園、圓明園、西山、虎圈、萬壽山、五塔寺、入皇城、禮部呈表、鴻臚演儀、正朝朝參、元宵觀燈、東華觀射、城南跑馬、城北游、方物入闕、京城記略。卷二爲沿路記略、幻術、場戲、市肆、寺觀、飲食、屋宅、巾服、器用、兵器、樂器、畜物、留館下程、財賦總略、包銀。卷三有吴彭問答、蔣周問答、劉鮑問答、衙門諸官、兩渾等。

　　然則是稿所録，與前述洪氏《湛軒燕記》《燕行雜記》大同，不過卷帙次序相錯，條目有所删汰，文字亦偶有不同而已。好事者若欲讀洪氏書，則讀《燕記》足矣。

0562-1765

洪大容《杭傳尺牘》（《叢刊》第 248 册《湛軒書外集》　活字本；鄭健行點校《乾净衕筆談》，上海古籍出版社 2010 年版）

　　案洪大容有《湛軒燕記》（0558-1765），已著録。

　　《杭傳尺牘》三卷，輯自洪大容《湛軒書外集》卷一至卷三，前有朴趾源、閔百順二序。卷一收洪大容與陸飛、嚴誠、潘庭筠、徐光庭、嚴老伯（誠父）、嚴果（誠兄）、嚴昂（誠子）、鄧師閔、孫有義、趙煜宗、朱文藻等書信三十三通，爲洪氏返國後歷年與諸人相通之信札。卷二、卷三即爲《乾净衕筆談》上下兩卷，末附《乾净録後語》十餘條，則爲評價陸飛、嚴誠、潘庭筠之語録耳。《乾净衕筆談》又有鄭健行點校本，與李德懋《清脾録》兩種彙爲一書，極便讀者，然其所據唯《湛軒書外集》本，而不校他本，是爲憾耳。

書後附《朝鮮洪大容〈乾净衕筆談〉編輯過程與全書内容述析》等文,頗便參稽焉。

據洪大容自述,其初返國,即以"諸公簡牘,俱粧完共四帖,題之曰《古杭文獻》;以六月十五日而筆談及遭逢始末,往復書札,並録成共三本,題之曰《乾净衕會友録》"①。而今本前前有朴趾源、閔百順二氏所撰序,亦皆作《會友録序》。又洪氏與潘庭筠札中,亦稱"前告《會友録》中,吾兄信口諧謔之談,不能都歸刊落,録成後,東方之士略有見之者,莫不爲吾兄愛且惜焉"②。則其初名《會友録》可無疑也。而其後答朱文藻信,則又稱"以天升店在乾净胡衕,名之曰《乾净衕筆談》"③,則爲後來改名耳。李德懋讀其書,大受感動,遂收録陸、嚴、潘等諸家信札及筆談部分,編爲《天涯知己書》。而洪大容後來整理之本,與當初草本及李德懋所收之删節本,文字多有不同,此則因諸人筆談,有涉清廷忌諱處,往往爲嚴誠等撕毁或拿去,或有問無答,或有答無問,且多間現疊出,或斷或續,此則日久追記,徒憑話草,其勢不得不爾,故或添或删,"要以斡璇語勢,不失其本意而已。其無所妨焉,則務存其本文,亦可見其任真推誠,不暇文其辭也"④。故讀者參稽,須諸本相較,比勘而讀,則更爲本真也。而與洪氏同行之金在行,亦有《浙杭尺牘》之整理,洪氏爲之序焉。

洪大容嘗謂"世俗所謂士者三:經學也,文章也,舉業之士也。工聲韻習詩律,役役於科宦名利之途者,今之所謂才士也,非吾所謂士也;剽竊經傳之文,誦襲班馬之語,以飾其無用之贅言,以干譽於一時而求名於百世者,今之所謂文士也,非吾所謂士也;觀其言則高明而灑落,視其身則端嚴而莊肅,堯舜之治,孔孟之學,不絶於口,有司薦其賢,爵禄加於身,夷考其行則内而無不欺暗室之德,外而無經綸天下之材,空空然無所有者,今之所謂經士也,非吾所謂士也。必也沈潛仁義之府,從容禮法之場,天下之富不足以淫其志,陋巷之憂不能以改其樂,天子不敢臣,諸侯不得友,達而

──────────

① 洪大容《湛軒書外集》卷1《杭傳尺牘·與潘秋庫庭筠書》,《韓國文集叢刊》,248/103。
② 洪大容《湛軒書外集》卷1《杭傳尺牘·與秋庫書》,《韓國文集叢刊》,248/107。
③ 洪大容《湛軒書外集》卷1《杭傳尺牘·答朱朗齋文藻書》,《韓國文集叢刊》,248/123。
④ 洪大容《湛軒書外集》卷3《杭傳尺牘·乾净録後語》,《韓國文集叢刊》,248/174。

行之則澤加於四海,退而藏焉則道明乎千載,然後乃吾所謂士也,斯可謂之真士矣"①。洪氏入北京時,恰逢乾隆三十一年會試之頭年冬,各省舉子雲集北京,而浙江仁和(今杭州)人陸飛、嚴誠、潘庭筠亦在京,洪氏得以於三人相見,極爲贊許,即其所謂"真士"者。洪氏以爲"此三人者,其資性雖不同,才學有短長,要其内外一致,心口相應,無世儒齷齪粉飾之態則一也"。三人皆中華故家之裔,"數面如舊,傾心輸腸,呼兄稱弟,如恐不及者,即此氣味,已非吾輩所及"②。並謂"篆飲,豪曠決烈,如秋江泛舟,月白風清;鐵橋,奇健遒勁,如寒松特操,雪竹清標;秋庫,風流愷悌,如春風紫陌,桃柳争媚"③。而潘氏等亦以爲"主客以筆,縱論劇譚,並以道義相勖,成君子交。嗚呼!斯亦奇矣"。三人以爲洪君博聞强記,無所不能,"與之處,執古醇聽。有儒者風,此中國所未易覯者。而不意得之於辰韓荒遠之地也"④。諸人"閑步旅邸,歡然如舊,極論天人性命之源,朱陸道術之辨,進退消長之機,出處榮辱之分,考據證定,靡不契合,而其相與規告箴導之言,皆出於至誠惻怛,始許以知己,終結爲兄弟,其相慕悦也如嗜欲,其相無負也若詛盟,其義有足以感泣人者"⑤。遂爲定交,爲千古異域知己焉。

洪氏歸國後,整理當時談草成,遂每以便服緇巾,燕坐於響山樓中,隨意翻閲,樂而忘憂,撫其手澤,如見伊人,是所謂朝暮遇也。自兹以後,陸、嚴相繼南歸,潘在京師,諸人唯依鄧師閔、孫有義作介(二人在三河經商),托燕行使帶信往還,即洪氏所謂"今吾輩同心而離居,遥遥異國,永無再見之期,觀善攝儀,已矣無望,忠愛補益,惟憑尺書,又萬里傳遞,極其疏遠,若以寂寥數字,略申起居,且其所言者,不過兒女相思之態而已。則其不歸於淫朋昵友也者幾希,願與兄共勉之"⑥。所謂"友朋之交,一則在志,一則在道,其志同其道合,尚或友古人於千載,況生並此世,萬里一心,

---

①洪大容《湛軒書内集》卷3《贈洪伯能說》,《韓國文集叢刊》,248/075。
②洪大容《湛軒書外集》卷3《杭傳尺牘·乾净録後語》,《韓國文集叢刊》,248/174。
③洪大容《湛軒書外集》卷3《杭傳尺牘·乾净録後語》,《韓國文集叢刊》,248/174。
④洪大容《湛軒書·附録·愛吾廬題詠》潘庭筠《湛軒記》,《韓國文集叢刊》,248/324。
⑤洪大容《湛軒書外集》卷1朴趾源《會友録序》,《韓國文集叢刊》,248/101。
⑥洪大容《湛軒書外集》卷1《杭傳尺牘·與秋庫書》,《韓國文集叢刊》,248/107。

遥相印訂,是道義之交也,是性命之交也,亦何必區區於形面之隔而疆域之拘哉"①。故諸人雖不相見,然書札所論,如孔孟楊墨之辨,程朱陸王之異同,《明季輯略》之真僞,洪翼漢(宣浦,大容先祖)瀋陽在獄事,朝鮮婦女服制,讀書之方等,皆道義相勖,疑義相析。大容爲人,以爲"朋友交際,必誠必信,見其善則中心喜之,從而揚之;見其惡則中心憂之,從而規之"②。故其於嚴誠、潘庭筠等喜嗜陸王之學,並參佛法,多有箴規也。故諸人之交,絕非斤斤於兒女私情噓寒問暖者也。

洪大容後半生,常歎與三人之交誼,爲"天地大父母,四海同昆弟",每稱"孤懷無與語,十年杜余門"③。思念友人,每不能禁,所謂"奉別以來,蓋靡日而不思,其思之未嘗不心摧而腸結焉"④。其情愈久而愈烈,洪氏稱"此其至愛深情,愈久愈勤,十倍於同國之交、鄰比之游也"⑤。

洪大容與嚴誠結爲兄弟,相思最深,自謂"至若鐵橋之生死恩愛,無異天倫"⑥。故得嚴氏死訊時,洪氏亦正服喪期間,傷痛欲絕,號呼"人非木石,何能按住也。嗚呼!鐵橋是何忍余,其絕倫之學,超俗之知,憂天下慮萬世而賷志泉塗"⑦!其悼嚴氏詩有"相思不相見,慟哭向秋風"之語,尤爲悲慟,遂書問嚴誠兄嚴果,"問及其弟卒在何日?臨沒精神,治亂何如?有何願言?其子氣質身體如何?一篇祭文,一種土物爲奠儀"。其《祭嚴鐵橋文》號呼"於邑悲哀,如喪右臂"。又上嚴氏父書,伏乞深自寬抑,努力餐飯,以慰渠平日之孝思。又與嚴誠子嚴昂書,勸其節哀,"惟勿以童幼自解,勿以年富自寬,絕嬉好,劬經籍,深慕永懷,惟先人是思"。⑧ 並囑其如有便,不計工拙,必以手書作答,就傅後讀過諸書及見在書課並詳示之。兩年以後,洪氏仍與潘庭筠信稱"鐵橋墓草已再宿矣,每念訂交深重,繞壁

①洪大容《湛軒書外集》卷1《杭傳尺牘·答朱朗齋文藻書》,《韓國文集叢刊》,248/123。
②洪大容《湛軒書內集》卷3《自警說》,《韓國文集叢刊》,248/075。
③洪大容《湛軒書內集》卷3《有懷遠人》,《韓國文集叢刊》,248/079。
④洪大容《湛軒書外集》卷1《杭傳尺牘·與鐵橋書》,《韓國文集叢刊》,248/105。
⑤洪大容《湛軒書外集》卷1《杭傳尺牘·與秋庫書》,《韓國文集叢刊》,248/109。
⑥洪大容《湛軒書外集》卷1《杭傳尺牘·答孫蓉洲書》,《韓國文集叢刊》,248/124。
⑦洪大容《湛軒書外集》卷1《杭傳尺牘·與秋庫書》,《韓國文集叢刊》,248/115。
⑧洪大容《湛軒書外集》卷1《杭傳尺牘·與九峰書》《祭嚴鐵橋文》《與嚴老伯書》《與嚴昂書》等,《韓國文集叢刊》,248/116—117。

摧傷,其遺影甚願一見,恐未易遠寄也"①。而據朱文藻之信,洪大容知嚴誠死訊後,具香幣寄孫有義,轉入錢塘,乃其夕將大祥也。會祭者環西湖數郡,莫不驚歎,謂冥感所致。誠兄果焚香幣,讀其辭,爲初獻。子昂書稱伯父,寄其父《鐵橋遺集》。轉傳九年始至,集中有誠手畫洪大容小影。誠之在閩病篤,猶出大容所贈鄉墨嗅香,置胸間而逝,遂以墨殉於柩中,吳下盛傳爲異事。洪氏得聞嚴氏彌留情事,如是悱惻。遂呼號"嗟呼朗齋! 我心非石,其可頑然而已耶! 入則繞壁,出則呼天,觸目悲酸,死而後已,慘慘我懷,尚忍多言。惟此造像遺稿,如捧拱壁,曩夕瞻依,少伸幽鬱,且敬其兄如敬吾之兄,愛其弟如愛吾之弟,終身懷往,不敢遺忘。嗟吾賢弟,可以諒此心也"②。自此以降,大容屢書札往還,問候嚴父,安慰其子,並稱"僕於戊子居憂之中,三數鄰子相從問字,有語錄數十條,自謂讀書符訣,言雖平淺,按而行之,頗有妙蘊,今以持贈,或不能無助於進修也。人生才性,自有事業,宦海榮祿,特其餘事,惟賢侄毋局於一藝,毋安於小成,使先君未卒之志事,竟以繼述於肖子,不亦善乎!"③拳拳不忘,叮囑至殷。嚴誠亡後十餘年,洪大容仍與嚴果、嚴昂通信,稱其與嚴誠"一訂之後,便成骨肉,終身思愛,勿忘勿改,友朋信義,固不當如是耶? 記昔城南證交,篆飲之高雅,秋庫之英達,畏服愛重,無間於鐵橋。而弟兄之訂,獨在於鐵橋,一席跌宕,不嫌取捨,誠以天倫之誼不可苟訂也"④。凡此舉措言語,其待死友如骨肉,待嚴父之如父,待其兄如兄,而視其子如子,令吾輩於二百餘年後讀之,仍感慨莫名而扼腕頓足,而洪大容與嚴誠諸人之交,可謂燕行史上最溫馨而燦爛之人性光環矣!

0563-1765
洪大容《燕行詩》(《叢刊》第 248 册《湛軒書內集》 鉛印本)

案洪大容有《湛軒燕記》(0558-1765),已著録。

---

①洪大容《湛軒書外集》卷1《杭傳尺牘・秋庫書》,《韓國文集叢刊》,248/118。
②洪大容《湛軒書外集》卷1《杭傳尺牘・答朱朗齋文藻書》,《韓國文集叢刊》,248/123。
③洪大容《湛軒書外集》卷1《杭傳尺牘・與嚴昂書》,《韓國文集叢刊》,248/122。
④洪大容《湛軒書外集》卷1《杭傳尺牘・與嚴九峰書》,《韓國文集叢刊》,248/121。

洪大容《湛軒書內集》卷三,收其燕行或歸國後,寄陸飛、嚴誠、潘庭筠、鄧師閔、趙煜宗、孫有義諸人詩三十餘首,今輯爲《燕行詩》而著錄焉。洪大容持身律己,自奉甚嚴。居家莊嚴肅穆,衣服不過掩體,飲食不要適口。器用什物,一是樸素。平生不著上衣,未嘗出戶外。以爲讀書若不於吾身體驗,則未免書自書我自我,終無實效。每讀書,文義不求甚解,間多闊看處。又稱"文章家習氣,常以爲病。如昌黎《毛穎傳》之類,皆視以俳優之戲"。以此之故,大容詩作甚少,其"平生不喜作詩律,所詠者,不過古體若干篇而已"①。

今觀洪氏所詠,或寄托相思,如"洪濤隔滄海,萬里空相望"②,"惟有海上月,長照兩心肝"③,"天涯結知己,信誓有日白"之類皆是④。山隔水遠,音訊不至時,則叮囑"千里論交寸心是,一年繒簡莫相違"者也⑤。或道義相交,勖勉根柢之學,如"主敬與養浩,吾道有本源"⑥,"洗濯亦多術,息養乃要妙"⑦。又大容精於天算之學,其詩亦謂"圜則誰營度,大塊浮空界。積氣如輻湊,萬品成倒掛。上下無定勢,遠近殊見解。北極有高低,天經有東西。海外豈無地,平望空澎湃。西叟真慧識,盲聾謾驚怪"⑧。若此之類,則爲釋天體之球狀,而非天圓地方之舊説也。然其詩持論謹嚴,説理有餘,而詩韻不足,不若柳得恭之詩爲活潑圓潤,天然可愛耳。

---

①洪大容《湛軒書外集·附錄》洪大應《從兄湛軒先生遺事》,《韓國文集叢刊》,248/323。
②洪大容《湛軒內集》卷3《寄嚴鐵橋誠》其一,《韓國文集叢刊》,248/078。
③洪大容《湛軒內集》卷3《又寄秋庫》其三,《韓國文集叢刊》,248/078。
④洪大容《湛軒內集》卷3《次孫蓉洲有義寄秋庫詩韻仍贈蓉洲》,《韓國文集叢刊》,248/079。
⑤洪大容《湛軒內集》卷3《寄趙梅軒煜宗》其三,《韓國文集叢刊》,248/079。
⑥洪大容《湛軒內集》卷3《寄嚴鐵橋誠》其四,《韓國文集叢刊》,248/078。
⑦洪大容《湛軒內集》卷3《寄嚴鐵橋誠》其五,《韓國文集叢刊》,248/078。
⑧洪大容《湛軒內集》卷3《寄陸篠飲飛》其三,《韓國文集叢刊》,248/078。

卷四九　0564—0577

英祖四十二年(乾隆三十一年　1766)—
英祖五十二年(乾隆四十一年　1776)

0564-1766

金弘哲《丙戌手本》(《同文彙考補編》卷五《使臣別單五》　活字本)

　　出使事由：賚咨行

　　出使成員：賚咨官金弘哲等

　　出使時間：英祖四十二年(乾隆三十一年　1766)？—十一月七日

　　金弘哲，生平事蹟不詳，扶安人。金垍十六世孫。英祖朝，任昌陵參奉、漢學訓上官。精漢語，爲譯官。曾以賚咨官、譯官身份多次出使清朝。纂有《止浦先生年譜》。事見金垍《止浦集》、《同文彙考補編》卷五《使臣別單五》金弘哲《丙戌手本》、《承政院日記》等。

　　此《手本》一條，記乾隆帝幽廢皇后，絕其往來，損其飲食，日加誚責，令其速死，至六月二十三日始殁，或曰不得良死，而事極諱秘，即日移殯東直門外静安莊，不頒詔，亦不成服，後略備儀物，葬於遵化州諸陵傍。太后欲另選名族，皇帝意在後宮，相持未決，故新皇后册封事，難以預期云。

0565-1766

咸溪君李櫄、尹得養《丙戌別單》(《同文彙考補編》卷五《使臣別單五》活字本)

　　出使事由：冬至等三節年貢兼謝恩行

　　出使成員：正使咸溪君李櫄、副使禮曹判書尹得養、書狀官兼司憲府
　　　　　　執義李亨逵等

　　出使時間：英祖四十二年(乾隆三十一年　1766)十月二十二日—翌

年四月十七日

案咸溪君李樞有《壬午別單》(0554-1762)，已著錄。

尹得養，生卒籍貫不詳。英祖朝，爲世子侍講院説書、司憲府大司憲、承政院承旨、漢城府左尹、黄海道觀察使、吏曹參判等。正祖時，任司憲府大司憲、工曹判書等。事見《英祖實録》《正祖實録》《承政院日記》等。

案朝鮮每年差官，於九月内到京領取憲書。但欽天監每年十月初一日頒發之時，並不一體給發，必於初三、初四等日行文領取，此與天子頒來歲之朔於諸侯之意，似不允協。故禮部祠祭司奏，嗣後朝鮮亦當於十月初一日，敬謹領受。奉旨依議。又朝鮮忠清道林川人鄭太文等九名，漂到峀巖，解領至義州。朝鮮遂遣冬至等三節年貢兼謝恩使咸溪君李樞、副使禮曹判書尹得養、書狀官兼司憲府執義李亨逵等入燕，進年貢兼謝憲書進日頒給，及謝漂人出送等事焉。

此《別單》一條，謂莽匪在雲南西，五六年侵擾土境，總督楊應琚剿平之，辟地二千餘里。浙江省漢人吳允明一族百餘人謀叛，巡撫熊學鵬拿捕定罪云。

0566-1767

李心源《丁亥燕槎録》(《續集》第119册；《日本所藏編》第1册 鈔本)

出使事由：冬至等三節年貢兼謝恩行

出使成員：正使全恩君李墩、副使吏曹判書李心源、書狀官兼司憲府執義李壽勳等

出使時間：英祖四十三年(乾隆三十二年 1767)十月二十二日—翌年四月十一日

李心源(1722—?)，初名仁源，字宅之，延安人。得輔子。英祖二十六年(乾隆十五年 1750)文科及第。官司諫院獻納、弘文館校理、承政院承旨、司諫院大司諫等。因事流放，後復起爲户曹參判、刑曹參判、司憲府大司憲等。有《燕槎録》行世。事見李福源《雙溪遺稿》卷六《從弟參判君墓誌銘》、卷七《墓表》、《英祖實録》等。

英祖四十三年(乾隆三十二年 1767)十月,冬至等三節年貢兼謝恩使全恩君李墩、副使吏曹判書李心源、書狀官兼執義李壽勳等入北京。是年朝鮮民人慎必昌等十五名,林重彥等十三名,漂到福建福清等地,解至北京,差通官徐宗孟領到義州。故此行謝恩者,謝漂民出送也。一行於十月二十二日發王京,十一月二十五日渡江,十二月二十七日到北京,翌年二月十二日離發北京,四月十一日返漢城覆命也。

案是書乃鈔本,一册,藏日本東洋文庫。封面漆黑難辨,唯右下有"前間氏所藏"五小字,清晰可見。全稿以行草書之,字體秀麗,或行或草,不能辨識之字多焉。

此稿所記,有繁有簡,非每日皆有隸事,中間記糧草饌物、路程記、清廷賞賜諸物等。其沿途所記,於陰晴宿站、山川景致之外,李心源尤所關注者,乃沿途耕地及稅收等事,每至一處,皆尋問筆談,載於記中。而其於入栅前,則詳記所帶禮物如各色紙張、海參、油芚、白席、花席、男梳貼、女梳貼、文魚、大口魚、小口魚、廣魚、昆布、筆、真墨、真梳、馬鐵、刀子、大鐵、環刀、鈿竹、長烟竹、大甲草、毛襪等,並詳記數目。而在灣上軍官放料之數目,以及在玉河館留館期間,每五日所給饌物,凡正使、副使、書狀官、大通官、押物官及從人等所給物數,亦詳載數目也。中間復記自栅門至燕郊沿站三房房錢及路程記,每站上、副、三房宿站房錢等。在京時又記所購之物,如紗絹、針綫、香料、書籍等,詳其價錢。而宿站及中火時之水價、柴價、猪肉等價格,亦為之記,猶若沿路購物及花費之賬薄,然又皆不見於他家《燕行錄》者,於研究清中葉中國當時物價,有極重要之價值焉。

即以沿途所置書籍而論,如十二月初八日宿十里堡,李氏以銀五戔買《讀杜心解》,二兩買《史記評林》,一兩買《韻府群玉》,一兩二戔買《記事本末》,三兩買《康熙字典》,七戔買《水滸志》,七戔買《三國志》,七戔買《西游記》,四戔買《字彙》。① 又二月初一日,在北京又購得書籍若干,皆一一詳錄時價。其在瀋陽時即購買《讀杜心解》《史記評林》

---

① 李心源《丁亥燕槎錄》,《燕行錄續集》,119/040。

《韻府群玉》《記事本末》《康熙字典》《水滸志》《三國志》《西游記》《字彙》諸書。① 而在京期間又購置《堯山堂紀》《草堂詩餘》《蘇黃志林》《古文約選》《杜詩箋注》《楚辭》《文選》《戰國策》《前明綱目》《昌黎集》《莊子》《鶴林玉露》《漢書評林》《皇明全史》《宋西坡集》《北齊書》《列國志》《北宋演義》《世説》《片壁明史》《古詩餘》《古口詩歸》《李白集》《明詩歸》《一統志》《十三經注疏》《史記評林》《歷代名臣奏議》《佩文詩韻》《王陽明集》《明文化玉》等,並詳記每部書之價錢,且其在瀋陽所購《史記評林》爲銀二兩,而在北京所購同一書,則爲銀六兩,②相差如此之大,不知乃版本不同耶? 抑或瀋陽與北京書價之相懸若是耶?

此類書中,若《史記評林》《韻府群玉》《記事本末》《前明綱目》《漢書評林》《皇明全史》《北齊書》《片壁明史》《一統志》《歷代名臣奏議》等,皆爲當時禁出國門之書,而赫然在李氏所購書目中,則可見當時所謂禁售者,亦不過具文而已矣。

又其在十里堡,稱主人年可二十二三,而有怒氣,而入問其故,答云不得送出征,故憤憤云。問云戰死地也,不去則幸,何爲反憤其不得去。答曰人皆一死,況戰亡即丈夫之事也,成功則固好,死則自朝錄其子孫,給料其妻,何惜死之有乎! 問一年兵料爲幾許? 曰有食銀百兩者,有七八十兩者,有五六十、三四十兩者耳。戰馬乃自備云。蓋南蠻作亂,始有選兵之事,各縣抄上瀋陽。③ 此可知當時百姓,並不以出征爲懼,且撫恤優厚,以死爲榮也。

夫馬進教授以爲,與尹汲日記相較,李心源書已少反滿感情,與英祖四十一年(乾隆三十年 1765)燕行之洪大容實學相類焉。④ 蓋作者心繫經國濟民之事,所記多有合於實用者,非一般泛泛而談,上以欺紿國王,下以取悦他人者可比也。

---

① 李心源《丁亥燕槎録》,《燕行録全集日本所藏編》,001/287。
② 李心源《丁亥燕槎録》,《燕行録全集日本所藏編》,001/301—302。
③ 李心源《丁亥燕槎録》,《燕行録續集》,119/039。
④ [日]夫馬進《日本現存朝鮮燕行録解題》,日本京都大學文學部研究紀要,第42號,2003年版,第162頁。

0567-1769
徐命膺《燕行詩》(《叢刊》第 233 册《保晚堂集》 活字本)

出使事由:冬至等三節年貢行
出使成員:正使禮曹判書徐命膺、副使吏曹參判洪梓、書狀官兼司憲府持平洪乘信等
出使時間:英祖四十五年(乾隆三十四年 1769)十月二十二日—翌年四月二日

徐命膺(1716—1787),字君受,初號恬溪,正祖賜號保晚,達城人。浩修父。英祖三十年(1754)文科及第。爲司諫院正言、弘文館校理、承政院承旨、弘文館提學、禮曹參判、吏曹判書、平安道觀察使等。正祖時,陞弘文館大提學、判中樞府事、守禦使等。以奉朝賀致仕。命膺師從洪良浩,博涉群書,尤精於《易》。歷官九卿,至輔國階。正祖在春邸,待以賓客,常被眷待。凡有經史疑義,手書質問。及建奎章閣,首拜提學,多所贊畫。卒諡文靖。有《保晚齋集》十六卷。事見《保晚齋集》卷一二《自表》、徐瀅修《明皋全集》卷一五《本生先考文靖公府君行狀》與英祖、正祖《實錄》等。

徐命膺《保晚齋集》十六卷,爲其子浩修、孫有榘等奉正祖命,於正祖十一年(乾隆五十二年 1787)編次校定,憲宗四年(1838)有榘以聚珍活字擺印,《韓國文集叢刊》據國立中央圖書館藏本影印。詩二卷,文十四卷,前有正祖《宣賜宸藻》手書模刻與李福源序,末有徐有榘《跋》。有榘稱其祖著有四集六十四卷,叢書六十卷,他剩簡零編之自爲一書者,毋慮數十百卷,而是刻即昆山片玉耳。

案據《英祖實錄》,英祖四十五年(1769),初以韓光會爲冬至正使,韓氏被彈不肯行,英祖特除忠清水使徐命膺代之。蓋命膺常以文衡銓曹,被彈於人,上疏乞休致,久不仕。上怒,雖黜之於外,然意欲用之,故有是命焉。①

徐命膺《保晚齋集》卷一有燕行詩,雖不詳見出使時日,然有《清節祠

---

①《英祖實錄》卷112,英祖四十五年(乾隆三十四年 1769)六月二十五日乙亥條。

次副价洪養之梓韻》等詩,則知其爲英祖四十五年(1769)所作詩,惟僅錄十首,蓋有刪汰或散佚故耳。其詩稱"我昔再飲燕雲冰"①,則至少兩度入燕也。又有《燕雲歌送冬至上副使》詩並序,稱"昔歲戊戌,家弟領袖相爲瀋陽使,洪漢師(良浩)作《盛京歌》二十七韻以爲贐,豪健逸宕,我東歌行未之多見也。今鄭相國(存謙)爲冬至上使,漢師副之,屢責以贈處之義,於是變漢師之《盛京歌》爲《燕雲歌》,依其韻以奉贐鄭公兼簡漢師"②。其歌慷慨激昂,指斥清廷,不遺餘力,又述在燕諸事,頗爲詳悉,反較其燕行詩爲得真也。而卷七《送冬至書狀官李汝慎(徽中)之燕序》,詳述一行出使,"使有正副,又置書狀官兼行台,以糾一行之不如法者。正副惟體重爾,權在乎書狀官。故象胥輥鞭隸卒之屬,憚書狀官甚於正副焉"。又詩中述論書狀之職責與訶察之法,爲燕行諸家中論書狀最爲細微詳盡之詩文,於研讀三使之職責權力,可謂重要之參考資料焉。③ 命膺乃朝望所歸,晚年又得正祖眷遇,故其詩亦溫柔敦厚,寬緩適度,其詩稱"使乎奚取詩,詩教在柔溫"④,可謂有得之言也。

0568-1769
徐命膺、洪梓《己丑別單》(《同文彙考補編》卷五《使臣別單五》 活字本)

案徐命膺有《燕行詩》(0567-1769),已著錄。

洪梓(1707—1781),字養之,南陽人。英祖朝,爲司諫院正言、弘文館校理、司諫院大司諫、成均館大司成、漢城府左尹等。正祖時,任司憲府大司憲等。事見《英祖實錄》《正祖實錄》《承政院日記》等。

此《別單》五條,記緬甸之役,自丁亥至己丑,首尾三年,先是兵部尚書明瑞爲大將軍出征,因不習地理,不敢進擊,帝責其逗留,責其進兵,然全軍敗衂。後以傅恒出征,初亦不進軍,皇帝囚其家屬,傅進軍獲勝,連克

---
① 徐命膺《保晚堂集》卷2《燕雲歌送冬至上副使》,《韓國文集叢刊》,233/104。
② 徐命膺《保晚堂集》卷2《燕雲歌送冬至上副使》,《韓國文集叢刊》,233/104。
③ 徐命膺《保晚堂集》卷7《送冬至書狀官李汝慎之燕序》,《韓國文集叢刊》,233/191。
④ 徐命膺《保晚堂集》卷7《送冬至書狀官李汝慎之燕序》,《韓國文集叢刊》,233/191。

四十餘堡。又記乾隆帝斥錢謙益《初學集》《有學集》，詆謗本朝，不一而足，不過借此掩其失節之羞，尤可鄙可恥。命各該督撫等此二集限兩年內查出送京銷毀，勿遺片簡。又謂乾隆帝稱，朕實爲世道人心，斥棄其書，非欲查究其事，書坊及藏書家，元無干礙，嚴飭屬員，安静安辦。又記琉球使臣朝貢及所賚禮品、皇太后八旬及皇帝六旬敕蠲錢糧及開恩科事等。末一條所記，則笙簧曆法等事焉。

0569-1771
金尚喆、尹東暹《辛卯別單》(《同文彙考補編》卷六《使臣別單六》 活字本)

出使事由：陳奏兼謝恩行
出使成員：正使右議政金尚喆、副使禮曹判書尹東暹、書狀官司僕寺正沈頤之等
出使時間：英祖四十七年（乾隆三十六年 1771）五月二十七日—十月十三日

金尚喆（1712—1791），字士保，號華西，江陵人。英祖十二年（1736），擢文科。歷事英祖、正祖兩朝，官至忠清道觀察使、慶尚道觀察使、吏曹判書、户曹判書、禮曹判書、平安道觀察使、議政府右議政、左議政、領議政、領中樞府事等。因其子宇鎮事牽連罷職，卒於家。高宗時，諡忠翼。事見李裕元《嘉梧藁略》第一五册《金公神道碑》、鄭元容《經山集》卷一九《諡狀》與英祖、正祖、高宗諸朝《實錄》。

尹東暹（1710—1795），字德升，號八無堂，坡平人。英祖三十年（1754），擢增廣文科。爲司諫院大司諫、承政院承旨、忠清道觀察使、司憲府大司憲、吏曹判書、兵曹判書等。正祖時，官議政府左參贊、刑曹判書、判義禁府事、知中樞府事等。事見徐榮輔《竹石館遺集》第三册《尹公墓誌銘》與《英祖實錄》《正祖實錄》等。

先是，英祖四十六年（乾隆三十五年 1770），朝鮮平安道義州民康劍誦等十三人，宣川民黄愛堂等十五人，鐵山民蔡老仰等十三人，俱因捕

魚漂到鳳凰城龍台河,遞至盛京,差通官雙林解到義州。又康熙三十五年(1696),朱璘編纂《明紀輯略》十六卷成,有摘自明陳建《通紀》語,論朝鮮太祖事及其他事,有"語極悖謬"者,英祖遂遣金尚喆一行入燕,奏史誣並謝漂人出送焉。一行於五月二十七日發王京,十月十三日返京覆命。又以前參判嚴璘改名嚴璹,以避惡人朱璘也。九月,禮部移咨朝鮮,以爲朱璘《明史輯略》已於乾隆二十二年,經浙江巡撫楊廷璋銷毁,陳建《皇明通紀》若朝鮮尚有,可自行銷毁,以永杜疑竇。又令直省督撫再行申禁,毋許私藏通行焉。

此《別單》六條。記因皇太后八旬,今春特設老人恩科,有年百歲者江西人李煒,賞給國子監司業銜;八十以上李珩等十八人,賞給翰林院檢討銜;七十以上丁福隆等十六人,賞給國子監學正銜。又載乾隆巡幸闕里、通州江南清船之盛等。又詳載當時查毁浙江金華縣生員陳邦彥,批上虞縣人朱璘《綱鑒輯略》一書,是書於順治初年,尚列明季僞號,殊有逆迹,陳邦彥不辨順逆,妄加批點,雖無悖逆之言,亦屬無知狂妄,未便輕縱。查律載讖諱妖言傳不及衆者,杖一百流三千里,但非從重嚴懲,無不示儆,應請將陳邦彥改發黑龍江等處安撫,以昭炯戒,其書查繳並書板一並銷毁。又金尚喆等亦奏《明紀輯略》、陳建《皇明通紀》二書,有因襲訛謬處,與欽定《明史》不符,請將書内被誣處刊去。清廷以爲私史原不足憑,現在查購二書,覈對《明史》,另行進呈云。

金尚喆等返國入侍,英祖執手嘉歎,以爲乾隆帝特旨查禁,分明無疑乎?金氏對以非皇旨則何以如此。英祖稱"所請只是銷毁一節,而彼國則至爲申禁,若是曲盡,誠意外也"①。因事出望外,故英祖頗有感恩之意存焉。

0570-1771

海溪君李爀、趙榮順《辛卯別單》(《同文彙考補編》卷六《使臣別單六》活字本)

出使事由:謝恩兼冬至等三節年貢行

---

①《英祖實錄》卷117,英祖四十七年(乾隆三十六年 1771)十月十三日庚申條。

出使成員：正使海溪君李烇、副使吏曹判書趙榮順、書狀官司僕寺正李宅鎮等

出使時間：英祖四十七年（乾隆三十六年　1771）十一月三日—翌年三月三十日

海溪君李烇（？—1783），全州人。朝鮮王朝宗室。封海溪君。英祖朝，爲守陵官、五衛都總管。曾多次出使清朝。事見《英祖實錄》《正祖實錄》《承政院日記》等。

趙榮順（1725—1775），字孝承，號退軒，楊州人。英祖二十七年（1751），登文科。爲司諫院校理、義州府尹、黃海道觀察使、咸鏡道觀察使、戶曹參判等。因辛壬之禍落職，配慶興，後卒於公州路次。有《退軒集》八卷行世。事見《退軒集》卷七《自志銘》趙元喆識記與英祖、景宗、正祖《實錄》等。

案英祖四十七年（1771）春，陳奏兼謝恩金尚喆一行奏禁史誣事，乾隆帝許令查禁。英祖遂遣謝恩兼冬至等三節年貢使海溪君李烇、副使吏曹判書趙榮順、書狀官司僕寺正李宅鎮等入燕，謝刊正史誣、謝方物移准並進三節年貢。一行於十一月初三日發王京，翌年三月三十日返京覆命焉。

此《別單》三條，記川藏綽斯各甲土司與小金川相鬨，帝命阿爾泰等西征事。又載乾隆帝即位，搜中外逸書，令儒臣校正《十三經》《二十一史》，開館修《綱目三編》《通鑒輯覽》等書，又詔內府藏書，不爲不富，然古今著作，無慮數百千家，或逸在名山，未登柱史，宜及時采集，彙送京師，以彰千古同文之義。又使廷臣中有文學者，采闡性學治法，關係世道人心等文字，發類成帙，以備考覽。又載咈嚩啞國在大西洋極西，昨年趁皇太后誕節，起送一名醫、一巧手來京，醫則善針工，工則善燔玻璃。皇帝令處圓明園，外人不得見等事。此則乾隆帝始徵書全國，爲輯《永樂大典》與編纂《四庫全書》之濫觴也。

0571-1771
趙榮順《燕行詩》（《叢刊續》第89册《退軒集》　活字本）

案趙榮順出使事由，見前海溪君李烇、趙榮順《辛卯別單解題》（0570-

1771)。

趙榮順《退軒集》七卷，前有金履陽序，卷一至卷三皆詩，後四卷爲書札及雜著文，末有金祖淳跋。其卷三所收六十餘首詩，第一首詩題《爲省先墓將作湖西行過銅雀津》後注"辛卯"，又末有《余於留館在路誦讀魯論百遍未暇賦詩到柵門適天氣清明與上使海溪君爌書狀官李熙能宅鎮及貞兒往尋安市城感書一律》，考"辛卯"即英祖四十七年(1771)，然則本卷詩即趙氏以謝恩兼冬至等三節年貢行副使出使期間所作也。

趙榮順爲泰采孫、謙彬子、觀彬從子。泰采於癸巳(肅宗三十九年 1713)曾爲冬至使入清，觀彬於乙丑(英祖二十五年)亦以冬至使入燕，二人皆有燕行詩存世，故榮順集中多"次仲父悔軒公"燕行詩。又泰采曾以十二月十三日到十三山，有詩曰"十三日到十三山"；觀彬燕行時，亦是十三日，而有"十三日又十三山"之句；榮順此行亦十三日，六十年三世之行，每值是日，似非偶然，故感次其韻，有"六十年來三世跡，十三日到十三山"之句焉。① 時榮順次子貞喆隨侍其父燕行，故亦多父子聯句之詩也。貞喆(1751—1831)，字成卿，號静軒，後官至刑曹判書、知中樞府事等。

案趙榮順生纔十餘日，其母閔夫人見背，以父命就養於閔鎮遠家，鎮遠家婦實爲金昌集女，於閔夫人爲母姨。故榮順自幼至長，日浸耳染，必金尚憲、宋時烈、閔鎮遠輩義理派之説教，故其視清廷，猶如仇寇，憤恨不已。其燕行詩如"傷心皮幣使，非復大明時"②，"玉帛空羞我，衣冠欲拜誰"者③，以使事爲耻辱之行也。"皇恩萬曆能忘易，河運千年更卜難"④，"羈踪千里遠，胡運百年遲"⑤，"百年居太僭，嗟爾建州奴"者⑥，恨清廷不亡，河清難俟，而胡運長久，大有"時日曷喪，與汝皆亡"之咒罵焉。又父子

---

①趙榮順《退軒集》卷3《王考忠翼公癸巳燕行……遂感次其韻》，《韓國文集叢刊續》，089/296。
②趙榮順《退軒集》卷3《冬至》，《韓國文集叢刊續》，089/294。
③趙榮順《退軒集》卷3《渡江》，《韓國文集叢刊續》，089/294。
④趙榮順《退軒集》卷3《燕行拜表日次仲父悔軒公乙丑赴燕詩韻》，《韓國文集叢刊續》，089/293。
⑤趙榮順《退軒集》卷3《冬至》，《韓國文集叢刊續》，089/294。
⑥趙榮順《退軒集》卷3《又次仲父燕行集中韻》，《韓國文集叢刊續》，089/297。

聯句,貞喆亦常悲歎"空臺千古恨,斜日暫彷徨"①,其一路詩作,父子同慨,睹山川古迹,嗚咽悲泣,長歌短劍,訴盡不平,此恨綿綿,無有絶期,東人之執拗,於趙榮順父子,可謂極矣。

趙氏此行,貞喆蓋即洪大容、朴齊家相類者,故一路多訪中國人士,在三河見孫有義。留館日與翰苑諸人,屢會於庶常館,如湖南武陵龔大萬、福建閩縣李光雲、浙江歸安章銓、湖南沅江吳俊升、浙江石門吳震起、山東曲阜孔廣森、廣東海康陳昌齊等,皆翰林院庶吉士,屢有往來,並拈韻共賦,故榮順亦與諸人有贈答,雖有"一看仍一笑,春色滿天涯"之歡悦開顔②,然亦皆"今日逢君燕市上,悲歌擊筑正相宜"③,又其和陳昌齊詩,謂"東封箕子古,聖德應神符。文物徵周魯,衣冠説浪荗。……客土風謡別,吾邦禮義俱"④,亦不過所謂文明禮樂,萃於東土之舊調而已矣。

0572-1772
順義君李烜、尹東昇《壬辰別單》(《同文彙考補編》卷六《使臣別單六》活字本)

  出使事由:進賀謝恩兼冬至等三節年貢行
  出使成員:正使順義君李烜、副使禮曹判書尹東昇、書狀官兼司憲府
     執義李致中等
  出使時間:英祖四十八年(乾隆三十七年 1772)十一月一日—翌年
     三月二十八日

  順義君李烜,全州人。朝鮮王朝宗室。封順義君。英祖朝,任五衛副總管、都總管。曾數度出使清朝。事見《英祖實録》《承政院日記》等。

  尹東昇(1718—1773),字幼文,號東里,坡平人。英祖朝,爲弘文館校理、兵曹參議、承政院承旨、忠清道觀察使、全羅道觀察使、司憲府大司

---

①趙榮順《退軒集》卷3《鳳凰城與貞兒聯句》,《韓國文集叢刊續》,089/295。
②趙榮順《退軒集》卷3《又賦》,《韓國文集叢刊續》,089/297。
③趙榮順《退軒集》卷3《貞兒於留館日……吳俊升湖南沅江人》,《韓國文集叢刊續》,089/297。
④趙榮順《退軒集》卷3《陳翰林……時爲翰林院庶吉士》,《韓國文集叢刊續》,089/298。

憲等。事見《英祖實錄》《承政院日記》等。

　　乾隆三十七年（1772），以皇太后八旬，加上徽號，頒詔照乾隆二十六年例，交朝鮮年貢使臣順付。又上年，平安道義州民金國東等四名，因捕魚漂到鳳凰城小島，解到盛京，差通官音得布解到義州。故朝鮮遣進賀謝恩兼冬至等三節年貢使順義君李烜、副使禮曹判書尹東昇、書狀官兼司憲府執義李致中等入燕，賀尊號皇太后，謝詔書順付，謝方物移准，謝漂人出送等事，一行於十一月初一日發王京，翌年三月二十八日返京覆命焉。

　　此《別單》兩條，一記清廷平定大、小金川事；一則記安南國朝貢使臣，及其所奏事。稱安南有黃公舒者，糾衆擾州縣。舒死，其衆推其子公纘僞號，拒戰兵敗，係其屬四百餘口，浮海入雲南，多獻財寶，請內附。雲南轉奏皇帝，皇帝許其安接。安南移咨雲南請發回，朝廷不許云。

0573-1773

樂林君李埏、嚴璹《癸巳別單》（《同文彙考補編》卷六《使臣別單六》　活字本）

　　出使事由：謝恩兼冬至等三節年貢行

　　出使成員：正使樂林君李埏、副使吏曹參判嚴璹、書狀官兼司憲府執義任希簡等

　　出使時間：英祖四十九年（乾隆三十八年　1773）十一月四日—翌年四月五日

　　樂林君李埏，全州人。朝鮮王朝宗室。封樂林君。英祖朝，任五衛都總管。曾數度出使清朝。因行事鄙瑣，歸橐貪污，有負專對之任，被削去仕版，放逐鄉里。事見《英祖實錄》《正祖實錄》《承政院日記》等。

　　嚴璹（1716—1786），字孺文，號梧西，寧越人。英祖三十三年（1757），擢庭試丙科。任司憲府大司憲。正祖時，爲楊州牧使、承政院都承旨、刑曹判書、禮曹判書等。有《燕行錄》傳世。事見任天常《窮悟集》卷七《嚴公墓誌銘》，《英祖實錄》、《正祖實錄》等。

　　英祖四十九年（1772），清廷因皇太后八旬並加徽號事，恩詔外藩王

妃以下俱加恩賜,照例賞賜朝鮮國王之妃緞紬共三十疋,交與來使帶回。朝鮮遂遣謝恩兼冬至等三節年貢使樂林君李埏、副使吏曹參判嚴璹、書狀官兼司憲府執義任希簡等入燕,謝賜緞,並謝方物移准事。一行於十一月初四日發王京,翌年四月初五日返京覆命焉。

此《別單》四條,記乾隆帝爲睿親王多爾袞平反事,以其統衆入關,開定中原,其勞不可泯,仍令內務府修其塋域等事。又載平定金川,薛琮失利戰死事。又記譯官玄啓楨購浙江富商助金川軍餉賣官條例,京職則正郎中以下,外職則知府以下,武職則自參將以下,並令納銀自占,而從本品高下,以上下其價,諸職有缺,則與應選之人相間參用,故納銀者或以七八年後受職云。又記《四庫全書》以經史子集彙分成書,及輯《永樂大典》事,今春可以洗稿,皇六子總裁其役云。

0574-1773
嚴璹《燕行錄》(《全集》第 40 册　稿本)

案嚴璹出使事由,詳參前樂林君李埏、嚴璹《癸巳別單解題》(0573-1773)。

此《燕行錄》當爲嚴璹之稿本,據嚴氏此記,則癸巳六月,已有任命,初以全恩君墪爲正使,嚴氏爲副使,任校理希簡爲書狀官,因正使有病,命以樂林君埏代,而副使亦中經更替,終又以嚴氏當之。三使臣於十一月初四日引見於集慶堂,英祖每人書五言十字爲贈,且命嚴氏與書狀對句,亦辭陛偶然稀見事也,後拜表離發。十二月二十八日,至北京入玉河南館。二月十一日,離發北京。四月初五日,返京覆命。所記或詳或略,與諸家相差無幾。末附《別單》,則條係乾隆帝爲多爾袞修葺塋域事、福降安權赫京城事、征金川之役、安南國叛亂事、修《四庫全書》事及乾隆帝窮奢極欲事等。

嚴氏在北京,得見當時庶常館清書庶吉士順天宛平人丘庭潾(廿五)、湖北雲夢人許兆椿(廿八)與浙江山陰人平恕等,並多番往還筆談。其所談涉及《四庫全書》纂修體例、《四庫全書》與《永樂大典》之别異、《古今圖書集成》之卷帙、雲夢澤之狀況、科舉考試時間與程式、恩科及常科、清書之學習、庶常之月課、庶吉士散館之安排、當今孚衆望之文壇領袖（答以錢陳群、沈德潛）、中國人文集刊刻之情狀、琉璃廠書肆、南監與北監之分、漢字及音韻之變遷等。又問及聖廟有子配祭之時代，平恕查考後答以開元八年從祀汴仰，宋大中祥符二年加平陸侯，三年陞子思配位，明洪武二年羅恢請陞有子而黜宰予，不報。乾隆二年，徐元夢請陞有子爲十二哲，皇上特允。又問清朝避諱如丘、玄、弘等字，朱子學陽明學之現狀，平曰陽明學派爲拾人牙慧者。嚴氏論"三人皆年少，神彩精明，丘則似真實，許則和易，平則似輕瓾，有才勝之意均之，可惜被服"①。

比及返漢陽，再入侍於集慶堂。君臣言及清帝祭堂子事、見琉球使臣事、游覽北京名勝之地等，嚴氏復言及從祀諸人中有有子，英祖不知有子爲誰，嚴答以即有若，並言從祀始末，正平恕之言也。退出後，上曰副使難矣。都提調李判府思觀曰："此人聰明該博，絶勝於人矣。"上曰："然矣。"②則其筆談，爲彼贏得英祖君臣贊揚，亦可謂現抓現賣，臨時佛脚，抱有所值也。

0575-1774

海溪君李煇、趙德成《甲午別單》（《同文彙考補編》卷六《使臣別單六》活字本）

出使事由：冬至等三節年貢兼謝恩行
出使成員：正使海溪君李煇、副使禮曹判書趙德成、書狀官兼司憲府執義李世奭等
出使時間：英祖五十年（乾隆三十九年 1774）十一月三日—翌年四月？

案海溪君李煇有《辛卯別單》（0570-1771），已著録。
趙德成（1723—？），字遂甫，林川人。英祖三十九年（1763），增廣文科狀元。爲三嘉縣監、承政院承旨、司諫院大司諫等。五十年，設登俊科，

---

① 嚴璹《燕行録》，《燕行録全集》，040/250。
② 嚴璹《燕行録》，《燕行録全集》，040/296。

復爲狀元。官司憲府大司憲等。正祖時，爲大司憲、副司直等。因事落職。事見《英祖實錄》《正祖實錄》等。

英祖四十九年（乾隆三十八年　1773），朝鮮平安道龍川民許億漂到金州老鐵山海邊，解至盛京，差通官音得布解到義州。五十年十一月初三日，英祖遂遣冬至等三節年貢兼謝恩使海溪君李爌、副使禮曹判書趙德成、書狀官兼執義李世奭等入燕，進三節年貢並謝方物移准，謝漂人出送等件。一行返國日期，《實錄》等書皆失載，蓋亦翌年四月初旬焉。

此《別單》三條，一記山東壽張人王倫，富巨萬，喜施，學僧左術，能飛劍刺人百步外，又製紙甲兵，驅使如意，號神兵。值山東大歉，集饑民數千，賑於家。縣長聞其富，求貸銀萬兩不得，拘之獄，饑民憤其無辜，劫獄出。倫遂殺長吏，據其縣而反。乾隆帝遣舒赫德等率京營二千兵攻破之，王倫自焚死。又載乾隆帝登基四十年，諸臣引康熙事，請歲初陳賀，帝以金川未平，不允。又記正月皇貴妃魏氏身故，撤朝五日，百日後則當册新妃汪氏云。

0576-1775
樂林君李埏、李海重《乙未別單》（《同文彙考補編》卷六《使臣別單六》活字本）

出使事由：冬至等三節年貢兼謝恩行
出使成員：正使樂林君李埏、副使吏曹判書李海重、書狀官兼司憲府執義林得浩等
出使時間：英祖五十一年（乾隆四十年　1775）十一月二日—翌年四月一日

案樂林君李埏有《癸巳別單》（0573-1773），已著錄。

李海重，生卒籍貫不詳。英祖朝，爲江都御史、司諫院大司諫、成均館大司成、吏曹參議、禮曹參判、司憲府大司憲等。正祖時，仍爲大司憲。因事竄於端川，後放還。事見《英祖實錄》《正祖實錄》《承政院日記》等。

英祖五十一年（1775），朝鮮平安道鐵山人卓武先及義州人文武占等

十人,合夥捕魚,漂到金州城海口,解至盛京,武先等船隻瓶碗變賣作銀,並交與通官雙林,送到義州。十一月初二日,英祖遣冬至等三節年貢兼謝恩使樂林君李埏、副使吏曹判書李海重、書狀官兼司憲府執義林得浩等入賀,進三節年貢兼謝漂人出送事,一行於翌年四月初一日返國覆命焉。

此《別單》三條,一記緬甸獻象牙、犀角事,及正朝時,序於琉球使下,琉球使頭纏紅錦帕,肩披紅猩氈,脚著紫皮靴,兩耳穿孔容指。又載崇禎時殉難范景文等二十人,康熙已有褒贈,乾隆帝又追諡明末節義者劉綎等十數人。末記大金川索諾木降,金川平定等事焉。

0577-1776

朴明源、鄭好仁《丙申別單》(《同文彙考補編》卷六《使臣別單六》 活字本)

  出使事由:冬至等三節年貢兼謝恩行
  出使成員:正使錦城尉朴明源、副使吏曹判書鄭好仁、書狀官兼司憲府執義申思運等
  出使時間:英祖五十二年(乾隆四十一年 1776)十一月七日—翌年三月二十七日

朴明源(1725—1790),字晦甫,號晚葆,潘南人。尚英祖女和平翁主,封錦城尉。美風儀,姿性端吉誠莊。出入禁闥五十餘年,視不踰履,聽無移屬,口絕朝議,跡斷廷紳,寵遇冠絕諸貴,而夙夜祗畏,至老靡懈。曾多次出使中國,有專對之能。平生好讀書,工筆札,尤長於詩,所著有《晚葆亭詩集》《燕行錄》若干卷,多不存世。後諡忠僖。事見正祖大王《弘齋全書》卷一五《錦城尉朴明源神道碑銘》、朴趾源《燕巖集》卷三《墓誌銘》與《英祖實錄》《正祖實錄》等。

鄭好仁,生卒籍貫不詳。英祖朝,為藝文館檢閱、司諫院獻納、承政院承旨等。正祖時,任工曹判書、司憲府大司憲、刑曹判書、京畿道觀察使、開城留守、兵曹判書、判義禁府事等。事見《英祖實錄》《正祖實錄》等。

英祖五十二年(1776),朝鮮平安道義州人九名,因捕魚遭風,船敗七

人淹死,鄭遇陞等二名,漂到岫巖城黑嘴子,解至盛京,差通官雙林送到義州。是年冬,正祖遣冬至等三節年貢兼謝恩使錦城尉朴明源、副使吏曹判書鄭好仁、書狀官兼司憲府執義申思運等入燕,進三節年貢並謝漂人出送焉。一行於十一月初七日發王京,翌年三月二十七日返京覆命。

此《別單》二條,一記大小金川投降事,稱其頭目十六人從者四百餘名來歸,皇帝發京營兵二萬,盛陳軍容,以示其武,番子皆戰栗。一記皇太后崩後,皇帝詔以爲前因聖母萬壽,特蠲各省錢糧,以昭慶惠,茲者仙馭升遐,更無推廣慈仁之處,現在部庫積有七十餘萬,著再加恩,自戊戌普蠲天下錢糧,仍分三年,俾寰宇億兆人民,仍得共被慈恩,永申感慕云。

卷五〇　0578—0592

正祖元年（乾隆四十二年　1777）—正祖二年（乾隆四十三年　1778）

0578-1777

李坤【原題李押】《燕行記事》（《全集》第 52 册　刻本）

　　出使事由：進賀謝恩陳奏兼冬至等三節年貢行
　　出使成員：正使河恩君李垙、副使吏曹判書李坤、書狀官兼司憲府執
　　　　　義李在學等
　　出使時間：正祖元年（乾隆四十二年　1777）十月二十六日—翌年三
　　　　　月二十九日

　　李坤（1737—1795）①，字信卿，延安人。英祖四十五年（1769），登庭試丙科。爲司諫院正言、弘文館校理、承政院承旨、司憲府大司憲等。襲封延封君。正祖時，官至刑曹判書、司憲府大司憲、禮曹判書、吏曹判書、判義禁府事等。一生七長天官，五判西銓，再按雄藩，而不以一物自殖，舊業無尺寸增益，門無雜客，冷落如寒士。是以歷事兩朝三十年，身處危厲者屢，而能以功名終焉。有《燕行記事》四卷行世。事見趙斗淳《心庵遺稿》卷二五《李公謚狀》、《英祖實錄》、《正祖實錄》等。

　　正祖元年（乾隆四十二年　1777）十月，朝鮮進以賀謝恩陳奏兼冬至等三節年貢行正使河恩君李垙、副使吏曹判書李坤、書狀官兼執義李在學入燕，賀皇太后祔廟，謝詔書順付，並陳奏討逆諸事。先是八月間，左議政洪麟漢素包禍心，潛懷異圖，終至謀逆，事發討平，麟漢賜死，餘黨或死或竄。大抵變起戚里，黨連巨室，而一心怨國，三塗謀逆，禍機颷起，迫在呼吸。至於再徵王都兵，城門晝閉者凡六日，此往牒所未有之凶逆。"以臣

---

①案李坤，《使行錄》作"坤"，《燕行録全集》本作"押"，《英祖實錄》《正祖實錄》皆作"坤"，今以《實錄》爲據改。

譾劣,克靖凶孽,幸免顛覆,實賴皇上威德之遠被。既同内服,且有前例,凡係大小事情,擬合上聞,仍將前後事狀,敢此陳奏"①。一行人馬在出柵時三百一十人,馬二百二十三匹,於十月二十六日離發,翌年三月二十九日返京焉。

比至奏聞,乾隆帝以爲,其謀逆者,想以權貴專恣之類,憚王英明,潛懷異圖。謀逆之惡,豈有大小國之别乎？該國有不幸之事,而該國王所辦,極爲允協,朕心嘉慰。然奏文字畫,雖極精細,然禮部謂原奏内有"儲君"及"國王嗣位"等語,未爲合式。咨知該國王嗣後一切表奏,辭意務留心點檢,毋再違舛。李坤等以順治七年奏文,有"國君"之"君"字;康熙十九年奏文,有"儲嗣"之"儲"字。則"儲君"二字,可以照此辨之。至於"嗣位"二字,則康熙十九年奏文與雍正六年奏文,皆有"嗣位"之句。前後規例,班班如此,則不可不一番明暴,故在禮部頒賞之時,袖往以傳於禮部侍郎王杰,王氏以爲此使臣初不奉覽於國王,徑自請改者,越分極矣,使臣何爲此妄率之計云。而一行尚未返國,朝鮮大臣亦以爲使臣只奏有前例,而仍當奏稱以議政府之狀啓之口吻答之,或可爲發明之端,而專對之臣,未免有未盡之歉。李氏等得朝報,有三使臣並削職之命云。"萬里銜命,竟被譴削,悚蹙深切。"②而爲正祖不允,傳曰飭勵已行,反面在近。冬至三使臣,一並叙用矣。

李氏此記,凡若沿路柵門、瀋陽、山海關、北京所送禮物清單,往返路程記,表副咨文奏本及方物歲幣數、三次方物移准數(前次)、三節方物移准外餘剩數目、討逆奏文,沿途所上狀啓、一行人馬數等,皆在所列。其論八包貿易及禁物私通等,也多有可采者。尤與他家不同者,朝鮮使臣出漢京,其在本國海西、關西沿路,有並站官沿站支侍之規,李氏此記詳錄金川、平山、葱秀、瑞興、劍水、鳳山、黄州、中和、平壤、順安、肅川、安州、嘉山、定州、郭山、宣川、鐵山、龍川、所串、義州等地,皆由地方官支待。三行支供各自其邑備送乾價於地方官,無出站之例。③ 於研究使行在西路之

---

① 《正祖實録》卷4,正祖即位年(乾隆四十二年 1777)十月二十六日戊午條。
② 李坤【原題押】《燕行記事》,《燕行録全集》,052/560。
③ 李坤【原題押】《燕行記事》,《燕行録全集》,052/321—322。

食宿等,極有裨益也。

0579-1777
李坤【原題李押】《燕行記事》(《全集》第 53 冊　刻本)

案李坤有《燕行記事》(0578-1777),已著録。

此即李坤燕行時日記之外所記雜記百餘條,並詩五十餘首。所記有關清朝官制及北京歷史者若燕京歷史沿革、宫闕建置、城垣府庫之制、京師八倉、内務府、養濟院、太醫院、元朝賀儀、鹵薄儀仗、太監制度、恤刑之典、誥命用錦、皇帝御寶、文書用印、封印日期、滿漢文書格式、皇帝聽政之式、諸部奏請之式、文武官員封贈品秩、八旗制度、元朝賀儀宗人府、禮部主客司與清吏司、軍機大臣等;涉及清廷宫闈諱事者若康熙與乾隆南巡諸事、吕留良事迹、雍正不設太子、清朝諸帝治風、曾静查庭嗣之獄、貪瀆之風、宫廷繼位秘聞等;記沿途所見者若遼野山川脉淵、河水走向、水土之性、各地水味、城池關隘、城堞築法、東北兵力布局、沿路寺刹、農耕之法等;有關民情風俗者若宗室親王屋宇之制、百姓房屋之制、男女服制、剃髮之式、佩帶珠玉、明時衣冠、弓箭軍服、馬騾牛羊、大小車制、相見之禮、國喪祭祀、民間喪服喪制、冠禮笄禮、百工匠人、飲食之制、有箸無勺、梨果蔬菜種類、商鋪之盛、負運搬物之法、幼兒摇車、沿路樹木、胡俗尚儉、鍛冶鑄造、表彰貞節、張燈之俗、習俗忌諱等;有關科舉文化者若文廟規模、清人重經書、詩詞風氣、科舉制度、漢語方言、清語蒙語等;有關外國及中國邊疆諸族者若蒙古、大鼻獑子(鄂羅斯)、太極獑子(黄台吉青台吉)、哈密、西獑、西洋、琉球、荷蘭、安南、西蕃等。有關朝鮮使行者若沿途路程里數、明清貢路之不同、會同館提督之制、接待使行飲食與喪葬之制、清人待使行之法、中朝邊民之私采人蔘、沿路所購物貨及用錢之法等。其所據者,亦不出典章地志,而其所述説,仍不脱前人故智。即詩亦如之,如"去去如何不暫休,中原無復可觀周。人皆左衽渾羊犬,俗尚輕車使馬牛"之類①,亦與前此諸家無别也。

---

①李坤【原題押】《燕行記事·十三山旅館夜坐偶吟》,《燕行録全集》,053/229。

0580-1777
李坤【原題李在學】《燕行記事》(《全集》第58—59册　刻本)

　　案李坤有《燕行記事》(0578-1777),已著録。

　　《燕行録全集》編纂者於第五八至五九册,收録作者爲"李在學"之《燕行記事》四卷,大誤。此書實爲李坤正祖元年(1777),任進賀謝恩陳奏兼冬至等三節年貢行副使使燕時所著,已見《燕行録全集》第五二至五三册矣。其書首稱"丁酉七月十一日政,冬至兼謝恩副使首擬受點。七月二十六日與正使河恩君垙、書狀官李在學行會同坐於惠民署"①。即此亦可知非李在學之書也。惟前所録,則雖皆以《燕行記事》爲題,而以日記兩卷爲一書,又以《聞見雜記》另爲一書;而此册則以元、亨、利、貞都爲四卷而爲一書,是其異也。且亨卷封面左楷題"燕行記事亨"一行,則知原書如此,四卷當爲一書,彼處分而爲二者誤也。此稿元卷前數頁,凡朝鮮朝官員之姓名,姓字皆用圓圈塗抹,餘皆無所不同焉。

0581-1-1777;0581-2-1777
李在學《書狀官時别單》(李邰漢編《四代遺稿集・芝圃遺稿》,1990年影印本)

李在學《丁酉聞見事件》(《同文彙考補編》卷六《使臣别單六》　活字本)

　　李在學(1745—1806),字聖中,號芝浦,龍仁人。崇祜子。英祖四十六年(1770),擢庭試文科。拜藝文館檢閲。正祖朝,爲司諫院大司諫、義州府尹、全羅道觀察使、司憲府大司憲、刑曹判書、京畿道觀察使、兵曹判書、户曹判書等。純祖時,爲户曹判書判義禁府事。因事削職,竄於嘉山,移配穩城卒。後爲平反,謚翼獻。有《芝圃遺稿》十七卷傳世。事見鄭元容《經山集》卷一七《李公墓誌銘》、《正祖實録》等。

　　案李在學出使事由,詳參前李坤《燕行記事解題》(0578-1777)。

---

① 李坤【原題李在學】《燕行記事》,《燕行録全集》,058/256。

卷五〇　李在學《書狀官時別單》《丁酉聞見事件》　865

　　案此《書狀官時別單》，見李在學《芝圃遺稿》卷一七，爲正祖元年（乾隆四十二年　1777）李氏充進賀謝恩陳奏兼冬至等三節年貢行書狀官赴燕時所作，以備回還時呈國王御覽者也，共三十餘條。而《同文彙考補編》卷六《使臣別單六》所收李在學《聞見事件》，與此全同，故合而編爲一種。且依例當稱"聞見事件"，而不當稱"別單"也。

　　前總叙自鴨緑江至北京沿途山川走勢，風景大致。下爲城池宫室、人物風俗、服飾器用、官秩軍制、時政得失與使行弊癏等類。若其論烟草在中國之盛行，天銀當時兑換價格，中國器用之便利，八旗軍制之大致，和珅之爲清高宗重用，中國任官不憑地閥量才起用等。而末論朝鮮使行八包之弊，銀路之竭，致使"譯官貧困日甚，漸難支吾，生計既如此，故譯官子弟，皆赴他歧而不願譯學，此尤可悶者也"。在學以爲，其弊已痼，誠難矯救，"行中許多弊癏，不可枚舉，而以其大者言之，我國銀産甚貴，而年例八包爲九萬餘兩，又有公用及不虞備，别使則又倍之，歲歲輦輸，有入無出，故銀路益竭難繼。近則一行包入，不充元數之半，一人賣包，價不過百餘兩，少則爲四五十兩，此不足爲往來盤纏及留館雜費，尚何望其買賣取殖以資生耶？是故譯官貧困日甚，漸難支吾，生計既如此，故譯官子弟，皆赴他歧，而不願譯學，此尤可悶者也。且包銀之漸貴，非但以我銀之漸竭，亦由彼貨之倍踴也。我人買賣比前甚少，故彼之索價，隨以騰翔，從而益踴，此皆事勢之所必然，不可不變通者也。弊痼誠難矯救，而要之先減一行員譯，以衍分包之數，更申緞禁，使貴賤衣服有級，則不但侈風之可抑，亦爲銀貨聚殖之道也"。① 其所見頗有獨到，於研讀八包之制，亦爲有用之資料也。

　　又其論"清人皆疏髯，絶無胡鬚被頰者，其俗二十七歲以前，剪其鬚髯，自二十八歲始不剪云。男女面麻者甚稀，痘疹之盛，不如我國耶？"② 痘疹在古代爲危症，清代自宫庭至民間，防痘極嚴，而中國治痘之方，亦作用明顯，故由此可知當時痘疹之在遼東不盛，亦可反知鮮人之多爲痘所苦也。

---

①李在學《丁酉聞見事件》，《同文彙考補編》卷6《使臣別單六》，002/1685。
②李在學《芝圃遺稿》卷17《雜録·書狀官時別單·人物風俗》，《四代遺稿集》，第424頁。

0582-1777
鄭尚淳、宋載經《丁酉別單》(《同文彙考補編》卷六《使臣別單六》 活字本)

　　出使事由：陳慰兼進香行
　　出使成員：正使吏曹判書鄭尚淳、副使禮曹參判宋載經、書狀官兵曹正郎姜忱等
　　出使時間：正祖元年(乾隆四十二年　1777)四月十一日—八月二十七日

　　鄭尚淳(？—1786)，字號不詳，東萊人。英祖朝，爲司諫院持平、成均館大司成、江華留守、司憲府大司憲、吏曹判書等。正祖時，歷官禮、刑、兵、户、工曹判書、守禦使等。事見《英祖實錄》《正祖實錄》《承政院日記》等。

　　宋載經(1718—1793)，字子中，號棄棄窩，恩津人。英祖四十年(1764)，英祖御故宮試士，擢乙科。爲司諫院正言、弘文館校理、義州府尹、忠清道觀察使。正祖時，官司諫院大司諫、禮曹判書、吏曹判書等。卒謚景獻。事見李敏輔《豐墅集》卷一六《宋公行狀》、俞彦鎬《語石》第七册《墓碣銘》與《英祖實錄》《正祖實錄》等。

　　乾隆四十二年(正祖元年　1777)三月，以乾隆帝生母皇太后鈕祜禄氏崩逝，清廷遣佐領隆興、内閣學士兼禮部侍郎永信賷敕至朝鮮告哀。朝鮮遂遣陳慰兼進香使吏曹判書鄭尚淳、副使禮曹參判宋載經、書狀官兵曹正郎姜忱等入燕，慰皇太后崩逝。一行於四月十一日發王京，八月二十七日返京覆命焉。

　　此《別單》二條，一記皇四子履郡王永珹，賢孝善騎射，皇帝愛之，且得民望，今年二月忽病卒，皇帝傷悼，使其弟永璇主祀等；一記高帝子孫爲數千人，而代盡無封爵，只令係黄帶，以表宗室，號曰"黄帶子"，而豪悍不畏法，久爲民害，且戕其首領，皇帝惡之，欲盡驅之於邊外，使瀋陽將軍相其居，瀋陽將軍以爲不如居之大凌河西南近海之地，准其奏而姑無徙居之

旨云。

0583-1778

蔡濟恭《含忍錄》(《全集》第 40 册;《叢刊》第 235 册《樊巖先生集》 刻本)

出使事由:謝恩兼陳奏行
出使成員:正使判中樞府事蔡濟恭、副使吏曹判書鄭一祥、書狀官兼司憲府掌令沈念祖等
出使時間:正祖二年(乾隆四十三年 1778)三月十七日—七月二日(是年閏六月)

蔡濟恭(1720—1799),字伯規,號樊巖、樊翁,平康人。裕後旁孫。英祖十九年(1743),擢庭試文科。二十四年(1748),召試翰林獲第一名。先後爲司憲府持平、承政院承旨、京畿道觀察使、開城留守、兵曹判書、户曹判書、平安道觀察使、刑曹判書、漢城府判尹、禮曹判書、議政府右議政、左議政等。特被簡拔,恩遇隆盛,歷敭內外,官至崇秩,間又獨相數載,爲百年來初有。卒謚文肅。有《樊巖集》六十一卷傳世。事見丁範祖《海左先生文集》卷二四《蔡公神道碑銘》、丁若鏞《與猶堂全書》第一集《詩文集》卷一七《樊翁遺事》與《英祖實録》《正祖實録》等。

蔡濟恭《樊巖集》卷首二卷正文五十九卷,爲門人丁若鏞等校正,受正祖命再編,刻於純祖二十四年(道光四年 1824),《韓國文集叢刊》第據奎章閣藏本影印。前有正祖御筆及《御定凡例》。凡詩十九卷,以《賡和》《榮恩》《丹丘》《望美》《載筆》《伊州》《貞元》《關西》《含忍》《稀年》等別爲小集,餘皆爲諸體文焉。

正祖二年(乾隆四十三年 1778)三月,因上年進賀使河恩君李垙一行,禮部稱其所呈奏文内措辭,有"儲君"及"國王嗣位"等語,未爲合式。蓋此等語,在該本國,自稱原屬不禁,而叙以上告,則乖體制。且該國前此請立世孫及國王嗣爵,皆係請命天朝,遵奉敕旨而行。可見"儲君"及"嗣位"之語,斷不宜列於奏牘。大皇帝因該國素稱恭順,其措辭不合,自由外邦,未識中朝體式,亦姑不深究。特諭本部,咨知該國王,嗣後一切表奏、

辭意,務留心檢點,毋再違舛。咨傳至朝鮮,正祖以爲不可不遣使臣,上以難其人,誰可任者,大臣以數人對,上默然顧蔡濟恭曰:予意欲煩卿一行。何如?蔡起對曰:許國一死,國家有事,臣安得不行。遂以十七日辭陛,五月十五日入皇城,六月十六日離發,七月初二日詣闕覆命。其所呈文内稱,"凡諸奏御文字,別設一司,簡畀仍僚。每當使行,前期撰次,齊會陪臣,八九查準。焚香而拜表,出郊而送使。其所以致敬盡禮,靡不用極者,一惟成法,罔敢荒墜。則豈敢於遣辭之際,有一毫之未盡,甘自取其違越之罪也哉?唯是小邦,壤地僻陋,見聞諛寡。諛寡則以非禮爲禮;僻陋則以非敬爲敬"。"今我皇上,以柔遠之德,推庇物之仁,不唯不加之罪。乃命該部,譬解誨諭,以警來後。從古藩邦得此異數於天朝者,未知有幾。命下之日,小邦臣民,聚首攢祝,益仰皇賜之迥越常格也。"①

　　案此《含忍錄》二卷,輯自蔡恭《樊巖先生集》卷一三至卷一四。蔡氏是行,往返凡一百三十二日,沿途作詩二百三十餘首,"名之曰《含忍錄》,蓋出於含怨忍痛迫不得已之意也,後之覽者,其必有感於斯"②。故卷中若《通州曲》《三河感吟》《遼野柳》等描景抒情之作極少,而如《盛京行》《單于台歌》《山海關歌》《榆關賦關山月呈書狀學士》《薊州行》《法莊寺塔瞰皇城歌》《走草長歌贈潘庭筠李鼎元爲別》《治道難》《棄馬歎》《伊昔歌》等,多慷慨激越,氣勢宏闊,有古歌行體之餘味。蔡氏上卷末引潘庭筠評云:"氣勢如長江大河,泰山華岳,一筆寫出,真有韓、蘇力量。"又評《燕京雜詠》云:"雄偉杰出,大家手筆。"③雖有諛美之嫌,然亦頗紀其實云。

0584-1778
李德懋《入燕記》(《全集》第 57 册;《叢刊》第 259 册《青莊館全書》卷 66—67　鈔本)

　　李德懋(1741—1793),初字明叔,小字鍾大,後改字懋官,號炯庵、雅

---
①《正祖實録》卷5,正祖二年(乾隆四十三年　1778)三月十五日乙亥條。
②蔡濟恭《含忍錄》卷上,《燕行録全集》,040/324。
③蔡濟恭《含忍錄》卷上,《燕行録全集》,040/388。

亭、青莊館、嬰處、東方一士等，全州人。朝鮮王朝宗室，定宗別子茂林君善生十世孫。博學多才，奇文異書，無所不讀，擅書畫。弱冠，即與柳得恭、朴齊家、李書久等合著《韓客巾衍集》，名藉一世。英祖五十年（1774），中增廣初試。正祖二年（1778），隨謝恩兼陳奏行書狀官沈念祖入燕，與清代士大夫若紀昀、李調元、李鼎元、陸飛、嚴誠、潘庭筠等交往，深得贊許。三年，為奎章閣外閣檢書官，參與《國朝寶鑒》《奎章閣志》《弘文館志》《宋史筌》《大典會通》《箕田考》《奎章全韻》等書之編纂。因庶子未能大用，僅為積城縣監，司饔院主簿等。著述甚豐，後人合編為《青莊館全書》七十一卷。事見朴趾源《燕巖集》卷三《炯庵行狀》、南公轍《金陵集》卷一八《積城縣監兼奎章閣檢書官李君墓表》、《青莊館全書》卷七〇至卷七一李光葵《先考積城縣監府君年譜》等。

案李德懋出使事由，詳參前蔡濟恭《含忍錄解題》（0583－1778）。

李德懋《青莊館全書》七十一卷，曾受正祖之命先刻《雅亭遺稿》等，後由其子光葵編輯，李畹秀校訂，於純祖九年（1809）年謄寫鈔定，《叢刊》據奎章閣藏本影印，以國立中央圖書館與日本東洋文庫本補配所缺，《全集》為同一版本。共計《嬰處詩稿》二卷《文稿》二卷、《雜稿》二卷、《禮記臆》二卷、《雅亭遺稿》十二卷（內詩四卷，缺卷五、六、九、十計四卷）、《編書雜稿》（《宋史筌》有遺民列傳、《武藝圖譜通志》、《詩觀小傳》）四卷、《紀年兒覽》二卷（上卷中國下卷朝鮮補編日本琉球等）、《士小節》三卷（士典婦儀童規）、《清脾錄》四卷、《磊磊落落書》九卷《補編》二卷、《耳目口心書》六卷、《盎葉記》八卷、《西海旅言》等一卷、《天涯知己書》一卷、《蜻蛉國志》（日本）二卷、《入燕記》二卷、《寒竹堂涉筆》二卷、《附錄》二卷（《年譜》）。"因以名稿曰《青莊館稿》，青莊即鷺鷥之別名，在江湖間，不營求，唯食過前之魚，故一名信天翁，其自號者，有以也。"①他卷稱名，亦皆有原有委，朴趾源《炯庵行狀》所論綦詳也。

案李德懋《入燕記》二卷，輯自《青莊館全書》卷六六與六七，即李氏此次燕行之日記也。鈔寫工整，字畫疏朗，間有缺字，首頁大題下題"完山

---

①朴趾源《燕巖集》卷3《炯庵行狀》，《韓國文集叢刊》，068—252。

李德懋懋官著/男光葵奉杲編輯/德水李畹秀蕙鄰校訂"三行,原書尚未完及成,故編入《全書》者,爲其草本一册。書中偶有所校字,若"塊"似"魁","獪"似"檜","漢"似"漠"等,皆標識於誤字行之抬頭處,蓋即畹秀所校改者也。

　　李德懋時與其友朴齊家,願欲一見中原,賫志未果,至是沈念祖與其素雅,邀其偕行,齊家亦隨上使蔡公濟恭而入焉,遂連袂並轡,萬里跋涉,足爲友朋之韻事,亦不負男兒四方之志也。① 德懋與齊家,皆飽學之士,又專爲觀光而往,故在京期間,鎮日盤桓於名勝廠肆之間,訪友問談,鈔書購書,尤爲其所樂事。時所接之人,如李鼎元、潘庭筠、唐樂宇諸人,皆與朝鮮使臣有舊交者,或談論詩文,或共研經學,或賞析書畫,或戲談掌故,流戀而忘返。而其在琉璃廠所逛之書肆,則如文粹堂、聖經堂、聚星堂、帶草堂、文茂堂、英華堂、文焕齋等,不一而足,而尤以陶氏五柳居爲大宗,德懋言見其書目,"不惟吾之一生所求者盡在此,凡天下奇異之籍甚多,始知江浙爲書籍之淵藪"②。又購得《通志堂經解》與馬驌《繹史》二書,時稱稀有,而皆善本也。李氏以爲若《經解》,"真儒家之府藏,經學之淵藪也。此書刊行已百年,而東方人漠然不知,每年使臣冠蓋絡繹,而其所車輸東來者,只演義小説及《八大家文鈔》《唐詩品彙》等書,此二種雖曰實用,然家家有之,亦有本國刊行,則不必更購中國,則此二書亦廣布,不必珍貴,價亦甚低,但朝鮮使來時,必別爲儲置,以高價賣之,東人之孤陋類如是"③。德懋識高學粹,故能於書肆中搜得有用之書也如此。尤爲可異者,其歸途經三河縣,遇孫有義,即當年洪大容所交友也,孫氏言洪公前托訪嚴誠《鐵橋遺集》及小照,孫氏已得之,托德懋轉呈,德懋以爲"此亦奇也"。蓋洪氏結交嚴氏,後不數歲,誠病瘧而死,遺書湛軒,言甚悲惻,絶筆也。湛軒求其《遺集》及小照凡十年,今始得之,若有數存焉。④ 此亦當時中朝士人交游之佳話耳。

---

①李德懋《入燕記》上,《燕行錄全集》,057/190。
②李德懋《入燕記》上,《燕行錄全集》057/293。
③李德懋《入燕記》上,《燕行錄全集》057/301—302。
④李德懋《入燕記》下,《燕行錄全集》057/321—322。

案李德懋入北京,已是乾隆中後期,距順治入關已百三十餘年,而燕行使年年皮幣之行,絡繹於道,然於中國學術,既不知悉,更未預流。德懋與潘庭筠等游,曾論文章,潘氏謂"侯方域之文有氣力而不讀書,魏叔子之文精,汪堯峰之文雄"。德懋問:"歸祚明與顧炎武,俱有奇怪之目,此公論歟?"潘答:"汪堯峰譏歸祚明,李安溪傳顧炎武,皆非平正之論。"①比及返途至豐潤,沈念祖謂德懋"左右嘗盛言,顧亭林炎武之耿介,爲明末之第一人物,購其集於五柳居陶生,陶生以爲當今之禁書三百餘種,《亭林集》居其一。申申托其秘藏歸來,余於轎中盡讀之,果然明末遺民之第一流人也。不惟節義卓然,足以橫絕古今,其詩文典則雅正,不作無心語"。德懋謂"亭林迹雖布衣,不忘本朝,不赴康熙己未博學宏詞科,此真大臣也。其所著《日知錄》,可以羽經翼史,可見其淹博也"。念祖亦曰"以亭林之輪囷熱血,其言之雅典如此,不作橫走語,此老胸中有學問故也"。德懋贊謂"此一言足以知亭林也"。② 德懋歸國後,有《讀顧亭林遺書》詩感慨"亭林天下士,明亡獨潔身。今世尊周者,不識有斯人"③。此可知朝鮮君臣,於亭林之爲學爲人尚知之甚鮮也。

案朴趾源評李德懋"其爲文博采百氏,自成一家,匠心獨詣,不師陳腐,奇峭而不離於真切,樸實而不墜於庸凡,使千百載下,一讀而宛然如目擊也。若其該洽今古,辨析名物,雖謂之曠前絕後可也"④。德懋撰作,詞旨端雅,情勝於文,鋪陳叙述,不事奇炫,較燕巖之嗜炫追奇,論議風發,似反出其上者也。

0585-1778
李德懋《燕行詩》(《叢刊》第 257 册《青莊館全書》卷一一《雅亭遺稿》鈔本)

案李德懋有《入燕記》(0584-1778),已著錄。

---

①李德懋《入燕記》下,《燕行錄全集》057/313。
②李德懋《入燕記》下,《燕行錄全集》057/324—325。
③李德懋《青莊館全書》卷 11《讀顧亭林遺書》,《韓國文集叢刊》,257/196。
④朴趾源《燕巖集》卷 3《炯庵行狀》,《韓國文集叢刊》,068—252。

此燕行詩,見李德懋《雅亭遺稿》卷三,今收入《青莊館全書》卷一一。共三十餘首,間有與正使蔡濟恭、書狀官沈念祖唱和詩。德懋此行,以軍官身份,故其詩有"輕快戎裝顧影憐,燕行書記自翩翩"之形容①。此爲其蓄謀已久之遠游,故欣喜得意,溢發於詩,若"不意吾生觀異域,元知世事有前緣"②,"躍馬鳴鞭出大荒,書生眉宇一飛揚"之類皆是也③。末有懷潘庭筠、李鼎元、李驥元、唐樂宇詩各一首,喻潘氏爲司馬相如、枚乘,喻李氏兄弟爲二陸,抒情思舊,情意綿綿者也。

李德懋自謂"性不工詩,而顧喜談藝",故編有《清脾録》。④ 其詩宗所尚,又自稱"尤喜子美五言律,沉吟如痛痏,得其深奥,喜甚"⑤。李調元謂"《青莊館集》造句堅老,立格渾成,隨意排鋪,而無俗艷,在四家中尚推老手"。潘庭筠謂李氏詩"捶字鍊意,力掃凡蹊,別開境界,晚宋晚明之間,應踞一席"。德懋感荷不已,以爲"知音"。其《題香祖批評詩卷》曰:"專門漢魏損真心,我是今人亦嗜今。晚宋晚明開別徑,蘭公一語托知音。"又其《論詩絶句有懷篠飲雨村蘭坨姜山冷齋楚亭》之七謂:"各夢無干共一床,人非甫白代非唐。吾詩自信如吾面,依樣衣冠笑郭郎。"然則德懋詩作,實非唐風可知也。

李德懋入中國前,曾見福建人黄森等四十三人漂泊於康津者,謂其"語音重濁,緩者如鴉如燕,出於舌底,不可模仿。華東殊音,何異聾者。恨黄森等不能文章,不得問中國之新製作也。顧今六合之内,渾爲戎夷,剃髮左衽,無一乾净地,獨我東禮義而冠帶之,於今覺幸生東國也"⑥。其經遼東,入北京,沿路詩作,雖不乏賞景抒情之作,然亦多悲懷低鳴,嗚嗚不平之態,如長詩《沙窩堡賈老人歌》,"暗挑崇禎年間事,以手拊膺激觸頻。長籲一聲不敢哭,寸髮鬆鬆空自循","漢兒身手女真裝,不肖如今丁不辰。嗚呼不忘烈皇帝,口誦遺詔稱聖神。淋漓手寫十數行,停毫飲泣仍

---

①李德懋《青莊館全書》卷11《向九連城》,《韓國文集叢刊》,257/196。
②李德懋《青莊館全書》卷11《向九連城》,《韓國文集叢刊》,257/196。
③李德懋《青莊館全書》卷11《遼野》,《韓國文集叢刊》,257/196。
④李德懋著,鄭健行點校《清脾録》卷1《自序》,上海古籍出版社2010年版,第155頁。
⑤李德懋《青莊館全書》卷4《看書痴傳》,《韓國文集叢刊》,257/083。
⑥李德懋《青莊館全書》卷3《記福建人黄森問答》,《韓國文集叢刊》,257/072。

悲呻","可憐中原多名士,得得紅帽坐棫菌。縱饒詩書奈爾何,不及草澤一遺民"。① 則仍以沙窩老人爲遺民,而譏中原士大夫之無耻也。

又李德懋編纂有《磊磊落落書》十二卷,今見《青莊館全書》卷三六至卷四七,爲明季遺民小傳,凡收錄五百二十八人,《補編》復收一百九十二人。其所徵引書目,若《明史》《啓禎野乘》《大清一統志》《盛京通志》《明儒學案》《亭林集》《西河集》等,亦多達一百七十六種,可與全祖望《宋季忠義錄》相埒,亦可與徐鼒《小腆紀年》相比觀焉。

李氏一行返國後,正祖召見沈念祖,問彼中有何可聞? 念祖曰:"乾隆蓋英主,而近因年老,政令事爲間多苛嚴,故人懷不安矣。"上曰:"中州之文物何如?"念祖曰:"萬里中土,盡入腥膻。所尚者城池甲兵,所重者浮屠貨利,華夏文物,蕩然掃地,甚至大成殿廊,便作街童游戲之場。檐廡荒頹,庭草蕪没,而未見一介青衿之在傍守護,見之不覺於悒。而或逢江南士人之能文者,則雖在剃髮左衽之中,識見贍博,辭令端雅,江南之素稱文明,盡非過語也。"②燕行使雖年年入中土,然自明永樂遷都北京以降,使行再無南京之行,北方既已入腥臊膻臭之區,或江南能保文明之種,故時想江南,遥測西湖,以寄所托者,於沈氏此語亦可見也。

0586-1778

李德懋《天涯知己書》(《叢刊》第 259 册《青莊館全書》 鈔本)

案李德懋有《入燕記》(0584-1778),已著錄。

此《天涯知己書》,見李德懋《青莊館全書》卷六三。實爲德懋鈔撮洪大容《會友錄》秘本,並載德懋評語而成。③ 德懋以爲,洪大容、金在行之在燕館,與嚴誠、潘庭筠、陸飛等交,往來書札筆談,輸瀉相和之樂,不愧古人,往往感激有可涕者。因諸人書札中多用"知己""天涯知己"之詞,故"名曰《天涯知己書》,以剌薄於朋友之倫者焉"④。

---

① 李德懋《青莊館全書》卷 11《沙窩堡賈老人歌》,《韓國文集叢刊》,257/198。
②《正祖實録》卷 6,正祖二年(乾隆四十三年 1778)七月九日丙申條。
③ 李德懋《青莊館全書》卷 63《天涯知己書》,《韓國文集叢刊》,259/123。
④ 李德懋《青莊館全書》卷 63《天涯知己書》前識語,《韓國文集叢刊》,259/123。

李德懋爲人，重情重義，胸懷磊落，常謂"照吾平生之服，讀人得意之文，狂叫大拍，評筆掀翻，亦宇宙間一游戲"，"若得一知己，我當十年種桑，一年飼蠶，手染五絲，十日成一色，五十日成五色，曬之以陽春之煦，使弱妻持百煉金針，繡我知己面，裝以異錦，軸以古玉，高山峨峨，流水洋洋，張於其間，相對無言，薄暮懷而歸也"。① 又謂"值會心時節，逢會心友生，作會心言語，讀會心詩文，此至樂而何其至稀也，一生凡幾許幾番"②。故入中土後，與李鼎元、李驥元、潘庭筠、唐樂宇、祝德麟、沈心醇、孫有義諸人，結爲好友，一洗仄陋。其"東還以來，心目益高，百無可意，眉眼之間，時露鋒穎"③。惜少商榷論學、快意暢談之人而已。

　　《天涯知己書》全稿前爲嚴、潘、陸三家與洪大容之書札與詩文，後接諸人爲金在行所撰《養虛堂記》，最後爲《筆談》，較洪大容《乾净筆譚》，删减泰半。李德懋與諸人筆談之語，另行獨書，俾眉目清晰可觀，且於每人之語，加以評注，以"烱庵曰"以別之。凡諸人所言及人物、山川、掌故、名物等，以爲奇書異事，皆一一注評，德懋學養純厚，四部皆悉，故或析注疑義，或評點其語，所注所評，皆足采信。德懋言諸家書牘，亦有評語，而恨不抄載，今已不復可見，是爲憾焉。讀者若將李氏評注與洪氏筆談，比勘而讀，參互析賞，則裨益更甚焉。

0587-1778
朴齊家《戊戌燕行詩》(《叢刊》第 261 册《貞蕤閣詩集·初集》　鈔本)

　　朴齊家(1750—1805)，字修其，又字次修、在先，號貞蕤、葦杭道人。宗法屈原，喜嗜《楚辭》，故又號楚亭，密陽人，居漢城。師從朴趾源，與當時名家若洪大容、金在行、李德懋、柳琴、柳得恭、李書九等相善。正祖朝，爲檢書、軍器寺正、扶餘縣監、五衛將等。正祖十四年，與李德懋合纂成《武藝圖譜通志》。自著有《貞蕤閣集》，凡《詩集》五集《文集》四卷、《北

---

①李德懋《青莊館全書》卷63《蟬橘堂濃笑一》，《韓國文集叢刊》，258/138。
②李德懋《青莊館全書》卷63《蟬橘堂濃笑一》，《韓國文集叢刊》，258/139。
③朴趾源《燕巖集》卷3《與洪德保書第三》，《韓國文集叢刊》，252/077。

學議》二卷等。事見《貞蕤閣文集》卷三《小傳》、《正祖實錄》、《承政院日記》等。

案朴齊家出使事由,詳參前蔡濟恭《含忍録解題》(0583-1778)。

朴齊家《貞蕤閣集》,傳抄轉寫本,原書無頁碼,間有誤字,題"密陽朴齊家修其",《韓國文集叢刊》據國立中央圖書館藏本影印。凡《詩集》五集,前有李德懋、潘庭筠、李調元三序;《文集》四卷,前有朴趾源、李調元、陳鱣三序,李序與詩序相同也。朴齊家先後赴燕達四次之多,其燕行詩散見於《詩集》諸卷中,今可考者前三次皆有詩作,約二百首;而前後《懷人詩》及《燕京雜絶》等詩又復二百餘首,可謂夥矣。

朴齊家相較柳琴、洪大容、李德懋、柳得恭諸人,爲後往中國者。先是,柳琴携《韓客巾衍集》入北京,潘庭筠、陸飛諸人得讀齊家之詩而盛贊之,後齊家得讀李德懋所纂《會友記》,益思慕之,願一入中土而不得,遂常念於心,所謂"夫真友真游者,千百而一焉,則若是其不如意也。今我一念而謂之游且友焉,又孰能禁之。……唐虞三代聖王之治,可以快復,四海萬國遥遥重譯之人,可折簡而往復矣"①。其與徐常修札稱"僕常時非不甚慕中原也",又謂"夫吾與惠甫輩則其天性乃能自好中原。……嗟乎!吾東三百年使价相接,不見一名士而歸耳。今湛軒先生一朝結天涯知己,風流文墨,極其翩翩,其人者皆依依焉往日卷中之人也,其言者皆歷歷焉吾輩心頭之言,則彼雖漠然不知,相隔於此千里之外,吾安得不憐之愛之,感泣而投合也哉"②。乾隆三十八年(1773),齊家遂托燕行使與郭執桓通札,謂"並生斯世,亦可謂之大緣。……竊念生平慕中國如慕古人,而山河萬里,日月千古,則每與炯菴諸人論此事,未嘗不浩歎盈襟,彌日而不釋也"③。後又與潘庭筠札稱,"僕素不喜爲詩,且其才品最下於集中之諸君子,而若其慕中國之苦心,則諸君子亦各自以爲不及也。非詩之足稱,庶幾因此而附尾而得不朽於千秋,雖死之日,猶生之年也"④。又與李

---

① 朴齊家《貞蕤閣文集》卷1《記書幅後》,《韓國文集叢刊》,261/608。
② 朴齊家《貞蕤閣文集》卷4《與徐觀軒》,《韓國文集叢刊》,261/061。
③ 朴齊家《貞蕤閣文集》卷4《與郭淡園書》,《韓國文集叢刊》,261/662。
④ 朴齊家《貞蕤閣詩集·四集·與潘秋庫》,《韓國文集叢刊》,261/664。

調元札,謂"直欲仙仙輕舉,飛落燕邸,望顏燒香,頂禮而返。嗟乎！士爲知己者死,豈其好譽惡短而然哉"。朴氏期冀"身爲屬國之布衣,名托上都之龍門,不朽之榮,比它尤當萬萬。雖然,齊家庶幾天察其衷,得隨歲貢,備馬前一小卒,使得縱觀山川人物之壯,宮室車船之制,與夫耕農百工技藝之倫,所以願學而願見者,一一筆之於書,面質之於先生之前,然後雖歸死田間,不恨也"。① 此可知朴氏之欲往中國,而亟欲與賢士大夫交往切磨之心,可謂亟矣,可謂切矣。正祖二年(1778)三月,朴齊家終得爲正使隨行官入中國,得其所願焉。

案朴齊家詩,大致以撰作先後編次,其《貞蕤閣詩集·初集》凡《弘濟院送者三十騎贈詩爲別》以下三十餘首詩,皆其隨蔡濟恭使團出使期間所作,時李德懋亦在行中,故若《書狀官約上馬分韻下馬題詩違者有罰並報上使及懋官自坡州始》,蔡氏《含忍錄》中《渡臨津次朴齊家韻》等詩,皆彼時相互唱和之作也。時爲齊家初入中國,故其詩有"藐茲生東國,地蹙不敢嘯"之句②,知其謹慎有度,而生澀拘束也。其詩至《東潞河贈鮑紫卿》止,在館及返途詩,皆不見集中,或有遺佚所致歟？《燕行錄全集》漏收,今爲輯出,依例編爲《戊戌燕行詩》焉。

又朴齊家入中土前,既未入仕,亦無殷實之產,其詠柳得恭謂"君不見漢陽城中盛繁華,撲地萬家無吾家。又不見上上膏腴連四境,惠風之田無一頃。縉紳案中千百人,歷數總無期功親。吾曹落拓有如此,縱有時名能不愧。時時出門逢舊面,拉向旗亭偶一醉。人生窮達自有時,古來英雄皆若斯。但將袴褶渡鴨綠,姓名猶足驚吳蜀。何不歸來築蝸廬,忍饑潔身長著書"③。牢落不平之音,形見於詞。又自稱"余百無一能,樂與賢士大夫游,既與之交好,又終日亹亹不能已也,頗笑其無閑日焉"④。有《戲仿王漁洋歲暮懷人六十首》,所懷之人,朝鮮有李德懋、朴趾源、徐常修、柳琴、柳得恭、李書九、金在行、洪大容等四十餘人,中國有李調元、陸飛、潘庭

---

① 朴齊家《貞蕤閣文集》卷4《與李羹堂》,《韓國文集叢刊》,261/663。
② 朴齊家《貞蕤閣詩集·初集·遼陽州》,《韓國文集叢刊》,261/475。
③ 朴齊家《貞蕤閣詩集·二集·放歌行演冷庵語》,《韓國文集叢刊》,261/478。
④ 朴齊家《貞蕤閣詩集·初集·戲仿王漁洋歲暮懷人六十首》詩序,《韓國文集叢刊》,261/469。

筠、鐵保、博明、吴穎芳、沈初、袁枚等十餘人。李德懋謂"楚亭之詩,才超而氣勁,詞理明白,亦能記實。嘗仿漁洋山人懷人絕句例,爲當世所見聞名流賢士作五十餘絕句,各取所長,贊美停當。……其爲詩,大處磊落,纖處娟妙,落筆離奇,人不可當;亦近世罕有之才"①。實則中土諸君,齊家多未之見,而亦云懷人者,所謂神交而已矣。

0588-1778

未詳《隨槎録上》(《燕行録叢刊(增補版)》網絡本　鈔本)

　　案是書作者姓名與生平事蹟,皆不詳。《隨槎録上》首頁稱是年仲春,"自豐基郡東平章村舊居同舍季治發京"②,則其時未仕可知。其與此次陳奏使蔡濟恭有交,故蔡氏以其爲偏裨出使,而治裝爲艱,則知其亦非富貴人家。所憾者,日記自始至終,未見其姓名爾。其反復言爲"初行",則知作者爲第一次入中國也。

　　是書作者出使事由,詳參前蔡濟恭《含忍録解題》(0583-1778)。

　　此《隨槎録上》,記作者自正祖二年(1778)仲春自家發行來京,後得蔡濟恭之邀,隨陳奏行入中國觀光。三月十七日發王京,四月十二日渡江,五月十五日抵北京入玉河館,隨三使往禮部呈咨文畢,遂謂"入都門後,馬上所見,即'別世界'三字耳,留待後日之觀,初不開口耳"③。自下再無日記,蓋尚有《隨槎録下》,記留館期間及返程之事,惜今未見,不知尚在人世否。

　　是稿爲鈔本,鈔字或美觀,或拙劣,知非一人所鈔者。據其所記,一行參觀瀋陽書院時,曾與儒生有所交接,"朴生齊家,則隨去上使;李生德懋,隨書狀者。而俱以文名隨行也。筆談食頃而還"④。然作者所記,與朴、李眼界,大有不同。是稿記載爲他家所忽略者有二:其一則所記沿路朝鮮廳妓與中國仕女,較他家爲詳;其二則歷記沿路風光、建築、市廛、人物、廟

---

①李德懋著,鄭健行點校《清脾録》卷4"楚亭"條,上海古籍出版社2010年版,第273頁。
②未詳《隨槎録上》,《燕行録叢刊(增補版)》網絡本,第1頁。
③未詳《隨槎録上》,《燕行録叢刊(增補版)》網絡本,第117頁。
④未詳《隨槎録上》,《燕行録叢刊(增補版)》網絡本,第42頁。

宇、橋樑、風沙、風情等,所異者幾無諷刺詈罵之語,而皆爲讚歎頌揚之辭也。

一行至義州停留期間,作者謂"別使之行則間有,而冬至使則年例之行,到此而治裝,故自然留滯多日。無論副三房,至於裨幕,則例有守廳之妓,凡諸行具,各其次知所著縫紝皆渠手段,無異治産之村婦,而其服色之爭相高下,必欲媚人,可使男子心迷眼醉矣"①。廳妓助使行人員治裝,僅見是書,而他家不載焉。

作者既爲初行入中國,自入栅後,凡百所見,無非新奇。在鳳凰城,見市肆極其富饒,稱"據此而比北京,由此是地盡頭窮巷,而以我東論之,則舉一國而難以較計此一城云,可知大國之排布矣"②。而至遼東,"漸益熾盛,遼之城廓高峻,有內外粉堞,市廛之排布,以初行眼目,不可名狀。譯官之多年去來者,曰遼比於前站瀋陽,則所見凡節,無異天壤,而以我東言之,則傾一國之財産,不能當此一市肆之排布去。壯哉!大國之規模也"。"我東之人,幾何不願居於此,余亦健羨忘返者也"。③ 比至瀋陽"各衙門之壯麗,市肆之繁華,人物之富盛,實天賦之地也,豈海東眼目可以分別也。人多俊秀,所著皆綾羅大緞之屬,是則軍卒皆然"。瞻拜瀋陽書院後,"見齋儒所居之坑,內則極其精潔,所儲書册經傳外,亦多稀貴者。枕席之毛氈之上,皆布猩猩氈册,床多沉香之屬。衾則大紅大緞,或紋緞,雖尋常之士,其所居處多如此,宜乎大國之規模也"。④ "及到山海關,則如有所茫然自失,手不覺乎擱筆矣"。五月十四日抵通州,"自鳳城至山海關,而其物色居止,非不壯哉,比與薊州與通州,則不啻天壤之間,前所經歷,殆同僻巷,僻巷之中,已誇其壯大華美,則到此極地勢若竿頭,筆路塞而口吻焉,此去皇都將無言耶!"而入朝陽門後"馬上所見,即'別世界'三字耳"。⑤

作者於清人之評價,於四月十二日渡江抵九連城露宿,於是日夕,"始

---

① 未詳《隨槎錄上》,《燕行錄叢刊(增補版)》網絡本,第 19—20 頁。
② 未詳《隨槎錄上》,《燕行錄叢刊(增補版)》網絡本,第 28 頁。
③ 未詳《隨槎錄上》,《燕行錄叢刊(增補版)》網絡本,第 36—37 頁。
④ 未詳《隨槎錄上》,《燕行錄叢刊(增補版)》網絡本,第 41—42 頁。
⑤ 未詳《隨槎錄上》,《燕行錄叢刊(增補版)》網絡本,第 83、112、117 頁。

逢猰子於道中,均是人也。而所著非吾俗,言語雀舌,無以分別"①。其後歷見,皆有自評。如五月初二日在高橋堡,見"寢房之內,櫃函之屬,均是塗金,而金鎖之前後邊,又以唐紙皆合副上下邊,慮鮮人之或開鎖,以此表之者也。此則自前累有見失,比年來有如此舉操云。非但此店之偏慮,沿路站所皆然,加緣驛卒輩所爲,豈非自取之辱乎!"②夜宿豐潤夕,厨子持西瓜來,"其價則水瓜一個之價,唐錢十二文云耳。胡人於我國人,無論某物,必也徵其累倍之價,是鮮人自前欺於與成之際,而或有偷盜其所藏之物者。此則年年之患,故聞使行之至,則必深藏牢守之,當其買賣之際,則必倍其價於諸國去來,是則胡非不義,寔鮮人自取之辱耳"③。然則作者於此類現象,皆歸諸鮮人之偷盜成風,以至使然,而不歸諸清人之擊柝嚴防也。

又五月初九日在棗林莊,見棗林之盛行,遂謂"雖當成寔之時,主者無護之事。大抵其風俗非其主,則雖果寔之類,一個不取焉。如有不得不用處,則准以市價,掛錢而取去,此寔途不拾遺之世也。此其俗美之致歟?令嚴之致歟?主人則待其結子成熟後,來到莊前收拾而歸云耳"④。作者筆下之清朝,竟爲"途不拾遺之世",其與燕行諸家所記腥臊羶臭、文明淪喪之中國,以及畜類蠢頑、非我族類之胡人,何啻有天壤之別,燕行使由衷讚歎而歸美清朝者,殆惟此一家耳。

0589-1778
南鶴聞《戊戌聞見事件》(《同文彙考補編》卷六《使臣別單六》 活字本)

出使事由:問安行
出使成員:正使領中樞府事李溵、書狀官軍資正南鶴聞等
出使時間:正祖二年(乾隆四十三年 1778)閏六月二十六日—九月

---
①未詳《隨槎錄上》,《燕行錄叢刊(增補版)》網絡本,第25頁。
②未詳《隨槎錄上》,《燕行錄叢刊(增補版)》網絡本,第69頁。
③未詳《隨槎錄上》,《燕行錄叢刊(增補版)》網絡本,第97頁。
④未詳《隨槎錄上》,《燕行錄叢刊(增補版)》網絡本,第95頁。

二十六日

　　南鶴聞(1736—1791),字汝聲,宜寧人。英祖四十八年(1772),設蕩平科中式。任成均館典籍、兵曹正郎等。正祖朝,爲弘文館校理、司諫院正言、弘文館修撰、承政院承旨、梁山郡守等。卒於任。事見《英祖實錄》《正祖實錄》《承政院日記》等。

　　乾隆四十三年(1778),清高宗駕瀋陽謁陵,禮部事先致咨朝鮮,謂朝鮮國王若遣人請安,毋庸進貢,不必差遣多人,亦不賜筵宴也。閏六月二十六日,正祖遂遣問安使領中樞府事李溵、書狀官軍資正南鶴聞等赴瀋問安。一行於八月初八日入抵瀋陽,住接於東大門外三義館。十二日,赴老邊城迎駕。十三日入班參謁,乾隆帝問以國王平安及年紀、國内平賊之事如何、年成豐歉、使臣年紀職官等,氣色和好,連爲含笑。乾隆帝謁福陵、昭陵後復返瀋陽。二十四日,升崇政殿,行朝參禮。二十八日,乾隆帝賜朝鮮國王御筆"東藩繩美"匾。而使臣及從人十五名依例賞賜外,驛卒及刷馬、驅人,凡人共數目,禮部問於任譯輩,總爲一百三十九名,亦依從人例,各給賞銀五兩。而並爲招入於闕庭,一一面授,此則前所未有之事矣。禮部以爲此乃不常有之盛典。故使臣以爲,過栅門以後,若無迎接之儀,則兩界至近之地,聲息相連,易致辭説。故望依前例,發關義州府尹,使之具儀仗,迎去於中江,而入我境以後,更待廟堂之考例知委,可以舉行等。① 然則乾隆帝雖賜以匾額,厚待藩邦,賞賜極富,而朝鮮君臣之敷衍輕慢,亦承自前代矣。

　　此《聞見事件》七條,記自狼子山北上至瀋陽,自瀋陽南下至山海關,道理曲若弧背,若自閭陽驛取東南捷徑,過牛家莊路,其間不過數百里;且聞自牛家莊又有別路向南直行,則不由東八站,而徑抵栅門。今若許開此路,則往來之便,盤纏之省約,其利不少,而此非容易請施之事,是可歎也。又記乾隆帝皇駕所經處,皆有貢獻,出關蒙古進馬一千匹,入瀋陽,盛京將軍亦進馬一千匹,各省表獻方物亦多。又言在新檯子接駕時,見乾隆帝"方面高顴,髭多髯少,唇如渥丹,顧瞻之際,風儀豪逸,紅兜黑裘,特出萬叢

----

①《正祖實録》卷6,正祖二年(乾隆四十三年　1778)九月十一日戊戌條。

中,年近七十,而似五十許歲人,尤可異也"①。此可知乾隆帝晚年,仍體健力旺,風儀威凜也。

又言清人理學文章,謂理學以李光地、陸隴其爲宗。文章在者,宗人府丞竇光鼐、侍郎劉墉,皆館閣巨公。藏書家則徐氏傳是樓、朱氏曝書樓,今皆散逸,范氏天一閣所藏,盡入禁中。江南人朱筠,方爲翰林編修,博學多著述,藏書最天下云。② 此所記多誤,實則朱筠乃順天大興人,非江南人;且朱筠(1729—1781)五十初度即逝,所著僅《笥河文集》傳世,故不可謂之"多著述",又朱氏藏書,在當時學者中,亦不足道者。故燕行使所聞見者,是者有半,而虛者亦半,道途聞見,多如此類耳。

0590-1778
柳得恭《瀋行錄》(《叢刊》第 260 册《冷齋集》 鈔本)

柳得恭(1749—1807),字惠甫、惠風,號冷齋、泠庵、歌商樓、古芸居士等,文化人。英祖五十年(1774)中司馬試。正祖三年(1779)爲檢書官,歷任濟用判官、加平郡守等。純祖朝,任豐川府使。後遊歷讀書而終,曾遍遊開城、平壤、公州等地。得恭識高學粹,四部百家,無不通貫,又勤於著述,與朴齊家、李德懋、李書九合稱爲"漢學四家"。著述後人合纂爲《冷齋集》十五卷行世。又纂有《燕台錄》《燕台再遊錄》《並世集》《京都雜志》《渤海考》《四郡志》等。事見《國朝人物志》《承政院日記》等。

案柳得恭出使事由,詳參前南鶴聞《戊戌聞見事件解題》(0589-1778)。

柳得恭《冷齋集》十五卷,作者自編謄寫本,《叢刊》據國立中央圖書館藏本影印,《全集》爲同一版本。詩五卷,按年排次;文十卷,以體裁編卷,皆題"儒城柳得恭惠甫著"。然有一卷僅一二篇文者,如卷一〇僅《柳遇春傳》一篇。前有中國李調元、潘庭筠、祝德麟、紀筠、張玉麒等評語。因鈔手不一,故字之精粗不等,訛誤時有,有校字改於抬頭處,若"稽改

---
①南鶴聞《戊戌聞見事件》,《同文彙考補編》卷6《使臣別單六》,002/1686。
②南鶴聞《戊戌聞見事件》,《同文彙考補編》卷6《使臣別單六》,002/1686。

稔""洽改恰""蒙矓改朦朧""珍改畛"等,錯而未改者,尚所在多有;亦有詩之次序,前後錯置者;有原注不詳,更爲改注加詳者等。

　　柳得恭隨問安使領中樞府事李溎一行出使,沿途所作詩六十餘首,見《泠齋集》卷三,今名爲《瀋行錄》,因其僅到瀋陽,故泰半詩作,爲在朝鮮境内所作也。

　　先是同年三月,李德懋、朴齊家先期隨謝恩兼陳奏使蔡濟恭一行赴燕,柳氏一行初始發行到開城,適遇謝恩行使團返回。柳氏有《松京遇懋官次修自燕回戲贈》等詩以紀其事。此爲柳氏初出國門,其欣忭歡愉之情,溢於詩卷,稱"灣絲灣竹動新愁,冠絶平生是此游"①。其在瀋陽,謁書院,遇奉天府王瑷、沈映宸,遼陽王志騏,錦州金科豫,復州姜文玉諸秀才,並與之筆談,別詩稱"悠悠小別儘堪哀,瀋水東流可再來。記取今秋書院裏,淡黃紙上筆談回"②。比及返國,柳氏詩有"但逐一行楊柳去,不多時日到神州"之句③,則以不能窮盡遼野,入山海關至北京爲至憾也。

　　案李調元評柳得恭詩,謂其"才氣縱橫,富於書卷,如入五都之市,珍奇海錯,無物不有,加以天姿勝人,鍛煉成奇,故足令觀者眩目"。又曰"泠齋諸體,莫不筆酣句健,淩轢古今,味腴襄芳,滌濯滓窳"。④ 然柳氏此次入瀋,所交接如王瑷、沈映宸諸人,皆讀書秀才,雖有筆談,然學識淺薄,皆非柳氏之敵手。又未經瀋陽發向北京,沿路所見山川,亦復與朝鮮相近,故詩思懶發,未臻佳境,所作諸詩,與其後《遼野車中雜記》《廿一都懷古詩》等難以頡頏,唯其中有《柏梁體》一詩,乃其中秋在瀋館時,正使命酒,幕賓裨譯皆賦詩,不能者歌以代之,柳氏爲各綴一句,成柏梁體。所叙若正使、書狀官、軍官、一通官、清譯、首譯、御醫、軍官書記、先來軍官、二通官、寫字官、蒙譯、別陪行譯官、乾糧官、軍官醫、三通官、書狀軍官等,各爲一句,記其行中職責與言動,活潑有趣,曲盡其態。自來諸家《燕行錄》,記使行中上、副使及書狀官之職掌爲多,而其他隨官之職責,則記載

_____

①柳得恭《泠齋集》卷3《鴨綠江》,《韓國文集叢刊》,260/048。
②柳得恭《泠齋集》卷3《別書院諸秀才》,《韓國文集叢刊》,260/050—051。
③柳得恭《泠齋集》卷3《遼陽三首》其三,《韓國文集叢刊》,260/050。
④柳得恭《泠齋集》卷首《泠齋集評》,《韓國文集叢刊》,260/003。

甚少,柳氏此詩,於研究使行中正官之職責與行爲,可當史料而讀也。

0591-1778
河恩君李垙、尹坊《戊戌別單》(《同文彙考補編》卷六《使臣別單六》 活字本)

  出使事由:謝恩行
  出使成員:正使河恩君李垙、副使禮曹判書尹坊、書狀官兼司憲府執義鄭宇淳等
  出使時間:正祖二年(乾隆四十三年 1778)九月二十九日—翌年三月七日

  河恩君李垙(？—1779),全州人。朝鮮王朝宗室。封河恩君。屢度出使中國。正祖二年(1778),以謝恩使出使,翌年返至肅川,道卒。事見《正祖實錄》、朴趾源《熱河日記》、李坤《燕行記事》等。

  尹坊(1718—1795),字仲禮,號醇齋,坡平人。英祖二十七年(1751),擢庭試文科第七。爲司諫院獻納、大司諫、承政院承旨等。正祖時,任兵曹參判、司憲府大司憲、工曹判書等。事見任天常《窮悟集》卷八《尹公行狀》、《英祖實錄》、《正祖實錄》等。

  正祖二年(1778),乾隆帝至瀋陽謁陵,朝鮮遣問安使領中樞府事李溦等前往問安,帝賜紬緞貂皮鞍馬外,仍賜御筆"東藩繩美"匾額及弓一、矢九,用昭優眷,使臣一並照例加賞賜宴,俱出特例。故朝鮮遂遣謝恩使河恩君李垙、副使禮曹判書尹坊、書狀官兼司憲府執義鄭宇淳等入燕,以謝特賜御筆、謝賜物、謝陪臣賜宴、謝嘉獎上諭、謝方物移准諸件。一行於九月二十九日發王京,翌年三月初七日返京覆命焉。

  先是,正祖以金熤爲副使、李東郁爲書狀官,然二人"皆以情理難強",不知所爲何事,故以尹坊、鄭宇淳替之。而正使河恩君李垙,翌年二月七日,返至肅川道卒。① 然則此次出使,雖無棘手之事,然沿路亦頗不

---

①《正祖實錄》卷6,正祖二年(乾隆四十三年 1778)九月十五日辛丑條;《正祖實錄》卷7,正祖三年(1779)二月七日壬戌條。

諧順焉。

此《別單》一條,記乾隆帝覽《明史》列傳,怒宦官王振之貪恣不道,搜振塚於長明山,剖棺焚尸,仍令州縣,明季閹寺焦忠、李昇、田照、高忠、張洪等塚,亦皆掘毀,凡七十所云。

0592-1778
趙時偉《戊戌聞見事件》(《同文彙考補編》卷六《使臣別單六》 活字本)

出使事由:冬至等三節年貢行

出使成員:正使吏曹判書鄭光漢、副使禮曹參判李秉模、書狀官兼司憲府持平趙時偉等

出使時間:正祖二年(乾隆四十三年 1778)十一月二日—翌年三月三十日

趙時偉,字號籍貫不詳。正祖朝,官弘文館修撰、承政院承旨、吏曹參議、成均館大司成、全羅道觀察使等。因洪麟漢禍,竄於慶源。事見《正祖實錄》《承政院日記》等。

正祖二年(1778)十一月初二日,朝鮮遣冬至等三節年貢使吏曹判書鄭光漢、副使禮曹參判李秉模、書狀官兼司憲府持平趙時偉等入燕,一行於翌年三月三十日返京覆命焉。

此《聞見事件》四條,前兩條記徐述夔《一柱樓詩》獄案、王錫侯《字典》案甚悉,皆鈔自塘報者也。又記《御製全韻詩》,述清朝創垂之迹,歷代興廢之由,而頌功居多。進士顧宗泰、姚天成等改輯《明紀綱目》書成,使臣多方覓求而不得,後方知書尚未印出。又記"浙江人王世芳,今年一百五十二歲,以原任國子祭酒還鄉,皇帝甚加愛待,賜與便蓄,朝廷公卿,皆稱以'世卿',而皇帝亦以此呼之"①。

案趙時偉所記之王世芳,爲今浙江台州市臨海市東塍鎮嶺根村人,延壽至百四十歲,爲中土迄今有準確歷史記載之長壽第一人也。乾隆三十三年(1768),王氏百歲,乾隆帝特賜建"百歲坊",並賜御筆"升平人瑞"

---

①趙時偉《戊戌聞見事件》,《同文彙考補編》卷6《使臣別單六》,002/1688。

匾額,以旌表功德,榮耀鄉里,嶺根村口(現外王老街)建有"升平人瑞"坊,惜1945年爲日寇燒燬,今爲重建焉。

卷五一　0593—0608

正祖三年(乾隆四十四年　1779)—正祖五年(乾隆四十六年　1781)

0593-1779

黄仁點、洪檢《己亥別單》(《同文彙考補編》卷六《使臣別單六》　活字本)

  出使事由：冬至等三節年貢兼謝恩行
  出使成員：正使昌城尉黄仁點、副使禮曹判書洪檢、書狀官兼司憲府掌令洪明浩等
  出使時間：正祖三年(乾隆四十四年　1779)十月二十九日—翌年四月十九日

  黄仁點(？—1802)，昌原人。梓子。英祖時，尚英祖第十女和柔翁主，封昌城尉。正祖九年(1785)，因事削罷，後復職。十年之内，六當專對，出使清朝。事見英祖、正祖、純祖《實録》與《承政院日記》等。

  洪檢，字號籍貫不詳。英祖三十五年(1759)，黄柑試及第。爲世子侍講院説書、司諫院獻納、司憲府執義、承政院承旨、大司院大司諫、吏曹參議等。正祖時，任司諫院大司諫、司憲府大司憲、成均館大司成等。事見《英祖實録》《正祖實録》等。

  乾隆四十四年(1779)，乾隆帝將壽躋七旬。同年，濟州民尹道俊等九名，漂到江蘇崇明縣，解至北京，差通官烏林布領到義州。朝鮮遂遣冬至等三節年貢兼謝恩使昌城尉黄仁點、副使禮曹判書洪檢、書狀官兼掌令洪明浩等入燕，預賀皇上七旬，謝方物移准並謝漂人出送諸事焉。一行於十月二十九日發王京，翌年四月十九日返京覆命焉。

  黄仁點一行留館期間，正月二十三日亥時，所住館宇失火，延及使臣所住房屋，頃刻燒盡。仁點等僅保性命，當初所受詔筒，未及救出，翌朝呈

礼部引罪。方火作时，兵部尚书蔡新、礼部尚书德保，躬率兵丁，一齐来会，多用水车及救火器具，极力扑灭，且送通官问慰。人命幸无伤损，而卜刷马二匹烧毙。工部尚书富勒、礼部侍郎阿肃，相继来问。① 所幸人无伤亡，已是万幸焉。

此《别单》三条，一记乾隆帝上谕，称已年届七旬，此后正位上香荐爵，必当恭晋伸虔，至列祖列宗配位上香，仍亲致其献帛爵诸礼，著自今年冬至南郊为始，令诸皇子代进。若蒙上苍眷祐，得遂初愿，至八十五岁归政，唯当始终弗懈，以伸敬天法祖之深衷。又记皇子质郡王永瑢，精於数学，皇帝信爱，一从其言，近来皇帝居处，饮食器用，皆备九数。又恩科初试时，福建士人郭锺岳，年九十九赴场屋，皇帝特加优典，仍令各省赴举人，年八十以上者，虽未入格，并亦加恩举人初试，使直赴会试云。

黄仁点一行尚未返京，正祖有御札谓"计程似抵湾馆，跋履能无愆乎？六饮蓟冰，亦既贤劳。北征篇中石戴古车辙者，一副描画，十分逼境。卿於使乎，识已融，眼已惯。行务益念整饬，边禁申加修明。俾彼人知前度今又之良上价。是所惓惓於卿者，仍冀往哉慎旃！其来利稳。故谕"②。此则因仁点尚英祖第十女和柔翁主，故正祖特加宠渥，恩出意外，非他使臣可比者也。

0594-1779
洪明浩《己亥闻见事件》（《同文彙考补编》卷六《使臣别单六》 活字本）

洪明浩（1736—1814③），初名鸣汉，字公舒，号巽菴，豊山人。履祥後裔。受学於沈鋿。英祖四十七年（1771），登庭试文科。除承正院注书、侍讲院说书等。正祖朝，为弘文馆校理、司宪府大司宪、吏曹参判、江华留守等。纯祖时，任刑曹判书、水原留守、礼曹判书、判义禁府事等。事

---
① 《正祖实录》卷9，正祖四年（乾隆四十五年　1780）四月七日乙卯条。
② 正祖大王《弘斋全书》卷38《谕冬至正使黄仁点书》，《韩国文集丛刊》，263/070。
③ 案洪明浩卒於嘉庆十八年（纯祖十六年　1813）十二月十七日，核西历为1814年1月8日。

見李晚秀《履園遺稿》卷一〇《洪公謚狀》與正祖、純祖《實錄》。

案洪明浩出使事由，詳見前黃仁點、洪檢《己亥別單解題》（0593－1779）。

此《聞見事件》一條，記閣老李侍堯，乃明將李如松之支孫，本屬鑲紅旗漢軍，眷遇異常，拜相前特移之正黃旗，欲其近侍，入閣四年，總督湖廣，今年南巡時，廣東科道劾以貪虐，皇帝震怒，使駙馬福隆安晝夜還京，籍其家，所畜貨寶，直九十萬銀。仍囚其在京二子，其長子隨駕，亦押至京獄云。

案乾隆四十五年（1780），雲南糧儲道海寧訴李侍堯貪縱營私，乾隆帝命尚書和珅、侍郎喀寧阿按律治理。李侍堯自承得道府以下諸官賄賂，帝震怒，詔其奪官，逮還京師，奪取爵授其弟奉堯，判斬立決，改爲斬監候。翌年，甘肅撒拉爾回人蘇四十三作亂，特旨起授李侍堯前往處理甘肅軍務，並代理總督焉。

又《正祖實錄》亦録載洪明浩《聞見事件》，所記有自渡鴨江至石門嶺三百餘里之間山川形勝、宮城城墻及民居、山海關外修築屯堡、自鳳城至山海關民俗、關内外田畝税收、李侍堯事件、西藏活佛、皇帝南巡隨駕官兵、皇子皇孫詩文武藝、鄂爾斯擅殺及所産等共十條，①而李侍堯事僅居其一也。

0595－1780
趙鼎鎮《庚子聞見事件》（《同文彙考補編》卷六《使臣別單六》　活字本）

出使事由：進賀兼謝恩行
出使成員：正使錦城尉朴明源、副使吏曹判書鄭元始、書狀官兼司憲府掌令趙鼎鎮等
出使時間：正祖四年（乾隆四十五年　1780）五月二十五日—十月二十七日

趙鼎鎮（1732—1792），字士受，豐壤人。英祖二十九年（1753），中

---

①《正祖實錄》卷9，正祖四年（乾隆四十五年　1780）四月二十二日庚午條。

生員試。爲户曹正郎等。正祖元年(1777),擢增廣乙科。爲弘文館修撰、吏曹參判、司憲府大司憲、刑曹判書、户曹判書等。事見洪良浩《耳溪集》卷三七《趙公謚狀》、《正祖實錄》等。

正祖四年(1780)五月二十五日,朝鮮遣進賀兼謝恩使錦城尉朴明源、副使吏曹判書鄭元始、書狀官兼司憲府掌令趙鼎鎮等入燕,以賀乾隆帝萬壽聖節、謝詔書順付、謝失火陪臣寬免、謝方物移准、謝漂人出送等件,一行於十月二十七日返國覆命焉。

此《聞見事件》七條,皆記在熱河之所見聞。先記熱河地理形勝與城池宫室,謂土木無時息役,闕中萬佛樓、極樂世界,窮極奢侈,僧徒滿其中。熱河行宫左右,新造寺刹十餘,壯麗宏杰,蕃僧居兩座,黄金屋,間架不甚廣敞,而奇巧無比,樓起三層,高可十丈,屋上金瓦,燦爛奪目,甍角黄龍,蜿蜒吐珠,復道相連,丹碧交輝,而行宫外木石,鋸斫方張。自燕京至熱河三四十里之間,必置别宫。再記班禪至熱河,極受頂禮,置之金屋,同坐御床,内務府供饌,一同皇帝,閣老以下,莫不趨走服侍。又載皇帝出行轎乘與儀仗,當時所演諸戲、角觝、燈戲等。又謂兵部尚書福隆安、户部尚書和珅,貴幸用事;閣老阿桂之屬,充位而已。和珅"寵幸無比,狡黠善逢迎","性又陰毒,少有嫌隙,必致中傷,人皆畏之"。又記閣老于敏中,素以廉直聞,故皇帝信任,入閣數十年,事業雖無可言,民譽頗亦不衰。身故之後,子孫分産不均,皇帝使和珅查其家,貨第田園及釵釧衣服之屬,與士格所藏金銀爲二百萬兩。皇帝大怒曰:朕任敏中數十年,知其廉直,安得有許多資産。命籍入内帑庫,奪張氏三品夫人誥屬,爲孔子廟婢,使之觀感云。①

案《正祖實錄》亦全載"回還書狀官趙鼎鎮進聞見事件",所録除上述諸七條外,尚有記京城内佛鋪子事、蒙古四十八部落事、熱河戲臺與唱戲事、原任閣老李侍堯貪贓事、有罪人之剮臠於順直門外事等,較此所記爲詳。如謂其"戲本有五,一本共有十六技。卯而始,未而罷,凡五日而止。大抵多祝壽之辭,而率皆雜亂。如虞庭八佾,只有武舞。武士六十四

---

① 趙鼎鎮《庚子聞見事件》,《同文彙考補編》卷6《使臣别單六》,002/1690。

人,皆著金盔錦甲,右手持劍,左手執戈,爲坐作擊刺之狀。樂無土革之器,其聲噍殺,無寬緩和平之意"①。則顯有不合古禮、輕蔑譏諷之意焉。

0596-1780
盧以漸《隨槎錄》(《全集》第41册　稿本)

盧以漸(1720—1788),里籍不詳。英祖朝,成進士。任事司勇、典獄署參奉。正祖四年(1780),以進賀兼謝恩使錦城尉朴明源記室之名,隨使團入燕。朴趾源謂以漸在國以經行稱,素嚴於春秋尊攘之義;在道逢人,無論滿漢,一例稱胡,所過山川樓臺,以其爲腥膻之鄉而不視也。古跡之如黄金臺、射虎石、太子河,則不計道里之迂曲,號名之繆訛,必窮搜乃已。著有《隨槎錄》傳世。事見朴趾源《熱河日記》卷二一《黄圖記略》、《承政院日記》等。

案盧以漸出使事由,詳參前趙鼎鎮《庚子聞見事件解題》(0595-1780)。

盧以漸《隨槎錄》,稿本。是書卷首稱"庚子五月",故《燕行錄全集》編纂者隸之肅宗四十六年庚子(康熙五十九年　1720),而實爲六十年後,即正祖四年庚子(1780)也。時爲乾隆四十五年,清高宗七十萬壽聖節在即,正祖遣進賀兼謝恩使錦城尉朴明源等入燕,盧氏以正使記室之名,以六十三歲高齡入北京。一行於五月二十五日詣闕拜表發行,六月初二日,行至鳳山,有卜者柳雲發,以卜名於世,使行招致問行役休咎,而之卦得《坎》,渠云多滯於水。盧氏以爲此則人所易知者也,未知後當驗否。② 不意此時正值夏間,一行在途,"值淫潦浹月,平陸成海,衝泥而遭没膝之災,濟川而罹滅頂之患,甚至於臨不測而屢號神明,褰裳褌而毛骨俱竦,濱死者數矣"③,正可謂爲卜者不幸而言中也。一路艱迫,於八月初一日抵北京焉。

———————
①《正祖實録》卷10,正祖四年(乾隆四十五年　1780)四月十一日戊寅條。
②盧以漸《隨槎錄》,《燕行錄全集》,041/013。
③盧以漸《隨槎錄》附《與博詹士書》,《燕行錄全集》,041/172。

时乾隆帝自南京回駕,幸熱河,尚未還京,命朝鮮使臣往熱河候駕。故樸明源等三使臣,率一行官員若干,星夜兼程,於初九日到熱見駕,二十日還到北京。皇帝特諭内閣曰"朝鮮國世守藩封,素稱恭順。歲時職貢,祗慎可嘉。間遇特頒敕諭及資送歸國等事,如琉球等國,亦俱奉章陳謝,惟朝鮮國,備具土物,附表呈進,藉達悃忱。向因專使遠來,若令賫回,徒滋跋涉,是以歷次例准,留作正貢,以示優恤,而該國恪貢職守,屆應貢時,仍復備物呈獻,往來煩複,轉覺多一儀文。我君臣推誠孚信,中外一體,又何必爲此煩縟之節?今歲朕七旬萬壽,該國具表稱賀,對已宣命來使,前赴行在,隨朝臣行禮宴。賫其隨表方物,此次即行收受,以申該國慶祝之誠。嗣後除歲時、慶節正貢,仍聽照例備進外,其餘陳謝表章所有隨表貢物,概行停止,毋庸備進,副朕柔惠遠人,以實不以文之至意,著禮部傳諭,該國知之"云云①。

时盧氏留館,未隨使臣前往熱河,頗爲遺恨。盧氏入燕,只爲觀光。其自謂"士之生於偏鄉者,一見中華,願也。然唯央心於山川之雄奇,邑里之繁華,京都之壯麗,而曰獲我願也,亦末矣。何異於游藍田之山者,祗見其山之勝則不知其采玉也耶?中華固士君子之藍田,而京師又藍田之最種玉處也。敦而爲薦紳大夫韜而混街廛市號者,殆不可以更僕數矣"②。故在館無事,即在京探訪遺蹟,尋覓高人,遂結交詹事博明,"其學甚博,到於天文、地理、醫術、音律,無所不通"③,遂與之鎮日手談,論性理之學,聖學與釋道之別,孔顔後裔,歐蘇之文,漢魏之詩等。盧氏以爲其學甚博,爲人多才,雖亦多有誤者,"然其博識,實非俗儒之所可及"④。又欲問山川道里風謠物態,而未有時日也。一行於九月十九日離發北京,十月二十七日返京覆命。盧氏日記後,尚附有路程記、《與博詹士書》《西館問答序》文二篇,及《班禪始末》一篇,未爲全文,蓋或未寫完,或爲缺佚故也。

案博明,原名貴名,字希哲,號西齋、一作晳齋,姓博爾濟吉特,蒙古

---

①《正祖實錄》卷10,正祖四年(乾隆四十五年 1780)九月十七日壬辰條。
②盧以漸《隨槎録》,《燕行録全集》,041/171。
③盧以漸《隨槎録》,《燕行録全集》,041/101。
④盧以漸《隨槎録》,《燕行録全集》,041/115。

族,滿洲鑲黄旗人。通蒙滿文字,精詩文,善篆刻。官司經局洗馬,歷任廣西慶遠、雲南迤西道、兵部員外郎、鳳凰城権使等,有《西齋詩草》《西齋偶得》《蒙古世系譜》《祀典要録》《鳳城瑣録》等。盧以漸謂其博識,俾得其實,非諛辭矣。

0597-1780
朴趾源《熱河日記》(《全集》第53—54 册　鈔本)

　　朴趾源(1737—1805),字仲美,號燕巖,潘南人。自幼從祖父學。年十六,師李亮天習漢語。不事科擧,隱居黄海道金川郡燕峽,踐履農耕。復出游名山大川,以增聞見。正祖四年(乾隆四十五年　1780)隨族兄進賀使兼謝恩使朴明源入燕,與中國士大夫游。十年,始入仕,先後爲監役、漢城府判官、安義縣監、沔川郡守、襄陽府使等。純祖朝,贈左贊成,謚文度。其學受柳馨遠、李瀷之浸染,主張質實之學,北學中國,厚生利用。博學多聞,嗜稗官小説,行文撰述,亦極肖似,世稱"燕巖體"。撰著後人整理爲《燕巖集》十七卷行世。事見《純祖實録》等,金澤榮《韶濩堂集》卷九有傳。

　　案朴趾源出使事由,詳參前趙鼎鎮《庚子聞見事件解題》(0595-1780)。

　　乾隆四十五年(正祖四年　1780)八月十三日,爲清高宗七十壽誕,正祖遣錦城尉朴明源爲進賀兼謝恩行正使、吏曹判書鄭元始爲副使、兼掌令趙鼎鎮爲書狀官赴燕京賀聖節,兼謝詔書順付,謝前次南館失火陪臣寬免,謝漂人出送等項。一行自五月二十五日起程,八月初一日到北京入西館,初五日奉帝命自北京赴熱河,初十日抵熱河參與賀宴,十五日自熱河起程,二十日還到北京。九月十七日離發,十月二十七日返王京覆命。朴趾源爲明源之從弟,以裨從身份隨正使入燕,實則專爲觀光者也。

　　朴趾源《燕巖集》十七卷,爲其子宗采據家藏稿本編次,金澤榮删定,原集於1900年、續集於1901年以全史字初刊,1916年中國南通以鉛活字重刊。後經朴榮喆補充,1932年於漢城以鉛活字三刊,《叢刊》據國立中央圖書館藏本影印(《叢書》同),《全集》鉛印本當爲同一版本,鈔本則否。卷一、卷二爲《烟湘閣選本》，卷三《孔雀館文稿》，卷四《映帶亭雜詠》，卷五《映帶亭剩墨》，卷六《書事》，卷七《鍾北小選》，卷八《放璚閣外傳》，卷九《考槃堂秘藏》，卷一〇《罨畫溪搜逸》，卷一一至卷一五《熱河日記》，卷一六至卷一七《讀農小抄》。全書前後無序跋，而各卷間有序跋。除卷四爲詩歌外，餘皆諸體文，錯雜其間。朴趾源嗜奇好異，即其著述名卷亦可見矣。

案朴趾源入中國，自遼東抵北京，復赴熱河，再返北京，前後經五月方返國，其間所聞所見，皆有載記，歸國後整理添補，於正祖七年(1783)成《熱河日記》草本，惜正祖不喜"稗官小品"體裁，故僅以鈔本存世而無刊本。1911年，光文會刊活字十一卷本《燕巖集》，含《熱河日記》。後經朴榮哲整理之《燕巖集》十七卷，於1932年再以活字本發行。此後迄今諸本，多以十七卷本爲底本，在中國大陸、臺灣及韓、日出版，又有韓文、日文譯本多種。據研究者統計，《熱河日記》之中文異本有十三種，韓、日文譯本十種行世。① 而新近整理本，則有朱瑞平校點《熱河日記》，上海書店出版社1997年版，頗便參稽焉。

《燕行錄全集》第五三至五四冊所收，爲《熱河日記》鈔本。其書大題"熱河日記"下，作"潘南朴趾源美齋著"，亦有錯"美"爲"笋"者。因鈔手不一，字迹或秀美，或疏朗，或粗惡，然每卷首頁皆有"朴趾源章"小方朱印，蓋爲朴氏當時倩鈔胥所爲也。前有趾源自序，其紀事稱"後三庚子"，乃崇禎紀元後三庚子，不稱崇禎者因將渡江而諱之也。而不奉清正朔者，乃崇禎皇明爲中華，乃朝鮮初受命之上國也。故其日記每卷前，皆稱"後三庚子我聖上四年"，或稱"四年"也。

全稿所記，卷一爲《渡江錄》，乃自鴨綠江至遼陽十五日之日記；卷二《盛京雜識》，自十里河至小黑山五日，共三百二十七里間日記、游記與筆談；卷三《馹汛隨筆》，起新廣寧至山海關內，九日共五百六十二里之日記、游記等；卷四《關內程史》，記自山海關內至皇京間日記等；卷五《漠北行程錄》，自皇城至熱河間五日之日記；卷六《太學留館錄》，爲在熱河六

---

① 楊雨蕾《韓國〈熱河日記〉研究綜述》，《韓國研究》第5輯，第139頁。

日期間日記與見聞等；卷七《口外異聞》，記在熱河所見動植、古迹、書籍、名物等札記六十餘條；卷八《還燕道中錄》，起辛酉止丙寅凡六日之日記；卷九《金蓼小鈔》，則書朝鮮醫術若干條，及所聞中國醫方數條也；卷一○《玉匣夜話》，乃還至玉匣後，與諸裨連床夜話，或言燕京風俗，或言前代使臣譯輩諸人，或言朝鮮舊事耳；卷一一《黃圖紀略》，則記皇城宮殿、樓閣、街市與古迹名勝等三十餘處；卷一二《謁聖退述》，記順天府學、太學觀象臺、試院、朝鮮館等；卷一三《盎葉記》，乃仿古人書柿葉投盎中集而為錄也，記北京佛寺、道觀與古墓等；卷一四《傾蓋錄》，則為與王民皞、郝成、尹嘉銓、奇豐額、汪新、曹秀先諸人互為主客，相答相問，取古語"白頭如新，傾蓋如故"之語也；卷一五《黃教問答》，時西藏十四世班禪額爾得尼亦駕乾隆帝萬壽聖節而在熱河，朝鮮使臣得見班禪，此則仍與尹嘉銓諸人論班禪及儒、佛之別等；卷一六為《行在雜錄》，記在熱河期間有關朝鮮使臣之皇旨及禮部咨、賜使臣禮物等；卷一七《班禪始末》，記班禪身世掌故與夫藏傳佛教諸事也；卷一八《戲本名目》，則記在熱河期間，萬壽聖節前後六日所演如九如歌頌、光被四表、太平有象、萬壽無疆等八十折戲目也；卷一九《扎什倫布》，則為班禪所居屋制，西蕃語意為大僧屋者也；卷二○《忘羊錄》者，與尹嘉銓、王民皞手談論樂制與歷代諸史等，因尹烹羊以待，肉冷而忘食，兼取子聞《韶》而不知肉味之意，故名之也；卷二一《審勢篇》，則論鮮人遊中國者有"五妄"，中國士人有"三難"，謂清廷尊朱子，而民間士大夫駁朱子，乃有微意於其間焉；卷二二《鵠亭筆談》，則與王民皞論地徑月相、中西律曆及漢宋元明諸朝史學也；卷二三《銅蘭涉筆》，記述各類札記七十餘條；卷二四《山莊雜記》，則往熱河途中及在熱河期間遊記文；卷二五為《幻戲記》，專記所見各種雜技與魔術；卷二六《避暑錄》，則為在避暑山莊時所記朝鮮使臣與中國士大夫之交往，或中國、朝鮮宋元以來詩話等六十餘條。

　　朴趾源自稱"東方慕華，即其天性也"①。其中論中朝典制與夫清朝士大夫逸聞，以及熱河、北京諸史地沿革，可補清代史料之闕。朴氏

---

①朴趾源《熱河日記》卷20《忘羊錄》，《燕行錄全集》，055/080。

入中國,乃在稼齋金氏、湛軒洪氏之後,金景善稱"以史例,則稼近於編年,而平實條暢;洪沿乎紀事,而典雅縝密;朴類夫立傳,而瞻麗閎博"①。洪氏爲趾源密友,故其日記,避金、洪二氏之式,而別具一格,其記誦淵博,初年得力於《孟子》《史記》,又精諸子律曆諸學,記掌故筆札,類唐宋諸子,而評詩論句,則又類明清詩話。其序李德懋詩,以爲朝鮮"山川風氣,地異中華;言語謠俗,世非漢唐。若乃效法於中華,襲體於漢唐,則吾徒見其法益高而意實卑,體益似而言益僞耳。左海雖僻國,亦千乘,羅麗雖儉,民多美俗,則字其方言,韻其民謠,自然成章,真機發現,不事沿襲,無相假貸,從容現在,即事森羅,惟此詩爲然。嗚呼!三百之篇,無非鳥獸草木之名,不過閭巷男女之語。則邶、檜之間,地不同風;江、漢之上,民各其俗。故采詩者以爲列國之風,攷其性情,驗其謠俗也。復何疑乎此詩之不古耶?若使聖人者,作於諸夏,而觀風於列國也。攷諸嬰處之稿,而三韓之鳥獸艸木,多識其名矣;貊男濟婦之性情,可以觀矣。雖謂朝鮮之風可也"②。故其叙事論議,不襲漢唐,主寫意求真,切近情理,創爲稗説之"燕巖體",一時風靡。金澤榮《重編燕巖集序》謂"燕巖之文,如天馬行空,不施羈約,而自然中節,此可謂文中之龍,後生不可得學者也"。金景善亦謂其"瞻麗閎博",所言皆是矣。然朴趾源之文,過求議論汪洋恣肆,叙事鋪張揚厲,富瞻豐裕,文詞冗煩,又露才揚己,盡爲誇侈,而不知文章之道,渲染太濃,用意過密,則又所謂失却中庸,過猶不及,是爲其弊也。

0598-1780
朴趾源《燕行詩》(《燕巖集》卷四,《叢刊》第 252 册　活字本)

　　案朴趾源有《熱河日記》(0597-1780),已著録。
　　此《燕行詩》十餘首,見朴趾源《燕巖集》卷四。卷末趾源子宗侃識語稱,詩古今體共四十二首,"府君雅不以詩自命,與人唱酬絶罕。尋常應副

---
①金景善《燕轅直指序》,《燕行録全集》,070/246。
②朴趾源《燕巖集》卷 70《鍾北小選・嬰處稿序》,《韓國文集叢刊》,252/110。

之作,亦未曾留之巾箱,故篇目甚尠"①。宗侃所輯者,乃因人傳誦而得,或自《避暑錄》等書中輯出者,故或缺數字,或缺數句,且多缺詩題耳。若《絕句四首》詩題下宗侃注"似送人入燕,或燕行時雜詠"②。案此四首詩,分別詠榛子店季文蘭、萬卷堂、王士禎《蔗尾集》、夷齊廟事等,當爲朴趾源燕行時雜詠,非送人燕行也。他詩若"書生白頭入皇京,服著仍然一老兵"③,"翠翎銀頂武夫如,千里遼陽逐使車"④,可知其當時身份乃軍官,故以武夫之打扮也。詩律非趾源之長,故其詩雖中規中矩,然滯重呆板,而少靈動飄逸,相較而言,詩在文下也。

0599-1780

周命新《熱河行》(《燕行録叢刊(增補版)》網絡本;《玉振齋詩稿》 鈔本)

　　周命新(1729—1798),號玉振,尚山人。正祖朝,爲醫官。任僉知中樞府事、積城縣監、護軍等。有《玉振齋詩稿》行世。事見朴趾源《熱河日記·行在雜錄》、《承政院日記》等。

　　案周命新出使事由,詳參前趙鼎鎮《庚子聞見事件解題》(0595-1780)。

　　周命新《玉振齋詩稿》,首頁第二行下方題"尚山周命新著",蓋近今人所整理者。詩以體裁編卷,若五古之《西山行》,七古之《熱河行》《先來時留別諸僚》,五絕之《霜花》《寧遠牌樓次光玉韻》,七絕之《望白塔堡》《十里堡》《霜花》《次三房瀋陽韻十三首》《石三山次韻》《夕景》《寧遠牌樓次光玉韻》,五律之《蔥秀次盧奉事以漸韻》《易水》,七律之《遼野》《過鳳凰城》等八十餘首,皆爲燕行時所作焉。

　　案《燕行録叢刊(增補版)》網絡本,以周命新燕行詩題爲《熱河行》,並隸之肅宗四十六年(1720)年,蓋周氏詩中有"庚子秋八月五日,陪隨使

---

①朴趾源《燕巖集》卷4末朴宗侃識語,《韓國文集叢刊》,252/093—094。
②朴趾源《燕巖集》卷4《絕句四首》詩題下注,《韓國文集叢刊》,252/093。
③朴趾源《燕巖集》卷4《(缺)吟得一絕》,《韓國文集叢刊》,252/093。
④朴趾源《燕巖集》卷4《(缺)馬上口占》,《韓國文集叢刊》,252/093。

介啓北程"之句故也①。然考周氏詩題有《葱秀次盧奉事以漸韻》《鴨綠江次朴燕巖韻》等,則爲正祖四年(乾隆四十五年 1780)隨進賀兼謝恩行朴明源使團入清時所作詩也,此行朴趾源、盧以漸皆在使團中。且朴氏《熱河日記·行在雜録》中稱,"從官周命新,正使裨將"可證。周氏詩謂"庚子秋八月五日,陪隨使介啓北程"者,謂時在北京,接乾隆帝命,朝鮮使團一行,於當日自北京赴熱河,非自漢城始發矣。又周氏詩題有《粤庚子秋余與趙君習學東同燕行今又作伴遂話舊有作》,又有"陪隨冬至使,行過九連城"②,"吾行今幾度,應亦有機緣"等句③,則其隨團出使,非一度耳。又其詩云"粗知黄帝術,保護大臣身"④,則知其尚通醫術耳。

周命新詩,若《西山行》《熱河行》諸長詩,叙事描景,皆頗寫實,語皆質樸,不事奇巧,頗可耐讀焉。

0600-1780

李崇祜《燕行詩》(《四代遺稿集·勿齋遺稿》 出版者不詳 1990 年印本)

  出使名稱:謝恩行
  出使成員:正使茂林君李塘、副使禮曹判書李崇祜、書狀官兼司憲府掌令尹長烈等
  出使時間:正祖四年(乾隆四十五年 1780)十月二十八日—翌年二月二十九日

  李崇祜(1724⑤—1789),號勿齋,龍仁人。與洪良浩相友善。英祖三十七年(乾隆二十六年 1761),擢丙科第四人。官至司諫院正言、司憲府持平、兵曹參議、刑曹參議等。正祖時,官至忠清道觀察使、司憲府大

---

①周命新《玉振齋詩稿·熱河行》,《燕行録叢刊(增補版)》網絡本,第18頁。
②周命新《玉振齋詩稿·晚抵九連城》,《燕行録叢刊(增補版)》網絡本,第49頁。
③周命新《玉振齋詩稿·金石山》,《燕行録叢刊(增補版)》網絡本,第50頁。
④周命新《玉振齋詩稿·柵門》,《燕行録叢刊(增補版)》網絡本,第50頁。
⑤案李崇祜生於雍正元年(景宗三年)十二月二十四日,核西曆爲1724年1月19日。

司憲、禮曹判書、漢城府判尹、咸鏡道觀察使等。卒於官。謚孝簡。有《勿齋遺稿》四卷行世。事見李崇祜《勿齋遺稿》卷四《年譜》、洪良浩《神道碑》、李晚秀《謚狀》、《英祖實錄》、《正祖實錄》等。

案正祖三年(1779)十月,朝鮮遣謝恩使茂林君李塘等入燕。四年二月,李塘等返國,付順敕書並欽賜駿馬一匹、貂皮數百張,奉旨"所有陳謝表章隨貢物品,概令停止"。是年十月,正祖遂以茂林君李塘爲謝恩行正使、禮曹判書李崇祜爲副使、兼掌令尹長烈爲書狀官赴燕,爲謝賜緞、謝永停陳謝方物、謝陪臣參宴等件。一行於十月二十八日發王京,翌年二月二十九日返京覆命焉。

李崇祜《勿齋遺稿》四卷,見李邰漢編《四代遺稿集》。凡詩一卷,文二卷,附錄一卷。此次燕行之詩,僅《以副使赴燕過龍灣家兒適尹是府出迎境上以入鎮邊軒遂夜飲口占》一首,見本集卷一,不知所作甚少,抑或詩稿散佚耶? 時崇祜子在學官義州府尹,"迎送於江頭,時稱其榮焉"①。故崇祜詩中有"高牙五馬引星軺,父子萍逢天一陬"之句②,以紀其實焉。

0601-1780
尹長烈《庚子聞見事件》(《同文彙考補編》卷六《使臣別單六》 活字本)

尹長烈,生卒籍貫不詳。英祖朝,爲司憲府持平、司諫院正言等。正祖時,爲司憲府掌令、司諫院獻納、東萊府使、司諫院大司諫、五衛副護軍等。純祖時,爲漢城府右尹、司諫院大司諫、同知中樞府事等。事見英祖、正祖、純祖《實錄》與《承政院日記》等。

案尹長烈出使事由,詳參前李崇祜《燕行詩解題》(0600-1780)。

此《聞見事件》一條,記鰲拜以順治舊相、康熙顧命大臣,名登《聖祖實錄》,而康熙年長,專權用事,革職籍産,死後念勞復爵。雍正亦襲封其子孫。乾隆帝偶閱《實錄》,復提鰲拜罪,令追削停襲,以爲大臣擅權不法者戒焉。

---

① 李崇祜《勿齋遺稿》卷4《年譜》,《四代遺稿集》,出版者不詳1990年,第48頁。
② 李崇祜《勿齋遺稿》卷1《以副使赴燕……遂夜飲口占》,《四代遺稿集》,第4頁。

0602-1780
李洙《庚子聞見事件》（《同文彙考補編》卷六《使臣別單六》 活字本）

案李洙有《戊寅手本》（0547-1758），已著録。其以首譯身份出使事由，詳參前李崇祜《燕行詩解題》（0600-1780）。

此《聞見事件》一條，記清漢職任不同，清人掌兵，漢人主民，是康熙定制，而清漢俱安職。乾隆在位既久，政措漸弛，清人之掌兵自如，而州縣肥饒者，亦移授之；漢人宦道日窄，登科多年，未得一命。案李洙此説，亦聞之道塗，清漢職掌，既非掌兵、掌民判爲兩途，亦非康熙定制，歷朝多有變化，非一規可定者焉。

0603-1780
林濟遠《庚子聞見事件》（《同文彙考補編》卷六《使臣別單六》 活字本）

出使事由：冬至等三節年貢行
出使成員：正使吏曹判書徐有慶、副使禮曹參判申大升、書狀官兼司憲府持平林濟遠等
出使時間：正祖四年（乾隆四十五年 1780）十一月二日—翌年四月二日

林濟遠（1718—1799），字君楫，長興人。英祖時，中生員試。四十七年（1771），以製述居首，令直赴殿試。任司諫院正言。正祖朝，爲司憲府掌令、弘文館校理、承政院承旨、司諫院大司諫、高靈縣監、忠清道觀察使、行護軍等。事見《英祖實録》《正祖實録》《承政院日記》等。

正祖四年（1780）十一月初二日，朝鮮遣冬至等三節年貢使吏曹判書徐有慶、副使禮曹參判申大升、書狀官兼司憲府持平林濟遠等入燕進三節年貢，一行於翌年四月初二日返京覆命焉。

林濟遠此《聞見事件》六條，一記班禪之死，斂以金塔，載以金轎，送居庸關外，皇帝之惓惓此僧，實爲收拾蒙古諸部也。又載湖廣總督富勒渾奏，逆犯戴昆《約亭詩》語句狂悖，並牽連爲其撰序之魯之裕，所有涉案書

籍毀册六百八十餘種,子孫並發黑龍江、烏魯木齊,"舉世惴恐"云①。又謂鬻貨之弊,無如近日,權稅鬻官,聚斂多歧,盡屬内務府皇帝鋪子,錯落相望,取其利剩等。故民以利競,以珍玩悦上,饋獻成風。每當壽節,各省督撫,必獻奇玩,諸王大臣以下亦然。甌爐皆飾珠玉,以故珠貝騰貴,市賈反求之於朝鮮使臣,雖碎佩零珠,願以十倍價售。又記《四庫全書》,尚未編竟,武英殿聚珍板活字,以棗木刻數十萬字,極纖巧。又載質郡王永瑢,序居長,聰睿絶人,傍通星曆,皇帝屬意,民望亦繫之云。

0604-1780
朴道貫《庚子聞見事件》(《同文彙考補編》卷六《使臣別單六》 活字本)

朴道貫,生卒籍貫不詳。通漢語,爲首譯。正祖朝,曾多次隨使團出使清朝。事見《正祖實錄》《承正院日記》等。

案朴道貫出使事由,詳參前林濟遠《庚子聞見事件解題》(0603-1780)。

此《聞見事件》一條,記宰相多貪婪營私,閭巷皆言,今之大臣無非李侍堯,而獨吏部尚書蔡新,年八十六歲,最以公平稱,人比之舒赫德,赫德平王倫,亦在八耋後故也。

0605-1781
李湆《辛丑手本》(《同文彙考補編》卷六《使臣別單六》 活字本)

出使事由:賫咨行
出使成員:憲書賫咨官李湆等
出使時間:正祖五年(乾隆四十六年 1781)九月—十一月二十六日

李湆,生平事迹不詳。正祖五年(1781),曾以憲書賫咨官身份入燕。事見《同文彙考補編》卷六《使臣別單六》李湆《辛丑手本》。

此《手本》一條,記西部金川回民之亂,先以和珅率兵出征,因不習征

---
①林濟遠《庚子聞見事件》,《同文彙考補編》卷6《使臣別單六》,002/1690。

戰而敗。繼而遣阿桂代領其衆，一戰大捷。皇帝又命阿桂點閱所經州郡庫藏，官吏廉貪。阿桂行查馳奏，因此甘肅、陝西前後官吏之積犯畢露，陝西總督勒爾謹、巡撫王亶望、布政使王廷贊爲巨賊，皇帝生致三人於熱河，親審伏法，而此外官吏之抄没家産顯被誅竄者，至於二百餘家云。

0606-1781

黄仁點、洪秀輔《辛丑别單》(《同文彙考補編》卷六《使臣别單六》 活字本)

  出使事由：冬至等三節年貢兼謝恩行
  出使成員：正使昌城尉朴明源、副使禮曹判書洪秀輔、書狀官兼司憲府掌令林錫哲等
  出使時間：正祖五年(乾隆四十六年　1781)十一月一日—翌年四月六日

  案黄仁點有《己亥别單》(0593-1779)，已著録。

  洪秀輔(1723—1799)，字君擇，號含碅，又號松碅，豐山人。英祖三十二年(1756)，庭試對策丙科及第。爲司諫院獻納、司憲府執義、承政院承旨等。正祖時，任京畿水軍節度使、司諫院大司諫、京畿道觀察使、漢城府判尹、刑曹判書、判義禁府事等。以奉朝賀致仕。卒謚簡憲。事見睦萬中《餘窩先生文集》卷一七《洪判敦寧神道碑銘》、李晚秀《履園遺稿》卷一〇《謚狀》與英祖、正祖、純祖《實録》等。

  乾隆四十五年(正祖四年　1780)十二月，清朝會同四夷館屋宇頹塌，致朝鮮使團從人曹龍雲被壓傷斃。乾隆帝以爲此實屬不成事體，著禮部堂官同該司員等，一並交部嚴加議處。其會同館所有墻垣房屋，並著該堂司官等出資一律修整完固。至被壓人役，著豐裕料理，賞給銀二百兩，交與正副使帶回轉給，亦令該堂司官出資，以示罰懲。後禮部侍郎達椿革職留任。翌年，朝鮮黄海道豐川民何農華等七人，因打魚遇風，一人落水淹死，六人漂到峀巖城，解至盛京，差通官繼文送至該國。翌年十一月初一日，朝鮮正祖遂遣冬至等三節年貢兼謝恩使昌城尉朴明源、副使禮曹判

書洪秀輔、書狀官兼掌令林錫哲等入燕,謝前次乾隆帝賜緞、謝賜恤驛卒並謝漂人出送諸件,一行於正祖六年(1782)四月初六日返京覆命焉。

此《別單》三條。記清廷遣和珅、阿桂、李侍堯等平定金川事。又載《四庫全書》修書,《永樂大典》内散編先告竣,《明臣奏議》《熱河志》《三通》,續遼金元三國史諸書訖工尚遠,乾隆帝令史館將立國以來滿漢大臣編列傳者,更閲事實,未入傳者,直書事迹,褒善癉惡,不虚不隱。其外儒林、隱逸、道學、孝烈之卓然者,並令立傳。明末歸附諸臣如洪承疇等入甲編,進退無據苟全性命如錢謙益等入乙編,隨編隨進,親自裁定,使知褒貶筆削之意。又載琉球、南掌、暹羅三國使臣姓名狀貌等甚悉焉。

0607—1781
林錫哲《辛丑聞見事件》(《同文彙考補編》卷六《使臣別單六》 活字本)

林錫哲(1732—?),字君範,羅州人。英祖五十一年(1775),設九日制,爲京居首。官假注書。正祖朝,任藝文館待教、承政院承旨、司諫院大司諫等。事見英祖、正祖《實録》與《承政院日記》等。

案林錫哲出使事由,詳參前黄仁點、洪秀輔《辛丑別單解題》(0606-1781)。

此《聞見事件》一條,載尹嘉銓爲父請諡請從享獄案,乾隆帝以尹嘉銓本落第舉人,特置部屬,年老無用,唯與原品休致,今乃敢以請諡從享,狂妄悖謬,不一而足,命盡入其所著,中有是非本朝名臣録及朋黨之説,且有古稀老人之號,遂成大案,律至凌遲。帝以爲雍正《御製朋黨論》爲世道人心計,明切曉諭,今嘉銓反以朋黨爲是,顯悖聖制;且朕於七十之歲,親製《古稀説》頒示,嘉銓敢自號"古稀",種種乖謬,將此通諭,俾知懲創云。

案尹嘉銓好名愚孝,妄生是非,以尋絶路,自不必矜憐,而乾隆帝以其撰《古稀説》,即以嘉銓號"古稀"爲謬,則大不然。"古稀"既爲常用詞語,非帝王之可專擅,則人人皆可用,而因此震怒,帝王之專横暴虐,亦可謂極矣。

0608-1781
張濂《辛丑聞見事件》(《同文彙考補編》卷六《使臣別單六》 活字本)

　　張濂,生卒里籍不詳。通漢語,爲譯官。曾多次以首譯身份,出使中國。事見《正祖實録》《承政院日記》等。

　　案張濂出使事由,詳參前黄仁點、洪秀輔《辛丑別單解題》(0606-1781)。

　　此《聞見事件》一條,記蒙古近益熾盛,通籍出入,無異内服。皇帝接待甚優,院堂寺刹之稍涉關重者,皆令蒙古僧守之。黄兜黄襖喇嘛僧,賞給日繁,故民之貧窮多子者,争送其子,甘爲斯役,而不知恥。百姓爲之語曰"紅花落盡黄花開",紅花、黄花者,紅帽、黄帽之謂也。巷里歌謡,雖不足信,民心可以推測云云。

　　案《正祖實録》亦載録"首譯張濂聞見別單",記張濂所上共六事,一爲乾隆帝諭宗人府封皇子親王事,諭禮部郊廟大祀親行事,安南國王阮光平因封謝恩奏文、謝表、貢表事,明朝諸陵修葺事等,較此爲詳,唯不見記蒙古此條焉。

卷五二　0609—0622

正祖三年(乾隆四十四年　1779)—正祖七年(乾隆四十八年　1783)

0609-1782

洪良浩《燕雲紀行》(《全集》第41册,《叢刊》第241册《耳溪集》;《叢書》第783—788册　活字本)

　　出使事由:冬至等三節年貢兼謝恩行
　　出使成員:正使判中樞府事鄭存謙、副使吏曹判書洪良浩、書狀官兼司憲府執義洪文泳等
　　出使時間:正祖六年(乾隆四十七年　1782)十月二十二日—翌年三月二十八日

　　洪良浩(1724—1802),字漢師,號耳溪,豐山人。永安尉柱元後裔。從伯舅沈錥,聞爲己之學。文章雅馴,同時館閣之臣,罕出其右。英祖二十八年(1752),文科庭試丙科及第。歷官至司諫院大司諫、司憲府大司憲、吏曹判書、平安道觀察使、吏曹判書、弘文館大提學、判中樞府事等。有《耳溪集》三十八卷《外集》十二卷行世。事見李晚秀《屐園遺稿》卷一〇《諡狀》、鄭元容《經山集》卷一七《墓誌銘》與《正祖實錄》《純祖實錄》等。

　　正祖十八年(乾隆四十七年　1782),以判中樞府事鄭存謙爲冬至等三節年貢兼謝恩行正使、吏曹判書洪良浩爲副使、兼執義洪文泳爲書狀官赴燕,進三節年貢並謝陪臣參宴諸事焉。一行於十月二十二日出發,十二月二十日入北京。二十九日,乾隆帝親祭太廟,洪良浩等詣端門内廟門外祗迎,皇帝輦過班前,使户部尚書和珅傳問國王平安及一行安否等。翌年正月初一日,洪氏等又入太和殿庭西班,行朝參禮。初五日朝鮮正副使臣,又赴紫光閣參宴,受賞賜。十一日皇上幸圓明園,又入西安門等候送駕。十二日赴圓明園,接見於山高水長閣,朝鮮上、副使皆各製七言律詩

一首,送禮部。十三日晚後,皇帝出御山高水長閣檐楹間,覆命召朝鮮使臣,以其所製詩,予庸嘉之,特爲頒賞。十五日,又詣於正大光明殿。十六日晚後,入山高水長閣前侍宴,並觀戲賜饌。十九日,使之隨入慶豐園觀光。苟非貴戚之臣,則未嘗許入,而特朝鮮使臣入參,清廷王公大臣,莫不動色。則洪氏等之行,蓋爲皇帝接見數最爲頻繁之使价矣。二月初六日,一行自燕京離發。二十四日到巨流河,則瀋陽所去《四庫全書》領運之行,已到河邊,而流澌塞津,不得行船,伐冰開路,故一行滯留三日,待書擔過涉後,始爲渡河。在柵門,因後車不至,淹滯一旬,至三月二十八日,方返京覆命焉。

案此卷輯自洪良浩《耳溪集》卷六,爲洪氏此行所作詩近一百二十首也。其作如《漢兒剃頭行》等詩,仍以清俗剃頭異服爲羞。然觸景言情,摹水範山,已少憤惋慨痛之言,而多誇贊稱揚之語。若《十三山》《薊門烟樹》《觀耕麥》《再觀烟樹》諸詩,寫景親切,對仗工整。在京期間,接觸若户部侍郎金簡、翰林戴衢亨諸人,多有唱和,戴氏評其詩"雅工篇什,所作遼薊雜詠十數首,或繩古以崇辭,或隨方以合度",贊其體正律嚴,氣象超而音節亮,"又有山川之眺覽,景物之流連,以資其才而暢其氣,譬之溟渤日瀉不窮,其間大波小瀾,疊相推助,循是而龍門焉積石焉,以上游乎崑侖之墟,所得不綦廣乎"。①紀昀謂其詩"近體有中唐遺音,五言吐詞天拔,秀削絶人,可位置馬戴劉長卿之間。七言亮節微情,與江東丁卯二集,亦相仲伯。七言古體,縱橫似東坡,而平易近人,足資勸戒,又多如白傅。大抵和平溫厚,無才人妍媚之態。又民生國計,念念不忘,亦無名士放誕風流之氣"②。今讀洪詩,可知非皆爲虛美之辭耳。

0610-1782,1794
洪良浩《燕行紀游》(《叢刊》第 241 册《耳溪集》 活字本)

案洪良浩有《燕雲紀行》(0609-1782),已著録。

---

①洪良浩《燕雲紀行》附《華人題評》,《燕行録全集》,041/296—297。
②洪良浩《耳溪詩集》紀昀序,《韓國文集叢刊》,241/003。

洪良浩兩度使燕，除燕行諸詩外，其沿途所作游記，及與中國士大夫若紀昀、戴衢亨等往還書札，亦多散見於《耳溪集》中。若卷一一《送李學士稺和(致中)赴燕序》《送舍弟明浩赴燕序》《贈具生允翼充書記赴燕序》《送趙學士士受(鼎鎮)赴燕序》《送李學士(鼎運)赴燕序》《送尹侍郎渭老(尚東)赴燕序》《送從子樂游赴燕序》《送趙尚書爾真(尚鎮)赴燕序》諸文，皆爲研究燕行使不可或缺之重要史料也。而卷一三《安市城記》《山海關記》《望海台記》《遼野日出記》《灤河清節祠記》諸文，觀遼野之日出，穿山海關之風雲，臨長城之雄壯，覽英雄之遺蹟，感興廢之無常，皆發而爲文。若《望海台記》謂"中國之人，未嘗見海，雖以莊叟之博，其説海也，乃曰鳥有鵬而魚有鯤。自古至今，未聞有目見鯤鵬者，則豈真有是物耶。蓋以中國無人見海，故特爲大言誑世，以騁其雄辯耳"①。是則以莊子之寓言，而認作真實之實物，故有是語耳。又若謂朝鮮海州東之首陽山，有夷齊廟，蓋箕子於釋囚之後，即之朝鮮，而其行當過孤竹國，因携而東來，亦理勢之所不異，且灤河之首陽，不過野中一丘耳，無足隱身，而海州之首陽，山高谷邃，産薇甚美，且引唐李渤之説爲證。又卷一五有《與戴翰林衢亨書》二通，並附戴氏答書焉。

集中又有《與紀尚書匀書》三札，亦附紀氏答書三通。考紀氏《紀文達公遺集》中有前兩通答書，而第三通則漏收，且第一札附戴氏附語云"匀書迹之拙，聞於天下，故文章多倩人書，此札亦本擬假手，緣後會無期，欲存一手迹於高齋，以當面晤，故竟自塗鴉，希鑒區區之意，勿以爲笑也"。今本紀氏《集》中亦無。今人孫致中等整理之《紀曉嵐文集》，於《再與朝鮮洪耳溪書》題下注稱，"此書文不對題，疑紀樹馨在編纂時，將此書與前書張冠李戴"，"兩封信的標題對换一下，方爲相宜"。② 案孫氏此説是也，今《耳溪集》正復如是爾。又《耳溪集外集》卷一○《六書經緯》末附《後題》，乃從紀氏第三書中摘出者，紀氏云良浩《字説》，"高郵王給事懷祖，東原高足也，於小學最有淵源，昨以示之，深深佩服，知弟非阿所好矣"。

————————

①洪良浩《耳溪集》卷13《望海台記》，《韓國文集叢刊》，241/231。
②紀昀撰，孫致中等校點《紀曉嵐文集》卷12《再與朝鮮洪耳溪書》注，《紀曉嵐文集》，河北教育出版社1991年版，第1册第277頁。

刻本於"東原"下雙行夾注曰"翰林戴衢亨號",蓋以後附衢亨《朝鮮洪副使示六書經緯理解精到不讓古人謹作長句一首題後並以贈行》詩,且以良浩與衢亨爲友,故誤戴震爲衢亨也。而標點者復斷"懷祖東原"爲一人,可謂誤中再誤耳。①

案紀昀詩文,散佚極多,其第三札謂"弟今年七十有五,學問粗浮,不敢自信,凡有詩文,大抵隨手置之,不甚存稿,近小孫樹馨,始略爲攟拾抄錄,未知將來能成帙否"②。今本紀氏遺集,所收詩文,殆不足其十之一,燕行錄諸家所錄紀氏詩文,亦多不見其集中。紀昀拙於書法,今讀其致良浩札,方知不虛,而此等文字,於研究紀氏學行,及補充其《年譜》,皆大有關係者焉。

0611-1782,1794
洪良浩《北塞紀略》(《叢刊》第 242 册《耳溪集外集》 活字本)

案洪良浩有《燕雲紀行》(0609-1782),已著錄。

洪良浩《耳溪外集》卷一二《北塞紀略》,凡收《孔州風土記》《北關古迹記》《交市雜錄》《江外紀聞》《白頭山考》《海路考》《嶺路考》等文,其中《交市雜錄》《江外紀聞》《白頭山考》諸篇,皆關涉中國者,或爲其燕行所經之地及燕行時撰,或爲其未經之地。《交市雜錄》記每歲會寧、慶源與清人交市之時間、地點、物貨、價格、交易規模與程式等。《江外記聞》則記寧古塔、琿春、烏喇、新烏喇、鄶城、興京等地形勝,及往朝鮮,或往北京之距離等。《白頭山考》則引中外典籍,詳考其山川地貌、天池美景、所產物種、道里遠近、四周形勢、諸峰特徵等,並有《白頭山圖》一幅,此等記載,於研究當時中朝邊門貿易及中朝邊疆地理等,亦爲不可忽諸之參考史料耳。

---

①洪良浩《耳溪集外集》卷 10《六書經緯》末附紀昀《後題》,《韓國文集叢刊》,241/338。
②洪良浩《耳溪集》卷 15《與紀尚書勻書》第三札附紀昀《答書》,《韓國文集叢刊》,241/267。

0612-1782

洪文泳《壬寅聞見事件》(《同文彙考補編》卷六《使臣別單六》 活字本)

洪文泳,生卒籍貫不詳。正祖朝,爲司憲府持平、執義、弘文館校理、司諫院大司諫、東萊府使、成均館大司成、工曹參判等。事見《正祖實錄》《承政院日記》等。

案洪文泳出使事由,詳參前洪良浩《燕雲紀行解題》(0609-1782)。

此《聞見事件》兩條,一記《四庫全書》將置四處,一分爲三萬六千册,總目爲二百卷,舉皆繕寫,昨年二月第一份告竣。所創建四處藏書別閣,禁中曰文淵閣,瀋陽曰文溯閣,圓明園曰文源閣,熱河曰文津閣。又命再寫三部,藏揚州大觀堂文匯閣,鎮江金山寺文宗閣,杭州行宮文瀾閣。又載中國車制,最要行用者,大率有三:一曰大車即古所謂任載車,二曰乘車,三曰推車。至若駕車之畜,牛馬驢騾,無不通用矣。

0613-1782

李洙《壬寅聞見事件》(《同文彙考補編》卷六《使臣別單六》 活字本)

案李洙有《戊寅手本》(0547-1758),已著録。其出使事由,詳參前洪良浩《燕雲紀行解題》(0609-1782)。

此《聞見事件》四條。記皇帝氣質素盛,御極以來,未嘗有疾,居不設堗,冬寢於床。瀋幸時,惟山海關外及姜女廟、夷齊廟有行宮,亦無炕堗,其餘則野次幄宿。南方例進果下馬,皇帝於後園,使諸王子孫年八九歲者,騎之馳騾,雖或墮馬,不使扶護,俾自周旋,夏則聚太液池習泅。一記户部侍郎金簡,乃常明從孫,問候使臣,極其殷勤,賞賜緞銀,俱出内務府,故簡一一選給,自言係出雞林,而祖墳在義州,故凡於朝鮮事,自異他人云。

0614-1782

未詳《燕行記著》(《日本所藏編》第1册 鈔本)

案是書作者出使事由,詳參前洪良浩《燕雲紀行解題》(0609-

1782)。

此《燕行記著》,鈔本,一册,藏日本天理圖書館今西文庫,首頁有"今西龍""今西春秋""春秋文庫""天理圖書館藏"諸印。封面無字,首頁首行大題"燕行記著"下小注"壬寅十月"。書中間有缺字。其撰寫年代,夫馬進據書中三次出現"乾隆"年號、卷首有"壬寅十月"以及與洪良浩《燕雲記行》時日相符等推測,以爲乃正祖六年(乾隆四十七年 1782)冬至使行。至於作者,不可考知,夫馬氏以其《留關雜詠》詩中有"款洽争呼李老爺"句,推斷其或姓"李"。然中國商人見朝鮮人,無論誰氏,每皆呼"李老爺",故亦未敢必姓"李"也。① 此猶如中國西北甘肅境内,多回漢聚居,漢人見回民,若不知其姓,則素有"見了回回叫馬爺"之説法,因當地回民多姓馬,然亦未敢必也。

考書中諸詩,若《鳳城》詩有"鳳凰山下鳳凰城,才入城門眼忽驚。……渡鴨江來百餘里,却疑身已到燕京"諸句②,可知作者乃第一次入燕也。又《渡江》有"書生褲褶似從軍"③,《留關雜絶》有"書生一夜忽高官"句,又有"人呼伴倘比蘇魚,一任嘲諧競笑余。那識腐儒雖最小,腹中猶貯五車書",④則知其身份爲"伴倘",且以學富五車自負也。又《石鼓歌》有"中歲西來控古迹"句,則知其爲中年人也⑤。

案全稿凡收詩百餘首,自發離京出高陽,至返渡江泛大同江皆有詩,沿路所見,隨景吟詠,尤以《留關雜絶》二十首,及《附五絶》七十二首爲最。《留關雜絶》叙使行中騶徒、軍牢、驛卒、廚師、灣商等,生動形象,不亞於柳得恭氏之詩。若"厨房冷飯雜麄糠,經歲支離白菜湯。半尾石魚一雞子,朝來暮至不堪當",此可知使行沿路,日用之伙食情狀,爲諸家所不道者。又如"灣商家富最多錢,交易場中第一權",此可知灣商勢力之雄厚也。又"蜀黍纖纖長丈餘,十根炊炕冷難居。一莖才以三錢買,詒取東

---

①未詳《燕行記著·留關雜詠》,《燕行録全集日本所藏編》,001/325。
②未詳《燕行記著·鳳城》,《燕行録全集日本所藏編》,001/320。
③未詳《燕行記著》,《燕行録全集日本所藏編》,001/319。
④未詳《燕行記著·留關雜絶》其十五、其九,《燕行録全集日本所藏編》,001/325。
⑤未詳《燕行記著·石鼓歌》,《燕行録全集日本所藏編》,001/326。

人滿橐儲",此可炊炕柴草之貴,及寒冬炕冷之長夜苦熬也。① 《附五絕》七十二首,則自渡鴨江始,至入玉河館止,為沿途紀事詩,乃仿前輩之作也。其詩流麗自然,不修邊幅,樸拙純素,清新可喜矣。

0615-1783
吳載純《燕行詩》(《叢刊》第 242 册《醇庵集》 刻本)

出使事由:聖節兼問安行
出使成員:正使右議政李福源、副使吏曹判書吳載純、書狀官司僕寺正尹曠等
出使時間:正祖七年(乾隆四十八年 1783)六月十三日—十月十五日

吳載純(1727—1792),字文卿,號醇庵,海州人。吳瑗子。風範粹然,恬慎寡言,不喜進取,英宗賜號曰"愚不及齋"。潛心經學,內行篤至。年二十六,用門蔭授翼陵參奉,調世子洗馬等。英祖四十七年(1771),魁菊制,命直赴明年殿試。官至承政院承旨、司憲府大司憲、弘文館大提學、吏曹判書、禮曹判書、吏曹判書、判中樞府事等。無疾而卒,世稱仙化。有《醇庵集》十卷行世。事見吳熙常《老洲集》卷一六《文靖公府君行狀》、李敏輔《豐墅集》卷一〇《墓誌銘》與《英祖實錄》《正祖實錄》等。

吳載純《醇庵集》十卷,前兩卷為賦與詩,後三至六卷為諸體文,卷七至卷八為雜著等,末有其侄熙常《後識》,稱載純"少喜文辭,不事馳騁立名當世;自中歲以後,益斂華向裏,而不以著述自居,詩若文強半散佚"。逮其卒後,子侄輩始蒐輯遺稿,適正廟閱其稿,以為"調格深沉重厚,少時詩文往往有絕等處"②。又史家以為載純"詩文不能副急,而簡潔有古意"③。據此可知,載純詩文存世不多者,一則散佚,二則少作故也。

案乾隆四十八年(1783)八月乙亥,清高宗自避暑山莊詣盛京謁陵,

---
① 未詳《燕行記著·留關雜絕》其七、其九,《燕行錄全集日本所藏編》,001/325。
② 吳載純《醇庵集》末吳熙常《後識》,《韓國文集叢刊》,242/572。
③ 《正祖實錄》卷36,正祖十六年(乾隆五十七年 1792)十二月三十日甲午條。

朝鮮遣右議政李福源爲聖節兼問安使、吏曹判書吳載純爲副使、司僕寺正尹曠爲書狀官赴瀋陽。問安之行，例僅派正使與書狀官，此行因兼賀聖節，以聖節使規格遣使，故例帶副使焉。一行於六月十三日發王京，十月十五日返京覆命焉。

吳載純《醇庵集》卷二，有《充副使赴瀋陽奉和御製賜正使李福源詩韻》《灣館贈府伯李士愼（度默）》《良策客館》《留瀋陽館次正使中秋翫月韻》等數首詩，即爲此次出使時所作，雖寥寥數首，亦簡潔有度，中規中矩，可窺其一豹焉。

《燕行錄全集》又收吳載純《航海朝天錄跋》一篇，輯自吳載純《醇庵集》卷六。吳氏所跋之圖，爲洪翼漢"後孫清安使君述祖"所藏家藏畫卷二冊。其圖者，即前所述李德泂《航海朝天圖》也，載純言其幼時尚見其畫卷於舊藏，蓋其時三使各寫一本，而載純家所藏，當時已無存。撫玩斯卷，不覺感慨莫名矣。因載純爲天坡公吳翻孫，故述祖請跋之，遂略記事實於卷後，以寓風泉之思，且識兩家世好之有舊云爾。

案燕行使出使及回還時，當時諸家贐稿與序跋，所在多有，數量至多，今以載純跋文一篇而收入《燕行錄全集》爲一種，則諸如此類者，收不勝收，徒亂其例，斯爲濫耳，故《航海朝天錄跋》一文，今爲刪汰而不錄焉。

0616-1783
尹曠《癸卯聞見事件》（《同文彙考補編》卷六《使臣別單六》　活字本）

尹曠，生卒籍貫不詳。正祖朝，爲弘文館校理、司諫院大司諫等。事見《正祖實錄》《承政院日記》等。

案尹曠出使事由，詳參前吳載純《燕行詩解題》（0615-1783）。

此《聞見事件》六條，皆尹氏在瀋陽時所見。記永陵諸陵之築護，乾隆帝之佞佛，及諸王大臣及各處所獻金珠、犀貝、緞綢、布帛、珍禽、異器、佳果、奇卉等方物，各隨土產。和珅進純金佛，其大如人，千夫抬擔，黃傘御樂，迎入禁中，百官稱賀。又記乾隆帝巡路所經，雖有州縣村落而不處，野中設次，四面綳張，狀如懸鐘，樞紐覆蓋，風雨無透，又記其行次軍容等。又記朝鮮所貢方物之用，"方物紙塗宮殿窗戶，謄永久文書，黃紫苧紬賜後宫,油苞祭享時用排祭物,仍欽福其上,塗乾清、坤寧兩殿炕有餘,分賜親王。黃花席鋪山高水長閣、紫光閣及營盤御室,浮椒海帶下御茶坊,皮物下武備院,白清全鰒則下御膳庫,倭長劍留中。其餘各種,給親王及軍機諸臣"云云①。

0617-1783
張濂《癸卯聞見事件》(《同文彙考補編》卷六《使臣別單六》 活字本)

案張濂以首譯身份出使事由,詳參前吳載純《燕行詩解題》(0615-1783)。

此《聞見事件》三條,記皇帝自熱河至盛京,不入官府,連住野次,日行六七十里,尖營二所、大營一所。尖營者,晝停也;大營者,宿所也。大營中設毳幕,可五十餘間,外設黃布方幔,幔外各部院官列幕以居,其外環以幕城,軍兵入處幕中。毋論大官軍兵,皆官給車輛與橐駝,俾輸輜重,盤費則人日給銀一錢三分,貴賤無差。又載自熱河至五里屯,其間六百餘里俱蒙古地,蒙古諸王皆出接待,並獻馬戲。又記各稅有船稅、房稅、木稅、蘆稅、紬緞稅,每折銀一百兩,捧稅銀三兩,市廛則分上中下三等,每年徵銀十兩至十八兩。典當鋪子,每年隨其當物多少納稅,以之增損云。

0618-1783
李田秀【原題李宜萬】《入瀋記》(《全集》第30冊 鈔本)

李田秀(1759—?),延安人。李廷龜七世裔孫,學源子,福源從侄,平壤庶尹達城徐命敏婿。正祖朝,任穆陵參奉、繕工監役、工曹佐郎、昌寧縣監、清道郡守等。有《入瀋記》三卷行世。事見洪良浩《耳溪集》卷二九《黃州牧使徐公墓碣銘》、《承政院日記》等。

案李田秀出使事由,詳參前吳載純《燕行詩解題》(0615-1783)。

案《燕行錄全集》編輯者將作者隸之李宜晚("晚"當爲"萬"之誤),

---

①尹曧《癸卯聞見事件》,《同文彙考補編》卷6《使臣別單六》,002/1694。

並定爲景宗三年（雍正元年　1723）出使，實則作者及年代皆誤也。考李宜晚（1650—1736），字善應，號農隱，廣州人。肅宗五年（康熙十八年1679）進士，十七年登第。曾歷任承政院承旨、忠清道觀察使、漢城府判尹、知中樞副使等。以清官著稱。謚靖貞。據《英祖實錄》，英祖十二年（乾隆元年　1736）十一月，宜晚卒矣。①

考是書作者，實爲李田秀，其出使爲正祖七年（乾隆四十八年1783）時事也。時清廷傳乾隆帝將東巡瀋陽，朝鮮派聖節及問安使行，以右議政李福源爲正使、吏曹判書吳載純爲副使、司僕寺正尹暻爲書狀官赴瀋陽。福源子晚秀，以及晚秀從弟田秀陪行，即田秀書中開卷稱"上之八年四月，伯父承瀋陽問安使之命，以六月十三日癸酉發程，吾與仲兄陪行"是也②，仲兄即晚秀耳。使行名單中，晚秀爲"進士"，田秀爲"伴倘閑良"，蓋以率帶子弟故也。

李晚秀（1752—1820），字成仲，號屐翁。福源子。官至户曹判書、平安道觀察使、工曹判書、禮曹判書等。又時秀（1745—1821），字稚可，號及健。晚秀兄。官至黄海道觀察使、吏曹判書、右議政、領中樞府事、領議政等。事見正祖、純祖《實録》與《承政院日記》等。

案此《入瀋記》三卷，不見於今《延李文庫》中。全稿前爲《行中座目》，即一行人員名單，共計六十一人，下爲《凡例》，稱是書乃返國後四年始克脱稿，或多挂漏；原記則自渡江後至還渡，於朝鮮境界從略，今本義州以内則僅追記里程宿秣而已，回途則元站之外，小地名及里數皆不書，因路重複故耳，惟冷井、映水寺（迎水寺）之間則書之，因來時由舊遼東，路不相重也；書中原有《西游記》《萬泉録》二種，《西游》則作者自草，記渡江後日用凡事；《萬泉》則其仲兄所記，記往來酬應，而今本則合而一之，於《萬泉》則不敢大有增損，惟於他人鼎話之時，兄曰弟曰者，有分有不分而已，實則《萬泉》爲記與當時瀋陽士人張裕崑之筆談記録耳。渡江後所記多爲華語，恐覽者未詳，故輒懸注以解之；於制度謠俗，有難專於某日之下者，則分爲八題附之篇尾。國王御製詩、親朋贐詩及沿途賦詠近百篇，田

---

①《英祖實錄》卷 42，英祖十二年（乾隆元年　1736）十一月二十四日癸丑條。
②李田秀【原題李宜晚】《入瀋記》卷上，《燕行錄全集》，030/071。

秀《紀行百首》,則又共成一帙,附諸日記之後。最末則爲《德符心矩》,爲乾隆帝《御製古稀說》及彭元瑞《恭慶皇上七旬萬壽萬萬壽古稀頌》九章及序、梁國治跋文。此本實爲乾隆帝賜朝鮮國王者一帖,爲田秀所鈔錄之副本耳。

　　田秀此記,蓋爲鮮人之記瀋陽最爲詳盡完備者。此行於六月十三日發自王京,七月初始欲渡江之際,而禮部咨文出來,皇帝駕退以九月(初擬七月)到瀋,接駕官不必豫來云云。遂以其意啓聞,而朝旨有仍爲前進之命。故一行於七月三十日即到瀋陽,時接駕尚早,故田秀兄弟偕游瀋陽,凡禁宮皇苑、梵寺道觀、市肆民居、衙門獄屋,凡所能到者無論城區郊外,莫不鎮日流連其中,而凡所聞見民風景致,與夫接駕時所睹威儀極觀,莫不一一入記中。其所記宮室民居,則有宮殿、私宅、門窗、窗紙、垣墻、茅屋、磚炕、燒瓦、井制等;時人衣制則有上服、下服、衣色尚黑、袍子、大小衫、帽子、鞋樣、套手(即手套)、風領、僧道衣制、囊制等;器用則有卓、椅、凳、磁器、箸、大車、太平車、獨輪車、釜子、馬鞍、酒瓶、夜壺(溺缸)、擔擔、驢拉磨、搖車(即嬰兒搖籃車)、榨油機、水斗、馬桶、小鋸、鳥銃、弓箭、藥研(即藥碾子)、儀仗、轎制等;飲食則瀋陽人專尚油膩,所食用有茶、黃酒、燒酒、餑餑、雞鳴糕、羊肉、猪肉、雞肉、菘菜、蘿蔔、葡萄、爛梨、山楂、林檎、蘋果(查果)、香瓜(真瓜)、西瓜、螃蟹、烟袋等;財貨則有廛舍、換銀錢鋪、市肆匾額(有長春、興隆、昌盛等)、錢制、細絲銀、丁銀、賣面處、大布、緞子、筆黑、粉連紙、川連紙、津連紙、長連紙、毛頭紙、藥材、銼製藥法、繩索、薪柴、石炭、賣水等;鳥獸則有猪、羊、馬、驢、騾、牛、鬍羊、雞、鵝、烏鵲、金魚、蚊子、蒼蠅、草蟲(即蟋蟀)等;言語則瀋人話頭輕佻,少無重厚雅典之意,字音則少入聲等;雜俗則時人喜淫祀,所在多佛寺、關廟。他如見面禮數、學堂、武備、百物、尚畜牧、剃頭之法、女子髮型、墓制、棺制、打更之法、象棋、圍棋、溝渠、罪人刑具、秤制等,以及如掏耳朵、驢拉磨、彈棉花、長短弓箭、轆轤井、隆興當鋪、回回鋪、監獄犯人、魔術雜技、文廟祀次、甲軍習射、造紙處、自行車、自鳴鐘、懷錶、燒磚窯、無花果、癩葡萄、生姜、葡萄、炒猪肉、史國公佛手露二酒等,亦莫不詳載於日記中,可謂研讀當時瀋陽之百科史料矣。

李田秀所記,凡一物一事,頗爲詳悉。如其記乾隆帝御容言動,謂"皇帝年可六十許(皇帝時年爲七十三),面胖而正方,耳珠至腮,一眼微小,眉彩甚疏而厚,黃鬚短少而無一白,廣顙大口,隆鼻豐頤,聲音朗朗如碎玉,真氣動衆,福相盈溢,帝王氣象,故自不凡。而平生偉觀此爲上,首一舉眼,而不覺此心之誠服矣"。李氏又記乾隆帝與使臣對話,言笑欵欵,頗爲悦容。皇帝尚記戊戌年幸瀋時,朝鮮使臣亦姓李。遂慨歎"七十老人,能思六年之事,於萬機煩擾之外,精力之過人,亦可知也。皇帝所著,則黑色無紋緞褂子,羽緞緣無頂子帽子,紫繡圍裙,坐下白馬,儀仗唯有黃衣一人,執黃傘在馬前而已,其他諸臣亦皆並馬而行,後班甚多,坌塵雜沓,不可盡知,而大約數百人,多是達官,又有黃幄黃輪大平車四五乘,在後班中去,似是御乘也"。① 燕行使臣記清代帝王者多矣,然記載如此詳悉,此謂"平生偉觀此爲上,首一舉眼而不覺此心之誠服"者,田秀一人而已矣。

又李氏兄弟,本爲觀光而來,流連賞景,訪古問俗外,購置書籍,爲其樂事。及返國收束歸裝,鮮人之計貨者,熱鬧忒甚,弔伯之聲,四面聒耳,而其兄弟則來時衣服之外,唯有書二百餘册。晚秀所購有《經義考》《古文淵鑒》《丹鉛總録》《米南宮帖》《十竹齋畫譜》等,田秀所得者有《杜注左傳韻類》《説文》《杜詩論文》《太平廣記》《古文約選》《西湖志》《楞嚴經》《錦囊秘録》《醫方集解》《金瓶梅》《十種曲》等,歸囊不可謂之不富。② 田秀喜藏書,常謂"'蓄書易,讀書難,讀而得其解者爲尤難。'今世藏書之家,指不勝屈,求讀而得其解者,蓋亦鮮矣。陶靖節云'讀書不求甚解'。所謂甚者,恐穿鑿附會,失其本旨耳。然其《南村詩》又云'奇文共欣賞,疑義相與析'。若不求解,則疑義之析何爲乎? 所謂不求甚解者,正所以深於解矣"③。案陶五柳"不求甚解"一語,自來以爲即讀書觀大意,不必苦求索之義,而田秀以爲"正所以深於解",可謂發前人所未發,而實獲我心者也。

又李氏兄弟,入瀋道途中,即以參訪當地名士爲意,至瀋而過往最密

———————
① 李田秀【原題李宜晚】《入瀋記》卷中,《燕行録全集》030/254—256。
② 李田秀【原題李宜晚】《入瀋記》卷中,《燕行録全集》030/320。
③ 李田秀【原題李宜晚】《入瀋記》卷下,《燕行録全集》030/454。

者,則有漢軍人張裕崑,乍一相見,即傾蓋如故,來往手談,曲盡其意。其發藩之日,晚秀別詩有"不如共我東歸鞭,去參金剛萬二千"①,"未涯書尺到,應有夢魂知"等句②,田秀有"精神苟相通,山川安足間"諸句③。則其相交至深,而別情依依,真摯感人。而記中尚附別後裕崑通問兩札,李氏曾寄信並有倭刀、藥丸、墨箋之贈,張氏回贈有乾果四包、徽墨四笏、武夷茶一封等,則別後仍有書札往來耳。

0619-1-1783;0619-2-1783

李魯春《北燕紀行》(《續集》第119册 諺文鈔本)
李魯春《北燕紀行》(《燕行録叢刊(增補版)》網絡本 諺文鈔本)

出使事由:謝恩行
出使成員:正使判中樞府事洪樂性、副使吏曹判書尹師國、書狀官掌樂正李魯春等。
出使時間:正祖七年(乾隆四十八年 1783)十月十五日—翌年三月四日

李魯春(1752—1816),字君正,號龍模,祖籍德水,驪州人。澤堂李植裔孫,龍模子。正祖朝,爲吏曹佐郎、司憲府掌令、弘文館應教、承政院承旨等。純祖時,爲司諫院大司諫、江原道觀察使、工曹判書等。因事配於巨濟島,卒於配所。正祖八年(1784),曾奉敕撰《弘文館志》一册,亦參與《正祖實録》之編纂。有《北燕紀行》傳世。事見《正祖實録》《純祖實録》《承政院日記》等。

乾隆四十八年(1783)八月乙亥,清高宗自避暑山莊詣盛京謁陵,朝鮮遣聖節兼問安使右議政李福源等入瀋陽,乾隆帝賜朝鮮國王以詩章,並有嘉奬上諭,正祖遂遣謝恩使判中樞府事洪樂性、副使吏曹判書尹師國、書狀官掌樂正李魯春等入燕,謝賜詩章、謝嘉奬上諭並謝陪臣參宴等件。

---

①李田秀【原題李宜晚】《入瀋記》卷下《留別裕崑》(成仲),《燕行録全集》030/451。
②李田秀【原題李宜晚】《入瀋記》卷下《臨別又贈》(成仲),《燕行録全集》030/452。
③李田秀【原題李宜晚】《入瀋記》卷下《留別裕崑》,《燕行録全集》030/452。

卷五二　李魯春《北燕紀行》　917

　　李魯春《北燕紀行》三卷,三册,崇實大學基督教博物館藏,諺文鈔本。今存卷一(天)、卷三(人),缺卷二(地)。是書封面漢字題"北燕記行",正文中文字用諺文書寫。現存第一卷和第三卷字體相近,蓋出一人之手鈔寫,然書本大小不同,第三卷較第一卷爲大。林基中等撰《燕行錄解題》稱,該書第三卷自正月十七日至十九日文字脱落①,然崇實大學基督教博物館所藏本,此數日文字完好無缺,而林氏等所據亦爲崇實大學藏本,不知何故有如此之説焉。又《燕行錄續集》第一一九册②,亦收錄李魯春《北燕紀行》,即從二〇七頁至三三四頁,無其他卷,僅錄第三卷。而第二三九頁,正月十七日的日記開頭乃最後一行,而原有十七日後半部内容與十八日、十九日、二十日前半部分文字,亦不見於此書,亦即其書二三九頁至二四〇頁之間,脱漏前面兩頁之文字。而《燕行錄叢刊(增補版)》網絡版,則僅有第三卷,而第一卷亦並缺焉。

　　全書卷一每半頁十一行,每行自十七至二十字不等,無格欄。首頁首行諺文題"북연긔행권지일(北燕紀行卷之一)",第一卷末有"병자듕츄의신부글시로쟝책하다"字樣,而同一内容錄有兩次,意爲丙子中秋用新娘字體裝訂成册。此可知此鈔本之前蓋有原本或其他鈔本,然此新娘究竟是誰氏,尚未可知焉。卷三卷首題"북연긔행행　권지삼"(北燕紀行卷之三),卷末有"丙子中秋出필하다/병자듕츄의완필하다/병자듕츄의완필하다"(丙子中秋寫完)三行。至於書中所言鈔錄時間之"丙子",則不知是李魯春出使歸來以後之丙子年(純祖十六年),還是此後的丙子年,亦不能明焉。

　　《북연긔행(北燕紀行)》爲李魯春此行以謝恩使書狀官身份所記之日記,描寫李氏自離開朝鮮往北京,再返國的前後路程。李魯春出使時間,與記錄時間並不完全一致。其出使時間自十月十五日起,然此書實際記錄自癸卯年(1783)九月二十一日至甲辰年(1784)二月二十二日之間,在出使之前已有日記,記其被落點爲謝恩使書狀官,以及使行前諸多

---

①林基中等編《國學古典燕行錄解題》1,韓國文學研究所燕行錄解題組,韓國文學研究所,2003年,第644頁。
②李魯春《北燕紀行》,《燕行錄續集》,119/239。

檢點等。書中卷一正文前的卷首有"븍연긔행권지일",除了著者書狀官李魯春以外,接着題"謝恩正使判副使洪樂性""副使户曹參判尹師國",此外還列出上房軍官、副房軍官等名單與攜帶之物品等。卷一錄有癸卯年九月二十一日至十二月十日期間之事。而十月二十六日至十一月十一日期間之記録缺載。卷二缺佚,然可推測爲十二月十一日至翌年正月初六日期間的記録。卷三爲自甲辰正月初七日至二月二十二日期間日記。所記多在燕行期間所見各地建築、風俗與制度等,凡所見所接,皆令李氏頗爲新奇焉。【李鍾美譯】

0620-1783

黄仁點、柳義養《癸卯别單》(《同文彙考補編》卷六《使臣别單六》 活字本)

> 出使事由:冬至等三節年貢兼謝恩行
> 出使成員:正使昌城尉黄仁點、副使禮曹判書柳義養、書狀官兼司憲府執義李東郁等
> 出使時間:正祖七年(乾隆四十八年 1783)十月二十四日—翌年三月二十六日

案黄仁點有《己亥别單》(0593-1779),已著録。

柳義養(1718—?),字季方,號後松,全州人。英祖朝,爲司諫院正言、弘文館修撰、司憲府執義等。正祖時,任江陵府使、司諫院大司諫、禮曹參議、工曹參判、五衛司直等。事見《英祖實録》《正祖實録》《承政院日記》等。

正祖七年(乾隆四十八年 1783)十月十五日,聖節兼問安使右議政李福源一行返國覆命,擎回乾隆帝所賜御製七律詩一章、玉如意一副等若干禮物,使臣及以下隨從人等,加倍賞賜紙筆硯緞匹銀兩外,特賜御宴。又朝鮮義州民朴漢仲等三人,因捕魚漂至鳳城窟窿山,盛京差官送至義州。正祖遂遣冬至等三節年貢兼謝恩使昌城尉黄仁點、副使禮曹判書柳義養、書狀官兼司憲府執義李東郁等入燕,呈三節年貢並謝陪臣參宴、謝

漂人出送等事。一行於十月十五日發王京,翌年三月二十六日返京覆命焉。

此《別單》一條,記英廉作相十數年,秉公剡薦注擬,無間親疏。其子延福由舉人除職,例升知縣,英廉奏知縣有民社責,民之休戚,萃於一人,臣子非徒不閑吏治,質性又拘滯,實非理劇之才,驟膺恐致貽悞獲咎滋甚,願賜遞改,皇帝許之,物議韙之。

又據《正祖實錄》,黃仁點、柳義養所呈狀啓,記一行沿途呈送瀋陽之貢品,及在北京呈送貢物及正朝參禮等事,然不載英廉此事焉。或《實錄》與承政院所鈔錄,各有所重,而各取所需耶?

0621-1783
李東郁《癸卯聞見事件》(《同文彙考補編》卷六《使臣別單六》 活字本)

李東郁(1739—?),字幼文,號蘇巖,平昌人。英祖四十一年(1765),行製述居首,直赴殿試。爲司諫院正言、持平等。正祖朝,任司憲府執義、寧越府使、義州府尹、五衛司直等。後因其子承熏傳播天主教事牽連,放歸鄉里,承熏被誅。事見《英祖實錄》《正祖實錄》《承政院日記》等。

案李東郁出使事由,詳參前黃仁點、柳義養《癸卯別單解題》(0620-1783)。

此《聞見事件》一條,載《御選明臣奏議》刊行,乾隆帝閱熊廷弼奏疏,歎曰此可見忠鯁之心,惜乎不惟不用其言,轉致重辟。袁崇煥之督師遼薊,盡忠所事,而亦不能罄其忱悃,至不保性命,朕深憫惻。熊廷弼五世孫泗先,袁崇煥五世孫炳,並令付職云。

案正祖十六年(1792),有權瑋者言於太學生,謂李東郁之子承熏,濡染西洋天主教,居平澤縣三年,不拜聖廟。有太學生聞其事,而墨其名於青衿錄。承熏、致熏上言駕前,以太學生與權瑋誣其兄,乞令伸雪。① 正祖以金熙采爲平澤按覈御史差下覈查,後不了了之。

---

① 《正祖實錄》卷34,正祖十六年(乾隆五十七年 1792)二月二十八日丁卯條。

純祖元年(嘉慶六年　1801)二月,司憲府啓:"噫嘻!痛矣。李家煥、李承熏、丁若鏞之罪,可勝誅哉?所謂邪學,必至於凶國禍家而後已。貨色以誑誘,嘯聚其徒黨,犯刑憲如飲食,視刀鋸爲樂地,急如熾火,彌滿京鄕,黃巾、綠林之憂,迫在呼吸。此專由於此輩爲之窩窟故也。家煥,則以凶醜餘孽,包藏禍心,引誘群憾,自作教主。承熏,則傳其父所購之妖書,甘心護法,作爲家計。若鏞,則本與兩醜,腸肚相連,打成一片。及其踪迹既露,則陳疏首實,極口失言,暗地逞妖,反甚於前,欺罔天聽,冥頑無畏。至於今番法府之所捉,渠之兄弟、叔侄,往復書札,狼藉現發,其妖凶情節,萬目難掩,蓋此三凶,俱爲邪學之根柢。請前判書李家煥、前縣監李承熏、前承旨丁若鏞,亟令王府,嚴鞫得情,快正邦刑。目今禁邪之政,慈聖飭教,諄復嚴重,其所奉行,尤當自別,而捕廳推覈,專事玩愒。請前後緩治之當該捕將,捧現告,並施譴削之典。"①

　　三月,獄事起,中國蘇州人天主教徒周文謨,及李承熏、李家煥、權日身等數十人遇害,前後誅殺三百餘人,此即所謂"辛酉邪獄"也。又邊備司謂"承熏隨其父,入燕購來邪書也,正、副使全未禁斷,致入行橐。灣尹,則邊禁不嚴,致使邪書,潛入我境,而漫不覺察。書狀官,以行台入燕,一行上下,如有不法之事,糾正論勘,乃其職也。而反使其子,交通異類,購書而歸,論其罪狀,十倍他人矣。正使黃仁點,誠有不察之失,而係是崇品儀賓,直爲論勘,恐傷朝體。副使李亨元、義州府尹柳義養,其時首譯洪宅憲,固合論罪,而並身故,當在勿論之科。李東郁,請施以追削之典"。允之。昌城尉黃仁點削職。②

　　先是,正祖元年(1777),李檗早與丁若銓、權哲身等設教理會,信天主教。李氏等委托李東郁之子承熏,借隨其父入燕之機,接觸西方傳教士,尋購天主教書籍。承熏入北京後,遂於翌年於北京天主教南堂,領洗爲天主教徒,教名伯多祿(彼得),爲朝鮮半島接受洗禮之第一人,並購得書籍若干。承熏歸國後,即爲李檗等洗禮,創天主教會,並得丁若鐘、若銓、若鏞兄弟鼎力扶助。李檗著《聖教要旨》,若鐘著《主教要旨》二卷,秘

_____
①《純祖實錄》卷2,純祖元年(嘉慶六年　1801)二月九日乙卯條。
②《純祖實錄》卷2,純祖元年(嘉慶六年　1801)三月三日己卯條。

密傳教。正祖十五年(1791)末,中國天主教士周文謨,潛入鮮境,開始傳教,信徒暴增。朝鮮王朝視天主教視爲邪教,搜逮不遺餘力,終至純祖元年獄事起。周文謨、李承熏等處死,丁若鏞等流放。朴趾源、朴齊家諸人,亦牽連降調落職焉。

0622-1783
洪宅憲《癸卯聞見事件》(《同文彙考補編》卷六《使臣別單六》 活字本)

　　洪宅憲,岳林人。通漢語,爲譯官。正祖七年(1783),曾隨冬至使昌城尉黃仁點使團入中國,爲首譯。事見《同文彙考補編》卷六《使臣別單六》洪宅憲《癸卯聞見事件》、《純祖實錄》、《承政院日記》等。

　　案洪宅憲出使事由,詳參前黃仁點、柳義養《癸卯別單解題》(0620-1783)。

　　此《聞見事件》二條,一記清朝立國以後,廢預建之規,書所欲立者名,藏之乾清宮正大光明匾額,不使外臣知,傳授之際,始拆其封。乾隆帝即祚以來,先後以孝賢皇后所生皇次子、皇七子、皇五子藏名匾額,然先後皆卒。復書皇子之名藏之,輿論皆以爲帝待皇六子永瑢,與他皇子異云。又載辛丑年南掌遣使入貢進賀皇帝聖節,優賜蔘緞,以示嘉尚,使臣歸國後,南掌國王又遣使謝恩,稱自今以往,小臣唯有督率國中臣民,循分盡職,按期入貢,以共享大皇帝太平之福於萬萬世云。

卷五三　0623—0635

正祖八年(乾隆四十九年　1784)—正祖十年(乾隆五十一年　1786)

0623-1784

姜世晃《燕京編【原題豹菴燕京編】》(《續集》第119册;《叢刊續》第80册《豹菴稿》　鈔本)

出使事由:進賀謝恩兼冬至等三節年貢行
出使成員:正使判中樞府事李徽之、副使禮曹判書姜世晃、書狀官兼司憲府掌令李泰永等
出使時間:正祖八年(乾隆四十九年　1784)十月十二日—翌年三月十八日

姜世晃(1713—1791),字光之,號豹菴,晉州人。柏年孫。英祖五十二年(乾隆四十一年　1776),中耆耉文科。正祖二年(1778),魁文科庭試。爲都總府副總管、户曹參判、漢城府判尹等。後謚憲靖。有《豹菴稿》六卷行世。事見鄭元容《經山集》卷一九《謚狀》與《英祖實録》《正祖實録》等。

案乾隆五十年(1785),乃清高宗臨御五紀,清廷開千叟宴以賀。四十九年十月十二日,朝鮮遂遣進賀謝恩兼冬至等三節年貢行正使判中樞府事李徽之、副使禮曹判書姜世晃、書狀官兼掌令李泰永等入燕,賀乾隆帝臨御五紀、謝陪臣許赴千叟宴、謝漂人出送等事,一行於翌年三月十八日返京覆命焉。"正副使皆以耆臣,爲參千叟宴也"①。時李徽之(1715—1785)七十歲,姜氏已七十二歲,"爲參燕京千叟宴,充副价"而往,則朝鮮因千叟宴故,特遣使臣亦須七十高齡方可耳。② 姜氏詩有"七旬遐壽人稀

---

①《正祖實録》卷18,正祖八年(乾隆四十九年　1784)十月九日辛卯條。
②姜世晃《燕京編【原題豹菴燕京編】》,《燕行録續集》,119/338。

有,五色光臨史罕傳"①,"明朝七十添三歲,怕有華人使我年"等句②,即紀其實也。

案姜世晃《豹菴稿》六卷,鈔本。前三卷爲詩,後三卷爲諸體文,前後無序跋。是本詩輯自《豹菴稿》卷二,共收詩四十餘首,燕行詩十餘首,間厠其間,其他非燕行詩也。是行專爲賀節,故一行在館,姜氏與上使、書狀"相與酬和,各手書於卷,以作後觀"③。姜氏詩有《和進千叟宴詩》《瀛台冰戲》《次德保次上使千叟宴詩韻》等,乃唱和歌詠千叟宴詩也。又有和金簡、博明、和琳諸顯官詩。他則多詠花草,如迎春、蘭草、紅梅、桃花、月桂、牡丹、水仙、海棠等,或詠花,或頌圖,皆平和富麗,喜樂怡美,蓋因千叟宴喜慶氛圍所致,姜氏詩喜慶祥和,頌歌高唱,如"勝日金宮敞御筵,熙朝歡慶入新年"④,"八域羣生圍皞熙,神勞君子壽祺綏。鏗鏘樂奏雲韶曲,瀲灩春浮玉液卮。觀國愧當衰暮日,贊治欣睹太平時。東歸競詫恩榮感,滿紙瓊琚敢自私"⑤。不僅了無敵愾之辭,牢騷之語,且誠祝欣慕,倍感榮恩,此在燕行使詩歌中,亦爲罕見矣。

本卷又有雜記若干條,若眼鏡、西洋琴、筆、紙、硯、墨、圖書、印章、怪石等,以中國與朝鮮所產相較,論其優劣焉。末附草稿若干張,多行草,文字重沓,模糊不清,當爲雜記之原草,而鈔本則爲整理之本也。

0624-1784
金熤《甲辰燕行詩》(《叢刊》第 240 册《竹下集》 刻本)

出使事由:謝恩兼陳奏奏請行
出使成員:正使議政府右議政金熤、副使吏曹判書金尚集、書狀官司僕寺正李兢淵等
出使時間:正祖八年(乾隆四十九年 1784)七月九日—十月二十

---

①姜世晃《豹菴稿》卷2《和進千叟宴詩》,《韓國文集叢刊續》,080/350。
②姜世晃《豹菴稿》卷2《自余之生……以作後觀》其二,《韓國文集叢刊續》,080/349。
③姜世晃《燕行編【原題豹菴燕京編】》,《燕行録續集》,119/338。
④姜世晃《豹菴稿》卷2《和進千叟宴詩》,《韓國文集叢刊續》,080/350。
⑤姜世晃《豹菴稿》卷2《次德保次上使千叟宴詩韻》,《韓國文集叢刊續》,080/350。

八日

金熤(1723—1790),字光仲,號竹下,又號藥峴,延安人。悌男五世孫。英祖三十九年(乾隆二十八年　1763)文科及第。爲司憲府持平、司諫院大司諫、成均館大司成等。正祖時,陞禮曹判書、漢城府判尹、江華留守、議政府領議政、判中樞府事等。清儉忠厚,篤於內行。在中書,見時事多艱,常自斂退。然每登筵奏對,憂愛之誠,達於面貌,正祖雅重之,士亦以此多之,與李福源並稱儒相。謚文貞。曾參與《國朝寶鑑》之修纂,自著有《竹下集》二十卷行世。事見金載瓚《海石遺稿》卷一〇《墓表》,李敏輔《豐墅集》卷九《墓誌銘》,英祖、正祖、純祖《實錄》等。

案正祖八年(乾隆四十九年　1784)七月,以謝恩兼陳奏行正使右議政金熤、副使吏曹判書金尚集、書狀官司僕寺正李兢淵等入燕,請册封李㬀(1782—1786)爲王世子,並謝賜緞及兩行使臣參宴事。一行於七月九日發自王京,十月二十八日返京覆命焉。

案金熤《竹下集》二十卷,爲轉寫本,《韓國文集叢刊》據奎章閣藏本影印。凡詩四卷,他爲諸體文,前後無序跋。燕行詩七十餘首,見本集卷四。其詩題多記時日,若七月初九日辭陛登道,二十九日渡鴨江,八月二十八日入燕京,九月十七日東還出燕城,皆見詩題,故兼有日記之式也。又其詩中,於古迹文物、地理風俗,多詳注於詩中。其詩紀行議論,感慨寄托,情見於詞。朝鮮使臣燕行時,多於兩西驛騎充脚行,然數千里往還,路惡風急,寒雨冰雪,加之風土不宜,故多有因疲病而斃於道者。金氏本卷有《死馬行》詩,述一行回還至周流河,大同郵一馬病斃,深爲淒惻,慨歎"飲馬長城窟,水寒馬不食。驅馬白龍堆,路惡馬蹄坼。馬鳴不能通其意,厮人但知加鞭箠。饑不食倦不休,力盡幽燕三千里。來自鴨水東,死委紫塞傍。牽來未牽歸,人馬不相將。死委猶可憐,斷耳截尾胡乃爾。馬乎馬乎雖微物,自是朝鮮郵官騎。詎使朝鮮馬,棄作胡人戴。天寒白雪周流河,裹以弊韉埋之土。君子爲爾心淒惻,路傍停車吟數句"。並言"郵馬致斃,郵卒截其驄耳,歸納本郵,以證其致斃云"。① 可知當時驛馬斃卒之

---

① 金熤《竹下集》卷4《死馬行》,《韓國文集叢刊》,240/296。

時,鮮人處理取證之法也。

0625-1784
李兢淵《甲辰聞見事件》(《同文彙考補編》卷六《使臣別單六》 活字本)

李兢淵(？—1785),籍貫不詳。正祖朝,爲司諫院正言、弘文館副應教、承政院承旨等。事見《正祖實録》《承政院日記》等。

案李兢淵出使事由,詳參前金煜《甲辰燕行詩解題》(0624-1784)。

此《聞見事件》三條,一記甘肅回民田五等以新教惑衆爲亂,朝廷遣阿桂等擒殺四千五百餘名。一記乾隆帝得玄孫,即皇孫緜王之孫,而緜王即故皇長子永璉子也。路傍貼榜曰:朕仰荷天眷,嘉得五世元孫,實從古罕有,各省紳士庶民中,如有同堂得元孫者,朕當加賞賫,以昭盛事。又載安南國六歲再貢,使臣於熱河,乾隆帝賜國王詩作,並命使臣賡和,並載帝詩與安南使臣范阮達之詩焉。

0626-1784
張濂《甲辰聞見事件》(《同文彙考補編》卷六《使臣別單六》 活字本)

案張濂以首譯身份出使事由,詳參前金煜《甲辰燕行詩解題》(0624-1784)。

此《聞見事件》三條,一載皇子十七人,而存者第六子多羅質郡王永瑢等五人;皇孫存者貝子綿德定郡王綿恩等十人;皇曾孫輔國將軍奕純等二人;奕純生子載錫,實爲皇玄孫。又載暹羅國國長新立,遣使請封,其表文名曰"金葉",表字行橫書,怪異全不可解,使暹羅通使僅翻漢以奏。又載"《四庫全書》之役,皇明諸家文集,毁板者七百八十餘帙,而錢謙益、屈大均、全堡等三四家,則雖句語在他集,並抄毁。蓋被毁諸家,皆語侵當朝者,而牧齋等三人尤甚,故必欲滅其迹而後已。昭示京外,被毁文集在閭巷者,亦令焚毁,或匿而發者,則罪同原犯"①。

---

①張濂《甲辰聞見事件》,《同文彙考補編》卷6《使臣別單六》,002/1697。

案張瀔所記"全堡"爲"金堡"之誤。金堡(1614—1681),字衛公,又字道隱,浙江仁和人。明崇禎十三年(1640)進士。爲臨清知縣。明亡,起兵抗清,兵敗。唐王立,赴廣西,爲禮科給事中。清兵入桂林,削髮爲僧,初名性因,又名澹歸。工書、畫。著有《遍行堂集》《丹霞澹歸禪師語錄》等。乾隆朝修《四庫全書》,其書遭禁,書板被毁焉。

0627-1784
李鼎運《甲辰聞見事件》(《同文彙考補編》卷六《使臣別單六》 活字本)

出使事由:謝恩行

出使成員:正使錦城尉朴明源、副使吏曹判書尹承烈、書狀官兼司憲府掌令李鼎運等。

出使時間:正祖八年(乾隆四十九年 1784)十二月十一日—翌年四月十三日

李鼎運(1743—1800),字共著,號五沙,延安人。英祖四十五年(1769),中翰林試。爲藝文館檢閱、司諫院正言、司憲府持平等。正祖朝,任弘文館修撰、承政院承旨、司諫院大司諫、忠清道觀察使、咸鏡道觀察使、漢城府判尹等。純祖初,陞刑曹判書。卒於官。事見英祖、正祖、純祖《實錄》與《承政院日記》等。

乾隆四十九年(1784)十二月,清廷以乾隆帝臨御五紀,並册封李暲爲王世子,遣正使內大臣西明、副使翰林院侍讀學士阿肅至朝鮮宣詔,並賞賜彩幣、緞匹等。正祖遂派謝恩使錦城尉朴明源、副使吏曹判書尹承烈、書狀官兼掌令李鼎運等入燕,謝册封世子及加賞賜物等件。一行於臘月十一日發王京,翌年四月十三日返京覆命焉。

此《聞見事件》五條,記歷代帝王廟,自軒羲至明朝,並舉祀典,正統予奪,或多扶抑,詮次存削,亦欠稱停,乾隆帝命諸臣議奏,或增或撤。又記彝倫堂在太學西,太學既移建,設辟雍於彝倫堂址,殿宇不甚宏大,而製作奢麗,金碧奪目,殿内揭皇帝"雅涵於樂"四字。又記衍聖公孔憲培,爲先聖七十二世孫,來辟雍講學,朝鮮使臣於演禮日見之,"慇懃施禮,指點冠帶,欣然有喜色,風儀溫雅,舉止端詳,人海中可辨"①。又記《四庫全書》四部繕寫,前冬告竣。《盛京通志》藏於盛京崇謨閣,各館纂輯之役,如《滿州源考》《日下舊聞考》《契丹國志》《明唐桂二王本末》《河源紀略》《蘭州紀略》等書,今已完竣,三續通《清通典》《通志》《通考》尚未告訖。《職官表》《蒙古王公表傳》《三流道里表》,今方始役。《大清一統志》《通鑒輯覽》,更令校正焉。

案《正祖實錄》載正使朴明源、副使尹承烈狀啓、別單,李鼎運別單,較《同文彙考補編》所記尤詳可參。②

0628-1784
洪命福《甲辰聞見事件》(《同文彙考補編》卷六《使臣別單六》 活字本)

洪命福,生卒里籍不詳。通漢語,爲首譯。正祖朝,任漢學教授、副司直等。多次陪使行往返清朝。事見《正祖實錄》《承政院日記》等。

案洪命福出使事由,詳參李鼎運《甲辰聞見事件解題》(0627-1784)。

此《聞見事件》二條,一記辟雍殿牌樓東豎碑,乃乾隆帝親製碑文,載皇帝嘗戒子孫,以非華人而主中國者,變服無不亡,朕之子孫倘惑浮言,或變其服,則非徒負朕,爲聖祖之罪人。又記皇帝得玄孫,命名載錫。其子孫排行,爲永、綿、奕、載,而載下行則以奉字預定云。

0629-1784
金照【原題未詳】《觀海錄【原題燕行錄】》(《全集》第70册 稿本)

金照(1754—1826),字明遠,一字益亮,號石閒、石癡、藥園居士等,海豐人。其先以武功顯,後漸式微。照身材短小,相貌醜陋,嗜酒善畫,富於詩才,與金祖淳、金鑢、申緯等相友善。曾中生員試。正祖八年

---

① 李鼎運《甲辰聞見事件》,《同文彙考補編》卷6《使臣別單六》,002/1698。
② 《正祖實錄》卷19,正祖九年(乾隆五十年 1785)二月十四日甲午條,四月十九日戊戌條。

(1784),以微員隨謝恩使朴明源使團入中國。策蹇仕途,晚年貧寒。所著有《畊讀園未定稿》《觀海錄》等。事見金祖淳《楓皐集》、金鑢《潭庭遺稿》、趙冕鎬《玉垂先生集》及金正中《燕行錄》、《承政院日記》等。①

案金照出使事由,詳參李鼎運《甲辰聞見事件解題》(0627-1784)。

金照此《燕行錄》,稿本。封面左上籤楷題"燕行錄",有藏書印,然模糊不辨。因全稿殘缺,故《燕行錄全集》編纂者未能詳考,署作者為"未詳"耳,實際本書作者可考而知也。本書中多有無名氏之點評,題寫於抬頭或原文行間,字迹潦草,又小如米粒,加之《燕行錄全集》複製效果不佳,故極難識辨,然本書作者在永平府,曾考證漢代飛將軍李廣射虎石之有無,亦曾在北平店與中國武舉人許元龍過從筆談,無名氏點評譏諷此二人曰:"許元龍一武人,金明遠一措大,相遇於北平店上。"②此無名氏在評論作者文字時,它處亦嘲其"措大",如在作者論"遼東之爲野,恐未有爭其大者"時,即評"何等布置,何等心手,只是措大,强作大話"。③故此可知此評論中所指金明遠,即本書之作者。又作者在談到燕京民俗時,曾論"夫仕宦於京師者,預皆安排一條貨路",此條抬頭無名氏亦批曰:"東人無官易餓死,明遠有官,亦將口貧,是誰口然也。"④由此可知,此書作者乃金明遠,殆無疑問!實則明遠乃金照之表字也。又金氏稿中《薊門烟樹》條,天頭無名氏批曰"吾於《觀海錄》《薊門烟樹》,復對説鬼者云爾"⑤。可知金氏原草名《觀海錄》,今復其舊名,以符其實耳。

---

① 案關於金照生平事迹及相關問題,可參拙文《佚名〈燕行錄〉作者及文學價值考述》,載韓國高麗大學校中國學研究所編《中國學論叢》第 21 輯,2007 年 3 月版,第 75—90 頁;《〈燕行錄全集〉考誤》,《北大中文學刊》,北京大學出版社 2009 年版,第 257、258 頁;又參金榮鎮《金照의燕行錄觀海錄연구》,《韓國漢文學研究》第 59 輯,第 155—179 頁。又參北京大學中文系古文獻學專業 2016 級碩士研究生高樹偉"朝鮮燕行錄研究"課程作業《〈觀海錄〉作者金照生平考略》,未刊稿。
② 金照【原題未詳】《觀海錄【原題燕行錄】》"永平府"條點評語,《燕行錄全集》,070/040。
③ 金照【原題未詳】《觀海錄【原題燕行錄】》"遼野"條點評語,《燕行錄全集》,070/019。
④ 金照【原題未詳】《觀海錄【原題燕行錄】》"民俗雜記"條點評語,《燕行錄全集》,070/104。
⑤ 金照【原題未詳】《觀海錄【原題燕行錄】》"薊門烟樹"條,《燕行錄全集》,070/044—046。影印本批語模糊難辨,據崔植《텍스트로바라본 燕行과 燕行錄》引文轉錄,《大東文化研究》第 88 輯,第 459—460 頁。

又是書作者曾與許元龍以詩贈別,許君買餅餌爲其餞行,餅面印"壯元紅"字,許君"方舉武選,而聞余亦爲應舉秀才,乃以壯元餅餉之"①。此可知金明遠尚是朝鮮一秀才,功名不著,故即"有官",想亦不過是微職而已。案朝鮮使臣撰《燕行錄》者,多爲書狀官,今既知金照非書狀官,則其身份又成疑問。其書中記載,在瀋陽時,遇"人日,行臺買竹葉清一壺,邀余共醉,各得一詩而罷"②。既能受行臺之邀而共醉,則又非使團中一般隨行人員。又其叙述在北京逛街賞玩之留戀光景曰:"余以一書生,隨使价游燕,關塞萬里,策馬哦詩,橐中之草已成篇什,庶幾遇燕地快士,一吐胸中奇崛,足了半生逋債。他那金銀錦緞,握籌論星,一應料理之物,初不妨吾心眼,視象胥偏裨,真是閑漢,茶飯之餘,沿街散步,皇都壯麗,人物繁富,領略眉睫間,孤烟寒館,卧念經歷,森羅腦臆,如物照鏡,如此真不枉走一遭燕薊間耳。"③燕行使團中,不當容無事碌碌、留戀賞景之遊客,作者能如此灑脱適閑而又胸襟磊落,則此"一書生"雖非書狀官,亦絶非隨從皁隸,蓋爲隨行之伴倘之類也。作者在鳳凰城時稱"余亦初到者"④,則又可證渠亦初次入中國矣。

金照此次出使之年代,其在"柵門"條稱"臘月既盡"⑤,則從漢城出發時間當在某年臘月,至邊界時已到臘月將盡。書中又稱"乙巳正月初九日,發瀋陽"⑥,此"乙巳"當爲朝鮮正祖九年(清乾隆五十年 1785)無疑。因書中又稱"現今奉天將軍即皇侄永瑋,鎮寧古塔者皇子永瑢"⑦。考《清史稿》乾隆四十七年八月,"以宗室永瑋爲吉林將軍"。九月調"盛京將軍",⑧五十二年死於任上。而此期間内鎮寧古塔者,則爲吉林將軍都爾嘉,永瑢並未擔任過吉林將軍,此則當爲明遠誤記耳。又考《正祖實

---

① 金照【原題未詳】《觀海録【原題燕行録】》"食品·果品"條,《燕行録全集》,070/079。
② 金照【原題未詳】《觀海録【原題燕行録】》"瀋陽"條,《燕行録全集》,070/024。
③ 金照【原題未詳】《觀海録【原題燕行録】》"玉河記夢"條,《燕行録全集》,070/073。
④ 金照【原題未詳】《觀海録【原題燕行録】》"鳳凰城"條,《燕行録全集》,070/016。
⑤ 金照【原題未詳】《觀海録【原題燕行録】》"柵門"條,《燕行録全集》,070/015。
⑥ 金照【原題未詳】《觀海録【原題燕行録】》"瀋陽"條,《燕行録全集》,070/024。
⑦ 金照【原題未詳】《觀海録【原題燕行録】》"瀋陽"條,《燕行録全集》,070/023。
⑧《清史稿》卷13《高宗本紀五》,北京中華書局1977年版,003/523。

錄》《同文彙考補編·使行錄》諸書,正祖八年十二月十一日,以錦城尉朴明源爲謝恩行正使、吏曹判書尹承烈爲副使、兼掌令李鼎運爲書狀官入燕,謝册封世子等事,於翌年四月十三日返國復命。而金照書中亦提及,上元夜曾在寧遠衛之嘔血臺賞月,"陪副介尹公、行臺李公散步店舍庭中"①,此恰與尹承烈、李鼎運之姓氏相合也,然則明遠所隨之使行,必爲朴明源謝恩使行也。

案金照是書,爲游記叢雜之體,間有無名氏評點,批於眉首。首頁小題"露次"所記,已爲一行抵九連城之日,此前有文一行,不見前頁,故知全稿有佚缺耳。全書依沿路所見景物事件爲次,共五十九條,去途自入林記"栅門"始,歸路至王京之"延恩門志喜"而終,或爲游記,或爲雜記,題下或數條,或僅一條。游記依次爲栅門、鳳凰城、會寧嶺、青石嶺、遼野、舊遼東白塔、瀋陽、醫巫閭山(附十三山)、松杏、寧遠衛(附嘔血台)、祖大壽牌樓、姜女祠、吳三桂將台、山海關(附澄海樓)、五峰山、永平府、榛子店、高麗堡、玉田、薊門烟樹、漁陽橋、通州、東岳廟、皇城(附安定館)、宫城、大市街、琉璃廠、太和殿、萬佛殿、大雄殿、極樂世界、五龍亭、太學、石鼓、柴市、天主堂觀畫、玉河記夢、歸路、白潤松、薊州獨樂寺卧佛、夷齊廟、首陽山、泥濘、太子河看月、留栅、安市城、出栅、天淵亭舞劍、郭山四月碑、黄州燈夕、延恩門志喜等,而雜記則有食品、衣制、車馬、畜物、騎射、倡市、墳制及民俗雜記等。

金氏文詞贍麗宏博,記事詳悉畢具。其景物描摹,如青石嶺、遼野、醫巫閭山、山海關、薊門烟樹等,則生動逼真、惟妙惟肖,無名氏評稱"我看一本《薊門烟樹圖》,未及畫在紙上"②。其縱論古今,如論寧遠衛嘔血台袁崇焕破清兵事,祖大壽牌樓論祖氏之降清,柴市文天祥之死節事,太子河賞月感慨等,則感情充沛、議論風發;叙鄉愁別緒,如玉河記夢、出栅心思等,則思歸心切、愁腸百轉;描摹繁華,則如瀋陽、通州與皇城之大市街、琉璃廠、太和殿、極樂世界等,則鄉村清晏,城市繁華,足以驗證當時清帝國之强盛。金氏爲著文高手,叙景抒情,情文俱到。如其記"琉璃廠在正陽

---

①金照【原題未詳】《觀海錄【原題燕行錄】》"寧遠衛"條,《燕行錄全集》,070/029。
②金照【原題未詳】《觀海錄【原題燕行錄】》,《燕行錄全集》,070/044—045。

門外,第一芬華富麗大市廛也。連亘十里,沿街列肆,招牌森羅,簾旌掩映,丹樓粉壁,夕陽初旭,恍惚奪目,真成琉璃世界"。"出正陽門,耳根殷雷,車轍相磨,馬蹄相沓,過琉璃廠,眼角迷花,金銀抵斗,錦繡連雲。牙籤緗帙,宋刻唐板,積與屋齊,載可軸折,紅紙標兒,鱗鱗相次,真李玉溪之獺祭魚,此即書籍鋪也;玉軸錦漳,顛書吳畫,或張挂壁上,或卷在床間,金字牌兒,面面成行,真米南宮之虹貫月,此即書畫鋪也。其他各樣圖章,各樣書鎮,無非文石美玉,餘外筆山硯滴,墨壺詩牋,總是雕琢奇巧,安排齊整,列肆經紀之人,面如傅粉,指如削葱,青幔之下,各踞床凳,椅机前面,擺列茶碗筆硯等物,見客則起而揖迎,道個好呀!"①此等記行文字,堪稱優美清麗之小品文集,殆不亞於朴趾源《熱河日記》,且有過之,在《燕行錄全集》中,乃絕無僅有之妙文也。②

　　金照此行,專爲游觀而來。其稱"余以一書生,隨使价游燕,關塞萬里,策馬哦詩,橐之草已成篇什,庶幾遇燕地快士,一吐胸中奇崛,足了半生逋債。他那金銀錦緞,握籌論星,一應料理之物,初不妨吾心眼,視象胥偏裨,真是閑漢,茶飯之餘,沿街散步,皇都壯麗,人物繁富,領略眉睫間,孤烟寒館,臥念經歷,森羅腦臆,如物照鏡,如此真不枉走一遭燕薊間耳"。又謂"余游燕涿,有九恨:如此大都會,不見衣冠文物,一恨;不見黃金臺,二恨;不見皇帝,三恨;不見西山,四恨;不及見元宵燈戲,五恨;與徐大榕、朱慶貴輩相叙無幾,酬和不久,大都留館二十六日,逢別甚促,六恨;月夜不得游金鰲玉蝀之間,七恨;歸路不登角山(山海關北之最高峰),八恨;榛子店不見季文蘭題詩處,九恨也"③。凡此皆發前人所未發也。

0630-1785
宋銓《乙巳聞見事件》(《同文彙考補編》卷六《使臣別單六》　活字本)

　　出使事由:冬至等三節年貢兼謝恩行

---

①金照【原題未詳】《觀海錄【原題燕行錄】》"瀋陽"條,《燕行錄全集》,070/055—056。
②參拙文《佚名〈燕行錄〉作者及文學價值考述》一文,載韓國高麗大學校中國學研究所編《中國學論叢》第21輯,2007年3月版,第75—90頁。
③金照【原題未詳】《觀海錄【原題燕行錄】》"玉河記夢"條,《燕行錄全集》,070/073—074。

出使成員：正使安春君李烿、副使吏曹判書李致中、書狀官兼司憲府執義宋銓等

出使時間：正祖九年（乾隆五十年　1785）十月二十一日—翌年三月二十七日

宋銓（1741—1814），字聚圭，號良弼，恩津人。英祖五十年（1774），賢良科及第。正祖朝，爲司憲府持平、司諫院正言、司諫院大司諫等。純祖時，爲漢城府判尹、議政府左參贊。卒於官。事見英祖、正祖、純祖《實錄》與《承政院日記》等。

案乾隆四十九年（1784）十二月，清廷遣正使内大臣西明、副使翰林院侍讀學士阿肅至朝鮮，册封李㬀爲王世子，正祖即席賦詩以謝。西明等返國具奏，乾隆帝以爲朝鮮國王即席賦詩，頗知好學，並將所賦詩章呈覽，深爲嘉獎。著加賞内府仿宋板《五經》全部、硯一方、花箋紙二卷、花絹二卷、徽墨四匣等若干，以示優眷。又禮部奉上諭："朝鮮國於藩封中，臣服最久，每遇萬壽、元朝、冬至年節，俱備方物進呈。朕鑒其忱悃，俱令該衙門收存，仍優加賞賚。此外遇有奉賀、奉謝及陳奏等事，亦均有隨表貢物。向例皆稱不收受，準爲下次正貢，並經降旨令。令尋常陳奏事件，不必再具貢物，而該國王仍前備進，以致備抵之物，轉輾存積。在該國王恪守成規，固屬恭順之道，但存積日久，轉相抵計，且仍有餘出者，非朕厚往薄來，體邺屬國之意也。所有朝鮮國歷年留存各物，竟著該衙門悉行收受，仍案照原物從優加賞。嗣後該國於每歲正貢及如千叟宴等類特舉曠典，自應照舊備物呈進，朕亦必收受，厚加賞賚。此外凡遇尋常奏賀、奏謝、陳奏等事，祇須備具表文，其隨表貢物，該國王務仰體朕意，恪遵諭旨，概行停止，毋事多儀，以副朕柔惠遠邦，以寔不以文之至意。該部即行文該國王知之。"①正祖遂遣冬至等三節年貢兼謝恩使安春君李烿、副使吏曹判書李致中、書狀官兼司憲府執義宋銓等入燕，進冬至等三節年貢並謝詔書順付、謝賜物、謝賜册、謝停止陳謝方物、謝陪臣參宴、謝漂人出送、謝陪臣辟雍觀禮等項。一行於十月二十一日發王京，翌年三月二十七日返京覆

---

①《正祖實錄》卷19，正祖九年（乾隆五十年　1785）二月十四日甲午條。

命焉。

此《聞見事件》三條，一記西藏僧張家佛名胡都都，皇帝邀至京城松竹寺數十年，不忌葷酒，雙目皆盲，而能摸字，人皆神之。十二月二十四日，爲其生日，皇帝親幸至寺，所贈甚夥。又記大學士蔡新，久居台閣，皇帝重其經術，年近八十，上章乞休，加太子太保，原官致仕，並贈以詩，蔡有和詩，使臣皆錄之。又載江西廬陵生員劉遇奇《慎餘堂集》文字獄案，有"清風""明月"對句犯諱，爲縣人郭榜告官，護軍統領舒常以悖妄，皇帝覽奏以爲其書如"明月而爲良友，吸清風而必醉侯"。"清風""明月"乃詞人成語，此而悖妄，則"清""明"二字，避而不用乎？其餘犯諱等語，劉遇奇係順治進士，安能預知朕名，況鄉曲小民，不知廟諱者甚多，豈能家諭户説，此而指爲狂謬，治其子孫，則人何所措手足耶！令將劉遇奇子孫釋放，嗣後各省督撫，文理不通者，遇此等控訴，謬加指摘，殊失朕意，亦關吏治，因此宣諭云。

又《正祖實錄》亦載李㷜、李致中在燕中馳啓别單，亦有宋銓聞見别單，所記與宋銓此《聞見事件》互有詳略，亦可備參稽焉。①

0631-1785
李洙《乙巳聞見事件》（《同文彙考補編》卷六《使臣别單六》 活字本）

案李洙有《戊寅手本》（0547-1758），已著錄。其以首譯身份出使事由，詳參前宋銓《乙巳聞見事件解題》（0630-1785）。

此《聞見事件》二條，一記各省知府州縣，新除邑隸，初不來迎，領取吏部公文，自辦資裝赴任，貧無以赴者，著爲借支法，户部酌道里遠近，隨以多寡，赴任後償以養廉，借少者四季分還，借多者六季分還，革職或病休者，徵於本員，丁憂或病故者，徵該省諸官，門生座主饋遺之法甚重，門生作外官，必致養廉一半於座主，已成恆規，以故掌試者必富。又記"皇帝家法甚嚴，皇子皇孫，俱於禁中給書室，不得出外，師傅外切禁賓客，朝臣毋

---
①《正祖實錄》卷21，正祖十年（乾隆五十一年 1786）二月二十八日壬寅條，三月二十七日辛未條。

敢交結,元俸外毫無私予,質郡王寵冠諸子,猶不免窘乏,每元朝、端陽、冬至三節内,則宗親及各部院堂官,外而總督、布政、將軍、巡撫以上,俱以器玩例獻,而質郡王貧不能辦,其子爲富家婿,故進獻全資其家云"①。

0632-1-1786;0632-2-1786
沈樂洙《燕行日乘》(《全集》第 57 册　鈔本)
沈樂洙《燕行日乘》(《全集》第 57 册;《恩坡散稿》　鈔本)

出使事由:告訃行
出使成員:賫咨官禮曹正郎沈樂洙、譯官副司直張濂等
出使時間:正祖十年(乾隆五十一年　1786)五月三十日—八月十八日(是年閏七月)

沈樂洙(1739—1799),字景文,號一丸,青松人。官至司諫院正言、弘文館教理、吏曹佐郎、濟州牧使、刑曹參議等。有《恩坡散稿》行世。事見《正祖實録》《承政院日記》等。

案此爲沈樂洙《燕行日乘》之鈔本,是書頗有誤字,若誤"敝"爲"敞"之類,所在多有。《燕行録全集》第五七册復收沈樂洙《燕行日乘》又一鈔本,文字與是本全同,鈔録行款字數亦大致相同。所不同者,後本有邊框界欄,而前本無之也;又後本鈔寫之字,粗惡模糊,亦不如前本也。又後本末葉有"恩坡散稿卷之七終"字一行,蓋爲自沈氏别集輯出耳,俟考。

正祖十年(乾隆五十一年　1786),世子李暲(文孝)薨。五月二十二日,以沈樂洙爲告訃使,於三十日入闕辭朝赴燕京。七月十八日到北京,寓南館。乾隆帝聞朝鮮世子病逝,深爲悼惜,著加恩於例賞祭品之外,加一倍賞給,以示優恤,並言該國王正在壯年,亦不必過傷,俟有子嗣,即行奏明册封世子,承續宗祧,用衍國慶,並遣使祭弔。沈氏雖亟於回國,但同行譯官張濂因私事淹滯,待私貨雇車之來,故爲遲滯,至閏七月十五日,始離發北京,八月十八日返王京覆命也。

沈氏在途中與北京,多接見當時士大夫,如在撫寧縣與當地舉人徐紹

---

①李洙《乙巳聞見事件》,《同文彙考補編》卷6《使臣別單六》,002/1700。

薪筆談，問當代名人爲誰，徐答以詩學則吳錫祺、余集、吳省蘭、紀昀、張德懋，經學則周永年、戴震、竇光鼐。留館期間，又與國子監助教浙江錢塘人陳木及江蘇金壇人虞友光等，往還甚多，友光乃南宋虞允文十八世孫。沈氏問陳氏江南有何學問文章第一人，答以浙江趙祐、山東竇光鼐，所謂"南趙北竇"是也。時趙爲山東學政，竇爲浙江學政也。①

時雖乾隆末期，然朝鮮使臣仍以爲中國士大夫尤其漢族文人，仍有思明之心，故陳木贈其二片長紙，各書篆四字，一書"含今茹古"，一書"賞奇析疑"，此不過尋常品古論今、疑義相析之語，而沈氏以爲"可見其深屬旨意"。② 又沈氏與陳木、虞鳴球與友光父子，言及沈德潛書被禁事，沈問以因由始末，並問徐守發何人，沈氏爲其集作序等事，陳氏等因事涉忌諱，不願言之。沈氏又以爲，陳木以徐守發事問答之時，"老人（友光父）父子皆愀然有不平之色，陳亦投筆熟視余良久。嗟乎！可知其意，天下亦豈獨老人父子與陳木數人而已哉！悲夫！"③朝鮮使臣之觀念，可謂膠固不化，頑冥至極矣。

0633-1786
黃仁點、尹尚東《丙午別單》（《同文彙考補編續‧使臣別單一》 活字本）

> 出使事由：謝恩兼冬至等三節年貢行
> 出使成員：正使昌城尉黃仁點、副使禮曹判書尹尚東、書狀官兼司憲府執義李勉兢等
> 出使時間：正祖十年（乾隆五十一年 1786）九月二十一日—翌年二月二十日

案黃仁點有《己亥別單》（0593-1779），已著錄。

尹尚東（1728—？），字渭老，海平人。得養侄。英祖五十一年（1775），命試文蔭居首賜第。任成均館典籍等。正祖朝，爲司憲府持平、

---

①沈樂洙《燕行日乘》，《燕行錄全集》，057/048—049。
②沈樂洙《燕行日乘》，《燕行錄全集》，057/058。
③沈樂洙《燕行日乘》，《燕行錄全集》，057/083。

弘文館修撰、司諫院大司諫、忠清道觀察使、司憲府大司憲等。事見英祖、正祖《實錄》與《承政院日記》等。

正祖十年(1786)五月,王世子李㬀(1782—1786)薨。九月,清廷遣正使工部侍郎蘇淩阿、副使內閣學士瑞保,馳驛前往,至朝鮮致祭。九月,正祖派謝恩兼冬至等三節年貢使昌城尉黃仁點、副使禮曹判書尹尚東、書狀官兼司憲府執義李勉兢等入燕,謝世子賜祭、謝賜物、謝陪臣參宴、謝漂人出送等件。一行於九月二十一日發王京,翌年二月二十日返京覆命焉。

此《別單》六條,分記所見。一記黃仁點等入館後,前往出使朝鮮上使蘇淩阿家中,執幣通刺,則受刺還幣,強而後只留藥丸。使臣問及國王曾托蘇淩阿,以耿耿私忱,替達黈纊之下,有所仰冤者,即冊封世子事也。蘇淩阿言覆命之日,先以此意縷縷陳達,皇上嘉悅,因下該國王恭順恪勤,必能長受升平之諭。又記當時內府所纂諸書,如《皇清開國方略》《續一統志》《大清會典》諸書,或未刊,或未成。又帝諭朕年八十六歲,即當歸政,自古帝王有父子內禪者,授受之間,略無典禮可采,今國家正當全盛,將來歸政時,必有典禮大儀,命禮官纂歸政典禮,一並編入。

又載山東白蓮教匪首王倫平後,昨年秋其党段文經又起於直隸大名府,殺害長吏,占據州城,清廷發關內兵數萬討之,或誅或降,而段文經及頭目劉克展等八人,逃躲未捕,命各省懸榜通緝,賞以千金。又記通州至京城朝陽門河道,近年以來沙流埋塞,水勢漸淺,無以行舟,帝命本州倉督蘇淩阿疏鑿開通云。

0634-1786
李勉兢《丙午聞見事件》(《同文彙考補編續‧使臣別單一》 活字本)

李勉兢(1753—1812),字大臨,全州人。朝鮮王朝宗室。定宗後裔。年十六,中生員。正祖七年(1783),壯元及第。例授成均館典籍,為司諫院獻納、成均館大司成、江原道觀察使、司諫院大司諫等。純祖時,任刑曹判書、平安道觀察使、漢城府判尹、戶曹判書、判義禁府事等。事見李勉伯《岱淵遺稿》卷二《李公墓誌銘》與正祖、純祖《實錄》等。

案李勉兢出使事由,詳參前黃仁點、尹尚東《丙午別單解題》(0633-

1786）。

　　此《聞見事件》三條，一記《皇清開國方略》編纂事，稱其記述始祖，托之神怪傳說。又記閣老李侍堯之屢起屢落，雖在獄中，皇帝亦時時問計，李氏悉心陳對，朝廷多用其議。又載江南人蔣景福，即蜀漢丞相蔣琬之後裔，其祖廷錫、曾祖溥皆拜大學士。景福生而聰明絕倫，善屬文，精繪畫，十一歲以神童應召，皇帝一見大奇之，除內務府供事官。李勉兢謂見其年前畫蘭數幅，並其所題筆法詩詞，各臻其妙。供職五年，除知縣，有人問稚齡作宰，何以治民。答云能否在人，不在年，苟能於"清勤慎"三字著力，何憂乎治民也？僑居近市，夢華溢目，而一不留意，圖書滿壁，終日誦讀，相往來者，惟文學之士數人而已，非但文才之夙詣，可見志操之不凡，人或比之孔融、晏殊云。

　　案《正祖實錄》亦載李勉兢別單，所記尚有乾隆帝近年頗倦，爲政多涉於柔巽，處事每患優游，恩或多濫，罰必從輕。故啓幸進之門，成冒犯之習。文武恬嬉，法綱解弛，有識者頗以爲憂。而御位既久，臣民愛戴，朝政雖或有失，皆曰"吾君耄矣"，未嘗敢怨咨也。又載他事爲《同文彙考補編續》所不錄者，亦可備參稽焉。①

0635-1786
洪宅憲《丙午聞見事件》（《同文彙考補編續・使臣別單一》　活字本）

　　案洪宅憲以首譯身份出使事由，詳參前黃仁點、尹尚東《丙午別單解題》（0633-1786）。

　　此《聞見事件》六條，多載清朝文武官級制度及俸祿之規等。言其文武官階懸殊，文官自正一品至從九品共爲十八階，武官從一品至正七品而止。乾隆帝以爲，國家用人，文武無間，干城捍衛之責，不輕於經幄謨猷之任，命武官品級，一依文官例，更爲定式。又言各省官員，即非貪污之官，多有官庫錢糧挪移之弊，故各省倉庫錢糧，多有虧欠，雲南尤甚。又記文武官廩米俸銀之利弊，及殿最考課之策。

---

①《正祖實錄》卷23，正祖十一年（乾隆五十二年　1787）二月二十五日癸亥條。

洪氏又記和珅殖貨無厭，命其家人劉全兒主管京城諸肆貨利。劉氏家資富厚，擬於卿相，人皆疾惡，而恐忤和珅而不敢瑕訾，御史曹錫寶據實奏聞，乾隆帝派員查劉全兒房屋，較他大臣家人，其大小侈儉，別無懸殊。以奏語失實，降曹氏二級調用。且謂風傳爽實，容或無怪，而深罪臺臣，有妨言路，特命加恩留任焉。

卷五四　0636—0648

正祖十一年（乾隆五十二年　1787）—正祖十三年（乾隆五十四年　1789）

0636-1787
俞彦鎬《燕行錄》（《全集》第 41 册　鈔本）

> 出使事由：冬至等三節年貢兼謝恩行
> 出使成員：正使議政府右議政俞彦鎬、副使吏曹判書趙瑍、書狀官兼司憲府掌令鄭致淳等
> 出使時間：正祖十一年（乾隆五十二年　1787）十月二十日—翌年三月二十六日

　　俞彦鎬（1730—1796），字士京，號則止軒，杞溪人。拓基族姪。少以文學名。英祖三十七年（乾隆二十六年　1761），擢庭試丙科。官弘文館校理、京畿都事、扶安縣監等。正祖朝，陞至開城府留守、吏曹判書、禮曹判書、刑曹判書、漢城府判尹、知中樞府事等。寵遇迥異，歷敭華要。有《燕石》十三册等傳世。事見俞彦鎬《燕石》第六册《自誌》、《英祖實錄》、《正祖實錄》等。

　　俞彦鎬《燕石》十三册，不分卷，爲據其原稿傳鈔本，《韓國文集叢刊》據韓國精神文化研究院藏書閣藏本影印，前後無序跋，皆爲文而無詩。然此《燕行錄》未收入《燕石》之中，蓋爲俞彦鎬家藏之鈔本，日記皆行草，筆法硬朗，頗有風骨也。

　　正祖十一年，以右議政俞彦鎬爲冬至等三節年貢兼謝恩行正使、吏曹判書趙瑍爲副使、兼掌令鄭致淳爲書狀官赴燕，進三節年貢兼謝賜物，是稿即俞氏當時之日記也。前有其族子所撰《赴燕序》，則在其行前所作也。後有俞氏遺像一幀，像下爲正祖在其燕行陛辭時所贐詩，爲當時御筆，唯右上添題"正祖宣皇帝　御筆"一行，稱正祖爲"皇帝"，則蓋爲近世

朝鮮稱帝後其裔孫所題耳。下爲一行員役名單，共三百二十四人，二百三十五匹。後又爲行中包銀之數，此則前人燕行録罕所録及者也。一行自十月二十日詣闕發行，至十二月二十四日到北京。中間二十九日、三十日、翌年正月初一日、初九日、初十日、十二日、十四日、元宵節、十九日，或行朝參禮，或行宴禮，或在圓明園，或在宫中看戲等，受清帝接見者屢，而賜物者又屢也。二月初四日始離北京，三月二十四日覆命。日記後附《年貢奏本》等表咨文等數道，最末附到黃州、平壤、安州、義州、渡江後、入柵後、先來人、還渡江後、以驛夫犯禁逃走事等狀啓九道。

案俞氏此記，蓋爲諸家燕行録中，所收自畫像、一行名單、包銀之數、往還沿途記録、諸道表咨文以及前後狀啓等，甚爲全備者也。一行名單，較金昌集《稼齋燕録》尤詳，記奴子等名目，尚列其入中國"初行""三行""四行"等；尤其所開列包銀數目，爲諸家燕行録所無，可知其來源於京銀、松銀、灣銀、尚方貿易銀、内局貿易銀等，於研究八包貿易，可謂難得之資料矣。又《燕石》第一一册《自燕歸到龍灣承別諭後》一文，亦當作於此行時者也。

0637-1787
趙瑒《燕行日記》(《燕行録叢刊(增補版)》網絡本　鈔本)

趙瑒(1720—1795)，字君瑞，豐壤人。英祖朝，任司憲府持平、承政院承旨、司諫院大司諫等。正祖時，官至禮曹判書、漢城府判尹、議政府左參贊等。後謚孝貞。有《燕行日記》存世。事見英祖、正祖、純祖《實録》與《承政院日記》等。

案趙瑒出使事由，詳參前俞彦鎬《燕行録解題》(0636-1787)。

趙瑒此《燕行日記》，鈔本，字跡工整。所記自七月十二日得王命，爲冬至副使，十月二十日謁闕離發，臘月二十四日抵北京入南小館，翌年二月初五日發自北京，三月初十日還渡鴨江，二十四日返王京覆命。後附一行來往顛末、表咨文、方物、歲幣、行中員額座目(副使所率帶)、驛馬驅人與路程記等。沿途所記，頗爲簡略，有事記書，無事則僅記陰晴。唯在館期間，新正之日及元宵節在圓明園觀劇賞燈等，所記爲詳，如燈戲、鞦韆、雜戲等，專列條目記載。然趙氏所記，與諸家略同，而少別異也。

趙瑍所記綦詳，而與諸家異者，則爲記其與仲弟趙璥使命之相代，以及趙璥之病逝。先是，六月二十二日，以趙璥爲冬至兼謝恩正使、閔鍾顯爲副使、洪聖淵爲書狀官。後趙璥發病，遂以右議政俞彥鎬代之，而"冬至副使閔鍾顯，與正使有姻婭之嫌。書狀則與正副使，有相避之法，而正副使相避，雖不在法，聞以此逡巡云矣"①。正祖許遞，遂以趙瑍爲副使。時瑍已是"七耋衰年，貞疾且痼，萬里行役，其勢誠難，決意欲辭免，而揆以往役之義，兄弟旬日之内，疊相祈免，極涉惶悚，且諸議皆曰不可，去就俱難，悶軛轉深"②。後正祖有人臣不敢承聞之下教，故不敢違拒，治裝以行。渡江之前，時接其弟家信，然多爲他人代筆，且病勢日沉，渡江之後，了無消息。十二月初六日，在周流河夢見其弟，有傔從言"大監喪出"，"余驚愕覺之，乃一夢也。得此凶夢之後，一倍焦煎，泫然掩抑，益無以爲懷"。③返程至會寧嶺，灣吏來納家書兩封，"余心掉手戰，不忍即拆，而亦不得不開拆。先索仲弟之劄，則無之；他封又爲急拆而索之，則又無之。到此心神隕廓，無以按抑，及見他書，始聞凶報。嗚呼！痛矣"。"始知喪逝乃是周流河夢凶之日，燕山雖渺，兄弟之一氣相通，情有所相感而然耶？尤爲痛泣。"及至留柵，因"彼地無麻布及生麻，故聞訃後即通於灣府，初四日夕祭服始造來，今晚未明，與孫兒往野外成服，南望痛哭，情理慘毒，尚忍言哉！異域遭此慘切之境界，在前未聞。痛泣痛泣！"④此可知趙瑍於使路途中，憂弟病體，心懷惴懼，以至兄弟情深，托夢相感，然終在異國他鄉，得其噩耗，令我輩讀之，亦感同身受，而痛不能禁矣。

0638-1787
鄭致淳《丁未聞見事件》(《同文彙考補編續·使臣別單一》 活字本)

鄭致淳，生卒籍貫不詳。正祖朝，爲司諫院大司諫、吏曹參議、刑曹參

---

①《正祖實錄》卷24，正祖十一年(乾隆五十二年　1787)七月九日甲戌條。
②趙瑍《燕行日記》(《燕行錄叢刊(增補版)》網絡本，第1頁。
③趙瑍《燕行日記》(《燕行錄叢刊(增補版)》網絡本，第22頁。
④趙瑍《燕行日記》(《燕行錄叢刊(增補版)》網絡本，第111—114頁。

議等。事見《正祖實錄》《承政院日記》等。

案鄭致淳出使事由，詳參前俞彥鎬《燕行錄解題》(0636-1787)。

此《聞見事件》四條，記乾隆帝"痛祛一切文具，至如各省生祠及德政去思之碑，並令禁除，著爲令典"①。又諭以凡係筵宴辦備之物，品色煩多，殊欠簡便，此後雞鵝鴨等類，並令裁除，以猪羊肉斤抵用爲可。然光禄寺奏，若朝鮮、安南、琉球等使臣筵宴，其供給有等，使臣有鵝鴨等物，從官只給肉斤，所以別等，若徑去之，使臣等忽見廩餼異常，恐或致生疑慮，殊非皇上撫綏柔遠之至意。帝命使臣筵宴，既有等差，豈可拘泥前旨，仍當照例供給，而該衙門所辦雞鵝之類，務令精備，毋至虛應故事，有名無實焉。

又載福康安之見寵，及和珅之寵幸，終始無替。滿朝滿漢，莫不輻輳，而惟阿桂一人，剛直自守，公坐相見之外，不復私接，年雖篤老，而奉公不懈，卯入公堂，盡酉而退，日以爲常，以此頗見重於朝廷。又載皇帝優老之典，遍及黎庶，每於歲首，令各省抄啓壽民。萬年縣人洪元芳、浪穹縣人施光烈，現年一百歲；高要縣人周鶴年，現年一百二歲；獲嘉縣民婦汪氏，現年一百八歲，五世同堂。俱屬升平人瑞，並賜采帛，旌表其閭云。②

0639-1787
李洙《丁未聞見事件》(《同文彙考補編續‧使臣別單一》 活字本)

案李洙有《戊寅手本》(0547-1758)，已著錄。其出使事由，詳參前俞彥鎬《燕行錄解題》(0636-1787)。

此《聞見事件》二條，一記昨年三月，乾隆帝親祭先農壇，因行親耕，親舉三推，諸皇子隨耕播種，人皆曰八十天子之親耕，即片牒所罕有云。又載昨年春，乾隆帝詔稱其親行湯山，取道昌平，詣明朝諸陵致祭，見諸陵多有損壞，爲之慨然，明朝之亡，不亡於崇禎，而亡於萬曆、天啓，然其陵寢，應致祭以昭大公，至若修改等工，雖發百萬帑金，亦所不靳云。

---

①鄭致淳《丁未聞見事件》，《同文彙考補編續‧使臣別單一》，004/3765。
②鄭致淳《丁未聞見事件》，《同文彙考補編續‧使臣別單一》，004/3765—3766。

0640-1787
李鎮復《丁未手本》(《同文彙考補編續‧使臣別單一》 活字本)

  出使事由：賫咨行
  出使成員：憲書賫咨官李鎮復等
  出使時間：正祖十一年(乾隆五十二年 1787)？—十二月

  李鎮復①，生平籍貫不詳。通漢語，爲譯官。正祖十一年(1787)，以憲書賫咨官身份入中國。純祖五年(1805)，以首譯身份隨使團入中國。事見正祖、純祖《實錄》。

  此《聞見事件》一條，記福建人林爽文於上年十一月猝攻福建省臺灣府，拔之，且連陷彰化、諸羅、鳳山等縣，諸處官員多被害。帝命閩浙總督總兵督軍征剿，而勝敗相當，旋復旋失，自冬徂秋，漸致滋漫，帝深憂之。遣陝甘總督福康安、軍機大臣海蘭察等，調發沿海諸省兵十餘萬往征，閩浙總督柴大紀屢戰屢捷，斬獲居多云。

0641-1788
洪命福《戊申手本》(《同文彙考補編續‧使臣別單一》 活字本)

  出使事由：賫咨行
  出使成員：別賫咨官行副司直洪命福等
  出使時間：正祖十二年(乾隆五十三年 1788)四月四日—八月三日

  案洪命福有《甲辰聞見事件》(0628-1784)，已著錄。

  正祖十二年(1788)春，蘇州府劉口莊人徐上元等十四人，因賣豆遇風漂蕩，船隻破碎，八人淹死，五人餓死，惟上元一人轉泊海州小睡鴨島。朝鮮從旱路專差行副司直洪命福，押解北京，咨報如例焉。

---

① 案《英祖實錄》《正祖實錄》等，又有同名李鎮復(1744—？)，字心汝，全州人。朝鮮王朝宗室全恩君壣之子。官至司憲府掌令、承政院承旨、寧海府使、兵曹參判等。然似爲另一人，非此李鎮復也。

此《手本》一條,記緬甸國遣頭目三人奉表入貢,所貢之物則黃金塔一坐、馴象八隻。又安南國有篡弒之變,其王妃及世子,浮海到廣西請援,皇帝大怒,令廣西總督詳查國變緣由飛撥回奏,後將興師問罪,姑先納其王妃及世子云。

0642-1788
李在協、魚錫定《戊申別單》(《同文彙考補編續·使臣別單一》 活字本)

出使事由:冬至等三節年貢兼謝恩行
出使成員:正使判中樞府事李在協、副使禮曹判書魚錫定、書狀官兼司憲府執義俞漢謨等
出使時間:正祖十二年(乾隆五十三年 1788)十月二十一日—翌年三月二十日

李在協(1731—1790),字汝皋,龍仁人。仁平君普爀孫。英祖三十三年(1757),春塘台試居首及第。為司憲府持平、弘文館修撰、承政院承旨等。正祖時,陞司憲府大司憲、判中樞府事、議政府左議政、領議政等。事見李裕元《嘉梧藁略》第一五冊《李公神道碑》與英祖、正祖《實錄》。

魚錫定(1731—1793),字精甫,號慎菴,咸從人。景宗宣懿王后同氣。英祖四十三年(1767),興德洞科儒試居首,命直赴殿試。官承政院承旨。正祖朝,為長湍府使、承政院都承旨、漢城府左尹、安邊府使等。事見《英祖實錄》《正祖實錄》等。

正祖十二年(乾隆五十三年1788),朝鮮遣三節年貢兼謝恩行正使判中樞府事李在協、副使禮曹判書魚錫定、書狀官兼執義俞漢謨等入燕,賀三節並謝上年陪臣俞彥鎬等參宴,謝漂人出送等事。一行於十月二十一日發王京,三月二十日返京覆命焉。

此《別單》兩條,一記元朝朝賀,為新年大朝會,而行禮之時,蒙古一人誤犯御路跪拜,鴻臚寺堂官奏稱係蒙古台吉等行禮錯誤,請飭交理藩院查明議處。皇帝下旨謂朝賀大典,鴻臚寺設有引贊官,御史復有糾儀之責,理應敬謹排定,以肅朝班,乃行禮各官內,竟有越上甬道者。御史百

慶、范衷,引贊官阿爾精阿俱革職,尚書德保係管理鴻臚寺大臣,咎實難辭,著革去領頂,其餘鴻臚寺堂官、都察院堂官,均著交部嚴加議處。又記正月十四日,山高水長閣設宴時,諸般火戲未畢其技,乾隆帝遽起入內,即命撤班。使臣等退歸私下探問,則知禮部尚書德保是日身故,故皇帝聞訃罷宴云。德保在禮部十餘年,頗諳外國事情,前後使行,多所庇賴。常青以滿人代為尚書,新入生疏,過於小心,接待象譯輩,大不如前云。

0643-1788
魚錫定《燕行錄》(《續集》第119冊　鈔本)

　　案李在協、魚錫定有《戊申別單》(0642-1788),已著錄。

　　是稿封面大字楷簽"慎庵詩草坤",鈔本。首頁首行題"燕行錄",共錄詩百一十餘首,自高陽途中,至返鴨綠江皆有詩,間與正使、書狀相唱和。魚氏詩,以地繫聯,每至一地,皆發為詩,或摹山川,或叙風情,多去國懷鄉之情,感時歎年之語。如"兩价皆辛甲,行人數歲間。聯鞭來廣野,屈指問前關"者①,謂其與正使李在協(1731—1790),皆辛亥年生人,時年五十八歲,年將一甲子,而共赴燕路焉。其詩平淡無奇,直叙樸質,偶有參理悟世之句,若"物理元多變,世情却小真"等②,亦頗具機趣,理道真切焉。

0644-1788
俞漢謨《戊申聞見事件》(《同文彙考補編續·使臣別單一》　活字本)

　　俞漢謨,生平不詳,杞溪人。正祖朝,為順天府使、司諫院大司諫、青松府使等。純祖時,任開城留守、司諫院大司諫、刑曹判書等。事見正祖、純祖《實錄》與《承政院日記》等。

　　案俞漢謨出使事由,詳參前李在協、魚錫定《戊申別單解題》(0642-1788)。

---

①魚錫定《燕行錄·又(二道井)》,《燕行錄續集》,119/406。
②魚錫定《燕行錄·馬上有思口占》,《燕行錄續集》,119/424。

此《聞見事件》五條,記清朝京營兵每朔之米料爲四十八萬斛,南方元貢米外,調庸貢銀貿漕南方米以給。又言緬甸乃蜀漢孟獲之後裔,年前以其侵略邊郡,發兵征討,六年之後拿致酋長於京師,其來朝貢者,亦皆孟姓。禮部奏以緬甸貢使到京,在西城會同四譯館居住,應照例咨取章京二員、驍騎校四員、兵丁二十名,以資彈壓巡防。皇帝以爲諸國使臣,久習朝廷體制,更無須另派官兵,爲之守視,嗣後會同四譯館咨取官兵,虛應故事之處,永行停止,以示朕綏輯懷柔遐邇一體至意。故自今爲始,無論大小行,永罷館門外兵丁守直之規云。

又記舉人彭元瑞,盛陳近來科弊之滋甚,皇帝命大學士和珅等條列杜弊之策。其謂"各省不肖舉子,窩藏槍手,代倩文字,暗通巡場兵丁,圍中號軍,漏通題目。初用磚塊擲出場外,及至做就文字,陰使附近居民,遥點燈竿,連放炮竹,或將馴養鴿鷂,繫鈴縱放,作爲記號,預行指定地方,以便關通,仍用磚塊擲入場内者,最爲積弊"①。案清代科場弊案,屢禁不止,而此處記點燈放炮,縱鴿擲磚,漏題代倩,裹應外合者,可謂科場作弊之產業化運作而一條龍服務也。

0645-1788
洪宅憲《戊申聞見事件》(《同文彙考補編續·使臣別單一》 活字本)

案洪宅憲出使事由,詳參前李在協、魚錫定《戊申別單解題》(0642-1788)。

此《聞見事件》三條,一記黄河年年泛濫,每有漂没人家之患,乾隆帝遣阿桂董浚河之役,十餘年而後告工訖,水勢平穩,始得安堵,昨年秋間,涌湯高過七八尺,亦竟無恙。又稱西域游牧地方居民班壁特,至伊黎縣,告其母一百六歲,身體健壯,尚能騎馬,欲祝皇帝萬壽無疆,以女子之故,不便前赴,特遣子來面奏。帝聞,賞給大緞二匹、貂皮六張,賞其子藍翎,以示優獎高年無間内外之意。又雲南省石屏州舉人賽瑛,曾任四川知縣,昨年九月來赴今己酉鄉試會試之案,時年九十二。皇帝不待會試,特賜進

---
①俞漢謨《戊申聞見事件》,《同文彙考補編續·使臣別單一》,004/3767—3768。

士。且下旨謂若年屆百歲,該省督撫即行奏聞,候朕另降恩賞,以示昇平壽世作人之意云。

0646-1789
成種仁《己酉聞見事件》(《同文彙考補編續·使臣別單一》 活字本)

出使事由:進賀謝恩兼冬至等三節年貢行
出使成員:正使判中樞府事李性源、副使禮曹判書趙宗鉉、書狀官兼司憲府執義成種仁等
出使時間:正祖十三年(乾隆五十四年 1789)十月十六日—翌年三月二十五日

成種仁,生卒籍貫不詳。正祖五年(1781),春塘台試居首,直赴殿試。爲弘文館修撰、校理、梁山郡守、承政院左承旨、副護軍等。事見《正祖實錄》《承政院日記》等。

正祖十三年(乾隆五十四年 1789),朝鮮遣進賀謝恩兼冬至等三節年貢行正使判中樞府事李性源、副使禮曹判書趙宗鉉、書狀官兼執義成種仁等入燕,賀乾隆帝壽躋八旬,謝使臣參宴兼進三節年貢等事。一行於是年十月十六日發始,翌年三月二十五日返王京覆命焉。

此《聞見事件》兩條,一記安南國之東又有廣南,昨年廣南人阮惠,糾合人衆,攻破安南,戕害其王而自立,安南王之子黎維祈與其母逃難浮海至廣西請援。帝遣孫士毅等發兵討伐,後阮惠降,並改名光平,遣其親侄進京求和,帝遂封其爲安南國王,以黎氏館穀於北京。光平稱將親往北京朝貢云。又記巴勒布即西邊番子,而在西藏之西,率衆來侵,帝令西藏將軍討之,巴酋不戰即降,亦遣人入貢,皆有賞賜云。

案據《正祖實錄》,成種仁返國後,進聞見別單,所記十條,除此處所記外,尚有遼東旱災、和珅等爲辦萬壽節飾建宮殿、乾隆帝嫁皇女與和珅子、昨年科舉作弊、滿漢分治徵權甚繁、遼東賑災、百官朝會諸事,遠較此爲詳可參焉。①

---
①《正祖實錄》卷29,正祖十四年(乾隆五十五年 1790)三月二十七日丁未條。

0647-1789
張濂《己酉聞見事件》(《同文彙考補編續·使臣別單一》 活字本)

案張濂出使事由,詳參前成種仁《己酉聞見事件解題》(0646-1789)。

此《聞見事件》四條,一記乾隆帝諭宗人府,封其諸子爲親王。皇六子永瑢爲質親王,十一子永瑆爲成親王,十五子永琰爲嘉親王,十七子永璘爲貝勒。又載錄安南國王阮光平謝恩表兩道、貢表一道及所進貢諸禮品,甚爲詳悉。所進恭謝儀物,金子二十鎰、銀子一百鎰、土絹一百匹、羅紈一百匹、象牙三對,該重二百斤。又記其所貢儀物,金香爐花瓶四部,該重二百九兩,折金子二十一錠;銀盆十二口,該重六百九十一兩,折銀子六十九錠;沉香八百八十二兩、速香一千九十五兩云。

0648-1789
趙秀三《燕行紀程》(《續集》第119册;《叢刊》第271册《經畹總集》 鉛印本)

趙秀三(1762—1849),一名景濰,字芝園,又字子翼,號秋齋,謂以九經作良疇,又自號經畹先生,漢陽人。生而早慧,六七歲即誦經史,讀子集。美風姿,有烟霞氣。家貧不厭糠枇,旬月出游山水間,不顧妻孥。喜交遊,無問貴賤賢愚,咸得其歡心。文詞鴻博,最長於詩。世以其所蘊者凡十:一風度,二詩文,三功令,四醫學,五博棋,六字墨,七强記,八談論,九福澤,十壽考。憲宗十年(1844)中司馬榜,年已八十三,晉五衛將爵。六游中原,與四海人交,精通漢語。爲當時委巷詩之主將。有《秋齋集》八卷行世。事見趙秀三《秋齋集》卷八《經畹先生自傳》、《秋齋集》末附《秋齋先生傳》等。

案趙秀三出使事由,詳參前成種仁《己酉聞見事件解題》(0646-1789)。

是稿封面偏左行楷書"經畹總集"四字,目録頁首行頂格書"經畹總集",二行低兩格書"秋齋續藁",三行書"總目",爲古今體詩,分《竹西酬唱》《茶山輯遺》《燕行紀程》《青野漫録》四集,後書"自甲辰止癸丑,統而葺之,不爲別自標録"①。《燕行紀程》首頁首行頂格題"經畹總集卷二",二行低兩格書"秋齋續槁","漢陽趙秀三芝園氏撰"。前爲"燕行紀程小引",共收詩六十七首。鈔字多異體。《出柵》後十餘首非燕行詩。其詩又散見於《秋齋集》卷一、卷二中。

案此行爲趙秀三初次入中國,其自言"男子生而志四方,況生乎褊隅者,局而不得伸,窄而不得闢,終遂淪没,與壤蟲井蛙同歸,則籲亦哀哉! 余生而後時,既不忝邦貢之中朝,又未買大舶追五湖,惟撫書籍,時時黯歎矣。歲己酉冬,蘆上李相國膺專對之命,掄載筆之任,謬以余謂有文字之責,而畀其事。余雖愧無華國之手,而夙有觀周之志,於是乎出而不辭,以是歲十月十五日俶裝,十二月十五日入燕,粤明年三月二十六日歸國,在途凡百二十餘日,在館計四十六日,得詩幾七十篇矣。而其山川風土謠俗得失,則固非余小謏之所能記有者。然此蟲篆幸附驥尾,凡於往來記聞,逢迎酬唱,不以才拙而闕,則亦幸也。然而燕亦中華之一區之偏,譬諸子長之游,不過百步之笑,則此又股蟲誇腋虱之語也爾"②。此可知秀三之志向,亦可知乃以上使書記身份出使,即其詩所謂"少年裘馬氣翩翩,書記才名愧昔賢"者也③。趙氏專爲游觀,故餞別時賦詩稱"風土觀中國,星槎接上賢。男兒志四方,何必涕潸然"④。其志如此,故喜樂無似,輕裝上路也。

趙秀三初意,在朝鮮境内不作一詩,至金川,爲書狀官固邀,遂亦有作,然渡江前僅作五首,其餘皆入中土後所作。在京與顧玉霖、朱文翰、程振甲、江漣、洪桐生諸人游,茶酒流連,知己唱酬,朱、江二氏爲其集撰序。故其留别及在途相憶詩,有"東風萬里歸家後,魂夢時時繞玉河"⑤、"明朝

---

①趙秀三《燕行紀程·總目》,《燕行録續集》,119/436。
②趙秀三《燕行紀程·燕行紀程小引》,《燕行録續集》,119/438。
③趙秀三《燕行紀程·意我地不作一詩至金川書狀官示韻固要以此奉和》,《燕行録續集》,119/438。
④趙秀三《燕行紀程·留别餞行諸人》,《燕行録續集》,119/438。
⑤趙秀三《燕行紀程·洪序常桐生宅留别孟晉諸人》,《燕行録續集》,119/458。

各天涯,心往如咫尺"等句①。蓋趙氏亦不知,其此後尚能五度入中土也。

趙秀三爲朝鮮王朝時期委巷詩人。"委巷"者,爲兩般與士大夫外之平民。其語出自《禮記·檀弓》:"小功不爲位也者,是委巷之禮也。"朝鮮王朝等級森立,嫡庶判然,國中分宗親、國舅、駙馬、兩般、中人、庶孽、胥吏、常民、賤民九等。委巷人爲中人、庶孽、胥吏。正祖謂"大抵中人輩,非兩般,非常人。居於兩間,最是難化","所謂中人之名,進不得爲大夫,推不得爲常賤"。自顧無用而暴棄才能,故有"窮而能詩"之言。委巷詩人最早者有崔奇男(1586—1665),爲申欽所賞,曾隨通信使往日本。後有洪世泰(1653—1725)、高時彥(1671—1734)、鄭來僑(1681—1757)、李彥瑱(1740—1766)、千壽慶(1758—1818)、張混(1759—1828)、李尚迪(1803—1865)、鄭壽銅等(1808—1858),至趙秀三而極,爲委巷詩之集大成者。其詩如《北行百絶》《秋齋紀異》《次耕織圖韻》等作,承自《詩經》、漢樂府、白居易以來詩風,關注民生,譏刺不公,與無奇處見奇,可謂一時之雄傑焉。

趙秀三爲人,蒼老忠厚,善諧謔,多談俚俗事。其詩善形容,工對仗,姜溍謂其"詩無一字不風流"。申愭謂趙詩"澹處高處,在晉魏名家;其次精工富麗纖妙,在唐宋選"②。其於燕行諸詩中,亦可見焉。

---

①趙秀三《燕行紀程·臨別留題邵員外茗幽居》,《燕行録續集》,119/459。
②趙秀三《秋齋集》卷首申愭《題辭》,《韓國文集叢刊》,271/345。

卷五五　0649—0659

正祖十四年(乾隆五十五年　1790)

0649-1790
黄仁點《庚戌乘槎録》(《續集》第119—120册　諺文鈔本)

　　出使事由：進賀兼謝恩行
　　出使成員：正使昌城尉黄仁點、副使禮曹判書徐浩修、書狀官弘文館
　　　　　　校理李百亨等
　　出使時間：正祖十四年(乾隆五十五年　1790)五月二十七日—十月
　　　　　　二十二日

　　案黄仁點有《己亥别單》(0593-1779)，已著録。

　　正祖十四年(乾隆五十五年　1790)八月十三日，爲清高宗八十壽誕，正祖以昌城尉黄仁點爲進賀兼謝恩正使、禮曹判書徐浩修爲副使、弘文館校理李百亨爲書狀官，於五月二十七日起程赴燕京，以賀聖節，兼謝乾隆帝賜筆、賜"福"字並謝詔書順付等事。一行於五月二十七日發行，十月二十一日返王京覆命焉。

　　《庚戌乘槎録》亦稱"乘槎録"，三卷三册，鈔本，延世大學圖書館所藏。每半葉十行，行十五至十八字不等。四周單邊，有雙行小注。封面左中大字楷題"乘槎録一"，第二册封面亦同題"乘槎録二"，第三册字迹不清，僅存"録"字。正文爲諺文。第一册首葉首行以諺文題"승사록일(乘槎録一)"①，第二册首行題"승사록이(乘槎録二)"②，第三册首行題"승사록삼(乘槎録三)"。文字書寫，頗爲端正可觀。

　　是書開端書"아경으로브터열하의니란일긔(自我京至熱河之日

---

①黄仁點《乘槎録》，《燕行録續集》，119/470。
②黄仁點《乘槎録》，《燕行録續集》，120/011。

記)",又言黃仁點出使之目的,即"경슐팔월십삼일은황졔팔슌만슈졀이라삼월에특별이진하졍ᄉ졔슈ᄒ시니(庚戌八月十三日是皇帝八旬萬壽節,故三月特別除授進賀正使)"①。全書内容分三個部分,第一册記録庚戌年五月二十七日至七月六日,自漢陽啓程,經義州、鴨緑江、通遠堡、巨流河堡,沿路所見聞之人與事。第二册記録自七月七日開始,至七月十五日抵承德熱河,停留五天,對熱河有詳細之描寫。② 第三册記録七月二十一日至八月十四日,離熱河而去,然後至燕京,再回漢陽的過程。又涉及使行旅途所見的風景、熱河宴會、萬壽節儀式,以及乾隆帝、和珅諸人之態度與言語等。八月十五日至九月四日間事,《正祖實録》有詳細記載焉。③

是書於一行所經地方與里數,亦記載頗詳。如第一册言京城至義州一千五十里,栅門至瀋陽四百五十三里,熱河至皇城四百二十六里。④ 又如第三册記皇城至山海關六百八十里,山海關至瀋陽七百八十四里,瀋陽至栅門四百五十三里,栅門至義州一百二十里等。⑤【李鍾美譯】

0650-1-1790;0650-2-1790
徐浩修《熱河紀遊》(《全集》第 51—52 册　刻本)
徐浩修《燕行紀》(《全集》第 50—51 册　鈔本)

徐浩修(1736—1799),字養直,達城人。英祖四十年(1764),以製魁賜及第。翌年,中文科壯元。爲司憲府持平、承政院承旨、全羅道觀察使等。正祖朝,官至咸鏡道觀察使、平安道觀察使、刑曹判書、户曹判書、吏曹判書、兵曹判書、禮曹判書等。精於西曆。純祖時賜文敏,後改靖憲。有《熱河紀遊》四卷行世。事見徐有榘《楓石全集・金華知非集》卷六《本生先考文敏公墓表》與《英祖實録》《正祖實録》等。

案徐浩修出使事由,詳參前黄仁點《庚戌乘槎録解題》(0649-

---

① 黄仁點《乘槎録》,《燕行録續集》,119/470。
② 黄仁點《乘槎録》,《燕行録續集》,120/049。
③ 《正祖實録》卷31,正祖十四年(乾隆五十五年　1790)九月二十七日甲辰條。
④ 黄仁點《乘槎録》,《燕行録續集》,119/471。
⑤ 黄仁點《乘槎録》,《燕行録續集》,120/106。

1790)。

是書爲徐浩修《熱河紀遊》之想白書屋刻本,有"想白書屋"印。前有徐氏自序,作於癸丑(1793)暮春既望,則爲其出使歸國後三年也。其謂到熱河初見天子,故名書曰《熱河紀游》,標以元、亨、利、貞四卷,分別爲自鎮江至熱河、自熱河至圓明園、自圓明園至燕京,自燕京至鎮江也。又《燕行錄全集》第五〇至五一冊,復收徐浩修《燕行紀》,蓋爲《熱河紀遊》之鈔本,封面左上題"燕行紀"楷書三字。每半葉九行,行二十一字,有邊框,無界欄,版心無魚尾。卷首無序跋,或爲其早期之鈔本耶?分卷作卷一、卷二,而不爲"元""亨"等字也。至於正文之文字,則與前本全同耳。

乾隆五十五年(1790)八月十三日,爲進賀清高宗八十聖誕,黄仁點一行於五月二十七日起程赴燕京。正祖以爲,皇帝之特頒御筆,以寓祈祝者,實出常格之外,宜有拔例酬答。朝鮮使行,每以早到北京,屢受褒獎,今行如不阻水,必以早抵爲期,方物備納時,克致誠懇,使彼人亦知叩謝之意。一行出發後,於路得六月十八日國王舉子之喜訊,正祖命進賀時以咨文告謝皇恩浩蕩。又屢接禮部咨文及盛京將軍所傳,以皇命令朝鮮使臣須於七月十日前趕赴熱河,與各國使臣一起參宴。時值潦雨,道路泥濘,一行自瀋陽分兩路,浩修等三使由口外取路,直達熱河;他譯員及幕屬,領率方物雇車,一行人馬,由山海關,發向燕京。徐氏等晝夜兼行,且得沿途地方車馬食宿之助,於十五日申時抵熱河。十六日皇帝接見,得悉國王平安並得子消息,乾隆帝稱"誠大喜大喜的事"。此後則幾每日參宴觀戲,游覽交接,留熱河凡五日,二十五日到皇京。二十六日往圓明園候駕,乘船游覽,觀戲如初。八月十二日,帝還宮,浩修等祇送於闕外大市街,仍入城内南館。自圓明園至西安門内夾道,左右彩棚綿亘,飾以金碧錦繡。十三日曉,浩修等率正官三十員,詣太和殿庭,班於右翼九品品級山之傍,參萬壽賀儀。皇帝手執玉杯,香醑親授。浩修等起受之際,皇帝手相接,參宴禮部諸官,莫不動色賀曰:"陪臣昵近寶榻之上,已是曠古之恩典,而親授玉卮,尤爲敻越之異數。"九月初四日,一行自燕離發。於十月二十二日回京覆命。正祖亦以爲:"卿等出疆而登壽筵,復命而賀吉慶,可謂好個八字。皇帝筋力容貌,較年前何如?"仁點曰:"容貌則稍衰,而尚如六十餘歲人。筋力則耳目聰明，步履便捷矣。"浩修又言在熱河，再次召見臣等時，酬酢頗長，通官啓文之傳語，甚生疏，清譯之生疏，甚於啓文。此後則清學譯官，另加勸課，每行抄選數人帶去，似好矣。國王命清譯之爲目下實用，有勝於漢學，而勸課之道，乃反不如，申飭該院。①

案徐浩修此行，可謂飽覽壯游，風光無限，其自謂"以萬壽節進賀使，出九關臺，歷慕容皝之故址，訪元世祖之上都。入古北口，遥瞻千壽山，想像十三帝治化之污隆；逾白河、通惠河，感郭太史相度之智巧。至如神禹之碣石，清聖之首陽，鄒衍之黍谷，太液、五龍之佳麗，秦城、渤海之雄豁，遼野之曠漠，皆足所經而目所矚也，其游可謂壯矣。在熱河、圓明園，屢與宴筵，天子召登寶榻，親舉玉卮以賜之，引上御舟，溯昆明湖，縱觀西苑之勝，日與衍聖公，閣部諸大臣，蒙古、回子、安南諸王，南掌、緬甸諸使，聯班於殿陛，對案於朝房，或詩以唱之，或筆以談之，詢其山川風俗，辨其服飾語言，情志相洽，等威相忘，其遇亦可謂奇矣"②。案朝鮮使臣從無自漢陽發向熱河之行，故徐氏此行爲首創，無怪乎其稱意自誇如此也。又其在京期間，所接當時大臣如阿桂、和珅、福康安、王杰、紀昀、鐵保等，亦皆當時重臣，其於王杰、紀昀、福長安、金簡、鐵保等私交甚厚，以詩文禮物相接，故所交人物，亦皆一時之貴戚勳臣也。

致若其論翁方綱無學，言"紀尚書、鐵侍郎皆謂翁閣學邃於曆象，而余始聞致力於《春秋》朔閏，已疑其不解新法，今見跋語，益驗其空疏③。大抵目今中朝士大夫，徒以聲律書畫爲釣譽媒進之階，禮樂度數，視如弁髦，稍欲務實者，亦不過掇拾亭林、竹坨之緒餘而已，乃知榕村之純篤，勿庵之精深，間世一出，而不可多得也"④。案翁方綱之學，乃在碑板書法，經學

---

① 《正祖實錄》卷31，正祖十四年（乾隆五十五年　1790）十月二十二日己巳條。
② 徐浩修《熱河紀遊序》，《燕行錄全集》，051/326—327。
③ 案此指明李之藻撰《渾蓋通憲圖説》，徐浩修爲之集箋，原書二册，徐氏《集箋》二册，請翁方綱撰序一事。翁序曰："余於推步之學識，素未究心。凡事不深探其者，則不敢輒爲之序，第觀其演繹周悉，於渾平相感之所以然，具於表説，闡發無遺，深服其用心之勤而已。爰爲筆諸别紙，以見區區謙慎不敢言序之意。"詳參徐浩修《燕行紀》卷3《起圓明園至燕京》，《燕行錄全集》，051/243—244。
④ 徐浩修《燕行紀》卷3《起圓明園至燕京》，《燕行錄全集》，051/244。案"坨"當作"垞"。

律曆，原非其長，徐氏所接諸人，若紀昀雖通曆學，然較諸當時戴震、錢大昕輩，差之天懸，而當時考據諸家，以位低權臣，身處草莽，故浩修無由得見，故言大抵今士大夫皆不學無術，則因其交非考據諸人也。至若書中於沿途城池山川、宫中陳設、宴禮儀仗等所載極詳，則多鈔自《大清會典》《盛京通志》及顧炎武《歷代帝王宅京記》《昌平山水記》與他方志諸書者矣。

徐氏此記最可重者，正祖君臣，此時於乾隆帝之感恩，已出於衷心肺肝，而非虛於應付也。其論山川人物，"大抵六臺以後，邑治都會，則商旅輻湊，市廛櫛比，水草豐饒，則馬牛羊駝，千百爲群，以漢滿蒙三國之生聚百餘年，不見兵革，而農賈畜牧，舉無遺利，安得不殷富。蒙人最多，滿人次之，漢人又次之，而蒙俗質樸，尚有混沌未鑿底意，待人接物，純是誠款，苟使賢者教導之，觀感變化，常勝南方諸番。昔元世祖以許魯齋衡爲國子祭酒，親擇蒙古弟子俾教之，魯齋聞命喜曰：此吾事也。國人子大朴未散，視聽專一，若置之善類中，涵養數年，將必爲國用。語載《元史》，以古視今，天之生才，固不限於華夷也"①。此亦朝鮮使臣前所未有之詞也。又稱"清有天下，參用蒙回諸部，朝廷太半是色目人，以中華之利與外夷共之，故邊塵之不警已百餘年，見今田疇相連，雞犬相聞，晝行夜宿，毫無戒懼，三衛百戰之地，悉變爲樂土，此歷代所不能得也"②。其稱清人，不再用"胡虜"之語；其稱清帝，亦不再用"胡皇"之詞。其謂柳得恭盛稱滿州人瀋陽副都統成策，儀容儒雅，筆翰優餘，有宰相風度。近來滿州文學，反盛於中華，如鐵侍郎亦其一也。③ 凡百見解，皆此前燕行使所無者也。

0651-1790
李百亨《庚戌聞見事件》（《同文彙考補編續・使臣別單一》 活字本）

　　李百亨（1737—？），字士能，全州人。正祖元年（1777），儒生講製居

---

①徐浩修《燕行紀》卷1《起鎮江至熱河》，《燕行錄全集》，050/479—480。
②徐浩修《燕行紀》卷1《起鎮江至熱河》，《燕行錄全集》，050/456。
③徐浩修《燕行紀》卷4《起燕京至鎮江城》，《燕行錄全集》，051/312。

首,命直赴殿試。爲司憲府持平、弘文館校理、承政院承旨、刑曹參議等。事見《正祖實錄》、李德懋《青莊館全書》卷七一《附錄下·先考積城縣監府君年譜》、《承政院日記》等。

案李百亨出使事由,詳參前黃仁點《庚戌乘槎錄解題》(0649-1790)。

此《聞見事件》六條,記沿路及在熱河、北京之見聞。時乾隆帝在熱河,李百亨等與各國使臣皆趁七月初十日齊到熱河進賀八旬萬壽,而一路並無驛站,恐其遲誤,故朝鮮使臣取路九關台徑赴熱河,所經沿路地方官預備壯車健馬,應付趲行。瀋陽副都統出官車三輛以助之,並雇車九輛,三使分乘,餘給幕裨任譯等,由口外徑赴熱河,他員役及方物則交付章京,由山海關向北京。抵熱河後,李氏記隨使臣見皇帝諸儀節甚悉,帝以朝鮮表咨示安南國王阮光平曰:"字畫齊整,紙品精潔,朝鮮事大之節,敬謹如此,可作他蕃之鑒法矣。"①後又三使臣分乘禮部所送十三輛大車,踰廣仁嶺,渡灤河,至灤平縣,向北京。沿路皆結彩棚,相望不絕,或構彩閣,或立牌樓,或設城堞,或起峰巒,俱以薄板蘆簟爲體,而塗既丹艧,製作奇巧,御路則高於地一尺,篩土酒水,足踏磴轉,堅如磚,平如砥,廣可二間,長亘皇城正路左右,各開副路,左由侍衛諸臣,右由車馬行旅,橋梁則上設朱漆木欄,傍畫五彩龍文,民役之浩財力之費,於此可見矣。

又謂今番稱慶時,諸王及各部院各省大吏,俱有進獻,比諸七旬聖節,不翅倍蓰。及到圓明園,見各處所進之物,日日填遝於宮門,連續於道路。安南國王所進奇玩,則純金鶴一雙、純金麒麟一雙、明犀五對、象牙十對、馴象一雙、肉桂一百斤、沉香一百斤,其他各種,不可殫記。又以銀貨遍皆厚遺於貴近諸臣,皇帝則手書"拱北歸誠"四大字以嘉之。諸臣則爲避外結之嫌,或有不受者云。

0652-1790

洪命福《庚戌聞見事件》(《同文彙考補編續·使臣別單一》 活字本)

案洪命福出使事由,詳參前黃仁點《庚戌乘槎錄解題》(0649-1790)。

---

① 李百亨《庚戌聞見事件》,《同文彙考補編續·使臣別單一》,004/3772。

此《聞見事件》兩條，一記前任閣老蔡新，年逾八旬，乾隆五十一年致仕歸鄉，今自閩省來京，夔鑠如前，乾隆帝降旨嘉獎，賞人蔘一斤，以資頤養；又國子司業郭鍾岳年一百十歲，自福建詣闕祝嘏，步履康強，加恩升授鴻臚寺少卿，以示優老之意。又記京外褒貶之法，年老者使之休官，例也。直隸總督梁肯堂奏順德府同知嵇璜，年逾七十，筋力未衰，請仍任。乾隆帝旨謂同知非知府之比，亦有管理地方之責，豈可任年老重聽之人乎？嵇璜應令休官，而乃復奏留任，不過以其爲閣老嵇璜親弟，瞻顧情面，曲事姑容，豈不知朕辦理庶務，一秉大公，而竟敢如此乎？嵇璜謹慎小心，不敢干預外事，而肯堂尚有意逢迎，交部嚴加議處云。

0653-1790

柳得恭《燕行詩》(《叢刊》第 260 册《冷齋集》　鈔本)

案柳得恭有《灤行錄》(0590-1778)，已著錄。柳氏此次出使事由，詳參前黃仁點《庚戌乘槎錄解題》(0649-1790)。

柳得恭自灤陽返國後，常懷再渡鴨江赴中國之思，故其送友人詩有"人盡到燕吾到灤，一千餘里不如人"之句①，艷羨他人能入山海關抵燕京者，以至夢寐以之，若送朴趾源入燕詩，有"寂寞書齋南麓夜，夢中華語渡遼河"之歎焉②。

柳得恭此行隨黃仁點使團前往中國，一行先往熱河，後至北京，再沿遼東返國。柳氏此行有《熱河紀行詩》四十九首外，今《冷齋集》卷四所收，自龍灣發行，至返途遼野期間，若《龍灣次使相韻》《朝陽縣關廟》《熱河館中和贈冶亭侍郎》《和贈安南工部尚書武輝晉二首》《和贈安南吏部尚書潘輝益》《贈衍聖公》《別羅兩峰》《和贈紀曉嵐尚書》《薊州獨樂寺》《十三山》《遼野》等二十餘首，亦皆此次游燕時所作也。其贈鐵保詩有"十年知己在，來問古營州"句③，則其在灤陽時，已與其相識耳。贈安南

---

①柳得恭《冷齋集》卷4《送南士樹入燕》，《韓國文集叢刊》，260/061。
②柳得恭《冷齋集》卷3《送燕巖居士入並》，《韓國文集叢刊》，260/055。
③柳得恭《冷齋集》卷4《熱河館中和贈冶亭侍郎》，《韓國文集叢刊》，260/071。

正使武輝晉、副使書潘輝益詩,乃柳氏代朝鮮正使黃仁點、副使徐浩修所作,有"山河萬里論交契,冠蓋三年趁會同","新詩讀破饒風味,頓覺中邊似蜜甘"諸句①。又見衍聖公孔子七十二代孫孔憲培,以"盛服人如玉,便興寵以金"贊之②。柳氏又在寺壁見有李調元題詩,感念舊友,遂有《寄李雨村綿州閑居三首》之行,稱"魚雁沈沈十二年,一天明月共嬋娟"③。此行在京中,又識羅聘,故有《別羅兩峰二首》作也。其在館時,紀昀來訪,而因外出不值,詩已見《熱河紀行詩》,此卷中《和贈紀曉嵐尚書》,則記紀氏贈詩扇及《儀禮正訛》事。其詩後皆附李雨村(調元)、羅兩峰(聘)、紀曉嵐(昀)原詩,多爲諸家別集所不載者也。

0654-1790
柳得恭《熱河紀行詩》(《全集》60 冊;《叢刊》第 260 冊《泠齋集》　刻本)

案柳得恭有《瀋行錄》(0590-1778),已著錄。柳氏此次出使事由,詳參前黃仁點《庚戌乘槎錄解題》(0649-1790)。

案此行副使徐浩修,辟檢書二員爲從官,即柳得恭與朴齊家也。一行於六月十一日到義州。二十一日,得盛京將軍咨文,命使臣務於七月初十日前赴熱河入宴。二十二日,自九龍淵渡江,盛京命沿路地方,預備壯車健馬,一體照料辦理。二十三日入柵,一行人馬,不緊輜重,仍由山海關大路,按站徐徐入京。而三使臣等輕裝從簡,以赴熱河,柳得恭與李德懋亦得與其間,趲程以赴焉。

柳得恭謂"我東人從無至熱河者,庚子使臣則至矣。而自燕京出古北口,復從古北口入而止矣。考之前史,高句麗將葛盧孟光,迎燕王馮弘至龍城,命軍士脫弊袴,取燕武庫精伏給之,大掠城中而歸,龍城者今朝陽縣也。朝陽以西建昌平泉等地,孟光之所未至也。余是行自遼野之白臺,徑涉奚地,游避暑山莊,入古北口出山海關而歸,閭山在一周之中,長城歷萬

---

① 柳得恭《泠齋集》卷4《和贈安南工部尚書武輝晉》,《韓國文集叢刊》,260/071。
② 柳得恭《泠齋集》卷4《贈衍聖公》,《韓國文集叢刊》,260/071。
③ 柳得恭《泠齋集》卷4《寄李雨村綿州閑居三首》其一,《韓國文集叢刊》,260/072。

里之半,可謂未曾有也"①。故其一路所見,多新奇好異,欣喜不已,此《熱河紀行詩》,輯自柳得恭《泠齋集》卷四。凡鴨綠江、瀋陽書院、周流河、新店、細河、義州(漢無慮縣地)、蠻子嶺、朝陽縣、喇嘛溝、夜不收、建昌縣、平泉州、紅石嶺、熱河、入宴、扮戲、餑餑、時標、滿州諸王、蒙古諸王、回回諸王、安南王、南掌使者、緬甸使者、臺灣生番、灤平縣、古北口、圓明園扮戲、結彩、假山、西直門外、西山宮殿、堪達漢(鹿類)、珊瑚樹、紀曉嵐大宗伯、潘秋庫御史、李墨莊鳧塘二太史、衍聖公、羅兩峰、張水屋、吳白庵、莊澤珊中書、劉阮二太史、熊蔣二庶常、鐵冶亭侍郎、福建將軍、還到新店、瀋陽、鳳城等,共凡四十九首,皆記在途及熱河、北京之所聞見也。

柳氏所詠,除風景山川及乾隆帝八旬壽誕之鋪張繁富外,所見人物如在熱河則有蒙古科爾沁王、喀喇沁王、達爾漢王,回回哈密王、烏什王,安南王阮光平(實爲假冒而來者),南掌使者、緬甸使者、臺灣生番等,記其衣飾言動,可與徐浩修《日記》比勘而讀。又若禮部尚書紀昀、陝西道觀察御史潘庭筠、李鼎元與驥元兄弟、衍聖公孔憲培、羅聘、張道渥、吳照、莊復朝、劉鐶、阮元、熊方受、蔣祥墀、禮部右侍郎鐵保、福建將軍魁倫等,或廷臣巨宦,或屬國藩王,或考據大家,或詩人畫家,而若阮元諸人,當時未顯,然不久將扶搖直上,爲封疆大吏也。

案柳得恭有《二十一都懷古詩》,傳入中土,爲詩家所賞。潘庭筠評其"兼竹枝、詠史、宮詞諸體之勝,兼廣異聞,必傳之作"。又謂"泠齋才情富有,格律獨高,時露鯨魚碧海之觀,至於懷古登臨,尤多杰作"。紀昀謂"泠齋天骨秀拔,味含書卷,語出性靈,與貞蕤一時之瑜、亮"。李調元謂泠齋詩"才氣縱橫,富於書卷,如入五都之市,珍奇海錯,無物不有。加以天姿勝人,鍛鍊成奇,故足令觀者眩目"。又謂"泠齋諸體,莫不筆酣句健,凌轢古今。味腴襲芳,滌濯滓瀹"。②而《熱河紀行詩》,與《二十一都懷古詩》相仿,模山範水,詠懷言事,有物有則,亦莊亦諧,正潘氏所謂"兼竹枝、詠史、宮詞諸體之勝"者也。

①柳得恭《泠齋集》卷8《題熱河紀行詩》,《韓國文集叢刊》,260/118。
②柳得恭《泠齋集》卷首《泠齋集評》諸家評語,《韓國文集叢刊》,260/003。

0655-1-1790；0655-2-1790
柳得恭《灤陽錄》(《遼海叢書》本　刻本)
柳得恭《後雲錄(熱河紀行詩注)》(《燕行錄叢刊(增補版)》網絡本　鈔本)

　　案柳得恭有《瀋行錄》(0590-1778)，已著錄。柳氏此次出使事由，詳參前黃仁點《庚戌乘槎錄解題》(0649-1790)。

　　此《灤陽錄》二卷，輯自《遼海叢書》，所收實即《熱河紀行詩》之詳注也。與《熱河紀行詩》相較，大有不同。《灤陽錄》卷首有序，即《冷齋集》卷八《題熱河紀行詩》也。《冷齋集》所收原《熱河紀行詩》，僅詩題及詩文中，間有雙行簡注；而《灤陽錄》則詩中無注，而每首詩後，皆有大段注釋文字，以叙道里遠近、路中所見及人物風情等，幾於日記等焉。兩本相較，《叢書》本所載，較《冷齋集》爲詳爲便也。

　　柳氏詩中所注，多論中朝人物，若"中朝大臣，阿桂最賢，而又老矣。漢閣老嵇璜、王杰以下，充位而已。和珅權傾天下。……滿洲之俗，貴賤等威，不甚分明，而望見和珅，坐者皆起立，他大臣則未必然，威已立矣"。阿桂年七十八，"瞻視凝重，有大臣風，不媚於和珅者，惟桂一人"。① 稱紀昀爲"詞林宗匠"，柳氏等訪其第筆談，論及遼、金、元、明《史》及《一統志》之重修，紀氏謂"遼、金、元官名、地名、人名翻譯，多從徹底考證，所以未即刊行"②。此可知當時《四庫全書》本遼、金、元《史》之删改情狀也。紀氏贈以金日追《儀禮正訛》十七卷，並言朝鮮徐敬德《花潭集》已收入《四庫全書》中。又見潘庭筠，言其已信佛，家挂觀音像，朝夕頂禮。見衍聖公孔憲培，獲贈趙汸《春秋金鎖匙》一卷、戴震《考工記圖》二卷、《聲韻考》四卷等，阮元贈所纂《車制考》等，亦可見當時學界風氣所尚焉。

　　案《燕行錄叢刊(增補版)》網絡本，收有柳得恭《後雲錄(熱河紀行詩注)》，鈔本。或爲《灤陽錄》之祖本，兩本相較，偶有文字之誤，則鈔手所致耳。

---

①柳得恭《灤陽錄》卷2《圓明園扮戲》詩注，《遼海叢書》本，第2頁。
②柳得恭《灤陽錄》卷2《圓明園扮戲》詩注，《遼海叢書》本，第6頁。

卷五五　朴齊家《庚戌燕行詩》　961

0656-1790
朴齊家《庚戌燕行詩》（《叢刊》第 261 册《貞蕤閣詩集‧三集》　鈔本）

　　案朴齊家有《戊戌燕行詩》（0587-1778），已著録。其此次出使事由，詳參前黃仁點《庚戌乘槎録解題》（0649-1790）。

　　正祖十四年（乾隆五十五年　1790）五月，朴齊家隨進賀兼謝恩使昌城尉黃仁點、副使禮曹判書徐浩修、書狀官弘文館校理李百亨等入燕，即朴氏所稱"余以五月辭陛赴熱河，還至燕京參萬壽宴，往來西山、圓明園者幾四十日"①。今齊家《貞蕤閣詩集‧三集》中凡《滯雨龍灣次鶴山副使韻》以下六十餘首詩，即此次燕行所作，今亦依例輯出，編爲《庚戌燕行詩》焉。其詩有"平生寂寂吾三子，誰識行裝半九邊"之句②，則因同時偕柳得恭、李德懋同行之故焉。

　　朴齊家詩中所記，在熱河與北京諸處，所見如紀昀、鐵保、安南使臣潘輝益與武輝瑨、張問陶、熊方燮、石韞玉、蔣祥穉、羅聘、錢東壁、吳照、王學浩、熊方受與方訓兄弟等，皆有詩筒往還，所謂"契曾先縞紵，遊不負桑蓬。落落談詩快，翩翩上馬雄"③。每至夜分，則"爐灰自陷茶杯冷，正是懷人不語時"④。齊家前次入北京，所見士夫不多，未能暢敘幽懷，而此次可謂天遂人願，得與學士大夫游，若題吳照石湖課耕圖，羅聘畫竹蘭艸、鬼趣圖，並爲羅氏亡妻方婉儀書其半格詩卷等。飲酒筆談，吐納如意，所謂"留得十年香一瓣，樂浪西畔夢悠悠"⑤。故其返至鳳凰城，遂有詩寄内閣諸友稱"我有玲瓏談柄好，到時期宿莫相違"⑥。可知其志得意滿，詩囊鼓鼓，而不枉此行也。

---

①朴齊家《貞蕤閣詩集‧三集‧贈別小序》，《韓國文集叢刊》，261/520。
②朴齊家《貞蕤閣詩集‧三集‧靈感寺夜坐同柳惠甫李十三》，《韓國文集叢刊》，261/515。
③朴齊家《貞蕤閣詩集‧三集‧熱河次鐵侍郎保寄示韻》，《韓國文集叢刊》，261/515。
④朴齊家《貞蕤閣詩集‧三集‧贈別熊方受孝廉方訓兄弟二首》其二，《韓國文集叢刊》，261/517。
⑤朴齊家《貞蕤閣詩集‧三集‧寄李雨村》，《韓國文集叢刊》，261/520。
⑥朴齊家《貞蕤閣詩集‧三集‧還到鳳城寄内閣諸寮》，《韓國文集叢刊》，261/519。

0657-1-1790；0657-2-1790；0657-3-1790
金箕性《燕行日記》(《燕行録叢刊(增補版)》網絡本　殘鈔本)
金箕性《庚戌燕行日記》(《續集》第 120 册　殘鈔本)
金箕性《燕行日記》(《日本所藏編》第 1 册　殘鈔本)

  出使事由：冬至兼謝恩行
  出使成員：正使光恩副尉金箕性、副使禮曹判書閔台爀、書狀官兼司憲府執義李祉永等
  出使時間：正祖十四年(乾隆五十五年　1790)十月二十一日—翌年三月八日

  金箕性(1752—1811)，字成汝，號頤吉軒，光山人。正祖朝，尚英祖女清衍翁主，封光恩副尉。卒後純祖謂其身許國家，同共休戚。賜謚孝憲。事見《正祖實録》《純祖實録》《承政院日記》等。
  正祖十四年(1790)，以光恩副尉金箕性爲冬至兼謝恩行正使、禮曹判書閔台爀爲副使、兼執義李祉永爲書狀官赴燕。先是拜冬至兼謝恩正使判中樞府事李福源，李氏以老病陳懇遞免，遂於八月二十八日，以金氏代之。① 正祖以爲，此番光恩副尉之赴燕，係是罕有之例。遂命金箕性赴燕時，裨屬元額外加送一人，此是奉命，令該道勿拘均包之新式，各別厚給，回還使行中，別啟請朴齊家(賫表官)、譯官洪命福，亦令元額外，仍爲帶去事分付。② 可謂恩寵有加也。一行於當年十月二十一日起程，翌年三月初八日返王京覆命焉。
  案是書二卷，《燕行録續集》第一二〇册所收，乃殘鈔本一册，藏日本天理圖書館今西文庫。原書二卷，今闕卷一，封面左上題"燕行日記坤"，首頁首行大題"燕行日記卷二"，第二行低兩格題"辛亥正月下"。有"今西龍""今西春秋""春秋文庫""今西春秋圖書""天理圖書館"諸印。夫馬進謂是稿與今西文庫所藏洪昌漢《燕行日記》書體極其相似，殆爲今西龍從某氏借鈔者。而《燕行録叢刊(增補版)》網絡本所收金氏此《燕行日

---

①金箕性《燕行日記》卷1，《燕行録續集》，120/208。
②金箕性《燕行日記》卷1，《燕行録續集》，120/208—209。

記》，恰爲卷一，首列《行中座目》，實僅有三使之姓名。然後從八月二十八日拜冬至兼謝恩正使開始記錄，而卷末爲翌年正月十六日辛卯，日本藏本記事恰從正月十七日始。故合兩本爲一，則爲完稿，故今並爲一書而著錄焉。

　　金氏此記，於沿路中火、住宿人家等，皆詳書姓名地點。尤所詳記者，則在北京歷次參宴諸事。一行於臘月十一日到京，先後於瀛台觀冰戲，乾隆帝袷祭時在中和殿賜酒，又祗迎皇帝祈穀，復赴紫光閣宴，往圓明園觀戲等，金氏數度受乾隆接見面諭，與"皇坐不過咫尺之間，衣襟幾乎相接"①。又赴紫光閣宴"上榻跪坐於皇座右邊咫尺，則皇帝親執酒杯，笑向余給之，杯如我國小鍾子，受杯之際，手指幾乎相接，受而叩頭飲之"②。此在燕行使臣中爲罕見之際遇。因近面摩相接，故觀乾隆帝御容甚悉，謂帝"狀貌圓滿頗長，眼睛細長，鼻梁豐阜，耳大如貼，鬚髮不多，而頗垂長班白。大抵面是中面，體亦中人中稍大者耳。和氣滿顔，韶華猶不衰，殆若好筋力，六十之人，語音清朗促急。衣服則紅帽黑衣，與朝臣無異"③。

　　金氏又交接朝中重臣如紀昀、尚青、德保、福長安、阿桂、和珅、王杰、金簡、豐紳殷德等。論紀昀"貌頗衰老，而亦甚休休，顯有文人氣意"④。"尚青年方八十餘，氣貌康旺，性情平順，人固可愛，而況爲我行周旋回還之期，誠甚可感"⑤。"阿桂滿人，年過七十，氣貌不衰"⑥。因其親見親接，故所述可信也。

　　金氏於留館期間，所記尤多，其正月二十五日記稱，"來此留止凡四十四日，明當回還起程，而略有所見聞，恐或日久而忘失，兹錄之下方"⑦。所插日記間者，有《燕京形便城闕制置》，則錄中國志書，以見北京形勝與城闕制度；《聞見雜錄》凡七十餘條，記中國日常飲食及日用器物等諸般

---

①金箕性《燕行日記》卷1，《燕行録續集》，120/306—307。
②金箕性《燕行日記》卷1，《燕行録續集》，120/324。
③金箕性《燕行日記》卷1，《燕行録續集》，120/287—288。
④金箕性《燕行日記》卷1，《燕行録續集》，120/278。
⑤金箕性《燕行日記》卷2，《燕行録續集》，120/460。
⑥金箕性《燕行日記》卷2，《燕行録續集》，120/465。
⑦金性箕《燕行日記》，《燕行録全集日本所藏編》，001/337。

聞見;《習俗法制》,則自正月至臘月,記每月北京節日風俗,爲他家之所無也;《清主源流》,敘清帝自奴爾哈赤起家之始末;《道里山川識》,則記自渡江後沿路山川地理與風景名勝;《象駝説》,則記大象、駱駝形貌習性及北京午門依仗用象焉。此後復爲返程之日記也。

金氏又記使行中鴨緑江邊卜駄搜檢之例行規矩,形同虚設;論刷馬驅人輩,盤纏之窘迫;八包貿易之弊端等,所論綦詳。其謂"不虞備銀",而使行之帶去,所以爲不虞之需也,八百餘兩之使用之法,及刷馬驅人輩之强貸此銀,刷馬之買賣及行中諸弊,皆溯源敘流,論説極詳,謂"曾爲燕行者,誰不知此弊,而厘弊則誠難耳"①。又於全書之末,綜論"使行之弊,不可勝説,弊之大者,即公用銀之難繼也,西民潛商之難禁也,員役八包之難充也,驛卒驅人之難化也"。其於四大弊端,亦各提救弊之策,然所言亦多浮論,"誠説弊之無窮,而救弊之難術耳!"②

案《燕行録續集》第一二〇册於金氏《燕行日記》卷一至卷二間,誤植收入柳得恭《熱河紀行詩注》二卷,當删矣。

0658-1790
李祉永《庚戌聞見事件》(《同文彙考補編續·使臣别單一》 活字本)

李祉永(1730—?),字孺祚,號林下,延安人。正祖朝,爲司憲府掌令、弘文館修撰、副司果等。純祖時,爲五衛護軍。事見《正祖實録》《純祖實録》與《承政院日記》等。

案李祉永出使事由,詳參前金箕性《庚戌燕行日記解題》(0657-1790)。

此《聞見事件》三條,一記正、副使自圓明園還,燈戲時皇帝特召問國王年紀,並問元子二歲,何不請封典,正使對以此教謹當歸告國王,皇帝之眷念我國,若是勤摯,往牒罕有。又記皇子之存者四人,俱無令譽,而皇孫十餘人中,皇二孫綿恩,年近三十,才藝過人,驍勇絶倫,皇帝最愛之,常置

① 金性箕《燕行日記》,《燕行録全集日本所藏編》,001/355—357。
② 金性箕《燕行日記》,《燕行録全集日本所藏編》,001/360—361。

禁中云。

又李祉永論行中弊瘼,歲滋年增,若論其太甚,而不可不及今釐正者,則譯官空包之弊爲最,刷馬驅人之弊次之。"蓋其空包之弊,則比歲以來,銀路漸艱,所謂八包,無以充數,雖以今行言之,譯官輩一人所受,不過十八兩,比前未及十分之一,則行路盤纏之艱難,渠輩生涯之雕殘,概可知矣。以此象舌子侄,莫肯爲業,大比譯科,雖或充額,其實則能通清漢語者甚少,今行所帶譯官,合爲二十一人,而漢學則惟洪命福、趙明會二人,清學則惟崔道健一人,可與彼人酬酢,其餘率皆魯莽。若值兩國有事,使价旁午之時,則將何以應接乎?此蓋由於八包未充,燕行無利之致,前後爲救弊之論者,或言罷八包,或言減譯員,而今則不罷八包而包自空矣,不減譯員而譯將無矣,豈不寒心哉!夫八包之未充,專由於燕商之潛貨,潛商之弊,近益層加,奸竇百出,非一朝一夕所可防禁者。包容成習,僞濫轉加,臣於今行稔知此弊,故自渡江時痛加禁斷,而當其比包之際,諸種物貨,校諸入柵之時,終覺過多,臣之失職之罪,方自訟不暇,而如欲痛革此弊,入柵時詳細稱包,出柵後較計打撥物價,一一準秤,雖有稱托,無少撓奪,則厥數必將滿包而有餘,以此分給行中應受之數,則譯官空包之弊,自可少紓。燕商潛貨之習,亦可自戢,庶可爲公私之益矣。至若刷馬之弊,則刷馬與驅人,皆自義州府定送,而刷馬一匹,價錢爲二十一兩,驅人一名,盤纏銀爲十有二兩,臨時苟充,馬既羸瘦,人皆烏合,又以灣府無賴閑散之類,定爲頭目,稱以卜主及領將,都取盤纏之銀,任自操縱一時。料不過粟米一合而已,六百兩銀子,七百束白紙,半歸於領將之私橐,已成謬例,莫可禁止。及其留館之際,彼國支供之物,不爲不多,而又有各房書者與領將,次知幻弄,而所謂驅人,則糊口不敷,措手無路,或偷竊於旅店,或騙瞞於廛肆,是所謂窮無所不爲,爲使臣者,雖日加棍罰,亦不得禁,日後生梗,姑無論目下貽羞爲如何哉!臣與正副使每論其弊,商確矯救之方,莫如永罷刷馬,到柵以後,行中雜物,多得賃車,載往載來,以其刷馬本錢及盤纏銀子,計給雇價,則可無不足之患,而亦且有裕矣。至如領將卜主輩之操縱罔利之習,亦不可不禁,而若罷刷馬,則此等弊端,不期祛而自祛,其間雖不無些少牽礙之端,而惟視大體之如何,其他不必計較也。右項兩條,俱係使事通變之一端,特命廟堂並以商確稟處焉。"①案燕行使論行中諸弊多矣,如李氏此論之詳者則鮮,其説甚確,然此弊爲害已久,尾大不掉,莫可如何矣。

0659-1790
朴齊家《庚辛燕行詩》(《叢刊》第 261 册《貞蕤閣詩集·三集》 鈔本)

　　案朴齊家有《戊戌燕行詩》(0587-1778),已著録。朴氏此次出使事由,詳參前金箕性《庚戌燕行日記解題》(0657-1790)。

　　正祖十四年(1790)十月二十一日,進賀兼謝恩使黄仁點等返京歸奏,皇帝聞朝鮮邦慶,有喜賀之語。正祖以爲"是不可無特謝"。二十四日,遂"命文任閣臣,別撰奏咨,另具方物,以檢書官朴齊家,借銜軍器寺正,賚持追附冬至使行"②。此前齊家隨黄仁點使團"復路渡鴨之夕,有召命,騎三百里飛撥抵京,以賚表,官升軍器正,再赴燕京"③。故齊家又飛騎趕路,隨冬至等三節年貢兼謝恩使光恩尉金箕性一行入燕,以謝乾隆帝別諭、謝賜物、謝陪臣參宴諸件焉。

　　朴齊家《貞蕤閣詩集》三集所收百三十餘首詩,即此次燕行所作,今亦依例輯出爲《庚辛燕行詩》。朴氏此番返國,未曾歇息,旋再赴命,故其詩謂"反命才數日,回馭逐冬使"④,又歎"詎云文史足三冬,自詫殊恩曠世逢"⑤,既紀其實,又歎殊榮深恩也。燕行使臣,有一生十數度入燕者,然此行尚未返京,即飛騎再赴中土如朴齊家者,可謂鮮之又鮮焉。故其詩謂"三入中原君莫笑,古來木鐸歎儀封"⑥、"十年三到處,四海一邊看"⑦、"詎期十年間,三謁醫巫閭"等⑧,皆紀其前後三度入中國之實,亦兼誇

---
①李祉永《庚戌聞見事件》,《同文彙考補編續·使臣別單一》,004/3773—3774。
②《正祖實録》卷31,正祖十四年(乾隆五十五年　1790)十月二十四日辛未條。
③朴齊家《貞蕤閣集·三集·贈別小序》,《韓國文集叢刊》,261/520。
④朴齊家《貞蕤閣集·三集·沙流河述懷》,《韓國文集叢刊》,261/523。
⑤朴齊家《貞蕤閣集·三集·三次冬至韻》,《韓國文集叢刊》,261/522。
⑥朴齊家《貞蕤閣集·三集·四次冬至韻》,《韓國文集叢刊》,261/522。
⑦朴齊家《貞蕤閣集·三集·榆關》,《韓國文集叢刊》,261/523。
⑧朴齊家《貞蕤閣集·三集·北鎮廟寄日下諸子》,《韓國文集叢刊》,261/526。

耀也。

又陳鱣爲朴齊家《貞蕤閣集》撰序稱，"嘉慶六年三月，余舉進士游都中，遇朝鮮國使臣朴修其檢書於琉璃廠書肆，一見如舊相識……蓋嘗三入京師，所交皆名公巨儒"①。考嘉慶六年（1801），乃朝鮮純祖元年，是年二月十二日，朝鮮遣謝恩使判中樞府事趙尚鎮、副使禮曹判書申獻朝、書狀官兼執義申絢等出使中國，於同年六月十三日返王京，然則三月時使團恰初至北京也，故朴齊家當隨趙尚鎮使團四度赴燕。然《貞蕤閣集》中，無第四次燕行時所作詩，不知何所故也。

朴齊家青壯之時，即慕入中國，未曾想四度入中土，故慨歎"歷數東國人，遠游無我似。髫齡慕中華，身親斯可喜。五岳如可陟，辭家如脫屣。賦命固有定，諒非人所擬"②。其在瀋陽、熱河、北京及沿途，所見極廣，鎮日流連，如《玉河館絕句》《遼西雜絕》《燕京雜絕》前後百六十餘首，記民情風俗，敘異地風光，皆《詩》《騷》之餘蘊，而竹枝之流裔也。

朴齊家自稱，"我生九夷中，識字誠區區。詎期十年間，三謁豎巫閭。中華博覽人，有時還慕余。地是箕疇舊，文猶唐宋餘。抗交略名位，情真非面諛。偶書輒裝池，小話必吹嘘。文林與酒所，無席不招呼。恨未展歸期，一歲留燕都。我身縻使職，旋歸敢虞徐"③。故其於朝鮮儒學，亦持相當之自信；而於中華文化，抱極度之虔誠。其嘗慕崔致遠、趙憲之爲人，有異世執鞭之願。其詩謂"十載制科崔致遠，萬言封事趙重峰"④。又以爲崔、趙入中國，能"見善而思齊，無非用夏變夷之苦心。鴨水以東千有餘年之間，有以區區一隅，欲一變而至中國者，惟此兩人而已"。故齊家入中國，"縱觀乎燕薊之野，周旋於吳蜀之士，留連數月，益聞其所不聞，歎其古俗之猶存，而前人之不余欺也。輒隨其俗之可以行於本國，便於日用者，筆之於書，並附其爲之之利與不爲之弊而爲説也。取孟子陳良之語，命之曰《北學議》"⑤。齊家又受朴趾源之教，力主北學於中國，而求強國富民。

①朴齊家《貞蕤閣集》陳鱣序，《韓國文集叢刊》，261/596。
②朴齊家《貞蕤閣集・三集・沙流河述懷》，《韓國文集叢刊》，261/523。
③朴齊家《貞蕤閣集・三集・北鎮廟寄日下諸子》，《韓國文集叢刊》，261/527。
④朴齊家《貞蕤閣集・三集・再次冬至韻》，《韓國文集叢刊》，261/521。
⑤朴齊家《貞蕤閣文集》卷1《北學議自序》，《韓國文集叢刊》，261/602。

稱"當今國之大弊曰貧,何以救貧,曰通中國也"①。朴齊家與李德懋諸人以爲,日本與中國通海路,故中國書籍貨物便於抵達,而朝鮮半島與中國不通海路,故多有不便,主張通海貿易,便民強國。此即陳鱣贊許齊家"天性樂慕中朝,好譚經濟"也②。惜當時雖正祖在位,國無兵燹,然正祖以爲"如朴齊家、李德懋,棄尺朽而用寸長,開示向陽之牖,且置大中,齊家輩幸而揚名者。委巷別有崔豈若而人,尚云遜矣"③。又謂"李德懋、朴齊家輩文體,全出於稗官小品,以予置此輩於內閣,意予好其文,而此輩處地異他,故欲以此自標,予實俳畜之。如成大中之純正,未嘗不亟獎之"④。既不喜其人,復不好其文,則其經濟之策,則更爲覆瓿之廢紙也必矣!

又朴齊家所交中國名宦與士大夫,初識者若陸飛、潘庭筠、鐵保、博明、吳穎芳、沈初、袁枚等,後識者若彭元瑞、紀昀、翁方綱、玉保、吳省欽、吳省蘭、陳崇本、李調元、祝德麟、李鼎元、羅聘、孫星衍、洪亮吉、伊秉綬、龔協、汪端光、萬應馨、馮應榴、江德量、陸費墀、宋鳴珂、吳廷燮、吳照、張道渥、蔣和、葛鳴陽、孫衡、張問陶、熊方受、石韞玉、蔣祥墀、曾燠、曹振鏞、嵇承群、宋葆淳、王寧焯、章煦、沈心淳、莊復旦、成策、興瑞、回回王子、王肇嘉、曹殷德、完顏魁倫、錢東壁、張伯魁等五十餘人,當時朝廷顯宦,南北名流,所交極廣,而齊家亦能雜處其間,游刃有餘,其自謂"余以不才,三入燕京,中朝人士,不鄙而與之傾倒焉"⑤。其人或爲詩家文士,或爲考據大家,故齊家於返途稱"夢迴池北談詩處,路入京東考古中"⑥,以紀其事。朴氏與諸人,由聞聲相思,神交彌摯,至相見流連,往復唱和,乃至返國之後,先後有《懷人詩仿蔣心餘》五十首、《續懷人詩》十八首之作,若詠紀昀、李調元、潘庭筠、張道渥、翁方綱諸人,以至一而再,再而三,歌詠緬懷,

---

① 朴齊家《貞蕤閣文集》卷3《丙午正月二十二日朝參時典設署別提朴齊家所懷》,《韓國文集叢刊》,261/654。
② 朴齊家《貞蕤閣集》陳鱣序,《韓國文集叢刊》,261/596。
③ 正祖大王《弘齋全書》卷43《副校理李東稷論李家煥疏批》,《韓國文集叢刊》,261/149。
④ 正祖大王《弘齋全書》卷65《得錄五文學[五]》,《韓國文集叢刊》,267/229。
⑤ 朴齊家《貞蕤閣集·三集·懷人詩仿蔣心餘》,《韓國文集叢刊》,261/527。
⑥ 朴齊家《貞蕤閣集·三集·閭陽驛早發》,《韓國文集叢刊》,261/527。

情不能已,以至希冀"山靈倘垂鑒,良會重可圖"焉①。陳鱣謂齊家"考證之作,酬唱之篇,雲流泉涌,綺合藻抒,粲然具備"②。李調元謂朴氏爲"東國之麗於文者也。其人短小勁棱,才情蓬勃,上探騷選,旁采百家",稱爲"天下之奇文"。③ 而朴氏集中,若與李調元、潘庭筠諸家往來書札,與紀昀、翁方綱等唱和之詩,皆附諸家詩文與己詩後,可輯佚以補諸家之佚文也。

―――――――

①朴齊家《貞蕤閣集·三集·北鎮廟寄日下諸子》,《韓國文集叢刊》,261/527。
②朴齊家《貞蕤閣集》陳鱣序,《韓國文集叢刊》,261/596。
③朴齊家《貞蕤閣集》李調元序,《韓國文集叢刊》,261/595。

卷五六　0660—0671

正祖十五年(乾隆五十六年　1791)—正祖十七年(乾隆五十八年　1793)

0660-1791
白景炫《燕行録》(《燕行録叢刊(增補版)》網絡本　鈔本)

　　白景炫(1732—1799),籍貫不詳。英祖朝,爲兵房書吏。正祖時,爲弓房司鑰、慶熙宫衛將等。事見《承政院日記》。

　　案白景炫出使事由,詳參前金箕性《庚戌燕行日記解題》(0657-1790)。

　　此《燕行録》四卷,記自十月十一日三使入侍辭陛,景炫與金宗焕皆爲正使裨從,得以承命入侍,且賜藥丸他物甚多。十一月十三日一行渡鴨江,十二月十一日抵北京入南館,翌年正月二十六日發北京,二月二十七日還渡鴨江,三月初八日返京覆命焉。

　　白氏所記,在途多簡略,在館期間則多賞景流連,又隨正副使往圓明園,故所記爲多,然亦無超出諸家之外者。其在館期間,及返家後遭人而問,彼中風俗何如朝鮮,白氏答以"彼國之俗,以財、色、佛三件爲主"。不過於言語則漢語雖是中華正音,多有舛錯,彼人或不得領會,况滿州話尤難,故漢人多不曉得。雞鳴犬鳴之聲,與朝鮮同,而人之笑聲、兒啼呼母之聲,少無異於朝鮮之音,此皆出於天機自然之理,"然則我國之語,安知非正音,而中華之語猶爲正音乎? 蓋華語以文字之音,我語以文字之解,所以異者在於音解之分,而其歸趨則同矣"。若夫衣服則自皇帝至於匹庶,一是同樣,而無文章貴賤之别,漢人雖知非中華服色,終是國俗,心無奈何,而但寓意於畫圖之中,壁畫與障軸,必以紗帽團領之人模寫,不以渠之樣子畫出者,蓋自嫌其醜而已。至若飲食珍饌不可謂無,而無稻粱之滋味,以肉與餅爲上饌,而與飯交喫。用箸不用匙,飽則已之,此皆胡風。但待客以茶者,猶有中華餘風也。又以爲"大抵專以簡速爲事,而無各色改著之節,行不裹糧,而以錢買食,畜不以熱粥喂之,唯飼以草豆,飲以冷水,雖千萬里之遠,一鞭而出,少無留難,此蓋待變之軍制也,何究擬議於禮義之邦哉"。① 此中識見,與前後諸家,雖有同有異,但以清朝爲胡虜,而以朝鮮爲中華則一也。

0661-1-1791;0661-2-1791;0661-3-1791
金正中【原題金士龍】《燕行日記》(《全集》第 74 册　鈔本)
金正中【原題金士龍】《燕行日記》(《全集》第 74 册　殘稿本)
金正中《燕行錄》(《全集》第 75 册　鈔本)

  出使事由:冬至等三節年貢兼謝恩行
  出使成員:正使判中樞府事金履素、副使禮曹判書李祖源、書狀官兼司憲府掌令沈能翼等
  出使時間:正祖十五年(乾隆五十六年　1791)十月二十日—翌年三月二十二日

  金正中(1742—?),字士龍,號自在庵,平壤人。金昌集後裔。幼學生。與李德懋有交。正祖十五年(乾隆五十六年　1791),曾隨冬至等三節年貢兼謝恩使判中樞府事金履素入燕。純祖朝,任崇靈殿參奉。有《燕行日記》傳世。事見《承政院日記》等。
  案是稿作者,《燕行錄全集》編纂者題以"金士龍",然似當以金正中爲確焉。士龍,正中之字也。考作者初出王京時,和松園韻中有"誓令上國詩書肆,知有三韓金正中"之句②。又其在北京時,與中國士人程嘉賢等筆談,金氏自答"僕姓某名某號自在庵居士"③,而稿本作"姓金名士龍"④。又程嘉賢爲金氏所作《一翁亭序文》稱"辛亥之歲,東方節使來獻方物,有金自在庵先生,名正中,字士龍者,與之偕"⑤。又李德懋《贈金士

---
①白景炫《燕行錄》,《燕行錄叢刊(增補版)》網絡本,第 220—221 頁。
②金正中【原題金士龍】《燕行錄》,《燕行錄全集》,074/097。
③金正中【原題金士龍】《燕行錄》,《燕行錄全集》,074/188。
④金正中【原題金士龍】《燕行錄》,《燕行錄全集》,074/043。
⑤金正中【原題金士龍】《燕行錄》,《燕行錄全集》,074/246—247。

龍正中歸平壤》詩注"金正中，字士龍"①。又作者全書末又題"幼學金正中作日記"②。然則當爲名正中，字士龍也。金氏自稱名士龍者，筆談時以號代名也。金氏又自謂："家在殷太師井田之間，近買一書樓爲晚年消送資，樓在大同江上。古詩云：'東方有一士，被服常不完。'又云我五十，羇游在京洛。'二詩所云，非他人即我也。"③程氏《一翁亭序文》亦復稱"且翁年五十"④。然則正中生於英祖十八年（1742），其生年可考知如此。

是本封面左上題"燕行錄"三字。卷首記道里極詳，凡所記沿途地名近四百，是否站驛並皆書之，並記兩地間之里數。後列"壯觀"有正陽車馬、琉璃廠市肆、海甸燈戲、盧橋石欄、虎園、象園、渤海、山海關、會仙亭、遼野等十處，"奇觀"有萬佛樓、五龍亭、觀音全身、天游閣、通州夜市、寧遠牌樓、桃花石窟等七處，"古迹"有華表塔、安市城、望夫石、補天石、射虎石、孤竹祠、柴市廟、大學石鼓、辟雍老槐等九處。下錄《上松園書》《上伯氏書》《與程少伯書》及程氏答書等。而後始爲日記，且大題作"奇游錄"，故是書名當以《奇游錄》爲是也。

正祖十五年（乾隆五十六年　1791），朝鮮以判中樞府事金履素爲冬至等三節年貢兼謝恩行正使、禮曹判書李祖源爲副使、兼掌令沈能翼爲書狀官赴燕，貢冬至等禮物，並謝賜物、謝陪臣參宴等事。時履素弟弟履度（號松園）隨其兄出使，金正中與履度皆爲正使從官偕行也。一行於十月二十日出發離京，於翌年三月二十二日返京覆命。而正中則因家在箕城，故十五日即還家矣。

是本爲金正中《燕行日記》之鈔本，與稿本及另一鈔本相較，則是本內容有大量增潤，遠較稿本文字爲多；且前後所附書札、雜記等，亦與稿本多有異同；稱謂若稿本稱"正使"，此本則稱"使家"；稿本日記初稱"辛亥

---

①李德懋《青莊館全書》卷9《雅亭遺稿一·贈金士龍正中歸平壤》詩注，《韓國文集叢刊》，257/154。
②金正中【原題金士龍】《燕行錄》，《燕行錄全集》，074/353。
③金正中【原題金士龍】《燕行錄》，《燕行錄全集》，074/188。
④金正中【原題金士龍】《燕行錄》，《燕行錄全集》，074/250。

十一月二十三日",是本稱"十六年冬十一月",稿本是而此本非也,當爲"十五年"而非"十六年"耳。他處異同尚夥,則修改增潤之迹顯然,且非作者自訂,蓋其後裔所爲,與研究燕行錄諸家之修訂增删,大有裨益也。

　　考朝鮮使團中,若朴趾源、朴齊家、柳得恭、李田秀諸家,皆或以三使之友,或以三使之率帶子弟隨行,雖無官職禄俸,然皆囊中裕如,不愁盤纏,而金正中則真爲窮書生而赴燕者。其行之初,與松園共轡,躓後行十餘武,即馬病不能及,其馬有瞎病,遇石輒蹶,時墜於馬下,比及回還,病駒而難遠致,幸同行尹奉事借其驛馬,方得一路無事耳。正中艱到北京,眼見許多詩書,皆願見而未得者,況儒者之得書,如壯士之得好劍,豪士之得佳人,而自顧行槖,所存者秃筆二枝、敗墨一丁、白紙册一卷而已。所謂牀頭黄金盡,人間第一殺風景事也。① 後正使兄弟各贈其十兩朱絲銀,爲買筆硯等屬之資。② 然持二十兩銀子而至燕市,嘗鼎於一臠尚不能也。故中國士大夫送其禮品,金氏乃至無還贈之物。松園出各色詩箋詩二十幅、色筆二枝、别墨二笏③,履素出扇子二柄、清心丸二丸、井田畫一丁、色筆二枝,使其贈之,囊中羞澀以至如斯也。一行回還之時,乃二月之初,仍冱寒之時也,大雪暴風,履素軫正中薄寒,出綿子衣貂皮吐手以衣之,竟日挾纊少寒凜之憂。④ 蓋自高麗、朝鮮以來出使中國者,其窮困寒迫,殆以正中氏爲第一耳。

　　然金氏此行,雖空手而出,却滿載而歸。其在北京,或隨使臣出入宮殿,或隨性逛厰甸胡同,燕京風光,盡收眼底,自謂"以海東一窮生,觀海甸燈戲,吃江南西萬里土産,自顧自思,怳若春夢也"⑤。又歸囊之中,有程嘉賢贈其明代李鱓《牧丹圖》障子、别章一鈕、徽州名家曹功素所製墨二笏、程氏隨身所寶名貴歙硯一方,尤以硯爲貢品中上者,市肆中絶無如此佳品,雖白金數十兩不易得此。松園羨稱"李鱓之畫,歙州之石,在君行槖

───────

①金正中【原題金士龍】《燕行錄》,《燕行錄全集》,074/177—178。
②金正中【原題金士龍】《燕行錄》,《燕行錄全集》,074/218。
③金正中【原題金士龍】《燕行錄》,《燕行錄全集》,074/224。
④金正中【原題金士龍】《燕行錄》,《燕行錄全集》,074/283。
⑤金正中【原題金士龍】《燕行錄》,《燕行錄全集》,074/234。

中,必虹光貫日也"①。又得張道渥指隸寫一翁亭韻二紙,畫幽居於扇面以贐之。然則金氏此行所得,喻爲陸賈之金,不爲過耳。故其返程在榆關,有詩云"回頭每有難忘處,程氏書窠寄市間"②,則念念不忘程嘉賢諸友也。正中詩流戀有韻致,誠愨和怡,無做作之氣,其文灑麗有致,頗具小品文之妙也。

案《燕行錄全集》第七四册,又收有金士龍《燕行日記》殘稿本。封面左楷書"燕行日記"四大字,右行書"天寒客子栖何地,甲第皆爲舊主人"聯兩行,上有藏書印,惜無法辨認。小字密書,每半頁十六行,每行二十七、八字不等。每日之事,與下一日連書,不另分段也。首頁爲三使臣與隨行官員名單,後爲程嘉賢序,下即日記正文。起自辛亥十一月二十三日,終於壬子正月初七日。末一頁爲草書無關之字,若"渭城朝雨浥輕塵,客舍青青柳色新"之類,蓋爲練字簿也。此後之留館期間及返還途中日記,則佚而無存者也。

又《燕行錄全集》第七四册,別收金正中《燕行日記》又一鈔本,書法秀麗,字大行疏。封面有"燕行日記"四大字,蓋有意仿稿本而爲之者。扉頁有"丁巳五月　日月城金豐澤雲汝書此金士龍燕行錄於　定陵齋所而後二十六年壬午二月　日以智陵直長來訪靜默堂仍爲追書姓名年月日"等字③。所鈔之本,前爲程嘉賢序,後爲日記,末風俗、人物、人物、里數等,再後爲《與程少伯書》及程氏答書,最後爲一行人員名單等。案書末有"以下二葉沈氏藏本""金氏藏本"等字,不知何據,蓋爲數本對校而抄也。而是本則與稿本爲同一系統,所鈔文字全同,唯稿本爲殘本,而是本乃全本耳。

又《燕行錄全集》第七五册,復收金正中《燕行錄》一種,實即第七四册《燕行日記》之鈔本,與其本同爲一本,而《燕行錄全集》編纂者,以彼本題"金士龍",此本題"金正中";彼作《燕行日記》,此則作《燕行錄》,不知因何故也。兩本文字全同,乃從同一本中複印者。惟一不同者,則爲前書

---

①金正中【原題金士龍】《燕行錄》,《燕行錄全集》,074/264。
②金正中【原題金士龍】《燕行錄·榆關登程馬上一律》,《燕行錄全集》,074/287。
③金正中【原題金士龍】《燕行錄》,《燕行錄全集》,074/357。

通本皆無邊框,而是本則有邊框,蓋複印時放大所致耳。

0662-1791
洪命福《辛亥聞見事件》(《同文彙考補編續‧使臣別單一》 活字本)

案洪命福有《甲辰聞見事件》(0628-1784),已著錄。其出使事由,詳參前金正中《燕行日記解題》(0661-1791)。

此《聞見事件》三條,一記皇帝以乾隆六十二年傳位之意,已爲布告天下,人皆言六十年必爲歸政。又記安南舊王黎維祁失國,率其徒衆入燕,皇帝使隸於旗下,安置於安定門外,爲三品旗下官。今番安南使臣進貢,忽呈文禮部,其意蓋欲盡除黎維祁等,以絕後患,總理王杰攬奏大怒,却而不受。安南本是三年一貢,自阮光平新立,情願逐年進貢,今年更定以三年一貢。又記後藏廓爾喀在西藏之西,昨年討平之後,酋長遣數十人趁元朝納貢,自理藩院館待之,班於蒙古、回子之下,待以内服云。

0663-1792
金祖淳《燕行錄》(《全集》第65册;《叢刊》第289册《楓皋集》 活字本)

出使事由:冬至等三節年貢兼謝恩行
出使成員:正使判中樞府事朴宗岳、副使禮曹判書徐龍輔、書狀官兼司憲府持平金祖淳等
出使時間:正祖十六年(乾隆五十七年 1792)十月二十一日—翌年三月十七日

金祖淳(1765—1832),字士元,初名洛淳,正祖賜以今名,又賜號楓皋,安東人。昌集玄孫。容儀秀美,器識宏達。正祖九年(1785),擢庭試。以公直無隱,受知於正祖,托以輔佐純祖,内贊外任,殫誠竭忠。封永安府院君。官至兵曹判書、禮曹判書、吏曹判書、弘文館大提學、領敦寧府事等。卒謚忠文。有《楓皋集》十六卷行世。事見趙斗淳《心庵遺稿》卷二三《墓表》、《正祖實錄》、《純祖實錄》等。

金祖純《楓皋集》十六卷,爲其長子逌根據家藏稿本整理,季子左根

於哲宗五年（1854）以整理字刊行，《韓國文集叢刊》據國立中央圖書館藏本影印。凡詩六卷文十卷。前有哲宗《序》，因祖淳爲其外祖也。末有鄭元容、金興根、趙斗淳三篇跋文。

案此《燕行錄》一卷，輯自金祖淳《楓皋集》卷一，書名爲編輯者所加。是卷詩中，前三十餘首爲燕行時所作，後《賡進御擒文院恰過一旬次朱子詩韻》以下三十餘首則非燕行詩也。《燕行錄全集》編輯者隸其使燕爲正祖十三年，實則大誤。考《正祖實錄》《同文彙考補編》諸書，祖淳使燕在正祖十六年，正祖以判中樞府事朴宗岳爲冬至等三節年貢兼謝恩行正使、禮曹判書徐龍輔爲副使、兼持平金祖淳爲書狀官前往燕京，除冬至等三節常貢外，兼謝陪臣參宴、謝漂民出送等事也。一行於十月二十一日拜表離發，翌年三月十七日返京覆命。今祖淳詩中，雖不載上、副使之名，然有《十月二十一日陛辭恭志戀結》諸題，恰與史所載相合，益證此《燕行錄》爲正祖十六年而非十三年使燕所作也。

鄭元容謂祖淳詩，"古體尤長，薈蔚淵泫，遇硬愈肆，奔放無涘，三軍朝氣，介馬飛騰於狹束之谷，風電烟掣，奇變如神，律絶雋逸，高邁悠遠，而有音論者，或疑爲蘇黃"①。所論顯係誇大之詞，然若《瑞興府辭家大人謹述》，叙父子別離臨岐不忍之態；《道上見流民》詩，繪沿途所見流民之苦痛等，皆詞淺而意深，能曲盡人情也。又若卷中《正宗大王挽章》，頌正祖之功"禹儉勤邦克，湯仁及物深"等句，亦頗警切。又其《閱紀曉嵐尚書槐西雜志》一詩稱，"紀氏叢書墨未枯，流傳剞劂滿燕都"②。可知當時紀氏《閱微草堂筆記》，風行一時，爲暢銷之書也。

0664-1792
金祖淳《壬子聞見事件》（《同文彙考補編續・使臣別單一》 活字本）

案金祖淳有《燕行錄》（0663-1792），已著錄。

此《聞見事件》七條，記乾隆帝"狀貌魁梧，聲音洪暢，耳大而頰豐，口

---

①金祖淳《楓皋集》鄭元容跋，《韓國文集叢刊》，289/388—389。
②金祖淳《燕行錄・閱紀曉嵐尚書槐西雜志》，《燕行錄全集》，065/351。

方而鼻隆,福氣貴容,望之藹然。最可希異者,今當九旬之年,筋力猶自康旺,行步不愆,鬢髮少白,只如過艾未耆之人。廟謁壇享,不憚曉夜之勞動;冰戲燈觀,無難風寒之觸冒。禀賦之篤厚,於此可見。六十年安享升平,殆亦天之所命,而實非凡人之可及"①。又記平藏後,帝御製"十全老人"之璽,與群臣唱和,以紀文治武功,已到十全地步。又載安南阮光平卒,帝遣福康安自成都直往安南,或云黎氏有復立之望,或言似不無用兵之端焉。

又記滿漢矛盾,稱滿漢榮悴之太偏,自昔然矣,而近來尤甚,漢人生意日窘,由此可見世降。又山東、山西、直隸三省,酷被水旱,皆成赤地,北京至瀋陽數千里間,流民之行乞者,扶老携幼,相續不絶,鵠面鶉形,所見極慘。"其接濟之昧方,理牧之失宜,歷稽往牒,實所罕有"②。又稱"彼中法度,日益懈弛,莅民者徒事剥割,奉命者惟知行徵求,聽訟則並受兩造之債,按查則公索列邑之賂,爲之者毫無顧忌,視之者認作尋常,而下官媚事上司,藩臣曲奉内部,轉次彌縫,苟幸無事而已。至於生民休戚,國計得失,曾不在意。故彼人以爲知縣則非決訟則無以贏,御史經行查則必起家,恒言如此"云③。

0665-1793

李在學《燕行日記》(《四代遺稿集·芝圃遺稿》;《燕行録叢刊(增補版)》網絡本 刻本)

出使事由:冬至等三節年貢兼謝恩行
出使成員:正使昌城尉黃仁點、副使禮曹判書李在學、書狀官兼司憲
　　　　　府執義鄭東觀等。
出使時間:正祖十七年(乾隆五十八年　1793)十月二十二日—翌年
　　　　　三月二十日

---

①金祖淳《壬子聞見事件》,《同文彙考補編續·使臣別單一》,004/3775。
②金祖淳《壬子聞見事件》,《同文彙考補編續·使臣別單一》,004/3776。
③金祖淳《壬子聞見事件》,《同文彙考補編續·使臣別單一》,004/3776。

案李在學有《書狀官時別單》(0581-1777),已著錄。

正祖十七年(乾隆五十八年　1793)冬,朝鮮遣冬至等三節年貢兼謝恩使昌城尉黃仁點、副使禮曹判書李在學、書狀官兼司憲府執義鄭東觀等入燕,謝前次陪臣參宴、謝漂民出送等件及進三節年貢。李在學於八月即拜冬至兼謝恩副使,一行於十月二十二日拜表離發,臘月二十二日抵北京入南小館,翌年二月初二日離發北京,三月初七日還渡江。因正使昌城尉黃仁點爲六次燕行,副使李在學年雖未老,亦爲再赴,故行前正祖即囑皆好好往來。一行在途歸路時,又下教殷殷,故黃氏等到義州後,亦未耽延,即從速於三月二十日返京謁闕覆命焉。

李在學此《燕行日記》三卷,輯自其《芝圃遺稿》卷一一至卷一三。其記頗爲詳盡,尤其在留館期間,雖與清朝士大夫交接不多,然北京城內如文廟、文天祥祠、天主堂諸處及西山、圓明園諸景,亦曾遍逛,尤其記紫光閣與圓明園宴會之班次及與宴場景,較他家爲細爲悉。又記清廷賞銀二百兩,其中"出一百兩,換來唐錢一千一百四十五兩,分給副房下人及驛馬夫刷馬驅人陪行譯官馬頭馬夫並六十八人;見存百兩出給廚房,俾作回還時盤纏。又出賞緞五聯方紬十一疋,分給從行諸人;以十二疋出付乾糧廳,作錢補用於路需"①。此爲他家《燕行錄》所鮮及者焉。

李氏又論自明朝以來,中國之接待朝鮮使臣,迥異諸國,"清人亦襲其例,且諸藩中,惟我國連年進貢,冠蓋往來,殆至相續,故視之如內服,道路婦孺,亦耳目慣熟若素知者。然留館時商賈驛卒輩,出入市街,無所禁止。近來皇帝所以禮待我國者,又非常例。故在下者亦皆厚待,而凡有謝恩等事,輒令順付於節使,以除別行者,非但出於軫念之意,亦爲彼中除弊之道。蓋諸國貢行,無不從簡,獨我使一行,甚多人馬,報單之數,比他十倍。自沿路至留館,彼中所供糧草及賞賜緞銀之屬,總而計之,遠過我國方物之數。自康熙時減定正官額,至於雍正、乾隆公私用度,一切裁省,除却別使之弊者,乃彼此俱便之意耶"②。

---

①李在學《芝圃遺稿》卷13《燕行日記》三,《燕行錄叢刊(增補版)》網絡本,第168頁。
②李在學《芝圃遺稿》卷13《燕行日記》三,《燕行錄叢刊(增補版)》網絡本,第180—181頁。

案清廷於遼東沿路與北京館中,所負擔使團之下程,及清帝賞賜使臣之禮物,遠超朝鮮所貢方物之數,而朝鮮無論節使抑或別使,每起使臣皆攜帶商團,正李氏所謂"報單之數,比他十倍"者也。其於北京、中後所、鳳凰城、柵門沿線貿易,若帽子、布匹等皆依賴使行貿易。今日研究者,動輒曰清廷盤剥魚肉朝鮮,令其所貢,不堪重負,實皆空語大言,甚矣其而不合史實也。

0666-1793

李在學《癸丑燕行詩》(李邰漢編《四代遺稿集・芝圃遺稿》,1990年影印本)

案李在學有《書狀官時別單》(0581-1777),已著録。

李在學此《癸丑燕行詩》一卷,輯自其《芝圃遺稿》卷二,共收詩百六十餘首。李氏曾於正祖元年(乾隆四十二年 1777),以書狀官身份隨進賀謝恩陳奏兼冬至等三節年貢使河恩君李垙一行入燕,然據其所述,"丁酉燕行諸作,盡佚無遺,年久不能記,惟《柵門》及《遼野》數詩可記,故各録於題下"。故此卷詩中,有丁酉燕行詩作存,如《柵門》詩有"抬去迂儒小眼孔,試看皇帝大家居"之詠①,可知其爲初入柵門時所作。在學再度入燕,故詩中有"一按龍灣再赴燕,我行於此儘多緣"等句②,以紀實焉。

李在學後次出使,於沿途及在館,皆有詩作。其在北京所詠如《太和殿朝參》《紫光閣參宴》《圓明園參宴後應製》《謁文廟》等,博贍淹雅,氣象宏闊;而《南館》《借書》《館中雜詠》《琉璃廠》諸詩,則直抒胸臆,亦莊亦諧。李氏出使時,雖假銜禮曹判書,實爲吏曹參判,其歸途得聞有正卿擬陞之命,遂有"吾生何幸際明時,弱植偏蒙雨露私"之感恩③。而返朝後

---

①李在學《芝圃遺稿》卷2《丁酉燕行諸作盡佚……故各録於題下》,《燕行録叢刊(增補版)》網絡本,第12頁。

②李在學《芝圃遺稿》卷2《癸丑孟冬以副价赴燕路中作》,《燕行録叢刊(增補版)》網絡本,第1頁。

③李在學《芝圃遺稿》卷2《伏聞去臘有正卿陞擬之命惶愧有吟》,《燕行録叢刊(增補版)》網絡本,第62—63頁。

即拜工曹判書焉。又其返程抵小石嶺得家書,知其"小家之病,竟至不起,來時已知其難救,而域外聞此,尤不能定懷。上使小室之訃亦同來,誠是異事。又有數三親戚家喪報,數朔之内,人事何其多變也"①。李氏悲不能勝,遂作《效東坡悼雲詩》十五首,有句如"如聲相應影相隨,或恐人間有別離。使爾生離成死別,爾非欺我我還欺","固知藥餌難爲力,何不須臾待我回","從今夏日兼冬夜,難得音容夢裏回"等,②則低迴泣訴,感人亦深矣。

0667-1793
李在學《副使時別單》(李邰漢編《四代遺稿集·芝圃遺稿》,1990年影印本)

案李在學有《書狀官時別單》(0581-1777),已著錄。

此《副使時別單》,見李在學《芝圃遺稿》卷一七,爲李在學於正祖十七年(乾隆五十八年 1793)充冬至等三節年貢兼謝恩行副使時所記,返國時呈國王御覽者也,共五條札記。李氏記中國朝廷無事,邊境寧謐,別無可言之事,唯丙辰年乾隆帝歸政一事,已有上年皇諭,勢在必行,而繼位之人,中國朝野諱莫如深,無以探知,然其預測乾隆帝諸子中,第七王沉湎酒色,又有脚病,素無人望。十三王、十五王、十七王三人中,十五王長在禁中,勤於學業,而人望所在,亦無以的知焉。

末一條論中國"朝廷得失,不能詳聞,而上下徵利,貪風漸盛,和珅、福長安之用事日甚,擅弄威福,大開賂門,豪奢富麗,擬於皇室,有口皆言,舉世側目"③。其所言乾隆末和珅、福長安擅權,朝綱不振,亦爲實錄云。尤其論乾隆帝"精力比諸五六年前,雖似少衰,而今年段置,歲前歲後,屢次動駕,一皆如前,宴筵及燈戲時,御榻長降,不待侍臣之扶掖,聽視諸節,亦

---

① 李在學《芝圃遺稿》卷13《燕行日記》三,《燕行錄叢刊(增補版)》網絡本,第216頁。
② 李在學《芝圃遺稿》卷2《效東坡悼雲詩》其七、其九、其十五,《燕行錄叢刊(增補版)》網絡本,第61—62頁。
③ 李在學《芝圃遺稿》卷17《雜錄·副使時別單》,《四代遺稿集》,第434頁。

無所減於平日,連有勞動,不見憊色"①。此可知當時清高宗之體健康強,而無怪乎其歸政之後,仍不甘於寂寞,大權獨攬,直至駕崩,嘉慶帝方懲和珅而振朝綱也。

0668-1793
鄭東觀《癸丑聞見事件》(《同文彙考補編續‧使臣別單一》 活字本)

鄭東觀,字文瞻,生卒籍貫不詳。正祖朝,爲司諫院司諫、弘文館校理等。純祖時,任司諫院大司諫、吏曹參議、慶尚道觀察使等。事見正祖、純祖《實録》與《承政院日記》等。

案鄭東觀出使事由,詳參前李在學《燕行日記解題》(0665-1793)。

此《聞見事件》四條,一記榆、白、渾三河至通州合流成運河,一名大通河,言其自元開通,以通東南漕運,若南方有事,運道一梗,唯有束手就困而已,此北人所當先慮者也。又記甲辰千叟宴後,多行優老之典,乾隆帝諭各省巡撫等,朕仰承昊眷,五世一堂,因思朕祖皇考,復得元孫,親見七代,實爲古今罕有,令各省詳查,臣民有上見祖父,下逮元孫者,據實奏聞。先後得致仕上駟院卿李質穎等十餘人,耆民張育麟等五十餘人,並頒給"七葉衍祥"匾額。又記上年秋各省士子,肆習坊間冊本經書,專以場屋揣摩之具,不但失先聖立言之意,於士風大有關係,著各省巡撫嚴飭查禁,並將繳過冊本經書數目及有無傳習之處,三年彙奏一次。又記國子監内新置大石碑五六十坐,刻九經全文,工役甚巨,姑未竣完云。

案《正祖實録》尚載鄭東觀聞見別單,所記與此互有詳略,可並觀焉。②

0669-1793
張溓《癸丑聞見事件》(《同文彙考補編續‧使臣別單一》 活字本)

案張溓出使事由,詳參前李在學《燕行日記解題》(0665-1793)。

---

①李在學《芝圃遺稿》卷17《雜録‧副使時別單》,《四代遺稿集》,第434頁。
②《正祖實録》卷39,正祖十八年(乾隆五十九年 1794)三月二十四日辛亥條。

此《聞見事件》一條,記船廠即烏喇地方,距瀋陽七百餘里,其將軍以宗親莅任,數年貪饕無厭,庫儲銀貨,恣意濫出,貿遷人蔘,專事肥己,言官論列其罪狀,皇帝震怒,即遣閣老福康安使之逐條按驗,後查屬實,皇帝削其屬籍,没其家産,囚以檻車,不日拿至皇城云。

0670-1-1793;0670-2-1793

李繼祜《연행녹(燕行録)》(《燕行録叢刊(增補版)》網絡本　諺文鈔本)
未詳《燕行録》(《全集》第67—68册　諺文鈔本)

案李繼祜出使事由,詳參前李在學《燕行日記解題》(0665-1793)。

李繼祜(1754—1833),字汝承,龍仁人。普哲次子,出繼堂叔普澤。正祖朝,爲召村察訪、副護軍,曾任忠清慶尚兩道察訪。事見《承政院日記》等。

此《燕行録》,諺文鈔本,以仁、義、禮、智、信編爲五卷,每卷前皆有小序,是爲別格。每行十五至二十字不等,無格欄。第一册封面左上漢字楷書簽"燕行録仁",第二至五册分別題"義""禮""智""信"(第五册似爲編輯者所書),每册封面後即通篇爲諺文鈔本,字大疏朗。正文開端首行以諺文曰"연행녹권지일(燕行録卷之一)"。第二、第四册或水浸痕,或有墨丁痕,多處辨字爲難焉。

《燕行録全集》編纂者收是書於第六七至六八册,著者署名"未詳",然據是書内容與崔康賢所依據的《龍仁李氏大同譜》,是書作者爲李繼祜。《燕行録》卷之一曰:"세계특년팔월의맛참인사하여츙쳥도덕산□의가십여일뉴런 더니필동편지의외관춤판공편으로 려와츌강지일을당여시니 가지로동고 쟈하여시니(歲癸丑年八月正因事於忠清道德山地留十餘日,於筆洞參判公書信外官便送,稱"臨出疆之日同去同苦吧")。①此所謂"筆洞參判公"即李在學,李繼祜乃在學同族叔輩,然年齡比在學少九歲,官職亦在禮曹判書李在學之下,繼祜接受在學之邀而陪行出使,書中也記載有正使昌城尉黄仁點與書狀官鄭東觀等人之事。是書記録時

①未詳《연행녹(燕行録)》,《燕行録全集》,067/203。

間,起自癸丑年(1793)十月二十二日,迄於甲寅年(1794)二月二十日,最後日記中記錄爲國王召見之事,可知著者比其他使臣先返國內焉。

　　是書鈔寫者,據每卷卷末附上後記,第一卷卷末有"갑오정월십삼일시작 여이월초이일유봉와윤쇼졔필셔 로라(甲午正月十三日開始書寫至二月初二日유봉和尹小姐完畢)"①。第二卷(義)卷末有"이권의 삼종형제뫼여필젹이로래여러사 의필젹이쓰여시니웃노라(此卷三從兄弟集合寫的筆跡,因以幾個人的筆跡寫而笑)"②。從鈔錄情形看,亦可見出自不同筆跡。此後又有"機杼歌"。惜第三卷標鈔寫者之處缺文,有"갑오삼(甲午三)……"③儘管如此,觀第三卷字體,可知其字必出尹小姐之手,約於甲午年三月鈔寫完畢。第四卷末有"갑오사월이십오일윤소졔필셔다(甲午四月二十五日尹小姐書寫完畢)"④。第五卷末有"갑오오월십칠일윤소졔필셔다(甲午五月十七日尹小姐書寫完畢)"⑤,此後又鈔有諸葛亮《出師表》。據此,可知抄寫期間乃甲午正月十三日始,至五月十七日書寫完畢,大約費四個多月的時間。至於甲午年,蓋爲1834年,主要由尹小姐鈔錄完成。或有人以是書作者歸諸"尹孝杰",蓋即"尹小姐"之誤譯耳。

　　全書五卷五册,內容豐富。整體用散文體記錄,然於文章中也有不少五言律詩、七言絕句。凡叙述從朝鮮出發至燕京之間所遇之人、所經山川、經歷諸事及所觸所感等。自與家人告別,與副使同行,從弘濟院出發,經黃州、義州、青石嶺、高麗村、瀋陽、松嶺、沙河橋、朝陽門、玉河館、太和殿、東安門、琉璃廠、天主堂、瀋陽、栅門、九連城,最後回歸本國而止焉。

　　是本與《全集》本相較,《全集》本缺開頭臘月初一日部分⑥,而是本不缺⑦,其他兩本並無不同,乃一書而非二書,故今合併收錄,而歸諸李繼

---

①未詳《연행녹(燕行錄)》,《燕行錄全集》,067/325。
②未詳《연행녹(燕行錄)》,《燕行錄全集》,067/472。
③未詳《연행녹(燕行錄)》,《燕行錄全集》,068/127。
④未詳《연행녹(燕行錄)》,《燕行錄全集》,068/268。
⑤未詳《연행녹(燕行錄)》,《燕行錄全集》,068/375。
⑥未詳《연행녹(燕行錄)》,《燕行錄全集》,067/337 首行前缺文。
⑦李繼祜《연행녹(燕行錄)》,《燕行錄叢刊(增補版)》網絡本,第135—138頁。

祜焉。【李鍾美譯】

0671-1793
洪宅福《癸丑手本》(《同文彙考補編續·使臣別單一》 活字本)

  出使事由：賫咨行
  出使成員：憲書賫咨官洪宅福等
  出使時間：正祖十七年(乾隆五十八年　1793)？—十二月

  洪宅福,生平事迹不詳。正祖朝,曾任大護軍。十七年(1793),以憲書賫咨官洪宅福身份入中國。事見《正祖實錄》《承政院日記》等。

  此《手本》一條,記嘆咭唎國居廣東之南,爲海外國。乾隆二十八年來貢,今年又來貢,而頭目官嗎戛嗵呢、嘶噹唻二人,係是國王之親戚,而一行共七百二十四人,其中一百人進京,其餘留在天津府,而皇帝賞賚頗優,其進貢物品爲十九種,而製造奇巧,西洋人所不能及也。

  案此嗎戛嗵呢、嘶噹唻,即喬治·馬戛爾尼、倫納德·斯當東,洪氏謂"西洋人所不能主",則以渠輩非"西洋人"也①。據《正祖實錄》載,義州府尹李義直,以憲書賫咨官洪宅福手本馳啓,所記較此爲詳。其言嗎戛嗵呢所進貢物,有西洋布燉尼大利翁大架一坐,係天上日月星宿及地球全圖。日月星宿自能展動,如遇日食月食及星辰差忒,俱體著於架上,並指引年月日時。又打時辰鐘,名爲天文地理表。坐鐘一架,有天文器具,指引如何地球與天上日月星宿一起運動,於學習天文者有益。天球全圖,做空中藍色,有金銀作成星辰,內有銀絲,分別天上各處度數。地球全圖,天下萬國、四州山河、海島郡盡在球,更亦有海洋道路,及畫出西洋船隻。雜樣器具十一盒,係推測時候及指引日月色之變,可先知天氣如何。試探氣候架一坐,能測看氣候盈虛。銅炮西瓜炮,爲操兵之用,並有小分。紅毛國兵,現隨貢使前來,可以試演炮法。奇巧椅一對,人半在上面,自能隨意

---

① 馬戛爾尼等出使中國事,詳可參【英】斯當東著,葉篤義譯《英使謁見乾隆紀實》(Sir George Staunton. [1797]. *An Authentic Account of an Embassy from the King of Great Britain to the Emperor China*),北京:群言出版社2014年版。

轉動。家用器具,自燃火一架,内盛新舊雜樣瓶罐等項。其火具能燒玻璃磁器、金銀鐵。是一塊大玻造成,雜樣印畫圖像,係紅毛咭唎國王全家人像,並城池、炮臺、堂室、花囿、鄉村、船隻各圖。彩燈一對,係玻璃鍍金做等,挂在壁上,光影四懸。金綫氈精緻,房間鋪用,大絨氈,大殿上鋪用。馬鞍一對,金黃顏色,十分精緻。車二軸,一熱一冷,俱有器械,可以轉動。軍器十件,長短自來火銃刀劍等,其刀劍能削鋼鐵。大小金銀船,係紅毛國戰船式樣,上有一百小銅炮。益力架一座,人祉動時,增益氣力,陟長精神。雜貨一包,係紅毛國物産,即哆呢洋布、銅鐵器具等物焉。①

---

①《正祖實錄》卷38,正祖十七年(乾隆五十八年 1793)十月二十六日丙戌條。

卷五七　0672—0685

正祖十八年（乾隆五十九年　1794）—
正祖二十一年（清仁宗嘉慶二年　1797）

0672-1794

卞復圭《甲寅手本》（《同文彙考補編續·使臣別單一》　活字本）

　　出使事由：賫咨行
　　出使成員：憲書賫咨官卞復圭等
　　出使時間：正祖十八年（乾隆五十九年　1794）？—十一月十四日

　　卞復圭，生卒里籍不詳。通漢語，爲譯官。曾爲憲書賫咨官等身份，屢入中國。純祖朝，任五衛將。事見《同文彙考補編續·使臣別單一》卞復圭《甲寅手本》、《正祖實錄》與《承政院日記》等。

　　此《聞見事件》一條，記乾隆帝在位六十年稱慶一事，今春帝特降旨意，以爲昨冬雪澤未獲優沾，春間又復缺雨，且元朝日食，上元月食，上天垂象，理宜修省，明年慶典，停止舉行。俟丙辰正月歸政，嗣皇帝率領臣民，以天下養，介禧祝嘏，慶洽敷天，尤爲千古罕覯盛事，預此通諭云。

0673-1794

鄭尚愚《甲寅聞見事件》（《同文彙考補編續·使臣別單一》　活字本）

　　出使事由：進賀行
　　出使成員：正使判中樞府事朴宗岳、副使吏曹判書鄭大容、書狀官兼
　　　　　　司憲府掌令鄭尚愚等
　　出使時間：正祖十八年（乾隆五十九年　1794）十月十三日—翌年三
　　　　　　月十日

鄭尚愚,生卒籍貫不詳。正祖朝,爲弘文館校理、司諫院大司諫、禮房承旨等。純祖時,陞任成均館大司成、司憲府大司憲、刑曹判書、吏曹判書、咸鏡道觀察使、工曹判書、判義禁府事等。事見《正祖實錄》《純祖實錄》《承政院日記》等。

案乾隆五十九年(1794)十月,正祖遣進賀使判中樞府事朴宗岳、副使吏曹判書鄭大容、書狀官兼司憲府掌令鄭尚愚等入燕,預賀乾隆帝臨御六紀焉。

此《聞見事件》兩條,一記乾隆帝以明年傳位,而布告中外,而第十五子嘉親王永琰,爲人沉重,處事剛明,皇帝之寵愛,有倍諸王,朝野想望,亦已多年,彼中物議,尤歸永琰。又載商賈之交結官長,出入衙門,自是彼中法禁。而昨秋兩淮商民汪肇泰、洪廣順,往來鹽政司,而或稱官長宗族,或稱官長門生,多有不法之事,爲法官所摘發,汪、洪等願納銀贖罪,皇旨以各罰十萬兩,以爲日後之戒,其所捧罰銀充内務府公用云。

案據《正祖實錄》載,鄭尚愚歸國所進聞見別單,尚記彼地昨年稔事,關内外俱不免大無,而各省亦皆告歉,特命賙賑,蠲減都民之年久逋欠,盡爲蕩減,數爲銀累萬兩。諸省中水患最甚處,瓦家一間銀五錢,草家一間銀三錢,更構奠接。又記閣老和珅,權勢隆盛,貨賂公行,庶官皆有定價。諸皇子皆以爲和家之財貨,若盡取,則天子亦不足貴云。①

0674-1794

洪良浩《燕雲續詠》(《全集》第 41 册;《叢刊》第 241 册《耳溪集》 活字本)

出使事由:冬至等三節年貢兼謝恩行
出使成員:正使判中樞府事洪良浩、副使禮曹判書李義弼、書狀官兼司憲府掌令沈興永等
出使時間:正祖十八年(乾隆五十九年 1794)十月二十九日—翌年閏二月二十三日

案洪良浩有《燕雲紀行》(0609-1782),已著録。

---

① 《正祖實錄》卷 42,正祖十九年(乾隆六十年 1795)二月十七日己亥條。

正祖十八年六月，初以洪樂性爲冬至兼謝恩正使，禮曹判書李義弼爲副使，兼掌令沈興永爲書狀官，尋遞以朴宗岳代之。至七月，復以進賀正使金履素（賀乾隆帝即位六十年），陳疏遞免，以朴宗岳爲進賀正使，而以判中樞府事洪良浩爲冬至兼謝恩正使，副使、書狀官仍如之。朴宗岳等先發，兩起使行會於燕京，而宗岳則病逝於歸途矣。

案此卷輯自洪良浩《耳溪集》卷七，即洪氏此次燕行沿途所作詩，共八十餘首。洪氏等行前詣闕，正祖教以"我國文獻之邦，書冊豈可禁之，而近來出來之書，即稗官小品。今人耽好小品，有此購貿，烏可不嚴禁乎？雖聖經賢傳，已出來者，足可誦讀。今番使行，則自經書以下，切勿購來"①。此亦可見當時稗官小説在朝鮮流行之風焉。

案洪氏詩謂"却笑鬚毛如雪白，十三年後再西征"②，其前次使行，虛齡已近六十，今於十三年後，以七十高齡出使，其精神亦可謂健焉。又其詩稱"乘槎往歲副行人，執玉今朝大使臣"③，則前次爲副使，此則爲上使，皆紀實也。他若《入境三日記所見聞》《向瀋陽》《向沙河驛路傍多大樹漫吟》《終日大雪千里一色亦是中州大觀》《遠游記懷》諸詩，揮灑自如，大氣磅礴，則或抒懷，或賦景，或贊頌，或謳歌，一如其前此出使時。又所接舊雨如禮部尚書紀昀、侍郎鐵保等，仍把臂言允如昔時，其別紀昀詩有"白首相逢寧偶爾，一言契合示周行"④，"行行萬里頻回首，魂夢應懸北斗南"等句⑤。則其虛懷若谷，流戀友情，皆見於吟詠焉。

0675-1794
沈興永《甲寅聞見事件》（《同文彙考補編續·使臣別單一》 活字本）

沈興永（？—1799），字號籍貫不詳。正祖朝，爲陝川郡守、司憲府掌

---

①《正祖實錄》卷41，正祖十八年（乾隆五十九年1794）十月二十九日癸未條。
②洪良浩《燕雲續詠·聽流堂》，《燕行錄全集》，041/314。
③洪良浩《燕雲續詠·贈禮部尚書紀曉嵐匀》，《燕行錄全集》，041/333。
④洪良浩《燕雲續詠·紀曉嵐宗伯以清白文章冠冕一世實有知音之感出都門聊賦惓惓之意》其二，《燕行錄全集》041/337。
⑤洪良浩《燕雲續詠·紀曉嵐宗伯以清白文章冠冕一世實有知音之感出都門聊賦惓惓之意》其一，《燕行錄全集》041/336。

令、弘文館校理、司諫院獻納、渭原郡守等。正祖二十三年(1799)春,染輪疾,卒於官。事見《正祖實錄》《承政院日記》等。

案沈興永出使事由,詳參前洪良浩《燕雲續詠解題》(0674–1794)。

此《聞見事件》二條,記乾隆帝令阿桂、福長安等,引朝鮮兩使臣及荷蘭國使臣,周覽永安寺、五龍亭等諸勝,爲前所未有之特恩。"荷蘭即西洋屬國,距燕都九萬八千里,其人頭髮皆塗粉,不編不髻,而盤屈於腦後,以緞條束其端而垂之,所戴則以黑氈爲荷葉狀,前後皆卷而遍插白羽於其上,以白軟皮爲掌匣,裹其兩手,衣服皆紅色,或黑色,金綫緞爲之,而上衣下褲,不綫縫而懸團紐勾結之,甚狹窄,至不能屈曲四肢,又以紅氈作我國油衫樣,擁覆全身,以手自内執之,著於胸前。及候迎皇帝時,則脫去焉。始知其爲褻服,而内著甚單薄,故以是爲禦寒之具爾。蓋其深目突鼻,形貌詭怪,所至人皆環立喧笑,作爲異觀。凡諸國中惟緬甸、西洋荷蘭以程途最遠,故貢期無定。荷蘭國曾於康熙六十年稱慶來貢,今又以六十年稱慶而來云"①。

案據《正祖實錄》,沈興永返國召見時所進別單,上述二條外,尚記數事,較此爲詳。如記荷使臣名啞勝,大班名啞囉嚨,而取見其進貢物件單子,則萬年如意八音樂鐘一對,時刻報喜各式金裹四對,鑲嵌金小盒一對,珊瑚珠一百八顆,鑲嵌帶板四副,琥珀珠一百八顆,千里鏡二枚,風槍一對,金眼綫三十斤,琥珀四十斤,各色花氈十枚,各色羽緞十板,各色大呢十板,西洋布十匹,地毯二張,大玻璃鏡一對,花玻璃璧鏡一對,玻璃桂燈四對,燕窩一百斤,檀香五百斤,豆蔻一百斤,丁香二百五十斤,檀香油三十瓶,丁香油三十瓶,合爲二十四種焉。

又記昨年春夏之間,雨澤乏少,而秋間久澇,關内則殆同赤地,米直騰貴,倍於常年,關以外亦未免歉歲,路上流丐相續。又有赭衣罪人,鐵索繫頸,不絶於道,皆是盜賊之現捉者云。又去夏直隸大旱,皇帝命截江、廣漕粟六十萬石,又發部庫銀八十萬兩,賑恤饑民云。又記上年五月,因旱祈雨,禮部舉行遲誤,奉上諭除王杰在軍機處行走,姑從寬免

---

① 沈興永《甲寅聞見事件》,《同文彙考補編續·使臣別單一》,004/3777—3778。

宥,德明、鐵保俱著拔去花翎,紀昀、劉權之、劉躍雲俱著罰俸二年,以示懲儆。

又記皇子時存四人,而第八子永璇,性行乖戾,屢失上意;第十一子永瑆,柔而無斷;第十五子永琰,度量豁達,相貌奇偉,皇上以類己最愛,中外屬望焉;第十七子永璘,輕佻無威儀。又記皇帝教子孫之法,及皇帝寢食起居,處理中外庶政諸事。又記帝令各省訪求眼通七代之人,以昭盛瑞,江西、河南各上一人。又記上年秋奉上諭,明歲究係六十年周甲年分,所有内庭家宴,一並停止。至丙辰正月,歸政嗣皇帝,以符元月上日,受終於文祖之義。彼時備議授受盛典光昭,嗣皇帝率領臣民,以天下養,介禧祝嘏,慶洽敷天,尤爲千古盛事,將此通諭云。

沈氏尚記中朝人物,謂首相阿桂爲人鯁直,今年七十九,屢引年乞休,皇帝不許,賜以上殿不趨,桂每於上前疾趨。久居相位,小事一任和珅,至於大事,指陳利害,珅亦憚之。尚書紀均【昀】文藝超倫,清白節儉。雖寵愛不及和珅,而甚敬重之,一弊裘七八年。嘗奉使河源,窮至二萬餘里,始得河源,纂《河源紀略》云。① 案紀昀曾因事流放至烏魯木齊,然未曾奉使河源,沈興永所言,道聽塗説之詞也。

0676-1794
金倫瑞《甲寅聞見事件》(《同文彙考補編續‧使臣別單一》 活字本)

金倫瑞,生卒籍貫不詳。精漢語,任司譯院正。正祖朝,屢爲首譯,隨使臣入中國。事見《正祖實錄》《承政院日記》等。

案金倫瑞出使事由,詳參前洪良浩《燕雲續詠解題》(0674-1794)。

此《聞見事件》一條,記太和殿之後有中和殿、保和殿、乾清殿,又其後有坤寧宮,交泰宮在其左,重華宮在其右,重華即皇帝寢處之地,故外人不得入。而今因朝鮮賀使,皇帝大加歡喜,設宴於重華宮之漱芳齋,引見兩行使臣,上國人皆以爲前所未有之特恩云。

---

① 《正祖實錄》卷42,正祖十九年(乾隆六十年 1795)二月二十二日甲辰條。

卷五七　洪羲俊《甲寅燕行詩》　趙德潤《乙卯聞見事件》

0677-1794
洪羲俊《甲寅燕行詩》(《續集》第121册　鈔本)

　　洪羲俊(1761—?)，字號不詳。良浩子。正祖十八年(1794)，以偏裨身份，隨侍其父入燕。純祖朝，官至刑曹判書、吏曹判書、議政府左參贊等。憲宗時，官知中樞府事、上護軍等。卒謚文穆。有《燕行詩》傳世。事見《純祖實錄》《憲宗實錄》《承政院日記》等。

　　案洪羲俊隨其父良浩出使事由，詳見前洪良浩《燕雲續詠解題》(0674-1794)。

　　是稿封面左上大字楷書"録舊二"，模糊難辨。鈔本。"甲寅燕行詩"者，爲《燕行録續集》編輯者所加耳。洪羲俊詩謂"偏裨元有例，丈夫亦生光"①。則以偏裨身份隨侍其父入燕。其《燕行詩》共八十餘首，以和杜詩居多。其在京期間，接聞中朝官員士大夫如紀昀、羅聘、李鼎元、朱方受等，在榆關與當地士人齊佩蓮交，及返國以後，尚有懷寄諸人之作焉。如《圓明園觀燈戲次杜》《途中懷紀尚書次杜》諸作，寫景描物，頗具模樣，懷人抒情，別夢長天。其詩不事高奇，平淡和易，亦所謂庸中佼佼者耳。

0678-1795
趙德潤《乙卯聞見事件》(《同文彙考補編續・使臣別單一》　活字本)

　　出使事由：冬至等三節年貢兼謝恩行
　　出使成員：正使判中樞府事閔鍾顯、副使禮曹判書李亨元、書狀官兼司憲府掌令趙德潤等
　　出使時間：正祖十九年(乾隆六十年　1795)十月十日—翌年三月六日

　　趙德潤(1747—1821)，字修爾，明川人。英祖五十一年(1775)，擢庭試文科。爲成均館典籍、禮曹正郎。正祖朝，任司憲府持平、楊口縣監、穀山府使等。純祖時，任禮曹參判、公忠道觀察使、咸鏡道觀察使、刑曹判

---
①洪羲俊《甲寅燕行録・甲寅十月廿九日陪家親赴燕離京》，《燕行録續集》，121/012。

書、禮曹判書、兵曹判書、議政府右參贊等。諡孝貞。事見趙斗淳《心庵遺稿》卷二六《禮曹判書趙公諡狀》與《正祖實錄》《純祖實錄》等。

正祖十九年(1795),朝鮮遣冬至等三節年貢兼謝恩使判中樞府事閔鍾顯、副使禮曹判書李亨元、書狀官兼司憲府掌令趙德潤等入燕。先是,上年進賀乾隆帝臨御六十年之朴宗岳使團,擎回帝所賞玉如意、緞匹、筆硯等物,並加賞參宴。正祖遂遣閔鍾顯等進三節年貢並謝賜物、謝進賀陪臣參宴、謝年貢陪臣洪良浩等參宴、謝漂民出送等事。一行於十月初十日發王京,翌年三月初六日返京覆命焉。

此《聞見事件》六條,先記正月初一日太和殿宣太上皇帝禪位詔,新皇帝繼位,百官行禮諸儀。又記文廟規模,稱"軍機官奉旨領率各國使臣,往觀琉璃廠珠寶肆及象圈,此乃前所未有之事也"①。末條記太上皇帝在位六十年,政治典章,使禮部裒爲一書,名曰《八旗通志》,已刊行。又以傳位時前後事件編爲一書,名曰《歸政盛典》,姑未刊行。

又謂乾隆歸政詔書之頒發,禮部官在天安門上宣詔,散官及民人等咸於門外橋欄上跪聽。宣讀訖,以黃繩繫詔,由金鳳口中垂下,若鳳吐然,此所謂鳳詔也。納諸黃亭子,從大清門出,至禮部印頒云。②

0679-1795
金倫瑞《乙卯聞見事件》(《同文彙考補編續·使臣別單一》 活字本)

案金倫瑞有《甲寅聞見事件》(0676-1794),已著錄。金氏此次出使事由,詳參前趙德潤《乙卯聞見事件解題》(0678-1795)。

此《聞見事件》二條,一記乾隆帝曾於癸巳書置新皇帝名於乾清宮,其間二十餘年之久,雖近密之臣,莫窺其幾微,而其在圓明園西北墾田數百畝,樹藝百穀,便服小輿,巡省勸課,而每令嗣皇帝從焉,使知稼穡之艱難,到今言之,此似有意存焉。又記寶泉局、寶源局即鑄錢處,而户、工部所管也。年例所鑄將以乾隆、嘉慶年號分半酌鑄,嘉慶錢則自今三月始許

---
①趙德潤《乙卯聞見事件》,《同文彙考補編續·使臣別單一》,004/3778。
②趙德潤《乙卯聞見事件》,《同文彙考補編續·使臣別單一》,004/3778。

通用云。

0680-1795
柳畊《乙卯聞見事件》(《同文彙考補編續·使臣別單一》 活字本)

  出使事由:進賀兼謝恩行
  出使成員:正使判中樞府事李秉模、副使吏曹判書徐有防、書狀官兼司憲府掌令柳畊等
  出使時間:正祖十九年(乾隆六十年　1795)十一月二十日—翌年三月十二日

  柳畊,亦作柳耕,生卒籍貫不詳。正祖朝,爲司憲府持平、嶺南暗行御史、昌原按覈御史、全羅道暗行御史等。純祖時,爲司憲府執義、司諫院司諫、司憲府大司憲等。以孝聞於國,憲宗朝施以旌閭之典。事見正祖、純祖、憲宗《實録》與《承政院日記》等。

  乾隆六十年(1795)十一月,以乾隆帝退位爲太上皇,嘉慶帝登極事,禮部移咨朝鮮。正祖遂遣進賀兼謝恩使判中樞府事李秉模、副使吏曹判書徐有防、書狀官兼司憲府掌令柳畊等入燕,賀太上皇帝傳位、嗣皇帝登極兼具奏謝頒諭等件。一行於是年十一月二十日發王京,翌年三月十二日返京覆命焉。

  案一行謁闕離發,正祖召見並謂"皇帝之六十年在位,既是前代稀有之事,而今此傳位,尤爲所未有之盛舉也。使行到燕後,先呈奏文,次進賀表,體禮當如此矣。或以爲奏文不如表云,而予意則遣辭之委曲懇摯,文勝於表。且謝恩奏文,既有前例,禮部亦當順受矣"。又謂"觀風上國,且當授受盛禮,卿等此行可謂壯觀矣"。然則朝鮮君臣,於乾隆之禪位,亦欽羨贊頌,以爲難得而罕有之壯觀也。①

  此《聞見事件》三條,一記去歲十二月二十九日,乾隆帝詣太廟,朝鮮兩行使臣俱在午門迎候,後引入漱芳齋賜宴,並賜朝珠、大小荷包錢鈴等物,稱"特賜國王,以表我心"。又正月初四日,以太上皇紀元周甲行千叟

---

①《正祖實録》卷43,正祖十九年(乾隆六十年　1795)十一月二十一日戊辰條。

宴,朝臣年六十以上,士庶年八十以上,設宴於皇極殿,外國使臣則雖年不滿六十,亦許入參,故朝鮮兩起使臣皆得參宴。宴罷,太上皇鳩筇鶴髮,盈門而出,子孫從人,扶掖而去。自王公貝勒以下,各有賞賜。又載孔子七十三世孫衍聖公慶熔,年十歲,以五經博士憲增之子爲後,自曲阜參賀班而來,"眉目秀朗,舉止夙就,非尋常貴家子弟",皇帝待以賓禮,班在閣老之右,京都置府,匾額曰"衍聖公府",觀者皆稱聖人之孫云。①

0681-1795

李鎮復《乙卯聞見事件》(《同文彙考補編續·使臣別單一》 活字本)

案李鎮復出使事由,詳參前柳畊《乙卯聞見事件解題》(0680-1795)。

此《聞見事件》兩條,一記乾隆帝雖歸政傳位,然"非但軍國大事,凡係內外官職,用人行政,皆照舊舉行,嗣皇帝不戴頂子,不辦一事,閭巷傳說,皆以爲該是嘉親爺一樣"。又記皇后姓喜他剌氏,內務府大臣盛柱之妹,盛柱兄弟五六人,性皆貪暴,皇后亦御下少恩,其在嘉親邸,宮人多有被罪者。嗣皇帝每以寬容勸勉,故宮中賴以安。"嗣皇帝之仁厚,自在王邸時,已有稱譽,而盛柱兄弟,常加戒飭,不甚親近云。"②

0682-1796

洪致聞、趙文德等【原題洪致聞】《丙辰苦塊錄》(《續集》第121冊 鈔本)

出使事由:謝恩兼冬至等三節年貢行
出使成員:正使判中樞府事沈煥之(後以判中樞府事金思穆代之)、
　　　　　副使禮曹判書柳烱、書狀官兼司憲府掌令李翊模等
出使時間:正祖二十年(嘉慶元年 1796)十月十八日—翌年三月十六日

---

① 柳畊《乙卯聞見事件》,《同文彙考補編續·使臣別單一》,004/3779。
② 李鎮復《乙卯聞見事件》,《同文彙考補編續·使臣別單一》,004/3780。

洪致聞(1752—?),南陽人,居驪州。正祖朝,爲館學儒生,生員。隨沈煥之出使中國,是爲書記官。趙文德(1754—?)楊州人,居臨陂。出使時爲醫官。憲宗時,因孝行卓異,贈職事。兩人事均見《丙辰苦塊錄》所載"一行上下人員"、《承政院日記》等。

　　案《丙辰苦塊錄》正文《行前日記》大題下注曰:"以曆書所記及不肖所睹記修錄者也"①。《行中日記》下注"洪致聞、趙文德等所記,而隨記經是正者也"②。又《續日記》"洪致聞、趙文德等私記,以續原記者也"③。又《初終日記》"此亦洪致聞、趙文德等所記"④。此可知是稿爲洪致聞、趙文德等代沈煥之所記,而《行前日記》則沈氏後裔所記也。《燕行錄續集》編輯者署作者名爲"洪致聞",今改隸爲"洪致聞、趙文德等",以俾還原貌可耳。

　　案嘉慶元年(正祖十八年　1796),嘉慶帝即位,不遣使往屬國頒詔,只命賷咨官順付即位詔書,朝鮮人以爲事出常格,擬派大臣專价稱謝。正月二十九日,沈煥之以吏曹判書首擬除謝恩正使(點副望徐有隣,末望趙宗鉉)。二月,君臣商議從太上皇乾隆及新帝嘉慶之意,不爲差出此趟使臣。六月,以吏曹判書金載瓚爲謝恩兼冬至正使、柳烱爲副使、李翊模爲書狀官。七月,以沈煥之爲判中樞府事,復以其爲冬至正使。可謂未行前,即波折多變也。沈煥之言曾於辛卯年燕行⑤。考辛卯爲乾隆三十六年,是年五月朝鮮遣陳奏兼謝恩行正使右議政金尚喆、副使禮曹判書尹東暹、書狀官沈頤之入燕,煥之蓋頤之兄弟行也。然此次以正使出使,却未能身至北京。一行於十月十八日發王京,至十一月二十六日入栅後,沈氏旋邊病逝,正祖復遣判中樞府事金思穆代沈氏入中國焉。

　　據《丙辰苦塊錄》所載,十一月二十六日,一行抵栅外,沈煥之即以風寒腹漲,服溫理補益湯等,後爲轉沉,醫人趙文德等勸留栅治病,沈氏以"行程有限,生死間只當向前爲教"⑥。入栅後至薛劉站(松站),病勢急

---

① 洪致聞、趙文德等【原題洪致聞】《丙辰苦塊錄》,《燕行錄續集》,121/046。
② 洪致聞、趙文德等【原題洪致聞】《丙辰苦塊錄》,《燕行錄續集》,121/053。
③ 洪致聞、趙文德等【原題洪致聞】《丙辰苦塊錄》,《燕行錄續集》,121/073。
④ 洪致聞、趙文德等【原題洪致聞】《丙辰苦塊錄》,《燕行錄續集》,121/088。
⑤ 洪致聞、趙文德等【原題洪致聞】《丙辰苦塊錄》,《燕行錄續集》,121/066。
⑥ 洪致聞、趙文德等【原題洪致聞】《丙辰苦塊錄》,《燕行錄續集》,121/075。

轉直下,醫言各異,莫知所從。藥材行擔又在栅分卜時誤入於車卜中,催促不至。至二十九日,終逝於異域矣。諸人痛悼不已,匆匆經紀其喪,送柩歸國,於臘月初十日還渡江焉。

是稿爲鈔本。封面左楷題"丙辰苦塊録",右自至左竪行爲目録,依次爲《行前日記》《行中日記》《續日記》《初終日記》《書札來去》《公家文牒》《祭文》《喪葬諸節》《祭奠品式》等。《行前日記》自丙辰正月至十月十八日謁闕告辭止,記沈氏任命爲使臣,及展謁祖墳等事;《行中日記》先録"一行上下人員",後記自十月十八日離京,至十一月二十六日至入栅間日記;《續日記》記入栅至薛劉站沈氏病喪及送柩返義州間之日記;《初終日記》所記自十一月二十九日十二月初三日間日記,已詳於《續日記》中,然兩記或互有詳略,可備參考;《書札來去》則爲沈氏出京後往來書札二十一幅,僅記日期地點等,不載書札原文也;《公家文牒》則爲副使柳烱、義州府尹、備邊司、中國瀋陽諸處有關沈氏喪聞狀啓,及朝鮮禮曹、吏曹喪祭諸儀,末有正祖贈沈氏職之教旨;《祭文》爲正祖所賜;《喪葬諸節》則爲自發引、復衣、襲衣、小斂、大斂、入棺及棺木規制等;《祭奠品式》則爲返喪前後、生辰、初碁等祭祀時各式祭品禮儀等。

案《丙辰苦塊録》於使團離京前之任命與變動,使臣展謁先墓之祭文等,載之甚詳,爲諸家所未備。又其記渡江後沈焕之病體症狀及用藥情形,及卒後入斂、沿路護柩及前後祭祀諸儀,所記尤悉,亦諸書所未見,而僅見於是書者也。故是書可謂諸家燕行録之別體,尤可珍視焉。

0683-1796

李翊模《丙辰聞見事件》(《同文彙考補編續·使臣别單一》 活字本)

李翊模(1747—1812),字汝幹,德水人。正祖朝,爲禮曹參議、吏曹參議、承政院承旨等。純祖時,陞吏曹參判、咸鏡道觀察使、吏曹判書、禮曹判書等。因事黜職,配全羅道光陽縣。事見正祖、純祖《實録》與《承政院日記》等。

案李翊模出使事由,詳參前洪致聞、趙文德等《丙辰苦塊録解題》(0682-1796)。

此《聞見事件》一條,記康熙帝陵寢在薊州,謂之東陵;雍正帝陵寢在易州,謂之西陵。乾隆帝稱萬歲之後,山陵欲侍先帝,則東陵自遠,心甚不忍,此後如宗廟昭穆之義,朕歸於東陵,嗣皇帝歸於西陵,一東一西,世世相次,永以爲式。

又據《正祖實錄》,李翊模一行返國,正祖召見問曰:"古人出疆,必有覘國之術。所見何如?"翊模曰:"所聞未必皆信,而近有兵憂。湖南曰苗,湖北曰匪,苗已討平,而匪則聚散無常。且蒙古在皇城者,與滿人相婚,故不甚鷙悍,而其在邊鄙者,桀黠難制,此爲將來之憂矣。"正祖又問:"新皇帝登極後,人心之向背何如?"翊模對曰:"人心則皆洽然。而太上皇帝,老多忌諱。曆日之頒布者,書嘉慶;宮中進用者,書乾隆。通寶之印出也,乾隆居七。"①然則即據頒曆、印錢二事,即可知乾隆帝雖禪位,而實則仍乾綱獨斷也。

0684-1797
邊鎬《丁巳手本》(《同文彙考補編續·使臣別單一》 活字本)

出使事由:賚咨行
出使成員:憲書賚咨官邊鎬等
出使時間:正祖二十一年(嘉慶二年 1797)? —十二月十五日

邊鎬,生平事迹不詳。精漢語,爲譯官。正祖二十一年(1797),曾爲憲書賚咨官入北京。後以首譯身份,屢隨使團出使清朝。純祖時,任五衛將等。事見《同文彙考補編續·使臣別單一》邊鎬《丁巳手本》、《承政院日記》等。

此《聞見事件》一條,記三月初八日,皇后薨逝,謚以孝淑。十月十七日,册貴妃鈕祜祿氏爲皇貴妃,而孝淑皇后喪二十七月後,當晉封皇后云。

0685-1797
洪樂游《丁巳聞見事件》(《同文彙考補編續·使臣別單一》 活字本)

出使事由:冬至等三節年貢兼謝恩行

---

①《正祖實錄》卷46,正祖二十一年(嘉慶二年 1797)三月二十四日甲子條。

出使成員：正使判中樞府事金文淳、副使禮曹判書申耆、書狀官兼司憲府掌令洪樂游等

出使時間：正祖二十一年（嘉慶二年　1797）十月十五日—翌年三月十五日

　　洪樂游，生卒籍貫不詳。正祖朝，爲藝文館檢閱、司諫院大司諫等。純祖時，任吏曹參議、司憲府大司憲、禮曹參議等。事見《正祖實錄》《純祖實錄》與《承政院日記》等。

　　正祖二十一年（1797）十月十五日，朝鮮遣冬至等三節年貢兼謝恩使判中樞府事金文淳、副使禮曹判書申耆、書狀官兼掌令洪樂游等入燕，謝前次使臣賜物、謝方物移准、謝陪臣參宴、謝漂民出送等事焉。

　　此《聞見事件》一條，記昨年三月皇后喪，撤朝五日。嘉慶帝有旨，各衙門章疏，撤朝期内照常呈遞。太上皇時在圓明園，奏事之王公大臣及引見人員，七日内俱著常服，皇子、公主、福晉及皇后姻族人等，俱於百日後釋服，王公以下二十七日内，軍民等於七日不嫁娶不作樂云。

　　案據《正祖實錄》載，金文淳一行出境後，文淳病留柵内，申耆、洪樂游等離發，十二月十八日入北京。二十一日，太上皇帝觀冰戲，申耆等詣西華門外祇迎，記在京期間觀戲、謁闕事甚詳。又一行返國後，洪樂游進聞見別單，記昨年十月乾清宫、交泰殿失火後集工改建事，乾隆帝擇定壽陵事，苗匪猖獗事等。尤記"太上皇容貌氣力，不甚衰耄，而但善忘比劇，昨日之事，今日輒忘，早間所行，晚或不省，故侍御左右，眩於舉行，而和珅之專擅，甚於前日，人皆側目，莫敢誰何"。"皇帝平居與臨朝，沈默持重，喜怒不形，及開經筵，引接不倦，虛己聽受，故筵臣之敷奏文義者，俱得盡意。閣老劉鏞之言，最多采納，皇上眷注，異於諸臣。蓋鏞夙負朝野之望，爲人正直，獨不阿附於和珅云。"①案此記乾隆、嘉慶二帝之事，頗爲可信。劉鏞者，劉墉之誤耳。

---

① 《正祖實錄》卷48，正祖二十二年（嘉慶三年　1798）二月十九日癸丑條；三月二十二日丙戌條。

卷五八　0686—0697

正祖二十二年(嘉慶三年　1798)—正祖二十四年(嘉慶五年　1800)

0686-1798
金勉柱【原題金興慶】《燕行詩【原題贈季君燕行詩】》(《全集》第65冊原草本)

出使事由:冬至等三節年貢兼謝恩行
出使成員:正使判中樞府事李祖源、副使禮曹判書金勉柱、書狀官兼司憲府掌令徐有聞等
出使時間:正祖二十二年(嘉慶三年　1798)十月十九日—翌年三月三十日

金勉柱(1740—?),字汝中,慶州人。興慶孫。正祖即位年(1776),詔取翰林。後歷官京畿暗行御史、奎章閣直閣、承政院承旨等職。純祖元年(1801),爲平安道觀察使,後又任吏曹參判、司憲府大司憲、工曹判書、司憲府大司憲等。六年,因事見黜。事見《正祖實錄》《純祖實錄》與《承政院日記》等。

正祖二十二年(嘉慶三年　1798)六月,初以金履素爲冬至正使,金勉柱爲副使,尹益烈爲書狀官。八月改以判中樞府事李祖源爲冬至等三節年貢兼謝恩行正使、禮曹判書金勉柱爲副使、兼掌令徐有聞爲書狀官赴燕,進冬至等三節年貢兼謝漂民出送等事。一行於十月十九日發王京,翌年三月三十日返京覆命焉。

案此稿爲作者原草本。書法行楷兼具,硬朗老練,頗具東坡之豪也。《燕行錄全集》編輯者所題是稿之書名及作者等,皆與事實大乖也。今考而論之如下:《燕行錄全集》編輯者以此稿題爲《燕行詩贈季君》,此則據開卷第一首詩《贈季君》而擬題也。實則爲"季君"送作者赴燕,故作者贈

季君別詩,故詩中有"同宿高陽館"①,"留別何如送別難,天長馬首曉雲看"等句耳②。故此卷依例仍當題爲"燕行錄",而題"燕行詩贈季君",則爲"季君"燕行而作者送行之詩,適爲顛倒事實耳。又關於是書作者,編輯者以爲金興慶作,實則亦非也。考金興慶使燕,在英祖元年(雍正三年 1725),時以吏曹判書金興慶爲冬至等三節年貢行正使、禮曹參判柳復明爲副使、兼監察崔命相爲書狀官。然此詩卷中,有《次正使韻》《次正使春雪韻》《次書狀韻》諸詩,則作者身份當爲副使,或爲他人,故絕非正使金興慶之作,則斷斷然明矣。又編輯者以金興慶之生卒年考定爲1766—1750,故將其稿排置於早前一年出生之金祖淳(1765—1832)之後,然興慶卒於英祖二十六年(1750),而生年反較此爲晚十六年之多,豈非大謬。實則興慶生於肅宗三年(1677),蓋編輯者手誤 1677 爲 1766,然不應粗疏乃爾矣。

又本卷詩中,雖皆無上、副使與書狀官之姓名、字號以及出使之年等,然細繹其詩句,再證以他書,仍可證是稿作者爲金勉柱,而非金興慶矣。何則? 稿中有《至日謾吟》《除夕次昌黎韻》諸作,有冬至、除夕等節候,則當爲冬至使行也。考正祖二十二年(1798),以李祖源爲冬至等三節年貢兼謝恩行正使、金勉柱爲副使、徐有聞爲書狀官使燕,則此稿爲金勉柱之作,時日皆相合,此其證一也。如前所述,作者詩有《次正使韻》《次書狀韻》等詩,則其身份爲副使,而金勉柱身份恰符之,且卷末有他人題"先王考亞使時詩聯",蓋爲其裔孫所書,益證其爲副使,此其證二也。此卷有《送進香副使》詩一首,排置於《留柵》詩前,《安市城》《出柵》詩後,則其遇進香使時,當爲使行返回留柵之日,又爲進香使入柵往北京之時也。考勉柱同行書狀官徐有聞(1762—1822)《戊午燕錄》記載,正祖四年三月初九日,一行回還到柵門。十三日,"留柵門。申時後,進香使一行入來。上使綾城尉具敏和、副使參判金履翼、書狀校理曹錫中"③。冬至使與進香使兩起人馬相遇,正在柵門

---

①金勉柱【原題金興慶】《燕行詩【原題贈季君燕行詩】·贈季君》其一,《燕行錄全集》,065/378。
②金勉柱【原題金興慶】《燕行詩【原題贈季君燕行詩】·贈季君》其二,《燕行錄全集》,065/378。
③徐有聞《戊午燕錄》,《燕行錄全集》,062/241。

內也。且勉柱《送進香副使》有"遠征須慎重,君我各衰年"之句①,金履翼之生年雖不可考,然其於正祖元年(1777),爲館學儒生,曾有上疏,意出使之時亦當至少近五十歲也,而勉柱時爲五十歲,以當時之人亦可皆謂之"衰年"也,詩與時皆若合符契,此其證三也。此稿《次書狀韻》中有"風楞真御史,霜髮老書生"句②,考徐有聞使燕前,曾任京畿暗行御史、兩南暗行御史等職,且年近四十,而居官低下,故金氏詩中謂其爲"真御史""老書生"耳。又卷中《留栅》詩有"同時三使滯,無計一旬消"③,"栅門如鐵瓮,何事滯吾行"等句④,考有聞《燕録》載,一行自三月初九抵栅門,以卜馱不至等因,書狀官滯留栅內,遲至十九日方出栅,亦與詩意相合。此亦知勉柱同行之書狀官即有聞甚明,此其證四也。又此稿有《鳳凰城次李譯光稷韻》《曹家牌樓次李譯光稷韻》等詩。考李光稷(1745—?),字耕之,廣州人。正祖朝爲譯官。曾於正祖二十三年歲末,任時憲書賫咨官至北京,因私訪去年嘉慶帝差往朝鮮回還之敕使張承勳、恒杰,事涉人臣私交,禮部下咨斥究。朝鮮左議政沈焕之以光稷"么麽譯舌,借名首譯,私作書札,至登於禮部咨文",力主"亟下攸司,姑爲減死,施以杖流之律"。正祖從之。⑤ 據此可知,光稷必於前一年隨勉柱等使燕,而回還後又以賫咨官赴燕,方私謁承勳等,實則仍爲先年承勳等留置義州之禮物故也(詳參徐有聞《戊午燕録解題》)。此其證五也。有此五證,足證此稿爲金勉柱之作,鑿鑿然甚明耳。

案是稿末附一詩,有"衣冠無復先王制,皮幣徒深弱國羞"等句⑥,詩草共三頁,爲草書手稿,後題"右高祖領相公燕行詩律此一首……",以下漫漶不清。若細考之,則此詩方爲金興慶之作也。興慶字叔起,慶州人。曾官刑曹判書、兵曹判書、吏曹判書、右議政、領中樞府事、奉朝賀等職。史

---

① 金勉柱【原題金興慶】《燕行詩【原題贈季君燕行詩】》,《燕行録全集》,065/441—442。
② 金勉柱【原題金興慶】《燕行詩【原題贈季君燕行詩】》,《燕行録全集》,065/423。
③ 金勉柱【原題金興慶】《燕行詩【原題贈季君燕行詩】·留栅》其一,《燕行録全集》,065/439。
④ 金勉柱【原題金興慶】《燕行詩【原題贈季君燕行詩】·留栅》其二,《燕行録全集》,065/440。
⑤《正祖實録》卷52,正祖二十三年(嘉慶四年 1799)十二月二十四日丁未條。
⑥ 金勉柱【原題金興慶】《燕行詩【原題贈季君燕行詩】》,《燕行録全集》,065/447。

稱其素性謹約,位至三事,無赫赫名。① 興慶子漢藎(1720—1758),字幼輔,尚和順翁主。賓甥天家,生長富貴,而不喜芬華,被服如寒士。處事畏慎,都民不知有都尉。上自搢紳下至興儓,莫不稱其美。諡曰貞孝。② 又漢藎子頤柱(1730—1797),字希賢,官至楊州牧使、大司憲、判書等職。正祖謂其"厚德足有行善之可紀,而今焉寬樂令終,在法亦當易名"③。案興慶官至巨卿,故可稱"領相公"也。而勉柱小頤柱十歲,又二人皆爲"柱"字輩,則勉柱必爲頤柱之弟或從弟之屬耳。

案朝鮮王朝與王室連姻者,多奢華肆縱,魚肉地方,百姓爲之切齒。而觀金氏父子祖孫,雖官居極品,貴爲國戚,然儉約謹慎,淵懿溫純,故能世襲高爵,而福祿綿長耳。而其裔孫輩,雖經三韓半島兵燹頻仍,禍亂相尋,而終能弆藏其先世手澤於兩百年後,開卷展玩,撫視寶墨,如接祖風,亦可謂孝子賢孫矣。

案勉柱此稿,共錄詩六十餘首,末附其祖興慶詩一首。全稿首尾完整,時有點閱,偶有疑其字誤處,然亦不爲出校,蓋其後代所爲耳。其詩若"夢中舊國天俱遠,鏡裏衰容日覺非"④,"一陽正值飛灰管,四牡胡爲冒雪霜"⑤,"風急潮聲疑近海,日沉霜氣已侵衣"⑥,"重槁開蝸屋,疏籬掩板門"⑦,"澹靄輕風彌勒院,長橋疏柳白河津"⑧,"酒壚逢輒醉,客路去無窮"⑨,"叱牛男出

---

① 《英祖實錄》卷71,英祖二十六年(乾隆十五年 1750)三月二十六日條。
② 《英祖實錄》卷91,英祖三十四年(乾隆二十三年 1758)正月四日辛卯條。
③ 《正祖實錄》卷47,正祖二十一年(嘉慶二年 1797)十二月二十六日辛酉條。
④ 金勉柱【原題金興慶】《燕行詩【原題贈季君燕行詩】·柵門次杜工部韻》,《燕行錄全集》,065/391。
⑤ 金勉柱【原題金興慶】《燕行詩【原題贈季君燕行詩】·鳳凰城次李譯光稷韻》其二,《燕行錄全集》,065/393。
⑥ 金勉柱【原題金興慶】《燕行詩【原題贈季君燕行詩】·石山站》,《燕行錄全集》,065/398。
⑦ 金勉柱【原題金興慶】《燕行詩【原題贈季君燕行詩】·高麗村》,《燕行錄全集》,065/402。
⑧ 金勉柱【原題金興慶】《燕行詩【原題贈季君燕行詩】·發行出朝陽門》,《燕行錄全集》,065/405。
⑨ 金勉柱【原題金興慶】《燕行詩【原題贈季君燕行詩】·次正使韻》,《燕行錄全集》,065/408。

畝,驚客女窺門"①,"松嶺春邊驚嫩柳,魚河冰圻聽新湍"②,"隴西深恥誰輕重,也是前生即後生"等③,或風骨遒勁,工對警切,頗有杜詩餘韻;或温潤流麗,妍秀可誦,極具田園風光。其稿能傳世不佚,亦可謂非偶然者也。

0687-1-1798;0687-2-1798;0687-3-1798
徐有聞《戊午燕行録》(《全集》第62冊　鈔本)
徐有聞【原題未詳】《燕行録　戊午燕行録》(《全集》第62冊　鈔本)
徐有聞《戊午燕録》(《全集》第62冊　鈔本)

　　徐有聞(1762—1822),字鶴叟,號直修,達城人。正祖十一年(1787),擢庭試文科。爲弘文館校理、通理院通理、承政院承旨等。純祖時,陞忠清道觀察使、義州府尹、平壤府尹、吏曹參判等。有《戊午燕録》傳世。事見南公轍《穎翁再續稿》卷三《徐公墓誌銘》、《正祖實録》等。
　　案徐有聞出使事由,詳參前金勉柱《燕行詩解題》(0686-1798)。
　　此《戊午燕録》,蓋徐有聞日記之稿本,首頁有藏書印數枚,惜複印本不清,識讀爲難矣。是書末附行中人員名單,稱"上使李肇源、副使金冕柱、書狀徐志修(行中御史台諫兼)"④,案此記三使臣之名皆誤,以"祖源"誤爲"肇源","勉柱"誤爲"冕柱",而"志修"更非"有聞"也。考徐志修(1714—1768),字一之,號松翁,大丘人。英祖朝官至行判中樞府事。史稱其人家世清素,繼登臺府,忠慎廉潔,自持如寒士。前後屢進讜言,既入相,中外民庶,莫不欣然。⑤ 然則有聞出使時,志修已早逝矣,故此名單當爲後人誤鈔所致,故不必疑所不當疑耳。
　　案有聞是書,自王京至義州只略記時日、站名與里程,至渡江起始詳

---

①金勉柱【原題金興慶】《燕行詩【原題贈季君燕行詩】・范家莊》,《燕行録全集》,065/411—412。
②金勉柱【原題金興慶】《燕行詩【原題贈季君燕行詩】・亮水河途中次杜律韻》,《燕行録全集》,065/416。
③金勉柱【原題金興慶】《燕行詩【原題贈季君燕行詩】・曹家牌樓次李譯光稷韻》,《燕行録全集》,065/423。
④徐有聞《戊午燕録》,《燕行録全集》,062/255。
⑤《英祖實録》卷111,英祖四十四年(乾隆三十三年　1768)八月一日丙辰條。

爲之記。全稿文字連書，不逐日分段。記一事則以"○"爲標識，以清眉目。天頭則橫書月份，如"至月""臘月"等；論至某事，則亦標示小題於抬頭，如"柵門""禦牛馬法""三使臣入侍""自鳴鐘"等。日記最末，則附太上皇帝遺詔、嘉慶皇帝二詔、祭關廟文（因上使李肇[祖]源有疾，故使堂上譯官謹具酒果猪一首致誠矣，其後果然病差入京，竣而歸）①、沿路壯觀（風景名勝等）、使行人員名單等。

　　徐氏一行入北京，恰遇乾隆帝駕崩，三使臣隨中國臣子出席前後喪儀，故一行耽延，遲至四月方返王京，此類事明朝時使臣李廷龜《庚申朝天紀事》所記，亦曾有相似之經歷，有聞記中關於乾隆帝之葬禮儀節、嘉慶帝之處置和珅等事，所記綦詳，可補《清實錄》《清會典》諸書之不逮也。

　　又其載一行返國至柵門，遇嘉慶帝所遣頒大行太上皇帝遺詔之使臣正使副都統張承勳、副使禮部侍郎恒杰一行，"凡五六十馱，皆載衣服衾枕及禮捧銀子也，銀子捧授於義州賫字官便輸入，蓋畏皇帝敕旨內勿捧禮物之故也。副敕項【當爲恒】傑乘馬，上敕張承勳乘太平車，從者各數十人，通官及延候軍隨之"②。此載敕行儀仗之簡及不敢收受禮物之事，所載頗實，可與《正祖實錄》相印證焉。徐氏又載，三月初十日留柵時，馬頭運泰告曰，"敕使出柵門，幾至鴨綠江後，一人持皇帝詔書而來，讀此即隨敕使後而案覆也，皇帝之明如此"③。則爲嘉慶帝所潛派監督承勳等之特使也。因嘉慶帝在二臣行前，曾面諭"此次奉使朝鮮，係因賫頒遺誥，如非常時之敕封國王及世子可比。該國王有餽送使臣禮儀，伊等不得收受"。故二人至朝鮮，不敢收受禮物，朝鮮國王以高宗乾隆元年有上諭，命"嗣後凡有使臣奉差彼國，宜遵朕前旨。將餽送正禮如銀兩物件之類，裁減一半，至陋規所有都請別請等項，悉行禁止，不得私與一件"，然二臣仍然不受，乃至禮物隨敕使至義州，堅不收受而還。後嘉慶帝斥爲不識事體，以爲雖有不收禮物之命，然因自己不知太上皇帝前有詔命，且朝鮮國王既已照會二臣有乾隆此詔，且將禮物跟隨至江邊，故嘉慶帝斥"豈

---

①徐有聞《戊午燕錄》，《燕行錄全集》，062/253。
②徐有聞《戊午燕錄》，《燕行錄全集》，062/242。
③徐有聞《戊午燕錄》，《燕行錄全集》，062/240。

有徒令彼國差人,賫隨到江,復又却回,轉致彼國,遠道携隨,煩勞該國馹站。種種錯誤,現已令軍機王大臣傳到恒杰、張承勳,面同該國差來正副使臣,將伊二人,傳旨申飭。並著將恒杰、張承勳交部議處"。敕使因不收禮物而懲罰,此在明代爲不可思議之事也。明時所謂"天使",每至朝鮮,比及回還,莫不滿載而歸,故明清相比,清代敕使之不貪不黷,較之不啻萬里霄壤也。

案《燕行録全集》第六二册,又收録未詳《燕行録 成午燕行録》("成"爲"戊"之訛字),實則爲徐有聞《戊午燕録》稿本耳,兩本完全相同,惟前本複印字體稍大,而後本字體稍小爲異耳。二稿同收録於一册之中,而編輯者竟一不能辯其重複,二不識爲同一作者之書,何粗疏乃爾耶?是稿重收,故當删耳。

又《燕行録全集》第六二册,收録徐有聞《戊午燕行録》一種,實即前述徐有聞《戊午燕録》也,當爲其稿之鈔本。是書與稿本不同者,稿本通篇連書,而此本則每日爲一段,記事時則或另爲分段。二本文字時有異同,有稿本無而鈔本有者,亦有鈔本無而稿本有者。若十一月二十七日,一行至青石嶺,鈔本有"孝廟入瀋時有一曲悲歌"字,且以諺文録其歌於下,抬頭題"悲歌"小題,而稿本無此段文字;稿本後附太上皇帝遺詔、嘉慶皇帝二詔、祭關廟文、沿路壯觀等,鈔本皆無,而另有宮殿亭閣名號,録北京城宮殿亭閣名等十餘處。而三使名單中,"冕柱"之旁有校字"勉"字,"志修"之旁有校字"有聞",則蓋爲後人所改耳。兩本中間或有他處別異,同爲一人出使之日記,而兩本別異若是,讀者參閱,可比勘而讀也。

0688-1798
徐有聞《무오연행녹(戊午燕行録)》(《全集》62—64册 諺文鈔本)

案徐有聞有《戊午燕録》(0687-1798),已著録。

此爲徐有聞《戊午燕行録》之諺文本,原書藏於韓國學中央研究院藏書閣。全書六卷六册,每半葉十行,每行約二十一至二十四字不等。無格欄,四周單邊。鈔録年代與書寫人皆不詳。卷首以諺文曰"무오연행녹

(戊午燕行録)"①,第一卷首行以諺文曰"무오연힝 녹 권지일(戊午燕行録卷之一)"②。關於成書時間,究竟漢文本或諺文鈔本哪種爲先後則未知。此諺文鈔本篇幅較漢文本爲多,内容亦豐富。漢文本内容極爲簡略,共九十七葉,而諺文本爲一千零一十七葉。兩本相較,文本差異頗大。如漢文本十月"二十日坡州四十里宿"③,極爲簡略。而諺文本當日則曰:"이십일샤데쥰슈와종데윤슈와모든동족을작별하고셔(ㅅ터)나니 거류지정이사람이이견대지못할너라 파쥬 니르러션산의쇼분하고파쥬참의득달하야슉소하다(舍弟駿叟、從弟允叟與諸同族辭別離開,去留之情令人不堪,至坡州之地於先山掃墳得達坡州站住宿)"④。又漢文本自戊午(1798)十月十九日啓程當天開始記録,然是書自十月十九日以前即有記載,謂徐有聞八月九日被任爲書狀官,並詳細説明準備行程過程及心情等。《무오연행녹(戊午燕行録)》曰:"넘일일졍사에사헌부장녕계 여넘이일샤은 하니셔장관은이 행즁어쉰지라직품대로대감겸대흠이곳젼례러라(八月二十一日司憲府掌令啓下,二十二日謝恩,書狀官則此行中之御史,依照職品兼任臺諫與監察即典例)"⑤。此可知諺文本所記,遠較漢文本爲詳焉。

是書卷六末曰"戊午年十月十九日自漢京出發,十一月初八日至義州,十九日渡江,十二月十九日到北京。己未二月初八日從北京返回,三月初八日至栅門,二十日渡江,三十日返王城"⑥。又曰"從王京出發以十九日至義州,於義州留十一天,在返回途中以三十日至栅門,於館留住五十五天,返途路程計三十一日至栅門,留十一天,渡江停十一天,而回王城,往返共一百六十日"⑦。

全書卷一記録八月九日被任命謝恩使兼冬至使的書狀官,十月六日、

---

①徐有聞《戊午燕録》,《燕行録全集》,062/449。
②徐有聞《戊午燕録》,《燕行録全集》,062/450。
③徐有聞《戊午燕録》,《燕行録全集》,062/160。
④徐有聞《무오연행녹(戊午燕行録)》,《燕行録全集》,062/457。
⑤徐有聞《무오연행녹(戊午燕行録)》,《燕行録全集》,062/452。
⑥徐有聞《무오연행녹(戊午燕行録)》,《燕行録全集》,064/362。
⑦徐有聞《무오연행녹(戊午燕行録)》,《燕行録全集》,064/362。

十六日準備行李,十一月十九日自王城啓程,經義州、九連城、柵門、鳳凰城、遼東、瀋陽、白旗堡、廣寧,十二月六日至雙陽店。卷二爲十二月七日至二十二日之記錄,凡經山海關、高麗堡、薊州、三河縣、朝陽門,入玉河館,並記在北京觀覽皇城,從致馨聽聞琉璃廠之事。卷三所記爲十二月二十三日至己未年(1799)正月八日之事,而正月三日聞太上皇之喪,五日至八日參與喪禮。卷四爲正月九日至二十五日之日記,載有關天主堂、和珅下獄等事。卷五爲正月二十六日至二月六日之記錄,時尚在留館中。卷六爲二月七日至三月三十日之記錄,敘述返程中諸風光與感觀及回國復命等事。徐氏所記,多通過致馨或通事之口,以記述所聞,多非己所親見。而其詳記乾隆帝駕崩、和珅下獄諸事,皆詳悉而可備參稽焉。【李鍾美譯】

0689-1798

徐有聞《戊午聞見事件》(《同文彙考補編續·使臣別單一》 活字本)

  案徐有聞有《戊午燕錄》(0687-1798),已著錄。

  此《聞見事件》二條,一記太上皇帝駕崩,朝鮮使臣領取大綿布三十匹,分給從官,徹夜造成團領銀帶,裹紙塗墨,以象烏角,帶紗帽黑靴則依舊,此是憲皇后時已例,此後隨通官哭班行禮如儀。又謂"上年冬,彼中輪疾大熾,痛者相繼,死亡之數,雖未能詳其多少,而沿路往回時,見村閭民人,挂孝者甚多。相傳以爲今當太上皇末運,有此時令之流行,誠非偶然云云"①。又記嘉慶帝逮捕和珅,宣其二十大罪狀,於其王府夾牆搜得藏金二萬六千餘兩,地窖藏銀又百餘萬兩,初欲剮殺,後改爲命其自盡。而福長安亦繫獄中,而籍其家,一並議罪云。

  案據《正祖實錄》,徐有聞返國進聞見別單,所載較此爲詳。其言使行自入山海關以後,即聞燕商相傳太上皇已駕崩。入京後於正月初三日午時得確訊,則太上皇於當日卯時崩逝。而皇城之内,晏如平日,少無驚動之意。又記當時葬制及太上皇選陵墓等事,聞已議定廟號曰高宗純皇

---

①徐有聞《戊午聞見事件》,《同文彙考補編續·使臣別單一》,004/3780。

帝,本當稱祖而稱宗者,出太上皇遺旨,"高宗"二字,亦係遺意。上年冬初,彼中輪疾大熾,痛者相繼。新皇帝今年爲四十歲,太上皇之孫,凡十二人,曾孫四人,元孫一人云。又正月初四日,即遞和珅軍機大臣、九門提督等銜,初八日,下珅於刑部獄,數珅二十大罪,布示中外,並詳載諭旨。正月十八日,賜帛自盡。福長安亦同時繫獄,而籍其家。一並議罪,擬和珅之次云。新皇帝自丙辰即位以來,不欲事事,是以珅亦恣行胸臆,至是處置明決,衆心悦服。和珅專權數十年,内外諸臣,無不趨走,惟王杰、劉墉、董誥【浩】、朱珪、紀均【昀】、鐵保、玉保等諸人,終不依附。及珅敗後,其黨與干連之人,雖不查治,而若其倚仗專在於王杰等。杰與劉墉、董誥,即上皇時閣老,而慶桂、勒保新入閣。上皇第二子之長子綿二,新任軍機大臣。朱珪自南方巡撫所,承命還京,而閣老軍機大臣中,將匪久降旨云云。

又載苗教匪自和琳、福長安戰亡後,賊勢亦浸衰,魁已就捕,餘者無幾,乍散乍合。而皇帝特欲使之歸化,姑不窮其巢穴。又記頒敕朝鮮之敕行臨發時,皇帝二次引見上敕,諭以大臣頒詔外國,意有所在。諸凡貽弊之事,並宜除減。以此之故,舊例敕行出去時騎站驛,還歸時騎私馬,而今番則往回時使之並騎驛馬。敕行渡中江時,御史出道,人馬雜卜,並令落後,使不得貽弊外國云。而上敕之以漢人欽差,亦係近來罕例,莫非優待朝鮮之意。又今番使行,適當太上皇駕崩之際,通官輩輒以爲新皇帝時,與太上皇時有異,爾國舉行,亦當十分小心云。使臣每以此爲徵索之端。及除夕之引見也,皇帝親手賜酌,初五日參班之日,即令入參乾清宮内班。且於悲撓之中,間一二日,輒以皇旨,頒賜奠餘及食物於帳幕,皆出特例,而係是王公大人之所未得之事。通官之接待一行,比初稍勝。及當熊、鹿、獐、豕、雉、魚等許多物頒賜之日,前擁後遮,觀者如堵。紫光閣頒賞,亦是特例。自此通官輩亦曰此是太上皇時所未有之事,而更無徵索之計焉。①

案徐氏載嘉慶帝處置和珅、朝廷新政及待朝鮮使臣諸事甚詳,而嘉慶親政之初,嚴懲貪殘,起用老成,廣開言路,朝政一新之氣象,亦從中可見焉。

---

①《正祖實録》卷51,正祖二十三年(嘉慶四年　1799)三月三十日戊子條。

0690-1799

金在和《己未聞見事件》(《同文彙考補編續·使臣別單一》 活字本)

出使事由：陳慰兼進香行
出使成員：正使綾城尉具敏和、副使禮曹判書金履翼、書狀官兼司憲府掌令曹錫中等
出使時間：正祖二十三年(嘉慶四年　1799)三月三日—七月九日

金在和(1747—?)，字聖和，金海人。精漢語，爲首譯。曾多次隨朝鮮使團出入中國。事見《正祖實錄》《純祖實錄》與《承政院日記》等。

嘉慶四年(1799)三月，以乾隆帝崩逝，清廷遣副都統張承勳、禮部侍郎恒杰賷敕至朝鮮，頒太上皇帝遺詔。正祖即遣陳慰兼進香使綾城尉具敏和、副使禮曹判書金履翼、書狀官兼司憲府掌令曹錫中等入北京，慰乾隆崩逝並進香焉。一行於三月初三日發王京，七月初九日返京覆命。

此《聞見事件》一條，記嘉慶帝欲於四月二十七日幸靜安莊，設祭於孝淑皇后殯所。靜安莊距圓明園不遠，故因欲轉往。第十七王永璘奏曰：靜安之祭，雖係情禮；圓明之幸，殆近游豫。雖無今日之諍臣，其奈後世之史策。帝從其言，仍停行幸之命焉。

又據《正祖實錄》，一行返國後，金在和進聞見別單，隸事較此爲詳。記嘉慶帝御極以後，鋭意圖治，早朝晏罷，屏退奸黨，升庸名流，懲於和珅，權不下移。雖果斷有餘，而或臨事生疑，下行群工之事，舉朝惴栗，供職惟勤，而十一王永惺【瑆】，總理庶務，恣行專擅，士論不韙，頗有柴室之憂。又記太上皇晚年，邊徼草寇，種種竊發，皆因官長侵漁，民不聊生，相聚爲盜。而調兵往剿，頻年不解，費用浩大，府藏漸耗。及和珅籍產後，貨財珍寶，充牣官庫。內局蔘料，以其多儲，又於春間，發賣屢百斤，故閭市之間，銀錢甚踴云。①

---

①《正祖實錄》卷52，正祖二十三年(嘉慶四年　1799)七月十日丙寅條。

0691-1799
金載瓚《燕行詩》(《叢刊》第259册《海石遺稿》 鈔本)

出使事由：進賀兼冬至等三節年貢行

出使成員：正使判中樞府事金載瓚、副使禮曹判書李基讓、書狀官兼司憲府掌令具得魯等

出使時間：正祖二十三年（嘉慶四年 1799）十月二十五日—翌年三月八日

金載瓚（1746—1827），字國寶，號海石，延安人。煜子。英祖五十年（1774），庭試文科及第。正祖時，爲奎章閣直閣、刑曹判書、兵曹判書、平安道觀察使、司憲府大司憲、吏曹判書等。純祖朝，任議政府左參贊、水原留守、議政府左議政、領議政、判中樞府事等。受知於純祖，屢入中書，極力佐治，忠藎績庸。卒諡文忠。有《海石遺稿》十二卷傳世。事見《正祖實録》《純祖實録》等。

正祖二十三年（嘉慶四年 1799）冬，朝鮮以正使判中樞府事金載瓚、副使禮曹判書李基讓、書狀官兼掌令具得魯等入燕，賀乾隆帝祔太廟、謝詔書順府、謝方物移准並兼進冬至等三節年貢。一行於十月二十五日發王京，翌年三月初八日返京覆命焉。

金載瓚《海石遺稿》十二卷，爲轉寫本，《韓國文集叢刊》據國立中央圖書館藏本影印。詩四卷，以時序編次，文八卷，前後無序跋。卷三有《送洪校理文泳赴燕》十四絶，分詠龍灣、高麗莊、東八站、太子河、瀋陽館、寧遠衛、榛子店、射虎石、山海關、通州、皇都、正朝賀等，時載瓚尚未足履至中國，故皆臆想作詩耳。

金載瓚《燕行詩》見本集卷四，共計三十餘首，即此次出使所作，皆爲遼東沿路詩，在館期間無詩，或有所遺佚故耶？其詩不見三使臣之唱和，然在薊州見士人朱生，自云朱文公之後；又於寧遠見知州劉大觀及其婿江蘇貢士徐承緒，與之閑談，相與贈詩，有"談笑宛如傾蓋久，襟期先得識荆初"，"翰墨淋漓談屑飛，清香自覺襲人衣"諸句。① 鮮人自明朝遷都北京，

---

① 金載瓚《海石遺稿》卷4《寧遠衛贈知州劉大觀》其一、其三，《韓國文集叢刊》，259/397。

非漂民則不至江南,故其於江南,往往在夢游中,若至燕中,見江南士人,則眼青而情切,若金氏之見徐承緒焉。今其詩所謂"君在江南第幾州,江南吾向夢中游","曾見西湖春曉圖,蘇堤月落有啼烏。最憐荷桂三秋景,留醉南朝幾大夫"者,①皆此之謂也。

0692-1799
具得魯《己未聞見事件》(《同文彙考補編續‧使臣別單一》 活字本)

　　具得魯,綾城人。允明曾孫。正祖十七年(1793),行柑制居首,直赴殿試。爲注書、軍威縣監等。純祖六年(1806),春塘台行文臣重試,爲第一。官司憲府掌令、兵曹參知、司諫院大司諫等。十二年,任春川府使,因施措顛錯而罷黜。事見《正祖實錄》《純祖實錄》與《承政院日記》等。
　　案具得魯出使事由,詳參前金載瓚《燕行詩解題》(0691-1799)。
　　具得魯出使召見時,正祖賜詩三章,謂"念昔數十年前,世道民志無可言者,乃祖故判書超然自拔於衆楚之中,初見銅龍之席,而風雲已融然相合矣。每當入對,對輒欣瀉,晝而竟漏,夜亦跋燭,纏纏其言,言無不罄,往往有人所不敢言。中間風波憂畏,雖不堪其苦,而九重千里,靈犀相通,至今追思,眉眼在心,蒼葭白露,溯洄伊人,而嗟不可復見矣。茲於送別之章,先言疇曩之勝,蓋有微意存焉耳"。其所稱乃祖者,即具允明耳。允明(1711—1797),字兼山,號宅奎。事正祖、純祖兩朝,官至判義禁府事、禮曹判書等。封綾恩君。而正祖所謂"微意存焉"者,即其詩所謂"中原父老方思漢,寄語行台費揣摩"也。其自注稱"近聞燕韶臚章,無道春秋之義者,此亦可以觀其世矣。雖空言無補,自有維持之重。如書狀者,不可以不知此矣"。② 時清朝立國已百六十餘年,正祖尚有如此之思,真其自謂"空言無補"者也。
　　案此《聞見事件》一條,謂德明等奏,朝鮮國賚咨官向張承勳宅內遞書信,四譯館卿郎中明安未能阻止,請交部議處。十一月二十一日,皇旨

---

①金載瓚《海石遺稿》卷4《贈江蘇貢士徐承緒》其一、其二,《韓國文集叢刊》,259/397。
②正祖大王《弘齋全書》卷7《賜冬至書狀官具得魯三首》,《韓國文集叢刊》,262/119。

以爲明安旣詢知李光櫻投禀情由,當時不卽阻止,固有不合,但念明安尚能留心查詢於次日,卽行呈張,著加恩免焉。

又據《正祖實錄》,具得魯返國召見時,進聞見別單,所載事較此爲詳。其言嘉慶帝命大臣薦剡賢良,嚴禁各省進獻,優恤被災人民。又下詔求言,言之可采者,卽令施行,雖有未當,亦不加罪云。求言之後,翰林洪亮吉,投呈三書於成親王及大臣等處,遣辭多涉誹謗,從寬免死云。又苗匪之亂,連年用兵,府庫蕩竭,至於賣官鬻爵,内自郎中主事,外至知州知縣,皆有定價。自戊午印行《善後事例》一册,己未秋始令革罷,而各省之未及聞知,求爵進來者,亦令許施。昨年川、陝兩省軍需,發銀八百餘萬兩,再發銀四百五十萬兩,而十二月捷書奏聞川、陝幾皆平定云。又以京城前三門外,盜賊各處潛踪,差出左右翼總兵官,晝夜巡緝云。又言初以軍機事務繁重,令成親王永瑆,入直辦事,尋以未符國家定制許免,令兵部尚書傅森代之,而寵遇日隆,傾動一世云。

又記自柵内至遼東,雖僻峽深谷,在在人家,處處山田,而自遼陽至京都,廣野數千里之間,烟火相接,雞犬相聞,或百步一村,或數里一莊,多則五六十户,小亦一二十户。若其大處閭閻市肆,撲地交錯,連亘四五里,人口之繁殖,未有盛於今時。又記中原器用之利益於民生者甚多。如彈弓、綿車、獨輪車之類,皆日用之最切者,而一人能兼十人之力,石磨之法,以驢以馬,用力少而得效多,且製甚便簡,造亦非難,苟能仿行,其利必廣,而未易造次行之者,特以不習不便故也。車之用,尤不可一日無者,而朝鮮營門所用大車,初不取法於中國,故牛馬之力倍猶過焉,而不利於日用也。倘朝鮮亦能用車,則節使一行,刷馬所入,至爲二百餘匹,若代以車載,則每車駕牛或馬五六匹,可以運十五六駄之重,不過用車十五輛,牛馬七十餘匹,有餘無不足。而兩西列邑之許多弊端,亦可省革。彼中公私駄運,多藉驢騾,其他耕田磨穀汲水打穀等役,皆用驢力,蓋驢之爲物,芻牧旣易,字息亦蕃,若貿來牝牡數百頭,散置於西北閑廣之地,待其蕃息用之,則可謂公私永久之利云。①

---

① 《正祖實錄》卷53,正祖二十四年(嘉慶五年　1800)三月九日辛酉條。

0693-1799

金倫瑞《己未聞見事件》(《同文彙考補編續·使臣別單一》 活字本)

　　案金倫瑞有《甲寅聞見事件》(0676-1794),已著録。金氏此次出使事由,詳參前金載瓉《燕行詩解題》(0691-1799)。

　　此《聞見事件》一條,記見琉球國使臣,其面貌柔順,舉止從容,蓋其國俗然也。又問年前琉球人漂至朝鮮,曾善護出境,交付上國,不知無事往返否。又問及朝鮮人有否漂至琉球者,答以年前有漂到者,厚給資糧,搭付貢船,護送至福建界云。

　　案據《正祖實録》,一行返國後,金倫瑞所進聞見別單,尚載數事。如記嘉慶帝既除和珅,即以徒黨罔治之意,布諭中外,咸令自新,然厥後帝所信任者,皆是平日不附和珅之人,而因事廢黜者,無非珅之餘黨。又皇帝深懲上皇末年,威權下移,故事無大小,躬自總攬,每至日晏忘食,夜分始寢,刑賞法制,一遵雍正故事。又記乾隆名臣,阿桂爲最,皇帝素所敬重。其孫那彦成,曾任户部尚書,少有才略,皇帝命出征教匪。官軍大敗,彦成爲賊所傷,民間或云已被傷死,而尚不以聞云。又記上國人帽檐制樣,比前稍異。年前上皇謂以帽檐向上高卷,所戴頂子,爲檐所蔽,朝臣職品,有難驟辨,因命低卷帽檐。百姓效之,無頂子者,亦皆低檐云。①

0694-1800

金在洙《庚申聞見事件》(《同文彙考補編續·使臣別單一》 活字本)

　　出使事由:進賀兼謝恩行
　　出使成員:正使綾城尉具敏和、副使吏曹判書韓用龜、書狀官兼司憲府掌令柳畊等
　　出使時間:正祖二十四年(嘉慶五年　1800)正月二十七日—五月七日

　　金在洙,生卒籍貫不詳。精漢語,爲譯官。純祖時,任五衛將。憲宗朝,任知中樞府事。曾以賫咨官、首譯身份屢入中國。事見《正祖實録》

---

①《正祖實録》卷53,正祖二十四年(嘉慶五年　1800)三月八日庚申條。

《純祖實録》與《承政院日記》等。

　　嘉慶五年(1800)正月,以乾隆帝祔廟,遣散秩大臣田國榮、英和賫敕至朝鮮頒詔,並賜緞匹等物。正祖遂遣進賀兼謝恩使綾城尉具敏和、副使吏曹判書韓用龜、書狀官兼掌令柳畊等入燕,賀乾隆皇帝配祀天地、謝頒詔、謝賜緞等件。一行於正月二十七日發王京,五月初七日返京覆命焉。

　　此《聞見事件》一條,記滿閣老慶桂、九門提督布彦達賫、兵部尚書傅森、川甘參贊那彦成、御前侍衛豐伸濟倫,俱以勳戚,兼有才諝,方用事,而布彦達賫、那彦成尤爲寵幸。漢閣老劉墉、王杰、董誥,户部尚書朱珪、工部尚書彭元瑞,各以所長,亦荷眷遇。劉墉之勁直,王杰之謹慎,董誥之經學,朱珪之清介,彭元瑞之文章,皆爲一世之最云。

　　又據《正祖實録》,金在洙返國後進聞見別單,所記較此爲詳。其言嘉慶帝下諭軍機處,謂今秋不巡幸盛京,俟明年釋服後,駐蹕熱河,八月内啓鑾赴盛京,恭謁諸陵。又記十一王永瑆,自嘉慶初總理軍機軍務,頗爲稱旨,視事日久之後,漸有自專之舉,故皇帝慮其干法難饒,因事飭諭,免其機務,永瑆聞命惶懼,大加斂戢,凡事不敢放肆。又記兩淮商人陳箴遠等以爲,川甘軍務,指日告竣,賞頻撫綏,需用較繁,請捐銀二百萬兩,以助軍需。皇帝甚爲嘉尚,命該督撫等,賞收其一半,先於運庫,存儲候發,該商人等亦皆另加議叙云。① 案據金在洙所記,即可知嘉慶時連年用兵,國庫空虚,故不得不需索民間之窘狀耳。

0695-1800
朴鍾淳《庚申聞見事件》(《同文彙考補編續·使臣別單一》　活字本)

　　出使事由:陳奏兼奏請行
　　出使成員:正使領議政李秉模、副使禮曹判書李集斗、書狀官兼司憲
　　　　　　府掌令朴鍾淳等
　　出使時間:正祖二十四年(嘉慶五年　1800)閏四月二十四日—八月

---

①《正祖實録》卷54,正祖二十四年(嘉慶五年　1800)五月六日丁亥條。

二十四日

　　朴鍾淳(1762—1808),字羲世,初名世鎔,字兼善,高靈人。正祖十四年(1790),擢增廣丙科。爲成均館典籍、兵曹佐郎、湖西暗行御史、世子侍講院弼善等。純祖時,任淮陽府使、禮曹參議、承政院承旨等。事見朴永元《梧墅集》第一一册《先考禮曹參議府君家狀》、《先考遺事》與正祖、純祖《實録》及《承政院日記》等。

　　正祖二十四年(1800)正月,朝鮮以元子李玜爲王世子。閏四月二十四日,遣陳奏兼奏請使領議政李秉模、副使禮曹判書李集斗、書狀官兼司憲府掌令朴鍾淳等入燕,請册封世子,奏請封事情,一行於八月二十四日返國覆命。

　　此《聞見事件》一條,記七月十九日到邦均店,自瀋陽傳送禮曹關文,伏聞天地罔極之報,驚號震剥,五内分崩,即與正、副使舉哀焉。

　　案是年六月二十八日,正祖昇遐。朝鮮遣傳訃官工曹正郎趙達洙馳報義州府尹,七月十七日鳳凰城守尉傳至盛京,故十九日李秉模一行,方得知喪聞耳。

0696-1800
趙秀三《庚申燕行詩》(《叢刊》第271册《秋齋集》　鉛印本)

　　案趙秀三有《燕行紀程》(0648-1789),已著録。趙氏此次出使事由,詳參前朴鍾淳《庚申聞見事件解題》(0695-1800)。

　　趙秀三《秋齋集》八卷,金晉桓編次,張鴻植等校正,金洛勳等於1939年以鉛活字刊行,《韓國文集叢刊》據高麗大學中央圖書館藏本影印。凡詩七卷,文一卷,卷首前有金命喜、坦翁、申憙三家題詩,詩集前有朱文翰、江漣二序,末有宋伯玉跋文。其詩大致按年編排,然亦時有前後參差者,故數度燕行之詩,可依稀分辨,然時多倒置者。偶有缺字,而複製版式縮小字體,乃至雙行小注,模糊不辨焉。

　　考《秋齋集》卷一自《留别》詩題後注"庚申入燕",此下至《送南萬户先歸》,凡三十餘首詩,皆作於此次燕行途中,然返程無詩。其詩有"中原萬里帝王州，十二年間再此游"①，"此水今重度，前游已十年"諸句②，趙秀三前次入燕，乃己酉至庚戌間(1789—1790)，故謂"十二年""十年"皆可也。又其詩稱"邦家大慶會，維歲在庚申。册建吾王子，歌騰左海民"③。則是行使命爲奏請册封世子焉。此次入北京，似與中國士大夫少有交接，故有"燕南舊雨苦無多，數子重逢嘯也歌"之詠焉④。

0697-1800
金倫瑞《庚申聞見事件》(《同文彙考補編續·使臣別單一》 活字本)

　　出使事由：告訃兼奏請行
　　出使成員：正使綾城尉具敏和、副使禮曹判書鄭大容、書狀官兼司憲
　　　　　　府執義張至冕等
　　出使時間：正祖二十四年(嘉慶五年　1800)八月三日—十一月十
　　　　　　六日

　　案金倫瑞有《甲寅聞見事件》(0676-1794)，已著錄。

　　正祖二十四年(1800)六月，正祖薨逝，純祖李玜即位，尊正祖妃金氏(1753—1821　清風金時默女)爲大妃聽政，英祖妃金氏(1745—1805 慶州金漢耉女)爲大王大妃。八月初三日，朝鮮遣告訃兼奏請使綾城尉具敏和、副使禮曹判書鄭大容、書狀官兼司憲府執義張至冕等入燕，告正祖大王升遐，並請諡請承襲。一行於八月初三日發王京，十一月十六日返京覆命焉。先是，清廷派散秩大臣明俊、內閣學士納清保爲正副使，前往朝鮮册封王世子，中途聞正祖薨逝，遂改爲諭祭、册封、賜諡使臣入朝鮮焉。

　　此《聞見事件》一條，記嘉慶帝在藩邸時所製《味餘書室詩文全集》，軍機大臣等奏請刊行，嘉慶帝諭以皇考御極之初，曾因大臣等所請，刊刻《樂善堂詩文》，頒行海內，奎章炳焕，萬古常新。朕自惟典學之功，實覺

---

①趙秀三《秋齋集》卷1《留別》，《韓國文集叢刊》，271/357。
②趙秀三《秋齋集》卷1《渡江》，《韓國文集叢刊》，271/357。
③趙秀三《秋齋集》卷1《呈正使大人》，《韓國文集叢刊》，271/359。
④趙秀三《秋齋集》卷1《留別燕中諸人》，《韓國文集叢刊》，271/359。

淺陋,焉敢仰希皇考,但諸臣等懇請甚殷,朕幾暇檢閱曩時所作詩文,將中年稿本,略加刪去,自乾隆丙申以後,從朱珪習詩文篇章甚夥,其中或有可存之作,惟遽付棗梨,恐字句間尚不無斟酌之處,將朕壬辰至乙卯年味餘書室詩文,仍交朱珪勘訂,如有應酌處,粘簽進呈,俟朕閱定,始爲繕刻云。

卷五九　0698—0711

純祖元年（嘉慶六年　1801）

0698-1801
趙尚鎮、申獻朝《辛酉別單》（《同文彙考補編續·使臣別單一》　活字本）

出使事由：謝恩行
出使成員：正使判中樞府事趙尚鎮、副使禮曹判書申獻朝、書狀官兼司憲府執義申絢等
出使時間：純祖元年（嘉慶六年　1801）二月十二日—六月十三日

趙尚鎮（1740—1820），字爾珍，豐壤人。英祖四十五年（1769），以詩應製中式，命直赴殿試。正祖朝，爲司諫院大司諫、黃海道觀察使、成均館大司成、咸鏡道觀察使、工曹判書、刑曹判書、禮曹判書、判中樞府事、判義禁府事等。純祖時，任刑曹判書、漢城府判尹、兵曹判書、吏曹判書等。事見英祖、正祖、純祖《實錄》與《承政院日記》等。

申獻朝，字號籍貫不詳。正祖十三年（1789），春塘臺試居首及第。爲弘文館修撰、校理、司諫院大司諫等。純祖時，任江原道觀察使、司諫院大司諫等。因事削職流放。事見《正祖實錄》《純祖實錄》等。

純祖元年（1801）二月十二日，朝鮮遣謝恩使判中樞府事趙尚鎮、副使禮曹判書申獻朝、書狀官兼司憲府執義申絢等入燕，謝賜祭、謝賜謚、謝册封、謝方物移准、謝告訃陪臣賜金賜食等事，一行於六月十三日返國覆命焉。

此《聞見事件》三條，記久任官職，自是清朝定制，乾隆時京外大員，或十年或數十年不遷，故果多責成之效。自和珅擅權，貪緣冒據者，間多有之，傾帑媚事，民受其弊。嘉慶帝以是爲戒，每一缺出，轉輾換易，不憚數遞，故視官羈旅，全不留心，吏緣爲奸，事多潰裂。又載教匪之役，迄未

告竣,又調關東及索倫猹子等兵,以爲換班征戍之地,糧餉轉輸,歷歲不已,兵丁輪發,各省騷然。已連擒大頭目劉之協、王廷詔、高三、馬五等,賊勢日益沮縮,軍威頓加騰驤,净盡凱旋,謂在不日云。

0699-1801
邊鎬《辛酉聞見事件》(《同文彙考補編續‧使臣別單一》 活字本)

案邊鎬有《丁巳手本》(0684-1797),已著録。邊氏此次出使事由,詳參前趙尚鎮、申獻朝《辛酉別單解題》(0698-1801)。

此《聞見事件》三條,記嘉慶帝欲至瀋陽展謁先陵,因教匪未平而停行,或以爲明年,或以爲乾隆帝即位後八年始行瀋,嘉慶帝亦或仿乃父,於八年後成行。又記福長安因和珅事株連,降補裕陵員外郎,向來展謁時,皇侄綿億、總管成林等聯陳福長安腿疾難强之狀,乞令解任歸第。嘉慶帝召見福長安,問以病勢,命與成林偕往調治可也。即日罰補成林盛京副都統,長安充定軍伍,仍令成林當日押解,綿億所帶都統,亦爲改遞。又載琉球册封謝恩使領賞之後,見緞匹逐一裁半,未備衣料,該使臣仍即送示於禮部,皇帝特賞之物,售此奸僞之習,曾所未聞云。

0700-1801
柳得恭《燕臺再遊録》(《全集》第60册　鈔本;《遼海叢書》本)

出使事由:謝恩行
出使成員:正使判中樞趙尚鎮、副使禮曹判書申獻朝、書狀官兼司憲府執義申絢等
出使時間:純祖元年(嘉慶六年　1801)二月十二日—六月十三日

案柳得恭有《瀋行録》(0590-1778),已著録。

正祖二十四年(1800)六月,正祖薨逝,純祖即位。八月,朝鮮遣告訃兼請謚請承襲使綾城尉具敏和等入清告哀,並請謚請承襲,清廷差使慰祭。純祖元年(1801)二月十二日,遂遣謝恩使判中樞趙尚鎮、副使禮曹判書申獻朝、書狀官兼司憲府執義申絢等入燕,謝賜祭、謝賜謚、謝册封等

事焉。

純祖元年(1801)正月，柳得恭以豐川府使罷歸，旋承內閣知會，隨謝恩使團赴燕，購朱子書善本。柳氏一路追至平壤，隨使團於三月初二日渡江，四月初一日入北京，五月三十日還渡鴨江，六月十一日返京覆命。往返一百零七日，在燕館者三十二日焉。

案柳得恭《燕臺再遊錄》，鈔本，不見於《泠齋集》，然《遼海叢書》收載此書。凡鈔本所缺者，《叢書》本亦缺；而鈔本文字，《叢書》本尚有刪節。如柳氏記與陳鱣所談，鈔本末有"仲魚稱其先祖某，皇明遺民，恥滿洲衣帽，丁憂，遂以喪服終身。嘗存句云：更無後進思宗國，只有新書號滿洲。談草爲仲魚所毀，不能記其名，可恨"數句①。因涉忌諱，爲《叢書》本所刪。故讀者參考，仍當以鈔本爲據可耳。

《燕臺再遊錄》爲柳得恭在館期間所記札記，凡三十餘條，多記與中土士大夫交往筆談及當時中國時政等。因明年(嘉慶七年)乃科考之年，故各省舉子，雲集北京。柳氏所見如舉子眉州彭蕙支、宛平王喬、潼川蒲文甲、奚大壯、西昌楊鼎才等，同寓松雪庵，在玉河館之左。又舉人長洲張智瑩、洛陽張玉麒、遂寧張問彤等，同住玉河館之右十三王廟。他若河間紀昀、綿州李鼎元、青浦曹江、松江陸慶勳(曹江甥侄)、沈剛、青浦康愷、海寧陳鱣、嘉定錢東垣、吳縣黃丕烈、蘇州黃成、蘇州顧晉採、錢塘陳希濂、吳縣夏文熹、嘉定章寶蓮、吳縣顧蒓、湯錫智、趙曾、王寧埠、王寧埏兄弟、錢埔朱鎬、裘鏞、孫琪、毛祖勝、鎮江陳森、臨清劉大均(寧遠知州大觀弟)等，或爲官員，或爲舉人，或爲生員，或善畫，或精詩，柳氏皆得與之從容筆談，暢敍幽懷，可謂盡一時之歡，交天下之友焉。

燕行使之入中土，柳得恭之前使臣所交結，或爲達官顯宦，或爲京城文士，而乾隆中後期至嘉慶朝，學術界主流乃考據學，而朝鮮君臣，以宗朱子故，於考據之學，即懵然不知爲何物，亦少與考據學家交流。而柳得恭此行，所交所談者，若紀昀、陳鱣、錢東垣、黃丕烈諸家，乃考據學派中堅人物，故所記當時學界風尚，多與他家不同。如其拜謁紀昀，言專爲購買朱

---

①柳得恭《燕台再遊錄》，《燕行錄全集》，060/297。

子書而來,然書肆中除《朱子語類》等常見者外,餘書並不得見,紀氏答曰"邇來風紀,趨《爾雅》《説文》一派,此等書遂爲坊間所無"。論及當時學界人物,紀氏謂孫星衍"學問文章,皆有端緒。作官山東,亦有清名"。問以"蘇州七子",紀氏稱"此王禮堂、錢辛楣之同社也,中多佳士,亦有好名者附其間,今已無人道之矣。七子社只王、錢二公爲實學,他皆依草附木耳,二公皆敝同年也"。論及錢大昕後裔,紀氏謂其子東壁"才亦可取,而不及其姪東垣,能世其家學,新舉於鄉"。柳氏記"紀公年逾七十,不挂曖,目逮鏡,亦作蠅頭細字。天氣頗熱,對椅酬酢,鼻端有汗。久坐不安,請退與令郎令孫話。曉嵐曰:此皆豚犬,不足仰扳大賢也"。又謂紀氏嗜煙,煙杯之大,幾如小鐘,終日不離口,殆過韓慕廬,尤愛東煙,故送到關西香煙。曉嵐以《花王閣剩稿》一卷贈之,乃其高祖名坤號厚齋所著焉。

柳氏以爲,"紀公所云邇來風氣,趨《爾雅》《説文》一派者,似指時流。而其實漢學、宋學、考古家、講學家等標目,未必非自曉嵐倡之也,見《簡明書目》論斷可知也。多見南方諸子,所究心者六書,所尊慕者鄭康成,相譽必曰通儒、曰通人。程朱之書不講,似已久矣,中國學術之如此,良可歎也"。① 又其見陳鱣,陳氏告以通六書之學,"方可讀經"。又論及音韻學,戴震、王念孫、段玉裁、顧炎武之學,陳氏謂"東原先生是大通人"。柳氏又謂"紀曉嵐云近來風氣,趨《爾雅》《説文》一派,仲魚蓋其雄也"。② 又得錢東垣贈其所著《可廬十種》,稱"可謂富矣,此曉嵐所稱能世其家學者也"。③ 又柳得恭《冷齋集》卷五所收詩,如《和贈陳仲魚孝廉》《詠燕中諸子七首》等詩,亦皆此行所作,或返國後所憶作也。

案柳氏所載與紀昀、陳鱣、錢東垣等所談,皆可見當時學界風氣之一斑,其所謂"蘇州七子"者,即"吳中七子",爲乾隆時沈德潛爲紫陽書院院長,選王昶、王鳴盛、吳企晉、錢大昕、趙文哲、曹仁虎、黃文蓮七人詩,編爲《七子詩選》,風行一時。而其謂子嗣輩"皆豚犬",而紀氏子汝佶、汝傳、汝似、汝億,孫輩如樹庭、樹喬、樹蔭、樹蕤、樹蕃、樹蔚、樹馨、樹盼、樹䪽、

---

①柳得恭《燕臺再遊録》,《燕行録全集》,060/265—270。
②柳得恭《燕臺再遊録》,《燕行録全集》,060/290—294。
③柳得恭《燕臺再遊録》,《燕行録全集》,060/298。

樹馦、樹馥等,唯樹馨收集整理紀昀文集筆記,他皆平庸無聞,不能承繼家風。可知紀氏所言,非盡爲謙詞矣。

0701-1801
柳得恭《遼野車中雜詠》(《全集》第 60 册;《叢刊》第 260 册《冷齋集》鈔本)

案柳得恭有《瀋行録》(0590-1778),已著録。柳氏此次出使事由,詳參前《燕臺再游録解題》(0700-1801)。

此《遼野車中雜詠》三十三首,輯自柳得恭《冷齋集》卷五,爲其經行遼野時詠沿途所見之物也。其所詠者,多爲習見之景致人物,或詠山川古迹,若遼陽州、寶勝寺、巨流河、松杏古戰場、板門站、寧遠州、牧場、大凌河、夷齊廟、永平府、撫寧縣、通州、豐潤縣、山海關、薊州等;或詠各色四民,若趕車者、甲騎、新婦、農户、滿女、嫖子、戲子、剃匠等;或詠車具店鋪,如太平車、酒樓、大車、飯店、餑餑鋪、瓜菹鋪、民官、茶鋪等;或詠學宫書院,若學堂、瀋陽書院等。其詞若"有時楊柳風吹面,渠自嗚嗚唱起來"①,"倦客蒙瞳來倚枕,主人翁自爨黄粱"②,"猪車離離蝌蚪似,羊群不動菌亭亭"等句③,無《二十一都詠懷詩》之沉鬱悲懷,亦不若《熱河紀行詩》之徵文引典。凡所歌詠,自然調和,不加雕飾,信手拈來,皆成佳句,深得竹枝之三昧,無諸家燕行詩無病呻吟、强爲解事之弊也。

0702-1801
柳得恭《並世録》(《全集》第 60 册　鈔本)

案柳得恭有《瀋行録》(0590-1778),已著録。柳氏此次出使事由,詳參前《燕臺再游録解題》(0700-1801)。

此稿大題下書"南平壤柳得恭惠風輯",不見於《冷齋集》中。柳得恭

---

①柳得恭《遼野車中雜詠》之二《趕車者》,《燕行録全集》,060/041。
②柳得恭《遼野車中雜詠》之十七《飯店》,《燕行録全集》,060/044。
③柳得恭《遼野車中雜詠》之十八《牧場》,《燕行録全集》,060/044。

長於詩學，亦諳史裁，游歷中國，多所載記，曾有《中州十一家詩選》之編。其謂"言詩而不求諸中國，是猶思鱸魚而不之松江，須金橘而不泛洞庭，未知其可也。我東之於中國，隔遼一野，間渤一海，名雖外國，而比之雲貴諸省，至相近也。只緣限之以疆場，別之以内外，則生並一世，邈若千秋，往往有荒隔寡聞沾沾自足者，一生不知鱸橘之味，豈不大可哀哉！在昔崔致遠、金夷吾之於顧雲、張喬也，李仲思、李中父之於虞、趙、黄、揭也，咸能聯鑣並驅於詞翰之林，唱酬篇章，至今照爛人目，此千百載數人爾。至若有明一代，四傑七子，竟陵雲間，風聲振海内，而東土諸公，側耳而無聞，及至數世之後，刻集東來，然後始知某時有某人，是猶通都大邑，瓜果爛漫，而僻鄉窮村，坐待晚時也。余與同志數子，縱談至此，未嘗不浩歎彌襟"。柳氏"及讀陳其年《篋衍集》、沈歸愚《國朝詩別裁集》，並覺中土人文之盛，而獨未知不先不後與我同時者爲何人也"，十數年來同志數子入燕者，所交中朝士人，其風流文物，足以掩映當世，遂録其唱酬篇章，及因風寄聲流傳海外者，手自點定二卷爲《並世集》者也。① 又柳氏曾爲元重舉（玄川）《日東詩選》撰序，見《冷齋集》卷七。重舉於英祖三十二年（乾隆二十八年 1763）八月，曾爲書記官，隨通信正使趙曮、副使李仁培、從事官金相翊辭陛往日本，纂有《和國志》《日東詩選》等。又曾編《巾衍外集》，收載有《蜻蛉國詩選》。②故於日本詩歌，亦頗熟知。至正祖二十年（乾隆六十年 1795），柳氏改編爲《並世集》以行世。柳得恭以"並世"名集者，如前序所謂"生並一世"外，其詩文中，亦常言"並世"，若"雖云並世即千秋"③，朴齊家與中國友人郭執桓通札，亦謂"並生斯世，亦可謂之大緣"④，故以名其集耳。

柳氏編選之法，仿沈德潛《國朝詩別裁集》之例，所選詩人皆有小傳，詳者言其字號生平、交游著述等，尤詳其與朝鮮使臣之交往；而略者僅言其字號籍貫而已。而所録之詩，則或一人多至二十餘首，或僅一首不等。諸人之

---

① 柳得恭《泠齋集》卷7《並世集序》，《韓國文集叢刊》，260/110—111。
② 李德懋著，鄭健行點校《清脾録》卷4"蜻蛉國詩選"條，上海古籍出版社2010年版，第281頁。
③ 柳得恭《泠齋集》卷2《雨村和余六首絶句見寄復次其韻》其三，《韓國文集叢刊》，260/033。
④ 朴齊家《貞蕤閣集》卷4《與郭澹園書》，《韓國文集叢刊》，261/662。

下,首錄其與朝鮮歷次入燕京者如洪大容、金在行、朴趾源、朴齊家及柳得恭等唱和贈別之詩,次錄他詩,而入選之詩家,則或爲直接與柳得恭得見面手談而論韻者,或爲間接爲其詩書畫扇等題韻者,或爲諸人兄弟門生有連帶關係者。諸人若紀昀、彭元瑞等爲公卿勳臣,陸飛、嚴誠、潘庭筠、羅聘等則爲書畫名家,而王鳴盛、錢大昕等爲漢學大家,袁枚、蔣士銓、翁方綱等爲文壇領袖,而鐵保、博明、完顏魁倫等又皆滿州與蒙古名臣,他若巧遇於路途,手談於夜店,幸會於宮廷,約見於書肆者,更不可勝數也。若卷二錄王鳴盛、錢大昕等"吳中七子"之詩,而諸人並未與柳氏有一面之緣也,所錄"七子"詩,皆爲其早期詩作,則柳氏必在京得見乾隆間所刻《嘉定七子詩選》之故也。

凡卷一采陸飛、嚴誠、潘庭筠、李調元、李鼎元等三十六人一百六十餘首詩,卷二采戴衢亨、陳崇本、徐大榕、紀昀、羅聘、彭元瑞、翁方綱等三十五人一百一十餘首,後附日本本弘恭等十人十一首,安南胡士棟等五人五首,琉球程順則等四人四首,末錄柳氏交游姓名,凡瀋陽書院諸生十三人,燕中縉紳舉人孝廉布衣四十一人,琉球四人。而諸人中若陸飛、嚴誠、潘庭筠、李調元兄弟等,與朝鮮士人多有往還,書札相問,消息相通,若嚴誠寄洪大容詩稱"斯文吾輩在,異域此心同。情已如兄弟,交真善始終"①,"一別成千古,生離是死離"②,李調元"三韓雖異國,四海本同家"諸句③,情深意長,思念從深。而柳氏詩若"海外豈無知己泪,沉香椅上手抄時"④,"想到雲樓微笑處,夢中應吃樂浪魚"等⑤,并世兄弟,異國相思,深情幽懷,不絕如縷,可謂兩國佳話,亘古長存矣。

0703-1801
卞復圭《辛酉手本》(《同文彙考補編續‧使臣別單一》 活字本)

出使事由:賫咨行

---

①柳得恭《並世錄》卷1《南閩館寄湛軒》,《燕行錄全集》,060/072。
②柳得恭《並世錄》卷1《南閩館寄養虛》,《燕行錄全集》,060/073。
③柳得恭《並世錄》卷1《懷幾何子》,《燕行錄全集》,060/083。
④柳得恭《泠齋集》卷2《聞秋庫手抄余詩感而作二首》其一,《韓國文集叢刊》,260/037。
⑤柳得恭《泠齋集》卷2《十二月初五日雨村初度集幾何室中》,《韓國文集叢刊》,260/037。

出使成員：賫咨官司譯院正卞復圭等

出使時間：純祖元年（嘉慶六年　1801）二月十八日—七月

案卞復圭有《甲寅手本》（0672-1794），已著錄。

純祖元年（嘉慶六年　1801）二月，江南省南通州人唐明山等六人，漂到全羅道靈光郡在遠島，船隻破碎，願從早路返國。朝鮮專差司譯院正卞復圭，押解北京，咨報如例。

此《聞見事件》一條，記嘉慶帝以孝淑皇后之冊立及崩逝，不得備禮，多有追悔之心，慰恤本家，錫賚便蕃。故今蕃冊立時，凡係儀節，務從盡禮。至於遣使朝鮮頒詔一款，禮部亦不敢以循例順付爲請，先以派頒之意面奏，則皇帝意向頗以爲然云。

0704-1801

吴載紹《燕行日記》（《續集》第121冊；《日本所藏編》第1冊　鈔本）

出使事由：進賀兼謝恩使行

出使成員：正使青城尉沈能建、副使禮曹判書吳載紹、書狀官兼司憲府掌令鄭晚錫等

出使時間：純祖元年（嘉慶六年　1801）八月二日—十二月八日

吳載紹（1739—1811），字克卿，號石泉，海州人。吳瑗子，載純弟。英祖十四年（乾隆三十三年　1768）進士，四十七年，擢庭試丙科。爲承政院承旨。正祖朝，任司諫院大司諫、成均館大司成。純祖時，陞江華府留守、漢城府判尹、判義禁府事、議政府右參贊、左參贊、判敦寧府事。後諡定獻。有《燕行日記》行世。事見吳熙常《老洲集》卷一九《先考判敦寧府君行狀》、卷一六《墓誌》與英祖、正祖、純祖《實錄》等。

案是書鈔本，一册，藏日本天理圖書館今西文庫。影印本封面漆黑，不辨字迹，據夫馬進所言，封面題"燕行日錄"，而首頁第一行題"燕行日記"，有"今西春秋""今西春秋圖書""龍""天理圖書館"等印。首頁前空一頁，題"純祖王元年辛酉　吳載純燕行日記　龍"，殆爲今西龍所題，然所題有誤，當爲吳載紹，非載純也。又夫馬氏據首頁殘印"載紹"斷定，此

當爲吳載紹自藏本也。

案嘉慶六年(1801)四月,册立皇后鈕祜禄氏(即孝和睿皇后,禮部尚書恭阿拉女)。六月,帝遣散秩大臣松齡等使朝鮮宣册封皇后詔。八月,朝鮮純祖以青城尉沈能建爲進賀兼謝恩行正使、禮曹判書吳載紹爲副使、兼掌令鄭晚錫爲書狀官赴燕,賀册立皇后,兼謝頒詔賜物,謝南海漂民出送等事。一行於本月二日發王京,九月二十四日到北京,十月二十九日離發,十二月八日(日記)返王京覆命焉。

吳載紹在義州,有感而發,記其高祖吳翻,曾於仁祖二年(天啓四年 1624),水路朝天;曾祖吳斗寅,於顯宗二年(順治十八年 1661)以書狀官、肅宗五年(康熙十八年 1679)以副使入清;父吳瑗於英祖八年(雍正十年 1732),以書狀官赴燕,有《月谷燕行詩》存世(見前記);兄載純於正祖七年(乾隆四十八年 1783),以問安副使前往瀋陽。其言"余又爲此役,顧以大東衣冠,從事於皮幣之間,原隰皇華,雖不敢告勞,而亦奚以游覽爲哉!"①朝鮮以小國而事大,官宦人家,世卿世禄,而奴輩賤隷,永無翻身之日。又鼎食之家,復爲李、閔、吳、趙等大姓所把持,故燕行使臣之祖孫父子,相繼而入中國如吳氏家族者,類類皆是焉。

吳氏於入栅後,行至雙陽驛,"是日即重陽,雙陽重陽,偶相符合,正宜泛菊一醉,而閭里荒凉,無種菊家,行厨蕭灑,亦未及煎糕,與諸從官剪燭相對,俱是天涯覊旅,朔山千疊,遼河萬里,日夕啁啾,無非椎髻氈褐之俗。而一入栅門,音信斷絶,戀國懷鄉,百感交集,況神州陸沉,且二百年,天道深遠,無以測群陰剥復之會,尤有感於重陽之名矣"②。其在夷齊廟,揀片石而袖之,並稱"中國陸沉久矣,此獨爲一片乾净地"③。至北京謁文天祥廟,稱"獨文山一廟,無清家點墨,可謂不入於污穢之辱,而獨保清風者也。是荒凉數椽,卓然爲今天下光净之區,又爲之默賀先生河岳之靈也"④。又見廟宇破敗,欲出銀捐募修葺,出銀二十兩,謀之中國士人劉珏、歐陽

①吳載紹《燕行日記》,《燕行録全集日本所藏編》,001/369。
②吳載紹《燕行日記》,《燕行録全集日本所藏編》,001/375。
③吳載紹《燕行日記》,《燕行録全集日本所藏編》,001/381。
④吳載紹《燕行日記》,《燕行録全集日本所藏編》,001/390。

慎,爲其所拒,則直斥二人"夫尊賢慕義,出乎秉彝,吾儕以海表羈旅之踪,捐橐助修於文山之廢廟,非但東國有光,當令四海君子聞風愧死,凡有血氣者,孰不欲蹶然興起,思所以勸獎遐裔,扶植名教乎!若慎者,偷禄保軀,奴隸下才,其與穴中鼠奚以異也"①。其在留館期間,以爲"義不食周粟","然金繒之行,本不欲以口腹爲累,故離灣時,例出七百五十兩銀子,屬之乾糧馬頭,使雇車載米,列邑所賙,諸種略具,水陸之饌,東醬亦貯巨甌,所求於燕者,水耳。其光禄寺所來物,並委馬頭,任渠私用,想前後使行,皆應如此"②。

蓋吳載紹之於清國,視如仇寇,較前後諸人更甚。以是之故,其日記中,盡皆斥清痛罵之語也。其斥嘉慶帝"額顱廣,鼻梁高,豐偉膩白,殊無英彩動人,距我輩所坐僅五六步,緩驅而行,既過猶回首流眄,想必怪我輩衣冠也"。又"意以爲清皇雖胡服中國,威儀本自有先王遺制,當有一二事可觀者,以今所見,直狼山獵騎耳,烏得以文物責之哉"③。後嘉慶帝自西山還宫,朝鮮使臣迎駕,吳氏又稱"皇帝乘黄輴過去,從琉璃窗諦視吾輩,既過猶轉頭出輴柱外,斜眄橫睇而去。昔魏人晉曹操有曰:聖體浮輕。此亦聖體近於浮輕而然耶"④。而與大臣,則又斥"睿親王寶恩,閣臣王杰、劉墉、慶桂、汪承霈、明安等,專務詔媚,文之以詩書,果如渠輩稱頌,則嘉慶真聖人也。其然乎?其然乎?"⑤以爲"夫中華士大夫,口讀堯舜之書,身被韎韐之衣者,只爲其貪戀名位,而得其名位,乃觥觥不自安如此,不亦悲乎?如山東紀昀、江西彭元瑞,所謂南北翹楚,而徒擁文章虛譽,如徐立綱之自稱和珅義兒,汪學金之遣妻爲梁國治義婦,直猴跳狗噑耳。唯尹壯圖拂袖歸蜀,王文治挂冠隱吴,差有男子之風槩焉"⑥。又稱紀昀《灤陽消夏録》,"皆《搜神記》之類也,不經之甚"⑦。以爲清人策論詩賦,"語

---

① 吳載紹《燕行日記》,《燕行録全集日本所藏編》,001/390—391。
② 吳載紹《燕行日記》,《燕行録全集日本所藏編》,001/385。
③ 吳載紹《燕行日記》,《燕行録全集日本所藏編》,001/385—386。
④ 吳載紹《燕行日記》,《燕行録全集日本所藏編》,001/392。
⑤ 吳載紹《燕行日記》,《燕行録全集日本所藏編》,001/386—387。
⑥ 吳載紹《燕行日記》,《燕行録全集日本所藏編》,001/388。
⑦ 吳載紹《燕行日記》,《燕行録全集日本所藏編》,001/394。

鑿而磽,氣弱而蔓,降於明又一等矣"①。又因時白蓮教盛熾,而直隸諸州縣復被水災,吳氏見京中賣官之《工賑事例》,遂稱"我輩一時過客,看其外面奢華,容有不盡知者,而大抵天下整整久矣"②。吳氏以爲,眼見中國之不振如斯,"惜乎其爲腥膻之場"③,又"今日中國真可謂陽九百六之大運也"④。

而吳載紹之於本躬,自負至極,往往借他人之口以自誇焉。若在涼水店(兩水),借當地人語,謂"這大人好風儀,美髭髯"⑤。留館期間,訪江南游宦之士,與淮南張鯤化、汝陰王金華、九江葉榮春、徽州張立本等筆談,亦或竟晷,借王金華之筆,謂"余前贈金華詩有二聯曰:神傳吳道子,詩擬謝宣城。夕照金台出,浮雲碣石平。至是金華言此詩歸誇所親,大家名公,無不擊節嗟賞"⑥。又張立本乞吳氏書法,並曰"書法古雅,不遐二王"。又葉榮春極獎其詩,"謂得少陵妙處",然吳氏亦知"華人之交相推譽,亦例也"。⑦

蓋吳載紹之入中國,真所謂耳食撦大者也。其所獲見之士人,若張立本等,皆無名之輩,聽其諛言,信以爲真,而道聽塗説,即憑以爲實。其所叙説,每多錯訛,若前述以紀昀爲山東人,實不知其直隸獻縣人也。其論清朝學術,稱"理學推江慎修永、戴東園鎮、邵晉韓,號三徵君;博學推朱竹垞彝尊、閻百詩若璩、何義門屺岾,號三博物"⑧。不知乃"戴東原震""邵晉涵""何義門屺瞻",三人皆爲考據學家,而非理學見長,且生非同時,時次倒顛。又謂"尹壯圖拂袖歸蜀"⑨,不知其爲雲南蒙自人。凡此之類,信訛傳訛,觸手即誤。朝鮮使臣,至嘉慶時仍如此仇清盲視者,實鮮之又鮮焉。

────────

①吳載紹《燕行日記》,《燕行録全集日本所藏編》,001/395。
②吳載紹《燕行日記》,《燕行録全集日本所藏編》,001/390。
③吳載紹《燕行日記》,《燕行録全集日本所藏編》,001/372。
④吳載紹《燕行日記》,《燕行録全集日本所藏編》,001/377。
⑤吳載紹《燕行日記》,《燕行録全集日本所藏編》,001/377。
⑥吳載紹《燕行日記》,《燕行録全集日本所藏編》,001/393—394。
⑦吳載紹《燕行日記》,《燕行録全集日本所藏編》,001/395—396。
⑧吳載紹《燕行日記》,《燕行録全集日本所藏編》,001/395。
⑨吳載紹《燕行日記》,《燕行録全集日本所藏編》,001/388。

其自義州之後,即"夜讀《西銘》,夙興夜寐,箴自此循環成課矣"①。而其愚腐之語,措大之行,與中國明清理學家之講天理人欲,恰如難兄難弟,真難稱高下矣。又夷齊之入首陽,以蕨薇爲食,誓不食周粟,然"普天之下,莫非王土",然則首陽之蕨,亦爲周室之蕨,首陽之水,亦復武王之水耳。矯矯激越,壯言欺世,夜郎自大,莫如載紹,既無益於世,復無補於國,所謂空言誤國者,正吴載紹之謂也。

0705-1801

洪宅福《辛酉聞見事件》(《同文彙考補編續·使臣別單一》 活字本)

案洪宅福有《癸丑手本》(0671-1793),已著録。洪氏此次出使事由,詳參前吴載紹《燕行日記解題》(0704-1801)。

此《聞見事件》一條,記今夏清朝水災孔酷,田禾大無,嘉慶帝特派京卿四路分賑,豁免直隷州縣錢糧九百餘萬,截留漕糧六十萬石,分貯各州縣,以備賑恤,發内帑銀錢二千餘萬,皇城内外分所設賑。復遣大臣修築河堤,費用浩大,勢不能當,依乾隆時捐銀之例,自數萬金至數百金,捐官以募築堤之資云。

0706-1801

洪處純《辛酉手本》(《同文彙考補編續·使臣別單一》 活字本)

  出使事由:賫咨行
  出使成員:憲書賫咨官洪處純等
  出使時間:純祖元年(嘉慶六年 1801)九月?—十二月二十二日

洪處純,生卒籍貫不詳。通漢語,爲譯官。純祖朝,以賫咨官、譯官身份隨使團出入北京。曾與玄在明編纂《同文匯考》。事見《同文彙考補編續·使臣別單一》洪處純《辛酉手本》、《承政院日記》等。

此《聞見事件》一條,記自五月晦間,霖雨始作,無日不雨,至七月初

---

① 吴載紹《燕行日記》,《燕行録全集日本所藏編》,001/369。

霽,永定河決,水從永定門入,淹內城之半,城門三日不開,城內平地水高三尺,家家牆屋不倒則毀,帝令修城築堤,賑濟災民。直隸一帶九十餘州縣,盡被水災,野無收粟,流離轉徙之民,相望於道。京師五城之內,饑民年六十以上,十五以下,日饋兩頓飯,賜衣一襲,自十月初一日至明年二月而止。使臣所經關內寺刹,多插粥廠之旗,皆是饑民饋食之所。關東不至失稔,而皇旨下瀋陽收粟六十萬石輸送京都,故穀價無異歉歲。現今簿牒委籍,使命旁午,俱係河工賑政云。

0707-1801
吳載恒《辛酉手本》(《同文彙考補編續‧使臣別單一》 活字本)

  出使事由：賚咨行
  出使成員：賚咨官司譯院正吳載恒等
  出使時間：純祖元年(嘉慶六年　1801)十一月？—翌年三月十二日

  吳載恒,生卒籍貫不詳。通漢語,爲譯官。純祖元年(1801),爲司譯院正,以賚咨官身份,押送漂人往中國。事見《同文彙考補編續‧使臣別單一》吳載恒《辛酉手本》、俞彥鎬《語石》第八冊《祭譯官金致瑞文》等。

  純祖元年(1801)冬,福建省同安縣人王文艮等二十五人,漂到朝鮮京畿道長峰鎮,船隻破碎,願從旱路順付,朝鮮遂遣賚咨官司譯院正吳載恒押解咨報如例。

  此《手本》一條,記吳載恒等送長峰漂人福建同安人王文艮等。又有濟州漂人五名,福建漂人中吳晉稱,曾往呂宋國,略諳風土言語,察其衣冠言語,不是呂宋國人。載恒等送至瀋陽,諸衙門會員查訊,亦不通曉其話語,難知爲何國人。抵北京留館至五十日,終未知漂人之爲某國人。還至瀋陽,探問消息,則五名中一人病死,四名終無查訊之道,故還送朝鮮,以爲給船轉向之地。漂人之還送,係是無前之例。載恒等往問於禮部及將軍衙門,則序班等私謂上諭曰漂人還送,有此故耳。禮部題奏回咨,俱皆依例而行。而上諭之自內下者,未知緣何委折矣。

0708-1801

李基憲《燕行日記》(《全集》第 65 册　鈔稿本)

　　出使事由：冬至等三節年貢兼陳奏行

　　出使成員：正使判中樞府事曹允大、副使吏曹判書徐美修、書狀官兼司憲府執義李基憲等

　　出使時間：純祖元年(嘉慶六年　1801)十月二十七日—翌年三月三十日

　　李基憲(1763—1804)，字温仲，全州人。正祖朝，任假注書。純祖初，爲弘文館副校理、司諫院獻納、司憲府掌令、靈光郡守等。在靈光任，因病罷黜後卒。有《燕行日記》二卷傳世。事見《純祖實録》《承政院日記》等。

　　李基憲《燕行日記》上下二卷，鈔稿本。字迹不一，顯非一人所鈔，下卷又復爲數人所鈔。每卷首頁右下皆有"李印基憲"篆文朱方印，則知爲李氏家藏本也。首爲一行人員名單，後爲日記。原稿記所到之地及里數，或間記文中，或記文末，而皆爲删改，置於當天日期與陰晴後。據李氏此記，純祖元年七月二十六日，都政薦冬至正使判書曹允大、副使參議徐美修、書狀官校理李基憲，皆以首望落點，拜表則以十月十九日擇日矣。十月十六日，有不得已陳奏事，遂單使變爲冬至兼陳奏使，故正使則借銜陞判中樞府事、副使則陞嘉善、書狀官則陞四品兼掌令，即令大臣筵奏蒙允也。①

　　案李氏所謂"不得已陳奏事"者，即朝鮮史上有名之邪教案也。先是，朝鮮稱有邪黨金有山、黄沁、玉千禧等，每因朝京使行，傳書洋人，潛受邪術。又有周文謨等中國人，服裝變幻，衣東衣，言東言，稽貌究迹，初不殊常，踪迹疑信，鼓倡其妖邪之教，訛誤朝鮮禮義之俗。上年閏四月，申龜朝論劾三南邪學熾盛。純祖元年(嘉慶六年　1801)正月，嚴禁邪學。二月，殺李承薰、丁若鍾，配丁若銓、丁若鏞等。三月，周文謨自首，四月梟其首。九月，逮教人黄嗣永。十一月，以傳播天主教罪，殺黄嗣永及莊獻世

---

①李基憲《燕行日記》卷上，《燕行録全集》，065/018。

子第三子恩彥君李裀等，前後處死三百餘人。十二月，罷蔡濟恭。此即朝鮮史稱之"辛酉邪獄"也。

曹允大一行至北京，謹將此事在北京奏上，嘉慶帝以爲此則非是，稱京師向設有西洋人住居之所，祇因洋人素通算學，令其推測躔度，在欽天監供職，向不准與外人交接。而該洋人航海來京，咸知奉公守法，百餘年來，從無私行傳教之事，亦無被誘習教之人。該國王所稱，"邪黨金有山等，來京傳教"一節，其爲妄供無疑。自係該國匪徒，潛向他處，得受邪書，輾轉流播，及事發之後，堅不吐實，因而捏爲此言，殊不可信。目該國王，惟應嚴飭本國官民，敦崇正道，勿惑異端，自不至滋萌邪慝。至所稱"餘孽或有未净，恐其潛入邊門"，所慮亦是。已降旨飭令，沿邊大吏，一體嚴查。設遇該國匪徒，潛入邊隘，一經盤獲，即發交該國，自行辦理，以示大清撫慰懷柔至意焉。

李基憲一行於十月二十七日拜表離發，十二月二十四日到北京，三月三十日，返國入闕覆命。李氏記中多引《老稼齋日記》等諸家燕行之書，其記十二月十七日，一行宿榆關，三使臣與當地鄉貢進士齊佩蓮（字製裳，號紫村，一號黃崖散人）筆談之語，齊氏數年來屢蒙與東使手談，今次亦呈稿來見，遂相談竟夜，問答及齊氏家世、關内歉收之狀、川陝教匪之情狀、東人衣冠、道學文章名家、朱子陽明之學、西洋之學、沿途妓女等事甚悉。其他所記則與諸家無異也。

又李氏記義州私商金宅京，一名景肅者，潛買紅蔘於一處，爲譯官摘發，故並與其紹介者義州驅人守京、副房籠馬頭德金者，杖而問之。守京招德金，德金告景肅，而景肅供，謂是館門外蔘商周哥年前貿易之物，而爲取贏利居間買賣云。"言多相左，終不招認，即地查處，其勢亦難，故姑置之，以待渡灣後，更查斟斷，亦所以安其南北走之心也。"①案朝鮮使行中，潛商非法走私牟利，無代無之，國有律條，視同具文，終難禁斷，皆如金宅京之類者也。

---

① 李基憲《燕行日記》卷下，《燕行録全集》，065/189—190。

卷五九　李基憲《燕行日記啓本》　李基憲《燕行詩軸》　1033

0709-1801

李基憲《燕行日記啓本》（《全集》第 65 册　鈔稿本）

　　案李基憲有《燕行日記》（0708-1801），已著録。

　　朝鮮三使臣燕行途中所上國王奏啓，稱"狀啓"；正、副使所上，稱"別單"；書狀官所上，稱"聞見事件"；賫咨官、譯官所上，稱"手本"。李基憲此啓本，即其沿路及到北京後一行之始末，歸國後報告國王，以備資覽者焉。李氏此本首記往返日期與里程等，記一行往返一百九日，二百九十六人，馬共二百九匹，將"沿路留館所聞所見，臚列如左，以備睿覽，謹具啓聞"①。實爲李基憲《燕行日記》之縮寫本，首頁右下有"李印基憲"篆文朱方印，爲李氏家藏本。

　　啓本末附聞見事件十三條，皆記當時中朝要聞者也。若記上年大歉，公私俱竭，都無昔日之繁華。江南商賈稱"先皇帝時民皆樂業，今則生理漸艱，勢將還歸故土云云"②。又記教匪之亂於今十餘年，尚未掃蕩乾净。朝廷自軍興以來，賣官鬻爵，以充軍資，京城近處，多有偷盗，而關内饑民，多流向關外，流丐相續於沿路；永定河溢，平地成海，至今未塞，費銀鉅縻，今督大學士阿桂專責疏浚等。又方皇帝本欲巡視瀋陽，後因歉荒之餘，遠道修治，所費必巨，故暫爲緩停等等。案李氏所記，雖有誇飾，然多紀實也，清自乾隆末年，白蓮教起事，軍興頻繁，而荒歉連年，民不聊生。由李氏所記，亦可知大清帝國，已啓日薄西山之肇矣。

0710-1801

李基憲《燕行詩軸》（《全集》第 64 册　鈔本）

　　案李基憲有《燕行日記》（0708-1801），已著録。

　　此《燕行詩軸》，首頁右下有"李印基憲"篆文朱方印，爲李氏家藏本。收詩近二百首，即李基憲純祖元年（1801）出使期間所作，多與正使曹允大、副使徐美修唱和之詩。邊框版心等與《燕行日記》相同，蓋同時所鈔

---

①李基憲《燕行日記啓本》，《燕行録全集》，065/284。
②李基憲《燕行日記啓本》，《燕行録全集》，065/325。

也。目錄中有《日記啓本》及所附《聞見事件》,則可知原爲一書,而《燕行錄全集》編輯者分而爲二也。李氏詩中有"況今斥邪日,誰作指南車"之語①,即指金有山、周文謨等邪教事件也。其詩雖多,而義則平平,少警切之句,乏清新之詞耳。

0711-1801
李基憲《辛酉聞見事件》(《同文彙考補編續・使臣別單一》 活字本)

案李基憲有《燕行日記》(0708-1801),已著錄。

此《聞見事件》兩條,即李基憲純祖元年(1801)出使期間所記。載盛京一省,官兵一萬三千五百八十名,而一丁所受之銀,每年爲二十四兩,又有田五日耕,每年頒料之際,或值不足,則自燕京輸送。近年南征以後,京庫蕩竭,自嘉慶三年,始許盛京户部存留銀一千萬兩,請貨以給,又以其餘分送吉林、黑龍江兩省,亦補其頒料不足之數等。又載乾隆丙申、丁酉年間,山東地方洋學熾盛,多行誅戮,至今斥絕之故,不得顯售其術,而許其築堂留住者,不過爲造曆造器而已。即今紅毛國地方,其學大行,而紅毛即西南荒裔之國,距西洋國不遠云。

---

①李基憲《燕行詩軸・敬次正使韻・過牛溪》,《燕行錄全集》,064/382。

卷六〇　0712—0727

純祖二年(嘉慶七年　1802)—純祖四年(嘉慶九年　1804)

0712-1802
李榮載《壬戌手本》(《同文彙考補編續·使臣別單二》　活字本)

　　出使事由：賫咨行
　　出使成員：憲書賫咨官李榮載等
　　出使時間：純祖二年(嘉慶七年　1802)九月—十一月

　　李榮載,生平事蹟不詳。爲譯官,屢因賫咨或隨使團入中國。事見《同文彙考補編續·使臣別單二》李榮載《壬戌手本》、《承政院日記》等。
　　此《手本》一條,記白蓮教征剿之役,關東兵丁皆已罷送,紅旗得勝兵不日亦當還歸。問所謂紅旗得勝兵,則末梢平定之時,紅旗兵名色始爲"得勝"云。

0713-1802
閔命爀《癸亥聞見事件》(《同文彙考補編續·使臣別單二》　活字本)

　　出使事由：奏請謝恩兼冬至等三節年貢行
　　出使成員：正使青城尉沈能建、副使禮曹判書韓晚裕、書狀官兼司憲
　　　　　　府執義閔命爀等
　　出使時間：純祖二年(嘉慶七年　1802)十月二十四日—翌年閏二月
　　　　　　十五日

　　閔命爀(1753—1818),字明汝,驪興人。正祖朝,爲弘文館校理、司憲府掌令等。純祖時,任黄海道暗行御史、司憲府執義、司諫院大司諫、禮曹判書、工曹判書、刑曹判書、知中樞府事等。謚肅獻。事見《正祖實錄》

《純祖實録》《承政院日記》等。

　　純祖二年(嘉慶七年　1802),朝鮮遣奏請兼冬至等三節年貢使青城尉沈能建、副使禮曹判書韓晚裕、書狀官兼司憲府執義閔命爀等入燕,請册封純祖妃金氏(1789—1857　安東金祖淳女)爲王妃,並謝冬至陪臣賜食、謝討逆陳奏方物移准、謝龍崗漂民出送等件,兼進冬至等三節年貢。一行於十月二十四日離發王京,翌年閏二月十五日返京覆命焉。

　　此《聞見事件》二條,載白蓮教平定,嘉慶帝諭以邪教之始,由奸民假燒香火治病爲名,惑衆斂錢,無知愚民,被其煽誘,黨與既多,脅從愈衆,起於湖北,闌入豫省,由陝入川,蔓延三省,經七載辦理,終於平定,自額勒登保以下,至各省督撫總兵及軍校等,各加賞給。又記嘉慶帝少好文學,《味餘書室詩文稿》多至六十卷,去年命皇子親王及劉墉、董誥等數十人編次訖,將以刊布云。

　　又據《純祖實録》,沈能建等一行返國後,純祖召見,閔命爀進聞見別單,尚有一條謂遣往朝鮮之册封使臣,上敕散秩大臣成德,以世襲侯爵,循階推遷,性鄙瑣無檢,未諳事務;副敕内閣學士兼禮部侍郎明志,初任鴻臚寺鳴贊,以才諝歷少卿府尹,昨秋特拜内閣學士,兼察太常寺事務,以奉職秉公,位至卿貳,方見委用云。①

0714-1803
李晚秀《輶車集》(《全集》第 60 册;《叢刊》第 268 册《履園遺稿》　鈔本)

　　出使事由:謝恩行
　　出使成員:正使判中樞府事李晚秀、副使禮曹判書洪義浩、書狀官兼
　　　　　　司憲府執義洪奭周等
　　出使時間:純祖三年(嘉慶八年　1803)七月十一日—十一月十五日

　　李晚秀(1752—1820),字成仲,號屐翁,延安人。福源次子。好風儀,善音吐,文辭贍麗,性情温和。英祖五十年(1774),中司馬試。五十二年,春到記對策居魁,命直赴殿試。翌年,以第一人及第。受知於正祖,

---
①《純祖實録》卷 5,純祖三年(嘉慶八年　1803)二月十八日癸未條。

至九列文衡,長帶閣銜。官至成均館大司成、禮曹判書、行中樞府事等。純祖時,爲禮曹判書、藝文館提學、水原留守、弘文館大提學、平安道觀察使、兵曹判書等。有《履園遺稿》十五卷傳世。事見《履園遺稿》卷一五李晚秀《自誌銘》、李時秀《墓碣銘》、李世翼《家狀》、《英祖實錄》、《正祖實錄》、《純祖實錄》等。

李晚秀《履園遺稿》十五卷,爲其兄時秀據家藏稿本編次,孫世翼等刪定鈔本,《韓國文集叢刊》據奎章閣藏本影印,《燕行錄全集》爲同一版本。首卷爲詩,二至一一卷爲文,間亦有詩,一二卷爲《輶車集》,一三卷《和陶集》則爲和陶淵明詩,一四卷《泉社集》,爲紅泉社中詩,一五卷爲《附錄》,乃諸家祭文、誌狀等。

案此卷輯自李晚秀《履園遺稿》卷一二。晚秀曾兩度到中國,正祖七年(乾隆四十八年 1783),以打角軍官身份,與其從弟田秀陪其父問安使福源入瀋陽,詳見李田秀《入瀋記解題》。《燕行錄全集》編輯者見晚秀本卷前《輶車集序》,即隸其時間爲是年,實則所隸詩文非僅爲此年所作,而十之八九非此次入瀋所作也。

純祖二年(嘉慶七年 1802)末,遣冬至兼陳奏使青城尉沈能建等入燕,請封王妃金氏。翌年閏二月,清廷以散秩大臣成德等賫敕至朝鮮册封王妃。七月十一日,純祖差晚秀以坤殿册誥謝恩正使赴燕,同行者則爲副使禮曹判書洪義浩、書狀官兼執義洪奭周等,一行於十一月十五日返京覆命。晚秀"取瀋、燕路中詩文爲《輶車集》"者①,即此也。計爲詩、序、啓、奏、咨、表、領教文諸種。前錄初次瀋行作三十餘首,亦多見田秀《入瀋記》中。純祖三年詩則多至三百餘首,而末又有《紀行》五言長詩一首數百韻,有闕文,在燕行諸家中,可謂詩作富贍者也。而序則爲前次入瀋時所作《裕昆真序》一篇,啓爲《上沁谷先生啓》一篇,奏、咨、表等則爲入燕時方物呈奏及謝恩奏等各數篇也。

晚秀詩多與副价洪義浩、行台洪奭周聯句爲樂,所謂"燕山萬里百篇詩,野草巖雲總是詩。聞說西人驚怪視,謝恩三使但知詩"者也。② 晚秀

---

①李晚秀《輶車集序》,《燕行錄全集》,060/331。
②李晚秀《輶車集·戲題》,《燕行錄全集》,060/367。

詩作既富,則歌詠山川古迹、奇聞異事外,他若漢語、胡馬、乞兒、石鼓、太學、鸚鵡、駱駝、大象、風車、插花、纏脚、彈弓、鍘刀、靡驢、石炭等,莫不入詩;而同行之人若副价、行台、自詠、裨客、徒禦、驛驅等,亦爲描摹其行役之狀;他如風、雷、雨、雪、夢、閑、忙、笑、歎、快、耻、羡、苦、喜等,亦皆爲詩題,可謂無所不詠、無所不入詩也。史言晚秀"好風儀,善音吐,文辭贍麗,時稱館閣良材,高文大册,多出其手"①。又鄭元容稱"其句櫛字比,左規右矩,譬如齊魯宿儒,獻酬交錯,而汋合儀節,幽並老將,介甲疾馳,而不失部伍。古律詩不以機杼雕鏤,而因物賦形,抒寫襟靈,輒得之談笑杯樽枕席之間,蒼然而彝鼎古器,泠然嶰管嶧桐,悠然而鳧雁游泳,藻行駢儷,紆餘豐縟,深得皇宋館閣之法"②。然觀其詩作,則意淡無奇,少雄宏杰麗之作。蓋日作數首,凑字成句,則無推敲雕琢之功,故少警言妙句耳。

　　案李晚秀雖兩度入中國,一至瀋陽,再至北京,然其視清廷,仍無異如仇虜。其送族叔李肇源赴燕,謂"其行則宋人之章甫也靡適矣,其地則周道之鞠草在喉矣,其時則會稽之耻天星復回矣。公之志,則静觀先生石室痛哭之詩,家傳而不替矣。行矣過鴉鶻關,憶楊經理四路之兵;登青石嶺,誦寧陵聖祖寒雨之詞;渡深河,訪柳下將軍殉忠之墟;歷松杏堡,弔猿鶴煩寃之哀;望煤山閣,哭天地崩柝之變。嗟呼!公何往焉。秦城漢關爲誰守也?五鳳八象爲誰有也?圜丘辟雍石鼓石經爲誰設也?徒見俗尚梔蠟,民爭錐刀,衣冠歸於倡優,簪笏化爲馹僧。王、楊餘派,經旨日晦;鍾、譚小品,文體大變。朝有熹平之陋政,野無義熙之逸士。嗟呼!公何觀焉。飲馬長城之窟,驅車廣漠之野。冬則饗風虐雪,凌陰四塞,唇黑面裂,僮僕無人色;春而爛泥没腰,飛塵蔽日,步步間關,一日行數十里。濁泉如酪,硬飯如沙,對案則羶葷觸鼻,使人欲嘔。無深堂燠室,屍宿如露卧。雖甚病駄舁趲進,不敢遲徊調息。留賓館四十餘日,欝欝若南冠之囚"③。然則在晚秀目中,一入中土,無疑猶墮入地獄,其識見如此,而詩之平淡無奇,似亦當在情理之中也。

────────

①《純祖實録》卷23,純祖二十年(嘉慶二十五年　1820)七月二十八日壬午條。
②李晚秀《履園遺稿》鄭元容《屐翁李太史文集序》,《韓國歷代文集叢書》,268/655。
③李晚秀《履園遺稿》卷20《送族叔尚書公名肇源赴燕序》,《韓國文集叢刊》,268/065。

0715-1803
洪奭周《癸亥燕行詩》(《續集》第 121 册;《叢刊》第 293 册《淵泉先生文集》 鈔本)

　　洪奭周(1774—1842),初名鎬基,字咸伯,正祖改賜今名,號淵泉,安東豐山人。正祖時,官承政院注書、藝文館檢閱等。純祖朝,任承政院都承旨、忠清道觀察使、吏曹判書、兵曹判書、司憲府大司憲等。憲宗朝,官至領中樞府事、左議政等。卒謚文簡。有《淵泉集》四十四卷行世。事見《淵泉集》卷四四洪顯周《家狀》、洪直弼《神道碑銘》、韓章錫《墓志銘》與《正祖實錄》《純祖實錄》《憲宗實錄》等。

　　案洪奭周出使事由,詳參前李晚秀《輶車集解題》(0714-1803)。

　　洪奭周《淵泉集》四十四卷,爲其外孫韓章錫據家藏稿本,於高宗元年(1864)搜集再編本。《韓國文集叢刊》據奎章閣藏本影印,缺頁以延世大學中央圖書館藏本補配。卷首有韓章錫《散書目錄》,録洪氏所著之書目。前後無序跋。詩五卷,餘爲諸體文。卷三六爲《讀易雜記》、卷三七《春秋備考》、卷三八《傳重服斬考》、卷三九《講書問答》、卷四〇至卷四一《訂老》、卷四二至卷四三《家言》、卷四四爲《附編》。可謂著書宏富,遍涉四部焉。然版本校勘不精,間有誤字,若"嘗"誤爲"常"、"眷"誤爲"騰"、"間"誤爲"問"、"伍"誤爲"位"等,則以"★"號標誤於其字旁,而書正字於抬行處焉。

　　洪氏《癸亥燕行詩》一百三十餘首,見《淵泉先生文集》卷二,《燕行録續集》第一二一册收録,題爲《淵泉燕行詩》。其首頁《陛辭》詩題下小注"奉使赴燕"。洪氏自拜表離發至返國沿途,皆有詩作。洪氏深受正祖器重,與金邁淳以"淵台文章",名震一時,金澤榮稱其爲"麗韓九大家"之一。其詩和平典憲,不越禮義。韓章錫稱奭周"詩尤逼古,氣格與理致咸具"①。今觀其在都門諸詩,若《皇都記見》九首、《圓明紀見》四首、《五龍亭望煤山》兩首、《花市紀聞》、《拈杜韻追賦西山諸勝》四首、《又以五言古

---

①洪奭周《淵泉先生文集》卷 44 韓章錫《墓志銘》,《韓國文集叢刊》,294/262。

詩賦北京所見上使拈韻》三首、《又申追賦之令皆用七言古詩副使命韻》八首等,記北京政情民風,叙景而兼詠史;又《記俗絶句》十一首等,則又記沿途所見暖炕、燔鬻、葬車、風車、纏足、彈弓、無梁屋、頂子、雙髻、風磨銅、瓦當等,札記而兼戲謔之風,類柳得恭、朴齊家之風格,而紀實諧趣則有餘,筋骨老到則不若也。

0716-1803,1831
洪奭周《北行録》(《叢刊》第293册《淵泉先生文集》 鈔本)

　　案洪奭周有《癸亥燕行詩》(0715-1803),已著録。

　　洪奭周《淵泉先生文集》卷二〇有《北行録跋》與《書北行録後》兩篇,稱其奉使時著有《北行録》,"今余奉君命以往,而徒以觀游爲能事,是録也,又足存歟? 抑余之爲是録也,匪惟叙其行程而已。讀是録者,可以觀余之志焉,可以觀余之才焉,可以觀余之文辭見識焉。余其爲賢歟? 爲不肖歟? 爲拙歟? 爲工歟? 爲能及古人歟? 爲猶在今人之下歟? 余皆不得而自信也。然則是録之可存歟? 其不足存歟? 在後之觀者自擇之,非余之所得私也。然歐陽子作《於役志》,僅數百言;陸務觀作《入蜀記》,數萬言。余作是録,則又倍於務觀,余之不及古人也決矣。余故藏之五年,以觀其文辭見識之少有進也,今知其終不進也,然後出而書其後,若余他日之學,猶有進於今也,則是録之存與不存,尚未可知也"①。據其跋文,則《北行録》字數倍於陸游《入蜀記》,今洪氏集中,有《龍灣訪義記》《渡鴨緑江記》《過鳳凰山記》《度石門嶺記》《舟渡三河記》《月峰望野記》《渡大凌河記》《謁清聖祠記》《游盤山少林寺記》《登薊丘記》《書燕京寺觀記後》諸文,見本集卷一九至卷二一。然其字數,尚不足敷。韓章錫謂洪氏"有集八十四卷、年譜二卷,章錫所裒輯也"②。今僅見四十四卷,不知爲並當時兩卷爲一卷而成,抑或有所删裁之故? 今集中若前述《癸亥燕行詩》《辛卯燕行詩》亦計爲《北游録》,當亦不足數萬字耳。然上述諸文,爲

---

①洪奭周《淵泉先生文集》卷20《北行録跋》,《韓國文集叢刊》,293/460。
②洪奭周《淵泉先生文集》卷44 韓章錫《墓志銘》,《韓國文集叢刊》,294/262。

《北行錄》中之文,當不虛矣。洪氏精於經史,博學而雜,其學原本經術,故文章俱有根底,而自中法度,諸記較之朴趾源輩,華藻奇崛雖不及,而質朴規整則過之也。

0717-1803
洪奭周《癸亥聞見事件》(《同文彙考補編續・使臣別單二》 活字本)

案洪奭周有《癸亥燕行詩》(0715-1803),已著錄。

此《聞見事件》二條,記嘉慶八年(1803)閏二月間,嘉慶帝自圓明園回宮,至紫禁城神武門,忽遭一人拔劍突入於仗衛之中,諸臣倉皇失措,唯親王近臣六人,以身捍蔽,其中二人身被重創,而後僅能獲盜。其人爲民人陳德,迫於饑寒,寧求速死,經嚴加拷鞫,仍無主使之人。帝以爲如猘犬噬人,即令處決,惟誅及二子,懸首槀街,餘雖至親,並不波及。又以急變之際,百餘侍衛,皆袖手旁觀,降旨切責。又載安南阮光平卒,其子光纘招納閩越逋逃,劫掠邊陲之行旅,又與農耐國長阮福映,互相攻戰,爲其所敗,棄國潛逃,福映獲其敕印,遣使呈檄,並表其本末。仍以福映封於安南,而改賜國號曰"越南"云。

0718-1803
張舜相《癸亥聞見事件》(《同文彙考補編續・使臣別單二》 活字本)

案張舜相出使事由,詳參前李晚秀《輶車集解題》(0714-1803)。

張舜相,生卒籍貫不詳。精漢語,爲譯官。純祖朝,爲知中樞府事。以首譯身份隨使團出入清朝。事見《同文彙考補編續・使臣別單二》張舜相《癸亥聞見事件》、《承政院日記》等。

此《聞見事件》一條,稱今年二月間,嘉慶帝幸圓明園時,所乘黃屋轎子,因擔夫之跌足前倒,面撞轎窗,至有傷痕,人皆以此爲不祥之兆,未久有陳德之變。帝以陳德事歸之狂犬噬人,只誅其身,不窮治盤覈,以釋臣民騷擾疑懼之心,而自此心常不豫。故今秋不設熱河之打圍,而徑歸海甸。明年似作瀋陽之幸,而尚無旨諭者,未必不由於戒嚴之意云。

0719-1803
金在洙《癸亥手本》(《同文彙考補編續・使臣別單二》 活字本)

　　出使事由：賫咨行
　　出使成員：賫咨官副司直金在洙等
　　出使時間：純祖三年(嘉慶八年　1803)九月十九日—十二月？

　　案金在洙有《庚申聞見事件》(0694-1800),已著錄。
　　純祖三年(1803),高麗溝子民人劉文喜、秦士雷、鮑有祥、張九孫,結交顧學彦等,聚集多人,偷斫木植。清廷遣副都統巴克等前來查辦,奸民等畏罪逃逸,竄至平安道獐子島地方。副都統等督令朝鮮地方官急速前進,與上國兵役遍搜近島,捕得劉青山、蔡法二名,拿解盛京。劉文喜等六名,並無踪迹,即將龍川府使等革職,觀察使金文淳等酌量勘處。嗣後邊禁益務嚴密,毋或疏誤等由,專差副司直金在洙咨報禮部。回咨奉上諭,勘處各員,加恩寬免,嗣後須實力巡查,若有内地奸民逃往,該國即查拿解送云。

　　此《手本》一條,記今年春夏之交,内地流民多出關外,福建人連任率素以無賴稱,以行醫取食關東,足迹無處不到,而實與劉文喜等有隙,直走京師,以文喜等六人屯聚海曲,募有邊外發配爲奴之顏登高等三人,同日逃脫,緝捕未獲。皇帝特派副都統巴克與工部侍郎巴寧阿協同辦理,副都統以首犯之未獲,將往高麗溝子等地親自搜索云。

0720-1803
徐長輔《癸亥聞見事件》(《同文彙考補編續・使臣別單二》 活字本)

　　出使事由：冬至等三節年貢行
　　出使成員：正使禮曹判書閔台爀、副使吏曹參判權襈、書狀官兼司憲府持平徐長輔等。
　　出使時間：純祖三年(嘉慶八年　1803)十月二十一日—翌年三月二十二日

徐長輔（1767—1830），字公瑞，號長溪，達城人。純祖元年（1801），春塘台試壯元。爲弘文館校理、成均館大司成、司諫院大司諫、京畿道觀察使等。事見《純祖實錄》《承政院日記》等。

純祖三年（嘉慶八年　1803），以禮曹判書閔台爀爲冬至等三節年貢行正使、吏曹參判權襈爲副使、兼持平徐長輔爲書狀官赴燕，進冬至等三節年貢。一行自十月二十一日出王城，翌年三月二十二日返京覆命焉。

此《聞見事件》一條，記黃河潰決，工役浩大，前禮部侍郎鐵保主其事，已費千五百餘萬兩，而尚未告訖，木石轉運之際，人命傷損亦多，且經費既竭，工傭難繼，令民納資助效，按數多少調官高下，至印布條例，名曰奏准衡工事例。蓋自年前白蓮教盛時，已有賣官之舉，今於河工，亦用此例云。

案《純祖實錄》又載冬至書狀官徐長輔聞見別單，所隸事一條，謂高麗溝子事，先派欽差副都統策拔克審辨，又以其未能慎密，輾轉透漏，致使奸犯，先機走躲，且多般納賂，物議喧騰，故罰降一級。而及其歸奏也，謂以高麗溝子距獐子島四十里，島係朝鮮地，而現無民人居住，彼此難於巡察，故奸民輩，因緣潛匿，爲弊多端，若使該國，許民聚入，杜絕潛匿之路，且於高麗溝子山臺上，結構房屋，使鳳城甲軍數十名、岫巖甲軍數十名，輪回把守，又給官船二隻，使之來往巡察，甚妥當爲言。命下部議云。①

0721-1803

李海應【原題徐長輔】《薊山紀程》五卷（《全集》第 66 册　鈔本）

李海應（1775—1825），字聖瑞，號東華，韓山人。徐長輔友。家居漢城蓮花洞，扁其室曰懷蘭室。仕途不諧，以生員終老。有《東華遺稿》三卷、《薊山紀程》五卷行世。事見《薊山紀程》與《承政院日記》等。②

案李海應出使事由，詳參前徐長輔《癸亥聞見事件解題》（0720-

---

①《純祖實錄》卷 6，純祖四年（嘉慶九年　1804）三月二十五日甲寅條。
②關於李海應是書，還可參劉順利《朝鮮文人李海應〈薊山紀程〉細讀》，學苑出版社 2010年版。

1803）。

　　此《薊山紀程》五卷，編輯者以爲徐長輔作，蓋因徐氏爲此次燕行之書狀官故也。然其書起卷於"離家"小題下即稱"燕遊，夙願也。秋陽徐學士充歲幣書狀官，謀與余伴行。金厚根景博，亦以戎衣從事。是日同發"①。然則作者乃長輔之友，知其非長輔一也。又其書卷一《次秋陽坐車詩序》稱"自渡灣後，書狀例乘坐車，車制與雙轎略同而差小，車重輪廣，軋軋沙石之路，坐其中，不覺東西顛倒。余亦試乘之，按住不可得"②。則知此人非長輔二也。又一行返國至慕華館，"自秋陽改公服也，余則徑發還家"③。此則因長輔乃書狀官，須先詣闕而後方能歸家，而作者乃一般從事人員，不必詣闕，故逕自還家也，此可知作者非長輔者三也。是書卷五"行總"記一行人員，惜只記"軍官""伴倘""乾糧官"等職名，而不記姓名。惟在北京時，其與士人手談，論及通劑時，作者言其地址稱，"故莊王城蓮花洞，扁其室曰懷蘭室"④。而他姓名行事，皆不能盡知，然作者以書狀官徐長輔之軍官身份隨使行入燕則無疑矣。據夫馬進教授言，《燕行錄全集日本所藏編》第一册所收《燕行詩（薊程詩稿）》，即爲從此《薊山紀程》中擇出者，並稱金榮鎮氏考證爲李海應所撰，然則此書亦當爲李海應所撰焉。⑤

　　是書五卷，自是年十月二十一日出王城，至十二月初三日抵瀋陽近郊爲卷一；十二月初四日到瀋陽至二十四日抵皇都入玉河館爲卷二；本月二十五日至翌年二月初一，留館期間所記爲卷三；自二月初二日離發北京至三月二十五日返王京歸家爲卷四；而卷五則爲附錄，記行總、城闕、沿邑、宮室、官衙、衣服、飲食、歲幣、賞賜、器用、舟車、公役、風俗、道里、科制、山川、畜物、言語、胡藩、貢税等項，此卷則爲鈔撮《一統志》《賦役全書》及方

---

① 李海應【原題徐長輔】《薊山紀程》卷1《離家》，《燕行錄全集》，066/012。
② 李海應【原題徐長輔】《薊山紀程》卷1，《燕行錄全集》，066/087。
③ 李海應【原題徐長輔】《薊山紀程》卷4，《燕行錄全集》，066/473。
④ 李海應【原題徐長輔】《薊山紀程》卷3，《燕行錄全集》，066/379。
⑤ 詳參[日]夫馬進撰，伍躍譯《朝鮮燕行使與朝鮮通信使——使節視野中的中國・日本》第九章《日本現存朝鮮燕行錄書目提要》，上海古籍出版社2010年版，第229頁；又劉順利《朝鮮文人李海應〈薊山紀程〉細讀・前言》，學苑出版社2010年版，第3頁。

志諸書,以及前次燕行諸家之書而成者也。全書非一人所鈔,且有鈔補刪改之頁矣。

是書別於他家燕行錄之最者有二:其一則記沿路山川、古跡、驛站等達數百家之多,爲前所未有也。如在朝鮮境内所記,即達七十餘家,若碧蹄村、惠陰石佛、廣灘橋、坡平館、花石亭、臨津渡、臨湍館、滿月台、青石洞、金陵、映水屏、平山客館、太白山城、南泉野、寶山驛、葱秀小雪、玉乳靈巖、屏巖、瑞興長林、洞仙嶺、舍人巖、月波樓、竹樓、太古亭、生陽館、大同館、練光亭、九疇壇、閑似亭、仁賢書院、忠武祠、武烈祠、浮碧樓、清流壁、箕子墓、嬋妍洞、安定館、徘徊亭、肅靈館、新川石橋、望京樓、忠潛祠、百祥樓、七佛寺、清川江、大定江、曉星嶺、五龍浦、新安書院、鳳鳴書院、兩祖紀績碑、九曲嶺、淩漢山城、倚劍亭、步虛閣、掛弓樓、劍山、清江坪、東林鎮西關、車輦館、西林鎮、天淵亭、箭門營、來熏門、統軍亭、聚勝堂、三宜亭、清陰遺跡碑、九龍亭、望宸樓、凝香堂、來宣閣、鴨綠江等皆是也。

又其一路所作之詩,多達四百四十餘首,而其《薊程詩稿》所載,更多達五百七十餘首,亦爲此前諸家所鮮見也。所到之處,無處不記,而無處不詩也。燕行諸人所記,金景善以爲至稼齋金氏、湛軒洪氏、燕巖朴氏而至其極。所謂"稼近編年,而平實條暢;洪沿乎紀事,而典雅縝密;朴類夫立傳,而贍麗閎博。皆自成一家,而各擅其長,繼此而欲紀其行者,又何以加焉"①。本書作者之記,所爲體例,即以合編年、紀事、詩歌於一爐,每日先書行程里數與所經之地,繼而記其風景古跡,再麗其詩於後,蓋其欲新變體例而自異於他人又自優於他人也,然其所記平實條暢則不及稼齋,典雅縝密則不及湛軒,而詩作奇崛又差柳得恭甚遠,故其體雖新,然讀其詩其文,則令人欠思欲睡耳。蓋記事之文,不能貪多;貪多則顧其周全,全則溢濫矣。又作者燕行,已是清嘉慶八年,然其書中稱中國皇帝仍曰"胡皇""禽獸"等,此則食古之不化,較其先輩洪大容、朴齊家、朴趾源、柳得恭諸人遠矣哉。

---

①金景善《燕轅直指序》,《燕行錄全集》,070/246。

0722-1803

李海應《薊程録》(《燕行録叢刊(增補版)》網絡本　鈔本)

　　案李海應有《薊山紀程》(0721-1803),已著録。

　　此《薊程録》分乾、坤二卷,實爲《薊山紀程》卷五《附録》,而所抄各類小題與原卷先後不一,分別爲道里、山川、城闕、宫室、衣服、飲食、器用、舟車、風俗、科制、畜物、言語、胡藩、貢税、行總、官衙、歲幣、賞賜、食例、公役等。兩本文字,並無不同,惟是本字小行密而已矣。

0723-1803

李海應【原題未詳】《薊程詩稿》(《續集》第121册;《日本所藏編》第1册　鈔本)

　　案李海應有《薊山紀程》(0721-1803),已著録。

　　是稿爲鈔本,一册,封面題"薊程詩稿",而首頁第一行題"燕行詩",今藏日本静嘉堂文庫。據夫馬進所言,其稿爲《燕行録全集》第六六册所收《薊山紀程》中部分詩編輯而成者者,其説是也。① 然夫馬氏以爲乃作者於純祖元年出使時作,《國譯燕行録選集》以爲非是,則夫馬氏誤也。實則爲純祖三年,李氏隨徐長輔出使,論見前條,此不具述。

　　案以是本與《薊山紀程》相較,多有不同。原書每詩前皆有日記,叙每日陰晴、里數、宿站及其聞見等,後綴其詩,乃日記與詩文之合體,而是僅録詩歌,餘皆删省;原書分爲四卷,是本不分卷;原書所收詩,如瀋陽所作《十字閣》《文德離宫》等及他處所作詩,多有本書不録者,且如組詩如原書《爛泥堡六絶》,本書只録其一首,亦多有删汰。而文字異同,即以詩題而論,若原書"大同館"是本作"大同江","高麗叢"是本作"高麗台","納清亭"原本缺"納清"二字,"簡酬白碖李景養"是本缺"景養"二字等,又偶有闕字,若兩本相較,或可合爲一善本耳。

　　全卷分出城、渡灣、留館、復路諸小集,共收詩五百七十餘首,幾無日

---

① [日]夫馬進撰,伍躍譯《朝鮮燕行使與朝鮮通信使——使節視野中的中國・日本》第九章《日本現存朝鮮燕行録書目提要》,上海古籍出版社2010年版,第230頁。

無詩,無景無詩,無地無詩,無物無詩。此《薊程詩稿》雖經選摘,然詩多平平,而少有佳作矣。

0724-1804
元在明《芝汀燕記》(《燕行録叢刊(增補版)》網絡本　鈔本)

出使事由:謝恩兼冬至等三節年貢行
出使成員:正使判中樞府事金思穆、副使禮曹判書宋銓、書狀官兼司憲府執義元在明等
出使時間:純祖四年(嘉慶九年　1804)十月三十日—翌年三月十五日

元在明(1763—1816),字孺良,號芝汀,原州人。純祖元年(1801),試春到記儒生居首,命直赴殿試。爲司諫院正言、弘文館應教、成均館大司成、忠清道觀察使等。事見南公轍《穎翁續稿》卷五《户曹參判元公墓誌銘》、《純祖實録》與《承政院日記》等。

純祖四年(1804),朝鮮遣謝恩兼冬至等三節年貢行使判中樞府事金思穆、副使禮曹判書宋銓、書狀官兼司憲府執義元在明等入燕。先是,上年貢使入北京,清廷賜參宴,並賞朝鮮國王蟒緞、福字、雕漆器、筆硯等若干。又全羅道黑山島民文順德等四人,漂到琉球國,給與衣糧,轉解北京,順付年貢使帶回。故金思穆等此行,爲謝册封謝恩方物移准、謝賜物、謝冬至陪臣參宴、謝黑山島漂民出送等件並進三節年貢焉。

案此《芝汀燕記》三卷,記一行自十月三十日拜表離發,十一月二十四日渡鴨江,一行人共三百八、馬二百一十二匹,十二月二十二日抵北京玉河館,翌年二月初三日發北京,三月初三日還渡江,十五日謁闕覆命,是行凡一百三十五日,作詩五十九篇,不見於日記,蓋另爲編卷也。末附《一行總録》與《聞見事件》,《聞見事件》所記六條,《同文彙考補編續》只録一條焉。

元氏此日記,於去途所記詳悉,凡經行之地、宿餐之店、所遇之人、風景名勝及諸般事件,不厭一一細舉。如在松站記所遇當地人之飲酒擺桌

之法,細品慢呷,與朝鮮人不同。又記北京在館期間,"方物呈納時,首譯例爲設饌以供行中,對卓飲酒,有一郎官自外來,買酒而飲,偶爲聯卓,見我人飲法,搖頭稱海量"等,皆頗有趣。① 又記去途十二月初三日,使行本當在十里河堡止宿,然此番將越站,而宿於沙河堡(堡距十里河堡爲二十里),然過十里河十許里,灣上軍官及諸商人,多還向十里河,怪而問之,答以甲軍以瀋陽將令傳言朝鮮使行,不可越站,是以將還向十里河止宿。正使金思穆使人促行曰:"瀋陽將豈有指揮使行之理? 此必是通官輩措縱也。且真有是事,出疆之役,專對之任,體貌自別,奉命而行,遽然回程,是辱君命也。"大責通官輩,促令前進,遂止宿於沙河驛。元在明以爲正使此舉"甚得體也"。② 此可知使行越站,一則例有定規,不可隨意越站;二則每站皆有利益,大隊人馬越站而過,則該站損失不爲不大也。

又一行十二月初十日過大凌河,至四同碑,察看明清碑文之不同,元氏遂取李一菴《燕記》而考證之。③ 又在館期間,行中有買《都城全圖》來者,元氏適讀洪大容《燕記》,與其京城制相合,遂據洪氏之記,而記其大略。④ 此又可知使行多帶前賢燕行諸錄,或爲參稽便利,或有剽竊而抄錄者焉。

0725-1804
元在明《甲子聞見事件》(《同文彙考補編續·使臣別單二》 活字本)

案元在明有《芝汀燕記》(0724-1804),已著録。

此《聞見事件》一條,記昨年十二月,有一南京僧人寥有,換著俗帽,潛入大内深嚴之地,被軍校拿獲,軍機大臣審訊,則供欲瞻天顏,乞行幸南京。命配於南京外,經列邑各施嚴杖傳送。元在明以爲,論其形迹,閃倏叵測,係是大變怪,而初不究竟,其所勘罪若是太寬,亦未可曉也。

---

① 元在明《芝汀燕記》,《燕行録叢刊(增補版)》網絡本,第28—29頁。
② 元在明《芝汀燕記》,《燕行録叢刊(增補版)》網絡本,第39頁。
③ 元在明《芝汀燕記》,《燕行録叢刊(增補版)》網絡本,第50頁。
④ 元在明《芝汀燕記》,《燕行録叢刊(增補版)》網絡本,第87頁。

卷六〇　李鎭復《甲子聞見事件》　金善民《觀燕錄》　1049

0726-1804
李鎭復《甲子聞見事件》(《同文彙考補編續‧使臣別單二》　活字本)

　　案李鎭復出使事由,詳參前元在明《芝汀燕記解題》(0724-1804)。
　　此《聞見事件》一條,謂乾隆時,專權大臣,代不乏人,如傅恒、和珅秉政數十年,權侔人主,威行中外,四方貢獻,先進其門,庶官升遷,多出其手,終雖致敗取禍,而當其用事,焰熏灼人,莫敢誰何。今皇帝臨御,深軫此弊,進用大臣,俱是老成清儉之人,若王杰、劉墉、董誥、朱珪、紀均【昀】、慶桂、保寧是也。雖是眷遇,而不爲專任。皇侄定親王綿恩,年方五十,人頗精敏,皇帝最爲寵愛,常侍左右,內外機務,無不協贊,而猶不藉以權柄,性好明察,庶政百務,無一放過。故在廷諸臣,俱皆小心謹飭,毋敢少忽云。

0727-1804
金善民《觀燕錄》(韓國國立中央圖書館藏　鈔本)

　　案金善民出使事,詳參前元在明《芝汀燕記解題》(0724-1804)。
　　金善民(1772—1813),字希天,號善山,又號清風,牙山人。擅長功令文字,亦精繪畫。純祖四年(嘉慶九年　1804),隨金思穆出使中國,與大理寺評事曹江結爲金石交,返國後仍往來通信。其父師範(1753—1813)殁,因不勝喪,悲悼而卒。著有《觀燕錄》行世。事見金鑢《藫庭遺稿‧題清山小集卷後》《清朝名家書牘》等。
　　純祖四年(1804),謝恩兼冬至等三節年貢使判中樞府事金思穆一行出使清朝,時金善民以正使伴倘身份隨行。《觀燕錄》二卷,鈔本,即金善民此次出使期間之日錄與詩歌,前有其弟善臣所撰《序前》《序後》,卷末爲其友金선跋文。上卷記錄自十月十六日至十二月三十日之間見聞,詳叙沿路所見與歲末北京風景;下卷爲翌年正月初一日至三月十七日間之記錄,歷記在北京遊覽之地與歸路旅程。善民初以不能騎馬、家境貧寒、父母年老爲由,再三推薦其弟善臣陪行,然因正使金思穆反覆邀聘,方隨其出使焉。

金善民至北京後,據善臣《寄贈清風詩序》稱,"與大理評事曹江爲金石交,吾兄舊號清風,曹評事請改,以故從之"。因善民號"清風",故曹氏以"穆如"戲稱並勸其改號也。其在館期間,遍遊市肆名樓,眼觀耳接,所聞所遇,皆入記中。金善臣以爲,用眼睛觀察事物爲"物觀",以智慧心眼觀察爲"智觀"。而其兄此次燕行,堪稱"智觀",故其《觀燕錄》,足以傳佈而弘益人間矣。

　　案金善民此《觀燕錄》,筆者未曾寓目,今僅據"韓國古典綜合 DB"網頁介紹,略述數語而已。

卷六一　0728—0750

純祖五年（嘉慶十年　1805）—純祖八年（嘉慶十三年　1808）

0728-1805
姜浚欽《燕行録【原題輶軒録】》（《全集》第67册；《叢刊續》第110册《三溟詩集三編》　刻本）

　　出使事由：告訃行
　　出使成員：正使禮曹參判吴鼎源、書狀官兼司憲府持平姜浚欽等
　　出使時間：純祖五年（嘉慶十年　1805）二月十八日—六月十七日

　　姜浚欽（1768—1833），字百源，號三溟，晉州人。時永父。正祖末年，爲司諫院正言。純祖朝，官司憲府持平、弘文館教理、遂安郡守、司諫院司諫等。有《三溟詩集》傳世。事見《正祖實録》《純祖實録》與《承政院日記》等。

　　純祖五年（嘉慶十年　1805）二月，英祖妃大王大妃金氏（貞純王妃）昇遐，純祖遣禮曹參判吴鼎源爲告訃使、兼持平姜浚欽爲書狀官，赴燕告哀。一行於二月十八日出發，六月十七日返京覆命。

　　案此卷輯自姜浚欽《三溟詩集三編》卷三。其目録與正文於《葱秀次正使吴令鼎源韻》前一行，皆頂格題"燕行録"，則其名非"輶軒録"可知也，今改題爲"燕行録"以從其實焉。共收詩近一百一十首，即姜氏此行沿路所作。卷中偶有小字雙行校語，則爲與他本相校後所刻耳。詩中有"弧矢平生志，今年始北行"之句①，則知其爲初入中國。姜氏詩多尋常語句，未見出奇，惟《北京》組詩，叙皇都官闕、城池、人物、風俗等，頗新俚可讀耳。

---

①姜浚欽《燕行録【原題輶軒録】·九連城野次拈唐人韻》其二，《燕行録全集》，067/024。

0729-1805

姜浚欽《乙丑聞見事件》(《同文彙考補編續·使臣別單二》 活字本)

案姜浚欽有《燕行錄》(0728-1805),已著錄。

此《聞見事件》二條,一記"中國文章,近甚纖約,稍出頭角者,僅能慕大明王、李之文。至於學問,門路甚駁雜,或宗陸象山,或宗毛奇齡,能學朱子者絶少。又以漢學、宋學分爲二家,漢學以稽考辨博爲主,宋學以訓詁爲主,互相譏訛,而漢學多聰明才俊者,宋學實得既少,而博洽又不足,故年少氣輕者,多趨漢學云"①。

又載二月二十日,有人手持短戟,突入神武門内,將卒遮攔,一時難制,且有勇力,傷人甚多,卒以劍斃。搜其身别無所帶之物,但衣服樣貌,疑是山西人,故秘察果是山西人劉士興,搜其家中,只有鐵杆槍一枝,亦無他可執之迹。拘其家屬,嚴訊究問,終無可驗之端,故歸之於狂,只戮其身,家屬遠地發配云。②

案自嘉慶親政以來,此類闖入宮中,持械傷人事件,已突發多起,則其時宫禁之虚設、武備之鬆弛可見矣。

0730-1805

洪受浩《乙丑聞見事件》(《同文彙考補編續·使臣別單二》 活字本)

出使事由:問安行
出使成員:正使領中樞府事李秉模、書狀官兼司憲府執義洪受浩等
出使時間:純祖五年(嘉慶十年 1805)閏六月十五日—九月二十八日

洪受浩,生卒籍貫不詳。正祖朝,爲司憲府持平、掌令、司諫院正言等。純祖時,任司憲府執義、司諫院司諫等。事見正祖、純祖《實録》與《承政院日記》等。

嘉慶十年(1805)八月,嘉慶帝駐蹕盛京謁陵。朝鮮於閏六月十五

---

① 姜浚欽《乙丑聞見事件》,《同文彙考補編續·使臣別單二》,004/3786。
② 又參《純祖實録》卷7,純祖五年(嘉慶十年 1805)六月十七日己巳條。

日,遣問安使領中樞府事李秉模、書狀官兼司憲府執義洪受浩等發往瀋陽,恭候起居。在瀋期間,嘉慶帝賞朝鮮國王御書匾額"禮教綏藩"並他賜物若干。李氏一行送嘉慶帝啓鑾返北京後歸國,於九月二十八日回王京覆命焉。

此《聞見事件》一條,載中國西洋之學,近益熾盛,相繼誅戮,終不寢息,盡出宮禁都城形止,送於洋國,將售不軌之謀。今年五月晦間,爲廣東總督所執,捉邪獄因此大起,以悔悟自服則赦之,否則誅之,死者無慮數萬人。而五處天主堂,或云盡爲毀撤,或云不毀之,而合置五堂人於一堂,使兵丁把守。蓋洋人之書,滿漢俱不能解,其字音唯鄂羅斯人知之,故其相通本國之書札,皆執送理藩院,使鄂羅斯人翻出清書,以爲防奸之地,而慶桂、英和主其獄云。

又據《純祖實錄》,洪受浩歸國後上別單數條,較此爲詳。一謂清帝謁陵,自康熙至今番,合爲八次,分別爲康熙十年、二十一年、三十七年,乾隆八年、十九年、四十三年、四十八年與嘉慶十年。並記沿途護駕軍兵、御膳所需肉菜蔬果、隨駕百官各資盤纏及費用等。又記此次嘉慶帝謁陵,隨駕百官有大學士慶桂、董誥、諸王、貝勒、乾隆駙馬二人,並三品以上六十人,三品以下百餘人。所經州、縣及各省總管,皆有貢獻方物。蒙古、瀋陽、烏喇、吉林等地,亦皆進良馬、橐駝、貂鼠珍異之物。至於陪從大臣,亦私獻玩好各種,或七八種,或十一種,俱用奇數,而未詳其爲何物。接駕秀才二百人,進獻歌功頌德之文,或五、七言律詩,或柏梁體,或五、七言古詩,或頌或賦,合二十五套云。①

0731-1805
尹得運《乙丑聞見事件》(《同文彙考補編續‧使臣別單二》 活字本)

尹得運,生平事蹟不詳。精漢語,爲譯官。純祖朝,隨使團屢次出入清朝。事見《同文彙考補編續‧使臣別單二》尹得運《乙丑聞見事件》、《承政院日記》等。

————

①《純祖實錄》卷7,純祖五年(嘉慶十年 1805)十月四日癸未條。

案尹得運出使事由，詳參前洪受浩《乙丑聞見事件解題》（0730－1805）。

此《聞見事件》一條，記嘉慶帝入盛京宮後，有老女數人，著神帽衣繡袍，出入宮內，故問是何人，則此乃巫女，而使之祓除不祥云。

又案，《燕行錄全集日本所藏編》第一冊、《燕行錄續集》第一〇九冊所收未詳《瀋行錄（瀋使啟錄）》，收有多家至瀋陽問安行之《別錄》，李秉模使團亦如之，其所記較洪受浩、尹得運所記爲詳，讀者自取參考可也。

0732–1805
李時升《乙丑手本》(《同文彙考補編續·使臣別單二》 活字本)

出使事由：賫咨行
出使成員：憲書賫咨官李時升等
出使時間：純祖五年（嘉慶十年 1805）？—十一月

李時升，生平事迹不詳。精漢語，曾爲司譯院正。純祖五年（嘉慶十年 1805），爲憲書賫咨官入中國。事見《同文彙考補編續·使臣別單二》李時升《乙丑手本》、《承政院日記》等。

此《聞見事件》一條，記康熙年間，以西洋人略通曆法，擇精通數學者三四人，置館栖止，給以廩料，習藝其中。迨至乾隆四十九年，內地之民，因緣往來，終爲邪說所惑，翻以漢字刊布，有司不能約束，自十餘年不肖之徒符同洋人，漢翻洋書至四十一種之多，又自廣東至直隸沿路，處處設堂，每一區必置一人教習，有所謂先生、會長、神甫等稱號。會長即先生之次號也，神甫即該國之遙授官號也。男女雜處，風化日淪。今年四月，爲御史蔡維鈺所劾，降旨先革管理西洋事務常福等職，改派祿康等俾即申明舊式，嚴立章程云。

0733–1805
李始源《赴燕詩》(《全集》第 68 冊；《延李文庫》第 6 冊《隱几集》 刻本)

出使事由：進賀兼謝恩行

出使成員：正使判中樞府事徐龍輔、副使吏曹判書李始源、書狀官兼司憲府執義尹尚圭等

出使時間：純祖五年（嘉慶十年 1805）十月三日—翌年二月七日

李始源（1753—1809），字景深，延安人。正祖元年（乾隆四十二年 1777）中司馬試，十九年登第。任議政府檢詳、司憲府執義、成均館大司成等。純祖時，陞司憲府大司憲、吏曹判書、京畿道觀察使、刑曹判書、兵曹判書等。自中年即抱病，終以暴疾卒。諡文簡。有《隱几集》六卷行世。事見《隱几集》附錄李秀鳳《行狀》、洪奭周《淵泉先生文集》卷三三《諡狀》與《正祖實錄》《純祖實錄》等。

純祖五年（嘉慶十年 1805），以判中樞府事徐龍輔爲進賀兼謝恩行正使、吏曹判書李始源爲副使、兼執義尹尚圭爲書狀官使燕，進賀嘉慶帝展謁瀋陽陵園，並謝在瀋賜筆賜物等事焉。

李始源《隱几集》六卷《附錄》一卷，詩一卷，文五卷。《赴燕詩》見《延李文庫》所收《隱几集》卷一，案此卷當輯自李始源文集中。一行返國時，始源子鳳秀正科考期間，一行至黃岡時，得知子侄等中進士，喜不自勝，遂要上价徐龍輔和韻，即卷中"黃岡一夜喜音來，少輩榮名太耀哉"等語所叙也①。始源之詩，以次息庵詩爲最多，次爲和其先祖月沙之韻。李秀鳳謂其父"爲詩律，少慕陳、黃韻格，多警絶，晚更去之日，詩之道本乎溫柔，只陶寫性靈足矣"②。始源詩雖無神來之筆，然如《渡江至鳳城雜詠》《遼野雜詠》《燕中紀實》等組詩，或五絶，或七絶，如"將渡情猶弱，既渡心仍堅。到得無奈處，祇堪勇將前"③，又如"家信平安字，誰言抵千金。不如初不得，將開徒亂心"等詩④，擬情寫態，尚情見於辭，詩韻雖差風致，然寫實頗具實心耳。

---

①李始源《赴燕詩·黃岡留日聞子侄婿一榜登庠口占志喜呈上价要和》，《燕行録全集》，068/383。
②李始源《隱几集》附錄李秀鳳《行狀》，《延李文庫》，第 6 册第 525 頁。
③李始源《赴燕詩·渡江至鳳城雜詠》其一，《燕行録全集》，068/386。
④李始源《赴燕詩·渡江至鳳城雜詠》其三，《燕行録全集》，068/387。

0734-1805

尹尚圭《乙丑聞見事件》(《同文彙考補編續・使臣別單二》 活字本)

尹尚圭,生卒籍貫不詳。純祖朝,爲司憲府掌令、禮房承旨、司諫院大司諫等。憲宗時,爲漢城府判尹、五衛上護軍等。事見純祖、憲宗《實錄》與《承政院日記》等。

案尹尚圭出使事由,詳參前李始源《赴燕詩解題》(0733-1805)。

此《聞見事件》二條,一記是年琉球、越南兩國所進貢之禮物,凡象牙、犀角、沉香、砂仁、檳榔、黃紙、玳瑁、速香、馴象等,琳琅珍異,多爲異物。又記皇帝有子三人,長子二十六歲,次子十三,三子昨年四月皇后所生。第二子相貌最勝,爲皇帝所鍾愛云。

又據《純祖實錄》,尹尚圭返國進聞見別單,所記尚有一條。謂近來漢人之稍有文學者,各立門戶。有所謂考據之學,詆斥宋儒,專主注疏之説。禮部尚書紀均【昀】爲首,而閣老劉權之等從之;有所謂尊朱學者,專主朱子之訓,大學士彭元瑞爲首,而閣老朱珪、尚書王懿修等從之,便成一種黨論。乾隆季年,紀均【昀】、劉權之等,相繼登庸;今皇帝御極之後,朱珪、王懿修等,一時進用云。①

0735-1805

洪宅福《乙丑聞見事件》(《同文彙考補編續・使臣別單二》 活字本)

案洪宅福有《癸丑手本》(0671-1793),已著録。洪氏此次出使事由,詳參前李始源《赴燕詩解題》(0733-1805)。

此《聞見事件》四條,記琉球、蘇禄、荷蘭、緬甸四國朝貢事。稱琉球在南海中,順治六年請貢,康熙御書"中山世主",雍正賜"永祚瀛壖"。蘇禄在東南海外,雍正五年通貢,乾隆十九年該國王請以户口人丁編入中國圖籍,部議未允。荷蘭在東南海中,順治十年請貢兼請貿易,部議不許。順治時定八年來朝一次,後爲五年,但羈縻勿絶而已。緬甸在西南徼外,

---

①《純祖實録》卷8,純祖八年(嘉慶十一年 1806)二月七日乙酉條。

明初置緬甸宣慰司,嘉靖後不復修貢,乾隆十七年奉表入貢,御書"輯瑞西球"以賜之,十一年一貢云。

0736–1805
李鳳秀《赴燕詩》(《全集》第67册;《延李文庫》第8册《襟溪先生集》 刻本)

李鳳秀(1778—1852),字子岡,號大隱、襟溪等,延安人。始源子。年甫弱冠,慨然求道。純祖五年(嘉慶十年 1805)進士。官至東寧府判官,後授掌樂院正,辭不赴。隨以恬退,以精研性理爲務。有《襟溪集》六卷行世。事見洪直弼《梅山集》卷四〇《襟溪李公墓誌銘》、《高宗實錄》等。

案李鳳秀出使事由,詳參前李始源《赴燕詩解題》(0733–1805)。

李鳳秀《襟溪集》六卷《別集》一卷,卷一爲詩,他卷皆文,前有任翼常《序》(作於崇禎四丁巳季夏)。《延李文庫》第八册所收,與《燕行錄全集》爲同一版本。

此卷輯自李鳳秀《襟溪先生集》卷一。任翼常《序》稱"公以俗儒之沽名衒譽爲深恥,平日不事著述,仲胤勉愚哀其如干巾衍之藏,屬翼常以纂次,因托弁文。""公自弱冠時,於道已洞見大原,家世燀赫,以公之才之學,軒駟可期也,玉帛可致也,乃埋光鏟采,沉淪禄仕,超然自脱於塵臼二十年,先人弊廬風霜摧剥,禍患相仍,以一牀朱子之書,不枉尺寸,以没其世。"①以此可知鳳秀之爲學與爲人也。

李鳳秀陪其父往觀中國,所謂"男兒弧矢心宜壯,大界山河眼欲新"者②。而適發解南省,將赴會圍,不得不落後,乃於出榜後七日始發行。此爲其沿途與其父等唱和詩二十餘首,有添補,有校改,有籤條,惜編輯者複印時,籤條亂置,或斜迤不清,或沓蓋正文。其詩作不多,作亦庸凡。編輯者誤將其集卷二所收諸文,亦拉雜收入,則爲與人書札論《易》《禮》諸經,其所論説,演《易》考《禮》,通達得體,較其詩作,反爲有見耳。

又其《送從弟子圍之燕序》一文,論子弟之隨父輩入燕,"道途日驅

---

①李鳳秀《赴燕詩》任翼常《襟溪先生集序》,《燕行錄全集》,067/109。
②李鳳秀《赴燕詩·歲乙丑……途中口占》,《燕行錄全集》,067/118。

馳,車馬所伊軋,戎僕禦相維持,往往至夜深而税,則荒館弊廡,窣窣旁風。當是時,寢處之奉,誰使之安乎? 解囊橐之裹,設庖厨之帳,而釜鬲未及溉,盤盂失其净,彼蓬垢之一膳夫,執刀俎以爨烹,恒不協於味,則當是時寒暖之節,誰使之在乎?""子之養爲大,然則子圉之行,非使也而同乎使也,非公也而歸乎公也,尤見其不可已也。"①此論帶率子弟隨老親出使之利弊,發前人所未發,言切意深,誠爲有見焉。

0737—1805
李時秀《燕行詩》(《延李文庫》第 8 册《及健齋漫録》 刻本)

出使事由:謝恩兼冬至使行
出使成員:正使判中樞府事李時秀、副使禮曹判書李普天、書狀官兼司憲府掌令尹魯東等
出使時間:純祖五年(嘉慶十年 1805)十月二十四日—翌年三月十五日

李時秀(1745—1821),字稚可,號及健,又號琴湖,延安人。福源子。正祖朝,官吏曹正郎、春川府使、黄海道觀察使、户曹判書、禮曹判書、兵曹判書、吏曹判書、議政府右議政、左議政等。純祖時,陞至領議政、領中樞府事等。諳鍊廟謨,綜密機敏,風節毅然,比之古大臣,樹立無愧。有《及健齋漫録》七卷附《續北征詩》二卷行世。事見《及健齋漫録·紀年便覽》與《正祖實録》《純祖實録》等。

李時秀《及健齋漫録》七卷附《續北征詩》二卷,見《延李文庫》第八册。末附李晚秀、洛秀、鳳秀、金國寶、金祖淳、徐榮輔、尹魯東、朴宗羽、金啓温、朴宗薰、尹光濩、申緝、李廷奎、朴宗球、權晙、尹光顔、金啓河、趙琮鎮、權馥諸家題跋。

純祖五年(嘉慶十年 1805)二月,英祖純貞王妃金氏薨,純祖遣告訃使吴鼎源一行入燕告訃,清廷格外賜克食,並遣散秩大臣瑞齡、内閣學士兼禮部侍郎德文賫敕入朝鮮致祭。純祖遂遣謝恩兼冬至行正使判中樞

---

①李鳳秀《襟溪先生集》卷 4《送從弟子圉之燕序》,《延李文庫》,第 8 册第 756—757 頁。

府事李時秀、副使禮曹判書李普天、書狀官兼掌令尹魯東等入燕,謝賜祭,謝告訃使臣賜食,謝冬至使臣賜食等件。一行於十月二十四日發王京,翌年三月十五日返京覆命焉。

案此《燕行詩》,見李時秀《及健齋漫錄》卷二,共錄詩十餘首。其《龍灣次書狀尹聖瞻韻》詩題下注"以下乙丑燕行時作"①。多爲與書狀官尹魯東唱和詩,其中在龍灣時有詩七首,行至九連城唱和詩二首,小黑山、雙陽店等地亦有詩,惟不見其入遼野、山海關及在玉河館時詩,蓋有所散佚故也。

0738-1805
尹魯東《乙丑聞見事件》(《同文彙考補編續·使臣別單二》 活字本)

尹魯東,生卒籍貫不詳。正祖朝,爲湖西道暗行御史、梁山郡守等。純祖時,任弘文館校理、司諫院大司諫、東萊府使、江華府留守等。事見《正祖實錄》《純祖實錄》《承政院日記》等。

案尹魯東出使事由,詳參前李時秀《燕行詩解題》(0737-1805)。

此《聞見事件》一條,記乾隆《御製詩文全集》編次告訖,並與石刻《十三經》各一本,藏於翰林院。嘉慶帝臨幸尚書房,見諸皇子書所排置華靡,命即撤去。又見皇子課冊多有題詠之辭,遂下諭曰:爲學之道,惟當講明正學,且我朝家法相傳,國語肄習騎射,若與文人學士爭長,是捨本逐末也。仍命將此旨貼在尚書房,俾爲提醒警覺之資云。

0739-1805
金在洙《乙丑聞見事件》(《同文彙考補編續·使臣別單二》 活字本)

案金在洙有《庚申聞見事件》(0694-1800),已著錄。金氏此次出使事由,詳參前李時秀《燕行詩解題》(0737-1805)。

此《聞見事件》一條,謂燕都之人,每言列朝政治,以乾隆比之康熙,當世比之雍正。間因編修乾隆《實錄》,嘉慶帝取覽草稿,手自標籤,一一

---

①李時秀《及健齋漫錄》卷2《龍灣次書狀尹聖瞻韻》,《延李文庫》,第8冊第76頁。

留心,其六十年寬大之法,宏遠之規,渙然有欽服者,置諸座右,遇事考閱,無不效仿,故近年以來,政令舉措,有異於臨御之初云。

0740-1806
李永老《丙寅聞見事件》(《同文彙考補編續·使臣別單二》 活字本)

> 出使事由:冬至等三節年貢兼謝恩行
> 出使成員:正使青城尉沈能建、副使禮曹判書吳泰賢、書狀官兼司憲府執義李永老等
> 出使時間:純祖六年(嘉慶十一年 1806)十月二十四日—翌年三月十五日

李永老(1772—?),字勖卿,後改名廷奎,慶州人。純祖朝,爲弘文館修撰、司諫院大司諫、伊川府使等。因事罷職,後起復任行副護軍。事見《純祖實錄》《承政院日記》等。

純祖六年(1806)十月二十四日,朝鮮遣謝恩兼冬至等三節年貢使青城尉沈能建、副使禮曹判書吳泰賢、書狀官兼執義李永老等入燕,謝謝恩三起方物移准、謝賜祭謝恩方物移准、謝陪臣賜食兼進冬至等三節年貢,一行於翌年三月十五日返國覆命焉。

此《聞見事件》一條,載鄂羅斯"風俗人物,至蠢且頑,不識人道,蓋蕃胡中尤近於禽獸者"①。其國人百餘名處玉河館,限十年交替,昨年替代時,其部長率三百餘人來到邊門,所進呈文全昧格例,於是責其額外人員之逾例,書中事體之欠敬,飭令新來者還送其國,前來者仍留其館。至於邊門將軍,則以其不能據理斥退,罰降一級云。

0741-1806
卞復圭《丙寅聞見事件》(《同文彙考補編續·使臣別單二》 活字本)

案卞復圭有《甲寅手本》(0672-1794),已著錄。其出使事由,詳參

---
①李永老《丙寅聞見事件》,《同文彙考補編續·使臣別單二》,004/3788。

前李永老《丙寅聞見事件解題》(0740-1806)。

此《聞見事件》一條，稱自康熙時漸尚文教，八旗子弟皆令就學，至乾隆、嘉慶留心繼述，尤爲興起，擇漢官中有文學者萬承風、秦承恩二人，爲皇長子、次子師傅。大臣中董誥、劉權之、戴衢亨等，皆以漢官參預軍國大政，雖是優待德望，而有非清朝當初制度云。

0742-1807
李光載①《丁卯手本》（《同文彙考補編續·使臣別單二》 活字本）

出使事由：賚咨行
出使成員：賚咨官司譯院正李光載等
出使時間：純祖七年（嘉慶十二年 1807）？—六月二十五日

李光載（1787—?），韓山人。純祖十四年（1814），試春到記，以講居首，命直赴殿試。精漢語，爲譯官。曾爲司憲府持平。憲宗時，任掌樂院正、豐川府使等。事見純祖、憲宗《實錄》與《承政院日記》等。

嘉慶十一年（1806），禮部咨盛京將軍奏申禁朝鮮貢員，不由驛路行走，並進貢官包，請旨交鳳凰城城守尉雇覓車輛，報部支銷，毋庸該國給價。奉旨朝鮮貢包到時，著該將軍等飭令鳳凰城城守尉，詳細查明，實係貢包，准令城守尉代爲雇覓車輛，所用車價報部支銷，毋令該國給價。其自帶物貨，仍令該貢使自雇車輛，毋得攙混冒銷。朝鮮以爲洪恩曲垂於柔遠，殊賜迥越於諸藩，專差司譯院正李光載，咨報禮部焉。

案李光載此次出使後，再於純祖十四年（嘉慶十九年 1814）隨冬至等三節年貢兼謝恩行正使判中樞府事林漢浩、副使禮曹判書尹尚圭、書狀官兼司憲府掌令李鍾穆等，再度出使中國；二十年（嘉慶二十五年 1820），又隨冬至等三節年貢兼謝恩行正使判中樞府事李義甲、副使吏曹判書尹行直、書狀官兼司憲府掌令李沆等出使，此兩次光載皆爲首譯。憲宗三年（道光十七年 1837），冬至等三節年貢兼謝恩行正使判中樞府事

---
①案李光載，《同文彙考補編續·使臣別單二》作"榮載"，誤。《純祖實錄》《憲宗實錄》《通文館志》及《補編續》前後皆作"光載"，今據爲改正。

朴綺壽、副使禮曹判書金興根、書狀官兼司憲府掌令李光載等入燕,爲其四度入中國也。

此《聞見事件》一條,記自春至夏,天久不雨,所經一路,間或有點滴處,竟未得浥塵之澤,處處祈雨,必書龍王神位木牌求告,或十百爲群,聚會寺刹,豎旗鳴鑼,念佛跪叩,各處所見,不一其狀云。

0743-1807

金成采《丁卯手本》(《同文彙考補編續·使臣別單二》 活字本)

出使事由:賫咨行
出使成員:憲書賫咨官金成采等
出使時間:純祖七年(嘉慶十二年 1807)九月?—十二月?

金成采,生平事迹不詳。純祖七年(嘉慶十二年 1807),以憲書賫咨官身份入北京。事見《同文彙考補編續·使臣別單二》金成采《丁卯手本》。

此《聞見事件》二條,記陝西、四川等地,連有匪徒出沒,漸至滋蔓,遣將軍德楞泰等討平之。又福建地方又有海賊出沒水中,抄掠傍縣,遣水師提督李長庚討平之。又記南掌國僻在海隅二萬餘里,十年一貢,今年適逢貢期,朝鮮使臣見其叭龍官等共十七員,貢物則犀角五十四枝、象牙四十枝、象四隻、土産紬一百匹云。

0744-1807

金在洙《丁卯手本》(《同文彙考補編續·使臣別單二》 活字本)

出使事由:賫咨行
出使成員:賫咨官金在洙等
出使時間:純祖七年(嘉慶十二年 1807)九月—十二月

案金在洙有《庚申聞見事件》(0694-1800),已著錄。

純祖七年(嘉慶十二年 1807)九月,遣上護軍金在洙爲賫咨官,以逮捕獐子島朝鮮潛商白大賢、李士楫事,移咨禮部。先是,義州商人白大賢、李士楫等,船載大米一百五十石、小米七百石,潛往龍川獐子島,與上國潛越人朱、張兩姓和賣折換丹木、白磐、浮椒、銅錢、風磬等物,自官現捉,即將銅鐵等禁物,照計輸納,該地方官龍川府使洪致範等並行革職緣由,專差金在洙咨報。嘉慶帝嘉獎並賜國王大緞、玻璃器、漆器及茶葉各四件。

此《聞見事件》一條,記在獐子島設鎮事,即已准下。上諭命派委弁兵在該島替輸訶守,又以銅鐵著所司收貯。問在何處,則答是主客司焉。

0745-1807

南公轍《燕行詩》(《叢刊》第 272 册《金陵集》 活字本)

出使事由:謝恩兼冬至等三節年貢行

出使成員:正使判中樞府事南公轍、副使禮曹判書林漢浩、書狀官司僕寺正金魯應等

出使時間:純祖七年(嘉慶十二年 1807)十月二十九日—翌年三月二十日

南公轍(1760—1840),字元平,號思穎,宜寧人。正祖十六年(1792),行人日制策居首,應殿試擢丙科。爲奎章閣直閣、成均館大司成、江原道觀察使等。純祖朝,任吏曹判書、工曹判書、開城府留守、弘文館提學、藝文館提學、議政府右議政、左議政、領議政等,以奉朝賀榮退。公轍長身美姿容,文章以歐陽脩爲準則。屢典文衡知貢舉,而關節不行。爲相十餘年,進退奏對,有可儀者,廷紳咸稱之。卒謚文獻。有《金陵集》二十四卷《穎翁續稿》五卷《再續稿》三卷行世。事見《穎翁續稿》卷五《思穎居士自誌》《自碣銘》、鄭元容《經同集》卷一七《墓誌銘》與正祖、純祖、憲宗《實錄》等。

南公轍《金陵集》二十四卷《續稿》五卷《再續稿》三卷,爲其自編本,純祖十五年(1815)以活字初刊,二十二年又以全史字刊行《續稿》,三十年前後復以全史字印行《再續稿》,《韓國文集叢刊》據國立中央圖書館藏

本影印。《金陵集》詩四卷文五卷,《續稿》詩一卷文四卷,《再續稿》詩一卷文二卷,前有中國大理寺右評事曹江、户部河南司主事李林松序文,刑部主事陳希祖引文及南公轍《自識》。

案南公轍燕行詩五十餘首,見《金陵集》卷四。其燕行之時日與使行,自謂"歲丁卯,余入燕京"①。又其有《到葱秀吟奉副使林參判漢浩書狀金應教魯應兩行人》詩。考"丁卯"爲純祖七年(嘉慶十二年 1807),是年冬,以判中樞府事南公轍爲謝恩兼冬至使正使、禮曹判書林漢浩爲副使、司僕寺正金魯應爲書狀官赴燕。謝恩者,謝貢包雇車價蕩減、謝冬至陪臣參宴、謝龍川漂民出送等事也。一行於十月二十九日出發,十二月二十四日抵北京,二月二日離發北京,三月二十日返王京覆命焉。

南公轍在燕京時,"與褚秀才雪山定交"②,並與其論學。案褚雪山者,陝西生員褚裕仁也,爲褚遂良後裔,公轍有詩紀其事,有"箋經尊晦父,懷禄愧歐陽"之句③。公轍宗尚廬陵"所爲文,老成有法度"④。時爲清代考據學大盛之時,故南氏之説,亦大受其影響,若其論學稱"顧今中州學者,大抵皆宗程朱,而間有主漢儒者出,其學漸盛,主宋者斥古注爲穿鑿而棄之,主漢者指宋儒爲腐,各主己見,又不能合而一之,其不能一之,則儒者之蔽也。蓋明義理則程朱之説最得其正,權訓詁則漢儒之學號爲博雅。蓋漢儒之世,去聖人不遠,其學又皆專門,以專門之學,生於去聖人不遠之時,其説不應全失,其失者則以程朱邃學博聞,集群言而會至理,考其次第,正其訛謬,士之生於今世者,當以程朱之義理,漢儒之訓詁,合而讀之,以求其旨之所安而已,奚必斥漢儒之辨析精義微辭,不能盡合於孔氏之舊,然朱子於其言之駁者,黜去不疑,而其淳者則悉從之,朱子且從之,況於後世之士乎?善讀書者,當主古人已定之論,又以未醇之書參之,持循而變通,得爲師,而失亦爲師之可貴也"⑤。受此影響,朝鮮學者亦喜訪碑

---

①南公轍《金陵集》卷11《送沈大學士象奎李侍讀光文赴燕序》,《韓國文集叢刊》,272/199。
②南公轍《金陵集》卷11《送徐參判美修赴燕序》,《韓國文集叢刊》,272/199。
③南公轍《金陵集》卷4《贈陝西褚秀才》,《韓國文集叢刊》,272/065。
④南公轍《金陵集》卷首曹江序,《韓國文集叢刊》,272/003。
⑤南公轍《金陵集》卷11《送徐參判美修赴燕序》,《韓國文集叢刊》,272/199。

考古,若南氏詩稱"停車每爲聞殊俗,入寺多因拓古碑"①。則當時中國學風之影響朝鮮,亦可謂夥矣。

南公轍謂學詩既晚,且不喜數數作,"蓋欲於晚唐初明參據一席,而才力凡下,因難生厭,自視亦不滿意,何可妄擬不朽之業哉!欲使覽者知其發於性情,不假雕飾"②。今觀其詩,不事雕造,緣情敘景,確如其言,而蕭瑟空朦、深婉蘊藉之致,則不逮甚矣。

0746-1807
金魯應《丁卯聞見事件》(《同文彙考補編續·使臣別單二》 活字本)

金魯應(1757—1824),字唯一,號一窩,月城人。純祖五年(1805),擢庭試文科。爲司憲府持平、弘文館校理、成均館大司成、慶尚道觀察使、刑曹尚書、漢城府判尹、知中樞府事等。謚正獻。事見趙寅永《雲石遺稿》卷一九《謚狀》、《純祖實錄》等。

案金魯應出使事由,詳參前南公轍《燕行詩解題》(0745-1807)。

此《聞見事件》一條,記暹羅國在海南,順治十年遣使請貢,雍正七年入貢,皇帝賜"天南樂國"四字。乾隆十四年入貢,賜"炎服屏藩"御書匾額。四十一年,福建船商金協順、廣東船商陳澄發裝載暹羅貨物來粵貿易,復裝載粵省貨物回赴暹羅,被地方官查明。兩廣總督吳熊光啓奏,乾隆帝諭中外之限,向來之允各國以本地物產來中土貿易,皆係其本國人附朝貢之便,賫帶前來,從未有中國之人代被經紀者,金協順等顯屬違禁。自後若仍有私交内地商民,冒托往來者,經關津官吏人等查出,仍將該奸商治罪,該國王亦難辭違例之咎。"柔遠能邇,寬既往以示含宏之義;宅中叙外,申明禁以嚴逾越之方"③,告誡國王,凜遵毋忽云。

----

①南公轍《金陵集》卷4《紀行一首簡呈兩使乞和》,《韓國文集叢刊》,272/066。
②南公轍《穎翁續稿》卷1《詩稿小引》,《韓國文集叢刊》,272/478。
③金魯應《丁卯聞見事件》,《同文彙考補編續·使臣別單二》,004/3789。

0747-1807

未詳《中州偶録(入燕記)》（《續集》第 122 册；《日本所藏編》第 1 册　鈔本）

　　是書作者姓氏不詳，其出使事由，詳見前南公轍《燕行詩解題》（0745-1807）。

　　考作者出使之身份，蓋爲正使之隨員，其曰"余平生欲一見中原，而夙志未果，至是禮部尚書金陵南公充冬至正使，謂余當偕往，萬里附驥，庶不負男兒之志也"①。又其在義州時，十一月二十四日爲其生朝，自稱"憶余五六年來，館食東南，每歲逢此，愴想交中，今又天涯，旅館蕭瑟"②。故夫馬氏以爲"撰者或爲無官不遇之人"③。

　　案是書爲鈔本，一册，藏日本關西大學圖書館内藤文庫。據夫馬進教授言，其書原爲内藤湖南舊藏。封面大字"中州偶録"，首頁首行大題"磬山雜著"，第二行低四格題"入燕記"，下端題"未定初稿"。每半頁十二行，行三十一二字不等，故行窄字密，幸鈔録工整，尚可辨讀也。

　　作者專爲游燕而來，故於沿途山川風光，廟宇楹聯等，皆詳載日記中。其留館期間，賞景流連，交結士人，若陝西渭中縣貢生褚裕仁、户部主事李林松【崧】、吏部主事萬徹、吏部員外郎蔡炯、翰林陳用光、王方、陳希祖、鄧廷楨、吳崇【嵩】梁、吳思權、高揚清等，多一時名士也。又因此前使行，謂玉水曹江詩與采江唐晟山水圖，"采江沈而典，玉水秀而妍，二人可謂當世名流，余心甚識之，今幸萬里來此，竊庶幾邂逅文墨，益聞所不聞。聞玉水校書秘閣，采江知縣范陽，俱不得見面，足爲一恨"④。其在朝鮮時，得讀邵長蘅詩文，知於文有侯方域、魏叔子，於詩有王阮亭。"昨年春，得叔子集而讀之，見理處多整暇而無駁雜，論文章則進高古而退浮躁，真大家也。每以不得見侯、王二子爲恨，今見阮亭詩，淡宕流麗，雖置之盛唐無愧

---

① 未詳《中州偶録》，《燕行録全集日本所藏編》，001/448。
② 未詳《中州偶録》，《燕行録全集日本所藏編》，001/449。
③ [日]夫馬進《日本現存朝鮮燕行録解題》，日本京都大學文學部研究紀要，第 42 號，2003 年版，第 176 頁。
④ 未詳《中州偶録》，《燕行録全集日本所藏編》，001/460。

焉。方域集板刓不多行,可惜也"①。其鎮日流連者,多在琉璃廠肆之間,記廠肆之繁榮,書畫器物之堆積,皆可見當日琉璃廠全盛時之光景。

又見館商有馬姓人所持真玉瓶,插珊瑚樹,真好品也。馬氏稱此瓶乾隆時價至銀三四百兩,今不過三四十兩。問其故則曰"乾隆之世,奢侈太盛,自遠方珍寶,以至大珠小貝,無不搜入宮中,故價甚高。今皇帝則不然,此等器玩,多爲近臣所賞賜,價落下十倍,而亦無買賣之人,可惜可惜!余始以嘉慶爲過於吝嗇,今聞此言,蓋承乾隆窮奢極侈之餘,屏出綺麗,躬行節儉,故因緣冒進之徒,皆狼貝失圖,訛言造訕,至謂之以鄙吝太甚,豈不懼哉!此足見嘉慶之好處"②。此亦可以觀當時之風尚矣。

作者粗通漢語,可以解聽,故日記中多記員役與中國人之對話,尤以記其與馬頭白允青,往琉璃廠楊姓人家磁器鋪裏買茶鐘事,記允青與楊氏談貨殺價之對話,皆當時白話。其言正月二十四日,作者與馬頭白允青,往楊姓人家磁器鋪裏,楊姓人舉手問道:"好來啊!"允青點頭答道:"太平。"楊姓道:"這老爺請椅子上坐了。"允青道:"我們老爺要買了幾個茶鐘,你這鋪裏白色的有無有啊?"楊姓道:"無有。"允青道:"墨畫的有無有啊?"楊姓道:"無有。我們這鋪裏有幾件茶鐘,你要買時請裏頭進去看了一遍,揀去便了。"允青道:"不消説了,都拿來等我瞧了那東西用也不中用。"楊姓道:"這事却容易。"不一時,拿幾個茶鐘擺上,金書的彩畫的,俱白净净的,不偏不倚。允青道:"此那個好的,再無有啊?"楊姓道:"無有。"允青道:"這一個一個價錢多小?"楊姓道:"有錢? 有銀子?"允青道:"有錢。"楊姓道:"這金書的一個五百個大錢,彩畫的一個四百個大錢,買去吧。"允青道:"這不像個茶鐘,你怎麽話謊了説了。"楊姓道:"這個都是山東來的,這一樣的東西,五百個大錢,多多的買賣,你買便買,不買便不買,怎麽説好不好。"允青道:"楊啊!這個是開新年買賣的,不用多要價錢,正正的説話罷了。"楊姓道:"你是年年來的,不知道這買賣啊?"允青道:"我前年來的,這貌樣的一個二百個大錢,一百五十個大錢買賣;昨年來的,這貌樣的一個二百個大錢,一百五十個大錢買賣;今年來的,怎麽要

---

① 未詳《中州偶録》,《燕行録全集日本所藏編》,001/455。
② 未詳《中州偶録》,《燕行録全集日本所藏編》,001/460。

多大錢賣啊?"楊姓道:"這買賣我不知道。"允青道:"你不知道誰知道?不用兩的話,這金書的一個二百個大錢,彩畫的一個一百五十個大錢,要賣啊。"楊姓怒道:"你要白看啊,我不賣,你去罷,你去罷。"允青道:"這氣騰騰的是怎麼貌樣?你的茶鐘是天上下來的東西,我的銀子是偷來的東西是怎麼話,我瞧你茶鐘是平常的,你兀自有的,別處再無有啊,你欺我不曾見了這貌樣的茶鐘,我看你索棠色的臉兒,特來尋你,這不滿一兩銀子的東西,你怎麼說買也不買,誰要白看你的東西,我寄你九百個大錢便罷了罷。"楊姓道:"白哥啊!省煩惱了,是我們買賣的舊規,這般東西你白拿去也,我不怕我虧了,二百個大錢寄給你買去罷。這一個書的是金,那一個畫的是彩,討了七百個大錢,不是寬了。"允青笑道:"你這驢養的王八還蠢了,我們老爺要的是白色墨畫的,誰要你金的彩的,全白也都毋論寄你五百個大錢,你賣罷?你賣時我面上不是光了,你明年不再看啊。"楊姓道:"無奈何,你拿去,本錢不殼,你們的買賣最難了,我們的買賣這一個停當了十兩銀子,還了十兩銀子;那一個停當了五兩銀子,還了五兩銀子。你們的買賣這一個停當了十兩銀子,還算了五兩銀子;那一個停當了五兩銀子,還算了三兩銀子。是怎麼買賣。"允青道:"你討了多時,不怪我還算了也罷,我去也。"楊姓道:"好去。"①

作者稱"大抵買賣之法類如此,余偶爾見之,故姑錄之"。此段雙方交易對話,討價還價,活靈活現,意趣盎然,如同小說。作者當時漢語水平,尚不至所記如此精準,有誇飾編排之嫌,然大要可據,可爲研究清中葉白話文之珍貴資料焉。

0748—1808
李時升《戊辰手本》(《同文彙考補編續・使臣別單二》 活字本)

出使事由:賣咨行
出使成員:賣咨官司譯院正李時升等
出使時間:純祖八年(嘉慶十三年 1808)? —?

---

①未詳《中州偶録》,《燕行録全集日本所藏編》,001/460—461。

案李時升有《乙丑手本》(0732-1805),已著録。

純祖八年(1808),朝鮮將去歲義州奸民等偷卸米穀,肆犯估買事,具咨報部,側俟嚴議。然嘉慶帝察其忱悃,獎以恭順,並頒寵賞,故專差司譯院正李時升咨報禮部。

此《聞見事件》一條,記盛京將軍既承敕旨,期拿獲朱、張兩犯,多發緹騎,分送岫巖、鳳城等沿海之地,譏訶張天成、朱得明、尤得禄、尤得貴、趙玉福等五名,嚴加究覈,則並供稱五名同心結黨,潛入薪島,冒禁換米是實,而夥内元無朱姓人。今方拷詰,而尚未究竟焉。

0749-1808
劉運吉《戊辰手本》(《同文彙考補編續·使臣別單二》 活字本)

出使事由:齎咨行
出使成員:憲書齎咨官劉運吉等
出使時間:純祖八年(嘉慶十三年 1808)九月—十一月

劉運吉,生平事迹不詳。通漢語,爲譯官。純祖八年(嘉慶十三年1808)、十三年,曾以憲書齎咨官身份入北京。事見《同文彙考補編續·使臣別單二》劉運吉《戊辰手本》、《純祖實録》、《承政院日記》等。

此《聞見事件》一條,記嘉慶帝新得皇孫,大喜降旨。稱昊蒼鴻祐,雲仍兆慶,明年又值朕五旬萬壽,嘉既頻仍,洵爲吉祥,各宮嬪並爲升秩。皇孫即第一皇子所生。又琉球國使臣適在北京,交阿林保皇孫誕生賀折,嘉慶帝降旨,琉球使臣等奉命出境,當以使事爲重而已。雖值在京,豈能自行陳賀,此等賀折,殊屬多事逾分。正使齊鯤、副使費錫章,均著交部議處焉。

0750-1808
金啓河《戊辰聞見事件》(《同文彙考補編續·使臣別單二》 活字本)

出使事由:進賀謝恩兼冬至等三節年貢行
出使成員:正使青城尉沈能建、副使吏曹判書趙洪鎮、書狀官兼司憲

府掌令金啓河等

出使時間：純祖八年（嘉慶十三年　1808）十月二十二日—翌年三月十三日

金啓河(1759—?)，字景天，江陵人。正祖二十一年(1797)，春塘台試居首，命直赴殿試。純祖朝，爲弘文館副校理、江界府使、義州府尹、開城留守、咸鏡道觀察使等。事見《正祖實錄》《純祖實錄》《承政院日記》等。

純祖八年（嘉慶十三年　1808）十月二十二日，朝鮮遣進賀謝恩兼冬至等三節年貢使青城尉沈能建、副使吏曹判書趙洪鎮、書狀官兼掌令金啓河等入燕，賀嘉慶帝五旬、謝嘉獎賜物、謝使臣參宴、謝貢車雇價蕩減方物移准等項，一行於翌年三月十三日返國覆命焉。

此《聞見事件》二條，一記臺灣賊蔡謙與其徒朱濆等勾結，出沒於粵洋閩洋等地，福建、兩廣諸處，爲之蕭然，每年官軍征討，互有勝負。浙江提督李長庚，中炮死，嘉慶帝追封長庚伯爵，賞銀一千兩，建祠致祭。賊久不平，雖非心腹之疾，然南服騷擾，民不聊生焉。

又記中國科制，本自嚴密纖悉，而比年以來，諸弊叢生。三月初二日，嘉慶帝敕諭本年會試屆期，宜責成知貢舉並派出搜檢及稽查龍門接談換券，其棘圍以外巡邏之御史及步軍統領等，並當加意巡察，"倘防範不嚴，有意寬縱，一經發覺，除犯科士子按律治罪外，所有派出大小官員，均干嚴議，凜之慎之。與其重罰於後，曷若嚴禁於前，無謂朕言之不早"云云。①

---

①金啓河《戊辰聞見事件》，《同文彙考補編續·使臣別單二》，004/3790。

卷六二　0751—0772

純祖九年(嘉慶十四年　1809)—純祖十二年(嘉慶十七年　1812)

0751-1809

李永純《己巳聞見事件》(《同文彙考補編續·使臣別單二》　活字本)

出使事由:冬至兼謝恩使行

出使成員:正使判中樞府事朴宗來、副使吏曹判書金魯敬、書狀官兼司憲府掌令李永純等

出使時間:純祖九年(嘉慶十四年　1809)十月二十八日—翌年三月十七日

李永純(1774—?),字稚文,後改名亨奎,慶州人。純祖朝,爲司諫院正言。因事配珍島,後放還。事見《純祖實錄》《承政院日記》等。

純祖九年(1809),朝鮮以判中樞府事朴宗來爲冬至兼謝恩行正使、吏曹判書金魯敬爲副使、兼掌令李永純爲書狀官赴燕,金正喜侍其父魯敬隨行。謝恩者,謝龍川漂民出送、謝全羅道漂民出送等事也。一行自十月二十二日辭家,二十八日上馬,十一月十六日到灣府,二十四日渡江,十二月二十四日下馬,庚午二月初三日起身,三月初四日還渡江,十九日始入城覆命焉。

此《聞見事件》兩條,記嘆咕唎素稱洋外悍虜,而藉名保護西洋,陰圖占地謀利,領兵闌入於澳門,總兵黃飛鵬斬其數人,隨即退去。而以澳門交易之利,每欲占居,皇帝慮洋人之騷擾,不許其貿遷,虜遂怏怏,數來侵境,黃浦居民,不能奠接,漸次渙散云。又記琉球國地懸海外,不能剋期往來,是以歷來時憲書,均未經頒發,帝命琉球應頒之時憲書,無庸頒給,只將該國星度節候,詳細推准,增入時憲書內,以垂久遠云。

0752-1809
玄在明《己巳聞見事件》（《同文彙考補編續·使臣別單二》 活字本）

玄在明，生平事迹不詳。精漢語，爲譯官。純祖朝，任五衛將、知中樞府事等。曾以首譯身份，隨使團多次入中國。與洪處純編纂《同文彙考》。事見《承政院日記》等。

案玄在明出使事由，詳參前李永純《己巳聞見事件解題》（0751-1809）。

此《聞見事件》一條，記嘉慶帝諭群臣，稱恭閱聖祖仁皇帝《實錄》，載前明宫内，每年用度金華銀九千餘萬兩，光禄寺所用各項錢銀二十四萬餘兩，柴炭等項又不下數萬兩。至康熙年間，宫中用度大加删減，較前明宫尚不及十分之一。至乾隆朝，益加儉約，比康熙年間更爲減省。嘉慶帝稱其紹膺丕緒，承繼家法，一切宫中支用，遵行舊例，罔敢稍踰，"誠以一人恭己，百爾承風，惟恐稍涉紛華，易滋繁費，若臣工等果能仰體朕意，共礪廉隅，豈敢有簠簋不飾之事"。玄在明謂"皇帝躬行節儉，不喜玩好，貂裘蒙茸，蟒袍渝垢，然而財用常患不敷者，誠以連年歉荒，賙濟既艱，兩廣兵費，策應甚繁"云。①

0753-1809
金正喜《燕行詩》（《叢刊》第301册《阮堂全集》 活字本）

金正喜（1786—1856），字元春，號秋史，慕阮元之學，又號阮堂，慶州人。魯敬子。性孝友，博極群書。純祖九年（1809），隨父至中國，與翁方綱、阮元交，并師事之。十九年（1819），試春到記儒生，以策居首，命直赴殿試。初爲奎章閣待教、議政府檢詳，後官至成均館大司成、兵曹參判等。憲宗六年（道光二十年 1840）獄起，竄於濟州。哲宗時，遷北青，卒於配所。正喜聰明强記，博洽群書，金石圖史，窮徹藴奥。習書於朴齊家、翁方綱，善草隸，世稱"秋史體"。與其仲弟命喜，塤篪相和，蔚然爲當世之鴻

---
①玄在明《己巳聞見事件》，《同文彙考補編續·使臣別單二》，004/3791。

匠。惜中罹家禍,南竄北謫,備經風霜,用舍行止,自比於蘇軾。著述整理刊刻有《阮堂集》五卷、《阮堂先生全集》十卷、《覃揅齋詩稿》七卷、《阮堂尺牘》二卷等。事見《阮堂全集》卷首閔奎鎬《阮堂金公小傳》、《純祖實錄》、《憲宗實錄》等。

案金正喜出使事由,詳參前李永純《己巳聞見事件解題》(0751-1809)。

金正喜《阮堂全集》十卷,爲南秉吉搜集編次,於高宗四年(1867)以全史字刊行,《韓國文集叢刊》據高麗大學中央圖書館藏1934年新朝鮮社鉛活字校定三刊本影印。又肖像遺墨因不符《韓國文集叢刊》體例,故爲刪除,是可惜耳。凡文八卷、詩二卷,詩以體裁編定焉。今人整理本《阮堂全集》,爲果川文化院2005年版,前有金氏畫像、筆跡、楹聯書法,完備可參。

金正喜燕行之詩,今見其集卷九,僅《遼野》《白塔》等四五首而已。然若《遼野》叙其地之形勢景物,開合自如,比喻恰切,精悍飛動,氣勢不俗,李鼎元評此詩"大氣盤旋"①,亦可見其一臠。又其詩善描摹,極細微,詩中有畫,頗具宋人風致。正喜亦嘗仕途顯達,然終厄於時,謫居南北,困迫至死。其書法學術,皆深受翁方綱、阮元之影響,自言"覃溪云嗜古經,芸臺云不肯人云亦云。兩公之言,盡吾平生"②。

案金正喜著述中最接近考據學派風格之論文,當爲《阮堂全集》卷一所收考、説、辨等篇,分別爲《周易虞義考》《其子考》《天文考》《日月交食考》《新羅真興王陵考》《真興二碑考》《禊帖考》《天竺考》《革卦説》《漢儒家法説》《禮堂説》《壹獻禮説》《實事求是説》《人才説》《適千里説》《易筮辨(上下)》《太極即北極辨》《尚書古今文辨(上下)》《理文辨》《聲均辨》《學術辨》《私敵辨》《書派辨》《墨法辨》《格物辨》等。

然據日本學者藤塚鄰考證,金正喜此類論文,多數乃抄撮他人文字而成,非金氏創作。如《阮堂集》卷一論"平實精詳"一段,出自阮元在《皇清經解》夏恕序後之添語與汪喜孫添加語;卷二《太極即北極辨》,見阮元

---

①金正喜《阮堂全集》卷9《遼野》,《韓國文集叢刊》,301/162。
②金正喜《阮堂全集》卷6《題跋・又》,《韓國文集叢刊》,301/126。

《揅經室一集》卷二《太極乾坤說》；又卷二《書派辨》，見《揅經室三集》卷一《南北書派論》；又卷二《漢儒家法說》，見《詁經精舍文集》卷一一胡紹《兩漢經師家法考》；又卷二《題張稷若儀禮鄭注句讀卷頭》，見《四庫全書總目》卷二〇經部禮類二《儀禮鄭注句讀》。又《阮堂先生全集》卷一《學術辨》，見凌廷堪《校禮堂文集》卷二三《與胡敬仲書》；卷一《格物辨》，見《揅經室一集》卷二《大學格物說》；卷七《漢十四經師頌》，見《校禮堂文集》卷一〇《漢十四經師頌》；卷八《雜識》"唐虞世南臨蘭亭帖"條、"開皇蘭亭詩序墨搨卷"條等，均見阮元《石渠隨筆》卷一。①

如再加考證，可知《革卦說》采自戴震《讀易繫辭論性》，《私敝辨》采自戴震《孟子字義疏證》《與某書》，《禮堂說》采自《校禮堂文集》卷四《復禮》三篇。筆者未暇細考，懷疑如《周易虞義考》《其子考》《天文考》《日月交食考》等，也應是采自張惠言、惠棟與惠士奇諸家著述。如將其《雜識》再一一搜檢，應有更多的摘抄清人著述之篇目。

故金正喜著作中考辨之文，實際乃摘抄清儒文章，偶有數語爲其添改者，然不足以改變其文爲抄錄之性質。其他諸作，僅《新羅真興王陵考》《真興二碑考》頗具考據風格。金氏師從翁方綱，而翁氏崇尚宋學；又尊崇阮元，然阮氏學宗漢儒。正喜之學，金承烈稱其"博綜馬、鄭，而勿畔程、朱，務歸於義理之精"②，則底子仍是宋學中人。金氏文字、音韻、訓詁諸學，根底甚淺，故雖讀清儒諸家考據之書，然終是依稀仿佛，難得其精髓而已。

縱觀朝鮮半島學術，自高麗、朝鮮以來，學宗朱子，好爲議論，崇尚詞章，而小學訓詁，既無根柢，又向爲所鄙，此即半島未有如顧炎武《音學五書》、閻若璩《古文尚書疏證》、惠棟《周易述》、錢大昕《廿二史考異》、王念孫《讀書雜誌》等書之深層緣由。對於半島而言，此蓋既爲其學界之不幸，然又爲其幸運也夫！

————————

① 參藤塚鄰《清朝文化東傳の研究——嘉慶・道光學壇と和李朝の金阮堂》書末附錄一《阮堂集及び阮堂先生全集編纂の疎謬を訂正ず》，國書刊行會昭和五十年（1975）版，第484—505頁。
② 金正喜《阮堂先生全集》金承烈《跋》，《韓國文集叢刊》，301/199。

0754-1809

李敬卨《燕行録》（《續集》第 123 册；《日本所藏編》第 1 册　鈔本）

　　李敬卨（1756—1833），字玄之，號周衣翁，月城人。李恒福六世裔孫。少治古文，操筆爲詩，輒慕唐人格律，自宋以下，有所不屑。因出庶孽，沉没田野，課徒以終。爲金平默之師。平默爲編《詩集》二卷，今不傳。有《燕行録》存世。事見金平默《重庵先生集》卷四一《周衣李先生詩集序》等。

　　案李敬卨出使事由，詳參前李永純《己巳聞見事件解題》（0751-1809）。

　　李敬卨之身份，夫馬進教授以其詩有"非文非武職無名，進壯稱呼愧實情"之句以自嘲①，則作者或爲進士壯元耶？② 案詳覈其詩，則爲"進仕"，而非"進壯"也，"仕"字左傍之"人"，雖然漶滅，然依稀可辨焉，故作者未必爲"進士壯元"也。又其《離家》詩稱"五十窮儒萬里行，家人親戚以爲榮"③。又《漫詠》"雪來故國三千里，歲暮衰草五十秋"④，又《七里坡道中》"五十窮儒髮已華，胡爲作此遠離家"⑤。李氏如是反復三歎，可知其以衰老之年入中國也。又其叙一行三使時，謂"上使朴判書宗來、副使金參判魯敬、書狀正言永純"⑥，其稱書狀官爲"永純"，則蓋爲李永純之長輩。又一行返國至栅門，作者稱"一行盡爲出栅，副使仍爲前進，書狀以後市檢飭落栅，行中先去者皆來作別，雖知其一二日間亦爲發行，不覺悵然"⑦。此可知其爲書狀之屬員也。又其詩中屢言"家貧親老誤平生，破脱商量作此行"⑧，則可知爲落魄不得志之儒生矣。

---

① 李敬卨《燕行録・路上漫詠》，《燕行録全集日本所藏編》，001/469。
②［日］夫馬進《日本現存朝鮮燕行録解題》，日本京都大學文學部研究紀要，第 42 號，2003 年版，第 178 頁。
③ 李敬卨《燕行録・離家》，《燕行録全集日本所藏編》，001/469。
④ 李敬卨《燕行録・漫詠》，《燕行録全集日本所藏編》，001/470。
⑤ 李敬卨《燕行録・七里坡道中》，《燕行録全集日本所藏編》，001/471。
⑥ 李敬卨《燕行録》，《燕行録全集日本所藏編》，001/474。
⑦ 李敬卨《燕行録》，《燕行録全集日本所藏編》，001/495。
⑧ 李敬卨《燕行録》，《燕行録全集日本所藏編》，001/470。

案李敬卨是書,爲鈔本一册,藏日本天理圖書館今西文庫。影印本封面漆黑,據夫馬氏稱外題"燕行日記",而首頁首行右側,另有大題則作"燕行錄",同行下題"月城李敬卨玄之周衣翁著輯"。前錄其沿途詩六十餘首,自謂"道路之遙遠,日月之久多,無以爲遣,故錄此如干,以示己志,或有悽切者,或有猶夷者,或有慷慨者,如秋蛩春鳥,互相代鳴,嘈嘈切切,不知其音節也"①。其詩中仍多思明仇清之辭,如"痛哭明天子,何時復起來"②,"天意終難測,如何任一胡"之類是也③。

其詩後所錄,則爲此次出使時所撰之日記,自渡江始,至返漢城歸家止。留館期間,記有雜記十餘條,自謂"此已上沿路風土,頗如稼齋所錄,而間多不同處,故參以聞見,以備後考"④。所記與前人多同。返途日記,則多簡略,僅記陰晴而已。惟其記正月十五日,在圓明園山高水長閣參宴,記假山、鞦韆、唱戲諸情景,較前後諸家所記,略爲詳悉,李氏所謂"以錄其詳,以備後考"者,⑤可爲研究圓明園宮史者所參資焉。

0755-1809
李時亨《己巳手本》(《同文彙考補編續·使臣別單二》 活字本)

　　出使事由:賫咨行
　　出使成員:賫咨官司譯院正李時亨等
　　出使時間:純祖九年(嘉慶十四年　1809)五月二十九日—十月

　　李時亨,生平事迹不詳。多次以憲書賫咨官等身份往來中國。事見《同文彙考補編續·使臣別單二》李時亨《庚午手本》等。

　　純祖元年(嘉慶六年　1801)十月,時有濟州大靜縣唐浦,未辨何國人之過去大船中,卸下五人,衣制與狀貌,極其怪異,鳩舌噪叫,無由問情。朝鮮咨送北京,嘉慶帝命賞給盤費,仍交朝鮮,令附原船,送至本國,毋致

---
①李敬卨《燕行錄》,《燕行錄全集日本所藏編》,001/469。
②李敬卨《燕行錄·新民屯路中》,《燕行錄全集日本所藏編》,001/471。
③李敬卨《燕行錄·偶吟》,《燕行錄全集日本所藏編》,001/472。
④李敬卨《燕行錄》,《燕行錄全集日本所藏編》,001/485—486。
⑤李敬卨《燕行錄》,《燕行錄全集日本所藏編》,001/490。

稽留爲要。其五人中一名,在瀋陽病故。又一人於純祖五年病故。九年,羅州黑山島人文順得,曾漂至呂宋國,試以呂宋方言問答,則節節吻合,遂再備資以送焉。

純祖九年(嘉慶十四年　1809)春,清朝江南蘇州人龔鳳來等十六人,漂到全羅道濟州牧,船體破碎,願從旱路返國,物件難運者及粧船鐵物折銀給價,專差副司直李光載押解北京,咨報如例。後盛京將軍衙門奉上諭,謂龔鳳來等粧船鐵物四千三百餘斤,究是何物件,並未載明,著令訊明咨報。朝鮮遂再遣司譯院正李時亨咨報,謂當時訊閱,龔鳳來等並無干禁物件,其漂破船隻燒火之際,粧飾及釘碇等種,粗重難運,從伊願每斤折銀二分,合銀八十六兩二分,給予發回。今既奉此知會,遂令全羅道觀察使李冕膺查明,因時日已久,多有銷毀,尚有一千七百六十斤,尚有鐵錨等,難以馱運,融斧截短,亦有二千五百八十五斤。現將一千七百六十斤交納盛京將軍衙門,並無禁物,將此緣由咨覆。後奉旨謂免其補解,發還銀價,交該咨官帶回云。

此《聞見事件》一條,記"用藥漲米之法大熾,各處倉穀,俱爲受傷,至於不堪食之境,而天津府尤甚。七月拿獲制賣漲米藥之楊秉濂、王文德於天津府地方供稱,官穀漕運時,船人輩盜賣船載穀,買藥漲米,以補虧缺,而官穀入倉之後,若過數月之限,則依前缺少,而米質因以受傷云"①。

案清代京杭大運河所輸漕糧,或供給京師,或充邊防,所謂"顆粒皆宜慎重,豈容旗丁盜賣,致滋虧短"。然漕運旗丁,盜賣猖獗,且在漕糧中摻入糠、沙土、石灰、白土等,或摻水增重,或以藥水浸泡,使糧發漲,以充原數。李時亨所記,即嘉慶十四年,嘉慶帝聽聞漕糧被盜虧短,遂令滿洲倉書高添鳳嚴查。高添鳳奏稱"糧米用藥發漲,多在天津一帶地方,其藥名爲五虎下西川"。帝令直隸總督溫承惠從直隸安陵以北,在糧船行走途中嚴查並將盜糧者拿獲,且"將此藥如何製配,係何藥物,及平日如何串通舞弊之處,徹底訊明,據實奏聞"。後溫承惠奏查獲製造售賣漲米藥者楊秉濂、王文德,以買藥者揚州二幫第十號船李姓、十一號船汪姓、新安民船李

---

①李時亨《己巳手本》,《同文彙考補編續·使臣別單二》,004/3790。

姓等。帝嚴令將二犯著刑部嚴行審訊定擬,買藥之李姓等,著直隸總督、倉場侍郎查拏務獲,歸案辦理云。①

0756-1809
閔致載《己巳聞見事件》(《同文彙考補編續·使臣別單二》 活字本)

出使事由:聖節進賀兼謝恩行

出使成員:正使判中樞府事韓用龜、副使吏曹判書尹序東、書狀官兼司憲府執義閔致載等。

出使時間:純祖九年(嘉慶十四年 1809)七月二十四日—十二月十五日

閔致載,生卒籍貫不詳。正祖十四年(1790),以試表壯元,命直赴殿試。爲司諫院正言、司憲府持平等。純祖朝,任司憲府掌令、承政院右承旨、靈光郡守等。事見正祖、純祖《實錄》與《承政院日記》等。

純祖九年(1809),朝鮮黃海道長淵縣人金逢年等男婦三人,漂到登州府榮城縣,順付節使帶回。是年,嘉慶帝五旬萬壽。純祖遂遣聖節進賀兼謝恩使判中樞府事韓用龜、副使吏曹判書尹序東、書狀官兼執義閔致載等入燕,賀嘉慶帝聖節五旬、謝詔書順付、謝賜物、謝使臣參宴、謝長淵漂民出送等件。一行於七月二十四日發王京,十二月十五日返京覆命焉。

此《聞見事件》兩條,記今八月口外圍場,天氣大寒,冰雪盈尺,人畜多死,皇帝是以早回皇都。口外四十八部,年例貢銀合爲四十八萬兩,而並許蠲免,借銀一百六十萬兩。蒙古之偏被慰藉,推此可知。又記衍聖公孔慶鎔因聖節入朝,閔致載等就其館所請見,其人"威儀頗嫺雅,相貌亦端秀,而但言語衣服與皇城無別。問曲阜凡百,則西漢以後,不被兵革,而夫

---

①《清仁宗實錄》卷214,嘉慶十四年六月下丙午條,卷215,嘉慶十四年七月上壬戌條。詳參李俊麗《清代旗丁對漕糧的盜賣與摻雜》一文,載《古代文明》2014年第3期,第92—97頁。

子手種檜樹,群弟子所植楷木,至今生存。幅巾衣履,中華舊制,尚有藏弆云"①。

又據《純祖實錄》,閔致載後上別單,謂洋匪蔡牽,今七月間中大炮,隨水而死,餘黨出没海洋,官軍逐捕,或有敗没者。宿將德楞泰病死,皇帝特加隱卒之典。廣東游擊孫全謀,屢立奇功,連被奬諭。邢匪,即白蓮教餘黨,而至今作梗於江、浙間,官兵逐討,勝敗無常。如是之故,洋商輩,爭爲捐銀,以補軍需,而輒送部議叙,是以謂之"賣官"云。②

0757-1809
尹得運《己巳聞見事件》(《同文彙考補編續·使臣別單二》 活字本)

案尹得運有《乙丑聞見事件》(0731-1805),已著録。尹氏此次出使事由,詳參前閔致載《己巳聞見事件解題》(0756-1809)。

此《聞見事件》一條,記嘉慶帝諭旨稱,親王、郡王、貝勒、貝子,坐享豐饒,非用售米以資日用,又豈可惟利是務,不念國家儲備經久之道乎?今親王等以有餘之米,所在城内變賣,猶可使市價平减,民食藉資。今乃節省車價,將所領俸米,有通川賣去,甚至於將米票在彼賣給奸民,以致米不入城,都市騰貴,奸民乘機圖弄,無弊不作,甚至國計民生,漠然不顧。如此諸王等俸米,在所停支,惟念篤宗支鄭親王烏爾恭阿、怡親王奕勳降食郡王俸十年,禮親王昭槤、順承郡王倫柱、貝勒綿譻、綿志,曾已自請處分降食貝子俸,限滿稟旨云。此因御史朱澄奏請查穀簿而綻露也。

0758-1810
李時亨《庚午手本》(《同文彙考補編續·使臣別單二》 活字本)

出使事由:賣咨行

出使成員:憲書賣咨官李時亨等

---

①閔致載《己巳聞見事件》,《同文彙考補編續·使臣別單二》,004/3790。
②《純祖實錄》卷12,純祖九年(嘉慶十四年 1809)十二月十五日庚子條。

出使時間：純祖十年（嘉慶十五年　1810）九月？—十一月

案李時亨有《己巳手本》（0755-1809），已著錄。

此《聞見事件》一條，記十月二日，江南揚州府沿河地方，洪水泛濫，巨浪直涌，高家堰崩塌，州縣田廬之被水淹者，不知多少。民間俗語稱"倒了高家堰，淮揚不見天"。報到之日，皇帝晚膳不進云。

0759-1810

金在洙《庚午聞見事件》（《同文彙考補編續·使臣別單二》　活字本）

出使事由：冬至等三節年貢兼謝恩行

出使成員：正使判中樞府事李集斗、副使吏曹判書朴宗京、書狀官兼司憲府掌令洪冕燮等

出使時間：純祖十年（嘉慶十五年　1810）十月二十八日—翌年三月二十一日

案金在洙有《庚申聞見事件》（0694-1800），已著錄。

純祖十年（1810）冬，朝鮮遣冬至等三節年貢兼謝恩使判中樞府事李集斗、副使吏曹判書朴宗京、書狀官兼掌令洪冕燮等入燕，進三節年貢兼謝冬至陪臣參宴、謝賜物、謝進貢陪臣參宴、謝長淵漂民出送等件。一行於十月二十八日發王京，於翌年三月三十一日返京覆命焉。

此《聞見事件》兩條，記嘉慶帝"聰明超邁，雖京外庶僚，一經引見，能識別賢否，而默記之。逮夫考績之上知以爲賢者，則或貶焉，而特加題升；知以爲不賢者，則雖見褒，而輒加斥退。由是内而堂官，外而總撫，舉懷畏慎，務精黽陟云"①。又記二月二十八日，皇帝將幸五台，嚴諭沿途供億之需，務從省略。明春，擬詣闕里，又使軍機大臣密諭撫臣，凡諸修葺繕治之事，徐徐料理，期不煩民力云。

---

①金在洙《庚午聞見事件》，《同文彙考補編續·使臣別單二》，004/3791—3792。

卷六二　李時復《庚午手本》　李永遠《辛未手本》　1081

0760-1811

李時復《庚午手本》(《同文彙考補編續・使臣別單二》　活字本)

　　出使事由：賫咨行
　　出使成員：賫咨官別司直李時復等
　　出使時間：純祖十一年(嘉慶十六年　1810)？—翌年正月？

　　李時復，生平事迹不詳。純祖時，曾任副司直、簽知中樞府事等。精漢語，任譯官。以賫咨官、譯官身份多次出入清朝。事見《同文彙考補編續・使臣別單二》李時復《庚辰手本》、《承政院日記》等。

　　純祖十年(1810)冬，泉州府人葉榜等二十九人，漂到全羅道靈光郡，一人病故，備給棺殮諸具，轉次運送，專差副司直李時復押解北京，咨報如例。

　　此《手本》一條，記是年三月初八日文科設場，以內閣大臣英和爲主試，更以大學士董誥代之。蓋英和兩子，俱是舉人，欲使應試故也，此亦特恩云。

0761-1811

李永遠《辛未手本》(《同文彙考補編續・使臣別單二》　活字本)

　　出使事由：賫咨行
　　出使成員：憲書賫咨官李永遠等
　　出使時間：純祖十一年(嘉慶十六年　1811)九月—十一月

　　李永遠，後改名秉遠，生平事蹟不詳。純祖十一年(1811)，以憲書賫咨官身份入中國。事見《同文彙考補編續・使臣別單二》李永遠《辛未手本》、《承政院日記》等。

　　純祖十一年(1811)，盛京將軍衙門咨稱，朝鮮每年遣使朝貢，領憲書進京，向由鳳凰城行走入內地時，例有守門官吏查驗放行，沿途官兵護送進京，由來已久，此係天朝柔遠之至意。現在查出守門官吏等，收受遣來使臣饋送門規銀兩等事，已參辦革職治罪矣。此項陋規，原屬違例，自係使臣及隨從人等私行備送,該國王必不知悉,相沿已久,成此陋習。天朝定例,凡受私饋,予者受者同科勘虀,立法至公,著令甚嚴。嗣後貴國毋許私備門規,擅相饋遺云。案《通文館志》載此行憲書賫咨官爲"李一逵",蓋即"永逵"之誤耳。

此《手本》兩條,一記嘉慶帝是年三月十八日幸山西五臺燒香,歷謁西陵,閏月二十五日還京。而大學士戴衢亨扈從得病,中路卒逝。帝深加悼惜,特令入城治喪,應得恤典外,加給庫銀一千五百兩,經理喪事。"蓋衢亨持身正直,知無不言,言無不盡,素爲皇帝之所敬重,故死後褒恤之典,比諸臣自別云。"①又記萬歲曆中嘉慶十八年癸酉不當置閏,而因伊時推步不明,以致舛誤,奉上諭更爲詳推,改以嘉慶十九年甲戌二月置閏,而新整萬歲曆,姑未及頒行焉。

0762-1811
韓用儀《辛未聞見事件》(《同文彙考補編續·使臣別單二》 活字本)

出使事由:冬至等三節年貢兼謝恩行
出使成員:正使判中樞府事曹允大、副使禮曹判書李文會、書狀官兼司憲府掌令韓用儀等
出使時間:純祖十一年(嘉慶十六年 1811)十月三十日—翌年三月十八日

韓用儀,字號籍貫不詳。純祖朝,爲蔚山府使、司憲府掌令、校理、寧邊按覈御史、司諫院司諫、弘文館副應教、楊州牧使等。事見《純祖實錄》《承政院日記》等。

純祖十一年(1811)冬,純祖遣冬至兼謝恩使判中樞府事曹允大、副使禮曹判書李文會、書狀官兼掌令韓用儀等入燕,進三節年貢兼謝上年冬至陪臣參宴、謝賜物等件。一行於十月三十日發王京,翌年三月十八日返京覆命。因物貨遲滯,書狀官韓用儀與伴倘李鼎受等,遲至四月初八日,

---

①李永逵《辛未手本》,《同文彙考補編續·使臣別單二》,004/3792。

方返京城焉。

此《聞見事件》二條,一記上年彗星現於五月,止於十月,欽天監官員禳災於觀星台,以狗油燃燈,埋置穢物於地中。而京外訛言多端,或曰兵革之象,或曰疾疫之兆。蓋自上年秋冬以後,饑癘兼至,死亡相續,言者以爲彗星之應云。又載皇城崇文門外,有所謂育嬰堂,爲乾隆初年所創,而收聚民間遺棄之兒,養育其中。韓用儀稱其於歷路入見,則前後左右設置十數間炕,在繈褓者爲五六嬰兒,而其外男女長幼,不知其數,皆是此中所養者。聞堂有一官人,每日躬行京城内外,遍搜遺孩,輒爲收養,待其長成,教習諸般技藝,使有成業,往往有無子之人買而子之。"顧其設施法意,實是人情之一端"云。①

0763-1811
尹得運《辛未聞見事件》(《同文彙考補編續·使臣別單二》 活字本)

案尹得運有《乙丑聞見事件》(0731-1805),已著録。尹氏此次出使事由,詳參前韓用儀《辛未聞見事件解題》(0762-1811)。

此《聞見事件》一條,記清朝昨年年事,到處失稔,而沿海地方及登萊等州尤甚,饑民流入關東,携幼提孩,相續不絶。特以皇旨移送諸處饑民於新利城,即瀋陽北千餘里地,地面閑曠,草木荒莽,係是獵户打圍供上之所,以此劃給,俾得從便居住,隨分墾作,而先加賑濟,從此幾萬窮命,可免填壑之患云。

0764-1811
李鼎受《游燕録》(《續集》第123—126册 鈔本)

李鼎受(1783—1834),字士翕,號子真。基憲子。幼學生。純祖十一年(1811),隨冬至兼謝恩使判中樞府事曹允大使團入燕,爲書狀官韓用儀外從弟,以書狀伴倘身份入燕。有《游燕録》傳世。事見其《游燕録》

---
① 韓用儀《辛未聞見事件》,《同文彙考補編續·使臣別單二》,004/3792。

與《承政院日記》等。

案李鼎受出使事由,詳參前韓用儀《辛未聞見事件解題》(0762－1811)。

李鼎受《游燕録》十一卷,卷首爲《贐行諸篇》,共收録其仲弟李鼎會、從弟鼎臣等贐行詩六十九首。下爲鼎受《游燕録自序》,以爲前往中國游者,"蓋亦有數存焉,而顧時有幸不幸焉。啓、禎以前名公鉅卿,往往與觀於周樂,而文人才子,因緣以吐氣,兹非幸歟？自夫滄桑既變,皮弊之役,志士耻之,而雨雪楊柳之什,多出於風泉、榛苓之感,其爲不幸孰甚焉。然而,山河雖異而風光不殊,人民則非而城郭皆是,庸詎非不幸之幸？而是觀也又曷可少之哉！"①是行也,鼎受往返一百有六旬日,得記者二十有餘萬言,得詩者三百有五十餘首,游事盡在是矣。

全書卷一至卷二爲燕行詩(卷二又分上下),詩多與書狀相酬唱,然未見北京士大夫有交接酬唱之詩。其與諸家別異者,爲《樂府紀迹》,其稱見"李西涯樂府諸篇,甚愛其體,欲效而爲之,因就沿路留館所聞見古迹時事中可歌可詠者,隨意命題,成凡五十三首,合以命之曰《樂府紀迹》"②。分別爲首陽山、石鼓歌、黃金台、燕郊曲、太子河、望夫石等,如柴市悲、帝王廟、改路請、誤遼歎、經撫歎、航海役、孫高陽、嘔血台、兩牌樓、錦松圍、萬歲山、毁城歎、季文蘭、枯樹行等,莫不詠史懷古、思明仇清之辭。而鰲山戲、西湖樂、蒙古宴、喪家樂、戲子曲、幻術歎、八旗下等,皆爲紀實之作。卷三至卷五爲總記(卷三又分上下),分別爲一行上下人馬總記(人共三百二十四,馬共二百四十二)、渡江後沿路地名程站總記(自漢京至義州、自義州至柵門、自柵門至瀋陽、自瀋陽至山海關、自山海關至北京,總三千七十四里【兼記諸家里程數之不同】)、道路州縣山川總記(與下卷道街市店所記,可互相參考,共計近四十條)、北京城内外勝觀總記(近六十處,兼注別名及所在城内外方位等)、使行賫去文書式例總記、方物數目式例總記(列各類使行所賫方物數量與種類)、鳳城瀋陽山海關北京所用禮單人情總記、留館時支供分排總記、賫回物目總記、三使留館時

---

①李鼎受《游燕録自序》,《燕行録續集》,123/147。
②李鼎受《游燕録》卷2,《燕行録續集》,123/318。

大小公役總記、沿路護行留館接伴總記、兩國禁條總記、異觀實聞總記等。異觀實物又類以分之,爲十有六類,即風俗人物、衣服飲食、言語文字、冠婚喪葬、城池宫室、道街市店、陵墓祠院、器用貨貝、舟輦騎乘、水火薪燭、耕種蠶織、獸畜禽魚、書册名目、官職科第、各省風土、外國朝聘等。又有使行賫去文書式例總記,詳列各類使行所賫表箋格式、踏印形態、表箋形狀、封筒大小、避諱字體等,尤其述表箋正、副本之外,尚有暗本。而兩國禁條總記,列載禁物及犯禁懲處之律條,或杖或流或配,以及渡江後沿途約束之法與禁絕諸事。卷六至卷一一爲日記(卷六、卷一一又各分上下),此六卷又分我境、渡江上下、留館上下、回程、留栅、還渡等,其分卷皆仿金景善《燕轅直指》也。

案李鼎受是書,與此前諸家相較,事無巨細,纖悉必載,如記海路朝天時事,裁自前人,綜述其事,頗便參稽。其謂"記欲其詳則繁有所不避也,詩要其精則多有所不暇也,而況見聞之得,不過隨手而信筆應酬之作,太半行雲而流水,尚何體裁之可論哉。噫!馬遷之游見於史,杜陵之游著於詩,余固不敢妄擬於古人之爲,而若其得於游則一也。故掇拾而繕次之,將以就正於當世好游之君子云"①。又謂"山川一部史,夢與子長謀"②。則其自信可知也。然其不通漢語,"脉脉對中華,貿貿愧三韓。志士徒循發,憐夫或洗瘢。逡巡開筆硯,欲言意已闌"③。故與中土士大夫幾無交接。而其醜詆仇視清廷之語,滿卷皆是。如在北京,見物貨易貿,士大夫亦參與其中,即謂"噫!其異異矣。大抵一利字外,全不識禮義廉耻等題目,《孟子》七篇仁義之説,便可束之高閣,而遷史《貨殖》一傳,真足以名世矣。漢法之市井子孫,不得仕宦爲吏,又何太古也,良覺一歎"④。在館中見《大清開國方略》,"中間載我國丙丁前後事,辭多悖慢,憤惋之極,直欲裂板而不可得也"⑤。其詩如"今日域中誰是主,可能無恨死燕丹"⑥,

---

①李鼎受《游燕録自序》,《燕行録續集》,123/147—148。
②李鼎受《游燕録》卷2《題燕行倡酬軸末三首》其三,《燕行録續集》,123/317。
③李鼎受《游燕録》卷2《言語歎》,《燕行録續集》,123/258—259。
④李鼎受《游燕録》卷8《日記四·留館上》,《燕行録續集》,125/268—271。
⑤李鼎受《游燕録》卷8《日記四·留館上》,《燕行録續集》,125/224。
⑥李鼎受《游燕録》卷1《太子河敬次先君辛酉軸中韻》其二,《燕行録續集》,123/205。

"家禮一編無地讀,百年中國可憐夷"①,"寧爲滿家狗,莫作漢人兒"等②,此類詩語,充斥卷中。自稱"無日不出門,歷覽無礙,豈非幸歟"③。出入如此便利,即語言不通,亦可手談,而在京與當時中土士大夫一無交接,蓋其以敵寇視之,故如此耳。

李鼎受抵北京,已是鮮末清季,燕行使臣中,如此醜詆詈斥清廷,宛若清初使臣語者,亦極罕見,而鼎受又復如是,則其雖入中土,目懸狂傲,自喻李白,視如馬遷,而心中橫隔成見,雖記所見,與無所聞見,未踏鴨江而空持義理者,幾無別異矣!

0765-1812
李時秀《續北征詩》(《全集》第57册;《延李文庫》第8册　鈔本)

出使事由:陳奏兼奏請行
出使成員:正使領中樞府事李時秀、副使禮曹判書金銑、書狀官司僕寺正申緯等
出使時間:純祖十二年(嘉慶十七年　1812)七月十八日—十二月一日

案李時秀有《燕行詩》(0737-1805),已著錄。

純祖十三年(嘉慶十八年　1813),遣領中樞府事李時秀爲陳奏兼奏請行正使、禮曹判書金銑爲副使、司僕寺正申緯爲書狀官赴燕京,請求册封純祖長子李旲(1809—1830)爲世子,並奏請封事情。一行自七月十八日拜表離發,至十二月初一日返京覆命。因使行順利,李時秀賜廐馬,金銑加嘉義,申緯加通政,並賜田結奴婢有差焉。

先是上年十二月,龍岡人洪景來以"清君側"之名叛亂,攻陷嘉山以西八郡,入據定州。是年正月,官軍收復郭山,圍定州。三月,清廷遣祿成

---
①李鼎受《游燕錄》卷1《早發中後所忽聞喪家作樂次書狀韻》其二,《燕行錄續集》,123/217。
②李鼎受《游燕錄》卷1《有歎》,《燕行錄續集》,123/243。
③李鼎受《游燕錄》卷9《日記五·留館下》,《燕行錄續集》,125/450。

率兵巡視中江,以爲朝鮮官軍後援。六月亂平,洪景來敗死。七月,朝鮮遣李時秀等以洪景來敗死事,及奏請册封王子世事入中國焉。

李時秀此《續北征詩》,寫刻本,爲時秀此行所作詩,前有自序稱"我東赴燕之使,每歲一行,有事則再三行,作是行者,無不有是紀,而皆文也,未聞有詩賦與歌謠,是以寓興於紀行而已"。又稱沿途"以韻語紀行,課日而書轍迹所經,耳目所接,時序之變遷,風俗之同異,俯仰感慨之情,眺望戀慕之思,率以録,録必詳,往返六千里,得句一千六百有六,其意則安仁之賦事也,其體則少陵之言志也,雜以俚俗諧笑,又仿松江游戲之作也"。①

案李氏所謂文者,即燕行使之日記耳,其所謂"未聞有詩賦與歌謠",非謂無詩賦之作,亦非無長篇紀行詩。其謂自春明銜命之初,至玉河弭節之後,寒燠陰晴,道途鋪台,起居笑談,至返旋之日,所聞所見,模寫刻畫,洪纖靡遺,唯以五言,壹發於詩,通爲一篇而"題曰續北征,細細書諸册"者,則真前此未有也。若起句"聖上十二年,秋七月初六"者,叙出使之年月也;"册我王世子,前星光煜煜"者,表出使之目的也;②他若"昨行餘九十,今日將百里"者③,述日行之里數也;"月望是洰灘,纏綿遲交睫"者④,思鄉而無眠;"柳屯衣暫更,燕郊茶不吸"者⑤,摹趲程之促迫也;"鑿水築山處,彩閣紅橋並"者⑥,描西山之風景也;"歸傳國王好,五字顧我謂"者⑦,天子問候國王之語也;"紙紙字字細,團圓安屬眷"者⑧,歸途得見家書也;"東天曙光獻,三江冰路直"者⑨,近鄉而喜泪情怯也。而其詩中涉及姓名、地名、掌故等,則雙行夾注於當句之下,則儼然以韻語爲日記也。末有金國寶、金祖淳、徐榮輔、李晚秀、李洛秀、尹魯東諸序。末一頁首題

---

① 李時秀《續北征詩》,《燕行録全集》,057/346—347。
② 李時秀《續北征詩》,《燕行録全集》,057/348。
③ 李時秀《續北征詩》,《燕行録全集》,057/368。
④ 李時秀《續北征詩》,《燕行録全集》,057/389。
⑤ 李時秀《續北征詩》,《燕行録全集》,057/393。
⑥ 李時秀《續北征詩》,《燕行録全集》,057/396。
⑦ 李時秀《續北征詩》,《燕行録全集》,057/404。
⑧ 李時秀《續北征詩》,《燕行録全集》,057/428。
⑨ 李時秀《續北征詩》,《燕行録全集》,057/430。

"五千里目録",下有路程記、往還日記、歷覽諸書、主見諸事、回刺國書、日給等項,殆即此行所記,然編輯者未爲選出耶?

案徐榮輔評李時秀《續北征詩》,謂"其事則受命於役,其體則以事繫日,其文則一句五言。其不以文而以詩者,皇華四牡之意也。凡萬有餘言,大而山川州縣亭館郵遞,人物邑居之盛衰,政治風俗之得失;小而從者名姓,厨傳怠恪。遠而古今沿革,細而草木鳥獸。至於道塗勞苦,家國音信,爲喜爲憂,一皆載之於篇。心所欲宣,筆無不從;文所難道,詩以能該。繾繾乎使人解頤,往往秀句錯出。修辭之精煉,直與騷人專門争其工。甚盛哉!"①又李晚秀稱"夫涉巨浸者,必具余皇之艦而駕平乘之舳;構大廈者,必求梗楠豫章百圍之木。廣張咸池之樂,則必於洞庭之野。今乃適燕薊萬里之遠,閱半載寒燠之變,權輿乎以日繋事,錯綜乎山經地志,搜羅乎行人之修詞命,太史之陳風謡,會通於《天保》之九如,《既醉》之五福,不有大述作,不足以發其意而敵其事,斯詩所以千有六百六韻之多也"②。二氏評價,不可謂之不高焉。

0766-1812
申緯《奏請行卷》(《全集》第 67 册;《叢刊》第 291 册《警修堂全稿》　鈔本)

申緯(1769—1845),字漢叟,號紫霞,又號蘇齋,平山人,家漢京。正祖二十三年(1800),文科及第。純祖朝,爲弘文館副修撰、司諫院大司諫、江華府留守等。因事流放。憲宗二年(1836),再起爲大司諫、五衛護軍等。有《警修堂全稿》二十九册行世。事見金澤榮《韶濩堂文集定本》卷一〇《紫霞申公傳》與《純祖實録》、《憲宗實録》、金澤榮撰《年譜》等。

案申緯出使事由,詳見前李時秀《續北征詩解題》(0765-1812)。

申緯《警修堂全稿》二十九册,不分卷,爲申氏自編稿鈔録本,《韓國文集叢刊》據韓國精神文化研究院藏書閣藏本影印,《燕行録全集》爲同

---

①徐榮輔《竹石館遺集》第 2 册《及健李公續北征詩跋》,《韓國文集叢刊》,269/373。
②李晚秀《履園遺稿》卷 90《玉局集・續北征詩跋》,《韓國文集叢刊》,268/403。

一版本。全稿皆詩,按年編排,以《綸扉瑣》《奏請行卷》《清水芙蓉集》《蘇齋拾草》《貂録》《碧蘆舫稿》《花徑剩墨》等分爲二十七種小集。題"東陽申緯漢叟"。

申緯以詩、書、畫三絶,聞於當時。其弟子金澤榮謂"公形於聲詩,嘗屢易其門户,深鉤厚積,至四十而後,始乃沛如也。所收録爲四千餘篇,而其四之一,刊行於世。要之韓代前後詩人爲多,而鮮與爲匹者。兼工於圖畫書,又居其次焉"①。故其詩幽深恬静,質感清雅,情景交融,色彩繽紛。金澤榮又綜論麗韓詩家曰:"吾邦之詩,以高麗李益齋爲宗。而本朝宣仁之間,繼而作者最盛。有白玉峯、車五山、許夫人、權石洲、金清陰、鄭東溟諸家,大抵皆主豐雄高華之趣。自英廟以下,則風氣一變,如李惠寰錦帶父子、李炯菴、柳泠齋、朴楚亭、李薑山諸家,或主奇詭,或主尖新,其一代升降之跡,方之古則猶盛晚唐焉。惟申公之生,直接薑山諸家之踵,以詩畫書三絶聞於天下。而其詩以蘇子瞻爲師,旁出入于徐陵、王摩詰、陸務觀之間,瑩瑩乎其悟徹也,猋猋乎其馳突也,能艷能野,能幻能實,能拙能豪,能平能險,千情萬狀,隨意牢籠,無不活動,森在目前。使讀者目眩神醉,如萬舞之方張,五齊之方釀,可謂具曠世之奇才,窮一代之極變,而翩翩乎其衰晚之大家者矣,庸不盛哉。抑有異者,公之同時前輩,有曰朴燕巖先生者,其文在本邦古文家中,出類拔萃,變動具萬象,與公之詩,對爲兩豪。豈天之生物,有龍則必有虎,有珠則必有玉之類歟!"

此《奏請行卷》輯自《敬修堂全稿》第一册,申氏隨陳奏兼奏請使李時秀入中國,故"以使名題集",共六十餘首,稱《奏請行卷》耳。② 申氏在瀋陽,曾閲瀋陽將軍和寧(太庵)《西藏賦》,並與之唱和。抵北京後,又與翁樹崑(星原)、葉志詵(東卿)、汪汝翰(載青)、朱鶴年(野雲)等人往還,最爲令其欣喜者,乃結識翁方綱耳。汪汝翰爲其畫小照,申緯乃請翁方綱題畫,而其與方綱所唱和談論者,則爲書畫也。翁氏出示其所寶《蘇東坡集》宋槧本、《天際烏雲帖》真迹,而請申氏跋之。申又出其所藏董其昌真迹帖,請覃溪審定,翁鑒定爲真迹而跋之,又跋其所藏安平大君絹本真迹,

---

① 金澤榮《韶濩堂文集定本》卷10《紫霞申公傳》,《韓國文集叢刊》,347/345。
② 申緯《奏請行卷》,《燕行録全集》,067/066。

稱此能"以松雪手腕,運《聖教序》筆意者",申氏以爲"真確論"也。① 方綱又授其"外似放縱,內實嚴密"八字書訣②。申氏以爲"真才實學訪其人,只有覃翁迥絕塵。鏡古鑒今平漢宋,不將門户立名新"③。乾嘉諸人中,方綱之學實主宋學,故其學不爲當時所重,而書法則自成一軍,爲同時諸家所共尊。申緯亦能書者,故爲翁氏所重如此。二人興味相投,故能互長其長,交相推重耳。

0767-1812
申緯《壬申聞見事件》(《同文彙考補編續·使臣别單二》 活字本)

　　案申緯有《奏請行卷》(0766-1812),已著録。

　　此《聞見事件》兩條,一記"皇上御極十七年,節儉之德如一日,內自宫殿,外至寺刹,一無新創改建者,宴戲時只按例而已,别無華靡詭異之觀。市上寶貝之屬絶貴,問之則皇上不愛寶貝,聖節時貢獻亦與乾隆時不同,故南邊商賈,不以寶貝來售於廠中云。此可見節儉之實德,皇后壼範,又播譽外間"④。又記兩廣自洋匪寧靖之後,連年陸路土匪糾党搶劫,屢陷州郡,其患甚於洋匪,最著名者數十人中,以羅觀奇推爲頭領,現已爲生擒,而餘黨兵力尚强,未易剿滅。"大抵征匪與治河二事,實爲中國耗財之一大尾閭"云⑤。

0768-1812
朴宗行《壬申聞見事件》(《同文彙考補編續·使臣别單二》 活字本)

　　朴宗行,生平事蹟無考。通漢語,爲譯官。純祖朝,任知中樞府事。以首譯身份隨使團出入清朝。事見《同文彙考補編續·使臣别單二》朴

---

①申緯《奏請行卷》,《燕行録全集》,067/094。
②申緯《奏請行卷·出栅次斗室扇頭韻四首》其三,《燕行録全集》,067/099。
③申緯《奏請行卷·出栅次斗室扇頭韻四首》其二,《燕行録全集》,067/099。
④申緯《壬申聞見事件》,《同文彙考補編續·使臣别單二》,004/3792—3793。
⑤申緯《壬申聞見事件》,《同文彙考補編續·使臣别單二》,004/3793。

宗行《壬申聞見事件》、《承政院日記》等。

案朴宗行出使事由,詳見前李時秀《續北征詩解題》(0765-1812)。

此《聞見事件》一條,記是年五月,有盜入禁中,軍機大臣等嚴訊,自言五月二十七日由東長安門、天安門、端門進午門,出協和門至寧壽宮檔房住宿,次早在東所空院藏匿三日,乘間偷竊於衣物庫。各該門章京、護軍,以失察罪一並交部嚴勘。"以中國之法網,宮城之嚴密,有此疏虞,亦是意外"云云①。

0769-1812
李時健《壬申手本》(《同文彙考補編續·使臣別單二》 活字本)

  出使事由:賫咨行
  出使成員:憲書賫咨官李時健等
  出使時間:純祖十二年(嘉慶十七年　1812)九月—十一月

李時健,首譯李洙子。純祖十二年(1812),以憲書賫咨官身份入中國。事見《同文彙考補編續·使臣別單二》李時健《壬申手本》、《承政院日記》等。

此《手本》一條,記是年十一月二十一日,敕使一行自北京發程,而派定通官中景平作故,其代當差出,而禮部諸議以爲在京通官兩人中,雙林老病,不能隨行,於冬至使行祗候時,倭升額不可派出,只以前派四通官隨行云。

0770-1812
沈象奎《燕行詩》(《叢刊》第290冊《斗室存稿》　鈔本)

  出使事由:冬至兼謝恩使行
  出使成員:正使判中樞府事沈象奎、副使禮曹判書朴宗正、書狀官兼司憲府執義李光文等

---

①朴宗行《壬申聞見事件》,《同文彙考補編續·使臣別單二》,004/3793。

出使時間：純祖十二年（嘉慶十七年　1812）十月二十二日—翌年三月二十六日

沈象奎（1766—1838），字可權，一字穉教，青松人。念祖子。正祖十三年（1789），謁聖文科及第。爲奎章閣待教、檢校直閣學等。純祖、憲宗朝，歷官全羅道觀察使、弘文館大提學、戶曹判書、吏曹判書、兵曹判書、漢城府判尹、議政府右議政、左議政、領議政、領中樞府事等。清雅愷悌，端方堅貞。性簡亢於物，恥居第二。工詩善尺牘，藏書之富，世無與甲乙者。爲四朝耆舊，深得信任。有《斗室存稿》五卷行世。事見徐有榘《楓石全集·金華知非集》卷八《墓誌銘》、趙寅永《雲石遺稿》卷二〇《諡狀》與正祖、純祖、憲宗《實錄》等。

案純祖十二年（嘉慶十七年　1812）十月，以判中樞府事沈象奎爲冬至兼謝恩使行正使、禮曹判書朴宗正爲副使、兼執義李光文爲書狀官赴燕。一行至龍灣時，鄭元容以封敕問禮官，踵至龍灣，而申緯（漢叟）以奏請行書狀官回到灣上，遂秉燭賦詩，逢別欣悵，雖聚散之無常，亦足爲一時冠蓋之盛云。其在奉天府學，遇遼陽學正董履坦，茶敘論學，亦有唱和。及在燕館，又復與李鼎元、翰林院編修宋湘往還。象奎稱"昔在戊戌，先大夫以行台書狀官赴京，與李墨莊、祝芷塘、潘蘭垞諸公朋游甚契，家藏《綠波送遠》一帖，即其所爲詩文送別先大夫者，兒時最喜攀玩，今象奎以年貢正使又赴京，惟墨莊淹宦都門，獲與奇邂，初晤於龍泉僧舍，再會於拈花禪室，感舊欣今，泪笑相半，知芷、蘭二公，亦憶天香歸真，即先生獨爲靈光，神宇清健，氣采暢旺，定當期頤大耋無疑也。即坐間爲古詩一首見贈，讀之驟咽，幾不能成聲，情之所激，醜拙在不足自揜，遂次韻奉呈"①。

沈象奎《斗室存稿》五卷，詩四卷尺牘一卷，爲其孫熙淳校正鈔寫本，《韓國文集叢刊》據日本東洋文庫藏本影印。四卷皆詩，附書札數十通。前後無序跋。詩題下題"青杞沈象奎穉教著/孫熙淳校"兩行，有"東洋文庫"小長方印，"鄭健朝□中□"長方印，蓋爲鄭氏所藏也。

沈象奎燕行詩百餘首，見本集卷一，多與朴宗正、李光文、申緯、李鼎

---

①沈象奎《斗室存稿》卷1《次韻李墨莊鼎元》，《韓國文集叢刊》，290/019—020。

元、宋湘等唱和之作。沈氏諸詩,若《姜女廟望夫石》二首、《烟樹》二首等,能翻前人之意,而自出新奇,無玄怪駁離之習。《次韻李墨莊鼎元》《次韻宋芷灣編修湘詩舲》《次韻芷灣寄別》諸詩,則惆悵惜別,依依不捨,情見於詩也。

0771-1812

李光文《壬申聞見事件》(《同文彙考補編續・使臣別單二》 活字本)

李光文(1778—1838),字景博,號小華,牛峰人。純祖六年(1806),黃柑制居首,命直赴殿試。爲藝文館檢閱、司諫院大司諫、吏曹參判、全羅道觀察使、漢城府判尹、刑曹判書、水原留守等。憲宗時,任司憲府大司憲、刑曹判書等。諡文簡。事見洪直弼《梅山集》卷三六《李公墓碣銘》、趙寅永《雲石遺稿》卷二〇《諡狀》與純祖、憲宗《實錄》等。

案李光文出使事由,詳參前沈象奎《燕行詩解題》(0770-1812)。

此《聞見事件》二條,一記中國商賈,皆貸官銀,以爲本錢,收納利息。近年以來,官銀漸耗,商貨不敷,新債未給,舊逋未輸。可知國財之匱乏,商貨之艱窘也。又記御史王澤奏請刊布《治河方略》,嘉慶帝命河道總督自康熙年間前後聖諭,及大小臣工條議,足資參考,俱令詳查繕録,造册遴選纂修,刊刻頒行,亦因河工亦於是年始爲完工云。

0772-1812

玄在明《壬申聞見事件》(《同文彙考補編續・使臣別單二》 活字本)

案玄在明出使事由,詳參前沈象奎《燕行詩解題》(0770-1812)。

此《聞見事件》一條,記旗下人生齒日繁,而限於甲額,不得受年糧者甚衆,嘉慶帝著令挑出滿洲、蒙古閑散正身旗人,分補八旗步甲及巡捕營馬兵二額,庶不致壯年曠閑,亦可稍裕生計云。

卷六三　0773—0799

純祖十三年(嘉慶十八年　1813)—純祖二十年(嘉慶二十五年　1820)

0773-1813

洪起燮《癸酉聞見事件》(《同文彙考補編續·使臣別單二》　活字本)

　　出使事由:謝恩行
　　出使成員:正使判中樞府事李相璜、副使禮曹判書任希存、書狀官司
　　　　　　僕寺正洪起燮等
　　出使時間:純祖十三年(嘉慶十八年　1813)二月二十六日—六月二
　　　　　　十九日

　　洪起燮(1776—1831),字喜哉,一字秉協,號晚燮,南陽人。純祖朝,爲司諫院大司諫、成均館大司成、漢城府判尹、刑曹判書、禮曹判書、大護軍等。卒於官。事見《純祖實錄》《承政院日記》等。

　　純祖十二年(1812)十二月,清廷遣散秩大臣孟住、内閣學士廉善等,賫敕至朝鮮册封李旲爲王世子。純祖遣謝恩使判中樞府事李相璜、副使禮曹判書任希存、書狀官司僕寺正洪起燮等入燕,謝册封世子、謝賜物、謝世子賜物、謝奏請陪臣參宴、謝奏請方物移准等件。一行於二月二十六日發王京,六月二十九日返京覆命焉。

　　此《聞見事件》一條,記中國閭里凋敝,實自近年,而關外較甚,市鋪華麗,不及往昔,而皇城亦然,要之財殫而民瘠則審矣。蓋自嘉慶帝即位以來,河工既巨,租賦多折,匪亂又蔓,徵調遠及,今雖事已,公私之困,已可知也。加以水旱頻仍,賑貸四出,時誠極艱,治苟失方,則其勢易至於莫可收拾。洪起燮又稱,其於路傍跪迎時,見嘉慶帝"衣品不逾常人,且如亭觀池沼游宴之所,無一增葺,儉約之風,可嘗一斂。自栅抵京數千里間,山災野疇,無一不辟,耒耟服力,顯有安閑之色。其無侵撓之政,足反三隅,

躬先儉約,民無侵擾,則雖值時詘,必收治效"云①。

0774-1813
金在洙《癸酉聞見事件》(《同文彙考補編續·使臣別單二》 活字本)

案金在洙有《庚申聞見事件》(0694-1800),已著録。金氏此次出使事由,詳參前洪起燮《癸酉聞見事件解題》(0773-1813)。

此《聞見事件》一條,記嘉慶帝升殿御門之外,各部院大員一人輪回替直於隆宗門内,晨夕召接,以備顧問,由是政無擁蔽,事無稽滯,而成親王永瑆以有妨於保養之道,屢屢陳懇,皇帝終不聽許,每以"予一人安而萬民之勞,曷若予一人勞而萬民之安也。且予以是爲樂,不覺心神之惱費"爲答,聽聞攸暨,莫不感戴云。

0775-1813
柳鼎養《癸酉聞見事件》(《同文彙考補編續·使臣別單二》 活字本)

出使事由:冬至等三節年貢兼謝恩行
出使成員:正使判中樞府事韓用鐸、副使禮曹判書曹允遂、書狀官兼司憲府掌令柳鼎養等
出使時間:純祖十三年(嘉慶十八年 1813)十月二十八日—翌年閏二月二十一日

柳鼎養(1767—?),字錫老,全州人。純祖朝,爲泰川縣監、弘文館修撰、司憲府執義、刑曹參議、五衛護軍等。事見《純祖實録》《承政院日記》等。

純祖十三年(1813)冬,朝鮮遣冬至等三節年貢兼謝恩使判中樞府事韓用鐸、副使禮曹判書曹允遂、書狀官兼司憲府掌令柳鼎養等入燕,謝賜物、謝冬至陪臣參宴、謝靈巖漂民出送、謝海南漂民出送等件。一行於十月二十八日發王京,翌年閏二月二十一日返京覆命焉。

---

① 洪起燮《癸酉聞見事件》,《同文彙考補編續·使臣別單二》,004/3794。

此《聞見事件》三條,皆天理教徒突入宮内事。嘉慶十八年九月十五日,忽有天理教首領林清等七十餘衆,突入禁門,將至大内,幸皇次子親執鳥槍,連斃二賊,逆黨始退,終皆就獲。皇次子名綿寧,進封智親王,年方二十五,文武雙全,智勇俱備,中外屬望,以爲酷肖雍正帝。嘉慶帝旨稱,事定思痛,此實非常未有之變,寇賊叛逆,何代無之,今事起倉猝,擾及宮禁,傳之道路,駭人聽聞,非朕之涼德,何以致此。但諸王大臣,同國休戚,今使皇子親執火器,禦賊於禁御之中,諸臣其何以爲顔? 反而思之,更何以爲心乎? 命王大臣等各殫忠竭慮,以匡國治,勿再因循息玩,平日文恬武嬉,事至則措置失宜,事過仍泄沓如故,素餐尸位,益重朕憂云。

0776-1813
金相淳《甲戌手本》(《同文彙考補編續 · 使臣別單二》 活字本)

出使事由:賫咨行
出使成員:賫咨官司譯院正金相淳等
出使時間:純祖十三年(嘉慶十八年 1813)十二月二十二日—翌年三月五日

金相淳,生平事迹無考。精漢語,爲司譯院正。曾多次以賫咨官或首譯身份入中國。事見《同文彙考補編續 · 使臣別單二》金相淳《甲戌手本》、《承政院日記》等。

純祖十三年(1813)冬,福建同安縣人黃萬琴等二十二人,漂到全羅道扶安縣,一人病故,從願火葬。漳州府人黃其早等三十七人、泉州府人蔡杭等四十七人,漂到同道靈光郡,一人病故,從願槁埋。專差司譯院正金相淳押解北京,咨報如例焉。

此《手本》一條,記突入禁宮之林清餘黨之屯聚滑城者,總督那彥成等分兵四圍,屢次進攻,皆爲炮石射回,急難攻破,故挖掘明暗二地道,將地雷火藥,安置穴内,預備引綫發火等具,然後一齊攻打,正在相拒之際,各門地雷轟發,始斃賊無數,民兵乘勝進殺九千餘人,生擒二千餘人,大獲全勝云。

卷六三　高景熹《甲戌手本》　李鍾穆《甲戌聞見事件》　1097

0777-1814

高景熹《甲戌手本》(《同文彙考補編續·使臣別單二》　活字本)

　　出使事由：賫咨行
　　出使成員：憲書賫咨官高景熹等
　　出使時間：純祖十四年(嘉慶十九年　1814)九月—十一月十四日

　　高景熹,生平事迹無考。純祖十四年(1814),曾以憲書賫咨官身份入中國。事見《同文彙考補編續·使臣別單二》高景熹《甲戌手本》。

　　此《手本》一條,記今年九月間,江西饒州餘干縣民胡秉耀等,共推明之後裔朱毛俚爲主,而號稱後明晏朝,陰圖舉兵。本縣知縣阮元知其謀而上變,胡秉耀等十七名,施以極律,其徒党程麟解等三十五名,遠竄爲奴,朱毛俚逃走之故,鄰近各省巡撫嚴飭查拿云。

0778-1814

李鍾穆《甲戌聞見事件》(《同文彙考補編續·使臣別單二》　活字本)

　　出使事由：冬至等三節年貢兼謝恩行
　　出使成員：正使判中樞府事林漢浩、副使禮曹判書尹尚圭、書狀官兼
　　　　　　司憲府掌令李鍾穆等
　　出使時間：純祖十四年(嘉慶十九年　1814)十月二十七日—翌年三
　　　　　　月二十八日

　　李鍾穆,生卒籍貫不詳。純祖朝,爲承政院通政、司諫院大司諫、承政院右副承旨等。事見《純祖實錄》《承政院日記》等。

　　純祖十四年(1814)冬,朝鮮遣冬至等三節年貢兼謝恩使判中樞府事林漢浩、副使禮曹判書尹尚圭、書狀官兼司憲府掌令李鍾穆等入北京,謝賜物、謝上年冬至陪臣參宴等件。一行於十月二十七日發王京,翌年三月二十八日返京覆命焉。

　　此《聞見事件》一條,記松筠以時任首閣老而任伊犁將軍,首相之出外,意或有別樣事情,詳探其委折,則鐵保以前任伊犁將軍,時枉殺人命,衆心不

服,幾乎惹鬧,皇帝震怒,鐵保則發配於黑龍江,以松筠特拜鎮邊將軍兼帶相任而往鎮之,此則松筠曾經是任,回子之敬重畏服,素有聲譽故也。

0779-1814
李光載《甲戌聞見事件》(《同文彙考補編續·使臣別單二》 活字本)

案李光載有《丁卯手本》(0742-1807),已著錄。李氏此次出使事由,詳參前李鍾穆《甲戌聞見事件解題》(0778-1814)。

此《聞見事件》一條,記直隸肥鄉縣知縣萬永福,革職家居,妄托仙師降筆,刊書本《演成策略》,書中以太子宜預建,關聖宜去帝號云云。嘉慶帝見之,下詔曰:高宗純皇帝特緝《儲貳金鑒》一書,以前代建立太子,流弊甚多,不可踵行,如有言立太子爲請,即行正法,煌煌聖諭,卓越千古。又我朝崇奉關帝,上年九月間逆賊潛入禁城,以及冬間克服滑縣,皆曾顯著靈祐,朕中心銘感,方且特加封號。萬永福乃謂宜去帝號,慢褻孰甚焉。永福以大不敬擬斬,其書本一並毀銷,不使片紙流傳,致滋煽惑云。

0780-1815
李時升《乙亥手本》(《同文彙考補編續·使臣別單二》 活字本)

出使事由:賫咨行
出使成員:憲書賫咨官李時升等
出使時間:純祖十五年(嘉慶二十年 1815)九月—十一月十四日

案李時升有《乙丑手本》(0732-1805),已著錄。

此《手本》一條,記是年九月二十一日夜半,山西蒲州府所管等縣地震,數百里山崩地坼,倒塌城郭倉庫民舍,壓斃人口多至數萬餘名,委送宰臣那彥實於該地,取用藩庫銀五萬兩,使之料理城郭,賑濟難民云。

0781-1815
洪義浩《澹寧燕行詩》(《續集》第126—127册 鈔本)

出使事由:冬至兼謝恩行

出使成員：正使判中樞府事洪義浩、副使禮曹判書趙鍾永、書狀官兼司憲府掌令曹錫正等

出使時間：純祖十五年（嘉慶二十年　1815）十月二十四日—翌年三月二十八日

洪義浩（1758—1826），字養仲，號澹寧，豐山人。良浩從弟。正祖八年（1784），擢文科。任司憲府持平、弘文館應教、承政院承旨等。純祖朝，爲義州府尹、司諫院大司諫、江華府留守、刑曹判書、禮曹判書、工曹判書等。以奉朝賀休致。有《澹寧集》傳世。事見洪奭周《淵泉先生文集》卷三三《族曾大父禮曹判書公墓碣銘》與《正祖實錄》《純祖實錄》等。

洪義浩《燕行詩》二卷，封面左側簽題"澹寧瓿録十八"（又一册則爲十九），首頁有兩方印，模糊不清。全稿爲行草鈔録，字大行疏，書法耐觀。其燕行詩共收録三百二十餘首，間有圈點校改字，不知爲作者所改，抑或後人所爲。第二册自《覆命還家》後，皆非燕行詩，爲編輯者誤收耳。

案洪氏一生，曾三度出使中國。純祖三年（嘉慶八年　1803）七月，以判中樞府事李晚秀爲謝恩行正使、禮曹判書洪義浩爲副使、兼執義洪奭周爲書狀官入燕；十五年（1815），以判中樞府事洪義浩爲冬至兼謝恩行正使、禮曹判書趙鍾永爲副使、兼掌令曹錫正爲書狀官赴清；二十三年（1823），復以判中樞府事洪義浩爲冬至兼謝恩行正使、禮曹判書李龍秀爲副使、兼掌令曹龍振爲書狀官至北京。此燕行詩爲洪氏第二次出使期間所作，一行於是年十月二十四日發王京，翌年三月二十八日復京覆命焉。

洪義浩在途及留館期間，與副使、書狀相酬唱最多，有聯句、回文、組詩等。其在豐潤，與知縣杜懷瑛、縣學訓導張師渠筆談唱和，在館期間與諸生周錫祺、劉杰、馬維璜、孫銓等，内閣中書高鳳台，翰林院編修費蘭墀、熊常錞與其弟常鎬，祭酒吳錫麒，兵部主事吳大冀以及萬壽寺僧海觀等，或把筆晤談，或角力詩酒，或訪問其家，或在館相接，相見歡甚，詩作甚富。若《高橋夜中覽行台自東韻至咸韻律絶三十篇鉅軸諷讀再四戲成三十絶和之時夜三更矣》《與兩行人及雲石約賦上去聲五言絶句以記留燕聞見自臘月至仲春隨得隨録》五十九首，《入聲古詩十七首示兩行人》及贈燕

行使之《冬至正使芝山李尚書景混以余生同庚嘗是役也要得沿途記述爲別詩錄奉絕句二十首》等,組詩百餘首,皆爲燕行紀實詩,在諸家中爲少見。洪氏詩絕句爲多,長詩少見,平易洗練,樸素無華者也。

0782-1815
曹錫正《乙亥聞見事件》(《同文彙考補編續‧使臣別單二》　活字本)

　　曹錫正,生卒籍貫不詳。正祖二十三年(1799),黃柑試居首,命直赴殿試。純祖時,爲司憲府掌令、司諫院大司諫等。事見正祖、純祖《實錄》與《承政院日記》等。

　　案曹錫正出使事由,詳參前洪義浩《滄寧燕行詩解題》(0781-1815)。

　　此《聞見事件》一條,記嘉慶帝於宦寺,尤加裁抑,嚴禁其與朝臣相通。昨年都司高明德,持名帖往候太監林表,事露獲罪,敕諭朝廷,更有犯者,當從重治罪。今年元朝乾清宮宴,慶郡王永璘因太監起進喜口奏輔國公綿慇墜器失儀之罪,嘉慶帝諭以我朝設立外奏事官員接收章奏,再交內奏事太監捧進,太監不過供奔走之役而已,所奏之事,毫不與聞,杜漸防微,最爲良法。若皇子皇孫,面見太監口奏事件則可,而永璘係藩王,則大不可,此端斷不可開。嗣後在內行走之親王,遇有應奏事件,俱在乾清門外交外奏事官員呈遞,不准經內奏事太監,其無故至內奏處者,著御前大臣內務府大臣諭奏,以此旨著親王各處,一道謹閱看。"宗室及宦寺輩,頗用警惕"云。①

0783-1815
玄在明《乙亥聞見事件》(《同文彙考補編續‧使臣別單二》　活字本)

　　案玄在明出使事由,詳參前洪義浩《滄寧燕行詩解題》(0781-1815)。

---

①曹錫正《乙亥聞見事件》,《同文彙考補編續‧使臣別單二》,004/3796。

此《聞見事件》一條,記嘉慶十八年暹羅國正貢船在洋焚燒,副貢船所載貢品僅得進呈;十九年該國又補方物分裝正副船入貢,遇風漂散,竟得先後收泊;國王聞知,復備補貢方物到粵。嘉慶帝以其恭順,實爲可嘉,命將此方物,作爲明年例貢,使臣巧鑾文筵以送,傳知該國王,明年無庸更備方物,航海遠來,以知懷柔之意云云。

0784-1815
趙寅永《燕行詩》(《叢刊》第 299 册《雲石遺稿》 活字本)

  出使事由:冬至等三節年貢兼謝恩行
  出使成員:正使判中樞府事洪義浩、副使禮曹判書趙鍾永、書狀官兼掌令曹錫正等
  出使時間:純祖十五年(嘉慶二十年 1815)十月二十四日—翌年三月十八日

  趙寅永(1782—1850),字羲亭,號雲石,豐壤人。純祖十八年(1818),試春到記儒生,以制居首,命直赴殿試。翌年,中式年文科殿試壯元。爲弘文館副校理、全羅道觀察使、藝文館提學、工曹判書等。憲宗朝,任吏曹判書、户曹判書、議政府右議政、領議政、領中樞府事等。卒於官。寅永文學詞章,爲世所宗,根抵六經,泛濫百家。以貞亮之姿,慎密之規,臨事謹畏,處家儉約,憂國忘家,終始懇到。凡籌劃之有展有施,朝野之恃以爲重。諡文忠。有《雲石遺稿》二十卷行世。事見趙斗淳《心庵遺稿》卷二四《神道碑》與正祖、純祖、憲宗《實録》等。

  案純祖十五年(嘉慶二十年 1815)十月,以判中樞府事洪義浩爲冬至兼謝恩使行正使、禮曹判書趙鍾永爲副使、兼掌令曹錫正爲書狀官赴燕,鍾永爲寅永再從兄,故率帶而往。寅永是年有詩云"十載栖遲委巷里,世人那復識名聲"①。蓋當時無甚功名,故隨使行入燕以游觀耳。

  趙寅永《雲石遺稿》二十卷,爲其子秉夔據家藏稿本編次,婿金學性删定校勘,孫寧夏於高宗五年(1868)以全史字印行,《韓國文集叢刊》據

①趙寅永《雲石遺稿》卷1《更用前韻分屬諸公·自述》,《韓國文集叢刊》,299/023。

奎章閣藏本影印。凡詩四卷、文十六卷,前有尹定鉉、金學性二序,詩按年編排,燕行詩二十餘首,在卷一末,自臨別贈行至連山關、鳳山有詩,而此後無詩,蓋佚而無傳故也。尹定鉉謂寅永"詩詞則雋而潔,麗而不靡"①。其《碧蹄懷古》《金陵途中》《渡鴨江》諸詩,意頗雋永出新,不取常俗。又袁枚《隨園詩話》在當時爲朝鮮詩家所喜,趙寅永返國後,曾讀《詩話補遺》,有云白下秀才司馬章,字石圃,風神蕭灑,年少多情,而仍記其詞曲數闋。寅永謂司馬氏現任薊州知府,其燕路相遇,與之酬唱,知其爲溫公後裔,而工於詩。讀詩話,驚喜如對,遂以詩志之,有"誰料小倉詩話裏,白門司馬是君名"句焉②。

又趙寅永《送內兄洪痴叟學士起燮行台之燕序》論"書狀之職,匪專命而已,尤以觀上國爲重,故其回也,以耳目之所及者,錄聞於朝,號曰《別單》,故規也"。而當時書狀返國,往往"以汗漫瑣細之言,歸乎吾君"。③而《頤齋集序》論"以詞章名家,而不能究理氣象數之原者,曰舍本而取末;以訓詁專門,而不能考名物制度之實者,曰有體而無用。皆非通儒也。儒之可通者夫有量哉? 本末該而謂之學,體用備而謂之道,博於斯二者,而謂之通儒。雖然,不加之以反約之工,則實與聖人法門相差,此真正吾儒之難也"④。此皆有的之言,深中時弊,非泛言經術、大而無當者可比也。

0785-1816
李一選《丙子手本》(《同文彙考補編續·使臣別單二》 活字本)

出使事由:賫咨行
出使成員:憲書賫咨官李一選等
出使時間:純祖十六年(嘉慶二十一年 1816)九月—十一月十一日

---

①趙寅永《雲石遺稿》卷首尹定鉉《雲石遺稿序》,《韓國文集叢刊》,299/003。
②趙寅永《雲石遺稿》卷2《讀隨園詩話有感並序》,《韓國文集叢刊》,299/030。
③趙寅永《雲石遺稿》卷9《送內兄洪痴叟學士起燮行台之燕序》,《韓國文集叢刊》,299/172—173。
④趙寅永《雲石遺稿》卷9《頤齋集序》,《韓國文集叢刊》,299/173。

李一選,生平事迹不詳。純祖朝,任同知中樞府事。爲賫咨官、譯官隨使團屢入清朝。事見《同文彙考補編續·使臣別單二》李一選《丙子手本》、《承政院日記》等。

　　此《手本》一條,記嘆咭唎國使臣七月抵京,將召見,其正使阿美士德稱病倒不能進,副使亦病不能進。上諭其正使已到宮門,忽稱重病不能行動,副使亦俱患病,竟係無福承受天朝恩賫,且況中國爲天下共主,豈有如此侮慢倨傲甘心忍受之理,該貢使等著即日遣回,該國王表文不必呈覽,其貢物俱著發還,仍令蘇楞額、廣惠護送至廣東下船。又諭嘆咭唎使臣在天津謝恩,不能如意,忽遽登舟北來,未即演禮,未至館舍,先抵宮門,來使云朝服尚未趕來,便服焉最瞻謁,帝以爲此皆蘇楞額、廣惠、穆克登、和世泰等以失體之辭,連次入奏,以致遣還來使,不能成禮,不料庸臣誤事至此,朕實無顔下對臣工,乃以此曉諭中外云。

　　案李一選所言,乃嘉慶二十一年夏六月,英國遣使來粵東投書,清廷令循乾隆五十八年貢道,由海洋舟山至天津赴都。帝命户部尚書和世泰、工部尚書蘇楞額往天津,迎赴通州演禮。至七月初七日,召見來使。然英使既未演儀,又正、副使先後皆以病稱,後又言衣車未至,無朝服不能成禮,數次再三如是。嘉慶帝以爲"中國爲天下共主,豈有如此侮慢倨傲、甘心忍受之理。是以降旨逐其使臣回國,不治重罪,仍命廣惠護送至廣東下船"。又諭嘆咭唎國王"爾國遠在重洋,輸誠慕化",然遣使賫奉表章,備進方物,乃正副使二人同稱患病,其爲無禮莫此之甚。"爾使臣不能敬恭將事,代達悃忱,乃爾使臣之咎,爾國王恭順之心,朕實鑒之。特將貢物内地理圖畫像、山水人像收納,嘉爾誠心,即同全收。並賜爾國王白玉如意一柄,翡翠玉朝珠一盤,大荷包二對,小荷包八個,以示懷柔。""嗣後毋庸遣使遠來,徒煩跋涉,但能傾心效順,不必歲時來朝始稱向化也。俾爾永遵,故兹敕諭。"①又嘉慶帝追責,以不諳事體,和世泰革去理藩院尚書鑲白旗漢軍都統,仍留公爵,總管内務府大臣。穆克登革去禮部尚書、鑲黄旗漢軍都統,降補鑲藍旗漢軍副都統。

---

①《清仁宗實録》卷320,嘉慶二十一年(1816)七月乙卯條,中華書局1986年影印本,032/240—241。

案乾隆五十八年,"英吉利入貢,使臣瑪戛爾等覲見,自陳不習拜跪,及至御前,而跪伏自若"①。清廷與西方列強,因進見禮儀,屢起爭端。此時嘉慶帝驅逐英國使臣,且仍以"天下共主"之身以諭英國國王,殊不知英人已是船堅炮利,磨刀霍霍,不三十年,鴉片戰事起,中國從此帝王不能安卧,百姓生靈塗炭,竟至天子西巡,割地賠款,國將不國,而所謂禮儀者又安在哉!

0786-1816
李肇源《黄粱吟》(《全集》第61册;《延李文庫》第6册《玉壺集》 鈔本)

  出使事由:冬至等三節年貢兼謝恩行
  出使成員:正使判中樞李肇源、副使禮曹判書李志淵、書狀官兼司憲府執義朴綺壽等
  出使時間:純祖十六年(嘉慶二十一年 1816)十月二十四日—翌年三月二十八日

  李肇源(1759—1832),字景混,號玉壺,延安人。博聞强記,長於詩,通繪畫,尤工篆隸。正祖十六年(乾隆五十七年 1792)擢文科第一名及第。爲司諫院正言、承政院承旨等。純祖朝,歷官載寧府使、平安道觀察使、藝文館提學、弘文館提學、刑曹判書、工曹判書、兵曹判書、户曹判書等。以奉朝賀榮退。有《玉壺集》十四卷行世。事見《玉壺集》卷一四李龍秀《行狀》、申錫禧《謚狀》、《正祖實録》、《純祖實録》等。

  純祖十六年(嘉慶二十一年 1816),以判中樞府事李肇源爲冬至兼謝恩使行正使、禮曹判書李志淵爲副使、兼執義朴綺壽爲書狀官使燕,謝冬至陪臣參宴,及謝全羅道漂民出送等事。一行於十月二十四日出發,翌年三月二十八日返國焉。

  李肇源《玉壺集》十四卷,見《延李文庫》第六册,前後無序跋。詩十卷,按年編排,卷一《青春吟》,卷二至卷四《黄粱吟》,卷五至卷六《紫芝吟》,卷七《白頭吟》,卷八至卷一〇《黑海吟》,文三卷,《附録》一卷。此

---

①《清史稿》卷91《禮十·賓禮》,010/2677。

《黄粱吟》四卷後，《燕行録全集》編纂者羨入《紫芝吟》二卷，與燕行無涉；即《黄粱吟》卷上所隸之詩，亦非燕行詩也。惟《黄粱吟》卷中及卷下，録李氏兩次出使中國詩，前次二百二十餘首，即詩所稱"奚囊二百廿餘詩，馬勃牛溲並蓄之"者也①。

肇源詩風，用語清新，不事艱澀，略近白傅，如《關外雜詠》諸詩，頗有新樂府之味。最可注意者，其詩有《清心丸歌》一首，極言此丸雖爲朝鮮平常之藥，而在中國竟成秘方奇藥，或處處索要，或重價以求，所謂"韓人不曾爲珍異，中國一辭稱神丹"。乃至上自皇室、蒙古王、回回王、琉球使者、清朝顯宦，下至遼東少女、雲南舉人、巴西文士，莫不以得清心丸爲幸，使臣與閣部辦事，以至觀訪宫殿禁區，以莫不以此丸打通關節，故肇源戲稱"此丸若載數車來，萬事應無不可爲"。② 觀朝鮮使臣燕行諸記，則其語絶非誇張也。③

案清心丸，宋魏峴《魏氏家藏方》卷九稱，密陀僧六十克、黄連三十克。上爲細末，湯泡蒸餅爲丸，如梧桐子大。用濃煎茄根、空繭湯送下五至十丸。主治消渴。後世有牛黄清心丸、九味清心丸等，明俞允《續醫説》卷一引《癸辛雜識》稱，《和劑局方》牛黄清心丸，一方用藥二十九味，藥性寒熱交錯，殊不可曉。昔見老醫云：此方只是黄芩、麝香、龍腦、羚羊角、牛黄、犀角、雄黄、蒲黄、金箔九味而已，自幹山藥以後二十一味，乃《局方》補虚門中山芋丸，不知何故，誤作一方。蒲黄二兩半、犀角二兩、黄芩一兩半、牛黄一兩二錢、羚羊角一兩、麝香一兩、龍腦一兩、石雄黄八錢、金箔一千二百箔（内四百箔爲衣）。又《東醫寶鑒·雜病篇》卷三：上爲末，煉蜜爲丸，每兩作三十丸；金箔爲衣。主治諸風，緩縱不隨，語言謇澀，心怔健忘，怳惚去來，頭目眩冒，胸中煩鬱，痰涎壅塞，精神昏憒。心胸毒熱。每用一丸，熟水化服。

因其藥被神化，故朝鮮使臣，上自三使，下自驛驅輩，皆囊盛袖裹，挾

---

①李肇源《黄粱吟》卷中《還家戲書》，《燕行録全集》，061/355。
②李肇源《黄粱吟》卷中《清心丸歌》，《燕行録全集》，061/311—313。
③詳參拙文《燕行使筆下的神丹清心丸》，李安東主編《漢語教學與研究（第9輯）》，韓國首爾出版社2008年12月版，第65—81頁。

此而來,而其中真假莫辯,甚或假多於真,專以矇騙清人爲得。李田秀《入潘記》載,田秀送其友人中國人張裕昆此藥,且戒之曰:"近來我人帶來買賣之清心丸,多是不好的,不可輕服,僕送呈者,乃僕親手製來,並無此慮。"答曰:"謹已寶藏。"裕昆列書清、安、蘇三丸及紫金丹,問用何病,肇源略注其用法。仍問:"清心丸是古方中藥,材料亦是中國所有,而此中必要我國所製者,何也?"書答曰:"牛黃短故也。"①

案中國牛黃短缺,而非謂朝鮮即牛黃多也,豈朝鮮之牛多產牛黃耶?鮮人與明朝出使時,所携之藥,種類較多,而至清朝,則專攜帶清心丸一種,蓋以此藥初有療效,傳之既久,則人皆迷信其有神效,人情風俗,莫不如斯矣。即近世而論,若美國阿拉斯加深海魚油之類,十數年前曾風行中國,亦是真假參半,而舉國若狂,老少咸服,至於其療效,則未見如此之神也,而人情之喜好跟風,古也今也,雖差之百年,亦不過如是而已。

0787-1816
朴綺壽《丙子聞見事件》(《同文彙考補編續·使臣別單二》 活字本)

朴綺壽(1774—1845),字眉皓,號履坦齋,潘南人。純祖六年(1806),擢別試文科。爲弘文館修撰、東萊府使、成均館大司成、全羅道觀察使、漢城府判尹、工曹判書、弘文館直提學、吏曹判書等。憲宗時,任刑曹判書、禮曹判書、工曹判書等。高宗時,諡孝文。事見李裕元《嘉梧藁略》第一六册《履坦齋相公墓碣銘》、第二〇册《諡狀》與純祖、憲宗、高宗《實錄》等。

案朴綺壽出使事由,詳參前李肇源《黃梁吟解題》(0786-1816)。

此《聞見事件》三條,一記陝西總督那彥成貪黷,依律當斬,將賠銀三萬九千八百兩,勒限一年全完免罪,乃於一月內繳完,而罪謫伊犁,因其母年老病篤,令在家終養。則因其爲阿桂之孫,嘉慶帝念舊而開恩焉。又記"皇帝有三子,長則面貌凉薄,人且凡庸;第二子則廣頰豐耳,人亦寬弘;第

---

①李宜晚《入潘記》卷中,《燕行錄全集》,030/271。

三子則最穎悟,有文藝,年雖少,而頗鍊達事務,皇帝之所鍾愛也"①。又言宗室數極蕃盛,例居皇城內,今則窄不能容,將於城外營立第宅云。又記明年皇帝將幸瀋陽,沿路行宮,舉皆修治,功役方張,而沙河驛又將新建行宮,輸致木石,費入極其浩大云。

0788-1816
邊鎬《丙子聞見事件》(《同文彙考補編續·使臣別單二》 活字本)

案邊鎬有《丁巳手本》(0684-1797),已著錄。邊氏此次出使事由,詳參前李肇源《黃梁吟解題》(0786-1816)。

此《聞見事件》二條,一記致仕閣老慶桂上年七月作故,嘉慶帝大加悼傷,派送近臣祭醊,又給陀羅經被,時稱曠典。又謂昨年琉球國副使蔡次九呈文禮部,以其叔祖父宏訓,雍正年作官,入監讀書,染病身亡,深沐皇恩,賞給銀兩,修造墳墓,葬於通州張家灣,奈天各一方,欲祭不能。今充副使來京,意欲往祭,不敢擅行,冒昧叩懇云。禮部據此轉奏,皇帝特准其請,給與車輛,又令禮部官領率往來云。②

0789-1817
李時亨《丁丑手本》(《同文彙考補編續·使臣別單二》 活字本)

出使事由:賫咨行
出使成員:憲書賫咨官李時亨等
出使時間:純祖十七年(嘉慶二十二年 1817)九月—十一月十五日

案李時亨有《己巳手本》(0755-1809),已著錄。

此《手本》一條,記舉人慶豐係是皇族,曾與其兄奉恩將軍慶遙,拜其族曾祖海康為師,同受林清偽爵,海康實為林清第一徒弟。本年八月,慶豐自首於宗人府,陳告顛末。後處以海康及慶遙各於其祖墓前並絞殺之,

---
① 朴綺壽《丙子聞見事件》,《同文彙考補編續·使臣別單二》,004/3796。
② 邊鎬《丙子聞見事件》,《同文彙考補編續·使臣別單二》,004/3797。

慶豐以自首,減死編配,並與其母發送吉林云。

0790-1817
洪羲瑾《丁丑聞見事件》(《同文彙考補編續·使臣別單二》 活字本)

  出使事由：冬至等三節年貢兼謝恩行
  出使成員：正使判中樞府事韓致應、副使禮曹判書申在明、書狀官兼司憲府掌令洪羲瑾等
  出使時間：純祖十七年(嘉慶二十二年 1817)十月二十九日—翌年三月二十六日

  洪羲瑾(1767—1845),字景懷,號晚窩,豐山人。純祖八年(1808),春塘台試居首,命直赴殿試。爲司諫院大司諫、公忠道觀察使等。憲宗時,任司諫院大司諫、刑曹參議等。事見純祖、憲宗《實錄》與《承政院日記》等。

  純祖十七年(1817),朝鮮太青島民白希碩等十二人,漂到登州福山縣,清廷令節使順付帶回。是年冬,朝鮮遣冬至等三節年貢兼謝恩使判中樞府事韓致應、副使禮曹判書申在明、書狀官兼司憲府掌令洪羲瑾等入北京,謝賜物,謝冬至陪臣參宴,謝太青島漂民出送等件。一行於十月二十九日發王京,翌年三月二十六日返京覆命焉。

  此《聞見事件》兩條,一記明年爲嘉慶帝六旬誕辰,而今年正月諭稱：比時和歲豐,九寓乂安,兆民樂業,朕日理萬機,精神較倍加充健,來歲六旬當渥布恩膏,用昭敷錫,應行加恩事,宜俟來歲,惟開科取士,應令先期辦理,俾多士踴躍觀光,有副朕壽考作人,興賢育才之至意云云。

  洪羲瑾以爲,沿路所見,皇都之賑救方張,直隸之流丐相屬,傳諭中外豐和乂安,甚非察隱之語,而況不待群下之陳請,先自揭耀視若彝典,恐出於豐亨豫大之意。又記今年嘉慶帝將幸瀋陽,大學士松筠以關東饑荒,請姑停止,帝命松筠革職,降爲察哈爾都統。洪羲瑾以爲,盛京之幸,雖成彝典,姑待年豐,未爲不可,當務從省約,悉蠲民弊,而金碧炫耀,窮極巧麗,且以後民言之,甕牖之民,所費不下數百銀子,而究其歸,則皆漢民之偏

害云。

0791-1817
金在洙《丁丑聞見事件》(《同文彙考補編續·使臣別單二》 活字本)

案金在洙有《庚申聞見事件》(0694-1800),已著録。金氏此次出使事由,詳參前洪義瑾《丁丑聞見事件解題》(0790-1817)。

此《聞見事件》一條,稱嘉慶帝御極之初,感慮民隱之壅蔽,雖經州縣及臬司之審決者,若有抱寃含屈者,許令控訴京司,更爲申理。自兹以往,訟牘繁滋,弊端層出,近因刑部之奏議,更定條例,凡有控告者,未經州縣臬司而直告京司者,不准聽理,或案本細微,而架詞聳聽,或事皆虛誣,而捏成重情者,並施加倍之律。自此告訐之風少息云。

0792-1818
趙萬永《戊寅聞見事件》(《同文彙考補編續·使臣別單二》 活字本)

出使事由:問安行
出使成員:正使判中樞府事韓用龜、書狀官兼司憲府掌令趙萬永等
出使時間:純祖十八年(嘉慶二十三年 1818)六月二十二日—九月二十四日

趙萬永(1776—1846),字胤卿,號石厓,豐壤人。純祖十三年(1813),登增廣文科。官全羅道暗行御史、成均館大司成、禮曹判書、吏曹判書、户曹判書等。憲宗時,任扈衛大將領敦寧府事、訓練大將等。性敦厚,睦於姻族,遇婚葬饑荒,輒委曲而周恤之。萬永女趙氏,爲憲宗母后,故萬永封豐恩府院君,深得信任。卒諡忠敬。事見趙寅永《雲石遺稿》卷一三《伯氏領敦寧府事忠敬公府君墓表》與純祖、憲宗《實録》等。

嘉慶二十三年(1818)夏,盛京禮部咨,嘉慶帝將於今年七月二十二日,自北京起鑾,前往盛京恭謁諸陵。朝鮮遂遣問安正使判中樞府事韓用龜、書狀官兼司憲府掌令趙萬永等入瀋,接駕盛京,奉表起居。九月,帝於

盛京賜御製詩五言律一章、手書"福"字、弓箭等若干,以賞賜朝鮮國王,陪臣韓用龜等亦照例賞給焉。

此《聞見事件》一條,記盛京轄内設撫民廳、長圖廳,非舊時州縣,而即近年創設廳官也。撫民廳在新民屯,百餘年來,而蔚爲大都,而錦州稍遠,不能統轄,故設廳官使之管束。長圖廳在開原縣北威遠堡邊門外,土地肥饒,内地民人移居者甚多,禁之不得,驅之不去,故又爲設廳而統率之。兩處設廳,俱不過十年内外事云。

0793-1818
趙秀三《秋齋燕行詩》(《續集》第 145 册;《叢刊》第 271 册《秋齋集》　鉛印本)

案趙秀三有《燕行紀程》(0648-1789),已著録。趙氏此次出使事由,詳參前趙萬永《戊寅聞見事件解題》(0792-1818)。

案《燕行録續集》第一四五册收録趙秀三《秋齋燕行詩》,隸其年於1878 年。後林基中先生見贈"《燕行録續集》101—150 正誤表",於《秋齋燕行詩》作"除外"處理,不知"除外"與其"削除"有何區分焉。實則此處詩作,爲趙秀三純祖十八年(1818)隨問安使判中樞韓用龜、書狀官兼司憲府掌令趙萬永等入瀋陽期間所作詩也。

《燕行録續集》所收,爲鉛字排印本,不知何處所藏,然與《韓國文集叢刊》本所收詩大致相同。自《將作瀋陽之行同社諸公出餞於石瓊樓信宿賦詩五首》以下六十餘首,即此次出使所作,間有他詩雜入;自《戊寅初冬出舍西郭精廬而鉉從余共次庚子山韻》以下非燕行時所作,其後燕行詩亦非此次燕行所作也。

案趙秀三此次入瀋陽,時在秋間,景色宜人。故其一路歌詩,和易歡暢,飄然俊逸,其《瀋陽雜詠》前後十三首,述黄梁玉蜀,村尨吠聲,高麗曲子,牧馬群童,雪藕冰苽,涼月閑夢,鮭菜滿廚,城外月明,路口行飯,草木秋聲,鳩煩蘋婆等,栩栩如生,興味盎然,頗有范石湖《四時田園雜興》之餘藴焉。

0794-1818
金相淳《戊寅手本》(《同文彙考補編續·使臣別單二》 活字本)

出使事由：賫咨行
出使成員：憲書賫咨官金相淳等
出使時間：純祖十八年(嘉慶二十三年 1818)九月—十一月十五日

案金相淳有《甲戌手本》(0776-1813)，已著錄。

此《手本》一條，記在北京，四月初八日酉時三刻，有暴風自東南而來，沙飛石走，木折屋拔，俄頃之間，黑霾四塞，咫尺難分，有甚漆夜，至於戌時，復有紅光自黑暗中起，上下通紅，移時乃止，皇上心甚驚訝，屢下詔廣求讜言云。

0795-1818
成祐曾《茗山燕詩錄》(《全集》第69冊 鈔稿本)

出使事由：進賀兼冬至等三節貢兼謝恩行
出使成員：正使判中樞府事鄭晚錫、副使禮曹判書吳翰源、書狀官兼掌令李潞等
出使時間：純祖十八年(嘉慶二十三年 1818)十月二十五日—翌年三月十五日

成祐曾(1783—1864)，號茗山，昌寧人。海應從子。幼學生。純祖時，任濟用奉事、活人署別提、沙斤察訪等。有《茗山燕詩錄》傳世。事見成海應《研經齋全集》卷六二成祐曾《研經齋府君行狀》、《承政院日記》等。

案此書《燕行錄全集》編纂者以爲乃成祐曾純祖十八年(嘉慶二十三年 1818)入燕時所作詩文，考是年朝鮮使臣有六月之瀋陽問安行、十月十三日之謝恩行及同月二十五日之進賀兼冬至謝恩使行，共三起。成氏《留館錄》記載，"一行以臘月二十六日至南小館"①，據此推知則若果真

---
① 成祐曾《茗山燕詩錄》，《燕行錄全集》，069/268。

爲純祖十八年入燕,則當爲進賀兼冬至謝恩使行無疑也。《純祖實錄》只記一行於十月二十五日辭陛,又記於翌年二月十一日自燕京離發,而不記其至燕京之日期。其又稱臘月二十九日朝參,"入隆宗門,門禁始嚴。三使及首譯入焉"①。此可知成氏非使臣,蓋爲隨行軍官或伴倘之身份,若朴趾源、柳得恭之屬者也。

此書爲成祐曾《茗山燕詩錄》鈔稿本,封面複印字迹,幾乎無痕可查,唯左下行"錄"字"地"字依稀可辨。首頁卷題作"宮室類卷之三",下作"茗山成祐曾著",有"成祐曾印"篆文小白方印,可知爲成氏家藏稿。每半葉十行,行二十一字。鈔字拙樸,頗有漢隸簡牘之風。間有塗抹刪改處。另有"風俗類卷四""留館錄卷五"。蓋其書以天、地、人等字編卷,此爲原書"地"字卷,當尚有"天"字卷,爲卷之一、卷之二,原書當有闕佚也。

成氏稱"嘗讀《文選》及唐詩,至其言宮室,余疑其浮誇不可信,及至燕都,覽其宮室,盤盤囷囷,不知東西,雕鏤丹青,禽獸如生,炫轉熒煌,如夢如痴,始知古之人不余欺也。北方人宜不知萬斛之舟,南方人宜不知千人之幕也"②。故凡宮室之屬隸於此卷,山川者不復錄,而寺塔、院宇之類,亦以類附此,記自朝鮮至燕京沿路之宮殿、廟塔、祠堂等近二十處。又以入境問俗,出疆覘他人之國之心態,凡其飲食、堂宇、器械、衣服及人心之善惡,俗尚之奢儉,以爲風俗卷。而留館諸事,則以記事考實爲主,編列爲日記。其書體例,則卷三、卷四首列宮殿等名,似如詩題;下述其形制規模等,又類詩序,故皆低兩格書寫;後爲所詠之詩,則頂格書寫。卷五則因以實事爲主,故詩低二字,變於前例耳,記自臘月二十六日入住南小館,至翌年正月十四日,使臣至圓明園正大光明殿,與放生宴,晚賞烟火。三卷共隸詩一百四十餘首,多爲雜詠所見風物人情,既如紀事詩,又若竹枝詞者也。其所詠者若詠剪紙云"剪紙能爲百鳥形,翎毛細細畫丹青。長絲穿挂多風處,飛舞悠揚若有靈"③,凡若此類,皆此前使行未曾提及之事也。

---

①成祐曾《茗山燕詩錄》,《燕行錄全集》,069/270。
②成祐曾《茗山燕詩錄》,《燕行錄全集》,069/142。
③成祐曾《茗山燕詩錄·夜市在通州》其五,《燕行錄全集》,069/213。

0796-1820

李時復《庚辰手本》(《同文彙考補編續・使臣別單二》 活字本)

出使事由：賫咨行

出使成員：別賫咨官副司直李時復等

出使時間：純祖二十年(嘉慶二十五年 1820)三月八日—六月二十日

案李時復有《庚午手本》(0760-1811)，已著錄。

純祖二十年(1820)初，蘇州府人周帆風等十六人，漂到全羅道靈光郡，船隻破碎，願從旱路返國，朝鮮專差副司直李時復押解北京，咨報如例焉。

此《手本》一條，記兵部另有調發兵卒之印信，以白銀造成，重爲百餘兩，平日藏在兵部庫中，若值行幸則帶去行營。今年三月閱視，則只有空匣，印信遺失。後經查究，則爲昨年幸行蒙古打圍時，兵部書役押解回京，到巴克拾營被盜，懼其得罪，乃封鎖空匣，還納兵部。帝以隨行諸臣中松筠、和世泰照檢出納，故松筠遞瀋陽將軍，和世泰摘去華翎，而改造印信物力，使松筠擔當賠出云。

0797-1820

李光載《庚辰聞見事件》(《同文彙考補編續・使臣別單二》 活字本)

出使事由：冬至等三節年貢兼謝恩行

出使成員：正使判中樞府事李義甲、副使吏曹判書尹行直、書狀官兼司憲府掌令李沆等

出使時間：純祖二十年(嘉慶二十五年 1820)十月二十四日—翌年三月十六日

案李光載有《丁卯手本》(0742-1807)，已著錄。

純祖二十年(1820)冬，朝鮮遣冬至等三節年貢兼謝恩使判中樞府事

李羲甲、副使吏曹判書尹行直、書狀官兼司憲府掌令李沆等入燕,進三節年貢兼謝使臣賀聖節賜物、謝聖節陪臣參宴、謝冬至賜物、謝冬至陪臣參宴等項。一行於十月二十四日發王京,翌年三月十六日返國覆命焉。

此《聞見事件》兩條,一記昨年七月二十五日,嘉慶帝在熱河詣佛堂燒香,跪叩行禮之際,痰火猝然上升,俯伏不起,終至昇遐。新皇帝當日即位,而登極賀禮則至京後八月二十七日爲之云。又記道光帝"顏色近於黃黑,身長不過中人,牙齒皆落,下顴瘦尖,鼻高頤長,口廣眼烱,瞥看容貌,無異凡人,而膂力則過人,能挽八力弓,能舉四百斤,且於諸般武技,無不慣熟,彼人謂之文武雙全"云云①。

0798—1820
朴台壽《庚辰聞見事件》(《同文彙考補編續·使臣別單二》 活字本)

  出使事由:陳慰兼進香行
  出使成員:正使判中樞府事韓致應、副使禮曹判書徐能輔、書狀官兼司憲府執義朴台壽等
  出使時間:純祖二十年(嘉慶二十五年 1820)十一月八日—翌年三月十六日

朴台壽,生卒籍貫不詳。純祖朝,成進士。爲司諫院獻納、司諫、弘文館副校理等。事見《純祖實錄》《承政院日記》等。

嘉慶二十五年(1820)九月,嘉慶帝猝逝於熱河。十一月,清廷遣使至朝鮮頒嘉慶帝遺詔。純祖遣陳慰兼進香使判中樞府事韓致應、副使禮曹判書徐能輔、書狀官兼司憲府執義朴台壽等入北海,以慰嘉慶帝崩逝並兼進香。一行於十一月初八日發王京,翌年三月十六日返京覆命焉。

此《聞見事件》一條,記道光帝今年四十歲,而兄弟五人,長則早逝,追封郡王;帝序第二,而同是孝淑太后出;惇親王綿愷、瑞親王綿忻,即今太后出;惠郡王綿愉,即貴妃如氏出。皇子只有一人,而今爲十一歲,頗豐碩有氣力,七歲能騎射,嘉慶特賜黃褂子,以示寵異云。

---

①李光載《庚辰聞見事件》,《同文彙考補編續·使臣別單二》,004/3798。

0799-1820
邊鎬《庚辰聞見事件》(《同文彙考補編續·使臣別單二》 活字本)

　　案邊鎬有《丁巳手本》(0684-1797),已著録。邊氏此次出使事由,詳參前朴台壽《庚辰聞見事件解題》(0798-1820)。

　　此《聞見事件》一條,記道光帝因嘉慶帝猝然駕崩,故不即登極受賀,先皇崩逝既出不意,錦囊公啓亦不過陪扈諸人,故皇帝不欲遽爾即位。先令太后弟和世泰,帶領太監馳驛往稟於太后;及奉懿旨,又以姑俟還拜太后爲教;還拜之後,又以過二十七日除服爲教。乃於八月二十七日受賀,蓋欲鎮定人心之驚擾,兼示舉措之雍容而然也。以此之故,人皆以志慮深遠稱之焉。

卷六四　0800—0817

純祖二十一年（清宣宗道光元年　1821）—純祖二十六年（道光六年　1826）

0800-1821

李肇源《黃粱吟下》（《全集》第61冊；《延李文庫》第6冊《玉壺集》　鈔本）

  出使事由：進賀兼謝恩行
  出使成員：正使判中樞李肇源、副使禮曹判書宋冕載、書狀官兼司憲府執義洪益聞等
  出使時間：純祖二十一年（道光元年　1821）正月七日—六月二日

  案李肇源有《黃粱吟》（0786-1816），已著錄。

  純祖二十一年（1821），因賀清道光帝登極，賀尊謚嘉慶，以及謝道光帝登極詔書順付等事，純祖又遣判中樞府事李肇源爲進賀兼謝恩使行正使、禮曹判書宋冕載爲副使、兼執義洪益聞爲書狀官出使中國，於是年正月初七日出發，六月初二日返京覆命焉。

  李肇源《玉壺集》卷四《黃粱吟下》，收此次出使詩五十餘首。李氏爲再次入燕，如其詩所云"前年雪去及春迴，今又衝泥以雨來"①，"今行又是前行路，雲不隨人雪滿天"②。蓋因沿途路綫相重，而無復前次之詩興，故詩作爲少，亦無特出獨秀之詩句耳。

0801-1821

李麟秀【原題未詳】《燕行日記【原題李尚書燕行日記】》（《續集》第127冊　鈔本）

  《燕行錄續集》編纂者以是稿作者爲"未詳"，題名《李尚書燕行日

---

①李肇源《黃粱吟》卷下《爛堡遇雨》，《燕行錄全集》，061/413。
②李肇源《黃粱吟》卷下《安陵客館有懷》其一，《燕行錄全集》，061/408。

記》，然考其稿封面左上楷題"燕行日誌"，旁注"雜録"者，爲鋼筆字，蓋近世編纂者所加焉。其正文首條"黄橋李尚書燕行日記抄略"，謂寓居宛平之李恩元，爲隴西李氏，"黄橋李判肇源燕行時，與子鮻秀入京相話以同宗，叙懷往復"①。又"佘次卿"條載李獜秀與佘文銓對話，則是稿或爲肇源子麟秀所編耶？燕行使書中，多以"獜"字代"麟"字，又"鮻秀"亦即麟秀也。麟秀，肇源子，字號生平不詳。純祖朝，曾爲果川縣監。有《燕行日記》存世。事見《純祖實録》等。

案李麟秀出使事由，詳參前李肇源《黄粱吟下解題》(0800–1821)。

又《燕行録續集》編纂者，以此次出使年代隸爲1816年即純祖十六年。然考其稿"木立斗辛田"條稱"庚辰春正陽門外古碑"云云，後叙"嘉慶在位二十五年"，是年即"庚辰"也。考李肇源第二次出使中國，恰在道光元年(純祖二十一年　1821)。然則當爲李麟秀隨其父於道光元年出使清朝時所編纂，原題爲"燕行日誌"耳。又末稱"觀此燕行日記"，則蓋爲摘鈔自李氏日記中者也。

案是稿爲鈔本。正文爲黄橋李尚書燕行日記抄略、佘次卿、象房、蓬萊鏡、六脚牛、五足馬、木立斗辛田、媽媽雞、贐物等九條。分別爲李肇源父子與李恩元、佘文銓等之筆談，而六脚牛、五足馬、木立斗辛田、媽媽雞等，則爲奇聞異事也。其與佘文銓筆談時，論及紀昀、翁方綱之學，佘氏稱紀氏爲老師，稱其"文章才識，冠於一世"。麟秀稱："入中國或接士友，則皆舉以翁方綱爲第一人物，故得見其集與書迹，則詩文難當東坡；而考據以爲博洽，原其實則不如所聞矣；其筆亦無雅韻。佘停筆熟視獜良久，獜又曰：翁氏之學，禪也。從翁氏游者，非徒喪其志，抑恐爲背程朱之罪人，東方人亦曾多游其門，而弟則今來不往見也。曰：兄之所見皆是明正。深感深感！近世經術推文端，文章推吾師。文集明當奉呈，兄其玩味看之，千載之下，自有公眼目。曰：謝謝。"其後遂送《紀文達公文集》《四書正蒙》等。②

----

①李麟秀【原題未詳】《燕行日記【原題李尚書燕行日記】》，《燕行録續集》，127/214。
②李麟秀【原題未詳】《燕行日記【原題李尚書燕行日記】》，《燕行録續集》，127/221—222。

案紀昀、翁方綱爲燕行使交往最多之中國官員,而鮮人評價紀昀甚高,而論翁氏則多有貶詞,麟秀亦其一也。然則謂翁氏詩文難當東坡,考據名不符實,尚爲準的之語。而謂其筆無雅韻,從其游者恐爲背程朱之罪人,則言不符實。翁方綱書法講求無一筆無來歷,沉酣豐滿,筋勁骨健,與劉墉並稱。而其學宗程朱,堅守宋學,不苟同考據學家之説。麟秀之説,可謂外道模棱之言耳。

0802-1821
邊鎬《辛巳聞見事件》(《同文彙考補編續・使臣別單二》 活字本)

  出使事由:進賀謝恩兼陳奏行
  出使成員:正使判中樞府事李好敏、副使禮曹判書趙鍾永、書狀官兼司憲府掌令李元默等
  出使時間:純祖二十一年(道光元年 1821)十月十一日—翌年二月八日

案邊鎬有《丁巳手本》(0684-1797),已著錄。

純祖二十一年(道光元年 1821),遣進賀謝恩兼陳奏行正使判中樞府事李好敏、副使禮曹判書趙鍾永、書狀官兼掌令李元默等入燕,賀尊號恭慈皇太后、賀嘉慶帝祔廟、賀嘉慶配祀天地、謝尊號賜緞並奏史誣事等。邊鎬以首譯身份,隨使團出使。一行於是年十月十一日離發王京,翌年二月初八日返京覆命焉。

案此所謂史誣者,乃朝鮮使臣前次春間入北京,購來《清文獻通考》,其第二百九十四卷《四裔考・朝鮮編》内,載有"朝鮮國領議政金昌集、判中樞李頤命、左議政李健命、判中樞趙泰采等謀逆,事覺伏誅"等文,故奏請改正焉。

此《聞見事件》一條,記清帝陵之從昭穆,分定於易州西陵及薊州東陵者,即乾隆遺旨,是以乾隆葬於東陵,嘉慶葬於西陵,而今皇帝壽地又定於東陵局内,去年十月十八日開工,而派送親王二人、大學士戴均元、尚書英和等辦理,工需銀九萬兩,令户部先爲劃付云。

0803-1821
簡山【原題未詳】《簡山北遊録》（《北游漫録》）（《續集》第127冊　鈔本）

　　簡山,蓋爲字號,生平事迹不詳。《燕行録續集》編纂者以是書作者爲"未詳",書名爲《簡山北游録》。考是書作者序文稱"甌軒李相公拜陳奏使,卜日出疆,以伴行之無人也",遂邀其從焉,是知其爲正使伴倘。① 其在館期間,與江南松江縣舉人周達有交,周氏札中稱"簡山仁兄"②,則知作者號"簡山"。又其卷末《次錦州韻》有"願以一布衣,從事幸余叨"句③,又可知其未嘗爲官。故今以"簡山"署作者名,較"未詳"爲勝耳。

　　案簡山出使事由,詳參前鎬《辛巳聞見事件解題》(0802-1821)。

　　是稿爲鈔本。封面左上楷題"簡山北遊録全",正文首頁低一格題"北遊漫録",前有序文,間有校字,爲其燕游之日記。在途去路爲詳,返程較略;北京觀光所記爲詳,沿路山川景物較略。其所載記,大抵與諸家無異。燕行詩百三十餘首,附録於所詠當日之下。其在京見江南松江縣舉人周達,爲濂溪先生二十八世孫,"賫刺來訪,爲人端雅,文翰極佳,與之筆談,亹亹不已,古人所謂白頭如新,傾蓋如故者,正謂此也。始知千里之外,有此神交矣"④。又交肅清王子、郭普通、翰林學士徐思莊、御史陳用光等,訪問筆談,文酒高會,周氏贈以《江南志》六編,並送往通州,依依惜別,其贈周氏詩謂"旅燭通州夜,故人惜別心。山當遼塞遠,雪掩朔天深。萬里欣傾蓋,三旬與盍簪。驛亭梅發夕,請寄北來音"⑤。可知相交甚深,皆紀實之作也。

---

①簡山【原題未詳】《簡山北遊録》,《燕行録續集》,127/239。
②簡山【原題未詳】《簡山北遊録》,《燕行録續集》,127/324。
③簡山【原題未詳】《簡山北遊録》,《燕行録續集》,127/380。
④簡山【原題未詳】《簡山北遊録》,《燕行録續集》,127/321。
⑤簡山【原題未詳】《簡山北遊録·贈周菊人（詩題爲筆者所加）》,《燕行録續集》,127/354。

0804-1821

洪彦謨《辛巳聞見事件》(《同文彙考補編續·使臣別單二》 活字本)

出使事由：告訃行

出使成員：正使禮曹參判洪命周、書狀官兼司憲府持平洪彦謨等

出使時間：純祖二十一年(道光元年　1821)四月二十日—八月十七日

洪彦謨,生卒籍貫不詳。金載瓚婿。純祖朝,成進士。爲世子侍講院説書、司憲府持平、弘文館副校理、承政院右副承旨等。事見金載瓚《海石遺稿》卷九《室人贈貞夫人南陽洪氏墓誌銘》、《純祖實録》與《承政院日記》等。

純祖二十一年(1821)四月,孝懿大妃金氏(正祖妃 1753—1821　清風金時默女)升遐。朝鮮遣告訃使禮曹參判洪命周、書狀官兼司憲府持平洪彦謨等入北京告訃。一行於四月二十日發王京,八月十七日返京覆命焉。

此《聞見事件》一條,記洪彦謨一行回程之際,聞沿路運氣大行,山海關以南近海之地數千里間,人民殞傷,殆不可計。人皆以爲南蠻之習白蓮教者,遍行天下,撒毒於汲井水,撥藥於苽田,人飲水食苽,舉皆立斃,百無一生。月初自灤州府始,拿查數人,淘井得實,故今方極力捕獲,而餘黨之散在各地者,已滿數千云。

0805-1821

李宜直《辛巳手本》(《同文彙考補編續·使臣別單二》 活字本)

出使事由：賫咨行

出使成員：憲書賫咨官李宜直等

出使時間：純祖二十一年(道光元年　1821)九月—十一月十三日

李宜直,生平事迹不詳。純祖時,任慶熙宮衛將、五衛將等。精漢語,任譯官。以賫咨官、譯官身份隨使團出入北京。事見《同文彙考補編續·使臣別單二》李宜直《辛巳手本》、《承政院日記》等。

此《聞見事件》一條,記自七月至八月間,自鳳城、瀋陽至於山海關、皇城,處處輪疾大熾,死亡之人,不計其數,各省則間或有之,山東、江南尤甚。皇帝差官詢察皇都五城內外貧民之不得藥治倉猝病斃者,賫送醫藥,使之救療云。

0806-1821

金在洙《辛巳聞見事件》(《同文彙考補編續·使臣別單二》 活字本)

出使事由:進賀謝恩兼冬至等三節年貢行

出使成員:正使判中樞府事趙萬元、副使吏曹判書尹命烈、書狀官兼司憲府掌令尹秉烈等

出使時間:純祖二十一年(道光元年 1821)十月二十九日—翌年三月二十四日

案金在洙有《庚申聞見事件》(0694-1800),已著錄。

純祖二十一年(1821),朝鮮遣進賀謝恩兼冬至等三節年貢使判中樞府事趙萬元、副使吏曹判書尹命烈、書狀官兼司憲府掌令尹秉烈等入燕,進三節年貢兼賀孝穆皇后冊諡、謝賜祭、謝冊諡詔書順付等項。金在洙以首譯身份,隨使團出使。一行於十月二十九日發王京,翌年三月二十四日返京覆命焉。

此《聞見事件》一條,記昨年春夏之交,皇帝間作微行,以察黎民之疾苦,與官吏之臧否,人間有識認者,互相傳播,不無人心之疑懼,瑞親王綿忻從容諫曰:萬一有匪教不逞之徒,闖發於跬步之內,則左右雖有賁育之士,亦無所施其勇。且各省科道之臣,莫非皇上之耳目也,分官授職,苟得其人,則聖主之私訪,豈特輦轂之下而止哉!道光帝深庸嘉納,不復有微行之事,閭里始為恬然云。

0807-1822

南履翼《椒蔗續編》(《續集》128 冊;《椒蔗續編》 鈔本)

出使事由:謝恩行

出使成員：正使判中樞府事南履翼、副使禮曹判書權丕應、書狀官兼司憲府執義林處鎮等
出使時間：純祖二十二年（道光二年　1822）七月二十六日—十一月二十八日

南履翼（1757—1833），字公勵，號芝雲，宜寧人。泰齊裔孫。正祖十一年（乾隆五十二年　1787），以表賦分試居首，直赴殿試登第。爲司諫院正言、弘文館修撰、承政院承旨等。純祖朝，爲靈光郡守、司諫院大司諫、江原道觀察使、刑曹判書、咸鏡道觀察使、兵曹判書、五衛大護軍等。諡孝貞。有《椒蔗續編》二卷存世。事見趙斗淳《心菴遺稿》卷二七《兵曹判書南公諡狀》與《正祖實錄》《純祖實錄》等。

案《清文獻統考》卷二九四《四裔考》，記朝鮮領議政金昌集、李頤命、趙泰采等爲奸黨叛臣，朝鮮於上年十月遣陳奏使李好敏等前往陳奏鳴冤，清廷准奏，特准改刊相應文字。翌年七月，正祖遂派謝恩使判中樞府事南履翼、副使禮曹判書權丕應、書狀官兼執義林處鎮等入燕，謝陳奏准請、謝方物移准、謝陳奏與冬至使臣賜食等件。一行於七月二十六日發王京，十一月二十八日返京覆命焉。

南履翼此《椒蔗續編》二卷，鈔本。封面左上楷題大字"椒蔗續編三"，而《椒蔗續編》卷一至卷二，則爲英祖二十八年（乾隆十七年　1752），冬至等三節年貢兼謝恩行副使吏曹判書南泰齊燕行所錄，詳參前南泰齊【原題南履翼】《椒蔗續編解題》（0537-1752）。是書爲南履翼出使時沿路日記，文字簡潔，僅記每日聞見，少鈔撮史書，考根求源；返渡江後，所記極簡。一行爲謝恩事，既無陳奏不准之憂，亦無節使買賣防嫌之事，故悠游觀賞，頗爲自得。其在館期間，於十月十一日日記謂"今日適無他事，忽念數千里道路，二十日逆旅中，吾之所目擊於此俗口，想必萬一而信筆記之，聊爲歸後與人談話之資"①。所記如城制、宮室、衣服、飲食、喪葬、車制、磨房、商賈、行旅、佛寺、道觀、第畜牧、娼妓、盲人、橋梁、錢貨、紙銃、大象、駱駝、馬牛、店鋪等二十餘條，然亦與諸家所記，大同而小異焉。

———————
①南履翼《椒蔗續編》，《燕行錄續集》，128/270—271。

南氏所記,有三事爲諸家所不載:一則去途在義州上狀啓,稱近年以來赴燕馬匹,名實不稱,應出馬諸道,塞責敷衍,羸弱駑駘,勢難二千里往返,事所迫頭,勢莫措手,及當不獲已之地,有此仍把之舉,該驛空費資送之需,關西獨受偏苦之弊,無歲不然,襲證成例。如咸鏡道輸城驛,慶尚道自如、沙斤,全羅道濟原,江原道平陵驛等處,皆失其責。若全數退却,則許多馬匹,猝難變通,故抄擇其中不至尤甚者十九匹,以爲入把,而其餘十匹,以本道大同、魚川兩驛中代把入去。應令攸司拿問嚴處,代把馬雇價,移文各該道火速捧給云云。① 此可知西路赴燕馬之徵集及弊端也。二則謂在玉河館,禮部主客司所給使臣下程等物,都給於兩軍牢處。使行時義州、宣川兩府,定送軍牢各一人,前導於上使轎前,吹喇叭護行,行中若有治罪等事,必使軍牢,而軍牢受食此饌物,留館稍久,則所食多,稱以好窠。② 此則知軍牢在一行中,可謂權重利好矣。三則記一行去程渡中江後,"下舟乘轎而行,過甲軍幎,此是戍邊胡所處,而近來耕種田穀而資生,數不過數十人,而每年四月初替代云"③。

案鴨江至鳳凰城,中、朝雙方商定,不設村落,不墾田地。然南氏使行時,清廷已開墾此土,雖規模仍小,然其漸一開,則鴨江西岸,不久即遍地墾殖矣。

0808-1822
權復仁《天遊稿燕行詩》(《全集》第 94 册;《叢書》第 590 册　鈔本)

權復仁(1770—?),安東人。丕應從孫。純祖時,成進士。二十二年(1822),爲遊覽中國,以謝恩副使權丕應從事官身份出使清朝。有《天遊稿燕行詩》行世。事見其《天遊稿燕行詩》《承政院日記》等。

案權復仁出使事由,詳見前南履翼《椒蔗續編解題》(0807-1822)。

權復仁《天遊稿》二册二卷。《韓國歷代文集叢書》收錄,與《燕行錄

---
① 南履翼《椒蔗續編》,《燕行錄續集》,128/154—156。
② 南履翼《椒蔗續編》,《燕行錄續集》,128/230。
③ 南履翼《椒蔗續編》,《燕行錄續集》,128/162。

全集》爲同一版本。前册爲文,後册爲詩。爲其子校勘編輯本,若《雜説》文題下注"此段全録古人語,非先君作也"①。與《全集》不同者,詩在前,而游記在後,且不相接連也。

據權復仁是書中所述,其本人爲進士出身。"爲游覽中州,攝副价從事來"②。則權氏亦洪大容之流亞也。其自謂"凡燕行者,計道里記陰晴,事爲冗瑣,詳而無遺,備日後考,名曰日記,例耳。余之行以歲壬午七月廿六日發漢師,九月二十二日抵玉河館,十一月廿七日還家,恰計爲一百二十日。忽迫不能作日記,每日課以詩若文,自始發至留館未或輟也,多於馬上車中及燈下率成,歸而細閲,可愧者多,自視如此,矧可爲他人視乎!然有人索日記,則無以應,强以是出視曰:此吾燕行日記云爾"③。

其游記或爲燕行時作,或爲歸國後修潤而成,有《西山記》《游西山記》《薊門烟樹記》《記玉田》《幻戲》《山川》《城郭》《宫室》《畜牧》《風俗》《關帝廟》《太學》《璧雍》《灤河夷齊廟》《石鼓》《岳王廟》《文丞相祠》《東岳廟》《旃檀佛》《長春寺》《雍和宫》《拈花寺》《法藏寺塔》《隆福寺》《廣濟寺》《報國寺》《願堂寺》《姜女廟》《金魚池》《黄金台》等,或長篇記叙,史實鈔撮,或僅記時地,不足百字焉。

又所謂《零言》者,雜記十餘條。記藥王廟、回子館、象房、寧遠衛祖家牌樓、午門廊廳所見、燕京水道及滿漢風習等。又附《塵史》,即與當時士大夫談草。有翰林院修撰陳沆與其子弘矩、刑部主事鐵林、覺羅教習官周達等。後即其燕行詩,多與副使權丕應相唱和者,詩作叙景隸事,中規中矩,然亦無妙句儷言者焉。

0809—1822
權復仁《隨槎閑筆》(《續集》第 128 册　鈔本)

案此《隨槎閑筆》上下兩册,鈔本。首頁第一行爲大題"隨槎閑筆",

---

①權復仁《天游稿》附《雜説》注,《韓國歷代文集叢書》,591/226。
②權復仁《天游稿燕行詩》附《塵史》,《燕行録全集》,094/094。
③權復仁《天游燕行詩·北程課述小序》,《燕行録全集》,094/014。

第二行下題"安東權復仁著",似爲晚近人所鈔本。其《天遊稿》上册《西山記》下自注曰:"壬午燕行時作。其後修潤舊稿成此篇,舊本載下卷。此下至《薊門煙樹記》,並燕行時作。"①而此稿上册第一首詩《夕抵德陽》題下注"壬午秋,從族祖端窩赴燕時作"。是本與《天遊稿》不同者有三:其一,是本前册爲詩,後册爲文,《天遊稿》反是。其二,其文字與《天遊稿》多有不同,如《北程課述小序》,"多於馬上車中與燈下率成,歸而細閱,可愧者多",此本"率成"下多"而潦草"三字,又爲圈出,他處類似者亦有,或此本爲祖本耶? 其三,《天遊稿》所收之文,前有《禾谷山游記》《愛睡軒記》《養真觀記》《斐園記》《規五齋記》等五篇,因與游燕無關,此本概爲删去。而其他詩文與《天遊稿》皆同,唯文字之間,多有小異處,若兩本相校而讀,則爲得之矣。

0810-1822
徐有素《燕行録》(《全集》第79—84册　鈔本)

　　出使事由:冬至等三節年貢兼謝恩行
　　出使成員:正使判中樞府事金魯敬、副使吏曹判書金啓温、書狀官兼
　　　　　　司憲府執義徐有素等
　　出使時間:純祖二十二年(道光二年　1822)十月二十日—翌年三月
　　　　　　十七日

　　徐有素(1775—?)字公質,號冷泉,與有素同時代有徐有榘、徐有望、徐有聞等,皆達城人。有素蓋爲其同族兄弟輩。純祖朝,爲順天府使、靈光郡守、司諫院大司諫、驪州牧使等。有《燕行録》十六卷行世。事見《純祖實録》《承政院日記》等。

　　純祖二十五年(道光二年　1822),朝鮮仁川民徐命長等八人,漂到寧海縣,清廷差通官英瑞解到義州。純祖遣判中樞府事金魯敬爲冬至兼謝恩正使、吏曹判書金啓温爲副使、兼執義徐有素爲書狀官赴燕,進三節年貢兼謝仁川漂民出送等事。一行於十月二十日發王京,十一月二十五

----
① 權復仁《天遊稿燕行詩》上册《西山記》,《燕行録全集》,094/027。

日渡江,十二月二十四日抵北京,翌年二月初四發北京,三月三日渡江,十七日返王京覆命焉。

徐有素將是行沿路所見,及留館時游覽者,並錄成《燕行錄》十六卷,因抄手不同,故字體不一,又複製不清,識讀爲難焉。

有素是書,蓋爲諸家燕行錄中體裁最爲完備者。全書分內外篇,自卷一至卷八爲內篇,卷九至卷一六爲外篇。卷一則記三使以下人員、使价員額、我境路程、彼地路程、表箋奏咨式、文書封進、文書賫去總數、文書查對、使臣例事、方物數目、表咨文呈納、使臣事例、包法、一行盤纏所賫、行中事例、程道店站、沿路城邑鎮堡屯衛關驛、沿路山川形勝、沿路城池關防、沿路燕都水利、沿路燕都物產、沿路燕都故迹、天下星曆、内職各司、天下省府州縣職官、天下户口賦稅、天下朝覲、自京師至各省路程、天下疆域、天下大勢、燕京時像政治得失、風俗人物、耕稼種植、閭里生涯、第宅居處、男女雜節、衣服、飲食、禮貌、言語、器用、工匠製造等。卷二叢祠梵宇、禽獸草木、各國人狀貌衣服、行商販買、舟車輻輿、市肆、喪葬墳墓、書籍、文學筆翰、趨向好尚、貢舉、元日朝參、文班官階品級頂服俸禄、武官官階品級頂服俸禄、鹵簿、頒賞、留館時例賜、一行餼廩、房下人帖下、行中商販、錢法、權衡丈尺斗斛、測候諸器式、天體儀、赤道儀、黃道儀、地平經儀、象限儀、地半經緯儀、紀限儀、璣衡撫辰儀、圭表、漏壺、銓政官方、詔敕、狀啓等。卷三燕京天文、燕京形勝、燕京建置、燕京宫闕、燕京坊巷胡同、燕京城池防兵衛屯營、燕京府署部院倉廒、燕京祠廟、燕京壇壝、燕京學院等。卷四燕京山水、燕京橋街坊市、燕京樓觀台園、燕京寺刹道觀等,卷五燕京宫園、典章(職官及兵制並附)等。

其卷六至卷九爲日記,記一行自十月二十日出發,十二月二十四日達皇城,留館四十餘日,二月初四日還發程,三月十七日返京諸事。卷一〇至卷一二爲歷代疆域,記中國歷代疆域及各直省地理山川等形勢。卷一三至卷一四外國,凡一百六十八國,卷一三專記日本國諸情狀,卷一四則記東西洋其他諸國。卷一五燕都雜詠,擇自元至清中國士大夫詠燕京之詩。卷一六燕都記聞、明清文評等,記聞則爲自元明以來至清,有關燕京之掌故傳聞、朝廷政事、帝室秘聞、文士風流、邊關軍情、苗疆叛亂、風雷水火等；文評則略記清室所編如《易經解義》《康熙字典》《律呂正義》等近七十種御定之書，又明代如宋濂《宋學士全集》、劉基《誠意伯集》等二百三十餘種別集，清代如吳偉業《梅村集》、湯斌《文正公集》等三十餘種，亦略爲紹介或做評論也。

案徐氏此書，前二卷述使行諸般事體，似後來朝鮮所纂《通文館志》《同文彙考》諸書，而中國諸事與夫燕京諸種，則多鈔撮自明清典志之書與方志之中，而記聞所載又或鈔自雜記體書，或得之道聽塗說，明清文評則鈔自《四庫全書簡明目錄》諸書。而諸卷編排體例，若使行之事、中國之事、燕京諸事與日記等，參差混雜，釐清爲難。其記載一行盤纏所賫銀貨、使團儀仗規模、留館時之支待、沿路上副房廚房、一行店房食宿之費、使行修狀啓之情狀、使臣轎馬之定規、留館時例賜及一行稟餼等，遠較諸家爲詳焉。

然徐氏記聞諸事，既包羅繁富，又錯訛多多，如論"康熙間，詔徵天下遺書，又聚天下文士萬有餘人於京師，厚其廩賜，俾撰新書，朱彝尊、顧炎武、李光地、張廷玉等皆與焉，編書百餘種三萬七千餘卷。如《康熙字典》《駢字類編》《書畫譜》《群芳譜》《淵鑒類函》《佩文韻府》《子史精萃》最大帙也。凡經解義歷代詩選及天文地理兵農醫藥至於蒲博鷹犬之書，無所不備矣"①。實則顧炎武乃清初遺民，未曾出山，何嘗曾編纂御書？又張廷玉則爲乾隆朝人，又何與康熙間事？諸如此類，書中在在而有。則鈔撮叢雜，一味貪多，又學識不足以副之，故記載失實，錯訛並出，則在所不免耳。

又據張伯偉教授考證，是書應爲徐有素同行伴倘李永敬所纂，韓國國立中央圖書館藏題名金魯敬《燕行雜錄》，與此書內容一致，但其撰者題名亦誤。是書抄自中國著述如《大清會典》《清文獻通考》《宸垣識略》《廣輿記》《四庫全書簡明目錄》等，以及朝鮮諸人所撰如南龍翼《聞見別錄》、姜沆《看羊錄》、申維翰《海槎東遊錄》《海遊聞見雜錄》等。"此書卷帙豐富，但除卷六至卷八爲日記，出於作者之手，卷一、卷二間有撰作外，

---

① 徐有素《燕行錄》卷16《燕都紀聞》，《燕行錄全集》，084/298—299。

其餘則抄襲他書而成。抄襲者是作者本人,還是另有其人,暫時無法確認。但全書形成目前的狀態,最早也要在李太王十三年(清光緒二年,1876)之後,晚於《日記》五十多年。"①

案此《燕行録》十六卷,具有非常典型的代表性,即全書在原來簡本日記基礎上不斷增潤,歷時久長,導致作者有誤、成書時間有誤、書籍内容存在大量間接與直接的抄襲,愈增愈多,愈多愈失,倘以爲可靠史料而徵引,則鮮不爲其所誤矣。

0811-1822
金學民《薊程散考》(《日本所藏編》第1册　鈔本)

金學民(1792—1869),字稚瑞,又字稚叙,江陵人。啓温從姪。人品佳,且能詩。純祖二十二年(1822),隨冬至使團入燕。始出漢城時,"自弘濟院以後,皆屬生面"②。則知其第一次北上也。其詩有"不憚青年行萬里,適當陰沍暖三春"之句③,則知其乃青春年少者也。又渡江前記其打扮,則稱"换著秃神軍服,戰笠,行止輕捷,宛然有鐵衣從征之意"④。則爲副使軍官身份出使者也。事見其《薊程散考》及夫馬進著、伍躍譯《朝鮮燕行使與朝鮮通信使——使節視野中的中國·日本》第九章《日本現存朝鮮燕行録書目提要·薊程散考》等。

案金學民出使事由,詳參前徐有素《燕行録解題》(0810-1822)。

金學民《薊程散考》,一册,鈔本,藏日本天理圖書館今西文庫。有"今西龍""今西春秋圖書""今西文庫""天理圖書館藏"諸印。又有"稚叙""金學民章",則知爲金學民自藏本也。金學民此日記,隸日記事,而於風景名勝,則又另行標明,若花石亭、滿月臺、青石洞、平山、瑞興長林、鳳山、舍人巖之類是也。而當日所作詩,亦附是日之下,共計五十餘首,詩

---
①張伯偉《名稱·文獻·方法——"燕行録"研究中存在的問題》,《南國學術》2015年第1期,第83—86頁。
②金學民《薊程散考》,《燕行録全集日本所藏編》,001/498。
③金學民《薊程散考·肅川徘徊亭》,《燕行録全集日本所藏編》,001/502。
④金學民《薊程散考》,《燕行録全集日本所藏編》,001/507。

皆平平。其叙沿路地理風光,亦不出前後諸人所述,故夫馬進以爲"記載平淡凡庸,遠不及《燕行雜録》詳細,書中的詩也乏善可陳"①,所言是也。書末有《治郡要訣》,凡列居官大要、到任前雜宜、民訴、傳令、臨下、律己、定排朔、謹守公谷等三十餘條,則多爲治地方政務之經驗,類清代汪輝祖《佐治藥言》,反較其燕行日記爲可貴也。

劉順利引林基中、夫馬進之説認爲,"是歲金學民著有《薊程散稿》,但該書中所標爲《薊程散考》,實乃1804年李海應《薊山紀程》的翻版,内中文字完全一樣的情況比比皆是。只有'二月二十四日'所載瀋陽將軍所送御筆'海表同文'四字匾額等是新加内容。見《燕行録全集日本所藏編》卷一第498—536、527頁,東國大學校韓國文學研究所,2001年版。而'海表同文'乃是清皇分別賜予琉球國王的兩幅字拼接而成。由此推斷,金學民《薊程散稿(考)》當是1855年以後的朝鮮文人遊戲之作"②。

案林基中、夫馬進、劉順利諸説是也。此《薊程散考》首頁首行頂格大題"薊程散考",隔行右下題"江陵金學民著",則必近代以降人著書署名之習慣也。其書中每日下所題寫事件,多從李海應書中摘出,且有引據不當,而時日相錯者,惟詩作不一而已。讀者諸君,若引用材料,以爲證佐,當引李氏書中所記,慎乎以此書爲據,不可不知也。

0812-1823
洪義浩《三入燕薊録》(《續集》第128册　稿本)

　　出使事由:冬至等三節年貢兼謝恩行
　　出使成員:正使判中樞府事洪義浩、副使禮曹判書李龍秀、書狀官兼司憲府掌令曹龍振等
　　出使時間:純祖二十三年(道光三年1823)十月二十一日—翌年三月二十六日

---

①[日]夫馬進著,伍躍譯《朝鮮燕行使與朝鮮通信使——使節視野中的中國・日本》第九章《日本現存朝鮮燕行録書目提要》,上海古籍出版社2010年版,第238頁。
②劉順利《中國與朝韓五千年交流年曆——以黄帝曆、檀君曆爲參照》,第538頁。

案洪義浩有《澹寧燕行詩》(0781-1815),已著錄。

純祖二十三年(道光三年　1823)冬,濟州民金光寶等九人,漂到福建,一人病故,清廷差通官吉勒通阿,解到義州。純祖遣冬至等三節年貢兼謝恩使判中樞府事洪義浩、副使禮曹判書李龍秀、書狀官兼司憲府掌令曹龍振等入燕,進三節年貢兼謝濟州漂民出送等事。一行上下人員二百九十六人、馬一百五十四匹。於十月二十一日發王京,翌年三月二十六日返京覆命焉。

洪義浩《三入燕薊錄》,稿本。封面左上行草"三入燕薊錄",正文首頁首行頂格"瓿錄雜彙",第二行低一格題"三入燕薊錄"。每頁八行,行草流麗。其稿先述三入燕薊之使行日期與三使姓名等,後爲第三次使行時所撰之詩,即其所詠"三千三入路,六十六行年"也①。

洪氏此記,日期不以數字,而以干支。每日記所到之地及沿路景物,頗爲簡便。唯所記至去途之高橋堡,此後日記,付諸闕如,蓋爲殘稿也。其與諸家不同者,隸事自六月二十四日始,時見差冬至正使,副使承旨李羲准,書狀官司諫院正言金熔;至八月初十日,因有漂民出送事當謝恩,故改使名爲冬至兼謝恩使,副价李龍秀、書狀官曹龍振,其間尚雜記他事。間有與副使、書狀唱和詩作,隸於當日之下。其謂"前後遼野詩近十許篇,而終不滿意,今復如是。可歎!野際望千山,縹緲於西北烟靄中,徒引領馳想而已"②。其在瀋陽時,偶覓得數匣稗說,時或披閱,爲轎中禦眠資,其紀事詩稱沿途"樹色村容看輒幻,車輪馬足去何窮。前游歷歷無開眼,手卷時披禦睡功"③。蓋一則遼野景象,霧靄迷蒙,描摹不得;一則洪氏三度出使,於沿途風景,已是漠然。故詩思寡淡,而詩作寥寥,所作亦平平之故耳。

0813-1823
洪赫【原題未詳】《燕行錄》(《全集》第99冊　殘鈔本)

出使事由:進賀兼謝恩行

---

①洪義浩《三入燕薊錄·二十三年癸未……戲成一律》,《燕行錄續集》,128/319。
②洪義浩《三入燕薊錄》,《燕行錄續集》,128/378。
③洪義浩《三入燕薊錄》,《燕行錄續集》,128/384。

出使成員：正使判中樞府事朴宗薰、副使吏曹判書徐俊輔、書狀官兼司憲府掌令洪赫等

出使時間：純祖二十三年（道光三年 1823）七月二十日—十一月三十日

洪赫（1776—?），字號不詳，豐山人。純祖朝，爲弘文館應教、禮房承旨等。有《燕行錄》傳世。事見《純祖實錄》《承政院日記》等。

純祖二十三年（1823），朝鮮遣進賀兼謝恩使判中樞府事朴宗薰、副使吏曹判書徐俊輔、書狀官兼司憲府掌令洪赫等入燕，賀皇太后加上尊號、賀皇后册立、謝頒賜《清文獻通考》、謝册立賜緞、謝册立詔書順付、謝賜筆、謝陳奏准請謝恩方物移准、謝尊號詔書順付、謝冬至陪臣加賞、謝濟州漂民出送等項。一行於七月二十日發王京，十三月三十日返京覆命焉。

案是稿爲鈔本，分爲二卷，封面左上楷題"燕行錄"，字迹或草或整，鈔手不一。首頁起即記一行自義州至九連城。每日皆有所記，凡陰晴、里數、宿店、城池、民俗、寺觀等，與燕行諸家無異。至十三山站，所宿主家姓里，滿人，家有五織機，"其織法甚易，霎時立見所織爲數尺，盡日所織，問爲三千餘尺。其彈花也，袪核也，皆男胡之所爲，而百所袪彈花，各爲二十五六斤，事半功大，欲爲學去，非拙工可能。且數百年之間，必當百目，巧者來往，而何無一個學得也。可訝！"①到北京後，見"館舍一新，庭除精潔。聞昨夏間有皇上下教，入銀子四千兩，而重修甚新云"②。在館期間，按日摘鈔上諭及軍情若干條，如貴州等處白蓮教、山東捻匪征剿之戰事、丙辰年《會試題名錄》等。而回還日記則闕，蓋爲殘本焉。

而後又接排《燕行錄》一種，混入洪赫書中，實則爲姜銑《燕行錄》，已收入《燕行錄全集》第二八—二九册，不知何故而濫入焉。

---

①洪赫【原題未詳】《燕行錄》，《燕行錄全集》，099/225—226。
②洪赫【原題未詳】《燕行錄》，《燕行錄全集》，099/257。

0814-1823
玄在明《癸未聞見事件》(《同文彙考補編續·使臣別單二》 活字本)

案玄在明以首譯身份出使事由,詳參前洪赫《燕行録解題》(0813-1823)。

此《聞見事件》一條,記道光帝臨御以來,雖曰勵精圖治,其於指斥譏切之言,不無忌惡之心,故每逢諫諍,外雖褒嘉,而內實屏棄,都御史松筠,資性甚剛,遇事輒諫,不避忌諱,皇帝素重其人,雖不之罪,然未嘗一日安於朝,而常調外職。松筠之弟以吉林總督,死於任所,則謂以此任不可付之生手,以筠代之,此專由於疏遠之意云。

0815-1825
未詳《隨槎日録》(《續集》第 128 册;《日本所藏編》第 1 册　鈔本)

出使事由:冬至等三節年貢兼謝恩行
出使成員:正使判中樞府事李勉昇、副使禮曹判書李錫祜、書狀官司僕寺正朴宗學等
出使時間:純祖二十五年(道光五年　1825)十月二十六日—翌年三月二十二日

未詳(1791—1835),號杞泉,恩津人。家貧早孤,自湖入京。年十三,遇箕都金正中於科場,金氏大賞之,稱以人玉、文玉、筆玉,所謂"三玉"。遂攜歸教之。李某按西藩,特爲見重。後托付其季氏晚圃公,遂就其幕中,並攜以入燕。不專意於功名,以吟詠及散文自娱。年四十五卒(乙未)。事見李晚圃《隨槎録序》、未詳《隨槎録》末識語。夫馬進轉引金榮鎮之説,以爲"著者可能是閭巷人(中人)金祐孫"①。劉順利疑作者名爲"玄杞泉"②。

---

① [日]夫馬進《朝鮮燕行使與朝鮮通信使——使節視野中的中國·日本》第九章《日本現存朝鮮燕行録書目提要》,第 239 頁。
② 劉順利《中國與朝韓五千年交流年曆——以黃帝曆、檀君曆爲參照》,第 539 頁。

案考李勉昇(1766—1835),字季來,全州人。李錫祐(1762—?),字君範,龍仁人。二人皆不號杞泉。李勉昇曾於肅宗十五年至十七間,任黃海道觀察使;二十年至二十五年間,又任咸鏡道觀察使。此"按西藩"之李某,當爲勉昇無疑。則作者爲正使隨員身份,而入燕京者焉。

是書爲鈔本,一册,藏日本東北大學圖書館。前有李晚圃序,末有作者子識語,惜父子俱不填名諱,不可知爲誰何也。作者在北京留館期間,屢言"余方有事於《日記》,終日守炕"①。或稱"終日守炕,修正《日記》"②,則其當時記錄之勤可知也。書末其子識語謂乃父下世,收其遺稿,得詩文僅數百篇及《隨槎錄》正書作三卷,册子甚敝,故兹以改書。又《隨槎錄》末稱"燕行雜絶百首及與諸中朝士往復詩札,以編重故別載於詩文集"③。然則其稿鈔錄時有所删省,失原稿之本來爲可惜也。

純祖二十四年十月二十四日,朝鮮遣判中樞府事權常慎爲冬至等三節年貢兼謝恩使、李光憲爲副使、李鎮華爲書狀官入燕,行到高橋堡,權常慎(1759—1824)病故,副使李光憲率團入北京。清廷將其靈柩跟役人等照數出送,光憲等返國,帝除元賞外加賞銀三百兩,使帶回給該正使家屬,以示皇上體恤遠人有加無已之意。又二十五年,全羅道民金順福等四人,漂到登州府文登縣,差通官英瑞解到義州。又三和民韓興來等六人,漂到岫巖城,差通官額爾金泰,解到義州。二十五年(1825)冬,朝鮮以判中樞府事李勉昇爲冬至兼謝恩行正使、禮曹判書李錫祐爲副使、司僕寺正朴宗學爲書狀官赴燕,進三節年貢兼謝賜宴、謝冬至陪臣參宴、謝故正使權常慎加賞、謝三和漂民出送等事。一行於十月二十六日發自王京,十一月二十六日渡江,十二月二十四日抵北京,翌年二月初二日發自北京,三月三日還渡江,二十二日返京覆命焉。

本書作者乃正使之隨員,其在北京,於正月初一日入宮謁闕時,曾借冠服以充正官前往,則知其非正官。又其詩有"愧乏書記才,翩翩若從戎"

---

① 未詳《隨槎日錄》,《燕行錄全集日本所藏編》,001/561。
② 未詳《隨槎日錄》,《燕行錄全集日本所藏編》,001/568。
③ 未詳《隨槎日錄》,《燕行錄全集日本所藏編》,001/586。

之句①,蓋爲書記之身份同行也。實則其與同行之玄對、雨村、日之(皆字號)諸人,專爲游燕而行者。夫馬進引金榮鎮之考證,以爲"玄對爲李敬天,雨村爲著名詩人南尚教(1783—1866)"②。

　　作者此行,專爲游覽,故其日記所録,甚爲詳悉,自渡江始,迄於返渡江止。而其前往北京途中,亦常常較使行先發,以便於觀覽焉。其於沿途,即與沿路店主、僕從、趕車車夫、鄉塾學究等筆談甚歡,而留館期間所記,尚兼及同行諸人之行動焉。其時專務游賞,交接士人,除入宫及圓明園諸處外,在琉璃廠、花草鋪、香鋪、鐘錶店、人蔘局等處,與華亭周達原、江西方舉人、李舉人(亦塘)、汪錫桂(亦塘弟子)、陶舉人、曾舍人、朱繡章、内閣中書吴思權、李德隅、索清心丸之監生與生員,以及書畫鋪裱褙人山東薛仍等交接,其言與薛氏筆談,"觀其片札,文簡而意切,筆頭了無市井氣,市肆販貨之中,亦有士友者流,可異也"③。尤其與周達原、曹江往還最多,所贈書畫禮物亦甚夥,諸人詩灑流連,歡洽竟日,常常筆談至夜分乃罷也。

　　又其書記漢語,"蓋其常語皆文字字音,一切分唇齒喉舌,一字之音,或再轉,甚難形容"④。而雨村、玄對二人,其初入柵,頗識中國人茶飯句語,以爲漢語漸可學也。每於入站時,招致掌櫃子及雇工輩,除工拙,强作人事,且問即席物名等⑤。一行還渡江時,"玄對、雨村舌根柔軟,聞輒傳誦,誦輒不訛,舌譯家皆服其聰敏"云云⑥。末書附有時用方物數目、時用表箋狀式、時用使介員額、四譯館所送料米饌物單子數目等,則爲一行諸類數目人數也;又總録十八省地方道里賦稅地丁漕運糧穀數爻、文職官階品級頂服俸禄、武職官階品級頂服俸禄、内職清顯見居人名氏、六部官職見居人名氏、各省舉人額數各省外任見居人氏並不録(並在原本草册)

---

①未詳《隨槎日録》,《燕行録全集日本所藏編》,001/575。
②[日]夫馬進著,伍躍譯《朝鮮燕行使與朝鮮通信使——使節視野中的中國·日本》第九章《日本現存朝鮮燕行録書目提要》,第241頁。
③未詳《隨槎日録》,《燕行録全集日本所藏編》,001/572。
④未詳《隨槎日録》,《燕行録全集日本所藏編》,001/584。
⑤未詳《隨槎日録》,《燕行録全集日本所藏編》,001/547。
⑥未詳《隨槎日録》,《燕行録全集日本所藏編》,001/584。

等,則鈔撮自中國書志邸報者也。

0816-1826
鄭禮容《丙戌聞見事件》(《同文彙考補編續·使臣別單二》 活字本)

出使事由:冬至等三節年貢兼謝恩行
出使成員:正使判中樞府事洪義俊、副使禮曹判書申在植、書狀官兼司憲府執義鄭禮容等
出使時間:純祖二十六年(道光六年 1826)十月二十七日—翌年三月二十一日

鄭禮容,生卒籍貫不詳。純祖朝,爲司諫院司諫、大司諫。憲宗時,順天府使、爲承政院承旨等。事見《純祖實錄》《憲宗實錄》與《承政院日記》等。

純祖二十六年(道光六年 1826),朝鮮以判中樞府事洪義俊爲冬至兼謝恩行正使、禮曹判書申在植爲副使、兼執義鄭禮容爲書狀官赴燕,謝恩者,謝賜物、謝冬至陪臣參宴、謝海南漂民出送等事也。一行於十月二十七日離發,十一月二十七日渡江,十二月二十六日抵北京,翌年二月四日離發北京,三月四日還渡江,二十一日返王京覆命焉。

此《聞見事件》一條,記清朝皇子皇孫及近支宗室,乾隆帝以"永綿奕載"四字,以次爲後輩命名。道光帝以爲應光紹前徽,預摛吉語,以迓禎祥,俾世世子孫引用勿替,命軍機大臣等撰擬十字以進,帝選用"溥毓恒啓"四字,自載以下按序成名云。

0817-1826
洪錫謨《游燕稿》(《續集》第 129 册;《日本所藏編》第 1 册 鈔本)

洪錫謨(1781—1850),字陶厓,號九華齋,豐山人。良浩孫,義俊子。純祖時,成進士。曾爲果川縣監、安山郡守、南原府使等。憲宗時,爲掌樂簽正。有《陶厓集》八卷、《游燕稿》等傳世。事見《游燕稿》《純祖實錄》《憲宗實錄》與《承政院日記》等。

案洪錫謨侍其父洪羲俊出使事由，詳參前鄭禮容《丙戌聞見事件解題》（0816-1826）。

洪錫謨《游燕槀》，鈔本，三册，藏日本京都大學圖書館。因蟲蝕太甚，前數頁每行頂格一二字，漶滅無存。爲洪錫謨沿路所作詩，凡五百六十餘首，幾於無日無詩。詩皆逐日排次，並記月日，詩題之下，則多注所詠地名、景物及當日行履，頗爲詳盡，儼然日記之例也。

案洪錫謨王父良浩，曾於正祖六年、十八年兩度出使中國，其第二次出使時，其父羲俊曾侍良浩入燕。今度錫謨又侍羲俊爲正使抵北京，故祖孫父子，前後繩繼，即在朝鮮亦爲稀見，錫謨詩謂"博觀燕槎錄，兹役亦稀臨"，故自稱"今行可謂趾美也"。① 而其在中國，前後與士大夫交往甚多，錫謨此行，除與行中副使等唱和外，亦多和其王父良浩詩，又去途與順天府學教授劉承謙、撫寧秀才楊德新等交識酬唱。留館期間，則與萬壽寺海觀與清圓兩法師、紀樹蕤、熊昂碧、張祥河、曹江、戴嘉會、陳延恩、徐松、陸繼輅、陳鱣、蔣鈫（秋吟子，洪氏父良浩曾於紀昀齋見秋吟）、劉玟、賈漢、張深等人往還焉。

案紀樹蕤者，紀昀第五孫也。良浩入燕，與紀昀爲忘年交，其與紀氏往復詩札，紀氏妝潢付孫樹馨珍藏，良浩亦輯曉嵐詩札，名之曰《斗南神交集》。故錫謨至北京後，即往宣武門虎坊橋訪紀氏後人，得見樹蕤，相見甚歡。錫謨嘉歡"吾祖神交在甲年，來瞻喬木感懷先。勝如孔李通家好，況是荀陳繼世賢"。樹蕤亦詠"神交已在卅餘年，世好重來敘後先。日下一時敦鳳契，海東三代見名賢"。② 他若戴嘉會，即戴衢亨之從祖侄，良浩壬寅之行，與衢亨結交，故羲俊亦委訪講好焉。

自入玉河館後，錫謨即連日尋訪世交，賞景流連，諸人飲酒鬭詩，幾無虛日，比至離館，已是"交情追管鮑，詞格入蘇黃"矣③。羲俊所交者，若張祥河、曹江、徐松、陸繼輅諸子，皆一時俊杰，詩文俱美，而羲俊處其間，酬

---

① 洪錫謨《游燕槀》，《燕行錄全集日本所藏編》，001/590。
② 洪錫謨《游燕稿·十三日訪紀茂林樹蕤書贈一律》附紀樹蕤和詩，《燕行錄全集日本所藏編》，001/615。
③ 洪錫謨《游燕稿·和贈熊雲客別詩》，《燕行錄全集日本所藏編》，001/624。

唱行吟,不落下風,其才思敏捷,詩句清警,爲諸子所賞。是書除羲俊詩外,諸人唱和詩亦低兩格附錄於原詩後,可補諸家之缺,甚可貴也。又若《入柵後紀所見演成雜詩三十七首》《皇城雜詠一百首》等詩,與遼東、北京風俗民情,歌詠甚至,而密行小注,頗多掌故。若"污隆世道覘文風,稗史奇書競鬭功。一夕詩話皆付劂,明朝即遍市街中"①。此可見當時稗史詩話之流行也。

---

①洪錫謨《游燕稿·皇城雜詠一百首》其六十二,《燕行錄全集日本所藏編》,001/632。

卷六五　0818—0829

純祖二十八年(道光八年　1828)—純祖二十九年(道光九年　1829)

0818-1828

李奎鉉《燕行日記》(李邰漢編《四代遺稿集·觀白軒遺稿》,1990年影印本)

出使事由:進賀兼謝恩行

出使成員:正使南延君李球、副使禮曹判書李奎鉉、書狀官兼司憲府掌令趙基謙等

出使時間:純祖二十八年(道光八年　1828)四月十三日—十月四日

李奎鉉(1777—1844),字魯卿,號觀白軒,龍仁人。在學子。純祖十三年(1813),中增廣殿試丙科。爲東萊府使、成均館大司成、全羅道觀察使等。憲宗朝,任吏曹參判、京畿道觀察使、司憲府大司憲等職。卒諡肅憲。有《觀白軒遺稿》六卷《附編》一卷行世。事見《觀白軒遺稿》卷七《年譜》、《純祖實錄》、《憲宗實錄》等。

案道光七年(1827),清廷再定回疆。八年正月,獲張格爾,以平回部詔書順付朝鮮冬至兼謝恩使宋冕載一行。翌年五月,廷訊張格爾罪,磔於市。朝鮮以南延君李球爲進賀兼謝恩行正使,禮曹判書李奎鉉爲副使,兼掌令趙基謙爲書狀官入燕,賀討平回疆,兼謝平壤漂民出送等事。一行於是年四月十三日離發,六月初九日抵北京,八月十三日發北京,十月初三日返王京覆命焉。

李奎鉉《觀白軒遺稿》六卷《附編》一卷,凡詩一卷,文三卷,《科宦隨錄》二卷,《附編》爲李氏《年譜》。前後無序跋。卷五至卷六《科宦隨錄》二卷,乃其仕宦之日記耳。上卷有記其燕行事,自戊子二月二十九日,首擬除進賀兼謝恩副使。四月初二日,安山地掃墳。十三日仁政殿拜表入

侍入對,祗受頒賜臘藥、御扇、胡椒、丹木等物,詣慕華館行查對,至弘濟院餞別。五月初九日,渡鴨江。三十日,入山海關。六月初九日,到燕京。八月初七日,往圓明園正大光明殿,參平定回部凱旋宴,並及同樂園聽戲。初十日,因道光帝聖節,參賀。十三日,發北京。出關後,因積氣挾痰沖上,不能遵程。九月十六日,還渡江到義州,因病勢難强落後。十月十五日,備盡艱難,返京覆命。雖記日無多,所記甚少,然亦爲燕行之日記,故輯出編爲一卷也。

0819-1828

金芝叟《西行録》(《全集》第70冊　諺文鈔本)

案金芝叟出使事由,詳見前李奎鉉《燕行日記解題》(0818-1828)。

金芝叟(1789—?),生平事迹無考。純祖二十八年(1828),曾隨進賀兼謝恩使南延君李球一行入燕游觀。據其燕行日記,時金氏爲四十歲,其歌辭首段自謂"余以文士,來此遠游。北向微服,潛行千里,白衣從事"(譯文),可知彼時尚未入官,而爲三使隨行成員入燕也。

此《西行録》,皆爲諺文歌辭,封面諺文題"西行録"三大字。全書一百一十餘頁,每七字一句,四句一組,抬頭處隔每隔兩頁題"一""二""三"等漢字至"五十",蓋爲歌辭小段間隔,然亦有不題者。首頁有"知不足齋林基中藏"篆文小長方印,則爲林基中教授所藏本耳。末一頁最後一行有"癸未臘月　日萬卷樓藏"漢字行楷一行,有印不清。不知萬卷樓者,又爲誰氏之藏書樓矣。

其書以沿途日期爲序,述所見所聞及所思所歎,雖不離反清厭胡,以"小中華"自居之老調,然所記若民情風習、燕都繁盛、飲食起居、朝章國典、俄羅斯風俗、西洋諸物等,多爲紀實,亦可稱之爲紀行歌辭焉。【徐麗麗譯】

0820-1828

李在洽【原題未詳】《赴燕日記》(《全集》第85冊　鈔本)

李在洽,生卒里籍不詳。憲宗朝,任楊花別將、僉知中樞府事。高宗初,任新營看役教練官。通醫術,曾爲醫員兼正使裨從人員,出使清朝。事見《承政院日記》。

案李在洽出使事由,詳參前李奎鉉《燕行日記解題》(0818-1828)。

李在洽書中稱"余以醫兼裨隨正使而行"①,即前述純祖二十八年(道光八年 1828)南延君李球進賀兼謝恩使行,與金芝叟同入燕路。燕行使入北京,別使留館不過二十餘日,而此行留館凡六十三日,則因討平回疆賀宴在於八月初七日,爲留東使,邀之參宴,此亦殊待之意,而過限淹留,用費罄縮,至於上、副房乾糧廳艱乏難繼供饋之節,日漸窘迫,頗多枵腸之苦耳。② 比及還朝,前後一百六十八日,行六千三百餘里矣。

是書前爲"三千里目錄",共有路程記、往還日記、歷覽諸處、主見諸事、回刺國書、日給等項。路程記記自王城至北京沿路地名、站名與里數等;日記較爲簡略,惟在館期間,在琉璃廠探訪張深,張新任山東博平知縣即將上任。後復與福建張際亮、江西陳方海、河南蔣湘南等手談,互相往還,所記稍詳。歷覽諸處則記沿途所見如鳳凰城、遼東城、關帝廟、白塔、瀋陽等近三十處城市、關隘、廟宇、台榭之類。主見事件則記天氣、地理、人物、風俗、紡績、工匠、市廛、錢財、技術、城邑、宮室、祠廟、寺刹、衣冠、飲食、器用、禽獸、樹木、土產等。所謂回刺國書者,則爲西域莊阿國哈理平章奏請辦理遣使納貢事,而表文則爲僞造無疑,蓋得之通官等騙錢之輩之手耳。日給數項則爲記正、副、書狀官、大通官及無賞人員,清廷所頒之日供麵菜酒醬等數目也。

案清代燕行綫路,自渡鴨綠江後,經連山關北向至瀋陽,再向山海關方向,此路本有捷徑,沿海邊可達山海關,故鮮人以爲繞道瀋陽,迂迴耽延,多有不便,屢求改道,而朝廷不允。然本書作者以爲"世謂入燕貢路之逶迤,欲由捷徑,而彼人不之指云。以吾所見,瀋陽在遼東城正北一百十里,山海關在瀋陽西南七百八十七里,自遼至瀋至關並九百里,北折而至瀋又西迤南轉而至關,故爲九百之遠。自遼捨瀋而直抵山海關,則無北折西迤南轉之費,里不過五百里內外得爲四百餘里,是捷徑。然自瀋至關,

---

①李在洽【原題未詳】《赴燕日記》,《燕行錄全集》,085/026。
②李在洽【原題未詳】《赴燕日記》,《燕行錄全集》,085/095。

是燕京北大路,天子行焉。黑龍、寧古之所共由,橋梁舟隻陸續不絶,若欲自遼東直抵山海關,則道路非不捷近,而路惡難通,舟梁斷續,行人之所稀,則不可作貢路明矣。只於凍冰之時,商輩或由捷路而行,始無淤濘阻水之患,他時決不可行,若或緩急用兵,天子有令橋梁舟楫既具,則未嘗非出兵捷路也。蓋以地勢言之,燕京爲我京之正西而或似近南矣,喬桐外放舟,則一風可泊於通州通運門前,其爲捷徑寧有過之者哉!"①此説爲前人所未道,可謂通達之言矣。

0821—1828,1837
朴思浩《燕薊紀程》(《全集》第85—86册;《心田稿》 刻本)

出使事由:謝恩兼冬至等三節年貢行
出使成員:正使判中樞府事洪起燮、副使禮曹判書柳鼎養、書狀官兼司憲府掌令朴宗吉等
出使時間:純祖二十八年(道光八年 1828)十月二十五日—翌年四月四日
出使事由:奏請兼謝恩行
出使成員:正使東寧尉金賢根、副使禮曹判書趙秉鉉、書狀官兼司憲府執義李源益等
出使時間:憲宗三年(道光十七年 1837)四月二十日—八月十五日

朴思浩(1784—?),號心田,籍貫不詳。案朴氏《春樹清譚》稱,其與中國人丁泰筆談,"問年乃余同庚,而先於余一日也"②。考丁泰甲辰年生(乾隆四十九年 1784),則可知朴氏生年也。幼學生。憲宗朝,任副司猛、院吏文學官等。事見《承政院日記》。

案朴思浩此書中自稱"鄙人等俱是未第秀才,爲觀光上國,隨上价來"③。則因其僅爲幼學生而無功名耳。又稱"尚書洪公爲冬至正使,辟余

---
①李在洽【原題未詳】《赴燕日記·路程記》,《燕行録全集》,085/024—025。
②朴思浩《心田稿·應求漫録》,《燕行録全集》,086/021。
③朴思浩《心田稿·應求漫録》,《燕行録全集》,086/037。

從事,時余在東營幕府,請暇入洛,束裝啓程"①。則朴氏時在幕府覓食可知。又《燕行錄全集》第九八册所收未詳《燕紀程》三卷,實即朴思浩此《燕薊紀程》,其卷二一行名單中,正使隨員中有"軍官前郎廳朴思浩"②,此知其爲正使裨將身份出使焉。

案純祖二十八年(道光八年 1828),以判中樞府事洪起燮爲謝恩兼冬至行正使、禮曹判書柳鼎養爲副使、兼掌令朴宗吉爲書狀官赴燕,朴思浩以正使軍官身份隨使燕行。一行於十月二十五日出發,十二月二十四日到北京,四月初四日還家,凡往還一百五十八日,行六千二百餘里焉。

朴氏在沿途略有記詠,以備日後之觀,即此《心田稿》也。而據其詩集所載,朴氏曾於丁酉(憲宗三年 1837)夏,再度隨使入燕。是年憲宗因奏請册封王妃等事,遣東寧尉金賢根爲奏請兼謝恩行正使、禮曹判書趙秉鉉爲副使、兼執義李源益爲書狀官赴燕,一行於四月二十日出發,八月十五日中秋節返京。朴氏詩中有"萬里遥尋龍塞去,十年重渡鴨江來"③,"再踏燕薊路,吾人曾未料"諸句④,即紀實也。

朴氏《心田稿》,不分卷,大抵爲日記、詩歌、游記、談草、詩集與雜録耳。其《燕薊紀程》,則爲出使期間之日記。詩則《灣上除夕次東井韻十首》以下二十餘首,非燕行詩。而《渡鴨緑江》詩題下注"丁酉夏行",以下七十餘首即此次使行途中所作,又《弘濟院》詩題下注"戊子冬行",以下近百首爲戊子行使時所作也。依使行時次,"戊子"爲純祖二十八年(道光八年 1828),"丁酉"爲憲宗三年(道光十七年 1837),則"戊子"所作詩當排次在前也。此後爲留館雜録、覘國,再其次則爲游記,所記有太和殿、紫光閣、五龍亭、萬佛樓、文廟、太學辟雍、石鼓辨、文丞相祠堂、花草鋪、官貨房、歷代帝王廟、雍和宫、妙應寺、廣濟寺、東岳廟、虎圈、岳王廟、萬壽寺、西山、圓明園、太平春燈記、梅花炮記、黄金台舊基、萬柳堂舊基、蘆溝橋、金魚池、琉璃厰、册肆、幻術雜戲、怪物廳、演戲、俄羅斯館、蒙古

①朴思浩《心田稿・燕薊紀程》,《燕行錄全集》,085/204。
②朴思浩【原題未詳】《燕紀程》,《燕行錄全集》,098/379。
③朴思浩《心田稿・入柵門》,《燕行錄全集》,085/363。
④朴思浩《心田稿・和相看編古詩韻》其一,《燕行錄全集》,085/374。

館、漂海錄、江南樓船、大樹庵夜話、車燈漫錄、深河殉節記、紅夷炮記、山海鐵網記、錦州圍、桃花洞記、留柵錄、諸國等四十餘篇，無非中國古迹、山川、人物、宮殿、台榭而已。此後尚有《應求漫錄》《春樹清譚》《榆西館記》《蘭雪詩龕》《玉河簡帖》諸作。其留館近四十日，與各房伴倘幕府驛官晝夜討話，或游覽尋訪，或探明清間秘事，或讀中國書籍，記其所睹聞，作《留館雜錄》。① 有《大樹庵夜話》《車燈漫錄》《留柵錄》等各數十條。

朴氏以爲，"大抵中州士大夫，多是唐之崔、盧，晉之王、謝，宋之程、朱，文章衣鉢，學問淵源。而我東下隸，不分漢人滿人，統稱'胡人'，待之以犬羊，極可笑也"②。故其所記，或爲中國士大夫之逸事，或爲與之交談之記錄，若松筠、楊遇春、英和、葉志詵、阮元、李璋煜、陳繼昌、姚元之、龍汝言、紀昀、翁方綱、鐵保、和珅、伊桑阿、盛舒等，其記事多得之傳聞，或摘鈔自此前燕行諸家之記者。其詩集所載，則前次出使時詩近二百首，在北京時，則與丁泰諸人唱和爲多；後次百餘首，歸國後所作十首，則與洪齮孫、汪喜孫諸人往復唱和。中國士大夫評其詩甚高古，得漢人遺意焉。

朴思浩又有《應求漫錄》，自稱"留館四十日，無可與語者，從中州士大夫游，論經賦詩，傾蓋如舊，古語云同聲相應，同氣相求，遂收爲《應求錄》"③。又《春樹清譚》《榆西館記》《蘭雪詩龕》等，皆仿朴趾源《熱河日記》所題小集之式焉。春樹者，丁泰之莊名也；榆西館，在順城門外，小泉莊也，小泉乃蔣鈖號也；蘭雪乃吳嵩梁號，詩龕則其齋耳。所記則熊昂碧、李辰、張甘生、蔣鈖、蔣鈁、丁泰、朱其鎮、鍾汪杰、勞宗煥、沈烙、金材照、厲同勳、吳崇【嵩】梁等人字號、籍貫、任職、居所及所學經史等。思浩與丁泰諸人筆談，論及子嗣、科舉、崇佛、河患、朱陸異同、江南風景、朝鮮八道風光、朝鮮人蔘種類、互贈詩書及楹聯、箕子墓、朝鮮尚白、中國朝鮮紙品高低、飲食被酒等事。又有《玉河簡帖》，則收錄在玉河館與中州諸君子有縞紵之誼，往復頗多，收其寄答之片札短簡。有《與丁舍人書》《答厲郎中書》《寄吳中書書》《答勞亦宜書》等十二通，爲當日在玉河館作；復有

---
①朴思浩《心田稿·留館雜錄》，《燕行錄全集》，085/424。
②朴思浩《心田稿·留館雜錄》，《燕行錄全集》，085/441。
③朴思浩《心田稿·應求漫錄》，《燕行錄全集》，086/012。

《與丁舍人書》《與蔣少泉書》《與厲郎中書》《與熊雲客書》等四通,則爲歸國後往復之信札也。

案朴思浩之聲名,雖不及朴趾源、洪大容、柳得恭、李德懋輩,然其在北京,所交往之中朝士大夫,或朝臣顯宦,或學界名流,不亞於朴氏等人,而其與丁泰諸家之暢談與歸國後之書札往返,亦頗類洪大容之所爲。其在京時詩有"人生貴知心,百年當一日"之句①。返國多年後《答卯橋書》謂"僕有三願:願觀天下好山水,願讀天下好書籍,願交天下好人物。今仁兄之讀書求友,別無他好者,豈非同志耶!同庚同志,幸又同世,友道之重,何日可忘。令嗣南游楚國,尚未還觀,恨未見鸞鵠之風儀也。家豚入燕,若修孔、李之誼,亦增美事也"②。此可知諸人雖遠隔山水,然友情長存。而其時西方列強,已虎視狼奔而來,天朝大國形將崩潰,而其後燕行之使,亦不復有如此酬唱歡娛、交往流連之光景矣。

0822-1828
朴思浩【原題未詳】《燕紀程》(《全集》第 98—99 册　鈔本)

案朴思浩有《燕薊紀程》(0821-1828),已著錄。

是書封面作"燕紀程天",而首頁大題作"燕薊紀程",《燕行錄全集》編纂者題作者爲"未詳",實則此稿即《燕行錄全集》第八五至八六册所收朴思浩《燕薊紀程》耳。彼爲朴氏《心田稿》,此則爲單書,《燕行錄全集》編纂者未加照檢而重收,然兩本亦多參差焉。

是本分天、地、人三卷,然每卷首頁又作"燕薊紀程卷之一""卷之二"等。其卷之一爲日記,與《心田稿》同;卷之二目錄中有一行總錄、入栅報單、衙官姓名、方物歲幣式、三使臣日供、留館時公役、賞賜物件、道里、留館雜錄、覘國、太和殿、紫光閣、五龍亭、萬佛樓、文廟、太學辟雍、石鼓辨、文丞相祠堂、花草鋪、官貨房、歷代帝王廟、雍和宫、妙應寺、(廣濟寺)、東岳廟、虎圈、岳王廟、萬壽寺、西山、圓明園、太平春燈記、梅花炮記、黃金台

---

①朴思浩《心田稿・金臺詩集・榆西館別席和雲客諸人》,《燕行錄全集》,099/136。
②朴思浩《心田稿・玉河簡帖》,《燕行錄全集》,099/158。

舊基、萬柳堂舊基、蘆溝橋、金魚池、琉璃廠、册肆、幻術（雜戲）、怪物（廳）、演戲、俄羅斯館、蒙古館、漂海録、江南樓船、大樹庵記（夜話）、車燈漫録等，而漏列"廣濟寺"，及深河殉節記、紅夷炮記、山海鐵網記、錦州園、太學平定金川碑文、桃花洞記、留柵録、諸國等。其中一行總録、入柵報單、銜官姓名、方物歲幣式、三使臣日供、留館時公役、賞賜物件、道里等，爲《心田稿》所無也。卷之三有《關河詠懷》《遼瀋紀行》《東槎酬唱》《南館題詠》《應求漫録》《春樹清譚》《榆西館記》《金臺詩集》《玉河簡帖》《外藩賡詩》《出塞別章》等，爲後次出使期間所作詩歌及與中國士大夫之談草等，其中詩歌《心田稿》依沿途所經次序排列，不分小題；而是本分小題爲次，其中《關河詠懷》，則在朝鮮境内詩也。

又《弘濟院》詩題下，《心田稿》注"戊子冬行"，此本無注；《箕子殿》下，是本有《碧溪浮槎三首》《百祥樓》《鴨緑江》等詩題，而留空無詩，前本詩題亦無，蓋散佚故也；又自《柵門》以下若干首爲遼瀋紀行；而《東槎酬唱》則全録上使、副使、書狀、朴性完、朴宗道及作者六人途中唱和詩，以己詩録最末；而前本則以《途中雜詠》詩題誤作《東槎酬唱》，以小題爲詩題，且只收朴氏詩作，他家唱和詩不録也；又以《黄金臺》以下爲在館期間詩作爲《南館雜詠》，是本闕《萬壽詩》《西山》《圓明園二首》四首，蓋闕頁所致耳；又自《丁卯橋席上贈主人》以下，爲《金臺詩集》，丁泰等人原唱與和詩，及歸國後相互寄詩唱和之作，亦皆見録，前本亦只録己詩也；以與諸家往還書札爲《玉河簡帖》，諸家來札亦附録也；以清帝在紫光閣賜宴，御製《新正紫光閣錫宴諸藩臣即事》詩，及朝鮮上、副使與書狀官及琉球國正使毛世輝、副使楊德昌賡詩，爲《外藩賡詩》，而前本不收矣。又以行前親友所贈爲《出國別章》，中有"關河十月路漫漫"等句，則知爲前次出使時諸人所贈，亦前本所無也。而前本所收純祖二十八年（道光八年　1828）出使時所作詩，是本失收矣。

由此推之，蓋是本爲朴氏當初鈔本，而《心田稿》則爲後來編定者。兩本比勘，則不僅卷帙不同，且文字收録，亦多不同，有此有彼無者，有此無彼有者，皆非善本。若有好事者鉛黄丹點，互校有無，調整次序，釐爲定本，此書方得稱善本焉。

0823-1829
朴來謙《瀋槎日記》(《全集》第 69 册　鈔本)

　　出使事由：問安行
　　出使成員：正使判中樞府事李相璜、書狀官兼司憲府掌令朴來謙等
　　出使時間：純祖二十九年(道光九年　1829)七月十六日—十月二十四日

　　朴來謙(1780—?)，字公益，號晚悟，密陽人。純祖十五年(1815)，爲司諫院正言，二十二年任平安南道暗行御史。二十九年，爲北評事，翌年陞禮房承旨。憲宗朝，任義州府尹、户曹参判等。有《瀋槎日録》傳世。事見《純祖實録》《憲宗實録》《承政院日記》等。

　　道光九年(純祖二十九年　1829)，道光皇帝將謁陵瀋陽。四月末，朝鮮純祖以判中樞府事李相璜爲問安使、兼掌令朴來謙爲書狀官。一行於七月十六日辭朝，八月三十日到瀋陽，九月二十三日道光帝駕臨瀋都，三十日移駕返北京，十月一日朴來謙等一行離瀋，二十四日謁闕覆命焉。

　　案此蓋爲朴來謙《瀋槎日記》之鈔本，偶有闕文。朴氏一行在瀋時，亦與當地士大夫多有交接，或手談論學，或互贈詩賦，然皆無赫赫之士耳。其稿後附《啓本》，則依例爲日記之簡本耳。另後附《聞見事件》數條，以及道光帝《詔諭》一道。《聞見事件》則記道光帝駕行時沿途治路、建臨時行宫、隨行扈從文武、在瀋情形、宗室諸事、賞賜百官軍兵等事。若謂"皇帝尚武不尚文，扈從諸臣幾皆是滿人武臣，而惟内閣大學士曹振鏞是漢人文士，吏部尚書文孚是滿人文士云"①。又謂"皇帝性本尚簡，不寶遠物。自前瀋幸時，近地州縣之私獻方物，便成已例，而今番則並皆退斥是白乎乃。但自回疆討平以後，區宇寧謐，朝野無憂，頗事游宴，又近沉緬。午前則剖決機務，或接臣鄰；而午後則每多昏醉不省時"②。朝鮮使臣筆下之清朝皇帝，如非好色之徒，則爲揮奢之家，而以皇帝爲醉鬼，則前所未有，爲來謙始倡耳。以如此道聽塗說、虛玄無據之詞，以塞責國王。如朴來謙

---
①朴來謙《瀋槎日記》，《燕行録全集》，069/130。
②朴來謙《瀋槎日記》，《燕行録全集》，069/131—132。

氏者,亦可謂既非爲幹臣,更有失專對覘國之職責矣。

0824—1829
趙秉龜《己丑聞見事件》(《同文彙考補編續·使臣別單二》 活字本)

出使事由:冬至等三節年貢兼謝恩行
出使成員:正使判中樞府事柳相祚、副使禮曹判書洪義瑾、書狀官兼司憲府掌令趙秉龜等
出使時間:純祖二十九年(道光九年 1829)十月二十七日—翌年三月二十四日

趙秉龜(1801—1845),字景寶,號游荷,豐壤人。萬永子。純祖二十七年(1827),春塘台試居首,令直赴殿試。爲左副承旨、成均館大司成等。憲宗時,任户曹參判、奎章閣直提學、禮曹判書、五衛大護軍等。秉龜年盛志强,喜自用,善諧謔,應對恰捷。卒謚文肅。事見趙寅永《雲石遺稿》卷一三《從子吏曹判書秉龜墓表》與《純祖實錄》《憲宗實錄》等。

純祖二十九年(1829)四月,朝鮮遣進賀兼謝恩使判中樞府事徐能輔、副使禮曹判書吕東植、書狀官兼掌令俞焕章等入清,吕氏病逝於榆關,禮部賜銀三百兩,以經紀其喪。又全州民金順福等六人,漂到江蘇省,順付賀使帶回歸國。是年冬,純祖遂遣冬至兼謝恩行正使判中樞府事柳相祚、副使禮曹判書洪義瑾、書狀官兼掌令趙秉龜等入燕。謝恩者,謝前次謝進賀陪臣賜食、謝故副使吕東植加賞、謝全州漂民出送等事。一行於十月二十七日發王京,翌年三月二十四日返京覆命焉。

此《聞見事件》一條,記鄂爾多斯西洋俱與白帽回子切近,而皆崇信天學者。再昨年回子造反之時,朝議以爲西洋鄂爾多斯等,必有聲氣相通,遂諭西洋人留京者,使之回國交遞。"晚近以來,洋人之曆法技巧,絶無精鍊者,而邪學一款,亦係大國之禁條"云①。

---

①趙秉龜《己丑聞見事件》,《同文彙考補編續·使臣別單二》,004/3800。

0825-1829
李尚迪《己丑燕行詩》(《叢刊》第312册《恩誦堂集詩》 刻本)

李尚迪(1803—1865),字惠吉,號藕船,牛峰人。爲朝鮮太祖李成桂裔孫。家世漢語,少承家學,後從金正喜學。純祖二十三年(1823),獲譯科榜首。三年後,受純祖引見,並吟誦其詩,多有賞賜。曾與申緯、洪翰周、李晚用、丁學淵等倡舉詩會,標榜聲氣。與洪世泰、李彦瑱、鄭芝潤爲"譯官四家"。先後十二度隨朝鮮使團入中國,與吳嵩梁、孔憲彝諸人交往。精於詩,擅金石、書法、繪畫諸學。憲宗十三年(1847),授知中樞府事。哲宗十三年(1862)爲終身知中樞府事。翌年,爲温陽郡守。曾參與校刊正祖、純祖、憲宗三朝《國朝寶鑒》,續刊《通文館志》《同文彙考》《同文考略》等,自著有《恩誦堂詩集》十卷《文集》二卷《續集詩》十卷《文》二卷傳世。事見李尚迪《恩誦堂集》卷首《自識》、《藕船精華録》、金奭准《李藕船先生傳》、吳昆田《像贊》等。

案李尚迪出使事由,詳參前趙秉龜《己丑聞見事件解題》(0824-1829)。

李尚迪《恩誦堂集詩》十卷《文》二卷《續集文》二卷《續集詩》十卷。卷首有李尚迪《自識》與《畫像》,畫像有清人吳昆田題辭,爲孔憲彝書,續集詩有許宗衡序。尚迪因憲宗曾誦讀其詩,故以"恩誦"名其堂,以紀恩也。詩以明確紀年之時序排次,甚有某年僅録一首詩者,如此確切詩卷排序,在朝鮮別集中爲罕見。其集分別於道光二十八年(1848),咸豐三年(1853)、九年與同治元年(1862),四度在北京刊行,此亦朝鮮詩家絶無僅有者也。

案李尚迪一生出入中土凡十二度,故時人稱"藕老此來凡十二度矣,亦罕事也"①。出使次數如次之多,前有清初麟坪大君李㴭,以及同時人趙秀三。尚迪家世漢語,其祖、父皆精於詩道。尚迪曾記其家藏有手寫《毛詩》一部,傳爲青箱鴻寶,其父課兒詩,有"一經於汝有餘師"之句。故

---

① 董文涣編,李豫、崔永禧輯校《韓客詩存》附《硯樵山房日記》手稿中朝鮮人資料,書目文獻出版社1996年版,第328頁。

尚迪請其師金正喜隸書"一經堂",顏之門楣,晨夕自儆。① 其詩主天機自紓,不爲拘屈,揮灑自我,標榜性靈。其以古畫真贗,喻"文章亦一致,僞體不足珍"②。其法雖取唐宋,然亦主張時地不同,詩亦不同。其論詩稱"延陵觀樂辨貞淫,一國風存一國音。取法只須歸盡美,服周行夏聖人心"。"拾人牙慧與人看,一步回頭我甚干。自有廬山真面目,不須楚相假衣冠。"其亦以爲詩中有畫,畫中有詩,詩畫不分,稱"詩參於畫畫參詩,妙處從來悟後知。莫把驪黃拘古法,天閑萬馬是臣師"。③ 尚迪詩學主張,承自金正喜,金氏又受翁方綱、袁枚、阮元諸家影響。尚迪入北京後,先後結識吳嵩梁、黃爵滋等,在陶然亭諸處,吳爲宣南詩社發起者,而黃爲江亭雅集之發起者,故尚迪在北京,先後結識百餘名士大夫,唱和流連,詩酒往還達數十年。其弟子金奭准《藕船精華録序》稱尚迪"卓然爲當時宗匠,是以文章遠播海内,巨卿通儒競相推詡"。後人以爲乃"三韓名家之最","交滿中朝博學,冠時盛名驚世"者也。

李尚迪博學多聞,身擅數藝,然身爲中人,仕途無路,自歎"愛士今誰如愛竹,一枝枝灑淚痕明"④。又以茶自喻,謂"君不見江南御茶不入貢,旗槍埋没隨蟲沙"⑤。其自訴志向謂"小少有微尚,竊慕古賢士。春秋二百年,季札一人已"⑥。故爲譯官後,即欲入中土而訪名流,爲洪大容、朴趾源之流亞也。其入中土,汪喜孫等人尚替他不平,《海鄰尺牘》載汪喜孫札謂"内地重士,雖王公與布衣並坐,歡若昆弟。似東邦,禮交太嚴,固足仰慕,然使者入國向俗,尚冀禮賢下士"。或謂"如李惠吉者,文才實可進用,乃拘於門閥,屈於象譯,是可恨也"⑦。故李尚迪入中國後,得以與顯宦名流,詩畫藝苑,平輩往還,不拘禮節,知遇之感頓生,異國之情遂隆

---

①李尚迪《恩誦堂文集》卷2《一經堂銘並序》,《韓國文集叢刊》,312/223。
②李尚迪《恩誦堂集續集詩》卷3《送亦梅游燕》,《韓國文集叢刊》,312/265。
③李尚迪《恩誦堂集詩》卷4《論詩絶句》,《韓國文集叢刊》,312/185。
④李尚迪《恩誦堂集詩》卷7《柬沈桐菴移竹感賦二絶》,《韓國文集叢刊》,312/196。
⑤李尚迪《恩誦堂集續集詩》卷1《白山茶歌謝朴景路》,《韓國文集叢刊》,312/254。
⑥李尚迪《恩誦堂集詩》卷1《讀書》,《韓國文集叢刊》,312/170。
⑦董文涣編,李豫、崔永禧輯校《韓客詩存》附吳稼軒《朝鮮使者金永爵筆談記》,書目文獻出版社1996年版,第263頁。

也。王氏請尚迪爲其詩集撰序,尚迪曰:"噫！中朝士大夫,與我東人投贈翰墨,不以外交視者。自唐至元明,若杜工部之於王思禮,高駢之於崔致遠,姚燧之於李齊賢,李侍中之於李崇仁,皆能延譽無窮。近代則紀曉嵐叙耳溪之集,陳仲魚刊貞蕤之稿,風義之盛,由來尚矣。未聞有求其詩文之序於東人,而且以子梅平日師友之衆,《三都》一序,何患無皇甫謐其人也,爾乃辱教如是,此豈非捨蒭豢而嗜羊棗,遺絺繡而取布帛者也耶!"① 其詩又謂"蕞余三韓客,生性慕中華。中華人文藪,自笑井底蛙。俯仰三十載,屢泛柝津槎。交游多老宿,菁莪際乾嘉。後起數君子,賢豪盡名家。新知樂何如,如背癢得爬"②。所交得人,沉鬱得紓,故尚迪雖連年奔波,而樂此不疲矣。

　　李尚迪入金正喜門下,金氏稱"如藕船者,是一麟角瑞世。又有躡塵追影之逸足耶？然天與聰明,不在貴賤上下南北"③。正喜入中國,得交翁方綱、阮元,尤喜阮氏學,故以"阮堂"名齋。其學以考據見長,擅金石,精書法,亦善繪事,李尚迪挽詩有"盡道書追秦漢上,誰知畫逼宋元來"之喻④。尚迪入中國,交阮元子侄阮常生、阮福諸人,亦深喜阮元之學,曾購置《皇清經解》入朝鮮,阮福曾贈阮元《揅經室集》《雷塘盦主弟子記》及阮元畫像,自謂"文達之遺書,余前後所收藏者頗備,今又幸獲此書與象於海內厭兵之日,安享一龕,永保肸蠁。公神不昧,必曰吾道東矣"⑤。極贊阮氏"雲臺山高,萬里仰止。其神如水,斯道東矣"。"眼光雙注,視我則青。"⑥又作詩稱頌"青史千秋三不朽,儒林文苑又名臣","騎箕萬里神游遍,學海遺型見海東"。⑦ 尚迪以阮元、金正喜衣鉢自任,亦極嗜金石碑版,又書法功力至純,得趙、董之骨,畫亦頗精潔。其學深受阮氏影響,如

---

① 李尚迪《恩誦堂集續集文》卷2《子梅詩草叙》,《韓國文集叢刊》,312/245。
② 李尚迪《恩誦堂集續集詩》卷2《子梅自青州寄詩索題春明六客圖》,《韓國文集叢刊》,312/258。
③ 金正喜《阮堂先生全集》卷4《與吳生慶錫》,《韓國文集叢刊》,301/091。
④ 李尚迪《恩誦堂集續集詩》卷3《奉挽秋史金侍郎》其二,《韓國文集叢刊》,312/266。
⑤ 李尚迪《恩誦堂集續集文》卷2《題雷塘盦主弟子記》,《韓國文集叢刊》,312/241。
⑥ 李尚迪《恩誦堂集續集文》卷2《阮文達公畫象贊有序》,《韓國文集叢刊》,312/243。
⑦ 李尚迪《恩誦堂集續集詩》卷5《新正廿日題阮文達公學海堂遺照是日爲公生辰也》,《韓國文集叢刊》,312/276。

其爲"譯官四家"之一李彦瑱所撰《李虞裳先生傳》,即"仿史傳集句之例"而成①。尚迪弟子金奭准《藕船精華録》中《李藕船先生傳》,亦用集句體。凡此皆受阮元《儒林傳稿》及當時考據學家撰文,所謂"無一字無來歷"之影響耳。

案李尚迪此次出使中國,乃以譯官身份,第一次入中土。其《恩誦堂詩集》卷一所收《金石山暮雪》《瀋陽示謙受》《答趙芝園次權命汝韻》《杏山堡》《清節祠》《上元宿海澱》《送蘭雪出宰泉州次見贈韻》《歸宿中後所同芝園夜話》等二十餘首,即作於此次燕行時。其在北京,初識之友,有吳嵩梁(蘭雪)、劉喜海(燕庭)、陳克明(南叔)、朱大源(伯泉)、姚衡(雪逸)、丁泰(卯橋)等,時劉喜海正纂《海東金石志》,故尚迪詩有"幾年閉户編金石,更有朱陳好友生"之句②,以紀其事焉。而《洱上雜詩》八首,叙春景明麗,緑波蕩漾,畫船新香,畔柳含烟,青螺點點,斜輝消魂,正所謂"如此江山如此景,不須麟馬去朝天"者也③。

0826-1829

趙秀三《己丑燕行詩》(《續集》第 129 册;《叢刊》第 271 册《秋齋集》　鉛印本)

案趙秀三有《燕行紀程》(0648-1789),已著録。趙氏此次出使事由,詳參前趙秉龜《己丑聞見事件解題》(0824-1829)。

是稿封面左上大字楷題"燕行詩",正文首行頂格題"秋齋燕行詩第六稿"。鈔本。字大疏朗,筆具隸意。多有圈點。其詩亦收《秋齋集》卷四至卷五,然前後目次,兩本多有不同焉。

案趙秀三自謂"乾隆庚戌、嘉慶庚申及癸亥及丙寅,從貢使四次進京"④。庚戌、庚申使行見已前述。考"癸亥"爲純祖三年(嘉慶八年

---

① 李尚迪《恩誦堂集續集文》卷 2《李虞裳先生傳》,《韓國文集叢刊》,312/243。
② 李尚迪《恩誦堂集詩》卷 1《劉農部燕庭喜海寓齋同陳徵君克明南叔朱太守大源伯泉》,《韓國文集叢刊》,312/172。
③ 李尚迪《恩誦堂集詩》卷 1《洱上雜詩》其三,《韓國文集叢刊》,312/172。
④ 趙秀三《秋齋集》卷 8《寄劉燕亭書》,《韓國文集叢刊》,271/528。

1803），是年有兩起使行，即謝恩使判中樞府事李晚秀、副使禮曹判書洪義浩、書狀官兼司憲府執義洪奭周等，一行於是年七月十一日發王京，十一月十五日返京覆命；另一起爲冬至使禮曹判書閔嫋台、副使吏曹參判權祖、書狀官兼司憲府持平徐長輔等，一行於是年十月二十一日發王京，翌年三月二十二日返京覆命。趙秀三隨謝恩使出使，抑或隨冬至使入中國，尚不能明。又"丙寅"即純祖六年（嘉慶十一年　1806），冬至兼謝恩使青城尉沈能建、副使禮曹判書吳泰賢、書狀官兼執義李永老等入燕，於當年十月二十四日發王京，翌年三月十五日返京覆命。今考趙氏《秋齋集》，無確指爲"癸亥""丙寅"兩年使行時所作詩，不知是有遺佚抑或他故。其後，趙氏又至少兩度入中國：純祖十八年（1818），隨問安使判中樞韓用龜、書狀官兼司憲府掌令趙萬永等入瀋陽；其次即此次隨柳相祚使團入中國。同行權寔之《隨槎日錄》稱，"趙芝園秀三，隨書狀行，今年爲六十八，而七赴燕京，文詞氣力，老健可喜"①。趙氏亦自誇"七十吾生不自期，健如黃犢矧堪思"②。則趙氏爲書狀官趙秉龜隨從，又似爲前後七次入中國焉。

　　趙秀三初入中國，在正祖十三年（乾隆五十四年　1789），其時尚不足三十歲，而此次入燕，已是六十八歲，世事滄桑，已達四十年之久，故其所見中國士大夫，至有隔兩代者。如其初交往者，有劉墉、紀昀諸人，而後所交如劉喜海，則爲墉之孫輩耳，故趙氏詩謂"於子交三世，推余長數年"③。又謂"海內交游餘老我，不妨呼作魯靈光"④。皆感慨寓之，而又紀實抒懷者也。

　　趙秀三數度往來，所見日廣，交誼日深，前後所交如阮元、劉喜海、吳嵩梁、韓悖、韓韻海、姚衡、馬書奎、丁泰、朱大源、佘垣、陳克明、徐有壬、葉志詵、繆公恩等，或爲朝廷顯宦，或爲翰林新進，或爲知州知縣，或爲書畫大家，或爲世間高隱，或居官在外，或零落人間，故其慨歎"燕南舊雨散如

---

① 權寔《隨槎日錄》，《燕行錄全集日本所藏編》，002/020—021。
② 趙秀三《己丑燕行詩・除夜》，《燕行錄續集》，129/221。
③ 趙秀三《己丑燕行詩・劉燕庭給事喜海》，《燕行錄續集》129/227。
④ 趙秀三《己丑燕行詩・姚雪逸舉人衡》，《燕行錄續集》129/230。

雲,皓首驪歌不可聞。三十年間秋夢我,八千里外遠將君"①,祈願"有子有孫傳世誼,爲兄爲弟祝來生"②。比至晚年,詩稱"阿誰千載修東史,佳傳先添一逸民"③。已是世間烟消,如白雲蒼狗,心如止水,而一逸民而已矣。

0827–1829
權烜《隨槎日録》(《續集》第130册;《日本所藏編》第2册　殘鈔本)

案是稿作者出使事由,詳參前趙秉龜《己丑聞見事件解題》(0824–1829)。

權烜(1772—1861),字命汝,號蕢生,安東人。權禩子。純祖元年(嘉慶六年　1801),任折衝將軍。年七十,爲僉知中樞府事。據稱有文集存世,然未見傳本。事見《安東權氏大同世譜》卷七《樞密公派·脩二系》。④

是書爲殘鈔本,一册,原藏日本天理圖書館今西文庫,有"今西龍""天理圖書館藏"等印。首頁謂"上即祚三十年己丑冬,豐安君柳判書相祚以賀至正使赴燕,副使洪參判義瑾,書狀官趙應教秉龜"⑤,可知此《隨槎日録》,即作者此行所作詩文也。

其書封面無字,首爲叙燕京分野之文。正文前有《千字文》數句,蓋爲兒童練習紙也。卷中間有删汰圈抹之句,亦間或有旁行添注之句。記自十月二十七日離發王京,至除夕夜在玉河館止,留館及歸途所記,殘闕不全也。其記每日陰晴、里數、宿站及所接之人物甚詳,而每日所作之詩,附於當日之下。其記入柵之後,每於宿站三使臣下處之規,及午站之制

---

①趙秀三《己丑燕行詩·和吳蘭雪》其一,《燕行録續集》129/222。
②趙秀三《己丑燕行詩·繆梅瀣助教公恩》,《燕行録續集》129/234。
③趙秀三《秋齋集》卷6《疇昔之遊……書奉僉政》其二,《韓國文集叢刊》,271/464。
④案此《隨槎日録》作者爲權烜,乃韓國成均館大學金鑅鎮教授之研究成果,小傳材料亦爲金教授提供。又據金兄賜告,關於此稿之研究,可參安東大學校退溪研究所黄萬起教授《權烜〈隨槎日録〉考察》一文,見大東漢文學會編《大東漢文學》第44號,2015年。
⑤權烜《隨槎日録》,《燕行録續集》,130/014。

度,與夫每宿所花銀兩;又論自義州至北京,燕行使習慣分路程爲三截等,多爲燕行諸家記述所不及也。其沿路所詠詩五十餘首,又多爲與書狀官趙秉龜等唱和之作。然詩格卑弱,多凡庸之作矣。

0828–1829
姜時永《輶軒續錄》(《全集》第73冊 稿本)

出使事由:進賀兼謝恩行
出使成員:正使判中樞府事李光文、副使吏曹判書韓耆裕、書狀官兼司憲府掌令姜時永等
出使時間:純祖二十九年(道光九年 1829)十一月一日—翌年三月二十一日

姜時永(1788—?),字汝良,一作汝亮,晉州人。博學多才,精通書法。純宗十九年(嘉慶二十四年 1819)登第。憲宗朝,先後任忠清道觀察使、漢城府判尹、刑曹判書等。哲宗五年(1854),爲司憲府大司憲,陞禮曹判書。高宗三年(1866),任吏曹判書,爲判義禁府事、議政府右贊成等。卒諡文憲。有《星沙文稿》《輶軒續錄》三卷行世。事見《星沙文稿》卷首金炳學《謚狀》、《憲宗實錄》、《哲宗實錄》等。

姜時永《輶軒續錄》(姜箕錫編,서울:探求堂1994年影印本),封面簽題大字"輶軒續錄乾",《燕行錄全集》爲同一版本,唯《全集》編纂者漏落封面頁耳。又姜時永《星沙文稿》,前有後孫信赫序(作於檀紀4325年 1992),前錄姜氏年表甚略,附金炳學《謚狀》與諸家祭文等,後爲姜氏手迹,亦有翁方綱、王文治諸人手迹,後爲詩文,《詩稿》收詩甚少,燕行者僅《玉河關除夕》一首耳。

案《輶軒續錄》三卷,卷三前封面左中雙綫小框內題"輶軒續錄坤",則蓋其書原爲二冊,每兩卷爲一冊。據時永玄孫箕錫序稱,時永父浚欽以告訃使書狀官赴燕時,有《輶軒錄》,其後時永又赴燕,繼有此錄,故名之而此實繼述之意存焉。箕錫又稱此錄爲其家世寶,而亦其國要史之料,則不可退藏篋笥之中以爲私寶,而當出之以印布之,以爲與世公寶乃可也。

然其間原稿不在其家,後得之他人之惠,即爲影印公寶於天下。"然但爲慨然者,三溟先生之所録,亦是不保存而在他,尚今不入手,故與此《續録》不能同時印布於世者也。其或有所藏之君子,黽勉許還之,則何賜其勝於此賜也哉!"①而浚欽之稿,今亦存之,則爲幸也甚矣。

純祖二十九年(道光九年 1829),以判中樞府事李光文爲進賀兼謝恩使行正使、吏曹判書韓耆裕爲副使、兼掌令姜時永爲書狀官赴燕,賀道光帝至瀋陽展謁園陵、並謝賜筆賜物等事。一行於是年十一月初一日出發,於翌年三月二十一日返京覆命。時永等較冬至使柳相祚一行先二日離發,亦先二日抵北京,一時兩起人馬,同在館中焉。

姜氏此書記時地、陰晴、里數、山川、風俗等外,並附己所作詩於當日下;與所交中國士大夫唱和之詩,則皆附麗於記中。較燕行諸家不同者,時永尚多引中國詩人之作,如王士禛、朱彝尊、徐乾學、魏仕琇、杭世駿等人之詩散諸卷中,即店舍村壁所見無名氏之作,有飽經世故,稔知俗態者,亦爲録存於記中焉。

其日記末又有《別單》,爲另修一本,呈供睿覽之件,爲日記簡本,僅記陰晴里數等。又《聞見事件》五條,論皇帝敦尚文治,深排異端,本年各省豐歉等情狀及各省盗患等事。又《私録聞見事件》一條,記皇帝幸瀋治道事、安徽分省後修志事、皇城道路石橋事等。末爲一行名單也。

姜時永蓋精於書法,其與中國士夫筆談,時或論筆帖之淵源,其見沿途題詠,亦多評其書之優劣。其第三次赴燕時,中國人邊棣園評其書法,"已得趙松雪三昧",而姜氏自謂"余書意造,本不師古"。② 則其亦頗自得,故在途在店,在玉河館諸地,常爲人書條幅楹聯,以至求者益衆,應接不暇,時道州何紹基"業因買藥到鄰鋪請見,且求余書,遂揮灑以送,約以來日相見"③。何氏書法,由顔真卿、歐陽通入手,上追秦漢篆隸,爲清代書法名家,而其亦求之,可見姜氏之書,自當出人一等矣。

又時永詩有"八世乘槎餘訓在,只將忠信勖長程"句,其自注稱"余家

---

①姜時永《輶軒續録》姜箕錫《輶軒續録序》,《燕行録全集》,073/012—013。
②姜時永《輶軒續録》卷 2,《燕行録全集》,073/486。
③姜時永《輶軒續録》卷 3,《燕行録全集》,073/239。

八世赴燕,故云"。① 案朝鮮八道地卑,而世族華冑若延安李氏等,世代皆有燕行者,故若姜氏八世累次赴燕者,亦不爲鮮見矣。

0829-1829
姜時永《己丑聞見事件》(《同文彙考補編續·使臣別單二》 活字本)

案姜時永有《輶軒續錄》(0828-1829),已著錄。

此《聞見事件》二條,一記道光帝嚴斥異端,如天主教之類,尤爲痛懲,自癸酉年間大懲創之後,設法嚴禁。而去年十二月間,順天府奏以天主教犯張成善等八名,敢於改悔之後,復用舊時邪教音樂,藏置經卷及十字架等,刑部覆定爲邊遠充軍,道光帝以爲其未能真心悔改,即不照本律定擬,亦不應遞減杖徒,更令刑部另議,以爲加律之地。即此可知,其嚴於懲邪焉。又記嘉慶年間,給事中喬遠煐曾請以陳良從祀兩廡,時禮部獻議駁寢。去年秋,湖北學政王芳,又請從禮陳良,道光帝以爲陳良道悦周孔,雖稱於孟子,不在弟子之列,且無言行可稽,若陳良者如皆濫行從祀,成何體制,所請甚屬冒昧,殊失崇文垂教之義。然道光帝未准云。

---

①姜時永《輶軒續錄》卷1《(高陽)在路得一律》(編者加詩題),《燕行錄全集》,073/016。

北大東方文學研究叢書
王邦維 主編

燕行錄千種解題（下）

A Comprehensive Annotated Bibliography on
Thousands of YanxingLU
(Korean Envoy Accounts of Missions to China)

漆永祥 著

卷六六　0830—0842

純祖三十年（道光十年　1830）—純祖三十二年（道光十二年　1832）

0830-1830,1834
洪敬謨《冠巖遊記》(《續集》第132—133冊　鈔本)

出使事由：謝恩兼冬至等三節年貢行
出使成員：正使判中樞府事徐俊輔、副使禮曹判書洪敬謨、書狀官司僕寺正李南翼等
出使時間：純祖三十年（道光十年　1830）十月三十日—翌年四月十日

出使事由：進賀兼謝恩行
出使成員：正使判中樞府事洪敬謨、副使吏曹判書李光正、書狀官兼司憲府執義金鼎集等
出使時間：純祖三十四年（道光十四年　1834）二月十二日—七月七日

洪敬謨(1774—1851)，字敬修，初名祖榮，號冠巖，豐山人。純祖九年（嘉慶十四年　1809），擢增廣文科。歷官至成均館大司成、司諫院大司諫、工曹判書。憲宗時，官刑曹判書、咸鏡道觀察使、漢城府判尹、議政府左參贊、兵曹判書等。諡文貞。有《冠巖遊記》行世。事見李裕元《嘉梧藁略》第一八冊《洪公墓誌》、鄭元容《經山集》卷一五《神道碑》與《純祖實錄》《憲宗實錄》等。

案洪敬謨出使中國，前後凡兩度：純祖三十年（道光十年　1830）五月，世子李旲(1809—1830)病逝。六月，朝鮮遣賚咨官李應信入京，報世子喪。十月，清廷遣散秩大臣額勒渾、内閣學士裕誠，賚敕至朝鮮致祭王世子。十月三十日，正祖派謝恩兼冬至行正使判中樞府事徐俊輔、副使禮

曹判書洪敬謨、書狀官司僕寺正李南翼等入清,謝賜祭、謝奉上諭諸事兼賀冬至等三節,一行於翌年四月初十日返國覆命。

又純祖三十四年(道光十四年　1834)二月,以道光皇帝册封皇后即咸豐帝生母鈕祜禄氏(1808—1840),正祖遣進賀兼謝恩使判中樞府事洪敬謨、副使吏曹判書李光正、書狀官兼執義金鼎集等入燕進賀,兼謝漂民出送等項事。一行於二月十二日發王京,七月初七日返歸覆命焉。

案《燕行録續集》編纂者以洪氏《冠巖遊記》隸於1833年,則以其稿爲洪氏第二次出使期間所撰。然考卷一《清紀》末所紀至"今皇"自注"道光十一年","入主中國今爲一百八十八年"①。又考卷四《渡鴨江記》稱"是歲之至月二十七日,將渡江。……時玄陰栗烈,北風勁削,江腹深堅,冰雪屭屭"②。此皆與洪氏第一次出使時間相合,則知其非皆第二次出使時作,全稿當爲其第一、二次出使期間相繼所撰,則於情理皆合耳。

洪氏《冠巖遊記》,鈔本。首頁首行頂格題"冠巖存稿",第二行右下題"古稀翁選",第三行低一格題"遊記",下小字注"玉河涉筆",第四行低二格書"燕京記",爲篇名也。書分六卷,前二卷爲"玉河涉筆",卷一爲燕京記、燕京形勝記、燕京山川記、燕都沿革記、燕都世紀記、遼紀、金紀、元紀、明紀、清紀、清開國記、皇都記、京城記一、京城記二等,卷二爲内外城門總記、内城九門記(正陽、崇文、宣武、安定、德勝、東直、朝陽、西直、阜城)、外城七門記(永定、左安、右安、廣渠、廣寧、東便、西便)、皇城記(大清門、天安門、地安門、東安門、西安門、長安左門、長安右門)、紫禁城記(午門、端門、神武門、東華門、西華門)、京城四門石道記、城濠記(内濠、外濠)等。卷三至卷六爲"遼野記程",卷三有遼陽記一、遼陽記二、東京記、盛京記、盛京記下二(城池、宫闕、職官、皇陵、伽藍、市鋪、疆域)、遼瀋沿革記上(中國)、遼瀋沿革記下(東國)、廣寧縣記、錦州記、寧遠州記、撫寧縣記、永平府記、豐潤縣記、玉田縣記、玉田記、薊州記、三河縣記、通州記、通州漕倉記等,卷四爲渡鴨江記、温井坪露宿記、九連城記、栅門記、安市城記一、安市城記二、鳳凰城記、鳳凰城市記、連山關記、山海關記一、山

---

① 洪敬謨《冠巖遊記》卷1《清紀》,《燕行録續集》,132/271。
② 洪敬謨《冠巖遊記》卷4《渡鴨江記》,《燕行録續集》,132/466。

海關記二、山海關翼城記、長城記、松山堡記、黃旗堡記、中後所記、盧龍塞記、烟臺記、威遠台記、望海台記、嘔血台記等,卷五爲金石山記、葱秀山記、鳳凰山記、青石嶺記一、青石嶺記二、千山記、醫無閭山記、十三山記、月峰記、文筆峰記、角山記、盤山記一、盤山記二、空同山記、鴨綠江記一、鴨綠江記二、八渡河記、太子河記、周流河記、大凌河記、還鄉河記、滹沱河記、潞河記、渤海記、遼野記等,卷六爲孤竹古迹記(清節廟、清風台、首陽山、灤河、孤竹君廟)、祖氏石闕記、宋家城記、貞女坊記、朝鮮館記、高麗堡記、文景廟記、三皇廟記、武廟記、關帝廟記一、關帝廟記二、姜女廟記、雞鳴寺記、獨樂寺記、永安橋記、柳河橋記、石河橋記、金元帥墓記、朝鮮使臣抗節圖記、碣石記、白塔記、射虎石記、牛鼎記等,總近一百一十篇,凡自鴨綠江至北京山川古迹、風景廟宇、城制衙門、建置沿革、歷代史事等,包羅殆盡,無所不有,然大要仍不出抄撮歷代史書方志、總集別集、稗官雜説及諸家燕行使之書,所不同者,其間多有洪氏評古論今之語,慨時歎鳴之聲而已。

然其間亦有洪氏所撰與諸家有異者,如燕都世紀記、遼紀、金紀、元紀、明紀、清紀、清開國記、遼瀋沿革記上(中國)、遼瀋沿革記下(東國)、朝鮮館記、金元帥墓記、朝鮮使臣抗節圖記等,或較諸人爲詳,或爲他家所無。其尤可重者,燕行諸家,莫不視清朝爲夷狄,視清帝爲胡皇,而洪氏《清開國記》一篇,綜述清朝開國始末,而稱道曰:"寧古塔即清人肇基之地。而肅慎者,挹婁也;挹婁者,靺鞨也;靺鞨者,女真也;女真者,滿洲也。由此觀之,高氏亡而大氏興,大氏亡而完顏氏興,完顏氏亡而愛新覺羅氏興。天下之運,莫旺乎東也。夫愛新覺羅,清也。經營大業,締構鴻圖,兵薄燕京,垂成弗取。迨明政不綱,闖賊猖狂,始乃掃蕩鯨鯢,雪耻除凶,歷數自歸,誕撫方夏,可謂得天下之正也。噫!三代以來,有天下者,莫不受命於諄諄之天爲本,如周之文武聖德,猶言受天明命,則漢明之崛起編户,元清之迭主中華,尤豈非天之所命乎?人或疑諄諄之天,有質於聖人者,聖人丁寧體天之意,曰天不言以行與事示之,以其行與事示之,則何論乎編户之氓,亦何論乎夷狄之人乎?自人所處而視之,華夏夷狄,誠有異焉;自天所命而視之,華夏夷狄,別無分焉。世所云天人相與之理,諒亦不誣也。試以今清言之,蓋自肇起之時,明之吳、洪諸將,智略勇猛,蓋世無敵,而一得當清兵,則智無所出,勇無所施,且以十餘萬大軍,為清兵數千所圍,指顧之間,如草菅泡漚,片甲不回,此豈非天乎!當其定遼而據瀋也,長驅席捲於鶴野千里之間,而不敢窺關內一步地,不意吳師開關迎師,亦豈非天乎!且八歲小兒之混一區宇,自生民以來未之或有,殆若天與之民歸之,斯豈非天乎!凡此數事之示於人者,罔非天之所命。而及夫入主中國也,乃能駕馭華俗,規劃治謨,傳世至六,歷年近二百,而莫不文武壽考,四海寧謐,此漢唐之所無也。拓迹垂統,外裔咸來,垓埏所極,訖於無外,張騫所至三十六國,皆為郡縣,吐蕃以外數千里,全入版圖,此三代所無也。方其開國之初,改葬崇禎帝后,首褒殉難之臣范景文等二十人,乾隆追查甲申死事諸臣,通與忠潛、潛節等謚一千六百餘人,創業者莫不為仇於革命之際,而還有大恩於定鼎之初,大公至正,扶綱植常,自古今以來亦未知或聞也。且其政謨法制,專尚於簡,文治武略,各得其要,至於剃天下之髮,左天下之衽,不變我家制度者,亦是宏謨遠略,殆不可以外夷論之,而苟非上天所置之命吏,豈能若是之盛矣乎!是知天之生是人也不偶,而不偶則必有相之者,其所以相之者,即天之所命也。天之所命,不在於華夏夷狄,而監於有德也明矣。"①

　　洪氏以為,清朝承明,有其正統性與合法性,其入主中原,殆天所受,而清帝掌國,文治武略,各得其要,更謂"天之所命,不在於華夏夷狄,而監於有德也明矣"。此在燕行諸家中為僅見,即在今日亦可謂振聾發聵之音也。嗚呼!洪氏可謂有史識史鑑者,較之今日仍視清如仇之中外史家,猶立高崗之雄俊,而睥睨深谷之庸儕矣。

0831-1830
洪敬謨《桂上韻語》(《續集》第130册　鈔本)

　　案洪敬謨有《冠巖遊記》(0830-1830),已著錄。
　　此《桂上韻語》二卷,為洪敬謨純祖三十年(1830)第一次出使期間所

---

① 洪敬謨《冠巖遊記》卷1《開國記》,《燕行錄續集》,132/273—278。

作詩,共收詩二百六十餘首。其書正文首頁首行頂格"冠巖游史卷十五",第二行低一格爲"樣上韻語",下雙行小注"起京城止龍灣",第三行右下署"耘石逸民編"①。《入朝陽門》爲第二卷最末詩,留館期間及返途沿途所作詩,皆不及見,蓋有所闕佚爾。詩多小序,或列其地史迹,或論山川道里,即從前述諸般游記中摘出者也。詠史爲多,所詠如威化島、聚勝堂、白馬山城及入遼東境内古迹甚夥。洪氏所作,長詩亦較他家爲多也。②

洪氏在通遠堡附近人家,見墻上挂有《高麗人貢圖》,遂有《高麗人貢圖歌》,謂"爾曹生不見衣冠,譏笑仍今作畫看。紅兜烏衫是何制,三代威儀在東韓。籲嗟爾亦竟何知,爾之祖先與我應一般"③。又其《胡服》一首,刺清人之衣制,復謂"最是中國人,拊躬心應怍。欲知先王服,須看三韓客"。而《冠巖游記》卷六有《朝鮮使臣抗節圖記》,謂在瀋陽王姓人家見之,即崇德稱帝時,朝鮮使臣羅德憲、李廓堅拒不拜事,稱其忠義感人,"雖不與金元帥諸人同死,而全節亦難,以其全節之尤難於死,故聲動華夷,傳至於今,朝鮮秉禮之風,斯可有辭於天下萬世矣,豈不偉哉!"④則鮮人之以衣冠爲文明,以道德爲己有,直至洪敬謨時仍如此矣。較上節所見,則爲卑陋矣。

0832—1831
洪奭周《辛卯燕行詩》(《叢刊》第293册《淵泉先生文集》 鈔本)

出使事由:謝恩行
出使成員:正使判中樞府事洪奭周、副使禮曹判書俞應焕、書狀官司僕寺正李遠翊等
出使時間:純祖三十一年(道光十一年 1831)七月二十二日—十二月十一日

---

①洪敬謨《槎上韻語》,《燕行録續集》,130/165。
②洪敬謨《槎上韻語》,《燕行録續集》,130/217。
③洪敬謨《槎上韻語》,《燕行録續集》,130/227—228。
④洪敬謨《冠巖遊記》卷6《朝鮮使臣抗節圖記》,《燕行録續集》,133/086—087。

案洪奭周有《癸亥燕行詩》(0715—1803),已著録。

純祖三十年(道光十年 1830)五月,朝鮮世子李旲(1809—1830)病逝。十月,清廷遣散秩大臣額渾勒、内閣學士裕誠往王京弔祭。十一月,朝鮮遣左議政李相璜爲陳奏兼奏請使正使、吏曹判書李志淵爲副使、司僕寺正尹心圭爲書狀官赴燕,請册封李旲長子李奂爲王世孫。翌年正月,清帝遣散秩大臣文輝、内閣學士慶敏前往朝鮮,册封李奂爲世孫。七月,正祖遂派判中樞府事洪奭周爲謝恩正使、禮曹判書俞應焕爲副使、司僕寺正李遠翊爲書狀官赴燕,謝册封世孫、謝賜物、謝賜世孫物等事。一行於七月二十二日發王京,臘月十一日返京覆命焉。

此《辛卯燕行詩》六十餘首,見洪奭周《淵泉先生文集》卷四,即洪氏此次使行時所作也。較前此使行,已過二十九年,故其詩有"傷心廿九年前路,秖有秋光與舊同"之句①。其返歸途中,遇冬至上使鄭元容一行,贈鄭氏詩中,叙其在北京與刑部主事李璋煜、沿途與永平知府阮常生等交往酬唱(阮氏以人臣無外交禮,未謀面,有書札與酬詩)。詩稱"中土嗟非舊,風流尚有餘。觿飛月汀席,簽插小雲書。鐫墨搜金薤,研經到石渠。君行應一訪,傳我問何如"。注謂"月汀李主事璋煜,小雲阮知府常生,俱有往復書尺,余嘗飲紹興酒於月汀座上,有石刻之贈,小雲方在永平府中,以其大人《研經室集》《十三經校勘記》贈余"②。時阮元在江西刻《十三經校勘記》成,故洪氏得阮常生所贈耳。

0833–1831
吴繼淳《辛卯聞見事件》(《同文彙考補編續·使臣别單二》 活字本)

吴繼淳(?—1847),生平事迹不詳。純祖時,爲譯官、首譯等。三十一年(1831),爲謝恩使洪奭周一行首譯入中國。憲宗十三年(1847),隨使團出使清廷,春間返回途中,病故於樊家台。事見《同文彙考補編續·

---

① 洪奭周《淵泉先生文集》卷4《赴燕路中有感》,《韓國文集叢刊》,293/100。
② 洪奭周《淵泉先生文集》卷2《路逢冬至上价鄭善之留贈二律》,《韓國文集叢刊》,293/106。

使臣別單二》吳繼淳《辛卯聞見事件》、《承政院日記》等。

案吳繼淳出使事由，詳參前洪奭周《辛卯燕行詩解題》(0832－1831)。

此《聞見事件》一條，記安徽布政使丘鳴泰具奏：桐城故刑部郎中姚鼐，粹美宅中，太和爲表。樹人倫之懿範，飛翰苑之英聲。秉尺衡才，東國獲冰壺之譽；覆盆雪獄，西營回丹筆之春。迨乎解組賦閑，舞衣畢養。闡心傳於濂洛，正學昌明；廣教育於蘇湖，翹材蔚起。聰明當物，洵折矩而問規；肅括禔躬，允垂型而善俗。不愧儒林之望，宜邀祀典之榮。奏可。吳繼淳評此奏，以爲"大江南北人文之盛，近代尚然"焉①。

0834-1831
李尚迪《辛卯燕行詩》(《叢刊》第 312 册《恩誦堂集詩》　刻本)

案李尚迪有《己丑燕行詩》(0825-1829)，已著錄。李氏此次出使事由，詳參前洪奭周《辛卯燕行詩解題》(0832-1831)。

李尚迪首次至北京，即與吴嵩梁諸人交好，返國後即有《雪後懷吴蘭雪刺史賦長句寄呈斗室相國》諸作，喟歎"一世知己多歧路，安得爲龍爲雲朝暮遇"②。後聞丁泰卒逝，念及其寄贈所佩刀，傷心痛悲，哭弔"日暮爲招魂，江南青楓樹"③。至純祖三十一年(1831)，李尚迪隨謝恩使判中樞府事洪奭周一行出使，是其第二次入北京也。

此次燕行，李尚迪有《潞河雜懷》《題葉東卿志詵武曹子午泉》《聞蘭雪刺史近耗》等十餘首詩作。《潞河雜懷》八首，雖寫通州北馬南船，河流喚渡，夕陽金碧，青簾簫鼓，樓臺酒旗，然實則自鴨江而燕京，抒一路雜感也。其在館期間，時劉喜海仍在京，吳嵩梁已赴黔外任，然尚迪所交益廣，如儀克中、李元慶、阮福、秀琨、慶照等，諸人斗酒酬唱，談學論藝，所謂"題

---

① 吳繼淳《辛卯聞見事件》，《同文彙考補編續·使臣別單二》，004/3801。
② 李尚迪《恩誦堂集詩》卷1《雪後懷吴蘭雪刺史賦長句寄呈斗室相國》，《韓國文集叢刊》，312/174。
③ 李尚迪《恩誦堂集詩》卷3《聞丁卯橋泰舍人訃》，《韓國文集叢刊》，312/176。

襟已洽平生願，作畫堪留後日看"①。尚迪豪飲爽直，詩興噴湧，諸人喻爲李青蓮，儀克中繪《苔岑雅契圖》，尚迪詠"異苔知己在，畫裏接芳隣"②。此其在京流連期間之日常也。

李尚迪返國後，復有懷人詩，自稱"予仿蔣藏園作懷人詩若干篇，屬申小霞上舍寫《黃葉懷人圖》。黃葉何預人事？悲哉宋玉之詞，黯然江郎之魂，滿紙上蕭蕭作秋聲矣。詩以續翰墨未了之緣，畫以補詩中不盡之意，諸君子誦其詩讀其畫，必將論其世於蒼葭白露之中耳"③。其所懷者，有儀克中（墨農）、周揚之（華甫）、雷文輝（竹泉）、李元慶（雲農）、秀琨（子璞）、李榮春（雲橋）、慶照（子臨）、郭邦彥（翰臣）、李餘慶（雲衢）、劉元齡（松崖）、李榮竹（筠谷）、夏德炳（潤圃）、鄭彭齡（海屋）、劉喜海（燕庭）、韓韻海（季卿）、陳克明（南叔）、阮常生（小芸）、阮福（賜卿）、吳嵩梁（蘭雪）、姚衡（雪逸）、余垣（竹谿）、馬書奎（研珊）、葉志詵（東卿）、葉名琛（琨臣）、葉名澧（潤臣）、黃釗（香鐵）、陳文述（雲伯）、丁泰（卯橋）等，其中有舊雨如吳嵩梁、劉喜海諸家，然泰半爲此次新識者也。

0835-1831
韓弼教《隨槎録》（《續集》第130—131册　鈔本）

韓弼教（1807—1878），字輔卿，號霞石，清州人。奭周婿。純祖三十四年（1834），中進士。憲宗朝，爲載寧郡守、星州牧使、信川郡守等。因事落職。高宗時，曾爲都總府副總管、工曹參判等。著有《隨槎録》六卷。事見韓章錫《眉山先生文集》卷一三《先府君家狀》《墓表》與《哲宗實録》《高宗實録》等。

案韓弼教出使事由，詳參前洪奭周《辛卯燕行詩解題》（0832-1831）。

案韓氏以打角幼學身份，隨其尊岳洪奭周入中國觀光。其《隨槎録》

---

① 李尚迪《恩誦堂集詩》卷3《儀墨農孝廉……諸人同賦》，《韓國文集叢刊》，312/177。
② 李尚迪《恩誦堂集詩》卷3《集保安寺贈墨農》，《韓國文集叢刊》，312/177。
③ 李尚迪《恩誦堂集詩》卷3《懷人詩有序》，《韓國文集叢刊》，312/180。

六卷,鈔本,以天、地、人等次分冊。卷一《北行總要》《日月紀略》,卷二至卷三爲《游賞隨筆》上、下,卷四《風俗通考》《聞見雜識》,卷五至卷六爲《班荆叢話》上、下。《北行總要》又分人員座目、兩國道里、清朝年系、沿路官案諸小類,記一行人馬姓名及員數,清朝年係僅記起自清太祖迄於"今皇帝"道光帝,沿路官案記朝鮮境内及中國遼東當時州府縣官員姓名。《日月紀略》以干支繫日,所記極簡。韓氏所記原本較多,謂"余自離家以來,輒記其所聞見,凡江山之名勝,封疆之沿革,城池之創修與廢興,樓觀之間架階級,於若碑牌之刻,扁榜之題,無不該載而備録,盛於布囊,使馬頭繫其背而從之,隨處游賞,以便其記載矣"。然返程至鳳城,"是夜,露宿之時,馬頭怯寒,變火炙背而睡,不覺是囊之入於燒燼,上使聞而歎惜,或慮其失於柵路,别定灣卒數人,使騎馬燃炬,馳往求覓,約以重賞,終不能得矣。上使謂余曰:吾東先輩之游燕事者固多,而終欠疏略,苟使是書能完而歸,則燕薊形勝如見掌上之紋,庶可爲後人之指南,而今當東還,竟屬丙火,夫孰使之然哉! 可知其造化之劇戲,此亦理也歟!"①蓋以是因,日記所記特簡耳。

又韓氏"自京初發以後,凡一百三十八日,在道約六千餘里,所記者惟山川、郡邑、道里、境界、樓臺、寺觀、衣服、飲食、器用、財貨、風俗、名物之梗槩,而其餘俱不能悉及焉。其得詩一百五十四篇,沿路及留館時與之筆談者爲三十人"②。故《游賞隨筆》上卷百十二條、下卷九十四條,記朝鮮境内者約四十條,餘皆遼東及北京山水景物也。《風俗通考》總三十條,多鈔撮他書而成,與諸家所記,大同而小異焉。惟《聞見雜識》五十八條,多出自親歷親見,所載多有他書所無者。如其論打角、軍牢、書者、馬頭、伴倘等之職守與打扮,以及沿路所作所爲等,較他書爲詳爲悉,可供參考者夥矣。而《班荆叢話》上下卷共三十條,分別爲自入柵始,與中國人筆談記録,有塾師、秀才、縣學教諭、太學教授、知縣、禪師、通官以及翰林院官員等。

韓弼教沿路筆談及信札往復較多者,若阮元之子永平知府阮常生、浙

---

①韓弼教《隨槎録》卷1《日月紀略》,《燕行録續集》,130/365—366。
②韓弼教《隨槎録》卷1《日月紀略》,《燕行録續集》,130/370。

江平湖善書畫者韓韻海、刑部主事李璋煜、戸部郎中劉喜海等。阮常生因奉持官員無外交之義,未與見面,他往復通札,且贈《十三經校勘記》《揅經室集》等,洪奭周送《豊山世稿》《三怡集》《尚書補傳訂老》等爲謝。與韓韻海論當代名家,韻海謂"近世經術,則首推王伯申尚書(名引之),文章經濟則首推阮芸台制軍,詩人則推吳蘭雪、曾賓谷,餘子紛紛,不足數也"。又問都布衣中亦必有抱玉蘊櫝者,則又謂"李比部月汀璋煜經學尚深,龔中翰自珍詩學史學俱優,徐農部有壬經學算學甚精,都可交",仍書於中翰傍曰,惟此人稍有習氣。① 與李璋煜筆談,上使問讀書之士經術文章見推者,對曰"翰林徐廉峰(寶善)長於詩,明經張亨甫長於詩,副橡侯瘦鶴長於考據"②。與劉喜海談,論當代聞人,劉曰"近時如朱竹君筠、錢竹汀士昕、王西莊鳴盛,皆與翁覃溪同時稱盛"③。而錢大昕誤書士昕,則知鮮人之於考據學家,尚生疏而不知也。然其記韓韻海謂龔自珍"稍有習氣",可謂極形象焉。後韓韻海贈弼教以唐碑搨本八種、歙硯一方、《居易錄》、《堯峰集》,劉喜海則以《亭林集》相贈,李璋煜贈以李文藻《嶺南詩集》八編,洪氏贈以《新羅僧神行帖》等。凡此之類,於研究當時中朝學術,亦極有裨益者焉。

0836-1831
鄭元容《燕槎録・日記》(《續集》第 131 冊　鈔本)

　　出使事由:冬至等三節年貢兼謝恩行
　　出使成員:正使判中樞府事鄭元容、副使禮曹判書金宏根、書狀官兼司憲府掌令李鼎在等
　　出使時間:純祖三十一年(道光十一年　1831)十月十六日—翌年三月二十七日

　　鄭元容(1783—1873),字善之,號經山,東萊人。太和裔孫。純祖七

---

① 韓弼教《隨槎録》卷5《班荆叢話上》,《燕行録續集》,131/261—262。
② 韓弼教《隨槎録》卷5《班荆叢話上》,《燕行録續集》,131/297。
③ 韓弼教《隨槎録》卷6《班荆叢話下》,《燕行録續集》,131/323。

年(嘉慶十二年　1807),中春塘台試。爲司諫院大司諫、寧邊府使、江原道觀察使、司憲府大司憲、平安道觀察使等。憲宗朝,歷官禮曹判書、吏曹判書、領中樞府事、判中樞府事等。哲宗、高宗兩朝,再領議政府事。卒於官,諡文忠。立朝七十餘年,有貞亮之姿,儉約之規。有《經山集》二十卷《附錄》三卷行世。事見《經山集附錄》卷一《年譜》、卷二尹滋憙《文忠鄭公行狀》、卷三鄭基世《墓表》與《純祖實錄》《憲宗實錄》《高宗實錄》等。

　　純祖三十一年(道光十一年　1831),以判中樞府事鄭元容爲冬至等三節兼謝恩行正使、禮曹判書金宏根爲副使、兼掌令李鼎在爲書狀官赴燕。是年,朝鮮難民金在振等八人,漂到浙江,清廷差通官額爾金泰,解到義州;又海南民高達文等九人,漂到福建省,清廷差通官德禄解送。故鄭元容一行,於冬至等三節常貢外,兼謝漂民出送事。一行於十月十六日離京發行,翌年三月二十七日返京覆命。

　　鄭元容《燕槎録》,鈔本。字大疏朗,中正豐腴。首頁首行頂格題"燕槎録",第二行低一格題"日記",右下題"經山鄭元容"。日記後有《書狀官聞見事件》《首譯聞見事件》,末附在館期間與翁樹堂、帥方蔚、阮福等往還書札二十餘通,殿最者爲《與王尚書引之書》,自注"擬傳而不果送"①。則爲敬王氏學術,表渴慕之心,然引之位高權重,無由得見,故信以申之耳。

　　鄭氏日記較爲簡略,返程尤省筆墨。其所記詳悉者,則爲在館期間與中國士大夫往還酬唱與筆談耳。其在京所接如帥方蔚、朱善旂、程德麟、劉喜海、李璋煜、王筠、韓韻海、韓錦、阮福、李宗瀚、樊封、卓秉恬、梁中靖、翁樹棠諸人,或爲諸部及翰林院官員,或爲舉人、諸生等。若劉喜海、李璋煜、韓韻海等人,則爲經洪奭周之紹介也。其與諸家答問,仍以品評人物、辨章學術爲主。如問帥方蔚中朝宰相名士中,文學擅名者爲誰?答有曹振鏞、王引之、湯金釗、潘世恩、黄鉞。② 問朱善旂,王引之、阮元二公文章爲最乎?答以引之《經義述聞》,學有根柢;阮氏《揅經室文集》及琅環仙館諸詩文雜著,皆超邁前賢,與其父朱爲弼將來同時傳人,可以無愧通人

---

① 鄭元容《燕槎録·日記》,《燕行録續集》,131/528。
② 鄭元容《燕槎録·日記》,《燕行録續集》,131/421。

矣。問以近來書畫之工者有誰？答曰顧蒓書畫皆佳。① 問程德麟江南現有文章鉅儒乎？答曰：作者甚多，然不過應制文字而已，求所謂專心實學者甚少。② 問翁樹堂【棠】中朝人物稱誰？翁答曰：經濟則松筠，文章則蔣祥墀也。又問阮元何如？答以雖善文章記誦，詞章之學耳。蔣公則實有見識，非同泛泛也。③ 蓋樹棠爲方綱子，其於阮元，有門户之見，故如此答覆耳。

又與廣東秀才李宗湉與其師樊封接談，問中國祭祀冠婚禮，用《家禮》乎？《儀禮》乎？俗禮乎？樊對曰各地不同，俗禮爲多。又問東國俗尚禮義，官制仿宋，儀物典章仿明，學宗程朱，文主韓歐，詩主李杜，大體如此，而各隨才分成就耳。④ 雙方論及王陽明、陸稼書心學、理學之同異。鄭氏又問近日亦有王氏、陸氏之學乎？樊對曰近世學者，馳於科第，埋首於八股時文中，六經尚不能全讀，安問陸、王之學。又謂方今宋儒之學滿天下，古訓碩言，存者能幾何哉！⑤ 此皆可見當時學術風氣之一端耳。

0837-1831
鄭元容《燕槎録》（《續集》第 132 册　鈔本）

案鄭元容有《燕槎録・日記》（0836-1831），已著録。

此爲鄭元容純祖三十一年（道光十一年　1831）出使期間所作詩，共計二百八十餘首，而近百首爲朝鮮境内所詠也。其在館期間，與帥方蔚、朱善旂、程德麟、李宗湉、樊封、卓秉恬、翁樹棠諸人相唱和。鄭氏詩有"青丘遠客到長安，邸舍逢君幾度歡"⑥，"投分交酬季札帶，留情互贈繞朝鞭"⑦。卓秉恬詩有"兩嘗東酒喜微酣，交誼如斯至味函……情往興來詩

①鄭元容《燕槎録・日記》，《燕行録續集》，131/449—450。
②鄭元容《燕槎録・日記》，《燕行録續集》，131/431—432。
③鄭元容《燕槎録・日記》，《燕行録續集》，131/467。
④鄭元容《燕槎録・日記》，《燕行録續集》，131/442。
⑤鄭元容《燕槎録・日記》，《燕行録續集》，131/445。
⑥鄭元容《燕槎録・贈程主事德麟》，《燕行録續集》，132/119。
⑦鄭元容《燕槎録・和帥翰林方蔚贈别韻》其一，《燕行録續集》，132/123。

律細,一時佳話遍城南"①。皆紀相契知己、詩酒流連之實也。又鄭氏自朝鮮至北京,而諸人亦皆自南方來,北京相會,自是天緣,故卓秉恬詩有"人海固知皆逆旅,天涯難得是齊年"之句②。鄭氏返國之際,詩囊已滿,故稱"楊柳東風關路平,親朋詩字滿箱籯"③。又其卷中,有蔣立鏞、卓秉恬、樊封、帥方蔚、朱善旗、翁樹棠等人和詩三十餘首,皆一一附於鄭氏詩之下,於研究諸家詩文,亦大有裨益焉。

0838-1-1831;0838-2-1831
未詳【原題鄭元容】《燕行日錄》(《全集》第69冊　稿本)
未詳【原題鄭元容】《燕行日錄》(《全集》第69冊　鈔本)

案是書作者出使事由,詳參前鄭元容《燕槎錄·日記解題》(0836-1831)。

此《燕行日錄》,稿本。《燕行錄全集》編纂者以爲鄭元容所作,蓋以其起首即有"辛卯冬至,正使鄭元容"諸字也。然細考其字跡,"元容"二字極細小,乃後來所添。而緊接此句下稱"余與洪友敬淵、李主簿悌赫,陪上使作行,而鄭上舍周溪以子弟軍官伴行"④。然則作者之身份,爲上价鄭元容之軍官或伴倘也。又作者稱,十二月十八日,一行抵北京。"入館少憩後,三使臣具公服往禮部呈咨文,余亦陪往"。亦可知其非三使臣之一耳。又曰"與明友同房留處,而一時修葺,四壁湫濕,轉覺異域之客愁也"。⑤ 燕行三使臣,例有書者提前爲之糊墻清掃,而作者非使臣,故與友人同住,且須自己修葺住屋矣。

作者隨正使入燕,此稿即其所記日記耳。其記事起自十一月二十日渡鴨綠江,迄於翌年三月十一日自灣府離發,朝鮮境內皆略而不記。其記

---

①鄭元容《燕槎錄·詩》附卓秉恬《又和海帆韻》和詩,《燕行錄續集》,132/106—107。
②鄭元容《燕槎錄·詩》附卓秉恬《偕梁與亭前輩與經山先生周溪進士筆談》和詩,《燕行錄續集》,132/113。
③鄭元容《燕槎錄·和帥翰林方蔚贈別韻》其二,《燕行錄續集》,132/123。
④未詳【原題鄭元容】《燕行日錄》,《燕行錄全集》,069/342。
⑤未詳【原題鄭元容】《燕行日錄》,《燕行錄全集》,069/348。

頗爲簡略,多數時日,僅記陰晴里數及所經地名等,爲可有可無之書也。

又《燕行錄全集》第六九册收有《燕行日錄》另本,則爲是書之別一鈔本。前本細字密書,是本則相對字大行疏;原稿無框格,而是稿則有邊框,亦無界欄。至於其所記内容,則完全相同。原本起首句"正使鄭元容"諸字,是本則無"元容"二字,益可知當時之本,依例原缺鄭氏名諱,乃後人所添加者;又原稿有數處字迹漫漶不清處,是稿即小字旁注曰"缺"。此可知是稿爲別一鈔本,或從前稿移錄者,皆未可知也。

0839-1832
金景善《燕轅直指》(《全集》70—72册 刻本)

出使事由:冬至等三節兼謝恩行

出使成員:正使判中樞徐耕輔、副使禮曹判書尹致謙、書狀官兼司憲府執義金景善等

出使時間:純祖三十二年(道光十二年 1832)十月二十日—翌年四月二日

金景善(1788—?),字汝行,清風人。基豐之子。純祖三十年(1830),庭試文科及第。爲弘文館副修撰、義州府尹等。憲宗朝,任吏曹參議、成均館大司成、全羅道觀察使。哲宗時,陞刑曹判書、司憲府大司憲、議政府右參贊、判儀禁府事等。高宗朝,謚貞文。著有《燕轅直指》六卷。事見純祖、憲宗、哲宗、高宗四朝《實錄》等。

純祖三十二年(1832),朝鮮難民李先才等十五人,漂到浙江,清廷差通官吉勒通阿解到義州。冬十月,朝鮮遣冬至等三節兼謝恩使判中樞徐耕輔、副使禮曹判書尹致謙、書狀官兼司憲府執義金景善等入燕,進三節年貢兼謝賜物、謝陪臣參宴、謝方物移准、謝漂民出送等件。一行於十月二十日發王京,十一月二十一日渡鴨江,臘月十九日抵北京,翌年二月初七日自玉河館發程,三月十四日返渡江,四月初二日返京覆命焉。

案金景善謂適燕紀行之作,以稼齋金昌業、湛軒洪大容、燕巖朴趾源三家爲最。"以史例,則稼近於編年,而平實條暢;洪沿乎紀事,而典雅縝

密;朴類夫立傳,而贍麗閎博。皆自成一家,而各擅其長,繼此而欲紀其行者,又何以加焉。但其沿革之差舛,而記載隨而燕郢,蹈襲之互避,而詳略間或徑庭,苟非遍搜旁據,以相參互而折衷之,則鮮能得其要領,覽者多以是病之。"景善此次以書狀官身份入中土,往返七閱月,遂於"山川道里、人物謠俗,與夫古今事實之可資采摭者;使事始末,言語文字之間可備考據者,無不窮搜而悉蓄,隨即載錄。而義例則就准於三家,各取其一體。即稼齋之日繫月月繫年也,湛軒之即事而備本末也,燕巖之間以己意立論也。至於沿革之古今相殊處,備述其顛委,爲覽者釋疑,蹈襲之彼此難免處,直書其辭意,俾前人專美。若夫張皇鋪叙,求其辭句之工鍊,則非直前述已備,又豈自量所及"。①

然則金景善欲取三家之長,即稼齋之編年,湛軒之叙事,而燕巖之論議也。全書之纂集,其自謂"比之醫家,此不過集諸家説而隨證立方,如直指方耳",意即集三家之長而棄其短,雖後出而欲勝三家,故名《燕轅直指》。其書六卷,卷一至卷二爲《出疆錄》,自六月二十日點爲冬至書狀官之日始,至臘月十九日抵北京玉河館止;卷三至卷五爲《留館錄》《回程錄》,記自臘月二十日至翌年二月初六日在館期間,以及自二月初七日玉河館發程至四月初二日返京覆命沿路諸事;卷六《留館別錄》,爲在館期間之雜記焉。

金景善是書,體裁、叙事與論議,與諸家不同者有五:其一,其記事之法,先列日時、陰晴、自晨發某地、經某地、行若干里數、夜宿某地、是日通行若干里,後低一格詳叙當日所見人物、風光及所歷事目。凡游記則自渡鴨而後始有,記某日所歷之地,若有紀則注明之,如十一月二十一日"迤過九龍亭",後小字注"別有《九龍亭記》","又行三里至鴨緑江",注"別有《鴨緑江記》"。② 記文則具列於當日之後,與諸家游記文字單獨編纂有别焉。其二,其日記隸事,凡一行衣著服色,渡江人馬,禮單方物,饌食止宿及沿路所見,大小悉載,無不畢具。其三,其所撰游記,凡山川、道里、橋梁、人物、寺觀、古迹、城鎮、村落、學府、衙門、關隘、烽燧、海岸、塲戲、商肆

---

① 金景善《燕轅直指序》,《燕行録全集》,070/246—248。
② 金景善《燕轅直指》卷1《出疆録》,《燕行録全集》,070/290。

等,多至二百三十餘篇,幾於無日無記焉。其四,留館期間,凡記北京風水、北京沿革、城闕位置、五城街坊位置、八旗位置、燕京八景等,所錄北京地理形勝尤詳。如城闕位置專記城門宮殿,多達七十餘條,幾於一份北京宮殿地理圖焉。其五,日記、游記諸文所不能盡者,所謂"凡聞見之不可偏係一處者,分類記之,名曰《留館別錄》"①。所記有天地山川、十九省道里財賦、城郭市肆、公私第宅、樓觀寺廟、飲食、土產諸物、服飾、器用、草木、禽獸、人物謠俗、技藝、眺覽交游等。

金氏所記,較他家爲細爲詳者,即其游記二百三十餘篇,自渡江而始,亦至返渡江而止。按其沿路順序所記,依次爲開列文書原道數、貢幣物種、九龍亭、鴨綠江、一行人馬渡江數、一行服色、小西江、中江、三江、甲軍鋪、九連城、金石山、柵門、柵門禮物、各處所用禮物人情都數、入柵後沿路下程、衙譯麻貝護行、柵門關廟、赶車的例經、鳳凰城(附英吉利國漂船)、分水嶺、雞鳴寺、冷井、高麗叢、遼東大野、舊遼東城、新遼東城、遼東關帝廟、遼東白塔、永安寺、廣祐寺、駐蹕山、太子河、東八站、白塔堡白塔、渾河、小瀋水、聖慈寺、瀋陽關廟、瀋陽城、瀋陽太學、瀋陽行宮、瀋陽以後沿路所見、瀋陽歲幣、萬壽寺、願堂寺、路中望見諸山、塔橋、永安橋、周流河、柳河溝碑、月峰、烟臺、十三山、大凌河、四同碑、小凌河、錦州衛、官馬山勝戰碑、杏山堡、塔山所、長春橋、嘔血台、永寧寺、祖家兩牌樓、中後所關廟、帽廠、姜女廟、將台、山海關、望海亭、昌黎縣文筆峰、榆關、撫寧縣東岳廟、撫寧縣、十八里堡、驢槽、永平府、射虎石、灤河、首陽山、夷齊廟、三皇廟、榛子店、薊門烟樹、豐潤縣、還鄉河、高麗堡、玉田縣、菜亭橋、枯樹、宋家城、香花庵、滹沱河、東岳廟、玉河館、館所衙門、禮部呈表咨、北京風水、北京沿革、城闕位置(記城門宮殿等)、五城街坊位置、八旗位置、燕京八景、留館下程、西天主堂記(附東天主堂記)、時憲局、象房、琉璃廠記(附吕祖祠、延壽寺記)、岳王廟、瀛台冰戲宴、琉球館、蒙古館、濟州漂人問答、鴻臚寺演儀、花草鋪、彩鳥鋪、鄂羅斯館、幻術、蒙古館、花草鋪、彩鳥鋪、堂子、記金川土司、法藏寺白塔題名、太陽宮、萬柳堂、金台寺、藥王廟、天慶寺、

---

①金景善《燕轅直指》卷6《留館別錄》,《燕行錄全集》,072/216。

戲場、諸戲本、憫忠寺、崇福寺、五帝廟、安國寺、明因寺、金魚池、紫竹林、斗母宮、聖安寺、大清觀、陶然亭、墨窰廠、先農壇、天壇、南海子、神木廠、太猿兩戲、太倉、景山、大高玄殿、金鰲玉冰橋、西苑諸勝、萬佛樓、闡福寺、五龍亭、極樂世界、九龍壁、普慶寺、弘仁寺、仁壽寺、雍和宮、國子監、太學、辟雍、試院(附科制)、順天府學、文丞相祠、隆福寺、黃金台、三忠祠、地安門外關廟、十刹海、火神廟、北藥王廟、千佛寺、德勝門水關、大鐘寺、圓明園、虎園、元霄燈火、紙炮、山高水長閣燈戲、西山、暢春園、文昌閣、西湖(昆明湖)、鐵牛、廊如亭、十七孔橋、洞庭山、護國寺、圓通庵、萬壽寺、五塔寺、廣通觀、玄聖觀、高梁橋、得瑪寶墓、歷代帝王廟、廣濟寺、妙應寺、回子館、白雲觀、西城跑馬、天寧寺、報國寺、長春寺、熊戲、盧溝橋、記午門頒賞、下馬宴、怡親王廟、白馬關廟、願學堂、觀象臺、八里橋、通州、盤山、薊州、獨樂寺、漁陽橋、翠屏山、溫井、北鎮廟、桃花洞、廣寧城、寧遠伯牌樓、鳳凰山、安市城記等。所記或長篇叙記，或簡短數語，如"幻術記"一篇，所記在館及在白雲觀所見各種幻術近三十種花樣，金氏自詡"並錄以成一部幻史"①。記北京城闕位置，尚有"故宮圖"一幅，以便觀覽焉。

然金景善是書，與前代諸家相較，不若他家者，亦有四焉：其一，全書取材宏富，廣徵博引，一味求多求博，然亦不過鈔撮史志及前代諸家燕行故實而成，故景善自家所見，反不在游記，而在日記也；其二，景善學問識見，胸豁氣象，遠不若洪大容、朴趾源輩，故其記論議創獲，高邁獨見，亦不若洪、朴輩焉；其三，金景善以書狀身份出使，限於人臣無外交例，出游接物，亦不若洪、朴輩，可自由出入，故所接所見有限，凡不能親眼所見，目接耳聞者，所記即不能實焉；其四，金氏留館近五十日，所交如李宗溎、樊昆吾、潘綬庭、黃爵滋、卓秉恬等，其人其學，皆上不若紀昀、鐵保、翁方綱諸家之位重博學，下不如潘庭筠、嚴誠、陸飛諸人之篤厚交誠，雖有詩筒往還，筆談之樂，然較洪、朴、柳輩之結異國之友，詩酒流連，終遜一等。故此行詩作不多，留栅期間，曾"點檢往還所得詩句，共五十八首，裒成一軸"②。而其詩，今亦不得一見矣。

---

①金景善《燕轅直指》卷4《留館錄中·幻術記》，071/318。
②金景善《燕轅直指》卷5《回程錄》，《燕行錄全集》，072/197。

故自金昌業、洪大容、朴趾源諸家之後,編纂《燕行錄》者,皆欲高出三家,而皆不能翻出其上。所勝者,無非體裁之全備,內容之豐富,文字之增益,著錄之廣博而已;所謂以全勝以量勝,而欲以質勝者,豈不難矣哉!

0840-1832
金相淳《壬辰聞見事件》(《同文彙考補編續·使臣別單二》 活字本)

案金相淳有《甲戌手本》(0776-1813),已著錄。金氏此次以首譯身份出使事由,詳參前金景善《燕轅直指解題》(0839-1832)。

此《聞見事件》兩條,一記協辦大學士富俊奏請,近日奢靡成習,服色僭越,宜飭各衙門嚴加緝拿,去奢尚儉。道光帝諭此是申明舊典,則宜無不可,而若專事禁捕,則適足以開惡徒告訐之風,啟吏胥擾累之弊,此豈王政之所可行者乎?當須化之以漸,決不可一味馳驟束縛。又記北京民人尹老須,傳習離卦教,自稱南陽佛,蕭老尤傳習大乘教,神奇其說,煽惑愚氓,徒衆各為數千人,延及三省。皇帝聞之大怒,捉尹、蕭兩賊,皆令淩遲處斬,平時不能禁飭之地方官,一並重繩云。

0841-1832
金進洙《燕京雜詠【原題碧蘆燕行詩】》(《續集》第149冊 刻本)

金進洙(1797—1865),字稚高,號蓮坡,慶州人。頎而秀,泊然不忤於物,治家簡而儉,處事弘而澹。少工書,結構流麗,超脫俗臼。多於大酉齋奉旨書呈,傲筆諫之義,心畫楷正。純祖、憲宗,屢下恩渥,以軍銜祿之終身。著述甚豐,有《西社》《嶺湖》《關海》《燕槎》等集及《金剛北征行記》若干卷,合《碧蘆集》為十八卷,今有《碧蘆集》四卷、《蓮坡詩鈔》二卷行世。事見《蓮坡詩鈔》附錄張之琬《蓮坡金公墓誌銘》、《蓮坡詩鈔》孔憲彝序、金景善《燕轅直指》等。

案金進洙出使事由,詳參前金景善《燕轅直指解題》(0839-1832)。

金進洙入中國在何年,隨何起使團前往,此《燕京雜詠》中並無明確記載,然金景善《燕轅直指》記一行人馬數,錄有"副房軍官三員,前別提李厚坤、前參奉朴有豐、護軍金進洙"①。又一行至新民屯忽見壁間有題詩曰:"天涯淪落又驚秋,欲抱琵琶訴舊愁。誰是多情白司馬,夜深燈火到江州。"其下書桂香題云。金景善有和詩,並謂"一行諸人亦多追和",②金進洙詩中,亦有《新民屯店壁和桂香詩》焉。又在館期間,進洙又與李宗滢、樊昆吾、潘紱庭、黃爵滋、卓秉恬等筆談及唱酬,亦與金景善相類。然則金進洙乃以副使尹致謙軍官身份,於純祖三十二年(1832),隨冬至使團入燕無疑矣。

金進洙《碧蘆集》,封面左上楷題"碧蘆集乾",右上角小字標注"詩",右下有"共二"二字。前有黃鍾顯《碧蘆集序》,正文首頁第一行頂格題"碧蘆前集卷一",第二行右下題"蓮坡金進洙著",第三行右下題"怡觀黃鍾顯評"。全書四卷,以前、後、續、別分卷,前三卷各錄詩八十首,卷四收七十四首,總三百一十四首。所收皆七言絕句,總題爲"燕京雜詠",故其書名亦當改爲《燕京雜詠》爲是也。

其集卷一前十三首爲描畫皇城氣象,其後依次所詠爲參宴、冰嬉、四庫、國學、辟雍、司天臺、五龍亭、萬柳堂、題翁覃溪詩軸、圓明園燈戲等,皆爲在館期間所作;卷二所詠有渡江、柵門、安市城、鳳凰城、高麗村、白塔、遼東、太子河、瀋陽館、桃花洞、夷齊廟、盤山行宮、澄海樓、姜女廟、射虎石、祖大壽牌樓、通州、貢士、農家、迎神曲、盧溝橋、平康里、神木廠、花草鋪、題葉九儀苞正室金碧莊詩卷、題亦吾廬等,則依沿途所見所聞爲序;卷三爲諸蕃雜詠、金鰲玉蝀橋、關帝廟、自鳴鐘、自鳴琴、瑤池景、花燭詞、挽詞、豚商、花猇、玉河館等,卷四爲孩兒、學堂、幻戲宴、萬壽寺、法藏寺等,卷三至卷四則無一定之規,即所謂續集、別集也。詩後多有小題,或十數首,或數首,或僅一首,或無小題之詩,散處其中焉。

金進洙學養既富,復善形容,比興慷慨,其旨深遠。故其詩叙説寓理,示以勸懲;詞健語足,濃麗贍富;清詞韻步,咳唾成珠;左右輾轉,曲暢旁通;演繹平實,多出天機;謡俗瑣屑,亦入詩囊。雖譏刺清廷,仍不出燕行

---

① 金景善《燕轅直指》卷1"一行人馬渡江數",《燕行録全集》,070/300。
② 金景善《燕轅直指》卷2《出疆録》,《燕行録全集》,071/023—024。

詩之老調,然其叙農家田園,"深得農家之樂,而洞悉農家之苦"①。又卷二中有論詩絶句十首,論及崔孤雲、金尚憲、朴齊家、許蘭雪、鄭知常、韓明澮等,責西崑僞體,斥袁枚等香奩體時世妝,皆頗多新意。進洙不喜西崑,詩風欲追長慶以上,其詩絶類竹枝,可與柳得恭《遼野竹枝詞》相頡頏,數量更多於柳。然露富顯博,詩意反澀,黃鍾顯謂"總而論之,博於群書,唱爲新調,一洗近時之俗陋,而深厚之氣少,綺靡之工多"。然又爲其辨稱"怪然後生清奇,險然後生平淡,妍美之態,自生於清奇平淡之間"。② 孔憲彝謂其"詞氣清華,自成一家"③。詩中每多用典,故多作者自注;每詩後有黃鍾顯評論,或數字緘語,或大段評析。詩、注、評各得一偏,相得益彰,爲燕行使詩中之別體,可謂獨樹一幟者也。

  燕行使入中國,每欲接中土士大夫筆談酬唱,角力較勝,多相交甚歡,然亦時有齟齬交惡者。金氏謂在館期間,多接若干人,"式日唱酬,或郵筒往來,非但見笑大方家,亦可謂無事生事。蓋初見筆談,彼問做甚業?答以業儒。彼必經義問難,若於十三經漢儒注疏中評論,是難應對,一也;又如賦詩,中原科制各體,以詞律爲重,是其長技,其敏速難以抵敵,二也;或談論之間,有犯諱如玄、寧等字,倘書容貸,自歸鹵莽,三也;又極意跌宕,而一有見忤,擲杯而起,輕噪太甚,四也;過從之間,自然紛亂,見猜於傍人,五也;仕宦與貢士,皆居於稍閑之地,我之尋訪,終日醉飽而歸,我亦不可不於館所邀接,雖多用銀錢酒饌,凡百中不近似,愧赧在心,六也。其他貴官高士,稍有名目之在世間,如葉之詵、吳思權許,若請數對柱聯,書例有執贄,兼斤人蔘,亦涉些略,是何意趣,足可爲外交之一戒矣"④。

  案燕行使臣之入中國,三使臣外如朴趾源輩,每喜與中國士大夫交接,酬唱飲談,鎮日歡娛,然亦每喜詩文較勝,學術爭長,中州人士不欲相爭,彼即以爲才短而不能勝。金進洙此語,可謂所見則明,發前人所未發矣。

---

①金進洙《燕京雜詠【原題碧蘆燕行詩】》卷2 黃鍾顯詩評語,《燕行録續集》,149/098。
②金進洙《燕京雜詠【原題碧蘆燕行詩】》卷4 詩評,《燕行録續集》,149/220—222。
③金進洙《蓮坡詩鈔》孔憲彝序,《韓國文集叢刊》,306/225。
④金進洙《燕京雜詠【原題碧蘆燕行詩】》卷3,《燕行録續集》,149/161—162。

0842-1832
金進洙《燕行詩》(《叢刊》第 306 册《蓮坡詩鈔》 刻本)

案金進洙有《燕京雜詠【原題碧蘆燕行詩】》(0841-1832),已著録。

金進洙《蓮坡詩鈔》二卷,寫刻本。前有孔憲彝序,末附張之琬《蓮坡金公墓志銘》,及進洙子東弼、孫敦熙跋。據東弼跋,知進洙生前詩文甚富,而間多散佚,囊篋所存者,僅爲《西社》《嶺湖》《關海》《燕槎》等集,序論雜文及《金剛北征行記》若干卷,而並載其賢士宗匠之序評唱酬。東弼纂次爲十四卷,更取《碧蘆集》四卷,合編爲十八卷,藏於家。就其中選得詩文三卷,用聚珍字擺印。然又據其孫敦熙跋,知東弼擬付剞劂氏也而未果,敦熙手寫登板,而竟因力詘,僅止於詩,於 1928 年行世。若依東弼之説,蓋《燕槎集》者,似爲進洙燕行日記之類也。

《蓮坡詩鈔》二卷,即東弼所選三卷中詩,蓋從《西社》《嶺湖》《關海》《燕槎》諸集中選出者。卷上所收燕行詩五十餘首,其中《燕都雜詠》三十五首,即從《碧蘆集》三百十四首中摘出者,且删汰注文及評論諸語。他若《統軍亭次板上韻》《渡灣》《望十三山》《清聖廟》等二十餘首,皆不見於《碧蘆集》中。其在北京,與卓秉愔秉恬兄弟、楊五敦、吳季雲、樊封等相往還唱和,詩謂"握手心莫逆,劇談閲膏晷"①,亦實録也。

---

① 金進洙《蓮坡詩鈔》卷上《同卓海帆……樊昆吾分韻得視字》,《韓國文集叢刊》,306/231。

卷六七　0843—0863

純祖三十三年(道光十三年　1833)—憲宗三年(道光十七年　1837)

0843-1833
李止淵《希谷燕行詩》(《續集》第132冊　刻本)

　　出使事由：陳慰兼進香行
　　出使成員：正使判中樞府事李止淵、副使禮曹參判朴晦壽、書狀官兼司僕寺正李竣祐等
　　出使時間：純祖三十三年(道光十三年　1833)七月二十五日—十一月二十二日

　　李止淵(1777—1841)字景進,號希谷,全州人。純祖五年(1805)秋,中增廣進士,冬擢文科。官至司諫院大司諫、慶尚道觀察使、工曹判書、刑曹判書、漢城府判尹、禮曹判書、吏曹判書等。憲宗朝,任戶曹判書、議政府右議政、判中樞府事等。因事得罪,配明川府,卒於配所。後謚文翼。事見洪直弼《梅山集》卷五〇《右議政李公行狀》、趙斗淳《心庵遺稿》卷二三《李公墓表》與《純祖實錄》《憲宗實錄》等。

　　道光十三年(1833)七月,皇后佟佳氏(？—1833)崩,清廷遣散秩大臣盛桂、理藩院右侍郎賽尚阿賫敕至朝鮮。朝鮮派陳慰兼進香使判中樞府事李止淵、副使禮曹參判朴晦壽、書狀官兼司僕寺正李竣祐等入燕,陳慰進香。一行於七月二十五日發王京,十一月二十二日返京覆命焉。

　　案此《燕行詩》,共收詩近百首。李氏詩若《箕城》《薊門烟樹》《燕郊道中》《十三山賞月》等,結構謹嚴,淡雅平易,敘景寫實,頗具風致。而《燕京雜詠》十八首,紀燕京俗習景物,仍不忘諷刺清俗,寄托心志,不出燕行使臣詩之窠套也。

0844-1833
曹鳳振、朴來謙等【原題未詳】《燕槎酬帖》(《續集》第149冊;《日本所藏編》第3冊　鈔本)

　　出使事由：謝恩兼冬至等三節年貢行
　　出使成員：正使判中樞府事曹鳳振、副使禮曹判書朴來謙、書狀官兼司憲府掌令李在鶴等
　　出使時間：純祖三十三年（道光十三年　1833）十月十七日—翌年三月十八日

　　曹鳳振(1777—1836)，字儀卿，號慎庵，昌寧人。純祖朝，爲司憲府執義、東萊府使、江原道觀察使、成均館大司成、工曹判書、吏曹判書等。憲宗朝，任刑曹判書、工曹判書等。事見《純祖實錄》《憲宗實錄》《承政院日記》等。

　　案朴來謙有《瀋槎日記》(0823-1829)，已著錄。

　　《燕槎酬帖》，鈔本，二册，藏日本天理圖書館今西文庫，有"今西龍"諸印。第一册封面左側題"燕槎酬帖乾"，第二册作"燕槎酬帖坤"。第一册首頁始即爲《鴨江餞席共賦》詩三首，詩末分別題"晚悟""慎庵""憲秀"，則當爲作詩者之字號也。自後所詠詩，末皆省作"晚""慎""憲"矣。第二册自《入皇城》始，至《回到鴨江用前渡時韻》，則爲留館及返程時所作詩也。稿中文字，多作行草，或塗乙甚多，尤以"憲"所作，修改最夥，疑是稿即出自其人者也。

　　夫馬進録是書，以爲乃純祖三十三年(1833)曹鳳振使團，所言是矣。考其詩初渡鴨江後，《夜宿溫井》詩有"怕寒依火焰，防虎動笳聲"諸句[①]，則知當時值冬日也。其在北京時所作詩，有《紙礮》《立春》《冬月啖夏節蔬果》《上元夜玉河橋》諸詩，則可知留館在正月也。又最末《回到鴨江用前渡時韻》有"年年迎送此江邊，轉眄前冬奏別弦"之句[②]，由此可知此行當爲冬至使行無疑耳。又考其署"晚悟"之《入瀋陽》詩有"再到瀋陽界，

[①] 曹鳳振、朴來謙等【原題未詳】《燕槎酬帖》，《燕行録全集日本所藏編》，003/545。
[②] 曹鳳振、朴來謙等【原題未詳】《燕槎酬帖》，《燕行録全集日本所藏編》，003/605。

山川熟面皆"之句,詩注謂"瀋使時寓萬泉寺",又言"萍踪知不定,五載又天涯"①,則當爲瀋使後五載也。考道光九年(純祖二十九年　1829)九月,道光帝奉皇太后謁盛京祖陵。朝鮮遣判中樞府事李相璜爲問安行正使、兼掌令朴來謙爲書狀官,入瀋陽問安。一行於七月十六日出發,十月二十四日覆命。其後五載,則爲道光十三年,是年朝鮮以以判中樞府事曹鳳振爲謝恩兼冬至使行正使、禮曹判書朴來謙爲副使、兼掌令李在鶴爲書狀官赴燕。一行於十月十七日出發,翌年三月十八日覆命。此而知朴來謙既爲入瀋時書狀官,又爲次此出使時之副使,而"晚悟"者,正來謙之號耳。而"憲秀"者,夫馬進引金榮鎮之説,以爲乃委巷詩人崔憲秀耳。

又是稿第二册後,又附有《燕行發程日次愚山韻》等五十餘首詩,鈔錄者筆迹與前三百餘首有異,且潦草更甚。考其詩《松京又次》後有《進香行台李衛卿在燕先來便寄詩和韻以呈》一詩,又後有《回到灣上日呈謝恩三价》諸詩,三价分別爲"上价洪台景修""副价李台景服""行台金九汝",則知當爲謝恩之行也。考道光十三年四月,皇后佟佳氏崩。七月二十五日,朝鮮遣判書李止淵爲陳慰兼進香行正使、禮曹參判朴晦壽爲副使、兼司僕寺正李竣祜爲書狀官赴燕,一行於十一月二十二日返京覆命。又十四年,朝鮮以判中樞府事洪敬謨爲進賀兼謝恩行正使、吏曹判書李光正爲副使、兼執義金鼎集爲書狀官赴燕,一行於二月十二日出發,七月初七日覆命。而末附行中自首譯李鎮九以下三十餘人名單,惟無三使臣之名也。然三价之姓則恰爲"洪""李""金"也。然則朴氏等在開城向平壤途中,遇陳慰兼進香一行於歸國途中;而竣事回國後,又在灣上逢洪敬謨一行於渡江前,然則是稿之作,必爲曹鳳振、朴來謙一行無疑也。

考其稿前三百一十餘首詩,皆爲"晚悟""慎庵""憲秀",亦即曹鳳振、朴來謙、崔憲秀三人唱和詩,每一詩題之下,幾於人各一首,或唱和,或分韻,或聯句,或獨吟,又錄三使价《慎德堂賡和詩》三首。在北京詩又有《葉東卿志詵宅後子午泉烹茶味香要余一詩》《題掃紅亭馮雲鵬詩稿》諸詩,則知其與葉志詵、馮雲鵬有交。然今存馮氏《掃紅亭吟稿》十四卷,卷

---

①曹鳳振、朴來謙等【原題未詳】《燕槎酬帖》,《燕行録全集日本所藏編》,003/557。

首有諸家題詩甚多,唯不見曹氏等所題,蓋或有遺漏,或不甚重之故也。

0845-1833
李在鶴《癸巳聞見事件》(《同文彙考補編續・使臣別單二》 活字本)

　　李在鶴(1790—1858),字稚聞,龍仁人。純祖朝,爲弘文館副校理。憲宗時,任五衛副司直、司諫院大司諫等。哲宗時,爲光州牧使、兵曹參判、吏曹參判等。事見純祖、憲宗、哲宗《實錄》與《承政院日記》等。

　　案李在鶴出使事由,詳參前曹鳳振、朴來謙等《燕槎酬帖解題》(0844-1833)。

　　此《聞見事件》一條,記福建臺灣府張丙等聚黨分股,戕殺官弁,攻陷州郡,經年倔強,今始掃平。其人則搶牛搶米之徒,而知縣之陳辨不明,釀成禍祟。巨魁雖已就獲,餘孽尚今未刈云。

0846-1833
李鎮九《癸巳聞見事件》(《同文彙考補編續・使臣別單二》 活字本)

　　李鎮九,生平事迹不詳。精漢語,爲譯官。純祖三十三年(1833),爲首譯,隨謝恩兼冬至等三節年貢使判中樞府事曹鳳振等一行入中國。憲宗時,任知中樞府事。事見《同文彙考補編續・使臣別單二》李鎮九《癸巳聞見事件》、《承政院日記》等。

　　案李鎮九以首譯出使事由,詳參前曹鳳振、朴來謙等《燕槎酬帖解題》(0844-1833)。

　　此《聞見事件》一條,記昨年八月吏、户、兵三部,以經費不足之致奏皇帝,議定納銀人除職升遷,而文至郎中,武至參將,外至知州,則所納自萬餘兩至數百兩,而官職大小階級之尊卑,隨其納銀之多少,隨窠調用,格外人毋得濫冒,限今年五月而止。蓋自回疆討平之後,兵餉已匱,及今河工賑濟災減等所費銀,當爲三千萬餘兩,而京外貯蓄,罄竭無餘,故不得已預爲準備,以待日後不虞之費焉。

0847-1834
洪敬謨《槎上續韻》(《續集》第 133 册　刻本)

出使事由：進賀兼謝恩行

出使成員：正使判中樞府事洪敬謨、副使吏曹判書李光正、書狀官兼司憲府執義金鼎集等

出使時間：純祖三十四年(道光十四年　1834)二月十二日—七月七日

案洪敬謨有《冠巖游記》(0830-1830)，已著録。

純祖三十四年(道光十四年　1834)二月，以道光皇帝册封皇后即咸豐帝生母鈕祜禄氏(1808—1840)，純祖遣進賀兼謝恩使判中樞府事洪敬謨、副使吏曹判書李光正、書狀官兼執義金鼎集等入燕進賀，兼謝漂民出送(朝鮮難民張旭吉、金仲甫等漂到山東省，清廷差通官解到義州)等項事。一行於二月十二日發王京，七月初七日返歸覆命焉。

洪敬謨《槎上續韻》三卷，即其於純祖三十四年(1834)，以進賀兼謝恩使第二次出使期間所作詩，共二百二十餘首。是書封面左側大字題"外史續"，右上題"詩"，正文頁首行頂格題"冠巖山房新編耘石外史卷"，第二行低兩格書"續編"，第三行低三格書"洌上洪敬謨著"，第四、五行右下列書"孫男祐命祐慶仝校"，第六行低一格書"詩"，第七行低一格題"槎上續韻"，第八行起爲詩題目録與詩文，則當時編纂，卷數仍未定可知也。其詩有"依山扁栅向東開，前度行人今又來"①，"皇華馳騁苦支離，五載燕山再到時"諸句②，皆紀其第二次赴燕之實者也。

洪氏卷三詩，爲次其王考洪良浩《燕雲續詠》詩四十餘首。考正祖六年(乾隆四十七年　1782)，洪良浩以冬至等三節年貢兼謝恩行副使入燕，有詩《燕雲紀行》，見《耳溪集》卷六。十八年，又以冬至等三節年貢兼謝恩行正使入清，有《燕雲紀詠》，見《耳溪集》卷七。洪敬謨謂其於純祖三十年(道光十年 1830)副价之行，以未能賡和紀行詩爲恨。三十四年，

---

①洪敬謨《槎上續韻》卷1《午抵栅外》其一，《燕行録續集》，133/211。
②洪敬謨《槎上續韻》卷2《十里河堡店夜和副行人》，《燕行録續集》，133/248。

又以正使再赴,遂謹取《續詠》詩篇,自渡江爲始,逐題賡題,並録爲別編,先書良浩原韻,下附敬謨賡詩。所選良浩詩,以七律最多,五律偶有。紀昀評良浩詩,"近體有中唐遺音,五言吐詞天拔,秀削絶人,可位置馬戴劉長卿之間。七言亮節微情,與江東丁卯二集,亦相仲伯。七言古體,縱橫似東坡,而平易近人,足資勸戒,又多如白傅。大抵和平溫厚,無才人妍媚之態。又民生國計,念念不忘,亦無名士放誕風流之氣"①。敬謨詩雖不及乃祖之音節嘹亮,恣肆縱橫,然亦舒暢明快、挺拔清麗,頗有乃祖之風焉。

又洪敬謨《槎上韻語》詩有"一門相繼六含綸,小子如今又躡塵"句,自注謂"王考以副使、正使,從祖以書狀官,季父以正使,從叔以書狀、正使,相繼赴燕"。② 並稱"噫!府君之奉使命再焉,而小子亦再焉,世掌行人之職,屢膺皇華之役,先休是繩,恩光溢路,以小子不肖寡學,幸玷科名,不墜家聲,乃於五十餘年之間,宣力王事,祖孫相繼而於是役也,使名相同,行邁亦同,榮莫大焉。事不偶然,自夫渡江而西也,履中華之舊域,喜前轍之復蹈,不揆僭妄,隨境賡韻,每一篇成,非徒星洲之可以立判,殆若日月之不得以踰也"③。朝鮮以蕞爾小國,簪纓之家,累代世襲,而赴燕使臣,年年數起,故祖孫父子,接力出使如洪良浩、敬謨者實多,洪氏家族不過其中之一例而已矣。

0848-1834

李輝正《於野漫録燕行詩》(《續集》第133册　鈔本)

李輝正(1780—1850),初名光正,後改今名,字景服,號方野,牛峰人。純祖十三年(1813),擢增廣文科。官至成均館大司成、行護軍、吏曹參判等。憲宗時,任京畿道觀察使、江原道觀察使、刑曹判書、户曹判書、吏曹判書等。事見趙斗淳《心庵遺稿》卷二五《李公諡狀》與《純祖實録》

---

①洪良浩《耳溪集》卷首紀昀《耳溪詩集序》,《韓國文集叢刊》,421/003。
②洪敬謨《槎上韻語·詣仁政殿庭奉表咨出郊》,《燕行録續集》,130/166。
③洪敬謨《槎上續韻》卷3《敬次王考文獻公燕雲續詠韻並序》,《燕行録續集》133/298—299。

《憲宗實録》等。

　　案李光正出使事由,詳參前洪敬謨《槎上續韻解題》(0847-1834)。

　　是稿爲鈔本,字體粗惡,模糊不明,偶有闕佚,蓋爲編纂者輯自李氏《於野漫録》者,共録詩百一十餘首,多與正使洪敬謨、書狀金鼎集唱和之作。在館期間與葉志詵有交,葉贈以題詩扇面,李有和韻,稱"寡陋忻參契,從容抵飲醇"①。則會文飲酒,得其所樂也。然較之洪敬謨之廣交士人,李氏詩中不見與北京其他人士往還之詩,則其交游蓋鮮矣。

0849-1834
金鼎集《甲午聞見事件》(《同文彙考補編續・使臣別單二》　活字本)

　　金鼎集(1808—1859),字九如,號石世,慶州人。純祖二十七年(1827),擢增廣文科。爲奎章閣待教、直閣等。憲宗時,任成均館大司成、寧邊府使、黃海道觀察使、工曹判書等。哲宗朝,陞漢城府判尹、刑曹判書、議政府左參贊判義禁府事等。後謚文貞。事見趙斗淳《心庵遺稿》卷二三《墓誌銘》、李裕元《嘉梧藁略》第一五册《神道碑》與純祖、憲宗、哲宗《實録》等。

　　案金鼎集出使事由,詳參前洪敬謨《槎上續韻解題》(0847-1834)。

　　此《聞見事件》兩條,一記御史俞焜上疏,以爲世習之善惡,俗尚之薄厚,事由於平日熏染之如何,國家教化之道,當以孝悌忠信,禮義廉恥爲急先務,決不可任其淫佚放蕩,虛妄奇怪,以壞風俗。道光帝嘉納其言,諭曰:"近日傳奇演義等書,詞多俚鄙,其始不過市井粗識字義之徒,樂於觀覽,甚至於兒童婦女,莫不願聞而慕效之,以蕩佚風俗,以穢褻爲美談。又有假托誣妄符咒禳厭等術,蠢蠢愚氓,易爲蠱惑,詞訟之繁多,盜賊之日熾,未必不由於此。嗣後各省督撫及府尹,嚴飭地方官極力稽察肆坊刊刻淫書怪誕等小説,搜取板書,盡爲銷毁,以杜後弊"云。②

---

①李輝正《於野漫録燕行詩・和葉志詵贈題扇詩韻》,《燕行録續集》,133/142。
②金鼎集《甲午聞見事件》,《同文彙考補編續・使臣別單二》,004/3801。

卷六七　金相淳《甲午聞見事件》　吳繼淳《甲午聞見事件》　　　1185

0850-1834

金相淳《甲午聞見事件》(《同文彙考補編續·使臣別單二》　活字本)

　　案金相淳有《甲戌手本》(0776-1813),已著錄。金氏此次以首譯身份出使事由,詳參前洪敬謨《槎上續韻解題》(0847-1834)。

　　此《聞見事件》兩條,一記白蓮教、天主教、八卦教等邪學,本有禁法,而蔓延習教,終難禁絕。道光帝有旨,若捉得邪教之徒,則嚴加究問前此不能禁飭之地方官罪,故各地反無不隱匿顧護之弊。故又特降旨,革罷追罪之法。又捉得河間府邪學罪人周承宗等數十人,皆爲正法。又記西南海中近多劫奪,昨冬以來商船被劫者多至十二隻,皇帝大怒,福建總兵萬超、守備陳承恩皆令革職,申飭舟師,定限搜捕焉。

0851-1834

吳繼淳《甲午聞見事件》(《同文彙考補編續·使臣別單二》　活字本)

　　出使事由:告訃兼請謚請承襲陳奏行
　　出使成員:正使右議政朴宗薰、副使吏曹判書李羲准、書狀官兼司憲府執義成遂默等
　　出使時間:純祖三十四年(道光十四年　1834)十二月二十二日—翌年四月十二日

　　案吳繼淳有《辛卯聞見事件》(0833-1831),已著錄。

　　純祖三十四年(1834)十一月,純祖昇遐,憲宗即位。朝鮮遣告訃兼請謚請承襲陳奏使右議政朴宗薰、副使吏曹判書李羲准、書狀官兼司憲府執義成遂默等入燕,告純祖訃,請册封王世孫李奐爲朝鮮國王,請賜謚並兼請王大妃趙氏册封誥命等件。吳繼淳以首譯身份,隨使團赴北京。一行於臘月二十二日發王京,翌年四月十二日返京覆命焉。

　　此《聞見事件》二條,記陝西總督楊遇春,年老且病,陳章乞免。道光帝准其所請,遇春起自行間,歷事三朝,掃除回寇,克殫汗馬之勞,鎮禦西陲,國有干城之譽,至是請老,寵遇深篤。又記大學士長齡受浩罕夷使葡萄一盤,並將原呈代奏,及其事發,皇帝諭以"人臣義無外交,在廷大臣遇

有外藩饋遺,則自當正詞以斥,而屬國陪臣之私相投贈,大違格例。嗣後諸臣無或犯科之意,嚴明通諭。長齡交部議處"云。①

0852-1835
鄭在絅《燕行記》(《增補燕行録叢刊》網絡版　鈔本)

出使事由:謝恩行
出使成員:正使判中樞府事金鏴、副使禮曹判書李彦淳、書狀官兼司
　　　　　憲府掌令鄭在絅等
出使時間:憲宗元年(道光十五年　1835)八月六日—十二月二十日

鄭在絅,生平事蹟不詳。純祖朝,入弘文館。憲宗元年(1835),以謝恩行書狀官身份入燕。後任司憲府掌令。事見《純祖實録》《憲宗實録》《承政院日記》等。

憲宗元年(1835)七月,清廷遣散秩大臣慶興、内閣學士兼禮部侍郎倭什訥賫敕至朝鮮,致祭純祖國王,册封王世孫李奂爲朝鮮國王,封故世子李旲爲國王,賜純祖謚宣恪,世子追謚康穆,並誥封世子嬪妃趙氏爲王后。八月,憲宗派謝恩使判中樞府事金鏴、副使禮曹判書李彦淳、書狀官兼司憲府掌令鄭在絅等入燕,謝賜祭,謝賜謚,謝追封,謝追謚,謝册封,謝四起方物移准等件。一行於八月初六日發王京,臘月二十一日返京覆命焉。

此鄭在絅此《燕行記》,行楷鈔本,字多行草,又細字密書,識讀爲難,然書法秀媚可見。其稿無封面,去程朝鮮境内無所記,首頁所記即起自八月三十日在義州渡江,凡人共二百二十六名、馬共一百二十三匹。至十月初一日抵北京,十一月初四日發玉河館,十二月初三日還渡鴨江,二十日返京覆命。其記亦多陰晴、里數、食宿與所歷之地等,尤以在館及返程所記,更爲簡略,並無特異於他家者。末附狀啓,所記更爲簡略,起自八月初六日發王京,止於十二月初三日返渡江,唯記陰晴、里數與止宿之地而已矣。

---

①吴繼淳《甲午聞見事件》,《同文彙考補編續·使臣别單二》,004/3802。

卷六七　鄭在絅《乙未聞見事件》　趙斗淳《心庵燕行詩》　　1187

0853-1835

鄭在絅《乙未聞見事件》（《同文彙考補編續・使臣別單二》　活字本）

　　案鄭在絅有《燕行記》（0852-1835），已著録。

　　此《聞見事件》一條，記皇太后萬壽慶科，擧人葉卓桂，廣東巨富，多費銀錢，購得於工科文者，使之替赴科場，幸中擧人，其後爲黃爵滋所劾奏，道光帝欲爲面試，則卓桂内怯逃走，帝大怒，刻期拿獲交刑部。其外擧人皆招致親試，若是文章字畫與試卷有異，則即令削科。又使刑部嚴加拷問，查出替代者，並令遠地充軍，數至十餘人之多云。

0854-1835

趙斗淳《心庵燕行詩》（《續集》第 133 册；《叢刊》第 307 册《心庵遺稿》刻本）

　　出使事由：冬至等三節年貢行
　　出使成員：正使判中樞府事朴晦壽、副使參判趙斗淳、書狀官司僕寺
　　　　　　　正韓鎮庭等
　　出使時間：憲宗元年（道光十五年　1835）十月十八日—翌年三月十
　　　　　　　八日

　　趙斗淳（1796—1870），字元七，號心菴，楊州人。趙泰采裔孫。純祖二十六年（1826），黄柑製居首，翌年直赴殿試及第。歷純祖、憲宗、哲宗、高宗四朝，官至成均館大司成、黄海道觀察使、刑曹判書、户曹判書、平安道觀察使、判義禁府事、禮曹判書、議政府右議政、左議政、領議政、判中樞府事等。以奉朝賀致仕。後謚文獻。斗淳策名立朝四十五年，文學品行政術德業之盛，赫赫在人耳目，楨榦王家，冠冕士流。有《心庵遺稿》三十卷行世。事見朴珪壽《瓛齋先生集》卷五《趙公謚狀》與純祖、憲宗、哲宗、高宗四朝《實録》。

　　憲宗元年（道光十五年　1835），朝鮮以判中樞府事朴晦壽爲冬至使、參判趙斗淳爲副使、司僕寺正韓鎮庭爲書狀官率使團入燕，進三節年

貢。一行於十月十八日離王京發行,翌年三月十八日返京覆命焉。

是稿輯自趙斗淳《心庵遺稿》卷三至卷四,共録詩三百七十餘首,詩作不爲不富。朴珪壽謂斗淳"聰警絶人,自始學,十行俱下,過眼成誦。燕中紀行應酬詩文凡有幾卷,皆所默誦追録,而未嘗裝中攜草者也"①。此燕行詩,除三使臣唱和外,斗淳沿路多和其先祖趙泰采(號二憂)、趙觀彬(號悔軒)燕行詩。其詩謂"三世詩集幾千韻,强半幽燕道中拈。小子叨塵何能役,百二十年曾不淹"。自注稱"二憂先祖以肅廟癸巳、辛丑再聘燕,仲高祖悔軒公、仲曾祖退軒公以英廟乙丑、辛卯先後爲上、副行人,今距癸巳爲百二十四年"。② 考肅宗三十九年(康熙五十二年 1713)趙泰采以冬至等三節年貢行正使,景宗即位年(康熙六十年 1721)復以謝恩行正使出使中國,其《癸巳燕行録》見泰采《二憂堂集》卷一(《燕行録全集》第三四册)。悔軒即泰采子觀彬(1691—1757),其於英祖二十一年(1745)以冬至等三節年貢行正使入燕,有《燕行詩》見其《悔軒集》卷七(《燕行録全集》第三七册)。四十七年,趙榮順爲謝恩兼冬至等三節年貢使行副使入燕。斗淳所言者即此也。又斗淳行至十三山,有《十三山敬次二憂先祖韻》,以泰采、觀彬、榮順等燕行,皆於臘月十三日到十三山,皆有"十三日到十三山"之句("十三日到十三山,此去何時幹事還。聞道故人先復路,定知今夜宿東觀"③,"衰年遠役極辛艱,先子遺詩感涕看。前後臘天經此地,十三日又十三山"④),三世遺集,燦然有作述之美,而斗淳今行以初六日過此,蓋晚近使事視前稍早發而然耳。俯仰今古,不禁愴結之私,遂書此志之。其詩有"六十年來三世迹,十三日輒十三山"之句⑤。

---

① 朴珪壽《瓛齋先生集》卷5《趙公謚狀》,《韓國文集叢刊》,312/395。
② 趙斗淳《心庵燕行詩》卷1《抵灣用老杜……蓋亦牢騷中一事耳》其五,《燕行録續集》,133/383—384。
③ 趙泰采《癸巳燕行詩·寄回還謝恩副使權台有道》,《燕行録全集》,034/170。
④ 趙觀彬《燕行詩·先子燕行詩有十三日到十三日之句今行亦十三日也書此志感》,《燕行録全集》,037/589。
⑤ 趙斗淳《心庵燕行詩》卷1《十三山敬次二憂先祖韻》其一,《燕行録續集》,133/430—431。

考燕行使至十三山,有此句者如裴三益"五月十三日,行到十三山"①。姜銳"十三初到十三山,翠壁層巖手可攀"②。李肇源"夜宿晨征大野間,十三日到十三山"等③,所在多有,則非獨趙氏祖孫父子有此句也。

又趙斗淳在北京,多與士大夫交接,其與鴻臚寺卿黃爵滋、內閣中書郭儀霄、刑部主事楊熙、中書舍人吳思權、進士江開進、秀才黃劍、許瀚等,多有唱和題跋。即其詩所謂"東來使車長安道,得與二三君子好"者也④。時黃爵滋以其《樹齋詩草》已入刻者四卷贈斗淳求其評點,又請斗淳詩稿甚勤,斗淳謂"歸閱途中所作,往往有罣冒忌諱者,乃就樹齋草每卷次一首以還之"⑤。朝鮮使臣沿途詩作,往往多仇詆清廷、諷刺時俗之句,故遇中國皇帝與士大夫欲觀其詩文時,即或鈔錄舊稿,或臨時斗湊以應之,斗淳之與黃氏,亦如之也。

又趙斗淳《儒術》詩謂,"儒術吾東洛與關,迷塗亂轍總知還。人文肇闢分箕尾,師述相承誦孔顏。義士羞稱今宇宙,遺民獨保舊河山。宋門漢户紛紛議,何事徒爭口舌間"。其自注稱"清儒漢、宋之學分為兩塗"。⑥斗淳於漢、宋之學,兩不能之,而徒以衣冠文物,保有河山自詡,呈一時口快譏刺之言,此等覘國之術,亦可謂誤國之甚者也。

0855-1836
申在植、李魯集等《相看編》(《續集》第 134 冊　活字本)

出使事由:冬至等三節年貢兼謝恩行
出使成員:正使判中樞府事申在植、副使禮曹判書李魯集、書狀官兼司憲府掌令趙啟昇等

---

①裴三益《朝天錄·十三山》其一,《燕行錄全集》,003/524。
②姜銳《看羊錄·十三山偶吟》,《燕行錄全集》,030/025。
③李肇源《黃粱吟》卷中《關外雜詠》之二十二,《燕行錄全集》,061/294。
④趙斗淳《心庵燕行詩》卷2《題潘光祿曾綏絨庭詩集》,《燕行錄續集》,133/521。
⑤趙斗淳《心庵燕行詩》卷1《次黃樹齋爵滋詩草……韻》,《燕行錄續集》,133/455。
⑥趙斗淳《心庵燕行詩》卷2《儒術》,《燕行錄續集》133/532。

出使時間：憲宗二年（道光十六年　1836）十月十六日—翌年三月十
　　　　七日

　　申在植（1770—1843），字仲立，號翠微，平山人。純祖四年（嘉慶九年　1804），春塘台試製居首，直赴殿試。官司諫院大司諫、江原道觀察使、開城府留守、京畿道觀察使等。憲宗朝，爲司憲府大司憲、吏曹判書等。後諡文清。事見申錫愚《海藏集》卷一四《諡狀》與《純祖實録》《憲宗實録》等。

　　李魯集，字穉成，號芝田，德水人。純祖十六年（嘉慶二十一年　1816），中春塘台重試。爲司諫院大司諫、成均館大司成、吏曹參議等。憲宗時，任禮房承旨等。事見《純祖實録》《憲宗實録》等。

　　憲宗二年（道光十六年　1836），遣冬至兼謝恩使判中樞府事申在植、副使禮曹判書李魯集、書狀官兼掌令趙啓昇等入燕，賀冬至等三節，兼謝冬至、進賀陪臣賜食等事。一行於是年十月十六日發王京，翌年三月十七日返京覆命焉。

　　案據任百淵《鏡浯游燕日録》，申在植謂是行可謂"文星照耀"，因三使臣申在植、李魯集、趙啓昇外，上房軍官李鳳寧（汾西）、崔憲秀（愚山），副使軍官鄭焕杓（黃坡），三房軍官任百淵（鏡浯），上房乾糧官李尚迪（藕船）等，皆以能詩名。① 其渡臨津江前，申氏即自今日約諸詩伴，更定詩令，"一人唱韻，七人踵和，日日輪回，但當次韻，不必次意爲約矣"②。故一行在途，常以詩角力較勝，所作遂多。在館期間，由申氏主選，作者八人，各選十五首，汰繁去冗，以存精華；復由百淵初定，轉付侍郎黄爵滋付簽重選，並爲撰序，申在植作跋，韓韻海題簽，當時刊行，並命其卷曰《相看編》。"蓋其首篇翠微丈詩首句有'相看皓首故人情'之語，因以名之，亦欲使卷中諸人，相看而示勿忘之意也。"③

　　今考《相看編》，封面左上隸書題"相看編"，蓋即韓韻海所題簽耳。黄爵滋序謂"詩者，心也，心相感則相通；詩者，迹也，迹相看則相合。以作

---
①任百淵《鏡浯游燕日録》卷1，《燕行録續集》，134/013。
②任百淵《鏡浯游燕日録》卷1，《燕行録續集》，134/015。
③任百淵《鏡浯游燕日録》卷2，《燕行録續集》，134/235。

者一時之迹,證讀者千秋之心,其可以已乎? 其不可以已乎?"①申在植跋謂"是《相看編》,余與諸詞伯游燕時所唱和也。歲聿云暮,道路修長,以是忘跋涉之勞,以是抒惠好之情,今日相看而笑之,後日相看而思之,世世子孫相看而講其舊,是編之作烏可已也。"②其集各收諸人詩十五首,共百二十篇焉。起《飲餞留別》,終《高麗莊》,皆往北京途中所作,而在館期間詩,蓋無暇補入,故無一首存焉。

0856-1836

李尚迪《丙丁燕行詩》(《叢刊》第 312 册《恩誦堂集詩》 刻本)

案李尚迪有《己丑燕行詩》(0825-1829),已著錄。李氏此次以譯官身份出使事由,詳參前申在植、李魯集等《相看編解題》(0855-1836)。

李尚迪此次入燕,爲其第三次出使中國,所作有《發洞仙館次申正使翠微韻》《黃州示書狀官趙鍾皋》《順安途中副使李芝田索詩》等二十餘首,時正使申在植、副使李魯集、書狀官趙啓昇及同行任百淵等皆能詩,故諸人沿路唱和,申在植等《相看編》中,亦有尚迪酬和之詩焉。其句如"詩有未酬成宿債,職因多曠合休官","腸輪恰與車輪轉,酒氣無如日氣寒"等,③出句自然,老成工穩。叙景小詩如《野雞屯途中》《二月望宿大凌河》等,亦清警別致,新奇可喜焉。

此次入京,所見舊交,唯有劉喜海,因伴送琉球使,臨別索贈言,尚迪有詩相贈,有"燕北春風朋酒暖,天南瘴霧使車遲"之句。時尚迪詩稿已成,交劉氏斧正,故又有"莫把千金酬一字,秪憑寸管證三生"之說焉。④

---

①申在植、李魯集等《相看編》黃爵滋序,134/330。
②申在植、李魯集等《相看編》申在植跋,134/380。
③李尚迪《恩誦堂集詩》卷5《發洞仙館次申正使翠微韻》,《韓國文集叢刊》,312/187;同卷《雜懷次杜奉答正使》其二,312/188。
④李尚迪《恩誦堂集詩》卷5《劉燕庭刺史……賦贐其行》,《韓國文集叢刊》,312/189。

0857-1836
任百淵《鏡浯游燕日録》(《續集》第 134 册　鈔本)

　　任百淵(1802—1866),字保卿,號鏡浯,豐川人。憲宗朝,成進士。任司憲府掌令。哲宗朝,爲濟州判官、司諫院正言、副護軍等。高宗時,爲承政院右副承旨、兵曹參知等。有《鏡浯游燕日録》傳世。事見憲宗、哲宗、《高宗實録》與《承政院日記》等。

　　案任百淵出使事由,詳參前申在植、李魯集等《相看編解題》(0855-1836)。

　　《鏡浯游燕日録》二卷,鈔本,爲任百淵燕行日記。封面右上楷字大題"鏡浯行卷乾"(又一册爲"坤"),左上題"自京至皇城"下雙行書"丙申十月十六日/臘月二十日到",正文首行頂格書"鏡浯游燕日録"。全稿行楷精麗,偶有模糊難辨及校改之字。

　　任百淵是行身份,爲書狀官趙啓昇之軍官,實則專爲游燕而來,故一路流連賞景,觀覽古迹,所記頗豐,且出自親見親聞,非鈔撮方志稗記者可比也。其在北京,所交接中國官員及士大夫如吳筠、汪喜孫、姚涵、姚桐、姚實、韓韻海、全善、達善、英善、朱善邦、朱善旗、葉志詵、周誠之、周循方、黄爵滋、凌溥、鄧爾恒、葉潤臣、賀家麟、穆公恩等,皆一時英賢,相與筆談酬和,其尤爲至交者,則爲汪喜孫也。二人論當代詩作,喜孫致其札曰:"二百年來,詩格屢變,近袁、趙雖能惑詩人,究之詩格不高;吳蘭雪才筆絶世,鍛鍊未醇;陸邪生、安章宅,才力不足;孫淵如詩筆甚工,第以經學古文詞許之;洪稚存詩甚粗率,且傎倒是非,言不足信。求之一代於諸大家外,惟吳野人(嘉紀)、歐陽磵東(紹洛),成一家之言。"①任氏又曰:中國近日以漢學宋學各立門户。汪曰:"顧以内地二百年道學宗派奉告,徽州宗朱子,紹興尊陽明,河南、陝西朱王參半,福建宗朱子,直隸朱王參半,吾郡寶應宗朱子,泰州尊王,江西宗朱子。"曰:"先生何所宗?"曰:"僕本徽人也。"又曰有《宋學師承記》一書,江南寄來當奉寄矣。② 又臨别時,喜孫贈

---

①任百淵《鏡浯游燕日録》卷2,《燕行録續集》,134/262。
②任百淵《鏡浯游燕日録》卷2,《燕行録續集》,134/281—284。

百淵無弦琴,百淵問以何意? 汪曰:吾與賢弟,終日相對,非筆硯則一啞一聾耳,然愛好之情,不言相喻。此琴之無弦,取其質也。況僕老矣,賢弟雖盛年,會合無期,相感之契,在心不在言也。又贈《劉文清公集》(劉墉),稱"寶劍贈烈士"。① 可謂相知相契,言不能盡意也。

任氏日記中,凡所作詩及與諸家唱和七十餘首,皆隸當日之下,有圈點以標識之。詩皆作於往返途中,尤以來路爲多,而在館期間,訪古觀今,詩酒高會,反而無詩。汪喜孫評其詩,用一字曰"清"②。其詩清絕秀異,亦一時之選也。

又任百淵記一行到館後,臘月二十五日,"自禮部迭送木牌三四十個,使我人出入館時,各持此牌以憑信也。以木片長可四寸,廣可數寸,前面塗紙書四譯會同館,後面刻禮部字,下方烙印者。見彼中商賈輩入館者,亦持木牌,長可五寸餘,廣僅五六分,而書與印一般樣矣"③。考《清史稿》,道光十六年,"禮部議准朝鮮使臣來京,禁從人在館外貿易"④。蓋禁條下後,出入會館,管理綦嚴,故方有出入禁牌之發放也。詳參下金賢根《玉河日記解題》(0859-1837)。

0858-1836
吳繼淳《丙申聞見事件》(《同文彙考補編續·使臣別單二》 活字本)

案吳繼淳有《辛卯聞見事件》(0833-1831),已著錄。其以首譯身份出使事由,詳參前申在植、李魯集等《相看編解題》(0855-1836)。

此《聞見事件》二條,記皇子兄弟,年前從小黃門數人,出游圓明園,近處路傍有六七歲小兒,貌甚蒙騃,既聾且啞,衣服亦藍縷,皇子一見愛憐,解衣衣之,奪黃門馬騎之,因與俱歸,留置書房,寢食與共。小兒父母本以貧賤,賃居西苑近地,賣餅爲生。皇子厚給其家口糧衣資,月有恒式。居無何,小兒聾變爲聰,啞變能言,容貌亦漸清俊。皇子尤奇之,使宮官授

---
①任百淵《鏡浯游燕日錄》卷2,《燕行錄續集》,134/282。
②任百淵《鏡浯游燕日錄》卷2,《燕行錄續集》,134/283。
③任百淵《鏡浯游燕日錄》卷2,《燕行錄續集》,134/164。
④《清史稿》卷526《屬國一·朝鮮》,048/14593。

讀文字。蓋吳繼淳亦不信之,故謂"此誠一種異聞"。① 又記"朝士之因學問詞華之殊軌,各爲阿護,互相訾毀,其來已久。而至有諫官鄭世任,上疏請仕宦諸臣,禁不得作詩。蓋意在嘗試,將欲排擊當路,朝著傾軋之風,其漸乃見云"②。

0859-1837

金賢根《玉河日記》(《續集》第 135 册;《日本所藏編》第 2 册　鈔本)

出使事由:奏請兼謝恩行
出使成員:正使東寧尉金賢根、副使禮曹判書趙秉鉉、書狀官兼司憲府執義李源益等
出使時間:憲宗三年(道光十七年　1837)四月二十日—八月十五日

金賢根(1810—1868),字聖希,安東人。金尚容八代孫。純祖長女明溫公主駙馬,封東寧尉。憲宗三年(1837)以奏請兼謝恩使、十二年以冬至使,出使清朝。又六爲享官,提擧之司十三。得選貳室,益謹重自持,奉職以勤,待人以誠。素愛林泉,起亭東門外,左右琴書,蕭然有塵外想。著有《玉河日記》傳世。事見韓章錫《眉山先生文集》卷一三《東寧尉金公賢根墓表》、《純祖實錄》、《憲宗實錄》等。

憲宗三年(1837)春間,朝鮮難民李季信等漂到琉球國,轉解北京;高千得等漂到浙江,並交與年貢使帶回。時朝鮮欲奏請清廷册封金氏(1828—1842　安東金祖根女)爲王妃,同時謝漂民出送等事。憲宗以卿宰多耆臣,故以年少秩崇之金賢根爲正使、禮曹判書趙秉鉉爲副使、兼執義李源益爲書狀官赴燕。一行於四月二十日拜表辭朝,五月十三日渡江,六月十三日抵北京,七月六日自北京離發,七月二十七日抵柵門,八月十五日返漢城焉。

金賢根《玉河日記》三册,鈔本,原藏日本京都大學文學部圖書館,鈐有"京都帝國大學圖書館之印"。據夫馬進言,因蟲蝕太甚,判讀爲難。

---

①吳繼淳《丙申聞見事件》,《同文彙考補編續·使臣別單二》,004/3802。
②吳繼淳《丙申聞見事件》,《同文彙考補編續·使臣別單二》,004/3802—3803。

原稿鈔寫，字本極小，而今《燕行録全集日本所藏編》，復經縮印，字小如米，故更爲難讀也。

《玉河日記》起自拜表日，迄止返抵柵門。行中三使臣外，凡大通官三人，押物官十九員，得賞從人二十五名，無賞從人一百五十八名。金賢根一行至北京後，清廷刑部於該年六月，嚴申朝鮮使臣出入門禁之令，命須開具出館緣由，酌定出館人數及出入時刻，由書狀官造册送交監督，由監督按册給發腰牌照驗，仍由該使臣嚴飭從人，不得在外違禁滋事。即令准交易貨物，亦應在館中市易，不得私出交易。金氏以爲："觀此禁條，則章程甚嚴，宜若可以一遵毋違，而從人之出館交易，略無顧忌，詞人之交游寄宿，視同鄉里，非獨東人有冒犯之失，彼人亦恬不爲懼，至有折簡相招，走車以邀，宜中國之設禁，亦不免爲文具而已耶？余則曰朝聘之禮，國之大事也。以事大之義，適人之國者，宜其謹守法度，要使禮防先自我立，乃所以重趙於鼎呂口，彼之得失，有所不計也。近來使行，多不以繩墨自持，以游觀爲誇美，視奇貨爲可居，謀及從隸，全不拘束，以致滋事上國，控告該部，司寇肅禁，待以暴亂，豈非吾輩之大耻辱哉！况文士之托桀者，率多功令腐儒，章句末學，不量寡陋，妄求結識，偶一唱酬，瘡疣百劣，而彼之士，不欲鄙夷，謬加獎詡，則便自尊大，歸誇親朋，充然若士龍之入洛，而不知其稿之已覆酒瓿矣。其取侮於彼者，不已多乎！又况上下驟從，皆西關無賴之徒，課歲赴燕，從少至老，能滿漢語，習滿漢俗，惟利是視，奸欺日滋，萬一遇兩國有事之時，余恐其漏泄機密，致生大釁者，安知非此輩耶？然則今日之是禁也，即吾輩之所當自勉而不可忽也夫！"①

案朝鮮使臣，於中國之門禁，多責中國之不禮鮮人，而如金氏如此客觀者，尚屬鮮見。其留館期間，除演儀朝拜外，偶有游覽，鮮與中國士人交接，從副使趙秉鉉而見周敦頤後人周循於館外藥鋪，又經副房裨將朴思浩與舉人洪齮孫有詩扇往來，並未面交。蓋金氏一則以朝鮮駙馬之尊，不便出入館舍；二則因朝廷門禁之嚴，有意避之之故也。

金氏記七月初五日返程，副使裨將朴思浩，游福源寺，時洪齮孫在寺

---

① 金賢根《玉河日記》，《燕行録全集日本所藏編》，002/090。

中治舉業,與語大悅,贈之以詩,其詩與筆甚奇,金氏遂托朴氏扇書及楹帖,洪致款曲,一扇書所製詩二篇,一扇書古帖跋楹帖,又寄所纂《補梁疆域志》二卷,副以羊毫綫香,又贈七絶四首。可謂名下無虛,不曾有半面,而其殷勤囑情如是,中原人之愛好人倫,殊可欽也。但恨回期隔宵,不能做一夜之會耳。步其韻走筆和之,又包東産數種,雇人送致其家焉。①

又記在途沿路,遼東男女或來相傍款問好來,輒乞清心丸,清心丸之見珍於中國久矣。東人之酬接彼俗者,以是爲饋遺,下輩亦多販賣,取厚直,故奸欺滋生,往往陳根腐草,溲勃相混,金塗其表而已。彼人狃於見瞞,每有所得,疑其真假,惟三使所與則認之爲真,喜形於色,彼人既知其偽,而獨且求之者,何也?以此變化制爲珠香,得以厚售於東人云。其所以詐人者,反受其詐,亦可笑也。②

案朝鮮使臣自三使至下隸,每以清心丸放賣中國,得其厚利,然久則假多真少,屢爲所欺。此記遼東人以其假丸,製成珠香,再售東人,可謂相假相報,無有已時,是可歎也夫!

0860-1837
李源益《丁酉聞見事件》(《同文彙考補編續·使臣別單二》 活字本)

李源益,生卒籍貫不詳。純祖二十四年(1824),黃柑試居首,直赴殿試。爲司憲府持平。憲宗時,任承政院承旨。哲宗朝,官同義禁府事、行護軍等。事見純祖、憲宗、哲宗《實錄》與《承政院日記》等。

案李源益出使事由,詳參前金賢根《玉河日記解題》(0859-1837)。

此《聞見事件》一條,記近來中外銀價昂貴,職緣侈糜,而鴉片烟一物,貽害最甚,廣東海口,每歲出銀至三千餘萬兩,福建、浙江、江蘇各海口出銀不下千萬,天津海口銀亦二千餘萬,一入洋外,不復流通,以致銀貴而錢賤。御史朱成烈等請旨嚴禁。道光帝諭年前連州之役,因兵丁常時皆吸禁烟,臨陣不能得力,而近日各省兵丁,舉皆浸染,並令嚴行參辦云。

---

① 金賢根《玉河日記》,《燕行錄全集日本所藏編》,002/096。
② 金賢根《玉河日記》,《燕行錄全集日本所藏編》,002/060。

卷六七　李尚迪《丁酉燕行詩》　金興根《燕行詩》　1197

0861-1837

李尚迪《丁酉燕行詩》(《叢刊》第 312 册《恩誦堂集詩》　刻本)

　　案李尚迪有《己丑燕行詩》(0825-1829),已著録。李氏此次以譯官身份出使事由,詳參前金賢根《玉河日記解題》(0859-1837)。

　　憲宗三年(道光十七年　1837)春,李尚迪隨冬至兼謝恩使申在植使團返國至瀋陽,即接王命,復隨奏請兼謝恩使東寧尉金賢根等入北京,故其未渡鴨江,留瀋陽以待,今《恩誦堂集詩》卷五所收《留瀋陽》《次趙羽堂副使見贈之作》《詠車次朴心田》《周流河途中示李君興》《題汪農部孟慈喜孫禮堂授經圖》《法源寺訪洪子齡齮孫出紙索詩》《黄侍郎樹齋爵滋汪農部孟慈陳侍御頌南慶鏞符孝廉雪樵兆綸邀飲陶然亭》《題王子梅鴻盗詩圖》《遼西新秋》等十首詩,即作於此次出使期間也。《次趙羽堂副使見贈之作》即次副使趙秉鉉,而此行朴思浩亦在行中,故又有《詠車次朴心田》之作也。李氏隔年歸途中,又旋復西行,故其詩詠"怊悵百花生日,低徊萬里歸人","隔年歸又作斯游,春尾忽忽到夏頭",①皆紀其實而寓感慨焉。

　　李尚迪此次入京,新識有汪喜孫、洪齮孫、黄爵滋、陳慶鏞、符兆綸、王鴻、張曜孫諸友,曾題汪氏《禮堂授經圖》、王氏《盗詩圖》,在法源寺訪洪齮孫。黄爵滋邀諸人飲於陶然亭,李氏詩有"西山如故人,欣然一席同。滿地江湖思,何處著孤蓬"之詠②,以紀同好雅懷,筆札酬交之情。叙青蘆濛濛,空亭逼城,樹林金碧,蟬聲晚揚之境也。

0862-1837

金興根【原題金與根】《燕行詩》(《續集》第 134 册　刻本)

　　出使事由:冬至等三節年貢兼謝恩行

---

① 李尚迪《恩誦堂集詩》卷 5《留瀋陽》,又同卷《次趙羽堂副使見贈之作》,《韓國文集叢刊》,312/190。
② 李尚迪《恩誦堂集詩》卷 5《黄侍郎樹齋爵滋汪農部孟慈陳侍御頌南慶鏞符孝廉雪樵兆綸邀飲陶然亭》,《韓國文集叢刊》,312/190。

出使成員：正使判中樞府事朴綺壽、副使禮曹判書金興根、書狀官兼司憲府掌令李光載等

出使時間：憲宗三年（道光十七年　1837）十月十七日—翌年三月十六日

金興根（1796—1870），字起卿，號游觀，安東人。純祖二十五年（道光五年　1825），擢謁聖文科。官吏曹參議、藝文館待教等。憲宗朝，歷全羅道觀察使、平安道觀察使、漢城府判尹、刑曹判書、兵曹判書、吏曹判書、議政府左參贊、慶尚道觀察使等。因事竄光陽縣。哲宗朝，起復爲議政府左議政、領議政府事、判中樞府事等。高宗時，爲判敦寧府事。以奉朝賀致仕。以端亮之姿，綜密之才，歷事四朝。謚忠文。有《游觀集》行世。事見尹定鉉《梣溪先生遺稿》卷八《游觀金公墓誌銘》與純祖、憲宗、哲宗、高宗四朝《實錄》等。

道光十七年（1837）九月，清廷遣散秩大臣倭什訥、内閣學士明訓，賫敕至朝鮮頒誥命，册封憲宗妃金氏（1828—1843　即孝顯王妃，安東金祖根之女）爲王妃，兼送欽賜彩緞三十匹。朝鮮派冬至兼謝恩行正使判中樞府事朴綺壽、副使禮曹判書金興根、書狀官兼掌令李光載等入燕，賀冬至三節年貢，並謝册封王妃、謝奏請陪臣賜食、謝漂民出送等事。一行於十月十六日發王京，翌年三月十六日返京覆命焉。

金興根《燕行詩》六十餘首，輯自其《游觀集》，末二十餘首非燕行詩。其詩不事奇特，自抒胸臆。如《路上苦塵埃漫吟》"漫空蔽地苦難行，漠漠黃塵暗去程。著處栖籠如霞集，有時飄動似烟橫。當前幾錯山光好，入望渾迷野色平。那得今宵三尺雪，盡將昏翳一朝清"①。《遼野》"包得三光仍不外，積來一氣此爲全"等②，可謂描摹細膩，善於形容者。其在館期間，與黄爵滋等相往還，其贈詩有"端能萬里心相照，海角天涯是一鄰"句③，可證彼此相投相契，心印相照矣。

――――――――――

①金興根【原題金與根】《燕行詩·路上苦塵埃漫吟》，《燕行録續集》，134/392—393。
②金興根【原題金與根】《燕行詩·遼野》，《燕行録續集》，134/394。
③金興根【原題金與根】《燕行詩·人日與黄樹齋爵滋諸人會長春寺共賦》，《燕行録續集》，134/407。

0863-1837
李光載《丁酉聞見事件》(《同文彙考補編續‧使臣別單二》活字本)

　　案李光載有《丁卯手本》(0742-1807)，已著錄。李氏此次出使事由，詳參前金興根《燕行詩解題》(0862-1837)。

　　此《聞見事件》一條，記前因朝鮮國請封，派倭什訥、明訓前去，慮有沿途滋擾，著琦善、寶興查訪，茲據查明該正、副使經過地方，雖無藉差騷擾情事，惟現用馬匹足敷乘騎，何以復用車至數十輛之多，實屬浮濫，倭什訥、明訓均著交部議處。降旨倭什訥革去侍郎，免其革退世職；明訓革去內閣學士，以三品京堂候補缺云。

卷六八　0864—0880

憲宗四年(道光十八年　1838)—憲宗十二年(道光二十六年　1846)

0864-1838
李時在《戊戌聞見事件》(《同文彙考補編續·使臣別單二》　活字本)

　　出使事由：冬至等三節年貢兼謝恩行
　　出使成員：正使判中樞府事李羲准、副使禮曹判書尹秉烈、書狀官兼司憲府執義李時在等
　　出使時間：憲宗四年(道光十八年　1838)十月二十日—翌年三月二十四日

　　李時在,生卒籍貫不詳。憲宗時,爲成均館大司成、吏曹參議、禮房承旨、全羅道觀察使等。哲宗朝,任工曹參判、護軍等。事見憲宗、哲宗《實錄》與《承政院日記》等。

　　憲宗四年(1838)冬,朝鮮遣冬至等三節年貢兼謝恩使判中樞府事李羲准、副使禮曹判書尹秉烈、書狀官兼司憲府執義李時在等入燕,謝册封王妃謝恩方物移准、謝賜物、謝上年冬至陪臣參宴、謝漂民出送(朝鮮難民高閑祥等漂到浙江,李義善等漂到寧海,清朝差通官解到義州)等件。一行於十月二十日發王京,翌年三月二十四日返京覆命焉。

　　此《聞見事件》一條,記鴉片烟膏,自西洋流入内地,使人吸食,精神頓醒,雖屬蒙孩時事,恍如昨日,人皆耽惑,於是互相傳服,但一吸之功,不過霎時,繼服不已,然後始得久效,而烟毒内戕,真元潛消,未逾數年,必皆斷送性命。帝敕諭禁防,命軍機大臣等商議禁條。九月,東河郡查明犯人阿忽陀差商海貨十三萬四千五百金,貿易烟膏,潛商京師,特命置大辟。各省查奏,不可殫記云。

0865-1840
李繪九《辛丑聞見事件》(《同文彙考補編續·使臣別單二》 活字本)

出使事由：進賀謝恩兼冬至等三節年貢行

出使成員：正使判中樞府事朴晦壽、副使禮曹判書趙冀永、書狀官兼司憲府執義李繪九等

出使時間：憲宗六年(道光二十年 1840)十月二十四日—翌年三月十九日

李繪九，生卒籍貫不詳。純祖三十年(1830)，王世子行日次儒生講於映花堂，繪九居首，令直赴殿試。任成均館典籍等。憲宗朝，任弘文館校理、左副承旨等。哲宗時，爲司諫院大司諫。事見純祖、憲宗、哲宗《實錄》與《承政院日記》等。

道光二十年(1840)正月，皇后鈕祜祿氏(咸豐生母，1808—1840)崩，謚孝全皇后。朝鮮遣進賀謝恩兼冬至等三節年貢使判中樞府事朴晦壽、副使禮曹判書趙冀永、書狀官兼執義李繪九等入燕，賀道光帝六旬、賀皇后册封、謝賜緞、謝上年冬至陪臣參宴等項。一行於十月二十四日發王京，翌年三月十九日返京覆命焉。

此《聞見事件》一條，記嘆咭唎以交易不許，自昨年六七月間構釁作梗，越海侵犯，先陷定海，又於江蘇、山東、直隸、奉天等處，多端滋擾，至十二月間直通虎門洋面，多傷官兵，鹵掠奸淫，開挖河道，建築炮臺，稱欲求和，猖獗益甚。帝遣琦善爲欽差大臣仍爲兩廣總督往廣東辦理，又以鄧楨廷、林則徐不善查辦，並爲議處。又遣奕山爲靖逆將軍馳驛前往，克期進討。又以賽尚阿往天津、山海關等處查辦炮臺，多出銀兩，以資海防。夷種大小數十國，以此決之，計今年內，必當許和云。案李繪九所述者，即第一次"鴉片戰爭"，自此中國終爲洋夷所亂，災禍深重，淪爲弱國，割地賠款，辱國喪權，而國將不國矣。

0866-1841
韓宓履《壬寅聞見事件》(《同文彙考補編續·使臣別單二》 活字本)

出使事由：冬至等三節年貢兼謝恩行

出使成員：正使判中樞府事李若愚、副使禮曹判書金東健、書狀官司僕寺正韓宓履等

出使時間：憲宗七年（道光二十一年 1841）十月二十四日—翌年四月四日

韓宓履，華城人。純祖三十年（1830），華城儒生應制居第二，直赴殿試。官至司諫院正言。憲宗朝，爲司諫院獻納、司憲府執義、司諫院司諫等。事見《同文彙考補編續・使臣別單二》韓宓履《壬寅聞見事件》、《承政院日記》等。

憲宗七年（道光二十一年 1837），朝鮮遣冬至兼謝恩使判中樞府事李若愚、副使禮曹判書金東健、書狀官司僕寺正韓宓履等入燕，進賀冬至等三節並謝道光帝六旬進賀方物移准、謝賜緞謝恩方物移准、謝漂民出送等件。一行於十月二十四日離京發行，翌年四月初四日返王京覆命焉。

此《聞見事件》一條，記自前歲六七月嘆夷亂後，廣東總督琦善自稱專辦事務，以香港地方擅給嘆夷泊舟寄居，旋又替夷奏請通商，不即攻剿，玩愒誤事等罪，先已革職鎖拿。亂夷又滋擾廣東、浙江、福建等省，清軍迎敵，互有斬殺。各海門依舊防守，天津直沽海口及山海關各有留防兵云。

0867-1841

金貞益《北征日記【原題辛丑北征日記】》（《續集》第135冊　鈔本）

金貞益（1813—？），字士謙，號然堂，生平籍貫不詳。憲宗七年（1841），二十九歲，隨冬至兼謝恩使判中樞府事李若愚使團，以副使金東健軍官身份出使中國，與中國士人馮志訢、徐士穀、黃贊湯、何拭等有交。高宗時，爲慶熙宮將。著《北征日記》三卷存世。事見其《北征日記》《承政院日記》等。

案金貞益出使事由，詳參前韓宓履《壬寅聞見事件解題》（0866-1841）。

金貞益《北征日記》三卷，鈔本，雖鈔手不一，然字皆精整，燦然可觀。封面左上楷題"北征日記乾"。前有申轍求、李景敏序文。全書卷一《行

邁程史》,記自王京發行至抵玉海館沿路日記;卷二《玉河聞見》記在館期間諸般聞見與賞游日記;卷三《歸來補遺》記返程中日時事件也。

案是書卷首申轍求序,謂金氏日記"首書崇禎,嚴扶《春秋》之義理;條列分注,摹寫《太史》之風神;援古參今,深辯傳聞之訛謬。至於道路夷隘,驛置修近,華制沿革,蒙譯異同,無不摸畫畢記"①。此所謂"首書崇禎"者,金氏日記正文首書"崇禎紀元後四周辛丑我聖上八年清道光二十一年",並釋之曰"燕巖《渡江錄》輒諱'崇禎紀元'四字,只書後某干支,其注詳言其意,余則不然,書法光明無諱,大書曰'崇禎紀元後',文體雖異,事意則同,觀者幸勿嘲矣"。② 然其十一月二十九日行至迎水寺時又稱,"我國曆書則至月大,臘月小,而皇曆則至月小而臘月大,人既赴燕,則勢當從皇曆,故以今日爲至月晦日,未知孰是"③。此則又從清朝曆法,可謂兩端之見,令人"勿嘲"亦難矣。

其書於渡江後露次設幕,入栅後車載卜物,沿路軍牢三吹入店,店主擊柝警守車卜行要,自紅花店送書者至玉河館修理館舍,入館後提督來頒《搢紳案》時憲書於三使,並供及炕氈各一張於三使臣等使行例規,多有載記,詳於他家所記。而除夕之夜,他鄉孤館,思親之心,倍艱堪抑,望鄉之懷,果多悵黯,終宵不寐,如有所失,孤館覊懷,無所寫遣,乃至不覺眩然流涕。而返程在甜水站前,得家書二封,皮封皆書以"家國太平"四字,自車中忙手先坼追出書封,略覽梗概,知家中皆安,喜盡不可量。④ 還家之後,"先爲拜面於兩堂,則氣體候康寧,且家中內外眷率俱安,豈非大喜幸之事乎! 乃出外堂,親朋雲集,面面叙舊,日已夕矣"⑤。此等記述,情真意摯,皆頗爲感人。又其在館期間,得交中國士大夫馮志訢、徐士穀、黄贊湯、何拭等,交相往還,筆談賑物,亦是客中慰懷之一端也。

時清朝與英國等交惡,戰雲密布。金氏一行往北京途中,自乾子鋪至

---

①金貞益《北征日記【原題辛丑北征日記】》卷首申轍求序,《燕行錄續集》,135/198—199。
②金貞益《北征日記【原題辛丑北征日記】》卷1《行邁程史》,《燕行錄續集》,135/205。
③金貞益《北征日記【原題辛丑北征日記】》卷1《行邁程史》,《燕行錄續集》,135/242。
④金貞益《北征日記【原題辛丑北征日記】》卷3《歸來補遺》,《燕行錄續集》,135/443。
⑤金貞益《北征日記【原題辛丑北征日記】》卷3《歸來補遺》,《燕行錄續集》,135/460—461。

通遠堡宿路中遇朝鮮皇曆賫咨官,略聞彼中消息,則以爲英吉利國經歲擾邊,迄未解兵。① 又在杏山堡宿,金氏謂本當宿高橋堡,而聞以英吉利國備禦事,軍兵千餘名見方留陣店舍,有難便之患云,故宿站進占於此。② 又自望海亭歸路,見平原處處軍幕相連,各設和門大炮,或埋或設深溝堅守,而其軍卒個個是朔方健兒,其數可萬餘人云。蓋以英吉利國浮海標掠,出沒無常,故以爲防禦而然也。金氏觀察當時"左右民户,晏然奠業,少無驚虞之意,雖以此觀之,亦可謂大國也"③。時東北局勢,尚未成累卵之勢,故金貞益如此説,然不旋踵間,鴉片戰事再起,俄羅斯、日本趁火打劫,清廷即陷入無已之災難矣。

0868-1841

吴繼淳《壬寅聞見事件》(《同文彙考補編續·使臣别單二》 活字本)

案吴繼淳有《辛卯聞見事件》(0833-1831),已著録。其以首譯身份出使事由,詳參前韓宓履《壬寅聞見事件解題》(0866-1841)。

此《聞見事件》一條,記鴉片戰事中,前後戰亡人忠節尤著者,葛雲飛、鄭國鴻、王錫朋、陳連升、關天培、祥福、沈點鰲、洪達科等八人,建立專祠,以慰忠魂,子孫録用焉。

0869-1841

李尚迪《辛丑燕行詩》(《叢刊》第312册《恩誦堂集詩》 刻本)

案李尚迪有《己丑燕行詩》(0825-1829),已著録。李氏此次以譯官身份出使事由,詳參前韓宓履《壬寅聞見事件解題》(0866-1841)。

憲宗七年(1841),李尚迪隨冬至等三節年貢兼謝恩使判中樞府事李若愚等入燕,爲其第五次出使。其《恩誦堂集詩》卷六所收《九日渡江别天行》《宿通州城外贈山東王之城》《初度日偶題》《燕館得王子梅書》《題

---

①金貞益《北征日記【原題辛丑北征日記】》卷1《行邁程史》,《燕行録續集》,135/235。
②金貞益《北征日記【原題辛丑北征日記】》卷1《行邁程史》,《燕行録續集》,135/264。
③金貞益《北征日記【原題辛丑北征日記】》卷1《行邁程史》,《燕行録續集》,135/282。

劉芝巖待詔肇銘靈芝圖》《淶陽章貞女……即題二絶》《楊墨林席上……賦長句謝之》等八首詩，即此次燕行所作。尚迪弟天行亦爲譯官，兄弟彼往我還，疊次出使，故其詩有"天涯同作客，九日獨長征"之喻也①。

此次來京，所交有劉肇銘（芝巖）、楊尚文（墨林）、馮志沂（魯川）諸人，劉氏畫松贈尚迪，尚迪亦題其《靈芝圖》。時王鴻在魯，有札來燕館通問消息，尚迪答以"近狀勞勞何足問，黃塵烏帽負平生"焉②。

0870-1842
趙鳳夏《燕薊紀略》（《續集》第136册；《日本所藏編》第2册　鈔本）

出使事由：冬至等三節年貢兼謝恩行
出使成員：正使興寅君李最應、副使禮曹判書李圭祊、書狀官司僕寺
　　　　　正趙鳳夏等
出使時間：憲宗八年（道光二十二年　1842）十月十九日—翌年三月
　　　　　三十日

趙鳳夏，豐壤人。秉鉉子。憲宗五年（1839），黃柑試居首，直赴殿試。六年，爲奎章閣待教。八年，以兼司僕寺正銜出使中國。哲宗朝，任吏曹參議。高宗時，任成均館大司成、禮曹判書、漢城府判尹、吏曹判書等。有《燕薊紀略》四卷傳世。事見憲宗、哲宗、高宗《實錄》等。

憲宗八年（道光二十二年　1842），朝鮮遣冬至兼謝恩正使興寅君李最應、副使禮曹判書李圭祊、書狀官司僕寺正趙鳳夏等入燕，凡人共二百六十七員，馬共一百六十一匹，包一千二百五十包，規模亦自不小。一行於當年十月十九日發王京，翌年三月三十日返京覆命焉。

案趙鳳夏《燕薊紀略》四卷，缺第二卷，一函三册，鈔本。第一卷記自壬寅六月二十二日承王命受點，八月望後設乾糧廳準備盤纏，十月十九日發自王城，至臘月二十日抵燕京；第二卷爲記留館期間諸事，今全卷缺略；第三卷記癸卯二月初六日離玉河館，至三月二十九日返京，卷末附記山

---
①李尚迪《恩誦堂集詩》卷6《九日渡江別天行》，《韓國文集叢刊》，312/193。
②李尚迪《恩誦堂集詩》卷6《燕館得王子梅書》，《韓國文集叢刊》，312/193。

川、道路、城闕、宮室、寺廟、耕稼、衣服、飲食、菜果、茶藥、穀種、魚肉、柴炭、器用、舟車、男女、言語、儀禮、科宦、婚喪、畜物與胡藩諸般見聞；第四卷則詳錄上下一行人馬、柵內衙門官人職名、歲幣盛京截留包數、盛京歲幣截留時官人職名、清皇帝姓諱及在位陵號、四譯館官人姓名、年貢歲幣二起方物移准式、應給饌物式、留館時應行公役、賞賜物件、琉球國進貢使臣一行官職姓名、彼地道里小站、先來狀啓、比包狀啓、十八省一歲所納銀穀總數、諸般奏表謝恩咨文十三度、道里排站陰晴日記啓本附聞見事件等。

　　趙氏所記，在諸家燕行錄中，且詳且盡，較朴趾源諸人更爲詳明。其於所經之地，詳載其地歷史沿革、地形地貌、物産風俗及耕戰掌故等，文字流暢，纖悉靡遺。尤其記赴燕下人馬匹之來自諸道，八包之法與搜檢之制，率帶人員之選拔，一行出柵時之著裝打扮，在柵賃車之制，與夫沿途所遇奇幻獨特之事，所記亦較諸家爲詳。若諸家記中後所帽廠，多語焉不詳，而是書詳記製帽原料及工序，有極大之參考價值也。最可惜者，其在北京時所聞所見，全卷皆闕，實爲憾事也。又其記中，多處載在某地有詩作，不知趙氏是否有別集傳世，當別爲詳考也。

　　又趙氏自西路至瑞興龍泉館，"天甚寒，一行人面，皆如凍梨色"①。遂有感症，夜復添緊，遂一路服藥不止，入中國至撫寧縣，感祟添劇，頭痛大作，不能安坐，昏昏不省。上、副价以雙轎換其車，眷眷調護。其間報服湯丸諸藥甚多，於研覈當時治病之術，亦極有裨益者也。

　　又其《聞見事件》中所言中國官員如楊芳、湯金釗、王鼎諸事，皆與史相合，唯史稱王鼎自縊死，此稱吞金而卒，是爲異也。

0871-1842
趙鳳夏《癸卯聞見事件》(《同文彙考補編續・使臣別單二》　活字本)

　　案趙鳳夏有《燕薊紀略》(0870-1842)，已著錄。
　　此《聞見事件》二條，一記清朝開國於甲申，自順治元年計今道光二

---

①趙鳳夏《燕薊紀略》卷1，《燕行錄全集日本所藏編》，002/104。

十三年,恰爲二百年,昨冬朝臣據乾隆十一年稱賀國祚一百年之例,奏請於今春合有二百年升平稱賀之舉,道光帝以邊虞未靖,遂停免。又記嘆夷之難近稍寢息,然退處兩廣洋面諸處,外若交易,心實不服,故兩廣總督將軍等,屢請邊備不可少緩,原設炮火外,連加飭造,又粵東吏民殷富好義者及鹽商輩,所捐銀錢共一百八十餘萬兩,賞賜伊輩花翎各有等差。

又稱廣東濱海之地,各種嘆夷有紅鬼子、黑鬼子、白鬼子之稱,諸般部落交易互市處,名曰"十三行"。蓋因嘆部爲十三,故有此號也。而其種昨年冬與中國人買賣貨物之際,多不償直,輒欲搶奪,官長者亦不敢禁戢,有識者皆有國無良將之歎,朝令之禁斷鴉片烟,不遺餘力,或有暗藏,往往彼捉按法。蓋其綱紀猶有可觀,而設有潛吸,不敢如前狼藉云云。①

案道光二十年(1840)六月,侵華英軍總司令懿律率艦隻四十餘艘、士兵四千餘名,於六月封鎖珠江口,鴉片戰爭爆發。英軍七月占定海,八月至天津大沽口外,直逼京畿。道光帝撤林則徐而以琦善爲欽差大臣,與英人談判。翌年正月,英軍占領香港,二月攻陷虎門,水師提督關天培殉國,五月訂《廣州條約》。八月英軍北犯,攻陷廈門,九月侵犯臺灣,十月陷定海、鎮海、寧波。二十二年六月,侵占上海,八月抵江寧江面。清廷派盛京將軍耆英與英國簽訂喪權辱國之《南京條約》。清廷割讓香港於英國,並賠款兩千一百萬元,開放廣州、福州、廈門、寧波、上海五口通商,以及英國協定關稅權、領事裁判權、片面最惠國待遇等特權。嗣後,列強踵至,美國、法國等,亦强迫清廷簽訂不平等條約。趙鳳夏等出使時,戰事已停,清廷雖仍整飭邊防,以待不虞,然國力衰敝,已勢難再振矣。

趙氏又記,"大抵近來滿漢文武大官,益不相能,而漢人之投入於嘆夷者無數,戰鬪之時,陰護漢人,故皇帝轉生疑慮。東南大官,專任滿人,則乘時貪賂,見賊逃避,猶或諉罪。漢人雖殫誠效力,爲滿人所節制,不能盡意防禦,輒未免禍敗。且漢人之老成有聲望者居多,黜免大學士湯金釗,以不善辦理嘆夷事,曾已革職外補四品職,昨年秋引病告休,將軍楊芳亦引病還籍。漢大臣王鼎治河而歸,引見時條陳嘆難守禦之得失,因請用漢

①趙鳳夏《燕薊紀略》卷4《聞見事件》,《燕行録全集日本所藏編》,002/233—234。

人,語多不諱,退構遺疏,極言時事,即夜吞金而殁,其子沆畏約不敢呈其疏,至今皇帝仍不補缺"云①。

0872-1842
李尚迪《壬寅燕行詩》(《叢刊》第 312 册《恩誦堂集詩》 刻本)

案李尚迪有《己丑燕行詩》(0825-1829),已著録。李氏此次以譯官身份出使事由,詳參前趙鳳夏《燕薊紀略解題》(0870-1842)。

憲宗八年(1842),李尚迪隨冬至兼謝恩使興寅君李㝡應等入燕,是其第六次出使。其《恩誦堂集詩》卷七所收《冰渡瀩水》《張仲遠曜孫囑題比屋聯吟海客琴樽二圖》《過慈仁寺》《發燕館》《射虎石》《留柵門》《回渡鴨江》諸詩,即作於此次出使途中也。

李氏此次在京逗留時,過慈仁寺,憶及丁酉(道光十七年 1837)來京,曾與黄爵滋、端木國瑚、汪喜孫、陳慶鏞屢有文酒之會,而今歲端木氏歸道山已五年,其餘諸君皆不在都,故思緒愴然,有"法源迴首相隣近,一樣鴻泥舊迹聯"之慨焉②。尚迪又曾購一古硯於燕市,右側刻林佶銘。尚迪得之,喜不能禁,兩年後作詩稱"舊澤摩挲窪更好,爲曾供寫阮亭詩"③。案林佶爲康熙時書法名家,曾爲王士禛手書詩版,故尚迪詩有如是説耳。又李氏此行覓得桂馥《晚學集》八卷,惲敬《大雲山房文稿》六卷,返國後寄呈其師金正喜,時金氏時流配於濟州焉。

案李尚迪詩,又有爲舊友張曜孫題《比屋聯吟》《海客琴樽》二圖。今考《比屋聯吟圖》凡兩幅,一爲張氏表妹湯嘉名所繪,有"包女令娌""字孟朧"諸印,則爲張曜孫夫人包孟儀(包世臣女)印也。一爲王昀所繪《比屋聯吟圖》。昀字子能,太倉人。婁東畫派王原祁後裔,王麟孫從子。善山水。此畫爲手卷,設色紙本,有魏源、馮桂芬、王鴻、汪藻、梅曾亮等近五十家題詩題跋,李尚迪所題爲《奉應仲遠仁兄囑題比屋聯吟圖》。此畫曾顯

---

①趙鳳夏《癸卯聞見事件》,《同文彙考補編續·使臣別單二》,004/3805。
②李尚迪《恩誦堂集詩》卷 7《過慈仁寺》,《韓國文集叢刊》,312/195。
③李尚迪《恩誦堂集詩》卷 9《癸卯春購一古硯於燕市右側刻林佶銘追鑴一絶其左》,《韓國文集叢刊》,312/199。

於2015年保利十周年秋季拍賣場,今不知爲誰氏枕中秘矣。

　　案張曜孫(1808—1863),字仲遠,號升甫,晚號復生,清江蘇武進人。張惠言之侄。道光二十三年(1843)舉人。咸豐初,擢漢陽同知。太平軍克漢陽,自縊未遂。後以道員補用。精於醫,擅詩文。有《産孕集》《楚寇紀略》《續紅樓夢》《謹言慎行好之居詩集》十八卷等。事見繆荃孫《續碑傳集》卷三六莊受祺《湖北候補道張君墓誌銘》、張惟驤《清代毗陵名人小傳》等。曜孫父琦,字翰風,爲名醫。琦妻湯瑶卿,生四女:緯英、𣁽英、綸英、紈英,皆爲曜孫姊行。緯英(1792—1842)字孟緹,婿刑部員外郎吴贊(1785—1849),有《澹竹軒詩初稿》四卷、《澹竹軒詞》一卷,據李尚迪之説,"時人擬之曹大家"焉;次女𣁽英,字緯青,年三十即卒,有《緯青遺稿》一卷,婿爲江陰章政平;綸英(1798—1844),字婉紃,精書法,能爲尋丈大字,有《緑槐書屋詩稿》及詞集共五卷,婿同邑監生孫劼;紈英(1800—1881),擅書畫,攻篆法,有《餐風館文集》二卷《鄰雲右月之居詩初稿》四卷等。曜孫合編爲《陽湖張氏四女集》。紈英婿王曦(1798—1846),字季旭,太倉人。爲"婁東四王"之一王原祁五世孫。張氏四姊妹之夫,皆贅於張家,然多早逝。紈英復有四女:采蘋、采繁、采藍、采藻,號"王氏四女"焉。故張氏一門三代,姑娣甥女,皆能詩書繪事,儕輩莫京,故雖貧弱不達,而爲陽湖名族焉。

　　又《閨秀詞話》卷二:"張仲遠觀察有《比屋聯吟圖》,錢塘沈湘佩女史善寶題《壺中天詞》,有序云:'仲遠大令曁德配孟儀夫人令姪,性均孝友。與叔姊婉紃、季姊若綺兩夫人,伉儷同居,家政悉咨叔姊,遵尊甫翰風先生遺命也。兩夫人善詩古文詞。婉紃夫人尤喜作擘窠大字。孟儀夫人嗜文學,工漢隸。姑娣切磋,交相愛敬。姊婿孫叔獻、王季旭兩先生,皆抱經濟文章之士。大令才兼三絶,相與商榷古今,嘯歌風月,情義如昆弟焉。其中表妹湯碧痕女史嘉名,爲繪《比屋聯吟圖》。'詞云:'蘭姨瓊姊,喜仙鄉共住,團圓骨肉。阿弟多才夫婿雅,萬卷奇書同讀。秋月宵澄,春花晨艷,消受清閒福。劉、樊、趙、管,人間無此雍睦。更憐繞屋扶疏,樹皆交讓,玉笋抽叢竹。相約臨池邀覓句,無問雨風寒燠。花萼交輝,鴛鴦比翼,樂事天倫足。重逢官舍,傷心偏少徐淑。'"

道光十七年(1837),李尚迪與張曜孫等會於北京,吳廷鈐爲其繪《海客琴樽圖》。二十五年初,李氏、張氏等再聚於京城,張氏請吳儁繪《海客琴樽》第二圖。王鴻等又繪《春明六客圖》,李氏又有《玉河聽蟬圖》。諸圖中人物,多有換置,然尚迪皆與焉。一時名流,題詠殆遍,傳爲盛事矣。

案李尚迪所題詠之《比屋聯吟圖》凡三首,爲王昀所繪焉。題《比屋聯吟圖》曰:"步屧從容三兩家,唱妍酬麗寫烟霞。夢殘春草池塘後,無恙東風姊妹花。""是處朱陳自一村,宦游人有滯金門。大家消息三千里,欲寄郵筒更斷魂。""金刀莫報四愁詩,話雨燕山未有期。我亦歸田多樂事,東西屋裏讀書時。"李氏目睹二圖,他鄉漂泊,前路茫茫,頓生客愁,故又有"青衫何事滯春明,書劍飄零誤半生"之慨矣。①

0873–1843
吴繼淳《甲辰聞見事件》(《同文彙考補編續‧使臣別單二》 活字本)

出使事由:冬至等三節年貢兼謝恩行
出使成員:正使判中樞府事李穆淵、副使禮曹判書俞星焕、書狀官兼
　　　　司憲府掌令金鏴等
出使時間:憲宗九年(道光二十三年　1843)十月二十四日—翌年三
　　　　月二十八日

案吳繼淳有《辛卯聞見事件》(0833–1831),已著録。

憲宗九年(1843),朝鮮難民高尚葉等漂到江蘇,清廷差通官德英解到義州;又康春化等漂到浙江,順付節使帶回。冬,朝鮮遣冬至等三節年貢兼謝恩使判中樞府事李穆淵、副使禮曹判書俞星焕、書狀官兼掌令金鏴等入燕,進三節年貢,謝賜物、謝上年冬至陪臣參宴並謝漂民出送等件。一行於十月二十四日發王京,翌年三月二十八日返京覆命。

此《聞見事件》一條,載番羌越騰數反復侵擾,官兵前期預調經費銀,凡詳列河克蘇、烏什、葉爾羌、巴爾克、塔爾巴哈台、和闐、喀喇沙爾、客什

---
①李尚迪《恩誦堂集詩》卷7《張仲遠曜孫囑題比屋聯吟海客琴樽二圖》,《韓國文集叢刊》,312/195。

喝爾、英吉沙爾、伊犁等地官兵一年所需經費銀若干兩,每皆在萬兩至數十萬兩不等云。

0874-1843
卞鍾運《甲辰燕行詩》(《叢刊》第303册《歠齋集》 活字本)

卞鍾運(1790—1866),字朋七,號歠齋,密陽人。純祖九年(1819),中漢學譯科。爲譯官。曾於純祖三十四年(1834)、憲宗九年(1843)兩度出使中國。有《歠齋集》七卷傳世。事見《歠齋集》李裕元、洪顯普等序,韓敬重、卞春植跋文與《承政院日記》等。

案卞鍾運出使事由,詳參前吴繼淳《甲辰聞見事件解題》(0873-1843)。

卞鍾運《歠齋集》七卷,鉛活字本,詩鈔四卷、文鈔三卷,前有李裕元、洪顯普、李載元、卞元圭序,末有韓敬重、卞春植跋文。詩以體裁編卷,燕行詩若五絶《遼野》《黄金台》、七絶《瀋陽途中觀獵》《早發玉河館》《大凌河》《瀋陽付家書》、五律《舊遼東》《夷齊廟》《不河漫吟》、七律《姜女廟》《長城》等二十餘首,散見於前四卷詩中,似多爲後次出使時所作。又《文鈔》卷二《滹沱河説》,亦爲入燕時所作焉。洪顯普謂卞氏"爲文薰染兩京,根柢韓歐,淵源有自","詩學三唐,汎濫兩宋。蒼健古雅,務祛浮靡。隆萬以來綿弱輕清之風,睨而不屑,故不合時眼,是今非古,未免昌黎大小慚之歎,慷慨鬱怫之氣,尋常隱映於楮墨間"。① 李裕元謂"其詩高古避僻,其文灝噩戒險"②。今觀其所作,詩學中晚唐,務祛浮靡則是也;而蒼健古雅,深微綿邈則未必然矣。

0875-1844
興完君李㝡應、權大肯《乙巳狀啓》(《同文彙考補編續·使臣别單二》 活字本)

出使事由:冬至等三節年貢兼謝恩奏請行

---

① 卞鍾運《歠齋集》卷首洪顯譜序,《韓國文集叢刊》,303/004。
② 卞鍾運《歠齋集》卷首李裕元序,《韓國文集叢刊》,303/003。

出使成員：正使興完君李㝡應、副使禮曹判書權大肯、書狀官兼司憲府掌令尹穧等

出使時間：憲宗十年（道光二十四年　1844）十月二十六日—翌年三月二十八日

興完君李㝡應（1816—1875），全州人。朝鮮王朝宗室。憲宗朝，爲都總管。十年（1844），曾以奏請兼謝恩冬至等三節年貢行正使，率一行入中國。高宗朝，謚文簡。事見純祖、憲宗、高宗《實錄》與《承政院日記》等。

權大肯（1790—?），字季構，安東人。純祖朝，爲藝文館應教、司諫院正言等。憲宗時，任司憲府執義、司諫院大司諫等。哲宗時，陞漢城府判尹、刑曹判書、禮曹判書等。事見純祖、憲宗、哲宗《實錄》與《承政院日記》等。

憲宗九年（道光二十三年　1843）十月，以憲宗王妃金氏（1828—1843，即孝顯王妃，安東金祖根女）薨，朝鮮遣禮曹參判沈宜升、書狀官兼司憲府持平徐相教入北京告訃。翌年十月，清廷派柏葰賫敕至朝鮮致祭。朝鮮復遣奏請兼謝恩冬至使興完君李㝡應、副使禮曹判書權大肯、書狀官兼掌令尹穧等入燕，奏請冊封洪氏（1831—1903　安東洪在龍之女）爲新王妃，並謝賜祭、請告訃陪臣賜食等事。一行於十月二十六日發王京，十一年三月二十八日返京覆命焉。

此《聞見事件》一條，記敕行通官提督福瑞差定六員，通官如是數多，極爲可憫，故使任譯別般周旋以減額。二十八日，御史特克慎上疏備陳貽弊之端，請簡派通官一員多則二員爲宜，則當日奉上諭通官減定一員，嗣後亦依此舉行，而使禮部纂入則例，永遠遵行焉。

0876-1844
尹穧《乙巳聞見事件》（《同文彙考補編續·使臣別單二》　活字本）

尹穧，生卒籍貫不詳。純祖三十三年（1833），黃柑試居首，命直赴殿試。憲宗朝，爲司諫院大司諫。哲宗時，任安東府使、吏曹參判、成均館大

司成等。事見純祖、憲宗、哲宗《實錄》與《承政院日記》等。

案尹穧出使事由,詳參前興完君李最應、權大肯《乙巳狀啓解題》(0875－1844)。

此《聞見事件》兩條,一記道光帝以户部庫儲之漸致虚耗,嚴飭查檢,則自嘉慶五年以後,本部尚書、侍郎大小官之逋銀,合爲九百二十五萬兩。帝諭以生存者全數賠奉,已死者特令蠲半徵之於子孫,迄於昨秋捧納入庫。其生存而賠納者如大臣穆彰阿,已死而徵半於子孫者如道臣劉喜海等。大抵上下四十餘年之間,居内職而蠹國財者若是夥,"然則至於外省州縣經用之虚縮,推此可知"①。又記喛夷尚據廣東、福建、浙江等省濱海之地,設馬頭管理其土地人民,食其賦稅,擅其生殺,朝廷全主羈縻,講和之後,勒索九十萬而後肯罷兵。荷蘭等三國,亦欲效尤,肆喝百端,朝廷輒與之金繒以羈縻之,"財貨漸至枯竭,民生從而困瘁,漢人之有識者,莫不憂歎"云②。

0877－1844
李尚迪《甲辰燕行詩》(《叢刊》第 312 册《恩誦堂集詩》 刻本)

案李尚迪有《己丑燕行詩》(0825－1829),已著録。李氏此次以譯官身份出使事由,詳參前興完君李最應、權大肯《乙巳狀啓解題》(0875－1844)。

憲宗十年(1844)冬,李尚迪隨冬至等三節年貢兼謝恩奏請使興完君李最應等入燕,爲其第七次出使中國。先是上年十月,憲宗妃金氏薨。今歲二月,清廷遣柏葰等至朝鮮致祭。李尚迪以爲譯員,曾伴送柏葰一行至義州,深得賞識,所謂"鯫生偏荷眷,難得是知音"③。時李氏已與黄爵滋八年未見,故委托柏葰"他時倘得黄公訊,爲報相思滿月如"焉④。

李尚迪此次入燕,舊雨新交,所接不多,故心緒落寞,有"人生一醉尋

---
①尹穧《乙巳聞見事件》,《同文彙考補編續・使臣别單二》,004/3805。
②尹穧《乙巳聞見事件》,《同文彙考補編續・使臣别單二》,004/3806。
③李尚迪《恩誦堂集詩》卷 7《留龍灣懷柏静濤侍郎》,《韓國文集叢刊》,312/196。
④李尚迪《恩誦堂集詩》卷 7《次柏静濤正使清川江韻》,《韓國文集叢刊》,312/196。

常事,良友良宵得幾多"之悲①。所幸返國後,憲宗賜以田土藏獲甚豐,故尚迪感而賦詩,稱"寵錫煌煌不可名,臣惟匪分誠繁纓。民人勝似封侯貴,田土多於賜第榮。從此詹門添一力,他時負郭代躬耕。奚囊携得康衢月,擊壤聲中和太平"也②。

又此次在館期間,李尚迪購得賀長齡纂《皇清經世文編》,歸國後寄呈流配濟州島之金正喜,金氏爲其繪《歲寒圖》以贈,李氏後次出使,即携其圖入北京矣。

0878-1844
尹程《西行録》(《續集》第 137 册　鈔本)

尹程(1809—?),字惠泉,籍貫事迹不詳。憲宗十年(道光二十四年1844),隨其兄尹穧出使中國。時與中國士大夫交往,有"惠泉舉進士十年,猶未得大科"之語③。知其曾舉進士,然久未得科。任檢書官、陽川縣令等。有《西行録》傳世。事見《西行録》《承政院日記》等。

案尹程出使事由,詳參前興完君李㝡應、權大肯《乙巳狀啓解題》(0875-1844)。

尹程《西行録》二册二卷,鈔本,爲尹氏燕行日記,所作詩歌二十餘,隸於當日之下。其書封面左上大字楷題"西行録乾"(另一册爲"坤")。尹氏爲觀光中國,以軍官身份隨其族兄書狀官尹穧入燕。其書前自序稱"凡作尋常文字者,或有構空樓閣,忽開異境;或遇物興比,顛倒縱横;或據實添附,條理巧繁。至於記聞録見等文,亦不無疵謬。文勢豪放,不覺失實;筆端裁婉,已多反真。此固大欠。余略見燕行日記,每有此失,或指無

---

① 李尚迪《恩誦堂集詩》卷 7《懷蓉湖醉月素心堂夜讌二圖》其一,《韓國文集叢刊》,312/197。
② 李尚迪《恩誦堂集詩》卷 7《四月二日奉教祇領田土藏獲之賜恭賦紀恩》,《韓國文集叢刊》,312/198。
③《西行録》記載,張縣令送來書及詩等,其詩曰"千年選舉通中外,一第艱難自古今",詩注稱"惠泉舉進士十年,猶未得大科"。詳參尹程《西行録》卷 2,《燕行録續集》,137/165—166。

曰有,或以虚謂實。論十武之近,而必曰百步之遠;言一丈之高,而必曰十尋之峻。此烏在其見所見、聞所聞之意哉! 蓋記其事錄其狀者,至極大極壯處,能盡其形説其真,然後方可,若已失實於不失實處,其添附增虚,不過微細,則是失實中最甚,而不知誇壯者也"①。又謂行前其母教曰:"余多見燕行日記矣,士之游觀者,不可無記事錄見等文字,汝於今行,詳記聞見來,俾余一覽焉。余承命拜辭,發到慕華館。"②蓋由此二因,尹氏此記,叙沿途所聞所見,文字潔净,不事奇談,有事則長,無事則短,寫景議論,亦平實可觀焉。

尹程所記文字,最與諸家不同者,爲其論中國車制及其實效,其謂車自黄帝時創制,以至於今。其作用猶同"能行之屋,用旱之舟"。"中國之財貨殷富,關東、陝西、浙閩、巴蜀之遠,而巨商大賈及挈眷赴官者,車轍相續,萬物不滯一方,流行天下,此皆用車之利也。我東則西土之民,或不知東土之物,南方之人,或不知北方之産。夫六鎮之麻布,關西之粉紬,湖南之笋楮,海西之綿鐵,内浦之魚鹽青,報恩之大棗黄,鳳山之甘梨康,海南之橘榴林,韓山之苧枲淮,金城之蜂液,皆生民日用,莫不欲相資而相生者,而或聞名而不見者,何也? 無可致耳。彼賤此貴,其價懸殊者,何也? 輸運不便耳。環東土數千里之内,生民産業,莫不貧困者,何也? 車不用之故也。今吾目見幾百輛,載之如阜,乘之如流,其乘車曰太平車……自柵至京,不見馬馱牛卜,都有車爲,載旨載牽,攸往無咎,生民利器,莫緊於車矣。我東緣何不用也!"③此論車之用,可謂周至,然車必造於人,而行於路,亦當時國力與經濟實力之體現,以朝鮮之人力經濟及其當時之道路,即有大車,亦難周行其路矣。

又書末附"朝鮮賞單",分别爲"萬壽聖節貢賞""年貢賞",最末爲"文職官階品級頂服俸禄""武職官階品級頂服俸禄",蓋鈔自當時《搢紳便覽》之類,於研讀當時中國官員俸禄,頗可參資焉。

————————
①尹程《西行録》卷1,《燕行録續集》,137/012—013。
②尹程《西行録》卷1,《燕行録續集》,137/013。
③尹程《西行録》卷2,《燕行録續集》,137/174—177。

0879-1846

朴永元《燕行日錄》(《續集》第137—138冊;《日本所藏編》第2冊 鈔本)

出使事由:進賀兼謝恩行

出使成員:正使判中樞府事朴永元、副使禮曹判書趙亨復、書狀兼司憲府執義沈熙淳等

出使時間:憲宗十二年(道光二十六年 1846)三月十二日—六月二十二日

朴永元(1791—1854),字聖氣,號梧墅,一號石萊堂,高靈人。鍾淳子。純祖十六年(嘉慶二十一年 1816)試春到記制居首,擢殿試丙科。爲弘文館修撰、全羅道觀察使、成均館大司成、吏曹參議等。憲宗朝,爲工曹判書、刑曹判書、禮曹判書、咸鏡道觀察使。哲宗時,任兵曹判書、議政府右議政、左議政判中樞府事等。稟性篤實,持己簡重。文學典雅,規模縝密。立朝四十年,按四節掌六部,以至於三事,而終始一節,惕畏謙抑。家無長物,門無雜賓。卒諡文翼。有《梧墅集》十六冊傳世。事見《梧墅集》卷一四附錄朴道彬《行狀》、第一五冊趙然興《墓誌》、鄭元容《諡狀》與純祖、憲宗、哲宗《實錄》等。

案是稿爲鈔本,三卷三冊,藏日本天理圖書館今西文庫。全稿爲具注曆及《周禮》刊本廢紙背面謄鈔,或楷書,或行草,則因鈔手不同故耳。每頁僅四行,行疏字大,然複製本字迹,與原紙文字重沓,使正文不清,識讀極難,偶有校字,間有缺角缺字。書前楷書題"燕行日錄上",不題撰者名氏,夫馬進考作者爲朴永元者也。

案道光二十五年八月壬辰,詔皇太后七旬萬壽,免道光二十年以前實欠正雜田賦。冬十月甲午,加上皇太后徽號曰恭慈康裕安成莊惠壽禧崇祺皇太后。翌年三月,朝鮮爲賀皇太后七旬加上徽號,遂遣判中樞府事朴永元爲進賀兼謝恩行正使、禮曹判書趙亨復爲副使、兼執義沈熙淳爲書狀官赴燕,兼謝前次詔書順付等事也。一行於三月十二日拜表出發,四月初三日渡江。都合人二百零六人,馬一百一十五匹。五月初二日抵北京,二十八日發北京,閏五月二十九日出柵,六月二十六日返京。在皇城時久旱,皇帝屢行親禱。五月念後始得雨,至瀋陽後多雨,一路淹滯,到柵後又

阻水留滯七日,故歸途水潦,極不順暢者也。

朴氏此記,夫馬進以爲乃"本書屬於一部記述單調的日記,幾乎感覺不到著者的真實心情"①,其説是也。記中所述沿途山川、城池、人物,無非鈔自《明一統志》《清一統志》諸書,尤以洪敬謨《燕雲游史》與李商鳳《北轅録》爲多,夫馬進以爲其對東岳廟的記載"與李商鳳書中的長篇記述幾乎完全相同"②。而在瀋陽書院,曾與教授張震筆談;北京留館期間,與大理寺少卿李勻、八旗教習沈亨惠、翰林趙振祚、教習張穆等相見筆談,謂趙與張"皆俊碩淳厚,張尤淹博"③。歸途時在沙河與店主張鵬翮筆談,論及滿漢是否通婚、是否守三年之喪、夫婦結婚禮儀等事。朴氏又記沿途所雇車,在北京時,爲車夫輩操切,"每車給銀二十兩,比當初論價爲四五加矣",又謂"使行時,書狀乘車,使臣之子弟軍官乘之,首譯之年老者控告使行,使行許之,然後始乘之,餘外則不敢生意矣。自近十年以來,次次開路,今至於無人不乘,以不乘車爲羞耻。今番,別行也。無商賈之出入,而乘車、卜車合過三十輛,冬行則多至數百輛云。以我國極貴之銀貨,浪費於冒乘之軒資者,歲當以近萬兩爲計,此已可惜,而至於放料軍官、上判事、馬頭輩,非車則不行,故舉行自致稽漫,若值春泥夏潦,則以車多之故,使行無以排日准站,種種葛藤,亦緣於此,紀綱到此,良可寒心"。④ 此則爲他書所不載者,於研究燕行使雇車之事,頗有用焉。

0880-1-1846;0880-2-1846
朴永元《梧野燕槎録》(《續集》第 138 册;《叢刊》第 302 册《梧野集》 刻本)
朴永元【原題李憲球】《石來堂燕槎録》(《續集》第 137 册　鈔本)

案朴永元有《燕行日録》(0879-1846),已著録。

---

① [日]夫馬進著,伍躍譯《朝鮮燕行使與朝鮮通信使——使節視野中的中國・日本》,第 251—252 頁。
② [日]夫馬進著,伍躍譯《朝鮮燕行使與朝鮮通信使——使節視野中的中國・日本》,第 252 頁。
③ 朴永元《燕行日録》卷下,《燕行録全集日本所藏編》,002/370。
④ 朴永元《燕行日録》卷下,《燕行録全集日本所藏編》,002/382—383。

是書輯自朴永元《梧野集》,首頁首行頂格刻"梧野集卷之",第二行頂格刻"燕槎録詩",爲朴氏燕行途中所作詩,近百一十首,偶有與副价趙亨復唱和者。其詩若《弘濟院上馬》《閭陽驛途中吟成》《蘆溝橋》《追次副价薊門烟樹》《登角山》諸詩,模山範水,縱筆豪放,揮灑自如,亦頗稱能詩者焉。

又《燕行録續集》第一三七册,收有李憲球《石來堂燕槎録》①,鈔本。封面左上楷題"石萊堂草稿一",右上小字四行爲"燕槎録""朝京録"等。

考李憲球(1784—1858),字稚瑞,號菊軒,全州人。健命玄孫。純祖十四年(嘉慶十九年 1814),仁政殿試製居首,直赴殿試。事純祖、憲宗、哲宗三朝,官至吏曹判書、禮曹判書、議政府左議政、判議政府事、判中樞府事等。

然夷考本卷詩,實則非李憲球之作,乃朴永元此《燕槎録》也。其詩第一首《松京道中》詩題下注"丙午",丙午爲憲宗十二年(道光二十六年 1846),而李憲球以謝恩兼冬至使身份,率副使禮曹判書李同淳、書狀官司僕寺正李裕元等出使,在此前一年也。又首頁"副价趙侍郎稚陽行中……示副价"詩題,《梧野集》於"稚陽"下添小注"亨復"二字,即朴氏一行副使趙亨復,而李氏一行副价爲李同淳,故絶非一人可知。又第一三七册封面題"石萊堂草稿",朴永元一號"石萊堂",其詩亦有"石萊堂上雙鉤字,留得清芬籠碧紗"之句可證②。而《燕行録續集》編纂者因何以其歸諸李憲球,實不能明矣。

據此可知本卷詩爲朴永元所作,《燕行録續集》收永元詩,鈔本在第一三七册,刻本在第一三八册,相鄰如此之近,而不細考,重複收録,可謂粗疏之甚者也。論其版本,則鈔本排帙整齊,前後有序;而是本序次失當,前後錯排,亦不知爲原書如此,抑或編纂者誤溷耳。

---

① 案《燕行録續集》第一三七册於是書目録頁作《石燕來槎堂録》,文字互乙。然總目次作"石來堂燕槎録",今爲改正。
② 朴永元《梧野集》第4册《利涉集·寄贈李少卿伯衡》,《韓國文集叢刊》,302/289。

卷六九　0881—0898

憲宗十三年(道光二十七年　1847)—哲宗五年(清文宗咸豐四年　1854)

0881-1847

李尚迪、方禹叙《丁未手本》(《同文彙考補編續·使臣別單二》　活字本)

出使事由:差備行
出使成員:欽差大臣差備官李尚迪、方禹叙等
出使時間:憲宗十三年(道光二十七年　1847)三月—四月二十日
　　　　(越鴨綠江近處)

案李尚迪有《己丑燕行詩》(0825-1829),已著錄。

方禹叙(1788—?)生平籍貫不詳。爲譯官,多次隨使團出入中國。憲宗朝,任僉知中樞府事、五衛將等。高宗四年(1867),年滿八十,時當回榜,特爲賜樂。事見《高宗實錄》、徐慶淳《夢經堂日史編》、金景善《燕轅直指》與《承政院日記》等。

道光二十七年(1847)三月,清廷遣欽差大臣柏葰、明訓等,會同盛京將軍奕湘,起程前往邊境,搜討鴨綠江邊冒墾地者,命朝鮮遴選職分較大、明幹之員先期詣候,俟欽差到日,過江指引,眼同履勘並遣敕使查辦。朝鮮遂遣户曹參判李經在、兵曹參判李熙綱、滿浦僉使許楫在鼇江去歲原查處所擬待,並派李尚迪、方禹叙等爲欽差大臣差備官前往,此爲李尚迪第八次渡鴨江而踏入中土焉。

此《手本》三條,皆記李尚迪等同中國欽差辦理查辦事,前後送達日時不同,蓋分次遞送者也。其言欽差二員將軍一員領率一行設幕於越邊小竹巖洞口,雙方協商解决之方。欽差問以昨年經查之後,復或有匪類出没及構棚墾地之事乎?答以深冬新春又有構墾者草棚四十處,查則逃匿,撤則依然。欽差以自今爲始,每年一二次例定派查,遇棚即燒,有墾即毀,

則渠輩雖欲偸活於此,無依無食,何以據接乎?且派查之行,無煩大官,只使數三委員若干兵丁出來,彙同查覈,或有未盡者,即自義州從便通信於鳳城,以爲轉及盛京,即可隨時辦理,此等零瑣之事,不必輒煩皇聽,殆涉張大。仍派委員四員兵丁八名,使之分送於水上水下,朝鮮以諳熟邊事者,配合查巡可矣。

時李尚迪等復送欽差禮單,則牢辭不受,相持半日,至曰:"俺們奉旨來此,以地接交界國王勞問,容或有之,至於禮物,初不踏貴地,與受俱無義,且領受之後,不可不歸告皇上,既告則必不免乖當之咎。而領物不如領情,略受無異全受。就其中油扇一封,俺們受之,餘外諸種,還爲賷傳,而意盡辭畢,無容更煩云云。"①後尚迪等復送禮物,開覽之後,良久商論,各人單目中抄出可受者錄示一紙,且稱物種太多,食不能盡,力無以運,故以其可用者受之,餘還出給。三大人原單各白米十石、鹽三石、猪十口、醬五斗、藥果一百立、清心丸五十丸、蘇合丸一百丸、燒酒十鐥、雞二十首、海蔘三百個。內各受兩種丸藥全封。其他差官、跟役、兵丁亦各有所送,有收有不收焉。

0882-1847
朴商壽《戊申聞見事件》(《同文彙考補編續‧使臣別單二》 活字本)

   出使事由:冬至等三節年貢兼謝恩行
   出使成員:正使判中樞府事成遂默、副使禮曹判書尹致定、書狀官司僕寺正朴商壽等
   出使時間:憲宗十三年(道光二十七年　1847)十月二十七日—翌年三月二十四日

朴商壽,潘南人。憲宗三年(1837),丙科及第。任司諫院持平、弘文館校理、司諫院司諫等。哲宗時,爲司憲府掌令、左副承旨等。事見憲宗、哲宗《實錄》與《承政院日記》等。

憲宗十三年(1847),先後有朝鮮難民鄭景哲等漂到山東,金尚魯等

---
①李尚迪、方禹叙《丁未手本》,《同文彙考補編續‧使臣別單二》,004/3807。

漂到江南。冬,憲宗遣冬至等三節年貢兼謝恩使判中樞府事成遂默、副使禮曹判書尹致定、書狀官司僕寺正朴商壽等入燕,進三節年貢兼謝賜物、謝上年冬至陪臣參宴、謝欽差大臣江界查辦完竣、謝漂民出送等件。一行於十月二十七日發王京,翌年三月二十四日返京覆命焉。

此《聞見事件》一條,記道光帝年已六十有七,日惟萬機無暇,旱災饑饉,互患賙賑多艱,邊警驛騷,務使彌綸得宜,憂則切於宵旰,權不移於近幸,內以罷虎圈於西苑,外以蠲燈貢於浙省。雖有宮室,朽頹仍舊貫而不改,至於服飾珍奇,禁朝紳之或侈,此可見其察庶務而昭節儉也。

0883-1847
李尚迪《丁未燕行詩》(《叢刊》第 312 冊《恩誦堂集詩》 活字本)

案李尚迪有《己丑燕行詩》(0825-1829),已著錄。李氏此次出使事由,詳參前朴商壽《戊申聞見事件解題》(0882-1847)。

李尚迪此次出使,爲其第九次出使中國,其身份亦由譯官陞爲首譯焉。其集中《過山海關有問吳三桂事者賦此答之》《右北平旅次橘樹結子》《謝人餉酒》《車中紀夢》《燕館除夕》《安市城》《箕子墓》等詩,即作於此次燕行時也。

李尚迪在館期間,潘世恩之子曾瑋,招同吳贊、曹懋堅、吳嘉洤、翁同書、周學源、王憲成、邊浴禮、蔣德馨、吳儁等,讌集於松筠庵,尚迪有詩紀其事,中有"歡悰既醉屠蘇酒,慧業同聽妙法蓮。紀夢他時東海上,天風環珮下羣仙"諸句①。尚迪喜友好酒,故稱"詩酒從來無二致,溫柔敦厚近人情"②。其詩有"雪晴溪館無人掃,一樹梅花鶴守門"之句③,一時驚豔,稱其爲"鶴守門"焉。

案明代楊繼盛(1516—1555),字仲芳,號椒山,河北容城人。嘉靖二十六年(1547)進士。官兵部員外郎。坐論馬市,貶狄道典史。復爲户部

---

① 李尚迪《恩誦堂集續集詩》卷1《潘玉泉太常……共賦次偉卿韻》,《韓國文集叢刊》,312/249。
② 李尚迪《恩誦堂集詩》卷10《謝人餉酒》,《韓國文集叢刊》,312/205。
③ 李尚迪《恩誦堂集詩》卷10《車中紀夢》,《韓國文集叢刊》,312/205。

員外,調兵部。疏劾嚴嵩"五奸十大罪"而死,後謚忠湣。有《楊忠湣文集》行世。嘉靖三十年(1551),楊氏曾遷居宣武門外達智橋。後人以其故宅,改廟以奉,尊爲城隍。清乾隆末,改爲楊椒山祠,内有"松筠庵""景賢堂"等。道光二十七年(1847),由松筠庵住持僧心泉募捐擴建書房,道州何紹基題"諫草堂",建"諫草亭",爲當時士大夫雅集論政之地。李尚迪曾焚香禮拜楊椒山祠,故詩中有"四海苔岑追勝事,千秋俎豆拜先賢"之句,以紀其實也。

0884-1847
李尚迪《戊申聞見事件》(《同文彙考補編續‧使臣別單二》 活字本)

　　案李尚迪有《己丑燕行詩》(0825-1829),已著錄。李氏此次以首譯身份出使事由,詳參前朴商壽《戊申聞見事件解題》(0882-1847)。

　　此《聞見事件》二條,一記鴉片烟之流毒於中國,比之年前益甚,無市不售,無人不吃,銀貨於是乎消融,人命於是乎戕賊,外而各省,内而刑部,錄囚充斥,流配狼藉,而終不畏法,莫可禁遏。一記皇四子本以序居第四,故稱四阿哥,而年今二十二,將於四月行婚禮。爲人英明識事務,道光帝以爲類己,頗愛之,朝野亦屬望云。

0885-1848
李有駿《夢遊錄【原題夢遊燕行録】》(《全集》第76—77 册　鈔本)

　　出使事由:冬至等三節年貢兼謝恩行
　　出使成員:正使判中樞府事姜時永、副使禮曹判書宋持養、書狀官司僕寺正尹哲求等
　　出使時間:憲宗十四年(道光二十八年　1848)十月二十二日—翌年三月二十七日

　　李有駿(1801—1867),號夢遊子,生平籍貫不詳。憲宗朝,成進士。能詩善作,文筆條暢。有《夢游錄》二卷傳世。事見《承政院日記》等。

　　案李有駿謂曾觀蓬萊,於歸路得夢,去游燕都,因號"夢遊子"。未曾

想經十八年,其表侄尹哲求以書狀赴燕,身體多病,長程無可相扶,要李氏聯鑣,遂以書狀官軍官,即"伴倘進士李有駿"之身份登道入燕,①於是知疇昔之夢非虛矣。乃於還巢之日,歷記其山川道里,及所得奇詠,合若干篇,裒成一册子,名曰《夢遊錄》。② 而其返程及王城近郊時,亦有詩謂"回想半年遊樂處,一場過夢枕黄粱"③。又癸丑年此行正使姜時永再出使時,李氏寄贈在北京所識之内閣中書温忠彦詩,仍謂"幽燕已作夢中遊"焉。④

此《夢遊錄》二卷,鈔本,有圈點。前有李氏自序及俞常煥序,記一行人共二百五十七員、馬一百四匹。於憲宗十四年(道光二十八年 1848)十月二十二日發程,臘月二十一日抵北京,翌年二月初四日發玉河館,三月初八日還渡江,二十七日返程覆命。其日記按日録記,頗爲詳悉,而在館之日,"非賞玩則無以消遣,而聞見漸富,每於日記有不可悉,故更爲别録,以附於左"⑤。所記者則爲人物風俗、衣服飲食、言語文字、城廓宫室、街坊市肆、車乘畜物等,按小類載記。李氏"自啓程以後至於留館,山川樓臺,人物風俗,隨見隨録,或詳或略,及至復路還鄉,皆是所經,故更不張皇,各記詩律若干首,以成一篇云"⑥。故返程所記頗簡,而詩則幾無日無詩,偶有與正使姜時永、副使宋持養唱和之作,而書狀尹哲求無日無病,故無有詩作。日記末附癸丑年姜氏再出使時,李氏贐詩兩首,並寄温忠彦詩一首及温氏回寄詩一首焉。⑦

李有駿所記,可注意者如在朝鮮境内西路沿途三使之支供、夫馬驛卒之供給、卜駄結裹與使行行止之規程等,所記較詳。尤其記沿途書狀房妓之姓名、姿色與歌舞,及回還時贈諸妓之詩作等,遠較他書爲詳。而入中國後所記,如入栅後雇車之規矩與車價之銀兩,抵玉河館後三使之支供與

────────

① 李有駿《夢遊録【原題夢遊燕行録】》卷上,《燕行録全集》,076/359。
② 李有駿《夢遊録【原題夢遊燕行録】》,《燕行録全集》,076/354—355。
③ 李有駿《夢遊録【原題夢遊燕行録】》卷下,《燕行録全集》,077/149。
④ 李有駿《夢遊録【原題夢遊燕行録】》卷下,《燕行録全集》,077/150。
⑤ 李有駿《夢遊録【原題夢遊燕行録】》卷下,《燕行録全集》,077/034。
⑥ 李有駿《夢遊録【原題夢遊燕行録】》卷下,《燕行録全集》,077/149。
⑦ 李有駿《夢遊録【原題夢遊燕行録】》卷下,《燕行録全集》,077/150。

軍官譯輩之蔘貨買賣謀利,使行中不虞備銀之爲私人挪用等,亦多爲他書所未悉。如謂北京"米穀至貴,產於此土者,如我國山稻,剛如沙礫,每行輸東米供飯三使,外皆食唐米"①。又謂每歲使行,三使及譯員二十三人,兼醫、寫、畫、日四人,合爲三十正官。其外燕商二十二人,名以炮蔘別將,各持官蔘交易而退,是爲定例。"蓋我國譯學,自成一歧,轉出爲守宰者甚多,故者流中頗以門地相尙,澡身雅飭,無異士子。近歲以來,風習不古,好賈趨利,甚於商人,預貿官蔘,來相換買,左右網利,歲以爲常。是以燕商多坐停不能充額,如此而齒正官之列者,豈不可羞。自旬後,每日諸炕胡兒雲集,雖親熟者汨於貿易,罕得見面。"②此可知使行在館期間,玉河館幾成市肆,而使行人員,幾非爲王事往來,而直爲貿易商團而已焉。

0886-1849
沈敦永《赴燕日記【原題燕行錄】》(《續集》第 139 册;《赴燕日記》,晚沙學術研究院 2005　鈔本)

　　出使事由:告訃請諡兼承襲奏請行
　　出使成員:正使判中樞府事朴晦壽、副使禮曹判書李根友、書狀官兼司憲府掌令沈敦永等
　　出使時間:憲宗十五年(道光二十九年　1849)七月十七日—十二月一日

　　沈敦永(1809—1859),號晚沙,青松人。憲宗朝文科及第,爲黃海道暗行御史。哲宗時,官承政院承旨、成均館大司成、安邊府使、慶州府尹等。有《赴燕日記》傳世。事見《憲宗實錄》《哲宗實錄》與《承政院日記》等。

　　憲宗十五年(道光二十九年　1849)六月,憲宗昇遐。無嗣,立莊獻世子第三子恩彦君李裀之孫李昇,是爲哲宗。尊憲宗妃洪氏爲王大妃,大王大妃金氏聽政。遂遣告訃請諡兼承襲奏請使判中樞府事朴晦壽、副使

---

①李有駿《夢遊錄【原題夢遊燕行錄】》卷上,《燕行錄全集》,076/480。
②李有駿《夢遊錄【原題夢遊燕行錄】》卷下,《燕行錄全集》,077/066—067。

禮曹判書李根友、書狀官兼掌令沈敦永等入清,告憲宗昇遐並請諡請承襲等事。一行於七月十七日發王京,抵北京後,請册封、請諡,皆得恩准。清廷遣兵部侍郎正藍旗滿州副都統瑞常、內閣學士兼禮部侍郎銜稽察中書科和色本入朝鮮宣敕①。沈氏等可謂使事順遂,於十二月初一日返國覆命焉。

案朝鮮自入清後,其於清帝,雖迫於威勢,執禮甚恭,然陽奉陰違,自行其事。即國王諡號,朝鮮雖向清廷請諡,然皆不用之。即此次請諡,清廷賜諡爲莊肅(嚴正志和曰莊,執心決斷曰肅)②。而此之前六月十四日,朝鮮君臣即"追上大行大王諡號曰經文緯武仁明哲孝,廟號曰憲宗,殿號曰孝定,陵號曰肅陵"矣③。

是書爲鈔本,三卷。卷一正文首頁首行頂格題"燕行日記",卷二、三首行均題"赴燕日記",故書名當以"赴燕日記"爲是耳。其卷一所記,堪稱雜錄,有憲宗大王行狀一篇(行吏曹判書李若愚製進)。後列諸奏本及方物表,有告訃奏本、告訃表、告訃禮部咨、請諡表、請諡方物表、請諡禮部咨、請諡皇太后狀、請諡皇太后狀禮部咨、請諡行狀進呈禮部咨、請承襲奏本、請承襲奏進呈禮部申、請承襲方物奏本、請承襲方物奏進呈禮部申、請承襲皇太后單本、請承襲皇太后單禮部申等。其後列書啓、別單,爲書狀官沈敦永回還後啓奏國王之聞見事件。再後列一行總錄,排次三使臣及使團成員。再後爲方物歲幣式,有年貢、冬至、正朝、聖節及謝恩等禮物。又有鳳城瀋陽山海關北京所用禮單人情都合數、入京下程、表咨文呈納、鴻臚寺演儀、朝參儀、賚回物目等。再後爲所過山川風俗總錄、堂屋制度、人物衣服之制、飲食器用之制、碾粟耕作駕車禽獸之類,共計六十餘條。再下爲官職(文官、武官階級)、各衙門(內閣、翰林院、宗人府、詹事府、六部、理藩院、都察院、六科、通政使司、大理寺、太常寺、光祿寺、太僕寺、國子監、鴻臚寺、欽天監、太醫院、鑾儀衛、提督等衙門)、十八省疆域總論等。而其抵北京後,告訃、請承襲、請諡諸事,禮部諸般啓

---

①沈敦永《赴燕日記【原題燕行錄】》卷3,《燕行錄續集》,139/394。
②沈敦永《赴燕日記【原題燕行錄】》卷3,《燕行錄續集》,139/385。
③沈敦永《赴燕日記【原題燕行錄】》卷2,《燕行錄續集》,139/169。

奏及照會朝鮮使臣文書種種，亦多轉錄，故是稿爲燕行諸家中，記載使行文書最爲全備者矣。

全書卷二、卷三爲赴燕日記，自六月初六日，憲宗昇遐起，記點爲書狀官之事，及治喪諸儀，作者自外地趕回王京，匆忙治裝，促促上路。因是告訃之行，故在鮮境無妓生之薦枕，無詩酒之高會，即渡江以後，亦一路無詩。在館期間，更未與中國士大夫交接筆談，詩酒唱和也。沈氏又因風寒滯氣，在館及返程中，藥醫不絕，苦痛至極矣。

沈氏書中，論渡江後之地勢，頗具特色。如其謂自抵阿彌莊後，謂"此乃遼東初入，而自柵至此，號爲東八站，山川糾紛，石磧磽确，所過非山則谷，腦次泄鬱，及出此，四野平闊，一望無際，滌煩蕩鬱，灑落逋透，甚快如也"①。過瀋陽後，又謂"自此以往，西南之間，若值天晴，薊樹烟樹，遠入眺望，而蓋游氣殆若物形，誠一至怪之說也"②。自歷新店踰小峴，又稱"遼野盡於此，自此連有丘陵，北望群山周遭相連，最後巨山出沒隱見，此是醫巫閭山來脉云。而逶迤屈曲，秀麗磅礴，轉而西北其西下基一大野也。靈所萃爲山海關主脉，苟非天作，豈如是乎！"③自過新店子、乾河草後，"自此以往，西北山勢稍遠，東南開豁，平野一望無際，與東八站過後遼東大野廣闊之形，隱然相符矣"④。

又沈氏在館期間，閱塘報，謂今年雨水極備，江蘇、浙江、安徽、湖北等省，偏被水災，賑貸貧民，賣官鬻爵，至膳塘報，播示外國，或捐銀五六千，或三四千兩差任。略聞彼人傳語，則雖薄邑，必以賂成官，宰者得食其半亦幸云。財竭民窮，衰世之像可以推知矣。⑤ 又時譯官方禹叙貿取《十三經注疏》，价銀爲十五兩，以我國錢計之，則可六十兩。《三編綱目》亦是巨衷，而價銀無過十二兩。而以官服次甲紗及子婦新禮時所用衣裳，貿取《三編綱目》，價銀不足，有意未賞，殊可歎也。中國亦爲財匱，生理極艱。至於册子價甚太歇，有紋甲紗四匹、內黑青二段爲熟紗，黑青二段爲生紗，

---

① 沈敦永《赴燕日記【原題燕行錄】》卷2，《燕行錄續集》，139/229—230。
② 沈敦永《赴燕日記【原題燕行錄】》卷2，《燕行錄續集》，139/242。
③ 沈敦永《赴燕日記【原題燕行錄】》卷2，《燕行錄續集》，139/247。
④ 沈敦永《赴燕日記【原題燕行錄】》卷3，《燕行錄續集》，139/294。
⑤ 沈敦永《赴燕日記【原題燕行錄】》卷3，《燕行錄續集》，139/334。

合價艱爲二十四兩,以我國錢計之,則可九十六兩,比我國價亦甚歇矣。①災禍連連,物價低歇,甚至較朝鮮爲便宜,大清國運,如風雨飄搖,民貧國竭,已遥遥欲墜矣。

0887-1849
黄道淵【原題黄惠翁】《燕行日記》(《續集》第 140 册;《日本所藏編》第 2 册　鈔本)

　　黄道淵(1807—1884),號惠翁,昌原人。憲宗時,曾任司果。精於醫,爲太醫。著有《醫方活套》《燕行日記》等。事見其《燕行日記》《承政院日記》等。

　　案黄道淵出使事由,詳參前沈敦永《赴燕日記解題》(0886-1849)。

　　案是書作者,《燕行録全集日本所藏編》及《燕行録續集》編纂者皆題"黄惠翁",然據夫馬進引金榮鎮之説,實爲黄道淵,惠翁爲其號耳。② 據是書崔日奎《序》,稱"同僚黄司果惠翁亦以太醫,特蒙天恩,驛馬華蓋,原隰駛駛"③。黄氏書前識語亦稱,"己酉七月初四日,以太醫特蒙天恩,是隨行大臣之禮,而亦余之所平生願一大觀者也"④。則可知黄氏爲太醫身份而隨團出使也。

　　此稿原藏日本東洋文庫,鈔本,一册,不分卷。首頁序文題下有印,模糊不辨。正文首頁下有"東洋文庫"長方楷書小印。是稿爲黄道淵沿路日記,燕行使臣中,醫員而撰行記者,僅此一人而已。所記自渡江始,止於在北京留館時,或爲殘本歟? 其自稱"所經歷處,宫室之壯麗,人物之繁庶,實書不盡言,言不窮形,始自渡江日,略陳其槩,序次如左"⑤。故其所記,多目見親歷之地之物,文字雖較諸家爲簡略,有事則記,無事則無,然

---

① 沈敦永《赴燕日記【原題燕行録】》卷 3,《燕行録續集》,139/384—385。
② [日]夫馬進著,伍躍譯《朝鮮燕行使與朝鮮通信使——使節視野中的中國·日本》,第 253 頁。
③ 黄道淵【原題黄惠翁】《燕行日記》崔日奎序,《燕行録全集日本所藏編》,002/402。
④ 黄道淵【原題黄惠翁】《燕行日記》,《燕行録全集日本所藏編》,002/403。
⑤ 黄道淵【原題黄惠翁】《燕行日記》,《燕行録全集日本所藏編》,002/403。

少修飾之詞,所得反爲真也。末記太學、盧溝橋、風俗及各地特產數十條,最後附《己酉七月十七日燕行往還路程記》,詳記沿途所過城鎮、村店、宿所、里數等。

案黃氏精通醫術,故其在鳳凰城,山東商人王彙川聞其知醫,即請教求嗣之方。黃氏囑以王氏試服加味八味元,其内内則(彼人之稱妻曰内内)試附益地黃元,必有庶幾之望,遂錄授而歸,彼合掌而謝矣。① 其在北京,於琉璃廠以銀三兩,購得《本草》《景岳》《保元》諸醫書。② 而其記風俗與沿途特產,記"文寶齋白露紙,矚遠齋眼鏡,寧遠衛詹氏墨,沙河驛白氍梨栗,大陵河魚蝦,野雞坨桑枝筐,薊州眼藥,中後所驄氍,寧遠白糖,撫寧扁食,瀋陽竹葉清、山梨紅(即山查)、鹿茸膏,狼子山薇蕨,連山關生雉,小黑山家雞,白塔堡豆腐,通州之針,冷井之水,皆有名於關中,柵門西洋紋紙、千年紙、山查餅、黃茶"③,此則爲諸家記載所無,甚可珍者也。

又案《燕行錄續集》編纂者,於第一四〇冊收錄李啓朝《燕行日記》、黃〇〇《燕行日記》,其目錄頁所署名,實爲誤倒,其第九至一三二頁《燕行日記》非李啓朝之書,實乃黃〇〇之書;而第一三三頁至二七一頁之黃〇〇之《燕行日記》,實爲李啓朝之《燕行日記》也。而黃〇〇者,即黃道淵耳。

0888-1849
李啓朝《燕行日記》(《續集》第140冊;《日本所藏編》第2冊　鈔本)

　　出使事由:冬至等三節年貢兼謝恩行
　　出使成員:正使判中樞府事李啓朝、副使吏曹判書韓正教、書狀官司
　　　　　　僕寺正沈膺泰等
　　出使時間:憲宗十五年(道光二十九年　1849)十月二十日—翌年三
　　　　　　月二十七日

---

①黃道淵【原題黃惠翁】《燕行日記》,《燕行錄全集日本所藏編》,002/404。
②黃道淵【原題黃惠翁】《燕行日記》,《燕行錄全集日本所藏編》,002/413—414。
③黃道淵【原題黃惠翁】《燕行日記》,《燕行錄全集日本所藏編》,002/426。

李啓朝(1792—1855),字德叟,號桐泉,慶州人。李恒福裔孫。純祖三十一年(道光十一年 1831)文科及第。憲宗朝,爲司諫院大司諫、慶尚道觀察使、禮曹判書等。哲宗時,任司憲府大司憲、禮曹判書、工曹判書判義禁府事、吏曹判書等。有《燕行日記》鈔本存世。事見鄭元容《經山集》卷一四《慶州李氏五世神道碑》與純祖、憲宗、哲宗《實錄》等。

憲宗十五年(道光二十九年 1849),朝鮮遣冬至兼謝恩正使判中樞府事李啓朝、副使吏曹判書韓正教、書狀官司僕寺正沈膺泰等入燕。一行於十月二十日自漢京發行,十一月二十二日渡江,十二月二十二日抵玉河館,翌年二月十二日離發北京,三月十二日抵栅門,二十七日返京覆命焉。

案李啓朝《燕行日記》一册,鈔本,今藏日本天理圖書館今西文庫。首頁有"今西春秋圖書"朱文方印,及"今西春秋""今西龍"連珠印。楷體工整,古拙可愛。李氏日記,起自渡江,終自還渡江。所記多疏略,歸途尤簡略,末附一行員役名單。

李氏一行至沙河驛,忽得確信,皇太后於臘月昇遐,時六月朝鮮憲宗崩坼,故李氏謂"幾朔哀遑,自拜表以來,沿路哭班,至於灣府,今到燕京四百里地,又聞彼國之有喪,不勝憂悶"①。而到館之後,因皇太后喪,方物收納等事,凡於行禮,一切除之,且國喪期間,不得任意外出觀光,北京上元燈火,素稱壯觀,以國恤故,城内蕭然,李氏與副三介相對籲歎,惟購得《焦氏易林》,計日占卦而已。更不幸者,正月十四日,道光帝駕崩。二十六日,咸豐帝登基,啓朝等赴闕行賀禮。"曾聞月沙相公參泰昌皇帝登極賀班,以觀盛舉,至今稱之,忽於吾身又參此班,良可異矣。衣冠物彩,非舊日樣子,然盛舉則非尋常朝賀之比也。"②因是之故,一行離發之日,延至二月十二日才成行矣。

李氏所記,亦仿月沙李廷龜例,於日記中多載皇太后遺誥、大行皇帝遺詔、咸豐帝登基詔等,復録咸豐帝登基儀注等頗詳也。其於德勝門候咸豐帝奉大行皇帝梓宫往圓明園時,見新皇帝"面帶慼容,蓋聞孝於先皇帝,今當移奉梓宫之時,安得無毀損乎!顏多黄色,額廣鼻准,頰以下尖小,體

---

① 李啓朝《燕行日記》,《燕行録全集日本所藏編》,002/440。
② 李啓朝《燕行日記》,《燕行録全集日本所藏編》,002/450。

樣方正,而山岳之氣不足,儒雅之意有餘矣"①。又稱咸豐帝"蓋自皇子時,素有民望,當先皇帝倦勤之時,代勞者居多,天意人心,已有所歸。而初政多有可觀,都民晏若無事,市肆不變如昨,推此可知賢天子也"②。

案李啓朝所記,咸豐新政,似尚得人心。然一行所遇,"一年之内,當彼我國國恤,此何貌樣,正朝朝賀,諸處觀光,無由得見,鎖在館中,甚是鬱悒"③。清廷、朝鮮皆國喪連連,時艱運乖,國勢殆危,衰頹難挽矣。

0889-1849
未詳《燕行日錄》(《全集》第 90 册　鈔本)

案是稿鈔錄者未詳,爲憲宗十五年(道光二十九年　1849),冬至等三節年貢兼謝恩使判中樞府事李啓朝等入中國時所鈔,其出使事由,詳參前李啓朝《燕行日記解題》(0888-1849),應爲隨行譯官及下吏等所收集之清廷邸報焉。

全稿爲鈔本,封面左上楷題"燕行日錄元",以元、亨、利、貞爲次,編爲四卷。實則爲在館期間所鈔錄清朝各式朝報共二百一十餘通,自道光二十九年十月初一日廣西學政周學浚三年任滿返京期間奏請回籍省請折始,至翌年二月十一日上諭遣全慶、德興往朝鮮頒遺詔止。所錄凡關涉上諭及皇親諸王、軍機大臣、六部、各省督撫、學政及地方官員疏奏,如治永定河、漕運、河汛、修城、通商籌費、關税、官職除授補缺與裁撤處分、老臣請辭、捐銀賑災、庫銀被竊、回疆軍需、正陽門箭樓火後新修、大臣到京請安請訓、遼陽回民聚衆械鬥事、祭先師孔子、知貢舉遣大臣、派會試搜檢大臣等,時又逢皇太后薨逝、道光帝崩、咸豐即位諸大事,故又鈔錄皇太后遺誥、道光帝上諭及王大臣奏請喪儀事、立皇四子奕詝爲皇太子事、道光皇帝遺詔、建元咸豐年號詔、道光皇帝喪儀注、翰林院制大行皇帝殷奠祭文、咸豐皇帝即位諸儀、皇帝登極恩詔、大行皇帝謚號事、大行皇太后梓宫事

---

① 李啓朝《燕行日記》,《燕行錄全集日本所藏編》,002/457。
② 李啓朝《燕行日記》,《燕行錄全集日本所藏編》,002/449。
③ 李啓朝《燕行日記》,《燕行錄全集日本所藏編》,002/441。

宜等。而事涉朝鮮者,則有請謚請承襲、方物准移、遣使封王、封王返還奏報、遣使道光帝遺詔諸事。書末頁注"二月十二日回發"①,則爲使臣離北京而返程之期也,故所録迄於二月十一日耳。

全稿筆迹爲二人所書,則當時鈔者二人,或各鈔疏奏,亦有一疏而二人接鈔,前鈔注"此稿未完",續鈔注"接續前稿"者,②亦有斷續不接、鈔漏訛錯者等。此類詔命、上諭及疏奏,如其中涉及老年考生,屢考不中之處理辦法,會試搜檢大臣之規程,以及會試磚門搜檢巡墻之式等,多有《清實録》《清會典》《清史稿》及諸家别集所不載者,故於研究當時諸般制度尤其科舉史,皆大有裨益焉。

若嚴繩苛求,則此稿非爲燕行使臣所撰,不過鈔撮朝報奏疏而已。然究爲使者鈔自北京者,故以其爲燕行録之一種,亦勉強可耳。

0890-1850
權時亨《石湍燕記》(《全集》第90—91册　鈔本)

　　出使事由:進賀謝恩兼冬至等三節年貢行
　　出使成員:正使判中樞府事權大肯、副使禮曹判書金德喜、書狀官司
　　　　　　僕寺正閔致庠等
　　出使時間:哲宗元年(道光三十年　1850)十月二十日—翌年三月十
　　　　　　八日

　　權時亨(1812—?),號石湍,山南道永嘉人。游於京洛,以武科出身。哲宗元年(1850),以進賀謝恩兼冬至等三節年貢行副使金德喜裨將身份,出使中國。其在館期間,曾與黃爵滋子秩林手談,稱"賤年三十九"③,即此可推知其生年。任五衛將、慶尚中軍等。著有《石湍燕記》三卷。事見《承政院日記》等。

　　道光三十年(1850)正月,清廷上大行皇太后謚爲"孝和"。旋道光帝

---

①未詳《燕行日録》利卷,《燕行録全集》,090/326。
②未詳《燕行日録》利卷,《燕行録全集》,090/289—290。
③權時亨《石湍燕記》卷3,《燕行録全集》,091/265。

崩逝，皇太子奕詝即位，以明年爲咸豐元年。三月，朝鮮遣陳慰進香兼謝恩使判中樞府事徐左輔等前往北京，陳慰進香。四月，清廷上大行皇帝尊諡爲"成"，廟號宣宗，陵爲慕陵。十月二十日，朝鮮復遣進賀謝恩兼冬至等三節年貢使判中樞府事權大肯、副使禮曹判書金德喜、書狀官司僕寺正閔致庠等入北京，賀尊諡皇太后、賀尊諡道光帝兼進三節年貢等件。一行於十一月二十四日渡鴨江，臘月二十三日抵北京，翌年二月初四日離發北京，二十八日渡江，三月十八日返京覆命焉。

權時亨《石湍燕記》三卷，鈔本。首册封面簽題"石湍燕記天"字樣，每卷末皆書"原本權昌澤藏／西紀一九四七年九月謄寫"兩行，然則爲收藏者所鈔，而所謂"權昌澤"者，殆權時亨之後裔歟？鈔字拙樸，謄寫工整。前有權有海序。日記起自渡江日，亦終於還渡江日，朝鮮境內無記焉。

案權氏爲初次入中國，且有意觀光而去，故其沿路所記，且詳且盡，凡屋舍家居、男女服飾、轎樣車制、百般飲食、衹迎規儀、宮殿寺觀等，無不載記。如渡江後九連城露宿，記一行用餐貌樣、所用餐具與食用之物；入栅後雇車，車夫之姓名言語、車價之多寡、車夫於沿路賭博之情狀；正月十五日在阜城門外衹迎皇帝時皇家出行之儀制，咸豐皇帝之相貌等，皆極爲詳悉，爲前次諸家所未錄者。

又其記路途及在館期間所耳聞之言語，如初塘、老爺、東西、夥伴、體面、暫住、留留、慢慢的、快快的、出空、借光、不怕不怕、夥計、白粰、挐來、空空的等，皆記其義，並以諺字諧其音，諸如此類，記中尚多有焉。

尤可注意者，即權氏在館期間，與黃爵滋、錢江等人，數度交接，往來筆談，所言除詩文歌賦外，尚及中、朝兩國山川風景、人才盛衰、中英鴉片戰事等，並爲黃氏《如此江山圖》題詩題跋。考黃爵滋（1793—1873）號樹齋，江西宜黃人。道光三年（1798）進士，官至刑部侍郎，鴉片戰爭期間，力主禁煙，爲一時清流領袖，與林則徐並稱"林黃"。錢江（1800—1853），字沛然，又字秋屏，後改爲東屏，或作東平，浙江歸安人。與黃爵滋皆爲禁煙主戰之同道。咸豐二年正月十九日，權氏與黃氏等會於陶然亭，所謂"賓主相得，溪山如此，春候尚早，日氣清寒，政是千古一奇酒場；

況果剝江西之橘,肴切福建之筍,亦千古一奇酒會。不醉無歸,政謂今日事。而奈酒戶苦不甚寬,但恐虛負陶然之號"。權氏本抱病與會,眾人青眸頻拭,觥籌交錯,筆談淋漓,如此好會,雖醉葬於陶然亭下,何恨之有。時亨稱"余之感症,從醉中漸消了,遍身通汗,寒氣隨散。大抵男兒之一番疏暢,足以蘇沉疴,今日之會,可謂平生壯遊,亦可謂平生壯觀"。又謂"余之痛勢,比朝出時便是快瘳,誠可怪矣。余之平日,則時或飲酒,未及一盞,頭疼輒發,今日則素有頭疼,而因醉反好,十餘杯酒無餘害,南邊黃酒,雖曰平順,何能如是乎? 此必是人境相得,心懷快然故也"。①惜當時中、朝兩國,皆在西人炮口槍彈之下,不旋踵間,外敵入侵,國將不國,而此後燕行使團,與中國士大夫如此歡醉酣暢之興會,終成絕迹矣。

0891-1851
金景善《出疆錄》(《全集》第72冊　鈔本)

　　出使事由:陳奏兼謝恩行
　　出使成員:正使判中樞府事金景善、副使吏曹判書李圭祊、書狀官兼司憲府掌令李升洙等
　　出使時間:哲宗二年(咸豐元年　1851)正月二十五日—五月二十三日

　　案金景善有《燕轅直指》(0839-1832),已著錄。
　　哲宗二年(1851),朝鮮差判中樞府事金景善爲陳奏兼謝恩正使、吏曹判書李圭祊爲副使、兼掌令李升洙爲書狀官赴燕,陳奏爲恩彥君李裀辨誣事,兼謝咸豐皇帝登極進賀詔書順付等事。一行於正月二十五日發王京,五月二十三日返京覆命焉。
　　案朝鮮純祖即位次年,"辛酉邪獄"事發,入自中國之傳教士周文謨,及朝鮮教徒李承熏、洪樂敏、金建淳等被處死,正祖之弟、純祖之叔、哲宗之大父恩彥君李裀,亦受牽連而死。哲宗即位後,欲翻此案,爲其祖辨冤,遂遣金景善一行往北京陳奏其事之始末。其奏文稱哲宗本生祖恩彥君,

① 權時亨《石湍燕記》卷3,《燕行錄全集》,091/238—242。

爲其先世戚臣金龜柱潛害遠謫,後爲領議政沈煥之等誣陷以死。辛酉邪黨之獄起,曾將伊祖羅入黨案,恐將來內府編輯史册,載有其事,故請依道光辛巳更正其先世順莊王册儲之事,有删除成案之前例,請更改事實。奏上,咸豐帝諭今《會典》所載,並無李裀之名,內府旣未經編輯,將來自無慮流傳,朝鮮國王自不必深懷枉屈,永抱不安。該國王誣枉冀湔於前世,實係爲人後者之至情,相應請上敕下該國王,許其昭雪,以遂其孝思。至其陳奏貢物,亦不收受,留抵下次正貢云云。

案此書當爲金景善之稿本,封面有"出疆錄"三字,首頁有印記二枚,惜皆不可辨。金氏此稿,分《出疆錄》《回程錄》。其《燕轅直指》卷帙,亦有《出疆錄》《回程錄》等,故沿襲而稱焉。《出疆錄》記自王京至北京並留館時事,《回程錄》則記自北京離發返至王京間事。其使行回還時,尚有濟州漂人徐進行等十人,昨年八月漂到福建,本年三月十五日送到北京,命一行順付帶回焉。

金氏此記,較之其《燕轅直指》,可謂簡極,蓋因前次所記,已巨細靡遺,詳載悉列,故書中遇沿途諸山川景致,多有雙行小注曰"有前記""別有前記"等。而或前次未見,或前次未記,或記而不全者,則爲追錄補記之,若《姜女廟追錄》《蕭家墳墓記》《通州舟楫錄》《幻術記》《獨樂寺記》《二郞廟記》《角山記》《桃花洞記》諸文皆是。讀是書者,當與《燕轅直指》並閱同觀,方爲得之矣。

0892-1852
徐念淳《연행별곡(燕行別曲가사소리)》(《燕行錄叢刊(增補版)》網絡版　諺文鈔本)
徐念淳【原題崔遇亨】《燕行別曲》(《續集》第140册;《竹下集》卷二　諺文鈔本)

　　出使事由:謝恩行
　　出使成員:正使判中樞府事徐念淳、副使禮曹判書趙忠植、書狀官兼司憲府掌令崔遇亨等
　　出使時間:哲宗三年(咸豐二年　1852)六月十一日—十月十八日

卷六九　徐念淳《연행별곡(燕行別曲가사소리)《燕行別曲》》　　　　1235

徐念淳(1800—?),字號不詳,大丘人。純祖二十二年,試秋到記以制居首,命直赴殿試。任龍歲縣令、弘文館校理等。憲宗朝,爲永興府使、楊州牧使等。哲宗時,爲漢城府判尹、兵曹判書、工曹判書等。卒謚文肅,事見純祖、憲宗、哲宗、高宗四朝《實錄》等。

哲宗三年(咸豐二年　1852),清廷派吏部侍郎全慶等前往朝鮮,册封王妃金氏(1837—1878,安東金汝根女),並賜彩緞諸物。朝鮮遣謝恩使判中樞府事徐念淳、副使禮曹判書趙忠植、書狀官兼掌令崔遇亨等入燕,謝册封王妃、謝賜物等事。一行於六月十一日發行,十月十八日返王京覆命焉。

此諺文鈔本徐念淳《연행별곡(燕行別曲)》,或稱《壬子燕行別曲》,爲有別於柳命天之《燕行別曲》也。是書不分卷,首頁題"연행별곡(燕行別曲)",原藏於韓國潭陽歌辭文學館。共三十頁,每半頁十行。第二行下端小字題"셔판셔렴슌(似爲"徐判徐念淳")"。天頭上有自一至十五之編號焉。

《燕行錄叢刊》網絡版收兩種版本:一即是本,另一種是收在崔遇亨《竹下集》卷二,今藏於國立中央圖書館。崔遇亨(1806—1878)即徐念淳同行之書狀官。此《竹下集》本,漢文、諺文混用。首葉首行右上以漢字題"燕行別曲",共十二頁。每頁分上下兩段,上下段各十行,一行五字至八字不等,無格欄。末頁左下漢字題"竹下"二字焉。

是本與《竹下集》本所不同者有三:一則後者爲漢字與諺文相配,若地名、古蹟名、宮觀樓臺、古詩名句等,皆用漢字,是本則全用諺字,唯末頁末行右上標一"歌"字;二則後者不分節段,是本則在天頭處標記,共分爲十五節。三則後者所叙較爲詳悉,是本爲簡略删節之歌。

是書歌辭曰"임자뉵월십일일에의사은사명맛기시니(壬子六月十一日任謝恩使命)"①。出使之日爲六月十一日,徐念淳與同行之副使趙忠植、書狀官崔遇亨,謁見哲宗辭行。全書記從漢陽啓程,經滿月臺、練光亭、統軍亭、九連城、柵門、安市城、鳳凰山、遼東、太子河、山海關、東嶽廟、

①《哲宗實錄》卷4,哲宗三年(咸豐二年　1852)六月十一日庚寅條。

朝陽門、玉河館、復經三河縣、北鎮山、柵門、鴨綠江等地，返回漢陽。行中所遇風景名勝，即以朝鮮盛行的歌辭形式歌詠感觸。

別曲起首記由青春年少，至白髮老者，歷事四朝，恩數曠絶，致位八座，而涓埃難報之情。接記自壬子六月十二日，聖恩特遣爲謝恩使命，公事至重，萬里皇華，風雨關心，如博望侯之使大宛，似殷員外之往回鶻，所謂陽關一杯酒，關山道路難者。此下即歷記沿路所經之地與所見風景，如風景名勝即有練光亭、百祥樓、安市城、八渡河、鳳凰山、青石嶺、太子河、薊門煙樹、朝陽門、玉河館、太學、蘆溝橋、海甸、頤和園、紫光閣、五龍亭等，寶馬香車，感慨流連，長歌短歎，詠史抒懷。末記還渡鴨江，見家國平安，頌國王恩波浩蕩，王靈祐護，無事往還，歌詠聖澤焉。《竹下集》本末附《燕行使路程圖》一幅，乃整理者所製也。

是書與《竹下集》本對照，內容大同，稍有微異。則因是本爲純諺文鈔本，另一本則用漢文處，右旁以韓文注音，是所不同。蓋是本專爲婦孺所讀，故爲删汰漢字，而改編增潤者。就別曲內容考之，乃以徐念淳口氣而述，故今合兩本爲一本，隸諸念淳名下焉。【李鍾美譯】

0893-1852
崔遇亨《燕行錄》(《續集》第140冊　鈔本)

崔遇亨(1806①—1878)，字禮卿，號竹下，朔寧人。憲宗三年(道光十七年　1837)中司馬科。哲宗即位年(1850)，增廣殿試文科及第。爲司諫院司諫、司憲府掌令等。八年，爲金海都護府史。十三年，任司諫院大司諫。高宗朝，歷任成均館大司成、户曹判書、工曹判書、刑曹判書、刑曹判書、判義禁府事等。封寧豐君。有《竹下集》八卷行世。事見《竹下集》卷首《竹下公略譜》、《哲宗實錄》、《高宗實錄》等。

案崔遇亨出使事由，詳參前徐念淳《燕行別曲解題》(0892-1852)。

---

①案林基中《燕行錄研究(1)》隸崔遇亨生年爲1805年。考《竹下集》卷首《竹下公略譜》，崔氏生於純祖五年(嘉慶十年　1805)十一月二十八日，則當爲西曆1806年1月17日，故其生年當隸諸1806年，今爲改正。

崔遇亨《竹下集》八卷,前七卷皆詩,以小集編卷,卷八爲諸體文。其書封面左上楷字大題"竹下集",内頁有"竹下崔遇亨公家係",自遇亨上推至十四世崔恒,下延至其孫炳哲。前有沈彦模序,而卷二《燕行別曲》末有崔氏族孫柄權跋,稱遇亨"平生所著,不下數萬言,然除散零落之餘,而今存者百無二焉",柄權等積年覃思搜集若干篇。① 又末柄權綴語謂"原《竹下集》筆寫本八卷,庚午合編四卷,戌辰再編上下卷,辛未合編一卷,序文、跋文、年譜、燕行別曲,追補也"②。

　　崔遇亨《燕行詩》,輯自其《竹下集》卷二。其首頁首行右上大題"竹下遺集卷之二",而"遺"字又爲圈塗,蓋欲删之爲"竹下集"也,然收《燕行別曲》之卷二,則仍作"竹下遺集"焉。此集所收燕行詩十五首,即崔氏爲謝恩使書狀官時所作,而自《還朝後俞兮山韓柳坡來話》以下二百餘首,皆非燕行詩,爲《燕行録續集》編纂者誤收也。其詩中規中矩,無驚妙句。在館期間,曾與黄爵滋、秦炳文、章岳鎮等相唱和,有"忽看古宅遺玄草,更喜良朋集錦袍"之詠焉③。

0894-1853
姜時永《輶軒三録》(《全集》第 73 册　鈔本)

　　出使事由:進賀兼謝恩行
　　出使成員:正使判中樞府事姜時永、副使禮曹判書李謙在、書狀官兼司憲府掌令趙雲卿等
　　出使時間:哲宗四年(咸豐三年　1853)四月二十日—九月十九日

　　案姜時永有《輶軒續録》(0828-1829),已著録。
　　是書封面左中雙綫小框内有"輶軒三録全"字一行,與"續録"出自一人筆體。然卷中鈔録者筆迹不一,非一人所鈔。鮮人燕行録,其記年月時

---
①崔遇亨《燕行録》崔柄權跋,《燕行録續集》,140/445。
②崔遇亨《燕行録》崔柄權綴語,《燕行録續集》,140/447。
③崔遇亨《燕行録・松筠庵與黄樹齋王子梅秦宜亭章仲甘汪子穆共賦》其二,《燕行録續集》,140/346。

日,明時皆書明帝年號;而入清之後,或記"崇禎後某某年",或直接書干支以紀年,而是書首頁大題下書"咸豐三年二月初六日",此蓋爲清時燕行諸家中,以清朝年號記年之第一人,然不知是姜時永本人所書,抑或鈔錄者後來所書耶?

　　哲宗四年(咸豐三年　1853),以判中樞府事姜時永爲進賀兼謝恩使行正使、禮曹判書李謙在爲副使、兼掌令趙雲卿爲書狀官赴燕,賀皇后册立,並謝册立詔書順付、謝配天詔書順付、謝漂民出送(是年朝鮮難民金在崑等漂到福建,交與年貢使帶回)等件。此前憲宗十四年(道光二十八年　1848),姜時永曾以冬至正使,偕副使禮曹判書宋持養、書狀官司僕寺正尹哲求赴北京,爲其第二次入燕,而此次則爲第三次也。故其詩有"三入中原豈足詫,流光自昔似奔河"①,"廿年三踏中原路,歸日秋風鴨水舟"等句②,紀實兼詠懷也。

　　姜氏日記體例,與其《輶軒續錄》全同,而記事則較前爲略,則爲所見既爲舊睹,故多略之耳,惟於所見士夫之筆談,則多詳言之。記末附《行中員額坐目》,則一行人員名單也。朝鮮使團入燕,人馬龐大,其馬頭、驛夫、驅人輩動輒百餘人,而其一入中國境內,沿途則偷竊村舍,在館則借貸商賈或同人,而多無力償還,以致一行離館之前,多先潛往通州等處,以致中國商賈,控訴於三使者,在在而有。是行所從之厨役鄭文奎,在館期間在天橋南堆撥房內自縊身死,姜氏稱此人"即戊申從行者,今亦因乾糧官差出隨來者,而近年連爲入燕,灣府公逋已多,燕市宿欠又積,如昨年北京璿璠廛之銀債三百兩,今行裨僕隸從之銀貸數百兩,皆無以彌縫,竟至於斯云"③。如此之類,既可恨而又復可歎也。

　　案咸豐三年正月,太平軍陷九江;二月,陷江寧;三月,陷鎮江、揚州;五月,再陷安慶,舉兵北犯。朝廷震動,命僧格林沁、花紗納、達洪阿、穆蔭督辦京城巡防。時姜時永等見户部尚書孫符卿之孫楫(駕航):"孫問曰:'貴國被皇朝厚恩,當此警急,何無餉銀之優助?'余曰:'東土元非産銀之

---

①姜時永《輶軒續錄》卷1《和趙台雲澈》(編者擬題),《燕行錄全集》,073/372。
②姜時永《輶軒續錄》卷2《九月初一日渡灣得一絕》(編者加),《燕行錄全集》,073/525。
③姜時永《輶軒續錄》卷2,《燕行錄全集》,073/453。

地,是以國中所用,皆自中國出來者,試以敕行時通官家丁輩禮給銀子見之,可知其盡自北來,元無東產矣。苟有土產可用,則以我事大之誠,豈不早有捐助耶!'孫及在座諸人皆曰:'然矣。'余曰:'餉銀姑舍,苟有餉米,何難仰助,而昨秋東國最值凶荒,西邊義州等十數邑,皆貿來鳳城米穀幾萬石,得以糊口,此則鳳城人所已知者。'孫即點頭。蓋孫是度支之孫,方憂軍餉而有是問,及聞余言,領會事勢,故如此首肯,而余言既有據,庶無日後送咨請助之慮,而亦何可必知也。當此時,若以五十萬兩銀子以助軍餉,則雖爲少少,庶可爲我國出色,而無路辦此,豈不可悶。"①時清廷如風雨飄搖,朝鮮亦孤困瘠貧,本無助送之心,即有此心,亦如姜氏所言,無力以助。屬國有難,大國全力以扶護之;而大國蒙難,屬國以爲與己無關,冷眼旁觀,唯恐貽禍加身,如此而已矣。

0895–1853
李尚迪《癸卯燕行詩》(《叢刊》第 312 冊《恩誦堂集續集詩》 刻本)

案李尚迪有《己丑燕行詩》(0825–1829),已著錄。李氏此次以首譯身份出使事由,詳參前姜時永《輶軒三錄解題》(0894–1853)。

李尚迪於哲宗四年(1853)隨進賀兼謝恩使判中樞府事姜時永等入中國,是爲其第十次出使,第九次到北京,故其詩有"我曾九泊燕河槎,嘗盡天下有名茶"之句②,紀實兼以自誇也。此次沿途所作,有《端午日發安州》《過澄海樓》《薊州路旁荷花盛開》《燕館與人論華語》《還渡潞河》《過灤州》諸詩焉。

此次在館期間,李氏所見舊友有孔憲彝諸人,新交有嘉定程祖慶(稚蘅),畫宗文徵明,山水出筆幽秀,工分隸,精篆刻,著有《吳郡金石目》《小松圓閣詩文集》等。尚迪有《稚蘅索題其尊甫序伯先生畫山樓》《稚蘅索題其北行時同人贈別詩卷》等詩,祖慶父庭鷺(1796—1858),字伯序,以畫名。又交溫忠彦(笛樓),道光十七年(1837)舉人。官至蘇州知府。尚

---

① 姜時永《輶軒續錄》卷 2,《燕行錄全集》,073/476—477。
② 李尚迪《恩誦堂集續集詩》卷 1《白山茶歌謝朴景路》,《韓國文集叢刊》,312/254。

迪詩謂"硯池如海不曾乾,錯落珠璣字字安。悔我從前交臂失,感君遲暮賞心難"。大有青眼互加,相交恨晚之勢焉。又是年,李尚迪在北京刻其《恩誦堂集續集》,故其詩有"澆愁未兑新篘酒,貽笑還刊舊著書"①,即指此而言也。

　　李氏返國後,數年之間,再未身渡鴨江,所謂"白首懷人天萬里,舊游落落如晨星"者②。然郵筒往還,與中土諸友,頻問消息。至丁巳(1856),遂有《續懷人詩》作焉。其謂"曩在道光壬辰秋,余有懷人詩廿八篇,蓋寄懷海内朋舊之作也。其後又屢入春明,交游益廣,較之壬辰以前,不翅倍蓗。而今於數紀之頃,歷數諸人,或遺忘其姓名,或聞聲相求,愛而不見者則並闕之。作《續懷人詩》五十七篇,以志暮年停雲之思"③。其所懷者有祁相國寯藻(春浦)、汪太守喜孫(孟慈)、黃侍郎爵滋(樹齋)、端木中翰國瑚(鶴田)、陳給諫慶鏞(頌南)、符孝廉兆綸(雪樵)、許中丞乃濟(青士)、王少尹鴻(子梅)、張觀察曜孫(仲遠)、安給諫詩(芝慶)、呂中丞佺孫(堯仙)、吕太守佶孫(星田)、鄧觀察爾恒(小筠)、葉閣學觀儀(棣如)、莊農部縉度(眉叔)、馬農部沅(湘帆)、蔡廉訪宗茂(小石)、吳閣學式芬(子苾)、温農部肇江(翰初)、張明經成孫(彦惟)、潘侍讀曾綬(紱庭)、潘太史遵祁(順之)、舍人希甫(補之)、潘觀察曾瑋(玉泉)、洪明府齮孫(子齡)、莊觀察受祺(衛生)、趙贊善振祚(伯厚)、馮編修桂芬(景亭)、姚上舍涵(恬菴)、吳比部贇(偉卿)、楊少尉淞(蓮卿)、馮比部志沂(魯川)、朱侍御琦(伯韓)、楊司馬尚文(墨林)、張明經穆(石洲)、黃大令秩林(子幹)、陳孝廉克家(梁叔)、丁侍讀嘉葆(虛園)、柏冢宰葰(静濤)、曹廉訪懋堅(艮甫)、吳中翰嘉洤(清如)、吳上舍儁(冠英)、秦司馬湘業(澹如)、翁中丞同書(祖庚)、蔣水部德馨(心薌)、周編修學源(岷帆)、汪水部藻(鑑齋)、邊觀察浴禮(袖石)、姚吏部福增(湘坡)、王比部憲成(蓉洲)、張茂才辛(受之)、瑞侍郎常(芝生)、和侍郎色本(勿齋)、潘學士祖

---

① 李尚迪《恩誦堂集續集詩》卷1《還渡潞河》,《韓國文集叢刊》,312/254。
② 李尚迪《恩誦堂集續集詩》卷4《亦梅回自燕京……賦此以謝之》,《韓國文集叢刊》,312/269。
③ 李尚迪《恩誦堂集續集詩》卷4《續懷人詩有序》,《韓國文集叢刊》,312/269。

蔭(鄭盒)、程鏫尹祖慶(稚蘅)、朱明經錫綬(寶竹)、孔侍讀憲彝(繡山)、溫舍人忠彦(笛樓)、忠善(琴舫)、忠翰(味秋)諸家焉。

案李尚迪所交舊雨新知,或爲鼎鼎中堂,或爲布衣書生,或以詩文傳世,或以書畫傍身,要皆大江南北,一時名家,較之昔日洪大容、朴趾源、柳得恭輩所交,爲多爲重,乃燕行使中所絕無僅有者矣!

0896-1853
卞光韻《甲寅聞見事件》(《同文彙考補編續‧使臣別單二》 活字本)

出使事由:進賀謝恩兼冬至等三節年貢行

出使成員:正使判中樞府事尹致秀、副使禮曹判書李玄緒、書狀官兼司憲府掌令李綱峻等

出使時間:哲宗四年(咸豐三年　1853)十月二十六日—翌年三月十六日

卞光韻,生卒籍貫不詳。精漢語,爲譯官。哲宗朝,爲五衛將、上護軍等。曾多次隨使團出入中國。事見《同文彙考補編續‧使臣別單二》卞光韻《甲寅聞見事件》、《承政院日記》等。

哲宗四年(1853),朝鮮遣進賀謝恩兼冬至等三節年貢使判中樞府事尹致秀、副使禮曹判書李玄緒、書狀官兼司憲府掌令李綱峻等入燕,賀皇太后祔廟,謝祔廟詔書順付、謝皇后册立賜緞賜筆、謝恩方物移准、謝進賀陪臣賜食等件,一行於十月二十六日發王京,翌年三月十六日返京覆命焉。

此《聞見事件》五條,皆記太平天國亂後之事。言洪秀全、楊秀清、林鳳祥等,起始於廣西,連犯湖南、江西、湖北、安徽、江寧等地,在金陵設僞科考試。又天津之流寇分爲二股,一據靜海,一據獨柳,清廷遣僧格林沁等出征,爲賊所破。逆匪蹂躪九省,前後紳民士女死節者,不知其數,官軍之致敗亦復不少,將軍戰死亦夥。禮部侍郎宋晉奏,昨年至月廿三兵興以來,用銀之數爲四千餘萬兩云。

0897−1853
權魯郁【原題金竹隱】《燕行裁簡【原題山房錄】》(《續集》第 140 册　鈔本)

　　權魯郁,號石樵散人,花山人。生平籍貫無考。有《燕行裁簡》行世。
　　案權魯郁出使事由,詳參前卞光韻《甲寅聞見事件解題》(0896−1853)。
　　是稿爲鈔本,封面左上楷題大字"山房錄燕行裁簡",正文首頁首行頂格題"山房錄燕行裁簡上篇"。然則《山房錄》爲權氏別集,而《燕行裁簡》爲其詩篇名耳,故本篇當題爲《燕行裁簡》爲是焉。
　　上篇錄石樵散人《托意於毛詩之兮楚辭之些送金竹隱燕行記程詞百句》《仍繼之以燈火圖韻》十六首,又周棠《奉次權石樵十六絕句》。案石樵散人即權魯郁,蓋其既作贈行詩,又隨使團入燕者也,《送金竹隱燕行記程詞百句》中,如"高陟坡兮,倚長松些。金氣柔低而平泰兮,做林縈毓祥瑞些"等,皆以"某某兮,某某些"爲句式,即作者所謂"托意於《毛詩》之兮《楚辭》之些",每句之下皆有雙行小注地名里數,如"高陟坡兮,倚長松些"下注"高陽四十里,坡州四十里,長湍三十里,松京四十五里"等。全篇起自發高陽,終於抵玉河館,即"牓齊華而映玉河兮,呈咨文而大觀國些",實即紀行詩之變體也。其例雖爲新創,然語句非詩非文,或長或短,或熟或澀,讀來拗口,壹無美感,非名世之作也。
　　又權魯郁、周棠所賦絕句,乃談藝論詩之作,周氏謂權詩"文詞富麗,情致纏綿,非學養切深者不辦","詩才氣骨楞楞,尤見擅長"。① 下篇爲《呈中華太學表札百句》,乃駢文,論詩之原始,與夫中國歷代詩人及掌故,每句下亦皆爲小注,末署名下有小字注"答在三國酬唱",或有中國士大夫之復札與詩文,或另編爲卷,或另載他處歟?
　　是稿《燕行錄續集》編纂者隸於 1852(咸豐二年　哲宗三年)年,考權氏詩文上、下篇皆末題"咸豐二年癸丑孟冬",而周棠和詩末題"甲寅正月二十三日蘭亭西客少白周棠書於燕京雙管齋"。然"癸丑"爲咸豐三

---
① 權魯郁【原題金竹隱】《燕行裁簡【原題山房錄】》,《燕行錄續集》,140/299。

年,非二年也,蓋權氏記憶偶誤,或鈔録者不考而前置一年耳。依其時而推之,權氏癸丑冬至北京,故周棠和詩在甲寅正月,則出使時日相合無間焉。然權氏生平事蹟無考,金竹隱亦不知何人,故詳情不可考耳。

0898-1854

鄭德和《燕槎日録》(《續集》第141册;《日本所藏編》第2册 鈔本)

出使事由:冬至等三節年貢兼謝恩行
出使成員:正使判中樞府事金鏵、副使禮曹判書鄭德和、書狀官司憲府掌令朴宏陽等
出使時間:哲宗五年(咸豐四年 1854)十月二十一日—翌年三月十八日

鄭德和(1789—?),字醇一,草溪人。純祖十七年(1817),春到記試製居首,命直赴殿試。爲司憲府持平。憲宗朝,任司憲府執義、司諫院大司諫等。哲宗時,任江華府留守、户曹參判、大司諫等。有《燕槎日録》三卷行世。事見純祖、憲宗、哲宗《實録》與《承政院日記》等。

哲宗五年(咸豐四年 1854),朝鮮遣冬至兼謝恩行正使判中樞府事金鏵、副使禮曹判書鄭德和、書狀官掌令朴宏陽等入燕。一行於十月二十一日發王京,翌年三月十八日返國覆命焉。

案鄭德和《燕槎日録》三卷,鈔本,今藏日本天理圖書館今西文庫。首頁有"今西春秋圖書"朱文方印,他處有"今西龍""春秋文庫""天理圖書館藏"諸印。是稿前附《兩界圖説》,題下小注"尹鍈之此圖曾在備局"①,既非書序,而爲述鴨江遼東古今變遷之格局,應爲邊備司所儲之物。下起自十月十四日驗歲幣方物,二十一日離發漢城,迄翌年三月十八日返京覆命,以日記體述沿路風光,每至一地,叙沿途村鎮與日行里數等,在京時則記北京諸處名勝古迹,並補記遼東半島諸處名勝等。

夫馬進以爲,是稿鈔襲自佚名之《隨槎日録》。今考校兩書,則自記瀋陽太學、行宫等始,凡記沿路諸景諸物文字,多同於《隨槎日録》,故夫

---

①李啓朝《燕行日記》卷1,《燕行録全集日本所藏編》,002/475。

馬進謂鄭德和燕行時爲戶曹參判,年已六十六歲,且自作詩稱"白髮元非求富貴",以如此高官高齡,"因何剽竊,實不能明也"①。蓋返國後,鄭氏子嗣或門弟子所爲,以爲誇談之資耳。

返抵柵門後,又插記"行中凡例"若各邑支供、時用文書賷去總數、正朝賀表式等五項、聖節冬至正朝禮物、歲幣物種、四譯館所送米饌物單子數目、總錄十八省地方道里賦税地丁漕運銀穀數爻、文職官階品級頂服俸錄、武職官階品級俸錄等,則鈔自中國典志史書者也。時清廷正值太平天國盛時,太平軍遍布江南,而林鳳祥、李開芳等北上,京師震動。五年正月,僧格林沁攻克連鎮,林鳳祥就擒,畿輔稍安。又封僧格林沁親王,移軍山東。鄭德和亦據京報及傳聞,記僧格林沁等事甚多也。

鄭氏書中,詩作極多,近三百首,而在龍灣時所作二十四首,若"詩七律五首,在灣府軸中",尚未載在日記中。其稱"渡江以前下劣詩魔,一並除却,其中差可鈔題日錄。渡江以後,記行爲重,無論優劣,一例登録,必見笑於具眼,令人可愧"②。然則其詩重在記行叙景,故於沿途所作最多,尤以叙景絶句爲佳,而留館期間所作爲少也。其詩婉轉流麗,平鋪直叙,可讀者頗多。一行到沙河驛,譯員中韓應五病卒,鄭氏有詩哀悼,若"今夜老慈應不識,抱孫燈下但嘻嘻","旅櫬當歸當一哭,吾哭雖痛哭何爲"等。③ 情真意切,起人哀思。又《次長安古意三十四韻作長安今意》一首,長韻排比,典故熟絡,亦不多得之詩也。

末附《路程記》,沿路所經,大城小市,集鎮村寨,莫不一一載記,並録其某地至某地之里數也。

---

① [日]夫馬進《日本現存朝鮮燕行録解題》,日本京都大學文學部研究紀要,第42號,2003年版,第206頁。
② 鄭德和《燕槎日録》卷1,《燕行録全集日本所藏編》,002/480。
③ 李啓朝《燕行日記》卷1《譯員中韓僉知……極爲悲切》,《燕行録全集日本所藏編》,002/507。

卷七〇　　0899—0922

哲宗六年(咸豐五年　1855)—哲宗十年(咸豐九年　1859)

0899-1855

申佐模《燕槎紀行》(《全集》第 75 冊;《續集》第 141 冊;《叢刊》第 309 冊《澹人集》　活字本)

　　出使事由:陳慰進香兼謝恩行
　　出使成員:正使判中樞府事徐憙淳、副使禮曹判書趙秉恒、書狀官兼司憲府掌令申佐模等
　　出使時間:哲宗六年(咸豐五年　1855)十月四日—翌年二月十四日

　　申佐模(1799—1877),字左人,號澹人,高靈人。憲宗元年(道光十五年　1835)增廣文科丙科及第。任司憲府執義、司諫院司諫等。高宗朝,爲吏曹參判、成均館大司成、行護軍、吏曹判書等。後隱退,築花樹軒,培植後進,擅科詩。著有《澹人集》行世。事見許傳《性齋集》卷二八《申公行狀》、《澹人集》卷二〇附録申獻求《墓碑銘》與《哲宗實録》等。

　　哲宗六年(咸豐五年　1855),以判中樞府事徐憙淳爲陳慰進香兼謝恩行正使、禮曹判書趙秉恒爲副使、兼掌令申佐模爲書狀官赴燕,慰皇太后崩逝、並謝皇太后崩逝詔書順付等事。一行於是十月初四日發王京,翌年二月十四日返京覆命焉。

　　案此《燕槎紀行》,輯自申佐模《澹人集》卷五。是書前有佐模子昇求識語,稱其父燕行時,其甫六歲,稍長窺父行台日史有云,詩在別紙,點檢無可考。曾面稟其父,詩既無存,何不記憶以録,父雖應之,然荏苒不果,復又捐館。後此三十九年,昇求董理故紙,得其父入燕後詩若干首,百不存一耳,故爲收拾鈔出也。今此卷録詩計五十餘首,蓋即昇求所謂所存一二者也。

申氏燕行日記之殘稿稱,臘月二十九日除夕之夜,返程途中在永平府守歲,"百感交集,耿不能寐,拈東坡除夕韻賦七律二首"①,今亦不見,蓋闕佚尚多耳。其在燕都,接中國士人懷寧方小東、李士棻(芋仙)等,與之筆談酬唱,方氏贈其《金臺草》,爲申氏所賞,稱"幾年求海内,今日得燕中。袖裹《金臺草》,歸將補采風"②,並於李氏舍中拜東坡小像,獲李氏所贈墨本,亦燕行使上一段佳話矣。

案《燕行録續集》第一四一册,又收録申佐模《澹人燕槎紀行》,實即此《燕槎紀行》也,版本全同,《續集》不謹而重收,當删之爲是也。所不同者,其片頁錯亂,排序無次。又此處《正月九日……吟示觀海》組詩《四疊》後不再收録;而《續集》本此下尚録數十首詩,實皆非燕行詩也。

0900-1855
申佐模《燕行雜記》(《全集》第 75 册　稿本)

案申佐模有《燕槎紀行》(0899-1855),已著録。

此《燕行雜記》書題,爲編輯者所加,即爲申佐模哲宗六年燕行時所記日記、聞見事件與手談原草本。日記始自十二月二十三日一行自北京離發,迄於丙辰正月初一日在永平府,僅爲七日之記,當爲申氏原稿之僅存者。後《聞見事件》五條,論當時中國形勢。時太平軍占領南方數省,其勢尚熾,申氏剪鈔塘報等,録戰報及其他聞見之事。若論"皇帝憂勤圖理,一念愛民,自御極以來,應行謁陵外,凡係營繕巡幸役民之事,一切停止"③,"勸捐一事,大爲各省難支之弊。蓋自兵興以來,軍需浩繁,爲此苟且之舉也"④,"去年農形關内外各省,可謂均稔,惟河南、山東、直隸三省,河決爲災,至議設賑而恤……斗直不甚踴貴,民情得以帖妥是白齊"⑤。

---

①申佐模《燕紀雜記》,《燕行録全集》,075/490。
②申佐模《燕槎紀行・屬小東》,《燕行録全集》,075/469。
③申佐模《燕紀雜記》,《燕行録全集》,075/492。
④申佐模《燕紀雜記》,《燕行録全集》,075/499。
⑤申佐模《燕紀雜記》,《燕行録全集》,075/501。

書末所附談草,乃申氏入北京途中,在某地與中國士人直隸保定人張振鏞手談之原件,申氏書法,樸拙渾厚,有漢隸遺意;張氏所書,亦筆意靈動,秀眉可觀。張氏曾與姜時永等燕行使有交往,二人論及各自家世、年紀、時年豐歉等,復又論太平軍之勢焰强盛、清廷行鈔之法、勒捐之害民等,稱"洪秀全"爲"洪秀泉",蓋或筆誤,或實亦不知其確名耳。

案朝鮮使臣與中國士大夫之交往,手談乃最常用之手段,然其談草,或後來鈔畢即棄,或當時即撕滅焚毀,故存留真迹爲鮮,而申氏日記、詩文殘佚無多,然此談草原稿却保留於天壤間,是可珍耳。

0901-1855
申佐模《丙辰聞見事件》(《同文彙考補編續·使臣別單二》 活字本)

案申佐模有《燕槎紀行》(0899-1855),已著録。

此《聞見事件》一條,即爲申佐模哲宗六年燕行返國後所上也。記太平天國在金陵、武昌等地,占據已久,出沒無常,湖北總督官文、巡撫胡林翼、欽差提督向林等前後督戰,屢獲勝仗,使其不敢北上。而湖南、兩廣賊匪,經欽差督撫葉名琛、曾國藩、駱秉章、柏貴等節制,團勇奮力堵剿,失地次第收復。又安徽、浙江、雲貴等處土匪游匪苗匪等,在在爲患。每月塘報奏捷,而未見撤兵,請賞陣亡議恤,殆無虛日云。

0902-1855
方禹叙《丙辰聞見事件》(《同文彙考補編續·使臣別單二》 活字本)

案方禹叙有《丁未手本》(0881-1847),已著録。方氏以首譯身份出使事由,詳參前申佐模《燕槎紀行解題》(0899-1855)。

此《聞見事件》一條,記銀標鐵錢當十、當五之令,雖行於京内,離京百里,皆不施行,已失流通本意,弊隨滋多,難爲久計。間有御史奏明釐革,而皇上終不回繳。蓋目下事勢,若又廢此,各項支放,實無措處之道云。

0903-1855
徐慶淳《夢經堂日史》(《全集》第 94 冊　稿本)

徐慶淳(1803①—1859),字公善,號海觀生、夢經堂,大丘人。性格豪放,喜好交友、交遊。善於詩作、筆法。哲宗時,中生員試。爲户曹佐郎、高山縣監。卒於任。著有《夢經堂日史》。事見《哲宗實録》《通文館志》《同文彙考》與《承政院日記》等。

案徐慶淳出使事由,詳參前申佐模《燕槎紀行解題》(0899-1855)。

徐慶淳爲正使憙淳從弟,以從事隨從入燕。是書首頁大題下作"達城徐慶淳公善著",有"徐印慶淳""海觀"白方印二方,可知乃作者之稿本耳(申佐模《燕槎紀行》中亦屢提及"海觀")。全書或半頁,或整頁,漫漶不清,艱於識讀,不知原稿如此,抑或複製所致也。

哲宗六年,徐慶淳於上元日有夢,身入中國,至太學,見漢石經;不意同年十月隨使入燕,旬有九日,然所見者乃乾隆新刻,非鴻都舊觀,後復得蔡邕石經拓本,宛然夢中所見也。故徐氏自序稱,"曷謂之夢經堂,識夢也;曷夢,夢石經也;曷謂之日史,紀行也;曷行,燕行也;曷以史係堂,修史於堂也。然則紀也曷謂之史,采撷見聞,庸寓勸懲,堪列於稗史外史之林,故謂之史也"②。此其書名《夢經堂日史》之由來也。

全書五卷,卷一《馬訾軔征紀》,起自渡鴨緑江,抵山海關;卷二《五花沿筆》,起入山海關,抵玉河館;卷三《日下剩墨》與卷四《紫禁瑣述》,則記留館期間若入宫、筆談及游覽諸事;卷五《玉河旋軫録》,則爲自北京起程,止還渡鴨緑江而止也。其在京期間,所接士大夫甚多,若柴兒胡同愛蓮堂主人周棠、安徽舉子方朔、江南李福厚、江南陳寶善、湖北傅起巖、江西李載庵等,相與往還,品詩論文,談古析今,滔滔若懸河焉。其詩亦頗雄健,方朔評其有老杜之典雅,放翁之豪健。徐氏文筆,步趨朴趾源之文風,縱横開闔,意氣風發,然過擬其文,並其炫奇誇飾、大而無當之所亦肖似

---
①案據徐慶淳記中,有"上使之從弟,進士郎中徐海觀慶淳,年五十三"之句,由此可考知其生年。見徐慶淳《夢經堂日史》卷3《日下剩墨》,《燕行録全集》,094/318。
②徐慶淳《夢經堂日史》卷1《自序》,《燕行録全集》,094/154。

之,若論《文中子》、論中國河患、滿州八旗制度及其他明清間遼瀋戰事,多鈔撮自《開國方略》及清代稗史諸書,實無自見耳。

徐氏使團返國途中,於正月十八日在黃家莊店,遇店主之弟,自稱旗人,謂往年發遼東兵時,從征天津賊,斬獲賊魁林鳳祥而歸,其言不可了,真所謂橫説竪説,全無可聽,一行如得奇貨,若聞天上消息。徐氏笑曰:"其言不過痴人説夢,而譯員輩之所謂探知中國事情,作爲《聞見事件》,歸奏朝廷,何以異此耶!"①案朝鮮使臣所上國王之《聞見事件》,所得不實,鈔撮搜奇,正所謂"橫説竪説,全無可聽",徐氏之言是也。

0904-1-1855;0904-2-1855
李冕九《隨槎録》(《燕行録叢刊(增補版)》網絡本《龜巖公筆蹟》　稿本)
李冕九《隨槎録》(《燕行録叢刊(增補版)》網絡本　鈔本)

李冕九(1816—1896),號龜巖,全州人。曾官廊廳。哲宗六年(1855),隨陳慰進香兼謝恩行副使趙秉恒,以副使軍官身份出使清朝。高宗八年(1871),以冬至等三節年貢兼謝恩使閔致庠之伴倘身份,再次入中國。任曹司五衛將、統理交涉通商事務衙門主事等。有《隨槎録》存世。事見《隨槎録》《承政院日記》等。

案李冕九出使事由,詳參前申佐模《燕槎紀行解題》(0899-1855)。

李冕九《隨槎録》,輯自其《龜巖公筆蹟》,鈔本,兼有校勘語,標注於天頭處。是書首爲員額座目,其下即爲日記。一行自十月初四日發王京,二十七日渡鴨江,十一月二十七日抵北京,臘月二十二日發玉河館,翌年正月二十二日還渡江,二月十四日返京覆命。入北京後,李氏有眼眚,又氣不順,故除隨使臣參班等外,極少觀光。其所記亦頗簡略,過半爲記行和里數與所經村落,回程所記則更爲簡略焉。

是書所記頗可注意者,如曰渡江以後,只有上房軍令,命令一行。又如記"栅門以後至瀋陽炕貰,放料軍官當之;自此(孤家子)站爲始,乾糧

①徐慶淳《夢經堂日史》卷5《玉河旋軫録》,《燕行録全集》,094/545。

馬頭當之云"①。又稱"三使處所,皆以去時所宿處也。回路排站,一依去時許施"②。而如遇使事頻繁之歲,則往來使團,若不計日排站,則或相遇於同站,則宿處爲難,兩相狼狽。是書亦記返程自柵門回發時,聞又有別使發行,故按日排站,以爲相避之計。凡此皆爲燕行諸家日記中所無之記載焉。

又李冕九是行,乃陳慰進香,故使行中幾無商賈。其稱"自皇城所來卜馱中三百斤馱價,乾糧馬頭例自擔當出給,其餘則自本房出給,而今行則行橐甚蕭然,並軍官、伴倘、傔人衣服等,並封並載大車,不過三百斤,別無馱價之自備給,甚覺簡便,而還可笑也"③。此中行橐蕭索,與冬至使行之商賈雲集,卜馱超載,違法亂律,罔有極紀者,可謂如天地之懸遠矣。

又《燕行錄叢刊(增補版)》網絡本,又有李冕九《隨槎錄》別一版本,行草鈔錄,蓋爲作者殘稿本。每頁左邊上下皆有殘缺,故多缺字,又多塗改之跡。而稿本缺字者,鈔本亦注爲"缺",則鈔本蓋爲祖此稿本而整理者。故兩本相較,文字多同焉。

0905-1855
姜長煥《北轅錄》(《全集》第77冊 稿本)

出使事由:冬至等三節年貢兼謝恩行
出使成員:正使判中樞府事趙得林、副使吏曹判書俞章煥、書狀官兼司憲府執義姜長煥等
出使時間:哲宗六年(咸豐五年 1855)十月十九日—翌年三月二十二日

姜長煥(1806—?),字善之,晉州人。純祖三十三年(1833),秋到記講居首,直赴殿試。哲宗朝,任司憲府持平、弘文館校理。高宗時,官司諫院正言、公忠左道查覈御史等。因奏對失當,罷配靈光荏子島。有《北轅

---
① 李冕九《隨槎錄》,《燕行錄叢刊(增補版)》網絡本,第42頁。
② 李冕九《隨槎錄》,《燕行錄叢刊(增補版)》網絡本,第117頁。
③ 李冕九《隨槎錄》,《燕行錄叢刊(增補版)》網絡本,第116頁。

錄》行世。事見《哲宗實録》《高宗實録》與《承政院日記》等。

哲宗六年(咸豐五年　1855),以判中樞府事趙得林爲冬至兼謝恩行正使,吏曹判書俞章焕爲副使,兼執義姜長焕爲書狀官入燕。此《北轅録》即姜氏日記也。一行共人員二百八十三員,馬八十九匹。於十月十九日辭朝,十二月二十四日到燕京,二月初二日離發,三月二十二日返京覆命焉。

是書封面草題"北轅録全",又一頁楷題"北轅録",其書前半部有書浸印潰,加以文字又小,故漫漶不清,多不能讀。末附《別單》,則爲日記之簡本。又《聞見事件》數起,一記昨年農形,各省均稔,使行沿路自栅門至瀋陽,年穀大登,自寧遠至永平,始旱終風,僅至免歉,自此至燕京亦爲稍登,而市價低歇,民情晏然。山西雹災,山東、直隸、河南被河決之災,皇帝特發十萬之帑銀,留三十萬之漕糧,以資賑需,所欠河工銀等蠲免,當時經費匱竭,兵餉難辦之時,乃能遇災恤患,不吝蠲除,此其所以爲民心維持,匪擾底定之本。一則"所謂鴉片烟,道光年間自西舶流入中國,今則無人不吸,視若茶飯,凡吸烟之人,始則俾晝作夜,百事俱廢,繼則形氣早彫,死亡踵至。雖嚴刑設禁,而海市既廣,私販未絶,由是陷溺深深,法意蕩然,甚至御史伍輔祥奏請重收科税,以助軍餉。事下軍機大臣酌議,大臣文慶等奏駁不行是白乎矣,推此一事,可見紀綱之解弛,經用之匱竭是白齊"①。一則各省賊匪,自昨年以來漸次剿除,直隸、山東、浙江、河南、四川等省,現已肅清,南方諸省,仍在剿匪中,匪徒或散而復合,城池復而又失,老師糜餉,費用匱竭等。又《私録聞見數件》,則僅載"軍興以來銀貨翔貴始鑄當五當十等大錢"一條,尚未完具,蓋有闕也。

姜長焕行前,平壤陪行營吏及魚川大同書者馬頭輩,曾借《燕行録》三册,帶來行中。一弓轉借於上使,到燕山關闖失,至通遠堡始覺之,一行大以爲慮,蓋書中多有清人忌諱故也。遂追送張從周、李景烈與迎送官輩大搜一店,竟不知下落。留栅期間,忽得消息,謂此册在連山關爲一猪所嚙,而得之墻下,甚是奇幸,一行皆賀。② 案燕行使入清後,沿途所撰詩文

---

①姜長焕《北轅録》附《聞見事件》,《燕行録全集》,077/373。
②姜長焕《北轅録》,《燕行録全集》,077/346—347。

日記,莫不仇清憤惋之語,倘爲清廷所得,則爲取禍之階,故申氏忌憚如是焉。

0906-1855
姜長煥《丙辰聞見事件》(《同文彙考補編續·使臣別單二》 活字本)

　　案姜長煥有《北轅錄》(0905-1855),已著錄。
　　此《聞見事件》一條,記鴉片自道光元年入中國,今則無人不吸,視若茶飯,凡吸烟之人,始則俾晝作夜,百事俱廢,繼則形氣早彫,死亡踵至。雖嚴刑設禁,而海市既廣,私販未絶,由是而陷溺深深,法意蕩然。甚至御史伍輔祥奏請重收科稅,以助軍餉,議駁不行。"推此一事,可見紀綱之解弛,經用之匱竭"云①。

0907-1855
李義懋《丙辰聞見事件》(《同文彙考補編續·使臣別單二》 活字本)

　　李義懋,生平事迹不詳。通漢語,爲譯官。憲宗時,任知中樞府事。曾隨朝鮮使團多次出入中國。事見《同文彙考補編續·使臣別單二》李義懋《丙辰聞見事件》、金景善《燕轅直指》與《承政院日記》等。
　　案李義懋以首譯身份出使事由,詳參前姜長煥《北轅錄解題》(0905-1855)。
　　此《聞見事件》一條,記兵興以後,軍餉難繼,各省稅額,前期挪移,猶患不足,措辦無路,數年之間,各省府官民之捐銀捐穀以助軍餉者,漸次繼起,歲不下數十萬兩,賴而接濟,式至於今,推此可見人心之向背云。

0908-1856
朴顯陽《燕行日記》(《全集》第 91 册 鈔本)

　　出使事由:進賀兼謝恩行

---

①姜長煥《丙辰聞見事件》,《同文彙考補編續·使臣別單二》,004/3815。

出使成員：正使判中樞府事朴齊憲、副使禮曹判書林肯洙、書狀官兼司憲府掌令趙翼東等

出使時間：哲宗七年（咸豐六年　1856）二月七日—六月十一日

　　朴顯陽，潘南人。齊憲子。哲宗朝，任永熙殿令。高宗時，爲新寧縣監、公州判官、金堤郡守、黃磵縣監、金川郡守等。著有《燕行日記》。事見《承政院日記》等。

　　是書封面左上題"燕行日記全"，右下題"朴顯陽　齊憲子"；又首頁大題下作"哲宗六年乙卯十二月　清顯宗咸豐五年"。然則必非朴氏原本，且爲咸豐以後人所鈔耳。哲宗六年末，清廷順付皇太后祔廟進賀敕書於回還之朝鮮謝恩使。七年二月，哲宗遣正使朴齊憲、副使林肯洙、書狀官趙翼東等赴燕。一行於當月初七日出發，四月初二日抵皇都，二十九日離京，六月初十日返王京覆命焉。

　　朴顯陽以率帶弟子入燕，若依朴趾源、柳得恭諸人之例，當遍歷皇京，飽覽而歸，然其在京之時，却極少出游，惟在玉河橋看月而已，加之在京日短，故此記極簡略，記陰晴、地名、站名、里數及所接之人外，皆無甚參考耳。

　　又案朝鮮使臣，年年往復，而下人輩隨其赴京，以爲資生之計，若輩或有一生三四十次入燕者，故與沿途中國旅店及商賈等，過從甚密，或有結親拜子，認爲乾父者。顯陽此記，載一行三月二十日在中後所，有"張秀才純英，頗解文字，眉目清秀，即回還副使討爲義子者也"[1]。燕行錄數百種，三使認中國秀才爲義子者，唯見此一例矣。

0909-1856
李經修《丙辰聞見事件》（《同文彙考補編續·使臣別單二》　活字本）

　　李經修，生平事迹不詳。精漢語，爲譯官。憲宗朝，爲五衛將。哲宗時，任知中樞府事。多次以首譯身份隨使團出入清朝。事見《同文彙考補編續·使臣別單二》李經修《丙辰聞見事件》、《承政院日記》等。

---

[1]朴顯陽《燕行日記》，《燕行錄全集》，091/415。

案李經修以首譯身份出使事由,詳參前朴顯陽《燕行日記解題》(0908-1856)。

此《聞見事件》二條,一記盛京金州府四十日之間,地震爲四十四次,今春又近三十次,而城堞房屋,多有頹傷,官經工費,使之結構奠接,而接界之地,惟復州一邑,今春微震一次,其外則初無是災。又記蒙古地方,多開金銀銅礦,而產銅處即其地設爐鑄錢,然苗脉不敷,姑無顯效云。

0910-1856
李容佐《丁巳聞見事件》(《同文彙考補編續·使臣別單二》 活字本)

出使事由:冬至等三節年貢兼謝恩行

出使成員:正使判中樞府事徐載淳、副使禮曹判書任百經、書狀官兼司僕寺正李容佐等

出使時間:哲宗七年(咸豐六年 1856)十月二十七日—翌年三月二十四日

李容佐,生卒籍貫不詳。憲宗十年(1844),行九日制,以賦居首,直赴殿試。任司諫院正言。哲宗朝,爲弘文館修撰、兵曹參知等。高宗時,爲同副承旨、吏曹參議、黃海道觀察府主事等。事見憲宗、哲宗、高宗《實錄》與《承政院日記》等。

哲宗七年(1856),朝鮮遣冬至等三節年貢兼謝恩使判中樞府事徐載淳、副使禮曹判書任百經、書狀官兼司僕寺正李容佐等入燕,進三節年貢兼謝皇太后遺誥順付謝恩方物移准、謝進香使臣賜食、謝冬至使臣加賞、謝漂民出送(上年朝鮮難民梁鶴信等漂到福建,高龍鵬等漂到江南,交與憲書賫咨官帶回)等件。一行於十月二十七日發王京,翌年三月二十四日返京覆命焉。

此聞見事件一條,記南邊賊匪自昨秋以來,漸次剿除,而河南、安徽、山西、貴州等地,官兵屢捷,幾至收復。句容、溧【溧】水、鎮江諸城,最爲賊巢穴,都督和春、總兵張國樑等於十一月間,督兵連攻,斃賊二千餘名,奪獲馬匹器械等無算。副都統余萬清、巴棟阿等,亦分兵迎擊,斃賊四千

餘名。連自各省,嚴束水陸各軍,合力堵剿,以冀凱旋。而賊徒之肆擾未息,疆域之肅清尚遲云。李容佐謂"此即記聞之大略,而係是軍機,極其嚴密多歧,伺探未得其詳"云①。

0911-1856
李埜《丁巳聞見事件》(《同文彙考補編續・使臣別單二》 活字本)

李埜,字稚郊,號林士,生平事蹟不詳。精漢語,爲譯官。哲宗朝,任知中樞府事。以首譯身份多次出使清朝。事見《同文彙考補編續・使臣別單二》李埜《丁巳聞見事件》、權時亨《石湍燕記》卷二、《承政院日記》等。

案李埜以首譯身份出使事由,詳參前李容佐《丁巳聞見事件解題》(0910-1856)。

此《聞見事件》一條,記穀價日踴,民困時急,九門提督聯順奏以文職一二三品、武職一二品與畿邑紳士等的量捐輸,辦備米斛,以蘇民困。又記南邊賊匪,近漸窮蹙,而金陵、安徽、江西等地,賊魁楊秀清、危正等僞稱王號云。

0912-1857
安喜壽《戊午聞見事件》(《同文彙考補編續・使臣別單二》 活字本)

出使事由:告訃行
出使成員:正使禮曹參判李維謙、書狀官兼司憲府執義安喜壽等
出使時間:哲宗八年(咸豐七年 1857)九月十日—翌年正月二日

安喜壽,籍貫不詳。憲宗九年(1843),中乙科。任兵曹正郎、奉常寺判官等。哲宗朝,爲司諫院正言、司憲府執義、敦寧府都正等。高宗時,爲同副承旨。事見《哲宗實錄》《承政院日記》等。

哲宗八年(1857)九月,純祖純元王妃、大王大妃金氏(1789—1857)

---

①李容佐《丁巳聞見事件》,《同文彙考補編續・使臣別單二》,004/3815。

薨,朝鮮差禮曹參判李維謙爲告訃使、兼司憲府執義安喜壽爲書狀官入燕告訃。一行於九月初十日發王京,翌年正月初二日返京覆命焉。

此《聞見事件》一條,記夏間俄羅斯國數千人來詣天津,請爲交易,屢月逗留,一場騷擾,帝命僧格林沁使之温諭退送。安喜壽以爲,"事雖既往,頗不尋常。兹敢添入於聞見之末"焉①。

0913-1857
卞光韻《戊午聞見事件》(《同文彙考補編續・使臣別單二》 活字本)

案卞光韻以首譯身份出使事由,詳參前安喜壽《戊午聞見事件解題》(0912-1857)。

此《聞見事件》一條,記皇太子昨年周歲,使行入京之時,方患痘症,好好出場,忌諱甚多。禮部尚書瑞麟送人問朝鮮使臣接駕之服色,蓋呈表咨之日,瑞麟不見,而皇上還宮在邇,故慮祗迎之日穿白云。

0914-1857
方禹叙《戊午聞見事件》(《同文彙考補編續・使臣別單二》 活字本)

出使事由:冬至等三節年貢兼謝恩行
出使成員:正使慶平君李晧、副使禮曹判書任百秀、書狀官兼司僕寺正金昌秀等
出使時間:哲宗八年(咸豐七年 1857)十月二十八日—翌年三月二十八日

案方禹叙有《丁未手本》(0881-1847),已著録。

哲宗八年(1857),朝鮮難民高致萬等六人,漂到浙江,清廷差通官海齡解到義州。哲宗遣冬至等三節年貢兼謝恩使慶平君李晧、副使禮曹判書任百秀、書狀官兼司僕寺正金昌秀等入北京,進三節年貢兼謝賜物、謝上年冬至陪臣參宴、謝漂民出送等件,一行於十月二十八日發王京,翌年

---

①安喜壽《戊午聞見事件》,《同文彙考補編續・使臣別單二》,004/3816。

三月二十八日返京覆命焉。

此《聞見事件》一條,記廣東將軍穆克德訥馳奏,洋人竄入省城事。上諭總督葉名琛以欽差大臣辦理夷務,如果該夷非理妄求,不可允准,自當開導,一面會同將軍巡撫等妥籌撫禦之方,今乃該夷兩次投遞將軍副都統巡撫等照會,而該督撫並不會同辦理,即照會中情形亦秘不宣示,遷延日久,以致該夷忿激,突入省城,實屬剛愎自用,倒是乖謬,大負委任,葉名琛即著革職,以黃宗漢差代往赴。而夷係何人竄入,爲何事,並無昭載,或稱嘆夷,或云呂宋,每欲入城中蓋房做商,滋擾已久,以致猝入省城,拉去船上(指葉名琛被俘事)。當時疏防,以至於此云。

0915-1858

金永爵《燕行錄》(《邵亭詩稿》卷二《文稿》卷一　《叢刊續》第 126 冊 活字本)

出使事由:冬至等三節年貢兼謝恩行

出使成員:正使判中樞府事李根友、副使禮曹判書金永爵、書狀官兼司憲府掌令金直淵等

出使時間:哲宗九年(咸豐八年　1858)十月二十六日—翌年三月二十日

金永爵(1802—1868),字德叟,號邵亭,慶州人。金弘集父。憲宗四年(1838),以蔭補靖陵參事。九年,式年文科甲科。歷任吏、户、禮曹參判,陞司憲府大司憲、弘文館提學、開城府留守等。哲宗九年(1858),以冬至等三節年貢使入清。著有《邵亭詩稿》二卷《文稿》四卷、《清廟儀禮》十卷等。事見李裕元《嘉梧藁略》第一五冊《吏曹參判贈領議政金公神道碑》、《邵亭文稿》附錄金弘集《先府君墓表》等。

哲宗九年(1858)二月,清廷遣工部右侍郎景廉等,前來朝鮮賜祭純祖純元王妃金氏。同年,朝鮮難民金聲振漂到江蘇,清廷遣通官阿勒精阿解到義州。朝鮮遂以判中樞府事李根友爲冬至兼謝恩行正使、禮曹判書金永爵爲副使、兼掌令金直淵爲書狀官赴燕,進三節年貢兼謝賜祭、謝冬

至使臣加賞、謝漂民出送等事也。一行凡人員三百一十人、馬一百零五匹。於十月二十六日出發，十一月二十六日渡江，十二月二十五日到北京，翌年二月四日自北京離發，三月三日返渡江，二十日返王京覆命焉。

　　金永爵《邵亭詩稿》二卷《文稿》四卷《附録》一卷，詩大致以時序相排，末有張丙炎《書後》，《附録》則爲永爵子弘集爲其父所撰《墓表》。其中《邵亭詩稿》卷二有《渡江》《遼野》等十餘首，乃此次出使時所作；又有《七月十三曉記夢寄程容伯少卿》《呈張詩舲尚書》《寄孔繡山閣讀》《贈張午橋編修》等，皆爲返國後所作。又《文稿》卷一有《答宋玉壺書》、《與李雨帆書》四通、《與程伯容書》等，爲寄宋鼎玉、李伯衡、程恭壽之函札。今名爲《燕行録》而著録焉。

　　案金永爵自謂"吾生海之左，慕古慕中華"①，其與李伯衡以函札交友三十餘年，而未能謀面，所謂"卅載論交未晤言，鏡中雙鬢已霜痕"②。其咸豐九年入燕，亦因李氏不在京，抱憾而歸。張丙炎跋其詩，稱金氏其詞雅，其情真。憶當年諸人筆談時之盛景不再，馮志沂出守盧州，楊傳第游汴梁，吳昆田佗傺返里，惟張氏以羈宦留京師，金氏歲歲必寄書問訊。後聞葉名澧、楊傳第相繼殁，傷悼不已，且屢韵其後嗣，可謂深於情也。③

　　金永爵喜程朱之學，爲衛道干城。其在清代，尊崇湯斌、陸隴其之學，以爲"今稼書先生之學，直接朱子之統，而其書之未布於東，抑亦東人之羞"④。故成載詩入燕，金氏囑其留意察訪陸氏後人，細探其家學淵源及子孫存否。又與宋鼎玉、李伯衡書，亦謂"大清一統，湯、陸挺生，爲天下之金口木舌，猗歟盛哉！自是厥後，以中華之大，文教之盛，於今百餘年之間，豈無繼湯陸而起者？因書一一，指示其文字議論，便是平日受用處也"⑤。無怪乎帥方蔚謂其好言心言性，刺刺不休，又斷斷朱陸之争也。

　　案咸豐八年（1858）四月，清朝與俄國簽定《璦琿條約》，中國失去黑

---

①金永爵《邵亭詩稿》卷2《奉和趙蓉舫尚書光席上見惠之作次韻》，《韓國文集叢刊續》，126/341。
②金永爵《邵亭詩稿》卷2《贈雨帆》，《韓國文集叢刊續》，126/335。
③金永爵《邵亭詩稿》卷2 張丙炎《邵亭詩稿書後》，《韓國文集叢刊續》，126/353。
④金永爵《邵亭文稿》卷1《與成絅齋載詩書》，《韓國文集叢刊續》，126/360。
⑤金永爵《邵亭文稿》卷1《與李雨帆書》（第四札），《韓國文集叢刊續》，126/364。

龍江以北、外興安嶺以南約六十萬平方公里領土。烏蘇里江以東中國領土劃爲中俄共管；黑龍江、烏蘇里江只准中、俄兩國船隻航行。金永爵得此消息後，致信程恭壽，謂"何爲一朝割數千里地，輕以與人耶？北自外興安嶺，南至敝邦咸鏡道慶興府，海濱之地，恰爲二千里，今者立界牌爲三處。最南在慶興府江北五里許，其北兩牌，不知在何地。以東西言之，自慶興府北界牌東至海，爲三四十里；自厚春東至瑟海，爲一百五六十里；自寧古塔東至秋楓河水滸等地，爲七八百里。蓋地勢南狹北廣，瑟海在慶興府北四十餘里；秋楓河水滸等地，在慶興府北三百餘里。秋楓以北，未之詳焉"，"東海物産甚豐，東省之人，縱或往來懸遷，而千里魚鹽之利，輸與異類，大是失策也"。金氏又以爲，俄國自烏拉嶺通途，東抵於海，而米利堅合衆國於亞墨利加亦日闢荒地，直抵甘查甲，則無八九萬里駕海之勞，其勢必至於尾大難掉。故"迨此草刱，用兵驅逐，沿海一帶，列置城戍，即目下急務也。夫盛京即天朝根本之地，若俄夷生釁，盛京將不寧靖，中朝士大夫，其或慮及於此耶？至若靉江事，不勦而撫，恐非勝算，先自示弱，以啓戎心，其能保無後患否？瑟海靉江，俱與敝邦接壤，不但中國之憂而已！"①然則金永爵對東北局勢，俄、美狼子野心，反較昏庸之清朝君臣，清晰明瞭，其洞悉若中國東北失勢，俄國與朝鮮接界，則唇亡而齒寒也必矣！

0916-1-1858；0916-2-1858；0916-3-1858
金直淵《燕槎日録》（《續集》第142册；《日本所藏編》第3册　鈔本）
金直淵《燕槎日録》（《燕行録叢刊（增補版）》網絡本　鈔本）
金直淵《燕槎録》（《燕行録叢刊（增補版）》網絡本《品山漫録》　鈔本）

　　案金直淵出使事，詳參前金永爵《燕行録解題》（0915-1858）。
　　金直淵（1811—1884），字景直，號品山，清風人。憲宗朝，爲司憲府持平。哲宗朝，爲司憲府掌令、弘文館副修撰等。高宗時，任同副旨承、安邊府使等。著有《品山漫筆》二十卷（含《燕槎日録》三卷）。事見《哲宗實録》《承政院日記》等。

---
①金永爵《邵亭文稿》卷1《與程容伯書》，《韓國文集叢刊續》，126/365。

案金直淵《燕槎日録》三卷三册,鈔本,見《品山謾筆》卷一八至卷二〇,原藏日本東京都立中央圖書館中山文庫。其書三册封面分別作"燕槎日録"天、地、人,而每册首頁則作上、中、下也。此書即金直淵使行期間所撰日記,每日之下詳記當日所見諸事,其間所賦詩及他人和詩,亦皆録之。所過各地名稱風俗、歷史沿革、城池規模、寺院道觀、風景名勝等,則多鈔撮自中國史志,一地一景,各爲一條,低二格附於當日之後。金氏以爲,"我人燕行者或屢十遭,所經道里之自某至某爲若干里,則莫不如誦己言,至問某地之屬何省何州,則莫有能辨之者,故凡於所經處,詳探某州某縣之界,而一一録之。蓋由山海關外一千三百五十里,而爲州而縣而城而屯者七而已,由山海關內六百七十里,而爲州而縣而衛者凡十四,可見其疆域有內外之分,而州縣有疏數之別矣"①。故記此較他家爲詳焉。而入栅禮單、呈納方物等數及中國品官俸禄等,亦雜見其間焉。"若夫物貨之殷富,而水土宜於生聚,第宅之精麗,而炕制不便於興居,美惡之參互,蓋多此類。至如舟車器物之足,以厚生利用者,不一而足,而前人之述,亦已備矣,吾何足贅焉。"②

　　金氏至中國時,正值中英鴉片戰爭期間,其入栅初,即聞皇曆賫咨官稱西南賊匪,尚多猖獗,穀價翔貴,皇城內外多設粥廠。時兩廣總督葉名琛爲英人所獲,生死不明,金在北京見名琛弟名澧,且來往密切,至爲交好。時清廷已是內外交困之局,故金氏入玉河館後,即喟然而歎,以爲"顧余偏邦一措大也,眼目固陋,見聞褊小,今行始得見大國人物,宜有望洋之歎,而沿路所見,槩多荒落,野户流雜而半空,樓臺頽圮而未修,皇城雖曰繁華,而實亦枵然,如富家蕩産,雖有舊宅之雄麗,而墻垣頽敗,人客稀少,可知其中之空空也,豈不以頻年用兵,連歲凶荒,而財竭民窮,莫可收拾而然歟"③。又稱"吾知夷虜之勢,方且潛銷暗蠱,而英雄豪傑之徒,必有膺期而起者,第未知天下烏乎定也。然則乾隆時豐極而侈,已是將否之漸,

---

①金直淵《燕槎日録》卷上,《燕行録全集日本所藏編》,003/055。
②金直淵《燕槎日録》卷下,《燕行録全集日本所藏編》,003/119—120。
③金直淵《燕槎日録》卷上,《燕行録全集日本所藏編》,003/051。

明智之人,必有所先見矣。今其樓臺多圮不修,適足爲後人之鑒也歟!"①其在圓明園觀燈戲,時人盛稱乃道光以來未有之盛舉,金氏直斥"今寇難未已,外禦是急,顧乃强作此無益之舉,而謂之盛舉,可乎?"②凡此之類,皆有理道,且爲清廷隱憂,情見於詞矣。

然其書中蔑清污穢之語,亦屢見不厭。其未入中國境,即謂"今清因舊而都之,剃天下之髮,左天下之衽,衣冠文物非復舊時,則吾何足以觀乎哉?黯然良久"③。故於中國諸事,莫不視爲夷狄之言之行,其在山海關有詩曰"星槎直欲乘流返,文物如今在我東"④,亦不出前人同類之言也。其稱:"我東人游於中國者,觀其規模之大,儀度之盛,宮室之壯麗,人物之殷阜,莫不望洋發歎,眩耀心目,而口不能傳,文不能形,於是乎欽欽然艷之,而誇大之不已,或有以夷虜而輕侮之,惟事非笑者又十居一二焉。好惡之間,漶膝立判,不可謂公也。"⑤此亦可謂失之目睫者也。

其日記後,又附《別單》則簡記時日、陰晴、里數、宿站及在京諸事。《聞見事件》七條,《聞見雜識》二十餘條,則或出自聞見,然復多鈔自邸報,記皇上脚患、楊秀清被殺、葉名琛被英人所執、柏葰因考試被罪、僧格林沁權傾朝野、關内外旱災流賊公行、貪瀆盛行、河渠水利等事。最末則《行中員額》,記一行首譯軍官等近四十人職官姓名等,而三使臣不與焉。

《燕行録叢刊(增補版)》網絡本,又收金直淵《燕槎日録》兩種。其中一種,分上中下三卷,鈔本。每頁十二行,行約三十字,鈔字較小,然頗工整。所鈔次序與内容,與前本皆同焉。

又收金直淵《燕槎録》一種,鈔本。首頁首行頂格題"品山漫録卷之十八",第二行空二格題"燕槎録上"。蓋金氏號品山,而《品山漫録》者爲其别集耳。是本與前本不同,一則前本分爲三卷,然此本與前本分卷處,皆接排而不分卷。又其卷中文字,亦多不同。如翌年二月初四日,前本作

---

① 金直淵《燕槎日録》卷中,《燕行録全集日本所藏編》,003/078。
② 金直淵《燕槎日録》卷中,《燕行録全集日本所藏編》,003/080。
③ 金直淵《燕槎日録》卷上,《燕行録全集日本所藏編》,003/013。
④ 金直淵《燕槎日録》卷上,《燕行録全集日本所藏編》,003/039。
⑤ 金直淵《燕槎日録》卷下,《燕行録全集日本所藏編》,003/119—120。

"留燕館凡三十八日,至二月初四日乙巳,始爲還發。是日晴。曉因先來軍官,便付家書"①。而是本作"二月初四日乙巳,晴。留燕館凡三十八日,至是始將還發。曉因先來軍官,便付家書"②。叙述次序,似以是本爲勝,蓋在前本之後,又有修訂之故耳。

0917-1858

金直淵《연행녹 샹즁하(燕行錄　上中下)》(《燕行錄叢刊(增補本)》網絡本　諺文鈔本)

　　案金直淵有《燕槎日録》(0916-1858),已著録。

　　是書爲金直淵《燕槎日録》之諺文鈔本。或曰"燕槎日録",或曰"燕槎録",或曰"燕行録"。每半葉十二行,行二十三至二十五字不等,無界欄。正文首行以諺文題"연행녹샹(燕行録上)",之後爲正文。下卷末尾有別單、聞見事件、行中員額等。正文天頭處書主要詞語,從左至右横寫,如入侍、弘濟院、臨津、平壤、義州、統軍亭、鴨緑江、柵門、安市城、鳳凰山、領送官、太平車、遼東城、通州、東嶽廟、朝陽門、天壇、正陽門、琉璃厰……狼子山、義州等,蓋因諺文易混淆詞義,亦爲方便讀者故焉。

　　是書分上、中、下三卷。上卷爲哲宗九年(1858)十月二十七日至十二月之間記録,從王城出發至燕京間行程;中卷爲十二月二十六日至翌年(1859)二月三日之間日記,爲留館期間日程;下卷爲二月四日至三月二十日之間記録,乃自燕京出發至返國復命之行程。其所聞見如禮部、太和門、社稷壇、萬壽山、大鐘寺、文丞相祠、太學、十三經碑等,以及參加除夕宴、中正殿宴、觀賞燈會等,所記頗詳。亦有詩文,附録其間焉。

　　金直淵是書之特點,爲諺文鈔本,多有按語。如十一月二十六日條曰:"『당셔(唐書)』의일넛시되압녹강(鴨緑江)근본(根本)일홈은마자쉬(馬眥水)니물빗히오리머리갓기로일홈을압녹강이라하고『황명지(皇明志)』의일넛시되압녹강이쟝백산(長白山)의셔나남(南)으로흘

---

① 金直淵《燕槎日録》卷下,《燕行録續集》,142/344。
② 金直淵《연녹샹(즁하)》(《燕行録叢刊(增補版)》網絡本,第233頁。

너바다로드러간다하고『지지(地志)』의일넛시되장백산이회령(會寧) 남(南)의잇사니쳔니(千里) 랄(ㅅ버) 치고놉기니백니(二百里) 오우해 못잇셔쥬회(周回) 팔십니(八十里) 니남(南)으로흘너압녹강(鴨綠江) 이되다하니장백산은직금백두산(白頭山)일너라."①而同一日,漢文本記曰:"按唐書高麗馬訾水,出靺鞨之白山西南流過安市入海,水色如鴨頭,故名鴨綠江。《皇明志》亦云:鴨綠江,一名馬訾水,源出長白山西南流,與鹽難水合,南入海。地志云:長白山在故會寧府南六十里,橫亘千里,高二百里。其顛有潭周八十里。南流爲鴨綠江,北流爲混同江,東流爲阿也苦河。所謂長白山,即今白頭山也。安市則鴨水下流別有其名矣。"②如此敍述鴨綠江淵源以及其他山川地名之條目,在他家諺文本中較爲少見也。

相較漢文本《燕槎日錄》與此《연행녹(燕行錄)》之日記,文字有較大之差異。其一,漢文本無一日未有所記,諺文鈔本則時有省略。如漢文本全收,然諺文鈔本未收中卷的正月六日、十二日、十三日、十四日,以及下卷之二月二十九日所記日記等。③ 其二,漢文本下卷末"聞見雜識",收錄二十一條④,而諺文鈔本僅摘出十三條而已⑤。其三,至於"行中員額",漢文本列出三十二人,然諺文鈔本僅記七人姓名而已。相較漢文本,諺文鈔本文字省略,此亦諸家"燕行錄"翻爲諺文本時之通例也。【李鍾美譯】

0918-1858
金直淵《己未聞見事件》(《同文彙考補編續·使臣別單二》 活字本)

案金直淵有《燕槎日錄》(0916-1858),已著錄。

---

①조양원《김직연의연행기록〈燕槎日錄〉·〈연행녹(燕行錄)〉비교연구》(金直淵的〈燕槎日錄〉與〈연행녹(燕行錄)〉之比較研究》),《정신문화연구(精神文化研究)》제35권 제1호,2012年,第250頁。
②金直淵《燕槎日錄》,《燕行錄續集》,142/035—036。
③이지영《〈燕槎日錄〉한글본에대한고찰》(《有關韓文本〈燕槎日錄〉的考察》),《국어사연구(國語史研究)》第15號,2012年,第272頁。
④金直淵《燕槎日錄》,《燕行錄續集》142/393—434。
⑤金直淵《연행녹(燕行錄)》,《增補燕行錄叢刊》網絡版,第228—244頁。

此《聞見事件》二條，一記近年以來，洋夷漸熾，昨年春大學士葉名琛以兼任兩廣總督，爲嘆夷所執，尚不知下落。嘆夷入據廣州，又其船七十餘隻，來泊天津，請開市於内地各處，朝廷不許。前任大臣耆英往諭，夷乃嚇以戰爭，英大懼逃至僧王軍中，皇上賜帛自裁。又遣大學士桂良，桂良權辭許之，夷乃去。僧王以爲開市決不許可，乃設炮臺於天津海口，發兵以備騷擾，皆以爲冰解後，嘆夷當復來矣。又記俄羅斯館中挑釁事，並謂蓋自近四五年來，俄人稱以黑龍江近處，本係俄羅斯地方，顯有開釁之漸焉。

案金氏此所記二條，皆見其《燕槎日當》末附《聞見事件》七條之中，據此亦可知，使行返國所上之狀啓與聞見事件等，入《實錄》中時，並未全錄，乃摘錄而已。

0919-1858
李尚迪《己未聞見事件》(《同文彙考補編續·使臣別單二》 活字本)

案李尚迪有《己丑燕行詩》(0825-1829)，已著錄。李氏此次以首譯身份出使事由，詳參前金永爵《燕行錄解題》(0915-1858)。

此《聞見事件》二條，一記"蓋自順治以後，歷至五六世，每於嗣服之初，輒有兵亂之禍，或株連各省，或蔓延屢歲，而經費不絀於內，將士效力於外，旋即撲滅，卒致升平，式至於今，可謂金甌無缺，一塵不動矣。往在庚戌，先皇崩逝時，於粵西有寇猖獗，海水群飛於平地之上，蟲沙埋没於劫灰之中。黄河以北，雖不敢再渡；大江之南，則猶復橫行。州郡城池，得失無常。公私蓄積，蕩柝靡遺。爾乃將兵之臣，因以飾詐諱敗爲得計；守土之吏，自以貪財行賂爲能事。略助餉需，金貂遍於市井；代頒俸廩，楮鈔行於縉紳。國無戡亂之期，民絶聊生之望。捻匪乘時，公肆劫掠於河省；嘆夷構釁，直請交易於天津。風鶴之敬，處處皆是。旱魃之災，年年有之。若夫耆英償事，賜帛自裁；柏葰賣科，下獄論罪。雖云時事可知，抑亦王章未墜。以詩以詔，屢發臨朝之歎；於漢於滿，殊乏匡世之才。紓皇家宵旰之憂，惟僧王心膂是托。其如貞疾難治，漏舟欲沉。何哉！彼中識者，以爲此國家大運安然有數，然我皇丕承祖宗洽熙之澤，初未有失政。賊徒濤張,天主妖邪之教,適足以敗亡,天將悔禍,國是大定"云云①。又記直隸、山東等處,飛蝗大熾,怪異連連,民多流丐,皇上深以爲憂,一邊設粥廠以賑饑民,且使饑民捕蝗於布袋中,納之户部,權量輕重給錢若干,而終未見效云。

0920—1859
高時鴻《燕行録》(《全集》第92册　鈔本)

　　出使事由:冬至等三節年貢兼謝恩行
　　出使成員:正使判中樞府事李埈、副使禮曹判書林永洙、書狀官兼司憲府掌令高時鴻等
　　出使時間:哲宗十年(咸豐九年　1859)十月二十八日—翌年三月二十四日

　　高時鴻,籍貫不詳。哲宗時,爲司諫院獻納、泰安郡守等。高宗朝,官至兵曹參知、司諫院大司諫等。曾疏陳七條:勤學問、廣言路、立紀綱、恢公道、尚節儉、擇守牧、釐弊政。得高宗嘉賞。有《燕行録》傳世。事見《哲宗實録》《高宗實録》與《承政院日記》等。

　　案哲宗十年(咸豐九年　1859),朝鮮難民金應彩等五人,漂到福建,清廷差通官阿勒精阿解至義州。冬,哲宗以判中樞府事李埈爲冬至兼謝恩行正使、禮曹判書林永洙爲副使、兼掌令高時鴻爲書狀官赴燕,進三節年貢兼謝賜物、謝上年冬至陪臣加賞、謝賜祭謝恩文物移準、謝漂民出送等件。一行於十月二十八日出發,十二月二十五日到北京,翌年二月初四日發北京,三月二十四日返京覆命焉。

　　案是書封面左題"燕行録",右小字書"己未十月　日",即高氏此次出使沿途所記日記耳。其入去之時,自入栅後凡二十九日,而未見雪,其間雖有宿雪之痕,長時陽氣不甚寒冽。而回還之時,沿途渡河,尚未解凍,皆乘冰順涉,一行之順遂,誠爲大幸。而時中國因近年以來,兵革饑饉,無歲不有,貨路阻絶,物價十倍於前。至如書册等物,末由交易,蔘價亦減,

---
①李尚迪《己未聞見事件》,《同文彙考補編續·使臣别單二》,004/3816—3817。

"每斤不過十五六兩,行中大失本"①,行商之狼狽極矣,以至離發之日,尚留落於後,不能出手。高氏在京期間,亦少游覽,或與上副房打話,或讀小說,觀雜戲,極少出門,故所記亦寥寥。甚至至祖大壽牌樓,稱"問知其迹,則大明將曹大壽,以世勳之家,方清兵之入燕也,不屈而死,故有樓有紀,以獎節義"②。又後附《寧遠邑題曹大樹貝樓》詩,又作"曹大樹",則事實顛倒,名姓錯訛,其所謂"問知"者,誠可知其未問也。後附其詩一百三十餘首,間有非燕行詩者,澀滯未圓,亦非善詩者。所謂"多時留館詩思馨,强蹙雙眉做苦吟"者③,蓋爲實録,而非僅爲自謙云爾。

0921–1859
高時鴻《庚申聞見事件》(《同文彙考補編續・使臣別單二》 活字本)

案高時鴻有《燕行録》(0920–1859),已著録。

此《聞見事件》二條,即高時鴻於哲宗十年(咸豐九年 1859)出使返國後所上也。記上年十一月二十九日,戶部失火,幸不及倉庫,而正堂及翼廊,盡被燒毀,二百年簿籍,蕩然無存。又今年正月初一日,京師大風,欽天監奏風從艮地起,其占爲人壽年豐云。

0922–1859
卞光韻《庚申聞見事件》(《同文彙考補編續・使臣別單二》 活字本)

案卞光韻以首譯身份出使事由,詳參前高時鴻《燕行録解題》(0920–1859)。

此《聞見事件》三條,一記咸豐帝十餘年沉痼之患症,昨春以後漸臻平復,今則大小享祀,一皆躬行,特設恩科而志喜。又記昨年以來,北直隸、山東二省,響馬益熾,搶奪往來官民銀兩。上年十一月,山海關、牛莊口稅銀至寧遠地界,騎馬賊數十名劫去,共一萬七千餘兩,後捉得十四名

---

① 高時鴻《燕行録》,《燕行録全集》,092/062。
② 高時鴻《燕行録》,《燕行録全集》,092/040。
③ 高時鴻《燕行録・留館述懷》其一,《燕行録全集》,092/093。

正法。又記閩浙總督慶端奏，上年十一月福建賊匪數千，攻圍寧洋縣，勢甚危急，忽見城上旗幟甚衆，槍刀排列，炮聲震地，中有綠袍狀貌瓌偉之人，往來指揮，賊衆驚退，城幸得全。此乃關聖大帝神靈所護，乞請頒給廟額云。

卷七一　0923—0946

哲宗十一年(咸豐十年　1860)—哲宗十四年(清穆宗同治二年　1863)

0923-1-1860；0923-2-1860
朴齊寅【原題朴齊仁】《燕行日記(燕槎録)》(《全集》第76册　鈔稿本)
朴齊寅【原題未詳】《燕行日記》(《全集》第92册　鈔本)

　　出使事由：聖節進賀兼謝恩行
　　出使成員：正使判中樞府事任百經、副使禮曹判書朴齊寅、書狀官兼司憲府掌令李後善等
　　出使時間：哲宗十一年(咸豐十年　1860)閏三月三十日—八月十七日

　　朴齊寅(1818—1884)，字稚亮，潘南人。哲宗七年(1856)，春塘台試居首，命直赴殿試。官兵曹正郎、吏曹參判、成均館大司成等。高宗時，官至安岳郡守、寧邊府使、禮曹判書、刑曹判書、慶尚道觀察使、判義禁府事等。卒謚靖翼。有《燕槎録》行世。事見《哲宗實録》《高宗實録》與《承政院日記》等。

　　案《燕行録全集》編纂者以是書作者爲朴齊仁，實爲朴齊寅，以"寅"誤爲"仁"耳。考宣祖朝，有朴齊仁(1537—1618)，字仲思，慶州人。官至刑曹正郎、軍威縣監，除濟用監判官，不就。終老於家。有《篔巖先生文集》三卷行世。事見《篔巖先生文集》卷三李屹《行狀》、張顯光《墓碣銘》等。然則齊仁所處時代，與此燕行時日，相差二百五十餘年也。考《哲宗實録》《使行録》諸書，哲宗十一年閏三月，以判中樞府事任百經爲聖節進賀兼謝恩行正使、禮曹判書朴齊寅爲副使、兼掌令李後善爲書狀官赴燕，然則此日記即爲齊寅此次出使所作耳。

　　是書三册，封面題"燕槎録天""燕槎録地""燕槎録人"等，然各册正

文大題作"燕行日記卷之一""燕行日記卷之二"等。自王京至北京爲卷一,自留館至返國爲卷二,卷三則爲各色見聞,末有《附錄》,記下輩造假作惡之種種情狀。一行於閏三月三十日行前謁闕,三使同爲入侍於熙政堂,時中國太平天國軍攻向北方,哲宗於行前教曰"近日中國賊匪,須詳細探聞"①。故朴齊寅等在館期間,多方打聽有關消息。是書詳載太平天國攻占天津諸事。又朴氏在京時,即聞有"長髮賊"混入乞丐,以買京報刺探朝廷動態而被捕者四十餘人,而返國途中,在通州、豐潤及山海關等處,遇八旗兵丁,以及吉林、蒙古與屯山海關之邊兵,皆相屬於道,馳赴天津者,且士氣低落。如在山海關所見屯兵,"送父別弟之人,號泣悲咽,長歎短籲之狀,行路可以流涕。那軍兵之來屯山海關,雖已多年,而皆有親屬之來往,且無臨戰交鋒之急,則猶可自況,而今此移屯,可謂生離死別,至情分張之戀,宜其難捨也。爲問:'爾父爾兄何時當解還否?'那人輩皆掩泣而語曰:'吾皇上有福,則八九月之間可奏凱而還;若無福,則生死未可知也云。'聞之者尤覺矜憐"②。然則清廷當時國運衰微之狀,於此盡見矣。又其《附錄》記朝鮮赴燕之人,多自西路揀擇,其人每往返燕中多至三四十次,老於世故,精於官話,假造清心丸,偷搶店家餅,坑蒙拐騙,無惡不作,種種劣迹,揭示顯然,尤爲他書所不載,皆可見當時使團從人之狀矣。

其記錄尤詳者,爲使行中下隸輩一路放賣清心丸之情狀。謂古有此漢輩,以其丸藥周行村閭,不能如意放賣,則引其同類,相與密語曰"吾欲放賣清心丸,而無由可賣。汝宜少須臾死去了"云云。就其中一個漢,佯作霍亂,轉筋角弓反張之譎態,昏絕不省,衆漢皆佯若恐慟,相扶按摩,故做荒忙之色,以示危蹙悶厄之狀。彼人輩無數來集,亦皆失色焉。一漢取出自己橐中所存清心丸一丸,磨以冷水灌之死人口中。少頃,微有氣息;又少頃,頓覺回陽之意;漸次蘇醒,無復病氣。彼人輩立見始末,不覺叫奇,肚裏默想:此真是聖藥!莫不有願買之意。一傳再傳,轉相求買,須臾之頃,衆橐俱舉,而莫不以高價放賣,以是之故,藥名轉播於彼境,彼人若逢

---

① 朴齊寅【原題朴齊仁】《燕行日記》卷1,《燕行録全集》,076/013。
② 朴齊寅【原題朴齊仁】《燕行日記》卷2,《燕行録全集》,076/237。

我人,則必索高麗清心丸。①

又謂此漢輩之初入境也,其清心丸能收二三吊直文;稍稍近北地,減直爲二弔零;及到北京,又減直爲一弔零;比至回程也,減而又減,未滿一弔;還到栅門近地,乃以玉黍一角,換以一丸。此無他,隸徒心腸,但料目前,慮無久遠。以其本直一文半料之一丸三弔,大是橫財,淺量已滿,則玉黍一角,猶敵本直,恣意攫取,自以爲猶勝於還携而散棄。殊不知明年復入,再收高直之爲計,是自賤其貨,誰復肯見此一丸直一角黍,而更償二三弔錢耶? 可歎!② 清心丸在遼東半島及北京,熱銷大賣,爲使臣必携之物,亦爲中國上至權貴下逮草民所索之寶,未曾想竟是如此造作騙賣者也。

又《燕行錄全集》第九二册,收錄未詳《燕行日記》二卷,實即此朴齊寅《燕行日記》二卷耳,爲別一鈔本,《燕行錄全集》編纂者又以"未詳"署作者名而重收,蓋前後失檢,以至有如此之誤也。惟不同者,後此鈔本無第三卷耳。

0924-1860
李後善《庚申聞見事件》(《同文彙考補編續·使臣別單二》 活字本)

李後善(1813—?),字希賢,全州人。哲宗七年(1856),春塘台試文科居首。爲司諫院獻納、全羅右道暗行御史、弘文館校理等。高宗時,爲濟州牧使、司諫院大司諫等。事見哲宗、高宗《實錄》與《承政院日記》等。

案李後善出使事由,詳參前朴齊寅《燕行日記解題》(0923-1860)。

此《聞見事件》二條,記咸豐帝三旬稱慶,係是創例,皇上患候,近頗順康,又値登極十年之會,奏請依嘉慶己卯六旬稱慶例受賀,於圓明園設宴,朝鮮貢使亦令入宴,自初八、九日至十四日,連設内宴,"前後賞賜及糜費之數甚巨"③。又記使臣回還前一日,聞相國瑞麟率兵赴天津,在通州

---

①朴齊寅【原題朴齊仁】《燕行日記》卷3,《燕行錄全集》,076/334—335。
②朴齊寅【原題朴齊仁】《燕行日記》卷3,《燕行錄全集》,076/336—337。
③李後善《庚申聞見事件》,《同文彙考補編續·使臣別單二》,004/3818。

時見道路軍兵相續。騎馬賊近又滋多,梟首懸街者有之,鎖項被繫者有之,而殺越之變,剽竊之患,到處騷擾云。

0925-1860
李闓益《庚申聞見事件》(《同文彙考補編續·使臣別單二》 活字本)

李闓益,菟城人。精漢語,爲譯官。哲宗朝,任五衛將、知中樞府事。以譯官身份多次隨使團出使清朝。事見《同文彙考補編續·使臣別單二》李闓益《庚申聞見事件》、《承政院日記》等。

案李闓益以首譯身份出使事由,詳參前朴齊寅《燕行日記解題》(0923-1860)。

此《聞見事件》兩條,一記咸豐帝自御極之初,南僥有事,連年用兵,於今十年,稅額漸至減縮,軍餉每患不敷,及聞蘇、杭失守,商路阻梗,人心危懼,宵旰之憂,日甚一日。而怡親王載垣、鄭親王端華、大學士彭蘊章等,輪日召見,相與籌謨,而迄無裕國息兵之良策。又記軍興以來,各省守宰及紳士、軍民、婦女、孺子殉難者,指不勝屈,旌表之典,靡不用極,至於建祠本邑,春秋致祭,以慰忠魂,以樹風教云。

0926-1860
申錫愚《入燕記》(《全集》第 77 册 鈔本)

出使事由:冬至等三節年貢兼謝恩行
出使成員:正使判中樞府事申錫愚、副使禮曹判書徐衡淳、書狀官兼
    司憲府掌令趙雲周等
出使時間:哲宗十一年(咸豐十年 1860)十月二十二日—翌年三月
    二十七日

申錫愚(1805—1865),字聖如,號海藏,又號琴泉,平山人。錫禧兄。純祖三十一年(1831),黃柑制居首,直赴殿試。憲宗時,爲弘文館副校理。哲宗朝,官至吏曹參議、吏曹參判、慶尚道觀察使、司憲府大司憲、漢城府判尹、禮曹判書等。高宗朝,爲司憲府大司憲。卒諡文貞。有《海藏

集》十八卷。事見《海藏集》卷一八附錄朴珪壽《諡狀》、李淵翼《遺事》與純祖、憲宗、哲宗、高宗四朝《實錄》等。

申錫愚《海藏集》十八卷,卷一爲賦、歌行;卷二至卷八爲詩,大致按時次排序;卷九至卷一四爲諸體文;卷一五爲《韓使吟卷》與書牘,則爲出使清朝時之詩作與往來書札;卷一六爲記、奏狀、祭文、譚草,記爲入中國時所撰,狀奏爲諺狀、復路狀、覆命筵奏,譚草爲與中國士人程恭壽所談;卷一七爲雜著;卷一八爲諸家所撰申氏碑狀等。末有尹宗儀跋。乃錫愚孫孫養均據家藏草稿蒐集,尹宗儀、朴珪壽等刪校編次,甥姪李淵翼繕寫編定,尹宗儀再校成定稿,有1925年由朝鮮總督府中樞院謄寫本,《韓國文集叢刊續》即以其爲底本影印。

哲宗十一年(咸豐十年 1860),以判中樞府事申錫愚爲冬至兼謝恩行上使,禮曹判書徐衡淳爲副使,兼掌令趙雲周爲書狀官入燕,進三節年貢兼謝賜物、謝聖節進賀陪臣參宴等事。一行於十月二十二日發王京,翌年三月二十七日返京覆命焉。

是書封面左上簽題"入燕記一"字樣,首頁首行大題"入燕記",鈔本。其所錄二卷,皆在今申錫愚《海藏集》卷一六,唯缺在北京交遊諸家姓名字號等條目,則知與別集非同一版本。是書所記一行於"庚申十一月二十六日,將渡江,留灣十四日,距離京十月二十二日爲三十五日"①。其所記亦自渡江始,卷一爲《渡江記》《柵門記》《路遇曆咨記》《遼東記》《瀋陽記》《月峰記》《關外記》《登寧遠城樓記》《山海關記》《入朝陽門記》等二十五篇,皆自渡江至入北京沿途山川景致及人文風光也。惟《路遇曆咨記》則記其行至鳳凰城,遇時憲書賚咨官金景遂言,時八國聯軍入侵北京,皇帝避熱河,聯軍火燒圓明園,清廷與諸國講和簽約,而南方諸省太平軍、捻軍之勢亦盛,而沿路土匪日富,道路難通云云。卷二首爲《日下交游錄》,記當時所交接之中國官員與士大夫如趙光、張祥河、李文源、董文焕、江人鏡、馮志沂、孔憲彝、潘祖蔭、翁同龢、李文田等近五十人,簡錄其姓名、字號、籍貫、年歲、官職及居所,或僅記其姓名。其中若趙光現年六十五歲,時任刑部尚書,住春樹胡

---

① 申錫愚《入燕記》卷1《渡江記》,《燕行錄全集》,077/154。

同;潘祖蔭時年三十二歲,爲大理寺少卿,住米市胡同;李文田現年二十八歲,翰林院編修兼修國史,此等皆當時及後來聞人也。後有《祭李雨帆文》、《與程少卿恭壽書》(字伯容,浙江錢塘人,光禄寺少卿,罷官閑住八年,住春樹胡同頭條)、《與趙尚書光書》、《答程少卿書》、《與李郎中文源書》、《與沈翰林秉成書》等三十餘通書札,書札之題目若"與孔繡山侍讀執事""與張主事仁兄手啓"等,塗改爲"與孔繡山憲彝書""與張主事茂辰書"等,則爲後來改易耳。至於書信所記,則或爲叩謁,或爲約見,或爲請托,或爲申謝,而其中多爲請諸人爲己之琴泉亭作記之札,多作於在京期間,亦有作於歸途路遇別使而托轉者。其書鈔手不一,間有删改,亦偶有脱字焉。

0927-1860
申錫愚《韓使吟卷》(《叢刊續》第 127 册　鈔本)

　　案申錫愚有《入燕記》(0926-1860),已著録。

　　申錫愚《海藏集》卷一五爲《入燕記上·韓使吟卷》,爲申氏哲宗十一年(咸豐十年　1860),以判中樞府事爲冬至兼謝恩行上使入清朝期間所作詩,共百一十餘首,爲《燕行録全集》編纂者所漏收。"韓使吟卷"者,蓋因申氏詩中有"韓使驅車入杳冥,幘溝婁紙選鴉青"①,"中前中後古時關,韓客長歌行路難"等句②,故名之耳。

　　案咸豐十年(1860)八月,英法聯軍威脅北京,咸豐帝以"木蘭秋獮"爲名自圓明園倉皇逃亡熱河。命恭親王奕訢爲欽差大臣,辦理撫局。十月,英法聯軍火燒圓明園。申錫愚一行抵北京時,正此慘案發生不久,沿路皆來往將帥兵丁,故其詩有"元戎出陣禦洋夷,萬幪平沙颭八旗。頭白書生堪一快,眼看中國戰争時"③。又一行往觀圓明園,僅見"離宫樓殿劫

---

① 申錫愚《海藏集》卷 15《入燕記上·韓使吟卷·坡平館夜》,《韓國文集叢刊續》,127/544。
② 申錫愚《海藏集》卷 15《入燕記上·韓使吟卷·十五日發中後所宿中前所》其一,《韓國文集叢刊續》,127/554。
③ 申錫愚《海藏集》卷 15《入燕記上·韓使吟卷·訪天寧寺觀勝保留陣》,《韓國文集叢刊續》,127/557。

灰鬞,滿目黔堦照赭垣。細柳新蒲春濺淚,江頭猶見鎖千門"①。又申氏返國後,呈本國廟堂書曰:"入都之後,默察城府市廛,閭閻氣色,晏然無騷擾之意,誠亦意慮之表。皇帝北狩,都城爲空器,大帥屯紮宣武門,則可謂戎馬生於郊矣。洋夷充斥天主館,則可謂羌戎伏於轂矣。時象如此而朝市安堵,無乃深仁厚澤固結人心而然歟? 抑或迭興條敗狃習兵革而然歟? 且況粵匪據江南,財帛之淵海涸矣;捻匪陷安徽,漕輓之道路塞矣;回匪擾雲南,已十餘年而勢不可制矣;嘓匪起四川,衆數萬人而毒滋爲痛矣。貴州之苗匪,邪教土匪,如蠱處褌,難以悉數。最其撚匪既强且近,已及河南山東直隷等處,乍聚乍散,旋勦旋熾,海内可謂波濔雲擾矣。然而日行都市之間,絶不見其遑遽之色,擾攘之舉,可謂大國之風不甚先事驚動也。但風説入聞,槩多愁亂,洋夷之營立鋪舍,占取民家,無異勒奪,皇駕之宣言回鑾,仍展東陵,終難確信等説,或出耳食,或由臆斷,俱不可信。以實際證見言之,則離宫樓殿,果被燒燼,黔圮赭壁,滿目愁慘。將軍勝保,果屯城外,白旆朱章,按方森列,此衆目之所覩者也。各省禦敵,亦多其將,勝保衛京師,僧王禦山東,袁甲三守徐州,曾國藩駐徽州。皇城守護,本有其人,恭王之親桂良,瑞麟之賢受任,居留中外,將相日馳奏達,議卹叙勞,調兵督糧,無非征戰之事,此京報之所出者也。至若執筆諸且,臨書發歎,以爲奸佞誤事,馴致厲階,文武失和,難濟大事,或指糧餉之句而絫欷。或言姦宄之弊而嚬憂,此從遊卿士得於毫舌酬酌之際,眉睫幾微之間者也。凡此數條,自謂據實奉聞,然惟羈旅使價,類多聽塗,實愧春秋大夫能嫺覘國矣。"②從申氏所述,即可知當時北京之軍需旁午而擾攘無序,而清廷之無能與國家之多事,而咸豐帝亦終未能回鑾,而於翌年駕崩於熱河矣。

申氏沿途所作詩,以五七言絶句爲多,亦有如《遼東行》《山海關歌》等長歌,據經引典,氣勢頗大。在館期間,與當時學者董文煥、董麟、王軒、馮志沂、許宗衡、黃雲鵠、王拯等,皆有所交,或流連詩酒,或筆札往還,王

---

① 申錫愚《海藏集》卷15《入燕記上・韓使吟卷・西山圓明園海淀被洋夷燒燼往見感題》,《韓國文集叢刊續》,127/557。
② 申錫愚《海藏集》卷15《入燕記上・韓使吟卷・與本國廟堂書》,《韓國文集叢刊續》,127/571。

拯論申氏詩"清淳雅健,源出盛唐,五古間出昌黎,有倫有脊,尤非學人不辦"。馮志沂謂其"近體雄健蒼深,盛唐遺響,古體一篇,直逼昌黎,數典處尤徵學有根氐"①。時末世危殆之際,諸人詩唱,亦少綺秀儷句,而多憂悠之思,申氏見中國之多災,更有"小國依大邦,念此增憂悸"之慮②,見大國之多難,想朝鮮之未來,能不增懼而添憂哉!

又本卷詩後,附有申錫愚與董文焕等書劄三十五通,多已見前《入燕記》中,然首一通《祭李雨颿文》與卷末《與本國廟堂書》,則似唯此卷中僅見。

又《海藏集》卷九,收有申錫愚呈李伯衡、沈秉成、汪元慶、董文焕、趙光、程恭壽、張茂辰、王軒、鮑康、張祥河、王拯、潘祖蔭諸人信件,共計有二十通信札,可與上述諸函相參互稽,以考申氏交遊諸情狀焉。

0928-1860
李埁《辛酉聞見事件》(《同文彙考補編續·使臣別單二》 活字本)

案李埁有《丁巳聞見事件》(0911-1856),已著錄。李氏以首譯身份出使事由,詳參前申錫愚《入燕記解題》(0926-1860)。

此《聞見事件》兩條,記洋夷之犯近圻者,即大英、大法與俄羅斯,自天津長驅至通州,皇帝時駐圓明園,欲爲移蹕熱河,群臣諫止,始允其請。西山、萬壽山、圓明園皆被燒燼,離宮樓殿,十僅存一,講和之後,雖云退去,尚有留駐天主館者,或云二百人,或云百人。洋夷出沒市廛廠閭之間,方營鋪舍,將立三處衙門,雖云給價,占取民家,不由他不賣。和約條款,已爲刊行,而體例有似與國通和云。

又《哲宗實錄》載,一行返國,哲宗如見問中原賊匪之何如?人心之何如?申錫愚謂"洋夷勒和,外寇滋熾,皇駕至於北狩,天下不可謂不亂矣。城闕宮府,市廠閭里,安堵如故,將屯郊壘,氣色整暇,賊竄近省,控禦

---

① 申錫愚《海藏集》卷15《入燕記上·韓使吟卷·碧蹄館》,《韓國文集叢刊續》,127/562。
② 申錫愚《海藏集》卷15《入燕記上·韓使吟卷·研秋齋文謙以海內存知己天涯若比鄰分韻》,《韓國文集叢刊續》,127/556。

綽裕。此民心不先事而騷繹,廟略不致期而窘踣也"①。申氏所言者,北京之情形,而南方諸省及天津、山東、河北等地,已亂不可理,國勢殆危矣。

0929-1861
朴珪壽《應求集》(《瓛齋先生集》卷一〇《韓國文集叢刊》本　鈔本)

出使事由:問安行

出使成員:正使判中樞府事趙徽林、副使吏曹判書朴珪壽、書狀官司僕寺正申轍求等

出使時間:哲宗十二年(咸豐十一年　1861)正月十八日—六月十九日

出使事由:進賀兼謝恩行

出使成員:正使判中樞府事朴珪壽、副使禮曹判書成彝鎬、書狀官司僕寺正姜文馨等

出使時間:高宗九年(同治十一年　1872)七月二日—十二月二十四日

朴珪壽(1807—1877),初名珪鶴,字桓卿,號桓齋,中歲起字瓛卿,潘南人。趾源孫,宗采子。幼而端方聰穎,風采峻整。七歲讀《論語》,文理透悟,日誦千言,不問世事。憲宗十四年(1848),中增廣試。歷官至弘文館修撰、成均館大司成、司憲府大司憲、漢城府判尹、工曹判書、禮曹判書、平安道觀察使、刑曹判書、弘文館藝文館大提學、奎章閣提學、議政府右議政等。謚文翼。著有《瓛齋集》十一卷。事見《瓛齋集》卷首朴瑄壽撰《節錄瓛齋先生行狀草》等。

朴珪壽一生,凡兩度出使清朝。咸豐十一年(1861)正月,咸豐帝駕臨熱河病重。朝鮮遣問安使判中樞府事趙徽林、副使吏曹判書朴珪壽、書狀官司僕寺正申轍求等前往問安,抵北京後,奏請往熱河朝覲行在。帝溫諭止之,頒賜文綺、珍器等,并及其使臣。一行於正月十八日發王京,六月

---

①《哲宗實錄》卷13,哲宗十二年(咸豐十一年　1861)三月二十七日乙卯條。

十九日返京覆命焉。又同治十一年(1872)六月,盛京禮部移咨朝鮮,告同治帝與皇后阿魯特氏(？—1875)大婚。朝鮮遂遣進賀兼謝恩使判中樞府事朴珪壽、副使禮曹判書成彝鎬、書狀官司僕寺正姜文馨等入北京,賀皇后册立,賀兩宮皇太后尊號,謝冬至使臣加賞等事,一行於七月初二日發王京,臘月二十四日返京覆命焉。

朴珪壽《瓛齋集》十一卷,前有金允植序與朴瑄壽撰《節錄瓛齋先生行狀草》,卷一至卷三爲詩,其他爲諸體文,卷末有《正誤表》,校勘訛文誤字。據金允植按語,珪壽少有詩才,爲其無益而不喜作,集中收詩二百二十二首,多弱冠前後作;三十後或十年而得一兩首,五十六歲以後更不作,故其燕行無詩也。然卷一〇收有珪壽致清朝士大夫函札,有馮志沂一通、沈秉成七通、王拯一通、薛春黎一通、程恭壽一通、王軒七通、黃雲鵠六通、董文焕七通、董文燦一通、張丙炎一通、吴大澂一通、彭祖賢一通、萬青藜一通、崇實二通,共四十一通。案朴瑄壽稱:"公再使燕京,所與交皆一時名士,如沈秉成、馮志沂、黃雲鵠、王軒、董文焕、王拯、薛春黎、程恭壽、萬青藜、孔憲彀【疑有誤】、吴大澂等百餘人,盡東南之美,傾蓋如舊,文酒雅會,殆無虚日,氣味相投,道誼相勖。沈仲復(秉成字)常稱'瓛卿之言,如出文文山、謝疊山口中,使人不覺起敬'。其見推服如此。公東還以後,語到昔日交遊之盛,輒嘆想不已,有趙文子吾不復此樂之意也。"①朴珪壽致沈秉成札中,亦自謂"今乃與吾兄輩,會合於夢寐之所未及,睽阻於山海之所限隔,而爲之傾倒披露,繾綣依黯,惟是應求者聲氣之與同也,期望者言行之相顧也。於彼數事,毫無可涉。然則弟之真正朋友,在於中州;而諸君之真正朋友,在於海左也"②。故今另爲輯出,以《應求集》爲名著錄焉。

朴珪與諸友之札中,亦常探研學術,如其論"《日知録集釋》,向亦攜歸細閲,黃汝成氏誠顧門功臣,然其註釋處,往往有蔓及太多之意,未知論者以爲何如"③。時中國翻譯之書報,亦流入朝鮮,朴氏稱"有所謂《中西聞見録》者,流出東方,未知此爲華人之翻譯洋文者耶？抑洋人今皆能通

---

① 朴珪壽《瓛齋集》卷首朴瑄壽《節録瓛齋先生行狀草》,《韓國文集叢刊》,312/314。
② 朴珪壽《瓛齋集》卷10《與沈仲復秉成》(第一札),《韓國文集叢刊》,312/480。
③ 朴珪壽《瓛齋集》卷10《與沈仲復秉成》(第五札),《韓國文集叢刊》,312/484。

漢文而爲此歟？恐未必然，必華人之翻譯也。誇精巧矜新奇，種種津津，無非使人艷羨"①。時董文煥正輯校《韓客詩存》，珪壽謂"《韓客詩錄》，何至二十卷之多也。東人詩本不協聲律，中古志士畸人之作，尚可以辭取之，自鄭以下，無復可言，徒爲梨棗災，幸更加刪去，勿令中原士夫傳笑東人之陋，亦君子之惠也。牧隱、河西二集，卷帙頗多，容弟選錄寄呈，少候之"②。此可知董文煥初輯之詩甚尠，惜遠宦西北，又中年早逝，而未能成帙也。

時清朝與朝鮮，皆國勢阽危，風雨飄搖，故朴珪壽亦爲國事憂心，如其謂"東國不嫺兵事，況昇平恬嬉，其所云繕甲治兵，徒大言耳。都不識伐謀消兵爲何等語，只自賈勇誇勝，是豈知彼知己者耶。每一念之，中心如焚"③。又其與王軒札稱，"得吾兄六月大雨中所作書，至今擎玩在手耳。'命能貧富貴賤我，命不能君子小人我。'三復斯言，懦夫可立志，尊兄持守，素所欽服，於今益知清苦刻厲，夕惕靡懈。我心之喜，夫豈諛辭。君子之遇不遇，非富貴貧賤之謂也，道而已矣。官尊而祿厚，乃或學未試而志未展，澤不及物，斯可謂之遇乎？朝聞道，夕死可，無乃聖人傷天下無道不遇之歎歟"④。觀珪壽等往復之語，可知時局艱難，兩國士大夫，當風雨如晦之時，更自戒自修，以圖振起國勢，救民水火之志向矣。

0930—1861
李闓益《辛酉聞見事件》(《同文彙考補編續·使臣別單二》 活字本)

案李闓益有《庚中聞見事件》(0925—1860)，已著錄。李氏此次出使事，詳參前朴珪壽《應求集解題》(0929—1861)。

此《聞見事件》兩條，記昨年八月，咦夷與黑鬼子及土匪等萬餘人，忽自天津長驅至皇城外，將欲入謁皇帝。十數年來，朝臣不力，"致此無前之

---

①朴珪壽《瓛齋集》卷10《與萬庸叟青藜》(第二札)，《韓國文集叢刊》，312/498。
②朴珪壽《瓛齋集》卷10《與董研秋文煥》(第五札)，《韓國文集叢刊》，312/495。
③朴珪壽《瓛齋集》卷10《與萬庸叟青藜》(第二札)，《韓國文集叢刊》，312/498。
④朴珪壽《瓛齋集》卷10《與王霞舉軒》(第五札)，《韓國文集叢刊》，312/489。

變亂,用事諸人,誤國之罪,良可痛惋"①。皇帝駕幸熱河之後,恭親王奕訢、滿大臣桂良、漢大臣周祖培留都辦理,與嘆夷等商定條約,該夷等分住三處王府,亦無殺戮掠奪之患,故市肆閭閻安堵如常云。

又據《哲宗實錄》,一行返國後,哲宗召見,問中原事勢何如?趙徽林對曰:"各省賊匪猖獗猝難剿滅,然總督得人,防禦甚固,賊亦斂兵自守,更不敢侵掠。洋夷則別無侵擾之端,故都民安堵矣。今番別行,以格外恩賞之典觀之,皇上特示優禮之意可揣。而又聞朝士所傳,則今行即列國所無,東國獨有之,一心事大之誠,深可欽歎。真是禮義之邦云矣。"哲宗曰:"當此艱危之時,其在事大之道,豈可無一番問安之禮乎!"②案朝鮮仇清二百餘年,至哲宗方誠心虔意,有如此之説,可謂極其難得矣!

0931-1861
閔達鏞《壬戌聞見事件》(《同文彙考補編續‧使臣別單二》 活字本)

  出使事由:謝恩兼冬至等三節年貢行
  出使成員:正使判中樞府事李源命、副使禮曹判書南性教、書狀官兼司憲府掌令閔達鏞等
  出使時間:哲宗十二年(咸豐十一年 1861)十月二十四日—翌年三月二十九日

閔達鏞,生卒籍貫不詳。憲宗朝,任健元陵參奉。因科場作弊,發配海島。哲宗朝起用,任全羅左道暗行御史、弘文館副修撰等。事見《哲宗實錄》《承政院日記》等。

哲宗十二年(1861)冬,朝鮮遣謝恩兼冬至等三節年貢使判中樞府事李源命、副使禮曹判書南性教、書狀官兼司憲府掌令閔達鏞等入北京,進三節年貢兼謝熱河使臣回便賜物、謝冬至使臣加賞、謝冬至使臣免詣行在、謝熱河使臣及從人加賞、謝熱河使臣免詣行在等件,一行於十月二十四日發王京,翌年三月二十九日返京覆命焉。

---

①李閏益《辛酉聞見事件》,《同文彙考補編續‧使臣別單二》,004/3818。
②《哲宗實錄》卷13,哲宗十二年(咸豐十一年 1861)六月十九日丙子條。

此《聞見事件》一條,記正宮皇太后、聖母皇太后垂簾聽政,而恭親王奕訢【䜣】、漢大臣賈楨、滿大臣桂良、尚書瑞常、全慶等協理於内,僧格林沁出駐山東,勝保近駐河南,曾國藩、駱秉章、袁甲三、勞崇光、李續宜、官文等,各以總督分禦諸匪云。

0932-1862
李㙫《壬戌聞見事件》(《同文彙考補編續·使臣別單二》 活字本)

案李㙫有《丁巳聞見事件》(0911-1856),已著錄。李氏以首譯身份出使事由,詳參前閔達鏞《壬戌聞見事件解題》(0931-1861)。

此《聞見事件》二條,記上海鎮即貨船都會處,而洋人造屋開鋪,互相買賣。長髮賊猝地來撲,焚燒鋪舍,搶掠財貨,洋人戰死者殆近千名。又記北京城内三處洋館,宏麗無比,然多住天津,往來倏忽。而或有黄岐之術者,療病施藥,不受其值,故男女奔波,邪說並行,識者深加憂慮云。

0933-1861
宋敦玉《壬戌聞見事件》(《同文彙考補編續·使臣別單二》 活字本)

出使事由:陳慰兼進香行
出使成員:正使判中樞府事李謙在、副使吏曹判書俞鎮三、書狀官兼司憲府掌令宋敦玉等
出使時間:哲宗十二年(咸豐十一年 1861)十二月二十三日—翌年(同治元年)五月二日

宋敦玉,哲宗四年(1853),春塘台試居首,命直赴殿試。任司憲府掌令、弘文館應教等。高宗朝,任司諫院大司諫、吏曹參議等。事見哲宗、高宗《實錄》與《承政院日記》等。

咸豐十一年(1861)七月,咸豐帝駕崩於熱河避暑山莊。遣户部侍郎倭仁、副都統穆隆阿前往朝鮮宣訃敕及遺詔,兼捧到登極改元詔敕及彩緞等,一价而用二事,蓋字小而蠲費恤弊之意。朝鮮遂派陳慰兼進香使判中樞府事李謙在、副使吏曹判書俞鎮三、書狀官兼司憲府掌令宋敦玉等入北

京,慰咸豐帝崩逝並進香焉。

此《聞見事件》二條,記同治帝入學擇定於二月十二日,而翰林院編修李鴻藻以先皇帝遺旨,定爲師傅。又奉兩宮皇太后懿旨,特簡前大學士祁寯藻、翁心存與工部尚書倭仁俱膺師傅之任,俾各朝夕納誨,同心啓沃。倭仁撰《古今帝王事迹》及《古今臣工奏議》二帙,特命將此所進之書,日開講筵於弘德殿,以資講習。又記洋人開鋪於城內兩處,而牆壁間架之宏闊奇巧,殆是前所未有,而往來京師者,多寡不一。近又上海、天津或有築室居停。"當兹一初之際,順長道,屈群醜,而西洋之徒,專事資貨之交易,見無爲害於都民"云①。

0934-1862
玄鐸《壬戌聞見事件》(《同文彙考補編續・使臣別單二》 活字本)

玄鐸,生平事迹不詳。精漢語,爲譯官。哲宗十二年(1861),任首譯,隨陳慰兼進香使李謙在一行出使清朝。事見《同文彙考補編續・使臣別單二》玄鐸《壬戌聞見事件》。

案玄鐸以首譯身份出使事由,詳參前宋敦玉《壬戌聞見事件解題》(0933-1861)。

此《聞見事件》一條,記南海子距京師二十里,而新設神機營,募民壯實者八千名,月給三兩銀,操習弓馬,醇郡王奕譞統轄軍務,出住營上,以爲輦轂陰雨之備云。

0935-1862
崔秉翰《燕槎從遊錄》(《全集》第78册 鈔本)

出使事由:進賀兼謝恩行

出使成員:正使判中樞府事徐憲淳、副使禮曹判書俞致崇、書狀官兼司憲府掌令奇慶鉉等

---

①宋敦玉《壬戌聞見事件》,《同文彙考補編續・使臣別單二》,004/3819。

出使時間：哲宗十三年(同治元年　1862)正月二十九日—七月二日

崔秉翰(1821—?)，里籍不詳。哲宗朝，任五衛將、知中樞府事。精漢語，爲譯官。多次隨使團出使清朝。著有《燕槎從遊錄》三卷。其出使時詩有"此生四十二寒食，一度曾無馬上逢"之句①，可考其生年也。事見《燕槎從遊錄》《承政院日記》等。

咸豐十一年(1861)七月，咸豐皇帝駕崩，同治帝即位。十一月，慈安皇太后、慈禧皇太后御養心殿垂簾聽政。翌年正月，朝鮮初以李郭榮爲上价，以李氏老病告辭，遂以徐憲淳替之，副使爲禮曹判書俞致崇、書狀官兼司憲府掌令奇慶鉉，一行於正月二十九日發王京，七月初二日返京覆命。時徐憲淳亦六十有二焉，仍毅然從命而往。崔秉翰在俞氏門下三十年，故俞氏命陪軺車備咨詢，遂從行焉。

崔秉翰《燕槎從遊錄》所錄皆詩，共一百六十餘首，分爲出疆、留館、回程三卷，蓋仿金景善《燕轅直指》之體例。末頁有"歲著雍敦牂中呂月下浣完山後人崔英憲/心弟號海齋謄呈於/高海秋心兄文右"三行②。秉翰以爲："余觀夫一切游燕之人，大率多錄其往來日史，而其入也肇自渡瀣後下筆，其返也甫渡瀣輒獲麟。而人之瘠新慕遠，其果情乎？謬於東局於東者，一北其轅，歷神州之全幅，覽帝居之壯麗，則自不覺口呿目瞠，吾身吾心舉皆爲景物役而已非吾有，余於是竊嘗惑焉。是歲春，余適從槎路將出海關以西，離王城五里外，皆余前未所目之者，凡所過山川臺榭之可以寓賞詠者，輒走毫以領略，由以之燕都三千餘首浺尾返皆如一日者，非直欲苟充冗長之稿本，竊欲爲遺近騖遠者戒，蓋人所稱壯游偉觀，苟非名山大川之可以洞胸襟窮心目者，餘不足以游觀云乎，而余觀夫幽薊一路，山慢野平，絕不見一巒一澗之清峭灑脫，東眼之所初眩，直不過城闕寺刹井閭樓臺金碧珠翠之雕鏤繪飾而已。至若流峙之勝，反有遜於我東者亦遠矣。人苟以好新爲情，東之所未睹得北於而艷悅之，尚亦可矣，又何不以北所無而東之有者爲可艷悅特屏棄之，過而不於目書而不於錄乎？此亦

---

① 崔秉翰《燕槎從遊錄·馬上寒食》，《燕行錄全集》，078/257。
② 崔秉翰《燕槎從遊錄》，《燕行錄全集》，078/310。

不奇其牛胡雞勝而特珍象齒與翠羽者類也已。"①

　　崔氏詩,以七律爲多,雖無出人意表之句,然亦中規中矩,其在館期間,亦多與中國士大夫往來唱和。去途在羊腸河路中,適遇吉林兵討太平天國於天津橋南,獲捷而還,故遂以詩歎美之,贊謂"去時妻子爺娘哭,至竟鐃歌鼓吹閑。聞説天津橋畔水,官軍新洗劍花斑"②。朝鮮君臣,莫不以清國滅亡爲冀,然此時眼見洋人得勢,國將不國,而朝鮮亦爲洋夷所脅,故鮮人心境,已爲大變,亦期盼清軍戰而勝之矣。

0936—1862
朴永輔《錦舲燕槎抄》(《續集》第142册　鈔本)

　　出使事由:進賀謝恩兼冬至等三節年貢行
　　出使成員:正使判中樞府事李宜翼、副使禮曹判書朴永輔、書狀官兼
　　　　　　司憲府掌令李在聞等
　　出使時間:哲宗十三年(同治元年　1862)十月二十一日—翌年四月
　　　　　　四日

　　朴永輔(1808—1872),字星伯,號鍾岳,又號錦舲,高靈人。憲宗朝,爲平安道清北暗行御史。哲宗時,官吏曹參議、行副護軍等。高宗朝,官至司憲府大司憲、刑曹判書、京畿道觀察使、工曹判書等。封靈善君。卒諡文靖。有《錦舲燕槎抄》行世。事見憲宗、哲宗、高宗三朝《實録》等。

　　案朝鮮哲宗十三年(同治元年1862)十月,遣判中樞府事李宜翼爲進賀謝恩兼歲幣行正使、禮曹判書林永輔爲副使、兼掌令李在聞爲書狀官赴燕,賀尊謚咸豐謚詔書順付、賀兩宫皇太后尊崇、謝登極進賀方物移准等項。一行於當月二十一日出發,十二月二十六日抵玉河館,翌年二月初八日自北京離發,四月初四日返王京,凡前後一百五十二日焉。

　　是書封面左題"錦舲燕槎抄",其録詩百一十餘首,首爲《燕行雜言一

---
①崔秉翰《燕槎從遊録》附《燕游録後自題》,《燕行録全集》,078/308—309。
②崔秉翰《燕槎從遊録·羊腸河路中適遇吉林兵討賊於天津橋南獲捷而還故遂以詩歎美之》,《燕行録全集》,078/255。

百絕句》,記其沿路及在館聞見,亦紀行録類詩也。其詩如"太微紫微垣,紫禁城內外。桂殿玉樓間,銀河横一帶"①,"相貌與情性,東人似漢人。一言能契合,是以易相親","大抵華人士,寬弘古意敦。不因風雨廢,送客必門中","年例冬行譯,紅蔘換白銀。近來新定式,一萬四千斤",②"洋國强無敵,專緣器械精。華人機巧者,何不學之成"③,凡此之類,雖紀實質樸,然過於執直,如同白話打油之體,甚無詩意焉。

0937-1862
李恒億《燕行日記》(《全集》第 93 册　鈔本)

　　李恒億,生平事迹不詳。李德馨後裔。哲宗十三年(同治元年 1862),隨進賀謝恩兼歲幣行正使李宜翼出使中國。高宗初,爲孝文殿參奉。著有《燕行日記》傳世。事見《承政院日記》等。

　　案李恒憶出使事由,詳見前朴永輔《錦舲燕槎抄解題》(0936-1862)。

　　李恒億爲上使隨從,無公幹在身,故專務游覽。其《燕行日記》卷首置"鴻臚寺卿壽昌寄來詩"數首,後爲日記正文。漢語地名,則間以諺音注之。日記所載,亦頗詳盡,凡所見北京人物、物貨與城池,"卧炕中細想,周覽之處,有非智慮所可測度,亦非言語文字所可形容也"④。比及回國,尚如夢境,"自灣上至燕二千餘里之間,山川、風土、人物、城池、宫室、苑囿、倉廪,奇偉瓌麗弔詭之觀,可以駭耳目娛心志,歷歷森森,故行而忘跋履之歎,歸而恣矜耀之談矣"⑤。回國之後,"每思過境,悁悁如朝露纈眼,窅窅如曉夢斂魂,朔南易方,名實爽真,更撮其遺漏者而紀之"⑥。其記中若在館時往"裕誠局"洗澡,可見當時洗澡之用具與方法;又述在花神廟

---

① 朴永輔《錦舲燕槎抄·燕行雜言一百絶句》其一,《燕行録續集》,142/443。
② 朴永輔《錦舲燕槎抄·燕行雜言一百絶句》其二二、二四、三一,《燕行録續集》,142/446—447。
③ 朴永輔《錦舲燕槎抄·燕行雜言一百絶句》其九六,《燕行録續集》,142/458。
④ 李恒億《燕行日記》,《燕行録全集》,093/149。
⑤ 李恒億《燕行日記》,《燕行録全集》,093/186—187。
⑥ 李恒億《燕行日記》,《燕行録全集》,093/193。

所見洋女，貌醜而不中觀；另如述在鄂羅斯館畫相，李氏以爲"十分真面，宛爾在焉"，不知實爲新式照相機所攝照片也。

又其在館期間，日出游賞，與中國士大夫飲食手談，其記食物杯盤甚詳。如在順治門外南街中間珠瑺街揚州新館，與黃翰林翔雲、徐子潛會於寶文堂，終日觴飲，餙餙兩盤、熟鵝一盤、雞蒸三首、蒸豚一首、羊肚羹一盆、新果品兩盤、臨安酒一壺、薊州酒一壺、南邊酒二壺、鯉魚一尾、菜二盤、錦糕餅一大器、葡萄一盤、雪梨一盤、落花生一器、橘餅一盤、五花糖一大器，帶昏而返。又某夜與冠樵及譯員十數，往蓬萊店，盡醉而歸。蓋蓬萊店，好飲食肆也。一交子各坐四人，每人坐交椅上，一交子上各色各味，合九十餘器，酒果、魚肉、餅糕、菜芥之屬，奢美之味，豐盛之需，不可盡記，名實不識。四交子牀價合計銀？爲十六兩三戔，譯官以上判事玄昌運以初行禮擔價云。① 凡此等等，皆為前人諸家所不述者，於研究當日民情風俗及飲食器具等，皆大有裨益者焉。

0938-1862
丁學韶《西征集》（《續集》第 142 册　鈔本）

出使事由：進賀兼謝恩行

出使成員：正使判中樞府事徐憲淳、副使禮曹判書俞致崇、書狀官兼司憲府掌令奇慶鉉等。

出使時間：哲宗十三年（同治元年　1862）正月二十九日—七月二日

丁學韶，字舜繼，石翠人。娶黃奎郁女。哲宗十三年（1862），曾隨進賀兼謝恩副使禮曹判書俞致崇，以伴倘身份出使清朝。有《秋水閣詩初編》傳世。事見《西征集》、黄德吉《下廬先生文集》卷一五《亡子奎郁墓誌銘》等。

哲宗十三年（同治元年　1862），朝鮮遣進賀兼謝恩使判中樞府事徐憲淳、副使禮曹判書俞致崇、書狀官兼掌令奇慶鉉等入燕，賀同治帝登極並謝登極詔書順付、謝漂民出送（朝鮮難民申秉熙等四十名，漂到福建，交

---

①李恒億《燕行日記》，《燕行録全集》，093/120—121。

與進賀使臣帶回)等項。一行於正月二十九日發王京,七月初二日返京覆命焉。

丁學韶《西征集》輯自其《秋水閣詩初編》卷二。其第一首詩之詩題爲"同治元年壬戌正月二十九日燕行留別季君兼示櫶兒",詩稱"夙昔秉素志,觀於中國中"①。此可知其爲隨徐憲淳使團至中國,並專爲觀光上國而來也。至其身份,其《自笑》詩又謂"周官大小行人職,伴黨頭銜反不當","副房進士有誰知,步從咆哮劇可嗤","洌水之間老布衣,春風褲褶馬如飛",又詩注稱"是行從杞堂戚兄俞致崇副价之行也"。② 是又可知其未曾爲官,且與副使俞致崇爲戚屬,以副使伴倘身份入清也。

《西征集》本卷所收詩,前六十餘首爲燕行詩,後四十餘首非燕行時所作也。其在北京,與沈秉成、董文焕、岳雲鵬、鮑康、吳鳳藻、孔憲彝、黃雲鵠、王軒、許宗衡、范志熙、高烜、王厚錫、徐通等有交,其詩天然本份,不加雕飾,相互酬唱,樂怡歡娛,詩稱"天涯誰謂貌難親,新雨還同舊雨人"③。丁氏返國後,歸卧洌水之上,尚懷想燕京諸友,曾有寄沈秉成、鮑康、董文焕等詩,付是年冬至使朴永輔捎往北京,懷董氏詩有"家室蒼茫歸未得,兵戈江浙復何如"之句④。時清廷艱危,江南不靖,故丁氏憂念友人,其情可感矣。

0939–1862
吳膺賢《壬戌聞見事件》(《同文彙考補編續·使臣別單二》 活字本)

吳膺賢,生平事迹不詳。精漢語,爲譯官。哲宗朝,任五衛將、同知中樞府事。以首譯身份多次隨使團出使清朝。事見《同文彙考補編續·使臣別單二》吳膺賢《壬戌聞見事件》、《承政院日記》等。

---

① 丁學韶《西征集·同治元年壬戌正月二十九日燕行留別季君兼示櫶兒》,《燕行錄續集》,142/472。
② 丁學韶《西征集·自笑》其一、其二、其三,《燕行錄續集》,142/473。
③ 丁學韶《西征集·秋巖高都尉烜寄示長律一首即席走筆次韻》,《燕行錄續集》,142/488。
④ 丁學韶《西征集·歸卧洌水之上每懷燕南舊雨……各以詩伴之》其四,《燕行錄續集》,142/499。

案吳膺賢出使事由，詳參前丁學韶《西征集解題》（0938-1862）。

此《聞見事件》三條，記慈安、慈禧兩皇太后，命翰苑纂述歷代帝王政治及垂簾古事可爲法戒者，據史直書，使之彙册進呈，侍郎張之萬、太常卿許彭、光祿卿潘祖蔭、翰林院編修鮑源深、楊泗孫、李鴻藻、黃鈺等著書進呈，賜名爲《治平寶鑒》。又記山東賊匪自昨年更爲猖獗，僧格林沁合英、法兵十餘萬，於本年二月大獲全勝，法國提督卜羅德至有奮勇立殲之舉，"此係洋人與中國實心和好，與同患難，並無他意"云云①。又記河南御史劉慶奏，大凌河以東請開墾荒地，俾無遺利，以濟軍需之不給云。

0940-1862
李在聞《癸亥聞見事件》（《同文彙考補編續·使臣別單二》 活字本）

出使事由：進賀謝恩兼冬至等三節年貢行

出使成員：正使判中樞府事李宜翼、副使禮曹判書朴永輔、書狀官兼司憲府掌令李在聞等

出使時間：哲宗十三年（同治元年　1862）十月二十一日—翌年四月四日

李在聞，生卒籍貫不詳。哲宗朝，爲梁山郡守、司諫院司諫等。高宗時，任司諫院大司諫、承政院右承旨等。事見哲宗、高宗《實錄》與《承政院日記》等。

哲宗十三年（同治元年　1862）冬，朝鮮遣進賀謝恩兼冬至等三節年貢使判中樞府事李宜翼、副使禮曹判書朴永輔、書狀官兼司憲府掌令李在聞等入燕，進三節年貢並賀尊謚咸豐、謝尊謚詔書順付、謝進香賜緞，兼賀兩宮皇太皇尊崇、謝尊崇賜緞等件，一行於十月二十一日發王京，翌年四月初四日返京覆命焉。

此《聞見事件》二條，記金陵逆首僞忠王李秀成，糾合各路賊黨，又率大股悍匪，號曰六十萬衆，圖抗官軍，力戰四十餘日，大破其黨，剿殺萬餘人，殲其僞王，逆焰始衰，餘孽尚自盤踞。又記直隸自昨年土匪大聚，至今

①吳膺賢《壬戌聞見事件》，《同文彙考補編續·使臣別單二》，004/3819。

萬餘名焚殺掠燒,日熾月蔓,皇城內外亦多匪類嘯聚,昏夜以布裹頭,突入仕宦家及閭巷,搶奪銀錢衣服等。皇上嚴飭刑部及統領衙門嚴捕緝拿,乞未寢息云。

0941-1862
李埱《癸亥聞見事件》(《同文彙考補編續・使臣別單二》 活字本)

案李埱有《丁巳聞見事件》(0911-1856),已著錄。李氏以首譯身份出使事由,詳參前李在聞《癸亥聞見事件解題》(0940-1862)。

此《聞見事件》二條,一記文宗顯皇帝梓宮,因陵役未竣,去年九月移奉於東陵隆福寺行宮,而孝德顯皇后梓宮,一體移奉。又記洋夷往來無常,公館私室,非止五六處,而男女恣行城市,莫敢誰何焉。

0942-1863
李寅命《癸亥聞見事件》(《同文彙考補編續・使臣別單二》 活字本)

出使事由:陳奏行
出使成員:正使判中樞府事尹致秀、副使禮曹判書李容殷、書狀官兼司憲府持平李寅命等。
出使時間:哲宗十四年(同治二年 1863)二月十三日—翌年六月十六日

李寅命(1819—?),字祈水,號一淵,全州人。哲宗朝,爲慶尚右道暗行御史。高宗時,任司憲府大司憲、刑曹判書、漢城府判尹、禮曹判書、刑曹判書、工曹判書、判義禁府事等。後諡孝獻。事見哲宗、高宗《實錄》。

哲宗十四年(同治二年 1863)春,朝鮮遣陳奏使判中樞府事尹致秀、副使禮曹判書李容殷、書狀官兼持平李寅命等入燕,奏《廿一史約編》誣罔其先世,懇將謬妄書籍刊正。案吳興鄭元慶,纂有《廿一史約編》,因內《女直傳》,語有關礙,乾隆朝爲禁書。其記朝鮮史事,以太祖李成桂爲李仁任之子。帝諭"朝鮮國王先系源流,與李仁任即李仁人者,族姓迥別。我朝纂修明史,於其國歷次辨雪之言無不備載。今因見康熙年間鄭元慶所撰《廿一史約編》，記載其國世系多訛，籲請刊正。約編所稱康獻王爲李仁人之子，實屬舛誤。惟係在《明史》未修以前，村塾綴輯之士，見聞未確，不免仍沿明初之訛。今其國奉有特頒史傳，自當欽遵刊布，使其子孫臣庶知所信從。《約編》一書，在中國久已不行，亦無所用其改削。著各省學政通行各學，查明曉諭，凡朝鮮事實，應以欽定《明史》爲正，不得援前項書籍爲據，以歸畫一而昭信守"①。

此《聞見事件》六條，記皇上聰睿沈默，自晨至暮，日設講筵。時原任大臣及師傅，不離左右，討論古今治亂得失之迹，而滿漢蒙古等字，無不學焉。餘暇則練習弓馬，此其家法之傳授者，而兩宮皇太后教誡之力云。又記三月科試，殿試時皇上語王大臣諸考官曰："我不解文辭之工拙，而主考該臣既已秉公選擇矣，我當體天行道。"並將試券積置坐旁，信手抽出，手書狀元、榜眼、探花，餘皆仿此，朝野莫不贊頌。

又記南邊賊匪堅守金陵，石達開從水路入蜀，今方蹂躪，勝負難分。捻匪出沒叵測，僧王自山東移駐河南。又各地土賊響馬，搶奪公私銀貨，滋擾益甚。又自正、二月至四月晦，旱災太盛，皇上祈雨三次，終無靈應。兵部侍郎勝保出戰山東，無意用兵，乾沒軍餉，被逮下獄，抄没家產，但議政王曲護，以爲有可紀之勞，無可殺之罪。京中謠曰："殺勝保，天乃雨。"又載洋夷在燕大起家舍，紅漆門户，高揭大旗，而與天津洋夷，互相往來。於是京城内外，自官飭諭民間，大書墳曲壁上曰"守助約"，蓋取守望相助之義。洋之婦女往往登城巡視而下，誠可怪異云。

0943—1863
李尚迪《癸亥燕行詩》（《叢刊》第 312 册《恩誦堂集續集詩》　刻本）

案李尚迪有《己丑燕行詩》（0825—1829），已著録。李氏此次以首譯身份出使事由，詳參前李寅命《癸亥聞見事件解題》（0942—1863）。

李尚迪哲宗十四年（1863）以首譯身份，隨陳奏使判中樞府事尹致秀等出使中國，爲其第十二次入中土，第十一次到北京。此番在館期間，所

---
①《清史稿》卷 526《屬國一·朝鮮》，048/14594—14595。

接何人,因無唱酬詩文,無從查考。此行沿路亦少詩作,僅《臨津舟中》《渡錦江》兩首,且作於返國近王京時。返渡臨津江時,尚迪有"申雪國誣回渡日,滄溟萬折沐恩波"之詠①,因是行爲陳奏史誣事件,故有此語也。然未及歇息,又奔波王事,所謂"萬里燕河纔返棹,勞歌又向古熊州"者也②。

0944-1863
李尚迪《癸亥聞見事件》(《同文彙考補編續·使臣別單二》 活字本)

案李尚迪有《己丑燕行詩》(0825-1829),已著錄。李氏此次以首譯身份出使事由,詳參前李寅命《癸亥聞見事件解題》(0942-1863)。

此《聞見事件》二條,一記同治皇帝明年九歲,封皇后之説藉藉,識者以爲本朝例於十六歲行嘉禮,未有九歲嘉禮之例云。又記上用紬緞例自金陵、蘇、杭州織造進用,而幾年以來,兵燹相續,匠手流亡,無以織造,自上敕屢下,於上海等處使之進貢,而亦無以辦備者已有年所矣。今番頒賞之際,八絲緞之屬,末由充數,延擱屢日,自内務府申飭,非至一再,僅僅彌縫,頒賞之遲滯,實由於此焉。

0945-1863
尹顯岐《甲子聞見事件》(《同文彙考補編續·使臣別單二》 活字本)

出使事由:進賀謝恩兼冬至等三節年貢行
出使成員:正使判中樞府事趙然昌、副使禮曹判書閔泳緯、書狀官兼司憲府執義尹顯岐等
出使時間:哲宗十四年(同治二年 1863)十月二十八日—翌年三月九日

尹顯岐,憲宗七年(1841),行秋到記講居首,直赴殿試。任兵曹佐

---
①李尚迪《恩誦堂集續集詩》卷10《臨津舟中》,《韓國文集叢刊》,312/306。
②李尚迪《恩誦堂集續集詩》卷10《渡錦江》,《韓國文集叢刊》,312/306。

郎、殷山縣監等。哲宗朝,任司諫院持平、弘文館副校理。高宗時,爲弘文館副修撰、司諫院大司諫等。事見憲宗、高宗《實錄》與《承政院日記》等。

哲宗十四年(1863),朝鮮遣進賀謝恩兼冬至等三節年貢使判中樞府事趙然昌、副使禮曹判書閔泳緯、書狀官兼執義尹顯岐等入北京,進三節年貢兼賀皇太后祔廟,謝史諴陳奏准請等事,一行於十月二十八日發王京,翌年三月初九日返京覆命焉。

此《聞見事件》四條,一記咸豐帝山陵,尚未完竣,而葬期無定。又記南匪近頗寢息,而猶出没侵擾州郡。欽差大臣僧格林沁、湖廣總督官文、兩江總督曾國藩分住安徽、江蘇、浙江、河南等省,終不得解嚴,軍餉有飛挽之勞,殉難致隱之典,所以邊報旁午,驛騎相續。噯夷來皇城者,分住四五處,屋上皆插絶旛以爲標識,而横行街路,人莫敢誰何。惟議政王來往酬接,而亦莫敢違忤,至於日費銀錢,渠自辦用,少無相關於中國,其意所在,實難測量云。

0946-1863
李閨益《甲子聞見事件》(《同文彙考補編續·使臣別單二》 活字本)

案李閨益有《庚申聞見事件》(0925-1860),已著録。其以首譯身份出使事由,詳參前尹顯岐《甲子聞見事件解題》(0945-1863)。

此《聞見事件》二條,一記漕運總督袁甲三,歷官二十餘年,立品居心,剛正不阿,實爲臣僚所深服,及代勝保領軍南州,處事精詳,禦軍整嚴,以故士卒用命,屢戰屢捷,使淮陽瓜步之人,得以安堵。昨年五月疏疾回籍調病,六月竟至不起,朝廷隱恤之典,迥出常格。又記今年即甲子正科,而大江以南各州縣,雖指日蕩平,一切善後之方,修整貢院等事,尚稽時月,似不能趁期設科,須待秋後會試之意,曾國藩、李鴻章、吳棠合詞具奏。奉旨依議焉。

卷七二　0947—0974

高宗元年(同治三年　1864)—高宗三年(同治五年　1866)

0947-1864

洪必謨《甲子聞見事件》(《同文彙考補編續·使臣別單二》　活字本)

出使事由：告訃請諡兼承襲奏請行
出使成員：正使右議政李景在、副使吏曹判書林肯洙、書狀官司僕寺正洪必謨等
出使時間：高宗元年(同治三年　1864)正月二十一日—五月二十三日

洪必謨，哲宗七年(1856)，春塘台黃柑製表居首，直赴殿試。爲弘文館校理、司憲府執義等。高宗朝，爲同副承旨等。事見哲宗、高宗《實錄》與《承政院日記》等。

案哲宗十四年(1863)十二月，哲宗昇遐。無嗣，立宗室興宣君李罡應(1820—1898　南延君李球子)幼子李熙(1852—1919)爲國王，罡應封大院君，協贊國務。高宗元年(1864)正月，遂遣告訃請諡兼承襲奏請使右議政李景在、副使吏曹判書林肯洙、書狀官司僕寺正洪必謨等入北京，告哲宗昇遐並請諡、請承襲等件。一行於正月二十一日發王京，五月二十三日返京覆命。九月，清廷遣户部左侍郎皂保、副都統文謙賫敕至朝鮮，致祭哲宗，並册封李熙爲朝鮮國王焉。

此《聞見事件》二條，一記皇城近處，連值歉荒，山海關内外，流丐之在道求活者，比比有之。城内今將設賑，故方輸通州倉儲，而每有乾没之弊，嚴飭該掌無敢幻弄。又記僧格林沁方監軍留駐於安徽，朝野日望遄歸。蓋僧王前日屢破洋夷於天津，一自洋夷流入京城，深自歉憂，誓欲掃蕩，永絕禍萌，故都下人情若是懸望焉。

又據《高宗實錄》,李景在等行前謁闕,大王大妃謂西路事勢,誠難形言,沿路饑荒,敕期又迫,極爲憫然。須各別飭諭於方伯、守令,使之精白對揚可也。景在稱西路敕需,晚近以來,枵蕩無餘。如此大事,將何以經紀,不勝憂憫。大妃問敕需錢自來有定,何至如是蕩竭乎?景在對曰紀綱解弛,法度頽廢,列邑之蓄儲俱罄,一無留置。大妃復問然則敕需皆歸於何處乎?景在曰營邑公用窘絀,每爲挪貸,未即充補,且有監色輩之欠逋,至於此境。經費之資,必生於民,而此若一切嚴防,則亦恐難經紀大事,誠甚憫迫。大妃謂當令廟堂商議爲之,卿須平安往返可也。① 此可知朝鮮西路饑饉,用資枯竭,君臣相對,悶迫無術。時清、朝兩國之境地,令人益生悲歎而已矣。

0948-1864
李尚迪《甲子燕行詩》(《叢刊》第 312 册《恩誦堂集續集詩》 刻本)

案李尚迪有《己丑燕行詩》(0825-1829),已著録。李氏此次以首譯身份出使事由,詳參前洪必謨《甲子聞見事件解題》(0947-1864)。

高宗元年(1864)正月,李尚迪以首譯身份,隨告訃請諡兼承襲奏請使右議政李景在等入燕,爲其第十三次出使,第十二次到北京,亦爲其最後一次燕行也。此次沿途所作,有《遼西途中》《山海關途中》《燕郊途中》《燕館戲示欲購良硯者》《過東便門》等十餘首詩。此時,李尚迪已是六十高年,所謂"倦游更覺浮生老,衰柳婆娑繞短堤"者也②。李氏自感年衰體弱,來日無多,燕行之路,恐將終絶,故"自期誓墓將終老,不道乘槎又遠征。只有故人重見日,一尊春酒證蘭盟"③。然昔日唱酬角力,把酒呼喝,而今故人亦凋零老去,徒喚奈何矣!

案朝鮮半島燕行史上,李尚迪與諸家相較,有他人所不及四:其一,李尚迪凡十三次渡鴨江入中土,十二次抵玉河,游北京,爲燕行使家出使次

---
①《高宗實錄》卷1,高宗元年(同治三年 1864)正月二十一日癸亥條。
②李尚迪《恩誦堂集續集詩》卷10《遼西途中》,《韓國文集叢刊》,312/307。
③李尚迪《恩誦堂集續集詩》卷10《山海關途中》,《韓國文集叢刊》,312/307。

數最多者。清初麟坪大君李𣴴亦出使十二次,然有一次未入中土;委巷詩人趙秀三亦多次入燕,然亦無如尚迪之多。雖然下隸輩有隨使往來達三四十次者,然此輩以燕路資生,如塵根浮土,無人關注,而使團正官之入中土,當以尚迪爲最也。其二,尚迪前八次出使,爲譯官,中間爲備差官至邊境中國一方,五次爲首譯,至於陪侍清朝使臣,往來西路,送至鴨江,更甫計數,其一生所職,即爲燕行,返國後翌年八月即卒,而詩文亦於返國後輟絕。故若尚迪者,即因燕行而生,職盡而殁焉。其三,朝鮮半島文人學士,如崔致遠輩在唐代爲官,許筠刻其姊集在北京,朴趾源《熱河日記》後來槧行於南通,然李尚迪詩文,前後得到中朝友人資助,於道光二十八年(1848)、咸豐三年(1853)、九年與同治元年(1862),四度在北京刊行,且深受歡迎,此亦朝鮮詩家絕無僅有者也。其四,燕行使臣之入北京,明時如蘇世讓、李安訥輩,清代如洪大容、朴趾源、柳得恭輩,亦多與中土士大夫交,然李尚迪出使前後近三十年,所接從中朝宰相,至下第生員,祖孫父子,家屬女眷,達百餘人之多,亦爲燕行史上所僅見。其感情之摯深,友好之篤誠,亦惟洪大容可與媲美;而交游之廣,持日之久,洪氏不可匹敵矣。故李尚迪在燕行史上,可謂宏偉特出之第一人焉。

0949-1864
李尚迪《甲子聞見事件》(《同文彙考補編續·使臣別單二》 活字本)

案李尚迪有《己丑燕行詩》(0825-1829),已著錄。李氏此次以首譯身份出使事由,詳參前洪必謨《甲子·聞見事件解題》(0947-1864)。

此《聞見事件》五條,一記江南、江西、浙江、安徽、兩廣、陝西、雲貴、福建、四川、甘肅等省,兵亂未迄,所克城池,往往旋得旋失;而此外湖南、湖北、山東、山西、直隸、盛京省,則姑無他憂;河南捻匪,出沒無常。洋夷留住皇城,與俄羅斯聲氣相通,俄夷憑籍其氣,漸有凌侮中國之意。諸洋夷於城內各處買宅,年增歲加,又欲築室於東華門內,"蓋其陰蓄虎狼之志,先試蠶食之計,推此可知"。又洋女稍來,留生子女,而五六歲兒,亦復來肄習華語,華人利其金而授之語,其亦可駭,彼類之學語,其意何居。且彼類往往收買華人之子侄年未滿十四五歲者,移送其國,"究厥所爲,尤極叵測,識者爲之深慮云"。①

又記皇城各衙門郎官之課日赴公,卯仕酉罷,自是已例。而庚申、辛酉以來,殆泄成習,無所顧忌,郎官或在家視事,吏胥亦從中售奸,公文之稽滯,賄賂之狼藉,去而益甚,禁飭無效也。又記"凡派敕之規,上不及尚書銜,下不至五品官,而惟以侍郎與副都統等爵秩,各其衙門擬望,並收送於禮部,以爲奏達之地。今番各司所錄送者,如現任大學士瑞常及內閣侍讀慶廉,混入其中,侍讀之職,不過是五品,則位之高下,均非擬望之人,而有違格例,做錯非細。然禮部序班受而置之,視若故常,該堂郎末乃覺察,還送各單於該司,使之改正以來,亦費多日,其疏忽不審之失,類如是云"。②

0950-1864
鄭顯德《乙丑聞見事件》(《同文彙考補編續・使臣別單二》 活字本)

出使事由:謝恩行
出使成員:正使判中樞府事徐衡淳、副使禮曹判書趙熙哲、書狀官司僕寺正鄭顯德等
出使時間:高宗元年(同治三年 1864)九月二十七日—翌年二月六日

鄭顯德(1810—1883),字伯洵,一作伯純,號愚田,草溪人。哲宗朝,爲司諫院持平、弘文館副修撰等。高宗時,任司憲府掌令、東萊府使等。爲興宣大院君心腹,大院君失勢,配咸鏡道文川郡,後賜死。事見哲宗、高宗《實錄》與《承政院日記》等。

高宗元年(1864),朝鮮遣謝恩使判中樞府事徐衡淳、副使禮曹判書趙熙哲、書狀官司僕寺正鄭顯德等入燕,謝清廷遣户部左侍郎皂保等賜祭哲宗,謝册封高宗,謝請謚請承襲方物移准等件,一行於九月二十七日發王京,翌年二月初六日返京覆命焉。

---

①李尚迪《甲子聞見事件》,《同文彙考補編續・使臣別單二》,004/3822。
②李尚迪《甲子聞見事件》,《同文彙考補編續・使臣別單二》,004/3822。

此《聞見事件》三條，一記慈安太后聰明仁愛，求治孜孜，大小章奏，必手自檢閱，聽政之暇，留心經史。嘗謂國家板蕩，民生塗炭，吾何忍爲侈，雖窗紙之微破輒補糊，時當夏令，宮人或易以紗，即令撤去，其躬先節儉如此。而議政王雖首攝相位，事無大小，必議群僚，然後始奉懿旨舉行，小心兢兢，不敢自逸。又記琉球三年一貢，因南方途梗，屢遣使而不能北上，今番以進賀進香使，又久淹閩中，與朝鮮使臣同行演禮，見其衣冠頭戴黄巾，身衣黑繒，而文辭亦足可觀。又記逆魁洪仁玕等，皆生擒正法，南方肅清，寵爵恩賞，遍加中外諸臣，而仍以安不忘危，罔或怠忽之意，特下上諭儆飭臣工云。

0951-1864
朴逌性《乙丑聞見事件》(《同文彙考補編續‧使臣別單二》 活字本)

朴逌性，生平事迹不詳。通漢語，爲譯官。哲宗朝，任僉知中樞府事。高宗時，爲知中樞府事。以首譯身份多次隨使團出入清朝。事見《同文彙考補編續‧使臣別單二》朴逌性《乙丑聞見事件》、《承政院日記》等。

案朴逌性以首譯身份出使事由，詳參前鄭顯德《乙丑聞見事件解題》(0950-1864)。

此《聞見事件》兩條，一記南路既通，商貨產集，軍餉多撤，國計稍紓，凡係經亂地方積欠錢糧，特許豁免，各省捐納，視其多寡增廣學額，又設善後總局，或招徠商賈，或安集流民，收拾整頓之方，靡不用極，而十餘年來殉難者，今方一一查訪分等議恤，惟恐見漏。又記咸豐之季所謂"三奸"，即載垣、肅順、端華【方】也。今皇登極之初，首誅三奸，朝著清明，群邪斂迹，内而倭仁、李棠階協心贊化，外而有曾國藩、駱秉章、左宗棠、沈葆禎分據方面，輔相得人，將帥用命，政令施措，一出於公，所以有南方非常之功云。

0952-1864
張錫駿《燕行日記》(《續集》第143册;《春皋遺稿》 刻本)

出使事由：謝恩兼冬至等三節年貢行

出使成員：正使判中樞府事俞章焕、副使吏曹判書尹正求、書狀官兼司憲府掌令張錫駿等

出使時間：高宗元年（同治三年　1864）十月二十一日—翌年四月八日

張錫駿（1813—1868），字見可，一作顯可，號春皋，仁同人。旅軒張顯光後裔。哲宗三年（1852），登乙科。高宗三年（同治五年　1866），爲司憲府持平、北評事等。純宗朝，任司諫院司諫、成均館司成、通禮院左通禮等。有《春皋遺稿》存世。事見李源祚《凝窩先生文集》卷二二《玉山張公行狀》、《高宗實錄》、《純宗實錄》等。

案同治三年（1864）八月，禮部以朝鮮慶源地方官請求越境伐木、修建開市房屋事修咨朝鮮。"奏准朝鮮國慶源地方官議修兩國交易官房，越圖們江擇偏僻地采取材木。"①高宗遣謝恩兼冬至使判中樞府事俞章焕、副使吏曹判書尹正求、書狀官兼掌令張錫駿等入清，進三節年貢兼謝慶源賞給材木、謝漂民出送（是年朝鮮難民金東錫等漂到山東省金州，清廷差通官解到義州）等件。一行於是年十月二十一日發王京，翌年四月初八日歸國，而張錫駿遲滯十七日方返京覆命焉。

案是書輯自張錫駿《春皋遺稿》卷一，封面左中楷題"春皋遺稿全"，右上書兩行"詩雜著／書附錄"，爲張氏出使期間所作詩歌、日記及行前諸家贐行詩文。凡收燕行詩二十餘首，而贐行詩多達四十餘首、文三篇。其正文第一首詩題"平壤道中逢雪"下注"朝天錄"②。其詩後"雜著"後，亦書"朝天日記"③。末"附錄"亦題"朝天時贐行諸篇"焉④。

案自高麗至朝鮮，半島之入中國朝貢者，凡在明代皆曰"朝天"，入清後則多稱"燕行"，所謂入蠻貊之國，鮮有以其燕行詩稱"朝天錄"者也。張錫駿詩中，對清廷並無好感，其詩謂"暫持北海蘇郎節，非采西周上國風"⑤，又

---

①《清史稿》卷526《屬國一·朝鮮》，048/14595。
②張錫駿《朝天日記》，《燕行錄續集》，143/012。
③張錫駿《朝天日記》，《燕行錄續集》，143/020。
④張錫駿《朝天日記》，《燕行錄續集》，143/073。
⑤張錫駿《朝天日記·詩·宿廣寧站上使以一律要和》，《燕行錄續集》，143/016。

曰"一杯痛哭袁崇煥,愁殺山陰雪後顏"①。又爲其贐行諸家,亦稱"何代中原洪武世,悲歌西日薊門天"②,"禮樂三王地,腥羶四甲秋"③。更有甚者,謂張氏若在中國,見皇明之遺民,"因執策而語之曰:今天下貿貿焉皆入於腥穢氈裘之俗,而惟吾東國獨保皇明禮樂教祀,而崇大報壇花而種大明紅,紀年而先揭崇禎號,天王一脉,王春獨在於檀箕故國我後之朝鮮矣"④。即此可知,張錫駿絶無以其詩名"朝天録",以其日記稱"朝天日記",以諸家贐詩題"朝天時贐行諸篇"之可能,蓋後人整理其集時所加名,去其本意亦可謂遠矣! 今更名爲"燕行日記",以符實焉。

張錫駿是行,在館期間,因譯員包蔘發賣延滯,本於正月二十八日自北京離發,然爲蔘商所羈絆,二月初九日方離京,而蔘商仍留滯於後。三月初二日抵栅,五日捕得潛蔘四百九十斤,大會兩國人,燒之於栅市上,大火半日不滅。因蔘商耽延,加之雨霖水漲,車卜不能齊到,因留栅内。十七日與上副使同渡江至義州,二十四日上副使先發平壤,二十八日車卜方盡入栅。四月初七日見朝紙,則以車卜之未查檢而徑渡江罷職,張氏不勝惶悚。其謂"大抵使行車卜之相先後,已是傳例,或有渡江而待者,或有留栅而待者,以我異色人而不獲之故也,爲此絆縛數十日,而竟未副靡及之"⑤。可謂使事不順,亦可知當時中國衰微,商賈無銀,顯宦缺錢,朝鮮人蔘在北京發賣爲難矣。

0953-1864
張錫駿《乙丑聞見事件》(《同文彙考補編續·使臣別單二》 活字本)

案張錫駿有《燕行日記》(0952-1864),已著録。
此《聞見事件》即高宗元年(同治三年 1864)張錫駿以冬至使書狀

---
①張錫駿《朝天日記·詩·山海關吟一絶》,《燕行録續集》,143/017。
②張錫駿《朝天日記·附録·朝天時贐行諸篇》金熙永贐詩並小序,《燕行録續集》,143/088。
③張錫駿《朝天日記·附録·朝天時贐行諸篇》朴雲周贐詩,《燕行録續集》,143/097。
④張錫駿《朝天日記·附録·朝天時贐行諸篇》李宗淵贐行文,《燕行録續集》,143/106。
⑤張錫駿《朝天日記》,《燕行録續集》,143/071。

官出使返國後所上,共兩條。一記皇上克勤課讀,選派翰林十數員,就《四書》《五經》中擇其切要者,仿《大學衍義》體例,以備觀覽。政令則兩宮皇太后及恭親王内外協贊,別無闕失。又記南匪洪秀泉【全】身死,其子福瑱及徒黨被擒,可謂南方少靖。然尚有捻匪之類,處處竄擾,猝難一一掃平。陝西、甘肅二省,回匪滋蔓,爲憂不少云。

0954-1864
卞光韻《乙丑聞見事件》(《同文彙考補編續‧使臣別單二》 活字本)

案卞光韻有《甲寅聞見事件》(0896-1853),已著錄。其以首譯身份出使事由,詳參前張錫駿《燕行日記解題》(0952-1864)。

此《聞見事件》兩條,一記南匪始得剿滅,江寧、江西、浙江、安徽四省,漸次收復。而湖南、湖北、河南諸處暨陝西、甘肅五省,回匪、捻匪等盤據,尚勞王師。至於兩廣、雲貴,在在騷然。正月初三日,河南捻匪賴文洸等驟撲魯山,官軍敗績,都統以下二品大員戰歿者七八人。陝、甘兩省,尤爲猖獗。一記南方既定,多年湮塞之河道,不可不浚,南方諸省,自工部指畫治河之役,然工程浩大,比之昔時,倍覺費力云。

0955-1865
金昌熙《丙寅聞見事件》(《同文彙考補編續‧使臣別單二》 活字本)

出使事由:謝恩兼冬至等三節年貢行
出使成員:正使判中樞府事李興敏、副使禮曹判書李鍾淳、書狀官兼
　　　　　司憲府執義金昌熙等
出使時間:高宗二年(同治四年　1865)十月二十日—翌年四月一日

金昌熙(1844—1890),字壽敬,號石菱、鈍齋、溪園居士等,慶州人。金南重後裔,鼎集子。高宗元年(1864),擢增廣文科。歷官至義禁敦寧府事、司憲府大司憲。坐試事謫朔州,尋宥還。再起至工曹判書、弘文藝文兩館提學、漢城府判尹等。謚文憲。有《石菱集》十二卷行世。事見《石菱集》卷四《溪園退士自傳》、卷一二金教獻《事略》、韓章錫《眉山集》

卷一一《工曹判書文獻金公昌熙墓碣銘》、《高宗實錄》等。

高宗二年(1865),朝鮮遣謝恩兼冬至等三節年貢使判中樞府事李興敏、副使禮曹判書李鍾淳、書狀官兼司憲府執義金昌熙等入燕,進三節年貢兼謝賜筆、謝三起方物移准、謝上年冬至使臣加賞、謝漂民出送(是年朝鮮難民金子聖等漂到福建,清廷差通官解到義州)等件,一行於十月二十日發王京,翌年四月初一日返京覆命焉。

此《聞見事件》兩條,一記咸豐帝祔廟,已行於昨年九月二十六日,配天則以遺詔置之。又記金陵賊匪,幾皆討平,而尚有餘衆,往來難滅。又有一股自鄂省會合捻匪爲亂,去年僧王殉難,而近者曾侯國藩駐兵徐州,爲次次征剿之計云。

0956–1865
李宜教《丙寅聞見事件》(《同文彙考補編續‧使臣別單二》 活字本)

李宜教,生平事迹不詳。通漢語,爲譯官。曾多次爲賫咨官、首譯出使中國。事見《同文彙考補編續‧使臣別單二》李宜教《丙寅聞見事件》、朴思浩《心田稿》、金景善《燕轅直指》等。

案李宜教以首譯身份出使事由,詳參前金昌熙《丙寅聞見事件解題》(0955–1865)。

此《聞見事件》一條,記盛京爲根本重地,兩宮皇太后軫念士卒之勞苦,特發內帑銀二十萬兩,由順天府解往軍營,派兵護送,以爲賞餉之資云。

0957–1866
柳厚祚《柳萬筆談》(《洛坡先生文集》(國譯),首爾:大譜社1994年整理影印本)

出使事由:進賀謝恩兼奏請行
出使成員:正使右議政柳厚祚、副使禮曹判書徐堂輔、書狀官兼司憲府執義洪淳學等

出使時間：高宗三年（同治五年　1866）四月九日—八月二十三日

柳厚祚（1799—1876），字載可，號洛坡，又號梅山，豐山人。哲宗九年（1858），中庭試文科丙科。爲司諫院大司諫、副護軍等。高宗朝，歷吏曹參判、工曹判書、議政府右議政、左議政、判中樞府事等。以奉朝賀致仕。卒謚文憲。有《洛坡先生文集》行世。事見《洛坡先生文集》末附《年譜》、柳道奭《墓志》、張炳逵《墓碣銘》、《憲宗實錄》與《高宗實錄》等。

高宗三年（同治五年　1866）三月，驪興閔致禄女被册封爲高宗王妃，在仁政殿及雲峴宮行册妃禮及婚禮。四九初九日，高宗遣右議政柳厚祚爲進賀謝恩兼奏請行正使、禮曹判書徐堂輔爲副使、兼執義沈淳澤爲書狀官使燕，賀咸豐祔廟、謝詔書順付、奏請册封王妃等件，一行於八月二十三日返京覆命焉。

案國譯柳厚祚《洛坡先生文集》不分卷，柳時溁編、柳龍佑譯，據柳氏家藏稿本整理影印①。詩僅兩首，文章以體裁編輯，前有傍後孫時碧識語，末爲五代孫時浣識語。

案此《柳萬筆談》，見柳氏《洛坡先生文集》末，題目爲筆者所加也。前影印信箋一幀，乃萬青藜與柳氏之札。左上印"□生安樂"瓦當圖案，右下"萬青藜"，邊框外則爲"住老牆根　西頭路北"宋體兩行，此可見當時信箋之式也。旁注"丙寅七月初四日，與禮部尚書萬青藜筆談"，則柳氏親筆也。所談内容則法國調駐越南往朝鮮事，以及傳教等事，萬氏以爲國之所恃者，戰守而已，今朝鮮武備少弛，當以暇日選將練兵，爲自固之策，得數十年即可自強云云。

0958-1866

趙斗淳等【原題柳厚祚】《燕行贈帖》（《洛坡先生文集》（國譯），首爾：大譜社 1994 年整理影印本）

案趙斗淳有《心庵燕行詩》（0854-1835），柳厚祚有《柳萬筆談》

---

①柳厚祚著，柳龍佑譯《洛坡先生文集》（國譯），서울：大譜社，1994。

(0957-1866),皆已著録。

此《燕行贈帖》與《燕行路程記》,皆在《洛坡先生文集》末《附録》中,即高宗三年(同治五年 1866)柳厚祚出使前諸友贐行之詩也。共收趙斗淳、金左根、李明迪、林肯洙、李景在、韓啓源、申佐模、成赫壽、李承輔、姜蘭馨、李祥奎、崔遇亨等十二家贐行詩三十餘首,爲諸家手稿,筆墨爛然,其中若申佐模、寧成赫詩,皆有缺頁,蓋有所散佚故耳。諸家詩有"中壼儷尊名位正,上邦饒惠典章遵"①,"舟梁大禮慶吾東,請册中朝命相公"等句②,皆謂册封之事耳。

0959-1866
未詳【原題柳厚祚】《燕行日記》(《全集》第75册　寫刻本)

案此稿封面左上題"燕行日記",別無文字。《燕行録全集》編纂者以其爲柳厚祚所作,蓋因首頁大題下有"大清同治五年丙寅四月初九日以柳丞相厚祚爲中宫殿嘉禮後册封王妃奏請正使,余以丞相府從事官陪行"③。然由此正可知作者爲上使柳厚祚之從事官,非柳氏本人也。又載一行到北京入館後,"遂分炕而處,前堂之西炕,上房也。西廊之右炕,裨將各其居住也。以白紋綾花紙塗壁,明窗暖帳,亦足以起居偃仰。頃之,三使臣詣禮部呈表咨文,則禮部尚書率侍郎官祗受云。因路憊未能從玩"④。此亦可知作者非柳氏。而作者姓名生平等,日記中既未表露,則不可考也。作者曾在琉璃廠,求購到《本草》⑤,或爲醫官,或者通醫術,或代人購買,亦皆不能知也。

案作者出使事由,詳見前柳厚祚《柳萬筆談解題》(0957-1866)。

是稿作者自稱"是月初九日自京城離發,至六月初六日始到皇城,其

---

①柳厚祚《洛坡先生文集》附《燕特贈帖》申佐模贈詩,《洛坡先生文集》,第95頁。
②柳厚祚《洛坡先生文集》附《燕特贈帖》姜蘭馨贈詩,《洛坡先生文集》,第99頁。
③未詳【原題柳厚祚】《燕行日記》,《燕行録全集》,075/312。
④未詳【原題柳厚祚】《燕行日記》,《燕行録全集》,075/347。
⑤未詳【原題柳厚祚】《燕行日記》,《燕行録全集》,075/349。

所經歷處,宮室之壯麗,人物之繁庶,實書不盡言,言不窮形,始自渡江日,略陳概序次如左"①。故返程中無日記焉。抵皇城後,則以札記形式記所聞見,無非衣食、風景、車馬、風俗之類,後附《路程記》,自漢京高陽碧蹄出發,迄皇城朝陽門,凡沿路所過村店之名,無不一一具載,因朝鮮境內無日記,故每站兼注明月日陰晴。中火、住宿之店,又特爲標出之;兼注在處風景古迹,以及行路高曲險夷等,以供後人之參稽,是爲燕行諸家中最爲詳悉之路程記耳。

尤有趣者,《路程記》後末附有《水滸志語録》三十餘頁,皆羅列《水滸》中詞語,下雙行注以諺字,以注釋其義。蓋作者於沿途之上,以讀《水滸》爲度日消遣之興,遇漢語詞彙稍爲生疏僻遠者,隨手注釋,而積爲是本,於研覈白話小説之流行等,大有裨益也。

又其在瀋陽,見人物雄俊,市廛豐溢,門窗壁梁,皆以五彩塗金,玲瓏璀璨,各廛之前,皆立牌木,刻書以金字曰:本鋪某門内某牌樓某坐某向自置某物發行不悮主顧。如緞廛曰洋綢綢緞,果廛曰奇珍干鮮果品等,藥廛曰雲南生熟藥材丸丹等,畫廛曰古今名畫書帖,筆墨廛曰湖筆徽筆等,其餘剪子靴子刀子畫像等,各以形像刻於木板挂之,又挂童叟無期【欺】、言無二價。換錢家檐下以錫作貫緡樣,塗金列挂,酒家檐下鑞壺挂之,又懸旗書曰:聞香須下車。䬼家以紅紙書付賽霜期【欺】雪,典當肆龍鳳頭紅柱挂以金填當字,小注曰時急銀錢軍器不當,此其大槩,不能盡記,至皇城皆然。又謂夜深錚鼓相聞,而城中無禁街之法,馬蹄車轍,終夜有聲,且賣錫者擊錚,賣油者擊木,洗鎦(削髮者)者鳴錫,造破者鳴鐵,凡糕者、䬼者,長木繫兩木筒,各呼其貨(至皇城皆然)。撓亂窗外,還覺紛聒矣。有朝鮮館,丁丑秋我人所留之處也。而今爲村家,無可觀。瀋陽之風,慢侮鮮人。② 此類記載,於研究當時瀋陽街市行情,門面鋪設等,皆可資參稽者焉。

————————

①未詳【原題柳厚祚】《燕行日記》,《燕行録全集》,075/312。
②未詳【原題柳厚祚】《燕行日記》,《燕行録全集》,075/323。

0960-1866
洪淳學《燕行歌》(《全集》第 87 册第 11 頁　諺文鈔本)①

　　洪淳學(1842—1892),字德五,南陽人。繼嗣於遠房族叔洪奭鐘,遷居京畿道積城(今京畿道漣川郡積城面)。哲宗八年(1857),中庭試文科丙科。高宗朝,歷任司諫院司諫、弘文館校理、司憲府執義等。高宗三年(1866),以進賀謝恩兼奏請使行書狀官身份入北京。後歷任吏曹參議、禮房承旨、司憲府大司憲等。曾爲監理仁川港通商事務副官、協辦交涉通商事務官,參與涉洋商務。著有《燕行錄》。事見《哲宗實錄》《高宗實錄》《日省錄》《承政院日記》等。

　　案洪淳學出使事由,詳參前柳厚祚《柳萬筆談解題》(0957-1866)。

　　《燕行歌》諺文本,爲洪淳學於高宗三年(1866),以進賀謝恩兼奏請使行書狀官身份出使中國時所作,爲長篇紀行歌辭。案歌辭始於朝鮮初期,介於詩歌與散文之間。以四音步韻文爲主,以三·四調或四·四調爲主,不限行數。洪淳學與朝鮮前期金仁謙出使日本所作《日東壯游歌》,近今人共譽爲朝鮮紀行歌辭之"雙璧"。

　　洪氏《燕行歌》又名《丙寅燕行歌》《燕行錄》《燕行游記》《北轅錄》等,版本衆多,且各别異。歌辭凡三千餘句,三萬餘字,形式近乎詩歌②,而内容類於散文。其叙記起自發漢陽抵義州,渡鴨江入北京,使行沿路所見古迹、風俗及人情物態等,皆摹擬入歌辭中。所記一行日程,凡四月初九日辭陛發自漢陽,五月初七日渡鴨江,十一日入栅門,十六日到達瀋陽,二十七日過山海關,六月初六抵北京,初七日詣禮部,十三日禮部題奏奏

---

①案韓國學者關於洪淳學《燕歌行》的研究,可詳參李石來校注《紀行歌辭集——燕行歌》,首爾:新丘文化社 1976 年版;沈載完《日東壯遊歌·萬言詞·燕行歌·北遷歌》,韓國古典文學大系 10,首爾:教文社 1984 年版;崔康賢譯,金度主注《洪淳學的〈燕行遊記〉和〈北轅錄〉》,首爾:新星出版社 2005 年版;洪鍾善、白順哲譯著《燕行歌》(홍종선、백순철 역주〈연행가〉),首爾:新丘文化社,2005 年版。

②根據朴魯春(1912-1998)教授《歌辭燕行歌(丙寅燕行錄)》,《燕行歌》有 3892 句,其中 4/4 調型爲主調,有 2173 句,占 57%;3/4 調行爲副主調,有 1567 句,占 41%;另有其他調型 13 種。數量極少,僅占 2%。見慶熙大學《文理學叢》第五輯,1969 年。(轉引自崔康賢、金度圭《洪淳學的〈燕行遊記〉和〈北轅錄〉》,第 16 頁。)

請册封事,奉旨依議,"使事順化",同日詣鴻臚寺行演禮。七月初一日享太廟覲見皇帝,初四日詣理藩院,十一日啓程返國,八月初五日到柵門,初六日返渡江,在義州停留數日,二十三日返回漢京,覲見國王覆命,當晚歸家焉。

其所詠歌,多四字對四字調型爲主,今據韋旭升《朝鮮文學史》所翻譯,摘列之如次。其初始歌辭曰:"快哉!天地之間。得爲男子,實在不易。我生東方,願睹中國。丙寅三年,春三月間。欣逢大典,嘉禮册封。國家慶事,臣民之福。委爲使臣,去往清朝。欽命派遣,使臣三人。"其間寫入中國境,沿路百姓,見鮮人熱情異常。"人人如此,個個這樣。千人萬人,同樣顏色。見我一行,連呼高麗。喊喊噎噎,擁來觀去。我不懂話,無法招呼。"其叙山海關之壯麗曰:"向前走去,是山海關。五層城門,處處炮樓。三層四層,巍然壯觀。高懸匾額,天下第一關。"作者思緒萬千,懷古慨今,"吳三桂者,萬古逆臣。竟然打開,城門一半。引入汗夷,明朝滅亡"。沿海經行,描述渤海波濤曰:"數萬餘里,無邊大海。浩浩渺渺,水天一色。風流襲來,衝擊城堞。海霧參天,莫辨方向。順風之帆,去向何方?登上此船,向東行去。"留館期間,與中原士大夫多有交接,其言:"太常少卿,鄭公秀者,骨格清秀。兵府郎中,黃文穀者,氣宇軒昂。翰林學士,董文煥者,才高行正,享有名望。""人人皆是,大明後代。名門子孫,臣族後裔。削去頭髮,萬不得已。含垢忍辱,當胡人官。羞此裝束,心中憤懣。朝鮮之人,禮儀衣冠。一見及此,不禁欣然。親如兄弟,相慶相歡。"①其歌辭所譯,多如此類焉。

是稿封面左上漢字大書"燕行歌"三字,首頁大題亦作"燕行歌",其版本來源爲高麗大學圖書館所藏《樂府》(李用基、朴仁老編)下册中所收鈔本。此稿約抄寫於高宗年間(1866—1907)。前三頁以竪行詩體形式書寫,一頁分爲三欄,至第四頁起,則爲竪行連寫至末尾,不再分欄,而在每小句後,點斷爲識。全稿爲白文鈔本,鈔字較小,然清晰可辨。全稿總四十餘頁,約一千四百句。以小句爲數而計,如上所列"어와천지간에 /

---

①韋旭升《朝鮮文學史》,北京大學出版社 1986 年版,第 313—315 頁。

남자되기쉽지않다"(快哉！天地之間/得爲男子，實在不易），按兩句算計矣。

《燕行錄全集》第八七册目錄作《燕行歌＝北轅錄》，而正文部分題目則僅有《燕行歌》。"北轅錄"當是編者據其他版本所加，今刪汰而存其原貌可耳。【林莉譯】

案洪淳學是稿之諺版頗多，筆者所見尚有《연행녹(燕行錄歌)》(《燕行錄全集》第87册第59頁起）、《연행록(燕行錄) 全》(《燕行錄全集》第87册第187頁起）、《연행가》(《燕行錄全集》第87册第265頁起）、《연행가》(《燕行錄全集》第87册第373頁起）、《연행가》(《燕行錄全集》第88册第11頁起）、《연행가》(《燕行錄全集》第88册第386頁起）、《연행록단(燕行錄單)》(《燕行錄全集》第89册第11頁起）、《燕行錄》(《燕行錄全集》第89册第169頁起）、《燕行錄》(《燕行錄全集日本所藏編》第3册）等，或詳或簡，或多或少，皆可參互驗證以考其得失焉。

0961-1866

洪淳學《연행녹(燕行錄)》(《全集》第87册第59頁　諺文鈔本）

案洪淳學有《燕行歌》(0960-1866)，已著錄。

是稿封面左上漢字楷題"燕行錄"三字。首頁首行低一格作"燕行歌"，隔兩行頂格書"大王殿下丙寅年　月嘉禮時使臣"一行，後三行分別於左下書"上使　柳判書臣厚祚""副使　徐參判臣輔""書狀官洪淳學"。案"臣輔"應爲"臣堂輔"，鈔錄者佚一字焉。自後頁起爲正文，題諺文"연행녹"，此後爲諺文歌，自一〇八頁始①，版心左下書耳有"楓石菴書屋"字樣②，末頁末行左上漢字楷題"燕行歌　終"四字。

全稿有格欄界行，每半頁九行，鈔字較爲整飭，然自一六五頁始至末頁，所鈔錄筆迹與此前絶異，顯非一人所抄。據沈載完之研究，其將藏書閣藏本《燕行歌》，分爲A、B兩本。A本題爲《燕行錄單》，抄本，共六十二

---

①此指《燕行錄全集》第87册頁碼。
②徐有榘(서유구)(1764-1845)，字準平，號楓石，其書齋名爲"楓石菴書屋"。

頁;B本題爲《燕行録全》,抄本,共三十九頁。經覈疑此本爲藏書閣 A 本,或與 A 本同屬一個系統。共一百二十餘頁,約三千三百三十二句。具體抄寫時間,因前後皆無標識,故不能明矣。【林莉譯】

0962-1866
洪淳學《연행록(燕行録全)》(《全集》第 87 册第 187 頁　諺文鈔本)

案洪淳學有《燕行歌》(0960-1866),已著録。

是稿封面左上,楷體諺文、漢字混題"연행록(燕行録)　全"字樣,正文首行左上空兩格大題"연행록",此下即爲諺文歌辭,爲白文鈔本,每頁皆分三竪行書寫,間隔偶有不清,鈔字細小,有不可識處。全稿共六十餘頁,相對爲文字較少之版本。疑爲藏書閣 B 本,或與 B 本同屬一個系統。共八十餘頁,約三千一百三十句。具體抄寫時間,亦不能明焉。【林莉譯】

0963-1866
洪淳學《연행가》(《全集》第 87 册第 265 頁　諺文鈔本)

案洪淳學有《燕行歌》(0960-1866),已著録。

是稿版本來源不明,不知《燕行録全集》編纂者采自何處。其書封面左上行楷題"연행가",首頁首行右上低兩格題"연행가홍순학지음",第二行低四格題"디국일긔(大國日記?)"。此下即爲諺文本歌辭正文,亦分三行竪書,鈔録工整。全稿約一百零五頁,三千七百八十四句。末頁中間右下有"경슐계츈의누동셔계녀을쥬려소일/노등츌하니타(庚戌季春……)"等兩行字樣。據此可知,是本當抄寫於純宗隆熙四年(1910)耳。【林莉譯】

0964-1866
洪淳學《연행가》(《全集》第 87 册第 373 頁　諺文鈔本)

案洪淳學有《燕行歌》(0960-1866),已著録。

是稿封面左上行楷題"연행가",首頁右上又大題"연행가",此下即爲諺文歌辭,白文鈔本,每頁分兩竪行鈔錄。末頁有漢字兩行,似爲"難後……"等字樣,惜複製模糊,難以識讀。全稿共約一百三十餘頁,三千一百三十二句。是本抄寫時間,亦不能明焉。

以此本與崔康賢、金度圭整理之樂隱本《燕行歌》勘照,則兩本大同小異,當屬同一系統。唯《全集》本《燕行歌》之三八八、三八九兩頁,與樂隱本順序相反;即樂隱本中,三八九頁内容在前,三八八頁内容在後。又《全集》本三九二、三九三兩頁,亦與樂隱本順序相反。根據前後文意,當以樂隱本順序爲確,《全集》本誤乙。又《全集》本三千一百三十二句,樂隱本三千八百七十八句,《全集》本間有脱漏,但並無大段省略之處。兩本相較,樂隱本爲優矣。【林莉譯】

0965-1866

洪淳學《연행가》(《全集》第 88 册第 11 頁　諺文鈔本)

案洪淳學有《燕行歌》(0960-1866),已著録。

是稿首頁漢字楷題"燕行録",字迹與前"0961-1866"完全一致,疑爲借用他本封面。正文首頁低一格題"연행가",此下即爲諺文歌辭。每半頁六行,不分句節,大字連鈔,字大疏朗,然亦前後鈔字不一,非一人所鈔。疑與"0968-1866"爲同一版本。共三百七十餘頁,約三千三百四十句。末頁有"셰차을미하오월십뉵일의막필(歲次乙未夏五月十六日末筆)"等内容,可知此本抄寫於高宗三十二年(1895),共約三千三百四十句焉。【林莉譯】

0966-1866

洪淳學《연행가》(《全集》第 88 册第 386 頁　諺文鈔本)

案洪淳學有《燕行歌》(0960-1866),已著録。

是稿正文首頁左上題"연행가",右下題"셔장관홍슌학(書狀官洪淳學)",有"知不足齋林基中藏"朱文小長方印,則應爲林基中教授私藏本。

每半頁十二行,分三行豎寫鈔錄,共八十餘頁,約三千零二十二句。末頁有"셰차갑신뉸오월하한의등셔우지? 졍사(歲次甲申年五月下澣……)",據此可推知抄寫時間或爲高宗二十一年(1884),若此説不誤,則此本當爲現存《燕行歌》諸本最早之鈔本焉。【林莉譯】

0967-1866
洪淳學《연행록단(燕行録單)》(《全集》第89册第11頁　諺文鈔本)

　　案洪淳學有《燕行歌》(0960-1866),已著録。

　　此稿封面左上題"연행록단",首頁右上方有半方朱文印,經查覈乃六堂崔南善(최남선)所藏本。崔南善(1890—1957),字公六,號六堂。精史學,通集部。其藏書捐高麗大學圖書館,名爲"六堂文庫"焉。故是稿現藏高麗大學圖書館,有高麗大學亞細亞問題研究所藏書印。

　　首頁正文無大題,每半頁八行,前十頁每行豎行,分兩節鈔錄;其後至末頁,不再分寫,亦無句讀。全稿共一百五十餘頁,約兩千九百句。末頁有"갑진뉵월시작하야국열이?? 팔월의필셔하노나(甲辰六月開始……八月書畢)",據此可知此本當抄於高宗光武八年(1904)六月至八月間也。【林莉譯】

0968-1866
洪淳學《燕行録》(《全集》第89册第169頁　諺文鈔本)

　　案洪淳學有《燕行歌》(0960-1866),已著録。

　　是稿亦爲諺文本,然小如巾箱本,鈔録工整,蓋爲取便於携帶耳。每半頁十二行,每行十二、三字不等。此本爲新菴金約瑟(김약슬)所藏本,現藏高麗大學圖書館。金約瑟(1913—1971),號新菴,版本學家,藏書家。金氏逝後,其所收藏之一千六百三十二種、兩千三百零五册古籍,全數捐贈高麗大學圖書館,名爲"新菴文庫"。

　　全稿共一百八十餘頁,約三千三百四十句。末頁有"셰차을미하오월십뉵일의막필…(歲次乙未夏五月十六日末筆……)"等字,據此可知抄

於高宗三十二年(1895)也。

案以上爲《燕行錄全集》第八七至八九册所收洪淳學《燕行歌》九種(實爲八種)之版本情狀,諸本鈔手不一,版本來源不同,傳鈔年代各異,故書名、篇卷與語句,亦各各不同。據今人整理校勘之版本,則各本間參差脱漏、異文互出。脱漏較多者,如樂隱本(即《燕行錄全集》[以下簡稱"燕全"]所收《燕行歌》第五種)缺紫禁城景觀之部分約一百八十六句,亦無北京市廛中諸家店鋪之詳盡描述,而僅列店名,少二百八十六句;林基中藏本("燕全"第七種)缺收北京街頭店鋪諸鋪叙,少二百一十二句;藏書閣 A 本("燕全"第二種)少天寧寺後園諸種花草植物之部分,約三十四句;高大樂府本("燕全"第一種)無有雍和宮所見蒙古僧人之描摹與評價,少約二十六句。凡此之類,是無意之脱漏,抑或有意之減省,雖尚無定論。然各家鈔錄,必各有所好,故全錄所喜,摘鈔所不喜,亦人之常情耳。

洪氏《燕行歌》結末,叙返國歸家後與親友相聚、笑語歡歌之情。諸本多以"중원생각멀어지다. 의의토다일장춘몽. 노친한번하감하시기, 소자의위로로다(中原之思漸遠,無非春夢一場。懇請母親一鑒,是爲小子之慰)"爲結①。然高大樂府本("燕全"第一種)與林基中藏本("燕全"第七種),則與諸本不同。前者結末爲"북당(北堂) 쌍친(雙親) 헌수(獻壽)하고종야(終夜) 토록설화(説話) 하고일가친척(一家親戚) 반긴후에돌아내당(内堂) 들어가니처자권속(妻子眷屬) 반기는정(情) 황천객(黄泉客)을다시본듯반가운정(情)느끼어져눈물부터솟아난다. 입신양명(立身揚名) 한연후(然後) 에통천하(統天下) 는못보리라. 연경(燕京) 한번구경하니세상(世上) 에난듯본색(本色) 이라"。後者文末爲"이책을만든뜻은훤당(萱堂) 의노친(老親) 계셔서보시고자하시기로대강기록(記録) 하여스니규중(閨中) 의부인(夫人) 네와외안의남자라도북경(北京) 구경못하시니이책볼만하는지라"。較諸他本,叙事抒情,更爲細膩(不僅結尾部分,第七種整體與其他諸本亦有較大差異。文字内容大致相同,然具體表述與詳略多有不同)。尤其後者謂編撰《燕行歌》之目

---

① 二、三、五、八皆如此,四、六、九則省去了最後兩小句。

的,乃爲家母與妻子及未到中土者,描繪北京及沿路人文景物。案朝鮮時代,諺文僅行於後宮與民間女眷之中,燕行使凡用諺文書寫者,多爲娛怡娘親妻兒,故林基中藏本之結末,或更符洪淳學原意耳。

　　洪淳學《燕行歌》原本,今不可見,存世與否,也未可知。近今人整理合校本,則有李石來《紀行歌辭集——燕行歌》(1976,以樂善齋本爲底本、參校國會圖書館本),沈載完《燕行歌》(1984,以陶南趙潤濟藏本爲底本,參校藏書閣所藏的兩種本子、李在秀本、高麗大學所藏《樂府》本)①。整理譯注本,則有崔康賢、金度圭《洪淳學之〈燕行游記〉與〈北轅錄〉》(2005),整理、譯注청농본《燕行游記》,又以樂隱本《燕行歌》與國立中央圖書館本《北轅錄》,做比對勘校②;又洪종선、白순철《燕行歌》(2005),整理譯注高麗大學藏新菴本《燕行歌》。以上諸本,各有其長,亦各有所短,皆可參焉。【林莉譯】

0969-1866
洪淳學《燕行錄》(《日本所藏編》第3冊　諺文鈔本)

　　案洪淳學有《燕行歌》(0960-1866),已著録。

　　是書爲鈔本,一册,藏日本天理圖書館今西文庫,有"今西春秋圖書"等印。封面左上大字書"燕行録",右書兩行"隆熙叁年陽生之月爲始/太皇帝丙寅(年月)嘉禮時使臣","使臣"下小字書三行"上使柳厚祚/副使徐參判臣□/書狀官洪淳學"。又一頁左上漢字楷書大字"燕行歌",下小字"單册"二字,右有"高宗太皇帝嘉禮册封時/隆熙叁年陽生之月壹陽日畢書/附漢陽歌　甲子一篇"三行,則知鈔成於高宗隆熙三年(1909)。正文始録爲諺字燕行録。

---

① 陶南趙潤濟藏本,1891年抄本,98張,現藏嶺南大學圖書館;李在秀本,1906年抄本,47面。
② 청농본(青農本?)《燕行遊記》爲1896年抄本,《北轅錄》爲1909年抄本。據崔康賢、金度圭研究,樂隱本《燕行歌》與청농본《燕行遊記》屬同一版本系統,而《北轅錄》屬另一系統。從能夠識讀的部分來看,樂隱本的錯訛相對較少。但可惜的是,幾乎略去了有關紫禁城景觀的描寫部分。《北轅錄》在傳抄中雖多有訛誤,卻對北京街頭的各種店鋪有較爲詳細的描寫,在這一點上較之另外兩種爲善。

全稿每半頁十四行,每行豎寫三小節。有諺文題記,末有賦有詩。與以上諸書大同而小異耳。

0970-1866
洪淳學《丙寅聞見事件》(《同文彙考補編續‧使臣別單二》 活字本)

案洪淳學有《燕行歌》(0960-1866),已著錄。

此《聞見事件》即高宗三年(1866),洪淳學以書狀官身份出使返國後所上。共隸事一條,記彰明縣舉人陳代芝,讀書寶圖山中,絕迹城市,著有《四書集粹》及《日省抄錄》諸書,恪守程朱,安貧樂道,砥礪廉隅,爲鄉里矜式,特賜國子銜,以爲表率士林云。

0971-1866
玄鐸《丙寅聞見事件》(《同文彙考補編續‧使臣別單二》 活字本)

案玄鐸以首譯身份出使事由,詳參前柳厚祚《柳萬筆談解題》(0957-1866)。

此《聞見事件》一條,記甘肅回匪出没,非一朝一夕,近因南方之亂,積歲未平,又乘此猖獗,州郡不寧。甘肅總督楊兵斌、提督曹克忠,材通兼備,督率本省及湖北兵丁,軍聲振肅,期圖剿滅之方云。

0972-1866
柳寅睦《北行歌》(《全集》第86冊 諺文鈔本)

柳寅睦(1839—1900),初名佘睦,字樂三,號霞農,豐山人。厚祚侄。高宗四年(1867)生員。十四年,爲慶基殿參奉。後任知禮縣監、禮安縣監、梁山郡守等。有《北行歌》傳世。事見金道和《拓菴集》卷八《柳公墓誌銘》、《高宗實錄》與《承政院日記》等。

案柳寅睦出使事由,詳見前柳厚祚《柳萬筆談解題》(0957-1866)。

高宗三年(同治五年 1866),柳寅睦以子弟軍官之身份,隨伯父柳

厚祚入燕,《北行歌》即此次使行所撰諺文歌辭也。是書封面諺文大字作"북행가"三字,正文即諺字,共八十餘頁,鈔字略帶草意,識讀爲難焉。《北行歌》傳世版本約十種,以"柳氏家藏本"爲較早之傳本,爲豐山柳氏第二十六代孫柳時湥之先妣眞城李夫人二十三歲時(1915)之手鈔本;另有曉星女子大學權寧徹教授所藏六種版本,亦爲得自民間之傳鈔之本。因多手轉鈔之故,諸本皆有訛錯,如"柳氏家藏本"中,記載路程即多有舛誤也。權教授將原本諺文,多還原爲漢字,如"초양왕의양디운우,무산션여네아니며"還原爲"楚襄王의陽坮雲雨,巫山仙女네아니며"①。

《北行歌》爲諺文歌辭體,共約兩千零六句,約略分啓程前、在途中及歸國後三部分,其間又大致分爲七段。首段叙作者出使前的情狀,以見其喜悅之情;次段述自漢陽至義州沿路所見,並叙三使委任、使團威儀、查對禁物、宴會流連、臨江贈別等場景;第三段記自義州抵北京沿路風情,有栅門入境、路途疾苦、所見習俗、古迹游覽、遼東繁華等;第四段爲留館期間之所聞所見,有表咨文獻納、琉璃廠、白雲觀、五塔山、太液池玉棟橋、萬佛寺、五龍橋、太學、隆福寺、天主堂、皇極殿、正陽門、盧溝橋等地之描述;第五段爲從北京到義州之歸程,飽覽山海關、望海亭、角山寺等名勝;第六段從義州至尚州,描叙與妓女之愛欲與惜別,及歸鄉情切之心理;末段叙出使歸來之心境,及隱逸生活之愉悦也。

柳氏《北行歌》既爲諺文所撰,蓋爲取悦女性讀者,其歌辭以諸多篇幅,描寫作者與沿途妓女間之情愛,感情摯烈,風情萬種,性欲橫流,露骨大膽。其在鳳山郡守宴會時,初識平壤童妓菊心,並爲其破瓜,以至菊心痴情不已,在洞仙嶺傷別之後,又復追至平壤,共游大同江,柳氏喻其貌如西施,直至安州方別;其在所串館,遇義州妓花紅,一見傾心,以楚襄王巫山遇仙女,及唐太宗太液池蓮花及海棠,以喻花紅之美,同行至義州,如夢如幻,共度愛河,復在鴨綠江惜別。不僅如此,柳氏尚與松京妓松玉與玉蘭、瑞興妓桂紅、嘉山妓松月、小串館妓花艷與香姬等,以及津頭江青樓妓、龍門關童妓、順義館妓、弘濟院青樓妓等,密有往還,其在中國,亦曾與

---

① 權寧徹《北行歌에對하여》,《國文學研究》第5期,曉星女子大學,1976。

清朝妓女與西洋妓女有接。返國途中,又在栅門收花紅情書,返京途中與花紅、菊心等,又復交接愛戀不已焉。

案燕行使臣之率帶子弟,例規也。而此類子弟,皆華胄貴介,風流成趣,自蘇世讓率侄蘇巡入明朝,蘇巡《葆真堂日記》即記其與妓女之相會,此後屢不絕書。然書中記其與妓之流連接會如此衆多者,則莫如柳寅睦也。而宴會、歌舞、艷語、牀笫之描寫,則以李尚健《燕轅日録》所記與柳氏此書爲最也。與寅睦同行洪淳學所撰《燕行歌》相較,《燕行歌》頗具使命感與務實精神,廣泛細緻地觀察當時的清代社會與民情風俗;而《北行歌》則豪放灑脱,風流多情,鋪陳浪漫,艷遇不絕,多叙與妓女之情愛歡合。故韓國學界以爲,《北行歌》雖爲紀行之作,更爲艷情之作。不過爲風流男子之獵色行脚與遍歷青樓之紀録,爲浪蕩子弟之浪蕩游記而已矣。①故柳寅睦自稱爲"豪蕩之柳進士"者也。【孫慧穎譯】

0973-1866
嚴世永《丁卯聞見事件》(《同文彙考補編續‧使臣別單二》 活字本)

出使事由:謝恩兼冬至等三節年貢行

出使成員:正使判中樞府事李豐翼、副使禮曹判書李世器、書狀官兼司憲府掌令嚴世永等

出使時間:高宗三年(同治五年　1866)十月二十四日—翌年四月二日

嚴世永(1831—1900),字允翼,一作允翊,號凡齋,寧越人。高宗朝,爲全羅道暗行御史、成均館大司成、漢城府判尹、仁川府使、農商大臣、慶尚道觀察使、掌禮院卿等。卒謚肅敏。事見高宗、純宗《實録》與《承政院日記》等。

案高宗二年(1865),朝鮮天主教徒已至兩萬三千餘人。三年初,大院君殺神父張敬一,捕殺教徒上萬人,其中有法國傳教士九人,史稱"丙寅

---

① 參考權寧徹《北行歌에對하여》,《國文學研究》第5期,曉星女子大學,1976。孫慧穎《此山柳寅睦的北行歌研究》,鄭柄國韓國教員大學校大學院國語教育專攻碩士論文,1999。

邪獄"。法人賴德爾逃至天津,報法國印度支那艦隊司令羅慈(P. G. Roze)。七月,法國駐華代理公使伯洛內向清廷提嚴重抗議,威脅發兵朝鮮。禮部移咨大院君,命做萬全準備。九月,羅慈率艦隊入侵朝鮮,爲朝鮮軍擊退,史稱"丙寅洋擾"。十月,法艦登江華島,並焚火搶掠,劫走《朝鮮王朝實錄》並價值五十萬法郎之黄金、十九萬法郎之白銀等。十一月,朝鮮移咨禮部,通報法國侵略諸事。九月,清廷遣侍郎魁齡,賫誥命至朝鮮,册封閔氏(1851—1895 驪興閔耆顯女,大韓帝國純宗皇帝生母)爲王妃。朝鮮遂遣謝恩兼冬至等三節年貢使判中樞府事李豐翼、副使禮曹判書李世器、書狀官兼掌令嚴世永等入燕,進三節年貢並謝册封王妃、謝排解法國搆兵、謝奏請方物移准等件,一行於十月二十四日發王京,翌年四月初二日返京覆命焉。

此《聞見事件》一條,記總理各國衙門請設同文館,學習天文、算數,又請延聘西人在館教習,專用科甲正途人學習,至於輪船機器諸法,藉西人爲先導,俾講明機巧,宜謀自强。皇上依議。監察御史張盛藻奏稱,讀書學道,科甲中人,何必令其習機巧,士習人心,大有關係。朝廷以爲此"不過借西法以印證中法,並非舍聖道而入歧途,何至有礙士習人心"。著毋庸議云。①

0974-1866
嚴錫周《隨槎日録【原題燕行録(燕行日記)】》(《燕行録叢刊(增補版)》網絡本　鈔本)

嚴錫周(1839—?),字景敉,號北蘭,寧越人。高宗朝,蔭司果。三年(同治五年　1866),曾隨謝恩兼冬至使團出使清朝。十八年(光緒七年　日本明治十四年　1881),又以隨員身份,隨通信使往日本。有《燕行録》行世。事見李鑢永《日槎集略》人卷《同行録》、《承政院日記》等。

案嚴錫周出使事由,詳參前嚴世永《丁卯聞見事件解題》(0973-1866)。

――――――――
①嚴世永《丁卯聞見事件》,《同文彙考補編續·使臣別單二》,004/3824。

嚴錫周《隨槎日録》卷前記使行人員，其中三房軍官一人，"前廊廳"三字下，不載人名，當依例諱書其名，即錫周本人。而在北京留館期間，二月初三日，王晉之（竹舫）來訪書狀官嚴世永，"凡齋先書姓名而示之，以通叔侄伴行之意，竹舫大喜"①。案凡齋爲嚴世永（1831—1900）之號，錫周書中多直呼"凡齋"，則雖年紀錫周爲小，而世永爲長，然錫周爲叔，而世永爲侄，故如此稱呼。錫周此次入清，爲書狀官之軍官也明矣。

嚴氏《隨槎日録》四卷，鈔本。《燕行録叢刊（增補版）》網絡本，名爲《燕行録（燕行日記）》，蓋以其書前有《燕行日記序》之故也。然其書卷末記高宗六年（1869）嚴氏再次出使時諸家贐行詩，趙容熙詩"煙雲放曬非坐客，縞紵酬心證宿因"句下小注謂，"《隨槎日録》即北蘭丙寅入燕時所撰，而山川都邑，足涉躬覩，盡入記述，皆稱博雅"。② 然則其書本名《隨槎日録》也，今據其説而名之，以俾還其舊可焉。

此《隨槎日録》每卷首頁右下角皆塗黑無餘，不知何故書，蓋或爲作者姓名，或爲鈐藏書印，因避忌故而抹去也。書前有嚴氏自序及使行人員名單，後分爲渡江前紀行、渡江後紀行、留館時所紀、還發後紀行等四卷，末爲別章漏落添入、北京禮部咨文及後次出使時諸家贐章等附之。使行於高宗三年十月二十四日拜表離發，十二月二十七日抵北京，翌年二月初七日離發北京，四月初二日返京覆命，而日記則止於還渡江日焉。

嚴錫周此記，於去路記載極詳，凡所經地里人事，山川風景，村莊店舍，飲食雨雪等，皆載録詳盡；而歸途所記，則相對簡略。嚴氏在途即病，無一日之安，長事呻囈，蘇完無期，抵館之後，無日不痛，只剩形骸，故許多遊覽處與文士交往，皆病未追隨玩賞。所交則有董文焕、周棠、王晉之等人，又曾往尚書萬藕齡家，尤與周棠往還爲多，互贈詩文，周氏應邀爲其撰書堂額楹聯等。其在途中，與世永等多有唱和詩作，然詩意平平，無特出之作也。

---

①嚴錫周《隨槎日録【原題燕行録（燕行日記）】》卷3《留館時所紀》（《燕行録叢刊（增補版）》網絡本，第207頁。
②嚴錫周《隨槎日録【原題燕行録（燕行日記）】》卷4《還發後紀行》末附，《燕行録叢刊（增補版）》網絡本，第249頁。

時值清季,清朝衰微,朝鮮亦屢受洋擾,而錫周仍持思明斥清之故智,屢有此類記載。如其在平壤,論自有箕封,八條教民,享國千年,皆基於此。而自壬辰亂後,幸明朝萬曆帝再造之恩,使朝鮮無國而有國,"大報壇之設,武烈祠之建,欲以答皇恩之萬一,而最可痛哭者,力微敵强,丙子以後,皮幣珠玉,歲使鴨江,而不能掃清中原,以雪上國之恥,春秋大義亦泯滅而不伸者,今爲三百餘年之多矣,曷勝痛歎"①。又正月初一日,在太和殿賀正,嚴氏稱"此殿宫即先王所御之處,此威儀亦先王所制之法,而觀其人則即先王之所不與同中國之人也。處先王之宫殿,設先王之威儀,而天子薙髮、公卿薙髮、大夫士庶人皆薙髮,雖使德侔殷周,治邁漢唐,安用其薙髮之天子與公卿大夫乎?所謂朝貢者,月正元日之賀班也。艅艎畢至,共惟帝臣,而今年則東槎外更無他使之來庭者,亦天將悔禍而然耶!一區海東文物,文冠彬彬乎不替,則將以俟王者之來取法焉"②。又論其在館期間所交,"大抵吾人所與接話者,非漢人則無他,而且文章才藝亦無漢人若也。漢之待我,無異自己,一見便爲許心,至於書劄往復,稱兄稱弟,獨於東人而用之,東人亦獨用於漢人。而至若滿人許,則其尊稱者,或云大人,或云老爺,自言則曰敝曰僕,必無稱兄稱弟之法,此則無他焉,皇明於我東有再造之恩,漢人即其遺黎,故我不敢以胡待之,而我國世守禮義,爲天下矜式,故漢人亦不敢以外國待之也"③。凡此等等,長篇大論,與時乖違,世界局勢,形將巨變,而錫周者,仍如瞽人聾將,陳詞濫調,了無助益者焉。

---

① 嚴錫周《隨槎日録【原題燕行録(燕行日記)】》卷1《渡江前紀行》,《燕行録叢刊(增補版)》網絡本,第33—34頁。
② 嚴錫周《隨槎日録【原題燕行録(燕行日記)】》卷3《留館時所紀》,《燕行録叢刊(增補版)》網絡本,第149—150頁。
③ 嚴錫周《隨槎日録【原題燕行録(燕行日記)】》卷3《留館時所紀》,《燕行録叢刊(增補版)》網絡本,第201頁。

卷七三　0975—0997

高宗四年(同治六年　1867)—高宗十年(同治十二年　1873)

0975-1867
洪大鍾《戊辰聞見事件》(《同文彙考補編續·使臣別單二》活字本)

出使事由：冬至等三節年貢兼謝恩行
出使成員：正使判中樞府事金益文、副使禮曹判書趙性教、書狀官司僕寺正洪大鍾等
出使時間：高宗四年(同治六年　1867)十月二十四日—翌年四月二日

洪大鍾，後改名鍾大，生卒籍貫不詳。高宗二年(1865)，擢春塘台試，命直赴殿試。爲弘文館副校理、司諫院持平、舒川郡守等。事見《高宗實録》《承政院日記》等。

高宗四年(1867)，朝鮮遣冬至等三節年貢兼謝恩使判中樞府事金益文、副使禮曹判書趙性教、書狀官司僕寺正洪大鍾等入北京，進三節年貢兼謝謝恩方物移准、謝謝恩冬至使臣加賞、謝漂民出送(是年朝鮮難民文白益等漂到福建，馬英等亦漂到，清廷差通官解到義州)等件，一行於十月二十四日發王京，翌年四月初二日返京覆命焉。

此《聞見事件》二條，記捻匪渠魁張總愚、宋景詩，自山東、河南、安徽等地闖入保定府，距京爲數百里，侵擾尤甚，京師四門警戒。大學士總督官文領率神機營兵數萬及各省官軍防堵涿州，大獲勝捷於趙家村，賊散而復聚，掃清尚遲。然又有馬賊、棒賊之類，出没閭里，搶掠財貨，近年以來，官兵防剿，稍爲斂戢。又記捻匪僞王李允，逃入皖境，窮蹙詐降，爲提督李世忠所擒，自是東南肅清。朝廷加賞有功，賜贈殉難，蠲贈錢糧，以紓民力。又記賊匪一股，向圍寧夏，幸賴關帝顯靈，敵衆自潰，危城得免。近因

江蘇學政鮑源深所奏,益崇關聖升入中祀,改避聖諱,一切與至聖孔子同,其避名之典,凡公文考試,一律改寫,或於本字加添筆墨如"䢒"字音同義異,"翔"字音同義亦通之類,或就本字中四撇改寫四點,作"羽"字,筆劃少更,以表尊崇焉。

0976-1867
金景遂《戊辰聞見事件》(《同文彙考補編續·使臣別單二》　活字本)

　　金景遂,生平事迹不詳。通漢語,為譯官。高宗四年(1867),為首譯,隨冬至等三節年貢兼謝恩使金益文等入中國。事見《同文彙考補編續·使臣別單二》金景遂《戊辰聞見事件》、《承政院日記》等。

　　案金景遂以首譯身份出使事由,詳參前洪大鍾《戊辰聞見事件解題》(0975-1867)。

　　此《聞見事件》二條,一記捻匪在山東、河南、安徽等地近益滋擾,攻取州縣,劫掠金銀婦女,遇人民則老幼誅戮無遺,少壯充列徒党,民生之困瘁荼毒,有甚於水火之酷。右將軍劉銘傳、李鶴年、左宗棠等屢戰告捷,逆魁賴汶洸投水死,餘黨逃竄,南路稍安。又記黃河經滄桑巨變,河流改道,徐州、清江等地,遂成淺灘,幾盡枯竭,車馬往來,便成平地云。

0977-1868
趙秉鎬《己巳聞見事件》(《同文彙考補編續·使臣別單二》　活字本)

　　出使事由:冬至等三節年貢兼謝恩行
　　出使成員:正使判中樞府事金有淵、副使禮曹判書南廷順、書狀官兼司憲府掌令趙秉鎬等
　　出使時間:高宗五年(同治七年　1868)十一月五日—翌年三月二十六日

　　趙秉鎬(1847—1910),字德卿,林川人。高宗朝,官至江華留守、漢城府判尹協辦內務府事、禮曹判書、忠清道觀察使、慶尚道觀察使、掌禮院卿、議政府議政大臣等。純宗朝,封奎章閣祗候官勳一等。高宗十八年

(1881),曾爲通信使,偕從事官李祖淵出使日本。卒謚文獻。事見高宗、純宗《實錄》及《承政院日記》等。

　　高宗五年(1868),朝鮮遣冬至等三節年貢兼謝恩使判中樞府事金有淵、副使禮曹判書南廷順、書狀官兼司憲府掌令趙秉鎬等入燕,進三節年貢兼謝上年冬至使臣加賞、謝漂民出送(是年朝鮮難民金光日等漂到順天府,清廷差人解至義州)等件,一行於十一月初五日發王京,翌年三月二十六日返京覆命焉。

　　此《聞見事件》二條,記福建省御史游百川奏,居民之務種鶯粟,大妨農業,故飭令禁斷。又記越南國使臣,去年七月初一日發行,今正月二十九日入皇城,朝服與明制似,三使與朝鮮一規,而例在十年一次云。

0978-1868
韓文奎《己巳聞見事件》(《同文彙考補編續‧使臣別單二》　活字本)

　　韓文奎,生平事迹不詳。通漢語,爲譯官。高宗五年(1868),爲首譯,隨冬至等三節年貢兼謝恩使金有淵等入中國。事見《同文彙考補編續‧使臣別單二》韓文奎《己巳聞見事件》、《承政院日記》等。

　　韓文奎以首譯身份出使事由,詳參前趙秉鎬《己巳聞見事件解題》(0977-1868)。

　　此《聞見事件》一條,記吏部侍郎徐樹銘奏,宋高宗時,取孔子後裔衍聖公端友,賜第錫土,奉承先祀,世世無墜,迄今千年,支派雖蕃,然未能篤學,或散居隴畝,廁雜駔鄰,豈可尋常視之,即爲創建孔氏家塾,捐置田畝,教養童蒙,而每屆三年,貢舉一人,仍歸吏部銓選,以訓導用云。

0979-1869
李承輔【原題吳翻】《燕行詩》(《全集》第 78 册;《石山遺稿》　刻本)

　　出使事由:冬至等三節年貢行
　　出使成員:正使禮曹判書李承輔、副使開城府留守趙寧夏、書狀官司諫院司諫趙定熙等

卷七三　李承輔《燕行詩》　1321

出使時間：高宗六年（同治八年　1869）十月二十二日—翌年四月二日

李承輔（1814—1881），字稚剛，號石山，全州人。憲宗十一年（道光二十五　1845）登第。爲司憲府掌令。哲宗朝，任司諫院司諫、司憲府執義、禮房承旨等。高宗時，歷官司憲府大司憲、漢城府判尹、工曹判書、禮曹判書、奎章閣提學、判義禁府事等。卒謚文憲。有《石山遺稿》八卷存世。事見《石山遺稿》卷八附錄《年譜》、李根秀《家狀》及《哲宗實錄》《高宗實錄》等。

案《燕行錄全集》編纂者，以是稿作者歸之吳翻，且隸於仁祖二年（天啓四年　1624），實則大誤。考吳翻（1592—1634）曾於仁祖二年（1624），以謝恩兼奏請副使海路朝天，然此《燕行詩》與吳氏毫無干涉者也。

高宗六年（同治八年　1869），朝鮮以判宗正卿府事李承輔爲冬至兼謝恩行正使、禮曹判書趙寧夏爲副使、兼掌令趙定熙爲書狀官赴燕，進冬至等三節年貢並謝上年冬至使臣加賞、謝漂民出送（是年朝鮮難民金辛仕等漂到浙江，清廷差通官解到義州）等事。一行於十月二十二日發王京，十一月二十九日渡江，十二月二十六日抵北京，翌年二月十五日自北京離發，三月十五日還渡江，四月二日返京覆命焉。

考此卷詩，乃輯自《石山遺稿》卷二，書題爲編纂者所加也。前二十餘首非燕行詩，後六十餘首詩亦非燕行詩也，唯中間八十餘首詩，乃赴燕時與副使、書狀及在北京時與中國士大夫王桐、嚴玉林等唱和詩。其詩有《和副使趙惠人寧夏韻》《灣上次成竹潤仁鎬韻》《示硯農書狀》等詩，考《高宗實錄》《使行錄》等，高宗六年（1869）六月二十四日，以洪祐吉爲冬至正使，趙寧夏爲副使，趙定熙爲書狀官。七月二十九日，正使改爲李承輔焉。① 案趙寧夏（1845—1884），字箕三，號惠人，豐壤人。趙定熙（1845—？），號硯農，楊州人。然則此卷詩爲李承輔所作無疑也。《燕行

---

①《高宗實錄》卷6，高宗六年（同治八年　1869）六月二十四日甲子條，七月二十九日己亥條。

録全集》第七八册收有李承輔《燕行詩》,然僅有詩題目録而無正文,而目録恰與此卷詩題目録相合,且字體版本全同,編纂者不慎而一分爲二,且誤以作者爲吳氏矣。又成仁鎬《游燕録》即爲同起出使時所作,亦收於第七八册。考李氏號石山,則《石山遺稿》蓋爲其别集耳。然不收於《韓國文集叢刊》與《韓國歷代文集叢書》中,又考《韓國歷代文集叢書》收有李教垂《石山遺稿》,然於此卷無涉也。

李承輔詩,多平泛之作,若"連日車中何所事,不妨隨處拙詩題"①,"不是他人沮或止,烟霞仙洞又虚過"②,"計來驛路分排日,過了三旬可到家"等③。此類句子,比比皆是,所謂凑足五言七字,即以爲詩者也。

0980-1869
趙定熙《庚午聞見事件》(《同文彙考補編續·使臣别單二》 活字本)

趙定熙(1845—?),字定燮,號徽林,楊州人。高宗朝,爲司諫院大司諫、協辦内務府事、吏曹參判、掌禮院卿、秘書院卿、太醫院卿等。純宗時,任奎章閣提學。事見高宗、純宗《實録》與《承政院日記》等。

案趙定熙出使事由,詳見前李承輔《燕行詩解題》(0979-1869)。

此《聞見事件》一條,記清朝平陝西、雲南等地回匪,官軍得捷,盡爲逃竄云。

0981-1869
韓文奎《庚午聞見事件》(《同文彙考補編續·使臣别單二》 活字本)

案韓文奎以首譯身份出使事由,詳見前李承輔《燕行詩解題》(0979-1869)。

此《聞見事件》一條,記吏部侍郎孫詒讓奏,爲政以人才爲先,得人

---

① 李承輔【原題吳翻】《燕行詩·野雞屯路上口呼》,《燕行録全集》,018/043。
② 李承輔【原題吳翻】《燕行詩·惠人硯農竹澗寄和又步前韻》,《燕行録全集》,018/045。
③ 李承輔【原題吳翻】《燕行詩·二十六日到寧遠店中火風雪大作轎夫并願止宿而以厨房之已向前站仍爲發行口呼》其二,《燕行録全集》,018/047。

以科目爲重,現在軍務漸平,各直省鄉試大典,請嚴杜邪徑,以防不肖可也。近聞士子夤緣干謁,交通關節之弊,且飭下各省考官,一遵公正云。

0982-1869
嚴錫周《己巳燕行別章》(《燕行録叢刊(增補版)》網絡本　鈔本)

　　案嚴錫周有《隨槎日録》(0974-1866),已著録。嚴氏此次出使事由,詳見前李承輔《燕行詩解題》(0979-1869)。

　　嚴錫周有《隨槎日録》卷末稱"予於己巳冬,再游中原,如干片記,姑未修正,只録同行諸件及別章詩句"①。考己巳爲高宗六年(1869),而其所録三使臣姓名則爲上使李承輔、副使趙寧夏、書狀官趙定熙,則知其爲此次使行也。

　　嚴氏高宗三年(1866)隨書狀官嚴世永出使,歸途二月二十八日宿連山關,曾有詩謂"浪跡如蓬難預定,安知不復到斯間"②。而四年後竟再次隨使團再經遼東,其詩可謂預言在先焉。

　　錫周所録同行或贐行諸家,有趙容熙、趙宇熙、韓圭稷、趙成夏、姜龜秀、李源根、張用鍵、金鴻周諸人(後二人所贈在平壤),其中以諸趙居多,又贐行詩中有"萬里再遊真熟路,四年重伴是行台"句③,可知嚴氏後次仍以書狀官趙定熙軍官身份入燕也。其他若"關雲朔雪接邊城,前渡行人又此行"等④,皆紀其兩度出使事,並祝出使順遂,好去好還之意焉爾。

---

①嚴錫周《隨槎日録【原稱燕行録(燕行日記)】》卷4《還發後紀行》末附,《燕行録叢刊(增補版)》網絡本,第249頁。
②嚴錫周《隨槎日録【原稱燕行録(燕行日記)】》卷4《還發後紀行·偶詠二絶》其一(《燕行録叢刊(增補版)》網絡本,第229頁。
③嚴錫周《隨槎日録【原稱燕行録(燕行日記)】》卷4《還發後紀行》末附趙宇熙贐章,《燕行録叢刊(增補版)》網絡本,第249頁。
④嚴錫周《隨槎日録【原稱燕行録(燕行日記)】》卷4《還發後紀行》末附張用鍵贐章,《燕行録叢刊(增補版)》網絡本,第252頁。

0983-1-1869;0983-2-1869
成仁浩《遊燕録》(《全集》第 78 册　鈔本)
成仁浩【原題未詳】《遊燕録(燕行日記)》(《續集》第 143 册;《日本所藏編》第 3 册　鈔本)

　　成仁浩(1815—1887),號竹澗,里籍不詳。高宗六年(同治八年1869),曾隨冬至使李承輔出使中國。《行中雜詠》中有"大呼工禮吏,今到使臣行"之句①,則成氏蓋曾爲工、禮二曹吏員。著有《遊燕録》等。
　　案成仁浩出使事由,詳見前李承輔《燕行詩解題》(0979-1869)。
　　成仁浩《遊燕録》,據其孫樂淳序稱,是於書篋得此册,爲其先祖考從李承輔、趙寧夏等燕行之日記,而歲久殘缺,滿篇蠹蝕,皆公於路上自抄之辭。於彼原隰皇華之勞苦,雨雪楊柳感物之歎,備載此篇。當日天時之陰晴,所過郡縣之名勝與夫中國物華之盈視駭矚,亦無一漏,而又與王瑮、卓友蓮及諸文人名士,追隨論文,輸肝瀝膽,及贈謝之詩等,尤爲詳焉。遂收拾整理,重爲鈔録,舊本多有未詳,故是本中仁浩所作詩,尚多遺漏也。
　　又《燕行録續集》第一四三册、《燕行録全集日本所藏編》第三册收有佚名《遊燕録(燕行日記)》鈔本,一册,藏日本東洋文庫。夫馬進教授以爲與《燕行録全集》第七八册《遊燕録》當爲同一人所撰,其説是也。然考兩書,其別異處亦頗多。如《續集》與《燕行録全集日本所藏編》本大題作"燕行日記";《燕行録全集》本彼處作"遊燕録"。《續集》本無序;《全集》本有其後孫東淳序文。前者於日記後附《行中雜詠》,記沿路所作詩;彼本則每詩附當日之下,且較是書所録爲多,另附歸國後詩數首,爲本書所無。日記正文中,詳略異同,亦復不少。如十月二十二日條下,《續集》本作"食後,拜謁祠堂,與家弟允九及家兒發行。出慕華館。……與家弟同宿高陽";《全集》本作"食後自磚洞發行,與三使臣出慕華館。……與兩家兒同宿高陽"。二十三日條下,前者作晚食後發行,"家弟路上作別";後者作"兩兒路上告歸"。又二十九日前書作"食後登月坡樓。……與姜

---
①成仁浩【原題未詳】《遊燕録・宿高陽》,《燕行録全集日本所藏編》,003/165。

知事重植、李友寶玉,歌妓數人共飲,暮歸仍宿黃州";後書作"與三使臣登月波樓"。十一月二十五日前書作"留宿義州";後書作"食後與石山丈、惠人台往游桃花洞"。十二月二十六日,前書作"到東岳廟,看廟中諸像";後書作"與三使臣看廟中之諸冥司"。又庚午正月初二日《續集》本僅記"陰"字;《全集》本作"陰。夜與三使臣戲作八角詩。詩不載此,未知何故"。又初十日前本作"晴";後本載隨三使臣謁闕事。又二十日前本作"晴";後本作"晴。食後與惠人台往王寫蓀瑑家,與其兄弟與卓友蓮秉炎、馬筱谷蕃康,半日筆談,薄暮醉歸。歸時,寫蓀贈以《近思錄》"等等。凡在館期間游訪與筆談,《續集》本泰半皆略,而《全集》本所錄爲詳也。然《全集》本前成樂淳序稱,其書"歲久殘缺,滿篇蠹蝕,纒絡如篆"①,然《續集》本鈔錄整飭,亦無殘缺,而如篇中兩書"家弟路上作別"改作"兩兒路上告歸",凡此之類,則亦疑而不能明也。

　　一行到北京後,於庚午正月初一日,"三使臣入賀新歲之禮,余亦具官服從行"②。然則其爲隨行中正官身份,或爲正使軍官耶? 是行遇寒冬,渡江後,初入溫井坪露宿,即"大雪夜下,寒氣逼骨,通宵不寐,若不可形言"③。行至通遠堡,"一行呼寒,面如凍梨,鬚皆生冱,行中相謂曰:如此酷寒,幾年燕行,今年初睹云。暮到連山關,十指皆凍,不能屈伸,艱辛下車,入店問火,不覺衣襪之皆爛焉"④。比及至燕京,庚午正月初一日,作者隨三使臣入賀新歲之禮。"日寒甚酷,殿磚皆凍,白地久立,寒不可堪矣。"⑤此可知是行之遇嚴冬,故艱辛備嘗也。

　　其日記所記極簡,僅記時日陰晴,而沿途所歷所聞,記錄極爲簡略,頗類《別單》。《續集》本末附《行中雜詠》,乃自出發至返回,沿途所作詩五十餘首詩也。而《全集》本所收詩,並隸當日之下,共收詩九十餘首,較《續集》本爲多。其詩平易淺近,然亦不失風人之旨。《石山站》詩有"同門

────────
①成仁浩《遊燕錄》成樂淳《游燕錄序》,《燕行錄全集》,078/031。
②成仁浩【原題未詳】《遊燕錄(燕行日記)》,《燕行錄全集日本所藏編》,003/160。
③成仁浩【原題未詳】《遊燕錄(燕行日記)》,《燕行錄全集日本所藏編》,003/157。
④成仁浩【原題未詳】《遊燕錄(燕行日記)》,《燕行錄全集日本所藏編》,003/157。
⑤成仁浩【原題未詳】《遊燕錄(燕行日記)》,《燕行錄全集日本所藏編》,003/160。

同志又同行,兩載交歡若弟兄"之語①,又李承輔有"楮囊之賜"②,則蓋爲上使承輔之友也。又副价趙寧夏在京時作詩諷其"奔走胡同不憶家"③,則可知成氏以五十五歲高齡赴燕,類朴齊家等人,專爲游燕故也。《燕行錄全集》本末附雜詩八首,則爲回國後贈三使臣及中國士人之作也。若《贈王竹舫》有云"伯牙適遇流水際,季主多閑親雨餘。契合三更論友道,神清十載讀仙書",則其關係之篤好,友情之難忘,亦可發一概。而留館期間,曾與中國士大夫李文田、王璟(鶴蓀)、卓丙炎(友蓮)、馬蕃康(筱谷)、王恩錫(孟海)等相交,故亦互有詩贈遺也。

0984-1870

徐相鼎《燕槎筆記【原題庚午燕槎筆記】》(《續集》第 143 册　鈔本)

出使事由:冬至等三節年貢兼謝恩行
出使成員:正使判中樞府事姜㳣、副使禮曹判書徐相鼎、書狀官兼司憲府執義權膺善等
出使時間:高宗七年(同治九年　1870)閏十月二十五日—翌年三月二十二日

徐相鼎(1813—1876),字而凝,號有寧,大丘人。憲宗十四年(道光二十八年　1848),中春塘台試,直赴殿試。哲宗朝,爲弘文館應教、成均館大司成、吏曹參議等。高宗時,爲全羅道觀察使、兵曹判書、工曹判書等。卒謚孝靖。有《燕槎筆記》二卷行世。事見《哲宗實錄》《高宗實錄》等。

高宗六年(同治八年　1869)十二月,朝鮮平安道碧潼郡廣坪鎮,有清國人三百七十餘名越江而來,騎馬持械,直入鎮衙官舍民家,盡行焚毀,軍械器物,亦爲掠去。朝鮮咨報禮部,冀懲奸匪而清邊圉。七年,清廷拏獲滋擾朝鮮匪犯楊幗太一名正法,並將斃匪劉克明、劉克斌一並戮尸,餘

---

① 成仁浩《遊燕録·石山站》,《燕行錄全集》,078/093。
② 成仁浩《遊燕録·次前韻謝石山丈楮囊之賜》,《燕行錄全集》,078/105。
③ 成仁浩《遊燕録》引趙寧夏詩,《燕行錄全集》,078/071。

黨薛萬祿等追捕用律。朝鮮亦將同惡助勢之鎮民金得洪、金益祚、朴尚浩梟首警衆。朝鮮又咨報稱,將江界廢四郡與上國邊裔,限以衣帶,原係禁地,數三十年之間,漸成匪類逋逃之藪,多少憂慮,無所不到,即差四郡察邊使鄭周應前往看審。朝鮮欲將上土鎮陞爲慈城厚州,原係咸鏡道屬邑,而移設於茂昌舊地,邑名改以厚昌,從浦等四鎮仍爲革罷。並言此次兩郡設施,蓋出於固封守而嚴防汛之意。又是年二月、五月間,朝鮮遇雹災等,民衆大饑,餓殍遍地,流民大批越境。九月,慶元人李東吉等越境至琿春,聚衆建屋,朝鮮奏請清軍,協助捉拿。九月,帝諭吉林副都統毓福秘敕琿春協領,悉數捉拿李東吉等移送朝鮮。又是年朝鮮難民邊有須等,漂到福建,清廷差通官解送義州如例。

　　高宗七年(1870)冬,朝鮮遂遣冬至兼謝恩使判中樞府事姜㳿、副使禮曹判書徐相鼎、書狀官兼執義權膺善等入清,進冬至等三節年貢並謝冬至使臣加賞、謝碧潼作拿大國人用律、謝慶源犯越領還、謝漂民出送等件。一行於閏十月二十五日發王京,翌年三月二十二日返京覆命焉。

　　案徐相鼎《燕槎筆記》二卷,鈔本,正文首頁首行題"燕槎筆記"卷上,《燕行錄續集》編纂者以"庚午燕槎筆記"爲書名,然則不當加"庚午"二字也。其書卷上自漢京發行至抵玉河官止;卷下則在館期間活動,迄於返王京焉。

　　徐氏此記於去程爲詳,所過之地,多載當地掌故及歷史征戰諸事;而返程則較略,尤其還渡江後,即僅記日期陰晴而已。其在北京,與袁誦芬、翰林院侍讀汪元慶、徐士鑾、工部主事曹燨昌、內閣中書高其操等相往還,"文章筆翰,彪炳偉麗,放飲縱談,終日娓娓"[1]。亦間有與諸人唱和詩作,所謂"對酒形骸略,論文志道同"者[2]。

　　案道光二十三年(1843)夏,何紹基於北京慈仁寺西建顧亭林祠,此後燕行使入北京,遂有拜顧祠者。徐氏在觀光慈仁寺後,亦往拜顧祠,其謂"先生留心經術,富有日新,不易窺測,而以不喜談心性,吾東人排斥不

───────
[1] 徐相鼎《燕槎筆記【原題庚午燕槎筆記】》卷下,《燕行錄續集》,143/568。
[2] 徐相鼎《燕槎筆記【原題庚午燕槎筆記】》卷下《和王小鐵中書韻》(詩題筆者所加),《燕行錄續集》,143/614。

置,目之爲無學問人。噫！可痛也。先生古所謂義士,不合於時,以游爲隱者也"①。

0985-1870
權膺善《辛未聞見事件》(《同文彙考補編續·使臣別單二》 活字本)

權膺善(1835—?),字學汝,號擇仁,安東人。高宗元年(1864),春塘台試賦居首,直赴殿試。爲兵曹正郎、吏曹參議、吏曹參判、司憲府大司憲、江原道觀察使、內府特進官等。事見《高宗實錄》《承政院日記》等。

案權膺善出使事由,詳參前徐相鼎《燕槎筆記解題》(0984-1870)。

此《聞見事件》二條,一記同治皇帝臨御以後,講學勤孜,日益就將,大學士倭仁、户部侍郎李鴻藻,自登極初專任師傅之責,近又太僕寺卿翁同龢、太常寺卿徐桐,俱以文學經術出入經幄,以資納誨啓沃之效。又記關外去年水澇失稔,民情不無領顧。關內小康,京都則人心晏如。江蘇、浙江、安徽、湖北等南邊各省,兵戈無警,農桑不失。雲南、貴州,屢年回匪滋擾,甘肅總督左宗棠、雲貴總督劉岳昭,近方督兵進御,尚未剿蕩云。

0986-1870
玄鐸《辛未聞見事件》(《同文彙考補編續·使臣別單二》 活字本)

案玄鐸以首譯身份出使事由,詳參前徐相鼎《燕槎筆記解題》(0984-1870)。

此《聞見事件》三條,一記清宮册立皇后,姑未知定在何間。宮禁修理之役,極爲浩大,而困於物力不敷,未及始役。又記浙江學政徐樹銘奏,張存祥平生學問,專務居敬窮理,躬行實踐,有以正後儒偏詖之趨,續古聖微茫之緒,請將張存祥從祀孔子廟庭。奉旨禮部議奏。張存祥即皇明人,學者稱揚園先生。又記英法因交易分貨不均,英夷竟至於舉兵侵法,屢月

---

①徐相鼎《燕槎筆記【原題庚午燕槎筆記】》卷下,《燕行錄續集》,143/612。

争鬭。又記湖北荆州蛟龍突起於江中，江水暴漲，連亘數百里，沿邊家户，喪命無數；又四川重慶暴雨大注，浸城過半，數十里便成虚地。

案玄鐸所謂"張存祥"者，即張履祥（1611—1693），字考父，號念芝，又號楊園，浙江桐鄉人。明諸生。九歲喪父，哀毁如成人。從劉宗周聞慎獨之學，晚乃專意程、朱。立身端直，躬習農事。病學者騁口辨、沽虚譽，故於來學之士，均不受其拜，一以友道相處。著述後人整理爲《重訂楊園集》五十四卷。乾隆十六年（1751），浙江學政雷鋐爲其立碑，稱爲"理學真儒"；嘉慶十六年（1811），立張履祥主祀於青鎮分水書院；道光五年（1825），入祀鄉賢祠；同治三年（1864），浙江巡撫左宗棠題碑"大儒楊園張子之墓"；同治十年（1871），終得以從祀孔廟焉。

0987–1871

朴鳳彬《壬申聞見事件》（《同文彙考補編續·使臣別單二》 活字本）

  出使事由：冬至等三節年貢兼謝恩行
  出使成員：正使判中樞府事閔致庠、副使判宗正卿李建弼、書狀官兼司憲府執義朴鳳彬等
  出使時間：高宗八年（同治十年　1871）十月二十二日—翌年四月四日

  朴鳳彬（1838—？），字漢西，高靈人。高宗七年（1870），秋到記試以製述表居首，命直赴殿試。爲司諫院司諫、吏曹參議、吏曹參判、司憲府大司憲、平安平道觀察使、咸鏡南道觀察使等。因事配於黄州郡鐵島，起爲秘書院丞、副詹事等。事見《高宗實録》《承政院日記》等。

  高宗八年（1871）正月，盛京禮部移咨朝鮮，許遣官領回逃入厚春、寧古塔朝鮮民人一百零九名。七月，又因朝鮮商人崔源昌在遼陽被盜事移咨朝鮮，告已由官兵追回物貨並護送其歸國。同年，朝鮮難民高才淑等六名，漂到福建，差通官解到義州。朝鮮遂遣冬至等三節年貢兼謝恩使判中樞府事閔致庠、副使判宗正卿李建弼、書狀官兼執義朴鳳彬等入燕，進冬至等三節年貢並謝上年冬至使臣加賞，謝慶源犯越家口領還，謝商民被盜

貨物獲贓給回,謝漂民出送等件。一行於十月二十日自王京離發,十一月二十七日渡江,臘月二十六日抵北京,翌年二月初十日發自北京,三月十三日還渡鴨江,四月初四日返京覆命焉。

此《聞見事件》三條,一記二月初三日,慈安、慈禧兩宮皇太后諭,擇翰林院侍講崇綺之女阿魯忒氏,淑慎端正,著立爲皇后;員外郎鳳秀之女富察氏封爲慧妃,知府崇齡之女赫舍哩氏,封爲瑜嬪,前任副都統賽尚阿之女阿魯忒氏,封爲珣嬪。大婚典禮,將於本年九月内舉行。又記琉球國人來學漢語者,問彼國情形,則洋夷出没無常,威協以商販行教等事,竟以國少力弱,雖難違拂,然本國俗儉民貧,衣葛啖薯,本無藉於外國貨,名許交易,實無賣買。所謂行教,本國書籍尚未盡讀,不必講學異書,且國人舉皆務農,亦無暇學書等説,漫漶不肯,則洋夷亦覺無聊,漸次還歸。目今之勢,不足爲憂。又記鴉片烟爲洋夷調製之毒藥,而欺賣各國者,雖蠢之類,耽於淺效,身雖鶉衣,口必鴉片,竟乃銷鑠元氣,戕害性命,迷不知返,有國者在所痛禁。而晚近以來,非徒不禁,反有徵税,來後之害,有不可勝言云。

0988-1871
李應三《壬申聞見事件》(《同文彙考補編續·使臣別單二》 活字本)

李應三,生平事迹不詳。通漢語,爲譯官。高宗八年(1871),爲首譯,隨冬至等三節年貢兼謝恩使閔致庠等入燕。事見《同文彙考補編續·使臣別單二》李應三《壬申聞見事件》、《承政院日記》等。

案李應三以首譯身份出使事由,詳參前朴鳳彬《壬申聞見事件解題》(0987-1871)。

此《聞見事件》二條,一記年來洋夷住京師者,不知爲幾百名,而恣行不法,莫敢誰何。西洋諸國中,最强者即布國,而伐法國,戰争不息,故京師、天津等處洋夷之來住者,漸次還歸。又記武備院甲庫存儲盔甲三千五百副,分置八櫃,未知何時折毁五櫃,顯有損失,必有不軌之徒,陰蓄異志,有此偷竊者也。該衙門屢經譏詗,尚未獲拿云。

0989-1-1871;0989-2-1871

李冕九《隨槎録》(《燕行録叢刊(增補版)》網絡本《龜巖公筆蹟》 鈔本)
李冕九《隨槎録》(《燕行録叢刊(增補版)》網絡本 鈔本)

案李冕九有《隨槎録》(0904-1855),已著録,李氏此次出使事由,詳參前朴鳳彬《壬申聞見事件解題》(0987-1871)。

高宗八年(1871),李冕九以冬至等三節年貢兼謝恩使閔致庠之伴倘身份出使清朝,此《隨槎録》即其出使期間所撰日記,輯自李氏《龜巖公筆蹟》,鈔本。其自謂"辛未十月初七日自家離發,初十日入京城理裝,二十二日自京離發,壬申四月二十四日還家,凡七個月爲一百六十九日,往還爲六千六百五十八里"①。日記末附有聞見總論、各省道里、城闕位置與一行人馬渡江記等。

李氏此次出使,較其前次入清,鴨緑江對岸居處環境,已然大變。如在龍灣,"登統軍亭,徘徊眺望,三江以外,即彼地境界也。一自穆克登定界之後,抵栅百餘里之間,不許人居接,不許人耕墾,以空其地,蓋是邊禁之謹嚴。而去乙卯游燕之時,亦不見人煙,曠野叢林而已。今見彼人之屋宇相望,田疇相連,十七年之間,所見若是不同,而問於灣吏,則沿江上下,亦皆同然,至於我人之無恒産者,就彼雇力以爲資生居多云"②。而至栅門所見,亦與前大不同,"曾見門路左右有木栅數十間,中有一間草屋甚高大,而設門矣。今見瓦屋三間稍廣,以板門爲之,蓋咸豐年間所改建也"。而"栅內屋宇櫛比,以我境看之,雖千户之多,猶爲過之,而問於店主,則不過百餘户云。蓋此設栅,只是折柳藩圍之意,中間鳳城數人來居於此,設店販物,南京之貨,東國之物,賣買爲業,户口漸次蕃衍,今爲一大都會也"。③ 而其沿途所經與北京所聞,無論食宿風習,及清朝時勢,亦皆大異於前焉。

又《燕行録叢刊(增補版)》網絡本另收録李冕九此《隨槎録》別一版

---

①李冕九《隨槎録》,《燕行録叢刊(增補版)》網絡本《龜巖公筆蹟》本,第118—119頁。
②李冕九《隨槎録》,《燕行録叢刊(增補版)》網絡本《龜巖公筆蹟》本,第10頁。
③李冕九《隨槎録》,《燕行録叢刊(增補版)》網絡本《龜巖公筆蹟》本,第14—16頁。

本,稿有殘損,塗抹刪汰之迹,處處可見,蓋即爲李氏原草或鈔稿本,而此本則爲經謄清之鈔本。兩本相較,則文字別無異同焉。

0990-1872
姜文馨《壬申聞見事件》(《同文彙考補編續·使臣別單二》 活字本)

出使事由:進賀兼謝恩行

出使成員:正使判中樞府事朴珪壽、副使禮曹判書成彝鎬、書狀官司僕寺正姜文馨等

出使時間:高宗九年(同治十一年 1872)七月二日—十二月二十四日

姜文馨(1831—?),字德輔,號蘭圃,晉州人。高宗朝,爲京畿道暗行御史、順安縣監、副經理統理機務衙門事、吏曹參判、禮房承旨等。事見《高宗實錄》《承政院日記》等。

同治十一年(1872)六月,盛京禮部移咨朝鮮,告同治帝與皇后阿魯特氏(?—1875)大婚。朝鮮遂遣進賀兼謝恩使判中樞府事朴珪壽、副使禮曹判書成彝鎬、書狀官司僕寺正姜文馨等入北京,賀皇后册立,賀兩宮皇太后尊號,謝冬至使臣加賞等事,一行於七月初二日發王京,臘月二十四日返京覆命焉。

此《聞見事件》一條,記英、法二國領事官之來住皇京者,力請遣使本國,以爲通好,故不得已允其所請,欲觀西土風俗,而丙寅春遣斌春駕海八萬里,歷見十八國,當年冬回還。庚子冬,又遣崇厚,則法國已爲被虜於布國矣。留見新立之君,轉往美國而歸。今年夏,始得還歸云。

0991-1872
閔泳穆《癸酉聞見事件》(《同文彙考補編續·使臣別單二》 活字本)

出使事由:冬至等三節年貢兼謝恩行

出使成員:正使判中樞府事金壽鉉、副使禮曹判書南廷益、書狀官兼司憲府掌令閔泳穆等

出使時間：高宗九年（同治十一年　1872）十一月十日—翌年四月九日

閔泳穆(1826—1884)，字遠卿，號泉食，驪興人。高宗朝，爲應教、成均館大司成、吏曹參判、廣州留守、工曹判書、禮曹判書、大護軍、全權大臣督辦交涉通商事務、兵曹判書、海防總管等。卒諡文忠。事見《高宗實錄》《承政院日記》等。

高宗九年(1872)，朝鮮難民高文宗等七名，漂到山東，清廷遣通官解送義州。朝鮮派冬至等三節年貢兼謝恩使判中樞府事金壽鉉、副使禮曹判書南廷益、書狀官兼司憲府掌令閔泳穆等入北京，進冬至等三節年貢兼謝漂民出送事，一行於十一月初十日發王京，翌年四月初九日返京覆命焉。

此《聞見事件》五條，一記皇帝春秋向盛，仁聞日彰，親政以來，群情洽然。御史吳鴻恩疏陳修身親賢，量才恤民，知言責實六條，下諭嘉納，廣開言路。又記三月初五日，奉兩宮皇太后啓鑾祇謁東陵，十二日還宮，沿路大小橋梁三十餘坐，撥庫銀一萬二千餘兩支辦。朝鮮使臣見歷路則築路負土，皆給價買去，力役則派八旗兵丁。"大役方張，而民間不擾，蓋兵逸則驕，民勞則離，故規制一定，有條不紊。"又記醇親王奕譞奏請《會典》續修，自嘉慶十八年至同治十一年，一切案件，檢查編纂。而事歷四朝，年逾六紀，修纂之役，斷非數年所能告竣。又記"王大臣中，人望所係，孚郡王奕誴及陝甘總督左宗棠爲優。而恭親王奕欣【訢】，首贊樞廷，懋著勳勞。大學士文祥、吏部尚書寶鋆、兵部尚書李鴻藻，和衷贊畫，矢愼矢勤。直隸總督李鴻章，盡心民事，宣力彌勤。陝甘總督左宗棠，公忠謀國，艱巨克膺。並褒論議敘"云①。

0992-1873
趙宇熙《癸酉聞見事件》(《同文彙考補編續·使臣別單二》　活字本)

出使事由：進賀兼謝恩行

---

①閔泳穆《癸酉聞見事件》，《同文彙考補編續·使臣別單二》，004/3827。

出使成員：正使判中樞府事李根弼、副使禮曹判書韓敬源、書狀官奉常寺判官趙宇熙等

出使時間：高宗十年（同治十二年 1873）三月十一日—八月十三日

趙宇熙（？—1883），字號籍貫不詳。高宗朝，歷弘文館副校理、司憲府掌令、承政院右承旨等。因事賜死，後爲平反。事見《高宗實錄》《承政院日記》等。

高宗十年（1873）春，朝鮮遣進賀兼謝恩使判中樞府事李根弼、副使禮曹判書韓敬源、書狀官奉常寺判官趙宇熙等入北京，賀同治皇帝親政，賀兩宮皇太后尊號，謝皇后册立詔書順付，謝皇后册立賜緞，謝大婚時賜物加賞等件，一行於三月十一日發王京，八月十三日返京覆命焉。

此《聞見事件》五條，一記倭人二十餘名，今三月初隨美國船來泊天津，仍進皇城。再昨年來時，不剃髮而作髻，以日本服色行走。今番則盡變前樣，著洋服而來，呈文於總理衙門，願與洋人一例立和約通交易，朝議未定。姑爲接住東牌樓下賢良寺。又記西洋諸國所謂駐札大臣，屢請朝見皇帝，以未親政不許，今次許之，然引見時需著滿州服而入，然洋人不換滿州服，而直抵東華門，故竟不許入，只有俄羅斯人入侍。其後，皇帝親臨紫光閣，洋人以各國服色入侍，則倭人亦從洋人持國書並獻禮物，自中朝亦爲答禮回送。又記今年農形，關內則地多高燥，雨不爲災，可以望有秋；而關外則土皆濕洳，值無前之巨浸，秧苗全數腐損，民情益遑，穀價翔騰云。

0993-1873
鄭健朝《北槎談草》（《全集》第78册　鈔本）

出使事由：冬至等三節年貢兼謝恩行

出使成員：正使判中樞府事鄭健朝、副使禮曹判書洪遠植、書狀官兼司憲府掌令李鎬翼等。

出使時間：高宗十年（同治十二年 1873）十月二十四日—翌年三月三十日

鄭健朝(1823—?),字致中,號蓉山,東萊人。憲宗十四年(1848),三日製試賦居首,直赴殿試。哲宗朝,爲成均館大司成、吏曹參議、弘文館副提學、全羅道觀察使等。高宗朝,歷官至司憲府大司憲、漢城府判尹、工曹判書、刑曹判書等。有《北楂談草》等行世。事見《哲宗實錄》《高宗實錄》《承政院日記》等。

高宗十年(同治十二年 1873),以判中樞府事鄭健朝爲謝恩兼冬至行正使、禮曹判書洪遠植爲副使、兼掌令李鎬翼爲書狀官入燕,進冬至等三節年貢兼謝皇上親政詔書順付諸事。一行於十月二十四日離發,臘月二十六日抵北京,翌年三月三十日返王京覆命焉。

案鄭健朝等在北京留館期間,於翌年二月初二日,三使臣同往禮部尚書萬青藜將軍校場頭條胡同之悶村書莊拜謁,筆談至晚,隨書隨毀,以防語泄。因張世準與朝鮮朴錦舲有舊,又訪其於琉璃廠傍王阮亭古齋中,與之手談,談草亦隨書隨火。回館之後,三使共憶而追錄所談,即此《北楂談草》也。

時清廷經鴉片戰敗後,東有日本,北有俄羅斯,復以英、德、荷、法諸强,簽約賣國,衰微不振。故大抵所談,皆中、朝兩國當時形勢與夫洋人挾持及保國之道耳。時朝鮮雖累世承平,民不見兵。又猝然十年之内,再經夷擾,雖皇靈攸暨,保有今日,然吃驚不少。萬氏建言,兵不精煉,徒尚觀瞻,與無兵等耳。且言朝鮮方有二患,東之倭、北之俄也。朝鮮與俄羅斯不通聲氣,情形莫測,備禦昧方,尤爲悶鬱。萬氏言以"彼以禮來,以禮答之;不以禮來,以禮拒之"①。諸人皆憂心忡忡,談及兵勢、天主教、鴉片流行,禍國殃民諸件,時中國言戰言和,各有其人,而國衰主弱,危如累卵,故張世準戒使臣曰:"兵可百年不用,不可一日無備,要在善備而已。我苟有備,以戰以款,其權在我,苟無備而聽於人,則以中國之大,尚不堪其苦,所望於貴邦者,幸以中國爲鑒,早圖有以自强也。"②其末所附《古客談草》者,即與張氏所談,亦見姜瑋所記《北游談草》也。

又其渡江而後,見灣栅之間百餘里,當初廢置,意有在焉。而今人烟

---

①鄭健朝《北楂談草》,《燕行錄全集》,078/322。
②鄭健朝《北楂談草》,《燕行錄全集》,078/340。

相接,田野皆辟,流民屯聚,一值饑荒,則難保其不爲寇盜,豈不寒心。又謂近年此患,莫能禁止,悶然悶然。① 此可見當時柵門至鴨江邊,已是流民屯居,墾殖耕作,遠非當年曠無人烟之景矣。

0994-1873
吳慶錫《甲戌聞見事件》(《同文彙考補編續·使臣別單二》 活字本)

　　吳慶錫(1831—1879),字元秬,號亦梅,海州人。通漢語,爲譯官。高宗十年(1873),曾任首譯,隨謝恩兼冬至等三節年貢使鄭健朝等出使清朝。事見《同文彙考補編續·使臣別單二》吳慶錫《甲戌聞見事件》、《承政院日記》等。

　　案吳慶錫以首譯身份出使事由,詳參前鄭健朝《北楂談草解題》(0993-1873)。

　　此《聞見事件》三條,一記慈安端裕康慶皇太后壽陵定於普祥峪,慈禧端祐康頤皇太后壽陵定於菩陀峪,皆在遵化定陵之東,地勢雄秀,山川環抱,皇帝奉兩宮皇太后親臨審視,定爲萬年吉地,現方興工。又記甘肅省回逆馬文禄、馬桂源等,自咸豐十年以來,竊踞肅州城,凶悍殘賊,殺害漢民三四萬名,擄辱婦女不計其數,於今十載,逆焰益熾,勢極披猖。陝甘肅總督左宗棠與將軍金順等,率師攻圍,殲逆平定。又記圓明園修理之役,現方動工。上諭兩宮皇太后保祐朕躬,親裁大政十有餘年,劬勞倍著,而尚無休憩游息之所,以承慈歡,朕心實爲悚仄,是以諭令内務府大臣,設法修葺,以備聖慈燕憩,用資頤養,但物力艱難,事宜從儉,不得過於華靡云。

0995-1-1873;0995-2-1873
姜瑋《北游日記》(《日本所藏編》第3册　鈔本)
姜瑋《北游日記》(《續集》第144册;《姜瑋全集》 活字本)

　　姜瑋(1820—1884),初名性澔,字惟聖,性喜更其名字,後改名瑋,字

---

①鄭健朝《北楂談草》,《燕行録全集》,078/325。

韋玉,復字慈屺、仲武,號古歡,又號秋琴,亦號堯章,晉陽人。少學於閔魯行,後師從金正喜於濟州配所,與鄭健朝相善。爲人沉警,能忍性果行,讀書不守成説,自出胸臆,三教九流,無不貫穿。好論天下大事,最喜四方之游。家貧數遷居,不堪其憂,而性曠達,終不累其心。生平三至中國,兩渡日本。晚遥授繕工監假監役,歸國未幾卒。有《古歡堂收草》二十一卷行世。事見李建昌《明美堂集》卷一九《姜古懽墓誌銘》、許傳《性齋先生文集》卷三〇《姜瑋傳》、金澤榮《韶濩堂文集定本》卷九《秋琴子傳》與《古歡堂收草·文稿》附李重夏《本傳》等。

案姜瑋出使事由,詳見前鄭健朝《北楂談草解題》(0993—1873)。

高宗十年,姜瑋隨節使入燕,自稱"鄭蓉山尚書(健朝)以癸酉冬至正使兼謝恩使,將赴上都,再書要余同行,辭不獲已,以伴倘從焉"①。考健朝序姜氏《古歡堂收草》稱,姜瑋"甫十餘歲來京,館余者幾二十年"②。然則姜氏館鄭氏幕中,二人交深,蓋可知焉,故鄭氏力邀姜氏同行也。姜氏自謂"是役也,布衣例冒冠帶"③,則爲正官身份入中國耳。

姜瑋《古歡堂收草》二十一卷,爲其嗣子堯善等搜集,弟子李建昌等校勘,高宗二十二年(1885)廣印社以活字刊行,《韓國文集叢刊》據首爾大學中央圖書館藏本影印,凡詩十六卷、詩餘一卷、文四卷,前後有肖像、姜氏自序、諸家序跋與題辭等。詩以《聯玭集》《發弭餘草》《西笑集》《錦洞唱酬集》等編爲小集,每集前有他人題識,且皆爲題者手筆。卷一二《北游草》、卷一三《北游續草》爲燕行録,計二百餘篇。卷一四至卷一五爲《東游草》《東游續草》,爲兩度至日本時作;而卷一六《遠游草》,則爲自日本徑向上海時所作也。

此《北游日記》,鈔本,一册,藏日本静嘉堂文庫。爲姜氏出使日記,鈔字粗惡,而縮印本墨淺字小,識讀爲難。姜氏沿途所作詩,及與上副使等唱和詩,皆低兩格附鈔於當日後,詩作亦見姜瑋《古歡堂收草·詩稿》卷一二《北游草》,然所收詩作不一,且異文極多,或返國後有改作故也。

---

①姜瑋《姜瑋全集》,下册/693。
②姜瑋《古歡堂收草·詩稿》鄭健朝序,《韓國文集叢刊》,318/373。
③姜瑋《古歡堂收草·詩稿》卷12《柵門次行台韻》,《韓國文集叢刊》,318/442。

姜氏此行,極是不順,自離京至所串館時,即因連日中寒,委卧不省,又腹服不可食,再得疝氣、便秘諸症,自入北京前,至宋家莊以後,不能爲穀氣。顛頓到玉河館,即卧不省。自謂"今行自發京城至此,一日不在冰天泥地行人中,皆謂北行初有之事,至此日始寒,尤可異也"①。故元朝參儀,亦因病未至,偶出游觀,時須乘馬也。前後一路,服不換正氣散、荆防敗毒散、乾葛二陳湯、養胃湯、如意丹、蔘橘茶、八物湯、金水六君煎等。

其在北京,或鎮日在琉璃廠觀書,或往北京諸處觀景,或與中國士人交往筆談,若鴻臚寺少卿善聯、李敦愚、刑部主事張世準(叔平)、卓景瀛、張其浚(巨川)、御史吳鴻恩(春海)等,唱詩贈物,情篤交好,唯其筆談内容,則概未能詳焉。姜氏與上使鄭健朝沿途所作詩,則請張世準爲其評鑒,而姜氏又將其詩與所携之《韓四客詩選》,托吳鴻恩評點,②此皆當時交流之迹也。時蒙古人普景璞與高宗六年(同治八年　1869)入北京之朝鮮冬至正使李承輔、副使趙寧夏等有交,姜氏等留館期間,與蒙古館中蒙古郡王衡齋弟兄等,亦多往還,且以漢字筆談也。

夫馬進以爲,姜瑋雖是當時朝鮮實派譜系中之人物,爲當時開化思想家之一員,然燕行録中却毫無顯著之緊張感,反而稱清朝爲"中國""中州",稱北京爲"上都""神京",稱其所見同治帝爲"龍顔",也未記對皇帝三跪九叩有何特殊之感情,對"中華=清"持有親和感,並爲在北京能自由觀覽深感喜樂也。又言姜瑋對當時中國容許西洋人在北京建立公館,洋人活躍表示不可思議,其在登内城時,遇歐洲人男女各二人,以爲"真如畫中曾所見者,而顔髮被服,不似人類,自然愕眙",稱其爲"狂蠻""狂賊",其在圓明園,見補英法聯軍焚毁之迹,稱"瓦櫟荆榛,蕭然滿目","大駡狂賊没韻事"等。③

案夫馬氏所言是矣,姜瑋著書,署其名曰"天水姜瑋韋玉",又自稱"隋唐漂泊千年事,誰識兒孫到故鄉",謂"余先隋人也,尚仕於唐"。④　則

---

①姜瑋《北游日記》,《燕行録全集日本所藏編》,003/190。
②姜瑋《北游日記》,《燕行録全集日本所藏編》,003/196。
③[日]夫馬進《日本現存朝鮮燕行録解題》,日本京都大學文學部研究紀要,第42號,2003年版,第206頁。
④姜瑋《北游日記》附《遼陽道中》詩及注,《燕行録全集日本所藏編》,003/182。

姜氏之與中國尚有認同之感,故較他家燕行錄爲有感情者也。

全書末一頁,"白大貢綾五匹,紅大貢綾一匹,藍貢綾二匹,真絲十兩綢五匹,八兩綢五匹,深米色毛綃一匹(接文)似有金香色,細唐布一匹,蒙古中銷鐵四個,木耳、黄化菜各一斤,北京紫腋吐手一件,松鞍谷金憲卿求請"①。蓋爲當時在北京所購之物,此可知使臣入燕,親友請托代購之風及所求中國物貨之情狀也。

案此《北游日記》,又見《姜瑋全集》下册,《燕行録續集》收録至第一四四册,爲其高宗十年癸酉(同治十二年 1873)隨鄭健朝入燕時所記。大題"北游日記"下,題"天水姜瑋韋玉"。所記自十月二十四日三使臣辭陛始,十一月二十八日渡鴨江,十二月二十六日抵北京,二月十二日發玉河館,三月十二日還渡江,三十日還京覆命。日記頗簡略,詩附當日下;返程尤簡,亦無詩作焉。

0996-1873

姜瑋《北游草》(《續集》第143册;《叢刊》第318册《古歡堂收草》 活字本)

案姜瑋有《北游日記》(0995-1873),已著録。

姜瑋自幼多病,十一歲始從學,十四歲遊漢京,主鄭健朝家,以習功令,先後從閔魯行、金正喜。姜氏"於古典籍,無所不貫,於國中大山巨水關塹城堡形勝,郡縣利病,閭里風俗情偽,無所不究,斂精研思,窮微極博。常憂人之所不憂,味人之所不味"②。"其詩不工而自工,自比於唐之高達夫。達夫與李杜齊名,比之達夫而不比李杜者,有若自譽而實自謙也。"③案姜氏一生,遊歷中日,漂泊無定,頗類邊塞之行,故其所行事及詩風,頗類唐之高適,因以自喻焉。

姜氏於高宗十年(同治十二年 1873)隨鄭健朝入中國所作詩,即

---

①姜瑋《北游日記》,《燕行録續集》,144/794—795。
②李健昌《明美堂集》卷19《姜古懽墓誌銘》,《韓國文集叢刊》,349/278。
③許傳《性齋先生文集》卷30《姜瑋傳》,《韓國文集叢刊》,308/604。

《北游草》一卷,收詩近五十首,《燕行錄續集》收錄於第一四三册。姜氏因副使洪遠植、書狀官李鎬翼,"俱無雅分"①,故與之往還極少,而與上使鄭健朝唱和爲多。姜氏一生,極嗜游覽,自謂"丈夫逝當一舉追黄鵠,安可自吐自縛有如蠶作繭"②。初入北京,覽帝都氣象,賞景流連,心情豁暢,感歎"千門萬户玲瓏界,只恐歸時記不清"③。在京交刑部主事張世準,並呈己作詩稿,請張氏評鑒,得其佳評,喜稱"將詩歸與萬人看,邂逅新知勝舊歡。……肝膽相投傾蓋地,笑他車笠誓雞壇"④。二人相得甚歡,姜氏詞有"可憐人遇可憐人,天街上相持相抱"之語⑤。然初行所交京城士大夫,唯張氏一人爲情投意合、過往甚密而已矣。

0997-1873
姜瑋《北游談草》附《古客談草》(《姜瑋全集》下册　亞細亞文化社1978年版)

案姜瑋有《北游日記》(0995-1873),已著録。

姜瑋於高宗十年(同治十二年　1873)十月,隨鄭健朝入北京。翌年春,與當時刑部主事張世準相識,時張氏家琉璃廠,所居室曰雙魚罌齋,與王世貞古宅鄰近,工書善詩,兼長策論,曾耳其名,因訪阮亭宅,遂至其第。姜氏往訪者四,張氏來謝者二。時鄭健朝與張氏、姜氏之筆談,即此《北游談草》也(亦見鄭氏《古客談草》附)。談及當時中國之外患,及洋擾以來倭情之狀,張氏答以"中國新經大亂,皇上沖年嗣服,當事之臣,鮮能十分作主,加以外間兵鈍財絀,洋夷乘間而入,百般要君,凡百有位,下逮氓隸,罔不切齒,倘於是時皇上一言及戰,則不待調兵遣將而已,焚洋人之樓,殺

---
① 姜瑋《姜瑋全集》,下册/693。
② 姜瑋《古歡堂收草·詩稿》卷12《北游草·奉謝張叔平(世準)先生抽稿賜批後見贈之作次韻》,《韓國文集叢刊》,318/444。
③ 姜瑋《古歡堂收草·詩稿》卷12《北游草·皇城》,《韓國文集叢刊》,318/443。
④ 姜瑋《古歡堂收草·詩稿》卷12《北游草·奉謝張叔平(世準)先生抽稿賜批後見贈之作次韻》,《韓國文集叢刊》,318/444。
⑤ 姜瑋《古歡堂收草·詩稿》卷17《詩餘·奉呈張五溪世準員外爲别》,《韓國文集叢刊》,318/471。

洋人之商者矣,將不問良莠而劓殄滅之矣。然而睹今天下大勢,迥異前古,皇上之不肯輕於言戰,非愛之也,又非畏之也。皇上御天下也,中外一家,遐邇一體,其良者固當與之親之,而不良者只當與之含垢藏疾,以待其自起自滅而已。何也？中國之人,習於禮義,而不習於戰,夷則習於侵伐,詭詐百出,而亦知禮義之不可逾也。以不習之戰,齒詭詐之鋒,斷無勝理,而修禮義,以示不可逾之形,而彼將自然心服,是則仍以我之禮義治之而已,是乃天子理天下之理也。夷今得志於中國,而又得倭君之服從,肆行無忌,樂禍無厭,殆天將以厚其毒而自斃之也"①。

又談及倭人尋釁,以及俄羅斯可患等事,並談及李鴻章等,姜氏問洋倭協謀朝鮮,則何以辦？張曰答有要善備,以中國爲鑒,早圖有以自強。又言及夷人之技巧,如火輪、舟車之運駛,電機寄信之神捷,鐵路、土路之便利,火槍、火炮之精良,夷不自秘,樂以示人,至爲設廠製造,以資適用,是則夷之願欲,不在於土地人民,而專以開通異域爲念,此又我人之所不料也。今既與之相處,熟睹其形,並察其心,然後始知樂善好義,同得秉彝之常,羨慕中華,求觀法理,購我書籍,日夜攻習,以各國之情形譯之以文畫輸於我,願得我使往觀彼國,意雖在衒奇清,亦保其無他。二人又談及皇上派員前往等事,②論朝鮮戰守之策,張氏建議若用據險清野,以佚待勞之法,如鄂羅之待英、法二師,則勝算在我,是在智者能爲耳。並談及清野之法等。③ 時中國積弱,爲外夷所欺,而士大夫如張世準者,其所持論,亦多書生腐語,則宜夫中國之沉睡不醒也。

案張世準(1823—1891),字叔平,號二酉山人。祖籍沅陵縣城,出生永綏。自幼好學,尤愛書畫,初從學於父,後得力於書法家劉庸指點,造詣頗深。清道光二十六年(1846)中舉,任刑部員外郎,仍常習書作畫,以山水、人物爲多。後棄官從藝,遍游川黔名山大川。清光緒七年(1881)回沅陵,建舍於縣城北門,題名"鶴鳴山莊"。性剛直,藐視權貴,不登官宦之門,富豪以重金聘其作畫,皆拒之。晚年,以賣畫爲生,沽酒狂飲,腹空

---

①姜瑋《姜瑋全集》,下冊/802—803。
②姜瑋《姜瑋全集》,下冊/831。
③姜瑋《姜瑋全集》,下冊/839—840。

則閉門擊鼓,朗讀詩文。世準擅長畫梅,寓居北京時,與周少伯、白棠齊名。其《詠梅圖》,鋼莖鐵枝,梅花似火,濃澹得宜,別具風格,書法與畫同譽於世。光緒十七年(1891),世準與畫友許曉東、丁百川等人離沅陵去武昌,抵漢口,寓居永寧巷辰州會館。湖廣總督張之洞聞訊,過江邀其任職,不從。當年卒於漢口,歸葬沅陵焉。

卷七四　0998—1016

高宗十一年(同治十三年　1874)—高宗十六年(清德宗光緒五年　1879)

0998-1874
沈履澤《燕行錄》(《續集》第144册;《日本所藏編》第3册　鈔本)

  出使事由:冬至等三節年貢兼謝恩行
  出使成員:正使判中樞府事李會正、副使禮曹判書沈履澤、書狀官兼司憲府掌令李建昌等
  出使時間:高宗十一年(同治十三年　1874)十月二十八日—翌年四月十二日

  沈履澤(1832—?),字稚殷,青松人。哲宗八年(1857),行春塘台春到記試,以賦居首,命直赴殿試。爲東萊暗行御史等。高宗朝,歷官至開城府留守、全羅道觀察使、義州府尹、吏曹判書、户曹判書判義禁府事、刑曹判書等。著有《燕行錄》二卷。事見《哲宗實錄》《高宗實錄》《承政院日記》等。
  案是書爲鈔本,二册,藏日本天理圖書館今西文庫。有"今西文庫""今西春秋圖書""天理圖書館藏"諸印。封面左上大字題"燕行錄",下小字書"乾",則以乾、坤標卷者也。
  朝鮮於高宗十一年(同治十三年　1874),以判中樞府事李會正爲冬至兼謝恩行正使、禮曹判書沈履澤爲副使、兼掌令李建昌爲書狀官赴燕,進冬至等三節年貢兼謝皇上親政詔書順付、謝漂民出送(是年朝鮮難民梁用湜等漂到山東,差通官解送義州)等事。是文首稱"歲在甲戌冬十月二十八日卯時,余以副使拜表出疆"①,則知其爲沈履澤所作也。一行於十月二十八日出發,十一月二十九日渡江,十二月二十五日抵北京,翌年二

---
①沈履澤《燕行錄》卷1,《燕行錄全集日本所藏編》,003/202。

月十五日發自北京,三月十八日還渡江,四月十二日返王城焉(此以《高宗實錄》爲准)。

案沈履澤一行此次出使,時值中國多事之秋,行至中道,即聞同治皇帝駕崩,然其在京,並未參加皇帝喪儀,惟參與新皇帝繼位之禮,不知何故。時遼東不靖,其在石山站,與民人李恩綸筆談時,即得知其地多響馬賊,"任意擾民,官不知戢,兵不敢捕","若近來奉天賊匪猖狂之極,而民無安枕矣"。① 比還至甜水站至沙河站一帶,又聞響馬賊"非但此處有之,遍於天下云矣"。時在沙河驛,"夜未半起聞馬賊二百人向北而住會寧嶺下,現方到此之意,嶺下之人有暗報於此店,店人爭賷家中輕寶,且促裝,其妻子將欲隱避於山上,即聞此奇,不可安枕,即聚諸行,聯車而發"②。此可見清廷末世亂象焉。

沈氏又載,同治帝爲其母慈禧太后"作壽宮,費銀爲累鉅萬兩,其役未半,若欲了役,則將至五六年之久,以其役費之難辦,姑停止云"③。時清廷國庫枯竭,沈氏等本當於二月初五日離館,然遲滯十日後方發往通州,"而今則以賞銀未辦之故,使之加留十日,始乃貸銀於廛人以頒送之,中國之財竭何至此極,令人可慨!"④又沈氏等在京賞游,見圓明園之焚毀無餘,深歎"今破壁頹垣,無非四片繡幅殘;殘瓦碎窗,盡是玉塊金屑。劫灰悽凉,寒山無語;遺墟蕭瑟,斷雲含愁。以尋常萬里之行,猶口仿徨,況爲其子孫者,安得無心寒乎!"⑤而其眼見北京城中,"而最可憎者,洋酋之高構巨閣,遍於城中,門皆琉璃,牆是丹艧,鏡户之内,垂以錦帳,風捲之則炕内百寶,透出玲瓏射氣,門前有石獅豸石欄,於以鐵絲連鎖門路,似是禁人之意,而壯於宮舍,寧不慨然"⑥。而且"今洋酋雜處於帝闕咫尺之地,而造天主堂於西邊,窮奢極靡,其高不可量,方講其渠所謂學,而講聲如群蛙之亂吠,旗兒多從學,可歎! 又起兀然高閣,閣上以磚築起墻壁,尖如筆

---

①沈履澤《燕行錄》卷1,《燕行錄全集日本所藏編》,003/217。
②沈履澤《燕行錄》卷1,《燕行錄全集日本所藏編》,003/249。
③沈履澤《燕行錄》卷1,《燕行錄全集日本所藏編》,003/241。
④沈履澤《燕行錄》卷1,《燕行錄全集日本所藏編》,003/244。
⑤沈履澤《燕行錄》卷1,《燕行錄全集日本所藏編》,003/241。
⑥沈履澤《燕行錄》卷1,《燕行錄全集日本所藏編》,003/238。

鋒,個中隱有虹牖,以窺帝闕之内,帝惡其深窺,乃於宫牆之上,加築層垣以遮之。噫!以天下之大,皇帝之尊,斷一酋魁之頭,驅其脅從於閫外,放之荒服之外,此特數百騎之事,而反容此至重之地,豈非慨歎乎!"①對清朝凡此百端,沈氏表示極大之擔憂。然其在館期間,購讀之書有"《中西聞見錄》,是天下各國人物風土俗尚技藝評記之書也,頗有可觀,竟日寓目,亦足遣懷"②。則與姜瑋有同嗜者也。

0999-1874
姜瑋《北游續草》(《續集》第 144 册;《叢刊》第 318 册《古歡堂收草》 活字本)

案姜瑋有《北游日記》(0995-1873),已著録。其此次出使事由,詳參前沈履澤《燕行録解題》(0998-1874)。

高宗十一年三月三十日,姜瑋自中國返漢京。十月,朝鮮以判中樞府事李會正爲冬至兼謝恩使行正使、禮曹判書沈履澤爲副使、兼掌令李建昌爲書狀官赴燕。建昌爲姜瑋高弟子,故建昌復邀其師同行,姜氏勞塵未洗,遂再度入燕,即其詩稱"上馬重爲出塞歌,騰騰老氣欲如何"者也③。又高宗十七年(光緒六年 1880),姜瑋隨金弘集二度使日本,自東京擬回國,至赤馬島,聞國中有變,遂有遄舉之志,適受中國駐日本領事余鐫資送,乘中國人所雇德國船,離長崎,向上海,受上海駐扎江蘇蘇松太道邵友慈紹介,爲機械局總辦李興銳(勉林),資以飲食寢卧之饋,在鐵廠四十餘日,苦於風火之祟,恐一朝溘然長逝,累於他人,遂有回國之願,適商務大員陳樹棠等有朝鮮之行,遂乘其船由烟臺,經塘沽、天津回國。然則姜瑋一生行事,頗具傳奇,可謂憂國文人兼俠客義士者也。

此次出使,李建昌稱"不佞於先生,有世好,重之以燕台之役,往還六

---
① 沈履澤《燕行録》卷 1,《燕行録全集日本所藏編》,003/229。
② 沈履澤《燕行録》卷 1,《燕行録全集日本所藏編》,003/228。
③ 姜瑋《古歡堂收草·詩稿》卷 13《北游續草·奉和行台出都歌》,《韓國文集叢刊》,318/446。

千里,並轡聯裯,爲生平未有之至歡"①。故姜氏與建昌唱和最多,兼亦與正使李會正等酬唱,而其在北京時,與中國士大夫翰林院侍讀徐郙、刑部侍郎黃鈺及吳鴻恩、敖册賢、張世準等十餘人相往還,有詩百六十餘首。其在上海期間,復與邵友濂、程錫書等交往,酬唱贐贈,留詩二十餘首。故姜氏三入中國,初次有詩近五十首,第二次即此次有百六十餘首,後次詩二十餘首,合二百三十餘首,亦可謂詩囊滿鼓焉。

　　姜瑋一生,拙於生計,阻於仕途,故四海暢游,吐納烟霞,以蕩其胸次,增其見聞,其爲人"往往憤罵古賢,呵斥俗學,力翻成案,謂知極於楊子,行極於墨子,體的於告子,法備於荀子"②。爲人曠達豪邁,壯懷激烈,故其詩正奇相蕩,實幻相磨,邵友濂謂"直抒性情,不假賡歌酬唱,渡榆關,越遼海,攬山川之勝概,寫風物之清新,沉郁蒼凉,幾入杜陵之室"③。又卷一七《詩餘》,有與徐郙、陳錦黻等互贈之小詞,有《鵲橋仙》十闋等,用韻皆同,生硬僵澀,蓋填詞則非其長也。其《文稿》卷二尚有《上黃孝侯侍郎》《與徐頌閣侍讀》二札。徐郙序其詩,謂姜氏"往返經萬里,逾絶塞,渡滄海,關山風月之凄清,島嶼煙波之浩渺,時與壯懷相摩蕩,荒原立馬,落日停鞭,斷碣殘碑,蒼茫弔古,故其發而爲詩,忽正忽奇,忽沉鷙,忽堅凝,忽虛非而誕幻,風檣陣馬,不足方其勇也。鯨吞鰲擲,冰柱雲車,不足比其才艷也"。程錫書謂"其山水清靈之氣,艱難崎嶇之狀,寓於目而得於心,故其爲詩,吐屬名雋,正變迭出,而神與古會,絶無錘琢之痕,可傳於後無疑也"④。蓋其當時,身如飄蓬,家國危殆,轉徙奔波,居無定所,見清朝與朝鮮皆處風雨飄搖之中,故恨不能"此生那得萬竿旌,四夷八蠻一掃平"⑤。鬱懷憂國,情見於詩,行跡似高適,憂懷如老杜,故其詩風,亦頗似之也。

①姜瑋《古歡堂收草‧詩稿》李建昌序,《韓國文集叢刊》,318/374。
②姜瑋《古歡堂收草》卷首《詩稿自序》,《韓國文集叢刊》,318/375。
③姜瑋《古歡堂收草‧詩稿》卷17邵友濂《遠游草序》,《韓國文集叢刊》,318/474。
④姜瑋《古歡堂收草‧詩稿》卷17程錫書《遠游草序》,《韓國文集叢刊》,318/475。
⑤姜瑋《古歡堂收草‧詩稿》卷13《北游續草‧道中無憀又用前韻》,《韓國文集叢刊》,318/448。

1000-1874
姜瑋《北游續談草》(《姜瑋全集》下冊　亞細亞文化社 1978 年版)

　　案姜瑋有《北游日記》(0995-1873)，已著錄。其此次出使事由，詳參前沈履澤《燕行錄解題》(0998-1874)。

　　高宗十一年(同治十三年　1874)，姜瑋隨冬至使書狀官李建昌入北京，其間與翰林院侍讀徐郙、刑部侍郎黃鈺等相接，此《北游續談草》，即翌年乙亥春間與諸人手談記錄也。時徐郙寓蘇州胡同，黃鈺寓繩匠胡同，其談草有與黃孝侯(鈺)談草，附與張梅史談草、與徐頌閣談草、與陳筱農郎中福綬談草等，其間談及沈桂芬、左宗棠諸人，臺灣當時情狀，洋夷諸般事體等。又論及僧格林沁戰事，國內各地匪情事，朝鮮與日本關係事，中西貿易事，鴉片流行事等。如與黃氏筆談，問及入都後從廠肆中見有《中西聞見錄》者，其中各國情形所指舉，亦有臺事顛末，但未知此書見聞確否？議論皆允否？作者爲誰？黃氏答以此書未見，亦不知誰作。秋間傳書，如新聞紙之類，都不可據也。①

　　案《中西聞見錄》者，北京最早之近代中文科技期刊也。同治十一年七月(1872)創辦，月刊。由京都施醫院編輯，主持人爲美國傳教士丁韙良(William Alexander Parsons Martin, 1827—1916)與英國傳教士艾約瑟(Joseph Edkins, 1823—1905)。該刊係仿照西國新聞紙而作，書中雜錄各國新聞近事，並講天文地理格物之學。內容頗豐，紹介西方近代自然科學理論與新工藝技術、中國學者研治近代科學之成果、西方人物傳記及科技發展史，兼載簡短科學趣聞與國內外新聞事件，公布同文館各科優秀試卷，用圖畫介紹近代科學知識。撰稿者多爲外國人，也有中國學者，若李善蘭《考數根法》、劉業全《立天元一源流述》、江槐庭《天文館難題圖説》、陳鶴芳《數學會友》等，在科技期刊演化史上具有重要意義者也。至光緒元年七月(1875)停刊，共出版三十六期。半年後，英國人傅蘭雅在上海創辦《格致彙編》，作爲該刊的續補，初爲月刊，後改季刊，至光緒十八年(1892)終刊焉。

---

①姜瑋《姜瑋全集》，下冊/893。

1001-1874
李建昌《北游詩草》(《續集》第 144 册;《叢刊》第 349 册《明美堂集》 活字本)

　　李建昌(1852—1898),字鳳朝,號寧齋,全州人。高宗朝,爲兵曹正郎、忠清右道暗行御史、京畿道暗行御史、漢城府少尹、海州府觀察使等。因事放智島郡古群山,後赦歸。有《明美堂集》二十卷、《黨議通略》等行世。事見《高宗實録》《承政院日記》等。

　　案李建昌出使事由,詳參前沈履澤《燕行録解題》(0998-1874)。

　　李建昌《明美堂集》二十卷,前有金澤榮序,卷一爲賦,卷二至卷六爲詩,分爲《閒居收草》《北遊詩草》《俊游餘草》《直指行卷》《西征紀恩集》《南樓吟草》《少休詩草》《海上吟槁》《北行吟卷》《碧城紀行》等,卷七至卷二〇爲諸體文,末有李建昇等跋文四篇及《正誤》。建昌爲文,主張學王安石、曾鞏,而又時時能出入歐陽脩之門,金澤榮以其爲"麗韓九大家"之一焉。

　　此《北游詩草》,輯自李建昌《明美堂集》卷二,共録詩八十餘首,其中有與古歡姜瑋唱和之作,亦有至北京後與中國士大夫徐郙等酬唱之詩。建昌自視極高,謂"縱不能上希曾、王,然要不敢自退托熙甫以下"。其所創作,不憚反復删改,至心愜而已。建昌與洪岐周、鄭基雨、李重夏爲當時有名之"韓四客",並有《韓四客詩草》行世,其詩有"昔有韓四客,共結文字緣。三客在漢陽,一客赴薊燕"①,即紀其實也。建昌入北京後,交游日增,慨歎"人生仕宦隨緣耳,友朋文字亦天定"②,共結交諸名宿有徐郙、李有棻等二十八人,録其官爵名號里居,題曰《傾蓋録》,蓋仿洪大容之作也。時清廷、朝鮮皆爲西洋所脅,國勢岌危,故諸人酬唱筆談,亦深憂國事,所謂"海水群飛大界翻,十年羊豕恣狂奔。不知熱血從何灑,尚有殷憂未可論"者焉③。

───────

① 李建昌《北游詩草·懷人作》其一,《燕行録續集》,144/324—325。
② 李建昌《北游詩草·洪右臣太史良品……兄弟》,《燕行録續集》,144/337—339。
③ 李建昌《北游詩草·夜與頌閣談次感念時事仍和李中翰薌垣(有棻)見示之作》,《燕行録續集》,144/334。

1002-1874

李建昌《乙亥聞見事件》(《同文彙考補編續·使臣別單二》 活字本)

案李建昌有《北游詩草》(1001-1874),已著録。

此《聞見事件》五條,一記去年兩宮皇太后懿旨,著封皇后爲嘉順皇后,貴妃爲敦宜皇貴妃。又記去年五月,日本兵船入臺灣,與生番接仗,生番據守山谷,日本不得輕進,中國亦調兵造船,預備交戰。蓋日本構釁之端,以琉求國人於癸酉秋遭風漂到臺灣,爲生番所害,日本自以琉求爲屬國,故爲之報仇云。中國出犒師銀十萬兩與琉求被害者之恤典,給日本造炮臺開道路之費四十萬兩,日本方退去。福建船政大臣沈葆禎所奏,請將福建巡撫移札臺灣,正月又弛内地人通涉生番之禁,並許生番耕墾後山,販買雜物,以廣招徠之意。又記寧古塔三姓縣東山近地王洛屋等,偷挖金砂,勾結匪徒。又柵内近地,響馬賊成群出没。朝廷皆派兵剿捕云。

1003-1875

李裕元《薊槎日録》(《續集》第 144 册;《日本所藏編》第 3 册 鈔本)

出使事由:陳奏兼奏請行
出使成員:正使領中樞府事李裕元、副使禮曹判書金始淵、書狀官兼司憲府掌令朴周陽等
出使時間:高宗十二年(光緒元年 1875)七月十三日—十二月十六日

李裕元(1814—1888),字景春,號嘉梧、橘山、墨農,慶州人。李恒福九世孫,啓朝子。憲宗七年(道光二十一年 1841)行春到記,制述賦居首,直赴殿試。爲奎章閣待教、司憲府執義。哲宗朝,任義州府尹、全羅道觀察使、漢城府判尹、黄海道觀察使、咸鏡道觀察使等。高宗時,陞議政府左議政、領議政、領中樞府事等。以奉朝賀休致。高宗十九年(光緒八年 1882),曾以全權大臣身份,參與和日本簽訂《濟物浦條約》與《修好條規續約》等。著有《嘉梧藁略》二十册行世。卒謚忠文。事見《嘉梧藁略》

第一六册《自碣銘》與憲宗、哲宗、高宗《實録》等。

案是書爲鈔本,一册,藏日本天理圖書館今西文庫,有"今西春秋圖書"等印。《燕行録續集》收録於第一四四册中。全稿多爲草書,字迹潦草,而複製本字迹淺淡,或幾於無,故識讀爲難,不知是否即李裕元自鈔之稿本。

高宗十二年(光緒元年　1875),朝鮮以領中樞李裕元爲陳奏兼奏請行正使、禮曹判書金始淵爲副使、兼掌令朴周陽爲書狀官赴燕。陳奏者,請册封世子也。先是,高宗十一年二月,王妃閔氏生子,故於是年遣李裕元等赴燕京請封。所封者,即朝鮮時代最後之國王純宗,即後來日本控制下之大韓帝國傀儡皇帝也。而李氏一行未至半途,中國同治皇帝駕崩,光緒皇帝繼位焉。

李氏一行,於七月三十日自漢城出發,八月二十七日渡江,十月一日抵玉河館,十一月二日發自北京,十一月二十六日還渡江,十二月十六日返京覆命。是行因爲請封,故所遣大臣,年老者居多,一行中六十歲以上者即有九人矣。①

是稿所記甚詳,前録《陳奏奏本》與御前所供方物、高宗賜詩及賜物單子等,後方爲《日記》也。一行自九月二十二日至二十七日,因光緒帝陪太后謁東陵,路禁不得發,滯在玉田縣。二十八日,因薊州待皇駕之返,使行又不得直向邦均店。所幸到館之後,請封得准,使事順成也。李氏在永平府時,與時任永平知府之游智開見面筆談,一行滯玉田時,游氏贈李以橘樹,夫馬氏以爲蓋以李號橘山,且游氏爲湖南人,其地盛産橘,故贈也。實則使行至清節廟時,見寺中有桂樹、橘樹二盆,李裕元欲買之,寺僧稱桂樹則許之,橘樹則爲知府所置,故李氏作書於游氏曰:"橘是橘山之橘,且昨席橘之稱,出於知府,必許我以成橘中之緣。"②以是之故,游方贈李以橘也。到京之後,所交接者,若吴鴻恩、周壽昌、周棠、徐郙等,皆一時顯宦名流,而在瀋陽又與瀋陽將軍崇實、侍郎銘鼎臣筆談,言及朝鮮視洋人如犬羊禽獸,而崇實論日本近來直效西洋,大是可慮,舍祖宗舊制,而效

---

①李裕元《薊槎日録》引副使語,《燕行録全集日本所藏編》,003/260。
②李裕元《薊槎日録》,《燕行録全集日本所藏編》,003/276。

法西洋,純以火炮爲恃。並言及柵外當有已有許多民人耕食,皇上准一律陞科,各遂民生。朝鮮貢道,妥爲安撫,不得侵越等事。日記末附李氏返朝鮮後,游智開、李鴻章、崇實等人借他使行帶回之答書,並《都京禮部咨文馬上飛遞》一份,乃當時李鴻章與日本使臣森有禮問答記也。此等信札,多不見於諸家文集,而於研判當時中、韓、日三國之關係,及與西洋諸國之關係,皆爲重要之史料耳。

又李氏此記,沿路唱和之詩,長篇短什,所作極豐(又見其文集中),諸人唱和之詩作,亦皆附於當日後,多達二百六十餘首,是稿天頭處,每有評點之語,若"寫得如畫,兼以雄渾"、"雄健清高"、"瀏浣如瀉"等,所在多有,則不知出何人之手者也。末《北征篇》,則仿燕行前輩所作,長篇鋪叙,乃使路紀實之作也。

1004—1875
姜蘭馨《燕行詩【原題乙亥燕行日記】》(《續集》第 144 册 鈔本)

出使事由:陳慰兼進香行
出使成員:正使判中樞府事姜蘭馨、副使禮曹判書洪兢周、書狀官兼司憲府執義姜簪等
出使時間:高宗十二年(光緒元年 1875)四月十三日—十月三日

姜蘭馨(1813—?),字菊邨,號芳叔,晉州人。哲宗朝,爲江原道暗行御史、司諫院大司諫。以倭譯私書謄傳事,配聞慶縣。高宗朝,起復爲司諫院大司諫、司憲府大司憲、刑曹判書、漢城府判尹、黄海道觀察使等。有《燕行詩》等存世。事見《哲宗實錄》《高宗實錄》《承政院日記》等。

同治十三年(高宗十一年 1874)歲末,同治帝崩,光緒帝即位,慈安、慈禧兩宫皇太后垂簾聽政。清廷遣使至朝鮮,頒同治帝遺詔。翌年正月初五日,朝鮮以姜蘭馨爲陳慰兼進香正使,尹滋承爲副使,姜簪爲書狀官。五月初五日,拜表發王京時,則以判中樞府事姜蘭馨爲正使、禮曹判書洪兢周爲副使、兼執義姜簪爲書狀官入燕,以慰同治帝崩逝並進香,一行於十月初三日返國覆命焉。

是書爲鈔本,封面左中楷字大題"松下雜著七",右起竪行排"癸酉丙子/甲戌/乙亥"三行,正文無題名,全卷所録共有詩八十餘首,非日記也。《燕行録續集》編纂者取其名爲"乙亥燕行日記",顯然不妥,故改擬其名爲《燕行詩》耳。

全稿鈔字潦草,多有校改之迹。其詩如《連山關》"行到連山幾里餘,無便自此斷家書。始知身外都無物,輕舉雲間一羽如"①。詩筆枯澀,無復流美之气象。蓋其因上使故,亦少與中州士大夫相往還,即其詩所謂"此行未得真儒見,老去無心壯觀游",又諷刺燕中飲食衣服,皆爲蠻貊,故"攬轡周流終返國,麪食天下道吾東"②。所謂濫調陳詞,拾人牙慧,了無新意者也。

1005-1875
李泰秀《乙亥聞見事件》(《同文彙考補編續・使臣別單二》 活字本)

李泰秀,生平事迹不詳。通漢語,爲譯官。高宗十二年(1875),曾任首譯,隨進賀兼謝恩使完平君李升應等出使清朝。事見《同文彙考補編續・使臣別單二》李泰秀《乙亥聞見事件》、《承政院日記》等。

案李泰秀以首譯身份出使事由,詳參前姜蘭馨《燕行詩解題》(1004-1875)。

此《聞見事件》一條,記緬甸國使臣於八月初至京,而道里萬餘里,發行十二朔方得抵達。而其形狀,斷髮紋身,其衣服以畫布裹身裹頭,又不通中國言語文字,僅以該國詞,略略通情,而貢獻之物諸種,無足稱道,大象七匹爲中國所用事云。

1006-1875
鄭元和《丙子聞見事件》(《同文彙考補編續・使臣別單二》 活字本)

出使事由:陳慰進香兼謝恩行

---

①姜蘭馨《燕行詩【原題乙亥燕行日記】・連山關》,《燕行録續集》,144/686—687。
②姜蘭馨《燕行詩【原題乙亥燕行日記】・寄徐尚書棲霞相鼎亦不好五則》其一、其二,《燕行録續集》,144/712。

出使成員：正使判宗正卿李秉文、副使吏曹判書趙寅熙、書狀官兼司憲府掌令鄭元和等

出使時間：高宗十二年(光緒元年　1875)十月七日—翌年三月二日

鄭元和(1849—?)，字舜一，號翼永，清州人。高宗八年(1871)及第。爲弘文館修撰、應教、校理、司諫院大司諫、中樞院議官等。事見《高宗實錄》《承政院日記》等。

光緒元年(1875)四月，同治皇后阿魯特氏崩，清廷遣盛京禮部侍郎銘安賫敕至朝鮮告哀。朝鮮遣陳慰進香兼謝恩使判宗正卿李秉文、副使吏曹判書趙寅熙、書狀官兼司憲府掌令鄭元和等入北京，慰皇后崩逝兼謝敕諭詔書三道順付事，一行於十月初七日發王京，翌年三月初二日返京覆命焉。

此《聞見事件》二條，記光緒帝以四月二十一日，擇吉入學，而因兩宫皇太后懿旨，翁同龢、夏同善授讀，其餘大小事，並醇親王照料。又記兩宫皇太后同爲垂簾，然慈禧皇太后參決居多。恭親王在軍機處，醇親王敦匠陵役，而內外大小事，無不相議云。又記西夷住京師者，不過數百餘名，日夷五六十名，而往來街路，出入市肆，一是恭謹，頓無舊習云云。

1007-1875

尹致聘《丙子聞見事件》(《同文彙考補編續・使臣別單二》　活字本)

出使事由：進賀謝恩兼冬至等三節年貢行
出使成員：正使判中樞府事南廷順、副使判宗正卿李寅命、書狀官司僕寺正尹致聘等
出使時間：高宗十二年(光緒元年　1875)十月二十九日—翌年三月二十一日

尹致聘，生卒籍貫不詳。高宗十一年(1874)及第。爲弘文館副校理、成均館大司成、吏曹參議等。事見《高宗實錄》《承政院日記》等。

高宗十二年(1875)，朝鮮遣進賀謝恩兼歲幣使判中樞府事南廷順、副使判宗正卿李寅命、書狀官司僕寺正尹致聘等入北京，賀同治皇帝尊

謚,賀同治皇后尊謚,謝同治皇帝進香賜緞,謝撥舟調軍賜,賀正朝令節半進三節年貢等件,一行於十月二十九日發王京,翌年三月二十一日返京覆命焉。

此《聞見事件》二條,一記黃河潰溢,爲中國大患。而正月河道總督曾國荃以河南北堤壩事片奏者凡屢次,而其終則河南上游已得蕆事,雇募工需,應辦有方,而功則迅速。又記貨輕物貴,財竭民凋,是京外通患,而習俗益尚奢華,公私俱爲窘絀。給事中黃槐森所奏,以耗國用者有二,斂民怨者有三,爲目下深憂。御史張道淵所奏,以量入爲出,覈算裁減,爲救時急務,物貴民凋之弊源,據此可見云。

1008-1876
林翰洙《燕行錄》(《全集》第78册　鈔本)

出使事由:陳賀兼謝恩行

出使成員:正使判中樞府事韓敦源、副使禮曹判書林翰洙、書狀官兼司憲府執義閔種默等

出使時間:高宗十三年(光緒二年　1876)五月十六日—九月二十四日

林翰洙(1817—1886),字翼汝,號松石,羅州人。憲宗九年(1843),登文科。高宗朝,任楊州牧使、慶州府尹、江原道觀察使、咸鏡道觀察使、工曹判書等。有《燕行錄》傳世。事見李裕元《嘉梧藁略》第二〇册《工曹判書林公謚狀》、《高宗實錄》、《承政院日記》等。

高宗十三年(光緒二年　1876)五月,朝鮮以判中樞府事韓敦源爲陳賀兼謝恩行正使(初以金炳雲爲正使,後以病免)、禮曹判書林翰洙爲副使、兼執義閔種默爲書狀官入燕,賀兩宫皇太后尊號,謝世子册封等。一行自五月十六日出發,六月初十日到北京,八月初七日離發北京,九月二十四日返京覆命焉。

是書前爲日記,末附玉河館搜得之聞見事件。其所記較簡略,惟每經行之地,勿論大小,皆記地名、里數與夫風景名區。案林氏入中國時,正值

日本占領臺灣,列强蠶食中國之時。故書末記洋人之禍甚悉,又記李鴻章時爲北直隸總督,"朝野顒之望也"。又論"中華大地,正似弊裸子裏聚塊虱一般"①。又論"所謂咀片,是何妖草,而只使人好喪身没產也"②。"洋之爲害於中國極矣大矣,洋之出技拿財亦奇矣巧矣,而至於不測邊是奪財妙理也。洋之設館於京師,今爲二十年所矣,其根深柢固,莫可更制更治使遂使斷也。蓋彼妖出無窮之技,拿有限之財,歸之其國,蠶食無厭,是中國之大患,非但清人之大患也。"③此可謂處局者迷,而旁觀者清矣。

案林翰洙自玉河館鈔得東西洋各國國名,譏刺曰:"大法、大美、南美利、北米利、大英、大北德、大日本、大俄羅,皆何國名字,而'大'字之輒稱何其多也。可供一噱!"④然今日韓國亦稱"大韓民國",若起林氏於地下,不知作何感想矣。

1009–1876

李容學【原題未詳】《燕薊紀略》(《全集》第 98 册　鈔本)

出使事由:謝恩兼冬至等三節年貢行

出使成員:正使判中樞府事沈承澤、副使禮曹判書李容學、書狀官兼司憲府掌令尹昇求等

出使時間:高宗十三年(光緒二年　1876)十月二十七日—翌年四月四日

李容學(1818—?)廣州人。李浚慶裔孫。哲宗時,爲楊口縣監、杆城郡守。高宗初,官司諫院大司諫。四年,因罪配貶。六年,任成均館大司成,陞至吏曹參判。有《燕薊紀略》存世。事見《哲宗實録》《高宗實録》《承政院日記》等。

案《燕行録全集》編纂者題是書作者爲"未詳",乃未考其文耳。考

----

① 林翰洙《燕行録》,《燕行録全集》,078/226。
② 林翰洙《燕行録》,《燕行録全集》,078/227。
③ 林翰洙《燕行録》,《燕行録全集》,078/227—228。
④ 林翰洙《燕行録・玉河館搜録鈔》,《燕行録全集》,078/220。

《高宗實錄》《使行錄》所載，高宗十三年（光緒二年 1876）七月，以判中樞府事沈承澤爲謝恩兼歲幣行正使、禮曹判書李容學爲副使、兼掌令尹昇求爲書狀官赴燕。考是書首頁即言"謝恩兼歲幣使差出，正使沈承澤，書狀官尹昇求，余充副使"①，則可知必李容學無疑也。

是書封面左上題"燕薊紀略單"，全書字小行密，然鈔錄工整。一行於十月二十七日發離王京，十二月二十六日抵北京，翌年二月十二日自北京發程，四月初四日返京覆命焉。

李氏記"燕行時餞錄"，爲使行在行前，諸官員親友往送於慕華館、弘濟院之人名單，有官員姓名及住所如"金判書（壽鉉）典洞""李參判（承五）京橋"等，親屬則作"族大父校理（正來）氏""李萬亨義州別將宗人"等，計慕華館送行者官員十四人，弘濟院送行者官員親屬達九十一人，若三使及員役親友，則送行之人，填巷塞街，可謂盛況矣。使行所帶銀兩，在京則知有戶曹、兵曹、訓局、御營、禁營、總營諸處所助，而西路沿途則有開城、海西、關西、箕營、安營等處所納，故有時使行至灣上久駐難行者，則爲禮物及銀兩備辦不及所致也。

李氏等在北京期間，曾與鴻臚寺卿徐樹銘等往還筆談，此行所交士大夫不多也。日記所記，較爲簡略，後附年貢歲幣與方物單子、《玉河館雜詠》七言絕句一首、彼地道里小站、燕行時餞錄、在京及義州等處卜定之銀兩等。其覆命時，言及中國回民之叛亂、慈禧之垂簾、李鴻章之攬權、滿漢關係、洋人之橫行、洋倭之勾結、物價之騰踴、綱紀之懈弛、漢人是否思明等。其論中國之形勢曰"大抵主少國疑，人心渙散，朝廷未有主張，民業只趨末利"②，所言皆深中當時中國之弊。以至高宗亦深爲歎慮曰："大國如是，不知至於何境耶！"③時俄羅斯在高麗北境，築設炮臺，窺伺朝鮮，故朝鮮君臣所憂者，既爲中國憂，而實爲朝鮮深憂也。

---

①李容學【原題未詳】《燕薊紀略》，《燕行錄全集》，098/013。
②李容學【原題未詳】《燕薊紀略》，《燕行錄全集》，098/099。
③李容學【原題未詳】《燕薊紀略》，《燕行錄全集》，098/105。

卷七四　卞元圭《丙子聞見事件》　李容肅《戊寅聞見事件》　1357

1010-1876

卞元圭《丙子聞見事件》(《同文彙考補編續·使臣別單二》　活字本)

　　出使事由：賫咨行
　　出使成員：憲書賫咨官卞元圭等
　　出使時間：高宗十三年(光緒二年　1876)九月—十二月二十日

　　卞元圭(1837—?)，字善長，又字大始，號吉雲，又號珠船，密陽人。精漢語，爲譯官。高宗朝，先後任副司直、參議交涉通商事務、機械局幫辦、協辦交涉通商事務、漢城府判尹等。十七年(1880)，以別賫咨官身份派遣入清，參與與李鴻章締結《朝鮮國員辦來學製造操練章程》。翌年，又以領選使別遣堂上官，經留學生到清朝學習軍械製造。著有《吉雲仙館集》等。事見南秉哲《圭齋遺稿》卷二《贈珠船卞元圭佐辦誣奏使之行》、《高宗實錄》、《承政院日記》等。

　　此《聞見事件》八條，記山東巡撫丁寶楨奏請：本省今年被旱被蟲，春麥秋禾，均屬無收，先將災害最甚之七十州縣，蠲其租賦，仍招商賈販運奉天、江南等省雜糧，免其運費，俾期源源來賣，湊銀設粥廠，以濟民衆。又京城貧民，自内務府趁小雪前發銀二千六百兩散給綿衣等，以爲禦寒之資。又記西國之開鐵路，未滿五十年，而美國已有六萬三百八十二里，英國亦爲一萬六千四百四十九里，輪車通行，貿遷貨物。英之鐵路公司，一年稅入利銀爲三千兆磅(三兩三錢五分爲一磅)。法國商船共一萬二千八百五十隻，而其中輪船四百五十隻云。

1011-1877

李容肅《戊寅聞見事件》(《同文彙考補編續·使臣別單二》　活字本)

　　出使事由：冬至等三節年貢兼謝恩行
　　出使成員：正使判中樞府事曹錫輿、副使判宗正卿李珪永、書狀官兼
　　　　　　　司憲府執義李教榮等
　　出使時間：高宗十四年(光緒三年　1877)十月二十七日—翌年四月五日

李容肅(1818—?),字敬之,號菊人,全州人。通漢語,爲譯官。高宗十四年(1877),隨冬至等三節年貢兼謝恩使曹錫興使團出使清朝。事見《同文彙考補編續·使臣別單二》李容肅《戊寅聞見事件》、《高宗實錄》、《承政院日記》等。

　　高宗十四年(1877),朝鮮遣冬至等三節年貢兼謝恩使判中樞府事曹錫興、副使判宗正卿李珪永、書狀官兼司憲府執義李教榮等入燕,進冬至等三節年貢並兼謝謝恩方物移准,謝年貢使臣加賞,謝漂民出送(是年朝鮮難民金興發等九名,漂到江蘇,交與上年年貢使帶回)等件,一行於十月二十七日發王京,翌年四月初五日返京覆命焉。

　　此《聞見事件》三條,記皇上雖在沖齡,應行祀典,無不親詣,至於大小政令,施措裁斷,一聽於慈禧皇太后,而恭親王、醇親王協贊而已。直隸總督李鴻章,專管戎務。又記山西去年乾旱,河南無前大浸,並無一分年成,發帑移粟,賑濟無暇,十室九空。其餘各省,旱潦不均,流亡相續。甘肅回匪之擾,始自同治三年,爲患不淺。去年十二月,大獲全勝,幾至殲滅。總督左宗棠善於用兵,能成大功云。

1012-1878
李用俊《戊寅聞見事件》(《同文彙考補編續·使臣別單二》 活字本)

　　出使事由:告訃行
　　出使成員:正使禮曹參判趙翼永、書狀官兼司憲府掌令洪在瓚等
　　出使時間:高宗十五年(光緒四年　1878)六月二十二日—十一月二十八日

　　李用俊,生平事迹不詳。通漢語,爲譯官。高宗十五年(1878),隨告訃使趙翼永等出使清朝。事見《同文彙考補編續·使臣別單二》李用俊《戊寅聞見事件》、《承政院日記》等。

　　高宗十五年(1878)六月,王大妃金氏(1837—1878　哲仁王妃,安東金汶根女)薨。朝鮮遣告訃使禮曹參判趙翼永、書狀官兼司憲府掌令洪在瓚等入燕,告王妃升遐。一行於六月二十二日發王京,十一月二十八日返京覆命焉。

此《聞見事件》三條,記河南懷慶府內舊有關帝廟,乾隆戊申春夏不雨,前撫臣畢沅設壇祈雨,次日大霈普洽,奏請重修廟宇,御書"沛霖孚祐"四字匾額。今春該府又值旱荒,知府卓景濂沐浴虔禱,曾不崇朝,甘霖普沛,轉歉爲豐。巡撫塗宗瀛奏欽頒匾額,以昭靈貺。又記琉球近年受倭人威脅,已不來貢者屢年矣。

1013-1878
鄭元夏《己卯聞見事件》(《同文彙考補編續·使臣別單二》 活字本)

　　出使事由:冬至等三節年貢兼謝恩行
　　出使成員:正使判中樞府事沈舜澤、副使禮曹判書趙秉世、書狀官兼司憲府掌令鄭元夏等
　　出使時間:高宗十五年(光緒四年 1878)十月二十七日—翌年三月二十五日

　　鄭元夏(1855—?),字聖肇,號箕錫,延日人。文升孫。高宗十一年(1874)及第。爲司諫院獻納、弘文館修撰、禮房承旨、司諫院大司諫等。事見《高宗實錄》《承政院日記》等。

　　高宗十五年(1878),朝鮮遣冬至等三節年貢兼謝恩使判中樞府事沈舜澤、副使禮曹判書趙秉世、書狀官兼司憲府掌令鄭元夏等入北京,進三節年貢並兼謝三節方物移准、謝上年冬至使臣加賞、謝漂民出送(是年朝鮮難民金春等二名,漂到江蘇,差通官解到義州)等件,一行於十月二十七日發王京,翌年三月二十五日返京覆命焉。

　　此《聞見事件》一條,記光緒帝三月二十一日親詣隆福寺,奉穆宗毅皇帝、孝哲毅皇后梓宮,同月二十六日行遷奠禮於永惠陵,同月二十九日奉神牌還京日祔太廟云。

1014-1879
南一祐《燕記》(《續集》第145冊;《日本所藏編》第3冊　鈔本)

　　出使事由:謝恩兼冬至等三節年貢行

出使成員：正使判中樞府事韓敬源、副使禮曹判書南一祐、書狀官兼司憲府執義李萬教等

出使時間：高宗十六年（光緒五年 1879）十一月七日—翌年四月八日

南一祐（1837—？），初名一愚，字伯卿，後朝令改今名，字愚堂，號潛窩，宜寧人。南龍屏裔孫。憲宗三年（道光十七年 1837），中增廣乙科。高宗十年（同治十二年 1873）爲成均館大司成，後歷官吏曹參議、司憲府大司憲、忠清道觀察使、慶尚道觀察使、工曹判書等。有《燕記》五卷傳世。事見《高宗實錄》《承政院日記》等。

高宗十六年（光緒五年 1879），朝鮮遣判中樞府事韓敬源爲謝恩兼冬至行正使、禮曹判書南一祐爲副使、兼執義李萬教（青巖）爲書狀官赴燕。初以南廷龍爲副使，六月三十日，以一祐代之。謝恩者，去年六月朝鮮哲仁王后崩逝，清廷遣使弔祭，故謝賜祭並謝漂民出送等事也。一行於十一月七日出發，十二月初一日渡江，十二月二十六日抵北京，翌年二月十五離發北京，三月十三日還渡江，四月初二日返京覆命。此行人馬龐大，人共四百四十名，内瀋陽回去一百四十一員名，入往北京二百九十九員名；馬共二百九十八匹，内瀋陽回去一百十九匹，入往北京一百九十九匹焉。

案是書爲鈔本，五册五卷，藏日本東洋文庫，《燕行錄續集》第一四五册收錄。有"宜寧潛窩""東洋文庫"諸印。南一祐爲宜寧人，而"潛窩"乃其號，則知爲其所謄清之自藏稿也。其書五册，以金、木、水、火、土編次，書名《燕記》而各爲小題。曰《出疆錄》者，自己卯十一月初七日至三十日，自王城拜闕出發至義州間之日記也；《渡江錄》者，自十二月初一日渡鴨綠江至初九日至瀋陽間之日記；《盛京隨筆》者，自十二月初十日發瀋陽至十二月十九日入山海關間之日記；《關内隨筆》者，自十二月二十日從山海關至二十六日抵玉河館間之日記；《玉河隨筆》者，又分上下，總自十二月二十七日至庚辰二月十四日離館前之日記；《回轅走草》者，自二月十五日發北京至四月初二日返京謁闕間之日記。而《專對錄》者，則移錄一行所賫之《賜祭謝恩表》《賜祭謝恩方物表》《聖節表》《冬至表》《正朝表》等表咨文三十餘道（後附表咨文撰寫格式），又禮部回咨文十餘道，

玉河館《告示》一道，使臣《狀啓》六道，中國沿路官案（即州府縣現任官員）、沿路巡檢關卡官員、禮部主管及各司官員，並皆錄其姓名籍貫等。

《聞見雜識》者，則記沿路在京期間所見所聞諸事也。凡分爲皇城、宮殿、八景、人物、山川、城池、道路、堂室、言語、飲食、店舍、市肆、商賈、財貨、珍玩、器用、音樂、車轎、嫁娶、喪葬、寺廟、舟楫、稼穡、畜牧、橋梁、講讀、書畫、邏禁、醫藥、科試、試院、宗室、官階品級頂服俸禄、武職、衙門（中央級）、盛京省與直隸省及全國各省府風俗人口稅收等、千山、醫巫閭山、北鎮廟、桃花洞、崇禎時航海路程等數十百條。沿路景物古迹，詳其地名沿革、疆域變遷等。記錄廟宇，則詳載廟制、門額、屋宇、神像、楹聯及各色佛像；所記北京城內街道、牌樓、匾額、市肆、古玩、花鳥等，亦一應俱全也。

南一祐是行，曾在豐潤，與縣學教諭鄒廷翰（葵軒）筆談，訪古鼎；在玉田縣宋家莊，與宋舒恂（小坡）談，論及清初不降及罰銀事，並書示其先祖壺谷過此一絕詩，宋氏曰如此則與君爲世交也。玉田返程中，見南鴻儒，詳訪南姓流裔及本貫之所在。留館期間，與內務郎中錫麟（書農）、前通政司副使王維珍（蓮西）、王頤勳（維珍子，在瀋陽候補知州）、鴻臚寺卿壽昌（伯蕃）、秀才廣祥、蒙古哈拉沁王弟諾爾旺桑布（均堂）、李宗翰（崧生）和豐局鋪主桑冲漢等有交接，尤與壽昌、王維珍間，參差交往，無日不會，而其間往來信札及唱和之詩，悉數載入記中，其會面筆談，尤爲詳盡，所談如左宗棠回疆戰事、兩國文字字形與上去入聲之異同等，多有燕行使諸家所未言及者。

南氏述天主堂與西洋人，亦極細緻。如其記宣武門東數百武，路北有一宏舍，飛甍彩棟，高出雲際，石牆聳立，外有三重牌樓，一樓刻敕建通微佳境，二樓刻敕建天主堂，三樓上樹鐵刻十字牌，以如許神州之大，有此亘古所無之擧，時事不覺膽掉而髮竪，悔不由正陽之路。蓋泰西諸國人，深目高准，體長，髮如羊毛，而色或紅或黃或白，頭著黑帽，上圓而下有短檐，著黑衣，狹窄無容旋，足不著襪，只穿皮鞋，其長至脛，第二三指之間，必割裂以挂之。洋女資質潔白，不冰紗掩之，出門與男子必相携，或同車騎馬處，在男子之間，絶不隻行。自咸豐辛酉以後，尤爲充斥,築室城裏,結構壯麗,雕飾精緻,擬若宮殿,延亘數里者數十所。登高必俯瞰禁中,故禁垣改築高峻,城樓亦爲深鎖,然有時闌入,隨意觀景,莫敢誰何。近日則來住者少,而第宅漸廣,其心所在,誠未可曉也。倭人亦來住,面貌白晳,服洋服,巧黠無常,有甚於洋人云。① 南氏至魏家胡同訪壽昌宅,問及洋人之往京者,縱云數少,占宅則必廣,其心所在,有不可知也,此誠萬古所無之局面,果無廓掃之方耶? 對曰所占處所,皆係民間自産,每有占買,必報明總理衙門,查驗後方准粗【租】賃,嗣後亦勿占租私賃矣。南氏以爲處在咽喉,慮無所不到,實不勝漆室之憂也。②又在北京,見有賣墮胎藥者,大書街路壁上,略無忌諱,其戕命害倫,莫甚於此,不爲禁止,良可異也。③ 此所謂異國風化,盡見於北京,南氏以爲傷風敗俗,故不勝其憂矣。

1015–1879
李萬教《庚辰聞見事件》(《同文彙考補編續·使臣別單二》 活字本)

李萬教(1851—?),字稚億,延安人。高宗朝,爲司諫院司諫、全羅左道暗行御史、協辦内務部事、吏曹參議、法部協辦、中樞院議官、秘書院丞等。事見《高宗實錄》《承政院日記》等。

案李萬教出使事由,詳參前南一祐《燕記解題》(1014–1879)。

此《聞見事件》兩條,一記回匪平定後,逆首白彥虎逃入俄羅斯,投間生故,自朝廷屢要拿還,而俄人更索重賂,昨冬派送崇厚辦理,而怯懦顛倒,有所違制,兩宮皇太后令親王大臣六部九卿會議,擬以重辟。又記"每於敕行時,栅外三站,專策灣府,貽弊非細,今番路經湯山城羅漢甸,開基鍊材,新建館宇,問於彼人,則禮部深軫我國之弊,自此各地方擔當舉行云。而及到館,亦有該部付子通報,以蠲巨弊,誠甚萬幸"云④。

---

①南一祐《燕記·玉河隨筆》,《燕行録全集日本所藏編》,003/415—416。
②南一祐《燕記·玉河隨筆》,《燕行録全集日本所藏編》,003/438。
③南一祐《燕記·玉河隨筆》,《燕行録全集日本所藏編》,003/417。
④李萬教《庚辰聞見事件》,《同文彙考補編續·使臣別單二》,004/3831。

1016-1879
卞元圭《庚辰聞見事件》(《同文彙考補編續·使臣別單二》 活字本)

　　案卞元圭有《丙子聞見事件》(1010-1876),已著錄。卞氏以首譯身份出使事由,詳參前南一祐《燕記解題》(1014-1879)。

　　此《聞見事件》五條,記近因時事多艱,需才孔亟,特喻公卿督撫,無論文武兩途,已仕未仕,秉公保薦,而其目則通達治體、足任將帥、足備褊裨、熟悉中外交涉事宜、通曉各國言語文字、善製船械、精通算學、諳練水師事宜,合爲八科。又記伊犁本是西鄙郡縣,初爲回匪竊據,旋被俄人豪奪,近年左宗棠掃蕩賊窟,肅清邊境,乃遣崇厚與俄講和,仍索故疆,而處置失當,擬以重律。復遣曾國藩之子大理少卿紀澤前往商辦,李鴻章、左宗棠等傳檄厲兵,分守要害,俟紀澤回信,以決左右。又上喻西寧辦事大臣喜昌令進京謁見,通使使劉錦棠著令幫辦新疆軍務,蓋緣陰雨綢繆。又記比歲以來,烽烟無警,海不揚波,經用稍裕,户部現存銀子爲五百餘萬兩,移貯二百餘萬兩,將爲新疆不虞之需。又記廓爾喀在後西藏之西,觀其外貌,知是洋類,頭有長巾裹護,好用紫色,貢物有珊瑚、象牙、犀角、金絲、銀絲、緞氈、藥料等,昨年臘月已領上馬宴,而因商販未完,稱病不歸云。

卷七五　1017—1035

高宗十七年(光緒六年　1880)—高宗三十一年(光緒二十年　1894)

1017-1880

任應準《未信録》(《續集》第147册;《未信録》第4册　鈔本)

　　出使事由:進賀兼冬至謝恩行
　　出使成員:正使判中樞府事任應準、副使禮曹判書鄭穆朝、書狀官兼司憲府掌令洪鍾永等
　　出使時間:高宗十七年(光緒六年　1880)十一月七日—翌年四月八日

　　任應準(1816—1883),字在田,號澹齋,豐川人。哲宗朝,任北評事、慶尚左道暗行御史、興陽縣監等。高宗時,爲司諫院大司諫、漢城府判尹、司憲府大司憲、工曹判書、藝文館提學等。因事大文書措辭謬誤,先絶島安置,後賜死。著有《未信録》存世。事見《哲宗實録》《高宗實録》《承政院日記》等。

　　高宗十七年(光緒六年　1880),朝鮮賫咨稱兵可百年而不用,不可一日而無備。邇年强鄰窺覦,正須戒不虞之時。故欲選派匠工,學造津廠,武備强國。遂遣卞元圭賫咨赴北京,卞氏與李鴻章等商議章程四條,一並咨照朝鮮國王照議辦理。高宗遣進賀兼冬至謝恩使判中樞府事任應準、副使禮曹判書鄭穆朝、書狀官兼掌令洪鍾永等入清,賀同治帝祔太廟、謝講究武備准請等事,並賀冬至等令節,一行於十一月初七日發王京,翌年四月初日返京覆命焉。

　　是稿輯自任應準《未信録》第四册,鈔本,爲任氏燕行時之日記。天頭處多有小字,補記正文之不逮。所記頗簡,或僅記日期及所經之地。唯返程覆命時,君臣對話記載頗詳。高宗問及慈安皇太后喪事、中國旱災、

京城不遠處火災、中國與俄羅斯講和賠償等事,又問今主謀國政者誰氏,任氏對曰左宗棠主戰,李鴻章主和。主戰者實是守正之論,而主和者亦因時觀勢,俯仰上意,不得已設此計。然朝議憂歎,士論沸鬱,恥言"講和"二字。又得問及洋、倭混雜北京諸事,任氏答以洋館處處壯麗高臺,臨望則其勢可知。又問皇帝容貌如何? 讀以何書?答以今爲十一齡,而見甚清弱,身體短小。望之就之,恐未免蒙學。高宗感歎,以爲然則又不如同治,念道光甚盛時也。任氏答謂道光有人君氣像,制治比今盛矣。①

1018—1880
任應準《澹齋談草》(《續集》第147册 原草本)

　　案任應準有《未信錄》(1017—1880),已著錄。

　　任應準此《談草》凡五册,封面左上隸書題"談草",以宮、商、角、徵、羽分册。首册前有尹教興追記,謂任氏赴京時"與中朝閣僚等談草本"②。乃任氏當時拾掇原草,裝訂成册。末頁有隸書題"駱西凝清軒藏"。《燕行錄續集》編纂者縮印收錄,字小版污,又多草書,故識讀爲難也。多爲任氏等與翁同龢、徐郙、周保璋等人談草,其所接談則有論科舉、朝政、風俗、詩評、姓氏、官爵等事,涉及當時若兩宮皇太后是否康寧、清廷與俄羅斯之關係、左宗棠治新疆之成效等敏感議題,其中話語,亦或有備考史者參稽者矣。

1019—1880,1890
洪鍾永《燕行錄》(《全集》第86册 鈔本)

　　出使事由:進賀兼冬至等三節年貢兼謝恩行
　　出使成員:正使判中樞府事任應準、副使禮曹判書鄭穧朝、書狀官兼司憲府掌令洪鍾永等
　　出使時間:高宗十七年(光緒六年 1880)十一月七日—翌年四月八日

---
①任應準《未信錄》,《燕行錄續集》,147/139—140。
②任應準《澹齋談草》,《燕行錄續集》,147/012。

出使事由：告訃行

出使成員：正使副護軍洪鍾永、書狀官兼司憲府執義趙秉聖等

出使時間：高宗二十七年（光緒十六年　1890）五月二十四日—十一月六日

洪鍾永（1839—？），字小華，號鷹叟，東陽人。官至司諫院獻納、同副承旨、吏曹參議、成均館大司成、僉知中樞院事等。事見《高宗實錄》《承政院日記》等。

高宗十七年（光緒六年　1880），朝鮮以判中樞府事任應準爲進賀兼冬至謝恩正使、禮曹判書鄭穆朝爲副使、兼掌令洪鍾永爲書狀官遣往北京，賀同治帝祔太廟等事。是書卷首爲洪鍾翊、李範晉、李寅敦等二十餘家爲洪鍾永此行赴燕所作之詩文也。而日記則爲高宗二十七年（光緒十六年　1890），洪氏爲告訃使赴燕時所作也。是年四月十七日，朝鮮文祖李旲王妃趙氏逝於景福宮，故遣使告訃於清朝。一行於五月二十四日起程，八月十三日抵皇城，九月二十五日離發北京，十一月初六日返京覆命焉。

洪氏所記，極爲簡略，僅記陰晴及所過地名里程等。後附告禮部《呈文》稱，朝鮮"自經喪亂，薦遭饑饉，民物流離，六七年來艱難日甚"，"特恐星使賁臨，禮節設有不到，負罪滋甚，與其抱懼於將來，孰若陳情於先事"。① 故希冀清廷遣欽差頒敕，能給予方便。清廷以爲："向來遣使該國，皆由東邊陸路行走，計入境後尚有十餘站，沿途供億實繁，此次派往大員，著改由天津乘坐北洋輪船前往，徑至該國仁川登岸，禮成仍由此路回京，如此暫爲變通，則途甚近，支應無多。所有該國向來陸路供張煩費，悉行節省，至欽使到國以後，應行一切禮儀凡無關冗費者，均應恪遵舊章，不得稍事簡略。"②時兩國皆外敵環伺，國勢日竭，故朝鮮所上呈文，清廷多體恤其情，而量爲允行焉。

————————

①洪鍾永《燕行錄·呈文》，《燕行錄全集》，086/465—466。
②洪鍾永《燕行錄·皇諭》，《燕行錄全集》，086/468。

1020-1880
洪鍾永《辛巳聞見事件》(《同文彙考補編續·使臣別單二》 活字本)

　　案洪鍾永有《燕行録》(1019-1880),已著録。洪氏此次出使事由,詳參前任應準《未信録解題》(1017-1880)。

　　此《聞見事件》二條,記俄羅斯已爲講和,自中國賠給餉費銀,而或云四五百萬兩,或云二三百萬。又山海關屯兵,與俄羅斯講和後,已爲解兵,而今爲防守之備,只湖南、湖北、安徽、山西四省之兵,尚不撤罷云。

1021-1881
金允植《天津譚草》(《全集》第93册　鈔本)

　　出使事由:領選行
　　出使成員:領選使金允植、從事官尹泰駿、官弁白樂倫等
　　出使時間:高宗十八年(光緒七年　1881)九月二十六日—翌年十月
　　　　　　十四日

　　金允植(1835—1922),字洵卿,號雲養,清風人。遠祖金湜、金堉,皆朝鮮名臣。胚胎前光,濡染家學。從朴珪壽、俞莘煥游,精於經史及時務諸學。高宗十一年(同治十三年　1874)春塘台行春到記詩居首,直赴殿試文科及第。除黃海道暗行御史,後任承政院承旨、順天府使等。十八年,任領選使,率學徒工匠往天津,爲韓末穩健開化政策之實踐者。壬午(1882)軍變後,協助清軍拘大院君於保定,爲高宗所重用,參劃國政,爲江華留守、協辦總理內務衙門事務,統理交涉通商事務衙門等,再陞工曹判書、知義禁府事等。甲申(1884)政變後,爲兵曹判書兼江華留守、督辦交涉通商事務等。因事流配沔川郡者七年。乙未(1895)改局,爲外部大臣。後再遭流放,先在濟州,再移智島,在謫凡十有九年。日韓合邦,爲中樞院副議長,授子爵,辭不赴。獲日本帝國學士院賞。1916年,爲經學院大提學。高宗昇遐,與李容植等從事獨立運動,被奪爵削職。年八十八歲卒。著有《雲養集》十五卷《續集》四卷、《天津譚草》、《陰晴史》等,今人編有《金允植全集》十五卷行世。事見《雲養集》卷首李斌承《雲養先生略

傳》、《高宗實錄》等。

金允植《雲養集》十五卷《續集》四卷,爲金氏晚年手自編定,於1914年石印,門人李斌承於1917年以鉛活字重刊,後經李氏等刪削校定,於1930年與《續集》以鉛活字合刊,《韓國文集叢刊》據奎章閣藏本影印。韓國學文獻研究所編纂《金允植全集》([발행지불명]:亞細亞文化社 1980)十五卷,二册,據原《雲養集》編輯而成,然未收《天津譚草》也。

案朝鮮高宗朝,西洋諸國,侵擾不斷。高宗三年(同治五年 1866),因朝鮮迫害天主教徒,並處死九名法國傳教士,法國派出軍艦出兵朝鮮西海岸尋求報復,史稱"丙寅洋擾"。八年(1871),美國駐華公使要求朝鮮開國,遭到拒絶,美國軍艦前往江華島示威,史稱"辛未洋擾"。自此朝鮮益鎖國固封。十二年(1875),日本遣軍艦雲揚號等往朝鮮西海岸示威並測量海圖,與江華島炮臺發生交火,史稱"江華島事件"(雲揚號事件)。次年日本脅迫朝鮮在江華島講武堂簽定《大日本國大朝鮮國修好條約》,亦稱"江華條約"。條約規定朝鮮開放釜山、元山、仁川三港;日本派駐公使和領事;日本在朝鮮享有領事裁判權等等内容,此後又簽定相關通商章程。時美國亦欲步日本後塵,强迫朝鮮簽約開國。十六年(1879),禮曹參議金宏集(金弘集)率團訪問日本,商談仁川開港、米穀禁運、修改關税諸事。其歸國時,携回清朝駐日公使館官員黄遵憲所撰《朝鮮策略》。該書建議朝鮮爲求發展應接受歐洲的各種體制和技術,並與中國、日本、美國合作,加强自身防衛能力,以阻遏俄國向南擴張。此議在朝鮮引起關注,朝鮮政府於高宗十八年(光緒七年 1881)派"紳士游覽團",前往日本考察行政、軍事、教育、工業及技術體制。與此同時,應清朝所命,遣吏曹參議金允植爲領選使,率六十餘名朝鮮青年參訪中國,研習製造與操作西方武器之技藝等。

時中國國勢阽危,臺灣爲日本侵占,安南、緬甸相繼與法、英修約,俄羅斯如虎豹在北,伺口欲齧,而日本并吞朝鮮之心已日益顯露,若朝鮮一失,則東北門户大開。故北洋大臣直隸總督李鴻章,屢敦朝鮮開國,與美國簽約,實行聯美親華之外交政策。故高宗以金允植爲領選使、率從事官尹泰駿、官弁白樂倫等出使中國,其名義爲率學徒六十九名赴天津,分派

卷七五　金允植《天津譚草》　1369

機器製造兩局,查照前次議定章程規條,學習技藝,期以速成。① 而實則爲與李鴻章密會商談與美國簽約諸事耳。

高宗十八年(光緒七年 1881)閏七月,朝鮮初任命趙龍鎬爲領選使,趙氏卒,改差金允植。九月二十六日陛辭,帶學徒、工匠三十八名,於同行十二月初抵天津,爲軍械學造事,配屬留學生機器局。至北京後即赴保定直隸總督府,曾先後七次與北洋大臣李鴻章在保定、天津等地密談,往復討論聯美事宜,所謂"談紙成堆,蓋議約事居十之八九,而學造事不過一二耳"②。此外,又與永定河道游智開、天津海關道周馥、東局械器總辦許其光、天津軍械所總辦劉含芳、東局器械局總辦潘駿德、天津招商局總辦唐廷樞、南局會辦徐建寅、觀察馬建忠、軍門吳長慶、軍行司馬袁世凱、德國人穆麟德等人密談,談草所記凡自辛巳十一月二十八日至翌年十月十四日,共四十三次,又報告高宗《談草封啓》及《北洋大臣衙門筆迹事情及海關談略》二稿。壬辰(1892)季夏,金氏謫居無事,屬印君東植移謄行當年曆中談草,彙爲一册,命之曰《天津譚草》,又著《天津奉使緣起》,由其曾孫周龍鈔録成稿耳。

金氏在天津期間,具體接談者,如曾與北洋大臣直隸總督李鴻章在保定先後於十一月二十八日、三十日、十二月初一日、十九日、二十六日手談,二十八日在永定道與永定河道游智開手談,壬午正月初一日與天津海關道周馥、十八日與周玉山、東局械器總辦許其光,二十日、二十一日、二十一日與天津軍械所總辦劉含芳,二十九日、三十日與東局器械局總辦潘駿德,三月初一日、初四日與馬建忠,十三日、十五日、二十一日、二十二日與招商局總辦唐廷樞,十二日、二十一日與南局會辦徐建寅,二十二日、三十日、五月初一日、初十日、十四日、二十九日、六月七日、十三日與羅豐禄刺史,十八日、十九日、二十日、二十二日、二十七日與軍門吳長慶,二十九日、七月初二日與軍行司馬袁世凱手談,十月初八日、十四日與德國人穆

---

① 《高宗實録》卷18,高宗十八年(光緒七年 1881)九月二十六日條。案關於來中國之學徒人數,《實録》載六十九人,金氏説爲"七十餘人"。見金允植《天津譚草》,《燕行録全集》,093/210。
② 金允植《天津譚草》金周龍《天津奉使緣起》,《燕行録全集》,093/210。

麟德口談。其所見者，皆當時中國之北洋重臣也。

　　金氏談草中，所涉之事極多，若帶來學徒人員情況、學徒速成之法、商討與美國接觸簽約事、朝鮮當派全權大臣與美會議事、草約中需修改事、朝鮮沿海港口深淺事、朝鮮土產（人蔘、養蠶、采茶與蓄羊等）能否貿易洋人生財事、朝鮮科第事、遣員學習西洋諸國語言事、朝鮮遣員向日本學習兵器戰技事、朝鮮不願開禁洋人設立教堂事、中國與洋人簽約吃虧事、琉球爲日本吞並事、日本欲盡化洋人之道事、中國陸海軍官事、中國能否與日本開戰事、朝鮮史書若《三國遺事》與《高麗史》事、美國兵艦將入仁川事、請中國派通英法文之員協助翻譯事、中國派馬建忠赴朝協助事、英國欲步美國後塵與朝鮮簽約事、幫助朝鮮建廠造槍炮事、與美英兩國簽約事、法俄等國欲與朝鮮簽約事、朝鮮發生軍變事、中國出兵朝鮮事、學徒回國事、設局建廠事等。

　　十九年四月，經李鴻章周旋，朝鮮在濟物浦與美國締結《朝美修好通商條約》。四月十日，金允植除吏曹參判。六月，壬午軍變起，爲聯美事、學徒照檢、定稅、開海禁、派使駐京諸項，與清朝協議，金氏與問議官魚允中留滯天津，商議處理辦法。與當時署理北洋大臣張樹聲、天津海關道周馥多次會談，討論處理軍變事宜。金氏等倡大院君亂首說，以爲公言，清廷遂定大院君拘囚之策，遣丁汝昌、吳長慶、馬建忠入朝鮮，七月拘大院君。七月七月，金、魚二人歸國，協助清軍，大院君被執往保定安置。九月，留津學徒、工匠撤還，於漢城設機器廠。在津時，與李鴻章、永定河道游智開、天津海關道周馥、軍械所觀察劉含芳、機器局總辦許其先、機器局南局總辦王德均、東局總辦潘駿德、水雷學堂總兵文瑞、水師學堂觀察吳中翔及張樹聲、馬建忠等洋務官僚接觸，屬穩健之親清事大派。二十年四月，領選使從事官金明均，自天津雇聘清朝工匠四名，於三清洞北倉設機器廠焉。

　　而壬午七月（1882），朝鮮又發生士兵騷亂事件，亂兵與市民攻入昌德宮，殺閔謙鎬、李最應（大院君胞兄），並搜尋閔妃，閔妃化妝爲宮女逃往外地。日本公使花房義質逃往漢城，由英國軍艦搭救回國。高宗召大院君入宮，委其主政，並宣布閔妃已死於亂中，士兵方才撤出王宮。逃至忠州之閔妃與逃回長崎之花房義質，分別請求清朝、日本出兵朝鮮。直隸總督張樹聲與李鴻章派吳長慶率軍前往漢城。吳長慶認爲大院君"積威震主"，其與國王和王妃"久成嫌釁"，如留其在朝鮮，必父子不能相全，遂扣留大院君，船往中國，軟禁於保定。清軍同時逮捕李載冕等，閔妃再握朝鮮政權。

而日本公使花房則於八月十二日回到漢城，率一千五百名士兵並四艘軍艦，逼迫朝鮮政府賠償損失、同意日本軍駐扎朝鮮。三十日，日本與朝鮮簽訂《濟物浦條約》。經清朝洋務派扶助，朝鮮開始近代化改革，設立内外衙門，開辦外交、通商、海關等事務，代購洋槍洋炮，代訓新軍，培養軍事人才。清朝復依據與朝鮮之通商條約，在朝鮮仁川、元山、釜山等港口城市設立清國租界。時朝鮮内部分立兩派：一派即閔妃集團，采取親華政策，被稱爲"事大黨"；另以赴日"紳士游覽團"中年輕士族爲主，如師從福澤諭吉之金玉均，以及魚允中、洪英植、朴泳孝等人，采取親日態度，主張終結與清朝之宗藩關係，借助日本之力實現朝鮮開化改革，被稱爲"開化黨"。

金氏在天津期間，因國内久不遣全權大使，又無統一意見，故李鴻章批朝鮮之遲緩，稱"貴國事常如欲吐不吐，如是而事可做乎？"①又中國方面刺朝鮮國中汹汹，如盤庚之遷殷，金氏以爲較盤庚之遷殷爲尤難矣。當時中朝兩國，皆對美國寄有無限之期望，以爲"美國在泰西諸國，兵力最弱，且爲人和平，雖與貴國通商，斷不致生事"②。而朝鮮又予中國以無限之期望，以爲"我國之爲中國屬邦，天下之所共知也。常患中國無著實擔當之意，以若我國孤弱之勢，若無大國之作保，則實難特立"③。又朝鮮與美國談判，以爲不立教堂爲國中目下最先要務，所謂"敝邦之望於美國者，以其和平無乖僻之性，欲保始終友誼，而以若教堂先失民心，實爲可惜"④。而諸人所未料及者，美國成爲世界頭號强國。而韓國境内，教堂

---

①金允植《天津譚草》，《燕行録全集》，093/274。
②金允植《天津譚草》引許其光語，《燕行録全集》，093/264。
③金允植《天津譚草》，《燕行録全集》，093/250—251。
④金允植《天津譚草》，《燕行録全集》，093/242。

林立,若昔賢如金氏者起於地下,當不知如何扼腕而已矣。

1022-1881
金允植《天津談草》節録(《袁世凱全集》第一卷,河南大學出版社2013年版)

　　案此題"金允植《天津談草》節録——與嚮導官金允植筆談録",標明時間爲光緒八年七月初二日(1882年8月15日),見《袁世凱全集》第一卷。考《燕行録全集》金允植《天津譚草》,有"七月初二日袁慰亭談草"一節,所記與此全同,惟起始一段"時余隨軍東出……令人驚歎",以及末段"自是與同起居……以存其槩",在金氏原草中皆爲雙行小字夾註其間,二人所談惟"袁書示曰……袁稱謝"一段,而所記筆談内容,則全同耳。①今附録於此,以便參稽焉。

1023-1-1881;1023-2-1881;1023-3-1881
金允植《析津於役集》(《續集》第147册　活字本)
金允植《析津於役集》(《金允植全集》第1册《雲養集》　石印本)
金允植《雲養集》(《叢刊》第328册　石印本)

　　案金允植有《天津譚草》(1021-1881),已著録。
　　金允植《雲養集》凡詩詞六卷,文九卷。詩以《擊磬》《濕游漫吟》《昇平館》等編爲小集若干,其自叙曰:"南史王筠所撰文章,以一官爲一集,宋楊億之於文,楊萬里之於詩亦然。蓋其遇境抒情,隨處不同,即其紀述而行藏出處之迹,悲歡得失之故,大略可悉,昔人以少陵詩爲詩史者正以此也"。故金氏於晚年"乃收拾亂稿,手自校勘,删其太半,仿古人分集之意,詩則分段爲集,文則繫之以年,編爲十有六卷"②。《燕行録續集》第一四七册所收,爲活字印刷本。

---
①金允植《天津譚草》,《燕行録全集》,093/388—389;駱寶善、劉路生主編《袁世凱全集》(第一卷),河南大學出版社2013年版,第15頁。
②金允植《雲養集自序》,《韓國文集叢刊》,328/224—225。

高宗十八年(1881)九月,金允植以領選使率學徒工匠西赴天津,深冬趲程,無以游歷吟賞,時有與行中諸人相唱和。抵津至回國後,凡事繫天津及與清朝人贈答者,輯成一卷,命之曰《析津於役集》。惜是集爲人借去見失,後三十餘年,金氏已渾忘不記,其可記者不過若干首,遂録之以存鴻泥之迹。① 今所存者,乃金氏記憶所録,故排序失次,且誤字缺句,亦復不少焉。

又《金允植全集》本與《韓國文集叢刊》本《雲養續集》卷一五所收詩,即此《析津於役集》也。然彼處共收詩九十餘首,較此卷三十餘首爲多也。且詩題、題記等,亦多不同。如《瀋陽》彼處作《盛京》;此處《邦均店次壁上韻》下有"時李傅相力主通洋和俄,支持大局,朝野聾昧,謗言四起,余宿邦均店,見壁上題詩以少荃比秦檜,笑次其韻",彼處作"有人題詩壁上譏李少荃和洋比之秦檜書生迂見中東一樣一笑次其韻"等。

金氏自喻爲"羽譙聲喎晰,衆鳥不與齒"之海鳥②。時帝京多東西洋人,中國形勢,已在存亡一綫,金氏詩謂"憧憧龍樓宵旰意,他人無數榻傍眠"③。又論朝鮮稱"彈丸鰈域黃圖外,形勢如今似齒脣。懇懇維持時局計,藹然不啻一家人"④。其於天津學徒,抱極大之期冀,謂"分廠須勤課,功成報我廷"⑤。後經李鴻章與金氏等議定,邀請美國薛斐爾爲議約,東出中國,清廷遣丁汝昌、馬建忠勷助約事,金氏又謂"聯米親中計萬全,東洋大局七分圓"⑥。及聞朝鮮軍變,倉皇無計,惟哭訴"擊楫登舟泪滿衣,海天遼闊不能飛"而已⑦。

金氏在津門期間,因朝鮮王廷意見不決,教旨不至,故耗時日久,憂悶難已。後魚允中、李祖淵以問議官來津,然朝廷仍無定議,所謂"相逢但恨

---

①金允植《雲養集》卷2,《金允植全集》,第1册第190—191頁。
②金允植《雲養續集》卷1《海鳥篇呈永定觀察使游藏園》,《韓國文集叢刊》,328/531—532。
③金允植《雲養續集》卷1《次卞吉雲見贈韻》,《韓國文集叢刊》,328/530。
④金允植《雲養續集》卷1《贈津海關道周玉山觀察》其二,《韓國文集叢刊》,328/532。
⑤金允植《雲養續集》卷1《率工徒到天津東局分廠勤課》,《韓國文集叢刊》,328/532。
⑥金允植《雲養續集》卷1《美使薛斐爾爲議約東出中國派丁軍門(汝昌)馬觀察(建忠)勷助約事》,《韓國文集叢刊》,328/534。
⑦金允植《雲養續集》卷1《聞變隨軍東還至登州作》,《韓國文集叢刊》,328/535。

無新語,時事艱危泪欲垂"者①,即當時實錄也。允植唯詠詩謁訪,全爲度日之計,先後所接所見,酬唱往還者,若永定觀察游智開、北洋大臣直隷總督李鴻章、天津海關道周馥、招商局唐景星、東局機器總辦許其光、劉含芳、南局總辦王德均、總兵文瑞、北洋水師提督丁汝昌、水師學堂總辦吳仲翔、行軍司馬袁世凱、軍門吳長慶、吳氏帳下張謇等,皆當時中國風雲人物,其詩不僅叙舊識新,感托時事,酬侶交際,其與所交之人,皆簡注其字號、籍貫、官職與夫人品行事,故其詩可作近代史筆而讀焉。

金氏喜好燕巖朴趾源之文,大氣磅礴,好爲高論。其三十出蔭途,四十釋褐,立朝一生,處世憂患,浮沉内外,漂泊湖海數十年,所至輒有筆墨紀述,在内則明光起草,在外則皇華紀程,或感憤而發,或無聊而作,或紀游覽,或出酬應,以嶔崎歷落之骨,頓挫沉郁之文,爲一代後勁。德富正盛推其人,以爲"李朝五百年,人才不爲乏,而其學純正,其文高古,與其人足傳不朽者,不得不推雲養金先生爲第一人焉"②。

案允植與袁世凱初見於津河舟中,稱其好武略,志氣軒豁,後袁氏監國朝鮮,金氏謂"駱館五載,追隨昕夕。一日不見,簡招相續。患難同苦,飲宴同樂。誼重偲切,情逾骨肉。自我南竄,遂成離索",並稱"平生知己,海内唯一"。袁世凱暴卒,金氏遥祭之,稱:"天將大任,降此英賢。氣雄萬夫,志包八埏。龍虎韜略,雲雷經綸。名震海隅,望重朝端。内贊機密,外作屏翰。威行三軍,信著四鄰。功高謗隨,履險貞艱。"③似不知其爲竊國大盗,亂世奸雄者然,是亦奇事。然則允植爲其蔽蒙,可謂失之於目睫者也。

1024-1881
金允植《中國書札》(《金允植全集》第1册《雲養集》 石印本)

案金允植有《天津譚草》(1021-1881),已著録。

---

①金允植《雲養續集》卷1《魚一齋李浣西以問議官來津》,《韓國文集叢刊》,328/534。
②金允植《雲養集》卷首德富正《雲養文集序》,《韓國文集叢刊》,328/229。
③金允植《雲養續集》卷4《祭中華民國大總統袁公(世凱)文》,《韓國文集叢刊》,328/620。

高宗十八年(光緒七年 1881),金允植以領選使受高宗命赴中國。十月,一行在灣上,即上疏高宗,即今《雲養集》卷八《以領選使渡灣時疏》。其在天津期間,尚與李鴻章等往還書札甚多,如《與李鴻章書》(丙戌)、《與津海關道周玉山(馥)書》(壬午至月)、《上北洋大臣李鴻章書》(辛巳冬在保定府時)、《上署理北洋大臣張宮保(樹聲)書》(癸未)、《答袁慰庭(世凱)書》(乙酉)、《答張季直(謇)書》(以上卷一一)、《與袁慰庭觀察書》(時袁氏補浙江温處道)(卷一二)、《書李氏朝天帖後》(庚午)(丙子江貢朝天時軍官李山甫手録)(卷一二)、《天津奉使緣起》(壬辰)(卷一四)等。

金氏《上北洋大臣李鴻章書》,謂朝鮮"今武庫所存,皆數百年前無用之器仗,而國人猶恃而自壯,曰何苦費財勞衆,遠學新制。夫器仗猶不欲學,遑欲交遠人乎?……不問時勢可否,惟以守經爲正理,斥和爲清議,與其通洋而存,不如絕洋而亡,言及交際,輒以邪學目之,爲世所棄。……從前每有緩急,悉仰上國,若今日則駭機一發,水陸電迅,四面受敵,所謂雖鞭之長不及馬腹,所以中堂屢示警告,丁寧反覆,使之先事周旋,冀或紓東顧之憂者也。……爲今之道,惟有擇邦善交,講信修睦,從以彌縫疏失,以備陰雨,庶幾爲目下之急務"。論及欲先與美國交往,金氏亦深有隱憂,"邦人最惡者,洋人也。我寡君重違民情,姑未嘗顯言通洋,若美船一朝來泊,則美亦洋也,國内橫議,必將歸咎於寡君,迎接之際,事事掣礙,反有起釁之慮,觀於安驥泳之事可知矣。欲藉中堂之重以鎮服群情,則中堂威著四裔,誰不敬慕。獨小邦愚俗不知畏憚,觀於李相之事亦可知矣"。① 金氏於清廷與李鴻章等,寄予無限之期望,然時清廷已幾不保,大廈將傾,而保護屬國,則真如金氏所云"鞭之長不及馬腹"矣。故金氏本希冀清廷,然大失所望,後來轉而親近日本,亦可謂良有以也。

1025—1881
柳宗植《辛巳聞見事件》(《同文彙考補編續·使臣別單二》 活字本)

出使事由:陳慰兼進香行

---

①金允植《雲養集》卷11《上北洋大臣李鴻章書》,《金允植全集》,第2册第297—300頁。

出使成員：正使判中樞府事洪佑昌、副使禮曹判書趙昌永、書狀官兼司憲府掌令柳宗植等

出使時間：高宗十八年（光緒七年 1881）六月二十七日——十一月十二日

柳宗植，生卒籍貫不詳。高宗朝，爲司憲府掌令、司諫院司諫、兵曹參議等。事見《高宗實錄》《承政院日記》等。

光緒七年（1881）六月，清廷遣使至朝鮮，傳慈安太后（1837-1881）崩，並頒皇太后遺詔。朝鮮遂遣陳慰兼進香使判中樞府事洪佑昌、副使禮曹判書趙昌永、書狀官兼司憲府掌令柳宗植等入北京，慰皇太皇崩逝並兼進香，一行於六月二十七日發王京，十一月十二日返京覆命。

此《聞見事件》四條，記孝貞顯皇后梓宮，九月初九日移奉，其後奉安於通州普祥峪定東陵，而計程自北京爲二百七十里。又西宫皇太后患候，以血症積月彌留，自九月以來，漸有減度。又記越南國貢使昨年七月起程，本年五月來留，八月初六日回還，計程爲二萬二千里。又山東省兵築土城，留鎮於瀋陽及山海關外，分六隊以爲防禦俄羅斯云。

1026-1882
金昌熙《東廟迎接錄》（《袁世凱全集》第一卷，河南大學出版社 2013 年版）

案金昌熙出使事，詳參金氏《丙寅聞見事件解題》（0955-1865）。

此筆談錄，《袁世凱全集》收作"金昌熙《東廟迎接錄》——與吳長慶等同朝鮮迎接官金昌熙筆談錄"，日期爲光緒八年七月二十三日至八月二十九日。考朝鮮《高宗實錄》，高宗十九年（光緒八年 1882）七月二十三日，"命護軍金昌熙，迎接官差下"。又十月初七日，"迎接官金昌熙病遞，以金綺秀代之"。① 然則金昌熙差下次日，即謁見吳長慶且有筆談。而東廟者，即漢城東大門之關帝廟，乃明萬曆"壬辰倭亂"期間，明朝援助朝鮮

---

① 《高宗實錄》卷 19，高宗十九年（光緒八年 1882）七月二十三日丁未條；又同卷，同年十月初七日庚申條。

將帥所建,至今仍存焉。

　　金昌熙所接談者,有吳長慶、袁世凱、張謇、李延祜等,以與袁世凱所談居多。諸人所論,無非替朝鮮出謀劃策,冀望重視人才,開發礦產,振興實業,操練兵丁等。袁、金二氏所討論較多者,爲吳長慶去留之事。袁氏對北洋大臣李鴻章頗有微詞,尤其對丁汝昌、馬建忠兄弟、朱先民等顯致不滿,稱吳決意乞退,因"丁曾爲匪類,即反臣賊子,曾領萬人犯江南,投降得赦。馬亦匪類之餘。大帥乃世家耳,且其先人曾死於節,爲匪所殺,如何肯與二人爲伍耶"? 又稱"朱多嗜欲"。① 案丁汝昌曾入太平軍中,袁氏如此說尚有根由,而謂馬氏"亦匪類之餘"者,蓋馬相伯、建忠兄弟受天主教,相伯又爲神父,而建忠歐遊回國,故袁氏如此蔑稱者也。

　　又袁世凱在朝,留意練兵,稱前晤金允植,"勸其急於鍊兵,以制全域,以懾外侮,而竟歸淡漠,如何可也。何不趁我軍在此,擇送精卒,由我軍訓鍊幾月,再授以自統,原非大難事"②。後朝鮮果選集民丁,"吳軍門乃派慶字軍營務袁世凱,挑選一營五百人,名爲新建親軍,督同總兵王得功訓鍊。並續派提督朱先民、總兵何增珠,添選一營五百人,以便訓鍊"③。此則開袁氏後來在天津小站練兵之先河耳。

　　袁世凱之隨吳長慶部前往朝鮮,平定"壬午軍亂",粉碎"甲申政變",其能持槍衝殺,身先士卒,深得吳氏倚重。袁氏自謂"前日送太公、誅亂黨、捍日人,俱弟日夜奔馳,風雨不止,衣冠盡濕,猶能勉力從事,夜不能寐者七日,夜行赴公者五矣"。④ 然其所言,亦多事實,非盡爲誇功伐善之詞矣。

1027—1882
魚允中《西征錄》(《全集》第 89 冊　鈔本)

　　出使事由:問議行

---

①金昌熙《東廟迎接錄》,《袁世凱全集》(第一卷),第 20、23 頁。
②金昌熙《東廟迎接錄》,《袁世凱全集》(第一卷),第 17 頁。
③《高宗實錄》卷 19,高宗十九年(光緒八年　1882)九月二十三日丙午條。
④金昌熙《東廟迎接錄》,《袁世凱全集》(第一卷),第 21 頁。

出使成員：問議官統理機務衙門主事魚允中、李祖淵等

出使時間：高宗十九年（光緒八年　1882）二月十七日—七月十五日

魚允中（1848—1896），字聖執，號一齋，咸從人。高宗五年（1868）行七夕制，以賦居首，直赴殿試。翌年，庭試文科丙科登第。歷任承政院注書、弘文館校理、梁山郡守、全羅北道暗行御史等。十八年（1881），先後考察日本、上海，在天津拜會李鴻章。次年，與金允植在天津草擬《中韓商民水陸貿易章程》。二十一年，任西北經略使，在義州、會寧與清朝簽署《中江貿易章程》與《會靈通商章程》。三十一年（1894）改制，入金弘集内閣，任戶曹判書。光緒二十二年（1896），俄館播遷被殺。後諡忠肅。著述由韓國學文獻研究所整理爲《魚允中全集》行世。事見《高宗紀事》、《大韓季年史》、申奭鎬《韓國史料解說集》等。

案清季中國於天津設立北洋總督府，設廠造船，鑄造兵器諸事，朝鮮派學徒、工匠往學技術。高宗十九年（光緒八年　1882），朝鮮以天津所留學徒、工匠，不可無董檢，且有問議中國之事。故遣統理機務衙門主事魚允中、李祖淵爲問議官，差往赴津，相謀通商保國諸事。高宗諭命魚氏等以通商事與外國事，呈上咨文，備盡措辭，與通商大臣相議利害，善爲措處。並將在天津朝鮮學徒、工匠，一一照檢，就其有實病、無實效者，令隨官弁一體出送歸國。另希與中國方面商酌，朝鮮因所需糜費，請自今往後，五年一貢，以及咸鏡道與寧古塔等地互市事，一一就議於總理各國事務衙門及通商大臣。當時朝鮮已許日本開港通商，而於中國，則尚守海禁，有乖親中國之意。故亦命有關中國與朝鮮，已開各港，互相貿易，無礙往來，勉違約束之意，亦就議於總理各國事務衙門及通商大臣。另當時西洋諸國有窺伺之意，不可不先事綢繆，往議於通商大臣及留津使臣。凡有益於國家者，各別講確云。

魚、李二氏率步從八名、騎馬二匹、卜馬十匹於本月十七日出發，渡江之後，沿海邊行至福山，乘輪船向營口、經烟臺、大沽口，於三月二十九日抵天津，爲通商駐使諸事送咨文於北洋通商大臣李鴻章，時李因母卒奔喪，不理事務，故魚氏往北京呈咨於禮部，後復返還天津，又乘火車往胥各莊礦務局，參觀新式煤礦開采等。六月十九日，中國駐日本公使黎庶昌電

報,本月朝鮮亂民滋事,日本已派兵艦前往,中國亟宜遣兵援護。北洋大臣張樹屛飛奏情形,光緒帝命調水陸兵丁四千人,由提督吳長慶統陸軍,提督丁汝昌統水師,同候選道馬建忠星夜前往,相機救護。魚允中等亦隨在軍中,於七月初七日抵南陽府大阜島,即爲分兵上岸,陸續進京等。

書後附沿路所費銀兩,清廷賜朝鮮諸王謚號,以及管稅廳商稅節目,內有紅蔘、牛皮等之出品稅銀,及廣木、胡椒、水銀等之進口稅額銀諸數等。其書於清季兩國通商設使諸事,所涉頗多,亦可見當時中國、朝鮮,皆內憂頻仍而外患難絕,大難將臨,無可如何者矣。

1028-1883
魚允中《經略使與中國委員晤談草》《經略使中江晤談》(《魚允中全集》影印本)

出使事由:經略行
出使成員:西北經略使魚允中等
出使時間:高宗二十年(光緒九年 1883)春

案魚允中有《西征錄》(1025-1882),已著錄。

魚允中《魚允中全集》第一册有《經略使與中國委員晤談草》《經略使中江晤談》,爲據首爾大學所藏古文書影印。前者爲魚允中於高宗二十年(光緒九年 1883)年任西北經略使時,與張錫鑾審議《中江貿易章程》時之談草。後者爲與陳木植於該年二月二十五、六兩日,爲勘定國界與中江章程及後續章程,所記會談記錄也。

先是,朝鮮在天津與北洋大臣商定中江互市條議,時魚氏等爲補充修訂與踏勘貿易市場之地也。朝鮮與中國貿易,久爲居間商人把持漁利,興利必先除弊,自後雙方貿易,可由民間自行專賣,以永杜其弊,便民裕國。經雙方踏勘,義州貿易處,於義州西門外西湖沿,距城門約一里。中國方面初定在九連城之後,後定爲九連城前背山面水,地勢平坦,且易於稽查。雙方共爲踏勘,友好協商,議定茶叙而罷。筆談記錄,極爲簡要也。

1029-1887
李承五《燕槎日記》(《全集》第 86 册　鈔本)

出使事由:進賀兼謝恩行
出使成員:正使判中樞府事李承五、副使吏曹參判金商圭、書狀官弘文館副應教鄭闇朝等
出使時間:高宗二十四年(光緒十三年　1887)四月十五日—九月二十九日

李承五(1837—1900)①,字奎瑞,號三隱,韓山人。哲宗九年(1858),行春到記試賦居首,直赴殿試。爲奎章閣直閣。高宗時,歷任成均館大司成、忠清道觀察使、漢城府判尹、刑曹判書、禮曹判書、吏曹判書、工曹判書、兵曹判書等。高宗三十四年(1897)因"乙未之禍",流濟州島而死。事見《哲宗實錄》《高宗實錄》等。

案清光緒十三年(高宗二十四年　1887),光緒帝親政,朝鮮遣使進賀,初以朴齊寬,後以洪鍾軒爲進賀兼謝恩正使,二人先後皆疏辭,遂以判中樞府事李承五爲正使、吏曹參判(實職)金商圭爲副使、副應教(實職)鄭闇朝爲書狀官赴燕。一行於四月二十二日出發,五月二十六日抵北京,八月初八日離發北京,九月二十九日返京覆命焉。

此《燕槎日記》,見李重珏編《韓山文獻叢書》第三輯②,與《燕行錄全集》爲同一版本。

李承五此次出使,頗不順行。其於沿途即神氣不寧,食輒失汗,服香砂君子湯、香砂正氣散等,醫效不顯,元氣大傷。至京復滯暑作祟,失汗無

①案李承五卒年,諸家多不能悉。考《高宗實錄》內閣總理大臣李完用、法部大臣趙重應奏:"流終身罪人李承五,往在光武二年一月頃에前濟州牧으로流配앗습니니至庚子八月야身故而名載罪案이온바際茲百度一新之會하야其在導迎祥和之地에不可無斟量者存焉이오니該罪名은原案에交周하고其官爵은仍前還授하옵이恐合事宜이옵기閣議經後冀蒙特赦。伏候聖裁。"允之。則知其亡於庚子(1900)矣。詳參《高宗實錄》卷48,高宗光武四年(光緒二十六年　1900)七月十六日(陽曆)條。
②李重珏編《韓山文獻叢書》,韓山文獻叢書編纂委員會編輯(影印),農經出版社1981年版。

度,肢節刺痛,以致兩頰浮腫,齒痛又作,遂邀義聚局吳醫敏中爲診脉製藥,吳醫以爲肝鬱所致,用清肝消風之劑,孤旅客館,調治極難,幸得吳醫醫術精明,逐日來診,竟奏其效焉。

而無事之時,李氏則強起與中國士大夫如徐樹銘、陳實彝、張正堉、周從煊、朱孫詒、周樹模、黃紹箕、劉家蔭、劉家立、李慎儒、丁立鈞、陳與同等人筆談唱和,飲酒留連。時日本久伺朝鮮,欲吞並之,而西洋諸國,亦侵擾不已,朝鮮君臣,憂患不已。李氏此行,所上咨奏中有《巨文島永完先通稱事禮部咨》與《巨文島永完先通稱總理衙門咨北洋大臣衙門咨》,稱朝鮮巨文島,爲"英人佔據,積爲三載之久,督其退迸,專事推宕,擬向各與國確要辦理調停,慮或拂他和好,反致滋事,荏苒姑忍,削弱是耻,特蒙天朝視同内服,一日據理而責非,則彼乃帥艦言旋,場屋載撤,缺者完而欹者整矣。字小之深恩及此河海莫量,綏遠之宏謨如彼金石可訂。嗣後雖荒傲廢田,別國不敢規占,在敝邦豈以一島而幸,實爲長世之賴。北望宸陛,曷任感戴"①。

李氏一行在館時,正值酷夏。六月初一日,工部因主客司知委,該役來設天棚於館中内外庭,以備納涼遮陽之資。蓋燕之爲地,平衍廣闊,既無岡巒之阻,又少林木之翳,若非搭棚,則難以耐暑,無論公廨私第,當夏輒設。其爲制也,以長木四個,先立於庭之四區,又以小木維支間架,又以麻繩結束構繫,井井有條,又以蘆簟包裹相鱗,又以繩子左右拴縛,以爲開閉之具。朝陽則東舒而西卷,夕陽則西舒而東卷,極其便易。承五謂"今聞搭棚之費,別下銀爲千兩,而所入不過數百兩,餘皆花費云。國家經用情費之莫可救,大小華初無異同,爲之浩歎"②。時兩國國運皆在不可知之境,而官吏尚中飽私囊如此,其國衰力弱,爲人欺凌也,其亦宜矣!

其書尚記録朝鮮國慶賀皇上親政兼謝恩使臣等處頒賞清單,爲賞正副使二員大緞各一匹、帽緞各一匹、小卷紅綢各一匹、大潞綢各一匹、紡綠各一匹、緑斜皮牙縫一等靴各一雙、氈襪各一雙、三等漆鞍䩞各全備、三等

---

①李承五《燕槎日記》卷2《巨文島永完先通稱事禮部咨》,《燕行録全集》,086/165—166。
②李承五《燕槎日記》卷3,《燕行録全集》,086/172—173。

馬各一匹,銀各五十兩;賞書狀官一員大緞一匹、小卷紅綢一匹、大潞綢一匹、綠斜皮牙縫二等靴一雙、氈襪一雙、銀五十兩;賞大通官三員大緞各一匹、大潞綢各一匹、馬皮靴各一雙、銀各三十兩;賞押物官十七員小卷紅綢各一匹、大潞綢各一匹、牛皮靴各一雙、氈襪各一雙、銀各二十兩;賞從人二十三名銀各五兩。① 此可與清代前、中期相較,於研究清廷頒賞制度及所賞禮品等,皆可備參資焉。

1030-1887
李承五《觀華志【原題觀華志日記】》(《續集》第 147 册　刻本)

案李承五有《燕槎日記》(1027-1887),已著録。

此《觀華志》四卷,刻本,字大疏朗,封面正中楷題大字"觀華志日記",右上書一"觀"字。實則是本即《燕行録全集》第八六册所收李承五《燕槎日記》也。是爲刻本,彼爲鈔本。《日記》爲李氏《觀華志》之卷一至卷四,然是本自卷二後,即爲《觀華志隨録》,缺《日記》後二卷,不知是編纂者遺漏,抑或原書即缺。《隨録》爲《觀華志》之卷五至卷八;而《燕行録續集》第一四八册復收有李承五《燕槎隨録》卷三至卷四兩卷,即是本《隨録》之卷七至卷八,蓋其初《隨録》單獨編卷,唯缺卷一至卷二,而考其鈔録字迹,與《燕行録全集》本《燕槎日記》字體大致相同,當屬同一鈔本。若然,則是本缺《日記》後兩卷,而彼本缺《隨録》前兩卷也。又是本末爲《詩鈔》四卷,爲《觀華志》之卷九至卷一二,其目録上一排爲卷八,自右至左排訖,下一排爲卷九,亦如此排,頗有古意之遺焉。

是本與鈔本相較,卷一正文首頁首行,鈔本題"燕槎日記卷之一",是本刻"觀華志卷之一";鈔本第二行抬一格書"聖上二十四年"等,即接正文;是本第二行低一格題"日記",第三行低二格題"自丁亥二月二十五日至五月初八日",第四行起始爲"聖上二十四年"正文也;兩本分卷時日亦同,然如卷二五月三十日下,鈔本"節行任譯……付家書"下,再無別語;而是本此下尚有"入此後有信便前所未有之奇幸,故賦七絕五首,各修詩

---
①李承五《燕槎日記》卷 3,《燕行録全集》,086/254—255。

筒及書函於洛社諸友，爲數十封，達宵寫出，詩見詩鈔"一段，則爲後來所加耳。而《隨録》文字，兩本皆同。又兩本皆每半頁十行，每行二十字，是其同也。

李承五是書，總名曰《觀華志》，全書十二卷，《日記》《隨録》《詩鈔》各四卷。所謂"總十二編，記凡一百八十五日，録凡二十四目，詩之鈔二百一十有一，曰記、曰録、曰詩，名雖殊而實相經緯"①。《日記》前有李容元、韓章錫序及李氏自序，卷一所記自丁亥二月二十五日至五月初八日，卷二自五月初九日至三十日，卷三自六月初一日至七月十二日，卷四自七月十三日至九月二十九日。《隨録》封面左上楷題"觀華志三"，右上小字題"隨録上"，内頁中間隸書大字題"觀華志隨録"，前有吴有善、李南珪二序。目録頁則爲《觀華志》卷五至卷八，下分道里、山川、宫闕等二十三類，共二百二十餘條。卷九至卷一二爲《觀華志詩鈔》，前有從寄翁承皋、金在顯、申獻求、尹守善、趙文永、李憲基諸序，詩末有金炳始、金永穆跋。

據《日記》前李承五自序，謂哲宗元年（道光三十年 1850），其父李在景爲進賀兼謝恩正使入燕，賀咸豐皇帝登極，以資憲階守判中樞府事，時春秋五十有一。至高宗二十四年二月，承五亦爲進賀兼謝恩正使，賀光緒皇帝親政，亦例授守判府事，時年亦五十有一。父子先後使事年階，有若合符，無一不同，既異且奇。故承五稱"自他人視之，皆言克趾先美，顧余不肖，恐墜先訓，兢兢業業，淵冰在前，聊書此以自警，所編若干記述，竊有感於昔日趨庭之對云爾"②。後人亦謂承五"趾世美賊業也，子能紹父，孫能紹祖"，二者有一，猶曰難能，矧兼之者乎！然承五父子能兼之焉。③

李承五是書，雖日記、隨録、詩歌皆備，然日記較爲簡略，隨録所記，雖

---

①李承五《觀華志【原題觀華志日記】》李容元序，《燕行録續集》，147/196—197。
②李承五《觀華志【原題觀華志日記】》李承五自序，《燕行録續集》，147/202—203。
③李承五《觀華志【原題觀華志日記】·隨録》李南珪序，《燕行録續集》，147/287。案李承五父景在（1800—1873），字季行，號松西。純祖二十年（1820），黄柑試居首，直赴殿試。歷事純祖、憲宗、哲宗、高宗四朝，官至司諫院大司諫、慶尚道觀察使、工曹判書、刑曹判書、平安道觀察使、議政府右議政、領議政等。哲宗元年（道光三十年 1850）七月，曾判中樞府事銜，以進賀兼謝恩行正使身份出使清朝，賀咸豐登極焉。

偶有自出議論或他人聞見之外者,然亦多出前人雷同。其論燕行道里時稱"凡此程道,皆謄傳故紙,承謬襲訛,地名多舛,里數相錯,或古有而今無,或前行而後廢,難以准信,不可不知者也"①。實則日記、雜錄所記,皆襲前人,並當如是觀之也。

　　李氏入中國,在十三山見山東人劉椿,在宋家莊見宋舒恂,在豐潤交沈長庚、馮啓華、魯廷賢、魏燕賓等,返程時復見並有聯句。在館期間,於文廟見秀才萬祖恕、徐中銓、徐樹銘、陳寶彝、黃膺、張正堉,在宣武門外松筠庵與龍喜社中諸君子黃膺、何桂芳、張祖綸、張章煥、黎錦纕、勞啓潞、徐慤立等雅集,分韻賦詩,其後又十一人在天福堂聯句,轉往謝文節公祠(枋得)、岳忠武王祠觀覽,並酬唱聯句。其詩如"杖節三千里,願交天上郎"②,"初地相逢還似舊,何曾料理見知音"③,"連日清尊誇盛游(何桐雲),飛觴醉月詩思悠(黎佑生)"④。返程途中,又頗追懷,謂"今行偶與龍喜諸友相遇,知之深,愛之切,一游於松筠庵,再游於天福,三游於謝祠,四游於岳廟,又於台榭泉石之間,文酒源源,頗忘離索之苦,別後追想,黯然有作,令人不覺並州故鄉之思"⑤。並皆紀當時流連酬唱之實。其詩曠遠宏偉,變幻清爽,實可與諸人敵,故醉吟聯句,亦足應付自如也。

1031-1887
李承五《燕槎隨録》(《續集》第148册　鈔本)

　　案李承五有《燕槎日記》(1027-1887),已著録。

---

①李承五《觀華志【原題觀華志日記】》卷5《隨録·道里》,《燕行録續集》,147/307。
②李承五《觀華志【原題觀華志日記】》卷11《詩鈔·次陳所詹寶彝寄示韻》,《燕行録續集》,147/557。
③李承五《觀華志【原題觀華志日記】》卷11《詩鈔·松筠庵雅集》,《燕行録續集》,147/570。
④李承五《觀華志【原題觀華志日記】》卷11《詩鈔·岳忠武祠聯句》,《燕行録續集》,147/581。
⑤李承五《觀華志【原題觀華志日記】》卷11《詩鈔·道中追思龍喜社友》,《燕行録續集》,147/587。

此《燕槎隨録》二卷,鈔本。封面左上楷題"觀華志",封二中間大字題"觀華志",與刻本爲同一版式。正文首頁首行頂格已收"燕槎隨録卷之三",此二卷卷三至卷四兩卷,實即刻本《隨録》之卷七至卷八,蓋其初《隨録》單獨編卷,唯缺卷一至卷二,而考其鈔録字迹,與《燕行録全集》本《燕槎日記》字體大致相同,當屬同一鈔本焉。

唯是本前有金在顯、申獻求、尹字善、趙文永、從寄翁承皋及承五自序,末有金始炳跋,序跋今散見刻本《觀華志》中。前卷所載,大類分祠廟、璽寶、官制,後卷爲武職、頂服俸禄、各省賦税、祠廟、璽寶、官制、科制、選格、兵制、田制、衣服之制、屋宇之制、炕、飲食之例、城郭之制、烟臺、亭堠、驛撥、風俗等,每類下又詳列若干條,大多抄撮而來,與燕行諸家所載雷同。其與刻本文字大致相同,其有别異者有二:刻本每條皆另行分刻,而此本時有混鈔不分行者,如天寧寺、白雲觀等,混鈔在隆福寺後;是本"鴉片烟"爲最末一條,而刻本尚有"養兒之制"小類下分列兩條,爲是本所無也。

又是本末混入兩頁鈔紙,字迹粗惡,爲李氏《日記》首頁内容,然字有錯訛,如"四月二十二日"誤爲"二月十二日","行查對"誤爲"行使對";又自拜表日後,即爲四月三十日抵平壤。由此推之,蓋此頁即《日記》初稿之原貌,鈔本爲初稿之整理,而刻本則爲整理本之再校勘補綴也。而鈔本、刻本皆有闕佚(若《燕行録全集》《續集》本不誤),合兩本而再加董理,是書方爲足本與善本矣。

1032–1887
趙秉世《丁亥燕行日記》(《續集》第 148 册　鈔本)

　　出使事由:謝恩兼冬至等三節年貢行
　　出使成員:正使行判中樞府事趙秉世、副使户曹參判金完秀、書狀官
　　　　　　司僕寺正閔哲勳等
　　出使時間:高宗二十四年(光緒十三年　1887)十一月二日—翌年四
　　　　　　月三日

趙秉世(1827—1905),字致顯,號山齋,楊州人。憲宗朝,爲司諫院獻納。高宗時,任義州府尹、司憲府大司憲、禮曹判書、議政府右議政、判中樞府事、左議政、總護使、宮内府特進官、中樞院議長等。韓日訂立條約,秉世憤惋,仰藥而死。謚忠正。有《丁亥燕行日記》等傳世。事見《憲宗實錄》《高宗實錄》《承政院日記》等。

高宗二十二年(1885)四月,英國軍艦强行占領朝鮮巨文島,並修設炮臺工事,爲永久駐紮計。此後清政府與英國及各列强展開斡旋,英軍於第三年(1887)二月撤離,該島還歸朝鮮。朝鮮遂遣謝恩兼冬至等三節年貢使行判中樞府事趙秉世、副使户曹參判金完秀、書狀官司僕寺正閔哲勳等入北京,進三節年貢兼謝巨文島復完、謝光緒帝親政詔書順付、謝謝恩方物移准、謝清廷允准朝鮮派使西方各國等件,一行於十一月初二日發王京,翌年四月初三日返京覆命。

是稿封面左上楷題"日記",右上書"丙午",中間偏右兩行字爲"水橋大臣/趙秉世日記",另一頁上方自右至左列"甲申、乙酉、丙戌、丁亥、戊子"等,左上仍書"日記",此所謂"丁亥燕行日記"者,乃《燕行録續集》編纂者,從趙氏《日記》中輯出者也。

趙氏沿路所記頗簡,唯載里數宿店而已。其入玉河館後,慨歎"念昔前行,居然十年,館宇依舊,人事多乖,非特身勢之無依,前伴之二人,亦又已故"①。案十年前光緒四年,冬至兼謝恩行正使判中樞府事沈舜澤、副使禮曹判書趙秉世、書狀官兼掌令鄭元夏出使中國焉。其在館期間,曾見廓爾喀國使臣入來,留住鄰館,聞是二萬里外,一年作行,沿路護來。十年一貢,而貢物象犀珠玉等屬也。上副乘四人轎,隨從百餘名,顔貌衣服與洋一體,中國之接待頗厚,似是柔遠之義耶?②

日記所載較詳者,爲在北京離館前,發先來狀啓,全録狀啓文,並記中朝官員品級,一行員役名單等,間有與他人和詩數首,鈔録其中焉。

---

① 趙秉世《丁亥燕行日記》,《燕行録續集》,148/149。
② 趙秉世《丁亥燕行日記》,《燕行録續集》,148/152。

1033-1888

李尚健【原題未詳】《燕轅日録》(《全集》第95—96册　鈔本)

出使事由：陳賀謝恩兼冬至等三節年貢行

出使成員：正使行判中樞府事李淳翼、副使吏曹參議金綺秀、書狀官弘文館校理宋榮大等

出使時間：高宗二十五年(光緒十四年　1888)十一月十三日—翌年六月四日

李尚健，牛峰人。尚迪弟。哲宗朝，任行護軍、僉知中樞府事。高宗時，任知中樞府事。精漢語，任譯官。以譯官身份隨使團多次出使清朝。有《燕轅日録》六卷傳世。事見李冕九《隨槎録》、《承政院日記》等。

案《燕行録全集》編纂者以是書作者爲"未詳"，考是稿十二月初二日，一行在灣府將行之日，妓娥香等來送行，諸娥問候畢，皆曰："明日即尚公渡灣之日也，故妾等欲拜餞而來也。"①然則知作者姓名中有"尚"字。又一行至枯樹堡，稱"此地若大有，則葉生云矣。今則無大小一株，故問諸土人，則死爲幾年矣。余歎曰：'自古盛稱此樹者久矣，今我重來而不可復見。噫！胡爲乎物不如我乎！'因回首咨嗟而行"②。李氏曾於哲宗六年(1855)，以陳慰進香兼謝恩行副使禮曹判書趙秉恒軍官身份出使清朝，故有"重來"之說焉。

案是書封面左上楷字大書"燕轅日録　一"字樣，首頁大題後日記作"戊子十一月十三日晴高陽四十里宿"③，考高宗二十五年爲戊子(1888)六月三十日，以"金永哲爲冬至正使，金綺秀爲副使，宋榮大爲書狀官"④。又十一月十三日，"召見進賀兼冬至三使臣(正使李淳翼、副使金綺秀、書狀官宋榮大)辭陛也"⑤。時日恰同，然則李尚健是行即此行也，又可知正使先差金永哲，後改差李淳翼耳。一行於十二月二十七日到北京，四月二

---

①李尚健【原題未詳】《燕轅日録》卷1，《燕行録全集》，095/240。
②李尚健【原題未詳】《燕轅日録》卷1，《燕行録全集》，095/281。
③李尚健【原題未詳】《燕轅日録》卷1，《燕行録全集》，095/218。
④《高宗實録》卷25，高宗二十五年(光緒十四年　1888)六月三十日庚戌條。
⑤《高宗實録》卷25，高宗二十五年(光緒十四年　1888)十一月十三日庚申條。

十日起程,六月初四日返回王城也。尚氏日記中,留館期間,惟載觀戲、游覽、購書諸事,不知何故,一行遲滯如此矣。①

全書六卷,卷一爲日記;卷二附《沿路事實》,爲札記五十餘條,記沿途山川風景掌故諸事,卷末復接日記;卷三日記後,復爲游記;卷四至卷六,再爲日記。排帙錯亂,甚爲無序,不知爲當時如此,抑或後人誤置,亦或爲編輯者混亂,不可知矣。卷三之游記,則有《雍和宮記》《國子監記》《太學記》《辟雍記》《文丞相祠記》《隆福寺記》《三忠祠記》《先農壇記》《天壇記》《藥王廟記》《元朝朝賀録》《堂子記》《法藏寺白塔記》《太陽宮記》《西湖記》《西山記》《德勝門水關記》《大鐘寺記》《圓明園記》《暢春園記》《文昌閣記》《萬壽寺記》《歷代帝王廟記》《白雲觀記》《城西跑馬》《天寧寺記》《報國寺記》《長春寺記》《蘆溝橋記》《怡親王廟記》《白馬關廟記》等。其所記文字,亦與前輩諸家多有重複。惟《蘆溝橋記》等三數篇,尚爲可讀耳。

是書最爲奇特者,乃卷五、卷六記渡江後李氏與歌妓之情態,卷五記其在灣府時所拜義女若蘭蕙、繡花、琴心、軟玉、妍香,在劍水站時所交之蓮花等,尤其叙其與蘭蕙、繡花之識及談叙、練劍、歡歌、起舞乃至别離,旖旎無限,情深意長,不亞於白話小説,而其中故事,疑爲李氏虚設鋪陳,以爲誇談之資耳。

1034-1888
李尚健【原題未詳】《燕轅日録》(《續集》第 150 册　殘鈔本)

案李尚健有《燕轅日録》(1031-1888),已著録。

《燕行録續集》第一五〇册又收有《燕轅日録》三卷,殘鈔本,實即前録李尚健《燕轅日録》也。所不同者此爲三卷殘本,闕第一、二、五卷,前本爲六卷之全本;是本封面左上簽條爲大字楷書"燕轅日録一"等,彼則簽條爲隸書"燕轅日録卷之三"等,且字體較小;又殘鈔本如卷二,每條書時日陰陽後,接鈔事件,而前本則另爲起行鈔録;殘鈔本中游記多穿插於

---
①《高宗實録》卷26,高宗二十六年(光緒十五年　1889)六月四日戊寅條。

日期中,而全本則多鈔録於本卷之後;又殘本卷六自二月二十日起,全本則自二月十九日起。由此推之,則殘鈔本蓋爲初期所成之本,而全本則爲再經整理本,故鈔録較爲整飭,而編卷亦較前本爲有序矣。

1035-1894
金東浩【原題未詳】《甲午燕行録》(《續集》第148册　鈔本)

　　出使事由:進賀兼謝恩行
　　出使成員:正使行判中樞府事李承純、副使户曹參判閔泳哲、書狀官
　　　　　　司僕寺正李裕宰等
　　出使時間:高宗三十一年(光緒二十年　1894)六月十日—翌年五月
　　　　　　三日(返抵仁川)

　　金東浩,號荷一,安東人。① 高宗朝,官至秘書臨丞。有《甲午燕行録》行世。事見《承政院日記》等。

　　高宗三十一年(光緒二十年　1894)正月十二日,以李承純爲進賀使,趙秉友爲副使、權沆爲書狀官。時日人扶大院君主政,高宗與王后遣前平安道觀察使閔丙奭,往清軍占領下的現地,依然行監司之勢,並秘奉王命向清軍示好。六月,高宗遣進賀兼謝恩使行判中樞府事李承純、副使户曹參判閔泳哲、書狀官司僕寺正李裕宰等入清,賀慈禧皇太后六十壽誕。② 一行於六月初十日發王京,抵北京後,獻上禮物銀十萬兩,申言國王與王妃不得已,在日帝側唯唯諾諾,面縱氣色,而内心依然仰賴清國,期望勝利焉。③ 而遲至翌年五月初二日,方乘輪船抵仁川港。李承純使團,爲朝鮮王朝遣至中國之最後一起使臣矣!

　　金東浩此《燕行録》所記,與諸家不同者有三:其一,時中、日、朝三國形勢驟變,中、日在朝鮮角力,以中國完敗而終,金氏所記綦詳。先是,是

---

①案金氏高宗三十一年(光緒二十年　1894),隨進賀兼謝恩使李承純一行出使中國,其在六月十七日,"於平壤五十里,十里長林,即余傍祖荷潭公曾爲箕伯時樹植者也"。此可知其爲荷潭金時讓之族裔也。又其沿路詩作,往往署"荷一",知爲其號焉。
②《高宗實録》卷31,高宗三十一年(光緒二十年　1894)六月十日乙卯條。
③李瑄根《韓國史・現代篇》,乙酉文化社1977年版,第291頁。

年三月,朝鮮東學黨變作,攻占全州,直逼王京,朝鮮大震,急電北洋乞援師,李鴻章奏派直隸提督葉志超、太原鎮總兵聶士成率蘆榆防兵東援,屯牙山縣屯山。時日本亦先後派兵至朝鮮,直赴王京。朝鮮驚愕,止之不可。時日兵皆據王京要害,中國屯牙山兵甚單。袁世凱屢電請兵,鴻章始終欲據條約要日撤兵,恐增兵益爲藉口。後鴻章電令牙山速備戰守,乃奏請以大同鎮總兵衛汝貴率盛軍十三營發天津,盛京副都統豐伸阿統盛京軍發奉天,提督馬玉昆統毅軍發旅順,高州鎮總兵左寶貴統奉軍發奉天。鴻章租英商高升輪載北塘防軍兩營,輔以操江運船,載械援牙山,兵輪三艘翼之而東。而爲日軍攔截,日艦吉野、浪速以魚雷擊高升沉之,兩營殲焉。牙山張士成請援於葉志超,志超馳至,迎戰失利,遂棄公州而遁,士成追及之,合軍北走,繞王京之東,渡大同江至平壤。高宗秘遣閔高鎬洋服變裝,乘便船到天津北洋衙門呼訴:"五百餘年,中朝御賜印物,倭盡收去,兵庫所藏數十年購存洋槍炮軍火,全行奪去。凡所政令,任自黜陟,非國王所能與知。"①八月,清日平壤戰役,清軍戰敗,日人揭榜通衢,朝鮮民衆"憤清人之敗,至有裂破榜紙者"②。

八月初一日,光緒帝下詔向日本宣戰,日兵分道來撲平壤,城陷,左寶貴力戰中炮死。葉志超率諸將北走,軍儲器械、公牘密電盡委之以去,奔五百餘里,渡鴨綠江入邊止,乃至日軍深入鳳凰城、九連城,向遼東滲進,自是朝鮮境內無一清兵,朝事不可問矣。而海上戰事即甲午海戰,中國大敗。光緒二十一年三月,《馬關條約》成,其第一款即中國確認朝鮮爲完全無缺獨立自主之國,凡前此貢獻等典禮皆廢之。蓋自崇德二年朝鮮李倧歸附,朝鮮爲清屬國者凡二百五十有八年,至是遂爲獨立自主國云。

金氏此記,記離發之時,京城已爲日軍控制,龍山倉峴,有日兵數千餘人列立倉前,或秣馬,或舉斧斫木,劍戟旗幟,一齊環列,陣勢閃嚴。即向畿營前,當迎恩門前,日人四五名遮道列立,問於使爺去處,答曰以王命出

---

①李瑄根《韓國史·現代篇》,第210頁,轉引《清光緒朝中日交涉史料》卷16,第9面第1308。
②李瑄根《韓國史·現代篇》,第289頁,轉引金允植《續陰晴史》卷上《沔陽行遣日記》甲午八月十七日、十八日。

事,將向平安道等地云。則其人持筆墨,但記姓名而退去。① 一行至義州,聞清兵與日軍在忠清道牙山浦接戰,屢有勝績。九月初四日,在北京得訊,去月十六日平壤陷城,左寶貴戰亡,所率軍兵萬餘名戰死,箕伯殉否未知。天兵退義州,聞甚驚駭。又清人義州電報局不可通,移於柵門。後聞義州已失。衛汝貴因戰敗,後梟首警衆。金氏等在京期間,閱《新文報》消息及評論(有《呼籲篇》),又聞日兵圍宮城。鮮人見倭奴囚王占地,恨入骨髓。又《申報》載旅順口爲倭人所奪等,莫不驚心焉。日記後附清朝大臣奏章、使臣上禮部奏啓、光緒帝詔書、報章新聞與評論、戰事消息等四十餘通,如平壤戰役詳情,清軍派兵過程等,皆可比證而參稽焉。

其二,金氏一行,往返時間,竟幾一年,中途凶險,以至於斯。一行自高宗三十一年(1894)六月初十日發王京,六月十七日至平壤,因國內動蕩,延至七月二十一日方入柵,八月十二日抵玉河館。因館所未及修繕,使臣暫坐定於和豐號廛,金氏等暫留天蕙商廛。至十四日,方入朝鮮館,然庭草不除,瓦礫尚積,使下人耘除而已。② 時中、日酣戰,返程水旱兩路,俱已梗塞,不得前進,遂呈文禮部,延遲歸國。國內形勢,絶無消息,金氏等漫步玉河橋上,"玉宇無塵,銀河斜影,此時倍憶鄉山雲樹,千萬重隔遠不見,心魂俱碎,四顧無人,揮泪添波"。唯倚枕懷想,黯黯連夜無眠耳。③ 及至冬月,一行冬服未備,寒事鬪劇,風勢猛烈,度日爲艱。翌年四月,定以水路回國,十七日發向通州。二十日,水路抵天津。水路於五月初二日,泊仁川濟物港口,三日入城,蓋至京城,又復有數日之費。一行往返,幾近一年之久矣。

其三,金氏等此行,陸路水途,綫路與前後燕行使團不同。八月初七日,一行抵山海關後,乘火輪向天津,自天津經浦口、楊村、安平抵通州,再陸行至北京。其返程,則自通州水路向天津,行中卜馱六十八包,人員一百三十人,乘鎮海號兵船,抵泊烟臺,再經黑水洋,泊仁川濟物港口上岸。其所經綫路,前後使行無如此往返者焉。然其日記末爲《燕行路記》,所

---

①金東浩【原題未詳】《甲午燕行録》,《燕行録續集》,148/199。
②金東浩【原題未詳】《甲午燕行録》,《燕行録續集》,148/216。
③金東浩【原題未詳】《甲午燕行録》,《燕行録續集》,148/226—227。

記自山海關後,仍爲陸上綫路,不載其入天津,抵烟臺,經大洋之水路,則爲撮抄前人成書之由也。

其四,金氏一行在館期間,久滯異域,災役多難。八月十七日,使家下人金奉根以吐瀉幾至死境,見甚矜憐。二十日死,雇車送往義州。又厨房買飯一名,亦參厥症致死。又首堂下人以厥症,一晝夜苦痛,用藥免死,而亦未可必也。又副房轎軍漢一名,以疹氣致死。九月初四日,厨房馬夫一名,亦以疹氣致死。時都下疹氣大熾,一行悚懼,極爲慘切。幸得清廷賑救,歸國途中,每日飯銀通三房與首堂並銀五錢式,譯員與内幕及任人並銀三錢,下人與轎軍輩並銀二錢式,上使以至下人輩每日房金各爲銀一錢式作定,方得歸國焉。

金氏等專爲賀慈禧皇太后六十壽誕而來,十月初十日,皇太后萬壽聖節,三使臣等進賀如儀。① 一行在館,曾往南門外觀兵,得見"馬也是如龍,人也是如虎,方在留營軍通計六十萬名,都督元帥董福成,陣勢嚴肅,又肚裏想諒則使如此之兵,一出南征,則雖有一百倭國,豈敢抗敵中國。……以今所料,天下誰敢越視也。以若倭之小島,約七八個月轉戰,且犯華界,是豈理哉。自歎無奈"②。金氏詩亦稱"中朝已拔干城將,故國難求濟世才"③。救國無限希望,寄托於清兵。然使團留滯平壤時,"上判事金柱南携一等名妓四五人,終日醉游,妓名雪姬、雲心、連心、半月、柱香"④。又在良策館,見天兵後軍總統馬玉崑、衛汝貴領兵四千餘名,已來陣於本館。⑤ 而"清兵四五十名,雜坐使爺之座跳浪,橫竹以卧不去,都貪妓娥之故也"⑥。時朝鮮國勢阽危,清軍戰事方酣,而清廷大辦慈禧壽誕,即朝鮮使臣、清朝軍兵,竟仍貪妓享樂,朝鮮不滅,清軍不敗,寧有是理乎!

---

①金東浩【原題未詳】《甲午燕行録》,《燕行録續集》,148/239。
②金東浩【原題未詳】《甲午燕行録》,《燕行録續集》,148/251。
③金東浩【原題未詳】《甲午燕行録·偶吟》,《燕行録續集》,148/226。
④金東浩【原題未詳】《甲午燕行録》,《燕行録續集》,148/204。
⑤金東浩【原題未詳】《甲午燕行録》,《燕行録續集》,148/204。
⑥金東浩【原題未詳】《甲午燕行録》,《燕行録續集》,148/208。

卷七六　1036—1049

使行錄　瀋行錄　路程記

1036-1637
承文院編《使行錄》(《全集》第 27 册;《同文彙彙考》本　活字本)

　　《燕行錄全集》第二七册所收《使行錄》,輯自《同文彙考補編》卷七至卷八,其中卷七爲使行名單,卷八爲事大文書式。《同文彙考》爲朝鮮王朝時期所編當時朝鮮與清朝、日本間外交文書之彙纂,以與清朝往來文書及相關規程條例爲主,由承文院於正祖十二年(1788)纂成《同文彙考》六十册,哲宗、高宗時代續纂《補編》與《再補》三十六册,總《原編》七十六卷、《别編》四卷、《補編》十卷、《附編》三十六卷,總一百二十六卷、九十六册、四百餘萬字,分爲封典(建儲、嗣位、册妃、追崇)、哀禮(告訃、請謚、賜祭、賜謚)、進賀(登極、尊號、尊謚、册立、討平)、陳慰(進香)、問安、節使(歲幣、方物)、陳奏(辨誣、討逆)、表箋式、請求、錫賚、蠲幣、飭諭、曆書、日月食、交易、疆界、犯越(我國人、中國人)、犯禁(彼我人同入)、刷還、漂民(我國人、中國人)、推徵(彼我人同入)、軍務、賵恤(彼我人同入)、倭情、雜令、洋舶情形等,排纂爲二十五類,上起仁祖十四年(1636),下迄高宗十八年(1881),仁祖之前相關往來諸事,亦多載記,爲參綜《考事撮要》《通文館志》《增正交鄰志》諸書而成。1978 年,韓國國史編纂委員會根據首爾大學中央圖書館奎章閣藏本整理縮印出版,其所據爲原司譯院藏本,前有西江大學教授全海宗《解説》,極便讀者焉。

　　《使行錄》共載錄有清一代朝鮮遣往中國之各起使臣名單,起自清崇德二年(仁祖十五年　1637)謝恩使左議政李聖求一行,終於光緒七年(高宗十八年　1881)進賀謝恩兼冬至等三節年貢使判中樞府事洪鍾軒一行,除謝恩、陳奏、冬至、聖節、進賀等事外,歷年賫咨之行亦備在列。每起凡記使臣拜表離發與返國覆命之年月日、使行目的、三使職銜與姓名等,所記亦有與《朝鮮王朝實錄》及諸家《燕行錄》日時、姓名、職銜等有別異者,互有錯訛。而卷八則載三節賀表、方物表、賀箋、方物箋、年貢奏本、禮物總單、謝恩表、陳慰表、進香祭文、起居表、告訃表、奏請奏本、呈文、差關、差批等各類事大文書式,使臣行前或在館之日,多據依其格式撰文焉。

案崇德之前,朝鮮迫於後金壓力,即出使交往,如仁祖十三年(崇禎八年　後金天聰九年　1635)初,遣春信使副司正李浚,翌年又遣春信使僉知中樞府事羅德憲等入瀋陽,時後金改國號爲清。而"丁丑胡亂"後,朝鮮戰敗,訂城下之盟,爲清之屬國,故此《使行錄》所載使臣往來,自崇德二年起,此前使臣則諱而不錄也。而光緒七年後十餘年之使行,《使行錄》則闕而不載,讀者欲檢核,可閱承文院所纂《乘槎錄》焉。

1037-1637
承文院編《乘槎錄》(《全集》第 27 冊;《同文彙考》本　鈔本)

　　案《燕行錄全集》第二七冊,又收《乘槎錄》一種,鈔本,前後字體不一,疑爲承文院所纂《使行錄》之底本,或爲別本。其所記與《使行錄》不同者有四:一爲此本紀年,只標干支,不書年號;二爲《使行錄》尚錄各類資咨使行,而此本删削不載;三爲《使行錄》記每起如謝恩、陳奏、出送漂人等,較此本爲詳;四爲兩本記使行,皆起自丁丑(仁祖十五年　清崇德二年　1637)謝恩使李聖求一行,而《使行錄》終於光緒七年(高宗十八年1881)進賀謝恩兼冬至等三節年貢使判中樞府事洪鍾軒一行,此本則迄於高宗三十一年(光緒二十年　1894)進賀兼謝恩使行判中樞府事李承純一行,此行亦爲朝鮮獨立前最後遣往清朝之使行焉。又兩本所記日時、姓名、職銜與使行名稱等,亦互有錯訛,合而參之,則得之矣。

1038-1637/1693
未詳《燕中聞見》上(《全集》第 95 冊　鈔本)

　　案是稿無序跋,唯前後共列二十六起使行,先書正、副使、書狀官姓名,後半部尚有使行名稱。所列各起使行,無一定之次序,姓名與年代記述，亦間有訛誤者。考其最早者爲丙子（崇禎九年　1636）七月副使金堉一行（案金氏《潛谷朝天錄》其爲正使，《仁祖實錄》同），最晚者爲癸酉（康熙三十二年　1693）六月謝恩使臨陽君桓、副使申厚命、書狀崔恒齊一行。因所記使行除金堉一起外，皆爲入清後使團，故排次其出使年代，以丁丑（崇德二年　1637）十月謝恩正使崔鳴吉、副使金南重、書狀官李時楳一行爲准。又是稿與另册之《燕中聞見》或爲一書，或鈔錄者、編輯者誤裂爲二書，今皆不可知。故本書《解題》分爲《燕中聞見》上、下兩種焉。

　　本册所記使行，分別爲甲寅（康熙十三年　1674）十一月正使福昌君楨、副使尹深、書狀官洪萬鍾（進賀兼冬至等三節年貢行），癸巳（順治十年　1653）十一月正使沈之源、副使洪命夏、書狀官金壽恒（三節年貢行），戊申（康熙七年　1668）六月正使福昌君禎（《同文彙考》作"楨"）、副使閔熙、書狀官鄭樸（進賀兼謝恩行），癸酉（康熙三十二年　1693）六月正使臨陽君桓、副使申厚命、書狀官崔恒齊（謝恩行），己巳（康熙二十八年　1689）九月正使東平君杭、副使申厚載、書狀官權持（進賀謝恩兼陳奏行），辛酉（康熙二十年　1681）十一月正使東原君潗、副使南二星、書狀官申琓（奏請兼冬至等三節年貢行），丙午（康熙五年　1666）十月正使許積、副使南龍翼、書狀官孟冑瑞（謝恩兼陳奏行），庚申（康熙十九年　1680）六月正使青平尉沈益顯、副使申晸、書狀官睦林汶（陳慰兼奏請行），丙寅（康熙二十五年　1686）三月陳奏兼謝恩正使鄭載嵩、副使崔錫鼎、書狀官李墪，庚午（康熙二十九年　1690）六月謝恩兼進賀陳奏使全城君濬（《同文彙考》作混）、副使權愈、書狀官金元燮，辛未（康熙三十年　1690）十一月冬至正使李宇鼎、副使尹以道、書狀官成儁，甲子（康熙二十三年　1684）三月告訃使李濡、書狀官李蓍晩，戊辰（康熙二十七年　1688）三月陳慰兼進香正使洪萬鍾、副使任弘聖、書狀官李萬齡，戊辰（康熙二十七年　1688）十月告訃正使尹世紀、書狀官金洪福，己巳（康熙二十八年　1689）十一月冬至正使俞夏益、副使姜世龜、書狀官趙湜，甲寅（康熙十三年　1674）八月陳慰使靈愼君瀅、進香使閔點、副使睦來善、書狀官姜碩耇（此誤，《同文彙考》作陳慰使靈愼君瀅、書狀官姜碩耇，陳慰兼進香使閔點、副使睦來善)，乙卯(康熙十四年 1675)六月謝恩使昌城君佁、副使李之翼、書狀官閔黯，丁酉(順治十四年 1657 《同文彙考》作十三年)十月冬至正使尹絳、副使李晢、書狀官郭齊華，己卯(崇德四年 1639)九月謝恩正使申景祺、副使許啓、書狀官趙錫胤，丁丑(崇德二年 1637)十月謝恩正使崔鳴吉、副使金南重、書狀官李時楳，壬辰(順治九年 1652)十一月冬至正使李溰、副使鄭攸、書狀官沈儒行，癸巳(順治十年 1653)八月謝恩正使洪柱元、副使尹絳、書狀官林葵，戊子(順治五年 1648)四月謝恩副使林墰、書狀官李惕然(《彙考》有正使右議政李行遠)，丙子(崇禎九年 1636)七月副使金堉(金氏《潛谷朝天錄》其爲正使，《仁祖實錄》同)，丁巳(康熙十六年 1677)十一月謝恩兼冬至正使瀛昌君沉、副使沈梓、書狀孫萬雄，辛酉(康熙二十年 1681)九月謝恩正使昌城君佁、副使尹楷、書狀官李三錫(《同文彙考》作碩)等。

　　案此二十六起使行後，皆略擇使臣當時日記或狀啓，或數則，或僅一條，多爲自順治至康熙間出使之使行，唯"丙子七月副使金堉"一起，乃崇禎九年(1636)之使行耳，且所引日誌事件亦爲最多，不知是有意爲之，抑或溷亂所致。順康之間，乃朝鮮與清廷關係最爲敵對時期，故此間所選條目，多爲南明王朝之存亡、民間反清勢力之動向、吳三桂叛明乃至後來叛清諸事、清廷與蒙古之關係、清廷政局之所見、民間百姓之疾苦等，皆爲朝鮮君臣所收集之當時國情民俗與軍事機密等件，其中多有《燕行錄全集》《同文彙考》中未收之諸家《狀啓》與《聞見事件》，於考究朝鮮與清朝初期之關係，與夫當時清廷諸多舉措，皆有裨益焉。

1039-1637/1693
未詳《燕中聞見》下(《全集》第96册　鈔本)

　　案是稿與上述《燕行錄全集》第九五册之《燕中聞見》似爲一書，所記亦爲先錄使行名稱及三使臣姓名，後摘錄其日記，且筆迹鈔手，亦與前本相同，今著錄爲《燕中聞見》下，接排於《燕中聞見》上後，俾便參稽焉。

　　本稿所錄使行爲：壬戌(康熙二十一年 1682)七月進賀兼謝恩陳奏使瀛昌君沉、副使尹以濟、書狀官韓泰東，己未(康熙十八年 1679)八月進賀兼謝恩使朗原君侃、副使吳斗寅、書狀官李華鎮,丙寅(康熙二十五年　1686)十一月謝恩兼冬至使朗善君俁、副使金德遠、書狀官李宜昌,己巳(康熙二十八年　1689)十一月陳慰兼進香使朴泰尚、副使金海一、書狀官成瓘,戊辰(康熙二十七年1688)十一月冬至正使洪萬容、副使朴泰遜、書狀官李三碩,壬戌(康熙二十一年　1682)二月問安正使閔鼎重、副使□□□①、書狀官尹世紀,丙辰(康熙十五年　1676)正月冬至正使吳挺緯、副使金禹錫、書狀官俞夏謙,甲子(康熙二十三年　1684)十一月謝恩正使南九萬、副使李世華、書狀官李宏,癸亥(康熙二十二年　1683)冬至正使趙師錫、副使尹攀、書狀官鄭濟先,庚子(順治十七年　1660)二月謝恩正使洪得箕、副使鄭知和、書狀官李元禎,辛未(康熙三十年　1691)八月謝恩兼陳奏正使閔黯、副使姜碩賓、書狀官李震休,庚申(康熙十九年　1680)十一月冬至正使金壽興、副使李秞、書狀官申懹,癸卯(康熙二年　1663)六月陳慰兼進香正使朗善君俁、副使李後山、書狀官沈梓,共計十三起使行。而所記與前稿大同,亦皆爲歷次使行之《狀啓》與《聞見事件》等也。

1040-1682/1805

未詳《瀋行錄(瀋使啓錄)》(《日本所藏編》第 1 册;《續集》第 109 册　鈔本)

　　出使事由:問安行②
　　出使成員:正使左議政閔鼎重、書狀官司憲府掌令尹世紀等。
　　出使時間:肅宗八年(康熙二十一年　1682)二月二十日—四月一日
　　出使事由:問安行
　　出使成員:正使全城君李混、書狀官兼司憲府掌令尹弘離等。
　　出使時間:肅宗二十四年(康熙三十七年　1698)七月二十八日—十一月十五日
　　出使事由:問安行

---

①案問安行使臣,多數情況下不遣副使,本次使行即無副使,參《同文彙考補編》。
②案原書各起使行,不依時間先後爲次,此篇解題中依出使時間先後爲序排列。

出使成員：正使右議政趙顯命、書狀官兼司憲府執義金尚迪等。

出使時間：英祖十九年（乾隆八年　1743）七月七日—十月二十七日

出使事由：進賀兼謝恩行

出使成員：正使左議政趙顯命、副使吏曹判書南泰良、書狀官司僕寺正申暉等。

出使時間：英祖二十五年（乾隆十四年　1749）九月四日—翌年正月二十八日

出使事由：問安行

出使成員：正使判中樞府事俞拓基、書狀官司僕寺正沈鏽等。

出使時間：英祖三十年（乾隆十九年　1754）七月十八日—十月十四日

出使事由：問安行

出使成員：正使領中樞李溵、書狀官軍資正南鶴聞等。

出使時間：正祖二年（乾隆四十三年　1778）閏六月二十六日—九月二十六日

出使事由：聖節兼問安行

出使成員：正使右議政李福源、副使吏曹判書吳載純、書狀官司僕寺正尹曔等。

出使時間：正祖七年（乾隆四十八年　1783）六月十三日—十月十五日

出使事由：問安行

出使成員：正使領中樞李秉模、書狀官兼司憲府執義洪受浩等。

出使時間：純祖五年（嘉慶十年　1805）閏六月十五日—九月二十八日

　　案是稿爲鈔本，一册，原藏日本京都大學附屬圖書館河合文庫。首頁大題"瀋使啓錄"，二行低一格題"問安正使趙"，實則爲朝鮮歷次所遣往瀋陽之問安使狀啓也。據夫馬進所言，封面有"瀋行錄"字樣，其右橫排並記癸亥、甲戌、戊戌、癸卯、乙丑、丁亥，下有"行瀋　甲"字樣，後六十二頁大題作"瀋行別單"，則爲使行中書狀官、譯官等所呈《別單》也。

卷七六　未詳《瀋行錄(瀋使啓録)》　1399

此《瀋使啓録》,爲清自康熙至乾隆、嘉慶間清帝瀋陽謁陵時,朝鮮遣問安使問安時所撰之《狀啓》與《別單》等,然諸家瀋行年代,未按年次順序排列,蓋爲尚未編次之鈔本耳。

案問安使在明代,多指朝鮮所遣往遼東等經略處問安,或指遣往義州等處候迎天使之官員。清未入關前,凡有西征殺伐事畢返瀋陽時,朝鮮皆遣使問安。入北京後,凡清帝駕幸盛京展謁園陵,則遣問安使,奉表起居,使只一員,以大臣或正一品宗親差,至康熙二十一年(1682),始有書狀官一員,三四品。至乾隆四十八年(1783),兼賀聖節,故又差副使一員,從二品結銜正二品。① 今見載於《朝鮮王朝實錄》與《同文彙考補編》等書者,凡崇德時四起,康熙時三起,乾隆時四起,嘉慶時兩起,道光、咸豐朝各一起,共計十五起。分別爲崇德三年(1638)十二月,問安使尹煇;四年五月,問安使參議宋國澤,兩起皆爲起居西行事;五年二月,問安使承旨尹順之,沐浴後起居;六年問安使承旨沈得悦;康熙十年(1671)十月,問安使朗善君李俁;二十一年十月,問安使左議政閔鼎重、書狀官掌令尹世紀;三十七年,問安使全城君混、書狀官兼掌令尹弘離等,皆爲起居瀋事;乾隆八年(1743)七月,問安使右議政趙顯命、書狀官兼執義金尚迪等;十九年,問安使判中樞府事俞拓基、書狀官司僕寺正沈鑛;乾隆四十三年閏六月,問安使領中樞府事李溵、書狀官軍資正南鶴聞等;四十八年聖節兼問安使右議政李福源、副使吏曹判書吳載純、書狀官司僕寺正尹曛等;嘉慶十年(1805)閏六月,正使領中樞府事李秉模、書狀官兼執義洪受浩等;嘉慶二十三年六月,正使判中樞府事韓用龜、書狀官兼掌令趙萬永等;道光九年(1829)七月,正使判中樞府事李相璜、書狀官兼掌令朴來謙等;咸豐十一年(1861)正月,正使判中樞府事趙徽林、副使吏曹判書朴珪壽、書狀官兼司僕寺正申轍求等,聖駕避幸熱河。又朝鮮孝宗五年(順治十一年1654),聞順治皇帝將赴瀋陽,遣問安使麟坪大君李㴭、書狀官沈世鼎赴瀋陽,行到平壤,聞清帝寢瀋陽之行,遂還王京。又康熙十年十月,問安使朗善君李俁如瀋陽,比至渡江,康熙已返,遂因轉入燕京焉。②

──────────
①《同文彙考原編》卷17"問安"條,001/321。
②《顯宗實錄》卷19,顯宗十二年(康熙十年　1671)十月二十二日庚子條。

時朝鮮仇視清廷,故問安使之遣,宗班、重臣多避不就道。如肅宗八年,初以李之翼爲問安使,之翼以身病稱,命改差南龍翼代之。金壽恒謂彼若以使臣官秩未高詰責,則事亦可慮,臣等奉使入往爲萬全,閔鼎重亦自請。肅宗以國家多事,大臣不可遠赴,命擇秩高宗班入送,以檜原君李倫爲問安使。右議政李尚真劄論,重臣、宗班不肯行問安使,乃以大臣代之。臣僚之行止勞佚,惟意所欲,殆近於前朝之季。不但有乖國體,違例創新,亦關後弊。請勿以大臣差遣,移授重臣,前後托病圖免者,並從重科罪。諫院劾檜原君倫問安使除授之後,托病圖遞,肆然投疏,日至於四,全昧分義,偃蹇縱恣,請拿問定罪,後以罷職論處。① 而遣閔鼎重前往瀋陽問安焉。又英祖三十年(乾隆十九年　1754),初以洛昌君李樘爲問安使,樘以老病遞,然户曹所給盤纏,謂已盡用,終不備送於新使,大臣奏罷之。② 此則不僅不行,竟公然私用公帑,亦可謂奇矣。

　　是書所集録,則有乾隆八年(1743)問安使右議政趙顯命、書狀官兼執義金尚迪;十九年,問安使判中樞府事俞拓基、書狀官司僕寺正沈鏽;乾隆四十三年閏六月,問安使領中樞府事李溵、書狀官軍資正南鶴聞等;四十八年聖節兼問安使右議政李福源、副使吏曹判書吳載純、書狀官司僕寺正尹塽等往瀋陽問安時於沿途所上狀啓。後又有《瀋行別單》,則爲康熙二十一年(1682),問安使左議政閔鼎重、書狀官掌令尹世紀;三十七年,問安使全城君混、書狀官兼掌令尹弘離等入瀋陽問安事;又有尹塽與同年首譯張濂、洪受浩及同年首譯尹得運等別單附焉。

　　是稿所記諸家《狀啓》,其中李福源一行,爲聖節兼問安使,爲示隆重,故派有副使,其他問安行則皆無副使也。而《瀋行別單》,則有肅宗八年(康熙二十一年　1682)問安正使左議政閔鼎重、書狀官掌令尹世紀等(正使《別單》),肅宗二十四年書狀官尹弘離、正祖二年書狀官南鶴聞、正祖七年書狀官尹塽及首譯張濂、純祖五年書狀官洪受浩及首譯尹得運等所上《別單》也。或數條,或一條,摘録於後而已。

――――――――

①《肅宗實録》卷13,肅宗八年(康熙二十一年　1682)二月十二日庚寅條;二月十五日癸巳條;二月十七日乙未條;二月十八日丙申條。
②《英祖實録》卷81,英祖三十年(乾隆十九年　1754)六月十七日乙丑條。

案諸家所記,行程次序,前後經歷,多大同而小異也。每起使行,皆提前離發王京,於西路打探清帝何時至瀋陽之消息,一路收檢方物,或因皇帝久不駕瀋,遲滯耽延,或因時日緊迫,越站星夜兼程。所携禮物,則爲干柿、廣魚、文魚、大口魚、紅蛤、榛子、柏子、白蜜、倭劍等,因時在夏秋,廣魚等連經霪炎,多有蠹傷,故於義州等處,曝曬改色充數。及到瀋陽,則往郊外迎接清帝入城,及在瀋陽受帝接見諸事,所記甚詳,皇帝則多問國王安否、王齡幾何、年景豐歉、使臣年紀、居爲何官、能否漢語及清語等,並慰問使臣一路苦辛。使臣報告瀋陽、熱河諸處城池形勝,野次設幕,接駕過程,儀仗規模,呈送方物,皇帝樣貌,帝與使臣問答之語,皇帝賜匾賜物,回還禮單,參宴禮儀及宴樂程式,所接所聞顯官貴臣,詩文性理諸學,以及返程日期等。

而言及清朝國運政局,則莫不以皇帝暴君,群臣貪黷,百姓不堪,國力衰敝爲言。如閔鼎重謂皇帝到瀋陽,從行者幸姬三人、侍妾百餘人,大臣索額圖、明珠以下雜色從官共二十餘萬。皇帝出關以後,扈從者不得休息,馬駝道斃者,多至累千匹。瀋陽留鎮將軍安湖珠,素廉潔公平,得關外民心,因進見力諫兀喇之行,皇帝大怒,幸姬又激之,湖珠方待罪。且聞比年以來,諂諛成風,賄賂公行,索額圖、明珠等,逢迎貪縱,形勢相埒,互相傾軋。且聞陝西總督張勇乃吳三桂之義子,而勇之子爲西㺚之婿,姑爲羈縻,而叛形已具,雲、貴間亦有未盡歸順者云。此多道聽途説,不得其實。又趙顯命一行返京覆命,英祖問彼中事情,顯命對以外似昇平,內實蠱壞。以其所見,不出數十年,天下必有大亂。乾隆帝賜以弓矢,肅宗以爲:"若是皇朝之賜,則予豈可使一內官受之乎?即今善處之道,裹以黃袱,負之內侍,示敕使以皇賜之物,不敢佩服,亦可也。"①時朝鮮臣清已近百年,而仍仇視之如此,則其所問安者,空存其面皮之禮。而其所記之事,則荒唐悠謬,多非史實矣。

清帝在瀋陽,往往賜物甚多。若乾隆八年有"式表東藩"匾額,四十三年賜"東藩繩美"匾額,四十八年賜御製詩一章、玉如意、《德符心矩帖》

---

①《英祖實錄》卷58,英祖十九年(乾隆八年 1743)十月二十七日丙子條。

一帖,嘉慶十年賜"禮教綏藩"匾額等,至他珍寶鞍馬,又若干也。賜使臣及同行正官之物,則有銀兩及緞匹,並下隸輩亦沾賜典。如乾隆四十三年(1778),從人十五名依例賞賜外,驛卒及刷馬人凡一百三十九名,亦依從人例,各給賞銀五兩,"此則前所未有之事"。① 嘉慶十年兩度賞賜,凡賞銀總計多達一千六百零八兩、各色緞五十二匹,別弓矢、鞍馬、鞋襪等無算焉。

然乾隆、嘉慶二帝,雖賞賜如此豐厚,亦未得朝鮮君臣點滴之感恩。若乾隆八年賜匾之後,正使趙顯命於回還渡江前《狀啓》稱,"今此皇筆及弓矢等別送之物,親王閣老以別異之舉,稱說不已,而出柵時,衙門官亦有祇送之事,彼人視以事體至重,而入我境後,若無迎接之儀,則兩界至近之地,易有辭說恐不喻。曾於癸亥年敕詔出送時,灣府尹躬到柵外,具儀仗受來是如,員譯輩等據此齊請,其言亦未的知,只以私書有所往復於廟堂是白如乎。朝令未下之前,臣行將過中江,事甚窘急,不可無變通之道,故發關灣府,只於中江縣依仗迎去,要存彼人觀聽之美"②。此則爲敷衍清廷,故設依仗,以迎賜匾,然中心草草,了無誠敬尊榮之意矣。

1041—1668
未詳《燕行錄(世乘)》(《燕行錄叢刊(增補版)》網絡本　鈔本)

案此《燕行錄(世乘)》,見《燕行錄叢刊(增補版)》網絡本,題爲《使行錄(世乘)》,共五頁,首頁首行大題作"燕行錄",今從其所題而名之。其所記則朝鮮王室成員出使清朝之使行錄,共六人十五起使行,分別記其出使年月、出使身份與三使職銜姓名等。如檜原君名下記"康熙丁未三月二十一日,以謝恩使辭朝,副使司直金徽、書狀司藝慶最"。其他則分別爲咸平君乾隆丙辰以進賀兼謝恩使辭朝;海運君乾隆戊辰以陳慰兼進香使、乾隆壬申以進賀兼謝恩使、乾隆乙亥以進賀兼謝恩使、乾隆庚辰以進賀兼謝恩使辭朝;海興君乾隆丁巳以進賀兼謝恩使、乾隆丙寅以謝恩使、乾隆

---

① 未詳《瀋行錄》,《燕行錄全集日本所藏編》,001/103。
② 未詳《瀋行錄》,《燕行錄全集日本所藏編》,001/092。

壬申以謝恩兼年貢使、乾隆丁丑以謝恩兼年貢使、乾隆辛巳以謝恩兼年貢使辭朝；海春君乾隆庚午以謝恩陳奏兼年貢使、乾隆甲戌以謝恩使、乾隆己卯以謝恩奏請兼年貢使辭朝；海蓬君乾隆乙亥以謝恩兼年貢使辭朝等。

此蓋爲王室《世乘》之類，特將王室出使成員使行錄出，亦皆錄入《同文彙考補編》卷七《使行錄》中，詳參本書《使行錄解題》（1034－1637）。此亦可見王室成員出使，其他使命可兼可不兼，而謝恩使行則必以顯其重也。

1042

成海應《燕中雜錄》《外夷雜記》（《續集》第 121 冊《研經齋全集外集》 鈔本）

成海應（1760—1839），字龍汝，號研經齋，昌寧人。後龍後裔，大中子。八歲能書大字，筆法老練。天姿純粹愷悌，清介通達，凡天人性命之理，錢穀甲兵之要，靡不洞貫。正祖七年（1783），中進士。爲奎章閣檢書官。拜陰城縣監，復入內閣編書。然仕途不諧，歸家著述。纂著甚衆，合編爲《研經齋全集》六十一卷、《外集》七十卷、《續集》十七冊存於世。事見《研經齋全集》末附成祐曾《研經齋府君行狀》、《承政院日記》等。

成海應《研經齋全集》六十一卷、《外集》七十卷、《續集》十七冊、《行狀》一冊，罫印净寫本。其中《全集》卷一至卷九爲詞賦與詩歌，卷一〇至卷一八爲諸體文，卷一九至卷三〇爲經解，卷三一至卷三四爲《風泉錄》，卷三五至卷三六爲《崇禎逸事》《明季書稿》，卷三七至卷四三爲《皇明遺民傳》，卷四四爲《建州錄》等，卷四五爲《宋遺民傳》，卷四六至卷五三爲雜議雜傳，卷五四至卷五七爲《草榭談獻》，卷五八至卷六一爲《蘭室史料》；《外集》卷一至卷二三爲經説，卷二四至卷二七爲例類（論史之作），卷二八至卷三六爲尊攘類，卷三七至卷五五爲傳記、儀章、天文、地理、故事、草木、識小類，卷五六至卷六一爲筆記類（蘭室譚叢），卷六二至卷六四爲器量、古跡類，卷六五至卷六九爲雜綴類（燕中雜錄），卷七〇爲外夷雜錄；續集第一至九冊復爲經説、經論，第一〇至一四冊爲諸體文，第一五冊爲《風泉錄》，第一六至一七冊爲雜文；行狀一冊則爲成祐曾爲成海應所撰《研經齋府君行狀》。《韓國文集叢刊》據高麗大學校中央圖書館藏本影印。

案成海應此《燕中雜錄》五卷《外夷雜記》一卷,輯自其《研經齋全集外集》卷六五至卷七〇。首頁首行頂格大題"雜綴類",第二行低一格題"燕中雜錄"。何謂"燕中雜錄"?成氏自謂曰:"雜者,不純之稱也。自滿洲之入中國,冠履倒置,華夷雜而不純,獨我東葆其文明,而孔子尊攘之義,朱子復靈之議,士猶有講劘之者,誠不愧乎君子國之稱。然滿洲故邦,與我接壤,今之下泉之徒,罕言滿洲事,蓋亦不屑之意。然有志乎苞桑之戒者,不當漫置而不之知耳。且宮室園池雕峻之役,器玩書畫珍異之品,僧道寺刹怪誕之狀,其餘土俗之細瑣,與夫外夷之征伐,皆足以觀其政令之所存,故略爲蒐羅,以備考云。"①

此《燕中雜錄》五卷,卷一有宮室凡五十二家,除北京御苑、圓明園等外,尚有避暑山莊、海甯安瀾園、常山峪行宮、西湖行宮、盤山十六景、盛京宮室、浙江天一閣等。園池則有萬歲山、暢春園、靜明園等十七條。卷二有異教、寺刹、書畫、器玩四類。異教有班禪、喇嘛、昭廟、黃教、西藏、烏斯藏、俄羅斯、普施、如來像、梵書、固爾劄喇嘛、佛經、佛像、僧紫衣等;寺刹有旃檀林、永安寺、大報恩延壽寺、彙宗寺、回子營、安遠廟、佛缽、桃花寺、隆福寺、四白塔等;書畫則有石鼓、快雪帖、蘭亭帖、重刻閣帖、淳化石刻、宋高宗書毛詩、四美具、耕作圖、陳玉書畫、張若靄、張宗蒼、萬年青、麻雀錦雞、獅子林等;器玩則有玉帶硯、內府硯、安西桐等四十餘條。卷三分山川、花木、禽獸、蟲魚、土俗、書籍六類。山川則有江源、淮源、濟水、河源等三十七條;花木則有紅梨、金蓮花、北天竺、僧息底、萬年青等二十餘條;禽獸則有禽經、額摩鳥、鵲、伊犁鳥、白海青等三十二條;土俗則有立竿神祀、清宗頂戴、燈市、元宵、燕九節、蒙古俗、滿洲俗等十二條(蒙古、滿洲俗又十數條);書籍則有永樂大典序、四庫全書薈要、經部列架、訂正《日下舊聞》、岳氏刻本、活字、聚珍、圖書集成、裝號(即裝潢)等。卷四分寶章、寶貨、官制、兵制、雜令式五類。寶章則有察哈爾玉璽、清人傳寶、康熙寶、古

①成海應《燕中雜錄》,《燕行錄續集》,121/540—541。

稀璽、煖閣貯寶、内府玉章、清寶譜、准夷鐵章、平定合符、和林銅印等；寶貨則有和闐玉、玉工、回回玉、玉隴、回人善賈等十條；又有官制、兵制諸條；外此則爲雜令式，有關帝、堂子、昭陵、城隍、農占等近三十條。卷五爲人物，有乾隆三先生（龍翰福、朱軾、蔡世遠）、五閣臣（鄂爾泰、張廷玉、傅恒、來保、劉統勳）、五功臣（兆惠、阿里衮、明瑞、舒赫德、岳鍾琪）、五詞臣（梁詩正、張熙、汪由敦、錢陳群、沈德潛）、五督臣（黃廷桂、尹繼善、高斌、方觀承、高晉）、多爾衮、紫光閣功臣像、王杰、史貽直等。壽民則紀乾隆朝高壽者十條，最高壽者有楚省壽民湯雲山，生於萬曆丙午，至乾隆丙寅一百四十一歲，乾隆賜詩以褒焉。《外夷雜記》一卷，則記準噶爾、烏嘶藏、土爾扈特、哈薩克、甘省之亂、金川考、緬甸、王倫等。

成海應精於經史，尤關注明遺民史，纂有《風泉錄》《崇禎逸事》《明季書稿》《建州錄》《宋遺民傳》等，並與李書九等共纂《尊周彙編》，乃義理派之主將，其視清廷如畜類夷狄，常稱"嗚呼！清人之主天下已久，休養生息，煦濡於中國之人，中國之人果能謳吟慨歎，有京周之思乎？抑有之而不自見乎？且欝悒而待時乎？苟不然者，其視遺民之義，不已弁髦乎？獨吾東之士，常懷萬曆之恩、崇禎之惠，尚能知尊攘之爲可慕。余家又世守此義，故喜爲遺民作傳，以待河清之日，得章顯於天下，而余家之義因之不泯乎"①。此類尊周大義，如同夢囈。又其論當時中國學術，謂"蓋漢學深於名物度數而理固包括焉，宋學明於天人性命而數亦錯綜焉。顧其門户既分，相攻擊不已。苟能合漢學宋學而俱操其要，以及乎博文約禮之訓則學於是乎優如矣。考證之學，固不足論，況又聲律書畫哉"②。此不過拾清儒漢宋調和之舊調，了無新意可玩味。而其所編纂，如《外夷雜記》，若混溷準噶爾、烏嘶藏、土爾扈特等與緬甸同舉並叙，已爲不可；而以王倫視如"外夷"，則其體例之疏謬可知耳。

案成海應通貫四部，著述等身，趙寅永謂其"百年以上，吾未之知，以後無此人矣"③。評價可謂極高，然其一生，從未跨鴨江而入中國，故其所

---
①成海應《研經齋全集》卷31《風泉錄一·皇明遺民傳序》，《韓國文集叢刊》，274/186。
②成海應《研經齋全集》卷13《送趙雲石義卿游燕序》，《韓國文集叢刊》，273/292。
③成海應《研經齋全集》末附成祐曾《研經齋府君行狀》，《韓國文集叢刊》，279/469。

叙論,唯采中國經籍史册、明清別集、雜著與夫朝鮮燕行諸家之書,上下縱横,左右堆疊而已,又加之唯舉尊周大義,恍如隔夢,故其所叙不實,所論多失也宜矣。唯其能集衆家之史料,而剪裁編卷,頗便讀閱,故勉强收録而爲所涉燕行録之一種,他如《外集》所收《丁未傳信録》等,因爲記録漂人之事,於燕行使臣職責無關,故棄而不録焉。

1043
未詳《東覽寶帖》(《全集》第 100 册　鈔本)

案此書封面左題"東覽寶帖",他字模糊不辨。首頁爲鄭士龍製進"正德庚申四月册封王世子(即仁宗)教命文"一道,世子所上《箋文》一道。後則爲"孔子門人七十子",七十子後爲"宋朝儒賢",則爲周敦頤、程顥等二十六人;下爲"東國文廟從祀",又分"前朝"薛聰、崔致遠、安裕、鄭夢周等十一人,"我朝"金宏弼、鄭汝昌、趙光祖、李彦迪、李滉等五人。下爲《天下圖》、《中國圖》、《八道總圖》及八道分圖共九幅、《日本國圖》、《琉球國圖》。下爲《璇譜》,則記朝鮮王室譜系,起自太祖,迄於肅宗。編纂者或爲肅宗或稍後時人耶?或鄭士龍所纂耶?今不能明矣。

其下則爲《東國名賢録》,按隱(如李牧隱、尹梧隱等)、村(李杏村、權陽村等)、亭(李稼亭、泛虚亭等)、齋、堂、軒、庵、窩、海、江等排序,爲人名字號索引也。下爲人名索引,亦按類編排,則爲"儒賢"鄭夢周、鄭汝昌等二十六人,"忠節"吉再、朴彭年等二十七人,"名臣"黄喜、孟思誠等二十七人,"名將"崔瑩、李之蘭等十二人,"文章"李穀、李穡等二十五人,"詩人"鄭知常、李榮仁等十九人,"書人"安平大君、黄耆老等十一人,"異人"僧無學、田禹治等八人,"戊午党禍"金宗直、姜謙等二十五人,"己卯名賢"趙光祖、朴世熹等二十三人,"乙巳士禍"李彦迪、蔡世英等十人,"被罪廢錮人(己卯乙巳)"則又有"流絶島"、"削奪"、"流極邊"、"竄黜"、"追奪職"、"罷職"等若干人,"戊午主禍小人"則柳子光、任士洪等十人,"乙巳主禍小人"則許滋、林百齡等八人。下爲"書院",則爲全國各道書院名稱與建立之所。下爲"文廟位次圖"。末則爲《江原道監試分所論》文一篇。文末頁左上有"翰林李宗諤盼之子"數字。

案此帖所記,則爲中國、朝鮮歷代名人姓名、字號等,類似人名字號索引,以供撰文檢索而已。

1044-1594
申欽【原題未詳】《甲午朝天路程【原題甲午赴京日錄】》(《全集》第 100 册　稿本)

案申欽有《甲午朝天詩》(0095-1594),已著録。

是稿封面左側大題"甲午朝天路程",故《燕行録全集》編纂者即以其爲路程記,而編入第一○○册中。然其正文首頁大題則曰"甲午赴京日録",則爲日記可知矣。其下注"以請兵糧及册封奏也"①。又記上使尹根壽、副使崔岦及堂上譯官等姓名,唯不記書狀官,且其沿路及在北京所記,有鈔録奏稿、隨使見官等事,故蓋是稿爲書狀官申欽所記也。今據前《甲乙朝天詩》,更此卷名爲《甲午朝天路程》焉。

全稿皆草書,又水浸漫漶,識讀爲難。其載八月受差命,在義州半月遲滯,以待公文,自九月二十五日越江始,迄翌年二月二十三日還渡江。所記極爲簡略,多僅記陰晴與經行之地。末兩紙大字草書詩一首:"悠悠十五年前事,渺渺三千里外行。繁鬢每驚今日白,頹齡難挽舊時青。修途遼磧心長戒,孤枕烏蠻夢不成。浮世半生空物役,角巾何日返山扃。"②則爲作者後來追憶所書也。此詩即申欽《象村稿》卷一五《題朝天録後》,申氏自注"甲午以書狀,己酉以上价再赴,間十五年,故云"③。然則是稿爲申欽所纂,確當無疑也。

1045-1626
南以雄《路程記》(《續集》第 105 册　鈔本)

出使事由:冬至行

---

①申欽【原題未詳】《甲午朝天路程【原題甲午赴京日録】》,《燕行録全集》,100/014。
②申欽【原題未詳】《甲午朝天路程【原題甲午赴京日録】》,《燕行録全集》,100/034。
③申欽《象村稿》卷15《題朝天録後》,《韓國文集叢刊》,071/442。

出使成員：正使春城君南以雄、書狀官成均館直講兼司憲府持平金地
粹等

出使時間：仁祖四年（天啓六年　1626）閏六月二十八日—翌年五月
十八日

南以雄（1575—1648），字敵萬，號市北，宜寧人。少有氣節，疏才好義。光海君朝，爲司諫院正言、弘文館校理、掌樂院僉正等。仁祖時，爲管餉使、京畿道觀察使、公清道觀察使、慶尚道觀察使、刑曹參判等。丙子胡亂後，以護行宰臣，隨世子入瀋陽。返國後，爲司憲府大司憲、吏曹判書、禮曹判書、議政府右議政等。封春城君。有《市北遺稿》行世。事見《光海君日記》《仁祖實録》等。

案南以雄出使事由，詳見前金尚憲《朝天録解題》（0202-1626）。

是書封面中間大字楷題"市北遺稿全"，正文首頁首行"市北先生遺稿卷之四"，第二行低一格題"記"，第三行低二格題"路程記"。記入海後沿途至登州間諸島，及其形勢險夷，計自安州海程總五千里。然後各以小題，記陸上所經之地，有登州、長山、鄒平、章丘、濟南、齊河、禹城、平原、德州、景州、阜城、獻縣、河間府、任丘、昌邑、濰縣、昌樂、益都、臨淄、黄縣、萊州、雄縣、新城、涿州、良鄉、盧溝橋等地。每地皆記其地名之由始，設縣之朝代，民間之傳説，山川景物之奇異，名勝古跡之大致，書院學宫之盛衰，而古來名賢所詠詩詞，亦一一鈔録。蓋多出於州縣地志，而非出自親睹目驗，故可供後人參稽者鮮矣。

1046-1660
姜柏年《燕行路程記》（《全集》第19册　刻本）

案姜柏年有《燕京録》（0291-1660），已著録。

姜柏年此《燕行路程記》，不見本集中。與諸家《路程記》相較，其所記驛站爲詳密，而於古迹、城池等記述則極略也。每相臨兩地名間，皆詳記里數；而數地間隔一驛站，則又以數地里數相加，再列於站名之下。總其所計，自高陽之碧蹄驛至義州，爲站二十有五，爲里一千五十里；自鴨綠

江至柵門,經二十七地四站,爲里一百二十里;自柵門至瀋陽,經七十地十四站,爲里四百四十五里;自瀋陽至山海關經一百三十四地二十六站,爲里七百八十七里;自山海關至北京經一百四十六地二十站,爲里六百七十七里。總自王京至北京,共三千七十九里焉。

又於沿途所經之路,及山川走向,民居建築等,略有所記,如於壯元橋,稱"築路始此";於大方身,注"自此山海皆向西南行";於新店,則注"築路止";於煙臺,則曰"煙臺始此";於閭陽驛,則曰"無梁屋始此";於松山堡,注"蒙古出没";於紅花店,曰"墩台始此";於通州,曰"石路始此"等。又略記一行例規,如至柵門,使臣則須"入柵狀啓";至北京東嶽廟,則"改服東西班行";至玉河館,"入後即刻呈表咨文禮部"等。案《路程記》爲燕行使必備之冊,猶如今日之旅游指南書,凡一冊在握,則燕行之路與沿途景物,皆了然於胸次也。

1047-1866
柳厚祚【原題未詳】《燕行路程記》(《全集》第 86 册、75 册　鈔本)

案柳厚祚有《柳萬筆談》(0957-1866),已著録。

是書即第七五册原題柳厚祚《燕行日記》所附《路程記》,爲同一人所記,而彼於路程記前題有"丙寅四月初九日燕行往還路程記"一行,而此則作"丙寅四月初九日自京發行",爲另頁一行,在路程記之前;又彼記地名、館名、里數外,兼記日期、陰晴、住宿、中火等事,而是本則無日期、陰晴等,它亦間有異處,然則必爲同一人所記。又柳厚祚《洛坡先生文集》附《燕行贈帖》後,亦附《燕行路程記》,與此全同,益證其爲柳厚祚燕行所記無疑也。

其記自高陽至義州爲一千七十里,自義州至柵一百二十里,自柵至瀋陽四百五十五里,自瀋陽至山海關七百六十六里,自山海關至北京六百七十五里,總自朝鮮漢京至北京三千八十六里。沿途所經村店及里數等,亦皆詳録之,間注橋梁、鋪驛、古迹、景物等,供使行者沿途參稽者也。

1048-?
未詳《燕行路程記》(《全集》第 100 冊　刻本)

　　《燕行路程記》，刻本，凡記自王京至北京沿路地名、館舍名與諸館間路程里數，且詳且盡，間注沿路古迹、廟宇、塚墓、要塞等。與《全集》第七五冊原題柳厚祚《燕行日記》所附《路程記》略同，所異者增入新地名，並里數亦間有小異。自高陽碧蹄館至義州龍灣館，凡二十四館一亭，"自京至義州一千五十里"。自鴨綠江至栅門，凡經二十七地，中間抵湯池子之温井坪露宿，再至栅門，"自義州至栅門一百二十里"。自安市城至瀋陽(奉天府南門内小北有朝鮮館)，凡經七十地，"自栅門至瀋陽四百四十五里"。自願堂寺至山海關，中經一百三十五地，"自瀋陽至山海關七百八十七里"。自深海始經一百六十五地，至朝陽門，"自山海關至皇城六百六十七里，通共三千六十九里"。地名中有"奉天"諸名，則爲清季時朝鮮人所增編也。

1049-?
未詳《皇華涂程考》(臺灣珪庭出版社有限公司 1977 年縮印《皇華集》本)

　　此《皇華涂程考》，不著撰人。記鴨綠江自義州五里，自鴨綠江至栅門一百二十里，自安市城至瀋陽四百五十里，自願堂寺至山海關七百八十七里，自深河至朝陽門六百六十七里。自鴨綠江至朝陽門，總計爲二千二百四十里。凡所經村落、山川、寺廟、館驛、古蹟、路况與村鎮間里數等，皆一一詳載，唯自深河至朝陽門一段下，闕文無載焉。

　　其後又分記各城鎮、山川、宿站之建制沿革與異名他説等，或詳或略。如謂"邦均店，洪皓《松漠紀聞》，薊州三十里至邦軍店，三十五里至下店。《日下舊聞》曰：邦軍店今志作邦均，下店今志作夏店"①。凡此之類，亦多采自中國札記、地志與朝鮮燕行諸家之書，多載清朝康熙間事，蓋即彼時所纂者，與燕行使所纂諸本路程記相較參稽可焉。

---
①未詳《皇華涂程考》，臺灣珪庭出版社有限公司 1977 年縮印《皇華集》附録本，第 8 冊第 4176 頁。

卷七七　1050—1070

航海朝天圖　燕行路程圖　山川城鎭關隘諸圖

1050-1624
未詳《燕行圖幅(航海朝天圖)》【原第6圖】(《燕行錄叢刊(增補版)》網絡本　彩圖)

　　案此《燕行圖幅(航海朝天圖)》,繪者不詳,其隨使團出使事由,詳參前李德泂《朝天錄解題》(0192-1624)。

　　《燕行錄叢刊(增補版)》網絡本,於仁祖二年(1624)下收航海朝天圖六種,分別標題爲《燕行圖幅(航海朝天圖)》《航海朝天圖》《無題簽(航海朝天圖)》《梯航勝覽》《無題簽(航海圖)》《燕行圖幅(航海朝天圖)》,第六種即此《燕行圖幅(航海朝天圖)》,共二十五幅圖,爲諸種中最收圖最全者也。

　　案仁祖二年航海朝天者,有謝恩兼奏請使李德泂、副使吳翿、書狀官洪霱(後改名翼漢)一行,又有冬至使權啓(後改名曄)、書狀官金德承一行,兩起使行次第發船,相隨相助於烟波巨浪中。而返國之後,李氏有《竹泉朝天錄》,吳氏有《甲子朝天錄》,洪氏有《花浦先生朝天航海錄》,金氏有《天槎大觀》,各自成書。據吳氏詩題注,宣沙浦"今改以旋槎",而此圖第一幅右上題"自本浦至椵島八十里",下兩行字,一行爲"旋槎浦",旁兩行小字爲"舊名宣沙/改以今名","旋槎浦"右圖邊框外有"郭山"二字,則圖爲此行使團所繪無疑也。

　　又據李德泂《竹泉朝天錄》末附蔡濟恭《朝天圖帖跋》(1798年繪),謂此李忠肅竹泉公航海朝天圖,又注謂水陸諸島遠邇,沿路盛跡,繪爲一帖,是謂《朝天圖》,而一名《梯航勝覽》。蔡氏跋謂模畫頗詳,使車所經歷,齊、趙、燕數三千里之間,山川城郭姑勿論,古今人名賢巨公忠臣烈士之里巷在焉,又或讀書之所在焉。則其圖既有海上諸島,又復有山東半島至京師諸圖焉。① 李安訥亦曾詩詠此圖,謂"鮫綃雁出魚龍窟,付與兒孫要世傳"②。又據吳翻後裔載純言,"幼時尚見其畫卷於舊藏,辛亥仲夏,忠正公後孫清安使君述祖,示其家藏畫卷二册,宛然與昔日所覩,不爽毫髮,蓋其時三使各寫一本,而載純家所藏,今已不存矣"③。"忠正"爲洪翼漢謚號,則知當時李、吳、洪三家各有藏卷,時洪氏所藏尚存,而吳氏所藏已湮没無存焉,則至少此圖繪有三套,蓋即今所見者,唯或全或殘耳。

然據金德承言,"不佞於龜沙令公,曾無傾蓋之雅,適從星槎之後,鯨濤萬里,蠻館三冬,生死之與共,甘苦之與同,……恐安樂而或忘之,即其跋涉,哀爲繪事,使渤海舟楫之危,燕山霜雪之苦,隨處而宛在目中,常有所戒。則是圖也非特爲燕齊景物之勝,都邑繁華之蹟也"④。龜沙公即權啓,然則權、金二氏亦繪有圖。今推擬之,則兩起使臣,前後相錯一月,所經海路陸地,並皆相同,則所繪之圖,亦同時同地,且繪畫之人亦同,然則或其圖多於三套。故今所傳之本,即目前所見者,亦達六種之多,或爲三種之零圖,皆不可考也。

此《燕行圖幅》,共有圖二十五幅,第一幅自郭山宣沙浦(旋槎浦)起航入海,往椵島;第二幅爲自椵島至車牛島、車牛島至鹿島圖;第三幅爲自鹿島、石城島、長山島、廣鹿島、三山島間水路圖;第四幅爲自三山島、平島、皇城島、鼉磯島間水路圖,中經龍王堂、旅順口;第四幅爲自鼉磯島、廟島至登州上岸圖,有蓬萊閣等;第六至第二十四幅圖,依次爲登州府、萊州府、濰縣、昌樂縣、青州府、長山縣、鄒平縣、章丘縣、濟南府、濟河縣、禹城縣、平原縣、德州、景州、獻縣、河間、雄州、涿州、燕京等,每地皆記山川古跡、官長人物,或無記載。第二十五幅爲"旋槎浦回泊"圖,則爲歸國時泊船上陸處也。諸圖保存完好,亮澤如新,披圖遥想,頓生海波萬里、惡浪滔天之思焉。

———————

①蔡濟恭《樊巖集》卷56《題李竹泉航海勝覽圖後》,《韓國文集叢刊》,236/546。
②李安訥《東嶽集》卷20《朝天後録·題航海朝天圖》,《韓國文集叢刊》,078/382。
③吳載純《醇庵集》卷6《航海朝天圖跋》,《韓國文集叢刊》,242/484。
④金德承《少痊公文集》卷2《雜著·天槎大觀序》,《韓國文集叢刊續》,026/037—038。

卷七七　未詳《燕行圖幅(航海朝天圖)》　未詳《航海朝天圖》　未詳《航海朝天圖》　未詳《梯航勝覽》　1413

1051-1624
未詳《燕行圖幅(航海朝天圖)》【原第1圖】(《燕行錄叢刊(增補版)》網絡本　彩圖)

　　案此《燕行圖幅(航海朝天圖)》,繪者不詳,其隨使團出使事由,詳參前李德泂《朝天錄解題》(0192-1624)。

　　此組圖共四幅,第一幅亦即前圖第一幅,自本浦至椵島,第二幅爲自椵島至車牛島、車牛島至鹿島圖,第三幅則爲燕京城圖,第四幅爲旋槎浦回泊圖。四幅圖皆有水漬印,且多殘損焉。

1052-1624
未詳《航海朝天圖》【原第2圖】(《燕行錄叢刊(增補版)》網絡本　彩圖)

　　案此《航海朝天圖》,繪者不詳,其隨使團出使事由,詳參前李德泂《朝天錄解題》(0192-1624)。

　　此組圖亦爲四幅,與前《燕行圖幅(航海朝天圖)解題》中四圖相同。然保存較好,遠較前圖爲清晰可辨焉。

1053-1624
未詳《航海朝天圖》【原第3圖】(《燕行錄叢刊(增補版)》網絡本　彩圖)

　　案此《航海朝天圖》,繪者不詳,其隨使團出使事由,詳參前李德泂《朝天錄解題》(0192-1624)。

　　此組圖亦爲四幅,與前《燕行圖幅(航海朝天圖)解題》中四圖相同。唯第二幅圖,右上圖中題"乾浦唐人避亂處",或自右至左橫排一行題,或上兩三字數行題,諸圖略有異處。此組圖保存不善,多蟲蝕及污漬焉。

1054-1624
未詳《梯航勝覽》(《燕行錄叢刊(增補版)》網絡本　彩圖)

　　案此《梯航勝覽》,繪者不詳,其隨使團出使事由,詳參前李德泂《朝天録解題》(0192-1624)。

此組圖共十八幅,分別爲第一幅自本浦至椵島,第二幅爲自椵島至鹿島間圖;第三幅爲自鹿島至三山島間圖,第四幅爲自三山島至鼉磯島間圖,第四幅爲自鼉磯島至登州上岸圖。第六至第十八幅圖,依次爲登州府、萊州府、濰縣、昌樂縣、青州府、長山縣、鄒平縣、章丘縣、濟南府、濟河縣、禹城縣、平原縣、德州等圖。諸圖品相完好,閱目耐觀焉。

1055-1624
未詳《航海圖》(《燕行録叢刊(增補版)》網絡本　彩圖)

案此《航海圖》,繪者不詳,其隨使團出使事由,詳參前李德泂《朝天録解題》(0192-1624)。

此組圖亦僅存四幅,第一幅爲三山島至旅順口圖,第二幅爲清河縣圖,第三幅爲河間府圖,第四幅爲雄州圖。然在諸家航海圖中,此四幅保存最好,色澤豔麗,完好如新,如入大海,如在市鎮焉。

1056-1630
鄭斗源《朝天記(地圖)》(《燕行録叢刊(增補版)》網絡本　韓國成均館大學尊經閣藏　地圖)

　　出使事由:陳奏行
　　出使成員:陳奏使鄭斗源、冬至使高用厚等
　　出使時間:仁祖八年(崇禎三年　1630)七月十四日—翌年六月二十四日

鄭斗源(1581—1642),字紫元、下叔,號壺亭,光州人。光海君時,爲龍川府使、鐵山府使等。仁祖朝,任成川府使、管餉使、刑曹參判、開城留守等。後謚敏忠。事見《光海君日記》《仁祖實録》《承政院日記》等。

仁祖八年(1630)七月十四日,陳奏使鄭斗源、冬至使高用厚兩起同發王城。然臨發船前,"李志賤稱病甚,登舟還下",鄭斗源以此啓聞,備局以爲"風濤搖蕩之中,通患此疾,若以此而許遞已登船之使臣,則其勢將至於終無差遣之人,後弊無窮矣"。① 後返國謁闕,惟鄭斗源與冬至使書狀官羅宜素,則李志賤託病,終未曾登船入海矣。

初,經略袁崇焕,以登州海路平易,且疑毛文龍,請禁之,遂開天津之路,令朝鮮朝貢及唐船來往者,悉由之天津,則遼河之所匯注,海波洶洶,險惡無比。至是,鄭斗源將赴京,請齎改路奏本,直向登州,上從之。② 故一行自石多山下陸,自登州上陸焉。

此次航海朝天,鄭斗源等自石多山入海,共繪圖四十五幅,凡經石多山、椵島、車牛島、小獐子島、大獐子島、鹿島、石城島、長山島、廣鹿島、三山島、平島、龍王堂、皇城島、鼉磯島、廟島、登州、黃縣、黃山驛、朱橋驛、萊州、灰埠驛、昌邑縣、濰縣、昌樂縣、青州、金嶺驛、長山縣、鄒平縣、章丘縣、龍山驛、濟南府、濟河縣、禹城縣、平原縣、德州、景州、阜城縣、富莊驛、獻縣、河間府、任丘縣、莫州、雄縣、新城縣、涿州等地,海島廟堂、州府縣境、驛站橋樑皆有圖,每圖後附有該地至下一地之里數,以及州縣官吏、城池兵馬、風景名勝、民情風俗等,所在必記,雖爲圖録,幾與日記同也。如在登州,記巡撫登萊等處右僉都御史孫元化,"雅淡有餘,雄威不足,然律己約而愛士卒,就海濱設營演武,規劃甚密"(第一七幅"登州圖")。而鄭斗源返國後,仁祖問以孫軍門何如人,斗源答以"清儉疏雅,雖威武不足,可謂東門得人矣",與圖中文字相符。蓋鄭氏此行,沿途所過,皆繪以圖者,亦王家所囑也。③

鄭斗源回自帝京,獻千里鏡、西砲、自鳴鍾、焰硝花、紫木花等物。仁祖以爲"覓來西砲,志在禦敵,誠極可嘉"焉。仁祖問以中原之事如何?答以聞之道路之言,皆曰皇上聖明,且砲聲連日不絶,想鋭意討賊矣。問以當今名將有幾人?答以孫承宗以首將,總裁軍務,如登州軍門孫元化等,皆稟裁於承宗,而諸將樂爲之用。問登、萊之兵何如?答以皇朝專力於燕京、山海關,故山東則兵勢寡弱矣。④ 然則當時朝鮮君臣,尚作樂觀

---

①《仁祖實録》卷23,仁祖八年(崇禎三年 1630)八月十八日乙丑條。
②《仁祖實録》卷23,仁祖八年(崇禎三年 1630)七月二日乙卯條。
③《仁祖實録》卷25,仁祖九年(崇禎四年 1631)八月三日甲辰條。
④《仁祖實録》卷25,仁祖九年(崇禎四年 1631)七月十二日甲申條,八月三日甲辰條。

之想焉。

案朝鮮燕行使臣所撰,或日記,或歌詩,或遊記,或雜説,而通篇爲圖,且圖且記者,唯鄭斗源一家,故彌足珍貴也。

1057–1760
李必成《瀋館舊址圖》(《全集》第 100 册　韓國明知大學 LG 蓮菴文庫藏彩圖)

出使事由:冬至等三節年貢行
出使成員:正使吏曹判書洪啓禧、副使禮曹參判趙榮進、書狀官兼司憲府持平李徽中等
出使時間:英祖三十六年(乾隆二十五年　1760)十一月二日—翌年四月六日

案李商鳳《北轅録》"一行人馬入栅數",記録有"畫員折衝將軍李必成",此圖即其所繪。必成號老浦,亦工詩,爲朝鮮後期畫家,曾爲圖書署畫員,三品折衝。英祖三十五年(1759),與金應焕、申漢枰等製作英祖與貞純王后之嘉禮儀軌。三十六年,隨冬至等三節年貢使吏曹判書洪啓禧一行入北京。此《瀋陽舊址圖》及下列諸圖,蓋即畫於此次出使期間者。事見《英祖實録》《承政院日記》等。

此《瀋館舊址圖》,彩圖一幅,《燕行録全集》第一〇〇册收録作"瀋陽館圖";《燕行録叢刊(增補版)》網絡本收録作"瀋陽關圖",即誤"館"爲"關",實則右上題"瀋館舊址圖",蓋即清初瀋館舊址耳。館院寥廓,空曠無物,南爲館門,北蓋爲廳堂。西南及正東,皆有屋焉。南北及東皆有館舍,四周則屋舍相連,蓋亦爲官廳之類也。北邊緑樹參天,别無他物焉。

1058–1760
李必成《瀋陽館圖帖(文廟圖)》(《燕行録叢刊(增補版)》網絡本　彩圖)

案李必成有《瀋館舊址圖》(1055–1760),已著録。
此彩圖一幅,右上角題"文廟圖"。西南側邊牆有門,入後爲一場院,

院内松柏翠郁。有直道行至中央,左轉則向廟門,入廟門後則爲文廟,左右各有碑亭四座,碑亭左右亦松柏成行。沿廟院正中神路拾級而上,即爲正廟。廟爲二層樓閣,廟門緊閉。其左右及北側,亦皆有台級與出入之口通焉。

1059-1760

李必成《瀋陽館圖帖(彝倫堂圖)》(《燕行録叢刊(增補版)》網絡本　彩圖)

　　案李必成有《瀋館舊址圖》(1055-1760),已著録。
　　此彩圖一幅,右上角題"彝倫堂圖"。正南有門,入後即爲彝倫堂,中路左右,各有三排松柏。前左有盆栽一盆,爲糾曲録植。堂前壇台東南,有日晷一座。堂在正北,兩旁則夾房若干焉。

1060-1760

李必成《山海關圖》(《全集》第100冊　彩圖本)

　　案李必成有《瀋館舊址圖》(1055-1760),已著録。
　　此《山海關圖》僅兩幅,一爲《山海關圖(内)》,爲關内景象,雄關峙立中間,城墻左右延伸,内則中間爲大道,兩邊屋櫛相連,緑樹成蔭。一爲《山海關圖(外)》,城樓居中稍左,城墻綿延,向東北西北方向伸展,至東北與山脈相連,氣勢巍峨,則長城耳。重關疊障,綿延不絶焉。

1061-1760

未詳《燕行圖　陸路》(《全集》第100冊　韓國崇實大學韓國基督教博物館藏　彩圖)

　　案此收《燕行圖》四幅,首尾兩幅爲彩圖,圖皆爲水所浸,每幅右上角之字,首、二幅皆不存一字,第三幅有"囗遠稗(牌)樓"字樣,當爲"寧遠牌樓",即祖大壽牌樓也。第四幅則爲"囗囗門"字樣。其所繪爲何地,皆不能詳知。林基中《燕行録研究》以爲當爲乾隆二十五年所繪,然不知其所據者何,今暫依其説而隸於此,以俟賢者詳考焉。

1062-1784
姜世晃《瀛臺奇觀帖·瀛臺冰戲》(《燕行録叢刊(增補版)》網絡本　韓國國立中央博物館藏　彩圖)

　　案姜世晃有《燕京編》(0623-1784),已著録。

　　姜世晃蓋極嗜圖畫或能爲繪事者,其燕行詩中若《畫扇樓側面圖》《屋後北眺圖》《紅梅花圖》《太湖石圖》等,皆題畫詩也。其雜記中有筆、紙、硯、墨、圖書、怪石等,亦相較中國、朝鮮文房四寶及刻印、藏石等之同異,其稱"我國素不解圖書之制,間或有之,皆俗惡無足言,近頗仿華人,亦未臻妙,雖細事,亦可見東人椎魯也"①。此所謂圖書,實即論私印與藏書印之類耳。

　　此《瀛台冰戲圖》,爲淡色水墨圖,有亭臺樓閣,中設冰場,有二十餘人,奏樂執旗,爲冰戲焉。姜氏有《瀛台冰戲》詩曰:"瀛台仙界夾城中,萬頃琉璃瑩若空。始訝槎乘銀漢渚,方知橋接廣寒宮。星馳鐵屐千夫集,龍負凌床一路通。鹿尾酪茶霑異味,多慚遠价厠群工。"②亦有書狀官李泰永詩,題名右旁書"繪"字,或爲李氏所繪耶? 待考可矣。

1063-1784
姜世晃《槎路三奇帖·薊門煙樹》(《燕行録叢刊(增補版)》網絡本　韓國國立中央博物館藏　彩圖)

　　案姜世晃有《燕京編》(0623-1784),已著録。

　　朝鮮使臣之入山海關至薊州,沿路於天晴日好時,常見煙樹,故多賦詩以紀之。此《薊門煙樹圖》一幅,淡墨畫。近有大路,夾樹蒼蒼,行人或挑或車,匆匆而行,遠處樹影搖搖,人影婆娑。姜世晃氏又有《薊門煙樹》

---

①姜世晃《豹庵稿》卷5《題跋·圖書》,《韓國文集叢刊續》,080/397。
②姜世晃《豹庵稿》卷2《瀛台冰戲》,《韓國文集叢刊續》,080/350。

詩曰："從古奇觀說薊州,曠原斜日暫停軺。直疑桑海須臾改,始信乾坤日夜浮。短短菌芝生復滅,童童旌蓋去還留。人間幻景誰堪比,曾記東溟蜃結樓。"①

1064-1784
姜世晃《槎路三奇帖·西山》(《燕行錄叢刊(增補版)》網絡本　彩圖)

案姜世晃有《燕京編》(0623-1784),已著錄。

姜世晃此行,以七十二歲高齡,賀乾隆帝六十壽辰,在圓明園參與千叟宴,並賞西山,故有《西山圖》一幅,亦淡墨畫。近處亭台拱橋,湖水幽幽,波光不興。牆外西山,樓臺連閣,樹色翠鬱,遠山突兀,在映現之間。姜氏亦有《西山》詩曰："身到西山過昔聞,瑤琳瓊島杳難分。冰湖百頃半鋪玉,彩閣千重聳出雲。世外忽驚超穢累,眼中無處着塵氛。敢將詩畫形容得,癡坐橋頭送夕曛。"②

1065-1784
姜世晃《槎路三奇帖·孤竹城》(《燕行錄叢刊(增補版)》網絡本　彩圖)

案姜世晃有《燕京編》(0623-1784),已著錄。

孤竹城即夷齊廟,亦稱清聖廟、清節廟、清節祠,建於永平府西北二十里。相傳始建於漢熹平年間,歷代或圮或修,唐始祭祀,宋元因之,明清拜謁祭祀者甚眾。朝鮮使臣之入北京,歷經其地,莫不拜謁祭祀焉。此《孤竹城圖》一幅,淡墨色畫,四圍環山,廟在山下暢豁處,主殿高聳,兼有別院,人煙稀少,灤水在側,寂寂而流焉。姜氏詠詩曰："山腰分堞勢周遭,灤水東來自作濠。皇帝行宮何壯麗,古賢遺像尚清高。林開落照明雕檻,岸曲澄波閣小舠。向晚登車更回頭,緇塵多愧滿征袍。"③

---
①姜世晃《豹庵稿》卷2《薊門煙樹》,《韓國文集叢刊續》,080/350。
②姜世晃《豹庵稿》卷2《西山》,《韓國文集叢刊續》,080/350。
③姜世晃《豹庵稿》卷2《孤竹城》,《韓國文集叢刊續》,080/350。

1066-1784
姜世晃《槎路三奇帖·姜女廟》(《燕行録叢刊(增補版)》網絡本　彩圖)

　　案姜世晃有《燕京編》(0623-1784),已著録。

　　姜女廟在山海關東十三里望夫石村北鳳凰山上,創始於宋,始建於明萬曆二十二年(1594),主事張棟重建,崇禎時副使范志完重修,清康熙間曹安宇葺而新焉。朝鮮使臣過其境,亦莫不停行而觀瞻焉。姜世晃《姜女廟圖》一幅,中間海天茫茫,右山巒險峻,長城蜿蜒。左下角廟院疏落,有望夫石高聳而立焉。今姜氏燕行詩中,不見有詠姜女廟者,蓋或佚之,或編選時刊落耳。

1067-?
未詳《熱河圖》(《全集》第100册　地圖)

　　案此《熱河圖》,五幅,每幅皆三折。首圖爲總圖,左上角題"熱河圖",餘四幅爲局部圖。因縮小太過,總圖文字細如微粒,不可識讀,蓋爲大圖縮小,故效果如此。圖經度自"東九度"至"西二度",緯度自北緯四十五度至四十一度。其圖東北起蜜占莽喀,東南至青龍河、湯圖河,西北至杜蘭喀喇,西南及布兒哈蘇太河。其圖不知何人所繪,然標經緯度,則可知爲近世所繪矣。

1068-?
未詳《天下地圖》(《全集》第100册　彩圖)

　　案此組《天下地圖》,共有彩圖十三幅。此類地圖,在朝鮮時代常見,爲木刻本,筆寫後上色。首《天下圖》幅,即世界地圖也。以中國、朝鮮居中,他國環之,若圓球狀,北有北極,南有南極,東則"日月出",西則"日月落"也。其次《中國圖》,既有齊、韓、魏、雍、梁、蜀等古名,又復有山東省、廣東省、雲南省、陝西省等名,四川省作"泗川"者,則蓋因朝鮮有地名亦稱"泗川"之故也。有女真名,無甘肅等省名,則當爲叙明朝之中國地圖也。次《東國八道大總圖》九幅,其一爲全圖,餘八幅則京畿、咸鏡、平安、黃海、江原、忠清、全羅、慶尙爲八道分圖也。次《日本國》、末《琉球國》圖也。

1069-？

未詳《航海朝天圖》(《全集》第 100 册　彩圖)

案此《航海朝天圖》,凡二十五幅,皆彩圖,繪水路朝天時路程,則爲明季朝鮮人所繪也。蓋爲前述李德泂等所繪《航海朝天圖》中之一種焉,詳參前未詳《燕行圖幅(航海朝天圖)解題》(1048-1624)。

圖爲彩繪,有水漬印,前幅有二朱方印,印文不清,藍色小橢圓印則"朝鮮總督府圖書館　圖書登錄番號"印,印文中間爲"昭和6.1.15",下爲"18853"則登錄號也。圖起自旋槎浦(舊名宣沙浦),沿水路抵北京,末一幅則爲旋槎浦回泊圖。航海綫路,則自旋槎浦經椵島、車牛島、距鹿島、鹿島(中國地方)、石城島、長山島、廣鹿島、三山島、平島、旅順口、皇城島、龜磯島、廟島,自廟島至登州上陸,再經萊州、濰縣、昌樂、青州、長山、鄒平、章丘、濟南、濟河、禹城、平原、德州、景州、獻縣、河間、□城、涿州到燕京。末"旋槎浦回泊",示返故國登陸之意也。圖中水路則波濤連天,帆船競渡;陸路則沿途風光古迹,山川城池,廟宇市肆,街路行人,皆在畫中,若《清明上河圖》也。

1070-？

未詳《燕行程淦圖》(首爾大學奎章閣藏　彩圖)

案此《燕行程淦圖》即自義州至北京燕行綫路圖,彩圖一幅,今藏首爾大學奎章閣。所繪綫路,自灣上城渡江,經臨江鎮、九連城、湯店,出柵門至鳳凰城,再經雪里店、通遠堡、連山關、憩水店,翻青石嶺至浪子店,再經遼陽後,曲繞北向,經十里河駉、白塔堡至盛京,再從盛京西南行,經錦州、山海關入抵北京。此可知本圖當繪于清初,後來使行不再經行瀋陽,而只送方物禮品即可。此圖在各種燕行綫路圖中,最爲清晰可辨,沿途四十餘站,皆有標示,惟圖中若"憩水"當爲"甜","蘇州"當爲"薊",字之誤也。

卷七八　1071—1085

1071-1600
吴明濟編,祁慶富校注《朝鮮詩選校注》(遼寧民族出版社1999年版)

　　吳明濟,字子魚,號玄圃山人,明浙江會稽人。生平事蹟不詳。與徐渭、阮漢聞齊名,有譽鄉里。"壬辰倭亂"期間,曾兩度隨徐觀瀾入朝鮮。編纂有《朝鮮詩選》七卷、《朝鮮世紀》一卷等。事見儲大文《存研樓文集》卷一五《贈翰林院檢討伯安萬公墓誌銘》,朝鮮尹國馨《甲辰漫録》、李德懋《清脾録》等。

　　《朝鮮詩選》七卷,吳明濟輯,朝鮮宣祖三十三年(1600)刻本,二册,原藏中國國家圖書館。今有祁慶富《朝鮮詩選校注》,前有韓國暻園大學總長李大淳等序文兩篇與祁慶富《朝鮮詩選解題》,遼寧民族出版社1999年版。

　　案"壬辰倭亂"期間,萬曆二十六年(1598)年正月,明軍經略楊鎬、總兵麻貴領兵攻打蔚山之倭寇,全軍大潰,並喪失輜重無數,而鎬反以獲勝謊報朝廷。東征贊畫主事丁應泰表奏楊鎬等貪猾喪師,釀亂權奸,結黨欺君。六月,罷楊鎬,巡撫天津僉都御史萬世德經略朝鮮。又差兵部給事中徐觀瀾往朝鮮,會勘東征功罪。二十七年,因丁應泰再疏參援朝明軍總督邢珍等將領及朝鮮國"賂倭賣國""陰結日本",命徐觀瀾再赴王京會勘,務須秉公持正,以稱使任。觀瀾兩度赴朝,吳明濟皆以幕僚隨行焉。

　　吳明濟謂昔讀《麥秀歌》,未嘗不掩卷太息,想見其風。時因機緣,得到朝鮮,在義州與負責接待之許筠相識。至王京,即宿其家,許氏誦記朝鮮詩家詩歌數百篇,且得其姊詩二百篇,其中手稿八十一篇。吳氏再度入朝,宿議政大臣李德馨家,復得李氏力助,纂成詩選。又得同時在朝鮮之吳維鑰、韓初命、汪世鍾諸人閲校,遂成定稿刊行。前有韓初命、吳明濟序兩篇,末有許筠《朝鮮詩選後序》,稱編爲七卷。

　　吳明濟所選詩人詩作,上起新羅,下迄當時,以體裁編卷。凡五言古詩十二人二十八首,五言古體十五人二十七首,五言律詩三十四人五十六首,五言排律三人三首,七言律詩二十七人五十九首,五言絕句二十八人四十六首,七言絕句五十五人一百二十一首。凡一百一十二人、三百四十首。如崔致遠、偰遜、李奎報、李穀、鄭浦、金守溫、金克己、李齊賢、朴寅亮、鄭知常、朴椿齡、鄭夢周、李穡、鄭道傳、崔瀣、李仁老、李崇仁、洪貴達、姜希孟、成侃、申叔舟、鄭希良、金宗直、金凈、許筠等,皆在選中。許氏兄妹入選尤多,許筠收十五首、許妹氏(蘭雪)收五十八首。而其收許蘭雪、李玉峰、成氏、俞汝舟妻等女性詩共七十首,幾占全稿五分之一矣。

案吳明濟在朝鮮選詩,其資料來源多依許筠,許氏所師如朝鮮李達,號稱"三唐詩人",而許氏亦謂"詩至於宋,可謂亡矣",其所編朝鮮詩選,亦以宗唐爲尚。而吳明濟入朝鮮,與許氏相熟相交,許筠記吳氏評鄭士龍《黃山驛》詩,謂"爾才屠龍,乃反屠狗。惜哉!蓋以不學唐也"①。此可知明濟所尊尚者,亦爲唐詩,故《朝鮮詩選》亦以唐調爲主。其書無作者小傳,所收詩作,亦有錯訛缺漏,作者如僧雪岑與金時習,實爲一人,此類訛誤,所在多有。當時尹國馨《甲辰漫錄》即稱,"所謂詩選者,非但選詩而已。其卷首目錄,書我東歷代易姓始末,崔致遠以下,至於今日宰樞、朝士、閨秀、僧家百餘人,列書姓名,且疏出處等事。此非得於道聽,必是文人解事者之所指授,第未知的出誰手也"。今傳本無目錄,而尹氏所見有目錄,明黃虞稷《千頃堂書目》卷三一著錄"吳明濟《朝鮮詩選》八卷(一作四卷)",或原書爲八卷,而目錄等散佚故耶?

吳明濟書刊行後,影響頗大,錢謙益《列朝詩集》、朱彝尊《明詩綜》等選朝鮮詩,皆以此爲藍本。而朝鮮正祖朝,朴趾源、李德懋、柳得恭諸人,已難寓目,甚至以爲藍芳威所編。洪大容致潘廷筠信,亦不知吳書爲幾本,如何編次,水準何如。今人韓國順天鄉大學朴現圭教授撰文以爲此書已失傳,後爲祁慶富教授在中國國家圖書館訪獲,並整理校注出版。其以北京大學圖書館藏藍芳威《朝鮮古詩》鈔本、錢謙益《列朝詩集》、朱彝尊《明詩綜》、陸次雲《譯史紀餘》、北京大學圖書館藏《海東詩選》爲參校本,

---

① 許筠《惺所覆瓿稿》卷25《說部四·惺叟詩話》"浙人吳明濟評湖陰黃山驛詩"條,《韓國文集叢刊》,074/362。

校其異同,正其訛誤,人名、地名、典故等加以注釋,頗便讀者。又其書將原書影印置於書前,然翻檢頗爲不便,不若置於書後,既符常例,亦便於檢尋也。①

1072—1604
藍芳威編《朝鮮詩選全集》(美國伯克利大學圖書館藏　鈔本)

藍芳威,號雲鵬,明江西饒州人,一説昌江(今湖南平江)人。芳威初爲巨魁,在九江景德鎮叛亂,江西簽事顧雲程討平之,力言於上官,貸死戍邊,後從軍。爲南直隸柘林把總署指揮僉事,陞河南巡撫標下練兵遊擊。萬曆二十六年(1598),以欽差統領浙兵遊擊將軍署都指揮僉事,領南兵三千三百人入朝鮮抗倭。翌年,奉命撤回國内。再爲神樞營參將,因事革職,永不叙用。編有《朝鮮詩選全集》八卷。事見乾隆《江南通志》卷一四〇《顧雲程傳》,朝鮮申炅《再造藩邦志》卷五、李德懋《清脾録》卷三、李宜顯《陶峽叢説》、朴性陽《芸窗瑣録》等。

案萬曆二十六年(1598)正月,藍芳威以欽差統領浙兵遊擊將軍署都指揮僉事,領南兵三千三百人入朝鮮抗倭,駐南原,曾因戰事失利,奪四月俸。翌年七月,奉命撤回國内。藍氏自謂在戎馬倥傯間,每至一地,交接朝鮮翻譯人員或士大夫,即商討詩歌。士多通詩,時詣軍幕,以詩相投贈,或以其國中所爲詩交出而傳示,久而益親熟,煦若家人情。凡首尾在朝鮮者幾三年,得朝鮮投贈詩及士女自所爲詩數百篇,皆不辭手録,親爲編訂,成《朝鮮詩選全集》八卷。前有吳知過《藍將軍選刻朝鮮詩序》與藍芳威《選刻朝鮮詩小引》,書成於萬曆甲辰(1604)。正文首頁《朝鮮詩選全集》左下,題"昌江藍芳威萬里選/匯東祝世禄無功閲/莆口吳知過更伯/東萊韓初命仝校"四行,則與吳明濟《朝鮮詩選》相同,此稿亦經諸人同閲共校過也。

今存《朝鮮詩選全集》爲乾、坤二册,上下册各四卷,共八卷。藍芳威

---

①詳參吳明濟編,祁慶富校注《朝鮮詩選校注·朝鮮詩選解題》,遼寧民族出版社1999年版,第1—46頁。

序稱"聲爲四部",即古、律、絶、許景樊等詩四部,選詩六百首(一説五百八十五首)①。與吳明濟《朝鮮詩選》相較,藍氏選本多有吳氏未選之詩作,且收録了許筠、李達、許蘭雪等本人文集中未有之作品,以及箕子《麥秀歌》等古代歌謡。然向來評論者以爲,藍芳威選本蓋鈔吳明濟《朝鮮詩選》而成,如李鍾默以爲"藍芳威本收録的308首作品不同於吳明濟本;吳明濟本的34首作品不同於藍芳威本。……吳明濟本340首作品中,有277首作品與藍芳威本相同,而且作家、題目、内容介紹亦如出一轍"。"很明顯,藍芳威在編輯《朝鮮詩選全集》時,有意識地抹去吳明濟的痕蹟。由此可以推斷,藍芳威《朝鮮詩選全集》中的大部分作品選自吳明濟的《朝鮮詩選》。"或以爲藍選本編纂粗疏,錯訛多多,遠不如吳選本。如李鍾默統計其中有四十多首作品被誤寫,或作者張冠李戴,或詩句文字有誤;其中三十七首五言絶句中,有十一首原本爲五律等。

然俞士玲以爲,藍芳威編詩時,即明確稱"欲以傳信,特正其訛,本來如是,是姑存之,易則有傷,是以不敢"。俞士玲將吳明濟所選詩歌,與《東文選》對照,"吳選約50%詩篇都能在《東文選》中找到,這多少可以幫助我們瞭解到《東文選》對學詩的朝鮮士人的重要性"。此充分證明當時所得之詩,多出於鮮人之記憶背誦。又俞士玲統計,"吳選除異題作者率略低於藍選,其異題、異字、異體率與藍選持平,其異句率甚至略高於藍選,而藍、吳共有詩的詩歌部分完全相同。所以,吳明濟序以文集核實作品,從文集中得佳篇的說法並不可信,藍芳威之語應該更可信"。"藍芳威、吳明濟都努力表現自己在詩選中的存在,藍選的在場感較寬泛,吳選在場感營造得更切近,但吳明濟有誇大與朝鮮士人交情的傾向,吳明濟序文所云從文集中選詩以及許筠提供衆多詩歌的說法並不可信"。

案吳明濟、藍芳威編詩之時,戰事頻仍,不遑細編,故錯訛多有,極屬正常。而吳氏《朝鮮詩選》與藍氏《朝鮮詩選全集》,二者所選之詩,又重

---

① 詳參俞士玲《記憶的文本:〈朝鮮詩選〉文獻研究的另一視角》,《域外漢籍研究》2012年第3期,第109頁。又參韓國首爾大學人文大學院李鍾默撰、李春姬譯《關於伯克利大學藏本藍芳威編〈朝鮮詩選全集〉》,張伯偉主編《域外漢籍研究集刊》第四輯,2008年,第319—336頁。本篇《解題》多參稽此兩篇論文而成,以下引文不再一一注明。

合度高,以致後人以爲藍氏鈔襲。然明徐𤊹《徐氏筆精》卷五"朝鮮詩"條稱,有汪伯英集《朝鮮古今詩》四卷。其時吳明濟、藍芳威、汪世鍾、韓初命、祝世禄、吳知過等,皆在朝鮮。考申炅《再造藩邦志》卷五及申欽《象村稿》卷三九《天朝詔使將臣先後去來姓名》,韓初命字康侯,號見宇,山東萊州府掖縣人。爲管糧同知,二十六年八月,亦以運糧入朝鮮,庚子十月回去。此可知諸人在朝鮮,或將兵,或管糧,或入幕,故得相與討論詩歌。而朝鮮文士,或贈詩與諸人,正如俞士玲所論,"提供記誦之詩,或自創者,不但當時重要文人,不知名的士人都有貢獻,這種開放式的詩歌獲得方式決定了這些詩歌共用資源的性質"。

故竊以爲,當時吳明濟、藍芳威、汪世鍾等,雖汪氏選本今不可見,然初時諸人手中,皆持一大致相同之選本,自後各家在此基礎之上,所收或多或少,體例各各不同,形成三家不同之本。故重者爲多,而異者爲少,即訛文誤字,亦大致相抵耳。

1073—1604
藍芳威編《朝鮮古詩》(北京大學圖書館藏　鈔本)

案此《朝鮮古詩》一卷,一册,鈔本,藏北京大學圖書館。每半頁九行,行二十字,雙邊,花口,單魚尾在上,板心上書"朝鮮詩選",下書頁碼。無目録序跋。首頁"朝鮮古詩"大題左下,題"昌江藍芳威萬里識選/滙東祝世禄無功閲/莆口吳知過更伯/東萊韓初命仝校"。首頁有"荭谷""長安熙元珍藏之印""麋嘉館印""北京大學藏"諸印,可知其書爲孫繼涵①、李盛鐸等藏過,爲李氏捐入北大者。全稿按五言詩(四言附)、七言古詩、五言律詩(排律附)、七言律詩、五言絶句、摘聯順序編排,輯選朝鮮自箕

---

①孔繼涵(1739—1783),字體生,一字埔孟,號荭谷,別號南州,自稱昌平山人,山東曲阜人。六十七代衍聖公孔毓圻孫。曾任户部河南司主事兼理軍需局事,兼《日下舊聞》纂修官。精於經史天算諸學,鍾情於藏書校書,藏書處曰"微波榭""紅櫚書屋""青眸書屋"等,藏書數十萬卷,與李開先並稱"江北二家"。校訂有張參《五經文字》、唐玄度《九經字樣》、《水經注》、《算經十書》等,彙刻爲《微波榭叢書》。自著有《紅櫚書屋詩集》四卷、《文集》二卷、《斲冰詞》三卷、《水經釋地》八卷等。

子至朝鮮正祖時古詩凡二百四十一首、摘聯七條。

是稿所錄之詩,爲美國伯克利大學圖書館藏藍芳威編《朝鮮詩選全集》之小半,蓋爲其詩之再選本耳。偶有圈點,間有缺字。後附摘聯如"花雨清齋供,松濤午夢酣","老松青指牖,修竹翠當樓","門外題無鳳,池邊換有鵝","城市存丘壑,衣冠集薜蘿","掃苔侵鶴跡,選竹作漁竿","坐擁芸編時散帙,席移蘭畹日飛觴","台榭晝薰花氣滿,蘭幹晴倚月華昇"等①,詩亦平平,未有驚人之句神來之筆,然亦可知編選者之趣好。時兩軍對壘,戰火紛飛,故松濤酣夢,漁竿修竹,丘壑薜蘿,坐擁芸編,蘭畹飛觴,倚欄賞月,既是夢境,亦即理想,故此類詩句,反爲藍氏所喜焉。

1074-1642/1643
仁祖李倧《崇德七八年分朝鮮國王來書》(民國二十二年故宮博物院文獻館鉛印本)

李倧(1595—1649),字和伯,號松窗,全州人。宣祖李昖之孫,定遠君李琈之子,朝鮮王朝第十六代國王(1623—1649 在位),初封綾陽君。光海君十三年(明天啓三年 1623),與西人党金鎏、李貴等發動政變,推翻光海君暴虐統治,繼承王位,史稱"仁祖反正"。在位期間,内憂外患頻仍,有李適之亂等,相繼而叛,此起彼伏。時後金强大,先後侵略朝鮮,號爲"丁卯胡亂"與"丙子胡亂"。仁祖十五年(明崇禎十年 清崇德二年 1637),被清兵圍困至南漢山城,最終降清,接受清朝册封,與明朝斷絶關係。薨逝後廟號仁祖,謚憲文烈武明肅純孝大王(清朝謚莊穆),葬長陵。仁祖一生,曲折驚懼,政亂國衰,自稱"傷弓之鳥",其屈辱痛毁,與"壬辰倭亂"時之宣祖同。事見《仁祖實録》等。

此崇德七、八年(仁祖二十至二十一年 1642—1643)《朝鮮國王來書》,綫裝,一册一函,爲清内閣大庫所藏盛京漢文舊檔之一,其中所載事件,與順治六年修本《清太宗實録》所載崇德間朝鮮事件如倭情、禁約、處決挖人參人犯、慶賀等事,雖不箸表箋原文,亦均誌其事實,足徵《實録》

---

① 藍芳威編《朝鮮古詩》,北京大學圖書館藏,第35A頁。

卷七八　仁祖李倧《崇德七八年分朝鮮國王來書》

修纂之時,曾經引用此書。原書爲高麗箋,書法雋秀,但間有訛誤,故宮博物院文獻館於民國二十二年,整理後以鉛印本刊行。

此册所載凡表箋文十餘道,所涉有賀正旦、聖誕與冬至表,賀得錦松杏塔四城表、謝赦通往明朝之罪表,爲皇太極薨逝所撰祭文,賀西征克捷表以及謝減貢等表,又有發往清廷禮、户、兵、刑諸部咨文十餘道,多涉倭情、禁約、處决挖參犯、緝拿偷盗諸事。然亦非崇德七八年來書之全份。時朝鮮初臣服於清廷,雙方關係仍趨緊張,故朝鮮言詞極爲恭順,而禮物亦極豐厚多樣,甚如柑、柚、石榴、柿等,亦馬馱載來,獻於清帝、中宫與皇太子等處,此類多不載《仁祖實録》,故頗具史料價值焉。

又此整理本叙言謂,書中崇德七年正旦表末注云:"此表於四月二十日,從西征的把都魯等裁用作賀表。"又同年五月二十二日與皇太子箋題下注云:"此箋於本年七月初八日兀鎮親王等得錦松杏塔四城作賀表寫漢字併蒙古用訖。"又同日進中宫貢單題下注云:"此原單於本年七月初八日用滕(謄)寫朝鮮表,在獨(篤)恭殿宣賀用訖。"是因朝鮮所進表箋,率爲輕墨澹描,筆劃細若游絲,若以重墨書較大之字,可利用别作表箋也。本館藏有崇德四年十月朝鮮賀皇帝萬壽表一紙,即爲重寫之本,其細字原本,則崇德三年之正朝賀箋,可作此説例證。① 案朝鮮國王所上表箋,紙質堅硬,而文字細小,而彼時清廷缺少紙張,故率挪作他用。今北京大學圖書館藏有嘉慶□(此字爲印文覆蓋不清)二年拾月貳拾玖日朝鮮國王李昑上表,其背面無字處,即爲藏者練習書法,亦爲朝鮮表箋文挪作他用之證焉。

又本册中朝鮮國王與户部咨文一角,"崇德七年三月初二日"下雙行小注"此與刑部公文二角内,有改洗字眼,恰似有弊"。後責問世子,稱因"事忙話錯,非有别弊"。② 案朝鮮使臣在途,有畫員、寫官官伴隨,若發覺表箋文字有訛舛失誤處,即行擦改添寫,此亦一證。甚者若文字添换過

---

① 朝鮮國王仁祖李倧《崇德七八年分朝鮮國王來書》,民國二十二年故宮博物院文獻館鉛印本,第1頁。
② 朝鮮國王仁祖李倧《崇德七八年分朝鮮國王來書》,民國二十二年故宮博物院文獻館鉛印本,第7B頁。

多,即有重新謄鈔之舉,故至有國王之印,亦爲畫員所畫者。今北京大學圖書館藏嘉慶□(此字爲印文覆蓋不清)年捌月初二日朝鮮國王李昑上表,其"朝鮮國王之印"滿漢文朱方大印,字畫粗細不等,硃砂濃澹不均,其塗描之迹顯然,當爲畫員手畫添增者無疑也。

1075-1765
朱文藻編,劉婧校點《日下題襟集》(上海古籍出版社 2018 年版)

朱文藻(1735—1806),字映漘,號朗齋,清浙江仁和(今杭州)人。諸生。精於目録、校勘、金石諸學,亦擅書法,曾佐校《四庫全書》,奉敕在南書房考校經籍。與畢沅、鮑廷博、王昶、吴騫、汪憲、孫星衍、阮元、陶元藻等相往還,編校之書甚多。自著有《説文繫傳考異》《碧溪草堂詩文集》《碧溪詩話》等行世。事見《清史列傳》卷七二《汪憲傳》附、《清儒學案》畢沅學案等。

案"日下"者,即京都也。唐温庭筠、段成式等,常題詩唱和,有《漢上題襟集》十卷,後遂以詩文酬唱而抒發情懷稱之爲"題襟"。此《日下題襟集》,乃朝鮮英祖四十一年(乾隆三十年 1765),冬至等三節年貢兼謝恩行正使順義君李烜、副使禮曹判書金善行、書狀官兼司憲府執義洪檍等一行抵北京後,同行洪大容、金在行諸人與潘庭筠、嚴誠、陸飛等人相識,在館期間往來不斷,筆談與信札不斷,而一行返國後,亦鴻雁頻傳。翌年十月,嚴誠病故,逝前將往來函札托諸朱文藻,囑其編次,朱氏遂編爲《日下題襟合集》一册,集凡李、金、洪三使臣及金在行、洪大容五人,李氏無詩文,因其爲緣起之人,故列小像於首。而嚴氏所與贈答詩文,悉皆附入,不入其本集。卷中缺字,爲墨迹草書不可識者,是爲其集初次之編纂。後洪大容得悉嚴誠故去消息,遂將其所存嚴誠信札詩文編爲《鐵橋遺唾》,寄嚴誠兄嚴果,朱氏遂再校舊稿,闕者補入,不同者詳注於下,改稱《日下題襟集》。並將其所整理之嚴誠《小清涼室遺稿》與《題襟集》相合,編成五册,題爲《鐵橋全集》焉。

《日下題襟集》今存鈔本,分藏於中國、韓國與美國各地。《日下題襟合集》本,有北京大學圖書館藏羅以智鈔本,中國國家圖書館、上海圖書館藏以羅氏本爲底本之重鈔本等；《日下題襟集》本，有韓國檀國大學淵民文庫、韓國國史編纂委員會圖書館、韓國首爾大學中央圖書館與美國哈佛大學燕京圖書館所鈔本。今劉婧博士所整理之本，以韓國檀國大學淵民文庫所藏《鐵橋全集》第四册《日下題襟集》上半部分（此本爲朱文藻寄洪大容原稿鈔録之副本，文字清晰，畫像逼真），與韓國首爾大學所藏《鐵橋全集》第五册《日下題襟集》下半部分爲底本，校以其他鈔本及陸飛、洪大容、李德懋、朴趾源等諸家别集，編爲《日下題襟集》上下兩編，其所分合，悉依原書，上編爲李、金、洪三使臣與金在行之詩文與信札，下編專收有關洪大容之詩文函札，前有朱文藻叙，述編纂緣起。全稿校勘整飭，注釋精潔，間有考訂，最爲善本。末附校點者所撰《清人嚴誠的生平、文學活動及著述》《〈日下題襟集〉的成書及傳入朝鮮的過程》《〈日下題襟合集〉與〈日下題襟集〉的傳鈔本》《洪大容所編與清代文人往來書信文獻》諸文，便於瞭解該書之編纂過程與各鈔本間之關係。又附國史編纂委員會圖書館藏《日下題襟集》鈔本之影印件，可供讀者比勘檢核。唯影印本頁碼排列，自左至右，頗不便於翻檢，仍當以自右至左，方順手無礙焉。

案洪大容、金在行諸人與嚴誠、潘庭筠、陸飛之交往，尤其洪、嚴爲生死之交，情同骨肉，感人至深（參本書洪大容《杭傳尺牘解題》，0562-1765）。朴趾源謂洪大容與嚴、潘、陸之交往，三人"咸推服德保爲大儒，所與筆談累萬言，皆辨析經旨、天人性命、古今出處大義"①。而羅以智《日下題襟集跋》謂，"夫交道之廢替已久矣，今之所謂尚風誼、通聲氣者，大率挾勢利禄，互爲援繫。不然，讌飲笙歌共徵逐，逞一時之豪興，情相狎而相昵。抑或學士文人，模範山水，觸詠風月，性靈陶寫，傳爲美談。至於賦河梁之恨，寄雲樹之思，何嘗不千里一心，盟貞金石焉。然而善則相勸，過則相規，輔身心性命之學，勖窮達出處之志，蓋闕如也。觀夫三先生則不然，往來酬酢，浮英華，湛道德，觀摩者學問，引重者志行。欣慕之不已，益加以愛敬；愛敬之不已，益加以砥礪。籲友道之正，祝古人其無忝也歟！向使東國使臣，徒遇風雅之才，彼不將坐井觀天，夜郎自大哉？幸而得三

---

①朴趾源《燕巖集》卷2《洪德保墓誌銘》，《韓國文集叢刊》，252/053。

先生之人品足以聾攝之,且見我中華衣冠文物之盛,比比皆然,洵非小邦之人所可以魚呿而鳥瞰者也。嚴先生與潘先生書有云:'勿更與後來使臣相聞,非惟省事佳過,政不必再也。'"①

案朴、羅二氏,一言洪氏之爲"大儒",一言嚴、潘、陸之"人品足以聾攝之",所謂立場不同,論説自別焉。又細繹嚴誠之語,其謂勿復與後來使臣相聞者,省事佳過外,蓋以爲人生在世,良友知己,百年難遇,今既得之如洪大容者,則不可再得之於他人。清季趙之謙曾與摯友胡培系函札稱,"要待知己,極少,須一二百年"②。若嚴誠與洪大容,交如金石,結爲生死,可謂百年知己,人生罕覯,此生足矣,復復何求哉!

1076-1766
洪大容編《樂敦墨緣》(韓國基督教博物館 2016 年影印《中士寄洪大容手札帖》本)

案洪大容有《湛軒燕記》(0558-1765),已著録。

朝鮮英祖四十一年(乾隆三十年 1765)十一月至翌年四月間,洪大容、金在行等隨冬至等三節年貢兼謝恩行正使順義君李烜、副使禮曹判書金善行、書狀官兼司憲府執義洪檍等出使清朝。留館凡六十餘日,與清朝士人嚴誠、潘庭筠、陸飛相識並結爲至交。洪氏返國後,與三友及其他士人多有書札往還,其生前曾整理所藏中國友朋書信與詩文原札與鈔本,分三匣裝幀,共有十册。今有六册藏於韓國基督教博物館,其中《樂敦墨緣》一册、《蓟南尺牘》四册(其中一册藏韓國翰林大學博物館)、《古杭赤牘》二册(其他兩册散失),另一册散佚無存,故今共存七册。2016 年,韓國基督教博物館影印合刊館藏六册,並題名爲《中士寄洪大容手札帖》,影印本既保存書信與鈔本原貌,又附有點校文與韓語翻譯,頗便讀者閱讀與核檢。《中士寄洪大容手札帖》收録了五十餘封書信與二十餘篇詩文,而翰林大學博物館所藏《蓟南尺牘》亦收有二十封書信,總計書信和詩文

---

①《日下題襟合集》北京大學圖書館藏鈔本羅以智跋。
②趙之謙撰,張鐵林藏《崇本堂藏趙之謙翰札》,第 1 册第 2 通,文化發展出版社 2018 年版。

原件就有七十餘封信札與二十餘篇詩文。

此十册手札原件，原存洪大容孫良厚(1800—1897)之手，後轉藏於吳慶錫之處，復經多次輾轉存藏，有"石庭審正書畫""金約瑟珍藏金石文字""梅園鑒賞""梅軒審定"等藏書印，可知曾經李埈鎔、金約瑟、金良善所藏，後爲金良善教授捐贈至韓國基督教博物館，從此擺脫"人失人得"之流落命運，妥善保存至今焉。

此件第一匣由紅色緞面裱紙，一册，乃書信原件，封面左上楷書簽題"樂敦墨緣"，其下偏右小字書"三徑珍賞"題記。"三徑"爲朝鮮著名譯官吳慶錫(1831—1879)之別號，卷後有慶錫子世昌題記，另有日本學者藤塚鄰(1879—1948)題"昭和戊寅季秋藤塚鄰敬觀"。《樂敦墨緣》收錄嚴誠等寄洪檍及其子洪大應(葆光)之信札十六通，另有潘庭筠、嚴誠、鄧師閔等之間唱和詩文十數篇。其中有乾隆三十一年(1766)二月五日至十九日在京期間，嚴誠、潘庭筠等給洪檍的手札與詩文，有乾隆三十三年趙煜宗寄洪大容書信，有鄧師閔、孫有義、陸飛、潘庭筠等於乾隆三十四年至四十三年期間寄洪檍及其子大應之書信，其中洪大容本人之書信僅有一封而已。

《樂敦墨緣》中部分書信，選錄至洪大容所編《乾淨附編》與朱文藻整理之《日下題襟集》中。由於《日下題襟集》收存的恰是李烜、金善行、洪檍、洪大容、金在行諸人寄嚴誠等人信札，故將雙方信札對讀，其中有相互之覆信與次韻詩文，其中固多問候思念之語，間亦有學術文藝之切磋，可比觀共勘，參稽互證焉。

《中士寄洪大容手札帖》六册，漢字釋文，多準確無誤，然亦錯訛多有，今舉隨手所見者，摘錄數條於下。如"浙杭小生嚴誠頓"，當爲"頓首"，古人書"頓首"往往草寫至簡，猶如畫符，此類皆需補出"首"字爲宜。又"頃奉獻微禮四種"當爲"奉致"，"李金兩大人清安"當爲"請安"，"令姪湛軒"當爲"湛兄"，"四澤所通"當爲"四譯"，"不應若是客易"當爲"容易"，"豈中國亦襲用此器"當爲"習用"，"亦崇神葬經諸書"當爲"崇信"，"兼承遺贈佳品"當爲"留贈"，"何未擲贈一一"，當爲"一二"，"其家在杭城楮壙"當爲"褚塘"，"癸巳臘月初四日腳子持來"當爲"捎來"，"祈另楷書書快"當爲"楷書一睹","已爲轉稍矣"當爲"轉捎","兹有鄧兄寄手札一封奉去"當爲"寄來手札一封奉去";"次爲束二股"當爲"末二股";"得諸州作品題"當爲"妙作"等。又有斷句不當而破句者,若"如琉球安南日本之屬類,皆解聲韻",當爲"如琉球安南日本之屬,類皆解聲韻";"開講之論語讀時、藝學作八股",當爲"開講之論語,讀時藝,學作八股";"何嘗無所用之、善究何嘗非毒",當爲"何嘗無所用之善,究何嘗非毒";"初冬已從三河縣某處,覓寄弟簡,以秋間詣都親訪致覆",當爲"初冬已從三河孫某處覓寄,弟曾以秋間詣都,親訪致覆";"並知辛卯所奉書物得登,記室雖遥遥數千里",當爲"並知辛卯所奉書物,得登記室,雖遥遥數千里";"已煩任兄書、就奉上照收",當爲"已煩任兄書就,奉上照收";"吾輩直視爲姑妄言之之書存、而不論可耳",當爲"吾輩直視爲姑妄言之之書,存而不論可耳";"特恨無便、風吹送海上耳",當爲"特恨無便風吹送海上耳"等。凡此之類,尚需校勘糾誤爲妥焉。

1077-1766
洪大容編《古杭赤牘》(韓國基督教博物館2016年影印《中士寄洪大容手札帖》本)

案洪大容有《湛軒燕記》(0558-1765),已著錄。

《中士寄洪大容手札帖》第三匣,收錄第五、六兩册。第五册爲綢緞裝幀,第六册爲木板裝潢。第五册封面左上楷字簽題"古杭赤牘",共收錄九封書信,皆爲杭州嚴誠、潘庭筠、陸飛及嚴果、潘庭筠表兄徐光廷諸人,在洪大容回國後之乾隆三十一年(1766)至三十四年間寄洪大容手札,故以"古杭"名之。所書爲離別後對洪氏之思念,託付其編輯朝鮮詩集,以及對洪氏往來諸人學識之討論等。第六册收有四封書信,爲嚴誠離世後嚴果、嚴誠子昂、朱文藻寄洪大容之書信與次韻詩,其中部分收錄於洪大容《乾凈附編》,以及《燕杭詩牘》與《日下題襟集》中。此批手札寫寄於嚴誠去世後之乾隆三十三年(1768),然因不便托遞,直到乾隆四十三年(1778)七月,才與嚴誠《鐵橋全集》一起轉至洪大容手中,時嚴誠墓草枯黃,已十易春秋矣。

洪大容曾寄信於陸飛,言及已將諸人簡牘俱粧完,共四帖,題之曰"古杭文獻"。陸飛以爲,"文獻"則不敢當,意竟從老實題曰"杭友尺牘";又"乾净衕"不雅,擬易之曰"京華筆譚"。韓國鄭珤教授以爲洪大容接受陸飛建議,將原定之"古杭文獻"易爲"古杭尺牘",故以爲韓國基督教博物館藏《古杭赤牘》二册,乃《古杭文獻》之一部分。劉婧博士以爲,《古杭文獻》乃洪大容歸國後編輯整理之清人信札原件,乃其在館期間與嚴誠等人往復之手札與詩文;而《古杭赤牘》則收録洪氏歸國後,與諸人來往信札。二者在時間與内容上皆不重複,故當爲兩種不同之詩牘帖。①

今觀諸家往還信件,洪大容之堅持朱子,潘廷筠之出入佛氏,陸飛之浸淫書畫,嚴誠之扶護正學,皆持論不一,秉性各異,而能各抒己見,赤膽剖心,相互提撕,共激共勵,實可謂千年知己。而諸人或沉於下僚,或奔波衣食,或孤寂無助,或中道殞殁,而東西企踵,寄鴻雁於一年一度。洪大容離京時謂諸人,"兩地音書,一歲一度,若一度無書,則或死矣"。潘廷筠所謂"我輩相交,永無見期,惟憑尺素,可傳訊問,若使斷絶,豈非至痛"。故後來潘氏謂大容"此後之札,不可多及他物,恐太多,則重大,不便取攜,或轉以此易致耽擱耳"。然無論大容身居東國,永無再跨鴨江之日,故知諸人音訊爲難,即潘、陸、嚴諸人,雖皆在中國,亦以一見爲罕。嚴誠兄嚴果引洪大容語稱,"有便寄書,無便懷德"。② 讀此數語,令人心碎,可知當時通信之艱難,或一年得見一信,或數年難得一信,再得音書,已是人鬼相隔,益令人感佩古賢之珍視友情如性命。處今日信息社會,音問謀面,萬里一瞬,易如反掌,而人皆隔膜,形同路人,可謂愧對先賢而無地以自容矣。

1078-1766
洪大容編《乾净附編》(韓國基督教博物館藏　鈔本)

案洪大容有《湛軒燕記》(0558-1765)、《杭傳尺牘》(0562-1765),

---

① 參劉婧《洪大容所編與清代文人往來書信文獻》,載清朱文藻編、劉婧校點《日下題襟集》附録一,上海古籍出版社 2018 年版,第 203 頁。
② 洪大容編《古杭赤牘》(韓國基督教博物館 2016 年影印《中士寄洪大容手札帖》本,第 356、355、421 頁。

皆已著録。

　　洪氏《杭傳尺牘》三卷，見其《湛軒書外集》卷一至卷三。卷一收洪大容與陸飛、嚴誠、潘庭筠、徐光庭、嚴老伯（誠父）、嚴果（誠兄）、嚴昂（誠子）、鄧師閔、孫有義、趙煜宗、朱文藻等書信三十三通，爲洪氏返國後歷年與諸人相通之信札。卷二、卷三即爲《乾净衕筆談》上下兩卷，末附《乾净録後語》十餘條，則爲評價陸飛、嚴誠、潘庭筠之語録耳。《乾净衕筆談》又有鄭健行點校本，與李德懋《清脾録》兩種彙爲一書，極便讀者。

　　此《乾净附編》二卷二册，共一百六十五頁，鈔本，現藏於韓國基督教博物館。卷一收有洪檍《晚合齋藏杭人詩牘》，有筱飲畫梅扇、題畫梅贈西湖大略附詩而別、鐵橋書、又、次休休公原韻敬呈洪大人、次韻公和、秋庫書、敬和原韻等，共信札三封，詩五題九首。又順義君李烜《睡隱藏杭人詩牘》，有筱飲題畫扇、題畫蘭、鐵橋書、又（共六封）、日前酬和諸詩衡口信筆、詩三首、奉和鸚鵡原韻二首、次題扇見贈韻、和次金碩士韻、再疊前韻、次韻敬酬、秋庫奉和鸚鵡詩二首、奉和、奉和等，共手札七封，詩十一題十六首。又金在行《養虛藏杭人詩牘》，有筱飲書、送養虛兄別、和蓮扇題、鐵橋書等共書信八封，詩十六題十八首，記文一篇。此卷所收皆爲順義君李烜、金善行、洪檍三人在館期間，與潘廷筠、嚴誠、陸飛往來信札與詩文。

　　卷二共收蓉洲答書、和乾坤一草亭詩、汶軒答書、七政聚會、周漢唐宋明星聚附考、梅軒答書、與蓉洲書、與鄧汶軒書、郭澹園答楚亭書、嚴九峰與鄧汶軒書等，共書信四十封八封與其他詩文若干。此卷主要收録洪大容在甲午（1774）與丁酉（1777）間，與三河孫有蓉等往來信札。

　　劉婧博士以爲，此"乾净附編"蓋與"乾净筆譚"内容相關，或可理解爲"乾净筆譚相關内容的附録"。洪氏在整理"乾净筆譚"系列文獻時，將與筆譚相關資料悉數整理，作爲"附録"，另編成册。而此《乾净附編》可以補充大量洪大容編輯之手札原件與《乾净衕筆譚》中未收録之内容，且多載發信日期與郵路中相關記載，故極具文獻價值矣。①

---

① 參劉婧《洪大容所編與清代文人往來書信文獻》，第204—207頁。

1079-1766
金在行輯藏《中朝學士書翰》(韓國高麗大學圖書館華山文庫藏手札原件)

　　金在行(1721—1789),字平仲,號養虛,安東人。尚容六世孫。幼學生。因係庶出,故障於門第,終身未仕。工詩善飲,擅草書。不修邊幅,舉止疏放。築養虛堂,讀書其中,窮困而終。娶洪樂性女。無嗣,以其兄宅行子履祜爲子。履祜(1762—1818),字仲綏,官至水原判官、德川郡守等。事見朴齊家《貞蕤閣文集》卷一《養虛堂記》、《日下題襟集》上編《金秀才小像》、洪奭周《淵泉先生文集》卷三二《豐山表從兄德川郡守金公行狀》等。

　　李聖儀(1902—1965),號華山,韓國近代古籍商及藏書家,高麗大學圖書館華山文庫即以其捐贈圖書而建。高麗大學藏《中朝學士書翰錄》《中士尺牘》《清朝名家尺牘》等,皆爲其舊藏。

　　《中朝學士書翰》,一册,木版夾頁裝幀,爲手札原件,護封木板左上楷書簽題"中朝學士書翰",下小字題"乾隆三十二年丁亥完"。内收嚴誠、潘庭筠、陸飛上養虛金在行信札原件,共計嚴誠手札四通(兩通與潘庭筠合)、《養虛堂記》一篇、詩二首,潘庭筠札六通(兩通與嚴氏合)、詩三首,陸飛札兩通、詩二首(一首爲題扇面),中有嚴、潘各和清陰金尚憲韻一首,又有金在行詩一首,末爲羅烈跋文。函札紙色光潔,筆墨燦然,誠可寶重。其中如嚴誠《養虛堂記》等,亦見《日下題襟集》中。

　　據册尾1962年李聖儀考證題簽,此書翰爲洪大容親製,其中有錄嚴誠、潘庭筠、陸飛等小傳書牋,李氏稱爲雲峴大監興宣大院君李昰應親筆。據筆者考證,洪大容稱在行所存"詩札固不止此,歸後多散失,其僅存者,又貧不能爲糚,余挈取而編帖以歸之"①。李氏所謂洪大容親製者,蓋因此也。

　　考金善行(1716—1768),字述夫,安東人。英祖朝,官至司憲府大司憲、開城留守等。英祖四十一年(乾隆三十年　1765)冬,洪大容侍洪檍、

---

① 洪大容《湛軒書内集》卷3《金養虛在行浙杭尺牘跋》,《韓國文集叢刊》,248/074。

金在行侍金善行偕行,在行爲軍官身份,故潘庭筠詩"衣留銀屋三分白,笠染蓬山一抹清"有注謂"養虚儒者,著戎服相見,故及之"①。金在行,字平仲,號養虚,時爲幼學生。據洪大容《金養虚在行浙杭尺牘跋》稱,在行"一朝具鞾入燕都,與浙杭三人相得甚歡。三人者,皆許其高而自以爲不及也。又以其豪爽跅弛,無偏邦氣味,益交之深如舊識也,今見帖中諸書可知也。三人者,皆漢晉故家之裔,風流雋才,又江表之極選,今平仲之見稱許如是,從此平仲之詩,可以膾炙於華人口吻,而養虚之號,可以不朽於天下矣"②。洪氏所跋,蓋即此册,然今高麗大學圖書館所藏本,不見洪氏跋文,而有朱溪翁羅子晦跋,謂"此養虚翁遊燕京時,與杭州貢士嚴誠、潘庭筠、陸飛諸人相唱酬及歸後往復帖也"③。考羅烈(1731—1803),字安定,號子晦,朱溪人。正祖朝,曾官咸昌縣監、僉知等。

從護封簽條"乾隆三十二年丁亥"可知,此函札原件收自金氏等返國後,而前收數通與和詩,皆作於在行等在館期間。而後次所收潘氏函札,時嚴誠已化去,而陸飛亦不見者有三年之久。潘氏以在行不善治生,因謂"不治生產,至使室人交謫,亦未爲賢士中行之道,還宜料理園田",並稱即陶淵明,亦稱"衣食固其端",故勸其以三旬九食爲重焉。④

又成大中《青城雜記》卷四《醒言》稱,洪大容、金在行(誤爲載行)入燕,遇潘庭筠,見二人歡甚,許以海外神交。及李德懋、朴齊家至燕,則潘已登第,爲翰林院庶吉士,交之比於洪、金。朴齊家復至北京,則庭筠爲陝西御史,而洪、金並已没矣。庭筠憶洪、金二絶曰:"耳根久斷湛軒琴,愁絶成連海上心。聞有嗣人能述作,好將操縵繼清音。""金生豪氣洗酸寒,酒後常欹緇布冠。如此翩翩書記手,不教兩度入長安。"則庭筠於洪、金化鶴後,仍眷眷不忘故交,高誼可感。讀者敬閱此册時,與洪大容《杭傳尺牘》並觀共鑒,則更能知其端委焉。

---

①《中朝學士書翰》潘庭筠《次韻奉贈養虚學長》,韓國高麗大學圖書館華山文庫藏。
②洪大容《湛軒書内集》卷3《金養虚在行浙杭尺牘跋》,《韓國文集叢刊》,248/074。
③《中朝學士書翰》羅烈跋,韓國高麗大學圖書館華山文庫藏。
④《中朝學士書翰》潘庭筠至養虚第四札,韓國高麗大學圖書館華山文庫藏。

1080-1767

洪大容、閔百順編《海東詩選》(北京大學圖書館藏　鈔本)

閔百順(1711—1774),字順之,號丹丘、一作丹室,驪興人。閔鎮遠孫,昌洙子,金昌集外孫。英祖朝,先後官咸悦縣監、金山郡守、延安府使、楊州牧使、同副承旨等。事見《英祖實録》、金昌集《夢窩集》卷四《南遷録寄外孫閔百順書》、洪大容《海東詩選序》等。

案此《海東詩選》二卷,三册,鈔本,藏北京大學圖書館。紅色漆紙,封面簽題"海東詩選嚴長明用晦父借閲印上册",有蟲蝕迹,"選"字已泐,金鑲玉裝,應爲後來所改裝。首頁大題"海東詩選卷一",第二行低兩格題"五言古詩",無編纂者名,無目録序跋。首頁有"嚴長明用晦父借閲""無競先生獨志堂物""燕京大學圖書館"三印,皆朱陽篆印,此可知曾爲嚴長明①、張其鍠藏過②,後歸燕京大學圖書館。

是書卷一爲五言古詩,選録詩人分別爲新羅真德女王、崔致遠,高麗崔惟清、李奎報、偰遜,本國(即朝鮮)鄭道傳、成侃、金宗直、李賢孫、成俔、朴誾、李荇、金净、奇遵、林億齡、李滉、李珥、宋翼弼、白勳、黄慎、李達、李廷龜、權韠、金尚憲、任叔英、張維、李植、鄭斗卿、宋時烈、金增壽、金壽恒、許穆、金萬重、金昌協、金昌翕、金昌業、金時保、崔昌大、金春澤、李滓、洪世泰、安重觀、金信謙、閔遇洙、金純行、許氏等,共四十八人二百一十八首詩作。卷二爲七言古詩,選録高麗李仁老、李齊賢、李穡、朝鮮鄭道傳、成侃、金宗直、黄昌郎、朴誾、申從濩、鄭希良、魚無迹、金净、李滉、金麟厚、權擘、楊士彦、朴淳、李珥、宋翼弼、許篈、林悌、權韠、張維、李植、任叔英、

---

①嚴長明(1731—1787),字冬友,一字道甫,號用晦,清江南江寧(今江蘇南京)人。乾隆二十七年(1762),高宗南巡召試,賜爲舉人。授内閣中書,旋入值軍機處。後乞歸,不復出。曾任廬陽書院山長。富藏書,築"歸求草堂",藏書三萬卷,吟詠其中。著有《毛詩地理書證》《五經算書補正》《三經三史答問》《石經考異》《漢金石例》《歸求草堂文集》等。
②張其鍠(1877—1927),字子武,號無競,室名獨志堂,廣西臨桂人。光緒三十年(1904)進士。官湖南零陵、芷江知縣等。民國後,任湖南軍務廳廳長、約法會議議員。1918年,入吴佩孚幕,後任秘書長。1922年,任廣西省省長。後隨吴氏逃至河南新野,被刺殺。著有《墨經通解》《墨子大取篇校注》等。爲廣西桂林民國初藏書家,所藏古籍善本鈐有"無競先生獨志堂物""桂林張氏獨志堂藏""獨志堂"等印。

鄭斗卿、許穆、金萬重、趙聖期、金昌協、金昌翕、金時保、金春澤、洪世泰、泰觀、金□、許氏等,凡三十八人近一百零一首詩作。兩卷總三百一十九首,有殘缺頁裝訂亂次者。每位作者,於詩題下皆有小傳。

  案乾隆朝洪大容入北京,與潘庭筠、嚴誠、陸飛諸人交,潘氏欲繼吳明濟之後,再編朝鮮詩選,請洪氏助益,洪氏回札時,就選編之體例提出意見。後來詩選編成後,洪氏於英祖四十三年(1767)又致信潘氏曰:"外呈《海東詩選》一部四本。此因事力不逮,且臨期怱迫,無暇借手於能者,只令舍下諸族,分卷疾書,皆年少才疎,又夜以繼日,惟務及時,其字畫潦草,考誤粗漏,實不堪誇示大方,殊可愧歎。"①又洪大容有《海東詩選跋》稱:"曩余入燕,與杭州高士潘蘭公遊,蘭公請見東國詩,余諾而歸,取見諸家所選多未粹,且近世號稱名家者,多未及入焉,遂欲廣蒐為一編,而顧不嫻於詩律未果也。丹丘先生閔順之氏,父友也。適自灑江來,聞余北行與中國高士交,叩其事甚悉,及聞蘭公意,乃奮然曰:'詩固非東國所長,而自前華人或有采者,是不鄙夷我也。但爲疆域所拘,典籍不相通,其所采者在東國未必爲精選,而乃謂東國之詩如斯而止,則東人之恥也。且蘭公之意甚勤,而子之所欲應者甚誠,余豈不樂爲之助焉。'遂相與往復添删,成若干編,而貢使有期,入遞是急,未暇細心脫稿,安保其能無遺珠濫竽,而東詩之本末則略具於是矣。若其風格之短長,時代之正變,自有大方具眼者辨之,余不敢妄議。"②案洪大容所稱丹丘先生,即閔百順。又百順《會友錄序》亦言及選詩事,稱"余曰:'三子以中國高文,不夷沫我音而願見之,昔人之義也。遂相與裒聚國中諸家詩各體,編而爲數卷以歸之,顧急於踐言,未遑博搜,尤略於世代遠者,而我東詩道之始終正變,亦槩具焉。非敢曰僻壤俚調,可擬於大國漢唐之遺軌也。庶幾其不甚卑鄙,許之以中華餘音,則小邦之光也"③。

  考洪大容所藏《古杭赤牘》中潘廷筠信件,知其時潘氏欲"考核東方文獻,輯成一書,自附於吳明濟之後。但極力摭拾,僅得《史略》、圖經及鄭圃隱以來數十家詩而已"。又一札中謂"《海東詩選》九卷,持擇甚精,考據頗核,一

---

①洪大容《湛軒書外集》卷1《杭傳尺牘·與秋庫書》,《韓國文集叢刊》,248/109。
②洪大容《湛軒書內集》卷3《海東詩選跋》,《韓國文集叢刊》,248/074。
③洪大容《湛軒書外集》卷1閔百順《會友錄序》,《韓國文集叢刊》,248/101。

邦雅製,想已略備,惠然持贈,不敻真珠一船、珊瑚一網也",又一札曰"東詩佳者甚多,尚有弟所見而未入此選者,擬作詩話一卷,因書未成,故求正于丹室先生也"。① 此可知原書九卷,所收遠較此爲多,蓋有散佚或刪汰故耳。

祁慶富教授以爲《海東詩選》編纂者爲閔百順,理由有三:其一,書名相同;其二,傳鈔時間與此書寄至中國之時間相吻合;其三,根據書中眉批多"本國"字樣,又多收金昌協、金昌翕詩,可見編選者爲農巖、三淵之推崇者。洪大容之師金元行爲昌協後人,金氏兄弟詩在洪氏心中有一定位置。故是書編纂者爲閔百順,至於洪氏稱一部四本,今爲三册者,乃因鈔詩者僅考慮裝訂方便,與原書分卷無關焉。

案祁教授之説有理,筆者尚可增添證佐。是稿選詩,諸家詩或一二首,或三五首,少有過十首者,然收金尚憲詩三首,尚憲孫壽增十首、壽恒二首,壽恒子昌協三十三首、昌翕五十八首、昌業二首、昌緝一首,金時保二十二首,而時保高祖尚容即尚憲之兄,故金氏一門即收詩達一百三十一首,占全書收詩數量三分之一以上。考金昌集女適判官閔啓洙、教官閔昌洙,昌洙即百順父也,故昌集《夢窩集》卷四有《南遷録寄外孫閔百順書》。以是之故,百順選詩,於金氏祖孫父子濫收至如此之多。又此鈔本往往有眉批,多引昌協之詩論,如朴誾詩眉批硃筆謂"金農巖曰:挹翠雖學黃陳,而天才絶高,不爲所縛,故辭致清渾,格力縱之,至其興會所到,天真爛漫,氣機洋溢,似不犯人力,此則恐非黃陳所得囿也"。由此可知,此選本必閔百順參選無疑耳。然此事之始於潘庭筠,而體例原則,定諸於洪大容,且洪氏稱"令舍下諸族,分卷疾書",則洪氏之功,亦自不小,故竊以爲此本當題洪大容、閔百順編選,方符當時之情實也。

1081-1768
洪大容編《乾浄後編》(韓國基督教博物館藏 鈔本)

案洪大容有《湛軒燕記》(0558-1765),已著録。

---

①洪大容編《古杭赤牘》(韓國基督教博物館 2016 年影印《中士寄洪大容手札帖》本,第 320、342、352 頁。

此《乾浄後編》二卷,二册,亦洪大容所輯錄之與清人往來手札等件,今藏韓國基督教博物館。其第一册凡收與筱飲書、與鐵橋書、與秋庫書、與徐朗齋書、與筱飲書、明禮洞夢遇記、與鐵橋書、與九峰書、與秋庫書、與徐朗亭書、與秀野書、答秀野書、擬答秀野書、答内兄書、秀野答書、答秀野書、鐵橋書、秋庫書、朗亭書、秋庫與養虚書、與筱飲書、與鐵橋書、中庸疑義、與秋庫書等,凡收錄手札二十二通、文兩篇。

卷二共收有海東詩選序、海東詩選跋、寄陸飛詩十首、寄嚴誠詩十首、寄秋庫詩十首、寄秋庫詩六首、明紀輯略辨説、洪花浦奏請日錄略、與朗亭書、筱飲書、鐵橋書、九峰書、秋庫書、鐵橋與養虚書、與筱飲書、與秋庫書、與九峰書、祭鐵橋文、與嚴老伯書、與嚴昂書、筱飲書、哭鐵橋、籠水閣記、秋庫答書、與秋庫書、與秋庫書、與筱飲書、與九峰書、與秋庫書、與九峰書、嚴九峰與鄧汶軒書、九峰書、追次鐵橋原韻寄湛軒、朱朗齋書、九峰書、嚴千里書等,共書信二十二封、文七篇、詩五題三十七首。

劉婧博士以爲,此二卷所收皆爲洪大容歸國後與杭州三士等清人往來書札與詩文,他如《海東詩選序》等,也與清人贈送書册或在往來書信中所討論之内容有關,並非無故選錄。其編纂之時間,從收信之截止日期爲丁酉(1777)年十月爲止來看,此書信集至少在丁酉十月後,方編輯完成焉。①

1082-1770
洪大容原藏《嚴果尺牘》(韓國國史編撰委員會藏　手札原件)

案此爲乾隆三十五年庚寅(1770)嚴果答洪大容書,《日下題襟集》下編末附有《九峰庚寅十二月答書》《九峰追次鐵橋韻寄湛軒》,整理者劉婧注稱"《古杭尺牘》中收錄此書原件"②。查《中士寄洪大容手札帖》所收《古杭尺牘》,果有此札③。蓋散佚零落,爲韓國國史編撰委員會所收藏

---

①參劉婧《洪大容所編與清代文人往來書信文獻》,第207—208頁。
②清朱文藻編,劉婧校點《日下題襟集》,上海古籍出版社2018年版,第150頁。
③洪大容編《古杭尺牘》,首爾:韓國基督教博物館2016年影印《中士寄洪大容手札帖》,第364—397頁。

者也。

　　時洪大容有喪父之痛,而嚴果弟嚴誠去世三年,已爲禫除祔廟之後,故嚴果信中有"君抱終天之慟,果遭半體之傷"之語。信中叙嚴誠祔祭與朱文藻編輯鐵橋遺集之過程,嚴父身體與誠子嚴昂課業等情狀,並謂收到洪氏所寄《聖學輯要》四册、《農岩雜誌》《三淵雜録》與《鐵橋遺唾》各一册等。因洪氏信中有"有便附書,無便懷德"之語,嚴果稱讀之"不覺掩書拊几,失聲傷懷。鐵橋與足下,爲終古不再見之人;而果與足下,又爲終古不能見之人。不再見者,有一見之足慰;不能見者,則並此一歲一度之書,而至於無便而懷德,其痛尚可言耶!"末附有嚴果詩二首,爲承洪氏所索而作,其謂"守身圖德業,撫姪保興居。只此酬良友,千秋誼不虚"者①,則以養父撫姪、進業興德爲勉爲告,亦以感荷洪氏而慰其思念亡友之情云爾。

1083-1773
洪大容編《薊南尺牘》(韓國基督教博物館 2016 年影印《中士寄洪大容手札帖》本)

　　案洪大容有《湛軒燕記》(0558-1765),已著録。

　　《中士寄洪大容手札帖》第二匣,合第二、三、四共三册,其木板封面正中楷題"薊南尺牘"。"薊南"者,薊州(今屬河北)之南也。因其中書信多爲居住河北三河縣之孫有義、鄧師閔所寄,故如此命名。第二册收録五封書信和兩件附箋問目,爲乾隆三十九年(1774)至四十三年間孫、鄧二氏寄洪大容之書信;第三册收八封書信與一件附箋答目;第四册亦收八封書信與附箋詩文。除孫、鄧二人外,尚有潘庭筠、姚廷亮、徐光庭、嚴果諸人手札,多寫於乾隆四十年(1775)至四十二年間。

　　又韓國翰林大學博物館亦藏有一册《薊南尺牘》,封面左上隸書題"薊南尺牘",下小字題"萬二千峰草堂舊藏/乙丑端陽節/無號道人題簽"。此曾爲韓國書畫家李漢福所藏,亦有日本學者藤塚鄰收藏印,或此

---

①清朱文藻編,劉婧校點《日下題襟集》,上海古籍出版社 2018 年版,第 149、151 頁。

前爲藤塚手中物耶？美國哈佛燕京圖書館所藏藤塚鄰抄本《燕杭詩牘》中，部分書信與此帖相重。此帖中收錄清人兩渾①、周應文、鄧師閔、孫有義、趙煜宗、朱德翶、翟允德等寄洪大容信札二十餘封。此帖與上述"薊南尺牘"應爲同一匣中所藏，後流散零落，幸尚存天壤，可爲不幸中之萬幸矣。

《薊南尺牘》中，有洪大容所提諸問題，如本朝爵秩（主要是清宗室）、崇祀關公、藥材中肉桂何故價貴、回部是何等部落、書籍刻板等事、印泥成色、幻術、椅凳由來、用箸用匙、牛不穿鼻、婦人縫織、西洋天主之學、鳥銃之使用、寺刹僧制、國學制度、科舉逐級考試、葬地卜吉等事，另有問孔孟、老氏、楊墨、心學與異端之學等，鄧師閔、孫有義、潘廷筠均有答覆，鄧氏簡答於大容信紙字行之間隙，不能盡意者詳答於後；孫氏所答逐條列舉於後，較鄧氏稍詳；潘氏所答則有關科舉、異端、竹木刻板等數條。蓋洪大容將所提問題，鈔錄數份寄於各家，而諸人皆擇其所知者有所答覆焉。如所答肉桂價貴、書籍刻板之價等條，均頗資參考。又後來權敦仁問汪喜孫諸事，蓋亦仿大容之舉而爲之者也。

1084-1775
洪大容等輯《燕杭詩牘》（韓國首爾大學奎章閣藏　鈔本）

案洪大容有《湛軒燕記》（0558-1765），已著錄。

《燕杭詩牘》，今世所見者，韓國首爾大學奎章閣、美國哈佛大學燕京圖書館皆有藏本。奎章閣藏本共兩種，一册五十六張，一册六十八張，所收共有手札七十三通、詩文三十八首（篇）。爲陸飛、潘庭筠、嚴誠、朱文藻、朱德翶、翟允德、孫有義、嚴果、徐堯鑑、鄧師閔、趙煜宗、嚴昂諸人寄順義君李烜、洪檍、洪大容、金在行、洪大應、李白石諸人信件；亦有郭執桓、李伯衡、李璋煜、許乃賡、王筠諸人寄朴齊家、洪良厚之書信；又有清季李鴻章、游智開寄李裕元，以及曾起澤致李鴻章之信札。其中尤其以陸飛諸

---

① "兩渾者，宗親愉郡王之少子，康熙主之曾孫也。"洪大容在館期間，多與其交往。參洪大容湛軒書外集卷7《燕記·兩渾》，《韓國文集叢刊》，248/254。

人致洪大容者居多，或爲洪大容等輯藏，後流落世間者。

據奎章閣研究院網頁概要，諸家信札分別爲陸飛《寄朝鮮諸公》《與洪湛軒》《自題畫荷風竹露草堂圖》，潘庭筠《與湛軒書》《用養虛翁見贈韻簡寄湛軒先生行政》，陸飛《與金養虛書》《送別養虛兄》《畫贈西湖大略附詩而別晚含洪公》，嚴誠《答順義君》《奉和鸚鵡原韻二首》《次休休公原韻敬呈晚含洪大人》《和次金碩士韻敬呈睡隱李大人》《敬次清陰先生韻和養虛》，潘庭筠《與養虛書》、《答晚含齋》、《敬和原韻》、《奉和睡隱李大人鸚鵡詩二首》、《次韻奉贈養虛》、《簡寄養虛》含詩一首、《湛軒養虛僉尊兄案下》、《奉和睡隱李大人韻》、《與金養虛書》、《奉和養虛城南見訪之作》，朱文藻《與湛軒大容書》，朱德翩與翟允德《洪湛軒先生啓》，孫有義《湛軒先生手啓》，嚴果《湛軒先生台啓》，陸飛《湛軒賢弟啓》，潘庭筠《湛軒大兄先生書》，徐堯鑑《湛軒先生啓》，嚴果《湛軒先生手啓》，陸飛《答洪尚書槁書》《答金養虛書》，潘庭筠《答晚含齋洪槁書》《答葆光書》《答養虛書》《挽休休先生》《答李白石》，孫有義《答晚含洪尚書書》《與湛軒書》《答湛軒》，鄧師閔《答湛軒書》《九日戊寅隆平》《九日登樓三首》《書》，趙煜宗《與洪湛軒書》，郭執桓《答朴楚亭書》，嚴昂《湛軒老伯大人安啓》，徐堯鑑《答湛軒書》，李伯衡《洪孝廉台啓》，李璋煜《洪一能詞兄啓》，許賡《三斯孝廉即發》《洪三斯先生崇啓》，王筠《三斯先生啓》，李璋煜《洪三斯文啓》，李鴻章《橘山尊兄太師閣下》，游智開《橘山先生大人閣下》，曾起澤《與李中堂鴻章書》等。

據千金梅博士目驗，此鈔本有"昭和八年四月藤田亮策氏所藏寫本ヨリ謄ガス"字樣。案昭和八年爲1933年，藤田氏以史學見長，曾任朝鮮總督府擔任監查官、朝鮮史編修會修史官，則此本爲朝鮮史編修會以藤田亮策所藏寫本爲底本謄寫。清朝學者如陸飛、潘庭筠、嚴誠諸人與洪大容等往還書札，所談多爲通問消息、詩文書畫、書籍刊刻等事。而李鴻章、游智開寄李裕元之札，其多爲朝鮮與美國及列强立約通商、振起自强、練兵制器與機器製造等事。當時兩國皆處家國危亡之關頭，而通信雙方皆兩國權臣，故少見詩文酬唱，而多涉國事要務也。

1085-1775
洪大容等《搢紳赤牘》（韓國首爾大學奎章閣藏　鈔本）

案洪大容有《湛軒燕記》（0558-1765），已著録。

《搢紳赤牘》今存於世之鈔本有四種，韓國首爾大學奎章閣藏兩種，韓國慶尚大學藏有一種，美國哈佛大學燕京圖書館藏有一種。

此《搢紳赤牘》，一册，鈔本，共九十九張，首爾大學奎章閣藏本，爲日本昭和八年（1933）朝鮮史編修會以藤田亮策所藏寫本爲底本謄寫。收有李明焕、洪檍、洪大容、金鍾厚、李書九、南公轍、金邁淳、朴趾源等人書信。分別爲李明焕《與醉雪書》（柳逅）、《與宗人書》（李坪）、《上雷淵書》（南有容）二通、《答黄大卿書》（黄景源）、《答李季良書》（李最中），洪檍《與陸篠飲書》（陸飛），洪大容《與陸篠飲書》（陸飛）、《與嚴鉄橋書》（嚴誠）、《與潘秋庫書》（潘庭筠）三通、《與孫蓉洲書》（孫有義）三通、《與鄧汶軒書》（鄧師閔）五通、《繪聲園詩跋》、《與秀野書》（金鍾厚），洪大容《答秀野書》《答内兄書》《秀野答書》《湛軒又答書》，金鍾厚《答湛軒書》，李書九《與金生書》（金裕淳）、《答徐公美書》（徐美修）十四通、《與南相國元平書》（南公轍）、《答徐相國汝中書》（徐龍輔）、《與金生裕淳書》二通、《與鄭鎮安書》（鄭世翼）二通、《與成陰城書》（成海應），南公轍《答李生錫木宰書》、《上吴太學士乞先大夫碣銘書》（吴載純）、《與吴士執》（吴允常）二通、《答南君山》（南有衡）、《與李元履》（李顯綏）四通、《與李懋官》（李德懋）二通、《與朴山如》（朴南壽）、《上金參判》（金用謙）、《答成士執》（成大中）、《答俞通判》（俞漢雋）、《與崔生》、《與金判書》（金載瓚）、《上尹相國》（尹蓍東）、《上李相國》（李秉模），金邁淳《答老洲吴丈》（吴熙常）、《答吴士黙》（吴淵常）二通、《與洪成伯》（洪奭周）二通、《答鄭景守》（鄭世翼）三通、《答洪憲仲》（洪吉周）、《答姜舜如》、《答李健行》（李泰運）、《答金渭師》（金尚鉉）三通、《與俞景衡》（俞莘焕）、《上伯從兄達淳》、《答族姪士心》（金仁根），朴趾源《答南金閣書》（南公轍）、《答金松園書》（金履度）等。

案此信札集，多爲朝鮮士大夫間之通信，而涉及朝鮮與清朝士大夫交往之書信，僅洪檍《與陸篠飲書》、洪大容《與陸篠飲書》等十二通。據千金梅比對,洪大容信札中,其中如《與陸篠飲書》等,皆爲其歸國以後所寄,且與《杭傳尺牘》中所收信札多有重合焉。

卷七九　1086—1101

1086-1776
李德懋等撰,柳琴輯編《韓客巾衍集》(韓國國立中央圖書館藏　鈔本)

　　案李德懋有《入燕記》(0584-1778),已著録。
　　柳琴(1741—1788),初名璉,字連玉,後改名琴,字彈素,文化人。柳得恭叔父。篤於信義,與人立約,以必踐爲悦。治文藝,視第一等,非杜詩、韓文、右軍書法,不屑爲。又喜周髀之術,構一室扁之曰"幾何",潛思其中,推測渾蓋,究極而後已,是故人謂之幾何先生。垂老困踣,無擔石資。編有《韓客巾衍集》四卷。事見柳得恭《泠齋集》卷六《叔父幾何先生墓誌銘》等。
　　案《韓客巾衍集》四卷,柳琴編。"巾衍"者,行客放置頭巾、書卷等物之小箱。此集摘選當時朝鮮李德懋、柳得恭、朴齊家、李書九之詩,人各一卷,前有清朝學者李調元、潘廷筠序,又於每卷末人對四家詩皆有評點。今存鈔本、刻本多種,韓國國立中央圖書館藏有鈔本四種,分別爲《巾衍集》古貴本、《巾衍集》全本、《韓客巾衍集》古本、《韓客巾衍集》古朝本,前者共收詩歌二百五十八題,全本少一首,古本共收一百六十題,古朝本收二百五十一題。又遼寧圖書館藏《四家詩》,共收二百五十五題。相較而言,古貴本字體工整,字跡清晰,序跋與評點較易辨認,收詩數量多,且錯訛較少,爲版本最佳者。四卷凡收李德懋七十四題、柳得恭四十九題、朴齊家五十九題、李書九七十六題。又有研究者以爲,古貴本共收録四家詩二百五十七題四百零三首。四種鈔本中,全本收録最全,古朝本僅録李調元一人評語,古貴本缺李、潘二人對李書九詩作評語。韓國又有白斗鏞校正《箋注四家詩》與李準文校正《四家詩抄》兩種,惜筆者未見。今有史倩男《〈韓客巾衍集〉整理與研究》,其附録B爲《〈韓客巾衍集〉文字差異情況》,以古貴本爲底本,校以其他四本,施以新式標點,然僅校異同,不辨是非,故難稱善本焉。①

　　朝鮮正祖即位年(乾隆四十一年　1776)十一月初三日,謝恩使李㶂、副使徐浩修、書狀官吳大益一行發自王京,至翌年三月二十四日返京覆命,柳琴亦爲隨行使團成員,出入北京。柳氏此行,隨身攜帶《韓客巾衍集》,企冀能遇詩壇知己,爲評騭高下。柳氏因在書肆中見李調元《粤東皇華集》,故引慕尋至其寓舍,接談甚歡,李並介紹柳氏與潘廷筠相識。李氏以爲中國自宋以來,詩失古風,而今朝鮮諸人詩,其才沉雄,其節鏗鏘,其氣渾浩,其詞鄭重,大爲稱許。而潘氏亦以爲諸家詩多刻畫景物,爐寫襟抱,妙妍可喜。又李調元評李德懋《青莊館集》,"造句堅老,立格渾成,隨意鋪排而無俗豔,在四家中尚推老手"。潘氏評"炯菴捶字煉意,力掃凡谿,別開異境,晚宋晚明之間應踞一席,又如火齊木難,觸目都是奇寶,非尋常近玩之化"。又評柳得恭《歌商樓集》,才氣縱橫,富於書卷,"真東國之文鳳";懷古登臨,尤多傑作,"在箕雅中定推大家"。評朴齊家《明農初稿》"工於七律,夢得、香山,爲其鼻祖";"襟期磊落如見其人,頡頏四家,未易定王、盧前後也"。評李書九《薑山集》,"諸體皆工,而尤碉五古。原本陶、謝而時汎觴於儲、孟之間,詩品爲最高","五言沖澹閑遠,王韋門庭中人,視王漁陽格調尤近;七律參以宋體,亦多新穎之思。才二十餘,真天才也"。李、潘稱四人爲"四家",或謂"海東四家",諸家詩稱"四家"者以此也。

　　案柳琴初攜《巾衍集》入都,亦不過嘗試與中國士大夫接觸而已,未曾想李、潘青眼有加,大加好評,可謂大喜過望。李德懋後來致李調元札,亦謂"去年冬,友人柳彈素,賫《韓客巾衍集》入燕京也,不佞輩日屈指待其歸來,不知遇何狀名士,以評以序,心焉懸懸,無以爲喻。彈素之歸,自詫遇天下名士,仍出《巾衍集》,使不佞輩讀之,果然朱墨煌煌,大加嘉獎,序文評語,爾雅鄭重,真海内之奇緣同,而終古之勝事也"②。

────────
①詳參史倩男《〈韓客巾衍集〉整理與研究》,延邊大學碩士學位論文(指導教師:褚大慶副教授),2015,第7—20頁。又褚大慶《韓國國立中央圖書館藏四種〈韓客巾衍集〉版本考》,《遼東學院學報(社會科學版)》第16卷第6期,2014年12月,第56—63頁。
②李德懋《青莊館全書》卷19《雅亭遺稿》十一《李雨邨調元》,《韓國文集叢刊》,257/266。

至此,四家詩名大振於東國。及柳琴歿,柳得恭悲悼慨歎曰:"公游燕中,與綿州李調元深相交而歸,遇其生朝,掛其像而醊之酒,聞之者或笑之。調元乾隆進士,翰林轉吏部員外郎,以文章鳴世,尋棄官歸成都,聲伎自娛,天下高之。友人李德懋及同志數輩踵入燕,因吏部之弟中書舍人鼎元,以遊乎吏部之友。當世鴻儒紀昀、祝德麟、翁方綱、潘庭筠、鐵保諸人之間,與之揚扢風雅,始得歌行韻四聲迭用之妙,今之人稍稍聞而爲之,非復前日之陋矣。鐵保滿洲人,蒙古鑲黃旗副都統兼禮部侍郎,十餘年寵任隆赫。紀昀爲尚書,名重海內,世所稱曉嵐大宗伯者也。禮部主東客文書往復事,或不便象譯,因緣聲氣,踵門而請,莫不立爲揮霍,沛然無事。嗚呼!公以布衣歿,壽不滿五十,似無與於斯世者,一游燕而及於人者,果何如也。"①

又南開大學孫衛國兄謂柳琴此舉,其功有三:首先,在朝鮮文壇上確立了四家詩人之地位;其次,開啓了李德懋諸人與李調元、潘廷筠諸人交往,開創了中朝文人交流新階段;再次,詩集西傳得到良好反響,激起諸人西來,爲其瞭解清朝,提倡北學,提供了良好開端。② 故柳琴雖終身困厄,賫志以歿,然其架橋開路之功,亦可謂大矣。

1087-1778
朴齊家原藏,朴長馣編《縞紵集》(韓國亞細亞文化社 1992 年影印美國哈佛大學燕京圖書館藏《楚亭全書》本)

案朴齊家有《戊戌燕行詩》(0587-1778),已著錄。

朴齊家一生,曾四度出使中國。正祖二年(乾隆四十三年 1778),朴齊家偕李德懋隨謝恩兼陳奏正使判中樞府事蔡濟恭、副使吏曹判書鄭一祥、書狀官兼司憲府掌令沈念祖等一行出使清朝。正祖十四年(乾隆五十五年 1790)五月,朴齊家隨進賀兼謝恩使昌城尉黃仁點、副使禮曹判

---
①柳得恭《泠齋集》卷6《叔父幾何先生墓誌銘》,《韓國文集叢刊》,260/108。
②孫衛國《〈韓客巾衍集〉之西傳清朝及其影響》,北京大學韓國學研究中心編《韓國學論文集》,2007年第1期,第40—47頁。

書徐浩修、書狀官弘文館校理李百亨等入燕,即朴氏所稱"余以五月辭陛赴熱河,還至燕京參萬壽宴,往來西山、圓明園者幾四十日"①。此行回國途中,在鴨江奉王命又一次出使清朝,時朝鮮元子誕生,乾隆帝祝賀,爲表謝恩,臨時任命朴齊家爲正三品軍器寺正,以別咨使身份隨使臣而去。又純祖元年(嘉慶六年　1801),朴齊家隨謝恩使尹行恁一行,偕柳得恭第四次出使清朝。

此《縞紵集》六卷,原藏美國哈佛大學燕京圖書館,韓國亞細亞文化社 1992 年影印出版,即朴齊家《楚亭全書》上中下三册中之下册。其書"原蹟藏於望漢盧",可知曾在日本學者藤塚鄰手中藏過。《縞紵集》,由朴齊家三子長馣(1780—?)編纂,署"朝鮮朴長馣香叔纂輯",其稱仿柳子厚《先友記》之意而爲此書,命之曰《縞紵集》。案《左傳》襄公二十九年載,吴季札"聘於鄭,見子産,如舊相識。與之縞帶,子産獻紵衣焉"。後世遂以"縞紵"喻友情,間指友朋間之相互餽贈。朴齊家在北京與熱河,多交結名士,相與往來,所見如紀昀、鐵保、安南使臣潘輝益與武輝瑨、張問陶、熊方燮、石韞玉、蔣祥穉、羅聘、錢東壁、吴照、王學浩、熊方受與方訓兄弟等,皆有詩简往還,其詩也稱"契曾先縞紵,遊不負桑蓬。落落談詩快,翩翩上馬雄"②。每至夜分,則"爐灰自陷茶杯冷,正是懷人不語時"③。故朴氏以"縞紵"爲集名,亦含紀友情而兼留念之意焉。

全稿編纂,爲卷二(上下卷又各分三卷,實爲六卷)、爲篇三,各以年次部分而編列之。以戊戌(1778)爲第一篇,庚戌、辛亥(1790—1791)爲第二篇,辛酉(1801)爲第三篇。所録詩文信札前,皆有作者姓氏、里籍、科名、仕宦、著述等,兼有詩文評論,而有筆談則附諸其人之下。其《凡例》稱"凡一百□十□人之人,除親見者外,望風溯想者四,折簡往復而未見其人者一,聞聲相思者二,詩筆相通而未得證交者一"。此數人者指陸

---

①朴齊家《貞蕤閣詩集・三集・贈別小序》,《韓國文集叢刊》,261/520。
②朴齊家《貞蕤閣詩集・三集・熱河次鐵侍郎保寄示韻》,《韓國文集叢刊》,261/515。
③朴齊家《貞蕤閣詩集・三集・贈別熊方受孝廉方訓兄弟二首》其二,《韓國文集叢刊》,261/517。

飛、沈初、吳穎芳、袁枚、郭執桓、王學浩、劉錫五、嚴翼,此八人者各以次附録,其餘皆入原纂。實則郭、陸、吳、沈、袁置於全書卷首,王、劉在卷二末、嚴翼在卷三末附録下,不知究有何意。凡上卷三卷中,卷一收三十一人、卷二録九十三人、卷三共四十八人,總一百七十二人;下卷三卷中,卷一録十四人、卷二收三十七人、卷三録十八人,總六十九人。上、下卷所收之人,多有重複焉。

全書所收之人,則有漢族士大夫如彭元瑞、紀昀、翁方綱、伊秉綬、錢大昕、孫星衍、洪亮吉、李調元、潘庭筠等,滿洲王公大臣則有鐵保、博明、豐紳殷德等,回族有回回王子,又有安南人陶金鍾、潘輝益等。齊家有《戲仿王漁洋歲暮懷人六十首》,所懷之人,中國即有李調元、陸飛、潘庭筠、鐵保、博明、吳穎芳、沈初、袁枚等十餘人。其中有齊家生平皆未之見,而亦云懷人者,一則所謂神交,一則以壯聲譽而已。而長厴編次及述諸家生平,錯訛多有,甚有編列之人,僅存一行數字者,不加删汰,以多爲美,故濫收至如此耳。

1088—1799

劉大觀等《筆談稿》(北京匡時拍賣有限公司2016年秋拍古代書法專場之筆談原草拍品　私家收藏)

劉大觀(1753—1834),字正孚,號松嵐,清山東臨清邱縣(今屬河北)人。乾隆四十二年(1777)拔貢。歷任廣西永福、天保等縣令。後署承德,補開原知縣。嘉慶元年(1796)春,升寧遠知州。歷山西河東兵備道,署山西布政使等。後因事罷官,退居懷慶。曾掌懷慶覃懷書院講席,主纂《濟源縣志》。居官有政聲。楷書瘦健不俗,詩文蕭閑刻峭,卓然自立於塵埃之表。著有《玉磬山房詩集》十三卷《文集》四卷等。事見陶湘編《昭代名人尺牘續集小傳》卷二、李放纂輯《皇清書史》卷二○等。

此筆談草本,爲北京匡時拍賣有限公司2016年秋拍古代書法專場之拍品(圖録號1436),從何處所得,又爲何人拍得,皆不可知。① 乃紙本卷

---

① 拍賣紀録網址 https://auction.artron.net/paimai-art0062051436/。

軸裝,尺寸 29×544 釐米。黃綾籤題"劉松嵐先生真蹟墨寶",下書小字兩行"戊寅重囗(疑爲"裝"字)/筆談稿"。據北京大學中文系教授潘建國兄考證,手卷末紙左下,鈐有"畢氏家藏"(陰文)與"海梯手定"(陽文)兩印,爲清末河南沁陽紳商畢海梯所藏。此"戊寅"或爲畢氏獲得筆談稿手卷之時,即光緒四年(1878)。

案嘉慶元年春,劉大觀陞任寧遠知州,直至八年離任。寧遠州處於錦州與山海關中間,乃燕行使必經之路與重要驛站,又有祖氏牌樓與嘔血台等古蹟,亦爲燕行使臣喜吟諷緬懷之地。而劉大觀在寧遠期間,此地不僅爲燕行使臣歇脚住店之所,也成爲聚飲筆談之地與書信往還之中轉站。劉氏離任之後,使臣與中國士大夫書信一度遲滯耽延,遞接不暢,即失去此中轉站之故耳。

劉大觀之在寧遠,曾與朝鮮使團中如金獻行、徐瀅修、韓致應、金載瓚、柳得恭、朴齊家等,多有往還。嘉慶四年(正宗二十三年　1799)七月,朝鮮遣進賀兼謝恩使判中樞府事趙尚鎮、副使禮曹判書徐瀅修、書狀官兼司憲府執義韓致應等一行入燕。八月十八日宿寧遠,劉大觀前往拜訪,與徐瀅修、韓致應筆談良久;返程再過寧遠,徐、韓二氏往劉氏玉磬山房還訪。雙方一見如故,以至戀戀不能別。此《筆談稿》,即當時筆談之原草紙也。

據潘建國教授兄驗證,《筆談稿》現存十二紙,其中有三紙較短,有裁割接縫痕迹;紙張均爲高麗皮紙,質薄而韌,應爲徐瀅修等提供。"劉大觀與徐瀅修至少進行了四次筆談:第一次爲徐瀅修抵達寧遠當日,劉大觀至朝鮮使團居停客店拜訪;第二次爲使團返回途中經過寧遠,徐瀅修至劉氏玉磬山房拜訪;第三次,劉大觀邀請徐瀅修參訪官衙,筆談竟夜;第四次爲次日早晨,劉大觀至徐瀅修所住客店話別。"徐、韓二人中執筆者,據筆迹應爲韓致應。《筆談稿》前九紙,應爲第一次筆談原草,實際之談草,尚不止此,蓋有散佚故耳。又徐瀅修《明皋全集》卷一四《劉松嵐傳》,復述兩人筆談話語,多不見於《筆談稿手卷》,或徐氏亦收存部分原草,或錄有副本,或憑記憶而成,今皆不可知矣。

今合觀徐瀅修《劉松嵐傳》與此《筆談稿手卷》中雙方所談,凡涉劉大觀家族淵源、大觀科第及職銜、當朝學界人物評騭、朱陸異同、袁崇焕逸聞、徐澄修長相頗似清人王士禎(漁洋)、中朝科舉制度以及雙方互贈藥丸書籍等事,尚談及敏感話題如清廷禁毁吕留良之著述等。

案燕行使行前,師友多有聚飲餞别,當時諸家所題詩文别章之原草,尚不稀見。而在途在館與中國士大夫之筆談原草,卻極是難得。今所見者,如哲宗六年(咸豐五年　1855)陳慰進香兼謝恩行書狀官兼司憲府掌令申佐模所撰《燕行雜記》,末附申氏入北京途中,與直隸保定人張振鏞手談之原草(詳参申氏《燕行雜記解題》0900-1855),可與此《筆談稿》後先輝映。此則不僅僅爲書法或樸拙渾厚,或秀眉可觀;其所難得者,在於"雖書寫於紙上,卻具有口頭交談的現場特質"。① 令我輩於二百餘年之後,仍如在現場,聞其聲而睹其人,見其筆蛇之蜿蜒,觀其笑語之歡騰而不能已矣!

1089-1785
洪良浩、徐浩修輯藏《同文神交》(韓國國立中央圖書館藏　手札原件)

案洪良浩有《燕雲紀行》(0609-1782)、《燕雲續詠》(0674-1794),徐浩修有《熱河紀游》(0650-1790),皆已著録。

案洪良浩、徐浩修皆正祖朝人,亦皆兩度出使清朝。正祖六年(乾隆四十七年　1782)歲末,冬至等三節年貢兼謝恩使判中樞府事鄭存謙、副使吏曹判書洪良浩、書狀官兼司憲府執義洪文泳等入燕;十八年(1794)歲杪,冬至等三節年貢兼謝恩使判中樞府事洪良浩、副使禮曹判書李義弼、書狀官兼司憲府掌令沈興永等出使北京。又正祖即位年(1776)十一月至翌年三月,謝恩使李溵、副使徐浩修、書狀官吴大益一行入燕;又十四年(1790)五月至十月,進賀兼謝恩使昌城尉黄仁點、副使禮曹判書徐浩修、書狀官弘文館校理李百亨等出使清朝焉。

洪、徐二氏在中國,廣結友朋,往來不絶。此《同文神交》二册,手札

---

① 本《解題》所引潘建國教授兄之説及引文,詳参潘兄《中朝文人筆談稿的形制及其流傳——以清劉大觀與朝鮮使者筆談稿手卷爲例》,《浙江大學學報(人文社會科學版)》2020年第3期,第147—159頁。

卷七九　曹江原札《清朝名家書牘》　1455

原件,韓國國立中央圖書館藏。其上、下册封面皆隸書簽題"同文神交"下書"庚辰六月下瀚/無號李漢福追題"小字兩行,爲後來藏者李漢福於1940年親題,有"李漢福印"。漢福(1897—1940),字壽齋,號無號,全義人。爲鮮末書畫家。《同文神交》上册收洪良浩書札一通,餘皆清朝士大夫寄良浩者,凡戴衢亨一通附長詩一首、德保詩一首、博明詩一首、徐紹薪惜春詞四首、戴心亨兩通、李美兩通、徐大榕一通、齊佩蓮五通附詩一首,另有徐紹薪贈良浩明代書法家祝允明(枝山)書法一幅;下册爲清人致給徐浩修之信札,凡李調元一通附詩一首、索德超兩通、孔憲彝詩一首、鐵保兩通、索德超一通。上册末有"昭和己卯除夜素軒藤塚鄰敬觀於京城望漢廬"題字,則此兩册手札亦曾經藤塚鄰眼觀也。

　　案諸家致洪良浩之札,亦往來問候之語,書畫問學之談,唯其與李美所談者,不見他處有記。永平府孤竹祠三十里,舊有夷齊讀書處,相傳韓愈大書於石面,李美印贈良浩,浩爲作《題韓昌黎書夷齊讀書處大字》,今見《耳溪集》卷一六(亦見洪敬謨《冠巖全書》第二三册《四宜堂志》),李美稱爲《夷齊讀書處後叙》,並謂"實曠古奇文,發揮盡致,此千秋之業"。故欲刻石立於書院山中,然須足色紋銀四兩即可成事,冀望能得洪氏資助也。

　　時值《四庫全書》纂修期間,朝鮮君臣除極爲關注修書進度外,尚商議能否購買一套。故李調元答徐浩修札,即專言此事,其言"至我皇上修《四庫全書》,共抄寫四部,一部留大内,一部留圓明園,一部留文淵閣,一部留熱河。除四部外,並無抄本。間有刻者,不過聚珍板一二部在武英殿,然不能購也。或皇上賜人,則人有之。《四庫全書》四部皆抄本,無印本。《薈要》係皇上手邊披覽之書,亦抄本,無印本。大半爲部頭大,所以不能刻也。不過天府之藏,無書不有,以備文獻而已,非以流行天下也,《薈要》亦然"。調元此説,尤其"備文獻而已,非以流行天下"之語,在當時可謂既實事求是,又通達之論矣。

1090-1805
曹江原札《清朝名家書牘》(韓國高麗大學圖書館華山文庫藏　手札原件)

　　曹江(1781—1837),字玉水,清江蘇青浦(今屬上海)人。錫寶子。

嘉慶十年（1805），由實録館校對，簽掣大理寺右評事。嘉慶十七年（1812），因校對乾隆帝聖訓，内字畫訛誤處甚多，並未詳校刊正，大失敬謹之義，革職發往烏魯木齊效力贖罪。赦還後，道光十二年（1832），以候補知州攝宜興縣。官至安徽安慶府江防同知，並曾攝廬州等府事。事見同治《上海縣志》卷二一、光緒《松江府續志》卷二四等。①

案曹江在北京，早年與柳得恭、朴齊家等多有晤談，柳得恭《燕台再遊録》《詠燕中諸子七首》等皆有記載。純祖四年（1804），金善民以謝恩兼冬至等三節年貢使判中樞府事金思穆之伴倘身份隨行。翌年初，在北京與大理寺評事曹江結爲金石交。

《清朝名家書牘》爲曹江呈寄朝鮮金善民等信札原件册，今藏韓國高麗大學圖書館華山文庫。其册封面左上爲書名簽條，大字楷題"清朝名家書牘"，其下兩行小字，爲"嘉慶十五年庚午／怡堂先生舊珍藏書完"，而書内第一頁簽條有"曹玉水尺壹怡堂藏"。怡堂者，或爲捐贈者華山李聖儀之號耶？共收七封信札原件，依次爲金善民（穆如）三通、金命喜（山泉）兩通、金命喜與善臣同覽一通、金善臣（清山）一通。紙色鮮豔如新，行書飄逸可愛，甚可珍玩也。

此册所收曹江第一札，爲寄"金穆如"者，"穆如"即金善民之號，其有《觀燕録》二卷（0727-1804），已著録。純祖五年（1805）初，金善民與曹江初識並結友好。九年（1809），朝鮮以判中樞府事朴宗來爲冬至兼謝恩行正使、吏曹判書金魯敬爲副使、兼掌令李永純爲書狀官赴燕，金正喜侍其父魯敬隨行並纂有《燕行詩》（0753-1809），已著録。命喜（1788—1857），字性源，號山泉，爲正喜之弟。純祖二十二年（道光二年　1822），冬至等三節年貢兼謝恩使判中樞府事金魯敬入燕，命喜以軍官身份侍其父起居。金善臣（1775—1855）爲善民之弟，字季良，號清山。故金正喜、命喜與善臣，在善民之後，亦皆得與曹江相識，並通札往還焉。

曹江與金善民在北京見時，善民號"清風"，故曹氏以《詩經·大雅·烝民》有"吉甫作誦，穆如清風"句，勸其改號爲"穆如"，善民從之。此册

---

① 案曹江生卒年參朱則傑《清代詩人生卒年叢考——以錢集選等江南地區詩人爲中心》，載《江南大學學報（人文社科版）》2017年第1期。

中寄金善民之第三札,已是相識五年之後。而與其弟善臣通信,前次尚謂"兄弟怡怡,天倫至樂,欣羡欣羡";而再接札時,善臣寄其兄《行狀》,請曹氏爲撰墓銘,則善民已化爲異物矣。

曹江於嘉慶十五年(1810)寄金善民第三札,稱"僕比年命途乖舛,遭兄喪,又連殤三兒,窮愁寂寞,日甚於前。前書奉報,廼致喬沈,誠可歎也。辱諭諄諄,以立身爲務。顧僕思之,天之歎老,斯才果何遏耶? 少壯不可久恃,僕行年三十四,躓秋闈,上無以顯親揚名,下無以繼繩前業。脱如此終身,豈不虚生此人哉! 此所以中夜驚心,莫敢自逸也。至於榮名,本非所慕,然致身朝寧,又何敢爲唯唯吶吶之流。僕備負大理評事,五年於兹,郎官無所見可否,姑自韜晦,以待時而動。然聖朝無闕可補,恐亦終無可聞也已,先生將何以教之"。此可知曹氏在北京,屢屈科場,憂懷無歡,故向海外友人,一吐鬱結。而"聖朝無闕可補,恐亦終無可聞"一語,可謂既不滿當朝,而又無可如何者。兩年後,曹氏即革職發往烏魯木齊效力贖罪,可謂一生波折,患難相織矣。

1091-1815

金命喜輯藏《尺牘藏弆集》(韓國首爾大學奎章閣藏　鈔本)

案金正喜、金命喜出使清朝事,詳參前金正喜《燕行詩解題》(0753-1809),《清朝名家書牘》《中朝學士書翰》等,皆已著録。

此《尺牘藏弆集》,一册,共二十一張,金命喜輯,今藏韓國首爾大學奎章閣。所收皆清朝士大夫致金氏等手札,分別爲吳嵩梁二通、周達四通、葉志詵三通、陳克明二通、張深三通、秦巘一通、期葉琛一通、汪喜孫一通、劉喜海四通、葉繼雯一通、繆紹薪一通、劉栻三通、繆博振一通、陳用光一通,共二十餘通。因未見原本,此僅據首爾大學奎章閣韓國學研究院網頁概要,引而叙之如次,讀者欲知其詳,尚需目驗原册爲要矣。

1092-1816

翁方綱撰,金正喜輯藏《覃溪手札帖》(韓國首爾大學奎章閣藏　手札原件)

翁方綱(1733—1818),字正三,號覃溪,晚號蘇齋,清順天大興(今北京大興區)人。乾隆十七年(1752)進士。授編修。歷任廣東、江西、山東三省學政,官至内閣學士,左遷鴻臚寺卿。精於金石、譜録、書法與詞章之學。論詩創"肌理説",影響甚大。著有《經義考補正》十二卷、《禮記附記》十卷、《韻字辨同》五卷、《兩漢金石記》二十二卷、《漢石經殘字考》一卷、《粤東金石略》九卷、《焦山鼎銘考》一卷、《元遺山先生年譜》三卷、《蘇齋題跋》不分卷、《石洲詩話》八卷、《復初齋詩集》七十卷、《復初齋文集》三十五卷《集外文》四卷等。事見《國朝耆獻類徵初編》卷九一張維屏《翁方綱傳》,《國朝詩人徵略》卷三四、《清史列傳》卷六八、《清史稿》卷四八五有傳。

案金正喜有《燕行詩》(0753-1809),已著録。

純祖九年(嘉慶十四年 1809)歲末,冬至兼謝恩使判中樞府事朴宗來、副使吏曹判書金魯敬、書狀官兼司憲府掌令李永純等一行入燕,金正喜隨其父魯敬至北京,與翁方綱、阮元等交,極嗜翁氏書法,而學則崇尚阮氏,故以"阮堂"名齋。其稱"覃溪云嗜古經,芸臺云不肯人云亦云。兩公之言,盡吾平生"①。其學以考據見長,擅金石,精書法,亦善繪事,雖在配所,讀書治學不輟也。

此《覃溪手札帖》,一册,乃翁方綱手札原件,今藏韓國首爾大學奎章閣。封面絹面稍顯破舊髒污,左上行書籤題"覃溪手札帖怡堂收藏"。内頁多有水漬痕蹟,首頁隸書"覈實在書/窮理在心"大字,頂格正中有"서울大學校圖書"朱文方印。後一頁亦隸書"攷古證今/山海崇深"。後頁爲信封字,自右至左爲"蘇齋寄第二封/台印秋史/金進士尊兄手啓"。此後爲信札原文,首頁有"大雅""蘇齋""宜子孫印""田琦和印""季卿"諸印。末有"日京藤塚氏望漢廬臧册",則原爲藤塚鄰望漢廬舊物也。

此册爲翁方綱致金正喜長札一通,因金氏問學,故翁氏言稱"遠道不盡曲陳,則惟撮其最要者一言蔽之,此事惟在精專而已。有義理之學,有考訂之學。考訂之學,漢學也,理義之學,宋學也。其實適於大路,則一而已矣。千萬世仰瞻孔孟心傳,自必恪守程朱爲指南之定程。士人束髮受

---

①金正喜《阮堂先生全集》卷6《又自題小照》(在濟州時),《韓國文集叢刊》,301/126。

讀,習程朱大儒之論,及其後博涉群籍,見聞日廣,遂有薄視宋儒者,甚且有倍畔程朱者,士林之蠧弊也"。翁氏一生,尊崇程朱,故其言如此。其以爲宋儒蔑視訓詁,自是其弊,古訓師承原委,必不可廢。朱子《儀禮經傳通解》一書,最爲有功。黃勉齋、楊信齋皆承朱門之緒,闡發補證,雖信齋之書,中間不無待後人之補證者,然而補證非可擅用一己之見輕易斷定也。如《大戴禮》盧注言明堂與路寢同者,實亦未詳悉分疏明堂内之某制與路寢内之某制相同,而張惠言《禮圖》竟謂明堂即是路寢。即如今日偶見漢建初銅尺,用以審定古器款識則可,沈彤竟欲執此尺以斷定周時分田制禄之成算,竟若身到周庭,目觀其時事者,此必不能之事。"古人制禮,原是爲資於一時之用,而非欲供後人之考,今讀者則只宜考其同異,而不當復泥其當日之所用。如吾門人凌仲子撰《儀禮釋例》,余久笑其迂,此等撰述,意欲何爲? 有此光陰,又不如考定同異矣。"

　　翁方綱於漢學大盛之時,與姚鼐、章學誠、程晉芳諸人,尊守程朱,爲衛道干城,雖主考據、義理不可偏廢,此札末亦稱"今日文教昌明大備之際,考證爲最要。考證即義理之學,不分二事,切勿空談"。然終以義理爲尚,故其所言如上。而金正喜所敬翁氏者,乃在書法,曾謂"覃溪老人正書,於率更得其圓處,於河南得其隸意,而八萬卷金石之氣,注於腕下,蔚然爲書家龍象,由唐入晉之徑路,舍是無二。石庵差可比擬,成親王以下,皆遜一籌,古東先生以爲近日書法之第一,是天下定論"①。古東者,即李翊會(1767—1843),字左輔,號古東,全義人。官至司憲府大司憲。而正喜之論學,如《漢儒家法說》《實事求是說》《漢十四經師頌》等,則全襲阮元與考據學家之説,而與翁氏分道而揚鑣矣。

　　翁方綱此札作於嘉慶二十一年(1816),已是八十四歲耄耋之年,自謂因目力逾昏,不能在有色之紙作字,是以用竹紙書札,信札長達兩千餘字。又稱"嗜學之心,計倍於往昔。每日卯刻起來,即取舊草稿輪流覆看"。然則此等勤勉向學之舉,亦令我輩歎賞而羞煞矣。

　　又筆者在韓國德壽宮曾見有翁方綱書"實事求是"區數幅,其中唯一

————————
① 金正喜《阮堂先生全集》卷7《書古東尚書所藏覃溪正書簇》,《韓國文集叢刊》,301/140。

幅有翁氏印,曾複印回國,製成匾額,爲座右銘,或此匾亦爲書送金正喜者耶? 今亦不可考矣。

1093-1826
申在植著,李相敦譯注《筆譚(冬至使申在植會友錄)》(首爾保景文化社 2004 年版)

案申在植有《相看編》(0855-1836),已著錄。

申在植一生,曾兩度出使清廷。純祖二十六年(道光六年 1826),朝鮮以判中樞府事洪羲俊爲冬至兼謝恩行正使、禮曹判書申在植爲副使、兼執義鄭禮容爲書狀官赴燕,一行於十二月二十六日抵北京,翌年三月二十一日返回王京。又憲宗二年(道光十六年 1836),冬至等三節年貢兼謝恩使判中樞府事申在植、副使禮曹判書李魯集、書狀官兼司憲府掌令趙啓昇等入燕,翌年三月十七日返國覆命。

據此稿譯注者韓國檀國大學李相敦教授序稱,其得此稿於中國山東濟南,遂重之而譯述之。考《筆譚》中申在植稱:"今日筆談草紙,僕將盡爲持去,東歸後提其大槩,裒成一錄,以傳今日證交於後世也。諸公齊聲稱好。月汀曰:'若成一編,因便寄示也。'余曰:'謹領。'"①然則此爲當時申氏所欲帶回東國者,而封面左側楷題"筆譚",右有"海東申翠微手書贈籙友/籙友裝背屬於月汀署檢",或申氏行前贈於王筠,故今在濟南發現耶?

《筆譚》李相敦教授譯注之韓文本,文字横排,自左至右翻頁;而以漢文本繁體豎排,自右至左翻頁;而《筆譚》原本影印附於後,極便讀者核檢。後附《相看編》,乃申在植第二次出使期間,與同行朝鮮諸人所唱和之詩文,前已著錄,此不贅述焉。

此《筆譚》凡記申在植於丁亥(1827)年第一次出使時,在館期間與中國士大夫之四次筆談。分別爲正月初九日,會於葉志詵宣武門外虎坊橋之平安館,與會者申、葉二氏外,有李璋煜、王筠、汪喜孫、顔懷珠;二十一

---
① 申在植著,李相敦譯注《筆譚》,首爾保景文化社 2004 年版,第 18 頁。

日,會於李璋煜小石精舍,申、李、汪三人外,有胡衛生、張迺輯、宮壒;二十四日,王筠、張迺輯至玉河館來訪;二十六日,會於宣武門外長椿寺,有長椿寺僧三明禪師、汪喜孫、李璋煜、王筠等。末有王筠序與慕維德詩。前後諸家贈詩,如王筠《嘆酒歌》(一名《酒海歌》)等,皆附於筆談之後。

申在植與諸人所談,無非學術風俗之類,要以汪喜孫所言最多,蓋諸人之中汪氏學問最優,而其又護漢學最篤也。汪氏談漢學宋學之別異,又紹介顧亭林(炎武)、戴東原(震)於申氏,稱"學行兼全者甚不多得,此二人言行相顧,非徒以著述傳世者。中國人才,祇習詞華,不敦實行,非所重也"。又謂"近來講漢學者,有不講人品;而攻宋儒者,亦有不講大義,而只以破碎求之者。以致後人痛詆漢儒,遂成門户。東國即主宋儒,至於漢儒,雖非東國老師,亦世丈也。譬如老師之伯叔弟兄行耳,何可謗訕。噫!清山過矣"①。此清山指朝鮮金善臣,主宋學,尊朱子,而輕漢學,喜孫曾長札以辨之,詳參前《中士尺牘解題》。而喜孫承繼家學,雖學術貢獻不如乃父,然其行政經濟,為循吏,有廉風,可謂漢學家中皎潔廉能而躬行實踐者也。

又申在植見王筠篆法深得玉箸之餘意,甚是古態,即問學何法帖而然。菉友稱"古有杜撰,今有杜篆。僕素不識字,發憤讀《説文》一年,讀之既熟,依樣葫蘆,實未臨帖也"。王氏固謙遜之辭,然亦平實之言耳。又申氏問李璋煜詩稿有刻本否?答曰"山東風氣,少年無刻稿者,不似三江人好名,動災梨也"②。此可知當時山東與江南,風氣之不同之如此。

又《筆譚》中亦頗有誤處,如稱顧炎武為"山東濟縣人"③。顧氏大儒,筆談中汪喜孫、李璋煜輩,決不當如此荒疏,此必是申氏誤記者矣。

1094-1827
汪喜孫等原札《中士尺牘》(韓國高麗大學圖書館華山文庫藏 手札原件)

汪喜孫(1786—1847),後更名喜荀,字孟慈,號荀叔,清江蘇甘泉(今

---
① 申在植著,李相敦譯注《筆譚》,首爾保景文化社2004年版,第24、35頁。
② 申在植著,李相敦譯注《筆譚》,首爾保景文化社2004年版,第29、9頁。
③ 申在植著,李相敦譯注《筆譚》,首爾保景文化社2004年版,第14頁。

揚州市邗江縣)人。汪中子。嘉慶十二年(1807)舉人。後入資爲內閣中書。歷官至河南懷慶府知府。因感暑濕,勞瘁辭世。博通經史,爲官清廉,以循吏稱。著有《國朝名臣言行錄》《經師言行錄》《尚友記》《從政錄》《孤兒編》《大戴禮記補注》《且住庵文稿》《且住庵詩稿》等,今人楊晉龍等彙集整理爲《汪喜孫著作集》行世。事見汪喜孫《汪荀叔自撰年譜》、汪保和等撰《孟慈府君行述》、《續碑傳集》卷四三王翼鳳《河南懷慶府知府汪公墓表》與劉文淇《道銜懷慶府知府汪君墓表》、陳奐《師友淵源記》、《清史列傳》卷六八《汪中傳》附傳等。

案此《中士尺牘》,一册,汪喜孫等手札原件,今藏韓國高麗大學圖書館華山文庫。綢面楷字書"中士尺牘",內一頁有"高麗大學校藏書"朱文大方印,內頁中間簽條篆書大字"中士尺牘",下小字楷題"怡堂收藏"。此册共收錄手札十一篇、小像一幀,分別爲清儒陳用光一通、汪喜孫六通、王筠三通、周達一通、羅岐一通,另不知何人致學山的書信一通,又有佚名所繪"林芷堂二十九歲小像"一幀,收信者則爲朝鮮金善臣、洪良厚(三斯,洪大容之孫)、柳最鎮(學山)①、李鳳寧(周經)諸人。

案此册所收手札,談藝論詩外,最可重者乃汪喜孫致金善臣(清山)第一札、王筠致金善臣札與致李鳳寧兩札,此三通皆爲長信,專言學術而不他及。從王筠致金善臣札可知,善臣"不喜漢學,竊所未喻",故王氏寄信相商,稱"竊惟學問之道,徑路必當嚴而門户不可分"。其後即自先秦諸子始,追溯漢宋流變,漢宋相較,"蓋漢儒詳於小學,宋儒詳於大學,合之則雙美,離之則兩傷。後世小學既廢,少年以俗學錮其聰明,有志者於既得科名之後,乃隨其資材之所近,各赴於漢宋之途,以故不合不公,其來已久。然爲漢學必博聞強識,難托空言。而冒托宋學者,止道得'人同此心,心同此理'二語,更不須讀五子書。大抵膚末於漢學者,必拘墟;膚末於宋學者,必孤陋。而空談心性,尤易流於禪定。故明末諸人,往往先學釋而後學儒,既儒而猶雜以釋,誠以宋學易爲空疏者所托宿也"。又其與李鳳

---

① 柳最鎮(1791—?),字美哉,號學山木齋,簡稱學山,亦稱樵山,晉州人。幼時模仿家中所藏古畫,以爲繪事,後成書畫大家。與書畫家趙熙龍交好,曾隨金正喜遊歷名勝古蹟。事見吳世昌《槿域書畫徵》。

寧書,亦謂"蓋自學問衰於明之萬曆間,上無道揆,下無法守,空談相高,借宋儒以文其固陋,而實與之背馳。有楊升菴者,徒侈於博,且多附會,論者謂其如窮兒暴富,不曉穿衣喫飯,此僞漢學也。顧亭林先生出焉,乃倡爲實學,而後之君子,迭起而修明之。是膚末於宋學,爲中國已有之弊;而膚末於漢學,亦中國已有之弊。而今乃察其堂、嚌其胾也。竊意爲學之道,當先破門户之見,世之爲漢宋學者,各伸其長,各諱其短,互相抵牾,幾如仇讎,其亦不值一笑矣"。

案清代漢學之於嘉道之際,細碎苟苛,流敝叢生。執宋學者如方東樹輩,持戈揮槍,叫陣詈罵,幾欲置其於死地;而漢學派内部,如焦循、江藩、淩廷堪、阮元諸人,亦慎思檢討,總結得失。而王筠所論,與阮元輩相切相合。此可知一代學人,南北呼應,總論當代學術,所思所慮,所喜所憂,可謂小異而大同者也。

1095-1827
汪喜孫等撰,胡適原藏《道咸同三朝文人與高麗使臣函》(臺北"中研院"胡適紀念館藏並整理　手札原件)

案汪喜孫有《中士尺牘》(1094—1827),已著録。

此爲臺北"中研院"胡適紀念館藏清人手札,館方整理爲《清代學人書札詩箋》下册,共裝一册,分爲五種,分别爲《□鴈尺一集潘孔合璧流》、《□鴈尺一集張王墨緣水》、《清代名人書札真迹》、無册名《道咸同三朝文人與高麗使臣函札》與無册名《道咸同三朝文人與高麗使臣函》等五種。

本册爲胡適所藏清人手札之第五種,題"無册名(道咸同三朝文人與高麗使臣函札)"。末有胡適跋謂"右十五件,計葉志詵三札,汪喜孫八札,附《答汪孟慈書》,署名'大勳',又李鈞、李伯衡、陳用光各一札"。然今此册前尚有馬光奎書札兩通、熊昂碧一通,後有張深一通,然則共十九件矣。受信者則爲靈樵、芝山(或二人合收)、翠微諸人。考汪喜孫札中,屢記寫信日期爲道光七年(1827)正二月間,正爲冬至等三節年貢兼謝恩使判中樞府事洪羲俊、副使禮曹判書申在植、書狀官兼司憲府執義鄭禮容一行在館期間,故諸人或邀約訪問,或飲聚言歡,或贈送書册,或交換禮物,均見諸家信札者。靈樵即李壽民,芝山即李勉在,翠微則申在植也(詳參下羅士琳等撰、胡適原藏《道咸同三朝文人與高麗使臣函札解題》,1101—1829)。

　　諸人手札中,唯汪喜孫與申在植信,屢言學術,尤屬意於漢學、宋學之別,其所論説亦見申氏《筆譚》中,汪氏與申氏於道光七年(1827)正月初九日會於宣武門外虎坊橋之平安館、二十一日再會於李璋煜之小石精舍,二十六日又會於宣武門外長春寺(詳參《筆譚解題》1093—1826)。而喜孫信則寫於正月廿七日、廿九日與二月朔日等,蓋筆談不能盡意,故信中復陳己見也。如其言曰:"翠微先生足下,僕之言必忠信,非邀譽於禮教之邦也。鄙人生平只知是非,不顧毀譽,所以每一言一動,必證之於經及先儒格言,自恨天分不高,十日不讀書便爲習俗所染,是以於訓詁内求義理,於典章制度内求義理。蓋於聖賢之書未能解詁,必不能窮理;於帝王典制未能知數,必不能窮理。學問之道,由粗及精,先能講説,即欲躬行。……近日極欲躬行實踐,期於經明行修,有體有用,現在每日必欲力行一二事,不顧迂疏之謗,衆惡之口,但求不得罪於天,不見棄於正人君子者。(僕曾祖以四世單傳,兩代節母,現在子三人,所以對天發誓,若貪污不職,雷擊其身,火焚其宅,天絶其嗣也。)"又謂"僕以不燕客,不與外吏交,不受規例,不受屬託,冬無美裘,食不兼味,默告關壯繆、楊忠湣,二年於兹矣"。又稱"閣下學宋儒之學,僕則願學宋儒爲人,學其學則必不爲陸象山,學其人則象山亦有可采,是亦吾師也"。又謂:"今日直諒之友,不可多得,文酒之會,競尚阿諛,世所謂文人才士,張名博利者,廉恥之心生,而後風化可敦,禮教可行,吾輩激濁揚清之責,翠公、周經、三斯其逸之。(涉獵記誦,以博雜相高,毛西河之謂也;割裂裝綴,以華靡相勝,朱竹垞之謂也。惟鑒詧之。生平不作詩,不填詞,不臨法帖,讀大作竟不□和矣。)"①觀此可知汪氏之尊崇漢儒,惓惓念念,又知其立身行世,亦未嘗不以宋儒爲法,而束身行謹,不阿時好,不貪不賄,勤政愛民,故其爲循吏也宜矣。

---

① 汪喜孫等撰,胡適原藏《道咸同三朝文人與高麗使臣函》,汪喜孫第三、五、七札。

1096-1829

李尚迪輯藏,醉香山樓選録《海鄰尺牘》(美國哈佛燕京圖書館藏　鈔本)①

案李尚迪有《己丑燕行詩》(0825-1829),已著録。

李尚迪曾於純祖二十九年(道光九年　1829)、三十一年,憲宗二年(1836)、三年、七年、八年、十年、十三年,哲宗四年(咸豐三年　1853)、九年、十四年(同治二年　1863),高宗元年(1864),以譯官、首譯身份,一生出入中土凡十二度,時間跨度達三十五年以上,故時人稱"藕老此來凡十二度矣,亦罕事也"②。出使次數如次之多,前有清初麟坪大君李㴭,以及同時人趙秀三,差可相擬,他人無論焉。李氏在中國,交遊遍京華,甚有祖、父、孫三代皆與其交好往來者。其《恩誦堂詩》分别於道光二十八年(1848),咸豐三年(1853)、九年與同治元年(1862),四度在北京刊行,此亦朝鮮詩家絶無僅有者矣。

李尚迪在出使期間,與清朝士大夫酬唱筆談甚多,即其歸國後,亦往來通問,書信不絶,故其收藏有大量清人手札。此"海鄰尺牘"者,蓋取唐代王勃"海内存知己,天涯若比鄰"之名句,以爲天涯知己之念。然金奭準《李藕船先生傳》稱,李氏"卅餘載與中州人交游寖寐者,自公卿大夫以至山林詞客,咸有投贈,顔其書屋曰'海鄰'"。據其前李容白序稱,李尚迪在北京,"所交鉅公名士,富有瓊琚之投,攜歸粧潢,共若干册,泂盡吉光片羽,金針可度"。又葦滄筆寫本《海鄰尺牘·例言》亦謂"《海隣尺素》一部共十帖,每家多有數三十篇者"。又吴世昌跋亦曰"余於弱冠,獲覯《海隣尺素》真蹟十册,因喜而摘鈔謄卷,以便巾衍記誦之資"。據此可知《海隣尺素》原有十册,後輾轉鈔録,衍生出多種版本,而原件如神龍見首而不

---

① 本解題參考了韓國鄭後洙(정후수)《海隣尺素轉寫本考察》,韓國《東洋古典研究》第19輯,2003年,第173—201頁;又《〈海隣尺素〉13種轉寫本對照》,《東洋古典研究》第20輯,2004年,第81—114頁。又千金梅《18—19世紀朝·清文人交流尺牘研究》,韓國延世大學博士論文(指導教師:許敬震教授),2011年,第63—79頁。
② 董文涣編,李豫、崔永禧輯校《韓客詩存》附《硯樵山房日記》手稿中朝鮮人資料,書目文獻出版社1996年版,第328頁。

見尾,不知尚存天壤間否。

　　《海隣尺素》爲世人所喜,摘鈔者甚衆,今公諸於世者,即有十五種之多。有《蘭言彙鈔》本,兩册,韓國學中央研究院藏書閣藏,封面無書名標題,卷首題《蘭言彙鈔》;日本天理大學今西文庫藏本,分爲乾坤兩册,此本出自《蘭言彙鈔》本;又吳慶林(廷筠)本,韓國國立中央圖書館藏,一册;美國哈佛大學燕京圖書館藏本,一册;吳世昌跋文本,首爾大學中央圖書館藏,一册;小樵本,國立中央圖書館藏,二册;韓國國立中央圖書館藏DB本,一册;丙申年本,首爾大學中央圖書館藏,一册;鶴陰珍本,國立中央圖書館藏,一册;恩誦堂本,國立中央圖書館藏,一册;池錫永藏鈔本,私人藏本,末有池錫永後記,一册;恩雨堂本,首爾大學中央圖書館藏,一册;薪菴文庫本,高麗大學圖書館藏,一册;丁淵泰鈔默容堂本,延世大學圖書館藏,一册;美國哈佛燕京圖書館藏《東華酬唱集》本,二册。此據千金梅博士研究,分爲《蘭言彙鈔》本、吳慶林本、吳世昌鈔本和《華東酬唱集》本四個系列。諸鈔本或稱《海隣尺素》,或曰《海隣尺牘》,或爲《海隣尺素鈔》,或謂《海隣尺牘鈔》,稱名不同,而所鈔亦各各不一也。

　　此十五種鈔本,所摘抄之清人手札,據千金梅統計,藏書閣本收錄之尺牘數量最多,分別爲張曜孫十八通、王錫振二通、張穆二通、程恭壽二通、吕佺孫與俏孫七通、吕佺孫四通、吕俏孫七通、吳贊十三通、雷文輝二通、王鴻三十五通、丁嘉葆二通、張茂辰三通、程祖慶五通、溫忠善與忠翰一通、溫忠彥二通、楊夫渠二通、楊淞三通、鄧爾恒四通、葉志詵二通、葉名澧四通、王憲成六通、汪喜孫六通、韓韻海十一通、劉喜海二通、儀克中四通、潘曾瑋十四通、高繼行三通、倪印恒一通、黃爵滋一通、葉覲儀一通、阮常生一通、阮福一通、吳思權一通、姚涵一通、趙文涵二通、周蘭一通、劉肇銘一通、周棠一通、曹懋堅一通、吳儁四通、潘祖蔭十五通、潘曾綬一通、潘遵祁與潘希甫一通、孔憲彝二十三通、吳式芬二通、孔憲庚四通、楊尚文二通、楊尚志一通、三明一通、朱錫綬二通、馮志沂五通、朱琦三通、王軒三通、董文煥二通、張丙炎二通、龔橙二通、劉福四通、柏葰一通,總二百五十六通。然此亦非原十册所收信札之總數,如藏書閣本中選柏葰一通、葉志詵二通、王鴻三十五通,而《華東酬唱集》本注明"柏葰三通中選二"、"葉志詵五通中選二"、"王鴻五十二通中選二十",可知此三家原件所存信札,遠多於諸家鈔本也。

案美國哈佛燕京圖書館藏"華東倡酬集"本,黑格鈔本,兩册。首頁首行頂格題"華東倡酬集",第二行低兩格題"海隣尺牘",下題"醉香山樓選録"。案"華東"者,蓋"華"即"中華",指清朝;"東"即"東國",謂朝鮮也。又"醉香山樓",爲金秉善之號,秉善乃金平默(1819—1891)之族孫,則當爲其所選鈔。又一册中間頁,亦有如此鈔者,蓋當時欲爲分卷之意也。每頁十行,因鈔手不一,每行字數多寡不等。有紅筆圈點及補注,如添注與年號月時等,標於天頭,間有校誤字者,如汪喜孫札中"王柏齋","柏"字旁標"魯"字等,並有"吳本有""吳本無"等字,則曾與吳世昌本相校也。末函套貼片紙有"日本出版貿易株式會社"字樣,或爲藤塚鄰鈔藏本,自日本而轉入美國者。

此鈔本所録,亦非全帙,依其次序,分别爲葉觀儀一通,汪喜孫六通選三,韓韻海十三選七,儀克中五通選二,吕佺孫十通選五,吕侑孫五通選三,吳廷鈐十七通選四,雷文輝二通,潘曾綬一通,潘曾瑋十六通選五,潘祖蔭十四通選六,高繼珩三通選一,倪印恒一通,劉喜海二通,黄爵滋一通,阮常生一通,阮福一通,吳思權一通,姚涵一通,趙文涵二通,周南一通,劉肇銘一通,吳儁四通選二,馮志沂五通選三,孔憲彝二十三通選八,孔憲庚四通選三,柏葰三通選二,朱錫綬二通,洪齮孫一通,楊尚志一通,楊尚文一通,吳式芬二通,天臺宗長椿寺僧三明一通,劉福四通選三,龔橙二通,張丙炎二通,董文焕三通選二,王軒三通,朱琦五通選二,以上爲第一册;丁嘉葆二通選一,張茂辰二通選一,程祖慶五通選三,温忠善與忠翰一通,温忠彥二通選一,楊夫渠二通選一,楊淞(即夫渠)三通選二,鄧爾恒三通選二,葉志詵五通選二,葉名澧五通選二,王鴻五十二通選二十,張曜孫二十一通選十,王豫二通,張穆二通選一,程恭壽二通,王憲成六通選三等,共一百四十六通。總其所見,上册共一百七十一通,下册一百一十五通,共計二百八十六通。若當時所據鈔録之件爲全本,則此爲《海隣尺牘》所收信件之數量也。

《海隣尺牘》所鈔信件,起自道光,迄於同治,可謂天涯生根,鴻雁頻傳。諸家或商討金石,或研習字畫,或榷論學術,或通問生死。肝膽相照,推誠以見,互訴相思,共話牢落。從諸家信件可知,其中從中國寄往李尚迪或其師金正喜之書,即有《隸韻》《相看編》《經籍籑詁》《多能鄙事》《思補齋詩》《金石索》《晚學齋古文》《皇朝輿地全圖》《紀元編》《聖門禮樂志》《孝經約注》等,然則函札往返之路,即書籍與學術文化交流之路。因金正喜爲書法名家,又拜翁方綱、阮元爲師,故中國士大夫信中,交流切磋書法、畫帖、楹聯之類,則更連篇累牘,所見更多。又如孔憲庚第三札,謂其兄憲彝(繡山)生前,"京官廿年,清貧如洗",可知京官之窘迫,即衍聖公後裔,亦不能免。又如汪喜孫第一札,論及阮元刻本《學海堂經解》,謂"阮相去廣州,校刻者不能搜羅大備,此時阮相絶口不言經,且衰老善忘。僕心悸,並平日服習之書名人名,一時健忘,忽忽若瞀"。汪氏家族有遺傳之心臟病,喜孫父汪中即因心臟病突發而猝逝,喜孫信中屢稱"心悸""善忘",亦其證也。① 又喜孫不滿《經解》之情,溢於紙上,此皆研究清代經學與學林之掌故,罕見於諸家經史著述中,故不可輕忽也。

1097-1829
李尚迪輯藏《海鄰尺牘鈔》(韓國國立中央圖書館藏　鈔本)

　　案李尚迪有《己丑燕行詩》(0825-1829),已著録。

　　此鈔本封面左上書名簽楷題"海鄰尺牘鈔",内首頁中間篆文大題兩行"海鄰尺/牘鈔",左旁小字行楷兩行"三叔筠廷先生手書/壬戌仲夏侄世昌恭署"。又末頁有韠傖居士題跋,稱"余於弱冠獲覯海鄰尺素真蹟十册,喜而摘抄謄卷,以便巾衍記誦之資。妹倩李又青兄,見而嘉之,序其卷首,一時傳抄者甚衆矣……係余抄謄之前,先三叔筠廷先生曾手抄,而先府君爲之署簽者也"。考吴世昌(1864—1953),字鐘銘,號葦滄、韠傖等,海州人。慶錫長子。年二十,爲譯官。高宗開國,從農商工部參書官,轉

---

① 參拙著《清學札記》第六五條"汪中父子有遺傳之心臟病",北京聯合出版公司2017年版,第146—147頁。

任通信局長。1902年,因開化黨事件,流亡日本,1906年回國。精書畫,多收藏。編有《槿域書畫徵》《槿域印藪》等。其父慶錫(1831—1879),高宗時曾爲譯官、問情官。三叔慶林(1835—?),字筠廷。高宗三十二年,從中院院議官,任濟州府觀察使。此可知此鈔本簽題者爲吳慶錫,題篆者爲慶林,李又青即李容白。而世昌前後所題,皆署"壬戌",則爲1922年矣。

  此鈔本所抄諸家信件,分別爲程祖慶三通、楊淞一通(楊夫渠一通)、葉名澧四封、張曜孫九通、王鴻二十通、王憲成三通、韓韻海二通、儀克中三通、高繼珩一通、鄧爾恒一通、阮福一通、趙文涵一通、吳儁三通、吕佺孫二通、吕佶孫四封、吳贇三通、孔憲彝二通、孔憲庚一通,共六十五通。行楷鈔寫,秀眉耐觀焉。

  案此《海鄰尺牘鈔》,摘録王鴻信札最夥,共二十通。王鴻詩稿《行吟草》被盜,黃均(谷原)爲繪《盜詩圖》,名流多有題詠。王鴻與李尚迪於道光十七年(1837)在北京相識,此後即書札往來不絕。即其寄李氏之札可知,王氏一生坎坷,秋闈屢試不舉,得親友傾照,分發山東聊城縣丞,自謂"年將五十,精神日衰,當此時艱,尤難久計"。後因剿匪得叙知縣用,數年得進一級,差稍一慰,然蓋亦未能實授。其南北飄泊,居無所定,又有足疾,又復有嘔症,體弱多病。大兒不通文墨,小兒甚慧,然得痘而殤,其妻病故。故云"惟二女一子,無家蕭索,殊難爲懷,兄近得佳兒否? 念甚念甚。人自四十以後,必保養元氣,可以却病延年,爲兄正告之"。衰病中尚不望警醒老友,其情可感。又稱孤露餘生,且無功業,壯志日消,故人天遠,"卅年至好,只許相會一叙,此後恐難再見,書至於此,不禁盡焉傷心,惟生時通尺素,見書如面耳"。又王氏曾爲李氏繪《玉河聽蟬圖》,並因母病與自身病痛,屢向李尚迪索求麗蔘與薑桂丸,並請泡製之方。又得知李氏杜門著書,稱"此人生第一樂事",又謂"弟終鮮兄弟,以朋友爲性命"。故知王鴻信札頻繁,珍視友情,則因其以性命付之,二人之交,頗有嚴誠、洪大容之影迹在焉。讀此更知清季家國罹難,沉浮下僚如王鴻者,生計無奈,百般困頓之狀,令我輩今日,亦慨歎而不能已矣。

1098–1829
李尚迪輯藏《海隣尺素》(韓國首爾大學奎章閣研究院藏　鈔本)

案李尚迪有《己丑燕行詩》(0825–1829)，已著錄。

此《海隣尺素》，一册，計六十四張。分別收有諸家函札，凡儀克中四通、韓韻海六通、汪憙孫三通、吳式芬兩通、呂佺孫與呂佸孫十通、雷文輝二通、黃爵滋一通、劉喜海一通、鄧爾恒三通、程祖慶三通、温忠彦一通、温忠善與呂忠翰一通、張茂辰一通、楊㳘二通、朱琦一通、馮志沂三通、葉志詵一通、葉名澧四通、吳儁三通、劉福三通、高繼衍一通、朱錫綬一通、潘曾瑋七通、潘祖蔭十通、吳贊六通、王憲成三通、趙文涵二通、阮福一通、王錫振一通、孔憲彝六通、孔憲庚二通、王軒三通、龔橙一通、周蘭一通、姚涵一通、董文焕一通、張丙炎二通、楊尚文二通、柏葰二通等，共一百一十二通。

此鈔本筆者未曾寓目，僅見首爾大學奎章閣研究院網頁公佈之資料概要，其中諸家姓名字號，頗有訛舛，如"汪憙孫"作"任憙孫"，"馮志沂"作"馬志沂"，"潘曾瑋"作"潘曺瑋"等。蓋字多行草，識辨爲難故也。

1099–1829
潘曾瑋、孔憲彝等撰，胡適原藏《□鴈尺一集潘孔合璧流(與高麗使臣函札)》(臺北"中研院"胡適紀念館藏並整理　手札原件)

潘曾瑋(1818—1886)，字寶臣，又字季玉、玉淦，清江蘇吳縣(今蘇州)人。潘世恩四子。道光二十三年(1843)順天鄉試，挑取謄錄，遂棄舉業，留心經世之學，壹力於詩古文辭。歷官至刑部郎中。撰有《正學編》《自鏡齋詩鈔》《自鏡齋文鈔》《自鏡齋試帖》《詠花詞》等。事見張星鑑《自鏡齋文鈔序》、陶湘編《昭代名人尺牘續集小傳》卷一八等。

孔憲彝(1808—1863)，字叙仲，號繡山，又號秀珊，晚號韓齋學人，清山東曲阜人。孔子七十二代孫。道光十七年(1837)舉人。二十八年，官内閣中書，沉浮困頓，卒於官。工詩文，善畫梅，亦精篆刻。與梅曾亮、曾國藩等相切劇。撰有《韓齋文稿》四卷、《對嶽樓詩錄》十卷《詩續錄》四卷等。事見盛大士《谿山卧遊錄》卷四、潘曾瑩《墨緣小錄》、《桐城文學淵源考》卷四、《二孔先生文鈔》卷首《二孔先生傳略》等。

此册乃臺北"中研院"胡適紀念館藏清人手札之第一種（參前汪喜孫等撰，胡適原藏《道咸同三朝文人與高麗使臣函解題》，1095－1827），即《□鴈尺一集潘孔合璧流》一册。又其《□鴈尺一集張王墨緣水》一册，第二頁存籤條四張爲胡適所題，其中一條曰："張伯謹代我在東京買的。共書札五十七通，兩册，價日幣乙萬元，合美金廿五元。""原題'□鴈尺一集'，第一字似是'燕'字，不是'魚'字？一册題'流'字，一册題'水'字，當時用五字兩句編號，原藏至少有十册。受信之人是高麗的一位名士，駐在北京甚久，其字爲'藕船'，姓氏待考。"今考其第二册封面籤題爲水漬浸没，尤不能辨，唯有"一"字尚在，右下小字題"張王墨緣"，籤條底大書"水"字，整理者以"緣"爲"像"則誤矣。

又此册末有籤條題"潘孔合璧"，共計爲潘曾瑋手札十二通、潘曾綬一通、潘祖蔭九通、孔憲彝十六通、孔憲庚三通，稱"五人計四十一通，爲四十七頁"，皆爲致李尚迪（藕船）之函札。案李尚迪初爲譯官，後爲首譯，其出使清朝時間，始於純祖二十九年（道光九年 1829）歲末，隨冬至等三節年貢兼謝恩使判中樞府事柳相祚等入北京，迄於高宗元年（同治三年 1864）春，陪告訃請謚兼承襲奏請使右議政李景在一行入燕，前後凡十二度，跨越三十五年，其所交中土士大夫無數，而孔憲彝、張曜孫、潘曾瑋諸人，約訂交於李氏第三次隨冬至等三節年貢兼謝恩使判中樞府事申在植一行，於憲宗二年（道光十六年 1836）歲杪出使前後。此册中諸人信札，亦自道光、咸豐至同治間，縱跨二十餘年矣。

上述諸人與李尚迪往復函札，多涉書籍、楹帖、圖畫及邀約聚飲諸事。潘曾瑋信中稱李尚迪"律詩清新俊逸"①。時潘祖蔭（1830—1890）尚年少，故謙謂"詞垣學步，譾陋依然，間有塗抹，無當大雅"，又稱其纂《海東金石錄》，尚未成書。② 而孔憲彝書，則屢屢言及李尚迪"大集刻成，今梓人送上裝本及版片，祈詧入，並屬開呈帳目，望核計付銀可也"，"大集已付梓人寫樣，再候校定，月内於期刊成也"，"大集寫本並原册送校，校畢即

---

① 潘曾瑋、孔憲彝等撰，胡適原藏《□鴈尺一集潘孔合璧流》，潘曾瑋第二札。
② 潘曾瑋、孔憲彝等撰，胡適原藏《□鴈尺一集潘孔合璧流》，潘祖蔭第一、五札。

付開雕也"。① 李氏《恩誦堂集》之刻,前後有吳廷鈐、呂佺孫、楊夫渠、何紹基、許宗衡諸人相助,而孔憲彝蓋具體經手助刻者也。

孔憲彝札中,又提及葉名澧長逝、王鴻大病、尹耕雲左遷及自身頻年多病諸事。然憲彝亦未料及,據其弟憲庚致尚迪函,"家繡山兄於廿三日在内閣直舍,得病回寓,醫藥無效,是夜子刻,竟爾長往。……家兄京宦廿年,清貧如洗,而文字知交遍海内外,而如吾兄至好者,近亦寥寥無幾,特此奉佈,伏希賜以輓言,以增光寵,是所切禱"。② 又孔氏《對嶽樓詩集自序》亦謂"比歲海内多事,生計益艱,師友凋謝,兄弟離散,身罹憂患,才且盡矣"③。考孔憲彝卒於同治二年(1863),是年夏李尚迪隨陳奏使判中樞府事尹致秀一行入北京,故憲庚請其撰輓言,後信又謂"再讀尊札,情詞諄摯,不知涕泗之交頤也。先兄有知,當亦銜感雞絮之誼,先生何以克當,如吾兄高誼,真不愧南州徐孺子也"。則李尚迪有輓言等,故其言如此。又憲庚《紀朝鮮李潚船奉使進表辨誣事》稱,同治二年,李尚迪一行於"四月初九日,抵京師,入譯館。……十三日,過訪繡山兄於衍聖公邸"。④ 而尚迪一行,於六月十六日返漢京,則憲庚所言憲彝去逝之"廿三日",必四月二十三日無疑矣。

案胡適籤條又稱,受信之人"其字爲'藕船',姓氏待考",當爲"高麗的一位名士",彼時檢書不便,故不能考知"藕船"即李尚迪耳。尚迪往來北京凡十二次,時有出没,故胡氏稱"駐在北京甚久",亦依稀似之也。此册手札與下述《口鴈尺一集張王墨緣水》一册,其中信札,亦多見於李尚迪所藏《海鄰尺牘》中,故當皆爲李尚迪舊藏(詳參前《海鄰尺牘解題》,1096—1829),不知緣何而跨海流落日本(或爲藤塚鄰之舊藏),而復回歸中土,又播海顛連,存於臺灣,聚散浮沉,命懸一綫,益令後人感慨而不能已矣。

———————

①潘曾瑋、孔憲彝等撰,胡適原藏《口鴈尺一集潘孔合璧流》,孔憲彝第九、十一、十三札。
②潘曾瑋、孔憲彝等撰,胡適原藏《口鴈尺一集潘孔合璧流》,孔憲庚第一、三札。
③孔憲彝《韓齋櫜》卷2《對嶽樓詩集自序》,《清代稿鈔本》第一編第37册,廣東人民出版社2007年版,第40頁。
④孔憲庚《經之文鈔·紀朝鮮李潚船奉使進表辨誣事》,丁錫田編《習盦叢刊》第一輯《二孔先生文鈔》本,1936年鉛印本,第13A頁。

1100-1829
張曜孫、王鴻等撰，胡適原藏《□鴈尺一集張王墨緣水(與高麗使臣函札)》(臺北"中研院"胡適紀念館藏並整理　手札原件)

案張曜孫事見李尚迪《壬寅燕行詩解題》(0872-1842)。

王鴻(1806—?)，一作鵠，字子梅，號天全，清天津籍長州人。咸豐九年(1859)，官聊城縣丞。善詩詞，有《喝月樓詩錄》二十卷、《天全詩錄》等。事見宣統《聊城縣志》卷六、《晚晴簃詩匯》卷一三四等。

案此冊共收張曜孫手札四通、王鴻十五通，受信人皆爲李尚迪，亦多見李氏舊藏《海鄰尺牘》中。王、李相識在道光十七年(1837)，是年夏李尚迪隨奏請兼謝恩使東寧尉金賢根一行入北京，王鴻是年詩題中有"先立秋三日，晤朝鮮使臣李藕船惠吉，先生論文談道，飲酒賦詩，古之班荆，或未能過，想三生石上，定有前因"等句，則知二人相晤之具體日期矣。其詩末句稱"歸途秋月白，東海靜無塵"①，而八月十五日，李氏等已返王京焉。王氏信爲短札，多爲贈書索物之類，其《中元日以李藕船書楹帖爲秋槎叔壽》詩中，即謂"名重品高生使徒，雞林傳譽竹林詩"焉②。

而張曜孫手札四通，多爲長信，所論皆交友之道及知己之感。如謂"君子擇交，輔仁爲貴。斯文安在，知己其難。……至於並世聯中外之歡，浮迹合風塵之會。契洽形影，誼吉心魂，如曜孫與足下者，古今所難，不可謂非天矣"。"曜孫與足下，同生盛時，本無差隔，然一處東海，一居江南，置驛之所難通，奮飛之所易阻，乃僕則壯遊京國，君則戾止賓垣，蘭若一晤，握手如平生。十日之內，百念縈迴，半截之間，兩番離合。昔季札結紵於鄭僑，徐陵會交於李那，事勢雖殊，其情適肖。設使君不奉使，僕不北征，則僕安知海外有君，君安知中原有僕耶。所謂天假，非幸獲也。所憾

---

① 王鴻《喝月樓詩錄》卷17《先立秋三日……梅花入夢》，《北京師範大學圖書館藏稀見清人別集叢刊》第 22 冊影印道光十九年刻本，廣西師範大學出版社 2007 年版，第 217 頁。
② 王鴻《喝月樓詩錄》卷17《中元日以李藕船書楹帖爲秋槎叔壽》，《北京師範大學圖書館藏稀見清人別集叢刊》第 22 冊影印道光十九年刻本，廣西師範大學出版社 2007 年版，第 217 頁。

皇華促程,白駒難挽,一別如雨,三秋惑人。夢中識路,滄波綠而無邊;天外停雲,山色青而未了。歲云暮矣,我勞如何。在遠不遺,君書忽至。發函欣歟,恍萱蘇之解憂;諷誦徘徊,宛芝蘭之入室。得一知己,可以不憾。君以相許,僕何敢辭。"①

　　案張曜孫、李尚迪初識之時,張氏正科場失意、黯黯無名,故自謂:"曜孫不才,有忝家學,就試都下,與衆浮沉,忽遘足下相契於形迹文字之外,慨然以知我愛我,謬爲稱許,既喜則幸,轉復自疑,蓋亦謂僕有何足裁,而見賞如是,無可推指,乃爲天假。足下謂自然獨知,難以形語,旨哉言乎,旨哉言乎。雖然,知己之心不可言,知己之道則可言,大則輔仁規過,賞奇析疑,次亦合志礪情,求聲附氣,有淡水他石之乏,無甘醴飽肆之高,敦停雲落月之懷,免谷風陰雨之悔,此則載之典册,列之大倫,極天下之大,古今之遠,而未嘗有易者也。願與足下共成之而共守之,可乎!"②而潘曾瑋亦稱:"仲遠負不世之才,屢困場屋,足未躋於朝廷,名不聞於卿相,徒自放乎江淮之間,而海外之人獨已知之而慕之,其傾心於中朝人士而懃懃焉。"③故引李氏爲知己,感荷不已矣。

　　張、李別後,阻海隔山,面晤爲難,即張氏所謂"采蕭采葛,不足以喻其離懷;永朝永夕,猶幸能堅後約"④。時太平軍熾盛,曜孫爲漢陽同知,處戰事前綫。咸豐五年(1855),李尚迪自王鴻處得知張曜孫殉國,悲憤不已,遂於張氏生日,供其畫像硯台,茶酒以奠之,並詩以痛悼之,後知其爲假訊,方爲釋然,張氏知悉,亦稱李氏"惓惓風義,並世所希,感愧之餘,涕淚橫集。古云'一生一死,乃見友情'。然未有能親見良朋之哀挽者,曜孫何幸而得閣下用情若此耶!"⑤

　　案李尚迪之在北京,所交士大夫不下百餘人,而與張曜孫父子、兄弟、姊妹及子侄輩皆有交往,張氏爲繪《海客琴樽圖》《海客琴樽第二圖》《春

————

①張曜孫、王鴻等撰,胡適原藏《□鷹尺一集張王墨緣水》,張曜孫第一札。
②張曜孫、王鴻等撰,胡適原藏《□鷹尺一集張王墨緣水》,張曜孫第二札。
③潘曾瑋《自鏡齋文鈔·張仲遠海客琴尊圖記》,光緒丁刻刊本,第2A頁。
④張曜孫、王鴻等撰,胡適原藏《□鷹尺一集張王墨緣水》,張曜孫第三札。
⑤李尚迪輯藏,醉香山樓選録《海鄰尺牘》,美國哈佛大學燕京圖書館藏,張曜孫第七札(乙未十一月)。

《明六客圖》等，遍請名流，唱詠題跋，以爲紀念，二氏之交相爲好，視如同胞，可與洪大容、嚴誠之結死友相媲美，後先輝映，爲睦鄰史上溫馨而感人之佳話矣！

1101–1829
羅士琳等撰，胡適原藏《道咸同三朝文人與高麗使臣函札》（臺北"中研院"胡適紀念館藏並整理　手札原件）

羅士琳（1789—1853），字次璆，號茗香，清安徽歙縣人。幼居甘泉，故自稱甘泉（今江蘇揚州）人。自幼即喜天文律算，曾以監生循例貢太學，考取天文生，入欽天監任職。後離京南下，與汪萊、焦循、李鋭等相切磋，爲算學名家。咸豐元年（1851），舉孝廉方正，以老病辭。三年，在揚州罹兵禍卒。著有《四元玉鑒細草》二十四卷、《疇人傳續編》六卷等，編爲《觀我生室彙稿》十二種。事見諸可寶《疇人傳三編》卷四、閔爾昌《碑傳集補》卷四二等，《清史列傳》卷六九、《清史稿》卷五〇七有傳。

胡適所藏此清人手札之第三册，籤題"清代名人書札真迹　五柳堂盛思翁署耑"，所收爲林則徐等人手札，與燕行無關。第四册題"無册名（道咸同三朝文人與高麗使臣函札）"，共收手札十四通，分別爲鮑錫年一通（寫信人署名不清，胡適釋爲"鮑錫年？"）、羅士琳一通、程震佑一通、徐上鏞三通、博振一通、茶心一通、厲同勳六通，受信者有桐廬、芝山、幸人、靈樵等。案茶心，亦即勵曰勳也。

案此册卷首空白頁有籤條粘於左上，記五行楷字爲"李鍾山　奎鉉/白壺隱　漢鎮/李芝山　宬在/趙幸人　基謙/李靈樵　壽民"。又左行低兩字題"朴心思　燕紀程榆西館記"。胡適以爲李鍾山"疑即桐廬"，白壺隱"疑即嘉林"。

案此"桐廬"者，非"李鍾山"，乃李壽民也。壽民亦字詩樵，嘗爲金正喜、趙冕鎬客卿，趙氏謂"李詩樵壽民，客余五十餘年，自號桐廬"①。"嘉林"亦非"白壺隱"，乃趙冕鎬也。冕鎬自謂"我趙系出中朝進士高麗嘉林

---
① 趙冕鎬《玉垂先生集》卷16《感詩絶句並序》，《韓國文集叢刊續》，125/481。

伯諱天赫"①,故自號"嘉林"焉。

此册中勵曰勳有兩信署日期,一曰"己丑戲燈日",一曰"道光庚寅新正廿有一日燈下寄"。"己丑"爲道光九年(1829),十年即"庚寅"。考《使行錄》道光六年(1826)十月二十七日,冬至等三節年貢兼謝恩使判中樞府事洪義俊、副使禮曹判書申在植、書狀官兼司憲府執義鄭禮容一行出使清廷,於翌年三月二十一日返國覆命②。又道光八年(1828)四月十三日,朝鮮遣進賀兼謝恩使南延君李球、副使禮曹判書李奎鉉、書狀官兼司憲府掌令趙基謙等入燕,十月四日返國覆命。又同年十月二十五日,遣謝恩兼冬至等三節年貢使判中樞府事洪起燮、副使禮曹判書柳鼎養、書狀官兼司憲府掌令朴宗吉等出使,翌年四月初四日返國覆命。又道光十六年(1836)十月十六日,朝鮮派冬至等三節年貢兼謝恩使判中樞府事申在植、副使禮曹判書李魯集、書狀官兼司憲府掌令趙啓昇等入燕,翌年三月十七日返國覆命,此行申在植、李魯集等詩酒唱和,編爲《相看編》(參《相看編解題》,0855-1836),蓋白漢鎮、李寇在、趙基謙、李壽民、趙冕鎬等,屢隨申在植入燕,與中國士大夫多有交接,故胡適所藏此册諸人信札,皆與此數起使臣及隨員往還之信札,多爲相約暢叙筆談、飲酒美食及相互贈詩贈物等事焉。

又朴思浩隨洪起燮入北京,自稱"鄙人等俱是未第秀才,爲觀光上國,隨上价來"③。其在北京所識者,有丁泰(卯橋)、熊昂碧(雲客)、李辰(中峰)、張甘生(少白)、蔣星榆(白菴)、蔣鉞(小泉)、蔣鈁(容齋)、朱其鎮(九山)、鍾汪杰(元甫)、沈洛(雪門)等人,曾於順城門外小泉莊榆西館,會小泉、容齋、雲客、中峰、白菴、少白諸人,見其《榆西館記》。又其《玉河簡帖》中,有《答厲郎中書》《與厲郎中書》《答雲客書》《與熊雲客書》等札,可與此册中諸札並觀而共讀焉(詳參《燕薊紀程解題》,0821-1828)。

---

①趙冕鎬《玉垂先生集》卷32《瑞興府使公墓表》,《韓國文集叢刊續》,126/255。
②又參《純祖實録》卷28,純祖二十六年(道光六年 1826)十月二十七日乙亥條。
③朴思浩《心田稿·應求漫録》,《燕行録全集》,086/037。

卷八〇　1102—1122

1102-1835

帥方蔚輯編《左海交遊録》（光緒十三年帥氏緑滿窗重刊《帥氏清芬集》本）

　　帥方蔚（1790—1872），字權起，又字子文，號石村，清江西奉新人。道光六年（1826），一甲第三名進士。授翰林院編修。歷任湖廣道、雲南道、京畿道監察御史。後歸鄉里，任廬山白鹿洞書院山長。晚年籌建登瀛集、廣華岕，置産贏租，以資助年少讀書。同治九年（1870），江西巡撫劉坤一聘其主修《江西通志》一百八十卷。後又修《奉新縣志》十六卷，自著有《咫聞軒詩稿》十卷、《咫聞軒賸稿》四卷、《紫雯軒館課録存》五卷、《經義》一卷、《詞垣日記》一卷、《咫聞軒遺稿》一卷、《左海交遊録》一卷等。朱汝珍《詞林輯略》卷六有小傳。

　　《左海交遊録》一卷，收録於《帥氏清芬集》中，凡二十種三十二册，帥方蔚子之憲（1828—1902）編纂，爲帥氏先賢著述集，其中泰半爲其父著述，有光緒十三年帥氏緑滿窗重刊《帥氏清芬集》本，今收入徐雁平主編《清代家集叢刊續編》第165—170册。整理本有清董文焕編，李豫、崔永禧輯校《韓客詩存》附録本，書目文獻出版社1996年版，然標點斷句，頗有錯訛焉。

　　帥方蔚序此卷，有謂"今朝鮮多能文之士，往往依附中朝名士，藉其聲望，以自爲名。道光六年，余以第三人及第，廷對策，大爲諸名公激賞。傳入朝鮮，而金永爵、洪良厚之徒，争願納交，詒書問訊，歲歲不斷。至於使者，則造門求謁，以一見爲榮。入都下者，投刺以姓名自通。居國中者，寓書以文字來質，其間或相見（盧哲欽、李亨基、鄭元容、元容子世基、洪敬謨、成載詩等），或未嘗相見（金永爵、金彝問、洪良厚、洪義俊等），皆自托交好，恐不得當，雖其好名之心，而仰慕之誠，亦足尚也。今論次己丑以後往來書問贈答詩文，總爲一編，名曰《左海交遊録》，以志一時投契之定云"。① 案帥氏所論，意似偏頗，然亦當時實情，如洪敬謨致其札，即謂"僕海外遠人也，以海外遠人託契於中華士大夫，豈不榮且幸焉"。又謂"夫人之相交，原不在顔面。不以心而以面，是面友也；不以面而以心，是神交也"。②

案此卷中收有朝鮮金永爵、金彝問、洪良厚、鄭元容、鄭世基、洪敬謨、成載詩、洪羲俊諸家與帥方蔚往來書札三十三通、詩十四首、《又一石帆亭記》一篇。其中金永爵來札有八通，實則二人並未謀面，永爵與帥氏師李伯衡有交，又讀帥氏試策後，深爲服膺，遂函札往來不絶，並取書齋名爲"石帆亭"，晨夕嘯詠其中，以寄思慕之意。因師氏號"石村"，李氏號"雨帆"，金氏號"邵亭"故也，又因王士禛嘗有"石帆亭"，嫌襲其名，故益之以"又一石帆亭"，並請帥氏爲文以記焉。金氏好言心言性，刺刺不休，又齗齗朱陸之争，於姚江詆之尤力，以是爲君道干城之衛，帥氏以爲其太過，言"大氐姚江一派，傳浙東者多流弊，傳江西者多實踐"。③

又洪良厚爲洪大容之孫，曾委託帥氏轉寄王瑋慶（滿舲），以王氏丁憂返諸城，故遂繳還原緘，良厚以爲帥氏有洪喬之嫌，且謂中朝士大夫，以外交爲嫌，東國服事之誠，與内地無異，不當見外。帥氏致金永爵札，深爲不滿，稱"聖朝中外一家，朝鮮世守東藩，朝貢絡繹，使臣在都下，得與士大夫接見，況書問往還，有何嫌疑，且僕與足下數四通書，情好無間，僕未嘗拒足下，何獨拒三斯哉？僕不才，性好讀書，而疏於世故，自度無大善，然平生立名義，不妄言，與人交，有始終。爲我謝三斯，如以我爲友，當以誠信相與；如不以我爲友，而徒欲藉以爲寄書郵，則請從此辭，不必復相聞問矣"④。又其報洪氏第三札，亦如是言之，不過無如此札似絶交之辭焉。

---

① 帥方蔚《左海交遊録序》，見清董文焕編，李豫、崔永禧輯校《韓客詩存》附録本，書目文獻出版社 1996 年版，第 360—361 頁。
② 帥方蔚《左海交遊録·朝鮮洪敬謨寄帥方蔚書之一》，見清董文焕編，李豫、崔永禧輯校《韓客詩存》附録本，書目文獻出版社 1996 年版，第 393 頁。
③ 帥方蔚《左海交遊録·報朝鮮金邵亭解元書之二》，見清董文焕編，李豫、崔永禧輯校《韓客詩存》附録本，書目文獻出版社 1996 年版，第 366 頁。
④ 帥方蔚《左海交遊録·報朝鮮金邵亭解元書之五》，見清董文焕編，李豫、崔永禧輯校《韓客詩存》附録本，書目文獻出版社 1996 年版，第 383 頁。

案良厚欲藉王瑋慶,問訊於潘廷筠之孫帶銘,與之通好,以續前緣,冀望殷殷,故見信札原緘返還,即頗不滿於帥氏矣。此可知諸人間雖友好往來,然亦時有齟齬存焉。

1103-1838

權敦仁撰,汪喜孫輯藏《海外墨緣册》(汪喜孫撰,楊晉龍主編《汪喜孫著作集》(下),臺北"中研院"中國文哲研究所2003年版)

　　權敦仁(1783—1859),字景熙,號彝齋,朝鮮安東人。歷官至成均館大司成、吏曹參判、咸鏡道觀察使、刑曹判書、漢城府判尹、慶尚道觀察使、吏曹判書、議政府右議政、左議政、領議政等。哲宗二年(1851),以真宗祧遷當否收議,大臣、儒臣皆謂當祧,獨領相權敦仁謂不當祧,後竟用當祧之議,權氏遂被竄於狼川縣,後卒於禮山付處所。事見《憲宗實錄》《哲宗實錄》等。

　　案汪喜孫小傳,見前汪喜孫等原札《中士尺牘解題》(1091-1827)。

　　藤塚鄰(1879—1948),舊姓佐佐木,號素軒,生於日本岩手縣。曾任朝鮮京城帝國大學教授、大東文化學院專門學校總長等,以研究中、日、韓三國儒學著稱。尤關注朝鮮使臣與清朝士大夫函札之研究,其望漢廬收藏甚豐。著有《清朝文化東傳の研究》《日鮮清の文化交流》《論語總說》等。

　　案此《海外墨緣册》,日本學者藤塚鄰曾整理發表於日本《漢學會雜誌》第三卷第二號,又見其《清朝文化東傳の研究》。[1] 臺北"中研院"文哲所楊晉龍教授,根據藤塚氏研究成果,再整理點校而成《海外墨緣》,並自劉毓崧《通義堂文集》中摘出《海外墨緣册跋尾》一篇,置於卷前,一併

---

[1] 日本藤塚鄰之研究文章與著述,有《汪孟慈の所謂海外墨緣の草本・金阮堂》,載《漢學會雜誌》第三卷第二號,昭和十年(1935)十月;《汪孟慈と金阮堂—清朝文化東漸の一斷面》,見《漢學會雜誌》第四卷第三號,昭和十一年七月;《汪孟慈寄金阮堂手札の檢討》,見《大東文化學報》第四輯,昭和十六年(1941)十一月。又藤塚鄰著,藤塚明直編《清朝文化東傳の研究——嘉慶・道光學壇・李朝の金阮堂》,日本國書刊行會昭和五十年(1975)年版,第420—430頁。

收入《汪喜孫著作集》中。① 此册第一六條末署"弟權敦仁頓首戊戌八月二十日",故向來以其爲權敦仁所撰。然藤塚鄰謂初見所謂《海外墨緣》於李祖望《鍥不舍齋文集》,其中所述對乾嘉學界瞭若指掌,深爲嘆服,對彝齋有此智識,既怪且喜。然藤塚氏謂在昭和九年(1934)親見此件草本,乃出自金正喜親筆,且多塗抹改竄之蹟,故藤塚氏以爲乃金正喜所撰,唯草本無第十六條,且其中文字,與傳本頗有異同。楊晉龍教授以爲,"既然是權敦仁所抄錄,又無法證明全部皆爲金氏所作,則不妨視作兩人之作品"。而上海博物館副研究館員柳向春則以爲,此册中頗多明顯非金氏口吻之措辭,且李祖望在道光二十五年看到《海外墨緣》,其時汪喜孫尚在世,則李氏所見此册應在汪氏家人手中,或者就是在喜孫本人手中看到,且來函中所言仕宦履歷及函末所鈐"承流宣化"印等,亦皆與金正喜無關,而完全符合權敦仁本人經歷,故無特別證據,《海外墨緣》作者仍應該是權敦仁。②

案諸家之說,並皆有理,然竊以爲藤塚鄰曾在朝鮮京城帝國大學任教,親見並寶藏此類手札甚多,其所言似應可據。以權敦仁之學養與其所讀之書,不可能對乾嘉學人及其著述有如此清晰而深入之瞭解。而金正喜自憲宗十四年(道光二十八年 1848)起遭流放,中罹家禍,南竄北謫,備經風霜,用舍行止,世或比之於蘇軾。此後與中原消息,即經其弟子李尚迪、權敦仁等往來通問,李氏等爲其購置書籍,傳遞信札。故此當爲阮堂與弟子之所思,而以權氏名抄錄而致汪喜孫者。考權敦仁於純祖十九年(嘉慶二十四 1819)以冬至使書狀官、憲宗二年(道光十六年 1836)以進賀兼謝恩正使身份,曾兩度入北京。此册後署"戊戌八月二十日",則爲道光十八年之事,當爲其回國後所書而轉托他人致喜孫者,時喜孫正在京師任户部井田科主稿。而李祖望答問,則敘於"道光乙巳夏五月

---

① 汪喜孫撰,楊晉龍點校《海外墨緣》,見《汪喜孫著作集》,臺灣"中研院"文哲所 2003 年版,下册第 1201—1221 頁。
② 見[日]藤塚鄰著,藤塚明直編《清朝文化東傳の研究——嘉慶・道光學壇・李朝の金阮堂》,日本國書刊行會昭和五十年(1975)年版,第 424 頁;汪喜孫撰,楊晉龍點校《海外墨緣》,見《汪喜孫著作集》,臺灣"中研院"文哲所 2003 年版,下册第 1213 頁;柳向春《汪喜孫及其〈海外墨緣〉册子》,見《中國典籍與文化》,2008 年第 3 期,第 99 頁。

卷八〇　權敦仁撰,李祖望答《汪孟慈先生海外墨緣册子答問十六則》　　1481

展觀",更是又後此十年(道光二十五年　1845)之事矣。

　　此册中前後共十六問,於清代學術,無所不及。如問題有音韻、天算、《尚書》今古文學、三家詩、師法家法、書法、金石、文章學、詩論、印學等,所涉人物則有顧炎武、段玉裁、王念孫、江有誥、羅士琳、徐有壬、沈欽裴、魏源、柳榮宗、張惠言、劉逢禄、柳興恩、陳奐、劉寶楠、胡承珙、胡培翬、朱彬、李兆洛、鄧石如、阮元、顧棟高、姚文田、凌廷堪、翁方綱、錢大昕、王鳴盛、盧文弨、張際亮、董訥、陳鴻壽、伊小沂、張彥聞等,而所提及之書籍,有王鳴盛《尚書後案》、閻若璩《古文尚書疏證》、段玉裁《古文尚書撰異》、魏源《詩古微》、阮元主纂《皇清經解》《十三經注疏校勘記》、顧棟高《春秋大事朔閏表》、姚文田《經傳朔閏表》、《御製曆象考成前編》《後編》、段玉裁《周禮漢讀考》、阮元《南北書派論》《北碑南帖論》、張際亮《婁光堂詩稿》等,最後問汪喜孫《尚友記》何時補定,冀其早成等。

　　案汪喜孫與朝鮮使臣與學人間,常通信函,與他家通問消息,吟詩唱和不同,今見清儒與朝鮮文士往還通札,以汪喜孫、王筠之信,最喜談論學術,且時有長篇大論。如韓國高麗大學圖書館華山文庫藏《中士尺牘》中,即有喜孫致金善臣(清山)原件,即談經學、理學與心學之别異,引黄宗羲、顧炎武、魏象樞、湯斌、朱軾、《四庫提要》、應撝謙、陸世儀、戴震、洪榜諸家之説。又論漢、宋學術之同異,縱橫交錯,旁徵博引。並稱"世有熟於詩韻而不善道性情者,亦有講訓詁名物,不通義理、不能躬行者,僕鄙棄之久矣"。又與金正喜、金命喜、李尚迪、洪良厚等人通信,亦莫不談論學術,上述諸問題,已多所涉及。故筆者又竊疑汪喜孫所集權敦仁此册,蓋爲歷次書札所涉諸問之摘録,而非一次通信之專門問題也。因藤塚氏所見金正喜草本、汪喜孫所藏原本,皆已散佚無存,故僅據所聞所見者,臆爲其説而已矣。

1104-1845
權敦仁撰,李祖望答《汪孟慈先生海外墨緣册子答問十六則》(《清代詩文集彙編》影印清同治三年江都李氏半畝園刻《鍥不舍齋文集》本)

　　李祖望(1814—1881),字賓嵎,清江蘇江都(今揚州市)人。增貢生。與薛壽、劉毓崧友,邃於經史、金石、小學,工畫山水。嘗從事淮南書局,後進多師事之。纂有《小學類編》五十九卷,自著有《說文重文考》十六卷、《唐石經箋異》、《鍥不舍齋詩文集》四卷附《詩》一卷等。事見《碑傳集補》卷四一《李祖望傳》等。

此《答問》前有李祖望叙,稱得見汪喜孫《海外墨緣》,知東國有權彝齋者,在彼國總尚書事,說經考古,知識聞見,當不在日本山井鼎、物觀諸人下。道光乙巳(1845)夏五月展觀,或有震其博聞強識,批册所言以問者,爰條對而應之。其所回答,多採擷當時漢學諸家之說及紹介諸人著述。然所論說,與汪喜孫有同有異,如汪氏對阮元主纂之《學海堂經解》及阮氏本人,頗致不滿。祖望肯定之語,較汪氏爲多,如謂"廣州《經解》,非實事求是者不録,武斷傅會者亦不録。視《通志堂經解》,篇帙較備,義例較嚴"。然亦謂其書"帝虎魯魚,訛舛不少",且擬作《廣州經解校勘記》,分作四類:一提要,爲仿《四庫提要》例,於每書各揭其大旨;一識誤,取原本以校其脱誤字句;一小傳,仿《儒林傳稿》例,輯各家之傳是人者爲一篇,其已見於《儒林傳稿》者,即用原文,注明本《儒林傳稿》;一補目,凡後出之書及前書失載者,編擬補書目。① 然兹事體大,非一人所能專,須多人合力,假以時日,方能成事者也。

1105-1859
金永爵、金弘集輯藏《中朝學士書翰録》(韓國高麗大學圖書館華山文庫藏 手札原件)

案金永爵有《燕行録》(0915-1858),已著録。

金弘集(1842—1896),因避清高宗乾隆帝諱,改名宏集,後改從原名,字景能,號道園,慶州人。永爵子。高宗四年(1867),秋到記製述賦居首,命直赴殿試。十六年(1879),任禮曹參議,率團訪問日本,商談仁川開港、米穀禁運、修改關稅諸事。其歸國時,攜回清朝駐日公使館官員

---

① 李祖望《鍥不舍齋文集》卷3《汪孟慈先生海外墨緣册子答問十六則》,《清代詩文集彙編》影印清同治三年江都李氏半畝園刻本,第637册第38—39頁。

黄遵憲所撰《朝鮮策略》，深受震動，遂致力西學。十七年，爲修信使再赴日本。官至禮曹判書、議政府左議政、領議政等。高宗改制，任内閣總理大臣。金弘集爲開化派領袖，時目爲"救世之才"。初期親近中國，事大爲上；後轉親日本，主持甲午更張。但因實行"斷髮令"等，漸失民心。高宗建陽元年(1896)，在"俄館播遷"政變中，慘遭殺害。後爲平反，謚忠獻。著述甚多，今人整理爲《金弘集遺稿》出版。事見其《以政學齋日錄》《續陰晴史》《高宗實錄》等。

此《中朝學士書翰錄》，一册，手札原件，藏韓國高麗大學圖書館華山文庫。護封上楷字簽題"中朝學士書翰錄"，下小字三行"邵亭道園兩/先生往復書/高宗二十九年壬辰"。其中所收爲清朝文士學者寄朝鮮金永爵、弘集父子書信，爲金氏父子輯藏，後歸華山李聖儀齋中，爲其捐於高麗大學圖書館者。

考哲宗九年(咸豐八年 1858)，冬至等三節年貢兼謝恩使判中樞府事李根友、副使禮曹判書金永爵、書狀官兼司憲府掌令金直淵等出使清朝；高宗十九年(1882)，陳奏正使趙寧夏、副使金弘集、從事官李祖淵入清。金氏父子先後出使，與北京官員文士交相要好，往還不斷，"唯望年年遞信，庶無愧於湛軒、鐵橋之交契耳"①。

此册所收，凡寄金永爵之書信，有程恭壽兩通、陳翰詩兩首、李衛詩兩首、陳翰與李衛手札一通、翁學涵兩通、張丙炎兩通、李文源三通；寄金弘集者，有趙廷璜一通。共計書信十一通、詩四首。時英法聯軍入侵北京，火燒圓明園。而太平天國起事，南方戰事頻仍，清廷已是大廈欲傾，舉國貪殘，民不聊生。故翁學涵致金永爵第二札稱，"今天下干戈擾攘，生民塗炭，居顯要者，但以逢迎爲事，不顧大局。如涵微官，曾何足戀。所可怪者，涵年餘五旬，膝下無子，僅存兩女，皆已及笄，去春冬間，相繼亡故，天之厄我何其虐哉！南歸之路梗阻，事了後，鬱鬱居此者，又三月矣。現聞沿途尚可避凶趨吉，遂決計起程，從此終老林泉，總然無累，尤不幸中之幸也"。家國危殆，士夫不幸，讀來令人泫然矣。

---

①清董文焕編，李豫、崔永禧輯校《韓客詩存》附吴昆田《朝鮮使者金永爵筆談記》，書目文獻出版社1996年版，第261—262頁。

此册中書信,早者轉寄於咸豐九年(1859),晚者如趙廷璜爲光緒十八年(高宗二十九年 1892)。而廷璜恰生於咸豐九年,其呈金弘集札中謂"曩在咸豐中,侍郎公使節入燕,與先文恪訂文字之好"。此即指金永爵與其父趙光之相交好也。① 然廷璜寄信時,趙光鶴歸已近二十七載,而金永爵亦逝去二十四年,四年後金弘集又慘死街頭,真所謂人世代謝,邦亂身死,而不堪回首矣。

1106-1859
吴昆田、金永爵《朝鮮使者金永爵筆談記》(《清代詩文集彙編》影印清光緒十年刻《漱六山房全集》本)

吴昆田(1808—1882),原名大田,字雲圃,號稼軒,淮安清河人。道光十四年(1834)舉人。歷官内閣中書舍人、刑部河南司員外郎。後辭官歸里,主奎文、崇實兩書院講席。師於潘德輿,精於經史。與魯一同、高均儒、葉名澧、許宗衡交厚,以學行相砥礪。著有《漱六山房全集》十一卷等。事見《清碑傳集補》卷一一高延第《刑部員外郎吴君稼軒墓誌銘》、《清史稿》卷四八六《潘德輿傳》附傳等。

吴昆田《漱六山房全集》十一卷,有光緒十年刻本。前四卷爲詩,卷五至卷八爲文,卷九、卷一〇爲札記,末卷爲師友記。《朝鮮使者金永爵筆談記》,見《漱六山房全集》卷六。咸豐九年(1859)正、二月間,朝鮮冬至等三節年貢兼謝恩使判中樞府事李根友、副使禮曹判書金永爵、書狀官兼司憲府掌令金直淵等一行在北館。吴昆田稱金永爵與葉名澧相過從,永爵等將歸,葉氏觴於邸舍,招吴氏與馮志沂、楊傳第、張炎丙同集,此卷筆談即吴氏記於當時者,時爲咸豐九年二月初二日,而馮氏因事未果至焉。

筆談所錄,言及朝鮮使臣差遣之法、官制品秩、科考等級、士夫庶人、歷代黨争、海上風波等,又問及金尚憲故事、《文選》之補遺等。比至夜

---

① 趙光(1797—1865),雲南昆明人。嘉慶二十五年(1820)進士,選庶吉士,授編修。官至工部、刑部、兵部、户部、吏部尚書等。卒謚文恪。事見《清國史》本傳、《趙文恪公自訂年譜》等。趙廷璜(1859—?),字仲漁,號二山,趙光嗣子。縣學生員。精篆隸,擅詩文。官至四川大寧、富順知縣等。著有《慕耕草堂集》等。

分,金永爵書謂"日已晚,恐阻城門,即此告辭,從此天涯地角,只有一段相思而已,唯望年年遞信,庶無愧於湛軒、鐵橋之交契耳"①。永爵等辭去,葉名澧謂吳昆田,以爲永爵爲東海之君子,其氣清,其容肅,其言雅,其情摯,非君子而能若是乎!吳氏亦以爲誠如季札之聘列國,所交如晏嬰、叔向、子産之徒,或言樂,或言政,永爵之行近於是者。惜"語及時勢,則有欲言而不忍盡言者,繞壁徬徨之論,有以知其中鬱結深矣"②。

1107-1868

董文煥編,李豫、崔永禧輯校《海客詩鈔》《韓客詩存》《韓客文存》(書目文獻出版社 1996 年版)

董文煥(1833—1877),字堯章,號研秋、研樵等,山西洪洞人。咸豐六年(1856)進士。改庶吉士。充國史館協修、文淵閣校理等。同治十年(1865),任甘涼兵備道、鞏秦階兵備道等。後因母去世,憂鬱結心,又勞累過度,殁於秦州官所。詩風蒼老瘦峭,書法有柳氏風骨。精於小學。著有《聲調四譜圖説》十四卷、《集韻編雅》十卷、《蛾術録要》一册、《硯樵山房詩集》十一卷、《藐姑射山房詩集》四卷、《秋懷唱和集》二卷等。事見翁同龢《董公墓誌銘》,朱方增《從政觀法録》卷二〇有小傳。

案董文煥同治年間常在北京,故與朝鮮使臣交接頻繁,而朝鮮人往來書札,亦多托其轉遞友朋,儼然朝鮮人郵路中轉之站。董氏於同治初,即有編輯《韓客詩録》之念,留意收集朝鮮人詩作,使臣唱和之外,多有未踐中土亦遠寄詩集者。朴珪壽與文煥札中,曾稱"《韓客詩録》,何至二十卷之多也。東人詩本不協聲律,中古志士畸人之作,尚可以辭取之,自鄭以下,無復可言,徒爲梨棗災,幸更加刪去,勿令中原士夫傳笑東人之陋,亦君子之惠也。牧隱、河西二集,卷帙頗多,容弟選録寄呈,少候之"③。此

---

① 吳昆田《漱六山房全集》卷 6《朝鮮使者金永爵筆談記》,《清代詩文集彙編》第 629 册影印清光緒十年刻本,第 437 頁,上海古籍出版社 2010—2012 年版。
② 吳昆田《漱六山房全集》卷 6《朝鮮使者金永爵筆談記》,《清代詩文集彙編》第 629 册影印清光緒十年刻本,第 439 頁,上海古籍出版社 2010—2012 年版。
③ 朴珪壽《瓛齋集》卷 10《與董研秋文煥》(第五札),《韓國文集叢刊》,312/495。

可知董文煥初輯之書,達二十卷之多,然後來遠宦甘肅,又中年早卒,故書未成帙,今散佚無存耳。

此《韓客詩存》,爲山西大學古典文學研究所李豫教授等輯編,上編有《海客詩鈔》六卷、《韓客詩存》、《韓客文存》。《海客詩鈔》爲董文煥編選朝鮮人所送六人詩稿時雇人摘鈔之本,在韓國諸家目錄中亦未見著錄;《詩存》《文存》據董文煥後裔畫家董壽平提供之文煥《硯樵山房日記》稿本、《硯樵山房詩草》稿本、《硯樵山房文存》稿本、《秋懷唱和集》刻本,及道咸間清人與朝鮮友人若干唱和詩作、往來信札輯成,據其《日記》,董文煥當時所見朝鮮詩集有三十餘種之多。後附有《〈研樵山房日記〉手稿中朝鮮人資料》、《董文煥墓誌銘》與董壽平撰《洪洞董氏奕世學行記》。下編則收黃雲鵠輯《完貞伏虎圖集》、帥方蔚《左海交遊錄》與山西大學古典所藏朝鮮正祖十九年(1795)家刻本《竹亭先生遺事》,末附《朝鮮人名索引》,頗便檢核焉。

《海客詩鈔》六卷,前有崔性學序,作於同治七年(1868)。共收錄李容肅詩四十首、姜海壽二十七首、金秉善三十二首、金奭準四十一首、卞元圭四十六首、崔性學四十九首,人各爲卷,共二百三十五首。《韓客詩存》共輯錄朝鮮人詩一百五十一首、清人唱和詩一百九十九首。朝鮮詩家有申錫愚、徐衡淳、趙雲周、宋源奎、申轍求、李源命、丁學韶、徐憲淳、崔硯橋、朴鍾天、朴永輔、李容肅、朴鳳彬、李尚迪、卞元圭、沈英慶、金昌熙、李興敏、興宣大院君李昰應、金永爵、李豐翼、朴霽鴻、趙性教、林致學、趙徽林等,清人則有黃爵滋、葉名澧、孔憲彝、朱琦、張穆、許宗衡、馮志沂、王軒、王拯、吳昆田、李士棻、董文煥、黃雲鵠、董麟、江人鏡、袁保齡等。《韓客文存》共收錄朝鮮申錫愚、申轍求、趙徽林、朴珪壽文各一篇,清人凡董文煥、馮志沂、黃雲鵠、王拯、賈臻、樊彬、趙祐宸、丁壽昌、王軒、張之洞、王憲成、孫毓文、李文田等,共計四十四篇。

案以上朝鮮諸人中,申錫愚、李源命、徐憲淳、李興敏、李豐翼、趙徽林曾以正使,徐衡淳、朴珪壽、朴永輔、金永爵、趙性教等以副使,申轍求、朴鳳彬、金昌熙等以書狀官,丁學韶、金秉善等以伴倘身份出使中國,而李尚迪、李容肅、卞元圭、崔性學爲首譯與譯官,更是多次隨使團出入北京,金奭準爲閭巷詩人,有名當時。故在館期間,與董文煥等人相交,詩文唱和,鬭酒流連,以尋當年洪大容、嚴誠諸人之跡,以繼其事,以示友好。惜當時清朝與朝鮮,皆內外交困,家國危殆,故諸人唱酬詩文,亦多慮善憂,愁眉鬱結矣。

全書中凡遇朝鮮與清朝人物,皆編有小傳,頗便讀者,然或語焉不詳,或多有錯訛,斷句整理,亦頗有不當處。然董文煥《韓客詩錄》,今已無存,賴此以傳其仿佛,嘗其一臠,經其後裔寶藏至今,又爲輯校者之拾掇棐行,亦可謂不幸中之幸焉。

1108-1872
黃雲鵠《完貞伏虎圖集》(光緒十四年刻《實其文齋全集》本)

黃雲鵠(1819—1898),字祥人,號緗芸,湖北蘄春人。黃侃父。咸豐三年(1853)進士。歷官四川雅州太守、鹽茶道、成都知府、四川按察使等職。清廉正直,執法嚴謹,不畏強暴,世人譽爲"黃青天"。後辭官返里,潛心經學,精擅書法。爲兩湖、江漢、經心書院院長。著述彙編爲《實其文齋全集》。事見《碑傳集補》卷一八《黃雲鵠傳》。

《完貞伏虎圖》者,黃雲鵠太高祖之母談孺人,建昌農家女,爲其國珍公繼室,深曉大義,有李穆姜之風。其夫早卒,諸子幼弱,上無尊章,孺人誓死自守。親屬有利其嫁者,再三劫迫。孺人遂夜攜諸子,輾轉至蘄州大同鄉螭抵山中,結茅而居。有虎哮廬側數日,孺人諭以理,虎聞言,若有會,逡巡弭耳去。孺人督諸子力作,家稍稍起,至孫曾益茂。咸豐中,雲鵠屢遇難,輒夢孺人呼喝保護,遂得免。孺人守節時,年實逾三十,例不獲請旌,恐遂湮沒,遂繪此圖,以求世之君子,錫之題詠,俾得發幽光,以彰先世遺德云爾。

黃雲鵠因刻全集,遂於同治十一年(1872),先付刊題詠者已歸道山諸友及朝鮮使者諸作。而朝鮮作者或爲親見者,或爲附寄轉至者。前有雲鵠叙、述略(朝鮮趙徽林書)與《記談太孺人軼事》,後依次收收朝鮮文人題跋,有朴珪壽、金尚鉉、李基鎬、許傳、金益文、申轍求、趙徽林、鄭顯得、徐相雨、趙性教等,或文或詩。清人題跋有許宗衡、楊傳第、馮志沂、象賢、樊彬、易紹琦等。諸家所詠歎慨慷,無非苦節泣鬼神,貞德流百世,庇祐子孫,枝葉繁盛之詞也。

1109-1874
姜文璚編輯《韓四客詩選》(北京大學圖書館藏　稿本)

案姜瑋有《北游日記》(0995-1873)等,皆已著錄。

是稿一函一冊,藏北京大學圖書館。封面墨書外題"四客詩選","五溪張叔平先生批",手繪板框,有界,每半頁行十行,行二十四字,偶有雙行小字。白口無魚尾,四周雙邊。卷首有癸酉(1873)古懽居士題"韓四客詩選序"及"韓四客小傳",書末有甲戌(1874)張世準跋。正文首頁首行"韓國客詩選"大題,第二行左下書"姜文璚少章",第三行下書"編輯"。據姜瑋稱,其高宗十年(1873)隨鄭健朝入燕,離發王城,鄭基雨、李建昌送行,"同至磚石峴下,以小冊子納之袖中而別,路次啓視,是社中四君子詩鈔,欲求中朝鴻碩評品者,喜成長句(並洪鐘山奉事岐周,李二堂進士重夏,爲《韓四客詩選》)"①。李建昌亦有詩謂"昔有韓四客,共結文字緣"。其自注稱"洪鍾山岐周,鄭雲齋基雨,二世丈李二堂重夏暨余,唱酬爲一集曰《韓四客詩草》。往歲古懽入燕,以此就正於張叔平世準"②。又姜瑋《韓四客詩選序》稱"余本擬部次諸作,都爲一集,而筆札不能給,姑選近體若干首,仿因繼唱和舊例,錄之如左,一臠全銅,豈多乎哉"③。姜瑋仿宋姜夔,字堯章,此編輯者"姜文璚少章",蓋爲其兄弟行,然則實際當爲鄭基雨等四人之意,而姜瑋所選編也。

韓四客者,洪歧周、鄭基雨、李重夏、李建昌也。姜瑋謂皆其素心之人,尤其與李建昌,亦師亦友,姜氏以爲諸人"其年序官次雖不同,而其澹於榮利而深於文字則同"。姜瑋至北京後,曾與張世準多次筆談,請張氏與吳鴻恩等品評己作與四客詩,故有張氏之跋焉。

---

①姜瑋《古懽堂收草詩稿》卷12《北遊草·鄭雲齋奉事……爲韓四客詩選》,《韓國文集叢刊》,318/441。
②李建昌《明美堂集》卷2《北遊詩草·懷人作》,《韓國文集叢刊》,349/014。
③姜瑋《古懽堂收草文稿》卷1《韓四客詩選序》,《韓國文集叢刊》,318/481。

案洪、鄭、李、李四人,蓋欲仿其前輩李德懋、柳德恭、朴齊家、李書九之故事,姜瑋亦願如柳琴之編輯《韓客巾衍集》之例,成此《韓四客詩選》,欲在北京覓如潘廷筠等人者,爲品鑒點評。然彼時之清朝,内外交困,而士大夫亦不復有昔年之悠然心態,故雖有張世準爲其題跋,然《韓四客詩選》,未能在中國士大夫間如《巾衍集》般流行,而終落得蒙塵插架,風蝕蟲蠹,徒令人慨歎不已矣。

1110-1882
鄭基世《周溪尺牘》(延世大學圖書館藏 稿本)

鄭基世(1814—1884),字聖九,號周溪,東萊人。鄭太和後裔,元容子。憲宗三年(1837),擢庭試丙科。官成均館典籍、司憲府掌令、成均館大司成等。哲宗朝,任全羅道觀察使、漢城府判尹、禮曹判書等。高宗時,爲兵曹判書、議政府右贊成、水原府留守等。有《周溪集》傳世。事見李裕元《嘉梧藁略》第一九册《右贊成周溪鄭公行狀》與憲宗、哲宗、高宗三朝《實録》等。

純祖三十一年(道光十一年 1831),冬至等三節年貢兼謝恩使判中樞府事鄭元容、副使禮曹判書金宏根、書狀官兼司憲府掌令李鼎在等入燕,鄭基世侍父至北京。李裕元謂"妙年陪文忠公入燕京,鴻儒巨匠,與之交遊,讓與一頭,曰真天才也"。語涉誇張,然元容父子與帥方蔚等有交,見帥氏《左海交遊録》。高宗十九年(1882)六月,"壬午兵變"起,時基世水原留守任已報瓜。"上以此時此任,難付生手,特旨加苾。時值中國欽差率兵艦,自天津來泊馬山浦,路出華城,士民奔竄,商旅不行,轉輸絡繽,場市不通。公撫輯軍民,悉心接應,多買牛隻,分置各坊,勸民耕農,務盡安堵,八月遞歸"。①

案鄭基世《周溪集》,草稿本,藏延世大學圖書館。其中收有鄭基世寄吴長慶等凡信札三十通、詩十七首、文二篇、信札原件五通等,分别爲寄吴長慶、茅延年、吴瞻菁、吴朝彦、邱心坦、周家禄、朱銘盤、紀兩麓諸人函札,多吴長慶幕僚,則鄭氏在水原留守任時,與諸人相詢,故有函札詩文,

---

①李裕元《嘉梧藁略》第19册《右贊成周溪鄭公行狀》,《韓國文集叢刊》,316/231。

往來不斷也。因未睹原册,故略叙原委如上焉。①

1111-1882
卞元圭輯藏《北雁尺一》(私家收藏　手札原件)

案卞元圭有《丙子聞見事件》(1010-1876),已著錄。

此《北雁尺一》,四册,鈔本,手札原件,私人所藏。封面正中篆文簽題"北雁尺一",下小字偏右題"葦滄署",並有印兩方,則知爲吴世昌所題。此四册所收信札,分别爲第一册收周馥二通、王德均三通、吴長慶三通、袁世凱一通、文瑞一通、陳樹棠三通、名正肅(未具實名)一通、陳同書一通、吴瞻菁一通、未詳一通,又林蔡、徐萬泰、劉長英、周家禄合一通,共十九通;第二册收萬青藜一通、樊彬二通、王維珍二通、華峰魁一通、劉含芳一通、陳樹棠一通,共八通;第三册收姚凱元一通、壽旦九通、繼格三通、羅豐禄一通、潘駿德二通,共十六通;第四册收許其光五通、劉含芳八通、游智開二通、桂本誠一通、顧元爵一通,共十七通。

此鈔本四册,共收録清人手札六十通,其中泰半爲寄卞元圭者。考卞元圭在高宗朝,先後任副司直、參議交涉通商事務、機械局幫辦、協辦交涉通商事務、漢城府判尹等。曾以賫咨官或首譯身份,多次出使中國,故與中朝士大夫交往密切,此《北雁尺一》所收如袁世凱、周馥、吴長慶、陳樹棠、萬青藜、游智開、周家禄等,皆爲當時名臣顯宦,或洋務大員與隨員幕僚等。至其信札所論,則因筆者未曾目驗,故不能詳叙而縷述矣。②

1112-1882
卞元圭輯藏《北雁尺壹》(私家收藏　手札原件)

案卞元圭有《丙子聞見事件》(1010—1876),已著録。

---

① 參千金梅《18—19世紀朝·清文人交流尺牘研究》,韓國延世大學博士論文,2011年,第101—102頁。
② 參千金梅《18—19世紀朝·清文人交流尺牘研究》,韓國延世大學博士論文,2011年,第79—82頁。

卷八〇　卞元圭輯藏《北雁尺壹》　1491

　　此《北雁尺壹》,亦四册,私人收藏,亦手札原件。第一册所收有黄雲鵠九通、張丙炎四通、陸丙榮一通、李廷簫一通、周棠一通,共十六通,皆爲諸人寄卞秋舲之札。考卞秋舲即卞光韻,爲咨譯,純祖三十二年(道光十二年1832),曾隨冬至等三節兼謝恩使判中樞徐耕輔等一行,出使清朝,見金景善《燕轅直指》卷五《回程録》。又玄鎰有《哭卞秋舲光韻》,然亦不能確指殁於何年也。① 第二册爲南菊澹信札十一通,分别寄張世準五通、張其從三通、董兆奎一通、卓煦兩通,共十一通。菊澹蓋爲齋號,其人不可考,此則爲朝鮮菊澹寄中國張世準等人之信札。如董兆奎,字瑞峰,直隸完縣人。曾官翰林院編修、國史館纂修。同治十三年(1874),任延平知府。

　　第三册爲黄雲鵠五通、潘駿德兩通、劉如翼兩通、名正肅(未署真名)一通、羅豐禄一通、劉含芳四通、周馥一通、如山一通、許其光一通、游智開兩通、劉嶋慶一通、張是源一通,共二十二通,諸人函札,皆爲寄卞元圭者。第四册爲額勒精額一通,吴長慶五通,崔師範一通,邵作舟一通,吴兆有二通,張光前一通,袁世凱三通,陳樹棠一通,京成一通,名正肅(未署名)一通,張雲逵一通,陳同書一通,林葵一通,林葵、楊安震、周家禄共署名一通,周家禄一通,林葵一通,張席珍一通,馬建常一通,王錫鬯一通,梶山鼎介一通,高平小五郎一通,井上角五郎一通,共計二十九通,皆爲寄卞元圭者。總四册合計爲七十八通,較前《北雁尺一》爲多出十八通也。

　　卞氏後裔所藏《北雁尺一》《北雁尺壹》,據千金梅核檢,原件尚有箋札殘缺。除《北雁尺一》《北雁尺壹》之外,又其所藏另有一册無有書名之尺牘帖,乃朝鮮李昰應寄清人萬青藜、黄雲鵠之書信,及卞元圭寄游智開、劉含芳書信,共六通,尚有寫信人寄信人均不詳之書信。卞氏後裔所藏共有九册尺牘集,收有卞氏父子所收一百零三封清人信札與寄出六封,共一百零九封。因筆者未寓目,故僅叙諸家信札寄信與收信情狀如上而已。②

――――――――――

① 玄鎰《皎亭先生詩集》卷5《日下詩存・哭卞秋舲光韻》:"卅年僚誼事如兄,豊面長身仰老成。洛陌看花觴詠地,塞樓折柳去留情。令孫肖子知餘慶,崇秩稀齡際太平。晨星欲落薤歌遠,撫枕空歎涕泪横。"《韓國文集叢刊續》,127/689。
② 參千金梅《18—19世紀朝・清文人交流尺牘研究》,韓國延世大學博士論文,2011年,第83—84頁。

1113-1882
金昌熙輯藏《大陣尺牘》(韓國首爾大學奎章閣藏　手札原件)

案金昌熙有《丙寅聞見事件》(0955-1865),已著録。

案此《大陣尺牘》,兩册,手札原件,藏韓國首爾大學奎章閣(又首爾大學中央圖書館亦藏有一種,一册,亦爲原札,然所收信札不同)。所收皆爲清朝官員與文士如張謇、朱銘盤、王錫鬯、邱心坦、沈元鼎、周家禄、劉紹棠、李延祐、吴朝彦、吴長慶、三甫等致金昌熙之函札,個别爲寄他人者,共有信件三十八通、詩五十首、文二篇。

高宗二年(同治四年　1865)歲末,謝恩兼冬至等三節年貢行正使判中樞府事李興敏、副使禮曹判書李鍾淳、書狀官兼司憲府執義金昌熙等入燕,昌熙在北京,與清朝士大夫多有交往。高宗十九年(1882),"壬午兵變"前後,昌熙又以迎接官,儐清朝水軍提督吴長慶於東廟,差承文提調,深得賞識。長慶"幕府多知名士,公昕夕戎旃,樽俎唱酬。通州張謇尤相與推服,爲籌我邦事,草治安六策。皖江李延祐,亦著八議以遺之,曰念公憂國苦衷,不忍自秘所見也。公就以辨謬補闕,輯成一書藏之。其目有八:曰慎政令以昭國信,無赦宥以懲姦宄,謹辭命以善交隣,抑僥倖以澄仕途,重藩權以興民利,弛法禁以息民害,簡將材以維軍心,頒車制以便轉輸,實救時之良算也。又有所著《譚屑》,透解多警世語,大爲華士所賞云"①。此《大陣尺牘》中諸人,即多曾在吴長慶幕中,故爲昌熙所熟知。其《譚屑》亦先後有袁世凱、王錫鬯等多人撰序,詳參下《晚清中國駐朝鮮使臣致朝鮮大臣金昌熙叢剳及文稿解題》可也。

1114-1882
金昌熙輯藏,丁小明編撰《〈譚屑〉拾餘:晚清駐朝鮮使臣叢札及詩文稿》(國家圖書館出版社2014年版)

案金昌熙有《丙寅聞見事件》(0955-1865),已著録。

---

① 韓章錫《眉山先生文集》卷11《工曹判書文獻金公昌熙墓碣銘》,《韓國文集叢刊》,312/397。

卷八〇　金昌熙輯藏，丁小明編撰《〈譚屑〉拾餘：晚清駐朝鮮使臣叢札及詩文稿》

此《〈譚屑〉拾餘：晚清駐朝鮮使臣叢札及詩文稿》，爲華東師範大學古籍所副研究員丁小明（慕光）整理，影印本，有釋文。據丁氏稱此文稿爲其友人收藏，後入拍賣市場，爲何人所得，則不可知也。信件由丁氏釋讀整理後，發表於上海圖書館歷史文獻研究所編《歷史文獻》第十八輯（上海古籍出版社 2014 年版）。後又收入丁小明編撰之《〈譚屑〉拾餘：晚清駐朝鮮使臣叢札及詩文稿》中，爲《嚶鳴諸野——當代中國私家收藏明清及近代名賢手跡叢刊》初刻六種之一，由國家圖書館出版社 2014 年出版。

此文稿所公佈的函札，包括袁世凱、張謇、周家禄、朱銘盤、李延祜、潘鍾杰、吳朝彥、王錫鬯、林葵、張光前、方正祥、劉紹棠、譚庚堯、郭春華、吳兆有、紀堪沛、李毓林、劉長英、吳鳴鑾、沈朝宗、邱心坦、張詧、王湛恩、葉覲儀等人致朝鮮金昌熙（石菱）信札、詩稿、文稿、筆談實録、名刺等各類文檔約一百三十五件，分別爲袁世凱致金昌熙信札十通、《譚屑》序跋原稿各一篇、名刺一頁；張謇致金昌熙信札十六通、《譚屑》序原稿一篇、名刺一頁，其他跋文一篇；朱銘盤致金昌熙信札十一通、《譚屑》序原稿一篇、《譚屑》題端原稿一頁、名刺一頁；吳朝彥致金昌熙信札五通、《譚屑》序一篇、名刺一頁；周家禄致金昌熙十二通、致朝鮮國王書一篇、名刺一頁；李延祜致金昌熙信札十九通、《譚屑》序一篇、詩稿三開、名刺一頁；林葵致金昌熙信札兩通、《譚屑》序一篇；王錫鬯致金昌熙信札五通；吳鳴鑾致金昌熙信札兩通、《譚屑》序言一篇；潘鍾杰致金昌熙信札四通、文一頁；張詧《譚屑》序原稿一篇；邱心坦《譚屑》題詩原稿一開；紀堪沛《譚屑》題詩原稿一開；譚賡堯致金昌熙信札一通、《譚屑》序原稿一篇；另有方正祥、吳兆有、郭春華、劉紹棠、沈朝宗、黃仕林等"慶軍"駐朝將領致金昌熙信札，衆人贈與金氏之名刺，及部分將領與金氏筆談之實録。

朝鮮"壬午兵變"時，"慶軍"東渡入朝，金昌熙任朝鮮迎接官，其間與袁世凱等人交往甚多，並著有《東廟迎接録》詳記此間諸事。金氏負責李朝與清駐朝"慶軍"諸大臣間之聯繫，作爲袁世凱編朝鮮親軍的後勤軍需助手，親歷"壬午兵變"後一系列政治事件。此文公佈之筆札與文稿，大致分爲三部分：一是袁世凱等人致金昌熙的系列信札；二是袁世凱等人爲金昌熙《譚屑》所作序跋；三是駐朝大臣與金昌熙筆談原件及贈與金氏之名刺。內容所涉既有與中朝關係、朝鮮軍政相關之資訊報告與討論，如袁世凱練兵諸多細節、周家祿致朝鮮國王書、潘鍾杰關於"當五錢"之討論，以及筆談實錄中涉及之中朝政局等。亦有中朝士人友朋連誼之個人交往，如金昌熙刻《譚屑》一書索序於駐朝使臣，駐朝使臣往賀金昌熙兒子合巹之喜以及彼此間之詩詞唱和等。

　　案甲午一戰，清廷戰敗，朝鮮獨立，北洋水師盡没；又袁世凱以竊國大盗，民國以來，爲世所唾棄。然觀此文稿中諸家函札，亦莫不盡職盡責，操慮國事，並設法爲朝鮮分憂。尤其袁世凱亦頗行事低調，舉止中規，諸事擔當，深爲朝鮮所倚重。而半島朝廷之腐敗無能，日本狼子野心，虎視眈眈，從諸人信中亦可窺知一二矣。

　　又此函札集中，有李延祐致金昌熙第三札，據此札可知昌熙正在編《東援題名録》，李氏以爲"前既書隨征賓吏將士總目，則後列似無須再加'屬吏部下'字樣"，"足下刊此，意在爲東援各人榮，孰知加以'屬吏部'等名目，使同列之人各存上下牀之見，似有厚薄之分，反爲不美。且弟隨幕二十年，不意東援爲兄降列'屬吏'。如中國'吏'之一字，乃末僚之下，人之不願爲也"。① 蓋昌熙欲編此録，故就體例商諸李氏，本函札集中潘鍾杰致昌熙第四札，羅列其二弟至六弟字號、科名與職銜等，亦爲昌熙編纂所用，今不見是録傳世，蓋甲午戰後，中國戰敗，朝鮮半島旋爲日本所吞，百孔千瘡，時局大變，故金氏亦無心思與精力編輯此録矣。

1115－1882
金昌熙輯藏《石菱受柬》（私家收藏　手札原件？）

　　案此《石菱受柬》四册，據稱爲韓國鮮文大學金圭賢（音譯）教授發現之金昌熙所藏書信集。寫信人包括郭春華、邱心坦、紀堪沛、譚賡堯、潘鍾杰、方正祥、葉覲儀、沈朝宗、吴鳴鑾、吴朝彦、吴兆有、王錫鬯、袁世凱、劉

---

①丁慕光整理《晚清中國駐朝鮮使臣致朝鮮大臣金昌熙叢札及文稿》，上海圖書館歷史文獻研究所編《歷史文獻》第十八輯，上海古籍出版社 2014 年版，第 167 頁。

紹棠、劉長英、李延祜、張謇、張光前、周家禄、朱銘盤等人,以及署字號或未署姓名者若干人,皆爲光緒八年(高宗十九年 1882)隨吳長慶赴朝平定"壬午軍亂",及其後駐紮朝鮮之清朝官員及吳氏幕僚所作,共有書信、筆談、贈詩、序文等一百三十八篇(首)。筆者閲讀千金梅教授提供之金圭賢教授《金昌熙的〈石菱受柬〉與壬午軍亂之後韓中交流的一面》一文①,據其文中表格可知,此《石菱受柬》所收如李延祜書信十六通、吳朝彦五通、周家禄十二通、朱銘盤十一通等,以及文中所引袁世凱序文及他家之詩文,皆與上述丁小明編撰《〈譚屑〉拾餘:晚清駐朝鮮使臣叢札及詩文稿》中所收幾乎完全重合,故疑此《石菱受柬》四册,即丁教授整理之《晚清駐朝鮮使臣叢札及詩文稿》,因未見原件,故不敢必也。姑繫于此,以供讀者參稽可耳。

1116-1882
權松西輯藏《華使尺牘》(韓國國立中央圖書館 影印本)

案此《華使尺牘》,一册,二十一張,原藏日本天理大學圖書館今西文庫,韓國國立中央圖書館1996年影印本。此册所收信札,爲清朝吳長慶、張光前等致朝鮮"權松西"者。考權應鐸(1726—1787),字天振,號松西,襄陽人。風儀文詞,絕出人表。平居未嘗廢書,尤喜子朱子《綱目》。中年始登公車,大小六七試,俱不利南省。有詩文若干藏於家。事見黄龍漢《貞窩先生文集》卷一〇《松西權公行狀》、鄭宗魯《立齋先生文集》卷三六《松西處士襄陽權公墓碣銘》等。然應鐸所處時代,與吳氏等在朝鮮時,相差百餘年,故此"權松西"者,非應鐸也明矣。

全册凡收吳長慶信札兩通、張光前六通、宗瑜一通,同文社同人潘宗傑、周家禄等八通。考張光前,字仲明,安徽廬江人。淮軍將領,記名提督銜總兵。"壬午兵變"期間,隨吳長慶入朝鮮,爲營官,與吳兆有、何乘鰲等配合長慶,平定朝鮮内亂。而潘宗傑、周家禄等,則爲吳長慶幕僚,周氏

---

① 金圭賢《金昌熙的〈石菱受柬〉與壬午軍亂之後韓中交流的一面》,《冽上古典研究》第39期,2014年第3期,第36—61頁。

在朝鮮期間,與當地詩家創立同文社、惜字會等,蓋此"權松西"者,亦朝鮮詩人,並幫辦軍務,與諸人有交,故有函札往來。因未睹原件,故僅據韓國中央圖書館網頁介紹,略述數事如上焉。

1117-1885
袁世凱原札《朝鮮外交關係書翰集》(韓國首爾大學奎章閣藏　手札原件)

袁世凱(1859—1916),字慰亭,又作慰廷,號容菴、洗心亭主人等,清末民國河南項城人。自幼習武,喜愛兵法。科舉受挫,遂棄而往山東登州,投廣東水師提督吳長慶營中。光緒八年(1882),朝鮮"壬午軍亂"起,隨吳部東渡朝鮮平亂。十一年,爲駐紮朝鮮總理交涉通商事宜,監國朝鮮,臨事不懼,建樹頗多。甲午戰敗後,在天津小站訓練新軍。二十三年(1897),擢直隸按察使,陞工部右侍郎。戊戌變法期間,以告密得慈禧太后信任,任山東巡撫。李鴻章卒,袁氏署理直隸總督兼北洋大臣,後爲軍機大臣兼外務部尚書。宣統改元,世凱稱疾避居河南。武昌起義後,任內閣總理大臣。1912年,任中華民國臨時大總統。翌年,爲首任中華民國大總統。1915年底,自立爲皇帝,改國號中華帝國,建元洪憲,史稱"洪憲帝制"。後遭各方反對,護國運動起,遂不得不宣佈取消帝制。1916年,因尿毒症而卒。一生功過榮辱,極具爭議。著述後人整理爲《袁世凱全集》三十六卷行世。事見沈祖憲、吳闓生編《容庵弟子記》,以及金梁輯録《近世人物志》、邵鏡人《同光風雲録》、湯志鈞編《戊戌變法人物傳稿》卷七等。

案此《朝鮮外交關係書翰集》,首爾大學奎章閣藏,手札原件一册,編者未詳,網頁目録爲"朝鮮外交關係書簡帖",而實際原物封面簽題"朝鮮外交關係書翰集",共十一葉,爲袁世凱致金允植手札七通。

此册首頁爲信封,中間題"金督辦大人"。考高宗二十一年(光緒十年 1884)末,"命協辦交涉通商事務金允植,督辦陞差"①。二十三年四

---
① 《高宗實録》卷21,高宗二十一年(光緒十年　1884)十二月七日丁丑條。

月,金允植雖被遣任廣州留守,然拒不到任視事,高宗施以譴罷之典。翌年五月,定配沔川郡。① 袁世凱寄金允植之信札,當寫於此期間內。

考袁世凱此手札七通,其所涉內容有"破獲亂黨"事,英國強佔巨文島事,並提及英使貝德祿②,美國人德尼至煙臺事,在天津見芸楣(閔泳翊)事,以及朝鮮與列強簽約事,及有關西方人在朝鮮傳教事等。

高宗十九年(光緒八年　1882)六月,朝鮮"壬午軍亂"起,袁世凱隨廣東水師提督吳長慶部赴朝鮮,參與平亂。亂後,以幫辦朝鮮軍務身份駐紮其國,協助朝鮮訓練新軍。是年末,閔泳翊曾權知協辦交涉通商事務,"以海關事務,委送天津、上海等地"③。又二十一年十月,朝鮮親日派金玉均等"開化党"人士發動"甲申政變",世凱率兵平定之。後袁氏受排擠回國,賦閑在家。翌年冬,復以駐紮朝鮮總理交涉通商事宜,位同三品道員,監國朝鮮。二十二年(1885)春,英國佔領朝鮮南部海域要衝巨文島(又稱哈米笢,英國稱漢密爾頓港)。又二十四年冬,時任朝鮮協辦內務府事兼管外衙門掌交司堂上之美國人德尼(Denny, Owen Nickerson),亦受高宗委託,赴天津與李鴻章協商向歐美各國派遣使節事宜。袁世凱與金允植書信中所言,即與以上諸事相關者也。

考駱寶善、劉路生主編《袁世凱全集》(第一卷),上述袁世凱諸信,皆見收錄。據整理者所隸之時間,手札第一通為《覆朝鮮督辦交涉通商事務金允植函》,寫作時間為光緒十一年(1885)十一月,據函內叙及袁應李鴻章命由里來津時間推定。第二函為《致朝鮮督辦交涉通商事務金允植函》,寫信時間約為光緒十三年春。此箋有缺文,原件上亦缺,整理者注釋稱"此行文字原抄本為一張信箋,置於第三函前二箋之後,作為該函之結尾。茲據文意與第七函前三箋合為一函"。第三函為《致朝鮮督辦交涉通商事務金允植函》,寫於光緒十二年四月中旬。原信缺上半部分,整理

---

①《高宗實錄》卷23,高宗二十三年(光緒十年　1886)四月十八日辛巳條,又卷24,高宗二十四年五月三十日丙戌條。
②貝德祿(Baber, Edward Colborne　1843—1890),又名巴伯,英國人。同治五年(1866)來華,曾任英國駐重慶代理領事、英使館漢務參贊、駐朝鮮總領事等。有《華西旅行考察記》等傳世。
③《高宗實錄》卷19,高宗十九年(光緒八年　1882)十二月十四日丙寅條。

者稱"以下文字原抄爲兩張信箋,抄錄者置於原抄本第七函的前三箋之後,與之拼合爲一函。兹據文意析出獨立爲殘函"。第四函《致朝鮮督辦交涉通商事務金允植函》,亦缺上部分,整理者以爲寫於光緒十三年六月中旬,並注稱"原函缺上半且未署日期,暫無從推定寫信日期,姑置於金允植去職前"。第五函《致朝鮮督辦交涉通商事務金允植函》,整理者據函内叙及袁應李鴻章命由里來津時間推定,寫於光緒十一年七月中旬。第六函《致朝鮮督辦交涉通商事務金允植函》,整理者據其内容有"居鄉月餘"等推定,寫於光緒十一年上半年。第七函《致朝鮮督辦交涉通商事務金允植函》,寫於光緒十二年三月初八日。蓋收藏者見信有缺,又不署寫信日期,故隨意編册,前後不别。而《袁世凱全集》整理者所見又爲鈔本,故其考釋文字,尚有訛誤,如第三函末"未識然否",以"識"爲"議"之類是也。①

袁世凱在朝鮮期間,與金允植等交友結好,共商共謀。金允植稱"四五年之間,無日不晤,口談筆説,不可勝收"②。今存袁氏《全集》中與金氏往來之公函與私札,即不下百餘通,金氏並稱"平生知己,海内唯一"。無怪乎袁氏崩逝,中國人以之爲竊國大盜,口誅筆伐而不能已,然金氏尚撰文祭奠,念念而不忘舊交之誼也(詳參金允植《析津於役集解題》,1023–1881)。

1118–1885
袁世凱《與朝鮮督辦交涉通商事務金允植筆談錄》(《袁世凱全集》第一卷,河南大學出版社 2013 年版)

此筆談錄,又載吴汝綸編《李文忠公全集·譯署函稿》第一八卷,題《袁世凱與朝鮮金允植俄事筆談節略》,有 1921 年上海商務印書館影印本等。

---

① 上述諸信釋讀文字及注釋,均見駱寶善、劉路生主編《袁世凱全集》(第一卷),河南大學出版社 2013 年版,第 80、319—320、170—171、365、48—49、47—48、165—166 頁。
② 金允植《天津談草》節錄,駱寶善、劉路生主編《袁世凱全集》(第一卷),河南大學出版社 2013 年版,第 15 頁。

案光緒八年(1882)十一月,前駐天津德國領事穆麟德(Paul Georg von Möllendorff,1847—1901),受北洋大臣李鴻章之委託前往朝鮮,朝鮮以其任參議統理衙門事務,並協辦交涉通商事務,然其卻鼓動朝鮮王室"引俄拒清",朝鮮亦竭力欲擺脱中國,挾俄以自重。十一年,簽訂《朝俄修好通商條約》。此事引起清廷不滿,穆麟德亦爲李鴻章召回。袁世凱與金允植此筆談,時間當此年八月底,即議論此事。金稱"穆知我國貧乏,故以小利啗之"。袁謂"見小利俄人素懷鯨吞蠶食之心者,有此好意乎?此亦金玉均引日使入衛之同轍。殷鑒不遠,婦孺亦不能欺也"。① 世凱又撰《摘奸論》,稱"中國之待屬邦,內政外交由其自主,泰西無之,惟歲守廩俸而已。內政外交不得自主,徵收財賦歸諸上國,名曰國君,甚於守府。法國保護安南,未及數月已易其君。安南昔亦被法愚弄,今則噬臍莫及矣。朝鮮而歸俄人保護,尚有南面稱孤之日哉?既無朝鮮,又誰能侮"。並謂"此可謂煽惑人心,激變生事,取亂之道也"。② 其後又面謁朝鮮高宗,反復再言俄人之不可信,亦皆此意之謂也。③

光緒十一年九月初,袁世凱又有《與朝鮮執政諸臣筆談節略》,言其送大院君李昰應歸國,乃大皇帝錫類推恩,以全國王父子骨肉之親,奈何到岸無人迎接,又未經二日,已戮其左右三人,殊有負皇帝恩澤及李中堂厚意,"願諸大夫調和其間,無使他國之人騰笑於旁,天下後世訾議其後可也"。④ 時朝鮮高宗闇弱,閔妃當國,而大院君方始歸國,即殺其親近,袁世凱知其父子君臣不能相安,故有如此勸和之舉也。

1119-1885
袁世凱《與朝鮮國王筆談節略》等四種(《袁世凱全集》第一卷,河南大學出版社2013年版)

案《袁世凱全集》第一卷,尚收録有袁氏《與朝鮮官員李斗鎬筆談節

---

①袁世凱《與朝鮮督辦交涉通商事務金允植筆談録》,《袁世凱全集》(第一卷),第51頁。
②袁世凱《摘奸論》,《袁世凱全集》(第一卷),第51—52頁。
③袁世凱《謁見朝鮮國王筆談録》,《袁世凱全集》(第一卷),第52—53頁。
④袁世凱《與朝鮮執政諸臣筆談節略》,《袁世凱全集》(第一卷),第54頁。

略》(光緒十一年十二月二十六日),《與美國駐朝鮮公使福的晤談節略》(光緒十一年十二月二十六日),《與朝鮮國王筆談節略》(光緒十二年三月初五日),《與德尼面談節略》(光緒十二年三月初八日)等四種,皆爲筆談後抄摺呈北洋大臣李鴻章者(此括注日期亦爲總署收到李鴻章諮會袁呈此節略日期)。

袁世凱護送大院君李昰應返朝鮮,爲駐紮朝鮮總理交涉通商事宜,有監國之嫌。朝鮮不安,遂謂其名目不合,西洋人不悦,美公使已告其政府將詰問云。袁世凱告知李斗鎬,以爲:"名目固有不同,因中國欲正屬邦名分耳。然朝鮮爲中國屬邦已數百年,豈掩耳盜鈴耶? 朝鮮與各國立約,另有照會各國,聲明朝鮮爲中國屬邦。各國如不欲認,則前次照會即不應收。既收照會,又欲謂朝鮮非中國屬邦,安有是理?"①

又《與美國駐朝鮮公使福的晤談節略》,所談則美國公使福的(朝鮮稱福德)言朝鮮爲中國屬邦,"英派使於屬邦,有主持其國政之權,餘來此有參預之權,而無主持之權。何也? 我國待屬邦之道,不同於英國,故我國派使於屬邦之權亦不同於英國。要之,由上國派使於屬邦之名分則一也"②。福的稱其何能干預,即美政府亦不能干預也。其後袁世凱即發《致朝鮮外務衙門函》,稱"頃詰美使,稱無其事"焉③。

又《與朝鮮國王筆談節略》(光緒十二年三月初五日),所談内容一爲法國人欲派傳教士來朝鮮傳教事。高宗稱"東人自古但知以緊防此教,故比諸他國一倍疑懼"。世凱建議"只可命外署堅執不允,只准其照英、德、美條約議定"。一爲有國王"旃向東洋"之浮言,袁世凱向高宗求證,並稱"此時外侮内憂,均不能免,而欲爲不利者最忌二事:一曰依中國,一曰收民心。故或有動摇民心,離間中國爲逞謀之計。如中、東相依,民心固結,外侮内憂一時俱息矣"。④

又《與德尼面談節略》(光緒十二年三月初八日),則爲高宗二十三年

①袁世凱《與朝鮮官員李斗鎬筆談節略》,《袁世凱全集》(第一卷),第89頁。
②袁世凱《與美國駐朝鮮公使福的晤談節略》,《袁世凱全集》(第一卷),第89頁。
③袁世凱《致朝鮮外務衙門函》,《袁世凱全集》(第一卷),第90頁。
④袁世凱《與朝鮮國王筆談節略》,《袁世凱全集》(第一卷),第135—136頁。

(光緒十二年　1886)三月初五日,朝鮮以美國人德尼特差協辦內務府事兼管外衙門掌交司堂上。① 時有謠言稱袁與德尼爭權,互不相能。袁遂向德尼釋疑,稱"朝鮮人最好説閒話,公須留意防之,余亦隨時相告,一解彼此之疑"。德尼説謂"余是中堂薦來,自必幫中國,使中國、朝鮮爲一氣,有何權利相爭之處? 一切閒語可不必聽"。②

案朝鮮半島對於清廷之重要性,袁世凱有極其明確清晰之認識。如其與金昌熙筆談曰:"朝鮮爲中朝第一大門,大門既失,房門不已危乎? 貴邦脱有不測,東北震動。"③又其《摘奸論》曰:"中國之與朝鮮,有存則俱存、亡則俱亡之道,無朝鮮是無中國,非安南可比,亦非滇、粵遠省可比。"④又其光緒十二年九月初《上朝鮮國王書》曰:"朝鮮在中國,一院中之東偏也。東室傾覆,則中室之庭堂必暴露於外。世凱一院中之派在東偏司門者也,見東室將倚,每日叫呼于居此室者之門前曰'爾室宜急修理,不然必傾'。在智者聞之,知其言之不謬,忻然應之;其愚者視之漠然,反以謂東室即傾,於汝何干,乃日聒聒於斯,不惟不應,且甚惡而欲逐之。"⑤

以此之故,自"壬午軍亂"至"甲午戰爭"之前,袁世凱在朝鮮,亦可謂折衝禦侮,費盡心力,周旋於列强之間,以扶護朝鮮,且維持其不脱離中國。然當時之清朝,經兩次鴉片戰爭後,已是百孔千瘡,自身難保,無力回天。而日本、俄國與西方列强,亦皆欲瓜分朝鮮。朝鮮國勢阽危之際,又極欲擺脱中國,以求完全之獨立,大院君與高宗父子,不能相安,其國內親日親俄與親西方之勢力,又各有所圖,相互攻難。故袁世凱禀李鴻章稱"竊查朝鮮紀綱紊亂,政柄潛移,國是人心,已不可問,而猶謬欲自主,時派小人唆使各國訕謗中國,尤屬不知自量"。⑥ 甲午戰敗,清朝勢力退出半島,朝鮮獨立,然不旋踵間,遂爲日本吞併,其喪權失國,忍恥含辱,民不聊生,災禍深重,尚不知伊于胡底矣!

────────

①《高宗實録》卷23,高宗二十三年(光緒十二年　1886)三月初五日戊戌條。
②袁世凱《與德尼面談節略》,《袁世凱全集》(第一卷),第138頁。
③金昌熙《東廟迎接録》,《袁世凱全集》(第一卷),第19頁。
④袁世凱《摘奸論》,《袁世凱全集》(第一卷),第52頁。
⑤袁世凱《上朝鮮國王書》,《袁世凱全集》(第一卷),第229頁。
⑥袁世凱《禀北洋大臣李鴻章文》,《袁世凱全集》(第一卷),第137頁。

1120-1892

李昰應輯藏《清人簡格》(韓國首爾大學奎章閣藏　鈔本)

李昰應(1821—1898),字時伯,號石坡、榆厔道人、海東居士等,全州人。朝鮮王室南延君李球第四子,高宗李熙生父,封興宣君。高宗即位,封興宣大院君。儼然攝政,權傾朝野,集權專制,厲行閉關鎖國政策,後被迫退居幕後。高宗十九年(1882),"壬午兵變"後,被逮至中國,囚於保定,三年後歸國。後又受日本扶持,成爲傀儡,旋即下野。然屢次政變,皆有其身影存在。純宗隆熙元年(1907),追尊爲大院王,諡獻懿。一生曲折,屢挫屢興,是風雲人物,亦悲劇角色。事見金允植《雲養集》卷九《興宣獻懿大院王園誌銘》、《憲宗實録》、《高宗實録》、《承政院日記》等。

案此《清人簡格》一册,二十九折五十九面,鈔本,韓國首爾大學奎章閣藏。共收清人姚凱元等致李昰應函札二十四通,分別爲姚凱元十三通、樊彬三通詩二首、萬青藜五通、徐桐一通、繼格一通、鄭爕克一通,又方子箴《感興十八首用張船山寶鷄題壁韻》十八首。李昰應善繪事,故信札中多論畫事。因未見原件,故謹據韓國首爾大學奎章閣韓國學研究院網站所提供之提要,略述之如上焉。①

1121-1892

李昰應輯藏《天雁尺芳》(韓國延世大學圖書館藏　手札原件)

案李昰應輯有《清人簡格》(1108—1892),已著録。

此《天雁尺芳》,共六册,手札原件,韓國延世大學圖書館藏。共收録清代學人致李昰應函札九十六通,寄信者分別爲萬青藜、阜保、黄雲鵠、袁保齡、汪元後、樊彬、袁世凱、允頤、徐桐、繼格、何崧、夏廷獻、張丙炎、陳樹棠、陳文田、姚凱元等,其中第四册尚收李昰應致袁保齡札一通。因未睹

---

① 參千金梅《18—19世紀朝・清文人交流尺牘研究》,韓國延世大學博士論文,2011年,第96—97頁。

原稿,故略叙之如此。①

1122—1893
黄膺編《龍喜社海東尋詩集》(中國科學院圖書館藏 鉛印本)

黄膺,字鹿泉,湖南善化人。光緒十二年(1886)至十六年間,任户部主事河南司行走。在北京於善化會館建龍喜詩社,並主持社事。後官廣西緬寧廳通判、武定直隸州知州等。曾參與《續雲南通志稿》重校,編刊有《龍喜社海東尋詩集》等。事見《大清縉紳全書》《大清爵秩全覽》《(民國)新纂雲南通志》等。

光緒十三年(1887),湖南善化人户部主事河南司行走黄膺,於京師宣武門街東善化會館組織"龍喜詩社",成員多爲當時寓居北京之湘人。因五代漢乾祐間,在長沙縣東境置縣龍喜,宋元符元年改善化,故社稱龍喜,從其朔也。時朝鮮冬至使徐相雨適出使北京,參與其中,此後朝鮮年貢使來,必訪社中人,同志吟朋,迭爲雅集,賦詩祖道,歲以爲常。光緒十五年己丑科狀元張建勳詩有"龍喜千篇日下社,鴻飛萬里海邊樓"句,自注謂"龍喜詩社觴詠無虛日"。可見當時龍喜詩社唱和頻繁、詩酒流連之盛况焉。

光緒十九年(1893)正月,時朝鮮冬至使李乾夏、副使李暐、書狀官沈遠翼與從事崔性學等,適在北京。先是徐世昌設飲於所居北江舊廬,後龍喜社主黄膺再招諸同志,聚飲於龍喜詩社,李乾夏稱"竟日讌譚,醉酒飽德,賦謝呈教,即以別録"②。遂由李乾夏先賦詩一首,繼之以李暐、沈遠翼、崔性學三人詩,再繼之以諸家和詩與别詩,總四十餘首;後附録龍喜社中諸友唱和詩,亦四十餘首,編爲《龍喜社海東尋詩集》。是本爲綫裝一册,封皮左側畫長條簽框,用篆字題"龍喜社海東尋詩集"。右裝訂綫内側上題"寄回入送"四字,草字墨淺。左側楷題四行"此册請/閲後寄下入

---

① 參千金梅《18—19 世紀朝・清文人交流尺牘研究》,韓國延世大學博士論文,2011 年,第 97—98 頁。
② 黄膺編《龍喜社海東尋詩集》李乾夏《光緒癸巳……即以别録》,鉛印本,第 1A 頁。

選/鹿泉函中云朝鮮使臣詩在此册外者尚多/隨後抄寄秉章"。秉章者,不知爲何人。蓋《尋詩集》多有遺漏,實亦未定之稿,故封面所題如此也。

　　是集前有洪汝沖序,序末題光緒十九年正月二十五日。下有徐樹銘題詩與龍喜社雅集題名,朝鮮有李乾夏、李暐、沈遠翼、崔性學,中國有顧璜、王以慜、徐世昌、孟繼壎、徐樹均、趙藩、龔鎮湘、成昌、王鐵珊、何桂芳、黃膺、羅維垣、李登雲、勞啓捷、楊壽彤、洪汝沖、章華、陳鍾祺、張振鏞、勞遠葆、羅良鑑等,共朝鮮四人、中國二十一人。除顧璜爲河南祥符、徐世昌與孟繼壎爲直隸天津、趙藩爲雲南劍川、成昌爲滿州鑲黃旗、王鐵珊爲安徽英山人外,餘皆爲湖南人,尤以善化人爲多。黃膺跋稱,冀望"詠仁蹈德,有如此盟,則尋詩固有深於詩者在爾"①。

　　案李乾夏諸人出使之時,朝鮮國内已是風起雲湧,亂像叢生。翌年,先是朝鮮"甲午更張",隨即中日"甲午戰爭"爆發,清廷戰敗,朝鮮獨立,隨爲日本吞併。而朝鮮使臣之入北京,如昔年洪大容輩,此時之李乾夏輩,優悠廠肆,詩酒唱酬,已成往事,而中國與朝鮮半島之關係,此後爲平等之與國,亦不復昔年之光景矣。

---

① 黃膺編《龍喜社海東尋詩集》黃膺跋,鉛印本,第14B頁。

附　錄

卷一　0001—0008

宋明使行錄與皇華集

0001-1123

徐兢《宣和奉使高麗圖經》（殷夢霞、于浩選編《使朝鮮錄》影印乾隆五十八年《知不足齋叢書》本，北京圖書館出版社2003年版）

出使事由：國信使兼祭奠弔慰使
出使成員：正使給事中路允迪、副使中書舍人傅墨卿、提轄人船禮物官徐兢等
出使時間：宋徽宗宣和五年（高麗仁宗元年　1123）五月二十四日—八月二十七日（海路往返）

徐兢（1091—1153），字明叔，號自信居士，上世爲建州甌寧人，徙居和州歷陽。十八歲入太學，屢屈於應試。曾攝鄭州武原縣事，調濟州司士曹事。爲官清正，剛直不阿。宣和四年（1122）出使高麗，撰《高麗圖經》四十卷。徽宗大悅，賜同進士出身，擢知大宗正丞事兼掌書學，遷尚書刑部員外郎等。兢自幼即喜字畫，讀書泛覽，不事章句，畫入神品，兼擅篆法。事見《宣和奉使高麗圖經》附錄張孝伯《宋故尚書刑部員外郎徐公行狀》等。

案宣和四年（1122）三月，宋廷詔遣給事中路允迪、中書舍人傅墨卿充國信使副往高麗，兢以奉議郎爲國信使提轄人船禮物官，隨團出使。九月，以高麗國王王俁薨，被旨兼祭奠弔慰而行。徐兢因撰《高麗圖經》四十卷，書上御府，其副藏家。靖康丁未（1127），兵亂失之。後從醫者得其本，惟《海道》二卷無恙。世傳其書，往往圖亡而經存。欲追畫之，不果就，兢姪徐蔵乃以所存者，於乾道三年（1167）刊刻於澂江郡齋，此即後世

之祖本。明季海鹽鄭弘曾據鈔本整理校勘,然世所少見。《四庫全書》所著錄者爲兩淮馬裕家藏本,錯訛較多。後鮑廷博據家藏鈔本,校以鄭弘鈔本,收入《知不足齋叢書》中,流布較廣。咸豐時,蔣光煦曾以宋本較《知不足齋叢書》本,有校勘記一卷載入《斠補隅錄》中。1931 年,故宫博物院輯印《天禄琳琅叢書》第一集,較近乾道本之原貌。後又有上海進步書局石印《筆記小説大觀》本與《叢書集成初編》本等。

案周煇《清波雜志》,亦稱徐兢仿元豐中王雲所撰《雞林志》爲《高麗圖經》。其書分建國、世次、城邑、門闕、宫殿、冠服、人物、儀物、仗衛、兵器、旗幟、車馬、官府、祠宇、道教與釋氏、民庶、婦人、皂隸、雜俗、節仗、受詔、燕禮、館舍、供帳、器皿、舟楫、海道、同文等二十八門,《四庫總目》謂"凡其國之山川、風俗、典章、制度,以及接待之儀文,往來之道路,無不詳載"①。徐氏自謂所採録者,簡汰其同於中國者,而取其異者凡三百餘條,爲四十卷,物圖其形,事爲之説。惜圖皆散佚,惟文字存之耳。

徐兢所記,最可重者,爲其海道往來之記載。宣和五年(1123)二月十八日,一行促裝治舟。五月三日,舟次四明。十六日,發明州。十九日,至定海。二十四日,以鼎新利涉懷遠康濟神舟、循流安逸通濟神舟與六客舟,八舟鳴金鼓、張旗幟,以次解發。於驚濤駭浪中,沿途經招寶山、沈家門、梅岑、蓬萊山、半洋礁、夾界山、白水洋、黃水洋、黑水洋、月嶼、竹島、苦苫、群山島、富用水、洪州山、馬島、紫燕島、急水門、分水嶺等,於六月十二日抵禮成港,再經碧瀾亭抵高麗王城。使命結束後,於七月十三日發順天館,十五日登舟,中屢因阻風,多日不得行,八月二十七日抵定海。自離高麗至明州界,凡海道四十二日。徐氏所經,乃宋朝與高麗海上交通之南方航綫焉。

又今研究者以爲,徐兢海路所用之物,以指南針識方向,非羅盤莫屬。其神舟"海行不畏深,惟懼潛擱",可知宋代遠洋海船吃水較深,具有良好航海性能。宋代已經能造出載重三百六十噸之海船,具有底尖,船身扁闊,長寬比小,平面近橢圓形諸特點。又福建、兩浙地區造船業,時居全國

---

① 景印《文淵閣四庫全書》史部十一地理類《宣和奉使高麗圖經提要》,第 593 册第 811—812 頁。

之首,且該地發明之水密隔艙技術,有利於船隻遠洋航行焉。①

0002-1123
徐兢《使高麗録》(殷夢霞、于浩選編《使朝鮮録》影印清《説郛》本,北京圖書館出版社 2003 年版)

案徐兢有《宣和奉使高麗圖經》(附録 0001—1123),已著録。

此卷記徐兢出使高麗事,所載即《宣和奉使高麗圖經》中海路往返所遇諸事與所經諸地,惟自《圖經》卷三四至卷三九《海道》六卷中,摘録補綴而成。偶有個別文字微異,別無不同耳。

0003-1449/1633
趙季輯校《足本皇華集》《拾遺》《辛酉皇華集》(鳳凰出版社 2013 年版)

出使事由:登極、誕子、宣慰、弔祭等
出使成員:正使翰林院侍講倪謙、副使刑科給事中司馬恂等(前後共二十五起使事)
出使時間:明正統十四年(朝鮮世宗三十一年 1449)—崇禎六年(仁祖十一年 1633)

案明洪武一朝,自洪武二年(1369)四月至二十九年(1396)六月,共有二十二起使臣遣往高麗或朝鮮。留有姓名之四十三位中,宦官二十五人,文臣十一人,武官七人。擔任正使之二十一人中,宦官十一人,文臣四人,武官六人。故以宦官爲主,而此輩入朝鮮,則爲所欲爲,欲壑難填。至英宗正統十四年(1449)"土木堡之變",英宗被俘,景帝即位。明朝遣翰林院侍講倪謙、刑科給事中司馬恂前往朝鮮,頒景帝登極詔書。此後朝廷派往朝鮮之使臣,則文臣、太監並皆用之。朝鮮以爲,凡"我國事則太監來,中原事則文官來"。"大抵文臣出來,則雜物甚簡;太監出來,則雜物甚

---
① 參馬文婷《〈宣和奉使高麗圖經〉研究綜述》,《天水師範學院學報》2015 年第 5 期,第 53—56 頁。

繁"。① 自正統十四年倪謙出使,至崇禎六年(仁祖十一年 1633)程龍往朝鮮,使臣與朝鮮君臣屢有唱和,此類詩文陸續編纂繫行,今有二十五起使臣凡二十四部《皇華集》存世。"皇華"者,《詩經·小雅·皇華》"皇皇者華",《小序》謂"《皇皇者華》,君遣使臣也。送之以禮樂,言遠而有光華也"。

此《足本皇華集》五十卷、《拾遺》一卷、《辛酉皇華集》六卷,共記有二十五起使臣,分別爲英宗正統十四年(世宗三十一年 1449),正使翰林院侍講倪謙、副使刑科給事中司馬恂,往朝鮮頒景帝登極詔書;英宗天順元年丁丑(世祖二十二年 1457),翰林院侯撰陳鑑、太常寺博士高閏前往頒英宗復位詔書;三年己卯,刑科給事中陳嘉猷因朝鮮招撫女真,奉敕諭至朝鮮警示;四年庚辰,正使禮科給事中張寧、副使錦衣衛都指揮武忠至朝鮮調解其與毛憐衛女真之衝突;八年甲申,太僕寺丞金湜、中書舍人張珹往頒憲宗登極詔書;憲宗成化十二年丙申(成宗七年 1476),户部郎中祁順、行人司左司副張瑾往頒立皇太子詔書;孝宗弘治元年戊申(成宗十九年 1488),翰林院侍講董越、工科右給事中王敞往頒孝宗登極詔書;五年壬子,兵部郎中艾璞、行人司行人高胤先往頒立皇太子詔書;武宗正德元年丙寅(中宗元年 1506),翰林院侍讀徐穆、吏科給事中吉時往頒武宗登極詔書(以上兩起使臣詩文合刊爲《壬子皇華集》);十六年辛巳,翰林院修撰唐皋、兵科給事中史道往頒皇子誕生詔書;世宗嘉靖十六年丁酉(中宗三十二年 1537),翰林院修撰龔用卿、户科給事中吳希孟往頒皇子誕生詔書;十八年己亥,以恭上皇天上帝大號,加上皇祖諡號及册立皇太子,册封二王禮成,遣翰林院侍讀華察、工科給事中薛廷寵往朝鮮頒詔;二十四年乙巳(仁宗元年 1545),太監郭璵、行人司行人張承憲前往賜祭賜諡於朝鮮中宗國王;二十五年丙午(明宗元年 1546),太監劉遠、行人司行人王鶴往祭朝鮮仁宗並賜諡;穆宗隆慶元年丁卯(明宗二十二年 1567),翰林院檢討許國、兵科給事中魏時亮往頒穆宗登極詔書;二年戊辰(宣祖元年),太監張朝、行人司行人歐希稷奉敕賜祭賜諡於

―――
① 《中宗實錄》卷76,中宗二十八年(嘉靖十二年 1533)十月九日戊寅條。

朝鮮明宗國王；同年，翰林院檢討成憲、禮科給事中王璽前往頒立皇太子詔書；神宗萬曆元年癸酉（宣祖六年　1573），翰林院編修韓世能、吏科給事中陳三謨前往頒神宗登極詔書；十年壬午，翰林院編修黃洪憲、工科右給事中王敬民前往頒皇子誕生詔書；三十年壬寅，翰林院侍講顧天埈、行人司行人崔廷健前往頒册立皇太子暨册封福王等詔；三十四年丙午，翰林院修撰朱之蕃、禮科左給事中梁有年前往頒皇太孫誕生詔書；三十七年己酉（光海君元年　1609），行人司行人熊化前往賜祭賜謚於宣祖國王；光宗泰昌元年（1620）八月，以翰林院編修劉鴻訓、禮科都給事中楊道寅前往頒光宗登極詔書，然光宗旋駕崩，熹宗天啓元年辛酉（光海君十三年1621），復遣二人往頒光宗、熹宗登極詔書，一行陸路往而海路歸，此可謂千古未遇之事；六年丙寅（仁祖四年　1626），翰林院編修姜曰廣、工科給事中王夢尹前往頒皇太子誕生詔書；思宗崇禎六年癸酉（仁祖十一年1633），因遼東不靖，遣副總兵程龍前往安撫海島，而屬聯屬國焉。

　　明朝天使自過鴨綠江，朝鮮從義州至漢城，沿途各驛站，修整灑掃，錦褥豐饌。國王派遠接使迎於義州邊境，接風洗塵；至境內則有伴送使，鞍前馬後，供其驅使；每到一地又有迎慰使，張樂設宴，極盡奢華；比至王京，國王親迎，跪受詔書，然後擺宴接風，問寒噓暖。一路鑼鼓喧天，儀仗滿路，威風八面，呼喝而行也。

　　案倪謙諸人，多出翰苑，皆富詩才，非如太監之專嗜財貨者。故其入朝鮮，莫不流連興起，詩文不絶。而朝鮮亦盡遣能詩文之大小臣工，於沿路陪行。前後任遠接使者，若鄭麟趾、朴原亨、徐居正、許琮、盧公弼、任士洪、李荇、鄭士龍、蘇世讓、朴忠元、申光漢、朴淳、鄭惟吉、李珥、李好閔、柳根、李爾瞻、金瑬、辛啓榮等，亦皆一時之選（例以大提學兼遠接使），諸人又攜朝鮮青年才俊之能詩者，或明或暗，儲備詩料，甚或早擬詩作，以與天使唱和，互較詩才，角力爭勝。文臣出使朝鮮，在明廷則以顯其字小之恩，不使失中國大體，亦可服遠人之心；而在朝鮮則亦明其事大之誠，又得顯其爲"小中華"，代有達人，所謂"我國事大之事，祇以文學爲之"也①。朝

---

①《中宗實録》卷88，中宗三十三年（嘉靖十七年　1538）十月三日癸卯條。

鮮人謂"皇朝詔使之來,我國留接於太平館,必以學識文華之備具者,差儐使從事迎送,華使亦加禮待,唱酬詩文,風流文物,照耀偏邦,《皇華集》可考也。丙子後,舊跡蕩然"①。故入清以後,此事驟歇,雖使臣亦多吟詠,朝鮮臣子亦有唱和,然不再結集槧行,亦無角力較勝之事焉。

明朝文臣使往朝鮮者,多進士出生,潔身清廉。如《明史》載,端復初子孝文爲翰林院待詔,孝思爲翰林院侍書,"先後使朝鮮,並著清節,朝鮮人爲立'雙清館'"。又如劉季箎,名韶,以字行,餘姚人。洪武中進士。除行人。"使朝鮮,却其饋贐。帝聞,賜衣鈔,擢陝西參政。"又韓世能,字存良,長洲人。進士出身。歷翰林院侍讀、禮部侍郎等。"嘗使朝鮮,贈遺一無所受。"又姜曰廣,字居之,新建人。萬曆末,舉進士,授庶吉士,進編修。天啓六年,"奉使朝鮮,不攜中國一物往,不取朝鮮一錢歸,朝鮮人爲立懷潔之碑"。然亦有貪得無厭,大辱斯文者。朝鮮尹國馨稱"天使之來我國者,太監則例多需索,而文官則或清簡律己,或詩酒風流,不然則平平而已,雖有不廉之譏者,亦不至於太監之輩矣。余所目覩者,丁卯天使許國、魏時亮,才華清慎,迥出等夷,又皆望若麟鳳,自有天使,始有此人,至今稱之不衰。亂後,薛、司兩天使,正當搶攘,接待不成貌樣,有不足言者。如顧翰林天峻、崔行人挺健,以封太子頒詔,來於壬寅春,是時賊退已久,接待之禮,既復舊規,而顧之貪縱無比,飲食供帳,至微之物,皆出給而搜換銀,言之浼口,至帶盲人,稱爲相公,並轎而行,尤博人笑。崔亦與顧等而差勝,二百年來天使風采,至此消盡,可惜哉!或云顧締結中貴,賭得時望,將陞諭德,入閣不遠,然則尤可駭也"②。此可知即文臣爲天使,亦廉貪不等,而騰播朝鮮之口焉。

《皇華集》之初編,乃天順元年陳鑑、高閏之行,此後使臣返和渡江後,即由朝鮮擇錄編定槧行,皆名爲《皇華集》,後人依年代分別稱《庚午皇華集》《丁丑皇華集》等,以爲區別。朝鮮英祖四十九年(1773)重刻《御製序皇華集》,當時即缺天啓元年劉鴻訓出使朝鮮之六卷本《辛酉皇

———
①鄭明基編《韓國野談資料集成》第18册松間明月石上清泉處士之居《松泉筆譚》元卷(卷1)"皇華集"條,啓明文化社1992年版,第53頁。
②尹國馨《聞韶漫錄》,沈魯崇編《(静嘉堂本)大東稗林》,第19册第563—564頁。

華集》,共刊二十三種(正德元年頒登極詔使徐穆所作,附於弘治五年頒册立皇太子詔使艾璞《皇華集》後),都凡五十卷《拾遺》一卷。乾隆時編《四庫全書》,著錄有《皇華集》二卷《續集》一卷,安徽巡撫採進本。所記乃唐皋、史道一行出使期間所作詩文。又有《皇華集》十三卷,内府藏本。所收亦爲明代朝鮮國所刊使臣唱酬之作。所錄惟天順元年、二年、三年、四年、八年,成化十二年,弘治元年、五年,正德十六年,嘉靖十六年之詩。① 今見者有臺灣珪庭出版有限公司 1977 年據韓國五臺山史庫本等縮印,題"朝鮮・鄭麟趾等編纂",共八册並附《皇華程塗考》於後。《四庫全書存目叢書》收二十四卷本,爲影印北京大學圖書館藏明朝鮮銅活字本。今最後出者爲南開大學趙季教授輯校《足本皇華集》五十卷《皇華集拾遺》一卷《辛酉皇華集》六卷,附錄收有《皇華集詩人小傳》《皇華集朝鮮境内地理路綫簡介》《皇華集評論資料》《皇華集詩人索引》等,既收集最全,而又便於讀者檢尋焉。

案《足本皇華集》上、中、下三册,凡收"中國、朝鮮詩人三百五十三人,收詩六千二百八十九首、賦二十篇、散文二百一十七篇,可謂煌煌巨著"②。《皇華集》在明清間頗受中國與朝鮮使臣所重,且影響朝鮮通信使前往日本時,與日本文人間的唱和。然其在中國國内,則影響遠不如朝鮮之大。朝鮮柳夢寅評之曰:"《皇華集》非傳後之書,必不顯於中國。天使之作,不問美惡,我國不敢揀斥,受而刊之。我國人稱天使能文者必龔用卿,而問之朱之蕃,不曾聞姓名。祁順、唐皋,錚錚矯矯,而亦非詩家哲匠。張寧稍似清麗,而又軟脆無骨,終歸於小家。朱天使之詩,駁雜無象,反不如熊天使化之萎弱。其他何足言?然我國文人每與酬唱,多不及焉,信乎大小正偏之不同也!遠接使徐居正,對祁順敢爲先唱,若爲挑戰,然終困於'百濟地形臨水盡,五台川脈自天來'之句。栗谷譏之曰:'四佳有似角觝者,先交脚,後僕地。下邦人待天使,宜奉接酬和而已,何敢先唱?'此真識者之言。我國待華使,鳩集一時文人稍能詩者以酬應,而擇焉不精,貽笑天人何限?鄭士龍雖稱騷手,而其詩未免傅會成篇。獨李荇渾然成章,

---

① 清永瑢等纂《四庫全書總目》卷 192 集部《皇華集》,第 1747 頁。
② 趙季《輯校説明》,《足本皇華集》,鳳凰出版社 2013 年版,上册第 3 頁。

而調格甚卑,有類應科之文。每作,暫時仰屋,應手沛然,而其對宛轉無疵,非閑熟於平素,能如是乎？蘇世讓、李希輔雖見屈於當世詞宗,不可與今世讀東文習四韻如柳根者齒,文章之漸下如流水之逝,可歎也已。"①此語所言,不偏不倚,頗爲實録耳。

案明朝出使諸臣,尊爲天使,享盡榮貴。即清朝使臣,雖待遇不若明朝之盛,然亦於沿途詩文紀事,多有詩作。惟不知覘其風而察其俗,宣詔事畢,即以詩文爲能事,所謂"天使之來,專務酬唱,已成其例"②。不僅朝鮮,即使往越南、暹羅、琉球諸國者,莫不如斯,去時高擎詔敕,返時一卷詩文,於屬國軍政治體,地理形勝,蒙昧無知,故中日甲午戰起,清廷多不知朝鮮山川地名在若何者,故雖戰敗於清季,然禍階恐早生於明時,豈不令人扼腕而歎哉！

0004-1449

倪謙《遼海編》(殷夢霞、于浩選編《使朝鮮録》影印明成化五年刻本,北京圖書館出版社 2003 年版)

出使事由：登極使
出使成員：正使翰林院侍講倪謙、副使刑科給事中司馬恂等
出使時間：明正統十四年(朝鮮世宗三十一年　1449)十二月十三
　　　　　日—景泰元年二月三日(返渡鴨緑江)

倪謙(1415—1479),字克讓,號静存,明南直隸應天府上元(今江蘇南京)人。倪岳父。正統四年(1439)進士。授編修。天順初,累遷至翰林學士。後主順天鄉試,因黜權貴之子,被構罪戍邊。成化初起復,官至南京禮部尚書。卒諡文僖。天資聰穎,博聞强記。著有《朝鮮記事》一卷、《遼海編》四卷、《倪文僖公集》三十二卷等。事見朱大韶輯《皇明明臣墓銘》艮集劉珝《倪公墓誌銘》、《國朝獻徵録》卷三六陳鎬《南京禮部尚書

---

①洪萬宗編,劉暢、趙季校注《詩話叢林校注》秋卷柳夢寅《於於野談》,人民文學出版社 2015 年 8 月版,第 468 頁。
②《中宗實録》卷 83,中宗三十三年(嘉靖十六年　1537)正月八日戊子條。

諡文禧倪公謙傳》、《明史》卷一八三《倪岳傳》附等。

案明英宗正統十四年(1449)"土木堡之變",英宗被俘北狩,景帝即位。明朝遣翰林院侍講倪謙、刑科給事中司馬恂前往朝鮮,頒景帝登極詔書。十二月十三日,一行出都,發向遼東。景泰元年(1450)正月丙戌,自遼東起程前往朝鮮。二月戊寅,返渡鴨綠江至遼東。計自鴨綠江至王城,凡歷公館二十八處,共一千一百七十里。是年閏正月,故倪氏一行,自北京至漢京,往返四月有餘焉。

《遼海編》四卷,乃倪謙子倪岳所編,爲倪謙往返朝鮮沿途及在王京所撰詩文,並附他家贐行與唱和詩文。前有盧雍序文,凡收詩二百八十三首、辭賦四篇、記二篇、銘一篇、序跋五首篇與《朝鮮紀事》一卷。卷一爲自北京始發至朝鮮王京沿途所作詩歌,卷二爲在朝鮮期間與伴館鄭麟趾、申叔舟、成三問等人唱和之作與序跋文,卷三爲《朝鮮紀事》,卷四爲中朝、遼陽、朝鮮諸家贈言。據卷二末吳節《朝鮮唱和翰墨稿跋》載,倪謙稱在朝鮮凡三十餘日,除手札與其國人外,得存唱和餘稿五十有三篇,意欲裂而棄之,吳氏以爲有文儒化遠之績,故倪氏裝潢成卷,請吳氏題跋。其後,謙子岳恐其父遺稿散佚,乃手自輯錄,並使事之紀述、縉紳之贈言、國人之投獻者,編《遼海編》四卷,於成化五年(1469)刊行。今中國國家圖書館藏有此本,有"季印振宜""滄葦"藏印,可知爲季振宜所藏焉。

今存申叔舟《保閑齋集》卷一二《皇華集》,亦收有詩十首、《和雪霽登樓賦》一篇、《送侍講倪先生使還詩序》一篇,末稱有人購書燕肆,得《遼海編》,故輯申氏詩編爲一卷。偶有文字不同,且附倪謙、鄭麟趾等詩,則爲自《遼海編》輯出者。朝鮮他家詩中,亦多有零星入別集者。

又《皇華集》五十卷,首《庚午皇華集》即倪謙此行唱和之詩。其所收詩,有《遼海編》有而《皇華集》所無者,如遼東沿途所作詩,偶有缺收者;有《皇華集》有而《遼海編》所無者,如同行副使司馬恂詩,及朝鮮諸人與副使唱和詩;又《遼海編》編次詩作自北京至王城,而《皇華集》則先收在朝鮮詩而後錄遼東沿途詩;而最爲不同者,乃兩本間詩題,多有文字差異存焉。

倪謙至朝鮮,前後接伴陪從者若鄭麟趾、申叔舟、成三問等,皆飽學之士,詩壇高手。倪氏每有詩作,諸人皆隨侍唱和。謙有《倪文僖集》三十二卷傳世,《四庫總目》謂其"當有明盛時,去前輩典型未遠,故其文步驟謹嚴,朴而不俚,簡而不陋,體近'三楊'而無其末流之失。雖不及李東陽之籠罩一時,然有質有文,亦彬彬然自成一家矣"①。故倪氏在當時,亦一作手,足以與諸人周旋。及游漢江樓,都監持華扁,詣前跪索詩留於樓上,倪氏"即席賦三章與之,每一詩出,則衆官聚首爭誦,皆縮頸吐舌,向席驚笑(歟)"②。又謁宣聖廟時,倪氏有《謁成均館宣聖廟示同行諸君子》,鄭麟趾隨有和詩,倪氏以爲"初作謁廟詩,本以嘉其夷而右文也。不意工曹席間吟和,似有淩聘意,隨和還之。自此凡和其詩,俱觀罷即答,頃刻而就,始皆驚服"③。後來明使至朝鮮,朝鮮遂盡遣能詩者,唱和角力,暗中鬭勝,即濫觴於此焉。而觀倪氏書中,少有民風國俗之記,更無安撫藩國之策,唯詩作不斷,返國之後,所謂"聖明若問東方事,宣佈皇仁澤已覃"者,即爲其報國之道,止於此矣。

0005-1449

倪謙《朝鮮紀事》(殷夢霞、于浩選編《使朝鮮錄》影印清宣統二年《玉簡齋叢書》本,北京圖書館出版社 2003 年版)

案倪謙有《遼海編》(附錄 0004-1449),已著錄。

倪謙《朝鮮紀事》一卷,有明鈔《國朝典故》本,今收入《四庫全書存目叢書》史部第四六冊。其所載內容,實即倪氏《遼海編》之第三卷。《四庫總目》謂"是編乃景泰元年謙奉使朝鮮頒詔紀行之作。自鴨綠江至王城,計一千一百七十里,所歷賓館凡二十有八,語意草略,無足以資考證。時朝鮮國王、世子並稱疾不迎詔,謙爭之不得,亦無如之何。蓋新有'土木之變',正國勢危疑之日也。亦足見明之積弱,雖至近而令亦不行矣"④。

---

①清永瑢等纂《四庫全書總目》卷 170 集部二三《倪文僖集》,第 1487 頁。
②倪謙《遼海編》卷 3《朝鮮紀事》,殷夢霞、于浩選編《使朝鮮錄》影印清宣統二年《玉簡齋叢書》本,北京圖書館出版社 2003 年版,上冊第 607 頁。
③倪謙《遼海編》卷 2《鄭工曹見和即席用韻以答》詩注,上冊第 523 頁。
④清永瑢等纂《四庫全書總目》卷 53 史部九《朝鮮紀事》,第 477 頁。

案《總目》所言,乃倪謙一行至生陽館,朝鮮遣禮曹正郎安自立來議受詔敕及賜物,稱國王有病日久,世子代掌國事,今亦病腰疽將月,不能行禮,王令子代行。謙曰王久病,朝廷亦知之,世子病則不知,毋得因朝廷有事,輒懷二心,故詐稱病。予在此坐待其愈始行,十日不愈待半月,半月不愈待一月,無不愈者。若再言不愈,詐可知矣。即當捧詔還,奉聞朝廷,臣至朝鮮,國王、世子俱託病不出,無人受詔,因捧詔還,朝廷自有處置。至王城後,世子扶病相見。蓋倪謙以爲因"土木之變",朝鮮輕慢中國。而朝鮮亦因"中國方遭達達之變,必以我國昔爲大元婚姻之國,慮或北與達達私相通焉。今厚禮我國,倍於前日,亦或有意而然也"①。故雙方雖互有顧忌,然朝鮮文宗久病,即位兩年即逝,而端宗承嗣,亦不足三年而崩,則當時實有病而非詐也。《總目》所論,乃諷刺明朝之語,非公允之論矣。

倪謙一行於閏正月丙午抵王城,在館期間曾游漢江,謁成均館宣聖廟,返程至平壤,拜箕子廟。至二月戊寅,返鴨江入遼東。其在王城時,每日飯後,申叔舟具書籍於案,講校音韻疑義。倪詩也謂申叔舟"喜諧音律唫詩句,愛問形聲較韻書"②。然則倪氏於朝鮮文字之修訂與完善,亦曾頗有助益焉。③

0006-1449

倪謙《奉使朝鮮倡和集》(殷夢霞、于浩選編《使朝鮮錄》影印清《説郛》本,北京圖書館出版社 2003 年版)

案倪謙有《遼海編》(附錄 0004-1449),已著録。

此《奉使朝鮮倡和集》一卷,收倪謙《雪霽登樓賦》、朝鮮申叔舟和賦,又倪氏謁文廟詩、坐上口占二篇、荷承寶刀之惠賦得、詠梅、寓宿開城府有作、孝女四月詩、近體一章留別等詩,及鄭麟趾、申叔舟、成三問諸人和詩,共詩收詩賦三十七首,實已皆收入《遼海編》《皇華集》者也。

---

①《文宗實録》卷9,文宗元年(景泰二年 1451)八月五日庚午條。
②倪謙《遼海編》卷2《留別申汎翁》,上册第573—574頁。
③倪謙《朝鮮紀事》,殷夢霞、于浩選編《使朝鮮録》影印清宣統二年《玉簡齋叢書》本,北京圖書館出版社 2003 年版,上册第432頁。

此三十七首詩賦原件,乃倪謙自當時諸家唱和詩中選出者,題"奉使朝鮮倡和詩册",清朝時又被製成十六米長卷軸。1958年不知何故,流入朝鮮半島,今藏於韓國國立中央博物館,爲其"國寶"一級貴重品。保存如新,朱墨爛然,中多藏印,洵可寶重焉。

0007-1460
張寧《寶顔堂訂奉使録》(殷夢霞、于浩選編《使朝鮮録》影印清初《尚白齋鐫陳眉公訂正秘笈》本,北京圖書館出版社2003年版)

出使事由:責問使
出使成員:正使禮科給事中張寧、副使錦衣衛都指揮武忠等
出使時間:明天順四年(1460)正月—三月

張寧(1426—1496)字靖之,號方洲,一作芳洲,浙江海鹽人。景泰五年(1454)進士。授禮科給事中。丰采甚著,與岳正齊名。成化中出知汀州,先教後刑,以簡静爲治,期年善政具舉。寧才高負志節,善章奏,聲譽籍甚。既出守,益鬱鬱不得志,以病免歸。家居三十年,言者屢薦,終不復召。能詩畫,善書法。有《方洲張先生文集》四十卷傳世。《明史》傳一八〇有傳。

天順四年(1460),明朝東北毛憐衛都督僉事浪孛兒罕等十六人,爲朝鮮誘去陞賞,盡行殺害。本衛激憤難忍,欲選人馬報讎。明英宗特遣正使禮科給事中張寧、副使錦衣衛都指揮武忠至朝鮮責問,要其回奏是否差人誘引浪孛兒罕前去,因何將彼十六人殺死之故。宜從實開奏,要見是非明白,毋或隱情掩飾,庶可開示各衛,使彼心服。不然兵連禍結,自取不靖,非保境睦鄰之道。五年,建州衛野人至義州殺掠,朝鮮奏乞朝命還所掠。兵部以爲朝鮮先嘗誘殺郎卜兒哈,繼又誘致都指揮兀克,縱兵掠其家屬。今野人實係復仇,宜諭朝鮮,寇盜之來皆自取,惟守分安法,庶弭邊釁。從之。

案張寧《張方洲奉使録》二卷,有明天啓三年樊維城刻《鹽邑志林》,爲涵芬樓影印,今《四庫全書存目叢書》集部第三六册,即據此影印。《四

庫全書》著録張寧《奉使録》二卷,兩江總督採進本。稱"乃寧天順四年出使朝鮮所作,已編入《方洲集》內,此其初出別行之本也。上卷首叙奉使召對及奏稿數篇,餘皆途中留題之作。下卷則至朝鮮以後篇什,題曰《皇華集》,注云'朝鮮刻本'。前有崔恒序,乃奉國王李琛命編次而序之者也。朱彝尊《静志居詩話》載寧兩使朝鮮,水館星郵,留題殆遍。館伴朴元亨詩篇唱和,殊不相下。及偕登太平館樓,寧成七律六十韻。元亨誦至'溪流殘白春前雪,柳折新黄夜半風'之句,乃閣筆曰'不敢屬和矣'。然其詩縱調騁情,才思雖捷,而少沉思,故王世貞謂寧詩如小櫂急流,一瞬而過,無復雅觀也"①。

案明許清編張寧《方洲張先生文集》四十卷,弘治間刻本,收《奉使録》於卷三三至卷三四。又錢升重刻本《方洲先生集》三十二卷,收《奉使録》於卷一二至卷一三。又清初《尚白齋鐫陳眉公訂正秘笈》本,改題《寶顏堂訂奉使録》二卷。首頁大題後,第二、三頁下分題"海鹽張寧靖之撰""檇李尚承埏寓公校"。下卷所收,從《皇華集》中得來,與今本《皇華集》詩題偶異,餘無不同也。朝鮮明宗曾問:"自祖宗朝以來,詔使之詩文優劣如何?"洪天民奏曰:"最優者,古則張寧、祁順,近則唐皋、史道是已。"②然則朝鮮君臣,於張寧之詩文,評陟不可謂之不高也。

0008-1476
祁順《奉使朝鮮贈行詩》《使還贈行詩》(《四庫全書存目叢書》集部第三七册影印東北師範大學圖書館藏康熙二年在兹堂刻《巽川祁先生文集》本)

出使事由:頒詔使
出使成員:正使户部郎中祁順、副使行人司左司副張瑾等
出使時間:成化十二年(成宗七年 1476)十一月—翌年二月

祁順(1434—1497),字致和,號巽川,明廣東東莞人。天順四年

---

①清永瑢等纂《四庫全書總目》卷一七五集部二八《奉使録》,第1558頁。
②《明宗實録》卷28,明宗十七年(嘉靖四十一年 1562)二月二十五日己卯條。

(1460)進士。七年,拜兵部主事,守山海關。成化二年(1466),轉戶部,累遷戶部郎中。十一年,奉建儲詔,出使朝鮮。十三年,任江西左參政。後因事獲罪,貶貴州石阡知府。弘治八年(1495),任福建右布政使,轉江西左布政使。十年,卒於官。著有《巽川祁先生文集》十六卷《附錄》二卷、主纂《石阡府志》十卷等。事見《巽川祁先生文集》卷末張元禎撰祁順《墓誌銘》、費宏撰《墓表》、卷首徐兆魁《江西布政使巽川祁公傳》等。

據《明憲宗實錄》,成化十二年(1476)十一月辛未,以册立皇太子,遣戶部郎中祁順爲正使、行人司左司副張瑾爲副使,賫詔往朝鮮國頒詔。一行歸國日期,蓋至翌年二月末矣。

祁順《巽川祁先生文集》十六卷《附錄》二卷,《四庫全書存目叢書》集部第三七册影印東北師範大學圖書館藏康熙二年在兹堂刻本。集名之下各卷分别刻小字爲元(卷一至卷五)、亨(卷六至卷一〇)、利(卷一一至卷一四)、貞(卷一五至附錄卷下)。前有康熙二年吴國璿引言、明嘉靖時鍾雲瑞序,徐兆魁《江西布政使巽川祁公傳》等,以及祁順廷對策一道。卷一爲頌、賦、辭,卷二至卷八爲詩,末附聯句、集句詩與小詞,卷九至卷一六爲諸體文。《附錄》二卷,上卷爲張元禎所撰祁順《墓誌銘》、費宏撰《墓表》,後爲明朝諸臣《奉使朝鮮贈行詩》與朝鮮諸臣《使還贈行詩》等,下卷爲祁順弟頤之詩。末爲嘉靖時袁炳所撰祁氏文集後序,板心刻"在兹堂",爲祁順七世孫文友據嘉靖三十年刊本重刻本。

祁順與副使張瑾,在朝鮮與朝鮮文臣徐居正、李石亨、金守温、盧思慎等唱和詩文,朝鮮爲刻《丙申皇華集》二卷行世。今祁氏《巽川祁先生文集》,因按詩體分卷,故朝鮮所詠詩,散於各卷中,然多有此存彼刪者。如《巽川集》收祁氏《與朝鮮國王書》《又與國王書》,乃稱頌國王及婉拒禮物書,謂"噫!君子之交際,豈專在乎物哉。贈行有賻,王之禮也;不貪爲寶,僕之心也。主賓各盡其道而無愧焉,斯足矣"①。又祁順《使東稿序》稱,《皇華集》外,"贈别之什,紀行之志,與他作不留稿者,皆未登載","於是

---

① 祁順《巽川祁先生文集》卷13《與朝鮮國王書》,《四庫全書存目叢書》集部第三七册影印東北師範大學圖書館藏康熙二年在兹堂刻本,第540頁。

首錄朝廷詔旨,次以中外諸作,定爲十卷,名曰'使東稿',藏於家"。①

案祁氏《使東稿》今無從考見,蓋已散佚,然其《附錄》卷上明朝諸臣《奉使朝鮮贈行詩》與朝鮮臣子《使還贈行詩》等,明朝有丘濬、傅瀚、李東陽、陸簡、李燗然、蕭顓、鄧存德、成遷、彭華、陳音、謝遷、陳琦、周孟中等贈詩,陳音《奉使朝鮮贈行詩序》,丘濬《紀朝鮮使事》等。後附朝鮮詩文,則有鄭麟趾、鄭昌孫、任士洪、徐成正詩,徐居正《朝鮮國刻皇華集序》、金守溫《使還贈行序》等。向來使臣,無論中國、朝鮮,贐行之詩則皆收本朝詩家之作,而兩國兼收者,所見亦罕,故祁氏此卷可謂特出。又祁順詩古體潔净,近體通透,不事雕飾,有冲澹夷猶之致,觀當時贐行者,即可知其置諸家中,亦不相上下,堪稱一時作手焉。

又明朝使臣之入朝鮮,《朝鮮王朝實錄》等均記載,若宦者出使,則貪墨無窮,溝壑難填;若文臣出使,則較爲清廉若祁順者。然據丘濬《紀朝鮮使事》曰:"朝鮮雖重公之學,稱公之操,而其所以行事,與夫東人受惠之實,集與疏皆莫能載。濬生長遼陽,熟知厥事,不有紀述,非缺典邪? 我國家凡有詔册下朝鮮,例遣文臣,近時間有遣中貴者。中貴固不限以禮制,文臣往者至遼陽,輒留月餘,集城中富家百餘人,名爲伴送,大集國中貨物,出境求利。遼陽東去七程,至朝鮮境約千餘里,無衛所城堡接遞,率遼陽軍卒力送至彼,貨多者役人動幾萬數,力弱者各出資,募東山土民代之。七程之地,與賊增連接,坐調各邊騎卒數千護送,沿途糧料預運以給,抵鴨江東館於儀鳳驛。其役送之人,咸有犒勞廩餼而歸,貨物皆彼國人領至漢城,尚有四十餘驛,勞費供頓亦如之。此皆習於故敝,不以爲非,間有售出鄙者,私以物遺其國王,冀獲倍利,此則見誚於彼而君命斯辱矣。公受命而往,惟一函詔、一篋衣,遼陽守臣如故,事具供張,集夫力以俟,其富家奔走集貨,夤緣求往者紛然,公悉拒絶,留信宿即行,護送百十騎而已。朝鮮接待陪臣,供張宴物如前,皆不納,唯食常廩。至國中,雖禮饋物,一無所受。遼人謂公是行也,以常例論之,公私所費,何啻十數萬鎰,而皆免矣。况朝鮮減費之惠,豈不同邪! 公之清介,匪獨不辱君命,而實惠及多方。

---

① 祁順《巽川祁先生文集》卷11《使東稿序》,第519頁。

霽非太史氏之筆,姑紀其實,以俟採擇,並以告未能詳知公者,幸恕其麁鄙無文也。"①

此可知宦者之至朝鮮,惟事搜刮;而文臣之往彼國,形同商賈。而其唯利是圖,大辱國風,則五十步與百步之別矣。

---

① 祁順《巽川祁先生文集》附錄卷上丘濬《紀朝鮮使事》,第588—589頁。

卷二　0009—0017

明朝使行錄、皇華集與書札

0009-1487

董越《朝鮮賦》（殷夢霞、于浩選編《使朝鮮錄》影印民國九年《豫章叢書》本，北京圖書館出版社2003年版）

出使事由：登極使
出使成員：正使翰林院侍講董越、副使工科右給事中王敞等
出使時間：明成化二十三年（成宗十八年　1487）十二月庚午—弘治
　　　　　元年（1488）五月丙寅

　　董越（1430—1502），字尚矩，明江西寧都人。成化五年（1469）進士。授翰林院編修，升侍讀，值經筵。孝宗即位，升右庶子兼侍講，奉命出使朝鮮。弘治四年（1491），參與纂修《憲宗實錄》成，升太常寺少卿，兼侍講學士充日講官，旋升南京禮部右侍郎、工部尚書。卒贈太子少保，諡文僖。著有《朝鮮賦》一卷、《董越文集》四十二卷等。事見李東陽《懷麓堂集》卷八五《董公墓誌銘》，《明孝宗實錄》卷一八七有傳。

　　案據《明孝宗實錄》載，成化二十三年（成宗十八年　1487）十二月庚午，遣右春坊右庶子兼翰林院侍講董越、工科右給事中王敞充正副使，頒孝宗登極詔書於朝鮮。孝宗弘治元年（1488）五月丙寅，董越等歸自朝鮮。朝鮮以吏曹判書許琮爲遠接使、漢城府判尹李克墩爲宣慰使伴行。董越在朝鮮與許琮等唱和詩文，皆收在《戊申皇華集》中（即其《使東日錄》一卷），惟《朝鮮賦》一篇，乃其歸國後所成，並有董氏隨文自注存焉。

　　此《朝鮮賦》於弘治三年，由江西泰和人王必顯付梓刊行。五年，董越托出使朝鮮之艾璞，轉交許琮，方傳入朝鮮，成宗亟令刊板。① 然實以

---

① 《成宗實錄》卷266，成宗二十三年（弘治五年　1492）六月二十三日壬戌條。

鈔本流布，遲至中宗二十五年（嘉靖九年　1530），爲李荇等收入《新增東國輿地勝覽》中刊行。翌年，太斗南又據從柳灌處所得鈔本刊佈。壬辰倭亂後，流入日本，寶曆四年（1754），有星文堂覆刻太斗南本。日韓合併後，於1937年曾影印朝鮮紹修書院所藏《朝鮮賦》，並編入《朝鮮史料叢刊》中。而中國所傳，王必顯本已佚，後有《國朝典故》本、《四庫全書》本與《豫章叢書》本等，然皆錯訛特熾，甚至有脱文上千字者。今存各本，以《新增東國輿地勝覽》最早亦最近原本焉。①

《四庫全書》所收《朝鮮賦》一卷，天一閣藏本。《總目》謂董越至朝鮮，"因述所見聞，以作此賦。又用謝靈運《山居賦》例，自爲之注。所言與《明史·朝鮮傳》皆合。知其信而有徵，非鑿空也。考越自正月出使，五月還朝，留其地者僅一月有餘。而凡其土地之沿革，風俗之變易，以及山川、亭館、人物、畜產，無不詳録"②。案董越詩文，清峭簡潔，不事俶怪，李東陽稱其"平生爲文章詩歌，典雅優裕，無煩雕琢"③。今人以此賦與湛若水（1466—1560）正德二年（1507）出使安南時所作《交南賦》，合稱"雙璧"，亦可謂良由以也。

0010-1487

董越《朝鮮雜誌》（殷夢霞、于浩選編《使朝鮮録》影印民國三十年《玄覽堂叢書》本，北京圖書館出版社2003年版）

案董越有《朝鮮賦》（附録0009-1487），已著録。

《四庫總目》著録《朝鮮雜誌》一卷，天一閣藏本。並稱"是書繁碎無體例，以越所撰《朝鮮賦》校之，皆賦中越所自注。蓋好事者抄出別行，僞立名目，非越又有此書也"④。案《總目》所言是也，此卷共百一十餘條，與《朝鮮賦》中互有異同，如《豫章叢書》本《朝鮮賦》"靺鞨爲其北門"下注

---

① 参胡佩佩《董越〈朝鮮賦〉整理研究》，延邊大學碩士學位論文（指導教師：王克平教授），2017年，第9—16頁。
② 清永瑢等纂《四庫全書總目》卷71 史部二七《朝鮮賦》，第632頁。
③ 李東陽《懷麓堂集》卷85《董公墓誌銘》，《景印文淵閣四庫全書》，第1250册第896頁。
④ 清永瑢等纂《四庫全書總目》卷78 史部三四《朝鮮雜誌》，第679頁。

文"正北爲憐",《雜誌》作"正北爲毛憐"。"毛憐"者,毛憐衛也。故兩本對讀,頗有助於校勘文字也。

又《四庫總目》著録董越《使東日録》一卷,浙江巡撫采進本。稱"是集乃弘治元年越爲朝鮮頒詔正使途中紀行之詩。考越奉使時官庶子,而刻本首行結銜乃作儒林郎大理寺。'寺'字以下刊版刓滅,不可辨其姓名,疑或校刊者所題歟"①。然今皆不見著録,蓋已不存於天壤間矣。

0011-1536
龔用卿《使朝鮮録》(殷夢霞、于浩選編《使朝鮮録》影印本,北京圖書館出版社2003年版)

出使事由:詔諭使
出使成員:正使翰林院修撰龔用卿、副使户科給事中吳希孟等
出使時間:明嘉靖十五年(中宗三十一年 1536)十一月五日—翌年
　　　　　九月十四日

龔用卿(1501—1564),字鳴治,號雲崗,福建懷安(今福州市)人。嘉靖五年(1526)一甲一名進士。授翰林院修撰,充朝鮮詔諭使。嘉靖二十一年(1542),官南京國子監祭酒。增修學舍,申飭監規,士風爲之一變。旋以事罷歸。嘉靖四十三年(1564),倭寇福建,避居建安。未幾,以微疾終。曾參與修撰《明倫大典》《大明會典》,自著有《使朝鮮録》三卷、《雲岡選稿》二十卷等。事見《國朝獻徵録》卷七四林庭機《龔公用卿墓誌》,清龔葆琛纂《福州通賢龔氏支譜》有傳。

案明嘉靖十五年(中宗三十一年 1536)十一月丁巳,以皇子生,遣翰林院修撰龔用卿、户科給事中吳希孟充正副使,頒詔於朝鮮。翌年九月庚寅,返國覆命。龔氏等言朝鮮素稱恭順,較之諸夷不同,而國家禮遇其國,亦未嘗以夷禮待之。邇者賫詔至彼,其王李懌,又能恪遵典禮,敬事不違,良可嘉尚。請自今凡詔告敕諭事關禮制者,宜使之一體知悉,不必遣官。但因其朝貢陪臣,即令賫回,庶以見朝廷殖有禮懷遠人之意。禮部覆

---
①清永瑢等纂《四庫全書總目》卷175集部二八《使東日録》,第1561頁。

如其議。詔可。故朝鮮君臣之於龔用卿,感激不已,而念念不忘也。

龔用卿《使朝鮮錄》三卷,前有龔氏自識與吳希孟後語,卷一爲天使入朝鮮之各類接待禮儀,卷二爲其在中國境内沿途所作詩,卷三爲在朝鮮與鄭士龍、蘇世讓等唱和詩文。一行入朝鮮後,有遠接使鄭士龍等伴行,其沿路吟詠及唱和之作,朝鮮編爲《丁酉皇華集》刊行,所録之詩文,除龔氏外,尚有吳希孟詩,與朝鮮鄭士龍、蘇世讓、金安老、尹仁鏡、金麟孫、許沆、吳潔諸大臣和詩焉。

龔用卿謂入朝鮮前,在朝廷及遼東問朝鮮故事,皆曰無有,相顧漠然,無所可考。及至朝鮮,詢訪所得及親眼所睹,得類次爲三:其一曰出使之禮,有迎詔之儀、開讀之儀、沿途迎詔之儀與謁廟之儀,此皆出使禮節之大者也,故居首;其二曰邦交之儀,有國王茶禮之節、國王接見之節、國王宴饗之節、王世子宴饗之節、陪臣參見之節、國王送行之節、沿途迎慰之節與沿途設宴之節,此皆使事交際之儀,故次之;其三曰使職之務,有道里之距、山川之限、各道州府郡縣之屬、沿途各官迎送之禮、軍夫遞送之節,此皆與使事有關,爲使者之所當知者也,又次之。龔氏編集之後,復經吳希孟訂正,吳氏以爲可爲後來者所考,並可傳諸後世矣。故欲考皇華使臣入朝鮮諸儀節,明、清、朝鮮典志體史著外,龔氏此録,頗可對讀而參稽也。

案龔用卿在朝鮮期間所唱和之詩,朝鮮編爲《皇華集》四卷。今存龔氏《雲崗選稿》二十卷,有明萬曆三十五龔燁刻本,《四庫全書存目叢書》集部第八七至八八册,即據國家圖書館藏萬曆本影印。前有謝傑序,卷一爲賦、詞、四言古體與五言古體,卷二至卷九爲詩,卷一〇至卷二〇爲諸體文。其詩以體裁編卷,故《皇華集》中詩,散諸卷中,然收録極少,多爲出使沿途所作。卷八《奉使覆命題知疏》《題遼東邊務疏》,卷一二《朝天日録序》《遼東志序》等,亦此次出使期間所作也。謝傑謂明代"人文丕振,蜚聲於館閣者蟬聯接踵,何可勝數,乃先生尤爲館閣中白眉,大都詩步驟杜陵,亦間作選語;文出入昌黎,亦間作漢語。清真渾成,爾雅典鬯"①。龔氏在朝鮮,雍容不迫,隨意揮灑,下筆如流,誠館閣大家也。

---

① 龔用卿《雲崗選稿》謝傑序,《四庫全書存目叢書》影印北京圖書館藏明萬曆三十五龔燁刻本,集部第87册第657—658頁。

0012-1537
華察《皇華集類編》(光緒三年梁溪華氏自怡小築藏版刊本)

出使事由:詔諭使
出使成員:正使翰林院侍讀華察、副使工科給事中薛廷寵等
出使時間:明嘉靖十八年(中宗三十四年 1539)二月十五日—六月

華察(1497—1574),字子潛,號鴻山,明江南無錫人。嘉靖五年(1526)進士。選庶吉士。後任户部主事、兵部主事等。十二年,任翰林院修撰,陞侍讀。十八年,出使朝鮮。後遭讒毀而被彈劾。嘉靖朝,任翰林院掌院學士,又拜侍讀學士。復遭中傷,遂棄官歸。著有《巖居稿》八卷等。事見王世貞《弇州四部稿》卷九七《華公墓碑》、翁大立《學士華先生傳》、《明史》卷二八七、錢謙益《列朝詩集小傳》丁集有傳。

案嘉靖十八年(中宗三十四年 1539)二月初九日,以恭上皇天上帝大號,加上皇祖謚號及册立皇太子,册封二王禮成,覃恩天下,遣翰林院侍讀華察、工科給事中薛廷寵往頒詔敕。一行於二月十五日發北京,四月初十日抵朝鮮王京,五月六日回至廣寧,返北京覆命,則當至六月初焉。

華察一行入朝鮮,蘇世讓、申光漢、宋純等伴行,其間詩作不斷,以至遠接使蘇世讓稱"近來天使,每以文字間事相尚,或耽於遊觀,或樂於賦詩。故兩使預於房中,多數製述,一時俱出,即令和之,多有窘勢。自前以能文人混作醫生,出入窺覘,以贊助之"。世讓稱己眩暈有眼疾,恐應對有誤,故唯日恐懼,望將閒散之申潛,請以子弟帶往,以便協助撰詩。① 案此行所成之《己亥皇華集》五卷,共收詩六百五十餘首,其中華察一百三十餘首,薛廷寵一百四十餘首,副使詩作多於正使,實屬罕見,而蘇世讓應對兩使,其詩作多達二百三十餘首,其左支右絀,搜詞捉韻,困頓疲累,可以想見矣。

《己亥皇華集》所收華察詩雖多,然亦非全帙。光緒三年(1877),由楊殿奎編訂,華察後裔步瀛、錫琦校梓刊刻《皇華集類編》十二卷,前有清

---
① 《中宗實錄》卷89,中宗三十四年(嘉靖十八年 1539)二月二十四日癸亥條。

趙起鵬《皇華集書後》、楊殿奎《皇華類編序》、朝鮮成世昌《皇華集原序》、翁大立《學士華先生傳》、王世貞與翁大立《學士鴻山先生像贊》等，後有集中清朝、朝鮮作者小傳。至其編纂之由，其《例言》稱"原集挨時而編，不分體類，茲因殘缺，無從考時。故仿《巖居稿》例分體，惟首數不多者併入"，又"薛副使詩，凡與學士倡和者，悉登入。其非同詠者，割愛另編，朝鮮仿此"。故凡詩分五古、五排、七古、七排、五律、七律、六言、七絕、毛詩、離騷、回文、東坡等體，文分箴、銘、賦、記、序、啟等體。卷末為華察族子重慶，為倭所掠漂至朝鮮，朝鮮護送歸國。又附《朝鮮考》一文，且有康熙時其玄孫華封、乾隆時七世孫華作霖、嘉慶時張印綬、道光時楊鳴盛、光緒時楊殿奎與華登瀛諸人題詞，及孫步瀛、孫翼綸、錫琦等人跋語。

案《例言》所稱《巖居稿》，即華察之別集，八卷皆詩，以詩體分卷，有明嘉靖四十三年王其勤刻本。其詩早年詩風穠麗，中年後沖澹清逸，追蹤陶杜，卓然成家。而才思敏速，提筆即下，無怪乎蘇世讓輩，苦於唱和而疲於應付也。

0013-1582
黃洪憲《使朝鮮稿》(《四庫禁毀書叢刊》影印天津圖書館藏明萬曆間刻《碧山學士集》本)

出使事由：詔諭使
出使成員：正使翰林院編修黃洪憲、副使工科右給事中王敬民等
出使時間：明萬曆十年(宣祖十五年 1582)九月二十日—翌年正月？

黃洪憲(1541—1600)，字懋中，號葵陽，明浙江秀水(今屬嘉興)人。黃綜子。隆慶五年(1571)進士。授翰林院編修，參修《大明會典》。官至詹事府少詹事，掌翰林院事。著有《春秋左傳釋附》二十七卷、《朝鮮國記》一卷、《碧山學士集》二十一卷《別集》四卷等。事見馮夢楨《快雪堂集》卷一八《黃公行狀》、《國朝獻徵錄》卷一八王錫爵《少詹事葵陽黃公洪憲神道碑》，《明詩綜》卷五一有小傳。

明神宗萬曆十年(1582)八月十一日,皇太子誕生。九月二十日,遣翰林院編修黃洪憲、工科右給事中王敬民使朝鮮,頒皇子誕生詔敕,並賜國王並妃錦幣有差。一行於十月十六日渡鴨綠江抵義州,十一月初七日至王城,十六日發王城,返北京則蓋至翌年正月間矣。

　　案黃洪憲《使朝鮮稿》一卷,見其《碧山學士集》卷一九。《碧山學士集》二十一卷《別集》四卷,共收錄黃氏諸體詩文,卷一九至卷二一收錄《使朝鮮稿》《使大樑稿》《歸稿》《承明應制稿》《中秘讀書稿》等。《別集》即《鑾坡制草》四卷。有陳懿典、賀爛然序文。是書於清乾隆時纂《四庫全書》期間,爲軍機處所奏準全毀書目中,故世人罕見。今有《四庫禁毀書叢刊》影印天津圖書館藏明萬曆間刻本,收錄於集部第三〇冊。

　　《使朝鮮稿》共收黃氏詩五十六首,與朝鮮所纂《壬午皇華集》中所收略同,然詩題與詩文字句,同者有十四首,而異者達三十七首。黃洪行詩,多變整采,錯而有章。然《皇華集》所收,蓋皆在朝鮮時所制,臨事隨時,多爲急就之章,故黃氏後來多有修改。如《再別李贊成》,《皇華集》中"長裙君去承王寵,短鋏予歸視帝牀"句,《使朝鮮稿》改"長裙君"爲"曳裾爾","短鋏"爲"橐筆"。蓋"短鋏"者有牢騷不平意,故改爲"橐筆",復改"長裙君"爲"曳裾爾"耳。凡此之類,所改者尚多,讀者可參稽黃爲放校注本焉。①

0014-1582

黃洪憲《朝鮮國紀》(民國九年上海涵芬樓據清道光十一年六安晁氏木活字《學海類編》本)

　　案黃洪憲有《使朝鮮稿》(附錄 0013-1582),已著錄。

　　此《朝鮮國紀》一卷,爲黃洪憲自朝鮮返國後所記,自周封箕子國以降,叙其建國遷變之史,略於前代而詳於明代。如朝鮮與建州爭訟事,筆墨爲多,至萬曆壬辰倭亂止。《四庫總目》謂洪憲至朝鮮,"獲睹其國先世

---

①黃爲放《黃洪憲〈壬午皇華集〉校注》附錄二《〈碧山學士集〉卷十九〈使朝鮮稿〉》,載《東北亞研究論叢》十,東北師範大學出版社 2016 年 10 月版。

實紀,因次其傳受次序,及興廢大要,爲此書。然所錄甚略,不及史傳之詳備也"①。案《總目》所論,蓋據洪憲《書箕子實紀》而言,實則其所叙述,多爲人所知者,而少他書不載者,故爲後人採擇者亦尠矣。

0015-1594

柳成龍原藏《唐將書帖》《唐將詩畫帖》(朝鮮史編修會編《朝鮮史料叢刊》第四種《唐將書帖・唐將詩畫帖解説》,昭和九年【1934】朝鮮總督府刊行鉛印本)

柳成龍(1542—1607),字而見,號西厓、雲巖等,朝鮮安東豐山人。師事李滉。生性正直,敬忠守孝。明宗二十一年(1566),丙科及第。歷官至慶尚道觀察使、刑曹判書、兵曹判書、吏曹判書、義政府左議政、領議政兼四道都體察使等。"壬辰倭亂"期間,總管軍務,啓用李舜臣、權栗等將領。又與明朝援軍諸將,交接應酬,輓掌王事,盡力周旋,居功至偉。後爲西人党尹斗壽等誣陷,遭彈劾,旋復職,後辭官歸里而終。亂後封爲扈聖功臣,卒後追封爲豐原府院君,謚文忠。著書有《喪禮考證》《戊午黨譜》《懲毖錄》《慎終錄》《永慕錄》《觀化錄》《雲巖雜記》及《西厓集》二十卷《別集》四卷等。事見柳成龍《西厓集》附錄《西厓先生年譜》三卷、鄭經世《愚伏先生文集》卷二〇《西厓柳先生行狀》、李恒福《白沙先生集》卷四下《西厓遺事》、李埈《蒼石先生文集》卷一七《西厓柳先生行狀》、黄汝一《海月先生文集》卷一三《西厓柳先生行蹟錄》、柳元之《拙齋先生文集》卷一四《祖考文忠公府君墓碣》與《宣祖實錄》等。

案此《唐將書帖》乾、坤二册,封面楷書簽題"唐將書帖乾",爲"壬辰倭亂"期間明朝援朝諸將與柳成龍所通信札之原件。《唐將書畫帖》一册,題"丙寅三月改粧",爲扇面兩頁,原爲提督李如松親題贈柳成龍律詩一首,扇爲泥撒金,印文"李如松"三字,依稀可辨。此三册原件,世由柳氏後裔謹藏。正祖十八年(1794),曾呈正祖御覽並有《御製題文忠公柳成龍家藏皇朝諸將書畫帖》,稱"其尺幅淋漓之間,委曲情欵,渾無畦畛,

---

① 清永瑢等纂《四庫全書總目》卷66史部二二《朝鮮紀事》,第591頁。

往往多勞人長者之風。而至論戰守之機宜,封貢之便否,才能之推詡,忠義之激勸,又所謂可與可語者語,而非可人人得也。蓋即此故相之所以爲故相,今猶可想見,豈直曰舊蹟之珍翫而已哉!"①遂題而歸還之,時領中樞府事蔡濟恭亦盛記其事焉。

日本昭和九年(1934),朝鮮史學會編《朝鮮史料叢刊》,以《唐將書帖》《唐將詩畫帖》爲第四種,並附以日文《解説》與釋文一册,由朝鮮總督府以活字刊行。韓國精神文化研究院於1994年以《河間豐山柳氏文書·書簡通告類·唐將書帖》手書原件,編入朝鮮《古文書集成》第一六册;又於第五二册收録《唐將書帖》之釋文本,於2000年出版。

柳成龍在"壬辰倭亂"期間,以領議政兼四道都體察使,總抗倭諸軍務,所謂"癸巳以首相,獨當中外機務。天將咨揭,日夕旁午;諸道奏牘,東西交集。成龍左右酬應,敏速如流"②。蔡濟恭更贊其成"只手擎天之勳"。然亦有議其"壬辰、丁酉之間,君臣拔舍,赤子殷盆,兩陵遭辱,宗社燒夷,通天之讎,九世必報,而謀猷不競,國是靡定,力主和議,通信求媚,使忘讐忍恥之罪,貽羞恨於千古"③。然成龍與天將應酬交往極多,又其頗備史識,故多拾掇亂時書信雜記,成《懲毖録》諸書,以記其事,故所藏明朝諸將信札甚多,編爲《唐將書帖》以寶藏於家焉。

案《唐將書帖》總共四十三通,有確切作者者二十五通,分別爲總兵劉綎兩通、戚金三通,參將駱尚志三通、陳寅一通,遊擊王必迪六通、吳惟忠一通、李化龍一通,副將遊擊沈惟敬一通,明朝兵部標下練兵千總邵應忠與兵部原委平壤管糧委官董元合撰一通,領兵教官鄭德三通,駱尚志標下旗牌官張三六一通,主事袁黃標下教練徐文一通、吳惟林一通等。餘爲"名別居""名正具""名不具"或"名具端柬""名具正幅""名具正柬""賤名別居"等未署或另署名書帖十八通,據楊海英考證,尚可斷定作者者爲十一通,餘六通俟考。諸家書信爲啓、拜帖、揭帖、書等,有明確記年月時

---

①朝鮮史編修會編《朝鮮史料叢刊》第四《唐將書帖·唐將詩畫帖解説》引正祖語,昭和九年(1934)朝鮮總督府刊行鉛印本,第1頁。
②《宣祖改修實録》卷41,宣祖四十年(萬曆三十五年 1607)五月一日癸亥條。
③《宣祖實録》卷211,宣祖四十年(萬曆三十五年 1607)五月十三日乙亥條。

日者有兩份:一爲萬曆二十二年(1594)正月十四日兵部主事袁黃標下將官邵應忠、董元致柳成龍書,一爲萬曆二十五年(1597)十二月初九日遊擊李化龍之書。故此兩册信札爲明朝東征將士先後兩次入朝期間數年內所撰,諸人今除總兵劉綎《明史》有傳,吳惟忠、陳寅、沈惟敬在《明史》朝鮮、日本相關傳中有提及外,他人均無可考,故甚可寶重也。

據楊海英查考與走訪①,並結合柳成龍文集以及其他朝鮮及中國官私史籍記載,將此批信札分爲三個部分:一是南兵"三營將"駱尚志、王必迪、吳惟忠之書;二是南兵教師(包括邵應忠、鄭德、徐文、張三六等人)書帖;三是其他作者,若總兵劉綎、中日和談首席談判官與譯員沈惟敬、總兵戚金、李化龍、陳寅等人。

從諸將信札中,可瞭解"壬辰倭亂"期間諸多史實,如當時朝鮮以爲,明朝將士以"南兵"(以浙江兵爲代表)最爲善戰,且軍紀亦佳;而北兵則戰鬥力弱,且軍紀渙散;又南、北將領間,多有不和,南兵在輜重糧草及戰功表彰方面,多受不公待遇。又知明朝將士之在朝鮮,客戍已久,與強敵廝殺豁命外,風雨暴露,患傷寒痢瘧,死者接踵。朝鮮之後勤供應,無法接濟,以至明朝將士,或食不果腹,或有食而無鹽菜,且兵員無法補充,損耗極大。而南兵爲戚繼光當年所培植訓練之精兵,而經"壬辰倭亂"後,或戰死於疆場,或冤殺於本國,戚繼光北成長城之南兵精銳幾近喪失,狡兔未死而走狗已烹,顯現如斯悲劇性結局,除感歎當事者之短視外,亦可見部分文臣武將對國事輕重完全不以爲意,其個人素質直接影響到國力興衰、邊防禦固。處分東征將士,甚至屠殺南兵,更錯上加錯,使艱難之軍制變革過程雪上加霜。而部分明朝將士,在本國兵馬撤還後,仍留朝鮮爲其訓練士卒,終至或殞命於疾疫,或流轉於他鄉。而朝鮮兵士,經此訓練,戰鬥力空前提高,火銃與炮兵,成爲朝鮮軍士之精銳利器焉。

當明末清初,東北戰起,明軍節節敗退,而戰敗明軍者不僅有崛起之滿洲軍隊,且有脅迫參戰之朝鮮將士,最終清兵入關,天下易主,而朝鮮亦經兩次"胡亂"後,成爲清朝之附庸。東北亞局勢,發生翻天覆地之變化,

---

①詳參楊海英《書〈唐將書帖〉後》,《中國社會科學院歷史研究所集刊》第七集,商務印書館2011年版。

而究其因由,實則肇端埋禍於"壬辰倭亂",鑑古思今,不能不令人慨惋而驚懼莫名矣!

0016-1606

朱之蕃《奉使朝鮮稿》附柳根等《東方和音》(《四庫全書存目叢書》影印上海圖書館藏明萬曆間刻本)

出使事由:詔諭使
出使成員:翰林院修撰朱之蕃、禮科左給事中梁有年等
出使時間:明萬曆三十四年(宣祖三十九年　1606)二月十五日—七月一日

朱之蕃(1558—1624),字元升,一作元介,號蘭隅、定覺主人,山東茌平人。南京錦衣衛籍。萬曆二十三年(1595)一甲一名進士。授翰林院修撰,歷官至詹事府少詹事,進禮部侍郎,改吏部。後以母喪,不復出仕。工書法,善畫山水花卉,傳世有《君子林圖卷》等。著有《使朝鮮稿》、《紀勝詩》一卷,選編有《盛明百家詩選》三十四卷等。《明熹宗實錄》卷七〇、錢謙益《列朝詩集小傳》丁集、朱彝尊《明詩綜》卷五八有小傳。

案萬曆三十三年(1605),十一月十四日,皇太子第一嗣生。因皇孫誕生,覃恩宇内,特遣翰林院修撰朱之蕃、禮科左給事中梁有年充正副使,捧賫詔諭並賜朝鮮國王及王妃彩幣文錦等。一行於翌年二月十五日發北京,七月初一日返京覆命。

《四庫全書》著錄《奉使稿》無卷數,兩江總督採進本。稱朱之蕃"春仲出都,夏杪入關,與館伴周旋,有倡必和,錄爲二大册。第一册爲《奉使朝鮮稿》,前詩後雜著,之蕃作也;第二册爲《東方和音》,朝鮮國議政府左贊成柳根等詩也。末有《乙未制策》一道,及東閣倡和詩數首,爲讀卷官沈演等作,蓋後人所附入。案《千頃堂書目》,載之蕃《使朝鮮稿》四卷,《紀勝詩》一卷,《南還雜著》一卷,《廷試策》一卷,《落花詩》一卷,與此大同小異,蓋所見者又一别本云"①。

---

①清永瑢等纂《四庫全書總目》卷179集部三二《奉使稿》,第1619頁。

案《奉使朝鮮稿》，最早爲明萬曆刻本，二卷四册，後來諸本皆從此出，有四卷本、不分卷本與兩册本等。《奉使稿》收朱之蕃詩二百九十七首、文十二篇。朝鮮刻本《丙午皇華集》共收二百五十一篇、文八篇。有近五十首詩爲朱氏入中國後所作，故《皇華集》未收錄。兩書相較，詩題《奉使稿》爲簡，而《皇華集》爲繁。《東方和音》則收朝鮮柳根、柳永慶、李光庭等近三十人、二百二十四首詩作。其中部分詩今見柳根《西坰詩集》卷四，稱《西坰皇華詩集》，並收有柳氏和副使梁有年之詩焉。今《奉使朝鮮稿》一卷附柳根等《東方和音》一卷，有《四庫全書存目叢書》影印上海圖書館藏明萬曆間刻本，收入集部第一七六册中。

朱之蕃往朝鮮時，值壬辰亂後，明朝物力耗損，勢難重振，而朝鮮亦國殘民貧，百廢待興。時皇孫誕育，明朝與朝鮮皆沾喜氣，共爲歡忭。而朱氏待人和易，又其爲狀元出身，詩文清恬藻雅，書法繪畫，皆入能品。楷法敏速，腕際有神，日可萬字，運筆若飛，山水得米襄陽、梅花道人標韻，竹石兼東坡、與可之妙。其在朝鮮，吟詩唱和外，書法題字亦夥。其觀鴨鷗亭書"天下第一江山"①，人云外國山川，何贊之過，乃去"天下"二字。② 此前出使之翰林院侍講顧天埈、行人司行人崔廷健，唯事貪黷；而朱之蕃所至題詠，或教授書法。故許筠謂"李五峰儐顧、崔，苦於需求；柳西坰接朱、梁，困於酬唱。汝章曰：五峰勞力，西坰勞心。人皆謂然"焉③。

接伴使柳根爲宣祖五年(1572)別試狀元，亦精擅詞翰，久典文衡。故朱、柳二氏，伴隨一路，頗自相惺。朱氏詩有"東邦巖岫衆，君數最高峰"之稱揚④。柳頌朱爲"清篇屢獲明珠百，嘉貺全勝白璧雙"，乃"上界

---

① 案"鴨鷗亭"即今狎鷗亭(압구정)，位於韓國首爾市江南區，原爲世祖時韓明澮之號，現爲首爾著名游覽購物繁華區。
② 《承政院日記》册1328(탈초본74책)，英祖四十八年(乾隆三十七年 1772)五月二十三日條。
③ 許筠《惺所覆瓿稿》卷24說部三《惺翁識小錄下・儐詔使時李五峰勞力柳西坰勞心》，《韓國文集叢刊》，074/354。
④ 朱之蕃《奉使朝鮮稿・再和柳西坰》，《四庫全書存目叢書》影印上海圖書館藏明萬曆間刻本，第176册第558頁。

詩仙下外藩",①諛頌之詞,亦可謂極矣。

0017-1626
姜曰廣《輶軒紀事》(殷夢霞、于浩選編《使朝鮮錄》影印清光緒廿一年《豫章叢書》本,北京圖書館出版社2003年版)

  出使事由:詔諭使
  出使成員:正使翰林院編修姜曰廣、副使工科給事中王夢尹等
  出使時間:明天啓六年(仁祖四年 1626)四月二十八日—六月十一日(登州海路往返)

  姜曰廣(1583—1649),字居之,號燕及,晚號浠湖老人,江西新建(今南昌)人。萬曆四十七年(1619)進士。授庶吉士,陞編修。明年夏,魏忠賢黨以曰廣爲東林,削其藉。崇禎九年,累官至吏部右侍郎。坐事左遷南京太常卿,遂引疾去。十五年,起詹事,掌南京翰林院,改禮部尚書兼東閣大學士。史可法督師揚州,曰廣與高弘圖協心輔政,並稱"南中三賢相"。未幾,馬士英特薦起阮大鋮。曰廣力爭不得,遂乞休,得旨慰留。曰廣骨鯁,扼於憸邪,不竟其用,遂歸。後從左良玉部將金聲桓反清,兵敗投水死。著有《石井山房文集》《輶軒紀事》等。《明史》卷二七四、王夫之《永曆實錄》卷六有傳。

  天啓五年(仁祖三年 1625)十月初一日,明熹宗容妃任氏,誕生皇子,頒詔天下。先是,遣翰林院編修姜曰廣、户科給事中周洪謨,賫詔宣諭朝鮮,後以工科給事中王夢尹替代周洪謨。一行於翌年四月二十八日揚帆入海,至六月十一日返回登州,八月二十五日返京覆命(《明熹宗實錄》載九月初五日)。此行除皇子誕辰頒詔外,姜氏尚有探知皮島毛文龍情狀,並安撫穩定毛氏,激勵其積極邊備之用意焉。

  自天啓元年(1621),朝鮮貢道改從海路,自海直至登州上陸,再經山東半島至北京。姜曰廣一行,亦沿此水路而行。凡經登州、廟島、珠璣島、

---

①柳根《東方和音·義州留別》《龍灣午日》,《四庫全書存目叢書》影印上海圖書館藏明萬曆間刻本,第176冊第606頁。

砣磯島、大欽島、小欽島、皇城島、小平島、廣鹿島、長山、石城、鹿島、皮島,至朝鮮鐵山登陸,再至王城。時毛文龍挾持朝鮮,擁兵自重,不專意邊備,唯襲擾朝鮮爲能事,朝鮮苦之,遂上奏明廷,請求處置。明廷對毛氏多有疑慮,毛文龍亦不滿朝廷對海島之不重。姜曰廣以爲文龍以孤軍獨立,所賴聲援,而時以乏食之故悉索於朝鮮,萬一鮮隙二心,將無足容地,並勸其艱困忍辱,以大局爲重,爲國立功。至朝鮮後,又勸慰國王"天下一家,有分土無分民,賢王仰體聖慈,始終其德,不亦休乎!"①時姜氏沿路所見,自鐵山至安州,遼鮮雜處,遼民嚼草根充虛,千里流冗啼饑,非復人貌,宛轉在地,哭聲震天。而朝鮮雖時有供給,然遠不足以療饑,遼民亦時侵擾鮮民,故姜氏有如此語也。又姜氏此行,便道詳閱海外情形,歸陳八款內,兵部覆議四款,曰遼民、遼兵、遼官、俘解等,希冀區別對待,以利抗敵焉。

又姜曰廣以爲,"中國南鄰倭,北鄰虜,僅一朝鮮扞蔽,鮮人乘汎走舸,疾如風雨,萬一生心,爲虜用命,但命一將,領之來侵,則我淮、揚、青、登,盡無寧宇矣"。因之悚然警惕,深以爲慮,因謂"吾行海外,而乃知天下小也。我國家獨厚朝鮮,意深遠矣"。② 曰廣此識,可爲今日主棄朝鮮者之炯鑑矣。

姜、王二氏下海之前,祭天妃廟,並矢之:今日之役,兩臣如手一縷往一錢歸者,有如此水。③ 至朝鮮後,眼見遼民饑困,朝鮮殘破,二人嚴束下吏,精減食宿儀節,沿途及在館,分文不取,深得朝鮮君臣百姓敬重,返程送別,依依不捨。《明史》亦稱其"奉使朝鮮,不攜中國一物往,不取朝鮮一錢歸,朝鮮人爲立懷潔之碑"④。

朝鮮於平山府立去思碑,實有其事。李植記姜、王二氏之行,稱"兩先生冰薜自秉,脂膏不潤。又矜民勞輙財敝,若痾瘵於身。於是却贄幣,減騶馭,行庖務儉,公讌從省。其檢下如束濕,人罔或下其正。饗人不煩於廬,館人不憚於道。農安於畎畝,虞安於山澤,商賈安於市里,如不知有帝

---

①姜曰廣《輶軒紀事》,殷夢霞、于浩選編《使朝鮮錄》影印清光緒廿一年《豫章叢書》本,北京圖書館出版社 2003 年版,下冊第 431 頁。
②姜曰廣《輶軒紀事》,下冊第 453—455 頁。
③姜曰廣《輶軒紀事》,下冊第 387 頁。
④《明史》卷 274《姜曰廣傳》,023/7029。

使之過國役之興,其迎之如覩鳳鸞,送之如訣親愛。其發漢城而西也,耆老軍民,廝臺胞翟之賤,無論大小,擁路攀車,賷咨涕洟者,迨數萬人,至松京亦然,至海西、關西咸然。噫! 何其異耶,古未嘗有也"①。崔鳴吉亦謂二氏"接物之仁,如和風甘雨;其操行之潔,若冰壺秋月。自海上至於王京,往反二千餘里,行橐蕭然,惟以圖籍自隨。於是人情益大喜,旌節所臨,老幼咸聚,至有歎息流涕者。仙槎之返,歲月已久,而民至今追思不已,乃以板蕩之餘,鳩財刻石以贊美之,非出於誠心悅服者,能若是乎!"②而入清後之洪良浩,見此碑後,亦感慨無似,其謂"是碑也,遲川崔公述之,仙源金公篆之,竹南吳公書之,皆東方之名流鉅公也。其言豈不有徵,而其迹寧不可寶歟? 是不可使顛倒蕪没於荒田野草之間。乃令州人築臺而安之,建閣以護之,以禁樵牧之傷,牛羊之觸焉。余之爲此,不獨慕其人而不忍泯没,將使後世之奉使外國者取法焉"③。案朝鮮爲姜、王二氏立碑,在崇禎六年(1633),爲姜曰廣等出使七年之後,亦爲"丁卯胡亂"七年之時,而洪良浩修碑閣,更在百餘年後,睹碑思人,其所感慨追憶者,非僅姜、王二人也,乃追思覆亡之大明而已矣。

---

① 李植《澤堂先生別集》卷7《姜王兩天使去思碑銘並序》,《韓國文集叢刊》,088/384。
② 崔鳴吉《遲川先生集》卷19《詔使姜王兩公去思碑》,《韓國文集叢刊》,089/568。
③ 洪良浩《耳溪集》卷14《平山府天使去思碑閣記》,《韓國文集叢刊》,241/235。

卷三　0018—0026

清朝使臣、幕客所撰使行録與詩文（上）

0018-1662/1677

徐振《朝鮮竹枝詞》（清嘉慶間南匯吳省蘭聽彝堂刻道光三十年金山錢氏漱石軒增刻重印《藝海珠塵·四繪軒詩鈔》本）

出使事由：待考

出使成員：待考

出使時間：康熙元年至十六年間（1662—1677）

　　徐振，字白眉，號沙邨，清江南華亭（今上海松江）人。康熙四十年（1705）舉人。一生行迹不詳，蓋流轉入幕，以爲度生之資者。著有《山暉堂詩稿》《四繪軒詩鈔》等。今存《朝鮮竹枝詞》四十首、《珠江竹枝詞》十二首、《彬陽竹枝詞》十二首、《明宮詞》四十首傳世。事見《藝海珠塵·四繪軒詩鈔》。

　　案徐振出使朝鮮，因何事何時隨何人出使，今皆不可考，唯能推斷在康熙元年至十六年之間。其《朝鮮竹枝詞》四十首，清嘉慶間吳省蘭編《藝海珠塵》，輯徐氏《四繪軒詩鈔》入其中，凡得《朝鮮竹枝詞》四十首、《珠江竹枝詞》十二首、《彬陽竹枝詞》十二首、《明宮詞》四十首。前有蘭陵湯自立序，謂"吾友徐子白眉，以繪空手，胸中別具一丘壑，不屑屑於楷模，不拘拘於形似，揮毫落紙，若煙雲之驟起，若春泉之迸流，尺幅而具尋丈之觀，竟日而盡方輿之勝。其爲技神矣，第以未嘗待詔於宣和也，挾其生華之管，頹唐放浪於北山東海之間"①。然則徐振精於繪事，流落不偶，湯氏且言其與徐氏在都門訂爲莫逆交，則徐振蓋亦盤桓日下，以畫謀生者

---

①徐振《四繪軒詩鈔》湯自立序，《叢書集成新編》影印《藝海珠塵》本，文學類第73册第439頁。

也。《朝鮮竹枝詞》最末一首"門館先生何所事,也騎官馬向前看"句下自注"從官稱余曰'門館先生'"。然則徐氏蓋使團中侍從隨員也。其詩起自渡鴨江入義州,然後叙朝鮮平壤城、箕子墓、大同江、高麗舞、迎詔儀節、南別宮(詔使宿所)、官伎歌、納清亭與快哉亭、王京街樓、京城男女、白嶽山、婚俗、官服官厨、茶茗、民居等,皆描摹形象,諧趣有致,非親眼所見不能爲也。

案竹枝詞記外國風物,始於清初尤侗,侗與修《明史·外國傳》,故熟悉史事,依史傳中外國人事,爲《外國竹枝詞》一百首,然實足未踏他國之地,仍不免想像仿佛之詞而已。置身外國,足履目睹,而爲竹枝詞者,蓋徐振爲第一人,其後踵之者繼起,有柏葰《朝鮮竹枝詞》、丐香《越南竹枝詞》、何如璋《使東雜詠》、黄遵憲《日本雜事詩》、四明浮槎客《東洋神户日本竹枝詞》、濯足扶桑客《增注東洋詩史》、郭嘯麓《江户竹枝詞》、陳道華《日京竹枝詞》、王芝《緬甸竹枝詞》、局中門外漢《倫敦竹枝詞》等,至潘乃光《海外竹枝詞》中所詠,則含有"西貢"(越南)、"星架坡"(新加坡)、錫蘭(斯里蘭卡)諸國,而志鋭《張家口至烏里雅蘇台竹枝詞一百首》中尚有蒙古等,可謂諸家所詠,南美、非洲外,遍及他洲,其濫觴之功,未嘗非尤侗、徐振倡喝導引之力也。

然朝鮮金允植曾讀徐氏《朝鮮竹枝詞》,深致不滿。其稱振作此,"自附於採風下國,而語或矯誣,不加詳察,其自註'如男女相悦爲婚'云者,襲《明史》之誤也。如'席上奪姬'云者,吾東自無是俗,亦必傳聞之譌也。……如'中使最尊'云者,中使啣命,禮所當敬,猶式路馬之義,以此而謂尊踰丞相,不亦淺乎?定制詔使不得出館遊翫,留館之間,不過一再登明雪樓,委巷習俗,無緣經目。若執三國以前之陋,並冒今世,則閩、越之儒教大盛,江、漢之遊女貞信,俗從世殊,豈在其地?操觚之士,好攷證虚文,勦襲舊説,以自眩其文彩者,自古已然。若董越《朝鮮賦》,即其前茅也。論者以越《賦》與《明史》相符,認爲信筆,殊不知董亦未嘗目擊,與《明史》同一襲謬。見之者亦以外服略之,不復攷辨,化禮俗爲夷風,誣衣冠爲禽獸。在舉筆俄忽之頃,而流傳天下,以爲今亦尚爾,寧不寒心?諸如此類,不可準以爲詩史,此夫子所以删詩歟?"①

---

① 金允植《雲養集》卷 12《書徐振竹枝詞後》,《韓國文集叢刊》,328/450。

案金氏所言是矣,歷來詩家,所重者情景意象,所忽者史實確否,況采詩國外,時日匆迫,豈能不誤。他若徐振《朝鮮竹枝詞》"朱甍碧瓦深如海,吟遍婷婷公主詩"下自注:"孫愷以檢討曾陪使朝鮮,手編《采風集》,載東國士女歌詩,有婷婷公主《避暑詩》。"案此"婷婷"者,爲朝鮮月山大君李婷。明萬曆時吳明濟《朝鮮詩選》擇李婷《古寺尋花》入選本中,署名"婷"。錢謙益、朱彝尊即以其字誤認爲女性,朱氏以爲"婷"上冠以"月山大君"字,當是東國尊稱,殆非民間女子,徐振誤遵從錢、朱之説,至晚清惲珠、況周頤等,仍襲其誤。考李婷(1454—1488),字子美,號風月亭。朝鮮王朝宗室,成宗之兄。有《風月亭集》傳世。凡此之類,采風之家,莫不如斯,則不僅徐振也。故無論明、清遣往各國之使臣,抑或歷年奔波在路之朝鮮燕行使,莫不詩文繁富,刊在別集,然欲即此考較其國政治之得失,民情之喜怒,風俗之美惡,年景之豐歉,則無疑於緣木而求魚,紙上而談兵者焉。

0019-1678

孫致彌《奉使至朝鮮》(《四庫全書存目叢書》影印首都圖書館藏清乾隆時刻《杕左堂集》本)

  出使事由:頒詔使
  出使成員:正使一等侍衛狼曋等
  出使時間:清康熙十七年(肅宗四年 1678)四月五日—七月

  孫致彌(1642—1709),字愷似,號松坪,嘉定人。元化孫。天主教徒。康熙二十七年(1688)進士。授翰林院庶吉士。翌年,嘉定"部費之獄"發,牽連入獄。四十一年,授翰林院編修,遷侍讀學士。四十三年,受帝命任《佩文韻府》總纂,書將成而卒。工詩詞,善書法,筆法似董其昌。有《杕左堂詩集》六卷《續集》三卷《詞》四卷傳世。鄭方坤《國朝名家詩鈔小傳》有傳。

  案康熙十七年二月二十六日,皇后鈕祜禄氏崩逝。三月初二日,謚曰孝昭皇后。狼曋一行發行之日,當在此後。孫致彌以國學監生假二品服,出使朝鮮採詩者也。

據王士禎《池北偶談》稱，"康熙十七年，命一等侍衛狼曈頒孝昭皇后尊謚於朝鮮，因令采東國詩歸奏。吳人孫致彌副行，擇《朝鮮采風錄》，皆近體詩也"①。然考《清聖祖實錄》《清史稿》諸書，皆不載孫氏出使事。《朝鮮王朝實錄》亦無狼曈出使事，然孫致彌《杕左堂集》卷三有《四月初五日奉命從御前大臣採訪東國文獻恭賦紀恩三首》，則知孫氏確有出使事，則一行於四月初五日發北京。又考朝鮮《承政院日記》載，自五月初七日，遠接使報告，"敕行今月初四日申時渡江事"②。自北京離發後一月，孫氏一行渡鴨綠江抵朝鮮，時日相合，《承政院日記》雖不載何人出使，然必狼曈使團也。一行二十日抵漢城，期間屢有求詩鈔錄等事，二十八日啓程返國，而回北京覆命，已是七月初光景也。

孫氏《紀恩》詩有"採風曠典餘千載，願把民依仔細論"，"鹵簿如雲迎漢節，青衫何幸沐恩光"，③"篇什收鞮譯，歌謠采邶鄘"諸句④，則其以太學生身份奉命至朝鮮採訪文獻，確有其事。其下又有《奉使至朝鮮》四首，詩中有"路出陪京瞻王氣，書頒秘府焕天章"等句⑤，則其往朝鮮時，尚捧有康熙帝賜朝鮮之秘府書籍焉。

0020-1678

孫致彌撰，鹿繼平輯校《〈朝鮮采風錄〉詩詞輯校》（鹿繼平《〈朝鮮采風錄〉輯校與研究》，延邊大學碩士學位論文，2015年）

案孫致彌有《奉使至朝鮮》（附錄0019-1678），已著錄。

---

①王士禎撰，勒斯仁點校《池北偶談》卷18《談藝八·朝鮮采風錄》，中華書局1982年版，下册第426頁。
②《承政院日記》册265（탈초본14책），肅宗四年（康熙十七年 1678）五月七日條。
③孫致彌《杕左堂集》卷3《四月初五日奉命從御前大臣採訪東國文獻恭賦紀恩三首》其一、《奉使至朝鮮》其一，《四庫全書存目叢書》影印中國科學院圖書館藏清乾隆刻本，集部第255册第667頁。
④孫致彌《杕左堂續集》卷1《送使臣還天朝》，《四庫全書存目叢書補編》影印中國科學院圖書館藏清乾隆刻本，第56册第593頁。
⑤孫致彌《杕左堂集》卷3《奉使至朝鮮》其一，第255册第667頁。

孫致彌至朝鮮，採集海東詩纂爲《朝鮮采風録》三卷，成書當爲返國以後。世傳其受康熙帝命"採訪東國文獻"，鹿繼平《〈朝鮮采風録〉輯校與研究》以爲，孫氏在朝鮮，索要或購買朝鮮盛傳之詩集、史書及書法等，在漢城僅留宿八日，時大提學金錫冑等十四人，爲孫氏鈔録提供部分朝鮮詩作，返國後並未汲汲成書。又謂孫氏對此稿之態度非常隨意，書成後存其手中，無人欣賞，故當爲孫個人行爲，而非出自君命。① 案此説是也，倘《朝鮮采風録》出於帝命采輯，孫氏返國之後，必將速快成書，並上奏朝廷，大肆刊行。今觀其《如此江山·輯朝鮮采風録偶成題其後》詞中謂，"疏窗展卷涼蛩静，依稀舊遊重省"，"剩澹墨旁行，欲斜還整，却對秋燈，似華胥夢醒"。此可知其書成於晚年，且心境孤寂，頗多感慨，故書雖輯成，亦不過遮塵覆瓿而已。其後鈔本流播甚廣，蓋佚於太平天國時期也。

《朝鮮采風録》之纂輯，據朴現圭與徐寶平、鹿繼平諸人研究，尚可輯佚，得其仿佛。其書所收皆近體詩，大抵律絶居十之九，古詩歌數行，略見梗概而已，而官爵世次俱闕。孫氏詩崇中唐，故所選亦以唐調爲多。鹿繼平《〈朝鮮采風録〉詩詞輯校》，據王士禎《池北偶談》、尤侗《艮齋雜説》、徐樹敏《衆香詞》、朱彝尊《明詩綜》、沈德潛《明詩别裁集》爲底本，校以原詩作者别集等，注以出處，校以異同，並附小傳及諸家評語。如朴現圭以爲李元禎《送詔使還京師詩序》爲《朝鮮采風録序》，實則爲送行時五言律《送詔使還京師詩》序，而孫氏詩序乃其友"石樵"(嚴允肇)所撰，見孫氏《石樵爲余序朝鮮采風詩六疊前韻以謝》。又王士禎《池北偶談》所收金尚憲詩，乃采自張延登翻刻金氏《朝天録》，非輯自《朝鮮采風録》者。今諸家所采，如王士禎依其"神韻説"、沈德潛依其"格調説"，對原詩多有改作，《輯校》皆一一復其原貌焉。②

鹿繼平所輯孫致彌《朝鮮采風録》，共作者四十三人，凡録詩五十八首、詞三首。依次爲鄭知常、李仁老、崔瀣、偰遜、鄭道傳、鄭以吾、權貴妃

---

① 鹿繼平《〈朝鮮采風録〉輯校與研究》，延邊大學碩士學位論文，2015年，第20—21頁。
② 詳參鹿繼平《〈朝鮮采風録〉輯校與研究》，延邊大學碩士學位論文(指導教師：李寶龍副教授)，2015年。又參朴現圭、徐寶平《清朝初年中國人編纂的朝鮮詩選集》，《韓國傳統文化·語言文學卷——第二屆韓國傳統文化學術研討會論文集》(韓國研究叢書之二十三)，學苑出版社2001年版，第158—183頁。

三首、李承召、成侃二首、金宗直二首、月山大君婷、金宏弼、申從濩、崔淑生、姜渾、魚無迹、李孝則、金净、鄭士龍、奇遵、林億齡二首、羅湜、趙昱、權應仁、姜克誠、鄭碏、白光勳、柳永吉、崔慶昌二首、李達二首、金質忠、林悌二首、鄭之升、李嵘、申欽、權韋畢、許筠、金鎏、趙希逸三首、李植、吳竣、朴水彌六首、朴文昌等（凡未標明者皆爲一首），考證詳悉，的然可據，幾幾乎復孫氏之舊。惜不無訛錯，尚未剞行，是所憾也。

0021-1717

阿克敦、張廷枚《阿克敦詩》（韓國首爾大學奎章閣藏　鈔本）

出使事由：慰問使

出使成員：正使翰林院侍讀學士阿克敦、副使鑾儀衛治儀正兼佐領張廷枚等

出使時間：清康熙五十六年（肅宗四十三年　1717）九月十八日—十一月？

阿克敦（1685—1756），章佳氏，字仲和，一字立恒，又字恒巖，滿洲正藍旗人。阿桂父。康熙四十八（1709）年進士。改翰林院庶吉士，授編修，擢侍講學士。雍正朝，累官翰林院掌院學士、署兩廣總督兼廣州將軍。乾隆時，官兵部尚書、禮部尚書、協辦大學士，迭署左都御史、步軍統領等。卒謚文勤。有《德蔭堂集》十六卷行世。事見錢儀吉《碑傳集》卷二六王昶《太子太保協辦大學士刑部尚書文勤公阿克敦行狀》，《國朝耆獻類徵初編》卷一七、《清史稿》卷三〇三有傳。

張廷枚，字卜臣，清漢軍旗人。由世襲佐領、內務府員外郎出管蘇州滸墅關稅務。雍正朝，累官至福建布政使。曾三次出使朝鮮。著有《春暉堂詩鈔》。《國朝詩人徵略》卷二二、《國朝耆獻徵初編》卷一七〇有小傳。

案阿克敦一生，凡出使朝鮮四次。康熙五十六年（肅宗四十三年　1717）九月十八日，因朝鮮國王李焞目眚甚劇，差人來購空青，康熙帝遣翰林院侍讀學士阿克敦、副使鑾儀衛治儀正兼佐領張廷枚，齎御府空青一枚往朝鮮慰問，一行於十月廿七日抵王京，十一月返北京。

此《阿克敦詩》一册,六張,鈔本,今藏韓國首爾大學奎章閣。共鈔録阿克敦、張廷枚同題之《玉溜泉》《賚賜空青》《快哉亭》《晚宿義州》《謁箕子墓》《冬日晚登太虛樓》詩,惟阿克敦《晚宿義州》,無張氏和詩。據朝鮮《肅宗實録》,"清使上、副使出,其沿途所製詩五篇,使鑴揭所經各處"①。考李宜顯《玉溜泉》詩稱"阿胡惡句高揭楣,聽泉仙影空餘榻",詩注謂"胡使阿克敦詩揭館楣"。② 然則阿克敦與張廷枚上述諸詩,朝鮮爲懸板揭之於所題之地,而詩即鈔存至今,因阿克敦爲上使,故題册曰"阿克敦詩"耳。二人所題諸詩,皆爲五言、七言律詩,而阿克敦《玉溜泉》一首,後爲《奉使圖》第十幅之題畫詩也。

杭世駿謂張廷枚"詩骨婉麗,在韓致堯、吴子華間"。"嘗奉使三往高麗,景物之妍,風土之□,宴饗送迎之節,各有詩紀事"。③ 然張廷枚《春暉堂詩鈔》,筆者檢尋各大館,皆未見有著録,不知尚存天壤間否。

0022-1717,1718,1722
阿克敦《東遊集》(《續修四庫全書》影印華東師大圖書館藏嘉慶二十一年刻《德蔭堂集》本)

出使事由:告訃使
出使成員:正使翰林院侍讀學士阿克敦、副使鑾儀衛治儀正兼佐領張
　　　　　廷枚等
出使時間:清康熙五十七年(肅宗四十四年　1718)十一月—三月?
出使事由:册封使
出使成員:正使内閣學士阿克敦、二等侍衛佛倫等
出使時間:清康熙六十一年(景宗二年　1722)四月十日—八月?

案阿克敦有《阿克敦詩》(0021-1717),已著録。

---

①《肅宗實録》卷60,肅宗四十三年(康熙五十六年　1717)十一月三日癸丑條。
②李宜顯《陶谷集》卷3《玉溜泉感皇華舊跡》,《韓國文集叢刊》,180/376。
③杭世駿《榕城詩話》卷上,《四庫全書存目叢書》據遼寧大學圖書館藏清乾隆中杭賓仁羊城刻杭大宗七種叢書本影印,集部421册,第810—811頁。

阿克敦於康熙五十六年(1717)歲末,出使朝鮮初歸北京。然不旋踵間,因皇太后崩逝,復遣其偕張廷枚前往朝鮮告訃,故還燕京三日,再啓程東行,到達朝鮮京城,僅滯留四天,即動身返國。康熙六十一年四月初十日,又命內閣學士阿克敦爲正使、二等侍衛佛倫爲副使,往封朝鮮國王李昀弟李昑爲世弟。一行於五月二十七日抵漢城,六月初四日方踏程返國,比及回北京,蓋已八月初矣。

案阿克敦《德蔭堂集》十六卷《年譜》一卷,爲其曾孫那彥成重刊。前有其子阿桂序,卷首爲《年譜》。卷一、卷二爲賦頌,卷三至卷九依次爲《館課集》《水淀集》與《北遊集》《塞外集》《東遊集》《南遊集》《隨征集》《扈從集》,卷一二至卷一六爲奏疏、論、記、考、辨、説等。詩多應制之作,皆平泛之詞,文以奏疏爲主也。

此《東遊集》一卷,共收阿克敦出使途中與在朝鮮時所作詩三十首,平白寫來,詩意淺近,描摹山川,記錄民俗,頗有竹枝詞之餘藴。卷末有王兆符、蔣衡、王澍跋。據王兆符跋稱,阿克敦"奉使朝鮮者三",又謂其請蔣衡以小楷鈔《東遊集》中雜記詩二十首爲一册。王澍跋又稱"今年春,復奉使高麗,當更有新詩"。① 然覈之阿克敦第四次出使返國後所繪《奉使圖》二十幅,每圖所繪山川風俗即此三十首詩所描繪者也。校其文字,《奉使圖》多無詩題,而《東遊集》皆有,或詩題略有同異,或詩文偶有異同,或注釋略有增補。如《渡鴨綠江二首》其一"風雨還深故國情",《奉使圖》此句下有"盤餐羅列,多用海魚,不知其名"小注;《途中即事》第四首"倩人傳譯更情深",《奉使圖》作"情親"等。

此卷收詩三十首,蔣衡所鈔者二十首外,餘十首或爲原有,或爲阿克敦第四次入朝鮮時所作。王兆符跋中引阿克敦集中詩如"一杯濁酒千山外,萬里長途兩月中",又"兒童欣識面,官吏素知名"等句,今亦不見《東遊集》,亦不見《德蔭堂集》中,則此三十首詩爲阿克敦出使詩中所選出者,前述《阿克敦詩》中鈔録之詩,亦惟《玉溜泉》一首在《東遊集》中,則知其餘諸詩皆散佚無存矣。

————————

①阿克敦《德蔭堂集》卷6末王兆符、王澍跋,《續修四庫全書》影印華東師大圖書館藏嘉慶二十一年刻《德蔭堂集》本,集部第1423册第344—345頁。

0023-1724
阿克敦著,黃有福、千和淑校注《奉使圖》(遼寧民族出版社 1999 年版)

　　出使事由:册封使
　　出使成員:正使散秩大臣覺羅舒魯、副使翰林院學士阿克敦等
　　出使時間:清雍正二年(英祖即位年　1724)十二月十九日—翌年五月?

　　案阿克敦有《阿克敦詩》(0021-1717),已著錄。

　　雍正二年(1724)十二月十九日,清廷遣散秩大臣覺羅舒魯、翰林院學士阿克敦賜祭故朝鮮國王李昀,並謚恪恭,封朝鮮國王世弟李昑爲朝鮮國王。一行於三月二十二日,才離發漢城回國。阿克敦康熙五十六年持空青到朝鮮,朝鮮於例贈外,又給銀四千兩,後五十七年、六十一年出使,援此給銀。此次再至,朝鮮欲不援前例,英祖謂已成前例之後,到今猝變,若逢彼之怒,或至辱國而後給之,則初不若給之爲愈也。然則阿克敦四次入朝鮮,例銀外復多得一萬六千兩銀子,可謂利窟也。

　　而朝鮮尚記阿克敦之行,"誠難處之物,外爲廉潔之色,而實則無厭,凡所可捧之物,屈指無遺"。元禮單外,欲得別贈之銀,百般作梗,恐喝萬端,而隨行通官輩,亦分等皆有密贈,此外皮物、人蔘、紬木等尚索需者多。① 無怪乎阿克敦第三次出使,跟隨至於七十五名之多,乃無前之事也。

　　此《奉使圖》乃阿克敦第四次出使朝鮮歸國後所繪。圖、文各一册,每册長四十六點五釐米、寬二十九釐米,四邊用米黃色雲紋錦裝裱。共爲絹本彩繪圖二十幅,每幅圖左右寬五十一釐米、上下長四十釐米。首幅爲阿克敦官服站立畫像,第二幅爲鳳凰山(今遼寧鳳城縣境內),餘十八幅皆朝鮮山川風景、都城宮殿、册封儀節、供帳舞樂、宴饗演戲、農夫耕作等。其畫每幅皆有阿克敦題詩,即《東遊錄》所收三十首詩也。首圖有"阿"

---

① 參《承政院日記》第 554 册(탈초본 30 책),景宗三年(雍正元年　1723)五月九日條,又第 589 册(탈초본 32 책),英祖元年(雍正三年　1725)三月二十一日己未條。

"克敦"連珠,第二圖有"立""恒"連珠,他幅有"南邨"印,諸印交相鈐用於每圖詩後落款"克敦"題名之下。

《奉使圖》爲何人所繪,第一圖中右下有"雍正三年六月海寧鄭璵製",並有"鄭""璵"連珠印,後每幅亦皆有此印。據韓國外國語大學李永求教授考證,鄭璵,字秋浦,清康熙、雍正間浙江海寧人。曾官典史。能作著色畫,兼工仕女。與查瑛(石田)齊名。事見周春《海昌勝覽》卷一八、錢泰吉《海昌備志》卷一八等。錢泰吉謂"先高祖母陳太夫人《夜紡授經圖》,爲雍正三年海寧鄭璵畫"。泰吉曾祖父錢陳群(1686—1774),長阿克敦一歲,二人同朝事君,且此圖中亦有錢氏跋語。此可知鄭璵在當時有名京城,常爲權貴豪門做繪事也。①

然繪事非想像依稀能爲者,鄭璵從未出使朝鮮,何能繪製《奉使圖》?朝鮮《承政院日記》載,阿克敦至漢城後,"除却例給屏風,以紙本劃出六件圖。而山水圖八張,則以半真彩畫出;方外圖一張,畫僧道寺;觀漁圖一張,畫江河舟楫;樵圖一張,畫山川林木;耕圖一張,畫水田牛犬男婦;小兒讀圖一張,畫屋舍花木。文人服制,以真彩畫出,而必以善手寫畫以給,則當作簇子云"②。蓋阿克敦行前,即有熟慮在胸,故至朝鮮後,即以其所思,請朝鮮畫員繪出。故返國後,即其詩意,即已成畫,由鄭璵再行修飾繪製,便既有山川道里、服飾風習諸依據,又有詩意情景,故所繪乃朝鮮風光人物而能不失其真焉。

全圖前篆字大書"奉使圖"三字,乃雍正三年十二月王澍所題。前又有于敏中、鄒一桂、介福、董邦達四人題詩。阿克敦生前,曾屢爲公卿名流展示此圖,索命題跋,故圖後有史貽直、錢維城、陳大睔、彭邦疇、陳世倌、蔣溥、劉統勳、文恭公(英和代)、英和、錢陳群、梁詩正、德齡、沈德潛、錫縝、鄂禮、存耆等詩作與跋文。此二十餘人所題,或在當時,或遲至光緒時,諸人多爲阿克敦同僚門生,皆康乾間高官勳爵與丹青高手。故繪畫與題跋,皆爲琳琅貝琛,人間罕覯焉。

---

①【韓】李永求《〈奉使圖〉與〈東遊集〉及鄭璵等問題的考辨》,《棗莊學院學報》2007年第6期,第19—22頁。
②《承政院日記》册589,英祖元年(雍正三年 1725)三月十九日條。

阿克敦逝後,《奉使圖》一度輾轉流播,歸於他氏,亦幾亡而僅存。道光末,復爲其後人所藏。而數經周折後,現寶藏於中國民族圖書館善本部。今有黄有福、千和淑校注本《奉使圖》,遼寧民族出版社 1999 年版。前李大淳、千和淑二序與黄有福解題,其後爲《奉使圖》影印件與詩文校注,注文極簡略,然亦頗可參稽焉。

0024-1844

柏葰《奉使朝鮮驛程日記》(殷夢霞、于浩選編《使朝鮮録》影印道光二十四年《薛箖吟館鈔存》本,北京圖書館出版社 2003 年版)

出使事由:弔祭使
出使成員:正使户部右侍郎柏葰、副使鑲紅旗漢軍副都統恒興等
出使時間:清道光二十四年(憲宗十年 1844)正月十二日—翌年四月二日

柏葰(?—1859),巴魯特氏,初名松葰,字静濤,蒙古正藍旗人。道光六年(1826)進士。選庶吉士,授編修,累遷内閣學士,兼正紅旗漢軍副都統。十八年,出爲盛京工部侍郎,調刑部,兼管奉天府尹。二十三年,充諭祭朝鮮正使。二十八年,擢左都御史。三十年,遷兵部尚書,尋調吏部,兼翰林院掌院學士。咸豐六年(1856),命在軍機大臣上行走,兼翰林院掌院學士,尋以户部尚書協辦大學士。八年,拜文淵閣大學士。柏葰自登樞府,與載垣、端華、肅順等不協,因"戊午科場案"發被殺。著有《薛箖吟館鈔存》《奉使朝鮮日記》等。《清史列傳》卷四〇、《清史稿》卷三八九有傳。

道光二十三年(憲宗九年 1843)八月,朝鮮孝顯王妃金氏逝世。十二月二十日,清廷命户部右侍郎柏葰爲正使、鑲紅旗漢軍副都統恒興爲副使前往朝鮮致祭。一行於翌年正月十二日發北京,二月二十一日抵王京,四月初二日差竣回京。奏稱該國於照例餽送之外,另送賻銀五千兩,陳明請旨等語。道光帝謂恭敬之實,不在多儀,此次諭祭朝鮮,該國減半餽送之物,業據該侍郎等照例收受,已足表該國事大之誠。若另送餽賻多金,

致增糜費,既與定例有違,即非朕德禮綏藩之意。此項贐銀著禮部暫行存貯,遇有該國便員來京,令其帶回繳還。然則柏葰之廉,較阿克敦之貪,可謂天壤之別矣。

案柏葰詩文,所收最多者爲《薛菻吟館鈔存》十卷,内詩八卷、賦兩卷,有同治間刻本。另有《奉使朝鮮驛程日記》存世。柏葰擅寫竹枝詞,有《朝鮮竹枝詞》三十首。其自謂覆命後檢諸行筐,得《驛程日記》一卷,並詩數十、竹枝詞若干首,録而付梓。今《日記》前有湯金釗、吳贊、杜受田、賈楨、鄂恒、麟魁、德誠諸家題詞及柏葰自識。日記所記,中國境内惟記每日陰晴、所到館驛、日用百物等,朝鮮境内則記一路伴送接護及至王京諸儀節等,與前此諸家無別。後有《宿通州》《車行潋溜道中》等三十餘首詩,乃沿途所作,有與朝鮮遠接使趙秉鉉、差備官李尚迪相唱和,以尚迪爲多,趙、李之詩亦附於後。《薛菻吟館鈔存》卷四收出使期間所作詩,唯卷首《易水於役喜晤德默菴同年》一首,《鈔存》有而此本無;又《朝鮮竹枝詞》此爲另頁單刻,《鈔存》爲連排,餘偶有詩題與詩文個別微異者。

柏葰詩所特出者,爲最末所附《朝鮮竹枝詞上下平三十首》,起首爲京畿、平安、黃海、忠清、全羅、慶尚、江源、咸鏡八道各一首,下則紀詠雜戲、紙筆、朝服、煙竹、針織、磁器、瓦舍、炕堗、車馬、飲食、馬頭、百姓、館舍、蠟燭等,寫實明净,莊諧並具,較前詩歌,可堪耐讀焉。其末稱"華亭徐白眉振《山輝堂詩集》有《朝鮮竹枝詞》四十首,摹寫工緻,間有今昔不同處,參而觀之,可以得大略矣"①。然其與徐氏相較,記風土人情,不如徐氏之曲盡人意而意趣盎然。又柏葰《行館即事》其二"革履風巾仍是舊,異鄉留此暫盤桓"句,乃出自尤侗《外國竹枝詞·朝鮮》其二"長衫廣袖折風巾,硾紙狼毫漢字真"。案折風巾,葵花笠,皆非中國之制,乃高麗常用,大袖衫,大口袴。中國人習慣如此稱之,實折風巾,即指朝鮮通行之笠子也。

---

① 柏葰《奉使朝鮮驛程日記》附《朝鮮竹枝詞》跋,殷夢霞、于浩選編《使朝鮮録》影印道光二十四年《薛菻吟館鈔存》本,北京圖書館出版社 2003 年版,下册第 661 頁。

0025-1845

花沙納著,章伯鋒整理《東使紀程》(中華書局《近代史料筆記叢刊》本2007年版)

出使事由：册封使

出使成員：正使工部右侍郎花沙納、副使鑲黄旗蒙古副都統德順等

出使時間：道光二十五年(憲宗十一年　1845)三月三日—五月二十七日

花沙納(1806—1859),烏米氏,字毓仲,號松岑,清蒙古正黄旗人。德楞泰次孫,蘇沖阿子。道光十二年(1832)進士。歷翰林院編修、國子監祭酒、都察院左副都御史、吏部尚書等。咸豐八年(1858),隨欽差大臣桂良往天津,與英、法等國簽訂《天津條約》,又赴上海與英、法、美等國簽定《通商章程善後條約》等。善書法,喜吟詠。曾任《宣宗實錄》總裁官。卒謚文定。著有《德壯果公年譜》三十二卷、《東使紀程》一卷、《東使吟草》一卷、《出塞雜詠》一卷等。《詞林輯略》卷六、《清史列傳》卷四一有傳。

朝鮮憲宗十年(道光二十四年　1844)十月,朝鮮遣奏請兼謝恩冬至使興完君李晟應、副使禮曹判書權大肯、書狀官兼掌令尹穳等入燕,奏請册封洪氏(1831—1903　安東洪在龍之女)爲新王妃。道光二十五年(憲宗十一年　1845)正月二十一日,道光帝命侍郎花沙納爲正使、副都統德順爲副使,前往朝鮮敕封王妃。並諭向來朝鮮使臣隨帶通官,每至五六員之多,命此次著帶通官一員,嗣後凡遇派往朝鮮使臣,俱照此辦理,永遠遵行。

花沙納一行於二月初十日謁聖跪安,因患瘟疾,遲至三月初三日始發北京。四月初一日,渡江抵義州,朝鮮遣遠接使趙秉鉉、義州府尹金德喜等來接。十七日,至漢城。二十日,即離發王京。五月初一日,返渡鴨江。二十七日,返北京覆命焉。

花沙納《東使紀程》一卷附《東使吟草》一卷,《販書偶記續編》載有道光庚戌(1850)刊本,筆者未見也。此《東使紀程》一卷,原藏中國社會科

學院近代史研究所圖書館,爲懷寧方朔校勘本,並有方氏校勘識語與序文。方朔爲花沙納門生,曾爲花沙納校勘《德壯果公年譜》。今有中華書局據章伯鋒整理本刊行,且有校勘,極便讀者焉。

花沙納沿途所記,無非時日宿店,風雨陰晴、所見景致與所遇人物,無甚特出者。然如所稱朝鮮"國俗識字工書者甚多,行文亦古雅可愛,但時有倒裝文法,以其語言如此,故下筆時驟難掉轉耳,若通品則無是"①。又若中朝雙方往來,使臣與國王見面,應對接答,"往來傳語,出言有章,雖屬宿構,亦覺雅令得體,可知折衝樽俎非易事也"②。返程至流沙河,密雲不雨,熱極。"流沙河店小而蠅多,幸有官冰,略滌炎暑。"③凡此之類,頗具新奇,乃前人多未言及者也。

0026—1845
花沙納《東使吟草》(中國國家圖書館藏 清鈔本)

案花沙納《東使紀程》(附錄 0025—1845),已著錄。

此《東使吟草》一卷,清鈔本,藏中國國家圖書館,末附有《出塞吟》。封面左上隸字簽題"東使吟艸",下小字楷題"懷寧方朔題簽",中間上方簽"呈/政"二字低高占兩行,蓋方氏校勘後呈花沙納之本也。內頁有方朔《贊》,稱"擷中晚唐之奇秀,得《叩彈集》之精英",題於道光戊申(1848),爲花沙納出使之後三年也。後頁又題"道光二十八年歲在戊申秋八月,從學人方朔加朱敬讀於馬蘭節署之種玉脩花室"。④ 案中國社會科學院圖書館藏花沙納《東使紀程》前方朔序末,亦署"道光二十八年孟秋月,懷寧方朔拜叙於馬蘭節署"⑤。考花沙納無出京任職事,而其兄倭什訥曾於道光二十七年八月,因馬蘭鎮總兵官慶錫因病解任,以禮部右侍郎倭什訥爲馬蘭鎮總兵官。二十八年十二月癸卯,以直隸馬蘭鎮總兵官

---

①花沙納《東使紀程》,中華書局 2007 年版,第 93—94 頁。
②花沙納《東使紀程》,中華書局 2007 年版,第 100 頁。
③花沙納《東使紀程》,中華書局 2007 年版,第 112 頁。
④花沙納《東使吟艸》方朔贊與題識語,中國國家圖書館藏清鈔本,無頁碼。
⑤花沙納《東使紀程》方朔序,中華書局 2007 年版,第 73 頁。

倭什訥爲荆州將軍。然則方朔必當時在倭什訥署中,爲花沙納校《東使紀程》《東使吟草》與《出塞雜詠》諸稿也。有圈點,幾於每首頂格,皆有評語。全稿楷鈔精整,首頁首行右上題"東使吟草",第二行右下題"松岑花沙納初稿"。有"松岑"橢圓朱印、"臣花沙納"白方、"松岑"朱方、"富察恩豐席臣藏書印"朱方、"北京圖書館"朱方印。

《東使吟草》共收詩五十餘首,沿途皆有詩。其《雌雉行》題詩注稱"爲德副帥詠",末句"爲君援琴彈此曲,七十老翁應涕洟",自注"德公年七十三,失配數十年矣"。① 德順以七十三之高齡出使,在中國使臣中實屬罕見。又有與朝鮮差備官卞鍾運唱和詩,卞氏和詩謂"丁酉,侍郎倭公奉命而東也,鍾運拜迎於鳳城,告辭於王京九年;今又陪我公而來而往,一般厚德,兩袖清風,難兄難弟,允矣君子,欽仰之極,耿耿如結"②。花沙納《留題南別宫》亦有"屈指十年雙雁序,好留三度雪泥痕"句,自注謂"家兄曾於乙未、丁酉,兩使朝鮮"。③ 考道光十五年乙未(1835)七月,清廷遣散秩大臣慶興、内閣學士兼禮部侍郎倭什訥賫敕至朝鮮,致祭純祖國王,册封王世孫李奐爲朝鮮國王等事。又十七年丁酉九月,清廷遣散秩大臣倭什訥、内閣學士明訓,賫敕至朝鮮頒誥命,册封憲宗妃金氏爲王妃。此即花沙納所稱其兄"乙未、丁酉兩使朝鮮"之事也。

然倭什訥、明訓此去,道光帝令盛京將軍密查使行是否安静行走,有無藉差滋擾情事。後查知倭什訥等用車至數十輛之多,雖多出私雇,仍實屬浮濫,倭什訥、明訓均著交部議處。後降旨倭什訥革去侍郎,免其革退世職;明訓革去内閣學士,以三品京堂候補缺。④ 此可見二人實貪鄙無度,而卞鍾運謂其"一般厚德,兩袖清風"者,實乃客套酬應之詞矣。

————————

①花沙納《東使吟艸·雌雉行》,中國國家圖書館藏清鈔本,無頁碼。
②花沙納《東使吟艸》附卞鍾運和作序,中國國家圖書館藏清鈔本,無頁碼。
③花沙納《東使吟艸·留題南別宫》,中國國家圖書館藏清鈔本,無頁碼。
④參《道光實錄》卷304,又《同文彙考補編續·使臣别單二》李光載《丁酉聞見事件》,004/3803。

卷四　0027—0034

清朝使臣、幕客所撰使行録與詩文（下）

0027-1866

魁齡《東使紀事詩略》（殷夢霞、于浩選編《使朝鮮録》影印同治五年刻本，北京圖書館出版社2003年版）

出使事由：册封使
出使成員：正使理藩院右侍郎魁齡、副使委散秩大臣希元等
出使時間：清同治五年（高宗三年　1866）八月十二日—十一月十二日

　　魁齡（1815—1878），瓜爾佳氏，清滿洲正紅旗人。咸豐二年（1852）進士。同治初，累官至詹事府詹事、内閣學士。五年（1866），任工部右侍郎。十一年，陞總管内務府大臣。十三年，遷都察院左都御史、鑲紅旗漢軍都統。光緒元年（1875），調工部尚書總管内務府大臣、工部尚書、户部尚書等。因病解任。卒謚端恪。《清史列傳》卷五二有傳。

　　同治五年（高宗三年　1866）六月，朝鮮遣進賀謝恩兼奏請使右議政柳厚祚、副使禮曹判書徐堂輔、書狀官兼司憲府執義洪淳學一行入北京，賀咸豐帝祔廟、謝詔書順付，並奏請册封驪城府院君閔致禄之女閔氏爲朝鮮王妃。七月初四日，清廷派理藩院右侍郎魁齡爲正使、委散秩大臣希元爲副使，往封朝鮮國王妃。一行於九月二十三日抵王城，二十六日差畢啓程，十一月十二日返北京，十三日入宫覆命。

　　魁齡《東使紀事詩略》一卷，同治五年刻本。其末自跋謂往嘗見前輩諸大儒，或出使隣封，或宦遊異域，罔不紀天時、紀人事、紀風俗、紀名勝，而己出使朝鮮，過都越國，道經數千里，閱人甚夥，深恐言行不謹，或至貽差中外，爰作紀事詩略，一則思欲效法前人，白諸同類，俾觀者一目了然，

知其往返之所作爲,非敢以雕蟲小技,妄登諸大雅之堂。又稱是編直謂之紀事可也,詩云乎哉。今觀其所作,先叙沿途所經站里、風景、宿店、人物、古蹟及在王京時成禮諸儀節,詩作附當日日録下,故其謂之紀事,頗符其實,尚非謙詞也。

案其時朝鮮興宣大院君李昰應攝政,故魁齡在漢城,曾與大院君與其子載冕筆談。是年春,朝鮮"丙寅邪獄"起,先後殺八千多名天主教徒,有逃出者潛抵中國,報駐紮天津大沽口之法軍中國海艦隊司令羅兹(Pierre-Gustave Roze),請求救援。羅兹報法國駐華公使伯洛内(Henri de Bellonet)與法國海軍和殖民部。伯洛内通報清政府,清禮部尚書萬青藜私謂來華奏請册封王妃之朝鮮使臣柳厚祚,稱中國内亂未平,自顧不暇,告誡朝鮮切不可來中國請兵。九月,法國軍艦入漢江口,開炮示威。十月至十一月間,攻佔江華島,撤軍前焚毀宫殿,盡劫金銀財貨及外奎章閣圖籍。此即朝鮮歷史上所謂"丙寅洋擾"。故魁齡一行,在王城僅留三日,蓋因當時朝鮮與法國糾紛正盛,群情洶洶,正君臣焦頭爛額之時,故禮成之後,即邊踏歸程也。

0028—1882
馬建忠《東行三録》(馬建忠著,王夢柯點校《馬建忠集》,北京中華書局2013年版)

出使事由:苬盟議約使
出使成員:候補道員馬建忠等
出使時間:清光緒八年(高宗十九年 1882)三月十四日—七月二十三日(天津至朝鮮,返至煙臺)

馬建忠(1845—1900),字眉叔,江蘇丹徒(今屬鎮江)人,徙居上海。少好學,通經史。憤外患日深,乃棄科舉,專研西學。同治九年(1870),爲李鴻章幕僚,隨辦洋務,頗受賞識。光緒二年(1876),被派往法國學習國際法,兼中國駐法公使郭嵩燾翻譯,同年考取公費留學法國。五年,獲得法學學位。六年,回天津,在李鴻章幕下辦理洋務。七年,赴印度同英國人談判鴉片專售事宜。八年，朝鮮政變，清廷派馬建忠、丁汝昌、吳長慶等帶兵前往朝鮮，並協助朝鮮與英、美、德簽訂商約。中法戰爭後，任輪船招商局會辦，後爲上海織布局總辦、上海機器織布局總辦等，因事離職。二十六年，再度應李鴻章之召，任上海行轅襄理機要，因趕譯長篇急電而猝逝。建忠爲洋務派重要成員，力主富國強兵，積極發展對外貿易，扶持民族工業，主張壯大海軍，又精英法文。一生奔波，仕途不諧，勞瘁國事，中道而卒。著述有《適可齋記言》四卷《記行》四卷、《法國海軍職要》、《法律探原》、《文通》十卷等，今人整理爲《馬建忠集》行世。《清史稿》卷四四五有傳。

　　案自道光十九年（1839），林則徐虎門銷煙始，翌年中英鴉片戰爭爆發，中國戰敗，簽訂中英《南京條約》，中國開放五口通商，割讓香港。二十四年，中美簽訂《中美五口通商章程》與《海關稅則》。咸豐八年（1858），中國與英、美、法、俄分別簽訂一系列不平等條約，中國門戶大開。十年，英法聯軍攻入北京，火燒圓明園，清政府與英、法、俄簽訂《中英北京條約》《中法北京條約》《中俄北京條約》。此後，中國始興辦洋務，設立總理各國事務衙門，建同文館，培養外文人才，在上海建立江南機器製造總局，內設翻譯館；在南京建立金陵機器製造局等。相較仍閉關鎖國之朝鮮而言，中國在被瓜分與欺凌中，稍積累一定之外交經驗，培育出如馬建忠等外語外交人才，風氣之先，雖晚於日本，然亦差強於朝鮮矣。

　　光緒八年（1882）三月，朝鮮始與美國議約，因不諳外交，願得中國大員蒞盟，直隸總督兼北洋通商事務大臣李鴻章奏派馬建忠往朝鮮。北洋水師統領丁汝昌因巡洋之役，率軍艦威遠、揚威、鎮海三艘，會同美國全權大臣薛孚爾，駛赴朝鮮議約。約成之後，於四月二十四日返煙臺，此建忠初行朝鮮事也。

　　五月，朝鮮國王咨商北洋大臣張樹聲，請馬建忠再度赴朝，與英、法諸國蒞盟，清廷允之。初二日，建忠與德國使臣巴蘭德之東會於煙臺，丁汝昌亦率三艦仍赴朝鮮。十七日，朝鮮與德國約成，建忠再度返國，此即其二次東行也。

　　六月初九日，朝鮮內亂，大院君李昰應煽動軍人，襲擊戚族家宅，處死領議政李最應,搜捕高宗妃閔氏,閔氏化裝爲宮女出逃忠州,高宗請大院君主政。閔妃派員以高宗名義請清政府出兵靖難。爲防日本借機入侵朝鮮,清廷仍派丁汝昌率三艦偕馬建忠等,前往朝鮮平亂觀變。建忠抵仁川,日本海軍已先至,建忠設辭緩之,而亟請速濟師定亂,朝命提督吳長慶率三千人東援。建忠先定誘執首亂之策,偕長慶、汝昌往候大院君李昰應,減騶從,示坦率。及昰應來報謁,建忠遂執之,強納諸輿,交長慶夜達兵輪,而汝昌護送至天津(十一年八月被釋還國)。復入王京平亂,援高宗復其王位。日使雖有言,而亂已定,亦無如何,皆建忠謀也。於是長慶統軍留駐,其隨員袁世凱始來佐營務。此建忠三次東行之事也。

　　及建忠歸,而維新黨之亂又作。日軍先入,交涉屢失機,其後卒致全敗。建忠憤後繼失人,初謀盡毀,遂撰《東行三録》,以詳記其事焉。其初行之前,在煙臺看海月東升,萬象呈露,憑高眺望,感慨秦始皇自以爲駕諦帝而淩往王,卒之祚不過二世,地不越萬里,知載甫就而阿房已灰,徒令後之勤遠略者引爲著鑒。"我朝龍興艮垠,東西南朔延袤九萬里,幅員之廣,超越前代,而風氣所開,猶復不可遏抑。嘉道而後,乃更創來賓之局,宏柔遠之模,舉宇內五大洲諸國,罔弗梯航來集,九垓八埏,如在庭户,誠亙古所未有之盛也。"①豈知不旋踵間,中日甲午戰事起,北洋水師全軍覆没,《馬關條約》簽訂,朝鮮獨立,割讓臺灣。天朝大國,淪爲弱國笑柄,任人宰割。而建忠亦因操勞國事,中年猝亡。讀《東行三録》,益令人悼悲國事,緬懷英賢而不能已矣!

　　案《東行三録》之版本,有清光緒十七年(1891),王錫祺編《小方壺齋輿地叢鈔再補編》,上海著易堂鉛印本。後收入《中國內亂外禍歷史叢書》,1936年由上海神州國光社出版,再改爲《中國歷史研究資料叢書》,於1951年選擇部分出版,復有1982年上海書店重印。北京圖書館出版社2003年,由殷夢霞、于浩選編影印出版《小方壺輿地叢鈔再補編》本。最新所見者爲馬建忠著、王夢柯點校《馬建忠集》本,北京中華書局2013年版,所謂後出而轉精,極便參稽焉。

---

①馬建忠《適而齋記行》卷四《東行初録》,中華書局2013年版,第139頁。

0029-1882
周家禄《奥簃朝鮮三種》(清光緒二十五年吳保初刻本)

駐韓事由：欽命幫辦山東全省軍務廣東水師提督軍門吳長慶幕僚
駐韓成員：幕僚周家禄等
駐韓時間：光緒八年(高宗十九年　1882)七月—十年(兩度往返朝鮮)

周家禄(1846—1909)，字彥升，一字蕙修，晚號奥簃老人，清江蘇海門人。同治九年(1870)優貢生。官江浦訓導，歷署丹徒、鎮洋、荆溪、奉賢等縣訓導。後入吳長慶、張之洞等幕府，與張謇、范當世、林葵等交。又歷主師山書院、白華書塾、湖北武備學堂、南洋公學講席。通經史，精詁訓，工詩文。著有《經史詩箋字義疏證》、《三國志校勘記》、《晉書校勘記》五卷、《奥簃朝鮮三種》、《壽愷堂集》三十卷等。汪國垣《光宣詩壇點將錄》卷六以其擬諸"地妖星摸著天杜遷"，事見《碑傳集補》卷五二顧錫爵《海門周府君墓誌銘》、《南通縣新志耆舊傳》等。

光緒八年(1882)六月，朝鮮都監營兵嘩變，史稱"壬午兵亂"。日本乘機啓釁，清廷派欽命幫辦山東全省軍務廣東水師提督軍門吳長慶往援護之，吳氏率兵艦於七月初四日發自登州，初七日抵朝鮮馬山浦，十五日渡漢江至王京，執大院君送於天津，後暫安置於保定。時周家禄在吳氏幕中，偕往朝鮮，翌年三月返登州。九月復赴朝鮮，十年，回天津焉。

此《奥簃朝鮮三種》，即周家禄在朝鮮期間所撰。封面"奥簃朝鮮三種"書名，爲鄭孝胥楷書題，後有吳保初序。三種者，即《朝鮮世表》一卷、《朝鮮載記備編》二卷與《朝鮮樂府》一卷，爲其《奥簃史部五種》之一、二、三種，有清光緒二十五年吳保初刻本。臺灣文海出版社1969年編入《近代中國史料叢刊》第四一八種影印出版，極便讀者檢尋焉。

《朝鮮世表》一卷，以表譜記朝鮮國世系。自明太祖洪武二十五年壬申(1392)，康獻王旦(李成桂)有國始，迄清光緒二十一年乙未(1895)，朝鮮爲日本所脅稱自主之國止。凡五百四年，傳二十世二十六君，孫繼祖二君，支子繼立二君，立而見廢三君。周氏仿《史記》年表例，旁行斜上，記國王諡號、名諱、嗣位、薨位之年與繼位之君,簡捷明晰,有條不紊,頗便檢尋焉。

《朝鮮載記備編》二卷,卷一敘朝鮮立國之始,國名由來,都城四府,八道之分,南北里數,山川地勢,海島水路,世族大姓,朋黨傾軋,婚姻門第,良民奴婢,四學科舉,仕宦官制,文廟祭祀,鑄字印刷,文獻典籍,諺文製字,武衛兵制,錢穀土地,刑罰僧道,人蔘賦稅,礦產海物,器皿溫泉等。卷二述朝鮮朝貢及接待中國使臣之例規,乃採之《通文館志》諸書,遇有疑惑,則訪之禮曹參判金昌熙,於研究朝貢禮制,乃極有用之書也。

周氏於卷末論及當時朝鮮局勢,極感憤鬱,其稱"聖天子睠顧東藩,所以爲朝鮮宗社計,無微不至,而君臣上下,坐享宴安,厝火積薪,開門揖盜,漸且惑於東西洋人之言,以自主爲名,欲背周而從楚。嘻!國亡無日矣"。又謂"朝鮮雖累受本朝敕封,而意不忘明,觀於遼沈用兵,潛通信使,甲申改命,陰持兩端,國中增築城垣,與殷頑相應,史臣記載,指斥本朝,辭多悖嫚,此猶可謂明社方屋,人心未定,桀犬吠堯,各爲其主也。乃至生者受封,殁者贈諡,恩禮之隆,外藩莫二,而彼中記載,於前明贈諡,則稱'皇朝贈諡某某';殆入本朝,則但冠本國之徽稱,不著中朝之諡法,此亦近於不臣矣。祧、昊之世,一則曰纂《尊周彙編》,再則曰奉《皇明實錄》;而於本朝,則或稱曰'唐',或稱曰'燕',或直稱'清人',以列祖列宗深仁厚澤,煦嫗而覆育之數百年,而其心未服。甚矣!德化之難也"。又謂"明萬曆間,朝鮮被倭寇前後七年,國幾亡,明以兵援之,糜餉數百萬,朝鮮君臣深感之,宫中築大報壇,歲歲報享。士大夫言癸巳、丁酉之役,稱明功德不去口。今光緒壬午之役,朝鮮五百年之宗社,危而復安,亡而復存,我功德遠過於明,我以明之待朝鮮者待朝鮮,則朝鮮亦當以報明者報我,受恩而不知感,豈人情也哉!"①

案周氏對比明清,言清之於朝鮮,功德遠過於明。然自清初以來,經丁卯、丙子兩度"胡亂"後,朝鮮雖以武力不逮,只能委屈事大,然其心未嘗一日有平,以胡虜待清,腥膻臊臭,視同畜類。至清季,清朝先敗於英法

---

①周家禄《朝鮮載記備編》卷2,清光緒二十五年吳保初刻本,第10—11頁。

諸國,再敗於日本,一降再降,喪權辱國,莫此爲甚。而朝鮮之視清國,更等而下之,即清廷援救平亂,亦視爲保護自身,而非朝鮮切身之利益。一旦能擺脱屬國地位,乘勢獨立,朝鮮君臣百姓,莫不歡忭欣悦,舉額慶賀。然初脱中國藩籬,瞬落日本虎口,至於今日又成美國附庸,地勢使然,環境使然,而無可如何,無怪乎其呼天搶地而咒罵莫名矣。

又《朝鮮樂府》一卷,前有朱銘盤序,又見周氏《壽愷堂集》卷一〇《高句麗集》,唯無朱序;且此樂府卷首題"東援集",而别集題"高句麗集"。或先稱"東援集",後改題"高句麗集"耶?周家禄至朝鮮,目睹朝鮮内亂,國勢殆危,感而有作,遂有昌德宮、長湖村(在廣州陰竹縣)、大院君(李昰應)、南山壇、罪己教、陳情表、仁川口、三軍府、賣國碑、守舊黨等樂府十首,每首前皆各有序,叙亂之始由及處置等,其於朝鮮黨爭,深表不滿,稱今則"外夷環伺,風氣大開,非人力所能挽回,一二拘墟之士,不顧國勢之阽危,欲閉關謝客,爲自守計,亦多見其不知量已"。並詩以刺之曰:"東西黨,老少黨,學術分門何不廣。開化党,守舊党,朝政分門何擾攘。……朝中朋黨爲禍始,坐令國勢憂蒙茸。九州四海盡波靡,砥柱誰障中流峰。君看守舊幾人在,海山冰雪摧寒松。"①家禄諳熟朝鮮國史,故詠史刺今,皆深中時弊,而其用意,尚在於"以告當世留心東藩之事者"焉②。

0030-1882

周家禄《高句麗集》(《壽愷堂集》卷一〇,《清代詩文集彙編》影印民國十一年海門周坦鉛印本)

案周家禄有《奥簶朝鮮三種》(附録0029-1882),已著録。

周家禄《壽愷堂集》三十卷《補編》一卷,有民國十一年海門周坦鉛印本,《清代詩文集彙編》即據以影印。其書端"壽愷堂集"楷字,爲陳寶琛所題。前有鄭孝胥、張謇二序,《南通縣新志耆舊傳》,顧錫爵《海門周府

---

① 周家禄《朝鮮樂府·守舊黨》,清光緒二十五年吴保初刻本,第10—11頁。
② 周家禄《壽愷堂集》卷18《書朝鮮留别詩卷後》,《清代詩文集彙編》影印民國十一年海門周坦鉛印本,第762册第130頁。

君墓誌銘》等。卷一至卷一四爲詩,卷一五爲詞,卷一六至卷二五爲文,卷二六至卷三〇爲文外編,收駢文、簡札、稟啓條議等,《補編》一卷則專收楹聯。其詩以小集按年編卷,分別以奧篨、春明集、北邨、西樓、小樓、渤海、高句麗、瀟湘、閩越、江漢、津沽爲名,周氏曾游於夏同善、吳長慶、張紹臣、陸寶忠、卞寶第、張曾敎、張之洞、袁世凱諸幕中,神州海外,南來北往,即此小集名可知其奔波辛勞之狀也。卷一五《蕙修菴集》爲詞編,亦大致以年月爲次。全書末有朱祖謀、陳詩二跋。

周天祿《壽愷堂集》卷一〇《高句麗集》,爲其在朝鮮期間所作詩,自注"起壬午迄乙酉"①,《朝鮮樂府》亦在其中。案周氏諳熟朝鮮掌故,其以"高句麗"名集者,蓋其用古也。然朝鮮非高麗,而高麗更非高句麗,以"高句麗"名當時之"朝鮮",名與實皆不符矣。張謇序周氏集,稱"君生平刻意好文,又好爲考據讎校之學,……然意所大得在文與詩,共所傾向,不規規模擬古人,而振於爾雅,文或屈鬱縱宕,而盡其恉,或妍麗博贍,而振其華。至其爲詩,若春條揚蘤,谷泉送響,風日會美,而林壑俱深,其殆有會於絲竹之音者多也"②。朱祖謀謂其詞"若蒲牢吼霜,哀猿嘯月,有南宋諸家之勝"。陳詩稱"余問爲學之方,先生曰:眾譽勿喜,眾毀勿懼,相觀爲善,與古爲徒,克念厥艱,惟求斯獲"。③ 即此可知其爲人爲學及爲詩爲文也。

周氏在朝鮮期間,與當地詩家創立同文社、惜字會,所交往之鮮人有金昌熙、卞元圭、金允植、金明均、鄭基世、閔台鎬、尹泰駿、李祖淵等,尤以與金昌熙(石菱)來往爲多。其在朝鮮,酬唱詩文外,密切關注時勢,如《漢江》詩謂"神州憑左翼,島虜肆狂氛。河山一失勢,約契何足云"④。

---

① 周家祿《壽愷堂集》卷18《高句麗集》大題下注,《清代詩文集彙編》影印民國十一年海門周坦鉛印本,第762冊第81頁。
② 周家祿《壽愷堂集》張謇序,《清代詩文集彙編》影印民國十一年海門周坦鉛印本,第762冊第2頁。
③ 周家祿《壽愷堂集》朱祖謀跋、陳詩跋,《清代詩文集彙編》影印民國十一年海門周坦鉛印本,第762冊第214頁。
④ 周家祿《壽愷堂集》卷10《漢江》,《清代詩文集彙編》影印民國十一年海門周坦鉛印本,第762冊第81頁。

時金昌熙有引退老病之意,周氏勸以"不才思引退,引退非此時。内憂雖翦滅,外患方日滋。故國有喬木,頗危賴扶持"①。又其卷一八《東援紀事碑》《與朝鮮政府論農事書》《金參判談屑序》《原養壽徐徵君》《題得祿圖》《書朝鮮留別詩卷後》,卷一九《題趙判書書扇子》,卷二〇《朝鮮朝士題畫詩記》,卷二五《與沈刑部曾植論朝鮮黨人書》,卷二八《與朝鮮政府》等文,亦皆關涉朝鮮國事者,如其論朝鮮農事,須因地制宜,不拘一格。論朝鮮與諸國通商,開辦之初,切宜慎之,又慎修好睦鄰,誠爲經國大計,但夷情叵測,惟利是圖,名爲通商,實存覬覦等,亦可謂所言皆是,而憂心如焚者也。又其詩如《出門語家人》四首,述父亡母老,子女嗷嗷,而奔波衣食,不能盡孝育養之苦,讀來令人齒酸而泣下矣。

0031-1884
許午《朝鮮雜詠》(清光緒時鉛印本)

　　許午,字莘伯,自號緑竹主人,南京人。光緒十年至十三年(1884—1886)間,曾至朝鮮漢城旅居,蓋經商或入幕爲生者。著有《朝鮮雜詠》五十首、《朝鮮雜述》一卷等。

　　案許午生平事蹟不詳,此《朝鮮雜詠》末,其自跋稱於光緒十年春,"遊朝鮮,旅漢陽城,歷乙酉、丙戌春,於所見所聞者,略以雜詠,述其大概,其他處名勝之境,未經遊歷,莫由詠也。其花郎、遊女、僧尼,皆禁入城者流,不必詠也。其有弱齡之童,薙髪改裝,隨華人内渡者,思鄉國而難返,望滄海以涕洟,情殊慘然,莫忍詠也。斯時歸來,檢點行笥,僅得詩有五十首爾"。其首頁"朝鮮雜詠"大題下,自注"惟實是賦,不事粉飾"。② 雖題爲雜詠,然亦竹枝詞之流亞也。

　　許氏此五十首,所詠有漢陽城、坊里、昌德宫、景福宫、勤政殿、永禧殿、文廟、關廟、白嶽、木覓山、峰台五所、水道、鐘樓、宦途、邊將、文科、武

---

① 周家禄《壽愷堂集》卷10《朝鮮金參判……各爲詩以廣之》,《清代詩文集彙編》影印民國十一年海門周坦鉛印本,第762册第89—90頁。
② 許午《朝鮮雜詠》,清光緒時鉛印本,第12B、1A頁。

科、士、農、工匠、商賈、男負、女戴、親迎、於歸、士冠禮、鄉飲酒、鄉射、養老宴、送葬、墓祭、行旅、往役、兵丁、艗船、軍校、衙役、別監、執鞭者、奴、婢、娼妓、酒家、澣婦、走親戚、遊民、乞丐、通事、宙公傭、時勢等,凡城市宮殿、仕宦科場、士農工商、民風民俗、行旅服役、兵制衙役、娼妓遊民等,無不載之詩中,且頗爲形象。如《通事》曰"學來華語或英言,知道耶思信口喧。細笠輕衫乘從馬,居然出入外衙門"①。此即朝鮮開埠之後翻譯人員形象,外語不精,而挾會自傲。又於每詩題下,皆有詳注。如《男負》下注"負物之架,如中華牧童背牛草之木架,以兩繩雙縛,架之左右,套系於兩肩而負之。諸物堆束架上,手執小叉棍,撐拄助步。若憩則以小叉捏撐揸其架,使得平穩,以便席地敲火吸煙,閒息片刻"②。凡此之類,多他書所不載者,於研討鮮末民俗國風,頗有參稽之利焉。

0032-1884
許午《朝鮮雜述》(光緒壬寅夏日麗澤學會校印《新斠五洲列國志彙》本)

案許午有《朝鮮雜詠》(附錄0031-1884),已著錄。

此《朝鮮雜述》共五十餘條,記朝鮮乃《禹貢》青州之屬,下記王京位置,居人屋宇,宮殿規模,漢城周邊白嶽、木覓諸山,官服品級,儒冠科舉,婚俗冠禮,節日習俗,兩般貴族,牙衙奴僕,娼妓浣婦,平民衣飾等,實則皆爲《朝鮮雜詠》諸詩之注,爲好事者輯出爲一卷者。惟所列次序與原詩不同,間有個別文字異同焉。

0033-1890
崇禮《奉使朝鮮日記》(光緒二十年《小方壺齋輿地叢鈔補編》本)

出使事由:册封使
出使成員:正使户部左侍郎續昌、副使右侍郎崇禮等
出使時間:光緒十六年(高宗二十七年 1890)九月十七日—十月十六日

---

①許午《朝鮮雜詠·通事》,清光緒時鉛印本,第12A頁。
②許午《朝鮮雜詠·男負》,清光緒時鉛印本,第6B頁。

崇禮(？—1907)，字受之，姜氏，内務府漢軍正白旗人。咸豐時，官至内務府大臣。光緒朝，遷内閣學士，光禄寺卿、理藩院尚書、刑部尚書兼步軍統領。調户部，協辦大學士，轉東閣大學士，轉文淵閣。謚文恪。《清史列傳》卷六一、《清史稿》卷四四〇有傳。

　　光緒十六年四月十七日，朝鮮國王李熙母妃趙氏薨，朝鮮遣告訃使禮曹參判洪鍾永等前來告哀，並請將頒敕由該使賫回。清廷以爲朝鮮世守東藩，備叨恩禮，弔祭專使，載在典常，豈容輕改。然念該國近年國用常窘乏，亦屬實情，不得不曲加矜恤。此次派往大員，改由天津乘坐北洋輪船逕仁川登岸，禮成仍由此路回京。朝鮮陸路供張，悉從節省。九月初二日，命户部左侍郎續昌爲正使、右侍郎崇禮爲副使出使，諭祭朝鮮國王母妃焉。

　　案崇禮《奉使朝鮮日記》一卷，有光緒二十年《小方壺齋輿地叢鈔補編》本，收入其第一〇帙中，然有脱漏焉。

　　時朝鮮亟欲脱中國藩屬而獨立，故在崇禮等此行前，駐紮朝鮮總理通商交涉事務之袁世凱，即據王妃薨逝之傳言，致電北洋大臣李鴻章韓有大喪，例派弔使，而各國麇住漢城，韓王欲自存自主體，或不願華派欽使。然值此機會，正宜明彰體制，宣示各國。故光緒帝於續昌等行前面諭，汝等到該國後，應行一切禮儀，均應恪遵舊章，不得稍有簡略。十七日，發北京至通州。一行自備船五艘，正、副使各大船一艘，幕友船二艘，通官船一艘。二十日抵天津，二十四日至仁川，二十六日抵漢城行諭祭禮，二十九日離發漢城，十月初五日回天津，十六日返京覆命。

　　案日本京都府立大學文學部岡本隆司教授《〈奉使朝鮮日記〉之研究——兼論〈使韓紀略〉及其政治背景》一文以爲，與崇禮同行之"隨節幕府"撰有《使韓紀略》，而崇禮《奉使朝鮮日記》爲參照鈔録《使韓紀略》而成。① 其尤詳於"《儀注單》四件"，即《迎賜祭文儀》《賜祭儀》《見官禮

---

①岡本隆司教授稱其最初是在英國外交部檔案中（FO228/091, Encl. in Hillier to Beauclerk, No. 28. Oct. 25, 1892; FO228/1072, Chinese Encl. in same to same, No. 28. Oct. 25, 1892.）發現了《使韓紀略》。之後得知臺灣"中研院"近代史研究所所藏《駐韓使館保存檔案》中有《欽使奉命前來賜祭朝鮮國王母妃卷：附使韓紀略中、英文各一册》(1-41—16-8)。參【日】岡本隆司《〈奉使朝鮮日記〉之研究——兼論〈使韓紀略〉及其政治背景》，《近代中國、東亞與世界》（上卷），社會科學文獻出版社2008年版，第21頁。

儀》與《下馬茶禮儀》,每次禮儀結束後,尚有具體實施過程之記載,蓋此專爲返國後上報帝聞,亦便於告諸列强,故特重此數件耳。

岡本教授還以爲,《使韓紀略》應爲袁世凱爲首之駐韓當局所編撰,並將刊成漢文、洋文兩種書冊三百本①,並分咨禮部、總理各國事務衙門暨出使各國大臣,以便酌送各國當事洋員備覽,庶此後造言籤弄之徒,當不得任意杜撰,惑人聽聞。書成之後,袁世凱曾親自呈送當時英國駐韓總領事禧在明(Waiter C. Hillier)。其書稱是役也,朝鮮伺應各役員,均舞蹈歡欣,居民商賈,各安其業,相應於市,僉稱天朝來使,東海生光。其感激鼓舞,通國皆然。兩使回程時,朝鮮復咨申謝,溢於言表,益可見聖朝德化漸被之深。懿歟休哉!豈不盛哉! 又據岡本考證,"在洋文本中將'屬邦'這一漢語詞彙譯成'vassal state'。《使韓紀略》的'漢文本'中,還有和'屬邦'的意思比較接近的詞彙,例如'藩服'、'東藩'、'屬藩',這些詞彙在'洋文本'中都被譯成了'vassal state',這不是什麽巧合,而是譯者想與持反對意見的人進行對抗"。

岡本教授又稱,1888年,當時朝鮮政府的美籍顧問德尼(Owen N. Denny)用英文撰寫了《清韓論》(China and Korea)一書,批評袁世凱和李鴻章的對韓政策,把清政府所謂的"屬邦"譯成了"tributary"。並且根據國際法,認爲朝鮮應該具有"自主國的地位(independent statehood)"。清政府爲了"明彰體制,宣示各國",利用1890年趙太妃去世的機會,派遣弔使到朝鮮漢城進行諭祭。清政府派遣弔使來韓時,向韓廷要求"此次應格外恭順,以釋群疑"。對於朝鮮政府對弔使來韓後的態度,續昌、崇禮認爲"是行也,該國恭順有餘"。回國後覆命説道"此次舉行典禮,威儀嚴肅,各國洋人,已共見共聞,咸曉然於該國之服事天朝,彼亦無從諱飾"。

然而,實際上圍繞着清、韓之間關係,國際局勢舊態依然。隨着甲午戰爭清朝之戰敗與《馬關條約》之簽訂,清、韓藩屬關繫斬焉終結。"這種局勢的變化,使得《使韓紀略》一書和依據《使韓紀略》而撰寫的《奉使朝

---

① "洋文本"的書名是 Notes on the Imperial Chinese Mission to Corea, 1890, Compiled by a Private Secretary of the Imperial Commissioners, Shanghai, 1892, 32pp.。

鮮日記》一書,幾乎成爲一部毫無意義的著作。"①

0034—1893

許寅輝撰,顧菊英整理《客韓日記》(中華書局《近代史料筆記叢刊》本 2007 年版)

  駐韓事由:駐韓英國總領事文案兼翻譯
  駐韓成員:駐韓英國總領事文案兼翻譯許寅輝
  駐韓時間:光緒十九年(高宗三十年　1893)三月—二十一年八月十二日(抵上海)

  許寅輝,字復初,自號獨醉山人,清季江蘇上元(今屬江寧)人。通英語。光緒十九年(1893)春,應駐韓英國大使禧在明(Waiter C. Hillier)之邀②,至漢城爲其處理文案兼翻譯。甲午中日戰争期間,臨危不懼,孤掌從事,屢爲解救華商敗兵而奔波。二十二年,以候選縣丞身份,受盛宣懷委派爲鐵政局萍鄉采運委員。著有《客韓日記》等。事見陳旭麓等《盛宣懷檔案資料選輯・漢冶萍公司》等。

  《客韓日記》不分卷,前有許氏友人于漸逵、汪先弼等序文四篇與許氏自叙,自叙作於光緒辛丑(1901)嘉平月(十二月)。是稿光緒三十三年(1906),刊印於湖南長沙。今有顧菊英整理,北京中華書局 2007 年版《近代史料筆記叢刊》本,頗便閲讀焉。

  許寅輝謂其與英國頭等參贊禧在明有舊,光緒十九年(1893)三月,因與韓國交涉事,聘許氏往漢城,協助辦理文案並兼翻譯。是年秋,禧在明返國,調廈門領事嘉妥瑪署理駐朝鮮總領事。

---

①詳參岡本隆司《〈奉使朝鮮日記〉之研究——兼論〈使韓紀略〉及其政治背景》,《近代中國、東亞與世界》(上卷),社會科學文獻出版社 2008 年版,第 15—28 頁。
②禧在明(Walter C. Hillier,1849—1927),愛爾蘭人,生於香港。1883—1889 年間,任英國漢務參贊。甲午戰爭期間,任英國駐朝鮮總領事。1901 年,爲英國駐北京公使館中國事務特别政治幹事。1904—1908 年任倫敦皇家學院漢文教授。1908—1910 年被清廷聘爲財政顧問。著有《語言自邇集》(與威妥瑪合著)、《華英文義津逮》、《英漢北京方言詞典》等。

甲午三月,朝鮮東學黨亂已萌,而君臣尚未察覺。許寅以爲"韓廷政事之弊,半由於閔黨争權,而韓王不之察"①。四月,東學黨起事,每道糾集數萬人,以除暴安良爲詞,望風回應,不可收拾。五月,陷全羅道。朝鮮請清朝派兵援助,於是海軍總統葉志超、統領聶士成率兵二千至牙山。日本見華派兵,亦興師,漸增至三萬餘名。時襄辦唐紹儀(少川)電請北洋發兵十萬,總理衙門稱日兵不滿千人,何得以三萬稱,置之不理。東學黨平,中、日雙方皆欲對方先撤兵,而皆不允,而戰事決矣。六月二十日,日兵進王宮,毁電局爲駐兵之所。二十二日,駐朝各口華理事府下旗歸國。日本逼朝鮮與中國斷絶進貢之禮,並下戰書。二十三日,英商高升船裝清兵二千人,在朝鮮洋面爲日人擊沉,救起者僅數百餘人。二十五日,華兵駐牙山者敗遁。七月,清兵在平壤者尚有二萬餘人。葉志超因牙山戰敗,捏報勝仗,獲賞二萬兩。其"諗知平壤歌妓久冠全球,遂心醉之,日夜在中軍帳挾妓宴樂。營哨將弁尤而效之,明目張膽宿娼營中,無復以軍務爲意者。日人陰謀暗算,取遠勢作大包抄,著著争先,險要盡失,而我軍猶在酣嬉酒夢中也"②。十四日,左寶貴陣亡。十五日,日軍攻平壤,葉志超委軍不顧,倉皇逃命,清軍傷亡不下五六千人。其後海上戰事,北洋水師全軍覆沒矣。

許寅在朝鮮,目睹清兵喪師失地,一敗再敗,時局危殆。後聞清兵水陸失利,憂憤成疾。時日軍與朝鮮民衆,竊取華署物件,搶掠當鋪,無所不爲,詞訟之繁,日常十數起。因朝鮮漢城府出示華商歸其管轄,朝鮮民衆藉此欺凌,許氏乞禀英署,代爲管理,華商稍安。許寅輝在漢城,爲保護華商利益及設方營救在朝清軍散兵,日事矻矻,疲於奔波。"而日人之在韓者,益復趾高氣揚,俯視一切。當是時也,華民在韓,危如累卵,不獨日人欺侮,即韓官民亦鄙賤而揶揄之。其政府忽出新章數條,略謂:中國商民在韓,難保盡屬善類,凡有形跡可疑者,均可隨時拘拿。於是無賴韓民藉端訛詐,挾嫌誣攀,日或數起。"許氏又謂"又自旅順失後,歐洲各國皆親日而疏華,即朝鮮婦孺,多有見華人而呼爲清國狗者,聞之殊堪痛恨。而日

---

① 許寅輝撰,顧菊英整理《客韓日記》,中華書局2007年版,第131頁。
② 許寅輝撰,顧菊英整理《客韓日記》,中華書局2007年版,第142頁。

人見華人,則以手作刀勢,自斫其頸,蓋言華人皆作刀下之鬼也"。①

乙未(1895)上元節,日人在漢城高懸示諭,誇張某日得威海衛,獲華戰船若干艘、魚雷艇若干艘等語,於是歐洲各國稱頌日本恥笑中華者,指不勝屈。然許氏記載"是日,更有無知華人招集朝鮮歌妓,鼓舞歡樂以慶佳節。鮮人見者,詈其不知國恥,蠢如豚犬云"。中旬,又有華商五人因吃洋煙為朝鮮巡捕捉去,由英署索回,內一人猶請英署代追煙具。許氏無奈稱"即俗所謂做好不見好,倒來尋煩惱,真可笑人也。何怪外人動言吾華為少教化之人乎!"②案馬建忠《東巡初錄》即載,其在仁川,與朝鮮二品參事堂備官金景遂筆談,"詞氣桀黠,陶然有輕量中國之意,因責其應對失禮,立傳接伴官,飭質明備輿馬回舟"。又稱"小示決裂,彼乃知中朝士大夫不可狎玩,嗣是景遂諸人及凡來自王京者,罔敢稍有褻越,兩使臣則又傴僂益恭云"。③ 時甲午戰事未起,朝鮮人已如此,比及戰後,清廷大國尊嚴盡失,而日、朝乃至世界各國之輕藐中國,乃自然而然之事矣。

清軍大敗,陸海盡失,割地賠款,辱國喪權。許寅輝"聞和議和割地償款兩端,憂憤不寢食者屢日"。其瘁心勞神,筋疲力盡之狀貌可知。其八月十二日抵滬,僅餘洋銀兩角,後典衣為川資,才輾轉歸家。入門呼母,母駭然若失,久之乃恍然曰:"不見數年,兒何若是其老也?若途遇,恐不識矣。"因相向而哭。母曰:"此後須俟吾殁後,方許遠遊。"語嗚咽。寅輝亦泣曰"謹受教"。④ 國破之日,遊子在外,令母牽掛如此,觀此數語,令人泣下心碎。甚矣!弱國之民,靦顏苟存,辱困至極矣。

----

① 許寅輝撰,顧菊英整理《客韓日記》,中華書局2007年版,第147—148頁。
② 許寅輝撰,顧菊英整理《客韓日記》,中華書局2007年版,第152—153頁。
③ 馬建忠著,王夢珂點校《適可齋記行》卷4《東巡初錄》,中華書局2013年版,第142、144頁。
④ 許寅輝撰,顧菊英整理《客韓日記》,中華書局2007年版,第153—155頁。

卷五　0001—0012

非燕行錄、漂海錄與華行錄

0001-1387
權近《點馬行錄》(《全集》第 1 册;《叢刊》第 7 册《陽村先生文集》　刻本)

　　案權近有《奉使錄》(0013-1389),已著錄。

　　此《點馬行錄》一卷,輯自權近《陽村先生文集》卷五,共錄詩三十餘首。記權氏自丁卯(高麗辛禑十三年　洪武二十年　1387)四月十二日受點馬之命,翌日發王京,進貢馬到義州,其點馬過程與夫路途聞見。後又有"戊辰年西都從軍作"諸詩,則與此行無關。據《明太祖實錄》載,洪武十七年(1384),高麗貢馬二千匹至遼東。十八年,又進馬五千匹。《明史·外國一·朝鮮》亦云"十九年二月遣使貢布萬匹、馬千匹"。又二十年秋七月,復遣李美沖等進所市馬五千匹。① 權近此次點馬千匹,當即此五千匹中之馬也。又《安州野點馬》有"吾王進貢誠非淺,願助皇威討不庭"句②。成俔《虛白堂詩集》卷五亦有《與點馬差使兩員游燕尾亭》諸詩,可見當時點馬進貢之頻繁也③。時明庭征戰尚多,故亟需馬匹焉。

　　時高麗西路沿途,旱災甚重。如權氏《過靜州》詩謂"蕭條路傍郡,十室在山前。桑柘村居僻,雲霞海氣連。遺民嗟已困,太守世稱賢。我過能來餉,臨觴爲惻然"④。又《宣州路上有感》:"繁霜零四月,久旱貫三春。

---

①參見《明太祖實錄》卷 162,洪武十七年(1384)五月戊寅條,004/2518;又卷 170,洪武十八年(1385)正月丁丑條,004/2584;又卷 183,洪武二十年(1387)七月辛卯條,004/2757。
②權近《點馬行錄·安州野點馬》,《燕行錄全集》,001/127。
③成俔《虛白堂詩集》卷 5《與點馬差使兩員游燕尾亭》,《韓國文集叢刊》,014/272。
④權近《點馬行錄·過靜州》,《燕行錄全集》,001/122。

田野誰開墾,行行不見人。"①權近憂民如焚,情見於詩。然此次點馬畢,權氏即回王京,未曾跨鴨江而入中國,故《點馬行錄》不當收入《燕行錄》也。

0002-1-1487;002-2-1487
崔溥《錦南漂海錄》(《全集》第 1 册;《叢刊》第 16 册;《叢書》第 495 册 刻本)
崔溥《漂海錄》(《全集》第 2 册　諺文鈔本)

　　崔溥(1454—1504),字淵淵,號錦南,羅州人。生有異質,剛毅精敏。博聞强記,英傑不羈。與申從濩友善。遂於《易》,精於理學。成宗八年(成化十三年　1477)進士。十八年,重試文科乙科第一名,歷弘文館副教理。以濟州推刷敬差官赴濟州,遇難漂至中國浙江。歸國後,任弘文館副應教、司諫院司諫。燕山君四年(1498),被金馹孫《史草》禍,杖流端川。十年,再被逮,從容死。中宗時爲平反,贈承政院都承旨加贈禮曹參判。曾參修《東國通鑒》。著有《漂海錄》三卷等。事見《漂海錄》所附柳希春《錦南先生事略》、羅斗冬《墓誌銘》等。

　　崔溥《漂海錄》三卷《附錄》二卷,《燕行錄全集》所收,與《韓國文集叢刊》第一六册所錄爲同一版本(《韓國文集叢書》第四九五册所收,爲别一版本)。據朴元熇教授考證,《漂海錄》在朝鮮之最早官刻本,爲今存日本東洋文庫之銅活字印本,約成於 1530 年左右。而《漂海錄》以木版第一次開印,則爲崔溥外孫柳希春託付平安道觀察使吳祥,於宣祖二年(1569)在定州所刊,數年後又刊行校正本。肅宗三年(1662),崔溥外孫羅斗春在羅州再刊,今藏韓國首爾大學奎章閣。後羅斗冬補修奎章閣本,又在羅州刊行,今藏在韓國學中央研究院藏書閣。高宗三十三年(1896),崔溥後代在康津以木活字再版《錦南集》,收入《漂海錄》,即今韓國高麗大學圖書館華山文庫所藏之版本。

　　是書之各種韓文與外文之整理、翻譯與研究,有日本明和六年

---

① 權近《點馬行錄·宣州路上有感》,《燕行錄全集》,001/124。

(1769)日人清田君錦譯《漂海錄》爲日文,改名《唐土行程記》。1965年,美國學者約翰·邁斯凱爾(John Meskill)譯成英文出版,書名爲"*Ch'oe Pu's Diary: A Record of Drifting Across the Sea*"(《錦南漂海錄譯注》)。韓國成均館大學大東文化研究院1962年編纂《燕行錄選集》,收錄《漂海錄》。1964年,金燦順將《漂海錄(節選)》譯成韓文出版。1976年,李載浩翻譯之韓文完整本《漂海錄》正式面世。1979年,崔溥後裔崔基泓將漢文《漂海錄》譯成韓文(附原文),由三和印刷株式會社出版。此後又有崔周溶譯本(1984)和徐仁範、朱聖志譯注本(2004)。尚有一些流布於世之韓文《漂海錄》諺解手抄本與《通俗漂海錄》等各種版本。

　　而中國在《漂海錄》整理、研究、翻譯與出版方面,以葛振家先生最爲卓犖,先後有崔溥著、葛振家點注《漂海錄——中國行記》(社會科學文獻出版社1992年版)、葛振家主編《崔溥〈漂海錄〉研究》(社會科學文獻出版社1995年)、葛振家著《崔溥〈漂海錄〉評注》(綫裝書局2002年版)出版。在普及讀物方面,有《朝鮮名儒崔溥的中國見聞(中朝文對照)》(外文出版社2015年版)與浙江省博物館編《漂海聞見——15世紀朝鮮儒士崔溥眼中的江南》等(中國書店2016年版)。而韓國學者朴元熇校《崔溥〈漂海錄〉校注》(上海書店2013年版)以及朴氏《崔溥〈漂海錄〉分析研究》(上海書店2014年版),可謂是該書整理與研究相對後出、亦相對精善之整理研究本。①

　　案朝鮮成宗十八年(1487)九月十七日,崔溥奉王命爲濟州等處敬差官,十一月十二日渡海推刷人丁,事未竣。翌年正月三十日聞父喪。閏正月初三日,不候風便,顛倒過海,爲風所逆,驚濤掀浪,載沉載傾,飢食飲水,十生九死。同船四十三人,漂於大洋中。手足痿痺,身不能保,力不能盡,溲尿又竭,胸膈乾燥。復遇盜賊,赤身剝落,背手赤脚以綁之,以杖杖之。舟載儲糧,盡爲賊奪,死期逼迫,遇賊復漂後,人皆無意於生。船爲暴濤所擊,千瘡百孔,旋塞旋漏。風高浪巨,瀕死者再。十六日,在浙江寧波府界牛頭外洋,翌日捨舟登陸。屢經盤查,方知爲朝鮮人。後經浙江地方遣人護送,道經寧海、寧波、慈溪、餘姚、上虞、紹興、杭州、崇德、嘉興、吴

————
①朴元熇著《崔溥〈漂海錄〉分析研究》,上海書店出版社2014年版,第4—12頁。

江、鎮江,再渡楊子江過揚州、高郵、宿遷、邳州、徐州、沛縣、濟寧、東昌、臨清、武城、德州、滄州、興濟、靜海、天津,於三月二十八日至北京玉河館。得禮部賞賜,諸人謝恩於大內。其間崔氏得疾首之症,復得心痛幾死,爲太醫院士朱旻救治得痊,體漸平和。四月二十四日,自會同館發程。復經玉田、豐潤、永平,出山海關,過寧遠、廣寧、遼陽諸地。六月初四日,渡鴨綠江。十四日,返歸王城。凡沿路舟行陸走,自牛頭外洋至桃渚所,再從杭州至北京會同館,約六千有餘里,自會同館至遼東,共千七百有餘里,自遼東至鴨綠東又三百有餘里焉。

崔溥《漂海錄》,記沿途所見所聞,凡民情物産、交接人士、州縣衙門、農工水利等,巨細靡遺,皆有載記,柳希春稱是書爲"摹寫中原之鉅筆"①。其所記錄,於研究明朝政治、經濟、文化、海防、司法、運河、交通、城市、地志、民俗等,皆頗備參考。後人每將其與意大利人馬可·波羅(Marco Polo 1254—1324)所著《馬可·波羅遊記》與日本圓仁法師(793—864)《入唐求法巡禮行記》相較,稱其爲"東方馬可·波羅",評價不可謂之不高。然其書爲歸國後屢次改易而成,中多誇飾所見之景,侈大所言之語,以壯己聲名,榮耀鄉邦,讀者閱覽,不可不知者也。

又《燕行錄全集》第二册,收有諺文鈔本《漂海錄》,爲翻譯之簡本,故事性強,以供婦孺所閱者也。

0003-1601

李廷龜《東槎錄》(《全集》第 11 册　刻本)

案李廷龜有《戊戌辨誣錄》(0109-1598),已著錄。

此《東槎錄》兩卷,輯自李廷龜《月沙先生集》卷九至卷一〇。萬曆二十九年(1601),明世宗册封皇太子,頒詔天下。遣翰林院侍講顧天峻、行人司行人崔廷健,齎册封皇太子詔來。朝鮮宣祖以禮曹判書兼大提學李廷龜爲遠接使,李好閔爲義州迎慰使,往候於龍灣。廷龜以吏曹正郎朴東說、禮曹正郎李安訥、吏曹佐郎洪瑞鳳爲從事官,濟用監正金玄成、校書館

---

①崔溥《漂海錄》柳希春跋,《燕行錄全集》,001/610。

校理車天輅、加平郡守韓濩、幼學權韠汝章,以製述官隨行。權氏爲士人,"人稱爲白衣從事"①。時又以李孝彥爲義州迎慰使,李潤卿、鄭時晦爲都司迎慰使,亦先後行焉。

李廷龜自十一月十六日辭朝,至翌年壬寅二月得重病,連上三章請辭職,遂命李孝彥代,而以廷龜爲平壤迎慰使,遞留龍灣,其間凡五閱月。廷龜與諸公雜遝往還,相與酬唱,遣懷寓興,譚嘲笑謔,諸人作計四百六十餘篇。李安訥宰錦山,寫一通鋟梓,名之以《東槎集》,稍稍傳於世。後廷龜編集,擇己所作百二十餘首而收之。其時廷龜候待江上,足履未踐遼土,故此《東槎錄》者,非朝天詩可知也。

時天使久候不至,所謂"漢使何時到,吾還已有期"②。顧天峻一行遲至翌年三月九日,方到王城。故廷龜得以賞景悠遊,流連山水,與隨從諸公與夫佛寺緇流,相與唱還,不若使燕諸詩,有時日匆劇之感,顛連奔波之苦,故其詩多春容恬雅,溫潤流麗,當時諸家,實罕與雁行也。

然至翌年春,鄭仁弘使其徒文景虎詆成渾,在朝諸臣,譴罷相繼,廷龜亦不自安,連上章引疾乞解。即史稱所稱"未幾,時事大變,士類皆被擯斥,以此不自安,連章力辭儐接之任"③。觀其詩中之句,若"願於傾奪機關外,著此慵迂潦倒身"④,"士患聲名早,身今進退難"諸句⑤,即叙當時落寞慎懼之心情也。至若卷中如《題尹晴詩卷》所詠《臨江仙》《憶秦娥》二詞,本爲遊戲之作,而詞意枯澀,了無意趣,則以填詞者,實非其長故也。

0004-1609
許筠《己酉西行記》(《全集》第13册;《惺所覆瓿稿》卷一九　鈔本)

案許筠有《乙丙朝天錄》(0163-1615),已著錄。

---

①《宣修實錄》卷36,宣祖三十四年(萬曆二十九年　1601)十月一日乙丑條。
②李廷龜《東槎錄》卷下《次子敏韻》,《燕行錄全集》,011/256。
③《宣修實錄》卷36,宣祖三十五年(萬曆三十年　1602)三月一日癸亥條。
④李廷龜《東槎錄》卷上《臘月二十四日夜獨坐無聊口占十絶錄奉同事諸君求和》其四,《燕行錄全集》,011/231。
⑤李廷龜《東槎錄》卷下《次石洲旅寓書懷韻以贈之四首》其一,《燕行錄全集》,011/251。

光海君元年(萬曆三十七年 1609),明朝遣行人司行人熊化等,奉敕賜謚號於朝鮮宣祖曰昭敬;又遣太監劉用,爲册封光海君使者。許筠以遠接使李尚毅之從事官,隨往義州,迎接劉用。一行自二月十五日發王城,在義州以候。四月二十四日,劉用越江,至七月十二日返江回中國,許氏皆隨從聽用。至七月二十五日,許氏等返王城覆命,然其足迹未曾入中土一步也。

此卷輯自許筠《惺所覆瓿稿》卷一九《紀行下》。所記頗爲簡略,唯載劉用索賄之事,則甚爲詳悉。許氏記劉用所索甚鉅,罔有紀極,酬應之艱,有若梯天。又銀子元非朝鮮所産,雖拮据湊合,所得零星,而需索之煩,雖竭一國之力,勉難辦出。若劉之生辰,光海君即遣問安使吕裕吉,致明蔘百斤,銀一千兩,雜物稱是;又以册封敕開讀禮,定以三千金等。比及其返中國,其同行徐明曰:"今劉使所獲於貴國,亦七萬金,貴國生民,膏血盡矣。"①

又若記一行返至黄州受宴,許氏與徐明、田康、楊有玉小酌談閑,因問中朝宰相,萬曆中孰爲邪正,楊曰:"張江陵雖喜權利,其才甚鉅,其當國也,百官奉法兢□,四夷帖服,天下殷富。其後張羅、申時行,雖曰有寵而握柄,皆不逮焉。馬自强剛正,許國清慎,王錫爵嚴毅,其王家屏、張位俱可,而趙志皋有貪名,沈一貫持禄媚上,不足取也。近日朱賡亦正人,而李廷機齪齪無大節,葉向高有寵於上,此外俱平平焉。"②此等之言,皆爲寶貴之史料也。

許氏等覆命後,經劉用揭帖於上,請加一行賞官,許筠實職僉知中樞府事。又許氏稱"是行也,方國恤遏密之際,到處州郡,無延餞之留連,無聲色之亂耳役情,而旅館閑謐,只以翰墨爲事,故所得詩章,凡四百餘首,亦可侈也已"③。然其四月初七日,記熊化至鎮江,許氏等"行效外迎敕禮,回入城,士女觀者溢郛。……見道上女叢中,府娼悉在,羅跪以見,汝仁數之,曾來余房者,凡十二人。余作詩自嘲,落句曰'十二金釵南陌上,

---
①許筠《己酉西行紀》,《燕行録全集》,013/253。
②許筠《己酉西行紀》,《燕行録全集》,013/249—250。
③許筠《己酉西行紀》,《燕行録全集》,013/256。

一時回首笑春風',汝仁大加賞,以風流不墜,正在斯人"①。然則許筠之風流成性,亦自可知。史稱其"妖邪淫亂,只以文才齒於搢紳",又"居家有淫惡之行,醜聲播聞,而特未蒙罪而已,尚齒衣冠,國綱亂矣"。② 史之所言,固有污衊成分,然亦殆非皆爲虛語也。

0005-1634
鄭太和《西行記》(《全集》第 19 册　刻本)

案鄭太和有《己丑飲冰錄》(0265-1649),已著録。

是稿輯自鄭太和《陽坡遺稿》卷一三。先是,仁祖十一年(崇禎六年1633),朝鮮遣奏請使韓仁及等,請封長子澄爲世子。翌年,崇禎帝遣太監盧維寧,自海路賫捧世子誥敕、綵緞來宣敕書。仁祖以遠接使金藎國,一從事鄭太和、二從事具鳳瑞等往接。四月初六日,一行發王京;五月二十九日,盧維寧一行諸船方進泊於清川津頭;六月二十日,鄭氏等陪伴至京;七月初六日,天使離發王城;十九日,發船下海;八月初一日,鄭氏一行返王京。凡前後迎來送往,三月有餘焉。

時一路無事,又久候天使不至,故鄭太和諸人,唯日賦詩唱和,以破寂寥。稿中凡録鄭氏與金藎國、具鳳瑞及他人所作詩二百二十餘首,而鄭、金、具各七十餘首,他家詩爲低兩格列於後,則幾爲三人之合集也。明朝使者入朝鮮,每多誅求無厭,鄭氏一行伴至碧蹄時,"敕使以開讀銀蔘未滿所望之故,無起動入京之意"③。及至王京,"王世子詣南別宫行宴,當給禮物銀子二千兩、人參二百斤,而陪從諸宰相議不爲啓稟,加銀二千兩、參一百斤"④。無怪乎金藎國詩詠"東民膏血盡於斯,尺寸錙銖亦莫遺"者也⑤。又據史載,盧維寧返國後,因奉使外藩,濫受餽遺,殊損國體。本當重治,念遠涉著勞姑免。究其銀兩,著暫貯庫,俟該藩貢使到日發還,以示

---

①許筠《己酉西行紀》,《燕行録全集》,013/239。
②《光海君日記》卷17,光海君元年(萬曆三十七年　1609)六月十四日癸亥條。
③鄭太和《西行記》,《燕行録全集》,019/287。
④鄭太和《西行記》,《燕行録全集》,019/289。
⑤鄭太和《西行記》附金藎國《送天使後有感書奉兩從事》,《燕行録全集》,019/294。

朝廷柔遠之意。① 蓋維寧之奉使,貪黷無厭,聲及中國,故及還即被參也。

0006-1639
洪翼漢《花浦西征録》(《全集》第 17 册　刻本)

案洪翼漢有《花浦先生朝天航海録》(0195-1624),已著録。

此爲洪翼漢於"丙子虜亂"時所記日記。其中又有洪氏發往朝廷及親友之書札,而其所作之詩,則注另見《文集》。末有"己丑五月日慶尚道/知禮官開刊"字兩行。又有"屠維赤奮若季春下澣陽川許玧跋"文一篇,乃其手寫而摹刻者也。

仁祖十四年(崇禎九年　1636),皇太極稱帝,國號大清,族名滿洲。遂遣使朝鮮,望朝鮮差使勸進,朝鮮君臣議定"雖以國斃",亦不發使,故仁祖拒不見後金使團,不受來書。後金使團憤然離京,沿途百姓"觀者塞路,頑童或擲瓦礫以辱之"。

時掌令洪翼漢上疏曰:"臣墮地之初,只聞有大明天子耳。""臣愚以爲,戮其使而取其書、函其首,奏聞於皇朝,責其背兄弟之約,僭天子之號,明言禮義之大,悉陳隣國之道,則我之説益申,我之勢益張矣。懇乞殿下,奮發自勵,益振大勇,亟執虜使之在館者,列於槀街,顯加天下之誅。如以臣言爲謬妄,而不可用,請先斬臣頭,以謝虜人。"②四月,皇太極於瀋陽行稱帝大典,朝鮮使臣羅德憲、李廓拒不下拜,皇太極遂决意再征朝鮮。十二月十一日,義州府尹林慶業,急報敵兵屯九連城,煙塵漲天,有越江之勢。十二日,敵已入安州,朝野洶洶,無復防備之計。十三日,仁祖定出逃之策。即日,以洪翼漢爲平壤庶尹,除授促行。十四日,敵兵已迫漢城,都中士女奔波逃命,互相蹙迫,人不得行。洪氏亦將母挈子,於北風如刀,密雪交下中,匯入難民行列,於十九日艱到江華島摩尼山興旺里。此後遂冒敵逆行,北上赴命焉。

翌年正月初七日,洪氏於十生九死,命絶一縷中,艱到平壤,遂整頓兵

---
①《仁祖實録》卷30,仁祖十二年(崇禎七年　1634)十月十七日庚子條。
②《仁祖實録》卷32,仁祖十四年(崇禎九年　1636)二月二十一日丙申條。

馬,安撫百姓,從速備戰。洪氏眼見沿路軍民,不堪一擊,兵燹之餘,滿目殘破,深恨"曩日治兵繕器,終歸何處,國家之分置列帥,預養士卒,皆是虛套矣"①。洪氏等集兵"一千二百十二人,游兵精銳五百餘人,城中人口亦且數萬人,多賈勇皆願一戰,而俱無甲之士,不可使徒死,故不從"②。時與漢城,音訊隔絶,而洪氏所得消息,莫不稱城中與敵博殺,互有傷亡,而諸路勤王之師,絡繹不絶,敵勢已蹙,即將敗歸等等。洪氏於"虛實間不覺抃躍",而勞累病甚,"一匕食不甘於口"。③ 而是月三十日,日記遂中止。蓋此後和議成,洪翼漢旋即自赴戴械,挐歸瀋陽耳。

0007-1726
金日男《金日男漂流記(頤齋亂稿)》(《燕行録叢刊(增補版)》網絡本鉛印本)

　　案英祖二年(雍正四年　1726)二月九日,濟州北浦民金日男、夫次雄等九人貿販發行,過楸子島東北,大風作,桅櫓俱折,出珍島西洋,在海漂流月餘,至琉球一山島,爲島民所救。居二十五日,送向加羅島。至十一月九日,隨貢使發向中國,船頭立錦旗,書曰"琉球國中山王朝貢船"。翌年正月二十七日,抵福建天海鎮,然琉球國上使船漂没海中。金日男等行抵福州,住琉球館。然官不餽待,乃與琉球人私自備糧。又在館得見蘇禄國使臣,記其言動容貌。在福州不禁出入,故得遍遊都市。閏三月琉球上使船,方至福州。十月初二日,一行隨琉球使臣離福建水行,經杭州、蘇州、常州、南京、揚州、山東,再翌年二月初九日至北京。後隨朝鮮冬至使團返國,四月二十八日至濟州,離家三歲矣。

　　金日男此記,多載琉球風習,因知彼時琉球雖用"雍正通寶",朝貢中國,然其國俗,已趨日化,日本影響,遠大於中國矣。又記一行經西湖,一望渺然,長堤短岸,樓閣參差,煙水依微,心醉目悦,頓忘羈愁。而金氏等

---

① 洪翼漢《花浦西征録》,《燕行録全集》,017/365。
② 洪翼漢《花浦西征録》,《燕行録全集》,017/365。
③ 洪翼漢《花浦西征録》,《燕行録全集》,017/371—372。

自濟州發船,漂向琉球,三年後復歸濟州,蓋爲朝鮮漂民中,所漂路程最長,而亦最爲幸運者焉。

0008-1729

尹道成《尹道成漂流記(頤齋亂稿)》(《燕行錄叢刊(增補版)》網絡本鉛印本)

案英祖五年(雍正七年　1729)八月十八日,朝鮮新村人尹道成,以商販向陸,府吏宋完、沙工金百三等三十人,僅過火脱島,日已暮,東北風大作,伴有大雨,漆黑不辨方向,至九月十二日漂至大清台完(灣)府彰花(化)縣,後送至府所,住上帝廟,爲製衣服衾裯,給其飲食。是年末,爲送往福建,先漂至漳州,再至福州,布政使司衙門審核一行情狀,並給酒肉銀兩,發往北京。一行經延平、建寧,入會稽地,過嘉興、松江、太倉,至蘇州,翌年三月二十八日抵北京,入玉河館。再經發送,五月二十日,還渡鴨綠江,一行安然返國焉。

尹道成所記臺灣、福建民風俗習與官府形制,甚詳可參。其尤異者,一行所持馬牌,竟然用"天啓"年號,且言臺灣人見此,爭傳觀大喜,稱大明制度在此,或咨嗟,不肯釋手,眷戀形諸言容。凡此類說詞,蓋皆緣飾誇大,不盡可憑。然朝鮮商販,平日所用馬牌,仍用天啓年號者,當非僅尹道成一人,蓋當時國內沿用不改者亦多矣。

0009-1748

未詳《西行錄》(《全集》第77册　鈔本)

案是書首頁"西行錄"大題下,即記其行期曰"戊辰十一月十九日,小寒節也"①。考戊辰年爲朝鮮仁祖六年(1628)、肅宗十四年(1688)、英祖二十四年(1748)、純祖八年(1808),其中唯英祖二十四年(1748)"小寒"節爲陰曆十一月十七日,於作者所述爲近,餘皆相去甚遠,或爲作者事

---

①未詳《西行錄》,《燕行錄全集》,077/378。

後追記,記憶偶誤所致耶？故暫隸之於是年以俟考耳。

考作者書後附他人和《原韻》詩題注"贈金君誠",則作者或爲"金誠",或爲"金君誠"也。又其日記中詩有"四十風霜一病軀,衝寒何事又西遊"句①,則可知作者約生於肅宗三十五年(1709)年也。

日記末作者自跋稱"自京抵安營凡七百二十里,並計往還則千有四百有四四里也。發於十一月十九日,費二十三日而還,時則十二月□一日也。以我癃疾疢蟄之人,不憚乎大冬風雪之苦作此□役者,其誰招我而來之乎？摧我而送之乎？抑非孔方兄之招之來之乎？又非命窮鬼之送之摧之乎？其又我自招之而我自送之乎？"②又日記後附詩稱"奔走風霜五載茲,年年兩度赴如期"等語③,則抑或作者爲商人而爲"孔方兄"而奔波,因作者不言其西行目的,故其詳不能明耳。然既"自京抵安營"往返,則未出國門未渡鴨江,故與燕行無關,則本書爲編輯者濫收而羨入者,當無所疑矣。

0010-1797
李邦翼《漂海歌》(《全集》第61册　諺文鈔本)

案正祖二十一年(嘉慶二年　1797)閏六月,"濟州人前忠壯將李邦翼,漂到福建,由旱路歷蘇、楊州,至燕京。上以邦翼以朝官,漂流異域,萬死生還,命備邊司提調,招見慰諭,除全羅中軍"④。此《漂海歌》諺文鈔本,即爲邦翼此行用諺文所作之歌,用以紀實也。

李氏歌言,耽羅居人李邦翼,世代武科,於丙辰(正祖二十年　1796)九月,以忠壯將受田覲親,與李有爾等船人駕漁艇往濟州,忽遇大雨巨風,蕩摇於驚濤駭浪之中,驚魂慘怛,九死一生,飄泊海上,晝夜沉浮,蒼黄莫名,惟萬祈海神,且鎮靜沉著,與風浪相搏。不意飄至中國福建省澎湖府,府衙慰以杯酒,療以傷痛,賜以衣服,後移文臺灣府。翌年正月,邦翼等乘

---
①未詳《西行録》,《燕行録全集》,077/381。
②未詳《西行録》,《燕行録全集》,077/394—395。
③未詳《西行録·二十一日曉夢……感而足成》,《燕行録全集》,077/396。
④《正祖實録》卷46,正祖二十一年(嘉慶二年　1797)閏六月二十日戊午條。

轎,被送往福建廈門再歷荆州,越洞庭湖,觀採蓮女,又觀岳陽樓,經蒼梧山,至蘇州,遊虎丘,往揚州,再經山東抵燕京,憩朝鮮館。然後自燕京歷山海關、長城、瀋陽、鳳凰城,渡鴨綠江,於閏六月初四日至義州。正祖知其事,賜命召見,拜以全州中軍。邦翼以爲聖恩罔極,遂謝恩赴任矣。

案李邦翼之前,明時有崔溥,歷記其在濟州遇暴雨烈風,飄至中國浙江,再遞送往燕京歸國之事,崔氏著《漂海録》,以記其事,堪稱傳奇;而邦翼竟漂至澎湖,再渡海至大陸,北上還至故國,運數之奇偶,禍福之轉換,尤奇絶於崔溥矣。此蓋爲朝鮮人所從未歷經者,中國南北,山川險阻,名勝古跡,衙門壯麗,樓臺玲瓏,宫闕宏偉,禮儀威儀,軍容整盛,麋鹿猿獐,書院學堂,人情厚薄,人口稠密,身歷目見,皆爲平生所未接未見者,此又可謂見創世界,爲奇男子,蓋爲朝鮮朝所僅有之一人耳。

0011-1817

崔斗燦《乘槎録　江海乘槎録》(《全集》第 68 册　鈔本)

崔斗燦(1779—1821),生平事蹟不詳。純祖十七年四月,因觀光濟州,乘船返回途中,遇大風暴雨,漂至中國,於翌年十月初返國。崔氏記此次歷程爲《乘槎録》,據其書中與中國士大夫唱和之詞,知其爲"庚午舉人",又號"江湖散人"等。事見金道和《拓菴集》卷二八《江海崔公墓碣銘》等。

案此《乘槎録》三卷,蓋爲崔斗燦所録之稿本,封面左題"乘槎録",下書一"單"字。前有崔氏《自序》與清朝浙江人沈起潛《乘槎録序》,又有周玩瓘《序》在卷中。純祖十七年(嘉慶二十二年　1817)四月,崔斗燦因任濟州大静縣監"金令公"之邀,前往濟州,飽覽漢拏山諸風景後,於翌年四月初十日解纜下船,然突遇大風雨,時船中男女五十人,且有公馬五十六匹,並貨物若干,遂投馬於海,以保人命。二十日,風吹船向西北而行,舟人稱此乃上國近境,崔氏以爲"上國乃吾國也,抵泊則可以生矣"①。後又漂向海中,有男女二人斃命,諸人命懸一綫,饑渴難耐,隨風乍飄乍止。經

---

① 崔斗燦《乘槎録　江海乘槎録》,《燕行録全集》,068/440。

十六日,至四月二十六日,在浙江定海上陸,得以安歇延喘。崔氏遂以其事記而錄之,擬以張騫窮河源之義,名之以《乘槎錄》,而在濟州所作詩,則多浸没爲憾也。

五月十四日,一行自定海出發,經寧波、慈溪、餘姚、上虞、會稽、蕭山,二十二日抵杭州。六月初九日,放船出青波門,經新安、嘉興到蘇州,再歷武進、丹陽、丹徒、京口、江都、寶應,渡黄河至宿遷、剡城,復經山東之泰安、長清、平原、德州,至河北之清河、涿州,經盧溝橋,於二十二日至北京,入朝鮮館。時人皆冷處,泄痢瘧疾等症交作,斗燦遂上書禮部,請早日放歸。八月初八日,金豈顯等十二人先發。禮部官員捐俸賜衣於後行者,斗燦等於十六日發行,至十月初二日回歸義州焉。

崔斗燦稱"濟有《兒女歌》曰'江南三歲歸,日本三月歸'。至是六月而回國,濟人亦曰自有漂船以來,回國之神速,未有如此行者也"。究其因由,言在定海時,有李巽占、金士奎、陳福熙,在錢塘時有沈起潛、余鍔、孫熙元等中國諸賢,爲之遊説諸衙門巡檢,幕賓趙敦禮居中用事,故耽延日少,而行路順遂也。崔氏慨歎"嗚呼!諸公之恩,不可忘也"。① 又有《臨别贈梁知會説》,稱同船諸人,"率皆長蛇猛虎,惴惴焉猶恐朝夕之不保;而梁長老君和氏,不爲利害詘,不爲死生慽焉,終始倚仗。余於是益驗夫聖人言之傳之無謬矣。噫!微斯人,吾誰與歸!是爲之志"②。書末又附《室廬説》《衣服説》《稼穡説》《墳墓説》《舟車説》等,則多叙中國風俗,文皆短小耳。

崔斗燦在定海、杭州之時,與一時士人,唱酬交作,詩酒往還,若其非落難之漂民,而乃悠遊之上客也。在杭時又得周元瓘、沈起潛爲其書作序,沈氏稱其詩如"'滄海波濤春後晏,蓬萊雲霧曉來晴'等句,格律沉酣,不減盛唐"。而沈氏和詩亦有"相逢何必曾相識,文字因緣見更親"諸句。③ 又其書中稱五月二十二日,在杭州與去年八月漂至太平府之濟州居人相會;在北京朝鮮館,又逢自濟州採漁船漂到中國之先已來者,不禁

---

① 崔斗燦《乘槎錄·附錄》,《燕行錄全集》,068/536。
② 崔斗燦《乘槎錄·臨别贈梁知會説》,《燕行錄全集》,068/536。
③ 崔斗燦《乘槎錄 江海乘槎錄》沈起潛《乘槎錄序》,《燕行錄全集》,068/433。

生"同是天涯淪落人"之感,稱"三船漂流,一場相逢,尤可笑歎也"。① 此亦可見,當時鮮人之漂流至中國之多,蓋無年無時而不有之也。

0012-1917
安孝鎮《華行日記》(《全集》第 99 册　刻本)

　　安孝鎮,生卒不詳,硯山人。高麗朝儒學尊師安珦(1243—1306)後裔。爲員外郎。純宗三年(宣統元年　1909),與嶠南士林重刊安珦《晦軒實記》於晉州硯山齋,復合刊《孔子編年》《朱子年譜》《安先生年譜》三書。於1917年入中國曲阜拜謁孔林與衍聖公,與孔祥霖及其子令侃等相接,得贈玉印聖像一本、《聖門禮樂志》等多種,返國後置於道統祠,以爲寓慕,又於道統祠設孔教支會等。有《華行日記》行世。

　　案此《華行日記》,乃安孝鎮於戊申(1917)年前往中國曲阜拜謁孔林與衍聖公往返期間日記與信札等。前有李祥奎、鄭琦鉉、閔致琮三序,末有安孝鎮自跋與從孫明植識語焉。

　　先是,純宗三年(1909),安孝鎮等與嶠南士林重刊安珦《晦軒實記》於晉州硯山齋。② 又議於朝鮮設孔教會支會,建祠奉孔子神位,而以晦菴、晦軒兩先生配之,定其號曰道統祠。越數年,朝鮮晉州硯山道統祠儒生閔致亮、李祥奎、李道樞、鄭圭錫、趙鎬來等議,以爲朝鮮稱小華今六百有餘年,異學滔天,聖道墜地,諸人大畏之,議與域内宗守孔教多士,建道統祠於硯山,奉至聖像,配以朱子,從祀以安先生,合刊《孔子編年》《朱子年譜》《安先生年譜》三書以範世。遂遣前丞宣尹憲燮、先生後孫前員外郎孝鎮、士人承一前往曲阜謁聖,並奉呈聖賢合刊本,並請衍聖公弁文,特存道筆一言,俾扶東方墜地聖道。攜刊本與幣二櫃,先付之運送,使達於天津。孝鎮乃買取毛褥一綿衾一筆一墨一,納於柳筥中,發向南大門停車社,即孔子二千四百六十八年丁巳二月十四日戊申(1917)早朝也。③

---

①崔斗燦《乘槎録　江海乘槎録》,《燕行録全集》,068/516。
②安孝鎮《華行日記》,《燕行録全集》,099/492。
③安孝鎮《華行日記》,《燕行録全集》,099/494。

此後三人乘汽車登程,車疾如電,日午到平壤,二十日,到鴨緑江,翌日到奉天。閏二月初五日,出山海關,暮抵天津,住悦來客棧。六日過黄河,觀泰山,本欲達曲阜,夜中錯過三十里到兖州。七日雇馬車代步,午後至曲阜,入陋巷鴻昇客棧,屋無火炕,冷透難耐。八日,以六書(《孔子編年》、《朱子年譜》、《安先生年譜》、《安先生實記》、請銘文、請序文)與八幣(赤皮、人蔘、暎紙、大壯紙、台口文紙、大簡紙、粉周紙、厚白紙各一封)敬呈衍聖公府,然只點暎紙一封,餘幣不收,曰幣貴禮,禮貴廉也。又與孔祥霖府獻五書七幣,亦讓焉。祥霖命子令侃,以萬里來賓,使處於旅店,大非爲主人者道理,況以文字相尋者乎!遂强挽入住其府,飲食起居,備盡殷勤。孝鎮等遂上書祥霖、令貽,請賜銘與序。後由禮官劉文燦(蔾青)陪同謁聖廟聖林,行三拜九叩禮,又謁伯魚、子思墓,觀子貢居廬。其謁聖廟時,特洗面漱口,脱笠子而衣儒巾,此非聖廟用例,乃孝鎮特爲準備者也。又至陋巷街,謁顔子廟焉。

時衍聖公孔令貽(1872—1919)病衰不振,强起待客。安氏等又訪孔教會,乃康有爲與孔祥霖等所創者也。後得衍聖公與孔祥霖之銘與序文,又復得祥霖贈玉印聖像一本、《聖門禮樂志》一本、聖府故蹟數十種、碑碣甲類印刷三十六種、《碑碣考》一册、《總會雜誌》一册、《總會章程》十張以給,使歸國後置道統祠,以爲寓慕焉。

本月二十日,安孝鎮等離發,起程向濟南,令侃具車馬餞行,各道殷殷離意而别。孝鎮賦詩有"鄒魯風煙收滿袖,向東將照舊人看"之歎①,可謂滿載而歸焉。二十二日暮達天津,翌日至奉天,三月初一日,返漢京焉。

安氏書末附歸國前後,與孔氏諸人往復信札。有孝鎮上孔祥霖等信、孔祥霖等撰銘與序文、衍聖公撰銘文與跋文等。孝鎮上孔祥霖書謂,"孝鎮之鈍魯短拙,而襲習於日用常行,但知聖道,不知聖道之外復有佗道也。此不獨孝鎮然也,舉國之人,皆以服法服、言法言、行法行,而以至稱乎'小華'者,蓋由我夫子極宇宙、亘萬世、建太極、垂大憲之神妙也。儘子思子所謂人力所通,舟車所至,日月所照,霜露所墜,天之所覆,地之所載,凡有

---

①安孝鎮《華行日記》,《燕行録全集》,099/551。

血氣者,莫不尊親是也。雖然,必有後知後覺者作,而繼其統明其道,以啓衆蒙,然後愚者變而智,頑者化而粹,異學轉而正,夷狄掃而華,此則已見於東邦六百餘載矣"①。孔氏序文謂"論者爲儒教迂緩,不足以應世變而定邦家,以故小華一域,未克保守,中朝亦愛莫能助。且宣統辛亥,革命軍起,而中華國體且變矣。嗚呼!此豈足爲儒道咎哉?國家之興廢,乃一時政治之得失,天不變道亦不變,聖人大同之教,愈久而愈見其真,雖偶晦於一時,必大明於萬世"②。然其時已至民國,"打倒孔家店"之呼聲,日起而日興,與安、孔諸人所冀相反,西學興盛,儒學衰微,以至於今,豈安孝鎮、孔令貽諸人所可回首夢寐者哉!

---

①安孝鎮《華行日記》,《燕行録全集》,099/521—522。
②安孝鎮《華行日記》,《燕行録全集》,099/544。

主要參考引用書目

一、本參考書目共分大型叢書、史書與工具書,韓國網絡資源,《燕行錄全集》《燕行錄續集》等未收之"燕行錄",使臣交流詩選與公私所藏手札,宋明清使臣、幕僚所撰使行錄、皇華集與詩文,高麗、朝鮮歷代別集,其他朝鮮與中國古籍資料,近今人專著與論文等八部分。

一、本書目中大型叢書、史書與工具書部分,按文獻資料性質大致排序,其他各部分或依作者國別排列,或據作者姓名之中文筆劃次序排次。

一、凡《韓國文集叢刊》《韓國文集叢刊續》與《韓國歷代文集叢書》,皆省稱《叢刊》《叢刊續》與《叢書》等,以省目煩。

一、本書目多爲高麗、朝鮮王朝時期作者著述,以及少量中國、韓國、日本與越南等國學者論著,爲避瑣屑,大多數不標注"高麗""朝鮮""韓國""日本""越南"等國籍,以及中國"明""清"等朝代字樣。

一、凡韓國首都之出版物,或標"漢城",或標"首爾",皆依原書,不作更動。

一、因涉及書目數量較多,故作者、書名、卷數、藏館、出版社與出版年月等,容有錯訛,讀者諒之。

一、大型叢書、史書與工具書

韓國成均館大學大東文化研究院編《燕行錄選集》(全 2 冊),首爾:成均館大學大東文化研究院,1960—1962

韓國成均館大學大東文化研究院編《燕行錄選集補遺》(全 3 冊),首爾:成均館大學大東文化研究院,2008

韓國民族文化推進會編《國譯燕行錄選集》(全 12 冊),首爾:韓國民族文

化推進會,1976—1982

《朝天録》(全4冊),臺北:珪庭出版有限公司,1978

林基中編《燕行録全集》(全100冊),首爾:東國大學校出版部,2001

林基中、夫馬進編《燕行録全集日本所藏編》(全3冊),首爾:東國大學校韓國文學研究所,2001

林基中編《燕行録續集》(全50冊),首爾:尚書院,2008

林基中編《燕行録叢刊(增補版)》(網絡本),首爾:Nurimedia 出版社,2016

弘華文主編《燕行録全編》(全46冊),南寧:廣西師範大學出版社,2010—2016

中國復旦大學文史研究院、韓國成均館大學東亞學術院大東文化研究院合編《韓國漢文燕行文獻選編》(全30冊),上海:復旦大學出版社,2011

復旦大學文史研究院編《朝鮮通信使文獻選編》(全5冊),上海:復旦大學出版社,2015

葛兆光、鄭克孟主編《越南漢文燕行文獻集成》(全25冊),上海:復旦大學出版社,2010

《朝鮮王朝實録》,首爾:國史編纂委員會,1968

承文院編《同文彙考》,首爾:國史編纂委員會,韓進印刷公社,1978

承文院編《同文彙考補編》,首爾:國史編纂委員會,韓進印刷公社,1978

金慶門、李湛等纂《通文館志》(上下),首爾:首爾大學奎章閣韓國學研究院,2006

韓國民族文化推進會編纂《韓國文集叢刊》《韓國文集叢刊續》(影印標點本),首爾:民族文化推進會,1994

韓國文集編纂委員會編纂《韓國歷代文集叢書》,首爾:景仁文化社,1997

金富軾《三國史記》,漢城:保景文化社,1991

金宗瑞纂《高麗史節要》,首爾:亞細亞出版社,1983
鄭麟趾纂,孫曉主編《高麗史》(標點校勘本)(全10冊),重慶:西南師範大學出版社,2014
申叔舟等纂《國朝寶鑑》,首爾:世宗大王紀念事業會,1976
《尊周彙編》,首爾:驪江出版社,1985
金正浩纂《大東地志》,漢城:亞細亞文化社,1976
李清江《朝鮮地理小志》,清光緒十一年同文館鉛印本

鄭明基編《韓國野談資料集成》,漢城:啓明文化社,1992
朴秉濠、全炅穆等整理翻譯本《儒胥必知》,首爾:四季出版社,2006
李鉉淙編著《東洋年表》(改訂增補版),首爾:探求堂,2005
藤島達朗、野上俊静編《東方年表》(掌中版),京都:平樂寺書店,2004
李斗熙等編《韓國人名字號辭典》,首爾:啓明文化社,1988
韓國精神文化研究院編《韓國人物大辭典》(上下),漢城:中央日報出版法人中央MB,1999

汪維輝編《朝鮮時代漢語教科書叢刊》(全4冊),北京:中華書局,2005
汪維輝等編《朝鮮時代漢語教科書叢刊續編》(上下),北京:中華書局,2011

明實錄館編纂《明實錄》,臺北:中央研究院历史語言研究所,1962
劉菁華等選編《明實錄朝鮮資料輯錄》,成都:巴蜀書社,2005
張廷玉等纂《明史》332卷,北京:中華書局點校本,1974
清實錄館編纂《清實錄》,北京:中華書局影印本,1985—1987
王其榘編《清實錄鄰國朝鮮篇資料》,北京:中國社會科學院中國邊疆史地研究中心,1987
殷夢霞、于浩選編《使朝鮮錄》,北京:北京圖書館出版社,2003
佚名纂,王鍾翰點校《清史列傳》,北京:中華書局點校本,1987
趙爾巽等纂《清史稿》536卷,北京:中華書局點校本,1977

《景印文淵閣四庫全書》,臺北:臺灣商務印書館,1982—1986
《續修四庫全書》,上海:上海古籍出版社,2002
《四庫全書存目叢書及補編》,濟南:齊魯書社,1997
《四庫禁毀書叢刊》,四庫禁毀書叢刊編委會,北京:北京出版社2001—2002
《四庫未收書輯刊》,四庫未收書輯刊編委會,北京:北京出版社2000—2001
《清代詩文集彙編》,國家清史編纂委員會,上海:上海古籍出版社,2010
鄂爾泰等修,惠士奇等纂,《八旗通志初集》,清乾隆四年(1739)內府刊本
永瑢等纂《四庫全書總目》,北京:中華書局影印本,1965

鄭鶴聲編《近世中西史日對照表》,北京:中華書局,1981
周駿富主編《清代傳記叢刊》,臺北:明文書局,1985
陳潮主編《中國行政區劃沿革手冊》,北京:中國地圖出版社,2007
上海古籍出版社編《清代詩文集彙編目錄‧索引》,上海:上海古籍出版社,2011
許寶華、宮田一郎主編《漢語方言大詞典》,北京:中華書局,1999

二、韓國網絡資源

承政院日記:http://sjw.history.go.kr/search/searchResultList.do
邊備司謄錄:http://sjw.history.go.kr/search/searchResultList.do
朝鮮王朝實錄:http://sillok.history.go.kr/main/main.jsp
首爾大學奎章閣研究院:http://e-kyujanggak.snu.ac.kr
書同文韓使資料庫(北大IP限定):http://guji.unihan.com.cn/web#/book/YXL
韓國人物關係資料庫(族譜):http://kostma.aks.ac.kr/FamilyTree
韓國古典綜合資料庫:http://www.krpia.co.kr
韓國古典翻譯院(原民族文化推進會):http://www.itkc.or.kr
韓國國史編纂委員會—電子資料館:국사편찬위원회—전자사료관[Archives of Korean History]
韓國歷代文集DB:http://db.mkstudy.com/zh-cn/mksdb/e/korean-an-

thology/book/3487/

三、《燕行錄全集》《燕行錄續集》等未收之"燕行錄"

元在明《芝汀燕記》三卷,《燕行錄叢刊(增補版)》網絡本

尹道成《尹道成漂流記(頤齋亂稿)》,《燕行錄叢刊(增補版)》【非燕行錄】

未詳《昭顯世子의瀋陽狀啓》,京城帝國大學法文學部整理《奎章閣叢書》第一,韓國國學資料院重印本,1987

未詳《航海朝天圖》,《燕行錄叢刊(增補版)》網絡本

未詳《航海朝天圖》,《燕行錄叢刊(增補版)》網絡本

未詳《航海圖》,《燕行錄叢刊(增補版)》網絡本

未詳《梯航勝覽》,《燕行錄叢刊(增補版)》網絡本

未詳《燕行圖幅(航海朝天圖)》,《燕行錄叢刊(增補版)》網絡本

未詳《燕行圖幅(航海朝天圖)》,《燕行錄叢刊(增補版)》網絡本

未詳《燕行錄(世乘)》,《燕行錄叢刊(增補版)》網絡本

未詳《隨槎錄上》,《燕行錄叢刊(增補版)》網絡本

申欽等《己酉千秋書狀諸賢贐行詩》,《燕行錄叢刊(增補版)》網絡本

白景炫《燕行錄》四卷,《燕行錄叢刊(增補版)》網絡本

任義伯《今是堂燕行日記(是堂燕行錄)》,《燕行錄叢刊(增補版)》網絡本

李必成《瀋陽館圖帖(文廟圖)》,《燕行錄叢刊(增補版)》網絡本

李必成《瀋陽館圖帖(彛倫堂圖)》,《燕行錄叢刊(增補版)》網絡本

李海應《薊程錄》,《燕行錄叢刊(增補版)》網絡本

李冕九《隨槎錄》,《燕行錄叢刊(增補版)》網絡本

李冕九《隨槎錄》,《燕行錄叢刊(增補版)》網絡本

李商鳳《셔원녹》,《燕行錄叢刊(增補版)》網絡本

李塾《燕行日錄》,《燕行錄叢刊(增補版)》網絡本

李魯春《北燕紀行》,《燕行錄叢刊(增補版)》網絡本(諺文鈔本)

李繼祜《연행녹(燕行錄)》五卷,《燕行錄叢刊(增補版)》網絡本(諺文鈔

本)
周命新《熱河行》,《燕行錄叢刊(增補版)》網絡本
金日男《金日男漂流記(頤齋亂槁)》(《燕行錄叢刊(增補版)》【非燕行錄】
金存敬《聖節使赴京日記》,《燕行錄叢刊(增補版)》網絡本
金存敬《燕行詩》,《燕行錄叢刊(增補版)》網絡本
金直淵《燕槎日錄》三卷,《燕行錄叢刊(增補版)》網絡本
金直淵《연녹샹(즁하)》,《燕行錄叢刊(增補版)》網絡本(諺文鈔本)
姜世晃《槎路三奇帖・西山》,《燕行錄叢刊(增補版)》網絡本(原圖本)
姜世晃《槎路三奇帖・孤竹城》,《燕行錄叢刊(增補版)》網絡本(原圖本)
姜世晃《槎路三奇帖・姜女廟》,《燕行錄叢刊(增補版)》網絡本(原圖本)
姜世晃《槎路三奇帖・薊門煙樹》,《燕行錄叢刊(增補版)》網絡本(原圖本)
姜世晃《瀛台奇觀帖・瀛台冰戲》,《燕行錄叢刊(增補版)》網絡本(彩圖本)
宣若海《瀋陽日記》,《燕行錄叢刊(增補版)》網絡本
宣若海《瀋陽日記》,《遼海叢書》本
柳命天《燕行別曲》,《燕行錄叢刊(增補版)》網絡本(諺文鈔本)
柳厚祚《柳萬筆談》(《洛坡先生文集》(國譯),首爾:大譜社整理影印本,1994
柳得恭《後雲錄(熱河紀行詩注)》,《燕行錄叢刊(增補版)》網絡本
柳得恭《灤陽錄》二卷,《遼海叢書》本
徐念淳《燕行別曲(가사소리)》,《燕行錄叢刊(增補版)》網絡本(諺文鈔本)
崔沂《崔海州沂朝天日記》,《燕行錄叢刊(增補版)》網絡本
許筠《乙丙朝天錄》,崔康賢整理譯注本,首爾:韓國國立中央圖書館,2005

黃梓《甲寅燕行錄》三卷,《燕行錄叢刊(增補版)》網絡本
黃梓《庚午燕行錄》二卷,《燕行錄叢刊(增補版)》網絡本
黃景源《燕行詩》,《燕行錄叢刊(增補版)》網絡本
趙㻞《燕行日記》,《燕行錄叢刊(增補版)》網絡本
鄭斗源《朝天記(地圖)》,《燕行錄叢刊(增補版)》網絡本
鄭世規《燕行日記(詔後錄)》,《燕行錄叢刊(增補版)》網絡本
鄭在絅《燕行記》,《增補燕行錄叢刊》網絡版
魏廷喆《瀋陽日記(瀋陽往還日記)》,《燕行錄叢刊(增補版)》網絡本
嚴錫周《己巳燕行別章》四卷,《燕行錄叢刊(增補版)》網絡本
嚴錫周《隨槎日錄【原作燕行錄(燕行日記)】》四卷,《燕行錄叢刊(增補版)》網絡本

四、使臣交流詩選與公私所藏手札

卞元圭輯藏《北雁尺一》,鈔本,私家收藏本
卞元圭輯藏《北雁尺壹》,鈔本,私家收藏本
申在植著,李相敦譯注《筆譚》,首爾:保景文化社,2004
朴齊家原藏,朴長馣編《縞紵集》六卷,首爾:韓國亞細亞文化社影印美國哈佛大學燕京圖書館藏《楚亭全書》本,1992
吳昆田、金永爵《朝鮮使者金永爵筆談記》,《清代詩文集彙編》影印清光緒十年刻《漱六山房全集》本
吳明濟編,祁慶富校注《朝鮮詩選校注》,瀋陽:遼寧民族出版社,1999
李尚迪輯藏《海鄰尺素》,鈔本,韓國首爾大學奎章閣研究院藏
李尚迪輯藏《海鄰尺牘》,鈔本,美國哈佛燕京圖書館藏
李尚迪輯藏《海鄰尺牘鈔》,鈔本,韓國國立中央圖書館藏
潘曾瑋、孔憲彝等撰,胡適原藏《□鴈尺一集潘孔合璧》,手札原件,臺北"中研院"胡適紀念館藏
張曜孫、王鴻等撰,胡適原藏《□鴈尺一集張王墨緣》,手札原件,臺北"中研院"胡適紀念館藏
羅士琳等撰,胡適原藏《道咸同三朝文人與高麗使臣函札》,手札原件,臺

北"中央研究院"胡適紀念館藏

汪喜孫等撰,胡適原藏《道咸同三朝文人與高麗使臣函》,手札原件,臺北"中央研究院"胡適紀念館藏

李昰應輯藏《天雁尺芳》,鈔本,韓國延世大學圖書館藏

李昰應輯藏《清人簡格》,鈔本,韓國首爾大學奎章閣藏

李倧《崇德七八年分朝鮮國王來書》,民國二十二年故宮博物院文獻館鉛印本

李德懋等撰,柳琴輯編《韓客巾衍集》四卷,鈔本,韓國國立中央圖書館藏

汪喜孫等原札《中士尺牘》,手札原件,韓國高麗大學圖書館華山文庫藏

金永爵、金弘集輯藏《中朝學士書翰録》,手札原件,韓國高麗大學圖書館華山文庫藏

金在行輯藏《中朝學士書翰》,韓國高麗大學圖書館華山文庫藏,手札原件

金命喜輯藏《尺牘藏弃集》,鈔本,韓國首爾大學奎章閣藏

金昌熙輯藏,丁小明編撰《〈譚屑〉拾餘:晚清駐朝鮮使臣叢札及詩文稿》,北京:國家圖書館出版社,2014

金昌熙輯藏,丁慕光整理《晚清中國駐朝鮮使臣致朝鮮大臣金昌熙叢札及文稿》,上海圖書館歷史文獻研究所編《歷史文獻》第十八輯,上海:上海古籍出版社,2014

金昌熙輯藏《大陣尺牘》,手札原件,韓國首爾大學奎章閣藏

姜文燮編輯《韓四客詩選》四卷,稿本,北京大學圖書館藏

帥方蔚輯編《左海交遊録》一卷,光緒十三年帥氏緑滿窗重刊《帥氏清芬集》本

洪大容、閔百順編《海東詩選》二卷,鈔本,北京大學圖書館藏

洪大容等《搢紳赤牘》,鈔本,韓國首爾大學奎章閣藏

洪大容等輯《燕杭詩牘》,鈔本,韓國首爾大學奎章閣藏

洪大容編《古杭尺牘》,首爾:韓國基督教博物館影印《中士寄洪大容手札帖》本,2016

洪大容編《乾净附編》二卷,鈔本,韓國基督教博物館藏

洪大容編《乾浄後編》二卷,鈔本,韓國基督教博物館藏
洪大容編《樂敦墨緣》,首爾:韓國基督教博物館影印《中士寄洪大容手札帖》本,2016
洪大容編《薊南尺牘》,首爾:韓國基督教博物館影印《中士寄洪大容手札帖》本,2016
洪良浩、徐浩修輯藏《同文神交》,手札原件,韓國國立中央圖書館藏
翁方綱撰,金正喜輯藏《覃溪手札帖》,手札原件,韓國首爾大學奎章閣藏
曹江原札《清朝名家書牘》,手札原件,韓國高麗大學圖書館華山文庫藏
清朱文藻編,劉婧校點《日下題襟集》,上海:上海古籍出版社,2018
清董文煥編,李豫、崔永禧輯校《韓客詩存》附吳昆田《朝鮮使者金永爵筆談記》,北京:書目文獻出版社,1996
黃雲鵠《完貞伏虎圖集》,光緒十四年刻《實其文齋全集》本
黃膺編《龍喜社海東尋詩集》,鉛印本
鄭基世《周溪尺牘》,稿本,韓國延世大學圖書館藏
藍芳威編《朝鮮古詩》一卷,鈔本,北京大學圖書館藏
藍芳威編《朝鮮詩選全集》,鈔本,美國伯克利大學圖書館藏
權松西輯藏《華使尺牘》,韓國國立中央圖書館影印本
權敦仁撰,李祖望答《汪孟慈先生海外墨緣册子答問十六則》,《清代詩文集彙編》影印清同治三年江都李氏半畝園刻《鍥不舍齋文集》本
權敦仁撰,汪喜孫輯藏《海外墨緣册》,汪喜孫撰,楊晉龍主編《汪喜孫著作集》(下),臺北:"中研院"中國文哲研究所,2003

五、宋明清使臣、幕僚所撰使行錄、皇華集與詩文

朱之蕃《奉使朝鮮稿》一卷附柳根等《東方和音》一卷,《四庫全書存目叢書》影印上海圖書館藏明萬曆間刻本
周家祿《高句麗集》,《清代詩文集彙編》影印民國十一年海門周坦鉛印《壽愷堂集》本
周家祿《朝鮮載記備編》,清光緒二十五年吳保初刻本
周家祿《朝鮮樂府》,清光緒二十五年吳保初刻本

周家禄《奥簃朝鮮三種》,清光緒二十五年吳保初刻本

祁順《奉使朝鮮贈行詩》《使還贈行詩》,《四庫全書存目叢書》影印東北師範大學圖書館藏康熙二年在茲堂刻《巽川祁先生文集》本

花沙納《東使吟草》,清鈔本,中國國家圖書館藏

花沙納著,章伯鋒整理《東使紀程》,北京:中華書局《近代史料筆記叢刊》本,2007

阿克敦、張廷枚《阿克敦詩》,鈔本,韓國首爾大學奎章閣藏

阿克敦《東遊集》,《續修四庫全書》影印華東師大圖書館藏嘉慶二十一年刻《德蔭堂集》本

阿克敦著,黃有福、千和淑校注《奉使圖》,瀋陽:遼寧民族出版社,1999

姜曰廣《輶軒紀事》,殷夢霞、于浩選編《使朝鮮錄》影印清光緒廿一年《豫章叢書》本

柏葰《奉使朝鮮驛程日記》,殷夢霞、于浩選編《使朝鮮錄》影印道光二十四年《薛箖吟館鈔存》本

柳成龍原藏《唐將書帖》《唐將詩畫帖》,朝鮮史編修會編《朝鮮史料叢刊》第四種《唐將書帖‧唐將詩畫帖解說》,昭和九年(1934)朝鮮總督府刊行鉛印本

《皇華集》五十卷《拾遺》一卷,臺北:珪庭出版有限公司據韓國五臺山史庫本等縮印本,1977

倪謙《奉使朝鮮倡和集》,殷夢霞、于浩選編《使朝鮮錄》影印清《說郛》本

倪謙《朝鮮紀事》,殷夢霞、于浩選編《使朝鮮錄》影印清宣統二年《玉簡齋叢書》本

倪謙《遼海編》四卷,殷夢霞、于浩選編《使朝鮮錄》影印明成化五年刻本

孫致彌《奉使至朝鮮》,《四庫全書存目叢書》影印首都圖書館藏清乾隆時刻《杕左堂集》本

孫致彌撰,鹿繼平輯校《〈朝鮮采風錄〉詩詞輯校》,鹿繼平《〈朝鮮采風錄〉輯校與研究》,延邊大學碩士學位論文,2015

徐振《朝鮮竹枝詞》,清嘉慶間南匯吳省蘭聽彝堂刻道光三十年金山錢氏漱石軒增刻重印《藝海珠塵‧四繪軒詩鈔》本

徐兢《使高麗錄》,殷夢霞、于浩選編《使朝鮮錄》影印清《說郛》本

徐兢《宣和奉使高麗圖經》四十卷《附錄》一卷,殷夢霞、于浩選編《使朝鮮錄》影印乾隆五十八年《知不足齋叢書》本

馬建忠《東行三錄》,馬建忠著,王夢柯點校《馬建忠集》,北京:中華書局,2013

崇禮《奉使朝鮮日記》一卷,光緒二十年《小方壺齋輿地叢鈔補編》本

張寧《寶顏堂訂奉使錄》二卷,殷夢霞、于浩選編《使朝鮮錄》影印清初《尚白齋鐫陳眉公訂正秘笈》本

許午《朝鮮雜述》一卷,光緒壬寅夏日麗澤學會校印《新斠五洲列國志彙》本

許午《朝鮮雜詠》,清光緒時鉛印本。

許寅輝《客韓日記》,北京:中華書局《近代史料筆記叢刊》本,2007

華察《皇華集類編》十二卷,光緒三年梁溪華氏自怡小築藏版刊本

黃洪憲《使朝鮮稿》一卷,《四庫禁毀書叢刊》影印天津圖書館藏明萬曆間刻《碧山學士集》本

黃洪憲《朝鮮國紀》一卷,民國九年上海涵芬樓據清道光十一年六安晁氏木活字《學海類編》本

董越《朝鮮賦》二卷,殷夢霞、于浩選編《使朝鮮錄》影印民國九年《豫章叢書》本

董越《朝鮮雜誌》一卷,殷夢霞、于浩選編《使朝鮮錄》影印民國三十年《玄覽堂叢書》本

趙季輯校《足本皇華集》五十卷《拾遺》一卷《辛酉皇華集》六卷,南京:鳳凰出版社,2013

魁齡《東使紀事詩略》,殷夢霞、于浩選編《使朝鮮錄》影印同治五年刻本

龔用卿《使朝鮮錄》三卷,殷夢霞、于浩選編《使朝鮮錄》影印本

六、高麗、朝鮮歷代別集

丁煥《檜山集》三卷,《叢刊續》,第 002 冊

尹根壽《月汀集》七卷《別集》四卷,《叢刊》第 047 冊

尹順之《涬溟齋詩集》五卷《續集》一卷,《叢刊》第 094 冊

申佐模《澹人集》二十卷,《叢刊》第 309 冊

申叔舟《保閑齋集》十七卷《補遺》一卷《附錄》一卷,《叢刊》第 010 冊

申厚命《林下堂先生文集》四卷,《叢書》第 2379 冊

申厚載《葵亭集》七卷,《叢刊續》第 042 冊

申悅道《懶齋集》九卷,《叢刊續》第 024 冊

申琓《絅庵集》八卷,《叢刊續》第 047 冊

申翊全《東江遺集》十九卷,《叢刊》第 105 冊

申欽《象村稿》六十卷《附錄》三卷,《叢刊》第 071 冊

申最《汾崖遺稿》十四卷,《叢刊》第 129 冊

申緯《警修堂全稿》二十九冊,《叢刊》第 291 冊

申濡《竹堂集》十五卷,《叢刊續》第 031 冊

任相元《恬軒集》三十五卷《叢刊》第 148 冊

任權《靜容齋集》四卷,以文社 1939 年石印本

全湜《沙西集》七卷《附錄》一卷,《叢刊》第 067 冊

成三問《成謹甫集》四卷,《叢刊》第 010 冊

成以性《溪西逸稿》二卷,《叢刊續》第 026 冊

成倪《虛白堂集》三十四卷,《叢刊》第 014 冊

成海應《研經齋全集》,《叢刊》第 277 冊

朴而章《龍潭集》七卷,《叢刊》第 056 冊

朴珪壽《瓛齋集》,《叢刊》第 031 冊

朴趾源《燕巖集》十七卷,《叢刊》第 252 冊

吳允謙《楸灘集》三卷,《叢刊》第 064 冊

吳斗寅《陽谷集》四卷,《叢刊續》第 036 冊

吳載純《醇庵集》十卷,《叢刊》第 242 冊

吳道一《西坡集》二十九卷,《叢刊》第 152 冊

吳億齡《晚翠集》五卷,《叢刊》第 059 冊

吳翻《天坡集》四卷,《叢刊》第 095 冊

宋相琦《玉吾齋集》十八卷,《叢刊》第 171 冊

宋英耇《瓢翁遺稿》三卷,《叢刊續》第 009 册

宋純《俛仰集》七卷《續集》三卷,《叢刊》第 026 册

李一相《延安李氏聯珠集》,《延李文庫》第 001 册

李世白《雩沙集》十卷《附錄》五卷,《叢刊》第 146 册

李世華《雙柏堂集》三卷,《叢刊續》第 039 册

李民宬《敬亭集》十四卷《續集》四卷,《叢刊》第 076 册

李民寏《紫巖集》,《韓國文集叢刊》第 082 册。

李石亨《樗軒集》二卷《後集》一卷《別集》一卷,《叢刊》第 009 册

李匡德《冠陽集》十九卷,《叢刊》第 209 册

李在學《芝圃遺稿》,李邰漢編《四代遺稿集》,影印本,1990

李好閔《五峰集》十五卷,《叢刊》第 059 册

李安訥《東嶽集》二十六卷《續集》一卷《別錄》一卷《附錄》一卷,《叢刊》第 078 册

李忔《雪汀集》六卷,《叢刊續》第 015 册

李廷馨《知退堂集》十五卷,《叢刊》第 058 册

李始源《隱几集》,《延李文庫》第 6 册

李宜顯《陶谷集》三十二卷,《叢刊》第 180 册

李尚吉《東川集》三卷《附錄》一卷《年譜》一卷,碧珍李氏贊成公宗中據高麗大學大學院圖書館藏影印本,1993

李尚毅《少陵集》四卷,《叢刊續》第 012 册

李承召《三灘集》十四卷,《叢刊》第 011 册

李承休《動安居士行錄》四卷,《叢刊》第 031 册

李奎鉉《觀白軒遺稿》,李邰漢編《四代遺稿集》,影印本,1990

李建昌《明美堂集》二十卷,《叢刊》第 349 册

李恒福《白沙先生集》二十三卷《附錄》七卷,《叢書》232—234 册

李昭漢《玄洲集》七卷,《叢刊》第 101 册

李時秀《及健齋漫錄》,《延李文庫》第 008 册

李時恒《和隱集》八卷,《叢刊續》第 057 册

李珥《栗谷全書》三十八卷,《叢刊》第 044 册

李祘《弘齋全書》,《叢刊》第262冊
李荇《容齋集》十卷《外集》一卷,《叢刊》第020冊
李基敬《木山稿》,首爾民昌文化社,1989
李崇仁《陶隱集》五卷,《叢刊》第006冊
李崇祜《勿齋遺稿》,李邰漢編《四代遺稿集》,影印本,1990
李晚秀《履園遺稿》十五卷,《叢刊》第268冊
李晚榮《雪海遺稿》三卷,《叢刊續》第030冊
李喆輔《止庵遺稿》,《延李文庫》第004冊
李景奭《白軒集》五十三卷《附錄》三卷,《叢刊》第095冊
李植《澤堂先生別集》,《叢刊》第088冊
李滃《松溪集》八卷,《叢刊續》第035冊
李睟光《芝峰集》三十一卷《附錄》三卷,《叢刊》第066冊
李肇源《玉壺集》,《延李文庫》第006冊
李鳳秀《襟溪先生集》,《延李文庫》第008冊
李齊賢《益齋亂稿》十卷《拾遺》一卷,《叢刊》第002冊
李德懋《青莊館全書》七十一卷,《叢刊》第259冊
李德馨《漢陰文稿》十二卷《附錄》四卷,《叢刊》第065冊
李慶全《石樓遺稿》四卷,《叢刊》第073冊
李穀《稼亭集》二十卷,《叢刊》第003冊
李頤命《疏齋集》二十卷,《叢刊》第172冊
李穡《牧隱集》五十五卷,《叢刊》第003冊
李瀣《溫溪逸稿》四卷,《叢刊》第027冊
李詹《雙梅堂篋藏文集》二十五卷,《叢刊》第006冊
沈之源《晚沙稿》五卷,《叢刊續》第025冊
沈悅《南坡相公集》六卷,《叢刊》第075冊
沈敦永《赴燕日記》三卷,首爾:晚沙學術研究院影印本,2005
沈象奎《斗室存稿》五卷,《叢刊》第290冊
沈錥《樗村集》四七卷,《叢刊》第207冊
金九容《惕若齋學吟集》二卷《外集》一卷,《叢刊》第006冊

金中清《苟全先生文集》八卷,《叢書》第 2245—2246 册
金允植《金允植全集》十五卷,韓國學文獻研究所編,首爾:亞細亞文化社影印石印本,1980
金世弼《十清軒集》四卷,《叢刊》第 020 册
金正喜《阮堂全集》十卷,《叢刊》第 301 册
金在魯《本末錄》,首爾:清風人學術研究會影印本,1988
金地粹《苔川集》三卷,《叢書》第 366 册
金守温《拭疣集》二卷《補遺》一卷,《叢刊》第 009 册
金安國《慕齋集》十五卷,《叢刊》第 020 册
金玏《栢巖集》七卷,《叢刊》第 050 册
金克成《憂亭集》六卷,《叢刊》第 020 册
金沂《顏樂堂集》四卷,《叢刊》第 015 册
金坽《錄止浦集》三卷,《叢刊》第 002 册
金宗一《魯庵集》四卷,《叢刊續》第 027 册
金尚憲《清陰集》四十卷,《叢刊》第 0077 册
金昌集《夢窩集》十卷,《叢刊》第 158 册
金南重《野塘先生文集》三卷,《叢刊續》第 027 册
金堉《潛谷遺稿》十四卷,《叢刊》第 086 册
金時讓《荷潭金時讓文集》十一卷,金恒鏞編,金益洙韓文譯本,未來文化印刷公司,2001
金海一《檀溪先生文集》四卷,《叢書》第 1559 册
金祖純《楓皋集》十六卷,《叢刊》第 289 册
金進洙《蓮坡詩鈔》二卷,《叢刊》第 306 册
金誠一《鶴峰集》七卷《續集》五卷《附錄》四卷,《叢刊》第 048 册
金載瓚《海石遺稿》十二卷,《叢刊》第 259 册
金壽恒《文谷先生集》二十八卷,《叢刊》第 133 册
金德承《少痊公文集》二卷,《叢刊續》第 026 册
金錫胄《息庵遺稿》二十三卷《別稿》二卷,《叢刊》第 145 册
俞拓基《知守齋集》十五卷,《叢刊》第 213 册

俞泓《松塘集》四卷,《叢刊》第 003 冊
俞彦述《松湖集》六卷,《叢刊續》第 078 冊
俞瑒《秋潭集》四卷,《叢刊續》第 033 冊
南九萬《藥泉集》三十四卷,《叢刊》第 132 冊
南公轍《金陵集》二十四卷《續稿》五卷《再續稿》三卷,《叢刊》第 272 冊
南龍翼《壺谷集》一十八卷,《叢刊》第 131 冊
姜世晃《豹庵稿》六卷,《叢刊續》第 080 冊
姜希孟《私淑齋集》十二卷,《叢刊》第 012 冊
姜栢年《雪峰遺稿》三十卷,《叢刊》第 103 冊
姜瑋《北遊日記》,《姜瑋全集》本,首爾:亞細亞文化社,1978
柳命天《退堂集》十卷,《叢刊續》第 040 冊
柳尚運《約齋集》五冊,《叢刊續》第 042 冊
柳得恭《冷齋集》十五卷,《叢刊》第 269 冊
柳景深《龜村集》二卷,《叢刊》第 003 冊
柳夢寅《於於集》六卷《後集》六卷《附錄》一卷,《叢刊》第 063 冊
洪良浩《耳溪集》三十八卷《外集》十二卷,《叢刊》第 241 冊
洪受疇《壺隱集》六卷,《叢刊續》第 046 冊
洪命元《海峰集》三卷,《叢刊》第 082 冊
洪彦忠《寓庵稿》三卷,《叢刊》第 018 冊
洪柱元《無何堂遺稿》七冊,《叢刊續》第 030 冊
洪貴達《虛白亭集》三卷《續集》六卷,《叢刊》第 004 冊
洪聖民《拙翁集》十卷,《叢刊》第 046 冊
洪奭周《淵泉集》四十四卷,《叢刊》第 293 冊
洪履祥《慕堂集》二卷《附錄》一卷,《叢刊續》第 006 冊
洪翼漢《花浦遺稿》五卷,《叢刊續》第 022 冊
洪鎬《無住逸稿》六卷,《叢刊續》第 022 冊
孫萬雄《野村集》六卷,《叢刊續》第 046 冊
徐命膺《保晚齋集》十六卷,《叢刊》第 233 冊
徐宗泰《晚靜齋集》十八卷,《叢刊》第 163 冊

徐居正《四佳集》三十四卷,《叢刊》第 010 冊
高用厚《晴沙集》二卷,《叢刊》第 084 冊
高敬命《霽峰集》五卷《遺集》一卷《續集》一卷,《叢刊》第 042 冊
崔有海《嘿守堂集》二十卷,《叢刊續》第 023 冊
崔岦《簡易集》九卷,《叢刊》第 049 冊
崔啓翁《迂窩遺稿》六卷,《叢書》第 2516 冊
崔晛《訒齋集》十三卷《別集》二卷,《叢刊》第 067 冊
崔淑精《逍遙齋集》二卷《附錄》二卷,《叢刊》第 013 冊
崔演《艮齋先生文集》十二卷《續集》一卷,《叢刊》第 032 冊
崔鳴吉《遲川先生集》十九卷,《叢刊》第 098 冊
崔錫鼎《明谷集》三十四卷,《叢刊》第 153 冊
張晚《洛西集》七卷,《叢刊續》第 015 冊
曹偉《梅溪集》五卷,《叢刊》第 016 冊
曹漢英《晦谷集》十二卷,《叢刊續》第 031 冊
許筠《許筠全集》,成均館大學校大東文化研究院纂,首爾:大提閣,1972
許篈《荷谷集》無卷數,《叢刊》第 058 冊
許震童《東湘集》七卷,《叢刊續》第 003 冊
陳澕《梅湖遺稿》一卷,《叢刊》第 002 冊
魚允中《魚允中全集》,韓國學文獻研究所整理本
魚世謙《西川先生文集》八卷,咸從魚氏文貞公派宗親會編,三省古典研究所譯《國譯咸從世稿》本
閔仁伯《苔泉集》六卷,《叢刊》第 059 冊
閔鼎重《老峰先生文集》十二卷,《叢刊》第 103 冊
黃中允《東溟先生文集》八卷,《叢書》第 303 冊
黃汝一《海月先生文集》十四卷,《叢刊續》第 010 冊
睦大欽《茶山集》二卷,《叢刊》第 083 冊
裴三益《臨淵齋集》六卷,《叢刊續》第 004 冊
趙文命《鶴巖集》六冊不分卷,《叢刊》第 192 冊
趙秀三《秋齋集》八卷,《叢刊》第 271 冊

趙秀三《經畹總集》,《叢刊》第 271 冊
趙尚絅《鶴堂遺稿》十六卷,《叢刊續》第 063 冊
趙泰采《二憂堂集》六卷,《叢書》第 2345 冊
趙浚《松堂集》四卷,《叢刊》第 006 冊
趙寅永《雲石遺稿》二十卷,《叢刊》第 299 冊
趙翊《可畦先生文集》十卷,《叢刊續》第 009 冊
趙遠期《九峰集》六卷《附錄》一卷,《叢刊續》第 039 冊
趙緯韓《玄谷集》十四卷,《叢刊》第 073 冊
趙憲《重峰集》十三卷《附錄》七卷,《叢刊》第 054 冊
趙觀彬《悔軒集》二十卷,《叢刊》第 211 冊
蔡裕後《湖州集》七卷《拾遺》一卷,《叢刊續》第 101 冊
蔡壽《懶齋集》二卷,《叢刊》第 015 冊
蔡濟恭《樊巖集》五十九卷《卷首》二卷,《叢刊》第 235 冊
鄭士信《梅窗集》五卷,《叢刊續》第 010 冊
鄭太和《陽坡遺稿》一十五卷,《叢刊》第 102 冊
鄭文孚《農圃集》二卷,《叢刊》第 071 冊
鄭文翼《松竹堂文集》,《叢刊續》第 017 冊
鄭昆壽《栢谷集》四卷,《叢刊》第 048 冊
鄭經世《愚伏先生文集》二十卷,《叢刊》第 068 冊
鄭道傳《三峰集》十四卷,《叢刊》第 005 冊
鄭夢周《圃隱集》七卷,《叢刊》第 005 冊
鄭誧《雪谷集》二卷,《叢刊》第 003 冊
韓章錫《眉山先生文集》,《叢刊》,第 312 冊。
韓應寅《百拙齋遺稿》二卷,《叢刊》第 060 冊
蘇世讓《陽谷集》一四卷,《叢書》第 381 冊
權以鎮《有懷堂先生集》十二卷,《叢刊續》第 056 冊
權近《陽村先生文集》四十卷,《叢刊》第 007 冊
權柱《花山逸稿》一卷《附錄》一卷,《叢書》第 104 冊
權橃《沖齋先生文集》九卷,《叢刊》第 019 冊

權擘《習齋集》四卷《補遺》一卷,《叢刊》第 038 冊
權擘《習齋集》四卷《補遺》一卷,韓國漢文學會影印本,首爾:民昌文化社,1995

七、其他朝鮮、中國古籍資料

南龍翼編,趙季校注《箕雅校注》(上下),北京:中華書局,2008
洪大容編,鄺健行點校《乾淨衕筆談》,上海:上海古籍出版社,2010
洪萬宗編,劉暢、趙季校注《詩話叢林校注》,北京:人民文學出版社,2015
許浚《東醫寶鑑》,首爾:大星文化社,1992

祁順《巽川祁先生文集》十六卷《附錄》二卷,《四庫全書存目叢書》集部第三十七冊影印東北師範大學圖書館藏康熙二年在茲堂刻《巽川祁先生文集》本
黃洪憲《碧山學士集》二十一卷《別集》四卷等,《四庫禁毀書叢刊》影印天津圖書館藏明萬曆間刻《碧山學士集》本
龔用卿《雲岡選稿》,《四庫全書存目存書》影印北京圖書館藏明萬曆三十五龔燧刻本。

吳昆田《漱六山房全集》十一卷,《清代詩文集彙編》影印清光緒十年刻《漱六山房全集》本
李祖望《鍥不舍齋詩文集》四卷附《詩》一卷,《清代詩文集彙編》影印清同治三年江都李氏半畝園刻《鍥不舍齋文集》本
沈德潛編:《清詩別裁集》,上海:上海古籍出版社,1984
周家祿《壽愷堂集》三十卷,《清代詩文集彙編》影印民國十一年海門周坦鉛印本。
杭世駿《榕城詩話》卷上,《四庫全書存目叢書》據遼寧大學圖書館藏清乾隆中杭賓仁羊城刻杭大宗七種叢書本影印。
阿克敦《德蔭堂集》十六卷《年譜》一卷,《續修四庫全書》影印華東師大圖書館藏嘉慶二十一年刻《德蔭堂集》本。

紀昀撰,孫致中等校點:《紀曉嵐文集》,石家莊:河北教育出版社,1995
孫致彌《杕左堂詩集》六卷《續集》三卷,《四庫全書存目叢書》影印首都圖書館藏清乾隆時刻《杕左堂集》本
劉大觀等《筆談稿》(北京匡時拍賣有限公司2016年秋拍古代書法專場之筆談原草拍品　私家收藏)
孔憲彞《韓齋槀》四卷,《清代稿鈔本》第一編第37冊,廣州:廣東人民出版社,2007年
孔憲庚《經之文鈔》,丁錫田編《習盦叢刊》第一輯《二孔先生文鈔》本,1936年鉛印本
王鴻《喝月樓詩録》二十卷,《北京師範大學圖書館藏稀見清人別集叢刊》第22冊影印道光十九年刻本,桂林:廣西師範大學出版社,2007年
潘曾瑋《自鏡齋文鈔》,光緒丁刻刊本
馬建忠著,王夢珂點校《適可齋記行》,北京:中華書局,2013
清福格撰,汪北平點校《聽雨叢談》,北京:中華書局,1984
趙之謙撰,張鐵林藏《崇本堂藏趙之謙翰札》,北京:文化發展出版社,2018
李鴻章撰,吳汝綸編《李文忠公全集》,上海:上海商務印書館1921年影印本
袁世凱撰,劉路生、駱寶善主編《袁世凱全集》(第一卷),鄭州:河南大學出版社,2013

八、近今人專著與論文

費正清編,杜繼東譯《中國的世界秩序》,北京:中國社會科學出版社,2010
今西龍《朝鮮古史の研究》,東京:國書刊行會,1970
夫馬進著,伍躍譯《朝鮮燕行使與朝鮮通信使:世界視野中的中國・日本》,上海:上海古籍出版社,2010
藤塚鄰著,藤塚明直編《清朝文化東傳の研究——嘉慶・道光學壇・李朝の金阮堂》,東京:日本國書刊行會,昭和五十年(1975)

李能和輯述《朝鮮解語花史》,日本昭和二年(1927)刊本
全海宗著,全善姬譯《中韓關係史論集》,北京:中國社會科學出版社,1997
朴元熇著《崔溥〈漂海錄〉分析研究》,上海:上海書店出版社,2014
李丙燾、金載元著《韓國史(古代編)》,首爾:震檀學會乙酉文化社,1977
李丙燾著《韓國史(中世編)》,首爾:震檀學會乙酉文化社,1977
李相佰著《韓國史(近世前期編)》,首爾:震檀學會乙酉文化社,1977
李相佰著《韓國史(近世後期編)》,首爾:震檀學會乙酉文化社,1977
李瑄根著《韓國史(最近世編)》,首爾:震檀學會乙酉文化社,1977
李瑄根著《韓國史(現代編)》,首爾:震檀學會乙酉文化社,1977
《韓國史(年表)》,首爾:震檀學會乙酉文化社,1977
李炳注著《韓國科舉史》,首爾:明義會,1987
林基中著《燕行錄研究》,首爾:一志社,2006

王小甫等著《中韓關係史(古代卷)》,北京:社會科學文獻出版社,2014
王元周著《小中華意識的嬗變:近代中韓關係的思想史研究》,北京:民族出版社,2013
付百臣著《中朝歷代朝貢制度研究》,長春:吉林人民出版社2009
朱雲影著《中國文化對日韓越的影響》,桂林:廣西師範大學出版社,2007
宋成有、姜忻等著《中韓關係史(現代卷)》,北京:社會科學文獻出版社,1997
宋成有等《中韓關係史》,北京:社會科學文獻出版社,1996
宋成有等著《中韓關係史(現代卷)》,北京:社會科學文獻出版社,2014
李甦平著《韓國儒學史》,北京:人民出版社,2009
李巖、徐健順等著《朝鮮文學通史》(全3冊),北京:社會科學文獻出版社,2009
杜慧月著《明代文臣出使朝鮮與〈皇華集〉》,北京:人民文學出版社,2011
邱瑞中著《燕行錄研究》,桂林:廣西師範大學出版社,2010
韋旭昇著《韓國文學史》,北京:北京大學出版社2008

孫衛國著《大明旗號與小中華意識》,北京:商務印書館,2007
徐東日著《朝鮮使臣眼中的中國形象》,北京:中華書局,2010
徐珂編《清稗類鈔》,北京:中華書局,1986
徐萬民著《中韓關係史(近代卷)》,北京:社會科學文獻出版社,2014
張存武著《清代中韓關係論文集》,臺北:臺灣商務印書館,1987
張存武著《清韓宗藩貿易 1637—1894》,臺北:"中研院",1985
張伯偉編《燕行錄研究論集》,南京:鳳凰出版社,2016
許姬傳著《許姬傳七十年見聞錄》,北京:中華書局,2007
陳尚勝著《儒家文明與中韓傳統關係》,濟南:山東人民出版社,1997
復旦大學文史研究院編《從周邊看中國》,北京:中華書局,2009
黃爲放《黃洪憲〈壬午皇華集〉校注》附錄二《〈碧山學士集〉卷十九〈使朝鮮稿〉》,載《東北亞研究論叢》十,長春:東北師範大學出版社,2016
楊雨蕾著《燕行與中韓文化關係》,上海:上海辭書出版社,2011
楊昭全著《中國—朝鮮·韓國文化交流史》(Ⅰ—Ⅳ),北京:昆侖出版社,2004
漆永祥著《清學札記》,北京:北京聯合出版公司,2017
漆永祥著《乾嘉考據學研究》(增訂本),北京:北京大學出版社,2020
劉順利著《中國與朝韓五千年交流年曆—以黃帝曆、檀君曆爲參照》,北京:學苑出版社,2011
劉順利著《朝鮮半島漢學史》,北京:學苑出版社,2009
蔣非非、王小甫等著《中韓關係史(古代卷)》,北京:社會科學文獻出版社,1998

朴現圭、徐寶平《清朝初年中國人編纂的朝鮮詩選集》《韓國傳統文化·語言文學卷—第二屆韓國傳統文化學術研討會論文集》(韓國研究叢書之二十三),北京:學苑出版社,1997
李永求《〈奉使圖〉與〈東遊集〉及鄭琠等問題的考辨》,《棗莊學院學報》2007 年第 6 期
李鐘默撰,李春姬譯《關於伯克利大學藏本藍芳威編〈朝鮮詩選全集〉》,

張伯偉主編《域外漢籍研究集刊》第四輯,2008

金圭賢《金昌熙的〈石菱受柬〉與壬午軍亂之後韓中交流的一面》),《冽上古典研究》第39期,2014

金榮鎮《金照의燕行録觀海録연구》,《韓國漢文學研究》第59輯

鄭後洙《〈海鄰尺素〉13種轉寫本對照》,《東洋古典研究》第20輯,2004

鄭後洙《海鄰尺素轉寫本考察》,韓國《東洋古典研究》第19輯,2003

夫馬進《日本現存朝鮮燕行録解題》,日本京都大學文學部研究紀要,第42號,2003

岡本隆司《〈奉使朝鮮日記〉之研究——兼論〈使韓紀略〉及其政治背景》,欒景河、王建朗主編《近代中國、東亞與世界》(上卷),北京:社會科學文獻出版社,2008

藤塚鄰《汪孟慈の所謂海外墨緣の草本・金阮堂》,載《漢學會雜誌》第三卷第二號,昭和十年(1935)十月

藤塚鄰《汪孟慈と金阮堂——清朝文化東漸の一斷面》,見《漢學會雜誌》第四卷第三號,昭和十一年(1936)七月

藤塚鄰《汪孟慈寄金阮堂手札の檢討》,見《大東文化學報》第四輯,昭和十六年(1941)十一月

千金梅《18—19世紀朝・清文人交流尺牘研究》,韓國延世大學博士論文(指導教師:許敬震教授),2011

王政堯《〈燕行録〉:17—19世紀中朝關係史的重要文獻》,載《多元視野中的中外關係史研究——中國中外關係史學會第六屆會員代表大會論文集》2007

史倩男《〈韓客巾衍集〉整理與研究》,延邊大學碩士學位論文(指導教師:褚大慶副教授),2015

左江《〈燕行録全集〉考訂》,張伯偉主編:《域外漢籍研究集刊》第4輯,中華書局,2008

朱則傑《清代詩人生卒年叢考——以錢集選等江南地區詩人爲中心》,載《江南大學學報(人文社科版)》2017年第1期

林麗《"燕行録"研究綜述》,《炎黄文化研究》第 7 期,鄭州:大象出版社,2008

俞士玲《記憶的文本:〈朝鮮詩選〉文獻研究的另一視角》,《域外漢籍研究》2012 年第 3 期

柳向春《汪喜孫及其〈海外墨緣〉册子》,見《中國典籍與文化》,2008 年第 3 期

胡佩佩《董越〈朝鮮賦〉整理研究》,延邊大學碩士學位論文(指導教師:王克平教授),2017

孫衛國《〈韓客巾衍集〉之西傳清朝及其影響》,北京大學韓國學研究中心編《韓國學論文集》,2007 年第 1 期。

馬文婷《〈宣和奉使高麗圖經〉研究綜述》,《天水師範學院學報》2015 年第 5 期。

張伯偉《名稱·文獻·方法——"燕行録"研究中存在的問題》,《南國學術》2015 年第 1 期

曹炯鎮《韓國漢學資源機關之數位化成就研究》,《圖書館學會會報》第 75 期,2005

楊海英《書〈唐將書帖〉後》,《中國社會科學院歷史研究所集刊》第七集,北京:商務印書館,2011

漆永祥《佚名〈燕行録〉作者及文學價值考述》,首爾:韓國高麗大學校中國學研究所編《中國學論叢》第 21 輯,2007

漆永祥《朝鮮燕行使筆下的"神丹"清心丸》,李安東主編《漢語教學與研究》(第 9 輯),首爾:首爾出版社,2008

漆永祥《〈燕行録全集〉考誤》,韓國高麗大學中國學研究所編《中國學論叢》第 24 輯,首爾:韓國高麗大學中國學研究所,2008;又載《北大中文學刊》,北京:北京大學出版社,2009

漆永祥、吕春燕《韓語譯注本〈乙丙朝天録〉糾誤》,韓國高麗大學中國語文研究會編《中國語文論叢》(第 40 輯),首爾:韓國高麗大學中國語文研究會,2009

漆永祥《關於"燕行録"界定及收録範圍之我見》,《古籍整理研究學刊》

2010年第5期

漆永祥《關於"燕行録"整理與研究諸問題之我見》,張伯偉主編《域外漢籍研究叢刊》(第7輯),北京:中華書局,2011

漆永祥《關於〈燕行録全集〉之補輯與新編》,《文獻》2012年第4期

漆永祥《〈燕行録〉諸家釋解漢語字詞例析(50條)》,《北京大學中國古文獻研究中心集刊》第14輯,北京:北京大學出版社,2015

漆永祥《縱然萬里來相會,憾恨知面難知心——論朝鮮燕行使筆下的清朝皇帝形象》,《中國文化》,2017年秋季號(總第46期)

漆永祥《"燕行録學"芻議》,《東疆學刊》2019年第7期

漆永祥《朝鮮燕行使筆下的江南鏡像與心理寄託》,《中國文化》,2019年秋季號(第50期)

漆永祥《論"燕行録"創作編纂過程與史料真僞諸問題》,《歷史文獻研究》第43輯,揚州:廣陵書社,2019

漆永祥《從編纂體裁與燕行使心理看"燕行録"的創作動機》,《北京大學中國古文獻研究中心集刊》第19輯,北京:北京大學出版社,2019

漆永祥《朝鮮金堉〈哀江南賦〉探析》,《東疆學刊》2020年第6期

漆永祥、李鍾美《諺文本〈燕行録〉十七種解題》,《北京大學中國古文獻研究中心集刊》第21輯,北京:北京大學出版社,2020

裴英姬《燕行録的研究史回顧(1933—2008)》,《台大歷史學報》第43期,2009

褚大慶《韓國國立中央圖書館藏四種〈韓客巾衍集〉版本考》,《遼東學院學報(社會科學版)》第16卷第6期,2014

人名書名地名與其他重要詞語索引

一、本索引含書中重要人名、書名、地名、事件與語詞等；

一、本索引中人名，除燕行錄作者外，亦包括出使成員中正使、副使、書狀官等姓名；

一、本索引中書名因重名率過高，故於書名後括注作者姓名，以免淆混；

一、本書中所涉及的其他詞語如"北京""瀋陽""漢陽"等，因出現頻率太高，難以一一列舉，故皆不再標出；

一、本索引按漢語拼音音序排列。

人名索引

A

阿桂　889,901,902,925,942,946,954,960,963,989,990,1013,1033,1106,1541,1543

阿克敦　507,704,717,1541—1547

阿魯德　603,605,606

艾璞　1508,1511,1521

安杓　828,829

安璥　332—334

安克孝　245,246,248,257

安孝鎮　1579—1581

B

白景炫　970,971

白樂倫　1367,1368

柏葰(静濤)　1212,1213,1219,1240,1261,1264,1466,1467,1470,1537,1546,1547

邊鎬　997,1019,1107,1115,1118,1119

邊渝　334,335

卞昌和　736,737

卞復圭　986,1024,1025,1060

卞三近　445,448

卞元圭　1211,1357,1363,1364,
　　1486,1490,1491,1558
卞鍾運　1211,1550

C

蔡濟恭　203,240,260,318,359,
　　506,712,867—869,872,875—
　　877,882,1032,1411,1412,1450,
　　1529
蔡堅　288,289
蔡壽　61,71,76—78
蔡裕後　353,358,362,427,502,
　　503
曹漢英　422,432—435,457
曹江　1020,1049,1050,1064,
　　1066,1134,1136,1455—1457
曹龍振　1099,1129,1130
曹偉　75,76,79—82
曹錫輿　1357,1358
曹錫正　1099—1101
曹錫中　1000,1009
曹允大　1031—1033,1082,1083
曹振鏞　968,1146,1167
常明　693,699,701,702,713,718,
　　739,751,752,764,769,908
陳澕　1—3
陳奐　1462,1481
陳鑑　53,1508,1510
陳慶鏞(頌南)　1197,1208,1240

陳用光　1066,1119,1457,1462,
　　1463
陳鱣　875,967—969,1020,1021
成瑾　598—600,1397
成海應　424,441,734,1111,
　　1403—1405,1446
成倪　57,60,63—67,72—75,
　　89—91,1439,1566
成仁浩　1324—1326
成三問　44—50,77,1513,1515
成勝　48,49
成壽益　155,156,160
成遂默　1185,1220,1221
成憲　1509
成彝鎬　1276,1277,1332
成以性　420,445,448,460,462,
　　463
成祐曾　1111,1112,1403,1405
成載詩　1258,1477,1478
成種仁　947,948
程恭壽　1258,1259,1272,1275,
　　1277,1466,1467,1483
程祖慶(稚蘅,穉蘅)　1239,1241,
　　1466,1467,1469,1470
崇實　1277,1350,1351
褚裕仁　1064,1066
慈安皇太后　1282,1364
慈禧皇太后　1282,1353,1358,1389,
　　1392

崔秉翰　1281—1283

崔斗燦　1577—1579

崔恒齊　606,608,1395

崔奎瑞　578,595,627,628,633

崔岦　18,120,122,141,144—151,178,185—191,193,208,584,732,968,1407

崔鳴吉　239,386,406,416,426—432,434—436,442,584,1395,1396,1535

崔溥　65,77,1567—1569,1577

崔啟翁　619—622

崔廷健　1509,1532,1569

崔錫鼎　144,328,426,428,456,482,557,574,582—585,595,616,620,626—630,633—635,641,1395

崔晛　260—264

崔憲秀(愚山)　1180,1190

崔演　101,102,117,118

崔沂　253,254

崔應虛　332,333

崔有海　216,328,378,379

崔有淵　464,465

崔遇亨　1234—1237,1302

崔滋　1,3

D

戴衢亨　905—907,1024,1061,1082,1136,1455

戴震　907,935,955,960,1021,1074,1481

鄧爾恒(小筠)　1192,1240,1466,1467,1469,1470

鄧汶軒　831,833,837,1436,1442,1446

丁煥　104,105

丁汝昌　1370,1373,1374,1377,1379,1553,1554

丁泰(卯橋)　1141,1143—1145,1151,1152,1163,1164,1476

丁小明(慕光)　1492—1495

丁學韶　1285—1287,1486

丁應泰　204,212,217,1423

董誥　1008,1014,1036,1049,1053,1061,1081

董越　65,111,1508,1521—1523,1537

端木國瑚(鶴田)　1208,1240

段玉裁　1021,1481

F

樊封　1167—1169,1177

方禹叙　1219,1220,1226,1247,1256

馮桂芬(景亭)　1208,1240

馮志沂(魯川)　1205,1240,1258,1272,1274,1275,1277,1466,

1467,1470,1484,1486,1487
佛倫　626,704,1542,1543
夫馬進　200,413,419,677,758,
　847,909,962,1025,1044,
　1046,1066,1075,1128,1129,
　1132,1134,1179,1180,1194,
　1216,1217,1227,1243,1244,
　1324,1338,1398
符兆綸(雪樵)　1197,1240
福康安　942,943,954,977,982

G

高敬命　147—151,185
高闉　1508,1510
高時鴻　1265,1266
高用厚　293,294,379—381,1414
耿精忠　440,539,546,567
龔用卿　98,99,103,104,108,1508,
　1511,1523,1524
顧天埈　1509,1532
顧炎武　871,955,1021,1074,1127,
　1461,1481
光海君(李琿)　15,73,85,121,
　122,144,145,148,154,163,
　169—173,177—179,183,
　188—191,194,196,198,203—
　206,210,212,216,217,219,
　222,225—231,233,239,240,
　244,245,247—249,251—253,

255,256,258—260,265,266,
270—275,277,280,281,283—
286,290—296,298—301,
303—306,308—322,324—
326,328—330,332—341,345,
348,354,358—360,362,366,
368,369,374,378,386,396,
401,426,441,458,485,500,
502,1408,1414,1428,1509,
1571,1572
郭弘址　464—466
郭聖龜　454,455
郭執桓　875,1023,1444,1445,
　1452

H

海康　854,1107
韓弼教　1164—1166
韓初命　1423,1425,1427
韓德厚　752—757
韓德遠　222,223,274,275
韓光會　828,829,848
韓濩　150,151,1570
韓敬源　1334,1360
韓宓履　1201,1202,1204
韓明澮　63—67,69,72,1176,1532
韓耆裕　1154,1155
韓仁及　445,448,451,1572
韓尚質　21,24,29,30

人名書名地名與其他重要詞語索引

韓世能　146,303,1509,1510
韓壽民　223,245,248
韓泰東　568—571,672,673,1396
韓晚裕　1035,1036
韓萬象　276,277
韓文奎　1320,1322
韓應寅　152—155,169,171,172,178,248
韓永禧　707,708
韓用龜　750,1013,1014,1078,1109,1110,1152,1399
韓韻海(季卿)　1152,1164,1166,1167,1190,1192,1458,1466,1467,1469,1470
韓祉　569,671—673
韓致亨　767,768,795
韓致應　1108,1114,1453
韓纘男　253,271,272
和珅　865,888,889,900,902,904,911,938,942,946,947,952,954,960,963,980,981,987,990,998,1004,1007—1009,1013,1018,1019,1027,1049,1143
河崙　16,19,22,24,39,41,42
洪霽　382,385
洪必謨　1292—1294
洪昌漢　778,779,962
洪承疇　420,421,458,494,500,501,902
洪處純　1029,1072
洪處亮　445,448
洪純彥　174—176
洪淳學　1300,1304—1312,1314,1551
洪大容　174,663,666,692,830—843,847,854,870,873—876,1024,1045,1048,1124,1144,1149,1170,1173,1174,1241,1294,1348,1424,1430—1447,1462,1469,1475,1478,1487,1504
洪大鍾　1318,1319
洪得箕　506,507,1397
洪鎬　382,384—386
洪貴達　63,65,66,72—76,80,209,1424
洪赫　1130—1132
洪敬謨　1157—1161,1180,1182—1185,1217,1455,1477,1478
洪樂性　916,918,988,1437
洪樂游　997,998
洪良浩　194,404,813,848,889,897,898,904—909,912,987—992,1182,1183,1454,1455,1535
洪良厚　1444,1462,1477,1478,1481
洪履祥　160,162,165,193—196,

213,279,280,309,467
洪明浩　886—888
洪命夏　386,485—488,512—516,519,1395
洪起爕　1094,1095,1141,1142,1476
洪啓禧　791,812,818—820,1416
洪聖民　130,131,169,487
洪奭周　94,1036,1037,1039—1041,1055,1099,1152,1161—1164,1166,1167,1437,1446
洪受疇　619—622,643
洪萬朝　502,623—625
洪萬鍾　544,545,1395
洪文泳　904,908,1454
洪錫謨　1135—1137
洪羲瑾　1108,1109,1147
洪羲俊　991,1135,1136,1460,1463,1476—1478
洪雳　348,356,358,407,408,1411
洪彥忠　85—87,89
洪麟孫（子齡）　1143,1195,1197,1240,1467
洪義浩　1036,1037,1098—1101,1129,1130,1152
洪檍　830,1430,1432,1433,1436,1437,1444—1446
洪翼漢　352—357,406,407,418,427,841,911,1412,

1573,1574
洪遠植　1334,1335,1340
洪宅福　984,985,1029,1056
洪致聞　994—996
洪鍾永　1364—1367,1561
洪重一　780,781
洪重禹　709,710
洪柱元　467—469,475,491,1396
洪梓　848,849
華察　94,99,108,1508,1525,1526
黃㦷　294,301,362,446,449,451,481,482
黃道淵　1227,1228
黃漢佑　193,195
黃洪憲　148,1509,1526,1527
黃金台　1084,1124,1142,1144,1145,1173,1211
黃璀　165—167,248
黃景源　1,710,808—810,1446
黃爵滋（樹齋）　1149,1173,1175,1187,1189—1192,1197,1198,1208,1213,1231,1232,1237,1240,1466,1467,1470,1486
黃仁點（昌城尉）　886—888,901—903,918—921,935—937,951—953,956—958,960,961,966,977,978,982,1450,1454
黃汝一　211,213—215,218—

221,279,280,1528

黃慎　172,231,232,249,258,259,1439

黃廷彧　145,152—154,164,168,169,174,175,190

黃膺　1384,1503,1504

黃鈺　1287,1346,1347

黃瓚　45—48

黃㦷　709—711,795,796

黃中允　328—332

黃梓　760—762,797,798

黃遵憲　1368,1483,1537

J

季文蘭　561,562,572,896,931,1084

紀昀（曉嵐）　869,905—907,935,954,955,957—961,963,968,969,976,988,990,991,1020—1022,1024,1027,1028,1117,1118,1136,1143,1150,1152,1173,1183,1450—1452

姜長煥　1250—1252

姜浩溥　722—730

姜弘立　258,259,313—316,318,319,401

姜浚欽　1051,1052

姜蘭馨　1302,1351,1352

姜時永　415,1154—1156,1222,1223,1237—1239,1247

姜世晃　396,642,922,923,1418—1420

姜碩賓　602,603,1397

姜文馨　1276,1277,1332

姜希孟　45,46,50,52,59—62,67,1424

姜銑　638,639,643,1131

姜鋧　179,180,642—644,1189

姜與載　475—478

姜曰廣　217,458,1509,1510,1533—1535

金安國　64,66,72,83,92,93,114,174

金昌熙　431,1299,1300,1376,1377,1486,1492—1495,1501,1556,1558,1559

金昌業　261,643,658—667,682,683,685,693,697,821,1170,1174,1439

金諶　79,87,88

金誠一　141—144,162,179,240,260

金存敬　266,267,269,270,308—310

金大德　273,283,284,323,329,331

金德喜　1231,1232,1548

金德遠　511,591,1397

金地粹　311,366,367,369,370,1408
金鼎集　1157,1158,1180,1182,1184
金東弼　611,724,748
金海一　547,552—555,598,599,1397
金弘楨　625,626,648
金宏根　1166,1167,1489
金宏集(金弘集)　1257,1345,1368,1378,1482—1484
金洪福　594,595,1395
金淮　312—314
金徽　522,1402
金箕性　962—964,966,970
金繼輝　147,148
金鑑　309—312
金進洙　1174—1177
金景善　663,895,1045,1085,1170—1175,1219,1233,1234,1252,1282,1300,1491
金景遂　1272,1319,1565
金九容　19—21,26—29,31
金克成　85—87
金玏　233—237,243
金魯敬　1071,1125,1127,1456,1458
金魯應　1063—1065
金履素　971,972,988,999

金履翼　1000,1001,1009
金勉柱　999—1003
金南重　427,430—432,447,449,451,452,496,1299,1395,1396
金起宗　324,386
金啓河　1058,1069,1070
金啓溫　1058,1125
金綺秀　1376,1387
金慶門　670,678,679,707,708,716,739
金圻　3—5,844
金日男　1574
金善民　1049,1050,1456,1457
金善行　830,1430,1432,1433,1436—1438
金尚迪　782,783,1398—1400
金尚集　923,924
金尚奎　714,715
金尚憲　121,130,131,135,170,185,191,216,217,229—231,253,270,309,335,338,365—369,378,379,408,413,418,422,427,428,430,433—436,443,457,478,487,488,490,584,619,621,853,1176,1408,1437,1439,1441,1484,1540
金尚喆　850—852
金石山　403,486,519,548,753,897,1151,1159,1172

金時讓 249,277,280—283,356,358,399,1389
金時獻 233,234
金湜 57,387,1367,1508
金始焕 654,655,705,706,770,771,773
金始淵 1349,1350
金世弼 82—84
金守温 52,53,1424,1518,1519
金守賢 459
金壽恒 293,431,438,485—488,539,562,658,1395,1400,1439
金壽賢 324,325
金壽興 523,563,1397
金壽鉉 1332,1333
金思穆 994,995,1047—1049,1456
金晬 145,185,186
金完秀 1385,1386
金文淳 998,1042
金錫胄 519,561,571—574,646,1540
金賢根(東寧尉) 1141,1142,1193—1197,1473
金相淳 1096,1111,1174,1185
金相稷 671,672
金信元 178,238,239,248
金興根 976,1062,1197—1199
金脩 58,59

金學民 1128,1129
金學起 76,77
金演 622,623
金沂 69,71,72
金彝問 1477,1478
金益文 1318,1319,1487
金翊漢 604,605
金應箕 85—87
金應南 178,179
金永爵 1149,1257—1259,1264,1477,1478,1482—1486
金永貞 82,83
金有淵 1319,1320
金禹錫 549,1397
金堉 194,310,387—393,395,427,463,571,573,1367,1395,1396
金翥(實錄作巡) 365,470,471,535
金元燮 602,1395
金約瑟 1309,1433
金允植 1277,1367—1375,1377,1378,1390,1496—1499,1502,1537,1558
金栽 646,648
金載瓚 924,995,1010,1011,1013,1120,1446,1453
金在魯 770—774,776
金在行 830,834,839,873,874,

876,1024,1430—1433,1436—1438,1444
金澤　200,707,708,788,892,895,1039,1088,1089,1337,1348
金貞益　1202—1204
金振　446,448,451
金芝叟　1139,1140
金直淵　1257,1259—1263,1483,1484
金止男　206,231—233,303,304
金致龍　654,655
金中清　210,294—299,301,712
金終男　273,284
金種正　827,828
金宗台　779,780
金祖淳　665,666,853,927,928,975—977,1000,1036,1058,1087
金佐明　517,518
具得魯　1010—1012
具敏和(綾城尉)　1000,1009,1013,1014,1016,1019
具仁垕　495,496
具義剛　271,272
具宅奎　764,766

K

康純　54,55
孔令貽　1580,1581
孔聞漂　383,385
孔憲彝(繡山)　1241,1258,1273,1468,1470,1472
孔祥霖　1579,1580
魁齡　1315,1551,1552

L

狼曈　1538,1539
老乙可赤(即奴爾哈赤)　198
雷文輝(竹泉)　348—353,580,604,1164,1411,1412,1466,1467,1470
李㮒(福平君)　538,547,552,553
李曻　512,513
李坤　861—864,883
李㷩(海溪君)　851—853,857,858
李垺　702,1265
李濬(麟坪大君)　410,414,419,420,427,430—432,445—451,460,461,463,468,479—481,489,493,494,496,497,1148,1294,1399,1465
李澄(昭顯世子)　408,410—412,415—417,419—424,426,427,431,435,437,438,447,448,450,452,459,494,673
李安訥　88,229—231,276,286,309,366,382—386,413,502,643,1294,1412,1569,1570

李白石　1444,1445
李百亨　951,955,956,961,1451,1454
李邦翼　1576,1577
李伾(昌城君)　546,564,565,569,1396
李秉模　884,993,1014,1015,1052—1054,1398,1399,1446
李棟(長溪君)　814,815,826
李伯衡　1258,1275,1444,1445,1463,1478
李壄(驪善君)　764—766,779,780,787
李沉(瀛昌君)　550,551,568,569,572,601,603,648,705,717,1396
李成桂　21,29,30,34,37,38,106,300,301,1148,1288,1555
李承純　1389,1394
李承輔　1302,1320—1324,1326,1338
李承五　1380—1384
李承休　6—8
李承熏　920,921,1233
李承召　45,56,57,69—72,1541
李崇祐　897—899
李崇仁　16,17,19,21,24,29,31—33,1150,1424
李櫄(咸溪君)　824,825,844,845

李炟(順悌君)　825—827,829
李得宗　814,815
李德泂　18,348—356,359,911,1411,1413,1414,1421
李德懋　830,835,838,839,868—877,881,882,895,956,958,961,968,971,972,1023,1144,1423—1425,1431,1436,1438,1446,1448—1450,1489
李德壽　526,582,620,623,646,659,733,764—766
李鼎受　1082—1086
李鼎元　868—870,872,874,959,968,991,1020,1024,1073,1092,1093
李鼎運　926—928,930
李鼎在　1166,1167,1489
李東老　467,468
李東郁　625,626,648,883,918—920
李墪(全恩君)　583,828,829,845,846,856,943
李墍　582,584,1395
李珥　114,116,117,121,125—127,135,144,148,194,212,1439,1509
李枋(礪山君)　648,683,684,690,698,705,706
李芬　265,500,501

李豐翼　1314,1315,1486
李鳳寧(汾西)　1190,1462,1463
李鳳秀　1057,1058
李福源　769,845,848,910,911,
　　913, 916, 918, 924, 962,
　　1398—1400
李鎬翼　1334,1335,1340
李根友　1224, 1225, 1257, 1483,
　　1484
李穀　11—14,1406,1424
李光地　819,881,1127
李光文　1091—1093,1154,1155
李光夏　640,641
李光載　446,449,479,488,489,
　　1061,1062,1077,1098,1113,
　　1114,1198,1199,1550
李光正(輝正)　1157,1158,1180,
　　1182—1184
李垙(河恩君)　861,864,867,
　　883,979
李圭祊　1205,1233
李珪永　1357,1358
李海澈　534—536
李海應　1043—1046,1129
李海重　858,859
李杭(東平君)　560,591,592,
　　596,602,619,624,638,1395
李沆　85,1061,1113,1114
李好敏　1118,1122

李好義　171—173,225,226,255,
　　257,259
李亨逵　844,845
李亨元　920,991,992
李恒福　16, 104, 105, 125, 148,
　　199,209,211—220,225,258—
　　260,291,369,426,1075,1229,
　　1349,1528
李弘迪　612,617
李弘淵　310,446,448
李宏　578—581,1397
李泓(咸平君)　766,767,1402
李鴻藻　1281,1287,1328,1333
李後白　120,121
李後山　511,512,1397
李華鎮　554,556—559,1397
李桓(臨陽君)　606, 633, 645,
　　655,656,1395
李滉　106, 112—114, 116, 117,
　　121, 125, 141, 294, 1406,
　　1439,1528
李徽中　818,819,823,1416
李會正　1343,1345,1346
李混(全城君)　622—624,636,
　　704,707,1397
李基敬　809—813
李基祚　12,446,448,479
李集斗　1014,1015,1080
李楫(礪城君)　717,718

李漢(東原君)　565,566,1395
李繼祜　982—984
李驥元　872,874
李建昌　621,777,1337,1343,
　1345—1349,1488
李健命　634,635,648,649,657,
　671,698—703,1118
李榿(海興君)　788,801,802,
　1402
李教榮　1357,1358
李經修　1253,1254
李兢淵　923—925
李景奭　275,324,328,382,387,
　418,419,447,451,456—458,
　463,464,475,476,480,481,
　490,507,521
李景憲　427,442
李景在　1292,1293,1302,1471
李埈　170,194,208,222,225,
　247,250,265,280,365,1528
李埈鎔　1433
李浚(全城君)　402—404,602,
　622—624,636,704,707,746,
　1355,1394,1395,1397,1399,
　1400
李竣祜　1178,1180
李侃(朗原君)　511,556—558,
　565,582,605,704,1397
李克均　63,66

李克培　53,54,68
李匡德　777,778
李奎報　1—3,1424,1439
李奎采　824,825
李奎齡　585—587
李奎鉉　1138—1140,1476
李焜(臨昌君)　623,624,644,
　645,651,652,673,674,676
李楗(海運君)　792,793,801,
　805,808,810,811,816,817,
　1402
李亮臣　771,773
李麟徵　609,612,614
李櫣(海蓬君)　809,810,812,
　1403
李龍秀　1099,1104,1129,1130
李魯春　916—918
李魯集　1189—1193,1460,1476
李倫　522,523,1400
李楺(洛豐君)　778,790,791,805
李勉兢　935—937
李勉昇　1132,1133
李冕九　1249,1250,1331,1387
李民宬　314—317
李民宬　238—241,257,340—
　345,347
李民覺　183,184
李明浚　649,650
李明彥　732,733

李南翼　1157,1158
李楠（福善君）　393,501,506,536,537,547,560,754
李坡　45,55
李普天　1058,1059
李齊衡　495,496
李齊賢　1,9—11,14,15,1150,1424,1439
李啓朝　1228—1230,1243,1244
李器之　675,686—691
李謙在　1237,1238,1280,1281
李喬岳　691—694
李慶果　517,518
李慶全　270,317,318,340—343,345,347
李慶億　526—528
李瓊全　63,64,66
李球（南延君）　1138—1140,1292,1476,1502
李仁任　29,39,107,1288
李日躋　750—752
李容學　1355,1356
李容佐　1254,1255
李烿（安春君）　932,933
李㼁（首陽大君）　50,51,57—59,61,1517
李濡　577,579,1395
李瑞雨　203,286,460,547—549
李潤身　439,762,763

李若愚　1202,1204,1225
李三錫　564,565,1396
李穡　8—12,14—22,24,29,31—34,317,1406,1424,1439
李山甫　169,170,393,1375
李埏（樂林君）　855,856,858,859
李善溥　231,642—644,658
李商鳳　820—823,1217,1416
李尚迪（藕船）　950,1148—1151,1163,1164,1190,1191,1197,1204,1205,1208—1210,1213,1214,1219—1222,1239—1241,1264,1265,1289,1290,1293—1295,1465,1467—1474,1480,1481,1486,1547
李尚毅　203,204,208,285—288,1571
李聖儀　1437,1456,1483
李薔晚　577,578,1395
李石亨　54—56,1518
李時白　408,409,447,448,483
李時昉　475,477
李時復　1081,1113
李時亨　1076,1077,1079,1080,1107
李時楷　412—415
李時楳　427,430—432,1395,1396
李時升　1054,1068,1069,1098

人名書名地名與其他重要詞語索引　　1621

李時萬　467—470
李時秀　1037,1058,1059,1086—1089,1091
李時彥　274,275,285,311
李始源　1054—1057
李世白　619,620,622
李世華　557,578—580,636,1397
李世器　1314,1315
李世奭　644,645,857,858
李世翊　523,524
李世載　651,652
李昰應　1437,1486,1491,1502,1552—1554,1557
李壽沆　762,763
李壽勳　845,846
李樞　507,674,675,731,749,786,787
李塾　585,645
李榆(綾昌君)　762,777
李晬光　25,35,135,145,147,169,170,191,206—211,224,279,280,285—289,365
李檀(益陽君)　711—713
李坦　526,636,637
李塘(茂林君)　869,897,898
李樘(洛昌君)　611,722,724,729,750,762,763,780,781,795,796,799,800,1400
李惕然　471,472,1396

李田秀　912,913,915,916,973,1037,1106
李廷龜　85,124,125,136,146,147,150—154,157,170,177,178,185,191,192,194—196,208,211—213,215—221,230,247—250,267,286,287,290,301,304,305,311,319—324,328,331,359,365,366,369,378,467,646,912,1004,1229,1439,1569,1570
李廷馨　46,58,237,238
李晚榮　387,390,392—395,537
李晚秀　888,898,901,904,913,1036—1039,1041,1058,1087,1088,1099,1152
李萬教　1360,1362
李維謙　1255,1256
李文田　1272,1273,1326,1486
李錫祜　1132,1133
李羲甲　1061,1113,1114
李羲准　1130,1185,1200
李喜茂　649,650,685
李夏源　651,652
李夏鎮　555,556
李憲默　825—827
李相璜　1094,1146,1162,1180,1399
李瀣(咸陵君)　484,485,1396

李瀅　112—114
李心源　845—847
李埣　470,471
李興敏　1299,1300,1486,1492
李行遠　472,1396
李荇　77,78,86—89,98,229,230,1439,1509,1511,1522
李玄緒　1241
李烜(順義君)　830,854,855,1430,1432,1433,1436,1444,1445
李彦綱　622,636
李埜　1255,1275,1280,1288
李一相　446,449,451,452,457,493—495
李一選　1102,1103
李宜昌　511,591,1397
李宜顯　239,487,516,560,629,641,673,690—694,752—756,1425,1542
李宜翼　1283,1284,1287
李頤命　634,649—651,657,658,671,683—686,698,1122
李忔　373—377
李翊漢　523,524,535,655,656
李翊模　994—997
李義弼　987,988,1454
李瀷　175,176,316,440,481,517,558,596,624,712,892,900
李㵎　879,880,882,883,1398—1400,1449,1454
李寅命　1288—1290,1353
李瑛(仁興君)　475—477,511,776
李澄(靈慎君)　542,1395
李永純　1071—1073,1075,1456,1458
李永逵　1081,1082
李永老　1060,1061,1152
李杺(海春君)　797,798,817,1403
李釉　563,1397
李有駿　1222—1224
李宇鼎　539,540,1395
李俁(朗善君)　510—512,591,1397,1399
李裕元　175,764,782,850,944,1106,1157,1184,1211,1218,1257,1349,1350,1354,1444,1445,1489
李元禎　450,465,506,507,532—534,1397,1540
李元鎮　440,441
李源命　175,1279,1486
李源益　1141,1142,1194,1196
李遠芳　16,31
李遠翊　1161,1162

李在鶴　1179—1181
李在洽　1139—1141
李在聞　1283,1287,1288
李在協　944—946
李在學　861,864,865,977—982
李澤(晉平君)　570,676—678
李增(驪川君)　741—745,764
李詹　16,39—42
李璋煜　1143,1162,1166,1167,
　　1444,1445,1460,1461,1464
李昭漢　458,459,488
李肇　684,685,1004
李肇源　67,1003,1038,1104—
　　1107,1116,1117,1189
李喆輔　696,768—770,790—792
李真儒　714,715
李楨(福昌君)　206,506,525,
　　544,547,571,754,1395
李震休　203,603,604,1397
李鎮復　943,994,1049
李鎮九　1180,1181
李㬱應(興完君)　1211—1214,
　　1499,1500,1548
李正臣　695—697,793
李正英　467,468,526
李之翼　546,1396,1400
李橵(密昌君)　706,707,714,
　　715,717,729
李止淵　1178,1180

李祉永　962,964—966
李枳(密昌君)　714,715,717
李志淵　1104,1162
李致中　854,855,932,933
李忠養　206,303
李鍾淳　1299,1300,1492
李鍾穆　1061,1097,1098
李重夏　1337,1348,1488
李重協　681
李宗淮　1167,1168,1173,1175
李倧(仁祖)　16,45,121,141,
　　144,153,163,169,177,179,
　　191,199,203,212,216,225,
　　229,231,239,240,253,260,
　　265,275,281,283,291,293,
　　306,310—312,314,315,317,
　　318,320,324,328—330,332,
　　335,339—346,348,349,352—
　　356,358,360—362,366—370,
　　372—375,378—380,382—
　　388,391—393,396—402,404,
　　406—419,421—424,426,427,
　　430,431,433,434,436—443,
　　445—448,452—460,462,463,
　　465,467—475,477,480—482,
　　484—487,489—491,493—
　　496,499,502,505,512,516—
　　518,529,547,548,556—558,
　　594,674,720,746,752—754,

1026,1321,1390,1393—1396,
1408,1411,1414,1415,1428,
1429,1507—1509,1533,1572,
1573,1575

李祖望　1480—1482

李祖淵　1320,1373,1378,1483,
1558

李祖源　971,972,999,1000

李最應（興寅君）　1205,1208,
1370,1554

梁鵠　59,60,209

梁有年　1509,1531,1532

林處鎮　803,1122

林得浩　858,859

林漢浩　1061,1063,1064,1097

林翰洙　1354,1355

林濟遠　899,900

林肯洙　1253,1292,1302

林葵　467,468,491,1396,1491,
1493,1555

林淸　1096,1107

林墰　441,442,446,448,472,
1396

林錫哲　901,902

林則徐　1201,1207,1232,1475,
1553

臨海君　172,173,189,227,229,
247,248

凌廷堪　1074,1463,1481

劉鴻訓　332,335,1509,1510

劉婧　1430,1431,1435,1436,
1442,1443

劉銘傳　1319

劉權之　990,1056,1061

劉喜海（燕庭）　1151,1152,
1163,1164,1166,1167,1191,
1213,1457,1466,1467,1470

劉墉　881,998,1008,1014,1027,
1036,1049,1118,1152,1193

劉毓崧　1479,1482

劉再昌　697,707,708

劉肇銘（芝巖）　1205,1466,1467

柳辰仝　112,113

柳鼎養　1095,1141,1142,1476

柳熵　994—996

柳畊　993,994,1013,1014

柳厚祚　1300—1304,1311—1313,
1409,1410,1551,1552

柳潤　301,304,305,332,333,
335,337

柳景深　123,124

柳夢寅　25,26,28,176—178,
266—270,280,309,1511,1512

柳命天　609—614,619,1235

柳淰　463,501

柳潤德　101,102

柳尚運　571—574,732,733

柳思瑗　199—201

柳相祚　1147,1152,1155,1471
柳儼　768—770
柳義養　918—921
柳寅睦　1312—1314
柳應元　334,335
柳永詢　155,156
柳智善　114,115
柳中郢　118—120
柳宗植　1375,1376
陸飛　833,834,836,838,840,843,869,873,875,876,968,1024,1173,1430—1438,1440,1442,1444—1446,1452
呂爾載　464—466
呂佰孫(星田)　1240,1466,1467,1469,1470
呂佺孫(堯仙)　1240,1466,1467,1469,1470,1472
呂裕吉　265,1571
羅德憲　404—406,410,1161,1394,1573
羅聘　958,959,961,968,991,1024,1451
羅士琳　1464,1475,1481
羅世弘　197,198
羅宜素　379,380,1415
駱秉章　1247,1280,1296

M

馬蕃康(筱谷)　1325,1326

馬建忠　1369,1370,1373,1377,1379,1552—1554,1565
嗎戛嘛呢　984
毛文龍(毛總兵、毛鎮)　340,341,363,367,368,371—373,378,1415,1533,1534
孟胄瑞　518—521,1395
閔黯　546,552,553,602—605,1396,1397
閔百祥　758,784,785
閔達鏞　1279,1280
閔德男　245,246,252
閔點　521,522,542,547,1395,1396
閔鼎重　528—532,536,567,568,1397,1399—1401
閔亨洙　778,779
閔命爀　1035,1036
閔仁伯　169,196,197,246,247,250
閔聖徽　371,467,468,470
閔台爀　962,1042,1043
閔熙　525,1395
閔馨男　210,295,299—301,304
閔泳穆　1332,1333
閔泳緯　1290,1291
閔哲勳　1385,1386
閔鎮厚　180,283,284,369,654,655,683

閔鎮遠　136,137,619,669—671,853,1439
閔鎮周　634,635,648,700
閔致庠　1231,1232,1249,1329—1331
閔致載　1078,1079
閔鍾顯　1,796,941,991,992
明訓　1198,1199,1219,1550
睦大欽　303,305—307,312,313,326,365
睦林儒　559,560,562
睦詹　125,126
穆麟德　1369,1370,1499

N

南迪明　652,653
南二星　565,566,1395
南公轍　518,788,808,1003,1047,1063—1066,1446
南鶴聞　879—881,1398—1400
南九萬　426,433,480,511,574,578—582,585—589,616,1397
南龍翼　473,518—521,538,1127,1395,1400
南履翼　802—804,1121—1123
南泰良　675,748,749,794,795,1398
南泰齊　801—804,1122
南廷順　1319,1320,1353
南廷益　1332,1333
南一祐　1359—1363
南以信　152,154
南以雄　360,367,414,1407,1408
倪謙　45,1507—1509,1512—1516

P

潘輝　957,958,961,1451,1452
潘駿德　1369,1370,1490,1491
潘世恩　1167,1221,1470
潘庭筠　831,833,834,836,838—841,843,868—875,877,881,959,960,968,969,1024,1173,1430—1434,1436—1438,1440,1441,1443—1446,1450,1452
潘曾瑋（玉泉）　1240,1466,1470—1472,1474
潘祖蔭（鄭盦）　1241,1272,1273,1275,1287,1466,1467,1470,1471
裴三益　157—163,1189
彭元瑞　914,946,968,1014,1024,1027,1056,1452
朴弼成　615,623,669,670
朴弼明　642,643
朴昌漢　605,606
朴承健　512,513
朴承任　127,233,294

朴淳　106,125,128,148,1439,1509

朴而章　178—180,242,243,279,280

朴鳳彬　1329—1331,1486

朴珪壽　1187,1188,1272,1276—1278,1332,1367,1399,1485—1487

朴晦壽　1178,1180,1187,1201,1224

朴橞　63,64

朴來謙　1146,1179—1181,1399

朴蘭英　396,397,399—401

朴明源（錦城尉）　859,860,888—892,897,901,926—928,930

朴齊寅　1268—1271

朴啓賢　120,121,130,131

朴綺壽　1062,1104,1106,1107,1198

朴權　612,617,618,658

朴商壽　1220—1222

朴聖輅　684,685

朴世熉　592,593

朴世堂　358,359,431,456,457,526—528,637

朴遾　393,417,445,448,451,457

朴順男　193,195

朴台壽　1114,1115

朴泰恒　653,654

朴泰尚　598,1397

朴永輔　1283,1284,1286,1287,1486

朴永元　1015,1216—1218

朴元亨　56,57,1517

朴趾源　174,175,261,593,663,730,767,830,831,835,838—840,859,869,871,874—876,883,890,892—897,921,931,957,967,973,1024,1041,1045,1112,1143,1144,1149,1170,1173,1174,1176,1206,1241,1248,1253,1294,1374,1424,1431,1446

朴忠元　94,99,114,165,1509

朴鍾淳　1014,1015

朴周陽　1349,1350

朴宗吉　1141,1142,1476

朴宗來　1071,1456,1458

朴宗行　1090,1091

朴宗學　1132,1133

朴宗薰　1131,1185

朴宗岳　975,976,986—988,992

朴宗正　1091,1092

Q

祁寯藻（春浦）　1240,1281

祁順　59,111,1508,1511,1517—1520

奇慶鉉　1281,1282,1285
琦善　1199,1201,1202,1207
千金梅　1445,1447,1465,1466,
　　1490,1491,1495,1502,1503
錢大昕　955,1021,1024,1074,
　　1166,1452,1481
丘濬　59,60,1519,1520
全湜　362—365
權愒　656,676,678
權㦣　717,718
權擘　145—147,178,1439
權持　596,597,1395
權大肯　1211—1214,1231,1232,
　　1548
權大運　447,449,554
權敦仁　1444,1479—1481
權橃　105—110
權復仁　1123—1125
權格　483,504
權好文　157,162,163
權近　16—18,29—36,58,622,
　　717,1566,1567
權魯郁　1242
權丕應　802,1122—1124
權啓　356,358,359
權悏　201,205,206,303
權慶祐　303,306,307
權尚榘　502,503,528
權尚游　673,674

權時亨　1231—1233,1255
權喜學　629—632
權諧　233,540—542
權一衡　737,738
權以鎮　620,711—714
權膺善　1326—1328
權堣　446,449,481,539
權愈　265,291,292,306,307,
　　602,603,1395
權儧　601,648
權柱　89—91
權襈　1042,1043

R

任百經　1254,1268
任百淵(鏡浯)　1190—1193
任權　107—110
任珽　766,767
任希簡　855,856
任相元　355,419,437,505,506,
　　591—593,767
任義伯　441,513,514,516
阮常生(小芸)　1150,1162,
　　1164—1166,1466,1467
阮福(賜卿)　1041,1150,1163,
　　1164,1167,1466,1467,
　　1469,1470
阮元　959,960,1072—1074,1097,
　　1143,1149—1152,1162,1165,

1167,1168,1430,1458,1459,
1463,1468,1481,1482

S

僧格林沁 1238,1241,1244,
1256,1261,1280,1287,1291,
1292,1347
申從濩 63,65,71,73—76,79,
80,1439,1541,1567
申光漢 101,103,113,146,1509,
1525
申厚命 606—608,1395
申厚載 596,597,1395
申欽 60,120—122,168,183,
185,188,191—193,212,213,
216,267,270—272,275,276,
286,366,426,443,453,487,
560,950,1407,1427,1541
申懷 563,1397
申濡 436,437,483,484,499
申時行 123,159,1571
申叔舟 30,44—48,50—52,58,
77,78,1513,1515
申思建 799,800
申琓 456,565—567,612,617,
618,1395
申曄 794,1398
申緯 927,1086,1088—1090,
1092,1148

申錫愚 1190,1271—1275,1486
申獻朝 967,1018,1019
申渫 260,261,278
申絢 967,1018,1019
申翊全 418,427,442—444
申翊聖 170,229,253,254,311,
378,379,387—389,418
申悅道 240,315,370—373,417
申在植 1135,1189—1193,1197,
1460,1461,1463,1464,1471,
1476
申轍求 1202,1203,1276,1399,
1486,1487
申晸 443,559—562,572,1395
申忠一 197,198
申佐模 1245—1249,1302,1454
沈葆禎 1296,1349
沈承澤 1355,1356
沈德潛 857,935,1021,1023,
1405,1540,1545
沈東龜 445,448
沈敦永 1224—1227
沈枋 609,612
沈焕之 994—996,1001,1234
沈埈 711—715
沈鏡 792,793
沈樂洙 934,935
沈履澤 1343—1345,1347,1348
沈能建 1025,1026,1035—1037,

1060,1069,1070,1152
沈能翼　971,972
沈念祖　867,869—873,1450
沈器遠　430,431
沈儒行　484,485,1396
沈世鼎　446,449,493—495,1399
沈壽賢　732,733,735
沈舜澤　1359,1386
沈象奎　1091—1093
沈興永　987—990,1454
沈鏞　806,1398—1400
沈頤之　850,995
沈益顯(青平尉)　519,543,559,
　　560,563,1395
沈膺泰　1228,1229
沈友勝　180,181
沈銷　628,734—736,887,904
沈之源　85,386,485—488,498,
　　499,1395
沈梓　511,550,551,1396,1397
史道　88,98,111,1508,1511,
　　1517
壽昌(伯蕃)　1284,1361,1362
帥方蔚　1167—1169,1258,1477,
　　1478,1486,1489
松筠　1097,1098,1108,1113,
　　1132,1143,1168,1221,1222,
　　1237,1384
宋昌　543,544

宋成明　732,741,745
宋持養　1222,1223,1238
宋純　114—116,1525
宋敦玉　1280,1281
宋克訒　370,373
宋濂　5,49,1127
宋麟壽　111,113
宋冕載　1116,1138
宋銓　931—933,1047
宋舒恂(小坡)　1361,1384
宋錫慶　233,234
宋相琦　571,627—629,633,661,
　　683,693
宋象賢　152,154
宋英耉　290—293,311
蘇光震　256—258,270,296
蘇世讓　93—102,110,115,276,
　　1294,1314,1509,1512,
　　1524—1526
蘇巡　95,97—102,129,261,1314
肅順　1296,1546
孫承宗　375,376,378,753,1415
孫壽山　44,45
孫萬雄　549—552,1396
孫有義　833,838,840,842,843,
　　854,870,874,1433,1436,
　　1443—1446
孫元化　375,376,380,1415
孫致彌　1538—1540

T

湯斌　832,1127,1258,1481

湯金釗　1167,1206,1207,1547

藤田亮策　1445,1446

藤塚鄰　1073,1074,1433,1443,1444,1451,1455,1458,1467,1472,1479,1480

鐵保　877,954,957,959,961,968,988,990,1008,1024,1043,1097,1098,1143,1173,1450—1452,1455

W

萬青藜　1277,1301,1335,1490,1491,1502,1552

汪喜孫(孟慈)　1073,1143,1149,1192,1193,1197,1208,1240,1444,1457,1460—1464,1466—1468,1471,1479—1482

王璨(寫蓀)　1324,1325

王敞　65,111,1508,1521

王鴻(子梅)　1150,1197,1204,1205,1208,1210,1237,1240,1466,1467,1469,1472—1474

王家屏　123,1571

王杰　862,954,960,963,975,989,1008,1014,1027,1049,1405

王敬民　148,1509,1526,1527

王筠　1167,1372,1444,1445,1460—1463,1481

王倫　228,858,900,936,1079,1405

王夢尹　458,1509,1533

王鳴盛　1021,1024,1481

王念孫　1021,1074,1481

王士禎　1454,1539,1540

王維珍(蓮西)　1361,1490

王錫爵　123,261,1526,1571

王憲成(蓉洲)　1221,1240,1466,1467,1469,1470,1486

王陽明　84,783,847,1168

王拯　1274,1275,1277,1486

魏時亮　123,1508,1510

魏象樞　664,1481

魏源　1208,1481

溫忠善(琴舫)　1241,1466,1467,1470

溫忠彥(笛樓)　1223,1239,1241,1466,1467,1470

翁方綱　954,968,969,1024,1072—1074,1089,1117,1118,1143,1149,1150,1154,1173,1450,1452,1457—1459,1468,1481

翁樹堂　1167,1168

吳翿　328,329,349,353,354,

356,357,911,1026,1321,1322,1411,1412
吳長慶　1369—1371,1374,1376,1377,1379,1489—1492,1495—1497,1553—1555,1558
吳達濟　355,407,408,418,427
吳道一　231,233,482,584—590,615,616
吳鼎源　1051,1058
吳斗寅　556—558,1026,1397
吳鴻恩(春海)　1333,1338,1346,1350,1488
吳繼淳　1162,1163,1185,1186,1193,1194,1204,1210,1211
吳竣　171,173,438,439,442,470,482,1541
吳昆田　1148,1258,1483—1486
吳明濟　189,1423—1427,1440,1538
吳命峻　709,710
吳慶錫　1336,1433,1469
吳三桂　421,424,440,491,494,497,508,510,539,540,543,544,546,550—553,558,561—563,565,567,569,575—577,589,591,599,602,631,670,751,753,754,930,1221,1305,1396,1401
吳式芬(子苾)　1240,1466,1467,1470
吳嵩梁(蘭雪)　1143,1148,1149,1151—1153,1163,1164,1166,1192,1457
吳泰賢　1060,1152
吳挺緯　171,549,550,1397
吳希孟　98,104,1508,1523,1524
吳億齡　152,171—174,178,225,226,255,256,259,786
吳瑗　758,759,785,808,910,1025,1026
吳允謙　311,334—339
吳載純　1,910—913,1025,1398—1400,1412,1446
吳載紹　1025—1029
吳知過　1425,1427
武輝瑨　961,1451
武忠　1508,1516

X

夏言　97,103,115,137
辛慶晉　152,171,178
辛義立　308,309
熊化　121,173,227,1509,1571
徐長輔　1042—1044,1046,1152
徐郁　1346—1348,1350,1365
徐耕輔　663,1170,1491
徐光庭　838,1436,1443
徐衡淳　1271,1272,1295,1486

人名書名地名與其他重要詞語索引　　1633

徐兢　1505—1507
徐居正　1,16,38,45,57—60,67,
　　209,391,1509,1511,1518,
　　1519
徐俊輔　1131,1157
徐龍輔　975,976,1055,1446
徐美修　1031,1033,1446
徐命彬　780,781
徐命臣　816—818
徐命均　706,707,760,768—770
徐命膺　776,808,810,848,849
徐穆　1508,1511
徐能輔　1114,1147
徐念淳　1234—1236
徐慶淳　1219,1248,1249
徐紹薪　935,1455
徐樹銘　1320,1328,1356,1381,
　　1384,1504
徐堂輔　1300,1301,1551
徐桐　1328,1502
徐文重　601,603,625—627,631,
　　633—635,647—649,700,748
徐憲淳　1281,1282,1285,1286,
　　1486
徐相鼎　1326—1328
徐有防　177,266,993
徐有素　1125—1128
徐有聞　999—1001,1003—1007,
　　1125

徐振　1536—1538
徐宗泰　646—649
許篈　131—135,138,297,301—
　　303,1439
許賡　1445
許國　41,97,123,159,189,221,
　　375,700,868,962,1508,
　　1510,1571
許積　450,508,509,518—521,
　　529,539,560,571,1395
許筠　1,101,118,132—135,209—
　　211,262,284,294,295,297,
　　299—304,386,712,823,1294,
　　1423,1424,1426,1532,1541,
　　1570—1572
許乃濟(青士)　1240
許其光　1369,1371,1374,1490,
　　1491
許寅輝　1563—1565
許元龍　928,929
許震童　128—130
續昌　1560—1562
宣若海　398,399
薛廷寵　94,99,108,1508,1525

Y

嚴昂　838,841,842,1436,1442—
　　1445
嚴誠　831,833,834,836,838—

843,869,870,873,1024,1173,
1430—1438,1440,1442—
1446,1469,1475,1487
嚴鼎耆 447,449
嚴果 838,841,842,1430,1434—
1436,1442—1445
嚴老伯 838,841,1436,1442
嚴世永 1314—1316,1323
嚴璹 851,855—857
楊道寅 332,335,1509
楊尚文(墨林) 1205,1240,1466,
1467,1470
楊淞(蓮卿) 1240,1466,1467,
1469,1470
楊秀清 1241,1255,1261
姚鼐 1163,1459
葉觀儀(棣如) 1240,1466,1467,
1493,1494
葉名琛(琨臣) 1164,1247,1257,
1260,1261,1264
葉名澧(潤臣) 1164,1192,1258,
1466, 1467, 1469, 1472,
1484—1486
葉志詵(東卿) 1089,1143,
1152,1163,1164,1180,1184,
1192,1457,1460,1463,1466,
1467,1470
儀克中(墨農) 1163,1164,1349,
1466,1467,1469,1470

奕訢 1273,1279
尹曠 911—913,1399,1400
尹安國 232,306,332,364,374,
376,377
尹秉烈 1121,1200
尹長烈 897,898
尹承順 33,34
尹淳 341,453,623,646,737—739
尹穧 1212—1214,1548
尹得養 844,845
尹得運 1053,1054,1079,1083,
1400
尹東暹 850,995
尹根壽 26,120—123,162,164,
168,169,188,189,191,229,
248,286,300,366,1407
尹弘離 635, 636, 1397, 1399,
1400
尹暉 319,321,438,439
尹汲 788—790,847
尹集 355,407,418,427
尹繼善 206,207,1405
尹嘉銓 894,902
尹絳 467,468,491,1396
尹堦 564,594,1396
尹泂 120,121,168
尹魯東 1058,1059,1087
尹攀 575,576,1397
尹尚東 935—937

尹尚圭　1055,1056,1061,1097	俞瑒　540—542
尹深　544,1395	俞崇　676,678
尹昇求　1355,1356	俞得一　540,615,616,653,654
尹師國　916,918	俞漢謨　944—946
尹世忱　106—108,110	俞泓　162—164,168,169
尹世紀　567,568,593—595,1395,　1397,1399,1400	俞集一　655,656
尹順之　453,454,498—500,1399	俞命雄　638,639,681
尹泰駿　1367,1368,1558	俞拓基　682,698,701—703,806,　807,1398—1400
尹暹　155,163	俞昔曾　251,252,257
尹顯岐　1290,1291	俞夏謙　549,1397
尹行直　1061,1113,1114	俞彥鎬　702,866,939—942,944,　1030
尹暄　257,340—342,345,347,　453	俞彥述　795—797
尹陽來　698,700,701,703	俞應煥　1161,1162
尹晹　260,261	俞章煥　1250,1251,1297
尹以濟　568,569,1396	俞致崇　1281,1282,1285,1286
尹義立　312,313	魚世謙　53,54,68,69,87,89
尹哲求　1222,1223,1238	魚錫定　944—946
尹之彪　15,17	魚允中　1370,1371,1373,1377—　1379
尹趾仁　657,659,666	禹昌績　516,517
尹致聃　1353	元斗杓　442,443,448
尹致定　1220,1221	元士安　157,159—161
尹致謙　663,1170,1175	元在明　1047—1049
尹致秀　1241,1288,1289,1472	袁崇煥　372—378,478,720,753,　919,930,1298,1415,1454
尹卓然　120,121,144	袁枚　877,968,1024,1102,1149,　1176,1452
游智開　1350,1351,1369,1370,　1374,1444,1445,1490,1491	
俞橃　449,451,479,489	

袁世凱　1369,1372,1374,1376,
　　1377,1390,1490—1502,1554,
　　1558,1561,1562
岳鍾琪　714,1405

Z

載垣　1271,1296,1546
曾國藩　1247,1274,1280,1291,
　　1296,1363,1470
張丙炎　1258,1277,1466,1467,
　　1470,1483,1491,1502
張伯偉　1127,1128,1426
張惠言　1074,1209,1459,1481
張際亮　1140,1481
張瑾　111,1508,1517,1518
張穆（石洲）　1217,1240,1466,
　　1467,1486　張寧　57,1508,
　　1516,1517
張世準（叔平）　250,714,747,
　　1338,1340,1341,1488
張廷枚　1541—1543
張廷玉　751,763,795,809,1127,
　　1405
張晚　238—241
張問陶　961,968,1451
張錫駿　1296—1299
張曜孫（仲遠）　1197,1208—
　　1210,1240,1466,1467,1469,
　　1471,1473,1474

張之洞　1342,1486,1555,1558
張子忠　42—44
張自好　304,305
趙瑛　939—941
趙秉鎬　1319,1320
趙秉龜　1147,1148,1151—1154
趙秉恒　1245,1249,1387
趙秉世　1359,1385,1386
趙秉鉉　1141,1142,1194,1195,
　　1197,1547,1548
趙得林　1250,1251
趙德成　857,858
趙德潤　991,992
趙鼎鎮　888—890,892,896
趙定熙　1320—1323
趙斗淳　760,861,975,976,992,
　　1101,1122,1178,1183,1184,
　　1187—1189,1301,1302
趙鶚（雲野）　231,232,303
趙鳳夏　1205—1208
趙觀彬　616,717,758,784—786,
　　1188
趙亨復　1216,1218
趙珩　482,483,504,505,540
趙洪鎮　1069,1070
趙徽林　1276,1279,1399,1486,
　　1487
趙基謙　1138,1476
趙溦　344—347

人名書名地名與其他重要詞語索引　1637

趙浚　37,38
趙明謙　792,793
趙末生　39,41
趙寧夏　1320,1321,1323,1324,
　　1326,1338,1483
趙啓昇　1189—1192,1460,1476
趙啓遠　495,496
趙然昌　1290,1291
趙榮福　666,669,681,682
趙榮進　818—820,1416
趙榮世　691—693
趙榮順　851—854,1188
趙尚絅　750,751
趙尚鎭　967,1018,1019,1453
趙師錫　560,575,576,1397
趙石岡　48,49
趙時偉　884,885
趙世煥　532—534
趙泰采　634,649,657,671,672,
　　695,696,698,1118,1122,
　　1187,1188
趙泰東　646,648
趙萬永　1109,1110,1152,1399
趙緯韓　274—277
趙文命　675,717—722,754
趙錫命　747,748
趙顯命　233,502,563,601,629,
　　666,667,717,718,739,776,
　　782—784,794,795,
　　1398—1402
趙憲　128,132,133,135—140,
　　268,967
趙性教　1318,1486,1487
趙秀三　948—950,1015,1016,
　　1110,1148,1151—1153,
　　1294,1465
趙翊　222—224
趙翼　97,216,283,365
趙翼命　737—739
趙宇熙　1323,1333,1334
趙煜宗　833,838,843,1433,1436,
　　1444,1445
趙遠期　521,522
趙雲卿　1237,1238
趙雲周　1271,1272,1486
趙鎭禧　732,733
趙忠植　1234,1235
趙鍾永　114,1099,1101,1118
趙宗鉉　947,995
趙最壽　752—755,775
正祖大王(李祘)　234,859,887,
　　968,1011,1016
鄭轂　243—245
鄭誧　14,15
鄭澈　121,183—186
鄭存謙　904,1454
鄭大容　986,987,1016
鄭道傳　19—21,26,28—32,34,

1424,1439,1540
鄭德和　1243,1244
鄭東觀　977,978,981,982
鄭斗源　379,380,1414—1416
鄭而得　76,77
鄭光忠　809—813
鄭好仁　859,860
鄭華齊　536,537
鄭基世　1167,1489,1558
鄭基雨　1348,1488
鄭稷朝　1364—1366
鄭濟先　575—577,1397
鄭錦　563,565—567,574,576,577
鄭經世　73,106,141,143,265,278,397,1528
鄭俊一　758,784—786
鄭崑壽　180—182,186,203,204,248
鄭禮容　1135,1136,1460,1463,1476
鄭麟卿　430,431,447,449,496
鄭夢周　17,19—26,29—31,37,38,1406,1424
鄭命壽　413,416,447,472,475,477,478,483,489—491
鄭樸　525,533,555,1395
鄭期遠　199,201
鄭尚愚　986,987

鄭士龍　89,92,96,102,103,111,115,572,584,1406,1424,1509,1511,1524,1541
鄭士信　93,208,277—282
鄭世規　420,445,448,460—463
鄭世矩　306,307
鄭太和　98,473—475,490,491,508—510,1489,1572
鄭晚錫　1025,1026,1111
鄭維城　501,502,512—514
鄭文翼　396—398
鄭晢　547,548
鄭錫五　766,767
鄭顯德　1295,1296
鄭彥燮　779,780
鄭一祥　867,1450
鄭棆　501,536,537
鄭寅普　174—176,831,834,835
鄭攸　484,485,1396
鄭元和　1352,1353
鄭元容　850,864,904,922,976,1038,1063,1092,1157,1162,1166—1170,1216,1229,1477,1478,1489
鄭元夏　1359,1386
鄭載崙（東平尉）　532,533,652,653
鄭載嵩　582,583,585—587,589,591,1395

人名書名地名與其他重要詞語索引　1639

鄭在絅　1186,1187
鄭之虎　502,503
鄭之羽　373,376,440
鄭芝龍　495,540
鄭知和　446,449,479—481,
　506,507,521—523,538,1397
鄭致淳　939,941,942
鄭致和　393,438,439,504,517,
　523,524,537
忠烈王　5—7,9,10
忠宣王(益智禮普化)　6,9—11
周保璋　1365
周達原　1134
周馥　1369,1370,1374,1490,
　1491
周家禄　1489—1495,1555—1559
周命新　896,897
周棠　1242,1243,1248,1316,
　1350,1466,1491
周文謨　920,921,1031,1034,1233
朱珪　1008,1014,1017,1049,1056
朱橋驛　344,354,363,371,1415

朱三太子　562,655
朱善旂　1167,1168
朱文藻　838,839,842,1430,1431,
　1433—1436,1442—1445
朱錫綬(寶竹)　1241,1466,1467,
　1470
朱彝尊　1127,1155,1424,1517,
　1531,1538,1540
朱之蕃　227,1509,1511,1531,1532
祝世禄　1425,1427
莊縉度(眉叔)　1240　莊受祺(衛
　生)　1209,1240
卓丙炎(友蓮)　1324—1326
卓秉恬　1167—1169,1173,1175
鄒廷翰(葵軒)　1361
祖大壽　375—377,412,420,421,
　465,497,560,561,621,930,
　1175,1266,1417
左宗棠　1296,1319,1328,1329,
　1333,1336,1347,1358,1361,
　1363,1365

書名索引

A

阿克敦詩　1541—1544

安南國使臣唱和問答録　207—209
奥絛朝鮮三種　1555,1557

B

白沙先生集　105,212,216,1528
白下集　341,453,623,646,737,738
白軒集　456—458,521
保閑齋集　44—46,50—52,1513
葆真堂燕行日記　95,97,99,100
寶顏堂訂奉使錄　1516,1517
豹菴稿　396,642,922,923
北扉酬唱錄、北扉酬唱錄續稿　426,427,429
北行酬唱　430,431,432,452
北行歌　1312—1314
北行錄(洪奭周)　1040,1041
北行錄(洪翼漢)　355,406,407
北行日記(洪翼漢)　404,405
北行日記(羅德憲)　404,405
北雁尺一　1490,1491
北雁尺壹　1490,1491
北燕紀行　916,917
北游草　1337,1339,1340
北游日記　1336—1340,1345,1347,1488
北游詩草　1348,1349
北游談草　1335,1340,1341
北游續草　1337,1345
北轅錄(洪淳學)　1304,1311
北轅錄(姜長煥)　1250—1252,

北轅錄(李商鳳)　820—824,1217,1416
北楂談草　1334—1336
北征錄(金誠一)　141
北征錄(金圻)　3,5
北征錄(李夏鎮)　555
北征錄(徐居正)　57,59
北征日記　1202,1203
北征詩　391,392
本草綱目　661,688
本末錄　770—772,774
筆譚　1460,1461,1464
碧蘆集　1174,1175,1177
賓王錄　6—9
丙辰朝天錄(李廷龜)　217,304,305
丙辰朝天錄(睦大欽)　305,307
丙辰朝天詩(金止男)　303
丙辰苦塊錄　994—996
丙辰手本　767,768
丙辰聞見事件(方禹叙)　1247
丙辰聞見事件(姜長煥)　1252
丙辰聞見事件(李翊模)　996
丙辰聞見事件(李經修)　1253
丙辰聞見事件(李羲懋)　1252
丙辰聞見事件(申佐模)　1247
丙辰聞見事件(俞夏謙)　549
丙辰燕行錄(李瑞雨)　548
丙丁燕行詩　1191

人名書名地名與其他重要詞語索引　　　1641

丙申別單　859
丙申手本(韓興五)　680
丙申手本(韓有禧)　679
丙午別單　935
丙午聞見事件(洪宅憲)　937
丙午聞見事件(李勉兢)　936
丙午聞見事件(孟冑瑞)　521
丙午聞見事件(趙遠期)　522
丙午燕行詩　521,522
丙戌別單(咸溪君李櫄、尹得養)　844
丙戌別單(俞得一、朴泰恒)　653
丙戌手本　844
丙戌聞見事件　1135
丙寅別單(驪善君李壆、趙榮國)　787
丙寅別單(南九萬、李奎齡)　586,587
丙寅手本　786
丙寅聞見事件(卞復圭)　1060
丙寅聞見事件(洪淳學)　1312
丙寅聞見事件(金昌熙)　1299,1492
丙寅聞見事件(李墪)　584,585
丙寅聞見事件(李宜昌)　591
丙寅聞見事件(李宜教)　1300
丙寅聞見事件(李永老)　1060
丙寅聞見事件(吳道一)　589,590
丙寅聞見事件(玄鐸)　1312
丙寅燕行日乘　588,589

丙寅燕行雜錄　585,586
丙子手本　1102,1103
丙子聞見事件(邊鎬)　1107
丙子聞見事件(卞元圭)　1357,1363,1490
丙子聞見事件(金弘楨)　625,626
丙子聞見事件(朴綺壽)　1106
丙子聞見事件(任胤元)　625
丙子聞見事件(尹致聘)　1353
丙子聞見事件(鄭元和)　1352
並世錄　1022—1024

C

曾祖考燕行錄　519
槎行錄　362—365
槎行贈言　365
槎路三奇帖·孤竹城　1419
槎路三奇帖·薊門煙樹　1418
槎路三奇帖·姜女廟　1420
槎路三奇帖·西山　1419
槎上續韻　1182,1183
槎上韻語　1160,1161,1183
朝京日錄　387—389
朝天別章(李好閔等)　243
朝天別章(李滉等)　112,113
朝天別章(裴三益)　160,162,163
朝天別章(權好文等)　157
朝天行錄　165—167
朝天後錄　230,382,383

朝天紀行詩　279,280
朝天記　131—135,138
朝天記(地圖)　1414,1415
朝天記聞　213—216
朝天贐行詩　280,309
朝天錄(成壽益)　155,156
朝天錄(丁煥)　104
朝天錄(高用厚)　293,380
朝天錄(韓濩)　150
朝天錄(韓應寅)　152,153
朝天錄(洪命元)　325,327
朝天錄(洪聖民)　130,131
朝天錄(黃㻶)　166
朝天錄(黃是)　273,274
朝天錄(金誠一)　141,143,145
朝天錄(金地粹)　369
朝天錄(金玏)　233—235
朝天錄(金尚憲)　365—368,434,1540
朝天錄(金堉)　389,395
朝天錄(金中清)　294—296,298
朝天錄(李安訥)　229,230,382,643
朝天錄(李德泂)　348,349,351,352,359
朝天錄(李恒福)　215,216
朝天錄(李民宬)　341—343
朝天錄(李尚吉)　310,311
朝天錄(李睟光)　170,206,207

朝天錄(李廷馨)　237,238
朝天錄(李瀅)　113
朝天錄(李荇)　87,88
朝天錄(柳夢寅)　177,266—268
朝天錄(閔仁伯)　196,197,250
朝天錄(裵三益)　157—162
朝天錄(權橃)　105—110
朝天錄(申欽)　192
朝天錄(申悅道)　373
朝天錄(未詳)　352
朝天錄(吳億齡)　171,173,255
朝天錄(許筬)　132,135
朝天錄(許筠)　299
朝天錄(許震童)　128,129
朝天錄(尹根壽)　122,168,169
朝天錄(張晚)　238—240
朝天錄(趙濈)　344,345
朝天錄(趙緯韓)　274,275
朝天錄(趙翊)　224
朝天錄(鄭澈)　185
朝天錄(鄭經世)　265,266
朝天錄(鄭士龍)　102,103,111
朝天錄前稿　293,379,380
朝天錄文　380,381
朝天日乘(李恒福)　211,213—215
朝天日乘(趙濈)　346,347
朝天日記(洪鎬)　384,385
朝天日記(金鑑)　311,312

朝天日記(李忔)　376
朝天日記(張錫駿)　1297,1298
朝天日記(趙憲)　133,135—139
朝天日錄(安克孝)　245
朝天日錄(崔晛)　260—264
朝天日錄(金淮)　312—314
朝天日錄(金堉)　387
朝天日錄(金中清)　294
朝天日錄(蘇光震)　256,257,296
朝天日錄(鄭士龍)　103
朝天詩(成三問)　48,49
朝天詩(崔淑精)　66,67
朝天詩(崔晛)　263
朝天詩(崔演)　101,117
朝天詩(高敬命)　147
朝天詩(洪鎬)　385
朝天詩(洪履祥)　193,195
朝天詩(洪彥忠)　86
朝天詩(姜希孟)　60,61
朝天詩(金德承)　361
朝天詩(金時讓)　281,282
朝天詩(金守溫)　52
朝天詩(金中清)　296,297
朝天詩(李承召)　56,69
朝天詩(李德馨)　258,259,286
朝天詩(李珥)　125
朝天詩(李慶全)　317,340
朝天詩(李石亨)　54,55
朝天詩(李晬榮)　394,395

朝天詩(李忔)　376,377
朝天詩(柳景深)　123
朝天詩(閔仁伯)　197
朝天詩(權擘)　145
朝天詩(申叔舟)　50,51
朝天詩(宋英耈)　290
朝天詩(蘇世讓)　98
朝天詩(許震童)　129
朝天詩(魚世謙)　54
朝天詩(俞泓)　163
朝天詩(趙浚)　37
朝天詩(鄭文孚)　283
朝天時聞見事件啓　370,371,373
朝天贈行詩(李植等)　386
朝天贈行詩(鄭士信)　279
朝鮮策略　1368,1483
朝鮮賦　1521,1522,1537
朝鮮古今詩　1427
朝鮮古詩　1424,1427,1428
朝鮮國紀　1527
朝鮮紀事　1513—1515,1528
朝鮮詩選全集　1425,1426,1428
朝鮮詩選校注　1423
朝鮮使者金永爵筆談記　1149,
　1483—1485
朝鮮世表　1555
朝鮮樂府　1555,1557,1558
朝鮮雜述　1559,1560
朝鮮雜詠　1559,1560

朝鮮雜誌　1522
朝鮮載記備編　1555,1556
朝鮮竹枝詞(柏葰)　1537
朝鮮竹枝詞(徐振)　1536—1538,
　　1547
呈禮部兵部文　182
呈禮部文(崔豈)　190
呈禮部文(金玏)　237
呈禮部文(李好閔)　228
呈禮部文(裴三益)　161
呈禮部文(鄭崑壽)　182,183
呈文(洪鍾永)　1366
呈文(金玏)　235
呈文(李好閔)　228
呈文(柳夢寅)　268
呈文(俞泓)　164
乘槎錄(承文院編)　442,1394
乘槎錄(崔斗燦)　1577,1578
乘槎錄(黃仁點)　951,952
乘槎錄　江海乘槎錄　1577—1579
遲川先生集　427—430,1535
尺牘藏弆集　1457,1459
冲齋先生文集　105,106
崇德七八年分朝鮮國王來書
　　1428,1429
崇禎丙子朝天錄　392—394,537
出疆錄(金景善)　1171,1175,1233,
　　1234
出疆錄(南一祐)　1360

春樹清譚　1141,1143,1145
醇庵集　910,911,1412
崔海州沂朝天日記　253,254
翠屏公燕行日記　482,504,505

D

大陣尺牘　1492
澹寧燕行詩　1098,1099,1130
澹齋談草　1365
擣椒錄　561,571—573
到沙河驛狀啓　447,479—481
點馬行錄　36,37,1566,1567
丁丑別單　813
丁丑行錄　144,149,186,188,190
丁丑手本　1107
丁丑聞見事件(洪義瑾)　1108
丁丑聞見事件(金在洙)　1109
丁丑聞見事件(柳重茂)　633
丁亥燕槎錄　845—847
丁亥燕行日記　1385,1386
丁卯別單　790,805
丁卯手本(金成采)　1062
丁卯手本(金在洙)　1062
丁卯手本(李光載)　1061,1098,
　　1113,1199
丁卯聞見事件(金魯應)　1065
丁卯聞見事件(朴世熿)　593
丁卯聞見事件(嚴世永)　1314,
　　1315

丁卯燕行録　770,791
丁巳手本　997,1019,1107,1115,
　　1118
丁巳聞見事件(洪樂游)　997
丁巳聞見事件(李容佐)　1254,1255
丁巳聞見事件(李垼)　1255,1275,
　　1280,1288
丁巳聞見事件(孫萬雄)　552
丁巳燕行日記　675,768—770,791
丁巳燕行詩　551
丁未手本(李尚迪、方禹叙)　1219,
　　1220,1247,1256
丁未手本(李樞)　731
丁未手本(李鎮復)　943
丁未聞見事件(李世翊)　523
丁未聞見事件(李洙)　942
丁未聞見事件(慶㝢)　522
丁未聞見事件(鄭致淳)　941,942
丁未燕行詩　1221
丁酉別單　866
丁酉朝天録(李尚毅)　203,285
丁酉朝天録(許筠)　209—211
丁酉聞見事件(李光載)　1199,1550
丁酉聞見事件(李源益)　1196
丁酉聞見事件(李在學)　864,865
丁酉聞見事件(李重恊)　681
丁酉燕行日乘　498,499
丁酉燕行詩(李尚迪)　1197
丁酉燕行詩(尹順之)　499

東槎録(崔有海)　378,379
東槎録(李廷龜)　217,1569,1570
東槎録(李昭漢)　458
東槎録(權柱)　90
東方和音　1531,1532
東還封事　137,139
東行三録　1552—1554
東覽寶帖　1406
東使紀程　1548—1550
東使紀事詩略　1551
東使吟草　1548—1550
東遊集　1542,1543
東嶽集　229,230,1412
動安居士行録　6,8
斗室存稿　1091,1092

E

恩誦堂集詩　1148,1149,1151,
　　1163,1164,1191,1197,1204,
　　1205,1208,1210,1213,1214,
　　1221

F

二憂堂集　671,672,695,1188
樊巖集　867,1412
方洲張先生文集　1516,1517
汾崖遺稿　559,560
楓皋集　928,975,976
奉使朝鮮倡和集　1515

奉使朝鮮稿　1531,1532
奉使朝鮮日記　1546,1560,1561,
　　1563
奉使朝鮮驛程日記　1546,1547
奉使錄(總説)　60
奉使錄(李崇仁)　31,32
奉使錄(李穀)　11—13
奉使錄(權近)　33,35,1566
奉使錄(張寧)　1517
奉使詩　19,26
奉使圖　1542—1546
奉使雜錄　29,31
奉使至朝鮮　1538,1539
赴京別章　298,299
赴京回還啓辭　282,283
赴京日記　94,95,97
赴京日錄　180—182
赴南詩　20—26
赴瀋日記(辛巳赴瀋錄)　454,455
赴瀋時親知諸公贈別詩　452
赴燕日記(李在洽)　1139,1140,
　　1141
赴燕日記(沈敦永)　1224,1225,
　　1226,1227
赴燕日錄　531
赴燕詩(李鳳秀)　1057
赴燕詩(李時萬)　469,470
赴燕詩(李始源)　1054,1055
赴燕詩(蘇光震)　257,258

副使時別單　980

G

高句麗集　1557,1558
高麗史　1,2,4—6,8,9,12,14,
　　16,19—24,29,30,32,34,37,
　　39,821,1370
縞紵集　1450,1451
艮齋集　578,595,628
艮齋先生文集　101,102,117,118
庚辰別單　818—820
庚辰手本　1081,1113
庚辰聞見事件(邊鎬)　1115
庚辰聞見事件(卞元圭)　1363
庚辰聞見事件(姜履相)　640
庚辰聞見事件(李光載)　1113,1114
庚辰聞見事件(李萬教)　1362
庚辰聞見事件(朴台壽)　1114
庚辰燕行錄　816—818
庚申朝天紀事　322,323,1004
庚申朝天錄　217,321—323
庚申聞見事件(卞光韻)　1266,1267
庚申聞見事件(高時鴻)　1266
庚申聞見事件(金倫瑞)　1016,1017
庚申聞見事件(金在洙)　1013,
　　1042,1059,1062,1080,1095,
　　1109,1121
庚申聞見事件(李後善)　1270
庚申聞見事件(李閏益)　1271,

1278,1291
庚申聞見事件(睦林儒) 562
庚申聞見事件(朴鍾淳) 1014
庚申聞見事件(申懹) 563
庚申燕行錄 319—321
庚申燕行詩 1015
庚午朝天錄 379
庚午手本(李時復) 1081,1113
庚午手本(李時亨) 1076,1079
庚午聞見事件(韓文奎) 1322
庚午聞見事件(金元爕) 602
庚午聞見事件(金在洙) 1080
庚午聞見事件(趙定熙) 1322
庚午燕行錄 760,797,798
庚辛燕行詩 966,967,969
庚戌朝天日錄 277—279
庚戌乘槎錄 951
庚戌聞見事件(洪命福) 956
庚戌聞見事件(李百亨) 955,956
庚戌聞見事件(李祉永) 964—966
庚戌聞見事件(趙世煥) 532,533
庚戌聞見事件(鄭華齊) 536,537
庚戌燕行日記 962,963
庚戌燕行詩 961
庚寅朝天錄 169,207,287,288,365
庚寅聞見事件 480,481
庚子別單 694
庚子朝天詩(李承召) 69

人名書名地名與其他重要詞語索引　　1647

庚子朝天詩(魚世謙) 68
庚子聞見事件(李元禎) 506,507
庚子聞見事件(李洙) 899
庚子聞見事件(林濟遠) 899,900
庚子聞見事件(朴道貫) 900
庚子聞見事件(尹長烈) 898
庚子聞見事件(趙鼎鎮) 888,889
庚子燕行詩 691,692,694,752,754
庚子燕行雜識 692,693
古杭尺(赤)牘 1432,1434,1435,1440—1442
古杭文獻 839,1435
古歡堂收草 1337,1339,1340,1345,1346
古今圖書集成 856
古客談草(姜瑋) 1340,1341
古客談草(鄭健朝) 1335,1340
觀光錄(總說) 76
觀光錄(蔡壽) 76,77
觀光錄(成俔) 63—65,90
觀光錄(金克成) 85
觀光錄(金沂) 71,72
觀光錄(李簹) 39,41
觀海錄 927—931
觀華志 1382—1385
觀燕錄 1049,1050,1456
冠巖遊記 1157—1161
癸丑手本 984,985,1029,1056

癸丑聞見事件(李宇鼎)　539
癸丑聞見事件(張濂)　981
癸丑聞見事件(鄭東觀)　981
癸丑燕行詩　979
癸亥手本　1042
癸亥聞見事件(洪奭周)　1041
癸亥聞見事件(李尚迪)　1290
癸亥聞見事件(李埜)　1288
癸亥聞見事件(李寅命)　1288
癸亥聞見事件(李在聞)　1287
癸亥聞見事件(閔命爀)　1035
癸亥聞見事件(徐長輔)　1042
癸亥聞見事件(張舜相)　1041
癸亥聞見事件(鄭濟先)　576
癸亥燕行詩(洪奭周)　1039—1041,1162
癸亥燕行詩(李尚迪)　1289
癸甲手本　674,675,731,787
癸卯別單(黃仁點、柳義養)　918
癸卯別單(礪山君李枋、金始煥)　705
癸卯別單(密昌君李樴、徐命均)　706,707
癸卯別單(吳命峻、洪重禹)　709,710
癸卯朝天詩　242
癸卯手本　707
癸卯聞見事件(洪宅憲)　921
癸卯聞見事件(李東郁)　919
癸卯聞見事件(李壆)　512,513
癸卯聞見事件(尹曧)　911,912
癸卯聞見事件(張濂)　912
癸卯聞見事件(趙鳳夏)　1206—1208
癸卯燕行錄　710,711
癸卯燕行詩　1239
癸巳別單(臨昌君李焜、權尚游)　673,674
癸巳別單(樂林君李㙫、嚴璹)　855,858
癸巳行錄　185—187
癸巳聞見事件(李光載)　488,489
癸巳聞見事件(李在鶴)　1181
癸巳聞見事件(李鎮九)　1181
癸巳聞見事件(林葵)　491
癸巳燕行錄(洪命夏)　485—487,514,515
癸巳燕行錄(趙泰采)　671,672,695,696,1188
癸未聞見事件　1132
癸酉別單(柳命天、李麟徵)　614
癸酉別單(洛豐君李楺、李命坤)　805
癸酉聞見事件(崔恒齊)　608
癸酉聞見事件(洪起燮)　1094,1095
癸酉聞見事件(金在洙)　1095
癸酉聞見事件(柳鼎養)　1095

人名書名地名與其他重要詞語索引　1649

癸酉聞見事件（閔泳穆）　1332
癸酉聞見事件（趙宇熙）　1333
過江錄　131—134

H

海藏集　1190,1272—1275
海槎朝天日錄　335,337,338
海槎朝天詩　338,339
海東名臣錄　106,110,194
海東詩選　1424,1439—1441
海峰集　325—327
海客琴樽　1208,1210
海鄰尺牘　1149,1465,1467,1472,1473
海鄰尺牘鈔　1468,1469
海隣尺素　1465,1466,1470
海外墨緣冊　1479
海月先生文集　219—221,1528
含忍錄　867,868,876
寒圃齋使行日記　698—700
韓客巾衍集　869,875,1448,1449,1489
韓使吟卷　1272,1273
韓四客詩草　1348,1488
韓四客詩選　1338,1488,1489
杭傳尺牘　831,838,839,841,1435,1436,1438,1447
航海朝天詩　357
航海朝天圖　911,1411,1413,1421

荷谷先生朝天記　131—134
荷谷先生年譜　132,135
荷潭金時讓文集　281—283
鶴巖集　717—719,721,722
弘齋全書　234,235,859,887,968,1011
後燕槎錄　615
後雲錄（熱河紀行詩注）　960
壺谷集　473,518,519,538
花浦西征錄　355,407,1573,1574
花浦先生朝天航海錄　354—357,406,1411,1573
花浦遺稿　355,357,406,407
華行日記　1579—1581
華使尺牘　1495
瓛齋集　1276—1278,1485
皇華集　58,60,94,98,315,1410,1508,1510,1511,1513,1515,1517,1518,1524,1527,1532
皇華集類編　1525
皇華日記　222—224
皇華涂程考　1410
皇清經解　1073,1150,1481
黃粱吟　1104,1105,1116,1189
黃粱吟下　1116

J

及健齋漫錄　1058,1059
己丑別單　849

己丑聞見事件(姜時永)　1156
己丑聞見事件(姜與載)　477,478
己丑聞見事件(李翊漢)　655
己丑聞見事件(趙秉龜)　1147
己丑燕行詩(李尚迪)　1148,1149,
　1163,1191,1197,1204,1208,
　1213,1219,1221,1222,1239,
　1264,1289,1290,1293,1294,
　1465,1468,1470
己丑燕行詩(趙秀三)　1151,1152,
　1153
己丑飲冰錄　473—475,508,509,
　1572
己亥別單　886,901,918,935,951
己亥聞見事件(洪明浩)　887
己亥聞見事件(宋必恒)　683
己亥聞見事件(鄭楷)　501
己亥燕行錄　502,503
己卯朝天詩　53,68
己卯聞見事件(李元鎮)　440,441
己卯聞見事件(俞命雄)　639
己卯聞見事件(鄭元夏)　1359
己卯聞見事件(鄭致和)　438
己巳別單　795
己巳手本(李時亨)　1076,1077,
　1080,1107
己巳手本(申濂)　595
己巳聞見事件(成瓛)　599,600
己巳聞見事件(韓文奎)　1320

己巳聞見事件(李永純)　1071
己巳聞見事件(閔致載)　1078,1079
己巳聞見事件(權持)　597
己巳聞見事件(玄在明)　1072
己巳聞見事件(尹得運)　1079
己巳聞見事件(趙秉鎬)　1319
己巳燕行別章　1323
己未別單　776
己未朝天錄　328,353
己未聞見事件(金倫瑞)　1013
己未聞見事件(金在和)　1009
己未聞見事件(金直淵)　1263
己未聞見事件(具得魯)　1011
己未聞見事件(李華鎮)　558,559
己未聞見事件(李尚迪)　1264,1265
己酉別單　745
己酉朝天詩　271
己酉千秋書狀諸賢贐行詩　270
己酉聞見事件(成種仁)　947
己酉聞見事件(張濂)　948
己酉西行記　1570,1571
記徐即登排陸學語　122,123
祭海神文(金尚憲)　366
祭海神文(李慶全)　340
薊槎日錄　1349,1350
薊程錄　1046
薊程散考　1128,1129
薊程詩稿　1045—1047
薊南尺牘　1432,1443,1444

薊山紀程　1043—1046,1129
甲辰朝天録(李廷龜)　217,247,
　　249,250
甲辰朝天録(鄭士龍)　103,111
甲辰啓下　714,715
甲辰聞見事件(洪命福)　927,943,
　　975
甲辰聞見事件(李鼎運)　926,927
甲辰聞見事件(李競淵)　925
甲辰聞見事件(沈埈)　714,715
甲辰聞見事件(吳繼淳)　1210
甲辰聞見事件(禹昌績)　516
甲辰聞見事件(張濂)　925
甲辰燕行録　487,515
甲辰燕行詩(卞鍾運)　1211
甲辰燕行詩(洪命夏)　487
甲辰燕行詩(金熤)　923
甲辰燕行詩(李尚迪)　1213
甲申別單　828,829
甲申聞見事件(李奎老)　459
甲申聞見事件(李夏源)　651
甲午別單(海溪君李燦、趙德成)　857
甲午別單(李澤、權愭)　678
甲午朝天路程　1407
甲午朝天詩　191,271,1407
甲午行録　188—190
甲午聞見事件(金鼎集)　1184
甲午聞見事件(金相淳)　1185

甲午聞見事件(李齊衡)　495,496
甲午聞見事件(沈世鼎)　494
甲午聞見事件(吳繼淳)　1185,1186
甲午燕行録　1389,1391,1392
甲戌別單　807
甲戌手本(高景熹)　1097
甲戌手本(金相淳)　1096,1111,
　　1174,1185
甲戌聞見事件(李光載)　1098
甲戌聞見事件(李鍾穆)　1097
甲戌聞見事件(吳慶錫)　1336
甲戌燕行詩　617
甲寅手本　986,1025,1060
甲寅聞見事件(卞光韻)　1241,1299
甲寅聞見事件(洪萬鍾)　544,545
甲寅聞見事件(姜碩耆)　542
甲寅聞見事件(金倫瑞)　990,
　　992,1013,1016
甲寅聞見事件(沈興永)　988,989
甲寅聞見事件(宋昌)　543
甲寅聞見事件(鄭尚愚)　986
甲寅燕行録　760,761,797
甲寅燕行詩(洪羲俊)　991
甲寅燕行詩(俞瑒)　540,541
甲子朝天録　353,354,1411
甲子聞見事件(洪必謨)　1292
甲子聞見事件(李宏)　580,581
甲子聞見事件(李閏益)　1291
甲子聞見事件(李尚迪)　1294,1295

甲子聞見事件(李耆晚)　577,578
甲子聞見事件(李鎮復)　1049
甲子聞見事件(尹顯岐)　1290
甲子聞見事件(元在明)　1048
甲子燕行詩　1293
甲子燕行雜錄　578,579,585
稼齋燕錄(金昌集)　940
稼齋燕錄(金昌業)　665
駕海朝天錄　332—334
簡山北遊錄　1119
簡易集　144,145,149,150,185—190,584
建州聞見錄(李民寏)　315—317
建州聞見錄(申忠一)　197,198
椒餘錄　582—584,627
椒蔗續編(南履翼)　1121—1123
椒蔗續編(南泰齊)　802,803
今是堂燕行日記　516
金誠一朝天日記　141—144
金陵集　518,788,808,869,1063—1065
金日男漂流記(頤齋亂稿)　1574,
金允植全集　1367,1368,1372—1375
錦舲燕槎抄　1283
錦南漂海錄　1567
搢紳赤牘　1446,1447
經略使與中國委員晤談草　1379
經略使中江晤談　1379

經世實用編　295,300,301
敬亭集　240,241,342,344
絅菴集　565—567,617,618

K

看羊錄　642—644,1127
康熙字典　740,741,846,847,1127
客韓日記　1563—1565

L

朗善君癸卯燕行錄　510—512
老峰燕行記　530,531,568
老峰燕行詩　530
老稼齋燕行日記　660—667,697,821
磊磊落落書　869,873
冷齋集　834,881,882,957—960,1020—1024
梨川相公使行日記　324,325
禮堂授經圖　1197
遼東問韻錄(成三問)　47,48
遼東問韻錄(申叔舟)　44,45,50
遼海編　45,1512—1515
遼野車中雜詠　1022
流雲南　26,27
琉球使臣贈答錄　288,289
柳萬筆談　1300,1301,1409
龍潭集　178—180,242,243
龍溪遺稿　231—233,303,304

龍喜社海東尋詩集　1503,1504
路程記　278,279,360,667,1244,
　　1303,1407—1410
履園遺稿　888,901,1036—1038,
　　1088
律呂正義　745,780,1127

M

梅窗先生朝天錄　277—280
夢經堂日史　1248,1249
夢遊錄　1223
明谷集　328,426,428,482,574,
　　582—584,595,626,627
明美堂集　621,777,1337,1339,
　　1348,1488
明史・朝鮮列傳　750,753,772
明史輯略　720,851
茗山燕詩錄　1111,1112
慕齋集　92,93,174

N

南坡相公集　441,442
廿一史約編　1288,1289

P

判書公朝天日記　42,43
裴三益日記　157—159
漂海歌　1576
漂海錄　77,1567—1569,1577

七峰遺稿　155,156

Q

乾淨附編　1433—1436
乾淨後編　1441,1442
青莊館全書　868,869,871—874,
　　956,972,1449
清朝名家書牘　1049,1455—1457
清脾錄　838,869,872,877,1023,
　　1423,1425,1436
清人簡格　1502
清陰集　366,368,413,434,435,
　　487
清遊稿　9,10
晴沙集　293,294,379,380
慶尚道漆谷石田村李海澈燕行錄
　　534—536
秋齋燕行詩　1110

R

熱河行　896,897
熱河紀行詩　957—960,1022
熱河紀遊　952,953
熱河日記　730,883,890,892—895,
　　931,1143,1294
熱河圖　1420
壬辰別單(金昌集、尹趾仁)　659
壬辰別單(順義君李烜、尹東升)
　　854

壬辰聞見事件(金相淳)　1174
壬辰聞見事件(沈儞行)　484,485
壬申別單　801,802
壬申手本　1091
壬申聞見事件(姜文馨)　1332
壬申聞見事件(李光文)　1093
壬申聞見事件(李應三)　1330
壬申聞見事件(朴昌漢)　605
壬申聞見事件(朴鳳彬)　1329
壬申聞見事件(朴宗行)　1090,1091
壬申聞見事件(申緯)　1090
壬申聞見事件(玄在明)　1093
壬午別單　824,845
壬午手本　824
壬午聞見事件(黄一夏)　645
壬午聞見事件(李世奭)　644
壬戌別單(金錫冑、柳尚運)　573
壬戌別單(洛昌君李檉、徐命彬)　780,781
壬戌別單(閔鼎重)　567
壬戌手本　1035
壬戌聞見事件(韓泰東)　570,571
壬戌聞見事件(李埜)　1280
壬戌聞見事件(閔達鏞)　1279
壬戌聞見事件(宋敦玉)　1280,1281
壬戌聞見事件(吴膺賢)　1286,1287
壬戌聞見事件(玄鐸)　1281
壬寅別單　704
壬寅朝天錄　240,241,342,343

壬寅朝天詩　231,232,303
壬寅聞見事件(韓宓履)　1201,1202
壬寅聞見事件(洪文泳)　908
壬寅聞見事件(李東溟)　510
壬寅聞見事件(李洙)　908
壬寅聞見事件(吴繼淳)　1204
壬寅燕行詩(李尚迪)　1208,1209
壬寅燕行詩(鄭太和)　509
壬寅飲冰錄　474,475,508,509
壬子聞見事件(韓德厚)　757
壬子聞見事件(金祖淳)　976,977
壬子聞見事件(李柙)　538
壬子燕行日記　755,775
壬子燕行詩　752,753
壬子燕行雜識　754,755
訒齋集　260,261,263,264
日下題襟集　1430,1431,1433—1435,1437,1442,1443
入瀋記　912,913,915,916,1037,1106
入燕記　868—871,873,1271—1273,1275,1448

S

三國志　748,846,847
三入燕薊錄　1129,1130
三灘集　56,57,69,70
桑蓬録　722—730
沙西航海朝天日録　362,363

人名書名地名與其他重要詞語索引　　1655

沙西集　362—364
山海關圖　1417
上國遊稿　14,15
少陵集　203,204,286,287
瀋槎日記　1146,1179
瀋館舊址圖　1416,1417
瀋館錄　436,437,458,483
瀋行贐章　417
瀋行錄(柳得恭)　881,882,957,
　958,960,1019,1022
瀋行錄(沈悅)　441
瀋行錄(瀋使啓錄)　1054,1397,
　1398,1402
瀋行錄(尹順之)　453,454,499
瀋行錄(俞拓基)　806,807
瀋行日記　402,403
瀋陽館圖帖(文廟圖)　1416
瀋陽館圖帖(彝倫堂圖)　1417
瀋陽日乘　415—417
瀋陽日記(《全集》第27册)　411,
　422
瀋陽日記(《全集》第28册)　411,
　423
瀋陽日記(《全集》第28册)　411,
　423,424
瀋陽日記(魏廷喆)　400
瀋陽日記(未詳)　411,419,420,
　422—424
瀋陽日記(許遂)　408

瀋陽日記(宣若海)　398,399
瀋陽日記鈔　408,409
瀋陽日錄(金種正)　827,828
瀋陽日錄(未詳)　419—422
瀋陽往還日記　401
聖節使赴京日記　308
聖節諸賢贐行詩　309
石塘公燕行錄　205,206
石湍燕記　1231—1233,1255
使朝鮮稿　1526,1527,1531
使朝鮮錄　1505,1507,1512,1514—
　1516,1521—1524,1533,1534,
　1546,1547,1551
使高麗錄　1507
使行錄(承文院編)　442,455,
　491,532,564,601,611,626,
　810,816,817,861,930,1268,
　1321,1356,1393,1394,1403,
　1476
使行錄(李穡)　15,16
使金錄　1
使燕錄　527
是窩遺稿　569,570,672
書狀官時別單　864,865,978—980
疏齋集　649—651,684,685
漱六山房全集　1484,1485
水滸志　846,847
水使公入使瀋陽日記　398,399
水使公瀋陽日記　398,399

私日記　261,396—398
私淑齋集　60—62
四行文錄　190
四庫全書　852,856,900,902,905,
　908,925—927,960,1430,1455,
　1506,1511,1517,1522,1527,
　1531
松坡集　203,460,548,549
松浦公癸甲朝天日記　243—245
隨槎錄(韓弼敎)　1164—1166
隨槎錄(李冕九)　1249,1250,
　1331,1387
隨槎錄(盧以漸)　890,891
隨槎錄(未詳)　1132,1333
隨槎錄上　877—879
隨槎日錄　1132—1134,1152,1153,
　1243,1315—1317,1323

T

苔泉集　196,197,250
覃溪手札帖　1457—1459
檀溪先生文集　552—555,598,599
譚屑　1492—1494
唐陵君朝天奇事徵　174—176
陶谷集　487,516,560,641,673,
　691—693,752—754,1542
梯航勝覽　1411,1413
惕若齋學吟集　19,20,26,28
天槎大觀　358—361,1411

天津譚草　1367—1369,1371,1372,
　1374
天坡集　328,329,353,354,357
天下地圖　549,550,1420
天涯知己書　835,839,869,873,
　874
天雁尺芳　1502
天遊稿燕行詩　1123—1125
恬軒集　419,506,591,592,767
通鑒輯覽　852,927
同行錄(瀋陽質館同行錄　瀋中日
　記)　412,413
同文神交　1454,1455

W

完貞伏虎圖集　1486,1487
晚靜齋集　646,647,649
晚清中國駐朝鮮使臣致朝鮮大臣金
　昌熙叢札及文稿　1494
汪孟慈先生海外墨緣册子答問十六
　則　1481,1482
未信錄　1364,1365
文清公燕行日記　183—185
文興君控於錄　199—201
吾學編　289,295,300,301
梧野燕槎錄　1217
戊辰別單(海運君李梃、趙明謙)
　792
戊辰別單(尹世紀)　593

人名書名地名與其他重要詞語索引　1657

戊辰手本(金昌祚)　793
戊辰手本(李時升)　1068
戊辰手本(劉運吉)　1069
戊辰聞見事件(洪大鍾)　1318
戊辰聞見事件(金景遂)　1319
戊辰聞見事件(金啓河)　1069,1070
戊申別單(李在協、魚錫定)　944,945
戊申別單(尹淳、趙翼命)　739
戊申手本(卞昌和)　736,737
戊申手本(洪命福)　943
戊申聞見事件(洪宅憲)　946
戊申聞見事件(李尙迪)　1222
戊申聞見事件(朴商壽)　1220
戊申聞見事件(朴世堂)　528
戊申聞見事件(俞漢謨)　945,946
戊申聞見事件(鄭樸)　525,533
戊午別單　775
戊午聞見事件(安喜壽)　1255,1256
戊午聞見事件(卞光韻)　1256
戊午聞見事件(方禹叙)　1256
戊午聞見事件(徐有聞)　1007
戊午燕行錄　1003,1005,1006
戊戌辨誣錄　216—218,247,304,319,321,322,1569
戊戌別單　883
戊戌朝天錄　217—219
戊戌手本　500
戊戌聞見事件(李時在)　1200

戊戌聞見事件(南鶴聞)　879,881
戊戌聞見事件(趙時偉)　884,885
戊戌燕行詩　874—876,961,966,1450
戊寅別單　814,815
戊寅手本(金相淳)　1111
戊寅手本(李洙)　814,899,908,933,942
戊寅聞見事件(李健命)　634,698,700
戊寅聞見事件(李容肅)　1357,1358
戊寅聞見事件(李坦)　636,637
戊寅聞見事件(李用俊)　1358
戊寅聞見事件(尹弘離)　635,636
戊寅聞見事件(趙萬永)　1109
戊子聞見事件　471,472

X

西出錄　456,457,463
西川先生文集　54,68
西行記　1572
西行錄(丁煥)　104
西行錄(金芝叟)　1139
西行錄(李民宬)　315
西行錄(未詳)　411,422,423,1575,1576
西行錄(尹程)　1214,1215
西行錄上・柵中日錄　314—316
西行錄下・建州聞見錄　316

西行日記　411,418,422—425
西坡集　482,587,588,615
西溪集　431,456,526,527
西溪燕録　526—528
西游記　697,748,846,847,913
西征別曲　618
西征集　1285,1286
西征録(崔演)　117
西征録(洪翼漢)　355
西征録(魚允中)　1377,1379
西征日録　329—331
西征詩　331
希谷燕行詩　1178
析津於役集　1372,1373
習齋集　145—147
閒閒堂燕行録　641
相看編　1189—1191,1460,1468,1476
象村稿　122,168,191—193,216,271,272,443,1407,1427
寫本文興君控於録　199—201
心庵燕行詩　1187—1189,1301
辛丑別單(黃仁點、洪秀輔)　901
辛丑別單(李健命、尹陽來)　700,701
辛丑朝天録　72,73
辛丑觀光行録　75
辛丑手本(李漢)　900
辛丑手本(劉再昌)　697,707

辛丑聞見事件(李繪九)　1201
辛丑聞見事件(林錫哲)　902
辛丑聞見事件(張濂)　903
辛丑燕行録　695
辛丑燕行詩　1204
辛亥朝天録　285
辛亥聞見事件(洪命福)　975
辛亥聞見事件(李日躋)　751,752
辛亥聞見事件(李晚榮)　537
辛卯別單(海溪君李煉、趙榮順)　851,857
辛卯別單(金尚喆、尹東暹)　850
辛卯朝天詩　178,179,242,243
辛卯聞見事件(吳繼淳)　1162,1163,1185,1193,1204,1210
辛卯聞見事件(趙珩)　482,483,504
辛卯燕行詩(洪奭周)　1040,1161,1162
辛卯燕行詩(李尚迪)　1163
辛巳別單　644
辛巳朝天録　150,151
辛巳行録　149,150,151,189
辛巳手本　1120
辛巳聞見事件(邊鎬)　1118
辛巳聞見事件(洪彦謨)　1120
辛巳聞見事件(洪鍾永)　1367
辛巳聞見事件(金在洙)　1121
辛巳聞見事件(柳宗植)　1375

人名書名地名與其他重要詞語索引　1659

辛未別單　799,800
辛未手本(金翊漢)　604
辛未手本(李永迪)　1081,1082
辛未聞見事件(韓用儀)　1082,1083
辛未聞見事件(李震休)　603,604
辛未聞見事件(權膺善)　1328
辛未聞見事件(玄鐸)　1328
辛未聞見事件(尹得運)　1083
辛酉別單(驪善君李壆、鄭彥燮)　779
辛酉別單(趙尚鎮、申獻朝)　1018
辛酉手本(卞復圭)　1024
辛酉手本(洪處純)　1029
辛酉手本(吳載恒)　1030
辛酉聞見事件(邊鎬)　1019
辛酉聞見事件(洪宅福)　1029
辛酉聞見事件(李基憲)　1034
辛酉聞見事件(李閏益)　1278,1279
辛酉聞見事件(李三錫)　564,565
辛酉聞見事件(李垫)　1275
辛酉聞見事件(申琓)　567
辛酉燕行詩　565,567,617
星槎錄　176,177,266,268,628,629
淬溟齋詩集　453,454,499,500
續北征詩　1058,1086—1088
續朝天錄　209,287
宣和奉使高麗圖經　1505,1507
雪峰遺稿　438,473,505,506

雪汀先生朝天日記　373—376

Y

研經齋全集　424,734,1111,1403,1405
燕槎筆記　1326,1327
燕槎唱酬集　343
燕槎酬帖　1179,1180
燕槎從遊錄　1281—1283
燕槎紀行　1245—1248
燕槎贐詩　745—747
燕槎錄(洪萬朝)　623,624,625
燕槎錄(金直淵)　1259,1261
燕槎錄(李心源)　845
燕槎錄(李喆輔)　770,792
燕槎錄(朴齊寅)　1268,1269
燕槎錄(朴永元)　1218
燕槎錄(吳道一)　587—589,615
燕槎錄(趙尚絅)　750
燕槎錄(鄭元容)　1166,1167,1168,1169
燕槎錄·日記　1166—1168
燕槎日記　1380—1382,1384,1385
燕槎日錄(金直淵)　1259—1263
燕槎日錄(鄭德和)　1243,1244
燕槎隨錄　1382,1384,1385
燕程感發　296,297
燕行別曲　609,611,613,619,1234,1235,1237

燕行別曲(崔遇亨)　1237
燕行別曲(柳命天)　609,611,
　　612,613,619,1235
燕行別曲(徐念淳)　1234,1235
燕行別章　682
燕行裁簡　1242
燕行歌　1304—1312,1314
燕行紀　952—955
燕行紀程　948,949,950,1015,
　　1110,1151
燕行紀遊(洪良浩)　905
燕行記　1186,1187
燕行記事　861—864,883
燕行記著　908,909,910
燕行見聞錄　734
燕行贐行帖　773,774
燕行贐章　774,775
燕行路程記(姜栢年)　1408
燕行路程記(柳厚祚)　1302,1409
燕行路程記(未詳)　1410
燕行錄(泛指)　37,296,757,770,
　　846,882,929,978,1174,1251,
　　1394,1567
燕行錄(白景炫)　970,971
燕行錄(曹偉)　80—82
燕行錄(成以性)　462
燕行錄(崔德中)　666—668
燕行錄(崔啓翁)　621,622
燕行錄(崔遇亨)　1236,1237

燕行錄(高時鴻)　1265,1266
燕行錄(韓祉)　672
燕行錄(洪大容)　836
燕行錄(洪淳學)　1304,1306,1307,
　　1309,1311
燕行錄(洪貴達)　72,73
燕行錄(洪赫)　1130,1131
燕行錄(洪命夏)　513,514
燕行錄(洪受疇)　620,621,643
燕行錄(洪鍾永)　1365—1367
燕行錄(洪柱元)　467
燕行錄(黃㦿)　481,482
燕行錄(黃聂)　711
燕行錄(黃梓)　761,762
燕行錄(姜浚欽)　1052
燕行錄(姜銑)　638,639,643,1131
燕行錄(金安國)　92,93
燕行錄(金昌業)　687
燕行錄(金東浩)　1389
燕行錄(金世弼)　82—84
燕行錄(金永爵)　1257,1258,1482
燕行錄(金在魯)　770,771,773
燕行錄(金照)　928
燕行錄(金正中)　928,971—974
燕行錄(金祖淳)　975,976
燕行錄(驪川君李增、金舜協)
　　741—745
燕行錄(李德壽)　765,766
燕行錄(李海澈)　534

人名書名地名與其他重要詞語索引

燕行錄(李好閔) 225,227,228,243,298
燕行錄(李繼祜) 982,983
燕行錄(李景奭) 463
燕行錄(李敬禹) 1075,1076
燕行錄(李民宬) 241
燕行錄(李頤命) 649,650,684,685
燕行錄(李正臣) 696,697
燕行錄(林翰洙) 1354,1355
燕行錄(柳命天) 610,611
燕行錄(孟冑瑞) 519—521
燕行錄(閔鼎重) 530,531
燕行錄(閔鎮遠) 669—671
燕行錄(南龍翼) 518—520
燕行錄(朴明源) 859
燕行錄(權柱) 90
燕行錄(任珽) 766,767
燕行錄(申晸) 559—561
燕行錄(沈履澤) 1343—1345
燕行錄(沈錥) 735
燕行錄(宋純) 114—116
燕行錄(吳斗寅) 556,557
燕行錄(未詳) 982,1402
燕行錄(徐有素) 1125—1128
燕行錄(嚴璹) 855,856,857
燕行錄(嚴錫周) 1315—1317
燕行錄(魚錫定) 945
燕行錄(俞拓基) 702,703,806,807
燕行錄(俞彥鎬) 939
燕行錄(趙文命) 721,722
燕行錄(趙顯命) 784,794
燕行錄(鄭弘翼) 291,292
燕行錄(鄭晳) 547,548
燕行錄續 599
燕行漫作 647,649
燕行日乘(洪命夏) 487
燕行日乘(沈樂洙) 934,935
燕行日乘(沈之源) 485,486,498
燕行日記(成以性) 462,463
燕行日記(崔德中) 697
燕行日記(郭弘址) 464,465,466
燕行日記(洪昌漢) 778,779,962
燕行日記(黃道淵) 1227,1228
燕行日記(金昌業) 664
燕行日記(金海一) 552,553,598,599
燕行日記(金洪福) 594,595
燕行日記(金箕性) 962,963,964
燕行日記(金正中) 971,972,973,974
燕行日記(晉平君李澤) 676,677,678
燕行日記(李恒億) 1284,1285
燕行日記(李基敬) 812
燕行日記(李基憲) 1031,1032,1033,1034

燕行日記(李奎鉉)　1138
燕行日記(李麟秀)　1116,1117
燕行日記(李啓朝)　1228,1229,
　1230,1243,1244
燕行日記(李馨郁)　251,252
燕行日記(李㙫)　470,471
燕行日記(李在學)　977,978,980
燕行日記(柳厚祚)　1409,1410
燕行日記(柳命天)　609,610,611,
　612,613,614
燕行日記(閔鼎重)　529,531
燕行日記(閔鎭遠)　671
燕行日記(朴齊寅)　1268,1269,
　1270
燕行日記(朴顯陽)　1252,1253
燕行日記(權喜學)　632
燕行日記(權以鎭)　711,712,713
燕行日記(任權)　107—110
燕行日記(申厚命)　606,607,608
燕行日記(孫萬雄)　550
燕行日記(未詳)　1302,1303
燕行日記(吳載紹)　1025,1026,
　1027,1028,1029
燕行日記(尹汲)　788,789,790
燕行日記(尹攀)　575
燕行日記(張錫駿)　1296,1297,
　1298
燕行日記(趙瑛)　940,941
燕行日記(趙文命)　675,718,719,
　720,721
燕行日記(趙顯命)　782,783,784,
　794,795
燕行日記(鄭澈)　183
燕行日記(鄭世規)　460,461,462,
　463
燕行日記(燕槎錄)　1268,1269
燕行日記艸　616,654
燕行日記啓本　1033
燕行日記續　598
燕行日錄(韓德厚)　755,756,757
燕行日錄(韓祉)　672
燕行日錄(金始焕)　654
燕行日錄(驪川君李增、金舜協)
　741,743,744
燕行日錄(李𡒊)　584
燕行日錄(李憲默)　825,826,827
燕行日錄(朴永元)　1216,1217
燕行日錄(權喜學)　629,630,631,
　632
燕行日錄(孫萬雄)　549,550,551,
　552
燕行日錄(未詳)　1169,1170,1230,
　1231
燕行日錄(吳斗寅)　557
燕行日錄(徐文重)　601,648
燕行日錄(趙榮福)　669,681,682
燕行日錄(鄭光忠)　810,811
燕行詩(陳澕)　2

燕行詩(崔奎瑞)	628	燕行詩(李世白)	619
燕行詩(崔遇亨)	1237	燕行詩(李世華)	579
燕行詩(韓泰東)	570	燕行詩(李一相)	493,494
燕行詩(韓應寅)	155	燕行詩(麟坪大君李㴭)	445,447, 449,451,479,496
燕行詩(洪大容)	842,843		
燕行詩(洪義浩)	1099	燕行詩(李止淵)	1178
燕行詩(洪羲俊)	991	燕行詩(柳得恭)	957
燕行詩(黃景源)	808,809	燕行詩(柳尚運)	574
燕行詩(姜蘭馨)	1351,1352	燕行詩(南公轍)	1063
燕行詩(金存敬)	269,270,308,309	燕行詩(朴趾源)	895
燕行詩(金進洙)	1177	燕行詩(權以鎮)	713
燕行詩(金勉柱)	999,1000,1001,1002,1003	燕行詩(任相元)	591,592,593,767
燕行詩(金壽恒)	487	燕行詩(申厚命)	608
燕行詩(金興根)	1197,1198	燕行詩(申翊全)	442,443
燕行詩(金載瓚)	1010	燕行詩(沈象奎)	1091
燕行詩(金正喜)	1072,1073,1456,1458	燕行詩(沈銷)	734,735,736
		燕行詩(吳載純)	910
燕行詩(李承輔)	1320,1321,1322	燕行詩(徐命膺)	848,849
燕行詩(李崇祜)	897	燕行詩(徐宗泰)	646,647
燕行詩(李德懋)	871	燕行詩(尹淳)	737,739
燕行詩(李基敬)	813	燕行詩(俞拓基)	703
燕行詩(李健命)	700	燕行詩(俞彥述)	795,796
燕行詩(李匡德)	777	燕行詩(趙觀彬)	784,785,786,1188
燕行詩(李器之)	690	燕行詩(趙榮順)	852,853
燕行詩(李時恒)	731,733,734,746	燕行詩(趙文命)	721
		燕行詩(趙顯命)	784
燕行詩(李時秀)	1058,1059,1086	燕行詩(趙錫命)	747,748

燕行詩（趙寅永）　1101
燕行詩軸　1033,1034
燕行圖　陸路　1417
燕行圖幅　1412
燕行圖幅（航海朝天圖）　1411,1413
燕行塤篪録（金昌集）　643,657—659,666,682
燕行塤篪録（金昌業）　665,666
燕行雜稿　675,748,749,795
燕行雜記（洪大容）　838
燕行雜記（申佐模）　1246,1454
燕行雜識　684—686
燕行贈帖　1301,1302,1409
燕行贈遺（金聲久等）　554
燕行贈遺（金中清）　294
燕行諸公贈行帖（成俔等）　89,90,91
燕杭詩牘　1434,1444,1445
燕紀程　1142,1144,1145
燕記（洪大容）　831,837,838,1048
燕記（李一菴）　1048
燕記（南一祐）　1359—1361
燕薊紀程　1141—1144
燕薊紀略（李容學）　1355,1356
燕薊紀略（趙鳳夏）　1205—1207
燕薊謏聞録　439
燕京編　1418—1420
燕京行録　118—120
燕京録　505,596,597,1408

燕京雜識　796,797
燕京雜詠　868,1174,1175,1178
燕山紀行詩　134,135
燕山録　475—477
燕石　939,940
燕台録　484,881
燕台再遊録　881,1020,1456
燕途紀行　446,449,451,496,497
燕巖集　859,869,871,874,892,893,895,896,1431
燕轅日録　1314,1387,1388
燕轅直指　663,1085,1170—1175,1219,1233,1234,1252,1282,1300,1491
燕雲紀行　904,905,907,987,1182,1454
燕雲續詠　987,1182,1454
燕中雜録 外夷雜記　1403,1404
陽谷朝天録　94,95,97,98
陽谷赴京日記　94—97
陽谷集　94,98,99,102,556—558
陽坡相公己壬燕行録　474,475
陽坡遺稿　473,474,491,508,509,1572
藥泉集　426,480,511,578,579,585,586
一庵燕記　675,686—690
沂川集　486,487,514,515
乙丙別單　764—766,780,787

乙丙朝天錄　133,210,299,301,
　　302,1570
乙丙燕行詩　766
乙丑別單　786
乙丑朝天詩　364
乙丑手本　1054,1069,1098
乙丑聞見事件(卞光韻)　1299
乙丑聞見事件(洪受浩)　1052
乙丑聞見事件(洪宅福)　1056
乙丑聞見事件(姜浚欽)　1052
乙丑聞見事件(金在洙)　1059
乙丑聞見事件(朴逌性)　1296
乙丑聞見事件(尹得運)　1053,1079,
　　1083
乙丑聞見事件(尹魯東)　1059
乙丑聞見事件(尹尚圭)　1056
乙丑聞見事件(張錫駿)　1298
乙丑聞見事件(鄭顯德)　1295
乙亥別單　809
乙亥手本　1098
乙亥聞見事件(曹錫正)　1100
乙亥聞見事件(金演)　622,623
乙亥聞見事件(李建昌)　1349
乙亥聞見事件(李泰秀)　1352
乙亥聞見事件(玄在明)　1100
乙卯別單　762,799
乙卯聞見事件(金倫瑞)　992
乙卯聞見事件(李潤身)　763
乙卯聞見事件(李鎮復)　994

乙卯聞見事件(柳畊)　993,994
乙卯聞見事件(閔黯)　546
乙卯聞見事件(趙德潤)　991,992
乙巳別單　717
乙巳手本　716
乙巳聞見事件(李慶果)　517
乙巳聞見事件(李洙)　933,934
乙巳聞見事件(宋銓)　931
乙巳聞見事件(尹穧)　1212,1213
乙巳狀啓　1211
乙未別單　858
乙未手本　678,680,707,716
乙未聞見事件　1187
乙酉聞見事件　652,653
銀槎錄詩　221
銀槎日錄　219—221
尹道成漂流記(頤齋亂稿)　1575
飲冰行程歷　811—813
飲冰錄　475,491
印本苕川朝天錄　369
印本文興君控於錄　199—201
瀛臺奇觀帖・瀛臺冰戲　1418
永樂大典　852,856,902
游燕稿(洪錫謨)　1135—1137
遊燕錄(成仁浩)　1324,1325,1326
遊燕錄(成仁鎬)　1322
游燕錄(李鼎受)　1083,1084,1085,
　　1086
輶軒紀事　1533—1535

輶軒三錄　1237
輶軒續錄　1154—1156,1237—1239
於野漫錄燕行詩　1183
於于集　177,178,267—269
玉河日記　1194—1196
玉吾齋集　571,628,629
月谷燕行詩　758,759,785,1026
月沙集　150,152,212,216,217,219,378
月汀漫錄　26,93,120—123,168
樂敦墨緣　1432,1433
雲石遺稿　819,1065,1092,1093,1101,1102,1109,1147
雲養集　1367,1368,1372—1375,1502,1537

Z

湛軒書　174,830,831,835
湛軒燕記　830—833,835—838,842,1432,1434,1435,1441,1443,1444,1446
昭顯瀋陽日記　410,411,417,419,420,422—425,427,455,489
昭顯世子瀋陽狀啓　410,411
蔗回錄　626,627
貞蕤閣集　874,875,967—969,1023
芝峰集　170,207,288
芝峰類說　25,93,135,145,147,170,535
芝汀燕記　1047,1048
知守齋集　682,701—703,741,806
中朝學士書翰　1437,1438,1457
中朝學士書翰錄　1437,1482,1483
中國書札　1374
中士尺牘　1437,1461—1463,1481
中西聞見錄　1277,1345,1347
中州偶錄　1066—1068
周溪尺牘　1489
竹堂先生集　436,437,483,484
竹下集　923,924,1234—1237
奏請朝天時贐行詩　286
奏請行卷　1088—1090
奏請使朝天日記　271
左海交遊錄　1477,1486,1489

諺文

셔원녹(西轅錄)(諺文鈔本)　823,824
연행녹(燕行錄)(洪淳學)　1306—1309,1311
연행녹(燕行錄)(金直淵)　1262,1263
연행녹(燕行錄)(李繼祜)　982,983

地名與其他重要詞語索引

A

阿蘭　806,820

安定館　930,1045

安南　59,60,76,82,104,170,182,207—209,543,604,820,821,855,856,863,903,925,942,944,947,948,954,956—959,961,975,977,1024,1041,1368,1434,1451,1452,1499,1501,1522

安市城　533,726,753,906,930,972,1000,1158,1173,1175,1221,1235,1236,1262,1410

鞍山　38,42,72,89,193,227,231,246,252,262,274

B

八包　440,752,757,761,762,798,812,862,865,940,964,965,1206,1391

八渡河　56,143,151,318,403,580,1159,1236

八物湯　1338

白蓮教　936,1028,1033,1035,1036,1043,1079,1120,1131,1185

白旗堡　589,608,630,724,748,749,753,1007

白塔　78,284,528,620,661,662,687,692,693,896,930,1073,1140,1159,1172,1175,1228,1388,1404,1421

白銀　410,547,658,752,1113,1284,1315

白雲觀　1173,1313,1385,1388

百祥樓　150,497,619,806,1045,1145,1236

柏梁體　97,98,882,1053

邦均店　151,470,687,1015,1350,1373,1410

報國寺　1124,1173,1388

北京八景　70,71

北學　93,174,593,767,874—875,967,1450

筆談　71,134,281,531,688,689,703,727—729,751,778,783,803,821,822,832—836,838,839,846,856,857,873,874,877,882,893,894,913,928,935,960,961,971,972,1020,1028,1032,1099,1117,1119,1134,1141,1143,1149,1155,1165—1167,1169,1173,

1175,1176,1192,1203,1217,
1226,1232,1233,1238,1246,
1248,1258,1300—1302,1304,
1312,1325,1335,1338,1340,
1344,1347,1348,1350,1356,
1361,1372,1376,1379,1381,
1409,1430,1431,1436,1451—
1454,1460,1461,1464,1465,
1476,1483—1485,1488,1493—
1495,1498—1501,1552,1565

碧蹄　65—67,221,275,431,472,
494,541,612,619,1045,1102,
1275,1303,1408,1410,1572

辨誣　30,141,142,147,148,152,
174,175,183,190,203,204,
212,213,216—218,220,221,
247,290,291,295,300,304,
319—322,325,331,332,353,
369,371,442,542,547,548,
553,554,674,713,720,754,
774,802,1233,1357,1393,
1472,1569

賓天　28,320,323,330,331,710

兵部　96,153,154,175,178,181—
184,190,200—202,206,217,
218,228,235—237,246,265,
266,268,269,313,320,321,
326,327,335,341,345,356,
366,367,369,375,378,389,

394,483,501,545,546,587,
644,754,765,787,849,887,
889,892,1012,1014,1099,
1113,1221,1222,1225,1289,
1333,1423,1484,1508,1516,
1518,1525,1529,1530,1534,
1541,1546

丙寅邪獄　1314—1315,1552

丙寅洋擾　1315,1368,1552

丙子胡亂　199,355,368,397,401,
403,406,408,410,426,439,
442,797,1408,1428

餑餑　914,959,1022,1285

渤海　23—24,30,36,193,359,
365,386,651,881,954,972,
1159,1305,1412,1558

C

曹莊驛　246,360

漕運　167,585,685,797,981,1077,
1134,1230,1244,1291

册封使　1036,1542,1544,1548,
1551,1560

柴市　258,495,650,930,972,1084

纏足(脚)　534,1038,1040

昌樂　333,344,360,371,1408,
1412,1414,1415,1421

昌黎縣　151,424,459,753,1172

昌邑　333,344,354,357,360,371,

1408,1415
長白山　582,605,658,806,1262,1263
長城　57,89,126,151,250,281,399,424,465,478,587,833,906,924,958,1038,1159,1211,1417,1420,1530,1577
長山　333,350,1408,1421,1534
長山島　347,350,354,360,364,366,368,370,383,390,395,1412,1415,1421
長山縣　360,371,1412,1414,1415
場戲　244,831,837,838,1171
暢春園　831,832,837,838,1173,1388,1404
朝鮮館　411,894,1159,1303,1391,1410,1577,1578
車夫　833,1134,1217,1232
車牛島　360,364,366,368,370,383,390,633,1412,1413,1415,1421
沉香　496,878,948,956,1024,1056
陳慰兼進香行　467,555,598,705,709,762,763,792,866,1009,1114,1178,1180,1280,1351,1375
陳奏行　105,152,180,203,211,224,258,304,319,328,445,446,508,626,760,877,1031,1185,1288,1414
程朱　295,297,457,727—729,841,1021,1064,1117,1118,1168,1258,1312,1458,1459
出柵（門）　424,476,497,511,512,519,602,679,708,779,789,811,822,828,862,930,949,965,1000,1001,1004,1075,1090,1206,1216,1402
垂簾聽政　1280,1282,1351
春信行　400,402,404
蔥秀山　282,431,442,494,649,1159

D

打角　100,306,325,660,1037,1164,1165
大報壇　629,1298,1317,1556
大好紙　498,646
大口魚　667,846,1401
大凌河　83,151,185,305,420,469,632,692,1040,1159
大市街　930,953
大同館　1045,1046
大象　247,964,1038,1122,1352
大鐘寺　1173,1262,1388
丹木　1063,1139
（典）當鋪（子）　912,914,1564

擣椒　561,571—573

德州　333,336,347,352,354,
360,370,371,793,1408,1412,
1414,1415,1421,1569,1578

登極　33,39,41,45,128,129,
320,323,324,330,335,371,
442,460,704,707,709,710,
737,767,993,997,1114—
1116,1229,1230,1233,1270,
1280,1283,1285,1296,1328,
1383,1393,1507—1509,
1511—1513,1521

登州　25,33,36,42,232,333—
336,338,342,344,345,347,
349,352—354,360,363,364,
367,368,371,372,374,378,
380,382,385,560,697,1078,
1108,1133,1373,1408,1412,
1414,1415,1421,1496,1533,
1555

燈戲　889,931,940,964,972,
973,980,991,1173,1175,1261

邸報　137,261,545,588,681,
703,796,1135,1230,1261

地震　345,558,559,561,562,
1098,1254

貂皮　401,593,786,804,883,
898,946,973

丁卯胡亂　307,341,396,426,
456,1428,1535

頂子　915,994,1013,1040

冬至等三節年貢行　446,470,
483—485,502,504,516,517,
521,526,528,537,539,540,
544,549,550,552,553,563,
571,575,578,579,591,598,
601,605,609,611,617,619,
636,638,640,642,646,649,
650,652—655,657,671,672,
676,681,682,691,692,704,
722,733,737,738,747,748,
750,758,764,767,775,777,
778,784,785,788,795—799,
805,810,814,818,819,825,
826,828,848,851,853,855,
861,864,865,884,899,935,
994,1000,1010,1035,1042,
1043,1047,1063,1141,1157,
1179,1187,1188,1212,1279,
1296,1299,1314,1320,1355,
1359,1385,1387,1395,1416,
1492

冬至行　102,107,111,117,127,
145,155,222,233,242,260,
265,277,305,310,312,358,
362,379,467,696,810,1058,
1142,1157,1335,1360,1407

東八站　62,160,246,257,576,

人名書名地名與其他重要詞語索引　　1671

645,687,753,880,1010,1172,
　1226
東大門　218,880,1376
東藩繩美　880,883,1401
東關驛　33,246,544,689,811,
　826
東國(東邦)　18,35,47,58,67,
　164,176,178,180,185,268,
　269,308,365,383,428,432,
　509,513,644,651,674,683,
　727,781,821,823,872,876,
　967,969,1027,1129,1149,
　1158,1159,1163,1168,1239,
　1278,1279,1298,1331,1406,
　1421,1431,1435,1440,1449,
　1450,1460,1461,1467,1478,
　1482,1522,1532,1538—1540,
　1567,1581
東陵　996,997,1118,1274,1288,
　1333,1350,1376
東天主堂　822,837,838,1172
東岳廟　221,576,612,650,661,
　810,831,832,837,838,930,
　1124,1142,1144,1172,1217,
　1325
洞仙嶺　649,1045,1313
都察院　501,664,708,776,781,
　945,1225,1548,1551
斗母(姥)宮　661,1173

痘疹(症)　865,1256
獨樂寺　267,268,661,930,957,
　1159,1173,1234
獨輪車　914,1012

E

俄羅斯館　1142,1145,1264
鄂羅斯　587,820,863,1053,1060,
　1172,1285

F

法藏寺　661,831,832,837,838,
　1124,1172,1175,1388
分水嶺　5,150,232,293,380,1172,
　1506
豐潤　137,193,272,515,551,
　561,589,598,599,620,643,
　687,734,753,871,879,1099,
　1269,1361,1384,1569
豐潤縣　143,221,246,586,597,
　1022,1158,1172
鳳城(鳳凰城)　111,224,246,
　293,318,403,418,427,429,
　439,440,455,461,465,468,
　471,476,491,498,510,524,
　530,531,533,548,549,559,
　577,585,612,630,633,640,
　645,653,656,658,660,667,
　670,677,679,696,707,708,

727, 729, 739, 745, 776, 781, 783, 789, 791, 803, 808, 813, 821, 822, 828, 851, 854, 855, 878, 888, 892, 896, 909, 918, 929, 930, 959, 961, 979, 1001, 1002, 1007, 1015, 1043, 1055, 1061, 1069, 1081, 1084, 1121, 1123, 1140, 1158, 1165, 1172, 1175, 1220, 1225, 1228, 1239, 1272, 1331, 1390, 1421, 1544, 1550, 1577

鳳凰山　77, 203, 204, 522, 533, 831, 837, 838, 909, 1040, 1159, 1173, 1235, 1236, 1262, 1420, 1544

浮碧樓　60, 100, 303, 1045

福建　115, 123, 200, 289, 464, 494, 495, 514, 527, 552, 563, 566, 567, 574, 575, 675, 716, 728, 805, 830, 846, 854, 872, 887, 943, 957, 959, 1013, 1030, 1042, 1062, 1065, 1070, 1096, 1130, 1140, 1167, 1181, 1185, 1192, 1196, 1202, 1213, 1233, 1234, 1238, 1254, 1265, 1267, 1285, 1294, 1300, 1318, 1320, 1327, 1329, 1349, 1506, 1518, 1523, 1541, 1574—1577

釜山　184, 197, 200, 236, 290, 300, 1368, 1371

撫寧　116, 220, 232, 246, 466, 516, 527, 549, 556, 1136, 1228

撫寧縣　213, 224, 232, 424, 546, 726, 831, 837, 934, 1022, 1158, 1172, 1206

阜城縣　360, 371, 1415

祔廟　449, 596, 683, 712, 861, 1014, 1118, 1241, 1253, 1291, 1300, 1301, 1443, 1551

富莊驛　360, 1415

G

高麗堡　151, 588, 687, 757, 930, 1007, 1159, 1172

高嶺　119, 150, 151, 173, 195, 255, 528

告訃兼奏請行　475, 501, 714, 715, 1016

告訃請諡請承襲行　171, 225, 467

告訃使　259, 541, 542, 577, 579, 594, 686, 749, 934, 1051, 1058, 1059, 1120, 1154, 1256, 1358, 1366, 1395, 1542, 1561

告急行　205, 325

宮詞　370, 435, 618, 959, 1536

貢路　372, 382, 385, 389, 595, 651, 863, 1140, 1141

觀象臺　831, 832, 837, 838, 894,

人名書名地名與其他重要詞語索引　1673

1173
光禄寺　20，183，598，942，1027，
　1072，1225，1273，1561
廣東　302，495，501，524，527，631，
　637，639，675，854，888，984，
　1053，1054，1065，1079，1103，
　1168，1187，1196，1201，1202，
　1207，1213，1257，1420，1458，
　1496，1497，1517，1555
廣濟寺　1124，1142，1144，1145，
　1173
廣鹿島　333，336，354，357，360，
　364，368，370，371，377，383，
　1412，1415，1421，1534
廣寧　3，54，61，77，79，111，124，
　131，149，151，192，197，213，
　214，246，252，329，459，488，
　511，525，530—533，550，552，
　585，668，726，727，808，821，
　893，1007，1158，1173，1297，
　1525

H

貴州　230，499，501，527，552，
　563，688，1131，1254，1274，
　1328，1518
海州衛　65，220，227，246，262，533
韓四客　1338，1348，1488，1489
漢江　100，227，228，249，1514，

　1515，1552，1555，1558
漢人　51，301，405，440，472，480，
　497，507，515，527，530，544，
　551，577，589，590，599，600，
　662，663，687，688，693，738，
　795，819，845，899，909，955，
　970，977，1008，1056，1086，
　1143，1146，1207，1208，1213，
　1284，1317，1356
漢石經　1248，1458
漢文四大家　192，216
河間　330，360，371，1020，1185，
　1408，1412，1414，1415，1421，
　1529
荷蘭　495，523，863，989，1056，
　1213
弘仁寺　831，832，837，838，1173
紅蔘　1032，1284，1379
鴻臚寺　119，127，182，518，640，
　661，692，832，944，945，957，
　1036，1189，1225，1284，1305，
　1338，1356，1361，1458
鴻臚寺演儀　660，665，667，821，
　1172，1225
滹沱河　361，1159，1172，1211
胡服　24，316，729，833，1027，1161
胡椒　398，448，468，523，1139，
　1379
湖南　348，501，551，552，560，635，

854,997,1066,1215,1241,
1247,1294,1299,1350,1367,
1425,1439,1503,1504,1563
虎圈　831,832,837,838,1142,
1144,1221
花草鋪　831,832,837,838,1134,
1142,1144,1172,1175
花席　301,665,699,846,912
華表柱　185,186,264,692
華人　49,86,166,190,268,301,
309,407,497,535,624,835,
905,923,927,1028,1277,
1278,1284,1294,1418,1438,
1440,1559,1564,1565
華夏　8,237,757,873,1159,1160
華夷　3,28,955,1161,1404
畫員　325,639,773,1416,1429,
1430,1545
懷遠館　84,126,134,142,145,
166,211,214,227,252,262,
313,325,354
環刀　318,405,667,846
幻術　693,765,831,837,838,
1084,1142,1145,1172,1173,
1234,1444
黃河　10,32,35,36,220,333,
757,946,1043,1264,1319,
1354,1578,1580
黃金　34,44,66,352,353,395,
410,484,606,973,1315
黃旗堡　563,785,1159
黃山驛　344,360,371,1415,1424
黃縣　333,354,360,371,1408,1415
黃州　38,196,231,274,363,712,
743,798,821,862,912,930,940,
983,1191,1325,1329,1571
回刺國書　1088,1140
回子　815,954,975,1098,1147,
1404
回子館　1124,1173
諱字　28,817,1085

J

箕子（箕封）　35,60,115,126,
150,276,279,284,386,427,
726—728,743,806,854,906,
1145,1317,1426,1428,1515,
1527,1528
箕子墓　130,1045,1143,1221,
1537,1542
賫咨行　26,500,595,604,678—
680,707,716,731,736,767,
786,793,814,824,844,900,
943,984,986,997,1024,1029,
1030,1035,1042,1054,1061,
1062,1068,1069,1076,1079,
1081,1091,1096—1098,1102,
1107,1111,1113,1120,1357

雞鳴寺　1159,1172
極樂世界　889,930,1173
集句詩　391,392,1518
薊門煙樹　71,325,515,567,570,
　　588,1125,1236,1418,1419
薊州　138,151,180,244,246,
　　294,375,378,424,511,513,
　　549,558,599,607,619,629,
　　631,661,670,693,738,753,
　　802,868,878,930,957,996,
　　1007,1010,1022,1102,1118,
　　1158,1173,1228,1239,1285,
　　1350,1410,1418,1419,1443
濟河縣　360,371,1412,1414,1415
濟南府　352,360,371,1412,1414,
　　1415
椵島　328,333,354,360,363,
　　368,383,390,394,398,402,
　　1411—1415,1421
監護　319,325,327
建州　68,197—199,264,315—
　　317,853,1403,1405,1505,
　　1516,1527
江都　122,230,281,310,405,
　　419—421,472,512,514,650,
　　858
江原　6,64,125,177,180,183,
　　231,237,244,248,251,260,
　　270,328,334,392,433,440,

507,540,543,554,596,622,
624,638,641,654,656,678,
681,696,711,748,755,792,
812,916,936,1018,1063,
1122,1123,1167,1179,1183,
1190,1328,1351,1354,1406,
1421
姜女廟　908,1093,1124,1159,
　　1172,1175,1211,1234,1420
角山　250,660,821,931,1159,
　　1218,1234
角山寺　528,662,753,831,837,
　　838,1313
巾衍　100,869,875,1023,1057,
　　1448—1450,1465,1468,1489
金川（清）　794,852,855,856,
　　858,859,860,900,902,1145,
　　1172,1405
金川（朝）　649,862,892,949,
　　1253
金嶺驛　360,371,1415
金石山　403,486,519,548,753,
　　897,1151,1159,1172
錦州　350,418,424,456,459,
　　497,687,882,1110,1119,
　　1143,1145,1158,1172,1421,
　　1453
進賀兼謝恩行　237,373,445,473,
　　482,512,525,532,538,556,

557, 673, 683, 711, 712, 753, 766, 767, 794, 808, 816, 888, 892, 897, 951, 993, 1013, 1026, 1054, 1055, 1078, 1116, 1130, 1138, 1154, 1157, 1180, 1182, 1216, 1237, 1252, 1268, 1276, 1281, 1285, 1332, 1333, 1380, 1383, 1389, 1395, 1398

進賀謝恩兼陳奏行　447, 449, 547, 568, 602, 770, 771, 773, 1118, 1395

進賀謝恩兼冬至等三節年貢行　446, 449, 481, 493, 498, 523, 536, 633, 824, 854, 922, 947, 1069, 1121, 1201, 1231, 1241, 1283, 1287, 1290, 1353

進賀行　6, 15, 60, 94, 128, 229, 334, 441, 655, 656, 706, 752, 986

經學　233, 299, 465, 839, 870, 910, 935, 954, 1014, 1166, 1192, 1367, 1468, 1481, 1487

景山　705, 1173

景州　360, 371, 559, 1408, 1412, 1415, 1421

九連城　143, 185, 252, 257, 399, 403, 483, 494, 522, 548, 580, 597, 612, 627, 661, 687, 753, 808, 810, 812, 813, 872, 878,

897, 930, 983, 1007, 1051, 1059, 1131, 1158, 1172, 1232, 1235, 1379, 1390, 1421, 1573

舉業　302, 839, 1196, 1470

巨流河　602, 905, 952, 1022

巨文島　1381, 1386, 1497

覺華島　360, 372, 374, 377, 383, 389, 393, 573

軍牢　909, 1123, 1165, 1203

K

喀爾喀　603, 605, 606, 807, 820

科舉　17, 23, 33, 116, 123, 208, 289, 334, 515, 534, 604, 635, 660, 679, 687, 693, 703, 734, 797, 804, 833, 834, 856, 863, 892, 947, 1143, 1231, 1365, 1444, 1454, 1496, 1552, 1556, 1560

空青　507, 508, 1541, 1542, 1544

枯樹　1084, 1172, 1387

坤寧宮　207, 990

L

臘藥　612, 687, 1139

萊州　25, 232, 333, 344, 347, 360, 371, 1408, 1412, 1414, 1415, 1421, 1427

攔頭　653, 679, 687, 707—709,

712,731,732

狼子山 150,231,466,536,722,726,735,736,765,833,880,1228,1262

老爺 248,372,636,653,909,1067,1068,1232,1317

冷井 620,693,913,1172,1228

理藩院 524,546,944,975,1053,1103,1178,1225,1305,1551,1561

禮教綏藩 1053,1402

歷代帝王廟 725,926,1142,1144,1173,1388

連山 40,54,88,103,137,227,246,254,394,395,550,630,1352

連山關 54,221,231,246,257,305,456,672,685,722,756,1102,1140,1158,1228,1251,1323,1325,1352,1421

連山驛 69,115,246

練光亭 497,619,1045,1235,1236

良鄉 344,360,371,1408

遼東城 143,297,313,471,515,725,1140,1172,1262

遼河 36,57,195,210,213,282,424,533,670,725,726,957,1026,1415

遼野 51,99,102,149,164,173,195,329,528,548,666,668,690—692,735,753,863,868,872,882,896,906,928,930,954,957,958,972,979,1022,1055,1059,1073,1130,1158,1159,1176,1198,1211,1226,1258

留柵 827,930,941,995,998,1000,1001,1004,1085,1143,1145,1173,1208,1251,1298

琉璃廠 831—833,836—838,857,870,930,931,972,979,992,1067,1134,1140,1142,1145,1172,1228,1302,1313,1335,1338,1340

琉球(流求) 153,154,170,179,238,263,266,288,289,373,496,543,566,567,656,820,821,850,857,859,863,869,891,902,942,1013,1019,1024,1047,1056,1069,1071,1105,1107,1129,1145,1172,1191,1194,1206,1296,1330,1359,1370,1406,1421,1434,1512,1574,1575

硫磺 512,514,519

隆福寺 650,838,1124,1173,1288,1313,1359,1385,1388,1404

龍山驛　360,371,1415
龍灣　143,146,181,192,221,297,302,399,403,405,429,432,433,435,451,457,522,541,548,608,609,624,647,655,722,726,761,795,898,940,957,961,979,1010,1040,1059,1092,1161,1213,1244,1331,1533,1569,1570
龍灣館　192,242,619
龍王堂　353,368,371,390,1412,1415
蘆(盧)溝橋　344,354,360,1142,1145,1173,1175,1218,1228,1236,1313,1388,1408,1578
陸學　122,123,635
鹿島　111,333,347,354,360,383,1412—1415,1421,1534
潞河　57,60,76,167,223,585,876,1159,1163,1239,1240
露宿　397—399,414,449,548,597,653,661,668,765,781,811,812,878,1158,1165,1232,1325,1410
閭陽驛　246,524,880,968,1218,1409
旅順　31,42,333,360,371,372,379,383,1390,1391,1412,1414,1421,1564

灤河　49,131,135,138,227,621,703,747,906,956,1124,1159,1172
鑾儀衛　701,1225,1541,1542
羅禪(俄羅斯)　440,500,525,577,1139,1204,1256,1264,1275,1294,1334,1335,1341,1356,1362,1365,1367,1368,1376,1404
羅針　832,836
駱駝　461,623,663,765,964,1038,1122

M

馬牌　316,486,1575
馬頭　655,689,821,822,978,1004,1027,1032,1067,1165,1213,1217,1238,1250,1251,1547
滿月台　275,1045,1128
滿洲　215,562,590,597,680,701,833,892,960,1020,1077,1093,1159,1404,1450,1452,1530,1541,1551,1573
毛憐衛　59,1508,1516,1523
帽廠　1172,1206
門禁　70,115,237,276,323,476,832,833,1112,1195
蒙古　2—5,10,440,441,459,

470, 497, 501, 502, 521, 542, 548, 593, 594, 603, 608, 614, 617, 639, 662, 668, 674, 709, 735, 795, 802, 815, 820, 863, 880, 889, 891, 892, 899, 903, 912, 927, 944, 954, 955, 959, 975, 997, 1024, 1053, 1078, 1084, 1093, 1105, 1113, 1254, 1269, 1289, 1310, 1338, 1339, 1361, 1396, 1404, 1409, 1429, 1450, 1537, 1546, 1548

蒙古館 1143, 1145, 1172, 1338

蒙學 325, 536, 833, 1365

彌島 354, 368, 383

綿紙 397, 486, 498, 523, 538, 573, 639, 699, 702

冕服 43, 184, 185, 192, 218, 232, 285—287, 304, 349, 354, 410

緬甸 849, 859, 944, 946, 954, 959, 989, 1056, 1057, 1352, 1368, 1405, 1537

靺鞨 621, 1027, 1159, 1263, 1522

木柵 198, 254, 502, 1331

慕華館 159, 160, 234, 408, 612, 613, 641, 674, 1044, 1139, 1215, 1356

N

南草 412, 438, 439, 661

南館 427, 428, 798, 802, 804, 808, 809, 823, 856, 892, 934, 953, 970, 979, 1145

南海子 1173, 1281

南蠻 154, 847, 1120

南掌 765, 820, 902, 921, 954, 959, 1062

捻匪 1131, 1264, 1274, 1289, 1294, 1299, 1300, 1318, 1319

鳥銃 500, 543, 582, 595, 645, 914, 1444

寧古塔 495, 500, 507, 527, 559, 563, 577, 582, 604, 638, 668, 679, 783, 786, 820, 907, 929, 1159, 1259, 1329, 1349, 1378

寧遠 99, 150, 151, 375, 388, 694, 728, 896, 972, 1010, 1020, 1022, 1158, 1173, 1228, 1251, 1266, 1272, 1322, 1417, 1452, 1453, 1569

寧遠衛 150, 360, 374, 383, 390, 478, 488, 530, 593, 610, 621, 720, 757, 821, 930, 1010, 1124, 1228

努爾哈赤 313, 326

女真 3, 62, 77, 149, 305, 325, 401, 524, 872, 1159, 1420, 1508

瘧疾 511, 1578

O

嘔血台　930,1084,1159,1172,1453

P

盤纏　226,261,264,289,318,345,352,455,463,465,466,524,595,707,761,762,865,880,964,965,973,978,1053,1126,1127,1205,1400

盤領　266,278

盤山　270,274,293,325,474,602,691,802,831,837,838,1040,1159,1173,1175,1404

盤山驛　72,74,246,395

陪從行　412,419,452,456,458

朋黨　195,379,533,558,607,608,718,720,721,902,1556,1557

皮島　340,347,370,372,373,1533,1534

漂民　595,818,846,976,978,992,998,999,1011,1026,1036,1047,1064,1071,1078,1080,1095,1104,1108,1125,1130,1131,1133,1135,1138,1147,1158,1167,1170,1182,1194,1198,1200,1202,1210,1221,1238,1254,1256,1258,1265,1285,1297,1300,1318,1320,1321,1327,1330,1333,1343,1358—1360,1393,1575,1578

漂人　595,764,779—781,787,805,815,817,818,825,829,830,845,851,855,858—860,886,889,892,902,919,922,932,936,944,1030,1172,1234,1394,1406

平島　333,350,360,368,371,372,383,1412,1415,1421,1534

平壤　5,36,37,56,67,100,101,108,109,117,118,144,163,181,182,230,239,258,261,315,316,353,355,370,372,374,377,383,390,404,406,427,446,448,449,471,473,497,544,556,661,670,743,762,790,798,827,862,881,912,940,971,972,1003,1020,1022,1138,1180,1251,1262,1297,1298,1313,1317,1323,1385,1389—1392,1399,1515,1529,1537,1564,1570,1573,1580

平原　360,371,1408,1412,1414,1415,1421,1578

坡平館 1045,1273
坡州 180,279,280,296,347,411,414,557,773,876,1006,1242

Q

麒麟 43,44,147,361,710,754,956
千秋兼謝恩行 294,295
千秋行 53,63,68,72,79,85,125,232,251,256,257,273
千山 250,261,262,660—662,1130,1159,1361 前屯衛 119,126,127,255,305,326
乾糧官 882,1044,1190,1238
乾清宮 207,533,536,699,777,921,992,998,1008,1100
欽天監 562,780,791,806,832,845,1032,1083,1225,1266,1475
青石洞 1045,1128
青石嶺 59,221,397,403,429,560,616,622,693,703,722,735,930,983,1005,1038,1159,1236,1421
青黍皮 412,524
青州 27,33,333,344,354,360,371,1150,1408,1412,1414,1415,1421,1560
清川江 619,1045,1213

清節廟 1159,1350,1419
清心丸（元） 663,689,690,973,1105,1106,1134,1196,1220,1269,1270
曲阜 854,994,1078,1427,1470,1579,1580
驅人 461,465,466,498,514,580,595,639,656,677,689,696,715,757,761,762,773,811,812,821,822,826,880,940,964,965,978,1032,1238

R

熱河 175,616,617,670,730,782,883,889—897,901,902,908,912,925,931,951—961,964,967,1014,1022,1041,1114,1143,1272—1276,1279,1280,1294,1399,1401,1420,1451,1454,1455
人情 249,261,264,271,272,283,285,309,318,344—346,351,376,660,661,668,1084,1172,1225
人蔘 218,262—264,351,371,388,394,399,461,652,699,702,760,786,814,863,957,982,1143,1176,1298,1370,1544,1556,1580

壬辰倭亂("壬辰"倭亂,"壬辰"亂起) 32,121,135,141,144,147,149,152,163,165,169,175,176,179—181,183,184,186,189,190,192,194,195,199,202,205,212,215,219,225,248,275,290,310,314,362,772,808,1376,1423,1428,1522,1527—1531

壬午兵變 1489,1492,1493,1495,1502

任丘 360,371,1408,1415

肉桂 956,1444

入柵(門) 438,585,639,667,668,677,719,761,797—799,821,829,832,846,878,940,958,965,979,995,996,1000,1026,1134,1137,1142,1144,1145,1153,1165,1172,1203,1223,1232,1260,1265,1298,1304,1391,1409,1416

S

三藩之亂 440,550,551,569

三河 60,75,116,137,149,178,227,246,267,510,511,541,558,559,659,833,840,854,868,870,1007,1040,1158,1236,1434,1436,1443

三山島 341,343,352,360,368,371,377,380,383,1412,1414,1415,1421

三田渡 355,366,410,426

三學士 355,407,409,813

三忠祠 1173,1388

沙河鋪 227,267

沙河驛 69,246,313,447,479—481,540,541,631,632,716,988,1048,1107,1228,1229,1244,1344

山高水長閣 904,905,912,945,1076,1173

山海關 57,79,81,89,93,116,127,129,130,142,149—151,164,178,184,190,197,210,215,220,228,232,233,246,254,257,261,267,278,296,303,304,311,314,318,320,325,326,372,375,377,383,388,389,461,464,465,484,497,499,502,505,507,510—512,522,527,528,530,532,541,547,549—551,558,567,570,584,590,602,607,612,635,639,660—662,667,677,682,685,689,693,716,725,753,761,768,777,786,800,811,821,826,833,836,862,

868,878,880,882,888,893,
906,908,930,931,952,953,
956—958,972,1007,1010,
1022,1059,1084,1120,1121,
1139—1141,1158,1159,1172,
1201,1202,1221,1225,1226,
1235,1248,1260,1261,1266,
1269,1272,1274,1292,1293,
1298,1304,1305,1313,1360,
1367,1376,1391,1392,1409,
1410,1415,1417,1418,1420,
1421,1453,1518,1569,1577,
1580

上馬宴　108,110,190,390,569,
660,661,665,667,693,821,
1363

舍人巖　1045,1128

射虎石　151,227,284,285,390,
409,687,690,691,792,831,
837,838,890,928,972,1010,
1159,1172,1175,1208

深河驛　246,424

深河之役　315,316,321,328,329,
368

紳士游覽團　1368,1371

神廟　35,294,380,802

神木廠　1173,1175

瀋陽館　418,422,437,439,911,
1010,1175,1416,1417

生番　577,959,1349

生陽館　541,1045,1515

聖節冬至兼年貢行　454,455

聖節行　19,21,29,37,48,76,80,
112,120,123,131,165,169,
178,193,196,245,253,266,
290,308,309,365,475

十方院　698,700

十三山　3,102,151,155,161,
194,223,246,255,264,265,
269,296,297,313,325,499,
588,631,670,753,754,831,
837,853,863,905,930,957,
1131,1159,1172,1177,1178,
1188,1189,1384

石城島　336,338,342,354,360,
370,383,394,1412,1415,1421

石鼓　313,661,909,930,972,
1038,1084,1124,1142,1144,
1404

石經　1038,1248,1439,1482

實事求是　1073,1455,1459,1482

市肆　223,226,351,497,538,
550,585,598,661,662,693,
725,831,837,838,878,914,
972,973,1012,1050,1126,
1134,1172,1223,1224,1230,
1279,1353,1361,1421

手札　355,1432—1437,1441—

1444,1454,1455,1457—1459,
1461—1466,1470—1473,1475,
1479,1480,1482,1483,1490—
1492,1494,1496,1497,1502,
1513
首陽山　143,144,264,906,930,
1084,1159,1172
書者　965,1165,1169,1203,1251
刷馬　471,498,499,515,595,639,
642,656,682,689,696,721,
724,757,761,762,788,812,
826,880,887,964,965,978,
1012,1402
水獺皮　252,412,614
四川　214,230,320,330,540,
546,552,558,603,694,763,
946,1062,1251,1274,1294,
1329,1420,1484,1487
四同碑　1048,1172
松筠庵　1221,1222,1237,1384
松山堡　469,478,1159,1409
宋家莊　510,1338,1361,1384
蘇禄　820,1056,1574

T

猯虜　194,214
猯子　103,194,214,223,224,318,
403,559,573,576,577,585,
589—591,593,603,669,697,

698,728,833,863,879,1019
臺灣　495,499,574,575,579,675,
893,943,959,1070,1181,
1207,1347,1349,1355,1368,
1410,1472,1480,1511,1554,
1555,1561,1575,1576
太常寺　598,1036,1225,1328,
1508,1521
太和殿　523,533,560,831,832,
837,838,904,930,953,979,
983,990,992,1142,1144,1317
太平軍　1209,1238,1244,1246,
1247,1272,1377,1474
太平天國　1241,1244,1247,1269,
1283,1483,1540
太學　23,661,699,778,803,
831,832,836—838,893,894,
919,926,930,1038,1124,
1142,1144,1145,1165,1172,
1228,1236,1242,1243,1248,
1262,1313,1388,1446,1475,
1505,1539
太醫院　863,1225,1322,1569
太子河　264,692,703,890,930,
1010,1084,1085,1159,1172,
1175,1235,1236
湯站　119,129,130,151,204,
246,397,398,400,570,736
堂子　857,1172,1388,1405

人名書名地名與其他重要詞語索引

塘報　367,389,639,693,714,
　884,1226,1246,1247
桃花洞　831,837,838,1143,1145,
　1173,1175,1234,1325,1361
陶然亭　1149,1173,1197,1232,
　1233
體面　242,276,1232
天津　212,321,333,336,338,
　347,359,372,374,386,984,
　1077,1103,1196,1201,1202,
　1207,1241,1249,1256,1264,
　1269,1270,1275,1276,1278,
　1280,1281,1283,1289,1292,
　1315,1330,1334,1345,1366—
　1375,1377—1379,1390—1392,
　1415,1423,1473,1489,1496—
　1499,1504,1526,1527,1548,
　1552,1554,1555,1561,1569,
　1579,1580
天壇　109,115,237,304,373,559,
　661,662,751,780,1173,1262,
　1388
天一閣　881,1404,1522
天淵亭　930,1045
天主教　440,495,821,832,836,
　919—921,1031,1156,1185,
　1314,1335,1368,1377,1538,
　1552
天主堂　751,754,780,791,832,

　836,837,930,978,983,1007,
　1053,1313,1344,1361
通事　25,27,53,65,77,107—
　110,115,119,160,161,194,
　197,198,226,235,252,259,
　274,311,325,347,356,455,
　490,491,495,541,660,678,
　781,788,811,1007,1560
通文館　5,6,82,174—176,500,
　675,679,812,814,827,1061,
　1082,1127,1148,1248,1393,
　1556
通州　2,3,36,59,60,86,99,105,
　109,111,113,122,124,131,
　151,167,175,209,232,244,
　246,250,263,270,274,302,
　311,329,330,333,375,378,
　424,463,470,482,484,514,
　515,519,550,558,559,561,
　570,585,607,610,618,619,
　630,631,639,647,661,662,
　673,693,696,700,703,713,
　718,725,753,759,797,821,
　822,830,851,868,878,930,
　936,972,981,1010,1022,
　1025,1103,1107,1112,1119,
　1141,1158,1163,1173,1175,
　1204,1228,1234,1238,1262,
　1269,1270,1275,1292,1344,

1376,1391,1409,1492,1547,
1561
統軍亭　148,150,186,240,303,
　483,612,619,693,703,1045,
　1177,1235,1262,1331
土木堡之變　1507,1513
團練使　129,246,342,347,710,
　738

W

萬佛樓　889,972,1142,1144,1173
萬柳堂　1142,1145,1172,1175
萬柳莊　227,240,275
萬壽寺　799,831,832,837,1099,
　1136,1142,1144,1172,1173,
　1175,1388
萬歲山　1084,1404
王八　267,1068
王衰故里　368,373
望海亭　227,303,541,608,753,
　831,837,838,1172,1204,1313
望京樓　111,145,250,354,1045
濰縣　344,354,360,371,373,1408,
　1412,1414,1415,1421
委巷　948,950,968,1101,1180,
　1294,1537
蔚山　147,212,362,1082,1423
溫井　454,1158,1173,1179,1325,
　1410

文丞相祠　1124,1142,1144,1173,
　1262,1388
文廟　69,129,139,780,783,784,
　863,914,978,979,992,1142,
　1144,1384,1406,1416,1417,
　1515,1556,1559
文魚　568,668,846,1401
倭刀　412,916
倭奴　179,213,236,244,337,
　1391
倭人　154,476,642,763,1334,
　1341,1359,1362,1391
倭學　325,740
無梁屋　1040,1409
五峰山　930
五龍亭　661,802,831,832,837,
　838,930,972,989,1039,1142,
　1144,1173,1175,1236
五塔寺　831,832,837,838,1173
武烈祠　1045,1317
武清　333,559

X

西瓜　514,879,914
西湖　531,802,842,873,915,
　1011,1084,1388,1404,1436,
　1445,1574
西湖(昆明湖)　954,1173
西山　49,71,97,98,429,831,

832, 837, 838, 896, 897, 931,
959, 961, 978, 1027, 1039,
1087, 1124, 1125, 1142, 1144,
1145, 1173, 1197, 1274, 1275,
1388, 1419, 1451

西天主堂　821, 822, 1172

西洋　495, 685, 751, 754, 780, 820,
821, 832, 836, 863, 919, 923,
984, 989, 1032, 1034, 1053,
1054, 1071, 1126, 1139, 1147,
1200, 1228, 1281, 1314, 1330,
1334, 1338, 1348, 1350, 1351,
1355, 1361, 1368, 1370, 1378,
1381, 1444, 1500

西洋畫　691, 729, 822

西直門　661, 959

戲場　797, 832, 1173

戲子　721, 1022, 1084

下程　105, 246, 307, 312, 346, 645,
660, 661, 665, 667, 684, 821,
831, 837, 838, 979, 1123, 1172,
1225

下馬宴　57, 108, 181, 183, 269, 307,
331, 332, 371, 496, 499, 602,
667, 713, 821, 1173

先農壇　942, 1173, 1388

暹羅（暹邏）　288, 289, 820, 902,
925, 1065, 1101, 1512

獻縣　360, 371, 1028, 1408, 1412,
1415, 1421

香花庵　693, 1172

香奩體　154, 1176

象房　1117, 1124, 1172

象牙　308, 859, 948, 956, 1056,
1062, 1363

象譯　35, 945, 1149, 1450

小好紙　524, 702

小凌河　99, 189, 223, 621

小中華　276, 662, 727, 736, 747,
823, 1139, 1509

寫字官　152, 259, 318, 325, 773,
882

謝恩陳奏兼聖節冬至年貢行　430,
431

謝恩兼陳奏行　446, 463, 488, 489,
491, 513, 514, 518, 522, 559,
585, 603, 604, 651, 652, 731,
867, 869, 924, 1395

謝恩兼奏請行　143, 185, 243, 348,
1300, 1301

謝恩行　15, 42, 50, 54, 56, 57, 63,
66, 82, 92, 101, 104, 152, 163,
183, 225, 231, 274, 283, 303,
332, 430, 431, 446, 447, 467,
471, 472, 483, 495, 496, 506,
546, 551, 564, 582, 606, 622,
623, 634, 644, 646, 669, 695,
741, 776, 779, 780, 787, 790,

801,802,809,810,830,844,
845,850,857—859,882,883,
886,897,898,901,904,916,
918,926,930,931,939,944,
962,971,972,975—977,980,
987,991,995,997,999,1000,
1018,1019,1036,1060,1061,
1071,1080,1082,1094,1095,
1097—1099,1101,1104,1108,
1111,1113,1121,1122,1125,
1129,1132,1133,1135,1141,
1142,1147,1161,1166,1167,
1170,1182,1186,1188,1189,
1194,1197,1198,1200,1201,
1205,1210,1220,1222,1228,
1233,1234,1243,1245,1249—
1251,1254,1256,1257,1265,
1271—1273,1295,1318,1319,
1321,1326,1329,1332,1334,
1343,1352,1354,1357,1359,
1364,1365,1386,1387,1395,
1430,1432,1454,1456,1460
辛酉邪獄　920,1032,1233
新城縣　344,360,371,1415
杏山驛　223,246
性理　16,17,21,31,34,43,44,
　121,128,179,302,378,505,
　679,683,723,738,740,741,
　832,891,1057,1401

雄縣　344,360,1408,1415
宣廟　153,157,168,218,249,346
宣沙浦　333,334,336,345,347,
　349,351,352,354,358,360,
　364,365,1411,1412,1421
旋槎　354,1411—1413,1421
靴子　330,412,1303
馴象　535,765,944,956,1056

Y

押馬　25,51,129,158,325
押物　27,325,660,846,1195,
　1382
鴉片　1104,1196,1200,1204,1207,
　1222,1232,1251,1252,1330,
　1335,1347,1385,1553
鴉片戰爭　1201,1207,1232,1260,
　1501,1553
鴨江　7,37,51,62,66,80,96,
　122,142,156,166,175,181,
　199,243,248,292,297,302,
　303,308,311,315,317,372,
　396,400,432,470,503,508,
　531,592,595,597,607,630,
　634,673,699,744,751,785,
　814,826,831,835,888,909,
　910,924,940,957,970,1020,
　1047,1086,1102,1123,1139,
　1142,1158,1163,1170,1179,

人名書名地名與其他重要詞語索引　　1689

1186,1197,1208,1219,1232,
1236,1240,1243,1249,1293,
1294,1304,1317,1330,1336,
1339,1405,1435,1451,1515,
1519,1537,1548,1567,1576
鴨綠江　42,58,81,87,88,129,
142,160,161,166,168,198,
204,230,231,234,269,302,
313,318,397,407,411,449,
494,497,567,582,621,643,
746,770,789,812,817,865,
882,945,952,959,964,1004,
1040,1045,1140,1142,1145,
1159,1169,1171,1172,1219,
1236,1248,1262,1263,1313,
1360,1390,1409,1410,1509,
1512—1514,1527,1539,1543,
1569,1575,1577,1580
烟袋　914
烟臺記　1159
衍聖公　383,385,386,926,954,
957—960,994,1078,1320,
1427,1468,1472,1579,1580
眼鏡　818,833,836,923,1228
演儀　69,307,311,661,831,
832,837,838,1103,1195
晏平仲故里　364,368,373
焰焇　311,314,497
燕台(都,京)八景　71,98,370,

451,574,621,624,650,748,
1172
燕巖體　892,895
洋夷　1201,1264,1273—1275,
1279,1283,1288,1289,1292,
1294,1330,1340,1347
陽明學　84,122,129,134,174,857
楊花渡　172,249
搖車　863,914
藥王廟　663,1124,1172,1173,
1388
掖縣　333,371,1427
伊犁　807,1097,1106,1211,1363,
1404
衣冠　139,243,405,420,421,
432,487,497,510,515,530,
551,552,579,604,616,642,
650,662,670,675,721,727—
729,736,747,754,759,766,
832,834,853,854,863,872,
931,1001,1026,1027,1030,
1032,1038,1140,1149,1161,
1189,1229,1261,1296,1305,
1377,1428,1432,1537,1572
醫官　325,411,521,537,670,896,
995,1302
醫無閭山　728,812,1159
醫員　129,325,788,1140,1227
夷齊廟　130,151,180,211,247,

264,284,528,612,619,662,687,747,753,754,792,831,837,838,896,906,908,930,1022,1026,1124,1172,1175,1211,1419

倚劍亭　784,1045

譯官　110,116,161,174,175,217,249,250,252,259,263,272,282,283,295,301,309,311,325,342,349,351—353,356,358,370,371,385,394,401,413,455,466,498—500,507,510,513,518,521,537,539,543,549,568,581,604,636,640,655,661,670,677,680,687,696,697,701,707,711,713,714,736,740,761,765,766,768,770,773,780,786,788,790,793,795,800,806,814,816,824,826,844,856,865,878,882,903,921,934,943,954,962,965,978,986,997,1001,1004,1013,1029,1030,1032,1033,1035,1041,1053,1061,1069,1072,1081,1090,1103,1120,1148,1149,1151,1162,1181,1191,1197,1204,1205,1208,1211,1213,1219,1221,1226,1230,1241,1252,1253,1255,1271,1281,1282,1285,1286,1294,1296,1300,1319,1320,1330,1336,1352,1357,1358,1387,1398,1407,1433,1465,1468,1469,1471,1486

銀蔘　249,351,401,1572

飲冰　277,358,359,473—475,491,508—510,746,747,803,811—813,1572

英吉利　1104,1172,1204

嘆咭唎　984,1071,1103,1201

嘆夷　1202,1207,1213,1257,1264,1278,1279,1291 瀛台冰戲　923,1172,1418

雍和宮　831,832,837,838,1124,1142,1144,1173,1310,1388

永安橋　620,693,1159,1172

永平　151,180,197,200,223,246,269,321,322,325,330,375,384,388,463,505,556,607,610,628,662,664,687,728,742,777,788,833,928,930,1022,1158,1162,1165,1172,1246,1251,1350,1419,1455,1569

油苞　105,301,397,668,846,912

柚柑　481,483

榆關　151,170,227,329,527,556,631,726,738,868,966,974,991,1032,1147,1172,1346

漁陽橋　151,486,930,1173

禹城縣　360,1412,1414,1415

玉河館　73,77,89,96,105,108,109,115,119,127,130,137,138,143,151,155,159,160,163,166,178,184,192,197,200,206,209,211,226,232,234,238,241,259,261,263,270,279,282,288,289,296,298,305,311—314,322,336,343,345,349,350,352,353,359,364,371,374,375,377,383,385,390,391,421,461,463,464,466,468—471,476,483,487,498,499,505,509,511,514,515,529,531,533,535,539,551,552,558,569,573,579,587,594,607,614,619,630,639,642,643,650,658,662,669,673,682,698,699,711,715,719,742,789,804,821,832,833,846,877,910,967,983,1007,1020,1044,1047,1059,1060,1123,1124,1136,1143,1153,1155,1170—1172,1175,1186,1203,1205,1211,1223,1224,1229,1236,1242,1248,1249,1260,1283,1338,1339,1350,1354—1356,1360,1361,1386,1391,1409,1461,1569,1575

玉田　331,424,466,531,598,620,631,689,753,930,1124,1158,1350,1361,1569

玉田縣　151,246,331,388,530,532,1158,1172,1350,1361

元宵燈炮（火）　831,832,837,1173

圓明園（轅、苑）　736,799,831,832,837,838,852,904,908,940,953,954,956,959—961,963,964,970,978,979,991,992,998,1009,1041,1076,1112,1134,1139,1142,1144,1145,1173,1175,1193,1229,1261,1270,1272—1275,1336,1338,1344,1388,1404,1418,1419,1451,1455,1483,1553

願堂寺　1124,1172,1410

月波樓　1045,1325

岳王廟　1124,1142,1144,1172

越南　728,1041,1056,1301,1320,1376,1512,1537

雲南　26—28,33,78,499,501,

508,514,527,552,558,563,
567,575,576,589,591,631,
694,751,802,845,855,888,
892,937,946,1028,1105,
1274,1303,1322,1328,1420,
1477,1484,1503,1504

Z

栅門　451,459,486,498,577,
639,669,677,678,693,719,
738,776,789,792,797,811,
821,827,833,846,853,862,
880,897,905,929,930,952,
979,983,1000—1002,1004,
1006,1007,1075,1084,1145,
1158,1172,1175,1194,1195,
1228,1229,1235,1236,1244,
1249—1251,1262,1270,1272,
1305,1313,1314,1331,1336,
1337,1391,1409,1410

詹事府　1225,1526,1531,1551
章丘縣　360,371,1412,1414,1415
詔諭使　1523,1525,1526,1531,
1533
針灸　509,537
榛子店　325,561,562,572,738,
753,896,930,931,1010,1172
鎮江(南)　24,908,1020,1238,
1254,1552,1569

鎮江(北)　68,246,295,326,327,
953,955,1571
正朝朝參　831,832,837,838
正氣散　1338,1380
智化寺　614,626,669,670,765,
769
質問　35,44,46,47,77,138,321,
325,480,791,848
中後所　491,687,785,979,1086,
1151,1159,1172,1206,1228,
1253,1273
中原　10—12,31,32,46,47,60,
115,208,226,244,245,252,
322,325,332,333,443,466,
494,535,536,550,554,579,
603,647,668,672,688,724,
726,728,747,759,778,782,
783,856,863,870,873,875,
913,948,966,1011,1012,
1015,1066,1160,1176,1196,
1238,1275,1278,1279,1298,
1305,1310,1317,1323,1415,
1473,1480,1485,1507,1569
中州　15,134,267,686,726,798,
799,873,988,1023,1064,
1066—1068,1124,1143,1176,
1277,1338,1352,1465
忠清　6,11,73,77,80,90,94,163,
233,239,253,349,387,396,

438, 460, 516, 520, 523, 540, 550, 581, 606, 614, 620, 622, 624, 629, 641, 644, 654, 672, 678, 681, 682, 701, 706, 717, 751, 762, 780, 812, 819, 845, 848, 850, 854, 866, 897, 899, 913, 926, 936, 982, 1003, 1039, 1047, 1154, 1319, 1348, 1360, 1380, 1391, 1421, 1547

忠武祠　1045, 1384

周流河　589, 630, 670, 924, 941, 959, 1159, 1172, 1197

朱橋驛　344, 354, 363, 371, 1415

朱子學　9, 134, 857

主和派　409, 427

苧布　272, 351, 448, 486, 598

駐蹕　807, 1014, 1052

駐蹕山　147, 692, 1172

壯元　56, 59, 93, 94, 99, 102, 125, 144, 147, 193, 196, 203, 210, 287, 355, 415, 433, 440, 480, 512, 529, 535, 557, 592, 609, 678, 748, 788, 929, 936, 952, 1043, 1075, 1078, 1101, 1409

涿州　344, 352, 360, 371, 1318, 1408, 1412, 1415, 1421, 1578

紫光閣　904, 912, 963, 978, 979, 1008, 1142, 1144, 1145, 1236, 1334, 1405

自鳴鐘　832, 836, 914, 1004, 1175

宗人府　863, 881, 903, 948, 1107, 1225

宗系辨誣　108, 148, 163, 164, 174, 175, 272, 300, 440, 732

宗系改正　106, 110, 119, 142, 149, 300

總理衙門　1334, 1362, 1381, 1564

鄒平　1408, 1421

鄒平縣　360, 371, 1412, 1414, 1415

奏請兼冬至等三節年貢行　565, 566, 625, 645, 648, 698, 1395

奏請行　21, 33, 69, 120, 147, 152, 168, 171, 188, 191, 238, 247, 271, 285, 340, 353, 382, 438, 596, 684, 717, 768, 769, 923, 1014, 1086, 1088—1090, 1092, 1211, 1224, 1292, 1349, 1350, 1395

祖家牌樓　661, 693, 753, 1124

跋

　　歲丁亥、戊辰間，余受韓國高麗大學中文系之聘，在半島濫充教習。授課之餘，無人事之滋擾，有曠日之逸暇。客館孤寂，百無聊賴，遂往高大圖書館閑閱古籍，偶遇前東國大學林教授基中先生所纂《燕行錄全集》一百卷，插架森森，漢字爛然，即借歸數册，以爲消時遣興之資。不意漸讀漸迷，愈入愈深，又見其錯訛熾盛，至有不可卒讀者，遂丹黃塗乙，發疑正誤，纂爲解題，所積日多。自此以降，廢食挑燈，十越寒暑，終成全帙。今槧行之際，追思當年，白雲蒼狗，悲喜莫名，不禁喉塞胸滯，而垂首潸然矣！

　　余曾屢屢言之，欲治《燕行錄》而考其得失，蓋有十難：諸家使行錄所記，縱跨高麗、朝鮮兩朝七百餘年，幾於讀半島近千年之史，一難也。今存《燕行錄》凡七百餘家一千餘種，數量繁劇，書案堆疊，丙丁甲乙，無處措手，二難也。生在西北，身在長安，而考雞林之典實，探三韓之民風，史料匱缺，勘訪無由，三難也。又欲考燕行使之生平，則顯宦名臣，雖家有碑狀，史有傳記，然隸事多異，評騭判然，即《朝鮮王朝實錄》所載，亦原草則捧之上天，而改本則按之入地；而無名作者，雖遍搜博考，其生卒行事，仍如羚羊掛角，無跡可尋，四難也。《全集》所收之書，皆不明版本，欲考其出處，校其異同，則探山無路，捫天缺梯，五難也。又諸書體裁，有日記、詩歌、狀啓、別單、遊記、雜記、筆談、朝報、咨文、書札、路程記、地圖等，衆體兼備，欲剖析別異，以品高下，六難也。使臣或往返遼路，或舟楫怒海，所歷同地，所賞同景，洋洋載記，累皆相同，孰前孰後，孰是孰非，七難也。使行文字，詩歌爲最，摹景抒情，神乎渺矣，今欲判宗唐崇宋，學杜效蘇，則按跡語情，隔靴搔癢，八難也。使臣隸事，或爲陳案，千年聚訟；或爲偶然，瞬間消形。今欲溯源究尾，探其鴻爪，而時懸地隔，真相莫明，九難也。又《全集》纂輯，頗爲齟疎，或使行年代有誤，或作者張冠李戴，或梯航日本而繫於中國，或未曾渡江而載記入遼，今欲指摘糾謬，俾還其舊，則夢如亂絲，迷惑滋多，十難也。

有此"十難",而欲讀《燕行錄》,不才如我者,尚又有"五憾"焉:余之從事於斯,乃半路出家,無心插柳,正所謂外行人而爲內行事,一憾焉;余於韓國語言文字,如幼童白丁,既瞽且聾,故手持諺文鈔本,則瞪目撟舌,一字難下,二憾焉;《燕行錄》之研治,朝鮮半島外,凡日、美與夫歐洲學界,成果頗備,而余於異國拼音,多不能通,故不得泛覽參稽,以爲資鑒,三憾焉;又己丑返國之後,即充牛馬走,穿行於文山會海之間,鼓舌於闈場狀元之林,鎮日昏昏,終年碌碌,不能静心考據,壹力撰述,四憾焉;故自發軔至今,十易春秋,前日所考,後日已失,時斷時續,前矛後盾,是五憾焉。

　　具此"十難",身傍"五憾",而欲爲千餘種《燕行錄》纂爲《解題》,可謂不自量力,而強預此事,故雖日事不怠,夜闌無休,然罣礙舛漏,在在而有。誠冀讀者諸君,降身辱覽,摘疵糾誤,訂訛規過,俾成善本,以供學林發踪考索之用,則誠余之大幸也夫!　時紀元二〇一九年初春漆永祥匆識於北京大學人文學苑六號樓研究室。

致　謝

　　拙著《燕行録千種解題》之撰寫,前後經十餘年,方克成稿。永祥雖固陋荒疏,然所交四方之士,多大雅俊德,慷慨通達,或持示資料,或代爲查訪,或解析疑義,或勖勵有加,故雖時纂時停,斷續相尋,然終能成稿者,皆師友傾忱襄助之力也。今槧行之際,略舉部分鼎姓高名如下,以示余言淺意深之謝忱!

　　原韓國東國大學教授林基中先生所纂《燕行録全集》一百册及《續集》五十册,以及林先生與日本京都大學夫馬進教授所纂《燕行録日本所藏編》三册,乃燕行録資料之集大成者,故自當先行致以尊崇與禮敬!

　　余在韓國期間及返國之後,前後有韓國高麗大學崔溶澈教授、趙冬梅教授,東國大學朴永焕教授、李鍾美教授,成均館大學李安東教授、金榮鎮教授,南首爾大學劉婧教授,順天大學朴現圭教授,首爾大學奎章閣唐潤熙教授等,相助甚力,俾益良多。高麗大學部分博士與碩士研究生林莉、孫慧穎、徐麗麗、邢順和、金東垠、李素賢、李在貞等時賢,翻譯或撰寫部分諺文本之解題。又余亦曾往韓國首爾大學奎章閣、韓國中央圖書館、高麗大學圖書館、延世大學圖書館、梨花女子大學圖書館等,查訪資料,館方皆熱情接待,温馨周至。而韓國網絡資源如《承政院日記》、《邊備司謄録》、《朝鮮王朝實録》、首爾大學奎章閣研究院、書同文韓使資料庫、韓國古典綜合資料庫、韓國歷代文集DB等網站,皆可隨時查閲,便利之極,若無此類資源可供檢索,則如泥牛入海,而寸步難行矣。

　　而國内各界,則有復旦大學葛兆光教授、陳正宏教授、查屏球教授,華東師範大學丁小明教授,南通大學千金梅教授,浙江大學汪維輝教授、賈海生教授、陶然教授,深圳大學左江教授,廈門大學李無未教授,南京大學徐興無教授、張伯偉教授、卞東坡教授、童嶺教授,南京師範大學王鍔教授,山東大學王學典教授、杜澤遜教授,延邊大學徐東日教授、馬金科教授,南開大學趙季教授、孫衛國教授,清華大學劉石教授,故宫博物院章宏偉教授,中華書局周絢隆總編,中國國家圖書館殷夢霞社長、張燕嬰編輯,中國科學院圖書館羅琳研究員、莫曉霞博士,北京大學歷史系王元周教授,外國語學院陳明教授、王丹教授、琴知雅教授,中文系嚴教授紹璗先生、劉勇强教授、杜曉勤教授、潘建國教授等,皆俾益不淺,深爲感荷!北大中文系博士生黃雅詩、陳俊諭、李林芳、周昕暉、趙瑶瑶、蔡紫旸、邱明、高樹偉、杜以恒、葉天成等,或查考資料,或核對校樣,亦助益頗多,何敢忘之!

　　北京大學人文學部主任申丹教授與"北大東方文學研究叢書"主編王邦維教授,將拙稿納入叢書中,使拙著在經費方面得到保障,對二位教授的大力扶護深表感謝!又本書獲得二〇二〇年度國家古籍整理出版資助項目經費的資助,令余既榮且感!北京大學出版社典籍與文化事業部馬辛民主任、責任編輯吳冰妮女史,付出了極大的心力,在此一併深表謝忱!

　　　　時辛丑(2021)元宵佳節漆永祥百拜謹謝於京北紫石齋